GRAMMAIRE

NATIONALE.

PARIS. — IMPRIMÉ PAR E. THUNOT ET Cⁱᵉ,
Rue Racine, 26, près de l'Odéon.

GRAMMAIRE NATIONALE,

OU

GRAMMAIRE de VOLTAIRE, de RACINE, de BOSSUET, de FÉNELON, de J.-J. ROUSSEAU,
de BUFFON, de BERNARDIN DE SAINT-PIERRE, de CHATEAUBRIAND, de CASIMIR DELAVIGNE,
et de tous les Écrivains les plus distingués de la France;

RENFERMANT PLUS DE

CENT MILLE EXEMPLES

Qui servent à fonder les règles, et forment comme une espèce de panorama où se déroule notre langue
telle que la Nation l'a faite, telle qu'elle doit la parler;

OUVRAGE ÉMINEMMENT CLASSIQUE,

DESTINÉ A DÉVOILER LE MÉCANISME ET LE GÉNIE DE LA LANGUE FRANÇAISE.

PAR M. BESCHERELLE AINÉ,

De la Bibliothèque du Louvre, Membre de la Société française de Statistique universelle, de la Société Grammaticale
de Paris, Auteur du DICTIONNAIRE NATIONAL,

Et MM. BESCHERELLE jeune et LITAIS DE GAUX.

Cinquième Édition,

PRÉCÉDÉE D'UNE INTRODUCTION,

PAR M. PHILARÈTE CHASLES.

> « Dans un état libre, c'est une obligation pour tous les citoyens de
> connaître leur propre langue, de savoir la parler et l'écrire correc-
> tement. La carrière des emplois est ouverte à tous : qui sait ce que la
> fortune réserve au plus humble des membres de la grande famille?...
> la base de la connaissance de toute langue est la *grammaire*... et en
> fait de grammaire, ce sont les bons écrivains qui font autorité. »
>
> (TISSOT.)

A PARIS,

CHEZ SIMON, ÉDITEUR, 12, RUE DE SAVOIE;

GARNIER FRÈRES, LIBRAIRES, 10, RUE RICHELIEU.

1852

PRÉFACE.

« Dans un état où les places ne sont plus le partage d'un petit nombre de privilé-
» giés, mais où chaque homme voit s'ouvrir devant lui la carrière des emplois, et
» par conséquent peut être appelé à élever la voix dans les tribunaux, dans les as-
» semblées politiques ou dans les temples, c'est un devoir pour tous les citoyens
» de connaître leur propre langue et de savoir la parler et l'écrire correctement.
» Mais où puiser cet art de parler et d'écrire? Faut-il sur ce point consulter les
» grammairiens? De ces gens-là que Dieu vous garde! répondait un jour Buffon à ma-
» dame de Genlis. L'art d'écrire n'est pas plus dans leurs livres que la beauté des
» fleurs dans les herbiers. Herbiers et grammaires sont également incapables de pré-
» senter une phrase et une fleur dans leurs formes gracieuses, avec leurs suaves
» couleurs, leurs mouvements et leur vie; fleurs et phrases y sont mortes : on n'en
» trouve que la poussière et les noms.
» Aussi, qu'il avait bien raison le critique qui, dans son indignation, s'écriait :
« Soumettez au grammairien la plus belle strophe : son œil, soyez-en sûr, n'y cher-
» chera ni la pensée, ni les sentiments, ni l'art de l'écrivain; non, mais il tuera cette
» phrase si brillante, il la déchirera pour y trouver des virgules et des points, des
» accents et des apostrophes, des nasales et des sifflantes, des gérondifs et des su-
» pins, et puis, tout fier de ses découvertes, vous le verrez écrire, dans le style le
» plus inintelligible, des classifications, des règles et des préceptes, prononcer entre
» les écrivains comme un juge en dernier ressort, et préconiser avec orgueil sa mé-
» thode grammaticale (1). »
C'est une vérité maintenant incontestable, que la véritable grammaire est dans

(1) M. Deshoulières.

les écrits des bons auteurs. La science grammaticale se borne à l'observation et à l'appréciation des termes, des règles de concordance, des constructions adoptées par les grands écrivains. C'est dans leurs ouvrages qu'il faut chercher le code de la langue. En effet, où trouver mieux que dans ces régulateurs avoués du langage des solutions à tous les problèmes, des éclaircissements à toutes les difficultés, des exemples pour toutes les explications? Est-il avis ou opinions qui puissent faire loi comme ceux qui émanent, pour ainsi dire, d'un jury d'écrivains d'élite? Mais la tâche n'est pas facile à remplir.

Un auteur, quelle que soit sa supériorité, ne fait pas autorité à lui seul; il faut donc compulser tous les chefs-d'œuvre de notre littérature, réunir une masse imposante de faits, et n'admettre que ceux qui ont été consacrés par l'emploi le plus général. Cet immense travail se complique encore de la difficulté de choisir des pensées intéressantes sous le rapport de la morale, de la religion, de l'histoire, des sciences, des lettres et des arts; car on conçoit tout ce qu'offrirait de fastidieux un amas de ces phrases triviales dont fourmillent nos grammaires. L'éducation, d'ailleurs, est inséparable de l'enseignement, et il faut, autant que possible, élever l'âme et former le jugement. Sous ce point de vue, rien de plus consciencieux que notre travail. Les cent mille phrases qui constituent notre répertoire grammatical sont tirées de nos meilleurs écrivains; elles sont choisies avec goût, il n'en est pas une qui ne révèle à l'esprit une pensée morale, ou un fait historique, scientifique, littéraire ou artistique. Montaigne, Pascal, Larochefoucauld, Fénelon, fournissent les préceptes de philosophie et de morale; Chateaubriand prête aux idées religieuses l'appui de son style brillant et pittoresque; Molière dévoile les secrets du cœur humain; Buffon, Bernardin de Saint-Pierre, Lacépède, apprennent à lire dans le grand livre de la nature. Ainsi, tout en croyant n'examiner la langue que sous le rapport des faits grammaticaux, l'élève s'enrichit d'une multitude de connaissances variées. Ajoutez à ce premier avantage tout le charme que prête à l'étude jusqu'alors si aride de la grammaire l'étude même des faits, si supérieure à la vieille routine qui s'obstine à renverser l'ordre naturel en procédant des théories aux exemples.

Envisagée de cette façon, il nous semble que la grammaire n'est plus seulement un exercice de collège sur lequel s'assoupit la mémoire; c'est l'histoire de la pensée elle-même, étudiée dans son mécanisme intérieur; c'est le développement du caractère national dans ses intérêts politiques et ses sentiments religieux, analysé ou plutôt raconté par la nation elle-même, par les interprètes les plus éloquents de cette nation.

Quelques savants grammairiens, entre autres MM. Lemare et Boniface, avaient bien entrevu cette manière d'envisager la grammaire; et si les livres qu'ils ont publiés étaient plus développés et moins systématiques, s'ils faisaient mieux connaître les véritables lois qui régissent notre langue, ils eussent rendu d'incontestables services à l'enseignement. Mais ce ne sont que des aperçus, souvent pleins de profondeur, sur des questions de métaphysique, bons pour ceux qui aiment à se bercer l'intelligence dans de vaporeuses généralités, et assez peu utiles à ceux qui veulent apprendre. Et puis M. Lemare, loin de coordonner d'après les faits le système qu'il voulait établir, a eu le grave tort de courber les faits à son système, ce qui détruit complètement l'autorité de ses doctrines. On peut également reprocher à l'estimable M. Boniface d'avoir donné pour base à ses principes des faits qu'il a lui-même inventés, *forgés*. Mieux que personne pourtant il devait savoir que ce n'est que dans les ouvrages de nos grands écrivains qu'il faut chercher ses autorités, et qu'il est ridicule à un grammairien, quelle que soit d'ailleurs sa supériorité, de prétendre dicter à tout un peuple les lois du beau langage.

Liberté pleine et entière à chacun de conserver son rituel et son rudiment, de s'imposer des règles, d'y croire et de les suivre. Ce qui n'est plus permis, a dit M. Charles Nodier, c'est de les prescrire tyranniquement aux autres. Le réseau de Restaud et de Lhomond est devenu trop lâche et trop fragile pour emprisonner l'esprit de nos écrivains.

C'est dans le but de régénérer la grammaire, en lui donnant un nouvel aliment par l'observation de la nature et à l'aide d'une étude plus soignée des faits, que cet ouvrage a été entrepris : nous avons voulu fonder un enseignement national, en remplaçant enfin toutes ces grammaires des grammairiens par la grammaire des grands écrivains. Aussi, avec quelle ardeur, quel enthousiasme ne fut pas accueillie la *Grammaire Nationale*, non seulement dans toutes les parties de la France, mais encore à l'étranger ! C'est que cet ouvrage, bien différent de tous ceux qui l'avaient précédé, n'établissait pas de règles *à priori* ; c'est que, pour la première fois, il montrait le génie de la langue se développant sous la main de nos grands hommes ; c'est qu'il était comme l'écho vivant de l'*usage*. Personne ne s'y est trompé, et si nous avions pu douter un seul instant du succès de notre livre, l'éloge qu'en ont fait les organes de l'opinion publique, les suffrages dont l'ont honoré la plupart des sociétés savantes, auraient suffi pour dissiper nos craintes, et nous convaincre que nous avions atteint le but que nous nous étions proposé (1). Mais un accueil aussi flatteur ne nous a pas aveuglés sur les imperfections de notre livre.

Dans cette dernière édition, nous nous sommes efforcés d'en améliorer tout à la fois le plan de l'exécution. Plusieurs parties ont été complétées ; d'autres ont été refondues en entier. Quant aux citations, nous avons préféré nous priver de certaines

---

(1) La Grammaire Nationale a été approuvée par l'Athénée des Arts, la Société des Méthodes, la Société Grammaticale de Paris ; la Société d'Émulation pour le perfectionnement de l'instruction primaire en France, etc.

phrases, plutôt que de citer des ouvrages éphémères, ou d'admettre des noms indignes à la compagnie de Voltaire, de Rousseau, de Bossuet, de Racine et de Fénelon. Nous avons également supprimé tout ce qui touchait à la polémique, car nous vivons dans un temps où la jeunesse a trop de choses utiles à apprendre. En un mot, nous n'avons rien négligé pour donner à notre œuvre tous les perfectionnements dont elle était susceptible; nous avons voulu offrir à la France un ouvrage digne d'elle, un livre éminemment français, en un mot une grammaire nationale.

Aujourd'hui que l'on commence à rougir tout à la fois des écarts de la pensée et des erreurs du style; que les livres qu'enfantait l'esprit déréglé de quelques écrivains ont passé de mode; qu'on en est revenu à la nature, à la vérité, au bon goût, cet ouvrage, destiné à ramener la langue dans les limites raisonnables que nos grands écrivains ont su respecter sans rien perdre de leur essor et de leurs prodigieux avantages, ne peut manquer d'obtenir les suffrages universels, et il restera, nous en avons l'espoir, comme le monument le plus imposant qu'on ait jamais élevé à la gloire de notre langue.

DE LA
GRAMMAIRE EN FRANCE,
ET PRINCIPALEMENT DE LA
GRAMMAIRE NATIONALE,
AVEC QUELQUES OBSERVATIONS PHILOSOPHIQUES ET LITTÉRAIRES
SUR LE GÉNIE, LES PROGRÈS ET LES VICISSITUDES DE LA LANGUE FRANÇAISE;

Par M. Philarète Chasles (1).

> Qui se fye en sa grammaire,
> S'abuse manifestement :
> Combien que grammaire profère,
> Et que lectre soit la grand'mère
> Des sciences et fondement : etc., etc.

Ainsi parle, en son chapitre de la grammaire, l'auteur du *Regnars traversant les voyes périlleuses du monde*, livre imprimé *le 25 janvier 1530, par Philippe Lenoir, l'un des deux relieurs jurés de l'Université de Paris.* On voit qu'il y a trois cents ans la grammaire n'inspirait pas confiance entière. C'est encore l'avis de MM. Bescherelle, qui viennent de publier le Répertoire le plus complet de nos règles grammaticales. Après avoir lu et examiné leur court Résumé de toutes les Grammaires, vaste trésor de toutes les acceptions, concordances, idiotismes, gallicismes, employés par nos écrivains de tous les siècles, on est plus que jamais tenté de répéter : *Qui se fye en sa grammaire s'abuse*, etc., etc.

Si la grammaire s'est trouvée en butte à plus d'une défiance et d'un quolibet, elle l'a bien mérité. Il faut avouer que les grammairiens ont eu d'étranges imaginations. Depuis l'imprimeur Geoffroy Thory, qui publiait au commencement du seizième siècle son *Champ-Fleury,* dont les fleurs sont fleurs de syntaxe et les plates-bandes semées de gérondifs, jusqu'à M. Lemare qui damne hardiment tous ses prédécesseurs, les cultivateurs de la syntaxe ont souvent prêté à la plaisanterie. On ferait une longue liste de leurs folies et de leurs absurdités.

Vaugelas pose en principe (devinez son motif, je l'ignore), que l'on ne peut et ne doit pas dire *les père et mère*. Cela n'empêche pas, depuis trois cents ans, les fils de parler de *leurs père et mère*, malgré Vaugelas.

Les rudiments affirment unanimement qu'après un comparatif, le subjonctif est indispensablement nécessaire. Cependant Pascal écrit cette excellente phrase : *Il faut donner aux hommes le plus de liberté que l'on peut.* Tout le monde avoue la légitimité de cette manière d'employer l'indicatif. *Que l'on puisse* serait une faute grossière.

L'auteur du *Dictionnaire des Dictionnaires* cherche l'étymologie de l'interjection *bah !* et il l'explique ainsi, fort gravement :

Bah ! interjection, qui équivaut à *mon étonnement est bas !* c'est-à-dire *j'y mets peu d'importance*.

Voilà une bien jolie étymologie !

Du temps de La Bruyère, les grammairiens et les gens du monde formèrent une ligue contre le mot *car*; le mot *car* survécut aux grammairiens et aux marquis. Souvent les écrivains jaloux ont fait cause commune avec les pédants, pour jouer pièce aux hommes de génie. Montesquieu avait dit : *Le peuple jouit des refus du prince, et le courtisan de ses grâces.* Cette sentence si lucide, si concise, si belle, Marmontel la condamne au nom de la grammaire ; il prétend que l'ellipse est trop forte. La clarté de la phrase prouve le ridicule de la critique. Mais n'était-il pas naturel et nécessaire que l'auteur des *Incas* se montrât injuste envers l'auteur de *l'Esprit des Lois ?*

Il est arrivé à Voltaire même, dans son *Commentaire sur Corneille*, de se livrer à de mauvaises chicanes grammaticales qu'il soutient par de bons mots. Il prétend que ces vers :

> Trois sceptres à son trône, arrachés par mon bras,
> Parleront au lieu d'elle et ne se tairont pas !

rivalisent en niaiserie avec les vers de M. de la Palisse : *Hélas ! s'il n'était pas mort, il serait encore en vie.* Voltaire est de très mauvaise foi ; il sait que le langage prêté par le poëte aux sceptres qu'il anime, acquiert dans le second hémistiche une éloquence foudroyante, une voix éternelle *qui ne se taira plus!* C'est une beauté, non une faute. La taquinerie grammaticale rabaisse au niveau des esprits médiocres les esprits supérieurs, les génies les plus brillants.

Les seules fautes de français véritables, ce sont les locutions qui rendent le langage obscur, pénible, équi-

---

(1) Ces observations littéraires et philosophiques sur l'histoire de notre langue, sont extraites des trois beaux articles que le *Journal des Débats* a bien voulu consacrer à notre ouvrage. Nous avons pensé que nos lecteurs ne les liraient pas sans intérêt.

voque, établissent confusion, embarrassent le sens, ou détruisent ces teintes et ces acceptions délicates qui constituent le génie de notre langue, et la principale source de ses richesses. L'ouvrage de MM. Bescherelle est neuf, en ce qu'il n'établit pas de théories; il montre le génie de la langue se développant sous la main de nos grands hommes. Les Bossuet et les Pascal, instituteurs que ces messieurs appellent à leur aide, valent bien les Beauzée et les Court de Gébelin. Les enseignements de ces écrivains supérieurs démontrent le ridicule et l'arbitraire de mille prétendues règles qu'il faut savoir violer pour savoir bien écrire. On voit que tous les chefs-d'œuvre ont été créés non d'après ces règles, mais souvent malgré elles et en dehors du cercle magique tracé par la grammaire sacro-sainte. Les faits sont là qui parlent plus haut que les règles. Les auteurs nouveaux, parcourant toute l'étendue de la syntaxe française, et s'appuyant sur cent mille exemples puisés aux meilleures sources, indiquent avec une rare justesse, avec une sagacité analytique digne de beaucoup d'éloges, la valeur, l'usage, la place, les variations de chaque mot; les bornes de telle acception; les limites de telle concordance; la nécessité de franchir telle règle accréditée; la légitimité de telle licence qui établit une nouvelle règle dans la règle. C'est une collection unique et fort précieuse : là se trouve éparse toute l'histoire de notre idiome, de ses variations, de ses origines et de ses singularités. Sous la forme d'une compilation et sans afficher de hautes prétentions philosophiques, c'est l'œuvre la plus philosophique et la plus rationnelle dont la langue française ait été depuis longtemps l'objet.

Non que toutes les données des auteurs nous semblent justes et que leur livre soit, selon nous, exempt de lacunes et d'imperfections. Si le plan est excellent et l'exécution en général très distinguée, s'ils ont eu raison de ridiculiser les folles délicatesses de quelques puristes et d'en prouver le peu de fondement; si leur analyse est souvent heureuse et lucide, ils nous semblent avoir poussé bien loin en plusieurs circonstances la tolérance grammaticale, et justifié des fautes réelles par des analyses trop subtiles.

Voici une phrase qu'ils donnent pour correcte : *les animaux ont en soi*; n'est-elle pas d'une incorrection frappante ? On dit : *chacun pense à soi*; on ne dira pas : *les hommes attachent à soi les animaux*. Je sais que l'analogie latine du mot *semetipsum* peut justifier jusqu'à un certain point les grammairiens; mais l'usage est roi; ses sentences veulent être écoutées et respectées. Aujourd'hui que l'on parle en France une quarantaine de langues différentes; qui, le gaulois de Villehardouin; qui, le français de Marot; qui, un autre français à la Shakespeare, à la Schiller, à l'arlequin; qui, un idiome de taverne, de rue, de café, de coulisse; aujourd'hui que tous ces styles s'impriment; aujourd'hui que chacun s'évertue à créer, comme sous Louis XIII, un petit barbarisme nouveau (s'il est possible, car on a usé le barbarisme), le grammairien doit-il ouvrir la porte toute grande, et, jetant les deux battants à droite et à gauche, proclamer que tout est permis? Ce qui a fait la gloire de Malherbe, génie peu poétique, c'est que, dans un temps littéraire assez semblable au nôtre, il s'est armé de sévérité. Nous accusera-t-on, à ce propos, de pédantisme ou de contradiction? Nous avons loué le principe : nous en blâmons l'abus.

En fait de style et de langage, comme en politique et en philosophie, la lutte est entre la liberté d'une part, et d'une autre la puissance d'ordre et d'organisation; deux excellents principes qui ne doivent pas s'annuler, mais se soutenir; ils s'accordent malgré leur combat. Tout écrivain supérieur est à la fois néologue et puriste. Veut-on fixer à jamais la langue? On arrête le progrès, on est pédant. Donne-t-on une liberté effrénée aux mots, à leur vagabondage, à leur mixtion, à leurs alliances, à leur fusion, à leurs caprices? On expose un idiome au plus grand malheur qui puisse lui arriver, à la perte de son caractère propre, à la ruine de son génie. La langue grecque va mourir, lorsque l'empereur Julien se sert d'un grec asiatique; elle n'existe plus, lorsque la princesse Anne Comnène introduit dans la langue de Platon toutes les circonlocutions orientales. Saint Augustin et Tertullien sont des hommes de génie et d'esprit; mais leur langage romano-africain annonce la chute de l'empire; voilà bien les inflexions et les désinences latines; cela ressemble un peu à l'idiome de Cicéron; hélas! similitude éloignée et trompeuse; le latin ne renaîtra plus, c'est une remarque fort curieuse que les langues se forment, croissent, se renouvellent, mûrissent, et atteignent leur perfection au moyen des idiomes étrangers qu'elles s'assimilent; que cette assimilation seule les soutient, et qu'à la fin de leur carrière cet élément de leur vie, devenant l'élément de leur mort, les corrompt, les étouffe, les écrase et les tue.

Notre langue a de vieux principes, assez mal expliqués jusqu'ici par les scolastiques, mais fondés en raison et que les nouveaux grammairiens ont tort de détruire. Pour le prouver, il faudra bien entrer dans quelques discussions dont le pédantisme et la sécheresse n'effraient d'avance. MM. Bescherelle déclarent que la langue française n'a pas de genre neutre. Nous le retrouvons, effacé, il est vrai, et peu reconnaissable, mais doué de sa signification et de sa valeur propres, dans les verbes *il pleut, il tonne, il importe*; dans les locutions *il y a, il fait beau, il faut*; dans les mots *en* et *y*, sur lesquels nous ne partageons pas l'avis de la grammaire nouvelle; dans *je le veux, je le dois, je l'emporte*; où le mot *le* joue le rôle du pronom neutre des Latins, *illud*. Pour expliquer ces diverses locutions, MM. Bescherelle ont recours à des procédés analytiques fort savants, trop savants, selon nous. Une phrase excellente de La Bruyère, qu'ils condamnent à tort comme anti-grammaticale, prouve que l'acception du mot *le* est bien celle d'*illud*, du pronom neutre latin : « *Les fourbes croyent aisément que les autres le sont...* » Qui peut rien reprendre à cette phrase, d'une clarté parfaite, et où le pronom *le* est évidemment pour *illud, cela*?

L'analogie des langues étrangères modernes suffit pour décider la question. Les Allemands et les Anglais ont un neutre distinct qu'ils emploient à tout moment, *es* et *it*. Pour traduire dans ces deux langues les phrases que MM. Bescherelle se donnent tant de peine à expliquer, au moyen de longues et savantes analyses, on n'a qu'à employer le neutre allemand ou anglais. *Il pleut*, « es regnet, it rains; » *il faut*, « es muss, it must; » *Il est vrai*, « es ist true, it is true. » Les grammairiens nouveaux commentent subtilement l'expression *vous l'emportez*, qu'ils regardent comme un gallicisme embarrassant. Ce qui les embarrasse, c'est le système qu'ils défendent et la persuasion où ils sont que *le* n'est pas un pronom neutre, et que nous n'avons pas de neutre. Mais *l'emporter* n'est pas un gallicisme; c'est la contraction de la locution latine : *Palmam tulit, emporter la palme*. Les Allemands et les Anglais possèdent aussi cet idiotisme, et ils rendent précisément ce *le* par leur pronom neutre *es* et *it*. — « Eh bien! (demande Hamlet dans le drame de Shakespeare) sont-ce les enfants qui *l'emportent ?* — Do the boys carry it away ? » La traduction est littérale *(l'emporter , — carry it away)*, et le neutre s'y trouve. J'ai peine à croire que la véritable explication de *il pleut*, soit *le ciel pleut*. L'analogie la plus étroite lie cette locution aux locutions du même genre : *il faut, il vaut mieux, il doit être beau de*, etc., que les Anglais traduisent par : *it must, it is better*, etc. Je sais que le roman de la *Rose* a dit

Li air pleut et tonne ;

mais alors même que Jehan de Meung aurait employé activement le mot *pleuvoir* (comme cela est arrivé une seule fois à Bossuet), l'analogie des locutions que nous venons de citer, et le fait de leur existence et de leur groupe ne seraient pas détruits. Quittons la théorie ; remontons jusqu'à l'origine de ces fournures : *il faut, il pleut, il y a*, sont évidemment l'expression d'une sensation subite et positive, qui règle les choses : *Pluie, Nécessité, Présence d'un objet*. Un sauvage dirait : *Pluie, nécessité, voici!* De ces mots, on a fait des verbes. Dans l'origine ces verbes n'étaient précédés d'aucun pronom ; le style marotique a conservé cette primitive et rude forme : *Faut être sage*, disent encore les paysannes.

Alors tonnait, pleuvinait à merveilles,

dit le *Verger d'honneur*. Mais comme tous les verbes français se trouvaient précédés d'un pronom ou d'un nom, et que le verbe neutre impersonnel était seul de sa classe, on voulut le régulariser, le faire marcher de front avec le reste de la syntaxe, et on lui donna pour affixe, vers le commencement du quinzième siècle, cet *il (illud)* qui correspond exactement au *it* des Anglais.

Well; it must be so! (illud) « Bien, *il* doit en être ainsi! » Décidément, MM. Bescherelle rendront le neutre à notre grammaire, qui est déjà bien assez irrégulière comme cela.

J'ai un second procès pédantesque à intenter à ces messieurs : il s'agit de deux petits mots très durs à l'oreille, très nécessaires, d'un difficile emploi, mais de grande ressource, comparses utiles et déplaisants, les mots *en* et *y*. *Y* vient du mot latin *illic, illuc, là*, « en cet endroit. » *En* vient du mot latin *inde* ou de *illo*, « de là et de cela. » Les auteurs de la *Grammaire nationale* veulent que ces deux mots ne soient pas des neutres, en dépit de leur origine et de leur usage ; les arguments qu'ils emploient ne nous persuadent pas: Dire : *J'aime cet homme et je m'y attache*, au lieu de *je m'attache à lui*, c'est commettre une des fautes les plus graves possibles : faute contre l'étymologie, faute contre le génie de la langue française, dont la délicatesse ne confond jamais des nuances distinctes. *Je traînai ma barque jusqu'au rivage et je l'y fixai*, est une bonne phrase qui ne frappe l'oreille et l'esprit d'aucun sens désagréable. — *C'est ma place et j'y tiens*. — *C'est mon ami : je tiens à lui*. La distinction est claire. — *C'est un homme honnête ; fiez-vous-y* , me déplait beaucoup, quoique cette phrase ait été signée, paraphée et sanctionnée par l'Académie française. J'en demande humblement pardon à l'Académie française.

Que l'on place à côté l'une de l'autre cette phrase :
Vous avez sa parole ; fiez-vous-y.
Et cette autre phrase :
— *Vous avez vu M. tel ? vous vous y fiez ?*

L'oreille, un instinct secret, d'accord avec le sens véritable des mots et le génie du langage, vous avertiront que la première des deux est excellente; mais qu'il y a dissonance, faute, incorrection dans la seconde. Pour peu qu'on ait de goût, on changera presque involontairement cette dernière, et l'on dira : *Vous avez vu M. tel? vous fiez-vous A LUI?* Il y a donc une nuance; c'est cette nuance, empruntée à l'étymologie latine, qui fait du mot *y* un pronom neutre et l'applique aux choses inanimées. Qui oserait dire : *Sa fille l'avait quittée, je l'y ai rendue ?* On dirait : *Je la lui ai rendue*. Quand Mme de Sévigné écrit à sa fille : *Votre petit chien est charmant, je m'y attache*. On n'est pas blessé de cela ; tout charmant qu'il soit, ce n'est qu'un chien. Ce *y* est neutre ; les Anglais diraient de même en parlant d'un animal favori : *I am fond of it ;* employant le neutre pour les animaux, *the brute creation* ; et nous réservant à nous, bipèdes, qui ne le méritons guère, l'honneur du pronom des deux genres.

Même remarque sur le mot *en*. *Je m'en doute*, signifie je me doute *de cela (de hoc)*. En parlant d'une femme, il faut dire : *Je doute d'elle*, et non pas : *J'en doute*. MM. Bescherelle nous semblent avoir ouvert une carrière très large aux fautes grammaticales (si fréquentes de notre temps), quand ils ont essayé de détruire le sens neutre des mots dont nous parlons. Personne n'oserait s'exprimer de la manière suivante : *Mon père m'appela ; je m'en approchai*. On dira : *Je m'approchai de lui*. Donc le mot *en* ne remplace pas *de lui*, mais *de cela*. On dira très bien : *Je vis un chêne à peu de distance, et je m'en approchai* (*du chêne, de cela*). Voilà une nuance bien marquée, une nuance nécessaire ; il faut la conserver dès qu'elle existe. Notre langue ne vit que de nuances. Dans ces deux vers d'Andrieux :

Quelle amie oserait m'ouvrir une retraite,
Je n'en ai pas besoin !

tout le monde voit que ce n'est pas de l'*amie*, mais de la *retraite* qu'il est question, et que là *en* est bien neutre. *Ne vous en déplaise ! il faut s'en moquer !* prouvent le sens neutre du même mot. Les poètes, je le sais, l'ont employé souvent au lieu de *lui*, ou *d'elle*, mais par licence, par extension, et toujours dans un sens méprisant et odieux.

Un vieillard amoureux (dit Corneille) mérite qu'on en rie.
Pour punir un méchant, (dit Voltaire) pour *en* tirer justice.

Ces deux personnages si maltraités sont assimilés à des choses, et non pas à des hommes. Quand Marivaux dit : *Elle fait la passion des gens, et son mari en est jaloux*, la phrase signifie : *Son mari est jaloux* de cela, et non pas : *est jaloux d'elle*.

Dans les écrits du dix-neuvième siècle, on a souvent confondu les acceptions de ces mots : *en* et *y*, avec celles de *lui* et d'*elle*; cela est très vrai; mais il y a corruption dans cet emploi. Non parce que M. de Vaugelas ou M. Dumarsais le veulent, leur autorité ne m'est de rien; mais il faut conserver avec soin le signe distinctif qui isole de la chose matérielle, de l'être brut, de l'abstraction, l'homme vivant, notre semblable. C'est une richesse du langage. Soyez indifférent quant au sort des règles qui ne nous donnent pas une beauté; fouettez celles qui nous appauvrissent; battez-les en brèche et en ridicule; mais gardez et protégez celles qui étendent le cercle de nos ressources, qui offrent de plus nombreux matériaux à la pensée et au style !

Que d'inutiles et pointilleux détails, va-t-on dire ? C'est de cette menue et faible monnaie que se compose le trésor grammatical. Après avoir adressé à MM. Bescherelle les seules critiques auxquelles donne prise leur excellent travail, je chercherai dans ce répertoire commode, vaste et bien divisé, quelques-uns des résultats élevés et des considérations générales qui dominent toute l'histoire mal connue de la langue française.

Quel obstacle opposerez-vous aux révolutions des langages, vous qui ne pouvez enclouer pour un seul moment les révolutions des modes ou des mœurs ? les idiomes ne sont que l'organe, le *verbe* de la civilisation humaine ; c'est une voix qui mue ; c'est un accent qui se modifie avec les phases vitales de la société. Tantôt notre orgueil nous fait croire que notre époque est la seule où le langage soit parvenu à maturité complète; tantôt dégoûtés et rassasiés de nous-mêmes, nous nous rejetons en arrière, pleurant la décadence de notre idiome national. Nous ne voyons pas que le cours des idées et les évolutions matérielles de la vie sociale entraînent le langage avec eux et lui font subir d'inévitables altérations. Quand Froissart écrivait, les paroles lui manquaient-elles? Montaigne, dans la solitude de sa bibliothèque féodale, se plaignait-il de l'indigence du langage? N'y avait-il pas assez de nuances pour La Bruyère? et dans l'état de mœurs le moins favorable au développement de l'imagination pittoresque, Diderot ne trouvait-il pas toutes les couleurs chaudes que réclamait son pinceau ? Ces couleurs ne sont-elles pas avivées et enflammées encore sur la palette de Châteaubriand, au dix-neuvième siècle, quand l'esprit analytique régnait en despote sur les écoles françaises ? Les langues font des acquisitions et des pertes, comme les peuples ; elles achètent les unes au prix des autres, comme les peuples.

De grands génies paraissent, et l'on dit que l'idiome dont ils se sont servis est immuable. Ils meurent, une nouvelle moisson de paroles inconnues et de tournures inusitées fleurit et verdoie sur leur tombe. Si l'on procédait par exclusion, s'il fallait condamner les révolutions du langage enchaînées aux révolutions des mœurs, si l'on ne voulait accepter qu'une seule époque littéraire dans toute la vie d'une nation, Lucrèce d'une part, et de l'autre Tacite seraient des écrivains barbares; il ne faudrait lire ni Shakespeare et Bacon, riches de toute l'éloquence du seizième siècle, ni Mackintosh, Erskine ou Byron, néologues du dix-neuvième siècle. En France, on répudierait la langue admirable et pittoresque de Montaigne, et l'idiome bizarre, ardent, emporté de Diderot, de Mirabeau, de Napoléon. Il est vrai que tout s'épuise, la sève des sociétés et celle des idiomes. Dans les sociétés en décadence, les langues s'éteignent, la parole perd sa force et sa beauté, les nuances s'effacent, la phraséologie devient folle ou radoteuse ; c'est le râle des littératures; ce sont les derniers accents, les gémissements brisés de l'agonie. L'effort de tous les rhéteurs, le cri de détresse de tous les grammairiens ne sauveront pas un idiome qui périt avec un peuple. Anne Comnène se sert d'un style prétentieux et lourd, enveloppé de draperies superflues, vide et pompeux comme la cour byzantine. Sans doute cela doit être. Si vous voulez ressusciter le lexique et la grammaire, si vous prétendez que ce mourant retrouve la voix, jetez un nouveau sang dans ces veines qui se dessèchent, ressuscitez le cadavre, il parlera.

Quelques langues, échappant au mouvement vital qui soutient et renouvelle tout dans le monde, sont restées stationnaires ; ce sont celles qui ont le moins produit. L'idiome provençal, père d'une littérature passagère, dont la lueur a servi de signal à la poésie moderne, a brillé un instant et n'a pas laissé de grandes œuvres. S'il faut en croire les savants d'Allemagne qui se sont occupés des idiomes de la Lithuanie, de l'Illyrie et de la plupart des régions que les races slavonnes habitent, ces races ont conservé leurs langues pures d'altération, et n'ont guère créé que des chants élégiaques et pastoraux. La fécondité semble attachée au mouvement; la stérilité à l'inaction. Il en est des langues comme de tout ce qui a vie : ruine et renaissance, mort et réparations constantes jusqu'à la mort, qui est le silence et le repos total.

Les vrais grammairiens, les seuls grammairiens, ce ne sont ni Beauzée, ni Dumarsais, ni le vieil imprimeur Geoffroy Thory; ni les honorables membres de Port-Royal ; ni Vaugelas, à qui une fausse concordance donnait la fièvre ; ni Urbain Domergue, connu par son inurbanité envers les solécismes qui éveillaient sa colère ; ni M. Lemare, le Bonaparte du rudiment et le Luther de la syntaxe. Les vrais grammairiens, ce sont les hommes de génie; ils refont les langues, ils les échauffent à leur foyer et les forgent sur leur enclume. On les voit sans cesse occupés à réparer les brèches du temps. Tous, ils inventent des expressions, hasardent des fautes qui se trouvent être des beautés; frappent de leur sceau royal un mot nouveau qui a bientôt cours, exhument des locutions perdues, qu'ils polissent et remettent en circulation. Tous, néologues et archaïstes, plus hardis dans les époques primitives, plus soigneux et plus attentifs dans les époques de décadence, mais ne se faisant jamais faute d'une témérité habile, d'une vigoureuse alliance de mots, d'une conquête sur les langues étrangères. Les écrivains qui parmi nous se sont le plus servis des archaïsmes, ceux qui ont renoncé le plus difficilement à l'ironie bonhomière des tournures gauloises, à leur vieille et bourgeoise naïveté, ce sont Lafontaine, Mᵐᵉ de Sévigné, Molière, La Bruyère, au dix-septième siècle; Jean-Jacques Rousseau au dix-huitième, Paul-Louis Courier de notre temps. Bossuet a osé (lui seul pouvait oser ainsi) faire pénétrer dans une langue analytique et toute de détail, les tournures hébraïques ; c'est un prodige; rien n'est plus hostile à l'idiome gaulois que la concentration et la synthèse elliptique de l'hébreu. La phraséologie grecque se trouve chez Amyot, Fénelon et Racine. Montaigne et Rabelais ont jeté dans leur style une infusion italienne très marquée. Tous les auteurs qui ont vécu sous Richelieu, parlaient un français espagnol. Les interminables périodes de Mᵐᵉ de Motteville sont calquées sur celles de Balthazar Gracian ; Balzac, ennuyeux et grave prosateur, impose à ses phrases toute l'étiquette castillane; mais c'est Pierre Corneille, le grand homme, qui nous a forcés d'adopter quelques traits puissants du génie espagnol. Rousseau ne s'est pas contenté de renouveler et de dérouiller les fortes expressions de Montaigne et de Calvin ; il a fait des emprunts semi-teutoniques à sa petite patrie, à Genève, dont les idiotismes spéciaux ont été consacrés et immortalisés par lui. Ainsi, de faute en faute, d'audace en audace, toujours téméraires, toujours réprouvés par le pédantisme, ils fournissaient des aliments nouveaux à leur vieille mère, à cette langue française qu'ils empêchaient de mourir.

Ce sont là des vérités historiques que je ne conseille à personne de redire si l'on postule un des fauteuils de l'Académie. Mais si j'aime l'Académie, j'aime encore mieux la vérité, toute rude et périlleuse qu'elle soit dans tous les temps, comme je le sais fort bien. Ouvrir la porte au néologisme, dont la plupart de nos écrivains abusent misérablement; excuser ou encourager les fredaines de style qui font tant de bruit autour de nous; augmenter cette rage de vieilles expressions, de phrases mal faites, d'emprunts maladroits à Ronsard et à Jodelle, ce n'est pas mon intention. A côté du talent qui invente, près de l'habile artiste qui rajeunit les débris du langage, se trouvent toujours les manouvriers dont la gaucherie et l'exagération sont fertiles en essais ridicules. Voulez-vous condamner le néologisme? Faites la liste des néologues absurdes. Il est facile de livrer les archaïstes au mépris en citant les ravaudeurs ignorants du vieux langage. Pendant que le puissant Corneille *cloue*, pour ainsi dire, dans la langue française, les hardiesses les plus incisives et les plus ardentes de la langue espagnole, un poète alors à la mode, Saint-Amand, fait la même tentative, et lance

<blockquote>
Dans les champs de l'azur, sur le parvis des nues,
Son esprit à cheval sur des coquesigrues!
</blockquote>

Ouvrez les versificateurs du temps de Louis XIII, dont quelques rares amateurs possèdent la collection, si utile pour l'histoire de notre langue, vous reconnaîtrez qu'alors on était aussi fou de néologismes qu'aujourd'hui. Les héroïnes de l'*Astrée* baragouinent beaucoup de phrases aussi espagnoles que celles de Corneille. Comparez au néologisme de Jean-Jacques Rousseau celui de Sébastien Mercier; aux expressions antiques renouvelées par Paul-Louis Courier ou conservées par Lafontaine, opposez le mauvais patois gaulois imité par le comte de Tressan, vous verrez qu'il y a fagots et fagots, que tout dépend de l'habileté de l'artiste, et qu'il ne faut frapper d'un anathème exclusif que la sottise et la maladresse. Certains esprits distingués, mais non supérieurs, fins, gracieux, délicats, mais peu oseurs, dont la pensée prudente reste toujours dans les régions moyennes, n'ayant besoin ni d'émouvoir, ni de convaincre, ne voulant frapper leurs lecteurs d'aucun ébranlement profond, se contentent d'employer avec talent les ressources de la langue existante. Pourquoi les mépriser? Ils expriment ce que leur intelligence a conçu. Les richesses acquises leur suffisent; ils se tiennent à leur place; ils échappent au ridicule d'une tentative dont le succès leur échapperait. Tels sont Lamotte et Fontenelle sous la régence; l'abbé Desportes et quelques versificateurs sous Henri IV; d'Alembert, Suard, La Harpe et le pesant Marmontel au dix-huitième siècle. S'ils n'enrichissent pas leur idiome, du moins ils ne le flétrissent et ne le corrompent pas; ce mérite (c'en est un bien réel) appartient à la plupart des écrivains célèbres de l'Empire, contre lesquels on s'est armé récemment d'une colère égale à l'admiration qui les avait entourés.

Mais quel parti prendre entre le néologisme et le puritanisme du langage? Quelle ligne sépare les libertés permises des licences que vous condamnez?

Il n'y a qu'une règle en cette matière; un homme d'esprit, un homme du monde, d'un tact infiniment délicat, d'une rare netteté d'intelligence, l'a posée depuis long-temps; c'est Horace. Il veut que l'on sache d'abord ce que l'on veut dire, que l'on n'affecte ni la rouille de l'antiquité, ni la prétention des nouveautés; en d'autres termes, il exige que la pensée commande à l'expression, qu'elle la fasse jaillir, soit du fond même du langage ordinaire, ou d'une création inattendue, ou du sein de la vénérable antiquité; il veut surtout que l'on connaisse ses forces,

<blockquote>
. . . . . . *Quid valeant humeri, quid ferre recusent*,
</blockquote>

et que l'on ne s'impose pas de tâche supérieure à son pouvoir.

Après tout, il n'y a dans les préceptes du poète aucun système arrêté, point de dogme, point de symbole de foi; Horace ne défend absolument ni les innovations ni les renouvellements. C'était une intelligence élevée qui ne donnait que des aperçus vastes et lumineux, souples et ondoyants comme les variations des choses humaines, semblable à cet égard à Michel Montaigne, à Shaftsbury, aux plus sagaces observateurs, qui n'ont pas dicté de lois au monde : ils ont laissé cet honneur à MM. de Vaugelas et Restaut. En France cela réussit peu : nous avons besoin de dogmes. Tous les esprits impératifs et dogmatiques nous ont imposé : ils ont exercé une facile influence sur la nation la plus spirituelle de la terre. Si l'on ne nous commande, nous croyons qu'on est faible. Il nous faut des axiomes, comme aux enfants des lisières, ou aux vieillards des béquilles. Qu'un bon guide se contente de nous indiquer les obstacles ou les abîmes, à droite ou à gauche, nous tomberons effrayés. Dogmatisez, commandez-nous, décidez-vous, soyez absolu, prenez parti; ainsi ont fait tous les écrivains orgueilleux qui préfèrent le succès actuel à la vérité, et le plaisir de l'empire à celui de l'étude. Ronsard a dogmatisé; puis Vaugelas, puis l'abbé d'Aubignac, puis Lamothe-Houdart. Ce pauvre Pierre Corneille a essayé de bâtir aussi des systèmes, et Dieu sait avec quelle maladresse! Ensuite est venu le tour du dix-huitième siècle; tout le monde a fait son œuvre. Le baron d'Holbach frappait bien plus fortement les esprits que Vauvenargues. Vauvenargues était profond et modeste, d'Holbach creux et insolent. Mais l'un, observateur sans faste, exposait avec simplicité des résultats, quelquefois des doutes. L'autre, hardi comme Dieu, arrêtait des principes et bâtissait un monde. Nous aimons cet air d'assurance qui nous rassure contre nous-mêmes : c'est ce qu'une école de gens d'esprit et de novateurs modernes appelle *se poser*, mot heureux, théâtral et bien drapé, qui convient merveilleusement à la chose exprimée. On se *pose* Dieu, on se *pose* roi, on se *pose* victime. Napoléon Bonaparte avait senti cette faiblesse invétérée des organisations françaises dont la légèreté réclame un appui. Il a aussi dogmatisé, souvent très follement, et de la façon la plus contradictoire. Qu'importe? pourvu que l'axiome eût l'air bien géométrique et bien impérieux, cela suffisait. Fût-il parvenu à se créer parmi nous une existence souveraine, libre, riante, puissante comme celle de Jules-César à Rome, dépouillée de charlatanisme et de mensonge, de paroles de théâtre et de sentences foudroyantes? Jamais. Il remarque lui-même quelque part « que « nous demandons à être *matés* (c'est son terme),—et qu'en France un libre et confiant laisser-aller engendre « une familiarité dangereuse. »

Nos grammairiens ont usé largement de ce droit de pédantisme que le génie de la nation leur donnait. Ils ont tranché dans le vif et fabriqué des codes sévères, ils ont environné de palissades et de bastions les participes et les conditionnels. Travaux perdus, fatigues sans résultat ! Leurs principes tombaient aussitôt qu'établis. L'ouvrage de MM. Bescherelle offre la liste interminable des échecs de la grammaire ; le budget de toutes les lois inutiles qu'elle semble n'avoir formulées que pour les laisser violer ; le compte de toutes les atteintes portées tour à tour par Corneille, Bossuet, Pascal, Fénelon, Voltaire, à Vaugelas, Beauzée, Dumarsais et l'abbé d'Olivet. Plus les règles étaient absolues, plus elles étaient fragiles. C'est que la vérité ne se trouve jamais dans l'absolu ; elle n'est pas même au milieu des questions : elle est au-dessus. Pendant que les esprits communs la cherchent dans les axiomes tranchés, soutenus avec aigreur par les partis en lutte, elle plane sur les deux camps. « L'inversion est-elle permise à la langue française ? Est-il licite d'innover dans le langage ? « Doit-on employer les mots anciens dans un idiome plus moderne ? » Aucune de ces questions ne peut se résoudre par *oui* ou par *non*; mots précieux et sacramentels qu'il faut déclamer très haut pour se faire suivre de la masse. Voulez-vous avoir une école ? n'y manquez pas. Mais êtes-vous plus philosophe que vaniteux, plus sincère qu'homme de parti ? vous ne vous prononcerez pas si vite. L'amateur de la vérité, de l'art, de la science, creuse plus avant, pénètre dans les entrailles mêmes des idées et des faits historiques. Il y découvre, non sans travail, les principes fondamentaux qui réconcilient les contradictions apparentes ; il s'explique pourquoi l'inversion, excellente dans telle circonstance donnée, est impossible dans telle autre ; il voit quelles lois supérieures aux règles en permettent ou en ordonnent le déplacement ; il n'arrive pas à l'indifférence et au vague sur toutes les questions, mais à un système lumineux et haut, bien plus vaste, bien plus arrêté, bien plus net, et dont l'élévation seule le soustrait aux regards de la foule.

Ainsi, la règle souveraine, la loi suprême des idiomes, c'est le génie propre de chacun d'eux. Tout ce qui lui répugne est inadmissible, tout ce qu'il permet on doit l'oser. En vain les grammairiens multiplieront les fantaisies, les injonctions, les définitions, les sévérités, les folles délicatesses ; fidèle par instinct au génie de sa langue et de sa nation, l'écrivain supérieur découvrira toujours en dehors du cercle grammatical et du code convenu quelque beauté légitime et nouvelle conforme à la règle suprême. Mais quel est le génie propre de la langue française ? De quels éléments matériels et métaphysiques s'est-elle formée ? Quelles phases historiques ont déterminé et soutenu sa formation ? Quels caractères spéciaux doit-elle aux révolutions qu'elle a traversées ? Quelles sont les bases sur lesquelles elle repose et les vrais principes de sa force ? Belles et graves questions, qui s'étendent très loin et ne peuvent se résoudre qu'au moyen de l'histoire, d'une étude attentive des mots et de leurs destinées et d'une sagacité rarement unie à l'érudition. L'histoire des variations de la langue française n'est pas faite et probablement ne se fera pas. Les encouragements nécessaires pour ces grands travaux ne peuvent venir que d'un public autrement disposé que le nôtre, moins absorbé dans ses affaires personnelles, dans ses intérêts individuels, dans les débats d'une société en péril, et dans ses propres jouissances. C'est dommage. Un homme assez puissant pour cette œuvre élèverait un monument précieux, non seulement à la philologie, mais utile à l'histoire des mœurs et à celle des faits ; ce travail est le travail littéraire du siècle. On s'en passera bien, comme de tant d'autres choses.

Latine d'origine, notre langue s'est formée par contraction ; un peuple sauvage et plus septentrional que celui dont il empruntait l'idiome, mutilait et contractait la plupart des mots qui lui étaient transmis : il faisait de

Quare ou *Quamobrem*—le mot *Car*;
De *Indè—En*;
De *Illic, illuc—Y*;
De *Unus—Un*;
De *Homines—On*, etc., etc.

La nation gallo-romaine a-t-elle opéré elle-même ces contractions du latin, ou les doit-elle (comme le pense M. Raynouard) à l'imitation du provençal, fils aîné de la langue romaine ? Je ne sais ; mais il est certain que la plupart des expressions empruntées au Dictionnaire de Rome, se trouvent abrégées dans le français, et réduites à leur racine primitive. En raccourcissant les mots, on allongeait les phrases : les articles ou affixes naissaient pour remplacer les désinences et les inflexions. D'un idiome synthétique, les Gaulois faisaient une langue analytique, chargée de petits mots et de pronoms qui devaient remplir l'office des terminaisons variables du latin. Un peuple sans littérature et qui n'écrit pas ses pensées, a toujours recours aux pronoms et aux articles. La civilisation intellectuelle ne donnant pas de produits, les langues, réduites à l'usage populaire, perdent le caractère de la synthèse, répudient l'inversion, se chargent d'affixes, et adoptent le mode direct et analytique. Avant Homère, la langue grecque n'a pas d'articles ; elle les adopte entre Homère et Hésiode. La langue allemande des plus anciens monuments teutoniques procède synthétiquement ; ne se trouvant alors fixée par aucune littérature, elle dégénère, penche vers la forme analytique, et adopte les affixes pendant l'espace de temps qui s'écoule jusqu'à Luther. Toutefois une ligne de démarcation profonde restera tracée entre les idiomes du nord, issus de la souche teutonique, et les langues nées de l'imitation romaine. Les premiers, malgré l'emploi des articles, conservent leur génie de synthèse : c'est leur puissance. Les seconds, à la naissance desquels le génie de l'analyse a présidé, s'en tiennent au mode direct, et n'adoptent que par licence, à de rares moments, et avec beaucoup de réserve, l'inversion libre et forte des langues à inflexions et à désinences.

Le mode analytique une fois adopté, les articles une fois admis comme modérateurs et guides du discours, le développement de l'esprit français s'opère naturellement : les penchants nationaux et la disposition même des organes influent sur notre langue. Délicatesse, nuances, clarté, facilité, ironie, délicatesse surtout, voilà les premiers caractères que l'on distingue dans sa formation matérielle. Ce qui lui appartient en propre, quant à sa partie musicale, se compose de nuances si déliées qu'elles ne sont pas perceptibles pour les étrangers. L'e muet, qui se retrouve dans toutes nos phrases et que les autres nations ne connaissent pas, n'est qu'une *demi-voyelle*; ou plutôt c'est la vibration d'une consonne qui finit et se prolonge. Le son nasal, produit par la fusion de la lettre *n*, avec d'autres sons, n'est qu'une *demi-diphtongue*, une diphtongue étouffée, privée de sa sonorité, espèce de terme mitoyen et de compromis entre les consonnes et les voyelles. Ne faisons pas compliment de cette invention à nos respectables aïeux; nos syllabes *on, en, in, un*, désagréables, dures, sont la tache originelle du vocabulaire français: elles jettent dans notre clavier beaucoup de notes fausses et sourdes qui désespèrent les musiciens et les orateurs.

Le même caractère mitoyen, le même génie de nuances et de délicatesse, qui a fait entrer dans la partie vocale de la langue des demi-voyelles, des demi-consonnes, des demi-diphtongues, influe encore sur la syntaxe française, sur la formation des phrases, sur l'arrangement des mots, sur leur synonymie. Il multiplie les finesses, les ellipses, les sous-entendus, et favorise ainsi notre goût national pour l'ironie qui vit de sous-entendus, de réticences et de demi-mots. Voilà les éléments métaphysiques et matériels de la langue. Aucune de ces nombreuses nuances n'aurait été sentie, si l'idiome, déjà fort simple, grâce à sa marche analytique, n'avait adopté pour premier principe une clarté extrême; c'est là, depuis son origine, le fonds de son génie, l'axiome fondamental de sa grammaire; il a horreur de l'obscurité. Toute locution obscure ne sera pas française. On supprimera donc tout ce qui embarrasse les périodes, enchevêtre les phrases, obscurcit les acceptions des mots, fait naître des équivoques pénibles à l'esprit; on établira des concordances très exactes et très minutieuses; on s'opposera fortement à ce que le conditionnel ou le *possible* se confonde avec le présent ou le *réel;* on bannira les nombreux adjectifs juxta-posés des Espagnols et des Italiens, les enlacements synthétiques de la phrase allemande, les énergiques syllepses de la phrase anglaise; on déblaiera le terrain, de manière à ce que l'esprit français puisse saisir toutes les finesses, s'emparer de toutes les nuances, jouir de toutes les délicatesses de la pensée et du discours. Il en résultera une langue très pure, très chaste, très limpide, admirable par les détails, facile et souple instrument de conversation quotidienne, mais privée d'une grande partie des ressources énergiques, des tournures véhémentes, des inversions foudroyantes, des ellipses passionnées et des couleurs fortes que d'autres nations possèdent. *Gueuse-fière*, comme disait Voltaire, elle trouve heureusement des écrivains hardis qui la forceront à recevoir l'aumône; elle ne cessera jamais de se tenir sur la réserve, de crier à la violence et de vivre de ces aumônes.

L'ouvrage de MM. Bescherelle n'est que l'histoire fort curieuse de ces utiles aumônes, dont nous comptons bientôt examiner avec plus de détail, la nature, l'origine, la nécessité et les résultats.

Nous avons cinq ou six langues françaises tout-à-fait distinctes; et il ne faut pas remonter bien haut pour trouver dans nos écrivains les traces de ces idiomes différents, dont les couches superposées ont fini par produire l'idiome dont nous nous servons. Corneille est suranné; Molière l'est aussi. Mais la langue écrite a bien moins varié que le langage de la conversation; les traces (peu nombreuses d'ailleurs) que l'idiome parlé a laissées après lui, prouvent que sous Louis XIV même il s'éloignait infiniment de notre idiome actuel.

Voici par exemple une phrase du XVIIe siècle, composée de mots dont on se sert encore aujourd'hui, ce n'est pas une phrase française; mais une phrase barbare. « Elle a (dit Tallemant des Réaux), un frère qui a *l'honneur d'être un peu fou par la tête.* » Cet homme qui est *fou par la tête* et qui a *l'honneur* d'être fou nous semble passablement bizarre. La mode espagnole qui s'était emparée de la France mettait *l'honneur* à toute sauce. Ne retrouvez-vous pas ici les grandes révérences et les manteaux castillans de cette époque, dont l'admirable Callot a éternisé les types cavaliers et grotesques? On disait du temps de Tallemant : *petite jeunesse*, pour *première jeunesse.* Les genres de beaucoup de substantifs n'étaient pas fixés : Une *grande amour* se disait très bien au lieu *d'un grand amour*; on retrouve cela chez Corneille. « *Happeur (gastronome), veau (imbécile),* expressions familières, manquaient de bon goût et non d'énergie. Le notaire n'était pas encore né, non plus que le pharmacien. Il n'y avait que des *garde-sacs* et des *apothicaires* qui se coudoyaient fraternellement. *Garde-sacs!* quelle injure! *apothicaire!* quel blasphème! Nous avons perdu ces deux races. Quant à l'orthographe, elle avait ses incertitudes. La consonne *s*, cette vieille consonne parasite et gauloise qui a servi long-temps à remplacer l'accent grave de la voyelle précédente (dans les noms propres *Basle* pour *Bâle, Chastenay* pour *Châtenay*), maintenait obstinément son empire. On écrivait indifféremment *fistes* ou *fîtes*. Perrot d'Ablancourt, qui venait d'avoir sur cette grave question une querelle animée avec Conrart, « l'homme » aux singuliers prudent », lui porta un de ses manuscrits : « Tenez, dit d'Ablancourt, mettez les *fistes* et les » *fustes* comme vous voudrez. » Il avait doublé l'*s* pour qu'on n'en manquât pas.

Tandis que Perrot d'Ablancourt et Conrart examinaient, la loupe en main, tous les détails du langage, les hommes de génie achevaient de le pétrir et de le mouler. Mme de Sévigné consacrait, dans ses lettres, toutes les finesses de la conversation, toutes ces délicatesses familières si chères aux esprits d'élite, quand elles sont d'accord avec le bon goût. Elle écrivait à sa fille : *je suis toute à vous* et à ses connaissances : *je suis tout à vous.* Patru et Vaugelas ne lui avaient pas enseigné cette nuance si déliée. La Fontaine introduisait, dans ses vers naïfs, ce qu'il pouvait dérober de meilleur à la plus ancienne langue française : suppression des articles, emploi de l'infinitif comme substantif, renouvellement des expressions gauloises, il se permit tout en fait d'archaïsmes, et se fit tout pardonner : ce bonhomme, qui semble laisser échapper ses vers négligemment, est notre plus laborieux ouvrier d'antiquités rajeunies. Racine, élevé à l'école des Grecs, met un art infini dans ses hardiesses et dans ses emprunts. A l'exemple de ses maîtres, il ose tout, sans paraître rien oser; les ellipses les plus extraordinaires que l'on ait forcé notre langue d'accepter, viennent de lui et de Bossuet :

Je t'aimais inconstant; qu'aurais-je fait *fidèle?*

C'est la suppression d'une phrase entière, et d'une phrase sans accord avec la phrase énoncée, gouvernée par un autre sujet, inattendue, imprévue, dont rien ne donne l'idée et ne fait deviner la construction. Bossuet, nourri des livres saints, formé par l'étude du plus concis et du plus énergique des dialectes orientaux, entraîne la langue française vers d'incroyables audaces.

Personne n'ignorait que le mot *pleurs* était *féminin* et *pluriel*, qu'il n'avait pas de singulier; que *le pleur* était interdit et n'existait pas. Mais voici Bossuet, l'orateur hébreu, qui monte en chaire, et dans une de ses oraisons funèbres, s'écrie : « *Là* commencera ce pleur éternel; *là* ce grincement de dents qui n'aura jamais *de fin.* » On tremble et l'on se tait; l'enfer s'ouvre à cette terrible expression hébraïque; la dureté, la terreur de la vieille Bible ressuscitent à la fois dans un seul mot. Le *pleur*, ce n'est pas une larme. Vous entendez le long sanglot qui ne finit pas, le gémissement qui échappe d'une âme brisée que rien ne console; c'est une des plus redoutables créations de la langue ; un mot inouï pour une douleur inouïe. La Grammaire, cette greffière patiente, qui fait semblant de régner sur les mots qu'elle enregistre, aura beau se récrier contre Bossuet : Bossuet parlera plus haut qu'elle.

Qui ne sait aussi que *pleuvoir* est un verbe neutre ; que l'employer comme un verbe actif est la faute la plus grossière, la plus impardonnable, la plus impossible ? Dans ses Élévations sur les mystères, le même Bossuet voulant faire comprendre l'immense bonté du Très-Haut, s'exprime ainsi : « Dieu fait luire son soleil sur les « bons et sur les mauvais, et *pleut* sur le champ du juste comme sur celui du pécheur. » La pluie qui tombe, le soleil qui brille, le monde qui se renouvelle, le méchant et le bon qui subsistent à la fois, l'univers, la vie, la mort, tout, c'est la volonté de Dieu, c'est Dieu. Ainsi les langues, tout entières, sans réserve, appartiennent au génie, qui les brise et qui les moule, qui les fracasse et les reconstruit comme il lui plaît.

Plus tard l'abbé de Saint-Pierre donnera à la langue des mots qui, traités d'abord de barbarismes, deviendront nécessaires : *bienfaisance, humanité*. Rousseau emploiera avec succès les plus belles expressions de Montaigne, et Beaumarchais imitera les augmentatifs et les diminutifs si énergiques et si gracieux des peuples méridionaux. Il faudrait noter toutes ces variations et ces conquêtes, si l'on faisait l'histoire de notre langue, histoire dont quelques matériaux précieux se trouvent dans la grammaire de MM. Bescherelle. Il faudrait indiquer aussi toutes les nuances que le mode analytique et direct a fait naître, toutes les richesses inconnues aux anciens, dont la langue française s'est armée et que les bons auteurs ont fait valoir.

Les langues analytiques dont on blâme l'indigence, la faiblesse, la marche froide et géométrique, ont trouvé des ressources dans cette indigence même. Au lieu du gérondif des Romains : *scribendum, amandum, bibendum*, les peuples modernes, privés de cette forme si brève et si éloquente, emploient trois ou quatre mots maladroitement enchaînés : *Il faut écrire, we must write ; — on doit aimer, one must love ; — on doit boire, we must drink*. Les Latins ne pouvaient exprimer par la terminaison *andum, endum* qu'un besoin futur ou possible ; les Français, les Anglais, les Allemands, privés de gérondifs, possèdent une couleur spéciale pour toutes les nuances de la possibilité. Parmi les idiomes modernes, c'est la langue anglaise, la plus pauvre et la plus nue à son origine, qui a poussé le plus loin cette conquête des détails. Le seul mot latin *scribendum* peut se traduire de douze manières. *It ought to be written ; we ought to write it ; it must be written ; it could be written ; it may be written ; it can be written ; it might be written ; we may write ; we must write ; they must write ; we should write ; we could write*. Aucune de ces locutions n'a le même sens ; chacune d'elle est une nouvelle modification de la nécessité d'écrire. — « Je pensai avoir découvert (dit un « auteur de romans célèbre de l'autre côté du détroit) le sujet d'un livre sublime, la source de la gloire et de « la fortune. Je posai mes lunettes sur la table et je m'écriai : *On pourrait écrire cela (it could be written)*. « Ma vieille sœur prit sa tabatière, et s'écria : *Ma foi, oui, il faudrait l'écrire (it ought to be written)*. « Encouragé par cette voix approbative, je dis à mon tour : *Il faut que cela soit écrit (it must be written)*.» Les anciens, avec leurs variétés d'inflexions, leurs désinences flexibles, leurs modes savamment balancés et disposés avec un si grand artifice, avec leur synthèse puissante, qui favorisait les plus mâles audaces de l'éloquence et de la poésie, ne seraient point parvenus à rendre les nuances, les finesses, les gradations presque imperceptibles que les idiomes modernes ont créées.

De Louis XII à Henri IV, l'Italie est notre nourrice ; elle nous fournit de nouvelles locutions, de nouvelles tournures, des mots nouveaux. Henri Estienne se plaint hautement de cette invasion de *vocables* ausoniens, dans son éloquente diatribe sur le *language françois italianisé* vers 1550. La troupe commandée par Ronsard parvient mais difficilement, à greffer sur la tige française, quelques locutions grecques. Ensuite s'annonce le règne de l'Espagne sur notre style, règne qui commence avec Louis XIII et s'arrête à Louis XIV. Confondues et modifiées sous l'empire des Pascal et des Racine, toutes ces influences disparaissent : l'œuvre est terminée. Depuis cette époque, nous acceptons quelques mots étrangers, quelques formes exotiques, sans nous astreindre à aucune imitation spéciale ; c'est nous qui faisons la loi à l'Europe. Quant à la place des mots, à leurs concordances, à leurs acceptions, elles ont beaucoup varié, quelquefois par caprice, mais plus souvent entraînées par le cours des mœurs. Molière disait très bien : *un chacun*, comme les Anglais disent *every one* ; c'était une expression énergique et populaire qui spécialisait l'individualité dans la masse. *Un chacun* était déjà suranné sous le régent. Buffon, à la fin du dix-huitième siècle écrivait : *Les Chinois sont des peuples mots*, ce pluriel serait inadmissible aujourd'hui. Pourquoi ? Nul ne peut le dire. On rend aisément compte de plusieurs autres variations du langage. Une coquette, du temps de Louis IX, c'était une femme perdue ; la sévérité des habitudes n'établissait aucune différence entre la coquetterie et le libertinage, le désir de plaire et la débauche.

> Coquette immonde et mal famée
> Et de tout bon poinct dégarnie,
> Détale, sus !...

dit une vieille moralité. A mesure que les mœurs se sont adoucies, la *coquette* s'est réhabilitée. La *prude*, au contraire, a perdu de sa valeur. Les contemporains de Marot estimaient fort la *prude* femme et le *prude homme* ou *prud'homme* ; synonyme d'*honnête* femme et d'honnête homme. Aujourd'hui la *prude* est une tartuffe de chasteté. La même civilisation, dont le progrès tournait en ridicule l'honnêteté devenue *pruderie*, excusait la galanterie qu'elle parait d'un titre élégant, et qui n'était plus qu'une *coquetterie* pardonnable.

Au moment où s'opèrent ces altérations dans le sens des mots, personne ne s'en aperçoit. La nation qui enrichit ou appauvrit son Dictionnaire, ne change de mots que parce qu'elle change de qualités et de vices ; révolution qui s'accomplit à l'insu de tous ceux qui y contribuent. Dans les premiers temps de la monarchie féodale, la condescendance pour le faible, l'affabilité envers ses égaux, le bon accueil réservé aux étrangers ; l'hospitalité donnée avec grâce, étaient des qualités d'autant plus estimées que la force brutale régnait sur l'Europe, et qu'avec un bon cheval, une armure de fer, un poignet vigoureux, trois cents vassaux armés, et une citadelle sur un rocher, on bravait le monde et la loi. C'était faire le plus grand éloge possible d'un gentilhomme ou d'un souverain que de dire qu'ils étaient *accorts ;* mot charmant, qui n'exprimait pas seulement l'aménité extérieure, mais le bon-vouloir et la générosité de l'âme. L'*accortise*, l'amabilité née d'un sentiment réel, se changea en *courtoisie;* ce fut une seconde nuance plus tardive, une expression pâlissante de la même qualité, un mérite réservé à l'homme rompu aux élégantes mœurs des *cours.* Mais dès le siècle de Louis XIV, le mot *courtois* paraît de vieille date : on le rejette, on dit d'un homme qu'il est de *bon lieu* et qu'il a *bon air.*

Ce n'est déjà plus une qualité vraie que l'on reconnaît en lui, c'est une forme extérieure, un *air;* il suffit de louer sa naissance, ses manières et son droit à Versailles. Bientôt après, il faut trouver encore une nouvelle modification plus énervée, pour satisfaire des mœurs nouvelles. *Accort, courtois,* de *bon air,* de *bon lieu,* tout cela meurt et disparaît. Voici le règne des mots *poli* et *politesse.* La *politesse,* expression froide qui trahit la recherche, le raffinement, et qui suppose non la sincérité, mais l'étude délicate des convenances sociales, domine tout le dix-huitième siècle : elle se retrouve en honneur sous Napoléon Bonaparte. Aujourd'hui elle se *décrédite*; à peine s'en sert-on; elle perd chaque jour, sous nos yeux, le sens flatteur qu'elle avait autrefois; on peut parier à coup sûr, que dans vingt ans l'expression sera tombée en complète désuétude. Nos grand'mères avaient beaucoup de vénération pour un homme d'une *politesse achevée:* ce serait en 1835 un ridicule compliment. Nous avons perdu *accortise, courtoisie, politesse,* je ne sais trop ce qui nous reste.

Voici un mot que nous avons bien injustement flétri. Après avoir permis aux femmes d'être *coquettes,* leur avoir défendu d'être *prudes,* et détruit peu à peu toutes les nuances de la courtoisie, la langue française a décidé qu'un *bon homme* serait un sot.

J'en suis fâché pour elle; mais cela ne lui fait point honneur. Nous sommes le seul peuple qui ayons découvert un terme palliatif pour la méchanceté *(malice),* quatorze variétés d'expression pour la satire, ses alliés et sa famille (*satire, ironie, raillerie, causticité, sarcasme, rire sardonique, épigramme, moquerie, persifflage, quolibet, lardon, brocard, mystification, parodie,* sans compter *malveillance, malignité,* en mauvaise part; *espièglerie, plaisanterie,* en bonne part); et qui ayons tourné en dérision la reine des vertus, la vertu sans effort, la *bonté.*

Buono, en italien, a presque la noble signification du *to kalon* des Grecs; il exprime l'excellence, la beauté, la perfection; le *buon pittore* vaut cent fois plus que notre *bon peintre.* Le *good fellow* des Anglais, et le *gut mensch* des Allemands, seraient des compliments très agréables que le génie et la puissance ne refuseraient pas. Si nous voulions traduire dans ces deux langues, la méprisante expression contenue dans la phrase : *pauvre bonhomme,* il se trouverait que le *poor good man,* réunissant l'idée du malheur et celle de l'excellence (deux choses sacrées et vénérables), exciterait la pitié et l'estime, et point du tout l'ironie. La *bonhomie* prise en mauvaise part, la bonté du caractère assimilée à la niaiserie, le dévoûment ou la bonne foi flétris, la profanation de la plus précieuse qualité du cœur humain, ne datent que de cette époque malheureuse où l'hypocrisie de Mme de Maintenon et la décadence de Louis XIV dépravaient notre caractère national. Bussy-Rabutin, ce lâche fat, ce calomniateur des femmes qui résistaient à ses avances, a le premier confondu l'*homme bon* avec l'*homme bête.* C'était bien digne de lui.

Quant à sa cousine, Mme de Sévigné, dont il a fait un portrait odieux, faux et ridicule, après avoir essayé vainement de la séduire, elle ne manque jamais d'appeler le grand Arnaud le *bonhomme,* parce qu'elle l'aime et qu'il est bon. Les lettres de Malherbe et de Peiresc, de Guy-Patin et de Lhospital, donnent le même sens au mot *bonhomme.* On conçoit que sous le cardinal Dubois, sous le financier Law, sous le chancelier Maupeou, sous les règnes de Mme de Pompadour et de Mme Dubarry, dans la longue orgie de la monarchie mourante, lorsque les *Liaisons dangereuses* et *Figaro* représentaient la société, le titre d'*homme bon* ou de *bon homme* soit tombé dans le dernier mépris.

Cette teinte d'ironie, ce sarcasme cruel, cette contre-vérité mordante, se retrouvent dans le fond même et dans les origines de la langue française. C'est chose curieuse de voir l'épigramme au berceau de la syntaxe. Quelques gallicismes singuliers ne peuvent s'expliquer que de cette manière:

—*Vous nous la donnez belle!* dans le sens de : *Vous vous moquez!*
—*Vous êtes bon!* exclamation populaire, qui signifie : *Je me moque de ce que vous dites!*
—*Vous aurez beau faire!* pour : *Vous vous fatiguerez en efforts inutiles!*

sont autant d'exemples des mots *bon* et *beau,* détournés tout exprès de leur signification propre et aiguisés par l'ironie. *Il fera beau voir,* signifie : *Ce sera un spectacle ridicule de voir!* Les grammairiens ont tort de chercher l'exacte analyse de la locution bizarre : *Vous avez beau faire;* là *beau* est pour *ridicule;* tous les efforts perdus sont ridicules, ce sont de *beaux* efforts! Nul idiome moderne ne présente ces phénomènes; les expressions négatives abondent dans notre langue; c'est un instrument monté pour la raillerie, accordé par elle, possédant les nuances les plus déliées de la satire. Aussi voyez quel usage en font Voltaire et Lesage, Molière et Pascal, et essayez de les traduire, en quelque langue que ce soit.

Ainsi la loi supérieure, la véritable règle souveraine d'un idiome, c'est son génie propre. Quel est ce génie? Le grand écrivain, l'homme de talent, s'y associe par instinct et par révélation. Il est fidèle à cette loi, sans la connaître; les fantaisies, les sévérités, les sottes délicatesses des grammairiens auront beau condamner ce que le génie d'une langue permet, il se trouvera une plume audacieuse qui leur prouvera leur folie.

PHILARÈTE CHASLES.

PETIT VOCABULAIRE GRAMMATICAL (1).

ABSOLUMENT. *Prendre, employer un mot absolument.* Employer sans complément un mot susceptible d'en avoir un. *Espérer, c'est jouir. Vivre dans l'abondance.* — Employer elliptiquement une expression en supprimant le mot ou les mots qui la régissent ordinairement, comme dans cette phrase de commandement, *Pied à terre*, où le mot *mettez* est sous-entendu.

ACCEPTION. Signification, sens dans lequel un mot se prend. *Acception propre, naturelle, étendue, rigoureuse, détournée, figurée.*

ACCORD. Rapport des mots entre eux, exprimé par le genre et le nombre. *Accord de l'adjectif avec le substantif, du verbe avec son sujet.*

ACTIVEMENT. Se dit d'un verbe neutre. *Parler*, s'emploie activement dans cette phrase : *Cet homme parle bien sa langue.*

ADJECTIVEMENT. En manière d'adjectif. *Ce mot s'emploie adjectivement.*

ADVERBIALITÉ. Qualité d'un mot considéré comme adverbe. Peu usité.

ADVERBIAL. Se dit de deux ou de plusieurs mots qui, joints ensemble, ont force et signification d'adverbe. Ces mots se nomment *façons de parler, phrases,* ou *locutions adverbiales.*

ADVERBIALEMENT. D'une manière adverbiale. Dans cette phrase : *Chanter juste, l'adjectif juste est pris adverbialement.*

ADVERSATIF. S'emploie dans cette locution : *Conjonction, particule adversative,* Conjonction, particule qui marque opposition, différence entre ce qui la précède et ce qui la suit.

ANALOGIE. Rapport qu'ont entre elles les consonnes qui se prononcent avec la même partie de l'organe vocal, comme le B et le P, consonnes labiales, le D et le T, consonnes dentales, etc. — Rapport que divers mots ont ou doivent avoir ensemble pour leur formation, comme *passionné,* formé de *passion,* etc.

ANTÉCÉDENT. Se dit des noms et pronoms, quand ils précèdent et régissent le relatif *qui. Dieu qui peut tout.*

APHÉRÈSE. Figure par laquelle on retranche une syllabe ou une lettre au commencement d'un mot. On l'emploie souvent dans les étymologies. C'est ainsi que de *gibbosus* on a fait *bossu,* etc.

APOCOPE. Figure par laquelle on retranche une lettre ou une syllabe à la fin d'un mot. *Grand'mère,* pour *Grande mère,* etc. En poésie : *Je voi, encor,* pour *Je vois, encore,* etc.

APPOSITION. Figure par laquelle on joint un substantif à un autre, sans particule conjonctive, et par une sorte d'ellipse, pour exprimer quelque attribut particulier de la chose dont on parle. *Cicéron, l'orateur romain,* etc.

APPUI. *L'appui de la voix sur une syllabe.* L'élévation plus ou moins sensible de la voix, indiquée par l'accent tonique.

ASPIRATION. La manière de prononcer en aspirant. *Dans plusieurs mots, l'H se prononce avec aspiration.*

ASPIRER. Prononcer plus ou moins fortement de la gorge. *Dans les mots hauteur, honte, etc., il faut aspirer la voyelle qui suit l'H, il faut aspirer l'H. Une H aspirée.*

COMPARAISON. Se dit des degrés de signification dans les adjectifs : le positif, le comparatif, et le superlatif. *Comparaison de supériorité, d'égalité, d'infériorité.* — Des adverbes qui indiquent ces différents rapports : *plus, moins, autant,* etc.

COMPLÉTIF. Se dit des mots qui servent de complément.

CONJONCTIF. Se dit de certaines particules qui servent à lier un mot, un sens à un autre, comme *et, ni,* et quelquefois *que.* — *Locution conjonctive.*

CONSTRUCTION. L'arrangement des mots suivant les règles et l'usage de la langue. *Construction grammaticale, régulière, vicieuse, louche, elliptique.*

CONSTRUIRE. Arranger les mots suivant les règles. *Construire une phrase.*

DÉRIVER. Neutre. Se dit des mots qui tirent leur origine d'un autre. *Ce mot dérive de l'arabe.* — Activ. *Ce mot est dérivé du grec.* — Dérivé, substantiv. *Le verbe courir et ses dérivés.*

DÉSINENCE. Se dit de la terminaison des mots.

DÉTERMINATIF. Qui détermine la signification d'un mot. *Adjectif, complément déterminatif.*

DÉTERMINER. Se dit de ce qui précise ou restreint le sens d'un mot. *Dans la phrase* Le livre de Pierre, *les mots de* Pierre *déterminent le mot* livre.

DIRECT. *Construction directe.* Construction qui place les différents mots de la phrase dans l'ordre de la relation grammaticale.

DISJONCTIF. Se dit des conjonctions qui, en unissant les membres de la phrase, séparent les choses dont on parle, comme *ou, soit, ni.* — Subs. fém. *La disjonctive ou.*

DISSYLLABE. Qui est de deux syllabes. — Subs. masc. *Un dissyllabe.*

DOUTEUX. Se dit des noms que les uns mettent au masculin, et d'autres au féminin.

ÉLIDER. Retrancher une voyelle finale, la supprimer dans l'écriture ou dans la prononciation. La lettre élidée est remplacée, dans l'écriture, par une apostrophe. — S'élider se dit de la lettre qui souffre élision. Dans la prononciation, on supprime l'*e muet* final devant une voyelle ou une *h muette* : *Un' heure, quatr' ans ;* mais l'élision ne se marque pas dans l'écriture.

(1) On n'a pas mis ici les termes de grammaire expliqués dans le cours de l'ouvrage.

ELLIPSE. Retranchement d'un ou de plusieurs mots qui seraient nécessaires pour la régularité de la construction, mais que l'usage permet de supprimer : *La Saint-Jean*, au lieu de *La fête de saint Jean.* — Elle est fréquemment usitée dans les réponses qui suivent immédiatement les interrogations : *Quand viendra-t-il? Demain;* on sous-entend, *Il viendra*.

ELLIPTIQUE. Qui renferme une ellipse. *Façon de parler, tour, langue elliptique.*

ELLIPTIQUEMENT. Par ellipse. *Du tout,* pour *Pas du tout* ou *point du tout.*

ÉPITHÈTE. Adjectif, mot qui sert à qualifier un nom substantif, pour en préciser ou modifier le sens. *Épithète expressive, oiseuse.*

EXTENSION. L'action d'étendre la signification d'un mot. Le sens *par extension* tient le milieu entre le sens propre et le sens figuré. *L'éclat* (au propre) *de la lumière. L'éclat* (au figuré) *de la vertu. L'éclat* (par extension) *du son.*

FIGURÉMENT. Dans un sens figuré. *Employer un mot figurément.*

FIGURÉ. *Le sens figuré d'un mot, d'une phrase.* L'emploi d'un mot, d'une phrase dans une signification détournée par rapport au sens propre. *Expression, phrase figurée,* Qui renferme une figure. *Discours, style figuré,* Dans lequel il y a beaucoup de figures. — Substantiv. *Le propre et le figuré.*

FINAL. Se dit des dernières lettres ou des dernières syllabes d'un mot. — Subst. fém. La dernière syllabe d'un mot. *Finale longue, brève.*

FINI. *Sens fini,* se dit par opposition à sens incomplet ou suspendu. *Mode fini,* se dit des modes du verbe indiquant personne, nombre, et temps.

FORMATION. La manière dont un mot se forme d'un autre mot, ou dont un mot passe par ses diverses formes. *La formation d'un adjectif verbal, du pluriel, d'un temps, d'un mode.*

FORME. Se dit d'un mot considéré par rapport à sa composition, à ses modifications. *Ce mot a une forme grecque. La forme du singulier, du pluriel. Les formes actives, passives d'un verbe.*

HOMONYME. Se dit des choses qui ont un même nom, quoiqu'elles soient de nature différente, et plus ordinairement des mots pareils qui expriment des choses différentes. *Les différentes choses exprimées par le mot homonymes.* Mule, *animal, et* Mule, *chaussure;* Chaine *et* Chêne, *etc., sont des mots homonymes.* — Subst. masc. *Les homonymes.*

HOMONYMIE. Qualité de ce qui est homonyme. *L'homonymie des termes.*

IDIOTISME. Construction, locution contraire aux règles générales, mais propre et particulière à une langue. *Chaque langue a ses idiotismes.*

IMPERSONNEL. Se dit des modes du verbe qui ne reçoivent pas d'inflexions indiquant les personnes, tels que l'infinitif et le participe. *Mode impersonnel. Forme impersonnelle.*

IMPERSONNELLEMENT. Se dit des verbes qui deviennent accidentellement impersonnels. *Le verbe arriver est employé impersonnellement dans cette phrase :* Il arrive souvent que...

INDÉFINI. Se dit de ce qui exprime une idée vague ou générale qu'on n'applique point à un objet déterminé. *Sens indéfini. Mot, pronom indéfini :* On, quiconque, un, etc. *Un homme sage doit toujours,* etc.

INDÉFINIMENT. Se dit des mots pris dans un sens indéfini.

INFLEXION. Se dit de la manière de conjuguer un verbe, des différentes formes que prend ce verbe quand on le conjugue.

INTERROGANT. Se dit du point dont on se sert dans l'écriture pour marquer l'interrogation *(?)*. On dit plus ordinairement : *Point d'interrogation.*

INTERROGATIF. Se dit de ce qui sert à interroger, qui marque interrogation. *Particule, phrase interrogative. Termes interrogatifs.*

INTERROGATION. Se dit d'une phrase ou d'une expression par laquelle on interroge. *Point d'interrogation,* Point que l'on met pour marquer l'interrogation (?).

INVARIABLE. Se dit des mots dont la terminaison ne change jamais, tels que les adverbes, etc.

INVERSION. Transposition, changement de l'ordre dans lequel les mots sont ordinairement rangés dans le discours. *Inversion élégante, poétique, forcée.*

LIAISON. Se dit de ce qui lie ensemble les parties du discours : *Liaison des idées. Liaison dans les phrases;* de certains mots qui servent à lier les périodes, et qu'on nomme autrement *Conjonctions.*

NASALEMENT. Se dit de ce qui se prononce avec un son nasal. *Cette syllabe se prononce nasalement.*

NASALITÉ. Se dit de la qualité d'une lettre nasale. N, *à la fin d'une syllabe, est ordinairement le signe de la nasalité.*

NÉGATIF, IVE. Se dit de ce qui exprime une négation. *Terme négatif. Proposition, particule négative.* —Substantif au féminin. Mot qui sert à nier. *Les négatives* Non, ni, ne. On dit plus ordinairement *Négation.*

NÉGATION. (Voir ci-dessus, Négative, subst.)

NEUTRALEMENT. Se dit des verbes actifs employés d'une manière neutre.

ONOMATOPÉE. Formation de mots dont le son imite la chose qu'ils signifient, tels que : *Coucou, glouglou, trictrac, etc.* — Se dit des mots imitatifs eux-mêmes. *Dictionnaire des onomatopées.*

PARONYME. Se dit d'un mot qui a du rapport avec un autre, par son étymologie, ou seulement par sa forme, comme *abstraire* et *distraire, amande* et *amende.*

PASSIVEMENT. Se dit des verbes employés dans le sens passif.

PHONIQUE. Se dit des signes destinés à représenter les sons de la voix. *Signe, accent, phonique.*

POLYSYLLABE. Se dit des mots composés de plusieurs syllabes.—Subst. masc. *Un polysyllabe.*

POSSESSIF. Se dit des pronoms et des adjectifs qui servent à marquer la possession, tels que *Mon, ton, son, etc.*

PRÉPOSITIF, IVE. Se dit de ce qui a rapport à la préposition. *Particule, locution prépositive.*

PRIMITIF. Se dit du mot radical dont se forment les mots qu'on appelle dérivés ou composés. *Mot primitif.* —Subst. *Les primitifs.*

PRIVATIF, IVE. Se dit de ce qui marque privation. *Particule privative.*—Subst. *Les privatifs.*

PRONOMINALEMENT. Se dit d'un verbe employé accidentellement comme verbe pronominal.

PROPOSITION. Se dit d'un discours qui affirme ou qui nie quelque chose. *J'aime Dieu* est une proposition. Toute proposition se compose de trois termes : le *sujet*, le *verbe* et l'*attribut*. Dans la plupart des phrases il y a une proposition principale à laquelle se rattachent diverses propositions accessoires, subordonnées, incidentes. *Proposition simple, composée, complexe, incomplexe.*

PROSODIE. Se dit de la prononciation régulière des mots conformément à l'accent et à la quantité. *Traité, règles de prosodie.*

PROSODIQUE. Se dit de ce qui a rapport à la prosodie. *Signe, accent, langue prosodique.*

RACINE. Se dit des mots primitifs d'où les autres sont dérivés, ou dont ils sont composés.

RAPPORT. Se dit de la relation que les mots ont les uns avec les autres. *Le rapport de l'adjectif au substantif du participe passé au substantif qui le précède.*

RÉDUPLICATIF. Se dit des mots qui expriment la réitération des actions. *Sens réduplicatif. Particule réduplicative,* Re.

RÉDUPLICATION. Répétition d'une syllabe ou d'une lettre.

RÉFLÉCHIR (Se). Se dit figurément de l'action du verbe qui se reporte sur le sujet, exemple : *Je me repens, Il se flatte.*

RÉGIR. Se dit des verbes et des prépositions, et signifie, Avoir, exiger pour régime ou complément. *La préposition sert ordinairement à exprimer le rapport du mot qu'elle régit avec ce qui la précède.*

RÈGLE. Se dit des préceptes qui, dans les sciences et les arts, servent à les enseigner, des principes qui en rendent la connaissance plus facile et la pratique plus sûre. *Règles générales, particulières.*

SENS. Se dit de la signification d'un mot, d'une phrase, d'un discours. *Sens propre, figuré, détourné, faux, forcé, naturel, métaphorique, allégorique, littéral, mystique, moral.*

SOUS-ENTENDRE. Se dit de certains mots qu'on n'exprime pas, et qui peuvent aisément être suppléés. *Dans une bouteille de vin, le mot* pleine *est sous-entendu.*

SUPPLÉMENT. Se dit des mots que, pour compléter le sens, on doit ajouter à ceux qui composent la phrase usuelle et elliptique. *Dans cette phrase,* A la Saint-Martin, *les mots* fête de *sont le supplément.*

SYLLEPSE. Figure par laquelle le discours répond plutôt à notre pensée qu'aux règles grammaticales : *La plupart des hommes sont bien fous ;* ou par laquelle un mot est employé à la fois au propre et au figuré : *Galatée est pour Corydon plus douce que le miel du mont Hybla.*

SYNALÈPHE. Réunion, jonction de deux mots en un seul. *Quelqu'un pour quelque un.*

SYNCHISE. Confusion, transposition des mots qui trouble l'ordre et l'arrangement d'une phrase, d'une période.

SYNCOPE. Figure qui consiste dans le retranchement d'une lettre ou d'une syllabe au milieu d'un mot. *Gaîté,* pour Gaieté, etc.

SYNCOPÉ. Se dit d'un mot du milieu duquel on a retranché une lettre ou une syllabe.

SYNONYME. Se dit d'un mot qui a la même signification qu'un autre mot, ou une signification presque semblable, comme *Aimer* et *Chérir.* — Subst. masc. Peur *est le synonyme de* Crainte. — Au plur. Titre de certains ouvrages en forme de dictionnaire, dans lesquels la différence des mots synonymes est expliquée. *Les Synonymes français.*

SYNONYMIE. Qualité des mots synonymes. *La synonymie des mots* Courroux *et* Colère.

SYNTAXE. Arrangement, construction des mots et des phrases selon les règles de la grammaire : *Observer la syntaxe ;* les règles mêmes de la construction des mots et des phrases : *Apprendre la syntaxe;* par extension Le livre qui contient ces règles : *J'ai perdu ma syntaxe.*

TERMINAISON. Se dit de la désinence d'un mot. *Terminaison masculine, féminine. Terminaison en* or, en ir, en ur, en er, en ir, en oir, en re, etc.

INTRODUCTION.

ORIGINE ET PROGRÈS DU LANGAGE.

Placé au sommet de l'échelle de la création, l'homme doit sa supériorité à la perfection de son intelligence, et à la pensée la force apparente qui vient colorer sa faiblesse native. On l'a dit souvent, réduite à ses facultés physiques, la plus noble créature de Dieu ne serait qu'un animal débile et misérable. C'est à l'aide de l'idée que l'homme embrasse la nature entière, s'en empare, et la range esclave au service de ses besoins, de ses plaisirs. Il plane au-dessus de l'aigle, il enchaîne la foudre; et l'être, en apparence le plus limité, se rend le maître de la création. Mais parmi les avantages inhérents à notre organisation intellectuelle, il faut incontestablement placer en première ligne la faculté de parler, prérogative aussi précieuse que celle de l'entendement, car le langage n'est pas seulement l'auxiliaire, mais le complément de la raison. Avec l'admirable faculté de fixer ses pensées par des signes matériels, de les communiquer à ses semblables, de s'enrichir des conceptions, des découvertes de tous les temps, de tous les lieux, l'homme a pu reculer indéfiniment les bornes de sa perfectibilité; et contemporain de tous les âges, citoyen de tous les pays, conserver les trésors de la sagesse antique, à côté des trésors qu'amasse le présent. Sans la parole, point de tradition, point d'histoire, point de discussion, point de science, point de lois, point de société. Qui pourrait nommer *société* la rencontre fortuite de quelques individus incapables de se communiquer leurs besoins, de combiner leurs projets, de travailler de concert à leur avenir? Imaginons un peuple de sourds-muets; s'il tâche de se donner une forme sociale, combien d'obstacles n'aura-t-il pas à surmonter! Que sa marche sera chancelante et difficile! Ces considérations, appliquons-les au langage écrit, espèce de corollaire, forme visible du langage. Si la parole est l'image fugitive de l'intelligence, l'écriture en devient le symbole permanent; si la parole nous met en communication avec ceux qui sont présents, l'écriture porte notre pensée aux lieux où nous ne sommes point, et la conserve pour les temps où nous ne serons plus.

La grammaire suivit de près l'écriture. Quand on eut trouvé le moyen de peindre les mots, on ne tarda pas à en découvrir les lois. Dès lors il ne fut plus permis d'employer un terme pour un autre, ni de construire une phrase arbitrairement, ainsi qu'on l'avait fait jadis plus d'une fois, à l'époque où chacun était maître absolu de ses paroles comme de sa personne. La grammaire fit dans le langage ce que la loi avait fait dans la société, elle mit chaque chose à sa place, et assura l'ordre général en restreignant l'indépendance individuelle.

Les familles et les peuplades peu éloignées les unes des autres se soumirent en commun aux mêmes lois grammaticales; mais les montagnes, les fleuves, les mers établirent des barrières entre les différents langages, et plusieurs grammaires se formèrent sur la surface du globe. Chaque langue eut son génie particulier; mais, quelle que fût la différence de la forme, le fond resta partout le même; parce qu'il tenait à la nature même de l'esprit humain. L'ensemble de ces principes invariables forme ce qu'on appelle *la grammaire générale*. Jetons un coup-d'œil rapide sur l'origine des éléments du langage.

INTERJECTIONS.

Les premiers mots des langues, dans l'enfance des sociétés, ne durent être que des sons, ou plutôt des cris inarticulés, accompagnés de mouvements et de gestes propres à exprimer d'une manière plus frappante et plus étendue les impressions que l'on sentait et que l'on voulait communiquer aux autres. Ce sont là, en effet, les seuls signes dont la nature apprend l'usage à tous les hommes, et que tous peuvent comprendre. Celui qui voyait un homme s'approcher du repaire de quelque bête féroce, d'un lieu où lui-même avait couru risque de la vie, ne pouvait l'avertir du danger qu'en poussant les cris et en faisant les gestes qui sont les signes de la crainte. Aussi ces exclamations, auxquelles les grammairiens ont donné le nom d'*interjections*, prononcées d'une manière violente et passionnée, furent, en quelque sorte, les premiers éléments ou matériaux du langage.

SUBSTANTIFS.

Les premiers pas que les hommes durent faire, après avoir institué, en quelque sorte, les cris inarticulés que nous avons nommés *interjections*, pour signes de leurs passions les plus violentes, de leurs besoins les plus pressants; les premiers mots qu'ils durent inventer, furent les noms des objets qui leur étaient le plus familiers, qui pouvaient le plus les servir ou leur nuire. Ainsi l'*arbre* dont le fruit les nourrissait, dont le feuillage leur offrait un abri, le *ruisseau* dont l'eau les désaltérait; l'*animal* dont ils craignaient la férocité, ou celui qui lui-même leur servait de proie; l'*arme* grossière avec laquelle ils attaquaient l'un et repoussaient l'autre, tous ces objets et beaucoup d'autres encore durent avoir leurs noms. Après les exclamations ou *interjections*, qui, comme nous l'avons dit, ont dû former le premier langage du genre humain, la partie la plus ancienne du discours est donc cette classe de mots qui expriment les choses existantes. Lorsque les hommes ne se bornèrent plus à désigner les objets par un cri énergique et rapide, et qu'ils leur donnèrent un nom articulé, les *substantifs* furent créés.

PRONOMS.

Quand l'homme eut appris à se distinguer des objets environnants, et qu'il voulut exprimer par un mot son existence individuelle, le mot *moi* s'échappa de sa bouche; il désigna par le mot *toi* l'existence d'un autre homme à qui il parlait; il dit *il* pour désigner son semblable sans lui adresser la parole; et par la suite le mot *il* s'appliqua aux animaux ou aux choses inanimées, et remplaça leur nom dans le discours. Cette classe de mots, que les grammairiens ont appelés *pronoms*, rentre évidemment dans celle des substantifs; car comme eux, ils représentent des objets existants; comme eux, ils font ou reçoivent certaines actions.

ADJECTIFS.

Les qualités propres aux objets qui environnaient l'homme se firent nécessairement remarquer aussitôt qu'il connut ces objets mêmes; un fruit *doux* et *agréable* ne pouvait pas être confondu avec un fruit *amer* ou qui contenait des sucs *vénéneux*; le chien, si naturellement ami de l'homme, si disposé à le servir, à se sacrifier même pour lui, dut se faire distinguer du loup ou du tigre qui semble détruire et déchirer les autres animaux sans besoin, sans nécessité, par le seul instinct de sa férocité naturelle. Nos sens eux-mêmes nous forcent à décomposer les objets que nous offre la nature : les couleurs, les formes, les qualités tactiles, etc., n'affectent point en nous les mêmes organes; nous sommes obligés de nous en faire autant d'idées diverses qu'il y a d'organes différents auxquels l'entendement peut rapporter les sensations que nous en recevons; de là une troisième classe de mots, tout-à-fait distincte de celles dont nous avons parlé; c'est celle des *adjectifs*, qui désignent non plus l'objet même, mais la manière d'être de l'objet.

VERBES.

L'homme, après avoir désigné par des noms l'existence particulière des objets qui l'entouraient, s'éleva à l'idée générale d'existence; il inventa le mot *être*, qui n'était que l'abstraction des différents objets existants, précédemment connus et nommés. Il dut se servir de ce mot pour affirmer que l'objet désigné ou la qualité attribuée à l'objet existait véritablement. C'est ainsi qu'après avoir dit d'abord *soleil*, à la vue du globe de feu qui éclairait ses yeux et fécondait la terre, il put dire : *le soleil être*, pour faire comprendre que le soleil n'était pas un rêve de son imagination, mais bien un objet réel de la nature, ou : *le soleil être brillant*, pour faire entendre que l'attribut d'éclat appartenait réellement au soleil. Ce n'est pas tout. Ayant conscience de son existence dans différents moments successifs, il conçut l'idée du temps, qu'il divisa naturellement en trois parties, le passé, le présent et le futur; il appliqua cette division au mot qui lui servait à exprimer l'existence en général, et au lieu de dire vaguement : *le soleil être brillant*, il dit : *le soleil est brillant*, ne se bornant plus à affirmer l'existence et l'éclat du soleil, mais montrant que le moment où il parlait était précisément celui où le soleil éclairait l'horizon. Pendant les ténèbres de la nuit, il dit : *le soleil était brillant*, pour énoncer que son éclat était passé; ou : *le soleil sera brillant*, pour exprimer l'espérance d'un nouveau jour. Dès lors le verbe fut trouvé; ce mot a été ainsi appelé du mot latin *verbum*, qui signifie mot ou parole, voulant donner à entendre que c'était le mot essentiel, le mot par excellence, parce qu'en effet c'est celui qui joue le principal rôle dans l'expression de la pensée; c'est lui qui donne le mouvement et la vie au discours. Les autres mots ne sont que les signes isolés des êtres ou de leurs qualités sensibles; ce sont des matériaux épars que le verbe vient lier entre eux, en quelque sorte, et qu'il coordonne pour une fin commune.

PRÉPOSITIONS.

Avec des substantifs, des adjectifs et des verbes, on pourrait faire des phrases complètes; mais ces phrases ne présenteraient qu'un sens borné, si l'on n'avait imaginé de lier les substantifs entre eux par une autre espèce de mots qui sert à déterminer des circonstances accessoires. Ainsi il y a une grande différence entre cette proposition : *je me promène*, et celles-ci : *je me promène* DANS *un bois*, SUR *le quai*, A *midi*, AVANT OU APRÈS *le diner*. Ces mots *dans, sur, à, avant, après*, appartiennent à une classe de mots qui indiquent les relations que les choses ont entre elles, et auxquels les grammairiens ont donné le nom de *prépositions*.

CONJONCTIONS.

C'était encore peu de lier les mots ensemble pour marquer les rapports qui pouvaient exister entre eux; il a fallu réunir les phrases elles-mêmes par d'autres mots; tel est l'office des *conjonctions*.

Dans cette nomenclature, nous n'avons point parlé de l'*article*, parce que ce n'est point une partie essentielle du discours. Sans doute, c'est une découverte utile, puisque en spécifiant l'objet devant lequel il est placé, en l'isolant des autres objets semblables, on ajoute beaucoup à la netteté et à la précision du discours; les langues qui sont pourvues d'articles, comme le grec, l'italien, le français, l'allemand et l'anglais, sont plus claires que les autres; cependant le langage peut à la rigueur s'en passer, et ce qui le prouve d'une manière incontestable, c'est que le latin, qui en était privé, n'était dépourvu ni de clarté ni de précision.

Nous n'avons pas non plus fait mention des *adverbes;* classe nombreuse de mots que l'on pourrait ranger pour la plupart parmi les adjectifs, puisqu'ils servent à modifier l'existence ou l'action des êtres, ou à indiquer une circonstance relative au temps, au lieu, au rang, au degré, etc. Loin de former une classe à part, ils ne sont presque tous que des locutions abrégées, exprimant par un seul mot toute une périphrase. Par exemple, *ici* équivaut à *dans ce lieu; sagement* à *avec sagesse;* aussi peut-on regarder les adverbes comme les mots dont l'invention est la plus récente, la plupart étant dérivés des mots primitifs.

Nous devions encore moins parler des *participes;* leur dénomination indique assez leur nature mixte, *participant* à la fois de l'adjectif et du verbe. Ils ne forment donc pas une des parties fondamentales du discours, et doivent être rangés parmi les adjectifs.

Tels sont donc les éléments qui entrent nécessairement dans toutes les langues qui ont acquis quelque perfection. Nous ne nous arrêterons pas plus long-temps à rechercher quel a pu être l'usage et la nature de ces mots dans l'origine du langage, c'est-à-dire à une époque dont il ne nous reste presque pas de monuments authentiques.

Sans doute, parmi les dénominations données aux mots par les anciens grammairiens, il y en a qui sont insignifiantes et vicieuses; mais nous avons dû les conserver et même les préférer aux nouvelles nomenclatures proposées par des grammairiens modernes, pour deux motifs. Premièrement, parce qu'aucune de ces nouvelles nomenclatures ne réunit, à beaucoup près, des caractères d'utilité ou de perfection assez frappants pour mériter d'être généralement adoptée; en second lieu, parce que les anciennes dénominations ayant été employées par les auteurs des dictionnaires et des grammaires de toutes les langues, il faudrait ou refaire ces dictionnaires et ces grammaires, ce qui ne laisse pas d'être un embarras assez considérable, ou en rendre l'intelligence plus pénible et presque impossible, ce qui est un inconvénient plus grave encore.

N° I.
DE LA GRAMMAIRE.

La renoncule un jour dans un bouquet
Avec l'œillet se trouva réunie:
Elle eut le lendemain le parfum de l'œillet.
On ne peut que gagner en bonne compagnie.
(BÉRENGER.)

Un astrologue un jour se laissa choir
Au fond d'un puits. On lui dit: Pauvre bête!
Tandis qu'à peine à tes pieds tu peux voir,
Penses-tu lire au-dessus de ta tête?
(LA FONTAINE.)

Chacune de ces colonnes nous offre un tableau, un discours, c'est-à-dire, la peinture des idées que l'auteur voulait exprimer.

Eh bien, pouvoir dire:

1° Les *éléments* qui entrent dans ce tableau, dans cette peinture, c'est-à-dire les diverses espèces de mots qui constituent ce discours, parlé ou écrit, l'un n'étant qu'une copie de l'autre;

2° Les diverses *formes* que ces mots ont dû revêtir, afin de pouvoir s'unir les uns aux autres;

3° L'*arrangement* qu'on a dû donner à ces mots, ou aux divers traits qui entrent dans ce tableau, afin qu'on vît à l'instant le but, l'objet principal, les accessoires, l'ordonnance entière;

4° De quelle manière ces différents mots doivent être prononcés, lorsqu'ils sont émis par l'organe vocal ;

5° Les signes de *ponctuation* dont on a dû distinguer, dans l'écriture, chacune des parties qui composent ce tableau :

C'est connaître la *grammaire*, c'est-à-dire la science qui embrasse toutes les règles que l'homme est obligé de suivre pour peindre, pour exprimer ses idées, soit de vive voix, soit par écrit (1):

La Grammaire est donc la science du langage, c'est-à-dire la science des signes de la pensée considérés dans leurs éléments, leurs modifications et leurs combinaisons (2).

Cette science a pour objet de déterminer les différentes espèces de mots qui correspondent aux différentes espèces d'idées ; d'indiquer les variations que les mots subissent dans leurs formes pour exprimer les diverses modifications et les nuances les plus délicates de la pensée ; enfin, de faire connaître les rapports des mots entre eux, et les règles d'après lesquelles ils se combinent et se réunissent en phrases pour rendre les combinaisons des idées.

Tous les hommes doivent étudier cette science, puisque tous ils sont appelés par les plus pressants besoins à peindre leurs idées. Elle seule peut leur dévoiler les mystères de cette peinture merveilleuse, source des plus grands avantages et des plus doux plaisirs ; elle seule peut leur ouvrir le sanctuaire des sciences. Et, aujourd'hui surtout que le don de la parole doit assigner un rang si distingué à celui qui aura su le cultiver avec le plus de succès, l'étude approfondie du langage prend une importance encore plus grande. Cette étude est, il est vrai, le plus rude exercice de l'esprit. Mais aussi combien ne sert-il pas à le fortifier ! Il n'est pas d'initiation plus puissante ni plus féconde à tous les travaux qu'on peut entreprendre dans la suite. C'est là la base, le fondement de toutes les connaissances humaines. D'ailleurs, n'est-il pas du devoir de tout être pensant de chercher à se rendre compte de la valeur précise de sa parole, de la connaître dans toute son intégrité, de savoir ce qui la fait vivre ? Autrement, il est pour lui-même une énigme indéchiffrable, puisqu'il ignore la nature des procédés dont il fait usage à cet égard :

| Lex sum sermonis, linguarum regula certa; qui me non didiscit, cætera nulla petat. (Bacon.) | « Je suis la loi du discours, la règle infaillible des langues ; qui m'ignore doit renoncer à rien savoir. » |

La Grammaire admet deux sortes de principes : les uns sont d'une vérité immuable et d'un usage universel ; ils tiennent à la nature de la pensée même ; ils en suivent l'analyse, ils n'en sont que le résultat. Les autres n'ont qu'une vérité hypothétique et dépendante de conventions libres et variables, et ne sont d'usage que chez les peuples qui les ont adoptés librement, sans perdre le droit de les changer ou de les abandonner, quand il plaira à l'usage de les modifier ou de les proscrire. Les premiers constituent la grammaire *générale* ; les autres sont l'objet des diverses grammaires *particulières*.

Ainsi, la grammaire générale est la science raisonnée des principes immuables et généraux de la parole prononcée ou écrite dans toutes les langues ;

Et la grammaire particulière, l'art de faire concorder les principes immuables et généraux de la parole prononcée ou écrite, avec les institutions arbitraires et usuelles d'une langue particulière.

(1) Pris dans un sens littéral, le mot *grammaire*, dérivé du grec *gramma*, qui signifie *peinture*, *trait*, *ligne*, est l'art de graver, de tracer les lettres pour exprimer ses pensées par écrit. Mais depuis qu'on a fait l'application des règles de la langue écrite à la langue parlée, la grammaire est devenue la science du langage en général.

(2) *Grammaire* se dit aussi d'un livre où sont exposées les règles d'une langue, du langage : *la Grammaire de Port-Royal*. (Académie.)

La grammaire générale est une science, parce qu'elle n'a pour objet que la spéculation raisonnée des principes immuables et généraux de la parole; une grammaire particulière est un art, parce qu'elle envisage l'application pratique des principes généraux de la parole aux institutions arbitraires et usuelles d'une langue particulière.

Ainsi, en français, si :

AU LIEU DE DIRE, OU D'ÉCRIRE :	ON DISAIT, OU L'ON ÉCRIVAIT :
Tiens, voilà des violettes au pied de ces églantiers. Oh! qu'elles sentent *bon*? (BERNARDIN DE ST-PIERRE.)	Tiens, voilà des violettes au pied de ces églantiers. Oh! qu'elles sentent *bonnes*!
Tous les hommes sont à peu près *du même âge*; à quatre-vingts ans, on est *aussi* sûr *qu'à* seize ans de voir encore le lendemain. (DROZ.)	Tous les hommes sont à peu près *de la même âge*; à quatre-vingt ans, on est *aussi* sûr *comme* à seize ans de voir encore le lendemain.
Il est *de* faux dévots ainsi que *de* faux braves. (MOLIÈRE.)	Il est *des* faux dévots ainsi que *des* faux braves.
C'est en vain que les Russes ont voulu défendre la capitale de cette ancienne et illustre Pologne; l'*aigle* FRANÇAISE plane sur la Vistule. (NAPOLÉON.)	C'est en vain que les Russes ont voulu défendre la capitale de cette ancienne et illustre Pologne; l'*aigle* FRANÇAIS plane sur la Vistule.
De sa patte droite, l'ours saisit dans l'eau le poisson qu'il voit passer. Si, après avoir assouvi sa faim, il lui reste *quelque chose* de son repas, il LE cache. (CHATEAUBRIAND.)	De sa patte droite, l'ours saisit dans l'eau le poisson qu'il voit passer. Si, après avoir assouvi sa faim, il lui reste *quelque chose* de son repas, il LA cache.
C'EST des contraires que résulte l'harmonie du monde. (BERNARDIN DE ST-PIERRE.)	CE SONT des contraires que résulte l'harmonie du monde.
Les plus sages rois sont *souvent* trompés, *quelques* précautions qu'ils prennent pour ne l'être pas. (FÉNELON.)	Les plus sages rois sont trompés *souvent*, *quelles que* précautions qu'ils prennent pour ne l'être pas.
Il y a peu de plaisirs qui ne soient achetés trop cher. (BOISTE.)	Il y a peu de plaisirs qui ne soient achetés trop chers.
C'est pour ne pas exclure les vices, *qu'on* les *revêt* d'un nom honnête. (MALESHERBES.)	C'est pour ne pas exclure les vices, *que l'on* les *revêtit* d'un nom honnête.
Quoiqu'il n'y *ait* rien de *si* naturel à l'homme *que* d'aimer et de connaître la vertu, il n'y a rien qu'il aime moins, et qu'il cherche moins à connaître. (FLÉCHIER.)	*Malgré* qu'il n'y *a* rien d'*aussi* naturel à l'homme *comme* d'aimer et de connaître la vertu, etc.

On commettrait autant de fautes contre l'usage, car l'usage veut que l'on dise : *ces violettes sentent* BON, et non *sentent* BONNES; *quatre-*VINGTS *ans* et non *quatre-*VINGT *ans*; AUSSI *sûr* QUE, et non AUSSI *sûr* COMME; etc., etc. Pour éviter de semblables fautes, et des milliers d'autres que nous ne pouvons ni citer ni même prévoir, il est indispensable de connaître les règles auxquelles l'usage a soumis notre langue, et qui, réunies en un corps complet de doctrine, forment le code de cette même langue, et constituent ce qu'on appelle la *Grammaire française*.

D'où il résulte évidemment que la *Grammaire française est l'art de parler et d'écrire, en français, correctement, c'est-à-dire d'une manière conforme au bon usage.*

On a vu que la grammaire est définie, tantôt *art*, tantôt *science*.

Est-elle une *science*? est-elle un *art*?

C'est ce qu'on pourrait également demander de la logique, de la médecine, de la navigation, etc., et ce seraient là des questions assez oiseuses; elles ont pourtant exercé les philosophes.

Une *science* est un ensemble de faits, d'observations, de découvertes liées par la méditation, et qui se rapporte à quelque branche des connaissances humaines.

Un *art* suppose aussi des observations; mais il dépend surtout de la pratique et de l'exercice.

La grammaire est donc une *science* plutôt qu'un *art;* cependant elle peut être considérée sous ce dernier point de vue, en ce qu'elle indique les moyens d'éviter les locutions vicieuses, d'employer des expressions ou des phrases plus ou moins correctes, plus ou moins élégantes, et enfin en ce qu'on peut y devenir plus habile par la pratique.

Pour saisir les rapports qui se trouvent entre nos pensées, nos jugements et les mots qui servent à les exprimer, il faut remonter à l'analyse même de notre entendement et de ses facultés, et chercher comment se forment nos jugements et nos idées.

N° II.
DU JUGEMENT ET DE LA PROPOSITION.

La neige est blanche.
(Pascal.)

Le lait est doux.
(Laromiguière.)

Les fruits du bananier sont aromatiques.
(Bernardin de St-Pierre.)

La graine du café est coriace et acerbe.
(Id.)

On appelle *sens*, la faculté de l'homme et des animaux par laquelle ils reçoivent l'impression des objets extérieurs et corporels.

Nous avons cinq sens : *La vue, l'ouïe, l'odorat, le toucher* et *le goût.*

L'impression que l'âme reçoit des objets par les sens se nomme *sensation.*

De la sensation et de certaines facultés intellectuelles naît *l'idée*, qui, à son tour, fait éclore la *pensée.*

On appelle *pensée* l'opération de l'intelligence par laquelle l'esprit examine, considère, en lui-même ou dans ses rapports avec un autre, l'objet dont la sensation lui a donné l'idée.

Si notre esprit considère l'objet dans ses rapports avec un autre, il trouve qu'il y a ou qu'il n'y a pas convenance entre les deux objets. Cet acte de l'entendement se nomme *jugement.*

Le jugement est tout intérieur, mais on peut l'exprimer par la parole ou par l'écriture. Tout *jugement* qu'on exprime est une *proposition.*

La *proposition* est donc une réunion de mots que l'on emploie pour énoncer un *jugement.*

Prenons un exemple et appliquons les raisonnements qui précèdent.

Le Français est courageux.

Par la vue ou par l'ouïe, c'est-à-dire par ce que j'ai vu moi-même ou par ce que j'ai entendu dire, par ce que j'ai appris, mon esprit a reçu l'impression de l'existence d'un être qu'on appelle *Français*, et il a été frappé aussi d'une vertu qu'on appelle *courage* : voilà la *sensation.*

Ensuite, il m'est venu une notion, une connaissance distincte de ces deux choses : c'est *l'idée.*

J'ai examiné, considéré ces deux choses en elles-mêmes, puis dans les rapports qu'elles peuvent avoir entre elles : c'est la *pensée.*

Enfin, j'ai saisi, j'ai fixé ce rapport : c'est le *jugement.*

J'énonce mon *jugement* par une *proposition.*

Il y a dans toute proposition trois parties essentielles.

La première exprime l'objet sur lequel on porte le jugement, c'est le *sujet.*

La seconde exprime la chose comparée avec le sujet, c'est l'*attribut.*

La troisième établit le rapport de l'attribut au sujet, c'est le *verbe.*

Il y a plusieurs espèces de propositions. Contentons-nous de distinguer la *proposition principale* et la *proposition incidente*.

La proposition principale est celle de laquelle dépendent les autres. C'est par elle que commence une phrase construite sans inversion ; et elle commence elle-même ordinairement par un substantif ou par un pronom personnel.

La proposition incidente, surbordonnée à la proposition principale, est liée à celle-ci par un mot qui est toujours un pronom relatif ou une conjonction.

On donne aussi à la proposition principale le nom de *primordiale*, et à la proposition incidente celui de *subordonnée* ou de *complétive*.

On appelle *phrase* une ou plusieurs propositions qui présentent un sens achevé.

Mais quoiqu'une phrase puisse n'être formée que d'une seule proposition, il ne s'ensuit pas qu'une phrase soit la même chose qu'une proposition : il y a entre ces deux mots une différence essentielle que nous allons facilement saisir.

Dès que vous changez l'arrangement des mots, vous faites une autre *phrase*; la *proposition* restera la même, quoique l'arrangement soit changé, tant que l'on ne changera rien au sens, à la signification, enfin tant que le *jugement* énoncé restera le même.

N° III.

DU DISCOURS ET DE SES ÉLÉMENTS.

La fleur est la fille du matin, le charme du printemps, la source des parfums, la grâce des vierges, l'amour des poètes. Elle passe vite comme l'homme, mais elle rend doucement ses feuilles à la terre. On conserve l'essence de ses odeurs : ce sont ses pensées qui lui survivent. Chez les anciens, elle couronnait la coupe du banquet et les cheveux blancs du sage ; les premiers chrétiens en couvraient les martyrs et l'autel des catacombes. Aujourd'hui, et en mémoire de ces antiques jours, nous la mettons dans nos temples. Dans le monde, nous attribuons nos affections à ses couleurs ; l'espérance à sa verdure ; l'innocence à sa blancheur ; la pudeur à ses teintes de rose. Il y a des nations entières où elle est l'interprète des sentiments, livre charmant qui ne cause ni troubles ni guerres, et qui ne garde que l'histoire fugitive des révolutions du cœur. (CHATEAUBRIAND.)

Cette belle description, émaillée comme un véritable parterre, offre dans son ensemble ce qu'on appelle un *discours* (1).

Un discours est donc, comme on le voit, une série de pensées qui roulent sur le même sujet.

La série des pensées qui composent le discours que nous avons cité, se divise en plusieurs membres présentant, chacun, un sens complet.

PREMIER MEMBRE.
La fleur est la fille du matin, le charme du printemps, la source des parfums, la grâce des vierges, l'amour des poètes.

DEUXIÈME MEMBRE.
Elle passe vite comme l'homme, mais elle rend doucement ses feuilles à la terre.

TROISIÈME MEMBRE.
On conserve l'essence de ses odeurs : ce sont ses pensées qui lui survivent.

QUATRIÈME MEMBRE.
Chez les anciens, elle couronnait la coupe du banquet et les cheveux blancs du sage ; les premiers chrétiens en couvraient les martyrs et l'autel des catacombes.

CINQUIÈME MEMBRE.
Aujourd'hui, et en mémoire de ces antiques jours, nous la mettons dans nos temples.

SIXIÈME MEMBRE.
Dans le monde, nous attribuons nos affections à ses couleurs ; l'espérance à sa verdure ; l'innocence à sa blancheur ; la pudeur à ses teintes de rose.

SEPTIÈME MEMBRE.
Il y a des nations entières où elle est l'interprète des sentiments, livre charmant qui ne cause ni troubles ni guerres, et qui ne garde que l'histoire fugitive des révolutions du cœur.

Il y a donc sept membres dans ce discours. Ces divers membres se nomment *phrases* (2).

(1) *Discours* vient du mot latin *discursus* et signifie *courses çà et là*, d'où s'est formé *discurrere*, dont nous avons fait *discourir*, mot propre à peindre les opérations de l'esprit qui va d'une pensée à une autre et considère un sujet sous plusieurs points de vue.

(2) En latin *phrasis*, en grec *phraso* (*je parle*).

N° IV.
DES MOTS

Des moments les heures sont nées, Et les heures forment les jours, Et les jours forment les années Dont le siècle grossit son cours. (LAMARTINE.)	L'homme, perdant sa chimère, Se demande avec douleur Quelle est la plus éphémère De la vie ou de la fleur. (CHÉNIER.)

Si l'on ne pouvait parler, quel moyen emploierait-on pour se faire entendre? On ferait des *signes*, ou l'on ferait des *gestes*. Les *gestes* ou les *signes désignent* donc, *signifient* ce que nous *pensons*, ce que nous *voulons*, enfin nos idées. Mais on n'emploie pas ordinairement les *signes*, c'est-à-dire les gestes, pour se faire entendre. Comment fait-on pour *désigner*, pour *signifier* ses *idées*? On parle, c'est-à-dire qu'on emploie les *mots* pour les *signes*.

Ainsi les *mots* peuvent s'appeler les *signes* de nos pensées, puisque, comme les gestes, ils *désignent* ce que nous voulons, *signifient* ce que nous pensons.

Il n'y a d'autre différence entre les *mots* et les *gestes*, sinon que les *mots* sont des *signes* qu'on fait par la voix, et que les *gestes* sont des *signes* qu'on fait par le mouvement des différentes parties du corps.

Or, puisque les *mots*, ainsi que les *gestes*, *signifient* ce que nous voulons, ce que nous pensons, c'est-à-dire qu'ils *désignent* nos idées, *les mots sont donc les signes de nos idées.*

En examinant les exemples que nous avons cités plus haut, on peut remarquer qu'il existe entre chaque mot écrit ou imprimé une séparation plus grande qu'entre chacune des lettres qui le composent; nous allons indiquer cette séparation par une ligne verticale, ainsi qu'il suit :

PREMIER EXEMPLE.

Des | moments | les | heures | sont | nées, |
Et | les | heures | forment | les | jours, |
Et | les | jours | forment | les | années |
Dont | le | siècle | grossit | son | cours. |

Dans cet exemple il y a donc vingt-quatre mots.

SECOND EXEMPLE.

L' | homme | perdant | sa | chimère, |
Se | demande | avec | douleur |
Quelle | est | la | plus | éphémère |
De | la | vie | ou | de | la | fleur. |

Dans celui-ci il n'y en a que vingt-et-un.

EXERCICE ANALYTIQUE.

(Indiquer par une ligne verticale la séparation qui existe entre chacun des mots.)

PLAINTE D'UNE JEUNE VIERGE.

O vierges de Sion! ô mes douces compagnes!
Ne l'avez-vous pas vu descendre des montagnes,
Brillant comme un rayon de l'astre du matin?
Dites-moi sur quel bord, vers quel sommet lointain
Ses chameaux vont paissant une herbe parfumée!
Sont-ils sous les palmiers de la verte Idumée,
Ou sous le frais abri des rochers de Sanir?
Mais hélas! si long-temps qui peut le retenir!
Délices de mon cœur! loin de toi mon image
A-t-elle fui, pareille au mobile nuage?
Ai-je cessé déjà d'être belle à tes yeux?
Oh! reviens : j'ai cueilli des fruits délicieux.
(MILLEVOYE.)

LE PETIT SAVOYARD.

J'ai faim : vous qui passez, daignez me secourir.
Voyez : la neige tombe, et la terre est glacée;
J'ai froid; le vent se lève, et l'heure est avancée,
Et je n'ai rien pour me couvrir.
Tandis qu'en vos palais tout flatte votre envie,
A genoux sur le seuil, j'y pleure bien souvent;
Donnez : peu me suffit; je ne suis qu'un enfant;
Un petit sou me rend la vie.
On m'a dit qu'à Paris je trouverais du pain;
Plusieurs m'ont raconté, dans nos forêts lointaines,
Qu'ici le riche aidait le pauvre dans ses peines;
Eh bien! moi je suis pauvre et je vous tends la main.
(ALEX. GUIRAUD.)

N° V.

DES DIFFÉRENTES SORTES DE MOTS.

L'Éternel, dans ses mains, tient cette chaîne immense
Que termine l'insecte et que l'homme commence.
(CHÉNEDOLLÉ.)

Voyez-vous voltiger autour de ces buissons
Le bouvreuil empourpré, les folâtres pinsons,
La mésange au front noir, le verdier, la fauvette ?
(CASTEL.)

Les ours blancs rassemblés, l'œil fixé sur ces mers,
De hurlements affreux épouvantent les airs.
(Id.)

Homme, salut ! sans toi la nature muette
Pour célébrer son Dieu manquerait d'interprète.
(CHÉNEDOLLÉ.)

Seulement, aux confins de ces affreux déserts,
De lugubres pétrels, au milieu des orages,
Font ouïr quelquefois leurs cris durs et sauvages.
(CASTEL.)

Il (le chien) garde les troupeaux, les défend et les aime;
Il règle et suit leurs pas, il est berger lui-même.
(ROSSET.)

Examinez attentivement les mots que renferment ces citations, et vous verrez qu'ils sont chacun le signe d'une idée particulière ; c'est-à-dire qu'ils nous font penser à des choses différentes :

1° A des êtres, à des animaux, tels que *insecte, homme, bouvreuil, pinsons, mésange, verdier, fauvette, ours, pétrels, chien, troupeaux*, etc.; ou à des choses, à des objets, tels que *mains, chaîne, buissons, front, œil, hurlements, airs, nature, confins, déserts, orages, cris*, etc.

2° A des qualités qu'ils possèdent, telles que celles d'être *immenses, empourprés, folâtres, noirs, blancs, affreux, muets, lugubres, durs, sauvages*, etc.

3° A des actions qu'ils font ou qu'ils souffrent, telles que celles de *tenir*, de *terminer*, de *commencer*, de *voltiger*, d'*épouvanter*, de *célébrer*, de *faire*, d'*ouïr*, de *garder*, de *défendre*, d'*aimer*, de *régler*, de *suivre*, etc.

Tous les mots ne représentent donc pas la même sorte d'idées.

De là plusieurs espèces ou classes de mots. Mais quels sont les caractères et le nombre de ces classes? C'est ce que les grammairiens ont pris soin de déterminer, et c'est en classant les mots d'après leur ressemblance ou leur différence qu'ils y sont parvenus.

Ils ont reconnu que la langue française se compose de dix espèces de mots, savoir :

1° *Le nom* ou *substantif*; 2° *l'article*; 3° *l'adjectif*; 4° *le pronom*; 5° *le verbe*; 6° *le participe*; 7° *l'adverbe*; 8° *la préposition*; 9° *la conjonction*; 10° *l'interjection*.

On divise tous les mots en mots *variables* et en mots *invariables*.

Les mots *variables* sont ceux dont la terminaison peut changer; tels sont le *substantif*, l'*article*, l'*adjectif*, le *pronom*, le *verbe*, le *participe*.

Les mots *invariables* sont ceux dont la terminaison ne change jamais : tels sont l'*adverbe*, la *préposition*, la *conjonction* et l'*interjection*.

EXERCICE ANALYTIQUE.

(Comparer entre eux les mots suivants et dire s'ils représentent la même sorte d'idées.)

LE CHEVREAU ET LE LOUP.

Un insolent chevreau, du haut de son étable,
Crie au loup qui passait : le gueux ! le misérable !
— Ce n'est pas de toi, répond-il,
Que part l'insulte ; non, mais de ta seule place.
Tout faux brave, loin du péril,
Croit montrer du courage, et n'a que de l'audace.
(GUICHARD.)

LE BIEN DE LA FORTUNE.

Le bien de la fortune est un bien périssable ;
Quand on bâtit sur elle, on bâtit sur le sable ;
Plus on est élevé, plus on court de danger :
Les grands pins sont en butte aux coups de la tempête,
Et l'orage des vents brise plutôt le faîte
Des maisons de nos rois que les toits des bergers.
(RACAN.)

CHAPITRE PREMIER.

DU SUBSTANTIF.

N° VI.

NATURE DU SUBSTANTIF. — SA DÉFINITION (1).

NOMS D'OBJETS MATÉRIELS.	NOMS D'OBJETS IMMATÉRIELS.
La *rose nous* sourit à travers ses *boutons*. (BOISJOLIN.)	Rien n'égale la *blancheur* des lis. (FÉNÉLON.)
Le *soleil* sur les *monts* cuit la *grappe* dorée. (DELILLE.)	La *douceur* d'une femme est tout ce qui me charme. (MOLIÈRE.)
Le *pavot* dans les *champs* lève sa *tête* altière. (MICHAUD.)	La *bienfaisance* est un *besoin* de l'âme. (DE BELLOY.)
Le *baume*, heureux *Jourdain*, parfume tes *rivages*. (DELILLE.)	L'*amitié* dans nos cœurs verse un *bonheur* paisible. (DEMOUSTIER.)

Il existe dans la nature une multitude d'objets différents que l'on distingue facilement les uns des autres, au moyen des noms particuliers qu'on a donnés à chacun d'eux.

Ainsi, par exemple, lorsqu'on dit : *le baume parfume les rivages du Jourdain*, comment distingue-t-on l'objet parfumé? Par le mot *rivages*, qui est le nom de cet objet. Comment distingue-t-on l'objet qui parfume? Par le mot *baume*. Donc les mots *baume* et *rivages* sont des noms d'objets. Il en est de même des mots *rose*, *boutons*, *soleil*, *raisins*, *colibri*, *serpolet*, *blancheur*, *bienfaisance*, etc.

Les signes d'objets sont donc ceux qui désignent les objets.

Dans les exemples que nous avons cités, les objets désignés par les noms de la première colonne, on peut les voir, les toucher, les goûter, les flairer ou les entendre; tandis que, dans les exemples de la deuxième colonne, les objets désignés par les mots *blancheur*, *douceur*, *bienfaisance*, *amitié*, *bonheur*, etc., on ne peut ni les voir, ni les toucher, ni les goûter, ni les flairer, ni les entendre. Ces objets n'ont point de corps, d'existence réelle, indépendante; l'esprit seul les a créés. On a vu des objets *blancs*, des personnes *douces*, des êtres qui étaient *bienfaisants*, *bienheureux*, et l'on a indivi-

---

(1) Les instituteurs primaires, et tous les professeurs qui ont une nombreuse classe à conduire, pourront procéder de cette manière :

Ils écriront sur un tableau quelques-uns des exemples dont se compose chacun de nos groupes, et les disposeront, comme nous l'avons fait, sur deux colonnes latérales ; puis ils chercheront à fixer l'attention de leurs élèves sur ces exemples, leur en feront remarquer les différences, et exigeront d'eux qu'ils énoncent clairement la règle.

dualisé ces qualités, abstraction faite des objets où elles se trouvaient; puis on a formé les noms *blancheur, douceur, bienfaisance, bonheur,* etc.

Il y a donc deux classes d'objets : ceux qui existent dans la nature et que nous pouvons voir, toucher, goûter, odorer ou entendre, et ceux qui n'existent que dans notre esprit et que notre esprit seul peut comprendre.

Tous les êtres, tous les objets de la nature, quels qu'ils soient, peuvent être soumis à diverses modifications. On peut dire d'une *rose* qu'elle est *épanouie, flétrie, rouge, blanche;* de *champs,* qu'ils sont *fertiles, stériles, fleuris;* de la *blancheur,* qu'elle est *éclatante, vive, éblouissante.*

Sous ce point de vue, c'est-à-dire considérés comme le soutien, le support de qualités, tous les êtres, tous les objets de la nature prennent le nom de *substances,* et les mots qui les rappellent à la mémoire, qui les représentent sur le papier, dans l'écriture, se nomment *substantifs.*

Les *substantifs* sont donc les noms des substances, c'est-à-dire les mots adoptés pour désigner les substances; et par substances, on entend les personnes, les animaux, les êtres, et généralement tous les objets qui existent dans la nature ou dans notre esprit, et qu'on peut voir, toucher, goûter, odorer, entendre ou comprendre.

Télémaque, Calypso, Mentor, femmes, enfants, vieillards, sont des substantifs qui désignent des êtres faisant partie de l'espèce humaine, ou des PERSONNES.

Chevaux, mouches, ânes, chiens, chats, sont des substantifs qui désignent des êtres ne faisant point partie de l'espèce humaine, ou OBJETS ANIMÉS, c'est-à-dire ayant vie.

Rose, boutons, soleil, pavot, champs, tête, baume, rivages, désignent des objets inanimés, c'est-à-dire ne vivant point.

Les *substantifs,* qui servent à désigner des êtres en général, matériels ou immatériels, les corps, les substances, ont été appelés plus communément jusqu'ici *noms,* du latin NOMEN, qui veut dire MEN QUOD NOTAT, *signe qui fait connaître.* Mais on doit préférer la dénomination de *substantifs,* tant parce qu'elle indique mieux la nature de l'idée que cette espèce de mots exprime, que parce que le mot *nom* a été employé par un grand nombre de grammairiens dans un sens plus étendu, comme s'appliquant à la fois aux substantifs et aux adjectifs.

L'effet propre du *nom* ou *substantif* est donc de réveiller dans l'esprit l'idée des personnes ou des choses qu'il représente. Sa puissance peut aller jusqu'à reproduire dans l'âme ces sortes d'impressions qu'y feraient naître les objets eux-mêmes.

Le nom d'Ulysse suffisait seul pour mettre Philoctète en fureur; et celui de Marie soulevait toutes les passions jalouses dans le cœur d'Élisabeth; il lui semblait, dit Schiller, que tous ses malheurs portaient le nom de son infortunée rivale.

Ainsi, dans la retraite la plus isolée, dans la nuit la plus profonde, nous pouvons passer en revue l'universalité des êtres; nous représenter nos parents, nos amis, tout ce que nous avons de plus cher, tout ce qui nous a frappés, tout ce qui peut nous instruire ou nous récréer; et en prononçant leur *nom,* nous pouvons en raisonner avec les autres d'une manière aussi sûre que si nous pouvions les montrer au doigt et à l'œil.

C'est que cette faculté admirable tient au souvenir, à cette facilité dont nous sommes doués de nous représenter tout ce que nous avons vu, quoiqu'il ne soit plus sous nos yeux; et de nous rendre ainsi l'univers toujours présent, en le concentrant pour ainsi dire en nous-mêmes.

Par les *noms*, nous tenons ainsi registre de tout ce qui existe, et de tout ce que nous avons vu ; même de ce que nous n'avons jamais vu, mais qu'on nous a nommé, en nous le faisant remarquer par ses rapports avec les objets que nous connaissons.

Aussi n'existe-t-il aucun être dont on puisse avoir besoin de se rappeler le souvenir, qui n'ait son *nom* ; puisque ce n'est que par cette espèce d'anse qu'on peut le saisir et le mettre sous les yeux ; aussi, dès qu'on entend parler d'un objet inconnu, demande-t-on à l'instant son *nom*, comme si ce *nom* seul le faisait connaître : mais ce nom rappelle un objet auquel on attache telle idée ; il le supplée en quelque sorte, et cela suffit.

Ne soyons donc pas étonnés que l'homme, qui parle de tout, qui étudie tout, qui tient note de tout, ait donné des *noms* à tout ce qui existe : à son corps et à toutes ses parties, à son âme et à toutes ses facultés, à cette multitude d'êtres qui couvrent la terre ou qui sont cachés dans son sein, qui remplissent les eaux ou qui traversent la vaste étendue de l'air ; au ciel, et à tous les êtres qui y brillent, et à tous ceux que son esprit y conçoit ; qu'il en donne aux montagnes, aux fleuves, aux rochers, aux forêts ; à ses habitations, à ses champs, aux fruits dont il se nourrit ; à ces instruments de toute espèce avec lesquels il exécute les plus grandes choses ; à tous les êtres qui composent la société ; à une femme chérie ; à des enfants, objets de toute son espérance ; à des amis auxquels son cœur est attaché et qui lui rendent la vie précieuse ; à des chefs qui veillent pour lui. C'est par leur nom que se perpétue d'âge en âge le souvenir de ces personnages illustres, qui méritèrent du genre humain par leurs bienfaits ou par leurs lumières.

Il fait plus : tantôt il donne des *noms* à des objets qui n'existent pas ; tantôt il en donne à une multitude d'êtres, comme s'ils n'en formaient qu'un seul ; souvent même il donne des noms aux qualités d'objets, afin d'en pouvoir parler de la même manière qu'il parle des objets dans lesquels ces qualités se trouvent.

Ainsi, les êtres se multiplient en quelque sorte pour lui à l'infini, puisqu'il élève à ce rang ce qui n'est pas, et les simples manières d'être des objets existants.

Le mot *nom*, dans son acception primitive, est considéré par les grammairiens comme la source d'où l'on a tiré toutes les autres espèces de mots, au moyen de quelques modifications qu'on lui fait subir, ainsi qu'on le voit dans *nommer, nommément, nomination, nominal*, qui tous proviennent du mot *nom* lui-même.

Quelquefois les *noms* changent de signification par le seul laps de temps : tels sont entre autres ceux de *tyran* et de *parasite*, maintenant aussi odieux qu'ils étaient jadis honorables.

Il y a plusieurs moyens mécaniques pour reconnaître un substantif.

Ainsi tout mot devant lequel on peut placer *un, une, du, de l', de la, des*, est un substantif ; or je puis dire : *un peuplier, une rose, du sucre, de la prudence, des fleurs*, donc les mots *peuplier, rose, sucre, prudence, fleurs*, sont des substantifs.

On connaît aussi qu'un mot est substantif lorsqu'on peut y ajouter un autre mot exprimant une bonne ou une mauvaise qualité. Or, je puis dire : *une belle tulipe, un beau magnolia, une grande pensée, un petit vieillard* ; donc les mots *tulipe, magnolia, pensée, vieillard*, sont des substantifs.

EXERCICE ANALYTIQUE.

(Souligner les substantifs ou bien en faire une liste.)

LE PRINTEMPS.

Le *printemps* qu'annonçait la joyeuse *hirondelle*,
Des *saisons* à mes *yeux* vient d'ouvrir la plus belle.
Le *chêne* s'est éteint dans nos *foyers* déserts,
Et des *arbres* déjà tous les *sommets* sont verts ;
Les *troupeaux*, librement épars dans les *campagnes*,
Broutent le *serpolet* au *penchant* des *montagnes* ;
Les *oiseaux*, dans les *bois*, par *couples* réunis,
Suspendent aux *rameaux* la *mousse* de leurs *nids*.
J'entends le *rossignol*, caché sous le *feuillage*,
Rouler les doux *fredons* de son tendre *ramage* ;
Les *champs* d'*herbes* couverts, les *prés* semés de *fleurs*,
De leurs riants *tapis* font briller les *couleurs* ;
Le *lilas* flatte plus les *regards* de l'*aurore*
Que les *rubis* de l'*Inde* et les perles du *Maure* ;
Et les *zéphirs* légers, voltigeant sur le *thym*,
Nous rapportent le *soir* les *parfums* du *matin*.
(LEMIERRE.)

DES MERS.

Ces vastes *océans* sont comme les *sources* de tous les *fleuves*, comme le *bassin* où la *nature* puise sans cesse pour arroser l'*univers*..... Il existe entre la faible *plante* et l'*Océan*, une *correspondance* invisible ; la *vie* de l'une est attachée à l'*existence* de l'autre : n'importe la *distance* qui les sépare, la *nature* sait la franchir. De ce vaste *gouffre* placé entre les deux *mondes*, sortent les *éléments* des *gazons*, des *fruits* et des *fleurs* : l'*onde* se change en *vin* dans la *grappe* parfumée ; on la savoure dans la *pêche*, l'*orange*, l'*ananas* ; elle se teint en bleu dans la *violette*, dore le *souci*, argente le *lis*, colore en pourpre l'*œillet*, et verdit le *feuillage*. O *sagesse* admirable ! l'*immensité* seule du *bassin* des *mers* peut nous rassurer sur l'*existence* des *races* futures.
(AIMÉ-MARTIN.)

N° VII.

DES SUBSTANTIFS COMMUNS ET DES SUBSTANTIFS PROPRES.

SUBSTANTIFS COMMUNS.

La *cerise* rougit aux *rameaux* suspendue.
(MICHAUD.)

La *génisse* en *lait* pur change le *suc* des *plantes*.
(LAMARTINE.)

L'*arbre* est de nos *jardins* le plus bel *ornement*.
(DELILLE.)

L'*homme* ravit la *laine* à la *brebis* paisible.
(ST.-LAMBERT.)

Sous mes *pas*, des *fourmis* la *cohorte* empressée
Poursuit de ses *travaux* la *tâche* commencée ;
Et, parmi les *gazons* roulant d'énormes *grains*,
Pour l'*hiver* paresseux remplit ses *magasins*.
(MICHAUD.)

SUBSTANTIFS PROPRES.

Sur les rives du *Gange* on voit fleurir l'ébène.
(DELILLE.)

Le *Nil* du vert acanthe admire le feuillage.
(*Id.*)

L'if s'épanouit au souffle de *Borée*.
(*Id.*)

Le baume, heureux *Jourdain*, parfume tes rivages.
(*Id.*)

... L'*Inde* et ses forêts, et leur riche trésor,
Et le *Gange*, et l'*Hermus* qui roule un limon d'or,
Et les riches parfums que l'*Arabie* exhale,
A l'antique *Ausonie* ont-ils rien qui s'égale ?
(*Id.*)

Tous les objets de la nature, les fleuves, par exemple, les villes où les hommes, ont un ensemble de qualités communes qui en font une collection d'êtres ou d'objets de même nature ; par conséquent, la même dénomination leur est applicable. Les substantifs *fleuve*, *ville*, *homme*, conviennent à chacun d'eux, et sont employés toutes les fois qu'on veut les désigner par l'idée de la nature qui leur est commune.

Mais si l'on veut distinguer un fleuve des autres fleuves, une ville des autres villes, un homme des autres hommes, il faut nécessairement les distinguer par une dénomination qui leur soit propre, particulière.

De là deux espèces de *substantifs* : ceux qui conviennent à une classe d'individus, et ceux qui servent à distinguer un objet de ceux qui ont la même nature.

Les substantifs de la première espèce sont appelés *communs*, ceux de la seconde espèce sont appelés substantifs *propres*.

Ainsi *cerise*, *rameaux*, *génisse*, *lait*, *suc*, *plantes*, *arbres*, *jardins*, *ornement*, *homme*, *laine*, *brebis*, *pas*, *fourmis*, *cohorte*, *travaux*, *tâche*, *gazon*, *grains*, *hiver*, *magasins*, etc, sont des *substantifs communs*, parce qu'ils expriment une idée commune aux objets d'une même classe.

On peut dire, en montrant un figuier, ceci est un *arbre*; si l'on montre un olivier, on peut encore dire, ceci est un *arbre*; on le peut encore, si l'on montre un grenadier, un chêne, un oranger, un cerisier, etc : le mot *arbre* est donc un *substantif commun* à tous les autres végétaux. Le mot *arbre* est donc un *substantif commun* nommant une espèce ou plutôt une classe de végétaux, et qui convient à tous les individus de cette espèce ou classe. Parmi les arbres, il y a des figuiers, il y a des oliviers, des grenadiers, des chênes, des cerisiers, des orangers, etc.; mais tous les arbres qui donnent des figues s'appellent figuiers; le nom *figuier* est donc *commun* à tous les arbres de l'*espèce* qui produit des figues; tous les arbres qui produisent des olives sont des oliviers; le nom *olivier* est donc *commun* à toute l'espèce d'arbres produisant des *olives*; le nom *grenadier* est *commun* à toute l'espèce d'arbres produisant des *grenades*; le nom *chêne* est *commun* à toute l'espèce d'arbres produisant des *glands*; le nom *cerisier* est *commun* à toute l'espèce d'arbres produisant des *cerises*; le nom *oranger* est *commun* à toute l'espèce d'arbres donnant des *oranges*; donc les noms *figuier, olivier, grenadier, chêne, oranger, cerisier*, sont des *substantifs communs*.

Gange, Nil, Borée, Jourdain, Inde, Hermus, Arabie, Ausonie, etc., sont, au contraire, des *substantifs propres*, parce qu'ils servent à distinguer un fleuve d'avec tous les autres fleuves, une contrée d'avec toutes les autres contrées, un homme d'avec tous les autres hommes.

Cette propriété du *substantif*, par laquelle il embrasse une classe d'individus ou n'exprime qu'un individu d'une classe, s'appelle *étendue*.

Les *substantifs communs* ont plus ou moins d'étendue, selon qu'ils s'étendent à un nombre plus ou moins considérable d'individus; ainsi le substantif *animal* a plus d'étendue que le substantif *homme*, qui ne convient qu'à une portion des êtres animés.

Les *substantifs propres* ont une étendue aussi restreinte que possible, puisqu'ils ne désignent que des individus uniques, particuliers, comme Martin, Paris. Lors même qu'ils se trouvent convenir à plusieurs individus, c'est uniquement par hasard : ainsi de ce que, suivant le proverbe, *il y a plus d'un âne à la foire qui s'appelle* Martin, il ne s'ensuit pas que le nom *Martin* ait été destiné à marquer une *classe*, une collection d'individus qui aient quelque chose de ressemblant, quelque caractère commun, en sorte qu'un *Martin* puisse servir à faire reconnaître les autres *Martin*.

Il en est de même de *Londres* et de *Paris*; *Londres* et *Paris* sont des noms de villes. Il y a deux villes nommées *Londres*: Londres en Angleterre et Londres en Amérique. Il y a six villes appelées *Paris*: Paris, capitale de la France, et cinq Paris dans les États-Unis de l'Amérique du nord; il pourrait y en avoir bien davantage. Mais toutes les villes ne s'appellent point *Londres* ou *Paris*; ces noms ne sont pas communs à toutes les villes; ce sont donc des noms *propres* à un ou plusieurs *individus* de l'espèce d'objets appelés *villes*; mais ils ne conviennent pas à tous les objets de cette espèce.

De tout ce que nous avons dit jusqu'ici nous conclurons :

1° Que le *substantif propre* est un nom qui ne s'applique qu'à un seul individu, à un seul objet, pour le distinguer de tous les autres individus, de tous les autres objets;

2° Que le *substantif commun* est un nom qui, au contraire, peut s'appliquer indifféremment à tous les individus, à tous les objets d'une même espèce, d'une même nature.

Remarquez ceci : les substantifs *propres* doivent toujours commencer par une grande lettre ou majuscule : *Paris, Londres, Rouen*.

(32)

EXERCICE ANALYTIQUE.

(Distinguer les substantifs propres des substantifs communs.)

Combien de *monuments* dont la *grandeur* étonne !
Regardez : c'est *Bossuet* qui s'élève et qui tonne ;
C'est *Descartes*, du *monde* éclairant le *chaos* ;
C'est *Corneille, Pascal, Racine, Despréaux* ;
Montesquieu qui des *lois* explique les *oracles*,
Buffon de la *nature* étalant les *miracles* ;
Et *vous*, *chœur* immortel par les *Grâces* orné,
Vous, *reines des beaux-arts*, que conduit *Sévigné.*
Je reconnais *Martel* qui sut dans nos vieux *âges*
Du *Maure* débordé repousser les *ravages* ;
Charles qui, de cent *rois* le *vainqueur* ou l'*appui*,
Vit l'*univers* entier se taire devant *lui* ;
Des *Guesclin*, des *Bayard* la *valeur* souveraine,
Et, plus près de nos *jours*, *Catinat* et *Turenne.*
(CASTEL.)

Fontanes ! dont la *voix* consola les *tombeaux* ;
Saint-Lambert ! qui chantas les *vertus* des *hameaux* ;
Morellet ! dont la plume éloquente et hardie
Plaida pour le *malheur* devant la *tyrannie* ;
Suard ! qui réunis, émule d'*Adisson*,
Le *savoir* à l'*esprit*, la *grâce* à la *raison* ;
La Harpe ! qui du *goût* expliquas les *oracles*,
Sicard ! dont les *leçons* sont presque des *miracles.*
Jussieu, Laplace ! et toi vertueux *Daubenton*
Qui m'appris des *secrets* inconnus à *Buffon* :
Je ne vous verrai plus.
(MICHAUD.)

Nº VIII.

SUBSTANTIFS COLLECTIFS.

Tout le *peuple* crie : victoire au fils d'Ulysse.
(FÉNELON.)

Leur *flotte* impérieuse, asservissant Neptune,
Des bouts de l'univers appelle la fortune.
(VOLTAIRE.)

Le Seigneur a soufflé sur l'*amas* de leurs richesses injustes, et l'a dissipé comme de la poussière.
(MASSILLON.)

Du milieu de cette île, un berceau toujours frais
Monte, se courbe en voûte, et s'embellit sans frais
De *touffes* d'aubépine et de lilas sauvage.
(ROUCHER.)

Ne dois-je toutefois célébrer que l'*essaim*
Des fleurs dont cet enclos a diapré son sein ?
(ROUCHER.)

Qu'est-ce qu'une *armée* ? c'est une *multitude* d'âmes pour la plupart viles et mercenaires.
(FLÉCHIER.)

D'insectes lumineux mille *escadrons* légers
Viennent tourbillonner dans les bois d'orangers.
(CASTEL.)

Comment percer cette *foule* effroyable de rimeurs affamés ?
(BOILEAU.)

Le charançon dévore un vaste *amas* de graines.
(DELILLE.)

. . . . . Le sort malencontreux
Conduit en cet endroit un grand *troupeau* de bœufs.
(BOILEAU.)

Je cours et je ne vois que des *troupes* craintives
D'esclaves effrayés, de femmes fugitives.
(RACINE.)

La *plupart* des femmes n'ont guère de principes ; elles se conduisent par le cœur.
(LA BRUYÈRE.)

Et tes flatteurs tremblants sur un *tas* de victimes
Déjà du nom d'Auguste ont décoré tes crimes.
(VOLTAIRE.)

Saint Louis va prendre terre au travers des vagues et d'une *grêle* de traits.
(FLÉCHIER.)

Parmi les *substantifs* que renferment ces exemples, et qui sont tous des *substantifs communs*, il y en a qui servent à désigner des *collections totales* ou *partielles* d'individus ou d'objets d'une même nature ; tels sont *troupe, amas, foule, armée, multitude, forêt, flotte, quantité, régiment, infinité*, etc.

Une *armée* est une *réunion* d'hommes armés. Ce mot présente à l'esprit l'idée de plusieurs hommes assemblés dans le but de faire la guerre, et cependant le substantif *armée* est au nombre singulier, parce que ce substantif n'est point le nom des hommes armés, mais le nom d'une *réunion* ; il n'y a ici qu'une armée.

Une *flotte* est une *réunion* de vaisseaux. Le mot *flotte* éveille l'idée d'un certain nombre de navires de guerre, naviguant à peu de distance les uns des autres, pour combattre sur mer ou pour protéger le commerce maritime, et cependant le substantif *flotte* est au nombre singulier, parce que ce substantif n'est point le nom des vaisseaux, mais celui d'une *réunion* : il n'y a pas ici deux *flottes*, il n'y en a qu'une.

Le *peuple* est l'*ensemble* des habitants d'un même pays : ainsi, il y a le peuple français, le peuple anglais, le peuple espagnol, etc. ; le mot *peuple* éveille donc l'idée d'un grand nombre d'hommes; ce substantif est néanmoins au singulier, parce qu'il n'est point le nom des habitants, mais celui d'une *réunion*. Il ne s'agit ici que d'un seul peuple.

Une *multitude* d'âmes, c'est un grand nombre d'âmes : le mot *multitude* exprime donc une réunion, un assemblage d'objets, et il est au singulier, parce qu'il n'est pas le nom des âmes, mais celui d'une réunion quelconque d'objets; il n'y a pas ici deux multitudes, il n'y en a qu'une.

Ces mots *armée*, *peuple*, *flotte*, *multitude*, etc., qui tous expriment, au singulier, une réunion, un assemblage de personnes ou d'objets de la même espèce, sont des substantifs communs, appelés en grammaire, *substantifs collectifs*, du mot *collection*, qui signifie réunion, assemblage; comme *collection de gravures, collection de coquillages*, etc.

Ainsi les *substantifs collectifs* sont des substantifs communs, qui, quoique au singulier, expriment une réunion, un assemblage de personnes ou d'objets de la même espèce.

Les collectifs sont généraux ou partitifs : *généraux*, quand ils représentent une collection entière; et *partitifs*, lorsqu'ils représentent une collection partielle. *La foule des humains est vouée au malheur. La foule des humains* embrasse la généralité des hommes; *la foule* est un collectif général. *Une foule de pauvres reçoivent des secours. Une foule de pauvres* n'embrasse qu'une partie des pauvres; *une foule* est un collectif partitif. L'ARMÉE *des Français*, la MULTITUDE *des étoiles*, collectifs généraux. *Une* TROUPE *de soldats, une* MULTITUDE *d'étoiles*, collectifs partitifs.

On voit que le même mot peut être collectif général et collectif partitif, selon le sens qu'on y attache. En général un collectif, quand il est précédé de *un*, *une*, est partitif.

EXERCICE ANALYTIQUE.

(Désigner les substantifs collectifs.)

Une *troupe* de nymphes couronnées de fleurs nageaient en *foule* derrière le char.
(FÉNELON.)

Les uns coururent se jeter dans la rivière de Narwa, et une *foule* de soldats y furent noyés.
(VOLTAIRE.)

Il se trouve enveloppé par un *corps* de Spartiates qui font tomber sur lui une *grêle* de traits.
(BARTHÉLEMY.)

Un *peuple* de beautés, un *peuple* de vainqueurs,
Foulant d'un pied léger les gazons et les fleurs,
Entrelacent leurs pas dans de riants dédales.
(THOMAS.)

N° IX.

SUBSTANTIFS COMPOSÉS.

L'odorat est l'*avant-coureur* du goût.
(BERNARDIN DE ST-PIERRE.)

Puis-je oublier l'œillet de la vallée,
Le *bouton-d'or*, la pâle giroflée,
Le *chèvre-feuille* à l'odeur parfumée?
(BRUGNOT.)

Nos *petits-maîtres* sont l'espèce la plus ridicule qui rampe avec orgueil sur la surface de la terre.
(VOLTAIRE.)

La fleur de la *reine-marguerite* est très belle, et fait, en automne, le principal ornement des jardins.
(ACADÉMIE.)

Le *pot-au-feu* du peuple est la base des empires.
(MIRABEAU.)

Depuis le déluge, l'*arc-en-ciel* a été un signe de la clémence de Dieu.
(BOSSUET.)

Les *belles-de-nuit* du Pérou, l'arbre triste des Moluques, ne fleurissent que la nuit.
(BERNARDIN DE ST-PIERRE.)

Vainement l'homme élève des palais et des *arcs-de-triomphe*, le temps les use en silence.
(AIMÉ-MARTIN.)

Il n'y a pas de langue qui soit assez riche pour avoir autant de noms particuliers qu'il peut y avoir d'idées à exprimer; c'est ce qui nous oblige souvent à représenter une idée unique par plusieurs mots équivalant à un signe unique, comme quand on dit : l'*avant-coureur*, le *bouton-d'or*, des *petits-maîtres*, l'*arc-en-ciel*, le *pot-au-feu*, etc.

Les expressions composées, équivalant à un substantif, s'appellent *substantifs composés*.

Les mots qui composent ces sortes d'expressions sont liés par un trait d'union : *chef-d'œuvre*, *arc-en-ciel*.

EXERCICE ANALYTIQUE.
(Désigner les substantifs composés.)

L'ivresse des Français est gaie, scintillante et téméraire; c'est pour eux un *avant-goût* de la bataille et de la victoire.
(Le général FOY.)

L'honneur des femmes est mal gardé quand la vertu et la religion ne sont pas aux *avant-postes*.
(LÉVIS.)

Le *serpent-à-sonnettes*, caché dans les prairies de l'Amérique, fait bruire sous l'herbe ses sinistres grelots.
(BERNARDIN DE ST-PIERRE.)

La clé du *coffre-fort* et des cœurs c'est la même.
(LA FONTAINE.)

La *petite-vérole* fait au Cap des ravages affreux.
(BERNARDIN DE ST-PIERRE.)

Les jambes de derrière des quadrupèdes forment un *arc-boutant* en avant.
(Id.)

Les *chauves-souris* sont de vrais quadrupèdes.
(BUFFON.)

N° X.

DU GENRE DANS LES SUBSTANTIFS.

1re SÉRIE. — MÂLES.

L'*âne* souffre la faim, un chardon le contente.
(ROSSET).

Le *lion* de son sang ne peut calmer les flots.
(DELILLE.)

Le *tigre* rugit à la vue de tout être vivant.
(Id.)

Le *loup* sait se tenir prudemment embusqué.
(Id.)

Le *chevreuil* est fidèle au pacte conjugal.
(Id.)

Le *mulet* reconnaît une jument pour mère.
(ROSSET.)

Le *lapin* se soustrait aisément aux yeux de l'homme.
(Id.)

L'indocile *poulain* par nos mains est dompté.
(ROSSET.)

Le *paon* est, sans contredit, le roi des oiseaux.
(BUFFON.)

Le *serin* est le musicien de la chambre.
(Id.)

Le *dindon* a l'air fanfaron; mais il ne possède que très peu de courage.
(BERQUIN.)

Quel *père* de son sang se plaît à se priver ?
(RACINE.)

2e SÉRIE. — FEMELLES.

L'*ânesse* a la voix plus claire et plus perçante que l'âne.
(BUFFON.)

La *lionne* devient terrible dès qu'elle a des petits.
(Id.)

La *tigresse* produit, comme la lionne, quatre ou cinq petits (1).
(Id.)

La *louve* allaite ses petits pendant quelques semaines, et leur apprend bientôt à manger de la chair.
(Id.)

La *chevrette* se recèle dans le plus fort du bois pour éviter le loup.
(Id.)

Une *mule* fit une très belle pouline d'un poil alezan avec les crins noirs (2).
(Id.)

La *lapine* allaite ses petits pendant plus de six semaines.
(Id.)

Cette *pouline* avait une étoile au front et les pieds blancs.
(Id.)

La *paonne* aime à déposer ses œufs dans un lieu secret et retiré.
(Id.)

La *serine* assez souvent tombe malade au commencement du printemps.
(Id.)

La *dinde* a des œufs blancs et tachetés.
(Id.)

La *mère* de sa fille aime à voir les essais.
(LEMIERRE.)

---

(1) Quelques personnes pensent à tort que le mot *tigresse* ne s'emploie qu'au figuré en parlant d'une femme cruelle. L'exemple de Buffon, que nous pourrions étayer de mille autres pris dans les naturalistes, prouve le contraire. L'Académie et tous les lexicographes indiquent d'ailleurs l'emploi du mot *tigresse*, en parlant de la femelle du tigre.

(2) C'est également à tort qu'un grammairien range le mot *mulet* parmi les substantifs épicènes. Ce mot a un féminin, comme le prouve l'exemple de Buffon. Ce féminin est *mule*. Voir tous les dictionnaires et les naturalistes.

On voit que les noms peuvent se présenter sous deux aspects différents, selon qu'ils désignent un sexe plutôt que l'autre.

Les êtres animés se divisent en deux grandes classes : les êtres *mâles* et les êtres *femelles*.

Cette différence entre les mâles et les femelles s'appelle *sexe* (1) dans les êtres, et *genre* dans les noms destinés à en rappeler l'idée.

Ainsi, de même qu'il y a deux sexes parmi les êtres animés, il doit y avoir deux genres parmi les noms : le genre *masculin* et le genre *féminin*.

Le genre *masculin* répond au sexe *mâle*; le genre *féminin* au sexe *femelle*.

Nous pouvons donc établir cette règle générale, relativement aux noms d'êtres animés :

1° Tout nom qui désigne un homme ou bien un mâle chez les animaux, est MASCULIN : *Alexandre*, *lion*, *tigre*, etc.

2° Tout nom désignant une femme ou bien une femelle chez les animaux, est FÉMININ : *Alexandrine*, *lionne*, *tigresse*, etc.

Ainsi se détermine, d'une manière très naturelle, le genre, dans les noms qui désignent les êtres *animés*. La nature, que nous avions prise pour guide, n'a donc point trompé notre confiance; elle seule nous a dicté ces règles simples et les a sanctionnées.

C'est sans doute dans un moment de mauvaise humeur que Duclos a dit, dans son commentaire sur Port-Royal : « L'institution ou la distinction des genres est une chose purement arbitraire, qui n'est nullement fondée en raison, qui ne paraît pas avoir le moindre avantage, et qui a beaucoup d'inconvénients. »

Dans la grande classe des êtres animés, la nature a établi deux divisions, qui s'offrent à nos regards sous l'aspect le plus touchant. Dans toutes les parties de l'univers, on contemple sans cesse l'homme et la femme réunis sous le même toit, le lion et la lionne dans le même antre, le rossignol et sa compagne dans le même nid : partout c'est une famille qu'une mère nourrit, qu'un père protège. Cette admirable distinction d'êtres nourriciers et d'êtres protecteurs frappe vivement l'esprit de l'homme; elle seule le guida quand il détermina la classe des êtres *masculins* et celle des êtres *féminins*. Il réunit dans la première tous ces êtres que la nature créa puissants et forts, afin qu'ils défendissent contre tout danger leur chère famille, et celle plus chère encore qui la nourrit; puis il rassembla dans la seconde tous ces êtres faibles et bons, de qui la faiblesse réclame une protection constante, et dont la bonté se charge de nourrir et d'élever des êtres chéris auxquels elles ont donné le jour.

La distinction des noms en deux *genres*, l'un *masculin*, l'autre *féminin*, conformément aux deux sexes, fut donc prise dans la nature; et on aurait tort de croire, avec Duclos et d'autres grammairiens, qu'elle soit arbitraire et de pure fantaisie. Il eût été absurde de désigner tous les êtres animés, quoique de sexe différent, par le même nom sans distinction de sexe, parce que le langage n'aurait jamais été d'accord avec le fait, et parce

---

(1) Mot formé du latin *secare* qui signifie *séparer*, *partager*, *couper en deux*, parce que, par le sexe, l'espèce est coupée en deux portions, et comme en deux moitiés d'un tout. Chacune de ces portions, ou chacun de ces sexes fut appelé *genre*, du mot primitif *gen*, qui désigna toute idée de production, destination des sexes. —Peut-être que l'élève, en voyant d'un côté, *âne*, *lion*, et, de l'autre, *ânesse*, *lionne*, pour désigner des animaux entre lesquels il n'aperçoit d'abord aucune différence, manifestera quelque étonnement de cette bizarrerie. S'il ne fait pas de lui-même cette observation, il faudra la lui suggérer adroitement. Il ne sera pas difficile de lui faire comprendre que, par exemple, c'est l'*ânesse* qui donne le lait, dont elle nourrit l'*ânon*, qu'elle a porté dans son sein.

L'élève ne sera pas embarrassé pour déduire de cette observation *le signe propre à caractériser la femelle*. Il le tirera soit de l'état de gestation, soit de l'allaitement, ou même de l'action de traire.

On fera les mêmes observations pour la *vache*, la *chèvre*, la *brebis*, etc.

Pour les oiseaux, le signe des femelles sera celui de l'œuf ou de l'incubation.

qu'on aurait toujours été embarrassé de savoir duquel des deux êtres on parlait, tandis qu'on n'eût mis aucune différence entre leur nom commun.

Mais pour marquer la différence des sexes, on n'a pas toujours donné aux noms une terminaison différente. Il n'y a guère que ceux que nous avons rapportés dans le tableau précédent et un petit nombre d'autres, qui soient susceptibles de cette modification sexuelle.

Dans les numéros suivants nous montrerons comment on s'y est pris pour indiquer la différence des mâles et des femelles dans les noms qui ne peuvent se modifier sous le rapport du genre.

EXERCICE ANALYTIQUE.

(Désigner les noms masculins et les noms féminins).

Chat.	Poulain.	Baron.	Fils.	Lapin.	Dain.
Agneau.	Poulet.	Frère.	Serin.	Roi.	Canard.
Loup.	Rossignol.	Faon.	Paon.	Duc.	
Renard.	Prince.	Perroquet.	Faisan.	Père.	
Chatte.	Pouliche.	Baronne.	Fille.	Lapine.	Daine (1.;
Agnelle.	Poulette.	Sœur.	Serine.	Reine.	Cane.
Louve.	Rossignolette.	Faonne.	Paonne.	Duchesse.	
Renarde.	Princesse.	Perruche.	Faisane.	Mère.	

N° XI.

NOMS DIFFÉRENTS ET PARTICULIERS POUR LES MALES ET LES FEMELLES.

1re SÉRIE. — MALES.

Les *hommes* consomment leur jeunesse à se former un esprit que les femmes apportent en naissant.
(J.-J. ROUSSEAU.)

Le *cheval* aime l'homme, il aspire à lui plaire.
(ROSSET.)

Le *taureau* est un animal indocile et fier.
(Id.)

Le *bœuf* au pas tardif a la force en partage.
(Id.)

Le *cerf* craint beaucoup moins l'homme que les chiens. (BUFFON.)

Le *bouc* suit avec peine et traîne un pas tardif.
(ROSSET.)

Le *coq* matinal éveille les hameaux.
(MICHAUD.)

Le *mouton* est encore plus timide que la brebis.
(BUFFON.)

Le *lièvre*, si recherché pour la table en Europe, n'est pas du goût des Orientaux. (BUFFON.)

2e SÉRIE. — FEMELLES.

Les *femmes* sont la plus belle moitié du monde.
(J.-J. ROUSSEAU.)

La *jument* résiste à la fatigue, à la faim et à la soif. (BUFFON.)

La *génisse* se plaît dans un gras pâturage.
(ROSSET.)

La *vache* donne du lait en grande quantité.
(BERQUIN.)

La *biche*, encore enfant, d'épouvante bondit.
(DELILLE.)

La *chèvre* aime à gravir au sommet des côteaux.
(ROSSET.)

La *poule* près de nous aima d'être captive.
(MICHAUD.)

La *brebis* des hivers redoute la saison.
(ROSSET.)

La *hase* est la femelle du lièvre.
(VALMONT DE BOMARE.)

Ces exemples nous démontrent que souvent, pour désigner le mâle et la femelle d'une même espèce, on emploie deux mots différents : *homme, femme ; cerf, biche,* etc. Aux noms cités dans le tableau précédent il faut ajouter ceux compris dans l'exercice suivant.

Une chose à remarquer, dit un savant grammairien, c'est que les mâles, les femelles, et souvent les petits des espèces d'animaux qui contribuent le plus ou à l'utilité, ou à l'agrément de l'homme, sont distingués par des noms différents (2); au lieu que dans les espèces moins rapprochées de l'homme, et moins utiles, ou à ses plaisirs, ou à ses be-

---

(1) L'Académie dit que les chasseurs prononcent *daine* comme s'il y avait *dine*. Nous ferons observer que ce ne sont pas tous les chasseurs qui prononcent ainsi ; mais seulement ceux qui croient que le masculin est *dine*, et ils doivent être en petit nombre aujourd'hui que presque tous les chasseurs savent lire.

(2) Le coq, la poule, le chapon, la poularde, le poulet, les poussins. *Que de substantifs pour des individus d'une même espèce !*... Le verrat, la truie, le cochon, le porc, les pourceaux. — Le cheval, la jument, le

soins, le mâle et la femelle sont désignés par un seul et même substantif, tantôt masculin, tantôt féminin, sans égard au sexe de l'individu qu'on veut nommer; et que, pour désigner les petits, il faut employer une périphrase (1).

Et cela est naturel. Ce sont les besoins qui ont contribué à enrichir les langues; avec de nouveaux besoins naissent de nouvelles idées, qui, pour être communiquées à nos semblables, exigent, ou que l'on crée de nouveaux mots, ou que l'on donne une acception nouvelle à des mots déjà usités.

Or, comme les objets dont nous nous entretenons fréquemment sont ceux que nous avons besoin de désigner avec le plus de précision, pour éviter des méprises fréquentes, il a fallu créer des mots nouveaux qui désignassent ces objets. Qu'on imagine un moment que nous n'avons que le seul mot *bœuf*, par exemple, pour désigner indistinctement tous les individus de cette espèce de quadrupèdes; il est facile de voir que, chaque fois que nous voudrions parler de ces animaux, il faudrait, ou user de circonlocutions pour désigner avec précision le mâle, la femelle, les petits, ou nous exposer à être mal entendus. Le laboureur, vingt fois par jour, se trouverait dans le même embarras, ou tomberait dans le même inconvénient. Aussi, non contents des substantifs *taureau*, *vache*, *génisse*, *veau*, les laboureurs, pour dénommer chaque individu avec une exacte précision, donnent-ils le plus souvent à chacun un nom propre, tiré de la couleur de l'individu, ou de toute autre circonstance. Tant il est vrai que c'est le besoin de communiquer ses idées avec précision, qui fait créer les mots et qui enrichit les langues!

EXERCICE ANALYTIQUE.

(Désigner les noms masculins et les noms féminins.)

Étalon.	Frère.	Chapon.	Mouton.	Coq.	Saumon.
Coursier (2.)	Bourdon.	Singe.	Verrat.	Bouc.	
Cavale.	Sœur.	Poularde.	Brebis.	Poule.	Beccard (3.)
Haquenée.	Abeille.	Guenon.	Truie.	Chèvre.	

N° XII.

NOMS, SOIT MASCULINS, SOIT FÉMININS, SERVANT A DÉSIGNER TOUT A LA FOIS LE MALE ET LA FEMELLE.

1re SÉRIE. — NOMS MASCULINS.

Le *renne* vit de mousse aux plages boréales.
(DELILLE.)

Le *pinçon* remplit l'air de sa voix éclatante.
(MICHAUD.)

Le *merle* cherche l'ombre et les taillis épais.
(Id.)

2e SÉRIE. — NOMS FÉMININS.

La *colombe* attendrit les échos des forêts.
(DELILLE.)

La *baleine* bondit au sein des mers.
(Id.)

La *taupe* ne se trouve guère que dans les pays cultivés.
(BUFFON.)

poulain, la pouliche, le coursier, la haquenée. — Le taureau, le bœuf, la vache, la génisse, le veau. — Le sanglier, la laie, les marcassins. — Le cerf, la biche, les faons. — Le lièvre, la hase, les levrauts. — Le lapin, la lapine, les lapereaux. — Le lion, la lionne, les lionceaux. — L'âne, le baudet, l'ânesse, l'ânon. — Le bélier, le mouton, la brebis, l'agneau. — Le bouc, la chèvre, le chevreau, etc., etc., etc.

(1) On dit également *corbeau* (substantif masculin) pour désigner le mâle et la femelle. Le mot *pie* (féminin) désigne les individus des deux sexes, et l'on est forcé de dire: *la femelle du corbeau*, *le mâle de la pie*. Il faut dire aussi, par périphrase: les *petits* du corbeau, de la pie, du geai, du merle, etc., etc. Pour l'espèce de l'*aigle*, nous avons les *aiglons*, qui désignent les petits, etc., etc.

(2) Coursier se disait autrefois et se dit encore, en poésie, d'un cheval comme d'une jument. Nous ne savons pourquoi tous les lexicographes veulent que ce mot ne s'applique qu'au mâle de l'espèce cheval. Haquenée se trouve dans le même cas que *coursier*, si ce n'est que *coursier* est masculin, et *haquenée* féminin. Haquenée se disait autrefois d'un cheval comme d'une jument, qui allait l'amble; pourquoi donc l'Académie, les grammairiens et les lexicographes, veulent-ils nous persuader aujourd'hui que ce mot ne se disait que des juments?

(3) On dit le *beccard*. Nous croyons que ce mot est le seul qui au masculin désigne spécialement un objet femelle. Il est vrai qu'au fond le *beccard* est un poisson d'une espèce différente de celle du saumon, et que ce n'est que depuis quelque temps qu'on a pris l'habitude de désigner par ce nom la femelle presque ignorée de ce dernier. Nos grammairiens n'ont jamais pu expliquer la masculinité de ce mot. Mais cependant ici tout s'explique. Une forme évidente l'emporte sur une signification peu connue. L'absence de l'e muet final a forcé ce mot peu commun d'être masculin.

Le *loir* six mois entiers s'endort d'un lourd repos.
(Delille.)

Le *chameau* voyageur traverse l'Arabie.
(Id.)

Le *lama* s'apprivoise aux régions australes.
(Id.)

Le *serpent* a ses mœurs, ses combats, ses amours.
(Id.)

Le *putois* est fort avide de miel. (Buffon.)

Le *hérisson* sait se défendre sans combattre.
(Id.)

Le *pigeon* en amour ne connaît point d'égal.
(Delille.)

La *musaraigne* a une odeur forte qui répugne aux chats. (Buffon.)

La *souris* ne sort de son trou que pour chercher à vivre. (Id.)

La *belette* et l'hermine ne veulent pas manger lorsqu'on les regarde. (Id.)

La *pie-grièche* nourrit ses petits de chenilles.
(Id.)

La *mouche* éphémère ne voit point deux aurores.
(Bernardin de St-Pierre.)

Un long âge blanchit la *carpe* centenaire.
(Delille.)

La *martre* naît pour nous dans le fond des déserts.
(Lemierre.)

Ces faits suffisent pour nous démontrer que dans les espèces moins rapprochées de l'homme, et moins utiles ou à ses plaisirs, ou à ses besoins, le mâle et la femelle sont désignés par un seul et même nom, tantôt masculin, tantôt féminin, sans égard au sexe de l'individu.

Cette dernière manière est une véritable imperfection dans la langue, car chaque fois que nous voulons parler des animaux qui n'ont reçu qu'un seul nom pour le mâle et la femelle, nous sommes obligés d'ajouter au nom de l'animal un mot qui désigne son sexe : *le sarigue mâle*, *le sarigue femelle*; il nous est aussi permis de dire, avec Buffon et tous les naturalistes, *la femelle du sarigue*, *la femelle sarigue*; ou bien encore nous pouvons, en supprimant le mot *femelle*, attribuer au mâle toutes les fonctions qui appartiennent exclusivement à la femelle, et dire : *le porc-épic met bas*; *du lait de buffle*, ou tout simplement *le mâle*, *la femelle*. Les citations suivantes en sont une preuve convaincante:

La *tortue mâle*, après la saison des amours, abandonne bientôt la compagne qu'elle paraissait avoir tant chérie. (Lacépède.)

La chaleur du soleil suffit pour faire éclore les œufs des *tortues* dans les contrées qu'elles habitent.
(Id.)

Ce n'est pas par indifférence pour les petits qui lui doivent le jour que la *mère tortue* laisse ses œufs sur le sable. (Id.)

La *femelle du renne* porte un bois comme le mâle.
(Buffon.)

La *femelle du chameau*(1) fournit un lait abondant, épais, et qui fait une bonne nourriture, même pour les hommes, en le mêlant avec une plus grande quantité d'eau. (Id.)

La *femelle du castor* porte deux, trois et jusqu'à quatre petits : elle les nourrit et les instruit pendant une année. (Chateaubriand.)

La *femelle marmose* n'a pas, comme la *femelle sarigue*, une poche sous le ventre où les petits puissent se cacher. (Buffon.)

La *femelle du crabier* ne porte pas, comme la *femelle du sarigue*, ses petits dans une poche sous le ventre. (Id.)

Edward Tison a décrit et disséqué le *sarigue femelle*. (Id.)

Le lait de la *femelle buffle* n'est pas si bon que celui de la vache. (Id.)

Le gardien qui veut traire *la buffle* est obligé de tenir son petit auprès d'elle, ou, s'il est mort, de la tromper, en couvrant de sa peau un autre buffle quelconque. (Id.)

On assure que les *mères buffles* refusent de se laisser téter par les veaux. (Id.)

Dans les pays chauds presque tous les fromages sont faits de *lait de buffle*. (Id.)

(1) Le féminin *chamelle* ne se trouve dans aucun dictionnaire : c'est une omission d'autant plus grave qu'une foule d'écrivains ont employé ce mot.

D'autres (vierges), joyeuses comme elles,
Faisaient jaillir des mamelles
De leurs dociles *chamelles*,
Un lait blanc sous leurs doigts noirs. (V. Hugo, *Orientales*.)

Le zèbre rayonnant, la docile *chamelle*.
Autruche à quatre pieds et qui vole comme elle. (Barthélemy.)

Les maurs arabes sont conservées ; les femmes boivent le lait de *chamelle*. (Chateaubriand.)

Bien que tous les êtres qui n'entrent pas dans la classe des animaux n'aient point de sexe, il y a cependant des végétaux qui semblent admettre cette distinction :

Notre âge a découvert, ô merveille inouïe,
Que, comme nous, la fleur donne et reçoit la vie.
(ROSSET).

La plante a son hymen, la plante a ses amours ;
Des deux sexes divers, de leurs divers organes,
Ces peuples végétaux jouissent comme nous.
(DELILLE.)

Cette distinction, il est vrai, est si difficile à reconnaître, qu'elle est pour ainsi dire nulle pour la plupart des gens du monde.

Les anciens, dit M. Cuvier dans ses notes sur Delille, n'ignoraient pas que le palmier *femelle* a besoin de la poussière du palmier *mâle* pour être fécondé ; mais ils n'avaient point étendu cette découverte aux autres plantes. Le premier qui prouva, par des expériences décisives, la nécessité du concours des deux sexes dans les végétaux, fut Vaillant, démonstrateur de botanique au Jardin des Plantes de Paris ; mais il ne réussit point à persuader son contemporain Tournefort, qui continua à regarder la poussière des étamines comme un simple excrément.

Linnée a beaucoup contribué à rendre générale l'opinion de Vaillant, et Kœlteuter l'a mise hors de doute, en produisant des mulets végétaux ; la poussière des étamines d'une espèce, portée sur le pistil d'une espèce voisine, donne des individus de forme intermédiaire ; et comme ces mulets végétaux ne sont pas tous inféconds, il est possible de changer par degré une espèce en une autre (1).

Ainsi, on ne devra donc pas s'étonner, si, en parlant de certaines plantes, de certaines fleurs, les écrivains on dit : *plante mâle, plante femelle,* comme le prouvent les citations suivantes :

MÂLES.

Le mâle (de la saussaie) fait voler à travers la campagne,
Mille esprits créateurs sur sa verte compagne.
(CASTEL).

Pour que le fruit du dattier ou du pistachier se développe, il est indispensable que les *individus mâles* soient placés au voisinage des *individus femelles.*
(ENCYCLOPÉDIE MODERNE.)

Les *pins mâles* donnent une quantité prodigieuse de poussière séminale, qui, portée par les vents, a fait croire à des hommes ignorants qu'il pleuvait du soufre. (MILLIN.)

Lorsque les dattiers sont en fleurs, les Arabes vont couper des *rameaux mâles* pour féconder les *femelles,* fendent légèrement le tronc de ces dernières, et y implantent une tige de *fleurs mâles.* (CASTEL.)

Il y a des fleurons qui, ayant des étamines, et n'ayant point de germe, portent le nom de *fleurons mâles.* (J.-J. ROUSSEAU.)

Un *organe mâle* ou *femelle* peut donc, à lui seul, constituer une fleur. Pour qu'une fleur soit complète, elle doit offrir les organes des deux sexes, environnés d'une double enveloppe. (ENCYCLOPÉDIE MODERNE.)

FEMELLES.

Les *fleurs femelles* du noyer sont remplacées par des fruits charnus ; ils renferment une noix bivalve.
(MILLIN.)

On nomme plante androgyne celle qui porte des *fleurs mâles* et des *fleurs femelles* sur le même pied.
(J.-J. ROUSSEAU.)

Le sapin se distingue par ses *écailles femelles* oblongues et en masse.
(MILLIN.)

Il y a plus d'arbres à *chatons mâles* qu'il n'y en a qui aussi aient des *chatons femelles.*
(J.-J. ROUSSEAU.)

D'autres (fleurons) qui ont un germe et n'ont point d'étamines, s'appellent *fleurons femelles.*
(*Id.*)

Le peuple donne mal à propos le nom de chanvre mâle aux pieds qui portent les semences, et celui de *chanvre femelle* à ceux qui sont stériles. (*Id.*)

---

(1) Un médecin naturaliste du siècle dernier, le docteur Traute, s'est amusé à rédiger en vers latins le système de Vaillant, sur les sexes et l'hymen des fleurs. Il en est résulté, sous le titre de *Connubia florum,* un petit poëme, qui n'a été ni inconnu ni inutile à Delille. — Un poète anglais, Darwin, a également chanté les *amours des plantes.* Ce poëme, que les Anglais citent comme un chef-d'œuvre, a eu plusieurs éditions en Angleterre, et a été traduit dans notre langue par un homme de goût, M. Deleuze, qui l'a fait précéder d'un discours préliminaire remarquable par la pureté du style.

EXERCICE ANALYTIQUE.

NOMS MASCULINS QUI DÉSIGNENT A LA FOIS LE MALE ET LA FEMELLE.

Le bison.	Le renne.	Le crabe.	Le bouvreuil.	Le hibou.	Le lézard.
Le chacal.	Le rhinocéros.	Le dauphin.	Le chardonneret.	Le merle.	Le serpent.
Le chamois.	Le vampire.	L'escargot.	Le colibri.	Le rossignol.	Le charençon.
L'écureuil.	Le zèbre.	Le goujon.	Le coucou.	Le vautour.	Le grillon.
L'éléphant.	L'anchois.	Le hareng.	Le cygne.	Le boa.	Le hanneton.
Le hérisson.	L'ablette.	Le maquereau.	L'épervier.	Le caméléon.	Le papillon.
Le lama.	Le turbot.	Le requin.	Le faisan.	Le crapaud.	Le chacal.
Le léopard.	Le brochet.	Le thon.	Le geai.	Le crocodile.	Le caracal.

NOMS FÉMININS QUI DÉSIGNENT A LA FOIS LE MALE ET LA FEMELLE.

La belette.	La souris.	L'écrevisse.	L'alouette.	La linote.	L'abeille.
La civette.	La taupe.	L'huitre.	L'autruche.	La mésange.	L'araignée.
La fouine.	La tortue.	La limande.	La bécasse.	La perdrix.	La cigale.
La gazelle.	La zibeline.	La morue.	La caille.	La pie.	La fourmi.
La girafe.	La brème.	La perche	La cigogne.	La grenouille.	La huppe.
La hyène.	L'anguille	La raie.	La fauvette.	La salamandre.	La cresserelle.
La marmotte.	La baleine.	La sole.	La grue.	La tortue.	La martre.
La panthère	La carpe.	La tanche	L'hirondelle.	La vipère.	La mouche

N° XIII.

GENRE DES NOMS D'ÊTRES INANIMÉS.

1ʳᵉ SÉRIE. — NOMS MASCULINS.

Le *monde* à nos regards déroule ses merveilles.
(DELILLE.)

Le *soleil* demeure constamment à la même place.
(BERQUIN.)

Le *jour* triste au-dehors est beau sous nos lambris. (LEMIERRE).

Le *feu*, fils du soleil, est sa plus pure essence.
(DELILLE.)

Le *vent* fracasse un chêne ou caresse une fleur.
(*Id.*)

Le *temps*, un cercle en main, plane sur l'univers.
(*Id.*)

Le *marbre* est l'ornement du foyer qu'il surmonte.
(*Id.*)

Le *pain* est l'aliment le plus sain et le moins cher qu'on puisse se procurer. (BERQUIN.)

Le *blé* trop tôt semé produit une herbe oisive.
(ROSSET).

Le *bain* est votre charme, adorables mortelles.
(DELILLE.)

Le *diamant* lui-même en brûlant s'évapore.
(*Id.*)

Le *ciseau* de Scopas fit adorer l'argile. (*Id.*)

Le *lis* à mes regards étale sa blancheur.
(ROSSET.)

Le *vinaigre* est utile contre la peste. (*Id.*)

Un *jardin* dans ses murs renferme l'univers.
(*Id.*)

Le *luxe* a tissu d'or les riches vêtements.
(LEMIERRE.)

Le *Mexique* vers nous fait voguer ses trésors.
(*Id.*)

Le *Gange* prend sa source au mont Imaüs.
(ESMÉNARD.)

2ᵉ SÉRIE. — NOMS FÉMININS.

La *terre* à nos besoins prodigue ses largesses.
(LEMIERRE.)

La *lune* reçoit du soleil toute la lumière qu'elle envoie vers nous. (BERQUIN.)

La *flamme* en jets brillants s'élance dans les airs.
(DELILLE.)

La *glace* ose saisir le vin du sacrifice. (*Id.*)

La *colline* a repris sa robe de verdure. (*Id.*)

La *mort* produit la mort, le deuil sème le deuil.
(*Id.*)

La *chaleur* quelquefois existe sans lumière. (*Id.*)

La *gloire* ne voit point d'obstacle insurmontable.
(*Id.*)

La *neige* et la *rosée* engraissent les campagnes.
(ROSSET.)

La *culture* aux humains montra l'astronomie.
(*Id.*)

La *paix*, l'heureuse paix s'enfuit au bruit des armes. (*Id.*)

La *danse* fait voler la gaîté sur ses traces. (*Id.*)

La *rose* de la *Chine* étonne nos jardins. (*Id.*)

La *cerise* à regret se marie au laurier. (*Id.*)

La *pêche* est un poison mortel dans la Perse.
(*Id.*)

La *violette* se cache timidement au milieu des filles de l'ombre. (DELEUZE.)

La *farine* du millet est excellente, cuite avec du lait. (BERQUIN.)

La *jeunesse* légère est faite pour les jeux.
(LEMIERRE.)

La *porcelaine* est la propreté du luxe.
(ESMÉNARD.)

La *Meuse* eut ses Ruyters, la *Seine* eut ses Tourvilles. (*Id.*)

Les objets inanimés n'ont aucun sexe, et conséquemment les substantifs qui les représentent ne devraient être ni *masculins*, ni *féminins*. Cependant l'usage leur a assigné, dans notre langue, l'un ou l'autre de ces deux genres. On dit : *le soleil* et *la lune*, *la table* et *le tableau*, *la chaise* et *le fauteuil*; les mots *tableau* et *fauteuil* sont du genre masculin, *table* et *chaise* sont du genre féminin. Dans ce cas, le genre est *fictif* ou de convention (1).

La religion, les mœurs et le génie des différents peuples fondateurs des langues, peuvent leur avoir fait apercevoir dans ces objets des relations réelles ou feintes, prochaines ou éloignées, à l'un ou à l'autre des sexes; et cela aura suffi pour en rapporter les noms à l'un des deux *genres*.

Il est digne de remarque, dit Bernardin de Saint-Pierre, que la plupart des noms des objets de la nature, de la morale et de la métaphysique sont féminins, surtout dans la langue française. Il serait assez curieux de rechercher si les noms masculins ont été donnés par les femmes, et les noms féminins par les hommes, aux choses qui servent plus particulièrement aux usages de chaque sexe, et si les premiers ont été faits du genre masculin parce qu'ils présentaient des caractères de force et de puissance, et les seconds du genre féminin parce qu'ils offraient des caractères de grâces et d'agréments. Je crois que les hommes, ayant nommé en général les objets de la nature, leur ont prodigué les noms féminins, par ce penchant secret qui les attire vers le sexe : c'est ce qu'on peut remarquer aux noms que portent les constellations célestes, les quatre parties du monde, la plupart des fleuves, des royaumes, des fruits, des arbres, des vertus, etc.

Le Natchez, comme le Huron et l'Algonquin, dit aussi M. de Chateaubriand, ne connaissent que deux genres, le masculin et le féminin; ils rejettent le neutre. Cela est naturel chez des peuples qui prêtent des sens à tout, qui entendent des voix dans tous les murmures, qui donnent des haines et des amours aux plantes, des désirs à l'onde, des esprits immortels aux animaux; des âmes aux rochers.

Les grammairiens ont généralement senti qu'en français il doit exister une relation immédiate entre le genre d'un nom, sa signification et sa forme; mais avaient-ils jamais soupçonné qu'il pouvait exister le moindre rapport entre le genre d'un nom et la pensée qui domine dans la phrase où il se trouve? Et cependant, dit un écrivain, c'est dans ce rapport si méconnu qu'est tout le secret du genre des noms français. Sans entrer dans des détails qui ne peuvent trouver place ici, nous offrirons au lecteur deux exemples qui lui feront entrevoir toute la fécondité de ce rapport nouveau, qui a fait d'une prétendue erreur une des plus belles harmonies du langage humain. L'homme, comme on le sait, s'assimile dans la nature tout ce qui est fort; il se l'approprie, il en fait son domaine.

---

(1) Plusieurs langues admettent une troisième terminaison pour les noms d'objets qui n'ont pas de sexe, et l'appellent genre *neutre* (ni l'un ni l'autre). Mais cette distribution n'est point constante; l'usage y a mis une grande confusion, en appliquant à des choses qui n'ont pas de sexe le genre masculin ou féminin, au lieu du genre neutre. La langue anglaise, et aussi, dit-on, la chinoise, sont peut-être les seules préservées, ou à peu près, de cette irrégularité. M. Landais, dans une savante disquisition sur le genre, disquisition si savante qu'elle nous semble déplacée dans un cours spécial de langue française, car on y trouve de l'anglais, du latin, du grec, et nous croyons même de l'hébreu, ce qui est sans doute fort instructif pour ceux des lecteurs qui n'entendent que le français; M. Landais, disons-nous, voulant se donner des airs de réformateur, s'écrie : « Il nous appartiendrait, à nous, Français, de poser en règle générale que tout nom qui ne désigne pas un être animé et qui n'a par conséquent point de sexe, est du genre *neutre*. » Mais une chose à laquelle M. Landais n'a pas songé (et qui peut songer à tout !), c'est que cette division des noms en deux genres que nous avons adoptée, quoique en apparence arbitraire, contribue puissamment à la clarté de notre langue, en nous évitant beaucoup d'équivoques et de longueurs, en facilitant et en simplifiant l'application des règles de concordance, qui établissent une affinité nécessaire entre les voix principales et accessoires qui concourent à la manifestation des mêmes idées. C'est donc pour satisfaire au besoin de la clarté, conformément au génie de notre langue, qu'on a établi les deux divisions génériques.

Mais ce n'est point assez pour le Français de s'emparer de la force partout où elle se décèle; par un travail bizarre, mais réel, de son imagination, il veut que tout *être fort* lui ressemble et soit *masculin* comme lui. En voici un exemple tout-à-fait remarquable. Dans *la Henriade*, Voltaire fait dire à son héros, à la vue de l'Angleterre, où régnait la célèbre Élisabeth :

> Sur ce sanglant théâtre où cent héros périrent,
> Sur ce trône glissant d'où cent rois descendirent,
> Une femme à ses pieds, enchaînant les destins,
> De l'éclat de son règne étonnait les humains,
> C'était Élisabeth.

Rien n'est féminin dans le tableau de cette femme-roi : *théâtre, héros, trône, rois, pieds, destins, éclat, règne, humains !* Le masculin domine partout. Mais Henri IV n'a pas encore tout dit ; dans les mœurs françaises, Élisabeth est trop grande pour être femme, le héros dit à cette reine :

> Dans ce sexe, après tout, vous n'êtes point comprise ;
> L'auguste Élisabeth n'en a que les appas ;
> Le ciel qui vous forma pour régir les états,
> Vous fait servir d'exemple à tous tant que nous sommes.

Jusqu'ici, le masculin domine encore. Enfin, le héros n'ajoute plus qu'un trait à ce mâle tableau ; ce dernier trait exprime toute sa pensée :

> Et l'Europe vous compte au rang des plus grands hommes.

Ce dernier vers nous peint mieux que tout raisonnement, que la masculinité accompagne le penchant de l'homme à s'approprier tout ce qui annonce de la grandeur, de la force, de la supériorité.

L'exemple suivant nous prouvera que la féminité exprime à son tour cette douceur, cette grâce, cette bonté, cette touchante faiblesse, qui rendent la femme si intéressante. Chateaubriand, dans *le Génie du Christianisme*, a dit :

« *Il n'appartient qu'à la religion chrétienne d'avoir fait deux sœurs de l'innocence et du « repentir.* »

Ce bel exemple, qui n'a jamais été cité, met dans tout son jour la vérité que nous essayons d'exposer. Elle brille ici du plus grand éclat ! Le *repentir*, sœur de l'*innocence* ! Vérité touchante ! beauté admirable ; mais qui eût pourtant écrasé nos grammairiens matérialistes, s'ils eussent osé l'attaquer ! Ce n'est ni dans une froide analyse, ni dans un raisonnement glacé que l'on trouve la solution de semblables difficultés ! Le cœur de l'homme en est l'unique source ! — C'est à cette harmonie qu'il faut rapporter ce double genre des noms *aigle, amour, automne, couple, orgue*, etc.

Maintenant que nous avons épuisé toutes les observations auxquelles le *genre* donnait lieu, nous pouvons définir ce mot.

Le *genre* est la propriété qu'a le substantif de désigner le sexe réel ou fictif des êtres ou des objets qu'il représente. Ainsi le substantif *homme*, signe d'un être mâle, est *masculin*; et le substantif *femme*, signe d'un être femelle, est *féminin* (1).

EXERCICE ANALYTIQUE.
NOMS MASCULINS:

Abîme.	Adage.	Aise.	Amadou.	Ambre.	Anachronisme.
Acabit.	Affront.	Albâtre.	Amalgame.	Aminute.	Anchois.
Aérolithe.	Âge.	Alvéole.	Ambe.	Amidon.	Angle.

(1) Un grand nombre de grammairiens ont suggéré, comme moyen de reconnaître les genres, l'application des mots *le* ou *la* au nom dont il est question ; mais ils n'ont pas pris garde qu'il fallait déjà connaître le genre de ce nom pour y appliquer avec justesse *le* ou *la*.

Anniversaire.	Arrosoir.	Autel.	Décombres.	Emplâtre.	Épisode.	
Antidote.	Astérisque.	Centime.	Échange.	Empois.	Épithalame.	
Antipode.	Argent.	Chanvre.	Éclair.	Entre-côte.		
Antre.	Auspices.	Cigare.	Élixir.	Entresol.		
Apologue.	Æthmé.	Cloporte.	Ellébore.	Épiderme.		
Appendice.	Automate.	Concombre.	Éloge.	Épilogue.		
Armistice.	Augure.	Crabe.	Émétique.			

NOMS FÉMININS:

Aire.	Argile.	Dinde.	Épigramme.	Huile.	Offre.	
Alarme.	Arrhes.	Ébène.	Épitaphe.	Hydre.	Oie.	
Alcôve.	Artère.	Écaille.	Équerre.	Hypothèque.	Omoplate.	
Amorce.	Atmosphère.	Échappatoire.	Équivoque.	Immondices.	Orange.	
Anagramme.	Avant-scène.	Écharde.	Estampe.	Insulte.	Orbite.	
Ancre.	Cuiller.	Écritoire.	Étable.	Losange.	Ouïe.	
Antichambre.	Dartre.	Écume.	Fibre.	Nacre.	Outre.	
Apothéose.	Drachme.	Édelume.	Hart.	Obsèques.	Paroi.	
Arabesque.	Décrottoire.	Énigme.	Horloger.	Ocre.		

N° XIV.

DU NOMBRE DANS LES SUBSTANTIFS.

1re SÉRIE. — SINGULIER.

Un *homme* est assez beau quand il a l'âme belle.
(BOURSAULT.)

Une *femme* prudente est la source des biens.
(DESTOUCHES.)

L'*ambassadeur* d'un roi m'est toujours redoutable.
(VOLTAIRE.)

Un *bienfait* n'avilit que les cœurs nés ingrats.
(LA HARPE.)

Un *cœur* peut tout tenter quand l'amour l'accompagne.
(POISSON.)

Le *conseil* le plus prompt est toujours salutaire.
(RACINE.)

Un *Dieu* suffit, la nature l'atteste.
(CHÉNIER.)

Un *rival* sans talent partout voit un défaut.
(STASSART.)

Son *œil* tout égaré ne nous reconnaît plus.
(RACINE.)

2me SÉRIE. — PLURIEL.

Les *hommes* ne sont que ce qu'il plaît aux femmes.
(LAFONTAINE.)

Les *femmes* de ce siècle ont besoin d'un modèle.
(DE BIÈVRE.)

Les vrais *ambassadeurs* sont partout révérés.
(VOLTAIRE.)

Les *bienfaits* peuvent tout sur une âme bien née.
(Id.)

Les *cœurs* opprimés ne sont jamais soumis.
(Id.)

Les *conseils* du courroux sont toujours imprudents.
(SAURIN.)

Les (faux) *Dieux* doivent leur être aux faiblesses des hommes.
(BOURSAULT.)

Des *rivaux* vertueux sont souvent admirés.
(DE BELLOY.)

Les *yeux* de l'amitié se trompent rarement.
(VOLTAIRE.)

Les mêmes noms nous apparaissent ici diversement modifiés dans leur désinence, suivant qu'ils représentent un seul être ou plusieurs êtres distincts.

C'est ici l'un des artifices les plus admirables de la théorie des langues : avec un léger changement dans la terminaison des noms, ces noms expriment, outre l'idée fondamentale qu'ils renferment, l'idée accessoire de *quotité*, l'idée de *nombre*.

Les noms :

Homme, femme, ambassadeur, conseil, Dieu, rival, mal, œil, et :

Hommes, femmes, ambassadeurs, conseils, Dieux, rivaux, maux, yeux,

désignent les mêmes objets; mais les premiers ne désignent qu'un seul objet; tandis que les seconds en indiquent plusieurs.

Voilà donc une nouvelle propriété dont jouissent les noms, d'indiquer l'*unité* ou la *pluralité*. Cette différence entre l'*unité* et la *pluralité* s'appelle NOMBRE.

Le nombre *singulier* est signe de l'*unité*; le nombre *pluriel* est signe de la *pluralité*.

Depuis les vastes corps lumineux dessinés dans l'espace incommensurable par une volonté toute-puissante, jusqu'aux atomes imperceptibles qui forment l'extrémité inférieure de l'échelle immense des êtres, toute la nature consiste en individus. C'est par le pouvoir de l'affinité, par un acte purement intellectuel, que nous concevons la pluralité, acte qui a pour base matérielle les rapports de conformité et de convenance.

Quoique la pluralité ne soit point un être, elle est la conséquence de notre organisation. Nous avons la faculté de réunir dans notre esprit plusieurs êtres, en faisant abstraction des qualités particulières des individus, pour ne considérer que ce qu'ils ont de commun; de là, la nécessité d'exprimer par la voix la modification de l'idée d'individualité pour rendre l'idée de pluralité. Mais, comme la plupart des noms de notre langue n'ont point de désinence sonore pour exprimer cette idée accessoire, il a fallu y suppléer par les particules que nous nommons articles, dont les fonctions consistent à indiquer le nombre et le genre des noms, et à en déterminer l'étendue. Ces particules déterminatives précèdent les noms et leur servent d'auxiliaires; le besoin de la clarté a commandé cet ordre.

Le manque d'inflexions sonores pour dériver immédiatement le pluriel du singulier, selon l'ordre de conception, a forcé de recourir à des signes visibles qui sont, en effet, les signes et non l'expression de l'idée accessoire. Quant à la langue orale, elle serait souvent impuissante pour rendre cette vue de l'esprit sans le secours des articles. Par exemple, que je prononce *homme* au singulier, ou *hommes* au pluriel, cette voix n'éprouve aucune modification sensible; il en est de même des noms *femme*, *fille*, *maison*, *arbre*, *plante*, *pierre*, *étoile*, etc., qui se prononcent de la même manière au pluriel qu'au singulier. Ainsi, on ne pourrait discerner de quel nombre seraient ces substantifs, si on les prononçait isolément.

Néanmoins, nous avons quelques noms qui ont une désinence sonore pour représenter l'idée de pluralité, tels que : *le mal*, *les maux*, *le cheval*, *les chevaux*, *un général*, *des généraux*, *un caporal*, *des caporaux*, etc. Ce mécanisme est très simple et produit un effet très intelligible.

Notre règle générale pour la formation du pluriel est parfaitement assortie au génie de notre langue; elle est simple, judicieuse et d'une application facile. Le caractère *s* est la marque conventionnelle de l'idée accessoire de pluralité. Ce caractère, par sa forme sinueuse, est l'emblème convenable de l'acte de l'intelligence dont il est le signe visible. Mais, malheureusement, cette règle générale a de nombreuses et de bizarres exceptions.

EXERCICE ANALYTIQUE.

(L'élève indiquera les noms signes de l'unité et les noms signes de pluralité.)

A deux heures nous étions déjà dans les bois, à la recherche des fraises : elles couvraient les pentes méridionales ; plusieurs étaient à peine formées, mais un grand nombre avaient déjà les couleurs et le parfum de la maturité. La fraise est une des plus aimables productions naturelles : elle est abondante et salubre ; elle mûrit jusque sous les climats polaires; elle me parait dans les fruits, ce qu'est la violette parmi les fleurs, suave, belle et simple. Son odeur se répand avec le léger souffle des airs ; lorsqu'il s'introduit par intervalle sous la voûte des bois, pour agiter doucement les buissons épineux et les lianes qui se soutiennent sur les troncs élevés, elle est entraînée dans les ombrages les plus épais avec la chaude haleine du sol où la fraise mûrit; elle vient s'y mêler à la fraicheur humide, et semble s'exhaler des mousses et des ronces. Harmonies sauvages ! vous êtes formées de ces contrastes.

Tandis que nous sentions à peine le mouvement de l'air dans la solitude couverte et sombre, un vent orageux passait librement sur la cime des sapins ; leurs branches frémissaient d'un ton pittoresque en se courbant contre les branches qui les heurtaient. Quelquefois les hautes tiges se séparaient dans leur balancement, et l'on voyait alors leurs têtes pyramidales éclairées de toute la lumière du jour, et brûlées de ses feux, au-dessus des ombres de cette terre silencieuse où s'abreuvaient leurs racines.

Quand nos corbeilles furent remplies, nous quittâmes le bois, les uns gais, les autres contents. Nous allâmes par des sentiers étroits, à travers des prés fermés de haies, le long desquels sont plantés des merisiers élevés, et de grands poiriers sauvages. Terre encore patriarcale, quand les hommes ne le sont plus !

(SÉNANCOUR.—OBERMANN.)

N° XV.

FORMATION DU FÉMININ DANS LES SUBSTANTIFS.

1re SÉRIE. — MASCULIN.

L'*habitant* du Torno dans sa hutte enfumé,
Chante aussi son pays dont il est seul charmé.
(LA HARPE.)

Le *serin* est le musicien de la chambre.
(BUFFON.)

La plus petite entreprise
Veut les soins d'un bon *ouvrier*.
(NIVERNAIS.)

Ce n'est pas le *souverain*, c'est la loi qui doit régner sur les peuples. (MASSILLON.)

On écoute sans cesse un *amant* couronné.
(LA HARPE.)

Le choix des temps et des occasions est la grande science du *courtisan*.
(MASSILLON.)

Le temps est précieux quand on craint un *rival*.
(DESTOUCHES.)

2me SÉRIE. — FÉMININ.

Et toi, jeune alouette, *habitante* des airs,
Tu meurs en préludant à tes tendres concerts.
(DELILLE.)

La *serine* est d'un jaune plus pâle que le serin.
(BUFFON.)

Quand l'*ouvrière* est épargnée,
Vainement l'ouvrage est détruit.
(ARNAULT.)

Ainsi de la parure aimable *souveraine*,
Par la mode, du moins, la France est encor reine.
(DELILLE.)

De quoi n'est pas capable une *amante* insensée?
(PIRON.)

Il n'y a peut-être pas une seule femme turque qui fasse le métier de *courtisane*.
(BERNARDIN DE SAINT-PIERRE.)

On trompe rarement les yeux d'une *rivale*.
(GRESSET.)

Ces exemples servent à nous faire voir que tous les mots terminés au masculin par une consonne, forment leur féminin par l'addition d'un e muet à la fin du mot. On remarquera que les substantifs terminés au masculin en er, prennent en passant au féminin, un accent grave sur l'e : jardinier, jardinière, ouvrier, ouvrière.

EXCEPTIONS.

Je sais un *paysan* qu'on appelait Gros-Pierre.
(MOLIÈRE.)

Un seul jour ne fait pas d'un *mortel* vertueux
Un perfide assassin, un lâche incestueux.
(RACINE.)

La discorde, l'infamie, la misère font autant de *veufs* que la mort. (BOISTE.)

Les *paysannes* mangent moins de viande et plus de légumes que les femmes de la ville.
(J.-J. ROUSSEAU.)

L'épouse du chrétien n'est pas une simple *mortelle*: c'est un être extraordinaire, mystérieux, angélique; c'est la chair de la chair, le sang du sang de son époux.
(CHATEAUBRIAND.)

N'élevez point l'échafaud sur la maison du criminel; quelle part ont à son crime sa *veuve* et ses orphelins?
(SENTENCE ARABE.)

On voit que l'on doit excepter de la règle précédente : bachelier, paysan, vieillot, sot, duc, métis, juif, veuf, mortel, vieux, malin, quaker, qui font au féminin bachelette, paysanne, vieillotte, sotte, duchesse, métisse, juive, veuve, mortelle, vieille, maligne, quakeresse. Quant à partisan ce mot n'a point de féminin; on dit également d'un homme ou d'une femme, un partisan. Voltaire a cependant écrit partisanne. « Elle vous rendait bien justice, vous n'avez pas de partisanne plus sincère.

EXERCICE PHRASÉOLOGIQUE (1).

Un Français.	Une Française.	Un Anglais.	Une Anglaise.	Un Espagnol.	Une Espagnole.
Marchand.	Marchande.	Mendiant.	Mendiante.	Géant.	Géante.
Africain.	Africaine.	Américain.	Américaine.	Châtelain.	Châtelaine.
Mahométan.	Mahométane.	Sultan.	Sultane.	Musulman.	Musulmane.

(1) Quand l'élève aura trouvé de lui-même la règle, de peur qu'elle ne s'oublie presque aussitôt, les maîtres lui en feront faire immédiatement l'application. A cet effet, ils choisiront un certain nombre de mots détachés parmi ceux qui suivent chaque principe, et exigeront qu'il improvise sur le champ ou bien qu'il prépare pour la leçon suivante, autant de petites phrases avec ces mots. Cet exercice, auquel nous avons donné le nom d'EXERCICE PHRASÉOLOGIQUE, tout en flattant l'amour-propre de l'élève, développe graduellement ses facultés intellectuelles, lui fait acquérir la connaissance des règles de notre langue, et les lui grave d'une manière ineffaçable dans la mémoire. Il nous semble appelé à remplacer avec avantage toutes les cacographies.

Gourmand.	Gourmande.	Méchant.	Méchante.	Mécréant.	Mécréante.
Extravagant.	Extravagante.	Intrigant.	Intrigante.	Agent.	Agente.
Babillard.	Babillarde.	Cafard.	Cafarde.	Bavard.	Bavarde.
Auvergnat.	Auvergnate.	Ingrat.	Ingrate.	Badaud.	Badaude.
Ouvrier.	Ouvrière.	Courrier.	Courrière.	Chambrier.	Chambrière.
Laitier.	Laitière.	Meunier.	Meunière.	Villageois.	Villageoise.
Voisin.	Voisine.	Patelin.	Pateline.	Orphelin.	Orpheline.
Marquis.	Marquise.	Dévot.	Dévote.	Cagot.	Cagote.
Allemand.	Allemande.	Fainéant.	Fainéante.	Jardinier.	Jardinière.
Nain.	Naine.	Élégant.	Élégante.	Bourgeois.	Bourgeoise.
Souverain.	Souveraine.	Nasillard.	Nasillarde.	Bambin.	Bambine.
Friand.	Friande.	Ribaud.	Ribaude.	Défunt.	Défunte.

N° XVI.

NOMS TERMINÉS PAR UNE VOYELLE AUTRE QUE L'*e* MUET.

1re SÉRIE. — MASCULIN.

Pour conserver un *ami*, il faut devenir soi-même capable de l'être. (J.-J. ROUSSEAU.)

Les bienfaits qui ne ramènent pas un *ennemi* ne servent qu'à l'aigrir. (DUCLOS.)

O mon *bien-aimé*, tu vas fuir ta Julie! (J.-J. ROUSSEAU.)

Un homme bon est toujours le *bien-venu*. (BOISTE.)

Un *étourdi* est sujet à donner des chagrins à tout ce qui l'entoure. (Madame de PUISIEUX.)

Eh! qui donc s'attendrit pour un *infortuné*? (CRÉBILLON.)

2me SÉRIE. — FÉMININ.

La femme est l'*amie* naturelle de l'homme, et toute autre amitié est faible ou suspecte auprès de celle-là. (DE BONALD.)

Les femmes n'ont pas de plus cruelles *ennemies* que les femmes. (*Id.*)

Tiens, ma *bien-aimée*, prends cette branche fleurie de citronnier, que j'ai cueillie dans la forêt. (BERNARDIN DE SAINT-PIERRE.)

La fortune est toujours la *bien-venue*. (ANONYME.)

L'espérance est une *étourdie*, qui a plus d'imagination que de jugement. (BOISTE.)

Mon dieu! quel transport égare une *infortunée*, et lui fait oublier ses résolutions? (J.-J. ROUSSEAU.)

Pour former le féminin des mots qui se terminent en *é*, en *i*, et en *u*, il suffit d'ajouter un *e* muet à la fin du mot : un *ami*, une *amie*.

EXERCICE PHRASÉOLOGIQUE.

Un Inconnu.	Une Inconnue.	Un Aîné.	Une Aînée.	Un Echevelé.	Une Echevelée.
Ingénu.	Ingénue.	Affamé.	Affamée.	Zélé.	Zélée.
Détenu.	Détenue.	Déterminé.	Déterminée.	Évaporé.	Évaporée.
Parvenu.	Parvenue.	Forcené.	Forcenée.	Inconsidéré.	Inconsidérée.
Goulu.	Goulue.	Puîné.	Puînée.	Ennemi.	Ennemie.
Irrésolu.	Irrésolue.	Écervelé.	Écervelée.	Pestiféré.	Pestiférée.
Joufflu.	Joufflue.	Bossu.	Bossue.	Apprenti.	Apprentie.

EXCEPTIONS.

Eutrope était un *favori* tout-puissant auprès de l'empereur Arcade, et qui gouvernait absolument l'esprit de son maître. (CHATEAUBRIAND.)

Écouter ses sujets est le devoir d'un *roi*. (CHÉNIER.)

Monseigneur le *bailli*, qui s'était arrêté pour parler à quelqu'un, vint rejoindre la compagnie, et offrit le bras à madame. (J.-J. ROUSSEAU.)

Des princesses la désirent à l'envi pour *favorite*. (FLÉCHIER.)

L'opinion est la *reine* du monde, parce que la sottise est la *reine* des sots. (CHAMPFORT.)

Madame d'Orbe et madame la *baillive* marchaient devant monsieur. (J.-J. ROUSSEAU.)

On voit qu'il faut excepter de la règle précédente les mots *favori*, *roi*, *bailli*, et *abbé*, qui font au féminin, *favorite*, *reine*, *baillive*, *abbesse*.

N° XVII.

NOMS TERMINÉS PAR UN e MUET.

1re SÉRIE. — MASCULIN.

Faut-il que sur le front d'*un* profane ADULTÈRE
Brille de la vertu le sacré caractère ! (RACINE.)

Trop souvent *un* COUPABLE est le fils d'un héros.
(CHÉNIER.)

Un prince est *le* DÉPOSITAIRE des lois et de la justice. (LA BRUYÈRE.)

L'IMPIE *heureux* insulte au fidèle souffrant.
(V. HUGO.)

En courant après elle (la fortune),
Mon *petit* INFIDÈLE,
Vient de faire un faux pas. (PIRON.)

Le grand Augustin est *le* fidèle INTERPRÈTE du mystère de la grâce. (BOSSUET.)

Le MARGRAVE de Bade s'était rendu cher à ses sujets par le zèle avec lequel il cherchait à améliorer leur sort. (BEAUCHAMP.)

On peut dans son devoir ramener *le* PARJURE.
(RACINE.)

Le SAUVAGE avait contemplé la société à son plus haut point de splendeur. (CHATEAUBRIAND.)

Au dehors *le* SPARTIATE était ambitieux, avare, inique ; mais le désintéressement, l'équité, la concorde régnaient dans ses murs. (J.-J. ROUSSEAU.)

2me SÉRIE. — FÉMININ.

Les enfants prennent le caractère du sang qui les a formés, et l'on reconnaît toujours ceux d'*une* ADULTÈRE. (BOISTE.)

Une COUPABLE aimée est bientôt innocente.
(MOLIÈRE.)

Cette maison auguste semble être, comme celle de Noé, *la seule* DÉPOSITAIRE de la gloire des siècles passés. (MASSILLON.)

Hé bien, de *cette* IMPIE a-t-on puni l'audace ?
(RACINE.)

Ma santé fuit ; *cette* INFIDÈLE
Ne promet pas de revenir. (PARNY.)

Ne soyez pas sensible à la douceur secrète
D'un amour dont la plume est *la seule* INTERPRÈTE.
(PIRON.)

Dans son grand herbier, *la* MARGRAVE avait fait graver et enluminer toutes les plantes de son jardin.
(BEAUCHAMP.)

Retournant à son souffle (de sa forge), Vulcain en fit éclore le ridicule filet où fut prise *la* PARJURE.
(PIRON.)

Ah ! qu'elle me parut divine *la* simple SAUVAGE, l'ignorante Atala, à genoux devant un vieux pin tombé. (CHATEAUBRIAND.)

Une SPARTIATE paraît en public à visage découvert jusqu'à ce qu'elle soit mariée ; après son mariage, comme elle ne doit plaire qu'à son époux, elle sort voilée. (BARTHÉLEMY.)

Les *substantifs*, ou les mots employés substantivement, terminés par un e muet, ne changent pas de terminaison au féminin. On ne connaît alors le genre dans lequel ils sont employés que par celui des adjectifs qui les précèdent ou qui les suivent.

EXERCICE PHRASÉOLOGIQUE.

Un Locataire.	Une Locataire.	Un Élève.	Une Élève.	Un Idolâtre.	Une Idolâtre.
Pensionnaire.	Pensionnaire.	Démoniaque.	Démoniaque.	Ilote.	Ilote.
Propriétaire.	Propriétaire.	Aristocrate.	Aristocrate.	Rebelle.	Rebelle.
Poitrinaire.	Poitrinaire.	Caraïbe.	Caraïbe.	Malade.	Malade.
Sexagénaire.	Sexagénaire.	Volage.	Volage.	Moscovite.	Moscovite.
Cannibale.	Cannibale.	Camarade.	Camarade.	Enthousiaste.	Enthousiaste.
Esclave.	Esclave.	Coutumace.	Coutumace.	Belge.	Belge.
Néophyte.	Néophyte.	Profane.	Profane.	Sybarite.	Sybarite.
Patriote.	Patriote.	Fidèle.	Fidèle.		

N° XVIII.

SUBSTANTIFS EN e QUI SE CHANGENT EN *esse*.

1re SÉRIE. — MASCULIN.

L'âne est fait pour porter les herbes à la ville,
Courir de porte en porte, et puis, à son retour,
Rapporter le fumier qui rend le champ fertile.
(LAMOTHE.)

Le nouveau *prophète* donnait le choix à ceux qu'il voulait subjuguer, d'embrasser sa secte ou de payer un tribut. (VOLTAIRE.)

2me SÉRIE. — FÉMININ.

Poppée, épouse de Néron, avait toujours à sa suite quatre à cinq cents *ânesses*, pour se baigner dans leur lait et se conserver le teint frais.
(TRÉVOUX.)

Après avoir entendu le prophète du vrai Dieu, nous allons voir la *prophétesse* du démon.
(CHATEAUBRIAND.)

Les *druides*, imposteurs grossiers, faits pour le peuple qu'ils gouvernaient, immolaient des victimes humaines qu'ils brûlaient dans de grandes et hideuses statues d'osier. (VOLTAIRE.)

Les *bonzes*, les bramines, les faquirs, se dévouent à des pénitences effrayantes. (*Id*.)

Le *Suisse*, naturellement froid, paisible et simple, mais violent et emporté dans la colère, boit du laitage et du vin. (J.-J. ROUSSEAU.)

Le *pape* est le vicaire de Jésus-Christ en terre, le père commun des chrétiens. (ACADÉMIE.)

Les *jésuites* étaient les souverains véritables du Paraguay, en reconnaissant le roi d'Espagne. (VOLTAIRE.)

Moi-même ai vu, sous l'habit d'un *chanoine*,
Un homme sage, et, qui plus est, savant. (SALENTIN.)

Cet *hôte* (l'amour) dans un cœur a bientôt fait son gite. (REGNARD.)

Je vois bien que d'un bon valet
On ne saurait faire un bon *maître*. (FURETIÈRE.)

C'est outrager un *nègre* que de lui donner le nom de *sévère*, qui veut dire homme libre. (LA HARPE.)

Du sein d'un *prêtre* ému d'une divine horreur,
Apollon par des vers exhale sa fureur. (BOILEAU.)

Le ciel met sur le trône un *prince* qui vous aime. (RACINE.)

Les *druidesses* plongeaient des couteaux dans le cœur des prisonniers, et jugeaient de l'avenir à la manière dont le sang coulait. (VOLTAIRE.)

Il n'y eut aucun asile consacré à la virginité en Asie; les Chinois et les Japonais seuls ont quelques *bonzesses*. (*Id*.)

Nos *Suissesses* aiment assez à se rassembler entre elles. J.-J. ROUSSEAU.

Nous donnâmes à la fille de la rue des Moineaux le nom de *papesse* Jeanne. (J.-J. ROUSSEAU.)

Urbain VIII donna aux cardinaux le titre d'*éminence*. Il abolit les *jésuitesses*. (VOLTAIRE.)

Dominique, il faudra ôter les housses de la chambre bleue, c'est là que doit loger madame la *chanoinesse*. (Mme DE CHAMILLY.)

A l'heure dite il courut au logis
De la cigogne son *hôtesse*. (LAFONTAINE.)

La femme d'un charbonnier est plus respectable que la *maîtresse* d'un prince. (J.-J. ROUSSEAU.)

Le nègre a sur le soldat l'avantage de ne point risquer sa vie, et de la passer avec sa *négresse* et ses négrillons. (VOLTAIRE.)

Il n'est point de ville où l'on trouve autant de *prêtresses* qu'à Athènes. (BARTHÉLEMY.)

L'amour ne règle pas le sort d'une *princesse*. (RACINE.)

Certains mots terminés au masculin par un *e* muet changent, comme on le voit, cet *e* en *esse* pour le féminin : *prince*, *princesse*.

EXERCICE PHRASÉOLOGIQUE (1).

Un Ange.	Une Angesse.	Un Druide.	Une Druidesse.	Un Satyre.	Une Satyresse.
Borgne.	Borgnesse.	Moine.	Moinesse.	Ogre.	Ogresse.
Centaure.	Centauresse.	Mulâtre.	Mulâtresse.	Prophète.	Prophétesse.
Évêque.	Évêchesse.	Pair.	Pairesse.	Comte.	Comtesse.
Doge.	Dogesse.	Pauvre.	Pauvresse.	Diable.	Diablesse.
Ivrogne.	Ivrognesse.	Sauvage.	Sauvagesse.	Drôle.	Drôlesse.
Ladre.	Ladresse.	Suisse.	Suissesse.	Pape.	Papesse.
Libraire.	Librairesse.	Sire.	Siresse.	Traître.	Traîtresse.
Maire.	Mairesse.	Tigre.	Tigresse.		
Diacre.	Diaconesse.	Vicomte.	Vicomtesse.		

(1) Nous devons faire observer que la plupart des mots contenus dans cet exercice ne peuvent se dire qu'ironiquement et dans le style comique. — C'est dans les intéressants *Voyages en Italie* de M. Valery, que nous avons trouvé les mots : *angesse, centauresse* et *satyresse*. Voici les passages qui renferment les deux derniers substantifs : — « A l'exception du sage Chiron, botaniste, musicien, astronome, précepteur d'Achille, « l'honneur de son espèce, des centaures, des CENTAURESSES surtout respirent la folie, la licence. » — « Quelques détails des fresques de Jean de S. Giovianni, à Florence, sont bizarres : une SATYRESSE « élève en l'air des couronnes en signe de victoire. » — *Borgnesse* ne se dit d'une femme qu'en termes injurieux ; autrement on doit dire *borgne* : *La princesse d'Evoli, qui fit de si grandes passions, était* BORGNE. (DE STE-FOIX). La même observation peut s'appliquer aux mots *drôlesse* et *pauvresse*. — Quant à *sauvagesse*, il se trouve dans Trévoux : *Les quatre chefs et la* SAUVAGESSE *d'une des nations chinoises, furent présentés par leurs conducteurs et interprètes à la compagnie des Indes, dans le temps que l'assemblée de l'administration allait se tenir*. Ce mot n'est guère usité aujourd'hui que par dérision. « *Un petit Français*, remar- « *que M. de Chateaubriand, poudré et frisé comme autrefois, habit vert pomme, veste de droguet, jabot* « *et manchettes de mousseline, en me parlant des Indiens, me disait toujours* : CES MESSIEURS SAUVAGES « ET CES DAMES SAUVAGESSES. » Il n'est personne qui ne sente tout le ridicule d'une pareille expression. — Pour ce qui est du mot *angesse*, nous ne pensons pas qu'il puisse être admis, si ce n'est en plaisantant ; on doit dire *une ange*. Exemple : *Il m'a parlé bien des fois, avec toute la candeur de ce sentiment passé, des troubles intérieurs, des tendresses inouïes que la vue de* CETTE ANGE *lui causait*. (BOULAY-PATY).

N° XIX.

SUBSTANTIFS TERMINÉS PAR *eau, en, on, et.*

1re SÉRIE. — MASCULIN.

...... Le *tourtereau*,
Dont le plaintif et long roucoulement
Imite assez la plainte d'un amant.
(CAMPENON.)

O soleil !...
Quand la voix du matin vient réveiller l'aurore,
L'*Indien* prosterné te bénit et t'adore.
(DE LAMARTINE.)

Le sage ne doit jamais avoir d'autre *gardien* de son secret que lui-même. (GUIZOT.)

Tout *chrétien* est né grand, parce qu'il est né pour le Ciel. (MASSILLON.)

Grâces à Dieu, le *fripon* le plus fin
Ne songe pas à tout. (NIVERNAIS.)

Ganymède est l'*échanson* des Dieux.
(PLANCHE.)

Les femmes accusées d'adultère étaient tenues de présenter un *champion* qui attestât leur innocence en combattant pour elles. (SAINT-FOIX.)

Un milan qui dans l'air planait, faisait la ronde,
Voit d'en haut le *pauvret* se débattant sur l'onde.
(LA FONTAINE.)

Saint François de Paule disait : Il faut que je sois le plus humble *sujet* de mon ordre. (FLÉCHIER.)

2e SÉRIE. — FÉMININ.

Là je voyais le faon et la blanche gazelle
Courir au pied du mont Thabor ;
Aux bosquets d'aloès la douce *tourterelle*
Seule paraît gémir encor ! (PAUTHIER.)

Mon jeune ami, vous avez appris le langage des blancs ; il est aisé de tromper une *Indienne*.
(CHATEAUBRIAND.)

Gardienne établie à la porte du sanctuaire, la critique littéraire empêche les profanations.
(THÉRY.)

Quelle erreur à une *chrétienne*, et encore à une *chrétienne* pénitente, d'orner ce qui n'est digne que de son mépris. (BOSSUET.)

... Je ne pense pas que Satan en personne
Puisse être si méchant qu'une telle *friponne*.
(MOLIÈRE.)

La gentille *échansonne*
Qu'on nomme Hébé, malignement sourit.
(PARNY.)

Tous venaient sur mes pas, hors les deux *championnes*
Qui du combat encor remettent leurs personnes.
(MOLIÈRE.)

Mais la *pauvrette* avait compté
Sans l'autour aux serres cruelles. (LA FONTAINE.)

O ! de l'amour adorable *sujette*,
N'oubliez pas le secret de votre art.
(VOLTAIRE.)

L'examen des exemples qu'on vient de lire donne lieu aux observations suivantes :

1° Les noms terminés par *eau*, changent, au féminin, cette terminaison en *elle*: *jouvenceau, jouvencelle*;

2° Ceux terminés par *en, on, et*, forment leur féminin en doublant la consonne finale et en ajoutant un *e* muet : *gardien, gardienne; fripon, friponne; sujet, sujette* (1).

EXERCICE PHRASEOLOGIQUE.

Un Tourtereau.	Une Tourterelle.	Un Athénien.	Une Athénienne.	Un Mignon.	Une Mignonne.
Jumeau.	Jumelle.	Chien.	Chienne.	Baron.	Baronne.
Bohémien.	Bohémienne.	Citoyen.	Citoyenne.	Bouffon.	Bouffonne.
Magicien.	Magicienne.	Patricien.	Patricienne.	Dragon.	Dragonne.
Parisien.	Parisienne.	Comédien.	Comédienne.	Hérisson.	Hérissonne.
Européen.	Européenne.	Concitoyen.	Concitoyenne.	Lion.	Lionne.
Païen.	Païenne.	Doyen.	Doyenne.	Poupon.	Pouponne.
Paroissien.	Paroissienne.	Epicurien.	Epicurienne.	Vigneron.	Vigneronne.
Plébéien.	Plébéienne.	Luthérien.	Luthérienne.	Luron.	Luronne.
Egyptien.	Egyptienne.	Musicien.	Musicienne.	Bougon.	Bougonne.
Espion.	Espionne.	Muet.	Muette.	Minet.	Minette.
Propret.	Proprette.	Iduméen.	Iduméenne.	Prussien.	Prussienne.
Académicien.	Académicienne.	Chaldéen.	Chaldéenne.	Italien.	Italienne.
Géorgien.	Géorgienne.	Cadet.	Cadette.	Douillet.	Douillette.

(1) Excepté *compagnon, patron, indiscret*, qui font au féminin : *compagne, patrone, indiscrète*.

N° XX.

SUBSTANTIFS TERMINÉS PAR *eur*.

1re SÉRIE. — MASCULIN.

Le *flatteur* n'a pas assez bonne opinion de soi ni des autres. (LA BRUYÈRE.)

Les gens qui ont peu d'affaires sont de très grands *parleurs*; moins on pense, plus on parle. (MONTESQUIEU.)

L'*instituteur* est appelé par le père de famille au partage de son autorité naturelle. (GUIZOT.)

Je blâme un *bienfaiteur*, dont l'âme mercenaire Veut mettre un prix à son bienfait. (Mᵉ JOLIVEAU.)

Si pour nous accabler de maux et de douleurs, Le trône a ses tyrans, le ciel a ses *vengeurs*. (CRÉBILLON.)

Dieu fait miséricorde au *pécheur* misérable. (MOLIÈRE.)

2e SÉRIE. — FÉMININ.

La politesse est souvent une vertu de mine et de parade; c'est une *flatteuse* qui ne refuse son estime à personne. (MIRABEAU.)

... On voit les amants toujours vanter leur choix. La trop grande *parleuse* est d'agréable humeur. (MOLIÈRE.)

Les prairies seront votre école, les fleurs votre alphabet, et Flore votre *institutrice*. (BERN. DE ST-PIERRE.)

La nature n'est-elle pas également une *bienfaitrice* puissante et sage? (VIREY.)

L'homme n'a point de plus cruelle *vengeresse* de son forfait que sa propre conscience. (BOISTE.)

Jésus appelle à lui la faible samaritaine, il pardonne à la femme adultère, il absout la *pécheresse* qui baigne ses pieds de larmes; mais il sévit contre les ambitieux. (BERN. DE ST-PIERRE.)

Les substantifs terminés au masculin en *eur*, forment leur féminin de trois manières différentes, par le changement d'*eur* en *euse*, en *eresse*, ou en *rice* (1).

L'exercice suivant renferme les mots qui prennent ces diverses terminaisons rangés par ordre alphabétique.

EXERCICE PHRASÉOLOGIQUE.

NOMS TERMINÉS EN *eur* QUI FONT *euse*.

Un Aboyeur.	Une Aboyeuse.	Un Diseur.	Une Diseuse.	Un Porteur.	Une Porteuse.
Acheteur.	Acheteuse.	Disputeur.	Disputeuse.	Pourvoyeur.	Pourvoyeuse.
Allumeur.	Allumeuse.	Doreur.	Doreuse.	Prêcheur.	Prêcheuse.
Assembleur.	Assembleuse.	Dormeur.	Dormeuse.	Preneur.	Preneuse.
Assommeur.	Assommeuse.	Enjoleur.	Enjoleuse.	Pleureur.	Pleureuse.
Arracheur.	Arracheuse.	Empoisonneur.	Empoisonneuse.	Prêteur.	Prêteuse.
Baigneur.	Baigneuse.	Emprunteur.	Emprunteuse.	Priseur.	Priseuse.
Balayeur.	Balayeuse.	Enlumineur.	Enlumineuse.	Prometteur.	Prometteuse.
Baragouineur.	Baragouineuse.	Eplucheur.	Eplucheuse.	Prôneur.	Prôneuse.
Boudeur.	Boudeuse.	Entrepreneur.	Entrepreneuse.	Querelleur.	Querelleuse.
Bredouilleur.	Bredouilleuse.	Faiseur.	Faiseuse.	Quêteur.	Quêteuse.
Briseur.	Briseuse.	Voyageur.	Voyageuse.	Ravaudeur.	Ravaudeuse.
Brodeur.	Brodeuse.	Vendeur.	Vendeuse.	Remplisseur.	Remplisseuse.
Cajoleur.	Cajoleuse.	Tricheur.	Tricheuse.	Revendeur.	Revendeuse.
Cardeur.	Cardeuse.	Fileur.	Fileuse.	Rieur.	Rieuse.
Chanteur.	Chanteuse (2).	Farceur.	Farceuse.	Rabâcheur.	Rabâcheuse.
Chercheur.	Chercheuse.	Fouetteur.	Fouetteuse.	Raccommodeur.	Raccommodeuse.
Chuchoteur.	Chuchoteuse.	Fournisseur.	Fournisseuse.	Radoteur.	Radoteuse.
Voleur.	Voleuse.	Jaseur.	Jaseuse.	Railleur.	Railleuse.
Visiteur.	Visiteuse.	Grasseyeur.	Grasseyeuse.	Raisonneur.	Raisonneuse.
Tricoteur.	Tricoteuse.	Grondeur.	Grondeuse.	Rapporteur.	Rapporteuse.
Claudeur.	Claudeuse.	Joueur.	Joueuse.	Recéleur.	Recéleuse.
Coiffeur.	Coiffeuse.	Louangeur.	Louangeuse.	Rêveur.	Rêveuse.
Coureur.	Coureuse.	Loueur.	Loueuse.	Ricaneur.	Ricaneuse.
Connaisseur.	Connaisseuse.	Laveur.	Laveuse.	Rieur.	Rieuse.
Conteur.	Conteuse.	Liseur.	Liseuse.	Rôdeur.	Rôdeuse.
Coucheur.	Coucheuse.	Meneur.	Meneuse.	Ronfleur.	Ronfleuse.
Crieur.	Crieuse.	Moissonneur.	Moissonneuse.	Tapageur.	Tapageuse.
Croqueur.	Croqueuse.	Moqueur.	Moqueuse.	Tireur.	Tireuse.
Douceur.	Danseuse.	Parleur.	Parleuse.	Travailleur.	Travailleuse.
Dédaigneur.	Dédaigneuse.	Patineur.	Patineuse.	Trompeur.	Trompeuse.
Dénicheur.	Dénicheuse.	Pêcheur.	Pêcheuse.		
Dévideur.	Dévideuse.	Penseur.	Penseuse.		

(1) Les mots *inférieur*, *supérieur*, *majeur*, *mineur*, *serviteur*, *gouverneur*, qui font au féminin *inférieure*, *supérieure*, *majeure*, *mineure*, *servante*, *gouvernante*, sont seuls exceptés de cette règle.

(2) On dit aussi *cantatrice* pour exprimer une personne habile dans l'art du chant.

NOMS TERMINÉS EN *eur* QUI FONT *rice*.

Masculin	Féminin	Masculin	Féminin	Masculin	Féminin
Un Accélérateur.	Une Accélératrice.	Un Délateur.	Une Délatrice.	Un Interrogateur.	Une Interrogatrice.
Abréviateur.	Abréviatrice.	Dénonciateur.	Dénonciatrice.	Législateur.	Législatrice.
Accompagnateur.	Accompagnatrice.	Désolateur.	Désolatrice.	Moteur.	Motrice.
Calomniateur.	Calomniatrice.	Examinateur.	Examinatrice.	Producteur.	Productrice.
Calculateur.	Calculatrice.	Fondateur.	Fondatrice.	Réformateur.	Réformatrice.
Collaborateur.	Collaboratrice.	Improvisateur.	Improvisatrice.	Spectateur.	Spectatrice.
Créateur.	Créatrice.	Interlocuteur.	Interlocutrice.	Vérificateur.	Vérificatrice.
Curateur.	Curatrice.	Lecteur.	Lectrice.	Appréciateur.	Appréciatrice.
Débiteur.	Débitrice.	Modérateur.	Modératrice.	Approbateur.	Approbatrice.
Empereur.	Impératrice.	Persécuteur.	Persécutrice.	Auditeur.	Auditrice.
Exterminateur.	Exterminatrice.	Réconciliateur.	Réconciliatrice.	Contemplateur.	Contemplatrice.
Indicateur.	Indicatrice.	Séducteur.	Séductrice.	Coopérateur.	Coopératrice.
Instigateur.	Instigatrice.	Spoliateur.	Spoliatrice.	Corrupteur.	Corruptrice.
Inventeur.	Inventrice.	Adulateur.	Adulatrice.	Dominateur.	Dominatrice.
Médiateur.	Médiatrice.	Ambassadeur.	Ambassadrice.	Dissipateur.	Dissipatrice.
Opérateur.	Opératrice.	Amateur.	Amatrice.	Donateur.	Donatrice.
Protecteur.	Protectrice.	Consolateur.	Consolatrice.	Explorateur.	Exploratrice.
Rémunérateur.	Rémunératrice.	Consommateur.	Consommatrice.	Imitateur.	Imitatrice.
Restaurateur.	Restauratrice (1).	Conspirateur.	Conspiratrice.	Inspecteur.	Inspectrice.
Administrateur.	Administratrice.	Destructeur.	Destructrice.	Introducteur.	Introductrice.
Admirateur.	Admiratrice.	Directeur.	Directrice.	Libérateur.	Libératrice.
Adorateur.	Adoratrice.	Dispensateur.	Dispensatrice.	Observateur.	Observatrice.
Conciliateur.	Conciliatrice.	Exécuteur.	Exécutrice.	Propagateur.	Propagatrice.
Conducteur.	Conductrice.	Générateur.	Génératrice.	Régulateur.	Régulatrice.
Conservateur.	Conservatrice.	Inspirateur.	Inspiratrice.	Spéculateur.	Spéculatrice.

NOMS TERMINÉS PAR *eur* QUI FONT *esse*.

Masculin	Féminin	Masculin	Féminin	Masculin	Féminin	Masculin	Féminin
Un Bailleur.	Une Bailleresse.	Un Chasseur.	Une Chasseresse (2).	Un Demandeur.	Une Demanderesse.
Défendeur.	Défenderesse.	Devineur ou devin.	Devineresse (3).	Enchanteur.	Enchanteresse.

N° XXI.

FÉMININ DES NOMS TERMINÉS PAR *x*.

1re SÉRIE. — MASCULIN.

... Plus qu'on ne le croit, ce nom d'*époux* engage,
Et l'amour est souvent un fruit du mariage.
(MOLIÈRE.)

On doit du *malheureux* respecter la misère.
(CRÉBILLON.)

Les monastères sont favorables à la société, parce que les *religieux*, en consommant leurs denrées sur les lieux, répandent l'abondance dans la cabane du pauvre. (CHATEAUBRIAND.)

2e SÉRIE. — FÉMININ.

L'*épouse* du chrétien n'est pas une simple mortelle : c'est un être extraordinaire, mystérieux, angélique ; c'est la chair de la chair, le sang du sang de son époux. (CHATEAUBRIAND.)

Hélas ! que de raisons contre une *malheureuse* !
(RACINE.)

Une *religieuse* de St.-Benoît, près de quitter la terre, trouvait une couronne d'épine blanche sur le seuil de sa cellule. (CHATEAUBRIAND.)

Les noms terminés au masculin par *x* changent au féminin cette lettre en *se* : *époux*, *épouse* ; *malheureux*, *malheureuse* (4).

EXERCICE PHRASÉOLOGIQUE.

Masculin	Féminin	Masculin	Féminin	Masculin	Féminin
Un Jaloux.	Une Jalouse.	Un Présomptueux.	Une Présomptueuse.	Un Hargneux.	Une Hargneuse.
Amoureux.	Amoureuse.	Pointilleux.	Pointilleuse.	Pituiteux.	Pituiteuse.
Boiteux.	Boiteuse.	Lépreux.	Lépreuse.	Ambitieux.	Ambitieuse.
Souffreteux.	Souffreteuse.	Goutteux.	Goutteuse.	Audacieux.	Audacieuse.
Chatouilleux.	Chatouilleuse.	Factieux.	Factieuse.	Paresseux.	Paresseuse.
Dartreux.	Dartreuse.	Gueux.	Gueuse.	Fiévreux.	Fiévreuse.

(1) *Restauratrice* ne s'emploie que pour désigner une femme qui restaure, qui répare. Mais lorsqu'on veut parler d'une femme qui donne à manger, on dit *restaurateur*.
(2) *Chasseresse* ne s'emploie que dans le style élevé et poétique ; dans le style ordinaire on dit *chasseuse*.
(3) La Fontaine a dit *devineuse*, comme on dit *brodeuse* ; mais *devineuse* n'est point d'usage :

Chez la *devineuse* on courait,
Pour se faire annoncer ce que l'on désirait.

La Fontaine a dit aussi *devine*, qui n'est pas plus usité :

Moi, *devine* ! On se moque. Eh ! Messieurs, sais-je lire ?

(4) Il n'y a d'excepté que *vieux*, qui fait *vieille*.

N° XXII.

FORMATION DU PLURIEL DANS LES SUBSTANTIFS. — NOMS DE TOUTE TERMINAISON.

1ʳᵉ SÉRIE. — SINGULIER.

L'*homme* véritablement libre est celui qui, dégagé de toute crainte et de tout désir, n'est soumis qu'aux dieux et à la raison. (FÉNELON.)

Le *bien*, nous le faisons; le mal, c'est la fortune. On a toujours raison; le destin, toujours tort. (LA FONTAINE.)

La *loi* dans tout état doit être universelle; Les mortels, quels qu'ils soient, sont égaux devant elle. (VOLTAIRE.)

Les plus grandes *vérités* sont ordinairement les plus simples. (MALESHERBES.)

Un *roi* ne sait jamais s'il a de vrais amis. (BOURSAULT.)

La *vertu* a beaucoup de prédicateurs, mais peu de martyrs. (HELVÉTIUS.)

L'habitude est le plus grand *écueil* de la raison. (DE LIVRY.)

Malheureux et détrompés, nous préférons aux brillantes couleurs du prisme de l'espérance la blancheur du *linceul*. (BERN. DE ST-PIERRE.)

Le *soleil* demeure constamment à la même place. (BERQUIN.)

Tout se réduit souvent pour le *voyageur* à échanger dans la terre étrangère des illusions contre des souvenirs. (CHATEAUBRIAND.)

Un *sot* trouve toujours un plus sot qui l'admire. (BOILEAU.)

Il y porte une corde, et veut, avec un *clou*, Au haut d'un certain mur attacher le licou. (LA FONTAINE.)

Un *caravanserail* est une hôtellerie dans le Levant, où les caravanes sont reçues gratuitement, ou pour un prix modique. (ACADÉMIE.)

La passion fait un *fou* du plus habile homme et rend habiles les plus sots. (LAROCHEFOUCAULD.)

Un généreux *conseil* est un puissant secours. (CORNEILLE.)

2ᵉ SÉRIE. — PLURIEL.

Les *hommes* qui ont le plus de sagesse et de talent ne manquent point de s'adonner aux arts auxquels les grandes récompenses sont attachées. (FÉNELON.)

Les *biens* d'un homme ne sont pas dans ses coffres, mais dans l'usage qu'il en tire. (J.-J. ROUSSEAU.)

Il ne faut pas faire par les *lois* ce qu'on peut faire par les mœurs. (MONTESQUIEU.)

La *vérité* est une reine qui a dans le ciel son trône éternel, et le siège de son empire dans le sein de Dieu. (BOSSUET.)

.... Les *rois* sont des hommes. (*Id.*)

Les *vertus* se perdent dans l'intérêt, comme les fleurs se perdent dans la mer. (LAROCHEFOUCAULD.)

La fausse gloire et la fausse modestie sont les deux *écueils* de ceux qui écrivent leur propre vie. (DE RETZ.)

Les drapeaux des partis sont des *linceuls* dans lesquels on ensevelit la patrie. (BERNARDIN DE ST-PIERRE.)

Les étoiles fixes sont autant de *soleils*. (FONTENELLE.)

Le saule est agréable aux génies des *voyageurs*, parce qu'il croît au bord des fleuves, emblèmes d'une vie errante. (CHATEAUBRIAND.)

Les *sots* depuis Adam sont en majorité. (CAS. DELAVIGNE.)

Un siège aux *clous* d'argent te place à nos côtés. (A. CHÉNIER.)

De distance à autre, je rencontrais de grands *caravanserails* bien fermés et de vastes bazars ou marchés, où régnait le plus grand silence. (BERNARDIN DE ST-PIERRE.)

Les *fous* mènent les sages : ils sont plus nombreux. (BOISTE.)

On ne donne rien si libéralement que ses *conseils*. (LAROCHEFOUCAULD.)

Ce qu'il faut conclure des exemples de l'une et de l'autre colonne, c'est qu'en français tout mot terminé par une voyelle ou par une consonne prend un *s* au pluriel, quel que soit d'ailleurs son genre : cette lettre est, dans le génie de la langue française, le vrai caractère du pluriel.

EXERCICE PHRASÉOLOGIQUE.

L'homme.	Les hommes.	Le jardin.	Les jardins.	Le tilleul.	Les tilleuls.
La femme.	Les femmes.	La rose.	Les roses.	L'acacia.	Les acacias.
Le garçon.	Les garçons.	L'arbre.	Les arbres.	Le voleur.	Les voleurs.
La fille.	Les filles.	La maison.	Les maisons.	Le soldat.	Les soldats.
L'étranger.	Les étrangers.	Le mariage.	Les mariages.	Le royaume.	Les royaumes.
La mouche.	Les mouches.	La feuille.	Les feuilles.	La planète.	Les planètes.
La montagne.	Les montagnes.	Le monticule.	Les monticules.	La cerise.	Les cerises.
Le clou.	Les clous.	L'amadou.	Les amadous.	L'acajou.	Les acajous.
Le jambon.	Les jambons.	Le cou.	Les cous.	Le carcajou.	Les carcajous.
Le sapajou.	Les sapajous.	Le manitou.	Les manitous.	Le coucou.	Les coucous.
L'attirail.	Les attirails.	Le sou.	Les sous.	Le matou.	Les matous.
Le détail.	Les détails.	Le menton.	Les mentons.	La tête.	Les têtes.
Le gouvernail.	Les gouvernails.	Le mail.	Les mails.	L'épouvantail.	Les épouvantails.
Le sérail.	Les sérails.	Le lion.	Les lions.	Le chat.	Les chats.
Le murmure.	Les murmures.	Le marchand.	Les marchands.	Le plaisir.	Les plaisirs.
L'œuf.	Les œufs.	Le bœuf.	Les bœufs.	Le coq.	Les coqs.
Le mouton.	Les moutons.	Le rossignol.	Les rossignols.	La fauvette.	Les fauvettes.
Le serin.	Les serins.	Le chardonneret.	Les chardonnerets.	Le lièvre.	Les lièvres.
L'écureuil.	Les écureuils.	Le chevreuil.	Les chevreuils.	Le poitrail.	Les poitrails.
Le jour.	Les jours.	Le fou.	Les fous.	Le berger.	Les bergers.
La nuit.	Les nuits.	Le licou.	Les licous.	La coquette.	Les coquettes.
Le matin.	Les matins.	Le mou.	Les mous.	Le cerf.	Les cerfs.
L'ange.	Les anges.	Le trou.	Les trous.	Le bouvreuil.	Les bouvreuils.
Le citoyen.	Les citoyens.	La statue.	Les statues.	Le rat.	Les rats.
Le caribou	Les caribous.	L'éventail.	Les éventails.	Le loup.	Les loups.

EXCEPTIONS.

NOMS TERMINÉS EN *ou*.

1re SÉRIE. — SINGULIER.

Le *chou* que la cime du palmiste renferme au milieu de ses feuilles est un fort bon manger.
(BERNARDIN DE ST-PIERRE.)

2e SÉRIE. — PLURIEL.

Cet homme, disent-ils, était planteur de *choux*,
Et le voilà devenu roi. (LA FONTAINE.)

On a vu que les noms terminés en *ou* se pluralisent généralement par l'addition d'un *s*. L'exemple qui précède nous montre aussi que certains autres prennent un *x* au pluriel : on en compte cinq, qui sont : *poux, cailloux, genoux, hiboux* et *choux*. Il est présumable que ces noms ne tarderont pas à suivre la règle générale.

NOMS TERMINÉS EN *ail*.

1re SÉRIE. — SINGULIER.

Le *travail* est la vie de l'homme. (VOLTAIRE.)

De l'*émail* élégant des champs et des prairies
L'aiguille de Minerve orna ses broderies.
(CASTEL.)

L'*ail*, dont l'odeur est si redoutée de nos petites-maîtresses, est peut-être le remède le plus puissant qu'il y ait contre les vapeurs et les maux de nerfs auxquels elles sont si sujettes.
(BERNARDIN DE ST-PIERRE.)

2e SÉRIE. — PLURIEL.

Jamais de ses *travaux* (1) Abel n'ouvrit le cours
Sans avoir embrassé les auteurs de ses jours.
(GILBERT.)

Je n'irai plus chercher au bord de la prairie
Ces éclatants *émaux* que le printemps varie.
(ST-LAMBERT.)

Tu peux choisir, ou de manger trente *aulx*,
(J'entends sans boire et sans prendre repos ;)
Ou de souffrir trente bons coups de gaule.
(LA FONTAINE.)

Quelques noms terminés par *ail* changent cette finale en *aux*; tels sont : *soupirail, vantail, vitrail, bail, corail*, qui font *soupiraux, vantaux, vitraux, baux, coraux*, et les mots cités dans les exemples précédents. Quant aux mots *bétail, bercail* et *aigail*, ils n'ont pas de pluriel.

(1) Il est vrai qu'on dit aussi des *travails*, mais dans deux autres acceptions :

1° Lorsqu'on veut parler d'une machine de bois à quatre piliers, entre lesquels les maréchaux attachent les chevaux fougueux pour les ferrer ;

2° Quand il est question des comptes ou rapports présentés, soit à un souverain par un ministre ou un administrateur, soit à un supérieur par un commis : *Le ministre a eu cette semaine plusieurs travails avec le roi.*

CIEL, OEIL, AÏEUL, etc.

1re SÉRIE. — SINGULIER.

Dans les plaines du *ciel* Dieu sema la lumière.
(VOLTAIRE.)

Chaque nation a besoin d'une musique particulière qui soit analogue à son *ciel*. (J.-J. ROUSSEAU.)

On appelle, en terme de peinture, le *ciel*, cette partie du tableau qui représente l'air.
(ACADÉMIE.)

Quand on dit le *ciel* de ce lit n'est pas assez haut, *ciel* signifie le haut du lit. (ACADÉMIE.)

On voit les maux d'autrui d'un autre *œil* que les siens.
(CORNEILLE.)

Ah! peut-on d'un *œil* sec voir mourir ce qu'on aime!
(*Id.*)

En architecture, une espèce de petite lucarne faite en rond ou en ovale dans la couverture des maisons, s'appelle un *œil-de-bœuf*. (ACADÉMIE.)

OEil se dit aussi du pain ou du fromage, quand on y trouve quelques trous ou ouvertures qui les rendent moins compactes et moins solides.
(TRÉVOUX.)

Il me paraît que l'on doit encore regarder comme un produit du feld-spath la pierre chatoyante à laquelle on a donné le nom d'*œil-de-poisson*.
(BUFFON.)

Ce que l'*aïeul* ni le père
N'ont point fait au siècle passé,
Aujourd'hui la France l'espère
Du grand roi qu'ils nous ont laissé.
(RACINE.)

En logique, un terme désignant ce qu'il y a de commun entre tous les êtres d'un même genre, est appelé un *universal*. (BOISTE.)

2e SÉRIE. — PLURIEL.

Que la terre est petite à qui la voit des *cieux*!
(DELILLE.)

L'Italie est sous un des plus beaux *ciels* de l'Europe. (NOEL.)

Les *ciels* dans les tapisseries les font estimer.
(PLANCHE.)

Ce peintre fait bien les *ciels*. (ACADÉMIE.)

Il faut dire des *ciels* de lit. (*Id.*)

Au cimetière de Pise, Buffalmaco a représenté tous les *ciels* décrits par le Dante. (J. JANIN.)

Le bandeau de l'erreur aveugle tous les *yeux*.
(VOLTAIRE.)

La chronologie et la géographie sont les *yeux* de l'histoire. (BONIFACE.)

Dites au pluriel des *œils-de-bœuf*.
(ACADÉMIE.)

Il y a un proverbe espagnol qui dit qu'il faut choisir du fromage sans *yeux*, du pain qui ait des *yeux*, et du vin qui saute aux *yeux*.
(TRÉVOUX.)

Les pierres appelées *œils-de-poisson*, quoique assez rares, ne sont pas d'un grand prix. (BUFFON.)

Ses deux *aïeuls* ont rempli les deux premières charges. (ACADÉMIE.)

Qui sert bien son pays n'a pas besoin d'*aïeux*.
(VOLTAIRE.)

On distingue cinq *universaux* : le genre, la différence, l'espèce, le propre et l'accident.
(DUMARSAIS.)

Ces exemples donnent lieu aux observations suivantes :

1° On dit *ciel* au singulier, *ciels* et *cieux* au pluriel : *cieux*, pour désigner, en général, toute l'immensité de la voûte céleste; *ciels*, pour énoncer d'une manière restrictive la température particulière à chaque ville, à chaque contrée; ce qui fait que l'on compte, en quelque sorte, autant de *ciels* qu'il y a de pays : *le ciel de l'Italie, le ciel de la France, le ciel de l'Espagne, sont des ciels favorisés des dieux*. On dit également des *ciels de tableau*, des *ciels de lit*. Enfin, en terme de mineurs, on se sert de *ciels* pour indiquer les premières couches de terre.

2° *OEil* a aussi deux pluriels différents : *yeux* et *œils*. On emploie *yeux* au propre et au figuré, pour exprimer l'organe de la vue. Mais la plupart des grammairiens voudraient qu'en toute autre circonstance on se servît du mot *œils*. Cependant, dans les exemples que nous venons de rapporter, on trouve des *œils-de-bœuf*, terme d'architecture, et l'Académie, Boiste, Laveaux, Trévoux ont décidé qu'il fallait dire : *les yeux du pain, du fromage, de la soupe*. Nous devons donc à cet égard nous soumettre à la décision de ces imposantes autorités. Néanmoins, s'il s'agit des plantes et des pierres qui portent le nom d'*œil-de-chat*, d'*œil-de-serpent*, d'*œil-de-perdrix*, nous écrirons, avec les naturalistes, des *œils-de-chat*, etc.

3° *Aïeuls* se dit au pluriel toutes les fois que l'on veut désigner le grand-père paternel et maternel. On se sert d'*aïeux*, pour parler de ceux qui, en général, nous ont précédés dans la vie.

4° Dans le dernier exemple, le mot *universel* s'explique de lui-même.

Quant au mot *pénitentiel*, rituel de la pénitence, il suit la règle générale, c'est-à-dire qu'il prend un *e* au pluriel, et qu'il ne faut pas le confondre avec *pénitentiaux*, adjectif qui ne s'emploie guère que dans ce cas : *les psaumes pénitentiaux*.

EXERCICE PHRASÉOLOGIQUE.

Un beau ciel.	La voûte des cieux.	Une galerie à ciel ouvert.	Ouvrir plusieurs ciels dans une carrière.
Le ciel de la patrie.	Des ciels tempérés.		Des yeux de chat.
Un ciel de tableau bien fait.	Faire bien les ciels de tableaux.	Un œil de chat.	Mériter les cieux.
Fenêtre à œil-de-bœuf.	Edifice où l'on voit des œils-de-bœuf.	Le ciel de l'Europe.	Des ciels brûlants.
Un œil-de-Christ.	Des œils-de-Christ.	Un ciel de lit.	Des ciels de lit.
Un aïeul maternel.	Des aïeuls maternels.	Un œil noir.	Des yeux bien fendus.
Voir le ciel.	Implorer les cieux.	Un œil de cochon.	Des yeux de cochon.
Un ciel froid.	Des ciels glaciaux.	Voir un gros œil ou bouillon.	Les yeux du bouillon.
Un ciel de tapisserie magnifique.	Des ciels de tapisserie.	Un œil-de-poisson.	Des œils-de-poisson.
Avoir un bel œil.	De grands yeux.	N'avoir plus que son aïeul maternel.	Avoir encore ses aïeuls.
Un œil de bœuf.	Des yeux de bœuf.	Regarder le ciel.	Admirer les cieux.
Croûton de pain où se trouve un grand œil.	Des yeux dans le pain.	Le ciel de Provence.	Les plus doux ciels.
		Un ciel de décoration.	Faire des ciels de décoration.
Un œil-de-bouc.	Des œils-de-bouc.	Un œil de sirène.	Des yeux malins.
Un aïeul paternel.	Des aïeuls paternels.	Un œil de fromage	Des yeux de fromage.
Un œil-de-bœuf.	Des œils-de-bœuf.	Imiter ses aïeux.	Marcher sur les traces de ses aïeux.

N° XXIII.

PLURIEL DES SUBSTANTIFS TERMINÉS PAR *eau*, *au*.

1re SÉRIE. — SINGULIER.

Un *tombeau* est un monument placé sur les limites de deux mondes.
(BERNARDIN DE ST-PIERRE.)

L'*oiseau* qui charme le bocage,
Hélas! ne chante pas toujours.
(LAMARTINE.)

Quelquefois le hasard nous prête son *flambeau*
Pour éclairer nos pas dans un sentier nouveau.
(CAS. DELAVIGNE.)

L'*unau* a 46 côtes, tandis que l'Aï n'en a que 28.
(BUFFON.)

Le cruel repentir est le premier *bourreau*
Qui dans un sein coupable enfonce le couteau.
(RACINE.)

2e SÉRIE. — PLURIEL.

Les *tombeaux* des ancêtres sont, à la Chine, un des principaux embellissements des faubourgs, des villes, et des collines des campagnes.
(BERNARDIN DE ST-PIERRE.)

Le respect que les nations portent à certains *oiseaux* est un hommage indirect qu'elles rendent à la Providence.
(*Id.*)

Les passions allument tous les *flambeaux* qui incendient la terre.
(*Id.*)

Le père d'Abbeville distingue deux espèces d'*unaux*.
(BUFFON.)

... L'âme abandonnée à ses remords secrets
A toujours son supplice et ses *bourreaux* tout prêts.
(TH. CORNEILLE.)

Ces exemples servent à démontrer que les noms terminés en *eau* et en *au* prennent un *x* au pluriel.

EXERCICE PHRASÉOLOGIQUE.

Un	Des	Un	Des	Un	Des
Agneau.	Agneaux.	Aloyau.	Aloyaux.	Anneau.	Anneaux.
Arbrisseau.	Arbrisseaux.	Cerceau.	Cerceaux.	Drapeau.	Drapeaux.
Barbeau.	Barbeaux.	Barreau.	Barreaux.	Bateau.	Bateaux.
Blaireau.	Blaireaux.	Boisseau.	Boisseaux.	Bordereau.	Bordereaux.
Bourreau.	Bourreaux.	Boyau.	Boyaux.	Bureau.	Bureaux.
Carreau.	Carreaux.	Caveau.	Caveaux.	Landau.	Landaux.
Cerveau.	Cerveaux.	Chalumeau.	Chalumeaux.	Chameau.	Chameaux.
Chapiteau.	Chapiteaux.	Château.	Châteaux.	Chevreau.	Chevreaux.
Copeau.	Copeaux.	Corbeau.	Corbeaux.	Cordeau.	Cordeaux.
Couteau.	Couteaux.	Créneau.	Créneaux.	Damoiseau.	Damoiseaux.
Ecriteau.	Ecriteaux.	Escabeau.	Escabeaux.	Etau.	Etaux.
Faisceau.	Faisceaux.	Fardeau.	Fardeaux.	Flambeau.	Flambeaux.
Fourneau.	Fourneaux.	Fourreau.	Fourreaux.	Fricandeau.	Fricandeaux.

Un Gâteau.	Des Gâteaux.	Un Ciseau.	Des Ciseaux.	Un Coteau.	Des Coteaux.
Hameau.	Hameaux.	Gluau.	Gluaux.	Joyau.	Joyaux.
Jambonneau.	Jambonneaux.	Hobereau.	Hobereaux.	Lambeau.	Lambeaux.
Jumeau.	Jumeaux.	Jouvenceau.	Jouvenceaux.	Liteau.	Liteaux.
Lapereau.	Lapereaux.	Préau.	Préaux.	Manteau.	Manteaux.
Hameau.	Hameaux.	Radeau.	Radeaux.	Morceau.	Morceaux.
Marteau.	Marteaux.	Rideau.	Rideaux.	Trousseau.	Trousseaux.
Troupeau.	Troupeaux.	Moineau.	Moineaux.	Pipeau.	Pipeaux.
Traîneau.	Traîneaux.	Tombereau.	Tombereaux.	Plateau.	Plateaux.
Tableau.	Tableaux.	Tuyau.	Tuyaux.	Fruiteau.	Pruneaux.
Noyau.	Noyaux.	Tasseau.	Tasseaux.	Réseau.	Réseaux.
Bandeau.	Bandeaux.	Drapeau.	Drapeaux.	Roseau.	Roseaux.
Bedeau.	Bedeaux.	Etourneau.	Etourneaux.	Taureau.	Taureaux.
Bouleau.	Bouleaux.	Fléau.	Fléaux.	Tonneau.	Tonneaux.
Cadeau.	Cadeaux.	Fuseau.	Fuseaux.	Poteau.	Poteaux.
Cerneau.	Cerneaux.	Godiveau.	Godiveaux.	Vermisseau.	Vermisseaux.
Chapeau.	Chapeaux.	Baliveau.	Baliveaux.	Fabliau.	Fabliaux.

N° XXIV.

PLURIEL DES NOMS TERMINÉS PAR *eu*.

1re SÉRIE. — SINGULIER.

Le *Dieu* des Chrétiens est un *Dieu* d'amour et de consolation. (PASCAL.)

La vie de l'homme ne tient qu'à un *cheveu*. (BOISTE.)

Le *feu* qui semble éteint, souvent dort sous la cendre ;
Qui l'ose réveiller, peut s'en laisser surprendre. (CORNEILLE.)

Le *jeu* rassemble tout ; il unit à la fois
Le turbulent marquis, le paisible bourgeois. (REGNARD.)

2e SÉRIE. — PLURIEL.

L'amitié d'un grand homme est un bienfait des *dieux*. (VOLTAIRE.)

Il faut prendre aux *cheveux* les occasions et les pensées. (BOISTE.)

Cependant Ondouré ne sent pas encore pour Céluta tous les *feux* d'amour qui le brûleront dans la suite. (CHATEAUBRIAND.)

Les *jeux* des princes coûtèrent souvent très cher à l'espèce humaine. (BOISTE.)

Il résulte de ces exemples que les noms terminés en *eu* prennent un *x* au pluriel. Néanmoins on excepte le mot *bleu*, qu'on écrit avec un *s* : du *bleu*, des *bleus*.

EXERCICE PHRASÉOLOGIQUE.

Un Adieu.	Des Adieux.	Un Aveu.	Des Aveux.	Un Caïeu.	Des Caïeux.
Désaveu.	Désaveux.	Alleu.	Alleux.	Enjeu.	Enjeux.
Essieu.	Essieux.	Moyeu.	Moyeux.	Fieu.	Fieux.
Milieu.	Milieux.	Lieu.	Lieux.	Neveu.	Neveux.
Vœu.	Vœux.	Hébreu.	Hébreux.	Jeu.	Jeux.
Camaïeu.	Camaïeux.	Dieu.	Dieux.	Pieu	Pieux.
Epieu.	Epieux.	Franc-alleu.	Francs-alleux		

N° XXV.

PLURIEL DES NOMS TERMINÉS PAR *al*.

1re SÉRIE. — SINGULIER.

Que devant l'or tout s'abaisse et tout tremble !
Tout est soumis, tout cède à ce *métal*. (PIRON.)

Souvent d'un moindre *mal* on tombe dans un pire. (COLLIN D'HARLEVILLE.)

La guerre est le *tribunal* des rois ; les victoires ou les défaites sont ses arrêts. (RIVAROL.)

... On ne voit sous les cieux
Nul *animal*, nul être, aucune créature,
Qui n'ait son opposé : c'est la loi de nature. (LA FONTAINE.)

L'*original* a le mufle du chameau, le bois plat du daim, les jambes du cerf. (CHATEAUBRIAND.)

2e SÉRIE. — PLURIEL.

La vérité est comme les *métaux*, que l'art ne crée point, mais qu'il purifie. (DUCLOS.)

A raconter ses *maux* souvent on les soulage. (CORNEILLE.)

Le plus terrible des fléaux politiques est la corruption des *tribunaux*. (CONDORCET.)

Les hommes sont comme les *animaux* : les gros mangent les petits, et les petits les piquent. (VOLTAIRE.)

Selon les sauvages, les *originaux* ont un roi surnommé *le grand original* ; ses sujets lui rendent toutes sortes de devoirs. (CHATEAUBRIAND.)

Ah! l'orgueil est à plaindre s'il ne sait point aimer. Dans l'homme son *égal*, l'homme doit s'estimer.
(CHÉNIER.)

Un *hôpital* est plus spécialement destiné aux malades ; un hospice, aux vieillards et aux infirmes.
(M⁽ᵐᵉ⁾ D'ÉPINAY.)

Les ministres sont en France sur un *piédestal* si mobile que le moindre choc les renverse ; j'en ai vu plus de quatre-vingts en soixante ans.
(LE GRAND FRÉDÉRIC.)

Il faut se défier toujours de son *rival*.
(COLLIN D'HARLEVILLE.)

La faveur met l'homme au-dessus de ses *égaux*, et sa chute au-dessous. (LA BRUYÈRE.)

Paris offre aux malheureux beaucoup d'asiles connus sous le nom d'*hôpitaux*.
(BERNARDIN DE ST-PIERRE.)

Les plus hautes dignités ne sont que de beaux *piédestaux*, où l'on ne doit paraître que fort petit quand on n'y brille pas de sa propre vertu.
(BRUEYS.)

Ennemis généreux, nous savons admirer
De vertueux *rivaux*, les vaincre et les pleurer.
(DE BELLOY.)

Les noms terminés en *al* changent au pluriel cette désinence en *aux*. Le mot *bestial*, tout en suivant la règle générale, n'a que le pluriel en usage : *des bestiaux*.

EXERCICE PHRASÉOLOGIQUE.

Un Amiral.	Des Amiraux.	Un Arsenal.	Des Arsenaux.	Un Bocal.	Des Bocaux.
Canal.	Canaux.	Capital.	Capitaux.	Caporal.	Caporaux.
Cheval.	Chevaux.	Collatéral.	Collatéraux.	Commensal.	Commensaux.
Cordial.	Cordiaux.	Local.	Locaux.	Madrigal.	Madrigaux.
Maréchal.	Maréchaux.	Mémorial.	Mémoriaux.	Métal.	Métaux.
Municipal.	Municipaux.	National.	Nationaux.	Original.	Originaux.
Principal.	Principaux.	Provincial.	Provinciaux.	Radical.	Radicaux.
Rival.	Rivaux.	Sénéchal.	Sénéchaux.	Signal.	Signaux.
Tribunal.	Tribunaux.	Val.	Vaux.	Etal.	Etaux.
Féal.	Féaux.	Général.	Généraux.	Hôpital.	Hôpitaux.
Brutal.	Brutaux.	Minéral.	Minéraux.	Fanal.	Fanaux.
Cardinal.	Cardinaux.	Piédestal.	Piédestaux.	Journal.	Journaux.
Confessionnal.	Confessionnaux.	Réal.	Réaux.	Orignal.	Orignaux.
Mal.	Maux.	Total.	Totaux.		

EXCEPTIONS.

1ʳᵉ SÉRIE. — SINGULIER.

Les cochenilles naissent au Mexique, sur la feuille épaisse et épineuse du *nopal*, qu'elles sucent dès qu'elles sont écloses.
(BERNARDIN DE ST-PIERRE.)

Le *chacal*, monté sur un piédestal vide, allonge son museau de loup derrière le buste d'un Pan à tête de bélier. (CHATEAUBRIAND.)

2ᵉ SÉRIE. — PLURIEL.

Une multitude d'araignées filent dans les nopalières, et c'est le long de ces fils, comme sur des ponts, que les petites cochenilles émigrent sur les *nopals* voisins. (BERNARDIN DE ST-PIERRE.)

Un vaste silence régnait sur le désert ; seulement, à de longs intervalles, on entendait les lugubres cris de quelques *chacals*. (VOLNEY.)

Quelques noms en *al* prennent simplement un *s* au pluriel. Ce sont les suivants.

EXERCICE PHRASÉOLOGIQUE.

Un Bal.	Des Bals.	Un Cal.	Des Cals.	Un Cérémonial.	Des Cérémonials.
Narval.	Narvals.	Nopal.	Nopals.	Régal.	Régals.
Serval.	Servals.	Pal.	Pals.	Sandal.	Sandals.
Carnaval.	Carnavals.	Chacal.	Chacals.	Caracal.	Caracals.

N° XXVI.

PLURIEL DES NOMS TERMINÉS PAR *s*, *x* ET *z*.

1ʳᵉ SÉRIE. — SINGULIER.

Le *nez* est la partie la plus avancée et le trait le plus apparent du visage. (BUFFON.)

Dans le *ris* immodéré et dans presque toutes les passions violentes les lèvres sont fort ouvertes.
(BUFFON.)

2ᵉ SÉRIE. — PLURIEL.

Il est bien évident que si les *nez* n'ont pas été faits pour les besicles, ils l'ont été pour l'odorat, et qu'il y a des *nez* depuis qu'il y a des hommes.
(VOLTAIRE.)

L'excessive joie arrache plutôt des pleurs que des *ris*. (J.-J. ROUSSEAU.)

Avant d'attaquer un *abus*, il faut voir si l'on peut ruiner ses fondements. (VAUVENARGUES.)

Quand les *abus* sont accueillis par la soumission, bientôt la puissance usurpatrice les érige en lois. (MALESHERBES.)

Le *rhinocéros*, sans être ni féroce ni carnassier, ni même extrêmement farouche, est cependant intraitable. (BUFFON.)

Il est très certain qu'il existe des *rhinocéros* qui n'ont qu'une corne sur le *nez*, et d'autres qui en ont deux. (*Id.*)

Le *lynx*, dont les anciens ont dit que la vue était assez perçante pour pénétrer les corps opaques, est un animal fabuleux. (*Id.*)

Tous les voyageurs disent avoir vu des *lynx* ou des loups-cerviers à peau tachée, dans le nord de l'Allemagne, en Lithuanie, en Moscovie. (*Id.*)

Le plus insensé commence d'être sage dès l'instant qu'il commence à sentir son *travers*. (J.-J. ROUSSEAU.)

Il faut fuir la société de ceux dont on n'a rien à prendre que des *travers*. (Mme DE PUISIEUX.)

Le *succès* suit le grand homme. (NAPOLÉON.)

Tous les heureux *succès* en tout genre sont fondés sur des choses faites ou dites à propos. (VOLTAIRE.)

Il n'y a rien de si pestilentiel pour le jugement que le *fatras* des connaissances pédantesques. (LEMONTEY.)

Jetons au feu nos vains *fatras* de lois. (VOLTAIRE.)

Il suffit de lire ces exemples pour savoir qu'au pluriel l'orthographe des mots terminés par *s*, *x* et *z* reste la même qu'au singulier (1).

EXERCICE PHRASÉOLOGIQUE.

Un ais.	Des ais.	Un trépas.	Des trépas.	Un engrais.	Des engrais.
Un laquais.	Des laquais.	Un dais.	Des dais.	Un niais.	Des niais.
Un palais.	Des palais.	Un marais.	Des marais.	Un Polonais.	Des Polonais.
Un rabais.	Des rabais.	Un Français.	Des Français.	Un Sioux.	Des Sioux.
Un amas.	Des amas.	Un relais.	Des relais.	Un appas.	Des appas.
Un atlas.	Des atlas.	Un ananas.	Des ananas.	Un bras.	Des bras.
Un cadenas.	Des cadenas.	Un bas.	Des bas.	Un cas.	Des cas.
Un compas.	Des compas.	Un canevas.	Des canevas.	Un damas.	Des damas.
Un échalas.	Des échalas.	Un coutelas.	Des coutelas.	Un fatras.	Des fatras.
Un galimatias.	Des galimatias.	Un embarras.	Des embarras.	Un Incas.	Des Incas.
Un lacs.	Des lacs.	Un haras.	Des haras.	Un matelas.	Des matelas.
Un repas.	Des repas.	Un lilas.	Des lilas.	Un tas.	Les tas.
Un gaz.	Des gaz.	Un taffetas.	Des taffetas.	Un legs.	Des legs.
Un pervers.	Des pervers.	Un envers.	Des envers.	Un revers.	Des revers.
Un vers.	Des vers.	Un abcès.	Des abcès.	Un mets.	Des mets.
Un accès.	Des accès.	Un procès.	Des procès.	Un progrès.	Des progrès.
Un succès.	Des succès.	Un décès.	Des décès.	Un entremets.	Des entremets.
Un exprès.	Des exprès.	Un amoureux.	Des amoureux.	Un boiteux.	Des boiteux.
Un malheureux.	Des malheureux.	Un gueux.	Des gueux.	Un pointilleux.	Des pointilleux.
Un scrofuleux.	Des scrofuleux.	Un vaniteux.	Des vaniteux.	Un peureux.	Des peureux.
Un ambitieux.	Des ambitieux.	Un envieux.	Des envieux.	Un avaricieux.	Des avaricieux.
Un lynx.	Des lynx.	Un sphinx.	Des sphinx.	Un larynx.	Des larynx.
Un abatis.	Des abatis.	Un avis.	Des avis.	Un barbouillis.	Des barbouillis.
Un pays.	Des pays.	Un parvis.	Des parvis.	Une perdrix.	Des perdrix.
Un commis.	Des commis.	Un crucifix.	Des crucifix.	Un prix.	Des prix.
Un rubis.	Des rubis.	Un fils.	Des fils.	Un treillis.	Des treillis.
Un anchois.	Des anchois.	Un minois.	Des minois.	Un mois.	Des mois.
Une noix.	Des noix.	Une croix.	Des croix.	Un choix.	Des choix.
Un harnois.	Des harnois.	Une voix.	Des voix.	Un villageois.	Des villageois.
Un fonds.	Des fonds.	Un dos.	Des dos.	Un os.	Des os.
Un enclos.	Des enclos.	Un propos.	Des propos.	Un rhinocéros.	Des rhinocéros.
Un courroux.	Des courroux.	Un époux.	Des époux.	Une toux.	Des toux.
Un faix.	Des faix.	Un radis.	Des radis.	Un coloris.	Des coloris.
Une paix.	Des paix.	Un travers.	Des travers.	Un mépris.	Des mépris.
Un Anglais.	Des Anglais.	Un cyprès.	Des cyprès.	Une vis.	Des vis.
Un contre-temps.	Des contre-temps.	Un excès.	Des excès.	Un bois.	Des bois.
Un as.	Des as.	Un souffreteux.	Des souffreteux.	Un carquois.	Des carquois.
Un cabas.	Des cabas.	Un lépreux.	Des lépreux.	Un sournois.	Des sournois.
Un cervelas.	Des cervelas.	Un goutteux.	Des goutteux.	Un héros.	Des héros.
Un repas.	Des repas.	Un factieux.	Des factieux.	Un clos.	Des clos.
Un galetas.	Des galetas.	Un paradis.	Des paradis.	Un secours.	Des secours.
Un judas.	Des judas.	Un pas.	Des pas.	Un châssis.	Des châssis.

(1) Cependant les poètes se permettent quelquefois la suppression de l'*s* dans *remords* au singulier. On peut s'en convaincre par les exemples qui suivent :

C'est elle (la raison) qui, farouche au milieu des plaisirs, D'un *remord* importun vient brider nos désirs. (BOILEAU.)

Qu'importe à nos affronts le faible et vain *remord*. (CRÉBILLON.)

N° XXVII.

DOUBLE ORTHOGRAPHE DES NOMS TERMINÉS PAR *ant* OU PAR *ent*.

AVEC UN *t*.	SANS *t*.
La vie, ou longue ou courte, est égale aux *mourants*. (LENOBLE.)	La vie, ou longue ou courte, est égale aux *mourans*. (LENOBLE.)
Il est d'affreux *moments* où la vertu s'oublie. (BLIN DE SAINMORE.)	Il est d'affreux *momens* où la vertu s'oublie. (BLIN DE SAINMORE.)
Les arts sont les *enfants* de la nécessité. (LA FONTAINE.)	Les arts sont les *enfans* de la nécessité. (LA FONTAINE.)
Ceux qui font des heureux sont les vrais *conquérants*. (VOLTAIRE.)	Ceux qui font des heureux sont les vrais *conquérans*. (VOLTAIRE.)

Nous l'avons dit, les noms finissant par une consonne prennent un *s* au pluriel; mais les exemples qui précèdent, tout en confirmant cette règle, nous font voir que l'on peut aussi retrancher le *t* final au pluriel dans les mots terminés par *ant* ou par *ent*, lorsqu'ils se composent de plusieurs syllabes. Ainsi on écrit : *des enfants* ou *des enfans*, *des accidents* ou *des accidens*, etc. (1).

Mais, s'il nous est permis d'émettre notre opinion à cet égard, nous dirons que nous repoussons cette dernière orthographe comme tout-à-fait contraire à l'analogie et à la raison. N'est-ce pas, en effet, une bien grande bizarrerie d'écrire des *accidens*, des *contrevens*, des *paravens*, des *méchans*, quand nous écrivons des *dents*, des *vents*, des *chants* ? Pourquoi retrancher le *t* dans les polysyllabes et le conserver dans les monosyllabes ? Pourquoi plutôt ne pas le laisser dans les uns comme dans les autres ? C'est sacrifier à une folle innovation les principes les plus clairs de l'analogie et multiplier les difficultés orthographiques, qu'on doit toujours chercher à simplifier. Quoi ! nous écrivons des *entrepôts*, des *ballots*, des *abords*, des *rapports*, des *délits*, des *entrechats*, des *assauts*, comme des *pots*, des *lots*, des *bords*, des *ports*, des *lits*, des *chats*, des *sauts*, et l'on n'écrirait pas des *accents* comme des *cents* ; des *présidents*, comme des *dents* ; des *méchants*, comme des *chants*. La conséquence est cependant rigoureuse. De plus, c'est se jeter dans un chaos d'où, non seulement les étrangers, mais les Français même, auraient peine à se tirer. D'après ces observations, nous devons donc, dans les mots terminés par *ant* et par *ent*, conserver au pluriel le *t* final. C'est là une règle fixe et qui doit être inviolable. Toutefois, nous excepterons le mot *gent*, qui s'écrit au pluriel *gens* (2).

EXERCICE PHRASÉOLOGIQUE.

Des Descendants.	Ou Descendans.	Des Penchants.	Ou Penchans.	Des Tranchants.	Ou Tranchans.
Pédants.	Pédans.	Incidents.	Incidens.	Imprudents.	Imprudens.
Éléphants.	Éléphans.	Agents.	Agens.	Intendants.	Intendans.
Intrigants.	Intrigans.	Fainéants.	Fainéans.	Géants.	Géans.
Inconvénient.	Inconvéniens.	Enfants.	Enfans.	Élégants.	Élégans.

(1) La suppression du *t* final n'est cependant pas généralement adoptée ; en effet, un grand nombre d'écrivains, tels que *Racine, Boileau, Fénelon*, etc., et de grammairiens, tels que *Condillac, Beauzée, d'Olivet, Domergue, Lemare, Destutt-Tracy, Lévizac, Maugard, Guéroul, Girault-Duvivier, Boniface*, etc., etc.; et une foule d'imprimeurs que l'on peut citer comme autorités · MM. *Didot, Crapelet, Michaud, Tilliard, Herhan*, etc., etc., conservent toujours cette lettre.

(2) Une autre bizarrerie que nous devons signaler, c'est que le mot *tout*, quand il est substantif, garde le *t* au pluriel : un *tout*, des *touts*. Mais, comme adjectif, il s'écrit sans *t* : *tous les hommes sont égaux*.

SYNTAXE DES SUBSTANTIFS.

N° XXVIII.
AIGLE.

1re SÉRIE. — MASCULIN.

L'espèce de l'AIGLE *commun* est moins pure, et la race en paraît moins noble que celle du *grand* AIGLE. (BUFFON.)

Voilà des AIGLES bien *désœuvrés* de s'amuser ainsi à chasser aux mouches. (PIRON.)

Quand on sait bien les quatre règles, qu'on peut conjuguer le verbe *avoir*, on est *un* AIGLE en finances. (MIRABEAU.)

Déjà prenait l'essor pour se sauver dans les montagnes, *cet* AIGLE dont le vol hardi avait d'abord effrayé nos provinces. (FLÉCHIER.)

Quand je vois..............................
........tes braves guerriers, secondant ton grand cœur, Rendre à l'AIGLE *éperdu* sa première vigueur. (BOILEAU.)

En vain au lion belgique
Il voit l'*aigle* germanique
Uni sous les léopards. (*Id.*)

Le grand AIGLE (sorte de papier) est particulièrement *destiné* à l'impression des cartes géographiques. (ENCYCLOPÉDIE.)

2me SÉRIE. — FÉMININ.

L'*aigle* (la femelle) étant de retour, et voyant ce ménage, Remplit le ciel de cris ; et, pour comble de rage, Ne sait sur qui venger le tort qu'*elle* a souffert. (LA FONTAINE.)

En terme de blason, aigliau désignait *une* jeune AIGLE *représentée* sans bec et sans serres. (CURNE STE-PALAYE.)

L'AIGLE *persane*, dont parle Xénophon et Quinte-Curce, était d'or ; l'aigle *romaine* était ou d'or ou d'argent. (LE BEAU.)

Germanicus porta les AIGLES *romaines* aux rives de l'Elbe. (CHATEAUBRIAND.)

Une AIGLE qui s'élève au-dessus des nues est la devise de ceux qui acquièrent de la gloire dans une vie retirée et cachée. (*Id.*)

C'est en vain que les Russes ont voulu défendre la capitale de cette ancienne et illustre Pologne, l'AIGLE *française* plane sur la Vistule. (NAPOLÉON.)

Il n'est pas surprenant que, dès le siècle d'Aristote, une espèce de raie ait reçu le nom d'AIGLE *marine* que nous lui avons conservé. (LACÉPÈDE.)

Tous nos grammairiens ont décidé que *aigle* est masculin au propre, et dans certaines comparaisons ; et qu'il est féminin quand il désigne des enseignes, des armoiries, etc. Or cette décision n'est point exacte.

D'abord la grammaire de Port-Royal a dit : « *Aigle* est véritablement féminin dans le « français. » Ce qui appuie fortement l'influence de l'*e* muet final. Cependant, comme cette décision n'explique nullement les faits que nous offre notre langue, nous l'emploierons d'abord ; mais nous la quitterons pour revenir ensuite à l'influence de la force, qui nécessite la masculinité.

Aigle est féminin régulièrement, dans tous les cas, puisqu'il est terminé par un *e* muet.

Mais si *Aigle* rappelle une idée grande et sublime ; si la pensée qu'il exprime ou qu'il accompagne, est énergique et pleine de force, alors la féminité disparaît, le masculin arrive, comme pour compléter l'expression.

Boileau trouvait sans doute les motifs de la masculinité qu'il employa, dans cette grandeur colossale de la Maison d'Autriche. Peut-être n'accordait-il tant de grandeur à cette illustre maison, que pour mieux relever le courage du Français toujours victorieux dans la lutte contre l'Empire. De là ces expressions que le masculin rend si énergiques : *l'aigle éperdu, l'aigle uni*, emblème de l'empire autrichien.

C'est encore pour mieux relever la gloire de Turenne que Fléchier accorde la masculinité à *l'Aigle*, désignant l'Autriche enfin réduite à fuire :

« Déjà prenait l'essor, pour se sauver dans les montagnes, *cet aigle* dont le vol hardi
« avait d'abord effrayé nos provinces. »

En français, le genre est d'un emploi très délicat, parce qu'il fait presque toujours partie de l'expression de la pensée.

Nos grammairiens ne sont pas d'accord sur le genre du mot *Aigle*, quand il désigne une constellation, un pupitre, etc. Nous croyons pouvoir adopter le féminin. Cependant nous croyons que, même dans ce sens, *Aigle* peut encore être masculin dans le style noble, soutenu. En voici un bel exemple :

« Les vertus cardinales, assises, soutenaient le lutrin triangulaire; des lyres accom-
« pagnaient ses faces; un globe terrestre le couronnait, et *un aigle* d'airain, surmontant
« ces belles allégories, semblait, sur ses ailes déployées, emporter nos prières vers les
« cieux. »
(*Génie du christianisme.*)

EXERCICE PHRASÉOLOGIQUE (1).

Aigle fier.
Aigle courageux.
Aigle intrépide.
Aigle audacieux.
Aigle cruel.
Des aigles entraînés par le courant d'air.

L'aigle de Meaux.
Passer pour un aigle.
Se donner pour un aigle.
Se croire un aigle.
Être moins qu'un aigle.
Être tous des aigles.
N'être pas des aigles.

Aigle privée de ses aiglons.
Aigle pleine de tendresse.
Aigle remplie d'amour pour ses petits.
Aigles attachées à leurs petits.
Aigles cruelles.

Aigle impériale.
Aigle ambitieuse.
Aigles triomphantes.
Aigles fugitives.
Aigle indignée.
Aigle éployée.
Aigle éployée d'argent.

N° XXIX.
AMOUR.

SINGULIER.

1re SÉRIE. — MASCULIN.

L'AMOUR *divin* est la source de toutes les vertus.
(MASSILLON.)

Ils s'aiment tous deux d'un AMOUR *fraternel* que rien ne trouble.
(FÉNELON.)

..............L'AMOUR *maternel*
Est de tous les amours le seul qui soit réel.
(DEMOUSTIER.)

..........L'enfant verse des larmes,
Saute au cou de sa mère, et sent de quel retour
On doit payer *le maternel* AMOUR.
(AUBERT.)

2me SÉRIE. — FÉMININ.

Peut-on lui refuser *une* AMOUR éternelle?
(J.-B. ROUSSEAU.)

Et cependant viens recevoir
Le baiser d'AMOUR fraternelle.
(LA FONTAINE.)

Je crus les dieux, Seigneur, et saintement cruelle,
J'étouffai pour mon fils mon AMOUR *maternelle*.
(VOLTAIRE.)

Et soudain renonçant à l'AMOUR *maternelle*,
Sa main avec horreur la repousse loin d'elle.
(RACINE.)

---

(1) Nous avons dit que les élèves seraient tenus de faire entrer dans des phrases de leur composition les mots ou du moins une partie des mots rapportés dans chaque exercice phraséologique. Pour leur faciliter ce travail, il sera nécessaire que les maîtres leur donnent l'explication des termes qu'ils ne comprendraient pas, et leur adressent quelques questions, en ayant soin toutefois de les mettre à leur portée. Ainsi, à l'occasion du mot *aigle*, qui nous occupe en ce moment, ils pourront leur proposer les questions suivantes, ou d'autres analogues, en les invitant à y répondre de vive voix ou par écrit :

L'aigle n'est-il pas le roi des habitants de l'air?
A quoi sert le papier grand-aigle?
Est-il aisé à un homme habile de passer pour un aigle parmi les ignorants?
Que fait l'aigle lorsqu'elle est privée de ses aiglons?
Pourquoi, en parlant des enseignes des légions romaines, dit-on les aigles romaines?
Comment désigne-t-on les armes de l'empire d'Allemagne?
Comment désignait-on celles de l'empire français?

Quel vaste champ s'ouvre ici à l'instituteur! Il est facile, en effet, de comprendre tout le parti qu'un maître intelligent peut tirer de semblables questions, qui, en procurant aux élèves les moyens de construire, avec des mots donnés, des propositions complètes, ont, selon nous, l'inappréciable avantage de mettre sans cesse en jeu leur activité intellectuelle.

....Ne crois pas que mon cœur
De cet AMOUR funeste ait pu noircir l'ardeur.
(VOLTAIRE.)

L'amour, *le tendre* AMOUR flatte en vain mes désirs.
(RACINE.)

Aurais-je enfreint les lois que j'observais sans peine,
Avant qu'*un fol* AMOUR m'en fît sentir la chaîne?
(CAS. DELAVIGNE.)

Venge-toi, punis-moi d'*un odieux* AMOUR.
(RACINE.)

Un AMOUR vrai, sans feinte et sans caprice,
Est en effet le plus grand frein du vice.
(VOLTAIRE.)

Non, il n'est point de cœur si grand, si magnanime
Qu'*un* AMOUR *malheureux* n'entraîne dans le crime.
(CRÉBILLON.)

Combien *un pur* AMOUR a sur nous de puissance!
(DE BIÈVRE.)

L'AMOUR *le* plus tendre a souvent du caprice.
(CAMPISTRON.)

David, pour le Seigneur, plein d'*un* AMOUR *fidèle*,
Me paraît des grands rois le plus parfait modèle.
(RACINE.)

Ton insolent AMOUR qui croit m'épouvanter.
(*Id.*)

Ah! *quel* étrange AMOUR et que les belles âmes
Sont bien loin de brûler de ces terrestres flammes.
(MOLIÈRE.)

Renferme *cette* AMOUR et si *sainte* et si *pure*.
(VOLTAIRE.)

Le malheureux objet d'*une si tendre* AMOUR.
(RACINE.)

Vous m'aimez d'*une* AMOUR extrême,
Eraste, et de mon cœur voulez être éclairci.
(MOLIÈRE.)

Un Dieu qui nous aime d'*une* AMOUR *infinie*..
(CORNEILLE.)

Il venait à ce peuple heureux
Ordonner de l'aimer d'*une* AMOUR *éternelle*.
(RACINE.)

Adieu. Servons tous trois d'exemple à l'univers
De l'AMOUR *la* plus tendre et *la* plus *malheureuse*.
(*Id.*)

Je plains mille vertus, *une* AMOUR *mutuelle*.
(*Id.*)

L'AMOUR *la* plus *secrète* a joint nos destinées.
(VOLTAIRE.)

Et qui sait si déjà quelque bouche infidèle
Ne l'a point averti de votre AMOUR *nouvelle*?
(RACINE.)

Que vos heureux destins les délices du ciel,
Coulent toujours trempés d'ambroisie et de miel,
Et non sans quelque AMOUR paisible et *mutuelle*.
(CHÉNIER.)

J'aime encor ma défaite
Qui fait le beau succès d'*une* amour si *parfaite*.
(CORNEILLE.)

PLURIEL.

EN PROSE.

1re SÉRIE. — MASCULIN.

Les déréglements des Chananéens et leurs AMOURS *monstrueux*. (LETT. DE QUELQ. JUIFS.)

Les AMOURS des animaux, comme *ceux* des végétaux, sont *réglés* sur les diverses périodes du soleil et de la lune. (BERNARDIN DE ST-PIERRE.)

L'amour immodéré de la vérité n'est pas moins dangereux que *tous* les autres AMOURS.
(LA ROCHEFOUCAULD.)

Je connais deux sortes d'AMOURS très *distincts*, très *réels*, quoique très *vifs* l'un et l'autre, et *tous* deux *différents* de la tendre amitié.
(J.-J. ROUSSEAU.)

Un premier amour qui nous enflamme dans notre jeunesse, un dernier amour que nous éprouvons dans l'automne de notre vie, sont deux AMOURS bien *différents*.
(SÉGUR.)

Les AMOURS-propres sont déjà *éveillés* dans les hommes de l'Odyssée; *ils* dorment encore chez les hommes de la Génèse.
(CHATEAUBRIAND.)

Ce n'était pas le Dante d'une Florence asservie; c'était le Tasse d'une patrie perdue, d'une famille de rois proscrits, chantant *ses amours trompés*, ses au-

2me SÉRIE. — FÉMININ.

Adrien déshonora son règne par des AMOURS *monstrueuses*. (BOSSUET.)

Il n'est aucun insecte dont les AMOURS soient aussi *cachées* que *celles* des mouches à miel.
(DELILLE.)

Le rossignol élève ses concerts dans les bocages témoins de ses *premières* AMOURS.
(AIMÉ MARTIN.)

Areskoui, démon de la guerre, Athaïnsic, qui excite à la vengeance, le génie des *fatales* AMOURS, mille autres puissances infernales se lèvent à la fois pour seconder les desseins du prince des ténèbres.
(CHATEAUBRIAND.)

L'homme dans ses égarements réunit toutes les nuances de cette passion, depuis les amours du sultan, qui vit dans un nombreux sérail, jusqu'aux AMOURS si *fidèles* et si *malheureuses* d'Abélard et d'Héloïse. (BERNARDIN DE ST-PIERRE.)

Je demandai qui étaient ces dames. Comment, me dit mon père, le cœur ne te le dit-il pas? Ce sont tes *anciennes* AMOURS? (J.-J. ROUSSEAU.)

Pourquoi celui qui a peint dans l'Énéide, au milieu des guerriers, tous les charmes de Vénus, et les AMOURS *passionnées* de Didon, s'est-il abstenu de

tels renversés, ses tours démolies, ses dieux et ses rois chassés, à l'oreille des proscripteurs, sur les bords mêmes du fleuve de la patrie. (LAMARTINE.)

Les Romains distinguaient deux sortes d'amours : celui qui présidait aux AMOURS *mutuels*, et celui qui vengeait les AMOURS *méprisés*. (Cité par NOËL.)

Des AMOURS de voyage ne sont pas *faits* pour durer.
(J.-J. ROUSSEAU.)

mettre des femmes en scène avec des bergers qui chantent leurs amours? (BERNARDIN DE ST-PIERRE.)

Du côté de l'Asie était Vénus, c'est-à-dire les *folles* AMOURS et la mollesse. (BOSSUET.)

Aimez de bonne heure, si vous voulez aimer tard. Il n'y a d'AMOURS survivant au tombeau, que *celles* qui sont *nées* au berceau.
(BERNARDIN DE ST-PIERRE.)

EN VERS.

Et l'on revient toujours
  A ses *premiers* AMOURS. (ÉTIENNE.)

Oui, voilà les rives de France.....
  Là furent mes *premiers* AMOURS. (BÉRANGER.)

Il fallut oublier dans ses embrassements
Et mes *premiers* AMOURS et mes premiers serments.
(VOLTAIRE.)

O ma chère Sion ! si tu n'es pas toujours
Et nos premiers regrets et nos *derniers* AMOURS.
(DELILLE.)

Leurs AMOURS *immortels* échauffent de leurs feux
Les éternels frimas de la zone glacée. (VOLTAIRE.)

Fuis sans moi ; tes AMOURS sont ici *superflus*.
(CORNEILLE.)

Les solides vertus furent ses *seuls* AMOURS.
(VOLTAIRE.)

Ces dieux justes, vengeurs des *malheureux* AMOURS.
(DELILLE.)

Que de la vérité les vers soient les esclaves,
De ses chastes faveurs faisons nos *seuls* AMOURS.
(CAS. DELAVIGNE.)

Je vais loin des cités, rêveur et solitaire,
De vos AMOURS *furtifs* épier le mystère !
(SOUMET.)

Mais ces AMOURS pour moi sont trop *subtilisés*,
Je suis un peu grossier comme vous m'accusez.
(MOLIÈRE.)

Et leurs grossiers repas et leurs *grossiers* AMOURS.
(DELILLE.)

Un rêve du matin qui commence éclatant,
Par de *divins* AMOURS dans un palais flottant.
(LAMARTINE.)

Oubliez avec moi de *malheureux* AMOURS.
(CRÉBILLON.)

Le printemps lui rendra sa pompe et ses atours,
Et ne me rendra pas mes *premières* AMOURS.
(LA HARPE.)

Les *premières* AMOURS tiennent terriblement.
(QUINAULT.)

Tout change, tout vieillit, tout périt, tout s'oublie ;
Mais qui peut oublier ses *premières* AMOURS ?
(GINGUENÉ.)

Car vous savez qu'on dit toujours
Qu'il n'est pas de *laides* AMOURS.
(GRADUS FRANÇAIS.)

Le passé n'a point vu d'*éternelles* AMOURS,
Et les siècles futurs n'en doivent point attendre.
(ST-ÉVREMONT.)

Quel fruit recevront-ils de leurs *vaines* AMOURS ?
(RACINE.)

Mais, hélas ! il n'est point d'*éternelles* AMOURS.)
(BOILEAU.)

Il n'est point de *longues* AMOURS !
J'en conviens. (PARNY.)

Il est donc vrai, madame, et, selon ce discours,
L'hymen va succéder à vos *longues* AMOURS.
(RACINE.)

Pour parvenir au but de ses *noires* AMOURS,
L'insolent de la force empruntait le secours.
(Id.)

Les plantes ont aussi des AMOURS *orageuses*,
La vaste mer reçoit leurs graines voyageuses.
(SOUMET.)

Je vais chantant zéphyr, les nymphes, les bocages,
Et les fleurs du printemps, et leurs riches couleurs,
Et mes *belles* AMOURS plus *belles* que les fleurs.
(CHÉNIER.)

Cette Esther, l'innocence et la sagesse même,
Que je croyais du ciel les plus *chères* AMOURS,
Dans cette source impure aurait puisé ses jours ?
(RACINE.)

Je redoutai du roi les *cruelles* AMOURS.
(Id.)

Il n'est personne qui n'ait lu dans toutes les grammaires et dans tous les dictionnaires, qu'en règle générale *Amour* est masculin au singulier et féminin au pluriel.

Cette règle générale ne nous paraît pas fondée sur les faits; les nombreuses citations que nous venons de rapporter, témoignent hautement que le mot *Amour*, tant au singulier qu'au pluriel, est employé dans les deux genres par nos meilleurs écrivains.

Cependant nous ferons observer qu'au singulier *Amour* est toujours masculin en prose (1). Mais en poésie, c'est différent : cette langue toute divine a besoin d'expressions à elle; elle peut donc employer *Amour* avec les deux genres. Toutefois, nous devons déclarer que cet emploi n'est pas arbitraire; qu'il est d'une délicatesse extrême; qu'il exige une touche aussi sûre que rare, et surtout une âme d'une tendresse exquise. La féminité peut être gracieuse dans telle période, tandis qu'elle sera fade et molle si vous l'employez dans telle autre : ici la masculinité est énergique et noble, là elle sera dure et agreste. Problème difficile, parce qu'il est délicat! l'âme seule du poète peut le résoudre :

Au pluriel, *Amour*, en prose comme en poésie, a été employé avec les deux genres, et c'est à tort que l'auteur de la *Théorie du genre des noms français*, M. Édouard Braconnier, auquel nous empruntons quelques-unes de ces observations, décide qu'on doit considérer *Amour* comme étant MASCULIN au singulier et au pluriel dans la langue *usuelle*.

On peut remarquer que, dans leurs chefs-d'œuvre, Racine et Chateaubriand n'offrent aucun exemple de l'emploi de *Amour* masculin au pluriel. Ces deux grands génies se rencontrent en bien d'autres points! Racine a employé le masculin dans cette seule strophe de l'ode de la nymphe de la Seine :

> Oh! que bientôt sur mon rivage
> On verra luire de beaux jours!
> Oh! combien *de nouveaux Amours*
> Me viennent des rives du Tage!

Mais ici *Amours* désigne de petits dieux de la mythologie; la masculinité est nécessaire. En voici un autre exemple :

> Savez-vous qu'il tient tous les jours
> Ce joli marché de Cythère?
> Tous les jours les *petits* AMOURS
> Y sont *exposés* par leur mère.

EXERCICE PHRASÉOLOGIQUE.

Ardent amour.	L'amour de Dieu.	Des petits amours (*mytholog.*)	Premières amours.
Amour violent.	L'amour du prochain.	De jolis petits amours.	Dernières amours.
Pieux amour.	L'amour de la patrie.	De riants amours.	Nouvelles amours.
Premier amour.	L'amour de la vertu.	De gracieux amours.	Anciennes amours.
Dernier amour.	L'amour du vice.	De séduisants amours.	Folles amours.
Fatal amour.	L'amour des richesses.	De charmants amours.	Eternelles amours.
Grand amour.	L'amour des plaisirs.	De beaux amours.	Chères amours.
Fol amour.	L'amour du travail.	De vilains amours.	Vives amours.
Faux amour.	L'amour de soi.	De petits amours bien groupés.	Secrètes amours.
Amour secret.	L'amour de la vérité.	Des amours chargés de carquois.	Innocentes amours.
Amour éternel.	L'amour du changement.	Des amours mal peints.	Amours monstrueuses.

(1) On a dû remarquer en effet que nous n'avons pas cité un seul exemple en prose du mot *amour* employé au féminin singulier.

N° XXX.
AUTOMNE.

1ʳᵉ SÉRIE. — MASCULIN.

Couronné d'épis, tenant en main sa faucille, l'Automne *joyeux* descend sur nos campagnes jaunissantes. (Deleuze.)

......Dirai-je à quels désastres
De l'Automne *orageux* nous exposent les astres,
Quand les jours sont moins longs, les soleils moins ardents. (Delille.)

Quand des jours et des nuits égalant la durée,
La balance paraît sur la voûte azurée,
L'Automne, *couronné* de pampre et de raisins,
Prend des mains de l'été le sceptre des jardins. (Castel.)

Ou quand sur les coteaux le *vigoureux* automne
Étalait ses raisins dont Bacchus se couronne. (*Id.*)

L'Automne a été universellement *beau* et *sec*. (Linguet.)

2ᵉ SÉRIE. — FÉMININ.

Une santé, dès lors florissante, éternelle,
Vous ferait recueillir d'*une* Automne *nouvelle*
Les nombreuses moissons. (J.-J. Rousseau.)

Je me représente cette Automne *délicieuse*, et puis j'en regarde la fin avec une horreur qui me fait suer les grosses gouttes. (Mᵐᵉ de Sévigné.)

La terre, aussi riche que belle,
Unissait, dans ces heureux temps,
Les fruits d'*une* Automne *éternelle*
Aux fleurs d'un éternel printemps. (Gresset.)

Remarquez-les surtout lorsque *la pâle* Automne,
Près de la voir flétrir embellit sa couronne. (Delille.)

Une Automne *froide* et *pluvieuse*. (Académie.)

Il n'est peut-être pas, dans toutes les sciences humaines, dit M. Édouard Braconnier, une question qui ait été aussi souvent agitée, et aussi mal résolue que le genre du mot *automne*.

La plupart des grammairiens décidèrent d'abord que : « *automne* est masculin quand « l'adjectif le précède, et féminin quand l'adjectif le suit. » Décision ridicule, basée sur des faits mal observés, qui n'explique nullement la difficulté qu'elle prétend résoudre.

D'autres grammairiens proposèrent d'autres solutions. On s'arrêta enfin à cette décision fameuse : « Il ne faut plus faire de distinction, et *automne* sera désormais « masculin, par analogie avec les autres saisons qui sont de ce genre. » Quoique cette solution n'explique nullement les faits que notre langue nous offre à chaque pas, elle n'en fut pas moins généralement adoptée. « *Automne* est maintenant masculin, dit « Ch. Nodier; ce qu'on a fait pour le conformer au genre des trois autres saisons. Les « chimistes ont suivi cette méthode pour les noms des terres, des métaux, des demi-« métaux. Cet esprit de régularité ne saurait passer trop vite des sciences dans les « langues; et aucune langue n'approchera de la perfection, tant qu'il ne s'y sera pas « étendu à toutes les applications dont il est susceptible. » Cette décision est bien formelle, et pourtant elle est bien peu motivée. Car, de ce que *hiver*, *printemps*, *été*, sont régulièrement masculins, comme n'étant pas terminés par un *e* muet, faut-il donc en conclure que *automne* perdra sa féminité régulière, pour devenir irrégulièrement masculin? Quelle erreur! D'ailleurs citer les chimistes, c'est s'appuyer sur une autorité bien peu compétente : on peut savoir très bien manier les métaux, et fort maltraiter les langues et la grammaire. N'est-il rien de plus arbitraire de leur part que de forcer le nom féminin *platine* à devenir irrégulièrement masculin, parce que *or*, *argent*, *plomb* sont régulièrement de ce genre? Ces messieurs ont traité la langue, comme ils ont traité la nature : ils ont tout bouleversé, sous prétexte de mettre de

9

l'ordre partout. Du reste, nous comprenons à peine comment Ch. Nodier a pu adopter une pareille opinion, lui qui a dit avec tant de raison : « L'homme naturel a le don « de faire les langues, l'homme de la civilisation n'est capable que de les corrompre. « O mon Dieu! si vous accordez jamais une langue rationnelle à l'humanité, donnez- « lui les mots nécessaires, et *un peu de poésie avec.* » Vérité touchante! Oui, sans doute, on doit demander de la poésie dans les langues; là poésie en est l'âme; sans elle, elles meurent; et nous allons montrer tout ce que notre langue perdrait de poésie à la seule suppression de la féminité dans *automne*.

D'abord montrons l'harmonie du genre avec la forme.

Automne est régulièrement féminin, puisqu'il est terminé par un e muet :

« *Une automne froide et pluvieuse.* » (*Académie*).

« Je me représente *cette automne délicieuse;* et puis j'en regarde la fin avec une hor- « reur qui me fait suer les grosses gouttes. » (*Mme de Sévigné*).

Maintenant nous allons exposer l'harmonie du genre avec la signification. Comme la poésie est l'expression la plus pure d'une langue, ce sera aux poètes que nous demanderons les secrets de cette harmonie du genre si méconnue. Eux seuls nous révèleront quand ils admettent la masculinité, et quand ils la rejettent pour employer la féminité gracieuse.

Dans un moment de joyeux enthousiasme, dans les bruyants éclats du plaisir; ou bien, dans les tristes instants de l'isolement et du sombre chagrin, les poètes emploient *automne* au masculin :

> Et toi, *riant automne*, accorde à nos désirs
> Ce qu'on attend de toi, des biens et des plaisirs. (*St-Lambert.*)

> Aussi, voyez comment *l'automne nébuleux*
> Tous les ans, pour gémir, nous amène en ces lieux. (*Delille.*)

Au contraire, les poètes emploient *automne* au féminin, pour peindre une joie douce, une passion tendre; il semble que pour eux, la féminité soit une expression délicate et pure de cette inquiétude vague, de cette tristesse calme qui berce l'âme isolée, de cette mélancolie mystérieuse qui nous plonge dans de longues rêveries :

> Tel un pampre jauni voit *la féconde automne*
> Livrer ses fruits dorés au char des vendangeurs ;
> Vous tomberez aussi courtes fleurs de la vie ! (*Lamartine.*)

> La nuit du trépas t'environne ;
> Plus pâle que *la pâle automne*,
> Tu t'inclines vers le tombeau. (*Millevoye*)

« Plus souvent je rentrais à la campagne pour passer *la mélancolique automne* dans « la maison solitaire de mon père et de ma mère, dans la paix, dans le silence, dans « la sainteté des douces impressions du foyer. » (*Lamartine.*)

La parfaite harmonie que les poètes ont su mettre dans l'emploi difficile des deux genres du mot *automne* doit paraître évidemment prouvée. Cette harmonie est peut-être moins évidente dans la langue usuelle; cependant l'usage sait bien distinguer, quand *une automne froide et pluvieuse* doit remplacer dans une phrase *un automne froid et pluvieux*.

C'est encore à cette influence puissante d'une idée triste et sombre qu'il faut rapporter cette masculinité extraordinaire :

Quand vos regards noyés dans *un vague atmosphère*.

Lamartine sait très bien qu'*atmosphère* est féminin, mais il a adopté la masculinité comme une expression de plus à sa pensée grave. Ce genre est en harmonie avec le sentiment qui domine, comme dans ces vers que nous avons déjà cités :

Aussi voyez comment *l'automne nébuleux*
Tous les ans, pour gémir, nous amène en ces lieux.

EXERCICE PHRASÉOLOGIQUE.

Bel automne.   Automne universellement beau et sec.   Automne trop sec.   Un automne bien frais.
Un automne assez chaud.   Automne fort sec.   Un automne triste.

N° XXXI.

CHOSE.

1re SÉRIE. — MASCULIN.

Je prenais souvent plaisir à blâmer publiquement QUELQUE CHOSE qu'il avait *fait*.
(FÉNELON.)

N'entreprenez rien témérairement; mais quand vous avez résolu QUELQUE CHOSE, exécutez-*le* avec vigueur.
(*Id.*)

De sa patte droite l'ours saisit dans l'eau le poisson qu'il voit passer. Si, après avoir assouvi sa faim, il lui reste QUELQUE CHOSE de son repas, il *le* cache.
(CHATEAUBRIAND.)

Je vous constitue pendant le souper au gouvernement des bouteilles; et s'il se casse QUELQUE CHOSE, je *le* rabattrai sur vos gages.
(MOLIÈRE.)

S'il y a QUELQUE CHOSE de nouveau, je vous demande en grâce de me *le* dire.
(VOLTAIRE.)

Si l'on perd QUELQUE CHOSE à ne pas prendre toujours les plus robustes ouvriers, on *le* regagne bien par l'affection que cette préférence inspire à ceux qu'on choisit.
(J.-J. ROUSSEAU.)

Ce QUELQUE CHOSE, qu'on dirait l'âme de la création, s'entretenait avec son âme.
(BALLANCHE.)

2me SÉRIE. — FÉMININ.

Ces actions qui comblèrent Pompée de gloire firent que dans la suite, QUELQUE CHOSE qu'il eût *faite* au préjudice des lois, le sénat se déclara toujours pour lui.
(MONTESQUIEU.)

QUELQUE CHOSE qu'il eût *faite*, il ne *la* niait jamais.
(LEMARE.)

QUELQUE CHOSE que vous ayez *promise*, donnez-*la*.
(*Id.*)

QUELQUE CHOSE qu'il m'ait *dite*, je n'ai pu le croire.
(MARMONTEL.)

Quelque chose n'est féminin que lorsqu'il est suivi d'un verbe au subjonctif. Dans tous les autres cas il est masculin.

Autre chose, employé dans un sens indéterminé, doit être aussi du masculin; c'est *autre chose qu'il a dit; quelque chose est promis, autre chose est accordé; donnez-moi autre chose de bon.*

EXERCICE PHRASÉOLOGIQUE.

Quelque chose d'humain.   Quelque chose de grand.   Quelque chose que j'aie faite.   Quelque chose qu'il ait refusée.
Autre chose de bon.   Quelque chose de bien plus grand.   Quelque chose qu'on ait donnée.   Quelque chose que tu aies mangée.
Quelque chose qui n'est pas moins beau.   Quelque chose de vil, de bas.   Quelque chose que vous ayez promise.   Quelque chose qu'ils aient entendue.
Quelque chose de fâcheux.   Quelque chose de réel.   Quelque chose que nous ayons accordée.   Quelque chose que vous ayez eue.
Quelque chose de merveilleux.   Quelque chose de flatteur.   Quelque chose que j'aie dite.   Quelque chose que j'aie écrite.

Nº XXXII.
COUPLE.

1re SÉRIE. — MASCULIN.

Le roseau que les conjoints tiennent chacun par un bout est peint de différents hiéroglyphes qui marquent l'âge du COUPLE *uni* et la lune où se fait le mariage. (CHATEAUBRIAND.)

Un COUPLE de pigeons est suffisant pour peupler une volière. (GUIZOT.)

C'en était fait, mais Jupiter un jour,
Pour adoucir notre horrible misère,
Nous envoya l'espérance et l'amour :
COUPLE *divin*, dont la présence aimable
Charme l'ennui, dissipe les douleurs. (ROYOU.)

Ce soir *un* COUPLE *heureux* d'une voix solennelle,
Parlait tout bas d'amour et de flamme éternelle. (V. HUGO.)

Certain COUPLE d'amis, en un bourg *établi*,
Possédait quelque bien. (LA FONTAINE.)

2me SÉRIE. — FÉMININ.

Un sauvage pouvait considérer séparément sa jambe droite et sa jambe gauche, ou les regarder ensemble sous l'idée invisible d'*une* COUPLE, sans jamais penser qu'il en avait deux. (J.-J. ROUSSEAU.)

Une COUPLE de pigeons ne sont pas suffisants pour le dîner de six personnes. (GUIZOT.)

Je suis bien aise que vous ayez cet automne *une* COUPLE de beaux-frères. (Mme DE SÉVIGNÉ.)

Il faut à peu près vingt livres de blé par an pour nourrir *une* COUPLE de moineaux. (BUFFON.)

Que de pauvres ne pourrait-on pas soulager avec *une* COUPLE d'écus! (ANONYME.)

Un fou peut jeter *une* COUPLE de louis dans la mer et dire qu'il en a joui. (*Id.*)

On connaît tous les efforts de nos grammairiens pour établir le genre du mot *couple*. Les uns ont mal résolu la question : les autres ne l'ont résolue qu'à demi. On connaît entr'autres l'opinion de Ch. Nodier, qui a dit : « *Couple* est féminin, quand il s'agit de « deux choses; masculin, quand il s'agit de deux personnes; ce que je rappelle seule- « ment pour observer que cette distinction est un petit raffinement peu ancien dans la « langue. » Nous citons cette seule opinion, pour montrer quelle fut toujours l'erreur de nos grammairiens sur le genre du mot *couple*.

D'abord *couple* est régulièrement féminin, comme étant terminé par un e muet :

« N'avez-vous pas *une couple* de passereaux pour une obole? » (*Évangile*).

« Je suis bien aise que vous ayez cet automne *une couple* de beaux-frères. »
(*Mme de Sévigné*).

On voit ici que *couple* désigne deux êtres pris au hasard et que rien ne lie. Mais s'il s'agit de deux êtres soumis à des lois qui les unissent d'une manière en quelque sorte indissoluble, comme les lois de l'hymen, de l'amitié, de la famille, du malheur, etc., alors cette force est fidèlement traduite par la masculinité :

Où suis-je? O ciel! où suis-je? où portai-je mes vœux?
Zaïre! Nérestan!... *Couple ingrat! couple affreux!* (*Voltaire.*)

Le laboureur répond au taureau qui l'appelle;
L'aurore les ramène au sillon commencé.
Il conduit en chantant *le couple* qu'il attelle. (*Lamartine.*)

L'Honneur, cher Valincourt, et l'Équité, sa sœur,
Régnaient chéris du ciel, dans une paix profonde;
Tout vivait en commun sous *ce couple adoré*. (*Boileau.*)

(69)

Jadis cette harmonie de la masculinité n'était pas généralement admise, puisque Voiture a dit, en parlant de deux jeunes époux :

« *La belle couple sans égale.* »

Ch. Nodier cite même un exemple où il trouve la féminité très agréable :

> Lys et sa jeune mère, aussi beaux que les dieux,
> De deux côtés divers ont perdu l'un des yeux.
> Échange, aimable enfant, cet œil vif qui te reste,
> Contre l'œil de ta mère exclu des rais du jour;
> Et tous deux resterez *une couple céleste;*
> Elle sera Vénus, et toi, l'aimable Amour.
> (*Mlle de Gournay.*)

Nous citerons à notre tour un exemple où la féminité est non seulement très belle, mais presque indispensable :

> Aucun bruit sous le ciel que la flûte des pâtres,
> Ou le vol cadencé des colombes bleuâtres;
> Dont les essaims, rasant le flot sans le toucher,
> Revenaient tapisser les mousses du rocher,
> Et mêler aux accords des vagues sur les rives
> Le doux gémissement de *leurs couples plaintives!*

Qu'elle est belle cette expression féminine! quelle grâce! quelle fraîcheur! La masculinité, traduction de la force, serait ici dure et matérielle; tandis que la féminité, traduction de la grâce, nous offre une peinture vague, délicieuse et touchante.

Il ne faut pas reprocher aux savants d'avoir masculinisé *couple*, désignant un système de forces; car ici le masculin est une expression de leur pensée. En effet, il ne s'agit pas de deux forces prises arbitrairement, mais de deux forces soumises à une loi rigoureuse. *Une couple* de forces peut servir à former *un couple*, pourvu que ces deux forces soient disposées d'après les conditions voulues par la science.

EXERCICE PHRASÉOLOGIQUE.

Beau couple.
Vilain couple.
Heureux couple.
Malheureux couple.
Un beau couple d'amants.
Couple charmant.

Un couple bien assorti.
Un couple de pigeons.
Un couple de perdrix.
Une couple d'œufs.
Une couple de chapons.
Une couple de poulets.

Une couple d'écus.
Une couple de boîtes de confitures.
Une couple d'heures.
Une couple de bœufs.
Une couple de pigeons.
Une couple de perdrix.

N° XXXIII.
DÉLICE.

1re SÉRIE. — MASCULIN.

Entre inégaux, quelle société, quelle harmonie, *quel vrai* DÉLICE peuvent s'assortir?
(CHATEAUBRIAND.)

Bientôt son cœur s'attendrit pour elle, naguère sa vie et son *seul* DÉLICE. (*Id.*)

Quel DÉLICE ne cause pas une bonne action !
(NOEL.)

2me SÉRIE. — FÉMININ.

L'homme veut du plaisir; mais leurs *pures* DÉLICES Ont besoin de santé; la santé, d'exercices.
(DELILLE.)

Je voudrais, dans le service de ma table, dans la parure de mon logement, imiter par des ornements très simples la variété des saisons, et tirer de chacune *toutes ses* DÉLICES. (J.-J. ROUSSEAU.)

...... Hélas! dans leurs travaux
Ces vils humains, moins hommes qu'animaux,
Goûtent des biens dont toujours mes caprices
M'avaient privé dans mes *fausses* DÉLICES.
(VOLTAIRE.)

La contemplation est *le* délice d'un esprit élevé et extraordinaire.
(Lévizac.)

C'est *un* délice que de contribuer au bonheur des autres.
(Trévoux.)

Quel délice de faire du bien !
(Boiste.)

Quel délice de contempler les heureux que l'on fait.
(Boniface.)

C'est *un* délice pour certaines personnes de boire à la glace, même en hiver, et cela est indifférent pour d'autres, même en été.
(Guizot.)

C'est *un* délice de faire des heureux.
(Lévizac.)

C'est pour un bon cœur *un grand* délice, que de pouvoir faire toujours le bien.
(Anonyme.)

La lecture des divines Écritures faisait autrefois les plus *chères* délices des premiers fidèles.
(Massillon.)

Les délices du cœur sont plus *touchantes* que celles de l'esprit.
(St-Evremont.)

O véritable religion ! que tes délices sont *puissantes* sur les cœurs !
(Chateaubriand.)

La cruauté cherche chaque jour de *nouvelles* délices parmi les larmes des malheureux.
(Fénelon.)

Si l'âme la plus pure ne suffit pas seule à son propre bonheur, il est plus sûr encore que *toutes* les délices de la terre ne sauraient faire celui d'un cœur dépravé.
(J.-J. Rousseau.)

Dans les champs Élysées, les rois foulent à leurs pieds les *molles* délices et les vaines grandeurs de leur condition mortelle.
(Fénelon.)

Nos grammairiens se sont demandé sérieusement pourquoi *délice* est masculin au singulier et féminin au pluriel. Cette question a conduit les uns à décider qu'il ne fallait plus employer *délice* au singulier. C'eût été une exception de moins, il est vrai; mais la langue eût perdu une expression très riche. L'Académie conserva l'expression. Mais on conclut que l'emploi des deux genres est une bizarrerie due à la langue latine. Toutefois la question n'est pas de savoir si tel mot français a pour origine tel mot latin; mais de savoir pourquoi tel mot français a conservé les deux genres dont l'emploi est bien loin d'être arbitraire.

Délice, au singulier, n'exprime qu'une émotion, mais une émotion forte; qu'une joie, mais une joie grande et souvent muette; qu'un bonheur, mais un bonheur qui semble ne pouvoir durer à cause de sa force : dans toutes ces affections uniques, l'âme est envahie :

« *Quel délice de faire du bien !* »   (*Boiste*).

« *C'est un délice que de contribuer au bonheur des autres.* »   (*Trévoux*)

« *La contemplation est le délice d'un esprit élevé et extraordinaire.* »   (*Lévizac*).

Ici la masculinité augmente en quelque sorte l'énergie de la pensée et supplée au manque d'expression. Il est des cas où les langues humaines sont impuissantes à rendre ce qui se passe dans notre âme.

Délices, au pluriel, offre l'idée de sensations douces, heureuses, constantes, qui se succèdent avec calme, bercent l'âme et ne l'envahissent point; qui laissent l'homme paisiblement heureux, se possédant au milieu de ses jouissances continues, goûtant une félicité qui se prolonge, sans craindre une privation prochaine; sans craindre surtout ce vide affreux où l'âme effrayée se retrouve seule après une violente commotion :

« Dans les champs Élysées, dans cet heureux séjour de paix et de bonheur, les rois
« foulent à leurs pieds *les molles délices* et les vaines grandeurs de leur condition mor-
« telle. »
Fénelon.

(71)

Comme ici il ne s'agit plus de développement d'une grande force, le nom pluriel *délices* rentre dans l'ordre naturel, et devient régulièrement féminin (1).

L'emploi de ce mot n'offre de difficulté que lorsqu'il est précédé de l'expression *un de* : J.-J. Rousseau l'a fait des deux genres dans ce dernier cas, comme on peut le voir par les deux exemples qui suivent :

Un de mes plus *grands* DÉLICES était surtout de laisser toujours mes livres bien encaissés, et de n'avoir point d'écritoire.

Ce n'est pas pour moi une chose indifférente que de bonne eau, et je me sentirai long-temps du mal que m'a fait celle de Montmorenci : j'ai sous ma fenêtre une très belle fontaine dont le bruit fait *une de* mes DÉLICES.

Nous croyons que le masculin est préférable, et qu'il vaut mieux dire : *Un de mes plus grands délices, un de mes délices.* Voyez le mot *orgue.*

EXERCICE PHRASÉOLOGIQUE.

C'est un délice.
C'est un grand délice.
Quel délice !
Quel grand délice !

C'est un ravissant délice.
C'est un pur délice.
C'est un vrai délice.
C'est un bien grand délice.

Les délices du paradis.
Les délices de l'esprit.
Les délices de la campagne.
Les délices de la vie.

Mettre toutes ses délices à....
Faire toutes ses délices de....
En faire ses plus chères délices.
De pures délices.

N° XXXIV.

FOUDRE.

1re SÉRIE. — MASCULIN.

C'est la mythologie des anciens qui, nous représentant toujours Jupiter armé *du* FOUDRE, nous inspire tant de frayeur de Dieu, de la divinité.
(BERNARDIN DE ST-PIERRE.)

Aux orages des mers joignant d'autres tempêtes,
L'homme embarque avec lui mille morts toujours prêtes.
Le feu, présent céleste, agent conservateur,
Du FOUDRE dans ses mains surpasse la fureur.
(CASTEL.)

Avec plus d'art encore et plus de barbarie,
Dans des antres profonds on a su renfermer
Des *foudres* SOUTERRAINS, tout *prêts* à s'allumer.
(VOLTAIRE.)

Mais du jour importun les regards éblouis,
Ne distinguèrent point, au fort de la tempête,
Les *foudres* MENAÇANTS qui grondaient sur sa tête.
(*Id.*)

Allez vaincre l'Espagne, et songez qu'un grand homme
Ne doit point redouter les *vains* FOUDRES de Rome.
(*Id.*)

Quand le sublime vient à éclater où il faut, il renverse tout comme *un* FOUDRE. (BOILEAU.)

La valeur d'Alexandre, à peine était connue ;
Ce foudre était encore enfermé dans la nue.
(RACINE.)

2e SÉRIE. — FÉMININ.

La FOUDRE, éclairant seule une nuit si profonde,
A sillons redoublés couvre le ciel et l'onde.
(CRÉBILLON.)

. . . . . . Vous qu'un peu trop bas
La fortune au hasard a placés sur la terre
Consolez-vous : dans sa colère
La FOUDRE au moins ne vous atteindra pas.
(NAUDET.)

Que *la* FOUDRE en éclats ne tombe que sur moi !
(VOLTAIRE.)

C'est dans un morceau d'ambre que la propriété électrique fut aperçue pour la première fois ; et l'homme est parti de ce point pour arracher *la* FOUDRE du ciel.
(BERNARDIN DE ST-PIERRE.)

Les prières ferventes apaisent Dieu, et lui arrachent la FOUDRE des mains. (ACADÉMIE.)

Songe que je te vois, que je te parle encore,
Que *ma* FOUDRE à ta voix pourra se détourner.
(VOLTAIRE.)

Vous seul, portez *la* FOUDRE au fond de leurs déserts.
(*Id.*)

---

(1) Virey dans son *Histoire naturelle du genre humain*, l'a cependant fait masculin au pluriel ; il dit, en parlant des mollusques : *les bivalves les multivalves, sont androgynes et se livrent seuls, avec sécurité et par la seule impulsion de la nature, à* TOUS *les* DÉLICES *de l'amour.*

C'est *un* FOUDRE que le pouvoir irrité.
(BOISTE.)

La FOUDRE est dans ses yeux, la mort est dans ses mains.
(*Id.*)

Comment ! des animaux qui tremblent devant moi !
Je suis donc *un* FOUDRE de guerre.
(LA FONTAINE.)

Aplanissez ces monts dont les rochers fumants
Tremblaient sous *nos* FOUDRES *guerrières*.
(CAS. DELAVIGNE.)

A l'exemple de tous les classiques du siècle passé et du nôtre, on peut faire le mot *foudre* des deux genres, soit au propre, soit au figuré; mais il faudra nécessairement qu'il soit masculin, si l'on veut en faire le nom d'un orateur, ou d'un grand guerrier, parce qu'alors il y a, outre la *métaphore*, une *métonymie de l'instrument pour la cause qui le met en jeu*, et qu'on nomme *foudre* celui qui lance comme des *foudres*, de la même manière qu'on appelle *trompette*, *enseigne*, celui qui sonne de la trompette, qui porte une enseigne.

EXERCICE PHRASÉOLOGIQUE.

Le foudre vengeur.	Un grand foudre de guerre.	Etre frappé de la foudre.	Arracher la foudre.
Etre frappé du foudre.	Foudres de bronze.	Touché de la foudre.	La foudre s'allume.
Des foudres vengeurs.	Foudres d'airain.	Lancer la foudre.	Ébranlé par la foudre.
Un foudre de guerre.	Un foudre d'éloquence.	L'éclat de la foudre.	La foudre vengeresse.

N° XXXV.

GENS.

I.

1re SÉRIE. — MASCULIN.

Peu de GENS savent être *vieux*.
(LAROCHEFOUCAULD.)

Les GENS *heureux* ne se corrigent guère.
(*Id.*)

Tous ces GENS-là sont sottement *ingénieux*.
(J.-J. ROUSSEAU.)

O qu'*heureux* sont les GENS qui ne veulent pas souffrir les injures, d'être *instruits* en cette doctrine !
(PASCAL.)

Les *faux* honnêtes GENS sont *ceux* qui déguisent leurs défauts aux autres et à eux-mêmes. Les *vrais* honnêtes GENS sont *ceux* qui les connaissent parfaitement et les confessent.
(LAROCHEFOUCAULD.)

C'étaient tous des GENS mal *assortis*, rois, princes, ministres, pontifes; tous jaloux les uns des autres, *tous* GENS pesant leurs paroles.
(VOLTAIRE.)

Le sort avait raison. *Tous* GENS sont ainsi *faits*:
Notre condition jamais ne nous contente.
(LA FONTAINE.)

Tous les GENS *gais* ont le don merveilleux
De mettre en train *tous* les GENS *sérieux*.
(VOLTAIRE.)

Tous ces GENS-là étaient-ils chrétiens ?
(PASCAL.)

Quand du mépris d'un tel usage,
Les GENS du monde sont *imbus*,
De le suivre, amis, faisons gloire.
(BÉRANGER.)

2e SÉRIE. — FÉMININ.

L'homme sensible, en voyage, est tenté de s'arrêter chez les *premières bonnes* GENS qu'il trouve.
(BOISTE.)

Quatre animaux divers, le chat grippe-fromage,
Triste oiseau le hibou, ronge-maille le rat,
Dame belette au long corsage.
Toutes GENS d'esprit *scélérat*,
Hantaient le tronc pourri d'un pin vieux et sauvage.
(LA FONTAINE.)

Il faut savoir s'accommoder de *toutes* GENS.
(ACADÉMIE.)

Les passions de la jeunesse ne sont guère plus opposées au salut que la tiédeur des *vieilles* GENS.
(LAROCHEFOUCAULD.)

Quelles GENS êtes-vous ? quelles sont vos affaires ?
(RACINE.)

Parler et offenser pour de *certaines* GENS est précisément la même chose.
(LA BRUYÈRE.)

De *telles* GENS il est beaucoup,
Qui prendraient Vaugirard pour Rome.
(LA FONTAINE.)

Le verre en main, que chacun se confie
Au dieu des *bonnes* GENS.
(BÉRANGER.)

Nous détestons les GENS
  Tantôt rouges, tantôt *blancs.* (BÉRANGER.)

Les questionneurs les plus impitoyables sont *les* GENS *vains* et *désœuvrés.* (LAROCHEFOUCAULD.)

Les *vrais* GENS *de lettres* et les vrais philosophes ont beaucoup plus mérité du genre humain que les Orphée, les Hercule et les Thésée. (VOLTAIRE.)

Le sort avait raison. *Tous* GENS sont ainsi *faits* :
Notre condition jamais ne nous contente ;
  La pire est toujours la présente. (LA FONTAINE.)

Chiens, chevaux et valets, *tous* GENS bien *endentés.*
  (Id.)

Les grands administrateurs sont, pour la plupart, de *sottes* GENS. (ST-EVREMONT.)

Plus *telles* GENS sont *pleins,* moins *ils* sont *importuns,*
Malgré tout le succès de l'esprit des méchants.
  (LA FONTAINE.)

Je sens qu'on en revient toujours aux *bonnes* GENS.
  (GRESSET.)

Telles GENS, tels patrons.
  (LA BRUYÈRE.)

. . . . C'est pour les *bonnes* GENS,
Que le ciel a créé les plaisirs innocents.
  (DESMOUSTIER.)

Certaines GENS, démocrates à la cour, redeviennent aristocrates à la ville. (BOISTE.)

II.

MASCULIN ET FÉMININ TOUT A LA FOIS.

Il y a à la ville, comme ailleurs, de fort *sottes* GENS, des GENS fades, *oisifs, désoccupés.*
  (LA BRUYÈRE.)

Que nous a valu cela? de nous faire geôliers d'une prison ; où ces *vilaines* GENS-là tiennent une fille enfermée, pour la faire dévorer à je ne sais quel diable, qu'*ils* nomment Endriague. (PIRON.)

Certaines GENS savent si bien observer les nuances, qu'*ils* n'ont de probité que ce qu'il faut pour n'être pas *traités* de fripons. (BOISTE.)

Nous avons à faire à force fripons qui ont réfléchi ; à une foule de *petites* GENS *brutaux, ivrognes,* voleurs. (VOLTAIRE.)

Telles GENS n'ont pas fait la moitié de leur course,
  Qu'*ils* sont au bout de leurs écus.
  (LA FONTAINE.)

MASCULIN ET FÉMININ TOUT A LA FOIS.

Parbleu, voilà encore de *plaisantes* GENS ! je retourne leur dire que tout est à bauge : et les voilà *tous endormis,* qui ronflent ! (PIRON.)

Que pouvez-vous avoir à démêler avec de *telles* GENS ! *Ils* veulent me faire défendre mes drogues.
  (Id.)

C'est abréger avec *certaines* GENS que de penser qu'*ils* sont incapables de parler juste.
  (LA BRUYÈRE.)

Les *bonnes* GENS sont *tous bavards.*
  (GRESSET.)

Ainsi *certaines* GENS faisant les *empressés,*
  S'introduisent dans les affaires.
  (LA FONTAINE.)

Aux yeux de *telles* GENS qui ne sont pas bien fins,
Vous vous ferez passer pour deux vrais mannequins.
  (FABRE D'ÉGLANTINE.)

Les exemples qui précèdent nous font voir qu'avec le mot *gens,* mot qui, réveillant l'idée d'*hommes,* est essentiellement masculin, les adjectifs se mettent tantôt au masculin, tantôt au féminin. Mais comme ce mot est d'une construction assez difficile, nous allons tâcher, par quelques observations, d'en faciliter le juste emploi.

1° Si l'adjectif suit le mot *gens,* cet adjectif se met toujours au masculin : Les GENS HEUREUX : les GENS INSTRUITS. Il se met encore au masculin, lorsqu'il précède le mot *gens,* et qu'il a pour les deux genres la même terminaison : TOUS *les* HONNÊTES GENS *ne sont pas* CONNUS; *les plus* UTILES GENS *ne sont pas toujours* APPRÉCIÉS.

2° Les adjectifs qui ont deux terminaisons pour les deux genres se mettent au féminin, lorsqu'ils précèdent le mot *gens* : surtout si ces adjectifs réveillent une idée d'ironie ; de blâme, ou toute autre idée susceptible d'être prise en mauvaise part : *Vous êtes, ma foi, de bien* HEUREUSES *gens; que de* SOTTES GENS *il y a dans le monde !* les BONNES GENS *sont bavards;* les VIEILLES GENS *sont soupçonneux; ce sont de* VILAINES, *de* SINGULIÈRES, *de* PETITES, *de* MÉCHANTES, *de* GRANDES, *d'*EXCELLENTES *gens.* Mais si ces adjectifs étaient pris en bonne part, on dirait : *Ce sont des* GENS *très* GRANDS, *très* BONS, *des gens* EXCELLENTS. Telle est du moins l'opinion des grammairiens.

3° Lorsque le mot *gens* est immédiatement précédé des adjectifs *tout*, *certain*, *quel*, *tel*, ces adjectifs doivent être mis au féminin : TOUTES GENS *d'esprit scélérat*; CERTAINES GENS; QUELLES GENS *êtes-vous?* TELLES GENS *sont bientôt à bout*. Mais si ces adjectifs ne précèdent pas immédiatement le mot *gens*, ils se mettent au masculin : TOUS *ces* GENS-*là sont sottement ingénieux*; CERTAINS *honnêtes* GENS; QUELS *sont les* GENS *qui m'ont demandé?* TELS *sont les* GENS *que vous fréquentez*; QUELS *braves* GENS ! TOUS *les* GENS *d'affaires vous blâmeront*; à moins que le mot *gens* ne soit déjà précédé d'un adjectif qualificatif pris en mauvaise part, QUELLES *viles* GENS! TOUTES *les sottes* GENS (1).

Le meilleur conseil que nous puissions donner aux élèves jaloux de ne pas se tromper dans l'emploi de ce mot, c'est de lire et de relire attentivement les exemples que nous avons donnés. Le sentiment de l'anologie est plus puissant que toutes les règles.

EXERCICE PHRASÉOLOGIQUE.

MASCULIN	FÉMININ.	DES DEUX GENRES.
Des gens honteux.	D'heureuses gens.	Les vieilles gens soupçonneux.
Des gens bien fins.	De fines gens.	Certaines gens faisant les empressés
Des gens fort dangereux.	De fort dangereuses gens.	Les meilleurs gens que j'ai vus.
Jeunes gens imprudents.	De bonnes gens.	Des gens oisifs, désoccupés.
Tous les gens de bien.	De sottes gens.	Des gens bavards.
Tous les honnêtes gens.	De belles gens.	De telles gens il est beaucoup.
Tous les habiles gens.	Toutes les vieilles gens.	Ce sont de bien heureuses gens.
Des gens bien résolus.	Toutes les petites gens.	Quelles gens êtes-vous ?

N° XXXVI.
ORGE.

1re SÉRIE. — MASCULIN.

La Frambroisière, médecin de Henri IV, vantait l'ORGE *mondé*.
(THÉÂTRE D'AGRICULTURE. — Essai historique.)

On appelle ORGE *mondé* des grains d'orge qu'on a bien nétoyés et bien préparés ; et ORGE *perlé*, de l'orge réduite en petits grains, dépouillés de leur son.
(ACADÉMIE.)

L'ORGE *mondé* ou *perlé* ne peut être employé utilement dans toutes les maladies chroniques, accompagnées de consomption.
(DICT. DES SCIENCES MÉDICALES.)

L'ORGE *mondé* sert aux bouillies, que l'on apprête de différentes manières. (L'ABBÉ ROZIER.)

Les Hollandais sont la seule nation qui prépare l'ORGE *perlé*, qu'ils transportent ensuite chez tous les peuples. (*Id.*)

2me SÉRIE. — FÉMININ.

L'ORGE, *destinée* aux lieux secs, a des feuilles larges et ouvertes à leur base, qui conduisent les eaux des pluies à sa racine.
(BERNARDIN DE ST-PIERRE.)

Les chevaux de Perse sont robustes et très aisés à nourrir; on ne leur donne que de l'ORGE *mêlée* avec de la paille hachée mince.
(BUFFON.)

Chez les anciens, l'ORGE d'Erèze était la plus *estimée*. On disait que Mercure en venait prendre, afin d'en faire des gâteaux pour la table des Dieux,
(Mme DE GENLIS.)

Les remparts de Lucques sont chargés d'arbres et de vignes; la plus *belle orge* pousse dans les fossés; la plus belle herbe dans les rues. (J. JANIN.)

Les ORGES *nues* sont des céréales précieuses pour les habitants des pays du nord ou des montagnes, où le froment ne peut réussir.
(DICT. DES SCIENCES MÉDICALES.)

On lit dans Lemare : « Les dictionnaires disent *de l'orge mondé*, *de l'orge perlé*; hors « de là, *de la belle orge*, etc., cette distinction est ridicule. Domergue, d'après l'éty- « mologie, fait toujours *orge* masculin. » Oui, sans doute, toutes ces distinctions sont

---

(1) On trouve dans Voltaire cet exemple fort curieux : *Dieu aura-t-il pitié* D'UN SEUL *de ces* BONNES GENS?

ridicules, et l'étymologie est plus ridicule encore. *Orge* devrait être féminin dans tous les cas; le génie de notre langue l'exige. Toutefois, l'Académie s'est prononcée :

« Dans ces deux phrases *orge mondé, orge perlé*, et dans ces deux phrases seules, « *orge* prend le genre masculin. »

Cependant on trouve le féminin employé même dans les deux phrases ci-dessus (1). On ignore si Bernardin de St.-Pierre a employé le masculin ou le féminin dans cette phrase :

« *L'orge, destinée* aux lieux secs, a des feuilles larges et ouvertes à leur base, qui « conduisent les eaux des pluies à sa racine. »

Quelques éditions indiquent l'emploi du masculin, d'autres l'emploi du féminin. Nous avons adopté le genre qui nous paraît le plus naturel. Les exemples suivants justifient notre choix :

« Les chevaux de Perse sont robustes et très aisés à nourrir; on ne leur donne que « de *l'orge mêlée* avec de la paille hachée mince. » (Buffon.)

« On doit couper *l'orge*, quand *elle* est bien *mûre*. » (L'abbé Rozier.)

On sait cependant que Roucher, dans son poème des Mois, a masculinisé ce mot :

Le prodigue semeur suit d'un pas mesuré;
Il verse le blé noir et le millet doré,
Et *l'orge, ami* d'un sol mêlé d'un peu d'arène.

Mais cette masculinité ne doit pas être imitée.

EXERCICE PHRASÉOLOGIQUE.

De belles orges.
De l'orge bien levée.
Orge très nutritive.
Orge germée.
Orge avancée.
Orge commune.
Grosse orge.
Orge bien mûre.
Orges nues.
Orge hivernale.

Orge gruée.
Orge carrée.
Orge macérée.
Orge torréfiée.
Orge réduite en farine.
Orge réduite en petits grains.
Orge trop pressée par la chaleur.
Orge semée par un temps sec.
L'orge mêlée avec le froment.
Orge dépouillée de sa peau.

Orge séchée dans une étuve.
Quand l'orge fut-elle cultivée ?
Orge employée pour les potages.
L'orge engraisse-t-elle les volailles?
L'orge peut-elle être coupée plusieurs fois l'hiver ?
L'orge est-elle d'usage en médecine ?
L'orge sert-elle à préparer la bière ?
Qu'est-ce que l'orge perlé ?
Qu'est-ce que l'orge mondé ?
Prendre son orge perlé.

N° XXXVII.
ORGUE.

1re SÉRIE. — MASCULIN.	2e SÉRIE. — FÉMININ.
La voûte de la nef, sous ses longs arcs déserts, De l'ORGUE *harmonieux* n'entend plus les concerts. (DESAINTANGE.)	Les *premières* ORGUES qu'on ait *vues* en France furent *apportées* par des ambassadeurs de l'empereur Constantin Copronyme, qui les offrirent au roi Pépin. (TRÉVOUX.)
L'ORGUE *divin* exhale un son religieux. (DELILLE.)	On appelle aussi orgue ou orgues, le lieu où les orgues sont *placées* dans une église. (*Id.*)

(1) Le *Dictionnaire des Sciences médicales* publié par Panckoucke, en 1819, fait aussi ce mot féminin. Voici ce qu'on lit au mot orge : *Pour les usages alimentaires et médicinaux, c'est* L'ORGE MONDÉE *et* L'ORGE PERLÉE *qu'on emploie.*

Constantin Michel envoya *un* ORGUE à Charlemagne. (TRÉVOUX.)

Saint Jérôme dit qu'il y avait à Jérusalem *un* ORGUE qu'on entendait du mont des Olives. (*Id.*)

L'ORGUE est *composé* d'un buffet de menuiserie plus ou moins enrichi de sculpture. (ENCYCLOPÉDIE.)

M. Erard a mis, en 1827, à l'exposition, *un* ORGUE *expressif* qui présente un ensemble de qualités parfait. (REVUE MUSICALE.)

L'invention de l'ORGUE est fort ancienne : Vitruve en décrit *un* dans son X^e livre. (ENCYCLOPÉDIE.)

Dans le 15e siècle Bartholomeo Ategnati et son fils Graziadio enrichirent l'Italie de 140 ORGUES beaucoup plus *parfaites* que ce qu'on avait vu jusque là. (REVUE MUSICALE.)

Les historiens rapportent qu'une femme mourut de plaisir en entendant les ORGUES que l'empereur Constantin Copronyme avait *envoyées* à Pépin, père de Charlemagne. (Mme DE BAWR.)

L'orgue est composée de plusieurs tuyaux. (TRÉVOUX).

Des orgues portatives. (ACADÉMIE.)

L'orgue est le plus grand, le plus audacieux, le plus magnifique de tous les instruments que le génie de l'homme a inventés. Les gigantesques harmonies qu'il crée et qu'il déploie avec tant de hardiesse; les mille voix qu'il forme et qu'il réunit en un concert admirable, ont fait de cet instrument une merveille, un chef-d'œuvre. Faut-il s'étonner maintenant si *orgue* est quelquefois masculin ? n'est-ce pas l'idée de puissance, de génie qui prive souvent ce nom de la féminité que sa terminaison lui destine ?

Si au contraire on observe simplement la forme de ce mot, il devient régulièrement féminin :

> Cet *orgue* qui se tait, ce silence pieux,
> L'invisible union de la terre et des cieux,
> Tout enflamme, agrandit, émeut l'homme sensible. (*Fontanes.*)

> Quand de *l'orgue lointain* l'insensible soupir
> Avec le jour aussi semble enfin s'assoupir,
> Pour s'éveiller avec l'aurore. (*Lamartine.*)

« *L'orgue* est *composée* de plusieurs tuyaux. » (*Trévoux.*)

« *Des orgues portatives.* » (*Académie.*)

Toutefois, généralement parlant, orgue est masculin au singulier, et féminin au pluriel : et ce n'est point une bizarrerie. L'idée de chef-d'œuvre que la masculinité traduit si exactement, entraîne toujours après elle l'idée d'unité ; car les chefs-d'œuvre ne se multiplient pas comme les feuilles des bois. L'union du masculin et du singulier est donc ici un fait complet et exact : mais si vous employez *orgue* au pluriel, alors la pluralité repousse nécessairement toute idée de chef-d'œuvre; la masculinité n'est donc plus nécessaire, indispensable ; le nom pluriel *orgues* rentre dans l'ordre naturel, et reçoit le genre féminin que sa terminaison réclame :

« *Les premières orgues* qu'on ait *vues* en France furent *apportées* par des ambassadeurs
« de l'empereur Constantin Copronyme, qui les offrirent au roi Pépin. » (*Trévoux.*)

Si cependant on parlait de l'orgue de Lubeck, de celui de Milan, de celui de Rome, etc.; comme ces orgues sont réellement admirables, on pourrait employer le masculin, même au pluriel, et dire : « *Tous ces orgues si parfaits* sont de grands chefs-
« d'œuvre. » On pourra donc dire aussi : « *L'orgue* de St-Marc à Venise est *un des plus*
« *beaux orgues* de toute l'Italie (1). »

---

(1) Dans la traduction de l'ouvrage de Burney, intitulé *De l'état présent de la musique*, on lit : *à Milan, au Dôme ou la métropole, il y a deux* GRANDS ORGUES, *un de chaque côté du chœur.*

Si cette harmonie du genre eût été plus tôt établie, on ne rencontrerait pas dans nos écrivains tant d'incertitude à son sujet.

EXERCICE PHRASÉOLOGIQUE.

Un bel orgue.
Un bon orgue.
Un orgue excellent.
Un grand orgue.
Un petit orgue.
Accorder un orgue.

Orgue trop bruyant.
Orgue bien mal fait.
Orgue presque neuf.
Un vieil orgue.
Combien y a-t-il de jeux à cet orgue?

Orgue fait par tel artiste.
De belles orgues.
De bonnes orgues.
D'excellentes orgues.
Orgues ornées de jolies sculptures.

Orgues trop bruyantes.
Des orgues portative.
Orgues inférieures à telles autres.
Orgues mal construites.
Orgues délicieuses.

N° XXXVIII.

LISTE ALPHABÉTIQUE DES NOMS QUI SONT MASCULINS DANS UNE ACCEPTION ET FÉMININS DANS UNE AUTRE.

1re SÉRIE. — MASCULIN.

On appelle *un* AIDE de cuisine un second cuisinier, ou le compagnon qui le sert et le soulage.
(TRÉVOUX.)

L'AUNE, ami des marais, le coudre, les bouleaux,
Embelliront aussi vos champêtres berceaux.
(CASTEL.)

Le poulain né du BARBE en hauteur le surpasse.
(ROSSET.)

Si je voulais invoquer une muse savante, mes doctes accords diraient ici quelle fut la destinée *du* BARDE dans les jours du vieux temps.
(CHATEAUBRIAND.)

Héliogabale se fit tirer dans *un* COCHE par quatre femmes nues, à travers les rues de Rome.
(MONTAIGNE.)

La nuit, de son trône d'ébène,
Jette *son* CRÊPE obscur sur les monts, sur les flots.
(DELILLE.)

Ces jours passés, chez madame Arabelle,
Damis vantait *un* ÉCHO merveilleux.
(PONS DE VERDUN.)

Un ENSEIGNE aux gardes a monté le premier à l'assaut.
(TRÉVOUX.)

Dans *un* ESPACE de douze ans, vous avez épuisé tous les sentiments qui peuvent être épars dans une longue vie.
(J.-J. ROUSSEAU.)

Les *bons* EXEMPLES font voir tout ensemble et que la vertu est possible et qu'elle est approuvée.
(ST-RÉAL.)

Un FORET est un outil d'acier, pointu, en forme de vis, dont on se sert pour percer un tonneau.
(ACADÉMIE.)

Que peut-on espérer d'*un* FOURBE, d'un fripon?
(LEGRAND.)

Au lieu d'être en prison, je n'ai pas même *un* GARDE.
(CORNEILLE.)

La famille pâlit, et vit en frémissant
Dans la poudre *du* GREFFE un poète naissant.
(BOILEAU.)

2e SÉRIE. — FÉMININ.

Pompée a besoin d'AIDE; il vient chercher *la* VÔTRE.
(CORNEILLE.)

Suis-moi donc. Mais je vois sur ce début de prône,
Que ta bouche déjà s'ouvre large d'*une* AUNE.
(BOILEAU.)

Le serment le plus sacré qu'on puisse exiger d'un Asiatique est de le faire jurer sur sa BARBE.
(BERNARDIN DE ST-PIERRE.)

Une BARDE est une tranche de lard qu'on met sur les volailles, au lieu de les larder. (*Id.*)

On dit populairement d'une truie vieille et grasse que c'est *une* COCHE. (LAVEAUX.)

Une CRÊPE est une pâte fort mince qu'on fait cuire en l'étendant sur la poêle. (TRÉVOUX.)

Un berger chantera ses déplaisirs secrets,
Sans que *la* triste ÉCHO répète ses regrets.
(CORNEILLE.)

Arborons de ses lis les ENSEIGNES *flottantes*.
(VOLTAIRE.)

Les ESPACES (terme d'imprimerie) sont de différentes épaisseurs; il y en a de *fortes*, de minces et de *moyennes*, pour donner au compositeur la facilité de justifier.
(ENCYCLOPÉDIE.)

L'EXEMPLE qu'il a *faite* est mal *écrite*.
(ACADÉMIE.)

La FORÊT, le désert, voilà les lieux que j'aime;
Mon cœur plus recueilli jouit mieux de lui-même.
(DELILLE.)

La FOURBE n'est le jeu que des petites âmes.
(CORNEILLE.)

Les légions distribuées pour *la* GARDE des frontières, en défendant le dehors, affermissaient le dedans.
(BOSSUET.)

C'est par *la* GREFFE qu'on a trouvé le secret d'adoucir l'amertume et l'âpreté des fruits qui viennent dans les forêts.
(BARTHÉLEMY.)

Enfin Malherbe vint, et ce GUIDE fidèle
Aux auteurs de ce temps sert encor de modèle.
(BOILEAU.)

Nous regardons comme fort incertain qu'*aucun* de nos HÉLIOTROPES soit *celui* des anciens.
(DICT. DES SC. NAT.)

Et du fond des bosquets un HYMNE *universel*,
S'élève dans les airs et monte jusqu'au ciel.
(MICHAUD.)

Le JUJUBE, pour la toux, est préférable au réglisse.
(BONIFACE.)

Il n'y a qu'*un seul* LIVRE pour le génie, la nature.
(Mlle DE SOMERY.)

Il ne faut jamais jeter *le* MANCHE après la cognée.
(ACADÉMIE).

D'un homme qui exécute un ouvrage d'art grossièrement et par routine, on dit que ce n'est qu'*un* MANOEUVRE.
(LAVEAUX.)

Ne lit-on pas tous les jours, avec un nouveau péril, ces MÉMOIRES *scandaleux*, *faits* dans les siècles de nos pères, qui ont conservé jusqu'à nous les désordres des siècles précédents?
(MASSILLON.)

La mode règle tout, souvent même *le* MODE de gouvernement.
(BOISTE.)

Si la nature a bien ou mal fait de briser *le* MOULE dans lequel elle m'a jeté, c'est ce dont on ne peut juger qu'après m'avoir lu.
(J.-J. ROUSSEAU.)

Les *mousses* sont des enfants *traités* souvent avec trop de barbarie.
(BERNARDIN DE ST-PIERRE.)

On travaille sans succès au *grand* OEUVRE de la félicité publique, si l'on ne prend pour base l'amour de la patrie.
(BOISTE.)

Les cours sont pleines de *mauvais* OFFICES.
(MASSILLON.)

Beau PAGE, dit la reine,
Qui vous met à la gêne?
Qui vous fait tant pleurer?
(BEAUMARCHAIS.)

PAQUES est *tardif* cette année. — Quand PAQUES *passé...*
(ACADÉMIE.)

Tout PARALLÈLE offense l'homme, parce qu'il se croit unique en son espèce.
(DUFRÉNY.)

L'astre, enflammant les vapeurs de la cité, semblait osciller lentement dans un fluide d'or, comme *le pendule* de l'horloge des siècles.
(CHATEAUBRIAND.)

On n'est pas encore au comble du malheur, tant qu'il reste quelque lueur d'espérance; c'est par la perte totale de celle-ci que l'autre arrive à son dernier *période*.
(OXENSTIERN.)

Les *grandes* GUIDES sont celles que le cocher tient dans ses mains, afin de pouvoir, par leur moyen, gouverner les chevaux et leur faire faire tous les mouvements qu'il convient.
(LAVEAUX.)

L'HÉLIOTROPE se trouvait, suivant Pline, dans les Indes, en Étiopie, en Afrique, et dans l'île de Chypre : Boëce de Boot dit qu'il y en a de si *grandes* qu'on en fait quelquefois des pierres à couvrir les tombeaux.
(ENCYCLOPÉDIE.)

Les *anciennes* HYMNES de l'Église ont le mérite de la simplicité, mais n'ont que celui-là.
(MARMONTEL.)

En Languedoc, en Provence, en Italie, etc., on mange les JUJUBES *fraîches*. Elles ont un goût assez agréable, mais un peu fade.
(DICT. DES SC. MÉD.)

La LIVRE de Paris était de 16 onces; celle de Lyon, de 14.
(LAVEAUX.)

Les Espagnols portent *des* MANCHES *pendantes*, *attachées* au dos de leur pourpoint.
(TRÉVOUX.)

Cette MANOEUVRE peut être poétique; mais il fallait de grand succès pour la rendre glorieuse.
(VOLTAIRE.)

Il y a des gens qui ont la *mémoire* assez pleine, mais le jugement fort vide et fort creux.
(MONTAIGNE.)

Un sage suit *la* MODE, et tout bas il s'en moque.
(DESTOUCHES.)

Les MOULES passent pour être indigestes, et *elles* sont peu *recherchées* sur les tables délicates.
(BOSC.)

Et vous, fille d'hiver, MOUSSE *épaisse* et *confuse*,
Venez vous présenter aux crayons de ma muse.
(CASTEL.)

Toutes les OEUVRES de la Divinité sont *pleines* de sa providence.
(BOISTE.)

Dans cette maison, l'OFFICE est très *nombreuse*.
(LAVEAUX.)

Une PAGE de l'Évangile est plus puissante pour apprendre à mourir que tous les volumes des philosophes.
(BOISTE.)

Comme les Juifs au festin de *la Pâque*, on assiste au banquet de la vie à la hâte; debout, les reins ceints d'une corde, les souliers aux pieds et le bâton à la main.
(CHATEAUBRIAND.)

La vraie définition et la plus nette qu'on puisse donner d'*une* PARALLÈLE, est de dire que c'est une ligne qui a deux de ses points également éloignés d'une autre ligne.
(ENCYCLOPÉDIE.)

Ce n'est point un grand avantage d'avoir l'esprit vif, si on ne l'a juste. La perfection d'une *pendule* n'est pas d'aller vite, mais d'être réglée.
(VAUVENARGUES.)

Si les arbres portent au dedans des anneaux en rapport avec les *périodes annuelles* du soleil, les palmiers en montrent de semblables au dehors.
(BERNARDIN DE ST-PIERRE.)

Demeurons dans le POSTE où le ciel nous a mis.
(RACINE.)

Du POURPRE des raisins, et de l'or des genets,
L'aspect riant, d'abord, a pour nous des attraits.
(LEGOUVÉ.)

Le RÉGLISSE, tel qu'on le trouve dans le commerce, est en espèce de bâtons presque cylindriques.
(DICT. DES SC. MÉD.)

Ces postes menaçants, ces nombreux SENTINELLES,
Qui veillent chaque jour aux portes éternelles.
(DELILLE.)

La Parque à filets d'or n'ourdira point ma vie,
Je ne dormirai point sous de riches lambris :
Mais voit-on que le SOMME en perde de son prix ?
(LA FONTAINE.)

Le léger enfoncement que l'on appelle la fossette est un agrément qui se joint aux grâces dont le SOURIS est ordinairement accompagné.
(BUFFON.)

N'est-ce pas l'homme enfin, dont l'art audacieux
Dans le TOUR d'un compas a mesuré les cieux ?
(BOILEAU.)

À peine il achevait ces mots,
Que lui-même il sonna la charge,
Fut le TROMPETTE et le héros.
(LA FONTAINE.)

Tout est précis, tout est positif dans les plaisirs des sens, et le VAGUE est nécessaire aux jouissances de l'imagination.
(NECKER.)

Entre le VASE et les lèvres il reste encore de la place pour un accident.
(BOISTE.)

Si vous obtenez en vain des succès, de grandes louanges, de quoi jouirez-vous enfin ? Un VOILE plus soigneusement orné couvrira votre tombe.
(DE SÉNANCOUR.)

Les VULNÉRAIRES sont composés de plantes aromatiques, parmi lesquelles on distingue l'arnio, la pervenche, etc.
(DICT. DES SC. MÉD.)

La calomnie vient de Paris par la POSTE me persécuter au pied des Alpes.
(VOLTAIRE.)

Qui naquit dans la POURPRE en est rarement digne.
(Id.)

Ramberg est une jolie ville de la Franconie, célèbre par son jardinage et son excellente RÉGLISSE.
(Mme DE GENLIS.)

La liberté de la presse est la SENTINELLE avancée de toutes les autres libertés.
(ANONYME.)

Il y a pour chaque homme une certaine somme de bonheur, peu dépendante de la bonne ou mauvaise fortune.
(MAUPERTUIS.)

La montagne en travail enfante une SOURIS.
(BOILEAU.)

Quand verrai-je, ô Sion, relever tes remparts ;
Et de tes tours les magnifiques faîtes ?
(RACINE.)

Attacher le bonheur au char de la renommée, c'est le mettre dans le bruit d'une TROMPETTE.
(LA METTRIE.)

Cette mer, dont les VAGUES écumantes s'étaient élevées jusqu'aux cieux, traînait à peine ses flots jusque sur le rivage.
(BARTHÉLEMY.)

Ce bateau, ce navire s'est enfoncé dans la VASE.
(LAVEAUX.)

Il dit. L'orage affreux qu'anime encor Borée
Siffle, et frappe la VOILE à grand bruit déchirée.
(DELILLE.)

Le nom donné à la VULNÉRAIRE lui vient de ce qu'on regardait autrefois cette plante comme un moyen très efficace de guérir les blessures et les plaies récentes.
(DICT. DES SC. MÉD.)

Ces exemples nous démontrent que certains substantifs, qui ont la même consonnance, sont masculins dans une acception et féminins dans une autre.

Nous empunterons à l'ouvrage de M. Braconnier quelques-unes de ses curieuses observations sur les harmonies du genre de la plupart des noms que nous venons de citer.

Aide, critique, enseigne, fourbe, garde, manœuvre, page, pantomime, trompette, etc., sont régulièrement féminins :

Albin, as-tu bien vu la fourbe de Sévère ?
As-tu bien vu sa haine et vois-tu ma misère ?
(Corneille.)

Partout en même temps la trompette a sonné. (Racine.)

Quand ces noms désignent des hommes, il est naturel qu'ils deviennent alors masculins :

Alidor ? dit un fourbe, il est de mes amis. (Boileau.)

> À peine il achevait ces mots,
> Que lui-même il sonna la charge ;
> Fut *le trompette* et le héros,   (*La Fontaine.*)

De même *écho* est régulièrement masculin, quand il désigne ces lieux sonores qui renvoient les sons qui les frappent :

> Euridice !... ô douleur !... *touchés* de son supplice,
> Les *échos* répétaient : Euridice... Euridice...   (*Delille.*)

Mais si *Écho* désigne cette fille infortunée de l'Air et de la Terre, qui se consuma de douleur, alors

> *Echo* n'est plus un son qui dans l'air retentisse
> C'est une nymphe en pleurs qui se plaint de Narcisse.   (*Boileau.*)

Dans ce cas, ce nom est très naturellement féminin :

> Un berger chantera ses déplaisirs secrets,
> Sans que *la triste Écho* répète ses regrets.   (*Corneille.*)

Les noms suivants sont féminins régulièrement, quand ils ont la signification qui les suit :

Aune mesure, *greffe* branche, *héliotrope* pierre, *givre* serpent, *laque* gomme, *livre* poids, *manche* de vêtement, *mémoire* faculté, *mode* coutume, *môle* de chair, *moule* poisson, *palme* récompense, *poêle* ustensile, *quadrille* de chevaliers, *poste* voiture, *pourpre* étoffe, *serpentaire* plante, *solde* paie, *somme* d'argent, etc.

> Esther, disais-je, Esther dans *la pourpre* est assise.   (*Racine.*)

> Combien pour quelque temps ont vu fleurir *leur livre*,
> Dont les vers en paquet se vendent *à la livre*.   (*Boileau.*)

Peut-être notre langue a-t-elle admis cette différence de genre, pour traduire fidèlement la différence de signification. L'arbitraire est rare dans les langues. Une forme n'y subsiste pas en vain ; quand elle devient inutile, elle dépérit et meurt, comme une herbe flétrie. Tant qu'elle est debout, la vérité, qu'elle exprime, est en vigueur. Quand elle disparaît, c'est que cette vérité est oubliée.

Espace est masculin très irrégulièrement.

« Pour être heureux, il faut peu changer de place et tenir peu d'*espace*. » (*Fontenelle.*)

« Ce nom, dit ironiquement Lemare, ne peut être féminisé que par *quelques garçons* « *imprimeurs!* » Lemare a tort, car Gattel nous observe que *espace* était autrefois entièrement féminin, comme le prouve ce passage de Montaigne :

« Il me montra *une espace* pour signifier que c'estoit autant qu'il en pourroit tenir en *une telle espace*. »

Le *garçon imprimeur* est donc resté fidèle à la tradition, et surtout à la forme ! Que penser maintenant de l'ironie insultante de Lemare ! En fait de langue, un *garçon imprimeur* vaut peut-être mieux qu'un grammairien ! Car enfin, n'écoutant que le génie de sa langue, il agit sans système, et n'impose pas pour loi absolue ce qui lui passe par le cerveau.

Ce sont encore *quelques garçons imprimeurs* qui ont conservé à *interligne* la féminité que quelques grammairiens lui ont ôtée, et que la forme et l'étymologie réclament.

Si *ange* désigne ces êtres célestes créés avant les temps par la main de l'Éternel, ces bienheureux dont la Foi nous révèle les sublimes fonctions dans les cieux, le genre masculin, que nous donnons à ce mot, est en harmonie avec les formes humaines dont notre imagination revêt les êtres immortels qu'il désigne :

> Tous libres d'être bons, tous se sont faits coupables ;
> Les anges, *fils* du ciel, furent moins *excusables*. (*Delille.*)

Au figuré, ce nom a conservé le genre masculin :

« Un enfant joint ses deux mains innocentes, et répète, après sa mère, une prière « au bon Dieu. Pourquoi *ce jeune ange* de la terre balbutie-t-il avec tant d'amour et de « pureté le nom de ce souverain Être qu'il ne connaît pas ? »   (*Chateaubriand.*)

Il paraît être encore masculin au figuré, même quand il désigne une femme. Lamartine a dit :

> Là, quand *l'ange, voilé* sous les traits d'une femme,
> Dans le Dieu, sa lumière, eut exhalé son âme.

Bernardin de St.-Pierre a dit aussi :

« Virginie voyant la mort inévitable posa une main sur ses habits, l'autre sur son « cœur ; et, levant en haut des yeux sereins, parut *un ange* qui prend son vol vers les « cieux. »

Ici la masculinité est énergique et grave ; nous avons entendu, dans la conversation, des exemples de la féminité qui avaient beaucoup de grâce. Ce qui nous porte à croire qu'ici, comme ailleurs, le masculin est en harmonie avec la grandeur et la force ; tandis que le féminin s'harmonise avec une idée gracieuse et touchante.

On sait qu'on a donné le nom d'*ange* à une sorte de poisson : ce mot, qui n'offre alors rien de mystérieux dans sa signification, est soumis à sa forme matérielle, et devient régulièrement féminin :

« *L'ange* est un peu plus *grosse* que la raie. »   (*Histoire naturelle.*)

Crêpe est un mot à double genre et à significations extrêmes. Mais ses deux genres sont en parfaite harmonie avec ses significations différentes.

S'il désigne ces pâtes légères et agréables qu'on mange dans un festin, il est alors également féminin :

« *Cette crêpe* était *délicieuse.* »

S'il désigne une sorte de plante, il est aussi féminin régulièrement :

« Les laitues de primeur sont appelées *crêpes blondes.* »   (*Gattel.*)

Enfin s'il désigne une ancienne étoffe précieuse, il est encore régulièrement féminin :

« La sainte reine fit faire *une crêpe* admirable d'or et d'argent pour mettre sur le corps « de saint Éloi. »   (*Trévoux.*)

Mais si *crêpe* désigne ce triste emblème de douleur que nous portons aux jours de deuil ; ces voiles funèbres qui nous couvrent dans ces moments affreux où notre âme reste accablée sous le sombre chagrin ; alors *crêpe* dépose son genre ordinaire ; signe sinistre, il devient masculin, comme si la masculinité était une expression fidèle de la douleur, du chagrin et du deuil :

Qu'*un crêpe* flotté au front du bronze de Vendôme.

En poésie, *crêpe* avec sa masculinité est toujours d'un bel effet au figuré :

..... Dès que l'ombre tranquille
Viendra d'*un crêpe noir* envelopper la ville. (*Boileau.*)

..... La nuit, de son trône d'ébène,
Jette *son crêpe obscur* sur les monts, sur les flots. (*Delille.*)

A l'heure où l'âme solitaire
S'enveloppe d'*un crêpe noir*,
Et n'attend plus rien de la terre,
Veuve de son dernier espoir. (*Lamartine.*)

Dans cette harmonie, la féminité est juste ; la masculinité est expressive.

Avec cette critique délicate et ce ton d'urbanité qui règnent dans tous ses écrits, Ch. Nodier a dit : « On demande s'il faut dire de *belles exemples* d'écriture, *les saintes* « *hymnes* de l'église ? L'usage a consacré ces exceptions ; mais il y a plusieurs sortes « d'usages ; celui qui crée les langues, et celui qui les dénature. Une fois que le genre « d'un mot est établi, tout usage qui contrevient à cette règle est vicieux ; et il est « ridicule de réformer un principe sur la foi d'un maître d'école ou d'un sacristain « qui ne sait pas le français. » On conçoit que ces dernières lignes ne nous paraissent pas orthodoxes. Cependant il y a peut-être de l'injustice à oser reprocher ainsi à un écrivain, auquel on doit tant, une opinion à laquelle il n'attachait aucune importance. Mais nous avons tant de respect pour les expressions populaires, nous y avons reconnu des vérités si grandes, elles sont à nos yeux des traductions si fidèles, si exactes des mœurs et des usages du peuple, que nous ne nous pardonnons pas même de les avoir autrefois méconnues.

Telles sont donc en résumé les opinions de nos grammairiens sur le genre des mots *hymne*, *exemple*. Fortement influencée par toutes ces autorités, qui semblaient seules compétentes, l'Académie décida que : « *Hymne* est masculin, mais qu'il peut recevoir « un adjectif féminin, lorsqu'il s'agit des hymnes chantées à l'église ; qu'il n'est pas « permis de donner le genre féminin au mot *exemple*, si ce n'est quand il signifie un « modèle d'écriture. »

Cette décision authentique est bien formelle : elle est exprimée, comme on le voit, en termes bien positifs. Malheureusement les faits que notre langue nous offre, loin d'appuyer cette décision solennelle, la détruisent, sinon entièrement du moins en grande partie.

En effet, il est faux de dire que *hymne* est seulement féminin quand il désigne un chant d'église. Le genre ne dépend point ici de la signification de chant sacré ou de chant profane ; cette distinction est une grande erreur : *hymne* est régulièrement féminin dans tous les sens qu'on lui donne. Ici la forme est tout, la signification n'est rien : l'e muet final est là dans sa toute-puissance :

« Lorsqu'au milieu des lampes, des masses d'or, des flambeaux, des parfums, aux « soupirs de l'orgue, au balancement des cloches, au frémissement des serpents et des « basses, *cette hymne* faisait raisonner les vitraux, les souterrains et les dômes d'une « basilique, etc. » (*Génie du christianisme : Te Deum.*)

« Transportez-vous en pensée dans l'ancien monde pour vous faire une idée de ce
« qu'il dut éprouver, lorsqu'au milieu *des hymnes obscènes, enfantines ou absurdes* à Vé-
« nus, à Bacchus, à Mercure, à Cybèle, il entendit des voix graves chantant au pied
« d'un autel nouveau : O Dieu! nous te louons! O Seigneur, nous te confessons!
« O Père éternel, toute la terre te révère! *(Études historiques.)*

Ces beaux exemples, empruntés au plus grand génie de notre époque, ne peuvent
être suspects, et ils prouvent évidemment combien la règle de l'Académie est vicieuse.
Nous croyons que voici comment il faut procéder.

Hymne est régulièrement féminin, à cause de sa terminaison :

« Un dimanche de l'Avent, j'entendis de mon lit chanter *cette hymne* avant le jour sur
« le perron de la cathédrale, selon un rite de cette église-là. » *(J.-J. Rousseau.)*

>   Quelle sera la hauteur
>   De *l'hymne* de ta victoire,
>   Quand *elle* aura cette gloire
>   Que Malherbe en soit l'auteur! *(Malherbe.)*

« Si quatre vierges, vêtues de lin et parées de feuillages, apportaient la dépouille
« d'une de leurs compagnes dans une nef tendue de rideaux blancs, le prêtre récitait à
« haute voix sur cette jeune cendre *une hymne* à la virginité. » *(Chateaubriand.)*

Mais si *hymne* offre l'idée d'un délicieux abandon de l'âme dans un heureux instant
de délire, de l'allégresse d'un cœur plein d'une vive reconnaissance; ou bien désigne-
t-il un chant violent, comme un cri de joie dans un festin, un cri de victoire sur un
champ de bataille, un cri de douleur sur un tombeau? Ici il y a une force à exprimer,
et la masculinité apparaît comme une admirable harmonie :

>   Encore *un hymne*, ô ma lyre!
>   *Un hymne* pour le Seigneur,
>   *Un hymne* dans mon délire,
>   *Un hymne* dans mon bonheur! *(Lamartine.)*

« O toi qui nous a faits! en composant un discours si saint, je crois chanter *un vé-
« ritable hymne* à ta gloire. » *(Galien.)*

« Quelles étaient ces institutions des Amphion, des Cadmus, des Orphée? Une belle
« musique appelée Loi, des danses, des cantiques, quelques arbres consacrés, des
« vieillards conduisant des enfants, *un hymne formé* auprès d'un tombeau, la religion
« et Dieu partout. » *(Chateaubriand.)*

Comme la masculinité s'harmonise parfaitement avec la grandeur et la majesté des
idées qui l'environnent!

Boileau traduisait sans doute le développement d'une grande force, lorsque, dans
son épigramme sur Santeuil, il fit *hymne* masculin :

>   A voir de quel air effroyable,
>   Roulant les yeux, tordant les mains,
>   Santeuil nous lit *ses hymnes vains*,
>   Dirait-on pas que c'est le diable
>   Que Dieu force à louer les saints?

On peut très fréquemment rencontrer *hymne* avec une masculinité peu motivée. Cela
vient sans doute du respect que certains auteurs ont toujours eu pour la décision de

l'Académie. Pour nous cette décision n'est plus une loi ; nous lui substituons l'harmonie que nous avons indiquée, et dont nous offrons un nouvel exemple.

Lamartine, dont l'expression est aussi pure que la pensée, emploie la masculinité quand *hymne* rappelle une idée religieuse et grave, imposante et sublime :

> Le temple de Sion était dans le silence ;
> *Les saints hymnes* dormaient sur les harpes de Dieu.
> Les foyers odorants, que l'encensoir balance,
> S'éteignaient ; et l'encens, comme un nuage immense,
> S'élevait en rampant sur les murs du saint lieu.

« Toutes leurs pensées se convertissent en enthousiasme et en prière ; toute leur existence est *un hymne muet* à la Divinité et à l'espérance. »

Cette masculinité est vraiment admirable ; elle nous fait comprendre pourquoi quelques grammairiens rejetaient la féminité : c'est que le masculin est réellement sublime. Cependant notre grand poète n'est pas exclusif. Quand il nous peint son Harold touchant au sol de la Grèce, et apercevant sur le rivage un pontife, des femmes, des vierges, des enfants qui paraissaient célébrer des funérailles, comme il n'y a rien ici de fort, de violent, d'extraordinaire, il emploie la féminité :

> .... De plus près le vent soufflant du bord
> Aux oreilles d'Harold porte *une hymne* de mort.

Mais quand le poète nous représente l'infortunée Sapho toute prête à se précipiter dans les flots du haut du promontoire fatal, et qu'il lui fait dire aux jeunes filles qui l'accompagnent :

> Et vous, pourquoi ces pleurs ? Pourquoi ces vains sanglots ?
> Chantez, chantez *un hymne*, ô vierges de Lesbos !

Ici la masculinité est d'une grande énergie ; elle devient un des accents du désespoir de cette femme, qui succombe sous les coups d'un aveugle destin.

L'Académie, comme on le sait déjà, avait décidé que *exemple* ne peut être féminin que dans le sens de modèle d'écriture. Toutefois, dans son édition de 1798, qui du reste n'est pas authentique, l'Académie semblait s'être rétractée, et avoir déclaré qu'on peut dire : *un bel exemple de lettres italiennes*. Aussi ces hésitations continues conduisirent quelques grammairiens à trancher enfin la question, et à décider que dans tous les cas *exemple* est masculin. Cette décision, trop exclusive, n'est pas sans motifs, car la masculinité est toujours grande et noble. Cependant nous croyons qu'il y a erreur, et voici comment nous procédons :

Exemple a deux significations, l'une toute matérielle, l'autre toute morale. Ses deux genres sont en harmonie avec ses deux significations opposées.

Exemple, au matériel, désigne un modèle d'écriture, une copie de dessin, etc. Ici, pas de poésie. Le genre doit être le résultat immédiat de la forme du mot ; et l'*e* muet final veut le genre féminin :

« Son maître à écrire lui donne tous les jours de *nouvelles exemples*. » (*Girault-Duvivier*.)

« Les élèves doivent chercher à imiter *cette exemple*, en copiant les traits du dessin, etc. » (*Idem.*)

Exemple, au moral, réveille toujours quelque chose d'énergique et de grand ; il nous offre ces beaux modèles de vertu, dont l'imitation même éloignée exige de nous de longs efforts, d'opiniâtres combats, une attention constante sur nous-mêmes, enfin une habitude de nous vaincre à toute épreuve. Ici l'idée dominante est la force : aussi le genre indispensable est le masculin, qui ajoute toujours à la puissance de l'expression :

« Imitez *un si bel exemple*, et laissez là vos descendants. » (*Bossuet.*)

Je suis fils de César, j'ai *son exemple* à suivre. (*Voltaire.*)

Imitez *cet exemple* ; à leur prison stérile
Enlevez ces brigands. (*Delille.*)

« *Les bons exemples* conduisent plus efficacement à la vertu que les bons préceptes. » (*Académie.*)

Cette masculinité est bien belle et surtout bien expressive. L'emploi de la féminité du mot *exemple*, au moral, n'est pas commun dans nos classiques : on ne le rencontre guère que dans ce passage de la Satyre Ménippée :

« Ce vous est *une belle exemple* à vous autres petits beuvreaux, qui faites tant les « scrupuleux, quand il faut, etc. »

Mais on sait que l'ironie, comme la grâce, s'harmonise avec la féminité : harmonie exacte et fidèle, car l'ironie et la grâce constituent souvent à elles seules le caractère d'une femme.

Le peuple emploie très souvent cette féminité du mot *exemple* au moral, et quelquefois d'une manière si gracieuse, que nos poètes n'en dédaigneraient pas l'emploi, si, comme nous, ils l'avaient fréquemment admirée. Au reste, le peuple, qui ne se trompe pas aussi souvent qu'on le pense, sait très bien employer *exemple* au masculin, quand il veut s'exprimer avec énergie.

Office est régulièrement féminin, quand il désigne le lieu où sont rassemblés les apprêts d'un festin :

« *Cette office* est spacieuse et bien *meublée*. » (*Grammairiens.*)

Mais désigne-t-il cette obligation sacrée, que la vertu nous impose de faire le bien ? exprime-t-il ces graves fonctions où l'homme est chargé de venger la vertu outragée, de flétrir le vice coupable et audacieux ? rappelle-t-il ces cérémonies religieuses où tout nous entraîne au recueillement le plus profond ? la masculinité est ici en parfaite harmonie avec nos pensées sérieuses :

Je vous devrais beaucoup pour *un si bon office*. (*Corneille.*)
C'est où le roi me mène, et tandis qu'il m'envoie
Faire *office* vers vous de douleur et de joie.....
Mais *cet office* encor n'est pas assez pour lui. (*Id.*)

« Charles-Quint, respirant à peine au fond de son cercueil, n'entendait que *l'office*
« des morts lentement *psalmodié*. » (*Narrations françaises.*)

OEuvre nous offre dans son double genre l'harmonie la plus parfaite du principe que nous développons. En effet, il est régulièrement féminin, quand il désigne une simple action de la vie ordinaire :

« Le contentement intérieur qu'on éprouve, en faisant *une bonne œuvre*, n'est pas

« plus une combinaison de la matière, que le reproche de la conscience, lorsqu'on
« commet une bonne action, n'est la crainte des lois. »   (*Génie du christianisme.*)

« Heureux ceux qui meurent dans le Seigneur : ils se reposent dès à présent de leurs
« travaux, car *leurs bonnes œuvres* les suivent. »   (*Trad. des psaumes.*)

Mais si *œuvre* apporte avec lui l'idée d'un acte de génie; s'il fait naître le sentiment d'une grande force développée; s'il entraîne avec lui la croyance ferme qu'une grande puissance a été employée dans l'acte grave et solennel qu'il désigne; alors il devient nécessairement masculin :

« Ils voulurent que, devant que commencer *un si saint œuvre,* fut faite une proces-
« sion. »   (*Satyre Ménippée.*)

« J'en parachevai *l'œuvre entier* étant à votre service, il y a environ douze ou treize
« ans. »   (*Amyot.*)

« Ce tableau est *un œuvre* de Callot. »   (*Girault-Duvivier.*)

> Donnons à *ce grand œuvre* une heure d'abstinence.   (*Boileau.*)

> Quelle morale puis-je inférer de ce fait?
> Sans cela toute fable est *un œuvre imparfait.*   (*La Fontaine.*)

« Tel fut *l'œuvre inaperçu* de soixante années. »   (*Chateaubriand.*)

« Athalie est *l'œuvre le plus parfait* du génie inspiré par la religion. »   (*Idem.*)

On sent que *œuvre,* au masculin, désignant toujours un chef-d'œuvre, ne peut guère être employé au pluriel; car les chefs-d'œuvre ne sont pas communs. Aussi, jadis on employait le masculin au pluriel, en désignant la collection des écrits d'un auteur; mais aujourd'hui on dit : *les œuvres complètes.* On n'imite donc plus le poète qui a dit :

> Tel qui, content de lui, croit *ses œuvres parfaits,*
> Aux futurs épiciers prépare des cornets.

Nous avons déjà vu combien le féminin s'harmonise avec l'ironie. Lamartine nous en offre un nouvel exemple dans cette strophe où il a fait *œuvre* féminin :

> Lorsque du Créateur la parole féconde
> Dans une heure fatale eut enfanté le monde
>   Des germes du chaos;
> *De son œuvre imparfaite* il détourna la face ;
> Et, d'un pied dédaigneux le lançant dans l'espace,
>   Rentra dans son repos.

Tant il est vrai qu'en français l'ironie est féminine!

Pâque est féminin suivant sa terminaison, quand il désigne cette heureuse journée où les enfants de Jacob sortirent enfin de l'oppression des Pharaons, et quittèrent la tyrannique Égypte pour se rendre dans la terre promise :

« Vous mangerez l'agneau avec des pains sans levain et des laitues amères, ayant
« une ceinture aux reins, des souliers aux pieds, et un bâton à la main, comme des
« voyageurs; car c'est *la pâque* ou le passage du Seigneur. »   (*Moïse.*)

Il est encore régulièrement féminin, quand il désigne l'anniversaire de ce jour chez les Israélites, ainsi qu'une coutume pieuse chez les chrétiens :

« Jésus, ayant achevé tous ces discours, dit à ses disciples : « Vous savez que *la* « *pâque* se fera dans deux jours; et le Fils de l'homme sera livré pour être crucifié. »
(St. Mathieu.)

« Tout fidèle doit faire de *bonnes pâques*. »   (*Girault-Duvivier.*)

« Quand Noël est vert, *les pâques* seront *blanches*. »   (*Proverbe.*)

« Le dimanche des Rameaux s'appelle *Pâques fleuries*, et le dimanche de Quasimodo « *Pâques closes*. »   (*Gattel.*)

On sait que *Pâque* est masculin, quand il désigne le jour de la Résurrection. Et qu'on n'aille pas croire que cette masculinité soit une erreur ou un fait arbitraire : c'est une des plus belles harmonies de notre langue. Pour en comprendre toute la beauté et toute l'exactitude, il faut s'unir à la grande pensée qui occupe l'univers chrétien en ce jour solennel, où le Sauveur, victorieux de la mort, s'élève rayonnant de gloire vers les clartés éternelles, assurant à la terre régénérée l'empire absolu de la loi nouvelle; il faut assister en esprit à cette magnificence des cérémonie de la Semaine sainte, surtout à Rome; il faut se représenter « ce clergé en deuil, ces autels, « ces temples voilés, cette musique sublime, ces voix célestes chantant les douleurs « de Jérémie; cette passion mêlée d'incompréhensibles mystères; ce saint sépulcre « environné d'un peuple abattu; ce pontife lavant les pieds des pauvres; ces ténèbres, « ces silences entrecoupés de bruits formidables; ce cri de victoire échappé tout-à-coup « du tombeau; enfin ce Dieu qui ouvre la route du ciel aux âmes délivrées, et laisse « aux chrétiens sur la terre, avec une religion divine, d'intarissables espérances. » Quand on s'est bien pénétré des profonds mystères qui précèdent et accompagnent le plus grand et le plus mémorable jour de la Religion; quand on peut juger de l'effet qu'un tel jour a toujours produit sur un peuple plein de foi; alors on ne doit plus s'étonner que le nom qui désigne ce jour si solennel ait quitté la féminité qu'il a partout ailleurs, pour devenir tout à coup masculin.

Période est régulièrement féminin :

« La vie de l'homme est trop courte, pour sortir *des longues* périodes d'une révolu-« tion. »   (*Boiste.*)

« L'histoire se divise en *différentes périodes*. »   (*Girault-Duvivier.*)

« On peut définir *la période* une pensée composée de plusieurs autres pensées, qui « ont chacune un sens suspendu, jusqu'au dernier repos, qui est commun à toutes. »
(Le Batteux.)

« *La période solaire, la période lunaire, la période julienne*, etc. »   (*Gattel.*)

Période exprime-t-il au contraire le résultat d'une grande force largement développée? offre-t-il à notre imagination cette idée énergique qu'après des efforts, souvent multipliés, on est enfin parvenu au dernier terme d'une valeur, à la dernière limite d'une puissance? La force, qu'il a fallu employer pour y atteindre, rend ici l'emploi de la masculinité non seulement juste, mais encore indispensable :

« Démosthènes et Cicéron ont porté l'éloquence à *son dernier période.* » (*Girault-Duvivier.*)

« La France, après avoir atteint *le période* de sa gloire militaire, marche d'un pas as-
« suré vers *celui* de sa gloire civile; elle a pour guides l'amour de la patrie et l'horreur
« du despotisme. » (*Boiste.*)

Sentinelle a été l'objet de bien des discussions de la part de nos grammairiens. Mais comme leurs discussions n'offrent aucune méthode, nous allons expliquer le genre de ce nom d'après nos principes.

Sentinelle a une forme essentiellement féminine. Mais il a aussi une signification toute masculine. De là l'emploi des deux genres :

« On a trouvé *le sentinelle* mort dans sa guérite. » (*Académie.*)

« Les arbres, qui balancent tristement leurs cimes dépouillées, ne portent que de
« noires légions qui se sont associées pour passer l'hiver : elles ont *leurs sentinelles* et
« *leurs gardes avancées;* souvent une corneille centenaire, antique sibylle du désert,
« se tient seule perchée sur un chêne, avec lequel elle a vieilli. » (*Chateaubriand.*)

Mais indiquer l'emploi des deux genres, ce n'est pas l'expliquer. Voici comment les poètes procèdent.

Quand *sentinelle* exprime une idée grande et forte, quand tout ce qui l'entoure est énergique, il prend le genre masculin :

> Ce sentiment si prompt, dans nos cœurs répandu,
> Parmi tous nos dangers *sentinelle assidu.* (*Voltaire.*)

> Ces postes menaçants, *ces nombreux sentinelles.*
> Qui veillent nuit et jour aux portes éternelles. (*Delille.*)

> Quand le cap africain, sous les traits d'un géant,
> *Sentinelle hideux* du dernier Océan ; etc. (*Parseval.*)

« L'oreille du lion est *le plus sûr sentinelle.* » (*Fontanes.*)

Quand *sentinelle* exprime une idée gracieuse; quand tout ce qui l'entoure est touchant, il prend le genre féminin, comme dans la phrase de Chateaubriand citée plus haut, et dans ces exemples :

« Une femme doit être pour elle-même *sa sentinelle vigilante;* sans cesse entourée
« d'ennemis, elle en a dans sa tête, dans son cœur, dans toute sa personne. » (*Boiste.*)

« La vertu est *une sentinelle vigilante* qui nous signale les dangers où le vice peut nous
« entraîner. » (*Anonyme.*)

Cette harmonie du genre est exacte; les poètes ne s'en écartent jamais.

Tour est régulièrement masculin :

> En faisant des heureux, un roi l'est *à son tour.* (*Voltaire.*)

> Plus il est près de quitter ce séjour,
> Plus on lui trouve et d'esprit et de charmes.
> Enfin, pourtant il a passé *le tour.* (*Gresset.*)

Cependant, lorsque *tour* désigne cette partie gigantesque de nos cathédrales gothiques, qui s'élève et se perd dans les nues, il conserve la féminité qu'il a en latin, car c'est de là que nous l'avons tiré :

« Et prist *la tur* de Syon, ço est la citad de David. » (*Chroniques.*)

« Elle revint dedans *sa tor.* »   (*Marie de France.*)

> C'est au seuil de *la tour*, c'est aux portes de Londres,
> Que parmi vos sujets je devais me confondre.   (*Casimir Delavigne.*)

Si *vague* désigne ces masses d'eau qui s'élèvent et retombent sous l'impression des vents, le genre féminin est naturel ; la terminaison l'exigeait :

> Une voix s'élevait de mon sein tendre et vague.
> Ce n'était pas le chant du coq ou de l'oiseau,
> Ni des souffles d'enfants dormant dans leur berceau,
> Ni la voix des pêcheurs qui chantaient sur *la vague* ;
> C'était vous ! c'était vous, ô mon ange gardien !
> C'était vous dont le cœur chantait avec le mien.   (*Lamartine.*)

Mais si *vague* désigne ces espaces immenses des régions de l'air, dans lesquels le regard effrayé se plonge sans trouver nulle part aucune limite ; s'il exprime cet infini idéal, dans lequel notre imagination débarrassée de toute loi, de toute règle, erre à l'aventure, comme dans un horizon dont les bornes, s'éloignant toujours, vont se perdre au sein de l'immensité ; alors la masculinité nous paraît d'une grande beauté :

« En s'isolant des hommes, en s'abandonnant à ses songes, Rousseau a fait croire à
« une foule de jeunes gens qu'il est beau de se jeter ainsi dans *le vague* de la vie. »
  (*Chateaubriand.*)

« L'analyse prend la place de *ce vague infini* où la pensée aime à se perdre. » (*Idem.*)

« La mélancolie s'engendre *du vague* des passions, lorsque ces passions sans objet se
« consument d'elles-mêmes dans un cœur solitaire. »   (*Idem.*)

La féminité de ce mot est le résultat immédiat de sa forme ; sa masculinité est l'effet relatif de sa signification accidentelle.

Voile a encore ses deux genres en parfaite harmonie avec ses différentes significations.

Quand il désigne cette partie du vaisseau qui reçoit l'impulsion des vents, comme rien de mystérieux ni de grave ne se rattache à cette idée toute matérielle, *voile* est alors régulièrement féminin. Ici la forme est l'unique guide :

« Les tritons conduisaient les chevaux et tenaient les rênes dorées : *une grande voile*
« de pourpre flottait dans l'air au-dessus du char : *elle* était à demi-*enflée* par le souffle
« d'une multitude de petits zéphirs qui s'efforçaient de *la* pousser par leurs haleines. »
  (*Fénelon.*)

Il est aussi féminin, quand il s'emploie dans le sens de navire :

> Si vous voulez partir *la voile* est *préparée*.   (*Racine.*)

Il est encore féminin au figuré, lorsque l'image employée rappelle l'idée d'un navire :

> Quand la faveur, à *pleines voiles*,
> Toujours compagne de vos pas.   (*Malherbe.*)

(90)

> Il voit les passions, sur une onde incertaine,
> De leur souffle orageux enfler *la voile humaine*. (*Lamartine*.)

On a justement reproché à Corneille d'avoir employé au masculin *voile* dans son sens propre de partie de vaisseau :

> Il venait à *plein voile*, et si dans les hasards. (*Pompée*.)

En effet, cette signification, qui tient toute de la lettre, ne s'harmonise nullement avec la masculinité qui tient toute de l'esprit : mais il en est bien autrement de toutes les autres significations, auxquelles se rattache toujours quelque idée religieuse, sombre ou imposante.

Est-on plongé dans la douleur, dans le deuil ? Le malheur est-il venu nous assaillir ? Le chagrin pèse-t-il sur notre âme, comme un poids qui étouffe ? nous nous enveloppons *d'un voile funèbre* :

« L'heure est donc venue où la France doit couvrir *d'un voile* son superbe panache, « et laisser tomber sa tête dans le giron de l'Angleterre ? » (*Jeanne d'Arc de Shakespeare*.)

On se rappelle cette matinée douloureuse où l'infortuné Chactas allait confier à la terre du repos les restes inanimés de celle qu'il aima :

« Souvent la longue chevelure d'Atala, jouet des brises matinales, étendait *son voile* « d'or sur mes yeux. » (*Chateaubriand*.)

S'agit-il d'une vaste entreprise que les ténèbres enveloppent ? d'une conspiration tramée dans l'ombre ? Tout se couvre *d'un voile affreux* ! (*Crébillon*.)

Une jeune vierge quitte-t-elle le monde pour se consacrer à Dieu dans un cloître ? Elle couvre les traits célestes de sa figure virginale sous les plis flottants *d'un voile*

Les ennuis de son front se cachent sous un bandeau de lin ; et *le voile mystérieux*, « double symbole de la virginité et de la religion, accompagne sa tête dépouillée. »
(*Chateaubriand*.)

Enfin, dans le temple de Salomon, *un voile immense* dérobait le sanctuaire aux regards de la foule pieuse :

« En même temps *le voile* du temple se déchira en deux, depuis le haut jusqu'en bas ; « la terre trembla ; les pierres se fendirent ; les sépulcres s'ouvrirent ; et plusieurs « corps des saints, qui étaient dans le sommeil, ressuscitèrent. » (*St. Mathieu*.)

On voit ici que la masculinité n'a aucun rapport avec la forme, et qu'elle s'harmonise admirablement avec tout ce que la signification renferme de grave, de sacré, de mystérieux.

EXERCICE PHRASÉOLOGIQUE.

AIDE.

Un aide de camp.
Un excellent aide.
Un mauvais aide.
Aide prompte.
Aide assurée.
Être toute l'aide de quelqu'un.

AUNE.

Un bel aune.
Un grand aune.

Une aune de toile.
Aune fausse.

BARBE.

Un beau barbe.
Un barbe léger.
Un barbe bien fait.
Barbe blanche.
Barbe grise.
Grande barbe.
Barbe longue.
Se faire la barbe.

Se peindre la barbe.
Barbes d'épi.
Barbes de plume.

BARDE.

Le barde de la Calédonie.
Grande barde.
Une grosse barde.
Barde trop longue.
Barde trop épaisse.

COCHE.

Un grand coche.

Un petit coche.
Le coche d'Auxerre.
Une grosse coche.
Une petite coche.

CRÊPE.

Un gros crêpe.
Un crêpe noir.
Porter un crêpe à son chapeau.
Une bonne crêpe.
Une crêpe excellente.

(91)

ÉCHO.
Les échos redoublés.
Les échos prolongés.
La triste écho.

ENSEIGNE.
Un enseigne de vaisseau.
Loger à telle enseigne.
Enseignes déployées.
Les enseignes romaines.

ESPACE.
Grand espace.
Long espace.
Espace rempli.
Petit espace.
Court espace.
De petites espaces.
De moyennes espaces.

EXEMPLE.
Un bel exemple.
Une belle exemple.
De beaux exemples.
De belles exemples.

FORET.
Un petit foret.
Un grand foret.
Mauvais foret.
Bon foret.
Grande foret.
Belle foret.
Épaisse foret.
Traverser une foret.

FOURBE.
Un vrai fourbe.
Un fourbe fieffé.
Un fourbe sans foi.
Un fourbe insigne.
Fourbe grossière.
Découvrir une fourbe.
Inventer une fourbe.

GARDE.
Ses gardes affligés.
Un de ses gardes.
Ses gardes repoussés.
Le garde des sceaux.
Le garde champêtre.
Un garde forestier.
Faire la garde.
Faire bonne garde.
Mauvaise garde.
La garde des portes.
Relever la garde.
Doubler la garde.
La garde montante.
La garde descendante.
Monter, descendre la garde.
La garde d'une place.

GREFFE.
Retirer un procès du greffe.
Consigner de l'argent au greffe.
Aller au greffe.
Sortir du greffe.
Greffe plein de monde.
Lever des greffes.
Enter des greffes.
Greffes de pommier, de poirier, de pêcher.
Une belle greffe.
A quoi sert la greffe?

GUIDE.
Prendre un guide.
Un bon guide.
Un mauvais guide.
Un excellent guide.
Un guide trompeur.
Avoir besoin d'un guide.
Les grandes guides.
Les petites guides.
De bonnes guides.
De mauvaises guides.

HÉLIOTROPE.
Un bel héliotrope.
Un héliotrope du Pérou.
Un héliotrope exotique.
Une fausse héliotrope.

HYMNE.
Un bel hymne.
L'hymne saint.
De belles hymnes.
Les hymnes sacrées.

LIVRE.
Un bon livre.
Un bon livre plein d'érudition.
Faire un livre.
Composer un livre.
Un livre bien écrit.
Un livre éloquent.
Un méchant livre.
Un livre plein de grandes idées.
Un nouveau livre.
Un vieux livre.
Une livre de beurre.
Une livre de viande.

MANCHE.
Le manche d'un couteau.
Le manche d'un canif.
Un manche à balai.
Un manche de gigot.
Un manche de violon.
Manches courtes.
Manches longues.
Une manche de chemise, de robe, d'habit.
Se faire tirer par la manche.

MANŒUVRE.
Un bon manœuvre.
Un excellent manœuvre.
Un manœuvre adroit.
Une savante manœuvre.
Une manœuvre politique.
Découvrir une manœuvre.
Des manœuvres obscures.

MÉMOIRE.
Excellent mémoire.
Régler un mémoire.
Composer un mémoire.
Arrêter un mémoire.
Mémoire convaincant.
Le mémoire du menuisier.
Bonne mémoire.
Mémoire heureuse.
Avoir de la mémoire.
Gravé dans la mémoire.
Perdre la mémoire.
De glorieuse mémoire.

MODE.
Le mode indicatif.
Le mode subjonctif.
Mode d'administration.
Mode de gouvernement.
Mode nouvelle.
Mode ancienne.
Vieille mode.
Mode insensée.
Mode ridicule.
Faire à sa mode.

MOULE.
Faire une chose au moule.
Un moule parfait.
De bonnes moules.
Des moules fraîches.

MOUSSE.
Un petit mousse.
Un mousse de bague.
Se coucher dans la mousse.
Faire de la mousse.

ŒUVRE.
Premier œuvre.
Second œuvre.
L'œuvre de Callot.
Grand œuvre.
Une bonne œuvre.
Une œuvre de miséricorde.
Une œuvre de charité.
Œuvres morales.
Les œuvres de la nature.

OFFICE.
Un bon office.
De bons offices.
Un mauvais office.
L'office divin.
Office solennel.
Manquer l'office.
Savoir bien l'office.
Entendre bien l'office.
Office nombreuse.
De belles, de grandes offices.
Offices bien éclairées.

PAGE.
Un beau page.
Un jeune page.
Un joli page.
Les pages du roi.
Une belle page.
Remplir la page.
Une longue page.

PAQUE.
Pâque est-il venu?
Pâque est-il passé?
La veille de Pâque.
Immoler la pâque.
Manger la pâque.
Pâques fleuries.
Pâques closes.
Faire de bonnes pâques.

PARALLÈLE.
Excellent parallèle.
Faire un parallèle.
Le parallèle de Racine et de Corneille.
Le parallèle d'Alexandre et de César.
Tirer une parallèle.

PENDULE.
Les vibrations du pendule.
Oscillations du pendule.
Une belle pendule.
Une grande pendule.
Une pendule de prix.

PÉRIODE.
Au plus haut période.
A son dernier période.
Le plus haut période de la gloire.
Le dernier période de la vie.
Les différentes périodes de l'histoire.
Une période composée.
Une période à deux membres.
Période musicale.

POSTE.
Rester à son poste.
Quitter un poste.
Se rendre au poste.
Poste avantageux.
Mauvais poste.
Défendre un poste.
Poste peu fortifié.
Un poste d'honneur.
Un poste élevé.
Occuper un poste.
Prendre la poste.
Courir la poste.
Mettre une lettre à la poste.
Grande poste.
Petite poste.
Poste restante.

POURPRE.
Avoir le pourpre.
Pourpre rentré.
Mourir du pourpre.
Porter la pourpre.
La pourpre royale.
La pourpre romaine.

SATIRE.
Un vieux satyre.
Un jeune satyre.
Faire une satire.
Publier une satire.
La satire du siècle.
Une satire piquante.

SENTINELLE.
Un sentinelle.
Parler au sentinelle.
Une sentinelle avancée.
Relever la sentinelle.
Sentinelle endormie.
Poser la sentinelle.

SOMME.
Un long somme.
Un bon somme.
Un léger somme.
Son premier somme.
Faire un somme.
Petite somme.
Grosse somme.
La somme des maux.
La somme de nos malheurs.

SOURIS.
Un souris agréable.
Un doux souris.
Un petit souris.
Souris moqueur.
Souris malicieux.
Petite souris.
Grosse souris.
Souris blanche.
Souris grise.

TOUR.
Le tour du soleil.
Faire un tour.
Le tour de la ville.
Un tour d'adresse.
Jouer un tour.
Un mauvais tour.
Un tour de fripon.
Vilain tour.
Un tour sanglant.
Un tour perfide.
Prendre un bon tour.
Un tour original.
Un tour élégant.
Haute tour.
Tour carrée.
Tour penchée.
Petite tour.
Grosse tour.
Tour ronde.
Au pied de la tour.

TROMPETTE.
Un bon trompette.

(92)

Un trompette de régiment.
Envoyer un trompette.
Sonner la trompette.
Sonner de la trompette.
La trompette de la Renommée.
Emboucher la trompette.

VAGUE.

Le vague de l'air.

Le vague des airs.
Se jeter dans le vague.
De grandes vagues.
Vagues écumantes.
Des vagues hautes.
Rompre la vague.

VASE.

Tomber dans la vase.

Un vase d'or.
Un vase antique.
Un vase précieux.

VOILE.

Un voile épais.
Voile clair.
Porter un voile.
Le voile de la nuit.

Lever le voile.
Plier, caler la voile.
Aller à la voile.
Cingler à pleines voiles.
A voiles déployées.
Enfler les voiles.
Mettre à la voile.

N° XXXIX.

NOMS QUI EXPRIMENT DES ÉTATS, DES QUALITÉS QU'ON REGARDE, EN GÉNÉRAL, COMME NE CONVENANT QU'A DES HOMMES.

Une de mes chances était d'avoir toujours dans mes liaisons des femmes AUTEURS.
(J.-J. ROUSSEAU.)

Les *femmes* DOCTEURS ne sont point de mon goût.
(MOLIÈRE.)

Marguerite d'Anjou, femme de Henri VI, roi d'Angleterre, fut active et intrépide, GÉNÉRAL et SOLDAT.
(THOMAS.)

Mademoiselle de Schurman, née à Cologne en 1606, était PEINTRE, musicienne, GRAVEUR, SCULPTEUR, PHILOSOPHE, GÉOMÈTRE, théologienne même; elle avait encore le mérite d'entendre et de parler neuf langues différentes. (BIOGRAPHIE UNIV.)

Les femmes n'eurent pas seulement des cours d'amour, elles devinrent aussi MAGISTRATS, en possédant des seigneuries, et exercèrent la juridiction des fiefs dans toute leur étendue. (Id.)

Les ouvrages de mademoiselle Williams la font regarder tour à tour comme poète et comme HISTORIEN.
(Mme BRIQUET.)

Les passions sont les seuls ORATEURS qui persuadent toujours. (LAROCHEFOUCAULD.)

Les *femmes* POÈTES sont mauvaises ménagères : la rime s'accorde mal avec l'économie.
(BOISTE.)

Chimène dit à Rodrigues :
Va, je suis ta partie et non pas ton *bourreau*.
(CORNEILLE.)

Venez, *mesdames*, être TÉMOINS du triomphe de la philosophie. (MARMONTEL.)

J'apprends avec plaisir tout ce qu'on publie à la gloire d'une fille célèbre, Anne de Beris, et aujourd'hui PROFESSEUR de rhétorique. (Mme BRIQUET.)

Elle fut sa nourrice, elle devient son GUIDE.
(LEGOUVÉ.)

L'*abbesse* de Fontevrault est CHEF et GÉNÉRAL de tout l'ordre. (ACADÉMIE.)

Mademoiselle d'Eon fut mise à 14 ans au collège Mazarin. On ignore les raisons qui engagèrent ses parents à lui donner l'habit d'homme. Elle fut reçue DOCTEUR en droit civil et en droit canon, et enfin AVOCAT au Parlement de Paris.
(BIOGR. DES FEM. CÉLÈB.)

Les femmes polissent les manières, elles donnent le sentiment des bienséances, elles sont les vrais PRÉCEPTEURS du bon ton et du bon goût.
(LEGOUVÉ.)

Hypathía enseignait elle-même la doctrine d'Aristote et de Platon ; on l'appelait le PHILOSOPHE.
(CHATEAUBRIAND.)

La *sagesse* est le TYRAN des faibles.
(VAUVENARGUES.)

Plutôt VERSIFICATEUR que poète, *madame* de Mandelot a chanté dans des pièces généralement assez brèves les plaisirs champêtres. (MAHUL.)

Madame Dacier est un des plus fidèles TRADUCTEURS d'Homère. (GIRAULT-DUVIVIER.)

Ici se présente une grande difficulté dont le manque de solution a toujours fait époque dans les annales grammairiennes. Comment se fait-il, s'écrient nos grammairiens, que la langue française se soit mise en opposition avec toutes les autres langues, en laissant au masculin tous ces noms *auteur, amateur, docteur, géomètre, général, graveur, professeur, philosophe, poète, traducteur,* etc., lors même que ces noms désignent des femmes?

Avant d'essayer de rendre raison de cette masculinité qui paraît inexacte, qu'il nous soit permis d'expliquer quelques exemples bien connus, où le genre féminin a été employé, et dont on s'est toujours servi pour accuser d'erreur ou d'arbitraire la masculinité précédente.

Vais-je épouser ici quelque *apprentie auteur*. (*Boileau*.)

« A Paris, le riche sait tout; il n'y a d'ignorant que le pauvre. Cette capitale est
« pleine d'amateurs et surtout d'*amatrices* qui font leurs ouvrages, comme M. Guil-
« laume faisait ses couleurs. » (*J.-J. Rousseau*.)

« J'aime mieux m'abstenir de caresser les enfants que de leur donner de la gêne ou
« du dégoût. Ce motif, qui n'agit que sur les âmes vraiment aimantes, est nul pour
« tous nos docteurs et *doctoresses*. » (*Idem*.)

De lui sourire au retour ne fit faute,
Ce fut *la peintre*. On se remit en train. (*La Fontaine*.)

A votre fille aînée
On voit quelques dégoûts pour les nœuds d'hyménée :
C'est *une philosophe* enfin. (*Molière*.)

La fièvre ardente, à la marche inégale,
Fille du Styx, *huissière* d'Atropos,
Porte le trouble en leurs petits cerveaux. (*Voltaire*.)

Dans ces exemples, souvent cités, le féminin est à sa place; l'ironie explique tout.
Le but des auteurs est d'exprimer un ridicule : or, la masculinité annonce toujours
une idée grande et noble ; elle eût été déplacée ici sous la plume satirique de nos
grands écrivains. Le féminin est donc venu là, parce que le masculin n'y pouvait être.
Les exemples d'expressions féminines, dans l'ironie, sont très nombreux. En effet,
veut-on peindre d'un seul trait un guerrier qui manque de courage, on l'appelle ironiquement *une femme*! Cette ironie est de la dernière injustice, il est vrai, mais enfin
elle explique les peuples qui s'en servent et les langues qui l'emploient. En France,
l'ironie est féminine, parce que le masculin est toujours noble dans son emploi. Du
reste, l'ancienne grammaire avait admis cette vérité, en lui donnant cette forme si
connue : *Le masculin est plus noble que le féminin*.

EXERCICE PHRASÉOLOGIQUE.

Agresseur.	Censeur.	Ecrivain.	Ingénieur.	Philosophe.	Régisseur.
Agriculteur.	Compositeur.	Editeur.	Imposteur.	Prédécesseur.	Rhéteur.
Amateur (1).	Confesseur.	Escroc.	Laboureur.	Prédicateur.	Souscripteur
Artisan.	Fat.	Facteur.	Libraire.	Prévaricateur.	Successeur.
Assassin.	Défenseur.	Fauteur.	Littérateur.	Professeur.	Vainqueur.
Auteur (2).	Détracteur.	Fossoyeur.	Médecin.	Prosateur.	Secrétaire.
Botaniste (3).	Disciple.	Géomètre.	Orateur.	Proviseur.	Etc, etc., etc.
Capitaine.	Distillateur.	Graveur.	Partisan.	Questeur.	
Charlatan.	Docteur.	Imprimeur.	Peintre.	Rédacteur.	

(1) On commence à dire *amatrice* ; à *Paris le riche sait tout, il n'y a d'ignorant que le pauvre. Cette capitale est pleine d'amateurs et surtout d'*AMATRICES*, qui font leurs ouvrages comme M. Guillaume faisait ses couleurs*. Ce mot est approuvé par les règles de la néologie. Linguet, Domergue et plusieurs écrivains l'ont employé. Il se trouve aussi dans le Dictionnaire de l'Académie.

(2) Cette phrase, extraite d'un journal littéraire, est incorrecte : *Madame la duchesse de Duras, spirituelle auteur d'Ourika, vient de mourir*. Il fallait *spirituel auteur*. Ce qui a fait illusion à celui qui a écrit cette phrase, et l'a porté, selon nous, à mettre *spirituelle* au féminin, c'est que le mot qui suit cet adjectif commence par une voyelle; cela ne serait pas arrivé, si au lieu d'*auteur*, il y eût eu un mot commençant par une consonne. En effet, on ne dirait pas : *Madame Dacier, fidèle, mais* FROIDE TRADUCTEUR *d'Homère*, etc.

(3) Bernardin de Saint-Pierre a employé ce mot au féminin : *Ma chère Virginie, je ne veux point faire de toi* une BOTANISTE.

N° XL.

NOMS QUI, AYANT UN FÉMININ, S'EMPLOIENT CEPENDANT AU MASCULIN.

La mère est le premier *instituteur* de son enfant.
(BERNARDIN DE ST-PIERRE.)

L'expérience qui ne s'acquiert que par des fautes, est un *maître* qui coûte trop cher. (STANISLAS.)

La colère est à la fois le plus aveugle, le plus violent et le plus vil des *conseillers*. (DE SÉGUR.)

La vanité est le plus intime de nos *conseillers*; et celui dont les avis prévalent le plus souvent.
(OXENSTIERN.)

L'histoire renferme l'expérience du monde et la raison des siècles; c'est un *maître* impartial dont nous ne pouvons réfuter les raisonnements, appuyés sur des faits; il nous montre le passé pour nous annoncer l'avenir : c'est le miroir de la vérité.
(DE SÉGUR.)

... L'angoisse, la tristesse,
Sont *compagnons* de la prospérité.
(LOMBARD DE LANGRES.)

Les nourrices sont nos *maîtres* dans la langue naturelle; elles entendent tout ce que disent leurs nourrissons; elles leur répondent et ont avec eux des dialogues très bien suivis. (J.-J. ROUSSEAU.)

Telle femme que nous connaissons, s'est réveillée *homme* de lettres. (ARNAULT.)

Les lois sont les *souverains* des souverains.
(LOUIS XIV.)

Dans les scènes de la vie morale, l'âme est tout à la fois *acteur* et témoin. (DE GÉRANDO.)

Les petites-maîtresses sont de grands *maîtres* en coquetterie. (BOISTE.)

Votre exemple m'instruit, votre bonté m'accable;
Ninon dans tous les temps fut un *homme* estimable.
(VOLTAIRE.)

Elle devient son *maître*, au moment où sa voix
Bégaie à peine un nom qu'il entendit cent fois;
Ma mère est le premier qu'elle l'enseigne à dire.
Elle est son *maître* encor dès qu'il s'essaie à lire.
(LEGOUVÉ.)

Un fanatisme aimable à leur âme enivrée
Disait : la femme est *Dieu*, puisqu'elle est adorée.
(*Id.*)

Et les infortunés que leur bonté soulage
Sentent avec bonheur, peut-être avec amour,
Qu'une femme est l'*ami* qui les ramène au jour.
(*Id.*)

On voit qu'il y a des circonstances où, même en parlant de femmes, ou d'êtres du genre féminin, on doit, dans les noms qui ont une terminaison propre pour le féminin, employer plutôt le masculin. Ainsi, bien que les mots *roi*, *maître*, *Dieu*, *souverain*, *ami*, aient leur féminin *reine*, *maîtresse*, *souveraine*, *déesse*, *amie*, etc., il faut dire : *Marie-Thérèse était un grand* ROI. *Les petites-maîtresses sont de grands* MAÎTRES *en coquetterie. La femme est Dieu, puisqu'elle est adorée. Les lois sont les* SOUVERAINS *des souverains. Une femme est l'*AMI *qui ramène les infortunés au jour*, etc. C'est ainsi qu'une femme qui disputerait à son mari l'autorité qu'il doit avoir dans le ménage, dirait : *le maître ici, c'est moi*, bien qu'elle pût dire aussi : *la maîtresse ici, c'est moi*. Mais il y a entre ces deux locutions une différence bien sensible, et qui résulte entièrement de la différence qu'ont pour le sens les mots *maître* et *maîtresse*.

Nous avons épuisé toutes les règles de syntaxe relatives au *genre* des substantifs; il ne nous reste plus qu'à faire connaître celles qui ont rapport au *nombre*, partie si difficile et qui n'a pas encore été bien traitée jusqu'ici dans aucune grammaire.

(95)

SYNTAXE DU NOMBRE.

N° XLI.

DES ADJECTIFS PRIS SUBSTANTIVEMENT, ET DES NOMS GÉNÉRALEMENT EMPLOYÉS AU SINGULIER.

ADJECTIFS PRIS SUBSTANTIVEMENT.

Heureux qui, dans ses vers, sait, d'une voix légère,
Passer du *grave* ou *doux*, du *plaisant* au *sévère*!
(BOILEAU.)

Quand l'*absurde* est outré, l'on lui fait trop d'honneur
De vouloir, par raison, combattre son erreur :
Enchérir est plus court, sans s'échauffer la bile.
(LA FONTAINE.)

Il faut, dans le savoir, préférer l'*utile* au *brillant*.
(GIRARD.)

Despréaux, en traitant le passage du Rhin dans le goût de quelques-unes de ses épîtres, a joint le *plaisant* à l'*héroïque*.
(VOLTAIRE.)

Assez de gens ont toujours dans la tête un faux *merveilleux*, enveloppé d'une obscurité qu'ils respectent.
(FONTENELLE.)

Le *vrai* peut quelquefois n'être pas vraisemblable.
(BOILEAU.)

C'est le *nouveau* seul qui peut plaire
Aux goûts blasés sur le vrai *beau*.
(F. DE NEUFCHATEAU.)

Le *grand* vous plaît, et la gloire vous flatte.
(VOLTAIRE.)

Vous y cherchiez le *vrai*, vous y goûtiez le *beau*.
(*Id.*)

Tout plaît mis à sa place : aussi gardez-vous bien
D'imiter le faux goût, qui mêle en son ouvrage
L'*inculte*, l'*élégant*, le *peigné*, le *sauvage*.
(DELILLE.)

NOMS DE MÉTAUX, D'AROMATES, DE VERTUS ET DE VICES.

Il y a des conjonctures où la *prudence* même ordonne de ne consulter que le chapitre des accidents.
(DE RETZ.)

L'*encens* lointain, caché dans la Libye,
Vaut-il les fleurs dont se couvrent nos vins?
(CAS. DELAVIGNE.)

L'*argent* est comme le temps ; n'en perdez pas, vous en aurez assez.
(LÉVIS.)

Dans tous les temps, l'*or* a été regardé comme le métal le plus parfait et le plus précieux.
(BUFFON.)

Après le fer, le *cuivre* est le métal le plus difficile à fondre.
(*Id.*)

La *paresse* donne entrée à tous les vices.
(MALLEBRANCHE.)

La crainte du Seigneur commence la *sagesse*,
La *charité* l'achève.
(LA HARPE.)

On pardonne tout, hors l'*orgueil*.
(VOLTAIRE.)

L'*avarice* est la plus vile, mais non pas la plus malheureuse de nos passions.
(DUCLOS.)

Sa *piété* et sa *droiture* lui attirait le respect.
(BOSSUET.)

Il y a trois observations à faire :

1° Les adjectifs abstraits, tels que *beau*, *vrai*, *utile*, etc., quand ils sont pris substantivement, ne s'emploient jamais au pluriel;

2° On peut en dire autant des noms de métaux et d'aromates, quand ils signifient chacun une seule substance composée de plusieurs parties ; ou, si l'on veut, lorsqu'ils désignent, comme individuelle, la masse de chacun de ces métaux et de ces aromates ; leur nom est, à la vérité, le nom d'une espèce considérée individuellement, et qui ne renferme point d'individus distincts. Si, au contraire, on les considère comme mis en œuvre, divisés en plusieurs parties, et qu'on y distingue des qualités qui permettent de les ranger en diverses classes, ils prennent alors la marque du pluriel. Dans ce cas, on dit très bien : des *ors*, des *cuivres* de différentes couleurs; des *fers*, des *encens* de différentes qualités;

3° Ce que nous venons de dire des métaux et des aromates doit également s'appliquer aux mots de vertus et de vices, en ce sens que, si ces mots n'expriment que la passion ou le sentiment, ils restent invariablement au singulier, parce que ce sentiment, cette passion ne sont chacun qu'un être unique. Hors de là, on s'en sert quelquefois au pluriel ; mais alors ils signifient les actes ou les effets de nos passions, de nos sentiments. Exemple : *Choisissez des sujets dignes de* vos bontés. (Corneille.)

EXERCICE PHRASÉOLOGIQUE.

ADJECTIFS PRIS SUBSTANTIVEMENT.	NOMS DE MÉTAUX ET D'AROMATES.		NOMS DE VERTUS.	NOMS DE VICES.
Le faux.	Le facile.	L'or.	La cannelle.	La constance.	La luxure.
L'utile.	Le difficile.	L'argent.	Le baume.	La tempérance.	La paresse.
Le comique.	Le simple.	Le cuivre.	La myrrhe.	La sagesse.	L'ivrognerie.
Le possible.	Le composé.	Le plomb.	Le storax.	La foi.	L'intempérance.
L'impossible.	Le classique.	Le fer.	L'encens.	La justice.	L'orgueil.
L'horrible.	Le romantique.	L'étain.	L'absinthe.	La chasteté.	L'effronterie.
Le monstrueux.	Le nouveau.	Le zinc.	Le genièvre.	La pudeur.	L'avarice.
Le certain.	Le doux.	Le mercure.	Le girofle.	La clémence.	La gourmandise.
L'incertain.	Le sublime.	Le platine.	La vanille.	La candeur.	L'oisiveté.
L'absurde.	Le vrai.	Le vif-argent.	La lavande.	La sobriété.	La nonchalance.

N° XLII.

SUBSTANTIFS QUI SONT TOUJOURS EMPLOYÉS AU PLURIEL.

Et qui peut condamner les *pleurs* de la nature ?
(La Harpe.)

Toute la doctrine des *mœurs* tend uniquement à nous rendre heureux. (Bossuet.)

Il y a plusieurs martyrs enterrés dans les *catacombes*. (Académie.)

La nature est pour l'homme un livre fermé, et le créateur, pour confondre l'orgueil humain, s'est plu à répandre des *ténèbres* sur la face de cet abîme.
(Massillon.)

Aux *dépens* du bons sens gardez de plaisanter.
(Boileau.)

Ils allaient insulter aux *mânes* de nos rois.
(Id.)

Beaucoup de gens se préparent des remords, des maladies, la mort à grands *frais*. (Nicole.)

Je sens que, malgré ton offense,
Mes *entrailles* pour toi se troublent par avance.
(Racine.)

Toujours la tyrannie a d'heureuses *prémices*.
(Racine.)

Voilà, voilà, messieurs, l'effrayante chronique
Qu'on tourne, à vos *dépens*, en récit prophétique.
(Cas. Delavigne.)

La distinction la moins exposée à l'envie est celle qui vient d'une longue suite d'*ancêtres*.
(La Fontaine.)

Il y a dans notre langue des noms qui, exprimant plusieurs choses distinctes réunies sous la même dénomination, n'ont point de singulier, ou du moins, s'ils en ont un, il n'est usité que dans des circonstances plus ou moins rares.

Parmi les noms que l'on cite comme n'étant jamais employés qu'au pluriel, on compte les mots *ténèbres*, *pleurs*, *mœurs*, *dépens*, *mânes* et *prémices*. Ce sont là des décisions de grammairiens, dont les écrivains font souvent justice ; car il suffit qu'un nom soit nom pour qu'il subisse tous les accidents du nombre ; et, à proprement parler, il n'y a pas de substantifs qui, employés au pluriel, ne puissent l'être au singulier. Écoutons là-dessus M. Arnault, ancien président de l'Académie ; ses paroles auront plus de poids que les nôtres.

« L'Académie n'a-t-elle pas décidé, par exemple, que le substantif masculin *pleurs* ne pouvait pas prendre le singulier ? Bossuet, cependant, ce grand évêque, dont la statue est placée dans le local même où l'Académie tient ses séances, dit, dans l'oraison funèbre d'Anne de Gonzague : *Là commencera ce* PLEUR *éternel; là ce grincement de dents qui n'aura jamais de fin* (1). Voilà donc *pleur* employé au singulier dans une phrase que tout le monde trouvera peut-être assez belle, et où le pluriel ne le remplacerait pas. Voilà un exemple concluant; et, n'en déplaise à l'Académie, l'autorité de Bossuet en vaut bien une autre. L'Académie ne fait pas la langue; elle en tient registre sous la dictée des hommes de génie. Ce n'est pas à elle à nous faire la loi. »

Intimement convaincus de la vérité de ces dernières paroles et de l'insuffisance de toutes les grammaires, nous avons entrepris ce grand ouvrage, où nous ne pouvons jamais induire en erreur, parce que nous nous appuyons à chaque pas sur les grands écrivains, qu'on doit regarder, avec nous, comme les seuls législateurs de notre belle langue.

EXERCICE PHRASÉOLOGIQUE.

Accordailles.	Décombres.	Hardes.	Prémices.	Arrérages.	Fiançailles.
Confins.	Funérailles.	Pleurs.	Armoiries.	Epousailles.	Mœurs.
Frais.	Obsèques.	Annales.	Entrailles.	Matines.	Catacombes.
Nippes.	Alentours.	Doléances.	Matériaux.	Vivres.	Fonts.
Aguets.	Dépens.	Mânes.	Ténèbres.	Besicles.	Mouchettes.

N° XLIII.

NOMBRE DES NOMS ÉTRANGERS.

1re SÉRIE. — SANS s.

Vous chanterez l'excœlsis gloria,
Et des noëls et des *alleluia*. (PARNY.)

Les *lazzaroni* forment une grande partie de la population de Naples. (DE JOUY.)

Dans les gros *in-quarto* qu'on nous donne sous le titre de mandements, on remarque d'abord des armoiries avec de beaux glands ornés de houppes.
(VOLTAIRE.)

La rigueur de la saison qui détruisit les biens de la terre, en ce temps, apporta la famine. On périssait de misère au bruit des *Te deum* et parmi les réjouissances. (VOLTAIRE.)

Plusieurs *hermeum* conduisaient de la Messénie dans la Laconie et dans l'Arcadie.
(CHATEAUBRIAND.)

Après tant d'*oremus*, chantés si plaisamment,
Après cent *requiem*, entonnés si gaiment,
Pour nous, je l'avouerai, c'est une peine extrême
Qu'il nous faille aujourd'hui prier Dieu pour vous-même. (VOLTAIRE.)

Les *lichen* ont en général pour racines des griffes imperceptibles qui s'accrochent aux rochers les plus durs et les plus polis.
(BERNARDIN DE ST-PIERRE.)

2re SÉRIE. — AVEC s.

... J'ai comme un autre marqué
Tous les *déficits* de ma table. (VOLTAIRE.)

L'abbé Cahusac mettait le Cantique des Cantiques au rang des meilleurs *opéras* de l'antiquité.
(J.-J. ROUSSEAU.)

Louis XIV se plaisait et se connaissait aux choses ingénieuses, aux *impromptus*, aux chansons agréables. (VOLTAIRE.)

Fuyez encor les tours trop délicats,
Des *concettis* l'inutile fracas. (DE BERNIS.)

Il met tous les matins six *impromptus* au net.
(BOILEAU.)

Anglais, il faut nous suivre en tout,
Pour les lois, la mode et le goût,
Même aussi pour l'art militaire.
Vos diplomates, vos chevaux
N'ont pas épuisé nos *bravos*. (BÉRANGER.)

De belles dames qui convoitaient le quine de la loterie royale, allèrent trouver un fou aux Petites-Maisons, dans l'espérance qu'il nommerait les *numéros* gagnants. (MERCIER.)

---

(1) M. Victor Hugo ne semble-t-il pas avoir imité Bossuet dans les vers suivants :

Combien vivent joyeux qui devaient, sœurs ou frères,
Faire *un pleur éternel* de quelques ombres chères !

La villa d'Est est la seule villa moderne qui m'ait intéressé au milieu des débris des *villa* de tant d'empereurs et de consulaires. (CHATEAUBRIAND.)

De tous les *ana*, celui qui mérite le plus d'être mis au rang des mensonges imprimés, et surtout des mensonges insipides, est le *ségraisiana*. (VOLTAIRE.)

De larges *nymphéa*, sur les flots aplanis, Forment, des deux côtés, de superbes tapis. (CASTEL.)

Les courtisans sont des jetons, Leur valeur dépend de leur place ; Dans la faveur, des millions, Et des zéros, dans la disgrâce. (BRÉBOEUF.)

Ce fut Mazarin qui fit représenter à Paris les premiers *opéras*, et c'étaient des *opéras* italiens. (LA HARPE.)

Les *concertos* de Leclerc eurent en France une grand réputation. (GINGUENÉ.)

Il n'existe pas encore de règles fixes sur le pluriel des noms qui dérivent des langues étrangères. Bien souvent c'est l'arbitraire seul qui en décide, et cela est si vrai, qu'il ne serait pas difficile d'accumuler les autorités pour et contre sur ce point de grammaire, et, ajouterons-nous, d'opposer les écrivains à eux-mêmes (1). Dans un tel état de choses, ce que nous pouvons faire de mieux, c'est d'offrir à nos lecteurs les règles qui nous paraissent les plus rationnelles sur cette grande difficulté.

ESSAI

SUR L'ORTHOGRAPHE DES MOTS EMPRUNTÉS AUX LANGUES ANCIENNES OU ÉTRANGÈRES, ET DE QUELQUES AUTRES MOTS ANALOGUES (2).

NOTA. Dans le travail qui suit, on ne s'est pas toujours attaché à donner la liste entière des mots et des expressions que chaque règle embrasse : on a cherché seulement à réunir assez d'exemples pour qu'il ne restât aucun doute sur la manière d'entendre et d'appliquer la règle. — Parmi les termes cités, il s'en trouve plusieurs qui, n'ayant point de voyelles auxquelles on puisse donner l'accent, et qui, ne s'employant presque jamais au pluriel, semblent allonger inutilement la série qui les renferme : on a dû cependant les admettre, parce qu'ils servent à montrer que les mots de cette espèce doivent être en caractère romain ou en caractère italique, selon qu'ils ont perdu ou conservé leur nature étrangère.

MOTS LATINS.

1° On devra toujours écrire en *italique*, et sans aucun des signes accessoires propres aux mots français, les termes et les expressions évidemment employés avec l'intention de faire un emprunt à la langue latine, soit qu'ils n'aient pas encore été assez fréquemment usités pour se franciser complètement, soit que leur forme même ou que leur sens s'oppose à ce qu'ils deviennent jamais tout-à-fait français. — Parmi ces mots, il

---

(1) La Harpe et Voltaire ont écrit des *opéras* tantôt avec un *s*, tantôt sans *s*.

(2) Cet Essai qui a été publié dans le *Journal grammatical*, nous a paru mériter une place dans notre ouvrage. Il serait à souhaiter que les règles qui y sont posées fussent généralement admises ; elles feraient cesser la confusion où l'orthographe de ces mots est restée jusqu'à présent.

faut ranger tous ceux qui, par une sorte d'abréviation, servent à désigner la prière, le texte dont ils sont le commencement.

Alibi.
Angelus.
Ave Maria, ou simplement *Ave.*
Benedicite.
Bis.
Compendium.
Confiteor.
Credo.
Criterium.
Deleatur (terme d'imprimerie).
Dictamen.
Ergo (1).
Exeat (2).
Exequatur.
Idem.
Item.
Iterato.
Lavabo (prière et meuble).
Magnificat.
Maximum.
Minimum.
Miserere (prière et maladie).
Nota bene ou simplement *Notà.*
Pareatis.
Pater (le).

Peccavi.
Primo, secundo, tertio, etc.
Quasimodo (la).
Requiem.
Retentum.
Salve.
Stabat.
Te Deum.
Veto.
Ab intestat.
Ab irato.
Ad patres.
A latere.
A remotis.
Ecce homo.
Ex professo (3).
In extremis.
In globo.
In pace.
In partibus.
In puris.
Nec plus ultra (le).
Quos ego.
Sine qua non.
Statu quo.

Pluriel : Des *alibi*, des *Ave Maria*, des *Benedicite*, des *compendium*, des *Confiteor*, des *Credo*, des *deleatur*, des *dictamen*, des *exeat*, des *exequatur*, etc., etc.

NOTA. L'expression grecque *kyrie eleison*, et les mots hébreux *amen*, *alleluia*, sont analogues, par le rôle qu'ils jouent dans notre langue, aux mots latins qui précèdent.

Les mots *et cœtera*, quoique latins, sont presque toujours lorsqu'on les abrège (etc.), en même caractère que le texte où ils se trouvent ; c'est une exception bien connue.

2° On devra écrire en romain, en leur donnant le signe du pluriel, et en les accentuant, s'il y a lieu, tous les mots latins qui répugnent à entrer dans la série précédente.

Un accessit. — Des accessits.
Un agenda. — Des agendas.
Un album. — Des albums.
Un alinéa (4). — Des alinéa.
Un aparté. — Des apartés.

Cicéro.
Un déficit. — Des déficits.
Un dictum (ou même un dicton). — Des dictums.
Un duo. — Des duos.
Un duplicata. — Des duplicatas.

(1) Les bons éditeurs rejettent aujourd'hui l'accentuation latine ou prétendue telle. Faut-il compliquer l'orthographe française en conservant ces signes inutiles sur les mots latins qui se montrent quelquefois dans notre langue ? Je ne le pense pas ; aussi n'ai-je point balancé à les retrancher entièrement.

(2) Ce mot, quoique depuis long-temps employé en français, ne l'a guère été que parmi les gens d'Église ou de collège, et a dû, pour eux, garder toujours sa physionomie originelle. On peut en dire autant d'*exequatur*, qui n'a jamais franchi l'enceinte du palais ou des chancelleries.

(3) Quel parti doit-on prendre pour le classement, dans les dictionnaires français, des locutions adverbiales latines qui sont formées d'une préposition et d'un autre mot, telles que *ex professo, in extremis, ab intestat,* etc ? Tantôt l'Académie les place au rang qu'indique la préposition (voyez *ex-professo*), tantôt à celui que le second mot réclame (voyez *extremis* [*in*]). Elle a ordinairement préféré ce dernier mode, qui semble en effet le plus naturel.

(4) Si l'on n'admettait pas l's au pluriel d'*alinéa*, d'*aparté*, déjà francisés à demi par l'accent ; à plus forte raison, faudrait-il le refuser au mot français *alentour*, qui est bien certainement l'expression *à l'entour*, et qui cependant reçoit toujours le signe du pluriel : *les alentours*.

Un errata (1). — Des erratas.
Un factotum (*ou même* un factoton). — Des factotums.
Un factum. — Des factums.
Folio. — Des folios.
Forum. — Des forums.
Un frater. — Des fraters.
Le gaster.
Un impromptu. — Trois impromptus au net (*Boileau*).
Incognito.
Intérim.
Un magister.
Le médium de la voix.
Un mémento — Des mémentos.
Mordicus. (adv.)
Un muséum. — Des muséums.
Un omnibus. — Des omnibus.

Le palladium. — Des palladiums.
Le pallium. — Des palliums.
Un peccata. — Des peccatas.
Un pensum. — Des pensums.
Un populo. — Des petits populos. (*Acad.*)
Quasi. (adv.)
Un quatuor. — Des quatuors.
Un quiproquo. — Des quiproquos.
Recta. (adv.) — Payer recta.
Le recto et le verso. — Les rectos et les versos d'un registre.
Du spermacéti.
Tacet. — Garder le tacet.
Le typhus.
Un ultimatum. — Des ultimatums.
Une virago. — Des viragos.
Un visa. — Des visas.

Observation. — Rejeter l'orthographe qui vient d'être indiquée, ne serait-ce pas condamner celle que l'usage et l'Académie elle-même ont donnée à plusieurs mots latins qui certes ne sont pas plus usités, comme

Des débets
Des quolibets
Des vertigos
} qui sont analogues à {
Des déficits, des accessits.
Des quiproquos.
Des viragos.

Les termes d'anatomie, de médecine, de chimie, de botanique, etc., employés fréquemment dans les ouvrages et dans les cours publics où l'on traite de ces sciences, appartiennent à la classe des mots latins devenus français. Tels sont, par exemple :

Cancer. (chir.) — Des cancers.
Coagulum. (chim.)
Dahlia. — Cultiver des dahlias.
Duodénum. (anat.)
Fémur. (anat.) — Les deux fémurs.
Géranium, etc. — Cultiver des géraniums.
Lumbago. (méd.)
Rectum. (anat.)
Potassium. (chim.)

Sodium. (chim.)
Sternum. (anat.)
Jéjunum. (anat.)
Liber. (botan.)
Ténia. (méd.)
Tibia. (anat.) — Les deux tibias.
Méconium. (méd.)
Pollen. (botan.)

3° Les mots formés de deux mots latins unis par un tiret ne prennent jamais le signe du pluriel, ni d'accent, et doivent s'écrire en italique; tels sont :

Cholera-morbus. (*Choléra*, lorsqu'il est employé seul, prend l'accent et s'écrit en romain.)
Custodi-nos.
Ex-voto. — Des *ex-voto.*

In-folio, *in-quarto*, etc. — Des *in-folio*, des *in-quarto* (2).
Post-scriptum. — Des *post-scriptum.*
Vade-mecum.
Veni-mecum.

(1) Par une distinction tout-à-fait contraire à l'esprit de notre langue, quelques-uns emploient le mot *errata* lorsqu'ils indiquent plusieurs fautes à corriger, et le mot *erratum*, lorsqu'il ne s'agit que d'une seule faute. Que ne disent-ils, pour être conséquents, *un duplicatum*, au lieu de *un duplicata*, *des facta* pour *des factums* etc.? D'ailleurs, si, pour eux, *errata* est un pluriel, ils devraient écrire *les errata d'un volume*, et non *l'errata*. — *Errata*, signifie une table destinée à indiquer les fautes qu'un livre peut contenir : s'il ne s'en trouve qu'une, tant mieux ; mais cet heureux accident ne saurait obliger à transporter la syntaxe latine dans notre langue. Je pense donc qu'il faut, dans tous les cas, écrire au singulier *un errata*, et au pluriel *des erratas : Chaque volume est accompagné d'un errata. L'errata du 3e volume ne signale qu'une faute. Tous les erratas de ces volumes sont faits avec soin.*

(2) L'usage n'est pas ici tout-à-fait d'accord avec notre règle : il laisse le mot toujours invarié, mais ordinairement il ne l'écrit point en italique.

MOTS GRECS.

Les mots grecs introduits dans notre langue sont en général complètement francisés par le changement de désinence, et ne peuvent donner matière à aucune discussion. Les dénominations de

Panorama,   Géorama,
Diorama,   Néorama, etc.

ne sauraient faire exception, puisqu'elles ne sont que fabriquées, et que la langue grecque.ne les réclame pas. Écrivez : Des panoramas, des dioramas, etc.

MOTS ITALIENS.

Les mots empruntés à la langue italienne peuvent être classés comme les mots latins; c'est le même principe qui préside à la détermination du caractère qu'on doit leur attribuer.

1° Exemples de mots italiens qu'un long usage ou l'oubli du sens original a rendus français, et qui sont dès lors soumis aux règles de notre orthographe.

Alto. (instr.) — Il y a quatre altos dans cet orchestre.
Apoco.
Bravo. — Des bravos.
Concerto. — Des concertos.
Domino. — Des dominos.
Finale. — Des finales.
Imbroglio. — Des imbroglios.
Numéro. — Des numéros.
Opéra. — Des opéras.

Oratorio. — Des oratorios.
Piano (*subst.* instrument). — Des pianos. — (Voyez le paragraphe suivant.)
Soprano. — Des sopranos.
Ténor. (Ce mot a même perdu l'*e* final.) — Des ténors.
Trio. — Des trios.
Zanni. (Nom d'un personnage de la comédie italienne.)
Zéro (1) — Des zéros. — Etc.

2° Exemples de mots italiens employés avec l'intention marquée de faire un emprunt à la langue italienne, et qui n'admettent aucun des signes accessoires propres aux mots français.

Adagio. (subst. et adv.) — Des *adagio.*
Allegro. (id.) — *allegro.*
Andante. (subst. et adv.). Des *andante.*
Crescendo. (id.)
Far niente (le).
In petto. (loc. adv.)
Forte. (subst. et adv.) — Observer les *piano* et les *forte.*
Franco.

Largo.
Piano (subst. et adv. Voyez *forte.*)
Piano-forte ou *Forte piano* (instr.)
Nota. Il est évident que l'adjonction de *forte* rend au premier mot sa physionomie italienne.
Presto. (subst. et adv.)
Opera seria et *opéra buffa.* — Même motif que pour *piano-*forte.
Vivace, dolce, etc.

Observation. Les mots italiens employés comme termes de musique, tendent peu à peu à devenir français, parce que la langue à laquelle ils appartiennent est plus ou moins familière aux personnes qui cultivent cet art. On affecte même assez généralement

---

(1) Les mots *concetti, lazzi,* tout-à-fait naturalisés dans notre langue, sont des pluriels en italien. Si l'on dit quelquefois abusivement *un concetti, un lazzi,* la grammaire doit s'efforcer de justifier cet emploi par l'ellipse, [*un* de ces mots qu'on appelle *concetti, un* de ces gestes qu'on appelle *lazzi*], plutôt que d'avouer une entière ignorance de la langue qui est, après la nôtre, la plus répandue des langues européennes. Ainsi, jamais ces deux mots, quoique devant s'écrire en romain, ne prendront le signe du pluriel. — *Dilettanti* n'est pas, il s'en faut, d'un usage aussi général ; plusieurs même le considèrent comme un mot purement italien, et disent au singulier *dilettante* : doit-on les imiter? — Il ne faudrait pas étendre ce qui vient d'être dit, aux mots latins *duplicata, agenda* ; car l'usage, en les employant aussi souvent au singulier qu'au pluriel sans aucun changement de forme, a, pour ainsi dire, consacré l'oubli de leur origine.

d'employer les mots italiens pour certaines indications auxquelles les mots français conviendraient tout aussi bien, et mieux peut-être ; ainsi la plupart de nos compositeurs écrivent sur leurs partitions : *flauti, oboe, fagotti, corni, violini*, etc., au lieu de *flûtes, hautbois, bassons, cors, violons*, etc. A tout prendre, ce genre d'affectation n'est pas sans utilité pour la grammaire, puisqu'il sert à déterminer le véritable caractère des mots plus fréquemment usités.

MOTS ESPAGNOLS ET ANGLAIS.

Quant aux mots espagnols ou anglais, et à tous ceux des langues où l'*s* est, comme dans la nôtre, le signe ordinaire du pluriel, ce signe ne peut leur être refusé, même lorsqu'ils restent étrangers. Il faudra donc se contenter de distinguer ceux qui n'ont pu encore devenir français, de ceux qui se sont acclimatés, en ne leur attribuant jamais d'accentuation, et en les écrivant avec le caractère italique.

1° Exemples de mots espagnols et anglais considérés comme français, et qui obéissent aux règles de notre orthographe.

ESPAGNOLS.

Alguazil. — Des alguazils.
Aviso. — Des avisos.
Hidalgo. — Des hidalgos.

Embargo. — Des embargos.
Paroli. — Des parolis.

ANGLAIS.

Bifteck (pour *Beef-steak*.) — Des biftecks.
Bill. — Des bills.
Budget. — Des budgets.
Constable. — Des constables.
Jury (1). — Des jurys.
Lady (1). — Des ladys.

Schelling. — Des schellings.
Sterling (2). — Mille livres sterling.
Toast. — Des toasts.
Tilbury (1). — Des tilburys.
Tory (1) et whig. — Les whigs et les torys.
Yacht. — Des yachts.

2° Exemples de mots qui sont restés espagnols et anglais, quoique assez souvent usités en français.

ESPAGNOLS.

Auto-da-fe (3). — Des *autos-da-fe*.
Bolero. — Des *boleros*.
La camarilla. — Des *camarillas*.
Le fandango. — Des *fandangos*.
San-benito. — Des *san-benitos*.

ANGLAIS.

Gentleman (4). — C'est un *gentleman* accompli.
Watchman (4).
Warrant. — Des *warrants*.
Verdict. — Des *verdicts*.
Yeomanry.

MOTS DES LANGUES SEPTENTRIONALES, AUTRES QUE LA LANGUE ANGLAISE.

Il est bien peu de mots, parmi ceux que nous avons empruntés aux idiomes septentrionaux, autres que la langue anglaise, qui n'aient été promptement soumis aux règles de notre syntaxe d'accord, ou même qui ne se soient altérés de façon à perdre complètement leur physionomie étrangère, comme *reitre* (pour *reuter*, cavalier), vi-

---

(1) En anglais, les mots terminés par un *y* grec, le changent en *ie* au pluriel, et prennent l'*s*. Voyez l'observation qui suit la règle sur les mots tirés des langues orientales.

(2) Ce mot ne prend jamais le signe du pluriel en anglais, et ne peut par conséquent le recevoir en français.

(3) Les mots *auto-da-fe, san-benito*, et en général les mots espagnols composés, devraient peut-être rester invariables, parce que la plupart des Français, ignorant la valeur de chacun de leurs éléments, ne pourraient reconnaître auquel appartient le signe du pluriel.

(4) En anglais ces mots font au pluriel, par exception : *gentlemen, watchmen*; il serait bien hasardeux d'écrire autrement; je n'oserais prononcer sur cette difficulté.

dercome (de *wiederkommen*, revenir), *choucroute* (de *saucrkraut*), etc. Cela vient, il faut le confesser, de ce que l'étude de ces langues est fort négligée en France : une trop petite minorité s'intéresse à la conservation des formes propres aux mots qu'elles nous donnent, pour que ses représentations aient quelque poids ou soient entendues ; et peut-être faut-il s'en féliciter, quand on considère l'extrême différence que présentent les systèmes orthographiques et syntaxiques du Nord, comparés avec le nôtre, et quelles disparates auraient bigarré notre langue, si les emprunts n'avaient subi aucune transformation. — Quoi qu'il en soit, puisque la langue française agit presque toujours en ignorante, lorsqu'elle s'empare de mots allemands, hollandais, etc., la règle qu'on doit leur appliquer devient très simple : il faut toujours les écrire en romain, les accentuer comme leur prononciation l'indique, et oubliant si, on le connaît, le mode de formation du pluriel en allemand, en hollandais, etc., leur donner notre *s*, toutes les fois qu'on veut les employer au pluriel.

Hourrah. — Il fut accueilli par des hourrahs.
Landamman. — Des landammans.
Landwehr. — Des landwehrs.
Landau. — Des landaus.

Polder (marais). — Les polders d'Anvers.
Stathouder. — Les stathouders de Hollande.
Taler. — Des talers. — Etc.

MOTS TIRÉS DES LANGUES ORIENTALES.

Les réflexions et la règle qui précèdent sont, en tout point, applicables aux mots tirés des langues de l'Orient. Ainsi on écrit :

Alcali. — Les alcalis.
Almanach. — Des almanachs.
Bey. — Des beys.
Cadi. — Des cadis.
Pacha. — Des pachas.

Para (monnaie). — 50 paras.
Paria. — Des parias.
Osmanli. — Les osmanlis.
Sofi. — Les sofis de Perse. Etc.

Observation importante. — La plupart des règles que nous avons établies cessent en général d'avoir leur utilité, quand un historien, un voyageur, etc., traitant de choses particulières à un pays, tient à les désigner par les noms mêmes qu'elles y reçoivent, sans admettre les altérations que nous nous sommes permises dans plusieurs de ceux qui, venus jusqu'à nous, se sont prêtés aux caprices de notre ignorance. Alors ces mots, ordinairement écrits en italique, conservent presque toujours la forme qui leur est propre, et répudient toute parenté avec les nôtres. Exemples : « En Angleterre, les « républicains et les royalistes sont désignés par les noms de *whigs* et de *tories*. Le som- « *brero* espagnol est un chapeau à larges bords qui ombrage la figure. Le *caïmaki* des « Turcs est un mets qui ressemble à de la crème, mais dont le goût est infiniment « plus délicat. »

On peut résumer ce qui précède en disant que les mots latins ou étrangers, qui n'ont point été francisés, doivent toujours s'écrire en caractère italique, et ne peuvent recevoir aucun des signes accessoires qui indiquent en français la prononciation ou le nombre, sauf l'exception relative aux mots espagnols et anglais. Tous les autres, quelle que soit leur origine, seront écrits en romain, et accentués et pluralisés, quand il y aura lieu, selon les règles de notre orthographe.

APPENDICE.

Tous les mots dont l'origine semble étrangère, mais n'est pas bien constatée, sont réputés français, et suivent la règle ordinaire.

EXEMPLES.

Acacia. — Des acacias.
Bengali (oiseau). — Des bengalis.
Agio.
Cacao.
Coco. — Des cocos.
Colibri. — Des colibris.
Fabago.

Finito de compte.
Halo. — Des halos.
Indigo. — Les indigos se sont bien vendus cette semaine.
Ratafia.
Rhum.
Silo. — Creuser des silos. — Etc.

A cette classe on peut rapporter, au moins comme analogues, certains mots dont la désinence est bizarre ou peu commune en français, tels que

QUELQUES MOTS ENFANTINS :

Dada. — Papa. — Bobo, etc.

CERTAINES ONOMATOPÉES, PLUSIEURS TERMES DE MÉPRIS :

Brouhaha.
Brouillamini.

Charivari.
Hurluberlu, etc.

ET DIVERS AUTRES MOTS :

Écheno.
Bécharu.
Falbala.

Zébu, etc.
Francatu.
Harmonica.

Pluriel : Les papas et les mamans, des charivaris, des hurluberlus, des falbalas, des zébus, etc.

N° XLIV.

DU NOMBRE, DES NOMS PRIS MATÉRIELLEMENT.

Les *si*, les *car*, les contrats sont la porte
Par où la noise entra dans l'univers.
      (LA FONTAINE.)

Un jour se passe et deux sans autre nourriture
Que ses profonds soupirs, que ses fréquents *hélas*.
      (*Id.*)

Sans rien cacher, Lise, de bout en bout,
De point en point, lui conte le mystère,
Dimensions de l'esprit du beau-père,
Et les *encore*, enfin tout le phœbé.
      (LA FONTAINE.)

Strabon dit que les Perses épousaient leurs mères ; mais quels sont ses garants ? des *oui-dire*, des bruits vagues.
      (VOLTAIRE.)

Je n'aime pas les *h* aspirées : cela fait mal à la poitrine ; je suis pour l'euphonie. (*Id.*)

. . . . de ces deux *moi* piqués de jalousie
L'un est à la maison, et l'autre est avec vous.
      (MOLIÈRE.)

Ami, je n'irai plus rêver, si loin de moi,
Dans les secrets de Dieu, ces *comment*, ces *pourquoi*.
      (LA MARTINE.)

Les *quand*, les *qui*, les *quoi* pleuvent de tous côtés,
Sifflent à son oreille, en cent lieux répétés.
      (VOLTAIRE.)

Les *si*, les *mais*, les *oui*, les *non*,
Toujours à contre-sens, toujours hors de saison,
Echappent au hasard à sa molle indolence,
Et souvent à sa nonchalance,
Donnent un air de déraison. (DELILLE.)

Encor des *non* ? toujours ce chien de ton,
Et toujours non ; quand on parle à Rondon.
      (VOLTAIRE.)

Que le diable t'emporte avec tes *si*, tes *mais*.
      (REGNARD.)

Il *a Antoine* en aversion n'est pas proprement le concours de deux *a*, parce que *an* est une voyelle nasale très différente de *a*. (VOLTAIRE.)

Il est des nœuds secrets, il est des sympathies,
Dont par le doux rapport les âmes assorties
S'attachent l'une à l'autre, et se laissent piquer
Par ces *je ne sais quoi* qu'on ne peut expliquer.
(Corneille.)

Dans ses combinaisons notre langue est captive ;
Elle n'a jamais eu de force imitative ;
Son nerf vient se briser contre ses *e* muets.
(de Piis.)

Il ne demande pas les *comment*, les *pourquoi* :
Les définitions le font pâlir d'effroi. (Delille.)

Plusieurs *peu* font un beaucoup. (Florian.)

On aura quelque part omis une virgule; que sais-je? on n'aura pas mis les points sur les *i*, aussitôt cela forme un procès ridicule. (La Chaussée.)

Je sais tous les *si* et les *mais* dont les petits spéculateurs ont enluminé cette vaine science.
(Mirabeau.)

Trois *un* de suite font cent onze en chiffres arabes.
(Académie.)

Mon cher philosophe et mon maître, les *si*, les *pourquoi*, sont bien vigoureux. (Voltaire.)

Dans le cas où la somme des *oui* surpasse celle des *non*, alors la loi nouvelle doit l'emporter ; car enfin, quand la balance est juste, le moindre poids suffit pour la faire balancer de l'un des côtés.
(Mirabeau.)

Il faut se garder d'enseigner aux enfants ces phrases d'une politesse affectée dont ils surchargent leurs demandes, comme les *je vous en prie*, les *petite maman, en grâce*. (Mme Campan.)

Les Italiens ont supprimé toutes leurs *h*.
(Voltaire.)

Un *tiens*, vaut, ce dit-on, mieux que deux *tu l'auras*.
(La Fontaine.)

Il pleut des monosyllabes. On m'a envoyé les *que*, on m'a promis les *oui*, les *non*, les *pour*, les *qui*, les *quoi*, les *si*. (Voltaire.)

Immolée à mon père n'écorche point mon oreille, parce que les deux *e* font une syllabe longue.
(Id.)

Les *si*, les *pourquoi* sont bien vigoureux ; on pourra y joindre les *que*, les *oui*, les *non*, parce qu'ils sont plaisants. (Voltaire.)

... De ces deux *moi* piqués de jalousie,
L'un est à la maison, et l'autre est avec vous.
((Molière.)

Il est une classe nombreuse de mots, tels que ceux des exemples que nous venons de citer, qui ne prennent pas la marque du pluriel, lorsqu'ils sont employés substantivement. La raison en est, que la plupart de ces mots sont invariables de leur nature, et qu'ils sont ici pris dans un sens tout-à-fait matériel (1). Voici les exceptions :

1° Quoique les verbes à l'infinitif soient essentiellement invariables, ils prennent le signe du pluriel, quand ils sont passés à l'état de substantifs simples : les *dîners*, les *soupers*, les *pourparlers*, les *rires*, les *pouvoirs*, etc.

2° Il en est de même des prépositions *devant* et *derrière*; on dira : les *devants*, les *derrières* de l'armée.

EXERCICE PHRASÉOLOGIQUE.

Les quoi qu'on en dise.
Les comment.
Les je ne sais pas.
Les parce que.
Les oui.
Les non.
Les chut(s).

Des a, des b, des c.
Des sols, des si, des fa.
Des mi, des la, des ut.
Trois quatre, trois sept.
Trois huit, trois neuf.
Des certainement.

Les compte sur moi
Des oui-dire.
Les pourquoi.
Des il, des moi.
Des toi, des pour
Des par.

Des avec.
Des peu.
Des trop.
Des beaucoup, des comme.
Des prenez garde à vous.
Des qui vives?

(1) Voici deux exemples de Molière dans lesquels cette règle a été violée :

Veux-tu toute ta vie offenser la grammaire ?
— Qui parle d'offenser grand-mère ni grand-père ?

O ciel ! *Grammaire est prise* à contre-sens par toi.

Grammaire, étant pris matériellement, devait être employé au masculin, car on veut dire que *ce mot grammaire, est pris à contre-sens*, etc.

Décider en chef et faire du fracas
A tous les beaux endroits qui méritent des *has* !

Par la même raison, il fallait des *ha* sans *s* ; mais ce signe était nécessaire pour la régularité de la rime.

(2) Piron a dit chuts avec s : *Paix! chut! — Va te promener avec tes* PAIX *et tes* CHUTS.

N° XLV.

DU NOMBRE DES NOMS PROPRES.

NOMS PROPRES EMPLOYÉS COMME TELS.

Washington n'appartient pas, comme Buonaparte, à cette race des *Alexandre* et des *César*, qui dépasse la stature de l'espèce humaine.
(Chateaubriand.)

Ce qu'il y a de certain, c'est que les plus savants des hommes, les *Socrate*, les *Platon*, les *Newton* ont été aussi les plus religieux.
(Bernardin de St-Pierre.)

Les *Platon*, les *Pythagore*, ne se trouvent plus ; ou, s'il y en a, c'est bien loin de nous.
(J.-J. Rousseau.)

Les vrais gens de lettres et les vrais philosophes ont beaucoup plus mérité du genre humain que les *Orphée*, les *Hercule*, et les *Thésée*.
(Voltaire.)

Il n'y eut en aucune province d'Italie d'orateurs comme les *Démosthène*, les *Périclès*, les *Eschine*.
(Id.)

Les *Locke*, les *Montesquieu*, les *J.-J. Rousseau*, en se levant en Europe, appelèrent les peuples modernes à la liberté.
(Chateaubriand.)

Les *La Fontaine*, les *Boileau*, les *Racine*, les *Molière*, vivaient entre eux.
(Bernardin de St-Pierre.)

Ce n'est que de loin en loin, et dans les intervalles lucides des nations, qu'on voit paraître des *Hérodote*, des *Varron*, des *Spanheim* et des *Barthélemy*.
(De Boufflers.)

Nous avons quelques bons philosophes ; mais, il faut l'avouer, nous ne sommes que les disciples des *Newton*, des *Locke*, des *Galilée*.
(Bernardin de St-Pierre.)

Réalisez une héroïne de roman, elle goûtera des voluptés plus exquises que les *Laïs* et les *Cléopâtre*.
(J.-J. Rousseau.)

Laissons donc à Molé, cet acteur plein de grâce,
Aux *Fleuri*, aux *Sainval*, ces artistes chéris,
L'art d'embellir la scène et de charmer Paris.
(Delille.)

Là, pour l'art des *Didot*, Annonay voit paraître
Les feuilles où ces vers seront tracés peut-être.
(Delille.)

NOMS PROPRES DEVENUS NOMS COMMUNS.

Il n'y a si petite nation moderne qui n'ait ses *Alexandres* et ses *Césars*, et aucune ses *Bacchus* et ses *Cérès*.
(Bernardin de St-Pierre.)

Si les qualités morales se transmettaient par la naissance, on verrait des races invariables de *Socrates*, de *Catons*, de *Nérons*, de *Tibères*.
(Bernardin de St-Pierre.)

Si tous les hommes étaient des *Socrates*, la science alors ne leur serait pas nuisible ; mais ils n'auraient aucun besoin d'elle.
(J.-J. Rousseau.)

C'est en Hollande que l'on trouve communément des enfants au teint frais, les plus beaux blonds, les plus belles carnations, et des hommes semblables à des *Hercules*.
(Bernardin de St-Pierre.)

Il est sûr qu'il ne se trouve plus de ces âmes vigoureuses ou raides de l'antiquité, des *Aristides*, des *Phocions*, des *Périclès*, ni enfin des *Socrates*.
(Fontenelle.)

Oh ! combien de *Césars* deviendront *Laridons*.
(La Fontaine.)

. . . . Si la troupe invisible
Des froids censeurs, des *Zoïles* secrets,
Lance sur toi ses inutiles traits,
D'un cours égal poursuis ton vol paisible.
(Gresset.)

L'art peut produire des milliers de *Théocrites* et de *Virgiles*, mais la nature seule crée des milliers de paysages nouveaux en Europe, en Afrique, aux Indes, dans les deux mondes.
(Bernardin de St-Pierre.)

On aura beau faire et refaire cent fois la vie des rois, nous n'aurons plus de *Suétones*.
(J.-J. Rousseau.)

La plupart des *Mécènes* ont été des hommes peu instruits, témoin Auguste et Louis XIV.
(Bernardin de St-Pierre.)

Les *Titus* craignent-ils le destin des *Nérons* ?
(De Belloy.)

La nature n'approvisionne ce monde que par assortiment : il faut recevoir mille *Cotins* pour un Boileau, et cent erreurs pour une vérité.
(Lemontey.)

Et vous, nouveaux *Davids*, sur vos harpes mystiques,
J'entends pour l'Éternel retentir vos cantiques.
(Ducis.)

Ce furent les vices et les flatteries des Grecs et des Asiatiques, esclaves à Rome, qui y formèrent les *Catilina*, les *César*, les *Néron*.
(BERNARDIN DE ST-PIERRE.)

Le même roi qui sut employer les *Condé*, les *Turenne*, les *Luxembourg*, les *Créqui*, les *Catinat* et les *Villars* dans ses armées; les *Colbert* et les *Louvois* dans son cabinet, choisit les *Racine* et les *Boileau* pour écrire son histoire; les *Bossuet* et les *Fénelon* pour instruire ses enfants; les *Fléchier*, les *Bourdaloue* et les *Massillon* pour l'instruire lui-même.
(MAURY.)

Illustres conjurés, les *Brute*, les *Cassie*,
Frappent le grand César sans sauver la patrie.
(DE ST-VICTOR.)

Les grâces, la beauté, les *Saphos* de notre âge,
Ne sont pas à l'abri de son humeur sauvage.
(ROYOU.)

Il est là des tyrans, des ministres cruels,
Et des *Solons* d'un jour qu'on proclame immortels.
(MICHAUD.)

Un Auguste aisément peut faire des *Virgiles*.
(BOILEAU.)

Aux siècles de Midas on ne vit point d'*Orphées*.
(VOLTAIRE.)

Qui nous a dit que, de nos jours, parmi les nations policées ou barbares, on ne trouverait pas des *Homères* et des *Lycurgues* occupés des plus viles fonctions?
(BARTHÉLEMY.)

Les *Stentors* des salons sont pour nous un supplice.
(DELILLE.)

Le nom propre, quand il représente le seul individu pour lequel il a été créé, est invariable; mais il prend la marque du pluriel, lorsque, par extension, il se dit de plusieurs individus semblables à celui dont on cite le nom (1).

Ainsi, dans les exemples de la première colonne, les noms *Socrate*, *Platon*, *Fénelon*, *Catinat*, etc., désignant, malgré les adjectifs pluriels qui les accompagnent, *Socrate*, *Platon*, *Fénelon*, *Catinat* eux-mêmes, n'ont pas pris d'*s*; il n'en est pas de même dans les exemples de la seconde colonne, où les mots *Tacites*, *Scipions*, *Nestors*, employés pour signifier des hommes semblables à ces trois grands personnages, devaient se pluraliser.

EXERCICE PHRASÉOLOGIQUE.

NOMS QUI SE RAPPORTENT AUX EXEMPLES DE LA

1re COLONNE.	2e COLONNE.	1re COLONNE.	2e COLONNE.	1re COLONNE.	2e COLONNE.
Les Voltaire.	Les Voltaires.	Les Shakespeare.	Les Shakespeares.	Les Milton.	Les Miltons.
Les Racine.	Les Racines.	Les Young.	Les Youngs.	Les Raynal.	Les Raynals.
Les Corneille.	Les Corneilles.	Les Virgile.	Les Virgiles.	Les Napoléon.	Les Napoléons.
Les Néron.	Les Nérons.	Les Juvénal.	Les Juvénals.	Les Alexandre.	Les Alexandres.
Les Cicéron.	Les Cicérons.	Les Caton.	Les Catons.	Les Molière.	Les Molières.
Les Pascal.	Les Pascals.	Les Boileau.	Les Boileaux.	Les Turenne.	Les Turennes.
Les Buffon.	Les Buffons.	Les Bayard.	Les Bayards.	Les Homère.	Les Homères.
Les David.	Les Davids.	Les Talma.	Les Talmas.	Les Martial.	Les Martials.

(1) Cette règle n'a pas toujours été scrupuleusement observée par nos meilleurs écrivains. Voici plusieurs exemples où elle a été violée, et qu'il faut se garder d'imiter.

Tous les peuples ont le sentiment de l'existence de Dieu, non pas en s'élevant à lui à la manière des *Newtons* et des *Socrates*, par l'harmonie générale de ses ouvrages, mais en s'arrêtant à ceux de ses bienfaits qui les intéressent le plus.
(BERNARDIN DE ST-PIERRE.)

Ces belles *Montbazons*, ces *Châtillons* brillantes,
Ces piquantes *Bouillons*, ces *Nemours* si touchantes,
Dansant avec Louis sous des berceaux de fleurs...
(VOLTAIRE.)

Tes *Miltiades*, tes *Socrates*
Sont livrés au plus triste sort.
(GRESSET.)

Tu parles comme au temps des *Déces*, des *Émiles*.
(VOLTAIRE.)

Clio vint l'autre jour se plaindre au dieu des vers
Qu'en certain lieu de l'univers,
On traitait d'auteurs froids, de poètes stériles,
Les *Homères* et les *Virgiles*.
(BOILEAU.)

Je sais ce qu'il coûta de périls et de peines
Aux *Condés*, aux *Sullys*, aux *Colberts*, aux *Turennes*,
Pour avoir une place au haut de l'Hélicon.
(VOLTAIRE.)

Peut-être un successeur des *Molés*, des *Prévilles*,
Peint les travers des champs, qui peindrait ceux des villes.
(DELILLE.)

N° XLVI.

NOMS PROPRES DÉSIGNANT PLUSIEURS INDIVIDUS D'UNE MÊME FAMILLE.

1re SÉRIE. — SANS S.

C'est dans Pascal, Corneille, Racine, Despréaux, Bossuet, Fléchier, Fénelon, Mme de Sévigné, les deux *Rousseau*, etc., qu'on doit étudier la langue française, si l'on veut en connaître à fond toutes les beautés.
(LÉVIZAC.)

Par la vertu des deux *Antonin*, ce nom devint les délices des Romains. (BOSSUET.)

L'Espagne s'honore d'avoir produit les deux *Sénèque*. (RAYNOUARD.)

Les *Villani* ne sont pas à l'abri du reproche de suspicion, dans l'histoire qu'ils ont écrite. (L'ÉCUY.)

Jamais les deux *Caton* n'ont autrement voyagé, ni seuls, ni avec leurs armées. (J.-J. ROUSSEAU.)

Les deux *Corneille* se sont distingués dans la république des lettres ; les deux *Cicéron* ne se sont pas également *illustrés*. (BEAUZÉE.)

Les deux *Orloff*, en attendant la première escadre russe, avaient tout préparé. (VILLEMAIN.)

Des deux *Richelieu* sur la terre
Les exploits seront admirés.
(VOLTAIRE.)

Hélas ! c'est pour juger de quelques nouveaux airs,
Ou des deux *Poinsinet* lequel fait mieux les vers.
(RULHIÈRE.)

2me SÉRIE. — AVEC S OU X.

Des deux *Rousseaux*, dont jamais
L'un n'aura fait ses Pâques,
Le plus fameux désormais
N'est plus Jean-Baptiste, mais
Jean-Jacques. (PIRON.)

La gloire de Trajan, la vertu des deux *Antonins*, se firent respecter des soldats.
(MONTESQUIEU.)

Et pourquoi ne dirait-on pas les deux *Sénèques*, comme on dit les deux *Catons*, les deux *Tarquins*?
(LEMARE.)

La renommée eût à l'Académie
Sous les *Séguiers*, deux fois fait son adieu.
(PIRON.)

Les deux *Mithridates*, père et fils, fondèrent le royaume de Cappadoce. (BOSSUET.)

Deux ou trois *Grignans* vinrent me voir hier matin.
(Mme DE SÉVIGNÉ.)

Dans ce pays trois *Bernards* sont connus.
(VOLTAIRE.)

Sire Guillaume était armé de sorte
Que quatre *Andrés* n'auraient pu l'étonner.
(LA FONTAINE.)

Deux *Bouillons*, tour à tour, ont brillé dans le monde
Par la beauté, le caprice et l'esprit.
(VOLTAIRE.)

Comme les exemples qui précèdent en font foi, les auteurs varient sur la pluralisation des noms propres, lorsqu'ils désignent plusieurs individus d'une même famille.

Néanmoins, suivant presque tous les grammairiens, et principalement l'estimable Boniface, le substantif propre, en pareil cas, ne se pluralise jamais, parce qu'il n'est pas employé par extension, comme dans ce vers :

Un coup-d'œil de Louis enfantait des CORNEILLES.

C'est un nom de famille que l'addition d'une lettre défigurerait, et pourrait même faire prendre pour un autre.

Dupui et *Dupuis*, *Lévi* et *Lévis*, *Lavau* et *Lavaux*, *Villar* et *Villars*, *Andrieu* et *Andrieux*, sont des noms de différentes familles; changez-en l'orthographe, vous les confondez ; chacun de ces noms doit donc rester invariablement tel qu'il est. Il faut écrire : *les* DUPUI *se sont alliés aux* DUPUIS; *les* VILLARS *ont intenté un procès aux* VILLAR, *qui avaient ajouté un s à leur nom.*

Lemare, seul peut-être, s'oppose à ce qu'on écrive *les deux Racine, les deux Corneille*. Il faudrait un volume, dit-il, pour rassembler tous les passages où les auteurs ont suivi presque invinciblement l'analogie et la voix qui leur criait que les deux

Gracques, que les deux *Antonins*, que les trois *Bernards*, les quatre *Andrés*, etc., ne sont pas un seul *Gracque*, un seul *Antonin*, un seul *Bernard*, un seul *André*. Selon lui, les mots *Gracques*, *Antonins*, etc., servent à désigner plusieurs individus d'une même famille, du même nom, et par conséquent ce ne sont pas véritablement des noms propres.

Pour ne pas laisser d'incertitude à cet égard, nous dirons que notre opinion, à nous, est que, bien qu'on parle de plusieurs *Tarquin*, de plusieurs *Caton*, on doit écrire sans le signe caractéristique du pluriel : Les deux *Tarquin*, les deux *Caton*, etc., attendu que le singulier est généralement préféré, et qu'il est important de conserver à ces sortes de substantifs leur physionomie propre.

EXERCICE PHRASÉOLOGIQUE.

Les deux Corneille.
Les deux Racine.
Les trois Boileau.
Les deux Tarquin.

Les deux Delavigne.
Les deux Hugo.
Les deux Rousseau.
Les deux Sénèque.

Les deux Caton.
Les deux Scipion.
Les deux Villani.
Les deux Mithridate.

Les deux Richelieu.
Les deux Cicéron.
Les deux Pizarre.
Les deux Dupin.

PREMIÈRE EXCEPTION A LA RÈGLE PRÉCÉDENTE.

Les pyramides de l'Egypte s'en vont en poudre, et les graminées du temps des *Pharaons* subsistent encore. (BERNARDIN DE ST-PIERRE.)

Dans le deuxième livre des Géorgiques, le poète salue l'Italie, mère des héros, l'Italie qui a porté dans son sein les *Décius*, les *Marius*, les *Camilles*, les infatigables *Scipions* et César-Auguste, le plus grand des Romains. (TISSOT.)

La Seine a ses *Bourbons*, le Tibre a ses *Césars*. (BOILEAU.)

Enfin, pour sa clémence extrême,
Buvons au plus grand des *Henris* ;
A ce Roi qui sut, par lui-même,
Conquérir son trône et Paris. (BÉRANGER.)

Les deux *Gracques*, en flattant le peuple, commencèrent les divisions qui ne finirent qu'avec la république. (BOSSUET.)

France, du milieu des alarmes,
La noble fille des *Stuarts*,
Comme en ce jour qui voit ses larmes
Vers toi tournera ses regards. (BÉRANGER.)

Ma gloire a disparu comme une ombre légère ;
Autour de moi je vois épars
Les antiques débris du trône des *Césars*,
Ensevelis dans la poussière.
(CAS. DELAVIGNE.)

Tels étaient ces d'*Aumonts*, ces grands *Montmorencys*,
Ces *Créquis* si vantés renaissants dans leurs fils. (VOLTAIRE.)

Ces braves chevaliers, les *Givris*, les d'*Aumonts*,
Les grands *Montmorencys*, les *Sancis*, les *Crillons*,
Lui jurent de le suivre aux deux bouts de la terre. (Id.)

Des *Guises* cependant le rapide bonheur
Sur son abaissement élevait leur grandeur. (Id.)

Dis-lui que l'amitié, l'alliance et l'amour
Ne peuvent empêcher que les trois *Curiaces*
Ne servent leur pays contre les trois *Horaces*. (CORNEILLE.)

Quoique le substantif propre ne doive point varier, on écrit cependant, avec le signe de la pluralité, les *Césars*, les *Gracques*, les *Horaces*, les *Scipions*, les *Stuarts*, les *Guises*, les *Condés*, les *Bourbons*, et quelques autres, soit à l'imitation des Latins, qui, dans tous les cas, employaient le pluriel, soit parce que la plupart de ces mots sont plutôt des titres, des surnoms que des noms ; plusieurs même ne sont plus des noms individuels, car ils désignent certaines classes d'individus, certaines familles.

DEUXIÈME EXCEPTION.

M. Adry n'hésite pas à qualifier de faux *Elzévirs* les Mémoires de la Rochefoucauld, Amsterdam, 1665.
(BIOG. UNIVERSELLE.)

Les premiers *Plines* que possède la bibliothèque du Roi, sont d'une conservation parfaite.
(VALERY.)

D'innombrables pieds carrés (à la bibliothèque de Rouen) sont tapissés de *Lahires* et de *Jouvenets* que l'on paraît estimer, plutôt par leur dimension que par leur mérite. (CRAPELET.)

A la vente de M. B*** il y avait deux *Raphaëls* d'une rare beauté. (VALERY.)

On écrit des *Elzévirs*, des *Plines*, des *Lahires*, des *Jouvenets*, etc., pour des éditions d'*Elzévir*, de *Pline*, de *Lahire*, de *Jouvenet*, etc. On écrit de même des *Raphaëls*, des *Poussins*, des *Petitots*, des *Callots*, etc., pour des tableaux de *Raphaël*, de *Poussin*, des gravures de *Callot*, etc. Le fréquent usage que l'on fait de ces noms propres les a rendus communs ; c'est ainsi qu'on dit des *calepins*, des *barêmes*, des *spencers*, des *quinquets*, des *carcels*, des *charlottes*, etc. Ces noms doivent donc prendre, en pareille circonstance, le signe du pluriel (1).

N° XLVII.

DU NOMBRE DANS LES NOMS COMPOSÉS.

DEUX NOMS RÉUNIS PAR UN TIRET, COMME *chef-lieu.*

1re SÉRIE. — SINGULIER.

Tous deux, pour électeurs, furent choisis d'emblée ;
Et satisfaits d'eux-mêmes, ainsi que du scrutin,
Pour se rendre au *chef-lieu* se mirent en chemin.
(ANDRIEUX.)

La fleur de la *reine-marguerite* est très belle, et fait, en automne, le principal ornement des jardins.
(ACADÉMIE.)

Le *martin-pêcheur*, qui vole le long des rivières, est à la fois couleur de musc et glacé d'azur.
(BERNARDIN DE ST-PIERRE.)

Dans le temps que le *pigeon-paon* étale sa queue, il agite fièrement et constamment sa tête et son cou.
(BUFFON.)

Une feuille suffit au nid de l'*oiseau-mouche*.
(BERNARDIN DE ST-PIERRE.)

Buffon avait un singe, un grave *orang-outang*,
Qui de valet faisait l'office,
Et qui, sur ses deux pieds sans peine se tenant,
Avait la taille et le flegme d'un Suisse.
(LEMONTEY.)

2me SÉRIE. — PLURIEL.

Il faut encore savoir gré à la convention, à demi régénérée par la journée de thermidor, d'avoir organisé des écoles centrales dans tous les *chefs-lieux* de la république. (MILLOT.)

Les *reines-marguerites*, et les asters, le souci, les soleils et les poires de terre portent tous des fleurs radiées. (J.-J. ROUSSEAU.)

Les *martins-pêcheurs* et une foule d'oiseaux riverains embellissent, par l'émail de leurs couleurs, les bords des fleuves de l'Asie et de l'Afrique.
(BERNARDIN DE ST-PIERRE.)

Les pigeons polonais sont plus gros que les *pigeons-paons*. (BUFFON.)

C'est dans les contrées les plus chaudes du Nouveau-Monde que se trouvent toutes les espèces d'*oiseaux-mouches*. (Id.)

Les *orangs-outangs* sont extrêmement sauvages ; mais il paraît qu'ils sont peu méchants, et qu'ils parviennent assez promptement à entendre ce qu'on leur commande. (Buffon.)

---

(1) Dans sa traduction du *Voyage bibliographique en France*, de Dibdin, M. Crapelet a donc eu tort d'écrire : *Pour un connaisseur, le premier aspect de la seconde pièce de la Bibliothèque du Roi, où se trouvent les éditions princeps, est véritablement magique..... Voilà le premier Homère !... que le couteau du relieur n'a jamais touché... Un peu au-dessus des* VIRGILE, *des* OVIDE, *des* PLINE..... *et, par-dessus tout, des Bibles !* Il fallait des *Virgiles*, des *Ovides*, des *Plines*. En laissant ces noms au singulier, M. Crapelet est tombé en contradiction avec lui-même, puisque, quelques lignes auparavant, il avait écrit : des *Lahires*, des *Jouvenets*.

Un jeune *coq-faisan* a été renfermé avec de jeunes poules dont le plumage approchait de celui de la faisane. (*Id.*)

Les *coqs-faisans* sont moins ardents que les coqs ordinaires. (*Id.*)

Le *martin-pêcheur* agite rapidement ses ailes d'azur pour fasciner sa proie. (CHATEAUBRIAND.)

La pintade au plumage maillé, les paons, les canards, les *martins-pêcheurs*, et une foule d'autres oiseaux riverains, embellissent, par l'émail de leurs couleurs, les bords des fleuves de l'Asie et de l'Afrique. (BERNARDIN DE ST-PIERRE.)

Le *faucon-pèlerin* ne mue qu'au mois d'août. (*Id.*)

Les lieux où l'on prend le plus de *faucons-pèlerins* sont non seulement les côtes de Barbarie, mais toutes les îles de la Méditerranée. (*Id.*)

Deux substantifs formant un nom composé, sont variables tous deux, comme on peut s'en convaincre par les exemples que nous venons de rapporter. *Un chef-lieu*, des *chefs-lieux*; une *reine-marguerite*, des *reines-marguerites*, etc.

EXERCICE PHRASÉOLOGIQUE.

SINGULIER.	PLURIEL.	SINGULIER.	PLURIEL
Un aigle-pêcheur.	Des aigles-pêcheurs.	Une borne-fontaine.	Des bornes-fontaines.
Un chien-loup.	Des chiens-loups.	Un chou-navet.	Des choux-navets.
Un chien-lion.	Des chiens-lions.	Un ballon-navire.	Des ballons-navires.
Un cristal-topaze.	Des cristaux-topazes.	Un garde-magasin.	Des gardes-magasins.
Une dame-jeanne.	Des dames-jeannes.	Une gomme-résine.	Des gommes-résines.
Une fourmi-lion.	Des fourmis-lions.	Une goutte-crampe.	Des gouttes-crampes.
Un garde-bois (1).	Des gardes-bois.	Une gomme-laque.	Des gommes-laques.
Un laurier-rose.	Des lauriers-roses.	Un prêtre-cardinal.	Des prêtres-cardinaux.
Un jardin-pépinière.	Des jardins-pépinières.	Un poisson-femme.	Des poissons-femmes.
Un lieutenant-colonel.	Des lieutenants-colonels.	Une reine-Claude. (Prune.)	Des reines-Claudes.
Un maître-autel.	Des maîtres-autels.	Un sabre-poignard.	Des sabres-poignards.
Un messire-jean. (Poire.)	Des messires-jeans.	Un taupe-grillon. (Insecte.)	Des taupes-grillons.

EXCEPTIONS.

1re SÉRIE. — SINGULIER.

Le marquis de X... s'étant éveillé pendant la nuit, et entendant chanter le rossignol, fit venir son *garde-chasse*, et lui ordonna d'aller tuer cette vilaine bête. (DE JOUY.)

2e SÉRIE. — PLURIEL.

Les sables de l'Afrique, où nous n'avons pas de *gardes-chasse*, nous envoient des nuées de cailles et d'oiseaux de passage, qui traversent la mer au printemps, pour couvrir nos tables en automne. (BERNARDIN DE ST-PIERRE.)

Puis-je oublier l'œillet de la vallée,
Le bouton-d'or, la pâle giroflée,
Le *chèvre-feuille* à l'odeur parfumée? (BRUGNOT.)

La fameuse madone Chekka, dans l'île de Chypre est située dans un canton délicieux. Des *chèvre-feuilles*, des roses, et quantité d'arbrisseaux d'une odeur aromatique, parfument l'air des environs. (L'ABBÉ DE LA PORTE.)

Les jeux politiques sont l'inverse du *colin-maillard*. (BOISTE.)

Nous courons, en *colin-maillard*, après le plaisir; et, lorsqu'après l'avoir saisi, nous ôtons le bandeau, ce n'est plus ce que nous avons pensé. (BOISTE.)

Dans l'île de Cayenne, on appelle *bonjour-commandeur* une espèce de bruant qui a coutume de chanter au point du jour, et que les colons sont à portée d'entendre, parce qu'il vit autour des maisons. (BUFFON.)

Les *bonjour-commandeurs* ont le cri aigu de nos moineaux de France; ils sont le plus souvent à terre comme les bruants, et presque toujours deux à deux. (BUFFON.)

Le *bec-figue* qui, comme l'ortolan, fait les délices de nos tables, n'est pas aussi beau qu'il est bon. (*Id.*)

Les *bec-figues* arrivent en Lorraine en avril, et en partent au mois d'août, même quelquefois plus tôt. (*Id.*)

Le *porc-épics*, quoique originaire des climats les plus chauds de l'Afrique et des Indes, peut vivre et se multiplier dans les pays moins chauds. (BUFFON.)

Nous avons vu des *porcs-épics* vivants, et jamais nous ne les avons vus, quoique violemment excités, darder leurs piquants. (*Id.*)

---

(1) Le mot *garde*, signifiant *gardien*, est substantif et doit prendre la marque du pluriel : des *gardes-bois*, des *gardiens des bois*; mais s'il représente un être inanimé, un objet, on le considère alors comme verbe, et, par conséquent, il demeure invariable : des *garde-manger*, des armoires où l'on garde le manger.

On appelle distillation au *bain-marie* (1), celle qui se fait en mettant dans un vaisseau plein d'eau chaude, qui est sur le feu, le vase où sont les matières que l'on veut distiller. (ACADÉMIE.)

L'usage des *bains-marie* date de la plus haute antiquité; c'est, dit-on, la prophétesse Marie qui en fut l'inventrice. (....)

Ces exemples présentent quelques difficultés que nous ne pouvons résoudre par des règles générales; car l'accord des substantifs composés qui fixent notre attention en ce moment, dépend des vues de l'esprit. Nous allons donc avoir recours à la décomposition de ces substantifs, et de quelques autres semblables, pour déterminer, d'une manière positive, sur lequel des deux mots repose l'idée du singulier ou du pluriel.

Un *garde-chasse* : Un garde (ou gardien) qui veille sur la *chasse*.

Un *garde-marine* : C'est-à-dire un *garde* de la *marine*.

Un *garde-vaisselle* : Signifie un *garde* (ou gardien) de la *vaisselle* du roi.

Un *appui-main* : Un *appui* pour la *main*.

Un *chèvre-feuille* : Un arbrisseau dont la *feuille* grimpe comme la *chèvre*.

Un *colin-maillard* : Un jeu où *Colin*, les yeux bandés, cherche à attraper *Maillard*.

Un *bec-figues* : Un oiseau dont le *bec* pique les *figues*.

Un *chèvre-pieds* : Un animal fauve ou satyre, qui a des *pieds* de *chèvre*.

Un *brèche-dents* : Une personne qui a une *brèche* dans les dents.

Un *garde-malades* : Un garde (ou gardien) de malades.

Un *porc-épics* : Un animal qui a le grognement du *porc* et des *épics* ou piquants sur le corps.

Des *gardes-chasse* : Des gardes (ou gardiens) qui veillent sur la *chasse*.

Des *gardes-marine* : C'est pour des *gardes* de la *marine*.

Des *gardes-vaisselle* : Pour des *gardes* (ou gardiens) de la *vaisselle* du roi.

Des *appuis-main* : Des *appuis* pour la main.

Des *chèvre-feuilles* : Des arbrisseaux dont les *feuilles* grimpent comme la *chèvre*.

Des *colin-maillard* : Des jeux où *Colin*, les yeux bandés, cherche à attraper *Maillard*.

Des *bec-figues* : Des oiseaux dont le *bec* pique les *figues*.

Des *chèvre-pieds* : Des animaux fauves ou satyres, qui ont des *pieds* de *chèvre*.

Des *brèche-dents* : Des personnes qui ont chacune une *brèche* dans les *dents*.

Des *gardes-malades* : Des gardes (ou gardiens) de malades.

Des *porcs-épics* : Des animaux qui ont le grognement des *porcs* et des *épics* ou piquants sur le corps.

D'après l'examen que nous venons de faire, on peut conclure :

1° Que, si l'idée du singulier repose sur l'un des deux substantifs, comme dans des GARDES-CHASSE, des CHÈVRE-FEUILLES, ou même sur les deux à la fois, comme dans *colin-maillard*, ces substantifs, quoique précédés de l'article pluriel, demeurent invariables.

2° Que, si l'idée de la pluralité se fixe sur le second substantif, ce substantif se met au pluriel, sans avoir égard à l'article singulier qui le précède, et avec lequel il semble être en contradiction. — Exemple : un *bec-figues*, un *chèvre-pieds*, un *brèche-dents*, etc.

(1) Quelques grammairiens pensent que *Balneum Maris* (bain de mer) est l'origine de *bain-Marie*; mais, comme il n'existe aucune analogie entre ces deux expressions, il n'est pas présumable que l'usage se soit écarté à ce point de la vérité; au surplus, quelle que soit l'étymologie de ce nom composé, le second substantif se trouvant au singulier dans les deux versions qu'on lui attribue, on peut écrire avec certitude des *bains-Marie*; en effet l'idée du pluriel ne tombe que sur le mot *bains*.

EXERCICE PHRASÉOLOGIQUE.

SINGULIER.	PLURIEL.	SINGULIER.	PLURIEL.
Un appui-main.	Des appuis-main.	Un garde-marine.	Des gardes-marine.
Un bec-figues.	Des bec-figues.	Un garde-malades.	Des gardes-malades.
Un brèche-dents.	Des brèche-dents.	Une garde-malades.	Des gardes-malades.
Un bain-marie.	Des bains-marie.	Un garde-vaisselle.	Des gardes-vaisselle.
Un colin-maillard.	Des colin-maillard.	Un porc-épics.	Des porcs-épics.
Un chèvre-feuille (1).	Des chèvre-feuilles.	Un chèvre-pieds.	Des chèvre-pieds.
Un garde-chasse.	Des gardes-chasse.	Un garde-sceî.	Des garde-sceî.

N° XLVIII.

UN ADJECTIF ET UN NOM RÉUNIS, COMME *plain-chant*.

1re SÉRIE. — SINGULIER.

Ambroise, archevêque de Milan, fut, à ce que l'on dit, l'inventeur du *plain-chant*.
(J.-J. ROUSSEAU.)

L'homme social vit plus pour l'avenir, que pour le présent ; pour *l'amour-propre*, que pour l'amour ; pour la puissance, que pour le bien-être.
(LE COMTE DE SÉGUR.)

Un *secrétaire-général* doit rester éternellement dans sa préfecture, comme un chef de division dans son ministère, pour y conserver les traditions.
(NAPOLÉON.)

Vous pouvez donner aux enfants le spectacle étonnant de l'électricité atmosphérique par un *cerf-volant*.
(BERNARDIN DE ST-PIERRE.)

En vérité l'on prendrait ces lettres pour les sarcasmes d'un *petit-maître*, plutôt que pour les relations d'un philosophe.
(J.-J. ROUSSEAU.)

Nous vîmes un *poisson-volant*.
(BERNARDIN DE ST-PIERRE.)

Le *gros-bec* est un oiseau qui appartient à notre climat tempéré, depuis l'Espagne et l'Italie, jusqu'en Suède.
(BUFFON.)

Une *chauve-souris* donna tête baissée
Dans un nid de belette : et, sitôt qu'elle y fut,
L'autre, envers les souris dès long-temps courroucée,
Pour la dévorer accourut.
(LA FONTAINE.)

Du latin ! de mon temps du latin ! un *gentilhomme* en eût été déshonoré.
(SAINT-EVREMONT.)

Chacun, mêlant les souvenirs du passé aux joies présentes, croit reconnaître le vieillard dans le *nouveau-né* qui fait revivre sa mémoire.
(LE COMTE DE SÉGUR.)

L'oiseau de *basse-cour*, comme l'oiseau du Pinde,
Doit, pour réussir ici-bas,
Louer surtout les gens des vertus qu'ils n'ont pas.
(GUINGUENÉ.)

Ce pédant ridicule, connu par sa fatuité et son outre-cuidance, était convaincu que son image en *taille-douce* ferait un merveilleux effet au frontispice des Hommes Illustres.
(DE JOUY.)

2e SÉRIE. — PLURIEL.

On peut dire qu'il n'y a rien de plus ridicule et de plus plat, que ces *plains-chants* accommodés à la moderne.
(J.-J. ROUSSEAU.)

Voltaire eut l'art funeste chez un peuple capricieux et aimable, de rendre l'incrédulité à la mode ; il enrôla tous les *amours-propres* dans cette ligue insensée.
(CHATEAUBRIAND.)

On ne peut permettre que les *secrétaires-généraux* soient en même temps députés.
(NAPOLÉON.)

Enfants, hâtez-vous de rassembler vos ballons, vos volants et vos *cerfs-volants*.
(BERNARDIN DE ST-PIERRE.)

Les dames et les *petits-maîtres* ont toujours révéré la mode et même enchéri sur elle.
(VOLTAIRE.)

Nous vîmes des *poissons-volants*.
(BERNARDIN DE ST-PIERRE.)

Les loriots mangent la chair des cerises, et les *gros-becs* cassent les noyaux et en mangent l'amande.
(BUFFON.)

Il est au Louvre un galetas,
Où, dans un calme solitaire,
Les *chauves-souris* et les rats
Viennent tenir leur cour plénière.
(LE MARQUIS DE VILLETTE.)

Autrefois on ne faisait étudier les *gentils-hommes* que pour être d'église, encore se contentaient-ils le plus souvent du latin de leur bréviaire.
(SAINT-EVREMONT.)

On dit que plusieurs sages-femmes, en pétrissant la tête des *nouveaux-nés*, lui donnent une forme plus convenable ; et on le souffre !
(J.-J. ROUSSEAU.)

Les civettes cherchent, comme les renards, à entrer dans les *basses-cours* pour emporter les volailles.
(BUFFON.)

Chauveau, Nanteuil, Meulan, Audran, etc., ont réussi dans les *tailles-douces*, et leurs estampes ornent, dans l'Europe, les cabinets de ceux qui ne peuvent avoir des gravures.
(VOLTAIRE.)

(1) Aujourd'hui on écrit *chèvrefeuille* en un seul mot : Un *chèvrefeuille*, des *chèvrefeuilles*. (ACADÉMIE.)

(114)

On reconnaîtra le *chat-huant* d'abord à ses yeux bleuâtres, et ensuite à la beauté et à la variété distincte de son plumage, et enfin à son cri : hôhôhôhô, par lequel il semble huer. (BUFFON.)

Une femme *bel-esprit* (1) est le fléau de ses enfants, de son mari, de ses valets et de tout le monde. (J.-J. ROUSSEAU.)

On ne trouve guère les *chats-huants* ailleurs que dans les bois; en Bourgogne, ils sont bien plus communs que les hulottes; ils se tiennent dans les arbres creux. (BUFFON.)

Point de ces gens, que Dieu confonde,
De ces sots dont Paris abonde,
Et qu'on y nomme *beaux-esprits*,
Vendeurs de fumée à tout prix.
(J.-J. ROUSSEAU.)

Le substantif et l'adjectif qui concourent ensemble à former un nom composé, sont susceptibles de prendre, l'un et l'autre, la marque du pluriel, comme nous venons de le voir : un *plain-chant*, des *plains-chants*, etc.

EXERCICE PHRASÉOLOGIQUE.

SINGULIER.	PLURIEL.	SINGULIER.	PLURIEL.
Un arc-boutant.	Des arcs-boutants.	Une belle-fille.	Des belles-filles.
Un arc-doubleau.	Des arcs-doubleaux.	Une belle-mère.	Des belles-mères.
Un bas-relief.	Des bas-reliefs.	Un beau-père.	Des beaux-pères.
Une basse-fosse.	Des basses-fosses.	Une belle-sœur.	Des belles-sœurs.
Une basse-lisse.	Des basses-lisses.	Un blanc-bec.	Des blancs-becs.
Une basse-taille.	Des basses-tailles.	Un garde-royal.	Des gardes-royaux.
Une basse-voile.	Des basses-voiles.	Une garde-nationale.	Des gardes-nationales.
Un beau-fils.	Des beaux-fils.	Une garde-impériale.	Des gardes-impériales.
Un beau-frère.	Des beaux-frères.	Une garde-royale.	Des gardes-royales.
Un bon-Henri.	Des bons-Henris.	Un grand-oncle.	Des grands-oncles.
Un bon-chrétien.	Des bons-chrétiens.	Un gros-texte.	Des gros-textes.
Un bout-rimé.	Des bouts-rimés.	Un haut-bord.	Des hauts-bords.
Une courte-botte.	De courtes-bottes.	Une haute-futaie.	Des hautes-futaies.
Un court-bouillon.	De courts-bouillons.	Une haute-paye.	Des hautes-payes.
Un cordon-bleu.	Des cordons-bleus.	Une haute-lice.	Des hautes-lices.
Une coiffe-jaune.	Des coiffes-jaunes.	Un loup-marin.	Des loups-marins.
Une chiche-face.	Des chiches-faces.	Un plat-bord.	Des plats-bords.
Une courte-paille.	Des courtes-pailles.	Une plate-bande.	Des plates-bandes.
Une courte-pointe.	Des courtes-pointes.	Une plate-forme.	Des plates-formes.
Un cerf-volant.	Des cerfs-volants.	Un petit-lait.	Des petits-laits.
Une double-feuille.	Des doubles-feuilles.	Une petite-maîtresse.	Des petites-maîtresses.
Une eau-forte.	Des eaux-fortes.	Un pont-neuf.	Des ponts-neufs.
Une fausse-braie.	Des fausses-braies.	Un pied-poudreux.	Des pieds-poudreux.
Un franc-salé.	Des francs-salés.	Un pied-plat ou un plat-pied.	Des pieds-plats.
Une folle-enchère.	Des folles-enchères.	Un pot-pourri.	Des pots-pourris.
Un faux-fuyant.	Des faux-fuyants.	Une rouge-gorge.	Des rouges-gorges.
Un garde-champêtre	Des gardes-champêtres.	Un saint-augustin.	Des saints-augustins.
Un gras-double.	Des gras-doubles.	Une sainte-barbe.	Des saintes-barbes.
Un garde-forestier.	Des gardes-forestiers.	Un sauf-conduit.	Des saufs-conduits.
Un grand-maître.	Des grands-maîtres.	Une sage-femme.	Des sages-femmes.
Un garde-national.	Des gardes-nationaux.	Un sénatus-consulte.	Des sénatus-consultes.
Un garde-impérial.	Des gardes-impériaux.	Un ver-luisant.	Des vers-luisants.

EXCEPTIONS.

1re SÉRIE. — SINGULIER.

Celui qui a eu la facilité de livrer un *blanc-seing*, ne doit s'en prendre qu'à lui-même, si l'on en abuse.
(MERLIN.)

On appelle bure, la partie supérieure du fourneau qui s'élève au-dessus du *terre-plein*.
(BUFFON.)

Quand j'étais *chevaux-légers* de la reine, j'avais une tante chanoinesse, et elle voulait, parbleu ! nous faire beaucoup de bien. (REVUE DE PARIS.)

... Vous êtes un sot, en trois lettres, mon fils,
C'est moi qui vous le dis, qui suis votre *grand'mère*.
(MOLIÈRE.)

2e SÉRIE. — PLURIEL.

Des *blanc-seings* sont des armes perfides dans les mains d'un fripon. (ANONYME.)

Les *terre-pleins* sont des terres rapportées entre deux murs; ils sont employés pour fortifier les villes de guerre. (Id.)

Le pape, ou plutôt Avignon, entretenait pour la garde du vice-consul et de la ville 50 *chevaux-légers* vêtus de rouge, et 100 hommes d'infanterie vêtus de bleu. (L'ABBÉ DE LA PORTE.)

Louis XII revendiquait le duché de Milan, parce qu'il comptait parmi ses *grand'mères* une sœur d'un Visconti; lequel avait eu cette principauté.
(VOLTAIRE.)

---

(1) Dans un journal intitulé la *Mère de Famille*, on trouve cette phrase singulière : *Molière, anatomiste et peintre moral, devait attaquer le pédantisme des savants de son temps, et Jean-Jacques, philosophe sentimental, les prétentions des* ÉCRIVEUSES BEL-ESPRIT *du sien*.

(115)

Nous gâtions les outils de mon bon vieux *grand-père* pour faire des montres à son imitation.
(J.-J. Rousseau.)

Les juments produisent des poulains qui ressemblent assez aux *grand'-pères*. (Buffon.)

Pour rendre compte des motifs qui ont déterminé l'orthographe des noms composés qu'on vient de lire, nous nous servirons du seul principe qui existe en grammaire, et par le moyen duquel on peut résoudre les plus grandes difficultés : c'est de ramener les mots à leur état primitif; de les voir dans toute leur acception, dans toute leur valeur, soit en remontant à leur origine, soit en cherchant l'ellipse.

Un blanc-seing : Un *seing*, ou signature sur papier blanc (1).

Des blanc-seings : Des *seings*, ou signatures sur papier blanc.

Un terre-plein : Un espace *plein de terre*.

Des terre-pleins : Des espaces *pleins de terre*.

Un chevaux-légers (2) : Un cavalier du régiment des *chevaux-légers*.

Des chevaux-légers : Des cavaliers du régiment des *chevaux-légers*.

Un cent-suisses : Un soldat du régiment des *cent-suisses*.

Des cent-suisses : Des soldats du régiment des *cent-suisses*.

Un courte-haleine : Un homme qui a *l'haleine courte*.

Des courte-haleine : Des hommes qui ont *l'haleine-courte*.

Une douce-amère (plante) : En latin *dulcamara*.

Des douces-amères : Le premier mot conserve l'invariabilité du latin *dulc*. Le second, venant d'*amara*, varie.

Une toute-bonne, une toute-saine : Une plante tout-à-fait bonne; une plante tout-à-fait saine.

Des toute-bonnes, des toute-saines : Des plantes tout-à-fait bonnes, des plantes tout-à-fait saines.

Une toute-épice : Une plante qui a tout-à-fait le goût de *l'épice*.

Des toute-épice : Des plantes qui ont tout-à-fait le goût de *l'épice*.

Une grand'-tante, une grand'-mère : C'est par euphonie que l'apostrophe remplace l'*e* de *grande* dans *grand'-tante*, *grand'-mère*.

Des grand'-tantes, des grand'-mères : Sont des titres qui marquent les liens du sang.

EXERCICE PHRASÉOLOGIQUE.

SINGULIER.	PLURIEL.	SINGULIER.	PLURIEL.
Un blanc-seing.	Des blanc-seings.	Un grand-père.	Des grand'-pères.
Un courte-haleine.	Des courte-haleine.	Une grand'-rue.	Des grand'-rues.
Un chevaux-légers.	Des chevaux-légers.	Une grand'-garde.	Des grand'-gardes.
Un cent-suisses.	Des cent-suisses.	Une grand'-tante.	Des grand'-tantes.
Une douce-amère.	Des douces-amères.	Une toute-bonne.	Des toute-bonnes.
Une grand'-chambre.	Des grand'-chambres.	Un terre-plein.	Des terre-pleins.
Une grand'-messe.	Des grand'-messes.	Une toute-saine.	Des toute-saines.
Une grand'-mère.	Des grand'-mères.	Une toute-épice.	Des toute-épice.

(1) L'Académie écrit à tort *des blancs-seings*; l'analyse le prouve jusqu'à l'évidence.

(2) Cette orthographe est la seule que l'on doive adopter, parce qu'elle est en harmonie avec la pensée. On écrit bien des *tête-à-tête*, un *essuie-mains*, pourquoi n'écrirait-on pas un *chevaux-légers*, cela doit paraître aussi naturel à quiconque craint de choquer la raison. Nous repoussons donc cette orthographe : un *chevau-léger*, des *chevau-légers*, à moins de supprimer le trait d'union. Autrement, il y a tout-à-la-fois barbarisme et solécisme. C'est donc à tort que l'Académie, dans son dictionnaire, édition de 1835, écrit : *Un chevau-léger, des chevau-légers*.

Nº XLIX.

NOMS COMPOSÉS DONT L'UN, PRIS ADJECTIVEMENT, NE S'EMPLOIE PLUS SEUL.

1ʳᵉ SÉRIE. — SINGULIER.

On est toujours étonné de voir l'intrépidité avec laquelle une petite *pie-grièche* combat contre les pies, les corneilles, les crécerelles, tous oiseaux beaucoup plus grands et plus forts qu'elle. (BUFFON.)

Sous la plus sale porte-*cochère*, sous la plus misérable allée, nous voyons écrit en gros caractères : Parlez au concierge... ah! rions, mes amis, rions de la vanité humaine. (ANONYME.)

Les plus belles peaux de lynx viennent de Sibérie, sous le nom de loup-*cervier*; et de Canada, sous celui de chat-*cervier*. (BUFFON.)

Un pied de forme ronde, et qui qui fait que l'on marche avec peine, est un pied-*bot*. (ACADÉMIE.)

Le velours de la tête du calybé est d'un beau bleu changeant en vert, dont les reflets imitent ceux de l'*aigue*-marine. (BUFFON.)

Un franc-*alleu* était un bien patrimonial héréditaire. (BOISTE.)

Un franc-*alleu* était un fonds de terre, soit noble, soit roturier, exempt de tous droits seigneuriaux. (ACADÉMIE.)

La chasse du *petit-gris* est si générale parmi les Lapons, que cette peau est de toutes les fourrures la plus commune et la moins chère. Un paquet de cinquante écureuils ne coûte guère plus de trois livres. (L'ABBÉ DE LA PORTE.)

2ᵉ SÉRIE. — PLURIEL.

Les femmes sont des oiseaux qui changent de plumage plusieurs fois par jour : ce sont des *pies-grièches* dans le domestique, des paons dans les promenades, et des colombes dans le tête-à-tête. (DUFRESNY.)

A l'heure des spectacles, toutes les portes-*cochères* s'ouvrent, les voitures s'élancent, les théâtres et les cafés se remplissent. (DE JOUY.)

Les loups-*cerviers* de Canada sont seulement, comme je l'ai déjà dit, plus petits et plus blancs que ceux d'Europe ; et c'est cette différence qui les a fait appeler chats-*cerviers*. (BUFFON.)

Les gens de mauvaise foi sont des pieds-*bots* en affaires; ils marchent difficilement. (ANONYME.)

Les pierres précieuses, les émeraudes bleues, mêlées de doux reflets verts, semblables à de l'eau de mer, sont des *aigues-marines*. (ANONYME.)

Comme le gouvernement féodal, établi sous cette deuxième race, n'obligeait pas moins les seigneurs à défendre les vassaux, que les vassaux à combattre pour les seigneurs, on avait échangé en fiefs la plupart des terres libres ou des francs-*alleux*, afin de se ménager une protection nécessaire. (L'ABBÉ MILLOT.)

Il n'y a point de marchandises où l'on soit plus trompé qu'à ces *petits-gris* et aux hermines, parce que vous achetez la marchandise sans la voir, et que la peau est retournée, en sorte que la fourrure est en-dedans. (REGNARD.)

On rencontre quelquefois des noms composés dans lesquels il entre un mot qui ne s'emploie plus seul, parce qu'il a vieilli et qu'il n'a de sens et de force que joint au nom qui le précède. Ce mot, jouant le rôle d'adjectif, doit nécessairement en subir les accidents grammaticaux. C'est pourquoi l'on écrit : des *loups-garous*, des *portes-cochères*, des *pies-grièches*. Le dernier des exemples cités, nous présente deux adjectifs dont l'ensemble forme un nom composé : *petit-gris*. Quelque rares que soient ces noms, il est bon de les connaître et de rechercher, surtout, par l'analyse, la raison de leur orthographe. Quant à leur étymologie, nous n'avons que des données inexactes ; néanmoins nous allons dire, à cet égard, ce qui nous paraîtra le plus juste et le plus raisonnable.

Loup-garou (1). Ce mot, au propre, signifie un loup qui mange les cadavres et at-

---

(1) Quelques personnes pensent que le mot *garou* est une altération du verbe *garer*, et qu'un *loup-garou* est un *loup dont il faut se garer*. D'autres, tout en conservant au mot *garou* la même origine, l'analysent différemment, et prétendent que *voilà un loup-garou* est pour *voilà un* LOUP, GARE *à vous,* OU *le péril vous menace.* Suivant Borel, *garou* viendrait du vieux mot français *garo* ou *garau*, qui signifie *rapide.* Nous

taque les hommes. C'est aussi, suivant la croyance populaire, un sorcier qui a le don de pouvoir se changer en loup. Au figuré, on dit en parlant d'un homme bourru, farouche, insociable, que c'est un *loup-garou*.

Loup-cervier. Animal qui n'a que le hurlement du loup, et dont la peau est tachetée comme celle des jeunes cerfs. C'est ce qui lui a fait donner l'épithète de *cervier*.

Pie-grièche signifie *pie-grisâtre*, nous disent quelques grammairiens; mais comment se fait-il que Buffon et les naturalistes aient ajouté au substantif *pie-grièche* l'épithète inutile de *grise*, ce qui fait *pie-grièche grise* (1). Ce serait évidemment un pléonasme; nous croyons donc que la *pie-grièche*, ayant quelque chose de la pie et de la grive, on a formé son nom de celui de ces oiseaux.

Les dictionnaires étymologiques pensent toutefois que *grièche* ou *griesche* est un adjectif altéré qui signifie *venant de la Grèce, originaire de la Grèce*.

Pied-bot. L'adjectif *bot* vient sans doute de ce que le pied qui a cette infirmité est ordinairement chaussé d'une espèce de *botte* ou brodequin; ainsi *bot* est une abréviation de *botté*.

Aigue-marine vient de deux mots latins *aqua marina*, eau de mer.

Franc-alleu. Alleu est un vieux mot qui signifie à peu près un *bien*, une *terre*. Un franc-alleu est donc un bien (noble ou roturier) qui est franc ou exempt de tous droits seigneuriaux.

EXERCICE PHRASÉOLOGIQUE.

SINGULIER.	PLURIEL.	SINGULIER.	PLURIEL.
Une aigue-marine.	Des aigues-marines.	Une gomme-résine.	Des gommes-résines.
Une branche-ursine.	Des branches-ursines.	Un guet-apens.	Des guets-apens.
Une épine-vinette.	Des épines-vinettes.	Un loup-cervier.	Des loups-cerviers.
Un franc-alleu.	Des francs-alleux.	Un loup-garou.	Des loups-garous.
Un franc-réal.	Des francs-réals.	Une ortie-grièche.	Des orties-grièches.
Une gomme-gutte.	Des gommes-guttes.	Une pie-grièche.	Des pies-grièches.
Une gomme-laque.	Des gommes-laques.	Une porte-cochère.	Des portes-cochères.

N° L.

DEUX NOMS UNIS PAR UNE PRÉPOSITION, COMME *chef-d'œuvre*.

1re SÉRIE. — SINGULIER.

Une femme charmante et sage,
Voilà d'un Dieu puissant le *chef-d'œuvre* enchanteur;
Et dans sa plus parfaite image,
J'adore son divin auteur.   (DE SÉGUR.)

2e SÉRIE. — PLURIEL.

Nous n'attribuons aucun des *chefs-d'œuvre* de l'homme au hasard; pourrions-nous croire que lui-même en serait l'enfant?   (CHATEAUBRIAND.)

croyons, nous, qu'il est infiniment plus raisonnable de faire dériver ce mot du celtique GARO; et ce qui nous porte à croire que c'est là sa véritable étymologie, c'est que le mot *garo*, en celtique, veut dire *âpre, rude, aigre d'humeur et de paroles, sauvage, cruel*.

(1) On en trouve d'absolument blanches dans les Alpes, et ces *pies-grièches* blanches, aussi bien que celles qui ont une teinte de roux sur le ventre, sont de la même grandeur que la *pie-grièche grise*, qui n'est elle-même pas plus grosse que le *mauvis*, autrement la *grive-mauviette*. (Buffon). Au figuré, *pie-grièche* n'est point une petite-maîtresse, comme bien des personnes se l'imaginent; mais une femme méchante, acariâtre, qui pince, mord et égratigne; enfin une femme du naturel de l'oiseau, et telle que Pigaut-Lebrun l'a fort bien dépeinte dans un des exemples rapportés ci-dessus.

Depuis le déluge, l'*arc-en-ciel* a été un signe de la clémence de Dieu. (Bossuet.)

Allez dans la prairie, et vous pourrez admirer à la fois mille *arcs-en-ciel* peints sur chaque goutte de rosée, et qui mêlent leurs riches couleurs à la parure des champs. (Aimé-Martin.)

Peut-être ne voit-on pas très clairement du premier coup d'œil, le rapport qu'il y a entre une *lettre-de-change* et un feuilleton. C'est une énigme que j'abandonne à la sagacité de mes lecteurs. (De Jouy.)

J'ai toujours eu pour principe de ne jamais faire des *lettres-de-change*, et je me suis toujours dit, avec nos meilleurs poètes comiques :
C'est jouer trop gros jeu que jouer le par-corps. (De Jouy.)

Outre que la *femme-de-chambre*, une fois dépositaire du secret de sa maîtresse, lui fait payer cher sa discrétion, elle agit comme l'autre pense, et décèle toutes ses maximes en les pratiquant maladroitement. (J.-J. Rousseau.)

A Paris, je jugeais des mœurs des femmes de ma connaissance par l'air et le ton de leurs *femmes-de-chambre*, et cette règle ne m'a jamais trompé. (J.-J. Rousseau.)

Il prononça, en frémissant, ces mots terribles de commis et de *rat-de-cave*. Il me fit entendre qu'il cachait son vin à cause des aides; qu'il cachait son pain à cause de la taille, et qu'il serait un homme perdu, si l'on pouvait se douter qu'il ne mourût pas de faim. (Id.)

Que sous le joug des libraires
On livre encor nos auteurs ;
Aux censeurs, aux inspecteurs,
Rats-de-cave littéraires ! (Béranger.)

La *belle-de-nuit* n'ouvre ses fleurs les plus parfumées que dans l'obscurité. (Bernardin de St-Pierre.)

Les *belles-de-nuit* du Pérou, l'arbre triste des Moluques, ne fleurissent que la nuit. (Bernardin de St-Pierre.)

Le *pot-au-feu* du peuple est la base des empires. (Mirabeau.)

Les paysannes mangent moins de viande et plus de légumes que les femmes de la ville ; ce régime végétal paraît plus favorable que contraire à elles et à leurs enfants. Quand elles ont des nourrissons bourgeois, on leur donne des *pots-au-feu*. (J.-J. Rousseau.)

On se ferait une fausse idée de la queue du *coq-d'Inde*, si l'on s'imaginait que toutes les plumes dont elle est formée fussent susceptibles de se relever en éventail. (Buffon.)

Le son grave que font entendre les *coqs-d'Inde* avant leur cri, le roucoulement des pigeons qui s'exécute sans qu'ils ouvrent le bec, sont des sons de même nature. (Buffon.)

Vous souvient-il, monsieur, quand ma maudite mule Me jeta, par malice, en ce trou si profond ?
Je fus près d'un *quart-d'heure* à rouler jusqu'au fond. (Regnard.)

Je vous assure, mesdames, qu'à moins de voler, on ne peut pas faire plus de diligence ; il n'y a pas, en vérité, trois *quarts-d'heure* que je suis parti de Versailles. (Regnard.)

C'est avec de l'*eau-de-vie*, de la poudre à canon, des fusils, des sabres, du fer, que nous commerçons principalement avec les Américains et les Africains. (Bernardin de St-Pierre.)

Je ne puis douter que l'usage immodéré du café, du thé, du chocolat, des épiceries, n'aient chez les Européens une partie des effets que nos *eaux-de-vie* ont chez les sauvages. (St-Lambert.)

La matière fluide du *ver-à-soie*, de l'araignée et de plusieurs espèces de chenilles, acquiert tout à coup de la solidité en sortant de leur corps, et se change en soie par le simple contact de l'air. (Bernardin de St-Pierre.)

Les *vers-à-soie* sont si communs au Tonquin, que cette étoffe n'y est pas plus chère que le coton, et les plus pauvres en sont vêtus. (L'Abbé de la Porte.)

Si l'on veut donner beaucoup d'intérêt à un paysage riant et agréable, il faut qu'on l'aperçoive au travers d'un grand *arc-de-triomphe*, ruiné par le temps. (Bernardin de St-Pierre.)

Tout ce qui frappe nos regards dans les cités nous parle des hommes, de leurs injustices, de leurs crimes, de leurs misères ; leurs palais sont l'asile de la bassesse, et leurs *arcs-de-triomphe*, des souvenirs glorieux de leurs forfaits. (Aimé-Martin.)

Le *bec-d'argent* est de tous les tangaras celui qui est le plus répandu dans l'île de Cayenne et à la Guyane. (Buffon.)

Les *becs-d'argent* ne vont pas en troupes, mais toujours par paires. (Buffon.)

Comme un *aide-de-camp* je viens en diligence appeler du secours. (Regnard.)

J'ai passé ma journée avec des *aides-de-camp* et de jeunes militaires. (Chateaubriand.)

Lorsque deux substantifs sont unis par une préposition, le premier seulement est susceptible de prendre la marque du pluriel : *Un arc-en-ciel, des arcs-en-ciel*.

(119)

EXERCICE PHRASÉOLOGIQUE.

SINGULIER.	PLURIEL.	SINGULIER.	PLURIEL.
Un arc-en-ciel.	Des arcs-en-ciel.	Une épi-d'eau.	Des épis-d'eau.
Un arc-de-triomphe.	Des arcs-de-triomphe.	Une femme-de-chambre.	Des femmes-de-chambre.
Une belle-de-nuit.	Des belles-de-nuit.	Un jet-d'eau.	Des jets-d'eau.
Une belle-de-jour.	Des belles-de-jour.	Une lettre-de-change.	Des lettres-de-change.
Une barbe-de-bouc.	Des barbes-de-bouc.	Un maître-d'hôtel.	Des maîtres-d'hôtel.
Une barbe-de-Jupiter.	Des barbes-de-Jupiter.	Un mont-de-piété.	Des monts-de-piété.
Une barbe-de-chèvre.	Des barbes-de-chèvre.	Un pain-de-coucou.	Des pains-de-coucou.
Une barbe-de-moine.	Des barbes-de-moine.	Un pain-de-pourceau.	Des pains-de-pourceau.
Une barbe-de-renard.	Des barbes-de-renard.	Un pied-de-chèvre.	Des pieds-de-chèvre.
Un bec-de-corbin.	Des becs-de-corbin.	Un pied-de-biche.	Des pieds-de-biche.
Un bec-de-grue.	Des becs-de-grue.	Un pied-de-bœuf.	Des pieds-de-bœuf.
Un blanc-de-baleine.	Des blancs-de-baleine.	Un pied-d'alouette.	Des pieds-d'alouette.
Un ciel-de-lit.	Des ciels-de-lit.	Un pied-de-chat.	Des pieds-de-chat.
Un cou-de-pied.	Des cous-de-pied.	Un pied-de-veau.	Des pieds-de-veau.
Un croc-en-jambe.	Des crocs-en-jambes.	Un pied-de-lion.	Des pieds-de-lion.
Un cul-de-basse-fosse.	Des culs-de-basse-fosse.	Un pied-de-lièvre.	Des pieds-de-lièvre.
Un cul-de-lampe.	Des culs-de-lampe.	Un pied-de-pigeon.	Des pieds-de-pigeon.
Un cul-de-jatte.	Des culs-de-jatte.	Un pot-de-vin.	Des pots-de-vin.
Un chef-d'œuvre.	Des chefs-d'œuvre.	Un pied-de-mouche.	Des pieds-de-mouche.
Un coq-d'Inde.	Des coqs-d'Inde.	Un rat-d'église.	Des rats-d'église.
Un coup-d'œil.	Des coups-d'œil.	Un rat-d'eau.	Des rats-d'eau.
Un rat-de-cave.	Des rats-de-cave.		

EXCEPTIONS.

1re SÉRIE. — SINGULIER.

Le *coq-à-l'âne* ne se compose pas d'une sottise isolée, comme le quolibet; comme le calembourg, mais d'une série de sottises rassemblées sans liaisons.
(DE JOUY.)

Les bons bourgeois louent un *pied-à-terre* à Passy, à Chaillot ou à Boulogne, et les artisans passent leur dimanche aux Prés-Saint-Gervais ou aux bois de Romainville.
(DE JOUY.)

L'amour s'éteint; et il n'est pas d'esprit assez fécond pour remplir l'illusion, et servir de ressource contre la longueur d'un *tête-à-tête* continuel.
(PIGAULT-LEBRUN.)

Le *serpent-à-sonnettes*, caché dans les prairies de l'Amérique, fait bruire sous l'herbe ses sinistres grelots.
(BERNARDIN DE ST-PIERRE.)

Je me suis arrêté quelquefois dans les rues de Paris à considérer avec plaisir de petites vignes dont les racines sont dans le sable et sous le pavé; elles tapissent de leurs grappes toute la façade d'un *corps-de-garde*.
(Id.)

J'avais un manteau qui trainait à terre, avec un pourpoint et un *haut-de-chausses* quatre fois plus longs et plus larges qu'il ne fallait.
(LESAGE.)

Je me suis avisé, après en avoir conféré avec quelques-uns de nos confrères de l'Académie, de proposer à l'assemblée d'envoyer à Monsieur l'Archevêque de Paris 1,200 livres, au nom de la compagnie, pour les pauvres de l'*Hôtel Dieu*.
(VOLTAIRE.)

La conversation de J.-J. Rousseau était très intéressante, surtout dans le *tête-à-tête*; mais l'arrivée d'un étranger suffisait pour l'interdire.
(BERNARDIN DE ST-PIERRE.)

C'est dans les fentes des rochers que se réfugient plusieurs oiseaux de marine, entre autres le *paille-en-queue*.
(BERNARDIN DE ST-PIERRE.)

2e SÉRIE. — PLURIEL.

La plupart des gens font des *coq-à-l'âne*, comme monsieur Jourdain faisait de la prose.
(DE JOUY.)

Je voudrais avoir autant de *pied-à-terre* qu'il y a de saisons; l'hiver, j'habiterais l'Italie; le printemps, l'Angleterre; l'été, la France; et l'automne, la Suisse, afin de ne contempler la nature que dans son éclat.
(ANONYME.)

Dans les maisons, j'imaginais des festins rustiques; dans les prés, de folâtres jeux; sur les arbres, des fruits délicieux; sous leur ombrage, de voluptueux *tête-à-tête*.
(J.-J. ROUSSEAU.)

Les *serpents-à-sonnettes*, sur lesquels on débite tant de contes, ne sont pour l'ordinaire, ni plus gros, ni plus longs que nos plus grandes couleuvres de France.
(DE LA PORTE.)

Dans tous les temps, les murs des prisons, des *corps-de-garde*, des écoles, des auberges, ont été des registres ouverts aux impromptus des hommes.
(DE JOUY.)

Ces grands *hauts-de-chausses* sont propres à devenir les recéleurs des choses qu'on dérobe.
(MOLIÈRE.)

Ce nom de léproserie n'était pas donné indifféremment aux hôpitaux; car on voit par le même testament que le roi lègue cent livres de compte à deux cents *Hôtels-Dieu*.
(VOLTAIRE.)

Dans les *tête-à-tête* les plus secrets, Emile n'oserait solliciter la moindre faveur, pas même y paraître aspirer.
(J.-J. ROUSSEAU.)

Des *paille-en-queue* parcourent tous les jours des trois ou quatre cents lieues entre les tropiques, d'orient en occident, sans jamais manquer de retrouver, le soir, le rocher d'où ils sont partis le matin.
(BERNARDIN DE ST-PIERRE.)

Les noms composés qui précèdent, offrent une grande variété dans leur accord. Cependant, si nous avons recours à la décomposition, nous serons bientôt convaincus que leur orthographe, qui paraît si bizarre au premier coup-d'œil, est en harmonie avec la pensée.

Un coq-à-l'âne : Un discours où l'on saute du coq à l'âne, c'est-à-dire où l'on passe d'une idée à une autre idée sans raison et sans suite.

Un pied-à-terre : Un logement où l'on pose seulement un pied à terre. Figure par laquelle on veut faire entendre que l'on ne s'y arrête qu'en passant.

Un tête-à-tête : Un entretien où deux personnes sont tête-à-tête ; où l'on est seul-à-seul ; espèce de locution adverbiale.

Un serpent-à-sonnettes : Un *serpent* couvert d'écailles dont le bruit est semblable *à* celui des *sonnettes*.

Un corps-de-garde : Un *corps* qui est *de garde* pour la défense d'un camp ou d'une ville.

Un hôtel-Dieu : Un hôtel *de* Dieu.
On voit que la préposition *de* est sous-entendue.

Des coq-à-l'âne : Des discours où l'on saute du coq à l'âne.

Des pied-à-terre : Des logements où l'on pose seulement un pied à terre.

Des tête-à-tête : Des entretiens où deux personnes sont tête-à-tête.

Des serpents-à-sonnettes : Des *serpents* couverts d'écailles dont le bruit est semblable *à* celui des *sonnettes*.

Des corps-de-garde : Des *corps* qui sont *de garde* pour la défense d'un camp ou d'une ville.

Des hôtels-Dieu : Des hôtels *de* Dieu.

EXERCICE PHRASÉOLOGIQUE.

SINGULIER.	PLURIEL.	SINGULIER.	PLURIEL.
Un coq-à-l'âne.	Des coq-à-l'âne.	Un char-à-bancs.	Des chars-à-bancs.
Un corps-de-garde.	Des corps-de-garde.	Un pied-à-terre.	Des pied-à-terre.
Une fête-Dieu.	Des fêtes-Dieu.	Un tête-à-tête.	Des tête-à-tête.
Un haut-de-chausse.	Des hauts-de-chausse.	Un serpent-à-sonnettes.	Des serpents-à-sonnettes.
Un hôtel-Dieu.	Des hôtels-Dieu.		

N° LI.

NOMS JOINTS A UN MOT INVARIABLE, COMME *contre-coup*.

1ʳᵉ SÉRIE. — SINGULIER.

Tout animal flaire ce qu'il veut manger : la théorie de la botanique est dans son odorat. Ce sens exquis est l'*avant-coureur* du goût.
(BERNARDIN DE ST-PIERRE.)

Et de monsieur Géronte il s'en faudrait bien peu
Que par là je ne fusse un *arrière-neveu*.
(REGNARD.)

Pendant un hiver assez rude, au mois de février, j'allais tous les jours passer deux heures le matin, et autant l'*après-dînée*, dans un donjon tout ouvert, que j'avais au bout du jardin où était mon habitation.
(J.-J. ROUSSEAU.)

Les mousses composent un *sous-genre* de plantes si nombreux, que le botaniste Vaillant en a compté cent trente-sept espèces dans les seuls environs de Paris. (BERNARDIN DE ST-PIERRE.)

Les Hongrois sont superbes et magnifiques en diamants. Le palatin de Hongrie ou *vice-roi* est le plus opulent.
(REGNARD.)

2ᵉ SÉRIE. — PLURIEL.

Il est de ces instants où l'âme anéantie
D'un sinistre avenir paraît être avertie ;
Et souvent, en effet, ces secrètes terreurs
Des désastres prochains sont les *avant-coureurs*.
(CHÉNIER.)

Dans la progression des lumières croissantes, nous paraîtrons nous-mêmes des barbares à nos *arrière-neveux*.
(CHATEAUBRIAND.)

Pour les *après-dînées*, je les livrais totalement à mon humeur oiseuse et nonchalante, et à suivre sans règle l'impression du moment.
(J.-J. ROUSSEAU.)

Les végétaux aquatiques sont aussi des *sous-genres* harmoniés avec l'océan glacial, souterrain, aquatique et aérien. (BERNARDIN DE ST-PIERRE.)

Les *vice-rois* des provinces de la Chine étaient tenus de fournir à l'empereur chacun mille chariots de guerre attelés de quatre chevaux. (VOLTAIRE.)

Mes aïeux sont connus, et ma race est ancienne ;
Mon trisaïeul était *vice-bailli* du Maine.
(REGNARD.)

Alaric se donna le plaisir de créer dans Rome un empereur nommé Attale, qui venait recevoir ses ordres dans son *anti-chambre*. (VOLTAIRE.)

On voudrait trouver un cheval pour une *demi-fortune*, qui pût servir en même temps à la selle.
(DE JOUY.)

Je suis prêt à parier que, si l'on met un *quinze-vingt* dans la bibliothèque du roi, et qu'on lui laisse prendre un livre au hasard, la première page de ce livre où il mettra la main, contiendra une erreur.
(BERNARDIN DE ST-PIERRE.)

Il faut voir sur-le-champ si les *vice-baillis*
Sont si francs du collier que vous l'avez promis.
(REGNARD.)

Il y eut deux *anti-papes* dès le milieu du quatrième siècle. (VOLTAIRE.)

On ne gouverne point par des *demi-mesures* une nation éclairée ; il faut de la force, de la suite et de l'unité dans tous les actes publics.
(NAPOLÉON.)

Quand, par cette pièce éloquente,
A la couronne tu parvins :
Fut-ce au jugement des quarante ?
Fut-ce à celui des *quinze-vingt* ? (PIRON.)

Lorsqu'un nom composé est combiné avec une préposition, un adverbe ou un autre mot invariable et un substantif, le dernier prend seul le signe de pluriel : Une *arrière-pensée*, des *arrière-pensées*.

EXERCICE PHRASÉOLOGIQUE.

SINGULIER.	PLURIEL.	SINGULIER.	PLURIEL.
Une après-dînée.	Des après-dînées.	Un contre-appel.	Des contre-appels.
Une arrière-garde.	Des arrière-gardes.	Une contre-basse.	Des contre-basses.
Un arrière-goût.	Des arrière-goûts.	Une contre-batterie.	Des contre-batteries.
Un arrière-neveu.	Des arrière-neveux.	Une contre-charge.	Des contre-charges.
Une arrière-pensée.	Des arrière-pensées.	Une contre-clé.	Des contre-clés.
Un arrière-petit-fils.	Des arrière-petits-fils.	Un contre-coup.	Des contre-coups.
Un arrière-point.	Des arrière-points.	Une contre-danse.	Des contre-danses.
Une arrière-saison.	Des arrière-saisons.	Une contre-épreuve.	Des contre-épreuves.
Un arrière-vassal.	Des arrière-vassaux.	Une contre-lettre.	Des contre-lettres.
Un avant-bec.	Des avant-becs.	Un contre-maître.	Des contre-maîtres.
Une avant-cour.	Des avant-cours.	Une contre-marche.	Des contre-marches.
Un avant-coureur.	Des avant-coureurs.	Une contre-marque.	Des contre-marques.
Un avant-dernier.	Des avant-derniers.	Un contre-ordre.	Des contre-ordres.
Un avant-goût.	Des avant-goûts.	Une contre-révolution.	Des contre-révolutions.
Une avant-garde.	Des avant-gardes.	Une contre-vérité.	Des contre-vérités.
Un avant-mur.	Des avant-murs.	Une sous-entente.	Des sous-ententes.
Un avant-pieu.	Des avant-pieux.	Une sous-ferme.	Des sous-fermes.
Une avant-scène.	Des avant-scènes.	Un sous-lieutenant.	Des sous-lieutenants.
Un avant-train.	Des avant-trains.	Un sous-préfet.	Des sous-préfets.
Une avant-veille.	Des avant-veilles.	Un sur-arbitre.	Des sur-arbitres.
Un contre-amiral.	Des contre-amiraux.		

EXCEPTIONS.

SÉRIE. — SINGULIER.

La fleur du *perce-neige* est blanche, et elle éclot dans des saisons et des lieux froids.
(BERNARDIN DE ST-PIERRE.)

Comme je ne fus jamais un grand *croque-notes*, je suis persuadé que sans mon dictionnaire de musique on aurait dit à la fin que je ne le savais pas.
(J.-J. ROUSSEAU.)

De guerrier fameux qu'il était, le sauvage du Canada est devenu berger obscur ; espèce de pâtre extraordinaire conduisant ses cavales avec un *casse-tête*, et ses moutons avec des flèches.
(CHATEAUBRIAND.)

Le *gobe-mouches* noir à collier est la seconde des deux espèces de *gobe-mouches* d'Europe.
(BUFFON.)

Tous les bateaux rentrèrent dans l'*après-midi*, sans avoir éprouvé aucun dommage.
(BERNARDIN DE ST-PIERRE.)

2me SÉRIE. — PLURIEL.

Je regarde à mes pieds si mes bourgeons en pleurs
Ont de mes *perce-neige* épanoui les fleurs.
(LAMARTINE.)

Si les manœuvres et les *croque-notes* relèvent souvent des erreurs, j'espère que les vrais artistes et les hommes de génie y trouveront des vues utiles dont ils sauront bien tirer parti. (J.-J. ROUSSEAU.)

Nous découvrîmes de loin une troupe nombreuse d'habitants des montagnes bleues qui descendaient dans la plaine, armés de *casse-tête*.
(VOLTAIRE.)

J'allais avec la foule des *gobe-mouches* attendre sur la place l'arrivée des courriers.
(J. J. ROUSSEAU.)

En m'allant promener avec lui les *après-midi*, je mettais quelquefois dans ma poche deux gâteaux d'une espèce qu'il aimait beaucoup.
(J.-J. ROUSSEAU.)

Le moine qui m'accompagnait me dit : Monsieur, ne soyez pas étonné, c'est un pauvre capitaine qui a perdu l'esprit, à cause d'un *passe-droit* qu'on lui a fait dans son régiment.
(Bernardin de St-Pierre.)

Nous donnons le nom de *casse-noisettes* à cet oiseau, parce que son cri représente exactement le bruit du petit outil avec lequel nous cassons des noisettes.
(Buffon.)

Ne laissez pas traîner tout cela, et portez-le dans ma *garde-robe*. (Molière.)

Le gouverneur aimait à se faire écouter ;
Ce fut un *passe-temps* de l'entendre conter
Monts et merveilles de la dame,
Qui riait sans doute en son âme.
(La Fontaine.)

Un *garde-fous* est une balustre, ou barrière, que l'on met sur le bord des ponts, des quais ou des terrasses pour empêcher de tomber. (Académie.)

Si vous vous avisez de vouloir faire tout de bon votre métier, vous serez méprisé, haï, chassé peut-être, tout au moins accablé de *passe-droit*.
(J.-J. Rousseau.)

Les *casse-noisettes* vivent en petites troupes.
(Buffon.)

La neige couvre le pont et le toit de notre navire et forme nos observatoires et nos *garde-manger*.
(Chateaubriand.)

Je présente au grand-prêtre ou l'encens, ou le sel :
J'entends chanter de Dieu les grandeurs infinies ;
Je vois l'ordre pompeux de ses cérémonies.
—Hé quoi ! vous n'avez point de *passe-temps* plus doux?
(Racine.)

Petit-Jean, ramenez votre maître,
Couchez-le dans son lit ; fermez porte, fenêtre ;
Qu'on barricade tout, afin qu'il ait plus chaud ;
—Faites donc mettre au moins des *gardes-fous* là-haut.
(Racine.)

Lorsqu'un nom composé est formé d'un verbe et d'un substantif, le premier reste toujours invariable, et le second ne se met au pluriel que quand il peut se prendre dans un sens collectif : un *hoche-queue*, des *hoche-queue*; un *cure-dents*, des *cure-dents*.

Bien que la plupart des noms composés qui ont rapport à cette exception se trouvent dans l'exercice, nous allons toutefois donner l'analyse de ceux qui offrent quelque difficulté ; ils serviront de guides pour la décomposition des autres.

Un ou des abat-jour : Sortes de fenêtres dont l'appui en talus *abat* le *jour*.

Un ou des boute-en train : Tout homme qui *boute* (ou met) les gens *en train* de s'amuser ou de travailler.

Un ou des brise-cou : Des escaliers si raides que l'on s'y *brise* le *cou*, quand on n'y prend pas garde.

Un ou des fier-à-bras : Des hommes semblables à celui qui *fier* (ou frappe) à tour de *bras*. Fier, autrefois fiert, vient du mot latin *ferit*, il frappe.

Un ou des serre-tête : Des bonnets avec lesquels on *serre* la *tête*.

Un ou des casse-tête : Espèces de massues avec lesquelles le sauvage *casse* la *tête* de son ennemi.

Un ou des gagne-pain : Outils avec lesquels un ouvrier *gagne* son *pain*.

Un casse-noisettes : Instrument avec lequel on *casse* des *noisettes*.

Un cure-dents, un cure-oreilles : Instruments avec lesquels on se *cure* les *dents*, on se *cure* les *oreilles*.

Un chasse-mouches : Petit balai avec lequel on *chasse* les *mouches*.

Un couvre-pieds : Étoffe qui *couvre* les *pieds*.

Un essuie-mains : Un linge avec lequel on s'*essuie* les *mains*.

Un porte-mouchettes : Un plateau qui *porte* les *mouchettes*.

Un serre-papiers : Un meuble où l'on *serre* des *papiers*.

EXERCICE PHRASÉOLOGIQUE.

UN ou DES	UN ou DES	UN ou DES	UN ou DES
Abat-jour.	Coupe-jarret.	Garde-boutique.	Porte-manteau.
Abat-vent.	Coupe-tête (jeu d'enfants).	Gâte-métier.	Porte-respect.
Abat-voix.	Couvre-chef (ou tête).	Grippe-sou.	Rabat-joie.
Après-demain	Couvre-feu.	Hausse-col.	Remue-ménage.
Brise-tout.	Crève-cœur.	Passe-poil.	Réveille-matin.
Brise-vent.	Entre-sol.	Une ou des perce-neige (plante).	Serre-file.
Brûle-tout.	Fesse-mathieu.	Pique-nique.	Serre-tête.
Carême-prenant.	Fouille-au-pot.	Porte-aiguille.	Souffre-douleur.
Casse-cou.	Gagne-denier.	Porte-drapeau.	Tête-rin.
Chasse-coulis	Gagne-petit.	Passe-droit.	Tire-bourre.
Chasse-tête.	Gagne-pain.	Porte-enseigne.	Tire-bouchon.
Chasse-marée.	Garde-vue.	Porte-étendard.	Tire-pied.
Chausse-pied.	Garde-manger.	Porte-huilier.	Tue-chien.
Coupe-gorge.	Garde-feu.	Porte-malheur.	Vole-au-vent.

Casse-noisettes.   Essuie-mains.   Passe-paroles.   Tire-balles.
Chasse-mouches.   Garde-fous.   Pèse-liqueurs.   Tire-bottes.
Croque-notes.   Garde-robes.   Porte-manteaux.   Va-nu-pieds.
Cure-oreilles.   Garde-meubles.   Porte-mouchettes.   Vide-bouteilles.
Cure-dents.   Gobe-mouches.   Serre-papiers.

N° LII.

MOTS INVARIABLES, COMME *pour-boire*.

1re SÉRIE. — SINGULIER.

Le suisse et le bedeau se trouvèrent à leur poste, et furent moins étonnés de la magnificence du *pour-boire*, en apprenant que le héros de la fête était un marchand de vins. (DE JOUY.)

Il me fallait ce tour de *passe-passe* pour entrer dans le monde, et pouvoir figurer parmi les honnêtes gens du jour. (PIRON.)

Voir Paris, sans voir la Courtille,
Où le peuple joyeux fourmille ;
Sans fréquenter les Porcherons,
Le *rendez-vous* des bons lurons.
C'est voir Rome sans voir le pape. (VADÉ.)

2e SÉRIE. — PLURIEL.

Un autre racontait toutes les petites ruses qu'il mettait en usage pour multiplier ses courses et pour augmenter ses *pour-boire*. (DE JOUY.)

Oh! oh! mon petit ami Gusman, méditeriez-vous, par hasard, quelqu'un de ces tours de *passe-passe* que vous savez si bien faire ? (LESAGE.)

Les *rendez-vous*. . . . .
Ne lui manquaient non plus que l'eau du puits. (LA FONTAINE.)

Pour-boire, *passe-passe*, etc., se formant de tous mots invariables, c'est-à-dire d'un verbe joint à un autre verbe, ou à un adverbe, ou à une préposition, ne sont pas susceptibles de se pluraliser.

EXERCICE PHRASÉOLOGIQUE

SINGULIER.	PLURIEL.	SINGULIER.	PLURIEL.
Un doit-et-avoir.	Des doit-et-avoir.	Un qui-va-là.	Des qui-va-là.
Un entre-deux.	Des entre-deux.	Un tac-tac.	Des tac-tac.
Un écoute-s'il-pleut.	Des écoute-s'il-pleut.	Un passe-passe.	Des passe-passe.
Un meurt-de-faim.	Des meurt-de-faim.	Un passe-partout.	Des passe-partout.
Un oui-dire.	Des oui-dire.	Un pince-sans-rire.	Des pince-sans-rire.
Un qu'en-dira-t-on.	Des qu'en-dira-t-on.		

N° LIII.

NOMS COMPOSÉS RENFERMANT UN MOT PEU CONNU ET QUI N'EST PAS D'USAGE ISOLÉMENT, COMME *maître-ès-arts*.

1re SÉRIE. — SINGULIER.

Nous autres du barreau, nous sommes des gaillards. Vous êtes avocat ?
Et de plus maître-*ès*-arts. (REGNARD.)

Les préparatifs du départ des époux furent bientôt faits, le *vice*-roi ayant expressément défendu à son fils d'avoir une nombreuse et fastueuse suite. (LESAGE.)

Le *semi*-ton moyen, étant substitué au *semi*-ton maxime, donne des intervalles faux partout où il est employé. (ROUSSEAU.)

2e SÉRIE. — PLURIEL.

On pourrait présumer qu'il y a dans le ciel une faculté de médecine où les saints passent maîtres-*ès*-arts ; car les chrétiens s'adressent à eux pour toutes les maladies. (L'ESPION CHINOIS.)

Contre mes *vice*-rois sa haine se déclare,
Songez-y, vous d'abord, excellence en simarre,
Vous, Corbière, chéri des bons ignorantins. (MÉRY ET BARTHÉLEMY.)

Une division meilleure et plus naturelle, serait donc de partager le ton majeur en deux *semi*-tons. (ROUSSEAU.)

EXERCICE PHRASÉOLOGIQUE.

SINGULIER.	PLURIEL.	SINGULIER.	PLURIEL.
Un maître-ès-arts.	Des maîtres-ès-arts.	Un vice-président.	Des vice-présidents.
Un vice-roi.	Des vice-rois.	Une vice-reine.	Des vice-reines.
Une vice-amiral.	Des vice-amiraux.	Un semi-ton.	Des semi-tons.
Un vice-consul.	Des vice-consuls.	Un quasi-délit.	Des quasi-délits.
Un vice-légat.	Des vice-légats.	Un quasi-contrat.	Des quasi-contrats.
Un co-état.	Des co-états.	Un co-évêque.	Des co-évêques.

Maître-ès-arts. Le mot *ès*, qui est formé, par contraction, de la préposition *en* et de l'article *les*, signifie *dans les*. Ainsi, maître *ès-arts* peut se décomposer par maître dans les arts. C'est pourquoi le substantif *arts* se met toujours au pluriel.

Vice-roi, vice venant d'une préposition latine, le mot *roi* seulement se pluralise.

Le *semi-ton. Semi* correspond à demi; mais il est plus doux, et ne s'emploie qu'avec certains mots : Une fleur *semi-double*, une *semi-preuve*. On dit aussi à mi-corps, à mi-jambes. Tous ces mots sont pour une fleur demi-double, une demi-preuve, à demi-corps, etc.

Lèse-majesté. Le mot *lèse* signifie : qui blesse. Un crime de lèse-majesté est donc un crime qui blesse, qui offense la majesté.

Co-évêque, co-état. La première partie de ces mots se réunit généralement : coexistence, coéternel. Espérons que le tiret disparaîtra bientôt dans *co-évêque, co-état*, ainsi que dans *quasi-délit, quasi-contrat*, etc.

Malgré les règles que nous avons établies, nous ne croyons pas inutile de donner la liste alphabétique des noms composés.

LISTE ALPHABÉTIQUE

DES NOMS COMPOSÉS.

SINGULIER.	PLURIEL.	SINGULIER.	PLURIEL
Un abat-faim.	Des abat-faim.	Un auto-da-fé.	Des auto-da-fé
Un abat-foin.	Des abat-foin.	Un avant-bec.	Des avant-becs.
Un abat-jour.	Des abat-jour.	Un avant-bras.	Des avant-bras.
Un abat-vent.	Des abat-vent.	Un avant-corps.	Des avant-corps.
Un abat-voix.	Des abat-voix.	Une avant-cour.	Des avant-cours.
Un aide-de-camp.	Des aides-de-camp.	Un avant-coureur.	Des avant-coureurs.
Une aigre-douce.	Des aigre-douces.	Une avant-courrière.	Des avant-courrières.
Une aigue-marine.	Des aigues-marines.	Un avant-dernier.	Des avant-derniers.
Un appui-main.	Des appuis-main.	Une avant-dernière.	Des avant-dernières.
Un après-demain.	Des après-demain.	Un avant-duc.	Des avant-ducs.
Une après-dînée.	Des après-dînées.	Une avant-faire-droit.	Des avant-faire-droit.
Une après midi.	Des après-midi.	Une avant-fosse.	Des avant-fosses.
Une après soupée.	Des après-soupées.	Une avant-garde.	Des avant-gardes.
Un arc-boutant.	Des arcs-boutants.	Un avant-goût.	Des avant-goûts
Un arc-doubleau.	Des arcs-doubleaux.	Un avant-hier.	Des avant-hier
Un arc-en-ciel.	Des arcs-en-ciel.	Un avant-main.	Des avant-mains.
Un arrière-ban.	Des arrière-ban.	Un avant-mur.	Des avant-murs.
Une arrière-boutique.	Des arrière-boutiques.	Un avant-pied.	Des avant-pieds.
Un arrière-corps.	Des arrière-corps.	Un avant-pieu.	Des avant-pieux.
Une arrière-garde.	Des arrière-gardes.	Un avant-propos.	Des avant-propos.
Un arrière-goût.	Des arrière-goûts.	Un avant-quart.	Des avant-quarts.
Une arrière-ligne.	Des arrière-lignes.	Une avant-scène.	Des avant-scènes.
Une arrière-main.	Des arrière-mains.	Un avant-toit.	Des avant-toits.
Un arrière-neveu.	Des arrière-neveux.	Un avant-train.	Des avant-trains.
Une arrière-nièce.	Des arrière-nièces.	Une avant-veille.	Des avant-veilles.
Un arrière-petit-fils.	Des arrière-petits-fils.	Un ave-maria.	Des ave-maria.
Une arrière-petite-fille.	Des arrière-petites-filles.	Une ayant-cause.	Des ayant-cause.
Une arrière-pensée.	Des arrière-pensées.	Un ayant-droit.	Des ayant-droit.
Un arrière-point.	Des arrière-points.	Un bain-marie.	Des bains-marie.
Une arrière-saison.	Des arrière-saisons.	Une barbe-de-bouc.	Des barbe-de-bouc.
Un arrière-vassal.	Des arrière-vassaux.	Une barbe-de-capucin	Des barbes-de-capucin
Un avale-tout.	Des avale-tout.	Une barbe-de-chèvre.	Des barbes-de-chèvre.

(125)

SINGULIER.	PLURIEL.	SINGULIER.	PLURIEL.
Une barbe-de-Jupiter.	Des barbes-de-Jupiter.	Un ciel-de-tableau.	Des ciels-de-tableau.
Une barbe de-renard.	Des barbes de-renard.	Un clair-semé.	Des clair-semés.
Une barbe-de-moine.	Des barbes-de-moine.	Une claire-voie.	Des claires-voies.
Un bas-fonds.	Des bas-fonds.	Un claque-oreilles.	Des claque-oreilles.
Un bas-relief.	Des bas-reliefs.	Un clin-d'œil.	Des clins-d'œil.
Un bas-ventre.	Des bas-ventre.	Un co-associé.	Des co-associés.
Une basse-contre.	Des basses-contre.	Un co-état.	Des co-états.
Une basse-cour.	Des basses-cours.	Un co-évêque.	Des co-évêques.
Une basse-fosse.	Des basses-fosses.	Un co-légataire.	Des co-légataires etc.
Une basse-lisse.	Des basses-lisses.	Un colin-maillard.	Des colins-maillards.
Une basse-taille.	Des basses-tailles.	Une contre-allée.	Des contre-allées.
Une basse-voile.	Des basses-voiles.	Un contre-amiral.	Des contre-amiraux.
Un beau-fils.	Des beaux-fils.	Un contre-appel.	Des contre-appels.
Un beau-frère.	Des beaux-frères.	Une contre-approches.	Des contre-approches
Un beau-père.	Des beaux-pères.	Une contre-basse.	Des contre-basses.
Un bec-d'âne.	Des becs-d'âne.	Une contre-batterie.	Des contre-batteries.
Un bec-de-cane.	Des becs-de-cane.	Une contre-charge.	Des contre-charges.
Un bec-de-corbin.	Des becs-de-corbin.	Un contre-chevron.	Des contre-chevrons.
Un bec-de-grue.	Des becs-de-grue.	Une contre-clé.	Des contre-clés.
Un bec-figues.	Des bec-figues.	Une contre-cœur.	Des contre-cœurs.
Une belle-dame.	Des belles-dames.	Un contre-coup.	Des contre-coups.
Une belle-de-jour.	Des belles-de-jour.	Une contre-danse.	Des contre-danses.
Une belle-de-nuit.	Des belles-de-nuit.	Une contre-échange.	Des contre-échanges.
Une belle-fille.	Des belles-filles.	Une contre-enquête.	Des contre-enquêtes.
Une belle-mère.	Des belles-mères.	Une contre-épreuve.	Des contre-épreuves.
Une belle-sœur.	Des belles-sœurs.	Un contre-espalier.	Des contre-espaliers.
Un bien-dire.	Des bien-dire.	Une contre-fenêtre.	Des contre-fenêtres.
Un bien-être.	Des bien-être.	Une contre-tente.	Des contre-tentes.
Un blanc-bec.	Des blancs-becs.	Une contre-finesse.	Des contre-finesses.
Un blanc-de-baleine.	Des blancs-de-baleine.	Un contre-fort.	Des contre-forts.
Un blanc-manger.	Des blanc-manger.	Une contre-fugue.	Des contre-fugues.
Un blanc-seing.	Des blanc-seings.	Un contre-jour.	Des contre-jours.
Un blanc-signé.	Des blanc-signés.	Une contre-lettre.	Des contre-lettres.
Un bon-chrétien.	Des bons-chrétiens.	Un contre-maître.	Des contre-maîtres.
Un bon-henri.	Des bons-henris.	Une contre-marche.	Des contre-marches.
Une bonne-aventure.	Des bonnes-aventures.	Une contre-marée.	Des contre-marées.
Une bonne-fortune.	Des bonnes-fortunes.	Une contre-marque.	Des contre-marques.
Un bouche-trou.	Des bouche-trous.	Une contre-mine.	Des contre-mines.
Un bout-avant.	Des bouts-avant.	Un contre-mur.	Des contre-murs.
Un bout-d'aile.	Des bouts-d'aile.	Un contre-ordre.	Des contre-ordres.
Un boute-en-train.	Des boute-en-train.	Un contre-pal.	Des contre-pals.
Un boute-tout-cuire.	Des boute-tout-cuire.	Une contre-partie.	Des contre-parties.
Un boute-feu.	Des boute-feu.	Une contre-police.	Des contre-polices.
Un boute-lof.	Des boute-lof.	Un contre-poinçon.	Des contre-poinçons.
Un bout-rimé.	Des bouts-rimés.	Un contre-point.	Des contre-points.
Une branche-ursine.	Des branches-ursines.	Un contre-poison.	Des contre-poisons.
Un brèche-dents.	Des brèche-dents.	Une contre-porte.	Des contre-portes.
Un brise-cou.	Des brise-cou.	Une contre-révolution.	Des contre-révolutions.
Un brise-glace.	Des brise-glace.	Un contre-révolutionnaire.	Des contre-révolutionnaires
Un brise-raison.	Des brise-raison.	Une contre-ronde.	Des contre-rondes.
Un brise-scellé.	Des brise-scellés.	Une contre-ruse.	Des contre-ruses.
Un brise-tout.	Des brise-tout.	Un contre-scel.	Des contre-scels.
Un brise-vent.	Des brise-vent.	Un contre-sens.	Des contre-sens.
Un brûle-tout.	Des brûle-tout.	Un contre-temps.	Des contre-temps.
Un caille-lait.	Des caille-lait.	Une contre-vérité, etc.	Des contre-vérités, etc.
Un caillot-rosat.	Des caillots-rosats.	Un co-propriétaire.	Des co-propriétaires.
Un carême-prenant.	Des carême-prenant.	Un co-religionnaire.	Des co-religionnaires.
Un casse-cou.	Des casse-cou.	Un coq-à-l'âne.	Des coq-à-l'âne.
Un casse-tête.	Des casse-tête.	Un cordon-bleu.	Des cordons-bleus.
Un casse-cul.	Des casse-cul.	Un corps-de-garde.	Des corps-de-garde.
Un casse-motte.	Des casse-motte.	Un corps-de-logis.	Des corps-de-logis.
Un casse-noisettes.	Des casse-noisettes.	Un cou-de-pied.	Des cou-de-pied.
Un casse-noix.	Des casse-noix.	Un coupe-gorge.	Des coupe-gorge.
Un cent-suisse, ou un cent-suisses.	Des cent-suisses.	Un coupe-jarrets.	Des coupe-jarrets.
Un cerf-volant.	Des cerfs-volants.	Un coupe-pâte.	Des coupe-pâte.
Un char-à-bancs.	Des chars-à-bancs.	Un coupe-tête.	Des coupe-tête.
Un champ-élysée.	Des champs-élysées.	Un court-bouillon.	Des courts-bouillons.
Un chauffe-pieds.	Des chauffe-pieds.	Une courte-botte.	Des courtes-bottes.
Un chasse-chien.	Des chasse-chien.	Une courte-paille.	Des courtes-pailles.
Un chasse-coquin.	Des chasse-coquin.	Une courte-pointe.	Des courtes-pointes.
Un chasse-cousin.	Des chasse-cousin.	Un couvre-feu.	Des couvre-feu.
Un chasse-marée.	Des chasse-marée.	Un couvre-chef.	Des couvre-chefs.
Un chasse-mouches.	Des chasse-mouches.	Un couvre-pieds.	Des couvre-pieds
Un chasse-poignée.	Des chasse-poignée.	Un crève-cœur.	Des crève-cœur.
Un chat-huant.	Des chats-huants.	Un cric-crac.	Des cric-crac.
Un chauffe-cire.	Des chauffe-cire.	Un croc-en-jambes.	Des crocs-en-jambes.
Un chauffe-lit.	Des chauffe-lit.	Un croque-notes.	Des croque-notes.
Un chausse-pied.	Des chausse-pied.	Un cul-de-jatte.	Des culs-de-jatte.
Une chauve-souris.	Des chauves-souris.	Un cul-de-basse-fosse	Des culs-de-basse-fosse
Un chef-d'œuvre.	Des chefs-d'œuvre.	Un cul-de-lampe.	Des culs-de-lampe.
Un chef-lieu.	Des chefs-lieux.	Un cul-de-sac.	Des culs-de-sac.
Un chevaux-légers	Des chevaux-légers	Une cure-oreilles.	Des cure-oreilles.
Un chèvre-feuille.	Des chèvre-feuilles.	Un cure-dents.	Des cure-dents.
Un chien-loup.	Des chiens-loups.	Une dame-jeanne.	Des dames-jeannes.
Un chien-marin.	Des chiens-marins.	Une demi-aune.	Des demi-aunes.
Un chou-fleur.	Des choux-fleurs.	Une demi-bouteille.	Des demi-bouteilles.
Un chou-navet.	Des choux-navets.	Un demi-dieu.	Des demi-dieux.
Un chou-rave.	Des choux-raves.	Une demi-douzaine.	Des demi-douzaines.
Un ciel-de-lit.	Des ciels-de-lit.	Une demi-heure.	Des demi-heures

SINGULIER	PLURIEL	SINGULIER	PLURIEL
Une demi-pièce.	Des demi-pièces.	Un haut-le-corps.	Des haut-le-corps.
Un demi-quart.	Des demi-quarts.	Un haut-le-pied.	Des haut-le-pied.
Un demi-quarteron.	Des demi-quarterons.	Un haut-mal.	Des haut-mal.
Un doit-et-avoir.	Des doit-et-avoir.	Une haute-cour.	Des hautes-cours.
Une double-feuille.	Des doubles-feuilles.	Une haute-justice.	Des hautes-justices.
Une double-fleur.	Des doubles-fleurs.	Une haute-lice.	Des hautes-lices.
Une eau-de-vie.	Des eaux-de-vie.	Un haute-licier.	Des haute-liciers.
Une eau-forte.	Des eaux-fortes.	Une haute-futaie.	Des hautes-futaies.
Un écoute-s'il-pleut.	Des écoute-s'il-pleut.	Une haute-paye.	Des hautes-payes.
Un entr'acte.	Des entr'actes.	Une haute-taille.	Des hautes-tailles.
Un entre-colonnes.	Des entre-colonnes.	Un hors-d'œuvre.	Des hors-d'œuvre.
Un entre-côtes.	Des entre-côtes.	Un hôtel-Dieu.	Des hôtels-Dieu.
Un entre-deux.	Des entre-deux.	Un in-folio.	Des in-folio.
Un entre-lignes.	Des entre-lignes.	Un in-quarto.	Des in-quarto.
Un entre-sourcils.	Des entre-sourcils.	Un in-douze.	Des in-douze.
Un entre-sol.	Des entre-sol.	Un in-huit.	Des in-huit.
Une épine-vinette.	Des épines-vinettes.	Un in-octavo.	Des in-octavo.
Un essuie-mains.	Des essuie-mains.	Un in-seize.	Des in-seize.
Un état-major.	Des états-majors.	Un in-dix-huit.	Des in-dix-huit.
Un ex-employé.	Des ex-employés.	Un in-trente-deux, etc.	Des in-trente-deux.
Un ex-voto.	Des ex-voto.	Un jet-d'eau.	Des jets-d'eau.
Une fausse-braie.	Des fausses-braies.	Un laissez-passer.	Des laissez-passer.
Un faux-fuyant.	Des faux-fuyants.	Un lave-mains ou lave-main.	Des lave-mains ou lave-main.
Un fesse-cahier.	Des fesse-cahier.	Un laurier-rose.	Des lauriers-roses.
Un fesse-mathieu.	Des fesse-mathieu.	Un loup-cervier.	Des loups-cerviers.
Une fête-Dieu.	Des fêtes-Dieu.	Un loup-garou.	Des loups-garous.
Un fier-à-bras.	Des fiers-à-bras.	Un loup-marin.	Des loups-marins.
Une folle-enchère.	Des folles-enchères.	Une main-levée.	Des mains-levée.
Un fouille-au-pot.	Des fouille-au-pot.	Un mal-aise ou malaise.	Des mal-aise ou malaises.
Un fourmi-lion.	Des fourmis-lions.	Un mal-être.	Des mal-être.
Un franc-alleu.	Des francs-alleux.	Un maître-ès-arts, etc.	Des maîtres-ès-arts.
Un franc-maçon.	Des francs-maçons.	Un martin-sec.	Des martins-secs.
Une franc-maçonnerie.	Des franc-maçonneries.	Un messire-jean.	Des messires-jean.
Un franc-réal.	Des francs-réals.	Un meurt-de-faim.	Des meurt-de-faim.
Un fripe-sauce.	Des fripe-sauce.	Un mezzo-termine.	Des mezzo-termine.
Un gagne-denier.	Des gagne-denier.	Une mi-août.	Des mi-août.
Un gagne-pain.	Des gagne-pain.	Une mi-carême.	Des mi-carême.
Un gagne-petit.	Des gagne-petit.	Un à-mi-jambe (loc.)	Des à mi-jambes.
Un garde-champêtre.	Des gardes-champêtres.	Une mi-janvier.	Des mi-janvier.
Un garde-chasse.	Des gardes-chasse.	Un mille-feuilles.	Des mille-feuilles.
Un garde-côtes.	Des gardes-côtes.	Une mille-fleurs.	Des mille-fleurs.
Un garde-forestier.	Des gardes-forestiers.	Une mouille-bouche.	Des mouille-bouche.
Un garde-magasin.	Des gardes-magasins.	Une nerf-ferrure.	Des nerf-ferrure.
Un garde-manger.	Des garde-manger.	Un non-paiement.	Des non-paiement.
Un garde-malades.	Des gardes-malades.	Une non-valeur.	Des non-valeurs.
Un garde-marine.	Des gardes-marine.	Un nu-jambes.	Des nu-jambes.
Un garde-marteau.	Des garde-marteau.	Un nu-pieds.	Des nu-pieds.
Un garde-française.	Des gardes-françaises.	Un nu-tête.	Des nu-tête.
Une garde française.	Des gardes-françaises.	Un œil-de-bœuf.	Des œils-de-bœuf.
Une garde-vacouaie.	Des gardes-vacouaies.	Une ortie-grièche.	Des orties-grièches.
Un garde-national.	Des gardes-nationaux.	Un oui-dire.	Des oui-dire.
Une garde-royale.	Des gardes-royales.	Un pain-de-coucou.	Des pains-de-coucou.
Un garde-royal.	Des gardes-royaux.	Un pain-de-pourceau.	Des pains-de-pourceau.
Un garde-du-corps.	Des gardes-du-corps.	Un passe-avant ou passavant.	Des passe-avant ou passavant.
Un garde-vente.	Des gardes-vente.	Un passe-debout.	Des passe-debout.
Une garde-boutique.	Des garde-boutique.	Un passe-dix.	Des passe-dix.
Un garde-feu.	Des garde-feu.	Un passe-droit.	Des passe-droit.
Un garde-fous.	Des garde-fous.	Un passe-parole.	Des passe-parole.
Un garde-manger.	Des garde-manger.	Un passe-partout ou passepartout.	Des passe-partout ou passepartout.
Un garde-meubles.	Des garde-meubles.	Un passe-passe.	Des passe-passe.
Un garde-notes.	Des garde-notes.	Un passe-pied.	Des passe-pied.
Une garde-robes.	Des garde-robes.	Un passe-poil.	Des passe-poil.
Un garde-vaisselle.	Des garde-vaisselle.	Un passe-port ou passeport.	Des passe-ports ou passeports.
Un garde-vue.	Des garde-vue.	Un passe-temps.	Des passe-temps.
Un gâte-métier.	Des gâte-métier.	Un passe-velours.	Des passe-velours.
Un gâte-pâte.	Des gâte-pâte.	Un pater-noster.	Des pater-noster.
Un gâte-sauce.	Des gâte-sauce.	Un perce-neige.	Des perce-neige.
Un gobe-mouches.	Des gobe-mouches.	Un perce-oreilles.	Des perce-oreilles.
Une gomme-gutte.	Des gommes-guttes.	Un pèse-liqueurs.	Des pèse-liqueurs.
Une gomme-résine.	Des gommes-résines.	Un petit-lait.	Des petits-laits.
Une goutte-crampe.	Des gouttes-crampes.	Un petit-maître.	Des petits-maîtres.
Un grand-maître.	Des grands-maîtres.	Une petite-maîtresse.	Des petites-maîtresses.
Une grand'mère.	Des grand'mères.	Un petit-neveu.	Des petits-neveux.
Une grand'messe.	Des grand'messes.	Une petite-nièce.	Des petites-nièces.
Un grand-oncle.	Des grands-oncles.	Un petit-pâté.	Des petits-pâtés.
Un grand-père.	Des grands-pères.	Un petit-texte.	Des petits-textes.
Une grand'tante.	Des grand'tantes.	Un pied-à-terre.	Des pied-à-terre.
Un gras-double.	Des gras-doubles.	Un pied-bot.	Des pieds-bots.
Un gratte-cul.	Des gratte-cul.	Un pied-d'alouette.	Des pieds-d'alouette.
Un grippe-sou.	Des grippe-sou.	Un pied-de-biche.	Des pieds-de-biche.
Un gros-blanc.	Des gros-blancs.	Un pied-de-bœuf.	Des pieds-de-bœuf.
Un gros-texte.	Des gros-textes.	Un pied-de-chat.	Des pieds-de-chat.
Un guet-à-pens.	Des guets-à-pens.	Un pied-de-cheval.	Des pieds-de-cheval.
Un hausse-col.	Des hausse-col.	Un pied-de-chèvre.	Des pieds-de-chèvre.
Un haut-à-bras.	Des haut-à-bras.	Un pied-de-mouche.	Des pieds-de-mouche.
Un haut-bord.	Des hauts-bords.	Un pied-droit.	Des pieds-droits.
Une haute-contre.	Des hautes-contre.	Un pied-de-roi.	Des pieds-de-roi.
Un haut-de-chausses.	Des hauts-de-chausses.	Un pied-fort.	Des pieds-forts.

SINGULIER.	PLURIEL.	SINGULIER.	PLURIEL.
Un pied-plat.	Des pieds-plats.	Un serre-point.	Des serre-point.
Un pied-poudreux.	Des pieds-poudreux.	Un soi-disant.	Des soi-disant.
Une pie-grièche.	Des pies-grièches.	Un souffre-douleur.	Des souffre-douleur.
Un pince-maille.	Des pince-maille.	Un sous-arbrisseau.	Des sous-arbrisseaux.
Un pince-sans-rire.	Des pince-sans-rire.	Un sous-bail.	Des sous-baux.
Un pique-assiette.	Des pique-assiettes.	Un sous-diacre.	Des sous-diacres.
Un pique-nique.	Des pique-nique.	Un sous-chef.	Des sous-chefs.
Un plain-chant.	Des plains-chants.	Un sous-entendu, etc.	Des sous-entendus.
Un plat-bord.	Des plats-bords.	Un sous-lieutenant.	Des sous-lieutenants.
Une plate-bande.	Des plates-bandes.	Un sous-fermier.	Des sous-fermiers.
Une plate-forme.	Des plates-formes.	Un sous-locataire.	Des sous-locataires.
Un plat-pied.	Des plats-pieds.	Un sous-maître.	Des sous-maîtres.
Un pleure-misère.	Des pleure-misère.	Une sous-maîtresse.	Des sous-maîtresses.
Un pont-neuf.	Des ponts-neufs.	Un sous-multiple.	Des sous-multiples.
Un pont-levis.	Des ponts-levis.	Un sous-préfet, etc.	Des sous-préfets, etc.
Un porc-épics.	Des porcs-épics.	Un sous-ordre ou sous-ordres.	Des sous-ordre ou sous-ordres.
Un porte-clefs.	Des porte-clefs.	Un sous-pied.	Des sous-pied.
Un porte-aiguille ou porte-aiguilles.	Des porte-aiguilles.	Un sous-seing privé.	Des sous-seings privés.
Un porte-balle.	Des porte-balle.	Une sous-ventrière.	Des sous-ventrières.
Un porte-chape, etc.	Des porte-chape.	Un sur-arbitre.	Des sur-arbitres.
Un porte-drapeau.	Des porte-drapeau.	Une sus-dominante.	Des sus-dominantes.
Un porte-crayon.	Des porte-crayon.	Un tac-tac.	Des tac-tac.
Un porte-enseigne, etc.	Des porte-enseigne.	Une taille-douce.	Des tailles-douces.
Un porte-feuille.	Des porte-feuilles.	Un tâte-vin.	Des tâte-vin.
Un porte-manteau.	Des porte-manteaux.	Un taupe-grillon.	Des taupes-grillons.
Un porte-malheur.	Des porte-malheur.	Un Te-Deum.	Des Te-Deum.
Un porte-huilier.	Des porte-huilier.	Un terre-noix.	Des terre-noix.
Un porte-mouchettes.	Des porte-mouchettes.	Un terre-plein.	Des terre-pleins.
Un porte-mousqueton.	Des porte-mousqueton.	Un tête-à-tête.	Des tête-à-tête.
Un porte-respect.	Des porte-respect.	Un tic-tac.	Des tic-tac.
Un porte-vent.	Des porte-vent.	Un tire-balle.	Des tire-balles.
Un porte-verge ou porte-baleine.	Des porte-verge ou porte-baleine.	Un tire-bottes.	Des tire-bottes.
Un porte-faix.	Des porte-faix.	Un tire-bouchon.	Des tire-bouchon.
Un porte-voix.	Des porte-voix.	Un tire-bourre.	Des tire-bourre.
Un post-scriptum.	Des post-scriptum.	Un tire-boutons.	Des tire-boutons.
Un pot-à-fleurs.	Des pots-à-fleurs.	Un tire-fond.	Des tire-fond.
Un pot-au-feu.	Des pots-au-feu.	Un tire-ligne.	Des tire-ligne.
Un pot-de-vin.	Des pots-de-vin.	Un tire-moelle	Des tire-moelle.
Un pot-pourri.	Des pots-pourris.	Un tire-pied.	Des tire-pied.
Un pour-boire.	Des pour-boire.	Une tire-lire.	Des tire-lire.
Un pousse-cul.	Des pousse-cul.	Un tire-liard.	Des tire-liard.
Un pousse-pieds.	Des pousse-pieds.	Un tire-laisse.	Des tire-laisse.
Un prie-Dieu.	Des prie-Dieu.	Un tire-larigot.	Des tire-larigot.
Un prud'homme.	Des prud'hommes.	Un tireur-d'or.	Des tireurs-d'or.
Un quatre-yeux.	Des quatre-yeux.	Un tourne-feuillets.	Des tourne-feuillets.
Un quasi-contrat.	Des quasi-contrats.	Un tout-puissant.	Des tout-puissants.
Un quasi-délit.	Des quasi-délits.	Une toute-bonne.	Des toute-bonnes.
Un quartier-maître.	Des quartiers-maîtres.	Une toute-épice.	Des toute-épice.
Un quartier-mestre.	Des quartier-mestre.	Une toute-saine.	Des toute-saines.
Un qu'en-dira-t-on.	Des qu'en-dira-t-on.	Un tou-tou ou toutou.	Des tou-tou ou toutous.
Un quatre-vingts ans, etc.	Des quatre-vingts ans.	Un tout-ou-rien.	Des tout-ou-rien.
Un quatre-vingt-un, etc.	Des quatre-vingt-un.	Un tranche-lard.	Des tranche-lard.
Un quinze-vingts.	Des quinze-vingts.	Un trente-et-un.	Des trente-et-un.
Un qui-va-là.	Des qui-va-là.	Un tripe-madame.	Des tripes-madame.
Un rabat-joie.	Des rabat-joie.	Un trompe-l'œil.	Des trompe-l'œil.
Une reine-claude.	Des reines-claudes.	Un trou-madame.	Des trous-madame.
Un relève-moustache.	Des relève-moustache.	Un trouble-fête.	Des trouble-fête.
Un relève-quartier.	Des relève-quartier.	Un tu-autem.	Des tu-autem.
Un remue-ménage.	Des remue-ménage.	Un tue-chien.	Des tue-chien.
Un rez-de-chaussée.	Des rez-de-chaussée.	Un vade-mecum.	Des vade-mecum.
Un réveille-matin.	Des réveille-matin.	Un va-et-vient.	Des va-et-vient.
Un revenant-bon.	Des revenant-bon.	Un va-nu-pieds.	Des va-nu-pieds.
Un rose-croix.	Des rose-croix.	Un va-tout.	Des va-tout.
Un rouge-gorge.	Des rouges-gorges.	Un veni-mecum.	Des veni-mecum.
Une sage-femme.	Des sages-femmes.	Un ver-coquin.	Des vers-coquins.
Un saint-augustin.	Des saints-augustins.	Un vert-de-gris.	Des verts-de-gris.
Une sainte-barbe.	Des saintes-barbes.	Un ver-luisant.	Des vers-luisants.
Un sang-de-dragon.	Des sang-de-dragon.	Un ver-à-soie.	Des vers-à-soie.
Un sauf-conduit.	Des saufs-conduits.	Un vice-amiral.	Des vice-amiraux.
Un savoir-faire.	Des savoir-faire.	Un vice-consul.	Des vice-consuls.
Un savoir-vivre.	Des savoir-vivre.	Un vice-gérant.	Des vice-gérants.
Un semi-double.	Des semi-doubles.	Un vice-légat.	Des vice-légats.
Une semi-pension.	Des semi-pensions.	Un vice-président.	Des vice-présidents.
Une semi-preuve.	Des semi-preuves.	Une vice-reine.	Des vice-reines.
Un semi-ton.	Des semi-tons, etc.	Un vice-roi.	Des vice-rois.
Un sénatus-consulte.	Des sénatus-consultes.	Un vide-bouteilles	Des vide-bouteilles.
Un sergent-major.	Des sergents-majors.	Un vis-à-vis.	Des vis-à-vis.
Un serre-file.	Des serre-file.	Un vole-au-vent.	Des vols-au-vent.
Un serre-papiers.	Des serre-papiers.	Un volte-face.	Des volte-face.
Un serre-tête.	Des serre-tête.		

N° LIV.

DU NOMBRE DES SUBSTANTIFS, COMPLÉMENTS D'UNE PRÉPOSITION OU D'UN VERBE.

1re SÉRIE. — SINGULIER.

Les *peaux de* LÉOPARD sont toutes précieuses, et font de belles fourrures. (BUFFON.)

Aujourd'hui encore, dans les Pyrénées, les paysans, lorsqu'il tonne, se couvrent de *branches de* LAURIER pour se garantir de la foudre. (Mme DE GENLIS.)

Le castor, qui habite les eaux et se *nourrit de* POISSON, porte une queue couverte d'écailles. (BUFFON.)

La pensée d'une providence conduit le sage *de* DÉCOUVERTE *en* DÉCOUVERTE. (AIMÉ-MARTIN.)

Disons-nous nos secrets,
De COMPÈRE *à* COMPÈRE. (PIRON.)

Lorsque les blés sont *en* FLEUR, y voit-on des pétales colorés ? (J.-J. ROUSSEAU.)

Nous étions épaule contre épaule, PIED *contre* PIED; tous les nerfs tendus et les bras entrelacés comme des serpents, chacun s'efforçant d'enlever de terre son ennemi. (FÉNELON.)

Me voici donc seul sur la terre, n'ayant plus de *frère*, de prochain, d'*ami*, de *société* que moi-même. (J.-J. ROUSSEAU.)

2e SÉRIE. — PLURIEL.

A Rome, on se servait de *peaux* d'ANGUILLES pour châtier les enfants des citoyens. (GUÉROULT.)

Le jeune garçon était suivi d'un chœur de jeunes filles, portant des *branches de* LAURIERS, chantant des hymnes, en équipage de suppliantes. (Mme DE GENLIS.)

La saricovienne *vit* de crabes et *de* POISSONS. (BUFFON.)

Les éléments de géométrie ont passionné des jeunes gens, mais jamais des vieillards, si ce n'est quelques fameux géomètres qui ont été *de* DÉCOUVERTES *en* DÉCOUVERTES. (BERNARDIN DE ST-PIERRE.)

De VALETS *à* VALETS
On ne se doit pas taire. (PIRON.)

Une brise légère apporta jusqu'à nous les suaves odeurs qui s'exhalaient d'un plant de *pommiers en* FLEURS. (DE JOUY.)

Les voilà aux prises, PIEDS *contre* PIEDS, mains contre mains; les deux corps entrelacés paraissent n'en faire qu'un. (FÉNELON.)

Tout ce qui m'est intérieur m'est étranger désormais. Je n'ai plus en ce monde ni prochain, ni *semblables*, ni *frères*. (J.-J. ROUSSEAU.)

Faut-il dire *des peaux de léopard*, ou *de léopards*; *des branches de laurier*, ou *de lauriers*; *se nourrir de poisson*, ou *de poissons*; *de compère à compère*, ou *de compères à compères*, etc., etc., etc. ? Telle est l'importante question que font naître les citations qui précèdent.

De tous les points de grammaire, il en est peu qui présentent de plus grandes difficultés que l'emploi du nombre des substantifs, lorsqu'ils sont précédés d'une préposition ou d'un verbe. Plusieurs grammairiens, il est vrai, ont essayé de l'éclaircir, mais leurs traités sont loin d'être pour nous le fil d'Ariane. Véritables dédales, on n'y trouve, au contraire, que des observations fausses, jetées pêle-mêle, et souvent même contradictoires; en sorte qu'on est plus incertain, à cet égard, après les avoir lus, qu'on ne l'était auparavant. D'ailleurs, les règles qu'ils posent sont presque toutes controuvées, et ont le malheur d'être en opposition avec l'usage des grands écrivains, dont l'autorité, en ce point comme toujours, doit seule être invoquée. La matière est donc, pour ainsi dire, encore vierge.

C'est escortés des chefs-d'œuvre de notre littérature, et, quand il y a incertitude, appuyés sur la raison, le goût et la logique, que nous allons entreprendre à notre tour de jeter quelque lumière sur une question aussi épineuse; et si, ce qui pourrait fort bien arriver, nous n'étions pas plus heureux que nos devanciers, nous prions nos lec-

‑teurs de vouloir bien nous tenir compte au moins de nos recherches et des peines que nous nous sommes données pour leur présenter cette matière avec le plus d'ordre et de clarté possible.

Afin d'éviter toute confusion, nous diviserons ce paragraphe en plusieurs parties, et nous consacrerons un article spécial aux prépositions *de, en, à, pour, sans, avec*, etc.

N° LV.

DU NOMBRE APRÈS LA PRÉPOSITION *de*.

1re SÉRIE. — SINGULIER.

Les menuisiers et les ébénistes se servent de la gélatine ou de la colle, pour tenir rapprochées les pièces de bois; les fabricants de *papier* en font une grande consommation. (DICT. DES SC. MÉD.)

Sardanapale, si fameux par son abandon aux voluptés, fut le premier qui fît usage de lits de *plume*. (SALLENTIN.)

Il y a au moins 900 cuves dans le royaume, dont chacune emploie environ 40 milliers de *chiffon*. (DESMARETS.)

J'aime le bon vin, mais où en prendre? chez un *marchand de vin*? Comme que je fasse, il m'empoisonnera. (J.-J. ROUSSEAU.)

Télémaque et Mentor le suivirent environnés d'une grande *foule de peuple* qui considérait avec empressement et curiosité ces deux étrangers. (FÉNELON.)

On voit dans Paris des multitudes de femmes porter d'énormes *paquets de linge* sur le dos. (BERNARDIN DE ST-PIERRE.)

On assure que les Bénédictins, qui possèdent environ neuf millions de *livres* tournois de *reste* dans le royaume de France, fourniront au moins neuf vaisseaux de haut bord. (VOLTAIRE.)

Je préfère une branche de lilas à un *pot de giroflée*. (BERNARDIN DE ST-PIERRE.)

2me SÉRIE. — PLURIEL.

Pour consumer autrui, le monstre se consume, Et, dévorant maisons, palais, châteaux entiers, Rend pour des monceaux d'or de vains tas de *papiers*. (BOILEAU.)

Il n'est pas rare de trouver, je ne dirai pas des enfants, mais de grandes personnes même, qui, pour écrire seulement quelques lignes, usent presque un paquet de *plumes*. (ANONYME.)

Quelques fabricants distinguent jusqu'à neuf lots de *chiffons*, les superfins, les fins, les mi-fins, les moyens, etc. (DESMARETS.)

Les vins qu'on vent en détail chez les *marchands de vins* de Paris, quoiqu'ils ne soient pas tous lithargés, sont rarement exempts de plomb, parce que les comptoirs de ces marchands sont garnis de ce métal. (J.-J. ROUSSEAU.)

Je ne m'arrêterai pas ici aux productions du palmier qui servent aux besoins journaliers d'une *multitude de peuple*. (BERNARDIN DE ST-PIERRE.)

C'est une obligation morale de rendre aux femmes les métiers qui leur appartiennent, comme ceux d'accoucheuses, de coiffeuses, de couturières, de *marchandes de linges* et de modes. (BERNARDIN DE ST-PIERRE.)

Un père de famille qui vit dans sa terre avec douze mille *livres de rentes* aura besoin d'une grande attention pour vivre à Paris dans la même abondance avec quarante mille. (VOLTAIRE.)

De l'urne sortent au lieu de plantes fluviatiles celles qui se plaisent dans les lieux les plus secs, des touffes de *giroflées* jaunes, de pissenlits et de longues gerbes de graminées saxatils. (BERNARDIN DE ST-PIERRE.)

Ces exemples sont rapportés pour montrer qu'il y a des cas où, lorsque deux noms sont liés par la préposition *de*, le dernier se met tantôt au singulier, tantôt au pluriel, selon le point de vue de l'esprit. Nous allons faire sentir, au moyen de l'analyse, la différence de l'emploi de ces deux formes.

Fabricants de papier. On parle *du papier* en général, sans faire aucunement attention aux différentes qualités. C'est parce que ce mot est pris dans sa plus grande extension, qu'il est et doit être au singulier.

Tas de papiers. Ici l'on ne parle pas du papier en général, mais bien de *plusieurs papiers*, d'un tas de papiers; on compte en quelque sorte tous les papiers. Dans ce cas, il faut donc, comme on le voit, le pluriel.

De cette analyse nous pouvons tirer ce principe général :

1° Lorsque deux noms sont unis par la préposition *de*, le second reste toujours au singulier, toutes les fois qu'il est pris dans un sens absolu, général.

2° Il se met au pluriel, s'il est pris dans une acception individuelle ou collective.

L'application que nous allons faire, dans les numéros suivants, du principe que nous venons d'établir, en prouvera jusqu'à l'évidence la justesse et la vérité.

EXERCICE PHRASÉOLOGIQUE.

SINGULIER.	PLURIEL.	SINGULIER.	PLURIEL.
Des marchands de plume.	Un marchand de plumes.	Dix rames de papier.	Une liasse de papiers.
Des gens d'épée.	Un fabricant d'épées.	Cent livres de glace.	Un marchand de glaces.
Des roulettes de lit.	Des bois de lits.	Un panier de fruit.	Un panier de fruits.
De la gelée de pomme.	Une corbeille de pommes.	De l'huile de rose.	Un bouquet de roses.
De la fécule de pomme de terre.	Un ragoût de pommes de terre.	De l'huile d'olive.	Un baril d'olives.
Marmelade de pomme.	Compote de pommes.	De la marmelade d'abricot.	Une douzaine d'abricots.
Du sirop de groseille.	Un panier de groseilles.	Des confitures de groseille.	Une livre de groseilles.
Des confitures de prune.	Un quarteron de prunes.	Des confitures de cerise.	Un panier de cerises.
De l'eau de poulet.	Une paire de poulets.	De la gelée de viande.	Une infinité de viandes.
De la gelée de poisson.	Une quantité de poissons.	De la conserve de mauve.	Un champ de mauves.
De la conserve de violette.	Un bouquet de violettes.	De la gelée de veau.	Un troupeau de veaux.
Une fricassée de poulet.	Une fricassée de poulets.	De la gelée de mouton.	Une centaine de moutons.
A coups d'ongle.	A coups d'ongles.	A coups de pied.	A coups de pieds.
A coups de fusil.	A coups de fusils.	A coups de poing.	A coups de poings.
A coups de marteau.	A coups de marteaux.	A coups de bâton.	A coups de bâtons

N° LVI.

DU NOMBRE DES SUBSTANTIFS PRÉCÉDÉS DES EXPRESSIONS *plus de*, *moins de*, *beaucoup de*, ETC.

1re SÉRIE. — SINGULIER.

La proie est *peu de chose* et ne plaît aux chasseurs
Qu'autant qu'elle a coûté de course et de sueurs.
(PIRON.)

Quand on n'est plus sensible à l'amour, on a plus de repos et *moins de plaisir*, moins de vie.
(DUCLOS.)

Nous avons si *peu de vertu*, que nous nous trouvons ridicules d'aimer la gloire.
(VAUVENARGUES.)

De tous les secours dont on peut soulager les malheureux, l'aumône est à la vérité celui qui coûte le *moins de peine* ; mais il est aussi le plus passager et le moins solide. (J.-J. ROUSSEAU.)

Le ridicule a acquis *tant de force* en France, qu'il y est devenu l'arme la plus terrible qu'on y puisse employer. (BERNARDIN DE ST-PIERRE.)

Le montagnard trouve *plus de charmes* à sa montagne que l'habitant de la plaine à son sillon.
(CHATEAUBRIAND.)

Il y a des gens dont la haine et le mépris font *plus d'honneur* que les louanges et l'amitié.
(OXENSTIERN.)

2e SÉRIE. — PLURIEL.

On dit *peu de choses* solides, lorsqu'on cherche à en dire d'extraordinaires. (VAUVENARGUES.)

Le plus heureux est celui qui souffre *le moins de peines* ; le plus misérable est celui qui sent *le moins de plaisirs*. (J.-J. ROUSSEAU.)

Non, je ne croirai point qu'un cœur si magnanime
Parmi *tant de vertus* ait laissé place au crime.
(CHAMFORT.)

Il faut plaindre les rois et les excuser. Ne sont-ils pas à plaindre d'avoir à gouverner tant d'hommes dont les besoins sont infinis et qui donnent *tant de peines* à ceux qui veulent les bien gouverner.
(FÉNELON.)

Ce sont nos passions qui nous rendent faibles ; parce qu'il faudrait pour les contenter *plus de forces* que ne nous en donne la nature.
(J.-J. ROUSSEAU.)

La flatterie n'a *tant de charmes* que parce qu'elle nous paraît confirmer le jugement de notre amour-propre. (DE LÉVIS.)

. . . . Apollon l'encense ;
Car il est maître en l'art de flatterie
Diable n'eut onc *tant d'honneurs* en sa vie.
(LA FONTAINE.)

D'après ces exemples, on voit qu'avec les expressions *plus de*, *moins de*, *beaucoup de*, etc., le nom qui suit se met tantôt au singulier, tantôt au pluriel, selon le sens. Pour se rendre bien compte de l'un et de l'autre nombre, il faut non seulement connaître exactement la valeur des termes, mais aussi recourir à l'analyse ; nous voulons dire l'analyse de la pensée : c'est ce que nous allons faire.

Peu de chose. Peu de chose, signifie quelque chose de peu de valeur ; il est pris dans un sens général et indéfini ; d'où le singulier.

Peu de choses. C'est-à-dire un petit nombre de choses. On sent bien qu'il faut le pluriel.

Cette analyse nous amène à conclure que, conformément au principe déjà établi, les substantifs en rapport immédiat avec *plus de*, *moins de*, *beaucoup de*, etc., se mettent au singulier ou au pluriel, selon qu'on a dans l'esprit l'idée de l'unité ou de la pluralité ; ce qu'on peut vérifier en traduisant sa pensée par des mots dont la forme nous aide à en pénétrer le sens. On voit clairement que, si le mot est pris dans un sens vague, général et indéterminé, ou bien encore si c'est un nom de vertu, il faut mettre le singulier, à moins que, comme dans les exemples de la deuxième colonne, il ne s'agisse des actes ou effets de nos qualités, de nos passions, de nos sentiments ; alors il faudrait le pluriel.

EXERCICE PHRASÉOLOGIQUE.

SINGULIER.	PLURIEL.	SINGULIER.	PLURIEL.
Peu de chose.	Peu de choses.	Bien peu de chose.	Bien peu de choses.
Très peu de chose.	Très peu de choses.	Si peu de chose.	Beaucoup de choses.
Trop de peine.	Trop de peines.	Peu de curiosité.	Une infinité de curiosités.
Plus d'avantage.	Beaucoup d'avantages.	Beaucoup de tort.	Beaucoup de torts.
Beaucoup d'art.	Beaucoup d'arts.	Que de peine.	Que de peines.
Tant de bonté.	Tant de bontés.	Tant de précaution.	Tant de précautions.
Beaucoup d'honneur.	Beaucoup d'honneurs.	Peu de raison.	Trop de raisons.
Trop de veau.	Beaucoup de veaux.	Trop de bœuf.	Beaucoup de bœufs.
Beaucoup de mouton.	Beaucoup de moutons.	Peu de lapin.	Beaucoup de lapins.
Très peu de lièvre.	Beaucoup de lièvres.	Peu de chevreuil.	Beaucoup de chevreuils.
Moins d'injustice.	Plus d'injustices.	Moins d'indiscrétion.	Plus d'indiscrétions.
Beaucoup de soin.	Beaucoup de soins.	Peu de talent.	Beaucoup de talents.
Peu d'expérience.	Beaucoup d'expériences.	Beaucoup de fruit.	Moins de fruits.
Moins d'indiscrétion.	Moins d'indiscrétions.	Plus d'imprudence.	Beaucoup d'imprudences.
Que de vertu.	Que de vertus.	Que de lâcheté.	Que de lâchetés.

N° LVII.

NOMBRE DES SUBSTANTIFS APRÈS *plein de*, *rempli de*, *orné de*, ETC.

1re SÉRIE. — SINGULIER.

Il a ses greniers pleins de blé, et ses caves pleines de *vin*.
(ACADÉMIE.)

Ses écrits pleins de *feu* partout brillent aux yeux.
(BOILEAU.)

C'est un homme plein de *vérité*.
(ACADÉMIE.)

2e SÉRIE. — PLURIEL.

Ce qui consolait un peu c'était quantité de grands pots d'argent, faits à l'antique, pleins, les uns, de *vins* de France, d'autres de *vins* d'Espagne, qu'on avait soin de ne pas laisser long-temps vides.
(REGNARD.)

... Je ne savais pas que, pour moi plein de *feux*,
Xipharès des mortels fût le plus amoureux.
(RACINE.)

Juvénal, élevé dans les cris de l'école,
Poussa jusqu'à l'excès sa mordante hyperbole.
Ses ouvrages, tout pleins d'affreuses *vérités*,
Étincellent partout de sublimes beautés.
(BOILEAU.)

La loutre est un animal vorace, plus *avide de poisson que de chair*. (Buffon.)

En traversant Lorient, nous avons vu toute la place *couverte de poisson*. (Bernardin de St-Pierre.)

..... La mèche en feu dont la clarté s'émousse *Se couvre* en pétillant de noirs flocons *de mousse*. (Delille.)

Je me trouve dans mon lit, accablé *de fatigue*, et trempé de sueurs et de larmes. (J.-J. Rousseau.)

Neptune fait triompher Idoménée du guerrier Alcathoüs, répand un nuage épais sur ses yeux perçants, et enchaîne ses membres pleins *de grâce* et de souplesse. (Bitaubée.)

Vit-on jamais une âme, en un jour, plus atteinte, De joie et de *douleur*, d'espérance et de crainte ? (Racine.)

Son silence était plein de *charme*; mais rien n'égalait l'impression que produisait le son de sa voix. (Ballanche.)

Supposons que nos yeux aient le pouvoir de distinguer les objets qu'ils ne sauraient voir sans le microscope; une goutte d'eau dans laquelle on aurait fait tremper du poivre, une goutte de vinaigre nous paraîtrait comme un lac, ou une rivière *pleine de poissons*. (Chateaubriand.)

La nuit lorsque le vaisseau fait route et qu'il est *environné de poissons* qui le suivent, la mer paraît comme un vaste feu d'artifice tout brillant de serpenteaux et d'étincelles d'argent. (Bernardin de St-Pierre.)

Il me promena tout autour de son vaste enclos jusqu'à un espace considérable qui n'était *couvert* que de *mousses*, de prêles et de chardons. (Bernardin de St-Pierre.)

Cet homme est excédé *de fatigues*. (Académie.)

Cependant toutes les nymphes assemblées autour de Mentor prenaient plaisir à le questionner; il répondait à toutes avec douceur, et ses paroles, quoique simples, étaient pleines *de grâces*. (Fénelon.)

Il vit chargé de gloire, accablé de *douleurs*. (Racine.)

On vous aurait parlé en vain des trahisons de l'Amour, qui flatte pour perdre, et qui, sous une apparence de douceur, cache les plus affreuses amertumes. Il est venu cet enfant plein de *charmes*, par les jeux, les ris et les grâces. (Fénelon.)

Avec les expressions *plein de, rempli de, orné de*, etc., le substantif, comme on le voit, se met, selon le sens, au singulier ou au pluriel. Pour que l'on saisisse parfaitement la nuance qui distingue les exemples de l'une et de l'autre colonne, nous allons aussi les soumettre à l'analyse.

Pleines de vin. On parle de la liqueur en général qu'on appelle *vin*, sans faire attention aux différentes qualités qui existent. L'idée est une, générale, absolue; il fallait donc le singulier.

Pleins de vins. L'idée est ici individuelle, collective, parce que l'on considère toutes les espèces de *vins*. On parle de plusieurs vins, de tous les vins de France. De là le pluriel.

EXERCICE PHRASÉOLOGIQUE.

SINGULIER.	PLURIEL.	SINGULIER.	PLURIEL.
Plein de talent.	Plein de talents.	Plein de chagrin.	Plein de chagrins.
Rempli de vin.	Rempli de vins.	Plein de poisson.	Plein de poissons.
Rempli de peuple.	Rempli de peuples.	Rempli de bonté.	Rempli de bontés.
Accablé de fatigue.	Accablé de fatigues.	Rempli de beauté.	Rempli de beautés.
Orné de grâce.	Orné de grâces.	Excédé de fatigue.	Excédé de fatigues.
Plein de charme.	Plein de charmes.	Trempé de sueur.	Trempé de sueurs.
Plein de bonne volonté.	Plein de volontés.	Rempli de passion.	Rempli de passions.
Excédé de plaisir.	Accablé de plaisirs.	Rempli de soin et d'attention.	Rempli de soins et d'attentions.

N° LVIII.

NOMBRE DES SUBSTANTIFS AVEC LES VERBES SUIVIS DE LA PRÉPOSITION *de*.

1re SÉRIE. — SINGULIER.

Me voici donc seul sur la terre, n'ayant plus de *frère* de *prochain*, d'*ami*, de *société* que moi-même.
(J.-J. ROUSSEAU.)

Jésus-Christ ayant faim, s'approcha d'un figuier, et voyant qu'il n'avait pas de *fruit*, il le condamna à n'en porter jamais. (Mme DE GENLIS.)

Certains peuples, par leur position, sont réduits à vivre presque uniquement de *poisson*.
(BRILLAT SAVARIN.)

Le castor, qui habite les eaux, et qui se nourrit de *poisson*, porte une queue couverte d'écailles.
(BUFFON.)

Plus un arbre est âgé, plus il *produit de fruit* ou de graine. (Id.)

Il n'*est* point de *plaisir* sans honneur et sans vertu.
(PRÉVÔT.)

L'homme entièrement seul est celui qui *n'a* point d'*ami*. (LA BRUYÈRE.)

On ne *vit* en ce pays que de *fruit* ou de *lait*, rarement de *viande*. (FÉNELON.)

Il n'y *a* point de *vertu* sans combat, il n'y en a pas sans victoire. (J.-J. ROUSSEAU.)

Eh! dans quels lieux le ciel, mieux qu'au séjour des [champs
Nous *instruit-il* d'*exemple* aux généreux penchants?
(DELILLE.)

Plus les disgrâces sont cruelles, plus il faut s'envelopper *de vertu*. (LA ROCHE.)

2e SÉRIE. — PLURIEL.

Pour moi, seigneur, qui n'ai point de *femmes*, d'*enfants*, à qui mon secours soit nécessaire, ce que je désire uniquement, c'est de servir Votre Majesté.
(LA HARPE.)

Le bon arbre ne peut produire de mauvais *fruits* ni le mauvais arbre produire de bons *fruits*.
(Mme DE GENLIS.)

Le Tartare vit de chair crue de cheval, le Hollandais de *poissons*, un autre peuple de racines, un autre de laitage, et par tout pays on trouve des vieillards.
(BERNARDIN DE ST-PIERRE.)

Les saricoviennes se nourrissent de crustacées, de coquillages, de grands polypes en autres *poissons* mous qu'ils viennent ramasser sur les grèves et sur les rivages fangeux. (BUFFON.)

Un beau naturel négligé ne *porte* jamais *de fruits* mûrs. (VAUVENARGUES.)

C'est lorsqu'on a du moins un peu connu le monde, Qu'on peut dans la retraite *avoir de* vrais *plaisirs*.
(LA CHAUSSÉE.)

Je plains le cœur superbe au sein de la grandeur; Il n'*aura* point d'*amis* dans les jours de malheur.
(CHÉNIER.)

Les roussettes sont des animaux carnassiers, voraces et qui mangent de tout, car lorsque la chair ou le poisson leur manquent, elles se *nourrissent de végétaux* et de *fruits* de toute espèce.
(BUFFON.)

La gloire *remplit* le monde de *vertus*, et, comme un soleil bienfaisant, elle couvre toute la terre de *fleurs* et de *fruits*. (VAUVENARGUES.)

Ceux qui donnent des conseils sans les *accompagner* d'*exemples*, ressemblent à ces poteaux de la campagne qui indiquent les chemins sans les parcourir. (RIVAROL.)

En vain vous *plantez de vertus* tout le champ de votre vie, le calomniateur, par son souffle empoisonné, les fait toutes faner sur leur tige.
(LIVRY.)

C'est encore en vertu du principe général établi plus haut, que les substantifs, compléments d'un verbe et de la préposition *de*, gardent le singulier, quand ils sont pris dans un sens général; et se mettent au pluriel, lorsqu'ils sont considérés d'une manière collective, individuelle.

L'analyse va le prouver de la manière la plus palpable.

N'ayant plus de frère, de prochain, d'ami. Le singulier est de rigueur, parce J. J. Rousseau n'a en vue qu'un seul *frère*, son prochain, un ami, la moindre société. Aussi tous ces mots sont-ils au singulier.

Qui n'ai point de femmes, ni d'enfants. Femmes et *enfants* sont au pluriel, parce que dans l'esprit de celui qui parle il s'agit de plusieurs femmes de plusieurs enfants. L'idée étant collective, il fallait donc le pluriel.

EXERCICE PHRASÉOLOGIQUE.

SINGULIER.	PLURIEL.	SINGULIER.	PLURIEL.
Parler de Dieu.	Parler des dieux.	Parler de religion.	Parler de religions.
Parler d'amour.	Parler d'amours.	Parler de vertu.	Parler de vertus.
Parler de crime.	Parler de crimes.	Accuser d'assassinat.	Accuser d'assassinats.
N'avoir pas de fusil.	N'avoir pas de fusils.	N'avoir pas d'enseigne.	N'avoir pas d'enseignes.
N'avoir pas de drapeau.	N'avoir pas de drapeaux.	N'avoir pas de fortune.	N'avoir pas de bonnes fortunes.
N'avoir pas d'enfant.	N'avoir pas d'enfants.	N'avoir pas d'ennemi.	N'avoir pas d'ennemis.
N'avoir pas d'ami.	N'avoir pas d'amis.	N'avoir pas de robe.	N'avoir pas de robes.
N'avoir pas d'habit.	N'avoir pas d'habits.	Ne pas dire d'injure.	Ne pas dire d'injures.
N'avoir pas de raison.	N'avoir pas de bonnes raisons.	N'avoir pas de raisonnement.	N'avoir pas de raisonnements.
Ne pas manger de poisson.	Ne pas manger de poissons.	Vivre de poisson.	Vivre de poissons.
N'avoir pas de cheval.	N'avoir plus de chevaux.	Servir de guide.	Servir de guides.

N° LIX.

NOMBRE DES SUBSTANTIFS APRÈS *toute sorte de, toute espèce de, toute forme de*, etc.

1re SÉRIE. — SINGULIER.

La gélatine demande du médecin deux sortes d'*examen*. (DICTION. DES SC. MÉD.)

Toutes les sortes de *greffe* sont susceptibles d'être pratiquées avec succès sur le pommier. (*Id.*)

Il y a plusieurs sortes de *rire* : d'abord le rire insipide, c'est celui des gens qui rient de tout, sans rien éprouver, etc. (MICHAUD.)

Il y a deux sortes de *contenance*. (LAROCHEFOUCAULD.)

Dans le monde moral, comme dans le monde physique, il est *une sorte de beauté* qui vient des oppositions et des contrastes. (FRAYSSINOUS.)

Il y a dans tout ouvrage de poésie deux sortes d'*intérêt* : celui du sujet, et celui de la composition. (DELILLE.)

Il y a dans chaque état plusieurs espèces de *monnaie*. (ANONYME).

Nous savons quand et pourquoi les diverses formes de *gouvernement* se sont établies chez les peuples.

2e SÉRIE. — PLURIEL.

Avant d'être reçu licencié en droit, il faut subir toutes sortes d'*examens*. (ANONYME.)

Parmi les monuments des hommes, je ne connaissais encore que deux sortes d'*antiquités*, l'antiquité celtique et l'antiquité romaine. (CHATEAUBRIAND.)

Les bouvreuils se nourrissent en été de toutes sortes de *graines*, de baies, d'insectes, de prunelles; et l'hiver, de grains de genièvre, des bourgeons du tremble, de l'aude, du chêne et des arbres fruitiers. (CASTEL.)

L'intérêt met en œuvre toutes sortes de *vertus* et de *vices*. (LAROCHEFOUCAULD.)

Une âme bien touchée des charmes de la vertu, doit à proposition être aussi sensible à *tous les genres de beautés*. (J.-J. ROUSSEAU.)

L'intérêt parle toutes sortes de *langues*, et joue toutes sortes de personnages, même celui de désintéressé. (LAROCHEFOUCAULD.)

Comme nous, les anciens avaient plusieurs espèces de *vins*. (ENCYCLOPÉDIE.)

Les politiques ont cru voir la cause des malheurs publics dans les différentes formes de *gouvernements*; mais la Turquie est tranquille, et l'Angleterre est souvent agitée. (BERNARDIN DE ST-PIERRE.)

Pour connaître à quel nombre on doit mettre les substantifs en alliance avec *toute sorte de*, *toute espèce de*, *toute forme de*, il est essentiel de bien se rendre compte de l'idée qu'on veut exprimer; si c'est une idée d'unité, il faut le singulier; et le pluriel, si c'est, au contraire, une idée de pluralité. Ce n'est qu'en décomposant ces expressions, qu'on peut arriver à cette connaissance. Afin de mettre tout le monde sur la voie, nous allons donc analyser les exemples qui précèdent.

Deux sortes d'examen. Examen est au singulier, parce qu'il n'est question que d'un seul examen. *Deux sortes d'examen* revient à dire un examen de deux sortes. Il est évident qu'il y a idée d'unité.

Toutes sortes d'examens. Examens se voit au pluriel, parce qu'il s'agit de plusieurs examens. *Toutes sortes d'examens*, c'est-à-dire des examens de toutes sortes. Comme il faut subir plusieurs examens, ce mot doit donc être au pluriel, puisqu'il y a idée de pluralité.

C'est donc en traduisant la pensée, en analysant, en décomposant, comme nous venons de le faire, l'expression qui la renferme, que l'on peut exactement connaître le nombre que doivent revêtir les substantifs construits avec toute sorte *de*, toute espèce *de*, etc.

EXERCICE PHRASÉOLOGIQUE.

SINGULIER.	PLURIEL.	SINGULIER.	PLURIEL.
Toutes sortes de plume.	Toutes sortes de plumes.	Toutes sortes de peuple.	Toutes sortes de peuples.
Toutes sortes de monde.	Toutes sortes de mondes.	Toutes sortes d'esprit.	Toutes sortes de vices.
Plusieurs sortes de droit.	Plusieurs sortes de crimes.	Toutes sortes de mal.	Toutes sortes de maux.
Toutes sortes de bonheur.	Toutes sortes de malheurs.	Toutes sortes de papier.	Toutes sortes de papiers.
Tous les genres d'écriture.	Toutes sortes d'écritures.	Tous les genres de malice.	Toutes sortes de malices.
Tous les genres de friponnerie.	Toutes sortes de friponneries.	Tous les genres d'escroquerie.	Toutes sortes d'escroqueries.
Toutes sortes de nourriture.	Toutes sortes de légumes.	Toutes sortes de volaille.	Toutes sortes de fruits.
Plusieurs espèces de gibier	Plusieurs espèces de mets.	Plusieurs espèces de cuivre.	Plusieurs espèces de reptiles.

N° LX.

DU NOMBRE DES SUBSTANTIFS APRÈS LES EXPRESSIONS *têtes de, jeux de, voix de, feuilles de, troncs de, peaux de,* **ET AUTRES SEMBLABLES.**

1re SÉRIE. — SINGULIER.

On dit que les rameaux portés par les disciples de Jésus-Christ étaient des rameaux d'*olivier* et de *saule*.
(Mme DE GENLIS.)

La partie supérieure de leurs habits était de *peau*, et le bas de feuilles de *palmier* de différentes couleurs.
(WALCKENAER.)

Les principales espèces de graminées sont les gazons proprement dits, les pholaris, les queues de *renard*, les queues de *chat*, les chiendents, les queues de *chien*, etc. (BERNARDIN DE ST-PIERRE.)

On dépose aux pieds de la femme les présents du mari et de sa famille, savoir : une parure complète, le jupon d'écorce de *mûrier*, le corset pareil, la mante de *plumes d'oiseau* ou de *peaux de martre*, les mocassines brodées en poil de *porc-épic*, etc.
(CHATEAUBRIAND.)

On représentait l'hiver sous les traits d'une vieille femme, enveloppée de peaux de *mouton*.
(DEMOUSTIER.)

Les os de *poisson* broyés avec l'écorce des arbres, servent de pain aux Lapons. (REGNARD.)

2e SÉRIE. — PLURIEL.

Nous faisions rôtir des poulets sur des branches d'*oliviers*, ou bouillir avec du riz pour en faire un pilau.
(CHATEAUBRIAND.)

Ces sauvages étaient nus jusqu'à la ceinture, et le reste de leur corps était couvert de feuilles de *palmiers*.
(WALCKENAER.)

Son fils le suivait chargé de peaux d'*ours*, de *castors* et d'*orignaux*.
(CHATEAUBRIAND.)

Les marchandises que les Lapons apportent aux foires sont des rennes et des peaux de ces animaux ; ils y débitent aussi des peaux de *renards*, noires, rouges et blanches ; de *loutres*, de *martres*, de *castors*, d'*hermines*, de *loups*, de *petits-gris*, et d'*ours*; des habits de Lapons; toutes sortes de poissons secs, et des fromages de *rennes*. (REGNARD.)

Si l'on en croit Diodore de Sicile, les Gaulois employaient, pour siéges, des peaux de *chiens* ou des peaux de *loups*. (LEGRAND D'AUSSY.)

Moyennant quoi votre salaire
Sera force reliefs de toutes les façons,
  Os de *poulets*, os de *pigeons*.
(LA FONTAINE.)

(156)

Les loutres font leurs petits sur un lit fait de bûchettes et d'herbes, et l'on trouve dans leur gîte des têtes et des arêtes de *poisson*. (BUFFON.)

Les Hongrois ne sont pas grands, mais leur habit sert à les faire paraître de bonne mine, aussi bien que les plumes de *coq* qu'ils portent sur la tête. (REGNARD.)

Les petits cerfs trapus n'habitent guère les futaies, et se tiennent presque toujours dans les taillis, où ils peuvent se soustraire plus aisément à la poursuite des chiens : leur venaison est plus fine, et leur chair est de meilleur goût que celle des cerfs de *plaine*. (BUFFON.)

Le cerf de Corse paraît être le plus petit de tous ces cerfs de *montagne*, il n'a guère que la moitié de la hauteur des cerfs ordinaires. (*Id.*)

Il faut avouer qu'il y a des mines d'*homme* et de *femme* pour qui l'art ne peut rien. (LESAGE.)

On m'a assuré que la pêche de la sardine rapportait quatre millions de *revenu* à la province de Lorient. (BERNARDIN DE ST-PIERRE.)

Il faudrait qu'une chose eût passé bien des âges d'*homme*, mis bout à bout, pour commencer à donner quelque signe d'immortalité. (FONTENELLE.)

L'autel est dépouillé. Tous vont s'armer de flamme,
Et le bois porte au loin des hurlements de *femme*. (A. CHÉNIER.)

L'hirondelle de *fenêtre* a la bouche jaune, et les pieds couverts jusqu'aux ongles d'un duvet blanc. (CASTEL.)

Les draps de *maître* sont toujours de la même longueur ; ils varient seulement pour la largeur du lit. (ENCYCLOP. MOD.)

Ces fossoyeurs chantent des airs à boire, en jouant avec des *têtes de mort*. (VOLTAIRE.)

Cette cabane qu'ils appellent la cabane des sueurs, est construite avec des branches d'*arbre* plantées en rond et attachées ensemble par la cime, de manière à former un cône. (CHATEAUBRIAND.)

La conserve de troncs de *laitue* était si estimée au 16e siècle, qu'on l'appelait pour son excellence bouche d'ange. (LEGRAND D'AUSSY.)

Les semences ou pépins de *pomme* pourraient être employés à préparer des émulsions, si leur petitesse n'en rendait l'usage peu commode. (DICT. DES SC. MÉD.)

Les vins se divisent en vins blancs et vins rouges, vins secs et vins de *liqueurs*, etc. (DICT. DES SC. MÉD.)

Pontappidan, qui souvent donne dans le merveilleux, prétend qu'un renard avait mis par rangées plusieurs têtes de *poissons* à quelque distance d'une cabane de pêcheurs ; qu'on ne pouvait guère deviner son but ; mais que peu de temps après, un corbeau, qui vint fondre sur ces têtes de *poissons*, fut la proie du renard. (BUFFON.)

C'est à l'amour pour le merveilleux qu'il faut attribuer les prétendus serpents que renferment les œufs sans jaune, que l'on appelle dans les campagnes œufs de *coqs*. (ENCYCLOP. MOD.)

Les cerfs de *plaines*, de *vallées*, ou de *collines* abondantes en grains, ont le corps beaucoup plus grand et les jambes plus hautes que les cerfs des montagnes sèches, arides et pierreuses. (BUFFON.)

La ciguë de *jardins*, qui a beaucoup de ressemblance avec le persil, a occasioné plus d'une fois de dangereuses méprises. (CASTEL.)

Tristan continua de s'avancer jusqu'au Cap Blanc ; et n'y ayant trouvé personne, quoiqu'il y découvrit des traces d'*hommes*, il remit à la voile vers le Portugal. (WALCKENAER.)

Cet hospice fut doté de cinq mille livres sterling de *revenus*. (PICNOT.)

Et voilà qu'elle tombe (la croix), et c'est quelques bras
[d'*hommes*
Qui s'en vont l'attaquer jusque sur ces vieux dômes,
Où l'antique ferveur tant de fois éclata. (TURQUETY.)

Les femmes souriaient des manières de l'étranger; mais c'était de ce sourire de *femmes* qui ne blesse point. (CHATEAUBRIAND.)

Ce n'est pas le lieu de traiter ce qui regarde nos vitrages de *fenêtres*. (LEGRAND D'AUSSY.)

Les draps de *domestiques* se font avec de la toile de 3/4 ou de 7,8^{mes} de largeur, suivant la dimention du lit. (ENCYCLOP. MOD.)

Le trône de Dagobert est d'argent doré, et repose sur des pieds de lion ; à sa partie supérieure on voit des têtes de *monstres*. (SPALLART.)

Les anciens ont écrit d'abord sur des feuilles de *palmiers*, puis sur des écorces d'*arbres*, ensuite sur des tables enduites de cire. (PRIDEAUX.)

L'ours est extrêmement friand du miel que les abeilles font dans les troncs d'*arbres* ; il monte, attiré par l'odeur de la proie, au sommet des arbres les plus élevés. (REGNARD.)

Les semences des ombellifères, telles que les pépins de *concombres*, de *melons*, de *citrouilles*, de *courges*, d'*oranges*, de *citrons*, de *pommes*, de *poires*, de *coings*, etc., ne produisent ordinairement leur huile que mélangée a plus ou moins d'huile essentielle. (DICT. DES SC. MÉD.)

Le vin de *liqueurs* est celui où cette matière sucrée est excédante. (*Id.*)

Au 16e siècle, les zestes de *citron*, de *limon* et d'*orange*, se confisaient au sec dans une étuve.
(Legrand d'Aussy.)

Mon petit page ! mon beau page !
Le jour qu'il revient, je m'engage
A décorer ton noir visage
De deux pendants d'*oreille* en or.
(Fouinet.)

Des jeunes filles s'occupaient à faire des couches d'une terre noire et lavée : elles répandaient sur ces couches des graines de courge, de *tournesol*.
(Chateaubriand.)

En distillant des amandes amères, après en avoir exprimé la première huile, on en obtient une autre huile rouge qui a l'odeur et le goût des noyaux d'*abricots*.
(Jaume St.-Hilaire.)

Le peu de cas qu'ils firent de ces richesses, marquant assez qu'ils n'en avaient aucune connaissance, il leur donna des sonnettes, des pendants d'*oreilles* et d'autres bagatelles qui leur plurent merveilleusement.
(Walckenaer.)

Les femmes s'armaient d'une crosse de noyer mettaient sur leur tête des corbeilles à compartiments remplies de semailles de maïs, de graines de melon d'eau, de féveroles et de *tournesols*.
(Chateaubriand.)

Les nombreuses citations que l'on vient de lire prouvent, de la manière la plus évidente, que les écrivains ont employé indifféremment le singulier et le pluriel dans des circonstances tout-à-fait analogues. En pareil cas, cependant, les grammairiens veulent que l'on fasse usage seulement du singulier, parce que, disent-ils, dans les expressions *des têtes d'*homme, *des jeux d'*enfant, *des voix de* femme, *des feuilles et des troncs d'*arbre, *des peaux de* lion, *des queues de* cheval, etc., les substantifs *homme, enfant, femme, arbre, lion, cheval*, etc., sont de vrais *spécificatifs*, c'est-à-dire que, pris dans un sens indéfini, ils servent, non à désigner plusieurs individus, mais à déterminer, par une idée générale de classe, l'espèce des substantifs précédents, à en spécifier la nature sans aucune idée de pluralité. Peut-être cette règle, qui nous paraît juste et fondée en raison, est-elle un peu trop absolue. En effet, nous croyons que l'on peut écrire *des branches de* laurier *ou de* lauriers, selon l'idée qu'on attache à ce dernier mot. Si, par exemple, je veux faire entendre que les *branches* dont je parle proviennent d'un seul *laurier*, je mettrai le singulier ; mais si, au contraire, je veux dire que c'est le produit de plusieurs *lauriers*, il faudra de toute nécessité que je me serve du pluriel. Cependant, même dans ce dernier cas, je puis employer le singulier, si je veux moins rappeler l'idée des individus, que *spécifier* la nature du mot qui précède la préposition *de*, c'est-à-dire indiquer que ces branches sont plutôt de tel arbre que de tel autre. Cette distinction est, selon nous, fort importante, et nous sommes étonnés de ne l'avoir rencontrée nulle part. Nous ajouterons que, si le second substantif est déterminé par quelque autre mot de la phrase, le pluriel est indispensable. On écrira donc : *Ces cannibales coupaient des têtes d'*hommes tués *sur le champ de bataille, et ils en formaient d'horribles pyramides.*—*Que de têtes d'*hommes coupables *ont échappé au glaive de la justice!* Dans ces exemples, l'esprit, faisant abstraction de la classe, ne considère que les individus.

Pour bien orthographier le nom qui suit *de*, il est donc essentiel de s'attacher principalement à distinguer le point de vue sous lequel ce nom est employé. En conséquence, nous croyons qu'on doit écrire *des noms de* princes au pluriel, parce que le mot *prince* n'est pas ici *spécificatif;* les noms de *princes* ne forment pas une espèce différente des autres noms; de plus, *les noms d'*hommes même ne forment pas une espèce particulière, c'est une simple classe parmi les noms en général. Ainsi on écrira avec le pluriel *les noms propres d'*hommes, *de* lieux *et de* fêtes *commencent par une capitale;* et on écrira de même *des noms de* saints, *des peaux de* bêtes (1), *d'*animaux. Il faut

(1) Les phrases suivantes sont donc vicieuses : *L'offrande aux bons et aux mauvais génies consistait en*

18

bien distinguer le nom *déterminatif* du nom *spécificatif*; le nom *spécificatif* désigne une espèce particulière : les *queues du* CHEVAL sont, par essence, différentes des queues des autres animaux; c'est pourquoi on doit dire *des queues de cheval*, etc. Le nom *déterminatif* désigne une classe d'une espèce. En effet, *les noms* d'HOMMES, de PRINCES, de SAINTS, sont de la même espèce, ce ne sont que des classes différentes.

EXERCICE PHRASÉOLOGIQUE.

SENS SPÉCIFIQUE.	SENS INDIVIDUEL.	SENS DÉTERMINATIF.
Des têtes d'homme.	Des têtes d'hommes.	Des têtes d'animaux.
Des peaux de lion.	Des peaux de lions.	Des noms de saints.
Des queues de cheval.	Des queues de chevaux.	Des noms de villes.
Des branches d'olivier.	Des branches d'oliviers.	Des noms de provinces.
Des troncs d'arbre.	Des troncs d'arbres.	Des troncs d'arbres abattus.
Des traces d'homme.	Des traces d'hommes.	Des têtes d'hommes tués.
Des pépins de pomme.	Des pépins de pommes.	Des têtes d'hommes coupables.
Des ciels de tableau.	Des ciels de tableaux.	Des têtes d'hommes morts.
Des jeux d'enfant.	Des jeux d'enfants.	Des noms de peuples.
Des contes de vieille.	Des contes de vieilles.	Des noms de lieux.

N° LXI.

CAS OÙ LE SUBSTANTIF APRÈS *de* EST INVARIABLE.

I.

1re SÉRIE. — NOMS SINGULIERS.

Ces riches contrées offrent aussi des mines de *fer*, de *soufre*, d'*antimoine*, d'*étain*, de *plomb*, de *vif-argent*. (RAYNAL.)

Ces fils de Romulus, dont vingt siècles de *gloire*
Protègent les exploits passés,
Tremblent de les voir éclipsés.
(CAS. DELAVIGNE.)

Les gens d'*esprit* seraient presque seuls, sans les sots qui s'en piquent. (VAUVENARGUES.)

On appelle fruits d'*hiver*, les fruits qu'on ne mange ordinairement qu'en *hiver*. (ACADÉMIE.)

2me SÉRIE. — NOMS PLURIELS.

La cour est une région de *ténèbres* où la vérité est étouffée par le mensonge. (FLÉCHIER.)

La mort de son père fut pour lui une source intarissable de *pleurs*. (ANONYME.)

Les disputes des gens de *lettres* ne servent qu'à faire rire les sots aux dépens des gens d'esprit, et à déshonorer les talents qu'on devrait rendre respectables. (VOLTAIRE.)

Les étudiants, les avocats, les hommes d'*affaires* courent dès le matin de l'autre côté de Loch-North. (PICHOT.)

II.

Il a peu de *mérite*, mais il connaît des gens qui en ont beaucoup. (LA BRUYÈRE.)

Il y a beaucoup de *différence* entre l'esprit de géométrie et l'esprit de finesse. (PLANCHE.)

Personne ne s'est conduit avec plus de *sagesse* que lui. (*Id.*)

Et l'art et le pouvoir d'affermir des couronnes
Sont des dons que le ciel fait à peu de *personnes*.
(CORNEILLE.)

Les premiers saints ont fait beaucoup de *miracles*. (PLANCHE.)

Faites-vous toujours plus d'*amis* que d'*ennemis*. (ANONYME.)

III.

L'église était pleine de *monde*. (ACADÉMIE.)

Bien des gens n'ont pas le sens commun, d'autres sont remplis d'*esprit*. (ANONYME.)

La vie est pleine de *misères*. (ACADÉMIE.)

De *princes* égorgés la chambre était remplie. (RACINE.)

peaux de BÊTE. (CHATEAUBRIAND.) — *D'autres entremêlent des ornements européens à des ornements sauvages, à des plumes, à des becs* D'OISEAU. (LE MÊME.) — Il fallait *de bêtes*, *d'oiseaux*, parce qu'un oiseau n'a pas plusieurs becs, ni une bête plusieurs peaux.

IV.

L'homme se nourrit de *pain*.
(Académie.)

Combien de gens visent à la gloire, et ne se repaissent que de *fumée*.
(Anonyme.)

Vivre dans l'attente de quelque bien, c'est vivre d'*espérance*.
(Planche.)

Vêtu simplement et ne se nourrissant que de *légumes*, il n'accordait qu'à l'hospitalité une nourriture plus délicate.
(Massillon.)

Je ne me repais point de pareilles *chimères*.
(Racine.)

L'écureuil se nourrit de *noisettes*.
(Buffon.)

Nous avons déjà dit que les noms de métaux, de vertus, etc., ne s'emploient généralement qu'au singulier; les trois premiers exemples de la première colonne nous font encore voir que ces mots ne varient pas, quand ils sont compléments de la préposition *de*, et d'un substantif, lors même que celui-ci est au pluriel : Des *mines de fer*, des *siècles de gloire*, des *gens d'esprit*. Il est aussi d'autres noms qui, en rapport avec un substantif, un adjectif ou un verbe suivi de la préposition *de*, demeurent constamment au singulier; tels sont les substantifs imprimés en italique de la même colonne. L'usage seul peut les faire connaître.

A l'égard des noms de la seconde colonne, on doit remarquer que ceux qui ne sont usités qu'au pluriel ne changent point non plus, lorsqu'ils sont compléments d'un substantif et de la préposition *de* : *une région de ténèbres*, *une source de pleurs*; qu'il en est d'autres qui, dans le même cas, doivent toujours être et rester au pluriel, comme *affaires*, dans un *homme d'affaires*; *personnes*, dans *peu de personnes*, etc. Le sens indique suffisamment qu'il y a idée de pluralité, et que par conséquent le pluriel est indispensable (1).

(1) Nous signalerons donc comme autant de fautes, que la rime ou l'inadvertance a fait commettre, les mots imprimés en italique dans les citations suivantes :

Que ta fenêtre s'ouvre !... Ah ! si tu me repousses,
Il me faudra chercher quelques vieux nids de *moussés*.
(V. Hugo.)

Et, colosses perdus dans ses larges contours,
Les palmiers chevelus, pendant au front des tours,
Semblaient d'en bas des touffes d'*herbes*.
(V. Hugo.)

Des hommes ingénieux ont imaginé pour apprendre à lire et à écrire des bureaux et des méthodes simples, promptes et agréables; mais les maîtres d'*écoles* ont eu grand soin de les rendre inutiles, parce qu'elles détruisaient leur empire, et que l'éducation allait trop vite pour leur profit.
(Bernardin de St-Pierre.)

Dans un voyage vers ces lieux
Où le fils de Latone habite,
Une muse a mis sous mes yeux
L'un de ces albums précieux
Rempli de cartes de *visite*.
(De Jouy.)

Néron devant sa mère a permis le premier
Qu'on portât les faisceaux couronnés de *laurier*.
(Lamartine.)

Viens à l'ombre écouter nos nouvelles d'*amours*,
Viens, tout aime au printemps, et moi j'aime toujours.
(A. Chénier.)

Quel coloris brillant et tendre !
Non, non, à ce charmant morceau
Un estimateur de *tableau*
Ne pourra jamais se méprendre.
(de Jouy.)

Le sucre, qu'aux jours de Louis XIV on ne trouvait que chez les apothicaires, a donné naissance à diverses professions lucratives, telles que les pâtissiers du petit four, les confiseurs, les liquoristes, et autres marchands de *friandise*.
(Brillat Savarin.)

J'aime fort les journaux quand ils sont bien écrits.
Ah, parbleu ! croyez-vous, répondit l'hôtellier,
Que je m'amuse après ce fatras de *papier* !
Ce n'est pas en lisant que je fais mon commerce.
(Andrieux.)

Semez, semez *de narcisse* et *de rose*,
Semez la couche où la beauté repose.
(Lamartine.)

EXERCICE PHRASÉOLOGIQUE.

NOMS SINGULIERS.	NOMS PLURIELS.	NOMS SINGULIERS.	NOMS PLURIELS.
Des chaînes d'or.	Une haie de broussailles.	Des boutons d'argent.	Une paire de ciseaux.
Des cercueils de plomb.	Un amas de décombres.	Des barres de fer.	Un jour de fiançailles.
Des cercueils d'étain.	Une note de frais.	Des colonnes d'airain.	Un jour de funérailles.
Des odeurs de baume.	Un magasin de hardes.	Des extraits de genièvre.	Un lieu d'immondices.
Des bâtons de cannelle.	Un tas de matériaux.	Des sentiments d'amertume.	Un plateau de mouchettes.
Des actes de bassesse.	Une paire de pincettes.	Des témoignages de bonté.	Un torrent de pleurs.
Des règles de bienséance.	Une nuit de ténèbres.	Des compliments de condoléance.	Un magasin de vivres.
Des droits de péage.	Une caisse d'épargnes.	Des bottes de paille.	Une caisse de retenues.
Des hommes de mérite.	Un agent d'affaires.	Des vases de terre.	Un combat de coqs.
Des hommes de mer.	Une pension de femmes.	Des torrents de pluie.	Un pot d'œillets.
Des pots de basilic.	Un pot de confitures.	Des tonneaux de vin.	Une salade d'oranges.
Dix mesures de froment	Une mesure de haricots.	Des paquets d'amadou.	Une botte d'allumettes.
Des boisseaux de blé.	Un pied d'œillets.	Des bouquets de jasmin.	Une purée de lentilles.
Des robes d'été.	Des bouquets de roses.	Des habits d'hiver.	Un paquet de clefs.
Beaucoup de lait.	Beaucoup de soldats.	Beaucoup d'eau.	Beaucoup de pommes.
Peu de vinaigre.	Peu d'olives.	Peu de pain.	Peu de maisons.
Trop de démence.	Trop d'amis.	Trop de monde.	Trop de personnes.
Plus d'audace.	Plus de citoyens.	Plus de vin.	Plus de richesses.
Moins de fortune.	Moins de convives.	Moins de blé.	Moins de légumes.
Combien de timidité.	Combien de racines.	Combien de sévérité.	Combien d'épines.
Que de viande.	Que de bijoux.	Que de gibier.	Que d'herbages.
Plein de rage.	Plein de préjugés.	Plein d'orgueil.	Plein de défauts.
Rempli d'eau.	Rempli de fautes.	Rempli de poussière.	Rempli d'herbes.
Couvert de neige.	Couvert de haillons.	Couvert de honte.	Couvert de diamants.
Environné d'estime.	Environné d'embûches.	Environné de monde.	Environné de tables.
Se nourrir de gibier.	Se nourrir de légumes.	Se nourrir de fromage.	Se nourrir de lentilles.
Vivre d'amour.	Vivre de préjugés.	Vivre de bonne chère.	Vivre de racines.
Se repaître de vent.	Se repaître de chimères.	Se repaître de fumée.	Se repaître d'illusions.
Se bercer d'espérance.	Se bercer d'idées riantes.	Se couvrir de confusion.	Se couvrir de haillons.
Se nourrir de lait.	Se nourrir de fruits.	Mourir de faim.	Mourir de coups.
Se couvrir de gloire.	Se couvrir de dettes.	Manquer de raison.	Manquer d'aliments.

N° LXII.

NOMBRE DES SUBSTANTIFS APRÈS LA PRÉPOSITION *de* PRÉCÉDÉE D'UN NOM COLLECTIF.

1re SÉRIE. — SINGULIER.

Ciel! quel nombreux *essaim* d'innocentes BEAUTÉS,
S'offre à mes yeux en foule, et sort de tous côtés!
(RACINE.)

Il me sembla voir dans un vaste portique une *multitude* d'HOMMES rassemblés; ils avaient tous quelque chose d'auguste et de grand. (THOMAS.)

Henri, de tes enfants fais un *peuple* de FRÈRES.
(CAS. DELAVIGNE.)

Cent tonnerres qui roulent et semblent rebondir sur une *chaîne* de MONTAGNES, en se succédant l'un à l'autre, ne forment qu'un mugissement qui s'abaisse, et qui se renfle comme celui des vagues.
(MARMONTEL.)

Le lit profond des torrents était bordé d'un *nombre* effrayant d'ANIMAUX doux, cruels, timides, féroces, qui avaient été submergés et revomis par les eaux.
(Id.)

Sion, *repaire* affreux de REPTILES impurs,
Voit de son temple saint les pierres dispersées.
(RACINE.)

La multitude des lois est dans un état ce qu'est le grand *nombre* de MÉDECINS, signe de maladie et de faiblesse. (VOLTAIRE.)

2me SÉRIE. — PLURIEL.

Les murs des corridors funèbres étaient bordés d'un triple *rang* de CERCUEILS, placés les uns au-dessus des autres. (CHATEAUBRIAND.)

Une *foule* d'ENFANTS autour de lui s'empresse,
Et l'annonce de loin par des cris d'allégresse.
(ST-LAMBERT.)

...... Le sort malencontreux
Conduit en cet endroit un grand *troupeau* de BŒUFS
(BOILEAU.)

Et d'enfants à sa table une riante TROUPE
Semble boire avec lui la joie à pleine coupe.
(RACINE.)

Ce long *amas* d'AÏEUX que vous diffamez tous,
Sont autant de témoins qui parlent contre vous.
(BOILEAU.)

La reine des nuits reposait sur des *groupes* de NUES, qui ressemblaient à la cime des hautes montagnes couronnées de neige.
(CHATEAUBRIAND.)

L'histoire des nations est un *ramas* de crimes, de *folies* et de *malheurs*, parmi lesquels on voit quelques vertus, quelques temps heureux.
(VOLTAIRE.)

Il y a une *infinite d'erreurs* politiques qui, une fois adoptées, deviennent des principes.
(RAYNAL.)

La vertu ne laisse pas que de réussir quelquefois, mais ce n'est qu'à *force de temps* et d'*épreuves* redoublées.
(FONTENELLE.)

Toute faction est un *composé de dupes* et *de fripons*.
(NAPOLÉON.)

Le faux est susceptible d'une *infinité de combinaisons*, mais la vérité n'a qu'une manière d'être.
(J.-J. ROUSSEAU.)

La multitude des livres dans une bibliothèque est souvent une *nuée de témoins* de l'ignorance du possesseur.
(OXENSTIERN.)

Que j'aime à contempler cette *chaîne* sauvage
De rocs qui, l'un sur l'autre au hasard suspendus,
Couronnent vingt hameaux à leurs pieds étendus.
(ROUCHER.)

Lorsque le substantif qui précède la préposition *de* est un substantif collectif, le nom qui suit cette préposition se met toujours au pluriel : *une multitude d'hommes, un peuple de frères, une troupe d'enfants*, etc. On excepte toutefois les noms qui s'emploient plus fréquemment au singulier; tels que *monde, peuple*, etc., etc., on dit : *une foule de monde, un amas de monde, une foule de peuple, un amas de peuple*. On pourrait dire également *un amas de peuples, une infinité de mondes*, si l'on voulait parler de plusieurs peuples, de plusieurs mondes.

EXERCICE PHRASÉOLOGIQUE (1).

Une communauté d'hommes.
Une communauté de femmes.
Un couvent de jésuites.
Un couvent de religieuses.
Un amas de pierres.
Une maison d'orphelins.
Un refuge de mendiants.
Un asile de pauvres.
Un hospice d'enfants trouvés.
Un tas de pierres.
Un chœur de vierges.

Une multitude d'enfants.
Une chaîne de montagnes.
Une horde de sauvages.
Un millier de mourants.
Une troupe d'hirondelles.
Une foule d'individus.
Une nuée de sauterelles.
Un pays de nègres.
Une île d'anthropophages.
Un nid d'oiseaux.
Un chœur de séraphins.

Une forêt de mâts.
Une galerie de tableaux.
Un torrent de larmes.
Un essaim d'abeilles.
Une caverne de brigands.
Un repaire de voleurs.
Une chaîne de galériens.
Un grand nombre de soldats.
Une douzaine d'œufs.
Une collection d'estampes.
Une foule d'hommes.

Une longue suite de valets.
Une grande quantité de livres.
Une trentaine de poissons.
Une quarantaine de fusils.
Un groupe de femmes.
Une cinquantaine d'hommes.
Une centaine d'écus.
Un mille de bouchons.
Un concours de musiciens.
Une troupe de bandits.
Une foule de femmes.

N° LXIII.

NOMBRE DES SUBSTANTIFS APRÈS *de... en*.

1re SÉRIE. — SINGULIER.

L'homme flotte de *sentiment* en *sentiment*, de *pensée* en *pensée*.
(CHATEAUBRIAND.)

Les langues, les costumes et les formes des habits passent, en Asie, inviolablement de *génération* en *génération*, parce que les pères s'y font aimer de leurs enfants.
(BERNARDIN DE ST-PIERRE.)

Le démon indiscret va frappant de *cabane* en *cabane*, racontant le doux penchant de Céluta pour Réné.
(CHATEAUBRIAND.)

Destin, tu l'as voulu! c'est d'*abîme en abîme*
Que tu conduis Atrée à ce comble du crime.
(VOLTAIRE.)

2e SÉRIE. — PLURIEL.

Les animaux sauvages vivent constamment de la même façon; on ne les voit pas errer de *climats* en *climats*.
(BUFFON.)

Sous le tropique, des tourterelles et des perroquets ne voyagent que d'*îles en îles*, promenant à leur suite leurs petits, et ramassant dans les forêts les graines d'épiceries qu'ils font crouler de *branches* en *branches*.
(BERNARDIN DE ST-PIERRE.)

Les peuples qui n'ont plus maintenant ni autels, ni trône, ni capitale, sont jetés par les siècles et les événements de *contrées* en *contrées*.
(Id.)

. . . . . Nous marchons d'*abîmes en abîmes*.
(VOLTAIRE.)

(1) L'élève pourrait aussi mettre en regard le pluriel des noms dont nous n'avons donné que le singulier dans cet exercice. Ainsi, après avoir fait une phrase avec *une communauté d'hommes*, il en ferait une autre avec *des communautés d'hommes*. Cette observation s'applique à la plupart de nos exercices

Quand les sottises sont faites, on veut les soutenir par les calomnies ; on perd la charité comme la raison ; on tombe d'*abîme* en *abîme*, ainsi que *de ridicule en ridicule*.
(Voltaire.)

C'est ainsi que de nous disposant à son gré,
L'amour sait de nos cœurs s'emparer par degré ;
Et d'*appât* en *appât* conduisant la victime,
Il la fait à la fin passer *de crime en crime*.
(Crébillon.)

Mon père est errant de *désert* en *désert* en Écosse.
(Voltaire.)

Vous-même n'allez point de *contrée* en *contrée*
Montrer aux nations Mithridate détruit.
(Racine.)

De *faute* en *faute* on se fourvoie, on glisse,
On se raccroche, on tombe au précipice.
(Voltaire.)

Mais le printemps, Doris, *de moment en moment*
Apporte à la campagne un nouvel ornement.
(Saint-Lambert.)

Gengis et ses fils, allant *de conquête en conquête*,
crurent qu'ils subjugueraient toute la terre habitable.
(Voltaire.)

Si la puissance végétale réfléchit et augmente la chaleur du soleil ; si elle végétalise l'atmosphère et les eaux, elle n'a pas moins d'influence sur le globe solide de la terre, dont elle étend la circonférence d'*année* en *année*.
(Bernardin de St-Pierre.)

De distance en distance la terre est percée par une multitude de bassins qu'on appelle des puits, et qui sont plus ou moins larges, plus ou moins profonds.
(Chateaubriand.)

Tombant dans l'avenir d'*abîmes* en *abîmes*,
De *malheurs* en *malheurs* et de *crimes* en *crimes*,
Un jour on te verra couronner tes forfaits,
En égorgeant l'agneau descendu pour la paix.
(Chateaubriand.)

De déserts en déserts errant, persécuté,
J'ai langui dans l'opprobre et dans l'obscurité.
(Voltaire.)

Celui qui n'a rien senti ne sait rien apprendre ; il ne fait que flotter d'*erreurs* en *erreurs*.
(J.-J. Rousseau.)

De *moments* en *moments* sa tête s'égarait.
(Lamartine.)

Quand une fois les hommes se livrent à la superstition, ils ne font plus de pas que pour aller d'*égarements* en *égarements*.
(Condillac.)

Quels yeux peuvent errer toujours *de beautés en beautés* sans jamais se fixer sur aucune ?
(J.-J. Rousseau.)

Buffon a dit, en parlant de nous ne savons quel animal : *il crie comme un enragé pour avertir les autres, qui, au signal, s'enfuient avec leur proie, sautant* d'un arbre a l'autre *avec une prodigieuse agilité*. D'après cela ne semblerait-il pas qu'il faille toujours le singulier avec les prépositions *de* et *en*? Car de *ville* en *ville*, de *colline* en *colline*, n'est-ce pas pour d'une *ville* à une autre *ville*, d'une *colline* à une autre *colline*? C'est du moins la règle que prescrivent d'une manière absolue la plupart des grammairiens. Nous avons déjà eu occasion d'attaquer cet absolutisme aveugle qui ne tend à rien moins qu'à mettre des entraves à la pensée et à la circonscrire dans d'étroites limites. Notre opinion est donc que l'on peut dire, selon l'idée que l'on veut exprimer, de *montagne* en *montagne*, ou de *montagnes* en *montagnes*; de *branche* en *branche*, ou de *branches* en *branches*. En faisant usage du singulier, on veut indiquer qu'on passe d'une chose à une autre, d'une *montagne* à une autre *montagne*, d'une *branche* à une autre *branche*. Mais, lorsqu'on emploie le pluriel, l'esprit, au lieu d'envisager les objets isolément, et, pour ainsi dire, un à un, les considère par groupes, par masses : Napoléon marchait de *victoires* en *victoires*; le pluriel réveille ici une idée précise de quantité, une multitude de *victoires* auxquelles en succédaient bientôt une foule d'autres. De *victoire* en *victoire* n'offrirait plus le même sens, et rétrécirait singulièrement la pensée. D'ailleurs, il est des cas où le pluriel est tout-à-fait indispensable ; si, par exemple, je veux parler d'un homme auquel il arrive chaque jour plusieurs malheurs à la fois, je serai forcé de dire : cet homme tombe de *malheurs* en *malheurs*, et non de *malheur* en *malheur*. « Il est temps de le reconnaître, les grammairiens, par leurs froides analyses et la sévérité plus que géométrique de leurs théories, n'ont jamais assez tenu compte des nuances du sentiment et de la pensée, ni des rapides élans du génie. Qu'y a-t-il d'étonnant qu'ils aient regardé comme barbares des tournures hardies, des inversions, des ellipses, des syllepses qui déroutaient la faible marche de leurs idées et la lenteur de leurs conceptions? Nous venons en quelque sorte restituer à notre bel idiome des richesses que nos prédécesseurs et quelques-uns de nos contemporains ont cherché à lui ravir (1). » Étudiants! et vous tous que nous voulons initier à la langue des Voltaire et des Racine, laissez les grammairiens se disputer entre eux ; laissez-les inventer des règles que désavouent l'usage et le bon sens, et marchez hardiment, avec nous, sur les traces des grands écrivains qui sont en tout nos meilleurs guides :

> Pour produire de bons écrits,
> Nourrissez-vous de bons modèles.   (Arnault.)

EXERCICE PHRASÉOLOGIQUE.

SINGULIER.	PLURIEL.	SINGULIER.	PLURIEL.
De cité en cité.	De cités en cités.	D'illusion en illusion.	D'illusions en illusions.
De ville en ville.	De villes en villes.	De village en village.	De villages en villages.
D'erreur en erreur.	D'erreurs en erreurs.	De découverte en découverte.	De découvertes en découvertes.
De famille en famille.	De familles en familles.	De nation en nation.	De nations en nations.
De moment en moment.	De moments en moments.	D'écho en écho.	D'échos en échos.
De chef en chef.	De chefs en chefs.	De plaine en plaine.	De plaines en plaines.
D'écueil en écueil.	D'écueils en écueils.	De cime en cime.	De cimes en cimes.
De crime en crime.	De crimes en crimes.	De vertu en vertu.	De vertus en vertus.
De climat en climat.	De climats en climats.	De maison en maison.	De maisons en maisons.
De royaume en royaume.	De royaumes en royaumes.	De jardin en jardin.	De jardins en jardins.

N° LXIV.

DU NOMBRE DES SUBSTANTIFS APRÈS LA PRÉPOSITION à.

1re SÉRIE. — SINGULIER.

Dans le noisetier, les fleurs à *pistil* sont éloignées des autres.   (J.-J. Rousseau.)

Dans le buis, les fleurs à *étamine* ont un calice à trois feuilles, avec deux pétales à la corolle.   (Id.)

S'il y avait chez les Grecs des prix pour la lutte, le pugilat, le disque, la course à *pied* et en *chariot*, c'est que ces exercices étaient nécessaires à la guerre.   (Bernardin de St-Pierre.)

2me SÉRIE. — PLURIEL.

Dans le châtaignier, les fleurs à *pistils* sont remplacées par deux ou trois fruits très près l'un de l'autre.   (J.-J. Rousseau.)

Le mûrier porte les fleurs à *étamines* sur un chaton.   (Id.)

Le jeune homme, frappé de l'objet qu'on lui présente, s'en occupe uniquement, et saute à *pieds joints* par-dessus vos discours préliminaires, pour aller d'abord où vous le menez trop lentement à son gré.   (J.-J. Rousseau.)

Des fleurs à *pistil*, à *étamine*, sont des fleurs qui n'ont qu'un seul *pistil*, qu'une seule *étamine*; des fleurs à *pistils*, à *étamines* sont, au contraire, des fleurs qui ont plu-

---

(1) Ces lignes, extraites de l'*Examen critique de la Grammaire des grammaires*, publié en 1832 par M. Dessiaux, prouvent que nous ne sommes pas les seuls qui ayons senti le vice de toutes les grammaires.

sieurs *pistils*, plusieurs *étamines*. D'après cela, il est aisé de sentir pourquoi, dans les exemples que nous avons rapportés, Rousseau a fait usage de l'un ou de l'autre nombre.

Quant au dernier exemple, le mot *pied* est au singulier dans la première colonne, parce qu'il est spécificatif, c'est-à-dire parce qu'il est pris dans un sens général, et ne rappelle à l'esprit aucune idée de nombre. Il est au pluriel dans la deuxième colonne, parce que l'adjectif pluriel *joints* réveille nécessairement l'idée des deux pieds.

Le nombre que l'on doit employer après la préposition *à* étant toujours indiqué par le sens, il n'y a donc aucune difficulté à cet égard.

N° LXV.

EXPRESSIONS AVEC LESQUELLES LES ÉCRIVAINS ONT FAIT INDIFFÉREMMENT USAGE DU SINGULIER OU DU PLURIEL.

1re SÉRIE. — SINGULIER.

Nous passâmes un torrent desséché; son lit étroit était rempli de lauriers-roses et de gatiliers, arbuste à *feuille* longue, pâle et menue, dont la fleur lilas, un peu cotonneuse, s'allonge en forme de quenouille. (CHATEAUBRIAND.)

Les arbres fruitiers qui doivent entrer dans la composition d'un verger sont les fruits à pépins, les fruits à *noyaux*, etc. (ENCYCLOP. MOD.)

Les branches à *fleur* (du genêt) sont courtes, n'ont point d'épines, et ont cinq ou six fleurs en grappes au bout. (J.-J. ROUSSEAU.)

Fais semer les capucines en bordures et par bouquets vers le pavillon, de sorte qu'en grimpant, les tiges puissent s'accrocher aux arbrisseaux qui sont sur la crête. J'en excepte les arbres et arbrisseaux à *fruit*. (*Id.*)

Les plus grands courants d'eaux vives qu'il y ait au monde sortent tous des *montagnes à glace*. (BERNARDIN DE ST-PIERRE.)

Nous avons des *montagnes à glace* qui peuvent porter tous les végétaux du nord, et des *vallées à réverbère*, qui peuvent produire la plupart de ceux du midi. (*Id.*)

Les Grecs et les Romains ont tiré de l'Asie la plupart des *arbres à fruit* que nous cultivons aujourd'hui. (*Id.*)

Un grand fleuve a pour château-d'eau une *montagne à glace* avec un lac à son pied qui en reçoit les fontes. (*Id.*)

Jean-Jacques m'a fait observer au bas des feuilles de tous les *fruits à noyau* deux petits tubercules qui les caractérisent. (*Id.*)

2me SÉRIE. — PLURIEL.

Le bec-de-grue à *feuilles* de vigne a des feuilles ovales, montantes et pubescentes, qui ont l'odeur du baume, quand on les frotte. (J.-J. ROUSSEAU.)

Les arbres du verger, chargés de fruits à *noyaux* et à pépins, sont encore une autre richesse. (VOLTAIRE.)

En Amérique, les plantes à *fleurs* sont sans nombre. (CHATEAUBRIAND.)

Les flancs de la colline sont tapissés de groupes d'arbrisseaux à *fruits* ou à fleurs. (BERNARDIN DE ST-PIERRE.)

La nature a multiplié les montagnes *à glaces* dans le voisinage des pays chauds. (*Id.*)

Les *fleurs à réverbères* sphériques sont celles dont les pétales sont figurés en portions de sphère. (*Id.*)

Les flancs de la colline sont tapissés de groupes d'arbrisseaux *à fruits* ou *à fleurs*. (*Id.*)

J'ai vu en Bretagne quantité de terres incultes. Il n'y croît que du genêt et une *plante à fleurs jaunes* qui ne paraît composée que d'épines. (*Id.*)

Les auteurs semblent avoir employé indistinctement les deux nombres avec les expressions à *feuille*, à *noyau*, à *fruit*. En effet, on peut aisément, en pareil cas, justifier le singulier et le pluriel. On dit à *feuille* ou à *feuilles*, à *noyau* ou à *noyaux*, à *fleur* ou à fleurs, à *fruit* ou à *fruits*, parce que l'on dit très bien la *feuille* ou les *feuilles* de cet arbre; ces fruits ont un *noyau* ou des *noyaux*; ces arbres produisent du *fruit* ou des *fruits*. Celui qui se sert de la première de ces formes envisage les objets en général, tandis que celui qui emploie la seconde, les prend dans un sens particulier, individuel.

Nous devons faire remarquer cependant que l'usage le plus général est pour le singulier. Excepté le mot *noyau*, que l'on pluralise toutes les fois que l'on parle de fruits qui ont réellement plusieurs *noyaux*, tels que les nèfles, etc.

N° LXVI.

CONSÉCRATIONS ÉTABLIES PAR L'USAGE.

1re SÉRIE. — SINGULIER.

Les bateaux à *vapeur* aux États-Unis servent, non seulement au besoin du commerce et des voyageurs, mais on les emploie encore à la défense du pays.
(CHATEAUBRIAND.)

Deux nations rivales de gloire industrielle se sont disputé l'honneur d'avoir donné le jour à l'inventeur des machines à *vapeur*. (ENCYCLOP. MOD.)

Au bout de quelque temps il fit quelques profits,
Racheta des bêtes à *laine*.
(LA FONTAINE.)

S'agit-il d'exercer Émile au bruit d'une *arme à feu*; je brûle d'abord une amorce dans un pistolet.
(J.-J. ROUSSEAU.)

La mouche à *viande* aime à se poser sur les couleurs livides des viandes qui se gâtent.
(BERNARDIN DE ST-PIERRE.)

Il faudrait, pour augmenter les subsistances nationales, remettre en terres à *blé* beaucoup de terres qui sont en pâturages. (*Id.*)

Le goût du fruit de l'arbre à *pain* se retrouve dans celui du cul d'artichaut.
(BERNARDIN DE ST-PIERRE.)

On trouve des pierres à *rasoir* dans presque toutes les carrières dont on tire l'ardoise. (BUFFON.)

Les hommes à *imagination* sont exposés à faire bien des fautes. (LÉVIZAC.)

Les babouins à *museau* de chien ont les jambes et les bras fort épais et couverts d'un poil touffu.
(BUFFON.)

2e SÉRIE. — PLURIEL.

Toutes ces femmes à *grands talents* n'en imposent jamais qu'aux sots. (J.-J. ROUSSEAU.)

Les meilleurs livres sont ceux que le vulgaire décrie, et dont les gens à *talents* profitent sans en parler. (*Id.*)

C'est à l'air que le sang des ouïes du poisson doit sa couleur vermeille : elle est tout-à-fait semblable à celle du sang veineux des animaux à *poumons*.
(BERNARDIN DE ST-PIERRE.)

Le nom de vertu dans la bouche de certaines personnes fait tressaillir comme le grelot du serpent à *sonnettes*. (Mme NECKER.)

J'ai rencontré souvent de ces gens à *bons mots*,
De ces hommes charmants qui n'étaient que des sots.
(GRESSET.)

Dans nos climats, les animaux sauvages qui approchent le plus du chien, et surtout du chien à *oreilles droites*, du chien de berger, que je regarde comme la souche et le type de l'espèce entière, sont le renard et le loup. (BUFFON.)

Quels astres merveilleux, si toutefois ce sont des astres, que ces corps lumineux à *longues queues* qui traversent les aires des planètes sans déranger leur cours, et emploient des siècles à s'approcher et à s'éloigner du soleil! (BERNARDIN DE ST-PIERRE.)

Les hommes à *cheveux noirs* ou bruns commencent à être rares en Angleterre, en Flandre, en Hollande, et dans les provinces septentrionales de l'Allemagne. (BUFFON.)

J'aime mieux être homme à *paradoxes* qu'homme à *préjugés*. (J.-J. ROUSSEAU.)

On dit, dans le style familier, qu'un homme a des prétentions, que c'est un homme à *prétentions*, pour dire qu'il prétend à l'esprit, aux talents, à la naissance, à la considération. (PLANCHE.)

Il est plusieurs célébrités;
Hommes de goût, gens à *scrupules*,
La vôtre est dans vos qualités,
La nôtre est dans nos ridicules.
(ARNAULT.)

Je mets au rang des fables les pégases à *tête de cheval*. (GUÉROULT.)

Quelquefois les cloisons que construisent les fourmis sont percées à *jour*, et représentent une sorte de colonnade. (HUBER.)

J'ai découvert que les fourmis savent encore se faire servir à *volonté*. (Id.)

Je vous ai entendue raisonner mieux que de vieux derviches à *longue barbe* et à *bonnet pointu*. (VOLTAIRE.)

Là, le chantre à grand *bruit* arrive et se fait placé. (BOILEAU.)

Les coquettes sont folles et n'ont point de faiblesses; les femmes à *sentiments* sont sages, et en ont. (MARIVAUX.)

Moi; je suis très souvent, interrompt l'Espérance, Chez les amants ou les gens à *projets*. (GRAINVILLE.)

Aux autels de son Dieu, dans les saints édifices, La France est à *genoux*. (CAS. DELAVIGNE.)

Le froment à *barbes* serrées est cultivé dans le département de Vaucluse. (DICT. DES SC. MÉD.)

... Sur la mer qui fuit et roule à gros *bouillons* Son rapide vaisseau fend les derniers sillons. (DELILLE.)

Pour bien sentir pourquoi, après la préposition *à*, les auteurs ont fait usage tantôt du singulier, comme dans les exemples de la première colonne; tantôt du pluriel, comme dans ceux de la seconde, il faut soumettre ces exemples à l'analyse. En effet, l'analyse, en rétablissant tous les mots que l'empressement de s'énoncer a voulu qu'on supprimât, peut seule rendre compte de cette différence d'orthographe.

Des machines à vapeur. Analyse : *Des machines* (servant) à (élever l'eau par la) *vapeur.*

Des pierres à rasoir. Analyse : *Des pierres* (servant) à (repasser un) *rasoir.*

Les hommes à imagination. Analyse : *Les hommes* (qui se livrent) à (leur) *imagination.*

Les babouins à museau de chien. Analyse : *Les babouins* (dont la bouche ressemble) à (un) *museau de chien.*

Les pégases à tête de cheval. Analyse : *Les pégases* (dont la tête ressemble) à (une) *tête de cheval.*

Cloisons percées à jour. Analyse : *Cloisons percées* (de manière) à (laisser pénétrer le) *jour.*

Savent se faire servir à volonté. Analyse: *Savent se faire servir* (conformément) à (leur) *volonté.*

De vieux derviches à longue barbe et à bonnet pointu. Analyse : *De vieux derviches* (que l'on remarque) à (leur) *longue barbe* et à (leur) *bonnet pointu.*

Arrive à grand bruit. Analyse : *Arrive* (en donnant lieu) à (un) *grand bruit.*

Les verres à vitres. Analyse : *Les verres* (propres) à (faire des) *vitres.*

Homme à paradoxes. Analyse : *Homme* (qui se plaît) à soutenir (des) *paradoxes.*

Un homme à prétentions, à préjugés. Analyse : *Un homme* (dont l'esprit est livré) à (toutes sortes de) *prétentions, de préjugés.*

Gens à scrupules. Analyse : *Gens* (qui s'arrêtent) à (des) *scrupules*, ou dont la conscience est livrée à des scrupules.

Les femmes à sentiments. Analyse : *Les femmes* (dont le cœur est en proie) à (une foule de) *sentiments*, ou (qui se laissent aller) à (leurs) *sentiments.*

Les gens à projets. Analyse : *Les gens* (sans cesse occupés) à (faire des) *projets.*

La France est à genoux. Analyse : *La France est* (dans une position semblable) à (celui qui a les) *genoux* (pliés et appuyés contre terre).

Le froment à barbes serrées. Analyse : *Le froment* (que l'on distingue des autres sortes de froment) a (ses) *barbes serrées.*

Roule à gros bouillons. Analyse : *Roule* (de manière) à (former de) *gros bouillons.*

Ces analyses, qui nous montrent si clairement la raison du nombre employé après la préposition *à* dans les locutions qui précèdent, n'étaient pas sans offrir quelque difficulté. Il nous eût été sans doute plus facile de dire *des hommes à paradoxes, à préjugés*, sont *des hommes qui ont des paradoxes, des préjugés*; mais une pareille explication nous paraissait trop peu satisfaisante, et même contraire à la véritable analyse, qui doit se borner à suppléer les mots sous-entendus sans rien changer aux mots exprimés.

N° LXVII.

NOMBRE APRÈS *de...., à.*

1ʳᵉ SÉRIE. — SINGULIER.

De *voleur à voleur* on parle probité.
(FRANÇOIS DE NEUFCHATEAU.)

Disons-nous nos secrets
De *compère à compère*. (PIRON.)

Reviens becqueter dans ma main,
A tes besoins toujours ouverte,
Le millet choisi *grain à grain*.
(BOISARD.)

La différence qui se trouve d'*homme à homme* se fait encore plus sentir de *peuple à peuple*.
(MARMONTEL.)

2ᵉ SÉRIE. — PLURIEL.

De *larrons à larrons* il est bien des degrés !
Les petits sont pendus et les grands sont titrés.
(FRANÇOIS DE NEUFCHATEAU.)

De *valets à valets*
On ne se doit pas taire. (PIRON.)

.... *Corsaires à corsaires*,
L'un l'autre s'attaquant, ne font pas leurs affaires.
(LA FONTAINE.)

Le consistoire prétendait que la loi en question n'était que de *calvinistes à calvinistes*, non pas de *calvinistes à papistes*.
(VOLTAIRE.)

Il nous semble que le sens exigeait, dans les vers de M. François de Neufchâteau, la différence qu'on y observe. Pour parler de probité entre voleurs, il suffit du voleur qui porte la parole et du voleur qui écoute. Mais pour établir bien des degrés entre les larrons, il faut comparer des larrons avec d'autres larrons.

Dans les derniers exemples, les auteurs se sont servis du singulier ou du pluriel, selon qu'ils avaient dans l'esprit l'idée d'un ou de plusieurs.

Nous ferons cependant observer que le singulier est peut-être plus fréquent, ainsi que le prouvent les exemples ci-après :

Les caractères vifs ou lents, gais ou sérieux, se trouvent souvent disséminés dans la même ville *de frère à frère*, et sont également utiles à la société.
(BERNARDIN DE ST-PIERRE.)

Le droit des gens tenant à des mesures d'institutions humaines, et qui n'ont point de terme absolu, varie et doit varier *de nation à nation*.
(J.-J. ROUSSEAU.)

Les magistrats doivent rendre la justice *de citoyen à citoyen* : chaque peuple la doit rendre lui-même de lui à un autre peuple. (MONTESQUIEU.)

De peuple à peuple, il est rarement besoin de tiers pour juger, parce que les sujets de disputes sont presque toujours clairs et faciles à terminer.
(MONTESQUIEU.)

On ne sait si on doit placer plusieurs cartels de défi *de roi à roi, de prince à prince*, entre les duels juridiques ou entre les exploits de chevalerie ; il y en eut de ces deux espèces.
(VOLTAIRE.)

EXERCICE PHRASÉOLOGIQUE.

Bateaux à vapeur.
Cabriolets à volonté.
Fenêtres à jour.
A franc étrier.
A tête écervelée.
Fruits à noyau.
Aller à cheval.
Aller à pied.
Pas à pas.
Brin à brin.
Sou à sou.

Froment à grains de riz.
Aller à pas précipités.
A pas lents.
Homme à préjugés.
Fruits à noyaux.
A bâton rompu.
Chandelier à branches.
Ecuelle à oreilles.
A mains jointes.
A bras ouverts.
Marcher à petits pas.

Marcher à pied.
Mettre quelqu'un à bout.
A bout portant.
A tête folle.
A tête de linotte.
A témoin (1).
Mot à mot.
Manger morceau à morceau.
Couteau à ressort.
Clous à crochet.
Tenir à injure.

Voguer à pleines voiles.
Aller à marche forcée.
A couteaux tirés.
A tous risques.
A pépins.
Gens à principes.
Hommes à sentiments.
Hommes à cheveux courts.
Chapeaux à grands bords.
Aller à tâtons.
Déchirer à belles dents.

---

(1) Expression adverbiale qui signifie en *témoignage*, et demeure toujours invariable.

Marcher à petit bruit.
Tenir à honneur.
A long cou.
Hommes à soutane.
Armes à feu.
Crier à tue-tête.
Prêter à intérêt.
Clous à tête.
Egal à égal.
Goutte à goutte.

A longs poils.
Un étui à peignes.
Boîte à épingles.
A, à reculons.
A gros intérêts.
De rois à peuples.
De tyrans à tyrans.
Légumes à côtes.
Flotter à longs plis.
A pleines mains.

A découvert.
Moulin à eau, à bras.
A brule-pourpoint.
Cannes à dard.
Poil à poil.
De femme à homme.
Papier à lettres.
Contes faits à plaisir.
A regret.
Pierres à fusil.

Valet à gages.
Planches à bouteille.
De vilains à vilains.
De riches à riches.
De pauvres à pauvres.
A petits pas.
Gens à scrupules.
Boire à longs traits.
Machine à roues.
Bonnets à poil.

N° LXVIII.

DU NOMBRE DES SUBSTANTIFS APRÈS LA PRÉPOSITION *en*.

1re SÉRIE. — SINGULIER.

Messieurs les sots, je dois *en bon chrétien*,
Vous siffler, car c'est pour votre bien.
(VOLTAIRE.)

Du chicaneur exaspéré,
Qui se bat *en désespéré*,
En vain, pour adoucir la sauvage rudesse,
Du bon sens calme et tempéré
Vous prenez le ton modéré. (DELILLE.)

Les armées commencèrent tard à entrer *en action*.
(ACADÉMIE.)

Pour conserver un état en repos, il faut toujours tenir l'épée de la justice *en mouvement*.
(BOISTE.)

Lorsque les blés sont *en fleur*, c'est alors qu'ils sont revêtus de toute leur magnificence.
(BERNARDIN DE ST-PIERRE.)

Le poisson volant est fort commun entre les deux tropiques; il est de la grosseur d'un hareng; il vole *en troupe* et d'un seul jet aussi loin qu'une perdrix.
(*Id.*)

La superstition transforme l'homme *en bête*, le fanatisme en fait une bête féroce, et le despotisme une bête de somme. (LA HARPE.)

Pour vivre *en honnête homme*, il faut avoir du bien.
(BOURSAULT.)

Le bon n'est que le beau mis *en action*, l'un tient intimement à l'autre, et ils ont tous deux une source commune dans la nature bien ordonnée.
(J.-J. ROUSSEAU.)

Un grand fonds de vertus rarement se confisque : *En faveur* et disgrâce, on est sûr d'en jouir.
(BOURSAULT.)

Dans les violents transports qui m'agitent, je ne saurais demeurer *en place*. (J.-J. ROUSSEAU.)

Une sensibilité généreuse qui intéresse le genre humain dans ses pleurs, s'ennoblit et se transforme en vertu. (LE TOURNEUR.)

Je prétends n'être point obligée à me soumettre *en esclave* à vos bontés. (MOLIÈRE.)

2e SÉRIE. — PLURIEL.

O mes amis, vivons *en bons chrétiens*,
C'est le parti, croyez-moi, qu'il faut prendre.
(VOLTAIRE.)

Ceux-ci avaient fui *en désespérés* ; ceux-là, comme s'ils étaient stupéfaits de leur victoire, n'en profitèrent pas. (ANQUETIL.)

La comédie est l'art d'enseigner la vertu et les bienséances *en actions* et en dialogues.
(VOLTAIRE.)

Ne vous fatiguez pas *en mouvements*, s'il n'en résulte une action. (BOISTE.)

L'or de la primevère a percé les gazons,
Et les arbres *en fleurs* blanchissent les vallons.
(MICHAUD.)

Je les vois *en troupes légères*
S'élancer de leur lit natal. (RACINE.)

En voyant la quatrième partie de mes semblables changée *en bêtes* pour le service des autres, j'ai gémi d'être homme. (J.-J. ROUSSEAU.)

Les Dieux du paganisme se changeaient très souvent en *hommes*. (VOLTAIRE.)

Souvenez-vous qu'en toute chose vos leçons doivent être plus *en actions* qu'en discours.
(J.-J. ROUSSEAU.)

De tous les usuriers, la flatterie est celui qui fait les plus gros profits ; quand les grands manquent de vertus, elle leur en prête, et se voit payer largement en *pensions*, en *faveurs*, en *places* et en *cordons*.
(DE SÉGUR.)

En *génie*, en *vertus*, nos pères
Ont conservé sur nous le pas. (DE JOUY.)

Guillaume le Conquérant avait traité les Anglais en *esclaves* qu'il ne craignait pas. (VOLTAIRE.)

La conscience nous avertit *en ami* avant de punir en juge. (STANISLAS.)

Chacun me fuit : voilà le fruit peut-être
De cette humeur dont je ne fus pas maître,
Qui me rendait difficile *en amis*.
Et confiant pour mes seuls ennemis.
(VOLTAIRE.)

Dans ces phrases le même mot est au singulier et au pluriel. C'est au moyen de l'analyse logique que nous pouvons rendre raison de cette différence, et montrer que, dans le premier cas, il y a idée d'unité; dans le second, idée de pluralité. Ce principe, qui nous a servi pour les prépositions *de* et *à*, va encore nous servir pour la préposition *en*.

Je dois en bon chrétien. Analyse : *Je dois en* (ma qualité de) *bon chrétien.*

Vivons en bons chrétiens. Analyse : *Vivons en* (manière de) *bons chrétiens*, autrement dire, vivons comme doivent vivre de bons chrétiens.

Un chicaneur qui se bat en désespéré. Analyse : *Qui se bat en* (homme) *désespéré.*

Ceux-ci avaient fui en désespérés. Analyse : *Ceux-ci avaient fui en* (hommes) *désespérés.*

A entrer en action. Analyse : *A entrer dans* (l') *action* (du combat.)

En actions et en dialogues. Analyse : *En* (une suite d') *actions et en* (une suite de) *dialogues.*

EXERCICE PHRASÉOLOGIQUE.

SINGULIER.	PLURIEL.	SINGULIER.	PLURIEL.
En roi.	En rois.	En ami.	En amis.
En ennemi.	En ennemis.	En principe.	En principes.
En bouquet.	En bouquets.	En paquet.	En paquets.
En homme honnête.	En hommes honnêtes.	En étourdi.	En étourdis.
En officier.	En officiers.	En amazone.	En amazones.
En princesse.	En princesses.	En reine.	En reines.
En main.	En mains.	En femme.	En femmes.
En espalier.	En espaliers.	En sauvage.	En sauvages.
En ermite.	En ermites.	En pièce.	En pièces.
En fleur.	En fleurs.	En pierre.	En pierres.
En groupe.	En groupes.	En brique.	En briques.
En déterminé.	En déterminés.	En soldat.	En soldats.
En enfant.	En enfants.	En troupe.	En troupes.

N° LXIX.

CONSÉCRATIONS FAITES PAR L'USAGE.

1re SÉRIE. — SINGULIER.

On s'assemble *en tumulte, en tumulte* on décide.
(VOLTAIRE.)

Ce que le fer atteint tombe réduit en *poudre*,
Et chacun des partis combat avec la foudre.
(*Id.*)

Monsieur, où courez-vous? c'est vous mettre en *danger*.
(RACINE.)

Il y eut à peine de la résistance; en un moment l'armée française fut mise en *désordre*, enfoncée et dispersée. (ANQUETIL.)

Vois-tu ; je ne veux pas être un juge en *peinture*.
(RACINE.)

Il signe un bon contrat écrit en bonne *forme*.
(*Id.*)

2e SÉRIE. — PLURIEL.

Maîtres de tout le camp, fiers de l'avoir conquis, les Troyens éclatent en *cris* forcenés de triomphe.
(BITAUBÉE.)

Là, le froid Hollandais devient impétueux ;
Il déchire *en morceaux* deux frères vertueux.
(VOLTAIRE.)

L'attaquer, le mettre en *quartiers*,
Sire loup l'eût fait volontiers.
(LA FONTAINE.)

Le superbe animal, agité de tourments,
Exhale sa douleur en longs *mugissements*.
(BOILEAU.)

La Normandie, comme vous savez, est une terre fertile en *pommes*. (REGNARD.)

Elle voit dissiper sa jeunesse en *regrets*,
Mon amour enfermé, et son bien en *procès*.
(RACINE.)

En *génie*, en vertus, nos pères
Ont conservé sur nous le pas. (DE JOUY.)

A force de travailler pour augmenter notre bonheur, nous le changeons *en misère*. (J.-J. ROUSSEAU.)

La nature fait le mérite, la fortune, le *met en œuvre*. (LAROCHEFOUCAULD.)

Les pyramides de l'Égypte s'en vont *en poudre*, et les graminées du temps des Pharaons subsistent encore. (BERNARDIN DE ST-PIERRE.)

Puisque nous sommes *en butte* à des maux inévitables, la sagesse est l'art de trouver des compensations. (LÉVIS.)

Les louanges qu'on donne aux gens *en place* doivent peu flatter leur amour-propre. (VAUVENARGUES.)

Plus on sème *en désirs*, moins on recueille *en bonheur*. (SANIAL-DUBAY.)

C'est une adresse *en amitié* que de tromper quelquefois son ami pour lui rendre un service. (OXENSTIERN.)

Le ciel nous préserve de l'esclavage *en guêtres* et en uniforme et de la fatalité disciplinée! (CHATEAUBRIAND.)

En flatteurs caressés cet univers abonde. (COLLIN D'HARLEVILLE.)

Les plus grandes âmes sont celles qui s'arrangent le mieux dans la situation présente, et qui dépensent le moins *en projets* pour l'avenir. (FONTENELLE.)

Bien des gens épuisent leur fonds philosophique *en conseils* pour leurs amis et en demeurent dépourvus pour eux-mêmes. (LAROCHEFOUCAULD.)

Que l'amour-propre abonde en *mauvaises défaites*,
Quand il faut réparer les fautes qu'on a faites. (LA CHAUSSÉE.)

La plus grande partie des espèces d'animaux est moins abondante *en individus* que les espèces de plantes. (BUFFON.)

C'est ainsi que l'amour, trop fertile *en excuses*,
Aveugle par son charme, et séduit par ses ruses;
Même en nous égarant il feint de nous guider,
De ses piéges flatteurs songez à vous garder. (LONGEPIERRE.)

Beaucoup de noms en alliance avec la préposition *en* restent constamment au singulier; de ce nombre sont les mots *tumulte, danger, désordre*, etc. L'usage les fera connaître. Il est d'autres substantifs qui, joints à la même préposition, se trouvent toujours au pluriel; tels sont les mots en italique dans la seconde colonne. De plus, nous ferons remarquer que les substantifs, compléments de la préposition *en*, doivent, sans exception, prendre le pluriel avec les verbes *se répandre, éclater, se consumer*, et les adjectifs *abondant, fertile, célèbre, fécond*, etc., parce que ces verbes et ces adjectifs réveillent par eux-mêmes des idées collectives ou de pluralité. Il y a donc une faute dans ces vers de Regnard :

C'est un nom d'une nouvelle espèce
Qui part de mon esprit fécond en *gentillesse*.

Il fallait un *s* à *gentillesse*; mais la rime l'a emporté sur la syntaxe. Cet exemple ne doit pas être suivi, même en poésie.

EXERCICE PHRASÉOLOGIQUE.

SINGULIER.	PLURIEL.	SINGULIER.	PLURIEL.
Être en vie.	Être en souliers.	Être en bonne santé.	Être en bottes.
Blé en herbe.	Armes en faisceaux.	Enfant en nourrice.	Homme en haillons.
Être en colère.	Être en prières.	Être en extase.	Être en larmes.
Être en affaire.	Fondre en larmes.	Vivre en espérance.	S'étendre en paroles.
Pêcher en eau trouble.	Être riche en promesses.	Tomber en décadence.	Se perdre en raisonnements.
Parler en pleine assemblée.	Se ruiner en folles dépenses.	Être en deuil.	Abonder en injures.
Aller en pente.	Éclater en reproches.	Être en colère.	Se répandre en invectives.
Armé en guerre.	S'épuiser en efforts.	Aller en course.	Ne pas tarir en éloges.
Enfant en maillot.	Fertile en images.	Être en crainte.	Fécond en raisonnements.
Être en toilette.	Être en cheveux.	Être en négligé.	Payer en mauvais propos.
Homme en fureur.	Stérile en idées.	Armé en bataille.	Abondant en largesses.

N° LXX.

OBSERVATION PARTICULIÈRE SUR LES MOTS *cendres, couches,* etc.

1ʳᵉ SÉRIE. — SINGULIER.

Lieux, teints de ce beau sang que l'on vient de répandre,
Murs que j'ai relevés, palais, tombez en *cendre*.
(VOLTAIRE.)

Ainsi que Prométhée, mon grand père, ils se perpétueront sans avoir jamais chez eux de femmes en *couche*.
(PIRON.)

Le poisson-volant est fort commun entre les deux tropiques ; il est de la grosseur d'un hareng ; il vole *en troupe* et d'un seul jet aussi loin qu'une perdrix.
(BERNARDIN DE ST-PIERRE.)

Votre conquête est juste ; il la faut entreprendre,
Brûlez le Capitole et mettez Rome *en cendre*.
(RACINE.)

Nous sommes, s'il est permis de le dire, au premier rang des animaux qui vivent *en troupe*, comme les abeilles, les fourmis, les oies, les poules, les moutons, etc.
(VOLTAIRE.)

La villa du cardinal d'Est tombe *en ruine* comme celle du ministre d'Auguste ; c'est l'histoire de toutes les choses et de tous les hommes.
(CHATEAUBRIAND.)

Arrivés au bord du fleuve, nous passâmes à gué les eaux limpides, au travers de grands roseaux, de beaux lauriers roses *en pleine fleur*. (*Id.*)

Lorsque les blés sont *en fleur*, c'est alors qu'ils sont revêtus de toute la magnificence.
(BERNARDIN DE ST-PIERRE.)

Vois ces arbres *en fleur* de leur cime agitée
Verser sur les sillons une pluie argentée.
(ST-LAMBERT.)

Et déjà nous foulons sur le bord opposé
Un vallon d'herbe *en fleur* par l'écume arrosé.
(LAMARTINE.)

Sous un maronnier *en fleur*, je me repose sous les riches ombrages de l'Amérique.
(BERNARDIN DE ST-PIERRE.)

2ᵉ SÉRIE. — PLURIEL.

N'entendez-vous pas Hector animer toute son armée, plein de la rage impatiente de réduire les vaisseaux *en cendres* ?
(BITAUBÉE.)

On ne doit jamais placer des fleurs ni aucune odeur près des femmes *en couches*, ni près des malades ; et moins encore en laisser dans la chambre à coucher pendant la nuit.
(ENCYCLOP. MOD.)

Les rhinocéros ne se rassemblent *pas en troupes*, ni ne marchent en nombre comme les éléphants ; ils sont plus solitaires, plus sauvages, et peut-être plus difficiles à chasser et à vaincre.
(BUFFON.)

Troie est *en cendres*, il est vrai ; mais il vaudrait mieux pour les Grecs qu'elle fût encore dans toute sa gloire.
(FÉNELON.)

L'homme est de tous les animaux celui qui peut le moins vivre *en troupeaux*.
(J.-J. ROUSSEAU.)

D'immenses roches pendaient *en ruines* au-dessus de ma tête.
(*Id.*)

L'eau changée en sève se transforme ensuite, par la médiation du soleil et de l'air, en *feuilles*, en *fleurs*, en *fruits*, en écorce et en bois.
(BERNARDIN DE ST-PIERRE.)

La vigne *en fleurs* exhale au loin de doux parfums.
(J.-J. ROUSSEAU.)

L'alouette a chanté mon réveil ; mon royaume,
Sous un jour de printemps *en fleurs* m'est apparu.
(LAMARTINE.)

Le merle noir vole en sifflant vers la cerise pourprée, et le taureau, semblable à un rocher, mugit de joie et hâte son pas pesant à la vue des prairies *en fleurs*.
(BERNARDIN DE ST-PIERRE.)

On voit que les auteurs se sont servis indifféremment du singulier et du pluriel. Cependant, en prose, on écrit généralement *cendre* avec s. Quant au mot *couche*, quelques grammairiens veulent qu'il se mette toujours au pluriel. Nous pensons qu'on peut faire également usage du singulier, par la raison qu'on demande à une femme nouvellement accouchée si *sa couche a été bonne*. L'Académie est de cet avis.

N° LXXI.

NOMBRE DES SUBSTANTIFS APRÈS LES PRÉPOSITIONS *par, sans, avec, pour, sur, contre*, ETC.

1re SÉRIE. — SINGULIER.

Les grands hommes ont par *moment* des idées triviales. (ANONYME.)

Oh ! qui pourra jamais voir, sans être attendri,
Ce ciel qui par *degré* se peint d'un gris obscur ! (MICHAUD.)

C'est toi qui le formas dès ses plus jeunes ans :
Son mérite sans *tache* est un de tes présents. (BOILEAU.)

Il n'est point de plaisir sans *honneur* et sans *vertu*. (PRÉVÔT.)

Je veux t'entretenir un moment sans *témoin*. (RACINE.)

Chat avec *chien* ne s'accorde pas. (ANONYME.)

Le ciel sait qu'au milieu des honneurs qu'il m'envoie,
Je n'attendais que vous pour *témoin* de ma joie. (RACINE.)

..... Autrefois mon cœur eut la faiblesse
De rendre à votre fils *tendresse* pour *tendresse*. (REGNARD.)

Le sorcier devant nous a fait
Prodige sur *prodige*. (PIRON.)

Nous étions *épaule* contre *épaule*, *pied* contre *pied*, tous les nerfs tendus et les bras entrelacés comme des serpents, chacun s'efforçant d'enlever de terre son ennemi. (FÉNELON.)

Le jeune fakir qui voit le bout de son nez en faisant ses prières, s'échauffe par *degré* jusqu'à croire que, s'il charge de chaînes pesant cinquante livres, l'Etre suprême lui aura beaucoup d'obligation. (VOLTAIRE.)

On commence par amusement; on continue par avarice; et l'on finit *par passion*. (BRUÉYS.)

La dispute a la vraisemblance pour *principe* dans ses commencements, l'opiniâtreté dans ses progrès, et l'emportement la termine. (OXENSTIERN.)

Sur sa propre innocence un mortel affermi
A la vertu pour juge et le ciel pour *ami*. (DUCIS.)

Heureux les peuples chez lesquels on peut être bon sans effort et juste *sans vertu*! (J.-J. ROUSSEAU.)

2e SÉRIE. — PLURIEL.

Et je sens par *moments* sur mon âme calmée
Passer avec le son une brise embaumée. (LAMARTINE.)

La nature est le trône extérieur de la magnificence divine : l'homme qui la contemple, qui l'étudie, s'élève par *degrés* au trône intérieur de la toute-puissance. (BUFFON.)

On préfère les agneaux blancs et sans *taches*, aux agneaux noirs ou tachés ; la laine blanche se vendant mieux que la laine noire ou mêlée. (BUFFON.)

Quelque jour un autre Homère
Doit au fond d'une île étrangère
Mourir aveugle et sans *honneurs*. (DE FONTANES.)

Ainsi donc sans *témoins* je ne lui puis parler. (RACINE.)

Dans les sociétés anglaises on ne voit qu'*hommes* avec *hommes*, *femmes* avec *femmes*. (ANONYME.)

Quoi ! cet Antiochus, disais-je, dont les soins
Ont eu tout l'Orient et Rome pour *témoins*..... (RACINE.)

L'évangile prescrit de ne pas rendre *injures* pour *injures*. (ANONYME.)

Mes amis, ou soi-disant tels, m'écrivaient *lettres* sur *lettres* pour m'exhorter à venir me mettre à leur tête. (J.-J. ROUSSEAU.)

Les voilà aux prises, *pieds* contre *pieds*, *mains* contre *mains*, les deux corps entrelacés paraissant n'en faire qu'un. (FÉNELON.)

On ne monte à la fortune que *par degrés* ; il n'en faut qu'un pour en descendre. (STANISLAS.)

Les hommes *sans passions*, *sans vertus* et *sans vices* n'ont qu'un seul sentiment : la vanité mal déguisée. (CONDORCET.)

Un homme qui n'aime que lui et son plaisir est un homme vain, avantageux, méchant même par *principes*. (VAUVENARGUES.)

Les Hollandais à qui il avait toujours importé d'avoir les Français *pour amis*, frémissaient de les avoir *pour voisins*. (VOLTAIRE.)

On se fait des illusions pour jouir, *sans vertus*, du calme de la conscience. (ST-LAMBERT.)

Qu'eût-il fait ? c'eût été *lion contre lion*.
(La Fontaine.)

Si l'on combattait de près comme autrefois, une mêlée de neuf heures de *bataillon contre bataillon*, *d'escadron contre escadron*, et *d'homme contre homme*, détruirait des armées entières.
(Voltaire.)

Fin contre fin ne vaut rien pour doublure.
(Fabre d'Églantine.)

Titus, ayant pris Jérusalem la deuxième année du règne de Vespasien, il ne resta pas *pierre sur pierre* du temple où J.-C. avait fait tant de choses glorieuses.
(Chateaubriand.)

A-t-on vu quelquefois dans les plaines d'Afrique,
Déchirant à l'envi leur propre république,
Lions contre lions, parents contre parents
Combattre follement pour le choix des tyrans ?
(Boileau.)

Notre histoire ne présente que des débats de *moines contre moines*, de *docteurs contre docteurs*, de *grands contre grands*, de *nobles contre vilains*.
(Voltaire.)

Jansénistes contre Molinistes, gens du parlement contre gens d'église, gens de lettres contre gens de lettres, *courtisans contre courtisans*, financiers contre le peuple, *femmes contre maris*, *parents contre parents*; c'est une guerre éternelle.
(Voltaire.)

Bohémond, qui était en Sicile, envoyait *courriers sur courriers* à Godefroy pour l'empêcher de s'accorder avec l'Europe.
(Voltaire.)

Nous nous abstiendrons de donner l'analyse de ces phrases; car si l'on a bien compris jusqu'ici et le principe fondamental que nous avons posé, et les conséquences qui en ont été déduites, on concevra facilement la raison pour laquelle, dans les exemples ci-dessus, les mots en italique sont au singulier ou au pluriel. Pour peu qu'on y fasse attention, on verra que, dans les premiers, il y a une idée dominante d'unité; et, dans les seconds, une idée collective ou de pluralité. En effet, quand on dit par *moment*, par *degré*, par *intervalle*, par *troupe*, etc., ces mots s'écrivent au singulier, parce que c'est comme s'il y avait *un certain moment, chaque moment, chaque intervalle, chaque degré, chaque troupe*, etc.; tandis qu'en mettant ces mêmes mots au pluriel, l'esprit embrasse plusieurs objets à la fois. Quoique les écrivains emploient indistinctement les deux nombres, ce qui est légitime, par l'observation que nous venons de faire, néanmoins l'usage est de se servir du pluriel dans ces sortes de cas, surtout en prose.

EXERCICE PHRASÉOLOGIQUE.

Par intervalle.	Par intervalles.	Par moment.	Par moments.
Par degré.	Par degrés.	Par instant.	Par instants.
Par cinquième.	Par cinquièmes.	Par sixième.	Par sixièmes.
Par douzaine.	Par douzaines.	Par vingtaine.	Par vingtaines.
Par centaine.	Par centaines.	Par millier.	Par milliers.
Par témoin.	Par témoins.	Par troupe.	Par troupes.
Par rangée.	Par rangées.	Par livraison.	Par livraisons.
Sans preuve.	Sans preuves.	Sans exemple.	Sans exemples.
Sans prétexte.	Sans prétextes.	Sans cause.	Sans causes.
Sans lumière.	Sans lumières.	Sans talent.	Sans talents.
Sans enfant.	Sans enfants.	Sans idée.	Sans idées.
Sans vertu.	Sans vertus.	Sans effort.	Sans efforts.
Sans chagrin.	Sans chagrins.	Sans peine.	Sans peines.
Homme avec homme.	Hommes avec hommes.	Femme avec femme.	Femmes avec femmes.
Enfant avec enfant.	Enfants avec enfants.	Fille avec fille.	Filles avec filles.
Garçon avec garçon.	Garçons avec garçons.	Loup avec loup.	Loups avec loups.
Avare avec avare.	Avares avec avares.	Pauvre avec pauvre.	Pauvres avec pauvres.
Loup avec agneau.	Loups avec agneaux.	Faible avec puissant.	Faibles avec puissants.
Pour récompense.	Pour récompenses.	Pour présent.	Pour présents.
Pour cadeau.	Pour cadeaux.	Pour dot.	Pour dots.
Injure pour injure.	Injures pour injures.	Bon mot pour bon mot.	Bons mots pour bons mots.
Pièce pour pièce.	Pièces pour pièces.	Trait pour trait.	Traits pour traits.
Critique pour critique.	Critiques pour critiques.	Courrier pour courrier.	Courriers pour courriers.
Message sur message.	Messages sur messages.	Lettre sur lettre.	Lettres sur lettres.
Montagne sur montagne.	Montagnes sur montagnes.	Victoire sur victoire.	Victoires sur victoires.
Sottise sur sottise.	Sottises sur sottises.	Erreur sur erreur.	Erreurs sur erreurs.
Blasphème sur blasphème.	Blasphèmes sur blasphèmes.	Héritage sur héritage.	Héritages sur héritages.
Livre sur livre.	Livres sur livres.	Main sur main.	Mains sur mains.

Homme contre homme.
Renard contre renard.
Ennemi contre ennemi.
Peuple contre peuple.
Roi contre peuple.

Hommes contre hommes.
Renards contre renards.
Ennemis contre ennemis.
Peuples contre peuples.
Rois contre peuples.

Femme contre femme.
Fin contre fin.
Pauvre contre riche.
Roi contre roi.
Pygmée contre géant.

Femmes contre femme.
Fins contre fins.
Pauvres contre riches.
Rois contre rois.
Pygmées contre géants.

N° LXXII.

DU NOMBRE DES SUBSTANTIFS COMPLÉMENTS DE VERBES, ET NON DÉTERMINÉS.

1re SÉRIE. — SINGULIER.

Le jeu est un gouffre qui n'a ni *fond* ni *rivage*.
(THOMAS.)

Cette nombreuse jeunesse, qui était née hors du mariage, ne connaissant ni *père* ni *mère*, vécut avec une licence sans bornes. (FÉNELON.)

Dans cette île il n'y a ni *port*, ni *commerce*, ni *hospitalité*, ni *homme* qui y aborde volontairement.
(*Id.*)

Et je sacrifierais à de si puissants nœuds
Amis, *femme*, parents, et moi-même avec eux.
(MOLIÈRE.)

Quel est le plus malheureux de tous les hommes? Chacun disait ce qui lui venait à l'esprit. L'un disait : c'est un homme qui n'a ni *biens*, ni *santé*, ni *honneur*, etc. (FÉNELON.)

Un ancien disait autrefois que les femmes n'étaient nées que pour le repos et pour la retraite ; que toute leur vertu consistait à être inconnues, sans s'attirer ni *blâme* ni *louange*. (FLÉCHIER.)

Il l'appelle son frère, et l'aime dans son âme
Cent fois plus qu'il ne fait *mère*, *fils*, *fille* et *femme*.
(MOLIÈRE.)

Le lait tombe ; adieu *veau*, *vache*, *cochon*, *couvée*.
(LA FONTAINE.)

Quand tu ne m'as laissé *père*, *mère*, ni *frère*,
Que j'en fasse ton fils légitime héritier.
(CORNEILLE.)

... Le fougueux prélat que ce songe épouvante,
Querelle en se levant et *laquais* et *servante*.
(BOILEAU.)

Je suais *sang* et *eau* pour voir si du Japon
Il viendrait à bon port au fait de son chapon.
(RACINE.)

Je n'ai jamais vu de paysans, ni *homme*, ni *femme*, ni *enfant*, avoir peur des araignées.
(J.-J. ROUSSEAU.)

Le corsaire Abdalla tout enlève et tout pille ;
On enchaîne à la fois *père*, *enfant*, *femme*, *fille*.
(VOLTAIRE.)

Secrétaire, *greffier*, *procureur* ni *sergent*
N'ont jamais pu, dit-on, tenir contre l'argent.
(CAMPISTRON.)

Il n'y a ni *vertu* ni *vrai courage*, ni *gloire* solide sans l'humanité. (FÉNELON.)

2me SÉRIE. — PLURIEL.

On n'a trouvé en Amérique ni *panthères*, ni *leopards*, ni *guépards*, ni *onces*, ni *servals*.
(BUFFON.)

On n'a trouvé ni *chevaux*, ni *ânes*, ni *zèbres* ni *mulets* dans le Nouveau-Monde. (*Id.*)

Il n'existait en Amérique ni *brebis*, ni *chèvres*, ni *gazelles*, ni *chevrotins*. (*Id.*)

Et mon homme d'avoir *chiens*, *chevaux* et *carrosses*.
(LA FONTAINE.)

L'homme véritablement sage est celui qui, vivant dans une humble et paisible obscurité, ne recherche ni *fortune*, ni *dignités*, ni *honneurs*.
(ANONYME.)

Les enfants des sauvages n'ont ni *caprices* ni *humeur*, parce qu'ils ne désirent que ce qu'ils savent pouvoir obtenir. (CHATEAUBRIAND.)

Vous le haïssez tous, et je vois aujourd'hui
Femme, *enfants* et *valets* déchaînés contre lui.
(MOLIÈRE.)

...... A présent le jeu n'est que fureur :
On joue argent, *bijoux*, *maisons*, *contrats*, honneur.
(REGNARD.)

Il aura pu jusqu'ici brouiller tous les chapitres,
Diviser *cordeliers*, *carmes* et *célestins*.
(BOILEAU.)

Elle surmonta tout, *jeûnes*, *prières*, *armes*,
Et tourna tous mes vœux du côté de vos charmes.
(MOLIÈRE.)

Qui ne fait *châteaux* en Espagne?
(LA FONTAINE.)

Les avares sont comme les mines d'or qui ne produisent ni *fleurs* ni *feuillages*. (VOLTAIRE.)

Qu'une fois les femmes redeviennent *mères*, bientôt les hommes redeviendront *pères* et maris.
(J.-J. ROUSSEAU.)

La nature ne fait ni *princes* ni *riches* ni *grands seigneurs*. (*Id.*)

L'espérance est une divinité qui n'a ni *temples* ni *autels* que dans nos cœurs. (FÉNELON.)

La douleur a peu de prise sur quiconque, ayant peu réfléchi, n'a ni *souvenir* ni *prévoyance*. (J.-J. ROUSSEAU.)	Il est des chagrins qui n'ont ni *plaintes* ni *larmes*. (Mme COTTIN.)

Lorsque plusieurs substantifs, compléments de verbes, ne sont accompagnés d'aucun déterminatif, les uns se mettent au singulier, les autres au pluriel, *et vice versâ*. C'est ce que les exemples qui précèdent tendent à démontrer. Nous n'en donnerons pas l'analyse, parce qu'il suffit du simple bon sens pour comprendre que les substantifs, dans la première colonne, ne se trouvent au singulier que parce que les auteurs ne voulaient désigner qu'une seule chose, qu'une seule personne; au lieu qu'ils les ont mis au pluriel dans la seconde, par la raison qu'ils avaient en vue plusieurs objets, plusieurs individus (1).

EXERCICE PHRASÉOLOGIQUE.

Ni chat ni chien.	Ni livres ni tableaux.	Ni bien ni maison.	Ni chevaux ni domestiques.
Ni homme, ni femme.	Ni hommes ni femmes.	Ne parler que jeu.	Ne parler que bijoux.
Père, mère, frère et sœur.	Frères et sœurs.	Oncle et tante.	Oncles et tantes.
Corps et âme.	Corps et biens.	Ni roi ni prince.	Ni magistrats ni juges.
Ni seigneur ni rentier.	Ni bêtes ni gens.	Ni jugement ni raison.	Ni excuses ni bonnes raisons
Ni bien ni mal.	Ni dignités ni richesses.	Ni talent ni vertu.	Que défauts et que vices.
Soir et matin.	Que montagnes, que collines.	Jour et nuit.	Que plaisirs, que spectacles.
Parler peinture.	Parler proverbes.	Parler musique.	Parler affaires.

Ici s'arrête ce que nous avions à dire sur le nombre. Nous aurions bien à en parler encore avec *tout*, *leur*, *quelque*, *l'un et l'autre*, *le premier et le dernier*; mais nous croyons devoir renvoyer pour cela aux chapitres qui traiteront de ces différents mots.

(1) Les écrivains mettent au singulier ou au pluriel indifféremment le mot *grâce* : Baléazar, délivré de ce monstre, rendit *grâces* aux dieux par d'innombrables sacrifices. (FÉNELON.)

En rendre *grâce* à ta tendresse,
C'est assurer à ma faiblesse
Un nouveau droit à tes secours. (RACINE.)

Cependant, en prose, le pluriel est généralement plus usité.

CHAPITRE II.

DE L'ARTICLE.

N° LXXIII.

NATURE ET DÉFINITION DE L'ARTICLE.

1re SÉRIE. — SENS GÉNÉRAL.

L'homme est mortel. (ACADÉMIE.)

La femme doit prendre soin du ménage. (HAUMONT.)

Le monde à nos regards déroule ses merveilles. (DELILLE.)

Le soleil demeure constamment à la même place. (BERQUIN.)

La cerise rougit aux rameaux suspendue. (MICHAUD.)

L'arbre est de nos jardins le plus bel ornement. (DELILLE.)

Les bienfaits peuvent tout sur une âme bien née. (VOLTAIRE.)

3me SÉRIE. — SENS PARTICULIER (*elliptique*).

Le roi soumit sa couronne au saint-siége. (VOLTAIRE.)

Stanislas hasarda, pour abdiquer *le pouvoir*, plus qu'il n'avait fait pour s'en emparer. (*Id.*)

2me SÉRIE. — SENS PARTICULIER (*sans ellipse*).

La justice divine a toujours son réveil. (DU TREMBLAY.)

La puissance de Dieu n'a pas besoin de celle des hommes. (MASSILLON.)

La douleur qui se tait n'en est que plus funeste. (RACINE.)

L'autorité qu'on méprise est bientôt bravée. (SÉGUR.)

Les jours donnés aux Dieux ne sont jamais perdus. (LA FONTAINE.)

Le plaisir dont on est assuré de se repentir, ne peut être tranquille. (Mme DE LA VALLIÈRE.)

Dans *le siècle où nous sommes*, il faut fuir dans les bois. (REGNARD.)

3me SÉRIE. — SENS PARTICULIER (*elliptique*).

Le berger voit dormir la rivière indolente. (LA FONTAINE.)

L'homme arrive au Mogol. On lui dit qu'au Japon La fortune pour lors distribuait ses grâces. Il y court. (*Id.*)

L'article, s'il nous est permis de le dire, précède un autre mot, comme le licteur précédait le consul, comme signe de sa dignité et de son importance.

Sa propriété unique est de déterminer le nom; mais il ne produit pas seul cet effet, il lui faut le concours d'une autre expression qui complète la détermination qu'il ne fait qu'annoncer.

Ainsi, dans les exemples de la première série, l'article détermine les mots *homme*, *femme*, *monde*, *soleil*, etc., avec le concours de la définition même de ces mots.

Dans les exemples de la seconde série, au contraire, l'article détermine les mots *justice*, *puissance*, *douleur*, *autorité*, *jours*, *plaisirs*, *siècle*, avec le concours du mot ou des mots imprimés à dessein en italique.

Il y a donc deux sortes de déterminations. Les unes, particulières, ne sont que des déterminations accidentelles ou dépendantes de telle ou telle circonstance; les autres, générales, résultent de l'ensemble des idées qui expriment des propriétés essentielles distinguant une espèce ou un individu d'un autre; propriété incommunicable à toute autre espèce, à tout autre individu.

Dans la première série des exemples cités, les déterminations sont sous-entendues, parce que, n'étant que la définition même de l'être désigné par le nom, elles se présentent d'elles-mêmes, plus ou moins imparfaitement, à notre esprit avec l'idée de l'être ou de la chose dont il est question.

Dans la seconde série, au contraire, les déterminations sont ou doivent être exprimées, parce qu'elles concourent avec l'article à déterminer le nom de telle ou telle manière accidentelle.

Quant aux exemples de la troisième série, ils nous apprennent que l'expression au moyen de laquelle l'article détermine le nom peut être sous-entendue, toutes les fois que l'esprit, à l'aide des antécédents, peut aisément suppléer cette ellipse commandée souvent par l'élégance, par l'usage ou par d'autres motifs. Il est facile, en effet, de comprendre que les exemples cités sont un abrégé des suivants :

1. Stanislas hasarda, pour abdiquer *le* pouvoir (*qu'il avait*), etc.
2. *Le* roi (*qui régnait alors*) soumit sa couronne, etc.
3. *L'*homme (*dont il est question*) arrive au Japon, etc.

Cette partie du discours est peut-être la plus importante, eu égard à son usage fréquent et continuel, et sa qualité d'être particulière à certaines langues.

Ces deux raisons doivent nous faire considérer l'*article* comme devant surtout caractériser le génie de notre langue, et comme la source, ou de ses plus grands avantages sur les langues qui sont privées de ce secours, ou de ses défauts les plus sensibles ; aussi est-ce par là que ses détracteurs veulent prouver sa prétendue lenteur, son défaut de concision et de force, et que ses partisans prouvent sa netteté, sa précision, sa clarté. D'après cette première observation, on conçoit que les grammairiens ont dû faire de l'*article* un des principaux objets de leur étude et de leurs discussions; aussi est-ce le point qu'ils ont le plus embrouillé, et sur lequel ils sont le moins d'accord.

Le mot *article* vient du latin *articulus*, diminutif d'*artus*, qui veut dire *membre*. Par le mot *article*, pris dans le sens propre, on entend les jointures des os dans le corps des animaux, unies de différentes manières; et, par extension, on a donné ce nom à la partie du discours dont la fonction est de modifier le substantif commun en étendant, en déterminant ou en restreignant sa signification.

Notre langue a beaucoup emprunté au latin; il y a lieu de penser que nous avons formé notre *le* et notre *la* du pronom *ille*, *illa*, *illud*. De la dernière syllabe du mot masculin *ille*, nous avons fait *le*, et de la dernière du mot féminin *illa*, nous avons fait *la*; c'est ainsi que de la première syllabe de cet adjectif, nous avons pareillement fait notre pronom *il*, dont nous faisons usage avec les verbes, comme du féminin *illa*, nous avons fait *elle*.

La plupart des anciens grammairiens ne regardaient l'*article* que comme un mot destiné à faire connaître le nombre et le genre des noms qu'il accompagne.

Mais si tous ces auteurs s'accordent si peu sur le principe général, sur la définition de l'*article*, on peut croire qu'ils ne se rapprochent pas plus dans les détails. Port-Royal, Restaut, le père Buffier à la suite de La Touche, nous ont donné plusieurs espèces d'*articles*. Restaut en compte jusqu'à cinq : le défini, *le*, *la*, *les*; l'indéfini, *de*, *à*; le partitif défini, *du, de la, de l', des*; le partitif indéfini, *de;* et enfin l'*article*, *un*, *une*. D'autres ont rejeté toutes ces divisions fausses. Girard a eu le courage de les attaquer le premier, et la gloire de l'avoir fait avec tout le succès possible. Duclos, Fromant et Dumarsais se sont rangés de son côté; mais ce dernier n'a retiré l'*article* de la foule des prépositions avec lesquelles on l'avait confondu, que pour le confondre lui-même avec d'autres mots qu'il appelle *prépositifs*, et qui sont : *tout, chaque, nul, aucun, quelque, certain, un, ce, cet, mon*, etc., *deux, trois*, etc.

Nous regrettons que le *Dictionnaire de l'Académie* ne définisse pas l'*article*. Est-ce en effet le définir de dire que *c'est celle des parties du discours qui précède ordinairement les substantifs*?

L'*article* a de grands avantages dans les langues où il est en usage. Il leur donne plus de douceur, de délicatesse et de précision dans l'expression, ce qui compense bien ce qu'il leur ôte en énergie. La langue latine a une dureté qu'on ne trouve ni dans la langue grecque, ni dans la langue italienne, ni dans la langue française. D'ailleurs, ce qu'elle ne rend que d'une seule manière peut être rendu de plusieurs façons par le moyen de l'*article*. C'est ce que Dumarsais a démontré d'une manière victorieuse, en faisant voir que, sans l'*article*, il n'est pas toujours facile de développer les différentes vues de l'esprit, et que ce n'est que par son moyen qu'on peut exprimer bien des nuances d'idées; d'où il conclut en empruntant les expressions de l'abbé Régnier, « qu'il est cer- » tain que l'*article*, mis ou supprimé devant le nom, fait une si grande différence de » sens, qu'on ne peut douter que les langues qui admettent l'*article* n'aient un grand » avantage sur la langue latine pour exprimer clairement et nettement certains rap- » ports ou certaines vues de l'esprit, que l'*article* seul peut distinguer, sans que le lec- » teur soit exposé à se méprendre. »

On doit donc considérer l'*article* comme un caractère propre et distinctif des langues dans lesquelles il est en usage; il y forme une classe de mots à part. Il y a ses fonctions et ses règles.

Tous les substantifs, excepté les noms propres, dit Estarac, sont des noms de clas- ses, de genres ou d'espèces. Pour pouvoir approprier le nom d'une classe à un genre inférieur, ou celui d'un genre à une espèce particulière, ou enfin celui d'une espèce particulière à un individu, on a besoin de l'accompagner de quelques modificatifs qui déterminent ce nom commun à n'exprimer que précisément ce que l'on a en vue. Les *articles* sont au nombre des modificatifs nécessaires pour produire cet effet; mais ils ne suffisent pas tout seuls. Dans la proposition : *l'homme est mortel*, *l'homme* (pour *le homme*) désigne l'espèce; c'est une *proposition universelle*. Dans celle-ci : *l'homme est noir*, *l'homme* ne désigne que les individus de l'espèce qui habitent une partie des côtes occidentales de l'Afrique; c'est une espèce comprise dans la précédente, inférieure à la précédente, et la proposition est une *proposition particulière*. Enfin dans cette autre : *l'homme que j'ai vu ce matin*, *l'homme* indique un individu; c'est une *proposition indivi- duelle*. Dans ces trois propositions, l'*article* est le même (*le*), le substantif, le sujet est aussi le même (*homme*) : donc, si la première est universelle et convient à toute l'es- pèce; la seconde, particulière et applicable seulement à une partie de cette espèce; et la troisième, singulière et propre à un seul individu, ce n'est pas par l'influence de l'*article* et des autres modificatifs de la phrase. L'*article* se borne donc à marquer le mouvement de l'esprit vers tel objet, et à fixer l'attention des autres sur cet objet. Il marque l'importance du mot qui va le suivre.

Aussi n'y a-t-il que les substantifs, c'est-à-dire les seuls mots qui puissent être sujets d'une proposition, qui soient généralement précédés de l'*article*; et si les verbes et les adjectifs prennent l'*article*, par cela seul ils changent de nature et deviennent de vrais substantifs. *L'avare se refuse le boire et le manger.* Voilà un adjectif et deux verbes devenus substantifs, et qui sont précédés de l'*article*.

On peut se convaincre facilement que cette observation s'applique à tous les adjectifs ou participes devenus substantifs par ellipse : *le beau, le bon, le vrai, le plaisant*, etc. On dit aussi, en termes de peinture, *le faire*, et voilà un autre infinitif devenu substantif par l'apposition de l'*article*.

Les noms propres, n'étant ni des noms de classe, ni des noms d'espèce, mais des noms individuels, n'ont besoin ni de l'*article*, ni de la phrase déterminative, pour être appropriés à l'individu auquel ils appartiennent chacun respectivement; ils le désignent exclusivement, ils lui sont *propres*, et ne peuvent pas convenir à d'autres; aussi l'usage constant est-il de ne pas mettre d'*article* devant un nom propre.

Si l'on dit quelquefois *la Dugazon, la Sainval*, etc., il y a ellipse, et c'est comme si l'on disait : *l'actrice*, ou *la comédienne Dugazon*, etc.; et si nous disons : *le Tasse, l'Arioste, le Dante, le Corrège*, etc., nous sous-entendons *poète* ou *peintre*. Ces locutions sont imitées des Italiens.

D'autres fois nous exprimons une qualité éminente, dans laquelle un individu a excellé, par le nom propre de cet individu; alors ce nom propre devient figurément nom d'espèce; et, lorsqu'on veut l'appliquer à d'autres individus, on est forcé de le faire précéder de l'*article*, et d'y ajouter la phrase déterminative. Ainsi nous disons : *Washington a été le Fabius-Cunctator de son pays; Fabius-Cunctator* signifie ici cette espèce particulière de capitaines, qui, par leur prudence, par leur sage lenteur, et malgré l'infériorité de leurs forces, ont su résister à un ennemi victorieux et puissant. Washington a été ce capitaine-là pour son pays; il a été le *Fabius-Cunctator de son pays*. Mirabeau a été le *Démosthène de la France*; le *Démosthène*, c'est-à-dire, *l'orateur le plus véhément et le plus éloquent*. Buffon est le *Pline français*, etc.

> J'ai lu chez un conteur de fables,
> Qu'un second Rodillard, l'*Alexandre* des chats,
> L'*Attila*, le fléau des rats,
> Rendait ces derniers misérables. (LA FONTAINE.)

Dans ces exemples, et dans tous les autres semblables, les noms propres ne sont plus noms propres, ils sont noms d'espèce; et voilà pourquoi l'*article* précède, et que la phrase déterminative vient après : *le Fabius-Cunctator de son pays; le Démosthène de la France; l'Alexandre des chats; l'Attila des rats.* Ainsi ces exceptions confirment la règle, loin de la détruire.

La langue française, dit un grammairien, n'avait point d'*article* dans son origine. Ce ne fut qu'au temps de Henri Ier qu'on y introduisit ce mot qui la rend plus douce et plus coulante (1). Depuis cette époque jusqu'au temps où messieurs de Port-Royal s'en occupèrent, on ne se douta même pas qu'il pût offrir quelque difficulté. Tout ce

---

(1) Cette assertion, dit M. Dessiaux, n'est pas très exacte. Henri Ier monta sur le trône, en 1031. Or Borel, dans la préface de son Dictionnaire, cite la phrase suivante, tirée d'une bulle d'Albéron, évêque de Metz, en 940; *entre en* LA *joie de ton Seigneur*; nous croyons y voir l'article *la*. Il est cependant certain qu'alors l'article était beaucoup moins employé qu'il ne le fut dans la suite.

qu'on avait écrit était un vrai chaos. Ces célèbres solitaires, faits pour porter la lumière dans toutes les branches des connaissances humaines, cherchèrent à le débrouiller; mais en voulant éclaircir la question, dit Duclos, ils ne firent que marquer la difficulté sans la résoudre.

Ils n'avaient distingué que deux sortes d'*articles*, l'*article défini* le, et l'*article indéfini* un; pas immense et bien propre à conduire à la vérité. Mais La Touche, imbu de tous les anciens préjugés, brouilla de nouveau toutes les idées. Dédaignant de travailler d'après la *Grammaire raisonnée*, il voulut avoir une marche à lui. Pour cet effet, il rêva cinq sortes d'*articles*, et créa, pour les faire passer, le système absurde des cinq déclinaisons. Ce fut en 1696, c'est-à-dire trente-six ans après la publication de la *Grammaire* de Port-Royal, qu'il en fit présent à la langue française. Ce galimatias, revêtu de dénominations latines, fut accueilli sans examen par l'abbé Vallard, et ne tarda pas à passer dans les écoles. Le père Buffier, accoutumé au jargon des colléges, l'adopta. Restaut suivit son exemple, mais en s'efforçant de dégager ce système de la confusion, de l'embarras et des difficultés qui en sont inséparables, et, pour y mieux réussir, il distingua, 1° l'*article défini* le; 2° l'*article indéfini* de et à; 3° l'*article partitif défini*; 4° l'*article partitif indéfini*; 5° enfin, l'*article* un. S'il y a peu de vérité dans cette division, on est du moins forcé de convenir qu'il y a une apparence de méthode et de conviction bien propre à en imposer aux personnes qui ne se donnent pas la peine de réfléchir, et pour qui tout examen de principes serait un tourment.

Ces notions, quoique rejetées par un petit nombre d'esprits justes, prévalurent jusqu'en 1744. A cette époque, elles furent vigoureusement attaquées de toutes parts, et victorieusement combattues. La raison imposa silence aux préjugés de l'école; les *grécistes* et les latinistes n'osèrent plus se montrer, et ce système, qui ne portait que sur des idées vagues, s'évanouit, ou fut relégué dans quelques colléges de province. Depuis ce temps, il n'y a pas eu en France un seul grammairien ayant quelque autorité qui ait osé le reproduire ou le défendre, et même qui n'ait pas aidé à le renverser.

En effet, on regarde comme un principe incontestable qu'il n'y a en français qu'un seul *article* qui est *le*.

La nature de l'*article* est d'être défini, puisque sa fonction est d'annoncer la détermination. S'il y avait plusieurs *articles* en français, la qualité de *défini* conviendrait à tous. Ainsi on ne doit pas appeler *le, la, les*, l'*article défini*, puisque cette dénomination suppose qu'il y a plusieurs *articles*, et que, parmi ces *articles*, il y en a qui ne sont pas *définis*.

Regarder *un, une,* comme des *articles*, c'est confondre toutes les notions, puisque, s'ils en sont, on sera forcé de donner ce nom à tous les autres adjectifs prépositifs, tels que *tout, chaque, nul, aucun, quelque, certain* (dans le sens de *quidam*), *ce, mon, ton, son*, et *un, deux, trois*, etc., puisque ces derniers ont, ainsi qu'eux, une force modificative. Les regarder comme des *articles indéterminés* est une absurdité; puisque leur fonction est de déterminer, en particularisant, individualisant, et modifiant les objets par une indication de rapport; indication, à la vérité, vague, mais vraie. « *Un* exprime
» l'unité, dit l'abbé Girard. Il est vrai que ce n'est pas cette unité calculative qui, pré-
» sentant une idée numérale, fixe la dénomination à un sujet unique, ainsi qu'elle se
» présente dans cette phrase : *j'ai perdu un louis au jeu* ; c'est une unité vague, qui prend
» indistinctement dans la totalité de l'espèce un individu comme exemple, pour la

» présenter par l'un des sujets qui la composent, et non pour exclure les autres ; de
» façon que, si ce mot n'est pas alors nombre, il est encore moins *article*, d'autant qu'il
» est lui-même susceptible de l'*article*; ce qui sûrement n'arriverait pas s'il était de
» cette espèce, l'institution d'un *article* pour un autre *article* ayant quelque chose de
» ridicule. » D'ailleurs le mot *un* n'a pas dans notre langue une autre nature et une
autre destination que dans la langue latine qui nous l'a fourni. Or, dans cette langue
où il n'est point *article*, il a le même sens que nous lui donnons.

L'*article partitif* n'est pas plus fondé en raison. *Du, des,* sont des mots composés de
la préposition et de l'*article,* qui retiennent la double valeur des deux mots dont ils sont
formés. *De* n'y change pas de nature; il est toujours préposition, faite pour figurer à
la tête de la dénomination qui lui sert de complément, et sa fonction y est d'extraire
de la généralité de l'espèce. Quand on dit : *des gens très habiles sont quelquefois dupés
par des sots*, c'est comme si l'on disait : *un nombre de très habiles gens sont quelquefois
dupés par une autre partie des sots,* où l'on voit qu'à l'aide de la préposition *de* on réduit
l'espèce *gens* aux *très habiles* seulement, et la masse générale *des sots* seulement à une
partie. Ainsi la fonction de ces mots ne sert qu'à marquer qu'il y a ellipse dans ces
sortes de phrases.

Les mots *le, la, les,* ne sont pas toujours *articles*; ils ne le sont que lorsqu'ils sont
immédiatement suivis d'un substantif. Par exemple, si l'on dit : *que pensez-vous de la
nouvelle pièce? je ne la connais pas; que disent les journaux? je les ai,* ou *je ne les ai pas
lus.* Le premier *la* et le premier *les* sont *articles*; ils sont suivis immédiatement d'un
substantif. Le second *la* et les deux autres *les* ne sont point *articles*; ils sont complément direct, celui-là du verbe *je connais* (*je ne la connais pas,* pour *je ne connais pas
elle* (la pièce), et les deux autres du verbe *j'ai lu* (*j'ai lu* eux, ou *je n'ai pas lu* eux (les
journaux).

On appelle communément ces mots *pronoms,* parce qu'ils sont mis à la place d'un
nom, comme dans ces exemples, *la,* pour *elle,* est mis à la place de *la nouvelle pièce*,
et *les,* pour *eux,* est mis à la place de *journaux,* ce qui dispense de répéter ces substantifs.

N° LXXIV.

GENRE ET NOMBRE DE L'ARTICLE.

1re SÉRIE. — SINGULIER.
Le temps, un cercle en main, plane sur l'univers.
(Delille.)
Le vent fracasse un chêne ou caresse une fleur.
(Id.)
La terre à nos besoins prodigue ses largesses.
(Lemierre.)
La flamme en jets brillants s'élance dans les airs.
(Delille.)

2e SÉRIE. — PLURIEL.
Les hommes ne sont que ce qu'il plaît aux femmes.
(La Fontaine.)
Les conseils du courroux sont toujours imprudents.
(Saurin.)
Les femmes de ce siècle ont besoin d'un modèle.
(de Bièvre.)
Les filles n'aiment pas les hommes trop sincères.
(Regnard.)

On voit que l'article est susceptible de *genre* et de *nombre*. *Le* se met devant un
nom masculin singulier; *le temps, le vent,* etc. *Le* se change en *la* devant un nom fé-

minin singulier : *la terre, la flamme*, etc. Et, comme la lettre *s*, selon l'analogie de la langue, marque le pluriel quand elle est ajoutée au singulier, nous avons formé *le* du singulier masculin *le*. *Les* se place devant les noms pluriels des deux genres : *les hommes, les conseils, les femmes, les filles.*

Les articles *le, la, les* sont appelés *articles simples*.

EXERCICE ANALYTIQUE.

Le lion.	La fauvette.	Les moutons.	Les brebis.
Le chien.	La pie.	Les bœufs.	Les vaches.
Le chat.	La mouche.	Les cerfs.	Les biches.
Le rossignol.	La rose.	Les chevreuils.	Les chevrettes.

N° LXXV.

DES ARTICLES COMPOSÉS.

I.

MASCULIN SINGULIER.	FÉMININ SINGULIER.
Le moment *du* péril est celui *du* courage. (LA HARPE.)	Eh! doit-on accomplir les serments *de la* haine. (LA HARPE.)
Le remords se réveille *au* cri de la nature. (DE BELLOY.)	On juge *à la* rigueur une âme indifférente. (DE BIÈVRE.)

II.

MASCULIN PLURIEL.	FÉMININ PLURIEL.
On peut être honnête homme et faire mal *des* vers. (MOLIÈRE.)	*Des* sottises d'un père un fils n'est pas garant. (PIRON.)
La moitié des humains vit *aux* dépens de l'autre. (DESTOUCHES.)	... *Aux* âmes bien nées La valeur n'attend pas le nombre des années. (CORNEILLE.)

L'*article* se déguise par la *contraction*; elle consiste en ce qu'il se joint aux prépositions *à* et *de*, avec lesquelles il forme des mots composés, qui retiennent la double valeur des deux mots dont ils sont formés. Ces mots sont *au, aux, du, des; au* est pour *à le; aux* pour *à les; du* pour *de le;* et *des* pour *de les*. On voit par là que des trois formes de l'*article*, dont nous avons parlé, il n'y a que *le* et *les* qui soient susceptibles de *contraction; la* ne se contracte jamais.

Au et *du* servent pour le masculin singulier.

Aux et *des* servent au pluriel pour les deux genres; on dit *des hommes, aux hommes, des femmes, aux femmes.*

Nos pères ne connaissaient point la *contraction*. Ils écrivaient et disaient : *al temps d'Innocent III*, pour *au temps d'Innocent III; l'apostoile manda al prodome*, pour *le pape manda au prud'homme; la fin del conseil si fut tel*, pour *l'arrêté du conseil fut*. L'euphonie a décidé ces *contractions*. « C'est, fait observer Dumarsais, le son obscur de l'*e* muet, » et le changement de *l* en *u*, comme *mal, maux, cheval, chevaux*, qui ont fait dire *au* » au lieu de *à le* ou *al*. C'est également le son obscur des deux *è* muets de suite, *de*

» *le*, qui a amené la contraction *du*. » Ainsi ces mots composés : *au, aux, du, des*, équivalent à la préposition et à l'*article*.

Mais la *contraction* est à présent une règle, dans les cas dont nous avons parlé, et cette règle n'est sujette qu'à une seule exception; c'est celle que nécessite l'emploi de l'adjectif *tout*, et l'usage veut qu'on le place entre la préposition et l'*article*. On dit sans *contraction* : de tout le monde, à tout le monde; de tous les hommes, à tous les hommes. D'où il suit que ces *contractions* ne sont pas des *articles*, mais simplement des mots composés de la préposition et de l'*article*.

EXERCICE PHRASÉOLOGIQUE.

Avoir du cœur.	Avoir du dégoût.	Avoir du fiel.	Avoir du ressentiment.
Se donner au diable.	Se livrer au jeu.	Se livrer au célibat.	Se donner au travail.
Se donner des airs.	Prendre des avis.	Recevoir des conseils.	Avoir des amis.
Marcher aux ennemis.	Vivre aux frais de.	Chasser aux oiseaux.	Chasser aux ours.
Dire des tendresses.	Dire des billevesées.	Conter des sornettes.	Raconter des histoires.
Aller aux voix.	Croire aux sorcières.	Croire aux fées.	Se mettre aux fenêtres.

N° LXXVI.

PLACE ET ÉLISION DE L'ARTICLE.

I.

Le.

Le bonheur des méchants comme un torrent s'écoule.
(RACINE.)

Le hasard m'a toujours mieux servi que les hommes.
(COLLÉ.)

L'.

L'arbrisseau le plus sain a besoin de culture.
(FABRE D'ÉGLANTINE.)

…*L'honneur* aux grands cœurs est plus cher que la vie.
(CORNEILLE.)

II.

La.

La faveur populaire est un flux et reflux.
(DUFRESNY.)

La honte suit toujours un lâche désespoir.
(CRÉBILLON.)

L'.

L'amitié dans nos cœurs verse un bonheur paisible.
(DESMOUTIER.)

Toujours *l'humanité* plaint ceux qu'il faut détruire.
(DE BELLOY.)

III.

Du.

Tout le pouvoir *du trône* est fondé sur l'autel.
(CHÉNIER.)

On connaît peu l'amour; on craint trop son amorce,
C'est sur nos lâchetés qu'il a fondé sa force.
C'est nous qui sous son nom troublons notre repos;
Il est tyran *du faible*, esclave *du héros*.
(VOLTAIRE.)

De l'.

De l'argent qu'on a pris fait de la peine à rendre.
(BOURSAULT.)

.. La fierté souvent égare une grande âme.
Soutien *de l'héroïsme*, elle en devient l'écueil.
(LA HARPE.)

IV.

Au.

Aux travers des périls un grand cœur se fait jour.
(RACINE.)

Le vulgaire est content s'il remplit son devoir,
Il faut plus *au héros*, il faut que sa vaillance,
Aille au-delà du terme et de notre espérance.
(VOLTAIRE.)

A l'.

On ne saurait donner de bornes *à l'amour*.
(SAURIN.)

…. La liberté, que tout le monde adore ;
Donne *à l'homme* un courage, inspire une grandeur,
Qu'il n'eût jamais trouvés dans le fond de son cœur.
(VOLTAIRE.)

Dès que la langue, sortie de sa première barbarie, eut commencé à se perfectionner, on chercha à lui donner toute la douceur qu'un heureux mélange de voyelles et de consonnes semblait lui promettre, en proscrivant, autant qu'on le pouvait, tout ce qu'il y aurait de dur et de désagréable dans le choc des sons. De là l'*élision*, son euphonique qui évite l'hiatus ou bâillement que produirait la rencontre de deux voyelles qui devraient se prononcer séparément et de suite. Aussi n'a-t-elle pas lieu avant les noms qui commencent par une consonne ou un *h* aspiré, ou lorsque l'*article* est au pluriel, parce qu'on n'a pas alors ce choc de voyelles à craindre. On écrit *le vice, la tempérance, le héros, la harangue, les histoires, les histrions, les hérons*, etc.

Le et *la* se placent devant les mots commençant par une consonne ou par un *h* aspiré : *le bonheur, le hasard, la faveur, la honte*; mais l'*e* et l'*a* de ces articles s'élident et sont remplacés par une apostrophe, si le mot suivant commence par une voyelle ou un *h* muet : *l'arbrisseau, l'honneur, l'amitié, l'humanité*. Cependant on dit : *C'est aujourd'hui* LE ONZE ; *je suis* LE ONZIÈME.

Du et *au* se mettent également devant les mots dont l'initiale est une consonne, ou un *h* aspiré : *du trône, du héros, au travers, au héros*; on emploie au contraire *de l', à l'*, toutes les fois que la première lettre du mot est une voyelle ou un *h* muet : *de l'argent de l'héroïsme, à l'amour, à l'homme*.

EXERCICE PHRASÉOLOGIQUE.

I.

Le malheur.	L'orgueil.	Le trône.	L'ordre.
Le vulgaire.	L'art.	Le cultivateur.	L'excès.
Le hasard.	L'héritier.	Le hâbleur.	L'honneur.
Le héros.	L'héroïsme.	Le héron.	L'hippopotame.

II.

La vie.	L'amitié.	La grandeur.	La vigilance.
La vertu.	L'inimitié.	La richesse.	La beauté.
La haine.	L'humanité.	La herse.	L'heure.
La .	L'hospitalité.	La huche.	L'hésitation.

III.

Du bois.	De l'or.	Du plomb.	De l'étain.
Du feu.	De l'argent.	Du fer.	De l'émail.
Du hêtre.	De l'héritage.	Du homard.	De l'homme.
Du hibou.	De l'hippodrome.	Du hareng.	De l'honneur.

IV.

Au feu.	A l'oubli.	Au ciel.	A l'ordre.
Au combat.	A l'opprobre.	Au meurtre.	A l'intérêt.
Au hasard.	A l'horizon.	Au hasard.	A l'hospice.
Au héros.	A l'hôpital.	Au héraut.	A l'huile.

V.

Le houblon.	L'air.	De l'habitude.	La hache.
Le ballon.	L'écolier.	De l'herbe.	La haie.
Le hanneton.	L'artiste.	De l'histoire.	La haine.
Le hangar.	L'artisan.	De l'horreur.	La halle.
Le haquet.	L'avocat.	De l'héritière.	La halte.
Le hareng.	L'élève.	De l'habitation.	La hanche.
Le hautbois.	L'âge.	De l'hérésie.	La harangue.
Le hennissement.	L'été.	De l'héroïne.	La huche.
Le huitième.	L'hiver.	A l'écureuil.	La hotte.
Le busard.	L'instruction.	A l'artichaut.	La houlette.

SYNTAXE DE L'ARTICLE.

N° LXXVII.

EMPLOI DES ARTICLES *du*, *des*, *de l'*, *de la*, **OU SIMPLEMENT DE LA PRÉPOSITION** *de*.

I.

AVEC *du*, *des*, ETC.

En France la forme *du gouvernement* est monarchique.   (MONTESQUIEU.)

L'esprit *des enfants* est presque toujours rempli de ténèbres.   (NICOLLE.)

... Ce n'est point l'amour qui fait l'hymen des rois ;
Les raisons *de l'état* règlent toujours leur choix.
    (CORNEILLE.)

Abîme tout plutôt : c'est l'esprit *de l'église*.
    (BOILEAU.)

Vos intérêts ici sont conformes aux nôtres ;
Les ennemis *du roi* ne sont pas tous les vôtres.
    (RACINE.)

L'adresse des nègres ne paraît pas moins dans toutes les fonctions *du commerce*.
    (LA HARPE.)

AVEC LA PRÉPOSITION *de*.

On a beaucoup disputé sur la meilleure forme *de gouvernement*.   (J.-J. ROUSSEAU.)

Vos grandeurs sont des mascarades ;
Jeux *d'enfants* que tous vos projets.
    (FAVART.)

Le grand homme *d'état* est celui dont il reste de grands monuments utiles à la patrie.
    (VOLTAIRE.)

Rien ne se perd entre les gens *d'église*.
    (LA FONTAINE.)

Rodrigue, ta valeur te rend digne de moi,
Mais pour être vaillant tu n'es pas fils *de roi*.
    (CORNEILLE.)

Le progrès de leurs connaissances est si prompt dans les affaires *de commerce*, qu'ils l'emportent bientôt sur les Européens mêmes.
    (LA HARPE.)

Pour bien saisir la différence qui existe entre *la forme* DU *gouvernement* et *la forme* DE *gouvernement*, *l'esprit* DES *enfants* et *les jeux* D'*enfants*, etc., il faut savoir auparavant quelle est la nature des articles *du*, *des*. Leur propriété est de déterminer les noms, c'est-à-dire de présenter les objets à notre esprit dans toute leur essence, dans toute leur étendue ; tandis que la simple énonciation de la préposition *de* nous fait envisager les objets exprimés par les substantifs qui suivent cette préposition d'une manière vague et indéterminée. D'où il suit qu'on doit employer *du*, *des*, etc., comme dans les exemples de la première colonne, toutes les fois qu'on veut désigner réellement les personnes et les choses ; au lieu qu'on se servira simplement de la préposition *de*, conformément aux citations de la seconde colonne, si l'on ne veut exprimer qu'une idée qualificative. Ainsi, lorsque l'on dit : *La forme* DU *gouvernement*, *l'esprit* DES *enfants*, l'article nous fait considérer *le gouvernement*, *les enfants* comme des êtres tout-à-fait définis. Mais dans : *la forme* DU *gouvernement*, *les jeux* D'*enfants*, les mots *gouvernement*, *enfants* n'offrent rien de déterminé ; ils n'éveillent à l'aide de la préposition *de* qu'une seule idée de qualification, puisque aussi les adjectifs *gouvernementale*, *puérils*, pourraient remplacer les expressions *de gouvernement*, *d'enfants*.

II.

... Seigneur, je cherche, j'envisage
Des monarques persans la conduite et l'usage.
    (RACINE.)

Du chagrin le plus noir elle écarte les ombres,
Et fait des jours sereins de mes jours les plus sombres.
    (RACINE.)

... *Du Dieu d'Israël* les fêtes sont cessées.
(RACINE.)
Du Dieu qui nous créa la justice infinie, etc.
(VOLTAIRE.)

Pendant que *du dieu d'Athalie*
Chacun court encenser l'autel,
Un enfant courageux publie
Que Dieu lui seul est éternel.
(RACINE.)

Lorsqu'un mot est suivi d'un adjectif ou d'une expression qualificative qui en restreint l'étendue, ce mot doit toujours être précédé de l'article. On ne pourrait donc pas dire : *La conduite et l'usage de monarques persans, les fêtes de Dieu d'Israël*, etc. ; il faut absolument *la conduite et l'usage des monarques persans, les fêtes du Dieu d'Israël*, parce que les mots *persans, d'Israël* concourent avec l'article à déterminer les monarques, le Dieu dont on veut parler.

EXERCICE PHRASÉOLOGIQUE.

I.

Les jeux des enfants.
Les rois de la terre.
Les rayons du soleil.
Un homme de la cour.
Eau de la Seine.
Eau du puits.
Ministère de l'intérieur.
Ministère du commerce.
Ministère des finances.
Les chaleurs de l'été.
Le palais du roi.

Les jeux d'enfant.
Les pots de terre.
Les coups de soleil.
Un homme de cour.
Eau de Seine.
Eau de puits.
Affaires d'intérieur.
Affaires de commerce.
Lois de finances.
Les fleurs d'été.
Un palais de rois.

Les dignités de l'église.
Les intérêts de l'état.
Les fils du roi.
Un homme du génie.
Eau de la mer.
Eau de la rivière.
Les droits du seigneur.
Ministère de la guerre.
Ministre de la marine.
Ministre de la justice.
Un passe-temps du prince.

Les hommes d'église.
Les hommes d'état.
Les fils de roi.
Des hommes de génie.
Eau de mer.
Eau de rivière.
Une table de seigneur.
Homme de guerre.
Termes de marine.
Homme de justice.
Un amusement de prince.

II.

La clémence du Dieu miséricordieux.
Une table du marbre qu'on tire de Carrare.
Une fantaisie du prince royal.
Un lit des feuilles qui sont tombées.

Un bouquet des fleurs que vous avez cueillies.
Une tabatière de l'or qui vous vint d'Espagne.
Une bourse de l'argent qu'on m'a donné.
Une salade des oranges que vous avez.

N° LXXVIII.

EMPLOI DE *au* OU SIMPLEMENT DE LA PRÉPOSITION *à*.

ON DIT AVEC *au*, ETC.

Perrette, sur sa tête ayant un pot *au lait*,
Bien posé sur un coussinet,
Prétendait sans encombre arriver à la ville.
(LA FONTAINE.)

L'homme *au pot* fut plaisant, l'homme *au fer* fut habile.
Quand l'absurde est outré, l'on lui fait trop d'honneur
De vouloir, par raison, combattre son erreur.
(*Id.*)

Dès que Thétis chassait Phébus *aux crins dorés*,
Tous rets étaient en jeu, fuseaux étaient tirés.
(*Id.*)

La déesse *aux cent bouches*, dis-je,
Avait mis partout la terreur.
(*Id.*)

ON DIT AVEC *à*.

Le phaéton d'une voiture *à foin*
Vit son char embourbé.
(LA FONTAINE.)

Un cerf s'étant sauvé dans une étable *à bœufs*,
Fut d'abord averti par eux,
Qu'il cherchât un meilleur asile. (*Id.*)

Tu te prends à plus dur que toi,
Petit serpent *à tête folle*. (*Id.*)

Le goût du fruit de l'arbre *à pain* se retrouve dans celui du cul d'artichaut.
(BERNARDIN DE ST-PIERRE.)

Ce que nous avons dit dans le numéro précédent, relativement à l'emploi de l'article *du* ou de la préposition *de*, s'applique naturellement à l'emploi de *au* ou de *à*. Quand on dit : *l'homme au pot, le pot au lait*, l'article *au* détermine les mots *lait* et *pot*; tandis que dans *voiture à foin, une étable à bœufs, foin* et *bœufs* ne sont nullement déterminés; ils indiquent seulement, à l'aide de la préposition *à*, la qualité de la voiture, de l'étable. Toutefois il est des consécrations établies par l'usage, et que l'usage seul peut faire connaître. Nous nous contenterons d'en donner quelques exemples dans l'exercice suivant.

EXERCICE PHRASÉOLOGIQUE.

Le pot au beurre.	Le pot à beurre.	Le marché aux bœufs.	Une étable à bœufs.
Le pot à l'eau.	Le moulin à eau.	Le panier au charbon.	Le sac à charbon.
La burette à l'huile.	Le moulin à huile.	La poule aux œufs d'or.	Un panier à œufs.
L'homme aux cheveux noirs.	L'homme à préjugés.	L'homme aux grands sentiments.	Un homme à grands sentiments.
L'homme à la longue barbe.	Un homme à longue barbe.	Marché aux grains.	Fruits à pépins.
Boîte aux lettres.	Papier à lettres.	Des gâteaux aux fruits.	Un arbre à fruit.

N° LXXIX.

DE L'ARTICLE DEVANT UN SUBSTANTIF, QUAND LA PHRASE EST NÉGATIVE OU AFFIRMATIVE.

PHRASES AFFIRMATIVES.

En vain la crainte de la honte et du châtiment empêche de faire *du mal*. (J.-J. ROUSSEAU.)

... Toujours la patrie a *des charmes* pour nous. (LA HARPE.)

Quand on a *de l'esprit* on se tire d'affaire. (DUFRESNY.)

En donnant à vos peuples les véritables biens, vous vous ferez *du bien* à vous-même. (FÉNELON.)

Il y a *des lois* pour la société des abeilles; comment a-t-on pu penser qu'il n'y en avait pas pour la société des hommes? (DE BONALD.)

PHRASES NÉGATIVES.

Le monde est si corrompu qu'on acquiert la réputation d'homme de bien seulement en ne faisant pas *de mal*. (LÉVIS.)

Ma grandeur, à ce prix, n'a pas pour moi *de charmes*. (VOLTAIRE.)

L'on ne dit jamais que l'on n'a point *d'esprit*. (BOURSAULT.)

On ne fait jamais *de bien* à Dieu en fesant du mal aux hommes. (VOLTAIRE.)

Il n'y a jamais *de lois* observées que celles qui tiennent à la nature du gouvernement. (J.-J. ROUSSEAU.)

A quelques exceptions près, on peut établir, comme règle, qu'il faut employer *du, des*, etc., devant les substantifs, compléments de verbes, lorsque la phrase est affirmative; et seulement la préposition *de*, si la phrase est négative. Nous disons, à quelques exceptions près, car il se trouve des exemples où, dans les phrases même négatives, on a fait également usage de l'article :

Je ne prendrai pas *de la peine* pour rien. (MONTESQUIEU.)

Il ne se faut jamais moquer *des misérables*. (LA FONTAINE.)

Mais franchement je ne fais pas *des vers* ni même *de la prose* quand je veux. (BOILEAU.)

Il n'avait pas *des outils* à revendre. (LA FONTAINE.)

Quelquefois la phrase a un ton négatif et un sens positif. Dans ce cas, le substantif complément de la préposition *de* doit être précédé de l'article. *Je n'ai pas de l'argent pour le dépenser follement*, signifie : *j'ai de l'*ARGENT, *mais ce n'est pas pour le dépenser follement*. — Si l'on disait : *je n'ai pas d'argent pour faire telle chose*, cela signifierait, au contraire, qu'on manque d'argent.

Même différence existe encore entre les **phrases suivantes** :

AVEC L'ARTICLE :	AVEC LA PRÉPOSITION SEULEMENT :
N'avez-vous pas des enfants?	N'avez-vous pas d'enfants?
N'avez-vous pas du pain?	N'avez-vous pas de pain?
N'avez-vous pas de la fortune?	N'avez-vous pas de fortune?
N'avez-vous pas du plaisir?	N'avez-vous pas de plaisir?
N'y a-t-il point des chevaux, des voitures?	N'y a-t-il point de chevaux, de voitures?

Avec l'article on fait entendre que vous avez des enfants, du pain, de la fortune, du plaisir, qu'il y a des chevaux, des voitures.

Sans l'article, l'interrogation n'est qu'une simple question; on exprime seulement un doute.

EXERCICE PHRASÉOLOGIQUE.

Du pain.	De pain.	Du vin.	De vin.
Des hommes.	D'hommes.	Du goût.	De goût.
Du jugement.	De jugement.	Du plaisir.	De plaisir.
Des efforts.	D'efforts.	De l'émulation.	D'émulation.

N° LXXX.

EMPLOI DE L'ARTICLE DEVANT UN SUBSTANTIF SUIVI D'UN ADJECTIF.

AVEC L'ARTICLE.	SANS L'ARTICLE.
Je ne vous ferai point *des reproches frivoles,* Les moments sont trop chers pour les perdre en [paroles. (RACINE.)	Ne me fais point ici *de contes superflus,* L'effet à tes discours ôte toute croyance. (VOLTAIRE.)
Il est *des gens* de bien sous différents climats. (CHÉNIER.)	Il n'y a pas *de gens* au monde qui tirent mieux parti de leur machine que les Français. (MONTESQUIEU.)
Madame, je n'ai point *des sentimens si bas.* (RACINE.)	Le mensonge n'a point *de douleurs si sincères.* (VOLTAIRE.)
Albin, ne me tiens pas *des discours superflus.* (CORNEILLE.)	Locke n'admet point *d'idées innées.* (Id.)

L'emploi des articles *du, des, de l', de la,* ou simplement de la préposition *de,* est souvent difficile avec un substantif suivi d'un adjectif ou d'une expression équivalente, lorsque la phrase est négative. Mais à l'aide du principe fondamental que nous avons établi, savoir, que l'article a seul la puissance de déterminer, de définir les objets, nous pouvons rendre raison de la différence qui caractérise les exemples de l'une et de l'autre colonne.

Je n'ai point des sentiments si bas.	*N'a point de douleurs si sincères.*
Des, pour désigner que les sentiments, loin d'être si bas, sont plus élevés. Le sens est général.	*De* exprime que parmi les douleurs il n'en est point de telles qu'on dit. Le sens est particulier.
Ne me tiens pas des discours superflus.	*N'admet point d'idées innées.*
Des, parce que tous les discours qu'Albin pourrait tenir seraient superflus. Le sens est général.	*De,* pour dire que les idées innées ne sont pas au nombre de celles qu'admet Locke. Le sens est particulier.

D'après cette analyse, nous sommes fondés à établir ce principe : Dans les phrases négatives, lorsqu'un substantif, suivi d'un adjectif ou d'une expression équivalente, est complément d'un verbe, on fait usage des articles *du*, *des*, etc., si le substantif est pris dans un sens partitif et général ; on se sert seulement de la préposition *de*, si le sens est particulier.

EXERCICE PHRASÉOLOGIQUE.

N'avoir point des...
Ne recevoir pas des...
Ne pas manger des...

N'avoir point de...
Ne recevoir pas de...
Ne pas manger de...

Ne tenir pas des...
N'admettre pas des..
Ne pas dire des...

Ne tenir pas de...
N'admettre pas des...
Ne pas dire de...

N° LXXXI.

EMPLOI DE L'ARTICLE OU DE LA PRÉPOSITION *de* APRÈS UN SUBSTANTIF PRÉCÉDÉ OU SUIVI D'UN ADJECTIF.

AVEC L'ARTICLE.

La perfection d'une chose consiste dans son essence ; il y a *des scélérats parfaits*, comme il y a des hommes d'une parfaite probité.
(LA ROCHE.)

L'amour n'a que *des fers honteux*,
Lorsque le sentiment n'épure point ses feux.
(FAVART.)

Il n'y a rien de si borné et de si vain que la plupart des bourgeois ; c'est chez eux que la sottise jette *des racines profondes*.
(BERNARDIN DE ST-PIERRE.)

Les plus grands esprits n'ont que *des lumières bornées*.
(NICOLE.)

Le bonheur nous expose à *des dehors trompeurs*.
(DESTOUCHES.)

Pour qui ne les craint pas, il n'est pas de prodiges,
Ils sont l'appât grossier *des peuples ignorants*,
L'invention du fourbe et le mépris des grands.
(VOLTAIRE.)

SANS L'ARTICLE.

De faibles gémissements, de sourds meuglements, de doux roucoulements, remplissent les déserts d'une sombre et sauvage harmonie.
(CHATEAUBRIAND.)

Proposons-nous *de grands exemples* à imiter plutôt que *de vains systèmes* à suivre.
(J.-J. ROUSSEAU.)

Il y a *d'étranges pères* et dont toute la vie ne semble occupée qu'à préparer à leurs enfants des raisons de se consoler de leur mort.
(LA BRUYÈRE.)

Un peuple que protègent *de bonnes lois* n'est pas inquiet, ne s'agite ni se soulève comme celui qui souffre et de ses lois et de ses magistrats.
(MONTGAILLARD.)

Dans un ménage il faut *de petites querelles*.
(COLLIN D'HARLEVILLE.)

Il y a *de mauvais exemples* qui sont pires que les crimes ; et plus d'états ont péri, parce qu'on a violé les mœurs, que parce qu'on a violé les lois.
(MONTESQUIEU.)

Lorsqu'un substantif, employé dans un sens partitif, est suivi d'un adjectif, il est déterminé par *du, de l', de la, des : des lumières bornées, des racines profondes*, etc. ; mais si l'adjectif précède au contraire le substantif, il faut faire simplement usage de la préposition *de : De faibles gémissements, de grands exemples*, etc.

EXERCICE PHRASÉOLOGIQUE.

Des palais magnifiques.
Des hôtels garnis.
Des fleurs fanées.
Des supplices affreux.
Des menaces funèbres.
Des cris plaintifs.
Des lances meurtrières.
Des rameaux verdoyants.

De mauvaises affaires.
De superbes édifices.
De belles fleurs.
D'affreux supplices.
De funèbres menaces.
De plaintives ombres.
De meurtrières armes.
De verdoyants rameaux.

Des plaines immenses.
Des bois touffus.
Des étoiles scintillantes.
Des droits fondés.
Des murmures horribles.
Des traits divins.
Des esprits éperdus.
Des richesses immenses.

N₀ LXXXII.

EMPLOI DE *du, des, de l', de la* **OU SIMPLEMENT DE LA PRÉPOSITION** *de,* **DEVANT UN NOM PRÉCÉDÉ D'UN ADJECTIF.**

SANS L'ARTICLE.

Quoi ! tu prends pour *du bon argent* ce que je viens de dire ?
(MOLIÈRE.)

Pour rétablir la brebis après qu'elle a mis bas, on la nourrit *de bon foin* et d'orge moulue.
(BUFFON.)

Je veux la campagne, *du petit-lait, de bon potage.*
(VOLTAIRE.)

On lui donne abondamment de la luzerne, du sainfoin ou *de bonne herbe* bien mûre.
(BUFFON.)

Toujours la tyrannie a *d'heureuses prémices.*
(RACINE.)

..... La vieillesse, ombrageuse et sévère,
En *de vagues soupçons* se plaît à s'égarer.
(CHÉNIER.)

Beaucoup d'hommes sont *de vieux enfants.*
(DE SÉGUR.)

De jeunes enfants semblaient fléchir sous le poids des habits et des ornements.
(ALBERT MONTÉMONT.)

AVEC L'ARTICLE.

Quelquefois *du bon* or je sépare le faux.
Et des auteurs grossiers j'attaque les défauts.
(BOILEAU.)

Comme la peau de l'âne est très dure et très élastique, on en fait *du gros parchemin.*
(BUFFON.)

Je veux la campagne, *du petit-lait*, de bon potage.
(VOLTAIRE.)

Heureux si, de son temps, pour de bonnes raisons, La Macédoine eût eu *des petites-maisons !*
(BOILEAU.)

La louange languit auprès *des grands noms.*
(BOSSUET.)

On prend à toutes mains dans le siècle où nous sommes,
Et refuser n'est plus le vice *des grands hommes.*
(CORNEILLE.)

Cela ne vaut pas le diable; mais cela réussira, parce qu'il y a des danses et *des petits enfants.*
(VOLTAIRE.)

Le plus dangereux ridicule *des vieilles personnes* qui ont été jolies, c'est d'oublier qu'elles ne le sont plus.
(LA ROCHEFOUCAULD.)

L'examen de ces exemples nous conduit à établir les deux règles suivantes :

1° Lorsqu'un adjectif est placé devant un substantif pris dans un sens général et partitif, cet adjectif doit toujours être précédé de la préposition *de*, s'il ne forme pas avec le nom qu'il qualifie une expression substantive. Ainsi, quand on dit : *Il a chez lui toujours de bon pain, de bon vin, de grand papier,* ces locutions *bon pain, bon vin, grand papier* étant prises d'une manière générale et indéterminée, refusent l'article.

2° Si le substantif était pris dans un sens individuel et partitif, ou bien encore qu'il fût tellement lié à l'adjectif qui le précède, qu'il ne formât, en quelque sorte, avec lui, qu'un seul mot, il faudrait, dans ce cas, employer *du, des, de l', de la.* Aussi, lorsque l'on dit : *voilà du bon pain, du bon vin, du grand papier,* ces mots *bon pain, bon vin, grand papier* sont employés individuellement et avec détermination ; par conséquent ils doivent admettre l'article. Il en est de même dans avoir *du petit-lait, du petit vin, du gros parchemin, du gros poisson,* puisque l'adjectif et le substantif ne font pour ainsi dire qu'un seul mot. C'est encore par la même raison qu'on dit : *Voilà du véritable honneur, voilà de la belle musique, voilà de la vraie poésie,* par opposition avec *le faux honneur,* etc.

Enfin, il y a cette différence entre *tirer de meilleur vin* et *tirer du meilleur vin,* c'est que la première locution exprime simplement et indéterminément une idée de comparaison : *Tirer* (une ou plusieurs bouteilles) *de vin* (quel qu'il soit, mais) *meilleur* (que celui qui a été tiré); dans la seconde expression, au contraire, on précise la sorte de vin que l'on désire, et l'on dit que c'est *du meilleur qui soit dans la cave* que l'on veut.

(171)

EXERCICE PHRASÉOLOGIQUE.

De grand papier	Du grand papier.	Du gros cuir.
De bon tabac.	Du bon tabac.	Du petit-lait.
De bon sucre.	Du bon sucre.	Du petit vin.
De bon potage.	Du bon potage.	Du gros vin.
De bon fromage.	Du bon fromage.	Du petit poisson.
De bonne crème.	De la bonne crème.	Du gros fouet.
De belle musique.	De la belle musique.	Des petits-maîtres.
De certaines vérités.	De vieux enfants.	Des petits pois.
De bonnes choses.	De jeunes gens.	Des jeunes gens.
De belles chansons.	De petits enfants.	Des petits enfants.

N° LXXXIII.

EMPLOI DE L'ARTICLE APRÈS LES ADJECTIFS ET LES VERBES SUIVIS DE LA PRÉPOSITION *de*.

SANS L'ARTICLE.

Il est vrai que le monde est *plein de médisants*.
(QUINAULT.)

L'hymen n'est pas toujours *entouré de flambeaux*.
(RACINE.)

La gloire *remplit* le monde *de vertus*, et, comme un soleil bienfaisant, elle *couvre* toute la terre *de fleurs et de fruits*. (VAUVENARGUES.)

Les cœurs *nourris de sang et de projets terribles*, N'ont pas toujours été les cœurs les moins sensibles.
(CRÉBILLON.)

L'hymen n'est pas un dieu qu'on *repaisse de fables*.
(BOURSAULT.)

Dans la Virginie on trouve des chevaux qui, quoique sortis *de cavales privées*, sont devenus si farouches dans les bois qu'il est difficile de les aborder.
(BUFFON.)

On *parle* souvent *de courses de chevaux* en Angleterre. (*Id.*)

AVEC L'ARTICLE.

Toutes les histoires et tous les écrits sont *pleins des miracles* que leurs secours implorés et leurs tombeaux honorés opéraient par toute la terre.
(BOSSUET.)

La terre est couverte *des hommes que Télémaque renverse*. (FÉNELON.)

Les Francs, peuple sauvage, ne vivaient que de légumes, de fruits, de racines, et *des animaux qu'ils prenaient à la chasse*. (ANDRIEUX.)

Nous sommes presque toujours *coupables de la haine qu'on nous porte*.
(VAUVENARGUES.)

Les chevaux arabes viennent *des chevaux sauvages des déserts d'Arabie*. (BUFFON.)

Quelques auteurs *parlent des chevaux sauvages*, et citent même les lieux où ils se trouvaient.
(*Id.*)

Après les adjectifs et les verbes suivis de la préposition *de*, le complément, si l'on ne fait que l'exprimer indéfiniment, n'admet pas l'article; mais il faut énoncer l'article si le complément est déterminé.

EXERCICE PHRASÉOLOGIQUE.

Plein de	Plein des	Rempli de	Rempli de la
Orné de	Orné des	Entouré de	Entouré des
Environné de	Environné des	Couvert de	Couvert des
Las de	Las des	Hérissé de	Hérissé des
Jonché de	Jonché des	Semé de	Semé des
Vivre de	Vivre des	Se nourrir de	Se nourrir des
Se repaître de	Se repaître du	Se désoler de	Se désoler des
Se soulager de	Se soulager des	Mourir de	Mourir des

N° LXXXIV.

EMPLOI DE L'ARTICLE AVEC LES NOMS DE CONTRÉES, DE ROYAUMES, DE PROVINCES, ETC.

I.

AVEC L'ARTICLE.

Charlatans, feseurs d'horoscope,
Quittez les cours des princes *de l'Europe*.
(La Fontaine.)

Depuis la dévastation *de l'Amérique*, les Espagnols, qui ont pris là la place de ses anciens habitants, n'ont pu la remplir. (Montesquieu.)

Roland fut entendu sur l'état *de la France* et de la capitale. (Thiers.)

Ceux qui vivent dans le continent *de l'Espagne et du Portugal* se sentent le cœur extrêmement élevé, lorsqu'ils sont ce qu'ils appellent de vieux chrétiens. (Montesquieu.)

L'ennemi était repoussé *de la Champagne* et *de la Flandre*. (Thiers.)

SANS L'ARTICLE.

Ils venaient changer leur or contre de l'eau-de-vie et des quincailleries *d'Europe*. (La Harpe.)

Dans quelques états *d'Amérique*, le parricide est déclaré folie. Le criminel est condamné à la réclusion perpétuelle et à avoir la tête voilée le reste de sa vie. (Chateaubriand.)

Le génie du grand Condé ne put rien contre les meilleures troupes *de France*. (Voltaire.)

Les chevaux *d'Espagne* qui tiennent le second rang après les barbes, ont l'encolure longue, épaisse et beaucoup de crins. (Buffon.)

Pour l'amiral, au milieu des plaisirs, il ne s'occupait que de sa chimère, la guerre *de Flandre*. (Anquetil.)

Avec les noms de contrées, de royaumes et de provinces, on fait ou non usage de l'article, selon qu'on veut ou qu'on ne veut pas déterminer ces noms. On dit donc également bien : *les peuples d'Asie* ou *les peuples de l'Asie*, *les peuples d'Amérique* ou *les peuples de l'Amérique*, etc. Il est des cas cependant où il n'est pas indifférent d'exprimer ou de ne pas exprimer l'article. En général, on ne l'énonce pas toutes les fois qu'à l'aide de la préposition *de* et de son complément, il s'agit d'indiquer un rapport de qualification, c'est ce que nous font voir les exemples de la seconde colonne, puisque *quincailleries d'Europe*, c'est pour *quincailleries européennes*; *états d'Amérique*, pour *états américains*, etc. Mais l'emploi de l'article est indispensable, si raisonnablement l'on ne peut traduire la préposition *de* et son complément par un adjectif. Il faut donc dire *la dévastation de l'Amérique*, *l'état de la France*, *repoussé de la Champagne et de la Flandre*.

II.

AVEC L'ARTICLE.

Les anciens voyageurs ont dit que les chiens naturels *du Canada* avaient les oreilles droites comme les renards. (Buffon.)

Les chiens *du Kamtschatka* sont grossiers, rudes et demi-sauvages comme leurs maîtres. (Id.)

La plupart des chiens *du Groënland* sont blancs, mais il s'en trouve aussi de noirs et d'un poil très épais. (Id.)

Suivant ensuite le cours *du Rhin* jusqu'en Hollande, on prenait le duc Albert à revers. (Thiers.)

On leur avait imputé de vouloir se réfugier dans les départements et au-delà *de la Loire*. (Id.)

SANS L'ARTICLE.

Le pilote, homme fier et ignorant, persista dans son dessein avec tant d'opiniâtreté, qu'on continua la route *de Marseille*. (Regnard.)

Le parlement *de Bordeaux* servait alors le prince de Condé. (Voltaire.)

En comparant la mortalité *de Paris* à celle de la campagne on voit qu'il meurt constamment plus de monde à Paris qu'à la campagne. (Buffon.)

La place importante *de Dunkerque* fut reprise par les Espagnols. (Voltaire.)

Pour le repas du soir, la fille *d'Israël*,
Mêle aux flots d'un lait pur les sucs dorés du miel.
(Alletz.)

Les noms de fleuves, de rivières, sont, ainsi que quelques noms d'îles et de pays, toujours précédés de l'article : *Chiens du Canada, du Kamtschatka, cours du Rhin, expédition de la Jamaïque.* Il n'y a guère que l'usage qui puisse faire acquérir cette connaissance.

Les noms de villes ne sont jamais accompagnés de l'article : *La route de Marseille, le parlement de Bordeaux*, etc. Il faut excepter *Le Havre, La Rochelle, Le Mans*, etc.

En général, les noms de provinces, de royaumes, d'empires, etc., sont précédés de *du*, lorsqu'ils sont MASCULINS : *Histoire du Languedoc, du Roussillon, du Poitou, du Dauphiné, du Portugal, du Mogol, du Japon, du Pérou*; et seulement de la préposition *de*, quand ils sont FÉMININS : *Histoire de Gascogne, de Bourgogne, de Picardie, de France, de Russie, de Turquie*, etc.

EXERCICE PHRASÉOLOGIQUE.

I.

Les nations de l'Europe.
La carte de la France.
Les guerres de l'Amérique.
Vernis de la Chine.
L'état de la Russie.
La décadence de la Turquie.

Les villes d'Europe.
La carte de France.
Les guerres d'Amérique.
Encre de Chine.
L'empire de Russie.
Du blé de Turquie.

Les productions de la France.
La carte de l'Europe.
Topaze du Brésil.
La situation de l'Allemagne.
La position de l'Autriche.
Les fruits de la Normandie.

Les vins de France.
La carte d'Europe.
Bois du Brésil.
L'histoire d'Allemagne.
L'empereur d'Autriche.
Cidre de Normandie.

II.

Castor du Canada.
L'or du Pérou.
Les eaux du Tibre.

Cachemire de Lyon.
Les curiosités de Paris.
Les habitants de Rome.

Rhum de la Jamaïque.
Les eaux du Rhin.
Les eaux du Rhône.

Vin de Bordeaux.
Huître d'Ostende.
Vin de Beaune.

N° LXXXV.

EMPLOI DE L'ARTICLE APRÈS LES ADVERBES DE QUANTITÉ ET LES NOMS COLLECTIFS.

SANS L'ARTICLE.

... A quoi bon *tant* d'amis ?
Un seul suffit quand il nous aime.
(FLORIAN.)

Les premiers saints ont fait *beaucoup de* miracles.
(PASCAL.)

Combien de favoris de la fortune, sortis tout-à-coup du néant, vont saisir les premiers postes.
(MASSILLON.)

Que de biens, *que de* maux sont prédits tour à tour !
(RACINE.)

Sully avait autour de lui un *nombre* prodigieux *de* domestiques, une foule *de* gardes, d'écuyers, de gentilshommes.
(THOMAS.)

Elle savait *une quantité* prodigieuse *d'*airs et *de* chansons qu'elle chantait avec un filet de voix fort douce.
(J.-J. ROUSSEAU.)

Ils sont transportés doucement sur la rivière dans une contrée où toutes *sortes* de plaisirs abondent.
(LA HARPE.)

AVEC L'ARTIC

Celui qui sait renoncer à une grande autorité, se délivre en un moment de *bien des* peines, de *bien des veilles*, et quelquefois de *bien des* crimes.
(LA BRUYÈRE.)

La plupart des femmes n'ont guère de principes; elles se conduisent par le cœur.
(LA BRUYÈRE.)

De *bien des* gens, il n'y a que le nom qui vaille quelque chose.
(*Id.*)

Les méchants ont *bien de la* peine à demeurer unis.
(FÉNELON.)

Les Anglais et les Hollandais se sont disputé longtemps le commerce de la Côte-d'Or, et cette guerre d'avarice a produit *bien des* perfidies et *des* crimes.
(LA HARPE.)

Je ne me flatte pas d'avoir donné une idée juste de la *multiplicité des* maux que j'ai soufferts.
(BUFFON.)

La *multiplicité* des lois est la source des infractions.
(LAVEAUX.)

Comme on le voit, les substantifs refusent l'article lorsqu'ils sont sous la dépendance de l'un de ces mots : *Combien, que, peu, beaucoup, moins, plus, tant; autant, espèce, genre, sorte, portion, nombre, foule, quantité, infinité*, etc. Cependant si le substantif était déterminé par quelque circonstance particulière, il faudrait faire usage de l'article, exemples : *Un grand nombre* DES *personnes que j'ai vues hier m'ont dit du bien de vous ; il reste peu* DES *fruits qu'on a cueillis*.

La seconde colonne nous fait voir qu'après le mot *bien* ; et les expressions *la plupart, le plus grand nombre, la plus grande partie*, etc., on emploie toujours l'article.

EXERCICE PHRASÉOLOGIQUE.

Combien d'hommes.	Moins de fautes.	Plusieurs espèces de fleurs.	Bien des écoliers.
Que de gens.	Plus d'égards.	Divers genres d'animaux.	La plupart des hommes.
Peu de personnes.	Tant d'amis.	Toutes sortes d'agréments.	Bien des masques.
Beaucoup de soldats.	Autant de richesses.	Une portion de maison.	Le plus grand nombre des habitants.

N° LXXXVI.

ARTICLE RÉPÉTÉ OU NON RÉPÉTÉ DEVANT DEUX OU PLUSIEURS SUBSTANTIFS LIÉS PAR *et*.

AVEC L'ARTICLE.

Il faudrait commencer toutes les leçons par un hymne adressé à la divinité, et chanté alternativement en chœur par *les filles et les garçons*. (BERNARDIN DE ST-PIERRE.)

Ils croient que *les sorciers et les sorcières* ont le pouvoir d'attirer les esprits. (LA HARPE.)

D'abord il faut remarquer qu'il n'y a de vacances complètes que le dimanche ; seulement *le mercredi et le samedi* il y a quelques leçons de moins. (COUSIN.)

Le besoin éleva les trônes ; *les sciences et les arts* les ont affermis. (J.-J. ROUSSEAU.)

Le goût *des lettres et des beaux-arts* anéantit l'amour de nos premiers devoirs et de la véritable gloire. (*Id.*)

Si les ouvrages des religieux nous paraissent grossiers aujourd'hui, n'oublions pas que, sans eux, la chaîne de la tradition *des lettres et des arts* eût été totalement interrompue. (CHATEAUBRIAND.)

Les soldats et les habitants deviendraient ennemis les uns des autres. (J.-J. ROUSSEAU.)

Les sciences, *les lettres et les arts* étendent des guirlandes de fleurs sur les chaînes de fer dont les hommes sont chargés. (*Id.*)

Né de l'oisiveté et de la vanité des hommes, le luxe va rarement sans *les sciences et les arts*, et jamais ils ne voit sans lui. (*Id.*)

Un ambassadeur est une espèce de facteur, par le canal duquel *les faussetés et les tromperies* passent d'une cour à l'autre. (VOLTAIRE.)

SANS L'ARTICLE.

Ils laissaient passer Cornélie, *Les ducs et pairs*, le chancelier Et les cordons bleus d'Italie. (VOLTAIRE.)

Je me hâte d'arriver *aux renseignements et documents* positifs que j'ai recueillis sur l'état de l'instruction populaire à Francfort. (COUSIN.)

Le minimum des leçons de toute école populaire est de cinq leçons d'une heure chaque jour, *les lundi, mardi, jeudi et vendredi*. (*Id.*)

Après bien *des marches et contre-marches* les Français arrivent dans Pamphilie, près d'une petite ville sur la mer. (ANQUETIL.)

Le père Feuillée est le seul de tous *les naturalistes et voyageurs* qui ait donné une description détaillée du condor. (BUFFON.)

Il serait bon qu'on obéît *aux lois et coutumes*, parce qu'elles sont lois, et que le peuple comprit que c'est là ce qui les rend justes. (PASCAL.)

Je ne serais pas d'avis d'éparpiller les soldats pour maintenir l'ordre dans *les bourgs et villages*. (J.-J. ROUSSEAU.)

Les rubans et bijoux qui en sont la marque ont un air de colifichet et de parure féminine qu'il faut éviter dans notre institution. (*Id.*)

Il ne faut pas que *les prix et récompenses* soient distribués arbitrairement. (*Id.*)

Il en était de même *des ministres et grands officiers*. (*Id.*)

Le père et la mère semblaient exciter leur petite compagne à s'en repaître la première.
(Buffon.)

Jusqu'à l'âge de sept ans, l'enfant, chez les Spartiates, était laissé aux soins *du père et de la mère*.
(Barthélemy.)

Le malheur *du père et de la mère* ne passe point à leur postérité; les Muscogulges n'ont point voulu que la servitude fût héréditaire.
(Chateaubriand.)

La nature y pourvoit par l'attachement *des pères et des mères*.
(J.-J. Rousseau.)

Un beau matin, le fils s'engage; *le père et la mère* sont au désespoir.
(Bernardin de St-Pierre.)

Les pères et les mères des enfants étranglés ouvraient la marche, portant leurs enfants morts dans leurs bras.
(Chateaubriand.)

C'était une opinion universelle que la religion protestante ordonne *aux pères et aux mères* de tuer leurs enfants s'ils veulent être catholiques.
(Voltaire.)

Les père et mère continuent de les nourrir et de veiller sur eux.
(Buffon.)

L'homme qui veut se marier offre *aux père et mère* de la jeune personne un sac de cuir ou quelque autre objet tout aussi précieux.
(Albert Montémont.)

Les père et mère ont pour objet le bien,
Tout le surplus ils le comptent pour rien.
(La Fontaine.)

Le père du Tertre dit que si tous les nègres sont camus, c'est que *les pères et mères* écrasent le nez à leurs enfants.
(Buffon.)

L'union *des pères et mères* aux enfants est naturelle puisqu'elle est nécessaire.
(*Id.*)

Le calcul *des pères et mères* a peut-être encore plus de danger que l'inexpérience des jeunes gens.
(de Boufflers.)

Un troisième dit que la religion protestante ordonne *aux pères et mères* d'égorger ou d'étrangler leurs enfants quand ils veulent se faire catholiques.
(Voltaire.)

Parce que, voilà tantôt deux siècles, il a plu à nous ne savons quel grammairien, Vaugelas peut-être, de voir un barbarisme dans ces locutions : *les père et mère*, tous les grammairiens de répéter après lui, et sans trop savoir pourquoi, que *les père et mère* est un barbarisme.

Mais, loin d'être intimidé par cette réprobation, l'usage, depuis ce temps, n'a cessé d'aller son train, et, en dépit de tous les Vaugelas du monde, il permet que l'on dise, comme il y a deux et trois siècles : *les père et mère*.

C'est que l'usage sent bien qu'il a raison. En effet, il est facile de voir que cette locution, qui scandalise si fort nos puristes, n'est pas sans fondement, et qu'elle a sa source dans la logique la plus rigoureuse. Nous allons essayer de le prouver.

Celui qui dit *les père et mère* sait qu'il doit parler de deux individus : que ce soit *le père et la mère*, peu importe; toujours est-il qu'il a l'idée de deux êtres, de deux individus. Or, n'est-il pas naturel qu'il fasse usage de l'article pluriel *les*, qui, en pareil cas, est en rapport avec le mot *individus* sous-entendu, et nullement avec les mots *père et mère*? Ces derniers ne sont là, pour ainsi dire, que l'explication du mot *individus*. En sorte que *les père et mère*, c'est pour LES *individus que je vais désigner*, c'est-à-dire *le* père *et la* mère.

Cette locution abréviative et toutes celles qui lui sont analogues, répondent donc parfaitement au besoin qu'éprouve celui qui parle, de rapprocher le plus possible l'expression de la rapidité de la pensée. Aussi leur concision doit-elle les faire préférer en certaines circonstances. D'ailleurs, ces façons de parler, qui remontent, pour ainsi dire, à l'origine de notre langue, et qui sont descendues jusqu'à nous, après avoir traversé plusieurs siècles, n'ont-elles pas reçu leurs lettres-patentes, et leur âge ne les met-il pas au-dessus des attaques de quelques esprits qui ne peuvent ou ne veulent pas comprendre ce qu'elles ont de logique ?

Que les grammairiens se révoltent et crient au barbarisme, au solécisme et à pis, s'il est possible, nous nous en inquiétons peu. Nous croyons que se faire entendre étant la première condition du langage, il est permis d'employer toutes les locutions possibles, dès que l'on y réussit, sans blesser l'usage, *norma et jus loquendi*.

Nous terminerons en faisant remarquer que ces formes elliptiques n'appartiennent pas seulement au style administratif ou judiciaire, ainsi qu'on a cherché à le faire croire jusqu'ici, mais que les plus grands écrivains eux-mêmes n'ont pas craint de les employer.

EXERCICE PHRASÉOLOGIQUE.

Les maires et les sous-préfets.	Les maires et sous-préfets.
Les lettres et les paquets.	Les lettres et paquets.
Aux villes et aux villages.	Aux villes et villages.
Au père et à la mère.	Aux père et mère.
Aux pères et aux mères.	Aux pères et mères.
Les sciences et les arts.	Les sciences et arts.
Les arts et les métiers.	Les arts et métiers.

N. LXXXVII.

DE L'EMPLOI DE L'ARTICLE DANS LES DATES.

AVEC L'ARTICLE.

Le 9 et le 10, l'air me parut sensiblement plus chaud et le ciel plus intéressant.
(Bernardin de St-Pierre.)

Le 8 et le 9, on prit un requin, des sucets et deux thons. (*Id.*)

Le 20, 21 et 22, continuation de calme et d'ennui. Le vaisseau était entouré de requins. (*Id.*)

Le 3 et le 4, les passages étaient occupés par nos soldats, et le salut de la France était fort avancé.
(Thiers.)

On a vu le nommé Maillard figurer à la tête des femmes soulevées dans les fameuses journées *du 5 et 6 octobre*. (*Id.*)

Les collègues ignorants et aveugles de Marat étaient Panis et Sergent, déjà signalés *au 20 et au 10 août*.

Les premières discussions s'engagèrent *le 28 et le 29 août*. (*Id.*)

SANS L'ARTICLE.

Les 17, 18 et 19, nous passâmes au milieu des îles, laissant Ténériffe à gauche et Palma à droite.
(Bernardin de St-Pierre.)

Les 28 et 29, nous vîmes des poissons-volants et une quantité considérable de thons. (*Id.*)

Les 14, 15 et 16, les vents varièrent; il fit de grandes chaleurs. Les 17, 18 et 19, les calmes continuèrent avec la chaleur. (*Id.*)

Aux 5 et 6 octobre, on l'a vu amasser secrètement des moyens pour accabler le peuple.
(Thiers.)

Se conduisant ici comme *aux 2 et 3 septembre*, les Girondins hésitaient à se compromettre pour un roi qu'ils regardaient comme un ennemi. (*Id.*)

Il faut, pour l'honneur de la révolution, distinguer entre la bravoure civique, qui a bravé le despotisme au 10 août, et la cruauté servant *aux 2 et 3 septembre* une tyrannie muette et cachée. (*Id.*)

Ainsi, on peut dire : 1° *le 9 et le 10* ; 2° *le 20, 21 et 22* ; 3° *les 17, 18 et 19*, etc. En effet, il serait bien difficile de résister au besoin d'abréger.

EXERCICE PHRASÉOLOGIQUE.

Le 8 et le 9.	Le 8 et 9.	Les 6 et 8.
Le 9 et le 10.	Le 9 et 10	Les 9 et 10

N° LXXXVIII.

EMPLOI DE L'ARTICLE AVEC DEUX SUBSTANTIFS UNIS PAR *ou*.

AVEC L'ARTICLE.

Tant que les états s'assembleront et que les nonces changeront fréquemment, il sera difficile que *le sénat ou le roi* oppriment ou usurpent l'autorité législative.
(J.-J. Rousseau.)

Ces oiseaux volent très haut et en grandes troupes; ils passent la nuit sur *des arbres ou des* rochers très élevés.
(Buffon.)

Dans la décision la plus importante de la vie, n'ordonnez pas *le oui ou le non*; laissez le libre arbitre.
(Boiste.)

C'est un calcul très fautif que d'évaluer toujours en argent *les gains ou les pertes* des souverains.
(J.-J. Rousseau.)

SANS L'ARTICLE.

On trouve des condors sur les bords de la mer et des rivières, dans *les savanes ou prairies naturelles*.
(Buffon.)

Les joues ou côtés de la tête du condor sont couverts d'un duvet noir.
(Id.)

L'abus du gouvernement a fait imaginer la voie *des députés ou représentants du peuple*.
(J.-J. Rousseau.)

On distinguait parmi les nobles, *les palatins ou gouverneurs* des provinces.
(Id.)

Son neveu Loth est établi dans *la ville ou bourg de* Sodôme.
(Voltaire.)

Dans la première colonne on a exprimé l'article devant chacun des substantifs, parce qu'ils représentent des objets différents : *le roi ou le sénat, des arbres ou des rochers*. Mais, dans la seconde, où le substantif qui suit la conjonction *ou* n'est, en quelque sorte, que l'explication de celui qui précède, l'article n'est exprimé qu'une seule fois : *Les savanes ou prairies naturelles, les joues ou côtés*. Tel est le principe que les écrivains nous paraissent avoir assez généralement suivi.

EXERCICE PHRASÉOLOGIQUE.

Le maître ou l'esclave.
Le ciel ou la terre.
La mère ou la fille.
Le père ou le fils.

Les professeurs ou les élèves.
La rose ou l'œillet.
La violette ou le jasmin.
Les classiques ou les romantiques.

Des cheveux ou poils.
Des collines ou montagnes très élevées.
Des herbes ou plantes aromatiques.
Les habitants ou indigènes.

N° LXXXIX.

DE L'EMPLOI DE L'ARTICLE AVEC DEUX ADJECTIFS LIÉS PAR LA CONJONCTION *et*.

SANS L'ARTICLE.

A ces mots, il lui tend le *doux et tendre* ouvrage.
(Boileau.)

Le *long et gros* bec du toucan, et sa langue faite en plume, étaient nécessaires à un oiseau qui cherche les insectes éparpillés dans les sables humides des rivages de l'Amérique.
(Bernardin de St-Pierre.)

Vous n'avez faim que des bêtes *innocentes et douces*, qui ne font de mal à personne, qui s'attachent à vous, qui vous servent, et que vous dévorez pour prix de leurs services.
(J.-J. Rousseau.)

AVEC L'ARTICLE.

Les *bons et les mauvais* conseils.
(Bossuet.)

Le vieux langage se fait regretter quand nous le retrouvons dans Marot, dans Amyot, dans le cardinal d'Ossat, dans les ouvrages les plus *enjoués et* dans *les plus sérieux*.
(Fénelon.)

Je crois que les lecteurs seraient charmés de voir sous leurs yeux la comparaison de quelques scènes de la Phèdre *grecque*, de la *latine*, de *la française* et de *l'anglaise*.
(Montesquieu.)

Jusques ici, madame, aucun ne met en doute
Les *longs et grands* travaux que notre amour vous
coûte.   (Corneille.)

Les *bons et vrais* dévots qu'on doit suivre à la trace,
Ne sont pas ceux non plus qui font tant de grimaces.
         (Molière.)

Si nous voyageons, les *belles et fertiles* plaines
nous ennuient.   (De Ségur.)

Le *grand et le petit* épagneul, qui ne diffèrent que par la taille, transportés en Angleterre, ont changé du blanc au noir.   (Buffon.)

L'*ancien et le nouveau* continent paraissent tous les deux avoir été rongés par l'Océan.   (*Id.*)

La Providence permit que la gloire de sa conversion ne fût pas douteuse aux yeux *du bon et du mauvais* parti.   (Fléchier.)

Dans la première colonne, on a dit : *le doux et tendre ouvrage, le long et gros bec, des bêtes innocentes et douces, les longs et grands travaux, les bons et vrais dévots, les belles et fertiles plaines*, parce que c'est le même ouvrage qui est *doux et tendre*, le même bec, qui est *long et gros*, les mêmes bêtes qui sont *innocentes* et *douces*, les mêmes travaux qui sont *longs et grands*, les mêmes dévots qui sont *bons et vrais*, les mêmes plaines qui sont *belles* et *fertiles*.

Dans la colonne opposée on a dit, en répétant l'article devant le second adjectif : *les bons et les mauvais conseils, les ouvrages les plus enjoués et les plus sérieux, la Phèdre grecque, la latine, la française et l'anglaise*, etc., parce qu'on parle de différents conseils, dont les uns sont *bons* et les autres *mauvais*; et qu'il s'agit de plusieurs Phèdres : de la Phèdre *grecque*, de la Phèdre *latine*, etc.

Nous pouvons donc établir ce principe : Lorsqu'on ne veut déterminer qu'un seul substantif, c'est-à-dire lorsque les deux adjectifs exprimés servent à qualifier un seul et même substantif, comme dans la première colonne, on n'emploie qu'une seule fois l'article : *Le simple et sublime La Fontaine*. Si, au contraire, on veut déterminer plusieurs substantifs, il faut répéter l'article devant chacun des adjectifs énoncés : *Les bons et* les *mauvais conseils*.

Les écrivains, cependant, n'ont pas toujours été fidèles à ce principe. Voici quelques exemples où il a été violé :

AVEC L'ARTICLE.

Nul mets n'excitait leur envie :
Ni loups, ni renards n'épiaient
La douce et l'innocente proie.
         (La Fontaine.)

L'utile et la louable pratique de perdre en frais de noce le tiers de la dot qu'une femme apporte.
         (La Bruyère.)

Il s'était proposé pour modèle *le sage et l'humble* saint Augustin.   (Bourdaloue.)

SANS L'ARTICLE.

J'ai fait, dans ma jeunesse, me disait un jour Fontenelle, des vers *latins et grecs* aussi beaux que ceux de Virgile et d'Homère ; vous jugez bien comment, ajoutait-il, c'est qu'ils en étaient pris.
         (Duclos.)

Pendant le séjour que je fais en Europe, je lis les *historiens anciens et modernes.*   (Montesquieu.)

Les oiseaux *domestiques et sauvages* nourrissent l'homme ou deviennent la proie des animaux carnassiers.   (Buffon.)

La douce et l'innocente proie, l'utile et la louable pratique annoncerait deux proies, deux pratiques ; savoir : la *douce* proie et *l'innocente* proie, *l'utile* pratique et la *louable* pratique (1).

Les auteurs sont rarement tombés dans la première de ces fautes, si tant est qu'il y ait faute ; mais ils fournissent de nombreux exemples de la dernière, dans laquelle ils

---

(1) Il y a cependant des cas où la répétition de l'article est indispensable, et ajoute à l'énergie, comme dans cette phrase :

« Cet ordre d'équité et de justice, cette compensation de grandeur et d'abaissement ne parut jamais mieux que dans la vie *de l'humble, du pauvre* et toutefois *du grand et de l'illustre* François de Paule. » (Fléchier.)

ont été entraînés par le besoin d'abréger : *des vers latins et grecs; les historiens anciens et modernes.*

Voyez le chapitre des adjectifs, où cette question sera traitée, quoique sous un autre point de vue.

EXERCICE PHRASÉOLOGIQUE.

Le savant et modeste auteur.
Les jeunes gens instruits et modestes.
Les livres bien écrits et bien pensés.
Les belles et vertueuses femmes.
Les jeunes filles instruites et modestes.
Les sables brûlants et arides de la Lybie.

Les bons et les mauvais chrétiens.
Les bons et les mauvais écoliers.
Les ouvrages enjoués et les sérieux.
La langue française et l'anglaise.
La nation portugaise et l'espagnole.
Les enfants obéissants et les indociles.

N° XC.

DE L'EMPLOI DE L'ARTICLE AVEC PLUSIEURS ADJECTIFS UNIS PAR *et*.

PREMIÈRE MANIÈRE.

Les vents alizés cessent en mars et avril entre *le cinquième et le deuxième degré* de latitude nord.
(BERNARDIN DE ST-PIERRE.)

La France *du dix-septième et du dix-huitième siècle* était inférieure à beaucoup d'autres pays de l'Europe. (GUIZOT.)

Les comédies saintes étaient des espèces de farces sur des sujets de piété, qu'on représentait publiquement dans *le quinzième et le seizième siècle.*
(DE JAUCOURT.)

Les vents alizés cessent en août et septembre entre *le quatorzième degré et le treizième.*
(BERNARDIN DE ST-PIERRE.)

L'âge de *la première et seconde enfance* ne nous présente qu'un état de misère. (BUFFON.)

Les actes des conciles *du quatrième et du cinquième siècle* sont pleins de canons qui défendent à un simple clerc d'aller se faire ordonner dans un autre diocèse que le sien. (GUIZOT.)

SECONDE MANIÈRE.

Les Hottentots ne permettent ni le mariage ni la fornication entre les cousins *au premier et second degré.* (LA HARPE.)

Les vents alizés cessent en janvier entre *le sixième et quatrième degré* de latitude nord.
(BERNARDIN DE ST-PIERRE.)

TROISIÈME MANIÈRE.

Les bons auteurs *du dix-septième et dix-huitième siècles* serviront toujours de modèles.
(VOLTAIRE.)

La situation du Monomotapa est entre le *quatorzième et le vingt-cinquième degrés* de latitude méridionale. (LA HARPE.)

QUATRIÈME MANIÈRE.

On trouve ordinairement les vents du sud-est *aux troisième et quatrième degrés* de latitude nord.
(BERNARDIN DE ST-PIERRE.)

Personne n'ignore quel prodigieux mouvement a travaillé l'Angleterre *aux seizième et dix-septième siècles.* (GUIZOT.)

Aujourd'hui un débat est engagé, non plus entre deux religions, comme *aux 16ᵉ et 17ᵉ siècles*, mais entre deux esprits opposés, l'esprit occidental et l'esprit du nord. (ST-MARC GIRARDIN.)

L'intérêt particulier des deux ordres a été mis *au premier et second rangs.* (J.-J. ROUSSEAU.)

Qui ignore qu'*aux douzième et treizième siècles* le pouvoir spirituel à réclamé comme son droit, tantôt l'exercice direct, tantôt la domination indirecte du pouvoir temporel ? (GUIZOT.)

Quoique au treizième et au quatorzième siècles quelques Italiens commençassent à sortir des ténèbres, toute la populace y était toujours plongée.
(VOLTAIRE.)

On peut donc, dans les cas analogues à ceux dont nous venons de donner des exemples, s'exprimer de cinq façons différentes :

1° *Le* cinquième *et le* sixième *degré* ;
2° *Le* cinquième *degré et le* sixième ;
3° *Le* cinquième *et* sixième *degré* ;
4° *Le* cinquième *et le* sixième *degrés* ;
5° *Les* cinquième *et* sixième degrés.

Dans la première, on répète l'article devant chaque adjectif ; dans la deuxième, au lieu de finir par le substantif, comme dans la première, on le place immédiatement après le premier des adjectifs énoncés ; dans la troisième, on supprime l'article devant le second adjectif ; dans la quatrième, on exprime l'article devant chaque adjectif, comme dans la première, mais on met le substantif au pluriel ; enfin, dans la cinquième, on n'emploie qu'une seule fois l'article qu'on met au pluriel, ainsi que le substantif, en laissant toutefois les adjectifs au singulier.

EXERCICE PHRASÉOLOGIQUE.

Le quinzième et le seizième siècle.
Le premier et le second étage.
La première et la seconde division.

Le quinzième siècle et le seizième.
Les premier et second étages.
Les première et seconde divisions.

N° XCI.

EMPLOI DE L'ARTICLE AVEC DEUX ADJECTIFS UNIS PAR LA CONJONCTION *ou*.

I.

AVEC L'ARTICLE.

Dieu s'est choisi un peuple, dont *la* bonne *ou la* mauvaise *fortune* dépendit de sa piété.
(BOSSUET.)

Il y a des jeunes gens qui ne grandissent plus après la 14ᵉ *ou* la 15ᵉ année.
(BUFFON.)

Les bonnes *ou les* mauvaises *conversations* gâtent l'homme.
(PASCAL.)

On ne doit pas juger *du* bon *ou du* mauvais *naturel* d'une personne par les traits de son visage.
(BUFFON.)

II.

SANS L'ARTICLE.

L'Égypte se vantait de régler par son fleuve *la* bonne *ou* mauvaise *destinée* de ses vainqueurs.
(ROLLIN.)

L'enfant peut naître de parents durs, et être livré à *des maîtres ennuyeux ou barbares* ; ira-t-il chercher des guides parmi ceux qui lui ont fait haïr l'instruction ?
(BERNARDIN DE ST-PIERRE.)

Il est digne de remarque que les formes les plus laides ont été données *aux animaux nuisibles ou incommodes* à l'homme, et les plus belles à ceux qui doivent vivre dans son voisinage ou sous son empire.
(*Id.*)

Pendant *les sept ou huit années* suivantes, l'histoire ne nous présente que quelques guerres peu considérables.
(ROLLIN.)

Tout ce qui a été dit de Corneille sur *les caractères vertueux ou méchants*.
(VOLTAIRE.)

Les Gaulois n'écrivaient ni lois, ni histoires, ni les mystères de leur religion, ni ce qu'ils enseignaient dans leurs écoles des sciences *morales ou naturelles*.
(DUCLOS.)

Quant aux diamants, je n'ai pas ouï dire qu'on en eût encore trouvé dans *les zones tempérées ou glaciales*, peut-être faute de les y avoir cherchés.
(Bernardin de St-Pierre.)

Qu'importe du bonheur *la source fausse ou vraie?*
(Piron.)

Les remords vrais ou faux de l'évêque en donnèrent au peuple. (Voltaire.)

Chacune *des fibres ligneuses ou nerveuses* de la plante paraît un végétal, qui correspond depuis la racine jusqu'à la feuille qu'il nourrit.
(Bernardin de St-Pierre.)

Lemare ne *veut* pas que l'on dise *la bonne ou mauvaise fortune, la bonne ou mauvaise destinée*, etc., etc. Qu'est-ce que cela fait? Sans doute nous ne contestons pas à Lemare le droit de s'exprimer comme bon lui semble; mais ce que nous lui contestons, à lui, ainsi qu'aux autres, c'est le droit d'imposer son langage à toute une nation. Or, comme les meilleurs écrivains ont fait usage des locutions précitées, nous pouvons donc, au risque d'encourir l'anathème de Lemare et de tous les grammairiens ensemble, nous en servir aussi. Ces locutions ont été introduites dans le discours par le besoin de s'énoncer avec brièveté, et chercher à les proscrire, c'est vouloir nous condamner à n'employer qu'une seule forme, lorsque nous en avons deux.

EXERCICE PHRASÉOLOGIQUE.

Les bonnes ou les mauvaises œuvres.
Les bonnes ou les mauvaises actions.
Des locutions correctes ou des locutions incorrectes.
Des écoliers laborieux ou des écoliers paresseux.

Les bonnes ou mauvaises œuvres.
Les bonnes ou mauvaises actions.
Des locutions correctes ou incorrectes.
Des écoliers laborieux ou paresseux.

N° XCII.

EMPLOI DE L'ARTICLE AVEC LES SUPERLATIFS.

EXEMPLES.

La puissance des rois est fondée sur la raison et sur la folie du peuple, et bien plus sur la folie. *La plus grande et la plus importante* chose du monde a pour fondement la faiblesse. (Pascal.)

Une *des plus essentielles et des plus nobles* fonctions des souverains, c'est de rendre la justice aux peuples. (Fléchier.)

La meilleure de toutes les éducations est *la plus ordinaire, la moins sévère et la plus proportionnée*, je ne dis pas aux forces, mais à la faiblesse de l'enfant. (Buffon.)

Considérés tous ensemble, marchant avec ordre sous un grand capitaine, les soldats forment *le spectacle le plus fier et le plus imposant* qui soit dans l'univers. (Voltaire.)

Le moyen *le plus court et le plus sûr* de faire passer la loi serait de s'en rapporter absolument à la décision du sénat. (Rollin.)

Je vois revivre le siècle d'Auguste et les temps *les plus polis et les plus cultivés* de la Grèce. (Massillon.)

Les dogmes *les plus vrais et les plus saints* peuvent avoir de très mauvaises conséquences. (Montesquieu.)

Achille est représenté comme *le plus impétueux et le plus politique* des hommes. (Voltaire.)

L'article doit toujours être répété quand le substantif est précédé de deux adjectifs énonçant la qualification au plus haut degré, comme dans les exemples cités : *la plus grande et la plus importante chose.*

EXERCICE PHRASÉOLOGIQUE.

La personne la plus jolie et la plus aimable.
L'écrivain le plus pur et le plus correct.
Les femmes les plus jolies et les plus sages.
Les actions les plus honnêtes et les plus inciviles.

Les écoliers les plus assidus et les plus zélés.
Les plus brillantes et les plus estimables sociétés.
Les livres les mieux écrits et les mieux pensés.
Les vers les plus touchants et les plus harmonieux.

N° XCIII.

EMPLOI DES ARTICLES *du*, *des*, **ETC., APRÈS LES PRÉPOSITIONS, QUAND LEURS COMPLÉMENTS SONT PRIS DANS UN SENS PARTITIF.**

Je fis mettre ces petits chiens *dans du lait* au lieu de les laisser dans l'eau. (BUFFON.)

Après avoir nourri l'enfant *avec de la farine* délayée et cuite dans du lait, on lui donne du pain trempé dans une liqueur convenable. (*Id.*)

. . . On rencontre sa destinée
Souvent *par des chemins* qu'on prend pour l'éviter.
(LA FONTAINE.)

Je ne puis vous imaginer dans ce tête-à-tête *sans des mouvements* de colère.

Ce n'est pas *sans des considérations* très graves que j'ai pu me déterminer à un parti si peu de mon goût.

. . . Le sot fait grand bruit *en des jours* d'abondance;
Et devient plus modeste *en des temps* moins heureux.
(RIGAUD.)

. . . C'est vouloir perdre un service,
Que de le rendre *à des ingrats*.
(LENOBLE.)

L'on déshonore sa plume
En la trempant *dans du poison*. (FLORIAN.)

Après les prépositions, on exprime *du*, *des*, etc., toutes les fois que leurs compléments sont employés dans un sens partitif.

EXERCICE PHRASÉOLOGIQUE.

Avec de l'argent.	Sans argent.	Pour de l'argent.	Sans amis.
A des malheureux.	Sans fortune.	Par des fripons.	Sans lumières.
En des temps heureux.	Sans passions.	Dans des prisons.	Sans esprit.

N° XCIV.

EMPLOI DE L'ARTICLE AVEC LES NOMS PROPRES.

I.

L'aveugle d'Albion lui doit (à la religion) son beau délire;
L'aigle de Meaux sa foudre, et *le Tasse* sa lyre.
(SOUMET.)

Jamais Iphigénie, en Aulide immolée,
N'a coûté tant de pleurs à la Grèce assemblée,
Que dans l'heureux spectacle, à nos yeux étalé,
En a fait, sous son nom, verser la *Champmeslé*.
(BOILEAU.)

Quand *le Poussin* a voulu faire un tableau du déluge universel, il n'a représenté qu'une famille.
(BERNARDIN DE ST-PIERRE.)

Errant et proscrit, *le Dante* flétrissait avec énergie les vices des papes et des princes.
(VILLEMAIN.)

II.

Nous avons vu, à la fois à la tête des escadrons impériaux *les Marat*, *les Lassalle*, *les Kellermann*, *les Montorun*. (FOY.)

Les ouvrages *des Collins*, *des Tindal*, *des Shaftesbury*, *des Bolingbroke*, affichaient le plus spirituel et quelquefois le plus coupable mépris des lois austères de la religion et de la morale.
(VILLEMAIN.)

Que de héros! Je crois entendre dans Athènes,
Discourir *les Platons*, tonner *les Démosthènes*.
(L. RACINE.)

Contemplez ces armets, ces casques, ces cuissards
Des Nemours, *des Clissons*, *des Coucis*, *des Bayards*.
(DELILLE.)

Ce qu'il y a de certain, c'est que les plus savants des hommes, *les Socrate, les Platon, les Newton* ont été aussi les plus religieux.
(BERNARDIN DE ST-PIERRE.)

Les Platon, les Pythagore ne se trouvent plus; ou, s'il y en a, c'est bien loin de nous.
(J.-J. ROUSSEAU.)

Il est là *des tyrans, des ministres cruels,*
Et *des Solons* d'un jour qu'on proclame immortels.
(MICHAUD.)

Il est dans nos hameaux *des Socrates* champêtres.
(L.-P. LOMBARD.)

Le désir de la gloire enfante *les Socrates*.
(L. RACINE.)

Vit-on *les Duguesclins, les Nemours, les Bayards,*
De l'incrédulité suivre les étendards?
(SOUMET.)

Les Géer, les Réaumur ont décrit ces merveilles,
Et le chantre d'Auguste a chanté les abeilles.
(DELILLE.)

III.

On peut donc l'expliquer par ce livre admirable,
Aux *Platons*, comme à moi, l'énigme inconcevable.
(L. RACINE.)

Ici, *nos Elzévirs* ont fixé la pensée. (Mme TASTU.)

De même que tous les conquérants sont devenus *des Alexandres*, tous les tyrans ont hérité du nom de Néron.
(CHATEAUBRIAND.)

Bien que les noms propres soient déterminés par eux-mêmes et qu'ils rejettent par conséquent toute espèce d'adjectif déterminatif, on voit cependant,

1° Qu'il y en a plusieurs qui, venant de langues étrangères, et principalement de l'italien, admettent devant eux l'article; tels sont ceux de la première série.

2° Que souvent les poètes et les prosateurs, emportés, pour ainsi dire, hors d'eux-mêmes par un mouvement oratoire, et voulant donner à leur expression plus de force, plus d'énergie, emploient l'article pluriel *les*, lors même qu'il ne s'agit que d'une seule personne, comme dans les exemples de la deuxième série.

3° Que toutes les fois qu'un nom propre est employé par *antonomase*, c'est-à-dire pour un nom commun, et à l'effet de désigner des individus semblables à ceux dont on énonce le nom, il faut faire usage de l'article pluriel *les*, ainsi que dans la troisième série.

On se permettait autrefois de mettre l'article devant le nom propre des actrices surtout : *la* Campmêlé; cette façon de parler n'est plus que bassement populaire:

EXERCICE PHRASÉOLOGIQUE.

Le Dante.	Le Guerchin.	Les Voltaire.	Les Sully.
Le Camoëns.	Le Titien.	Les Rousseau.	Les Bayard.
Le Corrège.	Le Bernin.	Les Milton.	Les Turenne.
La Duchesnois.	Le Tintoret.	Les Buffon.	Les Jean-Bart.

N° XCV.

DE LA SUPPRESSION DE L'ARTICLE DANS CERTAINES PHRASES.

I.

Mieux vaut *goujat* debout qu'*empereur* enterré.
(LA FONTAINE.)

Pour moi je préfère
Laideur affable à *beauté* rude et fière.
(VOLTAIRE.)

Méfiance est toujours *mère* de sûreté.
(FABRE D'EGLANTINE.)

A *gens* d'honneur *promesse* vaut *serment*.
(VOLTAIRE.)

Patience et *longueur* de temps,
Font plus que *force* ni que *rage*.
(LA FONTAINE.)

Témérité n'est pas *prudence*. (RIGAUD.)

II.

Justice, équité, providence! vains mots dont on nous abuse. (P.-L. Courier.)

Tombeaux, trônes, palais, tout périt, tout s'écroule. (Delille.)

Centurions et soldats, chacun murmurait contre les ordres du général. (Vertot.)

Serments, romans, physique, ode, histoire, opéra, Chacun peut tout écrire; et siffle qui voudra. (Voltaire.)

Vieillards, hommes, enfants, tous voulaient me voir. (Montesquieu.)

Secrétaire, greffier, procureur ni *sergent,* N'ont jamais pu, dit-on, tenir contre l'argent. (Campistron.)

III.

Flatteuse illusion! doux oubli de nos peines! Oh! qui pourrait compter les heureux que tu fais? (Collin-D'Harleville.)

Mortels, tout doit périr, et tout a son trépas. (Delille.)

Fureur d'accumuler, monstre de qui les yeux Regardent comme un point tous les bienfaits des dieux, Te combattrais-je en vain sans cesse en cet ouvrage? (La Fontaine.)

Fortune des héros, ce n'est pas sur les cœurs Que l'on te vit toujours mesurer tes faveurs. (Crébillon.)

France, en les divisant, on perd tous tes héros. (De Belloy.)

Bois, prés, fontaine, fleurs, qui voyez mon teint blême, Si vous ne le savez, je vous apprends que j'aime. (Molière.)

On voit qu'on supprime l'article, 1° dans certaines phrases sentencieuses ou proverbiales; 2° dans les énumérations, à cause du besoin de s'exprimer avec le plus de rapidité et de concision possible; 3° dans les circonstances où l'on apostrophe les personnes ou les choses.

On ne saurait nier que, dans certains cas, les langues qui ont des articles ne l'emportent, pour la clarté et la précision, sur celles qui en sont dépourvues. Il faut avouer aussi que souvent la langue française les prodigue jusqu'à la satiété; et cet attirail d'articles et de prépositions qui accompagne presque tous nos mots, rend souvent la marche du discours traînante et pénible. Dans le style familier, où l'on se permet quelquefois de les supprimer, nous ne voyons pas que cela nuise à la clarté, et souvent l'expression y gagne de la grâce et de la vivacité. La Fontaine, entre autres, en offre une infinité d'exemples :

Est-ce la mode
Que *baudet* aille à l'aise et *meunier* s'incommode?
Bon appétit surtout, *renards* n'en manquent point.

Dans la plupart des proverbes et des façons de parler populaires, comme dans ces phrases : *pauvreté n'est pas vice, — contentement passe richesse, — plus fait douceur que violence,* etc., qu'on essaie de mettre des articles, et l'on verra comme elles perdront de leur énergie, comme elles paraîtront traînantes et embarrassées sans être plus claires. C'est que l'homme du peuple, uniquement occupé d'exprimer vivement et clairement ce qu'il pense et ce qu'il sent, n'est point arrêté par ce respect superstitieux de l'usage qui enchaîne la plume de l'écrivain.

EXERCICE PHRASÉOLOGIQUE.

I.

Pauvreté n'est pas vice.

Charité bien ordonnée commence par soi-même.

II.

Hommes, femmes, enfants, tout périt.

Honneurs, charges, justice se vendaient à Ninive.

III.

Citoyens, que la concorde règne entre vous.

Femmes, vous êtes des divinités sur la terre.

N° XCVI.

SUPPRESSION DE L'ARTICLE QUAND LES SUBSTANTIFS SONT LIÉS AUX VERBES.

J'ai pitié, Ibben, de l'extravagance humaine.
(MONTESQUIEU.)

D'une esclave orgueilleuse on *sait tirer vengeance*,
Et l'on y sait de plus réprimer l'insolence.
(REGNARD.)

M. de Choiseul a eu beaucoup d'amis et beaucoup d'ennemis; peut-être que les uns et les autres lui *font honneur*. (DE BOUFFLERS.)

Combien de gens dans la vie
Se conduisent en fous, et qui *parlent raison* !
(IMBERT.)

Quelquefois *on a peine* à surmonter la honte.
(CORNEILLE.)

Vous le voulez, madame, et je vous *ferais tort*,
Si je m'intéressais plus que vous à son sort.
(REGNARD.)

Nous *ferons tête* à tout et de cette aventure
Je conçois dans mon cœur un favorable augure.
(*Id.*)

Gens de bien, qui souffrez un peu trop sur la terre,
Cherchez dans le travail *remède* à la misère;
Et ne vous lassez point de votre probité.
(DELABOUTRAY.)

Mais en homme au-dessus des vulgaires mortels,
Prends conseil de la gloire, et choisis ses autels.
(CHATEAUBRIAND.)

Quel plaisir ont les rois de pouvoir *faire grâce* !
(BOURSAULT.)

Dans les locutions telles que *avoir pitié, faire tort, tirer vengeance, avoir peine, parler raison*, etc., les substantifs restent indéterminés, parce qu'ils sont si étroitement liés aux verbes, qu'ils forment avec eux un sens absolu, une expression verbale. Ces locutions sont en très grand nombre.

EXERCICE PHRASÉOLOGIQUE.

Demander raison.	Rendre raison.	Avoir raison.	Donner raison.
Demander grâce.	Rendre grâce.	Avoir tort.	Donner tort.
Tenir tête.	Avoir horreur.	Prendre courage.	Perdre courage.
Faire fortune.	Chercher fortune.	Faire bonne chère.	Faire affront.
Avoir faim.	Avoir soif.	Être en peine.	Prendre soin.
User d'adresse.	Agir de ruse.	Être en crédit.	Imputer à crime.
Payer de front.	Payer de mine.	Se faire gloire de...	Tirer parti de...

N° XCVII.

ENTENDRE RAILLERIE, ENTENDRE LA RAILLERIE, ETC.

AVEC L'ARTICLE.	SANS L'ARTICLE.
Il y a une sorte de politesse qui est nécessaire dans le commerce des honnêtes gens ; elle leur fait *entendre la raillerie*, et elle les empêche d'être choqués et de choquer les autres par de certaines façons de parler. (LA ROCHEFOUCAULD.)	J'ai ouï dire qu'en Espagne et en Italie il y a de certains dervis qui *n'entendent point raillerie*, et qui font brûler un homme comme de la paille. (MONTESQUIEU.)
Si les hommes se quittaient et se fuyaient les uns les autres il faudrait en *demander la raison*. (MONTESQUIEU.)	Je *demandai raison* d'un acte si perfide. (BOILEAU.)

Le sens de certaines phrases change quelquefois entièrement par l'emploi ou par la suppression de l'article, ainsi : *entendre la raillerie*, c'est entendre l'art de railler, c'est savoir railler; *entendre raillerie*, c'est savoir supporter la raillerie, c'est ne s'en point fâcher : *demander raison* d'une chose, c'est en demander justice; mais *demander la raison* d'une chose, c'est en demander la cause.

EXERCICE PHRASÉOLOGIQUE.

Entendre raillerie.	Entendre la raillerie.	Officier de génie.	Officier du génie.
Toute maison est occupée.	Toute la maison est occupée.	Homme d'état.	Homme de l'état.

OBSERVATIONS PARTICULIÈRES.

Dans la *Grammaire des Grammaires* on trouve les remarques suivantes :

« 1° Les noms ne prennent pas l'article.... quand ils sont sous le régime de la préposition *en*. »

Oui, lorsqu'ils sont pris indéterminément; mais quand ils sont suivis de mots complémentaires, ils prennent l'article :

J'ose pourtant vous dire, *en l'état où je suis*,
Peut-être assez d'honneur environnait ma vie. (Rac., Iph. IV, 4.)

« 2° Les noms communs sont sans article... avec *ni*... avec *soit* redoublé... avec *jamais*. »

Tout cela est faux quand les substantifs sont déterminés : JAMAIS NI *le souffle empesté du midi*.... NI *le rigoureux aquilon*, n'ont osé effacer les vives couleurs qui ornent ce jardin.
(Fénelon, Télém. III.)

Quelquefois il arrive qu'une période exprime SOIT *l'exclamation*, SOIT *l'interrogation*.
(Gram. des Gram., p. 1100—3.)

« 3° Après *tout* : TOUT alors pouvait être embûche. »

Mais TOUT, dans cette phrase, est substantif, et l'article ne se met jamais après le nom. On dit aussi TOUT *le monde*, quoique TOUT soit adjectif. Ce n'est que devant TOUT adjectif indéfini que l'article se supprime.

CHAPITRE III.

DE L'ADJECTIF.

N° XCVIII.

1re SÉRIE.

L'astre *brillant* du jour gouverne les saisons.
(ROSSET.)

Les âmes *faibles* sont *cruelles*.
(FR. DE NEUFCHATEAU.)

Partout sont de *beaux* champs qu'éclairent de *beaux* cieux.
(DELILLE.)

Le saule aime une eau *vive*, et l'aune une eau *dormante*.
(Id.)

Rhétie, on vante au loin tes vins *délicieux*.
(Id.)

J'aime des hivers *secs* et des étés *humides*.
(Id.)

2e SÉRIE.

Chassez *ces* intrigants dont l'aspect m'importune.
(MOLLEVAUT.)

Pour *un* âne enlevé *deux* voleurs se battaient.
(LA FONTAINE.)

Chaque animal excelle dans *son* art.
(DELILLE.)

Nul bien sans mal, *nul* plaisir sans mélange.
(LA FONTAINE.)

Aucun chemin de fleurs ne conduit à la gloire.
(Id.)

Quel tableau ravissant présentent les campagnes !
(DELILLE.)

Lorsqu'on nous montre ou que nous apercevons un objet quelconque, nous voyons en même temps : 1° quelle en est la forme, s'il est *long* ou *rond* ; 2° quelle en est la couleur, s'il est *noir* ou *blanc*, *rouge* ou *vert*; 3° quelle en est la taille, s'il est *grand* ou *petit*.

Nous pouvons donc dire : *Cette table est* LONGUE; *cette table est* NOIRE; *cet enfant est* GRAND; *cet enfant est* PETIT. Ces mots *longue, noire*, expriment chacun une manière d'être, une qualité de la table; de même que *grand, petit*, sont signes d'une manière d'être, d'une qualité de l'enfant.

En examinant les mêmes objets, nous découvrons en eux beaucoup d'autres manières d'être, d'autres qualités; ainsi une table peut être *neuve* ou *vieille*, *haute* ou *basse*, *commode* ou *incommode*; un enfant peut être *beau* ou *laid*, *bon* ou *méchant*, *studieux* ou *paresseux*, *caressant* ou *rusé*, etc.

Comparez les mots imprimés en italique dans les deux séries d'exemples que nous avons citées, et vous remarquerez qu'ils *ajoutent* tous à l'idée des objets auxquels ils sont unis, soit une idée de qualité, soit une idée de détermination appropriée aux différentes manières d'être sous lesquelles nous considérons ces objets.

En effet, quand nous disons : habit *bleu, vert, neuf, usé; mon* habit; *cet* habit; les mots *bleu, vert, neuf, usé, mon, cet*, expriment certaines qualités ou manières d'être de l'objet habit, comme celle d'être *bleu, vert, neuf, usé* (habit *bleu, vert, neuf, usé*); d'être en ma possession (*mon* habit); d'être présent à mes yeux (*cet* habit).

Tous les mots qui servent à *ajouter* aux signes d'objets l'idée d'une qualité ou d'une manière d'être quelconque, d'une détermination individuelle, s'appellent *adjectifs*, du mot latin *adjicere* (ajouter).

Puis, pour distinguer l'idée particulière exprimée par ces deux sortes d'*adjectifs*, on appelle *adjectifs qualificatifs* ceux qui ajoutent à l'idée de l'objet celle d'une qualité qui lui est propre, comme *bon, beau, noble, virginal, doux, tendre, vieux, touffu, altier, hospitalier, timide, sensible*, etc. ; et *adjectifs déterminatifs*, ceux qui ajoutent à l'idée de l'objet celle d'une détermination particulière, tels que *le, la, les, quelque, tout, toute,* chaque, quel, plusieurs, autre, mon, ma, mes, ton, ta, tes, son, sa, ses, nul, nulle, nuls, nulles, aucun, aucune, aucuns, aucunes, un, deux, trois, quatre, ce, cette, ces, etc.

N° XCIX.

SUBDIVISIONS DES ADJECTIFS QUALIFICATIFS.

1ʳᵉ SÉRIE. — ADJECTIFS QUALIFICATIFS PROPREMENT DITS.

Un *grand* homme commet souvent de *grandes* fautes.
(VOLTAIRE.)

A leur tête est le chien, *aimable* autant qu'*utile*,
Superbe ou *caressant*, *courageux*, mais *docile*.
(DELILLE.)

Une *étroite* chaumière, *antique* et délabrée,
D'un *pauvre* tisserand était l'*humble* réduit.
(FLORIAN.)

Par toi (*grand* Dieu!) l'air est *serein* et la terre est *féconde*.
(PÉLISSON.)

La vertu *malheureuse*, en ces jours *criminels*,
Annonce à ma raison des siècles *éternels*.
(GRESSET.)

La patience (est) *inséparable*
De la paix, son *aimable* sœur.
(J.-J. ROUSSEAU.)

L'homme laisse vivre les bêtes *féroces* et extermine les castors.
(CHATEAUBRIAND.)

Le castor est *noir*, rarement *blanc* ou *brun*.
(*Id.*)

La femelle est plus *grosse* que le mâle, et son poil est plus *grisâtre* sous le ventre.
(*Id.*)

La peau du castor est *fine*, sans être *chaude*.
(*Id.*)

Les ours sont de trois espèces en Amérique : l'ours *brun* ou *jaune*, l'ours *noir* et l'ours *blanc*. L'ours *brun* est *petit* et *frugivore*; il grimpe aux arbres.
(*Id.*)

2ᵉ SÉRIE. — ADJECTIFS VERBAUX.

A travers deux rochers où la mer *mugissante*
Vient briser en courroux son onde *blanchissante*,
Dieppe aux yeux du héros offre son heureux port.
(VOLTAIRE.)

L'un poursuit inutilement
La fortune toujours *fuyante*.
(DUCERCEAU.)

La jeune biche *errante* sur ce bord,
Entend au loin le son *mourant* du cor.
(MILLEVOYE.)

Tous les hommes *vivants* sont ici-bas esclaves.
(RÉGNIER.)

Qui peut voir sans effroi ces couches d'ossements,
Tous ces débris de l'homme *abandonnés* aux vents?
(LEMIERRE.)

Ses lauriers étaient *flétris* par ses faiblesses.
(MASSILLON.)

Ma vengeance est *perdue*, et mes desseins *trahis*.
(CORNEILLE.)

La brebis *perdue* était *préférée* par le bon pasteur à tout le reste du troupeau.
(BOSSUET.)

Il trouve sous sa main des fleurs toujours *écloses*.
(BOILEAU.)

Moi, je suis à Paris, triste, pauvre et *reclus*.
(*Id.*)

Le chemin est toujours *ouvert* au repentir.
(RACINE.)

En examinant ces exemples, on voit que le mot *homme* est qualifié par le mot *grand*; *fautes* par *grandes*; *chien* par *aimable*, *utile*, *superbe*, etc.; *chaumière* par *étroite* et *antique*; *tisserand* par *pauvre*; *réduit* par *humble*; *Dieu* par *grand*; *air* par *serein*; *terre* par *féconde*; *vertu* par *malheureuse*; *jours* par *criminels*, etc., etc.

Les mots *grand*, *grandes*, *aimable*, *utile*, *superbe*, *courageux*, *docile*, *étroite*, et autres semblables, servant à marquer une qualité en quelque sorte inhérente à l'être ou à l'objet désigné par le nom auquel ils se rapportent, sont des *adjectifs qualificatifs* proprement dits. *Mugissante* qualifie *mer* : mer mugissante; *abandonnés* qualifie *débris* : ces débris abandonnés. Il en est de même de *blanchissante*, *fuyante*, *tremblante*, *mourante*, *errante*, *flétrie*, *perdue*, *préférée*, *écloses*, etc. Tous ces mots qualifient les substantifs par un attribut d'événement, c'est-à-dire par une qualité accidentelle et survenue, qui paraît être l'effet d'une action qui se passe ou qui s'est passée dans la chose. Ils tirent leur origine des verbes : *mugissant*, de *mugir*; *abandonné*, d'*abandonner*; *blanchissant*, de *blanchir*; *perdue*, de *perdre*, etc. C'est pour ce motif qu'on les appelle *adjectifs verbaux*, c'est-à-dire adjectifs dérivés de verbes (1).

EXERCICE ANALYTIQUE.

(Distinguer les adjectifs qualificatifs des adjectifs verbaux.)

Des bouleaux *agités* par les brises, et *dispersés* çà et là dans la savane, formaient des îles d'ombres *flottantes* sur une mer immense de lumière.
(CHATEAUBRIAND.)

L'homme *sage* met sa confiance en Dieu
La *véritable* sagesse réside en Dieu.

Regardez ces débris *dispersés* par les vents :
Croyez-vous tous ces morts étrangers aux vivants?
Non : d'un tendre intérêt sources toujours fécondes,
Les tombeaux sont *placés* aux confins des deux mondes.
(DELILLE.)

Ses lambeaux, *déchirés* par l'aile de l'aurore,
Flottent *livrés* aux vents dans l'orient vermeil.
(LAMARTINE.)

N° C.

DU GENRE ET DU NOMBRE DANS LES ADJECTIFS.

1re SÉRIE. — MASCULIN.

L'homme, image d'un Dieu seul *bon* et seul aimable.
(BOILEAU.)

Son cou était plus *blanc* que la neige.
(FÉNELON.)

1re SÉRIE. — SINGULIER.

Que Dieu est *bon !* que sa miséricorde est éternelle.
(BOSSUET.)

L'auteur chez qui l'on dîne est sûr d'un *beau* succès.
(CAS. DELAVIGNE.)

2e SÉRIE. — FÉMININ.

Bonne action, dit-on, a toujours son salaire.
(RIGAUD.)

Quand deux hommes voient de la neige, ils affirment qu'elle est *blanche*.
(PASCAL.)

2e SÉRIE. — PLURIEL.

Nous devons suivre les *bons* exemples de nos pères.
(BOSSUET.)

Ménageons l'amitié, même dans nos *beaux* jours.
(DU TREMBLAY.)

La distinction que l'on avait faite des substantifs en *masculins* et en *féminins*, singuliers et pluriels, devait nécessairement s'appliquer aussi aux *adjectifs*. Le bon sens l'exigeait, autrement on n'aurait pas su si l'on parlait du *mâle* ou de la *femelle*, d'*un* ou de *plusieurs*.

En vertu de ce principe que l'adjectif et le nom pris ensemble ne présentent à l'esprit qu'un seul et même objet, ils doivent donc l'un et l'autre avoir les mêmes signes de vues particulières sous lesquelles on considère la chose qualifiée; c'est-à-dire que l'adjectif doit emprunter le genre et le nombre du substantif avec lequel il est en rapport. C'est ce qu'on appelle *concordance* ou *accord* de l'adjectif avec le nom, accord fondé sur l'identité physique du premier de ces mots avec le second.

Le substantif n'est, à l'exception d'un petit nombre de mots, que d'un seul genre.

---

(1) Les grammairiens les appellent aussi *participes*, parce que ces mots participent à la fois de la nature du verbe et de l'adjectif; mais c'est à tort qu'ils en ont fait un des éléments essentiels du discours. La classe des adjectifs qualificatifs doit renfermer au nombre de ses espèces le participe, attendu que le participe n'exprime, comme l'adjectif, qu'une qualité, qu'une manière d'être du sujet, et que, comme l'adjectif, il remplit les fonctions d'attribut ou se joint immédiatement au nom ; s'il s'en distingue, c'est parce que l'adjectif proprement dit exprime une qualité comme inhérente à une substance ou comme permanente, tandis que le participe exprime un état, une manière d'être transitoire, et causée par quelque action étrangère.

L'adjectif, au contraire, exprimant la qualité de l'objet désigné par le substantif, doit être susceptible des deux genres : le *masculin* et le *féminin*; il faut donc qu'il en revête la forme.

Aussi voyons-nous, dans les exemples cités plus haut, que les adjectifs masculins *bon*, *blanc*, *beau*, se sont changés en *bonne*, *blanche*, *belle*, pour se mettre en rapport avec les substantifs féminins qu'ils accompagnent.

La variété des terminaisons que cette loi rend nécessaire, contribue singulièrement à l'harmonie du langage :

> Un jour seul ne fait pas d'un mortel *vertueux*
> Un perfide assassin, un lâche *incestueux*, etc.
> Et ! qui, voyant un jour la douleur *vertueuse*
> De Phèdre, malgré soi coupable, *incestueuse*, etc. (RACINE.)

On reproche, avec raison, à notre langue une trop grande uniformité dans la terminaison de ses adjectifs au féminin, ou plutôt une véritable monotonie; c'est toujours le son *eu* qui revient, et ce son n'est pas par lui-même très agréable. C'est, je crois, ce qui a donné lieu à la règle que suivent nos poètes, de mettre alternativement deux rimes masculines après deux rimes féminines : l'art en est devenu plus difficile, et nos grands écrivains en sont plus admirables d'avoir produit des chefs-d'œuvre si parfaits avec des moyens aussi bornés.

N° CI.

FORMATION DU FÉMININ DANS LES ADJECTIFS.

1ʳᵉ SÉRIE. — MASCULIN.

Après un bon repas le sommeil est *profond*. (AGNIEL.)

Un ami *vrai* souvent peut guérir bien des maux. (DESFORGES.)

L'homme *civil* naît, vit et meurt dans l'esclavage. (J.-J. ROUSSEAU.)

Un pauvre qui sollicite est presque toujours *importun*. (FLÉCHIER.)

Le roi Charles XII était d'autant plus *altier* qu'il était malheureux. (VOLTAIRE.)

L'amour, soleil divin, peut dorer d'un feu *pur*
Le nuage errant de la vie. (V. HUGO.)

Rien ne contribue tant à la perte de la réputation d'une femme qu'un air *indécent*. (Mᵐᵉ DE PUYSIEUX.)

J'aperçois dans les corps deux sortes de mouvements, savoir : mouvement communiqué et mouvement *spontané* ou volontaire. (J.-J. ROUSSEAU.)

2ᵉ SÉRIE. — FÉMININ.

La douleur la plus vraie, la plus *profonde* a, comme la fièvre, ses intermittences. (DE CHABANON.)

La *vraie* dévotion est tolérante comme la *vraie* philosophie. (SÉGUR.)

La guerre *civile* est le règne du crime. (P. CORNEILLE.)

Hélas ! aux gens heureux la plainte est *importune*. (CHÉNIER.)

Lève, Jérusalem, lève ta tête *altière*;
Regarde tous ces rois de ta gloire étonnés. (RACINE.)

Tel en un secret vallon,
Sur le bord d'une onde *pure*,
Croît, à l'abri de l'aquilon,
Un jeune lis, l'amour de la nature. (RACINE.)

La raillerie est toujours *indécente*. (Mᵐᵉ DE PUYSIEUX.)

Si la génération *spontanée* des animalcules était réelle, pourquoi n'en serait-il pas de même des oiseaux, des poissons, des animaux ! Qu'importe le volume à la nature ? (BOISTE.)

D'un discours *ambigu* craignez la perfidie.
(ANONYME.)

C'est à regret qu'on voit cet auteur si charmant,
Chez toi toujours cherchant quelque finesse *aiguë*,
Présenter au lecteur sa pensée *ambiguë*.
(BOILEAU.)

Tous les adjectifs, quelle qu'en puisse être d'ailleurs la terminaison, forment, comme on le voit, leur féminin en prenant seulement un *e* muet. C'est ainsi que *poli* fait *polie; grand, grande,* etc.

Toutes les exceptions que peut souffrir cette règle seront traitées dans les numéros suivants :

OBSERVATIONS PARTICULIÈRES.

1° Dans le féminin des adjectifs terminés en *er*, comme *altier, étranger, amer, léger*, on marque d'un accent grave l'*e* qui précède la lettre *r* : *Altière, étrangère, amère, légère*, etc.

2° On surmonte d'un tréma l'*e* qu'on ajoute au féminin des adjectifs terminés en *gu*. —Exemples : *Aigu, aiguë; ambigu, ambiguë; exigu, exiguë; contigu, contiguë*, etc.

3° *Dû* et *crû* perdent l'accent circonflexe au féminin : *Cette somme est* DUE; *cette rivière est* CRUE.

EXERCICE PHRASÉOLOGIQUE.

MASCULIN.	FÉMININ.	MASCULIN.	FÉMININ.
Un rêve charmant.	Une comédie charmante.	Un mauvais exemple.	Une mauvaise affaire.
Un air commun.	Une tournure commune.	Un rang obscur.	Une chambre obscure.
Un son clair.	Une eau claire.	Un accent aigu.	Une douleur aiguë.
Un tempérament délicat.	Une santé délicate.	Un discours ambigu.	Une réponse ambiguë.
Un dernier soupir.	Une dernière plainte.	Un vain songe.	Une vaine gloire.
Un accès instantané (1).	Une colère instantanée.	Un vrai savant.	La vraie religion.

N° CII.

FÉMININ DES ADJECTIFS TERMINÉS PAR UN *e* MUET.

1re SÉRIE. — MASCULIN.

Rien n'est si dangereux qu'un ignorant ami,
Mieux vaudrait un SAGE ennemi.
(LA FONTAINE.)

Le véritable esprit doit avoir les qualités du diamant, *il doit être brillant et* SOLIDE.
(MARIN.)

L'*ennemi le plus* TERRIBLE *est celui qui parle le moins.*
(JAUFFRET.)

2e SÉRIE. — FÉMININ.

Une SAGE *politique* conseille toujours la clémence.
(SÉGUR.)

Sans l'estime il n'est point de SOLIDE *amitié*.
(DEMOUSTIER.)

O! des vertus dernière amie,
Toi, qu'on voudrait en vain éviter ou tromper,
Conscience TERRIBLE, on ne peut t'échapper.
(FLORIAN.)

___

(1) On trouve dans quelques auteurs les adjectifs *éthéré, igné, instantané, momentané, spontané, simultané* avec deux *E* au masculin comme au féminin; mais quelques grammairiens maintiennent ne laissent ces deux *E* qu'au seul mot *simultané*, distinction puérile qu'aucun motif ne justifie. Nous pensons qu'il est mieux d'écrire cet adjectif par un seul *E*, comme s'écrivent les autres. La même observation doit s'appliquer aux adjectifs *cétacé, testacé, crustacé*. L'illustre Cuvier, écrivain aussi pur qu'élégant, n'écrivait jamais autrement que *les animaux* CÉTACÉS, TESTACÉS, CRUSTACÉS, et non *cétacées, testacées, crustacées.*

L'*avenir* sévère, inexorable,
Juge à son tour des rois les arrêts absolus.
(Soumet.)

Les maux sont ici-bas, les biens sont dans les cieux;
Là disparaît enfin l'orgueil *du rang* suprême.
(Chénier.)

Hélas! à s'enflammer la passion la plus lente,
Dans une *âme* sévère en est plus violente.
(De Belloy.)

.... Si j'ai bien conçu l'*autorité* suprême,
Un monarque, un héros, déjà grand par lui-même,
Devient plus grand encore en sachant pardonner.
(Chénier.)

Les adjectifs qui se terminent par un *e muet*, s'emploient, pour les deux genres, sans subir le plus léger changement : *un homme* aimable, *une femme* aimable.

Ainsi, ce n'est que le nom auquel se rapportent les adjectifs de cette terminaison, qui puisse en faire connaître le genre.

EXERCICE PHRASÉOLOGIQUE.

MASCULIN.	FÉMININ.	MASCULIN.	FÉMININ.
Un air agréable.	Une voix agréable.	Un sang illustre.	Une naissance illustre.
Un homme bizarre.	Une femme bizarre.	Un jeune homme.	Une jeune personne.
Un prince barbare.	Une nation barbare.	Un peuple libre.	Une volonté libre.
Un regard céleste.	Une bonté céleste.	Un regard modeste.	Une beauté modeste.
Un auteur comique.	Une pièce comique.	Un mérite médiocre.	Une fortune médiocre.
Un cheval docile.	Une écolière docile.	Un roi magnanime.	Une reine magnanime.
Un double visage.	Une fleur double.	Un noble courage.	Une noble candeur.
Un ami fidèle.	Une épouse fidèle.	Un esprit superbe.	Une maison superbe.

EXCEPTIONS.

Crois-tu qu'il soit permis
D'être injuste, infidèle et *traître* à ses amis?
(Voltaire.)

Et s'il n'est pas en nous, Satan, toujours vainqueur,
Ne demeure-t-il pas *maître* de notre cœur?
(Boileau.)

Il n'est pas si *diable* qu'il est noir.
(Académie.)

Que ne sait point ourdir une langue *traîtresse*
Par sa pernicieuse adresse?
(La Fontaine.)

Cette ville autrefois *maîtresse* de la terre,
Rome, qui par le fer et le droit de la guerre,
Domina si long-temps sur toute nation,
Rome domine encor par la religion.
(Racine.)

Je veux une vertu qui ne soit pas *diablesse*.
(Molière.)

Comme on vient de le voir, les adjectifs terminés par un *e muet* souffrent quelques exceptions; mais, pour ne pas répéter ce qui a été dit à ce sujet, au chapitre des substantifs, nous renvoyons nos lecteurs à la page 34 de cet ouvrage.

Ils y trouveront des observations importantes et de nombreux exemples.

EXERCICE PHRASÉOLOGIQUE.

Un ami traître, une âme traîtresse.
Un mari maître, une servante maîtresse.

Un enfant diable, une femme diablesse.

N° CIII.

FÉMININ DES ADJECTIFS TERMINÉS EN *x*.

1re SÉRIE. — MASCULIN.	2e SÉRIE. — FÉMININ.
Un ami *malheureux* est plus propre qu'un autre à soulager les peines que nous éprouvons. (Fénelon.)	L'avarice est la plus vile, mais non la plus *malheureuse* de nos passions. (Duclos.)

Partout la jalousie est un être *odieux*.
(MOLIÈRE.)

Des cieux sur leurs gonds d'or s'ouvrent les vastes portes,
Et rendent en s'ouvrant des sons *harmonieux*;
Les célestes concerts sont moins mélodieux.
(DELILLE.)

L'accord de l'amour et de l'innocence semble être le paradis de la terre; c'est le bonheur le plus doux et l'état le plus *délicieux* de la vie.
(J.-J. ROUSSEAU.)

Un sot n'est qu'*ennuyeux*; un pédant est insupportable.
(NAPOLÉON.)

Saül est impie, il devient *superstitieux*; destin assez ordinaire aux incrédules.
(MASSILLON.)

L'homme public n'est point *vertueux*, s'il n'a que les vertus de l'homme privé.
(*Id.*)

... De tout vœu forcé la chaîne est *odieuse*.
(LA HARPE.)

Dans le monde l'homme ne trouve pas de voix plus *harmonieuse* que celle qui chante ses louanges.
(FONTENELLE.)

Quelle condition vous paraît la plus *délicieuse* et la plus libre, ou du berger où des brebis ?
(LA BRUYÈRE.)

Enfin t'ai-je dépeint la *superstitieuse*,
La pédante au ton fier, la bourgeoise *ennuyeuse*,
Celle qui de son chat fait son seul entretien,
Celle qui toujours parle et ne dit jamais rien ?
Il en est des milliers.
(BOILEAU.)

Une famille *vertueuse* est un vaisseau tenu pendant la tempête par deux ancres : la religion et les mœurs.
(MONTESQUIEU.)

Le féminin des adjectifs terminés par la syllabe *eux* se forme en changeant la lettre *x* en *se* : Heureux, heureuse ; odieux, odieuse.

EXERCICE PHRASÉOLOGIQUE.

MASCULIN.	FEMININ.	MASCULIN.	FEMININ.
Un cœur vertueux.	Une épouse vertueuse.	Un mari soupçonneux.	Une âme soupçonneuse.
Un auteur orgueilleux.	Une réponse orgueilleuse.	Un air harmonieux.	Une voix harmonieuse.
Un ami malheureux.	Une existence malheureuse.	Un exemple contagieux.	Une maladie contagieuse.
Un conquérant audacieux.	Une politique ambitieuse.	Un soldat ennuyeux.	Une armée courageuse.
Un conseil dangereux.	Une société dangereuse.	Un rival généreux.	Une conduite généreuse.
Un être odieux.	Une sévérité odieuse.	Un enfant vicieux.	Une loi vicieuse.

N° CIV.

FÉMININ DES ADJECTIFS TERMINÉS PAR *f*.

1re SÉRIE. — MASCULIN.

Ce n'est point un grand avantage d'avoir l'esprit *vif*, si on ne l'a juste; la perfection d'une pendule n'est pas d'aller vite, mais d'être réglée.
(VAUVENARGUES.)

Interrogeons le peuple ailé des airs, le peuple muet des ondes, le peuple *fugitif* des forêts et des rochers; tous se montrent sensibles à l'harmonie.
(GRESSET.)

Un cheval naturellement hargneux, ombrageux, *rétif*, produit des poulains qui ont le même naturel.
(BUFFON.)

Son père resté *veuf* chercha fortune aux îles; Hortense, loin de lui, coulait des jours tranquilles.
(DELAVIGNE.)

Il faut parler, il faut, monsieur le comte,
Vous expliquer nettement sur mon compte;
Ni vous, ni moi n'avons un cœur tout *neuf*.
(VOLTAIRE.)

2e SÉRIE. — FÉMININ.

L'amour est un tourment; moins *vive* et plus sensible,
L'amitié dans nos cœurs verse un bonheur paisible.
(DEMOUSTIER.)

Quelle voix salutaire ordonne que je vive,
Et rappelle en mon sein mon âme *fugitive*?
(RACINE.)

Mais je voudrais, dans ces nouveaux adeptes,
Voir une humeur moins *rétive* aux préceptes
Qui du théâtre ont établi la loi.
(J.-B. ROUSSEAU.)

N'élevez point l'échafaud sur la maison du criminel; quelle part ont à son crime sa *veuve* et ses orphelins?
(BOISTE.)

Le génie est le don d'inventer et d'exécuter d'une manière *neuve*, originale et qui paraisse sinon tout dépasser, du moins s'égaler à ce qu'il y a de plus grand.
(LACRETELLE.)

Tout adjectif qui se termine au masculin par un *f* change au féminin cette finale en *ve* : *craintif*, *craintive*; *veuf*, *veuve*, etc. On écrivait autrefois *craintifve*, *veufve*, etc. (1).

EXERCICE PHRASÉOLOGIQUE.

MASCULIN.	FEMININ.	MASCULIN.	FEMININ.
Un aveu naïf.	Une jeune personne naïve.	Un ouvrage instructif.	Une méthode instructive.
Un accent plaintif.	Une voix plaintive.	Un prétexte évasif.	Une réponse évasive.
Un enfant craintif.	Une biche craintive.	Un remède tardif.	Une leçon tardive.
Un discours persuasif.	Une éloquence persuasive.	Un regard expressif.	Une figure expressive.
Un homme veuf.	Une femme veuve.	Un pouvoir excessif.	Une jalousie excessive.
Un cheval neuf.	Une maison neuve.	Un écolier rétif.	Une mule rétive.
Un langage bref.	Une parole brève.	Un ennemi vindicatif.	Une nation vindicative.

N° CV.

FÉMININ DES ADJECTIFS EN *eur*.

I.

1re SÉRIE. — MASCULIN.

Que rien n'est plus *trompeur* que les promesses du monde ! (MASSILLON.)

Du sort des malheureux adoucir la rigueur,
C'est de l'autorité le droit le plus *flatteur*.
(GRESSET.)

Le monde est *menteur*; il promet un bonheur qu'il ne peut donner. (Mme DE POMPADOUR.)

2me SÉRIE. — FÉMININ.

L'espérance, toute *trompeuse* qu'elle est, sert au moins à nous mener à la fin de la vie par un chemin agréable. (LA ROCHEFOUCAULD.)

L'idée du bonheur est souvent plus *flatteuse* que le bonheur même. (STANISLAS.)

En amour, la colère est toujours *menteuse*.
(PENSÉE DE P. SYRUS.)

II.

Vengeur de Statira, *protecteur* d'Olympie,
Je dois, ici, l'exemple au reste de l'Asie.
(VOLTAIRE.)

Le singe est né pour être *imitateur*,
Et l'homme doit agir d'après son cœur.
(VOLTAIRE.)

Tyran et *usurpateur* sont deux mots parfaitement synonymes. (J.-J. ROUSSEAU.)

Ainsi de nos tyrans la ligue *protectrice*
D'une gloire précoce enfle un rimeur novice.
(GILBERT.)

Cette jeune fille est *imitatrice* des vertus de sa mère. (ACADÉMIE.)

Quand les abus sont accueillis par la soumission, bientôt la puissance *usurpatrice* les érige en lois.
(MALESHERBES.)

III.

Il est des jours heureux, il n'est point de vie heureuse; ce serait un songe *enchanteur* sans réveil.
(DUCLOS.)

Le feu *vengeur* s'allume, et le bruit des trompettes
Va réveiller les morts dans leurs sombres retraites;
Ce jour est le dernier des jours de l'univers.
(L. RACINE.)

Fils ingrats, fils *pécheurs*, victimes du supplice,
Nous naissons tous marqués au sceau de la justice.
(*Id.*)

Enchanteresse des sens, l'harmonie excite un bruit brillant dont l'oreille est flattée, mais que le vent emporte bientôt. (GRESSET.)

Le glaive était sa loi, les combats ses plaisirs;
Il défia quinze ans la foudre *vengeresse*,
Et quinze ans la victoire entretint son ivresse.
(DROUINEAU.)

Jésus-Christ pardonne à la femme *pécheresse* dont le repentir est sincère. (SAINTE-BIBLE.)

IV.

L'universalité des connaissances est nécessaire pour être *supérieur* dans une partie quelconque.
(Mme DE STAEL.)

Pour les femmes, la douceur est le *meilleur* moyen d'avoir raison. (Mlle DE FONTAINES.)

L'erreur de ceux qui n'ont que de la prudence, est de la croire *supérieure* à tout. (LINGRÉE.)

Considérez la condition d'un homme qui a la *meilleure* part à la faveur et à la conduite des affaires.
(FLÉCHIER.)

(1) En la guerre que le roi Ferdinand fait contre la *veufve* de Jean, roi de Hongrie. (MONTAIGNE.) — En la *vifve* et plus cuysante chaleur de l'accez. (ID.)

(195)

Ces quatre séries d'exemples nous démontrent que le féminin des adjectifs qui ont pour terminaison la syllabe *eur*, se forme de quatre manières différentes; savoir, en changeant la finale *eur* :

1° En *euse* : Menteur, *menteuse*; grondeur, *grondeuse*; voyageur, *voyageuse*.
2° En *rice* : Imitateur, *imitatrice*; accusateur, *accusatrice*; spoliateur, *spoliatrice*.
3° En *eresse* : Pécheur, *pécheresse*; enchanteur, *enchanteresse*; singeur, *singeresse* (1).
4° En *eure* : supérieur, *supérieure*; majeur, *majeure*; antérieur, *antérieure*.

Quelques grammairiens ont cherché à établir des règles sur ces sortes d'adjectifs; mais comme ces règles sont obscurcies par de nombreuses exceptions, elles deviennent insuffisantes, pour ne pas dire nulles. En effet, comment établir des principes sur une matière vouée à l'usage?

Afin de ne pas tomber dans le vice que nous signalons ici, nous nous bornerons à donner dans l'exercice suivant la liste complète des adjectifs qui appartiennent aux quatre séries précédentes, en retranchant toutefois ceux que nous aurions déjà cités au chapitre des substantifs.

EXERCICE PHRASÉOLOGIQUE.

Ire SÉRIE : *Menteur-Menteuse*.

MASCULIN.	FEMININ.	MASCULIN.	FEMININ
Une écolier boudeur.	Une femme boudeuse.	Un enfant menteur.	Une petite fille menteuse.
Un portier causeur.	Une portière causeuse.	Un valet parleur.	Une servante parleuse.
Un courtisan flatteur.	Une promesse flatteuse.	Un accueil trompeur.	Une amorce trompeuse.
Un mari grondeur.	Une maîtresse grondeuse.	Un ver rongeur.	Une pensée rongeuse.

IIe SÉRIE : *Imitateur-Imitatrice*.

Un crime accusateur.	Une parole accusatrice.	Un souvenir consolateur.	Une pensée consolatrice.
Un discours adulateur.	Une femme adulatrice.	Un pouvoir exécuteur.	Une puissance exécutrice.
Un génie créateur.	Une imagination créatrice.	Un regard protecteur.	Une loi protectrice (2).

IIIe SÉRIE : *Pécheur-Pécheresse*.

Un rentier bailleur (de fonds).	Une héritière bailleresse.	Un client défendeur.	Une cliente défenderesse.
Un écolier chasseur.	Une nymphe chasseresse (3).	Un regard enchanteur.	Une voix enchanteresse.
Un bohémien devineur.	Une sorcière devineresse.	Un dévot pécheur.	La femme pécheresse.
Un plaideur demandeur.	Une plaideuse demanderesse.	Le foudre vengeur.	L'indifférence vengeresse.

IVe SÉRIE : *Supérieur-Supérieure*.

Un crime antérieur.	Une peine intérieure.	Un officier supérieur.	Une qualité supérieure.
Un mur extérieur.	Une porte extérieure.	Un droit postérieur.	Une date postérieure
Un mérite inférieur.	Une place inférieure.	Un ton majeur.	Une fille majeure.
Un sentiment intérieur.	Une paix intérieure.	Un mode mineur.	Une pupille mineure.
Un meilleur goût.	Une meilleure condition.	Un chapitre ultérieur.	Une demande ultérieure (4).

(1) Montaigne dit quelque part qu'il y a en lui *une condition aucunement* SINGERESSE *et imitatrice*.

(2) Ajoutez : Déprédateur, *déprédatrice*; improbateur, *improbatrice*; scrutateur, *scrutatrice*; désapprobateur, *désapprobatrice*; instructeur, *instructrice*; tentateur, *tentatrice*; désorganisateur, *désorganisatrice*: murmurateur, *murmuratrice*, tergiversateur, *tergiversatrice*; dévastateur, *dévastatrice*; prévaricateur, *prévaricatrice*; exagérateur, *exagératrice*; profanateur, *profanatrice*; réprobateur, *réprobatrice*; etc.

(3) On dit *chasseuse* dans le style ordinaire : *Cette femme est une grande chasseuse*. (ACADÉMIE.)

(4) Ajoutez *citérieur* : *La Calabre citérieure*; on dit aussi *la Calabre ultérieure*.

N° CVI.

FÉMININ DES ADJECTIFS TERMINÉS PAR *el*, *en*, *et*, *on*.

1re SÉRIE. — MASCULIN.

Heureux qui peut au sein du vallon solitaire,
Naître, vivre et mourir dans le champ *paternel* !
(V. HUGO.)

Lorsqu'on détruit un *ancien* préjugé, l'on a besoin d'une nouvelle vertu. (Mme DE STAEL.)

Sois *muet* quand tu as donné ; parle quand tu as reçu. (PROVERBE ESPAGNOL.)

Il n'est pas de *bon* mot qui vaille un *bon* office.
(DELAVIGNE.)

2me SÉRIE. — FÉMININ.

Ne me préparez pas la douleur éternelle
De l'avoir fait répandre (votre sang) à la main *paternelle*. (RACINE.)

L'ingratitude la plus odieuse, mais la plus *ancienne*, est celle des enfants envers leur père.
(VAUVENARGUES.)

Et votre bouche encor, *muette* à tant d'ennui,
N'a pas daigné s'ouvrir pour se plaindre de lui?
(RACINE.)

La *bonne* comédie est celle qui fait rire.
(ANDRIEUX.)

Tous les adjectifs terminés par *el*, *en*, *et*, *on*, forment leur féminin en doublant la dernière consonne : *paternel*, *paternelle* ; *ancien*, *ancienne* ; *muet*, *muette* ; *bon*, *bonne*.

On excepte toutefois *complet*, *concret*, *discret*, *indiscret*, *inquiet*, *replet*, *secret*, qui font *complète*, *concrète*, *discrète*, *indiscrète*, *inquiète*, *replète*, *secrète*, ainsi qu'on le voit par les citations ci-après :

Un homme *indiscret* est une lettre décachetée, tout le monde peut la lire. (CHAMFORT.)

Nous avons naturellement un *secret* dépit contre les personnes qui nous effacent. (LA ROCHE.)

La curiosité *indiscrète* marque presque toujours quelque légèreté d'esprit. (LA ROCHE.)

Quand l'administration est *secrète*, on peut conclure qu'il se commet des injustices.
(MALESHERBES.)

Les adjectifs suivants : *pareil*, *vermeil*, *nonpareil*, *gros*, *gras*, *bas*, *gentil*, *las*, *épais*, *profès*, *exprès*, *bellot*, *sot*, *vieillot*, *paysan*, doublent également la dernière consonne au féminin. Exemples :

J'ai vu l'impie adoré sur la terre ;
Pareil au cèdre, il cachait dans les cieux
Son front audacieux. (RACINE.)

Te voilà citadin, le luxe t'environne,
Un *gros* suisse est là bas qui garde ta personne,
Et tout cela, pourquoi? ta femme l'a voulu !
(DELAVIGNE.)

Qui ne vole au sommet, tombe au plus *bas* degré.
(BOILEAU.)

Il est certains esprits dont les sombres pensées,
Sont d'un nuage *épais* toujours embarrassées.
(Id.)

La nature donne à l'orgueilleux une taille raide, une tête haute, un œil fier ; elle écrit sur son front :
« *Sot !* » (BOISTE.)

J'aurai toujours pour vous, ô suave merveille !
Une dévotion à nulle autre *pareille*.
(MOLIÈRE.)

Une puce paraît plus *grosse* qu'un mouton dans le microscope solaire.
(BERNARDIN DE ST-PIERRE.)

Un esprit né sans fard, sans *basse* complaisance,
Fuit ce ton radouci que prend la médisance.
(BOILEAU.)

... La pensée, éclatante lumière,
Ne peut sortir du sein de l'*épaisse* matière.
(L. RACINE.)

S'enorgueillir de la beauté,
C'est ridicule et *sotte* vanité.
(LEBRUN.)

EXERCICE PHRASÉOLOGIQUE.

MASCULIN.	FÉMININ.	MASCULIN.	FÉMININ.
Un ancien préjugé.	Une ancienne coutume.	Un langage muet.	Une jeune fille muette.
Un bon domestique.	Une bonne idée.	Un amour maternel.	Une indulgence maternelle.
Un bas flatteur.	Une basse extraction.	Un luxe paysan.	Une coiffure paysanne.
Un homme coquet.	Une mise coquette.	Un intérêt partiel.	Une somme partielle.
Un usurpateur criminel.	Une action criminelle.	Un avis paternel.	Une bonté paternelle.
Un ami discret.	Une femme discrète.	Un gastronome replet.	Une nourrice replète.
Un ouvrage complet.	Une traduction complète.	Un tribunal secret.	Une affaire secrète.
Un voleur inquiet.	Une mère inquiète.	Un homme indiscret.	Une parole indiscrète.

N° CVII.

FÉMININ DES ADJECTIFS DONT LE MASCULIN A DEUX FORMES.

1re SÉRIE. — MASCULIN.

Le secret pour être approuvé en France, est d'être *nouveau*. (LE GR. FRÉDÉRIC.)

Ce *nouvel* Adonis à la blonde crinière
Est l'unique souci d'Anne la perruquière.
(BOILEAU.)

L'auteur chez qui l'on dîne est sûr d'un *beau* succès. (DELAVIGNE.)

Le *bel* âge n'est qu'une fleur qui passe. (FÉNELON.)

Le *vieux* temps n'est beau qu'en peinture. (BERNIS.)

Un vieux poète, un *vieil* amant, un vieux chanteur et un vieux cheval ne valent rien. (VOLTAIRE.)

Cet homme paraît fort et robuste ; mais il est *mou* au travail. (ACADÉMIE.)

Sur le *mol* édredon dormez-vous plus tranquille ? (CLÉMENT.)

Ma foi, sur l'avenir bien *fou* qui se fiera. (RACINE.)

Gardez qu'un *fol* orgueil ne vous vienne enfumer. (BOILEAU.)

2me SÉRIE. — FÉMININ.

L'exception d'une loi générale est souvent, dans la nature, le fondement d'une loi *nouvelle*. (BERNARDIN DE ST-PIERRE.)

Une *belle* figure n'est point un avantage indifférent pour les souverains ; leur visage règne. (DUPATY.)

...... Quand une *vieille* femme
Aime encor les plaisirs, pour eux elle est de flamme.
(DELAVIGNE.)

La jeunesse en sa fleur brille sur son visage ;
Son menton sur son sein descend à double étage,
Et son corps ramassé dans sa courte grosseur
Fait gémir les coussins sous sa *molle* épaisseur.
(BOILEAU.)

Travaillez à loisir, quelque ordre qui vous presse,
Et ne vous piquez point d'une *folle* vitesse.
(Id.)

Les adjectifs auxquels l'usage a donné deux formes pour le masculin singulier sont : *nouveau, beau, vieux, mou, fou*, qui ont pour double forme *nouvel, bel, vieil, mol, fol*, d'où est dérivé le féminin *nouvelle, belle, vieille, molle, folle*. Il est à observer que *nouveau, beau*, etc., ne s'emploient que devant des mots commençant par une consonne : *Un nouveau maître ; un beau succès*, etc., tandis que *nouvel, bel*, etc., précèdent les mots qui ont pour initiale une voyelle : *Ce nouvel Adonis ; le bel âge*; etc. (1).

(1) Toutefois cette règle n'est applicable qu'au singulier. Le pluriel n'ayant qu'une terminaison, dites : *de nouveaux amis, de beaux habits*, etc. Nous ferons remarquer aussi que l'Académie écrit *un homme mou et efféminé*, parce qu'il semble que l'hiatus soit moins sensible par le léger repos que la conjonction établit entre les deux qualificatifs. Mais cette phrase de Buffon ne nous paraît plus être autorisée par l'usage : *Les Chinois sont des peuples mols*. Maintenant on ne se servirait que de l'adjectif *mous*.

EXERCICE PHRASÉOLOGIQUE.

MASCULIN.		FÉMININ.
Un nouveau malheur.	Un nouvel ouvrage.	Une nouvelle faveur.
Un fou mariage.	Un fol espoir.	Une folle idée.
Un beau drame.	Un bel arbre.	Une belle fortune.
Un vieux garçon.	Un vieil ami.	Une vieille servante.
Un caractère mou.	Un mol esclave.	Une vie molle.

N° CVIII.

FÉMININ DES ADJECTIFS QUI, AU MASCULIN, SE TERMINENT PAR UN c.

1re SÉRIE. — MASCULIN.

Le bonheur *public* vaut mieux que la victoire.
(ARNAULT.)

Un jeune gentilhomme *grec* est assurément l'être le plus superbe et le plus content de lui-même que je connaisse.
(GUIS.)

Ainsi, lorsqu'un palmier dont l'orgueilleuse tête
Long-temps brava les ans, la foudre et la tempête,
Offre son front *caduc*, ses rameaux languissants
Aux baisers amoureux des lierres caressants,
Sa vigueur épuisée à cet effort succombe;
Il se fane, jaunit, s'effeuille, meurt et tombe.
(DESFAUCHERETS.)

On ne peut être *franc* avec ceux qu'on redoute.
(*Id.*)

Ma femme est une perle :
Lui chercher un pendant
C'est désirer un merle
Qui soit tout-à-fait *blanc*.
(DE SÉGUR.)

La méfiance poussée à l'extrême est toujours la preuve d'un cœur *sec* et d'un esprit étroit.
(ÉVIS.)

2me SÉRIE. — FÉMININ.

La justice est mère de la paix *publique* et de l'ordre privé.
(LACRETELLE AÎNÉ.)

Les belles Françaises sont vers Marseille, Avignon et dans la plupart des endroits de l'ancienne Provence qui furent jadis peuplés par une colonie *grecque* de Phocéens.
(VIREY.)

En morale comique, il est permis, je crois,
Aux Frontins de punir l'avarice des tantes,
Et de berner un peu les *caduques* amantes.
(*Id.*)

Tout bien considéré, *franche* coquetterie
Est un vice moins grand que fausse pruderie.
(DUFRESNY.)

Sur les lisières des bois, le bouvreuil, caché dans l'épine *blanche*, charme, par son doux ramage, sa compagne dans son nid.
(BERNARDIN DE ST-PIERRE.)

On accompagne la miséricorde de tant de dureté envers les malheureux qu'un refus serait moins accablant pour eux qu'une charité si *sèche* et si farouche.
(MASSILLON.)

Quelques adjectifs terminés par un *c* au masculin forment leur féminin par le changement du *c*,

1° en *que* : Public, *publique*; caduc, *caduque*; turc, *turque*; grec, *grecque* (seul mot qui conserve le *c*);

2° en *che* : Franc, *franche*; blanc, *blanche*; sec, *sèche*.

En style historique on dit les peuplades *franques*, les races *franques*, pour désigner les tribus qui envahirent les Gaules, sous Pharamond.

EXERCICE PHRASÉOLOGIQUE.

MASCULIN.	FÉMININ.	MASCULIN.	FÉMININ.
Un endroit public.	Une place publique.	Un prêtre grec.	Une flotte grecque.
Un vieillard caduc.	Une jeunesse caduque.	Un franc poltron.	Une franche amitié.
Un soldat turc.	Une femme turque.	Un temps sec.	Une réponse sèche.

N° CIX.

ADJECTIFS DONT LE FÉMININ IRRÉGULIER N'EST SOUMIS A AUCUNE DES RÈGLES PRÉCÉDENTES.

1ʳᵉ SÉRIE. — MASCULIN.

L'un traîne en longs fredons une voix glapissante,
Et l'autre, l'appuyant de son aigre fausset,
Semble un violon *faux* qui jure sous l'archet.
(BOILEAU.)

J'éveillerai pour toi la pitié, la justice
De l'incorruptible avenir.
Eux-mêmes épureront par un *long* artifice
Ton honneur qu'ils pensent ternir.
(GILBERT.)

La vertu qui jette un si *doux* parfum dans la mémoire des hommes ne meurt jamais.
(FÉNELON.)

En France, il n'y a que des moutons blancs, bruns, noirs et tachés; en Espagne, il y a des moutons *roux*; en Écosse, il y en a de jaunes.
(BUFFON.)

La contradiction paraît être l'aliment *favori* de l'esprit humain.
(SANIAL-DUBAY.)

L'univers, plus jeune et plus *frais*,
Des vapeurs du matin sort brillant de rosée.
(DELAVIGNE.)

Mais si d'un œil *bénin* vous voyez mes hommages,
Pourquoi m'en refuser d'assurés témoignages?
(MOLIÈRE.)

A quels discours *malins* le mariage expose!
(BOILEAU.)
On appelle le diable l'esprit *malin*.
(LAVEAUX.)

L'orgueil est un des vices le plus *jaloux* de se venger des abaissements qu'il éprouve.
(ROUBAUD.)

Des trois chambres qui composent les états-généraux, la chambre du *tiers*-état est toujours celle contre laquelle la cour est le plus en garde.
(DE LIMIERS.)

2ᵉ SÉRIE. — FÉMININ.

La flatterie est une *fausse* monnaie qui n'a de cours que par notre vanité.
(LAROCHEFOUCAULD.)

Qui vous a pu plonger dans cette humeur chagrine?
A-t-on par quelque édit réformé la cuisine?
Ou quelque *longue* pluie, inondant vos vallons,
A-t-elle fait couler vos vins et vos melons?
(BOILEAU.)

Salut! champs que j'aimais, et vous, *douce* verdure,
Et vous riant exil des bois;
Ciel, pavillon de l'homme, admirable nature,
Salut pour la dernière fois!
(GILBERT.)

A barbe *rousse* et noirs cheveux
Ne t'y fie pas si tu ne veux.
(DICT. COMIQUE.)

Il n'est point, nous dit-il, de race *favorite*;
Dieu sait de cet enfant quel sera le mérite.
Dieu lit dans l'avenir ce qu'il doit être un jour,
Et s'il se rendra digne ou de haine ou d'amour.
(L. RACINE.)

C'est d'une ronce épineuse que l'homme a fait éclore, comme par enchantement, la rose *fraîche* et parfumée.
(AIMÉ-MARTIN.)

... Si vous contemplez d'une âme un peu *bénigne*,
Les tribulations de votre esclave indigne.
(MOLIÈRE.)

La paresse est de toutes les passions celle qui nous est la plus inconnue à nous-mêmes; nulle autre n'est plus ardente ni plus *maligne*.
(LAROCHEFOUCAULD.)

Une femme doit être *jalouse* de son honneur jusqu'au scrupule.
(ACADÉMIE.)

Je me lasse de parler en *tierce* personne, et c'est un soin fort superflu; car vous sentez bien, cher citoyen, que ce malheureux fugitif c'est moi-même.
(J.-J. ROUSSEAU.)

On voit que les adjectifs *faux, long, doux, roux, favori, frais, bénin, malin, jaloux, tiers*, ont pour féminin *fausse, longue, douce, rousse, favorite, fraîche, bénigne, maligne, jalouse, tierce*. Il faut y ajouter: *oblong, coi, muscat, absous, dissous*, qui font *oblongue, coite, muscade* (rose muscade), *absoute, dissoute*.

Mais *fat, chatain, témoin, dispos, résous, hébreu, partisan, artisan, vélin*, n'ont pas de féminin (1).

Océane n'a point de masculin: *Mer océane*.

(1) Voltaire a cependant dit *partisane*. — *Résous* a pour féminin *résolue*: *Une tumeur résolue*. Quelques au-

(200)
EXERCICE PHRASÉOLOGIQUE.

Un faux ami.	Une fausse peur.	Un air favori.	Une chanson favorite.
Un long espoir.	Une longue lettre.	Rester coi.	Une chambre coite.
Un format oblong.	D'une forme oblongue.	Un temps frais.	Une matinée fraîche.
Un temps doux.	Une douce consolation.	Un mari bénin.	Une influence bénigne.
A poil roux.	La lune rousse.	Un esprit malin.	Une fièvre maligne.
Le tiers *rui*.	Une tierce partie.	Cet homme est absous.	Cette femme est absoute.

N° CX.

ADJECTIFS EXPRIMANT DES QUALITÉS ATTRIBUÉES AUX HOMMES.

1re SÉRIE. — MASCULIN.

Quand vous vous donnez pour *auteur*
En auteur souffrez qu'on vous traite.
(ARNAULT.)

Je devais être *témoin* des hommages que lui prodiguerait sur la route une foule empressée.
(DE SÉGUR.)

2e SÉRIE. — FÉMININ.

Les femmes d'à-présent sont bien loin de ces mœurs;
ELLES veulent écrire et devenir *auteurs*.
(MOLIÈRE.)

Venez, mesdames, être *témoins* du triomphe de la philosophie.
(MARMONTEL.)

Certains adjectifs exprimant des qualités qui appartiennent spécialement aux hommes, s'emploient quelquefois avec des noms féminins, mais sans changer de forme, comme le prouvent les exemples ci-dessus. (Voir aux *substantifs*, où cette particularité se trouve amplement développée.)

EXERCICE PHRASÉOLOGIQUE.

Un jeune homme écrivain, peintre, sculpteur, graveur.	Une femme écrivain, peintre, sculpteur, graveur.	Un public témoin.	Une ville témoin.
Un amant vainqueur.	Une vertu vainqueur.	Un guerrier auteur, poète, artiste.	Une dame auteur, poète, artiste.

N° CXI.

FORMATION DU PLURIEL DANS LES ADJECTIFS.

1re SÉRIE. — SINGULIER.

Tout riche qui n'a pas la noblesse en partage
Ne doit point s'allier avec de grands seigneurs.
On lui fait tôt ou tard payer cher les honneurs
Dont il a recherché le *frivole* avantage.
(LEBRUN.)

2e SÉRIE. — PLURIEL.

Pour contenter ses *frivoles* désirs,
L'homme insensé vainement se consume :
Il trouve l'amertume
Au milieu des plaisirs.
(RACINE.)

teurs ont dit *hébreue* : *La toilette d'une femme hébreue* (Revue européenne). On ne pourrait, dans ce cas, employer *hébraïque*, qui ne se dit guère qu'en fait de langage : *grammaire hébraïque, langue hébraïque*.
Les lexicographes refusent aussi le féminin à l'adjectif *aquilin*; mais nous pensons avec Boniface, qu'on pourrait très bien dire : *la forme aquiline du nez est assez agréable*.
On écrit la langue *indou*, la langue *sanscrit*; exemple : *le docteur allait commencer un fort beau discours en langue* INDOU, *lorsque son introducteur le prévint qu'il devait attendre que le grand prêtre l'interrogeât.* (Bern. de St-Pierre). *Toute vérité est renfermée dans les quatre beths, écrits il y a 120 mille ans dans la langue* SANSCRIT, *dont les seuls brames ont l'intelligence* (Le même). Cependant le féminin *indoue, sanscrite* est aujourd'hui généralement adopté.

Seigneur, je me flattais, espérance *frivole*,
De ramener Zaïre à cette heureuse cour
Où Louis des vertus a fixé le séjour.
(VOLTAIRE.)

Que fait dans la prison flottante le rameur *captif*, le forçat infortuné? que font tant d'autres mortels dévoués à la solitude et au malheur? ils chantent, et par le chant ils écartent le chagrin.
(GRESSET.)

L'âme heureusement *captive*,
Sous ton joug trouve la paix,
Et s'abreuve d'une eau vive
Qui ne s'épuise jamais.
(RACINE.)

Un propos séduisant et *flatteur*
Est le plus sûr chemin du cœur.
(AUMONT.)

O fortune! ô grandeur! dont l'amorce *flatteuse*
Surprend, touche, éblouit une âme ambitieuse,
De tant d'honneurs reçus c'est donc là tout le fruit?
Un long temps les amasse, un moment les détruit.
(T. CORNEILLE.)

Le monde, à mon avis, est comme un *grand* théâtre
Où chacun en public, l'un par l'autre abusé,
Souvent à ce qu'il est joue un rôle opposé.
(BOILEAU.)

La trop *grande* subtilité est une fausse délicatesse; et la véritable délicatesse est une solide subtilité.
(LAROCHEFOUCAULD.)

Crois-moi, nul ne sait mieux combien vaut la vertu
Que l'homme *criminel* quand il s'est reconnu.
(GILBERT.)

Philippe, de Mayenne embrassant la querelle,
Soutient de nos rivaux la cause *criminelle*;
Et Rome qui devrait étouffer tant de maux,
Rome, de la discorde allume les flambeaux.
(VOLTAIRE.)

Tout acte d'autorité exercé par un homme sur un autre homme, est tyrannique, s'il n'est pas absolument nécessaire au bien *public*. BECCARIA.)

Compagnes fidèles de l'homme policé, objets de leurs affections les plus chères, c'est à vous, ô femmes, que nous devons la félicité *publique*.
(VIREY.)

Les simples et les ignorants
Peuvent se laisser prendre à de belles paroles;
Celui qui sait percer leur voiles transparents
Méprise ces phrases *frivoles*.
(FR. DE NEUFCHATEAU.)

L'influence du climat, si puissante sur toute la nature, agit avec bien plus de force sur des êtres *captifs*, que sur des êtres libres.
(BUFFON.)

Là, des chars fracassés, du fer courbé des faux,
Des panaches flottants, de l'airain des vaisseaux,
Et des arcs détendus et des lances oisives,
Pendaient pompeusement les dépouilles *captives*.
(DELILLE.)

Jamais à vous chanter un poète empressé
De petits vers *flatteurs* ne vous a caressé.
(GILBERT.)

La galanterie de l'esprit est de dire des choses *flatteuses* d'une manière agréable.
(LAROCHEFOUCAULD.)

Mon appétit s'en va lorsque je vois siéger
Tout l'ennui des *grands* airs dans ma salle à manger.
(DELAVIGNE.)

Les *grandes* pensées viennent du cœur.
(VAUVENARGUES.)

Rois, chassez la calomnie:
Ses *criminels* attentats,
Des plus paisibles états
Troublent l'heureuse harmonie.
(RACINE.)

Plus terrible pour nous que les lois solennelles,
La conscience parle aux âmes *criminelles*.
(LEMERCIER.)

Le jour même du couronnement, les vainqueurs offrirent des sacrifices en actions de grâces. Ils furent inscrits dans les registres *publics* des Éléens, et magnifiquement traités dans une des salles du Prytanée.
(BARTHÉLEMY.)

Les lois, les mœurs antiques,
Sont l'appui de l'état dans les choses *publiques*.
(CHÉNIER.)

Ces nombreuses citations nous permettent d'établir comme règle générale, que le pluriel des adjectifs, quels qu'en soient d'ailleurs la terminaison et le genre, se forme, ainsi que le pluriel des substantifs, par l'addition d'un s : Un *joli* cheval, de *jolis* chevaux; une *jolie* femme, de *jolies* femmes.

EXERCICE PHRASÉOLOGIQUE.

SINGULIER.	PLURIEL.	SINGULIER.	PLURIEL.
Un terme absolu.	Des termes absolus.	Un air modeste.	Des airs modestes.
Une reine absolue.	Des reines absolues.	Une jeune fille modeste.	Des jeunes filles modestes.
Un serment antérieur.	Des serments antérieurs.	Un noble regard.	De nobles regards.
Une promesse antérieure.	Des promesses antérieures.	Une âme noble.	Des âmes nobles.

Un bon conseil.	Des bons conseils.	Un habit noir.	Des habits noirs.
Une bonne œuvre.	De bonnes œuvres.	Une croix noire.	Des croix noires.
Un principe clair.	Des principes clairs.	Un chagrin profond.	Des chagrins profonds.
Une voix claire.	Des voix claires.	Une plaie profonde.	Des plaies profondes.
Un cher ami.	De chers amis.	Un sage précepteur.	De sages précepteurs.
Une chère amie.	De chères amies.	Une sage loi.	De sages lois.

EXCEPTIONS.

I.

Tout en tout est *divers* : ôtez-vous de l'esprit
Qu'aucun être ait été composé sur le vôtre.
(LA FONTAINE.)

Les *divers* langages des grands écrivains sont autant de domaines différents que la langue générale réunit au domaine de sa couronne et qui composent son empire. (DUPATY.)

II.

L'imprudence n'est pas dans la témérité ;
Elle est dans un projet *faux* et mal concerté.
(CRÉBILLON.)

Les esprits *faux* sont insupportables, et les cœurs *faux* sont en horreur. (VOLTAIRE.)

De la beauté, tel est l'*heureux* pouvoir :
Elle séduit souvent sans le savoir.
(ANDRIEUX.)

Hélas ! aux gens *heureux* la plainte est importune !
(CHÉNIER.)

III.

Rien de mieux, j'en conviens, qu'un *beau* nom bien porté. (DELAVIGNE.)

Ménageons l'amitié, même dans nos *beaux* jours ;
Quand le temps détruit les amours,
Elle mûrit pour la vieillesse.
(DUTREMBLAY.)

Ces exemples nous démontrent qu'on doit excepter de la règle précédente :

1° Les adjectifs qui se terminent par un *s* au singulier comme au pluriel : un homme *pervers*, des hommes *pervers*.

2° Ceux qui, finissant par un *x*, ne sauraient subir aucun changement, lorsqu'on les pluralise : Un enfant *studieux*, des enfants *studieux*.

3° Enfin, les qualificatifs terminés par la syllabe *au*, dont le pluriel prend toujours un *x* : un *beau* garçon, de *beaux* garçons.

Quant au féminin de tous ces adjectifs, leur pluriel se forme, comme nous l'avons déjà dit, par la simple addition d'un *s* : Une coutume *perverse*, des mœurs *perverses* ; une personne *studieuse*, des personnes *studieuses*.

OBSERVATION.—Les adjectifs *bleu*, *fou* et *mou* prennent un *s* au pluriel : *bleus*, *fous*, *mous*.

EXERCICE PHRASÉOLOGIQUE.

SINGULIER.	PLURIEL.	SINGULIER	PLURIEL.
Un beau coursier.	De beaux coursiers.	Un mari jaloux.	Des maris jaloux.
Un œil doux.	Des yeux doux.	Un nouveau procédé.	De nouveaux procédés.
Un troupeau épars.	Des troupeaux épars.	Un faquin orgueilleux.	Des faquins orgueilleux.
Un air faux.	Des airs faux.	Un poil roux.	Des poils roux.
Un poisson frais.	Des poissons frais	Un vieux soldat.	De vieux soldats.

N° CXII.

ADJECTIFS EN *al*.

I.

1ʳᵉ SÉRIE. — SINGULIER.

Travailler est un devoir indispensable à l'homme *social*. (J.-J. ROUSSEAU.)

L'aigle confie son nid au rocher qui se perd dans la nue ; l'autruche aux sables arides des déserts ; le flamant, couleur de rose, aux vases de l'Océan *méridional*. (BERNARDIN DE ST-PIERRE.)

Le règne *végétal* paraît être le fondement nécessaire, indispensable à la vie animale. (VIREY.)

Le Français est l'enfant gâté de l'Europe. Si l'on a quelquefois vu parmi nous des crimes odieux, ils ont disparu plutôt que le caractère *national*. (DUCLOS.)

2ᵐᵉ SÉRIE. — PLURIEL.

Le premier grain confié aux entrailles de la terre a fait germer les liens *sociaux*. (VIREY.)

L'oranger passe la mer, et borde de ses fruits dorés les rivages *méridionaux* de l'Europe. (BERNARDIN DE ST-PIERRE.)

Le pain est le meilleur de tous les aliments *végétaux*. (RICHERAND.)

La raison est commune, l'esprit en chaque langue a sa forme particulière, différence qui pourrait bien être en partie la cause ou l'effet des caractères *nationaux*. (J.-J. ROUSSEAU.)

II.

Dans la plupart des affaires, il y a un moment *fatal*. (ACADÉMIE.)

Les habitants des îles Kuriles laissent beaucoup de parties du corps dénudées à un air *glacial*. (VIREY.)

L'académie a jugé que *matinal* doit s'appliquer à celui qui se lève matin, et *matineux*, à celui qui est dans l'habitude de se lever matin. (ROUBAUD.)

Un louangeur *banal*
Déplaît en cherchant à nous plaire.
(DELILLE.)

Fuyez, volez, instants *fatals* à mes désirs ! (ST-LAMBERT.)

Les vents du Nord sont *glacials*. (BONIFACE.)

Messieurs, nous ne sommes pas aussi *matinals* que vous. (*Id.*)

Il y a dans beaucoup de villages des fours *banals*. (*Id.*)

Les adjectifs terminés en *al* forment leur pluriel masculin par le changement de cette terminaison, les uns en *aux*, les autres en *als*.

Mais quels sont ceux qui doivent se changer en *aux*, et ceux qui doivent prendre *als* ?

« Grand tumulte, dit M. Lemare, parmi les grammairiens à cette occasion ; l'Aca-
» démie elle-même ne peut s'y faire entendre. Buffon a dit : des habitants *brutaux*, des
» mouvements *machinaux* ; Jean-Jacques : des compliments *triviaux* ; Regnard : des liens
» *conjugaux* ; l'Académie : des offices *vénaux*, tandis qu'elle rejette tous les mots précé-
» dents. M. Chapsal, qui cite et adopte les exemples ci-dessus, se glisse dans la mêlée,
» et, augmentant le désordre, il veut qu'on dise : les sons *nasals*, les soins *filials*, les
» ciseaux *fatals*. LeTellier accourt, s'escrime à droite et à gauche, s'attaque aux habi-
» tants *brutaux* de Buffon ; arrête ses mouvements *machinaux* ; rit des compliments *tri-
» viaux* de Jean-Jacques ; foule aux pieds les liens *conjugaux* de Regnard ; étouffe les
» sons *nasals* de M. Chapsal ; et sans respect pour l'autorité qui tient notre langue en
» tutelle, proscrit ses offices *vénaux*. Quel parti prendre dans une aussi grande affaire ?

» — Celui de l'analogie, ou s'abstenir, lorsqu'on craint de choquer l'oreille par un son
» tout-à-fait inusité. »

Ce conseil de M. Lemare est très sage, et nous avons cru ne pouvoir mieux faire que de le répéter, au lieu de nous jeter dans les interminables discussions qui se sont élevées à cet égard. Seulement nous ajouterons que nous avons dans notre langue environ trois cents mots terminés en *al* ; que sur ces trois cents mots il y en a près de deux cent quatre-vingts qui se changent au pluriel en *aux* ; et que par conséquent il n'y en a tout au plus que vingt qui fassent *als*, ou dont la terminaison plurielle ne soit pas encore bien fixée (1). Voir l'exercice suivant.

Quelques grammairiens se souciant fort peu d'appauvrir notre langue en lui imposant des entraves sans nécessité, ont proscrit le pluriel de certains adjectifs en *al*. C'est ainsi que, selon eux, il n'est pas permis de pluraliser les adjectifs *idéal*, *trivial*, *patricial*, *fatal*, *initial*, *adverbial*, *déloyal*, *médical*, *musical*, *sentimental*, et une infinité d'autres.

En quoi donc les expressions suivantes blessent-elles l'euphonie ? Des êtres *idéaux* (Buffon) ; des buffles *brutaux* (idem) (2) ; des chiffres *triviaux* (3) ; des honneurs *patriciaux* (4) ; des instants *fatals* (St-Lambert) ; des cierges *pascals* (Trévoux et Gattel) ; des sons *finals*, *initials* et *nasals* (Beauzée et plusieurs auteurs) ; des repas *frugals*, des codes *pénals*, des combats *navals* (Girault-Duvivier) ; des effets *théâtrals* (Gattel) ; les feux *verticaux* du soleil (Bernardin de Saint-Pierre) (5).

Nous le demandons, quel serait le puriste assez scrupuleux pour rejeter des expressions approuvées par tant d'autorités différentes ?

Comment, par déférence pour les décisions de quelques grammairiens peu observateurs et dont l'unique plaisir est de forger des règles, on ne dirait pas des hommes *déloyaux*, des contes *pastoraux*, des avis *préceptoraux*, des cercles *horizontaux*, des amants *sentimentals*, des habits *doctorals*, des soins *filials*, des vents *glacials*, des devoirs *maritals*, etc., etc. En vérité, il est par trop ridicule de vouloir ainsi interdire l'acte de la pensée, en proscrivant des mots essentiellement nécessaires. Aussi, forts de l'autorité des bons écrivains, nous pensons, avec M. Boniface, qu'on doit faire justice de cette absurde proscription : *Ipsæ res verba rapiunt* (les choses entraînent les paroles, Cicéron).

EXERCICE PHRASÉOLOGIQUE.

EN *aux*.

SINGULIER.	PLURIEL.	SINGULIER.	PLURIEL.
Un péché capital.	Des péchés capitaux.	Un verbe pronominal.	Des verbes pronominaux.
Un ouvrage immoral.	Des ouvrages immoraux.	Un historien partial.	Des historiens partiaux.
Un prince libéral.	Des princes libéraux.	Un remède pectoral.	Des remèdes pectoraux.

(1) Sans doute il eût été plus convenable de ne donner qu'une seule terminaison plurielle aux adjectifs en *al*, mais l'usage, plus puissant que toutes les règles, en a décidé autrement, et l'on est contraint de se soumettre aveuglément à ses lois.

(2) Il paraît aussi que les buffles sont plus doux et moins *brutaux* dans leur pays natal, et que plus le climat est chaud, plus ils sont dociles.

(3) Une basse ainsi hérissée de chiffres *triviaux* rebute l'accompagnateur, et lui fait souvent négliger les chiffres nécessaires.

(4) On voyait devenir officiers de l'empire les mêmes conquérants qui l'avaient avili ; les plus grands rois accepter, briguer même les honneurs *patriciaux*.

(5) Lorsque le soleil au milieu de sa carrière embrase les campagnes de ses feux *verticaux*, les arbres nous offrent de magnifiques parasols.

Un peuple méridional.	Les peuples méridionaux.	Un prince royal.	Des princes royaux.
Un conte moral.	Des contes moraux.	Un bien rural.	Des biens ruraux.
Un garde municipal.	Des gardes municipaux.	Un pays septentrional.	Des pays septentrionaux.
Un homme original.	Des hommes originaux.	Un adjectif verbal.	Des adjectifs verbaux.

EN *als*.

Un conseil amical.	Des conseils amicals.	Un son labial.	Des sons labials.
Un enfant bancal.	Des enfants bancals.	Un homme matinal.	Des hommes matinals.
Un instant fatal.	Des instants fatals.	Un son médial.	Des sons médials.
Un air final.	Des airs finals.	Un combat naval.	Des combats navals.
Un repas frugal.	Des repas frugals.	Un cierge pascal.	Des cierges pascals.
Un sentiment final.	Des sentiments filials.	Un code pénal.	Des codes pénals.
Un vent glacial.	Des vents glacials.	Un effet théâtral.	Des gestes théâtrals.
Un son initial.	Des sons initials.		

SYNTAXE DES ADJECTIFS QUALIFICATIFS.

N° CXIII.

ACCORD DE L'ADJECTIF AVEC UN SUBSTANTIF.

SINGULIER. — MASCULIN ET FÉMININ.

Aussitôt que les mœurs se perdent, tous les défauts d'un gouvernement paraissent au *grand* JOUR.
(RULHIÈRE.)

La *grande* NAISSANCE est un présent de la fortune qui ne devrait attirer aucune estime à ceux qui le reçoivent, puisqu'il ne leur coûte ni étude ni travaux.
(LA BRUYÈRE.)

PLURIEL. — MASCULIN ET FÉMININ.

Les *grands* NOMS abaissent au lieu d'élever ceux qui ne les savent pas soutenir.
(LAROCHEFOUCAULD.)

La mort donne les plus *grandes* LEÇONS pour désabuser de tout ce que le monde croit merveilleux.
(FÉNELON.)

Dans toutes les circonstances, l'adjectif s'accorde en genre et en nombre avec le nom auquel il se rapporte et qu'il qualifie : *grand* jour, *grande* naissance, *grands* noms, *grandes* leçons.

Cet accord doit avoir lieu, non seulement quand l'adjectif suit ou précède immédiatement le nom auquel il se rattache, mais encore lorsqu'il en est séparé par un verbe ou par d'autres mots, comme dans ces exemples :

Plaise aux dieux de TE rendre assez *bon* pour mériter la vie heureuse !
(FÉNELON.)

L'honneur de passer pour *bonne*, l'empêchait de SE montrer *méchante*.
(MARIVAUX.)

Jamais, en quoi que ce puisse être, les MÉCHANTS ne sont *bons* à rien de bon.
(J.-J. ROUSSEAU.)

Loin de nous raidir contre les INCLINATIONS qui sont *bonnes*, il faut les suivre pour servir Dieu.
(Mme DE MAINTENON.)

EXERCICE PHRASÉOLOGIQUE.

Méchant homme.	Méchants hommes.	Travail important.	Travaux importants.
Méchante femme.	Méchantes femmes.	Affaire importante.	Affaires importantes.
Joli cheval.	Jolis chevaux.	Doux loisir.	Doux loisirs.
Jolie personne.	Jolies personnes.	Douce habitude.	Douces habitudes.
Homme public.	Monuments publics.	Beau palais.	Beaux palais.
Opinion publique.	Places publiques.	Belle maison.	Belles maisons.
Le rosier est fleuri.	Les rosiers sont fleuris.	Un jardin cultivé.	Des jardins cultivés.
La rose est fleurie.	Les roses sont fleuries.	Une terre cultivée.	Des terres cultivées.

N° CXIV.

ADJECTIFS APRÈS PLUSIEURS SUBSTANTIFS DU MÊME GENRE.

Le RICHE et l'INDIGENT, l'IMPRUDENT et le SAGE,
Sujets à même loi, subissent même sort.
(J.-B. ROUSSEAU.)

On n'y voyait que colonnes de marbre, que pyramides, que statues colossales, que meubles d'OR et d'ARGENT *massifs*. (FÉNELON.)

Avec une gradation lente et ménagée, on rend l'HOMME et l'ENFANT *intrépides* à tout.
(J.-J. ROUSSEAU.)

J'ai remarqué sur plusieurs personnes qui avaient l'OREILLE et la VOIX *fausses*, qu'elles entendaient mieux d'une oreille que d'une autre.
(BUFFON.)

Un esprit raisonnable ne doit chercher, dans une vie frugale et laborieuse, qu'à éviter la HONTE et l'INJUSTICE *attachées* à une conduite prodigue et ruineuse.
(FÉNELON.)

La SCIENCE qui instruit et la MÉDECINE qui guérit sont *bonnes* sans doute. Mais la SCIENCE qui trompe et la MÉDECINE qui tue sont *mauvaises*.
(J.-J. ROUSSEAU.)

Lorsqu'un adjectif est précédé ou suivi de plusieurs substantifs de même genre liés par la conjonction *et*, il se met ordinairement au pluriel et au même genre que les substantifs exprimés :

Le RICHE et l'INDIGENT *sujets*; l'OREILLE et la VOIX *fausses*, etc.

EXERCICE PHRASÉOLOGIQUE.

Un manteau et un habit neufs.
Un chien et un chat méchants.
Un homme et un enfant intrépides.
Un pantalon et un gilet noirs.

Une robe et une pelisse neuves.
Une chatte et une chienne caressantes.
Une table et une planche noires.

Un drame et un roman intéressants.
Un jardin et un parc très grands.
Du pain et du vin excellents.

Une comédie et une tragédie intéressantes.
Une rue et une place très grandes.
Une gelée et une compote excellentes.

N° CXV.

ADJECTIFS AVEC PLUSIEURS SUBSTANTIFS DE DIFFÉRENTS GENRES.

L'orgueil aveugle se suppose une GRANDEUR et un MÉRITE *démesurés*. (SÉGUR.)

Dans la Laponie, la RONCE, le GENIÈVRE et la MOUSSE font *seuls* la verdure de l'été.
(BUFFON.)

C'est sur la naissance que sont fondés les PRÉROGATIVES et les RESPECTS *accordés* aux castes nobles et religieuses de l'Asie et de l'Europe.
(BERNARDIN DE ST-PIERRE.)

L'ORDRE et l'UTILITÉ *publics* ne peuvent être le fruit du crime. (MASSILLON.)

On voyait, *rangés* dans le plus grand ordre, aux parois de la muraille, des RATEAUX, des HACHES, des BÊCHES. (BERNARDIN DE ST-PIERRE.)

Philippe montra partout un COURAGE et une PRUDENCE *supérieurs* à son âge. (ROLLIN.)

PAUL et VIRGINIE étaient *ignorants* comme des créoles, et ne savaient ni lire ni écrire.
(BERNARDIN DE ST-PIERRE.)

Charles XII, ayant reçu l'ARGENT et l'ESCORTE *nécessaires* pour son retour, soutint contre une armée entière, aidé de ses seuls domestiques, ce combat malheureux de Bender. (VOLTAIRE.)

Il ne faut pas prendre pour des vertus, des ACTIONS et des INTÉRÊTS *arrangés* avec industrie.
(MASSIAS.)

Je tâche de rendre *heureux*, ma FEMME, mon ENFANT, et même mon CHAT et mon CHIEN.
(BERNARDIN DE ST-PIERRE.)

Ces exemples nous prouvent assez que, quand il y a plusieurs substantifs de différents genres, l'adjectif se met au masculin pluriel, que cet adjectif précède ou suive immédiatement les substantifs exprimés; ou qu'il en soit séparé par un verbe.

OBSERVATION. — L'euphonie exige que l'on énonce quelquefois le substantif masculin avant le féminin, quand l'adjectif n'a pas la même terminaison pour les deux genres.

Ainsi, l'on dira : *Cet acteur joue avec une noblesse et un goût* PARFAITS, plutôt que : *avec un goût et une noblesse* PARFAITS, parce que, dans cette dernière construction, la rencontre du substantif féminin *noblesse* et de l'adjectif masculin *parfaits* est à la fois dure et désagréable. Cependant les auteurs ne se sont pas toujours astreints à cette règle; Buffon a dit : *En Égypte, les jeunes filles de la campagne ont les bras et les* JAMBES *bien* FAITS, et Massillon : *l'ordre et l'*UTILITÉ PUBLICS, etc.

EXERCICE PHRASÉOLOGIQUE.

Le frère et la sœur sont chéris.
La colère et l'orgueil sont odieux.
Le teint et la joue sont vermeils.
La procédure et l'acte sont nuls.

Un chat et un chien amis.
Le loup et le chien ennemis.
Insectes et animaux dangereux.
Les bras et les jambes très gros.

Le citron et la grenade sont acides.
Une robe et un voile blancs.
La trompette et le clairon sont retentissants.

Une chatte et un chien caressants.
La pièce et l'auteur sifflés.
Une chauve-souris et un crapaud hideux.

Le tigre et la hyène sont cruels.
Le pain et la viande sont nécessaires.
La carafe et le bocal sont cassants.

Une rue et une place publiques.
Une carte et un tableau charmants.
La pièce et l'auteur hués.
La frangipane et le gateau sont sucrés.

Un maître et une maîtresse vertueux.
Le faisan et la caille sont délicats.
L'opale et le rubis sont recherchés.

La bouche et les yeux ouverts.
Une femme et un homme heureux.
Un garçon et une fille âgés.
Une main et un bras très nerveux.

N° CXVI.

UN ADJECTIF ET DEUX SUBSTANTIFS LIÉS OU NON LIÉS PAR LA PARTICULE *et*.

EXEMPLES SANS LA PARTICULE.

Toute sa vie n'a été qu'un *travail*, qu'une *occupation continuelle*. (MASSILLON.)

Auguste gouverna Rome avec un *tempérament*, une *douceur soutenue*, à laquelle il dut le pardon de ses anciennes cruautés. (DOMERGUE.)

Il honora les lettres de cet *attachement*, de cette *protection capable* de les faire fleurir. (*Id.*)

Je ne connais point de *roman*, point de *comédie espagnole* sans combats. (FLORIAN.)

.... Le *fer*, le *bandeau*, la *flamme* est toute *prête*. (RACINE.)

EXEMPLES AVEC LA PARTICULE.

J'eus sujet de me plaindre de mon tailleur, qui m'avait fait perdre en un instant *l'attention* et *l'estime publique*. (MONTESQUIEU.)

Quiconque est assez aimé des dieux pour trouver deux ou trois vrais amis, d'une *sagesse* et d'une *bonté constante*, trouve bientôt par eux d'autres personnes qui leur ressemblent. (FÉNELON.)

C'est une puissance orgueilleuse qui est souvent contraire à l'*humilité* et à la *simplicité chrétienne*. (FLÉCHIER.)

La chasteté est la source de la *force* et de la *beauté physique* et *morale* dans les deux sexes.
(BERNARDIN DE ST-PIERRE.)

La place fut remplie de six-vingt licteurs qui écartaient la multitude avec un *faste* et un *orgueil insupportable*. (VERTOT.)

Que deux substantifs soient ou non liés par la particule *et*, il est manifeste que l'adjectif qui s'y rapporte peut quelquefois, comme dans les exemples ci-dessus, s'accorder avec le dernier; cela est permis dans deux circonstances : La première, lorsque les substantifs présentent entre eux quelque synonymie, et que l'écrivain n'en veut réellement qualifier qu'un seul : *Un travail, une occupation continuelle*; la seconde, toutes les fois qu'il y a gradation dans les mots : *le fer, le bandeau, la flamme est toute prête*; ou bien que l'esprit, plus particulièrement préoccupé du dernier substantif, oublie celui ou ceux qui précèdent : *je ne connais point de roman, point de comédie espagnole sans combats; l'humilité et la simplicité chrétienne*. Dans tous ces cas l'ellipse sous-entend l'adjectif à chaque substantif. C'est donc à tort que Girault-Duvivier blâme les exemples de la seconde colonne (1).

EXERCICE PHRASÉOLOGIQUE.

Un talent, une habileté admirable.
Une force, une énergie peu commune.
Un pouvoir, un ascendant terrible.
Une humeur, un naturel féroce.
Son esprit, sa douceur, sa beauté, son ingénuité même est charmante.
La naissance, la fortune, la couronne même est une chimère.

Une alliance, une paix inviolable.
Une modestie et un savoir peu commun.
La religion et la morale chrétienne, la sûreté et la salubrité publique.
Une force et une énergie extraordinaire.
Une sagesse et une prudence surprenante.
D'une modération et d'une douceur évangélique.
D'un sentiment et d'une expression naturelle.

Une sagesse, une bonté, une douceur prodigieuse.
Les pieds et la tête nue.
Les yeux et la bouche ouverte.
Un savoir et une modestie peu commune.
Une noirceur et une perversité inouïe.
Une arrogance et une suffisance intolérable.
Un feu et un enthousiasme incroyable.

N° CXVII.

ADJECTIFS PRÉCÉDÉS DE DEUX OU PLUSIEURS SUBSTANTIFS ET NE SE RAPPORTANT QU'AU DERNIER.

EXEMPLES.

Le bon goût des Égyptiens leur fit aimer la solidité et la RÉGULARITÉ toute *nue*. (BOSSUET.)

Voici des êtres dont la taille et l'AIR *sinistre* inspirent la terreur. (BARTHÉLEMY.)

Le sourire est une marque de bienveillance, d'applaudissement et de SATISFACTION *intérieure*. (BUFFON.)

De leurs dépouilles élevez de magnifiques trophées à la gloire de la religion et de la NATION *française*. (ANQUETIL.)

Quelquefois l'adjectif, précédé de deux ou de plusieurs substantifs, joints par la conjonction *et*, ne qualifie réellement que le dernier; en pareil cas, il faut se garder de le mettre au pluriel ou de croire que l'ellipse le sous-entende devant chaque nom.

EXERCICE PHRASÉOLOGIQUE.

Un habit et un pantalon blanc.
Un bouquet et un vase doré.
Un habit et un pantalon collant.

Un manteau et un chapeau rond.
Les lois et l'autorité publique.
Le gouvernement et la force publique.

Une faim et une chaleur brûlante.
Ma pensée et la vérité toute nue.
Leurs manières et leur visage hideux.

---

(1) Aux exemples cités nous ajouterons les suivants : *On doit éviter les mots et les actions* DÉFENDUES. (Voltaire.) — *Le vent fut contraire; le ciel et la mer* BELLE. (Bern. de St.-Pierre.) — *Ce peuple a le cœur et la bouche* OUVERTE *à vos louanges*. (Vaugelas.) — *Tous les mots de la langue et toutes les syllabes nous paraissent* PRÉCIEUSES. (Racine.) — *Cette opinion inspire aux uns un orgueil intolérable, en leur persuadant qu'ils sont revêtus d'une origine et d'une puissance* CÉLESTE. (Bern. de St.-Pierre.) — *Auguste honora les lettres de cette protection et de cet attachement* RÉEL *qui dans un souverain, est si* CAPABLE *de les faire fleurir*. (Domergue.) — *C'est comme une espèce d'enthousiasme et de fureur* NOBLE *qui anime l'oraison, et qui lui donne un feu et une vigueur toute* DIVINE. (Boileau.) — *Les Grecs appelaient du nom de satires des drames d'une licence et d'une gaîté* BURLESQUE. (La Harpe.) — *Le jour même que, sur l'autel de notre père, tu consentiras avec moi, à nous jurer une alliance et une paix* INVIOLABLE, *ton trône, ton empire, tout te sera rendu*. (Marmontel.) — *Armez-vous d'un courage et d'une foi* NOUVELLE. (Racine.) — *Quand cet enfant esclave et tyran, plein de science et dépourvu de sens, est jeté dans le monde, il fait déplorer la misère et la perversité* HUMAINE. (J.-J. Rousseau.) — *Songez ce que c'est que d'avoir des bras et des jambes* CASSÉES. (Mᵐᵉ de Sévigné.)

N° CXVIII.

ADJECTIFS PRÉCÉDÉS DE PLUSIEURS SUBSTANTIFS SÉPARÉS PAR LA PARTICULE *ou*.

ACCORD AVEC LE DERNIER NOM.	ACCORD AVEC LES DEUX NOMS.
Rome n'était plus libre et ne pouvant plus l'être, Qu'importait que *Pompée* ou que *César* fût *maître* ? (L****.)	Les Samoïèdes se nourrissent de *chair* ou de *poisson* crus. (BUFFON.)
C'est une *aire* ou un *plancher* tout *plat* comme celui du grand aigle. (BUFFON.)	Les sauvages de la baie d'Hudson vivent fort long-temps, quoiqu'ils ne se nourrissent que de *chair* ou de *poisson* CRUS. (*Id.*)
Ce *duvet* ou ces *soies* sont très *serrées*, très *fournies* et très *douces* au toucher. (*Id.*)	Quel est en effet le bon père de famille qui ne gémisse de voir *son fils* ou *sa fille* PERDUS pour la société ? (VOLTAIRE.)
C'est un *homme* ou une *femme noyée*. (BONIFACE.)	On demande un *homme* ou une *femme âgés*. (BONIFACE.)

Lorsqu'un adjectif est précédé de deux substantifs séparés par la conjonction *ou*, cet adjectif s'accorde avec le dernier, si l'on ne veut qualifier que l'un des deux, comme dans les exemples de la première colonne. En effet, il ne peut y avoir qu'un seul maître, qu'une seule personne noyée.

Dans les exemples opposés, l'accord avec les deux noms est, au contraire, indispensable, parce que la qualification s'applique à la fois à deux objets, à deux individus. C'est par cette raison que Voltaire a dit : *Quel est en effet le bon père de famille qui ne gémisse de voir son fils ou sa fille* PERDUS *pour la société?*

EXERCICE PHRASÉOLOGIQUE.

Un château ou une forteresse ruinée.
Un homme ou une femme affligée.
Une queue ou pédicule fort court.

C'est un loup ou un chien enragé.
Un homme ou une femme dévote.
Il a la jambe ou le bras cassé.

Le frère ou la sœur aînée.
Vivre d'herbes ou de racines crues.
Un ancien château ou tour abandonnée.

N° CXIX.

PARTICULARITÉS RELATIVES AUX ADJECTIFS.

Peut-on dire également bien :

1° L'Église grecque et l'Église latine ;
2° L'Église grecque et la latine ;

3° L'Église grecque et latine ;
4° Les Églises grecque et latine.

Selon les grammairiens, sur ces quatre manières de s'exprimer, il n'y a que les deux premières qui soient bonnes. Mais comme ce ne sont pas les grammairiens qui font les langues, et qu'il leur est même à jamais interdit d'en faire, on ne doit pas s'en rapporter à eux. Ce qu'il faut avant tout consulter, c'est l'usage suivi en pareille circonstance par les grands écrivains : Ils sont pour nous la loi et les prophètes. Or, si nous ouvrons les chefs-d'œuvre de notre littérature, nous y trouvons :

PREMIÈRE MANIÈRE :

Corneille a réformé la SCÈNE tragique et la SCÈNE comique par d'heureuses imitations.
(VOLTAIRE.)

Dans la LANGUE parlée et dans la LANGUE écrite, La clarté du discours est le premier mérite.
(FRANÇOIS DE NEUFCHATEAU.)

Quand donc il la prend (sa femme) dans un rang inférieur, l'ORDRE naturel et l'ORDRE civil s'accordent, et tout va bien. (J.-J. ROUSSEAU.)

Le GÉNÉRAL persan et le GÉNÉRAL indien s'empressèrent de donner bataille. (VOLTAIRE.)

Chez les Polonais, dont la langue est mêlée de grec et de latin, il y a l'église grecque et l'église latine.
(BERNARDIN DE ST-PIERRE.)

Tous les vœux se partageaient entre le CHEVALIER blanc et le CHEVALIER bleu. (VOLTAIRE.)

DEUXIÈME MANIÈRE :

On a toujours peint Dieu avec une grande barbe dans l'ÉGLISE grecque et dans LA latine.
(VOLTAIRE.)

Milord Bolingbroke possède Virgile comme Milton; il aime la POÉSIE anglaise, LA française et L'italienne. (Id.)

Les nouveaux CITOYENS et LES anciens ne se regardent plus comme les membres d'une même république. (MONTESQUIEU.)

En effet, chaque jour, la bouche, à plus grands frais, Dévore les produits des lacs et des forêts, Engloutit les VINS blancs, LES rouges, LES clairets, Le Vougeot et l'Aï, le Chypre et le Xérès.
(FRANÇOIS DE NEUFCHATEAU.)

Il est très sûr que le seizième et le dix-septième SIÈCLE furent marqués par de grands changements et de grandes découvertes. (THOMAS.)

TROISIÈME MANIÈRE :

Trois lignes à reprendre et qui sont tirées des plus grands auteurs de l'ÉGLISE grecque et latine.
(PASCAL.)

La femme seule peut imiter tous les chants des OISEAUX mâles et femelles.
(BERNARDIN DE ST-PIERRE.)

Les sons des langues se sont formés d'abord des SONS masculins et féminins. (Id.)

Le mélange d'AUTORITÉ ecclésiastique et civile dans cette prohibition avait quelque chose de contraire aux droits du souverain. (ANQUETIL.)

La diète pythagorique, préconisée par les PHILOSOPHES anciens et nouveaux, n'a jamais été indiquée par la nature. (BUFFON.)

Les honnêtes gens qui lisent quelquefois Virgile ou les Lettres Provinciales ne savent pas qu'on tire vingt fois plus d'exemplaires de l'Almanach de Liége et du Courrier-Boiteux que de tous les bons LIVRES anciens et modernes. (VOLTAIRE.)

Tout fut états-généraux dans les RÉPUBLIQUES grecques et romaines. (Id.)

Je n'irai point, si je puis, demeurer dans l'île de Protée, malgré les beaux vers des GÉORGIQUES françaises et latines. (CHATEAUBRIAND.)

QUATRIÈME MANIÈRE :

Les PUISSANCES végétale et animale se mettent en équilibre par des flux et reflux.
(BERNARDIN DE ST-PIERRE.)

Le renouvellement partiel change le principe du gouvernement représentatif, composé des trois POUVOIRS monarchique, aristocratique, démocratique.
(CHATEAUBRIAND.)

Le fer donne aux végétaux et aux animaux les COULEURS rouge et bleue.
(BERNARDIN DE ST-PIERRE.)

Dans le régime viril de l'Europe, les PUISSANCES temporelle et spirituelle se rapprochent ou se divisent à proportion de la maturité des nations. (Id.)

Ces deux CONJUGAISONS hébraïque et grecque semblent porter l'empreinte de l'esprit et des peuples qui les ont formées. (CHATEAUBRIAND.)

Quel homme eut jamais plus d'éclat que J.-C.? Le peuple juif tout entier le prédit avant sa venue. Le peuple gentil l'adore après qu'il est venu. Les deux PEUPLES gentil et juif le regardent comme le centre.
(PASCAL.)

Les LANGUES romane et tudesque furent les seules en usage jusqu'au règne de Charlemagne.
(DUCLOS.)

Les deux PUISSANCES temporelle et spirituelle, ou militaire et ecclésiastique se disputent la domination des hommes. (BERNARDIN DE ST-PIERRE.)

En présence de ces nombreuses citations et des puissantes autorités qui nous les ont fournies, nous pouvons hardiment décider qu'il est permis de dire : 1° l'Église grecque et l'Église latine; 2° l'Église grecque et la latine; 3° l'Église grecque et latine; 4° les Églises grecque et latine, malgré les scrupules de certains grammairiens, qui rejettent les deux dernières expressions comme vicieuses, par la peur, bien ridicule sans doute, que dans l'une on n'entende que *l'Église* est à la fois *grecque* et *latine*, et parce que dans l'autre : *les églises* GRECQUE *et* LATINE, leurs yeux, doués d'une sensibilité si irritable, sont choqués de voir deux adjectifs singuliers accolés à un substantif pluriel.

Boniface est le premier, nous lui devons cette justice, qui ait osé soutenir cette hérésie grammaticale, car c'en est une que d'avancer qu'on peut dire : *la littérature française et anglaise* ou *les littératures française et anglaise; l'autorité civile et ecclésiastique,* ou *les autorités civile et ecclésiastique.* « Boniface, dit un grammairien, a raison d'ap-
» prouver ces locutions, car nos écrivains les plus renommés en font usage journelle-
» ment. M. Lévi lui-même ne les condamne plus, bien qu'il m'ait fait, il y a quelques
» années, une querelle d'Allemand, à la Société grammaticale, pour avoir mis dans
» un rapport : *les écrivains anciens et modernes,* attendu, disait-il, que les écrivains ne
» peuvent être tout à la fois anciens et modernes. Vainement je répondais que c'était
» précisément cette opposition, cette incompatibilité dans les idées qualificatives, qui
» rendait l'ellipse naturelle, comme on dit sans cesse *des déjeûners chauds et froids*,
» parce que des déjeûners ne pouvant être chauds et froids en même temps, il est im-
» possible qu'on ne comprenne pas que cette phrase signifie, sous une forme concise,
» *des déjeûners chauds et des déjeûners froids.* Malgré mon plaidoyer, la Société a con-
» damné *les écrivains anciens et modernes,* aussi bien que *les déjeûners chauds et froids.*
» Aujourd'hui, ces juges, si rigides sur les principes, se sont amendés tant soit peu,
» et la plupart d'entre eux sont les premiers à employer la locution qu'ils combat-
» taient avec tant de chaleur. Tant mieux, c'est un progrès. »

Lemare lui-même, quoiqu'il ne soit pas de cette opinion, ne peut s'empêcher de reconnaître qu'il est souvent bien difficile de résister au besoin d'abréger, surtout lorsque le danger de l'équivoque est presque nul, comme dans cette expression : *Les philosophes anciens et nouveaux.*

EXERCICE PHRASÉOLOGIQUE.

EXTRAIT DES AUTEURS.

Les vertus civiles et chrétiennes.
Les seigneurs catholiques et hérétiques.
Corps administratifs et judiciaires.
La grande et petite écurie.
Les animaux frugivores et carnivores.

Facultés sensitive et intellectuelle.
Académies française et de belles-lettres.
Escadres française et espagnole.
Marine hollandaise et anglaise.
Lignes masculines et féminines.

Fêtes grecques et romaines.
Barons séculiers et ecclésiastiques.
Lois allemandes et bavaroises.
Marchands maures et nègres.
Extrémités orientale et occidentale.
Les lois civile et ecclésiastique.

Les langues latine, grecque et hébraïque.
Les langues grecque, romaine, hébraïque, arabe et éthiopienne.
Puissances temporelle et spirituelle.
Inversions latines et grecques.

N° CXX.

ADJECTIFS QUALIFIANT TANTÔT LE PREMIER, TANTÔT LE SECOND SUBSTANTIF, LORSQU'IL S'EN TROUVE PLUSIEURS UNIS PAR LA PRÉPOSITION *de.*

ACCORD AVEC LE MOT QUI PRÉCÈDE *de.*

Le roi d'Égypte était suivi de deux mille prêtres vêtus de *robes de lin* plus *blanches* que la neige. (VOLTAIRE.)

Le pain des Lapons n'est que de la FARINE *d'os de poissons* BROYÉE ET MÊLÉE avec de l'écorce tendre de pin ou de bouleau. (BUFFON.)

ACCORD AVEC LE MOT QUI SUIT *de.*

L'étendard royal de France était un baton doré avec un *drapeau* de SOIE BLANCHE, semé de fleurs de lis. (VOLTAIRE.)

Le roi des Scythes présenta cent chevaux de bataille couverts de housses de *peaux de* RENARDS NOIRS. (VOLTAIRE.)

Un dernier ornement qui leur est particulier, c'est une espèce de *brodequins* de toile de coton, *garnis* de rassade. (*Id.*)

J'avais fait venir de Paris une petite caisse contenant... six paires de *bas* de soie *blancs*. (J.-J. Rousseau.)

On a trouvé une *partie du* pain mangée. (Boniface.)

Une *troupe de* singes vêtus à l'espagnole. (Vertot.)

Des *troupes d'*hommes grotesquement vêtus d'habits de guerre, apparaissaient çà et là. (Albert-Montémont.)

On a cuit une *partie du* pain destiné aux pauvres. (Boniface.)

Le rapport de l'adjectif est quelquefois difficile à saisir; il faut alors se bien pénétrer du sens qu'on veut exprimer, et voir auquel des substantifs convient la modification.

EXERCICE PHRASÉOLOGIQUE.

Anneaux d'or massif.
Boutons de métal jaune.
Chapeaux de paille cousue.
Souliers de veau ciré.
Bas de coton écru.

Anneaux d'or légers.
Boutons de métal ronds.
Chapeaux de paille garnis.
Souliers de veau cirés.
Bas de soie blancs.

Gâteaux d'amende excellents.
Bottes d'herbe embarrassantes.
Rubans de gaze brochés.
Rubans de gaze roulés.
Bas de soie chers.

N° CXXI.

ADJECTIF PRÉCÉDÉ DE PLUSIEURS SUBSTANTIFS SÉPARÉS PAR LES EXPRESSIONS *ainsi que, comme, avec, aussi bien que, de même que, non plus que.*

ACCORD AVEC UN SEUL SUBSTANTIF.

Le caractère primitif d'une nation, *ainsi que* celui d'un homme, est souvent altéré par le commerce de ses voisins. (Bernardin de St-Pierre.)

Ces assemblées, *ainsi que* les repas et les exercices publics, sont toujours honorées de la présence des vieillards. (Barthélemy.)

La chair du lynx, *comme* celle de tous les animaux de proie, n'est pas bonne à manger. (Buffon.)

La vérité, *comme* la lumière, est inaltérable, immortelle. (Bernardin de St-Pierre.)

Presque toute la Livonie, *avec* l'Estonie entière, avait été abandonnée par la Pologne au roi de Suède. (Voltaire.)

Le capitaine, *avec* cinquante hommes seulement, était parvenu à se rendre maître de la ville. (Boniface.)

ACCORD AVEC PLUSIEURS SUBSTANTIFS.

La tête en entier, *ainsi que* la gorge et la moitié supérieure du cou, en dessus et en dessous, sont également couvertes d'un duvet court. (Buffon.)

Dans l'Égypte, dans l'Asie et dans la Grèce, Bacchus, *ainsi qu'*Hercule, étaient reconnus pour demi-dieux. (Voltaire.)

L'aigle, reine des airs, *avec* margot la pie,
Différentes d'humeur, de langage et d'esprit
Et d'habit,
Traversaient un bout de prairie. (La Fontaine.)

Bertrand *avec* Raton, l'un singe et l'autre chat,
Commensaux d'un logis, avaient un commun maître. (*Id.*)

Un capitaine *avec* cinquante hommes qui étaient venus pour sauver Élie, sont consumés par le feu du ciel. (Jour. grammat.)

On voit, par les citations de la première colonne, que l'adjectif, précédé de deux ou de plusieurs substantifs séparés par les mots *ainsi que, comme, avec,* etc., s'accorde avec le premier seulement, quand l'esprit veut établir une comparaison, ou indiquer un moyen, comme dans le dernier exemple.

Mais, dans les citations opposées, les mots *ainsi que, avec,* ne marquent plus, l'un, la comparaison, l'autre, un moyen; ils indiquent tous deux la simultanéité de l'action, et cette simultanéité entraîne invinciblement la pluralité. La Société grammaticale l'a tellement senti que, dans l'une de ses dernières séances, elle a décidé, contre l'opinion de Lemare, qu'on pouvait imiter La Fontaine, Buffon et Voltaire, dans les phrases analogues à celles que nous avons empruntées à ces écrivains (1).

Cependant l'avant-dernier exemple de la première colonne nous fait voir que, dans ce dernier cas, on met aussi l'adjectif au singulier : *La Livonie, avec l'Estonie, avait été abandonnée*, etc.

EXERCICE PHRASÉOLOGIQUE.

Le naturel du loup, comme celui des animaux sauvages, est féroce.
La chair du lapin, de même que celle du lièvre, est bonne à manger.
Le chant de la fauvette, comme celui de l'alouette, est agréable.
L'espérance, avec l'homme, fut détruite.

Le père, ainsi que les enfants, ont été malheureux.
Le prix, ainsi que les frais, seront payés par vous.
Le plan, comme l'exécution de l'ouvrage, lui sont dus.
La maison, avec le jardin et les dépendances, ont été vendus trop cher.
Le château, avec toutes ses dépendances, ont été vendus comptant.

N° CXXII.

DE L'ACCORD DE L'ADJECTIF *feu*.

INVARIABLE.	VARIABLE.
Je viens de mettre en vers dans le moment *feu* M. le duc d'Orléans et son système avec Law. (VOLTAIRE.)	Un service solennel pour *les feus rois* Louis XVI et Louis XVII eut lieu à Notre-Dame le 14 mai 1814. (BONIFACE.)
J'ai ouï dire à *feu ma sœur* que sa fille et moi naquîmes la même année. (MONTESQUIEU.)	Le duc de *** doit à la bienveillance dont l'honorait *la feue reine* les bonnes grâces de l'empereur. (DE SALVANDY.)

Feu est invariable quand il est placé avant l'adjectif qui détermine le substantif; il prend l'accord, s'il en est précédé. C'est à tort que les grammairiens refusent le pluriel à ce mot. Rien n'empêche de dire : *les feus Dauphin et Dauphine; mes feues tantes.* Cet emploi n'est pas commun, il est vrai; mais, ainsi que le remarque fort judicieusement Boniface, la rareté d'une expression n'en doit pas faire condamner l'usage (2).

EXERCICE PHRASÉOLOGIQUE.

| Feu mon père. | Mon feu père. | Feu ses oncles. | Ses feus cousins. |
| Feu la reine. | La feue reine. | Feu les princesses. | Les feues princesses. |

---

(1) Sans doute ces phrases paraissent en contradiction avec la grammaire; mais, comme l'a très bien observé un littérateur plein de tact et de goût, ce qui peut n'être pas conforme à la règle grammaticale est souvent d'accord avec la raison. Si l'on regardait le nom qui précède *ainsi que*, *avec*, comme l'idée dominante, on altérerait le sens des mots et les vues de celui qui parle.

(2) « L'adjectif *feu*, dit Lemare, vient du latin *functus*, d'où *defunctus*, dont nous avons fait aussi *défunt*. » La manière extraordinaire dont il est placé dans *feu mon père*, *feu ma sœur*, a fait croire qu'il n'est point adjectif; et peut-être est-ce la cause qu'il reste invarié. » Lemare nous semble être tout-à-fait dans l'erreur. *Feu* ne tire point son origine de *functus* ni de *defunctus*; il vient du latin *fuit* ou plutôt de l'italien *fu*. En effet, les Italiens pour dire *feu mon père* disent *padre che fu*. Exemple : *In questi tempi, all'entrante d'ottobre, mori a Napoli quella che si facea chiamare imperadrice di Costantinopoli, figliuola CHE FU di messer Carlo di Valois* (traduction littérale : « Dans ce temps, à l'entrée d'octobre, mourut celle qui se faisait appeler impératrice de Constantinople, et qui était fille de FEU Charles de Valois). » Bien que ce mot dérive d'un verbe et signifie *qui fut*, il n'en est pas moins devenu dans notre langue un véritable adjectif; et nous avons lieu d'être étonnés qu'on ne le fasse pas toujours accorder, ainsi que la raison l'exige. Aussi est-ce avec plaisir que nous avons vu dernièrement la Société grammaticale porter atteinte à la règle des grammairiens, en approuvant le féminin dans cette phrase : *Un des salons est entièrement orné de têtes d'étude d'après l'antique, toutes dessinées par la princesse royale, FEUE reine de Würtemberg*, etc.

(214)

N° CXXIII.

DE L'ACCORD DE L'ADJECTIF nu.

INVARIABLE.

Il était *nu-tête* et *nu-jambes*, les pieds chaussés de petites sandales. (VOLTAIRE.)

Premier peuple de la terre, songez que vous avez dans votre royaume environ deux millions de personnes qui marchent en sabots six mois de l'année, qui sont *nu-pieds* les autres six mois. (*Ib.*)

VARIABLE.

Accoutumez vos enfants à demeurer été et hiver jour et nuit, toujours *tête nue*. (J.-J. ROUSSEAU.)

Puisque ces saints sont assez humbles pour marcher *pieds nus*, ils seront assez charitables pour me donner à dîner. (VOLTAIRE.)

L'adjectif *nu*, précédant le substantif, reste invariable; il varie, s'il vient après. Toutefois, lorsque le substantif qualifié par l'adjectif *nu* est déterminé par l'article *la*, cet adjectif, quoique placé avant le nom, subit l'accord, comme dans cet exemple : *Le donateur s'est conservé* LA NUE PROPRIÉTÉ *de ses biens*.

OBSERVATION. La règle précédemment posée n'est applicable à *nu*, que lorsque cet adjectif est joint à un nom désignant une partie du corps humain ordinairement couverte : *pieds, jambes, bras, cou, tête*. On dirait plutôt les mains *nues* que *nu-mains*. Observez encore qu'on ne dit point *nu-pied, nu-jambe*, au singulier; on dit : *un pied nu*, etc. *Nu-pieds, nu-tête*, etc., sont des locutions adverbiales elliptiques.

EXERCICE PHRASÉOLOGIQUE.

Nu-tête.
Nu-jambes.

La tête nue.
Les jambes nues.

Nu-bras.
Nu-pieds.

Les bras nus.
Les pieds nus.

N° CXXIV.

ACCORD DE L'ADJECTIF demi.

INVARIABLE.

Les grands ne se croiraient pas des *demi-dieux* si les petits ne les adoraient pas. (BOISTE.)

Une *demi-heure* après avoir quitté le vaisseau, je foulai le sol américain. (CHATEAUBRIAND.)

On ne gouverne pas une nation par des *demi-mesures*. (MONTAIGNE.)

VARIABLE.

Le soleil tourna sur son axe en vingt-cinq *jours et demi*. (VOLTAIRE.)

Hier, à dix *heures et demie*, le roi déclara qu'il épousait la princesse de Pologne. (*Id.*)

Opimius paie la tête de Caius Gracchus dix-sept *livres et demie* d'or. (VERTOT.)

Demi, lorsqu'il précède immédiatement un substantif, demeure invariable et forme avec lui une expression substantive qui est indiquée par un tiret.

S'il le suit, il en prend seulement le genre, parce qu'en exprimant une demie il ne saurait prendre le pluriel, à moins qu'il ne soit employé comme nom. Exemple : *Cette pendule n'a pas sonné la* DEMIE, *parce qu'elle ne sonne pas les* DEMIES.

Demi s'emploie aussi avec les adjectifs, on dit : *demi-fou, demi-mort, demi-bonnes, demi-mauvaises, demi-pâmée, demi-pourris,* etc.

OBSERVATIONS sur les adjectifs *nu* et *demi.* Est-il vrai que les expressions *demi-science, nu-tête, nu-pieds,* et autres semblables, aient été, ainsi que le dit Lemare, des négligences qui sont devenues ensuite usuelles ? Les adjectifs *demi* et *nu* ne seraient-ils pas, au contraire, pris adverbialement, et ne pourrait-on pas, d'après cela, analyser ces expressions ainsi qu'il suit : exemple pour *demi* : Une *demi*-science est la plupart du temps pire que l'ignorance. Analyse : Une science (acquise à) *demi* est la plupart du temps pire que l'ignorance. Exemple pour *nu* : Les courtisans vont *nu*-tête, les esclaves vont *nu*-pieds, le citoyen va entièrement vêtu. Analyse : Les courtisans vont (ayant la) tête (à) *nu,* les esclaves vont (ayant les) pieds (à) *nu,* le citoyen va entièrement vêtu.

Ces analyses nous paraissent suffisamment justifiées par les phrases suivantes : *Des vertus* A DEMI EFFACÉES *de leur mémoire.* (La Bruyère). — *Ses sanglots qu'on n'entend qu'*A DEMI. (Massillon). *Ces lumières que nous n'avons jamais qu'*A DEMI, *et à force de veilles.* (Le même). — *Rallier le Français* A DEMI *vaincu.* (Bossuet). — *Monter un cheval* A NU. (Planche). — *Faire voir son cœur* A NU. (Le même).

EXERCICE PHRASÉOLOGIQUE.

Une demi-lieue.	Deux lieues et demie.	Demi-journée.	Minuit et demi.
Deux demi-pieds.	Midi et demi.	Demi-confidence.	Une bouteille et demie.
Des demi-connaissances.	Quatre années et demie.	Une demi-fortune.	Six livres et demie.

N° CXXV.

Excepté, passé, supposé, vu, y compris, ci-joint, ci-inclus, franc de port, etc.

INVARIABLE.

Excepté la cour qui s'élève quelquefois au-dessus des préjugés vulgaires, il n'y a point un Égyptien qui voulût manger dans un plat dont un étranger se serait servi. (VOLTAIRE.)

Vous trouverez *ci-joint* la *copie* de la lettre de remerciment que M. C... m'a écrite. (J.-J. ROUSSEAU.)

Vous trouverez *ci-inclus copie* de ma lettre. (DOMERGUES.)

J'ai reçu *franc* de port une *lettre* anonyme. (J.-J. ROUSSEAU)

Ce n'est que *passé* trois mois que ces jeunes oiseaux poussent le rouge. (BUFFON.)

VARIABLE.

Les traits des habitants de Bondou approchent de ceux des Européens, beaucoup plus que ceux des autres habitants de l'Ouest, *les Maures exceptés.* (ALBERT-MONTÉMONT.)

Le dessin de ce conguar m'a été envoyé d'Angleterre par feu M. Collinson, avec la *description ci-jointe.* (BUFFON.)

Je vous recommande *les cinq lettres ci-incluses.* (BERNARDIN DE ST-PIERRE.)

Le Contrat social est imprimé, et vous en recevrez douze *exemplaires francs* de port. (J.-J. ROUSSEAU.)

Je fis l'effort, *ces jours passés,* d'aller à la comédie du *passé,* du *présent* et de *l'avenir.* (VOLTAIRE.)

De ces exemples il résulte clairement que les mots *passé, excepté, ci-joint, ci-inclus, franc de port,* parmi lesquels nous devons ranger *vu, supposé* et *y compris,* sont invariables lorsqu'ils précèdent le substantif, et variables quand ils sont placés après lui.

EXERCICE PHRASÉOLOGIQUE.

Excepté les hommes.	Les hommes exceptés.	Excepté les femmes.	Les femmes exceptées.
Passé cette époque.	Cette époque passée.	Passé ces jours-ci.	Ces jours-ci passés.
Supposé cette chose.	Cette chose supposée.	Supposé ces projets.	Ces projets supposés.
Y compris la valise.	La valise y comprise.	Ci-joint ma lettre.	Ma lettre ci-jointe.
Ci-inclus la note.	La note ci-incluse.	Ci-inclus leurs lettres.	Leurs lettres ci-incluses.
Franc de port leurs lettres.	Leurs lettres franches de port.	Franc de port leurs marchandises.	Leurs marchandises franches de port.

N° CXXVI.

Proche et possible.

VARIABLE.

Les *maisons* qui sont *proches* de la ville sont sujettes aux inondations. (ACADÉMIE.)

Nous devons dire qu'on peut réduire en trois classes tous les *monstres possibles*. (BUFFON.)

Faisons d'abord respecter notre malheur ; car de toutes les *calamités possibles*, la plus insoutenable est le malheur méprisé. (DE SÉGUR.)

INVARIABLE.

Une difficulté d'importance a fort embarrassé Tycho-Brahé et Képler, touchant les éclipses centrales de la lune qui se font *proche* de l'équateur. (BERNARDIN DE ST-PIERRE.)

Les missionnaires pensaient que leur propre intérêt était d'avoir le moins de rapports *possible* avec le gouvernement du Cap. (ALBERT-MONTÉMONT.)

Un conquérant, afin de perpétuer son nom, extermine le plus d'hommes *possible*. (FONTENELLE.)

Ils ne songent qu'à payer le moins d'impôts *possible*. (DE SÉGUR.)

Dans la première colonne les mots *proches* et *possibles*, étant adjectifs, revêtent le signe du pluriel, parce qu'ils se rapportent aux substantifs *maisons*, *monstres* et *calamités*.

Mais, dans la seconde colonne, si les mêmes mots demeurent invariables, c'est que le premier semble ne plus jouer le rôle d'adjectif, et que le second est l'élément d'une proposition elliptique. En effet, *proche* paraît faire l'office de préposition et signifie *près* (1). Quant au mot *possible*, voici l'analyse de la dernière citation : *Ils ne songent qu'à payer le moins d'impôts* (qu'IL *leur est*) *possible*, ou (que CELA *leur est*) *possible*. On voit donc que l'adjectif *possible* s'accorde avec *il* ou *cela* sous-entendu. D'ailleurs, cet adjectif reste invariable toutes les fois qu'il y a dans la phrase *plus*, *moins*, *le plus*, *le moins*, et, dans ce cas, ce serait logiquement une faute que de le mettre au pluriel.

EXERCICE PHRASÉOLOGIQUE.

Habitations proches.	Habitations qui sont proche de.	Toutes les bontés possibles.	Le plus de bontés possible.
Maisons proches.	Maisons proche de.	Toutes les idées possibles.	Le moins d'extravagances possible.
Personnes proches.	Personnes proche de.	Tous les avantages possibles.	Aux plus longues échéances possible.
Ceux qui sont proches.	Ceux qui sont proche de.	A toutes les époques possibles.	Aux époques les moins longues possible.

(1) Nous disons que *proche*, en pareil cas, *paraît* être une préposition, car ce n'en est réellement pas une, quoi qu'en disent les grammairiens ; c'est tout simplement un adjectif qualifiant le mot *lieu* sous-entendu, ainsi que le prouve l'analyse suivante : *Les éclipses centrales de la lune qui se font* (dans un LIEU) PROCHE *de l'équateur.*

N° CXXVII.

MOTS QUI, JOUANT EN APPARENCE LE ROLE D'ADJECTIFS, RESTENT SUBSTANTIFS ET INVARIABLES.

VARIABLES.	INVARIABLES.
Un homme vêtu d'une ROBE *violette*, vint nous féliciter sur notre arrivée. (VOLTAIRE.)	Les COULEURS du grand casque sont *aurore*. (BERNARDIN DE ST-PIERRE.)
Un autre caractère distinctif du mâle, et qui n'avait pas encore été saisi, c'est une espèce de demi-collier autour de l'occiput, formé par de longs POILS ou SOIES *pourpres*. (BUFFON.)	Les sous-bergers et sous-bergères, en longues robes blanches, ceintes de GARNITURES *aurore*, lui servirent dans cent corbeilles de simple porcelaine cent mets délicieux. (VOLTAIRE.)
La bergeronnette de printemps est la première à reparaître dans les prairies et dans les champs où elle niche au milieu des BLÉS *verts*. (*Id.*)	La gorge et tout le dessous du corps était d'un blanc sale, varié de TACHES *marron*. (BUFFON.)
La NONNETTE *cendrée* se tient dans les bois plus que dans les vergers et les jardins. (*Id.*)	Le colibri à GORGE *carmin* a quatre pouces et demi de longueur. (*Id.*)

Dans les exemples de la première colonne, les mots *violette, pourpres, verts, cendrée*, étant de vrais adjectifs, s'accordent avec les noms auxquels ils ont rapport.

Dans les exemples en regard les mots *aurore, marron, carmin*, doivent rester invariables, parce qu'ils sont de fait substantifs, et qu'ils font partie d'une expression qualificative et elliptique dont la construction pleine est : *de la couleur de l'aurore, de la couleur du marron, du carmin*; témoin ces autres exemples de Buffon :

Les uns ont les yeux bruns et les autres *couleur de vert de mer*.	Les pieds et les ongles de la perruche aux ailes d'or sont *couleur de chair pâle*.

EXERCICE PHRASÉOLOGIQUE.

Des rubans bleus.	Des rubans paille.	Des taffetas noirs.	Des taffetas jonquille.
Des châles cramoisis.	Des gants soufre.	Des souliers mordorés.	Des souliers pistache.
Des chapeaux roses.	Des écharpes ponceau.	Des ceintures bleues.	Des ceintures orange.
Des gazes blanches.	Des gazes cerise.	Des papiers blancs.	Des papiers vélin.
Des draps bruns.	Des robes noisette.	Des cheveux blancs.	Des velours puce.

N° CXXVIII.

DES ADJECTIFS COMPOSÉS *bleu-clair, châtain-clair*, ETC.

VARIABLES.	INVARIABLES.
La PERDRIX *grise-blanche* et la perdrix *rouge-blanche* font variétés dans ces deux espèces de perdrix. (BUFFON.)	L'azurou est originaire du Canada; il a le dessus de la tête d'un roux-obscur, le bec et les PIEDS *gris-brun*. (BUFFON.)
Je lui offris donc cinq livres pesant de grains en verre et en PORCELAINE de couleurs que j'espérais devoir lui plaire davantage, blanche, noire et *bleue-claire*. (ALBERT-MONTÉMONT.)	Le poisson qu'ils prirent avait presque trois pieds de long et était entièrement couleur de plomb; ses YEUX étaient *jaune pâle* et d'une extrême petitesse. (ALBERT-MONTÉMONT.)
Les CHEVEUX de cette petite fille étaient *châtains-bruns* et fins. (BUFFON.)	L'hyène a le poil du corps et la crinière d'une COULEUR *gris-obscur*. (BUFFON.)

Les pieds du grand béfroi ont dix-huit lignes de longueur, et sont, ainsi que les doigts, d'une COULEUR *plombée-claire*. (BUFFON.)

C'était comme autant de gros points d'une COULEUR *jaune-brune* et obscure. (*Id.*)

Les Arabes sont dans l'usage de se faire appliquer une COULEUR *bleue-foncée* aux bras, aux lèvres et aux parties les plus apparentes du corps. (*Id.*)

Quand on se couche on a des PENSÉES qui ne sont que *gris-brun*. (Mme DE SÉVIGNÉ.)

Lorsque les yeux sont tournés à contre-jour, ils paraissent noirs, parce que la COULEUR *jaune-brun* tranche si fort sur le blanc de l'œil qu'on le juge noir par l'opposition du blanc. (BUFFON.)

La gorge est aussi revêtue de plumes veloutées; mais celles-ci sont noires, avec des REFLETS *vert-doré*. (*Id.*)

Dans la grammaire de MM. Noël et Chapsal, où les règles sont presque toujours en contradiction avec les faits, nous lisons : « Deux adjectifs, dont le premier est qualifié » par le second, restent tous les deux invariables : *des cheveux châtain-clair*, *des étoffes » rose-tendre*. La raison en est que le premier adjectif est pris substantivement; c'est » comme s'il y avait *d'un châtain clair*, *d'un rose tendre*. » Les exemples de la première colonne nous prouvent cependant que deux adjectifs réunis peuvent aussi varier : c'est quand ils qualifient l'un et l'autre le substantif auquel ils se rapportent. D'après Buffon, on écrira donc avec la pluralité : *des cheveux châtains-bruns*, *des cheveux châtains-clairs*, parce qu'ils sont à la fois *châtains* et *bruns*, *châtains* et *clairs*.

Il y a cette différence, dit très bien Boniface, entre *des étoffes bleues-claires* et *des étoffes bleu-clair*, que les premières sont de *couleur bleue* et d'un *tissu clair*, et que les secondes sont *d'un bleu-clair*.

OBSERVATION. — On dit : *un* BEAU *couleur de rose*, *un* BEAU *couleur de feu*. Barthélemy a fait usage de cette expression où *beau* est au masculin, soit parce que *couleur de rose* est ici au masculin, comme *le rose*; soit par ellipse du substantif *teint*.

EXERCICE PHRASÉOLOGIQUE
OÙ TOUTES LES ÉPITHÈTES SONT TIRÉES DE BUFFON.

Une caille gris-blanche.
Cheveux châtains-bruns.
Une couleur bleue-claire.
Des ailes jaunes-brunes.
Une couleur plombée-claire.
Une couleur noire-foncée.

Une couleur gris-blanc.
Manteau rouge-bai vif.
Une couleur bleu-tendre.
Des ailes gris-brun.
Une couleur jaune-orangé.
Une couleur gris de fer.

Une étoffe bleue-claire.
Une couleur jaune-brune.
Une couleur bleue foncée.
Des étoffes jaunes-claires.
Une couleur blanche-pâle.
Des plumes bleues-fines.

Une étoffe bleue-clair
Des habits marron-foncé.
Des bas jaune-pâle.
Des yeux brun-olivâtre-foncé.
Une couleur rouge-bai.
Des plumes rouge-cramoisi.

N° CXXIX.

DES ADJECTIFS COMPOSÉS TELS QUE *nouveaux-convertis*, *ivres-morts*, ETC., ET *nouveau-nés*, *demi-morts*, ETC.

VARIABLES.

Le généreux Freind paya la dot des deux mariés, il plaça bien tous ses *nouveaux convertis*. (VOLTAIRE.)

On m'apporta une couvée de trois ou quatre petits de la même espèce : elle (la jeune alouette) se prit d'une affection singulière pour ces *nouveaux venus*. (BUFFON.)

Si les femmes cherchent à donner du ridicule à une *nouvelle venue*, il est sûr qu'elle est plus jolie qu'elles. (VOLTAIRE.)

INVARIABLES.

D'un regard étonné j'ai vu sur ces remparts Ces géants *court-vétus*, automates de Mars. (VOLTAIRE.)

Les enfants *nouveau-nés* des Nègres sont si susceptibles des impressions de l'air, qu'on est obligé de les tenir pendant les neuf premiers mois dans des chambres bien fermées et bien chaudes. (BUFFON.)

Je remarquais tout l'étalage
Et l'air de ces *nouveaux venus* ;
Ce sont seigneurs de haut lignage,
Car ils descendent de Janus,
Ayant tous un double visage.
(VOLTAIRE.)

Peu d'heures avant que Montesquieu expirât, on renvoya Routh et son compagnon *ivres-morts*.
(*Id.*)

Destructeurs-nés des êtres qui nous sont subordonnés, nous épuiserions la nature si elle n'était inépuisable.
(BUFFON.)

Pour moi, je ne vois rien de plus sot, à mon sens,
Qu'un auteur qui partout va gueuser des encens,
Qui des *premiers venus*, saisissant les oreilles,
En fait le plus souvent les martyrs de ses veilles.
(MOLIÈRE.)

. . . Il tua plus d'à moitié
La volatile malheureuse
Qui, maudissant sa curiosité,
Traînant l'aile et tirant le pié,
Demi-morte et *demi-boiteuse*
Droit au logis s'en retourna.
(LA FONTAINE.)

Légère et *court-vêtue*, elle allait à grands pas,
Ayant mis ce jour-là, pour être plus agile,
Cotillon simple et souliers plats. (*Id.*)

Les soies de l'éléphant sont très *clair-semées* sur le corps, mais assez nombreuses aux cils des paupières.
(BUFFON.)

Je hais ces *fort-vêtus* qui, malgré tout leur bien,
Sont un jour quelque chose, et le lendemain rien.
(REGNARD.)

Il y a là un rendez-vous général de toute l'harmonie de la ville ; les femmes y apparaissent *léger-vêtues*, dans un lointain vaporeux qui les fait paraître charmantes.
(JULES JANIN.)

Parmi les adjectifs composés il s'en trouve où les deux mots prennent le signe du pluriel ; tels sont ceux des phrases de la première colonne : Dans les unes, le dernier ou le premier mot est pris substantivement, et l'adjectif qui le précède ou le suit s'accorde en genre et en nombre avec lui : *ces nouveaux convertis, ces nouveaux venus, destructeurs-nés*. Dans les autres, chaque mot exprimant une qualité attribuée au substantif qualifié, doit s'accorder également avec celui-ci en genre et en nombre : *Routh et son compagnon ivres-morts*.

Mais on apprend par les exemples de la seconde colonne qu'il est aussi d'autres adjectifs composés où le premier reste toujours invariable : *géants court-vêtus, enfants nouveau-nés, des soies clair-semées, demi-morte*; c'est qu'en pareil cas cet adjectif est pris adverbialement, ainsi que le fait voir cet exemple de Buffon : *L'urubu a la tête et une partie du cou rouges, chauves et charnus comme celui d'un dindon, clairement semés de poils noirs.* Il aurait pu aussi bien dire *clair-semés*. D'après cela *géants court-vêtus*, etc., c'est donc pour *géants courtement vêtus, enfants nouvellement nés, soies clairement semées, matelots à demi-nus*, ou plutôt *vêtus* (avec un vêtement) COURT; *nés* (dans un temps) NOUVEAU, etc.

EXERCICE PHRASÉOLOGIQUE.

MASCULIN PLURIEL.	FÉMININ PLURIEL.	MASCULIN PLURIEL.	FÉMININ PLURIEL.
Nouveaux venus.	Nouvelles venues.	Nouveau-nés.	Point de féminin.
Nouveaux convertis.	Nouvelles converties.	Nouveau-tirés (2).	Idem.
Nouveaux débarqués.	Nouvelles débarquées.	Nouveau-percés.	Idem.
Nouveaux mariés.	Nouvelles mariées.	Morts-nés.	Idem.
Tuteurs-nés.	Tutrices-nées.	Premiers-nés.	Idem.
Présidents-nés.	Présidentes-nées.	Demi-barbares.	Demi-barbares.
Destructeurs-nés.	Destructrices-nées.	Demi-sauvages.	Demi-sauvages.
Ivres-morts.	Ivres-mortes.	Demi-civilisés.	Demi-civilisées.
Morts-ivres.	Mortes-ivres.	Mi-partis.	Mi-parties.
Frais-cueillis.	Fraîches-cueillies (1).	Aigre-doux.	Aigres-douces (3).

(1) Plusieurs grammairiens veulent que *fraîches*, dans *des roses fraîches-cueillies*, s'écrive sans *s*, comme étant employé d'une façon adverbiale : *fraîchement cueillies* ; mais par la raison qu'on dit au masculin et au féminin singulier : *frais-cueilli, fraîche cueillie*, il s'ensuit qu'on doit écrire au pluriel : *frais-cueillis et fraîches cueillies*. C'est le sentiment de l'Académie.

(2) Bien que l'Académie écrive ici *nouveau* avec un *x*, nous pensons que cet adjectif doit rester invariable puisqu'il est pris adverbialement.

(3) On pourrait, selon nous, écrire : *des fruits aigres-doux, des oranges aigres-douces*, comme nous avons prouvé que l'on pouvait écrire : *des cheveux châtains-clairs*; parce que *des oranges aigres-douces* sont à la fois aigres et douces, deux qualités inhérentes à ce fruit et tempérées l'une par l'autre ; mais les grammairiens jusqu'à présent ont laissé le mot *aigre*, dans ce cas, invariable.

N° CXXX.

GENRE DES ADJECTIFS AVEC LE MOT *air*.

Je ne suis point d'avis qu'on vous peigne en amazone : vous avez l'AIR trop *doux*.
(FONTENELLE.)

Elles ont l'AIR *hautain*, mais l'accueil familier.
(VOLTAIRE.)

Les barbares n'ont de respect et de vénération que pour ceux qui ont l'AIR *grand* et *majestueux*.
(JOUBERT.)

Les habitants de la presqu'île de Malaca et de l'île de Sumatra ont l'AIR *fier* : les femmes de Java ont l'AIR *doux*. Tous ces sauvages ont l'AIR *rêveur*.
(BUFFON.)

Quelqu'un disait que les partisans de César avaient l'AIR *inquiet* et *chagrin*.
(RICARD.)

La vertu toute nue à l'AIR trop *indigent* ;
Et c'est n'en point avoir que n'avoir point d'argent.
(BOURSAULT.)

Il semblerait au premier abord que l'accord des adjectifs en rapport avec le mot *air* ne présente aucune difficulté, et que ces adjectifs dussent toujours, comme dans les citations précédentes, revêtir les mêmes accidents de genre et de nombre que ce mot. Mais malheureusement il n'en est pas ainsi, et cette question, souvent agitée parmi les grammairiens, n'est pas encore entièrement jugée : *Adhuc sub judice lis est.*

En effet, de ce qu'on peut dire :

SANS ELLIPSE.	AVEC ELLIPSE.
Cette maladie a l'*air* d'ÊTRE *sérieuse*. (ACADÉMIE.)	Cette proposition n'a pas l'AIR *sérieuse*. (VOLTAIRE.)
Celles-ci cependant m'ont l'*air* d'ÊTRE *efficaces*. (LA CHAUSSÉE.)	C'était de ces visages qui ont l'AIR plus *anciens* que *vieux* (1). (MARIVAUX.)

Il s'ensuit qu'il est permis de dire, selon les vues de l'esprit :

Eh bien, Sylvia, vous avez l'AIR tout *embarrassé*. (MARIVAUX.)	Eh bien, Sylvia, vous avez l'AIR tout *embarrassée*. (MARIVAUX.)
Cette femme a l'AIR *fier*. (LAVEAUX.)	Cette femme a l'AIR *fière*. (LAVEAUX.)
Cette personne a l'AIR *content*. (ACADÉMIE.)	Cette personne a l'AIR *contente*. (ACADÉMIE.)

Mais c'est ce que contestent certains grammairiens, à cheval sur ce principe si connu, que tout adjectif doit nécessairement prendre le genre et le nombre du nom avec lequel il est en relation. Ainsi, suivant eux, on ne pourrait pas dire avec Laveaux : cette soupe a l'air *bonne*, cette dame a l'air *coquette*; avec Favre : cette terre a l'air *cultivée*, *ensemencée*; cette robe a l'air bien *faite*; avec Lemare, Bescher, Maugard, Lévizac, Sicard et tant d'autres : Madame, vous avez l'air si *bonne*! cette femme a l'air *campagnarde*; elle a l'air *belle*; elle a l'air *laide*; elle a l'air bien *faite*; elle a l'air *bossue*; elle a l'air *vieille*; elle a l'air *interdite*; cette volaille a l'air *cuite*; ces huîtres ont l'air *fraiches*, etc.

Ces expressions sont cependant assez familières, même aux gens de la bonne com-

---

(4) Voici encore d'autres exemples semblables : *Ces naturels, hommes et femmes, avaient tous l'air contents et même heureux.* (ALBERT MONTÉMONT.) — *Tout au loin se découvrent les vastes plaines et les montagnes moins hautes, et les grands arbres, parmi lesquels circule le grand fleuve, et les petits villages qui ont l'air si calmes et si reposés vus de loin.* (J. JANIN.)

pagnie. Faut-il décidément y renoncer? Puisqu'on parle cette langue, pourquoi ne l'écrirait-on pas? Nous rapporterons ici l'opinion de Bescher. Cette opinion, sanctionnée par l'usage, sera sans doute partagée par la majorité de nos lecteurs.

Elle a l'air *campagnard* signifie que, pour être de la ville, cette femme n'en a pas moins le ton, les gestes, l'attitude, le langage d'une habitante de la campagne.—Elle a l'air *parisien* : elle a le ton, les manières, les grâces d'une femme de Paris ; cependant elle a toujours habité une ville de province.—Elle a l'air *campagnarde* veut dire que cette femme a la mine, l'apparence d'être de la campagne; que peut-être, en effet, elle est de la campagne.—Elle a l'air *Parisienne* : à son air, à ses discours, on juge qu'elle est née ou qu'elle a été élevée à Paris.

Les significations ne sont pas les mêmes.

Deux figures, également usitées en grammaire, concourent à justifier cette dernière manière de s'exprimer : la *syllepse* et l'*ellipse*.

Lorsqu'un adjectif est précédé de deux substantifs, il se met en rapport avec celui de ces deux substantifs qui domine dans la phrase. Ce principe est généralement reconnu. Or, si l'accent, les manières, les discours d'une femme font naître en moi l'idée qu'elle est née ou qu'elle réside à Paris, à la campagne, plutôt qu'ailleurs, je l'exprime par ces paroles : elle a l'air *Parisienne*, elle a l'air *campagnarde*. Il est évident que l'objet principal de ma pensée n'est point de constater l'air ou la physionomie de cette femme, dont l'impression fugitive s'est affaiblie dans mon esprit, mais bien de mettre en évidence la déduction que j'en ai tirée. Le rapport de l'adjectif au sujet est alors syllectique.

On peut de même établir ce rapport par l'ellipse : elle a l'air *d'être* Parisienne, campagnarde. Le besoin d'abréger l'expression et de la rapprocher de la vitesse de la pensée, fait supprimer *d'être*, mais on le supplée facilement. Rien de plus commun dans le discours que ces sortes d'abréviations.

(Messieurs), vous avez l'air un peu *gascon*.   (Voltaire).

Le poète ne veut nullement donner à entendre qu'il pense que ceux à qui il adresse la parole soient nés sur les bords de la Garonne.

S'il eût dit : Vous avez l'air *Gascons*, il aurait annoncé que réellement ils peuvent être de la Gascogne.

Lemare admet aussi les deux locutions, et il en établit la différence par des raisonnements et par des exemples.

Fabre dit : Cette robe a l'air bien *faite*.—Cette terre a l'air *cultivée, ensemencée*.

C'est à la chose même et non à l'*air* qu'il fait rapporter les adjectifs, et il lui était impossible d'écrire autrement sans changer la construction.

On dit d'une femme qu'elle a l'air *bon*, l'air *doux*, l'air *charmant*, l'air *spirituel*, lorsqu'on ne consulte que l'impression que fait sur les sens le jeu de la physionomie.

Mais je dirai : Elle a l'air *bonne*, elle a l'air *douce*, l'air *charmante*, l'air *spirituelle*, l'air *instruite*, l'air *intelligente*, l'air *obligeante*, si, sans m'arrêter aux traits de son visage, à l'expression de ses regards, je juge de cette femme par ses paroles affectueuses, par ses raisonnements justes et par ses actions.

Je vois une personne qui fronce les sourcils, serre les lèvres, et jette çà et là des regards de dédain, je dis : Elle a l'air bien *mécontent*. Mais si je l'entends, sans la voir, adresser des reproches à quelqu'un, lui parler sèchement, je dirai alors : Elle a l'air *méchante, fâchée, irritée*, etc., car je ne puis juger d'une physionomie qui est hors de me vue. *Elle a l'air* équivaut à *elle semble être; elle a l'air d'être.* Le mot *air* n'est point pris ici dans son acception propre et rigoureuse; il se prête aux vues de l'esprit.

Ce n'est pas que je ne reconnaisse que, dans plusieurs circonstances, la simplicité et la clarté de l'expression demandent que le verbe *être* soit exprimé, ou même qu'on préfère *sembler, paraître* à *avoir l'air.* Je suppose à l'écrivain assez de goût pour savoir faire un choix.

Florian a eu raison de dire : Elle cultivait son esprit pour son plaisir, et non pas pour *paraître* instruite. J.-J. Rousseau : Les Valaisannes ont des corps de robe si élevés, qu'elles en *paraissent* bossues. Marmontel : Vous m'avez l'air *d'être* bien aimée. Le même : J'aurai l'air *d'être* jouée, et je le serais en effet. L'Académie : Cette maladie a l'air *d'être* sérieuse.

Mon but a été seulement de mettre le lecteur en garde contre ces règles exclusives sorties du cerveau étroit de quelques grammairiens qui mesurent les mots au compas et les phrases à la toise, sans rien accorder à l'essor du génie. En bannissant de notre langue des locutions correctes et usitées, ils croient l'épurer, et ils l'appauvrissent.

N° CXXXI.

ADJECTIFS QUI SONT VARIABLES QUAND ILS QUALIFIENT UN SUBSTANTIF, ET INVARIABLES LORSQU'ILS MODIFIENT UN VERBE.

VARIABLES.

La chair du lion est d'un goût désagréable et fort; cependant les Nègres et les Indiens ne la trouvent pas *mauvaise* et en mangent souvent. (BUFFON.)

Les Polonais ne trouvent pas l'*huile bonne*, si elle ne sent bien fort. (REGNARD.)

Dans la saison de l'été, les cerfs marchent la *tête basse*, crainte de la froisser contre les branches. (*Id.*)

Les gerboises et les kangouroos se tiennent *droits* sur leurs pattes de derrière. (AIMÉ-MARTIN.)

Dans plusieurs femmes et filles de condition, les *côtes* inférieures se trouvent plus *basses* que dans les filles du bas peuple. (BUFFON.)

Il n'y a point de sculpteur qui puisse faire une statue à l'imitation de l'homme, plus large et plus pesante par le haut que par le bas, laquelle puisse se soutenir *droite* et immobile sur une base aussi petite que ses pieds. (BERNARDIN DE ST-PIERRE.)

Ces *esclaves* ne sont pas fort *chers* ; car les hommes âgés depuis vingt-cinq ans jusqu'à quarante ne coûtent que quinze écus. (BUFFON.)

Nous ressemblons à ce tyran de Sicile qui appliquait les passants sur son lit de fer : il allongeait de force les jambes de ceux qui *les* avaient plus *courtes* que son lit. (BERNARDIN DE ST-PIERRE.)

Un de notre compagnie dit un mot si plaisant et nous obligea à éclater de rire si long-temps et d'une *manière* si *haute*, que toute l'assemblée en fut extrêmement scandalisée. (REGNARD.)

INVARIABLES.

En Laponie, une peau d'hermine coûte quatre ou cinq sous. La chair de cet animal *sent* très *mauvais*. (REGNARD.)

Au moins c'est une affaire
Que vous *trouverez bon*, Monsieur, que je diffère. (QUINAULT.)

Ils dirent que l'armée, investie de tous côtés, et comme assiégée, serait obligée de *mettre* les armes *bas*, si on ne lui donnait un prompt secours. (VERTOT.)

Le disciple aussitôt droit au coq s'en alla,
Jetant bas sa robe de classe. (LA FONTAINE.)

Mère écrevisse, un jour, à sa fille disait :
Comme tu vas, bon dieu! tu ne peux *marcher droit*. (*Id.*)

Mère écrevisse qui reproche à sa fille de ne pas aller *droit*, et la fille qui lui reproche que sa mère va *tortu*, n'a point paru une fable agréable. (VOLTAIRE.)

Les manchons de genette étaient à la mode il y a quelques années, et se *vendaient* fort *cher*. (BUFFON.)

Après avoir avancé quelques pas, ils s'*arrêtèrent court*. (ALBERT-MONTÉMONT.)

Je ne saurais plus écrire depuis que mes lettres ne vont point à vous. Me voilà demeurée *tout court*. (Mᵐᵉ DE SÉVIGNÉ.)

De ma vie je n'ai entendu des voix de femmes *monter* si *haut*. (*Id.*)

Ces exemples nous démontrent que le même adjectif peut varier dans un cas et demeurer invariable dans un autre : Il varie (1re colonne) toutes les fois qu'on veut, non modifier le verbe, mais qualifier le substantif; et il devient et reste invariable (2e colonne) si, n'ayant aucunement rapport au substantif, il ajoute une modification au verbe seulement; en pareille circonstance, cet adjectif fait partie d'une expression adverbiale, et le substantif auquel il se rapporte est toujours sous-entendu, comme l'atteste l'analyse des phrases suivantes (1) :

De ma vie je n'ai entendu des voix de femmes monter si *haut*.	C'est-à-dire *si hautement* ou (*à un* TON) *si* HAUT.
Les manchons de genette se vendaient fort *cher*.	C'est-à-dire *fort chèrement* ou (*à un* PRIX) *fort* CHER.
Ils s'arrêtèrent *court*.	C'est-à-dire *courtement* ou (*d'un* PAS) COURT.

EXERCICE PHRASÉOLOGIQUE.

J'ai trouvé ces étoffes chères.	On a vendu ces étoffes cher.	Le tailleur a pris ses mesures bien justes.	Les marchandises furent pesées juste.
Les chats ont les oreilles courtes.	Quelques orateurs sont restés court.	On a trouvé toutes les poésies bonnes.	Ces fleurs sentent extrêmement bon.

N° CXXXII.

ADJECTIFS AYANT RAPPORT A UN SUBSTANTIF EXPRIMÉ OU SOUS-ENTENDU.

SUBSTANTIF EXPRIMÉ.	SUBSTANTIF SOUS-ENTENDU.
Attiré par la nouveauté, mais *esclave* de l'habitude, l'homme passe sa vie à désirer le changement et à soupirer après le repos. (LÉVIS.)	*Endormi* sur le trône, au sein de la mollesse, Le poids de sa couronne accablait sa faiblesse. (VOLTAIRE.)
Au pied des tribunaux une fois *amené*, L'*accusé*, s'il est pauvre, est déjà condamné. (CHÉNIER.)	*Obéi* dans sa vie, à sa mort adoré, Son palais fut un temple, etc. (Id.)
Fortement *appuyé* sur des oracles vains, Un *Pontife* est souvent terrible aux souverains. (VOLTAIRE.)	*Environné* d'enfants, soutiens de ma puissance, Il ne manque à mon front que le bandeau royal. (RACINE.)

Tout qualificatif, soit adjectif, soit participe passé ou présent, doit toujours se rapporter à un mot exprimé dans la phrase; telle est la règle posée dans la grammaire de MM. Noël et Chapsal, et d'après laquelle ils approuvent la construction des exemples de la première colonne, et signalent comme vicieuse et ne devant pas être imitée, celle des exemples en regard. Nous ne sommes pas tout-à-fait de l'avis de MM. Noël et Chapsal, et les trouvons d'une excessive rigueur à condamner les citations de la seconde colonne : Que veulent-ils éviter? C'est l'équivoque. Or, on sent bien qu'il est

---

(1) Cette analyse pourrait être aisément justifiée par un nombre infini de citations; nous nous bornerons à celle-ci. Bossuet, dans ses *Élévations sur les mystères*, dit, 1° avec la construction pleine : *Pour parler d'*UN TON PLUS AIGU, *ou plus* GROS, *ou plus* HAUT, *ou plus* BAS, *je dilate encore ou je resserre une autre partie dans le gosier qu'on appelle trachée artère, quoique je ne sache pas même si j'en ai une*; 2° avec ellipse : *Il suffit que je veuille parler* HAUT *ou* BAS *afin que tout se fasse comme de soi-même*.

impossible de faire rapporter *endormi* avec *poids*, *obéi* avec *palais*, *environné* avec *front*; que ces adjectifs et ces substantifs s'excluant les uns les autres, le mot en rapport avec les premiers est évidemment sous-entendu ; et ce qui aide singulièrement l'esprit à le saisir, c'est qu'il est implicitement contenu dans l'adjectif possessif qui se trouve toujours dans la phrase : *le poids de sa couronne*, c'est-à-dire *le poids de la couronne de lui, endormi*, etc. Au reste cette construction, qui répond à l'ablatif absolu des Latins, a été et est encore employée par les meilleurs écrivains; on ne doit donc pas craindre de suivre en cela ces excellents modèles de goût et de clarté.

EXERCICE PHRASÉOLOGIQUE.

Bien examinée, cette chose est vraie.
Ballotés par les vents, nous faillîmes périr.
Esclave de votre parole, remplissez vos promesses.
Instruite et éclairée, la jeunesse est l'espérance de la patrie.

Obéie, aimée, chérie, l'existence fait tout son délice.
Entouré de tous les biens, il ne manque à mon bonheur que votre amitié.
Environné de toutes les horreurs de la mort, mes jambes tremblaient sous moi.

Endormi contre un arbre, le poids de ses armes brisait ses membres.
Une fois mort, mon bien vous appartient.
Une fois nés, la douleur est notre partage.
Arrivés à la première étape, leur seule pensée fut de se reposer.

N° CXXXIII.

GALLICISMES PRODUITS PAR LES ADJECTIFS *beau, belle, bonne*.

BELLE.

Quand tout le monde fut sorti de table, il se mit à boire encore de plus *belle*. (ACADÉMIE.)

... Vous nous la donnez *bonne* ;
J'ai six cousines, moi, que je vous abandonne. (VOLTAIRE.)

Nous l'avons, en dormant, madame, échappé *belle*. (MOLIÈRE.)

Entre les deux oiseaux il arriva querelle,
Et Raton de prendre parti
Cet inconnu, dit-il, nous la vient donner *belle*,
D'insulter ainsi notre ami ! (LA FONTAINE.)

On a *belle* de draper les gens en leur absence. (ANONYME.)

BEAU.

Nous avons *beau* enfler nos conceptions, nous n'enfantons que des atomes. (PASCAL.)

On a *beau* étudier les hommes et les approfondir, on s'y trompe toujours. (FÉNELON.)

On a *beau* dire, il faut avouer que la religion chrétienne a quelque chose d'étonnant. (PASCAL.)

On a *beau* faire, la vérité s'échappe, et perce toujours les ténèbres qui l'environnent. (MONTESQUIEU.)

Dans toutes ces locutions, qui sont autant de gallicismes, on a sous-entendu les mots avec lesquels les adjectifs *beau, belle* sont en rapport; mais l'analyse que nous allons essayer d'en donner fera voir quels sont les substantifs ellipsés.

1° *Il se mit à boire encore de plus* BELLE, c'est-à-dire : *il se mit à boire encore d'*(une) *plus belle* (manière).

2° *Nous l'avons échappé* BELLE, c'est-à-dire : *nous avons échappé le* (malheur en question) *d'*(une) *belle* (manière).

3° *Il nous la vient donner* BELLE, c'est-à-dire *il vient nous la donner* (la fête) *belle*.

4° *On a* BELLE *de draper*, c'est pour *on a* (une) *belle* (occasion) *de draper*, etc.

5° *On a beau*. Cette locution est un peu plus difficile à expliquer. MM. Noël et Chapsal prétendent que c'est un abrégé de *on a beau jeu*, et que, par conséquent, *on a beau pleurer* est pour *on a beau jeu pour pleurer*. M. Lefranc l'analyse ainsi : *On a beau champ pour pleurer.* M. Deshoullières pense qu'il n'y a pas d'ellipse et que l'adjectif *beau* qualifie l'infinitif suivant qui, dans ce cas, est pris substantivement : *On a beau faire, on a beau dire*, c'est, selon lui, pour : *On a un beau faire, on a un beau dire*. Quant à nous, nous sommes pour l'ellipse, et nous croyons que *vous avez beau* est un abrégé de *vous avez un beau* SUJET *de* (1).

---

(1) Nos lecteurs nous sauront sans doute gré de mettre sous leurs yeux la lettre suivante, que nous devons à l'extrême obligeance du savant éditeur de Rabelais, et qui est remplie d'observations fort judicieuses.

Paris, 17 janvier 1835.

Vous voulez bien, monsieur, vous adresser à moi pour savoir quelle peut être l'analyse de ces expressions *avoir beau dire*, *avoir beau faire*. « C'est en vain, dites-vous, que vous l'avez cherchée : vous n'avez rien trouvé de satisfaisant dans l'explication qu'on a donnée de ce gallicisme, qui paraît se soustraire à toute espèce d'analyse. »

Cette question, monsieur, est donc plus neuve pour moi que pour vous, car je n'y avais jamais songé avant que vous m'ayez fait la proposition de l'examiner ; et je vous avoue que je ne sais pas, et que je n'ai pas cherché même depuis la solution que d'autres grammairiens ont pu donner de cette locution, qui est en effet assez singulière. L'explication que je vais vous en soumettre sera donc bien *mienne*, et je vous prie de l'accueillir avec indulgence, car ce n'est pas par choix que je vais essayer de résoudre cette question, mais pour vous être agréable.

Voyons le fait d'abord. « Quand *beau* est joint avec *avoir*, disent les lexicographes, il signifie *quoique*, *encore que*. »

Je lis dans les *méthodes latines*, c'est-à-dire dans les traités français pour rendre en latin les gallicismes : « *avoir beau* devant un infinitif, se tourne par en vain, *frustrà*, ou quoique, *quamvis* ; vous avez beau crier, tousser, vous criez en vain, ou quoique vous criiez, vous avez beau faire, tournez, quelque chose que vous fassiez, *quidquid agas*. »

« On dit, remarque le dictionnaire de l'Académie au mot *beau*, *vous avez beau faire et beau dire*, pour c'est inutilement que vous faites, que vous dites. »

D'où je conclus 1° que *beau*, dans ces phrases, est en effet une locution elliptique, dans laquelle on peut entendre *affaire* ou *chose*; comme dans la phrase latine, *pulchrum est pro patriâ mori*, on sous-entend *negotium*, et même, comme dans la phrase française, faite sur le modèle du latin, *il est beau de mourir pour sa patrie* ; 2° que la locution *j'ai beau dire* revient à celle-ci : *j'ai belle affaire à dire*, dire est pour moi une *belle chose*, mais inutile et vaine.

C'est ainsi, monsieur, que nous disons, *il fait beau voir*, pour *c'est une belle chose de voir* ou *à voir* ; *il n'est pas beau de jurer*, pour *ce n'est pas une belle chose de jurer* ; *il y a du beau dans cette affaire*, pour *il y a de belles choses, de beaux côtés* ; *le beau, le plus beau et le meilleur de l'affaire*, pour *la chose la plus belle et la meilleure de l'affaire*.

C'est ainsi encore que nous sous-entendons *temps* dans les locutions, *il fait beau chasser, il fait beau se promener* ; *jeu* ou *coups*, quand nous disons au jeu de paume ou de volant, *donner beau coup*, pour un coup facile à prendre : *occasion*, quand nous disons figurément, *le donner beau à quelqu'un*, pour dire lui donner beau jeu, lui procurer belle occasion, une occasion favorable de faire un bon coup ; *vous l'avez beau*, pour vous avez une belle occasion, l'occasion est belle pour vous.

Je désire, monsieur, que cette explication analytique, et ces rapprochements puissent vous satisfaire, et vous prouver au moins la haute opinion que le plan et l'exécution de votre *Grammaire nationale* m'ont fait concevoir de votre mérite, de vos immenses recherches et de votre esprit d'analyse.

J'ai l'honneur d'être, dans ces sentiments bien sincères, monsieur, avec dévouement et reconnaissance, pour le service que vous rendez à notre belle langue,

Votre confrère, ÉLOI JOHANNEAU.

N° CXXXIV.

DE LA PLACE DES ADJECTIFS.

I.

ADJECTIFS QUI SE METTENT

AVANT LES SUBSTANTIFS.

La vertu est plus belle dans un *beau* CORPS.
(Pensée de Virgile.)

On doit récompenser une *bonne* ACTION.
(Racine.)

Le *mauvais* EXEMPLE entraîne.
(Fléchier.)

Parler en *docte* janséniste.
(Boileau.)

APRÈS LES SUBSTANTIFS.

Il faut retrancher dans les ARBRES *fruitiers* le bois inutile.
(Fénelon.)

Frappez l'ARBRE *infructueux* qui n'est plus bon que pour le feu.
(Bossuet.)

Les hirondelles ont le vol *raide*.
(Planche.)

Il oppose à l'amour un cœur *inaccessible*.
(Racine.)

II.

ADJECTIFS QUI PEUVENT SE METTRE AVANT OU APRÈS LES SUBSTANTIFS.

Jamais nous ne goûtons de *parfaite* ALLÉGRESSE.
(Corneille.)

On sait que le lendemain, à l'heure marquée, il fallut réveiller d'un *profond* SOMMEIL cet autre Alexandre.
(Bossuet.)

.... Craignez
D'un vain plaisir les *trompeuses* AMORCES.
(Boileau.)

...... Qu'a-t-il dit, qu'a-t-il fait
Qui ne promette à Rome un EMPEREUR *parfait?*
(Racine.)

Dans un SOMMEIL *profond* ils ont passé leur vie.
(Boileau.)

Le monde est une FIGURE *trompeuse* qui passe.
(Buffon.)

III.

ADJECTIFS DONT LA SIGNIFICATION CHANGE SELON LA PLACE QU'ILS OCCUPENT.

AVANT.

Un BON *homme* signifie le plus souvent un homme simple, crédule, qui se laisse dominer, tromper.
(Académie.)

Un BRAVE *homme* est un homme de bien, de probité, dont le commerce est sûr. (*Id.*)

Un GRAND *homme* est un homme d'un grand mérite moral. (*Id.*)

Le GRAND *air* indique les manières d'un grand seigneur. (*Id.*)

Un GALANT *homme* est un homme poli, qui a des dons et des talents, et dont le commerce est sûr et agréable.
(Boiste.)

APRÈS.

Un *homme* BON se dit d'un homme plein de candeur, d'affection, d'un homme charitable, compatissant. (Académie.)

Un *homme* BRAVE est un homme intrépide, qui affronte le danger sans crainte. (*Id.*)

Un *homme* GRAND est un homme d'une grande taille. (*Id.*)

L'*air* GRAND se dit d'une physionomie noble. (*Id.*)

Un *homme* GALANT est un homme qui cherche à plaire aux dames. (Boiste.)

La qualité est inhérente à la substance; il est donc de toute nécessité que l'adjectif accompagne le nom auquel il ajoute une qualification quelconque. Cet adjectif peut bien se placer avant ou après le substantif; mais il ne saurait en être séparé, si ce n'est par le signe de la propriété générale de tous les êtres, et celui de leur existence, c'est-à-dire par le verbe.

Mais puisque, ainsi que nous venons de le dire, les adjectifs doivent précéder ou suivre immédiatement les substantifs qu'ils qualifient, est-il permis à celui qui écrit de les mettre à son gré avant ou après? Non sans doute, et l'usage, guidé par l'oreille, le goût, le bon sens, et le sentiment, a désormais fixé la place qu'ils doivent occuper ; de telle sorte qu'enfreindre aujourd'hui cette loi, ce serait non seulement pécher contre la grammaire, mais encore dénaturer bien souvent le sens des mots, comme on le voit par le 3ᵉ paragraphe.

Nous ne nous étendrons pas davantage sur cette matière, qui appartient essentiellement aux dictionnaires.

C'est un trait honteux de l'histoire du langage, dit M. Valery, que d'avoir fait du mot *bon* une injure. Ce mot était synonyme de *beau* chez le peuple qui eut jamais le plus vif sentiment de la beauté. L'admirable inscription *Jovi optimo maximo*, si heureusement traduite dans la langue religieuse du peuple par le *bon Dieu*, prouve encore combien la raison profonde de Rome était loin de notre sottise. Rousseau a prétendu qu'il y aurait plus d'exactitude à dire *maximo optimo*, puisque, d'après lui, Dieu ne peut être bon s'il n'est grand. Cette subtilité ôterait à l'expression antique son vrai et touchant caractère : le sentiment de nos misères nous dit qu'il y a plus de divinité dans la bonté que dans la puissance; l'on aime à voir dans le ciel le mot *très bon* précéder celui de *très grand*, comme, sur la terre même, le *bon* Homère est célèbre avant tous les grands hommes. Tel est dans nos cœurs l'instinct de la morale et de la reconnaissance, qu'ils aiment à consacrer l'emploi bienfaisant du génie; cette immortalité appartient aussi au *bon* Virgile, au *bon* La Fontaine; on les aime autant qu'on les admire, et le surnom de *bon* est à la fois le plus ancien et le plus durable. Dans nos vieux auteurs, le mot *bon* a toute sa dignité. « Les Sarrasins le tenaient, dit le confesseur de la reine Marguerite, qui a écrit la vie de saint Louis, pour *bon* homme et loyal. » Le chancelier de l'Hôpital, dans son testament, lègue sa bibliothèque à celui de ses enfants qui lui semble le plus propre et le plus affectionné aux *bonnes* lettres. » La Boétie mourant supplie son fraternel ami de soigner ses parents, « et de prendre garde que le deuil de » sa perte ne pousse ce *bon* homme et cette *bonne* femme hors des gonds de la raison. » « Guy-Patin parle du *bon* homme, M. de Sully, du *bon* homme Casaubon », pour vanter leur habileté et leur vertu. Madame de Sévigné désigne souvent par la même expression les hommes qu'elle aime et respecte le plus, tels que Arnaud d'Andilly, Boucherat et Chapelain. L'acception nouvelle du mot *bon homme* se trouve déjà dans Bussy, et la définition qu'il en donne ne surprend point de la part de ce vil caractère.

Ainsi donc la syntaxe, inflexible pour l'homme, cède au temps, et ses variations sont une preuve de notre faiblesse : telle est notre misère, nous ne saurions rien fixer, les mots même nous échappent; et, par une moquerie de la fortune, leurs destinées ont des vicissitudes aussi incertaines que les nôtres. Ainsi les mots qui exprimaient l'honneur, la grandeur ou la dignité, n'expriment plus, à d'autres époques, que la servilité, la petitesse ou le ridicule. Cette métamorphose subie par les éléments d'un langage, dit M. Philarète Chasles, est un phénomène aussi digne de remarque qu'il est peu observé. Tous les peuples voient ainsi leur idiome les fuir et leur échapper, comme un fleuve qui passe et s'écoule, toujours le même, et toujours changeant. Du temps de Marot, *la prude femme*, par exemple, *c'était l'honnête femme*, et une *coquette* était quelque chose de pis. On sait qu'aujourd'hui cette double signification a bien changé. Si l'étude des mots, dans leurs racines grammaticales, dans leur emploi et dans leurs inflexions, est épuisée, celle du langage, dans ses mutations et dans le rapport de ces mutations avec les mœurs, est encore à faire; et certes, elle est plus importante.

EXERCICE PHRASÉOLOGIQUE.

I.

AVANT.

Un beau cheval.	Un bon ouvrage.	Un brave soldat.	Un sot orgueil.
Un grand capitaine.	Une mauvaise habitude.	Une belle situation.	Un bon ouvrier.
Un gros arbre.	Mon cher ami.	Un petit chien.	Un jeune homme.

II.

APRÈS

Une voix harmonieuse.	Une couleur jaune.	Une figure ronde.	Un génie supérieur.
Une humeur pacifique.	Un discours concis.	Une forme ovale.	Un lieu éminent.
Une laine blanche.	Un lieu inaccessible.	Un arbre vert.	Une fleur épanouie.
Un air indolent.	L'ange gardien.	Un bonnet blanc.	Un chapeau noir.
Un chemin raboteux.	L'empire ottoman.	Etoiles fixes.	Fables choisies.

III.

AVANT OU APRÈS.

Un savant homme.	Un homme savant.	Un habile avocat.	Un avocat habile.
Un ami véritable.	Un véritable ami.	De tendres regrets.	Des regards tendres.
L'intelligence suprême.	La suprême intelligence.	Un savoir profond.	Un profond savoir.

IV.

AVANT OU APRÈS, MAIS AVEC UN SENS DIFFÉRENT.

D'une commune voix.	Une voix commun.	Un mauvais air.	L'air mauvais.
Un cruel homme.	Un homme cruel.	Une méchante épigramme.	Une épigramme méchante.
Une fausse corde.	Une corde fausse.	Un nouvel habit.	Un habit nouveau.
Un faux accord.	Un accord faux.	Un pauvre homme.	Un homme pauvre.
Un faux jour.	Un jour faux.	Une pauvre langue.	Une langue pauvre.
Une fausse clé.	Une clé fausse.	Un plaisant homme.	Un homme plaisant.
Une fausse porte.	Une porte fausse.	Un petit homme.	Un homme petit.
Un furieux menteur.	Un lion furieux.	Les propres termes.	Des termes propres.
Une grosse femme.	Une femme grosse.	Un seul mot.	Un mot seul.
Un bonnête homme.	Un homme honnête.	Un simple homme.	Un homme simple.
D'honnêtes gens.	Des gens honnêtes.	Un unique tableau.	Un tableau unique.
Un malhonnête homme.	Un homme malhonnête.	Un vilain tableau.	Un homme vilain.

N° CXXXV.

COMPLÉMENT DES ADJECTIFS.

ADJECTIFS DONT LE COMPLÉMENT EST PRÉCÉDÉ DE LA PRÉPOSITION à.

L'ignorance toujours est *prête à* s'admirer.
(BOILEAU.)

Mon cœur toujours rebelle et *contraire à* lui-même,
Fuit le mal qu'il déteste, et fait le bien qu'il aime.
(L. RACINE.)

Il est dans le saint temple un sénat vénérable,
Propice à l'innocence, *au* crime *redoutable*.
(VOLTAIRE.)

Il se rend *accessible à* tous les janissaires.
(RACINE.)

Insensible à la vie, *insensible à* la mort,
Il ne sait quand il veille, il ne sait quand il dort.
(L. RACINE.)

Du titre de clément rendez-le ambitieux ;
C'est par là que les rois sont *semblables aux* dieux.
(LA FONTAINE.)

Et ce roi, très souvent *sujet au* repentir,
Regrettait le héros qu'il avait fait partir.
(VOLTAIRE.)

Croyez un homme qui doit être *agréable aux* dieux, puisqu'il souffre pour la vertu.
(MONTESQUIEU.)

Parmi les adjectifs qui ont un complément, les uns le prennent accidentellement, les autres ne peuvent s'en passer (1). Ceux qui font l'objet de ce numéro ont leur complément toujours précédé de la préposition *à*.

EXERCICE PHRASÉOLOGIQUE.

Prompt à.
Agréable à.
Cher à.
Favorable à.
Impénétrable à.
Odieux à.
Semblable à.
Facile à.
Invincible à.

Enclin à.
Accessible à.
Conforme à.
Formidable à.
Invisible à.
Préférable à.
Sujet à.
Difficile à.
Invulnérable à.

Propre à.
Attentif à.
Contraire à.
Funeste à.
Visible à.
Propice à.
Antérieur à.
Aisé à.
Indispensable à.

Accoutumé à.
Avilissant à.
Exact à.
Importun à.
Nuisible à.
Redoutable à.
Postérieur à.
Nécessaire à.
Bon à.

N° CXXXVI.

ADJECTIFS DONT LE COMPLÉMENT EST PRÉCÉDÉ DE LA PRÉPOSITION *de*.

Tous ces pompeux amas d'expressions frivoles
Sont d'un déclamateur *amoureux de paroles*.
(BOILEAU.)

De quel crime un enfant peut-il être *capable* ?
(RACINE.)

Il n'est pas de Romain
Qui ne soit *glorieux de* vous donner la main.
(CORNEILLE.)

Et *désireux de* gloire
Son char rase les champs et vole à la victoire.
(DELILLE.)

Joyeuse, né d'un sang chez les Français insigne,
D'une faveur si haute était le moins *indigne*.
(VOLTAIRE.)

Qui vit *content de* rien possède toute chose.
(BOILEAU.)

Mais un esprit sublime......
Est toujours *mécontent de* ce qu'il vient de faire.
(*Id.*)

Lorsque, *vide de sang*, le cœur reste glacé,
Son âme s'évapore ; et tout l'homme est passé.
(L. RACINE.)

On voit par ces exemples qu'il est aussi des adjectifs dont le complément est précédé de la préposition *de*. L'usage et les dictionnaires les feront connaître.

EXERCICE PHRASÉOLOGIQUE.

Digne de.
Plein de.
Différent de.
Esclave de.
Glorieux de.
Fatigué de.
Rassasié de.
Absent de.
Jaloux de.

Indigné de.
Rempli de.
Envieux de.
Exempt de.
Honteux de.
Lassé de.
Soigneux de.
Éloigné de.
Désespéré de.

Content de.
Capable de.
Ambitieux de.
Fier de.
Complice de.
Las de.
Sûr de.
Avide de.
Affligé de.

Mécontent de.
Incapable de.
Impatient de.
Fou de.
Tributaire de.
Ivre de.
Victime de.
Désolé de.
Curieux de.

(1) Voici quelques exemples où les mêmes adjectifs que ceux cités dans ce numéro et dans le numéro suivant, ne sont accompagnés d'aucun complément : *Celui qui aime son travail trouve son plaisir toujours* PRÊT. (Boiste.) — *Fabricius demandait aux dieux que les ennemis de Rome fussent athées pour n'être pas* REDOUTABLES. (Mably.) — *C'est être faible et timide que d'être* INACCESSIBLE. (Massillon.) — *On se croit dispensé d'être homme de bien pourvu qu'on soit un homme* AGRÉABLE. (J.-J. Rousseau.) — *C'est une grande difformité dans la nature qu'un vieillard* AMOUREUX. (La Bruyère.) — *Les jeunes gens cachent leur ignorance sous un air* CAPABLE. (Boiste.) — *Voulez-vous que tout ce qui vous entoure vous montre un air* CONTENT? *Soyez libéral.* (Vauvenargues.) — *Les médisances et les calomnies sont les ressources des têtes* VIDES. (Boiste.)

N° CXXXVII.

ADJECTIFS DONT LE COMPLÉMENT EST PRÉCÉDÉ DE DIFFÉRENTES PRÉPOSITIONS.

On est *aveugle sur* ses défauts, clairvoyant *sur* ceux des autres. (LAROCHEFOUCAULD.)

Le nom d'animal est *commun à* l'homme et à la bête. (ACADÉMIE.)

Les biens de ce monde ne sont pas *comparables à* ceux de l'éternité. (FÉRAUD.)

Tous les grands divertissements sont *dangereux pour* la vie chrétienne. (PASCAL.)

La haine est *aveugle dans* sa propre cause. (ACADÉMIE.)

L'amour a cela de *commun avec* les scrupules qu'il s'aigrit par les réflexions. (LA BRUYÈRE.)

L'esprit n'est pas *comparable avec* la matière. (LAVEAUX.)

Aman trouva la puissance et la religion des Juifs *dangereuses à* l'empire. (MASSILLON.)

On voit encore qu'il y a des adjectifs dont le complément se construit avec différentes prépositions. Nous n'en donnons qu'un très léger aperçu, parce que ces remarques sont plutôt du ressort des dictionnaires que de cet ouvrage, dont les limites sont d'ailleurs fixées.

EXERCICE PHRASÉOLOGIQUE.

Assidu au travail.
Constant dans ses opinions.
Cruel à ses ennemis.
Affable avec tous.
Injurieux aux magistrats.

Assidu auprès de quelqu'un.
Constant à toutes choses.
Cruel envers ses ennemis.
Affable envers tous.
Injurieux pour le prince.

Rebelle à son roi.
Ingénieux pour une chose.
Endurci aux coups ou contre les coups de l'adversité.
Inquiet de savoir.

Rebelle envers son roi.
Ingénieux à tout faire.
Endurci dans le crime.
Ignorant en ou sur toutes choses.
Inquiet sur son sort.

N° CXXXVIII.

ADJECTIFS CONSTRUITS AVEC *il est*.

Il est si *facile* et si *commode de* douter de tout. (CONDORCET.)

Il est plus *difficile* pour les nations que pour les individus *de* recouvrer l'estime de leurs voisins, quand elles l'ont perdue. (BOISTE.)

Il est plus *aisé d'*être sage pour les autres que de l'être pour soi-même. (LAROCHEFOUCAULD.)

Il est moins *dangereux de* prendre un mauvais parti que de n'en prendre aucun. (FÉNELON.)

N'est-il pas *préférable de* chercher les talents dans toute une nation que dans telle ou telle autre classe? (BOISTE.)

Il est plus *glorieux de* se vaincre soi-même que de vaincre les autres. (SCUDÉRY.)

Dans le premier numéro de cette section, on a vu que certains adjectifs exigeaient la préposition *à*. Le présent numéro nous apprend cependant que tout adjectif construit avec *il est*, appelle après lui la préposition *de*.

EXERCICE PHRASÉOLOGIQUE.

Il est beau de faire du bien.
Il est agréable de s'entendre louer.
Il est charmant d'être riche et puissant.
Il est nécessaire d'étudier.

Il est doux de mourir pour son pays.
Il est sûr de se voir méprisé.
Il est utile de voyager.
Il est injuste de tyranniser les hommes.

N° CXXXIX.

SUBSTANTIFS PRÉCÉDÉS DE DEUX ADJECTIFS DEMANDANT APRÈS EUX DES PRÉPOSITIONS DIFFÉRENTES.

Ce père est *utile* et *cher* à sa famille.
(GIRAULT-DUVIVIER.)

La religion est *nécessaire* et *naturelle* à l'homme.
(ANONYME.)

Un substantif peut être accolé à deux adjectifs, pourvu que les rapports qui les lient soient exprimés par la même préposition, ou, ce qui est la même chose, pourvu que ces adjectifs demandent après eux la même préposition : *Ce père est* UTILE *et* CHER *à sa famille*. Cette phrase est correcte, parce que les adjectifs *utile* et *cher* exigent la préposition *à*; on dit *utile à, cher à*. Mais on ne pourrait pas dire : *Cet homme est* UTILE *et* CHÉRI *de sa famille*, parce que *utile* et *chéri* ne veulent pas la même préposition; dans ce cas, il faut faire suivre chaque adjectif de la préposition qui lui convient, et dire : *Cet homme est* UTILE A *sa famille et* EN *est* CHÉRI.

N° CXL.

ADJECTIFS QUI ONT QUELQUE RESSEMBLANCE, MAIS DONT LA SIGNIFICATION EST DIFFÉRENTE.

La déesse des bois n'est pas *si matinale*.
(LA FONTAINE.)

Les coqs, lui disait-il, ont beau chanter matin,
Je suis plus *matineux* encore.
(LA FONTAINE.)

Il faut bien se garder de confondre certains adjectifs qui ont un air de ressemblance, mais dont la signification est tout-à-fait différente.

EXERCICE PHRASÉOLOGIQUE.

CONSOMMÉ,	signifie achevé, accompli : *le crime, le sacrifice est* CONSOMMÉ, *c'est une affaire* CONSOMMÉE.	CONSUMÉ,	ne s'emploie qu'avec l'idée de destruction : *cet édifice a été* CONSUMÉ *par le feu*.
CONTINU,	qui n'a pas d'interruption : *basse* CONTINUE, *fièvre* CONTINUE.	CONTINUEL,	qui a une durée mêlée d'intervalles : *pluies* CONTINUELLES, *plaintes* CONTINUELLES.
MATINAL,	qui s'est levé matin. En poésie, *aube* MATINALE, *fraîcheur* MATINALE.	MATINEUX,	qui est dans l'habitude de se lever matin.
MONACAL,	qui tient du moine : *ton, chant* MONACAL.	MONASTIQUE,	qui tient du monastère : *habit, vie discipline, vœux* MONASTIQUES.
OISIF,	Sans occupation suivie ou momentanée.	OISEUX,	*vie* OISEUSE, *goût* OISEUX, *occupation* OISEUSE.
PLUVIALES,	provenant des pluies : *eaux* PLUVIALES.	PLUVIEUX,	abondant en pluie.
ROMANESQUE,	*esprit, style, tournure* ROMANESQUE.	ROMANTIQUE,	*un site, une vallée, un coteau, un paysage* ROMANTIQUE.

STOMACAL,	qui fortifie l'estomac. *Stomachiques* s'emploie aussi dans ce sens.	STOMACHIQUE,	terme d'anatomie, qui appartient à l'estomac, *veines* STOMACHIQUES.
SULFUREUX,	plein de soufre. se dit des animaux.	SULFURIQUE,	obtenu par la combinaison du soufre avec d'autres bases.
VENIMEUX,	se dit des animaux.	VÉNÉNEUX	ne se dit que des végétaux : *sucs* VÉNÉNEUX.

NOTA. Il y a encore : *Éhonté* et *effronté*; *éminent* et *imminent*; *ennuyant* et *ennuyeux*, *fortuné* et *riche*; *membré* et *membru*; *mousseux* et *moussu*; *ombrageux* et *ombreux*; *passant* et *passager*; *sourd-muet* et *sourt-et-muet*; *capable* et *susceptible*; *conséquent* (1) et *considérable*, etc., etc. Voir les dictionnaires de synonymes.

N° CXLI.

ADJECTIFS CONVENANT LES UNS AUX PERSONNES, LES AUTRES AUX CHOSES.

AUX PERSONNES.	AUX CHOSES.
Sa perte est si grande qu'il n'en est pas *consolable*. (ACADÉMIE.)	C'est une *déplorable gloire* que celle dont les ennemis ont le profit. (BOISTE.)
Une circonstance imaginaire que nous ajoutons à nos afflictions, c'est de croire que *nous* serons *inconsolables*. (FONTENELLE.)	On n'a guère de défauts qui ne soient plus *pardonnables* que les moyens que l'on emploie pour les cacher. (LAROCHEFOUCAULD.)

Il est des adjectifs qui conviennent exclusivement aux personnes, comme *consolable*, *inconsolable*, et d'autres qui ne peuvent s'appliquer qu'aux choses, tels que *pardonnable*, *déplorable*, etc. Cependant Racine a dit *un prince déplorable* : *Vous voyez devant vous un prince* DÉPLORABLE.

OBSERVATION. — Les adjectifs qui dérivent des verbes, comme *pardonnable*, *consolable*, formés de *pardonner*, et de *consoler*, se disent des personnes et des choses, selon que les verbes, d'où ils dérivent ont pour régime direct un nom de personne ou un nom de chose. Comme on ne dit pas *pardonner quelqu'un*, *consoler quelque chose*, il en résulte qu'on ne saurait dire que *quelqu'un est pardonnable*, ni que *quelque chose est consolable*.

EXERCICE PHRASÉOLOGIQUE.

Personne consolable.	Temps déplorable.	Homme intelligent.	Trésor inestimable.
Femme inconsolable.	Faute pardonnable.	Homme tempérant.	Gouvernement tempéré.

(1) Collin-d'Harleville, dans sa comédie des *Mœurs du jour*, a signalé le ridicule du mot *conséquent* que le vulgaire emploie pour *considérable*, *de conséquence*, parce qu'il est plus court :

BASSET.
Votre domaine est-il conséquent?
FORMONT. *Conséquent !*
BASSET.
Considérable? Eh oui, c'est clair.
FORMONT (avec malice).
En l'expliquant.

N° CXLII.

MODIFICATIONS QUE SUBISSENT LES ADJECTIFS POUR EXPRIMER LES DIVERS DEGRÉS DE SIGNIFICATION OU DE QUALIFICATION.

1ᵉʳ DEGRÉ. — POSITIF.

C'est un homme *menu*. (ACADÉMIE.)

2ᵉ DEGRÉ. — COMPARATIF.

Ce n'est pas être petit que d'être *moindre* qu'un grand. (BOISTE.)

3ᵉ DEGRÉ. — SUPERLATIF.

Cette faute est *minime* ou *minutissime*. (ACADÉMIE.)

En disant : *C'est un homme* MENU, je ne fais qu'énoncer simplement la manière d'être de l'homme; mais si je dis : *Cet homme est* MOINDRE *que vous, cette faute est* MINIME, MINUTISSIME, les adjectifs *moindre, minime, minutissime*, outre l'idée fondamentale de qualification, expriment une idée accessoire de comparaison, soit en plus, soit en moins, ou de la qualité portée au plus haut ou au moindre degré. En effet, *moindre* signifie *plus menu* ou *plus petit*; *minime* ou *minutissime*, très-menu ou très-petit.

Quand la qualité est simplement énoncée, comme dans : *Un homme menu, une femme menue*, le degré de signification s'appelle *positif*, parce qu'alors l'adjectif exprime la qualité d'une manière positive, c'est-à-dire sans aucun rapport de comparaison.

Lorsque la qualité est énoncée avec comparaison en plus ou en moins, comme quand on dit : *Ce n'est pas être petit que d'être* MOINDRE *qu'un grand*, le degré de signification s'appelle *comparatif*.

Si la qualité est énoncée à un très-haut degré de supériorité ou d'infériorité, comme dans *cette faute est* MINIME OU MINUTISSIME, le degré de signification reçoit le nom de *superlatif*.

Un très-petit nombre d'adjectifs en français expriment par eux-mêmes, c'est-à-dire par le moyen de leurs finales, les trois degrés, dits *positif, comparatif, superlatif*. De fait, nous n'avons que trois mots qui aient le sens et la forme de comparatifs; ce sont :

Moindre, c'est-à-dire *plus menu* ou *plus petit*.

Meilleur,
Pire, } qui ne dérivent d'aucun adjectif connu;

car, quoiqu'ils aient le sens de *plus bon* et de *plus mauvais*, ni *bon* ni *mauvais* n'entre dans leur composition.

En faits de superlatifs, nous avons :

Amplissime (très-ample).
Bellissime (très-beau).
Clarissime (très-clair).
Corpulentissime (très-corpulent).
Eminentissime (très-éminent).

Excellentissime (très-excellent).
Nobilissime (très-noble).
Savantissime (très-savant).
Puissantissime (très-puissant).
Fidélissime (très-fidèle).

Fourbissime (très-fourbe).
Généralissime (très-grand général).
Grandissime (très-grand).
Habilissime (très-habile).
Ignorantissime (très-ignorant).
Petitissime (très-petit).

Illustrissime (très-illustre).
Prudentissime (très-prudent).
Rarissime (très-rare).
Vérissime (très-vrai).
Sérénissime (très-serein).
Parvulissime (très-petit).

Il est vrai que dans le discours familier on ne se fait point faute de ces formes, lorsqu'on a cette idée à peindre, et l'on ne craint point d'en créer, selon le besoin.

Nous allons voir de quelle manière on exprime ces idées accessoires de comparaison ou de la qualité portée au plus haut ou au moindre degré.

N° CXLIII.

DU COMPARATIF.

1. — DU COMPARATIF D'ÉGALITÉ.

L'Allemagne est *aussi* peuplée que la France.
(VOLTAIRE.)

Rien ne doit être *si* sacré aux hommes que les lois destinées à les rendre bons, sages et heureux.
(Id.)

2. — DU COMPARATIF D'INFÉRIORITÉ.

Ma gloire vous serait *moins* chère que ma vie.
(RACINE.)

Le naufrage et la mort sont *moins* funestes que les plaisirs qui attaquent la vertu.
(FÉNELON.)

3. — DU COMPARATIF DE SUPÉRIORITÉ.

Les actions sont *plus* sincères que les paroles.
(Mlle DE SCUDÉRY.)

Le pied du cerf est *mieux* fait que celui du bœuf.
(BUFFON.)

Le comparatif s'exprime, comme on le voit, par les adverbes *aussi, autant, moins, plus, mieux,* que l'on place devant les adjectifs ; et, selon que la comparaison présente l'idée d'*égalité,* de *supériorité* ou d'*infériorité,* le comparatif est lui-même appelé comparatif d'*égalité, de supériorité, d'infériorité.*

N° CXLIV.

DU SUPERLATIF.

DU SUPERLATIF ABSOLU.

Ce n'est pas dans un moment d'une émotion *très-*vive que l'on jouit le plus de ses sentiments.
(CHATEAUBRIAND.)

Il était *extraordinairement* riche.
(ACADÉMIE.)

Il y a à la ville, comme ailleurs, de *fort* sottes gens.
(LA BRUYÈRE.)

Je trouve que le château de Grignan est *parfaitement* beau.
(Mme DE SÉVIGNÉ.)

Je vous prie de croire que je ne songe qu'à vous, et que vous m'êtes *extrêmement* chère.
(Mᵐᵉ DE SÉVIGNÉ.)

Les *infiniment* petits ont un orgueil *infiniment* grand.
(VOLTAIRE.)

DU SUPERLATIF RELATIF.

C'est le *meilleur* de tous les hommes.
(ACADÉMIE.)

La pire des bêtes est le tyran, parmi les animaux sauvages; et parmi les animaux domestiques, c'est le flatteur.
(MARMONTEL.)

La probité reconnue est *le plus sûr* de tous les serments.
(Mᵐᵉ NECKER.)

Un bienfait reçu est *la plus* sacrée de toutes les dettes.
(*Id.*)

Les plus justes ressentiments doivent céder au repentir.
(PRÉVÔT.)

Le *superlatif* s'exprime au moyen des adverbes *très, fort, extraordinairement, parfaitement, extrêmement, infiniment, le plus, le moins, le meilleur, le pire, le moindre.*

Si le superlatif exprime une idée de *comparaison*, comme dans la deuxième série des exemples cités, on l'appelle *superlatif relatif*; on le nomme *superlatif absolu*, lorsqu'il n'y a pas de comparaison, ainsi que dans la première séri.

N° CXLV.

DES MOTS EXPRIMANT PAR EUX-MÊMES UNE IDÉE DE SUPÉRIORITÉ OU D'INFÉRIORITÉ.

MEILLEUR.

Il n'est *meilleur* ami ni parent que soi-même.
(LA FONTAINE.)

Le travail est une *meilleure* ressource contre l'ennui que les plaisirs.
(TRUBLET.)

Certainement l'athéisme ne rend pas les hommes *meilleurs*.
(VOLTAIRE.)

Un ton poli rend les bonnes raisons *meilleures* et fait passer les mauvaises.
(CHATEAUBRIAND.)

PIRE.

Le remède parfois est *pire* que le mal.
(LENOBLE.)

La condition des hommes serait *pire* que celle des bêtes, si la solide philosophie et la religion ne les soutenaient.
(FÉNELON.)

Les hommes seraient peut-être *pires*, s'ils venaient à manquer de censeurs.
(LA BRUYÈRE.)

L'inaction et la langueur sont *pires* que l'orage.
(NIVERNAIS.)

MOINDRE.

Ce n'est pas être petit que d'être *moindre* qu'un grand.
(BOISTE.)

Ma honte en serait *moindre*, ainsi que votre crime.
(RACINE.)

Sans implorer des rois *moindres* que vous.
(RACINE.)

A de *moindres* fureurs je n'ai pas dû m'attendre.
(*Id.*)

PIS. MIEUX.

C'est un homme rare celui qui ne peut faire *pis* que de se tromper.
(FONTENELLE.)

On ne fait rien de *mieux* que le bien.
(BARRUEL.)

Nous n'avons, dans notre langue, que cinq mots qui expriment par eux-mêmes une idée de comparaison; ce sont : *meilleur, pire, moindre, pis, mieux*, qui signifient *plus bon, plus mauvais, plus petit, plus mal, plus bien.* Le tableau qui précède nous fait connaître les autres particularités relatives à chacun de ces mots.

Plus bon et *plus bien* ne se disent pas; mais on peut employer *plus petit, plus mauvais* ou *plus méchant* et *plus mal*, au lieu de *moindre, pire* et *pis*. Les citations suivantes le prouvent évidemment :

Cette prétendue émulation, inspirée aux enfants, les rend pour toute leur vie intolérants, vains, changeants au *moindre* blâme ou au *plus petit* éloge d'un inconnu. (BERNARDIN DE ST-PIERRE.)

Il étend ses soins jusqu'au *moindre* de ses domestiques. (BOSSUET.)

On a souvent besoin d'un *plus petit* que soi. (LA FONTAINE.)

Est-il vrai que nous soyons *plus méchants* que ne l'étaient nos pères ? (LEMARE.)

Le *plus petit* d'entre nos disciples. (MASSILLON.)

Cependant il y a une différence entre *plus petit* et *moindre*.

Plus petit se dit des choses qui se mesurent : *Ma cousine est* PLUS PETITE *que sa sœur*.

Moindre se dit des choses qui s'évaluent : *La* MOINDRE *difficulté vous arrête; le* MOINDRE *bruit vous étonne.*

EXERCICE PHRASÉOLOGIQUE.

Ce melon est meilleur que...
Cette poire est meilleure que...
Ces melons sont meilleurs que...
Ces poires sont meilleures que...

Ce caractère est pire que...
Ces enfants sont pires que...
Cette faute est pire que...
Ces plumes sont pires que...

Votre douleur en sera moindre.
Son mal n'est pas moindre que...
Rendre de moindres services que...
Ces vins-là sont moindres que...

N° CXLVI.

FORMATION DES SUPERLATIFS.

Le faible est destiné pour servir *le plus* fort. (VOLTAIRE.)

Des amants *les mieux* faits et les plus vertueux,
Une fille à seize ans souffre à peine les vœux. (BOURSAULT.)

La distinction *la moins* exposée à l'envie est celle qui vient d'une longue suite d'ancêtres. (FÉNELON.)

C'est *le meilleur* de tous les hommes. (ACADÉMIE.)

La pire des bêtes est le tyran, parmi les animaux sauvages ; et parmi les animaux domestiques, c'est le flatteur. (MARMONTEL.)

Le témoin le plus vil et *les moindres* clartés,
Nous montrent quelquefois de grandes vérités. (VOLTAIRE.)

Le superlatif, comme on voit, se forme en faisant précéder *plus, mieux, moins* ou *meilleur, pire, moindre*, de *le, la, les*. Ces mots peuvent être également précédés des adjectifs possessifs *mon, ma, mes, notre, votre, leur*, etc. *C'est* MON MEILLEUR *ami, ce sont vos* MEILLEURS *parents*.

EXERCICE PHRASÉOLOGIQUE.

L'agneau est le plus doux des animaux.
Vous êtes mon plus mortel ennemi.
C'était le mieux fait de son temps.
Vénus est la planète la moins éloignée du soleil.

Le chien est le meilleur ami de l'homme.
Il lui a donné de son meilleur vin.
C'est bien le pire de tous les hommes.
Au moindre bruit avertissez-nous.

N° CXLVII.

MANIÈRES D'ÉNONCER LE SUPERLATIF RELATIF.

PREMIÈRE MANIÈRE.

Un bienfait reçu est *la plus sacrée de toutes les* dettes. (Mme NECKER.)

La probité reconnue est *le plus sûr de tous les* serments. (Mme NECKER.)

SECONDE MANIÈRE.

Le plus grand art est de cacher l'art. (DIDEROT.)

Les plus brillantes fortunes ne valent pas souvent les petitesses qu'il faut pour les acquérir. (LAROCHE.)

Les plus grands maux viennent souvent de l'abus *des plus grands biens*. (BOISTE.)

Les plus justes ressentiments doivent céder au repentir. (PRÉVÔT.)

TROISIÈME MANIÈRE.

Les qualités les plus brillantes deviennent inutiles, lorsqu'elles ne sont pas soutenues par la force du caractère. (SÉGUR.)

L'incertitude des évènements trouble *les jouissances les plus pures*. (LÉVIS.)

Les questionneurs les plus impitoyables sont les gens vains et désœuvrés. (LA ROCHEFOUCAULD.)

Les jouissances les plus douces sont celles qui n'épuisent pas l'espérance. (LÉVIS.)

Ces exemples prouvent qu'il y a trois manières d'exprimer le superlatif relatif : 1° *le plus sûr de tous les serments*; 2° *les plus brillantes fortunes*; 3° *les qualités les plus brillantes*. A l'égard de cette dernière forme, la répétition de l'article devant l'adverbe de comparaison est indispensable. Ainsi dans ce vers de Molière :

Mais je veux employer mes efforts plus puissants,

l'exactitude demandait *mes efforts les plus puissants*.

Si l'on dit également bien : *Les fortunes les plus brillantes* ou *les plus brillantes fortunes*, c'est que l'adjectif se place devant ou après le substantif : *Une fortune brillante, une brillante fortune*; mais si l'adjectif ne pouvait précéder le substantif, sans blesser l'oreille, alors la première manière serait seule employée : *L'être le plus faible a aussi l'instinct de la résistance*. (J.-J. Rousseau.) Il serait choquant de dire : *Le plus faible être*, etc.

Enfin, si l'adjectif, placé avant ou après le nom, lui donnait un sens différent, il faudrait avoir soin de ne pas employer une forme pour l'autre : L'HOMME LE PLUS HONNÊTE *de la cour n'est pas toujous* LE PLUS HONNÊTE HOMME *du monde*. (D'Alembert.)

EXERCICE PHRASÉOLOGIQUE.

Ulysse le plus rusé des Grecs.
Homère le plus grand des poètes.
Néron le plus cruel des tyrans.
Alcibiade le plus beau des hommes.

Le fanatisme le plus ardent.
Le conseiller le plus aveugle.
Le monarque le plus puissant.
La saison la plus belle.

Le plus ardent fanatisme.
Le plus aveugle conseiller.
Le plus puissant monarque.
La plus belle saison.

N° CXLVIII.

Le, TANTÔT VARIABLE, TANTÔT INVARIABLE, AVANT LES EXPRESSIONS COMPARATIVES *plus*, *mieux*, *moins*, SUIVIES D'UN ADJECTIF, D'UN PARTICIPE, ETC.

VARIABLE.

Les romans sont les livres *les plus* agréables, *les plus* universellement lus, et *les plus* utiles.
(BERNARDIN DE ST-PIERRE.)

...L'inflexible airain de l'âme *la plus dure*,
S'ébranle et s'amollit au cri de la nature.
(DE BELLOY.)

Les Français sont *les plus à craindre* : comme ils aiment passionnément les femmes, ils savent partout les intéresser à leurs projets.
(BERNARDIN DE ST-PIERRE.)

La ruse *la mieux ourdie*
Peut nuire à son inventeur.
(LA FONTAINE.)

Des amants *les mieux faits* et *les plus* vertueux,
Une fille à seize ans souffre à peine les vœux;
Son orgueil en rebute autant qu'il s'en présente,
Et tout lui paraît bon quand elle en a quarante.
(BOURSAULT.)

Il prit congé d'eux en les embrassant, en leur faisant accepter les diamants de son pays *les mieux montés*.
(VOLTAIRE.)

Les cœurs nourris de sang et de projets terribles,
N'ont pas toujours été les cœurs *les moins sensibles*.
(CRÉBILLON.)

Les peuples qui vivent de végétaux sont, de tous les hommes, *les moins exposés* aux maladies et aux passions.
(BERNARDIN DE ST-PIERRE.)

INVARIABLE.

Nous avons l'attention d'offrir à nos divinités les fleurs qui leur sont *le plus agréables*.
(BARTHÉLEMY.)

A ces mots, dans les airs le trait se fait entendre;
A l'endroit où le monstre a la peau *le plus tendre*,
Il en ressent le coup, se sent ouvrir les flancs.
(LA FONTAINE.)

Les animaux que l'homme a *le plus admirés* sont ceux qui lui ont paru participer de sa nature.
(BUFFON.)

Ceux qui seraient *le mieux organisés* ne feraient-ils pas leurs nids, leurs cellules ou leurs coques d'une manière plus solide?
(BUFFON.)

Dans le temps où nous sommes,
L'on doit peu compter sur les hommes,
Même sur ceux qu'on a *le mieux servis*.
(COLLÉ.)

Il était fort surpris que les choses qu'il avait *le mieux aimées* n'étaient pas celles qui étaient *le plus* agréables à ses yeux.
(BUFFON.)

Il y a un tour à donner à tout, même aux choses qui en paraissent *le moins susceptibles*.
(MONTESQUIEU.)

Les passions ont un intérêt qui fait qu'on doit s'en défier, lors même qu'elles paraissent *le plus raisonnables*.
(LA ROCHEFOUCAULD.)

D'après ces exemples, rien de plus facile que de savoir quand *le* doit subir tous les accidents du genre et du nombre devant *plus*, *moins*, *mieux*, ou rester invariable. Toute la difficulté réside dans le point de vue de l'esprit. Veut-on établir une comparaison de supériorité ou d'infériorité entre les mêmes personnes, entre les mêmes choses, qu'on se serve alors de *le plus*, *les plus*, *le moins*, *les moins*, etc. En effet, dans tous les exemples de la première colonne, si l'on dit : *Les livres les plus agréables, l'âme a plus dure, la ruse la mieux ourdie*, etc., c'est pour *Les plus agréables de tous les livres, la plus dure de toutes les âmes, la mieux ourdie de toutes les ruses*, ainsi que le prouve le dernier exemple de Bernardin de Saint-Pierre : *Les peuples qui vivent de végétaux sont de tous les hommes les moins exposés*, etc. La comparaison portant sur les mêmes objets, l'adjectif déterminatif *le* prend dès-lors le genre et le nombre des substantifs auxquels il est joint. Mais l'article *le* doit au contraire rester invariable, si, au lieu de modifier un substantif, il modifie un adjectif ou un participe, et forme avec *plus*, *moins*, *mieux*, une expression adverbiale. En pareille circonstance, *le plus* signifie *davantage*, et est un abrégé de : *au plus haut point, au plus haut degré*.

Les phrases suivantes sont donc incorrectes :

Il est rare que nos cerfs portent plus de vingt ou vingt-deux andouillers, lors même que leur tête est *la plus* belle. (Buffon.)	Maman, je sèmerai autour de la pierre de mon frère, les fleurs que vous aimez *les mieux*. (Bernardin de St-Pierre.)

Grammaticalement, il eût fallu *le plus belle* et *le mieux*; mais on doit pardonner à Buffon d'avoir dit *la plus belle*, *le plus belle* étant une expression qui répugne et qui choque. Dans ce cas il n'y a rien de mieux à faire que d'employer un autre tour.

EXERCICE PHRASÉOLOGIQUE.

Les plus savants ont été les plus religieux.	Ceux qui étaient le plus religieux.
Sur la partie la plus haute.	Chez ceux qui sont le plus haut placés.
Les plus beaux sont les plus fêtés.	Les plus beaux ont été le plus fêtés.
Les belles femmes sont les plus recherchées.	Les belles femmes ont été le plus recherchées.
Dans les moments les mieux choisis.	Celle qui a été le mieux servie.
Les plus à craindre sont les plus tranquilles.	Des femmes qui étaient le plus considérées
Les montagnes les moins élevées.	Ceux qui se sont le moins appliqués.

N° CXLIX.

ADJECTIFS SUSCEPTIBLES OU NON SUSCEPTIBLES DE COMPARAISON.

SUSCEPTIBLES DE COMPARAISON.	NON SUSCEPTIBLES.
Sans la langue, en un mot, l'auteur *le plus divin* Est toujours, quoi qu'il fasse, un méchant écrivain. (Boileau.)	Apprends que, dans les fers, la probité *suprême* Commande à ses tyrans, et les juge elle-même. (Gresset.)
Britannicus est compté parmi *les plus excellents* ouvrages dont s'honore la scène française. (Geoffroy.)	C'est à nous de chanter, nous à qui tu révèles Tes clartés *éternelles*. (Racine.)
Fontenelle fut l'homme *le plus universel* de son siècle. (Voltaire.)	Le dernier moment qui terminera ma vie décidera de mes destinées *immortelles*. (Massillon.)

Les adjectifs qui expriment une qualité absolue ne sont pas, dit Girault-Duvivier, susceptibles de comparaison, et il cite comme tels les suivants : *divin, éternel, excellent, extrême, mortel, immortel, immense, impuni, intime, parfait, unique, universel, suprême*; mais comme on peut très-bien dire, d'après les écrivains et l'Académie : *le plus excellent, le plus divin, le plus immense, le plus intime, le plus parfait, le plus unique, le plus universel*, il en résulte qu'il n'y a qu'*éternel, immortel, suprême, immense, premier*, etc., qui n'admettent point les degrés de comparaison en plus et en moins.

En effet, il y a une *excellence*, une *perfection*, une *universalité* relatives, voilà pourquoi les écrivains ne se font aucune difficulté de mettre ces adjectifs en comparaison :

Le bon sens est la faculté *la plus excellente* de l'homme. (La Roche.)	Le courage de l'esprit, infiniment plus rare que la valeur, suppose des vertus *bien plus éminentes*. (Diderot.)

Image du courtisan d'autant *plus parfaite*.
(La Bruyère.)

Une erreur si stupide n'était pas seulement *la plus universelle*, mais encore, etc. (Bossuet.)

Les plus sublimes esprits ont eux-mêmes des endroits faibles. (Vauvenargues.)

Les plus excellents ouvriers. (La Bruyère.)

Quant à *plus divin*, on entend par là une qualité qui approche davantage de la perfection que nous nous figurons dans les attributs de la Divinité :

Il faut que je déclare à Archidémus ce qui est encore *plus divin*. (Dacier.)

Rien n'est *plus divin* que la morale du christianisme. (Chateaubriand.)

L'auteur le plus divin, c'est-à-dire qui approche le plus de la Divinité.

Il y a des circonstances où l'expression semble s'écarter de l'ordre naturel ; mais ce sont des délicatesses qui échappent à ceux qui ne connaissent point les ressources de la langue. Il n'y a ni *infinité*, ni *impossibilité* relatives ; cependant les phrases suivantes sont très-bonnes :

Je crois même qu'en faisant mes lettres *moins infinies*, je vous jetterai moins de pensées, et moins d'envie d'y répondre.
(Mme de Sévigné.)

Non, cela est plus *impossible* que vous ne l'imaginez. (D'Alembert.)

Cette excellente mère, comme le remarque M. Dessiaux, pouvait dire *moins longue*, mais que devenait le sentiment ? Une chose me paraît impossible sous quelques rapports ; celui qui découvre encore plus de raisons d'impossibilité, la juge *plus impossible* que je ne puis le faire. La Rochefoucauld avait ses raisons pour dire : *L'envie est* PLUS IRRÉCONCILIABLE *que la haine*.

Tout le monde passera condamnation sur la phrase suivante : *La carrière de l'histoire est cent fois* PLUS IMMENSE *qu'elle ne l'était pour les anciens*. (Voltaire.) *Vaste* était le mot propre.

Nous ne nous étendrons pas davantage sur cette matière. Ce que les grammairiens appellent *comparatif* et *superlatif* se formant en général au moyen des *adverbes*, c'est au chapitre qui traite de cette partie du discours que nous entrerons dans tous les développements nécessaires.

DES ADJECTIFS DÉTERMINATIFS.

N CL.

NATURE DES ADJECTIFS DÉTERMINATIFS. — DÉFINITION.

Voyez *ce* papillon échappé du tombeau.
(Delille.)

Ma main de *quelque* fleur esquisse la peinture.
(Castel.)

Dix tribus ont fui la cité sainte.
(De Fontanes.)

Tout homme à son gré peut gouverner le sort.
(Duché.)

Ton empire s'étend du couchant à l'aurore.
(Castel.)

Leurs côteaux ont redit les chansons des bergers.
(La Harpe.)

Trois animaux en arbalette,
Tiraient la pesante charrette.
(Almanach des Fabulistes.)

Chaque peuple a ses lois.
(Chénier.)

Aucun chemin de fleurs ne conduit à la gloire.
(La Fontaine.)

Où l'usage prévaut *nulle* raison n'est bonne.
(Quinault.)

Tel deuil n'est fort souvent qu'un changement d'habits.
(La Fontaine.)

On appelle *adjectifs déterminatifs* tous les mots qui servent à déterminer les substantifs, c'est-à-dire qui marquent, non les qualités physiques des objets, mais seulement certaines vues de l'esprit, ou les différents aspects sous lesquels l'esprit considère le même mot : tels sont *tout, chaque, nul, aucun, quelque, un, deux, trois,* etc. ; *mon, ma, mes,* etc.; *ce, cette, ces,* etc. Dans les expressions *tout homme, nul homme, quelque homme, votre homme, cet homme,* etc., *tout* présente *homme* dans un sens général affirmatif; *nul* l'annonce dans un sens général négatif; *quelque* le présente dans un sens particulier indéterminé; *votre* le montre associé à une idée d'appartenance; *ce* marque un individu déterminé qu'il met sous les yeux, ou le représente à l'imagination, et ainsi de suite.

Il y a quatre sortes d'adjectifs déterminatifs : les adjectifs *démonstratifs*, les adjectifs *numéraux,* les adjectifs *possessifs* et les adjectifs *indéfinis*.

N° CLI.

DES ADJECTIFS DÉMONSTRATIFS.

Voyez *ce* papillon échappé du tombeau ;
Sa mort fut un sommeil, et sa tombe un berceau.
(Delille.)

... *Cet* admirable don,
L'instinct, sans doute est loin de l'auguste raison.
(*Id.*)

Là, *cette* jeune plante, en vase disposée,
Dans sa coupe élégante accueille la rosée.
(Delille.)

... *Ces* honneurs que le vulgaire admire
Réveillent-ils les morts au sein des monuments?
(Soulié.)

Les mots *ce, cet, cette, ces* déterminent les substantifs *papillon, don, plante, honneurs,* qu'ils précèdent. Ce sont donc des adjectifs *déterminatifs*. Mais indépendamment de cette propriété, ils sont signes d'une idée accessoire, c'est-à-dire qu'ils servent à *montrer* les objets représentés par les substantifs auxquels ils sont joints. Aussi est-ce pour ce motif que les grammairiens les appellent *adjectifs démonstratifs*.

EXERCICE ANALYTIQUE.

Cette élite guerrière, amante de la paix,
Ne poursuit qu'une plante à travers les forêts.
(Castel.)

Cultivons avant tout *ces* végétaux fertiles,
Qui, nés dans nos forêts, croissent près de nos villes.
(*Id.*)

Flore, sois ma déesse, et répands sur mes vers
Ces poétiques fleurs qui charment l'univers.
(*Id.*)

Ces soins délicieux, il ne les connaît pas,
L'homme que la mollesse enlace dans ses bras.
(Castel.)

Cet air pur, *ces* gazons, *cette* voûte mobile,
Ces troncs multipliés élancés vers les cieux,
Ici tout plaît au cœur, tout enchante les yeux.
(*Id.*)

Vois *ce* jeune églantier dont la fleur vient d'éclore.
(Michaud.)

N° CLII.

DES ADJECTIFS POSSESSIFS.

Ma main de quelque fleur esquisse la peinture.
(CASTEL.)

Sobriété dans toute chose,
Mon ami, c'est l'art de jouir.
(DU TREMBLAY.)

Mes sens sont glacés d'effroi.
(J.-B. ROUSSEAU.)

Ton empire s'étend du couchant à l'aurore.
(CASTEL.)

Ta présence embellit l'eau, la terre, les airs.
(*Id.*)

Tes vallons sont couverts de superbes troupeaux.
(*Id.*)

De *son* propre artifice on est souvent victime.
(COLLIN D'HARLEVILLE.)

A *sa* vocation chaque être doit répondre.
(FR. DE NEUFCHATEAU.)

Il faut de *ses* amis endurer quelque chose.
(MOLIÈRE.)

Notre vie est une maison ;
Y mettre le feu c'est folie.
(NIVERNAIS.)

Nos vergers sont sans dieux, *nos* forêts sans miracles.
(DELILLE.)

Votre éloquence est naturelle. (DUCIS.)

Vos mailles se rompront sous la charge pesante.
(CASTEL.)

Leur fleur y montre au jour les grâces de son sein.
(*Id.*)

Leurs fleurs suivent mes pas en récréant ma vue.
(*Id.*)

Leur flanc est déchiré, le sang rougit *leur* mors.
(MICHAUD.)

Les mots *mon, ma, mes, ton, ta, tes, son, sa, ses, notre, nos, votre, vos, leur, leurs,* sont des adjectifs déterminatifs. Mais ils expriment en outre une idée accessoire, celle de *possession*, de *propriété*. Pour dénommer cette idée accessoire, les grammairiens les appellent *adjectifs possessifs*.

Du moment où la notion de propriété a été introduite parmi les hommes, il est évident que la qualité d'appartenir à tel ou tel individu, fut une chose essentielle à connaître pour chacun ; et de là les mots *mon, ton, son,* etc. Ces mots sont dérivés des pronoms personnels. En effet, *mon bras* est pour *le bras* DE MOI ; *ton enfant* est pour *l'enfant* DE TOI ; *son cheval* est pour *le cheval* DE LUI, etc.

EXERCICE ANALYTIQUE.

Soutiens *ma* foi chancelante,
Dieu puissant ! inspire-moi
Cette crainte vigilante
Qui fait pratiquer *ta* loi.
Loi sainte, loi désirable,
Ta richesse est préférable
A la richesse de l'or,
Et *ta* douceur est pareille
Au miel dont la jeune abeille
Compose *son* cher trésor.
Mais, sans *tes* clartés sacrées,
Qui peut connaître, seigneur,
Les faiblesses égarées
Dans les replis de *son* cœur ?
Prête-moi *tes* feux propices ;
Viens m'aider à fuir les vices

Qui s'attachent à *mes* pas ;
Viens consumer par *ta* flamme
Ceux que je vois dans *mon* âme,
Et ceux que je n'y vois pas.

Si de *leur* triste esclavage
Tu viens dégager *mes* sens,
Si tu détruis *leur* ouvrage,
Mes jours seront innocents.
J'irai puiser, sur *ta* trace,
Dans les sources de *ta* grâce ;
Et, de *ses* eaux abreuvé,
Ma gloire fera connaître
Que le Dieu qui m'a fait naître
Est le Dieu qui m'a sauvé.
(J.-B. ROUSSEAU.)

N° CLIII.

DES ADJECTIFS NUMÉRAUX.

ADJECTIFS CARDINAUX.

Quatre chats des deux parts, animés par la gloire,
Sans savoir ni pourquoi, ni comment,
Se vont tuer tout bonnement.
(AUBERT.)

Depuis *soixante* ans un Français,
Étudiant toujours avec succès,
Vivait aux champs comme un vrai solitaire.
(IMBERT.)

Depuis *quatre-vingts* ans, de tout le voisinage,
On venait écouter et suivre ses avis.
(FLORIAN.)

On peut aller à la célébrité
Par *mille* routes différentes.
(FABULISTES.)

De *cent* plaintes importunes
Tous les jours (*il*) fatiguait les dieux.
(LAMOTTE.)

... *Dix* tribus ont fui la cité sainte.
(FONTANES.)

Deux vrais amis vivaient au Monomotapa.
(LA FONTAINE.)

ADJECTIFS ORDINAUX.

Le *quatorzième* siècle avait produit deux rats,
A longue queue, à grand corsage,
Friands au dernier point, admirablement gras.
(ALMANACH DES FABULISTES.)
Il prend le *premier* sac, le sac du rang suprême.
(LAMOTTE.)

Il y a trois choses qui rendent une âme éclairée :
le recueillement, l'humilité et la charité. La *première*
empêche les ténèbres ; la *seconde* attire la lumière ;
la *troisième* les produit.
(FLÉCHIER.)

Les mots un, *deux, trois, quatre, cinq, premier, second, troisième, quatrième, cinquième,* etc., sont des adjectifs déterminatifs ; mais l'idée accessoire qu'ils expriment est celle d'indiquer un *nombre* précis, déterminé. C'est cette idée qui les a fait nommer *adjectifs numéraux*.

On en distingue de deux sortes : les adjectifs de nombre *cardinaux* et les adjectifs de nombre *ordinaux*.

Les adjectifs de nombre *cardinaux* servent à marquer la quantité des personnes ou des choses, et répondent à cette question : *combien y en a-t-il?* ce sont *un, deux, trois, quatre, vingt, soixante,* etc.

Les adjectifs de nombre *ordinaux* déterminent les noms des personnes et des choses, sous le rapport de l'ordre et du rang qu'elles occupent entre elles ; telles sont : *premier, second* ou *deuxième, troisième, quatrième,* etc.

EXERCICE ANALYTIQUE.

Deux sûretés valent mieux qu'*une*.
(LA FONTAINE.)

Vingt fois sur le métier remettez votre ouvrage.
(BOILEAU.)

Il y a *trois* choses que la plupart des femmes jettent par la fenêtre, leur temps, leur santé et leur argent.
(Mme GEOFFRIN.)

En vivant continuellement ensemble, on se découvre mutuellement *mille* petits défauts dont on ne se doutait pas.
(Mme RICCOBONI.)

Tout un peuple à la fois éclos de toutes parts,
Dès le *huitième* jour fourmille à vos regards.
(ROSSET.)

Philippe mourut dans sa *soixantième* année.
(ANQUETIL.)

N° CLIV.

DES ADJECTIFS INDÉFINIS.

Où l'usage prévaut, *nulle* raison n'est bonne.
(QUINAULT.)

...*Toute* trahison est indigne et barbare.
(VOLTAIRE.)

Tout homme à son gré peut gouverner le sort.
(DUCHÉ.)

Maint rocher écrase, en tombant,
Maint philosophe qui raisonne. (AUBERT.)

Chaque peuple a ses lois. (CHÉNIER.)

..........................*Quelle* mère
Prête à perdre son fils, peut le voir et se taire?
(VOLTAIRE.)

Quelque soin qu'il se donne, et *quelque* bien qu'il fasse,
Quel ministre est aimé pendant qu'il est en place?
(BOURSAULT.)

...*Certains* préjugés, sucés avec le lait,
Deviennent nos tyrans jusque dans la vieillesse.
(CHÉNIER.)

Plusieurs hommes valent mieux, et beaucoup plus valent moins qu'ils ne paraissent.
(BOISTE.)

Aucun chemin de fleurs ne conduit à la gloire.
(LA FONTAINE.)

Tel deuil n'est fort souvent qu'un changement d'habits.
(*Id.*)

Les mots *tel, quelque, plusieurs, chaque, certain, tout, aucun, nul, maint*, sont des adjectifs déterminatifs, qui indiquent que le substantif est appliqué à un nombre vague, *indéterminé, indéfini* d'individus; c'est pour cette raison qu'on les appelle *adjectifs indéterminés* ou *indéfinis*.

Quelques grammairiens pensent qu'il n'y a point d'adjectifs déterminatifs *indéfinis*. Ils considèrent comme adjectifs NUMÉRAUX, *quelque, plusieurs, maint, nul*, etc., parce que ces mots expriment une idée de quantité; et comme adjectifs qualificatifs les mots *quel, quelconque*, qui expriment une qualité indéterminée; *tel*, qui indique une idée de similitude : *Tel père, tel fils*; et *même*, qui marque une idée d'identité : *C'est cet homme même*.

EXERCICE ANALYTIQUE.

Quel père de son sang se plaît à se priver?
(RACINE.)

Quelques charmes d'abord que la vengeance étale,
Songez qu'à ses auteurs elle est toujours fatale.
(LA FOSSE.)

Chaque métier a son apprentissage;
Rien de moins gai que les commencements.
(LOMBARD DE LANGRES.)

Que de gens ici-bas semblent vivre au hasard!
Nul soin de l'avenir, jamais de prévoyance.
(STASSART.)

Tout être sage se contente
De son état, et supporte ses maux,
Puisqu'il ne peut changer son existence.
(HAUMONT.)

O premiers mouvements d'une aveugle colère,
De *quel* long repentir n'êtes-vous pas suivis!
(FR. DE NEUFCHATEAU.)

EMPLOI ET SYNTAXE
DES ADJECTIFS DÉTERMINATIFS.

N° CLV.

DES ADJECTIFS DÉMONSTRATIFS.

GENRE ET NOMBRE.

SINGULIER.

MASCULIN.

Voyez *ce papillon* échappé du tombeau ;
Sa mort fut un sommeil, et sa tombe un berceau.
(Delille.)

... A ce mot, *ce héros* expiré,
N'a laissé dans mes bras qu'un corps défiguré.
(Racine.)

C'est le fruit du Tuba, de *cet arbre* si grand,
Qu'un cheval au galop met toujours en courant
Cent ans à sortir de son ombre.
(V. Hugo.)

Imagination, fée active et légère,
Pars, et d'un vol hardi, parcours *cet hémisphère*.
(Castel.)

FÉMININ.

Voyez *cette mouche* qui luit d'une clarté semblable à celle de la lune ; elle porte avec elle le phare qui doit la guider.
(Aimé-Martin.)

C'est Tainville : on le voit, au nom de la patrie,
Convier aux forfaits *cette horde* flétrie
D'assassins, juges à leur tour.
(V. Hugo.)

Un riche marchandait le chien d'un malheureux ;
Cette offre l'affligea : « Dans mon destin funeste,
Qui m'aimera, dit-il, si mon chien ne me reste ? »
(Delille.)

Qui vous a pu plonger dans *cette humeur* chagrine ?
A-t-on par quelque édit réformé la cuisine ?
(Boileau.)

PLURIEL.

C'est là, près de *ces murs*, par le lierre vieillis,
Sous *ces ormes*, *ces ifs*, au lugubre feuillage,
Dans *ces sillons* étroits, que les morts du village
D'un éternel repos dorment ensevelis.
(J.-B.-A. Soulié.)

Cet encens, *ces honneurs*, que le vulgaire admire,
Réveillent-ils les morts au sein des monuments ?
(Id.)

... Sont-ce là *ces grands cœurs*,
Ces héros qu'Albe et Rome ont pris pour défenseurs ?
(Corneille.)

Éternité, néant, passé, sombres abîmes,
Que faites-vous des jours que vous engloutissez ?
Parlez : nous rendrez-vous *ces extases* sublimes
Que vous nous ravissez ?
(Lamartine.)

A *ces heures* de joie, à *ces riants destins*,
De vos jours nébuleux opposez les chagrins.
(Castel.)

Ces haies de chèvre-feuilles, de framboisiers, de groseillers et de lilas, sont toutes verdoyantes de feuilles, de boutons et de fleurs.
(Bernardin de Saint-Pierre.)

Ce tableau nous apprend que les adjectifs démonstratifs ont trois formes au singulier ;

Deux pour le masculin : *ce*, qui se place devant tout mot commençant par consonne ou par *h* aspiré : *ce papillon*, *ce héros* ; *cet*, qu'on met devant les mots ayant une voyelle pour initiale, ou un *h* muet : *Cet arbre*, *cet hémisphère* (1) ;

---

(1) On dit cependant CE QUI *est bien faible* ; CE ONZE *janvier* ; CE UN *est mal fait*, comme on dit *le oui* et *le non*, *le onze*, *le un*.

Et une seule pour le féminin, qui est *cette* : *cette* vie, *cette* horde, *cette* offre, *cette* humeur.

Le pluriel, tant pour le masculin que pour le féminin, n'a également qu'une forme unique : *ces*, qui se joint à tous les noms, quelle que soit d'ailleurs leur lettre initiale : *Ces murs, ces ormes, ces héros, ces honneurs, ces plaines, ces extases, ces haies, ces heures.*

EXERCICE PHRASÉOLOGIQUE.

Ce paysage.	Ces paysages.	Cet arbre.	Ces arbres.	Ce hameau.	Ces hameaux.
Cette prairie.	Ces prairies.	Cet étang.	Ces étangs.	Ce hanneton.	Ces hannetons.
Ce fleuve.	Ces fleuves.	Cet îlot.	Ces îlots.	Cette harmonie.	Ces harmonies.
Cette rose.	Ces roses.	Cet œillet.	Ces œillets.	Cette hérésie.	Ces hérésies.
Ce vallon.	Ces vallons.	Cet usage.	Ces usages.	Cette haie.	Ces haies.

N° CLVI.

Ce SUIVI DE *ci* OU DE *là*.

Ci.

Ce monde-ci n'est qu'une loterie
De biens, de rangs, de dignités, de droits ;
Brigués sans titre et répandus sans choix.
(VOLTAIRE.)

Certaine fille un peu trop fière
Prétendait trouver un mari,
Jeune, bien fait et beau, d'agréable manière,
Point froid et point jaloux : notez *ces deux points-ci*.
(LA FONTAINE.)

Cette vie-ci n'est qu'un songe.
(VOLTAIRE.)

Là.

Lorsqu'on lui représentait (à Napoléon) une chose impossible, il prétendait que *ce mot-là* n'était pas français.
(SAY.)

... Que de défauts elle a,
Cette jeunesse ! on l'aime avec *ces défauts-là*.
(DUFRESNY.)

Ton humeur est, Catherine,
Plus aigre qu'un citron vert.....
Toutes les Catherines ne sont heureusement pas de *cette humeur-là*.
(ARNAULT.)

Quelquefois on ajoute *ci* ou *là* au substantif précédé de *ce, cet, cette, ces*, comme *cet homme-ci, cet homme-là* ; *cette femme-ci, cette femme-là*, etc. Ces expressions sont un abrégé de CET homme qui est ICI, CET homme qui est LA ; CETTE femme qui est ICI, CETTE femme qui est LA, etc.

Les particules *ci* et *là* ne font alors, comme on le voit, qu'exprimer, par ellipse, une phrase incidente, une circonstance ou de lieu ou de temps, et le plus ou moins de proximité réelle ou idéale de l'objet en question.

*Ce lieu-*CI, *ce temps-*CI, *ce monde-*CI, indiquent le lieu, le temps, le monde où l'on se trouve au moment où l'on parle. *Ce lieu-*LA, *ce temps-*LA, *ce monde-*LA, désignent le lieu, le temps, le monde où l'on n'est point.

Beaucoup de personnes font la faute de dire : *Cet homme-ici, ce moment-ici* ; et du temps de Vaugelas, tout Paris disait : *Cet homme-ci, ce temps-ci* ; mais la plus grande partie de la cour disait : *Cet homme-ici, ce temps-ici*, et Vaugelas lui-même était pour cette façon de parler. Aujourd'hui il n'y a plus de choix : la première est la seule bonne ; l'autre n'est que dans la bouche du peuple.

EXERCICE PHRASÉOLOGIQUE.

Ce pays-ci.	Ce pays-là.	Ces fleurs-ci.	Ces fleurs-là.
Cette ville-ci.	Cette ville-là.	Ces bouquets-ci.	Ces bouquets-là.
Ce village-ci.	Ce village-là.	Ces volumes-ci.	Ces volumes-là.

N° CLVII.

Ce, SUIVI DE PLUSIEURS SUBSTANTIFS OU DE PLUSIEURS ADJECTIFS LIÉS PAR *et* OU PAR *ou*.

I.

Ce RÉPÉTÉ.

Vous croyez qu'avec *ces moyens* et *ces mesures*, les déclarations des propriétaires seront fidèles.
(Dupont de Nemours.)

Tous ces aventuriers ne devaient pas regarder *ces arts et ces métiers* comme au-dessous d'eux.
(Rollin.)

Pour savoir comment tous *ces cultes* ou *ces superstitions* s'établirent, il faut suivre la marche de l'esprit humain.
(Voltaire.)

Ce, NON RÉPÉTÉ.

Ces questions et propositions sont la plupart extraites du traité du Contrat social.
(J.-J. Rousseau.)

On ne doit jamais charger aucun comité particulier d'expédier ou refuser *ces certificats ou approbations*.
(Id.)

Tous *ces* prétendus *cerfs* ou *biches* ne sont que des chevreuils.
(Buffon.)

II.

Ces bons et ces mauvais conseils que nous recevons dans le monde jettent notre esprit dans le plus grand embarras, et nous empêchent souvent de prendre un parti.
(Anonyme.)

Chassez-moi tous *ces anciens et ces nouveaux amis* qui ne voient en vous que votre position et votre fortune.
(Id.)

Les matelots ajoutent à *ces bonnes et ces mauvaises qualités* les vices de leur éducation.
(Bernardin de St-Pierre.)

Grotius lui-même a répété que Mahomet, *ce grand et faux prophète*, avait instruit une colombe à voler auprès de son oreille, et avait fait accroire que l'esprit de Dieu venait l'instruire sous cette forme.
(Voltaire.)

Je vous sais, en particulier, un gré infini d'avoir osé dépouiller notre langue de *ce sot et précieux* jargon qui ôte toute vérité aux images et toute vie aux sentiments.
(Id.)

Cette immense et tumultueuse république avait pour chefs le pape et l'empereur.
(Voltaire.)

Ce doit se répéter devant chaque substantif (1ʳᵉ colonne de la 1ʳᵉ série). Cependant quelquefois il est permis de le sous-entendre devant le dernier, lorsqu'on veut donner plus de rapidité au discours, ou quand ce sont deux mots à peu près synonymes (2ᵉ colonne de la 1ʳᵉ série).

Il doit également se répéter devant chaque adjectif, lorsque les adjectifs exprimés dans la phrase n'appartiennent pas au même substantif (1ʳᵉ colonne de la 2ᵉ série) ; si, au contraire, les adjectifs se rapportent à un seul et même nom, on doit n'exprimer *ce* qu'une fois (2ᵉ colonne de la 2ᵉ série). On dirait cependant sans *et* : CES *jeunes*, CES *jolies personnes ont tout ce qu'il faut pour plaire*. Cette répétition de *ces* est très-énergique:

EXERCICE PHRASÉOLOGIQUE.

Ces décrets et ces arrêtés.
Ces ordonnances et ces décisions.
Ces arts et ces métiers.
Ces dimensions et ces proportions.
Ces rubans et ces bijoux.

Ces décrets et arrêtés.
Ces ordonnances et décisions.
Ces arts et métiers.
Ces dimensions et proportions.
Ces rubans et bijoux.

Ces grands et ces petits appartements.
Ces vieux et ces nouveaux abus.
Ces anciens et ces nouveaux préjugés.

Ces grands et soudains changements.
Cette sage et aimable dame.
Ces jeunes et jolies personnes.
Ces vieilles et charmantes narrations.

DES ADJECTIFS NUMÉRAUX.

N° CLVIII.

ADJECTIFS NUMÉRAUX CARDINAUX.

I.

EMPLOYÉS COMME TELS.

Si je faisais une religion, je mettrais l'intolérance au rang *des sept péchés mortels*.
(VOLTAIRE.)

... *Trois* ou *quatre mots* en hâte barbouillés
Font souvent embrasser des amants bien brouillés.
(REGNARD.)

Un sou, quand il est assuré,
Vaut mieux que *cinq* en espérance.
(LA FONTAINE.)

Vingt-quatre livres de pain blanc, valaient un denier d'argent, par les capitulaires.
(VOLTAIRE.)

Gaston de Foix fut tué de *quatorze coups*, à la célèbre bataille de Ravenne. (*Id.*)

Un homme en vaut *un* autre.
(DESTOUCHES.)

EMPLOYÉS SUBSTANTIVEMENT.

Aux magiques accents que sa bouche prononce,
Les Seize osent du ciel attendre la réponse.
(VOLTAIRE.)

Qui es-tu ? — Je suis le geôlier, le valet *des Onze*.
(BERN. DE SAINT-PIERRE.)

La commission *des Neuf* n'en continuait pas moins ses travaux. (THIERS.)

Sa lettre est renvoyée au comité *des Douze* pour en constater l'authenticité. (*Id.*)

On les nomma *les Seize*, à cause des seize quartiers de Paris qu'ils gouvernaient (VOLTAIRE.)

Bon ! voici Mélitus, le chef *des Onze*.
(*Id.*)

II

Un guerrier généreux que la vertu couronne,
Vaut bien *un roi* formé par le secours des lois ;
Le premier qui le fut n'eut pour lui que sa voix.
(CRÉBILLON.)

... *Une ardente vengeance*
A souvent confondu le crime et l'innocence ;
A des yeux prévenus le mal paraît un bien,
Et la haine est injuste et n'examine rien.
(*Id.*)

Les dieux qui ont refusé aux méchants des yeux pour connaître les bons, ont donné aux bons de quoi se connaître *les uns* les autres.
(FÉNELON.)

Il n'y a que deux sortes de guerres justes : *les unes* qui se font pour repousser un ennemi qui attaque ; les autres pour secourir un allié qui est attaqué.
(MONTESQUIEU.)

Les exemples de l'une et de l'autre colonne nous font voir : 1° que les adjectifs numéraux, dits cardinaux, ne revêtent aucun genre, et qu'ils ne prennent jamais le signe du pluriel, lors même qu'ils sont employés substantivement ; 2° qu'il faut excepter l'adjectif *un*, qui fait *une* au féminin, et qui a le pluriel, quand il est précédé de l'article.

Le tiret, dans l'expression des nombres, est un signe d'addition ; il remplace la conjonction *et*, excepté dans *quatre-vingts*, dont nous verrons l'orthographe ci-après.

EXERCICE PHRASÉOLOGIQUE.

Quatre paroles.
Neuf blessés.
Quatorze vaisseaux.
Dix-huit pieds.
Quarante-sept voix.

Cinq lettres.
Onze tués.
Quinze tonneaux.
Dix-neuf aunes.
Cinquante-huit suffrages.

Les quarante.
Les douze.
Seize ans.
Vingt-cinq pouces.
Soixante-neuf jours.

Les seize.
Un homme.
Une chose.
Les uns.
Les unes.

N° CLIX.

ADJECTIFS NUMÉRAUX ORDINAUX.

EMPLOYÉS COMME TELS.

Levez aussi la main, monsieur le *premier président !*
(ANQUETIL.)

Le monarque se fortifia sous les murs de Dieppe, résolu d'y soutenir les *premiers efforts* de l'ennemi.
(Id.)

Philippe mourut dans sa *soixantième année*.
(Id.)

Il y a trois choses qui rendent une âme éclairée : le recueillement, l'humilité, et la charité. *La première* empêche les ténèbres, *la seconde* attire les lumières, *la troisième* les produit.
(FLÉCHIER.)

Catherine de Médicis survécut à trois de ses fils, et vit le sceptre prêt à échapper des mains *du quatrième*.
(ANQUETIL.)

Si quelque pape sur la fin *du huitième siècle*, prétendit être au rang des princes, il paraît que c'est Adrien Ier.
(VOLTAIRE.)

EMPLOYÉS SUBSTANTIVEMENT.

Le *premier* qui fut roi, fut un soldat heureux.
(VOLTAIRE.)

Les sages de la Grèce envisageaient la société sous les rapports moraux; nos derniers philosophes l'ont considérée sous les rapports politiques. *Les premiers* voulaient que le gouvernement découlât des mœurs; *les seconds*, que les mœurs dérivassent du gouvernement.
(CHATEAUBRIAND.)

Les femmes de Perse sont plus belles que celles de France; mais celles de France sont plus jolies : il est difficile de ne point aimer *les premières* et de ne se point plaire avec *les secondes*.
(MONTESQUIEU.)

La livre de Charles V ne fut donc en effet qu'environ deux *treizièmes* de l'ancienne livre.
(VOLTAIRE.)

Le nombre moyen des morts pendant ces cinq années, est de soixante-quinze et trois *cinquièmes*.
(BUFFON.)

Les adjectifs numéraux, appelés ordinaux, prennent les deux genres et les deux nombres; ils se forment tous, à l'exception de *premier* et de *second*, des nombres cardinaux, en ajoutant la désinence *ième* à ceux qui finissent par une consonne : *deux, deuxième, trois, troisième*, etc.; et en changeant en *ième* l'*e* muet de ceux qui ont cette terminaison : *quatre, quatrième, seize, seizième*. Quant à *cinquième* et à *neuvième*, le premier se forme de *cinq* en y mettant *uième*, et le second de *neuf* en changeant la lettre *f* en *v*.

EXERCICE PHRASÉOLOGIQUE.

La première année. Le premier. Les premières fois. Les premières.
La seconde fois. Les seconds. Le second degré. Les secondes.
Le huitième siècle. Les huitièmes. La dixième heure. Les dixièmes.
Le vingtième degré. Les vingtièmes. La huitième partie. Les trentièmes.

N° CLX.

VINGT ET CENT.

I.

INVARIABLE.

Le fanatisme aveugle d'un sot, honnête homme, peut causer plus de maux que les efforts de *vingt* fripons réunis.
(GRIMM.)

VARIABLE.

L'homme vit *quatre-vingts* ans, et le chien n'en vit que dix.
(BUFFON.)

André Doria vécut jusqu'à *quatre-vingt-quatorze* ans l'homme le plus considéré de l'Europe.
(VOLTAIRE.)

Une chose arrive aujourd'hui et presque sous nos yeux, *cent* personnes qui l'ont vue la racontent en *cent* façons différentes. (LA BRUYÈRE.)

Nous avons une époque certaine de la science des Chaldéens ; elle se trouve dans les *dix-neuf cent trois* ans d'observations célestes envoyées de Babylone par Callisthène au précepteur d'Alexandre.
(VOLTAIRE.)

Il représenta d'abord qu'il y avait quarante ans qu'il portait les armes ; qu'il s'était trouvé dans *six vingts* combats. (VERTOT.)

Les lois prohibitives, promulguées à Rome sous les empereurs, fixèrent à *cinq cents* arpents le terme de la plus grande propriété individuelle.
(BERNARDIN DE ST-PIERRE.)

Pour les honoraires qui m'étaient dus et que je n'avais pas demandés, on m'apporta chez moi *douze cents* francs. (J.-J. ROUSSEAU.)

Vingt et *cent* sont invariables quand ils n'indiquent que vingt ou cent unités, ou bien encore lorsqu'ils sont multipliés par un nombre et suivi d'un autre (1re colonne); mais ils prennent le signe du pluriel, si, étant multipliés, ils n'ont après eux aucun adjectif numéral (2e colonne).

II.

Charlemagne fut proclamé empereur d'Occident, le jour de Noël, en *huit cent*. (VOLTAIRE.)

L'Allemagne était dès l'an *quinze cent* divisée en dix cercles. (*Id.*)

Vers l'an *douze cent* de notre ère, Alexis fit crever les yeux à son frère Isaac l'Ange, et s'empara du trône de Constantinople. (VOLTAIRE.)

Après la mort d'Alfred, arrivée en *neuf cent*, l'Angleterre retomba dans la confusion et la barbarie.
(*Id.*)

Bien que *cent* soit, dans ces quatre exemples, multiplié et qu'il ne soit pas suivi d'un autre adjectif numéral, il ne se met pourtant pas au pluriel, parce qu'il est employé comme nombre ordinal. En effet, en *huit cent*, en l'an *douze cent*, c'est pour en l'an *huit centième*, en l'an *douze centième*. Il en est de même de *quatre-vingt*, qu'on écrit sans *s* dans : *l'an quatre-vingt*.

EXERCICE PHRASÉOLOGIQUE.

Vingt sous.
Quatre-vingt-trois voix.
Quatre-vingts hommes.
Numéro quatre-vingt.

Vingt francs.
Quatre-vingt-deux têtes.
Six vingts femmes.
Page huit cent.

Cent pièces d'or.
Deux cent dix-neuf moutons.
Quinze cents personnes.
Chapitre deux cent.

Cent ducats.
Cent treize bœufs.
Il en a des cents.
An trois cent.

N° CLXI.

Mille.

I.

| INVARIABLE. | VARIABLE. |

On a *mille* remèdes pour consoler un honnête homme et pour adoucir son malheur.
(LA BRUYÈRE.)

Louis XII avait donné pour l'investiture de Milan, *cent mille* écus d'or. (VOLTAIRE.)

On prétend que le territoire de Rome ne comprenait au plus que cinq ou *six milles* d'étendue.

Il faut un peu plus de deux *milles* pour faire une de nos lieues de poste. (ACADÉMIE.)

Mille, exprimant le nombre dix fois cent, est invariable; mais *mille*, indiquant une mesure itinéraire, est un substantif qui prend un *s* au pluriel.

Mil et mille.

II.

MIL.

En *mil* sept cent quatre-vingt, Philippe II fut déclaré tyran et solennellement déchu de son autorité dans les Pays-Bas.
(GUIDE DE L'HISTOIRE.)

MILLE.

La première irruption des Gaulois arriva sous le règne de Tarquin, environ l'an du monde trois *mille* quatre cent seize.
(VERTOT.)

Par abréviation on écrit *mil* dans la supputation ordinaire des années depuis l'ère chrétienne, l'an *mil* sept cent quatre-vingt; orthographe qui subsistera sans doute jusqu'à l'an deux *mille*. Mais on écrit l'an du monde trois *mille* quatre cent seize, en parlant des années qui ont précédé notre ère et de celles qui suivront le millésime où nous sommes.

EXERCICE PHRASÉOLOGIQUE.

I.

Mille hommes.
Une distance de quatre milles.

Quarante mille chevaux.
Les milles d'Italie.

Trente-trois mille chariots.
Les milles d'Angleterre.

Vingt mille soldats.
Les milles d'Allemagne.

II.

Mil huit cent trente-cinq.
L'an mille de la création.

Mil huit cent vingt.
L'an cinq mille.

L'an mil six cent.
L'an deux mille quatre cent.

L'année mil huit cent quatorze.
L'an quatre mille huit cent.

N° CLXII.

Douzaine, millier, million, ETC.

Qui pourra croire que par chacune des portes de Thèbes il sortait deux cents chariots armés en guerre et dix mille combattants? Cela fait vingt mille chariots et un *million* de soldats.
(VOLTAIRE.)

Au bout de quelque temps la compagne revient,
La lice lui demande encore une *quinzaine*.
(LA FONTAINE.)

Quoi que l'on dise, quoi que l'on fasse, une nation sera toujours plus qu'un homme, qu'une famille, qu'*un millier* de familles.
(BOISTE.)

Diodore, au livre premier, dit que l'Égypte était si peuplée, qu'elle avait eu jusqu'à sept *millions* d'habitants.
(VOLTAIRE.)

Chaque poule peut faire éclore environ deux *douzaines* d'œufs de perdrix.
(BUFFON.)

Point de solitude plus affreuse pour l'étranger, l'homme isolé, qu'une grande ville; tant de *milliers* d'hommes, et pas un ami !
(BOISTE.)

Un *million*, un *millier*, un *milliard*, une *douzaine*, etc., employés au pluriel, c'est-à-dire indiquant plusieurs *millions*, plusieurs *milliers*, plusieurs *douzaines*, prennent le signe de la pluralité, car ce sont de véritables substantifs.

EXERCICE PHRASÉOLOGIQUE.

Une douzaine.
Un million.
Un trillion.
Un milliard.

Deux douzaines.
Deux millions.
Trois trillions.
Quatre milliards.

Une dizaine.
Un milliard.
Un trillion.
Un millier.

Quatre dizaines.
Deux milliards.
Trois trillions.
Deux milliers.

N° CLXIII.

EMPLOI DES ADJECTIFS CARDINAUX.

POUR DÉSIGNER LES SOUVERAINS.

Louis onze avait trente-huit ans quand il monta sur le trône. (ANQUETIL.)

L'époque de la paix d'Aix-la-Chapelle, fut aussi celle de la paix dite de *Clément neuf.* (*Id.*)

Henri quatre, devenu majeur, se vit empereur d'Italie et d'Allemagne, presque sans pouvoir. (VOLTAIRE.)

La mort de *Grégoire sept* n'éteignit pas l'incendie qu'il avait allumé. (*Id.*)

POUR DÉSIGNER LES JOURS DES MOIS:

L'ouverture des états-généraux eut lieu *le cinq mai* 1789. (THIERS.)

La réconciliation du *sept juillet* et le serment qui l'avait suivie n'avaient calmé aucune méfiance. (*Id.*)

Le parlement fut exilé à Troyes le *quinze août* et rappelé le *vingt septembre*. (ANQUETIL.)

Les états s'ouvrirent le *cinq mai* par une procession solennelle. (*Id.*)

On fait usage des adjectifs cardinaux, au lieu des adjectifs ordinaux, pour qualifier, par rapport à l'ordre, un individu dans la série des empereurs, des rois, des princes, etc. Ainsi *Louis onze, Clément neuf*, etc., c'est pour *Louis onzième, Clément neuvième*. Mais on ne dit pas *Henri un, François un*, pour *Henri premier, François premier*. On dit assez indifféremment *Henri deux* et *Henri second*. On dit aussi *Charles cinq, Philippe cinq*, etc. Mais on dit *Charles-Quint*, empereur contemporain de *François premier*, *Sixte-Quint*, pape contemporain de *Henri quatre*.

Cependant on se sert aussi dans les mêmes circonstances, mais plus rarement, de l'ordinatif; dans ce cas, il doit toujours être précédé de l'article; comme dans ces exemples :

Lambertini l'aimait (la raison); Clément *le quatorzième*
La faisait quelquefois toucher à l'encensoir ;
En plein conseil d'état Turgot la fit asseoir.
(CHENIER.)

Le *cinquième* ou *sixième* avril cinquante-six, J'écris sur nouveaux frais. (RACINE.)

On emploie également les adjectifs de nombre cardinaux, pour désigner les jours de chaque mois, le *cinq mai*, le *sept juillet*. Toutefois, on dit avec l'adjectif cardinal le *premier mai*, le *premier juillet*, et non le *un mai*, le *un juillet*.

Voltaire disait le *deux de mars*, le *quatre de mai*, et Racine le *deux mars*, le *quatre mai*. Sous le rapport de la correction grammaticale, la première construction est certainement préférable, puisque *deux* et *quatre* sont là pour *deuxième, quatrième*, et que l'on dit toujours avec la préposition *de* : le *deuxième jour de mai*, le *quatrième jour de juin*. Ensuite les Latins disaient avec le génitif : *primus februarii, secundus aprilis.*

Ainsi, la grammaire et l'analogie sont pour le *deux de mars, le quatre de mai;* mais si l'on consulte l'usage, qui en fait de langage est la règle de l'opinion, on dira le *deux mars*, le *quatre mai*.

EXERCICE PHRASÉOLOGIQUE.

Louis seize.
Henri trois.
Le vingt-sept juillet.

Louis quinze.
Henri quatre.
Le vingt huit juillet.

Louis treize.
Pie six.
Le vingt-neuf juillet.

Louis quatorze.
Charles sept.
Le trente juillet.

N° CLXIV.

EMPLOI DES EXPRESSIONS NUMÉRALES *vingt et un* OU *vingt-un*, *trente et un* OU *trente-un*, ETC.

I.

VINGT ET UN, ETC.

Louis fut condamné à mort, à la majorité de trois cent soixante-six voix sur *sept cent vingt et une*. (ANQUETIL.)

Il meurt plus d'hommes que de femmes, dans la proportion de trente-trois à *trente et un*. (BUFFON.)

Le roi Lombard Astolfe s'empara de tout l'exarchat de Ravenne en sept cent *cinquante et un*. (VOLTAIRE.)

VINGT-UN, ETC.

A *vingt-un* ans vous m'écriviez du Valais des descriptions graves et judicieuses. (J.-J. ROUSSEAU.)

Le livre de Josué rapporte que ce chef, s'étant rendu maître d'une partie du pays de Canaan, fit pendre ses rois au nombre de *trente-un*. (VOLTAIRE.)

Un seul mot prononcé par *cent cinquante-un* individus pourrait arrêter le roi. (MIRABEAU.)

II.

Palawski... au temps dont nous parlons, était âgé de *soixante et deux* ans. (RULHIÈRES.)

Âgé comme je suis de plus de *soixante et trois* ans. (BOILEAU.)

Marius, âgé de plus de *soixante et dix* ans, après six consulats qu'il avait exercés avec autant d'autorité que de gloire, se vit réduit à se sauver de Rome à pied. (VERTOT.)

Les mahométans ont eu comme nous des sectes et des disputes scolastiques ; il n'est pas vrai qu'il y ait *soixante et treize* sectes chez eux, c'est une de leurs rêveries. Ils ont prétendu que les mages en avaient *soixante et dix*, les juifs *soixante et onze*, les chrétiens *soixante et douze*, et que les musulmans, comme plus parfaits, devaient en avoir *soixante et treize*. (VOLTAIRE.)

Le pape interrogea lui-même *soixante et douze* chevaliers. (*Id.*)

Mahomet mourut à l'âge de *soixante et trois* ans et demi. (*Id.*)

La Genèse, après avoir raconté la mort de Tharé, dit qu'Abraham son fils sortit d'Aran, âgé de *soixante et quinze* ans. (*Id.*)

La première irruption des Gaulois en Italie arriva sous le règne de Tarquin l'ancien, environ l'an du monde trois mille quatre cent seize, et de la fondation de Rome le *soixante-cinquième*. (VERTOT.)

Marius, âgé de plus de *soixante-dix* ans, n'avait pas soutenu dans cette dernière guerre cette haute réputation qu'il avait acquise dans celle des Teutons et des Cimbres. (VERTOT.)

Au nombre de trois cent *soixante-onze* seulement interprétant le vœu des trois cent *soixante-quatorze* autres députés qui formaient le complément de l'assemblée, ils se constituent *convention nationale*. (ANQUETIL.)

Les premiers hommes ont vécu neuf cents, neuf cent trente, et jusqu'à neuf cent *soixante-neuf* ans. (BUFFON.)

Le nommé Patrick Mériton, cordonnier à Dublin, paraît encore fort robuste, quoiqu'il soit actuellement (en 1773) âgé de cent quatorze ans : il a été marié onze fois, et la femme qu'il a présentement a *soixante-dix-huit* ans. (BUFFON.)

Les vieillards ont encore à soixante-dix ans l'espérance de six ans deux mois ; à *soixante-quinze* l'espérance tout aussi légitime de quatre ans six mois de vie. (*Id.*)

III.

Une livre sterling d'Angleterre vaut environ *vingt-deux* francs de France. (VOLTAIRE.)

Le marc de huit onces, qui valait *vingt-six* francs et dix sous dans les premiers temps du ministère de Colbert, vaut depuis long-temps *quarante-neuf* livres seize sous. (*Id.*)

Vingt-quatre livres de pain valaient un denier d'argent par les capitulaires. (*Id.*)

Marius, à la tête de *quatre-vingt-cinq* cohortes présenta la bataille à Sylla. (VERTOT.)

Toute la nation n'étant composée que de *cent quatre-vingt-treize* centuries, il s'en trouvait *quatre-vingt-dix-huit* dans la première classe; s'il y en avait seulement *quatre-vingt-dix-sept* du même avis, c'est-à-dire une de plus que la moitié de cent *quatre-vingt-treize*, l'affaire était conclue. (*Id.*)

Abraham aurait eu cent *trente-cinq* ans quand il quitta la Chaldée. (Voltaire.)

Les chrétiens tinrent cinq conciles dans le premier siècle, seize dans le second, et *trente-six* dans le troisième. (*Id.*)

Rome commença à être regardée comme la plus puissante ville de l'Italie; on y comptait avant la fin du règne de Romulus jusqu'à *quarante-sept* mille habitants. (Vertot.)

Romulus, âgé de *cinquante-cinq* ans, et après *trente-sept* ans de règne, disparut sans qu'on ait pu découvrir de quelle manière on l'avait fait périr. (*Id.*)

L'homme qui est trente ans à croître vit *quatre-vingt-dix* ou cent ans. (Buffon.)

Si l'on peut parier un contre un qu'un homme de quatre-vingts ans vivra trois ans de plus, on peut le parier de même pour un homme de *quatre-vingt-trois*, de *quatre-vingt-six* et peut-être encore pour un homme de *quatre-vingt-dix* ans. (*Id.*)

La mort termine ordinairement avant l'âge de *quatre-vingt-dix* ou cent ans la vieillesse et la vie. (*Id.*)

Le roi invita à souper dans son palais deux évêques, tout le sénat, et *quatre-vingt-quatorze* seigneurs. (Voltaire.)

Dans la *Grammaire des Grammaires*, voici ce que nous lisons :

On dit *vingt et un, trente et un, quarante et un,* jusqu'à *soixante et dix* inclusivement : mais on dit, sans la conjonction, *vingt-deux, vingt-trois, trente-deux, trente-trois, soixante-deux,* etc.

D'après nos exemples, on s'aperçoit aisément que cette règle est non seulement trop restreinte, mais qu'elle est encore inexacte; elle doit être formulée de la manière suivante :

1° On dit *vingt et un* ou *vingt-un, trente et un* ou *trente-un*, et ainsi jusqu'à *soixante*. L'analogie avec les autres nombres composés, l'avantage d'une syllabe inutile supprimée, l'autorité des meilleurs écrivains, tout est favorable à la seconde manière de s'exprimer, que quelques grammatistes regardent à tort comme une faute.

2° A partir de *soixante* et jusqu'à *quatre-vingts*, en parcourant toute la série, on peut encore très-bien dire : *soixante et un* ou *soixante-un, soixante et deux* ou *soixante-deux, soixante et trois* ou *soixante-trois*. L'autorité seule de Voltaire ne laisserait d'ailleurs aucun doute à cet égard.

3° Mais il faut dire : *vingt-deux, vingt-trois*, etc.; *trente-deux, trente-trois*, etc.; *quarante-deux, quarante-trois*, etc.; *cinquante-deux, cinquante-trois*, etc.; *quatre-vingt-un, quatre-vingt-deux*, etc., jusqu'à *cent*.

Enfin, malgré l'opinion de Girault-Duvivier, nous pensons qu'on s'exprime également bien en disant *cent un* ou *cent et un, deux cent un* ou *deux cent et un*, etc. Exemples : *Paris, ou le livre des cent et un* ; *une période de deux cent et un ans*.

EXERCICE PHRASÉOLOGIQUE.

Vingt et un.	Vingt-un.	Vingt-deux.	Vingt-trois.	Vingt-quatre.	Vingt-huit.
Quarante et un.	Quarante-un.	Trente-deux.	Trente-cinq.	Quarante-deux.	Quarante-neuf.
Trente-un.	Trente et un.	Cinquante-trois.	Cinquante-quatre.	Cinquante-cinq.	Cinquante-six.
Cinquante-un.	Cinquante et un.	Quatre-vingt-un.	Quatre-vingt-deux.	Quatre-vingt-dix.	Quatre-vingt-onze.

N° CLXV.

Un RÉPÉTÉ OU NON RÉPÉTÉ AVEC DEUX OU PLUSIEURS SUBSTANTIFS LIÉS PAR *et*.

RÉPÉTÉ.

La vie est comme *un terme et un délai* pour l'employer à autre chose. (Charron.)

Un Français, un Anglais, un Espagnol, un Italien, un Russe sont tous à peu près les mêmes hommes. (J.-J. Rousseau.)

NON RÉPÉTÉ.

Là, sans distinction, on voit aller de pair,
Le laquais d'un commis avec *un duc et pair*. (Regnard.)

Je sais combien il faut s'humilier devant *un empereur et roi*. (*Id.*)

Il faut répéter l'adjectif numéral *un* devant deux ou plusieurs substantifs liés par *et*, à moins que ces noms ne désignent deux qualités attribuées à un seul individu, comme dans les exemples de la seconde colonne : alors l'adjectif ne se répète pas.

EXERCICE PHRASÉOLOGIQUE.

Un roi et un empereur.	Un empereur et roi.	Un seigneur et un paysan.	Un seigneur et maître.

N° CLXVI.

Un RÉPÉTÉ OU NON RÉPÉTÉ AVEC DEUX OU PLUSIEURS SUBSTANTIFS LIÉS PAR *ou*.

RÉPÉTÉ.

La longueur des poils dans les saricoviennes est d'environ *un pouce ou un pouce et demi* sur le dos, la queue et les côtés du corps. (BUFFON.)

C'était là qu'on eût pu trouver non pas seulement *un Longus*, mais *un Plutarque*, *un Diodore ou un Polybe*, plus complets que nous ne les avons. (P.-L. COURIER.)

Comment *un homme ou un peuple* peut-il s'emparer d'un territoire immense et en priver tout le genre humain autrement que par une usurpation punissable? (J.-J. ROUSSEAU.)

NON RÉPÉTÉ.

On arrive à un moyen terme indivisible, c'est-à-dire à *un seul chef ou magistrat suprême*. (J.-J. ROUSSEAU.)

Quand le conférent est nommé, il en fait donner avis à l'ambassadeur, en y joignant un compliment, et lui propose en même temps *un couvent ou autre lieu neutre*. (*Id.*)

Il se trouve au-dessous de ses poils qui sont longs et fermes *un duvet ou feutre* très-doux et fort touffu d'un blanc jaunâtre. (BUFFON.)

Dans les exemples de la première colonne il a fallu de toute nécessité répéter l'adjectif numéral *un*, parce qu'on énonce deux ou plusieurs objets distincts ; mais dans ceux de la seconde, l'adjectif n'est pas répété et ne doit pas l'être, par la raison bien sensible qu'on ne veut déterminer qu'une seule chose. Dans ce dernier cas, si les substantifs étaient de genre différent, l'adjectif s'accorderait seulement avec le premier. Exemple : *C'est* UNE PETITE MACHINE OU INSTRUMENT *de physique dont la description se trouve dans tous les dictionnaires ou traités élémentaires de cette science.* (J.-J. ROUSSEAU.)

EXERCICE PHRASÉOLOGIQUE.

Un homme ou une femme.	Un roi ou magistrat suprême.	Un garçon ou une fille.	Un pasteur ou berger.
Un roi ou une reine.	Un bourg ou village.	Un chien ou un chat.	Un chef ou gouverneur.

N° CLXVII.

Un RÉPÉTÉ OU NON RÉPÉTÉ AVEC DEUX ADJECTIFS UNIS PAR *et*.

RÉPÉTÉ.

Il y a *un bon et mauvais goût*, et l'on dispute des goûts avec fondement. (LA BRUYÈRE.)

Dire également du bien de tout le monde est *une petite et une mauvaise politique*. (VAUVENARGUES.)

NON RÉPÉTÉ.

Me considérant moi-même, je ne vis qu'*un triste et infortuné mortel*. (BUFFON.)

Saint Augustin nous enseigne que toute la vie d'un chrétien ne doit être qu'*un long et pieux souvenir*. (FLÉCHIER.)

Si l'on répète l'adjectif numéral dans les exemples de la première colonne, c'est que l'on parle de deux choses, dont l'une est bonne ou petite, et l'autre mauvaise. Au contraire, dans les citations opposées, l'adjectif numéral ne saurait se répéter, parce que les deux adjectifs qui suivent concourent à qualifier le même objet.

EXERCICE PHRASÉOLOGIQUE.

Un grand et un petit appartement. Une triste et faible lumière. Un beau et vilain habit. Une humide et fervente oraison.
Un bon et un méchant homme. Une belle et brillante carrière. Un riche et pauvre parent. Une première et charmante entrevue.

N° CLXVIII.

Un RÉPÉTÉ OU NON RÉPÉTÉ AVEC DEUX ADJECTIFS UNIS PAR ou.

RÉPÉTITION.	NON RÉPÉTITION.
Nul ne pourra être élu nonce *une seconde ou une troisième fois*. (J. J. ROUSSEAU.)	Sous *un prince faible ou peu laborieux*, une administration est mauvaise. (J.-J. ROUSSEAU.)
Que lui importe, au reste, *une bonne ou une mauvaise administration?* (Id.)	Sous *un injuste ou tyrannique* gouvernement, l'état dépérit. (ANONYME.)

C'est donc toujours en vertu du même principe établi dans les numéros précédents, que l'adjectif *un, une* est ou n'est pas répété dans les exemples cités. On le répète dans ceux de la première colonne, parce que les deux adjectifs liés par *ou* qualifient l'un un nom exprimé, l'autre un nom sous-entendu. En effet, *une seconde ou une troisième fois; une bonne ou une mauvaise administration*, c'est pour *une seconde fois ou une troisième fois; une bonne administration ou une mauvaise administration*. Mais dans les exemples opposés, *un, une*, ne doivent pas se répéter, attendu que les adjectifs liés par *ou* et placés après ou avant le substantif, qualifient tous les deux ce même substantif.

EXERCICE PHRASÉOLOGIQUE.

Une offensante ou injurieuse parole. Une bonne ou une mauvaise opinion. Un bon ou charitable prince. Un bon ou mauvais ouvrage.
Un homme ignorant ou peu éclairé. Une vraie ou fausse idée. Un homme violent ou emporté. Une grande ou une petite affaire.

N° CLXIX.

EMPLOI OU SUPPRESSION DE *un, une*, DEVANT UN SUBSTANTIF PRÉCÉDÉ D'UN ADJECTIF.

EMPLOI.	SUPPRESSION.
Depuis la révolution, le commerce et la culture du tabac sont libres en France, où il croit *d'une excellente qualité*. (BERNARDIN DE ST-PIERRE.)	La caille se trouve partout, et partout on la regarde comme un fort bon gibier, dont la chair est *de bon goût*. (BUFFON.)
La chair de ces oiseaux est *d'un meilleur goût*. (BUFFON.)	Les lièvres ladres ont la chair de *fort mauvais goût*. (Id.)

Faisons galement notre chemin ;
Il sera d'*un bien court espace*..
(Du Tremblay.)

On ne doit prendre un parti quelconque, qu'après *un mûr examen*. (Anonyme.)

... Lâcher ce qu'on a dans la main,
Sans espoir *de grosse aventure*,
Est imprudence toute pure.
(La Fontaine.)

Après *mûr examen* le sage délibère.
(Du Tremblay.)

Dans les exemples de la première colonne, si, devant un substantif précédé d'un adjectif, on exprime l'adjectif déterminatif *un, une*, les exemples de la colonne latérale montrent qu'on peut aussi, dans les cas analogues, le sous-entendre. Il est donc à peu près loisible de dire : *d'un bon goût* ou *de bon goût, d'un court espace* ou *de court espace, après un mûr examen* ou *après mûr examen*, etc.

EXERCICE PHRASÉOLOGIQUE.

Être d'un bon goût.
Après un mûr examen.
D'un bon aloi.

Être de bon goût.
Après mûr examen.
De bon aloi.

Être d'un excellent goût.
D'une joyeuse vie.
D'une grande gaîté.

N'être pas d'excellent goût.
De joyeuse vie.
De grande gaîté.

N° CLXX.

EMPLOI OU SUPPRESSION DE *un, une*, DANS CERTAINES PHRASES.

EMPLOI.

Une chaîne dorée est toujours une chaîne
Dont le poids se fait trop sentir.
(Aubert.)

Un auteur gâte tout, quand il veut trop bien faire.
(La Fontaine.)

Une femme fidèle est digne qu'on l'admire.
(Poisson.)

Le moindre bruit éveille *un mari* soupçonneux.
(La Fontaine.)

Il faut faire à ses vices *une guerre* continuelle.
(Bossuet.)

Un bonheur trop constant devient insupportable.
(Duboussay.)

... *Une fille* bien née
Ne peut permettre au plus que d'être devinée.
(Bret.)

Une femme est souvent plus heureuse que sage.
(Rochon de Chabannes.)

SUPPRESSION.

Tête creuse et folle, souvent,
Fait plus de bruit que la plus sage.
(Fr. de Neufchateau.)

Fripon est dépouillé par un plus grand fripon.
(Mme Joliveau.)

Jeune fillette a toujours soin de plaire.
(La Fontaine.)

Mari sans yeux et sans oreilles,
Convient aux femmes à merveilles.
(Nivernais.)

Il faut faire aux méchants *guerre* continuelle.
(La Fontaine.)

Bonheur trop vif dure si peu de temps !
(Mme Joliveau.)

Fille qui pense à son amant absent,
Toute la nuit, dit-on, a la puce à l'oreille.
(La Fontaine.)

Femme sage est plus que femme belle.
(Voltaire.)

Dans les pensées, maximes, proverbes ou sentences, l'adjectif déterminatif *un, une*, peut, de même que l'article, être ou non exprimé. C'est ce que nous enseignent les exemples précités. Voir page 184.

EXERCICE PHRASÉOLOGIQUE.

Un trompeur mérite d'être trompé à son tour.
Une femme fidèle est une douce chose.

A bon fripon fripon et demi.
Femme qui trompe est chose indigne.

Nº CLXXI.

L'un de ET un de.

I.

L'un de, un de, au commencement d'une phrase incidente et précédés d'un nom.

L'un de.

Ducis, *l'un des quarante de l'Académie française*, vient d'obtenir un nouveau triomphe sur la scène.
(DOMERGUE.)

Cinna engagea les *Marses, l'une des plus puissantes nations de l'Italie*, à se déclarer en faveur des Romains.
(VERTOT.)

Plusieurs auteurs, et entre autres *Stésichorus, l'un des plus anciens poètes lyriques*, ont écrit qu'il était bien vrai qu'une princesse de ce nom avait été sacrifiée.
(RACINE.)

Un nommé *Batthus, l'un de ces savants qui savent consulter de vieux livres et les citer mal à propos*, prit le parti du diable contre Fontenelle.
(VOLTAIRE.)

Il se rend complice du pernicieux dessein du comte de *Shaftesbury, l'un des héros du parti philosophique.*
(Id.)

La Motte, l'un des esprits les plus anti-poétiques qui aient jamais existé, s'est épuisé en frivoles sophismes.
(LA HARPE.)

La Grèce et l'Asie-Mineure étaient remplies de la mémoire de *ce fameux siége de Troie, l'une des premières époques des temps fabuleux.*
(Id.)

Entre ces deux golfes s'avance *l'Arabie, l'une des plus grandes péninsules du monde connu.*
(RAYNAL.)

Un de.

Arnaud de Brescia, *un de ces hommes à enthousiasme, dangereux aux autres et à eux-mêmes*, prêchait de ville en ville contre les richesses immenses des ecclésiastiques.
(VOLTAIRE.)

Cinna et *Carbon, un de ses lieutenants*, se campèrent sur les bords du Tibre.
(VERTOT.)

C. *Claudius, un des consuls*, se leva, et adressant la parole à Virginius, lui déclara qu'il ne s'opposait point à l'information qu'il demandait.
(Id.)

Perpenna, un de ses officiers, l'y vint joindre avec les débris de son armée.
(Id.)

Sylla avait fait déférer le gouvernement de ces grandes provinces à *Milettin, un de ses lieutenants.*
(Id.)

J'ai tâché d'assister de temps à autre à quelque comité de *mon district, un des plus petits et des plus sages de Paris.*
(BERNARDIN DE ST-PIERRE.)

Catulus Luctatius, un des principaux de l'assemblée, s'écria que ce n'était plus par des déguisements cachés qu'on allait à la tyrannie.
(VERTOT.)

Sartorius donna au roi de Pont un corps de troupes sous le commandement de *Marius, un de ces sénateurs proscrits par Sylla.*
(Id.)

Les grammairiens se sont évertués à établir des **règles** pour l'emploi des locutions *un de* ou *l'un de*.

Il faut voir si ces règles sont justes. Et d'abord examinons les exemples que nous venons de rapporter.

Si nous en croyons Domergue et tous ceux qui l'ont répété, on doit mettre *l'un* entre un substantif et un nombre précis : *Ducis, l'un des quarante de l'Académie française.* Mais M. Marle, dans un article inséré au *Journal grammatical*, battant en ruine cette doctrine, soutient que le nombre ne fait rien à l'emploi de *l'un de*, après un nom ; que cet emploi n'a lieu que parce que la phrase est incidente : Voilà, dit-il, toute la règle. Après avoir cité neuf exemples à l'appui de cette opinion, il ajoute, pour la rendre encore plus imposante, qu'il pourrait en fournir deux mille autres ; en sorte qu'il n'en faut pas davantage à bien des esprits pour être persuadés. Mais le reproche que nous pouvons adresser, nous, à M. Marle, comme à Domergue, c'est d'avoir été tous les deux sous l'empire et sous le charme d'une idée exclusive. En effet, il suffit de jeter les yeux sur les citations de la seconde colonne pour se convaincre que *un de* se trouve aussi en tête d'une proposition incidente. M. Marle dira peut-être que ces exemples sont incorrects; et nous, pour les justifier, nous proclamerons à notre tour qu'il s'en trouve en foule de semblables dans tous les meilleurs écrivains, et qu'il nous serait facile d'en rapporter, non des centaines, mais des milliers. Que conclure de là? C'est que *l'un de* ou *un de* se mettent également, après un nom, au commencement d'une proposition incidente, avec cette différence toutefois que la première locution est plus expressive que l'autre, puisqu'elle est déterminée, et que la seconde au contraire est vague, privée qu'elle est de l'article. Quoique vraisemblablement on ne puisse guère établir de règle à l'égard de ces deux formes, cependant, pour tâcher de faire saisir la nuance qui existe entre elles, nous dirons qu'il faut faire usage de *un de*, conformément aux exemples de la seconde colonne, si l'on veut exprimer l'unité pure et simple; de *l'un de*, comme dans les phrases de la première colonne, lorsque, indépendamment de l'unité qu'on énonce, on y ajoute encore une idée de détermination.

II.

Un de, l'un de, DANS DES PHRASES NON INCIDENTES.

Un de.

Un des quarante de l'Académie française a bien voulu être de mon avis. (DOMERGUE.)

Madame Dupin était *une des trois ou quatre jolies femmes de Paris*, dont le vieux abbé de Saint-Pierre avait été l'enfant gâté.
(J.-J. ROUSSEAU.)

L'enfant Jésus, entre les bras d'une mère charmante et modeste, est en même temps *un des plus touchants et des plus agréables spectacles* que la dévotion chrétienne puisse offrir aux yeux des fidèles.
(*Id.*)

Une de mes chances était d'avoir toujours dans mes liaisons des femmes auteurs. (*Id.*)

Un des inconvénients qui m'ont le plus éloigné de nos assemblées, et je parle des plus grandes, c'est la légèreté de leurs jugements.
(BERNARDIN DE ST-PIERRE.)

L'un de.

L'un de ces deux bandits qui se disaient maures me prit en affection. (J.-J. ROUSSEAU.)

Le bruit courut que d'elle ou de lui, *l'un des deux* expulserait l'autre. (*Id.*)

Le bec-croisé est *l'un des oiseaux* dont les couleurs sont les plus sujettes à varier. (BUFFON.)

Louis de Maugiron, baron d'Ampus, était *l'un des mignons* pour qui Henri III eut le plus de faiblesses.
(VOLTAIRE.)

La cruelle perte de *l'un des auteurs de mes jours* m'a trop appris à craindre d'affliger l'autre.
(J.-J. ROUSSEAU.)

L'un des principaux moyens que j'ai employés a été, comme je vous l'ai dit, de le bien convaincre de l'impossibilité où le tient son âge de vivre sans notre assistance. (*Id.*)

On se sert de *un de*, nous disent encore les grammairiens, quand cette expression n'est pas immédiatement précédée d'un nom et qu'elle n'est pas en tête d'une phrase incidente. L'examen des exemples de l'une et de l'autre colonne nous prouve combien cette règle est mensongère.

III.

L'un de, un de, SUIVIS D'UN PRONOM.

Ce berger et ce roi sont sous même planète;
L'un d'eux porte le sceptre, et l'autre la houlette.
(LA FONTAINE.)

Un d'eux, près du Gange autrefois,
Cultivait le jardin d'un assez bon bourgeois.
(LA FONTAINE.)

Ce jour........
Jetait sur *l'un de nous* trop de honte ou d'envie.
(CORNEILLE.)
Et j'y vois *l'un de vous* prendre une destinée.
(MOLIÈRE.)

Cet instinct qu'ont les geais de se rappeler, de se réunir à la voix de *l'un d'eux*, et leur violente antipathie contre la chouette, offrent plus d'un moyen pour les attirer dans les piéges.
(BUFFON.)

Qu'on s'imagine ces douze hommes assemblés après la mort de Jésus-Christ, faisant le complot de dire qu'il est ressuscité; si peu qu'*un d'eux* se fût démenti par les prisons, par les tortures et par la mort, ils étaient perdus.
(PASCAL.)

Comme si les petits paysans choisissaient la terre bien sèche pour s'y asseoir ou pour s'y coucher, et qu'on eût jamais ouï dire que l'humidité de la terre eût fait du mal à pas *un d'eux*.
(J.-J. ROUSSEAU.)

M. Marle, dans l'article dont nous avons déjà parlé, avance encore qu'avec les pronoms il faut employer *l'un de*. Nous ne nous faisons pas un secret et malin plaisir de combattre M. Marle; mais, en conscience, il nous semble que sa règle n'est pas toujours suivie par les écrivains, qui ont fait usage, comme on voit, tantôt de *un de*, tantôt de *l'un de* devant les pronoms.

IV.

L'un de OU *un de*, PRÉCÉDÉS D'UN MOT TERMINÉ PAR UNE VOYELLE.

Si *l'un de* vos amis a besoin de faire toucher de l'argent à Smyrne, la poste fera son affaire.
(VOLTAIRE.)

Le plus grand intérêt du rôle de Philoctète n'avait pas échappé à *l'un des* plus illustres élèves de l'antiquité.
(LA HARPE.)

Le prince Henri de Prusse distingua particulièrement la comtesse de Sabran et *l'un* de mes plus intimes amis.
(DE SÉGUR.)

Croirait-on que les historiens ont pris plaisir à faire un magnifique éloge *de l'un* de ces chiens appelés Bérézillo.
(MARMONTEL.)

Un esclave juif, intime ami du roi des rois! c'est à peu près comme si *un* de nos historiens nous disait qu'un fanatique des Cévennes, délivré des galères, est l'intime ami de Louis XIV.
(VOLTAIRE.)

Je touche à *un de* ces traits caractéristiques qui me sont propres.
(J.-J. ROUSSEAU.)

Un des plus vilains hommes et *un des* plus grands fous que j'aie jamais vus.
(*Id.*)

Vous choisirez d'élever les enfants *d'un de* vos amis, ou d'accompagner l'autre dans sa solitude.
(J.-J. ROUSSEAU.)

Écoutons toujours M. Marle : « Les lois de l'euphonie, dit-il, qui ont proscrit les hiatus produits par le choc d'une voyelle contre le mot *on*, comme dans *si on, et on*, proscrivent aussi ceux qui résulteraient de *si un de, et un de, à un de*, etc. » M. Marle ajoute : « Si l'oreille craint les hiatus, elle redoute bien plus encore les cacophonies : *D'un de*, par exemple, serait insupportable. » Cette opinion, pour être de M. Marle, n'en est pas moins erronée. De même que nous avons établi au chapitre des Pronoms indéfinis, que les écrivains étaient libres, en prose, de se servir de *si on, et on, si l'on, et l'on*, etc.; de même les citations qui précèdent nous montrent indubitablement que les écrivains ont dit aussi indifféremment *si l'un de, et l'un de, à l'un de, de l'un de*, ou bien *si un de, et un de, à un de*, et même *d'un de* qui offense si fort l'oreille de M. Marle!

EXERCICE PHRASÉOLOGIQUE.

L'un des dix.
L'un des huit.

Une lettre d'un des quarante.
Une des plus belles pierres.

L'un de nous.
L'un d'eux.

Si l'un de mes amis.
A l'un de nous.

Madame, une des trois ou quatre belles femmes de Paris.

La perte de l'un de nos parents.
L'un des plus beaux oiseaux.

Un de nous.
Un d'eux.

Si un de ces ouvrages.
A un de vos secrets.

L'un des plus grands capitaines.
L'une des plus renommées.

Un des deux.
Un des principaux magistrats.

L'un de vous.
L'une d'elles.

Et l'un des plus braves.
De l'une de nos qualités.

Un des plus célèbres écrivains.
Une des plus vertueuses femmes.

L'un des deux.
L'un des deux brigands.

Un de vous.
Une d'elles.

Et un de mes amis.
D'un de nos sens.

DES ADJECTIFS POSSESSIFS.

N° CLXXII.

Mon, ma, mes.

GENRE, NOMBRE, PLACE.

Mon esprit généreux ne hait pas tant la vie,
Qu'il en veuille sortir par une perfidie.
(CORNEILLE.)

... *Ma prompte obéissance,*
Va d'un roi redoutable affronter la présence.
(RACINE.)

Et chacun à *mes pieds*, conservant sa malice,
N'apporta de vertu que l'aveu de son vice.
(BOILEAU.)

Et moi, pour toute brigue et pour tout artifice,
De *mes larmes* au ciel j'offrais le sacrifice.
(RACINE.)

Les adjectifs possessifs *mon, ma, mes* expriment un rapport d'appartenance ou de propriété avec la première personne du singulier dont le nom est implicitement contenu en eux : *mon respect, ma fortune, mes pieds, mes larmes*, c'est pour *le respect, la fortune, les pieds, les larmes de moi. Mon* sert pour le masculin singulier ; *ma*, pour le féminin singulier ; et *mes*, pour les deux genres et les deux nombres. Ces adjectifs se placent toujours devant les substantifs qu'ils déterminent, qu'ils soient ou non précédés d'un adjectif qualificatif.

C'est alors en effet que *mon âme* éclairée,
Contre les passions se sentit assurée.
(VOLTAIRE.)

C'en est fait, *mon heure* est venue.
(BOILEAU.)

Oui, puisque je retrouve un ami si fidèle,
Ma fortune va prendre une face nouvelle.
(RACINE.)

Levez-vous et quittez un entretien fâcheux,
Qui redouble *ma honte* et nous pèse à tous deux.
(VOLTAIRE.)

Ces exemples nous font voir que *mon* sert aussi bien que *ma* à déterminer des substantifs féminins, mais dans ce cas, cet emploi est absolument euphonique. *Mon* se met devant un substantif ou un adjectif commençant par voyelle ou h muet ; *ma*, devant un substantif ou un adjectif commençant par consonne ou h aspiré.

EXERCICE PHRASÉOLOGIQUE.

Mon père.	Ma mère.	Mes amis.	Mes fleurs.	Mes hôtes.
Mon cher ami.	Ma chère amie.	Mes petits enfants.	Mes petites épargnes.	Mes héliotropes.
Mon héros.	Ma haine.	Mes honteux plaisirs.	Mes baies.	Mes hannetons.
Mon habit.	Mon habitude.	Mes héritages.	Mes herbes.	Mes délices.
Mon ami.	Mon amie.	Mes amours.	Mes étrennes.	Mes pensées.

N° CLXXIII.

Ton, ta, tes.

MASCULIN ET FÉMININ SINGULIER.

... Que tu dis des folies,
Et choisis mal *ton temps* pour de telles saillies.
(MOLIÈRE.)

En cet aveuglement ne perds pas la mémoire
Qu'ainsi que de *ta vie* il y va de *ta gloire*.
(CORNEILLE.)

MASCULIN ET FÉMININ PLURIEL.

Tes écrits, il est vrai, sans art et languissants,
Semblent être formés en dépit du bon sens.
(BOILEAU.)

Reprends ta liberté, remporte *tes richesses*,
A l'or de ces rançons joins mes justes largesses.
(VOLTAIRE.)

Les adjectifs possessifs *ton, ta, tes* indiquent un rapport de possession avec la seconde personne du singulier : *Ton temps, ta vie, tes écrits, tes richesses* se traduisent par *le temps, la vie, les écrits, les richesses de toi*. *Ton* se place devant un substantif masculin singulier ; *ta* devant un nom féminin singulier ; *tes* sert pour le pluriel des deux genres. Ces adjectifs précèdent toujours les substantifs auxquels ils se rapportent.

Que ton *affection* me soit alors sévère,
Et tienne, comme il faut, la main à ma colère.
(MOLIÈRE.)

Mon Dieu, voici *ton heure*, on t'amène ta proie.
(RÉGNIER.)

Va, je verrai peut-être à mes pieds abattu,
Cet orgueil insultant de *ta fausse vertu*.
(VOLTAIRE.)

Tu veux ma mort, eh bien ! je vais remplir *ta haine*.
(Id.)

Par ces exemples on apprend que pour éviter l'hiatus qui résulterait de la rencontre de deux voyelles on emploie *ton*, au lieu de *ta*, devant les substantifs ou les adjectifs féminins dont l'initiale est une voyelle ou un *h* muet : *ton affection* pour *ta affection, ton heure* pour *ta heure*. On fait usage de *ta* si le mot commence par consonne ou par *h* aspiré : *ta vertu, ta haine*.

EXERCICE PHRASÉOLOGIQUE.

Ton bien.
Ton argent.
Ton hamac.
Ton bonheur.
Ton air.

Ta fortune.
Ta chère image.
Ta honte.
Ton humeur.
Ton envie.

Tes fils.
Tes bons offices.
Tes héros.
Tes humeurs.
Tes exploits.

Tes faiblesses.
Tes bonnes intentions.
Tes haines.
Tes héroïnes.
Tes idées.

Tes homicides.
Tes hypothèses.
Tes hôtels.
Tes autels.
Tes héliotropes.

N° CLXXIV.

Son, sa, ses.

MASCULIN ET FÉMININ SINGULIER.

De *son propre artifice* on est souvent victime.
(COLLIN D'HARLEVILLE.)

L'amour devient suspect s'il n'a *sa liberté*.
(FAVART.)

MASCULIN ET FÉMININ PLURIEL.

Il faut de *ses amis* endurer quelque chose.
(MOLIÈRE.)

Démêlez la vertu d'avec *ses apparences*.
(Id.)

Les adjectifs possessifs *son*, *sa*, *ses* marquent un rapport d'appartenance avec la troisième personne du singulier : *son ami, sa liberté, ses amis, ses apparences*, c'est pour l'*ami*, la *liberté*, les *amis*, les *apparences de lui* ou *d'elle*. *Son* sert pour le masculin singulier; *sa*, pour le féminin singulier; et *ses*, pour le masculin et le féminin pluriel. Du reste, ces adjectifs se placent toujours devant les noms qu'ils déterminent, que ces noms soient ou non précédés d'un adjectif qualificatif.

... L'amour est déchu de *son autorité*,
Dès qu'il veut de l'honneur blesser la dignité.
(CRÉBILLON.)

Mon Polyeucte touche à *son heure* dernière.
(CORNEILLE.)

Il est, à mon sens, d'un plus grand homme de savoir avouer *sa faute*, que de savoir ne la pas faire.
(CARDINAL DE RETZ.)

Qu'il est accablant de parler de *sa honte* !
(VOLTAIRE.)

L'euphonie exige qu'on mette *son* devant les mots commençant par voyelle ou par *h* non aspiré : *son autorité*, *son heure*; et *sa* devant ceux dont la première lettre est une consonne ou un *h* aspiré : *sa faute*, *sa honte*.

EXERCICE PHRASÉOLOGIQUE.

Son crime.
Son époux.
Son haut rang.
Son honneur.

Sa faveur.
Son injustice.
Son heure dernière.
Sa honte.

Ses ennemis.
Ses défauts.
Ses héros.
Ses honorables services.

Ses bontés.
Ses allures.
Ses honteuses passions.
Ses honorables intentions.

N° CLXXV.

Notre, nos.

MASCULIN ET FÉMININ SINGULIER.

La bienfaisance est un besoin de l'âme :
Heureux, elle nous rend *notre bonheur* plus doux.
(DE BELLOY.)

... *Notre âme* a bien plus de ressort
Pour supporter le mal, quand on sait qu'il arrive.
(FABRE D'ÉGLANTINE.)

MASCULIN ET FÉMININ PLURIEL.

Amour, que sur *nos cœurs* ton pouvoir est extrême !
(LEFRANC.)

Le ciel de *nos raisons* ne sait pas s'informer.
(RACINE.)

L'adjectif *notre*, dont le pluriel est *nos*, indique un rapport de propriété avec la première personne du pluriel : *Notre bonheur, notre âme, nos cœurs, nos raisons*, répondent à *le bonheur, l'âme, les cœurs, les raisons de nous*. On voit que *notre* sert pour le masculin et le féminin singulier; *nos*, pour le masculin et le féminin pluriel. Ces adjectifs se mettent toujours devant les noms.

EXERCICE PHRASÉOLOGIQUE.

Notre intérêt.
Notre bonheur.

Notre âme.
Notre fortune.

Nos usages.
Nos biens.

Nos intentions.
Nos passions.

N° CLXXVI.

Votre, vos.

MASCULIN ET FÉMININ SINGULIER.	MASCULIN ET FÉMININ PLURIEL.
... Tout le camp vainqueur pleura *votre trépas*. (RACINE.)	Sans cesse, en écrivant, variez *vos discours*. (BOILEAU.)
Il me fallut depuis gémir de *votre absence*. (VOLTAIRE.)	... Consultez longtemps votre esprit et *vos forces*. (Id.)

L'adjectif *votre*, qui fait au pluriel *vos*, marque un rapport de possession avec la seconde personne du pluriel : *votre trépas, votre absence, vos discours, vos forces*, c'est pour le trépas, l'absence, les discours, les forces de vous. *Votre* est pour le masculin ou le féminin singulier ; *vos*, pour le masculin ou le féminin pluriel. Ces adjectifs se placent toujours devant les substantifs.

EXERCICE PHRASÉOLOGIQUE.

Votre élément.	Votre amitié.	Vos amours.	Vos attentions.
Votre père.	Votre peine.	Vos pleurs.	Vos plaintes.

N° CLXXVII.

Leur, leurs.

MASCULIN ET FÉMININ SINGULIER.	MASCULIN ET FÉMININ PLURIEL.
Les dieux doivent *leur être* aux faiblesses des hommes. (BOURSAULT.)	Les auteurs se peignent dans *leurs ouvrages*. (LESAGE.)
... Les cœurs pour aimer ont *leur maturité*. (QUINAULT.)	Les maîtres des humains cachent-ils *leurs faiblesses ?* (LA HARPE.)

Les adjectifs *leur, leurs* désignent un rapport de possession avec la troisième personne du pluriel : *Leur être, leur maturité, leurs ouvrages, leurs faiblesses*, c'est pour l'être, la maturité, les ouvrages, les faiblesses d'eux. *Leur* s'emploie pour le masculin et le féminin singulier, *leurs*, avec un s pour le masculin et le féminin pluriel. Ces adjectifs précèdent toujours les substantifs qu'ils déterminent.

EXERCICE PHRASÉOLOGIQUE.

Leur auteur.	Leur âme.	Leurs aliments.	Leurs améliorations.
Leur plaisir.	Leur volupté.	Leurs maîtres.	Leurs flatteries.

N° CLXXVIII.

EMPLOI DES ADJECTIFS POSSESSIFS DEVANT DEUX OU PLUSIEURS SUBSTANTIFS LIES PAR *et*.

RÉPÉTITION DE L'ADJECTIF POSSESSIF.

Une fille de Saint-Pierre ayant perdu *son père et sa mère*, et se trouvant maitresse d'une petite fortune, fut envoyée par ses parents à Constantinople.
(CHATEAUBRIAND.)

Souvent *nos malheurs et nos torts* sont la faute de nos mentors. (GINGUENÉ.)

Quand un jeune homme perd *son argent et son temps* à courir après une maitresse, on le ramène à l'économie et à sa maison, en le mariant avec une honnête femme.
(BERNARDIN DE ST-PIERRE.)

Les enfants qui avaient égorgé *leurs pères et leurs mères* souffraient moins que ces hypocrites.
(FÉNELON.)

NON RÉPÉTITION DE L'ADJECTIF POSSESSIF.

Ces deux jeunes animaux ne se ressemblaient pas plus que *leurs père et mère*, par leur naturel.
(BUFFON.)

Ressemblez à *vos pères et mères*, et soyez comme eux la bénédiction du pays.
(J.-J. ROUSSEAU.)

Presque tous les oiseaux qui paraissent ne vivre que de graines, ont néanmoins été nourris, dans le premier âge, par *leurs pères et mères* avec des insectes.
(BUFFON.)

Les nègres créoles, de quelque nation qu'ils tirent leur origine, ne tiennent de *leurs pères et mères* que l'esprit de servitude et la couleur.
(*Id*.)

Nous avons établi (page 175) que si la grammaire exige que l'on dise : *le père et la mère*, l'usage permet cependant de dire aussi : *les père et mère*. C'est par une conséquence rigoureuse de ce principe que, dans les exemples cités, les écrivains ont écrit : *son père et sa mère*, *ses père et mère*.

EXERCICE PHRASÉOLOGIQUE.

Son père et sa mère.   Ses père et mère.   Tes parents et tes amis.   Tes parents et amis.
Nos frères et nos sœurs.   Mes frères et sœurs.   Nos cousins et nos cousines.   Nos cousins et cousines.

N° CLXXIX.

EMPLOI DES ADJECTIFS POSSESSIFS DEVANT DEUX SUBSTANTIFS LIÉS PAR *ou*.

ADJECTIF POSSESSIF RÉPÉTÉ.

Le peuple n'arrête son attention et ses respects que sur des projets immuables ou qu'il croit tels, et qui lui imposent par *leur grandeur ou leur éloignement*.
(BERNARDIN DE ST-PIERRE.)

ADJECTIF POSSESSIF NON RÉPÉTÉ.

Les Indiens et les Juifs, si attachés à *leurs castes ou tribus*, ont méprisé les autres peuples, au point de ne jamais s'allier avec eux par des mariages.
(BERNARDIN DE ST-PIERRE.)

Si Bernardin de St-Pierre a écrit : *Leur grandeur ou leur éloignement*, en répétant l'adjectif possessif *leur*, après la conjonction *ou*, c'est que les substantifs représentent des objets différents ; au lieu qu'il n'a exprimé l'adjectif possessif qu'une seule fois dans *leurs castes ou tribus*, parce qu'il ne veut réellement désigner qu'une seule et même chose, et qu'ainsi le second substantif devient l'explication ou la définition du premier.

EXERCICE PHRASÉOLOGIQUE.

Sa modération ou sa constance.	Sa joie ou sa tristesse.	Ses poils ou crins.	Ses mandataires ou représentants.
Son génie ou son esprit.	Ses vertus ou ses qualités.	Leurs maris ou époux.	Leurs camarades ou amis.

N° CLXXX.

EMPLOI D'UN ADJECTIF POSSESSIF AVEC DEUX ADJECTIFS QUALIFICATIFS LIÉS PAR *et*.

ADJECTIF POSSESSIF NON RÉPÉTÉ.

En récompense de *vos bons et utiles offices*, que Dieu éloigne de vous tout chagrin domestique.
(BERNARDIN DE ST-PIERRE.)

Nos sages et doctes aïeux ont brûlé religieusement des gens dont le crime était d'avoir eu des illusions, et de le dire. (CONDORCET.)

J'avais à cœur la publication de *mon dernier et meilleur ouvrage*. (J.-J. ROUSSEAU.)

Plein de *mon ancienne et aveugle confiance*, j'étais bien loin de soupçonner le vrai motif de ce voyage.
(*Id.*)

ADJECTIF POSSESSIF RÉPÉTÉ.

La voilà, me dis-je en moi-même, la voilà celle que Dieu m'a promise. Elle a été mise sur la terre pour partager *ma bonne ou ma mauvaise fortune*, pour donner un motif à mes actions et un but à mes pensées. (BALLANCHE.)

Chaque homme eut *son bon et son mauvais génie*, comme chacun eut son étoile.
(VOLTAIRE.)

Nous prenons sur *nos bons et nos mauvais succès*, et nous nous accusons ou nous louons des caprices de la fortune.
(VAUVENARGUES.)

Dans le premier cas, *vos bons et utiles offices*, *nos sages et doctes aïeux*, la répétition de l'adjectif possessif ne doit pas avoir lieu, parce qu'il n'y a qu'un substantif de déterminé, que ce sont *les offices* qui sont à la fois *bons et utiles*, *tes aïeux*, qui sont à la fois *sages et doctes*.

Dans le second cas, si l'on répète l'adjectif possessif, c'est qu'il y a deux substantifs à déterminer, dont l'un est exprimé et l'autre sous-entendu. En effet, *ma bonne et ma mauvaise fortune*, *ses bons et ses mauvais moments*, c'est pour *ma bonne (fortune) et ma mauvaise fortune*, *ses bons (moments) et ses mauvais moments*. On sent bien que la même fortune ne peut être bonne et mauvaise, les mêmes moments bons et mauvais : la répétition de l'adjectif possessif est donc indispensable. Cependant les écrivains se sont quelquefois écartés de ce principe, surtout quand les adjectifs qualificatifs suivent les substantifs :

Leurs *différends présents et futurs* seront toujours terminés sans aucune guerre.
(J.-J. ROUSSEAU.)

Pour me bien connaître, il faut me connaître dans tous mes rapports, *bons et mauvais*.
(J.-J. ROUSSEAU.)

A vrai dire, il nous semble qu'on ne peut guère, dans ce dernier cas, s'exprimer autrement, à moins de répéter le substantif et l'adjectif possessif.

EXERCICE PHRASÉOLOGIQUE.

Son ancienne et aveugle confiance.	Mon grand et mon petit appartement.
Son bon et digne ami.	Ma bonne et ma mauvaise humeur.

N°. CLXXXI.

EMPLOI DES POSSESSIFS AVEC DEUX ADJECTIFS LIÉS PAR *ou*.

RÉPÉTITION DE L'ADJECTIF POSSESSIF.	NON RÉPÉTITION DE L'ADJECTIF POSSESSIF.
Ils voulaient partager avec leur capitaine *sa bonne ou sa mauvaise fortune.* (VERTOT.)	Chacun sera jugé selon *ses bonnes ou mauvaises œuvres.* (ACADÉMIE.)
Notre bonne ou notre mauvaise fortune dépend de notre conduite. (DE CAILLIÈRES.)	Sur ce plan gradué dans son exécution par une marche successive, qu'on pourrait précipiter, ralentir ou même arrêter selon *son bon ou mauvais succès*, on n'avancerait qu'à volonté. (J.-J. ROUSSEAU.)

Sous le rapport grammatical, les exemples de la première colonne sont plus corrects que ceux de la seconde, puisqu'après la conjonction *ou*, placée entre deux adjectifs qualifiant chacun un substantif, l'adjectif possessif se trouve répété; néanmoins on voit que J.-J. Rousseau, dans les cas analogues, ne s'est pas fait scrupule d'elliptiser cet adjectif, et que par conséquent on peut, sinon autoriser cette ellipse, du moins la tolérer (Voir page 180, n° XCI.)

EXERCICE PHRASÉOLOGIQUE.

Sa bonne ou mauvaise conduite.	Ses grandes ou ses petites colères.
Ses justes ou ses injustes reproches.	Leurs honnêtes ou leurs malhonnêtes procédés.

N° CLXXXII.

EMPLOI DE *leur, notre, votre,* ETC.

Leur, ETC.	*Leurs*, ETC.
Les hommes ont toujours *leur intérêt* pour base, On les voit, avant tout, consulter le plaisir. (MONTESQUIOU.)	Il ne faut jamais faire balancer les hommes entre *leurs intérêts* et leur conscience. (BERNARDIN DE ST-PIERRE.)
Le renne et le vigogne refusèrent de vivre dans nos climats, où ils ne trouvaient pas même les plantes de *leur pays.* (BERNARDIN DE ST-PIERRE.)	Les Grecs et les Romains, si fameux par leur patriotisme, ont regardé les autres nations comme des barbares; ils ne les nommaient pas autrement, et ils mirent toute leur gloire à s'emparer de *leurs pays.* (Id.)
La plupart des hommes emploient la première partie de *leur vie* à rendre l'autre misérable. (LA BRUYÈRE.)	Je vous ai dit un mot sur Aristide et sur Epaminondas, mais je vous ferai connaître *leurs vies.* (GIRAULT-DUVIVIER.)
Il ne faut pas s'étonner de l'avidité de *notre cœur* à désirer de nouvelles félicités. (PASCAL.)	Le ciel, je le vois trop, met au fond de *nos cœurs*, Un sentiment secret, au-dessus des grandeurs. (VOLTAIRE.)

Maintenant voyons pourquoi le même mot qui est au singulier dans les exemples de la première colonne, se trouve au pluriel dans ceux de la seconde. En premier lieu les écrivains ont écrit au singulier *leur intérêt, leur pays, leur vie, notre cœur,* parce qu'ils ont envisagé d'une manière générale l'intérêt, la vie, le cœur de ceux dont ils parlent, et qu'il n'est question que d'un seul pays. D'un autre côté, ils ont dit, au pluriel, *leurs intérêts, leurs pays, leurs vies, nos cœurs,* par la raison qu'ils voulaient exprimer collectivement plusieurs intérêts, plusieurs pays, plusieurs vies, plusieurs cœurs.

EXERCICE PHRASÉOLOGIQUE.

Leur père.	Leurs pères.	Leur mère.	Leurs mères.
Leur enfant.	Leurs enfants.	Leur voiture.	Leurs voitures.
Leur front.	Leurs fronts.	Notre tête.	Nos têtes.
Votre cœur.	Vos cœurs.	Leur offrande.	Leurs offrandes.

N° CLXXXIII.

Leurs, ADJECTIF, COMPARÉ AVEC *leur*, PRONOM.

Leurs, ADJECTIF.

Il faut autant de frais pour conserver les femmes,
Qu'on en a prodigué pour attendrir *leurs âmes*.
(DE BIÈVRE.)

Songez donc qu'au grand homme il faut beaucoup de
[place ;
Des cèdres rassemblés dans un petit espace
Se nuisent l'un à l'autre et gênent *leurs rameaux*.
(CHÉNIER.)

... Tels sont les vrais guerriers :
Rivaux au champ de Mars, amis dans *leurs foyers*.
(DE BELLOY.)

En tâchant d'usurper vos avantages, elles abandonnent *les leurs*. (J.-J. ROUSSEAU.)

Leur, PRONOM.

Les grands perdent toujours à se glorifier,
Et rien ne *leur* sied mieux que de s'humilier.
(DESTOUCHES.)

Le vrai contentement déride tous les traits :
La brillante gaîté, ce fard de la nature,
Rajeunit les vieillards, *leur* donne un air plus frais.
(FAVART.)

Les dieux, comme il *leur* plait, peuvent en un moment,
Nous mettre dans la gloire ou dans l'abaissement.
(L'ABBÉ GENEST.)

En leur peignant les hommes, peignez-*les-leur* tels qu'ils sont. (J.-J. ROUSSEAU.)

La différence qui caractérise *leurs*, adjectif pluriel, et *leur*, pronom, c'est que le premier se joint toujours à des substantifs, qui, mis au pluriel, lui font conséquemment revêtir le signe de la pluralité : *leurs âmes, leurs rameaux, leurs foyers ; leur*, au contraire, employé comme complément indirect d'un verbe, le précède immédiatement, excepté à l'impératif, et ne prend alors jamais d's : *leur sied, leur donne, leur plait*. Observez encore que l'adjectif *leurs* se traduit toujours par un rapport de qualification, et *leur*, pronom, par un rapport d'attribution : *leurs âmes*, c'est pour *les âmes d'elles; leur sied, leur donne*, c'est pour *sied à eux, donne à eux*.

EXERCICE PHRASÉOLOGIQUE.

Leurs cris.	Leur est agréable.	Leurs attraits.	Leur nuit.
Leurs clameurs.	Leur est convenable.	Leurs qualités.	Leur fait plaisir.
Ce sont les leurs.	Donnez-les-leur.	Voici les leurs.	Vous les leur donnerez.

N° CLXXXIV.

Mon, ton, son, SUIVIS DE *que* OU DE *qui*.

Ton Dieu *que* tu trahis, *ton* Dieu *que* tu blasphèmes.
(VOLTAIRE.)

Ton honneur *qui* te parle, et *ton* Dieu *qui* t'éclaire.
(VOLTAIRE.)

Dans plusieurs grammaires, et notamment dans celle de M. Napoléon Landais, on lit cette règle : « On n'emploie JAMAIS les adjectifs possessifs avant les noms qui doivent être suivis de *que* ou de *qui*. » Voltaire a donc multiplié les barbarismes dans le discours de Lusignan à Zaïre, où l'on trouve les deux vers que nous avons cités.

N° CLXXXV.

EMPLOI DE L'ARTICLE OU DE L'ADJECTIF POSSESSIF.

I.

AVEC L'ARTICLE.

Nous ne nous fâchons pas si on nous dit que *nous* avons mal à *la tête*, et nous nous fâchons de ce que l'on dit que nous raisonnons mal.
(PASCAL.)

Le sang *l'incommode, il a les yeux* rouges et mal à *la tête*. (BONIFACE.)

AVEC L'ADJECTIF POSSESSIF.

J'ai mal à *ma tête*, je souffre à *ma jambe*, *mon bras* me fait mal. (DESSIAUX.)

Quoiqu'il soit un peu incommodé de *son bras*.
(Mme DE SÉVIGNÉ.)

Dans les deux exemples de la première colonne on a dit : NOUS *avons mal à* LA TÊTE, LE SANG *l'incommode*, IL A LES YEUX *rouges*, parce que la présence des noms personnels *nous, le, il,* indiquent assez que c'est de *notre tête, de son sang, de ses yeux* que l'on veut parler : d'où il suit que, dans tous les cas analogues, on doit seulement employer l'article. Cependant si, comme nous le voyons dans les citations de la seconde colonne, on parle d'une partie du corps habituellement ou périodiquement malade, on se sert alors des adjectifs possessifs. C'est dans ce sens que madame de Sévigné a dit : *Quoiqu'il soit un peu incommodé de son bras.*

II.

Cependant *les cheveux* me dressaient à *la tête*.
(BOILEAU.)

Je lis les bons auteurs pour *me* perfectionner le goût. (DOMERGUE.)

Je m'attachai à *me* perfectionner *le goût*.
(LE SAGE.)

Sinon s'était fait couper *les narines et les oreilles,* pour mieux tromper les Troyens.
(Cité par M. LEMARE.)

Se meurtrissant *le sein*, arrachant ses cheveux, Malheureuse, elle part avec des cris affreux.
(DÉLILLE.)

Mais l'éclat des grandeurs leur a tourné *la tête*.
(ÉTIENNE.)

Chaque mot sur *mon front* fait dresser *mes cheveux*.
(RACINE.)

Je résolus de me rendre à Madrid, comme au centre des beaux esprits, pour y former *mon goût*.
(LE SAGE.)

Je remplissais *ma tête* d'accompagnements, d'accords et d'harmonie. (J.-J. ROUSSEAU.)

... L'ours boucha *sa narine*,
Il se fût bien passé de faire cette mine.
(LA FONTAINE.)

Tout son corps a frémi ; dans son désordre affreux, Elle meurtrit *son sein*, arrache *ses cheveux*.
(DELILLE.)

Quand *mes bras* me manqueront, je vivrai si l'on me nourrit, je mourrai si l'on m'abandonne.
(J.-J. ROUSSEAU.)

D'après ces exemples, on peut dire également *les cheveux me dressaient à la tête* et *mes cheveux se dressaient sur ma tête; pour me former le goût et pour former mon goût; l'éclat des grandeurs leur tourne la tête* et *l'éclat des grandeurs tourne leur tête; je me remplissais la tête d'accompagnements* et *je remplissais ma tête d'accompagnements*, etc. Ces deux constructions sont une conséquence du principe établi plus haut. En effet, dans les citations de la première colonne, l'article seul détermine les mots *tête, goût,* etc., parce que les pronoms *me, leur*, etc., employés comme compléments indirects, font suffisamment connaître *la tête, le goût* de la personne qui parle ou dont on parle.

Mais dans les exemples de la seconde colonne on comprend qu'en l'absence des mêmes pronoms jouant le rôle de compléments indirects, ou plutôt que ces pronoms étant implicitement contenus dans les adjectifs possessifs, les écrivains ont dû dire *mon front, mes cheveux, mon goût,* etc.; autrement on ne pourrait savoir de quel front, de quels cheveux, de quel goût il est question.

III.

Elle baissa *les yeux* sans répondre, rougit et se mit à caresser ses enfants. (J.-J. ROUSSEAU.)	Baissez *vos yeux* vers la terre, chétifs vers que vous êtes, et regardez les bêtes dont vous êtes le compagnon. (PASCAL.)

Il est des cas où l'on peut se servir indifféremment de l'article ou de l'adjectif possessif, ainsi que l'attestent ces deux exemples.

EXERCICE PHRASÉOLOGIQUE.

Avoir mal à la tête.	Avoir mal à sa tête.	Avoir mal au bras.	Avoir mal à son bras.
Souffrir de la tête.	Souffrir de sa tête.	Souffrir de la jambe.	Souffrir de sa jambe.
Avoir la migraine.	Avoir sa migraine.	Avoir la goutte.	Avoir sa goutte.
Se faire la barbe.	Faire sa barbe.	Se couper les cheveux.	Couper ses cheveux.
Se couper les moustaches.	Couper ses moustaches.	Se remplir l'esprit de...	Remplir son esprit de...
Se boucher les oreilles.	Boucher ses oreilles.	Se meurtrir le sein.	Meurtrir son sein.
Lever les yeux.	Lever ses yeux.	Fléchir le genou.	Fléchir son genou.
Baisser la tête.	Baisser votre tête.	Fléchir le corps.	Fléchissez votre corps.
Plier la jambe.	Plier votre jambe.	Porter les yeux.	Porter ses yeux.

N° CLXXXVI.

EMPLOI DE *son, sa, ses,* ETC. OU DE *en.*

AVEC *son.*	AVEC *en.*
Mais la *mollesse* est douce et *sa* suite est cruelle. (VOLTAIRE.)	Nourri dans *le sérail, j'en* connais *les détours.* (RACINE.)
Toute l'assemblée jeta les yeux sur *Mentor.* Je racontais... les malheurs qui étaient venus fondre sur moi, dès que j'avais cessé de suivre *ses conseils.* (FÉNELON.)	Pourquoi craindre *la mort,* si l'on a assez bien vécu pour *n'en* pas craindre *les suites?* (BUFFON.)
La joie du cœur est la vie de l'homme, la joie de *l'homme* rend *sa vie* plus longue. (ECCLÉSIASTE.)	L'auteur d'un *bienfait* est celui qui *en* recueille *le fruit* le plus doux. (DUCLOS.)
Mais qu'il faut peu compter sur la faveur des *rois!* Un instant détermine ou renverse *leur choix.* (LEFRANC.)	Quand on est dans le pays des *fictions,* il est difficile de *n'en* pas emprunter *le langage.* (BARTHÉLEMY.)

Il résulte de ces exemples qu'en général il faut employer *son, sa, ses, leur, leurs,* toutes les fois que les substantifs déterminés par ces adjectifs sont en rapport avec des noms de personnes ou d'objets personnifiés (première colonne). Au contraire, si les substantifs se rapportent à des noms de choses (deuxième colonne) on voit que ce ne sont plus les adjectifs possessifs qui doivent les déterminer, mais bien les articles *le, la, les,* précédés de la particule *en.* Cependant cette règle est loin d'être absolue; car on verra au chapitre des PRONOMS, qu'il est des circonstances où l'on emploie les adjectifs possessifs, avec des substantifs relatifs aux objets, et *en,* quand ces noms ont rapport aux personnes. Afin de ne pas nous répéter, nous y renvoyons le lecteur : c'est là que le point qui nous occupe sera traité à fond.

EXERCICE PHRASÉOLOGIQUE.

Suivre ses conseils.   En suivre les traces.   Avoir son langage.   En recueillir le fruit.
Recevoir ses reproches.   En recevoir les loyers.   Avoir ses passions.   En reconnaître la bonté.
Endurer ses caprices.   En avoir les profits.   Goûter ses avis.   En admirer la beauté.

N° CLXXXVII.

EMPLOI DE *mon, ton, son*, OU DE *mien, tien, sien*, PRÉCÉDÉS DE *un*.

AVEC *mon, ton, son*.

Il m'est, disait-elle, facile,
D'élever des poulets autour de *ma maison*.
(LA FONTAINE.)

J'ai ouï raconter à feu milord Hyde qu'*un de ses amis*, revenu d'Italie, après trois ans d'absence, voulut examiner les progrès de son fils âgé de neuf à dix ans. (J.-J. ROUSSEAU.)

Cinna et Carbon, *un de ses lieutenants*, se campèrent sur les bords du Tibre.
(VERTOT.)

Perpenna, *un de ses officiers*, l'y vint joindre avec les débris de son armée. (*Id.*)

AVEC *mien, tien, sien*.

Au travers *d'un mien pré* certain ânon passa.
(RACINE.)

Il ne reste de toute la maison de Latour, que madame de Warens et *une sienne nièce*.
(J.-J. ROUSSEAU.)

Un sien ami, voyant ce somptueux repas,
Lui dit : Et d'où vient donc un si bon ordinaire?
(LA FONTAINE.)

Un mien cousin est juge maire.
(*Id.*)

Un mien parent me fit apprenti maltôtier.
(RÉGNARD.)

Vous avez en vos mains *un sien portrait*? Oui.
(VOLTAIRE.)

Un mien valet qui du soir était ivre.
(*Id.*)

Dans le style épistolaire et dans le style de l'apologue, dans le badin et dans le burlesque, au lieu de *mon, ton, son*, on peut se servir de *mien, tien, sien*, précédés de *un, une*. Dans ce cas il faut observer que cet emploi n'a lieu que pour ces trois adjectifs masculins ou féminins. Remarquez en outre que quand on dit : *Un mien pré, un sien pré*, on fait entendre deux choses : ou qu'on ne possède qu'un seul pré ou qu'on en indique un parmi plusieurs. Dans la première hypothèse, *un mien pré, un sien pré*, signifie simplement, mais d'une manière beaucoup plus expressive, *mon pré, son pré*; dans la seconde, *un mien pré, un sien pré*, a le sens de *un de mes prés, un de ses prés*; c'est pour rendre cette différence palpable que nous avons opposé les exemples de la première colonne à ceux de la seconde.

Les *pronoms possessifs* ne peuvent pas ordinairement être précédés des adjectifs démonstratifs *ce, cet, cette* : c'est un désavantage de notre langue, comparée à d'autres idiomes. Néanmoins, Voltaire a dit : *Les impies en concluant par conséquent que la nôtre, fondée sur la juive, est fausse; et que* CETTE NÔTRE *étant la meilleure*, etc. (VOLTAIRE, Hist. de Jenni.)

EXERCICE PHRASÉOLOGIQUE.

Mon jardin.   Un mien jardin.   Ma parente.   Une mienne parente.
Ton ami.   Un tien ami.   Ta nièce.   Une tienne nièce.
Son portrait.   Un sien portrait.   Sa robe.   Une sienne robe.

N° CLXXXVIII.

Le mien, le tien, le sien, le nôtre, le vôtre, COMPARÉS AVEC *mien, tien, sien, nôtre, vôtre.*

AVEC *le mien, le tien*, ETC.

Mon erreur sera *la mienne*.
(J.-J. ROUSSEAU.)

Vous ignorez encor quel bonheur est *le vôtre*.
(REGNARD.)

Occupez votre élève à toutes les bonnes actions qui sont à sa portée ; que l'intérêt des indigents soit toujours *le sien*. (J.-J. ROUSSEAU.)

Faites-lui bien comprendre que le sort de ces malheureux peut être *le sien*. (*Id.*)

... Quel caquet est *le vôtre*,
Tirez de cette part ; et vous, tirez de l'autre.
(MOLIÈRE.)

Vos intérêts ici sont conformes aux nôtres.
Les ennemis du roi ne sont pas tous *les vôtres*.
(RACINE.)

AVEC *mien, tien*, ETC.

Julie, ô Julie ! ô toi qu'un instant j'osai appeler *mienne*. (J.-J. ROUSSEAU.)

Oui, tendre et généreux amant, ta Julie sera toujours *tienne*. (*Id.*)

L'intérêt du prince serait que le peuple fût puissant, afin que cette puissance étant *sienne*, le rendît redoutable à ses voisins. (*Id.*)

Frisch rapporte que lorsqu'on met les petits de la draine dans le lit de la litorne, celle-ci les adopte, les nourrit et les élève comme *siens*.
(BUFFON.)

Que cet objet est beau ! Vous en êtes tenté.
Qu'il sera laid, s'il devient *vôtre*.
(LAMOTTE.)

Je ne comprends pas comment vous pourriez disposer en sa faveur de propriétés qui ne sont pas *vôtres*. (MIRABEAU.)

Dans le style comique, comme dans le style sérieux, on peut employer *le mien, le tien, le sien, le nôtre, le vôtre*, ou simplement *mien, tien, sien, nôtre, vôtre* : La suppression de l'article donne à l'idée de possession plus de force, plus d'énergie. En pareille circonstance, ces adjectifs sont d'usage pour les deux genres et pour les deux nombres. Il n'y a que *le leur, la leur* dont l'article ne peut jamais être ellipsé.

EXERCICE PHRASÉOLOGIQUE.

Le mien, la mienne.	Mien, mienne.	Les miens, les miennes.	Miens, miennes.
Le tien, la tienne.	Tien, tienne.	Les tiens, les tiennes.	Tiens, tiennes.
Le sien, la sienne.	Sien, sienne.	Les siens, les siennes.	Siens, siennes.
Le nôtre, la nôtre.	Nôtre.	Les nôtres.	Nôtres.
Le vôtre, la vôtre.	Vôtre.	Les vôtres.	Vôtres.

DES ADJECTIFS INDÉFINIS.

N° CLXXXIX.

TOUT.

GENRE ET NOMBRE.

SINGULIER.

Tout le monde se plaint de sa mémoire et personne ne se plaint de son jugement.
(LAROCHEFOUCAULD.)

Toute la doctrine des mœurs tend uniquement à nous rendre heureux. (BOSSUET.)

PLURIEL.

Le plus précieux de *tous* les *dons* que nous puissions recevoir du ciel est une vertu pure et sans tache. (FÉNELON.)

La coquetterie détruit et étouffe presque *toutes* les vertus. (MAD. DE GENLIS.)

On perd tous ses amis en perdant *tout* son bien.
(DESTOUCHES.)

C'est sur les bords des rivières que les végétaux se montrent dans *toute* leur *beauté*.
(BERN. DE SAINT-PIERRE.)

Pendant *tout* ce *temps* de fatigue et de tourment, l'Arabe laisse ses chameaux chargés; il ne leur donne, chaque jour, qu'une heure de repos.
(BUFFON.)

Un cœur qui nous oublie engage notre gloire; Il faut à l'oublier mettre aussi *tous* nos *soins*.
(MOLIÈRE.)

Dans la solitude éternelle *toutes* nos *attaches* sont rompues.
(PORT-ROYAL.)

Le doge et le sénat doivent visiter dimanche prochain cet hôpital, et déjà on s'occupe de parer *tous* ces *lits*, de parfumer *toutes* ces *salles*.
(DUPATY.)

Tout prend constamment le genre et le nombre du nom avec lequel il se trouve en rapport et qu'il détermine; que ce nom soit précédé de l'article, d'un adjectif possessif ou de tout autre mot équivalent.

EXERCICE PHRASÉOLOGIQUE.

Tout l'univers.	Tous les hommes.	Tout son peuple.	Tous tes amis.
Toute la terre.	Toutes les femmes.	Toute ma famille.	Toutes mes richesses.
Tout le monde.	Tous les animaux.	Tout ce feuillage.	Tous ces jardins.
Toute l'année.	Toutes les plantes.	Toute cette maison.	Toutes ces fontaines.
Tout le jour.	Tous les légumes.	Tout mon ouvrage.	Tous tes conseils.
Toute la nuit.	Toutes les herbes.	Toute ta maison.	Toutes vos craintes.

N° CXC.

Tout EN RAPPORT AVEC UN PRONOM.

MASCULIN.

Le temps *nous* trompe *tous*; sur ses ailes légères Il nous porte à la fois nos biens et nos misères.
(DE BOUFFLERS.)

Tous ceux qui s'acquittent des devoirs de la reconnaissance ne peuvent pas pour cela se flatter d'être reconnaissants.
(LAROCHEFOUCAULD.)

Nous danserons, *nous* serons *tous* heureux.
(VOLTAIRE.)

Comme je vous écris *tout ceci*, madame la duchesse de Sulli m'apprend votre prochain voyage à Bruxelles.
(Id.)

FÉMININ.

Cependant je trouve Zoraïde plus aimable qu'aucune de *nous toutes*.
(BERN. DE SAINT-PIERRE.)

Pour être heureux avec les passions, il faut que *toutes celles* que l'on a s'acommodent les unes avec les autres.
(FONTENELLE.)

Des dettes! moi, heureusement, je me suis débarrassé de *toutes les miennes*.
(REGNARD.)

Toutes celles qui sont mortes de cette redoutable maladie, vivraient encore, si elles avaient été traitées comme moi.
(VOLTAIRE.)

L'adjectif *tout* est variable lorsqu'il est en relation avec les pronoms *nous, vous, eux, elles, le, la, les, ceci, cela, le nôtre, le vôtre, le leur, le mien, le tien, le sien*, et toutes les différentes variations de ces mots.

EXERCICE PHRASÉOLOGIQUE.

Nous tous.	Nous toutes.	Tous ceux.	Toutes celles.
Vous tous.	Vous toutes.	Tous ceux-ci.	Toutes celles-ci.
Eux tous.	Elles toutes.	Tout le mien.	Tous les miens.
Je les ai vus tous.	Je les ai vues toutes.	Toute la mienne.	Toutes les miennes.
Tout le nôtre.	Toutes les nôtres.	Tout le tien.	Tous les tiens.
Tout le vôtre.	Tous les vôtres.	Toute la tienne.	Toutes les tiennes.
Toute la vôtre.	Toutes les vôtres.	Tout le sien.	Tous les siens.
Toute la leur.	Toutes les leurs.	Toute la sienne.	Toutes les siennes.

N° CXCI.

Tout SIGNIFIANT *totalement.*

INVARIABLE.
Devant une préposition.

On peut n'être qu'un sot *tout en* ayant du cœur.
(LOMBARD DE LANGRES.)

... L'animal porte-sonnette,
Avec ses ongles *tout d'acier*,
Prend le nez du chasseur.
(LA FONTAINE.)

Thèbes qui croit vous perdre est déjà *tout en* larmes.
(RACINE.)

J'aperçois ces vastes plaines toujours calmes et tranquilles, mais *tout aussi* dangereuses.
(BUFFON.)

Et dans ce bourg une veuve fort sage,
Qui demeurait *tout à* l'extrémité...
(LA FONTAINE.)

Devant un adverbe.

La joie de faire du bien est *tout autrement* douce que la joie de le recevoir. (MASSILLON.)

Quoique la noblesse de l'âne soit moins illustre, elle est *tout aussi* bonne, *tout aussi* ancienne que celle du cheval. (BUFFON.)

Ces ouvrages étaient *tout ensemble* l'admiration des savants et la consolation de toutes les personnes de piété. (RACINE.)

Devant un substantif.

Le chien n'a nulle ambition, nul intérêt, nul désir de vengeance, nulle crainte que celle de déplaire; il est *tout zèle*, *tout ardeur* et *tout obéissance*. (BUFFON.)

Ces gens sont défiants, ils sont *tout yeux* et *tout oreilles*. (ACADÉMIE.)

Dans nos souhaits innocents, nous désirons être *tout vue*, pour jouir des riches couleurs de l'aurore; *tout odorat*, pour sentir les parfums de nos plantes; *tout ouïe*, pour entendre le chant de nos oiseaux; *tout cœur*, pour reconnaître ces merveilles.
(BERN. DE SAINT-PIERRE.)

Ce cœur se réveille, *tout poudre* qu'il est.
(BOSSUET.)

Le lion est *tout nerfs* et muscles.
(BUFFON.)

Devant un adjectif masculin commençant par une consonne.

Marot......
A des refrains réglés asservit les rondeaux,
Et montra pour rimer des chemins *tout nouveaux*.
(BOILEAU.)

VARIABLE PAR EUPHONIE.
Devant un adjectif féminin commençant par une consonne.

L'espérance, *toute trompeuse* qu'elle est, sert au moins à nous mener à la fin de la vie par un chemin agréable. (LAROCHEFOUCAULD.)

C'est en vain qu'à travers les bois, avec sa cavalerie *toute fraîche*, Beck précipite sa marche pour tomber sur nos soldats épuisés.
(BOSSUET.)

Les sauvages de l'Amérique brûlent leurs ennemis vivants, et dévorent leurs chairs *toutes sanglantes*.
(BERN. DE SAINT-PIERRE.)

Pour mes allées de vignes, de pommiers, de poiriers, de pêchers, de pruniers, de cerisiers, d'abricotiers, elles étaient *toutes fleuries*.
(Id.)

Les louanges *toutes pures* ne mettent pas un homme à son aise; il faut y mêler du solide.
(MOLIÈRE.)

Les plaisanteries ne sont bonnes que quand elles sont servies *toutes chaudes*. (VOLTAIRE.)

Quand la discorde, encor *toute noire* de crimes,
Sortant des cordeliers pour aller aux minimes.
(BOILEAU.)

Et je trouve à propos que *toute cachetée*,
Cette lettre lui soit promptement reportée.
(MOLIÈRE.)

Mes haies de chèvre-feuille, de framboisiers, de groseillers, de rosiers et de lilas, étaient *toutes verdoyantes* de feuilles et de boutons de fleurs.
(BERN. DE SAINT-PIERRE.)

Autour d'elle volaient les vengeances *toutes dégouttantes* de sang. (FÉNELON.)

J'en suis bien fâché, dit-il, car il y avait une génisse *toute blanche*, que je voulais offrir aux dieux.
(MONTESQUIEU.)

Sa face était de pleurs *toute baignée*.
(LA FONTAINE.)

La vanité est sortie *toute parée* de la tête des femmes, comme Minerve est sortie tout armée de la tête de Jupiter. (SAINT-LAMBERT.)

La Grèce, *toute polie* et *toute sage* qu'elle était avait reçu les cérémonies des dieux immortels et leurs mystères impurs. (BOSSUET.)

En temps de pluie et de dégel, les maisons, les pierres, les vitres, deviennent *tout humides*, parce qu'elles attirent les vapeurs. (BERN. DE ST.-PIERRE.)

J'ai vu une prairie voisine de mon habitation, sur les bords de la rivière d'Essonne, *toute criblée* de trous faits par une espèce de scarabée.
(Id.)

Sous ces murs *tout fumants* dussé-je être écrasée,
Je ne trahirai point l'innocence accusée.
(VOLTAIRE.)

Nos vaisseaux sont *tout prêts* et le vent nous appelle.
(RACINE.)

Dans les pays du nord, on trouve des loups *tout blancs* et *tout noirs*.
(BUFFON.)

Nous ne nous prisons pas, *tout petits* que nous sommes,
D'un grain moins que les éléphants.
(LA FONTAINE.)

Devant un adjectif masculin commençant par voyelle ou par h muet.

... Quand la paix viendra-t-elle
Nous rendre comme vous *tout entiers* aux beaux-arts?
(LA FONTAINE.)

Les hommes *tout ingrats* qu'ils sont s'intéressent toujours à une femme tendre, abandonnée par un ingrat.
(VOLTAIRE.)

Celle-ci fit un choix qu'on n'aurait jamais cru;
Se trouvant à la fin *tout aise* et *tout heureuse*
De rencontrer un malotru.
(LA FONTAINE.)

La valeur *tout héroïque* qu'elle est ne suffit pas pour faire des héros.
(MASSILLON.)

Mes bordures de fraisiers, de violettes, de thyms et de primevères, étaient *toutes diaprées* de vert, de blanc, de bleu et de cramoisi.
(BERNARDIN DE SAINT-PIERRE.)

Les pensées de l'homme juste sont toutes *nues*.
(CAMINADE.)

Elle sacrifia sa santé, *toute faible* et toute usée qu'elle était, à l'honneur d'être auprès d'une grande reine.
(FLÉCHIER.)

Devant un adjectif féminin commençant par h aspiré.

Cette jeune personne est *toute honteuse* de s'être exprimée comme elle l'a fait.
(ACADÉMIE.)

En vérité, je suis *toute honteuse*.
(VOLTAIRE.)

Au milieu d'une société d'hommes une petite fille ira *toute honteuse* se réfugier auprès du plus aimable.
(BERNARDIN DE ST-PIERRE.)

Les montagnes de Vénus sont plus élevées que celles de la lune; c'est-à-dire quelles ont plus de trois lieues de hauteur perpendiculaire; Vénus en paraît *toute hérissée*.
(*Id.*)

Lorsque *tout* a le sens de *totalement, tout-à-fait, entièrement*, il est invariable. Cependant on voit, par les exemples de la seconde colonne, que, devant un adjectif féminin commençant par une consonne ou un h aspiré, il prend le genre et le nombre de ce même adjectif. Mais cet accord est purement euphonique, et *tout* n'en reste pas moins ce qu'il est, le fragment de l'expression adverbiale : *De tout point*, ainsi que le prouvent de la manière la plus incontestable les citations suivantes, où cette même locution adverbiale est entièrement énoncée :

L'accès de jalousie que j'éprouvai ensuite n'était que la confusion d'un orgueil humilié *de tout point*.
(MADEM. DELAUNAY.)

On lui eust faict ung tour si très-moleste que *de tous poinctz* elle eust été frippée.
(RABELAIS.)

Quand *de tous poincts* armé seras.
(DEGUILLEVILLE, poète du 14e siècle.)

Il importe pourtant, et plus qu'on ne pense, que ceux qui doivent un jour commander aux autres se montrent dès leur jeunesse supérieurs à eux *de tout point*, ou du moins qu'ils y tâchent.
(J.-J. ROUSSEAU.)

De tout point est une façon de parler pour dire *totalement, entièrement*. C'est un homme accompli *de tout point*.
(ACADÉMIE.)

EXERCICE PHRASÉOLOGIQUE.

INVARIABLE.

Tout vaincus que nous sommes.
Ils sont tout mouillés.
Ils étaient tout tremblants.
Vous fûtes tout autres.
Ils sont tout entiers.
Tout sincères qu'ils paraissent.
Tout en ayant du cœur.
Ils sont tout en nage.

La tortue semble tout engourdie.
Tout instruites qu'on les croie.
Tout aimables qu'elles sont.
Tout agréables qu'on les trouve.
Elles étaient tout entières.
Une amitié tout intéressée.
Elles sont tout feu, tout flamme.
Ils sont tout oreilles.

Des hommes tout étonnés.
Des enfants tout pleins d'esprits.
Des vins bus tout purs.
Des soldats tout prêts.
Des habits tout usés.
Ils étaient tout puissants.
Vous êtes tout aussi grands.
Ils sont tout yeux.

Des femmes tout étonnés.
Tout infaillibles qu'elles sont.
Tout ingrats qu'on les dise.
Tout étonnantes qu'elles paraissent.
Des amantes tout émues.
Elles sont tout aises.
Elles sont tout aussi belles.
Des jeunes filles tout en riant et tout en folâtrant.

VARIABLE PAR EUPHONIE.

Une conduite toute nouvelle.
Une pensée toute sublime.
Une fidélité toute désintéressée.
Une âme toute neuve.

Des ouvrières toutes laborieuses.
Des amitiés toutes franches.
Des épouses toutes plaintives.
Des prières toutes ferventes.

Une voix toute franche.
Une province toute dévastée.
Une vieille fille toute seule.
Une personne toute honteuse.

Des lois toutes sages.
Des écolières toutes craintives.
Elles sont toutes seules.
Elles sont toutes hardies.

N° CXCII.

Tout INVARIABLE OU VARIABLE DEVANT *autre*.

INVARIABLE.

Pour vous, vous méritez *tout* une *autre* fortune.
(La Fontaine.)

Bien vous prend que mon frère ait *tout* une *autre* humeur.
(Molière.)

Bien que sa vertu jetât un fort grand éclat au dehors, c'était *tout autre* chose au dedans.
(Boileau).

Je me suppose riche, il me faut donc des plaisirs exclusifs, des plaisirs destructifs; voici de *tout autres affaires*, il me faut des terres, des bois, des gardes, des honneurs seigneuriaux, surtout de l'encens et de l'eau bénite.
(J.-J. Rousseau.)

Il produit en nous une certaine admiration mêlée d'étonnement et de surprise, qui est *tout autre* chose que de plaire seulement.
(*Id.*)

Je m'imaginais qu'un honnête homme devait songer à *tout autre* chose qu'à ce qui s'appelle philosophie !
(Racine.)

Sans mentir, ils ont *tout* une *autre* manière d'écrire que les faiseurs de romans; ils ont *tout* une *autre* adresse pour embellir la vérité.
(*Id.*)

Vous ne sauriez croire combien cette maison de Marly est agréable. La cour y est, ce me semble, *tout autre* qu'à Versailles.
(*Id.*)

Vous méritez sans doute une *tout autre* destinée.
(Molière.)

VARIABLE.

Cette liberté a ses bornes, comme *toute autre* espèce de liberté.
(Voltaire.)

Toute autre aurait pour moi pris les mêmes ombrages.
(Racine.)

Quand je n'aurais que cet avantage dans ma méthode, par cela seul il faudrait la préférer à *toute autre*.
(J.-J. Rousseau.)

L'intolérance ecclésiastique consiste à regarder comme fausse, *toute autre religion* que celle que l'on professe.
(Le Chev. de Jaucourt.)

Un homme qui a vécu dans l'intrigue un certain temps, ne peut plus s'en passer; *toute autre* vie pour lui est languissante.
(La Bruyère.)

Ah! seigneur, songez-vous que *toute autre* alliance
Ferait honte aux Césars...
(Racine.)

De *toute autre* victime il refuse l'offrande.
(*Id.*)

Toute autre voix que la voix unanime des pasteurs doit leur être suspecte.
(Massillon.)

Toute autre place qu'un trône eût été indigne d'elle.
(Bossuet.)

Cléopâtre aima mieux mourir avec le titre de reine, que de vivre dans *toute autre* dignité.
(Boileau.)

Lorsque *tout* est suivi de l'adjectif *autre*, il n'est pas toujours facile de se rendre compte de sa vraie signification. Nous avons mis en regard les deux genres d'acception.

Dans la première colonne, *tout* se traduit par *tout-à-fait*, *entièrement*; il modifie l'adjectif *autre*, et doit par conséquent demeurer invariable : *Vous méritez* TOUT *une autre fortune*, c'est-à-dire *vous méritez une fortune* AUTRE (DE) TOUT (POINT *que celle dans laquelle vous êtes*); *une fortune entièrement*, ou *tout-à-fait* autre.

Il n'en est pas ainsi dans les exemples de la seconde colonne; *toute autre espèce de liberté*, c'est-à-dire TOUTE ESPÈCE *de liberté* AUTRE *que celle en question* (1). Ici *toute* est adjectif et modifie le substantif *espèce*. Quelquefois le substantif modifié par *toute* est sous-entendu, comme dans le deuxième et le troisième exemple : *Toute autre aurait pour moi pris les mêmes ombrages; il faudrait la préférer à toute autre*; c'est comme s'il y avait : TOUTE (FEMME) AUTRE *que moi*, etc. *Il faudrait la préférer à* TOUTE (MÉTHODE) AUTRE (*que la mienne*).

Plus on se livre à l'étude de notre langue, plus on rencontre de ces nuances délicates

---

(1) Cette analyse est suffisamment justifiée par l'exemple suivant de Laveaux : *Dans la vertu est le souverain bien*, TOUTE *richesse* AUTRE *que celle-là est illusoire*.

qui en font le charme et la beauté. Il n'appartient qu'à celui qui sait se familiariser avec les principes de la science grammaticale, et s'habituer à en faire une juste application, de les pouvoir saisir et de savoir les apprécier.

EXERCICE PHRASÉOLOGIQUE.

Il est tout autre.
Elle est tout autre.
Ils sont tout autres.
Elles sont tout autres.

Une tout autre idée.
Tout une autre idée.
Tout autre chose.
D'une tout autre façon.

Toute autre méthode.
Toute autre grammaire.
Toute autre place.
Toute autre personne.

N° CXCIII.

Tout PRIS ADVERBIALEMENT ET tout ADDJECTIF COMPARÉS.

Tout INVARIABLE.

Des avirons encor *tout* couverts de feuillage.
(DELILLE.)

La première partie de ses jours s'était passée *tout* en expériences, la seconde *tout* en réflexions.
(CHATEAUBRIAND.)

A qui devons-nous l'usage du sucre, du chocolat, de tant de subsistances agréables et de tant de remèdes salutaires? à des Indiens *tout* nus.
(BERN. DE SAINT-PIERRE.)

Mais que veut ce soldat? son âme est *toute* émue.
(L. RACINE.)

La paresse *tout* engourdie qu'elle est, fait plus de ravages chez nous que toutes les autres passions ensemble.
(LAROCHEFOUCAULD.)

Tant que les masques s'égaient ils se trouvent charmants; lorsqu'ils se découvrent ils sont *tout* honteux de se reconnaître. (MÉRY.)

Il a commencé son règne par une conduite *tout* opposée à celle de Pygmalion.
(FÉNELON.)

Là, bornant son discours, encor *tout* écumante,
Elle souffle aux guerriers l'esprit qui la tourmente.
(BOILEAU.)
.... La déesse guerrière
De son pied trace en l'air un sillon de lumière,
Rend aux trois champions leur intrépidité,
Et les laisse *tout* pleins de sa divinité.
(BOILEAU.)

Et *tout* fiers des lauriers dont il les a chargés,
(Ils) vaincront à son exemple ou périront vengés.
(RACINE.)

C'est là ce qui fait peur aux esprits de ce temps,
Qui *tout* blancs au-dehors, sont *tout* noirs au-dedans.
(BOILEAU.)

Tout VARIABLE.

Je vais trouver cet homme, qui me reçoit dans une maison, où, dès l'escalier, je tombe en faiblesse d'une odeur de maroquin noir, dont ses livres sont *tous* couverts. (LA BRUYÈRE.)

Leur théologie est *toute* en sentiment, comme celle de la nature, et leur morale *toute* en action, comme celle de l'Evangile.
(BERN. DE SAINT-PIERRE.)

La liberté de l'Inde est *toute* entre vos mains.
(RACINE.)

Notre troupe s'élevait à deux cents hommes *tous* montés. (ALBERT-MONTÉMONT.)

Les premiers Romains étaient *tous* laboureurs, et les laboureurs étaient *tous* soldats.
(VERTOT.)

Eh bien! puisque mon sort ne saurait l'émouvoir,
Laisse-moi désormais *toute* à mon désespoir.
(MOLIÈRE.)

Les planètes forment *toutes* autour de toi un chœur de danse, comme des filles autour d'un père.
(BERN. DE SAINT-PIERRE.)

Ne parlons plus de torts, ils sont *tous* effacés.
(COLIN-D'HARLEVILLE.)

Sa physionomie? — *Toute* honnête et pleine d'esprit. (MOLIÈRE.)

Ne me parlez plus de mes lettres, ma fille, je viens d'en recevoir une de vous qui enlève, *toute* aimable, *toute* brillante, *toute* pleine de pensées, *toute* pleine de tendresse.
(Mme DE SÉVIGNÉ.)

Il voit de saints guerriers une ardente cohorte,
Qui, *tous* remplis pour lui d'une égale vigueur,
Sont prêts, pour le servir, à déserter le chœur.
(BOILEAU.)

Les principes de tous les arts qui dépendent de l'imagination, sont *tous* également simples, *tous* puisés dans la nature et dans la raison.
(VOLTAIRE.)

Oh! que les voilà bien *tous* formés l'un pour l'autre!
(Id.)

Je vous trouve aujourd'hui l'âme *tout* inquiète.
(ID.)

Ma famille vengée et les Grecs dans la joie,
Nos vaisseaux *tout* chargés des dépouilles de Troie.
(RACINE.)

Il se soumet lui-même aux caprices d'autrui,
Et ses écrits *tout* seuls doivent parler pour lui.
(BOILEAU.)

Eucharis, rougissant et baissant les yeux, demeurait derrière *tout* interdite, sans oser se montrer.
(FÉNELON.)

Ces lois qu'il a protégées l'ont rétabli presque *toutes* seules.
(BOSSUET.)

Vous verrez nos statuts quand ils seront *tous* faits.
Ils ne peuvent manquer d'être *tous* bons et sages.
(MOLIÈRE.)

On y voit les portraits vivants de ces illustres personnages, Grecs, Romains, Italiens, Anglais, *tous* habillés, si j'ose le dire, à la manière de leur pays.
(DELILLE.)

Les habitants des presqu'îles de l'Inde sont presque *tous* noirs.
(BERNARDIN DE ST-PIERRE.)

On peut dire, selon les vues de l'esprit : *Nos oiseaux sont encore* TOUS *en vie; nous sommes* TOUS *à vous*, ou bien *nos oiseaux sont encore* TOUT *en vie; nous sommes* TOUT *à vous*.

En disant : *Nos oiseaux sont encore* TOUS *en vie, nous sommes* TOUS *à vous*, on fait entendre qu'il n'en est mort aucun; que tous, sans exception, nous sommes à vous; il n'en est pas de même lorsqu'on dit : *Ils sont encore* TOUT *en vie, nous sommes* TOUT *à vous*, cela signifie qu'ils sont encore bien dispos, bien portants, qu'ils promettent de vivre; et que nous vous sommes entièrement dévoués. On voit assez que le mot *tout*, dans les deux positions, n'a pas la même signification. Dans le premier cas, *tout* exprimant la généralité, la totalité, a dû varier; dans le second, au contraire, *tout* marquant le degré d'intensité et équivalant à *tout-à-fait, entièrement*, a dû rester invariable. Aussi madame de Sévigné écrivait-elle avec raison à sa fille : *Je suis* TOUTE *à vous*, et à de simples connaissances : *Je suis* TOUT *à vous*. Le cœur se peint tout entier dans la première de ces expressions.

Quand le mot *toutes* précède un adjectif féminin qui commence par une consonne ou par un *h* aspiré, le sens est ordinairement équivoque. *Elles furent* TOUTES *surprises, elles furent* TOUTES *honteuses*; on ne sait si cela signifie que *toutes* sans exception furent surprises, furent honteuses; ou bien si elles furent grandement surprises, grandement honteuses. C'est une amphibologie contre laquelle réclame le génie de notre langue, dont la clarté est le caractère le mieux marqué.

EXERCICE PHRASÉOLOGIQUE.

Ils sont tout étonnés.
Elles sont tout étonnées.
Ils sont tout interdits.
Elles sont tout interdites.
Ils sont tout surpris.
Tout estimables qu'elles sont.

Ils sont tous étonnés.
Elles sont toutes étonnées.
Ils sont tous interdits.
Elles sont toutes interdites.
Ils sont tous surpris.
Elles sont toutes estimables.

Ils étaient tout mouillés.
Elles étaient tout habillées.
Tout aimables qu'on les dise.
Elles ont paru tout humbles.
Ils sont tout habillés.
Ils avaient l'air tout humbles.

Ils étaient tous mouillés.
Elles étaient toutes habillées.
Elles sont toutes aimables.
Ils sont tous humbles.
Ils sont tous habillés.
Elles sont toutes humbles.

N° CXCIV.

Tout DANS LE SENS DE *chaque*.

AVEC LE SINGULIER.

J'ai, Marianne, en vous
De *tout temps* reconnu un esprit assez doux,
Et de *tout temps* aussi vous m'avez été chère.
(MOLIÈRE.)

AVEC LE PLURIEL.

L'envie et l'intérêt, inflexibles tyrans,
Chez nous ont été, de *tous temps*,
Les ministres de la discorde.
(LEBRUN.)

Et tel, dont en *tout lieu* chacun vante l'esprit,
Voudrait pour son repos n'avoir jamais écrit.
(Boileau.)

Chacun conte l'innocence de ses mœurs, la pureté de ses intentions, son humilité éloignée de *toute sorte* d'affectation.
(Mme de Sévigné.)

La sotte gloire est de *tout pays*.
(La même.)

Des arbres pliant sous le poids de leur impénétrable feuillage, reposaient de *toute part* la vue de l'éclat des rayons du soleil.
(Albert Montémont.)

Trompés par la prévoyance même, les hommes se livrent à l'intrigue, aux affaires, au travail et aux privations de *tout genre*.
(De Boufflers.)

En *toute chose* il faut considérer la fin.
(La Fontaine.)

S'il faut qu'à *tout moment*, je tremble pour vos jours;
Si vous ne me jurez d'en respecter le cours,
Madame, à d'autres pleurs vous devez vous attendre.
(Racine.)

Se vantant soi-même à *tout propos*.
(Boileau.)

La volonté de Dieu soit faite en *toute chose*.
(Molière.)

Vous portez, en *tous lieux*, l'auguste nom de reine.
On respecte toujours le mérite abattu.
(Regnard.)

Elles m'aimèrent avec la véhémence que la solitude et l'oisiveté donnent à *toutes sortes* de sentiments.
(Mme de Stael.)

En *tous pays* tous les bons cœurs sont frères.
(Florian.)

Ils se forment aussitôt et attaquent les Grecs de *toutes parts*. Léonidas tombe sous une grêle de traits.
(Barthélemy.)

Les agresseurs en *tous genres* ont tort devant Dieu et devant les hommes.
(Voltaire.)

Ceux que nous appelons anciens étaient véritablement nouveaux en *toutes choses*.
(Pascal.)

Il faisait des soupirs, de grands élancements,
Et baisait humblement la terre à *tous moments*:
Et lorsque je sortais, il me devançait vite,
Pour aller à la porte, m'offrir de l'eau bénite.
(Molière.)

Enfin, il en est fou, c'est son tout, son héros;
Il l'admire à *tous coups*, le cite à *tous propos*.
(Molière.)

Chez lui sirops exquis, ratafias vantés,
Confitures surtout volent de *tous côtés*.
(Boileau.)

Ces citations nous font voir qu'on peut dire : *A tout moment* et *à tous moments*, *en tout lieu* et *en tous lieux*, etc. Les grammairiens blâment, en pareille circonstance, l'emploi du pluriel. Mais l'usage est contre eux, et, quelque bizarre qu'il leur paraisse, il faut bien qu'ils s'y soumettent. Nous allons essayer de l'expliquer, et peut-être le trouvera-t-on un peu moins condamnable.

En tout lieu est la même chose que *dans chaque lieu*; *en tous lieux* signifie *dans tous les lieux*. *Tout*, dans le premier cas, marque la distribution comme *chaque*; il prend alors le genre du nom qui le suit et doit être nécessairement au singulier. Dans le second cas, *tous* exprime la généralité, la totalité des lieux. Ainsi employé il revêt le genre du substantif qu'il précède, et devant lequel l'article pluriel *les* est sous-entendu (1). Cette distinction nous paraît justifier pleinement l'usage suivi à cet égard par nos plus grands écrivains.

EXERCICE PHRASÉOLOGIQUE.

En tout genre.	De tous genres.	En toute chose.	En toutes choses.
En tout lieu.	En tous lieux.	En toute occasion.	En toutes occasions.
A tout moment.	A tous moments.	A tout propos.	A tous propos.
De toute part.	De toutes parts.	En tout pays.	En tous pays.
En tout point.	De tous points.	Tout flatteur.	Tous flatteurs.
A tout coup.	A tous coups.	A tout événement.	A tous événements (2)

(1) Voici un exemple sur mille qui le prouve :
Dans *tous les temps* le ventre a tout gâté. (Gosse.)

(2) A *tous événements* le sage est préparé. (Molière.)

N° CXCV.

Tout SE RAPPORTANT A UN NOM PRÉCÉDEMMENT EXPRIMÉ.

EXEMPLES.	ANALYSE.
Il en est des hommes comme des plus vils animaux ; *tous* peuvent nuire. (VOLTAIRE.)	Il en est des hommes comme des plus vils animaux, *tous* (les *hommes*) peuvent nuire.
L'ambition est la sœur aînée de toutes les passions, et *toutes* tiennent d'elle. (LAROCHEFOUCAULD.)	L'ambition est la sœur aînée de toutes les passions, et *toutes* (les *passions*) tiennent d'elle.
Le salut de *tous* est dans l'harmonie sociale et dans l'anéantissement de l'esprit de parti. (MIRABEAU.)	Le salut de *tous* (les *peuples*) est dans l'harmonie sociale, etc.
Tout culte a, dit-on, ses dévots ; mais *tous* n'ont pas même pratique.	Tout culte a, dit-on, ses dévots ; mais *tous* (les *cultes*) n'ont pas même pratique.

Lorsque *tout* se rapporte à un nom déjà exprimé, on voit qu'il peut s'employer avec ellipse de ce même nom ; mais il en prend le genre et le nombre.

EXERCICE PHRASÉOLOGIQUE.

La paresse est innée dans tous les hommes, et cependant tous la blâment.
Tous les cœurs ont quelques défauts, et tous ne sont pas vertueux.

Toutes les filles aiment la toilette, mais toutes n'aiment pas la propreté.
Les sciences ne conduisent pas toutes à la fortune, mais toutes sont estimées.

N° CXCVI.

Tout PRIS SUBSTANTIVEMENT.

Il y a de beaux endroits dans cette pièce, mais *le tout* ensemble n'en vaut rien.
(ACADÉMIE.)

Le tout est plus grand que la partie.
(LA MÊME.)

On peut diviser *un tout* en plusieurs parties.
(LA MÊME.)

Que d'un art délicat les pièces assorties,
N'y forment qu'*un* seul *tout* de diverses parties.
(BOILEAU.)

Les mots sont *des touts* syllabiques.
(DARJOU.)

Elle bâtit un nid, pond, couve, fait éclore
A la hâte. *Le tout* alla du mieux qu'il put.
(LA FONTAINE.)

Enfin chacun prit son inclination.
Le tout à l'estimation. (*Id.*)

Les évêques n'ont tous qu'un même troupeau, dont chacun conduit une partie inséparable *du tout*.
(BOSSUET.)

On dit de deux choses que l'on veut comparer ensemble, et qui sont pourtant extrêmement différentes, *il y a la différence du tout au tout*
(ACADÉMIE.)

Le mot *tout* peut être précédé des adjectifs déterminatifs *le*, *un*, ou autres semblables. Alors il est pris substantivement. Le dernier exemple de la première colonne nous fait voir qu'il peut aussi, dans le même sens, s'employer au pluriel. Dans ce cas, il conserve toujours le *t* : *Des touts*.

EXERCICE PHRASÉOLOGIQUE.

Former un tout agréable.
Le tout n'en vaut rien.

Diviser un tout.
Le tout ensemble.

Un tout syllabique.
Des touts syllabiques.

(281)

N° CXCVII.

Tout DEVANT PLUSIEURS SUBSTANTIFS OU ADJECTIFS.

Tout RÉPÉTÉ.

Les oiseaux ont réuni autour de leurs petits *toute* l'intelligence et *toute* la bienveillance dont ils étaient capables.
(BERNARDIN DE ST.-PIERRE.)

En vain les nations éclairées se vantent d'avoir réuni chez elles *tous* les arts et *toutes* les sciences.
(*Id.*)

Les premiers chrétiens, *tous égaux* et *tous obscurs*, liés ensemble par la crainte commune des magistrats, gouvernaient secrètement leur société pauvre et sainte à la pluralité des voix.
(VOLTAIRE.)

La terre présente au soleil *toutes* les mamelles et *tous* les enfants de notre hémisphère.
(BERN. DE SAINT-PIERRE.)

Il était au-dessus de tous ces vains objets qui forment *tous* les désirs et *toutes* les espérances des hommes.
(MASSILLON.)

Jésus-Christ est venu de tous les peuples ne faire qu'un peuple, de *tous* les états et de *toutes* les conditions, ne former qu'un corps.
(*Id.*)

Les geais imitent *tous* les sons, *tous* les bruits, *tous* les cris d'animaux qu'ils entendent habituellement, et même la parole humaine.
(BUFFON.)

J'ose défier *tous les moralistes* et *tous les législateurs*, et je leur demande à tous s'ils ont dit rien de plus beau et de plus utile que l'exorde des lois de Zaleucus.
(VOLTAIRE.)

L'amour anime en ces retraites
Tous les regards et *tous les cœurs*.
(*Id.*)

Tout ELLIPSÉ.

L'athéisme est une opinion dénaturée et monstrueuse, difficile à établir dans l'esprit humain, *tout* insolent et *déréglé* qu'il puisse être.
(VOLTAIRE.)

Mais l'idée de voir des têtes humaines, *toutes* noires et *hideuses* qu'elles fussent, rouler à nos pieds, n'était pas de notre goût.
(ALBERT MONTÉMONT.)

Presque *tous* les petits états, *républiques* et *monarchies* indifféremment, prospèrent par cela seul qu'ils sont petits.
(J.-J. ROUSSEAU.)

La loi est la reine de *tous les mortels et immortels*.
(PENSÉES DE PLUTARQUE.)

M. de ... me proposait de rédiger des mémoires et remontrances, offrant de me fournir *tous les documents* et *matériaux* dont j'aurais besoin.
(J.-J. ROUSSEAU.)

Il ne fallait pas une fois dire que j'avais abandonné *tous mes droits et prétentions*.
(J.-J. ROUSSEAU.)

Considérez l'homme assis, couché, debout, dans un fond, sur une hauteur, vous découvrirez dans *toutes* ses attitudes et *ses positions* de nouvelles beautés.
(BERN. DE SAINT-PIERRE.)

Toutes nos erreurs et nos divisions dans la morale viennent quelquefois de ce que nous considérons les hommes comme s'ils pouvaient être tout-à-fait vicieux ou tout-à-fait bons.
(VAUVENARGUES.)

Toutes les religions ont emprunté *tous leurs dogmes et leurs rites* les uns des autres.
(VOLTAIRE.)

Il est indispensable de répéter l'adjectif *tout*, nous dit Girault-Duvivier, non-seulement lorsque les substantifs sont de différent genre, mais encore quand ils ont un rapport de synonymie. Les exemples de la seconde colonne prouvent qu'il est des circonstances où les auteurs ont cru pouvoir se dispenser de cette répétition, pour donner plus de rapidité au discours. Cette ellipse de *tout* n'est donc pas une faute, ni même une négligence. Toutefois, nous ne saurions établir une règle précise à ce sujet. Le choix de l'une ou de l'autre de ces constructions est entièrement laissé au goût de l'écrivain.

EXERCICE PHRASÉOLOGIQUE.

Tous les vices et toutes les vertus.	Tous les soldats et tous les officiers.	Tous les soldats et les officiers.
Tous les hommes et toutes les femmes.	Tout le ciel et toute la terre.	Tout le ciel et la terre.
Tous les élèves et tous les maîtres.	Tous les rois et tous les peuples.	Tous les rois et les peuples.
Tous les princes et toutes les princesses.	Toute la simplicité et toute la modestie,	Toute la simplicité et la modestie,
Toute la bonne volonté et toute la complaisance.	Toute la bonté et toute la douceur.	Toute la bonté et la douceur.

N° CXCVIII.

Tout DEVANT UN NOM DE VILLE.

Tout Rome le sait, où l'a vu.
(Le cardinal D'OSSAT.)

Tout Florence en fut abreuvé. (*Id.*)
Tout Smyrne ne parlait que d'elle.
(LA BRUYÈRE.)

Tout Rome est consterné.
(VERTOT.)

Toute l'*Europe* sait que la mer a englouti la moitié de la Frise. (VOLTAIRE.)

Tout le peuple de Rome se portait à cette guerre avec la même ardeur. (ROLLIN.)

Tout Lisbonne vit partir avec indignation et avec larmes ces aventuriers (Vasco de Gama et ses compagnons) et les pleura comme morts.
(VOLTAIRE.)

Toute l'*Italie* avait les yeux tournés sur les Romains et les Volsques.
(VERTOT.)

Ce choix divisa bientôt *tout* Madrid.
(VOLTAIRE.)

On dit avec la construction pleine : *Tout le peuple de Rome*, et avec la construction elliptique : *Tout Rome*. *Tout*, dans ce dernier cas, se rapportant au mot *peuple* ellipsé, doit se mettre au masculin, bien qu'il soit suivi du mot *Rome*, féminin.

Il n'en serait pas de même si *tout* était joint à un nom de ville précédé de l'article; il faudrait employer le féminin. Ainsi l'on dirait : *Toute la France, toute la Russie, toute la Prusse*, etc.

EXERCICE PHRASÉOLOGIQUE.

Tout Avignon est désolé.
Tout Marseille eut la peste.
Tout Rome fut persécuté.
Tout Avignon fut rebâti.
Tout Rome fut brûlé.
Tout Florence fut saccagé.

Tout Naples.
Tout Bordeaux.
Tout Orléans.
Tout Venise.
Tout Constantinople.
Tout Jérusalem.

Toute la sainte Avignon.
Toute la belle Marseille.
Toute la superbe Rome.
Toute la savante Athènes.
Toute la florissante Venise.
Toute la belliqueuse Sparte.

N° CXCIX.

Tous deux ET *tous les deux*; *tous trois* ET *tous les trois*, ETC.

TOUS DEUX.

César, si ambitieux, si débauché, et Caton, si vertueux, étaient *tous deux* d'une faible santé.
(BERN. DE SAINT-PIERRE.)

Julien et Marc-Aurèle furent *tous deux* philosophes; mais leur philosophie ne fut pas la même.
(THOMAS.)

Il faut avouer que François est comparable à Alexandre, en ce qu'ils allèrent *tous deux* aux Indes. (VOLTAIRE.)

Tous deux (Dufresny et Destouches) brillèrent à peu près dans le même temps sur la scène.
(D'ALEMBERT.)

Bacchus et Noé passent *tous deux* pour avoir cultivé la vigne. (VOLTAIRE.)

TOUS LES DEUX.

Les deux peuples s'unissent et se corrompent *tous les deux*. (MONTESQUIEU.)

Le mélange du goût acquis et du goût naturel est la perfection de *tous les deux*.
(KÉRATRY.)

Les Samnites ne se déclarèrent pour un parti que pour les perdre *tous les deux* plus facilement.
(VERTOT.)

Pendant qu'un philosophe assure
Que toujours par leurs sens les hommes sont dupés,
Un autre philosophe jure
Qu'ils ne nous ont jamais trompés.
Tous les deux ont raison....
(LA FONTAINE.)

Tous deux (Sully et Colbert) trouvèrent le peuple accablé d'impôts ; *tous deux* commencèrent à liquider les dettes de l'Etat ; *tous deux* diminuèrent les frais énormes de la perception ; *tous deux* travaillèrent à faciliter les communications.
(Thomas.)

Ils n'ont fait *tous deux* (Archiloque et Démosthène), que tirer et ramasser, pour ainsi dire, de grandes circonstances. (Boileau.)

Tous trois (Galba, Vitellius, Othon) périrent dans les guerres civiles. (*Id.*)

Moïse, Lycurgue et Numa, *tous trois* ont eu des succès qu'on jugerait impossibles s'ils étaient moins attestés. (J.-J. Rousseau.)

Mes deux livres viennent d'exciter la plus grande fermentation dans Genève. On dit que la voix publique est pour moi ; cependant ils y sont défendus *tous les deux*. (J.-J. Rousseau.)

Nous avions *tous les deux* un peu de tristesse au fond du cœur : Nous tenions cela de Dieu ou de notre mère. (Chateaubriand.)

La conduite réciproque de *tous les trois* peut servir d'exemple de la manière dont les honnêtes gens se séparent quand il ne leur convient plus de se voir. (J.-J. Rousseau.)

Y a-t-il une différence de signification entre *tous deux* et *tous les deux*, *tous trois* et *tous les trois*, etc.?

Voici comment Sicard s'explique à ce sujet : « *Tous deux* signifie que deux personnes (et pourquoi pas aussi deux choses?) font ensemble et à la fois la même action. *Tous les deux* signifie que deux personnes font la même action, sans marquer précisément qu'elles la fassent *ensemble et dans le même temps*, ou *dans le même lieu*. »

De là une distinction entre : *Pierre et Paul iront tous deux à la chasse*, et *Pierre et Paul iront tous les deux à la chasse*. Voyez Letellier, Chapsal et presque toutes les grammaires.

« Mais, dit M. Dessiaux, je le demande aux défenseurs, aux copistes de cette observation de Sicard, sur quelle raison plausible, spécieuse même, repose cette distinction ? Quelle est la cause de cet effet? Qu'ils parlent, la main sur la conscience ; ils ne peuvent invoquer le raisonnement en faveur de leur doctrine, et je les entends seulement murmurer l'*usage*. L'usage! messieurs, vous vous abusez étrangement. Non, l'usage et la raison réprouvent d'un commun accord la distinction que Sicard a établie, et que les grammairiens parasites ont répétée avec complaisance.

» Ouvrons nos auteurs les plus corrects ; consultons-les, et nous nous convaincrons que leur autorité n'a point servi à établir la distinction que Sicard a cru apercevoir entre les deux locutions qui nous occupent. En effet, les exemples que nous avons cités nous prouvent que les grands écrivains ont employé la première dans le sens de la seconde, et *vice versâ*.

» Sans doute *tous deux* peut, dans bien des cas, exprimer une idée de simultanéité, soit de temps, soit d'action ; mais il ne l'exprime pas nécessairement ; les circonstances suppléent souvent aux termes supprimés ; et quand il pourrait y avoir quelque chose de douteux ou d'obscur, les écrivains ajoutent les compléments nécessaires, ainsi qu'on le voit par les exemples ci-après :

Je les ai vus *tous deux ensemble*.
(Académie.)

Tous deux (Biron et Keyserling) avaient commencé *ensemble* leur fortune.
(Rulhières.)

C'était un homme furieux, par zèle ou par esprit de parti, ou par *tous les deux ensemble*.
(Voltaire.)

Je vous les enverrai *tous les deux en même temps*.
(Corneille.)

Beaucoup d'honnêtes gens souhaitaient de les voir *toutes trois ensemble*. (Boileau.)

Cette clémence dont on fait une vertu se pratique tantôt par vanité, quelquefois par paresse, souvent par crainte, et presque toujours par *tous les trois ensemble*. (La Rochefoucauld.)

» Si nous ne sommes pas infatués de l'opinion de Sicard, nous conclurons que *tous* deux et *tous les deux* n'offrent aucune différence de sens, d'après l'usage et la raison, seuls guides en matière de langage. Aussi Lemare et Laveaux ne parlent-ils point de cette distinction. Mais ce dernier grammairien proscrit à tort *tous deux*, *tous trois*, c'est-à-dire qu'il exige l'article avant l'adjectif numéral. L'usage des bons écrivains est la loi suprême, quand la raison n'y est point défavorable. Maintenant, voyons ce que pense Féraud, assez amateur d'inutiles subtilités : «*Tous deux*, pense-t-il, vaut mieux dans le style familier, et *tous les deux*, dans le discours soutenu.» Nos exemples réfutent cette opinion.

» Il résulte de nos lectures et de nos observations personnelles que les écrivains emploient rarement l'article avec les nombres inférieurs, *tous deux*, *tous trois*, *tous quatre*, mis en sujet; que l'article accompagne plus fréquemment ces nombres, quand ils sont en régime. On peut, je crois, supprimer l'article quand le nombre n'atteint pas la dizaine; au-dessus de dix, l'article est nécessaire, il fixe mieux l'attention. Au reste, dans le doute, on peut s'en servir dans tous les cas.

» En recueillant des exemples pour cette question, nous avons trouvé celui-ci, de La Rochefoucauld (*Max.* XVI) :

» *Cette clémence dont on fait une vertu, se pratique tantôt par vanité, quelquefois par paresse, souvent par crainte, et presque toujours par* TOUS LES TROIS ENSEMBLE.

» *Tous* est masculin, et cependant il se rapporte à trois substantifs féminins, *vanité, paresse, crainte*. Il me semble que cette phrase peut se justifier. Ces trois substantifs sont pris dans un sens vague; l'esprit ne les embrasse pas dans leur entière signification; il effleure à peine les idées qu'ils expriment respectivement, si je puis m'exprimer ainsi. Si l'auteur eût mis *toutes les trois*, le vague des premiers membres de la phrase eût contrasté désagréablement avec ces expressions si complètement déterminatives; cette nécessité de rester dans le sens indéterminé a forcé l'écrivain à s'exprimer comme il l'a fait. Il eût mieux valu prendre un autre tour.»

EXERCICE PHRASÉOLOGIQUE.

Tous deux.   Tous les deux.   Tous trois.   Toutes les trois.
Tous quatre   Tous les quatre.   Toutes deux.   Toutes les deux.

N° CC.

PLUSIEURS.

Plusieurs habitants ont fait à l'Ile-de-France des essais inutiles pour y faire croître la lavande, la marguerite des prés, la violette et d'autres herbes de nos climats tempérés.

(BERN. DE SAINT-PIERRE.)

Les synonymes sont *plusieurs* discours ou *plusieurs* phrases différentes qui signifient une même chose.

(LA BRUYÈRE.)

Un jeune poète, membre de *plusieurs lycées et académies*, vint me voir.

(BERNARDIN DE ST-PIERRE.)

Il faut bien qu'il y ait *plusieurs raisons* d'ennui, quand tout le monde est d'accord pour bâiller.

(FLORIAN.)

Plusieurs, comme adjectif, précède toujours le nom qu'il détermine.

Il se dit des personnes et des choses, et est des deux genres. Il ne s'emploie qu'au pluriel, et peut ou non se répéter devant chaque substantif quand il y en a plusieurs d'énoncés.

EXERCICE PHRASÉOLOGIQUE.

Plusieurs amis.   Plusieurs fleurs.   Plusieurs princes.   Plusieurs victoires.

N° CCI.

CHAQUE.

GENRE ET EMPLOI.

Chaque pays, chaque degré de température a ses plantes particulières.   (BUFFON.)
Chaque climat a ses oiseaux bienfaiteurs.   (AIMÉ-MARTIN.)
Chaque homme, en particulier, s'instruit par ses disgrâces.   (DUCLOS.)
Chaque soir, le sommeil vient nous ôter notre fardeau pour nous faire voltiger dans le pays des songes ; *chaque matin,* l'impitoyable nécessité nous le recharge sur les épaules.   (BOISTE.)
Chaque nouveau guerrier sur l'angora s'élance, Et réveille le chat qui dort.   (FLORIAN.)

L'agile papillon, de son aile brillante Courtise *chaque fleur,* caresse *chaque plante.*   (MICHAUD.)
La nature, féconde en bizarres portraits, Dans *chaque âme* est marquée à de différents traits.   (BOILEAU.)
Les inventeurs, en *chaque science,* sont les plus dignes de louange, parce qu'ils en ouvrent la carrière aux autres hommes.   (BERN. DE SAINT-PIERRE.)
Si l'on considère encore *chaque espèce,* dans différents climats, on y trouvera des variétés sensibles.   (BUFFON.)

Comme tous les adjectifs terminés par un *e* muet, *chaque* est des deux genres et peut par conséquent précéder des noms masculins ou féminins. Il n'a point de pluriel. On comprend en effet que, par le singulier, la distribution est plus complète. On l'emploie dans tous les rapports ; mais il doit se répéter devant chaque substantif : CHAQUE *coup,* CHAQUE *trait blesse un séditieux.*   (VOLTAIRE.)

Girault-Duvivier et presque tous les grammairiens avec lui se trompent en avançant que *chaque* précède toujours le substantif et qu'il n'en peut être séparé par aucun adjectif. Ne dit-on pas : *chaque* NOUVEL *avis, chaque* NOUVEAU *printemps, à chaque* NOUVELLE *femme ?*

On peut aussi ne pas le répéter devant chaque substantif : *Chaque gentilhomme ou chanoine aura pour sa part mille arpents, à charge de dormir ; et s'il ronfle, le double.*   (P.-LOUIS C   IER.)

EXERCICE PHRASÉOLOGIQUE.

Chaque hiver.   Chaque science.   Chaque femme.   Chaque mode.
Chaque printemps.   Chaque saison.   Chaque rose.   De chaque pays.
Chaque soldat.   A chaque instant.   Chaque fleur.   Chaque village.
Chaque paysan.   De chaque sorte.   Chaque loi.   A chaque élève.

N° CCII.

Chaque ET *chacun* COMPARÉS.

CHAQUE.

... *Chaque* homme a son génie,
Pour l'éclairer et pour guider ses pas
Dans les sentiers de cette triste vie.
(VOLTAIRE.)

Chaque condition a ses dégoûts, et à *chaque* état sont attachées des amertumes.
(MASSILLON.)

Chaque âge a ses humeurs, son goût et ses plaisirs.
(RÉGNIER.)

Chaque âge a ses plaisirs; *chaque* état a ses charmes;
Le bien succède au mal, les ris suivent les larmes.
(DELILLE.)

Chaque passion parle un différent langage.
(BOILEAU.)

Plût aux dieux que *chacun* de nous eût son prophète.
(FLÉCHIER.)

CHACUN.

Chacun ici-bas fait son rôle;
Chacun vend son orviétan.
(DU TREMBLAY.)

Quel spectacle de voir et d'étudier ces deux hommes, et d'apprendre de *chacun* d'eux toute l'estime que méritait l'autre!
(BOSSUET.)

Votre conduite pèche contre *chacune* de ces règles.
(PASCAL.)

Voilà les douze époques... J'ai attaché à *chacune* d'elles les faits principaux qui en dépendent.
(BOSSUET.)

Elle pouvait faire sortir dix mille combattants par *chacune* de ses portes.
(*Id.*)

... Il faut, dit-on, juger *chacun* de nous par ceux qu'il hante.
(GUINGUENÉ.)

Chaque ne doit pas être confondu avec *chacun*. En général, *chaque* doit toujours se mettre avec un substantif auquel il a rapport. *Chacun*, au contraire, employé dans un sens absolu ou relatif, est toujours sans substantif.

EXERCICE PHRASÉOLOGIQUE.

A chaque saint.
De chaque rue.
Chaque acte.

Chaque homme.
Chaque personne.
Pour chaque jour.

Chacun pense.
Chacun de ces objets.
Chacune de ces personnes.

Chacun de nous.
Chacun de vous.
Chacun d'eux.

N° CCIII.

Chaque EMPLOYÉ POUR *chacun*.

CHACUN.

Il y avait dans Ancyre sept vierges chrétiennes d'environ soixante-douze ans *chacune*.
(VOLTAIRE.)

Nous attendions qu'il fît clair, quand nous entendîmes passer quatre chariots avec deux bœufs *chacun*.
(REGNARD.)

A l'instant même nous vîmes arriver, aux deux bouts de la terrasse, une multitude de chars attelés *chacun* de quatre chevaux.
(BERNARDIN DE ST-PIERRE.)

L'Asie allait être désolée par quatre armées de trois mille combattants *chacune*.
(VOLTAIRE.)

Je doute fort, repartit le roi, qu'avec ces trois cents licornes il soit en état de percer tant d'armées de trois cent mille hommes *chacune*. (*Id.*)

CHAQUE.

Salomon avait douze mille écuries de dix chevaux *chaque*.
(L'ABBÉ GUENÉE.)

Mille arpents, sous un seul propriétaire, ont *chaque* année un tiers de leur étendue en jachères, et sont mis en valeur tout au plus par dix familles domestiques de cinq personnes *chaque*.
(BERNARDIN DE ST-PIERRE.)

En 1825, l'Angleterre, d'après les états d'importation, a tiré de l'Indoustan 59,350 balles de coton du poids commun de 340 livres *chaque*.
(J.-B. SAY.)

L'importation, en Angleterre, du coton d'Égypte s'est élevée, en 1825, à 103,400 balles qui, à la vérité, ne sont pas très-fortes, puisque leur poids commun ne va pas à 150 livres *chaque*.
(*Id.*)

Les grammairiens,
> Du rigorisme embouchant la trompette,

Vont répétant l'un après l'autre qu'il est incorrect de s'exprimer ainsi : *Ces volumes coûtent 6 francs* CHAQUE. Suivant eux, il faut absolument dire : *Ces volumes coûtent 6 francs* CHACUN. Et si vous leur demandez pourquoi, ils vous répondent que c'est parce que le mot *chaque* veut toujours après lui un substantif. Belle raison ! comme s'il n'était pas permis d'employer un adjectif avec ellipse du nom auquel il se rattache. Aussi, plusieurs de nos écrivains se sont tellement cru ce droit, qu'ils ne se sont pas fait scrupule de faire usage indistinctement, en pareil cas, de *chaque* ou de *chacun* ; et nous croyons qu'on peut sans crainte les imiter, surtout dans la conversation et dans le style épistolaire. D'ailleurs, qu'on fasse emploi de *chaque* ou de *chacun*, il y a toujours ellipse. *Ces volumes coûtent 5 francs chaque*, c'est pour *ces volumes coûtent 5 francs* (non pas tous ensemble, mais) CHAQUE (VOLUME *séparément*). *Ces volumes coûtent 5 francs* CHACUN, est un abrégé de *ces volumes coûtent 5 francs* (non pas tous ensemble, mais) CHACUN (D'EUX *séparément*). Or, ellipse pour ellipse, autant vaut se servir de *chaque* que de *chacun*.

Ainsi, de même qu'on dit : CHAQUE VOLUME *coûte 5 francs*, ou CHACUN DE CES VOLUMES *coûte 5 francs*, on peut dire à son gré : *ces volumes coûtent 5 francs chaque*, ou *ces volumes coûtent 5 francs chacun*. Cette opinion est partagée par plusieurs grammairiens.

EXERCICE PHRASÉOLOGIQUE.

Voici trois volumes qui m'ont coûté 6 francs chacun.
Ces tableaux valent 100 francs chacun.
Nos robes coûtent 60 francs chacune.
Il a acheté deux maisons de 20,000 francs chacune.

Voici trois volumes qui m'ont coûté 6 francs chaque.
Ces tableaux valent 100 francs chaque.
Nos robes coûtent 60 francs chaque.
Il a acheté deux maisons de 20,000 francs chaque.

N° CCIV.

NUL.

GENRE ET NOMBRE.

SINGULIER.

MASCULIN.

Nul homme n'est heureux ; nulle chose ne peut le rendre tel. (BOISTE.)

Nul accident ne troubla mon voyage. (J.-J. ROUSSEAU.)

Il est indubitable que, lorsqu'une société a basé son existence morale sur une opinion, *nul membre* n'a le droit de l'attaquer. (J.-J. ROUSSEAU.)

Nul ornement royal ne couvre sa poitrine,
Et son front imposant devant qui tout s'incline
Sous un chapeau sans art s'élève radieux. (DROUINEAU.)

Nul bien sans mal, *nul plaisir* sans mélange. (LA FONTAINE.)

FÉMININ.

L'homme ne trouve *nulle part* son bonheur sur la terre. (MASSILLON.)

... Quand le cœur brûle d'un noble feu,
On peut, sans *nulle honte*, en faire un noble aveu. (MOLIÈRE.)

Tenez toujours divisés les méchants.
Semez entre eux la guerre,
Ou vous n'aurez avec *eux nulle paix*. (LA FONTAINE.)

A la pauvrette il ne fait *nulle grâce*
Du talion. (*Id.*)

Elle n'a *nulle part* à la guerre ni à la paix des nations. (FLÉCHIER.)

Nulle paix pour l'impie ; il la cherche, elle fuit. (RACINE.)

PLURIEL.

MASCULIN.

Nuls traits à découvert n'auront ici de place.
(LA FONTAINE.)

Il n'y a *nuls vices* extérieurs et *nuls défauts* qui se soient aperçus des enfants.
(LA BRUYÈRE.)

Ils prétendent que *nuls malheurs* ne doivent abattre l'homme, ces ridicules déclamateurs qui ne connaissent pas la véritable infortune ni le vrai bonheur.
(MIRABEAU.)

FÉMININ.

Nulles actions remarquables, nuls hommes dignes d'être distingués, ne peuvent se dérober longtemps aux regards d'une assemblée qui veut et peut tout voir.
(J.-J. ROUSSEAU.)

Celles qui ne nous ménagent sur rien, et ne nous épargnent *nulles occasions* de jalousie, ne mériteraient de nous aucune jalousie.
(LA BRUYÈRE.)

L'adjectif *nul* précède toujours le substantif qu'il détermine et en revêt tous les accidents de genre et de nombre : *nul homme, nulle part, nuls traits, nulles actions.*

Dans la *Grammaire des Grammaires* on lit que *nul* ne peut jamais être mis au pluriel. Les exemples que nous avons cités démontrent combien cette assertion est erronée.

D'ailleurs, le moyen de ne pas mettre *nul* au pluriel devant des substantifs qui, par exemple, n'ont pas de singulier, tels que *frais, décombres,* etc. ?

EXERCICE ANALYTIQUE.

Nul souci.
Nulle crainte.
Nul ornement.
De nulle conséquence.

Nul plaisir.
Nulle espérance.
Nulle parure.
En nulle manière.

Nuls besoins.
Nuls devoirs.
Nuls frais.
Nulles mœurs.

Nulles troupes.
Nulles passions.
Nuls artifices.
Nulles annales.

N° CCV.

Nul PLACÉ APRÈS LE SUBSTANTIF.

Les auteurs de *livres nuls* sont responsables envers Dieu du temps qu'ils font perdre aux lecteurs.
(BOISTE.)

Celui qui est *nul* aujourd'hui sera peut-être demain tout puissant.
(Id.)

Si mon *autorité* est *nulle* dans l'avenir, peu importera que je me sois trompé sur ce point.
(BERNARDIN DE ST-PIERRE.)

Nos désirs sont étendus, notre *force* presque *nulle*.
(J.-J. ROUSSEAU.)

Nul se prend aussi, comme on le voit, dans une acception absolument étrangère à *aucun*; il marque l'invalidité, la nullité d'un acte et autres choses semblables. On dit aussi en ce sens, qu'un homme est *nul*, quand il n'a ni vertu ni caractère. Cette acception sert encore à confirmer la force négative du mot, qui réduit les choses à rien, qui fait comme si elles n'étaient pas.

Pris dans ce sens, *nul* se met toujours après le substantif.

EXERCICE PHRASÉOLOGIQUE.

Un acte nul.
Un discours nul.
Un homme nul.

Une personne nulle.
Une procédure nulle.
Une action nulle.

Des procédures nulles.
Des actes nuls.
Des testaments nuls.

N° CCVI.

AUCUN.

GENRE ET NOMBRE.

SINGULIER.

MASCULIN.

Aucun chemin de fleurs ne conduit à la gloire.
(La Fontaine.)

Aucun physicien ne doute aujourd'hui que la mer n'ait couvert une grande partie de la terre habitée.
(D'Alembert.)

On rendit une loi qui défendait à *aucun philosophe* d'enseigner dans les écoles.
(La Bruyère.)

L'athéisme ne peut faire *aucun bien* à la morale, et peut lui faire beaucoup de mal.
(Voltaire.)

Quiconque cherche la vérité ne doit être d'*aucun pays*. (Id.)

Les orages ne ravagent guère que les cultures de l'homme; ils ne font *aucun tort* aux forêts et aux prairies naturelles.
(Bernardin de St-Pierre.)

FÉMININ.

Un malheur instruit mieux qu'*aucune remontrance*.
(La Chaussée.)

L'homme est si malheureux qu'il s'ennuierait même sans *aucune cause étrangère* d'ennui.
(Pascal.)

Aucune loi n'est bonne, si elle ne pose sur les lois de la nature.
(Bernardin de St-Pierre.)

On méprise tous ceux qui n'ont *aucune vertu*.
(La Rochefoucauld.)

Plus l'esprit est naturel, plus il est incapable de conserver *aucune force* quand l'appui de conviction lui manque. (Mme de Stael.)

Cette innocente amitié était connue de tout le village, était respectée de tous les bons cœurs, et les parents d'Estelle n'en prirent *aucune alarme*.
(Florian.)

PLURIEL.

MASCULIN.

Profitant de cette disposition, les nobles catholiques, en grande majorité, s'obstinaient à n'accorder aux dissidents *aucuns droits* politiques.
(J.-J. Rousseau.)

Le droit public de l'Europe n'ayant *aucuns principes généraux*, et variant incessamment, selon les temps et les lieux, est plein de règles contradictoires.
(Id.)

Il m'est impossible de me livrer ici à *aucuns travaux* littéraires.
(Bernardin de St-Pierre.)

Les rois d'Angleterre, depuis saint Édouard jusqu'au roi Guillaume III, firent journellement un grand miracle, celui de guérir les écrouelles, qu'*aucuns médecins* ne pouvaient guérir.
(Voltaire.)

Aucuns appointements ou gages n'étaient attachés aux charges et fonctions publiques.
(J.-J. Rousseau.)

Aucuns monstres par moi domptés qu'au aujourd'hui,
Ne m'ont acquis le droit de faillir comme lui.
(Racine.)

Il est un singe dans Paris
A qui l'on avait donné femme;
Singe, en effet, d'*aucuns maris*,
Il la battait.
(La Fontaine.)

FÉMININ.

On ne garda plus alors *aucunes mesures*, les plébéiens s'assemblèrent publiquement.
((Vertot.)

Je ne me mêlai plus d'*aucunes affaires*, et je me retirai dans une maison de campagne.
(Montesquieu.)

La république n'avait ni *aucunes troupes* régulières aguerries, ni aucuns officiers expérimentés.
(Voltaire.)

Ces oiseaux sont d'une admirable légèreté, ont la vue très-perçante, et sont fort propres pour nettoyer les cités, d'autant qu'ils n'y laissent *aucunes charognes*, ni choses mortes.
(Buffon.)

Ils ne peuvent souffrir aucun empire légitime, ne donnent *aucunes bornes* à leurs attentats.
(Bossuet.)

Rien n'imposant *aucunes lois* générales, les peuples ne faisaient corps que par une obéissance commune, et, sans être compatriotes, ils étaient Romains.
(Montesquieu.)

Le ministre de la police envoie les dépositions, sans y ajouter *aucunes réflexions*.
(Bernardin de St-Pierre.)

L'adjectif déterminatif *aucun* précède toujours le substantif auquel il est joint et en subit toutes les modifications de genre et de nombre : *Aucun chemin, aucune remontrance, aucuns droits, aucunes mesures.*

Tous les grammairiens sont d'un parfait accord là-dessus; mais un point sur lequel ils sont loin de s'entendre, même aujourd'hui, c'est celui de savoir si l'on peut employer *aucun* au pluriel.

Suivant les uns, cet adjectif, signifiant *pas un*, exclut toute idée de pluralité; d'autres, moins rigoristes, veulent bien nous permettre d'en faire usage au pluriel, mais seulement devant des substantifs qui n'ont pas de singulier, tels que *frais, ancêtres, funérailles*, etc. D'Olivet dit qu'il n'est usité au pluriel qu'en style marotique; et, enfin, Boiste prétend qu'on ne l'emploie à ce nombre que dans le style burlesque ou celui de pratique, qui lui ressemble beaucoup.

Nous ne chercherons pas à mettre les grammairiens d'accord. Ce serait une trop grande entreprise! Seulement nous prendrons la liberté de leur faire remarquer

1° Que, par exemple, rien n'empêchait Racine de dire : *Aucun monstre par moi dompté*, etc.; mais c'est *quelques monstres*, c'est *plusieurs monstres* qu'a domptés Thésée, et qui lui ont donné le droit que n'a pas Hyppolite. D'où le pluriel;

2° Que les écrivains sont pleins de ce pluriel, et certainement ce n'est ni dans le style de Cujas, ni dans celui de Marot qu'ils ont écrit.

La saine idéologie reconnaît le pluriel *aucuns, aucunes*, et les exemples de son emploi ne manquent pas; ils sont plus rares que ceux du singulier, parce qu'on a bien plus souvent besoin de ce dernier nombre, qui est plus exclusif. Voilà tout.

EXERCICE PHRASEOLOGIQUE.

Aucun plaisir.	Aucune plaine.	Aucuns droits.	Aucunes mesures.
Aucun malheur.	Aucune montagne.	Aucuns soins.	Aucunes affaires.
Aucun agrément.	Aucune prairie.	Aucuns frais.	Aucunes bornes.
Aucun peuple.	Aucune province.	Aucuns magistrats.	Aucunes mœurs.

N° CCVII.

Aucun PLACÉ APRÈS LE SUBSTANTIF.

La nation, comme si elle était toujours assemblée, recueille les voix et ne cesse de délibérer sur chaque point d'intérêt commun, et forme ses résolutions de l'opinion qui prévaut dans le peuple tout entier, sans *exception aucune*. (P.-L. COURIER.)

Aussi sans *trouble aucun*, couché près de ma caisse, Je m'éveille à la hausse et m'endors à la baisse. (CAS. DELAVIGNE.)

Ne lui ferez-vous *grâce aucune ?* (BOILEAU.)

Concevez ce que peuvent des hommes qui écrivent dans des journaux de localité, sans *responsabilité aucune*. (THIERS.)

Le temps presse, il fait nuit; allons, sans *crainte aucune*, A la foi d'un amant commettre ma fortune. (MOLIÈRE.)

Dans le premier numéro nous avons dit que *aucun* doit toujours précéder le nom qu'il détermine. On voit cependant par ces exemples que quelquefois on peut le placer après; mais cette transposition paraît mieux convenir au style de la comédie. Aujourd'hui néanmoins la plupart de nos écrivains politiques ou autres en font un assez fréquent usage.

EXERCICE PHRASÉOLOGIQUE.

Sans aucune réserve.	Sans réserve aucune.	Ne faire aucune chose.	Sans aucune exception.
Sans aucune pitié.	Sans pitié aucune.	Ne faire chose aucune.	Sans exception aucune.

N° CCVIII.

MAINT.

SINGULIER.

MASCULIN.

Dans *maint auteur* de science profonde,
J'ai lu qu'on perd à trop courir le monde.
(GRESSET.)

Amour vend tout, et nymphes et bergères :
Il met le taux à *maint objet* divin.
(LA FONTAINE.)

FÉMININ.

Mainte veuve pourtant fait la déchevelée,
Qui n'abandonne point le soin du demeurant,
Et du bien qu'elle aura fait le compte en pleurant.
(LA FONTAINE.)

Mainte pistole se glissait
Dans l'escarcelle de notre homme.
(Id.)

PLURIEL

MASCULIN.

Il arriva qu'au temps que la chanvre se sème (1),
Elle vit un manant en couvrir *maints sillons*.
(LA FONTAINE.)

C'était apparemment le bien des deux partis,
Car si les loups mangeaient *mainte bête* égarée,
Les bergers, de leur peau, se faisaient *maints habits*.
(Id.)

FÉMININ.

Car, en quelque façon, les malheurs sont propices;
Puis les gueux, en gueusant, trouvent *maintes délices*.
(RÉGNIER.)

Il était là *maintes filles* savantes.
(GRESSET.)

Le pasteur était à côté, et récitait à l'ordinaire *maintes dévotes oraisons*.
(LA FONTAINE.)

L'adjectif *maint*, qui ne s'emploie guère que dans la poésie familière et dans la conversation, subit tous les accidents de genre et de nombre du substantif qu'il détermine. Quelquefois il se répète : *Par* MAINTS *et* MAINTS *travaux;* MAINTES *et* MAINTES *conquêtes :*

Gronder *maint* et *maint* procureur. (BOILEAU.)

C'est à tort que M. Landais assure que cet adjectif rejette l'inflexion plurielle.

EXERCICE PHRASÉOLOGIQUE.

Maint homme.	Mainte femme.	Maints livres.	Maintes fois.

N° CCIX.

CERTAIN.

GENRE, NOMBRE ET EMPLOI.

PLACÉ DEVANT LE SUBSTANTIF.

Certain païen chez lui gardait un dieu de bois.
(LA FONTAINE.)

Certain esprit de liberté
Leur fait chercher fortune.
(Id.)

PLACÉ APRÈS LE SUBSTANTIF.

Don Pourceau raisonnait en subtil personnage.
Mais que lui servait-il? Quand le *mal* est *certain*,
La plainte ni la peur ne changent le destin.
(LA FONTAINE.)

---

(1) Aujourd'hui le mot *chanvre* est masculin; on dit : Le *chanvre*.

Moyennant *certaine somme*,
Un fermier vendit son chien.
(LEMONTEY.)

Chacun s'envisage toujours par *certains côtés* favorables.
(MASSILLON.)

Certaines gens ont une grossièreté qui leur tient lieu de philosophie.
(BOISTE.)

La vertu d'un cœur noble est la *marque certaine*.
(BOILEAU.)

Et ne devrait-on pas à des *signes certains*,
Reconnaître le cœur des perfides humains?
(RACINE.)

L'ânier l'embrassait dans l'attente d'une prompte et certaine *mort*.
(LA FONTAINE.)

Placé devant le substantif, *certain* est pour *quelque*; placé après, il a le sens de *indubitable, sûr, vrai, assuré*, etc. Une CERTAINE chose n'est pas une chose CERTAINE. Dans les deux cas, *certain* prend le genre et le nombre du nom qu'il affecte. L'exemple de La Fontaine nous prouve que *certain* dans le sens d'*assuré*, peut quelquefois précéder le substantif.

EXERCICE PHRASÉOLOGIQUE.

| Un certain fait. | Un fait certain. | De certains signes. | Des signes certains. |
| Une certaine chose. | Une chose certaine. | De certaines vues. | Des vues certaines. |

Nº CCX.

Certain PRÉCÉDÉ OU NON PRÉCÉDÉ DE *un* OU DE LA PRÉPOSITION *de*.

AVEC *un*.

Un certain loup, dans la saison
Que les tièdes zéphirs ont l'herbe rajeunie,
Aperçut un cheval qu'on avait mis au vert.
(LA FONTAINE.)

Ils s'assemblent tous les jours à *une certaine* heure dans un temple.
(LA BRUYÈRE.)

Il y a, sans mentir, *de certains* mérites qui ne sont pas faits pour être ensemble, *de certaines* vertus incompatibles.
(LA BRUYÈRE.)

Ils ne doivent ce titre qu'à *de certaines* actions d'éclat.
(MASSILLON.)

SANS *un*.

Certain loup aussi sot que le pêcheur fut sage,
Trouvant un chien hors du village,
S'en allait l'emporter. Le chien représenta
Sa maigreur.
(LA FONTAINE.)

Pour moi, j'ai *certaine* affaire…
Qui ne me permet pas d'arrêter en chemin.
(*Id.*)

Certains préjugés, sucés avec le lait,
Deviennent nos tyrans jusque dans la vieillesse.
(CHÉNIER.)

La fortune à beau élever *certaines* gens, elle ne leur apprend pas à vivre.
(BUSSY RABUTIN.)

On voit que *certain, certaine*, s'emploient avec ou sans le déterminatif *un, une*; et qu'au pluriel *certains, certaines* peuvent être précédés ou non précédés de la préposition *de*.

Tel est l'usage. Mais de ce que l'usage permet de dire :
De certains hommes, de certaines femmes, ou bien *certains hommes, certaines femmes*, il ne faut pas en conclure avec M. Lemare, que ces dernières expressions soient elliptiques. Selon nous, elles sont aussi complètes qu'elles peuvent être, et tout aussi complètes que les expressions latines et italiennes : *Quidam homines, certi uomini*. Il n'en est pas de même lorsqu'on dit : DE *certains hommes*, DE *certaines femmes*. Ces locutions, que M. Lemare nous donne comme types, renferment incontestablement une ellipse et sont un abrégé de : *Plusieurs* D'ENTRE *certains hommes, plusieurs* D'ENTRE *certaines femmes*.

EXERCICE PHRASÉOLOGIQUE.

Un certain juge.	Certain juge.	De certaines gens.	Certaines gens.
Une certaine personne.	Certaine personne.	De certains faits.	Certains faits.

N° CCXI.

TEL.

GENRE ET NOMBRE.

MASCULIN ET FÉMININ SINGULIER.

Après *un tel exemple*, les faux politiques oseront-ils encore mettre parmi leurs maximes impies, que la religion chrétienne n'est pas propre à faire de grands hommes de guerre ?
(FLÉCHIER.)

Fuir les occasions de combattre et de vaincre est une chose si rare, si singulière, si héroïque, qu'on peut dire qu'*une telle action* n'a point eu de modèle, et qu'elle ne sera point imitée.
(*Id.*)

MASCULIN ET FÉMININ PLURIEL.

Si nous rêvions toutes les nuits que nous sommes poursuivis par des ennemis, on appréhenderait de dormir, comme on appréhende le réveil, quand on craint d'entrer réellement dans *de tels malheurs*.
(PASCAL.)

Pour bien peindre *de telles choses*, il faut avoir un génie capable de les faire, et la postérité ne saurait jamais bien tout ce que ce grand homme fit voir de sagesse, de capacité, de pénétration, d'activité et de vigueur.
(FLÉCHIER.)

Ces citations montrent que l'adjectif *tel* peut se joindre à des substantifs des deux genres et des deux nombres : *un tel exemple, une telle action, de tels malheurs, de telles choses*.

Tel, employé dans les comparaisons, est toujours suivi de *que*. Dans les citations qui précèdent, *tel* est également comparatif; seulement le second terme de la comparaison est sous-entendu : *Après un tel exemple*, c'est pour : *après un exemple* TEL QUE CELUI QUE JE VIENS DE RAPPELER. Il y a donc tout à la fois ellipse et inversion.

Avec des noms de choses on peut employer *tel* au singulier, en rapport avec plusieurs substantifs de ce nombre : TELLE *est la faiblesse et l'inconstance des hommes*. (FÉNELON.) Avec des noms de personnes, il faudrait absolument le pluriel : TELLES *sont la fille et la mère*.

EXERCICE PHRASÉOLOGIQUE.

Un tel père.	Un tel fils.	Un tel enfant.	Un tel événement.
Une telle mère.	Une telle fille.	Une telle enfant.	Une telle aventure.
De tels hommes.	De tels monstres.	De tels héros.	De tels spectacles.
De telles âmes.	De telles actions.	De telles occasions.	De telles pensées.

N° CCXII.

QUEL.

GENRE ET NOMBRE DE CE MOT.

DANS LES INTERROGATIONS.

Quel bras vous suspendit, innombrables étoiles ?
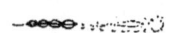(L. RACINE.)

Quelle force invisible a soumis l'univers ?
(*Id.*)

DANS LES EXCLAMATIONS.

Quel tableau ravissant présentent les campagnes !
(DELILLE.)

Quelle sérénité se peint sur ton visage !
(FLORIAN.)

Quels sons harmonieux, *quels accords* ravissants,
De la reconnaissance égalent les accents ?
(Delille.)

Par toi ce chêne en feu nourrit ma rêverie ;
Quelles mains l'ont planté ? quel sol fut sa patrie ?
(*Id.*)

Quels cadavres épars dans la Grèce déserte!
(L. Racine.)

Quelles montagnes que celles qui nous apparaissent dix-huit cent fois plus grosses que notre terre !
(Bern. de Saint-Pierre.)

L'adjectif *quel* suppose toujours après lui un nom auquel il se rapporte, et dont il prend le genre et le nombre : *quel bras, quelle force, quels sons, quelles mains.* Il s'emploie dans les interrogations et dans les exclamations, et se dit des personnes et des choses : *quel tableau ! quel homme !*

EXERCICE PHRASÉOLOGIQUE.

Quel homme ?	Quelle femme ?	Quel triomphe !	Quelle beauté !
Quel plaisir ?	Quelle main ?	Quel carnage !	Quelle grandeur !
Quels mets ?	Quelles nouvelles ?	Quels transports !	Quelles clameurs !
Quels fruits ?	Quelles fleurs ?	Quels concerts !	Quelles fêtes !

N° CCXIII.

Quel NON SUIVI IMMÉDIATEMENT D'UN SUBSTANTIF.

Quel plus sublime *cantique*
Que ce concert magnifique
De tous les célestes corps ?
(J.-B. Rousseau.)

Quel barbare *mortel* reforgea pour la guerre
Le fer qui dans nos mains fertilisait la terre ?
(Lemière.)

O que tes œuvres sont belles,
Grand Dieu ! *quels* sont tes *bienfaits !*
(J.-B. Rousseau.)

Quelle est cette *déesse* énorme,
Ou plutôt ce monstre difforme,
Tout couvert d'oreilles et d'yeux?
(J.-B. Rousseau.)

Quel sera le *destin* de tant de malheureux,
Echappés par hasard à ce désordre affreux ?
(Castel.)

Nil ! *quels* sont ces *débris* sur tes bords dévastés?
C'est Thèbe aux cent palais, l'aïeule des cités.
(Chénedollé.)

Dans le numéro précédent, *quel* était immédiatement suivi d'un substantif. Dans celui-ci, on voit que *quel* peut être séparé du substantif par un ou plusieurs mots.

EXERCICE PHRASÉOLOGIQUE.

Quel est ton âge ?	Quels furent mes chagrins ?	Quel n'a pas été mon souci ?
Quelle est ta pensée ?	Quelles seraient nos peines ?	Quel ne fut pas mon ennui ?

N° CCXIV.

Tel ET *quel* COMPARÉS.

Tel.	Quel.
Telle fut *l'adresse* de madame de Montansier, que sans user d'aucun art indigne de son grand courage, elle se conserva toujours dans la confidence des princesses de la cour. (Fléchier.)	*Quelle* fut sa *modération*, lorsque Rome, irritée contre l'empire, lui proposa de le mettre sur le trône de l'empereur par un droit qui ne lui parut pas légitime ! (Fléchier.)

Telle était l'*habileté* de Turenne, *que* lorsqu'il était victorieux, on ne pouvait attribuer l'honneur qu'à sa prudence, et lorsqu'il était vaincu, on ne pouvait en imputer la faute qu'à la fortune.
(Id.)

La voilà cette princesse si admirée et si chérie ; la voilà *telle que* la mort nous l'a faite.
(Bossuet.)

Tel est du préjugé le *pouvoir* ordinaire :
Il soumet aisément le crédule vulgaire.
(Lefranc de Pompignan.)

Telle est l'*injustice* des hommes : la gloire la plus pure et la mieux acquise les blesse.
(Fléchier.)

Tel est le *caractère* de l'avarice, de se manifester de tous les côtés.
(Massillon.)

... Il était malheureux ;
Dans les rigueurs du sort son âme était plus fière.
Tels sont tous les grands *cœurs*.
(Chamfort.)

Agamemnon, revenant à la tête des Grecs du siége de Troie, n'a pas eu le temps de jouir en paix de la gloire qu'il avait acquise : *Telle* est la *destinée* de presque tous les conquérants.
(Fénelon.)

Quelle fut sa *fermeté*, lorsqu'après avoir essayé d'apprendre à vivre à un roi de Naples, il vint enseigner à un roi de France à bien mourir.
(Fléchier.)

Voilà *quel* fut le *caractère* de celui dont nous pleurons la mort.
(Id.)

Les pères craignent que l'amour naturel des enfants ne s'efface : *Quelle* est donc cette *nature* sujette à être effacée ?
(Pascal.)

Quelle est cette valeur, qui, ne cherchant qu'à nuire,
Embrase tout sitôt qu'elle commence à luire ?
(Racine.)

Quel fut alors l'*étonnement* de ces vieilles troupes et de ces braves officiers, lorsqu'ils virent qu'il n'y avait plus de salut pour eux que dans les bras du vainqueur.
(Bossuet.)

Quelle splendeur funeste a succédé à la simplicité romaine ! *Quel* est ce *langage* étranger ? *Quelles* sont ces *mœurs* efféminées ?
(J.-J. Rousseau.)

... Egalant les plus belles,
Et surpassant les plus cruelles,
N'ayant trait qui ne plût, pas même en ses rigueurs,
Quelle l'eût-on trouvée au fort de ses faveurs !
(La Fontaine.)

Il faut bien prendre garde de confondre *tel* avec *quel*. Les exemples qui précèdent suffisent sans doute pour montrer l'emploi de l'un et de l'autre. Voici la différence caractéristique de ces deux adjectifs : *tel* amène toujours après lui un *que*, comme on le voit dans les trois premières citations de la première colonne ; *quel*, au contraire, n'en a pas besoin.

Il est vrai que souvent l'usage permet de sous-entendre le *que* après *tel*, comme le prouvent les cinq derniers exemples de la première colonne ; mais il n'en est pas moins nécessaire pour l'intégrité de la pensée : *Telle est l'injustice des hommes ; la gloire la plus pure les blesse*, c'est pour : *l'injustice des hommes est* TELLE QUE *la gloire la plus pure les blesse*.

EXERCICE PHRASÉOLOGIQUE.

Tel fut son courage que...
Telle fut son adresse.
Telle est mon espérance.

Quel fut son courage ?
Quelle fut son adresse ?
Quelle est ton espérance ?

Quelle fut sa gloire ?
Quels furent ses revers ?
Quel est ton espoir ?

N° CCXV.

Quel EMPLOYÉ AVEC ELLIPSE DU SUBSTANTIF.

L'honneur partout, disais-je, est du monde admiré :
Mais l'honneur en effet qu'il faut que l'on admire,
Quel est-il ?
(Boileau.)

Elle est de l'humeur du monde la plus douce.
Je ne lui connais qu'un seul petit défaut. — *Quel est-il ?*
(Regnard.)

Quel peut, comme on le voit, s'employer avec ellipse du nom auquel il se rapporte et dont il réveille l'idée ; *quel est-il ?* c'est-à-dire *quel honneur est-il ? quel défaut est-il ?*

EXERCICE PHRASÉOLOGIQUE.

Quel est-il ?   Quelle est-elle ?   Quel était-il ?
Quels sont-ils ?   Quelles sont-elles ?   Quels furent-ils ?

N° CCXVI.

Quel SUIVI DE PLUSIEURS NOMS.

AVEC LE PLURIEL.	AVEC LE SINGULIER.
Quels sont les *lieux*, les *temps*, les *images* chéries, Où se plaisent le mieux ses douces rêveries? (DELILLE.)	Hélas ! durant ces jours de joie et de festins, *Quelle* était en secret ma *honte* et mes *chagrins* ? (RACINE.)

Lorsque l'adjectif *quel* est suivi de plusieurs substantifs de différent genre unis ou non par *et*, il se met au masculin pluriel, ainsi qu'on le voit par le premier exemple.

Cependant on peut aussi, comme dans l'exemple opposé, laisser *quel* au singulier et le faire rapporter seulement au premier des noms exprimés.

Si ces mêmes noms étaient liés par *ou*, *quel* s'accorderait également avec le premier. Exemple : *On pourrait déterminer* QUELLES RÉFLEXIONS OU JUGEMENTS *ferait un homme en conséquence des faits qu'il a dans la mémoire.*   (HELVÉTIUS.)

EXERCICE PHRASÉOLOGIQUE.

Quels sont les peines et les dégoûts que vous éprouvez ?   Quel était son âge et son état ?
Quels sont les peines, les dégoûts que vous éprouvez.   Quelle est sa profession et ses ressources

N° CCXVII.

FONCTIONS DE *quel.*

EXEMPLES.

Le peuple entra en fureur quand il eut appris *quels* discours avait tenus Coriolan. (ROLLIN.)	... Dirai-je à *quels* désastres De l'automne orageux nous exposent les astres ? Ou *quels* torrents affreux épanche le printemps ? (DELILLE).

Quel s'emploie dans tous les rapports. *Dirai-je à quels désastres* est la même chose, pour le sens, que *dirai-je les désastres auxquels*, etc.

EXERCICE PHRASÉOLOGIQUE.

Dis-moi quel jour.   De quels députés parles-tu ?   A quels plaisirs vous livrez-vous ?
Dis-moi à quelle heure.   Pour quelles femmes ?   Sache quelles sont mes peines.

Nº CCXVIII.

QUEL QUE.

GENRE ET NOMBRE.

SINGULIER.

Quel que soit le *plaisir* que cause la vengeance,
C'est l'acheter trop cher, que l'acheter d'un bien,
Sans qui les autres ne sont rien.
(LA FONTAINE.)

Quelle qu'ait été *la gloire* des grands sur la terre, elle a toujours à craindre l'envie qui cherche à l'obscurcir. (MASSILLON.)

PLURIEL.

Quels que soient ordinairement les *avantages* de la jeunesse, un jeune homme n'est pas bien vu des femmes jusqu'à ce qu'elles en aient fait un fat.
(VAUVENARGUES.)

Quelles que soient les *opinions* qui nous troublent dans la société, elles se dissipent presque toujours dans la solitude.
(BERNARDIN DE SAINT-PIERRE.)

Quel suivi de que et d'un verbe prend, comme on le voit, le genre et le nombre du nom ou du pronom qu'il modifie. L'analyse de *quel que soit le plaisir que cause la vengeance*, est celle-ci : *le plaisir que cause la vengeance* (étant un plaisir tel) *quel* (notre nature veut) *que* (il) *soit*. Cette analyse, qui peut s'appliquer à tous les exemples analogues, nous montre pourquoi, en pareille circonstance, *quel que* doit s'écrire en deux mots.

EXERCICE PHRASÉOLOGIQUE.

Quel que soit le génie d'un écrivain.
Quelle que soit la douceur de cet enfant.
Quel que soit votre chagrin.
Quelle que soit l'ambition d'un général.
Quel que soit le zèle de vos amis.
Quelle qu'ait été sa fidélité.

Quels que soient les caprices de ces dames.
Quelles qu'elles soient, quelles qu'elles puissent être.
Quels que soient nos soupçons.
Quelles que soient mes craintes.
Quels que soient vos projets.
Quelles que soient les erreurs de la jeunesse.

Nº CCXIX.

Quel que SUIVI DE PLUSIEURS NOMS.

AVEC et.

L'étude de l'histoire est la plus nécessaire aux hommes, quels que soient *leur âge et la carrière* à laquelle ils se destinent. (SÉGUR.)

Mais, quels que soient *ton culte et ta patrie*,
Dors sous ma tente avec sécurité.
(CAMPENON.)

Quelles que fussent habituellement *la douceur et l'égalité* de l'humeur de Montesquieu dans la société, la vivacité méridionale de son tempérament l'en faisait quelquefois sortir.
(AUGER.)

Quel que soit *son pouvoir, et l'orgueil* qui l'anime,
Va, le cruel du moins n'aura point sa victime.
(VOLTAIRE.)

Quelle que soit *la pente et l'inclination*
Dont l'eau par sa course l'emporte,
L'esprit de contradiction
L'aura fait flotter d'autre sorte.
(LA FONTAINE.)

AVEC ou.

La figure d'une femme, quelle que soit *la force ou l'étendue* de son esprit, quelle que soit l'importance des objets dont elle s'occupe, est toujours un obstacle ou une raison dans l'histoire de sa vie.
(Mme DE STAEL.)

Un meurtre, quel qu'en soit *le prétexte ou l'objet*
Pour les cœurs vertueux fut toujours un forfait.
(CRÉBILLON.)

Cet homme, quelle que fût *sa fortune ou son mérite*, ne put réussir dans ses entreprises.
(BONIFACE.)

A la Chine, on rend ceux qui gouvernent responsables des troubles, quelle qu'en soit *la cause ou le prétexte*.
(VOLTAIRE.)

Quel que soit *le but ou l'avantage* d'une chose, lorsqu'elle porte un cachet d'infamie, on ne saurait la faire sans en recevoir l'empreinte.
(LIVRY.)

Suivi de plusieurs noms unis par *et*, *quel* accompagné de *que* se met au masculin pluriel, quand les noms sont de différent genre; et au féminin pluriel, s'ils sont féminins (1re colonne). Cependant les deux derniers exemples de cette colonne nous font voir qu'on peut, même en ce cas, ne faire accorder *quel* qu'avec le premier des noms exprimés, mais il faut que ces noms aient entre eux quelque ressemblance de signification.

Mais, lorsque *quel* est suivi de *que* et de plusieurs noms liés par *ou*, il prend le genre et le nombre du premier nom (2e colonne).

EXERCICE PHRASÉOLOGIQUE.

Quels que soient votre courage et votre vertu.
Quels que soient votre vertu et votre courage.
Quelles que soient votre fortune et votre position.

Quel que soit votre courage ou votre vertu.
Quelle que soit votre vertu ou votre courage.
Quelles que soient vos vertus ou votre mérite.

N° CCXX.

Tel que soit ET *quel que soit* COMPARÉS.

Tel que.

Ce grand choix, *tel qu'*il soit, peut n'offenser personne.
(VOLTAIRE.)

On prouve très-bien à cet enfant que cette religion, *telle qu'*elle soit, est la seule véritable.
(J.-J. ROUSSEAU.)

Une jeune fille, *telle* innocente *qu'*elle soit, a toujours un grain de coquetterie.
(MAUGARD.)

Qu'y a-t-il de plus évident que cette vérité, qu'un nombre *tel qu'*il soit, peut être augmenté?
(PASCAL.)

Le plus fin, *tel qu'*il soit, en est toujours la dupe.
(REGNARD.)

Quel que.

Un trône *quel qu'*il soit, n'est point à dédaigner.
(CRÉBILLON.)

Une femme, *quelle qu'*elle puisse être, est une déesse pour des prisonniers.
(Mme DE STAEL.)

Voilà, mon père, un point de foi bien étrange, qu'une doctrine est hérétique, *quelle qu'*elle puisse être.
(PASCAL.)

Le prêtre, *quel qu'*il soit, quelque Dieu qui l'inspire, Doit prier pour ses rois, et non pas les maudire.
(RAYNOUARD.)

« *Tel que*, dit M. Napoléon Landais, régit l'indicatif, parce que les phrases dans les» quelles ils entrent, exprimant qu'une chose est, excluent toute idée d'incertitude ou » de désir. Il n'est pas inutile d'en prévenir les étrangers, qui, ne connaissant point le » génie de notre langue, ne voient pas des nuances qui souvent même échappent aux » Français. »

Certes, dit M. Dessiaux (1), les étrangers pourront bien renvoyer la balle à M. Landais; ils pourront bien lui dire : Mais, monsieur le grammairien, les voyez-vous bien, vous-même, ces nuances que vous croyez échapper à notre sagacité? Votre vue est-elle bien claire, votre jugement bien sain? ou n'êtes-vous encore ici, sur cette difficulté, qu'un écho banal de vos prédécesseurs? Cependant, monsieur, la civilisation marche; la langue, sans perdre de sa pureté, fait, n'en doutez pas, de notables acquisitions; les nuances de la pensée ont amené des nuances dans l'expression, et celle que vous condamnez aujourd'hui, celle que vous nous engagez ici à éviter avec soin, déjà un peu usitée autrefois, est maintenant fréquemment employée avec le subjonctif.

(1) M. Dessiaux a publié dernièrement, dans le *Journal de la langue française*, une excellente critique de la *Grammaire de Napoléon Landais*.

Nous avouerons d'abord que Laveaux et Boniface blâment, comme M. Landais, la locution *tel qu'il soit*; mais Lemare, qui sentait avec tant de justesse lorsqu'il se donnait le soin de méditer, dit à ce sujet : « Il n'est pas très-certain que Voltaire, Rousseau, Massillon, Regnard, eussent voulu reconnaître la faute que leur reprochent ici les grammairiens, quoique pourtant il faille avouer que cet emploi de *tel que* est extraordinaire. Mais qui sait si ce n'est pas cette raison même qui l'a fait préférer dans ces passages par ces maîtres en l'art de penser et d'écrire? »

En effet, qui empêchait ces écrivains d'employer ici quel QUE, ainsi qu'ils l'ont fait tant de fois? Cela ne nuisait ni à l'harmonie de la période, ni à la mesure du vers. Ils ont senti, leur jugement exercé a reconnu qu'une sage analyse ne pouvait condamner cette expression. Comment! parce qu'on a coutume de dire *quel qu'il soit*, on ne pourrait dire *tel qu'il soit*! Mais pourquoi? Quel sens attribuez-vous à ce mot *tel*? *Tel* signifie: *Avec toutes les qualités remarquées dans l'objet qualifié par cet adjectif*, et, par extension, *pareil, semblable*; rien de plus naturel. Quand je dis : Cet homme *tel qu'il est* me plaît; j'énonce que cet homme m'est agréable avec les qualités physiques et morales que j'ai découvertes en lui. Et si je dis : Cet homme, *tel qu'il soit*, me plaira toujours, j'énonce une autre idée que chacun conçoit. Pourquoi voudriez-vous m'astreindre à changer mon adjectif *tel* contre un *quel*, dont je trouve l'emploi moins juste? Quelles sont vos raisons; enfin, vous n'avez allégué que l'usage le plus général; ce n'est là qu'une présomption, et non une preuve : un jury éclairé ne peut condamner sur de pareilles allégations. Nous allons plus loin. Si l'on réprouvait *tel qu'il soit*, ce ne serait que par exception; car avec un autre verbe l'on ne pourrait substituer *quel* à *tel* : Mon fils, TEL *qu'il* PARAISSE, TEL *que vous le* JUGIEZ *dans la suite, n'en sera pas moins un bon fils.* Si cette phrase blesse en quelque chose les lois de notre syntaxe, nous passons condamnation sur *tel qu'il soit*.

La langue latine et la langue grecque ont leurs adverbes et leurs adjectifs corrélatifs; *tum* a pour corrélatif *cum*, *tam* a *quam*, *tantus* a *quantus*, *tot* a *quot* et *talis* a *qualis*; TALIS est QUALEM nosti, dit Cicéron. Dans notre langue, *tel* a aussi pour corrélatif *quel*; la phrase suivante et toutes celles qui lui ressemblent prouvent cette vérité : Ils ont été contraints de prendre une proposition *telle quelle*, et de la condamner. (PASCAL, *Provinc.* 3e.) Mais, par un abus déplorable, *quel* s'est changé insensiblement en *que*; et quand on dit : Je le reçois *tel qu'il est*, la phrase équivaut à celle-ci : Je le reçois TEL QUEL il est. Par un abus encore plus criant on a laissé le mot *quel* prendre la place de son corrélatif *tel*; de sorte que quand on dit : Je le reçois *quel qu'il soit*, on répète *quel* mot réellement représenté par *que*, ce qui forme un pléonasme vicieux parfaitement caractérisé, sur lequel l'usage a étendu sa prescription. Mais si le sens commun des maîtres en l'art d'écrire veut rétablir le mot *tel* dans ses droits usurpés, pourquoi crier au barbarisme? C'est un acte de justice et de raison qui révolte votre esprit! A quoi pensez-vous donc? Dans le vers de Voltaire (*Sémiramis*, III, 6):

Ce grand choix, *tel qu'il soit*, peut n'offenser que moi,

il y a ellipse. Voici la construction pleine : Ce grand choix, à le considérer TEL QUEL le destin voudra qu'il soit.

EXERCICE PHRASÉOLOGIQUE.

Tel ou quel qu'il soit.
Telle ou quelle qu'elle soit.

Tels ou quels qu'ils soient.
Telles ou quelles qu'elles soient.

N° CCXXI.

Tel que DANS LES COMPARAISONS.

On voit sur les remparts, avancer à pas lents
Ces corps inanimés, livides et tremblants,
*Tels qu'*on feignait jadis que des royaumes sombres,
Les mages à leur gré faisait sortir les ombres.
(VOLTAIRE.)

Idoménée n'a point recours à la fuite comme un enfant; *il* reste à son poste de pied ferme, *tel que* sur une montagne un vieux sanglier, connaissant sa force, attend en un lieu désert la bruyante arrivée des chasseurs.
(BITAUBÉE.)

Essex monte à la brèche, où combattait d'Aumale,
Tous deux jeunes, brillants, pleins d'une ardeur égale,
*Tels qu'*aux remparts de Troie on peint les demi-dieux.
(VOLTAIRE.)

*Ereuthalion, tel qu'*un dieu nous bravait à la tête de ses armées.
(BITAUBÉE.)

*Tels qu'*on voit des gascons, soupirant par métier,
Flairer de loin une riche héritière,
Ainsi viennent, en chœur, les *matous* du quartier
Donner concert à notre prisonnière.
(LEMONTEY.)

*Tel qu'*on voit un taureau, qu'une guêpe en furie
A piqué dans les flancs aux dépens de sa vie;
Le superbe animal, agité de tourments,
Exhale sa douleur en longs gémissements,
Tel le fougueux prélat, que ce songe épouvante,
Querelle en se levant et laquais et servante.
(BOILEAU.)

*Telle qu'*une bergère, au plus beau jour de fête,
De superbes rubis ne charge point sa tête;
Et sans mêler à l'or l'éclat des diamants,
Cueille en un champ voisin ses plus beaux ornements;
Telle, aimable en son air, mais humble dans son style,
Doit éclater, sans pompe, une *élégante idylle*.
(*Id.*)

Tel que, dans les comparaisons, est pour *tel quel*, en latin *talis qualis*, et non pour *tellement quellement*, comme l'avance faussement M. Lemare, puisque l'antécédent *tel*, qui n'est autre chose qu'un adjectif, se rapporte constamment à un substantif exprimé dans le premier membre de la comparaison, et qu'il en prend tous les accidents de genre et de nombre. Cela posé, examinons, d'après l'analyse et nos exemples, quel est ce substantif; il n'est pas toujours celui qu'on suppose.

Dans les citations de la première colonne, nulle difficulté. *Tel* et *tels* se trouvent précédés des substantifs qu'ils qualifient, lesquels sont : *Ces corps inanimés, il* (Idoménée), *tous deux, Ereuthalion.*

Dans les exemples en regard, ce serait étrangement se méprendre que de faire rapporter *tels, tel, telle,* à *Gascons*, à *taureau* et à *bergère,* puisqu'ils qualifient au contraire les mots *matous, prélat, idylle,* jetés à la fin de chaque comparaison. C'est ce que prouvent du moins la répétition de *tel, telle,* et l'analyse suivante, où la construction est rétablie selon l'ordre direct. Les MATOUS *du quartier viennent…* TELS *qu'on voit des Gascons,* etc. *Le fougueux* PRÉLAT… *querelle,* etc., (étant) TEL *qu'on voit un taureau,* etc. *Une élégante idylle doit éclater sans pompe,* (devant être) TELLE *qu'une bergère,* etc.

C'est ainsi que dans :

*Tel qu'*une fleur que frappent les autans,
Penche en tremblant sa tête vers la terre,
On voyait marcher *son vieux père,*
Courbé sous le lourd poids des ans.

Tel se rapporte à *père*, c'est-à-dire qu'on voyait *son vieux père marcher courbé,* etc., TEL *qu'une fleur penche,* etc. Au lieu que dans :

On voyait marcher son vieux père,
Courbé sous le poids des ans;
Telle une *fleur* que frappent les autans,
Penche en tremblant sa tête vers la terre.

Telle se rapporte à *fleur*, c'est-à-dire que *la fleur qui penche sa tête vers la terre est* TELLE, etc.

N° CCXXII.

QUELQUE.

GENRE ET NOMBRE.

I.

SINGULIER.

Il y a du mérite sans élévation, mais il n'y a pas d'élévation sans *quelque mérite*.
(LA ROCHEFOUCAULD.)

Sur *quelque préférence* une estime se fonde,
Et c'est n'estimer rien qu'estimer tout le monde.
(MOLIÈRE.)

PLURIEL.

Des fruits et *quelques mets* que la ferme a fournis,
Posés près d'un ruisseau sur les gazons fleuris,
Nous procurent sans frais un repas délectable.
(CASTEL.)

Si la loi est juste en général, il faut lui passer *quelques applications* malheureuses.
(FONTENELLE.)

II.

De *quelque côté* que l'on se tourne, ce monde est rempli d'anicroches.
(VOLTAIRE.)

Quelque raison qu'on ait de se plaindre d'un serviteur, il est de l'humanité de le traiter avec bonté.
(BERNARDIN DE ST-PIERRE.)

Quelque sujet qu'on traite, ou plaisant ou sublime,
Que toujours la raison s'accorde avec la rime,
(BOILEAU.)

Quelque vanité qu'on nous reproche, nous avons besoin quelquefois qu'on nous assure de notre mérite.
(VAUVENARGUES.)

Quelques soins qu'on apporte pour entendre une langue, il faut qu'un usage constant et uniforme concoure avec les règles.
(DUCLOS.)

Prince, *quelques raisons* que vous me puissiez dire,
Votre devoir ici n'a dû vous conduire.
(RACINE.)

Quelques prix glorieux qui me soient réservés,
Quels lauriers me plairont de son sang arrosés.
(RACINE.)

Avec *quelques couleurs* qu'on aient peint ma fierté,
Croit-on que dans ses flancs un monstre m'ait porté?
(*Id.*)

Quelque, placé devant un substantif suivi ou non suivi de *que*, s'écrit en un seul mot, et, comme tous les adjectifs terminés par un *e* muet, s'emploie, sans subir aucun changement, avec des noms masculins et féminins. Il prend seulement un *s* au pluriel.

Il en est de même quand *quelque* est précédé de l'article. Exemple : *Les* QUELQUES *objets que nous envoyâmes au chef, si faible qu'en fût la valeur, lui causèrent une vive satisfaction.* (ALBERT-MONTÉMONT.)

EXERCICE PHRASÉOLOGIQUE.

Quelque savoir.
Quelque douceur.
Quelque mérite.
Quelque beauté.
Quelque esprit.
Quelque ambition.

Quelques amis.
Quelques richesses.
Quelques soldats.
Quelques vertus.
Quelques talents.
Quelques femmes.

Quelque courage que...
Quelque patience que...
Quelque orgueil que...
Quelque fortune que...
Quelque pouvoir que...
Quelque prudence que...

Quelques bienfaits que...
Quelques connaissances que...
Quelques conseils que...
Quelques étrennes que...
Quelques services que...
Quelques larmes que...

N° CCXXIII.

Quelque PLACÉ DEVANT UN ADJECTIF SUIVI IMMÉDIATEMENT DE que.

VARIABLE.

Quelques grands *avantages que* la nature donne, ce n'est pas elle seule, mais la fortune avec elle qui fait les héros.
(LAROCHEFOUCAULD.)

De *quelques* superbes *distinctions que* se flattent les hommes, ils ont tous même origine.
(BOSSUET.)

... *quelques* vains *lauriers que* promette la guerre, On peut être héros sans ravager la terre.
(BOILEAU.)

Une femme, *quelques* grands *biens qu'*elle apporte dans une maison, la ruine bientôt si elle y introduit le luxe.
(FÉNELON.)

Quelques nouveaux *malheurs* qui nous doivent at-
[teindre,
Vous ne m'entendrez point murmurer ni vous plaindre.
(ANCELOT.)

Mais *quelques* fiers *projets* qu'elle jette en mon cœur, L'amour, ah! ce seul mot me range à la douceur.
(CORNEILLE.)

INVARIABLE.

Quelque méchants *que* soient les hommes, ils n'oseraient paraître ennemis de la vertu.
(LAROCHEFOUCAULD.)

Pourquoi l'air et l'eau, *quelque* agités *qu'*ils soient, ne s'enflamment-ils pas?
(BERNARDIN DE ST-PIERRE.)

Les jeux de hasard, *quelque* médiocres *qu'*ils paraissent, sont toujours chers et dangereux.
(Mᵐᵉ DE GENLIS.)

Quelque étroites *que* soient les bornes du cœur, on n'est pas malheureux tant qu'on s'y renferme.
(J.-J. ROUSSEAU.)

La grâce de la nouveauté et la longue habitude, *quelque* opposées *qu'*elles soient, nous empêchent également de sentir les défauts de nos amis.
(LAROCHEFOUCAULD.)

Quelque corrompues *que* soient nos mœurs, le vice n'a pas encore perdu toute sa honte.
(MASSILLON.)

Placé devant un adjectif, *quelque* est variable ou invariable.

1° Il est *variable*, toutes les fois que l'adjectif qui vient après lui est immédiatement suivi d'un nom : *Quelques grands avantages, quelques grandes distinctions.* En pareille circonstance, le nom et l'adjectif ont une liaison tellement intime entre eux, qu'ils semblent ne faire qu'un seul et même mot, déterminé par *quelque*. C'est comme si l'on disait : *Bien que la nature donne* QUELQUES GRANDS-AVANTAGES; *quoique les hommes se flattent de* QUELQUES GRANDES-DISTINCTIONS.

2° Il est *invariable*, lorsqu'il précède un adjectif ou un participe (1) immédiatement suivi de *que* : QUELQUE méchants QUE *soient les hommes.*

Quelque alors modifie l'adjectif qui suit, et est l'élément d'une expression adverbiale dont toutes les autres parties sont sous-entendues, ainsi que le prouve incontestablement l'analyse suivante : A QUELQUE *degré* QUE *les hommes soient* MÉCHANTS. C'est pour rendre l'expression plus rapide qu'on a supprimé la préposition *à* et le mot *degré*

EXERCICE PHRASÉOLOGIQUE.

Quelque faible génie que.
Quelque bel enfant que.
Quelque grande récompense que.
Quelque doux espoir que.
Quelque folle entreprise que.
Quelque riche moisson que.

Quelques légers zéphirs que.
Quelques méchants hommes que.
Quelques vertueuses filles que.
Quelques bonnes lois que.
Quelques précieux bijoux que.
Quelques fidèles amis que.

Quelque spirituelles que soient ces dames.
Quelque bonnes qu'on les dise.
Quelque savants qu'ils paraissent.
Quelque certains que soient nos projets.
Quelque flatteuses que soient vos espérances.
Quelque jolis que soient ces enfants.

EXEMPLES.

Quelque fins *politiques* que fussent Burrhus et Sénèque, ils ne purent découvrir le fond du cœur de Néron.
(SAINT-RÉAL.)

Quelque bons *traducteurs* qu'ils soient, ils ne comprendront pas ce passage.
(BONIFACE.)

---

(1) Nous pourrions ajouter *et un nom employé adjectivement.*

N° CCXXIV.

Quelque DEVANT UN ADVERBE.

EXEMPLE.

Quelque *heureusement* doués que nous soyons, nous ne devons pas en tirer vanité.
(BONIFACE.)

ANALYSE.

(A) *quelque* (degré) que nous soyons heureusement doués, nous ne devons pas en tirer vanité.

Quelque suivi immédiatement d'un adverbe est invariable, et l'analyse que nous avons donnée nous en montre la raison.

EXERCICE PHRASÉOLOGIQUE.

Quelque adroitement qu'ils aient agi.
Quelque bien qu'elles se conduisent.
Quelque mal que nous agissions.

Quelque prudemment qu'ils s'y prennent.
Quelque grandement qu'ils aient été récompensés.
Quelque savamment que vous parliez.

N° CCXXV.

Quelque DANS LE SENS D'environ.

EXEMPLES.

Alexandre perdit *quelque* trois cents hommes, lorsqu'il défit Porus.
(D'ABLANCOURT.)

Quel âge avez-vous ? Vous avez bon visage !
Eh ! *quelque* soixante ans.
(RACINE.)

ANALYSE.

Alexandre perdit trois cents hommes (à) *quelque* (nombre près).

Quel âge avez-vous ? vous avez bon visage. Eh ! (j'ai) soixante ans (à) *quelque* (temps près).

Cette analyse nous révèle le sens précis de ces expressions elliptiques, et nous fait connaître que le mot *quelque* n'est jamais autre chose qu'un adjectif qui, dans quelque cas que ce soit, doit toujours se rattacher à un nom. En se bornant à dire que *quelque*, dans les exemples cités, signifie *environ*, on n'apprend rien aux élèves ; il faut absolument leur en faire voir l'analyse complète.

EXERCICE PHRASÉOLOGIQUE.

Il y a quelque huit cents ans qu'il vivait.
Elle a dépensé quelque trois cents louis.

Il a vécu quelque quatre-vingts ans.
Ce général a perdu quelque cents hommes.

N° CCXXVI.

QUELCONQUE.

MASCULIN.

Toutes les jouissances sont toujours précédées d'un travail *quelconque*.
(Mme CAMPAN.)

FÉMININ.

On peut exprimer à volonté des silences d'une durée *quelconque*.
(J.-J. ROUSSEAU.)

La vie étant dans chacune des parties, elle peut se trouver dans un tout, dans un assemblage *quelconque* de ces parties. (Buffon.)

Deux points *quelconques* étant donnés.
(Académie.)

On veut s'entendre, dit-on, sur la marche à suivre dans la séance de mercredi. S'entendre! On délibérera donc; il y aura donc une discussion et une décision *quelconque*; il y aura donc un président pour donner la parole. (J. des Débats.)

L'adjectif *quelconque* s'écrit en un seul mot et *quel* ne varie pas; il sert pour les deux genres et les deux nombres, et se place toujours après le substantif. Au pluriel il prend seulement *s*.

EXERCICE PHRASÉOLOGIQUE.

Il n'y a homme quelconque.
Il n'est prière quelconque.
Il n'y a mal quelconque.
Il n'y a raison quelconque.

Un projet quelconque.
Une idée quelconque.
Deux termes quelconques.
Deux lignes quelconques.

N° CCXXVII.

PAS UN.

Je regarde les nations modernes : j'y vois force lois et *pas un* législateur.
(J.-J. Rousseau.)

Nous avions déjà tous interrogé notre chance de royauté; *pas un de nous* n'avait trouvé la fève.
(Jules Janin.)

Il se trouva que sur tous essayée,
A *pas un d'eux* elle ne convenait.
(La Fontaine.)

Peu de volumes paraissent, de gros livres *pas un*, et pourtant tout le monde lit.
(P.-L. Courier.)

Pas un ne le dit.
(Lavaux.)

Pas une expérience ne lui a réussi.
(Académie.)

Il faut absolument qu'on m'ait ensorcelé.
Si j'en connais *pas un*, je veux être étranglé.
(Racine.)

Combien mon cher, avez-vous bien d'années ?
Pas une, reprit-il. — J'aime fort ses pensées.
Nous n'avons pas celles qui sont passées.
Et l'avenir n'est pas encore à nous.
(Lamartinière.)

Tous, sans exception, regardent la tanière,
Pas un ne marque de retour.
(La Fontaine.)

On a mille remèdes pour consoler un honnête homme et pour adoucir son malheur, mais on n'en trouve *pas un* pour alléger celui du méchant.
(La Bruyère.)

Il n'y a *pas un* homme qui ose dire cela.
(Lavaux.)

Il n'y avait *pas une* âme.
(Académie.)

Les expressions *pas un*, *pas une*, indiquent une exclusion plus générale qu'*aucun*, *aucune*. Elles peuvent être suivies ou non suivies d'un substantif, et s'emploient aussi d'une manière relative, comme dans *pas un de nous*.

EXERCICE PHRASÉOLOGIQUE.

Pas un élève.
Aussi savant que pas un.

Pas une actrice.
Pas une femme.

Je n'en ai pas une.
Aussi modeste que pas une.

Je n'en ai pas une.
Pas une fleur.

N° CCXXVIII.

MÊME.

GENRE ET NOMBRE.

DEVANT LE SUBSTANTIF.	APRÈS LE SUBSTANTIF.
Tous les galériens, en effet, se voient absolument du *même* œil; car le malheur est comme la mort, il met de niveau tous les hommes. (DUPATY.)	C'est du *sein même* du mouvement que naît l'équilibre des mondes et le repos de l'univers. (BUFFON.)
Est-il bien facile de mettre de l'intérêt dans une scène, entre deux ou trois interlocuteurs qui parlent tous de la *même chose* ? (FLORIAN.)	Si la *vertu même*, et si la gloire ne nous rendent heureux, ce qu'on appelle bonheur vaut-il nos regrets? (VAUVENARGUES).
Le peuple et les grands n'ont ni les *mêmes vertus*, ni les *mêmes vices*. (VAUVENARGUES.)	Dès que deux amants sont d'accord, les *montagnes mêmes* se séparent pour leur ouvrir un passage. (LESAGE.)
Les souverains peuvent avoir plus ou moins de puissance; mais ils ont partout les *mêmes devoirs* à remplir. (MALESHERBES.)	Les *écorces mêmes* des végétaux sont en harmonie avec les températures de l'atmosphère. (BERNARDIN DE ST-PIERRE.)

Placé avant ou après un nom, le mot *même* est adjectif et prend le nombre du substantif auquel il est joint; mais sa position, devant ou après le substantif, lui donne un sens bien différent, et si l'on disait : *C'est la même vertu* pour *c'est la vertu même*, on ferait entendre tout le contraire de sa pensée.

Dans les exemples de la première colonne, *même* marque la similitude : le MÊME homme, la MÊME femme; les MÊMES hommes, les MÊMES femmes. Dans ceux de la seconde il exprime un rapport d'identité : les hommes MÊMES, les femmes MÊMES. C'est-à-dire les hommes eux-MÊMES, les femmes elles-MÊMES.

Même ne varie pas sous le rapport du genre.

EXERCICE PHRASÉOLOGIQUE.

Le même habit.	Les mêmes habits.	Le roi même.	Le roi lui-même.
La même plante.	Les mêmes plantes.	Ces murs mêmes.	Ces murs eux-mêmes.
Le même éloge.	Les mêmes éloges.	La croix même.	Les croix elles-mêmes.
La même loi.	Les mêmes lois.	Les soldats mêmes.	Les soldats eux-mêmes.
Le même ouvrage.	Les mêmes ouvrages.	Les femmes mêmes.	Les femmes elles-mêmes.
La même raison.	Les mêmes raisons.	Les officiers mêmes.	Les officiers eux-mêmes.

N° CCXXIX.

Même JOINT A UN PRONOM.

SINGULIER.	PLURIEL.
Je dis quelquefois en *moi-même* : La vie est trop courte pour que je m'en inquiète. (VAUVENARGUES.)	Comment prétendons-nous qu'un autre garde notre secret, si nous ne pouvons le garder *nous-mêmes*. (LAROCHEFOUCAULD.)

Toi-même, ô mon fils, mon cher fils ! *toi-même* qui jouis maintenant d'une jeunesse si vive et si féconde en plaisirs, souviens-toi que ce bel âge n'est qu'une fleur.
(Fénelon.)

Qu'il est grand d'être toujours plus fort que *soi-même*.
(Massillon.)

Pour la passion de l'avarice, l'avare ne se la cache qu'à *lui-même*.
(Id.)

Phèdre, atteinte d'un mal qu'elle s'obstine à taire, Lasse enfin d'*elle-même* et du jour qui l'éclaire, Peut-elle, contre vous, former quelques desseins?
(Racine.)

Vous qui méprisez les opinions religieuses, et qui vous dites supérieurs en lumières, venez et voyez *vous-mêmes* ce que peut valoir, pour le bonheur, votre prétendue science.
(Necker.)

Il se trouve toujours des hommes qui ont assez de courage ou de mépris d'*eux-mêmes* pour exposer leur vie par l'appât du plus vil intérêt.
(Buffon.)

Le prince de Condé demandait que les églises réformées fissent sur *elles-mêmes* une imposition.
(Anquetil.)

Lorsqu'il se trouve placé après un nom personnel ou pronom, *même* est encore adjectif et s'identifie, en quelque sorte, avec son antécédent, dont il prend le nombre : *Nous-mêmes, eux-mêmes, toi-même* (1).

Dans cette circonstance, on ne saurait se dispenser de mettre le trait d'union qui rend ces deux mots comme inséparables.

EXERCICE PHRASÉOLOGIQUE.

J'ai été moi-même sur le point de me fâcher.
Toi-même tu m'as injurié.
Peut-on se connaître soi-même.
Cet homme prononça lui-même sa condamnation.
Cette jeune fille demanda elle-même la grâce de son père.

Ces enfants se sont corrigés eux-mêmes.
Ces dames elles-mêmes sont descendues.
Ces princes se sont expatriés d'eux-mêmes.
Nous ne voyons pas nous-mêmes nos défauts.
Nous nous fîmes tort à nous-mêmes en parlant trop.

N° CCXXX.

Nous-même, vous-même EXPRIMANT L'IDÉE D'UNITÉ.

Va; mais *nous-même*, allons, précipitons nos pas, Qu'il me voie attentive au soin de son trépas.
(Racine.)

Mais *vous-même*, ma sœur, est-ce aimer votre père, Que de lui faire en vain cette injuste prière?
(Id.)

C'est votre temps, ce sont vos soins, vos affections, c'est *vous-même* qu'il faut donner.
(J.-J. Rousseau.)

Vous seul pouvez parler dignement de *vous-même*.
(Voltaire.)

Dans ces exemples, *même* est invariable, quoiqu'il se trouve en rapport avec les pronoms *nous, vous*. En effet, il ne s'agit, dans chaque phrase, que d'une seule personne qui se parle à elle-même ou à qui l'on parle.

Lorsque Roxane dit : *Va; mais* NOUS-MÊME *allons, précipitons nos pas*, elle ne songe qu'à elle seule; elle n'a qu'elle seule en vue.

---

(1) Les poètes ne se sont pas toujours astreints à cette règle, soit par négligence, soit à cause de la rime ou de l'élision des voyelles. En voici quelques exemples :

Elles-même aux railleurs dénonçant leurs maris.
(Gilbert.)

Soyons vrais, de nos maux n'accusons que *nous-même*.
Votre amour fut aveugle et mon orgueil extrême.
(La Harpe.)

Loin de moi les mortels assez audacieux,
Pour juger, par *eux-même* et voir tout par leurs yeux.
(Voltaire.)

On porte jusqu'aux cieux leur justice suprême :
Adorés de leur peuple, ils sont des dieux *eux-même*.
(Id.)

Nous-même signifie *moi-même*, comme *vous-même* dans les autres exemples, veut dire *toi-même*.

L'idée d'unité est donc spécialement attachée ici aux noms personnels *nous, vous*. C'est ce qui a déterminé l'invariabilité de l'adjectif *même*.

EXERCICE PHRASÉOLOGIQUE.

Nous-même courons au secours de notre enfant.
Écoutons nous-même afin de surprendre notre mari.

Vous-même, jeune fille, craignez l'amour.
Écrivez vous-même ce billet.

N° CCXXXI.

Même SE RAPPORTANT A UN NOM PRÉCÉDEMMENT EXPRIMÉ.

EXEMPLES.	ANALYSE.
Le nombre des galériens est à peu près le *même* tous les ans. (Dupaty.)	Le nombre des galériens est à peu près le *même* (nombre) tous les ans.
Les symptômes ne furent pas partout les *mêmes*. (Sismondi.)	Les symptômes ne furent pas partout les *mêmes* (symptômes).
La manière d'amener ces petits morceaux de poésie est malheureusement toujours la *même*. (Florian.)	La manière d'amener ces petits morceaux de poésie est malheureusement toujours la *même* (manière).
Mais depuis le moment qu'Élisabeth eût découvert la tristesse de ses parents, ses pensées ne furent plus les *mêmes*. (Mme Cottin.)	Mais depuis le moment qu'Élisabeth eût découvert la tristesse de ses parents, ses pensées ne furent plus les *mêmes* (pensées).

Le même, la même, les mêmes entraînent après eux l'idée d'un substantif sous-entendu.

C'est donc à tort que les grammairiens les supposent employés substantivement; car notre analyse prouve, d'une manière convaincante, que ce sont de véritables adjectifs.

Les symptômes ne furent pas partout les mêmes. Sans contredit, l'esprit ne fait aucun effort pour trouver que le mot *symptômes* est sous-entendu, et que l'adjectif *les mêmes* s'y rapportant, doit en prendre le nombre.

EXERCICE PHRASÉOLOGIQUE.

Cet homme n'est plus le même.
Elle n'était plus la même.
Ses talents ne sont plus les mêmes.
Ses grâces sont les mêmes.
Sa folie n'est plus la même.
Ces ministres ne sont pas les mêmes.
Cet homme n'est plus le même.
Son écriture n'est plus la même.

N° CCXXXII.

Même EMPLOYÉ ADVERBIALEMENT.

APRÈS UN VERBE.

Nous ne devons pas fréquenter les impies, nous devons *même* les éviter comme des pestes publiques.
(Cité par Girault-Duvivier.)

DEVANT UN SUBSTANTIF.

Leurs vertus et *même* leurs *noms* étaient ignorés
(Bernardin de St.-Pierre.)

On cesse de s'occuper d'infortunés qu'on ne voit point, et on *finit* *même* par les oublier tout-à-fait.
(Mme COTTIN.)

Comment croire que les besoins physiques, qui *ébranlent* *même* les saints, ne sont que de faibles accessoires de la vie humaine ?
(BERNARDIN DE ST.-PIERRE.)

Ils s'exerçaient à faire usage des armes à feu, et à *exécuter* *même* des manœuvres prises de la tactique des Grecs, qui sont nos maîtres presque en tout genre.
(*Id.*)

Nos dogmes, *même ceux* que la raison ne peut comprendre, sont rendus croyables par la raison.
(DE LA LUZERNE.)

Les hommes, les animaux, et *même* les *plantes*, sont sensibles aux bienfaits.
(Cité par GIRAULT-DUVIVIER.)

Frappez et Tyriens et *même* Israélites.
(RACINE.)

Ici *même* ne se rapporte à aucun substantif énoncé dans la phrase; il modifie les verbes ou les adjectifs, et est un abrégé de l'expression adverbiale : (*de la*) MÊME (*manière*), ou plutôt du vieux mot français *mêmement*. Nous DEVONS MÊME *éviter*, c'est donc pour *nous* DEVONS MÊMEMENT, ou *de la* MÊME *manière éviter*, etc. — *Leurs vertus, et* MÊME *leurs noms étaient ignorés*, c'est comme s'il y avait : *Leurs vertus étaient ignorées et* (*leurs noms étaient*) IGNORÉS *de* MÊME.

Même, comme on le voit, ne réveille ici aucune idée de *similitude* ni d'*identité*; il indique une idée d'*extension*, de *modification*, qui tombe ou sur un verbe ou sur un adjectif, et a pour équivalent les mots *aussi, de plus, jusqu'à*, etc.

Ainsi employé, *même* est constamment INVARIABLE, quels que soient les mots qui le précèdent ou le suivent.

EXERCICE PHRASEOLOGIQUE.

Je dois même les secourir.   Ils vont même les congédier.   Leurs vices et même leurs vertus.   Les hommes et même les dieux.
Nous voulons même les gronder.   Vous pouvez même les prendre.   Les animaux et même les plantes.   Les dieux et même les hommes

N° CCXXXIII.

Même PLACÉ DEVANT OU APRÈS UN ADJECTIF OU UN PARTICIPE.

AVANT.

Il faut être en garde contre les écrivains *même accrédités*.
(BERNARDIN DE ST.-PIERRE.)

On fait souvent vanité des passions, *même* les plus *criminelles*.
(LAROCHEFOUCAULD.)

Tout citoyen doit obéir aux lois, *même injustes*.
(BERNARDIN DE ST.-PIERRE.)

APRÈS.

Nos méthodes savantes nous cachent les vérités naturelles *connues même* des simples bergers.
(BERNARDIN DE ST.-PIERRE.)

Les animaux, les plus *sauvages même*, nous offrent des exemples de la reconnaissance.
(Cité par BONIFACE.)

Ses remords ont *paru même* aux yeux de Narcisse.
(RACINE.)

Même est également invariable toutes les fois qu'il est placé devant ou après un adjectif, et la raison de cette invariabilité, c'est qu'il exprime une modification qui, au lieu de tomber sur le substantif, s'applique au verbe ou à l'adjectif énoncé dans la phrase, comme va le prouver notre analyse.

Il faut être en garde contre les écrivains MÊME *accrédités*. Analyse : *il faut être en garde contre les écrivains*, (*et il* FAUT) MÊME (*être en garde contre ceux qui sont*) *accrédités*. *Nos méthodes savantes nous cachent les vérités naturelles* MÊME *des simples bergers*. Analyse : *nos méthodes savantes nous cachent les vérités naturelles* (*connues non*

seulement d'une certaine classe d'hommes, mais) CONNUES MÊME *des simples bergers.*
On fait souvent vanité des passions, MÊME *les plus criminelles.* Analyse : *on fait souvent vanité des passions* (et l'on FAIT) MÊME (*vanité des passions*) *les plus criminelles.*

EXERCICE PHRASÉOLOGIQUE.

Les écrivains même les plus célèbres.
Les écoliers même les plus dociles.
Les fruits même les plus mûrs.
Les fleurs même les plus jolies.

Les jeunes filles les plus sages même.
Les écoliers les plus dociles même.
Les fruits les plus mûrs même.
Les fleurs les plus jolies même.

N° CCXXXIV.

Même VARIABLE OU INVARIABLE APRÈS UN SUBSTANTIF.

VARIABLE.

Ce mensonge n'a rien qui ne soit innocent. Les *dieux mêmes* ne peuvent le condamner, il ne fait aucun mal à personne. (FÉNELON.)

Il est aisé à un traducteur de se tirer des *endroits mêmes* qu'il n'entend pas. (BOILEAU.)

On ne donnerait pas aujourd'hui un soufflet sur la joue d'un héros. Les *acteurs mêmes* sont très-embarrassés à donner ce soufflet. (VOLTAIRE.)

Les *rochers mêmes* et les plus farouches animaux sont sensibles à de touchants accords. (GRESSET.)

INVARIABLE.

La faiblesse aux humains n'est que trop naturelle ; Les *dieux même*, les dieux de l'Olympe habitants, Qui d'un bruit si terrible épouvantent les crimes, Ont brûlé quelquefois de feux illégitimes. (RACINE.)

Je crois en trouver la raison jusque dans les beaux *endroits même* de la Sophonisbe de Corneille. (VOLTAIRE.)

On ne méprise point un charpentier, au contraire, il est bien payé et bien traité ; les bons *rameurs même* ont des récompenses sûres et proportionnées à leurs services. (FÉNELON.)

Les *divertissements même* de Pierre-le-Grand furent consacrés à faire goûter le nouveau genre de vie qu'il introduisit parmi ses sujets. (VOLTAIRE.)

Nous avons dit, page 303, que *même*, placé après un substantif, est variable. Cependant nous voyons qu'en ce cas il peut ou non varier selon les vues de l'esprit.

Dans le premier exemple de la première colonne, *les dieux* MÊMES signifie en effet *les dieux eux-mêmes*. Ce *mêmes* modifiant le substantif *dieux* a dû nécessairement en prendre le nombre. En latin il s'exprimerait par *ipsi*, et n'est là que pour l'énergie.

Dans l'exemple opposé : *les dieux* MÊME *ont brûlé* il y a inversion ; c'est pour *les dieux ont brûlé mÊme, de la même manière, aussi,* etc. (1). *Même* modifie, non le substantif *dieux*, mais le verbe *ont brûlé, ont brûlé* MÊME. Il doit donc être invariable.

On peut appliquer le même raisonnement à tous les autres exemples de l'une et de l'autre colonne.

Ainsi, pour nous résumer, nous dirons que, quelque place que *même* occupe dans la

---

(1) Lemare ne paraît pas avoir mieux compris que les autres grammairiens la véritable fonction de *même* adverbe. L'analyse qu'il en donne le prouve jusqu'à l'évidence. Dans *les dieux même ont brûlé, même* n'est point, dit-il, un pléonasme qui ajoute à la force de l'expression, mais c'est un mot nécessaire pour montrer la gradation : *Les mortels ont brûlé de feux illégitimes, et* MÊME OU MÊMEMENT *les dieux.*

Même ne marque nullement la gradation ; il modifie seulement le mot *brûlé ; les dieux ont brûlé* DE MÊME *que les mortels de feux illégitimes.* Lemare est sans contredit le plus profond de nos grammairiens, mais il s'en faut que l'analyse lui ait révélé tous ses secrets.

(340)

phrase, il doit être invariable, s'il peut se tourner par *mêmement, aussi, jusqu'à, de plus*; et variable dans tout autre cas (1).

EXERCICE PHRASÉOLOGIQUE.

| Les dieux mêmes. | Les dieux même. | Les poètes mêmes. | Les poètes même. |
| Les écrivains mêmes. | Les écrivains même. | Les plaisirs mêmes. | Les plaisirs même. |

N° CCXXXV.

Ceux mêmes, ceux même, celles mêmes, celles même, ETC.

Ceux mêmes.

Respectons cette grandeur dangereuse à ceux qui s'en approchent, et cette autorité fatale à *ceux mêmes* qui l'exercent. (LA BEAUMELLE.)

Le sénat se trouve composé de *ceux mêmes* qui s'opposaient le plus à la loi. (SAINT-RÉAL.)

C'est une maladie contagieuse qui a flétri *ceux là mêmes* à qui elle n'a pas donné la mort. (FRAYSSINOUS.)

Ceux même.

Ni les motifs de la religion, ni *ceux même* du monde ne peuvent nous détacher. (MASSILLON.)

Ceux même qu'il servit ne le défendront pas. (GRESSET.)

Ils ne suivent donc pas constamment leurs lois primitives ; et *celles même* qu'ils se donnent, ils ne les suivent pas toujours. (MONTESQUIEU.)

Même, lorsqu'il est précédé de *ceux, celles, ceux-là, celles-là*, varie ou ne varie pas selon le point de vue de l'esprit. Il varie si on le considère comme adjectif; et reste invariable, employé comme adverbe. Dans *ni les motifs de la religion, ni ceux* MÊME, etc., il y a inversion; c'est pour : *ni les motifs de la religion, ni* MÊME *ceux*, etc.

EXERCICE PHRASÉOLOGIQUE.

| Ceux même. | Ceux mêmes. | Ceux-là mêmes. | Ceux-là même. |
| Celles mêmes. | Celles mêmes. | Celles-là mêmes. | Celles-là même. |

N° CCXXXVI.

AUTRE.

GENRE, NOMBRE ET EMPLOI.

SUIVI D'UN SUBSTANTIF.

Les anciens ne croyaient pas qu'il y eût un *autre* monde.
(Cité par GIRAULT-DUVIVIER.)

NON SUIVI D'UN SUBSTANTIF.

Le temple de Salomon ayant été détruit, on en rebâtit un *autre* par l'ordre de Cyrus.
(Cité par GIRAULT-DUVIVIER.)

---

(1) Cette règle a souvent été violée par les poètes, et il n'en pouvait guère être autrement, à cause de la rime. En voici plusieurs exemples.

Jusqu'ici la fortune et la victoire *mêmes*,
Cachaient mes cheveux blancs sous trente diadèmes. (RACINE.)
Ici, dispensez-moi du récit des blasphèmes
Qu'ils ont vomis tous deux contre Jupiter *mêmes*. (CORNEILLE.)

Amour.....
C'est l'inventeur des tours et stratagèmes.
J'en ai bien lu, j'en vois pratiquer *mêmes*,
Et d'assez bons.
(LA FONTAINE.)

Une femme ne communique jamais si promptement la perversité de son cœur qu'à une *autre femme*.
(Héloïse.)

Un jour en aveugle il (l'homme) refuse
Ce que, mal à propos, il veut en d'*autres temps*.
(Lenoble.)

Il faut purger son âme de la colère, de la crainte, de la tristesse et des *autres passions* qui y portent le trouble ; c'est le moyen de montrer de la constance et de conserver de la dignité.
(Le père de Louis XVI.)

...Qu'une femme pleure, *une autre* pleurera,
Et toutes pleureront, tant qu'il en surviendra.
(Destouches.)

Ainsi une première victoire doit en amener d'*autres*.
(Barthélemy.)

Quand une passion forte s'allume en nous, elle en fait quelquefois naître d'*autres*, comme la chaleur fait éclore plusieurs germes...
(Lingrée.)

L'adjectif *autre*, des deux genres et des deux nombres, sert à distinguer les personnes et les choses, et s'emploie avec l'article ou ses équivalents.

Cependant il y a une différence bien marquée entre *autre* précédé de l'article et *autre* précédé de l'adjectif numéral *un*. Les exemples suivants justifieront cette observation. *Le ciel s'enflamma d'un pôle à l'autre*. Si l'on disait *d'un pôle à un autre*, cela signifierait *d'un pôle à un des autres pôles*, ce qui n'est pas possible. *Un autre* a donc le sens de *un parmi plusieurs autres*, et *l'autre* veut dire *un second*. L'article *le* restreint l'idée et indique le cercle où elle doit se renfermer. Après avoir demandé un livre, je dirai fort bien : Donnez-m'en *un autre*, c'est-à-dire *un livre différent*, ce qui ne limite pas le nombre. Au contraire, après avoir dit : *Donnez-moi une main*, je dirai : *Donnez-moi l'autre*, et non pas *une autre*, parce que l'on n'a que deux mains. *Autre* marque aussi la ressemblance. *C'est un* AUTRE *Alexandre, cette ville est un* AUTRE *Paris*.

Généralement *autre* est suivi d'un substantif ; mais la seconde colonne nous montre que ce même substantif se supprime quand il a été précédemment énoncé, ou bien quand *autre* est pris dans un sens vague et indéterminé, comme dans les exemples suivants :

Je suis père, seigneur, et faible comme *un autre*.
(Racine.)

D'*autres* me répondront et d'elle et de Burrhus.
(Id.)

Une autre cependant a fléchi son audace.
(Racine.)

Nous avons beau jeter nos fautes sur *les autres*,
Tôt ou tard nous en patissons.
(Lamotte.)

EXERCICE PHRASÉOLOGIQUE.

Un autre parapluie.
D'autres lits.
Un autre le dira.
D'autres en auront soin.

Une autre chambre.
D'autres maisons.
Une autre m'aimera.
Quand les autres rient.

Donnez-m'en un autre.
J'en veux une autre.
En voici d'autres.
Prenez-en d'autres.

N° CCXXXVII.

Autre RÉPÉTÉ.

SUIVI IMMÉDIATEMENT D'UN SUBSTANTIF.

Autre chose est l'administration passagère et souvent orageuse d'une régence, et *autre chose* une forme de gouvernement durable et constante qui doit faire partie de la constitution de l'État.
(J.-J. Rousseau.)

NON SUIVI IMMÉDIATEMENT D'UN SUBSTANTIF.

Autres sont les *temps* de Moïse, *autres* ceux de Josué et des Juges, *autres* ceux des Rois, *autres* ceux où le peuple a été tiré d'Egypte, *autres* ceux où il a conquis la terre promise, *autres* ceux où il a été rétabli par des miracles visibles.
(Bossuet.)

On parlait latin et longtemps devant des femmes et des marguilliers ; *autre temps, autre usage.*
(La Bruyère.)

D'autres temps, d'autres soins.
(Racine.)

Autre est la *ville* de Vienne en Autriche, et *autre* est la *ville* de Vienne en Dauphiné.
(Académie.)

Autre est le *plaisir* que nous donne une comédie, *autre* celui que nous donne une tragédie.
(Bernardin de St-Pierre.)

Autre, lorsqu'il se répète, peut, comme on le voit, être ou non immédiatement suivi d'un substantif. Dans l'un et l'autre cas il y a tout à la fois inversion et ellipse : *Autre chose est l'administration passagère d'une régence et autre chose une forme de gouvernement durable*, c'est-à-dire *l'administration passagère d'une régence est* AUTRE CHOSE qu'une forme de gouvernement durable) *et une forme de gouvernement durable* (est) AUTRE CHOSE (que l'administration passagère d'une régence). La même analyse peut s'appliquer à toutes les phrases semblables.

EXERCICE PHRASÉOLOGIQUE.

Autre chose est... autre chose...
D'autres chefs... d'autres...

Autre est le plaisir... autre celui...
Autres sont les temps... autres ceux...

CHAPITRE IV.

DU PRONOM.

N° CCXXXVIII.

NATURE DU PRONOM. — SA DÉFINITION.

L'âne se mit à paître :
Il était alors dans un pré,
Dont l'herbe était fort à son gré.
(La Fontaine.)

Pends-*toi*, brave Crillon, *nous* avons combattu à Arques et *tu* n'y étais pas. (Henri iv.)

Au lieu de dire : *L'âne se mit à paître* : il *était alors dans un pré,* dont *l'herbe était fort à son gré,* on pourrait dire : *L'âne se mit à paître, l'âne était alors dans un pré, l'herbe* du pré *était fort à son gré.* Le mot *il* tient donc la place du substantif *pré.* Le mot *dont* tient également la place de ce substantif. Les mots *il* et *dont* sont des *pronoms,* c'est-à-dire des mots tenant la place d'un nom ou substantif.

Ainsi le *pronom* est un mot qui tient la place du nom ou substantif.

A en juger par l'étymologie, le *pronom* proprement dit est un mot qui n'a par lui-même aucune signification, et qu'on met à la place d'un nom précédemment énoncé, pour le remplacer, et en éviter la répétition.

Dès que le pronom tient la place d'un nom, c'est une conséquence qu'il en réveille l'idée telle qu'elle est, telle que le nom la réveillerait lui-même, c'est-à-dire sans y rien ajouter, et sans en rien retrancher. Un mot employé au figuré peut être substitué à un mot pris dans le sens propre : *voile,* par exemple, à *vaisseau.* Dans ce cas on substitue d'autres idées, et *voile* est employé pour une tout autre raison que pour tenir la place de *vaisseau; voile* n'est donc pas un *pronom.*

Mais lorsqu'après avoir parlé d'*Alexandre* et de son passage en Asie pour combattre les Perses, on dit qu'*il les subjugua,* et qu'*il renversa leur empire,* les mots *il* et *les,* mis à la place des noms *Alexandre, Asie, Perses,* ont chacun la même signification que les noms dont ils rappellent l'idée : ce sont des *pronoms.* Quelquefois encore le *pronom* tient lieu d'une phrase entière; par exemple, si l'on me dit : *Avez-vous vu la belle maison de campagne que M. le comte a achetée?* et que je réponde *je* l'*ai vue,* le *pronom l'* ne tient pas la place du seul mot *maison,* mais de ce mot accompagné de toutes ses modifications, de *la belle maison de campagne que M. le comte a achetée.*

Le sens exige encore que, dans quelques cas, le *pronom* tienne lieu d'une phrase construite différemment de celle dont il prend la place : *Voulez-vous que j'aille vous voir? je le veux,* c'est-à-dire, *je veux que vous veniez me voir.*

Les *pronoms* sont d'un grand avantage dans les langues : ils épargnent des répétitions qui seraient insupportables ; ils répandent sur tout le discours plus de clarté, de variété et de grâce.

N° CCXXXIX.

DES DIFFÉRENTES SORTES DE PRONOMS.

.... Le chien, mourant de faim,
Lui dit : Cher compagnon, baisse-*toi*, *je te* prie,
Je prendrai mon dîner dans le panier au pain.
(La Fontaine.)

Une hirondelle en ses voyages
Avait beaucoup appris.....
Celle-ci prévoyait jusqu'aux moindres orages.
(La Fontaine.)

Je ne puis *me* réjouir, disait-*il*, de voir mes sujets tomber morts en se battant pour *moi* ou contre *moi* : *je* perds lors même que *je* gagne.
(Henri IV.)

Témoin ces deux mâtins *qui*, dans l'éloignement, virent un âne mort *qui* flottait sur les ondes, Ami, dit *l'un*, tes yeux sont meilleurs que *les miens*.
(La Fontaine.)

C'est à l'âne que s'adresse le chien mourant de faim ; le chien *lui* dit, c'est pour dit à *l'âne* : baisse-*toi*, c'est l'âne qui doit se baisser, *toi* désigne l'âne ; *je te* prie, c'est comme s'il disait *le chien* prie *l'âne*. Le mot *je* désigne le chien qui parle ; le mot *te* désigne l'âne à qui le chien parle. Les mots *je*, *te*, *toi*, *lui*, sont des pronoms, puisqu'ils tiennent la place des substantifs ; mais ce n'est pas là leur unique fonction.

Le chien parle, et pour se désigner lui-même il dit *je*, comme *je* prie, *je* prendrai.

Il parle à l'âne, et pour désigner l'âne, à qui il parle, il dit *te*, *toi* : *je te* prie, baisse-*toi*.

Enfin nous-mêmes nous parlons de l'âne, et pour le désigner nous disons *il*, *lui* ; comme *il* était dans un pré, le chien *lui* dit.

Le pronom *je* désigne donc celui *qui* parle, ou le premier *rôle*.

Les pronoms *te*, *toi* désignent celui *à qui* l'on parle, ou le second *rôle*.

Les pronoms *il*, *lui*, désignent la personne ou l'objet dont on parle, ou le troisième *rôle*.

Ainsi non seulement les mots *je*, *te*, *toi*, *il*, *lui*, tiennent la place chacun d'un substantif, mais encore ils indiquent le *rôle* que le substantif joue dans le discours ; car ils servent, les uns pour l'individu qui parle, les autres pour celui à qui l'on parle, les autres pour celui dont on parle.

Ces pronoms sont appelés *personnels* du mot latin *persona*, qui signifie *rôle* d'acteur, *personnage* de théâtre.

Quand La Fontaine dit :

Une hirondelle en ses voyages
Avait beaucoup appris.....
Celle-ci prévoyait jusqu'aux moindres orages.

Celle-ci est pour *cette hirondelle*, l'hirondelle que je *montre*, que je présente à votre attention.

Le mot *celle-ci* tient la place du substantif *hirondelle* accompagné de l'adjectif démonstratif *cette* ; *celle-ci* est donc un *pronom démonstratif*.

Dans cette phrase, citée plus haut :

> Ami, dit l'un, tes yeux sont meilleurs que *les miens*.

Que *les miens* veut dire que *mes yeux*, les yeux que j'ai : l'expression *les miens* tient la place du substantif *yeux* accompagné de l'adjectif possessif *mes*; *les miens* est donc un *pronom possessif*.

Reprenant ces deux autres vers également cités précédemment :

> Témoin ces deux mâtins *qui*, dans l'éloignement,
> Virent un âne mort *qui* flottait sur les ondes.

Nous voyons que *ces deux mâtins* QUI, est pour *ces deux mâtins* LESQUELS *mâtins*. Le mot *qui* tenant la place du substantif *mâtins*, est un pronom que quelques grammairiens ont appelé pronom *relatif*, et d'autres, avec plus de raison, pronom *conjonctif*.

> Ami, dit *l'un*, tes yeux sont meilleurs que les miens.

L'un, c'est-à-dire *l'un des des deux chiens* ; on parle d'un chien, mais duquel? *L'un* rappelle ici l'idée d'un chien d'une manière *indéfinie*, c'est-à-dire non déterminée; *l'un* est donc un pronom *indéfini* ou *indéterminé*.

Il y a donc cinq sortes de pronoms :

1º Les pronoms *personnels*;
2º Les pronoms *démonstratifs*;
3º Les pronoms *possessifs*;
4º Les pronoms *relatifs* ou mieux *conjonctifs*.
5º Les pronoms *indéfinis* ou *indéterminés*.

Nous ferons pour chacune de des sortes de pronoms un article séparé.

DES PRONOMS PERSONNELS.

Nº CCXL.

NATURE DES PRONOMS PERSONNELS.

Lorsqu'un arrêt sanglant aura frappé ton père,
O mon fils ! c'est à *toi* de consoler ta mère.
Tu vois où l'a conduit sa tendresse pour *nous*;
Tu connais tes devoirs; *tu* les rempliras tous.
(ANCELOT.)

Qu'*il* va lentement le navire
A qui j'ai confié mon sort !
Au rivage où mon cœur aspire,
Qu'*il* est lent à trouver un port.
(BÉRANGER.)

Nous voici deux enfants, *nous* n'avons plus de mère :
Elle mourut hier en *nous* donnant son pain.
    Elle dort où dort notre père.
Venez; *nous* avons froid, *nous* expirons de faim.
                      (Belmontet.)
Sur tes bords embaumés, tout est amour et vie ;
Et le printemps t'*y* suit de saison en saison.
                      (Béranger.)

Vers l'église portant ses pas,
Un prêtre, au jour naissant, allant à la prière,
Les voit, blanchis de neige et couchés sur la pierre,
Les appelle en pleurant... *ils* ne se lèvent pas.
                      (Belmontet.)
Les gens qui dans l'État, rouages nécessaires,
Occupent des emplois, *j'en* fais beaucoup de cas.
                      (Cas. Bonjour.)

    Les *pronoms personnels* sont ceux qui désignent spécialement les *rôles* ou *personnes grammaticales*.

    Il y a dans l'acte de la parole trois personnes ou rôles. Ces relations ont pris le nom de *personnes grammaticales*. Dans ce sens, la première personne est celle qui parle; la seconde est celle à qui l'on parle; la troisième personne est celle de qui l'on parle.

    Les *pronoms* de la première personne sont *je, me, moi*, pour le singulier, et *nous* pour le pluriel. Ils sont des deux genres : masculins, si c'est un homme qui parle; féminins, si c'est une femme : *je parle, vous me parlez; on parle de moi; nous parlons*.

    Les *pronoms* de la seconde personne sont *tu, te, toi*, pour le singulier, et *vous* pour le pluriel. Ils sont des deux genres : masculins, si c'est à un homme à qui l'on parle; féminins, si c'est à une femme : *tu parles, on te parle; on parle de toi; vous parlez*.

    Les *pronoms* de la troisième personne sont : *il, elle, lui, le, la*, pour le singulier, et *ils* ou *eux, elles, leur, les*, pour le pluriel. *Il, le, ils, eux*, sont toujours masculins; *elle, la, elles*, toujours féminins; *lui, leur* et *les*, masculins ou féminins, selon les personnes de qui l'on parle.

    Il y a encore un *pronom* de la troisième personne, *soi, se*; il est des deux genres. Nous en parlerons bientôt quant au nombre. On l'appelle *pronom réfléchi*, parce qu'il marque le rapport d'une personne à elle-même.

    Il y a deux mots qui servent de *pronoms*, savoir :

    1° *En*, qui signifie *de lui, d'elle, d'eux, d'elles*; ainsi, quand on dit : *j'en parle*, on peut entendre : *je parle de lui, d'elle, d'eux*, etc., selon la personne ou les personnes, la chose ou les choses dont le nom a été auparavant exprimé.

    2° *Y*, qui signifie *à cette chose, à ces choses*, comme quand on dit : *je m'y applique*, c'est-à-dire, *je m'applique à cette chose*, ou *à ces choses*.

    Il y a donc vingt-deux *pronoms personnels*, qui sont : *je, me, moi, nous, tu, te, toi, vous, il, ils, elle, elles, se, soi, lui, eux, leur, le, la, les, en* et *y*.

    Quelques grammairiens mettent *le, la, les, en* et *y*, dans la classe des *pronoms relatifs*; c'est une erreur. Quoiqu'ils aient toujours rapport à un antécédent, et qu'ils semblent différer par là des autres *pronoms personnels* en régime qui ne font ordinairement que la fonction de substituts, ils n'en appartiennent pas moins à cette classe. En effet, ces cinq *pronoms* sont privés des deux propriétés qui caractérisent et distinguent essentiellement les *pronoms relatifs*; la première, celle de limiter, de restreindre ou d'expliquer les mots auxquels ils se rapportent; et la seconde, celle de lier souvent de petites phrases entre elles, et de faire ainsi la fonction de conjonctions. Tout ce que ces *pronoms* ont donc de commun avec les pronoms relatifs est une relation générale à un antécédent, ce qui ne suffit pas pour les ranger dans la même classe.

    Ces mots *je* ou *moi, te, toi, il*, etc., que les grammairiens ont si improprement appelés PRONOMS, ont dû être, en toute langue, les premiers dont on ait fait usage; et si les grammairiens s'y sont trompés, cela vient de ce qu'ayant fait leurs premières observations sur des langues déjà perfectionnées, ils se sont contentés de réduire ces observations en système, sans s'appliquer à remonter à l'origine des langues, et à rechercher les lois qui ont dû présider à leur formation. Les poètes, quelquefois plus philosophes et presque toujours meilleurs observateurs de la nature, parce qu'ils la sentent mieux, les poètes n'ont pas donné dans la même erreur. Le premier mot que prononce Galatée, ouvrant ses yeux à la lumière et son âme au doux sentiment de l'existence, c'est MOI. Les grammairiens, qui trouvent dans l'invention de ce mot une métaphysique si fine et si profonde, nous paraissent avoir assez mal saisi la chose. Ce mot *moi* ne tient jamais la place des noms *Pierre*, *Henri*, etc.; et l'exemple dont ils s'autorisent ne prouve absolument rien; car si un enfant dit à sa mère : *donne cela à Henri*, *c'est pour Henri*, ou telle autre phrase, c'est qu'accoutumé à s'entendre appeler ainsi, le nom *Henri* est dans son idée synonyme du mot *moi*. L'invention de ce mot est, sans contredit, très antérieure à celle des noms propres, et les premières phrases en toute langue ont dû être : *aidez-moi*, *secourez-moi*, *vengez-moi*, et souvent aussi *aimez-moi*.

La dénomination vulgaire de *pronoms* donnée aux mots *je*, *me*, *moi*, *toi*, etc., présente une idée qui est, selon nous, directement contraire à celle qu'on doit se faire de cette espèce de mots. Car les grammairiens supposent que les pronoms ont été substitués aux mots *moi*, *toi*, *il*, etc. Nous avouons même qu'il nous est impossible de concevoir comment un homme qui aurait voulu parler de lui-même aurait imaginé de se donner les noms de *Pierre*, de *Jacques*, ou tout autre nom indirect, plutôt que de s'appeler *moi* ou *je*. Cette observation n'a pas échappé à Court de Gébelin, qui dit affirmativement : « Ces mots existent depuis la plus haute antiquité, et ils forment » nécessairement une classe séparée, parce qu'ils ont une fonction unique qui n'a rien » de commun avec celles d'aucune autre espèce de mots. »

Ces mots *je*, ou *moi* et *tu*, auront été long-temps accompagnés d'un geste qui d'abord avait servi seul à indiquer qu'on était soi-même l'objet du discours; enfin ils ont été entièrement substitués au geste. On pouvait aussi avoir à parler de plusieurs personnes et de soi-même en même temps, et de là l'invention du mot *nous*; on peut vouloir aussi adresser la parole à plusieurs individus présents, de là le mot *vous*; parler de plusieurs individus absents, à quoi on employa le mot *ils*.

Une propriété très remarquable des noms personnels, c'est que, dans plusieurs langues modernes, telles que le français, l'anglais, l'italien, l'espagnol, ils sont les seuls qui aient ce qu'on appelle des cas (1). En effet, dans notre langue, les noms personnels *je*, *tu*, *il*, deviennent *me* ou *moi*, *te* ou *toi*, *lui* ou *le*, lorsqu'ils sont considérés comme terme ou comme objet de l'action, ou bien lorsqu'ils sont subordonnés à quelque mot de l'espèce de ceux que nous avons appelés prépositions.

---

(1) On donne le nom de *cas* à certaines terminaisons que les mots prennent à raison du point de vue sous lequel on les considère dans le discours. Ainsi, dans le latin, par exemple, où tous les noms ont des cas, si la chose dont on parle est considérée comme idée principale de la phrase, comme sujet du discours, on emploie le mot qui l'exprime dans sa terminaison simple et primitive; mais si l'on considère cette chose comme l'objet de l'action du verbe, alors le mot qui l'exprime affecte une terminaison particulière. Nous nous expliquons par un exemple : le mot *patria*, en latin signifie *patrie*, et cette phrase : *La patrie m'est chère*, dans laquelle la patrie est l'idée principale, s'exprime par ces mots : *Patria mihi est cara*, si au contraire nous voulions rendre la même idée par ces mots : *J'aime la patrie*, nous dirions : *Amo patriam*, où l'on voit que la terminaison *a* du mot *patria* se change en *am*, à raison du point de vue sous lequel la patrie est considérée dans la phrase, c'est-à-dire comme l'objet du verbe.

N° CCXLI.

GENRE ET NOMBRE DE *je*, *me*, *moi*.

MASCULIN.

Je *me* suis plaint aux Dieux de voir qu'un si grand
[homme
Fût à la fois la gloire et le fléau de Rome.
(VOLTAIRE.)

Sire, répond l'agneau, que votre majesté
Ne se mette pas en colère ;
Mais plutôt qu'elle considère
Que je *me* vas désaltérant
Dans le courant,
Plus de vingt pas au-dessous d'elle.
(LA FONTAINE.)

Tout se tait, et *moi* seul, trop prompt à me troubler,
J'avance des malheurs que je puis reculer.
(RACINE.)

FÉMININ.

Je m'en vais seule au temple où leur hymen s'apprête,
Où vous n'osez aller mériter ma conquête.
(RACINE.)

Mon ami, je *me* suis instruite avec soin de ce qui
s'est passé entre vous et milord Édouard.
(J.-J. ROUSSEAU.)

Un noble orgueil m'apprend qu'étant fille de roi,
Tout autre qu'un monarque est indigne de *moi*.
(CORNEILLE.)

Le nom de la première personne a trois formes pour le singulier; ce sont : *je*, *me*, *moi*. Ces trois mots, comme on le voit, sont des deux genres : masculins, quand c'est un homme qui parle; féminins, si c'est une femme.

Nous.

Avec la liberté Rome s'en va renaître ;
Et *nous* mériterons le nom de vrais Romains,
Si le joug qui l'accable est brisé par nos mains.
(CORNEILLE.)

Que vous semble, mes sœurs, de l'état où *nous* sommes ?
(RACINE.)

Le nom pluriel de la première personne, *nous*, est également du masculin et du féminin.

N° CCXLII.

GENRE ET NOMBRE DE *tu*, *te*, *toi*.

MASCULIN.

Jeune Grec, *tu* vas entrer dans mon empire; *tu* arriveras bientôt dans cette île fortunée où les plaisirs, les ris, les jeux folâtres naissent sous nos pas.
(FÉNELON.)

Respectable ennemi qu'estiment les chrétiens,
Je reviens dégager mes serments et les tiens ;
J'ai satisfait à tout, c'est à toi d'y souscrire ;
Je *te* fais apporter la rançon de Zaïre.
(VOLTAIRE.)

FÉMININ.

Nature ! *tu* ne peux pas mentir. Dieu ne se contredit jamais dans ses œuvres. (BOISTE.)

J'ai, ma chère cousine, à *te* donner un avis qui t'importe. Hier au soir, ton ami eut avec milord Édouard un démêlé qui peut devenir sérieux.
(J.-J. ROUSSEAU.)

Je ne te dis plus rien ; vengez-moi, venge-*toi*.
Montre-*toi* digne fils d'un père tel que moi.
(CORNEILLE.)

Funeste ambition........
C'est *toi* dont les fureurs, toujours illégitimes,
Firent naître à la fois les sceptres et les crimes.
(CRÉBILLON.)

On apprend par ces exemples 1° que le nom de la seconde personne a trois formes au singulier, qui sont *tu, te, toi*; 2° qu'elles servent toutes les trois aussi bien pour le masculin que pour le féminin.

Vous.

Romains, *vous* m'entendez, *vous* savez mon espoir.
Songez à mes bienfaits, songez à mon pouvoir.
(VOLTAIRE.)

Prudes, *vous vous* devez défier de vos forces.
(LA FONTAINE.)

On voit que le nom pluriel de la seconde personne, *vous*, est aussi des deux genres.

N° CCXLIII.

GENRE ET NOMBRE DE *il, elle, le, la, lui, se, soi.*

MASCULIN.

Un homme qui s'aimait sans avoir de rivaux,
Passait dans son esprit pour le plus beau du monde ;
Il accusait toujours les miroirs d'être faux,
Vivant plus que content dans son erreur profonde.
(LA FONTAINE.)

Il est clair que notre âme a bien plus de ressort,
Pour supporter *le* mal quand on sait qu'il arrive ;
Comme pour *le* parer, elle est bien plus active.
(FABRE D'ÉGLANTINE.)

... Le plus innocent devient souvent coupable,
Quand aux yeux de son prince il paraît condamnable ;
C'est crime qu'envers *lui* se vouloir excuser.
(CORNEILLE.)

Les Dieux savent forcer le crime à *se* trahir.
(DE BELLOY.)

Je vous dis que mon fils n'a rien fait de plus sage
Qu'en recueillant chez *soi* ce dévot personnage.
(MOLIÈRE.)

FÉMININ.

Stockholm est une ville que sa situation particulière rend admirable. *Elle* se trouve située presque au milieu de la mer Baltique, au commencement du golfe Bothorque.
(REGNARD.)

Sire, prononcez donc, je suis prêt d'obéir ;
D'autres aiment la vie ; et je *la* dois haïr.
(CORNEILLE.)

On dit que la noblesse a la vertu pour mère ;
S'il est vrai, ses enfants ne *lui* ressemblent guère.
(BOURSAULT.)

Une âme accoutumée aux grandes actions,
Ne *se* peut abaisser à des soumissions.
(CORNEILLE.)

Grand Dieu ! des opprimés où serait l'espérance ;
Quel prix dans le malheur soutiendrait leur constance;
Si notre âme en quittant ce monde criminel
Ne trouvait devant *toi* qu'un néant éternel ?
(CHÉNIER.)

Par ces exemples, il est aisé de remarquer 1° qu'au singulier le nom de la troisième personne a sept formes, qui sont : *il, elle, le, la, lui, se, soi*; 2° que *il* et *le* servent pour le masculin, *elle* et *la* pour le féminin ; 3° que *lui, se, soi* s'emploient pour les deux genres.

N° CCXLIV.

GENRE EN NOMBRE DE *ils, eux, elles, les, leur, se, soi.*

MASCULIN.	FÉMININ.
Les hommes veulent tout avoir, et *ils* se rendent malheureux par le désir du superflu. (FÉNELON.) Les amants sont entre *eux* un peuple bien bizarre. (LACHAUSSÉE.) Des plus tendres amants voilà quel est le sort ! Toujours leur passion trouve un injuste obstacle ; Et pour *les* rendre heureux il faut quelque miracle. (DESTOUCHES.) Il faut compter sur l'ingratitude des hommes et ne laisser pas de *leur* faire du bien. (FÉNELON.) Les vrais ambassadeurs, interprètes des lois, Sans *se* déshonorer savent servir leurs rois. (VOLTAIRE.) Y a-t-il des corps subtils en *soi* ? (CONDILLAC.)	En Amérique, les guerres sont fréquentes et très cruelles parmi les sauvages. *Elles* naissent de l'état de faiblesse de ces petites nations, qui proportionnent toujours leurs vengeances à leurs craintes. (BERNARDIN DE ST-PIERRE.) Les grandes passions naissent dans un grand cœur ; Qui *les* sent fortement sait en être vainqueur. (DE BELLOY.) Les femmes doivent être attentives, car une simple apparence *leur* fait quelquefois plus de tort qu'une faute réelle. (GIRARD.) La sagesse et la puissance du Créateur, aussi visibles dans la structure du limaçon que dans celle du lion, *se* manifestent dans toute la nature. (BUFFON.) Seigneur, que tant de profanations que les armes traînent après *soi*, vous fassent enfin jeter des yeux de pitié sur votre église. (MASSILLON.)

Le nom pluriel de la troisième personne a donc *ils, eux* pour le masculin, *elles* pour le féminin, et *les, leur, se, soi* pour les deux genres.

EXERCICE PHRASÉOLOGIQUE.

MASCULIN et FÉMININ. SINGULIER.	MASCULIN et FÉMININ. PLURIEL.	MASCULIN et FÉMININ. SINGULIER.	MASCULIN et FÉMININ PLURIEL.
Je suis heureux (1). Je suis heureuse. Je suis bon. Je suis bonne. Je suis roi. Je suis reine. Me dire gourmand. Me dire gourmande. Moi, ingrat. Moi, ingrate.	Nous sommes grands. Nous sommes grandes. Nous sommes méchants. Nous sommes méchantes. Nous sommes amis. Nous sommes amies. Nous dire parents. Nous dire parentes. Nous, Français. Nous, Françaises.	Je suis petit. Je suis petite. Je suis fâché. Je suis fâchée. Je suis garçon. Je suis fille. Me croire instruit. Me croire instruite. Moi, vindicatif. Moi, vindicative.	Nous sommes laborieux. Nous sommes laborieuses. Nous sommes furieux. Nous sommes furieuses. Nous sommes contents. Nous sommes contentes. Nous faire pauvre. Nous faire pauvres. Nous, ennemis. Nous, ennemies.
Tu es étranger. Tu es étrangère. Tu es orphelin. Tu es orpheline. Te montrer généreux. Te montrer généreuse. Toi, mon ami. Toi, mon amie.	Vous êtes friands. Vous êtes friandes. Vous êtes ouvriers. Vous êtes ouvrières. Vous rendre savant. Vous rendre savantes. Vous, mes frères. Vous, mes sœurs.	Tu es fainéant. Tu es fainéante. Tu es extravagant. Tu es extravagante. Te dire ignorant. Te dire ignorante. Toi, mon père. Toi, ma mère.	Vous êtes voisins. Vous êtes voisines. Vous êtes dévots. Vous êtes dévotes. Vous faire riche. Vous faire riches. Vous, hommes. Vous, femmes.
Il boit. Elle boit. Lui, être honteux. Elle, être honteuse. Le chérir. La chérir. Lui donner assistance (à son prochain.) Lui adresser des prières (à la Divinité.) L'homme se déshonore. La femme se déshonore. Un avare n'aime que soi. Une femme qui ne pense qu'à soi.	Ils dorment. Elles dorment. Eux, rougir. Elles, rougir. Les aimer, les mères. Les respecter, les parents. Leur faire la guerre aux préjugés. Leur être fidèle (à ses promesses). Les citoyens se sacrifient. Les roses se flétrissent. Des corps pesants en soi. Des choses indifférentes en soi.	Il aime. Elle aime. Lui, pleurer. Elle, pleurer. Le voir. La voir. Lui souhaiter longue vie (à son père). Lui être dévoué. (à sa patrie). Le printemps se passe. La violette se cache. L'animal ne vit que pour soi. Une chose méprisable en soi.	Ils vivent. Elles vivent. Eux, donner. Les haïr, les crimes. Les craindre, les passions. Leur tendre des pièges (aux oiseaux). Leur voir des parures (aux femmes). Les hommes se disputent. Les armées se succèdent. Les vices sont honteux en soi. Les débauches traînent après soi des infirmités.

(1) Les phrases que les élèves ont à faire doivent être semblables à celles-ci : *Je suis heureux quand je fais une bonne action ; nous sommes grands envers nos inférieurs ; nous sommes petits avec nos supérieurs*, etc.

N° CCXLV.

Nous et *vous* employés pour *je* et *tu*.

EXEMPLES.	ANALYSE.
Nous *soussigné*, déclarons que le nommé Pierre a été pris les armes à la main. (ANONYME.)	Je *soussigné*, déclare que le nommé Pierre a été pris les armes à la main.
Nous ne *nous* sommes pas *cru* dans l'obligation de commencer par examiner si l'on doit instruire le peuple. (NAVILLE.)	Je ne *me* suis pas *cru* dans l'obligation de commencer par examiner si l'on doit instruire le peuple.
Nous sommes trop *persuadée* du peu d'intérêt qu'offrent ces Mémoires pour croire qu'ils méritent jamais l'attention de personne. (Mad. de P***.)	Je suis trop *persuadée* du peu d'intérêt qu'offrent ces Mémoires, pour croire qu'ils méritent jamais l'attention de personne.
Eh! qui *vous* a *chargé* du soin de ma famille? (RACINE.)	Eh! qui *t'a chargé* du soin de ma famille?
Songez bien dans quel rang *vous* êtes *élevée*. (Id.)	Songe bien dans quel rang *tu* es *élevée*.

Il y a, comme on le voit, deux formes pour représenter l'unité au moyen du pronom personnel; ce sont : *je* et *nous*, *tu* et *vous*. La politesse, l'orgueil ou l'importance de celui qui parle ou de celui à qui le discours s'adresse, ont fait supposer qu'un seul valait autant que plusieurs. De là l'admission, pour ce seul individu, des mots *vous* et *toi*, *nous* et *moi*. Ainsi, l'enfant, parlant à son père, dit en français : *vous* ou *te*, *tu*, *toi*; et le roi, qui est le chef de la nation et la représente, dit : *nous*, comme étant en quelque sorte plusieurs, ou plutôt tous en un seul.

Nous pour *moi* ou *je* se met dans les actes. Un auteur l'emploie aussi en parlant de lui-même; et cette façon de parler est plus modeste que la dernière. Cependant elle est particulièrement réservée pour les actes émanés d'un chef suprême.

Nous, employé dans certaines circonstances, dit M. Arnault, n'est véritablement qu'une multiplication du *moi*. Il ne désigne pas plusieurs personnes, mais une personne qui croit équivaloir à plusieurs.

Tous les princes chrétiens se servent du *nous* dans leurs actes, tous, excepté le roi d'Espagne, dont la signature est précédée de cette formule (*yo el rey*), *moi, le roi*.

Comment un individu a-t-il été amené à employer le pluriel de préférence au singulier, en parlant de lui?

Cela ne viendrait-il pas des Romains? Chez eux, les magistratures, à commencer par le consulat, étaient exercées collectivement par plusieurs magistrats. Le *nous* est donc le pronom qui, dans leurs actes, devait désigner ce genre d'autorité.

Lorsque, par le seul fait de la réunion des grandes magistratures dans un seul individu, on eut changé la république en monarchie, l'empereur, qui, tout à la fois consul, tribun, souverain pontife et généralissime, était prince du sénat, représentant du peuple, chef de la religion, chef de l'armée, et que n'était-il pas? l'empereur, dis-je, être collectif s'il en fut, ne devait-il pas se croire fondé à se servir du *nous* pour désigner le dépositaire de tant de pouvoirs, le représentant de tant d'intérêts? En se servant du *moi*, n'aurait-il pas fait une faute de grammaire?

Le protocole des princes s'est réglé sur celui des Césars, et les autorités inférieures n'ont pas négligé de se régler sur les princes. Le plus petit magistrat, le maire d'Asnières, par exemple, se sert aujourd'hui du *nous* tout bonnement, sans vanité, sans se douter qu'il parle comme les maîtres du monde.

Est-ce par suite de l'usage que les princes de l'Eglise ont adopté aussi l'emploi du *nous* ? Je serais tenté de le croire, car les apôtres auxquels ils succèdent ne s'en servaient pas dans leur correspondance avec les premiers fidèles. Saint Paul, dans ses épîtres, parle toujours au singulier, à moins qu'il ne soit assisté de quelques disciples, tels que Sylvain et Timothée.

L'emploi du *nous*, introduit originairement par l'orgueil, est aujourd'hui recommandé par la modestie, et le *moi* est proscrit par deux grandes autorités, par un moraliste et un chansonnier, par Pascal et Boufflers, comme portant un caractère insoutenable de présomption et de personnalité.

Cela est-il bien juste? serait-il absolument impossible de démontrer que le *moi*, qui ne caractérise pas moins la franchise que l'égoïsme, est peut-être aussi souvent que le *nous* l'expression de la modestie?

Laissons de côté les circonstances où le *nous* est adopté par l'usage, où le *nous* entre de droit dans les formules, comme certains personnages gothiques dans certaines cérémonies où ils figurent sans qu'on y fasse attention. Le *nous* n'indique là ni modestie ni orgueil ; mais est-ce par modestie que plusieurs gens l'emploient en énonçant une opinion ou une volonté particulière, à laquelle ils prêtent aussi l'autorité de plusieurs? Non sans doute, pas plus que ce n'est par courage qu'ils cherchent à couvrir la nullité de leur *moi* de l'importance de ce *nous*, derrière lequel ils se réfugient, comme un poltron derrière une ligne de grenadiers.

Quand je vois le membre d'une association quelconque se servir du *nous* dans un écrit qu'il ne signe pas, soit en attaquant des idées reçues, soit en soutenant des paradoxes, soit en dénigrant des hommes estimés, soit en prônant des hommes discrédités : je crois qu'il cherche moins à se dérober à l'honneur d'avoir émis des vérités nouvelles, qu'à faire retomber sur la coterie *sous la raison* de laquelle il correspond la responsabilité de ses hérésies ; le *nous* est là où il n'oserait mettre le *moi*.

Ce *nous*-là ne couvre-t-il pas ce *moi* contre lequel Blaise Pascal montre tant d'humeur ; ce *moi qu'il hait comme injuste en soi, en ce qu'il se fait centre de tout, et comme incommode aux autres, en ce qu'il veut les asservir.* (Pascal, art. 9, ps. 23.)

Ce *nous*-là, pronom du lâche comme de l'égoïste, équivaut au mot *on*, mot d'usage tout aussi commode, mot sous la protection duquel tant de braves s'embusquent aussi, mot si bien qualifié par le proverbe : ON *est un sot.*

On emploie *vous* au lieu de *tu* envers ses supérieurs, ses égaux et ses inférieurs. Notre courtoisie est même si grande, que nous ne dédaignons pas de donner du *vous* et du *monsieur* à l'homme de la condition la plus vile (1).

On peut tutoyer :

1° Les personnes avec lesquelles nous avons la plus intime familiarité ; telles que nos parents, nos enfants, nos frères, nos sœurs, etc. Le *tu*, en pareille circonstance, est le langage de l'amour, de l'amitié et de la fraternité.

2° Ses inférieurs, s'ils sont beaucoup au-dessous de soi : un maître peut donc fort bien tutoyer son laquais.

3° Ceux que l'on méprise ou que l'on insulte ; quelle que soit alors leur condition, on se

---

(1) Ma, Dio mel perdoni, s'écrie un Italien, quel titolar *dame*, per sino le portinaje, gente vile, dispetta, e villana, mi strazia propriamente l' orecchio, e parmi grande oltraggio di cortesia. Nous ne croyons pas devoir traduire ces paroles en français.

met bien au-dessus d'eux. C'est ainsi que le grand-prêtre Joad n'ayant plus besoin de dissimuler, dit à la reine Athalie :

.... *Tu* seras satisfaite,
Je *te* les vais montrer l'un et l'autre à la fois.

4° Ce qu'il y a de plus grand, de plus vénéré ; mais cela n'a lieu que dans le style élevé ;

Grand Dieu ! *tes* jugements sont remplis d'équité. (DESBARREAUX.)

.... O mon souverain roi !
Me voici donc tremblante et seule devant *toi*. (RACINE.)

O *toi* qui vois la honte où je suis descendue,
Implacable Vénus, suis-je assez confondue ! (*Id.*)

Le tutoiement, qui rend, dit Voltaire, le discours plus serré, plus vif, a de la noblesse et de la force dans la tragédie ; mais il doit être banni de la comédie, qui est la peinture de nos mœurs.

Il est bon de remarquer que lorsqu'on fait usage de *vous* et de *nous*, au lieu de *tu* et de *je*, les adjectifs ou participes se mettent au singulier, et revêtent le genre du nom de la personne qui parle ou à laquelle on parle, comme on peut le vérifier par les exemples que nous avons cités plus haut.

EXERCICE PHRASÉOLOGIQUE.

UN HOMME PARLANT DE LUI.	UNE FEMME PARLANT D'ELLE.	EN PARLANT A UN HOMME.	A UNE FEMME.
Nous sommes convaincu que.	Nous sommes convaincue que.	Vous êtes estimé.	estimée.
Nous sommes persuadé que.	Nous sommes persuadée que.	Vous êtes étonné.	étonnée.
Nous sommes assuré que.	Nous sommes assurée que.	Êtes-vous persuadé ?	persuadée.
Nous sommes étonné que.	Nous sommes étonnée que.	Vous êtes cruel.	cruelle.
Nous sommes surpris que.	Nous sommes surprise que.	Vous êtes savant.	savante.
Nous soussigné.	Nous soussignée.	Êtes-vous bien portant ?	bien portante.

On verra, au chapitre du verbe, lorsque nous parlerons de l'impératif, que très-souvent une personne se parlant à elle-même, fait usage de la première personne du pluriel de l'impératif, et qu'en pareil cas on ne met pas l'adjectif au pluriel : SOYONS DIGNE *de notre naissance* ; *soyons sage*.

Certainement si l'on employait le pluriel, ce serait ôter tout le charme, tout le piquant de cette façon de parler, ce serait faire même un contre-sens.

N° CCXLVI.

FONCTIONS DE *je*, *me*, *moi*.

SUJET.

Je puis faire les rois, *je* puis les déposer.
(RACINE.)

Je mourrai tout ensemble heureux et malheureux.
(CORNEILLE.)

Moi seule à votre amour *ai* su la conserver.
(RACINE.)

Personne ne souhaite plus que *moi*, monseigneur, que vous soyez un très-grand nombre d'années loin des périls inséparables de la royauté.
(FÉNELON.)

COMPLÉMENT DIRECT.

Me laisserai-je éternellement ballotter par les sophismes des mieux disants ?
(J.-J. ROUSSEAU.)

Laissez-*moi* chez les morts descendre sans rougir.
(VOLTAIRE.)

COMPLÉMENT INDIRECT.

Vous *me* parlez toujours d'inceste, d'adultère.
(RACINE.)

Muse, raconte-*moi* ces grands événements.
(DELILLE.)
Mais il est mon époux, et tu parles *à moi*.
(CORNEILLE.)

COMPLÉMENT DE PRÉPOSITIONS.

Homme rare, sur ma parole !
Avec *moi* vous en conviendrez.
(ARNAULT.)
Quoi qu'ils fassent, mes contemporains ne seront jamais rien pour *moi*.
(J.-J. ROUSSEAU.)

Une grande révolution venait de se faire en *moi*.
(J.-J. ROUSSEAU.)
Vous verrez vos époux d'abord indifférents,
Attendre de *moi* seul la fin de leurs tourments.
(AUBERT.)

Le pronom de la première personne a deux formes au singulier, pour représenter le sujet ; ce sont *je* et *moi*. La première, *je*, ne peut entrer dans le discours qu'appuyée sur le verbe dont elle désigne le sujet : *Je chante, je lis, je pleure*. La seconde, au contraire, *moi*, peut se passer de cet appui, et le plus souvent même elle n'est employée que lorsque le verbe est sous-entendu : *Personne ne souhaite plus que* MOI, c'est-à-dire : *personne ne souhaite plus que moi ne souhaite*. Dans cette phrase, où le nom personnel *moi* est le sujet du verbe *souhaite* non exprimé, on ne pourrait pas se servir du *je*. La raison en est, ce nous semble, que la forme *je* n'ayant pas un son aussi énergique que la forme *moi*, exige nécessairement l'appui d'un verbe.

Le complément direct est représenté par *me* et *moi* ; mais la différence que ces mots offrent dans leur emploi, c'est que *me* se place avant le verbe : *Il me flatte, il me frappe* ; tandis que *moi* se met toujours après les verbes : *flatte-moi, crois-moi ; frappe-moi*.

Les mêmes formes *me* et *moi* servent également pour le complément indirect ; la première précède les verbes : *Il me parle, il me donne, il me dit* ; la seconde les suit : *Parle-moi, donne-moi, dis-moi*. Le complément indirect peut aussi être indiqué par la forme *à moi* ; et même, suivant Lemare, dans ces phrases : *Donne-moi, dis-moi, parle-moi*, la préposition *à* est sous-entendue : *Parle-moi* est donc pour *parle à moi*. Et ce qui le prouve, c'est que si l'on veut attirer davantage l'attention, on rétablit l'ellipse :

Avez-vous oublié que vous parlez *à moi?* (CORNEILLE.)
Messala, songez-vous que vous parlez *à moi?* (VOLTAIRE.)

Quant à la forme que l'on doit employer après les prépositions, les exemples que nous avons cités nous font voir qu'il n'y en a pas d'autre que *moi*.

De toutes les observations que nous venons de faire, il résulte que le nom personnel *moi* peut s'employer dans tous les rapports possibles, ce qui ne peut pas arriver de *je* ni de *me*.

EXERCICE PHRASÉOLOGIQUE.

SUJET.	COMPLÉMENT DIRECT.	COMPLÉMENT INDIRECT.	COMPLÉM. DE PRÉPOSIT.
Je puis rompre.	Me comblera.	Me donner.	Par moi.
Je veux mourir.	Me punissait.	Me nuisait.	Contre moi.
Aussi modeste que moi.	Me récompenser.	Me refusait.	Chez moi.
Moi seul dai-	Me tromper.	Ne me retirez pas.	Avant moi.

N° CCXLVII.

FONCTIONS DE *nous*.

SUJET.

Nous ne vivons jamais, *nous* attendons la vie.
(VOLTAIRE.)

Personne ne connaît mieux nos défauts que *nous*.
(ANONYME.)

COMPLÉMENT DIRECT.

Le sentiment de l'innocence *nous* élève vers la divinité, et *nous* porte à la vertu.
(BERN. DE SAINT-PIERRE.)

Aidons-*nous* mutuellement,
La charge des malheurs en sera plus légère.
(FLORIAN.)

COMPLÉMENT INDIRECT.

Il faut aimer ceux qui *nous* font du bien.
(GOSSE.)

Nous nous assimilons volontiers aux hommes supérieurs *à nous*.
(BOISTE.)

COMPLÉMENT DE PRÉPOSITIONS.

Qui *de nous*, en posant une urne cinéraire,
N'a trouvé quelque ami pleurant sur un cercueil?
(V. HUGO.)

Examinons un peu, sans témoins, sans jaloux,
Tout ce que la fortune a prodigué pour *nous*.
(VOLTAIRE.)

Le pronom pluriel de la première personne, qui n'a qu'une seule forme, *nous*, peut, ainsi que le prouvent ces exemples, se trouver dans tous les rapports possibles.

Dans le premier exemple de la deuxième colonne, il est employé avec ellipse du verbe : *Personne ne connaît mieux nos défauts que* NOUS; analyse : *Personne ne connaît mieux nos défauts que* NOUS *les connaissons*. Le pronom personnel *nous* est évidemment le sujet du verbe *connaissons* sous-entendu.

EXERCICE PHRASÉOLOGIQUE.

SUJET.	COMPLÉMENT DIRECT.	COMPLÉMENT INDIRECT.	COMPLÉM. DE PRÉPOSIT.
Nous laissons.	Nous dédaigne.	Nous défendre de.	Avec nous.
Nous approuvons.	Nous attaquait.	Nous ôter de.	Contre nous.
Aussi indulgents que nous.	Condamnez-nous.	Rendez-nous.	Par nous.
Plus malheureux que nous.	Offensez-nous.	Donnez à nous.	Devant nous.

N° CCXLVIII.

FONCTIONS DE *tu*, *te*, *toi*.

SUJET.

Tu régnerais encor si *tu* l'avais voulu!
Fils de la liberté, *tu* détrônas ta mère,
Armé contre ses droits d'un pouvoir éphémère,
Tu croyais l'accabler, *tu* l'avais résolu.
(CAS. DELAVIGNE.)

Comment as-tu perdu le goût de ces plaisirs que *toi* seule étais capable de sentir et de rendre?
(J.-J. ROUSSEAU.)
Oh! mon ami, je défie qu'on trouve dans les quatre cantons un homme plus amoureux que *toi*.
(ID.)

COMPLÉMENT DIRECT.

A qui du bien d'autrui veut *te* gratifier,
Tu ne dois pas trop *te* fier.
(PERRAULT.)

Garde-*toi*, tant que tu vivras,
De juger les gens sur la mine.
(LA FONTAINE.)

COMPLÉMENT INDIRECTE.

Lyre! qui *te* rendra ta divine influence,
Et tes magiques sons qui soumettaient nos cœurs?
(Madame Tastu.)

Rappelle-*toi*, rappelle-*toi* ce sentiment si calme et si doux que tu connus une fois et que tu décrivis d'un ton si touchant et si tendre.
(J.-J. Rousseau.)

Ne t'attends qu'à *toi* seul.
(La Fontaine.)

COMPLÉMENT DE PRÉPOSITIONS.

On ne demande pas de *toi* beaucoup de paroles, on n'exige de *toi* que la vérité.
(Pensée de Démocrate.)

Pour *toi*, ma fille, alarmée et tremblante,
Puis-je avec calme envisager la mort?
(Madame Tastu.)

Le pronom de la deuxième personne a donc :

1° Pour le sujet, deux formes : *Tu*, qui demande toujours après lui un verbe ; *Tu es heureux*, *Tu chantes*, *Tu dors* ; et *toi*, qui peut s'en passer : *Un homme plus amoureux que* TOI ; c'est-à-dire : *Un homme plus amoureux que* TOI ES *amoureux*, où l'on voit que *toi* est le sujet du verbe *es* sous-entendu.

2° Pour le complément direct : *te* et *toi* ; l'un se place avant le verbe, l'autre après.

3° Pour le complément indirect : *te*, *toi*, et *à toi* ; le premier seul précède le verbe. Quant aux formes *toi* et *à toi*, elles sont les mêmes, si ce n'est que la première s'emploie par ellipse pour la seconde.

4° Pour le complément des prépositions : *toi*, qui ne varie jamais. On peut, comme on l'a vu, se servir de cette dernière forme *toi* dans tous les rapports possibles ; ce qui n'a pas lieu avec *tu* ni *te*.

EXERCICE PHRASÉOLOGIQUE.

SUJET.	COMPLÉMENT DIRECT.	COMPLÉMENT INDIRECT.	COMPLÉM. DE PRÉPOSIT.
Tu appartiens.	Te déshonorer.	Te nuira.	Avec toi.
Tu reliras.	Te contraindra.	Te sera funeste.	Contre toi.
Plus savant que toi.	Défends-toi.	Rappelle-toi.	Devant toi.
Toi seul penses.	Rends-toi.	Épargne-toi.	Après toi.

N° CCXLIX.

FONCTIONS DE *vous*.

SUJET.

Prodiguez les bienfaits, *vous* ne parviendrez pas
A changer le cœur des ingrats.
(Coupé de Saint-Donat.)

Justes, ne craignez point le vain pouvoir des hommes;
Quelque élevés qu'ils soient, ils sont ce que nous sommes.
Si vous êtes mortels, ils le sont comme *vous*.
(J.-B. Rousseau.)

COMPLÉMENT DIRECT.

On *vous* nomme des rois le plus grand, le plus juste.
(Lemonnier.)

... Filles de Sion, florissante jeunesse,
Joignez-*vous* à nos chants sacrés. (*Id.*)

COMPLÉMENT INDIRECT.

Je *vous* donnerai un conseil salutaire; et, pour récompense, je ne *vous* demande que le secret.
(Fénelon.)

Avant que je la demande à lui, souffrez que je la demande à *vous*.
(Marivaux.)

COMPLÉMENT DE PRÉPOSITIONS.

Connaissez donc le monde, et songez qu'aujourd'hui,
Il faut que vous viviez *pour vous* moins que pour lui.
(VOLTAIRE.)

Ce sont, en un mot, les charmes des sentiments, bien plus que ceux de la personne, que j'adore *en vous*.
(J.-J. ROUSSEAU.)

Si mon mauvais destin.....
Me condamnait à voyager *sans vous*.
(DELILLE.)

De vous adroitement je veux l'entretenir.
(VOLTAIRE.)

Le pronom pluriel de la deuxième personne, *vous*, peut remplir toutes les fonctions.

Le premier exemple de la deuxième colonne est elliptique : *Si vous êtes mortels, ils le sont comme* VOUS, c'est-à-dire, *ils le sont comme* VOUS *l'êtes* ; *vous* est le sujet du verbe *êtes* non exprimé.

EXERCICE PHRASÉOLOGIQUE.

SUJET.	COMPLÉMENT DIRECT.	COMPLÉMENT INDIRECT.	COMPLÉM. DE PRÉPOSIT.
Vous croyez.	Il vous accuse.	Je vous dis :	Parmi vous.
Vous avez dit.	Il vous regarde.	Il vous assure que.	Chez vous.
Aussi riche que vous.	Défiez-vous.	S'adresse à vous.	Derrière vous.
Il l'est comme vous.	Corrigez-vous.	A vous tout le bonheur.	Selon vous.

N° CCL.

FONCTIONS DE *il*, *le* ; *lui*.

SUJET.

L'histoire est un bon livre ; *il* guide sans rudesse,
Il montre après le crime un résultat moral,
Et nous prescrit le bien par les dangers du mal.
(A. DE MONTESQUIOU.)

Lui seul aux yeux d'un Juif découvrit le dessein
De deux traîtres tout prêts à vous percer le sein.
(RACINE.)

Et je suis mille fois plus criminel que *lui*.
(*Id*.)

COMPLÉMENT DIRECT.

L'amour avidement croit tout ce qui *le* flatte.
(RACINE.)

L'égoïste n'aimant que *lui* n'est aimé de personne.
(GASTON.)

COMPLÉMENT INDIRECT.

Mais nous *lui* devons tout. Il est notre sauveur.
(CHÉNIER.)

Cette curiosité du roi fit qu'on nous présenta à *lui*.
(FÉNELON.)

COMPLÉMENT DE PRÉPOSITIONS.

...Et quel intérêt contre *lui* vous anime ?
(RACINE.)

Le méchant a beau fuir la peine de son crime, il la porte avec *lui*.
(FONTENELLE.)

Ce tableau donne lieu aux observations suivantes :

1° Au masculin singulier le pronom de la troisième personne, pour représenter le sujet, a deux formes, qui sont *il* et *lui*. La première, comme la plus faible, a besoin de l'appui d'un verbe ; la seconde peut en être privée.

Dans le deuxième exemple de la deuxième colonne : *Et je suis mille fois plus criminel que* LUI, le nom personnel *lui* est employé avec ellipse du verbe *est* : *et je suis mille fois plus criminel que* LUI *n'est criminel*.

2° Lorsque le pronom de la troisième personne est complément direct, il se montre encore avec deux formes qui sont *le*, *lui* ; et la différence qui les caractérise, c'est, comme on

(328)

le verra plus loin, que la première se place toujours avant les verbes, et que la seconde vient toujours après : Il *le* flatte ; j'aime *lui et son frère*.

3° Pour le complément indirect il n'y a qu'une seule forme, qui est *lui* ; cette forme peut s'employer avec ou sans la préposition *à*.

4° Enfin, quand le pronom de la troisième personne est employé comme complément de prépositions, il n'y a point à se tromper : c'est toujours la forme *lui*.

EXERCICE PHRASÉOLOGIQUE.

SUJET.	COMPLÉMENT DIRECT.	COMPLÉMENT INDIRECT.	COMPLÉM. DE PRÉPOSIT.
Il craint que.	Qui le caresse.	Lui devoir.	Pour lui.
Il joue avec.	Qui le loue.	Lui promettre.	Envers lui.
Lui raille.	N'écouter que lui.	Laisser à lui.	En lui.
Plus spirituel que lui.	N'avoir que lui.	Donner à lui.	Vers lui.

N° CCLI.

FONCTIONS DE *ils, eux, les, leur*.

SUJET.

Les lauriers sont infertiles ; *ils* ne donnent au plus que de l'ombre, et ne valent pas les moissons et les fruits dont la paix est couronnée.
(LEMOINE.)

Eux seuls seront exempts de la commune loi !
(LA FONTAINE.)

Les peuples du Canada ressemblent à ceux du Mexique, du Pérou et du Brésil, en ce qu'ils sont privés de poil comme *eux*.
(VOLTAIRE.)

COMPLÉMENT DIRECT.

A mes nobles projets je vois tout conspirer ; Il ne me reste plus qu'à vous *les* déclarer.
(RACINE.)

Les avares ne voient dans le monde qu'*eux* et leurs trésors.
(ANONYME.)

COMPLÉMENT INDIRECT.

Seigneur, tous vos soldats refusent de partir. Pharnace les retient, Pharnace *leur* révèle Que vous cherchez à Rome une guerre nouvelle.
(RACINE.)

Certains peuples de l'Afrique, au moins aussi raisonnables que nos dévots, prétendent que tout ce qu'ils souhaiteront dans le ciel viendra d'abord se présenter à *eux*.
(MIRABEAU.)

COMPLÉMENT DE PRÉPOSITIONS.

Sans distinguer entre *eux* qui je hais ou qui j'aime, Allons, et commençons par Xipharès lui-même.
(RACINE.)

Les gens du monde aiment les gens qui ont plusieurs sortes d'esprit, parce qu'ils croient avoir plus d'analogie avec *eux*.
(HELVÉTIUS.)

Le pronom de la troisième personne, au masculin pluriel, a donc deux formes pour représenter le sujet : ce sont *ils* et *eux*.

Le complément direct en a également deux, qui sont *les* et *eux*. La première précède les verbes, la seconde les suit.

Le complément indirect en possède aussi deux, dont la première est *leur* et la seconde *à eux*.

Et lorsque le pronom de la troisième personne est complément d'une préposition, on voit que c'est toujours le mot *eux* qu'il faut employer.

Du reste, ce que nous avons dit sur la fonction de *il, le, lui*, doit s'appliquer à *ils, eux, les, leur*.

EXERCICE PHRASÉOLOGIQUE.

SUJET.	COMPLÉMENT DIRECT.	COMPLÉMENT INDIRECT.	COMPLÉM. DE PRÉPOSIT.
Ils écoutent.	Les craindre.	Leur parler.	Sur eux.
Ils racontent.	Les observer.	Leur enseigner.	Chez eux.
Eux seuls font.	N'aimer qu'eux.	C'est à eux.	Selon eux.
Plus grand qu'eux.	Ne voir qu'eux.	Appartenir à eux.	Sans eux.

N° CCLII.

FONCTIONS DE elle, la, lui.

SUJET.

Jamais la vérité n'entre mieux chez les rois
Que lorsque de la fable *elle* emprunte la voix.
(BOURSAULT.)

Pour moi, qui suis aussi malheureux qu'*elle*, mais qui ai moins de droit à l'indépendance, je sens, autant que je le dois, monsieur, combien il entre de bonté dans la permission, quoique limitée, que j'ai reçue de vous de m'entretenir avec elle.
(MIRABEAU.)

COMPLÉMENT DIRECT.

Qui chérit son erreur ne *la* veut point connaître.
(CORNEILLE.)

N'avoir qu'une femme et ne chérir qu'*elle*, est une loi de Dieu. (ANONYME.)

COMPLÉMENT INDIRECT.

Quand sur une personne on prétend se régler
C'est par les beaux côtés qu'il *lui* faut ressembler.
(MOLIÈRE.)

Venez avec moi, je vous ferai parler à *elle*.
(MOLIÈRE.)

COMPLÉMENT DE PRÉPOSITIONS.

On ne peut guère avoir une femme fidèle
Qu'en attirant l'amusement chez *elle*;
Le manque de vertu vient quelquefois d'ennui.
(FAVART.)

D'autres d'une voix immortelle
Vous peindront d'heureux jours en de joyeux accords:
Moi, la douleur m'éprouve, et mes chants viennent d'*elle*.
(V. HUGO.)

On doit remarquer :

1° Que le pronom de la troisième personne au féminin singulier n'a qu'une forme pour sujet : *elle*. Sa fonction est de toujours précéder les verbes ; cependant ce mot peut s'employer dans les comparaisons avec ellipse du verbe : *Qui suis aussi malheureux qu'elle*, c'est-à-dire, *qui suis aussi malheureux qu'*ELLE *est malheureuse*.

2° Qu'il y a deux formes pour le complément direct, ce sont *la* et *elle* ; *la* précède toujours le verbe, et *elle* le suit.

3° Que pour le complément indirect on a encore deux formes, *lui* et *à elle*.

4° Que le complément des prépositions est toujours *elle*.

EXERCICE PHRASÉOLOGIQUE.

SUJET.	COMPLÉMENT DIRECT.	COMPLÉMENT INDIRECT.	COMPLÉM. DE PRÉPOSIT.
Elle s'imagine.	La rendre.	Lui ressembler.	Sans elle.
Elle travaille.	La sentir.	Lui conter.	Après elle.
Plus laborieuse qu'elle.	N'avoir qu'elle.	Venir à elle.	Avec elle.
Moins savante qu'elle.	Ne posséder qu'elle.	S'adresser à elle.	Par elle.

N° CCLIII.

FONCTIONS DE *elles*, *les*, *leur*.

SUJET.

Honorez les femmes! *elles* sèment des roses célestes sur le cours de notre vie terrestre.
(BOISTE.).

Si les femmes cherchent à donner du ridicule à une nouvelle venue, il est sûr qu'elle est plus jolie qu'*elles*.
(VOLTAIRE.)

COMPLÉMENT DIRECT.

Les grandes passions naissent dans un grand cœur; Qui *les* sent fortement sait en être vainqueur.
(DE BELLOY.)

Ces bonnes mères, elles ne sont pas égoïstes; car elles aiment *elles* et leurs enfants.
(ANONYME.)

COMPLÉMENT INDIRECT.

Ce qui fait que les femmes sont peu touchées de l'amitié, c'est qu'elle *leur* paraît fade après l'amour.
(LA ROCHEFOUCAULD.)

On me dit que ma femme et mes filles étaient à la promenade dans la forêt; je les cherchai, et dès que je les vis, j'allai, je courus *à elles*.
(*Id.*)

COMPLÉMENT DE PRÉPOSITIONS.

Il ne dépend point de nous d'avoir ou de ne point avoir de passions; mais il dépend de nous de régner sur *elles*.
(J.-J. ROUSSEAU.)

Toi, fille de la nuit, quand les ombres fidèles
Des champs aériens rembrunissent l'azur,
Sans éclipser tes sœurs, tu répands auprès d'*elles*
Un feu tranquille et pur.
(Madame TASTU.)

Ainsi, pour le rôle de sujet, le pronom de la troisième personne n'a également au féminin pluriel qu'une seule forme, *elles* : mais il a pour complément direct *les* et *elles*.

Pour complément indirect *leur* et *à elles*;

Et pour complément des prépositions, *elles*.

Du reste, les observations que nous avons faites pour le féminin singulier du pronom de la troisième personne sont applicables au féminin pluriel.

EXERCICE PHRASÉOLOGIQUE.

SUJET.	COMPLÉMENT DIRECT.	COMPLÉMENT INDIRECT.	COMPLÉM. DE PRÉPOSIT.
Elles travaillent.	Les écouter.	Leur sembler.	Devant elles.
Elles vont.	Les plaindre.	Leur convenir.	Au pied d'elles.
Plus gentilles qu'elles.	N'assister qu'elles.	Appartenir à elles.	Malgré elles.
Plus douces qu'elles.	Ne gouverner qu'elles.	Aller à elles.	Quant à elles.

N° CCLIV.

FONCTIONS DE se, soi.

SUJET.

On a besoin souvent d'un plus petit que soi. (La Fontaine.)

COMPLÉMENT DIRECT.

Sans se voir, quand on s'aime, on peut se deviner. (La Chaussée.)

Ne régler que soi et sa famille, être simple, juste et modeste, sont des vertus pénibles, parce qu'elles sont obscures. (Fontenelle.)

COMPLÉMENT INDIRECT.

On se propose en vain de quitter ce qu'on aime. (Campistron.)

Idoménée, revenant à soi, les remercie de l'avoir arraché d'une terre qu'il a arrosée du sang de son fils, et qu'il ne saurait plus habiter. (Fénelon.)

COMPLÉMENT DE PRÉPOSITIONS.

La vieillesse chagrine incessamment amasse ;
Garde, non pas pour soi, les trésors qu'elle entasse. (Boileau.)

Il est des nœuds formés sous des astres malins,
Qu'on chérit malgré soi. (Regnard.)

Le pronom personnel soi marquant un rapport d'identité avec le sujet, ne peut pas représenter le sujet lui-même. Cependant, lorsqu'il entre dans le second terme d'une comparaison, on voit qu'il joue alors l'office de sujet ; mais hors de là il ne peut remplir cette fonction. Rétablissant donc le second terme de la comparaison, on trouve : *On a besoin d'un plus petit que* SOI *n'est petit.*

Quand il est complément direct, il se montre sous deux formes diverses : se et soi ; la première se place toujours devant le verbe et la seconde après.

La même observation a lieu pour le complément indirect se et à soi. Toutefois cette dernière forme peut, par inversion, précéder le verbe.

Enfin, le complément des prépositions est toujours soi.

EXERCICE PHRASÉOLOGIQUE.

SUJET.	COMPLÉMENT DIRECT.	COMPLÉMENT INDIRECT.	COMPLÉM. DE PRÉPOSIT.
Plus riche que soi.	Se dissimuler.	Se promettre.	Sur soi.
Plus malin que soi.	Se disputer.	Se plaire.	Malgré soi.
Moins pauvre que soi.	Se souffrir.	Se persuader à soi.	Avant soi.
Moins prodigue que soi.	Se vaincre.	Se convenir à soi.	Après soi.

N° CCLV.

DE L'ÉLISION DE L'e DANS je, me, te, se, le.

SANS ÉLISION.

Je te verrai sans ombre, ô vérité céleste ! (Voltaire.)

Me voilà seul portant la haine universelle. (Legouvé.)

AVEC ÉLISION.

J'avais encor tes vœux ; j'avais encor ton cœur. (Corneille.)

Ne m'ôtez pas ce bien dont je suis si jaloux. (Voltaire.)

Te montrerai-je les objets tels qu'ils sont?
(J.-J. ROUSSEAU.)

Se vaincre appartient aux héros.
(LOMBART DE LANGRES.)

Le voilà donc rempli cet oracle exécrable!
(VOLTAIRE.)

T'attendre aux yeux d'autrui, quand tu dors, est erreur.
(LA FONTAINE.)

S'étonner est du peuple, admirer est du sage.
(DELILLE.)

L'a-t-on vu (le coursier) paissant l'herbe fleurie,
Contempler les tableaux de la terre embellie?
(AIMÉ-MARTIN.)

Les pronoms personnels *je, me, te, se,* placés devant un mot commençant par une voyelle ou par *h* non aspirée, occasionneraient un hiatus désagréable. C'est pour éviter cet hiatus qu'en pareille rencontre on supprime la lettre finale, et qu'on la remplace par l'apostrophe.

Ainsi, au lieu de *je avais, ne me ôtez pas,* etc., on dit : *j'avais, ne m'ôtez pas,* etc. Toutefois cette suppression n'a pas lieu avec *je* et *le,* lorsque ces mots suivent le verbe : Exemples : *Le dirai-*JE *à mon père? Menez-*LE *à Paris.*

EXERCICE PHRASÉOLOGIQUE.

SANS ÉLISION.	AVEC ÉLISION.	SANS ÉLISION.	AVEC ÉLISION.
Je déteste.	J'applaudis.	Je lis.	J'accepte.
Il me supplie.	Il m'égratigne.	Je me fatigue.	Vous m'étourdissez.
Je te comprends.	Il t'irrite.	Tu te ruines.	On t'en promet.
Il se vante.	Ils s'observent.	Elle se perdra.	La loi s'y oppose.
Vous le cajolez.	Vous l'utiliserez.	On le trahit.	Vous l'honorez.
Ai-je été dupe?	J'ai été dupe.	Conduis-le à la voiture.	Il l'use.
			Tu l'iras conduire.

N° CCLVI.

PLACE DES PRONOMS PERSONNELS REMPLISSANT LA FONCTION DE *sujet*.

PHRASES ÉNONCIATIVES.

J'ai des rêves de guerre en mon âme inquiète,
J'aurais été soldat, si je n'étais poète.
Ne vous étonnez point que j'aime les guerriers.
(V. HUGO.)

O fortune! *tu* fais de nous ce que tu veux.
(ANONYME.)

Il vaut mieux courir le risque de faire une guerre malheureuse, que de donner de l'argent pour avoir la paix.
(MONTESQUIEU.)

Nous sommes taxés d'hommes singuliers par ceux qui n'ont pas l'esprit ou le courage de l'être.
(SANIAL DUBAY.)

Vous avez dit avec vérité que les personnes qui raisonnent toujours sont ennuyeuses. En effet, si elles raisonnent continuellement, elles ne sont pas raisonnables, car il ne faut pas toujours raisonner.
(Madame DE MAINTENON.)

PHRASES INTERROGATIVES.

Quelles raisons aurai-*je* de croire en vous, plaisirs du monde, vous qui êtes faits pour tromper?
(BALLANCHE.)

Ossian, barde sauvage, que fais-*tu,* assis sur la pierre des tombeaux? songes-*tu* aux héros des temps passés?
(AIMÉ-MARTIN.)

Souvent, pour le chaume rustique,
Du Louvre fuyez la prison.
Ah! le fauteuil académique
Vaut-*il* un siège de gazon?
(FLORIAN.)

Sommes-*nous* sages, nous qui nous confions sans cesse à des espérances qui sont sans cesse trompées? et n'allons-*nous* pas chaque jour au-devant d'un fantôme créé par notre imagination?
(BALLANCHE.)

Avez-*vous* partagé le repos de votre hôte? avez-*vous* reçu le pain et le sel de sa main? votre personne est sacrée pour lui, quand même il découvrirait que vous êtes son ennemi.
(PICHOT.)

« Parmi tant d'ingrats quelquefois il s'en trouve
De la pâte qu'il faut pour faire des amis,
    Et c'est au besoin qu'on éprouve
    S'*ils* tiennent ce qu'*ils* ont promis.
                 (Lenoble.)

Pourquoi vanter des étrangers
Les forêts, les déserts sauvages?
Ont-*ils* de plus riants vergers.
D'autres roses, d'autres bocages?
                 (Aimé-Martin.)

En comparant les exemples de la première colonne avec ceux de la seconde, on voit que dans les phrases interrogatives les pronoms personnels remplissant la fonction de sujet se transportent immédiatement après le verbe, auquel ils se lient par un trait d'union : *suis-je? ai-je?* etc.

Comme la construction de cette sorte de mots présente d'assez grandes difficultés non seulement aux étrangers, mais encore à un grand nombre de Français, nous croyons devoir la figurer dans l'exercice suivant.

EXERCICE PHRASÉOLOGIQUE.

PHRASES ÉNONCIATIVES.		PHRASES INTERROGATIVES.	
SANS NÉGATION.	AVEC NÉGATION.	SANS NÉGATION.	AVEC NÉGATION.
Je reviendrai.	Je ne reviendrai pas.	Reviendrai-je?	Ne reviendrai-je pas?
Tu diras.	Tu ne diras jamais.	Diras-tu?	Ne diras-tu pas?
Il croit.	Il ne croit pas.	Croit-il?	Ne croit-il pas?
Elle vient.	Elle ne vient pas.	Vient-elle?	Ne vient-elle pas?
Nous parlerons.	Nous ne parlerons qu'à notre tour.	Parlerons-nous?	Ne parlerons-nous pas?
Vous sortirez.	Vous ne sortirez pas.	Sortirez-vous?	Ne sortirez-vous pas?
Ils paieront.	Ils ne paieront jamais.	Paieront-ils?	Ne paieront-ils pas?
Elles s'imaginaient.	Elles ne s'imaginaient pas.	S'imaginaient-elles?	Ne s'imaginaient-elles pas?

N° CCLVII.

PHRASES EXCLAMATIVES.

SANS NÉGATION.	AVEC NÉGATION.
Ah, Rome! ah, Bérénice! ah, prince malheureux! Pourquoi suis-*je* empereur? pourquoi suis-*je* amoureux? (Racine.)	Oh! que n'ai-*je* aussi, moi, des baisers qui dévorent, Des caresses qui font mourir! (V. Hugo.)
Faut-*il* qu'un deuil se mêle aux plaisirs des mortels! (Madame Tastu.)	Que ne puis-*je* aussi presser sur mon sein mon vertueux et bon père! (Florian.)
Quand votre œil dédaigneux......... S'attache au vêtement, Dieu regarde le cœur. Il lit au fond du mien ce qu'il a de souffrance; Ah! puisse-t-*il* au vôtre inspirer la pitié! (Mlle Mercoeur.)	Que n'ai-*je* pu voiler le soleil, et faire qu'il restât pour moi comme il était le jour du 21 janvier! Que ne puis-*je* défendre à la lune d'éclairer mes pas durant la nuit, ou de pénétrer dans mon odieuse demeure! (Ballanche.)
Dussiez-*vous* présenter mille morts à ma vue, Je ne saurais chercher une fille inconnue! (Racine.)	... Quand un homme est riche, il vaut toujours son prix; N'eût-*il* de son vrai nom ni titre ni mémoire, D'Hosier lui trouvera des aïeux dans l'histoire. (Boileau.)

Dans les phrases exclamatives, les pronoms personnels *je, tu, nous, vous, il*, etc., se placent aussi après le verbe, qu'il y ait ou qu'il n'y ait pas négation.

EXERCICE PHRASÉOLOGIQUE.

SANS NÉGATION.	AVEC NÉGATION.	SANS NÉGATION.	AVEC NÉGATION.
Dût-il!	Ne dût-il pas!	Ai-je assez prié!	N'ai-je pas assez prié!
Puissiez-vous!	Ne puissiez-vous pas!	Eût-elle!	N'eût-elle pas!
Suis-je malheureux!	Ne suis-je pas malheureux!	Puissent-ils!	Ne puissent-ils pas!
Faut-il!	Ne faut-il pas!	Dussions-nous!	Ne dussions-nous pas!

N° CCLVIII.

PHRASES INTERJETÉES.

PHRASES ÉNONCIATIVES.	PHRASES INTERJETÉES.
« Dieu d'Abraham, écoute ma prière ! » *Il dit :* soudain cent voix religieuses Chantent de Dieu les merveilles nombreuses. (CAMPENON.)	Mon fils, *dit-il*, à ce vœu de ton cœur, Va, ne crains pas qu'un père aigri s'oppose : Tu peux partir ; je ne te maudis pas. (CAMPENON.)
Hélas ! je vous connus, vous étiez jeune et belle ; De toutes les vertus je cherchais le modèle, *Je m'écriai :* Je l'ai trouvé ! (AIMÉ-MARTIN.)	« Eh bien, sage Panthé, Pergame existe-t-elle ? » *M'écriai-je ;* « peut-on sauver la citadelle ? » N'avons-nous plus d'espoir ? » (DELILLE.)
Et moi, *je lui disais* d'une voix douloureuse : « O vous, l'amour, l'espoir et l'orgueil des Troyens, » Hector, quel dieu vous rend à vos concitoyens ? » Que nous avons souffert de votre longue absence ! (DELILLE.)	Apollonius de Thyane, débarqué dans la capitale du monde pour voir, *disait-il*, quel animal c'était qu'un tyran, s'en fit chasser avec les autres philosophes. (CHATEAUBRIAND.)
Il répond : « Faut-il donc qu'une épouse si chère » M'accable du reproche et de l'injure amère ! » Ménélas m'a vaincu. Pallas guidait ses coups. » (MILLEVOYE.)	Pour le coup, voilà de vos folies. Eh bien ! *continua-t-elle* avec une vivacité charmante, quand nous serons dans l'obscurité, qu'y verrons-nous ? (AIMÉ-MARTIN.)

On voit par les exemples de la deuxième colonne, que si l'on interjette dans la phrase un des temps des verbes *dire, répondre, reprendre, interrompre, ajouter, s'écrier, continuer*, etc., etc., les pronoms personnels se transportent après ces mêmes verbes, quoique la phrase ne soit point interrogative.

EXERCICE PHRASÉOLOGIQUE.

Je dis : Parle.
Tu dis : Arrête.
Il s'écria : O Dieu !
Elle répond : Sors d'ici.
Vous ajoutez : Qu'il s'éloigne !

Parle, dis-je.
Arrête, dis-tu.
O Dieu ! s'écria-t-il.
Sors d'ici, répond-elle.
Qu'il s'éloigne ! ajoutez-vous.

Il murmurait : Quelle infamie !
Il interrompit : Tu mens.
Elle reprit : Je le sais.
Ils s'écrièrent : Horreur !
Nous répétions : Infâme !

Quelle infamie ! murmurait-il.
Tu mens ! interrompit-il.
Je le sais, reprit-elle.
Horreur ! s'écrièrent-ils.
Infâme ! répétions-nous.

N° CCLIX.

PLACE DES PRONOMS PERSONNELS DANS LES PHRASES COMMENÇANT PAR *aussi, en vain, peut-être, toujours,* ET AUTRES MOTS SEMBLABLES.

NOMS PERSONNELS PLACÉS

AVANT LE VERBE.	APRÈS LE VERBE.
A peine *il était* né, que d'Enghien sur la poudre Mourut, sous un arrêt que rien ne peut absoudre. (V. HUGO.)	A peine la saison d'aimer *est-elle* passée, que les oiseaux se dépouillent de leurs couleurs. (AIMÉ-MARTIN.)
Vainement *ils iront* s'écriant dans les villes : « Plus de rébellions ! plus de guerres civiles. » (V. HUGO.)	En vain *chercheriez-vous* l'Éternel jusqu'aux extrémités du monde ou dans la vaste étendue des cieux ; il habite près de vous, il est en vous. (ÉCRITURE-SAINTE.)

Les honneurs sont institués pour récompenser le mérite, pour exercer la sagesse, et pour être des occasions de faire du bien : aussi *ils n'appartiennent* de droit qu'à des ames modérées, justes et charitables.
(FLÉCHIER.)

Peut-être *je devrais*, plus humble en ma misère,
Me souvenir du moins que je parle à son frère.
(RACINE.)

Combien *j'ai* déjà vu tomber de nobles et dignes créatures! avant de succomber, elles ont beaucoup souffert. C'est une espèce de soulagement de penser que le plus souvent, hélas! la mort est une délivrance.
(BALLANCHE.)

Et sous son voile noir cette image immortelle
(La nuit) cache les attraits les plus doux ;
Aussi les savants l'ont-*ils* toujours beaucoup aimée.
(AIMÉ-MARTIN.)

Peut-être, Sophie, vous entretiendrai-*je* de l'astronomie; et si jamais, comme le galant Fontenelle, je puis être entendu de la beauté au milieu des ombres de la nuit et dans un bosquet délicieux.
(*Idem.*)

L'homme est ainsi bâti; quand un sujet l'enflamme,
L'impossibilité disparaît à son ame.
Combien *perd-il* de vœux, combien *fait-il* de pas,
S'outrant pour acquérir des biens ou de la gloire!
(LA FONTAINE.)

Avec les mots *aussi, en vain, à peine, peut-être, au moins, encore, toujours, combien,* etc., les pronoms se mettent avant ou après les verbes. C'est le goût, la grâce, l'harmonie et l'élégance qui doivent présider à l'emploi de l'une ou de l'autre façon d'écrire.

EXERCICE PHRASÉOLOGIQUE.

Aussi voulut-il.	Aussi il voulut.	Au moins devons-nous.	Au moins nous devons.
En vain voulons-nous.	En vain nous parlons.	Encore enseigne-t-elle.	Encore elle enseigne.
A peine sommes-nous.	A peine nous sommes.	Toujours dirai-je.	Toujours je dirai.
Peut-être avez-vous.	Peut-être vous avez.	Combien disons-nous.	Combien nous disons.
Vainement pensent-ils.	Vainement ils pensent.	A plus forte raison croyons-nous.	A plus forte raison nous croyons.
Du moins ajoutez-vous.	Du moins vous ajoutez.	Si grand soit-il.	Si grand qu'il soit.

N° CCLX.

CONSIDÉRATIONS PARTICULIÈRES.

I.

Vous êtes aujourd'hui coiffée à faire horreur.
— Quoi! *suis-je* donc si mal?
(GRESSET.)

Votre genre d'esprit me plaît infiniment;
Et je ne sais que vous avec qui j'aie envie
De penser, de causer et de passer ma vie.
C'est un goût décidé. — *Puis-je* m'en assurer?
(*Id.*)

Ne *tiens-je* pas une lanterne en main?
(MOLIÈRE.)

Vaux-je cela? disait en soi la belle.
(LA FONTAINE.)

Viens-je donc dans ces lieux te servir de trophée?
(J.-B. ROUSSEAU.)

Que ne *puis-je* t'exprimer ce que je sens si bien!
et comment *sens-je* si bien ce que je ne puis t'exprimer?
(MONTESQUIEU.)

Nous avons dit que dans les phrases interrogatives et admiratives les pronoms personnels se plaçaient après les verbes. Nous devons faire observer cependant que si ces verbes se terminaient par deux consonnes sonores, que leur réunion au mot *je* donnât lieu à une équivoque, il faudrait, en pareille circonstance, prendre un autre tour. Ainsi, au lieu de *cours-je? dors-je? rends-je? mens-je? romps-je? sers-je?* qui affectent désagréablement l'oreille, et se prononcent comme *courge, dorge, range, mange, ronge, serge,* on doit dire : *est-ce que je cours? est-ce que je dors?* (1). Cette observation est particulièrement applicable aux verbes dont la première personne se termine par *s* précédé d'une

---

(1) MM. Serreau et Boussi prétendent qu'il faut dire : *Couré-je? perdé-je? senté-je? dormé-je? vendé-je?* etc., et analysent ainsi : *Est-il possible que je coure? que je perde?* etc.

autre consonne, quel que soit le nombre des syllabes : *Répands-je? interromps-je?* On excepte toutefois *attends-je? dis-je? suis-je? fais-je? dois-je? puis-je? vais-je?* etc., ainsi qu'on le voit par les exemples ci-dessus cités.

II.

Par quel charme secret *laissé-je* retenir
Ce courroux si sévère et si prompt à punir?
(RACINE.)

.....*Puissé-je* à la race future
Montrer comme on punit l'hôte ingrat et parjure,
Offrir un grand exemple, et d'avance effrayer
Quiconque outragerait le seuil hospitalier!
(MILLEVOYE.)

Hélas! à peine *osé-je* encore y penser.
(MIRABEAU.)

Qui *désigné-je*, à votre avis,
Par ce rat si peu secourable?
Un moine? non, mais un derviss
Je suppose qu'un moine est toujours charitable.
(LA FONTAINE.)

Mais pourquoi m'*arrêté-je* à ces circonstances?
(FLÉCHIER.)

Moi, *fussé-je* vaincu, j'aimerai ta victoire!
Tu le sais, pour mon cœur ami de toute gloire
Les triomphes d'autrui ne sont pas un affront.
(V. HUGO.)

Dussé-je, après dix ans, voir mon palais en cendre!
(RACINE.)
Me *trompé-je*?
(MOLIÈRE.)
Est-il bien vrai, Frosine, et ne *rêvé-je* point?
(*Id.*)
A moins que de cela l'*eussé-je* soupçonné?
(*Id.*)

Pour éviter l'hiatus qui résulterait, dans les phrases interrogatives ou exclamatives, de la rencontre des deux syllabes sourdes : *laisse-je, parle-je*, etc., on altère l'orthographe, comme on vient de le voir, et l'on change l'e muet en é fermé des verbes à la première personne du présent de l'indicatif et du subjonctif, et de l'imparfait de ce dernier mode.

Les grammairiens, qui semblent avoir pris à tâche de vouloir tout dénaturer, prétendent que dans *aimé-je, demandé-je*, l'e est fermé; mais l'usage et l'autorité des personnes qui parlent le mieux, démentent journellement cette opinion; elles prononcent : *aimè-je, veillè-je*, etc., avec un accent grave.

III.

Que *pourrai-je* vous dire et quel remercîment!
(MOLIÈRE.)

Hélas! *pensai-je* alors, la tristesse dans l'ame,
Humbles hommes, l'oubli sans pitié nous réclame.
(SAINTE-BEUVE.)

Par où *pourrais-je*, hélas! dans ma vaste disgrâce,
Vers vous de quelque plainte autoriser l'audace!
(MOLIÈRE.)

Ce petit nombre d'heures que la multitude semble vouloir disputer aux pensées sérieuses, pourquoi les *consumerais-je* comme elle?
(BALLANCHE.)

Il ne faut pas confondre les temps, ni se laisser induire en erreur par la même consonnance. Dans la première colonne les verbes *pourrai, pensai* sont au futur et au prétérit, tandis que dans la deuxième ils sont au conditionnel : *pourrais, consumerais*.

IV.

Aimable fille, n'es-tu point un ange du ciel, ou Dieu me *montre-t-il* en toi l'épouse qui embellira ma solitude?
(BALLANCHE.)

Dieu *a-t-il* promis à l'homme d'obéir à tous ses désirs?
(*Id.*)

..... Grands dieux! votre clémence
Répare-t-elle enfin soixante ans de souffrance?
(VOLTAIRE.)

Le kangouros *échappe-t-il* mieux à ses ennemis en faisant des bonds épouvantables, que les grillons et les sauterelles qui sautent avec tant d'agilité?
(AIMÉ-MARTIN.)

Lorsque le verbe se termine par un *a* ou par un *e* muet, l'euphonie exige qu'on intercale, entre le verbe et les pronoms personnels *il, elle,* un *t* qu'on fait suivre et précéder d'un trait-d'union.

EXERCICE PHRASÉOLOGIQUE.

Dois-je le dire ?	Veillé-je ?	Dirai-je ?	Dira-t-il ?
Puis-je le savoir ?	Osé-je ?	Dirais-je ?	Croira-t-il ?
Vais-je y aller ?	Parlé-je ?	Croirai-je ?	Continue-t-il ?
Fais-je mal ?	Aimé-je.	Croirais-je ?	Ajoute-t-elle.

N° CCLXI.

DE LA PLACE DES PRONOMS PERSONNELS EMPLOYÉS COMME COMPLÉMENTS DIRECTS.

AVEC L'IMPÉRATIF.

SANS NÉGATION.	AVEC NÉGATION.
Rends-*moi* chrétienne et libre, à tout je me soumets. (VOLTAIRE.)	Dissipe tes douleurs. Et ne *me* trouble pas par ces indignes pleurs. (BOILEAU.)
Lève-*toi*, Alcione, ceins tes habits de deuil, livre-*toi* à ta douleur, et ne laisse point ton époux descendre aux enfers privé de tes larmes. (DE BOUFFLERS.)	Ne *t'*étonne donc plus, si mon ame gênée Avec impatience attend leur hyménée. (CORNEILLE.)
Dépouillons-*nous* aussi d'une vaine fierté ; Nous naissons, nous vivons pour la société. (BOILEAU.)	Du lutrin, disent-ils, abattons la machine ; Mais ne *nous* chargeons pas tout seuls de sa ruine. (BOILEAU.)
Allez, conduisez-*la* dans la chambre prochaine. (RACINE.)	Si l'on vous propose de faire une mauvaise action, ne *la* faites point. (ANONYME.)

Lorsque les pronoms personnels sont le complément direct d'un verbe à l'impératif sans négation, ils se placent après ce verbe, comme l'attestent les exemples de la première colonne. Dans ce cas, on fait usage des formes *moi, toi, le, la, les.*

Mais si la phrase était négative, comme dans les exemples de la seconde colonne, on voit qu'en pareille circonstance les pronoms personnels précèdent toujours le verbe, et qu'alors ce sont les formes *me, te, se* qu'il faut employer.

N° CCLXII.

HORS DE L'IMPÉRATIF.

SANS NÉGATION.	AVEC NÉGATION.
Madame, enfin le ciel près de vous *me* rappelle, Et, secondant du moins mes plus tendres souhaits, Vous rend à mon amour plus belle que jamais. (RACINE.)	Il suffit : je conçois vos raisons et vos craintes ; Je ne *m'*emporte plus en d'inutiles plaintes. (VOLTAIRE.)
... Pauvre science humaine ! Un fil *t'*arrête, hélas ! comme le moucheron Du bon Jean La Fontaine. (AIMÉ-MARTIN.)	Je ne *te* puis blâmer d'avoir fui l'infamie ; Et de quelque façon qu'éclatent mes douleurs, Je ne *t'*accuse point, je pleure mes malheurs. (CORNEILLE.)

C'est Dieu qui *nous* fait vivre;
C'est Dieu qu'il faut aimer.
(MALHERBE.)

Je vous l'ai déjà dit, aimez qu'on *vous* censure,
Et, souple à la raison, corrigez sans murmure.
Mais ne vous rendez pas des qu'un sot *vous* reprend.
(BOILEAU.)

Lisez Virgile, heureux qui sait goûter ses charmes!
Malheureux qui *le* lit sans verser quelques larmes!
(DELILLE.)

Les cœurs remplis d'ambition
Sont sans foi, sans honneur et sans affection;
Occupés seulement de l'objet qui *les* guide,
Ils n'ont de l'amitié que le masque perfide.
(CRÉBILLON.)

Les amants, j'ose l'assurer,
Se plaignent de la jalousie,
Et sont ravis de l'inspirer.
[(IMBERT.)

Si la douleur de notre captivité ne *nous* eût rendus insensibles à tous les plaisirs, nos yeux auraient été charmés de voir cette fertile terre d'Égypte, semblable à un jardin délicieux arrosé d'un nombre infini de canaux.
(FÉNELON.)

Ce discours me surprend, il le faut avouer:
Je ne *vous* cherchais pas pour l'entendre louer.
(RACINE.)

Et, ne *le* voyant plus dans ces rochers déserts,
Des ombres du trépas mes yeux se sont couverts.
(VOLTAIRE.)

Aussitôt il crie à Hippias: Arrête, ô le plus lâche de tous les hommes, arrête! nous allons voir si tu pourras m'enlever les dépouilles de ceux que j'ai vaincus; tu ne *les* conduiras pas à Tarente.
(FÉNELON.)

Songeons plutôt, quelque amour qui nous flatte,
A défendre du joug et nous et nos états,
Qu'à contraindre des cœurs qui ne *se* donnent pas.
(RACINE.)

On voit donc par ces exemples que, dans les phrases énonciatives avec ou sans négation, les pronoms personnels *me, te, se, nous, vous, le, la, les,* quand ils sont compléments directs, se placent toujours devant le verbe.

EXERCICE PHRASÉOLOGIQUE.

A L'IMPÉRATIF.   HORS DE L'IMPÉRATIF.

SANS NÉGATION.	AVEC NÉGATION.	SANS NÉGATION.	AVEC NÉGATION.
Admire-moi.	Ne me crois pas.	Je me réjouis.	Je ne me flatte pas.
Dépouille-toi.	Ne t'abuse pas.	Tu te promènes.	Il ne te regarde pas.
Censurez-vous.	Ne vous brouillez pas.	On se respecte.	Ils ne s'aimaient point.
Éveillez-vous.	Ne vous gênez pas.	Vous nous désirez.	On ne nous trahira pas.
Condamnons-le.	Ne la gâtez point.	Nous vous avons attendus.	Vous ne vous déchirez pas.
Flattons-la.	Ne le grondez point.	Qu'on le console.	Qu'on ne l'épargne point.
Exhortons-les.	Ne les dérangeons point.	Il la caresse.	Il ne la veut pas.

N° CCLXIII.

DE LA PLACE DES PRONOMS PERSONNELS EMPLOYÉS COMME COMPLÉMENTS INDIRECTS.

A L'IMPÉRATIF.

SANS NÉGATION.

Pardonnez-*moi* mon transport, madame; les grandes choses amènent les grandes idées, et les grandes idées les grands mots.
(DE BOUFFLERS.)

Demande-*toi* le soir avant de te coucher le bien que tu auras fait dans la journée.
(FRANKLIN.)

Des intérêts du ciel pourquoi vous chargez-vous?
Pour punir le coupable, a-t-il besoin de vous?
Laissez-*lui*, laissez-*lui* le soin de sa vengeance;
Ne songez qu'au pardon qu'il prescrit de l'offense.
(MOLIÈRE.)

AVEC NÉGATION.

Ne *me* parlez donc plus de ces sociétés,
De ce ramas confus d'esprits, de cœurs gâtés,
De ces hommes sans frein, de ces femmes flétries;
A la honte, aux éclats, aux vices aguerries,
Qui d'un naufrage affreux consolent leur orgueil,
En poussant tous les cœurs contre le même écueil.
(LANOUE.)

Ne *te* reproche jamais l'assistance que tu auras donnée à un malheureux.
(ANONYME.)

Voulez-vous que votre enfant soit bien élevé? ne *lui* laissez contracter aucune mauvaise habitude.
(Idem.)

Prince, après cet adieu, vous jugez bien vous-même
Que je ne consens pas de quitter ce que j'aime,
Pour aller loin de Rome écouter d'autres vœux;
Vivez, et faites-*vous* un effort généreux.
(Racine.)

Ne *vous* figurez point que dans cette journée,
D'un lâche désespoir ma vertu consternée
Craigne les soins d'un trône où je pourrais monter.
(Racine.)

Les exemples de la première colonne nous font voir que les pronoms personnels, quand ils sont le complément indirect d'un verbe à l'impératif, se placent, comme les compléments directs, après ce verbe, si celui-ci n'est pas accompagné de la particule négative *ne*; car dans ce dernier cas, ils se mettent toujours devant lui.

On verra, dans l'exercice suivant, qu'après les verbes à l'impératif les formes qu'il faut employer lorsque les pronoms personnels se montrent comme compléments indirects, sont *moi, toi, lui, leur*; mais quand l'influence de la négation les reporte devant les verbes, on fait usage des formes *me, te*, etc.

N° CCLXIV.

HORS DE L'IMPÉRATIF.

SANS NÉGATION.

Je *me* fais de sa peine une image charmante,
Et je l'ai vu douter du cœur de son amante.
(Racine.)

Heureux cultivateur, que je *te* porte envie!
Ton air est toujours pur, ainsi que tes plaisirs.
(Collin d'Harleville.)

J'entends du bruit; on ouvre, allons subitement
Lui demander raison de cet enlèvement.
(Racine.)

Dès qu'il faut obéir, le parti le plus sage
Est de savoir *se* faire un heureux esclavage.
(Crébillon.)

J'ai juré que mes soins, ma juste complaisance
Vous répondront toujours de ma reconnaissance.
(Racine.)

AVEC NÉGATION.

Qu'on ne *me* vante plus l'éclat de la gaîté;
Rien n'égale en pouvoir les pleurs de la beauté.
(Lanoue.)

Consulte ta raison, prends la clarté pour guide;
Vois si de tes soupçons l'apparence est solide:
Ne démens pas leur voix; mais aussi garde bien
Que, pour les croire trop, ils ne *t'*imposent rien.
(Molière.)

L'imagination est un vaste pays; celui qui le parcourt s'égare aisément, si la raison ne *lui* sert de guide.
(Boiste.)

Le lis des jardins, dit l'Évangile, ne *s'*est pas filé sa parure.
(Aimé-Martin.)

Je ne *vous* ferai point de reproches frivoles,
Les momens sont trop chers pour les perdre en paroles.
(Racine.)

Il n'existe donc point de difficulté pour les cas hors de l'impératif. Que la négation soit ou ne soit pas exprimée dans la phrase, on voit que les pronoms personnels, comme compléments indirects, précèdent toujours les verbes.

EXERCICE PHRASÉOLOGIQUE.

AVEC L'IMPÉRATIF.		HORS DE L'IMPÉRATIF.	
SANS NÉGATION.	AVEC NÉGATION.	SANS NÉGATION.	AVEC NÉGATION.
Dis-moi.	Ne me parle pas.	Il me ressemble.	Il ne me semble pas.
Fais-toi des chimères.	Ne me porte pas envie.	Il te suffit.	Il ne te plaît pas.
Jure-lui le contraire.	Ne lui répondons pas.	On se parle.	On ne se dit rien.
Épargnons-nous des peines.	Ne nous faites pas de reproches.	Nous lui obéissons.	Nous ne lui demandons pas.
Faites-vous des amis.	Ne vous faites pas tort.	Il nous faut cela.	Il ne nous fallait rien.
Adressez-leur des réprimandes.	Ne leur donnez rien.	Il vous propose.	On ne vous répond pas
		Il leur impose des devoirs.	Il ne leur recommande rien.

N° CCLXV.

DEUX PRONOMS PERSONNELS ENSEMBLE.

A L'IMPÉRATIF.

SANS NÉGATION

Montrez-moi celui qui a pu arriver à trente ans sans être détrompé. Montrez-*le-moi*, ce mortel privilégié. (BALLANCHE.)

Mets-*le-toi* dans l'esprit : qui fait mal trouve mal. (ANONYME.)

L'enfant aperçoit-il une araignée? au lieu de vous empresser de la tuer, laissez-*la-lui* prendre dans sa main. (*Idem.*)

Les péchés que nous avons commis, ô Dieu! pardonnez-*les-nous* comme nous les pardonnons aux autres. (*Idem.*)

Là, regardez-moi là, durant cet entretien; Et jusqu'au moindre mot imprimez-*le-vous* bien. (MOLIÈRE.)

Vos amis ont-ils des vices? reprochez-*les-leur* :
Le vice partout doit être combattu;
Mettons à le poursuivre un zèle infatigable. (AGNIEL.)

AVEC NÉGATION.

Du sang de tant de rois c'est l'unique héritage,
Ne *me l'*enviez pas, laissez-moi mon partage. (VOLTAIRE.)

Ne *te le* dissimule pas, ô roi! tu es aussi mortel que le dernier de tes sujets. (ANONYME.)

Un pauvre vous demande-t-il l'aumône? Ne *la lui* refusez pas, Dieu vous rendra dans le ciel le bien que vous aurez fait sur la terre. (*Idem.*)

Quelques torts que nous ayons envers vous, ne *nous les* pardonnez pas; ils en entraîneraient d'autres à leur suite. (*Idem.*)

Ce plaisir, ô prince, quelque attrait qu'il ait à vos yeux, refusez-*le-vous;* il coûterait la vie à plusieurs milliers d'hommes. (*Idem.*)

Avez-vous quelques vérités à faire entendre aux rois? ne *les leur* dites pas; vous éprouveriez bientôt les effets de leur injuste courroux. (*Idem.*)

En jetant les yeux sur ces exemples, il est impossible de ne pas remarquer l'influence qu'exerce la négation sur la construction des pronoms personnels, compléments d'un verbe à l'impératif.

En effet, n'y-a-t-il pas négation? Les deux compléments, le direct et l'indirect, se transportent immédiatement après le verbe, et on emploie les formes *moi, toi* : dis-LE-MOI; mets-LE-TOI; où l'on voit que le mot *le* précède *moi* et *toi*. Au contraire, s'il y a négation, ces mêmes compléments se placent avant le verbe, et au lieu de *moi, toi*, on se sert des formes *me* et *te* : Ne ME L'*enviez pas; ne* TE LE *dissimule pas*. En pareille circonstance, les mots *le, la, les*, se mettent après le complément indirect, excepté pourtant après *lui* et *leur*, qui doivent toujours en être précédés.

N° CCLVI.

HORS DE L'IMPÉRATIF.

SANS NÉGATION.

Quand je puis obliger, ma joie est assez grande,
Pour n'attendre jamais que l'on *me le* commande. (BOURSAULT.)

Je *te le* dis du fond de mon cœur, j'honore le Français comme le seul peuple qui aime véritablement les hommes et qui soit bienfaisant par caractère. (J.-J. ROUSSEAU.)

AVEC NÉGATION.

On n'agit pas franchement avec moi, et les secrets un peu importants, on ne *me les* confie pas. (ANONYME.)

Je ne *te l'*aurais pas dit autrefois, parce que j'aurais craint d'avoir l'air du despotisme. (MIRABEAU.)

Le plus sûr appui de l'homme est Dieu; vous voulez *le lui* ravir! (BOISTE.)

La rigueur n'a jamais produit le repentir :
Ce n'est qu'en pardonnant qu'on *nous le* fait sentir. (CRÉBILLON.)

Je *vous le* dis encore: vous n'aurez l'estime des hommes que par une solide vertu. (Madame DE MAINTENON.)

Un jour deux pèlerins sur le sable rencontrent
Une huître que le flot y venait d'apporter :
Ils l'avalent des yeux, du doigt ils *se la* montrent ;
A l'égard de la dent, il fallut contester. (LA FONTAINE.)

Vive les jeunes gens! tout est feu, tout est grâce ;
Ils ont quelques défauts ; ma foi, je *les leur* passe. (BRET.)

Pour M. de Grignan, il peut bien s'assurer que si je puis quelque jour avoir sa femme, je ne *la lui* rendrai pas. (Madame DE SÉVIGNÉ.)

Mesdames, comment vos maris font-ils donc pour que leurs secrets soient si bien gardés? — Ils ne *nous les* confient pas. (ANONYME.)

Je ne *vous le* répète plus ; mais si cela vous arrive encore, vous aurez affaire à moi. (Idem.)

Si les hommes pensent mal les uns des autres, du moins ils ne *se le* disent pas. (Idem.)

Les fautes, même légères, que commettent mes enfants, je ne *les leur* passe pas. (Idem.)

Qu'il y ait ou non négation, on voit que les mots *me le, te le*, etc., se placent toujours devant le verbe lorsqu'il n'est pas à l'impératif : *on* ME LE *commmande* ; *on ne* ME LES *confie pas* ; et que le pronom *le* suit toujours les formes *me, te*, etc., excepté avec *lui* et *leur*, qui en sont précédés.

EXERCICE PHRASÉOLOGIQUE.

A L'IMPÉRATIF.

SANS NÉGATION.	AVEC NÉGATION.
Donne-le-moi.	Ne me le donne pas.
Essuie-les-toi.	Ne te les essuie pas.
Rends-la-lui.	Ne la lui rends pas.
Épargnez-les-nous.	Ne nous les épargnez pas.
Figurez-le-vous.	Ne vous le figurez pas.
Dites-le-leur.	Ne le leur dites pas.
Renvoyez-les-moi.	Ne me les renvoyez pas.
Pardonnez-le-lui.	Ne le lui pardonnez pas.

HORS DE L'IMPÉRATIF.

SANS NÉGATION.	AVEC NÉGATION.
Il me l'assurait.	Il ne me l'assurait pas.
Je te l'offre.	Je ne te l'offre pas.
On le lui paiera.	On ne le lui paiera pas.
Elle se le reproche.	Elle ne se le reproche pas.
On nous les fera goûter.	On ne nous les fera pas goûter.
Ils vous les casseront.	Ils ne vous les casseront pas.
Je leur ôterai.	Je ne le leur ôterai pas.
Ils se le diront.	Elles ne se le diront pas.

N° CCLXVII.

PRONOMS PERSONNELS COMBINÉS AVEC *en*.

A L'IMPÉRATIF.

SANS NÉGATION.

Répondez-*m'en*, vous dis-je : ou, sur votre refus,
D'autres me répondront et d'elle et de Burrhus. (RACINE.)

Va, va-*t'en* commencer, il ne me faut plus rien. (MOLIÈRE.)

Il est un peu trop tard pour enlever Célie,
Dispensez-*l'en* ce soir, elle vous en supplie. (Idem.)

—Je prétendais te découvrir à lui.
—Gardez-*vous-en*, ménagez mon ennui. (VOLTAIRE.)

AVEC NÉGATION.

Puisque c'est une chose qui doit vous faire tant de plaisir, ma chère, ne *m'en* veuillez donc pas. (Madame DE SÉVIGNÉ.)

En toute chose fais ce que tu dois, et quelle que soit l'opinion du vulgaire, ne *t'en* inquiète pas. (BOISTE.)

L'enfant prend de bonne heure des défauts ; mais ne *l'en* blâmez pas, et vous en ferez un jour un être bien malheureux. (ANONYME.)

Quand quelqu'un vous veut et vous fait du bien, ne *vous en* montrez pas indigne par ce qu'il y a de plus commun, l'ingratitude. (Idem.)

Nous n'avons autre chose à dire, si ce n'est que les pronoms personnels, combinés avec la particule *en*, la précèdent toujours immédiatement. Du reste, il est facile de voir que cette particule n'exerce aucune influence sur l'ordre des pronoms personnels, qui suivent le verbe, quand il n'y a pas de négation exprimée, et qui, au contraire, se mettent devant lui, si la phrase est négative. Une dernière remarque à faire, c'est que, dans les phrases où le verbe est à l'impératif sans négation, au lieu des formes *moi* et *toi*, on fait usage des formes les plus faibles *me* et *te*, lorsqu'elles se trouvent combinées avec *en* : c'est que, dans ce cas, elles sont égales en force à *moi* et à *toi*, et que *moi en* ou *moi-s-en* serait insupportable à toute oreille française.

N° CCLXVIII.

HORS DE L'IMPÉRATIF.

SANS NÉGATION.

Je reçois souvent de petits billets de ce cher cardinal ; je *lui en* écris aussi ; je tiens à ce léger commerce très-mystérieux et très-secret : il *m'en* est plus cher. (Madame DE SÉVIGNÉ.)

Tu peux *t'en* reposer sur le cœur d'une mère. (VOLTAIRE.)

Je n'ai garde, monsieur, d'oser *vous en* dédire. (DORAT.)

La mort est un remède à trouver quand on veut, Et l'on *s'en* doit servir le plus tard que l'on peut. (MOLIÈRE.)

Je vous remercie de la peine que vous avez prise de narrer cette folie : c'est un style que vous n'aimez pas, mais il m'a bien réjouie : M. de Coulanges *vous en* parlera. (Madame DE SÉVIGNÉ.)

Le pauvre homme et la pauvre femme tombaient des nues : j'ai ajouté beaucoup de choses honnêtes, et je *m'en* suis allé emportant leurs bénédictions. (DE BOUFFLERS.)

AVEC NÉGATION.

Je ne *m'en* prends qu'au vice, et jamais à la loi. (FABRE D'EGLANTINE.)

Je vous entends, Burrhus, le mal est sans remède. Mon cœur *s'en* est plus dit que vous ne *m'en* direz. (RACINE.)

Ah ! chère Marinette,
Ton discours de ton cœur est-il bien l'interprète ?
Ne me déguise point un mystère fatal ;
Je ne *t'en* voudrai pas pour cela plus de mal. (MOLIÈRE.)

Un affront vit toujours sur le front qui l'endure, Qui ne *s'en* venge pas est né pour le souffrir. (CRÉBILLON.)

Adieu, ma belle petite sœur, souhaitez-moi un heureux voyage : je crains bien que l'ame intéressée de M. de Grignan ne *vous en* empêche. (Madame DE SÉVIGNÉ.)

A mon arrivée dans cette petite ville, je descendis chez les meilleures gens du monde, et je crois que je ne *m'en* serais pas allé si facilement sans la nécessité qui m'obligeait à continuer mon voyage. (ANONYME.)

On voit donc qu'ici les formes *m'en*, *t'en*, *s'en*, *lui*, *en*, etc., précèdent toujours le verbe dans les phrases négatives ou non négatives. Appliquons ce principe au dernier exemple de l'une et de l'autre colonne : *Je* M'EN *suis allé ; je ne* M'EN *serais pas allé*. Quel est le verbe ? N'est-ce pas *suis* et *serais* ? C'est donc avant ce verbe que doit se placer la forme *m'en*, et l'on s'exprimerait mal en disant comme les gens peu instruits de leur langue : *je* ME *suis* EN *allé ; je ne* ME *serais pas* EN *allé*.

EXERCICE PHRASEOLOGIQUE.

COMPLÉMENT DIRECT.

A L'IMPÉRATIF.		HORS DE L'IMPÉRATIF.	
SANS NÉGATION.	AVEC NÉGATION.	SANS NÉGATION.	AVEC NÉGATION.
Dispense-m'en.	Ne m'en dispense pas.	Je m'en vengerai.	Je ne m'en vengerai pas.
Inquiète-t'en.	Ne t'en inquiète pas.	Tu t'en vas.	Tu ne t'en iras pas.
Blâme-l'en.	Ne l'en blâme pas.	Il ou elle s'en réjouit.	Il ou elle ne s'en réjouit pas.
Étonnons-nous-en.	Ne nous en étonnons pas.	Nous l'en gronderons.	Nous ne l'en avertirons pas.
Détournez-vous-en.	Ne vous en détournez pas.	Il nous en aurait prévenus.	Il ne nous en aurait pas prévenus.
Retirez-les-en.	Ne les en retirez pas.	Nous vous en empêcherons.	Nous ne vous en empêcherons pas.
		Ils ou elles s'en garderont.	Ils ou elles ne s'en garderont pas.
		Vous les en empêcherez.	Vous ne les en empêcherez pas.

COMPLÉMENT INDIRECT.

Parlez-m'en.	Ne m'en parlez pas.	Vous m'en parlerez.	Vous ne m'en auriez pas parlé.
Donne-t-en.	Ne t'en donne pas.	Il t'en enverra.	Il ne t'en eût pas envoyé.
Répondez-lui-en.	Ne lui en répondez pas.	Il ou elle s'en promettait.	Il ou elle ne s'en est pas promis.
Promets-nous-en.	Ne nous en promets pas.	Vous lui en adresserez.	Vous ne lui en aussiez pas adressé
Mettez-vous-en.	Ne vous en mettez pas.	Il nous en doit.	Il ne nous en doit pas.
Portez-leur-en.	Ne leur en portez pas.	Il vous en plaît.	Il ne vous en plaît pas.
		Ils ou elles s'en donnent.	Ils ou elles ne s'en donnent pas
		Nous leur en ôterons.	Nous ne leur en ôterons pas.

N° CCLXIX.

PRONOMS PERSONNELS CONSTRUITS AVEC *y*.

A L'IMPÉRATIF.

SANS NÉGATION.

Le mari de madame aujourd'hui m'a promis
De faire ma fortune.—Est-il bien vrai, Lisette?—
Et je t'épouserai dès qu'elle sera faite.—
Bon! attendons-*nous-y*! quand le bien te viendra,
D'autres amants viendront, tu me planteras là.
(VOLTAIRE.)

Dans ce réduit cachez-vous tout le soir;
Vous trouverez un ample manteau noir;
Fourrez-*vous-y*.
(Idem.)

AVEC NÉGATION.

Ame vénale! crois-tu donner à ton fils un autre père avec de l'argent? ne *t'y* trompe point; ce n'est pas même un maître que tu lui donnes, c'est un valet.
(J.-J. ROUSSEAU.)

Un homme vous flatte-t-il? ne *vous-y* fiez pas. Il veut vous tromper.
(ANONYME.)

N'y a-t-il pas négation? les formes *nous-y*, *vous-y*, etc., se placent après le verbe à l'impératif, comme on le voit par les exemples de la première colonne. Y a-t-il, au contraire, négation? ces mêmes formes se mettent devant lui, ainsi que cela a lieu dans la seconde colonne. L'exercice fera connaître les autres particularités.

N° CCLXX.

HORS DE L'IMPÉRATIF.

SANS NÉGATION.

Je n'ose plus voir le monde, et quoi qu'on ait fait pour *m'y* remettre, j'ai passé tous ces jours-ci comme un loup-garou.
(Madame DE SÉVIGNÉ.)

AVEC NÉGATION.

Mais ce qu'il y a de plus intéressant, c'est la simplicité des mœurs de la ville de Vevay: on ne *m'y* connaît que comme peintre, et j'y suis traité pourtant comme à Nancy.
(DE BOUFFLERS.)

Qui ne *s'y* fût trompé? jamais l'air d'un visage,
Si ce qu'il dit est vrai, n'imposa davantage.
(MOLIÈRE.)

... Un autre sort au trône vous appelle:
Consentez-*y*, madame; et, sans plus résister,
Achevez un hymen qui *vous y* fait monter.
(RACINE.)

Ce fat va-t-il dans cette maison? — Je *l'y* ai vu
souvent; mais il n'a pas l'air de *s'y* plaire beaucoup.
(ANONYME.)

L'or est comme une femme; on n'y saurait toucher,
Que le cœur, par amour, ne *s'y* laisse attacher.
(REGNARD.)

Adieu, ma chère petite, j'achèverai cette lettre à Paris; voilà ce que vous aurez de Livry. Si j'avais eu la force de ne *vous y* point écrire et de faire un sacrifice à Dieu de tout ce que j'y ai senti, cela vaudrait mieux que toutes les pénitences du monde.
(Madame DE SÉVIGNÉ.)

Hors de l'impératif, qu'il y ait ou non négation, les formes *m'y*, *t'y*, *s'y*, etc., précèdent toujours le verbe.

EXERCICE PHRASÉOLOGIQUE.

COMPLÉMENT DIRECT.

A L'IMPÉRATIF.		HORS DE L'IMPÉRATIF.	
SANS NÉGATION.	AVEC NÉGATION.	SANS NÉGATION.	AVEC NÉGATION.
Portez-y-moi (1).	Ne m'y jette pas.	On m'y volera.	On ne m'y a pas jeté.
Jettes-y-toi.	Ne t'y jette pas.	On t'y prendra.	On ne t'y prendra plus.
Jette-l'y (peu usité).	Ne l'y jette pas.	On l'y plantera.	On ne l'y plantera pas.
Jette-l'y.	Ne nous y jetez pas.	Il s'y perdra.	Il ne s'y perdra pas.
Jetons-nous-y.	Ne vous y jetez pas.	Vous nous y laisserez.	Vous ne nous y laisserez pas.
Jetez-vous-y.	Ne les y jetez pas.	Vous vous y ruinerez.	Vous ne vous y ruinerez pas.
Jetez-les-y.		Elles s'y placeront.	Elles ne s'y placeront pas.

COMPLÉMENT INDIRECT.

Dis-le-m'y.	Ne m'y parle pas.	On m'y parlera.	On ne m'y parlera pas.
Parle-t'y.	Ne t'y parle pas.	On t'y parlera.	On ne t'y parlera pas.
Parlez-nous-y.	Ne nous y parlez pas.	On s'y parlera.	On ne s'y parlera pas.
Parlez-vous-y.	Ne vous y parlez pas.	On nous y parlera.	On ne nous y parlera pas.
Parlez-leur-y.	Ne leur y parlons pas.	On vous y parlera.	On ne vous y parlera pas.
		On leur y parlera.	On ne leur y parlera pas.
		Ils s'y parleront.	Ils ne s'y parleront pas.

N° CCLXXI.

PLACE DES PRONOMS PERSONNELS AVEC DEUX IMPÉRATIFS.

Cessez, vous dis-je, et laissez-*moi*,
Madame, exécuter les volontés du roi.
(RACINE.)

Marche, et suis-*nous* du moins où l'honneur nous attend.
(BOILEAU.)

Soldats, suivez leurs pas et *me* répondez d'eux.
(VOLTAIRE.)

O vous, lecteurs curieux de la grande histoire du noyer de la terrasse, écoutez-en l'horrible tragédie, et *vous* abstenez de frémir si vous pouvez.
(J.-J. ROUSSEAU.)

(1) Quoique la plupart des grammairiens approuvent les expressions suivantes: *Donnez-y-moi une place*, *portez-y-moi*, *jette-m'y*, et autres semblables, le goût et l'harmonie se réunissent pour les faire rejeter. En effet, elles ont un son dur et désagréable. *Portez-y-moi* ne vaut pas mieux que *portez-m'y*. On doit plutôt se servir d'une circonlocution polie, comme: *Faites-moi le plaisir de me porter*, *de me mener là*, *en cet endroit*, ou, si l'on répugne à la prière, on prend un autre tour: *Portez-moi là*; *donnez-moi une place dedans*, *jette-moi dedans*, ou toute autre locution que ce sifflant et bâillant *donnez-y-moi une place*.

« Les étrangers, dit Boiste, doivent apporter une attention particulière à l'emploi de cet *y*, souvent contraire aux lois de la grammaire générale, et pouvant former, par sa consonnance, des locutions très-ridicules. Des Français mêmes s'y méprennent, surtout dans la conversation; il n'est pas rare d'entendre, même dans la capitale, des personnes instruites en apparence dire: *Menez-m'y*, et plus souvent encore *menez-y-moi*, moins blâmable, il est vrai, quoique de style sauvage.

Nous avons dit, et nous avons fait voir que les pronoms personnels, employés comme compléments directs ou indirects, simples ou combinés avec *le*, *la*, *les*, *en* et *y*, se plaçaient après le verbe, quand ce dernier était à l'impératif et qu'il n'était point accompagné d'une négation; mais, par les exemples qui viennent d'être cités, il faut remarquer que, lorsqu'il se trouve deux impératifs de suite, ces noms peuvent précéder (1) le dernier, ou le suivre; c'est une chose entièrement facultative. Toutefois nous ferons observer que les constructions de la deuxième colonne commencent à être moins en usage, et qu'on dit plutôt : *Sortez et laissez-*MOI *dormir*, que *sortez et* ME *laissez dormir*. Nous n'avons parlé que de deux impératifs; cependant, s'il y en avait plusieurs, il en serait de même, exemple : *Allez, partez, et laissez-moi dormir, ou me laissez dormir*.

EXERCICE PHRASÉOLOGIQUE.

Donnez et taisez-vous.	Donnez et vous taisez.	Allez et laissez-nous.	Allez et nous laissez.
Marche et suis-nous.	Marche et nous suis.	Vois et abstiens-toi.	Vois et t'abstiens.
Prends et donne-lui.	Prends et lui donne.	Entends et obéis-leur.	Entends et leur obéis.
Donnez et montrez-moi.	Donnez et moi montrez.	Écoute-le et pardonne-lui.	Écoutez-le et lui pardonnez.
Vois-le et donne-le-moi.	Vois-le et me le donne.	Prends-le et rends-le-moi.	Prends-le et me le rends.
Écris-la et envoie-la-lui.	Écris-la et la lui envoie.	Fais-les et adresse-les-lui.	Fais-les et les lui adresse.
Reste ou va-t-en.	Reste ou t'en va.	Asseyez-vous ou allez-vous-en.	Asseyez-vous ou vous en allez.
Laisse-le ou retire-l'en.	Laisse-le ou l'en retire.	Approuvez-le ou moquez-vous-en.	Approuvez-le ou vous en moquez.
Saute ou jette-t'y.	Saute et t'y jette.	Emmène-les ou laissez-les-y.	Emmène-les ou les y laisse.

N°. CCLXXII.

PLACE DES PRONOMS PERSONNELS COMPLÉMENTS D'UN INFINITIF.

1re SÉRIE.

De quelle trahison pouvez-vous donc *vous* plaindre ?
(MOLIÈRE.)

Viens m'éclairer, source de lumière; foudroie avec ta plume divine les difficultés que je vais *te* proposer.
(MONTESQUIEU.)

Vous tremblez à sa vue, et vos yeux s'attendrissent.
Vous voulez *me* cacher les pleurs qui les remplissent.
(MOLIÈRE.)

(1) Voici d'autres exemples à l'appui de ceux que nous avons cités.

Laissez-moi cette chaîne, ou *m'*arrachez le jour.
(LA HARPE.)

Vingt fois sur le métier remettez votre ouvrage;
Polissez-*le* sans cesse et *le* repolissez.
(BOILEAU.)

Conservez bien votre courage, et *m'*en envoyez un peu dans vos lettres.
(Mme DE SÉVIGNÉ.)

Dites-lui ma pensée, et *l'*avertissez bien
Qu'elle ne vienne pas m'échauffer les oreilles.
(MOLIÈRE.)

Peignez-les-moi, dit l'aigle, ou bien *me* les montrez.
(LA FONTAINE.)

Finissons d'abord votre affaire, et *me* dites qui est celle que vous aimez.
(MOLIÈRE.)

2me SÉRIE.

Soleil ! je *te* viens voir pour la dernière fois.
(RACINE.)

..... Est-il un moment
Qui *vous* puisse assurer d'un second seulement ?
(LA FONTAINE.)

Je connais votre cœur, vous devez vous attendre
Que je *le* vais frapper par l'endroit le plus tendre.
(Id.)

Sortez donc, je vous prie, et *me* laissez l'attendre.
(MOLIÈRE.)

Passez votre chemin, la fille, et *m'*en croyez.
(LA FONTAINE.)

Et puisque Jean Lapin vous demande la vie,
Donnez-la-lui de grâce, où *l'*ôtez à tous deux.
(Id.)

Vous attendez le roi. Parlez et *lui* montrez
Contre le fils d'Hector tous les Grecs conjurés.
(RACINE.)

Tenez, monsieur, battez-moi plutôt, et *me* laissez rire tout mon saoûl; cela me fera plus de bien.
(MOLIÈRE.)

...... Par mon trouble apprenez,
L'excès de vos malheurs, et *me* les pardonnez.
(GUYMONT DE LA TOUCHE.)

La jeunesse est si aimable qu'il faudrait l'adorer. (Mme DE SÉVIGNÉ.)	Trajan, dans sa réponse au gouverneur, dit qu'on ne doit pas chercher les chrétiens; mais que s'ils sont dénoncés et vaincus, il *les* faut punir. (CHATEAUBRIAND.)
J'ai encore quelques jours devant moi, je veux *les* vivre tout entiers. (DE JOUY.)	Viens voir un nid de tourtereaux Que j'ai découvert sur ce chêne : Je *te le* veux donner : hélas ! c'est tout mon bien. (FLORIAN.)
Viens, suis-moi ; la sultane en ces lieux doit *se* rendre. (VOLTAIRE.)	Quel profane en ces lieux *s'*ose avancer vers moi ? (RACINE.)

Dans la première colonne, les formes *me, te, se, le,* etc., sont placées à côté de l'infinitif, dont elles sont le complément ; dans la seconde, au contraire, elles s'en trouvent séparées par un verbe. Cette transposition, empruntée aux Italiens, est, dans notre langue, comme dans la leur, très-gracieuse et très-élégante. Cependant elle n'est pas de rigueur, et l'une et l'autre construction sont également bonnes. Nous l'avouerons toutefois, nos recherches nous ont fourni un bien plus grand nombre d'exemples de la seconde, surtout dans les écrivains du siècle de Louis XIV, qui nous ont laissé des modèles du goût le plus pur.

Dans les citations de la seconde colonne, on doit remarquer, avec un grammairien : 1° le respect pour ce principe fondamental : *Rapprocher le plus qu'il est possible les compléments des noms qu'ils représentent;* 2° l'union de deux verbes, dont le second est le complément immédiat du premier ; 3° qu'il n'y a pas une seule des constructions ci-dessus rapportées, qui ait été commandée par la mesure des vers, car le nombre de pieds serait le même si l'on disait : *Soleil, je viens* TE *voir pour la dernière fois.* Afin de prouver la supériorité de la construction du texte sur celle-ci, faisons l'analyse de la première phrase. Racine a écrit : *Soleil, je* TE *viens voir pour la dernière fois;* si nous disons : *Soleil, je viens* TE *voir pour la dernière fois,* nous aurons rompu l'union nécessaire de *viens* avec *voir,* sans laquelle le motif de Phèdre semblerait être de s'approcher du soleil, quand elle n'entend que jouir du radieux aspect de cet astre ; nous aurons coupé, obscurci le sens de la phrase par une disjonction de mots, dont les uns appartiennent au sujet et les autres à l'objet de l'action ; enfin, en ne rapprochant pas, le plus qu'il est possible, le pronom personnel *te* de *soleil,* nous aurons violé un principe qui a sa source dans la clarté de l'élocution et dans l'enchaînement si naturel des idées. Cette analyse peut se reproduire avec autant de force sur tous les autres exemples de la même colonne.

L'un voulait LE *garder, l'autre* LE *voulait vendre.*

Néanmoins, différentes circonstances peuvent déterminer l'écrivain à préférer tantôt l'une, tantôt l'autre construction ; et, pour le prouver, M. Lemare cite cet exemple de La Fontaine :

L'un LE *voulait,* dit cet habile grammairien, aurait trop rapproché les sons *l'un le lait.* Dans *l'un voulait* LE *garder, le* se lie plutôt avec *garder* qu'avec *voulait,* de sorte que si l'on faisait un repos, on ferait cette coupe, *l'un voulait...* LE *garder.* Mais si La Fontaine avait dit : *L'un* LE *voulait garder, l'un* LE *voulait* serait inévitable. Dans le second hémistiche, *l'autre* LE *voulait vendre, l'autre* peut se détacher ; de sorte qu'on a d'abord *l'autre,* et ensuite LE *voulait vendre,* où LE *lait* se trouvent séparés par une syllabe. Il est très-probable que l'auteur n'a point fait tous ces calculs, mais l'oreille exercée est pour la construction un guide plus sûr que les principes.

Nous ferons une dernière observation. On doit se garder de confondre : *Il* ME *faut faire; il* ME *faut donner quelque chose*, avec *il faut* ME *faire; il faut* ME *donner quelque chose*. Ces deux constructions présentent un sens bien différent. Dans la première *il me faut faire, il me faut donner*, on veut dire que c'est MOI qui dois faire, c'est MOI qui dois donner; dans la seconde, au contraire, c'est A MOI qu'il faut que l'on fasse, que l'on donne; *me* est ici le but vers lequel tend l'action du second verbe. Voici deux exemples à l'appui de cette distinction :

Je subis mon destin, vous voyez sa rigueur :
Il ME faut faire un choix, il est fait dans mon cœur.
(VOLTAIRE.)

Il faut vous dire comme ce prélat disait à la reine-mère : Ceci est histoire.
(Mme DE SEVIGNÉ.)

EXERCICE PHRASÉOLOGIQUE.

Pour ne point le troubler.	Pour ne le point troubler.	La leçon que je vais te donner.	La leçon que je te vais donner.
Je ne puis le croire.	Je ne le puis croire.	Il veut les traiter de fable.	Il les veut traiter de fable.
J'ai cru lui devoir donner ce gage.	J'ai cru lui devoir donner ce gage.	Pour bien te louer.	Pour te bien louer.
Rien ne peut vous le ravir.	Rien ne vous le peut ravir.	On peut le vaincre.	On le peut vaincre.
Je ne puis lui rien dire.	Je ne lui puis rien dire.	Elle vient te chercher.	Elle te vient chercher.
A mes pieds elle vient s'humilier.	A mes pieds elle se vient humilier.	On ne saurait le lire.	On ne le saurait lire.
Je ne puis me connaître.	Je ne me puis connaître.	Je veux le croire ainsi.	Je veux le croire ainsi.
Rien qui puisse lui déplaire.	Rien qui lui puisse déplaire.	Quel mal vient nous menacer.	Quel mal nous vient menacer.
On ne peut y répliquer.	On n'y peut répliquer.	Aller vous chercher l'or.	Nous aller chercher l'or.
Pour ne plus te revoir.	Pour ne la plus revoir.	On veut se cacher.	On se veut cacher.
Ils n'osent se parler.	Ils ne s'osent parler.	Ils croiraient se faire affront.	Ils se croiraient faire affront.
Je vais le consulter.	Je le vais consulter.	Il va me fendre la tête.	Il me va fendre la tête.
D'où j'ai su le tirer.	D'où je l'ai su tirer.	Chacun peut le traiter de fat.	Chacun le peut traiter de fat.
On peut s'en reposer sur ma foi.	On s'en peut reposer sur ma foi.	Il ne saurait jamais le croire.	Il ne le saurait jamais croire.
Rien n'a pu me parer.	Rien ne m'a pu parer.	Ne peut s'abandonner soi-même.	Ne se peut abandonner soi-même.
Quelque raison que vous puissiez me dire.	Quelque raison que vous me puissiez dire.	Le feu qui doit la dévorer.	Le feu qui la doit dévorer.
Il faut la détester.	Il la faut détester.	Je viens les appeler.	Je les viens appeler.
Je ne puis vous déguiser ma surprise.	Je ne vous puis déguiser ma surprise.	Il faut le taire.	Il le faut taire.
Il faut y renoncer.	Il y faut renoncer.	Hélène n'avait osé l'avouer.	Hélène ne l'avait osé avouer.
		Il vient me reprocher ma pitié.	Il me vient reprocher ma pitié.

N° CCLXXI

RÉPÉTITION DES PRONOMS PERSONNELS SUJETS.

EXPRIMÉS.

Fable que tout cela; propos des envieux,
Je le connais, je l'aime et je lui rends justice.
(GRESSET.)

Tu aimeras tes ennemis, *tu* béniras ceux qui te maudissent, *tu* feras du bien à ceux qui te persécutent, *tu* prieras pour ceux qui te calomnient.
(BEAUZÉE.)

Dieu, maître de son choix, ne doit rien à personne;
Il éclaire, *il* aveugle, *il* condamne, *il* pardonne.
(VOLTAIRE.)

Il s'écoute, *il* se plaît, *il* s'adonise, *il* s'aime.
(J.-B. ROUSSEAU.)

Vous n'êtes pas méchant, et *vous* ne pouvez l'être.
(GRESSET.)

SUPPRIMÉS.

J'entretins la sultane, et, cachant mon dessein,
Lui montrai d'Amurat le retour incertain.
(RACINE.)

Tu es le gardien fidèle des plus belles femmes de Perse. Tu leur commandes et leur *obéis*; tu exécutes aveuglément toutes leurs volontés, et leur *fais* exécuter de même les lois du sérail.
(MONTESQUIEU.)

L'Éternel est son nom; le monde est son ouvrage;
Il entend les soupirs de l'humble qu'on outrage;
Juge tous les mortels avec d'égales lois,
Et du haut de son trône *interroge* les rois.
(RACINE.)

Je vous imite en tout. Vous, d'une ardeur extrême,
Buvez, jouez, aimez; je bois, je joue et j'aime.
(REGNARD.)

Il serait très-difficile de dire quand on doit répéter ou ne pas répéter les pronoms personnels, lorsqu'ils sont employés comme sujets. L'ellipse rend le discours plus rapide; la répétition donne plus d'énergie à la pensée.

EXERCICE PHRASÉOLOGIQUE.

Je ne l'ai jamais été et je prie Dieu de ne l'être jamais.
Il pleure, il hésite, il bégaie, il tremble.
Il pleure, il rit, il chante.
Elle veut et elle ne veut pas.
Vous ne gagnez rien et vous dépensez beaucoup.

Je ne l'ai jamais été et prie Dieu de ne l'être jamais.
Il pleure, hésite, bégaie et tremble.
Il pleure, rit et chante.
Elle veut et ne veut pas.
Vous ne gagnez rien et dépensez beaucoup.

N° CCLXXIV.

RÉPÉTITION DES PRONOMS PERSONNELS COMPLÉMENTS.

.... On peut, sans s'avilir,
S'abaisser sous les dieux, *les* craindre et *les* servir.
(VOLTAIRE.)

Un fils audacieux insulte à ma ruine,
Traverse mes desseins, *m'*outrage, *m'*assassine !
(RACINE.)

Ah ! mon enfant, que je voudrais bien *vous* voir un peu, *vous* entendre, *vous* embrasser, *vous* voir passer.
(Mme DE SÉVIGNÉ.)

Dans ses désirs l'homme ébloui,
Voudrait bien *s'*élever, *s'*enrichir et paraître ;
Mais il se rend esclave en cherchant de l'appui.
(LENOBLE.)

Un fils ne s'arme point contre un coupable père ;
Il détourne les yeux, *le* plaint et *le* révère.
(VOLTAIRE.)

Les deux héros fièrement *se* relèvent ;
Les yeux en feu, *se* regardent, *s'*observent.
(Id.)

Le suprême et le parfait gouvernement consiste à gouverner ceux qui gouvernent ; il faut *les* observer, *les* éprouver, *les* modérer, *les* corriger, *les* animer, *les* élever, *les* rabaisser, *les* changer de place, et *les* tenir toujours dans la main.
(FÉNELON.)

Un auteur qui *nous* flatte et *nous* loue, est sûr de nous plaire.
(ANONYME.)

La répétition des pronoms personnels faisant office de compléments est indispensable devant chaque verbe : *Je veux* LE *voir,* LE *prier,* LE *presser,* L'*importuner,* LE *fléchir.* Mais on ne les répète pas devant un temps composé : *Il nous a flattés et loués.*

EXERCICE PHRASÉOLOGIQUE.

Je le crois et le croirai toujours.
Je l'ai dit et le répète encore.
Il le fait et le défait sans cesse.
Il me dit et me répète à chaque instant.
Les Juifs m'ont trahi, m'ont trompé !
Je la cherche et ne la trouve plus.

Il m'honore et me caresse.
Il t'aime, te chérit, t'idolâtre.
Elle le regrette et le regrettera longtemps.
Il me l'a dit et me l'a répété cent fois.
Je voudrais te voir, t'entendre, t'embrasser.
Je désire vous voir et vous parler.

Il se loue et se fait du tort.
Elle se tourmente et se donne bien du mal.
Je les déteste et ne puis les souffrir.
Je l'ai aimé et l'aime encore.
Il m'a volé et me vole tous les jours.
Il m'insulte, m'outrage et me calomnie.

N° CCLXXV.

DES PRONOMS PERSONNELS *moi, toi, lui,* ETC., PLACÉS DEVANT *je, tu, il,* ETC.

CONSTRUCTION PLEINE.

Pour moi, j'avoue que je ne pouvais pas imaginer qu'il fût possible de faire bouillir de l'eau dans des marmites de bois.
(BERNARDIN DE ST-PIERRE.)

CONSTRUCTION ELLIPTIQUE.

Je dois, *moi* qui ne suis rien et qui ne peux rien, tendre au moins de tous mes vœux vers la félicité du peuple.
(BERNARDIN DE ST.-PIERRE.)

Pour moi, j'ai toujours regardé comme le plus estimable de tous les hommes ce Romain qui voulait que sa maison fût construite de manière qu'on vît tout ce qui s'y faisait.
(J.-J. Rousseau.)

Il n'est pour voir que l'œil du maître.
Quant à *moi*, j'y mettrais encor l'œil de l'amant.
(La Fontaine.)

Quant à moi, si j'ai complété le texte de Longus, tant qu'on lira du grec, il y aura toujours quatre ou cinq hellénistes qui sauront que j'ai existé.
(P.-L. Courier.)

Pour moi, bien loin de convenir de la grande supériorité que nous nous attribuons sur les anciens, *je* soutiens que plus on remonte dans l'antiquité, plus on retrouve les principes de la galanterie.
(Id.)

Pour moi, j'ai toujours vu les honnêtes gens assez tranquilles, mais les fripons toujours alertes.
(Bernardin de St.-Pierre.)

Pour toi, tire ta plus aimable parure des fleurs.
(Id.)

Pour lui (Thésée), quelle que fût la forme du gouvernement, *il* ne pouvait perdre l'empire que lui assuraient ses vertus.
(P.-L. Courier.)

Pour elle (Hélène), à qui sa patrie ne cessa jamais d'être chère, *elle* protége Lacédémone, où son culte est établi.
(Id.)

Pour nous, soyons francs et sincères; nous n'avons rien à perdre à nous montrer tels que nous sommes aux honnêtes gens.
(Mirabeau.)

C'est une question de savoir si les bêtes n'ont pas quelque idée de la divinité : *pour nous*, *nous* croyons qu'elles en sont incapables.
(Bernardin de St.-Pierre.)

Quant à vous, *vous* devez voir ici une preuve du vif intérêt que je prends à vos succès.
(Ch. Nodier.)

Pour vous, *vous* êtes la soubrette de la précieuse, qui se mêle de temps en temps dans la conversation, et attrape, comme elle peut, tous les termes de sa maîtresse.
(Molière.)

Moi, *je* combattrais le jeu parmi les joueurs, et j'aurais plus de plaisir à me moquer d'eux en les voyant perdre, qu'à leur gagner leur argent.
(J.-J. Rousseau.)

Moi, j'irais mériter, par un lâche attentat,
Les titres d'assassin, de perfide, d'ingrat!
(Regnard.)

Moi, je reçus du ciel un moins riche héritage :
Mais les Grecs m'ont transmis leur lyre avec leurs
Et, satisfait de mon partage, [chants;
Je sais rire des sots et me passer des grands.
(Boufflers.)

Moi, je tiens que toujours un peu de défiance,
En ces occasions, n'a rien qui nous offense,
Et qu'il est dangereux qu'un cœur qu'on a charmé
Soit trop persuadé, madame, d'être aimé.
(Molière.)

Depuis que l'univers est sorti du chaos,
Ai-*je* donc trouvé, *moi*, quelque jour de repos?
(Regnard.)

Toi, *tu* vivras vil et malheureux, et je mourrai trop vengée.
(J.-J. Rousseau.)

Il croyait, *lui*, qu'il devait faire parler tout l'univers.
(Montesquieu.)

Quoi! de contes d'enfants son peuple s'embarrasse
Et du péril qui le menace,
Lui seul entre les Grecs, *il* néglige l'effet!
(La Fontaine.)

Nous autres juges, *nous* ne nous enflons pas d'une vaine science.
(Montesquieu.)

Souvenez-*vous* bien, *vous*, de venir comme je vous ai dit, là, avec cet air qu'on nomme le bel air, peignant votre perruque, et grondant une petite chanson entre vos dents.
(Molière.)

Et *vous*, madame, et *vous*, l'objet de ma faiblesse,
Voilà donc de quel prix *vous* payiez ma tendresse!
(Regnard.)

Vous, *vous* représentez une de ces femmes qui, pourvu qu'elles ne fassent point l'amour, croient que tout le reste leur est permis.
(Molière.)

Pour moi, dit Bernardin de Saint-Pierre, *je préviens mes lecteurs que j'emploierai tous les termes qui me conviendront pour rendre mes idées*. Or, qu'y a-t-il d'étonnant qu'en vertu du privilége accordé au génie, de choisir non-seulement les expressions, mais aussi les tournures qui lui paraissent le plus propres à peindre ses pensées, le gracieux auteur de Paul et Virginie ait dit, avec la construction pleine : Pour moi, *j'avoue que je ne pouvais pas imaginer qu'il fût possible de faire bouillir de l'eau dans des marmites de bois*, ou, avec la construction elliptique : Je dois, *moi qui ne suis rien et ne peux rien, tendre au moins de tous mes vœux vers la félicité du peuple*. Et Rousseau n'avait-il pas également le droit de dire : Moi, *je combattrais*, ou pour moi, *je combattrais*? Regnard : Moi, *j'irais*, ou pour moi, *j'irais*? Boufflers : Moi, je reçus, ou quant a moi, je *reçus*? Et, enfin, Molière : Pour vous, vous *êtes la soubrette de la précieuse, et* vous, *vous représentez une de ces femmes, qui...?* etc., etc.

En prétendant depuis des siècles que, dans ces sortes de phrases, les noms personnels *moi, toi, lui, elle, nous, vous*, etc., sont des pléonasmes, des doubles sujets, des périssologies, des.... que sais-je? les grammairiens font donc preuve de la plus complète ignorance à cet égard, et le savant M. Lemare lui-même ne nous semble pas trop savoir ce qu'il veut dire, en avançant que, dans ces vers de Racine:

> Et MOI, qui l'amenai triomphante, adorée,
> JE m'en retournerais seule et désespérée.

Il serait impossible de construire *qui* sans *moi*, qui le précède, et que ce *moi* est un pléonasme, puisque *je*, qui est aussi nécessaire, remplit déjà les fonctions de sujet ou de nom primordial.

Non, *moi*, ainsi employé, n'est point un pléonasme. C'est un mot aussi nécessaire pour l'idée que pour la construction. Le regarder comme surabondant, c'est lui ôter toute sa force, toute son énergie; c'est le dépouiller de sa valeur, c'est méconnaître sa véritable fonction, en un mot, c'est ignorer le but de sa présence dans le discours. Écoutons ce que pense à ce sujet un célèbre grammairien :

« Les pronoms personnels *moi, toi, nous, vous*, etc. sont quelquefois, dit Beauzée,
» le complément d'une préposition sous-entendue : Exemple : *Vous prétendez que le*
» *soleil tourne, et* MOI, JE *soutiens que c'est la terre*. (Voltaire). Analyse : ...... *et*, par
» des raisons connues de moi, je *soutiens que c'est la terre.* »

« Mais, peut-on dire, pourquoi s'écarter de la méthode des grammairiens, dont
» aucun n'a vu l'ellipse dans cet exemple? et pourquoi ne pas dire avec tous, que
» quand on dit, par exemple, *et* moi, je *soutiens*, ce moi est un mot redondant?
» C'est qu'une redondance de cette espèce me paraît une pure périssologie, si elle ne
» fait rien au sens; si elle y fait, ce n'est plus une redondance, le moi est néces-
» saire, et s'il est nécessaire, il est soumis aux règles de la syntaxe. Or, on ne peut
» pas dire que moi, dans la phrase en question, soit nécessaire à l'intégrité générale
» de la proposition *je soutiens que c'est la terre*; j'ai donc le droit d'en conclure que
» c'est une partie intégrante d'une autre proposition ou d'un complément logique
» de celle dont il s'agit, que par conséquent il faut suppléer. Dans ce dernier cas,
» n'est-il pas plus raisonnable de tourner le supplément de manière que moi y soit
» employé selon sa destination ordinaire et primitive, que de l'esquiver par le prétexte
» d'une redondance? »

N'est-ce pas là le langage de la raison? et ces paroles remarquables n'auraient-elles pas depuis long-temps dessillé les yeux de tous nos grammairiens, si *la vérité n'était le plus souvent pour eux un flambeau qui luit dans le brouillard, sans le dissiper?*

Le langage, comme le dit très-bien Dumarsais, n'est que l'expression de la pensée. Il y a essentiellement dans le discours, de quelque assemblage de sons dont il puisse être composé, un certain ordre qui a été dans l'esprit de celui qui a parlé, et auquel son discours peut toujours être réduit. Le besoin ou la commodité d'abréger, et plus encore l'empressement de l'imagination à rendre ses pensées, ont fait dire en un mot ce qui se disait ou pouvait se dire en plusieurs. Moi, je *pense*, c'est la même chose que pour moi ou quant a moi, je *pense*. *Moi, toi*, etc., dans les exemples de la seconde colonne, sont donc le complément de la préposition *pour*, ou bien de l'expression *quant à*, sous-entendue ; et cette ellipse ne saurait être mise un seul instant en doute, puisque, dans la première colonne, ces mêmes prépositions sont toujours exprimées. D'ailleurs, que ceux qui ne seraient pas encore entièrement convaincus de cette vérité, veuillent bien lire l'*Impromptu de Versailles*. Ils verront (scène 1re.) que Molière fait tour à tour usage de la construction pleine et de la construction elliptique.

EXERCICE PHRASÉOLOGIQUE.

SANS ELLIPSE.	ELLIPTIQUEMENT.	SANS ELLIPSE.	ELLIPTIQUEMENT.
Pour moi, je crois.	Moi, je crois.	Pour nous, nous sommes riches.	Nous, nous sommes riches.
Quant à toi, tu le sais.	Toi, tu le sais.	Quant à vous, vous vous trompez.	Vous, vous vous trompez.
Pour lui, il viendra.	Lui, il viendra.	Quant à eux, ils ont tort.	Eux, ils ont tort.
Quant à elle, elle dit.	Elle, elle dit.	Quant à elles, elles mentent.	Elles mentent, elles.

N° CCLXXVI.

Je, tu, ETC., SOUS-ENTENDUS APRÈS *moi, toi*, ETC.

SANS ELLIPSE.	AVEC ELLIPSE.
Moi, je pourrais trahir le Dieu que j'aime ! (RACINE.)	*Moi,* régner ! *moi,* ranger un état sous ma loi, Quand ma faible raison ne règne plus sur moi ! (RACINE.)
Moi, je pourrais encore te voir, te reconnaître !... (ANDRIEUX.)	.... *Moi,* vous abandonner ! Pouvez-vous un instant, ô ciel ! le soupçonner ! (ANDRIEUX.)

Ces citations nous font voir que quelquefois les noms personnels *je, tu*, etc., et le verbe dont ils sont le sujet peuvent être sous-entendus. Cette ellipse ne détruit pas ce que nous avons dit dans le numéro précédent, relativement au mot *moi*. Dans l'un comme dans l'autre cas, il est toujours le fragment d'une expression elliptique qu'il faut nécessairement rétablir pour l'intégrité de la pensée. L'analyse des exemples de la seconde colonne, qui nous est suggérée en partie par Racine lui-même et par Andrieux, est donc celle-ci : (QUANT A) MOI, (JE *pourrais*) régner ! etc. (QUANT A) MOI, (JE *pourrais*) ranger un état sous ma loi ! etc. (POUR) MOI, ou (QUANT A) MOI, (*je pourrais*) vous abandonner ! Où donc est-il ce prétendu pléonasme dont nous parlent chaque jour les grammairiens, et principalement MM. Noël et Chapsal ? Comme Dumarsais, nous dirons que si, dans les analyses qui précèdent, les mots que nous restituons, nous les ajoutions de notre propre génie, pour faire une langue selon nos idées, nous ne mériterions aucune attention ; mais nous ne suppléons ces mots dans les phrases de la seconde colonne que parce qu'ils sont exprimés dans celles de la première, qui offrent absolument le même sens : nous expliquons donc la langue française par la langue française même, et par conséquent d'après ses véritables principes. Mais, il faut l'avouer, ce n'est pas ainsi que les grammairiens ont coutume de procéder. Dès qu'ils rencontrent quelque difficulté, ils crient à l'*arbitraire*, au *pléonasme*, et ne se donnent pas la peine de réfléchir. C'est à cette insouciance que nous sommes redevables de la plupart des erreurs qui encombrent encore aujourd'hui le domaine de la science grammaticale.

EXERCICE PHRASÉOLOGIQUE.

CONSTRUCTION PLEINE.	CONSTRUCTION ELLIPTIQUE	
Moi, je pourrais trahir le meilleur de mes amis !	Moi, trahir le meilleur de mes amis !	Eux, se tuer !
Je pourrais faire une lâcheté, moi !	Faire une lâcheté, moi !	Se tuer, eux !
Toi, tu voudrais me calomnier !	Toi, me calomnier !	Elles, l'aimer !
Tu pourrais me calomnier, toi !	Me calomnier, toi !	L'aimer, elles !
Lui, il voudrait vous abandonner !	Lui, vous abandonner !	Soi, s'avilir !
Il voudrait vous abandonner, lui !	Vous abandonner, lui !	S'avilir, soi !
Nous, nous pourrions la déshonorer !	Nous, la déshonorer !	Elle, me railler !
Nous pourrions la déshonorer, nous !	La déshonorer, nous !	Me railler, elle !
Vous, vous seriez capable de le renier !	Vous, le renier !	Elle, le dire !
Vous seriez capable de le renier, vous !	Le renier, vous !	Le dire, elle !
Eux, ils pourraient être esclaves !	Eux ! esclaves !	Nous, nous en dédire !
Ils pourraient être esclaves, eux !	Esclaves, eux !	Nous en dédire, nous !

NOTA. — Cet exercice nous montre que les pronoms personnels *moi, toi,* etc., peuvent commencer la phrase ou la finir.

N° CCLXXVII.

DU PRONOM PERSONNEL *nous* EXPRIMÉ OU SOUS-ENTENDU.

EXPRIMÉ.

Votre père et moi, *nous* avons été longtemps ennemis l'un de l'autre.
(FÉNELON.)

Nous allons, monsieur Belpré et moi, dans toutes les assemblées sous le même nom ; et nous voyons plus d'honnêtetés dans une ville de trois mille habitants qu'on n'en trouverait dans les villes de province de la France.
(DE BOUFFLERS.)

Ah ! bachelier du diable, un peu plus d'indulgence, *Nous* avons vous et moi besoin de tolérance.
(VOLTAIRE.)

Il ne sait pas l'amour qui vous parle pour lui,
Que, vous et Bajazet, *vous* ne faites qu'une âme.
(RACINE.)

Je ne saurais vous dire d'où *ils* viennent, lui et son père.
(ANONYME.)

NON EXPRIMÉ.

Albert et moi *sommes* tombés d'accord.
(MOLIÈRE.)

Rica et moi *sommes* peut-être les premiers parmi les Persans, que l'envie de savoir ait fait sortir de leur pays, et qui aient renoncé aux douceurs d'une vie tranquille pour aller chercher laborieusement la sagesse.
(MONTESQUIEU.)

Vous avez, comme vous le dites, monsieur, des syllabes longues et brèves dans votre belle langue italienne ; nous en avons aussi : mais ni vous, ni nous, ni aucun peuple *n'avons* de véritables dactyles et de véritables spondées.
(VOLTAIRE.)

Vous et les miens *avez* mérité pis.
(LA FONTAINE.)

Dites-moi où sont passés le père et les enfants. — Madame, je ne sais ; mais eux et les domestiques *viennent* de sortir.
(ANONYME.)

Tous les grammairiens disent que, dans cette phrase : *Votre père et moi,* NOUS *avons été longtemps ennemis l'un de l'autre,* le pronom personnel *nous* est un pléonasme. Quant à nous, qui sommes les ennemis nés du pléonasme proprement dit, nous pensons que les grammairiens se sont fait ici, comme partout, illusion ; et ce qui les a entraînés dans cette erreur, c'est qu'ils ont cru qu'il n'y avait aucune différence entre : *votre père et moi,* NOUS *avons été longtemps ennemis l'un de l'autre,* et *votre père et moi* AVONS *été longtemps ennemis l'un de l'autre,* et que l'analyse en était la même. Mais ces deux phrases diffèrent autant, selon nous, que les suivantes : *Alfred et Victor* SONT *malheureux,* et *Alfred et Victor,* EUX *seuls* SONT *malheureux.* L'une est infiniment plus énergique que l'autre. Voici donc comment doivent s'analyser les phrases précédemment citées :

1re PHRASE. — (Quant à) *votre père* et (à)*moi*, NOUS *avons été longtemps ennemis l'un de l'autre.*

2e PHRASE. — *Votre père* (a été longtemps mon ennemi) *et moi* (ai été longtemps son ennemi), nous AVONS *été longtemps ennemis l'un de l'autre.*

Dans le premier cas, *nous* doit s'exprimer, comme *je*, dans : *moi,* JE *prétends.* Et ce qui prouve que les grammairiens sentent, malgré eux, la force de ce mot, c'est que, tout en le qualifiant de pléonasme, ils ajoutent que c'est un *pléonasme* UTILE. Dans le dernier cas, au contraire, *nous* doit s'ellipser, ainsi que cela a lieu pour le sujet pluriel du verbe SONT dans les phrases suivantes : *Henriette et Julie.....* SONT *aimables; le roi et la reine.....* SONT *partis.*

Nous ferons une seconde observation.

Dans les phrases que nous avons rapportées plus haut, il faut remarquer que le nom personnel *moi* se place toujours en dernier ordre. La grammaire n'est pour rien dans cette construction, qui est tout arbitraire, et dont l'urbanité française a fait presque une loi. La personne qui parle doit donc se nommer la dernière : *vous et* MOI, et non pas MOI *et vous*; cependant, dans le cas d'une grande infériorité, cette dernière construction peut être employée. Un père dira : MOI *et mon fils*; un maître : MOI *et mon domestique*.

C'est sans doute pour la même raison qu'on dit : TOI *et lui,* VOUS *et eux*.

EXERCICE PHRASÉOLOGIQUE.

Vous et votre frère, vous le dites.
Nous sortirons, lui et moi.
Vous et le roi, vous êtes égaux.
Ils sont en nage, eux et leurs chevaux.

Vous et votre frère le dites.
Lui et moi sortirons.
Vous et le roi êtes égaux.
Eux et les passagers sont morts.

Nous et ton ami, nous le croyons.
Vous et vos amis, vous n'y entendez rien.
Elles le veulent, elle et sa mère.
Vous et lui, vous ne valez pas mieux.

Nous et ton ami le croyons.
Vous et vos amis n'y entendez rien.
Elle et sa mère le veulent.
Vous et lui ne valez pas mieux.

N° CCLXXVIII.

Il, ils, elle, elles, PRÉCÉDÉS D'AUTRES SUBSTANTIFS, ET CONSIDÉRÉS COMME PLÉONASMES DANS LES INTERROGATIONS ET LES EXCLAMATIONS.

Comment les *rayons* d'un astre un million de fois plus gros que la terre ont-*ils* des harmonies si surprenantes avec les tableaux de la nature ?
(AIMÉ-MARTIN.)

La *vie* n'est-*elle* pas un songe ?
(*Id.*)

Les *armes* du sanglier sont-*elles* plus dangereuses que celles de la guêpe ou du moustique ?
(*Id.*)

Le *bruit* harmonieux que produit le feuillage,
Et le *bruit* sourd des flots soulevés par l'orage,
Plaisent-*ils* au coursier qui, fier et plein d'ardeur,
Déploie en s'élançant sa grâce et sa vigueur ?
(*Id.*)

Oh ! pourquoi la *fortune* vous a-t-*elle* refusé comme à moi un peu de terre dans votre terre natale !
(BERNARDIN DE ST-PIERRE.)

Pourquoi un *chien* de basse-cour hurle-t-*il* la nuit à la simple odeur d'un loup qui lui ressemble ?
(*Id.*)

Le *spectacle* des affaires humaines ne *vaut*-*il* pas mieux que la contemplation de nos propres douleurs ?
(BALLANCHE.)

Ce doux *rêve* est-*il* un mensonge ?
Ce doute affreux me fait mourir ;
Si je ne suis aimé qu'en songe,
Dites-le moi, je retourne dormir.
(FLORIAN.)

La beauté n'est-elle pas comme la rose? elle se flétrit au souffle du plaisir. (*Id.*)

Le *bien* est-il donc si difficile à faire? Prenons le contre-pied de ce que font les ambitieux et les méchants. (BERNARDIN DE ST-PIERRE.)

Par ces exemples on voit que dans les interrogations on exprime d'abord le nom de l'être ou de la chose dont on veut parler, puis les mots *il, elle, ils, elles,* qui se placent après le verbe : Les ANIMAUX ont-ils *des universités?*

Mais, demandera-t-on, quel est, dans cette phrase, le sujet du verbe *ont?* Est-ce le substantif *animaux,* ou le pronom *ils;* ou sont-ce tous les deux à la fois?

Écoutons un peu les grammairiens à cet égard. Dans *les animaux ont-ils des universités;* le verbe, disent-ils, a pour sujet *animaux* et *ils* ensemble; mais ce dernier est répété par pléonasme.

Ainsi *ils* est un pléonasme. Mais qu'est-ce qu'un *pléonasme,* je vous prie? C'est un mot surabondant, inutile quant au sens. Donc *ils* est un mot surabondant, inutile, une espèce d'intrus qu'il faudrait presque bannir de la phrase. Heureuse trouvaille que celle du pléonasme, et qu'ils sont à plaindre vraiment les animaux de n'avoir pas d'universités où on leur enseigne la belle théorie du *pléonasme!* Un mot présente-t-il quelque difficulté, et ne peut-on l'expliquer, ni en rendre compte? c'est un *pléonasme.* Avec une pareille réponse, l'ignorance, comme on le voit, est fort à son aise.

Quant à nous, qui avons pris nos degrés à l'école des Dumarsais et des Biagioli, nous ne pouvons nous résoudre à penser, avec les grammairiens, qu'il y ait, dans une phrase, des mots vides de sens, des mots qui ne puissent se soumettre à aucune analyse; et nous avons trop de vénération pour nos grands écrivains pour leur faire l'injure de croire qu'ils laissent tomber les mots de leur plume. Nous pensons, au contraire, que tout ce que l'aveugle routine ne comprend pas et ne manque pas d'attribuer à l'*usage,* au *caprice,* à l'*abus,* au *hasard,* est le résultat des méditations les plus profondes.

Armés du flambeau de l'analyse, ce scalpel de la pensée, nous allons donc chercher à dévoiler le mystère dont s'enveloppent les prétendus doubles sujets des grammairiens.

Lorsque Bernardin de Saint-Pierre dit : *Oh! pourquoi la* FORTUNE *vous* a-t-ELLE *refusé comme à moi un peu de terre dans votre terre natale?* il a d'abord dans la pensée l'idée de la *fortune*; il sait d'avance qu'il va en parler. Il pourrait donc, tant il est préoccupé de cette idée, supprimer ce mot, et dire tout simplement : *Oh! Pourquoi vous a-t-*ELLE *refusé comme à moi un peu de terre dans votre terre natale?* Mais comme, au moment où il va pour exprimer sa pensée, il s'aperçoit qu'en ellipsant le mot *fortune,* le lecteur pourrait ne pas le comprendre, il jette en avant ce mot, et dit : *Oh! pourquoi la* FORTUNE *vous a-t-*ELLE *refusé?* etc. En sorte que le mot *fortune* n'est là que l'explicateur du pronom *elle,* et il se trouve interjeté dans la phrase pour avertir qu'il va en être question. La phrase de Bernardin de Saint-Pierre peut donc être analysée ainsi : *Oh! pourquoi vous a-t-*ELLE (*je veux dire la* FORTUNE) *refusé,* etc. Le même raisonnement doit s'appliquer à tous les autres exemples du numéro.

Quand bien même le substantif, au lieu de commencer la phrase, la terminerait, comme dans cet exemple : *Que vous ont-*ILS *fait, les* TROGLODYTES*?* Cela ne changerait rien à l'analyse, qui serait également (*à propos des*) TROGLODYTES, (*je vous demande ce*) *qu'*ILS *vous ont fait.*

La théorie des doubles sujets, des pléonasmes, est donc une théorie creuse, et qu'il faut laisser à ceux qui l'ont imaginée; car, en prenant un peu la peine d'entrer dans la pensée des écrivains, on voit que les pronoms *il*, *elle*, etc., sont les véritables sujets des phrases citées, et que les mots *rayons*, *vie*, *armes*, *fortune*, *chien*, etc., ne sont autre chose que des fragments de propositions elliptiques.

EXERCICE PHRASÉOLOGIQUE.

L'homme est-il mortel?
Les animaux ont-ils une âme?
Le ciel est-il toujours serein?
Pourquoi l'Amérique a-t-elle été découverte?
Pourquoi la boussole a-t-elle été inventée?
Les prières sont-elles donc sans vertu?

En combien de jours Dieu fit-il le monde?
De quoi Calypso ne pouvait-elle se consoler?
Par qui Rome fut-elle fondée?
Combien la France a-t-elle de départements?
Où Napoléon vit-il le jour?
Les songes ont-ils en effet un sens?

N° CCLXXIX.

DES PRONOMS PERSONNELS QUI, EN APPARENCE, JOUENT LE RÔLE DE DOUBLES SUJETS, APRÈS LES MOTS *aussi*, *peut-être*, *en vain*, *à peine*, ETC.

SUJET UNIQUE.	PRÉTENDU DOUBLE SUJET.
A peine *ces funestes paroles* frappent leurs oreilles, qu'ils courent aux armes, assemblent les capitaines, et ordonnent qu'on se hâte de sortir du camp pour éviter cet incendie. (FÉNELON.)	A peine *une résolution* était-elle prise dans le conseil, que les Dauniens faisaient précisément ce qui était nécessaire pour en empêcher le succès. (FÉNELON.)
Aussi *les bons rois* jouissaient dans les Champs-Elysées d'un bonheur infiniment plus grand que celui du reste des hommes qui avaient aimé la vertu sur la terre. (Id.)	Il règne presque toujours à Waldubba des fièvres très-dangereuses; aussi *les habitants* ont-ils le teint d'une couleur cadavéreuse. (ALBERT-MONTÉMONT.)
J'avais profité de toutes les occasions pour mander la cause du désordre en Angleterre, mais en vain. Aussi *le dey* ne voulait point croire qu'elle fût telle que je le lui disais. (ALBERT-MONTÉMONT.)	L'Évangile ne prêche que la tolérance et la paix. Aussi *les chrétiens* supportèrent-ils pendant 764 ans tous les maux que le fanatisme des Sarrasins leur voulut faire souffrir. (CHATEAUBRIAND.)
Dans cette île, on n'y voit que les malheureux que les tempêtes y ont jetés, et on n'y peut espérer de société que par des naufrages; encore même *ceux* qui venaient en ce lieu n'osaient me prendre pour me ramener. (FÉNELON.)	Quelque effort que fassent les hommes, dit Bossuet, leur néant paraît partout : les pyramides étaient des tombeaux! Encore *les rois* qui les ont bâties n'ont-ils pas eu le pouvoir d'y être inhumés, et ils n'ont pas joui de leur sépulcre. (Id.)
C'est une grande question parmi les hommes, de savoir s'il est plus avantageux d'ôter aux femmes la liberté, que de la leur laisser. Peut-être *un homme* plus sage que moi serait embarrassé de décider. (MONTESQUIEU.)	Peut-être *les ennemis* de Jésus-Christ choisirent-ils, pour ajouter l'insulte au châtiment, une plante approchant de celle dont on se servait pour couronner les empereurs et les généraux d'armée. (Id.)
Combien *les temps* de troubles révèlent d'inquiétudes et de traîtres! (ANQUETIL.)	Combien *un avocat* bien payé par avance trouve-t-il plus juste la cause dont il est chargé! (PASCAL.)

Dans les exemples ci-dessus on voit que, quand les expressions *aussi*, *à peine*, *peut-être*, *en vain*, etc., sont immédiatement suivies d'un substantif, les pronoms personnels de la troisième personne, employés comme sujets, sont tantôt exprimés et tantôt ne le sont pas : question toute neuve et que les grammairiens ont oublié de traiter. Nous l'abordons les premiers, et voici là-dessus ce que nous pensons.

Et d'abord, voyons la première phrase de la première colonne. Celle-ci, comme les suivantes, est construite d'après l'ordre direct et ne présente aucune difficulté. Dans *à peine ces funestes paroles frappent leurs oreilles*, etc., *ces funestes paroles*, voilà le sujet.

En est-il de même dans les exemples de la seconde colonne, et devons-nous y voir deux sujets au lieu d'un? Les pronoms personnels qui suivent le verbe forment-ils ce qu'on appelle un pléonasme? A coup sûr, les grammairiens seront de cet avis; mais nous, qui combattons leurs erreurs et leurs préjugés, qui ne cherchons en toutes choses que la vérité, nous ne pourrons jamais nous faire illusion au point d'apercevoir deux sujets dans une phrase non plus que deux têtes dans un homme.

Or, quel est le sujet dans *à peine une résolution était-elle prise dans le conseil*, etc.? Le sujet unique est *elle*. En effet, analysons la pensée. Fénelon, en exprimant le mot *résolution*, ne le fait que par apposition; il est là comme interjeté et nécessite conséquemment l'emploi du mot *elle*. C'est comme s'il y avait *à l'égard d'une résolution, à peine était-elle prise dans le conseil*. Voilà l'ordre logique, voilà l'analyse d'après laquelle il n'y a qu'un sujet, qui est *elle*. Il faut raisonner ainsi pour toutes les phrases analogues. Mais qu'en vont penser les grammairiens? Cela ne nous importe guère, car ce n'est pas pour eux que nous écrivons. A quoi bon d'ailleurs vouloir persuader des hommes qui, toute leur vie, se sont traînés dans l'ornière, et s'en sont rapportés servilement à la foi d'autrui?

Revenons à nos exemples. Dans quel cas, nous demandera-t-on, faut-il exprimer les pronoms personnels après ces sortes de phrases? Nous répondrons que c'est une chose entièrement facultative, de pur sentiment, et où la grâce et l'harmonie doivent surtout présider.

EXERCICE PHRASÉOLOGIQUE.

A peine son avis était donné.	A peine son avis est-il donné.	Aussi les hommes se déchirent.	Aussi les hommes se déchirent-ils.
Encore les choses ne se donnent pas.	Encore les choses ne se donnent-elles pas.	Peut-être le pardonne.	Peut-être le pardonne-t-il.
Combien cet homme est fin!	Combien cet homme est-il fin!	En vain la vérité se montre.	En vain la vérité se montre-t-elle.
Vainement la fortune lui est donnée.	Vainement la fortune lui est-elle donnée.	Aussi le combat est acharné.	Aussi le combat fut-il acharné.
A peine l'homme est né.	A peine l'homme est-il né.	A peine l'homme est mort.	A peine l'homme est-il mort.
A peine les roses sont écloses.	A peine les roses sont-elles écloses.	A peine la raison fut venue.	A peine la raison est-elle venue.
Peut-être l'homme est immortel.	Peut-être l'homme est-il immortel.	Peut-être cet homme est bon.	Peut-être cet homme est-il bon.
Combien ceux-là sont à plaindre!	Combien ceux-là sont-ils à plaindre!	Combien ce carnage dura.	Combien ce carnage dura-t-il.

N° CCLXXX.

EMPLOI DU PRONOM PERSONNEL *il, elle*, ETC., **APRÈS UN PARTICIPE PRÉSENT.**

AVEC *il, elle*, ETC.	SANS *il, elle*, ETC.
LICINIUS *étant* venu à Antioche, et se doutant de l'imposture, IL *fit* mettre à la torture les prophètes de ce nouveau Jupiter. (FONTENELLE.)	CATILINA se *voyant* environné d'ennemis, et n'ayant ni retraite en Italie, ni secours à espérer de Rome, *fut réduit* à tenter le sort d'une bataille. (VERTOT.)
Les ROMAINS se *destinant* à la guerre et la regardant comme le seul art, ILS *avaient* mis tout leur esprit et toutes leurs pensées à la perfectionner. (MONTESQUIEU.)	Après la bataille de Leuctres, ÉPAMINONDAS *ayant* rendu la liberté à la Messénie que les Spartiates tenaient asservie depuis longtemps, leur ÔTA les moyens de se recruter dans cette province. (BARTHÉLEMY.)
Le PEUPLE, voyant sans peine dépouiller toutes les grandes familles, IL *jouissait* des fruits de la tyrannie, et il en jouissait purement, car il trouvait sa tyrannie dans sa bassesse. (*Id.*)	Les CONSULS, ne *pouvant* obtenir l'honneur du triomphe que par une conquête ou par une victoire, FAISAIENT la guerre avec une impétuosité extrême. (MONTESQUIEU.)

Les GRANDS des provinces d'Orient *s'étant* assemblés, ILS *voulurent* couronner ses deux autres frères (de Constantin le Barbu), soutenant que, comme il faut croire à la Trinité, aussi était-il raisonnable d'avoir trois empereurs. (MONTESQUIEU.)	Les ROMAINS, *accoutumés* à se jouer de la nature humaine dans la personne de leurs enfants et de leurs esclaves, ne POUVAIENT guère connaître cette vertu que nous appelons humanité. (*Id.*)

Il, dans les phrases de la première colonne, est encore, suivant les grammairiens, un *pléonasme*. Mais, suivant les uns, c'est un pléonasme vicieux; et, selon les autres, un pléonasme utile.

Nous (ou quant à nous), qui avons dévoré toute la littérature, nous pouvons assurer que les auteurs fournissent presque autant d'exemples de l'une que de l'autre tournure. Et l'analyse va nous prouver qu'en effet elles peuvent s'employer toutes deux, mais avec quelque différence. Pour mieux faire sentir cette différence, nous choisirons le premier exemple de chaque colonne.

EXEMPLES.	ANALYSE.
LICINIUS *étant* venu à Antioche, et se doutant de l'imposture, IL *fit* mettre à la torture les prophètes de ce nouveau Jupiter.	C'est comme s'il y avait : (*Pour ce qui est de* LICINIUS, (*Ou quant à ce qui touche*) LICINIUS, (*je dis de lui qu'*) ÉTANT venu à Antioche, etc., IL fit mettre à la torture les prophètes de ce nouveau Jupiter.
CATILINA se *voyant* environné d'ennemis, et n'ayant ni retraite en Italie, ni secours à espérer de Rome, FUT réduit à tenter le sort d'une bataille.	Dans cet exemple l'auteur n'insiste pas avec la même force sur le mot Catilina ; il dit simplement : CATILINA FUT *réduit à tenter le sort d'une bataille, et cela après qu'il se vit environné d'ennemis.*

La pensée n'étant pas la même dans les deux phrases que nous venons d'analyser (et la ponctuation seule en fait assez foi), l'expression ne saurait être non plus la même. C'est donc à tort que Lemare invoque en pareil cas la *syllepse* : La syllepse n'a rien à faire ici, non plus que le pléonasme. Il faut de toute nécessité que Fontenelle et Vertot aient eu une intention quelconque, aient voulu peindre quelque circonstance, quelque accident de plus, en exprimant ou en n'exprimant pas le pronom *il*. S'il en était autrement, les mots, au lieu d'être les signes de nos pensées, ne seraient plus qu'un vain assemblage de sons ou un barbouillage sans intelligence.

« C'est en vain, dit Lemare, que les grammairiens se prononceraient contre les
» exemples de la première colonne, sous prétexte qu'ils renferment un sujet de trop ;
» ce *pléonasme* (Lemare voir là un pléonasme !!) est quelquefois nécessaire ou utile
» pour la clarté, ou ajoute à l'énergie. Nous osons prédire qu'il ne sera point aban-
» donné. » (Pas plus que la logique.)

N° CCLXXXI.

PRÉTENDUS DOUBLES SUJETS TRANSPOSÉS.

ON DIT:	ON POURRAIT DIRE ÉGALEMENT :
ELLE n'est pas tarie, la *source* de nos larmes, chère Sophie. (MIRABEAU.)	La *source* de nos larmes, hélas ! chère Sophie, ELLE n'est pas tarie.
IL n'est donc plus, ce *temps* où mille sentiments délicieux coulaient de ma plume comme un intarissable torrent ! (J.-J. ROUSSEAU.)	Ce *temps* où mille sentiments délicieux coulaient de ma plume comme un intarissable torrent, hélas ! IL n'est donc plus !

ILS tombent, ces *palais* que l'art en vain décore ;
Et de ces bois en fleurs, où de tendres serments
　Hier retentissaient encore,
　Sortent de long gémissements.
　　　　　　　　(CAS. DELAVIGNE.)

Ces *palais* que l'art en vain décore, ILS tombent ;
et de ces bois en fleurs, etc.

Comme on le voit, on peut, lorsque le nom sur lequel roule le discours est exprimé, exprimer également les mots *il*, *elle*, etc., destinés à en rappeler l'idée ; et ces mots, ainsi que le verbe qui suit, peuvent commencer ou terminer la phrase au gré de l'écrivain. Mais il faut bien se garder de croire, avec les grammairiens, que les pronoms *il*, *elle*, etc., soient, en pareille circonstance, des doubles sujets, des pléonasmes, et que, par exemple, dans les vers de Casimir Delavigne ; *ils tombent ces palais*, il y ait inversion et que ce soit pour *ces palais tombent*. Entre *ils tombent ces palais* et *ces palais tombent*, il y a une différence bien grande. Dans ce dernier cas, non-seulement on énonce simplement un fait, mais on indique aussi, ou l'on paraît indiquer du moins que ce fait est assez ordinaire. Dans le premier, au contraire, outre la grandeur et l'énergie de la phrase, le poète marque l'étonnement qu'il éprouve à la pensée que *ces palais*, *ces palais décorés avec tant d'art*, puissent tomber ; il lui semble que les ornements dont l'art les couvre devraient les mettre à l'abri de tout accident. Et comme la chute de tels palais le préoccupe plus encore que les palais eux-mêmes, il commence en disant : *ils tombent* ; mais, craignant que ce mot *ils* ne soit attribué à d'autres objets qu'à ceux qu'il a dans l'esprit, il ajoute aussitôt : *Ces palais que l'art en vain décore*. Ces derniers mots, ce n'est pas pour lui qu'il les exprime ; ils lui sont inutiles, car il sait parfaitement ce dont il veut parler ; mais c'est pour le lecteur, qui, sans cela, ne le comprendrait certainement pas. L'analyse logique du vers entier est donc celle-ci : ILS *tombent* (*ils* je veux dire) *ces* PALAIS *que l'art en vain décore* ; ou bien : (Quant à) *ces* PALAIS *que l'art en vain décore*, ILS *tombent* : où l'on voit que le mot *palais* n'est pas, ainsi qu'on le prétend, le sujet du verbe *tombent*, mais bien le fragment d'une expression elliptique qu'il faut rétablir pour comprendre toute la pensée de l'écrivain.

EXERCICE PHRASÉOLOGIQUE.

Elle approche néanmoins, cette mort inexorable.
Qu'il est beau, ce temple élevé à l'amitié !
Il ne reviendra plus, cet heureux temps.
Il est là, cet enfant. Cette amitié, où est-elle ?

Cette mort inexorable, elle approche néanmoins.
Ce temple élevé à l'amitié, qu'il est beau !
Cet heureux temps, hélas ! il ne reviendra plus.
Cet enfant, il est là. Où est-elle, cette amitié ?

N°. CCLXXXII.

Il EMPLOYÉ ABSOLUMENT, C'EST-A-DIRE SANS RELATION A UN SUBSTANTIF PRÉCÉDEMMENT EXPRIMÉ.

EXEMPLES :

Il est dangereux de conseiller les grands.
　　　　　　　　(LA ROCHE.)

Semez les bienfaits, *il* en naîtra d'heureux souvenirs.　　　　　　　(LABOUISSE.)

Les hommes ont le droit d'adorer Dieu comme *il* leur plaît.　　　　　　　(BOISTE.)

ANALYSE (1).

IL [c'est-à-dire CELA] est dangereux ; (je veux dire l'acte) de conseiller les grands.

Semez les bienfaits, IL [c'est-à-dire CELA] en naîtra ; (je veux dire) d'heureux souvenirs.

Les hommes ont le droit d'adorer Dieu comme IL [c'est-à-dire CELA] leur plaît.

(1) Les mots entre parenthèses carrées servent à expliquer celui qui précède.

Il y a bien peu de gens pour qui la vérité ne soit une sorte d'injure. (SÉGUR.)

Il y a beaucoup d'occasions où *il* vaut mieux se taire que de parler. (ACADÉMIE.)

Hélas ! *il* est trop tard pour rentrer dans ma rose ! (V. HUGO.)

Le peuple croit qu'*il* pleut quelquefois des grenouilles et d'autres insectes en de certains temps. (PLANCHE.)

IL [c'est-à-dire le MONDE] *y a* (ici ou *en soi*) bien peu de gens pour qui, etc.

IL y a beaucoup d'occasions où IL [c'est-à-dire CELA] vaut mieux; (je veux dire) se taire, etc.

Hélas ! IL [c'est-à-dire le TEMPS] est trop tard pour (que je puisse) rentrer dans ma rose.

Le peuple croit qu'IL [c'est-à-dire le CIEL] pleut.

Par ces exemples on apprend que le mot *il* s'emploie quelquefois d'une manière absolue, c'est-à-dire sans relation à un substantif précédemment exprimé. L'analyse nous révèle le reste (1).

Quant aux grammairiens qui seraient tentés de nous contester l'explication du dernier exemple, nous leur donnons ces deux passages à méditer : DIEU *fait luire son soleil sur les bons et sur les mauvais, et* PLEUT *sur le champ du juste comme sur celui du pécheur.* (BOSSUET, *Élévations sur les mystères.*)

Ce est IL AIR qui PLEUT et TONNE (roman de *la Rose*).

Dans les autres exemples, en traduisant *il* par *cela*, nous ne faisons que suivre l'usage.

En effet, ne dit-on pas tous les jours : *ça fume*, *ça sent mauvais*, etc., etc., pour *il fume*, etc. ?

EXERCICE PHRASÉOLOGIQUE.

Il est des malhonnêtes gens.
Il y a des malhonnêtes gens.
Il est trop tôt.
Il fait nuit.
Il tombe de l'eau.
Il est bien de le faire.
Il faut du talent.
Il vaut mieux le taire.
Il convient de le dire.
Il pleut.
Il tonne.
Il neige.

N° CCLXXXIII.

SUITE DU NUMÉRO PRÉCÉDENT.

PRÉTENDU DOUBLE SUJET.

Il aperçoit bientôt assez près de lui le noir Tartare: *il* en sortait *une fumée* noire et épaisse dont l'odeur empestée donnerait la mort, si elle se répandait dans la demeure des vivants. (FÉNELON.)

Il se fait *une révolution* universelle de tout ce qui est au-dedans de lui, comme si on bouleversait toutes ses entrailles. (*Id.*)

Il se trouva là par hasard *un jeune homme*. (MONTESQUIEU.)

Il est *une île*, affreux rivage,
Moitié peuplé, moitié sauvage.
(GRESSET.)

Rarement *il* arrive *des révolutions* chez les peuples heureux. (BOISTE.)

SUJET UNIQUE.

De cette caverne sortait de temps en temps *une fumée* noire et épaisse qui faisait une espèce de nuit au milieu du jour. (FÉNELON.)

Rien ne s'est fait sans la volonté du Créateur. (BOISTE.)

Quelques *rayons* de miel sans maître se trouvèrent. (LA FONTAINE.)

Non loin des bords du Cher et de l'Auron,
Dans un climat dont je tairai le nom,
Est un vieux *bourg*, dont l'église sans vitres,
A pour clergé le plus gueux des chapitres.
(GRESSET.)

Cependant une maladie cruelle ravageait la contrée: un *médecin habile* y arriva du pays voisin. (MONTESQUIEU.)

(1) *Il*, en pareil cas, n'est autre chose que l'*illud* des Latins.

Quand Lemare dit que dans ces sortes de phrases, *il sortait une fumée, il se fait une révolution*, ce mot *il* ne joue plus son rôle ordinaire, qui est d'être relatif à un substantif masculin, précédemment exprimé, nous sommes d'accord avec lui, et nous pensons aussi que, dans cette circonstance, *il* est l'*illud* des Latins et signifie *cela, ce que je vais dire*; mais quand plus loin Lemare ajoute que le mot qui suit le verbe est un double nominatif dont le verbe est toujours sous-entendu, nous le croyons tombé dans une grande erreur. Nous qui attaquons les pléonasmes comme une autre hydre, nous croyons que les mots *fumée, révolution*, etc., loin d'être des doubles sujets, sont au contraire les compléments de verbes sous-entendus, et que *il*, comme *le*, a la vertu d'indiquer toute une proposition. Ainsi, dans cette phrase : *je* LE *savais, que vous mentiez*, LE signifie *cela, ce qui suit*, à savoir *que vous mentiez*; de même dans, *il sortait une fumée noire et épaisse; il se fait une révolution universelle, il, cela sortait, cela se fait, je veux dire une fumée, une révolution*, le mot *il* indique un groupe de mots qui est *je veux dire une fumée, je veux dire une révolution*, où l'on voit que *fumée* et *révolution* sont compléments du verbe *dire* sous-entendu. D'après cela qu'on reconnaisse donc avec nous qu'il ne peut y avoir de doubles sujets, et que les pléonasmes n'existent réellement pas.

Quant aux phrases de la seconde colonne, elles ne peuvent donner lieu à aucune difficulté, puisqu'elles sont construites suivant l'ordre direct.

EXERCICE PHRASÉOLOGIQUE.

Il arrive des troupes.
Il se fait beaucoup d'affaires.
Il sort une fumée.
Il survient un orage.
Il s'agite une question.

Il survient un événement.
Il se dit de belles choses.
Il part en ballon.
Il naît un incendie.
Il se décide une grande affaire.

Il pleut des pierres.
Il se raconte de grandes histoires.
Il part un feu d'artifice.
Il surgit une révolution.
Il se vide une querelle.

Il est une ville.
Il se donne un grand combat.
Il se jette toutes sortes de choses.
Il se trouve des hommes.
Il se tient un marché.

N° CCLXXXIV.

ÉQUIVOQUES OCCASIONÉS PAR LES PRONOMS *il, elle, ils, elles*, ETC.

PHRASES VICIEUSES.	PHRASES CORRECTES.
Tous les autres *écrivains* ne sont au-dessous de Moïse, d'Homère, de Platon, de Virgile et d'Horace, que parce qu'*ils* ont écrit naturellement, fortement, délicatement; en un mot, parce qu'ils ont exprimé le vrai.	*Moïse, Homère, Platon, Virgile* et *Horace* ne sont au-dessus des autres écrivains que parce qu'*ils* ont écrit naturellement, fortement, délicatement; en un mot, parce qu'ils ont exprimé le vrai. (LA BRUYÈRE.)
Sans vouloir diminuer la gloire de *Newton*, on peut remarquer qu'il doit beaucoup à *Galilée; il* lui a donné la théorie de la pesanteur.	Sans vouloir diminuer la gloire de Newton, on peut remarquer qu'il doit beaucoup à *Galilée*; car celui-ci lui a donné la théorie de la pesanteur. (FONTENELLE.)
Samuel offrit son holocauste à *Dieu*, et *il* lui fut si agréable qu'il lança au même instant la foudre contre les Philistins.	Samuel offrit son holocauste, et *Dieu* le trouva si agréable qu'*il* lança au même instant la foudre contre les Philistins. (CONDILLAC.)
Hypéride a imité *Démosthène* en tout ce qu'*il* a de beau.	Hypéride a imité Démosthène en tout ce que *Démosthène* a de beau. (BOILEAU.)

Dans l'emploi des pronoms *il, le, la, les*, etc., ce qu'il faut éviter avec soin, ce sont les équivoques auxquelles ils peuvent donner lieu. On ne doit pas oublier que la clarté est le principal mérite du discours. Les phrases de la première colonne sont donc vicieuses, en ce que le rapport du pronom *il* n'y étant pas sensible, le lecteur est obligé de deviner lequel des noms exprimés ce mot *il* représente.

EXERCICE PHRASÉOLOGIQUE.

La conversation est un plaisir, mais elle doit... et non il doit,
Virgile a imité Homère dans tout ce que celui-ci a..., ou dans tout ce qu'Homère a, et non dans tout ce qu'il a.
J'ai rencontré madame votre mère et mademoiselle votre sœur, cette dernière ou celle-ci... et non elle.

Molière a surpassé Plaute dans tout ce que celui-ci a..., et non dans tout ce qu'il a...
En allant chez le général, j'ai vu le colonel, et je lui ai..., et non j'ai vu le colonel, je lui ai.
Le général était à quelques lieues de l'ennemi, et voulait..., et non il voulait.

N° CCLXXXV.

DE L'EMPLOI DES PRONOMS PERSONNELS *moi, toi, lui*, ETC., CONSIDÉRÉS COMME PLÉONASMES.

EXEMPLES.	ANALYSE.
On n'attend plus rien que ta signature; Presse-*moi* donc cette tardive allure. (VOLTAIRE.)	Presse cette tardive allure, pour me faire plaisir, pour faire plaisir à *moi*.
Ah! que je hais leur insipide joie! Que leur babil est un trouble importun: Chassez-les-*moi*. (*Id.*)	Chassez-les pour m'obéir, pour obéir à *moi*.
N'approfondis jamais rien dans la vie, Et glisse-*moi* sur la superficie. (*Id.*)	Et glisse sur la superficie, pour m'être agréable, pour être agréable à *moi*.
Prends-*moi* le bon parti, laisse là tous les livres. (BOILEAU.)	Si tu peux déférer à *moi*, prends le bon parti, etc.
On lui lia les pieds, on *vous* le suspendit. (LA FONTAINE.)	On le suspendit, comme je vous le dis, comme je le dis à *vous*.

On voit que dans ces sortes de phrases le pronom personnel se trouve toujours employé comme complément indirect, et l'analyse nous montre comment il faut réintégrer les mots que le besoin de s'exprimer avec autant de brièveté que d'énergie a fait sous-entendre. Les grammairiens, qui n'ont presque jamais rendu raison de rien, parce que le flambeau de l'analyse leur a toujours manqué, se sont seulement contentés d'avancer que, dans toutes ces locutions, il y avait pléonasme. Ce n'est pas pléonasme, qu'il fallait dire, mais bien ellipse, et l'on devait rétablir la construction pleine, comme nous venons de le faire.

Toutefois, nous rendrons justice à Lemare, qui lui seul s'est approché de notre analyse, et nous consignerons ici ses dernières paroles à ce sujet : de quelque manière, dit-il, que cette tournure s'explique, par le pléonasme ou par l'ellipse, elle ajoute à l'énergie; mais elle ne sort guère du style familier.

EXERCICE PHRASÉOLOGIQUE.

Presse-moi cette bourrique.
On vous le tuera.
Je te les fis partir.
Je vous le lui fis faire.
Pousse-moi ce cadet.
Prends-moi ton paquet.
Mène-le-moi en prison.
Faites-nous-en un bon chrétien.

Aime-moi cet air.
On vous le fustigea.
Nous te les arrangeâmes.
Je vous la leur fis accroire.
Tiens-moi ce démon-là.
Cherche-moi la vertu.
Emmenez-la-nous.
Faites-m'en un bon bourgeois.

Chasse-moi cette bête.
On vous le réprimande.
Nous te les recûmes.
Je vous la lui ferai passer.
Brise-nous ces outils.
Suis-moi le droit chemin.
Faites-le-moi roi.
Faites-nous-en un homme tout simple.

Imite-moi les anciens.
On vous le retourna.
Il te la secoua.
Je vous le lui porterai.
Brise-nous tout cela.
Corrige-moi ce drôle.
Faites-le-nous baron.
Faites-nous-en un bon

N.° CCLXXXVI.

DE LA RÉDUPLICATION DES COMPLÉMENTS DIRECTS.

EXEMPLES.	ANALYSE.
Il *me* verra, *moi* et mon domestique. (RACINE.)	*Il* ME *verra*, [je le répète, il verra] MOI *et* [il verra] *mon domestique.*
La fortune *nous* a persécutés, *lui* et *moi*. (FÉNELON.)	*La fortune* NOUS *a persécutés,* [je le répète, elle a persécuté] LUI *et* [elle a persécuté] MOI.
Ne voyage pas de nuit : on pourrait t'arrêter sur les grands chemins, et *te* détrousser, *toi* et tes compagnons. (ANONYME.)	*On pourrait* TE *détrousser,* [je le répète, on pourrait détrousser] TOI *et* [on pourrait détrousser] *tes compagnons.*
Ce silence odieux *la* fit soupçonner, *lui* et les siens. (VERTOT.)	*Ce silence odieux* LE *fit soupçonner,* [je le répète il fit soupçonner] lui et [il fit soupçonner] les siens.

C'est donc à tort que jusqu'à présent les grammairiens ont vu dans toutes ces phrases des pléonasmes. Encore un coup, nous n'en reconnaissons point, et l'analyse, qui vient éclairer à chaque instant nos pas, nous prouve jusqu'à l'évidence qu'il ne saurait en exister. Et, en effet, quand on dit : *Il me verra, moi et mon domestique,* il doit y avoir, dans cette phrase, trois propositions, puisqu'il y a trois compléments : *me, moi* et *mon domestique.* La première est complète : *il me verra;* les deux autres sont elliptiques, et, pour les rétablir, il n'y a qu'à réintégrer les mots sous-entendus. Or, la construction pleine est : *il verra moi, il verra mon domestique.* Voilà pour l'analyse logique. Donnons maintenant la règle grammaticale.

Lorsque, dans les phrases analogues à celles que nous avons citées, il se trouve deux ou plusieurs compléments, dont l'un est un pronom personnel, celui-ci se répète pour donner plus d'énergie à la phrase et à la pensée; mais, dans ce cas, on emploie deux formes différentes, et la plus faible se met devant le verbe, et la plus grave après : *il* ME *verra,* MOI *et mon domestique.*

Cette règle n'est pas tellement rigoureuse que de bons écrivains ne s'en soient écartés, et il nous semble que Girault-Duvivier et Wailly ont condamné un peu trop légèrement ces deux phrases, parce que les auteurs ont ellipsé *les* et *nous* devant *ait séduit* et *voyant revenir.*

| Il semble que Valdo ait eu un bon dessein, et que la gloire de la pauvreté (évangélique) ait séduit *lui* et ses partisans. (BOSSUET.) | Pénélope, ne voyant revenir ni *lui* ni *moi*, n'aura pu résister à tant de prétendants. (FÉNELON.) |

Chose étrange! les grammairiens, qui voient partout des pléonasmes, signalent comme vicieuses des phrases où ils n'en sauraient découvrir, et qu'ils devraient trouver, comme nous, très-correctes et très-françaises.

Il nous reste une dernière observation à faire relativement aux deux premiers exemples de la première colonne. Racine a dit : *il* ME *verra, moi et mon domestique;* et Fénelon : *La fortune* NOUS *a persécutés, lui et moi.* Dans la première phrase, il y a *me;* dans la seconde *nous.* Il suit de là que l'on peut dire : *il* ME *verra,* ou *il* NOUS *verra,* moi et mon domestique; la fortune m'a persécuté, ou nous a persécutés, lui et moi. La même remarque s'applique aux pronoms de la seconde et de la troisième personne.

EXERCICE PHRASÉOLOGIQUE.

Il me prit, moi et mes compagnons.
Il me salua, moi et mon frère.
Nous te vîmes, toi et les tiens.
Il le battit lui et ses gens.
Je la remarquai, elle et sa servante.
Il le loua, lui et ses camarades.

Nous la vîmes, elle et son escorte.
Nous le verrons passer, le roi et lui.
Il nous attaqua, mes compagnons et moi.
Il nous reconnut, moi et lui.
Je ne vous aperçus, ni toi, ni les autres.
Il me loua beaucoup, moi et ma fille.

Il nous verra, nous et nos gens.
Nous les poursuivîmes, elle et ses amies.
Il les invita, lui, ses parents et ses amis.
Nous les remarquâmes, elle et sa famille.
Nous les verrons passer, le roi et eux.
Il nous loua beaucoup, moi et ma fille.

N° CCLXXXVII.

DE LA RÉDUPLICATION DES COMPLÉMENTS INDIRECTS.

EXEMPLES.

Il me parut, à moi et à mes compagnons, que notre arrivée avait jeté une grande terreur dans le pays. (ALBERT-MONTÉMONT.)

Il nous doit cette somme, à nous et à nos associés. (GIRAULT-DUVIVIER.)

N'insulte jamais la vieillesse. Ne te semble-t-elle pas respectable, à toi comme à tout le monde? (ANONYME.)

Touché de pitié pour ces êtres infortunés, il leur donna à eux et à leurs enfants de quoi faire leur route. (Id.)

ANALYSE.

Il me parut. [je le répète, il parut] à moi et [il parut] à mes compagnons, etc.

Il nous doit cette somme, [je le répète, il la doit] à nous et [il la doit] à nos associés.

Ne te semble-t-elle pas respectable, [je le répète, ne semble-t-elle pas respectable] à toi, comme [elle semble respectable] à tout le monde.

Il leur donna, [je le répète, il donna] à eux et [il donna] à leurs enfants de quoi faire leur route.

Tout ce que nous avons dit pour la réduplication des compléments directs, devient applicable, dans les cas analogues, au redoublement des compléments indirects; avec cette différence que le pronom personnel répété après le verbe est toujours accompagné de la préposition à.

EXERCICE PHRASÉOLOGIQUE.

Il me semble, à moi et aux autres.
Il me parut, à moi et à mon frère.
Nous te donnâmes, à toi comme aux autres.
Il nous en apportera, à nous et à tout le monde.
Il le lui dira, à lui et à nous.

Nous lui dirons, à elle et à ses compagnons.
Vous le leur remettrez, aux rois et aux ministres.
Il nous semble, à moi et aux autres.
Il nous parut, à lui et à moi.
Il ne vous parlera, ni à toi, ni à tes amis.

Il vous nuira, à vous comme aux autres.
Il leur plût, à lui et à son père.
Nous leur en conterons, à elle et à toutes les autres.
Je le leur apprendrai, à elles et à leurs parents.

N° CCLXXXVIII.

DES COMPLÉMENTS DIRECTS le, la, les CONSIDÉRÉS JUSQU'À PRÉSENT COMME PLÉONASMES.

Le bien, nous le fesons; le mal, c'est la fortune.
On a toujours raison, le destin, toujours tort.
(LA FONTAINE.)

Et la plus belle chose, ils la gâtent souvent
Pour la vouloir outrer et pousser trop avant.
(MOLIÈRE.)

Prince, je vous entends;
Ce soin de me venger, ces nobles sentiments,
Ces transports, ces fureurs dont votre âme est saisie,
Je les dois à l'amour moins qu'à la jalousie.
(REGNARD.)

Un jeune homme peut bien être étourdi, léger;
Aux travers de l'esprit aisément on fait grâce;
Mais les fautes du cœur jamais on ne les passe.
(ANDRIEUX.)

Ce que pense un amant de ses feux pénétré,
Ma bouche le disait quand vous êtes entré.
(REGNARD.)

La voix de mon époux, l'avez-vous écoutée,
Cette plaintive voix qui suit partout mes pas,
Et vous reproche un sang que vous ne vengez pas.
(Id.)

Je l'ai aussi sentie, *cette soif vague de quelque chose*; elle m'a traîné dans les solitudes muettes de l'Amérique, et dans les villes bruyantes de l'Europe.
(CHATEAUBRIAND.)

Cette justice qui nous est quelquefois refusée par nos contemporains, la postérité sait nous *la* rendre.
(Id.)

Dans toutes ces phrases, les compléments directs *le, la, les*, sont, suivant l'opinion de Lemare, des pléonasmes, mais des pléonasmes utiles. Vous l'entendez ! des pléonasmes utiles, c'est-à-dire des choses à la fois superflues et nécessaires.

Nous en demandons bien pardon à Lemare et à *tutti quanti*, mais nous ne trouvons pas que, dans les phrases citées, les verbes qui ont pour compléments *le, la, les*, doivent en avoir d'autres; et nous sommes encore à penser comment un aussi habile, un aussi profond grammairien que Lemare ait pu y voir rien de plus. Prenons, entre toutes, cette phrase de La Fontaine : *Le bien, nous le faisons; le mal, c'est la fortune.* Quoi ! vous voulez que ce verbe *faisons* ait deux compléments, dont *le bien* est le premier, et le second *le*; de sorte que votre analyse est celle-ci : *Nous faisons le bien, nous le faisons.* C'est en vérité par trop étrangement s'abuser; c'est avoir une ignorance complète du mécanisme de cette phrase.

Ne doit-on pas reconnaître, au contraire, comme nous l'avons clairement démontré en d'autres circonstances, que ces mots *le bien*, sont les éléments d'une proposition ellipsée, dont la construction pleine est : *en ce qui touche, en ce qui concerne, en ce qui regarde le bien*, ou d'une manière abréviative, *pour le bien, nous le faisons; pour le mal, c'est la fortune.* C'est là, certes, la seule et véritable analyse, d'après laquelle l'expression *le bien* doit être complément soit d'un verbe, soit d'une préposition sous-entendue, et non pas du verbe *faisons*, dont le seul et unique complément est *le*. Et cette analyse est inattaquable, car elle est fondée sur l'usage et sur l'autorité de tous les écrivains. Ne dit-on pas, en effet : Pour *votre frère, si je* LE *vois, je le préviendrai*, ou avec ellipse de la préposition *pour* : VOTRE FRÈRE, *si je* LE *vois, je le préviendrai*. Dans l'un comme dans l'autre cas, le mot *le* n'est point un pléonasme; et c'est parce que les grammairiens n'ont pas vu l'ellipse, qu'ils sont tombés dans une aussi grave erreur.

EXERCICE PHRASÉOLOGIQUE.

Le monde, peu de gens le connaissent.
La santé, tout le monde la désire.
La misère, nous l'avons tous en horreur.
Dieu, nous devons l'adorer.
La vertu, il faut la cultiver.
Le méchant, il le faut plaindre.
La fortune, tous les hommes la cherchent.

La sagesse, heureux qui la possède.
La vie turbulente, je la déteste.
L'amour de la patrie, je l'ai dans mon cœur.
Nos vices, nous vous les cachons.
Les opinions, respectons-les.
Les jeunes personnes, on les doit surveiller.
Ses défauts, on ne les voit pas.

Les parents, il faut les aimer.
Les bons, Dieu un jour les récompensera.
Les richesses, tous les hommes ne les peuvent avoir.
Les dignités, heureux qui les fuit.
Les plaisirs purs et simples, je les recherche.
Les grands exploits, je les admire.

N° CCLXXXIX.

EMPLOI DE *le, la, les* **EN RAPPORT AVEC DES NOMS DÉTERMINÉS OU INDÉTERMINÉS.**

AVEC *le, la, les*.

Si c'est effacer les sujets de haine que vous avez contre moi, que de vous recevoir pour *ma fille*, je veux bien que vous *la* soyez.
(LA FONTAINE.)

AVEC *le* SIGNIFIANT CELA.

Hélas ! madame, vous me traitez de *veuve*; il est trop vrai que je *le* suis.
(VOLTAIRE.)

Miracle! criait-on : venez voir dans les rues
  Passer la reine des tortues,
La reine! — vraiment oui ; je la suis en effet.
(Id.)

Ne me trompé-je pas, en vous croyant ma nièce.
— Oui, monsieur, je la suis.
(Boissy.)

Êtes-vous les trois Romains qu'on a choisis pour le combat ? — Nous les sommes.
(Marmontel.)

Êtes-vous les prisonniers que l'on a amenés d'Allemagne ? — Nous les sommes.
(Melle Vauvilliers.)

Il n'en est pas en foule. Il s'en trouve pourtant,
Gens instruits et profonds, qui n'ont rien de pédant,
Qui ne s'appellent pas la bonne compagnie,
  Qui la sont en effet.
(Voltaire.)

Vous êtes non pas la femme, car vous ne pouvez pas l'être ; mais l'esclave d'un esclave, qui a été dégradé de l'humanité.
(Montesquieu.)

La ville de Soleure devient le rendez-vous de toute la Suisse ; les femmes y sont charmantes, je serais même tenté de les croire coquettes, si les femmes pouvaient l'être.
(De Boufflers.)

Je veux être mère, parce que je le suis, et c'est en vain que je ne le voudrais pas être.
(Molière.)

Les pauvres sont moins souvent malades, faute de nourriture, que les riches ne le deviennent pour en prendre trop.
(Fénelon.)

— Mais ne m'es-tu pas fiancée ?
— Je le suis à quelqu'un. C'est un fait bien certain.
(De Boufflers.)

Pourquoi les riches sont-ils si durs envers les pauvres ? — C'est qu'ils n'ont pas peur de le devenir.
(J.-J. Rousseau.)

Catherine de Médicis était jalouse de son autorité, et elle le devait être.
(L. P. Daniel.)

Les exemples de la première colonne nous font voir, que, lorsqu'il y a, dans une phrase, des substantifs déterminés, les pronoms personnels qui s'y rapportent doivent revêtir le même genre et le même nombre que ces substantifs, et qu'alors on se sert de le, la, les ; mais si, comme dans les exemples de la colonne latérale, il y a des adjectifs ou des substantifs pris adjectivement, indéterminés, quel que soit leur nombre et leur genre, le pronom personnel qui les représente est toujours le, l'illud des Latins et signifiant cela : vous me traitez de veuve ; il est trop vrai que je le suis ; que je suis cela, c'est-à-dire veuve.

EXERCICE PHRASÉOLOGIQUE.

Êtes-vous le roi ? — Je le suis.
Êtes-vous la reine ? — Je la suis.
Êtes-vous la maîtresse du logis ? — Je la suis.
Êtes-vous les maîtres ? — Oui, nous le sommes.
Vous n'êtes pas les maîtres, et vous ne les serez jamais.
Je serai la malade, et toi, tu la feras.

Je vous croyais ma fille. — Je la suis aussi.
Je vous prenais pour mon amie. — Je ne la suis pas.
Êtes-vous le roi ? — Oui, je le suis.
Êtes-vous reine ? — Oui, je le suis.
Êtes-vous maîtresse ici ? — Oui, je le suis.
Êtes-vous maîtres ? — Oui, nous le sommes.

Vous n'êtes pas maîtres, et vous ne serez jamais.
Quand je serai malade, tu le deviendras.
Je vous croyais femme. — Non, je ne le suis pas.
Si vous me preniez pour amie, vous verriez que je le suis.
Vous les croyez coupables, et ils ne le sont pas.

N° CCXC.

ADDITION AU NUMÉRO PRÉCÉDENT.

I.

Voyez Aigues-Mortes, Fréjus, Ravenne, qui ont été des ports et qui ne le sont plus.
(Voltaire.)

Qu'appelez-vous douze hommes de bonne volonté ? — Nous le sommes tous.
(Marmontel.)

Les belles choses le sont moins hors de leur place.
(La Bruyère.)

Est-ce que nous sommes la cause qu'ils s'en éloignent ? oui, nous le sommes.
(Marmontel.)

Les objets de nos vœux le sont de nos plaisirs.
(Corneille.)

Les Romains avaient des oracles qui promettaient à Rome d'être la capitale du monde, et elle le devint.
(Bernardin de St.-Pierre.)

Par ces exemples, on apprend qu'en violation de la règle fondamentale, précédemment établie, il est des cas où, lors même que les substantifs sont déterminés, le relatif qui le représente doit être toujours *le*. En cela, voici le conseil que nous donnerons. Ce qu'il y a de mieux à faire, c'est de se consulter sur ce qu'on a à exprimer. Si l'on veut représenter expressément le substantif de la proposition précédente, la construction est naturelle, et l'on emploie *le* pour le masculin singulier, *la* pour le féminin singulier, et *les* pour le pluriel. Si l'on ne veut pas exprimer l'idée d'un substantif, la construction est figurée, il y a syllepse, et l'on fait toujours usage du mot indéterminé *le*.

II.

Il est *des grands hommes* qui ne le sont que par des vertus. D'Aguesseau était destiné à l'être par les talents. (THOMAS.)

Ah ! je le sens, je n'ai pas été seul *malheureux*; et toi, Sophie, malgré les distractions qui t'obsèdent, tu ne l'étais guère moins que moi. (MIRABEAU.)

Ces deux exemples servent à démontrer que le relatif *le* peut représenter un substantif ou un adjectif différant en genre et en nombre avec ceux qui sont exprimés. En effet, dans la première colonne, *le* remplace les mots *grands hommes*; et, dans la seconde colonne, il tient lieu de l'adjectif *malheureuse*.

EXERCICE PHRASÉOLOGIQUE.

Des hommes d'esprit, vous ne le serez jamais.
Une femme de mérite, tu ne le seras jamais.
Une dame de maison, tu le seras un jour.
Ceux qui étaient des dieux pour les anciens ne le sont pas pour nous.
Direz-vous que nous en sommes les auteurs? — Oui, vous l'êtes.
Soyez brave, je le serai.

Les causes de notre élévation la sont souvent de notre ruine.
Les pauvres ne le seront pas toujours.
Nous avons été riches, ma fille, tu le seras aussi.
Dès que nous avons été heureux, espère, ma fille, que tu le seras également.
Si les hommes ne sont pas vertueux, les femmes doivent l'être.

Si vous êtes bâtarde, votre frère ne l'est pas moins.
Puisque le mari est jaloux, la femme doit l'être.
Quand une chose est juste, les conséquences doivent l'être.
Si vous êtes prodigues, je ne le suis pas.
Parce que vous êtes menteurs, faut-il que nous le soyons?

N° CCXCI.

LE SIGNIFIANT *cela* ET REMPLAÇANT UNE PROPOSITION.

Petits esprits, *ce que je viens de dire*,
C'est bien pour vous que je l'ai dit:
Ce n'est pas assez de tout lire,
Il faut digérer ce qu'on lit.
(DE BOUFFLERS.)

Le méchant peut trouver un complice;
Mais il n'est ici-bas, et le Ciel l'a permis,
Que les honnêtes gens qui puissent être amis.
(COLIN D'HARLEVILLE.)

Autant que je *le* puis, *je cède à tes raisons*;
Elles calment un peu l'ennui qui me dévore.
(RACINE.)

Si *le public a eu quelque indulgence pour moi*;
je *le* dois à votre protection.
(CONDILLAC.)

Vous devez trembler à l'ouverture de cette lettre;
ou plutôt vous *le* deviez, lorsque vous souffrîtes la perfidie de Nadir.
(MONTESQUIEU.)

Nous sommes entourés d'hommes plus forts que nous; ils peuvent *nous nuire de mille manières différentes*; les trois quarts du temps ils peuvent *le* faire impunément. (*Id.*)

L'homme est, je vous l'avoue, un *méchant animal*.
(MOLIÈRE.)

Plus que l'on ne le croit, *ce nom d'époux engage*,
Et l'amour est souvent un fruit du mariage.
(*Id.*)

Par ces exemples on voit que, quand le relatif *le* tient la place d'une proposition ou d'un verbe, il reste toujours invariable, et la raison en est aisée à comprendre, c'est que les propositions et les verbes n'ont en soi ni genre ni nombre. Dans les phrases rapportées, *le* est relatif à tous les mots qui en sont italique, et en tient la place.

EXERCICE PHRASÉOLOGIQUE.

Je vous le dis.	Je vous l'avoue.	Je l'espère.	Je le crois.
Il le pense.	Il l'avance.	Il le raconte.	Je le sais.
Nous vous le disons.	Vous nous le dites.	Nous le croyons.	Ne le croyez pas.
Vous pouvez le faire.	Vous devez le dire.	Nous pourrions le savoir.	Apprenez-le.
Je le veux.	Tu le voulais.	Nous le voulions.	Ils le pourraient.
Je ne le puis.	Je ne le saurais dire.	Vous nous le mandez.	Nous le jugeons ainsi.

N° CCXCII.

EMPLOI DE *le* APRÈS UN VERBE.

OÙ *le* NE SE TROUVE PAS.

Instruisez-le comme vous voudriez que *fût instruit* l'ami d'un monarque.
(MARMONTEL.)

On ne *loue* d'ordinaire que pour *être loué*.
(LAROCHEFOUCAULD.)

Laissez-moi *pleurer* mon père. Vous savez mieux que moi combien il mérite *d'être pleuré*.
(FÉNELON.)

Un tombeau est un intervalle immense entre un homme qui *juge* et un homme qui *est jugé*.
(THOMAS.)

OÙ *le* EST EXPRIMÉ.

Le bœuf *remplit* ses premiers estomacs tout autant qu'ils peuvent *l'être*.
(BUFFON.)

Il est difficile d'*embellir* ce qui ne doit *l'être* que jusqu'à un certain degré.
(THOMAS.)

On ne peut vous *estimer* et vous aimer plus que vous ne *l'êtes* du vieux solitaire.
(VOLTAIRE.)

Cette femme est belle, et j'aurais un grand penchant à *l'aimer*, si ce qu'on m'a dit de son inconstance ne la rendait indigne de *l'être*.
(CORNEILLE.)

Ainsi qu'on le voit, on peut dire : *l'intention de ne jamais* TROMPER *nous expose souvent à* L'ÊTRE, *ou à* ÊTRE TROMPÉS. Cependant la seconde manière est préférable, comme plus claire et plus conforme à l'usage des meilleurs écrivains.

EXERCICE PHRASÉOLOGIQUE.

Je n'aime pas à tromper personne, et ne veux pas l'être, ou ne veux pas être trompé.
On ne doit jamais louer ceux qui ne méritent pas de l'être, ou d'être loués.

Il a été reçu comme il mérite de l'être, ou comme il le mérite.
Il veut qu'on l'enterre comme il mérite de l'être, ou d'être enterré.
Vous devez le critiquer comme il doit l'être, ou comme il doit être critiqué.

N° CCXCIII.

Il, elle, le, la, les, ETC., SE RAPPORTANT A DES NOMS INDÉTERMINÉS.

Une âme noble rend *justice* même à ceux qui *la* lui refusent.
(CONDORCET.)

Si les Français qui sont aux îles font en effet *fortune*, ils partent, et même souvent sans *la* faire, et ils s'en retournent non pas dans leur province ou dans leur village, mais à Paris.
(BERNARDIN DE ST-PIERRE.)

Étrange mépris de tous les principes ! On achetait le droit de *justice* ; on *la* faisait rendre ou vendre par son valet affublé d'une robe.
(BOISTE.)

Cessez pourtant, cessez de prétendre à Pharnace ;
Quand je me fais *justice*, il faut qu'on se *la* fasse.
(RACINE).

Je ne me consolerais point de n'avoir pas fait *fortune*, si j'étais né en Angleterre ; je ne suis point fâché de ne l'avoir pas faite en France.
(MONTESQUIEU.)

Vous me rendrez *justice* en me connaissant mieux.
— Oui, je te *la* rendrai, cruel, je m'y prépare.
(LONGEPIERRE.)

On a raison d'appeler son bien *fortune* ; car un moment *la* donne, un moment l'ôte.
(Voltaire.)

Je disais *vérité*. Quand un menteur la dit
En passant par sa bouche elle perd son crédit.
(Corneille.)

Ne jouez pas avec l'amour-propre de l'homme ou son honneur : sur eux il n'entend pas *raillerie* ; *elle* le rend furieux, féroce, implacable.
(Boiste.)

Je suis en bonne *santé*, je *la* dois à l'exercice et à la tempérance. (Marmontel.)

D'un enlèvement fait avec trop d'audace,
Vous demandez *raison*, il faut qu'il vous *la* fasse.
(Corneille.)

Il ne suffit pas d'avoir *raison* ; c'est *la* gâter, c'est *la* déshonorer, que de *la* soutenir d'une manière brusque et hautaine.
(Fénelon.)

Grâce ! Grâce ! Seigneur que Pauline *l'*obtienne.
(Corneille.)

Vous dites que ce n'est pas votre faute que de manquer de *foi*, puisqu'*elle* ne dépend pas de l'homme.
(Massillon.)

Tandis que nous voguions à pleines *voiles*, tout à coup le vent tombe, et nous *les* voyons s'abaisser.
(Marmontel.)

J'ai mal connu les dieux, j'ai mal connu les hommes;
J'en attendais *justice*, ils *la* refusent tous.
(Voltaire.)

Les mots *le*, *la*, *les*, *il*, *elle*, *ils*, *elles* doivent toujours se rapporter à des noms suffisamment déterminés. Cependant, comme l'avance Boniface et comme le prouvent les citations qui précèdent, l'emploi de ces mots peut être toléré dans les cas où il est impossible ou difficile de s'exprimer autrement, et pour éviter la répétition fatigante des mêmes mots.

C'est donc à tort que Lemare s'élève contre ces sortes de phrases, qui se rencontrent à chaque pas dans tous nos meilleurs écrivains, et qui peuvent, à la rigueur, se justifier par la syllepse.

La première qualité du langage, dit Boiste, est la clarté; toute locution, fût-elle même incorrecte, est bonne, du moins dans le style familier, lorsque le sens est clair; et la suppression même des parties inutiles appartient à l'art de le rendre plus élégant ou plus rapide, qualité nécessaire chez un peuple dont l'esprit léger, impatient, inattentif, n'aime pas à se traîner lentement sur des mots redondants. Au contraire, la phrase la plus grammaticalement correcte devient vicieuse, si toutes les parties du discours, les adverbes, les articles, les particules, les conjonctions, les prépositions qu'elle traîne avec elle, nuisent à sa clarté, alourdissent, suspendent sa marche; et c'est l'observation rigoureuse des règles qui donne au style des grammairiens, en général, cette allure, lourde, contrainte, languissante, qui contraste avec la marche hardie du style des gens du monde, dont l'unique but est de se faire entendre et de plaire.

N° CCXCIV.

EMPLOI VICIEUX DE *le, la, les*.

L'allégresse du cœur s'augmente à *la* répandre.
(Molière.)

Le fils d'*Ulysse le* surpasse déjà en éloquence, en sagesse et en valeur. (Fénelon.)

Le *temps* passerait sans *le* compter.
(J.-J. Rousseau.)

Les *fourbes* croient aisément que les autres *le* sont.
(La Bruyère.)

Les pronoms *le, la, les*, ne peuvent se rapporter qu'à un mot énoncé dans une proposition précédente, c'est-à-dire qu'ils ne peuvent se rapporter ni au sujet ni au complément du sujet de la proposition où ils figurent. Ainsi les phrases qui précèdent sont incorrectes. La faute, dit M. Dessiaux, est plus apparente encore dans cette phrase de La Bruyère, où *le* est relatif à *les fourbes*, substantif pluriel : *Les fourbes croient aisément que les autres* LE SONT. Cependant M. Philarète Chasles n'est pas de cet avis. Il pense que la phrase de La Bruyère est excellente. Qui peut rien reprendre, dit-il, à cette phrase, d'une clarté parfaite, et où le pronom *le* est évidemment pour *illud*, cela? Voyez Préface, p. 6.

N°. CCXCV.

ELLIPSE DU MOT *le*.

EXPRIMÉ.

La cour a quelques ridicules, j'en demeure d'accord ; et je suis, comme on *le* voit, le premier à les fronder ; mais, ma foi, il y en a grand nombre parmi les beaux-esprits de profession.
(MOLIÈRE.)

J'ai passé ici (à Livry) le temps que j'avais résolu, de la manière dont je l'avais imaginé, à la réserve de votre souvenir qui m'a plus tourmentée que je ne l'avais prévu.
(Mme DE SÉVIGNÉ.)

Ce fut donc lundi que la chose fut déclarée, comme je vous *l'ai* mandé.
(Id.)

NON EXPRIMÉ.

Ce serait une belle chose si je remplissais mes lettres de ce qui me remplit le cœur. Ah ! comme *vous dites*, il faut glisser sur bien des pensées et ne pas faire semblant de les voir.
(Mme DE SÉVIGNÉ.)

Madame, je viens un peu tard ; mais il m'a fallu lire ma pièce chez madame la marquise, dont je vous avais parlé ; et les louanges qui lui ont été données m'ont retenu une heure de plus que je *ne croyais*.
(MOLIÈRE.)

Vous aimez mieux m'écrire vos sentiments que vous n'aimez à me les dire ; de quelque façon qu'il me viennent, ils sont reçus avec une sensibilité qui n'est comprise que de ceux qui savent aimer *comme je fais*.
(Mme DE SÉVIGNÉ.)

En citant cette phrase : *quand je ne serais pas votre serviteur comme je le suis*, Girault-Duvivier, dans sa *Grammaire des Grammaires*, fait observer que la suppression du relatif *le* serait condamnable. La remarque est juste, mais elle est trop générale ; car les exemples cités nous prouvent que, dans des phrases analogues, si ce même relatif *le* représente une proposition, au lieu d'un substantif, quelquefois *le* est exprimé (1re colonne), quelquefois il peut ne pas l'être (2e colonne). La phrase n'en est pour cela ni vicieuse ni incorrecte.

EXERCICE PHRASÉOLOGIQUE.

Comme on le pense.	Comme on pense.	Plus qu'on ne le sait.	Plus qu'on ne sait.
Comme on le dit.	Comme on dit.	Moins qu'on le croirait.	Moins qu'on croirait.
Comme on le voit.	Comme on voit.	Beaucoup plus que tu ne le fais.	Beaucoup plus que tu ne fais.
Comme il le faut.	Comme il faut.	Bien moins que tu te le figures.	Bien moins que tu te figures.
Comme il le doit.	Comme il doit.	Plus qu'il ne le pense.	Plus qu'il ne pense.

N CCXCVI.

GALLICISMES OCCASIONÉS PAR *le*.

Enfin, vous *l'*emportez, et la faveur du roi
Vous élève en un rang qui n'était dû qu'à moi.
(CORNEILLE.)

Rien ne doit *l'*emporter sur la foi des serments.
(PIRON.)

Aux lois de la nature, amis, soumettons-nous ;
Toujours sa volonté l'emporte sur la nôtre.
(ARNAULT.)

Telle est ma volonté,
Tel est le sort du monde entre nous arrêté ;
Vous l'emportez sur moi dans un nouveau partage.
(VOLTAIRE.)

Je pense que ce visage est assez passable ; et que, pour le bel air, dieu merci, nous ne le cédons à personne.
(MOLIÈRE.)

Je suis né, tu le sais, assez près de Péronne,
D'un sang dont la valeur ne le cède à personne.
(REGNARD.)

On apprend par ces exemples que dans les expressions : *L'emporter sur quelqu'un, ne* LE *céder à personne*, le mot LE est employé d'une manière absolue, sans relation aucune avec un antécédent exprimé. C'est ce qui constitue ce qu'on appelle un gallicisme. Nous aurions été curieux de voir ce qu'en disaient les grammairiens ; mais aucun d'eux, que nous sachions, n'en a parlé. Les premiers nous essaierons donc de l'analyser ; car, en grammaire surtout, les idiotismes doivent être éclaircis. Quand Piron dit : *Rien ne doit l'emporter sur la foi des serments*, le substantif auquel *le* se rapporte est indubitablement *le poids*, *l'avantage*. Il existe moralement dans notre esprit une certaine balance à l'aide de laquelle nous pesons le pour et le contre des choses ; or, c'est en mettant dans l'un des bassins de la balance toutes les considérations possibles, et dans l'autre la foi des serments, que nous pouvons affirmer que rien ne saurait l'emporter sur cette dernière. Ce raisonnement, s'il est aussi juste qu'il nous le paraît, s'applique à tous les exemples de cette nature (1).

Dans la dernière phrase de l'une et de l'autre colonne *le* se rapporte à *le pas* : *Nous ne cédons* LE PAS *à personne pour le bel air ; je suis d'un sang dont la valeur ne cède* LE PAS *à personne*. Nous ne pensons point qu'on puisse nous contester ces analyses, qui expliquent ce qui était demeuré jusqu'à ce jour inexplicable. Qu'on ne nous dise donc plus à présent qu'il est impossible de rendre raison des gallicismes.

EXERCICE PHRASÉOLOGIQUE.

Vous l'emportez sur moi.
Tu l'emportes sur nous.
Nous l'emportons sur eux.
Ils l'emportent sur nous.

Je ne le cède à personne.
Tu ne le cèdes à qui que ce soit.
Il ne le céderait à âme qui vive.
Vous ne le cédez ni à lui ni à moi.

Il l'emportait sur son frère.
Ils l'emportaient sur leurs ennemis.
Je l'emportais sur toi.
Elle l'emportait sur toutes.

Vous ne me le cédez en rien.
Ils ne le cèdent à personne.
Elle ne le cédait à aucune.
Elles ne le cédaient qu'à une seule.

N° CCXCVII.

EMPLOI DE *le, la, les* ET DE *lui, elle, eux, elles*.

AVEC *le, la, les*.

Ce *carrosse* parut être celui de mon fils, ce qu'il en effet.
((Mme DE SÉVIGNÉ.)

AVEC *lui, elle, eux*, ETC.

Monsieur, c'est là *Crispin*. — C'est *lui*, je le sais bien.
Nous avons eu là-bas un moment d'entretien.
(REGNARD.)

(1) Les vers suivants confirment notre analyse, et la rendent, pour ainsi dire, inattaquable.

Nous verrons qui des deux emporte LA BALANCE,
Ou de ton artifice, ou de ma vigilance. (VOLTAIRE.)
Celui-ci sur son concurrent voulait emporter l'avantage. (LA FONTAINE.)

Et ta beauté, sans doute, emportait LA BALANCE.
(CORNEILLE.)
Ma gloire intéressée emporte LA BALANCE. (*Id.*)

Voltaire aurait pu dire elliptiquement : *Nous verrons qui des deux* L'EMPORTE, *ou de ton artifice ou de ma vigilance*.

Hé! sont-ce là vos *gants?* Est-ce là votre *épée?*
— Oui, ce *les* sont.
(REGNARD.)

Je crois que voilà mon aimable *invisible* dont je te parlais. — C'est *elle*-même.
(*Id.*)

Parle-t-on d'objets inanimés, comme cela a lieu dans la première colonne, on doit répondre par : *ce l'est, ce les sont*. Est-il, au contraire, question d'êtres animés, de personnes, ainsi que dans la seconde colonne, on se sert des formes *c'est lui, c'est elle, ce sont eux*, etc.

Cependant Regnard (*Légataire*, acte v, scène vii) a, sans y être aucunement forcé par la mesure du vers, employé *elle*, en parlant d'un objet inanimé. Voici le passage :

Il faut donc que mon mal m'ait ôté la mémoire,
Et c'est ma *léthargie*. — Oui, c'est *elle*, en effet.

EXERCICE PHRASÉOLOGIQUE.

Est-ce votre habit? — Oui, ce l'est.
Sont-ce vos livres? — Oui, ce les sont.
Est-ce ma montre? — Ce l'est.

Est-ce ton canif? — Oui, ce l'est.
Est-ce votre père? Oui, c'est lui.
Est-ce ta femme? — C'est elle.

Sont-ce vos parents? — Oui, ce sont eux.
Est-ce ta mère? — Oui, c'est elle.
N'est-ce pas ton oncle? — Oui, c'est lui.

N° CCXCVIII.

DU PRONOM *soi*.

On peut toujours trouver plus malheureux que *soi*.
(LA FONTAINE.)

Quiconque rapporte tout à *soi* n'a pas beaucoup d'amis.
(ACADÉMIE.)

Heureux *qui* vit chez *soi*,
De régler ses désirs fesant tout son emploi!
(LA FONTAINE.)

Celui qui hait le travail n'a assez ni de *soi* ni des autres.
(BOISTE.)

Des passions la plus triste de la vie,
C'est de n'*aimer* que *soi* dans l'univers.
(FLORIAN.)

Il *dépend* toujours de *soi* d'agir honorablement.
(GIRAULT-DUVIVIER.)

On peut mettre à profit un légitime hommage,
Lorsque l'on tient sur *soi* les yeux toujours ouverts.
(J.-B. ROUSSEAU.)

Aucun n'est prophète chez *soi*.
(LA FONTAINE.)

Être trop mécontent de *soi* est une faiblesse; en être trop content est une sottise.
(Mme DE SABLÉ.)

..... Ici-bas le seul honneur solide,
C'est de prendre toujours la vérité pour guide;
De regarder en tout la raison et la loi;
D'*être* doux pour tout autre et rigoureux pour *soi*.
(BOILEAU).

Il est beau de *triompher* de *soi*,
Quand on peut hautement donner à tous la loi.
(THOMAS CORNEILLE.)

Chacun ne songe plus qu'à *soi*.
(J.-J. ROUSSEAU.)

On fait usage du pronom *soi* dans les propositions générales ou indéterminées, c'est-à-dire lorsque le sujet de la phrase est *on, quiconque, aucun, qui, celui qui, chacun, ce, personne, tout homme*, etc.; ou bien, lorsque ce même mot, *soi*, est en rapport avec un verbe à l'infinitif, comme dans les deux derniers exemples de la première colonne, et les trois derniers de la seconde : *n'aimer que* SOI, *agir honorablement dépend de* SOI; *être mécontent de* SOI, *être rigoureux pour* SOI, *triompher de* SOI.

On trouve néanmoins des phrases où *chacun* est suivi de *lui* et non de *soi*. Telles sont celles-ci : CHACUN *de nous porte au dedans de* LUI *un rayon divin qui l'éclaire*. (de Ségur.) *Ce divin modèle, que* CHACUN *de nous porte avec* LUI, *nous enchante*. (J.-J. Rousseau.) Comme le fait observer Boniface, *soi* eût été aussi bien; mais *chacun de nous* présentant une idée moins vague que *chacun*, justifie l'emploi de *lui*. Dans les exemples suivants, il était impossible de s'exprimer autrement : CHACUN *trouve a redire en autrui, ce qu'on trouve à redire en* LUI. (Larochefoucauld.) *Peu d'amitiés subsisteraient si* CHACUN *savait ce que son ami dit de* LUI *lorsqu'il n'y est pas.*

EXERCICE PHRASÉOLOGIQUE.

On ne doit pas penser que pour soi.
Quiconque ne pense qu'à soi...
Aucun n'est maître que chez soi.
Qui reste chez soi...
Celui qui n'aime que soi
Chacun veut pour soi.
Personne ne l'attribuera à soi.

On ne parle jamais mal de soi.
Quiconque ne flatte que soi.
Aucun n'en parle qu'en soi.
Qui voit autour de soi.
Celui-là qui fait tout pour soi
Chacun repond pour soi.
Personne n'en veut autour de soi.

Être content de soi.
Vivre pour soi.
Être de soi généreux.
Parler toujours de soi.
Veiller sur soi.
S'occuper de soi.
Penser à soi.

Compter sur soi.
Indigne de soi.
Trembler pour soi.
Songer à soi.
N'aimer que soi.
Parler de soi.
Sentir pour soi.

N° CCXCIX.

EMPLOI DU PRONOM *soi* AVEC DES SUBSTANTIFS DÉTERMINÉS.

Lui, *elle*, *eux*, *elles*.	*Soi*.
Hélas ! s'écriait Télémaque, voilà donc les maux que la guerre entraîne après *elle* ! (FÉNELON.)	...La guerre après *soi* traîne tant de malheurs, Qu'il est peu de lauriers qui ne coûtent des pleurs. (BOURSAULT.)
Le frère d'Amélie, revenant à *lui* et rougissant de son trouble, pria son père de lui pardonner. (CHATEAUBRIAND.)	Idoménée revenant à *soi*, remercia ses amis. (FÉNELON.)
Mettez ce qu'il en coûte à plaider aujourd'hui ; Comptez ce qu'il en reste à beaucoup de familles : Vous verrez que Perrin tire l'argent *à lui*, Et ne laisse aux plaideurs que le sac et les quilles. (LA FONTAINE.)	Le chat ne paraît sentir que pour *soi*. (BUFFON.) Un malheur toujours traîne un malheur après *soi*. (PIRON.)
Ah ! quel supplice entraîne après *lui* plus d'horreur Que de se voir forcé de haïr ce qu'on aime? (LA CHAUSSÉE.)	L'ardeur de s'enrichir chasse la bonne foi : Le courtisan n'a plus de sentiments à *soi*. (BOILEAU.)
L'Anglais porte partout sa patrie avec *lui*. (BERNARDIN DE ST-PIERRE.)	Hâtons-nous, le temps fuit, et nous traîne avec *soi*. Le moment où je parle est déjà loin de moi. (BOILEAU.)
On a vu une nation entière chassée de son pays, traverser les mers pour s'établir en France, n'emportant avec *elle*, pour parer aux nécessités de la vie, qu'un redoutable talent pour la dispute. (MONTESQUIEU.)	L'enseigne fait la chalandise. J'ai vu dans le palais une robe mal mise Gagner gros : les gens l'avaient prise Pour maître tel, qui traînait après *soi* Force écoutants. Demandez-moi pourquoi. (LA FONTAINE.)
Que de germes de mort traînent avec *eux* les pauvres humains ! (DE BOUFFLERS.)	La sagesse après *soi* laisse un long souvenir. (AUBERT.)

D'après ces exemples, que devient la règle des grammairiens, qui prétendent que le nom personnel *soi* n'est jamais d'usage qu'avec un sujet indéterminé? N'est-il pas évident, au contraire, que *soi* peut très bien s'employer avec un sujet déterminé, et que la règle posée par MM. Noël et Chapsal, Girault-Duvivier, Wailly, etc., est tout-à-fait fausse? Nous venons, les faits à la main, de prouver que l'on peut se servir du mot *soi* au lieu de *lui*, d'*elle*, d'*eux*, d'*elles*. Cependant, comme le remarque judicieusement Boniface, ces derniers pronoms sont d'un usage plus général avec des substantifs déterminés ; mais il n'est pas moins certain que l'emploi de *soi*, dans ce cas, n'est point vicieux. Nos meilleurs auteurs, tels que *Corneille, Racine, Boileau, La Bruyère, Voltaire, Marmontel, Bossuet, Massillon, Fénelon, Buffon*, etc., nous en offrent de nombreux exemples, qui donnent un démenti formel à la règle des grammairiens.

N° CCC.

ÉQUIVOQUES AUXQUELLES POURRAIENT DONNER LIEU *soi* ET *lui*.

Il n'ouvre la bouche que pour répondre ; il tousse, il se mouche sous son chapeau, il crache presque sur *soi*. (LA BRUYÈRE.)

Dieu était dans J.-C., réconciliant le monde avec *soi*. (BOURDALOUE.)

Dès qu'il peut y avoir équivoque, il faut toujours se servir du pronom *soi*. En effet, si l'on mettait *lui* dans la phrase de La Bruyère, on ne saurait plus si c'est à *il* ou à *chapeau* que *soi* se rapporte. Il en est de même dans la phrase de Bourdaloue ; *soi*, à la place de *lui*, ôte l'ambiguïté qui pourrait résulter, avec ce dernier mot, entre *Dieu* et *J.-C.*

EXERCICE PHRASÉOLOGIQUE.

L'été apporte avec lui bien des richesses.
Le printemps ramène avec lui les beaux jours.
L'hiver traîne avec lui les frimas.
L'automne apporte avec lui des fruits.
Les épidémies entraînent après elles bien des calamités.
Les guerriers ont en eux quelque chose de grand.
Il me donna l'argent et jeta les yeux sur soi.
Il ne lui donna rien et prit tout pour soi.

L'été amène avec soi les grandes chaleurs.
Le printemps ramène avec soi les fleurs et la verdure.
L'hiver traîne avec soi les longues soirées.
L'automne apporte avec soi toutes sortes de fruits.
Les épidémies cachent en soi des éléments de mort.
Les nobles guerriers doivent porter en soi le mépris de la vie.
Il partit avec son frère, et mit sur soi le bagage.
Il sortit avec son chien, ayant sur soi les clefs.

N° CCCI.

Soi EN RAPPORT AVEC UN NOM PLURIEL.

Seigneur, que tant de profanations que les guerres traînent après *soi*, vous fassent enfin jeter des yeux de pitié sur votre Église. (MASSILLON.)

Y a-t-il des corps subtils en *soi* ? (CONDILLAC.)

Les nouveaux enrichis se ruinent à se faire moquer de *soi*. (LA BRUYÈRE.)

Il est un certain travail du temps qui donne aux choses humaines le principe d'existence qu'elles n'ont point en *soi*. (CHATEAUBRIAND.)

Tous les animaux ont en *soi* un instinct qui ne les trompe jamais. (BUFFON.)

De *soi*-disant docteurs. (ACADÉMIE.)

L'Académie et un grand nombre de grammairiens disent que le pronom *soi* est seulement du singulier. Cependant les exemples qui précèdent nous prouvent la fausseté de cette assertion. On voit, en effet, que le pronom *soi* peut se trouver en rapport avec un nom pluriel, tout aussi bien que le pronom *se*. Il est même des cas où l'on ne pourrait se dispenser de faire usage de *soi* au pluriel, témoin la phrase suivante : *Ces entrepreneurs, qui jusqu'alors n'avaient travaillé que pour les autres, ne travaillent plus que pour* soi. Essayez de mettre *eux* à la place de *soi*, et la phrase devient équivoque.

N° CCCII.

DES PRONOMS PERSONNELS *moi-même, toi-même*, ETC.

SINGULIER.

Je cherchais à m'expliquer à *moi-même* ce qui a pu porter les hommes à quitter l'abri des bois, l'air pur des montagnes et le charme éternellement attaché aux belles prairies. (DE BOUFFLERS.)

PLURIEL.

N'allons point nous appliquer à *nous-mêmes* les traits d'une censure générale ; et profitons de la leçon, si nous pouvons, sans faire semblant qu'on parle à nous. (MOLIÈRE.)

Fils d'Aaron, dans l'espoir de te perdre *toi-même*,
J'avais, pour mon supplice, eu la faiblesse extrême
De me vouloir sauver en me donnant à toi ;
Mais cet effort était trop au-dessus de moi.
(CHATEAUBRIAND.)

Pendant qu'on ne pouvait se lasser de l'admirer, Télémaque se retira dans sa tente, honteux de sa faute ; et ne pouvant plus se supporter *lui-même*, il gémissait de sa promptitude.
(FÉNELON.)

Sauvons-le malgré lui de ce péril extrême,
Pour nous, pour vos amis, pour Roxane *elle-même*.
(RACINE.)

Je vois qu'il faut ici cacher ses sentiments ;
Être contre *soi-même* en garde à tous moments ;
Écouter sans rien croire, et parler sans rien dire.
(DESTOUCHES.)

Il me semble que les choses ne sont en *elles-mêmes* ni pures ni impures : je ne puis concevoir aucune qualité inhérente au sujet qui puisse les rendre telles.
(MONTESQUIEU.)

Ceux qui se font gratuitement des ennemis ne savent pas qu'ils se font à *soi-mêmes* de très-grands torts.
(****.)

Que deviendriez-vous, jeunes filles, si, laissées à *vous-mêmes*, vous n'aviez pas de bons parents pour vous enseigner les leçons de l'expérience ?
(ANONYME.)

Les remèdes sont *eux-mêmes* de véritables maux qui usent la nature, et dont il ne faut se servir que dans les pressants besoins.
(FÉNELON.)

L'adjectif *même* ne se lie aux pronoms personnels qu'avec *moi*, *toi*, etc., et non avec *me*, *te*, etc. ; ainsi l'on a, pour le singulier de la première personne, *moi-même*; de la seconde personne, *toi-même*; de la troisième personne, *lui-même*, *elle-même*, *soi-même*; et, pour le pluriel de la première personne, *nous-mêmes*; de la seconde, *vous-mêmes*; et de la troisième, *eux-mêmes*, *elles-mêmes*, *soi-mêmes*. L'adjectif *même* doit se rapporter en nombre avec le nom auquel il est joint. On écrira donc *nous-mêmes*, *vous-mêmes*, s'il s'agit de plusieurs personnes ; mais on écrirait *nous-même*, *vous-même*, s'il n'était question que d'une seule. Voici deux exemples à l'appui de cette dernière remarque :

Va, mais *nous-même* allons : précipitons nos pas,
Qu'il me voie attentive aux soins de son trépas.
(RACINE.)

Non, pour vous reprocher votre injustice extrême,
Je ne veux exciter contre vous que *vous-même*.
(REGNARD.)

Relativement au genre et à l'emploi de ces pronoms nous n'en parlerons pas, parce que toutes les observations que nous avons faites sur *moi*, *toi*, *lui*, etc., deviennent applicables à *moi-même*, *toi-même*, *lui-même*, etc. Il n'y a d'autre différence que l'addition du mot *même*.

OBSERVATION. — *Lui-même* et *soi-même* offrent dans leur emploi une nuance à laquelle il faut bien prendre garde. *Il s'est sauvé* SOI-MÊME veut dire il a sauvé sa propre personne. *Il s'est sauvé lui-même* signifie, au contraire, qu'il s'est sauvé sans le secours d'autrui.

EXERCICE PHRASÉOLOGIQUE.

SINGULIER.	PLURIEL.	SINGULIER.	PLURIEL.
Moi-même.	Nous-mêmes.	Moi-même.	Par nous-mêmes.
Toi-même.	Vous-mêmes.	Nous-même.	De vous-mêmes.
Lui-même.	Eux-mêmes.	Vous-même.	D'eux-mêmes.
Soi-même.	Soi-mêmes.	Elle-même.	D'elles-mêmes.

N° CCCIII.

DES EXPRESSIONS *un autre moi-même*, *une autre moi-même*, ETC.

Pauvre garçon ! sa douleur est extrême.
Venez, embrassez-moi, c'est UN *autre elle-même*.
(MOLIÈRE.)

Révélez vos secrets à celle qui vous aime.
Parlez, que craignez-vous ? c'est UN *autre vous-même*.
(Mᵐᵉ TASTU.)

Doit-on dire, en parlant d'une femme, *c'est* UN *autre moi même* ? Cette question a été soumise à la Société grammaticale, et la commission chargée de l'examiner a prétendu qu'*un autre moi-même* offrait à l'esprit, dans tous les cas, le genre masculin.

« Mais, a dit M. Marrast avec son éloquence ordinaire, il me semble que la commission n'a pas mis le doigt sur le point de la difficulté. Nous avons une foule d'expressions qui ne tiennent qu'à la délicatesse du langage. Remontons à la source de la parole, qui est la pensée. N'y aurait-il pas une espèce de monstruosité à faire dire à une mère, parlant de sa fille : C'est *un autre* moi-même. Si le sexe disparaît, que représente ce mot *moi-même*? *Moi*, dira-t-on, désigne l'individu abstrait, l'être moral. Ce n'est là qu'une pure chicane. Il ne s'agit pas uniquement de l'être moral, il s'agit aussi de la ressemblance physique. Vous voulez donc que la mère, parlant de sa fille, trompe sa propre pensée, qu'elle renie son sexe? Vous faites jurer les mots; vous les mettez en opposition avec ce qu'ils doivent exprimer, avec ce qu'ils expriment. Peut-on méconnaître dans l'expression l'influence de la pensée? C'est dans l'imagination, dans la conception, et non dans quelques règles grammaticales, qu'il faut chercher la véritable image de la pensée. Employez tantôt le masculin, tantôt le féminin, selon les vues de votre esprit. Une femme dira de son mari : *C'est* UN *autre moi-même*. Un mari s'exprimera de même à l'égard de sa femme. Pourquoi? Parce que, dans le premier cas, la femme parle de son mari, et que, dans le second, c'est le mari qui porte la parole. Le genre masculin est toujours dans la pensée. Mais si les deux personnes sont du genre féminin, malgré vous l'expression lutterait contre l'emploi du masculin. Ainsi n'établissons pas de règle générale, absolue. Toute règle qui tend à faire dire le contraire de ce qu'on a dans l'esprit, ne peut être admise, c'est une mauvaise règle.

Nous n'avons pas besoin d'ajouter que nous partageons entièrement l'avis d'un aussi bon juge.

EXERCICE PHRASÉOLOGIQUE.

MASCULIN.

UN HOMME PARLANT D'UNE FEMME, OU UNE FEMME PARLANT D'UN HOMME.

Un autre moi-même.	Un autre moi-même.
Un autre toi-même.	Un autre vous-mêmes.
Un autre lui-même.	Un autre soi-même.
Un autre nous-même.	Un autre eux-mêmes.
Un autre nous-mêmes.	Un autre elles-mêmes.

FEMININ.

UNE FEMME PARLANT D'UNE AUTRE FEMME.

Une autre moi-même.	Une autre vous-même.
Une autre toi-même.	Une autre vous-mêmes.
Une autre elle-même.	Une autre soi-même.
Une autre nous-même.	Une autre elle-même.
Une autre vous-même.	Une autre elles-mêmes.

N° CCCIV.

DES PRONOMS PERSONNELS, QUAND ILS SONT EMPLOYÉS PAR APPOSITION.

EXEMPLES.

Frappez, aucun respect ne doit vous retenir:
J'ai tout fait, et c'est *moi* que vous devez punir.
(RACINE.)

C'est donc *toi* qui détruis la liberté romaine?
Arrêter des Romains sur tes lâches soupçons !
(VOLTAIRE.)

Philoctète recevra dans son sein mon âme prête
à s'envoler : c'est *lui* qui recueillera mes cendres.
(FÉNELON.)

Je forme une entreprise qui n'eut jamais d'exemple, et qui n'aura point d'imitateur. Je veux montrer à mes semblables un homme dans toute la vérité de la nature, et cet homme, ce sera *moi*.
(J.-J. ROUSSEAU.)

L'ai-je bien entendu? Quoi ! monstre sanguinaire !
Quoi! c'est *toi*, c'est ta main qui massacre mon père?
(VOLTAIRE.)

C'est *lui* qui m'a ravi l'amitié de mon père ;
Qui le fit mon rival, qui révolta ma mère.
(RACINE.)

Toutes les fois que les pronoms personnels sont employés par apposition, comme dans les expressions *c'est moi, c'est toi, c'est lui, c'est nous*, etc., il n'y a point de difficulté, il faut faire usage de *moi, toi*, etc., et non de *me, te*, etc.

EXERCICE PHRASÉOLOGIQUE.

C'est moi.	C'est nous.	C'est toi.	C'est vous.
C'est lui.	Ce sont eux.	C'est elle.	Ce sont elles.

N° CCCV.

EMPLOI DES PRONOMS PERSONNELS AVEC *c'est, ce sera*, ETC.

Ce m'est.

Ma tante est si mal que je ne crois pas qu'elle retarde mon voyage. Vous savez comme je l'ai toujours aimée; *ce m'eût* été une grande joie de la laisser dans l'espérance d'une guérison.
(Mme DE SÉVIGNÉ.)

Jamais ma franchise ne m'abandonnera, quand elle devrait me nuire. *Ce m'est* une qualité trop naturelle, et dont je ne me méfie point assez avec mes ennemis ou les gens indignes de confiance.
(MIRABEAU.)

C'est pour moi.

Des moutons, un bœuf, du miel et de la graisse, *ce fut* une agréable perspective *pour nous*, qui n'avions pas mangé depuis quatorze ou quinze jours d'autre viande fraîche que du chameau.
(ALBERT-MONTÉMONT.)

Il fallut qu'un peu de réputation me tint lieu de tout. Si c'est un dédommagement pour ceux qui sont toujours loin d'eux-mêmes, *ce n'en fut jamais* un *pour moi*.
(J.-J. ROUSSEAU.)

D'après ces phrases, on peut dire : *Ce me fut une grand joie*, ou *ce fut pour moi une grande joie*, ou encore *ce fut une grande joie pour moi*. Ces trois constructions sont également bonnes, elles sont au choix de celui qui parle ou qui écrit.

EXERCICE PHRASÉOLOGIQUE.

Ce m'est.	C'est pour moi.	Ce m'était.	C'était pour moi.
Ce te fut.	Ce fut pour toi.	Ce te sera.	Ce sera pour toi.
Ce lui fut.	Ce serait pour lui.	Ce lui soit.	Ce soit pour lui.
Ce nous eût été.	C'eût été pour nous.	Ce nous est.	C'est pour nous.
Ce vous était.	C'était pour vous.	Ce vous sera.	Ce serait pour vous.
Ce leur sera.	Ce sera pour eux.	Que ce leur soit...	Que ce soit pour elle.

N° CCCVI.

GENRE ET NOMBRE DU PRONOM *y*.

Y RELATIF AUX PERSONNES.

EXEMPLES.

On me dit tant de mal de cet *homme*, et j'*y* en vois si peu.
(LA BRUYÈRE.)

A chaque moment qu'on *la* voit, on *y* trouve un nouvel éclat.
(FÉNELON.)

La haine entre les *grands* se calme rarement; La paix souvent n'*y* sert que d'un amusement.
(CORNEILLE.)

ANALYSE.

On me dit tant de mal de cet HOMME, et j'*y* en vois si peu, c'est-à-dire j'en vois si peu EN LUI.

A chaque moment qu'on LA voit, on Y trouve un nouvel éclat, c'est-à-dire on trouve EN ELLE, etc.

La haine entre les GRANDS, etc.; la paix souvent n'Y sert, etc., c'est-à-dire ne sert ENTRE EUX.

Si toutes les *femmes* étaient inconstantes et légères, ce serait folie que de *s'y* attacher. (Anonyme.)	Si toutes les FEMMES, etc., ce serait folie que de s'Y attacher, c'est-à-dire de s'attacher A ELLES.

Y RELATIF AUX OBJETS.

C'est lorsque nous sommes éloignés de notre *pays*, que nous sentons surtout l'instinct qui nous *y* attache. (Chateaubriand.)	C'est lorsque nous sommes éloignés de notre PAYS, que nous sentons surtout l'instinct qui nous Y attache, c'est-à-dire qui nous attache A LUI.
Tous les jours vont à la *mort*, le dernier *y* arrive. (Montaigne.)	Tous les jours vont à la MORT, le dernier Y arrive, c'est-à-dire arrive A ELLE.
Voit-on du cœur humain les replis tortueux ? Est-il un moyen sûr pour ne pas *s'y* méprendre. (Collé.)	Est-il un moyen sûr pour ne pas s'Y méprendre, c'est-à-dire pour ne pas se méprendre A EUX.
Les *choses* de la terre ne valent pas qu'on *s'y* attache. (Nicole.)	Les CHOSES de la terre ne valent pas qu'on s'Y attache, c'est-à-dire qu'on s'attache A ELLES.

Y, qui est essentiellement adverbe, joue ici, comme on voit, le rôle de pronom, puisqu'il a la vertu de rappeler, de représenter les personnes et les choses dont on a parlé.

Les exemples rapportés nous montrent qu'il a tout à la fois les deux genres et les deux nombres, et qu'il se traduit toujours par un pronom personnel, complément d'une préposition, qui peut être *à, en, dans, sur, entre,* etc.

Nous venons de dire que cette particule *y* rappelait, représentait les personnes aussi bien que les choses; nous ajouterons que l'emploi est plus fréquent pour celles-ci que pour les premières. Nous le démontrerons bientôt.

EXERCICE PHRASÉOLOGIQUE.

Y RELATIF AUX PERSONNES.

MASCULIN ET FÉMININ. — SINGULIER ET PLURIEL.

Cet homme est malade, n'y touchez pas.
C'est une femme folle, n'y faites pas attention.
Quand les gens sont méchants, il ne faut pas s'y frotter.
Quand les femmes sont franches, on peut s'y fier.

Y RELATIF AUX OBJETS.

MASCULIN ET FÉMININ. — SINGULIER ET PLURIEL.

L'avare a de l'or et n'y touche pas.
Si l'on vous dit une grosse injure, n'y faites pas attention.
Quand on vous menace de coups de bâton, ne vous y frottez pas.
Dès que vous me faites des promesses, je m'y fie.

N° CCCVII.

Y SIGNIFIANT *cela*.

Ne vous *y* trompez pas, avec l'appui de Dieu dont on ne saurait se passer, on trouve de la force et du courage pour soutenir les plus grands malheurs. (Mme de Sévigné.)	Cependant tous les Grecs qui m'avaient accompagné ne pouvant plus *y* tenir, s'avancèrent au coin de l'alcôve. (Albert-Montémont.)
Peignez donc, j'*y* consens, les héros amoureux, Mais ne m'en formez pas des bergers doucereux. (Boileau.)	Nous allons, quand le beau temps nous *y* invite, faire des voyages de long cours, pour connaître la grandeur de nos états. (Mme de Sévigné.)

Lorsque la particule *y* signifie *cela*, elle indique alors, comme dans les exemples ci-dessus, ou ce qui précède ou ce qui doit suivre.

EXERCICE PHRASÉOLOGIQUE.

Faites-le, j'y souscris.
N'y faites pas attention.
Je n'y tiens plus, vous m'avez fâché.
Ne t'y trompe pas, tu es fou.

Aimez-le, j'y consens.
Mais j'y pense, le ferez-vous?
Repose-toi, je t'y invite.
Tu en tiens, ne t'y trompe pas.

Parlez, je ne m'y oppose pas.
Prenez, je vous y autorise.
Je t'y invite fort, laisse-moi.
Tu le veux, j'y adhère.

Prenez-y garde, le voilà.
J'y consens, allez-vous-en.
Je t'y fais penser, ne l'oublie pas.
Tu le dis, je m'y rends.

N° CCCVIII.

Y A L'IMPÉRATIF.

SANS NÉGATION.

Prenez-y garde, ma fille, vos louanges et vos approbations sont dangereuses.
(Mme DE SÉVIGNÉ.)

Vous avez peu de bien, joignez-y ma fortune.
(DORAT.)

AVEC NÉGATION.

N'y songeons plus, allons, cher Paulin; plus j'y pense,
Plus je sens chanceler ma cruelle constance.
(RACINE.)

Comte, n'y pensez plus, ma gloire vous l'ordonne.
(T. CORNEILLE.)

Comme les pronoms personnels, la particule *y* se place après le verbe, quand celui-ci est à l'impératif, à moins que la phrase ne soit négative. Dans ce cas, *y* précède le verbe.

Si ce dernier se terminait par une voyelle, comme *ajoute, donne, apporte*, au lieu de *ajoute y, donne y, apporte y*, il faudrait dire : *ajoute-s-y, donne-s-y, apporte-s-y*, en intercalant la lettre euphonique *s*.

N° CCCIX.

Y HORS DE L'IMPÉRATIF.

J'ai connu le malheur, et j'y sais compatir.
(GUICHARD.)

Quand vous aurez pour vous la voix des sages,
Les fous bientôt y joindront leurs suffrages.
(J. ROUSSEAU.)

Ne soyez à la cour, si vous voulez y plaire,
Ni fade adulateur, ni parleur trop sincère.
(LA FONTAINE.)

Tirer vanité de quelque chose, c'est prouver qu'on n'y est pas encore accoutumé.
(BOISTE.)

Entre les qualités du cœur,
Il n'en est point qui fasse honneur,
Si l'on n'y joint la modestie.
(PIRON.)

Le nocher, dans son art, s'instruit pendant l'orage;
Il n'y devient expert qu'après plus d'un naufrage.
(*Id.*)

Hors de l'impératif, qu'il y ait ou non négation, la particule *y* se place toujours devant le verbe.

EXERCICE PHRASÉOLOGIQUE.

A L'IMPÉRATIF.

SANS NÉGATION.
Veillez-y.
Mettez-y du soin.
Apporte-s-y tes soins.
Apporte-s-y quelque chose.
Porte-s-y la main.
Fourre-s-y le bras.

AVEC NÉGATION.
N'y faites nulle attention.
N'y mettez pas tant d'importance.
N'y donne pas les mains.
N'y ajoute aucune créance.
N'y mets pas la tête.
N'y enfoncez pas le couteau.

HORS DE L'IMPÉRATIF.

SANS NÉGATION.
J'y prends intérêt.
J'y mets ma main au feu.
Il y plonge le bras.
Vous y pensez.
Vous y joindrez cela.
J'y rêve tous les jours.

AVEC NÉGATION.
Je n'y ai pas de gain.
Je n'y peux rien faire.
Il n'y enfonce le pied.
Vous n'y songez pas.
Vous n'y prétendez pas.
Je n'y croirai jamais.

N° CCCX.

PLACE DE *y*, COMPLÉMENT INDIRECT D'UN VERBE A L'INFINITIF.

A CÔTÉ DE L'INFINITIF.

Phalante, qui voit le péril de plus près qu'un autre, ne *peut y remédier*. (FÉNELON.)

Dans ces malheureux moments où l'on ne peut ni pratiquer les vertus ni vaincre les vices, on tombe entre les mains de la justice de Dieu, avec le désespoir de ne *pouvoir y satisfaire*. (FLÉCHIER.)

En quelque pays que j'aie été, j'y ai vécu comme si *j'avais dû y passer* ma vie. (MONTESQUIEU.)

PRÈS DU VERBE QUI PRÉCÈDE L'INFINITIF.

Je ne sais ni tromper, ni feindre, ni mentir;
Et quand je le pourrais, je n'*y puis consentir*. (BOILEAU.)

En sortant de l'état de nature, nous forçons nos semblables d'en sortir aussi; nul n'*y peut demeurer* malgré les autres. (J.-J. ROUSSEAU.)

Le bec de la cicogne *y pouvait* bien *passer*,
Mais le museau du sire était d'autre mesure. (LA FONTAINE.)

Nous devons conclure de ces exemples que le mot *y*, complément indirect d'un verbe à l'infinitif peut, ou le précéder immédiatement (1re colonne), ou en être séparé par un autre verbe sous la dépendance duquel se trouve le premier (2e colonne). Du reste, nous renvoyons, pour éviter toute répétition, à ce que nous avons dit sur la transposition des pronoms personnels, p. 345.

EXERCICE PHRASÉOLOGIQUE.

Je ne puis y consentir. | Je n'y puis consentir. | Je ne saurais y souscrire. | Je n'y saurais souscrire.
Je ne veux point y répliquer. | Je n'y veux point répliquer. | Je ne veux point y croire. | Je n'y veux point croire.
Il ne faut plus y penser. | Il n'y faut plus penser. | On doit y faire attention. | On y doit faire attention.
On ne saurait y prendre trop de précautions. | On n'y saurait prendre trop de précautions. | On va y répondre. | On y va répondre.
Je vais y réfléchir. | J'y vais réfléchir. | On croit y songer. | On y croit songer.
 | | Je vais y objecter. | J'y vais objecter.

N° CCCXI.

DE L'EMPLOI DE *y* ET DES PRONOMS PERSONNELS *lui, à lui, à elle, à eux, à elles.*

AVEC *y*.

Après les ordres doriques et les titres de votre *maison*, il n'y a rien à souhaiter que l'ordre que vous *y* allez mettre. (Mme DE SÉVIGNÉ.)

Je reçois votre *lettre*, ma chère enfant, et j'*y* fais réponse avec précipitation. (Id.)

Chargez-vous de cette *affaire*; donnez-*y* vos soins. (BONIFACE.)

Le roi demanda alors des conseils pour discuter les *charges* et *y* répondre. (ANQUETIL.)

AVEC *lui, leur*.

L'*homme*, en ses passions toujours errant sans guide,
A besoin qu'on *lui* mette et le mors et la bride. (BOILEAU.)

Que peuvent contre *Dieu* tous les rois de la terre?
En vain ils s'uniraient pour *lui* faire la guerre. (RACINE.)

Chargez-vous de cet *enfant*, donnez-*lui* vos soins. (BONIFACE.)

Le vrai contentement déride tous les traits:
La brillante gaîté, ce fard de la nature,
Rajeunit les *vieillards, leur* donne un air plus frais. (FAVART.)

Les *malheurs* sont tous l'apanage de l'humanité. Il y en a pour tous les états de la vie; personne ne peut s'*y* soustraire.

(Le chevalier DE JAUCOURT.)

Les passions des *hommes* sont autant de chemins ouverts pour aller *à eux*.

(VAUVENARGUES.)

On apprend par ces exemples, qu'en général, la particule *y* doit se rapporter à des noms de choses, tandis que *lui, leur, à lui, à elle, à eux, à elles* ne peuvent être en relation qu'avec des noms de personnes ou d'êtres animés. Telle est la règle établie par les grammairiens, mais que l'usage a souvent enfreinte dans une foule de cas, comme nous le ferons voir ci-après.

EXERCICE PHRASÉOLOGIQUE.

Votre lettre, j'*y* réponds.
Voici une maison, il faut s'*y* arrêter.
Pliez cette lettre, et *y* apposez un cachet.

Cette personne, je *lui* réponds.
Je rencontrai une pauvre femme, et je m'arrêtai à elle.
Courez à *lui* et donnez-*lui* ce paquet.

Sur sa main, *j'y graverai* un chiffre.
La loi est pour tous on ne peut *y* échapper.

Il ordonna qu'on *lui* gravât une figure.
Vous êtes entre ses mains, vous ne *lui* échapperez pas.

N° CCCXII.

Lui, leur, ETC., EN RAPPORT AVEC DES NOMS DE CHOSES, ET y EN RELATION AVEC DES NOMS DE PERSONNES OU D'ÊTRES ANIMÉS.

EMPLOI DE *lui*, *leur*, etc., AVEC DES NOMS DE CHOSES.

Brûler un *livre* de raisonnement, c'est dire : nous n'avons pas assez d'esprit pour *lui* répondre.
(VOLTAIRE.)

Nous trouvâmes votre *procession* admirable ; je ne crois pas qu'il y en ait une en France qui *lui* ressemble.
(Mme DE SÉVIGNÉ.)

Je n'ose vous dire à quel *style* il compare le vôtre, ni les louanges qu'il *lui* donne. (Id.)

Si on veut rendre la *critique* utile, il faut avoir grand soin de *lui* donner la louange pour passeport.
(CIRCÉ.)

Quand le *mérite* est vrai, mille fameux exemples Ont fait voir que le temps ne *lui* fait pas de tort.
(Mme DESHOULIÈRES.)

Un *vaisseau* trop chargé n'est pas loin du naufrage,
Au lieu qu'il vogue à l'aise et ne craint nul assaut,
Quand il n'a justement que le poids qu'il *lui* faut.
(BOURSAULT.)

EMPLOI DE *y* AVEC DES NOMS DE PERSONNES OU D'ÊTRES ANIMÉS.

Quoique je parle beaucoup de *vous*, ma fille, j'*y* pense encore davantage jour et nuit.
(Mme DE SÉVIGNÉ.)

On me parle de *vous* très-souvent, et je ne cherche point longtemps mes réponses, car j'*y* pense à l'instant même. (Id.)

La pauvre *Babonnette*, hélas ! lorsque j'*y* pense, Elle ne manquait pas une seule audience.
(RACINE.)

Plus on approfondit l'*homme*, plus on *y* découvre de faiblesse et de grandeur. (BONIFACE.)

C'est un honnête *homme*, fiez-vous-*y*.
(ACADÉMIE.)

C'est Marie qu'aime le petit *chien* ; il ne mange que du pain ; je ne m'*y* attache point, mais il commence à m'aimer ; je crains de succomber.
(Mme DE SÉVIGNÉ.)

Les grammairiens, et nommément Girault-Duvivier, n'ont rien de mieux à dire, pour justifier les phrases où *lui, leur,* se trouvent en rapport avec des noms de choses, qu'en pareille circonstance les objets sont personnifiés. Or, nous le demandons, où est la personnification dans les mots en italique de la première colonne? Ne se présentent-ils pas tous, au contraire, sous leur forme très-naturelle? Dira-t-on alors que les phrases sont fautives? Nous ne le pensons pas, car il s'en trouve de semblables, et en très-grand nombre, à chaque page de nos meilleurs écrivains; et quelquefois même on ne pourrait les construire autrement.

A quoi ont donc tendu jusqu'à présent les règles des grammairiens? Le plus souvent à contrarier l'émission libre de la pensée, à presque empêcher de parler et d'écrire.

Quant aux exemples de la seconde colonne, voici ce que dit encore Girault-Duvivier :

« Lorsqu'il s'agit de personnes, on ne fait ordinairement usage du pronom relatif *y* que lorsqu'on les assimile en quelque sorte aux choses. » Cela n'est ni vrai ni poli, répondrons-nous, pour madame de Sévigné et madame de Grignan; il faut dire tout simplement qu'il est des cas où l'emploi de *y* est indispensable, comme dans les trois premières citations, et d'autres où il peut entrer, surtout quand il se rapporte à des noms qui expriment toute une espèce. L'usage doit être ici le seul guide. Toutefois, dans *c'est un honnête homme, attachez-vous-y*, ou *attachez-vous à lui*, les grammairiens se lèvent en masse pour condamner la première, et nous, nous la tenons bonne. Nous ne voyons pas pourquoi l'on dirait avec l'Académie : *c'est un honnête homme, fiez-vous-y* ou *fiez-vous à lui*, et que l'on ne dirait pas *attachez-vous-y* aussi bien qu'*attachez-vous à lui*. Selon nous, il n'y a pas de différence. Le dernier exemple de madame de Sévigné fait voir que la raison est de notre côté. (Voy. la Préface, l'opinion de M. Philarète Chasles).

EXERCICE PHRASÉOLOGIQUE.

J'ai fait réparer ma maison, je lui ai donné un air neuf.	Pensez-vous à moi? Oui, j'y pense.	A voir cette femme, on y trouve un air de grandeur.
J'ai porté le fusil à l'armurier, il lui a mis une baïonnette.	Cet homme est mon ami, je m'y attache tous les jours.	Quand on approfondit le monde, on y découvre toutes sortes d'égoïsme.
Le vaisseau fini, on lui mit des mâts et des voiles.	En regardant cet homme, on y voit un air de férocité.	Observez le chat, vous y trouvez l'air de la trahison.

N° CCCXIII.

EMPLOI DE *y* OU DE *lui, elle*, ETC., AVEC DES PRÉPOSITIONS.

AVEC *y*.	AVEC *lui*, ETC.
L'honneur est comme une île escarpée et sans bords; On n'*y* peut plus rentrer, dès qu'on en est dehors. (BOILEAU.)	Un cœur noble est content de ce qu'il trouve *en lui*, Et ne s'applaudit point des qualités d'autrui. (BOILEAU.)
La *santé* dans le monde étant le plus grand bien, Un homme de bon sens n'*y* doit ménager rien. (REGNARD.)	Heureux qui du *ciel* occupé, Et d'un faux éclat détrompé, Met de bonne heure *en lui* toute son espérance ! (J.-B. ROUSSEAU).

Les exemples de la deuxième colonne nous apprennent qu'il est des cas où, au lieu de *y*, il faut absolument employer les noms personnels *lui, elle, eux, elles*, que l'on fait précéder d'une préposition.

EXERCICE PHRASÉOLOGIQUE.

J'emporte mon livre, je ne puis me promener sans lui.	Je le vis sur un cheval de bois, il entra avec lui.

N° CCCXIV.

ANALYSE DU GALLICISME *il y va de ma vie, de mon honneur*, ETC.

EXEMPLES.	ANALYSE.
Si je le hais, Cléone ! *il y va de ma gloire.* (RACINE.)	*Il* (cela, l'intérêt) *de ma gloire va* (tend) *y* (à cela, c'est-à-dire à ce que *je le haïsse.*)
Il y va de ma gloire ; il faut que je me venge. (CORNEILLE.)	*Il* (cela, le salut) *de ma gloire va* (tend) *y* (à cela qui est : *que je me venge.*)
Il y allait de la vie non-seulement à fuir, à quitter ses armes, mais encore à se remuer, pour ainsi dire, sans le commandement du général. (BOSSUET.)	*Il* (cela, le salut) *de la vie allait* (tendait) *y* (à cela qui était : *à fuir, à quitter ses armes.*)

Ce n'est que par la voie de l'analyse que l'on peut expliquer les gallicismes occasionés par le pronom *y*, et les ramener, comme nous venons de le faire, à un sens clair. Il ne s'agit pour cela que de rétablir les mots ellipsés, et de donner à ceux qui sont exprimés leur véritable valeur (1).

EXERCICE PHRASÉOLOGIQUE.

Il y va de ma fortune.
Il y va de mon existence.
Il y va de mon salut.

Il y va de l'empire.
Il y va de mon honneur.
Il y va de sa perte.

Il y va de la monarchie.
Il y va de sa vie.
Il y va de ma tête.

Il y va de l'intérêt public.
Il y va de sa renommée.
Il y va de sa couronne.

N° CCCXV.

GENRE ET NOMBRE DU PRONOM *en*.

En RELATIF A DES PERSONNES.

EXEMPLES.	ANALYSE.
Lorsqu'on a sujet de se plaindre d'un *ami*, il faut s'EN détacher peu à peu, et dénouer plutôt que rompre les liens de l'amitié. (PENSÉE DE CATON.)	.... Il faut s'*en* détacher ; c'est-à-dire il faut se détacher *de lui*, de cet ami.
Cette *femme* qu'on remarque par sa légèreté fait la passion des gens, et son mari EN est jaloux. (MARIVAUX.)	.... Et son mari *en* est jaloux, c'est-à-dire est jaloux *d'elle*, de cette femme.

(1) Une personne prétendait que, dans les locutions : *Il y va de ma gloire, il y va de ma vie*, et autres semblables, le mot *y* ne rappelait pas la proposition antécédente, et signifiait *dans cette affaire, dans cette circonstance, dans cette occasion*. Elle analysait conséquemment le vers de Racine : *Si je le hais, Cléone ! il y va de ma gloire*, de cette manière : *Si je le hais, Cléone ! il y va de ma gloire*, Y, c'est-à-dire, DANS CETTE CIRCONSTANCE ; je le hais, parce que DANS CETTE OCCASION ma gloire est compromise. Mais le célèbre auteur de *Sylla*, M. de Jouy, à qui nous crûmes devoir soumettre cette question, fut d'un avis contraire. Nous pensons faire plaisir à nos lecteurs en reproduisant ici le peu de lignes qu'il répondit à notre adversaire ; elles leur prouveront le vif intérêt que cet académicien daigne prendre à notre publication :

« Il est certain, monsieur, que, dans le vers de Racine, *il y va de ma gloire*, veut dire *il va de ma gloire à
» le haïr*. L'opinion que vous avez soutenue pourrait grammaticalement se défendre, mais le sens qu'attache
» Racine à son hémistiche y serait moins clair et moins poétique. Voici le cas où le sens que vous donnez à ces
» mots ne serait susceptible d'aucune autre interprétation : *Quoi ! vous rentrez dans ce lieu où tant d'ennemis
» vous attendent. — Il y va de ma gloire.*

EXEMPLES.	ANALYSE.
Les *princes* sont surtout ceux qu'on peut le moins se flatter de bien connaître. La renommée EN parle rarement sans passion. (RAYNAL.)	.... La renommée *en* parle ; c'est-à-dire parle *d'eux*, des princes, etc.
Si nous repoussons les *femmes* avec ingratitude, après EN avoir reçu tant de soins, elles s'éloignent sans se permettre un murmure. (SÉGUR.)	.... Après *en* avoir reçu ; c'est-à-dir après avoir reçu *d'elles*, des femmes, etc.

En RELATIF A DES CHOSES.

EXEMPLES.	ANALYSE.
En moissonnant trop tôt les roses du bel *âge*, On n'EN recueille point les fruits. (BERNIS.)	.... On n'*en* recueille point les fruits ; c'est-à-dire on ne recueille point les fruits *de lui*, du bel âge.
La *fortune* a son prix : l'imprudent EN abuse, L'hypocrite EN médit, et l'honnête homme EN use. (DELILLE.)	.... L'imprudent *en* abuse ; c'est-à-dire abuse *d'elle*, de la fortune, etc.
Le fou vers les *plaisirs* s'élance avec ardeur ; Le sage EN prend le miel, mais sans blesser la fleur. (DELILLE.)	.... Le sage *en* prend le miel ; c'est-à-dire prend le miel *d'eux*, des plaisirs, etc.
Les *limites* des sciences sont comme l'horizon ; plus on EN approche, plus elles reculent. (Mme NECKER.)	.... Plus on *en* approche ; c'est-à-dire plus on approche *d'elles*, des limites des sciences, etc.

Le pronom *en*, qui signifie proprement *de cela*, peut, comme on le voit, remplacer des noms de personnes ou de choses déjà exprimés, que ces noms soient masculins ou féminins, du singulier ou du pluriel.

EXERCICE PHRASÉOLOGIQUE.

Du tabac... j'en prends.
Des pastilles... j'en mange.
Des bonbons... j'en donne.
De la joie... j'en ai.

Des soucis... qui n en a pas ?
Des femmes... on en médit.
De la fortune... on en désire.
Des richesses... tout le monde en veut.

Des chagrins... personne n'en est exempt.
De l'argent... je m'en procurerai.
Des amis... les riches seuls en ont.
Du bon sens... on en manque quelquefois.

N° CCCXVI.

En RAPPELANT DES PROPOSITIONS ENTIÈRES, OU DES PARTIES DE PROPOSITIONS.

EXEMPLES.	ANALYSE.
Le temps, semblable au vol de l'oiseau, passe et s'écoule sans que nous nous *en* apercevions. (TRAD. D'OVIDE.)	.... Sans que nous nous *en* apercevions, c'est-à-dire sans que nous nous apercevions *de cela*, de ce que nous venons de dire ; savoir : que le temps passe et s'écoule.
Tout donner au plaisir n'est pas de la sagesse ; Tel qui pense autrement, même avant sa vieillesse, S'*en* repentira tôt ou tard. (ARNAULT.)	.... S'*en* repentira ; c'est-à-dire se repentira *de cela*, de ce que nous venons de dire ; savoir : de penser autrement.
J'aime mieux, n'*en* déplaise à la gloire, Vivre au monde deux jours, que mille ans dans l'histoire. (MOLIÈRE.)	.... N'*en* déplaise à la gloire ; c'est-à-dire ne déplaise à la gloire *de cela*, de ce que je vais dire ; savoir : d'aimer mieux vivre, etc.
L'on ne saurait voir, sans *en* être piqué, Possédé par un autre un cœur qu'on a manqué. (*Id*.)	.... Sans *en* être piqué ; c'est-à-dire sans être piqué *de cela*, de ce que je vais dire ; savoir : de ce qu'un cœur qu'on a manqué soit possédé par un autre.

Doué de la faculté de rappeler des noms de personnes et des noms de choses, le pronom *en* a encore la propriété de rappeler même des propositions entières. Dans les deux premiers exemples, il reporte l'esprit sur ce qu'on a dit; et, dans les deux derniers, il le fixe sur ce qui va être énoncé.

EXERCICE PHRASÉOLOGIQUE.

Ne vous en déplaise.	Sans en être fâché.	On vous en donnera des preuves.	On vous en accusera.
Ne vous en fâchez pas.	Sans s'en douter.	Je t'en donne ma parole.	Tu m'en fais serment.
Fâchez-vous-en.	Ils en auront la preuve.	Je t'en certifie.	Ils en ont l'assurance.
Vous vous en repentirez.	Vous en aurez la certitude.	Il m'en fait foi.	Je n'en doute pas.

N° CCCXVII.

CONSTRUCTION DE *en* A L'IMPÉRATIF.

SANS NÉGATION.	AVEC NÉGATION.
Mais ne m'enlevez pas ces fruits de nos amours. — Eh! bien, jouissez-*en*, possédez-les toujours. (LONGEPIERRE.)	... N'*en* disputons plus. Chacun a sa pensée. (MOLIÈRE.)

N'y a-t-il point de négation? le pronom *en* se place après le verbe, et, si celui-ci est terminé par un *e* muet, on intercale un *s* entre le verbe et le pronom, qu'on réunit par un tiret : *donne-s-en, mange-s-en*. Lorsque la phrase est négative le pronom *en* se met toujours devant le verbe.

EXERCICE PHRASÉOLOGIQUE.

Parlez-en.	N'en parlez pas.	Prêtez-en.	N'en prêtez pas.
Donnez-en.	N'en donne pas.	Jugez-en bien.	N'en jugez pas mal.
Mange-s-en.	N'en mange pas.	Dites-en du bien.	N'en dites point de mal.
Prenons-en.	N'en prenons pas.	Lisez-en.	N'en lisez pas.
Versez-en.	N'en versez pas.	Laisse-s-en.	N'en laisse pas.
Brûlez-en.	N'en brûlez pas.	Donne-s-en.	N'en donne pas.

N° CCCXVIII

HORS DE L'IMPÉRATIF.

Qui peut de son secret me cacher la moitié, En dit trop et trop peu, m'offense et me soupçonne. (VOLTAIRE.)	Quelle amie oserait m'ouvrir une retraite? Je n'*en* ai pas besoin... Partout on peut souffrir. (ANDRIEUX.)
... L'intérêt commun veut qu'on se réunisse Pour flétrir un méchant, pour *en* faire justice. (*Id.*)	L'homme consomme, engloutit lui seul plus de chair que tous les animaux ensemble n'*en* dévorent. (BUFFON.)

Le pronom *en* précède toujours le verbe, hors de l'impératif, que la phrase soit ou non négative.

EXERCICE PHRASÉOLOGIQUE.

J'en pense bien.	Je n'en pense pas bien.	Nous en demandons.	Nous n'en demandons pas.
Pour en médire.	Pour n'en pas dire de mal.	Vous en aurez.	Vous n'en aurez pas.
Il en veut.	Il n'en veut pas.	On vous en promet.	On ne vous en promet pas.
J'en désire.	Je n'en désire pas.	Vous en aurez l'étrenne.	Vous n'en aurez pas l'étrenne.

N CCCXIX

PLACE DE *en* AVEC DEUX VERBES, DONT LE DERNIER EST A L'INFINITIF.

PLACÉ A CÔTÉ DE L'INFINITIF.	PLACE A CÔTÉ DU VERBE QUI PRÉCÈDE L'INFINITIF.
Quand un soldat français, au péril va s'offrir, Daigne-t-il s'informer s'il *peut* EN *revenir ?* (DE BELLOY.)	Demain ! le temps est court et le terme est prochain ; Il EN *faut profiter.* (LONGEPIERRE.)
Le temps ne paraît long qu'à ceux qui ne *savent* qu'EN *faire.* (SANIAL DUBAY.)	La mort est un remède à trouver quand on veut, Et l'on *s'en doit servir* le plus tard que l'on peut. (MOLIÈRE.)

Lorsque le pronom relatif *en* se trouve en rapport avec les verbes *pouvoir, vouloir, devoir, falloir,* etc., à un mode personnel, et un autre verbe à l'infinitif, l'usage ordinaire, surtout en prose, est de le placer entre ces deux verbes.

Cependant ce pronom peut aussi se transporter devant le premier verbe; mais cette transposition nous semble plus particulièrement réservée au style poétique ou oratoire.

D'ailleurs, en ceci, comme en toute autre chose, l'oreille, le goût, l'harmonie et quelquefois aussi l'énergie, peuvent seuls déterminer la place que doit, en certaines circonstances, occuper le pronom *en.*

EXERCICE PHRASÉOLOGIQUE.

Je dois en parler.	J'en dois parler.	Vous croyez en venir à bout.	Vous en croyez venir à bout.
Il faut en profiter.	Il en faut profiter.	Il pensait en redevenir maître.	Il en pensait devenir maître.
Vous pouvez en jouir.	Vous en pouvez jouir.	Nous devons en être satisfaits.	Nous en devons être satisfaits.
Elle veut en être instruite.	Elle en veut être instruite.	Ils peuvent en user.	Ils en peuvent user.

N CCCXX.

FONCTIONS DE *en.*

COMPLÉMENT DIRECT.	COMPLÉMENT INDIRECT.
Ceux qui donnent des conseils doivent aussi *en* recevoir volontiers. (PENSÉE DE CATON.)	Le premier élan du peuple est précieux ; il faut savoir *en* profiter. (NAPOLÉON.)
Pour avoir de vrais amis, il faut être capable d'*en* faire et digne d'*en* avoir. (LA ROCHE.)	La servitude abaisse les hommes jusqu'à s'*en* faire aimer. (VAUVENARGUES.)
N'y a-t-il pas assez de terre dans l'univers pour *en* donner à tous les hommes plus qu'ils n'*en* peuvent cultiver ? (FÉNELON.)	Je vois une troupe de femmes laissées presque à elles-mêmes ; je n'ai que des âmes lâches qui m'*en* répondent. (MONTESQUIEU.)

Le glaive a tué bien des hommes, La langue en a tué bien plus. (Franç. de Neufchateau.)	Quel fardeau qu'une grande fortune, quand on fait son unique affaire d'*en* jouir! (Boiste.)

Le but de ces citations est de nous montrer que le pronom *en* remplit deux fonctions différentes : celle de complément direct, comme dans les exemples de la première colonne, et celle de complément indirect, comme dans ceux de la seconde.

Mais, ainsi que le fait observer très-judicieusement Bescher (1), il ne faut pas croire avec plusieurs grammairiens, que, dans le premier cas, le pronom *en* représente à lui seul le complément direct; il n'en est qu'une partie. En effet, ce mot se décomposant toujours par *de ce, de cet, de cette, de ces*, avec l'énonciation du nom déjà exprimé ou sous-entendu, il ne saurait venir immédiatement après un verbe dans l'analyse logique; il y a nécessairement entre lui et ce verbe un nom que l'ellipse permet de sous-entendre, mais que l'on doit rétablir dans la construction pleine. Ainsi, lorsqu'en parlant de fruits, je dis : *j'en mange*, *en*, qui se traduit par *de ces objets en question*, est le fragment de cette expression : *plusieurs, quelques-uns de ces objets dénommés*; et c'est cette expression entière qui est le complément direct du verbe *mange* : *je mange quelques-uns de ces objet dont j'ai parlé*.

N° CCCXXI.

En COMPARÉ AVEC de lui, d'elle.

AVEC *en*.	AVEC *de lui, d'elle*, etc.
La vie est un *dépôt* confié par le ciel; Oser EN disposer, c'est être criminel. (Gresset.)	Numa avait de longues conversations avec la nymphe Egérie; on ne voit pas que César en eût avec *Vénus*, quoiqu'il descendît D'ELLE en droite ligne. (Voltaire.)
Le *zèle* est une vertu qu'on n'estime plus : on S'EN moque comme d'un usage qui convenait à la grossièreté de nos pères. (Fléchier.)	*Hercule*, qui avait vaincu tant de monstres, ne pouvait vaincre cette passion (l'amour), et le cruel enfant Cupidon se jouait DE LUI. (Fénelon.)
J'aime trop la *valeur* pour EN être jaloux. (La Harpe.)	Timocrate ne perdait pas un moment pour me faire remarquer cette intelligence, et pour m'obliger à perdre *Philoclès* pendant que je pouvais encore m'assurer DE LUI. (*Id.*)
On revient d'une *erreur* à force d'EN rougir. (De Belloy.)	
Celui qui est dans la *prospérité* doit craindre d'EN abuser. (Fénelon.)	

Nous pouvons dire qu'en général on se sert du pronom *en*, lorsqu'il est question d'êtres inanimés, de choses; et que, s'il s'agit, au contraire, de personnes, on doit employer *de lui, d'elle, d'eux, d'elles*, etc. pour en rappeler l'idée. Dans la plupart des grammaires, cette règle est posée absolument, mais nous verrons, dans le numéro suivant, que l'usage, ici comme ailleurs, ne reconnaît point de règle absolue.

(1) Tout le monde connaît l'excellent *Traité des participes* qu'a publié ce grammairien, aussi savant que modeste. Cet ouvrage se recommande à tous ceux qui aiment à voir les règles appuyées de l'autorité des écrivains, qui seuls sont nos maitres.

EXERCICE PHRASÉOLOGIQUE.

EN PARLANT DE CHOSES.	DE PERSONNES.	DE CHOSES.	DE PERSONNES.
Je m'en sers.	Je me sers de lui.	On s'en débarrasse.	On se débarrasse d'elle.
On en parle.	On parle d'elle.	Pourquoi s'en moquer?	Pourquoi se moquer d'eux?
Pourquoi en rire?	Pourquoi rire d'eux?	Mon père s'en passa.	Mon père se passa d'elles.
Ils en ont peur.	Ils ont peur d'elles.	Le roi s'en défit.	Le roi se défit d'eux.
Elle s'en éloigna.	Elle s'éloigna de lui.	Tu t'en empareras.	Tu t'empareras de lui.

N° CCCXXII.

EMPLOI DE en OU de lui, d'elle, ETC., AVEC DES NOMS DE PERSONNES.

AVEC en.	AVEC de lui, etc.
Un *vieillard* amoureux mérite qu'on EN rie. (CORNEILLE.)	... Qui rit d'autrui, Doit craindre qu'en revanche on rie aussi DE LUI. (MOLIÈRE.)
Auprès d'*Anselme* encor nous vous excuserons, Pour *en* pouvoir tirer ce que nous désirons. (MOLIÈRE.)	Ce qu'on donne aux *méchants* toujours on le regrette. Pour tirer *d'eux* ce qu'on leur prête, Il faut qu'on en vienne aux coups. (LA FONTAINE.)
Amiens, Beauvais, Langres et Autun, dépeuplés par les vexations des *exacteurs*, EN reçurent des colonies. (ANQUETIL.)	Eh! qui pourrait compter les bienfaits d'une *mère*! A peine nous ouvrons les yeux à la lumière, Que nous recevons *d'elle*, en respirant le jour, Les premières leçons de tendresse et d'amour. (DUCIS.)

Dans toutes ces phrases, il n'est question que de personnes, et cependant les écrivains, malgré la règle des grammairiens, ont employé, à leur gré, *en* ou *de lui, d'elle*, etc. Rien ne nous empêche de les imiter.

EXERCICE PHRASÉOLOGIQUE.

J'en reçus.	Je reçus de lui.	Elle n'en fut pas entendue.	Elle ne fut pas entendue de lui.
J'en approcherai.	J'approchai d'elle.	Il s'en servit.	Il se servit d'elle.
Il en était chéri.	Il était chéri d'eux.	Vous en êtes jaloux.	Vous êtes jaloux d'eux.
Il s'en fit un allié.	Il se fit de lui un allié.	Ils en sont fiers.	Ils sont fiers d'elle.

N° CCCXXIII.

EN SE RAPPORTANT A DES NOMS DE PERSONNES, ET de lui, d'elle, ETC. A DES NOMS DE CHOSES.

EN.	DE LUI, etc.
D'un vaillant *homme* mort la gloire se publie, Mais j'*en* fais moins de cas que d'un poltron en vie. (T. CORNEILLE.)	Dès que le faible *oiseau* peut essayer ses ailes, Loin du sein de sa mère il vole sans appui; Il est seul dans le monde, et Dieu prend soin DE LUI. (CHÉNIER.)
Un seul jour vit périr Thémar et sa mémoire: Sa veuve, à des *dieux* sourds ayant ses vœux offerts, N'EN fut pas entendue et tomba dans nos fers. (CHATEAUBRIAND.)	De ces *cœurs* défiants l'espèce atrabilaire Ressemble, je le vois, aux chevaux ombrageux; Il faut les aguerrir pour venir à bout d'EUX. (PIRON.)
Les Troglodites aimaient leurs *femmes* et EN étaient tendrement chéris. (MONTESQUIEU.)	On ne saurait dire si Esope eut sujet de remercier la *nature* ou de se plaindre d'ELLE. (LA FONTAINE.)

Ici, il s'agit de personnes et de choses, et, pour en rappeler l'idée, les écrivains ont fait usage, pour les unes, de *en*, et de *de lui, d'elle, d'eux*, etc., pour les autres. Nouveau démenti à la règle des grammairiens.

Néanmoins, on ne doit pas conclure de tout ce que nous avons dit, qu'on peut indistinctement se servir du pronom *en*, et des expressions *de lui, d'elle, d'eux, d'elles*, pour les personnes et pour les choses. Plusieurs consécrations ont été établies par l'usage, et l'usage seul peut les faire connaître.

EXERCICE PHRASÉOLOGIQUE.

EN PARLANT DE PERSONNES.
J'en fais beaucoup de cas.
On en dit beaucoup de mal.
On en est toujours mal reçu.
Vous en serez toujours estimé.

EN PARLANT DE CHOSES.
Je ne me plaindrai pas d'elle.
Ayez surtout bien soin de lui.
Vous croyez venir à bout d'eux
Pourrez-vous vous rendre maître d'elle?

N° CCCXXIV.

EMPLOI DE *en* ET DE *son, sa, ses*, ETC.

AVEC *en*.

Hélas! on éteignit en moi l'effet des passions sans en éteindre *la* cause. (MONTESQUIEU.)

Maîtres de l'univers, les Romains s'*en* attribuèrent tous *les* trésors. (*Id.*)

C'est parce que l'or est rare que l'on a inventé la dorure, qui, sans *en* avoir *la* solidité, *en* a tout *le* brillant. Ainsi, pour remplacer la bonté qui nous manque, nous avons imaginé la politesse, qui *en* a toutes *les* apparences. (DE LÉVIS.)

La Grèce aimait la guerre, elle *en* connaissait l'art. (MONTESQUIEU.)

Ces vérités ne doivent pas être présentées avec des couleurs qui *en* altèrent *la* majesté. (BARTHÉLEMY.)

Quand on est dans le pays des fictions, il est difficile de n'*en* pas emprunter *le* langage. (*Id.*)

Quand on est dans un pays, il faut *en* suivre *l'*usage. (MONTESQUIEU.)

Au moment où le génie s'éveille chez une nation, les premiers qui *en* ressentent *l'*inspiration puissante, s'emparent nécessairement de ce que l'art a de plus heureux, de ce que la nature a de plus beau. (LA HARPE.)

AVEC *son, sa, ses*.

Il ne se sert à table que de ses mains, il manie les viandes, les remanie, démembre, déchire, et en use de manière qu'il faut que les conviés, s'ils veulent manger, mangent *ses* restes. (LA BRUYÈRE.)

Socrate, qui prévit de bonne heure qu'Alcibiade serait le plus dangereux des citoyens d'Athènes, s'il n'en devenait le plus utile, rechercha *son* amitié, l'obtint à force de soins, et ne la perdit jamais. (BARTHÉLEMY.)

Les Arabes étaient autrefois un peuple doux, amoureux de la liberté. Mahomet changea *leurs* idées; mais il ne *leur* reste plus rien de l'impulsion qu'il leur avait donnée. (RAYNAL.)

Cicéron périt... Trois siècles après, un empereur plaça *son* image dans un temple domestique, et l'honora à côté des Dieux. (THOMAS.)

On vit alors Périclès se retirer de la société... Les maîtres célèbres qui avaient élevé *son* enfance, continuant à l'éclairer de leurs conseils, remontaient avec lui aux principes de la morale et de la politique. (BARTHÉLEMY.)

Au lieu de dire: *Le soin qu'on apporte au travail empêche de sentir* SA *fatigue*, on dit: *le soin qu'on apporte au travail empêche d'*EN *sentir* LA *fatigue*, en substituant à *sa* le pronom *en*, parce que le mot *fatigue* est en rapport de possession avec un nom de chose: *travail, la fatigue du travail*; et c'est aussi par raison de clarté, car l'adjectif possessif ferait naître ici une équivoque: on ne saurait pas s'il est question de *sa propre fatigue*, ou de *la fatigue du travail*. Tels sont les motifs qui ont déterminé l'emploi de *en* dans tous les exemples de la première colonne.

Si, au contraire, le mot complément du verbe est en rapport d'appartenance avec un

nom de personne, on se sert alors des adjectifs possessifs *son, sa, ses*, etc. : *et homme est fort aimable, chacun recherche sa société* . (2e colonne.)
Nous verrons si ces règles ne souffrent point d'exception.

EXERCICE PHRASÉOLOGIQUE.

AVEC *en*.	AVEC *son, sa, ses*.	AVEC *en*.	AVEC *son, sa, ses*,
J'en connais les usages.	Je connais son père.	Tu en verras les beaux sites.	L'étude fait ses délices.
J'en ai vu les monuments.	Je sais ses finesses.	Il en contemplera le pittoresque.	Nous devons suivre ses commandements.
J'en admire la beauté.	Nous suivrons ses avis.	Nous en chercherons la cause.	Rien ne peut changer ses idées.
J'en parcourus les promenades.	J'emprunterai son langage.	Vous en voyez l'effet.	J'ai étudié son caractère.
J'en connais les défauts.	Je connais ses défauts.	Vous en verrez le résultat.	

N° CCCXXV.

En POUR LES PERSONNES, ET *son, sa, ses*, ETC. POUR LES CHOSES.

AVEC *en*.	AVEC *son, sa, ses*, etc.
De mes *sujets* séduits qu'il comble la misère ; Il *en* est *l'*ennemi, j'*en* dois être *le* père. (VOLTAIRE.)	La *vertu* d'elle-même est partout respectable ; Vous doublez *son* empire en la rendant aimable. (CHÉNIER.)
Il connaît Nicomède, il connaît sa *marâtre* ; Il *en* sait, il *en* voit la haine opiniâtre. (CORNEILLE.)	L'art et les soins ajoutent à nos *jours* ; Mais rien ne peut éterniser *leur* cours. (LOMBARD DE LANGRES.)
Le chef des deux époux *en* doit être *l'*exemple. (LA CHAUSSÉE.)	Le récit de nos *maux* adoucit *leur* rigueur. (GUYMON DE LA TOUCHE.)

Il suffit de lire ces citations pour se convaincre qu'il est des cas où l'on peut faire usage de *en*, lorsqu'il s'agit de rappeler l'idée de personnes, et de *son, sa, ses, leur,* etc., lorsqu'on parle de choses. Cet emploi n'a rien de vicieux, quoi qu'en disent plusieurs grammairiens, et nos meilleurs écrivains se sont servis très-fréquemment de ce tour, pour rendre l'expression plus énergique. Aux exemples que nous avons déjà cités, nous ajouterons les suivants :

Que fait la *renommée* au cœur qui la dément ?
En paix avec soi-même, on la brave aisément ;
Mais on souffre en tremblant *sa* faveur infidèle,
Lorsqu'un témoin secret vient déposer contre elle.
(DE BELLOY.)

...... Quand on n'ose parler,
Quand *l'*amour avec art prend soin de se voiler,
Ses feux sont étouffés par l'extrême prudence,
Et l'on est quelquefois victime du silence.
(FAGAN.)

On ne guérit jamais d'un violent *soupçon* ;
L'erreur qui le fit naître *en* nourrit le poison.
(CRÉBILLON.)

Malheur au *talent* jeune encor,
Lorsqu'il ne prend conseil que de sa jeune audace !
Mais qu'une habile main dirige *son* essor,
Il est plus sûr d'atteindre au sommet du Parnasse.
(LE BAILLY.)

Le commerce est comme certaines *sources* ; si vous voulez détourner *leur* cours, vous les faites tarir.
(FÉNELON.)

Combien ceux qui ont cru anéantir le *christianisme*, en allumant des bûchers, ont méconnu *son* esprit !
(CHATEAUBRIAND.)

O vous qu'avait trompés une fausse apparence,
Dès que vous découvrez un *esprit vicieux*,
Rompez-*en* vite avec prudence
Le *commerce* contagieux.
(LENOBLE.)

Quelque aveugle que soit l'*amour-propre*, on connaît bientôt *ses* défauts quand l'intérêt s'en mêle.
(DUCLOS.)

La nécessité parle, il faut suivre *sa* voix.
(DELATOUCHE.)

On hérite du crime en recueillant *ses* fruits.
(DE BELLOY.)

CCCXXVI.

EMPLOI DE *en* OU DE *son, sa, ses*, ETC., AVEC LE SUJET D'UNE PROPOSITION.

AVEC *en*.

Si la mollesse est douce, la suite *en* est cruelle.
(MARMONTEL.)
Les sciences ont des racines amères, mais les fruits *en* sont doux. (BOISTE.)
La gaîté est la santé de l'âme; la tristesse *en* est le poison. (STANISLAS.)
L'esprit est la fleur de l'imagination; le jugement *en* est le fruit. (LIVRY.)
La sincérité est le visage de l'âme, comme la dissimulation *en* est le masque. (SANIAL DUBAY.)
Mentor remarqua un de leurs vaisseaux qui était presque semblable au nôtre, et que la tempête avait écarté. La poupe *en* était couronnée de certaines fleurs. (FÉNELON.)

AVEC *son, sa, ses*, etc.

Mais la mollesse est douce et *sa* suite est cruelle. Je vois autour de moi cent rois vaincus par elle.
(VOLTAIRE.)
La patience est amère, mais *son* fruit est doux.
(J.-J. ROUSSEAU.)
L'aloès cuballin est le plus impur des aloès de commerce : *son* odeur est forte et désagréable; *sa* poudre est verdâtre. (DICT. DE MÉDECINE.)
L'amidon pur est rarement employé comme aliment. *Ses* usages dans les arts sont très-nombreux.
(*Id.*)
Ces arbres sont bien exposés, mais *leurs* fruits ne mûrissent pas. (BONIFACE.)

Dans la première colonne, le mot *suite*, sujet d'une proposition, est en rapport de possession avec un nom de chose : *la mollesse*. En pareil cas les substantifs ne sont point *ordinairement* précédés de l'adjectif possessif, qu'on remplace par *le, la, les*, suivis du pronom *en*.

Nous disons *ordinairement*, car les citations de la deuxième colonne nous font voir qu'il y a des circonstances où, pour mieux préciser l'idée de possession, et donner plus de vivacité à la pensée, plus de grâce à l'expression, on peut substituer *son, sa, ses* au pronom *en*. Tant il est difficile, dit très-bien Lemare, d'établir des règles qui n'exigent pas de nombreuses restrictions, d'éternelles explications ! Les faits et l'analogie, voilà peut-être les seuls moyens d'enseignement et de succès.

Après s'être donné toutes les peines du monde pour poser quelques pauvres principes sur l'emploi de *en*, les grammairiens finissent par avouer qu'on doit se servir de ce pronom toutes les fois qu'on peut en faire usage, et que l'on ne doit employer l'adjectif possessif que lorsqu'il est impossible de mettre *en*. Cette naïveté est échappé à Lemare lui-même.

Dans ce vers de Voltaire :

Mais la mollesse est douce, et *sa* suite est cruelle,

rien n'empêchait de construire *en*. Eh bien! essayez de placer ce pronom; vous aurez, il est vrai, une phrase bien correcte, bien grammaticale : mais quelle différence de cette phrase lourde, languissante, au vers harmonieux du poète !

Ainsi donc la clarté, l'harmonie, la grâce obligent à préférer quelquefois, même en prose, l'adjectif possessif au pronom *en*.

Presque toutes les exceptions, dit Caminade, sont fondées sur des nuances souvent très-délicates, et c'est parce qu'on ne les aperçoit pas qu'on est tenté de calomnier une langue dont la délicatesse a toujours fait l'essence.

EXERCICE PHRASÉOLOGIQUE.

La tête en est belle.	Sa tête est belle.	La situation en est agréable.	Sa situation est agréable.
Le lit en est profond.	Son lit est profond.	Les monuments en sont beaux.	Ses monuments sont beaux.
Les magistrats en sont intègres.	Ses magistrats sont intègres.	Les citoyens en sont vertueux.	Ses citoyens sont vertueux.
L'odeur en est désagréable.	Son odeur est désagréable.	Les usages en sont nombreux.	Ses usages sont nombreux.
La racine en est bonne.	Sa racine est bonne.	La poudre en est utile.	Sa poudre est utile.

N° CCCXXVII.

RAPPORT DE *en* AVEC DES NOMS DÉTERMINÉS OU INDÉTERMINÉS.

NOMS DÉTERMINÉS.	NOMS INDÉTERMINÉS.
Les efforts pour augmenter *sa* fortune empêchent d'EN jouir. (BOISTE.)	Il est faux qu'on ait fait *fortune*, quand on ne sait pas EN jouir. (VAUVENARGUES.)
Ceux qui ont *des* torts ne peuvent souffrir d'EN avoir. (LEMARE.)	Il n'y a point de gens qui aient plus souvent *tort* que ceux qui ne peuvent souffrir d'EN avoir. (LAROCHEFOUCAULD.)

Employé comme pronom, c'est-à-dire comme relatif, le mot *en* ne peut rappeler qu'un nom déterminé, et la règle que nous avons donnée, page 368 sur *le, la, les*, lui devient applicable. Les phrases de la seconde colonne ne sont donc pas exemptes de reproche. Les vers suivants de Corneille sont dans le même cas :

..... Et déjà vous avez fait maîtresse ?
— Si je n'*en* avais fait, j'aurais bien peu d'adresse.

Le pronom *en* ne doit se rapporter ni au sujet ni au complément du verbe de la proposition où il figure. Ainsi cette phrase de la Rochefoucauld est incorrecte : *La civilité est un devoir d'EN recevoir.*

N° CCCXXVIII.

En, NE SE RAPPORTANT A AUCUN MOT EXPRIMÉ.

Eh ! peut-on être heureux sans qu'il EN coûte rien ? (LAFOSSE.)

Je ne sais point encore comme ces gens de guerre EN usent à l'égard des pauvres bourgeois. (Mme DE SÉVIGNÉ.)

Présentement je ne sais plus où j'EN suis ; les honneurs et les représentations me feront périr, si vous n'avez soin de moi. (Id.)

Je ne m'EN prends qu'au vice et jamais à la loi. (FABRE D'EGLANTINE.)

C'EN est fait, mes amis, il n'est plus de patrie, Plus d'honneur, plus de lois, Rome est anéantie. (VOLTAIRE.)

Camille répartit à Brennus, qu'étant dictateur, oi. n'avait pu rien arrêter sans sa participation. La dispute s'échauffant, on EN vint bientôt aux armes. (VERTOT.)

Soupçonner mon amour ! j'EN *appelle* à vous-même.
(CHATEAUBRIAND.)

Il y a du danger à trop approfondir, il faut le plus souvent s'EN *tenir* aux surfaces.
(Mme DU DEFFAND.)

Le théâtre doit EN *imposer* aux yeux, qu'il faut toujours séduire les premiers.
(VOLTAIRE.)

La vertu malheureuse EN *est* plus respectable.
(CHÉNIER.)

Il EN *est* de l'esprit des hommes par rapport à celui des femmes, comme du rouge à l'égard du rose.
(SAINT-FOIX.)

Il *en* tient le bonhomme, avec tout son phébus !
(MOLIÈRE.)

Le pronom *en* s'emploie avec plusieurs verbes, dont il change ou modifie la signification, et donne lieu à une foule de gallicismes qu'il n'est pas toujours très-facile d'expliquer. Nous ne nous arrêterons que sur les principaux

EN VOULOIR.

EXEMPLE.

L'hérésie n'*en vouloit* d'abord qu'*aux* prétendus abus du culte, elle a depuis attaqué le culte lui-même.
(MASSILLON.)

EXPLICATION.

Que l'éclat de la plus belle victoire paraît sombre quand on en méprise la gloire, et qu'on *veut de mal* à ces faibles yeux qui s'y sont laissé éblouir !
(BOSSUET.)

Bossuet nous donne lui-même le véritable sens de *en* dans les expressions *en vouloir, en avoir à quelqu'un.*

EN FAIRE ACCROIRE.

EXEMPLE.

Les législateurs nous *en ont fait* bien *accroire*.
(FÉNELON.)

EXPLICATION.

Combien on *fait accroire de choses* au peuple !
(FÉNELON.)

Ces deux phrases de Fénelon s'expliquent naturellement l'une par l'autre.

EN GOUTER.

EXEMPLE.

D'un penchant dangereux que notre âme s'épure :
Craignons de le laisser mûrir ;
Il *en coûte* pour s'en guérir,
Autant qu'à vaincre la nature.
(DU TREMBLAY.)

EXPLICATION.

Un seul rocher ici lui *coûte plus de têtes*,
Plus de soins, plus d'assauts et presque *plus de temps*,
Que n'*en coûte* à son bras l'empire des Persans.
(RACINE.)

Il EN *coûte autant pour s'en guérir*, c'est, comme le dit Racine, *il coûte autant de soins, autant de peine ; en* tient donc ici la place de *peine, soins*, etc., qui est dans l'esprit de celui qui parle. On peut dire *il en coûte de* ou simplement *il coûte de*, ainsi que le prouvent les citations ci-après :

Il *en coûte* bien moins *de* remporter des victoires sur les ennemis, que de se vaincre soi-même.
(MASSILLON.)

Il coûte moins *de* s'enrichir de mille vertus, que de se corriger d'un seul défaut.
(LA BRUYÈRE.)

EN IMPOSER.

EXEMPLE.

La majesté de la nature *en impose*.
(J.-J. ROUSSEAU.)

EXPLICATION.

Les titres ne servent de rien pour la postérité ; le nom d'un homme qui a fait de grandes choses *impose plus de respect* que toutes les épithètes.
(VOLTAIRE.)

Mais *en imposer* ne veut pas toujours dire *imposer du respect* ; il signifie aussi *mentir, tromper, abuser, surprendre, en faire accroire*, comme dans les vers suivants :

La dame qui, depuis longtemps,
Connaît à fond votre personne,
A dit : hélas! je lui pardonne
D'en vouloir imposer aux gens.
(VOLTAIRE.)

... L'art d'*en imposer* est le seul art utile.
(LA CHAUSSÉE.)
Qu'elle ne pense pas que, par de vaines plaintes,
Des soupirs affectés, et quelques larmes feintes,
Aux yeux d'un conquérant on puisse *en imposer.*
(VOLTAIRE.)

L'Académie et presque tous les grammairiens font une distinction entre *en imposer* et *imposer*, et prétendent que *en imposer* a le sens de *mentir, tromper,* et que *imposer* se dit pour *inspirer du respect, de la crainte,* ainsi que dans les vers qui suivent :

D'où vient qu'une bergère, assise sur les fleurs,
Simple dans ses habits, plus simple dans ses mœurs,
Impose à ses amants surpris de sa sagesse?
(BERNIS.)

Loin du faste de Rome et des pompes mondaines,
Des temples consacrés aux vanités humaines,
Dont l'appareil superbe *impose* à l'univers,
L'humble religion se cache en des déserts.
(VOLTAIRE.)

L'exemple d'un grand prince *impose* et se fait suivre :
Quand Auguste avait bu, la Pologne était ivre.
(VOLTAIRE.)

Ils demandent un chef digne de leur courage,
Dont le nom seul *impose* à ce peuple volage.
(*Id.*)

Sa fermeté m'*impose*, et je l'excuse même
De condamner en moi l'autorité suprême.
(*Id.*)

Lui qui traîne après lui tant de rois ses suivants,
Dont le nom seul *impose* au reste des vivants.
(*Id.*)

Mais les faits, dit Lemare, de même que la saine idéologie, n'établissent point l'idée étrange que *en imposer* signifie *tromper*, tandis que *imposer* signifierait *imposer du respect.* En effet, si nous consultons les écrivains, nous voyons qu'ils ont dit dans le sens

DE TROMPER.

De bien des gens, il n'y a que le nom qui vaille quelque chose : quand vous les voyez de fort près, c'est moins que rien ; de loin ils *imposent.*
(LA BRUYÈRE.)

Hier, j'avais espéré de briller avec trois ou quatre vieilles femmes qui certainement ne m'*imposent* point, et je devais dire les plus jolies choses du monde.
(MONTESQUIEU.)

Tu m'*imposais* ici pour me déshonorer.
(VOLTAIRE.)

Il nous accuse de lui *imposer.*
(BOSSUET.)

On craindra de vous *imposer*, quand l'imposture n'aura plus à attendre que votre colère.
(MASSILLON.)

Loin d'ici ces riches du monde qui, par des fondations qui n'ont d'autres fonds que leur rapine, veulent *imposer* à la postérité !
(FLÉCHIER.)

Je demandais Arsace, afin de l'opposer
Au complice odieux qui pense m'*imposer.*
(VOLTAIRE.)

Tu ne peux m'*imposer*, perfide ; ne crois pas
Éviter l'œil vengeur attaché sur tes pas.
(*Id.*)

D'INSPIRER DU RESPECT.

Sa dignité qui *en impose*, arrête toutes les passions.
(THOMAS.)

Notre fière contenance *en imposa* aux ennemis.
(PLANCHE.)

Tantôt on supposait des prodiges, mais ce moyen, qui pouvait *en imposer* au peuple, n'*en imposait* pas à ceux qui le gouvernaient.
(J.-J. ROUSSEAU.)

Je la voyais environnée de son époux et de ses enfants ; ce cortège m'*en imposait.*
(*Ib.*)

Il n'y avait pas là de quoi *en imposer* au vulgaire grand et petit.
(VOLTAIRE.)

Ils veulent bien plus *en imposer* aux autres et faire valoir leur talent, que se rendre meilleurs et plus sages.
(J.-J. ROUSSEAU.)

Sa conduite *en impose.*
(VOLTAIRE.)

Tu m'*en imposes*, tu me subjugues, tu m'attires, ton génie écrase le mien, et je ne suis rien devant toi.
(J.-J. ROUSSEAU.)

Néanmoins, pour ne pas laisser nos lecteurs dans l'incertitude à cet égard, nous dirons que nous pensons, avec Laveaux, qu'il faut se servir d'*imposer* toutes les fois que ce verbe renferme un sens d'illusions, de fausses apparences, et que les moyens d'illusions opèrent *sans intention de la part de celui qui les possède*; mais que, si les moyens d'illusion sont mis en usage *à dessein de tromper, d'abuser*, on doit faire usage de *en imposer*, qui, généralement se prend en *mauvaise part*. Il suit de là qu'il faut dire : *L'air noble et simple de l'innocence* IMPOSE. *L'air composé d'un hypocrite* EN IMPOSE. — *La majesté du trône* IMPOSE. *Quelquefois le faste d'un sot* EN IMPOSE. *L'honnête homme qui dit franchement la vérité* IMPOSE. *Le fripon qui cherche à se tirer d'affaire par des mensonges* EN IMPOSE.

Il nous resterait encore à expliquer les locutions : *s'en prendre à quelqu'un, en venir aux mains, s'en tenir à quelque chose*, etc., etc.; mais, dans ces expressions, le mot *en* joue moins le rôle de pronom que celui d'adverbe. En effet, *en venir aux mains*, c'est pour *venir* DE LA *aux mains; de là*, c'est-à-dire, *du point où en est restée la dispute, la querelle*. Ces gallicismes trouveront naturellement leur place au chapitre des adverbes, et nous y renvoyons le lecteur.

EXERCICE PHRASÉOLOGIQUE.

En imposer.
En user familièrement.
Il en coûte beaucoup.
Il vous en coûtera.
En imposer aux autres.
S'en imposer à soi-même.

Où en sommes-nous ?
C'en est fait.
C'en est trop.
Ils s'en veulent.
Imposer par son air grave.
N'en faire jamais assez.

Je m'en veux.
Vous m'en contes.
Il vous en fait accroire.
En conter de belles.
En avoir à quelqu'un.
Il en tient.

En savoir plus qu'un autre.
En savoir user.
Il en coûte toujours de...
Il en coûte moins pour...
En donner à garder.
C'en eût été fait.

DES PRONOMS DÉMONSTRATIFS.

N° CCCXXIX.

NATURE DES PRONOMS DÉMONSTRATIFS. — LEUR DÉFINITION.

Celui qui met un frein à la fureur des flots,
Sait aussi des méchants arrêter les complots.
(RACINE.)

Les défauts de l'esprit augmentent en vieillissant,
comme *ceux* du visage. (LENOBLE.)

La leçon des exemples instruit beaucoup plus que
celle des préceptes. (SAINT-EVREMONT.)

Créanciers et voisins reviennent aussitôt,
Ceux-là sur une erreur, *ceux-ci* sur un défaut.
(LA FONTAINE.)

Par combien de motifs n'est-on pas porté à jouer ?
Aussi n'y a-t-il point de passion plus commune que
celle-ci. (VAUVENARGUES.)

Tant que le jour est long, il gronde entre ses dents :
« Fais *ceci*, fais *cela*; va, viens, monte, descends ! »
(REGNARD.)

Les pronoms démonstratifs sont ceux qui servent à montrer, à indiquer les personnes et les choses dont ils rappellent l'idée.

Les mots que les grammairiens regardent comme pronoms démonstratifs sont : *ce, celui, cela, celle, ceux, celles*.

Celui, celle, est la réunion de *ce* et de *lui*, etc.

En ajoutant les particules *ci* et *là*, on a les nouvelles formes *celui-ci, celle-ci, ceux-ci, ceux-là*, etc.

N° CCCXXX.

GENRE, NOMBRE ET CONSTRUCTION DES PRONOMS DÉMONSTRATIFS.

POUR LES CHOSES.

SUJET.
MASCULIN.

SINGULIER.

L'esprit de servitude paraît naturellement ampoulé ; *celui* de la liberté est nerveux, et *celui* de la vraie grandeur est simple. (VOLTAIRE.)

PLURIEL.

Les inconvénients du silence sont quelquefois plus graves que *ceux* de la parole. (LIVRY.)

FÉMININ.

La meilleure *leçon* est *celle* des exemples. (LA HARPE.)

Les *plaies* du corps se ferment ; *celles* de l'âme restent toujours ouvertes. (LIVRY.)

COMPLÉMENT DE VERBE.
MASCULIN.

Le *monopole* du pouvoir n'implique pas *celui* des lumières. (BENJAMIN CONSTANT.)

N'oublie jamais les *bienfaits* que tu as reçus, oublie promptement *ceux* que tu as accordés. (BOISTE.)

FÉMININ.

Le peuple a toujours la *souveraineté* d'opinion, jamais *celle* d'action. (BOISTE.)

Il est plus aisé de dire des *choses* nouvelles que de concilier *celles* qui ont été dites. (VAUVENARGUES.)

COMPLÉMENT DE PRÉPOSITION.
MASCULIN.

Le *suffrage* de la nature
L'emporte sur *celui* de l'art. (GRESSET.)

Il n'est point de pardon que ne puisse obtenir
L'amour mêlant ses *pleurs* à *ceux* du repentir. (DE BELLOY.)

FÉMININ.

Les Gaulois soutinrent un combat meurtrier qui aboutit à leur *ruine* et à *celle* de leurs femmes, de leurs enfants et de leurs vieillards. (ANQUETIL.)

Dans les grandes affaires on doit moins s'appliquer à faire naître des *occasions* qu'à profiter *de celles* qui se présentent. (LAROCHEFOUCAULD.)

Celui, dont le pluriel masculin est *ceux,* fait au féminin *celle,* qui forme son pluriel par la seule addition d'un *s.* Ces mots, comme on voit, se construisent dans tous les rapports possibles ; et, appliqués aux choses, l'antécédent avec lequel ils sont en relation doit toujours être énoncé. Dans les lettres, et notamment dans les lettres commerciales, on ne peut donc débuter par *j'ai celui de vous informer,* etc. Il faut *j'ai le plaisir, j'ai l'honneur de vous informer,* etc.

POUR LES PERSONNES.

ANTÉCÉDENT EXPRIMÉ.

De deux *hommes de lettres*, *celui* qui est le plus riche est ordinairement celui à qui on marque le plus d'égards. (D'ALEMBERT.)

On a observé que les *Juifs* étrangers qui se fixent à Jérusalem vivent peu de temps. Quant à *ceux* de la Palestine, ils sont si pauvres qu'ils envoient chaque année faire des quêtes parmi leurs frères en Egypte et en Barbarie. (CHATEAUBRIAND.)

Une *femme* insensible est *celle* qui n'a point encore vu celui qu'elle doit aimer. (LA BRUYÈRE.)

Les *filles* de l'Egypte à Suse comparurent ;
Celles mêmes du Parthe et du Scythe indompté
Y briguèrent le sceptre offert à la beauté. (RACINE.)

ANTÉCÉDENT NON EXPRIMÉ.

Celui qui compte dix amis n'en a pas un. (MALESHERBES.)

Il y a un goût dans la simple amitié où ne peuvent atteindre *ceux qui* sont nés médiocres. (LA BRUYÈRE.)

L'harmonie la plus douce est le son de la voix de *celle que* l'on aime. (*Id.*)

Celles qui ne nous ménagent sur rien, et ne nous épargnent nulles occasions de jalousie, ne mériteraient de nous aucune jalousie. (*Id.*)

Celui, celle, ceux, celles peuvent s'appliquer également aux personnes, mais avec ou sans antécédent exprimé. Dans ce dernier cas, ils sont toujours déterminés, comme dans les exemples de la seconde colonne, par un des adjectifs conjonctifs *qui, que, dont, lequel, laquelle, lesquels*, etc.

Lemare, qui n'est pas toujours juste appréciateur des faits, nous dit qu'il n'y a que le masculin *celui* et *ceux* qui puisse être employé sans rapport à un substantif précédemment énoncé. Les deux derniers exemples de la seconde colonne prouvent que Lemare est à cet égard dans une complète erreur.

EXERCICE PHRASÉOLOGIQUE.

I.

MASCULIN ET FÉMININ. — SINGULIER.

Votre silence et celui de votre père m'en disent assez.
Votre opinion est celle de tout le monde.
Vous avez le pouvoir de parler, mais non celui de m'outrager
Un prisonnier a la liberté de penser, mais non celle d'agir.
Le suffrage de tous l'emporte sur celui d'un seul.
C'est une affaire qui tend à ma ruine et à celle de ma famille

MASCULIN ET FÉMININ. — PLURIEL.

Vos pleurs et ceux de votre amie me touchent.
Vos paroles et celles de votre sœur sont discrètes.
N'oubliez ni les bienfaits de Dieu, ni ceux de vos parents.
Je vois vos intentions, mais je ne connais pas celles des autres.
Il n'est pas question de ces objets, mais de ceux que vous voyez.
Des circonstances semblables à celles où nous vivons sont favorables.

II.

ANTÉCÉDENT EXPRIMÉ.

De tous ces jeunes gens c'est celui qui est le plus raisonnable.
De toutes les femmes c'est celle qui est la plus aimable.
Ces soldats sont ceux que vous demandez.
Les personnes que vous flattez sont celles que vous accusez.
Je connais mon domestique, je ne connais pas ceux des autres.
Il ne faut pas en vouloir à cette personne, mais à celle qui a fait tout le mal.

ANTÉCÉDENT NON EXPRIMÉ.

Celui qui vous parle est votre bienfaiteur.
Celle qui a fait cela a bien agi.
Ceux qui vivront verront.
Celles qui aiment Dieu doivent le prier.
Il faut haïr celui qui dit du mal d'autrui.
La faute doit retomber sur celles qui l'ont commise.

N° CCCXXXI.

Celui, celle, ETC., IMMÉDIATEMENT SUIVIS DE *qui*, D'UN ADJECTIF, D'UN PARTICIPE OU D'UNE EXPRESSION ÉQUIVALENTE.

ON DIT :

Les grandeurs naturelles sont *celles qui* sont indépendantes de la fantaisie des hommes. (FONTENELLE.)

PEUT-ON DIRE :

Cette remarque, ainsi que *celles* purement *grammaticales,* sont pour les étrangers principalement. (VOLTAIRE.)

Les actions qui échappent de la main de l'ouvrier ont bien plus de grace que *celles qui sont étudiées.*
(MONTAIGNE.)

Nulle religion n'a pris soin des mœurs des hommes plus que la religion chrétienne et *celles qui ont été dressées* sur son modèle. (NICOLLE.)

La sagesse ne consiste pas à prendre indifféremment toutes sortes de précautions, mais à choisir *celles qui sont utiles* et à négliger *celles qui sont superflues.*
(J.-J. ROUSSEAU.)

Dans quelque contrée que le moineau habite, on ne le trouve jamais dans les lieux déserts, ni même dans *ceux qui sont éloignés* du séjour de l'homme.
(BUFFON.)

Pline dit que Carès inventa les augures tirés des oiseaux, et qu'Orphée inventa *ceux tirés* des autres animaux. (LEGENDRE.)

J'ai joint à ma dernière lettre *celle écrite* par le prince. (RACINE.)

Le goût de la philosophie n'était pas alors *celui dominant.* (VOLTAIRE.)

On confondait sous l'action de la loi aquilienne la blessure faite à une bête, et *celle faite* à un esclave.
(MONTESQUIEU.)

Les Athéniens ont de trois espèces de monnaies ; *celles en argent* sont les plus communes.
(BARTHÉLEMY.)

Vos succès présents me répondent de *ceux à venir.*
(BONIFACE.)

La question est donc de savoir si les exemples de la seconde colonne sont aussi corrects que ceux de la première, et si l'on doit les imiter. Si nous écoutions les grammairiens, tels que Girault-Duvivier, MM. Noël et Chapsal, et avant eux Maugard et Domergue, les phrases dont il s'agit seraient vicieuses ; mais quelle que soit l'autorité de ces grammairiens, elle devient nulle comparée à celle des plus grands écrivains de la France, tels que Voltaire, Racine, Montesquieu, Barthélemy et une foule d'autres. Il est vrai, dit Boniface, qu'après *celui, celle,* etc., nos meilleurs écrivains ont généralement exprimé le pronom *qui* suivi du verbe *être;* mais l'ellipse de ces mots, nécessitée dans les actes publics, dans les ordonnances, commence à être aujourd'hui en faveur, et elle finira sans doute par être généralement adoptée, malgré les réclamations des grammairiens. De bons auteurs en font maintenant usage, et nous n'en donnerons pour preuve que la phrase suivante ; elle a été prononcée tout récemment du haut de la tribune nationale par un historien distingué, un éloquent et spirituel orateur, aujourd'hui ministre (M. Thiers) : *Il faut du courage et du dévouement pour accepter, dans des circonstances comme* CELLES ACTUELLES, *un pouvoir écrasant par son poids.* D'ailleurs, la Société grammaticale a donné son approbation à ces sortes de phrases. Par conséquent nous pensons qu'elles sont irréprochables.

EXERCICE PHRASÉOLOGIQUE.

Vos exemples et ceux qui ont été faits par vos camarades, sont bons.
Remettez-moi cette lettre et celle qui est adressée à mon ami.
Ces corrections ne sont pas celles qui ont été écrites par l'auteur.
Dans les circonstances comme celles où nous vivons, les emplois publics sont difficiles à remplir.
Votre goût n'est pas celui qui est dominant.
Dans votre critique les questions littéraires sont mieux résolues que celles qui sont grammaticales.

Vos exemples et ceux faits par vos camarades sont bons.
Remettez-moi cette lettre et celle adressée à mon ami.
Ces corrections ne sont pas celles écrites par l'auteur.
Dans les circonstances comme celles actuelles, les emplois publics sont difficiles à remplir.
Votre goût n'est pas celui dominant.
Dans votre critique les questions littéraires sont mieux résolues que celles grammaticales.

N° CCCXXXII.

ELLIPSE DE *celui, celle,* ETC.

EXEMPLES.

Si la fin de Socrate est *d'un sage,* la mort de Jésus est *d'un Dieu.* (J.-J. ROUSSEAU.)

Voyez si mes regards sont *d'un juge sévère.*
(RACINE.)

ANALYSE.

Si la fin de Socrate est (celle) d'un sage, la mort de Jésus est (celle) d'un Dieu.

Voyez si mes regards sont (ceux) d'un juge sévère.

Dans toutes les phrases analogues, l'ellipse de *celui, celle,* etc., donne tout à la fois à l'expression plus de concision, d'élégance et d'énergie. Cette construction, aussi bien que la construction pleine, est en prose comme en vers très en usage, quoi qu'en dise Girault-Duvivier.

EXERCICE PHRASÉOLOGIQUE.

Ces sentiments sont d'un bon père.	Ces sentiments sont ceux d'un bon père.
Cette pensée est d'une bonne et tendre mère.	Cette pensée est celle d'une bonne et tendre mère.
Cet ouvrage est d'un habile homme.	Cet ouvrage est celui d'un habile homme.

N° CCCXXXIII.

Celui, celle, ETC., EN RAPPORT AVEC UN SUBSTANTIF PLURIEL OU SINGULIER.

Celui, celle AVEC UN SUBSTANTIF PLURIEL.

L'amour est *celui* de tous les *Dieux* qui sait le mieux le chemin du Parnasse. (RACINE.)

Croyez-vous que le peuple ait lu et raisonné dans les *guerres* civiles de la rose rouge et de la rose blanche, et dans *celle* qui fit périr Charles Ier ? (VOLTAIRE.)

De toutes les *choses* entreprises par Bonaparte, *celle* qui lui coûta le plus fut indubitablement son concordat. (CHATEAUBRIAND.)

L'influence du luxe se répand sur toutes les *classes* de l'état, même sur *celle* du laboureur. (MARMONTEL.)

Ceux, celles, AVEC UN SUBSTANTIF SINGULIER.

Vous serez seul de votre parti, peut-être ; mais vous porterez en vous-même un *témoignage* qui vous dispensera de *ceux* des hommes. (J.-J. ROUSSEAU.)

L'honnêteté d'une *femme* n'est pas dans les grimaces. Il sied mal de vouloir être plus sage que *celles* qui sont sages. (MOLIÈRE.)

J'ai ajouté à Mégare une *personne* de plus à *celles* qui peuvent me souhaiter un peu de bien. (CHATEAUBRIAND.)

On répétait avec admiration le *nom* des Solon et des Lycurgue avec *ceux* des Miltiade et des Léonidas. (THOMAS.)

Dans les exemples de la première colonne, *celui, celle,* se trouvent en relation avec des substantifs pluriels, et dans les exemples opposés, *ceux, celles* le sont avec des noms singuliers. Cette construction, quoique contraire aux lois de la grammaire, qui veulent que le pronom prenne le genre et le nombre du nom qu'il représente, peut être justifiée par la syllepse, figure dont les écrivains se servent fréquemment, et particulièrement, dirons-nous, pour le cas en question.

« Il est vrai, dit Girault-Duvivier, qu'on peut éviter cette construction en répétant
» le substantif, et que souvent même cette répétition est élégante ; par exemple, Mar-
» montel aurait pu dire : *L'influence du luxe se répand sur toutes les classes de l'état, même
» sur la classe du laboureur.* Mais ce n'est pas là un motif pour proscrire la première
» construction. »

Girault-Duvivier a parfaitement raison, et nous sommes entièrement de son avis.

EXERCICE PHRASÉOLOGIQUE.

De tous c'est celui qui est le meilleur.	Votre reproche ne me touche pas plus que ceux des autres.
De toutes ses compagnes c'est celle qui est la plus douce.	Cette personne est plus belle que toutes celles que nous avons vues.
Tous vos talents ne valent pas celui qui le distingue.	Votre témoignage n'infirme pas ceux des autres.
L'instruction doit se répandre dans toutes les classes, même dans celle du pauvre.	Cet impôt est plus juste que tous ceux qui ont jamais été établis.

N° CCCXXXIV.

DE L'EMPOI DE *celui, celle*, ETC., DANS LES PHRASES COMPARATIVES

EXEMPLES OÙ *celui*, *celle* DOIVENT ÊTRE EXPRIMÉS.	EXEMPLES OÙ *celui*, *celle*, PEUVENT NE PAS ÊTRE EXPRIMÉS.
Le nombre des espèces d'animaux est plus grand que *celui* des espèces de plantes. (BUFFON.)	Le buffle a *la peau* plus épaisse et plus dure que le bœuf. (BUFFON.)
La *voix* du phoque est plus expressive et plus modulée que *celle* des autres animaux. (*Id.*)	Les chevreuils bruns ont *la chair* plus fine que *les roux*. (*Ib.*)
La *chair* du renard est moins mauvaise que *celle* du loup. (*Id.*)	Le renard a *les sens* aussi bons que *le loup*. (*Id.*)
La *fécondité* du lapin est encore plus grande que *celle* du lièvre. (*Id.*)	Il est probable que l'orfraie n'a pas *la vue* aussi nette ni aussi perçante que *les aigles*. (*Id.*)

Dans le premier exemple de la première colonne, pour comparer le nombre des espèces d'animaux avec le nombre des espèces de plantes, on ne pourrait pas dire : *Le nombre des espèces d'animaux est plus grand que les espèces de plantes* parce qu'alors on donnerait à entendre que l'on compare le nombre des espèces d'animaux avec les espèces mêmes de plantes; ce qui rendrait la comparaison et la phrase vicieuses; tandis que dans le premier exemple de la seconde colonne, pour comparer la peau du buffle avec celle du bœuf, Buffon a dit très-bien et très-correctement : *Le buffle a la peau plus épaisse et plus dure que le bœuf*, sans pour cela établir de comparaison entre la peau du buffle et le bœuf lui-même. Nous allons donner la raison des deux constructions, et en présenter d'abord l'analyse.

1° LE NOMBRE *des espèces d'animaux est plus grand que* CELUI *des espèces de plantes* (n'est grand).

2° *Le buffle a* LA PEAU *plus épaisse et plus dure que le bœuf* (n'a LA PEAU épaisse et dure.)

Dans la première, le *nombre* est comparé à un autre *nombre*, et ces deux mots sont l'un et l'autre sujets d'une proposition. Dans la seconde, qui est très-elliptique, comme on voit, puisque le second terme de la comparaison est toujours sous-entendu, les deux termes comparés sont compléments de verbes, dont l'un est exprimé et l'autre ellipsé. D'où nous tirerons les deux principes suivants :

Quand les deux termes de la comparaison sont identiques, comme un nombre avec un autre nombre, une voix avec une autre voix, si l'un est sujet de la première proposition, l'autre doit être sujet de la seconde, et dans ce cas, ce dernier est répété ou remplacé par *celui*, *celle* : LE NOMBRE *des espèces d'animaux est plus grand que* LE NOMBRE *ou que* CELUI *des espèces de plantes*.

Mais si l'on veut comparer la peau du buffle avec la peau du bœuf, la chair des chevreuils bruns avec la chair des chevreuils roux, et que le premier terme de la comparaison soit complément du verbe, *celui*, *celle* peuvent ne pas être exprimés, et cette construction est même plus logique, plus usitée que celle où le pronom est énoncé, comme dans cet exemple de Montesquieu : *Pompée avait* UNE AMBITION *plus douce et plus lente que* CELLE *de César*.

Ainsi, de nos observations il résulte que la même comparaison peut être exprimée de trois manières différentes :

LA PEAU *du buffle est plus épaisse et plus dure que* LA PEAU *ou que* CELLE *du bœuf.*
Le buffle a LA PEAU *plus épaisse et plus dure que le bœuf.*
Le buffle a LA PEAU *plus épaisse et plus dure que* LA PEAU *ou que* CELLE *du bœuf.*

EXERCICE PHRASÉOLOGIQUE.

Le chant du rossignol est beaucoup plus agréable que celui des autres oiseaux.
La chair du veau est plus blanche que celle du bœuf.
La taille de Sophie est plus svelte que celle d'Elisa.
La férocité de l'hyène est plus grande encore que celle du tigre.
L'amitié des femmes est moins suspecte que celle des hommes.
La morale de J.-C. est plus belle que celle des païens.
La fortune de mon père est aussi considérable que celle de votre oncle.

Le rossignol a le chant beaucoup plus agréable que tous les autres oiseaux.
Le veau a la chair plus blanche que le bœuf.
Sophie a la taille plus svelte qu'Elisa.
L'hyène a une férocité plus grande que le tigre.
Les femmes ont une amitié moins suspecte que les hommes.
J.-C. avait une morale plus sublime que les païens.
Mon père a une fortune aussi considérable que la vôtre.

N° CCCXXXV.

Celui, celle, EXPRIMÉS OU ELLIPSÉS.

EXEMPLES OÙ LE PRONOM EST EXPRIMÉ.

L'aigle tyrannise également les habitants de l'air et *ceux* de la terre. (BUFFON.)
On voyait à la cour d'Attila les ambassadeurs des Romains, d'Orient et *ceux* d'Occident, qui venaient recevoir ses lois ou implorer sa clémence.
(MONTESQUIEU.)

EXEMPLES OÙ IL EST ELLIPSÉ.

Les pontifes d'Athènes et *de Rome* étaient juges des pièces tragiques. (VOLTAIRE.)
Les querelles de religion et *de politique*, qui font verser tant de sang par des gens de bonne foi, naissent souvent de l'amour même pour la vérité.
(BERNARDIN DE SAINT-PIERRE.)

En se fondant sur ces exemples, on voit que l'on peut très-bien dire : *les habitants de l'air et* CEUX *de la terre; les pontifes d'Athènes et* CEUX *de Rome,* ou *les habitants de la terre et de l'air; les pontifes d'Athènes et de Rome,* en sous-entendant le pronom *ceux.* Nous sommes extrêmement fâchés d'être en opposition avec Boniface; mais la vérité nous fait un devoir de dire que nos meilleurs écrivains ont fait très-souvent usage de cette dernière construction, qui, par sa brièveté, peut être quelquefois préférée à la première. La concision, en général, doit être recherchée, quand elle ne donne lieu à aucune équivoque, à aucune obscurité. L'expression n'en acquiert que plus de charme et plus d'élégance.

EXERCICE PHRASÉOLOGIQUE.

L'ambassadeur d'Espagne et celui de Portugal.
L'autorité du pape et celle du roi.
L'ordre du Saint-Esprit et celui de la Toison-d'Or.
Les ministres de France et ceux d'Angleterre.
Le clergé de France et celui d'Espagne.
Les peuples de l'Afrique et ceux de l'Amérique.

Les ambassadeurs d'Espagne et de Portugal.
L'autorité du pape et du roi.
L'ordre du Saint-Esprit et de la Toison-d'Or.
Les ministres de France et d'Angleterre.
Le clergé de France et d'Espagne.
Les peuples de l'Afrique et de l'Amérique.

N° CCCXXXVI.

Celui-ci, celui-là, RAPPELANT DEUX SUBSTANTIFS.

Corneille nous assujétit à ses caractères et à ses idées, *Racine* se conforme aux nôtres. *Celui-là* peint les hommes comme ils devraient être; *celui-ci* les peint tels qu'ils sont. (LA BRUYÈRE.)

La comédie qu'on a eu dessein d'attaquer n'est point du tout *la comédie* que nous voulons défendre : il se faut bien garder de confondre *celle-là* avec *celle-ci.* (MOLIÈRE.)

Les Phéniciens avec les troupes de l'île de Cypre se retirèrent après avoir fait alliance avec le nouveau roi. — *Celui-ci* rendit tous les prisonniers phéniciens. (FÉNELON.)

Aussitôt les *anges* et les *démons* se répandent dans le sénat, les premiers pour calmer, les seconds pour soulever les passions; *ceux-ci* pour éclairer les esprits, *ceux-là* pour les aveugler. (CHATEAUBRIAND.)

C'est raison qu'on fasse si grande différence entre *les fautes qui viennent de notre faiblesse*, et *celles qui viennent de notre malice;* car en *celles-ci* nous nous sommes bandés en notre escient contre les règles de la raison que nature a empreintes en nous; et en *celles-là*, il semble que nous puissions appeler à garant cette même nature, pour nous avoir laissés en telle imperfection et défaillance. (MONTAIGNE.)

Tous les riches comptent l'or avant le mérite. Dans la mise commune de l'argent et des services, ils trouvent toujours que *ceux-ci* n'acquittent jamais l'autre. (J.-J. ROUSSEAU.)

Celui-ci, celui-là, etc., servent à distinguer aussi bien les objets que les individus; le premier, dont *ci* est une altération de *ici,* indique la personne ou la chose la plus proche; tandis que *celui-là* rappelle la personne ou la chose la plus éloignée.

EXERCICE PHRASÉOLOGIQUE.

J'eus celui-ci, mon frère celui-là.
L'un aime mieux celle-ci, l'autre celle-là.
Le roi et son escorte suivaient, celui-là était grave et pensif.
Les officiers accompagnaient le général, celui-ci était à cheval.

Prenez ceux-ci et ceux-là.
Évitez celles-là et imitez celles-ci.
La mère et les enfants étaient en deuil; ceux-ci étaient tristes.
Les riches et les pauvres sont égaux; ceux-là ont-ils plus que la fortune?

N° CCCXXXVII.

Celui-ci, celui-là, N'AYANT RAPPORT QU'A UN SEUL SUBSTANTIF EXPRIMÉ.

AVEC *celle-ci.*

Après sombre hiver gai printemps;
Après joli temps triste *pluie;*
Après *celle-ci* le beau temps. (PIRON.)

AVEC *celui-là.*

Si j'avais écrit les Provinciales d'un style dogmatique, il n'y aurait eu que *les savants* qui les auraient lues, et *ceux-là* n'en avaient pas besoin. (PASCAL.)

Quand le pronom démonstratif n'est précédé que d'un seul substantif, comme dans les exemples cités, nous croyons qu'on peut indifféremment employer *celui-ci* ou *celui-là.* En effet, Piron, au lieu de *celle-ci,* aurait pu mettre *celle-là,* et Pascal *ceux-ci* à la place de *ceux-là.*

EXERCICE PHRASÉOLOGIQUE.

De tous les livres, les romans seuls lui plaisent; il n'y a que ceux-ci qui l'amusent.
De tous les genres il n'aime que le fantastique; il a un goût décidé pour celui-ci.

De tous les livres, les romans seuls lui plaisent; il n'y a que ceux-là qui l'amusent.
De tous les genres il n'aime que le fantastique; il a un goût décidé pour celui-là.

N° CCCXXXVIII.

Celui-ci, celui-là N'AYANT RAPPORT A AUCUN SUBSTANTIF EXPRIMÉ.

Celui-ci meurt dans les prospérités et dans les richesses, celui-là dans la misère et dans l'amertume de son âme; et les uns et les autres dormiront ensemble dans la même poussière.
(FLÉCHIER.)

Applaudie de tous, mais à son tour affable et civile à tous, elle prévenait *ceux-ci*, répondait honnêtement à *ceux-là*. (Id.)

Les chrétiens se précipitent de leurs cavales ou de leurs chameaux. *Ceux-ci* se prosternent trois fois ; *ceux-là* se frappent le sein en poussant des sanglots.
(CHATEAUBRIAND.)

On la vit toutes les semaines essuyer les larmes de *celui-ci*, pourvoir aux besoins de *celui-là*.
(FLÉCHIER.)

Celui-ci, celui-là peuvent n'avoir rapport à aucun substantif exprimé. En ce cas ils ne s'emploient que dans l'énumération des objets et des individus, comme dans les citations que nous venons de rapporter; *celui-ci* désigne ce qui est placé en premier ordre dans notre esprit, et *celui-là*, ce qui vient en second lieu.

EXERCICE PHRASÉOLOGIQUE.

Celui-ci naît, celui-là meurt,
Celle-ci est pauvre, celle-là est riche.

Ceux-ci font bien, ceux-là font mal.
Celles-ci aiment la lecture, celles-là la toilette.

CCCXXXIX.

Celui-ci, celle-ci, AYANT RAPPORT A CE QUI SUIT.

On ne peut définir un mot sans commencer par *celui-ci* : *c'est*, soit qu'on l'exprime ou qu'on le sous-entende. (PASCAL.)

C'est une belle prière que *celle-ci* ; mon Dieu, gardez-moi de moi-même. (BONIFACE.)

Ces deux exemples nous font voir que les pronoms démonstratifs *celui-ci, celle-ci* peuvent aussi avoir rapport à une chose qu'on va immédiatement indiquer.

EXERCICE PHRASÉOLOGIQUE.

C'est un joli mot que celui-ci : amour.
Il n'y avait d'autre nourriture que celle-ci : du pain.

Il n'y a pas de métal qui plaise comme celui-ci : l'argent.
Il n'y a pas de plus cruels ennemis que ceux-ci : les vices.

N° CCCXL.

Celui-ci, celui-là, ETC. SUIVIS DE *qui* OU DE *que*.

...... Les femmes ont coutume d'oublier
Tous leurs adorateurs, excepté le *premier* ;
C'est *celui-là qui* sert d'époque à la tendresse.
(DEMOUSTIER.)

Il n'y a point de *doctrine* plus propre à l'homme que *celle-là qui* l'instruit de sa double capacité de recevoir et de perdre la grâce.
(PASCAL.)

S'il est des misères sur la terre, prouvent-elles l'injustice de la providence, qui donne si libéralement aux riches les moyens de les soulager, ou l'endurcissement de *ceux-là* même qui s'en font un titre contre elle ?
(VAUVENARGUES.)

Mais qu'il soit une amour si forte
Que *celle-là que* je vous porte,
Cela ne se peut nullement.
(MALHERBE.)

Notre galant vous lorgne une fillette,
De *celles-là que* je viens d'exprimer
(LA FONTAINE.)

...... Le feu qui brûla Gomore
Ne fut jamais si véhément,
Que *celui-là qui* me dévore.
(VOITURE.)

Girault-Duvivier, se fondant sur l'autorité de Wailly, Restaut, Regnier-Desmarais et l'Académie elle-même, se prononce contre l'emploi de *qui* ou de *que* après les pronoms *celui-ci*, *celui-là*, en ce qu'ils sont déjà déterminés par *ci* et *là*. Il n'approuve cette construction que dans une seule circonstance ; c'est lorsque *qui* est le sujet d'une proposition incidente, explicative, c'est-à-dire qu'on peut retrancher, sans altérer le sens de la proposition qui a pour sujet *celui-ci* ou *celui-là* : *celui-ci, qui est déjà usé, vaut mieux que celui-là, qui est tout neuf*. Nous ne partageons en aucune manière les scrupules de ce grammairien, et nous pensons que les exemples cités sont très-français et qu'ils peuvent être imités. *Celui-là que*, *celle-là que*, sont des expressions beaucoup plus énergiques, selon nous, que *celui qui*, *celui que*.

EXERCICE PHRASÉOLOGIQUE.

C'est celui-ci que j'aime.
C'est celles-ci qui est à vous.
Ce sont celles-ci que je vous donne.
Prenez celui-ci qui peut vous servir.

C'est celui-ci même qui me l'a dit.
C'est celui-là que j'ai vu.
C'est celle-là que j'attendais.

J'accepte celle-là même que vous m'offrez.
Ce sont ceux-là qui m'effraient.
Ce sont celles-là même que je voulais fuir.

CCCXLI.

Celui-là SUIVI OU NON SUIVI DE *qui*, ETC.

SUIVI DE *qui*.

...... Le plus sage, en sa vie,
A quelquefois ses accès de folie ;
Chacun s'égare, et le moins imprudent
Est *celui-là qui* plus tôt se repent.
(VOLTAIRE.)

Celui-là qui vit ignoré vit heureux.
(BONIFACE.)

NON SUIVI DE *qui*.

Celui-là est riche *qui* reçoit plus qu'il ne consume ;
celui-là est pauvre, *dont* la dépense excède la recette.
(LA BRUYÈRE.)

Celui-là vit ignoré *qui* vit heureux.
(BONIFACE.)

En vertu du principe erroné par eux posé, que *celui-là* ne saurait être suivi de *qui* ou de *que*, tous les grammairiens, Boniface excepté, condamnent les exemples de la première colonne. D'après eux, Voltaire aurait dû construire son vers de cette façon : *Celui-là est le moins imprudent, qui plus tôt se repent*. Nous ne contestons pas que cette construction ne soit bonne ; mais nous sommes loin de penser, pour cela, que celle adoptée par le poète le soit moins. On a donc deux formes au lieu d'une ; seulement, on sera correct en disant : *Celui-là qui vit ignoré, vit heureux*, et l'on sera élégant en écrivant *celui-là vit heureux, qui vit ignoré*. La pensée est absolument la même. Il n'y a de différence que dans la construction. Il en est de même dans ces phrases : *Tel homme, qui, dans un excès de mélancolie, se tue aujourd'hui, aimerait à vivre, s'il attendait huit jours;*

tel vous semble applaudir, qui vous raille et vous leurre. Mais n'anticipons pas, c'est ce que l'on verra en son lieu.

EXERCICE PHRASÉOLOGIQUE.

Celui-là qui pense bien trouvera bien.
Celui-là qui est riche n'est pas toujours heureux.
Celle-là qui me veut du bien est mon amie.
Ceux-là qui sont vos ennemis, ne sont pas mes amis.

Celui-là trouvera bien qui pense bien.
Celui-là n'est pas toujours heureux qui est riche.
Celle-là est mon amie qui me veut du bien.
Ceux-là ne sont pas mes amis qui sont vos ennemis.

N° CCCXLII.

Ce SUIVI OU NOM SUIVI D'UN SUBSTANTIF.

SUIVI D'UN NOM.

Cet objet qui les avait transportés, les occupait sans cesse. (BOSSUET.)

Pour jouir de *cet objet qu'*il aime. (FLÉCHIER.)

Cet accident qui devrait nous pénétrer jusqu'au fond de l'âme ne fait que nous étourdir pour quelques moments. (BOSSUET.)

Quand j'aurais obtenu tout ce que je croyais chercher, je n'y aurais point trouvé *ce bonheur dont* mon cœur était avide. (J.-J. ROUSSEAU.)

Je me souviens de *cet instant* plein de joie et de trouble où je sentis, pour la première fois, ma singulière existence. (BUFFON.)

... Oui, seigneur, elle ose
Dans ses beaux compliments appuyer *sur ce point*. (PIRON.)

EMPLOYÉ SEUL.

Ce qui m'a frappé comme poétique, ne serait-il que bizarre? (PH. CHASLES.)

Heureux ceux qui aiment parfaitement et librement *ce qu'ils* sont obligés d'aimer nécessairement. (PASCAL.)

Je me trouvai entre les bras de trois ou quatre jeunes gens qui me racontèrent *ce qui* venait de m'arriver. (J.-J. ROUSSEAU.)

Ce dont je me flatte, du moins, c'est que la critique, dont le talent doit être l'objet, ne s'étendra pas aujourd'hui sur les intentions. (ARNAULT.)

C'est l'heure où la nature un moment recueillie,
Entre la nuit qui tombe et le jour qui s'enfuit,
S'élève au créateur du jour et de la nuit. (LAMARTINE.)

Écrivez-moi, de grâce, vos petites réflexions *sur ce*. (VOLTAIRE.)

L'adjectif démonstratif *ce*, ordinairement suivi du nom qu'il détermine, peut s'employer avec ellipse de ce même nom.

Mais voyez où ne conduit pas l'oubli des principes mêmes les plus simples! De ce que l'usage permet de dire: *Cet objet qui m'avait frappé* ou *ce qui m'avait frappé*; *cet accident qui venait de m'arriver* ou *ce qui venait de m'arriver*; *ce bonheur dont mon cœur était avide* ou *ce dont mon cœur était avide*; *cet instant est l'heure* ou *c'est l'heure*; *cet homme est mon ami* ou *c'est mon ami*, grammairiens et professeurs ou soi-disant tels, en concluent que le mot *ce* n'est pas le même dans les deux cas, et qu'il est tout à la fois *adjectif* et *pronom*: adjectif, lorsqu'il est suivi de son substantif; pronom, quand il est employé seul; comme si un mot pouvait changer de nature en changeant d'emploi! Le bon sens public fera justice, nous l'espérons, de cette doctrine absurde enfantée par des esprits étroits ou superficiels.

N° CCCXLIII.

EMPLOI DE ce DIT PRONOM.

CE QUI.

Ce qui fait le héros, dégrade souvent l'homme.
(VOLTAIRE.)

Tout ce qui n'est pas Dieu ne saurait remplir notre attente.
(PASCAL.)

Elle était captive des ennemis de sa maison, et (ce qui était plus déplorable) captive des ennemis de l'Église.
(BOSSUET.)

Mais ce qui me choque de ces beaux esprits, c'est qu'ils ne se rendent pas utiles à leur patrie.
(MONTESQUIEU.)

Ce n'est pas ce qui nous élève au-dessus des autres hommes qui nous rend heureux ; c'est ce qui nous réconcilie avec Dieu.
(MASSILLON.)

Ce qui est certain, c'est que le monde est de travers.
(FÉNELON.)

Ce qui s'emploie dans tous les rapports possibles, c'est-à-dire comme sujet et comme complément de verbes ou de prépositions. Il se dit des choses, et même des personnes, qu'il désigne d'une manière vague. Il sert aussi à former une parenthèse, et, comme dans le 2ᵉ exemple de la 2ᵉ colonne, se répète lorsqu'on veut marquer une opposition.

CE QUE.

Ce qu'on gagne en amour, ne vaut pas ce qu'on perd.
(DEMOUSTIER.)

Et nous appellerons bonheur de notre vie ce qu'il faut quitter, ce qu'il faut haïr, ce qu'il faut expier !
(FLÉCHIER.)

Ce qu'il y a de vrai, c'est que l'agriculture était extrêmement honorée chez les anciens Romains.
(ROLLIN.)

Ce que la discipline de l'Église avait établi, la providence de Dieu l'a exécuté sur votre vertueuse sœur.
(FLÉCHIER.)

On aime sans façon tout ce qu'on voit *de belles*.
(T. CORNEILLE.)

On ne peut désirer ce qu'on ne connaît pas.
(VOLTAIRE.)

On approcha d'elle tout ce que l'Espagne avait *de plus vertueux* et *de plus habile*.
(BOSSUET.)

Ce qu'une judicieuse prévoyance n'a pu mettre dans l'esprit des hommes, une maîtresse plus impérieuse, l'expérience, les a forcés de le croire.
(Id.)

Ce que s'emploie, comme ce qui, pour les personnes, pour les choses, et dans tous les rapports possibles. Il peut aussi avoir un complément : *On aime sans façon tout* CE *qu'on voit* DE BELLES ; *ce qu'il a d'intelligence.* Abrégé de : *on aime sans façon tout* CE (NOMBRE) DE BELLES *qu'on voit;* CE (DEGRÉ) D'INTELLIGENCE *qu'il a.*

« Ce, antécédent du que relatif, dit Marmontel, peut être également nominatif ou
» régime direct de quelque verbe que ce soit. Mais s'il est régime du second verbe, et
» qu'il précède le premier, il faut que *le* entre deux verbes en indique la relation. Vous
» le voyez dans cet exemple : CE QUE *j'avance, je* LE *prouve*; au lieu que *ce*, entre les
» deux verbes, ne demande plus rien qui en marque le rapport : *je prouve* CE QUE
» *j'avance.* »

A part le fait d'usage, qui est vrai, il y a bien des erreurs dans ce peu de lignes.

D'abord nous ne concevons pas comment *ce* peut être régime du second verbe et précéder le premier, et cela pour deux motifs : c'est que le second verbe a déjà un régime, qui est *le*, et qu'un verbe, quel qu'il soit, ne saurait avoir deux régimes.

Ce qui a trompé Marmontel, c'est qu'il a considéré *ce* comme un pléonasme ; mais nous avons fait voir qu'il n'y a, dans aucune langue, de pléonasmes proprement dits. *Ce*, dans cette phrase : *ce que j'avance, je le prouve*, n'est donc pas un mot inutile, mais au contraire un mot nécessaire ; seulement il est employé d'une manière elliptique. En voici l'analyse complète : (QUANT A) CE (FAIT) QUE *j'avance, je* LE *prouve* ; analyse qui nous prouve que *ce* n'est ni régime ni sujet, mais bien le complément de l'expression *quant à* ou toute autre semblable sous-entendue.

C'EST.

C'EST.

C'est un méchant métier que celui de médire.
(BOILEAU.)

Ce n'est que par les sens que l'âme peut s'instruire.
(FONTANES.)

Ce sont nos méthodes qui nous égarent.
(BERN. DE SAINT-PIERRE.)

Chez les anciens, *c'étaient* les vieillards qui gouvernaient ; chez nous, *ce sont* les jeunes-gens.
(Id.)

Ce fut d'une retraite de pâtres et d'aventuriers que sortirent les conquérants de l'univers.
(ROLLIN.)

Ce furent les Phéniciens qui inventèrent l'écriture.
(BOSSUET.)

Qu'ai-je fait ici-bas ? j'étais fait pour vivre, et je meurs sans avoir vécu. Au moins *ce n'a pas été* ma faute.
(J.-J. ROUSSEAU.)

Apprendre les langues les plus difficiles, connaître les livres et les auteurs, etc., *c'ont été* vos premiers plaisirs.
(FLÉCHIER.)

Ce ne sera ni la force de vos armées, ni l'étendue de votre empire, qui vous rendront cher à vos peuples ; *ce seront* les vertus qui font les bons rois.
(MASSILLON.)

Ce seraient paroles exquises,
Si *c'était* un grand qui parlât.
(MOLIÈRE.)

Qu'eût-il fait ? *c'eût été* lion contre lion.
(LA FONTAINE.)

Je partis sans lumière ; si j'en avais eu, *c'aurait peut-être été* pis encore.
(J.-J. ROUSSEAU.)

Entre la veuve d'une année
Et la veuve d'une journée,
La différence est grande : on ne croirait jamais
Que *ce fût* la même personne.
(LA FONTAINE.)

EST-CE ?

Est-ce un si grand malheur que de cesser de vivre ?
(RACINE.)

Dire qu'on ne saurait haïr,
N'est-ce pas dire qu'on pardonne ?
(MOLIÈRE.)

Sont-ce des religieux qui parlent ainsi ?
(PASCAL.)

Etait-ce des palais ?
(DELILLE.)

N'étaient-ce pas les mêmes hommes ?
(CHATEAUBRIAND.)

Quoi donc, à votre avis, *fut-ce* un fou qu'Alexandre ?
(BOILEAU.)

Fut-ce des avis à dédaigner ?
(PLANCHE.)

Peut-être *n'a-ce pas été* par hasard que les sciences se sont tenues entre le mont Atlas et la mer Baltique ?
(FONTENELLE.)

Sont-ce des fièvres qui vous ont pris ?
(Mme DE SÉVIGNÉ.)

Qui jugera ce grand procès ? *sera-ce* la raison ?
(VOLTAIRE.)

Sera-ce vos frères que l'on choisira ?
(PLANCHE.)

Moi l'emporter ! et que *serait-ce*
Si vous portiez une maison ?
(LA FONTAINE.)

Si l'homme a une raison universelle, *ne serait-ce* point parce qu'il a des besoins universels ?
(BERN. DE SAINT-PIERRE.)

Qui que *c'ait été* qui vous l'ait dit, il s'est trompé.
(PLANCHE.)

Si vous aviez demandé quelqu'un, *eût-ce* été moi ?
(DESSIAUX.)

Un Irlandais ne conclut pas de marché, *fût-ce* pour un seul penny, sans éloquence, sans discussion, sans clameurs, sans contorsions véhémentes.
(PHILARÈTE CHASLES.)

Le grand usage de *ce* employé sans substantif, c'est, comme on le voit, de se placer devant les temps personnels du verbe *être*. Dans les interrogations et les exclamations on le met après ce même verbe auquel on le réunit au moyen d'un tiret. Il se met également après le verbe à l'imparfait du subjonctif : *Fût-ce*, résultat d'une grande ellipse ; (*quand la nécessité voudrait que*) CE FÛT (*même*), etc.

Mais la transposition de *ce*, après le verbe *être*, soit par interrogation, soit par exclamation, peut-elle toujours avoir lieu?

M. Boniface trouve *sont-ce* trop dur et va jusqu'à le proscrire. Tous les écrivains en vers et en prose protestent contre cet injuste arrêt.

On dit *fût-ce*, au singulier comme au pluriel : *furent-ce, fussent-ce* ne seraient pas supportables.

Ont-ce été est inusité; on y supplée par le présent *sont-ce?* — S<small>ONT-CE</small> *des fièvres qui vous ont pris?*

A-ce été est peu usité ; on y substitue *est-ce?*

Seront-ce est trop dur, il n'est pas usité.

On élide l'*e* de *ce* et on le remplace par l'apostrophe devant *est, était, étaient, a été, ont été*. Ainsi on dit : *c'est, c'était, c'étaient, c'a été, c'ont été* (1). Cette élision a lieu aussi devant le pronom *en*. Exemples :

Narcisse, *c'en est fait*, Néron est amoureux. | Madame, *c'en est fait*, et vous êtes servie.
(R<small>ACINE</small>.) | (R<small>ACINE</small>.)

Nous disons suivi du verbe *être*, car si *en* avait pour suite tout autre mot, *ce* ne subirait point d'élision. Exemple : C<small>E</small> *en quoi il faut imiter La Fontaine, c'est en ce qu'il n'a imité personne.* (A<small>RNAULT</small>.)

L'analyse de ce vers : *c'est un méchant métier que celui de médire*, est celle-ci : C<small>E</small> (M<small>ÉTIER</small>) *que* (*je vais désigner, c'est-à-dire*) *celui de médire*, <small>EST</small> *un méchant métier*. Tous les cas analogues peuvent être soumis à la même analyse.

<small>CE PEUT, CE DOIT, ETC.</small>

Figurez-vous quelle joie *ce peut* être que de relever la fortune d'une personne qu'on aime.
(M<small>OLIÈRE</small>.)

Sottes de ne pas voir que le plus grand des soins, *Ce doit* être celui d'éviter la famine.
(L<small>A</small> F<small>ONTAINE</small>.)

Les Portugais auraient dû, *ce semble*, établir toute leur puissance dans cette île (de Ceylan).
(R<small>AYNAL</small>.)

La noblesse et l'argent sont brouillés, *ce me semble*, A ne pouvoir jamais se bien remettre ensemble.
(B<small>OURSAULT</small>.)

C'est un défaut capital qu'il faut éviter dans quelque sujet que *ce puisse* être.
(V<small>OLTAIRE</small>.)

Je devais, *ce dis-tu*, te donner quelque avis Qui te disposât à la chose.
(L<small>A</small> F<small>ONTAINE</small>.)

Un tiens vaut, *ce dit-on*, mieux que deux tu l'auras.
(*Id.*)

Doux trésors, *ce dit-il*, chers gages qui jamais N'attirâtes sur vous l'envie et le mensonge.
(*Id.*)

... Soit fait, *ce dit* le frère. (*Id.*)
Il lui fallait quelque simple bourgeoise, *Ce disait-elle*. Un petit trafiquant, Traiter ainsi les filles de mon rang! (*Id.*)
Il emprunta. Quand *ce vint* à payer, Et qu'à sa porte il vit le créancier, Force lui fut d'esquiver par la fuite. (*Id.*)

Ce peut aussi se placer devant les verbes *pouvoir, devoir*, suivis de *être*, et devant les verbes *dire* et *sembler*. C'est parce que l'auteur de la *Grammaire des Grammaires* a fait, comme tous les autres, son ouvrage en l'absence des faits, qu'il a avancé que « quand » *ce* est pronom démonstratif, il n'est joint qu'au verbe *être*. »

(1) On doit écrire *c'a été, c'ont été*, et non *ça été, çont été*, l'apostrophe dispensant de la cédille : *Chacun a ses fantaisies :* <small>C'A</small> *toujours* <small>ÉTÉ</small> *la mienne, et je ne pense pas comme Horace sur ce point là.*
(J.-J. R<small>OUSSEAU</small>.)

EXERCICE PHRASÉOLOGIQUE.

Ce qui perd les jeunes gens.
A ce qui doit nous servir.
De ce qui le gêne.
A nions ce qui doit être aimé.
Ce peut être vrai.

Ce que vous dites.
A ce qu'il fait.
De ce qu'il pense.
Faites ce qu'on vous dit.
Ce doit être faux.

C'est mon ami.
C'était son idée fixe.
Ce fut un grand homme.
Ce sera un héros.
Ce me semble.

Est-ce votre ami
Etait-ce un savant.
Fut-ce un habile homme ?
Sera-ce un héros
Ce dit-il.

N° CCCXLIV.

Ceci, cela.

I.

Ceci.	Cela.
Ceci ne me plaît pas, dit elle aux oisillons. (LA FONTAINE.)	Cela dit, maître loup s'enfuit et court encore. (LA FONTAINE.)
Je suis un peu surpris de tout ceci. (MASSILLON.)	La grenouille à cela trouve un très-bon remède. (Id.)
Apprenez bien ceci. (Id.)	Vous n'avez pu désavouer cela. (PASCAL.)

Ceci et cela s'emploient dans tous les rapports et ne se disent que des choses. Ces deux mots, qui sont une contraction du démonstratif ce et les adverbes ci et là, supposent toujours entre eux un nom que l'ellipse sous-entend. Ceci, cela, c'est pour cet objet-ci, ce discours-ci, ce propos-ci, ce fait-ci; cet objet-là, ce discours-là, ce propos-là, ce fait-là (1).

II.

Ceci ET cela COMPARÉS.

Ceci.	Cela.
Quant aux riches, mon cher petit Pollux, dis-leur ceci en mon nom : Ah! insensés, pourquoi gardez-vous soigneusement cet or, et vous tourmentez-vous à calculer vos usures ? (BELIN DE BALU.)	J'aime cette maxime chinoise : l'âme n'a point de secrets que la conduite ne révèle. Cela est vrai à Paris comme à Pékin. (SUARD.)

On se sert de ceci pour indiquer ce que l'on va dire, et de cela pour rappeler ce qu'on a dit. Cependant l'usage permet souvent d'employer indifféremment l'un pour l'autre. Exemple : *On voit des femmes qui, sans être ni vieilles ni laides, n'en plaisent pas davantage; et* CECI *s'applique à la voisine du chevalier.* (LEMONTEY.)

III.

Cela DÉSIGNANT UNE PERSONNE.

Il aurait bien besoin de deux grains d'ellébore. Il était moins distrait hier qu'il n'est aujourd'hui : Cela croit tous les jours, je me gâte avec lui. (REGNARD.)	Elle est de ces beautés qui, malgré leur mérite, Ne sauraient pour longtemps s'assujettir un cœur. Tiens ! cela ne sait pas rappeler son buveur. (PIRON.)

Bien que cela ne se dise que des choses, cependant on peut l'employer aussi à l'égard

---

(1) La preuve, c'est que le plus souvent, comme le dit Marmontel, ces mêmes particules, ci et là, se détachent de ce pour se placer après le verbe : C'est ICI CE *que j'examine*; CE *fut* LA CE *qui me* SURPRIT. On dirait en un seul mot : C'est CELA *que j'examine* ; ce fut CELA *qui me surprit.*

des personnes, mais familièrement, sur le ton du mépris : CELA *parle*, CELA *veut raisonner*, CELA *se croit habile*, CELA *se fait valoir*, CELA *promet*, CELA *se flatte*, CELA *se croit jolie*, CELA *est heureux*, CELA *ne fait que jouer*.

IV.

Ceci ET *cela* DANS LA MÊME PHRASE.

L'un n'avait en l'esprit nulle délicatesse,
L'autre avait le nez fait de cette façon-là,
   C'était *ceci*, c'était *cela*.
               (LA FONTAINE.)

J'ai déjà dit ce qu'il faut faire quand un enfant pleure pour avoir *ceci* ou *cela*.
               (J.-J. ROUSSEAU.)

Vous l'abrutiriez, si vous alliez toujours le dirigeant, toujours lui disant : va, viens, reste, fais *ceci*, ne fais pas *cela*.
               (J.-J. ROUSSEAU.)

Avec l'épée, je tue ; avec la plume, je ruine ; (prenant son petit collet) avec *ceci*, je subjugue les belles ; (prenant sa calotte) avec *cela*, je coiffe tout le monde.
               (PIRON.)

Ceci, cela se trouvent quelquefois dans la même phrase, et en opposition ; alors *ceci* désigne l'objet qui est plus près de nous, et *cela*, l'objet qui en est plus éloigné, comme *je n'aime pas* CECI, *donnez-moi de* CELA.

V.

ça POUR *cela*.

Ça sera comme *ça* voudra, monsieur Gros-Jean ; mais *ça* sera pourtant comme *ça*.
               (PIRON.)

Ça me fera un peu mal au cœur, mais que faire ?
               (PIRON.)

Dans le style tout-à-fait familier, surtout dans la conversation, on dit *ça* au lieu de *cela* : *ça fait toujours plaisir ; ça ira, ça ira ; comment ça va-t-il ?*

VI.

EMPLOI EXTRAORDINAIRE DE *cela*.

Ses plaies ont *cela* qu'elles peuvent être sondées jusqu'au fond.
               (BOSSUET.)

L'histoire de Xénophon, plus suivie et plus vraisemblable en elle-même, a encore *cet avantage*, qu'elle est plus conforme à l'Ecriture.
               (BOSSUET.)

Cet emploi de *cela* n'est pas commun. Il est le produit d'une ellipse : *ses plaies ont* CELA *qu'elles peuvent être sondées jusques au fond*, c'est pour : *ses plaies ont* CELA (*d'avantageux, de particulier*) *qu'elles peuvent être sondées jusqu'au fond*. L'exemple opposé : *L'histoire de Xénophon a cet avantage qu'elle est*, etc., n'en est-il pas une preuve évidente ?

EXERCICE PHRASÉOLOGIQUE.

Ceci me plaît.
Cela me déplaît.
Pensez à ceci.
Occupez-vous de cela.

Que dites-vous de ceci ?
Que pensez-vous de cela ?
Ceci m'arrête !
Cela m'inquiète.

Cela s'appelle jouer.
Ce n'est point jouer, cela.
Comme cela, je serai heureux.
Cela veut parler.

N° CCCXLV.

Ceci, cela ET ce COMPARÉS.

Ceci, cela.

Oh! Monsieur, avoir un carrosse à soi ou être obligé d'emprunter ceux de ses amis, *cela* est bien différent. (LESAGE.)

Mais non, *cela* n'est point, on vous trompe, Julie. (CORNEILLE.)

Eh bien! défendez-vous au sage
De se donner des soins pour le plaisir d'autrui?
Cela même est un bien que je goûte aujourd'hui. (LA FONTAINE.)

Ce sont des phrases outrées et dégoûtantes, nuisibles à *cela* même qui est louable. (LA BRUYÈRE.)

Et l'envie, mon père, sera-t-elle plus difficile à excuser? *ceci* est délicat, dit le père. (PASCAL.)

Le succès du *Cid*, tragédie de Corneille, fut tel que, pour louer en ce temps-là une belle chose, il était passé en proverbe de dire: *cela* est beau comme le *Cid*. (Cité par BONIFACE.)

Ce.

Lève la tête, et regarde-moi fixement, — *c'est bon*;
— Il me faut quinze années de ta vie. — *C'est* en effet bien cher. (LEMONTEY.)

Je ne puis guère espérer d'être en état d'aller en Corse. Quand je pourrais entreprendre ce voyage, *ce ne serait* que dans la belle saison. (J.-J. ROUSSEAU.)

Quand un guerrier souhaite la gloire, *c'est* la guerre qu'il désire. (SÉNÈQUE.)

La mode fait applaudir à *ce qui est honteux*. (BOISTE.)

Elles ont la fureur de me croire fidèle,
— *C'est malheureux*, monsieur. (DE BIÈVRE.)

Du palais d'un jeune lapin,
Dame belette, un beau matin,
S'empara, *c'est* une rusée:
Le maître étant absent, *ce* lui fut chose aisée. (LA FONTAINE.)

Dans le langage soutenu, on emploie *cela* et *ceci*; dans le langage ordinaire, on peut le remplacer par *ce*; mais l'emploi de *cela* et de *ceci* est plus exact et présente un sens plus précis.

EXERCICE PHRASÉOLOGIQUE.

Cela est vrai.	C'est vrai.	Cela est faux.	C'est faux.
Cela est bien.	C'est bien.	Cela est bien fâcheux.	C'est bien fâcheux.
Cela est bien difficile.	C'est bien difficile.	Cela est malheureux.	C'est malheureux.
Cela doit être facile.	Ce doit être facile.	Cela peut être vrai.	Ce peut être vrai.

N° CCCXLVI.

Ce COMPARÉ A il, elle, ETC.

C'est.

Ce n'était pas un sot, non, non, et croyez m'en,
Que le chien de Jean de Nivelle. (LA FONTAINE.)

Bien loin d'être des demi-dieux, *ce ne sont pas* même des hommes. (FÉNELON.)

Platon disait de l'homme que *c'était* un animal à deux jambes et sans plumes. (PASCAL.)

La modestie est belle enchâssée à propos,
Mais hors de son endroit *c'est* la vertu des sots. (BOURSAULT).

Il est.

On lui fait voir qu'*il est* un sot. (LA FONTAINE.)

Regarde ce mouton, a-t-il dit un seul mot?
Il est sage. — *Il est* un sot,
Répartit le cochon. (Id.)

Loin d'être les protecteurs du peuple, *ils en sont* les oppresseurs. (MASSILLON.)

L'homme n'est point homme, parce qu'*il est* animal raisonnable, mais parce qu'*il est* animal religieux. (BERNARDIN DE ST.-PIERRE.)

L'animal diffère beaucoup de la plante, puisqu'il est doué de sentiment : *c'est* un être sensible qui, pendant sa vie, est sans cesse agité par le désir de l'entretenir et la crainte de la perdre.
(BERNARDIN DE ST-PIERRE.)

L'amitié des enfants, *qu'est-ce?* pure habitude.
(FABRE D'ÉGLANTINE.)

Je lis et relis Lafontaine : *c'est* mon auteur favori, il est admirable. (BONIFACE.)

L'étendue de la mer est aussi grande que celle de la terre ; *ce n'est* point un élément froid et stérile : *c'est* un nouvel empire aussi riche, aussi peuplé que le premier. (BUFFON.)

Le seul caractère qui distingue essentiellement l'homme des animaux, c'est qu'*il est* un être religieux.
(BERNARDIN DE ST-PIERRE.)

Le désespoir n'est point d'une âme magnanime ; Souvent *il est* faiblesse, et toujours *il est* crime.
(GRESSET.)

La mort *est-elle* un mal? la vie *est-elle* un bien?
(CRÉBILLON.)

L'éloquence de la chaire avait été presque barbare jusqu'au père Bourdaloue ; *il fut* un des premiers qui firent parler la raison.
(VOLTAIRE.)

Puisque la raison n'est que la relation des objets avec nos besoins, *elle n'est* donc que notre intérêt personnel. (BERNARDIN DE ST-PIERRE.)

On emploie généralement *ce* pour *il, elle, ils, elles*, comme sujet d'une proposition dont l'attribut n'est pas un adjectif. On peut aussi, dans ce cas, faire usage de *il, elle*, etc., ainsi que le prouvent les citations de la seconde colonne; mais l'emploi de *ce* est plus conforme au génie de notre langue.

Il y a une grande différence entre *quelle heure* EST-CE? et *quelle heure* est-il : *Quelle heure* EST-CE signifie *quelle est l'heure qui sonne en ce moment, ou que j'entends sonner? Quelle heure* EST-IL? peut se dire dans toute circonstance où l'on ignore l'heure. Ainsi *quelle heure* EST-CE? ne s'emploie que dans la seule circonstance où l'on entend une pendule ou une horloge sonner. A la question *quelle heure* EST-CE on doit répondre *c'est midi*, et à la question *quelle heure* EST-IL? on doit dire *il est midi*. Il n'y a guère que certains provinciaux qui confondent ces deux locutions.

EXERCICE PHRASÉOLOGIQUE.

Ce n'est pas un sot.
Ce n'est pas un génie.
C'est mon auteur favori.

Il n'est pas un sot.
Il n'est pas un génie.
Il est mon auteur favori.

La vie, qu'est-ce?
Le monde, qu'est-ce?
Les étoiles, ce sont autant de soleils.

La vie, qu'est-elle?
Le monde, qu'est-il?
Les étoiles, elles sont autant de soleils.

N° CCCXLVII.

C'est vrai, c'est juste, ETC., ET *il est vrai, il est juste,* ETC.

I.

C'est vrai, etc.

Nous sommes rentrés tard, *c'est vrai* ; mais en revanche nous nous sommes levés matin.
(JOURNAL GRAMMATICAL.)

Vous avez beaucoup écrit, *c'est vrai* ; mais que d'erreurs dans vos ouvrages! (*Id.*)

Il est juste, etc.

Je suis jeune, *il est vrai* ; mais aux âmes bien nées, La valeur n'attend pas le nombre des années.
(CORNEILLE.)

Je suis bien agitée, *il est vrai* ; mais mon cœur De vos sages avis recherche la douceur.
(DE BIÈVRE.)

II.

Vous soutenez que vous n'êtes pas sorti, *c'est faux* ; car je vous ai vu au théâtre.
(JOURNAL GRAMMATICAL.)

Il est faux que les démarches soient indifférentes quand on a le cœur pur.
(Mme D'ÉPINAY.)

Il est.	*C'est.*
Il est juste, grand roi, qu'un meurtrier périsse. (CORNEILLE.)	Vous déclarez que vous m'avez payé, *c'est juste*; mais qui vous le conteste? (Id.)
Il est bien plus *aisé de* conquérir des provinces que de dompter une passion. (MASSILLON.)	Je te laisserai choisir.—*C'est commode*, il est vrai; mais je vous avoue que tant de plaisirs m'effraient. (LEMONTEY.)
Il était clair que tous ceux qui feignaient de ne le pas connaître, en agissaient ainsi par jalousie. (LEMONTEY.)	Les Maniotes ou Mainotes n'étaient-ils pas les descendants des Spartiates? *cela est incontestable.* (Id.)
Il est si malaisé de se défaire du vice qui plaît! (MASSILLON.)	Mes défauts sont connus, pourquoi m'en affliger? Affichons-les : *C'est si commode!* (ARNAULT.)

C'EST, suivi d'un adjectif, ne souffre pas de complément commençant par *que* ou par *de*. Ainsi on peut dire : *c'est vrai, c'est faux, c'est juste, c'est commode, c'est incontestable*, etc. Mais on s'exprimerait incorrectement si l'on faisait suivre immédiatement chacune de ces locutions d'un *que* ou d'un *de*.

IL EST, veut au contraire, après l'adjectif qui le suit, un complément exprimé : IL EST *juste* QU'*il périsse; il est vrai* QU'*il a menti*; IL EST *faux* QUE *son père soit exilé*; IL EST *incontestable* QU'*ils sont morts*. Nous remarquerons cependant que l'on peut très-bien sous-entendre ce complément, mais devant l'adjectif *vrai* seulement. (2e colonne de la 1re série.) La présence de tout autre adjectif exigerait l'emploi de *c'est*, dans le discours familier, et de *cela est* dans le discours soutenu.

Voici la différence qui existe, selon nous, entre *il est* et *c'est* : *il est* a une signification générale, indéterminée, et extrêmement vague. Au contraire, la signification de *c'est*, loin d'être vague comme celle de *il est*, est déterminative, énergique même. Il résulte de ce raisonnement que l'on ne doit substituer *c'est* ou *cela est* à *il est* que lorsqu'on veut donner plus de précision, de force et de vivacité à la pensée que l'on exprime (1).

EXERCICE PHRASÉOLOGIQUE.

Il est jeune, c'est vrai; mais fort instruit.
Il est vrai que......
Il est aisé de...

Il est jeune, il est vrai; mais fort instruit.
On dit que j'ai des dettes ; il est vrai que j'en ai; mais...
Difficile ! au contraire, c'est très facile.

---

(1) M. Marle regarde *il* comme un mot *impersonnel*, un *terme obscur*, un *gallicisme inexplicable*. Nous sommes loin de partager cette opinion, qui, du reste, est celle de tous les grammairiens. *Il*, pas plus que *ce*, n'est un *impersonnel*, un *terme obscur*, un *gallicisme inexplicable*. Et nous allons le prouver.

Quand on dit : *Nous sommes rentrés tard*, C'EST *vrai*, équivaut à *cela est vrai*, l'analyse de la phrase entière est : *Nous sommes rentrés tard*, CE FAIT-LA EST VRAI. Ce représente avec énergie toute la proposition qui précède : aussi est-ce ce qui a porté les grammatistes, qui ne s'arrêtent qu'à la surface des choses, à considérer en pareil cas *ce* comme un pronom. Mais l'analyse nous démontre, de la manière la plus évidente, que *ce* n'est autre chose qu'un adjectif employé ici avec ellipse du substantif *fait qu'il détermine*. Voilà pour *c'est*.

Maintenant, nous allons tâcher d'expliquer l'inexplicable *il est*. M. Marle cite cette phrase : *Nous sommes rentrés très tard*, IL EST VRAI, et l'analyse de cette manière : *Nous sommes rentrés tard, il est vrai* QUE NOUS SOMMES RENTRÉS TARD. Cette analyse, nous l'avouerons franchement, ne nous paraît pas aussi naturelle qu'à lui, et nous croyons que celui qui dit : *Je suis rentré tard*, IL EST VRAI, avance un fait, et ce fait est *qu'il est rentré tard* : ensuite il affirme de ce fait qu'IL EST *vrai*. C'est comme s'il disait : *Je suis rentré tard* (et ce fait, je ne chercherai pas à le contester, car, IL EST *vrai*. Or, *il*, réveillant l'idée du fait énoncé, n'est pas, comme on l'appelle improprement, un *impersonnel*, c'est-à-dire un mot qui ne se rapporte à aucun individu, ni à aucune chose ; c'est au contraire un mot très *personnel*, s'il est permis de le dire, puisqu'il se rattache à un nom, toujours sous-entendu en pareil cas.

N° CCCXLVIII.

C'est ET il est EN RAPPORT AVEC UN ADVERBE OU UN ADJECTIF.

C'est.

C'est peu d'être agréable et charmant dans un livre,
Il faut savoir encore et conserver et vivre.
(BOILEAU.)

C'est beaucoup que de savoir commander.
(ACADÉMIE.)

C'est assez pour soi d'un ami ; c'est même beaucoup de l'avoir rencontré.
(LA BRUYÈRE.)

C'était assez pour animer les braves de Sparte, de leur montrer les trophées. (FLÉCHIER.)

Ce n'est pas assez que d'entrer ainsi dans les honneurs, si l'on n'en use avec modération, quand on les possède. (Id.)

Il est.

Dans l'état où je suis, il est peu apparent que je soutienne un si long voyage.
(J.-J. ROUSSEAU.)

Il est doux de revoir les murs de la patrie.
(CORNEILLE.)

Il est bon d'avoir de la vertu.
(DUCERCEAU.)

Il est rare d'aimer sans avoir de rival.
(LA CHAUSSÉE.)

Il est beau de périr pour sauver l'innocence.
(VOLTAIRE.)

Il n'est pas toujours bon d'être trop politique.
(ROTROU.)

Lorsque le verbe *être* se trouve modifié par un adverbe, comme *peu, assez, beaucoup, trop,* etc., il doit être précédé de *ce* dont on élide l'*e* (voir la 1re colonne) ; mais si, au contraire, il est en rapport avec un adjectif ayant après lui un autre verbe ou un *que*, on emploie *il* (2e colonne). Dans *il est* PEU *apparent, peu* modifie l'adjectif *apparent* et non le verbe.

EXERCICE PHRASÉOLOGIQUE.

C'est peu que de.....
C'est beaucoup que de.....
C'est trop que de.....
C'est assez que de.....

Il est peu certain que.....
Il est malheureusement trop vrai que.....
Il est bien peu sûr que.....
Il est assez probable que.....

Nos CCCXLIX.

C'est... de OU que de.

C'est... que de.

C'est une maladie d'esprit que de souhaiter des choses impossibles. (FÉNELON.)

... C'est imiter les dieux,
Que de remplir son cœur du soin des malheureux.
(CRÉBILLON.)

Est-ce séduction que de se faire aimer ?
(LA CHAUSSÉE.)

C'est créer les talents que de les mettre en place.
(VOLTAIRE.)

C'est obliger tout le monde, que de rendre service à un honnête homme. (PUBL. SYRUS.)

C'est... que ou c'est de.

Ce n'est point assez de pardonner les offenses, il faut aussi les oublier. (Mme DE STAEL.)

C'est un second crime de tenir un serment criminel.
(J.-J. ROUSSEAU.)

C'est mériter la mort, que l'attendre d'autrui.
(DECAUX.)

C'est louer plus que nous que louer notre amant.
(SAURIN.)

... C'est une imprudence assez commune aux rois,
D'écouter trop d'avis et se tromper au choix.
(CORNEILLE.)

C'est être criminel *que d*'être misérable.
(GUYM. DE LA TOUCHE.)

Ce *n'est* pas une hérésie *que de* ne pas croire certains faits particuliers. (PASCAL.)

Il croit que *c'est* une justice *qu*'il doit à ses sujets, *que de* leur montrer le chemin de l'honneur.
(FLÉCHIER.)

C'est abuser de son esprit *que d*'établir de telles propositions ; c'est en abuser encore *de* vouloir les expliquer. (VOLTAIRE.)

... *C'est* du ciel attirer la vengeance,
Que de laisser soupçonner l'innocence.
(LOMBARD DE LANGRES.)

C'est un pesant fardeau *d*'avoir un grand mérite.
(REGNARD.)

Le mérite a toujours droit de charmer nos yeux,
Et *c'est* presque en avoir *que* savoir le connaître.
(LANOUE.)

C'est un grand spectacle pour un mahométan *de* voir pour la première fois une ville chrétienne.
(MONTESQUIEU.)

C'est une hérésie *de* résister aux décisions de foi ; parce que c'est opposer son esprit propre à l'esprit de Dieu. (PASCAL.)

C'est une erreur *de* regarder la naissance et le rang comme un privilége. (MASSILLON.)

Ouvrez la *Grammaire des Grammaires*, et vous y lirez que le P. Buffier, Vaugelas, Féraud, c'est-à-dire tous les grammairiens, observent que l'omission du *de* ou du *que*, dans ces phrases, serait une *faute*.

Ouvrez Voltaire, Pascal, Corneille, Racine, Montesquieu, c'est-à-dire tous les écrivains, et vous y verrez que l'omission du *de* ni du *que* n'est une *faute*.

C'est donc à vous de choisir entre le P. Buffier, Vaugelas, Féraud, etc., et Voltaire, Pascal, Corneille, Racine, etc.

Girault-Duvivier pense qu'on doit considérer la préposition *de* comme une particule explétive commandée par l'euphonie et que l'usage exige. Encore une erreur à ajouter à des milliers d'autres qu'il nous a déjà fallu combattre, ou qu'il nous reste encore à relever.

Dans *c'est créer les talents que* DE *les mettre en place*, le de se rapporte à un nom sous-entendu, qui peut être *l'action, le tact, le talent*, ou tout autre mot semblable : *C'est créer les talents que* (le TALENT) DE *les mettre en place*. Cette ellipse n'a rien que de très-naturel, et, c'est faute de l'avoir soupçonnée que Girault-Duvivier a regardé *de* comme un mot inutile. Le *que* n'est pas moins nécessaire : *C'est un vilain défaut* QUE *de mentir*. Analyse : Ce (défaut) QUE (je vais nommer, c'est-à-dire celui) *de mentir est un vilain défaut*.

EXERCICE PHRASÉOLOGIQUE.

C'est un péché que de...   C'est un péché que.....   C'est un péché de...

N° CCCL.

Est-ce ceci? ET *est-ce ci? Est-ce cela?* ET *est-ce là?*

Ceci, cela.

Marianne était le nom de votre épouse,
Consolez-vous, pour une, en voici dix ou douze ;
Et vous ne pouviez mieux vous adresser qu'ici.
Voyez : *est-ce cela?* Tenez : *est-ce ceci?*
(PIRON.)

Qu'*est-ce* donc que *ceci*? qui nous paiera, nous autres ?
(MOLIÈRE.)

Ce ci, ce là.

Passez votre chemin, mon ami. — Que je passe mon chemin ? — Oui. — Oui, qui le pourrait. —
Quel maraud *est-ce ci* ? (REGNARD.)

... Elle disait tout bas :
Qu'*est-ce ci* donc? ce compagnon n'est pas
Tel que j'ai cru. (LA FONTAINE.)

En conduite en propos, je suis assez légère,
Coquette comme on l'est, parfois, un peu colère ;
Mais qu'*est-ce* que *cela* ? — C'est beaucoup trop, ma
[chère.
(Florian.)

... Qu'est-ce donc ? me voilà.
Ma maîtresse se meurt ! — Quoi ! n'*est-ce* que *cela* ?
(Molière.)

Ravi comme en extase à cet objet charmant.
Qu'*est-ce là*, dit-il à son père,
Qui porte un si gentil habit ? (La Fontaine.)

Oh ! oh ! dit-il ; qu'*est-ce là* que je vois ?
Le plaisant saint !   (*Id.*)

Il est bien facile de conclure de ces exemples, 1° que, dans les interrogations, on écrit *qu'est-ce ci*? *qu'est-ce là*? sans unir les particules *ci* et *là* au mot *ce*; 2° que néanmoins si entre *ce* et *ci*, *ce* et *là*, il se trouve un *que*, comme dans les trois derniers exemples de la première colonne, il faut écrire *ceci* et *cela* en un seul mot ; 3° que la même chose a lieu quand *ceci* et *cela* sont pris comme noms, ainsi que dans les vers de Piron.

Voilà trois règles, et trois règles fondées sur des faits. Mais suffiraient-elles ? Non. Il nous reste encore, selon nous, à en faire connaître la raison. Pour cela, nous appellerons, comme toujours, l'analyse à notre aide.

Or, dans ce vers : *Voyez : est-ce cela ? tenez : est-ce ceci ? ceci* et *cela* ont dû s'écrire ainsi, parce que nous l'avons déjà dit, ce sont des noms. C'est comme s'il y avait : *Voyez : est-ce* ceci [cette femme-ci] (qui est votre Marianne)? *Tenez : est-ce* cela [cette femme-là] (qui est votre Marianne)?

Dans les exemples suivants, *ceci* et *cela* ont dû s'écrire en un seul mot par la même raison. En effet, on dirait en commençant par *ceci* ou *cela* : ceci, *qu'est-ce donc ?* cela, *qu'est-ce ?*

Mais il n'en est pas de même dans les citations de la seconde colonne : *Quel maraud est-ce ci ? ce* et *ci* sont deux mots entièrement distincts : *Quel maraud est-ce* (que je vois) ci [ici]? ou bien (cet homme que je vois) *ci* [ici]; *quel maraud est-ce* (1) ?

Il est donc bien important, comme on le voit, de ne pas confondre ces deux sortes d'ortographes, ainsi que le font journellement les typographes. C'est à eux qu'il faut reprocher les fautes qui existent dans les passages suivans :

Quelle diable de visite est *ceci* ?   (Piron.)

Qu'*est ceci* ? dit le financier :
Comment ! les chantres du bocage
Pour leur juge ont choisi cet animal sauvage ?
(Florian.)

Il fallait : *Quelle diable de visite* est-ce ci ? abrégée de : *Quelle diable de visite est-ce* (que nous allons avoir) *ci* [ici] ? et *qu'est-ce ci ? dit le financier*, abrégé de : *Qu'est-ce* (que je vois) *ci* [ici] ?

La Fontaine a commis une autre sorte de faute dans ces vers :

(1) Molière va se charger de justifier notre analyse. Dans les *Précieuses ridicules* il a dit : *Quel diable de jargon entends-je* ici ? *voici bien du haut style*. Il aurait pu dire : *Quel diable de jargon est-ce* ci ? ou *quel diable de jargon est-ce que j'entends* ici ? Ailleurs il avait dit aussi : *Par ma foi ! je ne sais point quelle bête c'est là*. Il aurait également pu dire avec l'interrogation : *Quelle bête* est-ce là ? Ces particules *ci* et *là* sont évidemment des mots qui expriment une circonstance ou de lieu ou de temps, et qui, par conséquent ne doivent pas être unies au mot *ce*. Et ce qui achèvera sans doute de prouver que ces particules ont un sens tout-à-fait indépendant de *ce*, c'est qu'on peut les supprimer ; exemples :

Quel homme *est-ce* ?   (Regnard.)
Comment ? Qu'*est-ce* ? plait-il ? parlez, expliquez-vous.
(*Id.*)

Qu'*est-ce* ? eh bien ? qu'avez vous ? vous êtes tout
[changé.
(Regnard.)

D'abord la peur se saisit de notre homme,
Qu'*est-ce cela* ? songe-t-il ; est-il mort ?
... O dieux ! qu'*est-ce cela* ?

Il dit en soi : Rustic, que sais-tu faire?
Veiller, prier, jeûner, porter la haire.
Qu'*est-ce cela* ? moins que rien, tous le font.

Mais on sent qu'il n'y a été entraîné que par la mesure du vers, car partout ailleurs il a dit : Qu'*est-ce là* ? La même cause a produit l'incorrection suivante :

Une dame demande à vous parler. — Son nom ?
— Marianne. — Comment ! que *ceci* veut-il dire ?   (Piron.)

En terminant ce numéro, qui nous a coûté de longues recherches (1), peut-être nous pardonnera-t-on de dire que nous sommes les premiers, nous le croyons du moins, qui ayons abordé un point aussi important et aussi difficile. Car on doit regarder comme presque nul ce qu'en a dit Lemare. En effet, nous le demandons, quelle analogie y a-t-il entre ces quatre exemples qu'oppose ce grammairien ?

C'était *ceci*, c'était *cela*.   (La Fontaine.)

Cela dit, maître loup s'enfuit et court encore.
     (Id.)

Ah ! dit-il, qu'*est-ce ci* ? ma femme est-elle veuve ?
     (La Fontaine.)

Qu'*est-ce là* ? lui dit-il. — Rien. — Quoi ! rien.
— Peu de chose.   (Id.)

Et n'est-ce pas vraiment se moquer de ses lecteurs, et découvrir son propre embarras, que d'ajouter, comme il le fait assez souvent : « Les amateurs de règles en peuvent faire » une à vue de ces exemples, au risque de trop généraliser selon leur coutume. »

EXERCICE PHRASÉOLOGIQUE.

Qu'est-ce que ceci veut dire?
Qu'est ce que cela signifie?
Qu'est-ce que ceci ?
Qu'est-ce que cela ?

Qu'est-ce ci ?
Qu'est-ce là ?
Quel homme est-ce ci ?
Quelle femme est-ce là ?

Quels imbéciles sont-ce là ?
Quel fou est-ce ci ?
Quels contes sont-ce là ?
Quelles histoires sont-ce là !

(1) Les bornes dans lesquelles nous nous faisons un devoir de nous renfermer ne nous ont pas permis de citer tous les exemples que nous avons recueillis. Néanmoins, comme ce cas pourrait embarrasser plus d'un lecteur, nous croyons devoir ajouter les suivants à ceux déjà cités. Ils serviront à faire voir l'usage constamment suivi en pareille circonstance par les écrivains.

... Lors le prince en son âme
Qu'*est-ce ci* donc ?   (La Fontaine.)
Vous vous taisez ! pas un mot ! qu'*est-ce là* ?
     (Id.)

Que diable *est-ce là* ! je fais toujours bien le premier vers ; mais j'ai peine à faire les autres.
     (Molière.)

Universel étonnement.
Est-il fou ? qu'*est-ce là* ? vient-il de voir quelqu'une ?
     (La Fontaine.)

Mon Dieu ! quels amants *sont-ce là* ?
     (Id.)

Supposons l'impunité, je le veux ; et les remords ?
— Les remords ! quelle bête *est-ce là* ?
     (Piron.)

Le jeune homme tombé des nues,
Demandait : Qu'*est-ce là* ? Ce sont des gens de cour...
Et là ?.. Ce sont palais... Ici ? — Ce sont statues.
     (La Fontaine.)

... Qu'*est-ce ci* ? dit la bête ;
Une écrevisse rouge !... Ah ! bon Dieu, quel éclat !
     (Lemontey.)

Qu'*est-ce ci* ? disait-il, je ne vis de ma vie
Chose de telle étoffe.   (La Fontaine.)

Ce vers de La Fontaine : Mon Dieu ! quels amants *sont-ce là* ! nous donne occasion de remarquer que lors même que le verbe est au pluriel, *sont-ce*, on doit dans les interrogations écrire *ce ci*, *ce là* séparément.

N° CCCLI.

Ce EMPLOYÉ PAR ÉNERGIE.

AVEC *ce*.	ON POURRAIT DIRE SANS *ce*.
O sexe charmant! *c'est* dans vos vertus *qu'*est votre puissance. (BERN. DE SAINT-PIERRE.)	O sexe charmant! votre puissance *est* dans vos vertus.
Eh! seigneur, *c'est* fort peu de chose *qu'*un dieu quand il est mort! (VOITURE.)	Eh! seigneur, un dieu quand il est mort *est* fort peu de chose.
C'est un si vaste champ *que* le champ de la gloire, Qu'on y peut arriver par différents endroits. (BOURSAULT.)	Le champ de la gloire *est* si vaste, qu'on y peut arriver par différents endroits.
... Quand on est misérable, *C'est* un fardeau de plus *qu'*un nom considérable. (LA CHAUSSÉE.)	Quand on est misérable, un nom considérable *est* un fardeau de plus.
Est-ce donc pour veiller *qu'*on se couche à Paris? (BOILEAU.)	A Paris se *couche-t-on* pour veiller?
Par ma foi! *c'est* une charmante chose *qu'*une femme. (REGNARD.)	Par ma foi! une femme *est* une chose charmante.

Mais quelle différence entre ces deux sortes de construction, et combien la première est plus énergique! *Ce* est donc propre à donner aux phrases plus de variété et plus de force. Il est surtout merveilleux par les moyens qu'il fournit de mettre sur le devant du tableau ce qu'on veut faire le plus remarquer. Par ce seul mot, l'un des plus caractéristiques de notre langue, beaucoup de phrases peuvent être doublées et prendre un tour plus pittoresque et plus énergique.

C'est Dieu qui a fait le monde.	Dieu a fait le monde.
C'est la souris qui l'a mangé.	La souris l'a mangé.
Ce n'est point par effort qu'on aime.	On n'aime point par effort.

N° CCCLII.

Ce EMPLOYÉ PAR PLÉONASME.

AVEC *ce*.	SANS *ce*.
Son unique désir, crois-moi, *c'est* de charmer. (DORAT.)	Le premier commandement de la religion *est* d'aimer Dieu. (BERN. DE SAINT-PIERRE.)
Le plaisir des bons cœurs, *c'est* la reconnaissance. (LA HARPE.)	La première qualité d'un bon roi *est* la fermeté. (LOUIS XIV.)

« Les vers de la première colonne, disent Lemare et Boniface, présentent deux PLÉONASMES, l'un *nécessaire* et l'autre *utile* (1). Dans le premier, on ne peut supprimer le *ce*; dans le second, au contraire, cette suppression peut se faire: l'expression n'y perd que son énergie. »

Nous croyons que ces deux savants grammairiens se sont fait illusion. En effet,

Son unique désir *est* de charmer,

et Son unique désir, *c'est* de charmer,

ne sont pas deux phrases identiques; elles diffèrent essentiellement, et quant au sens, et

---

(1) Nous avons peine à nous expliquer comment un mot que l'on gratifie de deux natures, en le regardant ici comme *adjectif*, là comme *pronom*, ne soit plus ailleurs ni l'un ni l'autre, et devienne, par une de ces bizarreries dont aucune langue n'offre d'exemple, un signe purement euphonique, une lettre morte, telle que le *t* dans *parle-t-on*. Bien certainement, il y a là quelque méprise de la part de nos doctes grammairiens, et nous les invitons à y réfléchir.

sous le rapport de la construction et de la fonction des mots. Il est facile de s'en convaincre en les comparant attentivement.

En disant : *Son unique désir* EST *de charmer*, on énonce simplement un fait, et un fait très-ordinaire, ou du moins auquel on semble n'attacher aucune importance. Mais en disant : *Son unique désir*, C'EST *de charmer*, ce tour elliptique marque bien plus énergiquement la pensée de celui qui parle, en même temps qu'elle lui donne plus d'intérêt et de vivacité. C'est comme si l'on disait : « Cet homme, peut-être croyez-vous qu'il ambitionne les richesses, qu'il veut obtenir des honneurs, des distinctions, des places? Désabusez-vous. Cet homme n'a qu'un désir, un seul désir, et cet unique désir qui possède son âme, qui absorbe son être, *c'est* de charmer. » Quelle foule d'idées! Et n'est-ce pas vraiment une chose remarquable qu'il soit possible de les peindre toutes au moyen du seul petit mot *ce*!

Dans *son unique désir* EST *de charmer*, le verbe *est* a pour sujet *son unique désir* ; il n'y a d'ellipse que devant la préposition *de* : *son unique désir* EST (*le désir*) DE CHARMER.

Mais dans *son unique désir*, C'EST *de charmer*, *est* n'a plus pour sujet *son unique désir*, ainsi que le pensent à tort Lemare et Boniface ; le seul (1) et véritable sujet de ce verbe est *ce*, et ce qui le prouve d'une manière palpable, c'est la ponctuation, qui, d'accord avec la pensée, a voulu qu'on séparât *son unique désir* de *c'est de charmer*, séparation qui n'a pas lieu dans la première phrase. Mais si ces mots : *son unique désir*, ne sont point le sujet du verbe, quelle peut être leur fonction ? Car il faut de toute nécessité ou qu'ils soient sujet ou qu'ils soient complément. Analysons cette seconde construction, et nous aurons : (*quant à*) SON UNIQUE DÉSIR, ou (*si vous voulez connaître*) SON UNIQUE DÉSIR, (*eh bien!*) CET (*unique désir*) EST (CELUI) DE CHARMER. Cette analyse, en nous montrant clairement le rôle que remplit chaque mot, nous prouve de plus que *ce* n'est point de trop dans la phrase, et que, par conséquent, il n'est ni un double sujet ni un pléonasme.

D'ailleurs, un principe incontestable pour nous, et pour tout esprit que les préjugés n'ont point vicié, c'est que la présence ou l'absence d'un mot quelconque dans une phrase doit nécessairement lui faire subir quelque modification, soit sous le rapport du sens, soit sous le rapport de la construction ou de la fonction grammaticale des mots. C'est à découvrir cette modification que doivent tendre les efforts du grammairien philosophe, et c'est ce que n'ont fait ni Lemare ni Boniface.

Nous n'avons envisagé jusqu'ici cette question que sous son point de vue analytique ; nous allons l'examiner maintenant sous le rapport de l'usage.

I.

EMPLOI DE *ce* ENTRE DEUX SUBSTANTIFS.

AVEC *ce*.	SANS *ce*.
La loi de l'univers, *c'est* malheur au vaincu. (SAURIN.)	L'enfer des femmes *est* la vieillesse. (LA ROCHEFOUCAULD.)
Le miel, *c'est* le doux fruit que produit la science. (NAUDET.)	Le grand ouvrier de la nature *est* le temps. (BUFFON.)
... Après la bienfaisance, Le plus grand des plaisirs, *c'est* la reconnaissance. (DE BELLOY.)	Le plus grand des biens, sans doute, *est* le repos. (DEMOUSTIER.)
Celui qui dit qu'il connaît Dieu et ne garde pas ses commandements, *c'est* un menteur. (BOSSUET.)	Un ennemi, pour l'humaine faiblesse, *Est* un mentor qui ne lui coûte rien. (NAUDET.)

(1) Nous disons *le seul sujet*, car nous ne sommes point de ceux qui s'imaginent qu'un verbe peut avoir *deux sujets*, pas plus qu'un corps deux âmes, ou une âme deux corps.

Le gibier du lion, *ce ne sont* pas moineaux,
Mais beaux et bons sangliers, daims et cerfs bons
[et beaux.
(LA FONTAINE.)

Le plus beau présent qui ait été fait aux hommes après la sagesse, *c'est* l'amitié. (LA ROCHE.)

Le sage Ésope dans ses fables,
Nous en donne un exemple ou deux :
Celui qu'en ces vers je propose
Et les siens, *ce sont* même chose. (*Id.*)

Le vrai jour pour voir un bon cœur *est* la clarté d'un incendie. (DUPATY.)

. . . Ces séductions
Qui vont au fond des cœurs chercher nos passions,
Ce poison préparé des mains de l'artifice,
L'espoir qu'on donne à peine afin qu'on le saisisse,
Sont les armes d'un sexe aussi trompeur que vain.
(VOLTAIRE.)

Lorsque le verbe *être* se trouve entre deux substantifs, on peut, comme on voit, exprimer ou ne pas exprimer le mot *ce* : *La vraie noblesse* EST *la vertu*, ou *la vraie noblesse*, C'EST *la vertu* ; cette dernière expression est plus énergique.

La répétition de *ce* est indispensable, dit la *Grammaire des Grammaires*, dans le cas où le verbe *être* est suivi d'un substantif du nombre pluriel. Le dernier exemple de la seconde colonne nous prouve que cette règle, comme la plupart de celles qu'on trouve dans ce volumineux ouvrage, n'a eu pour base que le caprice de son auteur, et non les faits.

II.

ENTRE UN SUBSTANTIF ET UN VERBE.

AVEC *ce*.

L'un des meilleurs remèdes contre nos propres chagrins, *c'est de chercher* des consolations pour les chagrins des autres. (DUFRESNE.)

Le vrai moyen d'être trompé, *c'est de se croire* plus fin que les autres.
(LA ROCHEFOUCAULD.)

La fureur de la plupart des Français, *c'est d'avoir* de l'esprit ; et la fureur de ceux qui veulent avoir de l'esprit, *c'est de faire* des livres.
(MONTESQUIEU.)

. . . Le secret de réussir,
C'est d'être adroit, non *d'être* utile. (FLORIAN.)

Mon grand secret pour être heureux,
C'est de vivre dans l'innocence. (*Id.*)

SANS *ce*.

Le premier moyen de diminuer l'indigence du peuple *est d'affaiblir* l'opulence extrême des riches.
(BERN. DE SAINT-PIERRE.)

Le seul moyen de lui ressembler *est de se remplir* de sagesse, de justice et de sainteté.
(BARTHÉLEMY.)

Le bonheur parfait n'est pas sur la terre, mais le plus grand des malheurs, et celui qu'on peut toujours éviter, *est d'être* malheureux par sa faute.
(J.-J. ROUSSEAU.)

Le devoir le plus saint, la loi la plus chérie,
Est d'oublier la loi pour sauver la patrie.
(VOLTAIRE.)

Dès qu'il faut obéir, le parti le plus sage
Est de savoir se faire un heureux esclavage.
(CRÉBILLON.)

Tous les grammairiens, sans exception, disent que quand le verbe *être* se trouve entre un infinitif et un nom, on doit toujours le faire précéder de *ce*. Encore une règle établie en l'absence des faits ; car ceux que nous avons rapportés démontrent assez qu'on peut dire, à son gré : *la vraie noblesse*, C'EST *d'être vertueux*, ou *la vraie noblesse* EST *d'être vertueux*.

III.

ENTRE *ce qui*, *ce que*, ET UN SUBSTANTIF OU UN VERBE.

AVEC *ce*.

Ce que je sais le mieux, *c'est* mon commencement.
(RACINE.)

Ce qu'on souffre avec le moins de patience, *ce sont* les perfidies, les trahisons, les noirceurs.
(T. CORNEILLE.)

Ce qui donne le plus d'éloignement pour les dévots de profession, *c'est* cette âpreté de mœurs qui les rend insensibles à l'humanité.
(J.-J. ROUSSEAU.)

SANS *ce*.

Après les bonnes leçons, ce qu'il y a de plus instructif *sont* les ridicules. (DUCLOS.)

Ce qui paraît aux uns étendue d'esprit *n'est aux* yeux des autres que *mémoire et légèreté*.
(VAUVENARGUES.)

Ce qui m'étonne le plus *est de voir* que tout le monde n'est pas étonné de sa faiblesse.
(PASCAL.)

Dites ce qui est vrai, faites ce qui est bien : *ce qui importe à l'homme, c'est de remplir ses devoirs sur la terre ; et c'est en s'oubliant qu'on travaille pour soi.* (J.-J. Rousseau.)

Ce qui rend la taille et tous les impôts onéreux au cultivateur est qu'ils sont pécuniaires, et qu'il est premièrement obligé de vendre pour parvenir à payer. (J.-J. Rousseau.)

Suivant l'auteur de la *Grammaire des Grammaires*, la répétition du pronom ce est indispensable quand le verbe *être* se trouve placé entre ce qui, ce que et un substantif ou un verbe ; et cette répétition est impérieusement exigée si le substantif est du nombre pluriel.

Nos citations donnent un démenti formel à cette règle, et font suffisamment sentir combien la *Grammaire des auteurs* l'emporte sur celle des *grammairiens*, sous le rapport de la vérité et de la juste appréciation des faits qui constituent notre langue

IV.

ENTRE UN OU PLUSIEURS INFINITIFS ET UN NOM.

AVEC *ce*.

Alléguer l'impossible aux rois, *c'est un abus.*
(La Fontaine.)

Être allié de Rome et s'en *faire* un appui,
C'est l'unique moyen de régner aujourd'hui.
(Corneille.)

Apprendre les langues les plus difficiles, *connaître* les livres et les auteurs, etc., *ç'ont été ses premiers plaisirs.*
(Fléchier.)

SANS *ce*.

Punir est un *tourment*, pardonner, un plaisir.
(Chénier.)

Mépriser le mépris, *rendre* haine pour haine,
Est le parti qu'il faut qu'un honnête homme prenne.
(Quinault.)

Savoir manier les chevaux et les armes *sont des talents communs au chasseur et au guerrier.*
(Buffon.)

Placé entre un ou plusieurs infinitifs et un nom, le verbe *être* peut être ou non accompagné de *ce*. Il en est de même de la forme composée *ont été*.

Quant à la phrase de Buffon, que nous avions soumise à la Société grammaticale, elle a été condamnée. On a prétendu que : quand les sujets sont exprimés par des infinitifs, on doit les rappeler devant le verbe, parce que ces sujets n'ont pas la même précision que si c'étaient des substantifs..., et on a remarqué en outre que l'un des sujets étant ellipsé, il était indispensable de les présenter tous deux à l'esprit. Par ces considérations, la Société a décidé que Buffon aurait dû dire : *Savoir manier les chevaux et les armes*, CE SONT *des talents communs au chasseur et au guerrier*.

Sans pourtant vouloir nous mettre mal avec la Société grammaticale, à laquelle nous nous faisons honneur d'appartenir, et dont nous savons mieux que personne, peut-être, apprécier les immenses services, nous ne pouvons nous empêcher de lui faire ici l'application des belles paroles de M. Arnault : « *La Société grammaticale, pas plus que l'Académie, pas plus qu'aucune société du monde, ne fait la langue ; elle en tient registre sous la dictée des hommes de génie. Ce n'est pas à elle à nous faire la loi.* »

C'est là une de ces vérités profondes qu'on ne saurait trop répéter et que nous voudrions voir enfin universellement comprise. Son premier bienfait serait de nous délivrer, peut-être pour toujours, de ces misérables livres où les auteurs, infatués d'eux-mêmes, nous donnent, comme des lois absolues, leurs propres opinions, leurs croyances, leurs préjugés.

V

ENTRE DEUX INFINITIFS.

AVEC *ce*.

Végéter, c'est mourir ; beaucoup penser, c'est vivre.
(Frédéric II.)

Épargner les plaisirs, c'est les multiplier.
(Fontenelle.)

AVEC *ce*.

Réduire l'homme à son corps, c'est le réduire à ses sens.
(Aimé Martin.)

Voyager à pied, c'est voyager comme Thalès, Platon, Pythagore.
(J.-J. Rousseau.)

Déchoir du premier rang, *c'est tomber* au dernier.
(LA HARPE.)

... *Obliger* ceux qu'on aime,
Qu'on estime surtout, *c'est s'obliger* soi-même.
(COLIN D'HARLEVILLE.)

Ne *citer* qu'une traduction d'un poète, *c'est* ne *montrer* que l'envers d'une belle étoffe.
(BERN. DE SAINT-PIERRE.)

Vivre content de peu, *c'est être* vraiment riche.
(GAUDIN.)

Prévenir le besoin, *c'est doubler* le bienfait.
(MARÉCHAL.)

La vie est un dépôt confié par le ciel;
Oser en disposer, *c'est être* criminel.
(GRESSET.)

Blâmer la vanité de ceux que l'on flatte, *c'est* se *plaindre* du feu que l'on a attisé.
(DE LINGRÉE.)

Désirer d'être utile au monde, *c'est désirer* d'être éclairé.
(MARMONTEL.)

Le seul cas où le verbe *être* doit toujours être construit avec *ce*; *c'est*, comme on le voit, lorsqu'il se trouve placé entre deux infinitifs. Nos immenses lectures ne nous ont fourni que ces deux exemples où *ce* n'ait pas été exprimé : *Souffler* n'EST PAS *jouer* (Académie); *se parer et farder* n'EST PAS, je l'avoue, *parler contre sa pensée* (Fléchier). Peut-être bien cette suppression est-elle permise quand la négation précède le verbe *être*.

EXERCICE PHRASÉOLOGIQUE.

La vie, c'est la pensée.
La jeunesse, ce n'est que légèreté.
Ce que je sais le mieux, c'est la fin.
Ce qui m'afflige, c'est de voir que...

La vie est la pensée.
La jeunesse n'est que légèreté.
Ce que je sais le mieux est la fin.
Ce qui m'afflige est de voir que...

Le vrai moyen de parvenir, c'est de...
Le vrai moyen de parvenir est de...
Se marier sans amour, c'est folie.
Se marier sans amour est folie.

DES PRONOMS POSSESSIFS.

N° CCCLIII.

NATURE DES PRONOMS POSSESSIFS. — DÉFINITION

On voit les maux d'autrui d'un autre œil que *les siens*.
(CORNEILLE.)

Ton dieu, c'est l'intérêt; *le mien*, c'est l'équité.
Entre ces ennemis il n'est point de traité.
(VOLTAIRE.)

La musique des anciens Grecs était très-différente de *la nôtre*.
(VOLTAIRE.)

Ne jetons pas la pierre aux autres; [*nôtres*? Car s'ils ont leurs défauts, n'avons-nous pas *les*
(ARNAULT.)

Les *pronoms possessifs* sont ceux qui marquent la possession des personnes ou des choses dont ils rappellent l'idée.

Les mots que les grammairiens regardent comme pronoms possessifs sont *le mien*, *le tien*, *le sien*, *le nôtre*, *le vôtre*, *le leur*; *la mienne*, *la tienne*, *la sienne*, *la nôtre*, *la vôtre*, *la leur*.

I. — *Le mien*.

MASCULIN ET FÉMININ SINGULIER.

L'ambition ni la fumée ne touchent point un cœur comme *le mien*.
(J.-J. ROUSSEAU.)

Madame, en ce moment je reçois cette lettre,
Qu'en vos augustes mains mon ordre est de remettre,
Et que jusqu'en *la mienne* a fait passer Tarquin.
(VOLTAIRE.)

MASCULIN ET FÉMININ PLURIEL.

Ami, dit l'un, tes yeux sont meilleurs que *les miens*,
Porte un peu tes regards sur ces plaines profondes.
(LA FONTAINE.)

Le temps des vengeances publiques est arrivé; je pouvais y associer *les miennes*, mais je fus fidèle à ma devise.
(BERN. DE SAINT-PIERRE.)

II. — *Le tien*.

Le secret du soudan doit encor se cacher;
Mais mon cœur dans *le tien* se plaît à s'épancher.
(VOLTAIRE.)

Tu es un ange du ciel, ma Julie! Sans doute, avec tant d'autorité sur mon âme, *la tienne* est plus divine qu'humaine.
(J.-J. ROUSSEAU.)

Le cœur plein de ce que nous lui devons, je voulais lui montrer mes sentiments et *les tiens*.
(J.-J. ROUSSEAU.)

Je ne prétends pas te donner mes raisons pour invincibles, mais te montrer seulement qu'il y en a qui combattent *les tiennes*.
(Id.)

III. — *Le sien.*

Iphis voit à l'église un soulier d'une nouvelle mode ; il regarde *le sien* et en rougit, il ne se croit plus habillé. (La Bruyère.)

Plusieurs de nos ministres choisis par le roi se pénètrent de son patriotisme, et ils sentent que leur gloire, comme *la sienne,* est dans le bonheur national. (Bern. de Saint-Pierre.)

Dans ses projets un faquin réussit,
Tandis que dans *les siens* un honnête homme échoue. (Lebrun.)

L'homme heureux n'a qu'à s'abandonner à ses vertus, et il faut que le malheureux se sacrifie *aux siennes.* (Saint-Évremont.)

IV. — *Le nôtre.*

Damon, quel malheur est *le nôtre* !
On ne nous croit ni l'un ni l'autre. (Regnard.)

Beaucoup de familles étrangères qui meurent de regret hors de leur patrie, se naturaliseraient dans *la nôtre.* (Bern. de Saint-Pierre.)

Ne jetons pas la pierre aux gens ;
Excusons leurs défauts, n'avons-nous pas *les nôtres* ? (Arnault.)

Je soutiens qu'il n'y a point de lecture aussi délicieuse, même pour qui ne te connaîtrait pas, s'il avait une âme semblable *aux nôtres.* (J.-J. Rousseau.)

V. — *Le vôtre.*

Un cœur pour qui *le vôtre* avait quelque tendresse,
N'a point appris de vous à montrer de faiblesse. (Voltaire.)

Il n'en faut point douter, je les plains l'un et l'autre,
Jamais crainte ne fut plus juste que *la vôtre.* (Racine.)

Céleste Julie ! vous vous contentez de charmer nos sens, et n'êtes point en guerre avec *les vôtres.* (J.-J. Rousseau.)

Vous ignorez encor mes pertes et *les vôtres ;*
Mais, hélas ! apprenez les unes et les autres. (Racine.)

VI. — *Le leur.*

Les journaux attendent le jugement du public pour y conformer *le leur.* (Bern. de Saint-Pierre.)

Des princes mes neveux j'entretiens la fureur,
Et mon ambition autorise *la leur.* (Racine.)

De tous les auteurs, il n'y en a point que je méprise plus que les compilateurs, qui vont de tous côtés chercher des lambeaux des ouvrages des autres qu'ils plaquent dans *les leurs.* (Montesquieu.)

Voilà des raisons, cher Émile ; pesez *les leurs,* s'ils en ont, et comparez. (J.-J. Rousseau.)

Dans toutes les citations qui précèdent, nous ne voyons pas que les expressions *le mien, le tien, le sien,* etc., soient des pronoms possessifs, ainsi qu'ils ont été improprement qualifiés par les grammairiens, mais bien d'autres adjectifs possessifs variant dans leur forme, selon le genre et le nombre du substantif auquel ils ont rapport, et qui est toujours sous-entendu. En effet, *un cœur comme le mien, tes yeux sont meilleurs que les miens,* etc., s'analysent de cette manière : *un cœur comme le (cœur) mien, tes yeux sont meilleurs que les (yeux) miens,* où l'on voit que *mien* et *miens* ne jouent d'autre rôle que celui d'adjectifs, puisqu'ils se rapportent à un nom constamment ellipsé. La propriété des termes dérive ici de l'esprit d'analyse, et c'est faute d'avoir été éclairés de cet esprit que les grammairiens ont donné aux adjectifs *mien, tien, sien,* etc., des appellations fausses.

Ces adjectifs, toujours placés après les substantifs qu'ils qualifient, sont :

1° En rapport avec la première personne du singulier, pour les deux genres et les deux nombres, *mien, mienne, miens, miennes ;*

2° En rapport avec la seconde personne du singulier, pour les deux genres et les deux nombres, *tien, tienne, tiens, tiennes ;*

3° En rapport avec la troisième personne du singulier, pour les deux genres et les deux nombres, *sien, sienne, siens, siennes ;*

4° En rapport avec la première personne du pluriel, *nôtre,* pour le masculin et le féminin singulier ; *nôtres,* pour le masculin et le féminin pluriel ;

5° En rapport avec la seconde personne du pluriel, *vôtre*, pour le masculin et le féminin singulier ; *vôtres*, pour le masculin et le féminin pluriel;

6° En rapport avec la troisième personne du pluriel, pour les deux genres et les deux nombres : *leur; leurs*.

Remarquez que *nôtre, vôtre*, précédés d'un article, prennent un accent circonflexe, et que, dans ce cas, l'o est long.

EXERCICE PHRASÉOLOGIQUE.

Le mien.	La mienne.	Les miens.	Les miennes.
Le tien.	La tienne.	Les tiens.	Les tiennes.
Le sien.	La sienne.	Les siens.	Les siennes.
Le nôtre.	La nôtre.	Les nôtres.	Les nôtres.
Le vôtre.	La vôtre.	Les vôtres.	Les vôtres.
Le leur.	La leur.	Les leurs.	Les leurs.

N° CCCLIV.

Le mien, le tien, le sien, etc. PRIS SUBSTANTIVEMENT.

I.

Et *le mien* et *le tien*, deux frères pointilleux,
Par son ordre amenant les procès et la guerre,
En tous lieux, de ce pas, vont partager la terre.
(BOILEAU.)

Si j'ajoute *du mien* à son invention,
C'est pour peindre nos mœurs, et non point par envie.
(LA FONTAINE.)

II.

O ciel ! et quel est donc l'excès de ma misère,
Si le trépas *des miens* me devient nécessaire !
(VOLTAIRE.)
Mais j'ai *les miens*, la cour, le peuple à contenter.
(LA FONTAINE.)
Le dieu lui répondit : *les tiens* cesseront de régner quand un étranger entrera dans ton île pour y faire régner les lois. (FÉNÉLON.)

Malheureux le vengeur entouré de tombeaux
Qui porte chez *les siens* le glaive et les flambeaux.
(COLARDEAU.)
C'est à nous à payer pour les crimes *des nôtres*.
(RACINE.)
C'est en vain que d'Aumale arrête sur ces rives
Des siens épouvantés les troupes fugitives.
(VOLTAIRE.)

On voit par ces citations : 1° que *mien, tien*, etc., dans *le mien, le tien, le sien, le nôtre, le vôtre, le leur*, s'emploient substantivement pour désigner ce qui nous appartient, ce qui nous est propre : *le mien, le tien*, c'est-à-dire *mon bien, ton bien*. Or on conçoit que cet emploi doit être essentiellement restreint au masculin singulier.

2° Que les mêmes adjectifs sont encore employés substantivement au masculin pluriel, seulement quand on parle des personnes qui nous sont attachées par les liens du sang ou de l'amitié, ou qui sont sous notre dépendance. Girault-Duvivier se trompe en avançant qu'alors on dit : *moi et les miens, toi et les tiens*, etc., le *pronom personnel* devant toujours précéder le *pronom possessif*, qui sans cela n'aurait plus la même signification. Nos exemples prouvent l'inexactitude de ces paroles. D'abord la présence du pronom personnel, puisque pronom il y a, n'est pas indispensable devant l'adjectif possessif. En second lieu, il peut être transposé après en poésie. C'est ainsi que La Fontaine a dit, pour éviter un hiatus :

Les tiens et *toi* pouvez vaquer
Sans nulle crainte à vos affaires.

EXERCICE PHRASÉOLOGIQUE.

Le mien, le nôtre.	Le sien, le leur.	Les miens, les nôtres.	Les siens.
Le tien, le vôtre.	Le nôtre.	Les tiens, les vôtres.	Les leurs.

(424)

N° CCCLV.

EMPLOI DE *le mien, le tien*, etc., AVEC DES NOMS INDÉTERMINÉS.

Je ne dis ni bien ni mal des gens en *place*, pourvu que je conserve *la mienne*.
(D'ALEMBERT.)

... Mais le monstre en furie
D'un seul coup, à mes pieds, vous a jeté sans *vie*,
Et m'a ravi *la mienne* avec le même effort.
(CRÉBILLON.)

Suivant M. Landais, les pronoms possessifs ne peuvent pas se rapporter à des noms pris dans un sens indéfini, et ce serait une faute de dire : il n'est pas d'*humeur* à faire plaisir, et *la mienne* est bienfaisante......, parce que, selon ce grand principe de Vaugelas « tout nom employé sans article ou sans quelque équivalent de l'article, ne peut avoir » après soi un pronom qui se rapporte à ce nom. » Ce grand principe de Vaugelas, que les grammairiens nous rebattent depuis des siècles, est trop absolu ; les règles absolues en grammaire, dit M. Dessiaux, ont au moins le petit inconvénient de fausser le jugement. Heureusement les grammairiens philosophes ont fait bonne justice de ce *grand principe* de Vaugelas. Nous demanderons d'abord à M. Landais lui-même si les phrases que nous avons citées en tête de ce numéro, et qui sont dans l'analogie de celle qu'il a critiquée, sont vicieuses ou choquantes. S'il soutient que *oui*, pour rester fidèle à Vaugelas, nous soutiendrons que *non*, pour rester fidèles au bon goût, à l'usage des meilleurs écrivains, qui ont fréquemment employé cette syllepse dans les cas où il serait difficile ou même impossible de s'exprimer autrement sans dénaturer la pensée ou sans nuire à la concision.

N° CCCLVI.

DES PRONOMS RELATIFS.

Le bien *que* l'on fait la veille
Fait le bonheur du lendemain. (LE BAILLY.)

Heureux le sage roi *qui* connaît sa faiblesse !
(CHÉNIER.)

Il est des maux *dont* une loi sévère
Nous impose en naissant le fardeau nécessaire.
(LA HARPE.)

La douceur du ton et des manières a un ascendant imperceptible *auquel* on ne résiste pas.
(Mme DE PUISIEUX.)

C'était presque la seule chose à *quoi* ils distinguaient les catholiques des luthériens.
(VOLTAIRE.)

Un souverain abdique le jour *où* son autorité est méconnue. (NAPOLÉON.)

Les pronoms relatifs *qui, que, lequel, laquelle, lesquels, lesquelles, quoi, dont, où*, servent non seulement à déterminer l'objet dont on a parlé, à en rappeler l'idée, mais encore à joindre une autre pensée à ce même objet. C'est cette dernière propriété qui les a fait nommer *pronoms conjonctifs*. On les appelle aussi pronoms *relatifs*, à cause de la relation qu'ils ont avec les noms ou les pronoms qui les précèdent.

EXERCICE ANALYTIQUE.

Je blâme un bienfaiteur *dont* l'âme mercenaire
 Veut mettre un prix à son bienfait. (Mme JOLIVEAU.)
Gloire immortelle au bienfaiteur
 Qui protége notre faiblesse ! (STASSART.)
Recevoir des bienfaits de l'être *qu*'on méprise,
 N'est-ce pas se déshonorer ? (Id.)

Laissez entre la colère
Et l'orage *qui* la suit.
L'intervalle d'une nuit. (LA FONTAINE.)
Il n'est aucune espèce d'herbe
Qui ne soit chère au créateur. (HAUMONT.)
..... En voulant se hâter de jouir
On perd souvent un bien *que* l'on allait cueillir. (AUBERT.)

N° CCCLVII.

EMPLOI DES PRONOMS RELATIFS.

QUI.

RELATIF.	ABSOLU.
Le *fer qui* tranche tout n'est qu'un moyen vulgaire. (Cas. Delavigne.)	*Qui* veut régner en paix veut un peuple dévot. (Chénier.)
Je méconnais les *grands qui* n'ont pas l'âme grande. (Boursault.)	*Qui* cherche le malheur, malheur trouve en amour. (*Id.*)
La *douleur qui* se tait n'en est que plus funeste. (Racine.)	*Qui* sert les malheureux sert la divinité. (Guym. de la Touche.)
Loin des *personnes qui* nous sont chères, toute demeure est un désert et tout espace est un vide. (Mme Necker.)	*Qui* veut être aimée doit être aimable. (Anonyme.)

Le pronom *qui* est relatif ou absolu : relatif, il se dit des personnes et des choses et est des deux genres et des deux nombres, selon que son antécédent est du masculin ou du féminin singulier, du masculin ou du féminin pluriel ; il est pour *lequel*, *laquelle*, *lesquels*, *lesquelles* (1re colonne). Absolu, c'est-à-dire n'ayant rapport à aucun antécédent exprimé, *qui* ne peut se dire que des personnes, et alors il est du masculin ou du féminin singulier ; mais presque toujours du premier : *Qui veut régner en paix*, *qui veut être aimée*, c'est pour (*celui*) *qui veut régner*, (*celle*) *qui veut être aimée*, où l'on voit que *celui* et *celle* antécédents de *qui* sont sous-entendus.

Employé dans les interrogations, *qui* absolu peut aussi être du masculin et du féminin pluriel. Exemples :

Dites-moi, je vous prie, lui demanda Clorinde, *qui* sont ces jeunes gens. (J.-J. Rousseau.)	Il y avait hier chez vous beaucoup de personnes ; *qui* sont-elles ? (Girault-Duvivier.)

EXERCICE PHRASÉOLOGIQUE.

L'homme qui.	Qui est vertueux.	Le cheval qui.	Qui est-il ?
La femme qui.	Qui est vertueuse.	L'enfant qui.	Qui est-elle ?
Les jeunes gens qui.	Qui est franc.	Qui est brave.	Qui sont-ils ?
Les jeunes personnes qui.	Qui est franche.	Qui est bonne.	Qui aiment-elles ?

N° CCCLVIII.

QUI *dans les énumérations.*

Qui lui présente des gâteaux, *qui* des châtaignes, *qui* deçà, *qui* delà. (Mme de Sévigné.) Nos gens faisant main basse sur tout, s'en vont *qui* deçà, *qui* delà. (P.-L. Courier.)	. . . Certains saints, Pour mieux vaquer à leurs pieux desseins, Se séquestraient, vivaient comme des anges, *Qui* çà, *qui* là, portant toujours leurs pas En lieux cachés. (La Fontaine.)

Employé dans les énumérations, *qui* signifie *les uns*, *les autres*, et est toujours du masculin singulier.

EXERCICE PHRASÉOLOGIQUE.

On se répandit dans les prairies, qui çà, qui là.	Qui lui donne des gâteaux, qui du vin, qui des liqueurs.	Qui dormait, qui mangeait, qui buvait, qui fumait, qui dansait.

N° CCCLIX.

QUE.

I.

MASCULIN ET FÉMININ SINGULIER.	MASCULIN ET FÉMININ PLURIEL.
L'esprit ébauche le bonheur *que* la vertu achève. (HELVÉTIUS.)	Bravez des ennemis *que* vous pouvez combattre. (LAMOTTE.)
Il n'est point de fierté *que* le sort n'humilie. (CRÉBILLON.)	Des lois *que* nous suivons, la première est l'honneur. (VOLTAIRE.)

II.

Au fond de son tombeau, trop heureux le mortel Qu'un jour de plus, peut-être, eût rendu criminel. (DUCIS.)	Il est certains esprits qu'il faut prendre de biais, Et que, heurtant de front, vous ne gagnez jamais. (REGNARD.)
L'autorité *qu'*on méprise est bientôt bravée. (SÉGUR.)	La gloire prête un charme aux horreurs *qu'*on af- [fronte. (DELAVIGNE.)

On voit : 1° que le pronom relatif *que* est des deux genres et des deux nombres, qu'il est pour *lequel, laquelle, lesquels, lesquelles*, selon le substantif qu'il modifie : *le bonheur que la vertu achève, les ennemis que vous pouvez combattre*, etc., s'analysent ainsi : *le bonheur que (lequel) la vertu achève, les ennemis que (lesquels) vous pouvez combattre.*

2° Que devant une voyelle l'*e* muet de l'adjectif conjonctif *que* s'élide et est remplacé par une apostrophe.

EXERCICE PHRASÉOLOGIQUE.

Le savoir que je lui connais.
La vertu que cette dame préfère.
Le bon cœur qu'il fait paraître en toute occasion.
La douceur qu'elle a montrée.

Les talents que l'instruction fait éclore.
Les qualités que la modestie gâte.
Les services qu'on a rendus.
Les espérances qu'un seul jour a détruites.

N° CCCLX.

DONT.

MASCULIN ET FÉMININ SINGULIER.	MASCULIN ET FÉMININ PLURIEL.
L'esprit est un flambeau *dont* la douce lumière Ne doit point offusquer les regards qu'il éclaire. (DESTOUCHES.)	Fuir n'est un déshonneur Que pour ceux *dont* on peut soupçonner la valeur. (CRÉBILLON.)
Ô fortune, ô grandeur, *dont* l'amorce flatteuse Surprend, touche, éblouit une âme ambitieuse! (CORNEILLE.)	... Il est des blessures *Dont* un cœur généreux peut rarement guérir. (VOLTAIRE.)
Un plaisir *dont* on est assuré de se repentir ne peut jamais être tranquille. (Mme DE LA VALLIÈRE.)	Il est des maux *dont* une loi sévère Nous impose en naissant le fardeau nécessaire. (LA HARPE.)
La vie de l'avare est une comédie *dont* on n'applaudit que la scène qui la termine. (SANIAL-DUBAY.)	Il n'y a pas de contradictions *dont* les hommes ne soient capables. (VAUVENARGUES.)

Dont, de tout genre et de tout nombre, convient aux personnes et aux choses. Il signifie *duquel, de laquelle, desquels, desquelles*, et même *de quoi*, comme dans cet exemple : *Voilà justement ce dont il s'agit ; ce de quoi il s'agit.*

EXERCICE PHRASÉOLOGIQUE.

Le malheur dont vous attendez la fin.
La considération dont il jouit.

Les hommages dont nous sommes accablés.
Les amitiés dont elles se défient.

N° CCCLXI.

Lequel, laquelle; duquel, de laquelle, auquel, à laquelle, etc.

MASCULIN ET FÉMININ SINGULIER.

Le 13 mai fut donné le fameux arrêt d'union, qu'on peut regarder comme l'étendard sous *lequel* se rangèrent par suite tous ceux qui voulurent molester le ministère. (ANQUETIL.)

Toute affectation est ridicule, même celle par *laquelle* on prétend s'éloigner de l'affectation. (BRISSON.)

Cette fumée ou vapeur qui brûle n'a jamais la même quantité, la même intensité de chaleur que le corps combustible *duquel* elle s'échappe. (BUFFON.)

La bonté du Seigneur, *de laquelle* nous ressentons tous les jours les effets, devrait bien nous engager à pratiquer ses commandements. (WAILLY.)

La douceur du ton et des manières a un ascendant imperceptible *auquel* on ne résiste pas. (Mme DE PUISIEUX.)

Chaque matière *à laquelle* le feu ôte ou donne quelque chose n'est plus la substance simple que l'on voudrait connaître. (BUFFON.)

MASCULIN ET FÉMININ PLURIEL.

Ces temps où l'homme perd son domaine, ces siècles de barbarie pendant *lesquels* tout périt, sont toujours préparés par la guerre. (BUFFON.)

Les guerres continuelles dans *lesquelles* les rois furent engagés suspendirent les soins qu'ils auraient dû prendre aux lettres. (DUCLOS.)

Les paysans attachés à la glèbe étaient la propriété de leurs seigneurs, au pouvoir *desquels* rien ne pouvait les soustraire. (J.-J. ROUSSEAU.)

Télémaque suivait la déesse environnée d'une foule de nymphes au-dessus *desquelles* elle s'élevait. (FÉNÉLON.)

L'odorat subtil du chien est indifférent à une multitude de parfums *auxquels* l'homme est sensible. (BERN. DE SAINT-PIERRE.)

J'ai vu un homme qui sort des galères *auxquelles* ce porte-chandelier l'avait bien ridiculement condamné. (DUPATY.)

On voit que de tous les pronoms relatifs, *quel* est le seul qui prenne l'article: *lequel, laquelle*, etc., et que cet article lui est si étroitement uni qu'il en est inséparable, soit dans son état naturel, soit dans son état de contraction.

Lequel, laquelle; duquel, de laquelle, auquel, à laquelle, etc., peuvent se dire, tant au singulier qu'au pluriel, des personnes ou des choses.

EXERCICE PHRASÉOLOGIQUE.

L'ami sur lequel je compte.
La joie avec laquelle j'ai reçu votre lettre.
Le malade au rétablissement duquel je m'intéresse.
La personne aux soins de laquelle je dois tout.
Le bonheur auquel on aspire.
L'espérance à laquelle on se livre.

Les riches sur lesquels les pauvres s'appuient.
Les lois sous lesquelles nous vivons.
Les amis auprès desquels nous nous plaisons.
Les contrées loin desquelles nous nous trouvons.
Les gens auxquels cela convient.
Les récompenses auxquelles vous avez droit.

N° CCCLXII.

QUOI.

ABSOLU.

On est assez parfait quand on a de *quoi* plaire. (MONTEL.)

Il y a je ne sais *quoi* de turc à proscrire l'imprimerie; et c'est la proscrire que la trop gêner. (VOLTAIRE.)

RELATIF.

Au milieu de ce désordre il fallait cependant adopter un ordre, sans *quoi* la confusion de la matière eût encore ajouté à l'insuffisance de l'auteur. (BERN. DE SAINT-PIERRE.)

Il y eut plusieurs dîners à *quoi* l'on ne s'était pas attendu. (Mme DE SÉVIGNÉ.)

Il y a je ne sais *quoi* de *noble* dans la simplicité, et moins l'homme est superbe, plus il est vénérable.
(FLÉCHIER.)

Hippias se trouble : il sent je ne sais *quoi* de *divin* qui l'étonne et qui l'accable.
(FÉNÉLON.)

C'était presque la seule *chose* à *quoi* ils distinguaient les catholiques des luthériens.
(VOLTAIRE.)

C'est encore ici une des *raisons* pour *quoi* je veux élever Émile à la campagne.
(J.-J. ROUSSEAU.)

Considéré comme absolu, c'est-à-dire comme ne se rattachant à aucun antécédent exprimé, le pronom *quoi* est toujours du masculin singulier (1re colonne). S'il est au contraire relatif, c'est-à-dire qu'il ait rapport à un nom précédemment énoncé, il est pour *lequel*, *laquelle*, etc., et peut par conséquent s'associer à des noms des deux genres et des deux nombres (2e colonne). Du reste, *quoi* ne se dit jamais que des choses.

EXERCICE PHRASÉOLOGIQUE.

A quoi pensez-vous ?
Je ne sais quoi d'aimable.

Le point sur quoi.
La raison pourquoi.

De quoi vous plaignez-vous ?
Quoi de plus beau ?

Les motifs pourquoi.
Les choses à quoi.

N° CCCLXIII.

Où, d'où, par où.

SINGULIER.

L'abdication d'un souverain est une ironie ; il abdique le jour *où* son autorité est méconnue.
(NAPOLÉON.)

Sans les insectes, les oiseaux n'auraient pas de quoi nourrir leurs petits, dans une saison *où* il n'y a pas encore de grains ni de fruits mûrs.
(BERN. DE SAINT-PIERRE.)

C'est dans la nature qu'il faut chercher la substance d'un peuple, et dans sa liberté le canal *par où* elle doit couler. (Id.)

L'opinion publique ne retourne jamais en arrière qu'au moment *où* elle a atteint les extrêmes du point *d'où* elle est partie. (DEFERRIÈRE.)

PLURIEL.

Dans les pays *où* il y a des lions, il y a des races de chiens capables de les combattre corps à corps.
(BERN. DE SAINT-PIERRE.)

Quand les longues feuilles des palmiers des Indes sont sèches, on s'en sert comme de tablettes *où* l'on écrit avec un poinçon. (Id.)

Est-il étonnant que nos maux se multiplient dans tous les points *par où* l'on peut nous blesser ?
(J.-J. ROUSSEAU.)

Il arrive quelquefois dans la vie des accidents *d'où* il faut être un peu fou pour se bien tirer.
(LA ROCHEFOUCAULD.)

Où, d'où, par où, ne se disent jamais que des choses ; ils sont des deux genres et des deux nombres, et ont souvent, dans le discours, plus de grâce que *duquel, dans lequel, par lequel, dont,* ils font les fonctions.

Dans ces vers de Racine,

... Il ne reste que moi
Où l'on découvre encor les vestiges d'un roi ;

où pour *en qui* est une licence poétique qui n'est guère permise, même en poésie.

EXERCICE PHRASÉOLOGIQUE.

Le bonheur où j'aspire.
La ville d'où j'arrive.

Les regards où la colère est peinte.
Les provinces par où vous passerez.

N° CCCLXIV.

DES EXPRESSIONS *qui que ce soit, qui que ce fût, quoi que ce soit, quoi que ce fût,* etc.

Qui que ce soit.

Qui que ce soit qui me demande, dites que je suis occupé. (GIRAULT-DUVIVIER.)

Il recommande le secret à ses filles, leur fait expresses défenses d'en parler à *qui que ce fût*.
(P.-L. COURIER.)

SANS NÉGATION.

Quoi que ce soit.

Quoi que ce soit qu'elle dise, elle ne me persuadera pas. (GIRAULT-DUVIVIER.)

Quoi que ce puisse être, j'en tiendrai le secret.
(PLANCHE.)

AVEC NÉGATION.

Je n'envie la fortune de *qui que ce soit*.
(GIRAULT-DUVIVIER.)
On ne doit jamais mal parler de *qui que ce soit*.
(*Id.*)
Je n'y ai trouvé *qui que ce soit*.
(PLANCHE.)

Quelque mérite que l'on ait, on ne peut, si l'on n'a ni bonheur ni protection, réussir à *quoi que ce soit*.
(GIRARD.)
Ceux qui ne s'occupent à *quoi que ce soit* me paraissent fort méprisables.
(GIRAULT-DUVIVIER.)

Dans les expressions *qui que ce soit, qui que ce fût, quoi que ce soit, quoi que ce fût*, etc., que les grammairiens ont à tort considérées comme des pronoms indéfinis, le *qui* et le *quoi* ne sont autres que les adjectifs conjonctifs *qui* et *quoi*, employés d'une manière absolue.

Qui que ce soit, pour les personnes, et *quoi que ce soit* pour les choses, se mettent toujours au masculin singulier avec ou sans négation et dans tous les rapports possibles.

Employé sans négation, *qui que ce soit* a le sens de *quiconque*, ou de *quelque personne que ce soit*; mais employé avec négation, il signifie *personne* ou *aucune personne*.

Qui que ce soit, employé négativement, a la signification de *quelque chose que*; avec négation, il signifie *rien*.

EXERCICE PHRASÉOLOGIQUE.

Secourez qui que ce soit.
Être poli envers qui que ce soit.

N'accordez pas votre confiance à qui que ce soit.

Donnez-moi quoi que ce soit.
S'occuper à quoi que ce soit.

Ne réussir en quoi que ce soit.
Ne valoir quoi que ce soit.

N° CCCLXV.

EMPLOI DE *qui relatif* COMME SUJET.

POUR LES PERSONNES.

Loin des *personnes qui* nous sont chères, toute demeure est un désert et tout espace est un vide.
(Mme DE NECKER.)
Il y a des *gens qui* regardent leurs amis comme des victimes dévouées à leur réputation.
(SAINT-ÉVREMONT.)
Un sot *qui* ne dit mot ne se distingue pas
D'un savant qui se tait. (MOLIÈRE.)

POUR LES CHOSES.

La colère dans les vieillards est le seul *vice* de la jeunesse *qui* se ranime par l'extinction des autres.
(DUCLOS.)
Le véritable courage est très-opposé à la *témérité qui* n'examine rien. (FONTENELLE.)
Pour prévenir les *maux qui* vous glacent de crainte, On peut, sans s'abaisser, aller jusqu'à la feinte.
(CRÉBILLON.)

Lorsque *qui* est construit en sujet, comme dans ces citations, on voit qu'il peut se rapporter aux personnes et aux choses.

EXERCICE PHRASÉOLOGIQUE.

L'homme qui.   La chose qui.   Les femmes qui.   Les objets qui.

N° CCCLXVI.

EMPLOI DE *qui*, OU DE *lequel*, LORSQUE CES MOTS SONT COMPLÉMENTS DE PRÉPOSITIONS.

I.

POUR LES PERSONNES.

Phalante, à *qui* la honte et le désespoir donnent encore un reste de force et de vigueur, élève les mains et les yeux vers le ciel. (FÉNELON.)

POUR LES CHOSES.

La terre est un globe d'environ 3,000 lieues de diamètre: elle est située à trente millions de lieues du *soleil*, autour *duquel* elle fait sa révolution en 365 jours. (RIGAUD.)

La trompette a sonné, les traits sifflent : Moïse,
Sur un mont à l'écart, debout, les bras levés,
Priait le *Dieu par qui* les flots sont soulevés.
(CHATEAUBRIAND.)

La conversation devient plate à proportion que *ceux avec qui* on la tient sont plus élevés en dignité.
(HELVÉTIUS.)

O *rochers* escarpés! c'est à vous que je me plains, car je n'ai que *vous à qui* je puisse me plaindre.
(FÉNÉLON.)

Un *livre* curieux serait *celui dans lequel* on ne trouverait pas de mensonge. (NAPOLÉON.)

Le cruel intendant de tes jardins, depuis ton départ, m'oblige à des *travaux* insurmontables, *dans lesquels* j'ai pensé mille fois laisser la vie.
(MONTESQUIEU.)

. . . Notre vie est un *pèlerinage*
Auquel nous condamne le sort. (STASSART.)

Le but de ces exemples est de nous apprendre qu'en général, toutes les fois qu'un pronom relatif est complément d'une préposition, on se sert de *qui* pour les personnes ou les objets personnifiés, de *lequel, laquelle,* etc., pour les choses.

II.

Quoique certains *Lapons* aient, pendant l'hiver, certaines terres fixes, il y en a beaucoup davantage qui courent toujours, et *desquels* on ne saurait trouver l'habitation. (REGNARD.)

Quand tout le monde est parti, l'on parle de ce qui s'est passé. L'homme rapporte ce qu'on lui a dit, ce qu'ont dit et fait *ceux avec lesquels* il s'est entretenu. (J.-J. ROUSSEAU.)

Je tiens pour maxime incontestable que quiconque n'a vu qu'un peuple, au lieu de connaître les hommes, ne connaît pas les *gens avec lesquels* il a vécu. (*Id.*)

Soutiendrez-vous un *faix* sous *qui* Rome succombe
(CORNEILLE.)

Je pardonne à la *main* par *qui* Dieu m'a frappé.
(VOLTAIRE.)

Je t'amène, après tant d'années,
Une *paix* de *qui* les douceurs,
Sans aucun mélange de pleurs,
Feront couler les destinées. (RACINE.)

Du haut de la montagne où sa grandeur réside
Il a brisé la *lance* et l'*épée* homicide
Sur *qui* l'impiété fondait son ferme appui.
(J.-B. ROUSSEAU.)

Lequel, laquelle, compléments d'une préposition, peuvent aussi, comme le prouvent les exemples de la première colonne, se dire des personnes. Mais il n'en est pas de même de *qui*, pour les choses, bien que les exemples de la seconde colonne semblent établir le contraire; il faut les regarder comme autant d'infractions au principe que nous avons établi plus haut, et comme des licences que l'on peut se permettre seulement en poésie ou dans le style figuré : là, tout s'anime, se personnifie.

EXERCICE PHRASÉOLOGIQUE.

Les hommes avec qui...
Les hommes avec lesquels.
Celles avec qui.
Celles avec lesquelles.

Les raisons par lesquelles.
Le prix auquel.
La chose à laquelle.
Les pensées auxquelles.

L'enfant à qui.
Les personnes auxquelles.
Les gens pour qui.
Les gens pour lesquels.

Le portrait auquel.
La bague sur laquelle.
La vallée dans laquelle.
La fortune vers laquelle.

N° CCCLXVII.

EMPLOI DE *dont* ET DE *duquel*, COMPLÉMENTS D'UN SUBSTANTIF.

Dont.

Les personnes *dont les oreilles* sont inégales ou insensibles se trompent souvent sur le côté d'où vient le son. (BUFFON.)

Il faut plaindre le sort du prince infortuné
Dont le cœur endurci n'a jamais pardonné.
(CHÉNIER.)

Arrière ceux *dont la bouche*
Souffle le chaud et le froid.
(LA FONTAINE.)

Duquel.

Sous les empereurs romains, celui-là seul avait le droit de demander le triomphe, sous *les auspices duquel* la guerre s'était faite.
(MONTESQUIEU.)

Le nombre du petit peuple devenant incommode, on en fit des colonies, par *le moyen desquelles* on s'assura de la fidélité des provinces.
(*Journal grammatical.*)

Les paysans attachés à la glèbe étaient la propriété de leurs seigneurs, *au pouvoir desquels* rien ne pouvait les soustraire. (J.-J. ROUSSEAU.)

L'homme, dont *l'estomac et les intestins* ne sont pas d'une très-grande capacité relativement au volume de son corps, ne pourrait pas vivre d'herbe seule. (BUFFON.)

On attribue à la cigogne des vertus morales *dont l'image* est toujours respectable : la tempérance, la fidélité conjugale, la piété filiale et paternelle. (*Id.*)

Hier fut un jour sur *les événements* duquel il faut peut-être jeter un voile. (THIERS.)

Il le montra entouré de satellites à *la violence* desquels il livrait ses contradicteurs. (*Id.*)

L'emploi de *dont* et de *duquel* est ici bien facile à comprendre. On doit se servir du premier toutes les fois qu'il est suivi d'un substantif dont il est complément : *dont les oreilles, dont le cœur endurci,* etc. (1re colonne). Au contraire, si le substantif vient avant, sous la dépendance d'une préposition, il faut *duquel, de laquelle,* etc. : *Sous les auspices duquel, par le moyen de laquelle,* etc. (2e colonne).

EXERCICE PHRASÉOLOGIQUE.

L'âne dont les oreilles.
La tempête dont la violence.
Le rossignol dont le chant.

L'âne dans les oreilles duquel.
La tempête à la violence de laquelle.
Le rossignol au chant duquel.

Ceux dont l'esprit.
Celle dont la beauté.
Les hommes dont les passions.

Ceux dans l'esprit desquels.
Celle à la beauté de laquelle.
Les hommes aux passions desquels.

N° CCCLXVIII.

EMPLOI DE *dont*, COMPLÉMENT D'UN VERBE OU D'UN ADJECTIF.

J'approuve la manière *dont* vous *distribuez* votre temps et vos études. (RACINE.)

Nous sommes très-contents de la manière naturelle *dont* vous *écrivez*. (*Id.*)

L'air *dont* il m'a *reçu* m'a surpris. (MARMONTEL.)

Les sujets d'Aceste, animés par l'exemple et par les ordres de Mentor, eurent une vigueur *dont* ils ne se croyaient point *capables*. (FÉNÉLON.)

Témoignez à M. de Bonnac ma reconnaissance pour l'amitié *dont* il vous *honore*. (RACINE.)

Vous ne connaissez pas la personne *dont* il *s'agissait*. (*Id.*)

Le sénat attachait à Rome des rois *dont* elle avait peu à *craindre*. (MONTESQUIEU.)

Il prévoyait l'avenir par la profonde sagesse qui lui faisait connaître les hommes et les desseins *dont* ils sont *capables*. (FÉNÉLON.)

Dans ces exemples, dit Boniface, à qui nous devons en partie ce numéro, *dont* se rapporte tantôt à un nom de personne, tantôt à un nom de chose. Il est complément d'un verbe ou d'un adjectif qui veulent après eux la préposition *de* : *Distribuer son temps d'une manière ; honorer de l'amitié, capables d'une vigueur,* etc.

Dans ce cas, *dont* est généralement préférable à *duquel* et à *de qui* ; mais il y a cependant des circonstances où *duquel* et *de qui* doivent être employés au lieu de *dont* ; c'est quand le sens peut présenter une équivoque, ce que l'on verra un peu plus loin.

EXERCICE PHRASÉOLOGIQUE.

Les éloges dont vous êtes dignes.
La pauvreté dont je m'honore.

Les caresses dont vous m'accablez.
La manière dont il parle.

Les chimères dont vous vous repaissez.

Les conseils dont vous profitez.
L'ordre dont il est parlé.

N° CCCLXIX.

EMPLOI DE *dont* POUR *au moyen duquel, avec lequel*, ETC.

Je ne m'étonne plus de cette violence
Dont il contraint Auguste à garder sa puissance. (CORNEILLE.)

Et leurs livres, un dé, du fil et des aiguilles,
Dont elles travaillaient au trousseau de leurs filles. (MOLIÈRE.)

(432)

Les six pattes armées de griffes avec lesquelles le papillon résiste aux vents dans le repos, la trompe roulée *dont* il pompe sa nourriture...
(BERN. DE SAINT-PIERRE.)

Il a la voix perçante et rude,
Sur la tête un morceau de chair,
Une sorte de bras *dont* il s'élève en l'air,
Comme pour prendre sa volée.
(LA FONTAINE.)

On apprend, par ces exemples, que *dont* peut s'employer quelquefois pour *au moyen duquel, avec lequel*, etc.; mais, dit M. Dessiaux, cet emploi est plus particulier à la poésie.

EXERCICE PHRASÉOLOGIQUE.

Ce que j'admire le plus dans l'éléphant, c'est cette pompe dont il saisit sa nourriture.
La manière dont vous manifestez votre joie.
Le ton dont vous nous recevez.

C'est cette violence dont vous me contraignez à garder vos secrets qui, etc.
La manière dont vous nous avez reçus.
L'air dont il accueille tout le monde.

N° CCCLXX.

EMPLOI DE *où*.

Autrefois Progné l'hirondelle
De sa demeure s'écarta,
Et loin des villes s'emporta
Dans un *bois où* chantait la pauvre Philomèle.
(LA FONTAINE.)

A ces *bords où* mes pas et mes destins s'enchaînent,
L'amour et le remords tour à tour me ramènent.
(CHATEAUBRIAND.)

Aussitôt il conduisit Télémaque vers la *porte d'ivoire, par où* l'on peut sortir du ténébreux empire de Pluton.
(FÉNÉLON.)

Dans le *siècle où* nous sommes,
Il faut fuir dans les bois et renoncer aux hommes.
(REGNARD.)

Ah! prince, dès longtemps par le sort poursuivie,
J'ai prévu les malheurs qui menaçaient ma vie,
Et j'ai toujours bien cru qu'il fallait m'exercer
Au mépris des *grandeurs où* j'allais renoncer.
(REGNARD.)

Reine, l'excès des *maux où* la France est livrée
Est d'autant plus affreux que leur source est sacrée.
(VOLTAIRE.)

Heureux qui, satisfait de son humble fortune,
Libre du joug superbe où je suis attaché,
Vit dans *l'état obscur où* les dieux l'ont caché.
(RACINE.)

C'est un *mal où* mes amis ne peuvent porter de remède.
(MONTESQUIEU.)

Ces citations nous permettent d'établir qu'en prose, comme en poésie, on peut employer *où* de préférence à *duquel, auquel, par lequel*, quand il y a localité physique (1re col.) et en quelque sorte localité morale (2e col.). Toutefois, dans les exemples qui suivent, cette localité morale ne se découvre pas; il faut donc les considérer comme des licences dont le privilége est seulement réservé aux poëtes.

A quoi sert le *mérite où* manque la fortune!
(CORNEILLE.)

Et moi, par un *bonheur où* je n'osais penser,
L'un et l'autre à la fois je puis vous embrasser.
(RACINE.)

Vraiment, c'est une *grâce où* je n'osais prétendre.
(CAMPISTRON.)

Libre des *soins cruels où* j'allais m'engager,
Ma tranquille fureur n'a plus qu'à se venger.
(RACINE.)

EXERCICE PHRASÉOLOGIQUE.

L'endroit où il est.
La place où elle est.

Le rivage où je cours.
La boite où je l'ai mis.

Le péril où il s'engage.
Le piége où il tombe.

La misère où ils sont.
La carrière où l'on s'engage.

N° CCCLXXI.

EMPLOI DE *dont*, *d'où*.

Dont.

L'hymen vous lie encore aux dieux *dont* vous sortez.
(RACINE.)
Du sang *dont* vous sortez rappelez la mémoire.
(*Id.*)
Misérable! et je vis! et je soutiens la vue
De ce sacré soleil *dont* je suis descendue!
(*Id.*)

Sans respect des aïeux *dont* elle est descendue.
(BOILEAU.)
Le corps, né de la poudre, à la poudre est rendu;
L'esprit retourne au ciel, *dont* il est descendu.
(L. RACINE.)

D'où.

Vénus remonte dans un nuage *d'où* elle était sortie.
(FÉNELON.)
Comment avez-vous pu entrer dans cette île *d'où* vous sortez?
(*Id.*)
Rappeler aux anciennes formes de son origine un peuple éclairé, puissant, immense, c'est vouloir renfermer un chêne dans le gland *d'où* il est sorti.
(BERN. DE SAINT-PIERRE.)
Voilà notre belle enflammée
D'un feu qu'on ne connaît que quand on l'a senti,
Et qui, tout à la fois interdite et charmée,
Cherche des yeux la main *d'où* le trait est parti.
(DE BOUFFLERS.)

Nous pouvons inférer des exemples de l'une et de l'autre colonne qu'avec les verbes *descendre*, *sortir*, les écrivains ont généralement employé *dont*, lorsqu'ils ont voulu exprimer l'action morale d'être issu; et *d'où*, toutes les fois qu'il s'est agi d'énoncer une action physique de sortie, de départ ou d'éloignement. D'après ce principe, c'est donc avec raison que les grammairiens condamnent l'emploi de *dont* dans les citations suivantes :

Rentre dans le néant *dont* je t'ai fait sortir. (RACINE.)

Les alliés de Rome, indignés et honteux tout à la fois de reconnaître pour maîtresse une ville *dont* la liberté paraissait être bannie pour toujours, commencèrent à secouer un joug qu'ils ne portaient qu'avec peine. (Cité par GIRAULT-DUVIVIER.)

Il aurait fallu *d'où*.

EXERCICE PHRASÉOLOGIQUE.

Les parents dont vous descendez.
La famille dont il est issu.
Les peuples dont nous sommes descendus.

La ville d'où je viens.
Le lieu d'où je sors.
La maison d'où il sort.

N° CCCLXXII.

Lequel, laquelle, PRÉCÉDÉS DE PLUSIEURS SUBSTANTIFS.

AVEC *et*.

On connaît des *nations* entières et des *ordres d'hommes auxquels* la religion défend de manger de rien qui ait eu vie.
(BUFFON.)
Le *zèle* et l'*exactitude* avec *lesquels* je me suis acquitté de l'emploi que S. Exc. m'avait confié, n'ont pas dû m'inspirer plus de défiance.
(J.-J. ROUSSEAU.)

SANS *et* OU AVEC *ou*.

Louis XIV accorda aux savants et aux artistes cette *faveur*, cette *protection* sans *laquelle* les arts ne peuvent fleurir. (Cité par NOEL et CHAPSAL.)
Il montra un *courage* ou une *prudence* à *laquelle* on prodigua des éloges.
(*Les mêmes.*)

Précédé de deux substantifs de différent genre et unis par *et*, *lequel* se met, comme dans les exemples de la première colonne, au masculin pluriel.

Mais si, d'après les citations de la seconde colonne, *lequel* est précédé de deux substantifs ayant entre eux quelque synonymie et non liés par la conjonction *et*, il prend alors le genre et le nombre du dernier : c'est ce qui a encore lieu lorsque les substantifs sont joints par la particule *ou*. Comme on le voit, *lequel, laquelle;* etc., sont soumis aux mêmes règles syntaxiques que les adjectifs qualificatifs.

EXERCICE PHRASÉOLOGIQUE.

Le courage et l'adresse avec lesquels il se tira d'affaire.
Ce sont des hommes et des femmes auxquels je conviens.
Il y a des hommes et des femmes auxquels on ne peut plaire.
Voilà les termes et les conditions d'après lesquels il veut traiter.

Déployer une bravoure, une intrepidité à laquelle rien ne résiste.
Il fallait voir l'art ou l'adresse avec laquelle il s'y prit.
Ayez ce zèle, cette assiduité avec laquelle il travaille.
Puissiez-vous avoir cette habileté; ce talent sans lequel on n'est rien.

N° CCCLXXIII.

EMPLOI DE *qui*, DE *que* OU DE *lequel, laquelle*, etc.

Qui ou *que*.

Les *oiseaux* de paradis *qui* nous viennent des Indes ne sont pas tous également conservés ni tous parfaitement semblables. (BUFFON.)

Les Français ne parlent presque jamais de leurs femmes : c'est qu'ils ont peur d'en parler devant des *gens qui* les connaissent mieux qu'eux.
(MONTESQUIEU.)

L'on voit des hommes tomber d'une haute fortune par les mêmes *moyens qui* les y avaient fait monter.
(LA BRUYÈRE.)

La paresse de l'esprit et du corps est un *vice que* les hommes surmontent bien quelquefois, mais qu'ils n'étouffent jamais. (DIDEROT.)

Les *louanges que* nous donnons se rapportent toujours par quelque chose à nous-mêmes.
(MASSILLON.)

Il y a dans la méditation des pensées honnêtes une sorte de *bien-être que* les méchants n'ont jamais connu : c'est celui de se plaire avec soi-même.
(J.-J. ROUSSEAU.)

Lequel.

J'étais ce matin dans ma *chambre, laquelle,* comme tu sais, n'est séparée des autres que par une cloison fort mince. (MONTESQUIEU.)

Clusius rapporte, sur le témoignage de quelques *marins, lesquels* n'étaient instruits eux-mêmes que par des ouï-dire, qu'il y a deux espèces d'oiseaux de paradis. (BUFFON.)

. . . Un chien vient dans une cuisine,
Il y trouve un *chapon, lequel* a bonne mine.
(RACINE.)

Quant au marchand, il se défit de tous ses esclaves, à la réserve d'un *grammairien,* d'un *chantre* et d'*Ésope, lesquels* il alla exposer en vente à Samos.
(LA FONTAINE.)

Il n'acheta que des *langues, lesquelles* il fit accommoder à toutes les sauces.
(LA FONTAINE.)

Le jour suivant, que les vapeurs de Bacchus furent dissipées, Xanthus fut extrêmement surpris de ne plus trouver son *anneau, lequel* il tenait fort cher. (Id.)

Girault-Duvivier, en parlant de *lequel, laquelle,* etc., nous dit qu'on ne s'en sert presque jamais en sujet ou en régime direct; qu'en pareille circonstance, il faut toujours employer *qui* ou *que*, comme le montrent les citations de la première colonne. Nous concevons qu'en l'absence de faits, Girault-Duvivier ait posé une règle trop rigoureuse; car les exemples de la seconde colonne prouvent manifestement qu'en sujet ou en régime *lequel, laquelle* sont quelquefois préférables à *qui* ou *que*; c'est qu'alors ils rendent la phrase sinon plus élégante, au moins plus soutenue.

EXERCICE PHRASÉOLOGIQUE.

C'est l'espérance qui soutient tous les hommes.
Les animaux qui rampent sont les plus vils.
La joie qu'il manifestait était sincère.
Les personnes que nous aurons seront en grand nombre.

La liberté convient aux hommes, notamment aux princes, lesquels...
Je rencontrai un homme, lequel, comme je vous dis, me parut suspect.

N° CCCLXXIV.

ÉQUIVOQUE DE *qui, que, dont,* REMPLACÉS PAR *lequel, laquelle, duquel,* etc.

La médisance est une *pente* secrète de l'âme à penser mal de tous les hommes, *laquelle* se manifeste par les paroles.
(Pensées de THÉOPHRASTE.)

La seconde considération dépend de rapports donnés dans certaines situations, *rapports* accidentels à la chose, *lesquels,* par conséquent, ne sont point nécessaires et peuvent varier à l'infini.
(J.-J. ROUSSEAU.)

Voici un *exemple* tiré des papiers anglais, *lequel* je ne puis m'empêcher de rapporter.
(J.-J. ROUSSEAU.)

Outre les *vins* destinés pour la vente et pour les provisions ordinaires, *lesquels* n'ont d'autre façon que d'être recueillis avec soin, la bienfaisante fée en prépare d'autres plus fins pour nos buveurs.
(*Id.*)

Je me flatte que vous mettrez le comble à votre générosité en me faisant part de la *lettre* de Louis XIV au cardinal de Bouillon, *laquelle* doit être des premiers jours d'avril 1699.
(VOLTAIRE.)

Ce qui m'intéresse, moi et tous mes semblables, c'est que chacun sache qu'il existe un *arbitre* du sort des humains, *duquel* nous sommes tous les enfants.
(J.-J. ROUSSEAU.)

Vous savez, madame la maréchale, qu'il y a une *édition* contrefaite de mon livre, *laquelle* doit paraître ces fêtes.
(J.-J. ROUSSEAU.)

Je plains beaucoup les *auteurs* de tant de tragédies pleines d'horreurs, *lesquels* passent leur vie à faire agir et parler des gens qu'on ne peut écouter ni voir sans souffrir.
(*Id.*)

Aussitôt que je fus débarrassé des affaires de la cour, j'allai trouver *l'homme qui* m'avait parlé du mariage de madame de Miramion, *lequel* me parut dans les mêmes sentiments.
(B. RABUTIN.)

C'est une pédanterie insupportable et un soin des plus superflus de s'attacher à corriger dans les enfants toutes ces petites *fautes* contre l'usage, *desquelles* ils ne manquent jamais de se corriger d'eux-mêmes avec le temps.
(J.-J. ROUSSEAU.)

Il résulte de toutes ces citations qu'il faut faire usage de *lequel, laquelle, duquel*, etc., au lieu de *qui, que, dont*; toutes les fois que l'adjectif conjonctif est précédé d'un substantif qui le sépare nécessairement de celui avec lequel il se trouve en relation. En pareil cas, l'emploi de *qui, que, dont*, serait vicieux, attendu que ces mots produiraient ou une équivoque ou un mauvais effet; ce qu'il faut éviter avec soin, comme nous l'enseignent les écrivains, en ayant recours à *lequel, laquelle, duquel*. Toutefois, quand la construction ne manque pas d'harmonie, ni le sens de clarté, on peut aussi se servir de *qui, que, dont*, comme dans ces exemples :

On voit des *ouvrages* critiqués du peuple *qui* ne lui en plaisent pas moins. (VAUVENARGUES.)

On peut rapporter à cette espèce, comme variété, le *arouge* à tête jaune d'Amérique, de M. Brisson, *qui* a en effet le sommet de la tête, les petites couvertures de la queue, celles des ailes et le bas de la jambe jaunes. (BUFFON.)

C'est un *effet* de la divine Providence *qui* est conforme à ce qui a été prédit. (BONIFACE.)

Un *malheur* inconnu glisse parmi les hommes, Qui les rend ennemis du repos où nous sommes.
(MALHERBE.)

C'est la *main* des ingrats *qui* blesse un cœur sensible.
(LA HARPE.)

EXERCICE PHRASÉOLOGIQUE.

J'ai reçu une lettre de mon frère, laquelle...
Je suis sensible aux compliments de votre ami, lesquels...
Telles sont les calamités de ce peuple, desquelles...
C'est tout le secret de cette lettre, duquel...

Voici deux lettres de mon père, lesquelles...
J'ai reçu vingt francs de quelqu'un, lesquels...
Tel est le sort de l'humanité, duquel...
Je prends part aux malheurs de ces personnes, desquelles...

N° CCCLXXV.

Qui, que, dont, SÉPARÉS DE LEUR ANTÉCÉDENT.

Ah! qu'un *père* est heureux, *qui* voit en un moment
Un cher fils revenir de son égarement.
(REGNARD.)

Un *loup* survint à jeun, *qui* cherchait aventure.
(LA FONTAINE.)

Que les mœurs du pays où vous vivez sont saintes, *qui* vous arrachent à l'attentat des plus vils esclaves!
(MONTESQUIEU.)

Un *homme* restait seul, *qui* avait été employé sous le ministère des étrangers. (RULHIÈRES.)

La *déesse*, en entrant, *qui* voit la nappe mise,
Admire un si bel ordre et reconnaît l'église.
(BOILEAU.)

Une *fille* en naquit, *que* sa mère a célée.
(RACINE.)

Il ne peut pas dire que ces *grands hommes* aient failli, *qui* ont combattu pour la même cause dans les plaines de Marathon. (BOILEAU.)

Un *prince* nous poursuit, *dont* le fatal génie...
(J.-B. ROUSSEAU.)

Après avoir posé en principe que les adjectifs conjonctifs, vulgairement dits pronoms relatifs, ne doivent jamais être séparés de leur antécédent, les grammairiens, comme à l'envi les uns des autres, condamnent toute construction qui s'écarte de ce principe. Ainsi, de par d'Olivet, Lévizac, Girault-Duvivier et MM. Noël et Chapsal, qu'on est toujours sûr de rencontrer quand il y a quelques erreurs à conserver, il ne faut pas imiter Regnard, Boileau, La Fontaine, Racine, Montesquieu, J.-B. Rousseau, Rulhières, dans les exemples précités, attendu que les adjectifs conjonctifs *qui*, *que*, *dont*, se trouvent séparés des noms auxquels ils ont rapport. N'en déplaise à tous les d'Olivets du monde, nous écrierons-nous avec M. Dessiaux, tous ces exemples sont non seulement corrects, mais encore élégamment construits, et nous venons nous en constituer les défenseurs.

Examinons : Quand MM. Noël et Chapsal établissent que le *pronom relatif* doit toujours être placé près de son antécédent, ils ajoutent aussitôt que toute autre place rendrait sa correspondance louche et équivoque. Nous le demandons, dans les citations qui précèdent, aucune équivoque, aucune ambiguïté est-elle à craindre ? Le sens, au contraire, n'est-il pas parfaitement clair, puisque les relatifs *qui*, *que*, *dont*, ne sont distraits de leur antécédent que par des verbes ou des adjectifs avec lesquels il est impossible de les faire rapporter ?

Concluons donc que les écrivains se sont bien exprimés, que la construction attaquée, loin d'être vicieuse, est bonne et peut être imitée ; enfin, que le principe des grammairiens ne doit être observé qu'autant que les adjectifs conjonctifs *qui*, *que*, *dont*, séparés de leur antécédent, donneraient réellement lieu à un sens louche ou équivoque.

EXERCICE PHRASÉOLOGIQUE.

Un homme autre qui avait l'air piteux.
Que ceux-là vivent qui nous sont chers.
Que ces hommes sont nuls dont on n'attend aucun service.

Des ombres apparurent qui nous effrayèrent.
Des enfants y vinrent qui se noyèrent.
Des femmes entrèrent qui nous plurent beaucoup.

N° CCCLXXVI.

CONSTRUCTION DE *qui* ET DE *que*.

PHRASES VICIEUSES.	PHRASES CORRECTES.
C'est un procès *qu'*on a cru *qu'*on perdrait.	J'ai lu que Salomon possédait lui seul vingt-cinq milliards d'argent comptant ; et certainement il n'y a pas deux milliards quatre cents millions d'espèces circulantes dans la France, *qu'*on m'a dit *être* beaucoup plus grande et plus riche que le pays de Salomon. (VOLTAIRE.)
C'est une entreprise *que* je ne peux croire *qui* réussira.	
Quelques-uns ajoutent même des détails *qu'*il serait à souhaiter *qui* fussent vrais.	
La pluralité des dieux est une chose *qu'*on ne peut s'imaginer *qui* ait été adoptée par des hommes de bon sens.	S'il m'appartenait de vous donner des conseils, le premier que je voudrais vous donner serait de ne point vous livrer à ce goût *que* vous dites *avoir* pour la vie contemplative. (J.-J. ROUSSEAU.)

Quand on dit : *C'est un procès* QU'*on a cru* QU'*on perdrait* ; *c'est une entreprise* QUE *je ne peux croire* QUI *réussira*, etc., la tournure de ces phrases est vicieuse ; car ces *que* et ces *qui* en cascades produisent un très-mauvais effet ; il faut alors prendre un autre tour et dire, conformément aux exemples de Voltaire et de J.-J. Rousseau : *c'est un procès qu'on a cru perdre* ; *c'est une entreprise à la réussite de laquelle je ne puis croire*, etc.

EXERCICE PHRASÉOLOGIQUE.

C'est une chose qu'on ne peut s'imaginer...
C'est une affaire qu'on a pensé...

Ce sont des détails qu'on croit...
Ce sont des femmes qu'on m'a dit...

N° CCCLXXVII.

RÉPÉTITION DE *qui*.

PHRASES CORRECTES.	PHRASES VICIEUSES.
Que veux-tu que devienne une *femme qui* t'aime, *qui* était accoutumée à te tenir dans ses bras, *qui* n'était occupée que du soin de te donner des preuves de sa tendresse ? — (MONTESQUIEU.)	J'ai lu avec plaisir cet *ouvrage*, *qui* a été composé par une *personne qui* est versée dans les *sciences qui* ont pour objet l'étude de la nature.
Un *auteur qui* est sensé, *qui* sait bien sa langue, *qui* médite bien son sujet, *qui* travaille à loisir, *qui* consulte ses amis, est presque sûr du succès. (GIRAULT-DUVIVIER.)	Ne recherchez jamais les *plaisirs qui* corrompent les *cœurs qui* ont l'amour de la *vertu*, *qui* est la chose la plus précieuse.

On apprend par les exemples de la première colonne que lorsque les propositions d'une phrase sont liées par plusieurs *qui*, il faut, pour que la phrase soit correcte et harmonieuse, que tous ces *qui* aient une même relation. Ici l'on voit que chaque *qui* se rapporte soit au mot *femme*, soit au substantif *auteur*.

Mais dans les citations opposées, les phrases sont vicieuses et insupportables en ce que les rapports des adjectifs conjonctifs sont différents. En effet, le premier *qui* de chaque exemple est relatif à *ouvrage* ou à *plaisirs*, le second à *personne* ou à *cœurs*, et le troisième à *science* ou à *vertu*.

Dans les propositions incidentes ou subordonnées les unes aux autres, il faut soigneusement éviter l'emploi des adjectifs conjonctifs en rapports divergents.

Il peut cependant s'en trouver deux, comme dans cet exemple :

« Il n'y a point d'*affection* saine *qui* n'ait sa place dans votre cœur, *qui* ne s'y distingue par la *sensibilité qui* vous est propre. (J.-J. ROUSSEAU.)

Mais un plus grand nombre ne serait pas tolérable.

EXERCICE PHRASÉOLOGIQUE.

Une femme qui est riche, qui est aimable, qui est spirituelle, qui est instruite, est une femme accomplie.	Il n'y a point d'hommes qui méprisent réellement les richesses et qui ne les recherchent pour tout ce qui est nécessaire à leur besoin.
Un enfant qui est paresseux, qui est gourmand, qui est joueur, se prépare une affreuse destinée.	Celui qui vous parle et qui vous veut du bien ne fera que des choses qui vous seront favorables.

N° CCCLXXVIII.

Qui SUIVI OU NON SUIVI DE *il*.

NON SUIVI DE *il*.	SUIVI DE *il*.
Qui vit aimé de tous à jamais *devrait* vivre. (PRADON.)	En un mot, *qui* voudrait épuiser ces matières, Peignant de tant d'esprits les diverses manières, *Il* compterait plutôt combien, dans un printemps, Guénaud et l'antimoine ont fait mourir de gens. (BOILEAU.)
Qui reçoit un pardon *souffre* un soupçon infâme. (TH. CORNEILLE.)	
Qui pardonne aisément *invite* à l'offenser. (CORNEILLE.)	Un bienfait perd sa grâce à le trop publier ; *Qui* veut qu'on s'en souvienne *il* le doit oublier. (CORNEILLE.)
Qui sert bien son pays *sert* souvent un ingrat. (VOLTAIRE.)	

Relativement aux exemples de la première colonne, consignons ici ce que nous lisons dans la *Grammaire des Grammaires*.

« *Qui*, employé absolument, c'est-à-dire sans antécédent énoncé, est le sujet du verbe suivant ; et le second verbe n'a ni ne saurait avoir de sujet exprimé : l'antécédent sous-entendu du *pronom qui* en est le sujet, et cet antécédent est *celui*. »

D'où Girault-Duvivier infère naturellement que les exemples de la seconde colonne ne sont pas à imiter, en ce qu'ils renferment un *il* de trop.

A notre tour, voyons ce qu'il y a de juste dans ces observations :

D'abord, pour ce qui est des premières citations, il n'est pas exact d'avancer que dans les phrases où *qui* est employé d'une manière absolue, le second verbe ne saurait avoir de sujet exprimé ; ce qui le prouve, ce sont les phrases suivantes :

Qui ne mourrait pour conserver son honneur, *celui-là* serait infâme. (PASCAL.)	*Qui* persévérera jusqu'à la fin, *celui-là* sera sauvé. (FLÉCHIER.)

Nous le demandons, quel est le grammairien qui voudrait condamner ces phrases ? Qui ne sent, comme nous, qu'elles sont très-françaises, et qu'elles perdraient toute leur force, toute leur énergie, si le sujet du verbe de la seconde proposition, *celui-là*, n'était pas énoncé, ou bien encore s'il se trouvait immédiatement transposé devant *qui* relatif ? Et dans ce dernier cas, la construction, d'inverse qu'elle est, devenant naturelle, directe, combien ne perdrait-elle pas aussi de son élégance !

Il faut donc le reconnaître, l'auteur de la *Grammaire des Grammaires* a dit à tort qu'après le *qui* absolu, le verbe du second membre de la phrase ne pouvait avoir de sujet exprimé ; nous venons de démontrer matériellement le contraire.

Passons maintenant aux exemples où *qui* est suivi de *il*. Nous ne chercherons pas à les justifier : car il paraît presque évident que cet *il* n'y est incorporé que parce qu'il est nécessaire à la mesure du vers ; mais si la clarté du discours ou l'énergie de la pensée en réclamait l'emploi, nous croyons qu'alors *il* ne serait pas condamnable. L'analyse serait, dans ce cas, la même que celle de ces deux exemples qui nous paraissent corrects :

…*Qui* se fait brebis, toujours le loup *le* mange. (FABRE D'ÉGLANTINE.)	Analyse : (*celui-là*) *qui* se fait brebis (*je dis que*) le loup *le* mange.
Qui peut faire un complot, *lui-même* en est coupable. (GRESSET.)	Analyse : (*celui-là*) *qui* peut faire un complot, (*je dis que*) *lui-même* en est coupable.

EXERCICE PHRASÉOLOGIQUE.

Qui aime bien châtie bien.	Qui trahirait son pays, celui-là serait infâme.
Qui sert bien son pays peut se rendre immortel.	Qui endurerait un affront, celui-là pourrait en supporter mille autres.

N° CCCLXXIX.

EMPLOI DE *qui* OU DE *quel*, DE *qui des deux* OU DE *lequel des deux*.

I.

Qui ou *quel* POUR LES PERSONNES.	*Quel* SEULEMENT POUR LES CHOSES.
Or *qui* est le *salariant* ou *quels* sont les *salariants* ? (DUPONT DE NEMOURS.)	Mais il est nécessaire de savoir vos *desseins*. *Quels* sont-ils donc ? (MOLIÈRE.)
Mais, madame, un moment, songez ce que je puis, *Qui* vous êtes, *quel* est Sapor, et *qui* je suis. (REGNARD.)	Vous avez plusieurs *raisons* à alléguer contre ce que je dis ; *quelles* sont-elles ? (GIRAULT-DUVIVIER.)
Qui sont ces *gens* en robe ? Êtes-vous avocats ? Çà, parlez. (RACINE.)	*Quelle* est donc cette *faculté*, appelée raison, que j'emploie à observer la nature ? (BERN. DE SAINT-PIERRE.)

Qui est le *sot* qui l'a dit? (RACINE.)
Il y a de bons remèdes; il ne manque que de bons médecins. —Volontiers, mais *qui* seront-*ils* ces bons médecins? (PIRON.)
Vous moquez-vous? dit l'autre : Ah! vous ne savez *Quelle je* suis. [guère (LA FONTAINE.)
Quel es-*tu?* — Je suis roi du peuple souterrain. (THOMAS.)

Quel est donc votre *mal?* (MOLIÈRE.)
Plusieurs d'entre eux ne voulaient que faire un livre, n'importait *quel*, pourvu qu'il fût accueilli. (J.-J. ROUSSEAU.)
Eh bien! de vos soupçons, *quel* est l'*objet?* (VOLTAIRE.)
Quel est le *projet* où vous vous arrêtez? (*Id.*)

De l'examen de ces exemples nous sommes fondés à conclure qu'on emploie *qui* ou *quel* pour les personnes, et *quel* seulement pour les choses. Ainsi on peut dire : QUI est le salariant ou QUEL est le salariant? QUI est Sapor ou QUEL est Sapor? QUI sont ces gens ou QUELS sont ces gens? QUI est le sot qui l'a dit ou QUEL est le sot qui l'a dit? etc., parce que, dans tous ces cas, il s'agit de personnes ; mais on dira : QUELS sont vos desseins? QUELLES sont vos raisons? QUEL est votre mal? etc., parce qu'il n'est ici question que de choses. C'est là un principe général que Girault-Duvivier n'a fait qu'effleurer, et que du reste on ne trouve établi dans aucune grammaire.

Toutefois, dans l'emploi de *qui* ou *quel* pour les personnes il existe une nuance très-délicate qu'il est peut-être assez difficile de saisir. Nous aiderons sans doute à la faire bien sentir, en disant que *qui* exprime une idée de détermination, et *quel*, une idée de qualification. Si donc quelqu'un frappe à la porte, je demande *qui est-ce?* C'est un homme. Pour savoir son nom, je dis QUI EST-IL? Pour savoir son état, son rang, je demande *qu'est-il?* Pour connaître son mérite, ses qualités, je dis *quel est-il?* Malgré cette distinction, on dit souvent *qui est-il* pour *quel est-il?*

Généralement on se sert de *qui*, lorsque ce mot est en alliance avec un pronom personnel : je sais *qui je suis, qui tu es, qui il est, qui nous sommes, qui vous êtes, qui ils sont.* Si dans les deux derniers exemples de la première colonne nous voyons *quelle je suis, quel es-tu?* pour *qui je suis, qui es-tu?* c'est que dans le premier cas La Fontaine avait besoin d'une syllabe de plus, et que dans l'autre il fallait éviter un hiatus.

II.

Qui des deux ou *lequel des deux*,

POUR LES PERSONNES.

Qui passera *de nous deux?* qui cédera sa place à l'autre? le moins habile? mais je suis aussi habile que lui. (PASCAL.)

Lequel est le plus heureux dès ce monde, *du sage* avec sa raison, ou *du dévot* dans son délire? (J.-J. ROUSSEAU.)

Que vous semble, mes sœurs, de l'état où nous [sommes?
D'*Esther*, d'*Aman*, *qui* le doit emporter? (RACINE.)

Lequel des deux est préférable : d'un côté, *un roi* conquérant et invincible dans la guerre; de l'autre, *un roi* sans expérience de la guerre, mais propre à policer sagement les peuples dans la paix? (FÉNELON.)

Qui peut de son vainqueur mieux parler que l'ingrat?
Voyons *qui* son amour accusera *des deux?* (RACINE.)

Savant précepteur, voyons *lequel* de nos deux élèves ressemble au sauvage, et *lequel* ressemble au paysan. (J.-J. ROUSSEAU.)

Lequel des deux,

POUR LES CHOSES.

Les académies sont en possession de tout temps de remporter le prix de toutes sortes de bassesses, et jamais cour ne proscrivit un abbé de Saint-Pierre pour avoir parlé sous Louis XV un peu librement de Louis XIV, ni ne s'avisa d'examiner *laquelle des vertus* du roi méritait les plus fades éloges. (P.-L. COURIER.)

Laquelle préfères-tu, d'*Athènes* ou *de Rome?* (Cité par LEMARE.)

Laquelle de ces deux villes est la plus illustre, *Athènes* ou *Rome?* (*Id.*)

Lequel vaut mieux, de *cultiver un art funeste* ou *de le rendre inutile?* (J.-J. ROUSSEAU.)

Laquelle de ces deux républiques, de *Sparte* ou de *Sybaris*, fut subjuguée par une poignée de paysans, et *laquelle* fit trembler l'Asie? (*Id.*)

Après cela, tu jugeras toi-même *lequel* vaut le mieux *de ce que tu dis* ou *de ce que tu fais.* (*Id.*)

On jugea qu'il importait de vérifier *lequel* était le fripon des deux. (J.-J. ROUSSEAU.)

Lequel vaut le mieux *d'un gouvernement si simple ou d'un gouvernement mixte?* (J.-J ROUSSEAU.)

Ainsi donc, en parlant des personnes, on peut dire *qui* ou *lequel*: *Qui* ou *lequel passera de nous deux? qui* ou *lequel est le plus heureux, du sage ou du dévot?* etc. Mais si l'on ne parle que des choses, c'est toujours *lequel* qu'il faut employer : *Laquelle de ses vertus mérite le plus d'éloges? lequel vaut le mieux d'un gouvernement simple ou d'un gouvernement mixte?* Un point si important et maintenant si clair n'a pourtant été traité, que nous sachions, par aucun grammairien. Lemare l'a bien abordé, mais la profonde obscurité dont il s'est plu à l'entourer doit faire regretter qu'il en ait seulement parlé.

EXERCICE PHRASÉOLOGIQUE.

Qui ou quel est votre père?
Qui ou quels d'entre eux sont vos parents?

Quelle est votre raison?
Quel est votre état?

Qui ou lequel des deux ira?
Qui ou laquelle des trois ment?

Lequel des deux préférez-vous?
Laquelle des contrées avez-vous parcourue?

N° CCCLXXX.

C'est à vous que, c'est à vous qui, c'est à vous à qui.

I. — *C'est à vous que.*

Cessez de tourmenter mon âme infortunée :
Je sais que *c'est à vous que* je fus destinée.
(RACINE.)

*C'est à moi qu'*on en veut. (PIRON.)

*C'est à toi, Julie, qu'*il faut à présent répondre.
(J.-J. ROUSSEAU.)

Amour, tu perdis Troie,
Et *c'est de toi que* vient
Cette querelle envenimée. (LA FONTAINE.)

C'est à Rome, mes fils, que je prétends marcher.
(RACINE.)

C'est à tes magots d'enfants que je veux m'en prendre. (PIRON.)

Vous savez, messieurs, que *c'est de Louis XI que* je parle. (FLÉCHIER.)

C'est bien à Momus que j'ai l'honneur de parler?
(PIRON.)

C'est souvent du hasard que naît l'opinion,
Et *c'est* l'opinion qui fait toujours la vogue.
(LA FONTAINE.)

Nous n'appellerons point des docteurs pour enseigner la botanique aux enfants; *c'est aux femmes qu'*il appartient de leur parler de ce que les végétaux ont de plus intéressant.
(BERN. DE SAINT-PIERRE.)

II. — *C'est vous à qui.*

C'est vous, digne Français, *à qui* je viens parler;
Le soudan le permet, cessez de vous troubler.
(VOLTAIRE.)

Ce n'est pas vous, *c'est* l'idole
A qui cet honneur se rend,
Et que la gloire en est due. (LA FONTAINE.)

C'est vous seul, ô mon cher Narbal, *pour qui* mon cœur s'attendrit. (FÉNELON.)

C'est elle *dont* je tiens cette illustre naissance
Qui flatte mes désirs d'une illustre espérance.
(CORNEILLE.)

C'est votre illustre mère *à qui* je veux parler.
(RACINE.)

Est-ce Dieu, sont-ce les hommes,
Dont les œuvres vont éclater? (*Id.*)

Ce n'est pas le bonheur *après quoi* je soupire.
(MOLIÈRE.)

Est-ce une tigresse *dont* il a sucé la mamelle dans son enfance? (FÉNELON.)

III. — *C'est à vous à qui.*

C'est à vous, mon esprit, *à qui* je veux parler.
(BOILEAU.)

Ce n'est pas de ces sortes de respects *dont* je vous parle. (MOLIÈRE.)

Malgré les pleurs amers dont j'arrose ces lieux,
Ce n'est que *du* tyran *dont* je me plains aux dieux.
(CRÉBILLON.)

C'est à vous *à qui* il appartient de régler ces sortes d'affaires. (BOUHOURS.)

. . . . Était-*ce dans* mon âme
Où devait s'allumer cette coupable flamme?
(RACINE.)

Il résulte de ces nombreuses citations que les auteurs ont dit : C'EST A vous QUE *je parle*, C'EST vous A QUI *je parle*, C'EST A vous A QUI *je parle*. Mais ces trois manières de s'exprimer sont-elles également bonnes? Non, sans doute. La première est assurément celle que l'on doit préférer, comme étant la plus usitée et la plus conforme au génie de notre langue. La seconde est plus expressive, peut-être à cause de l'emploi peu fréquent de ce tour de phrase. Quant à la troisième, elle est généralement réprouvée, et les exemples que nous avons cités sont à peu près les seuls que l'on puisse en donner. Ces observations s'appliquent non seulement à la préposition *à*, mais à toutes les prépositions.

EXERCICE PHRASÉOLOGIQUE.

C'est à vous que je m'adresse.
C'est pour vous que je parle.
C'est par vous que j'ai obtenu ma grâce.
C'est de moi seul qu'il s'agit.
C'est devant lui que je veux me placer.
C'est avec son père qu'elle se promène.
C'est sur toi qu'il veut décharger sa colère.

C'est vous à qui je m'adresse.
C'est vous pour qui je parle.
C'est vous par qui j'ai obtenu ma grâce.
C'est moi seul dont il s'agit.
C'est lui devant qui je veux me placer.
C'est son père avec qui elle se promène.
C'est toi sur qui elle veut décharger sa colère.

N° CCCLXXXI.

Ce qui, ce que.

I.

AVEC LE VERBE *plaire*.

Ce qui.

Céder *ce qui* nous plaît, entre nous, c'est sottise.
(LANOUE.)

A *ce qui* plaît la jeunesse est docile.
(HAUMONT.)

Je sais, dit-il, votre secret, mesdames :
Ce qui vous plaît en tous lieux, et en tout temps,
N'est pas toujours d'avoir beaucoup d'amants.
(VOLTAIRE.)

Ce qui me plaît le plus dans votre histoire, c'est qu'il n'y a pas un mot qui soit vrai.
(BOUFFLERS.)

Si l'on cousait ensemble toutes les heures que l'on passe avec *ce qui* plaît, l'on ferait à peine, d'un grand nombre d'années, une vie de quelques mois.
(LA BRUYÈRE.)

Ce que.

Les hommes ne sont que *ce qu'il* plaît aux femmes.
(LA FONTAINE.)

Vous me la promettez? — Tout *ce qu'il* vous plaira.
(MONTFLEURY.)

Croyez-en *ce qu'il* vous plaira, et pleurez encore sur moi si vous avez des larmes de reste.
(FÉNELON.)

Vous avez le corps fauve et la tête écarlate,
Le bec... Oui, dit l'oiseau, j'ai *ce qu'il* vous plaira.
(FLORIAN.)

Je leur abandonne de bon cœur mes ouvrages, ma figure, mes gestes, mes paroles, mon ton de voix et ma façon de réciter, pour en faire et dire tout *ce qu'il* leur plaira.
(MOLIÈRE.)

Pour sentir toute la différence qui existe entre les citations de la première colonne et celles de la seconde, il suffit en quelque sorte de les comparer : *Céder* CE QUI *nous plaît* a le sens de *céder* CET OBJET QUI *nous plaît actuellement, qui nous est agréable, qui nous charme*. Il en est de même des quatre exemples suivants : *A ce qui plaît*, CE QUI *vous plaît*, CE QUI *me plaît*, *avec* CE QUI *plaît*, peuvent se traduire par *à* CE QUI *la charme*, CE QUI *vous charme*, CE QUI *me charme*, *avec* CE QUI *nous charme*. Mais dans les citations opposées, *plaire* n'a plus le sens de *charmer*. *Les hommes ne sont que* CE QU'IL *plaît aux femmes, tout* CE QU'IL *vous plaira, croyez-en* CE QU'IL *vous plaira, j'ai* CE QU'IL *vous plaira, pour en faire et dire tout* CE QU'IL *leur plaira*, sont des phrases plus ou moins elliptiques : *Les hommes ne sont que* CE QU'IL *plaît aux femmes* (qu'ils soient) ; (je ferai) *tout* CE QU'IL *vous plaira* (que je fasse) ; *croyez-en* CE QU'IL *vous plaira* (d'en croire) ; *j'ai* CE QU'IL *vous plaira* (que j'aie) ; *pour en faire et dire tout* CE QU'IL *leur plaira* (d'en faire et d'en dire).

Nous pouvons donc déduire ce principe : Toutes les fois que *ce qui plaît, ce qui me plaît*, etc., peuvent se traduire par *ce qui charme, ce qui me charme*, etc., on doit employer *ce qui*.

Mais si, au contraire, on a l'intention d'exprimer la volonté, et qu'après le verbe *plaire* il y ait ellipse d'un autre verbe, tel que *faire, dire*, etc., il faut faire usage de *ce qu'il*.

Les auteurs, il est vrai, n'ont pas toujours tenu compte de cette distinction, et il ne serait pas difficile de trouver des exemples où ils aient employé *ce qui* pour *ce qu'il* et *vice versâ*. En voici quelques-uns :

Que faites-vous le soir, avant qu'on se retire ?
— *Ce qui* me plaît. (Molière.)
Qui peut *ce qui* lui plaît commande alors qu'il prie.
(Corneille.)

Avec moi, on ne porte jamais ce qui sied, on ne va jamais où l'on doit, on ne fait jamais *ce qui* plaît.
(Lemontey.)

Et c'est en partant de cette distinction assez subtile, mais réelle, que les grammairiens reprochent à Racine ce vers :

Tu prétends faire ici de moi *ce qui* te plaît.

Il fallait, disent-ils, *ce qu'il te plaît* pour *ce que tu veux*.

Si Racine et tous les grands écrivains eussent pu prévoir les innombrables reproches que leur font les grammairiens, sans doute ils eussent dit : « De quoi se mêlent-ils? veulent-ils enchaîner le génie? Connaissent-ils sa nature et sa puissance? La langue peut-elle être pour lui rien de plus qu'un docile instrument, qu'une palette de couleurs, qu'il mêle à son gré? Ceux dont, par nature et par état, la tête doit être penchée sur les mots qu'ils épluchent, oseraient-ils le suivre dans son vol audacieux (1)? »

EXERCICE PHRASÉOLOGIQUE.

Nous savons ce qui plaît aux dames.
Qu'est-ce qui lui plaît ?
Tout ce qui plaît n'est pas...
Les poètes ne peuvent pas faire tout ce qui leur plaît.

Je ferai tout ce qu'il me plaira.
Il fait ce qu'il lui plaît.
Nous dirons tout ce qu'il nous plaira.
Les poètes ne peuvent pas faire tout ce qu'il leur plaît.

II.

AVEC D'AUTRES VERBES.

Le sage n'est pas celui qui fait beaucoup, mais *ce qui convient*. (Stobée, cité par Boiste.)

Quelque amoureux qu'on soit, Dorine, Dieu sait [comme
Quatre mois de rigueur découragent un homme.
— C'est *ce qui* m'a semblé. (Dorat.)

Je ne veux pas faire ici sottement le modeste; je sens bien ce que j'ai, mais je sens encore mieux *ce qui* me manque. (J.-J. Rousseau.)

Encore si cet intérêt était toujours vrai, la connaissance de *ce qu'il* leur convient de faire pourrait faire prévoir ce qu'elles feront.
(J.-J. Rousseau.)

Je voulais de Mélise, en cette occasion,
Couvrir l'étourderie et l'indiscrétion :
A *ce qu'il* me paraît, ce zèle est inutile. (Dorat.)

Je les trouvai échauffés sur une dispute, la plus mince *qu'il se puisse imaginer*.
(Montesquieu.)

On voit que la distinction entre *ce qui* et *ce qu'il* n'a pas lieu avec le verbe *plaire* seulement, mais encore avec d'autres verbes. Dans la première colonne, *ce qui convient* a le sens de *ce qui est convenable;* dans la seconde, *ce qu'il leur convient de faire*, signifie *ce qu'il leur plaît de faire, ce qu'ils veulent faire*. On devra dire aussi : *je vous manderai* CE QUI *m'en semble*, et non CE QU'IL *m'en semble*; *ce qui m'en semble*, c'est-à-dire *la* CHOSE QUI *m'en semble*.

De même on dira : *Vous n'ignorez pas* CE QUI *vous importe*, parce que, dans cette phrase, il n'y a aucun verbe à l'infinitif qui soit exprimé ou sous-entendu; mais on devra dire : *vous n'ignorez pas* CE QU'IL *vous importe de faire*.

EXERCICE PHRASÉOLOGIQUE.

Je sais ce qui me manque.
Faites ce qui convient.
A ce qui semble honnête.
Ce qui paraît juste.

Je sais ce qu'il me manque d'argent.
Faites ce qu'il vous conviendra.
A ce qu'il me semble.
A ce qu'il te paraît.

(1) Boiste.

N° CCCLXXXII.

Qui est-ce qui? ET *Qu'est-ce qui?*

Qui est-ce qui?

Des principes... *qui est-ce qui* n'en a pas ?
(Condillac.)

Eh, bon Dieu! *qui est-ce qui* vaut mieux que vous ?
(Mme de Sévigné.)

Qui est-ce qui sait mettre exactement le lecteur au lieu de la scène, pour voir un événement tel qu'il s'est passé ?
(J.-J. Rousseau.)

Qu'est-ce qui?

Qu'est-ce qui la réveille au milieu de la nuit ?
(Chateaubriand.)

Qu'est-ce donc *qui* vous trouble? pourquoi voulez-vous mourir ?
(Fénelon.)

Qu'ai-je dit, et *qu'est-ce que* j'espère ?
Je ne me connais plus...
(Voltaire.)

Qu'est-ce que j'entends ?
(Id.)

Il y a une différence entre *qui est-ce qui?* et *qu'est-ce qui?* Pour une personne on dit : *qui est-ce qui?* pour une chose *qu'est-ce qui?*

Girault-Duvivier a donc commis une faute des plus grossières, page 648 de sa grammaire, en disant : « Pour connaître le sujet, il suffit de mettre QUI *est-ce qui?* avant le verbe..... *Mentir est honteux.* QUI *est-ce qui est honteux?* Réponse : *mentir.* » Il fallait : QU'*est-ce qui est honteux?* Cette critique peut également s'appliquer à M. Landais : voir son ouvrage sur l'*Education*, où la faute que nous signalons se trouve répétée plusieurs fois.

EXERCICE PHRASÉOLOGIQUE.

Qui est-ce qui te l'a dit?
Qui est-ce qui frappe?
Qui est-ce qui vous poursuit ?

Qu'est-ce que vous dites ?
Qu'est-ce qui vous chagrine?
Qu'est-ce qui vous attriste ?

N° CCCLXXXIII.

C'est là que.

La retraite est un port tranquille :
C'est là que, loin des envieux,
L'homme est parfaitement heureux.
(Haumont.)

N'est-ce pas là que s'établit enfin et se mêle aux habitants indigènes ce peuple illustre qui condamna jadis Agésilas à une amende? (Lemontey.)

Ne vous refusez donc point à la royauté... *c'est là qu'*on peut soi-même servir magnifiquement les dieux.
(Rollin.)

Où courez-vous ? *ce n'est pas là que* sont les ennemis.
(Voltaire.)

*C'est par là qu'*il doit commencer à se rapprocher du reste des hommes. (Lemontey.)

On dit *c'est là que, c'est par là que, c'est de là que,* et non *c'est là où, c'est par là où, c'est de là où ;* du moins c'est ainsi que se sont toujours exprimés les bons auteurs.

EXERCICE PHRASÉOLOGIQUE.

C'est là que je l'ai vu.
C'est par là qu'il viendra.

C'est de là qu'ils sont partis.
C'est par là qu'il doit partir.

N° CCCLXXXIV.

Que ET combien COMPARÉS.

Que.	Combien.
Que la vengeance est douce à l'esprit d'une femme ! (CORNEILLE.)	Combien le trône tente un homme ambitieux ! (RACINE.)
Qu'il est doux de vivre dans un pays où les lois nous mettent à couvert de la volonté des hommes ! (SAINT-ÉVREMONT.)	Combien de trônes sont remplis Par les usurpateurs qui s'y sont établis ! (CRÉBILLON.)
Que la religion est terrible et puissante ! (VOLTAIRE.)	Ah ! combien de Césars deviendront Laridons ! (LA FONTAINE.)

Commençons par rendre justice à Lemare. A l'endroit où ce savant grammairien traite du *que*, dans son Cours de langue française, il détruit les mille et une transfigurations que la routine lui fait ordinairement subir, et montre jusqu'à l'évidence que cet adjectif se rapporte toujours à un mot exprimé ou sous-entendu. Nous sommes parfaitement d'accord là-dessus avec Lemare, excepté quand il attribue à *que*, signifiant *combien*, une valeur relative qu'il n'a pas. Pris dans ce sens, ce mot n'est autre chose que le *quantùm* des Latins. Et ce qui le prouve, ce sont les exemples de l'une et de l'autre colonne, où *que* pourrait être remplacé par *combien* et *vice versâ*.

Vouloir donc, comme l'a fait Lemare, analyser : *que la vengeance est douce*, etc., *qu'il est doux de vivre*, etc., par (je dis ceci) *que la vengeance est douce*, etc. ; (je dis ceci) *qu'il est doux de vivre*, etc., c'est enlever au *que* sa véritable signification, puisque alors il ne signifie plus *combien*; c'est changer le sens de la phrase, en un mot, c'est faire une fausse analyse.

EXERCICE PHRASÉOLOGIQUE.

Que vous êtes grand !	Combien vous êtes grand !	Que vous êtes jolie !	Combien vous êtes jolie !	Que vous êtes généreux !
Qu'elle est belle !	Combien elle est belle !	Qu'elle est bonne !	Combien elle est bonne !	Qu'il est riche !
Qu'il est sot !	Combien il est sot !	Qu'ils sont spirituels !	Combien ils sont spirituels !	Qu'il est doux !

N° CCCLXXXV.

Au moment que, au moment où.

Au moment que.	Au moment où.
Tout cela est le vif portrait que chacun de vous se fait, *au moment que* je parle, du prince que nous avons perdu. (FLÉCHIER.)	Dans *le moment où* ils allaient commencer leur repas, cette vieille dont j'ai parlé fit tout-à-coup du bruit à une porte. (FÉNELON.)
Plus je veux du passé rappeler la mémoire, *Du jour que* je la vis jusqu'à ce triste jour, Plus je vois qu'on me peut reprocher trop d'amour. (RACINE.)	Il n'y a pas *de jour où* je ne reçoive des vers et *où* je n'en rende. (BOUFFLERS.)
Un temps viendra *que* tous les hommes, soumis à la seule pensée, se conduiront par les clartés de l'esprit. (CHATEAUBRIAND.)	*Le temps* viendra, je l'espère, *où* les Français libres déclareront, par un acte solennel, qu'ils n'ont point pris de part à ces crimes de la tyrannie. (CHATEAUBRIAND.)
Approchez, mes enfants. Enfin l'*heure* est venue *Qu'*il faut que mon secret éclate à votre vue : A mes nobles projets je vois tout conspirer ; Il ne me reste plus qu'à vous les déclarer. (RACINE.)	*Le temps* approche *où* la vie d'Antoine aura pour le jeune homme une instruction plus prochaine que celle d'Auguste. (J.-J. ROUSSEAU.)

Dans ces exemples, quand on dit : *au moment que* ou *au moment où*, *dans le temps que*, *dans le temps où*, *du jour que*, *du jour où*, etc., on s'exprime donc également bien.

Dans ces expressions, *que* se traduit comme *où*, par *dans lequel* : *Au moment que*, c'est-à-dire *au moment dans lequel*.

EXERCICE PHRASÉOLOGIQUE.

| Au moment que... | Au moment où... | Du jour que... | Du jour où... |
| L'heure est venue que... | L'heure est venue où... | Le temps s'approche que... | Le temps s'approche où... |

N° CCCLXXXVI.

Quoi que ET *quoique*.

Quoi que.	*Quoique.*
Quoi que vous présumiez de la voix populaire, Par de secrets rayons le ciel souvent l'éclaire. (CORNEILLE.)	*Quoique* l'ambition soit un vice, elle est souvent la mère et la cause de plusieurs vertus. (AMELOT.)
L'honneur est dans notre âme ; et *quoi qu'on* entreprenne, C'est avec notre aveu qu'il faut qu'on l'y surprenne. (COLARDEAU.)	*Quoique* la justice ne se vende pas, il en coûte beaucoup, et il faut être très-riche pour l'obtenir. (STANISLAS.)
Quoi qu'on fasse, Propos, conseil, enseignement, Rien ne change un tempérament. (LA FONTAINE.)	La paix, *quoique* désavantageuse, qui procure du repos, vaut mieux que la victoire qui n'achève point la guerre. (BALZAC.)

Il ne faut pas confondre *quoi que*, de la première colonne, avec *quoique*, de la seconde. Le premier signifie *quelque chose que*, et alors il s'écrit en deux mots ; le second, au contraire, a le sens de *bien que*, et doit s'écrire en un seul mot. Ce n'est que de l'opposition, de la comparaison des termes, que nous pouvons apprécier leur véritable valeur.

EXERCICE PHRASÉOLOGIQUE.

| Quoi que vous disiez. | Quoique pauvre. | Quoi que vous présumiez. | Quoique riche. |
| Quoi qu'il pense. | Quoiqu'il soit grand. | Quoi que je fasse. | Quoique je le pense. |

N° CCCLXXXVII.

Que POUR *à quoi, de quoi*.

Que.	*A quoi.*
Que sert une sagesse âpre et contrariante ? (LA CHAUSSÉE.)	Dans ce siècle coupable *à quoi* sert la vertu ? (DE BELLOY.)
Que sert la politique où manque le pouvoir ? (VOLTAIRE.)	*A quoi* sert l'examen avant le mariage ? A rien. (LA CHAUSSÉE.)
Que sert à qui n'est plus un vain titre de gloire ? (F. DE NEUFCHATEAU.)	Si la mode empoisonne un naturel heureux, *A quoi* sert le bonheur d'être né vertueux ? (*Id.*)
Que sert de se parer Du repentir, après l'injure Qui ne peut plus se réparer ? (*Id.*)	*A quoi* sert d'avoir un roi qui sache bien gouverner en paix, s'il ne sait pas gouverner le pays quand la guerre vient ? (FÉNELON.)
Contre deux cœurs épris *que* sert la vigilance ? (LA CHAUSSÉE.)	

La seule observation que nous ayons à faire ici, d'après les citations de l'une et de l'autre colonne, c'est qu'on peut remplacer à *quoi*, *de quoi*, par *que*, et dire, *que sert*? *qu'avez-vous à vous plaindre*? ou bien *à quoi sert*? *de quoi avez-vous à vous plaindre*?

EXERCICE PHRASÉOLOGIQUE.

Que sert ?   A quoi sert ?   Qu'avez-vous à vous tourmenter ?   De quoi avez-vous à vous tourmenter ?

DES PRONOMS INDÉFINIS.

N° CCCLXXXVIII.

NATURE DES PRONOMS INDÉFINIS. — LEUR DÉFINITION.

On pardonne aisément le mal involontaire.
(DE LA BOUTRAYE.)
La comédie nous apprend à nous moquer d'*autrui*.
(BERN. DE SAINT-PIERRE.)
Il est toujours *quelqu'un* qui cherche à nous trahir.
(LAGRANGE.)

Quiconque flatte ses maîtres les trahit.
(MASSILLON.)
Personne ne veut être plaint de ses erreurs.
(VAUVENARGUES.)
Chacun fait ici-bas la figure qu'il peut.
(MOLIÈRE.)

Les pronoms indéfinis sont ceux qui désignent d'une manière vague les personnes ou les choses dont ils rappellent l'idée.

Les mots que les grammairiens regardent comme pronoms indéfinis sont *on*, *quiconque*, *chacun*, *l'un l'autre*; les locutions pronominales *qui que ce soit*, *quoi que ce soit*. Quelques grammairiens y joignent les adjectifs indéfinis *nul*, *tel*, employés seuls, et même les mots *autrui*, *personne*.

D'autres grammairiens nomment ces pronoms substantifs *indéfinis*, et nous sommes de ce nombre.

N° CCCLXXXIX.

On ou *l'on*.

On cherche les rieurs, et moi, je les évite.
(LA FONTAINE.)
On pardonne aisément le mal involontaire.
(DE LA BOUTRAYE.)

On se flatte jusqu'à la mort.
(JAUFFRET.)
On finit par où *l'on* devait commencer.
(DORAT.)

L'origine du mot indéfini *on* ne paraît pas encore être bien connue de nos grammairiens.

Les uns prétendent qu'il dérive de l'anglais *one*, un, ou du celtique *en*, qui signifie également *un*.

Les autres pensent que c'est une corruption du mot français *homme*.

Ce sont là deux erreurs qu'il importe de réfuter; pour ne pas les voir accréditer par des grammairiens dont les opinions pourraient faire autorité. Le mot *on* ne vient pas de l'anglais *one*, un. Il n'est pas non plus une corruption du mot *homme*; et pour avancer une pareille opinion, il faut, en vérité, n'avoir jamais ouvert aucun des vieux monuments de notre langue. Mais les grammairiens ont bien le temps d'aller fouiller nos vieilles archives pour y chercher la vérité! Ils trouvent infiniment plus commode de dire ce qui leur passe par la tête.

On est une altération de son primitif latin *homo*, dont l'*o* final s'est mutisé ; de là les transformations *hom, home, homs, hon, hons, om, ome, omme, ons, en, on* (1). L'euphonie a, dans certains cas, fait précéder ces mots de l'article *l'*.

Chez les Francs, tout l'art de la parole se borna d'abord à l'abréviation et à la contraction. C'est ainsi que de *damnum* ils n'ont pris que la première syllabe dont ils ont fait *dam*; de *troncus*, *tronc*; de *donum*, *don*; de *nomen*, *nom*; de *homo*, *hom*; qu'on écrivait d'abord sans *e* muet, d'où est venue la particule *on* (2).

Tout lecteur peut reconnaître la vérité de ce fait en parcourant les vieux manuscrits gaulois. Pluche, dans son *Spectacle de la nature*, donne le symbole de saint Athanase en latin, puis les traductions gauloises qui en ont été faites successivement, jusqu'à ce qu'il arrive à une traduction française ; l'origine et les transformations du mot *on* s'y trouvent établies d'une manière authentique.

Mais, pour épargner au lecteur la peine de recourir à ces documents, nous croyons devoir rapporter ici quelques exemples des diverses transformations du mot *homme* ou *on*. Ces exemples sont tirés d'écrivains des dixième, onzième, douzième et treizième siècles.

> Li vileins dist en son proverbe
> Que mains *hom* a le tort requis (3).   (TOM. IV DES FABLIAUX.)
> Qui ainsi muert, l'*en* nous tesmoingne
> Que Diex ses pechiez li pardoigne (4).   (ID.)

Si cum *om* per dreit son fradra salvar dist (5). 842. Serm. de Louis le German à Charles le Chauve.

Li créeres et li sires de totes choses vint, et as *homes* vint, et pour les *homes* vint, et *home* vint.

(SERMONS DE SAINT BERNARD.)

---

(1) Les Italiens ont dit de même *hom, om*, et *uom, uomo*. Les exemples suivants en font foi :

> Volendo prendere *om* con lui battaglia.   (DANTE.)

TRADUCTION. Si l'*on* voulait se battre avec lui.

> Messo è che viene ad invitar ch' *uom* saglia.   (ID.)

TRADUCTION. C'est un messager qui vient inviter que l'*on* monte.

> Sempre a quel ver ch' ha faccia di menzogna
> Dè l' *uom* chiuder le labbra quant' ei puote,
> Però che, senza colpa, fa vergogna.   (ID.)

TRADUCTION. *On* doit toujours, autant qu'il est possible, fermer sa bouche à cette vérité qui a l'aspect du mensonge, parce qu'elle nous attire la honte, sans qu'il y ait de notre faute.

(2) Plus tard, c'est-à-dire quand on s'occupa de perfectionner la langue, et de remédier aux nombreux désavantages qu'avait entraînés l'abréviation ou contraction des syllabes dans les mots empruntés des autres langues, et surtout de la langue latine, premier instinct de notre idiome franc, on substitua aux consonnes dures et ingrates des terminaisons plus sonores et plus brillantes. Ce fut l'*e* muet qui commença à donner une forme plus humaine à l'idiome sauvage des Francs ; il servit à distinguer les genres ; à diminuer l'âpreté des contractions, surtout dans les verbes et les adverbes ; à lier les mots entre eux d'une manière moins rude ; à les terminer avec plus de douceur, de variété et d'harmonie. Cela explique pourquoi *hom* ou *om* finirent par être remplacés par *homme*, et nous fait sentir le peu d'exactitude de cette observation de Roquefort : « Si *homme* s'écrit avec deux *m* en français, quoiqu'il n'y en ait qu'un au latin » *homo*, cela vient probablement de ce que tous les noms de la troisième déclinaison se sont formés de » l'ablatif *homine*, et que l'on a fait de l'*i* et de l'*n* le second *m*; de même le mot *femme* de *femina*, » *nommer* de *nominare*. »

Que *femme* soit venu de *femina*, *nommer* de *nominare*, cela se conçoit ; mais ce qui paraît un peu spécieux, c'est que pour former *homme* on ait été obligé de recourir précisément à l'ablatif latin *homine*. Où ne conduit pas l'esprit de système ?

(3) Le vilain dit en son proverbe
    Que maint homme a le tort requis.

(4) Qui meurt ainsi, l'on nous témoigne
    Que Dieu lui pardonne ses péchés.

(5) Ainsi qu'on doit sauver son frère par droit.

Si uns *hons* eust guerré à un autre. (ORDONNANCE DE LOUIS IX DE 1270.)
Bon fit à preudome parler. (L'ORDÈNE DE CHEVALERIE, FABLIAU.)
Et preud*ons* n'esconduira mie. (ID.)

Les explications dans lesquelles nous venons d'entrer nous démontrent que puisque le mot *on*, contraction de *homo*, ne révèle d'autre idée que celle empreinte dans ce mot, et ne se trouve pas à la place d'un autre nom, ce n'est pas un *pronom*, mais bien le nom d'une personne représentée dans l'esprit de celui qui parle par l'idée de l'unité, ou par celle d'une pluralité ; et, par conséquent, annoncée d'une manière indéfinie, indéterminée.

C'est donc à tort que M. Raynouard a dit, dans sa *Grammaire de la Langue romane*, que le mot *on* est un pronom qui, se rapportant à un substantif non exprimé dans le discours, en remplit lui-même les fonctions.

Le même reproche s'adresse à presque tous les grammairiens ainsi qu'à l'Académie elle-même.

EXERCICE ANALYTIQUE.

On se rit d'une menace
Qu'*on* ne peut effectuer. (AGNIEL.)
Quand *on* est mère, *on* aime tendrement. (HAUMONT.)
En ornant trop la nature,
On en éteint les facultés. (NIVERNAIS.)

L'oisiveté, dit-*on*, des vices est la mère. (LE BAILLY.)
On n'offense jamais les dieux impunément. (LEBRUN.)
Car que faire en un gîte, à moins que l'*on* ne songe? (LA FONTAINE.)
Nous serions tous bien empêchés,
Si l'*on* parlait comme l'*on* pense. (LAMOTTE.)

N° CCCXC.

GENRE ET NOMBRE DU MOT *on*.

On rencontre sa destinée
Souvent par des chemins qu'*on* prend pour l'éviter.
(LA FONTAINE.)

Quand *on* est chrétien, de quelque sexe qu'*on* soit, il n'est pas permis d'être lâche.
(FÉNELON.)

On n'est pas criminel toujours pour le paraître.
(TH. CORNEILLE.)

Ne faut-il que délibérer?
La cour en conseillers foisonne :
Est-il besoin d'exécuter?
L'*on* ne rencontre plus personne.
(LA FONTAINE.)

L'*on* fit, pendant notre séjour à Stockholm, de grandes réjouissances pour la naissance d'une princesse.
(REGNARD.)

L'*on* hait avec excès lorsque l'*on* hait un frère.
(RACINE.)

Le mot *on* est destiné à indiquer l'universalité des personnes d'une manière vague et indéterminée, et sans distinction de sexe (1). Sa nature est d'être essentiellement du masculin et du singulier : aussi le verbe qui le suit ne se met-il jamais au pluriel.

---

(1) Nous trouvons dans les *Mélanges de littérature* de l'abbé Morellet, des remarques philosophiques grammatico-morales sur le nom indéterminé *on*; nous n'en extrairons que les passages suivants, afin de montrer l'abus qu'il est possible de faire de ce mot. « Ceux qui se servent de ce monosyllabe dans ces
» phrases, *on dit, on sait, on pense*, veulent communément appuyer leur opinion de l'autorité d'*on*; et,
» pour la rendre plus imposante, ils lui font signifier un nombre de personnes le plus grand, et lui donnent
» le plus d'étendue qu'ils peuvent. A n'entendre par *on* qu'un seul homme, ou un petit nombre d'hommes,
» celui qui cherche à établir une opinion ou un fait, à décrier un livre, à décréditer un ministre, à répandre
» une calomnie, ne trouve pas son compte. Il faut qu'il donne à entendre que son *on dit* comprend la
» ville, le royaume, l'Europe, et, s'il se peut, le monde entier.....
» Les grammairiens disent que cette particule est indéfinie ; mais ils pourraient dire avec plus de raison
» qu'elle est infinie, puisqu'elle comprend souvent, dans l'opinion de celui qui l'emploie, ou du moins qu'il
» veut lui faire comprendre, un nombre infini d'individus. De sorte que ce mot si court, comme le char-
» mant *quoi qu'on die*, de Bélise et de Philaminte, dit beaucoup plus qu'il ne semble, qu'on entend là-
» dessous un million de mots, et qu'il dit plus de choses qu'il n'est gros. » Tome 4, page 219.

Les exemples de la seconde colonne nous montrent que ce même mot, *on*, peut être précédé de la lettre *l*, qui est, non pas un signe euphonique, mais bien l'article *le*, dont la voyelle se trouve élidée.

Les grammairiens ont donné pour règle qu'au commencement des phrases il fallait mettre *on* et non pas *l'on*; mais nous, qui faisons moins une grammaire que l'historique du langage, nous devons à la vérité de dire que nos meilleurs auteurs ne se sont pas astreints à cette loi. Toutefois, aujourd'hui les écrivains mettent généralement au commencement des phrases *on* plutôt que *l'on*, influencés par la règle qu'il a plu aux grammairiens d'imaginer.

EXERCICE PHRASÉOLOGIQUE.

On veut.	On peut.	On sait.	On ignore.	On dort.
On dit.	On juge.	On va.	On plaît.	On meurt.
On est léger.	On est fou.	On est prudent.	On est sot.	On vit.
On pense.	On ment.	On vient.	On déplaît.	On mange.
On raconte.	On trompe.	On rencontre.	On invente.	On boit.

N° CCCXCI.

On EN RAPPORT AVEC UN ADJECTIF MASCULIN OU FÉMININ.

SINGULIER.	PLURIEL.
On peut être *étourdi*, *léger*, *inconséquent* et *brave* en même temps. (ROCHON DE CHABANNES.)	Le commencement et le déclin de l'amour se font sentir par l'embarras où *l'on* est de se trouver *seuls*. (LA BRUYÈRE.)
Ce qui ne plaît qu'aux yeux dans un instant s'oublie, Le charme dure peu quand *on* n'est que *jolie*. (GOSSE.)	Quand *on* est *jeunes*, *riches* et *jolies*, comme vous, mesdames, *on* n'en est pas *réduites* à l'artifice. (DIDEROT.)

Malgré ce que nous avons dit, on voit, par les exemples qui précèdent, que si le mot *on* désigne expressément un homme ou une femme, ou plusieurs individus de l'un ou de l'autre sexe, l'adjectif en rapport avec lui prend alors le masculin ou le féminin, le singulier ou le pluriel. Il ne faut pas croire cependant que, dans ce cas, l'adjectif qualifie le mot *on*: ce serait là une grande erreur, puisque *on* est toujours du masculin; l'adjectif ne peut donc qualifier qu'un nom sous-entendu : Ainsi, *on peut être étourdi*; *on n'est que jolie*; *l'embarras où l'on est de se trouver seuls*; *on est jeunes, riches et jolies*; c'est pour *on peut être (un homme) étourdi*; *on est (une femme) jolie*; *l'embarras où l'on est de se trouver (deux individus) seuls*; *on est (des femmes) jeunes, riches et jolies*; où l'on voit qu'*étourdi* s'accorde avec *homme*; *jolie* avec *femme*; *seuls* avec *individus*; et *jeunes*, *riches* et *jolies*, avec *femmes*. Cette construction est dite sylleptique, parce qu'elle se fait plutôt selon la pensée que suivant les règles de la syntaxe. Ce qui justifie surtout nos observations, c'est qu'il faut écrire avec les deux nombres : *on s'était cru amis, et l'on s'est trouvé rivaux*.

EXERCICE PHRASÉOLOGIQUE.

On avec un adjectif

MASCULIN et FÉMININ SINGULIER.	MASCULIN et FÉMININ PLURIEL.	MASCULIN et FÉMININ SINGULIER.	MASCULIN et FÉMININ PLURIEL.
On est homme.	On est jeunes.	On est vif.	On est maîtres.
On est femme.	On est coquettes.	On est vive.	On est maîtresses.
On s'est cru bon.	On s'était cru battus.	On est savant.	On est ennemis.
On s'est cru jouée.	On s'est donné pour grandes.	On est spirituelle.	On est deux amies.

N° CCCXCII.

ON SUIVI D'UN SUBSTANTIF SINGULIER OU PLURIEL.

SINGULIER.	PLURIEL.
Vous parlez d'obéir, et cependant on n'est pas votre esclave. (ANONYME.)	On n'est pas des esclaves pour essuyer de si mauvais traitements. (ACADÉMIE.)

Le mot *on* peut être suivi d'un substantif soit singulier, soit pluriel.

EXERCICE PHRASÉOLOGIQUE.

On suivi d'un substantif

MASCULIN et FÉMININ SINGULIER.	MASCULIN et FÉMININ PLURIEL.	MASCULIN et FÉMININ SINGULIER.	MASCULIN et FÉMININ PLURIEL.
On n'est pas un Turc. On est une dame.	On n'est pas des juifs. On est des bourgeoises.	On n'est pas un barbare. On n'est pas une avare.	On n'est pas des richards. On n'est pas des princesses

N° CCCXCIII.

PHRASES ÉNONCIATIVES

SANS NÉGATION.	AVEC NÉGATION.
On gagne les esprits par beaucoup de douceur. (MOLIÈRE.)	On ne peut tromper l'œil vigilant des dieux. (VOLTAIRE.)
On peut être honnête homme et faire mal des vers. (Id.)	On n'excite au travail qu'en offrant des amorces. (FAVART.)
On peut voir l'avenir dans les choses passées. (ROTROU.)	On n'est pas vertueux pour n'avoir aucun vice. (AUBERT.)
On voit les maux d'autrui d'un autre œil que les siens. (CORNEILLE.)	On n'a jamais pu apprivoiser l'hirondelle, qui, de temps immémorial, bâtit son nid dans nos maisons. (BERN. DE SAINT-PIERRE.)
On aime peu celui qui n'ose aimer personne. (DELILLE.)	Quand les canons ont tiré de suite une vingtaine de coups, on n'y peut supporter la main. (Id.)
On commence par être dupe, On finit par être fripon. (Mme DESHOULIÈRES.)	L'antiquité avait observé sept étoiles dans les Pléiades. On n'en voit plus que six aujourd'hui, la septième disparut au siége de Troie. (Id.)
On perd tout le temps qu'on peut mieux employer. (J.-J. ROUSSEAU.)	

Le pronom indéfini *on* ne peut jamais apparaître dans le discours que comme sujet de la proposition : il ne saurait donc être complément de verbe ni de préposition. Dans les phrases purement énonciatives, telles que celles que nous venons de rapporter, *on* précède toujours le verbe ; mais si les phrases sont négatives, comme celles de la seconde colonne, il est séparé du verbe par la négation. Il faut bien prendre garde, dans ce cas et lorsque l'on retranche l'*e* de la négation, de se laisser tromper par la prononciation et d'omettre cette même négation ; ce serait une faute très-grave. On doit écrire : *on n'aime point, si l'on n'est aimé*, et non : *on aime point, si l'on est aimé*. Prononcez les deux phrases suivantes :

Nous sommes perdus, si *l'on en* décide autrement (*l'o-n-en*).

Nous sommes perdus si *l'on n'en* décide autrement (*l'on n'en*).

EXERCICE PHRASÉOLOGIQUE.

On dit.	On assure.	On a tort.	On ne dit pas.	On n'assure pas.	On n'ignore pas.
On sait.	On soupçonne.	On a raison.	On ne sait pas.	On n'en sait rien.	On n'y peut rien.
On croit.	On suppose.	On se trompe.	On ne croit pas.	On n'y pense pas.	On n'en croit rien.
On pense.	On s'imagine.	On ignore.	On ne pense pas.	On n'en parle pas.	On n'y croit pas.

N° CCCXCIV.

PHRASES INTERROGATIVES ET EXCLAMATIVES.

Peut-*on* prévoir sa destinée ?
(AGNIEL.)

Dans la peur réfléchit-*on* ?
(LENOBLE.)

Eh ! connaît-*on* l'orgueil auprès de l'amitié !
(CHAMFORT.)

A-t-*on* jamais pleuré d'avoir fait son devoir ?
(*Id.*)

En riant de ses fers cesse-t-*on* d'en porter ?
(CHÉNIER.)

Que ne fait-*on* passer avec un peu d'encens !
(FLORIAN.)

Eh ! que ne doit-*on* pas à qui l'on doit la vie !
(BOURSAULT.)

N'est-*on* jamais tyran qu'avec le diadème ?
(CHÉNIER.)

N'a-t-*on* jamais dansé pour secouer sa peine ?
(ARNAULT.)

Aisément, pour jamais, quitte-t-*on* ce qu'on aime ?
(BLIN DE SAINMORE.)

Dans les phrases interrogatives ou exclamatives, le pronom indéfini *on* se transporte immédiatement après le verbe : *peut-on ? sait-on ? doit-on ? que peut-on ?* Mais si le verbe qui précède *on* commence par une voyelle, il faut, pour éviter l'hiatus qui résulterait des expressions *a-on ? n'a-on pas ?* intercaler un *t* entre deux tirets : *A-t-on ? n'a-t-on pas ?* ainsi que cela a lieu dans les deux derniers exemples de chacune des colonnes ci-dessus. — La négation n'exerce aucune influence.

EXERCICE PHRASÉOLOGIQUE.

Peut-on ?	A-t-on ?	Croit-on ?	Ne peut-on pas ?	N'a-t-on pas ?	Ne croit-on pas ?
Doit-on ?	Corrige-t-on ?	Attaque-t-on ?	Ne doit-on pas ?	Ne corrige-t-on pas ?	N'attaque-t-on pas ?
Sait-on ?	Aime-t-on ?	Connaît-on ?	Ne sait-on pas ?	N'aime-t-on pas ?	Ne connaît-on pas ?
Dit-on ?	Pense-t-on ?	Soupçonne-t-on ?	Ne dit-on pas ?	Ne pense-t-on pas ?	Ne soupçonne-t-on pas ?

N° CCCXCV.

PHRASES INTERJETÉES.

La vengeance, *dit-on*, est un morceau de roi.
(AUBERT.)

C'est le dix-huitième siècle, *s'écrie-t-on*, qui est le siècle *penseur* par excellence.
(CHATEAUBRIAND.)

Mais, *dira-t-on*, que signifie cette communion mystique où la raison est obligée de se soumettre à une absurdité, sans aucun profit pour les mœurs ?
(*Id.*)

Bonne action, *dit-on*, a toujours son salaire.
(RIGAUD.)

Les animaux étrangers, *ajoute-t-on*, perdent leur caractère dans la captivité.
(BERN. DE SAINT-PIERRE.)

Les colliers de quelques-uns des habitants de Musgow (en Afrique) avaient cinq ou six rangs, et n'étaient autres, *m'assura-t-on*, que les dents d'ennemis qu'ils avaient tués dans les batailles.
(ALBERT-MONTÉMONT.)

Lorsqu'une proposition se trouve interjetée dans une phrase, le mot *on*, comme dans les interrogations, se met toujours après le verbe ; et si ce dernier se termine par une voyelle, on intercale un *t* entre deux tirets.

EXERCICE PHRASÉOLOGIQUE

M'assure-t-on.	Me demanda-t-on.	Me cria-t-on.	Me répondit-on.
M'objecta-t-on.	Me manda-t-on.	Trouve-t-on.	Croit-on.
Pense-t-on.	Répliquait-on.	Soutiendra-t-on.	Murmurait-on.
Repartira-t-on.	Avancerait-on.	Répéterait-on.	Ajouterait-on.

N° CCCXCVI.

PLACE DE *on* DANS LES PHRASES COMMENÇANT PAR *aussi*, *peut-être*, *en vain*, *toujours*, ET AUTRES MOTS SEMBLABLES.

AVANT LE VERBE.

Aussi l'on doit regarder le déluge universel comme un moyen surnaturel dont s'est servie la toute-puissance divine pour le châtiment des hommes.
(BUFFON.)

A peine l'on me félicitait de mon heureuse évasion, que le misérable état dans lequel j'étais, sans même un haillon pour me couvrir, se présenta à mon esprit pour me jeter dans l'inquiétude.
(ALBERT MONTÉMONT.)

Depuis plus d'un siècle l'ardeur pour découvrir de nouvelles terres s'est extrêmement ralentie : *peut-être on a préféré* avec raison l'utilité qu'on a trouvée à faire valoir celles qu'on connaissait, à la gloire d'en conquérir de nouvelles.
(BUFFON.)

APRÈS LE VERBE.

Aussi doit-on présenter à l'esprit des jeunes gens des choses de toute espèce, des études de tout genre, des objets de toute sorte, afin de reconnaître le genre auquel leur esprit se porte avec plus de force, ou se livre avec plus de plaisir.
(BUFFON.)

La Bétique est un pays dont on raconte tant de merveilles, qu'*à peine peut-on* les croire.
(FÉNELON.)

Qu'on imagine en effet des cathédrales et des châteaux qui surgissent aux yeux dans mille positions, sous mille formes diverses ; et *peut-être ne s'étonnera-t-on* plus qu'un peuple ignorant et superstitieux y attache des idées surnaturelles.
(ALBERT MONTÉMONT.)

Ce que nous avons dit, page 254, relativement à la place des pronoms personnels dans les phrases commençant par *aussi*, *en vain*, *peut-être*, etc., s'applique naturellement à *on*. Comme eux, ce mot se met devant ou après le verbe ; c'est le sentiment, c'est l'oreille qui doivent déterminer la préférence. Nous dirons cependant que les exemples analogues à ceux de la seconde colonne sont plus fréquents.

EXERCICE PHRASÉOLOGIQUE.

A peine on naît que...	A peine naît-on que...	A peine on meurt que...	A peine meurt-on que...
Aussi l'on doit.	Aussi doit-on.	Peut-être on dira.	Peut-être dira-t-on.
En vain on parle.	En vain parle-t-on.	Du moins on objectera.	Du moins objectera-t-on.
Toujours on verra.	Toujours verra-t-on.	Combien on intéresse.	Combien intéressera-t-on.
A plus forte raison on fait.	A plus forte raison fait-on.	Au moins on pense.	Au moins pense-t-on.
Encore on dit quelque chose.	Encore dit-on quelque chose.	Si bon qu'on soit.	Si bon soit-on.

N° CCCXCVII.

DE LA RÉPÉTITION DE *on*.

La marée arrive cependant de tous côtés ; *on* cherche Vatel pour le distribuer, *on* va à sa chambre, *on* heurte, *on* enfonce la porte ; *on* le trouva noyé dans son sang.
(Mme DE SÉVIGNÉ.)

On dit que c'était à force d'avoir de l'honneur à sa manière : *on* le loua fort, *on* loua et l'*on* blâma son courage.
(LA MÊME.)

Il élève sa voix ; *on* murmure, *on* s'empresse, *on* l'entoure, *on* l'écoute, et le tumulte cesse.
(VOLTAIRE.)

Ceux mêmes qui n'ont pas de bien veulent paraître en avoir : ils en dépensent comme s'ils en avaient : *on* emprunte, *on* trompe, *on* use de mille artifices indignes pour parvenir.
(FÉNELON.)

On lève l'ancre, *on* part, *on* fuit loin de la terre.
On découvrait déjà les bords de l'Angleterre.
(VOLTAIRE.)

On l'interroge, *on* doute, *on* l'observe long-temps ;
On craint sous cet habit un funeste mystère.
(Id.)

La fraude et l'inhumanité frappent peu à peu tous les plus solides fondements de l'autorité légitime : *on* l'admire, *on* la craint, *on* tremble devant elle jusqu'au moment où elle n'est déjà plus.
(FÉNELON.)

On accourut ; *on* enfonça la porte ; *on* dégagea Philoclès des mains de ces trois hommes, qui, étant troublés, l'avaient attaqué faiblement.
(FÉNELON.)

Lorsque dans une phrase il se trouve plusieurs propositions ayant pour sujet *on*, ce dernier se répète. C'est en l'absence d'autres faits que nous établissons cette règle ; car certainement il est des cas où la suppression de *on* ne serait ni choquante ni condamnable, comme dans l'exemple suivant : *Quand on va, vient, retourne, revient, comme vous faites, on est bien insupportable.* Des phrases semblables doivent indubitablement se rencontrer dans nos comiques. La règle donnée par Girault-Duvivier est donc trop absolue quand il dit : « Sans la répétition de *on*, l'oreille ne serait pas satisfaite : aussi le goût en a-t-il fait une loi. »

EXERCICE PHRASÉOLOGIQUE.

On va, on vient, on s'échauffe.
On vient, on le presse, on l'écoute.
On s'assemble, on murmure.

On parle, on ne s'entend pas.
On naît, on vit, on meurt.
On soupçonne, on s'assure, on éclate.

On veut, on ne veut pas.
On mange, on boit, on chante.
On sait, on ne sait ce qu'on dit.

On dit une chose, on en dit une autre.
On rit, on s'amuse.
On pleure, on rit tout à la fois.

N° CCCXCVIII.

IDENTITÉ DE RAPPORT AVEC *on* RÉPÉTÉ.

DITES :	NE DITES PAS :
Quand *on* sent que l'*on* plaît, *on* en est plus aimable. (COLLIN D'HARLEVILLE.)	Quand *on* sent que l'*on* vous aime, *on* en est plus aimable.
On n'a point d'encens, *on* ne passe point pour immortel ; mais *on* se porte bien, *on* règne sans trouble, et l'*on* fait beaucoup de bien aux hommes qu'*on* gouverne. (FÉNELON.)	*On* n'a point d'encens, *on* ne vous fait pas passer pour immortel ; mais *on* se porte bien, *on* veut qu'*on* règne sans trouble, et l'*on* fait beaucoup de bien aux hommes qu'*on* gouverne.
Quand *on* a aimé avec emportement, il faut qu'*on* haïsse avec fureur. (FÉNELON.)	Quand *on* a été aimé avec emportement, il faut qu'*on* vous haïsse avec fureur.

Lorsque le mot *on* est répété dans une phrase, il faut faire attention, autant pour l'intelligence que pour la clarté du discours, à ce que le rapport soit identique, comme dans les exemples de la première colonne, c'est-à-dire qu'il ne doit s'appliquer qu'à la même personne ; car dans les exemples de la deuxième colonne, on sent bien que la divergence de rapports rend les phrases obscures, fatigantes, insupportables. D'après cela, Fénelon n'aurait pas dû écrire :

Cependant *on* voyait le corps du jeune Hippias étendu, qu'*on* portait dans un cercueil orné de pourpre, d'or et d'argent.

On s'attendrissait sur Hippias, dont *on* racontait les grandes actions.

Le premier *on* est relatif à une portion d'individus, et le second s'applique à une autre.

EXERCICE PHRASÉOLOGIQUE.

Quand on est aimable, on est aimé.
Quand on bat, on risque d'être battu.
Quand on trompe, on est trompé.

Quand on va sur mer, on peut faire naufrage.
Quand on est humain, on fait du bien aux pauvres.

Dès qu'on vous le dit, c'est qu'on le sait...
Quand on est joueur, on se ruine.
Puisqu'on l'atteste, c'est qu'on en est certain.

N° CCCXCIX.

On EN RAPPORT AVEC LES NOMS PERSONNELS *nous, vous.*

Qu'*on* hait un ennemi quand il est près de *nous!*
(RACINE.)

Au moins, en pareil cas, est-ce un bonheur bien doux,
Quand *on* sait qu'*on* n'a point d'avantage sur *nous.*
(MOLIÈRE.)

Quand le bonheur *vous* guide, *on* doit suivre ses pas,
Et toujours s'élever sans regarder en bas.
(DESTOUCHES.)

On souffre, *on* jouit, non par ce qui existe, mais par ce qui *nous* paraît exister.
(DE SÉGUR.)

Les pronoms personnels *nous, vous*, quand ils sont employés dans un sens général, indéterminé, peuvent être mis, comme on voit, en relation avec *on*, qui n'a pour corrélatif spécial que *se* ou *soi*. Exemple : ON a souvent besoin d'un plus petit que SOI.

EXERCICE PHRASÉOLOGIQUE.

On gémit des malheurs qui tombent sur vous.
On méprise les méchancetés qui se disent de vous.
On parle ainsi quand il vous ennuie.

On repoussera les ennemis qui marcheront sur nous.
On s'applaudit des éloges qui nous reviennent.
On lui dit cela pour qu'elle nous laisse en paix.

N° CCCC.

EMPLOI DE *on* POUR *je, tu, il, elle, nous, vous, ils, elles.*

EXEMPLES.	ANALYSE.
On a certains attraits, un certain enjouement, Que personne ne peut me disputer, je pense. (REGNARD.)	ON a, etc., c'est pour : J'AI certains attraits, un certain enjouement, etc.
Tu m'avais promis, lâche, et j'avais lieu d'attendre Qu'*on* te verrait servir mes ardeurs pour Léandre. (MOLIÈRE.)	Qu'ON te verrait servir mes ardeurs est pour : JE te verrais servir, etc.
Écoute : . . . . Je prétends qu'*on* soit sourde à tous les damoiseaux. (Id.)	Je prétends qu'ON soit sourde est pour : je prétends que TU sois sourde, etc.
Je veux croire les gens, quand *on* me dit, je t'aime. (Id.)	Je veux croire les gens quand ON me dit, c'est pour : quand ILS me disent, etc.
— Que voulez-vous de moi ? — Je veux que l'*on* m'écoute, Vous ai-je dit vingt fois, quand je parle. (Id.)	Je veux que l'ON m'écoute est pour : je veux que VOUS m'écoutiez.
Qu'*on* appelle la reine; et vous, qu'*on* se retire. (VOLTAIRE.)	Et vous qu'ON se retire est pour : et vous, il faut que VOUS vous retiriez.
Et vous, à m'obéir, prince, qu'*on* se prépare. (RACINE.)	Et vous, qu'ON se prépare, est pour : et vous, il faut que VOUS vous prépariez.

Le mot *on* peut donc s'employer pour *je, tu, il, elle, nous, vous, ils, elles*, et alors c'est une manière détournée et délicate de s'exprimer, puisque du particulier on passe tout de suite au général. C'est là une figure qu'on nomme *euphémisme*.

EXERCICE PHRASÉOLOGIQUE.

ON POUR JE.	ON POUR TU.	ON POUR IL.	ON POUR ELLE.
On a de l'argent, je pense.	Dis, on est sourd, je crois.	J'aime un enfant, quand on est sage.	J'aime une fille, quand on est attentive.
On a de l'esprit, je crois.	Montre ici : Oh! on a des mains blanches.	J'aime un fils, quand on aime sa mère.	Je chéris une enfant, quand on écoute ses parents.
On a de l'audace, je dis.			

ON POUR NOUS.	ON POUR VOUS.	ON POUR ILS.	ON POUR ELLES.
On a de la gaîté, comme nous vous le disions.	Vous, qu'on s'en aille.	C'est lorsqu'on est sages, que j'aime les enfants.	J'admire les femmes, quand on est vertueuses.
On a l'amour de la patrie, comme vous voyez.	Vous, qu'on vienne ici.	Je veux des amis, quand on est francs.	Je n'aime pas les servantes, dès qu'on n'est pas soumises.
	Vous, qu'on se taise.		
	Vous, qu'on me laisse en paix.		

N° CCCCI.

EMPLOI DE *on* OU DE *l'on* APRÈS UN MOT TERMINÉ PAR UNE CONSONNE.

EN PROSE.	EN VERS.
On n'est guère jaloux de la préséance, *quand* ON ne la doit qu'à sa vieillesse. (PRÉVÔT.)	*Quand* on a même but *rarement* on s'accorde. (LEBRUN.)
	Il n'est affection *dont* ON ne vienne à bout. (LA FONTAINE.)
Selon *vous*, ON est coupable dès qu'on est accusé; un soupçon mérite la mort. (FÉNELON.)	En tous temps, en tous *lieux*, ON a dit qu'un bienfait Porte avec lui sa récompense. (DE LA BOUTRAYE.)
Artistes, poètes, écrivains, si vous copiez *toujours*, ON ne vous copiera jamais. (BERN. DE SAINT-PIERRE.)	Entre *amis*, ON n'a point de réserve. (*Id*.)
	Reprocher le *bienfait*, ON en perd l'avantage. (HAUMONT.)

Lorsque le mot qui précède *on* se termine par une consonne, c'est presque toujours *on* qu'on emploie au lieu de *l'on* (1).

EXERCICE PHRASÉOLOGIQUE.

Entre parents on se doit...	Jamais on ne doit...	Souvent on ignore.	Pourtant on se pique de...
Entre amis on ne se...	Toujours on dit que...	A la mort on pardonne.	En le voyant, on peut dire...
Quand on peut, il faut...	Quelquefois on se trompe.	Cependant on s'abuse.	En tous lieux on peut vivre.

N° CCCCII.

EMPLOI DE *on* APRÈS UN MOT TERMINÉ PAR *e* MUET.

EN PROSE.	EN VERS.
Quand on *aime*, ON cherche à plaire, et qui sait plaire est sûr de persuader. (BERN. DE SAINT-PIERRE.)	D'un bonheur sans *mélange* ON se lasse à la fin. (AGNIEL.)
On eût vu à Rome, sous les empereurs, la statue de Jeanne d'Arc soutenant le *trône*; ON l'eût vue, sous les consuls, au Capitole, au-dessus de celle de Manlius. (*Id*.)	On relit tout *Racine*, ON choisit dans Voltaire. (DELILLE.)
	Sans se voir, quand on *s'aime*, on peut se deviner. (LA CHAUSSÉE.)
Lorsque les vestales marchaient dans la *ville*, ON portait devant elles la masse des préteurs. (*Id*.)	De son propre *artifice* ON est souvent victime. (COLLIN D'HARLEVILLE.)
	On ne sait ce que c'est que de payer ses dettes; Et de sa *bienfaisance* ON remplit les gazettes. (*Id*.)

Après un mot qui a pour finale un *e* muet, on se sert presque toujours, en prose, de *on*

---

(1) Nous disons *presque toujours*, car les auteurs ont aussi fait usage de *l'on*. En voici deux exemples :

Quand on se combat bien L'ON est sûr de se vaincre. (DE BELLOY.)   L'on compte deux fois *quand* L'ON compte sans l'hôte. (FABRE D'ÉGLANTINE.)

de préférence à *l'on*. En poésie, c'est toujours *on*, surtout quand ce mot commence le second hémistiche du vers.

EXERCICE PHRASÉOLOGIQUE.

Dans la jeunesse on aime à...
Dans la vieillesse on n'aime pas à...

Dans la joie on se plaît à...
Dans un moment d'ivresse on donne...

Dans la misère on ne peut...
Dans l'infortune on hait.

N° CCCCIII.

EMPLOI DE *on* APRÈS UN MOT TERMINÉ PAR UNE VOYELLE AUTRE QUE L'*e* MUET.

EN PROSE.

Dans les arts même du dessin, qui semblent l'empire de la *réalité*, ON n'arrive au beau qu'en le corrigeant.
(VALERY.)

On doit éviter dans les vers la rencontre des voyelles : *Ainsi* L'ON ne pourrait jamais faire entrer dans des vers ces mots : *la loi évangélique, Dieu éternel*, etc.
(BOISTE.)

EN VERS.

Ce qu'on a bien *aimé*, L'ON ne peut le haïr
Jusqu'à le pouvoir perdre ou jusqu'à le trahir.
(CORNEILLE.)

... Le péril *passé*, L'ON ne se souvient guère
De ce qu'on a promis aux dieux.
(LA FONTAINE.)

A tout accord *forcé* L'ON a droit de manquer.
(FRANÇ. DE NEUFCHATEAU.)

Tel que pour *ami* L'ON suppose,
Montre dans le besoin qu'il ne l'est nullement.
(LENOBLE.)

Si le mot qui précède *on* a pour finale un *é* fermé ou un *i*, on peut, en prose, faire usage de *on* ou de *l'on*; mais en vers il n'est permis de se servir que de cette dernière forme, *l'on*.

EXERCICE PHRASÉOLOGIQUE.

Ainsi on pense.
C'est pourquoi on dit.
Pour un ami on doit.
A la vérité, on croit.

Ainsi l'on pense.
C'est pourquoi l'on dit.
Pour un ami l'on doit.
A la vérité, l'on croit.

Aussi on a tort.
Lorsqu'on est fatigué, on ne peut.
Dès qu'on est refusé, on craint.
Blessé, on vous soignera.

Aussi l'on a tort.
Lorsqu'on est fatigué, l'on ne peut.
Dès qu'on est refusé, l'on craint.
Blessé, l'on vous soignera.

N° CCCCIV.

DE L'EMPLOI EN PROSE DE *on* OU DE *l'on* APRÈS *et, si, où, que, qui*, ETC.

AVEC *l'on*.

Jadis, dans l'antiquité, on fit dans Syracuse le procès à toutes les statues des anciens rois, *et l'on* n'en conserva qu'une seule, celle de Gélon.
(Mme DE GENLIS.)

Partout on a disséqué l'homme, *et l'on* ne nous montre plus que son cadavre. Ainsi le plus digne objet de la création a été dégradé par notre savoir comme le reste de la nature.
(BERN. DE SAINT-PIERRE.)

Si l'on faisait le procès aux livres de la bibliothèque du roi, combien, après un jugement équitable, elle aurait de tablettes vides!
(Mme DE GENLIS.)

Si nous nous égarons dans le désert, une sorte d'instinct nous fait éviter les plaines, *où l'on* voit tout d'un coup d'œil.
(CHATEAUBRIAND.)

AVEC *on*.

L'usage du vin est permis aux princes chrétiens, *et on* ne remarque pas qu'il leur fasse faire aucune faute.
(MONTESQUIEU.)

Le ridicule fait malheureusement plus d'impression sur les ames honnêtes et sensibles que sur les vicieux; parmi eux, on en donne, on en reçoit, *et on* en rit.
(DUCLOS.)

Les insectes ne paraissent susceptibles d'aucune sensibilité. *Si on* arrache la jambe d'une mouche, elle va et vient comme si elle n'avait rien perdu.
(BERN. DE SAINT-PIERRE.)

Les écoles primaires, où l'on enseigne les premiers devoirs de la morale, doivent être gratuites; mais les écoles secondaires, *où on* apprend les sciences, les arts et les métiers, doivent être payées.
(Id.)

Il y a autant de vices qui viennent de ce qu'on ne s'estime pas assez, que de ce *que l'on* s'estime trop. (Montesquieu.)

On craint la vieillesse *qu'on* n'est pas sûr de pouvoir atteindre. (La Bruyère.)

Les grammairiens, confondant, selon leur coutume, et la prose et les vers, disent qu'après les mots suivants, *et, si, où, que, qui, quoi*, etc., il faut toujours, pour éviter l'hiatus, employer *l'on* au lieu de *on*. Les exemples que nous avons cités démontrent la fausseté de cette règle, qui, comme la plupart de celles qu'on trouve dans les grammaires, même les plus estimées, a été plutôt imaginée que déduite des faits ; nous voyons que l'écrivain peut à son gré se servir, en pareil cas, de *on* ou de *l'on*. Ce qu'il doit consulter alors, c'est moins la règle des grammairiens que son oreille : *Cet oracle est plus sûr que celui de Restaut*. Et il faut bien se garder de croire que les exemples de la seconde colonne soient les seuls que nous aient fournis nos lectures ; nous pourrions, au besoin, en rapporter des milliers. Toutefois nous devons observer que les écrivains ont plus souvent fait usage de *l'on* que de *on* après les mots cités plus haut, excepté cependant avec le mot *que* et ses composés : *lorsque, parce que, quoique*, etc., qui peuvent être suivis indifféremment de *on* ou de *l'on*, ainsi que le prouve cette phrase, où l'auteur a employé l'une et l'autre forme :

On n'est jamais si ridicule par les qualités *que l'on* a, que par celles *qu'on* affecte d'avoir. (La Rochefoucauld.)

EXERCICE PHRASÉOLOGIQUE.

Et l'on dit.	Et on dira.	A quoi l'on pense.	A quoi on pense.
Où l'on voit.	Où on a vu.	Que l'on néglige.	Qu'on néglige.
A qui l'on doit.	A qui on doit.	Si l'on pouvait.	Si on pouvait.
Ce que l'on sait.	Ce qu'on sait.	Et l'on disait pourtant.	Et on disait pourtant.
Si l'on savait.	Si on savait.	Où l'on aimait à danser.	Où on aimait à danser.
A qui on plaît.	Et l'on s'amuse.	Et on s'amuse.	Et on en rit.
A qui l'on plaît.	Aussi on doute.	Aussi l'on doute.	Et l'on s'en moque.

N° CCCCV.

DE L'EMPLOI, EN POÉSIE, DE *on* OU DE *l'on*, APRÈS *et, si, où, qui, quoi*, ETC.

EXEMPLES.

Le ciel parfois seconde un dessein téméraire,
Et l'on sort comme on peut d'une mauvaise affaire.
(Molière.)

Le véritable Amphitryon
Est l'Amphitryon où l'on dîne. (*Id.*)

Une vertu parfaite a besoin de prudence,
Et doit considérer, pour son propre intérêt,
Et les temps où l'on vit, et les lieux où l'on est.
(Corneille.)

..... On ne doit pas,
A l'âge où l'on fait des faux pas,
Quitter un seul instant sa mère.
(Montesquiou.)

Ami, si tu n'as rien, n'attends rien de personne :
Les riches sont ici les gueux à qui l'on donne.
(De Boufflers.)

Il est bon de voir avec qui l'on s'allie.
(Lenoble.)

Ne vous entêtez point d'être chez vous le maître ;
Mais, si l'on veut bien le souffrir,
Contentez-vous de le paraître.
(Regnard.)

..... Aujourd'hui
On passe sur l'honnête, et l'on songe à l'utile.
(Destouches.)

Aller en l'autre monde est très-grande sottise,
Tant que dans celui-ci l'on peut être de mise.
(Molière.)

Si, comme nous l'avons fait voir dans le numéro précédent, le prosateur est libre d'employer *on* ou *l'on*, suivant qu'il veut donner à son expression ou plus d'harmonie ou plus de force, une telle liberté n'est pas laissée au poète, qui doit de toute nécessité se servir de la seule forme *l'on*, afin d'éviter *ce bâillement qui*, dit l'Académie, *fait un méchant effet dans la poésie*.

N° CCCCVI.

EMPLOI DE *on* OU DE *l'on* AVANT UN MOT COMMENÇANT PAR *l*.

EN PROSE.

On célèbre la mort du cerf par des fanfares, ON *le laisse* fouler aux chiens, *et* ON *les* fait jouir pleinement de leur victoire en leur faisant curée.
(BUFFON.)

C'est pour ne pas exclure les vices *qu'*ON *les* revêt d'un nom honnête. (MALESHERBES.)

Le chien, bien plus intelligent que le singe, témoin chaque jour des effets du feu, accoutumé dans nos cuisines à ne vivre que de chair cuite, ne s'avisera jamais, *si* ON *lui* en donne de crue, de la porter sur les charbons du foyer.
(BERN. DE SAINT-PIERRE.)

Ceux qui veulent achalander une foire, y apportent des animaux étrangers; et la partie *où* ON *les* montre en est la partie la plus fréquentée. (*Id.*)

Le café est très en usage à Paris : il y a un grand nombre de maisons publiques *où* ON *le* distribue. Dans quelques-unes de ces maisons on dit des nouvelles, dans d'autres on joue aux échecs.
(MONTESQUIEU.)

EN POÉSIE.

On offense un brave homme alors *que l'*ON *l'abuse*.
(MOLIÈRE.)

Un loup disait *que l'*ON *l'avait* volé.
(LA FONTAINE.)

Ce que je vous dis là, *l'*ON *le* dit à bien d'autres.
(*Id.*)

Quand l'absurde est *outré*, *l'*ON *lui* fait trop d'honneur
De vouloir, pour raison, combattre son erreur.
(*Id.*)

On refuse aux vivants des temples
*Qu'*ON *leur* élève après leur mort.
(Mme DESHOULIÈRES.)

Moins on mérite un bien, moins ON *l'*ose espérer.
(MOLIÈRE.)

A raconter ses maux souvent ON *les* soulage.
(CORNEILLE.)

Pour éviter la cacophonie que produiraient certaines phrases, telles que celles-ci : *Si l'on l'en louait, si l'on l'enluminait, si l'on la lisait*, etc., il faut employer *on* au lieu de *l'on*, après les mots *si, et, où, que, ni, ainsi, quoi*, etc., et dire : *si on l'en louait, si on l'enluminait, si on la lisait*, etc., ainsi qu'on le voit par les exemples de la première colonne. Cependant ceux de la seconde, du moins les quatre premiers, nous montrent qu'en poésie il est des cas où l'on ne peut guère faire autrement que de se servir de *l'on*. On ne pourrait pas dire : *On offense un brave homme alors qu'on l'abuse, un loup disait qu'on l'avait volé*. Sans doute ces tournures seraient préférables, mais il n'y aurait plus de vers, il manquerait une syllabe. Les poètes doivent néanmoins se garder avec soin de construire leurs vers de manière à être obligés de faire usage de *l'on*. Les trois derniers exemples de la seconde colonne sont, sous ce rapport, exempts de reproche.

EXERCICE PHRASÉOLOGIQUE.

DITES :	NE DITES PAS :	DITES :	NE DITES PAS :
Si on le voit.	Si l'on le voit.	Et on le louera.	Et l'on le louera.
Où on l'envoie.	Où l'on l'envoie.	Ni on le laisse.	Ni l'on le laisse.
Où on l'attend.	Où l'on l'attend.	Qu'on le lira.	Que l'on le lise.
A quoi on le destine.	A quoi l'on le destine.	Et on le lapidera.	Et l'on le lapidera.

N° CCCCVII.

EMPLOI DE *que l'on* AVANT UN MOT COMMENÇANT PAR LA LETTRE *c*.

Il arrive quelquefois que des talents médiocres, de faibles connaissances, *que* L'ON *ne compterait* pour rien dans les personnes obligées par état à en avoir de cette espèce, brillent beaucoup dans ceux que leur état n'y oblige pas.
(FONTENELLE.)

Quand on veut changer et innover dans une république, c'est moins les choses que le temps *que* L'ON *considère*. (LA BRUYÈRE.)

On trouve peu de livres qui soient utiles aux femmes, même parmi ceux *que* L'ON *croit* bons.
(BERN. DE SAINT-PIERRE.)

On doit se garder de dire : *qu'on considère, qu'on compterait, qu'on comprend,* etc. En pareil cas, il faut préférer *que l'on,* pour éviter la répétition du même son.

EXERCICE PHRASÉOLOGIQUE.

DITES :	NE DITES PAS :	DITES :	NE DITES PAS :
Que l'on comprend.	Qu'on comprend.	Que l'on qualifie.	Qu'on qualifie.
Que l'on connaît.	Qu'on connaît.	Que l'on conserve.	Qu'on conserve.
Que l'on convient.	Qu'on convient.	Que l'on compose.	Qu'on compose.

N° CCCCVIII.

PARTICULARITÉ RELATIVE AU PRONOM PERSONNEL *se*, EMPLOYÉ POUR *on*.

AVEC *se*.	AVEC *on*.
Tout ce qui *se* mange avec plaisir *se* digère avec facilité. (BERN. DE SAINT-PIERRE.)	*On* digère avec facilité tout ce qu'*on* mange avec plaisir.
Le pic de Ténériffe *se* voit de quarante lieues. (*Id.*)	*On* voit de quarante lieues le pic de Ténériffe.

Suivant l'Académie, le pronom personnel *se* sert aussi à donner au verbe actif une signification passive, quand le sujet est un nom de chose; ainsi, d'après ce raisonnement, les expressions suivantes : *tout ce qui se mange, le pic de Ténériffe se voit,* seraient pour *tout ce qui est mangé, le pic de Ténériffe est vu.*

L'Académie a bien pu trouver une grande analogie entre *le pic de Ténériffe se voit* et *le pic de Ténériffe est vu*; mais il nous semble qu'il y en a une plus grande encore entre *le pic de Ténériffe se voit* et *on voit le pic de Ténériffe.* Il ne faut pas croire pour cela que le pronom personnel *se* tienne la place de *on*, ainsi que le prétendent quelques grammairiens. La seule différence qui distingue ces deux phrases, selon nous, c'est que dans la première le mot *on* ou *homme* est sous-entendu, et qu'il est exprimé dans la seconde, comme le prouvent les analyses suivantes :

Tout ce qui *se* mange avec plaisir (par *l'homme*) *se* digère avec facilité (par lui).	*On* [ou *l'homme*] digère avec facilité tout ce qu'*on* [ou *l'homme*] mange avec plaisir.
Le pic de Ténériffe *se* voit (par *l'homme* à la distance) de quarante lieues.	*On* [ou *l'homme*] voit de quarante lieues le pic de Ténériffe.

Ces analyses, en nous dévoilant le mécanisme de ces sortes de phrases, nous apprennent en même temps que dans les exemples de la première colonne le mot *homme* est complément (1), tandis qu'il est sujet dans ceux que renferme la seconde.

EXERCICE PHRASÉOLOGIQUE.

Le bois se vend tant.	On vend le bois tant.	Les livres se relient.	On relie les livres.
Le pain se vend tant.	On vend le pain tant.	Les couteaux se repassent.	On repasse les couteaux.
Cette bibliothèque se vendra bien.	On vendra bien cette bibliothèque.	Cette maison se finira.	On finira cette maison.
Le signal se donne.	On donne le signal.	Cela s'appelle ainsi.	On appelle cela ainsi.

(1) Cette ellipse du mot *homme* n'est-elle pas plus que justifiée par ces vers si connus de Boileau :

..... Cependant on apporte un potage.
Un coq y paraissait en pompeux équipage;
Qui, changeant, sur ce plat, et d'état et de nom,
Par tous les conviés s'est appelé chapon.

QUICONQUE.

N° CCCCIX.

NATURE DE CE MOT.

Quiconque flatte ses maîtres les trahit.
(Massillon.)

Quiconque est né *envieux* et *méchant* est naturellement triste.
(Pouilly.)

Quiconque est honnête et travaille
Ne saurait offenser les dieux. (Voltaire.)

Quiconque est soupçonneux invite à le trahir. (*Id.*)

Quiconque est vivement ému *voit* les choses d'un autre œil que les autres hommes. (*Id.*)

Quiconque de vous, mes amis, bravera le danger, sera couvert de gloire.
(Boiste.)

Quiconque de vous, mes filles, osera broncher, sera punie. (*Id.*)

Quiconque a pu franchir les bornes légitimes
Peut violer enfin les droits les plus sacrés.
(Racine.)

Quiconque est capable de mentir *est* indigne d'être compté au nombre des hommes. (Fénelon.)

Les grammairiens mettent ordinairement ce mot au nombre des pronoms. Mais de quel nom *quiconque* tient-il la place ? C'est une vraie mystification. Quoi ! s'écrie M. Dessiaux, dans la plupart des ouvrages qui nous sont présentés comme le résumé de ce que les grammairiens ont pensé de mieux dans la science du langage, nous retrouvons encore les traces de la barbarie du moyen âge !

Quiconque n'est point un pronom. C'est tout bonnement un adjectif conjonctif employé elliptiquement comme substantif. Pour s'en convaincre, il suffit de connaître les éléments qui le composent. Or, *quiconque* est un composé du mot *qui* et de l'ancien adverbe français *onque*, qui signifie *jamais*, et dérive du latin *unquàm*. Voici deux exemples qui prouvent qu'anciennement *quiconque* s'écrivait en deux mots, *qui onque* :

Et si ne mece (mette) nus home, ne feme, boure, ne flocon, ne laneton, ne gratuise de peaus, ne estonture batue, ne à batre, et *ki onkes* feroit tiretaine là ù il y eust meslé avœc auqunès de ces coses ; il perderoit le tiretaine malvoise et boine toute ensanle et si seroit en forfait de 10 liv. (Ban des Tiretaines de 1253.)

Et *ki onques* porteroit waine (gaîne) sans coutiel et sans broke, de coutiel ameure u de broke, il seroit à 10 livres et banni de la vile. (Ban des Eschevins de Douai. 1262.)

Qui oncques ou *quiconque* (la lettre *c* est intercalée dans le second de ces mots par euphonie) est donc un abrégé de *qui que ce soit jamais, tout homme quel qu'il soit jamais ;* et ce qui le prouve, c'est que nos anciens écrivains disaient souvent *quiconque il soit.* On trouve dans les Essais de Montaigne cette phrase qui vient à l'appui de notre assertion :

« Notre justice ne nous présente que l'une de ses mains, encore est-ce la gauche. *Qui-*
» *conque il soit*, il en sort avec perte. »

Il ne nous reste qu'à donner l'analyse des exemples cités plus haut.

ANALYSES.

1. Tout homme, quel qu'il soit jamais, qui flatte ses maîtres, les trahit.

2. Tout homme, quel qu'il soit jamais, qui est né envieux et méchant, est naturellement triste.

3. Tout individu au milieu de vous, quel qu'il soit jamais, qui bravera le danger, sera couvert de gloire.

4. Toute femme au milieu de vous, quelle qu'elle soit jamais, qui osera médire de moi, sera punie.

N° CCCCX.

GENRE ET NOMBRE DE CE MOT.

MASCULIN SINGULIER.	FÉMININ SINGULIER.
Quiconque est *né envieux* et *méchant* est naturellement triste. (POUILLY.)	*Quiconque* de vous sera assez *hardie* pour médire de moi, je l'en ferai repentir. (ACADÉMIE.)

Le mot *quiconque*, répondant au *quicumque*, *quæcumque* des Latins, et signifiant *qui que ce soit*, est par conséquent aussi bien du féminin que du masculin. Il ne peut se dire que des personnes, et n'a point en français de pluriel. Dans toutes les phrases où il se rencontre, ce n'est, le plus souvent, que le sens qui peut en révéler le genre. Disons cependant qu'il est presque toujours employé au masculin, comme dans les exemples suivants :

Quiconque a beaucoup de témoins de sa mort, meurt toujours avec courage.
(VOLTAIRE.)

Quiconque n'a pas de caractère n'est pas un homme ; c'est une chose.
(CHAMFORT.)

Quiconque est capable de mentir est indigne d'être compté au nombre des hommes ; et *quiconque* ne sait pas se taire est indigne de gouverner.
(FÉNELON.)

Quiconque réfléchit attentivement sur les devoirs du monarque, tremble à la vue d'une couronne.
(DE LÉVIS.)

Quiconque lira l'Évangile avec un peu d'attention, y découvrira à tous moments des choses admirables.
(CHATEAUBRIAND.)

Quiconque a fait une grande perte a de grands regrets ; s'il les étouffe, c'est qu'il porte la vanité jusque dans les bras de la mort.
(VOLTAIRE.)

EXERCICE PHRASÉOLOGIQUE.

SINGULIER MASCULIN.	SINGULIER FÉMININ.	SINGULIER MASCULIN.	SINGULIER FÉMININ.
Quiconque est né roi.	Quiconque est née reine.	Quiconque est né prince.	Quiconque est née femme.
Quiconque est savant.	Quiconque est jolie.	Quiconque est auteur.	Quiconque est actrice.
Quiconque est bavard.	Quiconque est bavarde.	Quiconque est menteur.	Quiconque est menteuse.
Quiconque est fier de son talent.	Quiconque est fière de sa beauté.	Quiconque est jaloux.	Quiconque est jalouse.

N° CCCCXI.

CONSTRUCTION.

SUJET.

Quiconque désire toujours, passe sa vie à attendre ; et *quiconque* ne désire plus, attend la mort.
(BOISTE.)

Quiconque veut être homme doit savoir redescendre.
(J.-J. ROUSSEAU.)

COMPLÉMENT DE VERBES.

Exterminez, grands dieux, de la terre où nous sommes
Quiconque avec plaisir répand le sang des hommes !
(VOLTAIRE.)

... Le grand jour sert mal *quiconque* veut mal faire.
(DE BOUFFLERS.)

COMPLÉMENT DE PRÉPOSITIONS.

Dès que l'impression fait éclore un poëte,
Il est esclave né *de quiconque* l'achète.
(BOILEAU.)

Mourir pour sa patrie est un sort plein d'appas
Pour quiconque à des fers préfère le trépas.
(T. CORNEILLE.)

Ainsi *quiconque* peut être employé soit comme sujet, soit comme complément de verbes ou de prépositions.

EXERCICE PHRASÉOLOGIQUE.

SUJET.	COMPLÉMENT DE VERBES.	COMPLÉMENT DE PRÉPOSITIONS.
Quiconque pense.	Aimer quiconque vous aime.	Être à quiconque vous achète.
Quiconque dit.	Nuire à quiconque vous nuit.	Être pour quiconque vous flatte.
Quiconque croit.	Offenser quiconque ne vous offense pas.	Tomber sur quiconque vous moleste.

N° CCCCXII.

Quiconque SUIVI OU NON SUIVI DE *il*.

SUIVI DE *il*.

Quiconque n'est pas sensible au plaisir si vrai, si touchant, si digne du cœur, de faire des heureux, *il* n'est pas né grand, il ne mérite pas même d'être homme. (MASSILLON.)

Quiconque découvrit les diverses révolutions des astres, *il* fit voir par là que son esprit tenait de celui qui les a formés dans le ciel. (D'OLIVET.)

Quiconque, sans l'ouïr, condamne un criminel, Son crime eût-il cent fois mérité le supplice, D'un juste châtiment *il* fait une injustice.
(T. CORNEILLE.)

NON SUIVI DE *il*.

Quiconque à vingt ans ne sait rien, *ne travaille* pas à trente, *n'a rien acquis* à quarante, *ne saura, ne fera et n'aura* jamais rien.
(OXENSTIERN.)

Quiconque est descendu dans les pâles demeures *n'est* jamais revenu de l'éternelle nuit à la lumière du jour. (DE BOUFFLERS.)

Quiconque rejette le bouclier de la religion, se trouve sans défense au moment du combat.
(BOSSUET.)

Quiconque étant un abrégé de *tout homme qui*, ne permet plus d'employer le pronom *il* dans le second membre de la phrase; car si l'on disait : *Quiconque dira... il sera menteur*, c'est comme s'il y avait : *Tout homme qui dira... tout homme sera menteur*. Cependant notre langue permet souvent l'emploi du *il*, pour mieux rattacher l'idée de l'action à la personne; on en trouve de fréquents exemples dans nos meilleurs écrivains, et rien n'est plus commun dans la conversation des personnes qui parlent le mieux : ce sont des façons de parler admises par l'usage, introduites par le désir de donner de la vigueur au style. *Quiconque tendra la main à l'étranger*, IL *sera traître à sa patrie*. Cet *il* reporte fortement l'odieux de la trahison sur le *quiconque*. Ce mouvement de style appartient au commandement, à l'imprécation, au code pénal : *Quiconque commettra telle faute*, IL *sera frappé de telle peine*. Avouons cependant qu'il n'est pas exempt d'une teinte gothique; mais il se rapproche de la nature, dont nous nous éloignons en nous perfectionnant.

Voici comment nous croyons que l'on peut justifier l'emploi de *il* après *quiconque*. Nous prendrons les deux premiers des exemples cités plus haut.

ANALYSES.

1. Quant à tout homme, quel qu'il soit, qui condamne un criminel sans l'entendre, je dis de cet homme qu'*il* fait une injustice.

2. Quant à tout homme, quel qu'il soit, qui n'est pas sensible au plaisir de faire des heureux, on peut dire de cet homme qu'*il* n'est pas né grand, qu'*il* ne mérite pas même le nom d'homme.

La même analyse s'applique à tous les cas semblables.

EXERCICE PHRASÉOLOGIQUE.

QUICONQUE SUIVI DE IL.	QUICONQUE NON SUIVI DE IL.
Quiconque, quand la patrie le réclame, n'est pas sensible à son appel, je le dis, il est un mauvais citoyen.	Quiconque s'immole pour le pays se rend immortel.

AUTRUI.

N° CCCCXIII.

CONSTRUCTION.

COMPLÉMENT DE VERBES.

Pour consumer *autrui* le monstre se consume.
(BOILEAU.)

Sans dessein de tromper *autrui* elle se trompe sans doute elle-même. (FLÉCHIER.)

COMPLÉMENT DE PRÉPOSITIONS.

La comédie nous apprend à nous moquer *d'AUTRUI*, et rien de plus.
(BERN. DE SAINT-PIERRE.)

La première source de nos divisions vient de notre éducation : elle nous enseigne dès l'enfance à nous préférer *à* AUTRUI. (*Id.*)

Et tel qui n'admet point la probité chez lui, Souvent à la rigueur l'exige chez AUTRUI.
(BOILEAU.)

Un cœur noble ne peut soupçonner *en* AUTRUI
La bassesse et la malice
Qu'il ne sent point en lui. (RACINE.)

Qui choisit mal pour soi, choisit mal *pour* AUTRUI.
(T. CORNEILLE.)

Ceux de qui la conduite offre le plus à rire, Sont toujours *sur* AUTRUI les premiers à médire.
(MOLIÈRE.)

C'est par erreur que les grammairiens ont placé ce mot au nombre des pronoms ; car il ne tient jamais la place d'aucun nom.

La signification du mot *homme* est renfermée dans ce mot, et de plus, par accessoire, celle d'un *autre*. Ainsi quand on dit : *Ne faire aucun tort à autrui : ne désirez pas le bien d'autrui*, c'est comme si l'on disait : *Ne faites aucun tort à un autre homme, ou aux autres hommes ; ne désirez pas le bien d'un autre homme, ou des autres hommes*. Or, s'il est évident que la signification du mot *autrui* est celle d'*homme*, ce mot doit être de même nature et de même espèce que le mot *homme* lui-même, nonobstant l'idée accessoire rendue par *un autre*.

On a disputé pour savoir si *autrui* pouvait s'employer comme sujet. Qu'on nous permette de rapporter une discussion que nous avons soulevée nous-mêmes à cette occasion au sein de la Société grammaticale. Voici l'extrait du procès-verbal de la séance où cette discussion eut lieu.

On lit dans un écrivain la phrase suivante :
Il est beau d'appuyer l'opinion d'autrui, quand AUTRUI *a raison.*
Le mot *autrui* peut-il être employé comme sujet ?

M. BESCHERELLE jeune, rapporteur de la commission d'examen, lit un long rapport qui se résume en ceci : l'usage et la grammaire s'élèvent contre l'emploi du mot *autrui* comme sujet, mais l'analyse et la raison l'admettent.

M. THOUVENEL. La phrase est bonne ou elle est mauvaise ; il n'y a pas de moyen terme, pas de juste milieu. Il n'y a pas de grammaire là où il n'y a pas d'usage et de raison : la grammaire n'est et ne peut être que l'écho de l'usage, et l'usage en grammaire, c'est la raison ; c'est à vous de la découvrir. Les locutions, ou les façons de parler, en d'autres termes, ne passent dans les habitudes et les mœurs de la langue qu'autant qu'elles sont un besoin, une nécessité de cette langue. Les gallicismes ne doivent leur existence et leur force qu'à un motif qu'il faut démêler ; l'usage en grammaire a toujours pour lui la raison, ou plutôt c'est au grammairien philosophe à retrouver la raison de l'usage.

Dans la phrase citée, qui est un fait incontestable, comment peut-on s'élever contre l'emploi de *autrui* comme sujet, à quel titre ? Tout bagage d'érudition plie et s'écroule en présence de ce fait : *autrui* a tous les titres qui constituent un sujet dans toutes les langues. *Autrui*, dites-vous, n'a pas fréquemment cet emploi ; qu'est-ce que cela prouve ?

Rien en grammaire, et il suffit qu'on ne puisse lui opposer rien contre ce qui caractérise un sujet, pour qu'on soit dans la nécessité de le reconnaître parfaitement placé.

M. QUITARD. Quoi qu'il en soit, l'usage lui-même invoqué par le préopinant donne-t-il raison au rôle du mot *autrui* comme sujet, c'est précisément une question ; l'euphonie, qui exerce aussi sa puissance, répugne à l'accueillir ; j'avoue qu'en raison, et philosophiquement parlant, *autrui* peut être, comme beaucoup de pronoms, tels que *on* et d'autres, employé comme sujet ; mais enfin l'usage de *autrui* comme sujet ne paraît pas constant, et je pense qu'en accordant qu'il peut jouer ce rôle dans la phrase proposée, on ne pourrait le lui concéder en règle générale.

M. BESCHER. Il ne s'agit pas de poser une règle générale et de décider si *autrui* peut ou non remplir constamment le rôle de sujet, il s'agit de décider si dans la phrase donnée *autrui* joue légitimement le rôle de sujet. Eh bien ! dans mon opinion, je ne vois rien qui s'y oppose, et la phrase sur laquelle nous sommes appelés à prononcer est bonne sous ce rapport.

M. VANIER. Je reprendrai l'opinion de M. Thouvenel. Si *autrui* peut être sujet ici, il peut l'être là, et nous pouvons parfaitement reconnaître que non seulement ici *autrui* peut être sujet, mais qu'en principe il peut revêtir ce rôle.

M. BESCHERELLE aîné. La question se déplace, messieurs. *Autrui* peut-il, dans la phrase, être grammaticalement réputé sujet ? voilà la question. La grammaire dit non, mais le fait que nous avons sous les yeux, et qui parle haut, prouve le contraire ; tout le monde reconnaît ce que cette phrase a de verve et de force, construite comme elle l'est. Voudriez-vous, sous prétexte d'une loi grammaticale fort incertaine, lui ôter ses titres si puissants à l'expression vive et énergique de la pensée ? Non, elle est douce, bonne ; mais si elle est bonne ici, elle le sera toutes les fois qu'un bon esprit saura l'employer. Attendez, pour condamner l'emploi de *autrui* comme sujet, que des phrases évidemment en opposition avec le génie de la langue, et mises en œuvre par des écrivains inhabiles, vous en fassent l'obligation.

M. DUHALDE. Les premières lois du bon sens, de la logique la plus candide, vous mettent dans l'obligation de reconnaître ici le légitime emploi de *autrui* comme sujet. Vous n'avez point d'autre oracle à prononcer. Prononcez-le ; quand d'autres phrases se présenteront, si le mot *autrui* n'y est point placé avec la même raison, avec le même goût, vous saurez bien vous décider.

La Société, consultée, prononce que, dans la phrase citée, *autrui* est employé comme sujet, sans contrarier les règles grammaticales.

EXERCICE PHRASÉOLOGIQUE.

Tromper autrui.	Se moquer d'autrui.	Dire du mal d'autrui.	Blâmer en autrui.
Obliger autrui.	Faire le plaisir d'autrui.	Mal juger d'autrui.	Reprocher à autrui.
Le bien d'autrui.	Voir des défauts en autrui.	Reprendre en autrui.	Appartenir à autrui.
Juger autrui.	Se juger en autrui.	Exiger chez autrui.	Donner à autrui.

N° CCCCXIV.

SYNTAXE.

Autrui ET *les autres* COMPARÉS.

AVEC *les autres*.	AVEC *autrui*.
Qu'il te pare, s'il veut, des dépouilles *des autres*. (RACINE.)	(Il) se pare insolemment des dépouilles *d'autrui*. (RACINE.)
Comme ils possédaient leur propre bien sans inquiétude, ils regardaient celui *des autres* sans envie. (FLÉCHIER.)	Pour conserver notre bien, et non pas pour usurper celui *d'autrui*. (BOSSUET.)

Rarement le malheur *des autres* tourne à notre profit. (VILLIERS.)

Souvent dans le malheur *des autres*
Nous trouvons la source des nôtres.
(Mme DE LAMBERT.)

Elle juge *des autres* par elle-même. (MASSILLON.)

L'homme vraiment estimable est celui qui, faisant parler *les autres* de son mérite, n'en parle lui-même jamais. (FLÉCHIER.)

Le vieillard qui ne peut plus prendre de plaisirs, les condamne dans *les autres*. (LA ROCHE.)

La rigueur dont il use envers *les autres* est blâmable. (MASSILLON.)

Il songeait plus à profiter des maux *d'autrui* qu'à les soulager. (FLÉCHIER.)

Chacun, occupé de ses propres craintes, oublie les malheurs *d'autrui*. (*Id.*)

Par soi-même on peut juger *d'autrui*. (CORNEILLE.)

Vanter sa race, c'est louer le mérite *d'autrui*. (Mme DE LAMBERT.)

Par quelle autorité .....
Châtier en *autrui* ce qu'on souffre chez toi? (CORNEILLE.)

On va même jusqu'à la rigueur envers *autrui* sur l'observance des devoirs. (MASSILLON)

« *Autrui* signifiant *un autre* ou *des autres*, il ne faut pas en conclure, disent tous les
» grammairiens, après Wailly et Girault-Duvivier, qu'à ces expressions *d'autrui*, *à autrui*,
» on puisse indifféremment substituer *des autres*, *aux autres*. *Autrui* ne se dit que des per-
» sonnes absolument, et *autres* indique une relation avec les personnes ou les choses dont
» on a parlé. »

D'où les grammairiens ont-ils tiré cette règle? Ce n'est pas des faits assurément, car ceux que nous avons cités nous prouvent de la manière la plus évidente qu'on peut indistinctement employer les *autres* ou *autrui*.

EXERCICE PHRASÉOLOGIQUE.

Ressembler aux autres. — Ressembler à autrui. — Juger mal des autres. — Juger mal d'autrui.
Mal parler des autres. — Mal parler d'autrui. — Condamner dans les autres. — Condamner dans autrui.
Donner des louanges aux autres. — Donner des louanges à autrui. — Travailler au salut des autres. — Travailler au salut d'autrui.
Reprendre les défauts des autres. — Reprendre les défauts d'autrui. — Prendre le bien des autres. — Prendre le bien d'autrui.

N° CCCCXV.

Un autre ET *autrui* COMPARÉS.

L'un voit aux mains *d'autrui* ce qu'il croit mériter. (CORNEILLE.)

...Voir tout ce que j'aime entre les bras *d'autrui*. (*Id.*)

Il verrait avec moins de regret les affaires publiques périr entre ses mains, que sauvées par les soins et par les lumières *d'un autre*. (MASSILLON.)

Et loin de me le peindre entre les bras *d'une autre*. (RACINE.)

Il vaut mieux dire, avec Racine, entre les bras *d'une autre*, ou *d'un autre*, le mot *autrui* ayant un sens trop étendu.

EXERCICE PHRASÉOLOGIQUE.

Entre les mains d'un autre. — Dans les mains d'une autre.
Entre les bras d'un autre. — Dans les bras d'une autre.

N° CCCCXVI.

Autrui EN RAPPORT AVEC *son, sa, ses, leur, leurs:*

FAUT-IL DIRE :	OU BIEN :
Épousant les intérêts *d'autrui*, nous ne devons pas épouser *ses* passions.	En épousant les intérêts *d'autrui*, nous ne devons pas *en* épouser les passions.
Nous reprenons les défauts *d'autrui* sans faire attention à *leurs* bonnes qualités.	Nous reprenons les défauts *d'autrui*, sans faire attention à *ses* bonnes qualités.

Wailly et Girault-Duvivier blâment les phrases de la première colonne et approuvent celles de la seconde. Nous croyons, nous, qu'il vaut infiniment mieux remplacer *autrui* par *les autres*, ainsi que le font presque tous les écrivains en pareille occurrence. En voici deux exemples :

La vanité est la mère d'une injustice continuelle ; elle s'attribue sans façon tout ce qui n'est point à elle, et refuse presque toujours *aux autres* ce qui peut *leur* appartenir.
(LA ROCHE.)

Ne nous emparons pas exclusivement de la conversation, comme d'un bien qui nous appartienne en propre ; il faut dans l'entretien, comme en toute chose, laisser *aux autres leur* part.
(PENSÉE DE CICÉRON.)

EXERCICE PHRASÉOLOGIQUE.

Rendez aux autres ce qui leur...
Ne méprisez pas les autres parce qu'ils...

Ne souffrez pas qu'on dise du mal des autres quand ils...
Pourquoi médire des autres lorsqu'ils...

PERSONNE.

N° CCCCXVII.

GENRE ET NOMBRE DE CE MOT.

MASCULIN ET SINGULIER SEULEMENT.

La vanité de l'homme est la source de ses plus grandes peines ; et il n'y a *personne* de si *parfait* et de si *fêté* à qui elle ne donne encore plus de chagrin que de plaisir.
(J.-J. ROUSSEAU.)

Il n'est *personne* qui ne cherche à se rendre *heureux*.
(PENSÉE CHINOISE.)

Personne ne veut être *plaint* de ses erreurs.
(VAUVENARGUES.)

Chacun dit du bien de son cœur, et *personne* n'en ose dire de son esprit.
(LA ROCHEFOUCAULD.)

Personne ne se croit propre, comme un sot, à duper les gens d'esprit. (VAUVENARGUES.)

Je doute que *personne* ait mieux peint la nature dans son aimable simplicité, que le sensible Gessner.
(RESTAUT.)

Personne a-t-il jamais raconté plus naïvement que La Fontaine ? (*Id.*)

FÉMININ ET DES DEUX NOMBRES.

On croit que le persifflage rend ridicule : oui, sûrement ; mais c'est *la personne* qui *s'en sert* ; car plus le persiflé aura d'esprit, moins il aura l'air de croire qu'on emploie ce mauvais genre contre lui.
(DE LIGNE.)

Quand sur *une personne* on prétend se régler,
C'est par les beaux côtés qu'il lui faut ressembler.
(MOLIÈRE.)

Les personnes faibles ne peuvent être sincères.
(LA ROCHEFOUCAULD.)

Les personnes retirées, libres de tout engagement avec le monde, ne s'occupent que du soin des choses du Seigneur.
(MASSILLON.)

Les personnes qui sont incapables d'oublier les bienfaits sont ordinairement *généreuses*.
(TH. CORNEILLE.)

La modération *des personnes heureuses* vient du calme que la bonne fortune donne à leur humeur.
(LA ROCHEFOUCAULD.)

Si l'on demandait aux grammairiens qui classent le mot *personne* parmi les pronoms, de quel nom il tient la place, ils seraient certes fort embarrassés ; car il ne tient la place d'aucun nom.

Ce mot exprime principalement l'idée d'*homme*, et par accessoire l'idée de la totalité des individus pris distributivement : *Personne ne l'a dit*, c'est-à-dire, *aucun homme ne l'a dit, ni Pierre, ni Paul, ni*, etc. Puisque l'idée d'*homme* est la principale dans la signification du mot *personne*, ce mot est donc un nom comme *homme*. Quand nous disons : *Une personne m'a dit*, c'est très-évidemment le même mot, non seulement quant au matériel, mais quant au sens ; c'est comme si l'on disait : *Un individu de l'espèce des hommes m'a dit*; et tout le monde convient que *personne*, dans cette phrase, est un nom ; mais dans : *Personne ne l'a dit*, c'est encore le même mot employé sans article, afin qu'il soit pris dans un sens indéterminé ou général : *Nul individu de l'espèce des hommes ne l'a dit.*

Voici donc l'analyse des exemples cités :

1. *Aucun être* n'est plus *heureux* que vous.
2. Il n'y a point parmi les êtres d'(être) si *parfait* et si *fêté* à qui la vanité ne donne plus de chagrin que de plaisir.
3. *Aucun individu* ne veut être *plaint* de ses erreurs.
4. *Aucun individu* n'est téméraire quand *il* n'est *vu* de personne.

Dans la première colonne, le mot *personne* n'est précédé ni de l'article ni d'aucun adjectif déterminatif; il offre un sens vague, et signifie *nul homme, nulle femme*, quand dans la phrase se trouve la particule *ne*; et *quelqu'un*, lorsque la négation n'est pas exprimée. En ce cas, *personne* est toujours du masculin et du singulier.

Dans la seconde colonne, au contraire, ce mot étant accompagné de l'article ou d'un adjectif qui le détermine, est féminin et prend les deux nombres.

EXERCICE PHRASÉOLOGIQUE.

Personne n'est content.	Une personne fâchée.	Personne n'est prêt.	Des personnes intelligentes.
Personne n'est parfait.	Une personne accomplie.	Personne n'est moins vif.	Cette personne est bonne.
Personne n'est plus médisant.	Des personnes ingénues.	Personne n'est plus franc.	Quelle personne charitable.!
Y a-t-il personne de meilleur.	La personne est bavarde.	Il n'y a personne d'aussi gai.	Je n'ai jamais vu une personne aussi savante.
Je doute qu'il y ait personne d'arrivé.	Des personnes sont venues.	Personne n'a été blessé.	Cent personnes furent tuées.

N° CCCCXVIII.

Personne EN RAPPORT AVEC UN PRONOM OU UN ADJECTIF.

RAPPORT GRAMMATICAL.

Personne n'est téméraire quand *il* n'est vu de personne.
(STANISLAS.)

Personne ne sait s'*il* est digne d'amour ou de haine.
(RESTAUT.)

RAPPORT SYLLEPTIQUE.

Les personnes consommées dans la vertu ont en toute chose une droiture d'esprit et une attention judicieuse qui *les* empêchent d'être *médisants*.
(VAUGELAS.)

Dans la première colonne, le mot *personne* étant du masculin, il est naturel que le pronom en rapport avec lui soit *il*; ce rapport est tout-à-fait grammatical.

Mais dans la seconde colonne, *personne* étant du féminin, les adjectifs et le pronom qui s'y rapportent devraient, grammaticalement parlant, être aussi du même genre. Cependant il n'en est pas ainsi, et la raison, c'est que le rapport se fait plutôt avec la pensée qu'avec les mots, et que l'idée dominante est celle d'*hommes*, mot auquel viennent se rattacher l'adjectif qui le qualifie et le pronom qui le représente. Le rapport est donc sylleptique. Toutefois, pour que cette construction puisse être bonne, il faut que l'adjectif en rapport divergent avec le mot *personne* en soit éloigné et ne fasse pas partie de la même proposition.

Ainsi, on ne pourrait dire sylleptiquement : *les personnes qui sont consommées dans la vertu et qui ont en toute chose une droiture d'esprit et une attention judicieuse, sont médisants*; il faudrait absolument *médisantes*.

EXERCICE PHRASÉOLOGIQUE.

Personne n'est si habile qu'il ne puisse se tromper.	Les personnes qui sont éclairées comme vous, messieurs, se gardent bien de décider toute chose, par cela même qu'ils sont instruits.
Personne ne nuirait à ses amis, s'il connaissait ses intérêts.	
Personne ne manquera, tant qu'il travaillera.	

N° CCCCXIX.

CONSTRUCTION.

SUJET.

Personne ne connaît mon nom ni ma vertu.
(BOILEAU.)

Personne ne peut mieux prétendre aux grandes places, que ceux qui en ont les talents.
(VAUVENARGUES.)

COMPLÉMENT DE VERBES.

L'amour est un tyran qui n'épargne *personne*.
(CORNEILLE.)

Toutefois en ces lieux je ne connais *personne*
Qui ne doive imiter l'exemple que je donne.
(RACINE.)

COMPLÉMENT DE PRÉPOSITIONS.

Vous n'êtes comptable à *personne* de vos actions.
(MASSILLON.)

Le souverain ne dépend de *personne*.
(MASSILLON.)

Le mot *personne* peut donc être employé dans tous les rapports.

EXERCICE PHRASÉOLOGIQUE.

SUJET	COMPLÉMENT DE VERBES.	COMPLÉMENT DE PRÉPOSITIONS.
Personne n'ira là.	N'épargner personne.	Ce n'est utile à personne.
Personne ne tremble.	N'offenser personne.	Ce ne sera pour personne.
Personne n'en veut.	Ne plaindre personne.	Insolent envers personne.

QUELQU'UN.

N° CCCCXX.

IDÉE GÉNÉRALE DE CE MOT.

EXEMPLES.

SENS ABSOLU.

Envier *quelqu'un*, c'est s'avouer son inférieur.
(Mlle DE L'ESPINASSE.)

Il est toujours *quelqu'un* qui cherche à nous trahir;
Et plus on est puissant, plus on se fait haïr.
(LAGRANGE.)

... Apprends-moi donc, de grâce,
Qui te fait me chercher.
— *Quelqu'un*, en vérité,
Qui pour vous n'a pas trop mauvaise volonté;
Ma maîtresse, en un mot.
(MOLIÈRE.)

SANS RELATIF.

Quand QUELQU'UN de nos *matelots* venait pour quelque service dans la chambre ou sur l'arrière, nous y faisions moins d'attention que si c'eût été un chat ou un chien.
(BERN. DE SAINT-PIERRE.)

S'est-il passé une seule année, un seul jour presque, où Dieu ne vous ait avertis par QUELQU'UN de ces grands *exemples*?
(MASSILLON.)

Quelqu'un ne tient la place d'aucun nom, ce n'est donc point un pronom. Il se compose des trois mots suivants : *quel*, *que*, *un*. Or, *quel* est le corrélatif de *tel* sous-entendu. Nous aurons donc pour analyse de cette expression : *un* (individu tel) *que* le hasard veut *que* (il soit), analyse qui nous révèle le sens complet de ce substantif elliptique, et le rôle de chacun des mots qui entrent dans sa composition.

Les grammairiens font une distinction dans l'emploi de ce mot. Quand *quelqu'un* n'a rapport à aucun nom exprimé, il est dit *absolu* ; lorsqu'au contraire il est employé avec relation à un nom exprimé, il est dit *relatif*. Cette distinction est pour le moins inutile, et nous allons le prouver.

Dans la première série des exemples cités, *quelqu'un* est employé avec ellipse de l'expression *des hommes* ; en effet, *envier quelqu'un*, c'est pour *envier quelqu'un des êtres appelés hommes*.

Dans la seconde série, l'expression qualificative dont *quelqu'un* doit toujours être suivie dans la construction analytique, est expressément énoncée.

Donc tout se réduit à dire que *quelqu'un* s'emploie avec ou sans ellipse de l'expression déterminative de la classe ou de l'espèce en question.

Le mot *quelqu'un* a deux significations différentes et que les citations qui précèdent font assez sentir. Il peut être employé ou *absolument*, c'est-à-dire sans rapport à un substantif ; ou *relativement*, c'est-à-dire avec relation à un nom déjà exprimé. Dans le premier cas, il ne se dit que des personnes, qu'il désigne d'une manière vague et sans distinction de sexe. Dans le second, au contraire, il peut indiquer les personnes aussi bien que les choses : QUELQU'UN *de nos matelots* ; QUELQU'UN *de ces grands exemples*.

EXERCICE PHRASÉOLOGIQUE.

SENS ABSOLU.

Quelqu'un m'a dit.
J'ai vu quelqu'un.

Quelqu'un le sait.
Accuser quelqu'un.

SENS RELATIF.

Quelqu'un de mes amis.
Quelqu'un de mes soldats.

Quelqu'un de tes livres.
Quelqu'un de vos cahiers.

N° CCCCXXI.

GENRE, NOMBRE ET CONSTRUCTION DU MOT *quelqu'un* PRIS ABSOLUMENT.

SUJET.

SINGULIER.

Quelqu'un a-t-il jamais douté sérieusement de l'existence de Dieu ?
(GIRAULT-DUVIVIER.)

PLURIEL.

Quelques-uns ont fait, dans leur jeunesse, l'apprentissage d'un certain métier, pour en exercer un autre, et fort différent, le reste de leur vie.
(LA BRUYÈRE.)

COMPLÉMENT DIRECT.

SINGULIER.

Plus on aime *quelqu'un*, moins il faut qu'on le flatte ;
A ne rien pardonner le pur amour éclate.
(MOLIÈRE.)

SINGULIER.

Un rapport clandestin n'est point d'un honnête [homme ;
Quand j'accuse *quelqu'un*, je le dois et me nomme.
(GRESSET.)

COMPLÉMENT DE PRÉPOSITIONS.

SINGULIER.

On est toujours mécontent ; on aime à se plaindre partout où l'on est ; on crie toujours contre *quelqu'un* ou contre quelque chose. (DE LIGNE.)

SINGULIER.

Nous pardonnons plus aisément à *quelqu'un* de ne nous avoir jamais estimés, que d'avoir cessé de nous estimer. (LINGRÉE.)

Pris dans un sens absolu, le mot *quelqu'un*, qui a pour pluriel *quelques-uns*, est toujours masculin (1) ; mais, au pluriel, il ne remplit jamais que la fonction de sujet ; tandis qu'au singulier, il peut se trouver dans toutes les positions possibles. Ainsi on ne dirait

---

(1) C'est donc à tort que Girault-Duvivier, et, après lui, presque tous les grammairiens, ont avancé que *quelqu'un* prenait le féminin lorsqu'il était sujet. On ne dit pas dans le sens absolu : QUELQU'UNE *m'a dit*. QUELQU'UNE *pense*. En parlant d'un homme ou d'une femme, c'est toujours *quelqu'un* qu'on emploie.

(470)

pas : *je connais* QUELQUES-UNS; *j'ai parlé à* QUELQUES-UNS; ni : *je connais* QUELQUES-UNES; *j'ai parlé à* QUELQUES-UNES; mais on dirait très-bien au masculin singulier : *je connais* QUELQU'UN ; *j'ai parlé à* QUELQU'UN, etc.

EXERCICE PHRASÉOLOGIQUE.

SINGULIER.

Quelqu'un soutient.
Inculper quelqu'un.
En vouloir à quelqu'un.
Dire du mal de quelqu'un.

Quelqu'un a dit.
Mépriser quelqu'un.
Parler à quelqu'un.
Mal penser de quelqu'un.

PLURIEL.

Quelques-uns soutiennent.
Quelques-uns pensent.
Quelques-uns sont d'avis.
Quelques-uns jugent.

Quelques-uns ont dit.
Quelques-uns s'imaginent.
Quelques-uns doutent.
Quelques-uns croient.

N° CCCCXXII.

GENRE, NOMBRE ET CONSTRUCTION DE *quelqu'un* EMPLOYÉ RELATIVEMENT.

SUJET.

MASCULIN.

SINGULIER.

Quelques-uns de ces singes se familiarisèrent au point d'envoyer des branches sèches aux soldats, qui leur répondirent à coups de fusil.
(LA HARPE.)

PLURIEL.

Quelques-uns de ces sublimes solitaires gravissaient les pyramides de granit qui bordent leur chemin, pour y découvrir un convoi dans la détresse.
(MALLET DU PAN.)

FÉMININ.

Il n'y a point de terrain, fût-il de sable tout pur ou de vase, où, par un bienfait particulier de la Providence, *quelqu'une* de nos plantes domestiques ne puisse réussir. (*Id.*)

Il n'y avait pas moins de variété dans les ailes de ces mouches ; *quelques-unes* en avaient de longues et de brillantes comme des lames de nacre.
(BERN. DE SAINT-PIERRE.)

COMPLÉMENT DIRECT.

MASCULIN.

Si je trouvais parmi vous *quelqu'un* d'assez juste pour avoir pitié de moi.
(FÉNELON.)

Avec quel zèle exhortait-il *quelques-uns* de ses domestiques à rentrer comme lui dans le bercail de Jésus-Christ. (FLÉCHIER.)

FÉMININ.

Quel plaisir n'éprouvons-nous pas en voyant les autres approuver *quelqu'une* de nos idées!
(ANONYME.)

On gagne à modérer son imagination de voir au moins se réaliser *quelques-unes* de ses espérances.
(LINGRÉE.)

COMPLÉMENT DE PRÉPOSITIONS.

MASCULIN.

Dieu est partout. Tous les lieux sont marqués par *quelqu'un* de ses prodiges.
(MASSILLON.)

Si les princes acquièrent *quelques-uns* de leurs sujets en les achetant, ils en perdent une infinité d'autres en les appauvrissant. (MONTESQUIEU.)

FÉMININ.

Il ne leur donna jamais la consolation de se réjouir de *quelqu'une* de ses fautes.
(FLÉCHIER.)

A *quelques-unes* des mouches que j'avais observées, la tête paraissait obscure comme un point noir ; elle étincelait à d'autres comme un rubis.
(BERN. DE SAINT-PIERRE.)

On le voit, le mot *quelqu'un*, quand il se rapporte à un substantif, prend les deux genres et les deux nombres, et peut remplir toutes les fonctions.

EXERCICE PHRASÉOLOGIQUE.

SINGULIER.		PLURIEL.	
MASCULIN.	**FÉMININ.**	**MASCULIN.**	**FÉMININ.**
Quelqu'un de ces messieurs.	Quelqu'une de ces dames.	Quelques-uns de ces messieurs.	Quelques-unes de ces dames.
A quelqu'un d'eux.	A quelqu'une d'elles.	A quelques-uns d'eux.	A quelques-unes d'elles.
Je connais quelqu'un de ses amis.	Je connais quelqu'une de ses amies.	Je connais quelques-uns de ses amis.	Je connais quelques-unes de ses amies.
J'en connais quelqu'un.	J'en connais quelqu'une.	J'en connais quelques-uns.	J'en connais quelques-unes.

N° CCCCXXIII.

Quelqu'un PRÉCÉDÉ D'UN DÉTERMINATIF.

MASCULIN.	FÉMININ.
S'il est *quelqu'un* que la vanité a rendu heureux, à coup sûr *ce* QUELQU'UN était un sot. (J.-J. ROUSSEAU.)	A ce plaisant objet si *quelqu'une* recule, *Cette* QUELQU'UNE dissimule. (LA FONTAINE.)

Le nom indéfini *quelqu'un, quelqu'une* peut être précédé de l'adjectif déterminatif *ce, cette*. C'est là une de ces mille observations qui ne se rencontrent dans aucune grammaire.

CHACUN.

N° CCCCXXIV.

NATURE DE CE MOT.

Chacun a son défaut où toujours il revient. (LA FONTAINE.)
Chacun est prosterné devant les gens heureux. (DESTOUCHES.)
Chacun fait ici-bas la figure qu'il peut. (MOLIÈRE.)
Chacune de nous se prétendait supérieure aux autres en beauté. (MONTESQUIEU.)

Chacun d'eux résolut de vivre en gentilhomme. (LA FONTAINE.)
Chacun des chefs commande à ses troupes. (BITAUBÉ.)
Cependant que *chacune*, après cette tempête, Songe à cacher aux yeux la honte de sa tête. (MOLIÈRE.)
Ils ont apporté des offrandes au temple, *chacun* selon ses moyens et sa vertu. (ACADÉMIE.)
La loi lie tous les hommes, *chacun* en ce qui le concerne. (LAVEAUX.)

Comment *chacun* serait-il un pronom, puisqu'il ne tient la place d'aucun nom ? C'est donc à tort que les grammairiens mettent ce mot parmi les pronoms.

Chacun est composé des mots *chaque* et *un* ou *une*; et ce qui le prouve, c'est qu'anciennement il s'est écrit ainsi : *chaque un, chaque une*.

Les grammairiens font encore une distinction dans l'emploi de ce mot ; suivant eux, il est *absolu* toutes les fois qu'il est employé dans un sens général ; et *relatif* quand, au contraire, il est suivi ou précédé d'un nom avec lequel il est en relation.

L'analyse va nous démontrer la puérilité de cette distinction.

PREMIÈRE SÉRIE.

1. *Chacun (de nous)* a son défaut.
2. *Chacun (de nous)* est prosterné.
3. *Chacun (de nous)* fait ici-bas la figure qu'il peut.

(472)

DEUXIÈME SÉRIE.

1. *Chacune de nous* se prétendait supérieure aux autres en beauté.
2. *Chacun d'eux* résolut de vivre en gentilhomme.
3. *Chacun des chefs* commande à ses troupes.

TROISIÈME SÉRIE.

1. Cependant que *chacune* (*de vous*), après cette tempête, songe à cacher...
2. Ils ont apporté des offrandes au temple, *chacun* (*d'eux* en ayant apporté) selon ses moyens et sa vertu
3. La loi lie tous les hommes (et elle lie) *chacun* (*d'eux*) en ce qui le concerne.

D'après ces analyses on voit que *chacun* peut s'employer avec ou sans ellipse de l'expression déterminative de la classe ou de l'espèce en question.

N° CCCCXXV.

GENRE ET NOMBRE DE CE MOT.

Chacun a son défaut où toujours il revient :
Honte ni peur n'y remédie.
(LA FONTAINE.)

Croyez-vous qu'à la cour *chacun* ait son vrai nom?
De tant de grands seigneurs dont le mérite brille,
Combien ont abjuré le nom de leur famille!
(BOURSAULT.)

Le monde ne présente que de belles, mais fausses apparences ; personne n'en doute, et *chacun* s'y laisse prendre. (SANIAL DUBAY.)

Chacun de l'équité ne fait pas son flambeau ;
Tout n'est pas Caumartin, Bignon, ni d'Aguesseau.
(BOILEAU.)

...... *Chacun* est prosterné
Devant les gens heureux... Sont-ils dans la misère?
On les plaint tout au plus, et l'on croit beaucoup faire.
(DESTOUCHES.)

Si *chacun* faisait tout le bien qu'il peut faire sans s'incommoder, il n'y aurait pas de malheureux.
(DUCLOS.)

Chacun, employé dans un sens général, comme dans les exemples qui précèdent, s'applique indéfiniment et spécialement aux personnes des deux sexes. Ce nom, dans son essence, n'est pas susceptible de la pluralité.

EXERCICE PHRASÉOLOGIQUE.

Chacun parle.
Chacun prend part.
Chacun se défend.
Chacun s'y intéresse.
Chacun s'agite.
Chacun le dit.
Chacun le sait.
Chacun veut.
Chacun se meut.
Chacun pense.
Chacun danse.
Chacun peut.
Chacun chante.
Chacun juge ainsi.
Chacun imite.
Chacun s'irrite.

N° CCCCXXVI.

Chacun EMPLOYÉ DANS UN SENS RELATIF.

SINGULIER MASCULIN.

De travailler pour lui les membres se lassant,
Chacun d'eux résolut de vivre en gentilhomme,
Sans rien faire, alléguant l'exemple de Gaster.
(LA FONTAINE.)

Chacun d'eux, au milieu du sang et du carnage,
Maître de son esprit, maître de son courage,
Dispose, ordonne, agit, voit tout en même temps,
Et conduit d'un coup d'œil ces affreux mouvements.
(VOLTAIRE.)

SINGULIER FÉMININ.

Chacune de nous se prétendait supérieure aux autres en beauté.
(MONTESQUIEU.)

Les historiens parlent de leurs *armées* comme très-considérables, en disant qu'elles consistaient *chacune* en 500 hommes d'armes.
(ANQUETIL.)

Si le mot *chacun* est suivi ou précédé d'un terme avec lequel il est en relation, comme dans CHACUN *d'eux, les armées ont,* CHACUNE, 500 *hommes,* il prend alors l'un ou l'autre genre, selon que le terme de sa relation est masculin ou féminin ; dans ce cas *chacun* désigne aussi bien les objets que les individus : *Chacun de ces enfants ; chacun de ces portraits ; chacune de ces personnes ; chacune de ces choses ;* et le verbe qui suit reste invariablement au singulier. Ce serait donc une faute de dire ou d'écrire : *Chacun d'eux en furent d'avis.*

EXERCICE PHRASÉOLOGIQUE.

Chacun de nous.
Chacun de ces bouquets.
Chacun de vos amis.
Us ont, chacun, de la fortune.

Chacune de vous.
Chacune de ces roses.
Chacune de vos femmes.
Elles passent, chacune, pour belles.

Chacun d'eux.
Chacun de ces tableaux.
Chacun de leurs bienfaits.
Ils sont, chacun, mon espoir.

Chacune d'elles.
Chacune de ces bagues.
Chacune de ses paroles.
Elles sont, chacune, très-bien.

N° CCCCXXVII.

CONSTRUCTION.

SUJET.

Chacun fait ici-bas la figure qu'il peut.
(MOLIÈRE.)

Cependant que *chacune,* après cette tempête,
Songe à cacher aux yeux la honte de sa tête.
(MOLIÈRE.)

COMPLÉMENT DE VERBES.

Nous allons disposer selon l'ordre des temps les grands événements de l'histoire ancienne et les *ranger,* pour ainsi dire, *chacun* sous son étendard.
(BOSSUET.)

COMPLÉMENT DE PRÉPOSITIONS.

Enjoignons aux pères de famille de faire la diminution *sur chacun* d'eux aussi juste que faire se pourra. (MONTESQUIEU.)

Nestor s'adressant *à chacun* d'eux et surtout au roi d'Ithaque, il le conjure de tenter tous les moyens de fléchir le noble fils de Pélée. (BITAUBÉE.)

Sept chefs conduisent les gardes ; et sur les pas *de chacun* d'eux marchent cent jeunes guerriers tenant en main de longues piques. (BITAUBÉE.)

Des hommes la plupart voilà le faible affreux :
Ils blâment *dans chacun* ce qui domine en eux.
(POISSON.)

Chacun, chacune peuvent s'employer dans tous les rapports possibles.

EXERCICE PHRASÉOLOGIQUE.

SUJET.
Chacun raconte.
Chacun propose.

COMPLÉMENT DE VERBES.
Traiter chacun.
Aimer chacun.

COMPLÉMENT DE PRÉPOSITIONS.
Aller chez chacun d'eux.
Donner à chacun.

N° CCCCXXVIII.

SYNTAXE.

Chacun EN RELATION AVEC *son, sa, ses, lui, le, la.*

Les femmes font le charme de nos sociétés, soit qu'elles forment entre elles des chœurs de danse, soit que *chacune* d'elles se promène avec *son* époux, ou entourée de nombreux enfants.
(BERN. DE ST-PIERRE.)

Chacun des chefs commande à *ses* troupes : le reste de l'armée avance sans proférer une parole.
(BITAUBÉ.)

Appius représenta que s'il avait imposé silence à Valérius, ce n'avait été que pour l'obliger à se conformer à l'usage ordinaire, où *chacun* devait parler à *son* rang.
(VERTOT.)

Chacun regarde *son* devoir comme un maître fâcheux dont il voudrait pouvoir s'affranchir.
(LA ROCHE.)

Chacun, dans tout ce qui *le* concerne, doit veiller au soin de sa propre vie.
(Anonyme.)

Il y a des anecdotes littéraires sur lesquelles il est toujours bon d'instruire le public, afin de rendre à *chacun* ce qui *lui* appartient. (Voltaire.)

Chacun étant essentiellement du singulier, comme nous l'avons déjà dit, les adjectifs possessifs et les pronoms qui s'y rattachent doivent être en rapport identique avec lui, c'est-à-dire que l'on doit se servir, conformément aux exemples qui précèdent, de *son, sa, ses, lui, le, la*.

EXERCICE PHRASÉOLOGIQUE.

Chacun le sien.
Chacun en ce qui le concerne.

Chacun son écot.
Chacune en ce qui la regarde.

Chacun son rang.
A chacun ce qui lui revient.

Chacun sa bourse.
Chacune ce qui lui convient.

N° CCCCXXIX.

PHRASES OÙ *chacun* ÉTANT PRÉCÉDÉ D'UN NOM PLURIEL, LES ADJECTIFS POSSESSIFS ET LES PRONOMS SE RAPPORTENT TANTÔT A L'UN, TANTÔT A L'AUTRE.

PREMIER POINT DE VUE.

Chacun suivi de *son, sa, ses*, etc.

Les deux rois faisaient chanter des Te-Deum, *chacun* dans *son* camp.
(Voltaire.)

Après la cérémonie, toute la compagnie se retira, *chacun* chez *soi*.
(Laveaux.)

Ils ont apporté des offrandes au temple, *chacun* selon *ses* moyens et sa dévotion. (Académie.)

Scipion marqua sa reconnaissance aux troupes, qu'il combla de louanges, de récompenses et de marque d'honneurs, *chacun* selon *son* état et *son* mérite. (Rollin).

La loi lie tous les hommes, *chacun* en ce qui *le* concerne.
(Laveaux.)

Voulez-vous savoir ce que c'est que l'ode ? Contentez-vous d'en dire de belles ; vous en verrez d'excellentes, *chacune* dans *son* genre.
(D'Alembert.)

Chacun suivi de *leur*, etc.

Les deux partis regardèrent, *chacun*, cette élection comme *leur* ouvrage particulier.
(Vertot.)

Les abeilles dans un lieu donné, tel qu'une ruche ou le creux d'un vieil arbre, bâtissent, *chacune*, *leur* cellule. (Buffon.)

Les langues ont, *chacune*, *leurs* bizarreries.
(Boileau.)

La nature semble avoir partagé des talents divers aux hommes pour leur donner, à *chacun*, *leur* emploi, sans égard à la condition dans laquelle ils sont nés. (J.-J. Rousseau.)

Ils s'y trouvèrent, *chacun*, avec *leurs* milices que l'on fait monter, dans le compte le moins exagéré, au nombre de 300,000 hommes. (Anquetil.)

Les dix tribus de l'Attique avaient, *chacune*, *leurs* présidents, *leurs* officiers de police, *leurs* tribunaux, *leurs* assemblées et *leurs* intérêts. (Barthélemy.)

Selon nous, il n'est guère facile d'établir des règles absolues sur l'emploi de *son, sa, ses, le, lui, les, leurs, il, elle*, etc., après *chacun*, quand celui-ci est précédé d'un substantif pluriel ; parce que, s'il y a deux exemples qui suivent les règles qui ont été posées sur cette partie vraiment inextricable, il y en a huit qui y dérogent. Cependant, d'accord cette fois avec les grammairiens, nous dirons que généralement les auteurs font usage de *son, sa, ses*, etc., après *chacun, chacune*, si, dans la proposition antécédente, le verbe a un complément qui précède le pronom indéfini, de telle sorte que la phrase arrivée là offre un sens complet. C'est ce qui résulte des exemples de la première colonne.

Mais si le verbe était distrait de son complément par le mot *chacun*, ou bien encore que ce dernier, formant une incise, séparât une des parties de la proposition antécédente, il faudrait alors se servir de *les, leur, leurs*. C'est ce qui découle des citations rapportées dans la seconde colonne (1). Bien que, dans ce cas, les grammairiens ne mettent pas *chacun* entre deux virgules, nous croyons cette ponctuation nécessaire pour indiquer que ce mot, *chacun*, est l'élément d'une proposition ellipsée et tout-à-fait indépendante de celle où elle est incorporée. Au reste, nous allons donner l'analyse des deux constructions; nous nous bornerons au premier exemple de l'une et de l'autre, colonne.

Ex. : Les deux rois faisaient chanter des Te-Deum, *chacun* dans *son* camp.

An. : Les deux rois faisaient chanter des Te-Deum, *chacun* (en faisant chanter) dans *son* camp.

Ex. : Les deux partis regardèrent, *chacun*, cette élection comme *leur* ouvrage particulier.

An. : Les deux partis regardèrent cette élection comme *leur* ouvrage particulier, *chacun* (la regardant comme *son* ouvrage particulier.)

SECOND POINT DE VUE.

Ils sont venus, *chacun* avec ses gens.
(TRÉVOUX.)

Tous les juges ont opiné, *chacun* selon *ses* lumières.
(LAVEAUX.)

Lépidus ayant fait le signal dont on était convenu, les deux généraux passèrent dans l'île, *chacun* de son côté.
(VERTOT.)

Ils sont venus, *chacun*, avec *leurs* gens.
(TRÉVOUX.)

Tous les juges ont opiné, *chacun*, selon *leurs* lumières.
(LAVEAUX.)

Tous les animaux logés, *chacun*, à *leur* place dans ce grand édifice, sentent très-bien que le fourrage, l'avoine qu'il renferme leur appartiennent de droit.
(VOLTAIRE.)

Malgré ce qu'avancent Girault-Duvivier et MM. Noël et Chapsal, fidèles échos du premier, nous pensons avec Laveaux et Trévoux qu'on peut très-bien dire : *Tous les juges ont opiné, chacun selon ses lumières,* ou *chacun selon leurs lumières; ils sont venus, chacun avec ses gens,* ou *chacun avec leurs gens*. Nous le savons, c'est détruire la règle des grammairiens, qui veulent que *chacun* soit toujours suivi de *son, sa, ses,* etc., quand le verbe de la proposition principale n'a pas de complément, et que celle-ci offre un sens fini avant *chacun*; mais pourquoi donc établir des règles qu'on ne saurait suivre? pourquoi gêner et circonscrire la pensée? A notre avis, la différence des deux manières d'écrire est toute dans la ponctuation. Voulons-nous dire : *Les juges ont opiné, chacun, selon leurs lumières,* nous mettrons *chacun* entre deux virgules; si, au contraire, nous voulons nous exprimer de cette manière : *Les juges ont opiné, chacun selon ses lumières,* il n'y aura qu'une virgule après *opiné*. Cette ponctuation doit, ce nous semble, faire sentir la différence des deux constructions et conduire à reconnaître que l'une et l'autre sont très-correctes. L'analyse, d'ailleurs, va nous en montrer le mécanisme. La première, *les juges ont opiné, chacun, selon leurs lumières,* se décompose par *les juges ont opiné selon leurs lumières, chacun opinant selon les siennes*; et la seconde : *les juges ont opiné, chacun selon ses lumières,* c'est pour *les juges ont opiné, et ils ont opiné, chacun selon ses lumières.*

TROISIÈME POINT DE VUE.

Étéocle et Polynice conviennent ensemble de tenir, *chacun* à *son* tour, les rênes du gouvernement, pendant une année entière.
(BARTHÉLEMY.)

Les citoyens, *chacun* selon *leurs* facultés, tenaient table ouverte.
(VERTOT.)

---

(1) Voici quelques exemples sur mille qui détruisent entièrement non pas nos règles, mais celles des grammairiens; ce serait se montrer par trop sévère que de les trouver vicieux.

Dans toute l'assemblée générale du peuple romain, tous les citoyens, de quelque rang qu'ils fussent, avaient droit de donner leurs suffrages, *chacun* dans *leur* tribu.
(VERTOT.)

Je suppose deux hommes qui ont vécu si séparés du genre humain, et si séparés l'un de l'autre, qu'ils se croient, *chacun seul*, de *leur* espèce.
(CONDILLAC.)

Paris était partagé en districts qui avaient *chacun son* conseil et une compagnie de gardes nationales à ses ordres.
(ANQUETIL.)

Il n'y a si chétif village qui n'ait au moins deux ou trois fontaines; les maisons isolées ont presque *chacune* la *sienne*.
(J.-J. ROUSSEAU.)

Les deux généraux dominant sur les Romains, *chacun* de *son* côté, nettoyaient les retranchements à force de traits. (ANQUETIL.)	Le siège de Calais et le siège de Troie! les plus beaux esprits, *chacun* dans *leur* siècle, n'ont-ils pas rapporté leurs principaux talents à cette ancienne et brillante époque à jamais mémorable? (BUFFON.)

Dans les phrases où l'incise se trouve forcément placée entre deux virgules, ainsi que *chacun à son tour, chacun selon leurs facultés*, etc., et où, d'ailleurs, elle vient immédiatement après le nom pluriel, comme dans trois des exemples rapportés ci-dessus, les écrivains expriment, après *chacun*, tantôt l'idée collective, tantôt l'idée distributive. Boniface dit qu'on ne saurait regarder comme vicieuses les citations de la première colonne, parce que l'incise est entièrement indépendante du reste de chaque phrase, à la fin de laquelle elle pourrait être rejetée. Quoiqu'il en soit de même des exemples de la seconde colonne, nous pensons qu'ils sont inattaquables, par la raison qu'ils se rencontrent très-souvent dans les auteurs les plus estimés.

EXERCICE PHRASÉOLOGIQUE.

I.

Les mères élèvent leurs enfants, chacune à sa manière. Les hommes ont un caractère, chacun son tempérament. Ils ont donné leur avis, chacun selon ses vues. Les jeunes gens cherchent les plaisirs, chacun suivant ce qui le flatte. Les enfants s'amusent, chacun avec ce qui lui plaît. Nous conduisîmes nos femmes au bal, chacun ayant la sienne. Ces deux peuples vainquirent leurs ennemis, chacun comme il le trouva.	Les femmes ont, chacune, leurs caprices. Les peuples ont, chacun, leurs coutumes et leurs lois. Les deux armées retournèrent, chacune, dans leur camp. Ils trouvèrent, chacun, des amis qui les flattaient. Ils menèrent, chacun, la vie qui leur plut. Nous partîmes, chacun, avec nos enfants. Ces deux nations battirent, chacune, leurs ennemis.

II.

Nous avons parlé; mais chacun à son tour. Les bateaux ont passé, chacun à son tour. Ces deux enfants sont tombés, chacun de son côté.	Nous avons parlé, chacun, à notre tour. Les hommes ont passé, chacun, à leur tour. Ces deux enfants sont tombés, chacun, de leur côté.

III.

Les uns et les autres, chacun selon son opinion, prirent parti. Les hommes, chacun dans son intérêt, doivent s'instruire. Les écrivains, chacun dans son intérêt, se doivent à la morale.	Les uns et les autres, chacun, suivant leur opinion, prirent parti. Les femmes, chacune, dans leur intérêt, doivent être aimables. Les écrivains, chacun, dans leur siècle, ont leur système.

N° CCCCXXX.

Chacun DÉTERMINÉ PAR L'ADJECTIF POSSESSIF *sa*.

Repos vaut mieux qu'honneur sans fortune: Que chacun prenne *sa chacune*. (ALMANACH DES FABULISTES.)	A voir chacun se joindre à *sa chacune* ici, J'ai des démangeaisons de mariage aussi. (MOLIÈRE.)

On voit que l'adjectif possessif *sa* peut déterminer le pronom indéfini *chacune*; mais cette expression, tout-à-fait familière, ne peut entrer que dans le style comique ou dans la conversation.

EXERCICE PHRASÉOLOGIQUE.

Chacun prendra sa chacune. Chacun se délivra de sa chacune.	Chacun ira avec sa chacune. Chacun paiera pour sa chacune.	Chacun a sa chacune. Chacun et sa chacune.	Chacun veut sa chacune. Chacun défendra sa chacune

N°. CCCCXXXI.

Un chacun.

Chose étrange de voir comme avec passion *Un chacun* est chassé de son opinion! (MOLIÈRE.)	J'éludais *un chacun* d'un deuil si vraisemblable, Que les plus clairvoyants l'auraient cru véritable. (MOLIÈRE.)

L'expression de *un chacun* était en usage du temps de Molière; aussi la rencontre-t-on chez beaucoup d'écrivains du dix-septième siècle; mais aujourd'hui elle est tout-à-fait abandonnée, même dans la conversation.

TEL.

N° CCCCXXXII.

Tel MÉDIATEMENT OU IMMÉDIATEMENT SUIVI DE *qui* OU DE *que*.

MÉDIATEMENT.

Tel donne à pleines mains, *qui* n'oblige personne.
La façon de donner vaut mieux que ce qu'on donne.
(CORNEILLE.)

..... *Tel* est pris, *qui* croyait prendre.
(LA FONTAINE.)

Tel souvent se croit à la noce,
Qui s'en retourne sans danser.
(SCRIBE.)

Tel voudrait se faire soldat,
A *qui* le soldat porte envie.
(LA FONTAINE.)

Qui tôt ensevelit bien souvent assassine,
Et *tel* est cru défunt *qui* n'en a que la mine.
(MOLIÈRE.)

Tel vous semble applaudir *qui* vous raille et vous joue.
(BOILEAU.)

Tel eût été toujours vertueux, *qui* ne l'est plus, parce que son maître lui a donné trop d'autorité et trop de richesses.
(FÉNELON.)

Tel brave les tourments qu'un bienfait peut séduire.
(DE BELLOY.)

Tel vit se dérobant à la vengeance humaine,
Que le ciel en courroux, par des ressorts secrets,
Conduit, pas à pas, à la peine
Que méritent ses forfaits. (LENOBLE.)

Tel brille au second rang *qui* s'éclipse au premier.
(VOLTAIRE.)

Telles femmes pendant le règne de la terreur avaient donné des preuves multipliées d'héroïsme, de *qui* la vertu est venue échouer contre un bouquet de fleurs, une fête, une mode nouvelle.
(CHATEAUBRIAND.)

IMMÉDIATEMENT.

..... *Tel qui* n'admet point la probité chez lui,
Souvent à la rigueur l'exige chez autrui.
(BOILEAU.)

.... *Tel qui* tend un piége y peut tomber soi-même.
(BOISSY.)

Tel abbé qui s'intitule frère se fait appeler monseigneur par ses moines.
(VOLTAIRE.)

Tel qui hait à se voir peindre en de faux portraits,
Sans chagrin voit tracer ses véritables traits.
(BOILEAU.)

Tel qui rampait s'élève et nous étonne.
(LAMOTTE.)

Tel qui résiste à l'art se rend à la nature.
(DEMOUSTIER.)

Tel qui rit vendredi dimanche pleurera.
(RACINE.)

Tel que pour ami l'on suppose,
Montre dans le besoin qu'il ne l'est nullement.
(LENOBLE.)

Tels que l'on croit d'inutiles amis,
Dans le besoin rendent de bons services.
(BOURSAULT.)

Oui, *tel dont* la critique aujourd'hui vous accable,
Peut-être à votre place eût été plus coupable.
(BOILEAU.)

Telle sans aucun attrait pour la retraite, se consacre au Seigneur par pure fierté.
(MASSILLON.)

Telle personne qui cherchait à vous plaire s'y est pris beaucoup plus mal, et a moins bien réussi que telle autre dont le cœur était libre et indifférent.
(SCRIBE.)

Il n'est sorte d'erreurs que les gramairiens n'aient avancées sur *tel* employé comme dans les exemples ci-dessus. Ils ont dit :

1° Que c'était un pronom indéfini ;
2° Qu'il ne pouvait jamais être suivi immédiatement de *qui* ni de *que*, etc.;
3° Qu'il n'était d'usage qu'au singulier.
4° Qu'on ne l'employait qu'au masculin.

Il n'y a pas un seul mot de vrai dans tout cela, et nous allons le prouver.

1° *Tel* n'est pas un pronom indéfini, c'est tout simplement un adjectif qui se rapporte au mot *homme*, mot qui peut être exprimé ou sous-entendu : *Tel donne à pleines mains* est donc un abrégé de *tel homme donne à pleines mains*. L'exemple de Voltaire : *Tel abbé*, en est une preuve convaincante (1). D'ailleurs un adjectif suppose toujours un nom ; c'est là un principe qui est commun à toutes les langues, et qu'il ne faut jamais perdre de vue.

2° *Tel* peut être immédiatement suivi non seulement de *qui*, mais encore de *que*, de *dont* et autres mots semblables. Les citations de la seconde colonne en font foi, et c'est faute d'avoir consulté les écrivains que les grammairiens ont établi une règle tout-à-fait contraire.

3° *Tel* est d'usage au pluriel : *Tels que l'on croit d'inutiles amis*, etc. ; *telles femmes*, etc.;

4° Enfin *Tel*, comme on le voit par les deux derniers exemples de la deuxième colonne, peut aussi s'employer en parlant d'une femme : *Telle sans aucun attrait pour la retraite*, etc. C'est pour *Telle femme, telle personne qui est sans aucun attrait pour la retraite*, etc.

Ainsi, somme totale, quatre erreurs sur un seul mot ! Et voilà pourtant comme la grammaire a été faite jusqu'à ce jour. Après cela, ayez donc confiance aux grammairiens

EXERCICE PHRASÉOLOGIQUE.

Tel flatte qui...	Tel qui flatte...	Tel dit nous aimer qui...	Tel qui dit nous aimer...
Tel loue devant qui...	Tel qui nous loue devant...	Tel travaille qui...	Tel qui travaille...
Tels font les savants qui...	Tels qui font les savants...	Tels trompent qui...	Tels qui trompent...
Tel fait le bravo que...	Tel que l'on croit son ami...	Tels sont arrogants que...	Tels que l'on oblige...

N° CCCCXXXIII.

Tel EMPLOYÉ SUBSTANTIVEMENT.

EXEMPLES :

Un tel a composé la plus jolie pièce du monde sur un tel sujet. (MOLIÈRE.)

On n'a pas à souffrir mille rebuts cruels ;
On n'a pas à louer les vers de *messieurs tels*,
A donner de l'encens à madame *une telle*. (ID.)

Nous jugeons sur l'habit, l'état et la figure,
Qu'*un tel* a de l'esprit, qu'il est homme de bien,
Quand fort souvent il n'en est rien.
(MAD. JOLIVEAU.)

Monsieur *un tel* écrivit hier au soir un sixain à mademoiselle *une telle*. (MOLIÈRE.)

Un tel laisse un poste vacant, et on s'empresse de le demander. (MASSILLON.)

Une telle a fait des paroles sur un tel air. (MOLIÈRE.)

N'est-ce pas vous, monsieur, qui vous nommez *un tel*? (REGNARD.)

Tel se dit des personnes qu'on ne veut ou qu'on ne peut désigner que d'une manière indéterminée. En ce cas *tel* est pris substantivement, et se trouve précédé de l'adjectif déterminatif *un, une*, adjectif qui quelquefois peut se supprimer, comme dans ces exemples :

L'orage tombera sur *tel qui n'y pense pas*. (ACADÉMIE.)

Tel est riche avec un arpent de terre, *tel* est gueux au milieu de ses monceaux d'or. (J.-J. ROUSSEAU.)

..... J'en sais *telle* ici
Qui, comme moi, ma foi, le vaudrait bien aussi. (MOLIÈRE.)

EXERCICE PHRASÉOLOGIQUE.

Monsieur un tel.	Madame une telle.	Messieurs tels.	Mesdames telles.

(1) Nous pouvons y ajouter cet autre exemple : — *Les talents les plus heureux restent ordinairement dans l'obscurité, et* TEL HOMME QUI *aurait pu illustrer sa patrie, rampe dans le triste atelier d'un artisan.* (STANISLAS.)

TOUT.

N° CCCCXXXIV.

Tout EMPLOYÉ COMME PRONOM.

AVEC ELLIPSE.

Tout n'est pas Caumartin, Bignon ni d'Aguesseau.
(BOILEAU.)

Tout s'ébranle, *tout* sort, *tout* marche en diligence.
(ID.)

Son grand génie embrassait *tout*.
(BOSSUET.)

Tout fuit, *tout* se refuse à mes embrassements.
(RACINE.)

La mort nous sépare de *tout*.
(BOSSUET.)

..... Recueille tes esprits,
Sois attentif ; je vais dicter, écris...
— Sans examen je dois donc *tout* écrire ?
(PARNY.)

A la seule vertu sois sûr que *tout* prospère.
(F. DE NEUFCHATEAU.)

SANS ELLIPSE.

Tout homme est sujet à la mort.
(ACADÉMIE.)

Aux noces d'un tyran *tout le peuple* en liesse
Noyait son souci dans les pots.
(LA FONTAINE.)

Dieu a créé, conserve et gouverne *tout l'univers*.
(PLANCHE.)

Elle croit que c'est aimer Dieu que haïr *tout le monde*.
(BOILEAU.)

Il est affreux de perdre *tout ce qu'on aime*.
(DU TREMBLAY.)

Tout ce qu'il dit est vérité.
(MASSILLON.)

Tout ce qu'on entreprend ne réussit pas toujours.
(ANONYME.)

Les grammairiens, habitués à tout confondre, à tout dénaturer, disent que le mot *tout*, employé seul comme dans les citations de la première colonne, est un pronom. Mais les citations de la colonne opposée, tout en nous donnant les moyens de rétablir les lacunes de la première, nous démontrent que *tout* n'est et ne peut être ni un pronom ni un substantif. C'est tout simplement un adjectif employé avec ellipse du nom auquel il se rapporte. *Tout n'est pas Caumartin*, c'est-à-dire *tout homme n'est pas Caumartin* ; *tout s'ébranle, tout sort, tout marche* ; c'est-à-dire *tout (le peuple) s'ébranle, tout (le peuple) sort, tout (le peuple) marche* ; *son grand génie embrassait tout*, c'est-à-dire *son grand génie embrassait* TOUT L'UNIVERS, etc.

EXERCICE PHRASÉOLOGIQUE.

Tout meurt.
Tout se confond.
Tout se renouvelle.

Il aime tout.
Voir tout.
Dire tout.

Tout me convient.
Tout est neuf.
Tout me plaît.

Donnez-moi tout.
Il vous cédera tout.
S'accommoder à tout.

PLUSIEURS.

N° CCCCXXXV.

EMPLOYÉ COMME PRONOM.

SUIVI D'UN SUBSTANTIF.

Plusieurs habitants ont fait à l'Ile-de-France des essais inutiles pour y faire croître la lavande, la marguerite des prés, la violette et d'autres herbes de nos climats tempérés.
(BERN. DE SAINT-PIERRE.)

NON SUIVI D'UN SUBSTANTIF.

Parfois *plusieurs* valent mieux qu'un.
(PIRON.)

Un critique n'est formé qu'après *plusieurs années* d'observations et d'études ; un critiqueur naît du soir au matin.
(La Bruyère.)

Plusieurs hommes valent mieux, et beaucoup plus valent moins qu'ils ne paraissent.
(Boiste.)

Il y a *plusieurs remèdes* qui guérissent de l'amour ; mais il n'y en a point d'infaillibles.
(La Rochefoucauld.)

Il faut bien qu'il y ait *plusieurs raisons* d'ennui, quand tout le monde est d'accord pour bâiller.
(Florian.)

S'il fait un voyage avec *plusieurs*, il les prévient dans les hôtelleries ; et il sait toujours se conserver la meilleure chambre et le meilleur lit.
(La Bruyère.)

C'est une des merveilles de la religion chrétienne de faire que la solitude et le repos soient plus agréables à *plusieurs* que l'agitation et le commerce des hommes.
(Pascal.)

Les bergères sont sur leur passage ; *plusieurs* d'entre elles versent des larmes.
(Florian.)

Plusieurs des prisonniers qu'on avait renvoyés de Rome accompagnèrent les ambassadeurs et se répandirent en différents quartiers de la ville.
(Rollin.)

Voici ce qu'on lit dans la *Grammaire des Grammaires* : « *Plusieurs* est ou pronom » ou adjectif. Comme pronom, il ne se dit que des personnes ; comme adjectif, il pré- » cède toujours le nom qu'il détermine. »

Cela est faux, ainsi que l'a remarqué le savant auteur de l'*Examen critique de la Grammaire des Grammaires*.

1° *Plusieurs* n'est jamais qu'adjectif : quand il est seul, c'est qu'il y a ellipse du substantif, cela est clair. *Plusieurs valent mieux qu'un* est pour *plusieurs* (individus) *valent mieux qu'un seul*. *Plusieurs d'entre elles* ; *plusieurs des prisonniers*, c'est pour *plusieurs* (bergères) *d'entre elles* ; *plusieurs* (prisonniers) *des prisonniers*.

2° *Plusieurs*, quoique seul, quoique pronom (pour parler ce triste langage), peut se dire des choses :

Ce qui nous empêche de nous abandonner à un seul vice, c'est que nous en avons *plusieurs*.
(La Rochefoucauld.)

EXERCICE PHRASÉOLOGIQUE.

Plusieurs amis.
Plusieurs fleurs.
Plusieurs princes.
Plusieurs victoires.

Plusieurs pensent.
Plusieurs regardent.
Plusieurs s'imaginent.
Plusieurs prétendent.

En avoir plusieurs.
Plusieurs de mes valets.
Il y en a plusieurs qui...
Il en est mort plusieurs.

NUL.

N° CCCCXXXVI.

Nul EMPLOYÉ COMME PRONOM.

EXEMPLES :

Nul à Paris ne se tient dans sa sphère.
(Voltaire.)

Nul n'aime à fréquenter les fripons s'il n'est fripon lui-même.
(J.-J. Rousseau.)

Sous un tyran grossier le talent est un crime,
Et *nul* n'en peut être accusé
Sans en devenir la victime. (Jauffret.)

Nul presque *de tous ceux* qui m'écoutent ici, n'est content de sa destinée.
(Massillon.)

Nul de nous de sang-froid, avouons-le sans honte,
N'envisage la mort. (L. Racine.)

Nul n'est si bien soigné qu'un directeur de femmes.
(Boileau.)

Nul n'est content de sa fortune,
Ni mécontent de son esprit.
(Mad. Deshoulières.)

Ce que *nul* n'aperçoit, heureux effet d'amour !
Ne saurait échapper aux regards d'une mère.
(Mad. Joliveau.)

Nulles des expressions qui se présentent ne me satisfont sur cet article. (J.-J. Rousseau.)

Nul presque *de tous ceux* qui m'écoutent ici n'est content de sa destinée. (Massillon.)

Employé seul, *nul*, disent tous les grammairiens, est *pronom*.

Les exemples cités nous font voir que *nul*, comme *aucun*, comme *pas un* et comme une infinité d'autres adjectifs, peut être ou non suivi d'un substantif; voilà tout. Ainsi il est permis de dire, en exprimant le substantif : *Nul* HOMME *n'a été exempt du péché originel* (Trévoux), ou en le supprimant : NUL *n'a été exempt du péché original.*

Girault-Duvivier se trompe encore en avançant que *nul*, lorsqu'il est seul, n'est d'usage qu'en sujet. Voici un exemple qui prouve le contraire :

A nul l'ambition n'est, je crois, étrangère.   (STASSART.)

Nul peut aussi, comme on le voit, s'employer d'une manière relative : *Nul de ces hommes, nulle de ces femmes.* Girauld-Duvivier assure qu'alors il n'a point de pluriel Rousseau a cependant dit : *Nulles des expressions.*

EXERCICE PHRASÉOLOGIQUE.

Nul homme ne peut.	A nul.	Nul ne peut.	Nulles de nos qualités.
Nul homme ne doit.	Pour nul.	Nul ne doit.	Nuls de nos amis.
Nul de nous ne le voit.	Nul de vous.	Nulle d'elles ne le pense.	Nulles de nos passions.

AUCUN.

N° CCCCXXXVII.

Aucun DIT SUBSTANTIF, DIT PRONOM, DIT ADVERBE, ETC.

SINGULIER.
Aucun n'est prophète chez soi.
(LA FONTAINE.)

On doit ne se rendre suspect à *aucun*, et se faire aimer de tous.
(FÉNÉLON.)

Que chacun se retire, et qu'*aucun* n'entre ici.
(CORNEILLE.)

PLURIEL.
Aucuns ont dit qu'Alix fit conscience De n'avoir pas mieux gagné son argent.
(LA FONTAINE.)

Aucuns, à coups de pierre, Poursuivirent le dieu, qui s'enfuit à grand erre.
(ID.)

Phèdre était si succinct qu'*aucuns* l'en ont blâmé.
(ID.)

On doit avoir gré aux grammairiens de n'avoir commis ici que cinq erreurs, en avançant, les uns, que *aucun*, dans les exemples cités, est un substantif; les autres un pronom; d'autres encore, un adverbe; ceux-ci, qu'il ne s'emploie jamais sans être suivi d'un nom; ceux-là, qu'il ne se met pas au pluriel.

Aucun n'est et ne peut être autre chose qu'un adjectif, qui, comme la plupart des mots de cette nature, s'emploie avec ou sans ellipse du nom qu'il détermine. On dit : *aucun* HOMME *n'est prophète* ou *aucun n'est prophète.*

On peut aussi, comme on le voit par les citations de la seconde colonne, faire usage de *aucun* seul au pluriel; il a alors le sens de *quelques-uns.*

EXERCICE PHRASÉOLOGIQUE.

Aucun n'est exempt de la mort.	Aucuns disent.	Aucuns pensent.
Qu'aucun ne le dise.	Aucuns soutiennent.	Aucuns prétendent.
Aucun n'avait d'argent.	Aucuns blâment.	Aucuns jugent.

(482)

L'UN... L'AUTRE.

N° CCCCXXXVIII.

L'un... l'autre EN RELATION AVEC DIVERS SUBSTANTIFS QUI PRÉCÈDENT.

AVEC DES NOMS DE PERSONNES.

Tous deux (Bossuet et Fénélon) eurent un génie supérieur; mais *l'un* avait plus de cette grandeur qui nous élève, de cette force qui nous terrasse; *l'autre*, plus de cette douceur qui nous pénètre, et de ce charme qui nous attache. (LA HARPE.)

Osons opposer Socrate même à Caton; *l'un* était plus philosophe, et *l'autre* plus citoyen.
(J.-J. ROUSSEAU.)

Si l'homme monte à un arbre pour abattre des fruits, la *femme* reste au pied et les ramasse : *l'un* trouve des aliments, *l'autre* les prépare.
(BERN. DE SAINT-PIERRE.)

AVEC DES NOMS DE CHOSES.

Charles XII, roi de Suède, éprouva ce que la *prospérité* a de plus grand, et ce que *l'adversité* a de plus cruel, sans avoir été amolli par *l'une* ni ébranlé par *l'autre*.
(VOLTAIRE.)

Cette *bouche*, cet *œil* qui séduisent les cœurs,
L'une par un sourire, et *l'autre* par des pleurs.
(LEGOUVÉ.)

Il a toujours cru que le *mérite* pouvait se passer de la *fortune*. Il s'est contenté de *l'un*, et ne s'est pas inquiété pour *l'autre*.
(FLÉCHIER.)

Lorsque dans les parallèles, dans les comparaisons, on parle de deux personnes ou de deux choses, *l'un*, *l'une* sont relatifs au premier des substantifs exprimés; *l'autre*, au second. Tel est l'usage constant des bons auteurs.

Cependant on lit dans Marmontel : *comme le* GESTE *suit la* PAROLE, *ce que j'ai dit de* L'UNE *peut s'appliquer à* L'AUTRE. Dans Raynal : *les* FORTUNES *particulières tiennent essentiellement à la* FORTUNE *publique ;* L'UNE *ne saurait être ébranlée sans que* LES AUTRES *en souffrent.*

Comme le fait remarquer très-judicieusement M. Dessiaux, la différence des genres et des nombres détruisant toute équivoque, la concision peut faire excuser jusqu'à un certain point cette légère infraction à la règle.

EXERCICE PHRASÉOLOGIQUE.

Corneille et Racine... l'un... l'autre...
César et Henri IV... l'un... l'autre...
Auguste et Louis XIV... l'un... l'autre...
Le talent et l'intrigue... l'un... l'autre...

Le lis et la rose... l'un... l'autre...
Démocrite et Héraclite... l'un... l'autre...
La science et la fausse érudition... de l'une... à l'autre...
Le serin et le rossignol... l'un... l'autre...

N° CCCCXXXIX.

L'un, l'autre EN RELATION AVEC L'ADJECTIF NUMÉRAL *deux*.

De Sparte à Argos, il y a *deux* chemins : *l'un* s'enfonce dans le vallon de Tégée; *l'autre* traverse les montagnes qui bordent le golfe d'Argos.
(CHATEAUBRIAND.)

Deux mulets cheminaient, *l'un* d'avoine chargé,
L'autre portant l'argent de la gabelle.
(LA FONTAINE.)

Il y a *deux* sortes de ruines : *l'une* ouvrage du temps, *l'autre* ouvrage de l'homme.
(CHATEAUBRIAND.)

Deux enfants à l'autel prêtaient leur ministère:
L'un est fils de Joad, Josabet est sa mère;
L'autre m'est inconnu.
(RACINE.)

Dans ces exemples *l'un, l'autre, l'une, l'autre*, désignent deux êtres ou deux objets qui ne sont pas nommés individuellement, comme dans le numéro précédent, mais qui sont représentés seulement par l'adjectif numéral *deux*.

EXERCICE PHRASÉOLOGIQUE.

Deux roses... l'une... l'autre...
Deux serins... l'un... l'autre...
Deux diamants... l'un... l'autre...

A deux enfants... l'un... l'autre...
A deux comédies... l'une... l'autre...
De deux robes... l'une... l'autre...

N° CCCCXL.

L'un, l'autre EN RAPPORT AVEC UN NOM PLURIEL.

L'un, l'autre.

Mes *gens* à la science aspirent pour vous plaire.
L'*un* me brûle mon rôt en lisant une histoire ;
L'*autre* rêve à des vers quand je demande à boire.
(MOLIÈRE.)

Les uns, les autres.

Parmi les *arts* libéraux, *les uns* s'adressent plus directement à l'ame, comme la poésie, l'éloquence ; les *autres* plus directement à l'esprit.
(MARMONTEL.)

Dans les énumérations, on met le singulier ou le pluriel, selon que le sens est distributif ou collectif.

EXERCICE PHRASÉOLOGIQUE.

Mes domestiques... l'un... l'autre...
Les enfants... l'un... l'autre...
Les écoliers... l'un... l'autre...
Les demoiselles... l'une... l'autre...

Mes domestiques... les uns... les autres...
Les enfants... les uns... les autres...
Les écoliers... les uns... les autres...
Ces demoiselles... les unes... les autres...

N° CCCCXLI.

L'un, l'autre ; les uns, les autres EN RELATION AVEC UN NOM COLLECTIF.

L'un, l'autre.

Tout le *monde* se confiait *l'un à l'autre* cette confidence.
(RULHIÈRES.)

Les uns, les autres.

Tout le *peuple* suivit Virginie, *les uns* par curiosité, *les autres* par considération pour Icilius.
(VERTOT.)

Les mots *l'un, l'autre, les uns, les autres*, peuvent, au moyen d'une syllepse, se mettre en relation avec un nom collectif, quand il énonce une collection d'êtres déterminés.

Mais on ne peut dire comme Voltaire : *Tournez vos yeux vers la terre et les mers ;* TOUT *se correspond,* TOUT *est fait* L'UN POUR L'AUTRE.

EXERCICE PHRASÉOLOGIQUE.

On se disait l'un à l'autre...
Tout le village... les uns... les autres...
Toute la ville... les uns... les autres...

Toute la rue... les uns... les autres...
Tout le pays... les uns... les autres...
Toute la France... les uns... les autres...

N° CCCCXLII.

RÉPÉTITION DE *l'autre, les autres, d'autres,* DANS LES ÉNUMÉRATIONS DE PLUS DE DEUX TERMES.

Des connaissances qui sont à notre portée, *les unes* sont fausses ; *les autres* sont inutiles, les autres servent à nourrir l'orgueil de celui qui les a.
(J.-J. ROUSSEAU.)

Les uns roulaient leurs eaux claires avec rapidité, *d'autres* avaient une eau paisible et dormante, *d'autres* par de longs détours revenaient sur leurs pas.
(FÉNELON.)

Quand l'énumération s'étend au-delà de ces deux termes, on répète indéfiniment *l'autre, les autres, d'autres.* On répète aussi *l'un* ou *les uns,* mais plus rarement :

Il voit de toutes parts les hommes bigarrés,
Les uns gris, *les uns* noirs *les autres* chamarrés.
(BOILEAU.)

EXERCICE PHRASÉOLOGIQUE.

Les enfants... les uns... les autres...
Des fleurs... les unes... les autres...
Des livres... les uns... les autres...
Des amis... les uns... les autres...

Les uns... d'autres... d'autres...
Les unes... d'autres... d'autres...
Les uns... les uns... les autres...
Les unes... les unes... les autres...

N° CCCCXLIII.

L'un, l'autre, les uns, les autres, MARQUANT OPPOSITION ENTRE DES ÊTRES OU DES OBJETS INDÉTERMINÉS.

Où *l'un* voit des chardons, *l'autre* aperçoit des roses.
(RIGAUD.)

Les uns veulent que les bergers aient l'esprit fin et galant; *les autres* recommandent, au contraire, de ne jamais s'éloigner de la simplicité.
(FLORIAN.)

Les uns ne semblent être sur la terre que pour y jouir d'un indigne repos, et se dérober par la diversité des plaisirs à l'ennui qui les suit partout, à mesure qu'ils le fuient: *les autres* n'y sont que pour chercher sans cesse dans les soins d'ici-bas des agitations qui les dérobent à eux-mêmes.
(MASSILLON.)

On emploie *les uns, les autres*, pour marquer une opposition, entre deux collections d'individus non déterminés. Alors ces mots ne se rapportent à aucun substantif exprimé.

EXERCICE PHRASÉOLOGIQUE.

Les uns meurent jeunes... les autres très-vieux.
Les uns pensent... les autres pensent le contraire...

Les uns disent... les autres s'absbtiennent de...
Les uns sont assez impies... les autres n'osent pas.

L'UN L'AUTRE.

N° CCCCXLIV.

L'un l'autre, les uns les autres, COMPLÉMENT DE VERBES ET DE PRÉPOSITIONS.

AVEC DES VERBES.

Dans ce monde il se faut *l'un l'autre* secourir.
(LA FONTAINE.)

Les hommes sont faits pour se secourir *les uns les autres*.
(VOLTAIRE.)

Si les hommes ne se flattaient pas *les uns les autres*, il n'y aurait guère de société.
(VAUVENARGUES.)

Les victoires, les conquêtes s'effacent *les unes les autres* dans nos histoires.
(MASSILLON.)

AVEC DES PRÉPOSITIONS.

Dans le sein *l'un de l'autre* ils cherchent un passage.
(RACINE.)

Ses rapports (de l'économie politique) avec l'économie privée sont si intimes, qu'on a souvent confondu *l'une avec l'autre*.
(SAY.)

Tout est perdu si nous n'avons pas *les uns pour les autres* un peu plus de fraternité.
(PALISSOT.)

Les aventures se succèdent *les unes aux autres*, et le poète n'a d'autre art que celui de bien conter les détails.
(VOLTAIRE.)

Les expressions *l'un l'autre, les uns les autres, l'un de l'autre, les uns aux autres*, etc., qui s'emploient lorsque l'on veut exprimer une action réciproque, sont elliptiques. *Ils s'aidaient l'un l'autre*, c'est pour : *ils s'aidaient* (tous deux), *l'un* (aidant) *l'autre*; *ils se nuisent l'un à l'autre*, c'est un abrégé de *ils se nuisent* (à tous deux), *l'un* (nuisant) *à l'autre*. En pareil cas, *l'un* est évidemment sujet, et *l'autre* complément.

Lemare a essayé d'analyser ces sortes d'expressions : *L'un l'autre*, dit-il, est le » reste d'une grande ellipse. « *L'un l'autre ils semblent se haïr*, c'est-à-dire *l'un semble haïr* » *l'un, l'autre semble haïr l'autre.* »

Cette analyse n'a qu'un défaut, c'est quelle ne reproduit pas les mots de la phrase. En effet, nous ne voyons reparaître ni le sujet *ils* ni le verbe *semblent*. Suivant nous, *l'un l'autre ils semblent se haïr* est pour *ils semblent se haïr* (tous deux) *l'un (semblant haïr) l'autre.*

Les pronoms *se, nous, vous,* etc., communiquant seuls au verbe l'idée de réciprocité, ne peuvent jamais être sous-entendus; ce vers de Voltaire est donc défectueux :

    Nous devons *l'un à l'autre* un mutuel soutien.

La Harpe, tout en convenant que la grammaire exige *nous nous devons*, permet cependant cette suppression en poésie. Nous ne saurions être de son avis.

EXERCICE PHRASÉOLOGIQUE.

Ils se détestent l'un l'autre.
Elles se consolent l'une l'autre.
Ils s'aiment les uns les autres.
Elles se corrompent les unes les autres.

Ces enfants sont jaloux l'un de l'autre.
Ces deux plantes se nuisent l'une à l'autre.
Ayons un peu d'indulgence les uns pour les autres.
Mesdemoiselles, ne sortez pas l'une sans l'autre.

N° CCCCXLV.

EMPLOI DE *l'un l'autre, l'un à l'autre,* etc., **OU DE** *les uns les autres, les uns aux autres,* **APRÈS UN NOM PLURIEL.**

AVEC LE SINGULIER.

L'amour de Dieu leur sert d'excuse (aux *dévots*) pour n'aimer personne. Ils ne s'aiment pas même *l'un l'autre*.   (J.-J. ROUSSEAU.)

Les *perfectionnements* industriels s'entraînent *l'un l'autre*.   (SAY.)

Les citoyens se fuyaient *l'un l'autre*.
   (SISMONDI.)

Il n'est pas possible que les petits *vers* n'enjambent *l'un sur l'autre*.   (J.-B. ROUSSEAU.)

Le bruit de nos trésors les a tous attirés (les *Romains*).
Ils y courent en foule, et, jaloux *l'un de l'autre*,
Désertent leur pays pour inonder le nôtre.
   (RACINE.)

AVEC LE PLURIEL.

Les *hommes* ne sont faits que pour se consoler *les uns les autres*.
   (VOLTAIRE.)

Les *hommes* ne sont que des victimes de la mort qui doivent se consoler *les uns les autres*. (ID.)

De peur de faire enjamber les *vers les uns sur les autres*.   (ID.)

Télémaque trouva de grandes difficultés pour se ménager parmi tant de *rois* jaloux *les uns des autres*.   (FÉNÉLON.)

Le spectacle du monde physique nous présente une suite de *phénomènes* enchaînés *les uns aux autres*.   (SAY.)

Lorsque après un verbe réciproque, dont le sujet représente un certain nombre d'individus, on ajoute, soit pour la clarté, soit pour l'harmonie et l'énergie, l'expression de *l'un l'autre*, etc., cette expression se met au singulier ou au pluriel, selon que le sens le réclame, et assez souvent selon la volonté de l'écrivain, ce que l'on affirme de plusieurs à l'égard de plusieurs ayant nécessairement lieu de chacun à l'égard de chacun, dans les deux groupes opposés. Dans cette phrase : *les citoyens se fuyaient l'un l'autre*, le singulier est plus expressif : Chaque citoyen fuyait son semblable.

La même observation s'applique à *l'un l'autre*, etc., lorsqu'il est complément d'une préposition.

C'est donc bien à tort que Girault-Duvivier condamne le singulier dans ces vers de Racine :

    Puisse le ciel verser sur toutes vos années
    Mille prospérités *l'une à l'autre* enchaînées !

Nous croyons que toutes les fois qu'il s'agit d'une chaîne, d'une suite, d'une succession, etc., où les objets vont *un à un*, le singulier mérite la préférence, ou plutôt devrait être seul permis.

Si Racine, au lieu de mettre *l'une à l'autre*, eût mis les *unes aux autres*, il aurait exprimé l'agglomération et non la succession. La pensée n'eût pas été la même, et le sentiment, si nous ne nous trompons, aurait perdu de sa vivacité.

EXERCICE PHRASÉOLOGIQUE.

Aidons-nous l'un l'autre.
Les citoyens s'évitaient l'un l'autre.
Ces arbres se nuisent l'un à l'autre.

Aidons-nous les uns les autres.
Les citoyens s'évitaient les uns les autres.
Ces arbres se nuisent les uns aux autres.

L'UN ET L'AUTRE.

N° CCCCXLVI.

SUJET.	COMPLÉMENT.
L'un et l'autre à mon sens ont le cerveau troublé. (BOILEAU.)	Le destin qui fait tout, nous trompe l'un et l'autre. (VOLTAIRE.)
La poésie ne doit ses avantages sur la peinture qu'aux harmonies des objets. L'une et l'autre se servent des mêmes lois. (BERN. DE SAINT-PIERRE.)	Le sort vous y voulut l'une et l'autre amener : Vous pour porter des fers; elle, pour en donner. (ID.)
Hâtons-nous, l'un et l'autre, D'assurer à la fois mon bonheur et le vôtre. (RACINE.)	Grippeminaud, le bon apôtre, Mit les plaideurs d'accord en croquant l'un et l'autre. (LA FONTAINE.)
Étudiez la cour, et connaissez la ville : L'une et l'autre est toujours en modèles fertile. (BOILEAU.)	..... Je veux Les percer l'un et l'autre, et moi-même après eux. (RACINE.)

L'un et l'autre expriment l'assemblage de plusieurs personnes ou de plusieurs choses ; ils ont les deux genres et les deux nombres.

Girault-Duvivier prétend que quand l'un et l'autre sont employés comme régimes ou compléments, ils doivent être précédés de *les*, qu'on place avant le verbe ; ainsi, suivant lui, il faut dire en parlant de deux personnes, *il veut* LES *satisfaire* L'UNE ET L'AUTRE, et non *il veut satisfaire l'une et l'autre*.

Nous croyons, nous, qu'on peut ellipser le pronom *les* ; il y en a de nombreux exemples. La Fontaine a dit : *Il met les plaideurs d'accord en croquant l'un et l'autre.*

EXERCICE PHRASÉOLOGIQUE.

L'un et l'autre...
L'une et l'autre...
Les uns et les autres...
Les unes et les autres...

A l'un et à l'autre.
A l'une et à l'autre.
Aux uns et aux autres.
Aux unes et aux autres.

N° CCCCXLVII.

L'un et l'autre SUIVIS D'UN SUBSTANTIF.

SUJET.	COMPLÉMENT.
L'un et l'autre rival, s'arrêtant au passage, Se mesure des yeux, s'observe, s'envisage. (BOILEAU.)	..... Ce conseil adroit qui semble être sans fard, Jette dans le panneau l'un et l'autre vieillard. (MOLIÈRE.)
L'un et l'autre consul suivaient ses étendards. (CORNEILLE.)	La Condamine a parcouru l'un et l'autre hémisphère. (BUFFON.)

L'un et l'autre rival, c'est comme s'il y avait *l'un (rival) et l'autre rival*. Voilà pourquoi le substantif qui suit *l'un et l'autre* doit toujours rester au singulier. Nos meilleurs écrivains observent cette règle.

EXERCICE PHRASÉOLOGIQUE.

L'un et l'autre marchand.
L'un et l'autre élève.
L'un et l'autre professeur.
L'une et l'autre vertu.

Tromper l'un et l'autre marchand.
Punir l'un et l'autre écolier.
Estimer l'un et l'autre professeur.
Posséder l'une et l'autre vertu.

N° CCCCXLVIII.

L'un et l'autre, l'une et l'autre, EMPLOYÉS AVEC OU SANS RÉPÉTITION DE LA PRÉPOSITION.

AVEC

Tous les états que nous connaissons participent *de l'un et de l'autre.* (D'ALEMBERT.)

L'art de feindre *dans l'une et dans l'autre* fortune,
N'est rien que l'art d'une ame ou perfide ou commune.
(PIRON.)

SANS.

Faire fortune est une si belle phrase, et qui dit une si belle chose, qu'elle est d'un usage universel; elle a percé les cloîtres et les abbayes *de l'un et de l'autre* sexe.
(LA BRUYÈRE.)

Lorsque *l'un et l'autre, l'une et l'autre,* sont employés séparément et en régime de la même préposition, on répète cette préposition devant chacun de ces mots : *ils participent* DE *l'un et* DE *l'autre.*

Telle est la règle posée dans toutes les grammaires. Cependant La Bruyère a dit : *de l'un et l'autre sexe,* en supprimant la préposition *de* devant *l'autre,* et les exemples de cette suppression ne sont pas rares. En voici plusieurs :

Il s'était informé ensuite plus en détail de ce qui s'était passé *dans l'une et dans l'autre* armée.
(VOLTAIRE.)

Et qui parle le mieux *de l'un et l'autre* ouvrage.
(MOLIÈRE.)

Sous *l'une et l'autre* époque il périt un très-grand nombre de citoyens.
(BARTHÉLEMY.)

Et *par l'une et l'autre* ouverture,
L'onde entre et fuit à flots égaux.
(LAMOTTE.)

Nous pensons qu'il faut laisser, aux poëtes surtout, la liberté de supprimer la préposition.

Bien mieux, dans certains cas, on ne doit point la répéter; c'est quand les êtres désignés par *l'un et l'autre* sont unis de manière qu'ils ne forment qu'un tout. Ainsi, nous dirons d'un homme qui se serait battu contre deux individus à la fois : *Il s'est battu contre l'un et l'autre.* S'il avait eu un duel avec chacun d'eux séparément, nous dirions : *Il s'est battu contre l'un et contre l'autre.*

Nous ajouterons que la répétition de la préposition ne saurait avoir lieu lorsqu'elle se compose de plusieurs syllabes, telles que *suivant, malgré, nonobstant, moyennant,* etc.

EXERCICE PHRASÉOLOGIQUE.

La beauté de l'une et de l'autre.
Nonobstant l'un et l'autre de ces obstacles.

La beauté de l'une et l'autre femme.
Le courage de l'un et de l'autre.

N° CCCCXLIX.

L'un l'autre ET *l'un et l'autre.*

AVEC *l'un l'autre.*

Pierre et Paul se louent *l'un l'autre.*
(LAVEAUX.)

Ces deux *hommes* se trompent *l'un l'autre.*
(ID.)

L'un l'autre vainement ils semblent se haïr.
(BOILEAU.)

AVEC *l'un et l'autre.*

Pierre et Paul se louent *l'un et l'autre.*
(TRÉVOUX.)

Le destin qui fait tout nous trompe *l'un et l'autre.*
(VOLTAIRE.)

Nous sommes *l'un et l'autre* à plaindre.
(Cité par WAILLY.)

L'un l'autre ne doit pas être confondu avec *l'un et l'autre*. Quand je dis : *Pierre et Paul se louent l'un l'autre*, *l'un l'autre* marque ici une idée de réciprocité ; mais il n'en est pas de même, si je dis : *Pierre et Paul se louent l'un et l'autre* : il n'y a pas là d'idée de réciprocité : *l'un et l'autre* exprime seulement le nombre *deux*. Ainsi ce vers de Piron :

Et nous nous encensons tous les mois l'un et l'autre,

n'est défectueux que parce qu'au lieu de l'idée de réciprocité, il exprime l'idée de réflexion ; c'est-à-dire qu'il donne à entendre que les individus dont il est question font cette action *chacun en particulier*, tandis qu'ils la font *réciproquement*.

Il en est de même dans les citations suivantes :

Nous nous soulagions *l'un et l'autre* dans les travaux de la servitude, et j'étais charmé lorsque j'avais pu faire l'ouvrage qui était tombé à ma sœur.
(MONTESQUIEU.)

Aidons-nous *l'un et l'autre* à porter nos fardeaux.
(VOLTAIRE.)

Ils allèrent dans une forêt fort épaisse, où, à dix pas de distance, on ne se voyait pas *l'un et l'autre*.
(PERRAULT.)

EXERCICE PHRASÉOLOGIQUE.

Promenons-nous les unes et les autres.
Aidons-nous les unes les autres.

Ils se battent l'un et l'autre.
Ils se battent l'un l'autre.

N° CCCCL.

EMPLOI DE *l'un et l'autre*, *l'un l'autre*, etc., OU DE *les uns et les autres*, *les uns les autres*, etc., QUAND IL S'AGIT DE TROIS INDIVIDUS.

AVEC LE SINGULIER.

On sent assez que les *trois genres rentrent souvent l'un dans l'autre*.
(VOLTAIRE.)

Nous trouvons dans les animaux les *trois caractères de la beauté (la force, la richesse, l'intelligence) quelquefois réunis, et souvent subordonnés l'un à l'autre*.
(MARMONTEL.)

AVEC LE PLURIEL.

(Coriolan, sa femme et sa mère...) *Les uns et les autres* n'exprimèrent d'abord la joie qu'ils avaient de se revoir que par des larmes.
(VERTOT.)

On voyait dans le même royaume, et pour ainsi dire sur le même trône, *trois souverains indépendants les uns des autres*.
(ID.)

En général, soit en sujet, soit en régime, le pluriel est plus usité que le singulier, quand le sens ne réclame pas impérieusement l'expression distributive.

Voilà l'usage ; mais si l'on consultait le raisonnement, il répondrait qu'il ne faut s'exprimer ni de l'une ni de l'autre manière, parce que la première ne peut désigner que deux individus, répondant à deux singuliers, et que la seconde ne peut convenir à moins de quatre, étant l'expression de deux pluriels. Mais c'est l'usage, répétons-nous : l'usage *penes quem est jus et norma loquendi*.

EXERCICE PHRASÉOLOGIQUE.

Il y a trois soldats, l'un et l'autre sont blessés.
Trois femmes : l'une et l'autre.
Trois enfants qui se sont battus l'un l'autre.

Il y a trois soldats, les uns et les autres sont blessés.
Trois femmes, les unes et les autres.
Trois enfants qui se sont battus les uns les autres.

CHAPITRE V.

DU VERBE.

N° CCCCLI.

NATURE DU VERBE. — SA DÉFINITION.

SIGNES D'ÉTAT, DE STATION.	SIGNES D'ACTION, DE MOUVEMENT, etc.
Je pense, donc je *suis*. (LA BRUYÈRE.)	J'*entends* le bœuf *gémir* sous l'aiguillon. (DELILLE.)
Je *suis* celui qui *suis*. (BERGASSE.)	Un soc long-temps rouillé *brille* dans le sillon. (*Id.*)
Dieu *est* celui qui *est*. (*Id.*)	Dans ces riches vallons la moisson *jaunira*. (*Id.*)
Ce mont *est* parfumé d'un safran précieux. (DELILLE.)	Sur ces coteaux riants la grappe *noircira*. (*Id.*)
	L'Euxin *voit* le castor se *jouer* dans ses ondes. (*Id.*)
	L'Inde *produit* l'ivoire. (*Id.*)
Le peuple lève sans cesse les mains vers Dieu, et vous doutez même s'il *existe*. (MASSILLON.	Dieu même *força* l'homme à *cultiver* la terre. (*Id.*)
	L'acier *coupe* le bois que *déchiraient* les coins. (*Id.*)
	La ronce *naît* en foule, et les épis *périssent*. (*Id.*)

Nous voici parvenus à l'espèce de mots la plus importante du discours, aux mots qui expriment l'action ou l'état des êtres, avec rapport au temps et aux personnes. Les grammairiens anciens les ont appelés *verbes*, du mot latin *verbum*, qui signifie *mot* ou *parole*, voulant donner à entendre que c'était le mot essentiel, le mot par excellence, parce qu'en effet c'est celui qui joue le principal rôle dans l'expression de la pensée; c'est celui qui donne le mouvement et la vie. Les autres mots ne sont que les signes isolés des êtres ou de leurs qualités sensibles; ce sont des matériaux épars, que le verbe vient lier entre eux, en quelque sorte, et qu'il coordonne pour une fin commune.

Les objets existent; mais leur nom seul ne suffit pas pour affirmer leur existence; il faut donc un mot propre à exprimer cette affirmation. Tel est l'office des mots *suis*, *est*, *existe*, dans les exemples de la première série.

Mais indépendamment de cette affirmation de l'existence des objets, nous avons bien souvent besoin d'exprimer si telle ou telle qualité leur convient ou ne leur convient pas. Ce sont encore les mots *est*, *suis*, *sommes*, *sont*, *es*, *était*, etc., qui sont destinés à indiquer cette convenance ou cette disconvenance. Dans les phrases suivantes : *Ce mont* EST *parfumé*, *les moments* SONT *chers*, *la terre* EST *traitable*, les mots *est*, *sont* forment le lien entre les signes de qualité *parfumé*, *chers*, *traitable*, et les signes des objets *mont*, *moment* et *terre*; ils prononcent sur leur convenance ou sur leur disconvenance.

Deux fonctions sont donc, comme on le voit, attribuées aux mots *est*, *suis*, *sommes*, *sont*, *était*, etc. Dans le sens absolu, ils signifient l'existence : *je pense, donc je* SUIS. Devant un signe de qualité, ils forment le lien de ce signe avec celui de l'objet, et prononcent sur leur convenance ou sur leur disconvenance.

Nos besoins ne se bornent pas à dire que les objets existent, et qu'ils existent avec telle ou telle qualité; nous avons encore besoin d'indiquer leurs divers mouvements, les actions sans nombre qu'ils peuvent produire. Quels sont, dans les exemples de la seconde série, les mots qui peignent les mouvements, les actions des objets? Ce sont les mots *balance*, *amollit*, *entends*, *gémir*, *brille*, *jaunira*, *noircira*, *voit*, *jouer*, *produit*, *força*, *cultiver*, *coupe*, *déchiraient*, *naît*, *périssent*. Ces mots renferment en eux-mêmes la nature du mouvement ou de l'action sous laquelle ils font considérer les objets. *Balancer* fait naître l'idée du mouvement appelé *balancement*; *gémir*, celle du *gémissement*; *jouer*, celle du *jeu*; *cultiver*, celle de la *culture*.

Il y a donc dans notre langue une espèce de signes destinés à exprimer, outre l'action des objets, les actes de l'esprit ou de l'ame, l'existence, la possession, la station, la position, etc.

Le verbe mérite effectivement le titre qu'on lui a donné, puisqu'en lui réside tout le sens du discours. Sa présence seule détermine la forme de la pensée, et donne une existence positive au langage, qui sans lui ne serait qu'une suite incohérente de sons. Il suffit, pour s'en convaincre, de dépouiller une phrase quelconque du verbe qui l'anime, pour tomber immédiatement dans un vague dont lui seul peut nous tirer. Par exemple, *l'enfant..... sage*. L'embarras du lecteur ou de l'auditeur sera manifeste, si aucune autre donnée ne vient à son secours. On ne peut déterminer si ces deux mots veulent dire que *l'enfant est sage*, ou *n'est pas sage*; si l'enfant *a été* sage, s'il *a promis* d'être sage, ou s'il *deviendra* sage, etc., ces deux mots pouvant être modifiés par une multitude de circonstances que le verbe seul peut indiquer.

EXERCICE ANALYTIQUE.

(Indiquer si les mots imprimés en italique sont signes d'action ou d'existence.)

Un avare, enchainant son prodigue appétit,
De faim près de son or *succombe*,
On *grava* sur sa maigre tombe :
Gripard enfin *mourut*, c'est le seul bien qu'il *fit*. (MOLLEVAUT.)

Sur un proscrit *planait* le danger le plus grand,
Un étranger *reçoit* sa vertu poursuivie;
Un parent le *dénonce*, et l'*arrache* à la vie.
La plus terrible haine *est* celle d'un parent. (MOLLEVAUT.)

N° CCCCLII.

DU SUJET DU VERBE.

Je SENS de jour en jour dépérir mon génie. (BOILEAU.)
Tu PRÉTENDS faire ici de moi ce qui te plait. (RACINE.)
Il MONTRE après le crime un résultat moral. (A. DE MONTESQUIOU.)
Nous GATIONS les outils de mon bon vieux grand-père. (J.-J. ROUSSEAU.)
Vous DEVIEZ trembler, lorsque vous souffrîtes la perfidie de Nadir. (MONTESQUIEU.)
Ils COMBATTIRENT pour savoir de qui ils seraient les esclaves. (VOLTAIRE.)
Elle SOUFFLE au guerrier l'esprit qui le tourmente. (BOILEAU.)
Chacun se TROMPE ici-bas. (LA FONTAINE.)
Tout CHANGE avec le temps. (BOSSUET.)
Tant de soins ACCABLENT mes esprits. (VOLTAIRE.)

La femme DOIT prendre soin du ménage. (HAUMONT.)
Le mérite FAIT tout. (LEMONNIER.)
La mort ne SURPREND pas le sage. (LA FONTAINE.)
Les morts n'EMPORTENT rien au ténébreux séjour. (LEBRUN.)
Les rats SONT gouvernés par la raison de ... (DELILLE.)
Dieu TIENT le cœur des rois entre ses mains puissantes. (RACINE.)
Blâmer le Créateur EST d'un malavisé. (GOSSE.)
Rien ne PEUT des mortels arrêter l'appétit. (STASSART.)
Chaque métier A son apprentissage. (LOMBARD DE LANGRES.)
Combien de gens PROFANENT le nom de l'amitié. (J.-J. ROUSSEAU.)

Nulle action ne peut avoir lieu à moins que quelqu'un ne la fasse; nul état ne peut être que quelqu'un ne soit dans cet état.

On appelle *sujet* du verbe la personne ou la chose qui fait l'action ou qui est dans l'état exprimé par le verbe.

On reconnaît mécaniquement le sujet en faisant la question *qui est-ce qui?* pour les personnes, et *qu'est-ce qui?* pour les choses.

Qui est-ce qui doit prendre soin du ménage? C'est *la femme*. Le mot *femme* est donc le sujet du verbe *doit*.

Qu'est-ce qui fait tout? C'est *le mérite*. Le mot *mérite* est donc le sujet du verbe *fait*.

Qu'est-ce qui ne surprend pas le sage? C'est *la mort*. Ce mot est donc le sujet du verbe *surprend*.

Qui est-ce qui n'emporte rien au ténébreux séjour? Ce sont *les morts*. Le verbe *emportent* a donc pour sujet *les morts*.

Dans les langues qui ont des cas, tous les mots imprimés en caractère italique seraient au nominatif. Ces mots répondent à des verbes que nous avons distingués par un autre caractère. Or, chacun de ces mots a son verbe propre avec lequel il ne fait qu'un. C'est pour montrer cette identité qu'on les a mis au même nombre.

La mort ne SURPREND pas le sage. Qu'est-ce qui ne surprend pas le sage? *La mort*. *La mort* est au singulier, *surprend* est au même nombre.

Les morts n'EMPORTENT rien au ténébreux séjour. *Les morts*, ces mots sont au pluriel, *emportent* y est également.

Les citations placées en tête de ce numéro nous montrent que le sujet d'un verbe peut être :

1° Un *pronom*. . . . . *Je* SENS de jour en jour dépérir mon génie.
2° Un *substantif*. . . . . . *Dieu* TIENT le cœur des rois entre ses mains puissantes
3° Un *infinitif*. . . . . . . *Blâmer* le Créateur EST d'un malavisé.
4° Un *adverbe de quantité*. . *Tant* de soins ACCABLENT mes esprits.

EXERCICE ANALYTIQUE.
(Désigner le sujet du verbe.)

La cause du faible est un objet sacré.
Les filles n'aiment pas les hommes si sincères.
Si je hais les tyrans, je hais plus les flatteurs.
La foi d'un ennemi doit être suspectée.
La gloire des Français égale leur valeur.
La fermeté modeste honore l'innocence.
Un moment quelquefois renverse un grand courage.
Jamais les jeunes gens n'approfondissent rien.
Les mortels sont égaux.
L'analyse est la source des découvertes.
Je puis faire les rois, je puis les déposer.

Aimer est un besoin de l'âme.
Tant de coups imprévus m'accablent à la fois.
Nous inventons chaque jour des modes ridicules.
Je chanterai le maître que j'adore.
Il me tira de mon obscurité.
Jugurtha fut vaincu, Mithridate est soumis.
Il tourne au moindre vent, il tombe au moindre choc.
Elle a vécu l'espace d'un matin.
Ils ne reverront plus leur pays natal.
Bel enfant ! tu dors d'un sommeil paisible.
Beaucoup d'hommes y sont pris.

N° CCCCLIII.
DU RÉGIME OU COMPLÉMENT DU VERBE.

RÉGIME DIRECT.

La superstition CAUSE mille *accidents*.
(LA FONTAINE.)
La sympathie UNIT nos *destinées*. (LEBRUN.)
Ne PRÉCIPITONS *rien*. (LE BAILLY.)
Le temps tout seul AMÈNE la *sagesse*.
(NIVERNAIS.)
Chacun SENT ici-bas son *tourment*.
(LA FONTAINE.)
Travaillons, le travail ENTRETIENT la *santé*.
(LOMBARD DE LANGRES.)
Les tyrans ONT toujours un misérable *sort*.
(JAUFFRET.)
Chaque homme A son *génie*. (VOLTAIRE.)
Pour TROMPER le *chemin*, on converse en voyage.
(Mme JOLIVEAU.)
LAISSONS là les *honneurs*, et COMPTONS les *vertus*.
(F. DE NEUFCHATEAU.)
Le ciel PROTÉGE la *vertu*. (LEBRUN.)
Un grand vouloir ENFANTE un grand *courage*.
(DU TREMBLAY.)
La modération EMBELLIT le *mérite*. (GOSSE.)
Le lion de Barca RAVAGE la *Nubie*. (DELILLE.
Le chameau voyageur TRAVERSE l'*Arabie*. (*Id*.)
Un long âge BLANCHIT la *carpe* centenaire. (*Id*.)

RÉGIME INDIRECT.

Les froids ont NUI *à la récolte des vins*.
(LAVEAUX.)
Il ne faut pas MÉDIRE *de son prochain*. (*Id*.)
L'inimitié SUCCÈDE *à l'amitié trahie*.
(RACINE.)
Misérable, tu COURS *à ta perte infaillible*.
(*Id*.)
Une merveille qui AJOUTAIT *à l'illusion*.
(VOLTAIRE.)
Rome n'A point COMBATTU *contre ces deux* grands capitaines. (BOSSUET.)
Tout m'afflige et *me* NUIT et CONSPIRE *à me nuire*.
(RACINE.)
Vous MÉDISEZ *de tout le monde*.
(ACADÉMIE.)
La religion VEILLE *sur les crimes secrets*.
Un éclat de lumière SORTIT *de ses yeux*.
(FÉNÉLON.)
De ces antres muets SORT un triste *murmure*.
(VOLTAIRE.)

Examinons les phrases de la première série.

Qu'est-ce que la superstition cause? elle cause *mille accidents*. ACCIDENTS est donc le régime ou le complément du verbe *cause*.

Qu'est-ce que la sympathie unit? ce sont nos *destinées*. Ce dernier mot est donc le complément ou régime du verbe *unit*.

Ne précipitons *rien*. Le mot *rien* est le complément direct du verbe *précipitons*.

Dans toutes ces phrases, le complément est nécessaire, en ce qu'il est impossible de concevoir les verbes *cause*, *unit*, *précipitons*, sans un substantif qui les complète. On ne peut point *unir* sans qu'il y ait quelque chose d'*uni*. L'action d'*unir* doit nécessairement se porter sur un objet quelconque, et c'est précisément le mot représentant cet objet qu'on appelle le complément du verbe. Pour trouver ce complément, il suffit de faire cette question : *qu'est-ce que?* à laquelle on ajoute le verbe employé dans la phrase. *Le ciel protége la vertu*. Qu'est-ce que le ciel protége? *La vertu*. Le mot *vertu* est donc le complément, l'objet, le régime direct du verbe *protége*.

Passons maintenant aux citations de la deuxième colonne.

Où l'oiseau chante-t-il? Sous la feuillée. *Sous la feuillée* est donc le complément indirect du verbe *chante*.

A quoi faut-il obéir? Aux lois. *Aux lois* est donc le complément indirect du verbe *obéir*.

Comme on le voit, le régime d'un verbe est le mot ou les mots qui dépendent de ce verbe et qui en complètent le sens.

Les verbes admettent deux sortes de régimes : le *régime direct* et le *régime indirect*.

Le régime *direct* est celui qui complète directement le sens d'un verbe, c'est-à-dire sans le secours d'aucun autre mot intermédiaire. Il répond à la question *qui?* pour les personnes, et *quoi?* pour les choses. J'*aime* l'ÉTUDE, on estime LES GENS VERTUEUX. J'aime quoi? L'ÉTUDE; on estime qui? LES GENS VERTUEUX. *L'étude*, *les gens vertueux* sont donc les régimes directs des verbes *j'aime*, *on estime*.

Le régime *indirect* est celui qui complète la signification du verbe au moyen d'un mot intermédiaire, tels que *à*, *pour*, *de*, *avec*, *dans*, etc.; il répond à l'une des questions *à qui? de qui? pour qui? avec qui?* pour les personnes; et *à quoi? de quoi? pour quoi?* etc., pour les choses. *Nuire à ses intérêts*, *médire de quelqu'un*; nuire à quoi? *à ses intérêts*; médire de qui? *de quelqu'un*. *A ses intérêts*, *de quelqu'un* sont donc les régimes indirects des verbes *nuire* et *médire*.

Les mots qui peuvent servir de régimes directs sont : les substantifs, les pronoms, les infinitifs, etc.

Dieu créa le *monde*. . . . . . . Dieu créa quoi? . . . . *Le monde*.
Nous *nous* flattons. . . . . . . Nous flattons qui? . . . . *Nous*.
Cet enfant veut *lire*. . . . . . . Il veut quoi? . . . . *Lire*.

EXERCICE ANALYTIQUE.

(Distinguer le régime direct du régime indirect.)

L'ingratitude LASSE la bienfaisance.
Même infortune ASSORTIT les humeurs.
Aux intérêts d'autrui nous PRÉFÉRONS les nôtres.
Sans intérêt OBLIGEONS les humains.
Il faut MÉNAGER tous les hommes.
Le mérite FAIT tout.
Il faut OBLIGER tout le monde.
L'oiseau CHANTE sous la feuillée.
Les taureaux BONDISSENT de joie.
Il faut OBÉIR aux lois.

La détresse SUCCÈDE a la prospérité.
On court à sa perte quand on sort de son état.
La modestie AJOUTE au mérite.
César COMBATTIT contre Pompée.
Apelle EXCELLAIT dans la peinture.
La jeunesse EST EMBELLIE par les grâces.
Trois cents Spartiates PÉRIRENT pour la patrie.
Le doute CONDUIT à la vérité.
La force CÈDE à la valeur.

N° CCCCLIV.

DU NOMBRE ET DE LA PERSONNE DANS LES VERBES

J'ADMIRAIS tes bienfaits, divine agriculture.
(SAINT-LAMBERT.)
Tu SAIS multiplier les dons de la nature. (Id.)
L'esprit S'AIGUISE à la ville ; il S'ATTENDRIT aux champs. (MALESHERBES.)
Nous N'ÉCOUTONS d'instincts que ceux qui sont les nôtres. (LA FONTAINE.)
Soyez l'homme du jour, et vous SEREZ charmant.
(BOISSY.)
Ils (les rats) sont gouvernés par la raison d'état.
(LA FONTAINE.)
La cause du faible EST un objet sacré. (LA HARPE.)

Les filles n'AIMENT pas les hommes si sincères.
(REGNARD.)
Si je HAIS les tyrans, je HAIS plus les flatteurs.
(VOLTAIRE.)
La foi d'un ennemi DOIT être suspectée. (RACINE.)
La gloire des Français ÉGALE leur valeur.
(DE BELLOY.)
La fermeté modeste HONORE l'innocence.
(LA HARPE.)
Un moment quelquefois RENVERSE un grand courage.
(VOLTAIRE.)
Jamais les jeunes gens n'APPROFONDISSENT rien.
(COLLÉ.)

Divers accidents modifient la signification et la forme des verbes, et il y en a de deux sortes. Les uns sont communs aux verbes et aux autres espèces de mots déclinables : tels sont les nombres et les personnes, qui varient selon la différence des mêmes accidents dans le nom ou le pronom qui exprime le sujet déterminé auquel on applique le verbe.

On distingue donc, dans un verbe, les nombres, c'est-à-dire le singulier, quand une seule personne fait l'action, comme : cet enfant lit; et le pluriel, quand plusieurs personnes font l'action, comme : ces enfans lisent.

Il y a quelque différence dans la signification du mot personne, selon qu'il est appliqué au sujet du verbe, ou au même verbe. La personne, dans le sujet, c'est sa relation à l'acte de la parole ; dans le verbe, c'est une terminaison qui indique la relation du sujet à l'acte de la parole, et qui sert à mettre le verbe en concordance avec le sujet considéré sous cet aspect. En parlant du sujet, il faut dire qu'il est de telle personne, et en parlant du verbe, qu'il est à telle personne ; de même qu'il faut dire qu'un nom est de tel genre, et qu'un adjectif est à tel genre.

On dit qu'un verbe est à la première personne, quand c'est l'individu qui parle qui fait l'action, comme : je chante, nous chantons ; il est à la seconde personne, quand c'est la personne à qui l'on parle qui fait l'action, comme : tu chantes, vous chantez ; enfin, il est à la troisième personne, quand c'est celle de qui l'on parle qui fait l'action, comme : il chante, elle chante ; ils chantent, elles chantent.

Tout verbe devant lequel on met je, nous, est à la première personne : j'admirais, nous écoutons.

Tout verbe devant lequel on met tu, vous, est à la seconde personne : tu sais, vous serez.

Tout verbe devant lequel on met il, elle, ils, elles, ou un substantif quelconque, est à la troisième personne : il s'attendrit, ils sont gouvernés; un moment renverse un grand courage, etc.

EXERCICE ANALYTIQUE.

(Dire à quel nombre et à quelle personne sont les verbes suivants.)

Ne vous fiez pas à la première apparence.
Je puis faire les rois, je puis les déposer.
Nous ne vivons jamais, nous attendons la vie.
Tu régnerais encor si tu l'avais voulu !
Vous ne parviendrez pas à changer le cœur des ingrats.
Il accusait toujours les miroirs d'être faux.
Elle est à genoux au pied d'un vieux chêne.
Ils vont où l'honneur les appelle.
Elles sèment de roses célestes le cours de notre vie.

Les rois tiennent leurs droits de Dieu.
L'homme est né pour régner sur tous les animaux.
Les hommes sont encore enfants à soixante ans.
La colombe attendrit les échos des forêts.
Les cœurs ambitieux ne s'attendrissent pas.
L'huile coule à flots d'or aux bords de la Durance.
La plante a son hymen, la plante a ses amours.
La religion veille sur les crimes secrets.
Les lois veillent sur les crimes publics.

MODIFICATIONS DES VERBES.

MODIFICATIONS QUE SUBISSENT LES VERBES SOUS LE RAPPORT DE LA PERSONNE, DU NOMBRE, DES MODES ET DES TEMPS.

N° CCCCLV.

DU NOMBRE ET DES PERSONNES.

SINGULIER.	PLURIEL.
1. J'*ai* toujours aimé mes sujets comme mes enfants. (FÉNELON.)	4. Nous *avons* quelquefois des désirs bien étranges. (RIGAUD.)
2. N'*as*-tu donc pas, Seigneur, assez d'anges aux cieux? (V. HUGO.)	5. Vous *avez* fait la guerre avec de grands succès. (FÉNELON.)
3. Louis *a* donné son nom à son siècle pour jamais. (FRAYSSINOUS.)	6. Nos actions parfois *ont* un air de vertus. (LAMOTTE.)

Dans un des chapitres précédents, nous avons vu que l'adjectif emprunte le genre et le nombre des substantifs ou des noms personnels avec lesquels il est en rapport.

Cette influence que les substantifs et les noms personnels exercent, sous le rapport du genre et du nombre, sur les adjectifs, ils l'exercent également, sous le rapport de la *personne* et du *nombre*, sur les *verbes* dont ils sont sujets. En effet, le nom personnel, en se joignant au verbe, l'empreint, s'il le faut ainsi dire, de sa propre vie.

Dans les exemples que nous venons de citer, la cause des changements de terminaisons que subit le verbe *avoir* résulte du nombre et de la personne des différents substantifs communs ou personnels qui lui servent de sujets. *Ai* est à la première personne du singulier à cause de *je*; *as* est à la seconde personne du singulier à cause de *tu*; *a* est à la troisième personne du singulier à cause de *Louis*; *avons* est à la première personne du pluriel à cause de *nous*; *avez* est à la deuxième personne du pluriel à cause de *vous*; *ont* est à la troisième personne du pluriel à cause de *nos actions*.

Ainsi le verbe emprunte le nombre et la personne de son sujet.

On trouve le sujet d'un verbe en faisant avec ce verbe la question *qui est-ce qui*? J'*ai toujours aimé mes sujets*. Qui est-ce qui a toujours aimé ses sujets? C'est *moi* ou *je*; *je* est donc le sujet de *ai*.

EXERCICE ANALYTIQUE.

Je *suis* esclave. — Non, tu ne le *seras* plus; (VOLTAIRE.)		Jeunesse, trop souvent, *juge* sur l'apparence. (STASSART.)	
Je *viens* te délivrer.		Les malheureux n'*ont* point d'amis. (JAUFFRET.)	
Que de gens *jugent* sur parole! (STASSART.)		Si vous *êtes* dans la détresse,	
Nous *jugeons* par l'événement. (LAMOTTE.)		On vous *charge* de tous les torts. (Mme JOLIVEAU.)	

N° CCCCLVI.

DES TEMPS.

TEMPS PRÉSENT.	TEMPS FUTUR.
J'*aime* mieux mon repos qu'un embarras illustre. (BOILEAU.)	Je ne le verrai plus... Je l'*aimerai* toujours. (RACINE.)
TEMPS PASSÉ.	
J'*aimais*, seigneur, j'*aimais*; je voulais être aimée. (RACINE.)	

J'*aime*, j'*aimais*, j'*aimerai*, ces trois formes du verbe *aimer* sont en rapport avec un sujet singulier de la première personne *je*, et conséquemment sont du même nombre et de la même personne. En quoi donc diffèrent-elles? et d'où proviennent les changements que nous apercevons dans leurs terminaisons?

La première présente l'action comme se faisant au moment où l'on parle; la deuxième exprime la même action comme faite avant l'instant de la parole, et la troisième comme devant se faire après le moment où l'on parle.

La même cause qui faisait du verbe un mot exprimant des actions, des sentiments, etc., rapportés à une personne, à un être doué de vie, a dû le rendre également susceptible des modifications qui expriment les diverses périodes de la durée. De là les formes ou terminaisons diverses que le verbe prend, en effet, dans toutes les langues, et auxquelles on a donné le nom de *temps* ou *formes temporelles*. Leur effet est de marquer si l'action exprimée par le verbe se rapporte à une période passée, ou présente, ou à venir. Nous disons une *période*, et non pas un moment ou un instant; car il faut bien remarquer que c'est là ce qu'on doit entendre, quand on parle des *temps* des verbes. Le *présent* ou le *temps présent* est la période de la durée dans laquelle celui qui parle se considère comme *existant actuellement*; le *passé*, la période de la durée dans laquelle il se considère comme n'*étant plus* au moment où il parle; enfin, le *futur* est la période dans laquelle il se considère comme n'*étant pas encore*.

Au reste, ces périodes diverses sont marquées, tantôt d'une manière précise et par les noms usités pour cela, comme *jour*, *mois*, *année*, *siècle*; tantôt elles sont simplement indiquées par les accessoires du discours, ou par les circonstances dans lesquelles se trouve celui qui parle, mais toujours d'une manière suffisante pour le besoin qu'on peut en avoir.

N° CCCCLVII.

DES MODES.

1. Je *vais* dans mon palais attendre ton retour.
(RACINE.)
2. J'*irais* chez lui, si j'étais sûr d'être bien reçu.
(REGNARD.)
3. *Va* jusqu'en Orient planter tes pavillons.
(CORNEILLE.)
4. Il ne me plaît pas que vous *alliez* là.
(ACADÉMIE.)
5. Il fallait *aller* à la guerre, quand la république l'ordonnait.
(BOSSUET.)
6. { *Allant* où le mène le hasard. (BOSSUET.)
   { Peut-être est-on *allé* trop loin. (PASCAL.)

Voilà différentes formes du verbe *aller* dont il faut examiner la signification avec attention. Comparons d'abord les deux premières.

1. Je *vais* dans mon palais.
2. J'*irais* chez lui, *si* j'étais sûr,... etc.

La deuxième forme exprime une idée de condition qui n'est pas dans la première. Quand on dit : *je vais*, on affirme positivement qu'on fait l'action d'*aller*; en disant : *j'irais, si...*, on subordonne l'affirmation à une condition.

Voilà donc encore de nouvelles idées accessoires exprimées par le verbe : l'idée d'affirmation positive et celle d'affirmation soumise à une condition.

3. *Va*, forme du commandement. Cette nouvelle forme peut aussi exprimer l'idée de prière : FAITES-*moi l'aumône, s'il vous plaît*, dit un pauvre en s'approchant de vous.

4. Il ne me plaît pas que vous *alliez* là.

Ici la forme du verbe a cela de particulier qu'elle ne peut s'employer seule; elle est toujours sous la dépendance d'un premier verbe exprimé ou sous-entendu, et sans lequel elle ne peut former un sens complet.

5. *Aller*. Cette forme diffère de toutes les autres en ce qu'elle n'exprime par elle-même ni l'idée de la personne, ni celle du nombre, ni celle du temps. On peut dire :

Avec les trois personnes :

Je veux
Tu veux } aller.
Il veut

Avec les deux nombres :
  Je veux } aller
  Nous voulons

Avec les trois temps :
  Je veux
  Je voulus } aller
  Je voudrai

Et la forme *aller* se prêtera à toutes ces combinaisons sans changer de terminaison ; elle a donc bien plus d'étendue ; elle exprime une idée bien plus générale que toutes les autres formes verbales.

6. { *Allant.*
     Allé.

Ces formes ont une ressemblance frappante avec les adjectifs qualificatifs ; elles marquent la manière d'être, la qualité des objets. On peut donc dire que ces formes verbales tiennent de la nature du verbe et de celle des adjectifs. Aussi est-ce pour cette raison que nous les avons fait figurer parmi cette dernière classe de mots. (V. page 70.)

Il nous reste à connaître le nom que les grammairiens ont inventé pour désigner les différentes idées accessoires dont les formes verbales peuvent être les signes. Et d'abord, comme ces idées accessoires varient selon la forme des verbes ou la manière dont ils s'emploient, ils leur ont donné le nom commun de *modes*, du nom latin *modus*, qui veut dire *manière*. Ainsi, comme, dans la langue vulgaire, la mode est la manière de se vêtir, dans la langue grammaticale, le *mode* est la manière d'employer, d'habiller en quelque sorte le verbe selon l'idée que l'on veut ajouter à sa signification principale.

En jetant les yeux sur les exemples cités, on voit qu'il y a *six modes* :

1° Mode *indicatif* ou mieux *affirmatif*, celui qui exprime l'idée d'affirmation positive : *je vais.*

2° Mode *conditionnel*, celui qui exprime l'idée d'affirmation soumise à une condition : *j'irais, si...*

3° Mode *impératif*, celui qui exprime l'idée du commandement : *va.*

4° Mode *subjonctif*, celui qui est toujours placé sous la dépendance d'un autre verbe : *je veux que vous* ALLIEZ *là.*

5° Mode *infinitif*, celui qui s'étend, sans changer de forme, à toutes les personnes, à tous les nombres et à tous les temps, à cause de cette étendue illimitée : *aller.*

6° *Participe*, celui qui tient de la nature du verbe et de celle de l'adjectif. On l'a nommé *participe* pour exprimer cette participation de deux espèces de mots : *allant, allé.*

D'après tout ce que nous venons de dire, on peut aisément conclure que le mode n'est autre chose que les différentes formes que prend le verbe pour satisfaire aux besoins de l'énonciation. En effet, comme il arrive la plupart du temps qu'une seule proposition ne suffit pas à l'expression complète de la pensée, d'autres propositions, qui servent à en modifier une plus essentielle ou plus importante, à laquelle elles se rapportent, ou à déterminer avec plus de précision quelques mots, quelques idées de cette proposition principale, concourent avec celle-ci à former un tout, un ensemble, dont les diverses parties, liées entre elles et subordonnées les unes aux autres, sont indispensables pour donner à la pensée tout le développement nécessaire.

Voilà pourquoi l'on remarque, dans les langues qui ont été le plus perfectionnées, outre le mode qui sert à l'expression des propositions absolues, directes ou principales, et qu'on appelle *indicatif*, trois autres modes propres à exprimer les propositions relatives, accessoires ou subordonnées : l'un, tel que le *subjonctif*, qui marque plus spécialement que la proposition où il se trouve dépend d'une autre proposition, à laquelle elle doit être jointe pour en compléter et en développer le sens ; l'autre, exprimant un ordre, une volonté, un désir, une prière, et se rapportant moins à quelque proposition précédente et expressément énoncée, qu'à ces mouvements mêmes de l'ame ou de la faculté intellectuelle, qu'on néglige d'énoncer d'une manière plus explicite : c'est le mode appelé *impératif*. Enfin, le troisième, nommé *conditionnel*, se trouve dans les propositions subordonnées, qui renferment quelque supposition ou condition, quelque vœu ou désir dont l'accomplissement est incertain, ou au moins dépendant de ces conditions mêmes.

N° CCCCLVIII.
DES FORMES OU EXPRESSIONS VERBALES SIGNES DU TEMPS.
MODE INDICATIF OU AFFIRMATIF.

PRÉSENT.
J'*abandonne* Solyme, et votre frère et vous.
(VOLTAIRE.)

PASSÉ.
Passé simultané, ou imparfait.
J'*abandonnais* à la cruauté de Protésilas ceux qui parlaient contre lui.
(FÉNELON.)

PASSÉ DÉFINI.
J'*ai abandonné* Ithaque pour chercher mon père.
(FÉNELON.)

PASSÉ INDÉFINI.
Christine *abandonna* le trône pour les beaux-arts.
(VOLTAIRE)

PASSÉ ANTÉRIEUR.
Les habitants *eurent abandonné* la ville avant que l'ennemi y entrât.
(ANONYME.)

PLUS-QUE-PARFAIT.
La fortune l'*avait abandonné* au commencement de la campagne.
(MASSILLON.)

FUTUR.
Futur absolu.
Je vous *abandonnerai* à vos anciens malheurs.
(FÉNELON.)

FUTUR ANTÉRIEUR.
Les habitants *auront abandonné* la ville lorsque l'ennemi y entrera.
(VERTOT.)

Nous avons déjà fait connaître la division du temps ou de la durée en trois parties : le *présent*, le *passé* et le *futur*; il nous reste à examiner les formes et les expressions verbales signes de cette idée accessoire dans les verbes.

Le *présent* est, comme nous l'avons dit, le moment où l'on parle; mais ce moment est-il divisible ? Non, certes : c'est un point indivisible, car tout ce qui le précède ou le suit appartient au passé ou au futur. Aussi les verbes n'ont-ils qu'une forme dans chaque mode pour exprimer l'idée du temps présent : *j'aime, je travaille*.

Il n'en est pas de même pour le *passé* et le *futur*, qui se composent d'une multitude infinie d'instants, et qui peuvent être envisagés soit d'une manière absolue, soit d'une manière relative à d'autres circonstances, comme on le voit par les exemples cités.

Ainsi, outre les formes du verbe destinées à exprimer les diverses périodes de la durée, il y a encore, dans toutes les langues perfectionnées, d'autres expressions employées à marquer des degrés d'antériorité relative à quelque moment déterminé de chacune de ces périodes. Telles sont, en français, les formes composées avec les auxiliaires *être* et *avoir*, comme *j'ai fait, j'avais fait, j'eus fait, j'aurai fait*; expressions qui marquent chacune un degré d'antériorité, par rapport aux expressions *je fais, je faisais, je fis, je ferai*. Nous pouvons même exprimer un degré de plus d'antériorité, à l'aide des formes doublement composées *j'ai eu fait, j'avais eu fait*, etc.; mais les besoins de l'énonciation vont rarement jusque là. Au reste, c'est, à ce qu'il nous semble, faute d'avoir observé que les formes temporelles des verbes, dans toutes les langues, se rapportent à des périodes, et non pas à des époques de la durée, que les grammairiens ont été si peu d'accord entre eux, et ont quelquefois mis si peu de clarté et de précision dans ce qu'ils ont écrit sur ce sujet.

Examinons maintenant quelques faits :

1. Les habitants *abandonnaient* la ville lorsque des secours leur arrivaient de toutes parts.

2. Les habitants *abandonnèrent* la ville peu d'instants après l'arrivée des ennemis.
3. Les habitants *ont abandonné* la ville.
4. Les habitants *eurent abandonné* la ville bien avant que l'ennemi y entrât.
5. Les habitants *avaient abandonné* la ville lorsque l'ennemi est arrivé.

Ces différentes formes verbales, dont les deux premières sont *simples* et les trois autres *composées*, expriment toute l'idée du temps passé, mais avec des circonstances variées.

Dans le premier exemple, l'action est présentée comme faite dans un temps passé, mais en même temps qu'une autre action : *Les habitants* ABANDONNAIENT *la ville lorsque des secours leur arrivaient de toutes parts.*

Dans le second exemple, le passé est déterminé par l'idée d'une époque précise : *Les habitants* ABANDONNÈRENT *la ville* peu d'instants *après l'arrivée des ennemis.*

Dans le troisième, l'idée du passé est présentée d'une manière générale, indéterminée : *Les habitants* ONT ABANDONNÉ *la ville.*

Dans le quatrième, l'idée du passé est modifiée par une circonstance d'antériorité : *Les habitants* EURENT ABANDONNÉ *la ville* bien longtemps *avant que l'ennemi y entrât.*

Enfin, dans le cinquième, l'action est présentée comme faite dans un temps passé relativement à une autre circonstance qui est elle-même passée : *Les habitants* AVAIENT ABANDONNÉ *la ville lorsque l'ennemi est arrivé.*

Les grammairiens ont donné des noms à ces différentes formes verbales.

1° *J'abandonnais* et ses analogues sont appelés *imparfait*, ou mieux *passé simultané*. *Passé-simultané* veut dire passé en même temps qu'une autre chose : *Les habitants* ABANDONNAIENT *la ville lorsque des secours leur arrivaient de toutes parts*. L'action d'*abandonner* s'est faite en même temps que les secours arrivaient.

2° *Ils abandonnèrent* et ses analogues se nomment *passé défini*; *défini* veut dire déterminé par l'idée d'une époque précise ; on ne pourrait pas dire : *les ennemis* ABANDONNÈRENT *la ville*, sans déterminer l'époque à laquelle l'abandon a été fait ; *ils l'abandonnèrent* PEU D'INSTANTS APRÈS L'ARRIVÉE DE L'ENNEMI.

3° *Ils ont abandonné* et ses analogues sont dits *passé indéfini*, c'est-à-dire passé non défini, non déterminé. On dit très-bien : *les ennemis* ONT ABANDONNÉ *la ville*, sans préciser l'époque à laquelle l'action s'est accomplie. Néanmoins nous devons faire remarquer que cette forme *j'ai abandonné* et ses analogues peuvent s'employer également avec l'idée d'une époque précise. On dit : *J'ai* FAIT *un voyage la semaine dernière, l'année dernière.* Mais elle n'en diffère pas moins essentiellement du passé défini : 1° en ce que celui-ci ne peut s'employer qu'avec l'idée d'une époque précise ; 2° en ce qu'il ne peut exprimer qu'une action faite dans un temps entièrement passé. On ne dit pas JE FIS *aujourd'hui une promenade*, parce que la journée n'est pas encore écoulée.

On est forcé, dans ce cas, d'employer le passé indéfini, et de dire : J'AI FAIT *une bonne promenade aujourd'hui.*

4° *Ils eurent abandonné* et ses analogues ont reçu le nom de *passé antérieur ; antérieur* exprime l'idée d'une action qui s'est faite avant une autre : *les habitants* EURENT ABANDONNÉ *la ville bien avant que l'ennemi y entrât.* L'abandon avait eu lieu avant l'arrivée de l'ennemi.

5° *Ils avaient abandonné* et ses analogues sont appelés *plus-que-parfait*. Ce mot ne répond pas bien à l'idée qu'il représente. On considère cette forme comme exprimant doublement l'idée du passé, 1° relativement au moment où l'on parle ; 2° relativement à une autre action faite dans un temps passé ; d'où elle a été appelée assez improprement *plus-que-parfait*, c'est-à-dire *plus que passé.*

Il est à remarquer que les temps composés, c'est-à-dire ceux qui se forment d'un des temps des verbes *être* ou *avoir*, unis au participe passé des verbes qu'on conjugue, ne sont, à proprement parler, que des expressions verbales, dans lesquelles on a combiné l'idée des deux temps dont on veut exprimer la relation. Ainsi le passé indéfini *j'ai aimé* se compose du passé *aimé* combiné avec *j'ai*, forme du présent, parce qu'en effet le passé indéfini exprime seulement l'idée du passé relativement à l'acte de la parole. Le passé antérieur *j'eus aimé* se compose du passé *aimé* combiné avec *j'eus*, forme du passé. Il en est de même de *j'avais aimé*, où l'on retrouve encore la combinaison d'un passé avec un passé.

Toutes les fois que les verbes *avoir* et *être* entrent ainsi dans la combinaison des temps composés, les grammairiens leur donnent le nom de *verbes auxiliaires*.

Le *futur* peut, comme le passé, être également envisagé relativement à l'acte de la parole et relativement à une autre circonstance. Si je dis : JE FERAI *mon devoir*, cette forme verbale *je ferai* exprime l'idée du futur relativement à l'acte de la parole, mais sans aucune relation avec une autre circonstance. Les grammairiens appellent cette forme *futur absolu*. Si je dis : J'AURAI FAIT *mon devoir lorsque le maître viendra*, l'expression verbale *j'aurai fait* exprime à la fois l'idée d'un futur relativement au moment où l'on parle, et l'idée d'antériorité relativement à l'arrivée du maître. Cette expression verbale a reçu chez les grammairiens le nom de *futur antérieur*.

Ainsi les différentes formes ou expressions verbales que nous avons examinées sont au nombre de huit; savoir : une pour le *présent*; cinq pour le *passé*; deux pour le *futur*.

Ces différentes formes ou expressions verbales expriment toutes l'idée d'affirmation positive, et conséquemment appartiennent au mode *indicatif* ou *affirmatif*.

N° CCCCLIX.

MODE CONDITIONNEL.

PRÉSENT OU FUTUR.	PASSÉ.
J'*abandonnerais* tout, si je savais ne pas réussir. (Mme DE SÉVIGNÉ.)	Je l'*aurais* entièrement *abandonné*, s'il n'avait pas voulu suivre mes conseils. (DIDEROT.)

Quand on dit : *j'écrirais, si j'avais une plume*, *j'écrirais* exprime une action qui se ferait si une certaine condition était d'abord remplie; cette forme verbale est évidemment signe du futur.

Mais lorsqu'on dit : *si j'eusse réussi dans mon entreprise, je ferais aujourd'hui bonne figure dans le monde*, la forme verbale *je ferais* est signe d'un futur relatif à une condition, mais elle est signe du présent relativement à l'acte de la parole.

Les grammairiens appellent cette forme verbale *présent* ou *futur*, parce qu'en effet, bien qu'elle soit le plus généralement le signe du futur, elle peut, dans certaines circonstances, être employée comme signe du présent.

Dans cette phrase : *j'aurais* ou *j'eusse terminé ma lettre, si je n'avais pas été interrompu*, l'expression verbale *j'aurais terminé* est le signe du passé.

Quant à la forme *j'aurais eu terminé*, ou *j'eusse eu terminé*, elle est peu usitée; elle exprime un passé antérieur.

Ainsi le mode conditionnel n'a que deux temps usités : un temps pour exprimer le *présent* ou le *futur*; un temps composé, qui exprime toujours le *passé*.

N° CCCCLX.

MODE IMPÉRATIF.

FUTUR.	FUTUR ANTÉRIEUR.
Ne m'*abandonnez* pas dans l'état où je suis. (RACINE.)	*Ayez abandonné* la ville quand l'ennemi y entrera. (ANONYME.)

Les formes verbales *abandonnez, ayez abandonné*, sont toutes les deux signes du temps futur, puisqu'on ne peut commander qu'une chose à faire ; mais la seconde forme exprime à la fois le futur relativement à l'acte de la parole, et une idée de *passé* ou d'*antériorité* relativement à une autre circonstance.

L'*impératif* a donc deux temps : 1° un temps simple qui exprime l'idée du futur, et que les grammairiens appellent improprement *présent* ou *futur* ; car aucune forme du mode impératif ne peut exprimer l'idée du présent ; 2° un temps composé, qui ne figure dans presque aucune grammaire, et qui est cependant d'un usage assez commun dans la langue. Cette dernière forme serait justement appelée *futur antérieur*.

N° CCCCLXI.

MODE SUBJONCTIF.

PRÉSENT OU FUTUR.	PASSÉ INDÉFINI.
Seigneur, dans cet aveu dépouillé d'artifice, J'aime à voir que du moins vous vous rendiez justice ; Et que, voulant bien rompre un nœud si solennel, Vous vous *abandonniez* au crime en criminel. (RACINE.)	Philippe Arabe est le premier qui *ait abandonné* par traité quelques terres de l'empire. (BOSSUET.)
IMPARFAIT.	PLUS-QUE-PARFAIT OU PASSÉ ANTÉRIEUR.
Il fallut que, dès le commencement de la guerre, Pompée *abandonnât* l'Italie. (MONTAIGNE.)	On eût dit qu'ils étaient possédés par un esprit étranger, et que leur lumière naturelle les *eût abandonnés*. (BOSSUET.)

Le *mode subjonctif*, nous l'avons déjà dit, est ainsi appelé parce qu'il ne s'emploie jamais seul, et qu'il ne figure qu'après une proposition sous la dépendance de laquelle il est placé ; d'où il résulte que les inflexions qui appartiennent à ce mode expriment l'idée de *temps*, non pas relativement à l'acte de la parole, mais relativement au verbe de la proposition principale.

1° Quelqu'un travaille, et on lui demande : Pourquoi travaillez-vous ? Il répond :
Il faut bien QUE JE TRAVAILLE, *ou je serais puni*.
Le verbe *travaille* exprime le temps présent, parce que l'action de travailler marche de pair avec la nécessité de l'action exprimée par le verbe *il faut*.

2° On dit à quelqu'un : Pourquoi ne travaillez-vous pas ? et il répond :
Il faut pourtant QUE JE TRAVAILLE, *ou je serais puni*.
Ici le verbe *travaille* marque le temps futur, parce que l'action de travailler ne peut être que postérieure à la nécessité de travailler, exprimée par le verbe *il faut*.
Ainsi la même forme exprime tantôt le présent, tantôt le futur, selon les vues de l'esprit. Les grammairiens appellent cette forme verbale *présent* ou *futur*.

3° On demande à une personne : Pourquoi travailliez-vous hier avec tant d'ardeur ? et elle répond :
Il fallait bien QUE JE TRAVAILLASSE, *ou j'aurais été punie*.
Le verbe *travaillasse* désigne le passé, parce que l'action de travailler a eu lieu dans le même moment que la nécessité de l'action, qui s'est fait sentir elle-même dans un temps passé.

4° Si quelqu'un dit :

Il faudrait QUE JE TRAVAILLASSE, *mais je n'ai pas l'esprit libre.*

Le verbe *travaillasse* désigne le futur, parce que l'action de travailler ne peut être que postérieure à la nécessité de l'action.

Ainsi la même forme exprime tantôt le passé, tantôt le futur, selon les vues de l'esprit. Les grammairiens appellent cette forme *imparfait*.

5° Quelqu'un dit :

Il a bien fallu QUE J'AIE TRAVAILLÉ, *autrement j'aurais été puni.*

Quel temps exprime le verbe *que j'aie travaillé*? La nécessité de l'action et l'action ont eu lieu simultanément dans un temps passé.

6° Mais si l'on dit :

Il faut QUE J'AIE TRAVAILLÉ *avant l'arrivée du maître, autrement je serais puni.*

Ici l'action est postérieure à la nécessité de l'action ; mais elle est antérieure à une autre circonstance qui est elle-même à venir : d'où suit que le verbe exprime l'idée du *futur antérieur*.

Cette forme verbale, qui exprime tantôt l'idée du passé, tantôt celle du futur, selon les vues de l'esprit, est communément appelée dans les grammaires *prétérit* ou *parfait*.

7° *Il aurait fallu* QUE J'EUSSE TRAVAILLÉ *avant l'arrivée du maître, et je n'aurais pas été puni.*

Quel temps exprime le verbe *que j'eusse travaillé*? L'action et la nécessité de l'action sont simultanées ; elles ont eu lieu dans un temps passé, mais antérieurement à une autre circonstance qui est elle-même passée : d'où suit que le verbe *que j'eusse travaillé* exprime l'idée d'un *prétérit* ou *passé antérieur*.

8° *Il faudrait* QUE J'EUSSE TRAVAILLÉ *avant l'arrivée du maître, autrement je serais puni.*

Ici l'action est postérieure à la nécessité de l'action, mais antérieure à une autre circonstance qui est elle-même à venir : conséquemment le verbe *que j'eusse travaillé* exprime l'idée d'un *futur antérieur*.

Cette forme, qui exprime tantôt l'idée du passé, tantôt celle du futur, selon les vues de l'esprit, est appelée communément dans les grammaires *plus-que-parfait*.

Ainsi, les différentes formes verbales, considérées comme signes du temps, qui appartiennent au *mode subjonctif* sont :

1° Le *présent* ou *futur*, ainsi appelé parce qu'il exprime tantôt l'idée du présent, tantôt celle du futur ;

2° L'*imparfait*, qui exprime tantôt l'idée du passé, tantôt celle du futur ;

3° Le *prétérit* ou *parfait*, qui exprime soit l'idée du passé, soit celle du futur, selon les vues de l'esprit ;

4° Enfin, le *plus-que-parfait*, qui représente l'action comme faite dans un temps passé, ou comme à faire dans un temps à venir, mais toujours avec une idée d'antériorité à une autre circonstance.

N° CCCCLXII.

MODE INFINITIF.

PRÉSENT.

Abandonner sa vie à un extrême relâchement.
(FÉNELON.)

PASSÉ.

1. Après *avoir abandonné* la maison de ses proches. (MASSILLON.)

2. La justice que Dieu exercera sur nous pour nous *être abandonnés* à nous-mêmes.
(BOURDALOUE.)

Le *mode infinitif* présente la signification du verbe d'une manière vague et générale. Ce n'est véritablement que le nom de l'action. En effet, si nous étions dans un pays dont la langue ne nous fût pas familière, et que nous voulussions savoir comment s'appelle telle action, nous ferions nécessairement par des gestes le simulacre de cette action, et nous dirions : Comment appelle-t-on cela ? Et on nous répondrait : *boire, manger, dormir*, etc., selon le signe que nous aurions fait. Souvent même nous mettons l'article devant l'infinitif, et nous disons : *le boire, le manger*, etc. Cette forme verbale n'exprime aucune des idées accessoires qui se trouvent dans les modes personnels, ni l'idée de personne, ni celle du nombre, ni celle du temps.

N° CCCCLXIII.

PARTICIPES.

PRÉSENT.
Abandonnant pour toi le soin de l'univers.
(VOLTAIRE.)

PASSÉ ACTIF.
Les enfants *ayant abandonné* la maison de leurs pères pour aller vivre dans les déserts. (PASCAL.)

PASSIF.
1. J'ai préféré Pompée, errant, *abandonné*, à César tout-puissant. (VOLTAIRE.)
2. J'appris sous une mère *abandonnée* à supporter l'exil. (*Id.*)

Les grammairiens appellent *participes présents* les formes verbales terminées par *ant*, qui sont toujours invariables, et *participes passés* les formes verbales *abandonné, dormi, perdu*; etc., qui peuvent, comme les adjectifs, prendre le genre et le nombre des substantifs auxquels elles se rapportent. L'idée de temps n'existe dans aucune de ces formes, et conséquemment les dénominations adoptées par les grammairiens manquent d'exactitude.

Le prétendu *participe présent* se combine avec tous les temps. On dit au présent : je vous trouve *écrivant*; au passé : je vous ai trouvé *écrivant*; au futur : je vous trouverai *écrivant*. C'est donc une erreur grossière, malheureusement consacrée par presque toutes les grammaires, que de prétendre que cette forme en *ant* exprime l'idée du temps présent.

Il en est de même du prétendu *participe passé*, qui n'est par lui-même, comme nous l'avons déjà démontré, qu'un adjectif, et qui ne peut guère devenir verbe que lorsque, combiné avec un des auxiliaires *être* ou *avoir*, il sert à former les temps composés du verbe.

Ainsi, l'*infinitif* et le *participe* ne sont pas, à proprement parler, des modes du verbe, bien que presque tous les grammairiens anciens et modernes aient rangé ces deux formes verbales parmi les modes. Ils ne sont réellement que des noms et des adjectifs, qu'on peut appeler *verbaux*, pour les distinguer des noms et des adjectifs proprement dits, dont ils diffèrent, en effet, sous plusieurs rapports essentiels; à moins que, considérant ce qu'ils ont de commun avec le verbe dans leur manière de signifier, et, pour ainsi dire, dans leur essence, et prenant la dénomination de *mode* dans un sens plus étendu que celui que nous lui avons donné, on ne préfère appeler l'infinitif *mode substantif*, et le participe *mode adjectif* des verbes.

Mais, quelque dénomination que l'on croie devoir adopter, ce qui est surtout important dans la considération de ces sortes de mots, c'est de déterminer avec précision leur nature; c'est-à-dire leur manière de signifier. Or les formes de la première espèce, telles que *courir, croire, aimer, louer, dormir*, etc., diffèrent des noms qui expriment les mêmes idées, comme *course, croyance, amour, louange, sommeil*, etc., en ce que d'abord ils conservent virtuellement, s'il le faut ainsi dire, le principe de vie, d'action, et, en quelque manière, d'existence, qui appartient, en général, aux autres modes; ils conservent de plus, comme les modes essentiels et proprement dits, dans les verbes qui expriment une action, l'indication d'une tendance à transmettre ou à éprouver cette action. Enfin, comme les modes dont nous avons parlé, ils sont susceptibles de prendre, par la conjugaison, des formes applicables ou relatives aux diverses périodes de la durée.

Il en faut dire autant des participes, soit celui qu'on appelle *actif*, comme *courant*, *croyant*, *louant*, etc., soit celui que l'on nomme *passif*, comme *couru*, *cru*, *loué*, etc. Non seulement le premier présente l'idée d'état, de situation, même d'action, comme transmissible à un sujet, où, suivant l'expression des grammairiens, à un *régime*, ce qui caractérise essentiellement le verbe ; mais il présente cette action comme se continuant pendant une portion de la période à laquelle on la rapporte et n'étant pas terminée dans cette période-là. Quant au *participe passé*, il présente, au contraire, l'action comme terminée et accomplie dans la période à laquelle elle se rapporte.

On voit, par ce que nous venons de dire de la nature et de la manière de signifier des verbes, comment cette espèce de mots entre toujours dans une proposition, puisque, à l'exception de l'infinitif et du participe, qui sont même plutôt des formes d'expression que d'énonciation, toutes les autres formes constituent presque seules de vraies propositions : les unes directes ou principales (mode indicatif); les autres diversement subordonnées (modes subjonctif, conditionnel, etc.).

Sur quoi nous remarquerons qu'à proprement parler, l'indicatif seul a des temps, ou formes temporelles, dont la signification soit expresse et rigoureusement déterminée, et que les autres modes n'en ont que par imitation de ce mode essentiel et principal. Aussi leur signification, par rapport au temps, est-elle toujours indéterminée en elle-même et entièrement dépendante des autres accessoires du discours.

N° CCCCLXIV.

DES DIFFÉRENTES ESPÈCES DE VERBES.

La colombe ATTENDRIT *les échos des forêts*.
(DELILLE.)
Il veut ÊTRE CONNU et ADORÉ *de sa créature*.
(MASSILLON.)
Les rats SONT GOUVERNÉS *par la raison d'état*.
(LA FONTAINE.)

Abstenez-vous de NUIRE à votre ennemi.
(MASSILLON.)
Il fait, sans *se* FLATTER, le procès à son vice.
(BOILEAU.)
Il y a long-temps qu'*il* n'A PLU.
(ACADÉMIE.)

En examinant attentivement les phrases citées en tête de ce numéro, on voit que les verbes n'ont pas tous le même complément ni le même sujet, et que d'autres n'admettent point de complément après eux.

Attendrit est suivi d'un complément ou régime direct : La colombe attendrit quoi ? *les échos des forêts*.

Dieu veut *être adoré* de qui ? *de sa créature*; les rats *sont gouvernés* par quoi ? *par la raison d'état*. *De sa créature, par la raison d'état*, sont les compléments ou régimes indirects des verbes *être adoré, être gouverné*, qui expriment le contraire des verbes *adorer, gouverner*.

Abstenez-vous de *nuire* à votre ennemi. *Nuire* diffère des verbes que nous venons d'examiner en ce qu'il n'admet jamais après lui de régime direct, et qu'il ne peut se tourner par *être nui*. Son complément est *à votre ennemi*, qui est un complément indirect.

Condillac, d'accord avec bien des grammairiens, ne reconnaît qu'un verbe; le verbe *être*, exprimant le rapport aperçu par l'esprit, l'action du jugement qui compare. Selon ces nombreuses autorités, tout verbe, soit actif, soit passif, soit réfléchi, ne serait qu'un composé de ce verbe *être*, et d'un adjectif exprimant la manière d'être. Ainsi, *je pense*, serait une traduction abrégée de *je suis pensant*. La conjugaison grecque, composée prèsque toujours d'un radical invariable uni aux terminaisons du verbe *être* viendrait à l'appui de cette assertion.

Nous avons à ce sujet quelques doutes aussi peu importants que le sujet lui-même. Nous allons les exposer brièvement.

Ce verbe *être*, le seul de la langue, exprime-t-il l'idée d'existence ou l'idée du rapport seulement; car ce sont deux idées distinctes?

S'il exprime seulement l'idée d'existence, il nous semble qu'il n'est pas l'expression de la pensée; car nous croyons impossible d'analyser ces réflexions : *je pense*, *je veux*, *je me souviens*; elles sont simples, selon nous, indécomposables, et ne peuvent réellement, dans l'esprit, se diviser en : *j'existe pensant, j'existe voulant, j'existe me souvenant*. Quand je songe que Dieu est bon, je ne songe pas le moins du monde à la question de l'existence de Dieu, mais tout bonnement au rapport entre les idées déjà acquises sur Dieu, et une nouvelle idée que je leur associe, par le moyen du mot *est*.

Le verbe *être* n'exprime-t-il que ce rapport? Alors nous demanderons où est le verbe qui exprime l'existence; car il est absurde de traduire ces mots : *Dieu est*, par ceux-ci : *Dieu est existant*. Or, il est évident que dans cette phrase, *Dieu est*, ce mot *est* n'a pas du tout le même sens que dans l'autre : *Dieu est bon*.

Enfin ce verbe *être* exprime-t-il les deux choses, selon l'occasion? Alors il y a deux verbes dans la langue; ALORS POURQUOI PAS VINGT, POURQUOI PAS CENT?

Nous croyons que chaque verbe est réellement et d'une manière indivisible l'expression d'une pensée indivisible; qu'il n'y a pas d'intermédiaire entre le sujet et sa manière d'être, sa situation, son action; que lorsqu'on dit : *Henri IV mourut assassiné*, on ne renferme qu'une idée sous ce mot *mourut*, et qu'on ne veut dire ni *Henri IV fut mourant*, ni *Henri IV exista mourant*.

Nous soumettons aux maîtres l'art de parler en cette opinion que nous partageons entièrement, et qui est celle d'un de nos plus savants professeurs de philosophie, M. Ozaneaux, auquel on doit un nouveau système d'études philosophiques

Nous ajouterons que cette opinion est aussi celle de Lemare, de Bescher, et de quelques autres grammairiens philosophes, et nous terminerons par ce passage d'un académicien distingué, qui vient la confirmer.

On a cru découvrir l'origine des conjugaisons dans quelques inflexions des verbes grecs. On a dit que les Grecs n'avaient fait qu'ajouter à la fin du monosyllabe qui exprime une action ou un sentiment, les temps du verbe *eô*, qui signifie *être*. Ainsi, les mots *phileô*, *phileeis* et *phileei*, qui signifient en grec *j'aime*, *tu aimes*, *il aime*, ne seraient que le mot *phil*, qui exprime l'amour, joint aux mots *eô*, *eis* et *ei*, qui signifient *je suis*, *tu es*, *il est*. On a donc voulu simplement dire : *Je suis aimant, tu es aimant*.

Au premier coup d'œil, cette explication est satisfaisante; mais elle aurait de la peine à soutenir l'examen. Voici quelques-unes des objections qu'on peut y faire

1° Il faudrait que les inflexions du verbe grec *eô*, qu'on remarque au présent de l'indicatif de certains verbes, se trouvassent aussi dans les autres temps : ainsi, par exemple, les Grecs disant *èn* pour exprimer *j'étais*, il faudrait qu'ils eussent dit : *phileèn*, et non pas *éphileon*, pour exprimer *j'aimais*.

2° Pour supposer que ce sont les temps du verbe *eô* qui ont servi à former les conjugaisons grecques, il faut commencer par admettre que les Grecs avaient déjà conjugué ce même verbe *eô*, c'est-à-dire qu'ils avaient déjà conçu l'idée de donner différentes inflexions au mot radical du verbe, pour lui faire exprimer les différents rapports du temps; or c'est cette première conception qui fait tout le merveilleux. Dès qu'on a su conjuguer un verbe, il est aisé d'en conjuguer cent; et quand les inflexions du verbe *eô* auraient été ensuite appliquées à tous les temps des autres verbes, ce qui est bien éloigné d'être vrai, cela prouverait seulement qu'on aurait suivi la même forme pour la conjugaison de tous les verbes.

3° Si l'on fait la réflexion que le verbe *être*, exprimant une idée très-abstraite, qui suppose déjà d'autres idées abstraites et une langue très-avancée, a dû être UN DES DERNIERS INVENTÉS, on trouvera peu vraisemblable que ses modifications aient pu servir à former celles des autres verbes. On peut assurer que la plupart des peuples sauvages n'ont point de mots pour exprimer cette idée abstraite : nous avons une grammaire et un dictionnaire de la langue des Galibis, et nous y trouvons que, pour exprimer *je suis malade*, ils disent simplement *moi malade*. Ce ne serait que par une connaissance exacte des langues sauvages qu'on pourrait espérer d'arriver aux véritables principes de la formation des langues ; mais cette connaissance est difficile à acquérir, les rapports des voyageurs sont trop vagues et trop suspects (1).

Se flatter présente aussi un caractère particulier ; c'est que, s'il admet après lui un régime direct, ce régime est le plus souvent représenté par un pronom personnel ; *il se flatte*, c'est-à-dire *il flatte* SOI.

Enfin *il a plu*, *il pleut*, etc., se distingue des autres verbes en ce qu'il ne s'emploie guère qu'à la troisième personne du singulier, et qu'il a presque toujours pour sujet le pronom *il*.

Il y a donc cinq sortes de verbes : le verbe *actif*, le verbe *passif*, le verbe *neutre*, le verbe *réfléchi* et le verbe *impersonnel*. Nous allons examiner séparément chacune de ces sortes de verbes.

N° CCCCLXV.

DU VERBE ACTIF.

Dieu *protége* L'INNOCENCE. (RACINE.)
L'habit *change* LES MOEURS. (VOLTAIRE.)
Le travail *entretient* LA SANTÉ. (LOMBARD DE LANGRES.)
Les cygnes ne *chantent* point LEUR MORT. (BUFFON.)

Carthage *a* toujours *aimé* LES RICHESSES. (BOSSUET.)
La fraise vermeille *embaume* LES GAZONS. (CASTEL.)
L'argent *répare* TOUTE CHOSE. (LA FONTAINE.)
Chaque peuple *a* SES LOIS. (CHÉNIER.)

Le verbe *actif* (2) est celui qui exprime une action faite par le sujet, et qui retombe sur un objet qui est le régime direct de ce verbe.

Tout verbe après lequel on peut mettre *quelqu'un* ou *quelque chose* est un verbe ACTIF.

Ainsi *protéger, changer, entretenir, chanter, aimer, embaumer, réparer, avoir*, sont des verbes ACTIFS, parce qu'on peut dire *protéger* QUELQU'UN, *changer* QUELQUE CHOSE, etc.

EXERCICE ANALYTIQUE.

(Souligner et analyser les verbes actifs.)

Ne cherchez pas à connaître les secrets d'autrui.
Vaincre ses passions est glorieux.
Rien ne peut arrêter le temps.
Il cherche à mériter votre estime.
Il craint d'immoler une fille chérie.
Il commence à détester les faux biens.
Il néglige de remplir ses devoirs.
Cérès enseigna à Triptolème à cultiver la terre.

Ne conservez pas le souvenir des injures.
Craignez de compromettre votre réputation.
Soulagez les malheureux.
Dieu permet aux rois de punir les hommes.
On perd souvent sa réputation pour avoir mal choisi ses amis.
Un instant peut détruire un siècle de bonheur.
Chaque homme a quelques qualités dont il est fier.

---

(1) SUARD, *Mélanges de littérature*, tome II.
(2) La dénomination d'*actif* est sans doute défectueuse, puisque presque tous les verbes expriment des actes ; mais celle de *transitif* qu'on voudrait lui substituer ne serait pas plus logique. Tenons-nous-en donc aux anciennes dénominations jusqu'à ce qu'on en ait trouvé de meilleures.

N° CCCCLXVI.

DU VERBE PASSIF.

Il *était entouré* des seigneurs de sa cour.
(ACADÉMIE.)
Les petits esprits *sont trop blessés* des petites choses.
(LAROCHEFOUCAULD.)
Il est cruel *d'être trompé* par ses amis.
(ACADÉMIE.)
Il *était guidé* par la force de son génie.
(MASSILLON.)

Il *est fasciné* par les grandeurs du monde.
(ACADÉMIE.)
On aime à faire voir qu'on *est favorisé* de Dieu.
(FLÉCHIER.)
Nos campagnes *ont été fécondées* par la pluie.
(ACADÉMIE.)
La venue de Jésus-Christ *a été prédite* par les prophètes.
(*Id.*)

Le verbe *passif* est le contraire du verbe actif. Le verbe actif présente le sujet comme agissant, comme faisant une action qui se dirige directement vers son objet, au lieu que le verbe *passif* présente le sujet comme recevant, comme souffrant une action qui n'a point d'objet direct.

Dans la proposition : *La loi protège également tous les citoyens*, la *loi*, qui est le sujet, exerce l'action exprimée par le verbe *protège*; et ces mots, *tous les citoyens*, sont le régime direct du verbe.

Dans cette autre : *Tous les citoyens sont également protégés par la loi*, le sens est le même que dans la précédente; les mots *tous les citoyens*, qui tout-à-l'heure étaient le régime direct du verbe, sont maintenant le sujet de la proposition; mais ils n'exercent pas l'action exprimée par le verbe *sont protégés*; elle est au contraire exercée sur eux *par la loi*; ils la souffrent, au lieu d'en être la cause ou le moteur.

Dans la première proposition, le verbe *protège* est appelé *actif*, parce qu'il suppose de l'activité, de l'énergie dans le sujet, puisque c'est lui qui exerce l'action sur autrui.

Dans la seconde, le verbe *sont protégés* est passif, parce que le sujet, loin d'avoir de l'activité, loin d'exercer l'action, est *dans un état passif*, puisque c'est sur lui que cette action est exercée par autrui.

Dans l'une comme dans l'autre, l'action part toujours du même principe, du même moteur, *la loi*; elle tombe toujours sur le même objet, *tous les citoyens*; il n'y a de différence que dans la construction de la phrase.

Ainsi les verbes sont *actifs* ou *passifs*, selon que le sujet de la proposition exerce sur autrui, ou souffre lui-même de la part d'autrui, l'action exprimée par le verbe.

A la rigueur, nous ne devrions pas admettre de verbes *passifs* dans notre langue, puisque nous n'avons pas de formes particulières, d'inflexions distinctes pour les cas où l'action est exercée par autrui sur le sujet de la proposition. Les Latins expriment par un seul mot, et au moyen d'une inflexion différente, *être aimé, je suis aimé*, etc., etc.; mais nous ne pouvons exprimer toutes les formes relatives au passif que par la combinaison des formes du verbe *être* avec le participe passé d'un autre verbe : ce n'est donc pas, rigoureusement parlant, pour nous une voix différente; et *être aimé, je suis aimé*, n'est pas plus un verbe passif que *être malade, je suis malade*.

Quoi qu'il en soit, tout verbe *passif* a nécessairement un verbe *actif*; et tout verbe *actif* a son verbe *passif*; de sorte qu'on peut établir en principe qu'on reconnaît un verbe actif quand on peut le tourner en passif, et un verbe passif lorsqu'on peut le changer en actif.

En français, on fait peu d'usage du verbe *passif*; on préfère employer le verbe *actif*, parce qu'il dégage la phrase de petits mots qui gênent la construction; c'est en cela que le génie de la langue française diffère beaucoup de celui de la langue latine. On ne dirait pas bien : *Tous les jours ceux qui m'ont donné l'être* SONT VUS *par moi* ; mais on doit dire : JE VOIS *tous les jours ceux qui m'ont donné l'être.*

Le verbe *passif* se conjugue dans tous les temps avec le verbe *être*.

EXERCICE ANALYTIQUE.

(Souligner et analyser les verbes passifs.)

Son mérite est ignoré de tout le monde.
Une mauvaise action est suivie du repentir.
La jeunesse est embellie par les grâces.
Son cœur est étonné de ses nouveaux désirs.
Toujours par un malheur un autre est amené.
La jeunesse est assez parée de la jeunesse.

Toujours on est puni par où l'on a péché.
Le tyran est craint de ses sujets.
Le sage est estimé des gens vertueux.
Le puissant est toujours favorisé des grands.
Le faible est écrasé par le fort.
Nous étions observés par l'ennemi.

N° CCCCLXVII.

DU VERBE NEUTRE (1).

Il ne faut point *mentir*, ma juste impatience
Vous accusait déjà de quelque négligence. (RACINE.)
Énée à cet aspect *tressaille* de plaisir. (DELILLE.)
Ainsi qu'on voit, sous cent mains diligentes,
Choir les épis des moissons jaunissantes,
(VOLTAIRE.)

Socrate passa le dernier jour de sa vie à *discourir* de l'immortalité de l'âme. (ACADÉMIE.)
Le feu qui semble éteint *dort* souvent sous la cendre. (CORNEILLE.)
Les Platéens citèrent les Lacédémoniens à *comparaître* devant les amphyctions. (LEGENDRE.)

Le verbe *neutre* diffère du verbe actif en ce que celui-ci exprime une action qui se dirige *directement* vers son objet, tandis que celle du verbe *neutre* n'aboutit vers l'objet qu'*indirectement*, c'est-à-dire qu'à l'aide d'une préposition. D'où il suit que le verbe *neutre* n'a jamais de régime direct, et qu'on ne peut jamais par conséquent le faire suivre d'un des mots *quelqu'un, quelque chose*; de même qu'il ne peut jamais adopter la *voix passive*, puisqu'il n'y a que les verbes qui aient un régime direct qui en soient susceptibles. C'est pourquoi *marcher*, et tous ceux de ce genre sont des verbes *neutres*, puisqu'ils ne peuvent être suivis des mots *quelqu'un* ou *quelque chose*, et qu'ils ne peuvent pas non plus se tourner par le passif. *Agir quelqu'un, marcher quelqu'un, être agi, être marché,* ne sont d'aucune langue.

Les verbes *neutres* sont de deux sortes : les uns, dont l'action peut se porter au dehors, et conséquemment qui ont un régime indirect, mais que quelques grammairiens nomment à cause de cela verbes *neutres transitifs*, comme *venir, nuire*, etc.; car il faut nécessairement dire : *venir de la campagne, nuire à sa réputation*; les autres dont l'action se concentre en eux-mêmes, qui n'ont donc pas de régime, et auxquels, pour cette raison, on a quelquefois donné le nom d'*intransitifs*; tels sont : *dormir, vivre, rire, marcher*, etc.

Parmi les verbes *neutres*, il y en a qui se conjuguent avec *avoir*; comme *régner, vivre, languir*, etc.; d'autres avec l'auxiliaire *être*; comme : *tomber, arriver*; et enfin il y en a un certain nombre qui, selon l'occurrence, prennent tantôt *avoir* et tantôt *être*; tels sont : *cesser, grandir, passer*, etc. Nous indiquerons, dans un instant, dans quels cas cela a lieu.

Remarque. — Dans ces verbes, l'auxiliaire *être* est employé pour le verbe *avoir*. Ainsi *je suis tombé, je suis arrivé,* équivalent, pour le sens, à *j'ai arrivé, j'ai tombé*; c'est une irrégularité particulière au génie de notre langue. Il est aisé, d'après cela, de distinguer un verbe passif d'un verbe neutre conjugué avec *être*. En effet, *je suis encouragé* n'équivaut nullement à *j'ai encouragé*: c'est donc un verbe passif.

---

(1) *Neutre* signifie qui n'est *ni l'un ni l'autre*, c'est-à-dire ni actif ni passif. Sous le rapport du sens, il n'y a en effet que ces trois sortes de verbes.

EXERCICE ANALYTIQUE.

(Souligner et analyser les verbes neutres.)

Le feu follet paraît et disparaît.
L'homme naît, vit et meurt.
L'empressé va, vient et revient.
Le végétal croît et vit.
Je ne puis résister à ses douces amorces.
Je n'en puis plus douter, le traître s'est trahi.

Tout genre d'excès nuit à la santé.
Louis XIII a succédé à Henri IV.
Louis XIV a régné soixante-douze ans.
Napoléon monta sur le trône en 1804.
Il y a des montagnes où la glace ne fond jamais.
Rien ne plaît de la part de quelqu'un qu'on n'aime pas.

N° CCCCLXVIII.

DES VERBES RÉFLÉCHIS.

Les peuples *se féliciteront* d'avoir un roi qui lui ressemble. (MASSILLON.)
Il ne faut pas *se flatter* ; les plus expérimentés dans les affaires font des fautes capitales. (BOSSUET.)
D'un espoir si charmant je *me flattais* en vain. (RACINE.)
Vos prêtres............
Des bontés d'Athalie ont lieu de *se louer*. (Id.)

On *se méfie* des autres, on *se défie* de soi. (ACADÉMIE.)
Il ne faut pas permettre à l'homme de *se mépriser* tout entier. (BOSSUET.)
Prenez-garde de *vous méprendre*. (ACADÉMIE.)
Ne vous y trompez pas ; on ne *se moque* pas impunément de Dieu. (BOSSUET.)

Les grammairiens divisent encore les verbes d'action en *verbes réfléchis* et en *verbes réciproques*. Ils appellent *réfléchis* les verbes qui expriment que celui qui fait l'action la fait sur lui-même, comme dans *je me frappe, je m'achemine, tu te repens, il se méfie, elle se plaît, nous nous écrions, vous vous emparez*, etc., et *réciproques* les verbes qui expriment que plusieurs sujets agissent réciproquement les uns sur les autres, comme dans *ils se frappent l'un l'autre, ils se percèrent à coups d'épée, elles s'épargnent l'une l'autre*, etc.

Mais ces distinctions sont parfaitement inutiles, et appartiennent à une idéologie fausse et oiseuse ; car du moment qu'un verbe a un complément, que ce complément soit un nom personnel, autrement dit un pronom, ou un substantif commun, peu importe, la syntaxe du verbe étant toujours la même. D'ailleurs, qu'importe sur qui ou sur quoi se fait l'action ? que je dise : *je me frappe*, ou *je frappe ma tête, me* et *tête* ne sont-ils pas également l'objet de l'action de frapper, et *frappe* change-t-il pour cela de nature ?

Et puis, quand, par exemple, en me frappant la tête, je dis : *je me frappe*, c'est une partie de moi-même, comme ma main, qui en frappe une autre ; je ne vois là qu'une action. C'est à la physique, dit Lemare, qu'on a emprunté le mot *réfléchi*. Or, pour qu'il y ait réflexion, il faut, comme on sait, qu'il y ait *action* et *réaction*. Mais lorsque je me frappe, j'agis sur moi-même, et je ne réagis en aucune manière. La dénomination de *réciproques* donnée à certains verbes n'est pas plus heureuse. Quand je dis simplement *nous nous frappons*, il est impossible de démêler si nous *nous frappons nous-mêmes*, ou si nous *nous frappons mutuellement* ; ce n'est donc pas le verbe qui marque la réciprocité ; et si cette idée s'éveille dans l'esprit, ce ne peut être que par l'intervention d'un autre mot, ou par l'ensemble de la phrase. On ne peut donc pas dire qu'il y ait des verbes *réciproques*, des verbes *réfléchis*, et l'idéologie qui les crée est aussi fausse qu'elle est inutile. Néanmoins nous allons donner la liste des verbes essentiellement ou accidentellement accompagnés d'un pronom personnel, afin de familiariser les élèves avec ces sortes de verbes.

S'abstenir.
S'accouder.
S'accroupir.
S'acharner.
S'acheminer.
S'adonner.

S'agenouiller.
S'agriffer.
S'aheurter.
S'amouracher.
S'arroger.
S'attrouper.

Se blottir.
Se cabrer.
Se carrer.
Se comporter.
Se défier.
Se dédire.

(509)

Se démener.	S'extasier.	Se récrier.
Se désister.	Se formaliser.	Se rédimer.
Se dévergonder.	Se gargariser.	Se refrogner.
S'ébahir.	Se gendarmer.	Se réfugier.
S'ébouler.	S'immiscer.	Se remparer.
S'écrouler.	S'industrier.	Se rengorger.
S'embusquer.	S'ingénier.	Se repentir.
S'emparer.	S'ingérer.	Se souvenir.
S'empresser.	Se mécompter.	S'attacher.
S'en aller.	Se méfier.	S'apercevoir.
S'encanailler.	Se méprendre.	S'attaquer.
S'enquérir.	Se moquer.	S'attendre.
S'enquêter.	S'opiniâtrer.	S'aviser.
S'en retourner.	Se parjurer.	Se disputer.
S'escrimer.	Se prosterner.	Se douter.
S'estomaquer.	Se racquitter.	Se louer (*se féliciter*).
S'évader.	Se ratatiner.	Se plaindre.
S'évanouir.	Se raviser.	Se prévaloir.
S'évaporer.	Se rebeller.	Se taire.
S'évertuer.	Se rébéquer.	Se servir.

N° CCCCLXIX.

DES VERBES IMPERSONNELS OU UNIPERSONNELS.

Il pleut.	(ACADÉMIE.)	**Il gèle.**	(ACADÉMIE.)
Il tonne.	(*Id.*)	**Il fait du vent.**	(*Id.*)

On nomme *impersonnels* ou *unipersonnels* les *verbes* qui ne peuvent être employés qu'à la troisième personne du singulier, comme *il pleut, il neige, il importe, il faut.*

Ceux qui les appellent *unipersonnels* leur donnent ce nom parce qu'ils n'ont qu'une seule personne, et ceux qui les appellent *impersonnels* le font parce que le pronom *il*, sujet de ces *verbes*, ne désigne aucune personne ; c'est le véritable genre neutre ; ainsi ces deux dénominations sont également justes.

Dans les verbes *unipersonnels*, le pronom *il* ne tient en effet la place d'aucun nom ; c'est une espèce de mot indicatif, qui équivaut à *ceci*, et qui annonce simplement le sujet du verbe ; exemple : IL *est nécessaire que je sorte,* IL *convient que vous suiviez mes conseils ;* c'est-à-dire, CECI, *que je sorte, est nécessaire ;* CECI, *que vous suiviez mes conseils, convient.* Il en est de même à l'égard des phrases suivantes :

> Pour bien juger des grands, *il* faut les approcher.
> (L'abbé *Aubert*, fable 19, liv. III.)

> *Il* faut rendre meilleur le pauvre qu'on soulage ;
> C'est l'effet du travail, en tout temps, à tout âge.
> (*Saint-Lambert*, les Saisons, l'Hiver.)

Parmi les verbes *unipersonnels*, il y en a qui le sont de leur nature, c'est-à-dire qui ne s'emploient jamais qu'à la troisième personne du singulier, comme *il pleut, il neige ;* et d'autres qui sont tantôt unipersonnels, et tantôt personnels, selon que le pronom *il* y est employé avec un sens vague, et comme tenant lieu de *ceci*, ou dans un sens précis et ayant rapport à un substantif qu'on peut substituer à ce pronom. *Convenir, arriver,* sont unipersonnels dans ces phrases : *Nous tenons tout de Dieu,* IL *convient que nous lui rapportions toutes nos actions ;* IL *arrive souvent que,* etc.; mais ils sont personnels dans celles-ci : *Pardonnez à votre fils,* IL *convient de son tort,* IL *arrivera plus tôt une autre fois :* effectivement on peut dire *votre fils convient de son tort,* etc.

Les verbes *unipersonnels* se conjuguent les uns avec *avoir*, comme *il a plu, il a tonné;* les autres avec *être,* comme *il est important, il est résulté.*

EXERCICE ANALYTIQUE.

(Souligner et analyser les verbes unipersonnels.)

Il fait du vent.	Il fait beau.	Il tonne.	Il fait nuit.
Il faut.	Il résulte.	Il fait du brouillard.	Il gèle.
Il pleut.	Il fait froid.	Il importe.	Il sied.
Il dégèle.	Il grêle.	Il fait chaud.	Il convient.

N° CCCCLXX.

DES VERBES AUXILIAIRES.

VERBE *être*.

Hélas ! qu'*est devenu* ce temps, cet heureux temps ? (BOILEAU.)
Sous le joug des ligueurs le peuple *est abattu*. (RAYNOUARD.)
Nous *sommes menacés*, et je m'en applaudis. (*Id.*)
C'est pour notre repos que les cœurs *sont cachés*. (LAMOTTE.)
Les jours donnés aux dieux ne *sont* jamais *perdus*. (LA FONTAINE.)
Les petits *sont faits* pour les grands. (LEBRUN.)

VERBE *avoir*.

Certes, je n'*ai* jamais *dormi* d'un si bon somme. (RACINE.)
Pradon, comme un soleil, en nos ans *a paru*. (BOILEAU.)
Les religions et les sectes *ont régné* tour à tour sur la terre. (MASSILLON.)
Non, non, avant ce coup, Sabine *aura vécu*. (CORNEILLE.)
Esther *a triomphé* des filles des Persans. (RACINE.)
Vos pères *ont péché*, vous en portez la peine. (RACINE fils.)

Il y a deux verbes que l'on appelle *auxiliaires*, parce qu'ils servent à conjuguer tous les autres ; ce sont *être* et *avoir*.

Qu'il nous soit permis de faire ici une réflexion : c'est que quelques grammairiens se trompent en regardant comme une imperfection dans les langues la nécessité du recours aux auxiliaires. Ce recours donne, au contraire, plus de douceur, de variété et d'harmonie à l'expression, et a en outre un avantage bien précieux, celui de lui donner plus de vivacité et de force, en séparant l'*auxiliaire*, pour incorporer, en quelque sorte, l'adverbe dans le *verbe* dont il modifie la signification.

N° CCCCLXXI.

DES CONJUGAISONS.

1. *Chanter* Flore, les champs, Pomone, les vergers. (BOILEAU.)
2. *Punir* un rival téméraire. (RACINE.)
3. *Recevoir* la mort avec courage. (BOSSUET.)
4. *Rendre* meurtre pour meurtre, outrage pour outrage. (RACINE.)

Les mots, produits de l'alphabet, déterminés par le vocabulaire, ne reçoivent que de la *grammaire* la circulation et la vie ; de même que nulle idée ne peut subsister isolément et sans relation avec une autre idée, nul mot ne peut être admis dans l'usage habituel sans être soumis à une foule d'influences qui règlent et multiplient ses rapports. Pour exprimer ces combinaisons de la pensée par des équivalents dans le langage, on a dû employer, dès la plus haute antiquité, certains signes convenus, certaines syllabes caractéristiques qui, ajoutées d'abord aux autres mots et se confondant insensiblement avec eux, ont constitué ce qu'on appelle les flexions ou les désinences mobiles du langage. A ce principe s'en rattache un autre, que l'on peut considérer comme accessoire, et qui consiste à faire subir ces changements aux voyelles radicales de chaque mot.

Le verbe, écho naturel de chaque action, est originairement monosyllabique ; mais ce n'est point sous cette forme radicale qu'il nous apparaît dans l'usage habituel. Placé dans des rapports variés, influencé par une foule de circonstances, il est appelé à spécifier à la fois les personnes, les temps et les modes ; et, tandis que chez beaucoup de peuples ces nuances sont marquées par des mots isolés, qui, disséminés dans la phrase, laissent la racine dans toute sa nudité, d'autres nations, choisissant, dès la plus haute antiquité, une série de modifications pronominales propres à exprimer l'action dans toutes ses phases, les ont liées et fondues avec le verbe d'après une méthode positive, dont l'ensemble constitue chez elles ce qu'on appelle *conjugaison*.

La base de la conjugaison, la première modification du verbe est celle des personnes, correspondantes aux trois personnes pronominales, celle qui parle, celle à qui l'on parle et celle de qui l'on parle. Cette distinction partout établie s'exprime soit par des terminaisons spéciales et adhérentes au verbe, comme dans les langues anciennes, soit par la simple apposition des pronoms, comme dans la plupart de nos idiomes actuels.

On a remarqué que tous les verbes français sont terminés, au présent de l'infinitif, de l'une de ces quatre manières : en *er*, comme *chanter*; en *ir* comme *punir*; en *oir*, comme *recevoir*; en *re*, comme *rendre*.

Cette observation a conduit à partager les verbes en quatre grandes classes sous le nom de *conjugaisons* (verbes sous le même joug).

La première conjugaison comprend tous les verbes qui ont le présent de l'infinitif en *er*, comme *chanter, aimer, prier, parler, manger, danser*, etc.

La seconde conjugaison embrasse tous ceux qui ont le présent de l'infinitif en *ir*, comme *punir, finir, bénir, accomplir, adoucir, aigrir, appauvrir, appesantir, approfondir, assujettir, attendrir, bannir, éclaircir*, etc.

La troisième conjugaison renferme tous ceux dont le présent de l'infinitif est terminé en *oir*, comme *recevoir, percevoir, concevoir, apercevoir*, etc.

La quatrième conjugaison contient tous ceux dont le présent de l'infinitif se termine en *re*, comme *rendre, attendre, confondre, corrompre, défendre, descendre, entendre, fondre, mordre, perdre, interrompre, tordre, feindre, peindre*, etc.

Conjuguer un verbe, c'est le faire passer par tous les accidents de nombres, de personnes, de modes et de temps.

On divise les verbes en *réguliers, irréguliers* ou *défectifs*.

1° Les verbes *réguliers* sont ceux qui se conjuguent dans tous leurs temps comme le verbe modèle de la conjugaison à laquelle ils appartiennent.

2° Les verbes *irréguliers* sont ceux qui ne se conjuguent pas comme le verbe modèle.

3° Les verbes *défectifs* sont ceux auxquels l'usage a refusé certains temps ou certaines personnes.

Résumons tout ce que nous avons dit sur le verbe.

Le verbe admet quatre sortes de modifications ou changements de forme, pour quatre causes : la *personne*, le *nombre*, le *mode* et le *temps*.

1° La *personne* est la propriété qu'a le verbe de marquer par sa forme son rapport à un sujet de la première, de la seconde ou de la troisième personne : *j'abandonne, tu abandonnes, il abandonne*.

2° Le *nombre* est la propriété qu'a le verbe de marquer par sa forme son rapport à un sujet singulier ou pluriel : *j'abandonne, nous abandonnons*.

3° Le *mode* est la propriété qu'a le verbe de marquer par sa forme la manière de signifier dans laquelle on l'emploie (*mode* signifie *manière*).

4° Le *temps* est la propriété qu'a le verbe de marquer par sa forme les diverses périodes de la durée.

— Il y a six modes : l'indicatif, le conditionnel, l'impératif, le subjonctif, l'infinitif et le participe.

1° *L'indicatif* présente la signification du verbe d'une manière positive, absolue, quel que soit le temps : *j'abandonne, j'ai abandonné, j'abandonnerai*.

2° Le *conditionnel* présente la signification du verbe sous l'idée d'une condition ou d'une supposition : *j'abandonnerais, si*.

3° L'*impératif* présente la signification du verbe sous l'idée du commandement, de la prière, de l'exhortation : *abandonnez ce malheureux*.

4° Le *subjonctif* présente la signification du verbe d'une manière subordonnée à une idée de nécessité, de doute, d'indécision, etc. : *il faut que je l'abandonne*.

5° L'*infinitif* présente la signification du verbe d'une manière vague et générale : *abandonner son ami dans la peine*

6° Le *participe* présente la signification du verbe d'une manière qualificative : *abandonnant son père ; abandonné de tout le monde*.

— Les quatre premiers modes se nomment modes *personnels*, parce qu'ils admettent la distinction des personnes ; les deux derniers modes, n'admettant pas cette distinction, se nomment *modes impersonnels*.

— Tous les jugements que nous portons se rapportent ou à la période de la durée dans laquelle celui qui parle se considère comme *existant actuellement*, ou à une période de la durée dans laquelle il se considère comme n'*étant plus*, au moment où il parle ; ou enfin, à la période dans laquelle il se considère comme n'*étant pas encore*. De là trois temps principaux : le *présent*, le *passé* et le *futur*. Le présent, rapide comme l'éclair, est indivisible ; mais le passé peut être plus ou moins éloigné ; le futur plus ou moins prochain. De là plusieurs sortes de passés et de futurs.

L'*indicatif* a huit formes temporelles :
1. Le présent : *j'abandonne* ;
2. Le passé simultané ou imparfait : *j'abandonnais* ;
3. Le passé défini : *j'ai abandonné* ;
4. Le passé indéfini : *j'abandonnai* ;
5. Le passé antérieur : *j'eus abandonné* ;
6. Le plus-que-parfait : *j'avais abandonné*,
7. Le futur absolu : *j'abandonnerai* ;
8. Le futur antérieur : *j'aurai abandonné*.

Le *conditionnel* a trois formes temporelles :
1. Le présent ou futur : *j'abandonnerais, si..*.
2. Le passé : *j'aurais ou j'eusse abandonné, si.*.
3. Le passé antérieur : *j'aurais eu ou j'eusse eu abandonné, si..*

L'*impératif* a deux formes temporelles :
1. Le présent : *abandonnez* ;
2. Le futur antérieur : *ayez abandonné*.

Le *subjonctif* a quatre temps :
1. Le présent ou futur : *que j'abandonne* ;
2. L'imparfait : *que j'abandonnasse* ;
3. Le passé indéfini : *que j'aie abandonné* ;
4. Le plus que parfait ou passé antérieur : *que j'eusse abandonné*.

L'*infinitif* ou *indéfini* a deux formes temporelles :
1. Le présent relatif : *abandonner* ;
2. Le passé : *avoir abandonné* ;

Le *participe* a trois formes temporelles :
1. Le présent relatif : *abandonnant* ;
2. Le passé actif : *ayant abandonné* ;
3. Le passif : *abandonné, abandonnée*, etc.

Chaque verbe, excepté ceux qui sont *défectueux*, a donc en tout vingt-deux formes. Sous le rapport de l'expression, les temps des verbes sont simples ou composés.

Les temps *simples* sont ceux qui s'expriment en un seul mot : *j'abandonne*.
Les temps *composés* sont ceux qui empruntent le secours du verbe *avoir* ou **du verbe**
être : *j'ai abandonné, je me suis abandonné*.

EXERCICE ANALYTIQUE.

(Souligner et analyser les verbes suivants.)

Se *plaire* à la campagne.	*Obéir* à Dieu.	*Respecter* ses parents.	Se *rire* des menaces.
Se *nourrir* de légumes.	*Allumer* du feu.	*Dire* la vérité.	*Aimer* le travail.
Prêter serment.	*Prévoir* des malheurs.	*Cueillir* des fruits.	*Faire* une bonne action.
Atteindre le but.	*Renaître* à la vie.	*Plaindre* les malheureux.	*Prendre* un parti sage.
Se *soumettre* à la Providence.	*Acheter* de beaux bijoux.	Se *corriger* de ses défauts.	Se *défendre* courageusement.
Rendre à Dieu ce qui est à Dieu.	*Tressaillir* de joie.	*Maudire* les importuns.	*Haïr* les hommes orgueilleux.
Creuser de trous profonds.	*Faire valoir* ses droits.	*Prier* Dieu.	*Concevoir* un beau projet.
Recevoir d'injustes reproches.	*Convenir* du fait.	*Aller* à la ville.	*Former* un projet.

N° CCCCLXXII.

MODÈLE DE CONJUGAISON DES VERBES AUXILIAIRES.

ÊTRE.		AVOIR.	
MODE INDICATIF.		**MODE INDICATIF.**	
Temps simples.	*Temps composés.*	*Temps simples.*	*Temps composés.*
PRÉSENT.	PASSÉ INDÉFINI.	PRÉSENT.	PASSÉ INDÉFINI.
Je suis.	J'ai été.	J'ai.	J'ai eu.
Tu es.	Tu as été.	Tu as.	Tu as eu.
Il est.	Il a été.	Il a.	Il a eu.
Nous sommes.	Nous avons été.	Nous avons.	Nous avons eu.
Vous êtes.	Vous avez été.	Vous avez.	Vous avez eu.
Ils sont.	Ils ont été.	Ils ont.	Ils ont eu.
IMPARFAIT.	PLUS-QUE-PARFAIT.	IMPARFAIT.	PLUS-QUE-PARFAIT.
J'étais.	J'avais été.	J'avais.	J'avais eu.
Tu étais.	Tu avais été.	Tu avais.	Tu avais eu.
Il était.	Il avait été.	Il avait.	Il avait eu.
Nous étions.	Nous avions été.	Nous avions.	Nous avions eu.
Vous étiez.	Vous aviez été.	Vous aviez.	Vous aviez eu.
Ils étaient.	Ils avaient été.	Ils avaient.	Ils avaient eu.
PASSÉ DÉFINI.	PASSÉ ANTÉRIEUR.	PASSÉ DÉFINI.	PASSÉ ANTÉRIEUR.
Je fus.	J'eus été.	J'eus.	J'eus eu.
Tu fus.	Tu eus été.	Tu eus.	Tu eus eu.
Il fut.	Il eut été.	Il eut.	Il eut eu.
Nous fûmes.	Nous eûmes été.	Nous eûmes.	Nous eûmes eu.
Vous fûtes.	Vous eûtes été.	Vous eûtes.	Vous eûtes eu.
Ils furent.	Ils eurent été.	Ils eurent.	Ils eurent eu.
FUTUR.	FUTUR ANTÉRIEUR.	FUTUR.	FUTUR ANTÉRIEUR.
Je serai.	J'aurai été.	J'aurai.	J'aurai eu.
Tu seras.	Tu auras été.	Tu auras.	Tu auras eu.
Il sera.	Il aura été.	Il aura.	Il aura eu.
Nous serons.	Nous aurons été.	Nous aurons.	Nous aurons eu.
Vous serez.	Vous aurez été.	Vous aurez.	Vous aurez eu.
Ils seront.	Ils auront été.	Ils auront.	Ils auront eu.
MODE CONDITIONNEL.		**MODE CONDITIONNEL.**	
PRÉSENT.	PASSÉ.	PRÉSENT.	PASSÉ.
Je serais.	J'aurais été.	J'aurais.	J'aurais eu.
Tu serais.	Tu aurais été.	Tu aurais.	Tu aurais eu.
Il serait.	Il aurait été.	Il aurait.	Il aurait eu.
Nous serions.	Nous aurions été.	Nous aurions.	Nous aurions eu.
Vous seriez.	Vous auriez été.	Vous auriez.	Vous auriez eu.
Ils seraient.	Ils auraient été (1).	Ils auraient.	Ils auraient eu (1).

(1) On dit aussi : J'eusse été. — Tu eusses été. — Il eût été. — Nous eussions été. — Vous eussiez été. — Ils eussent été.

(1) On dit aussi : J'eusse eu. — Tu eusses eu. — Il eût eu. — Nous eussions eu. — Vous eussiez eu. — Ils eussent eu.

MODE IMPÉRATIF.

PRÉSENT.	FUTUR ANTÉRIEUR.
Sois.	Aie été.
Soyons.	Ayons été.
Soyez.	Ayez été.

MODE SUBJONCTIF.

PRÉSENT.	PASSÉ.
Que je sois.	Que j'aie été.
Que tu sois.	Que tu aies été.
Qu'il soit.	Qu'il ait été.
Que nous soyons.	Que nous ayons été.
Que vous soyez.	Que vous ayez été.
Qu'ils soient.	Qu'ils aient été.

IMPARFAIT.	PLUS-QUE-PARFAIT.
Que je fusse.	Que j'eusse été.
Que tu fusses.	Que tu eusses été.
Qu'il fût.	Qu'il eût été.
Que nous fussions.	Que nous eussions été.
Que vous fussiez.	Que vous eussiez été.
Qu'ils fussent.	Qu'ils eussent été.

MODE INFINITIF.

PRÉSENT.	PASSÉ.
Être.	Avoir été.

PARTICIPE.

PRÉSENT.	PASSÉ COMPOSÉ.
Étant.	Ayant été.

PASSÉ.	
Été.	

MODE IMPÉRATIF.

PRÉSENT.	FUTUR ANTÉRIEUR.
Aie.	Aie eu.
Ayons.	Ayons eu.
Ayez.	Ayez eu.

MODE SUBJONCTIF.

PRÉSENT.	PASSÉ.
Que j'aie.	Que j'aie eu.
Que tu aies.	Que tu aies eu.
Qu'il ait.	Qu'il ait eu.
Que nous ayons.	Que nous ayons eu.
Que vous ayez.	Que vous ayez eu.
Qu'ils aient.	Qu'ils aient eu.

IMPARFAIT.	PLUS-QUE-PARFAIT.
Que j'eusse.	Que j'eusse eu.
Que tu eusses.	Que tu eusses eu.
Qu'il eût.	Qu'il eût eu.
Que nous eussions.	Que nous eussions eu.
Que vous eussiez.	Que vous eussiez eu.
Qu'ils eussent.	Qu'ils eussent eu.

MODE INFINITIF.

PRÉSENT	PASSÉ.
Avoir.	Avoir eu.

PARTICIPE.

PRÉSENT.	PASSÉ COMPOSÉ.
Ayant.	Ayant eu.

PASSÉ.	
Eu.	

Le *verbe auxiliaire avoir* sert non seulement à se conjuguer lui-même dans les temps composés, mais encore à conjuguer les *temps composés* du *verbe être*, ceux de tous les *verbes actifs* et *unipersonnels* et ceux de la presque totalité des *verbes neutres*.

Le *verbe auxiliaire être* sert à conjuguer tous les *verbes passifs*, les *temps composés* des *verbes réfléchis*, et ceux de quelques *verbes neutres*.

Ce n'est pas ici le lieu d'en régler l'emploi; nous nous en occuperons dans la *Syntaxe*.

On voit, par le double tableau précédent, que le *verbe avoir* se suffit à lui-même, qu'il n'emprunte rien d'aucun autre, et que les formes composées en sont formées par la réunion des formes simples du même *verbe* avec un *participe passé*; au lieu que les formes composées du *verbe être* exigent le concours des formes du *verbe avoir*. On verra bientôt qu'il en est de même pour les autres *verbes*.

Il faut distinguer soigneusement le *futur simple* ou *absolu* de l'*indicatif*, et le *présent* et *futur du conditionnel* (*j'aurai, j'aurais; je serai, je serais*). On confond souvent l'un avec l'autre, soit en parlant, soit en écrivant, ce qui est une faute qui expose à des contresens graves. On doit appliquer la même remarque à tous les autres *verbes*.

Il faut aussi distinguer avec soin le *passé défini* de l'*indicatif*, de l'*imparfait du subjonctif* (*je fus, je fusse; tu fus, tu fusses*, etc.; *j'eus; j'eusse...., nous eûmes, nous eussions*, etc.).

La seconde personne du singulier, d'une forme quelconque, est terminée par un *s*, excepté à l'*impératif*; observation utile pour l'orthographe.

Nous allons maintenant donner un modèle de chacune des quatre *conjugaisons*.

Les *verbes réguliers* se conjuguent tous de la même manière que leurs modèles respectifs, soit en *er*, soit en *ir*, soit en *oir*, soit en *re*; et on les appelle *réguliers* parce qu'ils suivent dans toutes leurs formes le modèle de leur *conjugaison*; d'où il suit évidemment qu'ils ne sont ni *réguliers* ni *irréguliers* par leur nature, mais relativement au modèle que l'on a choisi; en sorte que, si l'on prenait un autre modèle, ce qui est absolument arbitraire, ceux qui étaient *irréguliers* dans le premier cas pourraient être *réguliers* dans le second, et réciproquement.

N° CCCCLXXIII.

MODÈLE DES DIFFÉRENTES CONJUGAISONS.

EN *er*.	EN *ir*.	EN *oir*.	EN *re* ou mieux EN *dre*.
		MODE INDICATIF.	
		PRÉSENT.	
J'aime.	Je finis.	Je reçois.	Je rends.
Tu aimes.	Tu finis.	Tu reçois.	Tu rends.
Il aime.	Il finit.	Il reçoit.	Il rend.
Nous aimons.	Nous finissons.	Nous recevons.	Nous rendons.
Vous aimez.	Vous finissez.	Vous recevez.	Vous rendez.
Ils aiment.	Ils finissent.	Ils reçoivent.	Ils rendent.
		IMPARFAIT.	
J'aimais.	Je finissais.	Je recevais.	Je rendais.
Tu aimais.	Tu finissais.	Tu recevais.	Tu rendais.
Il aimait.	Il finissait.	Il recevait.	Il rendait.
Nous aimions.	Nous finissions.	Nous recevions.	Nous rendions.
Vous aimiez.	Vous finissiez.	Vous receviez.	Vous rendiez.
Ils aimaient.	Ils finissaient.	Ils recevaient.	Ils rendaient.
		PASSÉ DÉFINI.	
J'aimai.	Je finis.	Je reçus.	Je rendis.
Tu aimas.	Tu finis.	Tu reçus.	Tu rendis.
Il aima.	Il finit.	Il reçut.	Il rendit.
Nous aimâmes.	Nous finîmes.	Nous reçûmes.	Nous rendîmes.
Vous aimâtes.	Vous finîtes.	Vous reçûtes.	Vous rendîtes.
Ils aimèrent.	Ils finirent.	Ils reçurent.	Ils rendirent.
		PASSÉ INDÉFINI.	
J'ai aimé.	J'ai fini.	J'ai reçu.	J'ai rendu.
Tu as aimé.	Tu as fini.	Tu as reçu.	Tu as rendu.
Il a aimé.	Il a fini.	Il a reçu.	Il a rendu.
Nous avons aimé.	Nous avons fini.	Nous avons reçu.	Nous avons rendu.
Vous avez aimé.	Vous avez fini.	Vous avez reçu.	Vous avez rendu.
Ils ont aimé.	Ils ont fini.	Ils ont reçu.	Ils ont rendu.
		PASSÉ ANTÉRIEUR DÉFINI.	
J'eus aimé.	J'eus fini.	J'eus reçu.	J'eus rendu.
Tu eus aimé.	Tu eus fini.	Tu eus reçu.	Tu eus rendu.
Il eut aimé.	Il eut fini.	Il eut reçu.	Il eut rendu.
Nous eûmes aimé.	Nous eûmes fini.	Nous eûmes reçu.	Nous eûmes rendu.
Vous eûtes aimé.	Vous eûtes fini.	Vous eûtes reçu.	Vous eûtes rendu.
Ils eurent aimé.	Ils eurent fini.	Ils eurent reçu.	Ils eurent rendu.
		PASSÉ ANTÉRIEUR INDÉFINI.	
J'ai eu aimé.	J'ai eu fini.	J'ai eu reçu.	J'ai eu rendu.
Tu as eu aimé.	Tu as eu fini.	Tu as eu reçu.	Tu as eu rendu.
Il a eu aimé.	Il a eu fini.	Il a eu reçu.	Il a eu rendu.
Nous avons eu aimé.	Nous avons eu fini.	Nous avons eu reçu.	Nous avons eu rendu.
Vous avez eu aimé.	Vous avez eu fini.	Vous avez eu reçu.	Vous avez eu rendu.
Ils ont eu aimé.	Ils ont eu fini.	Ils ont eu reçu.	Ils ont eu rendu.

PLUS-QUE-PARFAIT.

J'avais aimé.	J'avais fini.	J'avais reçu.	J'avais rendu.
Tu avais aimé.	Tu avais fini.	Tu avais reçu.	Tu avais rendu.
Il avait aimé.	Il avait fini.	Il avait reçu.	Il avait rendu.
Nous avions aimé.	Nous avions fini.	Nous avions reçu.	Nous avions rendu
Vous aviez aimé.	Vous aviez fini.	Vous aviez reçu.	Vous aviez rendu.
Ils avaient aimé.	Ils avaient fini.	Ils avaient reçu.	Ils avaient rendu.

FUTUR.

J'aimerai.	Je finirai.	Je recevrai.	Je rendrai.
Tu aimeras.	Tu finiras.	Tu recevras.	Tu rendras.
Il aimera.	Il finira.	Il recevra.	Il rendra.
Nous aimerons.	Nous finirons.	Nous recevrons.	Nous rendrons.
Vous aimerez.	Vous finirez.	Vous recevrez.	Vous rendrez.
Ils aimeront.	Ils finiront.	Ils recevront.	Ils rendront.

FUTUR ANTÉRIEUR.

J'aurai aimé.	J'aurai fini.	J'aurai reçu.	J'aurai rendu.
Tu auras aimé.	Tu auras fini.	Tu auras reçu.	Tu auras rendu.
Il aura aimé.	Il aura fini.	Il aura reçu.	Il aura rendu.
Nous aurons aimé.	Nous aurons fini.	Nous aurons reçu.	Nous aurons rendu.
Vous aurez aimé.	Vous aurez fini.	Vous aurez reçu.	Vous aurez rendu.
Ils auront aimé.	Ils auront fini.	Ils auront reçu.	Ils auront rendu.

MODE CONDITIONNEL.

PRÉSENT.

J'aimerais.	Je finirais.	Je recevrais.	Je rendrais.
Tu aimerais.	Tu finirais.	Tu recevrais.	Tu rendrais.
Il aimerait.	Il finirait.	Il recevrait.	Il rendrait.
Nous aimerions.	Nous finirions.	Nous recevrions.	Nous rendrions.
Vous aimeriez.	Vous finiriez.	Vous recevriez.	Vous rendriez.
Ils aimeraient.	Ils finiraient.	Ils recevraient.	Ils rendraient.

PASSÉ.

J'aurais aimé.	J'aurais fini.	J'aurais reçu.	J'aurais rendu.
Tu aurais aimé.	Tu aurais fini.	Tu aurais reçu.	Tu aurais rendu.
Il aurait aimé.	Il aurait fini.	Il aurait reçu.	Il aurait rendu.
Nous aurions aimé.	Nous aurions fini.	Nous aurions reçu.	Nous aurions rendu.
Vous auriez aimé.	Vous auriez fini.	Vous auriez reçu.	Vous auriez rendu.
Ils auraient aimé.	Ils auraient fini.	Ils auraient reçu.	Ils auraient rendu.

On dit encore:

J'eusse aimé.	J'eusse fini.	J'eusse reçu.	J'eusse rendu.
Tu eusses aimé.	Tu eusses fini.	Tu eusses reçu.	Tu eusses rendu.
Il eût aimé.	Il eût fini.	Il eût reçu.	Il eût rendu.
Nous eussions aimé.	Nous eussions fini.	Nous eussions reçu.	Nous eussions rendu.
Vous eussiez aimé.	Vous eussiez fini.	Vous eussiez reçu.	Vous eussiez rendu.
Ils eussent aimé.	Ils eussent fini.	Ils eussent reçu.	Ils eussent rendu.

MODE IMPÉRATIF.

PRÉSENT.

Point de première personne.

Aime.	Finis.	Reçois.	Rends.
Aimons.	Finissons.	Recevons.	Rendons.
Aimez.	Finissez.	Recevez.	Rendez.

MODE SUBJONCTIF.

PRÉSENT.

Que j'aime.	Que je finisse.	Que je reçoive.	Que je rende.
Que tu aimes.	Que tu finisses.	Que tu reçoives.	Que tu rendes.
Qu'il aime.	Qu'il finisse.	Qu'il reçoive.	Qu'il rende.
Que nous aimions.	Que nous finissions.	Que nous recevions.	Que nous rendions.
Que vous aimiez.	Que vous finissiez.	Que vous receviez.	Que vous rendiez.
Qu'ils aiment.	Qu'ils finissent.	Qu'ils reçoivent.	Qu'ils rendent.

IMPARFAIT.

Que j'aimasse.	Que je finisse.	Que je reçusse.	Que je rendisse.
Que tu aimasses.	Que tu finisses.	Que tu reçusses.	Que tu rendisses.
Qu'il aimât.	Qu'il finît.	Qu'il reçût.	Qu'il rendît.
Que nous aimassions.	Que nous finissions.	Que nous reçussions.	Que nous rendissions.
Que vous aimassiez.	Que vous finissiez.	Que vous reçussiez.	Que vous rendissiez.
Qu'ils aimassent.	Qu'ils finissent.	Qu'ils reçussent.	Qu'ils rendissent.

PRÉTÉRIT OU PASSÉ.

Que j'aie aimé.	Que j'aie fini.	Que j'aie reçu.	Que j'aie rendu.
Que tu aies aimé.	Que tu aies fini.	Que tu aies reçu.	Que tu aies rendu.
Qu'il ait aimé.	Qu'il ait fini.	Qu'il ait reçu.	Qu'il ait rendu.
Que nous ayons aimé.	Que nous ayons fini.	Que nous ayons reçu.	Que nous ayons rendu.
Que vous ayez aimé.	Que vous ayez fini.	Que vous ayez reçu.	Que vous ayez rendu.
Qu'ils aient aimé.	Qu'ils aient fini.	Qu'ils aient reçu.	Qu'ils aient rendu.

PLUS-QUE-PARFAIT.

Que j'eusse aimé.	Que j'eusse fini.	Que j'eusse reçu.	Que j'eusse rendu.
Que tu eusses aimé.	Que tu eusses fini.	Que tu eusses reçu.	Que tu eusses rendu.
Qu'il eût aimé.	Qu'il eût fini.	Qu'il eût reçu.	Qu'il eût rendu.
Que nous eussions aimé.	Que nous eussions fini.	Que nous eussions reçu.	Que nous eussions rendu.
Que vous eussiez aimé.	Que vous eussiez fini.	Que vous eussiez reçu.	Que vous eussiez rendu.
Qu'ils eussent aimé	Qu'ils eussent fini.	Qu'ils eussent reçu.	Qu'ils eussent rendu.

MODE INFINITIF.

PRÉSENT.

Aimer.	**Finir.**	**Recevoir.**	**Rendre.**

PARTICIPE PRÉSENT.

Aimant.	**Finissant.**	**Recevant.**	**Rendant.**

PARTICIPE PASSÉ.

Aimé	Fini	Reçu	Rendu
ou	ou	ou	ou
aimée	finie	reçue	rendue
ou	ou	ou	ou
ayant aimé.	ayant fini.	ayant reçu.	ayant rendu.

PASSÉ.

Avoir aimé.	Avoir fini.	Avoir reçu.	Avoir rendu.

Robert Etienne nous apprend dans sa *Grammaire* qu'autrefois les premières personnes des *verbes* ne prenaient point *s* au singulier; cette lettre était réservée aux secondes personnes, et l'on mettait un *t* aux troisièmes. Ainsi chaque personne avait sa lettre caractéristique, ce qui rendait nos *conjugaisons* plus régulières. Mais le temps a apporté, depuis trois cents ans, des changements à ces inflexions évidemment calquées sur la grammaire latine. « D'abord, observe l'abbé d'Olivet, les poètes s'enhardirent à mettre un *s* aux pre- » mières personnes des verbes dont la terminaison n'était pas en *e* muet, afin d'éviter la » fréquente cacophonie qu'elles auraient occasionnée sans cela devant les mots qui com- » mencent par une voyelle. Comme ils n'avaient rien de semblable à craindre des verbes » qui finissent par un *e* muet, parce que ceux-là s'élident, ce sont les seuls qu'ils ont lais- » sés sans *s*; et insensiblement l'usage des poètes est devenu si général, qu'enfin l'omis- » sion de l'*s* aux premières personnes des verbes qui finissent par une consonne, ou par » toute autre voyelle que l'*e* muet, a été regardée comme une négligence dans la prose et » comme une licence dans les vers. » Le *verbe avoir* est le seul de son espèce qui n'ait pas éprouvé ce changement. On a toujours écrit *j'ai*, quoiqu'on écrive *je sais*, etc.

MODÈLE DES DIFFÉRENTES CONJUGAISONS.

EN *eler*.	EN *yer*.	EN *uer*.	EN *ger*.

MODE INDICATIF.

PRÉSENT.

J'appelle.	J'emploie.	Je joue.	Je venge.
Tu appelles.	Tu emploies.	Tu joues.	Tu venges.
Il appelle.	Il emploie.	Il joue.	Il venge.
Nous appelons.	Nous employons.	Nous jouons.	Nous vengeons.
Vous appelez.	Vous employez.	Vous jouez.	Vous vengez.
Ils appellent.	Ils emploient.	Ils jouent.	Ils vengent.

IMPARFAIT.

J'appelais.	J'employais.	Je jouais.	Je vengeais.
Tu appelais.	Tu employais.	Tu jouais.	Tu vengeais.
Il appelait.	Il employait.	Il jouait.	Il vengeait.
Nous appelions.	Nous employions.	Nous jouions.	Nous vengions.
Vous appeliez.	Vous employiez.	Vous jouiez.	Vous vengiez.
Ils appelaient.	Ils employaient.	Ils jouaient.	Ils vengeaient.

PASSÉ DÉFINI.

J'appelai.	J'employai.	Je jouai.	Je vengeai.
Tu appelas.	Tu employas.	Tu jouas.	Tu vengeas.
Il appela.	Il employa.	Il joua.	Il vengea.
Nous appelâmes.	Nous employâmes.	Nous jouâmes.	Nous vengeâmes.
Vous appelâtes.	Vous employâtes.	Vous jouâtes.	Vous vengeâtes.
Ils appelèrent.	Ils employèrent.	Ils jouèrent.	Ils vengèrent.

PASSÉ INDÉFINI.

J'ai appelé.	J'ai employé.	J'ai joué.	J'ai vengé.
Tu as appelé.	Tu as employé.	Tu as joué.	Tu as vengé.
Il a appelé.	Il a employé.	Il a joué.	Il a vengé.
Nous avons appelé.	Nous avons employé.	Nous avons joué.	Nous avons vengé.
Vous avez appelé.	Vous avez employé.	Vous avez joué.	Vous avez vengé.
Ils ont appelé.	Ils ont employé.	Ils ont joué.	Ils ont vengé.

PASSÉ ANTÉRIEUR DÉFINI.

J'eus appelé.	J'eus employé.	J'eus joué.	J'eus vengé.
Tu eus appelé.	Tu eus employé.	Tu eus joué.	Tu eus vengé.
Il eut appelé.	Il eut employé.	Il eut joué.	Il eut vengé.
Nous eûmes appelé.	Nous eûmes employé.	Nous eûmes joué.	Nous eûmes vengé.
Vous eûtes appelé.	Vous eûtes employé.	Vous eûtes joué.	Vous eûtes vengé.
Ils eurent appelé.	Ils eurent employé.	Ils eurent joué.	Ils eurent vengé.

PASSÉ ANTÉRIEUR INDÉFINI.

J'ai eu appelé.	J'ai eu employé.	J'ai eu joué.	J'ai eu vengé.
Tu as eu appelé.	Tu as eu employé.	Tu as eu joué.	Tu as eu vengé.
Il a eu appelé.	Il a eu employé.	Il a eu joué.	Il a eu vengé.
Nous avons eu appelé.	Nous avons eu employé.	Nous avons eu joué.	Nous avons eu vengé.
Vous avez eu appelé.	Vous avez eu employé.	Vous avez eu joué.	Vous avez eu vengé.
Ils ont eu appelé.	Ils ont eu employé.	Ils ont eu joué.	Ils ont eu vengé.

PLUS-QUE-PARFAIT.

J'avais appelé.	J'avais employé.	J'avais joué.	J'avais vengé.
Tu avais appelé.	Tu avais employé.	Tu avais joué.	Tu avais vengé.
Il avait appelé.	Il avait employé.	Il avait joué.	Il avait vengé.
Nous avions appelé.	Nous avions employé.	Nous avions joué.	Nous avions vengé.
Vous aviez appelé.	Vous aviez employé.	Vous aviez joué.	Vous aviez vengé.
Ils avaient appelé.	Ils avaient employé.	Ils avaient joué.	Ils avaient vengé.

FUTUR.

J'appellerai.	J'emploierai.	Je jouerai.	Je vengerai.
Tu appelleras.	Tu emploieras.	Tu joueras.	Tu vengeras.
Il appellera.	Il emploiera.	Il jouera.	Il vengera.

Nous appellerons.	Nous emploierons.	Nous jouerons.	Nous vengerons.
Vous appellerez.	Vous emploierez.	Vous jouerez.	Vous vengerez.
Ils appelleront.	Ils emploieront.	Ils joueront.	Ils vengeront.

FUTUR ANTÉRIEUR.

J'aurai appelé.	J'aurai employé.	J'aurai joué.	J'aurai vengé.
Tu auras appelé.	Tu auras employé.	Tu auras joué.	Tu auras vengé.
Il aura appelé.	Il aura employé.	Il aura joué.	Il aura vengé.
Nous aurons appelé.	Nous aurons employé.	Nous aurons joué.	Nous aurons vengé.
Vous aurez appelé.	Vous aurez employé.	Vous aurez joué.	Vous aurez vengé.
Ils auront appelé.	Ils auront employé.	Ils auront joué.	Ils auront vengé.

MODE CONDITIONNEL.

PRÉSENT.

J'appellerais.	J'emploierais.	Je jouerais.	Je vengerais.
Tu appellerais.	Tu emploierais.	Tu jouerais.	Tu vengerais.
Il appellerait.	Il emploierait.	Il jouerait.	Il vengerait.
Nous appellerions.	Nous emploierions.	Nous jouerions.	Nous vengerions.
Vous appelleriez.	Vous emploieriez.	Vous joueriez.	Vous vengeriez.
Ils appelleraient.	Ils emploieraient.	Ils joueraient.	Ils vengeraient.

PASSÉ.

J'aurais appelé.	J'aurais employé.	J'aurais joué.	J'aurais vengé.
Tu aurais appelé.	Tu aurais employé.	Tu aurais joué.	Tu aurais vengé.
Il aurait appelé.	Il aurait employé.	Il aurait joué.	Il aurait vengé.
Nous aurions appelé.	Nous aurions employé.	Nous aurions joué.	Nous aurions vengé.
Vous auriez appelé.	Vous auriez employé.	Vous auriez joué.	Vous auriez vengé.
Ils auraient appelé.	Ils auraient employé.	Ils auraient joué.	Ils auraient vengé.

On dit encore :

J'eusse appelé.	J'eusse employé.	J'eusse joué.	J'eusse vengé.
Tu eusses appelé.	Tu eusses employé.	Tu eusses joué.	Tu eusses vengé.
Il eût appelé.	Il eût employé.	Il eût joué.	Il eût vengé.
Nous eussions appelé.	Nous eussions employé.	Nous eussions joué.	Nous eussions vengé.
Vous eussiez appelé.	Vous eussiez employé.	Vous eussiez joué.	Vous eussiez vengé.
Ils eussent appelé.	Ils eussent employé.	Ils eussent joué.	Ils eussent vengé.

MODE IMPÉRATIF.

PRÉSENT.

Point de première personne.

Appelle.	Emploie.	Joue.	Venge
Appelons.	Employons.	Jouons.	Vengeons.
Appelez.	Employez.	Jouez.	Vengez.

MODE SUBJONCTIF.

PRÉSENT.

Que j'appelle.	Que j'emploie.	Que je joue.	Que je venge.
Que tu appelles.	Que tu emploies.	Que tu joues.	Que tu venges.
Qu'il appelle.	Qu'il emploie.	Qu'il joue.	Qu'il venge.
Que nous appelions.	Que nous employions.	Que nous jouïons.	Que nous vengions.
Que vous appeliez.	Que vous employiez.	Que vous jouïez.	Que vous vengiez.
Qu'ils appellent.	Qu'ils emploient.	Qu'ils jouent.	Qu'ils vengent.

IMPARFAIT.

Que j'appelasse.	Que j'employasse.	Que je jouasse.	Que je vengeasse.
Que tu appelasses.	Que tu employasses.	Que tu jouasses.	Que tu vengeasses.
Qu'il appelât.	Qu'il employât.	Qu'il jouât.	Qu'il vengeât.
Que nous appelassions.	Que nous employassions.	Que nous jouassions.	Que nous vengeassions.
Que vous appelassiez.	Que vous employassiez.	Que vous jouassiez.	Que vous vengeassiez.
Qu'ils appelassent.	Qu'ils employassent.	Qu'ils jouassent.	Qu'ils vengeassent.

PASSÉ.

Que j'aie appelé.	Que j'aie employé.	Que j'aie joué.	Que j'aie vengé.
Que tu aies appelé.	Que tu aies employé.	Que tu aies joué.	Que tu aies vengé.
Qu'il ait appelé.	Qu'il ait employé.	Qu'il ait joué.	Qu'il ait vengé.

Que nous ayons appelé.	Que nous ayons employé.	Que nous ayons joué.	Que nous ayons vengé.
Que vous ayez appelé.	Que vous ayez employé.	Que vous ayez joué.	Que vous ayez vengé.
Qu'ils aient appelé.	Qu'ils aient employé.	Qu'ils aient joué.	Qu'ils aient vengé.

PLUS-QUE-PARFAIT.

Que j'eusse appelé.	Que j'eusse employé.	Que j'eusse joué.	Que j'eusse vengé.
Que tu eusses appelé.	Que tu eusses employé.	Que tu eusses joué.	Que tu eusses vengé.
Qu'il eût appelé.	Qu'il eût employé.	Qu'il eût joué.	Qu'il eût vengé.
Que nous eussions appelé.	Que nous eussions employé.	Que nous eussions joué.	Que nous eussions vengé.
Que vous eussiez appelé.	Que vous eussiez employé.	Que vous eussiez joué.	Que vous eussiez vengé.
Qu'ils eussent appelé.	Qu'ils eussent employé.	Qu'ils eussent joué.	Qu'ils eussent vengé.

MODE INFINITIF.

PRÉSENT.

Appeler.	Employer.	Jouer.	Venger.

PARTICIPE PRÉSENT.

Appelant.	Employant.	Jouant.	Vengeant.

PARTICIPE PASSÉ.

Étant *ou* ayant appelé / appelée	Étant *ou* ayant employé / employée	Étant *ou* ayant joué / jouée	Étant *ou* ayant vengé / vengée

PASSÉ.

Être *ou* avoir appelé.	Être *ou* avoir employé.	Être *ou* avoir joué.	Être *ou* avoir vengé.

EN *ĕer*.	EN *cer*.	EN *ĭer*.	EN *ter*.

MODE INDICATIF.

PRÉSENT.

J'agrée.	Je perce.	Je prie.	Je jette.
Tu agrées.	Tu perces.	Tu pries.	Tu jettes.
Il agrée.	Il perce.	Il prie.	Il jette.
Nous agréons.	Nous perçons.	Nous prions.	Nous jetons.
Vous agréez.	Vous percez.	Vous priez.	Vous jetez.
Ils agréent.	Ils percent.	Ils prient.	Ils jettent.

IMPARFAIT.

J'agréais.	Je perçais.	Je priais.	Je jetais.
Tu agréais.	Tu perçais.	Tu priais.	Tu jetais.
Il agréait.	Il perçait.	Il priait.	Il jetait.
Nous agréions.	Nous percions.	Nous priions.	Nous jetions.
Vous agréiez.	Vous perciez.	Vous priiez.	Vous jetiez.
Ils agréaient.	Ils perçaient.	Ils priaient.	Ils jetaient.

PASSÉ DÉFINI.

J'agréai.	Je perçai.	Je priai.	Je jetai.
Tu agréas.	Tu perças.	Tu prias.	Tu jetas.
Il agréa.	Il perça.	Il pria.	Il jeta.
Nous agréâmes.	Nous perçâmes.	Nous priâmes.	Nous jetâmes.
Vous agréâtes.	Vous perçâtes.	Vous priâtes.	Vous jetâtes.
Ils agréèrent.	Ils percèrent.	Ils prièrent.	Ils jetèrent.

PASSÉ INDÉFINI.

J'ai agréé.	J'ai percé.	J'ai prié.	J'ai jeté.
Tu as agréé.	Tu as percé.	Tu as prié.	Tu as jeté.
Il a agréé.	Il a percé.	Il a prié.	Il a jeté.
Nous avons agréé.	Nous avons percé.	Nous avons prié.	Nous avons jeté.
Vous avez agréé.	Vous avez percé.	Vous avez prié.	Vous avez jeté.
Ils ont agréé.	Ils ont percé.	Ils ont prié.	Ils ont jeté.

PASSÉ ANTÉRIEUR DÉFINI.

J'eus agréé.	J'eus percé,	J'eus prié.	J'eus jeté.
Tu eus agréé.	Tu eus percé.	Tu eus prié.	Tu eus jeté.
Il eut agréé.	Il eut percé.	Il eut prié.	Il eut jeté.
Nous eûmes agréé.	Nous eûmes percé.	Nous eûmes prié.	Nous eûmes jeté.
Vous eûtes agréé.	Vous eûtes percé.	Vous eûtes prié.	Vous eûtes jeté.
Ils eurent agréé.	Ils eurent percé.	Ils eurent prié.	Ils eurent jeté.

PASSÉ ANTÉRIEUR INDÉFINI.

J'ai eu agréé.	J'ai eu percé.	J'ai eu prié.	J'ai eu jeté.
Tu as eu agréé.	Tu as eu percé.	Tu as eu prié.	Tu as eu jeté.
Il a eu agréé.	Il a eu percé.	Il a eu prié.	Il a eu jeté.
Nous avons eu agréé.	Nous avons eu percé.	Nous avons eu prié.	Nous avons eu jeté.
Vous avez eu agréé.	Vous avez eu percé.	Vous avez eu prié.	Vous avez eu jeté.
Ils ont eu agréé.	Ils ont eu percé.	Ils ont eu prié.	Ils ont eu jeté.

PLUS-QUE-PARFAIT.

J'avais agréé.	J'avais percé.	J'avais prié.	J'avais jeté.
Tu avais agréé.	Tu avais percé.	Tu avais prié.	Tu avais jeté.
Il avait agréé.	Il avait percé.	Il avait prié.	Il avait jeté.
Nous avions agréé.	Nous avions percé.	Nous avions prié.	Nous avions jeté.
Vous aviez agréé.	Vous aviez percé.	Vous aviez prié.	Vous aviez jeté.
Ils avaient agréé.	Ils avaient percé.	Ils avaient prié.	Ils avaient jeté.

FUTUR.

J'agréerai.	Je percerai.	Je prierai.	Je jetterai.
Tu agréeras.	Tu perceras.	Tu prieras.	Tu jetteras.
Il agréera.	Il percera.	Il priera.	Il jettera.
Nous agréerons.	Nous percerons.	Nous prierons.	Nous jetterons.
Vous agréerez.	Vous percerez.	Vous prierez.	Vous jetterez.
Ils agréeront.	Ils perceront.	Ils prieront.	Ils jetteront.

FUTUR ANTÉRIEUR.

J'aurai agréé.	J'aurai percé.	J'aurai prié.	J'aurai jeté.
Tu auras agréé.	Tu auras percé.	Tu auras prié.	Tu auras jeté.
Il aura agréé.	Il aura percé.	Il aura prié.	Il aura jeté.
Nous aurons agréé.	Nous aurons percé.	Nous aurons prié.	Nous aurons jeté.
Vous aurez agréé.	Vous aurez percé.	Vous aurez prié.	Vous aurez jeté.
Ils auront agréé.	Ils auront percé.	Ils auront prié.	Ils auront jeté.

MODE CONDITIONNEL.

PRÉSENT.

J'agréerais.	Je percerais.	Je prierais.	Je jetterais.
Tu agréerais.	Tu percerais.	Tu prierais.	Tu jetterais.
Il agréerait.	Il percerait.	Il prierait.	Il jetterait.
Nous agréerions.	Nous percerions.	Nous prierions.	Nous jetterions.
Vous agréeriez.	Vous perceriez.	Vous prieriez.	Vous jetteriez.
Ils agréeraient.	Ils perceraient.	Ils prieraient.	Ils jetteraient.

PASSÉ.

J'aurais agréé.	J'aurais percé.	J'aurais prié.	J'aurais jeté.
Tu aurais agréé.	Tu aurais percé.	Tu aurais prié.	Tu aurais jeté.
Il aurait agréé.	Il aurait percé.	Il aurait prié.	Il aurait jeté.
Nous aurions agréé.	Nous aurions percé.	Nous aurions prié.	Nous aurions jeté.
Vous auriez agréé.	Vous auriez percé.	Vous auriez prié.	Vous auriez jeté.
Ils auraient agréé.	Ils auraient percé.	Ils auraient prié.	Ils auraient jeté.

On dit encore :

J'eusse agréé.	J'eusse percé.	J'eusse prié.	J'eusse jeté.
Tu eusses agréé.	Tu eusses percé.	Tu eusses prié.	Tu eusses jeté.
Il eût agréé.	Il eût percé.	Il eût prié.	Il eût jeté.
Nous eussions agréé.	Nous eussions percé.	Nous eussions prié.	Nous eussions jeté.
Vous eussiez agréé.	Vous eussiez percé.	Vous eussiez prié.	Vous eussiez jeté.
Ils eussent agréé.	Ils eussent percé.	Ils eussent prié.	Ils eussent jeté.

MODE IMPÉRATIF.

PRÉSENT.

Point de première personne.

Agrée.	Perce.	Prie.	Jette.
Agréons.	Perçons.	Prions.	Jetons.
Agréez.	Percez.	Priez.	Jetez.

MODE SUBJONCTIF.

PRÉSENT.

Que j'agrée.	Que je perce.	Que je prie.	Que je jette.
Que tu agrées.	Que tu perces.	Que tu pries.	Que tu jettes.
Qu'il agrée.	Qu'il perce.	Qu'il prie.	Qu'il jette.
Que nous agréions.	Que nous percions.	Que nous priions.	Que nous jetions.
Que vous agréiez.	Que vous perciez.	Que vous priiez.	Que vous jetiez.
Qu'ils agréent.	Qu'ils percent.	Qu'ils prient.	Qu'ils jettent.

IMPARFAIT.

Que j'agréasse.	Que je perçasse.	Que je priasse.	Que je jetasse.
Que tu agréasses.	Que tu perçasses.	Que tu priasses.	Que tu jetasses.
Qu'il agréât.	Qu'il perçât.	Qu'il priât.	Qu'il jetât.
Que nous agréassions.	Que nous perçassions.	Que nous priassions.	Que nous jetassions.
Que vous agréassiez.	Que vous perçassiez.	Que vous priassiez.	Que vous jetassiez.
Qu'ils agréassent.	Qu'ils perçassent.	Qu'ils priassent.	Qu'ils jetassent.

PASSÉ.

Que j'aie agréé.	Que j'aie percé.	Que j'aie prié.	Que j'aie jeté.
Que tu aies agréé.	Que tu aies percé.	Que tu aies prié.	Que tu aies jeté.
Qu'il ait agréé.	Qu'il ait percé.	Qu'il ait prié.	Qu'il ait jeté.
Que nous ayons agréé.	Que nous ayons percé.	Que nous ayons prié.	Que nous ayons jeté.
Que vous ayez agréé.	Que vous ayez percé.	Que vous ayez prié.	Que vous ayez jeté.
Qu'ils aient agréé.	Qu'ils aient percé.	Qu'ils aient prié.	Qu'ils aient jeté.

PLUS-QUE-PARFAIT.

Que j'eusse agréé.	Que j'eusse percé.	Que j'eusse prié.	Que j'eusse jeté.
Que tu eusses agréé.	Que tu eusses percé.	Que tu eusses prié.	Que tu eusses jeté.
Qu'il eût agréé.	Qu'il eût percé.	Qu'il eût prié.	Qu'il eût jeté.
Que nous eussions agréé.	Que nous eussions percé.	Que nous eussions prié.	Que nous eussions jeté.
Que vous eussiez agréé.	Que vous eussiez percé.	Que vous eussiez prié.	Que vous eussiez jeté.
Qu'ils eussent agréé.	Qu'ils eussent percé.	Qu'ils eussent prié.	Qu'ils eussent jeté.

MODE INFINITIF.

PRÉSENT.

Agréer.	Percer.	Prier.	Jeter.

PARTICIPE PRÉSENT.

Agréant.	Perçant.	Priant.	Jetant.

PARTICIPE PASSÉ.

Étant agréé ou agréée ou ayant agréé.	Étant percé ou percée ou ayant percé.	Étant prié ou priée ou ayant prié.	Étant jeté ou jetée ou ayant jeté.

PASSÉ.

Être ou avoir agréé.	Être ou avoir percé.	Être ou avoir prié.	Être ou avoir jeté.

OBSERVATIONS.

Ces *verbes* sont *réguliers* quant à leur *conjugaison;* mais ils offrent quelques difficultés orthographiques, et c'est pour les aplanir que nous en avons donné le modèle.

Les *verbes* terminés à l'*infinitif présent* en *eler*, doublent la lettre *l* quand, après cette lettre, on entend le son d'un *e* muet, *ils appellent, ils étincellent*; mais on écrit avec un seul *l, ils appelaient, nous nivelons*.

Les *verbes* en *eter* suivent la même règle, c'est-à-dire que le *t* se redouble dans les syllabes muettes : *je jette*, et que l'on n'en met qu'un seul dans les autres cas, *nous jetons*.

Les *verbes tenir, venir, prendre*, et leurs composés, doublent ou ne doublent pas la lettre *n* dans les mêmes circonstances.

Tous les *verbes* dont l'*infinitif présent* est en *yer* conservent l'*y* qui se trouve dans l'infinitif, toutes les fois qu'on doit entendre le son de deux *i, je payais*, et ceci a lieu devant toutes les voyelles sonnantes ; mais devant les syllabes muettes *e, es, ent*, on ne fait usage que de l'*i* simple. Cette orthographe est aujourd'hui générale et repose sur la raison. En effet, devant les syllabes muettes on n'entend que le son simple d'un *i*. L'Académie conserve toutefois l'*y* dans toute la conjugaison des verbes en *ayer*, tels que *payer, essayer*, etc.

Dans les *verbes* en *ger*, on ne met un *e* muet après le *g* que lorsque cette consonne est suivie des voyelles *a* ou *o*, et seulement pour conserver au *g* le son doux de *je*. Les autres *verbes* ne présentent aucune espèce de difficulté, parce que leur orthographe est toute régulière. Nous invitons seulement à comparer leurs terminaisons les unes après les autres, et l'on sera convaincu de ce que nous avançons. Dans les verbes en *cer*, le *c* prend une cédille devant *a, o* et *u* : *Nous plaçons, je menaçais*, etc.

MODÈLE DES DIFFÉRENTES CONJUGAISONS.

EN *rir*.	EN *tir*.	EN *enir*.	EN *vir*.

MODE INDICATIF.

PRÉSENT.

J'ouvre.	Je sens.	Je tiens.	Je sers.
Tu ouvres.	Tu sens.	Tu tiens.	Tu sers.
Il ouvre.	Il sent.	Il tient.	Il sert.
Nous ouvrons.	Nous sentons.	Nous tenons.	Nous servons.
Vous ouvrez.	Vous sentez.	Vous tenez.	Vous servez.
Ils ouvrent.	Ils sentent.	Ils tiennent.	Ils servent.

IMPARFAIT.

J'ouvrais.	Je sentais.	Je tenais.	Je servais.
Tu ouvrais.	Tu sentais.	Tu tenais.	Tu servais.
Il ouvrait.	Il sentait.	Il tenait.	Il servait.
Nous ouvrions.	Nous sentions.	Nous tenions.	Nous servions.
Vous ouvriez.	Vous sentiez.	Vous teniez.	Vous serviez.
Ils ouvraient.	Ils sentaient.	Ils tenaient.	Ils servaient.

PASSÉ DÉFINI.

J'ouvris.	Je sentis.	Je tins.	Je servis.
Tu ouvris.	Tu sentis.	Tu tins.	Tu servis.
Il ouvrit.	Il sentit.	Il tint.	Il servit.
Nous ouvrîmes.	Nous sentîmes.	Nous tînmes.	Nous servîmes.
Vous ouvrîtes.	Vous sentîtes.	Vous tîntes.	Vous servîtes.
Ils ouvrirent.	Ils sentirent.	Ils tinrent.	Ils servirent.

PASSÉ INDÉFINI.

J'ai ouvert.	J'ai senti.	J'ai tenu.	J'ai servi.
Tu as ouvert.	Tu as senti.	Tu as tenu.	Tu as servi.
Il a ouvert.	Il a senti.	Il a tenu.	Il a servi.
Nous avons ouvert.	Nous avons senti.	Nous avons tenu.	Nous avons servi.
Vous avez ouvert.	Vous avez senti.	Vous avez tenu.	Vous avez servi.
Ils ont ouvert.	Ils ont senti.	Ils ont tenu.	Ils ont servi.

PASSÉ ANTÉRIEUR DÉFINI.

J'eus ouvert.	J'eus senti.	J'eus tenu.	J'eus servi.
Tu eus ouvert.	Tu eus senti.	Tu eus tenu.	Tu eus servi.
Il eut ouvert.	Il eut senti.	Il eut tenu.	Il eut servi.

Nous eûmes ouvert.	Nous eûmes senti.	Nous eûmes tenu.	Nous eûmes servi.
Vous eûtes ouvert.	Vous eûtes senti.	Vous eûtes tenu.	Vous eûtes servi.
Ils eurent ouvert.	Ils eurent senti.	Ils eurent tenu.	Ils eurent servi.

PASSÉ ANTÉRIEUR INDÉFINI.

J'ai eu ouvert.	J'ai eu senti.	J'ai eu tenu.	J'ai eu servi.
Tu as eu ouvert.	Tu as eu senti.	Tu as eu tenu.	Tu as eu servi.
Il a eu ouvert.	Il a eu senti.	Il a eu tenu.	Il a eu servi.
Nous avons eu ouvert.	Nous avons eu senti.	Nous avons eu tenu.	Nous avons eu servi.
Vous avez eu ouvert.	Vous avez eu senti.	Vous avez eu tenu.	Vous avez eu servi.
Ils ont eu ouvert.	Ils ont eu senti.	Ils ont eu tenu.	Ils ont eu servi.

PLUS-QUE-PARFAIT.

J'avais ouvert.	J'avais senti.	J'avais tenu.	J'avais servi.
Tu avais ouvert.	Tu avais senti.	Tu avais tenu.	Tu avais servi.
Il avait ouvert.	Il avait senti.	Il avait tenu.	Il avait servi.
Nous avions ouvert.	Nous avions senti.	Nous avions tenu.	Nous avions servi.
Vous aviez ouvert.	Vous aviez senti.	Vous aviez tenu.	Vous aviez servi.
Ils avaient ouvert.	Ils avaient senti.	Ils avaient tenu.	Ils avaient servi.

FUTUR.

J'ouvrirai.	Je sentirai.	Je tiendrai.	Je servirai.
Tu ouvriras.	Tu sentiras.	Tu tiendras.	Tu serviras.
Il ouvrira.	Il sentira.	Il tiendra.	Il servira.
Nous ouvrirons.	Nous sentirons.	Nous tiendrons.	Nous servirons.
Vous ouvrirez.	Vous sentirez.	Vous tiendrez.	Vous servirez.
Ils ouvriront.	Ils sentiront.	Ils tiendront.	Ils serviront.

FUTUR ANTÉRIEUR.

J'aurai ouvert.	J'aurai senti.	J'aurai tenu.	J'aurai servi.
Tu auras ouvert.	Tu auras senti.	Tu auras tenu.	Tu auras servi.
Il aura ouvert.	Il aura senti.	Il aura tenu.	Il aura servi.
Nous aurons ouvert.	Nous aurons senti.	Nous aurons tenu.	Nous aurons servi.
Vous aurez ouvert.	Vous aurez senti.	Vous aurez tenu.	Vous aurez servi.
Ils auront ouvert.	Ils auront senti.	Ils auront tenu.	Ils auront servi.

MODE CONDITIONNEL.

PRÉSENT.

J'ouvrirais.	Je sentirais.	Je tiendrais.	Je servirais.
Tu ouvrirais.	Tu sentirais.	Tu tiendrais.	Tu servirais.
Il ouvrirait.	Il sentirait.	Il tiendrait.	Il servirait.
Nous ouvririons.	Nous sentirions.	Nous tiendrions.	Nous servirions.
Vous ouvririez.	Vous sentiriez.	Vous tiendriez.	Vous serviriez.
Ils ouvriraient.	Ils sentiraient.	Ils tiendraient.	Ils serviraient.

PASSÉ.

J'aurais ouvert.	J'aurais senti.	J'aurais tenu.	J'aurais servi.
Tu aurais ouvert.	Tu aurais senti.	Tu aurais tenu	Tu aurais servi.
Il aurait ouvert.	Il aurait senti.	Il aurait tenu.	Il aurait servi.
Nous aurions ouvert.	Nous aurions senti.	Nous aurions tenu.	Nous aurions servi.
Vous auriez ouvert.	Vous auriez senti.	Vous auriez tenu.	Vous auriez servi.
Ils auraient ouvert.	Ils auraient senti.	Ils auraient tenu.	Ils auraient servi.

On dit encore:

J'eusse ouvert.	J'eusse senti.	J'eusse tenu.	J'eusse servi.
Tu eusses ouvert.	Tu eusses senti.	Tu eusses tenu.	Tu eusses servi.
Il eût ouvert.	Il eût senti.	Il eût tenu.	Il eût servi.
Nous eussions ouvert.	Nous eussions senti.	Nous eussions tenu.	Nous eussions servi.
Vous eussiez ouvert.	Vous eussiez senti.	Vous eussiez tenu.	Vous eussiez servi.
Ils eussent ouvert.	Ils eussent senti.	Ils eussent tenu.	Ils eussent servi

MODE IMPÉRATIF.

PRÉSENT.
Point de première personne.

Ouvre,	Sens.	Tiens.	Sers.
Ouvrons.	Sentons.	Tenons.	Servons.
Ouvrez.	Sentez.	Tenez.	Servez.

(525)

MODE SUBJONCTIF.

PRÉSENT.

Que j'ouvre.	Que je sente.	Que je tienne.	Que je serve.
Que tu ouvres.	Que tu sentes.	Que tu tiennes.	Que tu serves.
Qu'il ouvre.	Qu'il sente.	Qu'il tienne.	Qu'il serve.
Que nous ouvrions.	Que nous sentions.	Que nous tenions.	Que nous servions.
Que vous ouvriez.	Que vous sentiez.	Que vous teniez.	Que vous serviez.
Qu'ils ouvrent.	Qu'ils sentent.	Qu'ils tiennent.	Qu'ils servent.

IMPARFAIT.

Que j'ouvrisse.	Que je sentisse.	Que je tinsse.	Que je servisse.
Que tu ouvrisses.	Que tu sentisses.	Que tu tinsses.	Que tu servisses.
Qu'il ouvrît.	Qu'il sentît.	Qu'il tînt.	Qu'il servît.
Que nous ouvrissions.	Que nous sentissions.	Que nous tinssions.	Que nous servissions.
Que vous ouvrissiez.	Que vous sentissiez.	Que vous tinssiez.	Que vous servissiez.
Qu'ils ouvrissent.	Qu'ils sentissent.	Qu'ils tinssent.	Qu'ils servissent.

PASSÉ.

Que j'aie ouvert.	Que j'aie senti.	Que j'aie tenu.	Que j'aie servi.
Que tu aies ouvert.	Que tu aies senti.	Que tu aies tenu.	Que tu aies servi.
Qu'il ait ouvert.	Qu'il ait senti.	Qu'il ait tenu.	Qu'il ait servi.
Que nous ayons ouvert.	Que nous ayons senti.	Que nous ayons tenu.	Que nous ayons servi.
Que vous ayez ouvert.	Que vous ayez senti.	Que vous ayez tenu.	Que vous ayez servi.
Qu'ils aient ouvert.	Qu'ils aient senti.	Qu'ils aient tenu.	Qu'ils aient servi.

PLUS-QUE-PARFAIT.

Que j'eusse ouvert.	Que j'eusse senti.	Que j'eusse tenu.	Que j'eusse servi.
Que tu eusses ouvert.	Que tu eusses senti.	Que tu eusses tenu.	Que tu eusses servi.
Qu'il eût ouvert.	Qu'il eût senti.	Qu'il eût tenu.	Qu'il eût servi.
Que nous eussions ouvert.	Que nous eussions senti.	Que nous eussions tenu.	Que nous eussions servi.
Que vous eussiez ouvert.	Que vous eussiez senti.	Que vous eussiez tenu.	Que vous eussiez servi.
Qu'ils eussent ouvert.	Qu'ils eussent senti.	Qu'ils eussent tenu.	Qu'ils eussent servi.

MODE INFINITIF.

PRÉSENT.

Ouvrir.	Sentir.	Tenir.	Servir.

PARTICIPE PRÉSENT.

Ouvrant.	Servant.	Tenant.	Servant.

PARTICIPE PASSÉ.

Étant ouvert	Étant senti	Étant tenu	Étant servi
ou	ou	ou	ou
ouverte	sentie	tenue	servie
ou	ou	ou	ou
Ayant ouvert.	Ayant senti.	Ayant tenu.	Ayant servi.

PASSÉ.

Être	Être	Être	Être
ou ouvert.	ou senti.	ou tenu.	ou servi.
Avoir	Avoir	Avoir	Avoir

EN *aire*.	EN *uire*.	EN *aindre*.	EN *aître*

MODE INDICATIF.

PRÉSENT.

Je plais.	Je réduis.	Je crains.	Je parais.
Tu plais.	Tu réduis.	Tu crains.	Tu parais.
Il plaît.	Il réduit.	Il craint.	Il paraît.
Nous plaisons.	Nous réduisons.	Nous craignons.	Nous paraissons.
Vous plaisez.	Vous réduisez.	Vous craignez.	Vous paraissez.
Ils plaisent.	Ils réduisent.	Ils craignent.	Ils paraissent.

(526)

IMPARFAIT.

Je plaisais.	Je réduisais.	Je craignais.	Je paraissais.
Tu plaisais.	Tu réduisais.	Tu craignais.	Tu paraissais.
Il plaisait.	Il réduisait.	Il craignait.	Il paraissait.
Nous plaisions.	Nous réduisions.	Nous craignions.	Nous paraissions.
Vous plaisiez.	Vous réduisiez.	Vous craigniez.	Vous paraissiez.
Ils plaisaient.	Ils réduisaient.	Ils craignaient.	Ils paraissaient.

PASSÉ DÉFINI.

Je plus.	Je réduisis.	Je craignis.	Je parus.
Tu plus.	Tu réduisis.	Tu craignis.	Tu parus.
Il plut.	Il réduisit.	Il craignit.	Il parut.
Nous plûmes.	Nous réduisîmes.	Nous craignîmes.	Nous parûmes.
Vous plûtes.	Vous réduisîtes.	Vous craignîtes.	Vous parûtes.
Ils plurent.	Ils réduisirent.	Ils craignirent.	Ils parurent.

PASSÉ INDÉFINI.

J'ai plu.	J'ai réduit.	J'ai craint.	J'ai paru.
Tu as plu.	Tu as réduit.	Tu as craint.	Tu as paru.
Il a plu.	Il a réduit.	Il a craint.	Il a paru.
Nous avons plu.	Nous avons réduit.	Nous avons craint.	Nous avons paru.
Vous avez plu.	Vous avez réduit.	Vous avez craint.	Vous avez paru.
Ils ont plu.	Ils ont réduit.	Ils ont craint.	Ils ont paru.

PASSÉ ANTÉRIEUR DÉFINI.

J'eus plu.	J'eus réduit.	J'eus craint.	J'eus paru.
Tu eus plu.	Tu eus réduit.	Tu eus craint.	Tu eus paru.
Il eut plu.	Il eut réduit.	Il eut craint.	Il eut paru.
Nous eûmes plu.	Nous eûmes réduit.	Nous eûmes craint.	Nous eûmes paru.
Vous eûtes plu.	Vous eûtes réduit.	Vous eûtes craint.	Vous eûtes paru.
Ils eurent plu.	Ils eurent réduit.	Ils eurent craint.	Ils eurent paru.

PASSÉ ANTÉRIEUR INDÉFINI.

J'ai eu plu.	J'ai eu réduit.	J'ai eu craint.	J'ai eu paru.
Tu as eu plu.	Tu as eu réduit.	Tu as eu craint.	Tu as eu paru.
Il a eu plu.	Il a eu réduit.	Il a eu craint.	Il a eu paru.
Nous avons eu plu.	Nous avons eu réduit.	Nous avons eu craint.	Nous avons eu paru.
Vous avez eu plu.	Vous avez eu réduit.	Vous avez eu craint.	Vous avez eu paru.
Ils ont eu plu.	Ils ont eu réduit.	Ils ont eu craint.	Ils ont eu paru.

PLUS-QUE-PARFAIT.

J'avais plu.	J'avais réduit.	J'avais craint.	J'avais paru.
Tu avais plu.	Tu avais réduit.	Tu avais craint.	Tu avais paru.
Il avait plu.	Il avait réduit.	Il avait craint.	Il avait paru.
Nous avions plu.	Nous avions réduit.	Nous avions craint.	Nous avions paru.
Vous aviez plu.	Vous aviez réduit.	Vous aviez craint.	Vous aviez paru.
Ils avaient plu.	Ils avaient réduit.	Ils avaient craint.	Ils avaient paru.

FUTUR.

Je plairai.	Je réduirai.	Je craindrai.	Je paraîtrai.
Tu plairas.	Tu réduiras.	Tu craindras.	Tu paraîtras.
Il plaira.	Il réduira.	Il craindra.	Il paraîtra.
Nous plairons.	Nous réduirons.	Nous craindrons.	Nous paraîtrons.
Vous plairez.	Vous réduirez.	Vous craindrez.	Vous paraîtrez.
Ils plairont.	Ils réduiront.	Ils craindront.	Ils paraîtront.

FUTUR ANTÉRIEUR.

J'aurai plu.	J'aurai réduit.	J'aurai craint.	J'aurai paru.
Tu auras plu.	Tu auras réduit.	Tu auras craint.	Tu auras paru.
Il aura plu.	Il aura réduit.	Il aura craint.	Il aura paru.
Nous aurons plu.	Nous aurons réduit.	Nous aurons craint.	Nous aurons paru.
Vous aurez plu.	Vous aurez réduit.	Vous aurez craint.	Vous aurez paru.
Ils auront plu.	Ils auront réduit.	Ils auront craint.	Ils auront paru.

MODE CONDITIONNEL.

PRÉSENT.

Je plairais.	Je réduirais.	Je craindrais.	Je paraîtrais.
Tu plairais.	Tu réduirais.	Tu craindrais.	Tu paraîtrais.
Il plairait.	Il réduirait.	Il craindrait.	Il paraîtrait.

Nous plairions.	Nous réduirions.	Nous craindrions.	Nous paraîtrions.
Vous plairiez.	Vous réduiriez.	Vous craindriez.	Vous paraîtriez.
Ils plairaient.	Ils réduiraient.	Ils craindraient.	Ils paraîtraient.

PASSÉ.

J'aurais plu.	J'aurais réduit.	J'aurais craint.	J'aurais paru.
Tu aurais plu.	Tu aurais réduit.	Tu aurais craint.	Tu aurais paru.
Il aurait plu.	Il aurait réduit.	Il aurait craint.	Il aurait paru.
Nous aurions plu.	Nous aurions réduit.	Nous aurions craint.	Nous aurions paru.
Vous auriez plu.	Vous auriez réduit.	Vous auriez craint.	Vous auriez paru.
Ils auraient plu.	Ils auraient réduit.	Ils auraient craint.	Ils auraient paru.

On dit encore :

J'eusse plu.	J'eusse réduit.	J'eusse craint.	J'eusse paru.
Tu eusses plu.	Tu eusses réduit.	Tu eusses craint.	Tu eusses paru.
Il eût plu.	Il eût réduit.	Il eût craint.	Il eût paru.
Nous eussions plu.	Nous eussions réduit.	Nous eussions craint.	Nous eussions paru.
Vous eussiez plu.	Vous eussiez réduit.	Vous eussiez craint.	Vous eussiez paru.
Ils eussent plu.	Ils eussent réduit.	Ils eussent craint.	Ils eussent paru.

MODE IMPÉRATIF.

PRÉSENT OU FUTUR.

Point de première personne.

Plais.	Réduis.	Crains.	Parais.
Plaisons.	Réduisons.	Craignons.	Paraissons.
Plaisez.	Réduisez.	Craignez.	Paraissez.

MODE SUBJONCTIF.

PRÉSENT OU FUTUR.

Que je plaise.	Que je réduise.	Que je craigne.	Que je paraisse.
Que tu plaises.	Que tu réduises.	Que tu craignes.	Que tu paraisses.
Qu'il plaise.	Qu'il réduise.	Qu'il craigne.	Qu'il paraisse.
Que nous plaisions.	Que nous réduisions.	Que nous craignions.	Que nous paraissions.
Que vous plaisiez.	Que vous réduisiez.	Que vous craigniez.	Que vous paraissiez.
Qu'ils plaisent.	Qu'ils réduisent.	Qu'ils craignent.	Qu'ils paraissent.

IMPARFAIT.

Que je plusse.	Que je réduisisse.	Que je craignisse.	Que je parusse.
Que tu plusses.	Que tu réduisisses.	Que tu craignisses.	Que tu parusses.
Qu'il plût.	Qu'il réduisît.	Qu'il craignît.	Qu'il parût.
Que nous plussions.	Que nous réduisissions.	Que nous craignissions.	Que nous parussions.
Que vous plussiez.	Que vous réduisissiez.	Que vous craignissiez.	Que vous parussiez.
Qu'ils plussent.	Qu'ils réduisissent.	Qu'ils craignissent.	Qu'ils parussent.

PASSÉ.

Que j'aie plu.	Que j'aie réduit.	Que j'aie craint.	Que j'aie paru.
Que tu aies plu.	Que tu aies réduit.	Que tu aies craint.	Que tu aies paru.
Qu'il ait plu.	Qu'il ait réduit.	Qu'il ait craint.	Qu'il ait paru.
Que nous ayons plu.	Que nous ayons réduit.	Que nous ayons craint.	Que nous ayons paru.
Que vous ayez plu.	Que vous ayez réduit.	Que vous ayez craint.	Que vous ayez paru.
Qu'ils aient plu.	Qu'ils aient réduit.	Qu'ils aient craint.	Qu'ils aient paru.

PLUS-QUE-PARFAIT.

Que j'eusse plu.	Que j'eusse réduit.	Que j'eusse craint.	Que j'eusse paru.
Que tu eusses plu.	Que tu eusses réduit.	Que tu eusses craint.	Que tu eusses paru.
Qu'il eût plu.	Qu'il eût réduit.	Qu'il eût craint.	Qu'il eût paru.
Que nous eussions plu.	Que nous eussions réduit.	Que nous eussions craint.	Que nous eussions paru.
Que vous eussiez plu.	Que vous eussiez réduit.	Que vous eussiez craint.	Que vous eussiez paru.
Qu'ils eussent plu.	Qu'ils eussent réduit.	Qu'ils eussent craint.	Qu'ils eussent paru.

MODE INFINITIF.

PRÉSENT.

Plaire.	Réduire.	Craindre.	Paraître.

PARTICIPE PRÉSENT.

Plaisant.	Réduisant.	Craignant.	Paraissant.

PARTICIPE PASSÉ.

Plu.	Étant réduit *ou* réduite *ou*	Étant craint *ou* crainte *ou*	Étant paru *ou* parue *ou*
Ayant plu.	Ayant réduit.	Ayant craint.	Ayant paru.

PASSÉ.

Être *ou* plu. Avoir	Être *ou* réduit. Avoir	Être *ou* craint. Avoir	Être *ou* paru. Avoir

NOTA. Nous n'avons multiplié les *modèles de conjugaison* des *verbes réguliers* que pour en rendre l'orthographe plus facile, et pour réduire le nombre, qui serait presque illimité, des *verbes irréguliers* dans notre langue.

N° CCCCLXXIV.

MODÈLE DE CONJUGAISON DES VERBES

PASSIFS.　　　　　　　　　　PRONOMINAUX.

MODE INDICATIF.

PRÉSENT.

Je suis aimé *ou* aimée.
Tu es aimé *ou* aimée.
Il *ou* elle est aimé *ou* aimée.
Nous sommes aimés *ou* aimées.
Vous êtes aimés *ou* aimées.
Ils *ou* elles sont aimés *ou* aimées.

IMPARFAIT.

J'étais aimé *ou* aimée.
Tu étais aimé *ou* aimée.
Il *ou* elle était aimé *ou* aimée.
Nous étions aimés *ou* aimées.
Vous étiez aimés *ou* aimées.
Ils *ou* elles étaient aimés *ou* aimées.

PASSÉ DÉFINI.

Je fus aimé *ou* aimée.
Tu fus aimé *ou* aimée.
Il *ou* elle fut aimé *ou* aimée.
Nous fûmes aimés *ou* aimées.
Vous fûtes aimés *ou* aimées.
Ils *ou* elles furent aimés *ou* aimées.

PASSÉ INDÉFINI.

J'ai été aimé *ou* aimée.
Tu as été aimé *ou* aimée.
Il *ou* elle a été aimé *ou* aimée.
Nous avons été aimés *ou* aimées.
Vous avez été aimés *ou* aimées.
Ils *ou* elles ont été aimés *ou* aimées.

PASSÉ ANTÉRIEUR DÉFINI.

J'eus été aimé *ou* aimée.
Tu eus été aimé *ou* aimée.
Il *ou* elle eut été aimé *ou* aimée.
Nous eûmes été aimés *ou* aimées.
Vous eûtes été aimés *ou* aimées.
Ils *ou* elles eurent été aimés *ou* aimées.

MODE INDICATIF.

PRÉSENT.

Je me flatte.
Tu te flattes.
Il *ou* elle se flatte.
Nous nous flattons.
Vous vous flattez.
Ils *ou* elles se flattent.

IMPARFAIT.

Je me flattais.
Tu te flattais.
Il *ou* elle se flattait.
Nous nous flattions.
Vous vous flattiez.
Ils *ou* elles se flattaient.

PASSÉ DÉFINI.

Je me flattai.
Tu te flattas.
Il *ou* elle se flatta.
Nous nous flattâmes.
Vous vous flattâtes.
Ils *ou* elles se flattèrent.

PASSÉ INDÉFINI.

Je me suis flatté *ou* flattée.
Tu t'es flatté *ou* flattée.
Il *ou* elle s'est flatté *ou* flattée.
Nous nous sommes flattés *ou* flattées.
Vous vous êtes flattés *ou* flattées.
Ils *ou* elles se sont flattés *ou* flattées.

PASSÉ ANTÉRIEUR INDÉFINI.

Je me fus flatté *ou* flattée.
Tu te fus flatté *ou* flattée.
Il *ou* elle se fut flatté *ou* flattée.
Nous nous fûmes flattés *ou* flattées.
Vous vous fûtes flattés *ou* flattées.
Ils *ou* elles se furent flattés *ou* flattées.

PLUS-QUE-PARFAIT.

J'avais été aimé *ou* aimée.
Tu avais été aimé *ou* aimée.
Il *ou* elle avait été aimé *ou* aimée.
Nous avions été aimés *ou* aimées.
Vous aviez été aimés *ou* aimées.
Ils *ou* elles avaient été aimés *ou* aimées.

FUTUR.

Je serai aimé *ou* aimée.
Tu seras aimé *ou* aimée.
Il *ou* elle sera aimé *ou* aimée.
Nous serons aimés *ou* aimées.
Vous serez aimés *ou* aimées.
Ils *ou* elles seront aimés *ou* aimées.

FUTUR ANTÉRIEUR.

J'aurai été aimé *ou* aimée.
Tu auras été aimé *ou* aimée.
Il *ou* elle aura été aimé *ou* aimée.
Nous aurons été aimés *ou* aimées.
Vous aurez été aimés *ou* aimées.
Ils *ou* elles auront été aimés *ou* aimées.

MODE CONDITIONNEL.

PRÉSENT.

Je serais aimé *ou* aimée.
Tu serais aimée *ou* aimée.
Il *ou* elle serait aimé *ou* aimée.
Nous serions aimés *ou* aimées.
Vous seriez aimés *ou* aimées.
Ils *ou* elles seraient aimés *ou* aimées.

PASSÉ.

J'aurais été aimé *ou* aimée.
Tu aurais été aimé *ou* aimée.
Il *ou* elle aurait été aimé *ou* aimée.
Nous aurions été aimés *ou* aimées.
Vous auriez été aimés *ou* aimées.
Ils *ou* elles auraient été aimés *ou* aimées.

On dit encore :

J'eusse été aimé *ou* aimée.
Tu eusses été aimé *ou* aimée.
Il *ou* elle eût été aimé *ou* aimée.
Nous eussions été aimés *ou* aimées.
Vous eussiez été aimés *ou* aimées.
Ils *ou* elles eussent été aimés *ou* aimées.

MODE IMPÉRATIF.

PRÉSENT OU FUTUR.

Point de première personne.

Sois aimé *ou* aimée.
Soyons aimés *ou* aimées.
Soyez aimés *ou* aimées.

MODE SUBJONCTIF.

PRÉSENT OU FUTUR.

Que je sois aimé *ou* aimée.
Que tu sois aimé *ou* aimée.
Qu'il *ou* qu'elle soit aimé *ou* aimée.
Que nous soyons aimés *ou* aimées.
Que vous soyez aimés *ou* aimées.
Qu'ils *ou* qu'elles soient aimés *ou* aimées.

PLUS-QUE-PARFAIT.

Je m'étais flatté *ou* flattée.
Tu t'étais flatté *ou* flattée.
Il *ou* elle s'était flatté *ou* flattée.
Nous nous étions flattés *ou* flattées.
Vous vous étiez flattés *ou* flattées.
Ils *ou* elles s'étaient flattés *ou* flattées.

FUTUR.

Je me flatterai.
Tu te flatteras.
Il *ou* elle se flattera.
Nous nous flatterons.
Vous vous flatterez.
Ils *ou* elles se flatteront.

FUTUR ANTÉRIEUR.

Je me serai flatté *ou* flattée.
Tu te seras flatté *ou* flattée.
Il *ou* elle se sera flatté *ou* flattée.
Nous nous serons flattés *ou* flattées.
Vous vous serez flattés *ou* flattées.
Ils *ou* elles se seront flattés *ou* flattées.

MODE CONDITIONNEL.

PRÉSENT.

Je me flatterais.
Tu te flatterais.
Il *ou* elle se flatterait.
Nous nous flatterions.
Vous vous flatteriez.
Ils *ou* elles se flatteraient.

PASSÉ.

Je me serais flatté *ou* flattée.
Tu te serais flatté *ou* flattée.
Il *ou* elle se serait flatté *ou* flattée.
Nous nous serions flattés *ou* flattées.
Vous vous seriez flattés *ou* flattées.
Ils *ou* elles se seraient flattés *ou* flattées

On dit encore :

Je me fusse flatté *ou* flattée.
Tu te fusses flatté *ou* flattée.
Il *ou* elle se fût flatté *ou* flattée.
Nous nous fussions flattés *ou* flattées.
Vous vous fussiez flattés *ou* flattées.
Ils *ou* elles se fussent flattés *ou* flattées.

MODE IMPÉRATIF.

PRÉSENT OU FUTUR.

Point de première personne.

Flatte-toi.
Flattons-nous.
Flattez-vous.

MODE SUBJONCTIF.

PRÉSENT OU FUTUR.

Que je me flatte.
Que tu te flattes.
Qu'il *ou* qu'elle se flatte.
Que nous nous flattions.
Que vous vous flattiez.
Qu'ils *ou* qu'elles se flattent.

IMPARFAIT.

Que je fusse aimé *ou* aimée.
Que tu fusses aimé *ou* aimée.
Qu'il *ou* qu'elle fût aimé *ou* aimée.
Que nous fussions aimés *ou* aimées.
Que vous fussiez aimés *ou* aimées.
Qu'ils *ou* qu'elles fussent aimés *ou* aimées.

PASSÉ.

Que j'aie été aimé *ou* aimée.
Que tu aies été aimé *ou* aimée.
Qu'il *ou* qu'elle ait été aimé *ou* aimée.
Que nous ayons été aimés *ou* aimées.
Que vous ayez été aimés *ou* aimées.
Qu'ils *ou* qu'elles aient été aimés *ou* aimées.

PLUS-QUE-PARFAIT.

Que j'eusse été aimé *ou* aimée.
Que tu eusses été aimé *ou* aimée.
Qu'il *ou* qu'elle eût été aimé *ou* aimée.
Que nous eussions été aimés *ou* aimées.
Que vous eussiez été aimés *ou* aimées.
Qu'ils *ou* qu'elles eussent été aimés *ou* aimées.

MODE INFINITIF.

PRÉSENT.

Être aimé *ou* aimée.

PARTICIPE PRÉSENT.

Étant aimé *ou* aimée.

PARTICIPE PASSÉ.

Ayant été aimé *ou* aimée.

PASSÉ.

Avoir été aimé *ou* aimée.

IMPARFAIT.

Que je me flattasse.
Que tu te flattasses.
Qu'il *ou* qu'elle se flattât.
Que nous nous flattassions.
Que vous vous flattassiez.
Qu'ils *ou* qu'elles se flattassent.

PASSÉ.

Que je me sois flatté *ou* flattée.
Que tu te sois flatté *ou* flattée.
Qu'il *ou* qu'elle se soit flatté *ou* flattée.
Que nous nous soyons flattés *ou* flattées.
Que vous vous soyez flattés *ou* flattées.
Qu'ils *ou* qu'elles se soient flattés *ou* flattées.

PLUS-QUE-PARFAIT.

Que je me fusse flatté *ou* flattée.
Que tu te fusses flatté *ou* flattée.
Qu'il *ou* qu'elle se fût flatté *ou* flattée.
Que nous nous fussions flattés *ou* flattées.
Que vous vous fussiez flattés *ou* flattées.
Qu'ils *ou* qu'elles se fussent flattés *ou* flattées.

MODE INFINITIF.

PRÉSENT.

Se flatter.

PARTICIPE PRÉSENT.

Se flattant.

PARTICIPE PASSÉ.

Flatté *ou* flattée.
S'étant flatté *ou* flattée.

PASSÉ.

S'être flatté *ou* flattée.

RÈGLE. Il n'y a qu'une seule *conjugaison* pour les *verbes passifs*. Elle se forme avec l'auxiliaire *être*, dans tous ses temps, et avec le *participe passé* du *verbe actif* que l'on veut conjuguer passivement.

La conjugaison des *verbes pronominaux* suit la règle du verbe que l'on conjugue; seulement on y ajoute deux pronoms qui se rapportent à la même personne.

DE LA FORMATION DES TEMPS.

Nous avons déjà dit que les *temps* sont *simples* ou *composés*. On appelle *temps simples* ceux qui n'empruntent pas un des *temps* des verbes auxiliaires *avoir* et *être*; et *temps composés*, ceux qui se forment des *temps* d'*avoir* ou d'*être*, et du participe passé d'un verbe. Parmi les *temps simples*, il y en a cinq qu'on nomme *primitifs*, parce qu'ils servent a former les autres *temps* dans les quatre *conjugaisons*. Ce sont le *présent* et le *prétérit défini* de l'indicatif, et le *présent*, le *participe présent* et le *participe passé* de l'infinitif.

I. Du *présent de l'indicatif* se forme la *seconde personne de l'impératif*, en ôtant seulement le pronom *je*, comme *j'aime*, impératif, *aime*. Il n'y a que quatre *verbes* dont l'impératif ne suive pas cette formation; savoir, dans la première *conjugaison*, je *vais*, impératif, *va*; dans la troisième, *j'ai*, impératif, *aie*; *je sais*, impératif, *sache*; et dans la quatrième, *je suis*, impératif, *sois*.

II. Du *prétérit de l'indicatif* se forme l'*imparfait du subjonctif*, en changeant *ai* en *asse*, pour la première *conjugaison*, comme *j'aimai*, *j'aimasse*, et en ajoutant seulement *se* aux autres terminaisons du *prétérit défini*, comme *je finis, je finisse; je reçus, je reçusse; je devins, je devinsse.*

III. Du *présent de l'infinitif* se forme le *futur de l'indicatif* et le *présent du conditionnel*, en changeant *r* ou *re* en *rai* et *rais*, comme *aimer, j'aimerai, j'aimerais; rendre, je rendrai, je rendrais.*

EXCEPTIONS. Dans la première *conjugaison*, *aller* fait *j'irai, j'irais*.

Dans la seconde *conjugaison, courir* fait *je courrai, je courrais; mourir, je mourrai, je mourrais; acquérir, j'acquerrai, j'acquerrais; conquérir, je conquerrai, je conquerrais Cueillir* fait *je cueillerai, je cueillerais. Saillir*, signifiant *déborder le nu du mur*, fait *i saillera, il saillerait. Assaillir* et *tressaillir* forment régulièrement, suivant l'Académie, leur *futur* et leur *conditionnel*. Voir plus loin la conjugaison de *tressaillir. Tenir* et *venir*, avec leurs composés, font *je tiendrai, je tiendrais; je viendrai, je viendrais.*

Troisième *conjugaison* : *avoir* fait *j'aurai, j'aurais; recevoir, je recevrai, je recevrais; déchoir, échoir, j'écherrai, j'écherrais; falloir, il faudra, il faudrait; pouvoir, je pourrai, je pourrais; savoir, je saurai, je saurais; s'asseoir, je m'assiérai ou m'asseierai, je m'assiérais ou m'asseierais; voir, je verrai, je verrais*. Même formation pour les composés de ce dernier verbe; excepté *pourvoir* et *prévoir*, dont ces deux *temps* se forment régulièrement. *Pleuvoir, il pleuvra, il pleuvrait; valoir, je vaudrai je vaudrais vouloir, je voudrai, je voudrais.*

Quatrième *conjugaison* : *faire, je ferai, je ferais; être, je serai, je serais*.

REMARQUE. Les grammairiens forment du *futur* le *présent du conditionnel* en changeant *rai* en *rais*. Dans cette formation, il n'y a aucune exception.

IV. Du *participe présent* se forment :

1° L'*imparfait de l'indicatif*, en changeant *ant* en *ais*, comme *aimant, j'aimais; finissant, je finissais*. Il n'y a que deux exceptions; savoir : *ayant, j'avais; sachant, je savais*.

2° Les trois personnes du pluriel du *présent de l'indicatif*, en changeant *ant* en *ons, ez, ent*, comme *aimant, nous aimons, vous aimez, ils aiment*.

EXCEPTIONS. Dans la troisième *conjugaison*, on excepte *ayant* et *sachant*, qui font *nous avons, vous avez, ils ont; nous savons, vous savez, ils savent;* et dans la quatrième *conjugaison, faisant* et ses composés, qui font *vous faites, ils font; disant* et son composé *redisant*, dont la seconde personne du *présent* est *vous dites, vous redites; étant*, qui fait *nous sommes, vous êtes, ils sont*.

La première et la seconde personne de l'*impératif* sont semblables à la première et à la seconde personne du pluriel du *présent de l'indicatif*, et ont, par conséquent, la même formation.

3° Le *présent du subjonctif*, en changeant *ant*, selon la personne et le nombre, en *e, es, e, ions, iez, ent*, comme *aimant, que j'aime, que tu aimes, qu'il aime, que nous aimions, que vous aimiez, qu'ils aiment*.

EXCEPTIONS. Dans la première *conjugaison*, on excepte *allant*, qui fait *que j'aille, que tu ailles, qu'il aille, qu'ils aillent*. Dans la seconde *conjugaison*, *tenant*, et *venant*, et leurs composés *que je tienne, que tu tiennes, qu'il tienne, qu'ils tiennent; que je vienne*, etc. La première et la seconde personne du pluriel se forment régulièrement.

Dans la troisième *conjugaison*, on excepte les *verbes* en *evoir*, comme *recevant, que je reçoive, que tu reçoives, qu'il reçoive, qu'ils reçoivent; pouvant, que je puisse, que tu puisses, qu'il puisse, que nous puissions, que vous puissiez, qu'ils puissent; valant, que je vaille, que tu vailles, qu'il vaille, qu'ils vaillent; voulant, que je veuille, que tu veuilles, qu'il veuille, qu'ils veuillent; mouvant, que je meuve, que tu meuves, qu'il meuve, qu'ils meuvent. Falloir*, sans *participe présent*, *qu'il faille*.

Dans la quatrième *conjugaison*, *faisant, que je fasse, que tu fasses, qu'il fasse, que nous fassions, que vous fassiez, qu'ils fassent*. Même conjugaison, *buvant, que je boive, que tu* boives, qu'il boive, qu'ils boivent. Même conjugaison, prenant, que je prenne, que tu prennes, qu'il prenne, qu'ils prennent; étant, que je sois, que tu sois, qu'il soit, que nous soyons, que vous soyez, qu'ils soient.

Les troisièmes personnes de l'*impératif* étant semblables aux troisièmes personnes du *présent du subjonctif*, ont la même formation.

REMARQUE. Cette formation ne doit pas empêcher le changement de l'*y* en *i* dans les verbes où l'usage l'a introduit, comme *voyant, que je voie*; *employant, que j'emploie*; *essayant, que j'essaie*, etc. L'Académie écrit *que j'essaye, que je paye*, etc., c'est-à-dire qu'elle conserve l'*y* dans toute la conjugaison des verbes en *ayer*.

Du *participe passé* se forment tous les *temps composés* et *sur-composés* qui se trouvent dans les *verbes*, en joignant à ce *participe* les différents *temps* des auxiliaires *avoir* ou *être*, comme *j'ai aimé, j'eus aimé, j'ai eu aimé, que j'aie aimé, que j'eusse aimé, avoir aimé, ayant aimé*; *je suis tombé, je fusse tombé, que je sois tombé, étant tombé*, etc.

N° CCCCLXXV.

DES VERBES IRRÉGULIERS.

Nous avons dit que les *verbes irréguliers* sont ceux qui s'écartent de la règle des *conjugaisons* ordinaires.

PREMIÈRE CONJUGAISON

MODE INDICATIF.

PRÉSENT.

Je vais, ou je vas.   J'envoie.
Tu vas.   Tu envoies.
Il va.   Il envoie.
Nous allons.   Nous envoyons.
Vous allez.   Vous envoyez.
Ils vont.   Ils envoient.

IMPARFAIT.

J'allais.   J'envoyais.
Tu allais.   Tu envoyais.
Il allait.   Il envoyait.
Nous allions.   Nous envoyions.
Vous alliez.   Vous envoyiez.
Ils allaient.   Ils envoyaient.

PASSÉ DÉFINI.

J'allai.   J'envoyai.
Tu allas.   Tu envoyas.
Il alla.   Il envoya.
Nous allâmes.   Nous envoyâmes.
Vous allâtes.   Vous envoyâtes.
Ils allèrent.   Ils envoyèrent.

PASSÉ INDÉFINI.

Je suis allé, etc.   J'ai envoyé, etc.
Nous sommes allés, etc. Nous avons envoyé, etc.

PASSÉ ANTÉRIEUR.

Je fus allé, etc.   J'eus envoyé, etc.
Nous fûmes allés, etc. Nous eûmes envoyé, etc.

PLUS-QUE-PARFAIT.

J'étais allé, etc.   J'avais envoyé, etc.
Nous étions allés, etc. Nous avions envoyé, etc.

FUTUR.

J'irai.   J'enverrai.
Tu iras.   Tu enverras.
Il ira.   Il enverra.
Nous irons.   Nous enverrons.
Vous irez.   Vous enverrez.
Ils iront.   Ils enverront.

FUTUR ANTÉRIEUR.

Je serai allé, etc. J'aurai envoyé, etc.
Nous serons allés, etc. Nous aurons envoyé, etc.

MODE CONDITIONNEL.

PRÉSENT.

J'irais.   J'enverrais.
Tu irais.   Tu enverrais.
Il irait.   Il enverrait.
Nous irions.   Nous enverrions.
Vous iriez.   Vous enverriez.
Ils iraient.   Ils enverraient.

PASSÉ.

Je serais allé, etc. J'aurais envoyé, etc.
Nous serions allés, etc. Nous aurions envoyé, etc.

On dit encore :

Je fusse allé, etc. J'eusse envoyé, etc.
Nous fussions allés, etc. Nous eussions envoyé, etc.

MODE IMPÉRATIF.

PRÉSENT.

Va.   Envoie.
Allons.   Envoyons.
Allez.   Envoyez.

MODE SUBJONCTIF.

PRÉSENT.

Que j'aille.   Que j'envoie.
Que tu ailles.   Que tu envoies.
Qu'il aille.   Qu'il envoie.
Que nous allions.   Que nous envoyions.
Que vous alliez.   Que vous envoyiez.
Qu'ils aillent.   Qu'ils envoient.

IMPARFAIT.			MODE INFINITIF.
Que j'allasse.	Que j'envoyasse.		
Que tu allasses.	Que tu envoyasses.		PRÉSENT.
Qu'il allât.	Qu'il envoyât.	Aller.	Envoyer.
Que nous allassions.	Que nous envoyassions.		PASSÉ.
Que vous allassiez.	Que vous envoyassiez.		
Qu'ils allassent.	Qu'ils envoyassent.	Être allé *ou* allée.	Avoir envoyé.
PASSÉ.			PARTICIPE PRÉSENT.
Que je sois allé, etc.	Que j'eusse envoyé, etc.	Allant.	Envoyant.
Que nous soyons allés, etc.	Que nous ayons envoyé, etc.		PARTICIPE PASSÉ.
PLUS-QUE-PARFAIT.		Étant allé.	Ayant envoyé.
Que je fusse allé, etc.	Que j'aie envoyé, etc.		Conjuguez sur
Que nous fussions allés, etc.	Que nous eussions envoyé, etc.	Aller, *s'en aller*.	Envoyer, *renvoyer*.

OBSERVATION. *Aller, envoyer* et *renvoyer* sont les seuls *verbes irréguliers* de cette *conjugaison*. *Puer* n'est plus un *verbe irrégulier*. On écrit maintenant au présent de l'indicatif : *je pue, tu pues, il pue*, et non pas *je pus, tu pus, il put*, que l'on pourrait confondre avec le passé défini du *verbe pouvoir*.

SECONDE CONJUGAISON.

On conjugue comme *finir* les *verbes unir, punir, munir*, et tous ceux qui ont la première personne du singulier du présent de l'indicatif en *is*, *j'unis, je punis, je munis*, etc., et leurs composés.

ACQUÉRIR.	BOUILLIR.		
MODE INDICATIF.		FUTUR.	
PRÉSENT.		J'acquerrai.	Je bouillirai.
J'acquiers.	Je bous.	Tu acquerras.	Tu bouilliras.
Tu acquiers.	Tu bous.	Il acquerra.	Il bouillira.
Il acquiert.	Il bout.	Nous acquerrons.	Nous bouillirons.
Nous acquérons.	Nous bouillons.	Vous acquerrez.	Vous bouillirez.
Vous acquérez.	Vous bouillez.	Ils acquerront.	Ils bouilliront.
Ils acquièrent.	Ils bouillent.	FUTUR ANTÉRIEUR.	
IMPARFAIT.		J'aurai acquis, etc.	J'aurai bouilli, etc.
J'acquérais.	Je bouillais.	Nous aurons acquis, etc.	Nous aurons bouilli, etc.
Tu acquérais.	Tu bouillais.	MODE CONDITIONNEL.	
Il acquérait.	Il bouillait.	PRÉSENT.	
Nous acquérions.	Nous bouillions.	J'acquerrais.	Je bouillirais.
Vous acquériez.	Vous bouilliez.	Tu acquerrais.	Tu bouillirais.
Ils acquéraient.	Ils bouillaient.	Il acquerrait.	Il bouillirait.
PASSÉ DÉFINI.		Nous acquerrions.	Nous bouillirions.
J'acquis.	Je bouillis.	Vous acquerriez.	Vous bouilliriez.
Tu acquis.	Tu bouillis.	Ils acquerraient.	Ils bouilliraient.
Il acquit.	Il bouillit.	PASSÉ.	
Nous acquîmes.	Nous bouillîmes.	J'aurais acquis, etc.	J'aurais bouilli, etc.
Vous acquîtes.	Vous bouillîtes.	Nous aurions acquis, etc.	Nous aurions bouilli, etc.
Ils acquirent.	Ils bouillirent.	On dit encore :	
PASSÉ INDÉFINI.		J'eusse acquis, etc.	J'eusse bouilli, etc.
J'ai acquis, etc.	J'ai bouilli, etc.	Nous eussions acquis, etc.	Nous eussions bouilli, etc.
Nous avons acquis, etc.	Nous avons bouilli, etc.	MODE IMPÉRATIF.	
PASSÉ ANTÉRIEUR.		PRÉSENT.	
J'eus acquis, etc.	J'eus bouilli, etc.	Acquiers.	Bous.
Nous eûmes acquis, etc.	Nous eûmes bouilli, etc	Acquérons.	Bouillons.
PLUS-QUE-PARFAIT.		Acquérez.	Bouillez.
J'avais acquis, etc.	J'avais bouilli, etc.		
Nous avions acquis, etc.	Nous avions bouilli, etc.		

MODE SUBJONCTIF.

PRÉSENT.

Que j'acquière.
Que tu acquières.
Qu'il acquière.
Que nous acquérions.
Que vous acquériez.
Qu'ils acquièrent.

Que je bouille.
Que tu bouilles.
Qu'il bouille.
Que nous bouillions.
Que vous bouilliez.
Qu'ils bouillent.

IMPARFAIT.

Que j'acquisse.
Que tu acquisses.
Qu'il acquît.
Que nous acquissions.
Que vous acquissiez.
Qu'ils acquissent.

Que je bouillisse.
Que tu bouillisses.
Qu'il bouillît.
Que nous bouillissions.
Que vous bouillissiez.
Qu'ils bouillissent.

PASSÉ.

Que j'aie acquis, etc.
Que nous ayons acquis, etc.

Que j'aie bouilli, etc.
Que nous ayons bouilli, etc.

PLUS-QUE-PARFAIT.

Que j'eusse acquis, etc.
Que nous eussions acquis, etc.

Que j'eusse bouilli, etc.
Que nous eussions bouilli, etc.

MODE INFINITIF.

PRÉSENT.

Acquérir.
Bouillir.

PASSÉ.

Avoir acquis.
Avoir bouilli.

PARTICIPE PRÉSENT.

Acquérant.
Bouillant.

PARTICIPE PASSÉ.

Acquis, acquise, ayant acquis.
Bouilli, bouillie, ayant bouilli.

COURIR.   MOURIR.

MODE INDICATIF.

PRÉSENT.

Je cours.
Tu cours.
Il court.
Nous courons.
Vous courez.
Ils courent.

Je meurs.
Tu meurs.
Il meurt.
Nous mourons.
Vous mourez.
Ils meurent.

IMPARFAIT.

Je courais.
Tu courais.
Il courait.
Nous courions.
Vous couriez.
Ils couraient.

Je mourais.
Tu mourais.
Il mourait.
Nous mourions.
Vous mouriez.
Ils mouraient.

PASSÉ DÉFINI.

Je courus.
Tu courus.
Il courut.
Nous courûmes.
Vous courûtes.
Ils coururent.

Je mourus.
Tu mourus.
Il mourut.
Nous mourûmes.
Vous mourûtes.
Ils moururent.

PASSÉ INDÉFINI.

J'ai couru, etc.
Nous avons couru, etc.

Je suis mort, etc.
Nous sommes morts, etc.

PASSÉ ANTÉRIEUR.

J'eus couru, etc.
Nous eûmes couru, etc.

Je fus mort, etc.
Nous fûmes morts, etc.

PLUS-QUE-PARFAIT.

J'avais couru, etc.
Nous avions couru, etc.

J'étais mort, etc.
Nous étions morts, etc.

FUTUR.

Je courrai.
Tu courras.
Il courra.
Nous courrons.
Vous courrez.
Ils courront.

Je mourrai.
Tu mourras.
Il mourra.
Nous mourrons.
Vous mourrez.
Ils mourront.

FUTUR ANTÉRIEUR.

J'aurai couru, etc.
Nous aurons couru, etc.

Je serai mort, etc.
Nous serons morts, etc.

MODE CONDITIONNEL.

PRÉSENT.

Je courrais.
Tu courrais.
Il courrait.
Nous courrions.
Vous courriez.
Ils courraient.

Je mourrais.
Tu mourrais.
Il mourrait.
Nous mourrions.
Vous mourriez.
Ils mourraient.

PASSÉ.

J'aurais couru, etc.
Nous aurions couru, etc.

Je serais mort, etc.
Nous serions morts, etc.

On dit encore :

J'eusse couru, etc.
Nous eussions couru, etc.

Je fusse mort, etc.
Nous fussions morts, etc.

MODE IMPÉRATIF.

PRÉSENT.

Cours.
Courons.
Courez.

Meurs.
Mourons.
Mourez.

MODE SUBJONCTIF.

PRÉSENT.

Que je coure.
Que tu coures.
Qu'il coure.
Que nous courions.
Que vous couriez.
Qu'ils courent.

Que je meure.
Que tu meures.
Qu'il meure.
Que nous mourions.
Que vous mouriez.
Qu'ils meurent.

IMPARFAIT.

Que je courusse.
Que tu courusses.
Qu'il courût.
Que nous courussions.
Que vous courussiez.
Qu'ils courussent.

Que je mourusse.
Que tu mourusses.
Qu'il mourût.
Que nous mourussions.
Que vous mourussiez.
Qu'ils mourussent.

PASSÉ.

Que j'aie couru, etc.
Que nous ayons couru, etc.

Que je sois mort, etc.
Que nous soyons morts, etc.

PLUS-QUE-PARFAIT.

Que j'eusse couru, etc.
Que nous eussions couru, etc.

Que je fusse mort, etc.
Que nous fussions morts, etc.

MODE INFINITIF.

PRÉSENT.

Courir.   Mourir.

PASSÉ.

Avoir couru.   Être mort.

PARTICIPE PRÉSENT.

Courant.   Mourant.

PARTICIPE PASSÉ.

Couru, courue, ayant couru.   Mort, morte, étant mort.

OFFRIR.   MENTIR.

MODE INDICATIF.

PRÉSENT.

J'offre.	Je mens.
Tu offres.	Tu mens.
Il offre.	Il ment.
Nous offrons.	Nous mentons.
Vous offrez.	Vous mentez.
Ils offrent.	Ils mentent.

IMPARFAIT.

J'offrais.	Je mentais.
Tu offrais.	Tu mentais.
Il offrait.	Il mentait.
Nous offrions.	Nous mentions.
Vous offriez.	Vous mentiez.
Ils offraient.	Ils mentaient.

PASSÉ DÉFINI.

J'offris.	Je mentis.
Tu offris.	Tu mentis.
Il offrit.	Il mentit.
Nous offrîmes.	Nous mentîmes.
Vous offrîtes.	Vous mentîtes.
Ils offrirent.	Ils mentirent.

PASSÉ INDÉFINI.

J'ai offert, etc.   J'ai menti, etc.
Nous avons offert, etc.   Nous avons menti, etc.

PASSÉ ANTÉRIEUR.

J'eus offert, etc.   J'eus menti, etc.
Nous eûmes offert, etc.   Nous eûmes menti, etc.

PLUS-QUE-PARFAIT.

J'avais offert, etc.   J'avais menti, etc.
Nous avions offert, etc.   Nous avions menti, etc.

FUTUR.

J'offrirai.	Je mentirai.
Tu offriras.	Tu mentiras.
Il offrira.	Il mentira.
Nous offrirons.	Nous mentirons.
Vous offrirez.	Vous mentirez.
Ils offriront.	Ils mentiront.

FUTUR ANTÉRIEUR.

J'aurai offert, etc.   J'aurai menti, etc.
Nous aurons offert, etc.   Nous aurons menti, etc.

MODE CONDITIONNEL.

PRÉSENT.

J'offrirais.	Je mentirais.
Tu offrirais.	Tu mentirais.
Il offrirait.	Il mentirait.
Nous offririons.	Nous mentirions.
Vous offririez.	Vous mentiriez.
Ils offriraient.	Ils mentiraient.

PASSÉ.

J'aurais offert, etc.   J'aurais menti, etc.
Nous aurions offert, etc.   Nous aurions menti, etc.

On dit encore :

J'eusse offert, etc.   J'eusse menti, etc.
Nous eussions offert, etc.   Nous eussions menti, etc.

MODE IMPÉRATIF.

PRÉSENT.

Offre.	Mens.
Offrons.	Mentons.
Offrez.	Mentez.

MODE SUBJONCTIF.

PRÉSENT.

Que j'offre.	Que je mente.
Que tu offres.	Que tu mentes.
Qu'il offre.	Qu'il mente.
Que nous offrions.	Que nous mentions.
Que vous offriez.	Que vous mentiez.
Qu'ils offrent.	Qu'ils mentent.

IMPARFAIT.

Que j'offrisse.	Que je mentisse.
Que tu offrisses.	Que tu mentisses.
Qu'il offrît.	Qu'il mentît.
Que nous offrissions.	Que nous mentissions.
Que vous offrissiez.	Que vous mentissiez.
Qu'ils offrissent.	Qu'ils mentissent.

PASSÉ.

Que j'aie offert, etc.   Que j'aie menti, etc.
Que nous ayons offert, etc.   Que nous ayons menti, etc.

PLUS-QUE-PARFAIT.

Que j'eusse offert, etc.   Que j'eusse menti, etc.
Que nous eussions offert, etc.   Que nous eussions menti, etc.

MODE INFINITIF.

PRÉSENT.

Offrir.   Mentir.

PASSÉ.

Avoir offert.   Avoir menti.

PARTICIPE PRÉSENT.

Offrant.   Mentant.

PARTICIPE PASSÉ.

Offert, offerte, ayant offert.   Menti, mentie, ayant menti.

CUEILLIR.   FAILLIR.

MODE INDICATIF.

PRÉSENT.

Je cueille.	Je faux.
Tu cueilles.	Tu faux.
Il cueille.	Il faut.
Nous cueillons.	Nous faillons.
Vous cueillez.	Vous faillez.
Ils cueillent.	Ils faillent.

IMPARFAIT.

Je cueillais.	Je faillais.
Tu cueillais.	Tu faillais.
Il cueillait.	Il faillait.
Nous cueillions.	Nous faillions.
Vous cueilliez.	Vous failliez.
Ils cueillaient.	Ils faillaient.

PASSÉ DÉFINI.

Je cueillis.	Je faillis.
Tu cueillis.	Tu faillis.
Il cueillit.	Il faillit.
Nous cueillîmes.	Nous faillîmes.
Vous cueillîtes.	Vous faillîtes.
Ils cueillirent.	Ils faillirent.

PASSÉ INDÉFINI.

J'ai cueilli, etc.	J'ai failli, etc.
Nous avons cueilli, etc.	Nous avons failli, etc.

PASSÉ ANTÉRIEUR.

J'eus cueilli, etc.	J'eus failli, etc.
Nous eûmes cueilli, etc.	Nous eûmes failli, etc.

PLUS-QUE-PARFAIT.

J'avais cueilli, etc.	J'avais failli, etc.
Nous avions cueilli, etc.	Nous avions failli, etc.

FUTUR.

Je cueillerai.	Je faillirai.
Tu cueilleras.	Tu failliras.
Il cueillera.	Il faillira.
Nous cueillerons.	Nous faillirons.
Vous cueillerez.	Vous faillirez.
Ils cueilleront.	Ils failliront (1).

FUTUR ANTÉRIEUR.

J'aurai cueilli, etc.	J'aurai failli, etc.
Nous aurons cueilli, etc.	Nous aurons failli, etc.

MODE CONDITIONNEL.

PRÉSENT.

Je cueillerais.	Je faillirais.
Tu cueillerais.	Tu faillirais.
Il cueillerait.	Il faillirait.
Nous cueillerions.	Nous faillirions.
Vous cueilleriez.	Vous failliriez.
Ils cueilleraient.	Ils failliraient.

PASSÉ.

J'aurais cueilli, etc.	J'aurais failli, etc.
Nous aurions cueilli, etc.	Nous aurions failli, etc.

On dit encore :

J'eusse cueilli, etc.	J'eusse failli, etc.
Nous eussions cueilli, etc.	Nous eussions failli, etc.

MODE IMPÉRATIF.

PRÉSENT.

Cueille.	Faille. (*inusité*.)
Cueillons.	Faillons.
Cueillez.	Faillez.

(1) Quelques grammairiens (et nous sommes de ce nombre) estiment que l'analogie et le bon goût commandent *je faillirai*. En effet, rien ne peut légitimer *je faudrai*, *il faudra*, et l'Académie nous semble avoir tort de donner au verbe *faillir* le même futur et le même présent conditionnel qu'au verbe *falloir*. (BOINVILLIERS.)

MODE SUBJONCTIF.

PRÉSENT.

Que je cueille.	Que je faille. (*inusité*.)
Que tu cueilles.	Que tu failles.
Qu'il cueille.	Qu'il faille.
Que nous cueillions.	Que nous faillions.
Que vous cueilliez.	Que vous failliez.
Qu'ils cueillent.	Qu'ils faillent.

IMPARFAIT.

Que je cueillisse.	Que je faillisse. (*inusité*.)
Que tu cueillisses.	Que tu faillisses.
Qu'il cueillît.	Qu'il faillît.
Que nous cueillissions.	Que nous faillissions.
Que vous cueillissiez.	Que vous faillissiez.
Qu'ils cueillissent.	Qu'ils faillissent.

PASSÉ.

Que j'aie cueilli, etc.	Que j'aie failli, etc. (*inus*.)
Que nous ayons cueilli, etc.	Que nous ayons failli, etc.

PLUS-QUE-PARFAIT.

Que j'eusse cueilli, etc.	Que j'eusse failli, etc. (*in*.)
Que nous eussions cueilli, etc.	Que nous eussions failli, etc.

MODE INFINITIF.

PRÉSENT.

Cueillir.	Faillir.

PASSÉ.

Avoir cueilli.	Avoir failli.

PARTICIPE PRÉSENT.

Cueillant.	Faillant.

PARTICIPE PASSÉ.

Ayant cueilli.	Ayant failli.

FUIR.   HAIR.

MODE INDICATIF.

PRÉSENT.

Je fuis.	Je hais (prononcez *je hès*).
Tu fuis.	Tu hais.
Il fuit.	Il hait.
Nous fuyons.	Nous haïssons.
Vous fuyez.	Nous haïssez.
Ils fuient.	Ils haïssent.

IMPARFAIT.

Je fuyais.	Je haïssais.
Tu fuyais.	Tu haïssais.
Il fuyait.	Il haïssait.
Nous fuyions.	Nous haïssions.
Vous fuyiez.	Vous haïssiez.
Ils fuyaient.	Ils haïssaient.

PASSÉ DÉFINI.

Je fuis.	Je haïs.
Tu fuis.	Tu haïs.
Il fuit.	Il haït.
Nous fuîmes.	Nous haïmes.
Vous fuîtes.	Vous haïtes.
Ils fuirent.	Ils haïrent.

PASSÉ INDÉFINI.

J'ai fui, etc.	J'ai haï, etc.
Nous avons fui, etc.	Nous avons haï, etc.

		MODE INFINITIF.	
PASSÉ ANTÉRIEUR.		PRÉSENT.	
J'eus fui, etc.	J'eus haï, etc.	Fuir.	Haïr.
Nous eûmes fui, etc.	Nous eûmes haï, etc.	PASSÉ.	
PLUS-QUE-PARFAIT.		Avoir fui.	Avoir haï.
J'avais fui, etc.	J'avais haï, etc.	PARTICIPE PRÉSENT.	
Nous avions fui, etc.	Nous avions haï, etc.	Fuyant.	Haïssant.
FUTUR.		PARTICIPE PASSÉ.	
Je fuirai.	Je haïrai.	Ayant fui.	Ayant haï.
Tu fuiras.	Tu haïras.		
Il fuira.	Il haïra.	TRESSAILLIR.	VÊTIR.
Nous fuirons.	Nous haïrons.	MODE INDICATIF.	
Vous fuirez.	Vous haïrez.	PRÉSENT.	
Ils fuiront.	Ils haïront.	Je tressaille.	Je vêts.
FUTUR ANTÉRIEUR.		Tu tressailles.	Tu vêts.
J'aurai fui, etc.	J'aurai haï, etc.	Il tressaille.	Il vêt (1).
Nous aurons fui, etc.	Nous aurons haï, etc.	Nous tressaillons.	Nous vêtons.
MODE CONDITIONNEL.		Vous tressaillez.	Vous vêtez.
PRÉSENT.		Ils tressaillent.	Ils vêtent.
Je fuirais.	Je haïrais.	IMPARFAIT.	
Tu fuirais.	Tu haïrais.	Je tressaillais.	Je vêtais.
Il fuirait.	Il haïrait.	Tu tressaillais.	Tu vêtais.
Nous fuirions.	Nous haïrions.	Il tressaillait.	Il vêtait.
Vous fuiriez.	Vous haïriez.	Nous tressaillions.	Nous vêtions.
Ils fuiraient.	Ils haïraient.	Vous tressailliez.	Vous vêtiez.
PASSÉ.		Ils tressaillaient.	Ils vêtaient.
J'aurais fui, etc.	J'aurais haï, etc.	PASSÉ DÉFINI.	
Nous aurions fui, etc.	Nous aurions haï, etc.	Je tressaillis.	Je vêtis.
On dit encore :		Tu tressaillis.	Tu vêtis.
J'eusse fui, etc.	J'eusse haï, etc.	Il tressaillit.	Il vêtit.
Nous eussions fui, etc.	Nous eussions haï, etc.	Nous tressaillîmes.	Nous vêtîmes.
MODE IMPÉRATIF.		Vous tressaillîtes.	Vous vêtîtes.
PRÉSENT.		Ils tressaillirent.	Ils vêtirent.
Fuis.	Hais.	PASSÉ INDÉFINI.	
Fuyons.	Haïssons.	J'ai tressailli, etc.	J'ai vêtu, etc.
Fuyez.	Haïssez.	Nous avons tressailli, etc.	Nous avons vêtu, etc.
MODE SUBJONCTIF.		PASSÉ ANTÉRIEUR.	
PRÉSENT.		J'eus tressailli, etc.	J'eus vêtu, etc.
Que je fuie.	Que je haïsse.	Nous eûmes tressailli, etc.	Nous eûmes vêtu, etc.
Que tu fuies.	Que tu haïsses.	PLUS-QUE-PARFAIT.	
Qu'il fuie.	Qu'il haïsse.	J'avais tressailli, etc.	J'avais vêtu, etc.
Que nous fuyions.	Que nous haïssions.	Nous avions tressailli, etc.	Nous avions vêtu, etc.
Que vous fuyiez.	Que vous haïssiez.	FUTUR.	
Qu'ils fuient.	Qu'ils haïssent.	Je tressaillerai (2).	Je vêtirai.
IMPARFAIT.		Tu tressailleras.	Tu vêtiras.
Que je fuisse.	Que je haïsse.	Il tressaillera.	Il vêtira.
Que tu fuisses.	Que tu haïsses.	Nous tressaillerons.	Nous vêtirons.
Qu'il fuît.	Qu'il haït.	Vous tressaillerez.	Vous vêtirez.
Que nous fuissions.	Que nous haïssions.	Ils tressailleront.	Ils vêtiront.
Que vous fuissiez.	Que vous haïssiez.	FUTUR ANTÉRIEUR.	
Qu'ils fuissent.	Qu'ils haïssent.	J'aurais tressailli, etc.	J'aurai vêtu, etc.
PASSÉ.		Nous aurions tressailli, etc.	Nous aurons vêtu, etc.
Que j'aie fui, etc.	Que j'aie haï, etc.		
Que nous ayons fui, etc.	Que nous ayons haï, etc.		
PLUS-QUE-PARFAIT.			
Que j'eusse fui, etc.	Que j'eusse haï, etc.		
Que nous eussions fui, etc.	Que nous eussions haï, etc.		

(1) Les grands écrivains font ce verbe régulier, et disent : *il vêtit, ils vêtissent, il vêtissait*, etc. : Le cocotier ombrage, loge, *vêtit*, nourrit les enfants de Brahma. (VOLTAIRE.)

(2) L'Académie écrit : *je tressaillirai* et *je tressaillirais* ; nous pensons qu'on doit dire : *je tressaillerai, je tressaillerais*, et non pas *tressaillirai, tressaillirais*, parce que le présent est *je tressaille*. Domergue et plusieurs bons grammairiens partagent notre opinion.

68

MODE CONDITIONNEL.

PRÉSENT.

Je tressaillerais. Je vêtirais.
Tu tressaillerais. Tu vêtirais.
Il tressaillerait. Il vêtirait.
Nous tressaillerions. Nous vêtirions.
Vous tressailleriez. Vous vêtiriez.
Ils tressailleraient. Ils vêtiraient.

PASSÉ.

J'aurais tressailli, etc. J'aurais vêtu, etc.
Nous aurions tressailli, Nous aurions vêtu, etc.
etc.

On dit encore :

J'eusse tressailli, etc. J'eusse vêtu, etc.
Nous eussions tressailli, Nous eussions vêtu, etc.
etc.

MODE IMPÉRATIF.

PRÉSENT.

Tressaille. Vêts.
Tressaillons. Vêtons.
Tressaillez. Vêtez.

MODE SUBJONCTIF.

PRÉSENT.

Que je tressaille. Que je vête.
Que tu tressailles. Que tu vêtes.
Qu'il tressaille. Qu'il vête.
Que nous tressaillions. Que nous vêtions.
Que vous tressailliez. Que vous vêtiez.
Qu'ils tressaillent. Qu'ils vêtent.

IMPARFAIT.

Que je tressaillisse. Que je vêtisse.
Que tu tressaillisses. Que tu vêtisses.
Qu'il tressaillît. Qu'il vêtît.
Que nous tressaillissions. Que nous vêtissions.
Que vous tressaillissiez. Que vous vêtissiez.
Qu'ils tressaillissent. Qu'ils vêtissent.

PASSÉ ANTÉRIEUR.

Que j'aie tressailli, etc. Que j'aie vêtu, etc.
Que nous ayons tressailli, etc. Que nous ayons vêtu, etc.

PLUS-QUE-PARFAIT.

Que j'eusse tressailli, etc. Que j'eusse vêtu, etc.
Que nous eussions tressailli, etc. Que nous eussions vêtu, etc.

MODE INFINITIF.

PRÉSENT.

Tressaillir. Vêtir.

PASSÉ.

Avoir tressailli. Avoir vêtu.

PARTICIPE PRÉSENT.

Tressaillant. Vêtant.

PARTICIPE PASSÉ.

Ayant tressailli. Ayant vêtu.

Les autres *verbes irréguliers* de cette classe, qu'il n'est pas nécessaire de conjuguer, sont :

Bénir, qui a deux participes différents, *bénit, bénite, pain bénit, eau bénite*; et *béni, bénie : vous êtes bénie entre toutes les femmes*. Voir plus loin pour la différence qui existe entre ces deux participes.

Fleurir, qui est régulier dans toutes ses formes, lorsqu'il est employé dans le sens propre ; mais qui, au figuré, est irrégulier à l'imparfait et au participe présent : *le commerce florissait*, et non pas *fleurissait; les arts sont florissants*, et non pas *fleurissants*.

Consentir, ressentir, pressentir, dormir, endormir, se repentir, servir, desservir, sortir, ressortir (lorsqu'il signifie *sortir de nouveau*), *partir, repartir* (lorsqu'il signifie *répliquer* et *partir de nouveau,*) se conjuguent comme *sentir*.

Mais *ressortir* (lorsqu'il signifie *être dans la dépendance, dans le ressort*) et *répartir* (lorsqu'il signifie *partager*) se conjuguent comme *finir* : *cette affaire ressortissait à tel tribunal*, et non pas *ressortait; il ressortit à ma juridiction*, et non pas *il ressort*, etc. (1) *Il repartait pour l'armée ; en conséquence, il répartissait ses biens entre ses amis*. N'oublions pas que *repartir* s'écrit, dans le premier cas, par un e muet, et dans le second par un é fermé.

Ouïr. Indicatif présent : *j'ois, tu ois, il oit ; nous oyons, vous oyez, ils oient*.

Ni ce temps, ni l'imparfait *j'oyerais*, ni le futur *j'ouïrai*, ne sont en usage, non plus que les temps qui en sont formés. On ne se sert maintenant de ce verbe qu'au passé défini de l'indicatif, *j'ouïs, il ouït*; à l'imparfait du subjonctif, *que j'ouïsse, qu'il ouït*; à l'infinitif, *ouïr*; et dans les temps composés, on se sert du participe *ouï, ouïe*, et de l'auxiliaire *avoir*. (L'ACADÉMIE, WAILLY, RESTAUT, FÉRAUD, TRÉVOUX.)

Le verbe *ouïr* a une signification beaucoup moins étendue que le verbe *entendre*; il ne se dit proprement que d'un son passager, et qu'on entend par hasard et sans dessein. On ne doit pas s'en servir quand il est question d'un prédicateur, d'un avocat, d'un

---

(1) Le métropolitain *à qui cette affaire ressortait* de droit. (VOLTAIRE.)
Voltaire aurait dû dire : *ressortissait*.

Tout ouvrage, toute doctrine
Ressortit à son tribunal. (J.-B. ROUSSEAU.)

discours public; mais on dit très-bien : *ouïr la messe; Seigneur, daignez ouïr nos prières; les dimanches la messe ouïras;* et au palais : *ouïr des témoins.* (FÉRAUD et GATTEL.)

Férir. Ce verbe, qui signifie *frapper*, n'est plus en usage que dans cette phrase : *sans coup férir,* pour dire : sans en venir aux mains, sans rien hasarder.

Féru, férue, ne se dit que dans ces phrases badines : *il est féru de cette femme,* pour dire : il en est bien amoureux; *je suis féru,* j'en ai dans l'aile. (L'ACADÉMIE, FÉRAUD et TRÉVOUX.)

Quérir n'est usité qu'à l'infinitif présent.

Saillir, lorsqu'il signifie *s'avancer en dehors,* n'a guère que cette forme et le participe présent *saillant.* Lorsqu'il signifie *s'élancer* ou *s'élever,* il a le participe passé *sailli,* et par conséquent toutes les formes qui se composent de ce participe et des formes du *verbe avoir.* On dit aussi : *les eaux saillissent.*

Gésir n'est plus en usage à l'infinitif; il signifiait *être couché;* on dit cependant encore : *il gît, nous gisons, ils gisent; il gisait, gisant.* (L'ACADÉMIE, WAILLY, FÉRAUD, LÉVIZAC, GATTEL, etc.)

TROISIÈME CONJUGAISON.

ASSEOIR.   DÉCHOIR.

MODE INDICATIF.

PRÉSENT.

J'assieds.	Je déchois.
Tu assieds.	Tu déchois.
Il assied.	Il déchoit.
Nous asseyons.	Nous déchoyons.
Vous asseyez.	Vous déchoyez.
Ils asseyent.	Ils déchoient.

IMPARFAIT.

J'asseyais.	Je déchoyais.
Tu asseyais.	Tu déchoyais.
Il asseyait.	Il déchoyait.
Nous asseyions.	Nous déchoyions.
Vous asseyiez.	Vous déchoyiez.
Ils asseyaient.	Ils déchoyaient.

PASSÉ DÉFINI.

J'assis.	Je déchus.
Tu assis.	Tu déchus.
Il assit.	Il déchut.
Nous assîmes.	Nous déchûmes.
Vous assîtes.	Vous déchûtes.
Ils assirent.	Ils déchurent.

PASSÉ INDÉFINI.

J'ai assis, etc.	Je suis déchu, etc.
Nous avons assis, etc.	Nous sommes déchus, etc.

PLUS-QUE-PARFAIT.

J'avais assis, etc.	J'étais déchu, etc.
Nous avions assis, etc.	Nous étions déchus, etc.

FUTUR.

J'assiérai (1).	Je décherrai.
Tu assiéras.	Tu décherras.
Il assiéra.	Il décherra.
Nous assiérons.	Nous décherrons.
Vous assiérez.	Vous décherrez.
Ils assiéront.	Ils décherront.

FUTUR ANTÉRIEUR.

J'aurai assis, etc.	Je serai déchu, etc.
Nous aurons assis, etc.	Nous serons déchus, etc.

MODE CONDITIONNEL.

PRÉSENT.

J'assiérais.	Je décherrais.
Tu assiérais.	Tu décherrais.
Il assiérait.	Il décherrait.
Nous assiérions.	Nous décherrions.
Vous assiériez.	Vous décherriez.
Ils assiéraient.	Ils décherraient.

PASSÉ.

J'aurais assis, etc.	Je serais déchu, etc.
Nous aurions assis, etc.	Nous serions déchus, etc.

On dit encore :

J'eusse assis, etc.	Je fusse déchu, etc.
Nous eussions assis, etc.	Nous fussions déchus, etc.

MODE IMPÉRATIF.

PRÉSENT.

Assieds.	Déchois.
Asseyons.	Déchoyons.
Asseyez.	Déchoyez.

MODE SUBJONCTIF.

PRÉSENT.

Que j'asseye.	Que je déchoie.
Que tu asseyes.	Que tu déchoies.
Qu'il asseye.	Qu'il déchoie.
Que nous asseyions.	Que nous déchoyions.
Que vous asseyiez.	Que vous déchoyiez.
Qu'ils asseyent.	Qu'ils déchoient.

IMPARFAIT.

Que j'assisse.	Que je déchusse.
Que tu assisses.	Que tu déchusses.
Qu'il assît.	Qu'il déchût.
Que nous assissions.	Que nous déchussions.
Que vous assissiez.	Que vous déchussiez.
Qu'ils assissent.	Qu'ils déchussent.

(1) L'Académie écrit aussi *j'asseyerai* et *j'asseyerais.* Elle permet encore de conjuguer ce verbe ainsi : *j'assois, tu assois, il assoit; nous assoyons, vous assoyez, ils assoient. J'assoyais, j'assoirai, j'assoirais, assois, assoyez, que j'assoie, assoyant.* Cette dernière conjugaison n'est guère usitée qu'au figuré : *asseoir les impôts.*

PASSÉ.

Que j'aie assis, etc. Que je sois déchu, etc.
Que nous ayons assis, Que nous soyons déchus,
etc. etc.

PLUS-QUE-PARFAIT.

Que j'eusse assis, etc. Que je fusse déchu, etc.
Que nous eussions assis, Que nous fussions déchus,
etc. etc.

MODE INFINITIF.

PRÉSENT.

Asseoir. Déchoir.

PASSÉ.

Avoir assis. Être déchu.

PARTICIPE PRÉSENT.

Asséyant. Déchéant.

PARTICIPE PASSÉ.

Ayant assis. Étant déchu.

MOUVOIR. POURVOIR.

MODE INDICATIF.

PRÉSENT.

Je meus. Je pourvois.
Tu meus. Tu pourvois.
Il meut. Il pourvoit.
Nous mouvons. Nous pourvoyons.
Vous mouvez. Vous pourvoyez.
Ils meuvent. Ils pourvoient.

IMPARFAIT.

Je mouvais. Je pourvoyais.
Tu mouvais. Tu pourvoyais.
Il mouvait. Il pourvoyait.
Nous mouvions. Nous pourvoyions.
Vous mouviez. Vous pourvoyiez.
Ils mouvaient. Ils pourvoyaient.

PASSÉ DÉFINI.

Je mus. Je pourvus.
Tu mus. Tu pourvus.
Il mut. Il pourvut.
Nous mûmes. Nous pourvûmes.
Vous mûtes. Vous pourvûtes.
Ils murent. Ils pourvurent.

PASSÉ INDÉFINI.

J'ai mu, etc. J'ai pourvu, etc.
Nous avons mu, etc. Nous avons pourvu, etc.

PLUS-QUE-PARFAIT.

J'avais mu, etc. J'avais pourvu, etc.
Nous avions mu, etc. Nous avions pourvu, etc.

FUTUR.

Je mouvrai. Je pourvoirai.
Tu mouvras. Tu pourvoiras.
Il mouvra. Il pourvoira.
Nous mouvrons. Nous pourvoirons.
Vous mouvrez. Vous pourvoirez.
Ils mouvront. Ils pourvoiront.

FUTUR ANTÉRIEUR.

J'aurai mu, etc. J'aurai pourvu, etc.
Nous aurons mu, etc. Nous aurons pourvu, etc.

MODE CONDITIONNEL.

PRÉSENT.

Je mouvrais. Je pourvoirais.
Tu mouvrais. Tu pourvoirais.
Il mouvrait. Il pourvoirait.
Nous mouvrions. Nous pourvoirions.
Vous mouvriez. Vous pourvoiriez.
Ils mouvraient. Ils pourvoiraient.

PASSÉ.

J'aurais mu, etc. J'aurais pourvu, etc.
Nous aurions mu, etc. Nous aurions pourvu, etc.

On dit encore :

J'eusse mu, etc. J'eusse pourvu, etc.
Nous eussions mu, etc. Nous eussions pourvu, etc.

MODE IMPÉRATIF.

PRÉSENT.

Meus. Pourvois.
Mouvons. Pourvoyons.
Mouvez. Pourvoyez.

MODE SUBJONCTIF.

PRÉSENT.

Que je meuve. Que je pourvoie.
Que tu meuves. Que tu pourvoies.
Qu'il meuve. Qu'il pourvoie.
Que nous mouvions. Que nous pourvoyions.
Que vous mouviez. Que vous pourvoyiez.
Qu'ils meuvent. Qu'ils pourvoient.

IMPARFAIT.

Que je musse. Que je pourvusse.
Que tu musses. Que tu pourvusses.
Qu'il mût. Qu'il pourvût.
Que nous mussions. Que nous pourvussions.
Que vous mussiez. Que vous pourvussiez.
Qu'ils mussent. Qu'ils pourvussent.

PASSÉ.

Que j'aie mu, etc. Que j'aie pourvu, etc.
Que nous ayons mu, etc. Que nous ayons pourvu, etc.

PLUS-QUE-PARFAIT.

Que j'eusse mu, etc. Que j'eusse pourvu, etc.
Que nous eussions mu, etc. Que nous eussions pourvu, etc.

MODE INFINITIF.

PRÉSENT.

Mouvoir. Pourvoir.

PASSÉ.

Avoir mu. Avoir pourvu.

PARTICIPE PRÉSENT.

Mouvant. Pourvoyant.

PARTICIPE PASSÉ.

Ayant mu. Ayant pourvu.

POUVOIR.   PRÉVOIR.

MODE INDICATIF.
PRÉSENT.

Je peux, ou je puis.	Je prévois.
Tu peux.	Tu prévois.
Il peut.	Il prévoit.
Nous pouvons.	Nous prévoyons.
Vous pouvez.	Vous prévoyez.
Ils peuvent.	Ils prévoient.

IMPARFAIT.

Je pouvais.	Je prévoyais.
Tu pouvais.	Tu prévoyais.
Il pouvait.	Il prévoyait.
Nous pouvions.	Nous prévoyions.
Vous pouviez.	Vous prévoyiez.
Ils pouvaient.	Ils prévoyaient.

PASSÉ DÉFINI.

Je pus.	Je prévis.
Tu pus.	Tu prévis.
Il put.	Il prévit.
Nous pûmes.	Nous prévîmes.
Vous pûtes.	Vous prévîtes.
Ils purent.	Ils prévirent.

PASSÉ INDÉFINI.

J'ai pu, etc.	J'ai prévu, etc.
Nous avons pu, etc.	Nous avons prévu, etc.

PLUS-QUE-PARFAIT.

J'avais pu, etc.	J'avais prévu, etc.
Nous avions pu, etc.	Nous avions prévu, etc.

FUTUR.

Je pourrai.	Je prévoirai.
Tu pourras.	Tu prévoiras.
Il pourra.	Il prévoira.
Nous pourrons.	Nous prévoirons.
Vous pourrez.	Vous prévoirez.
Ils pourront.	Ils prévoiront.

FUTUR ANTÉRIEUR.

J'aurai pu, etc.	J'aurai prévu, etc.
Nous aurons pu, etc.	Nous aurons prévu, etc.

MODE CONDITIONNEL.
PRÉSENT.

Je pourrais.	Je prévoirais.
Tu pourrais.	Tu prévoirais.
Il pourrait.	Il prévoirait.
Nous pourrions.	Nous prévoirions.
Vous pourriez.	Vous prévoiriez.
Ils pourraient.	Ils prévoiraient.

PASSÉ.

J'aurais pu, etc.	J'aurais prévu, etc.
Nous aurions pu, etc.	Nous aurions prévu, etc.

On dit encore :

J'eusse pu, etc.	J'eusse prévu, etc.
Nous eussions pu, etc.	Nous eussions prévu, etc.

MODE IMPÉRATIF.
PRÉSENT.

Peux.	Prévois.
Pouvons.	Prévoyons.
Pouvez.	Prévoyez.

MODE SUBJONCTIF.
PRÉSENT.

Que je puisse.	Que je prévoie.
Que tu puisses.	Que tu prévoies.
Qu'il puisse.	Qu'il prévoie.
Que nous puissions.	Que nous prévoyions.
Que vous puissiez.	Que vous prévoyiez.
Qu'ils puissent.	Qu'ils prévoient.

IMPARFAIT.

Que je pusse.	Que je prévisse.
Que tu pusses.	Que tu prévisses.
Qu'il pût.	Qu'il prévît.
Que nous pussions.	Que nous prévissions.
Que vous pussiez.	Que vous prévissiez.
Qu'ils pussent.	Qu'ils prévissent.

PASSÉ.

Que j'aie pu, etc.	Que j'aie prévu, etc.
Que nous ayons pu, etc.	Que nous ayons prévu, etc.

PLUS-QUE-PARFAIT.

Que j'eusse pu, etc.	Que j'eusse prévu, etc.
Que nous eussions pu, etc.	Que nous eussions prévu, etc.

MODE INFINITIF.
PRÉSENT.

Pouvoir.	Prévoir.

PASSÉ.

Avoir pu.	Avoir prévu.

PARTICIPE PRÉSENT.

Pouvant.	Prévoyant.

PARTICIPE PASSÉ.

Ayant pu.	Ayant prévu.

SAVOIR.   SURSEOIR.

MODE INDICATIF.
PRÉSENT.

Je sais.	Je sursois.
Tu sais.	Tu sursois.
Il sait.	Il sursoit.
Nous savons.	Nous sursoyons.
Vous savez.	Vous sursoyez.
Ils savent.	Ils sursoient.

IMPARFAIT.

Je savais.	Je sursoyais.
Tu savais.	Tu sursoyais.
Il savait.	Il sursoyait.
Nous savions.	Nous sursoyions.
Vous saviez.	Vous sursoyiez.
Ils savaient.	Ils sursoyaient.

PASSÉ DÉFINI.

Je sus.	Je sursis.
Tu sus.	Tu sursis.
Il sut.	Il sursit.
Nous sûmes.	Nous sursîmes.
Vous sûtes.	Vous sursîtes.
Ils surent.	Ils sursirent.

PASSÉ INDÉFINI.

J'ai su, etc.	J'ai sursis, etc.
Nous avons su, etc.	Nous avons sursis, etc.

PLUS-QUE-PARFAIT.

J'avais su, etc.	J'avais sursis, etc.
Nous avions su, etc.	Nous avions sursis, etc.

FUTUR.

Je saurai.	Je surseoirai.
Tu sauras.	Tu surseoiras.
Il saura.	Il surseoira.
Nous saurons.	Nous surseoirons.
Vous saurez.	Vous surseoirez.
Ils sauront.	Ils surseoiront.

FUTUR ANTÉRIEUR.

J'aurai su, etc.	J'aurai sursis, etc.
Nous aurons su, etc.	Nous aurons sursis, etc.

MODE CONDITIONNEL.
PRÉSENT.

Je saurais.	Je surseoirais.
Tu saurais.	Tu surseoirais.
Il saurait.	Il surseoirait.
Nous saurions.	Nous surseoirions.
Vous sauriez.	Vous surseoiriez.
Ils sauraient.	Ils surseoiraient.

PASSÉ.

J'aurais su, etc.	J'aurais sursis, etc.
Nous aurions su, etc.	Nous aurions sursis, etc.

On dit encore :

J'eusse su, etc.	J'eusse sursis, etc.
Nous eussions su, etc.	Nous eussions sursis, etc.

MODE IMPÉRATIF.
PRÉSENT.

Sache.	Sursois.
Sachons.	Sursoyons.
Sachez.	Sursoyez.

MODE SUBJONCTIF.
PRÉSENT.

Que je sache.	Que je sursoie.
Que tu saches.	Que tu sursoies.
Qu'il sache.	Qu'il sursoie.
Que nous sachions.	Que nous sursoyions.
Que vous sachiez.	Que vous sursoyiez.
Qu'ils sachent.	Qu'ils sursoient.

IMPARFAIT.

Que je susse.	Que je sursisse.
Que tu susses.	Que tu sursisses.
Qu'il sût.	Qu'il sursît.
Que nous sussions.	Que nous sursissions.
Que vous sussiez.	Que vous sursissiez.
Qu'ils sussent.	Qu'ils sursissent.

PASSÉ.

Que j'aie su, etc.	Que j'aie sursis, etc.
Que nous ayons su, etc.	Que nous ayons sursis, etc.

PLUS-QUE-PARFAIT.

Que j'eusse su, etc.	Que j'eusse sursis, etc.
Que nous eussions su, etc.	Que nous eussions sursis, etc.

MODE INFINITIF.
PRÉSENT.

Savoir.	Surseoir.

PASSÉ.

Avoir su.	Avoir sursis.

PARTICIPE PRÉSENT.

Sachant.	Sursoyant.

PARTICIPE PASSÉ.

Ayant su.	Ayant sursis.

VOIR.   VOULOIR.
MODE INDICATIF.
PRÉSENT.

Je vois.	Je veux.
Tu vois.	Tu veux.
Il voit.	Il veut.
Nous voyons.	Nous voulons.
Vous voyez.	Vous voulez.
Ils voient.	Ils veulent.

IMPARFAIT.

Je voyais.	Je voulais.
Tu voyais.	Tu voulais.
Il voyait.	Il voulait.
Nous voyions.	Nous voulions.
Vous voyiez.	Vous vouliez.
Ils voyaient.	Ils voulaient.

PASSÉ DÉFINI.

Je vis.	Je voulus.
Tu vis.	Tu voulus.
Il vit.	Il voulut.
Nous vîmes.	Nous voulûmes.
Vous vîtes.	Vous voulûtes.
Ils virent.	Ils voulurent.

PASSÉ INDÉFINI.

J'ai vu, etc.	J'ai voulu, etc.
Nous avons vu, etc.	Nous avons voulu, etc.

PLUS-QUE-PARFAIT.

J'avais vu, etc.	J'avais voulu, etc.
Nous avions vu, etc.	Nous avions voulu, etc.

FUTUR.

Je verrai.	Je voudrai.
Tu verras.	Tu voudras.
Il verra.	Il voudra.
Nous verrons.	Nous voudrons.
Vous verrez.	Vous voudrez.
Ils verront.	Ils voudront.

FUTUR ANTÉRIEUR.

J'aurai vu, etc.	J'aurai voulu, etc.
Nous aurons vu, etc.	Nous aurons voulu, etc.

MODE CONDITIONNEL.
PRÉSENT.

Je verrais.	Je voudrais.
Tu verrais.	Tu voudrais.
Il verrait.	Il voudrait.
Nous verrions.	Nous voudrions.
Vous verriez.	Vous voudriez.
Ils verraient.	Ils voudraient.

PASSÉ.

J'aurais vu, etc.	J'aurais voulu, etc.
Nous aurions vu, etc.	Nous aurions voulu, etc.

On dit encore :

J'eusse vu, etc.	J'eusse voulu, etc.
Nous eussions vu, etc.	Nous eussions voulu, etc.

MODE IMPÉRATIF.

PRÉSENT.

Vois.	Veuille (1).
Voyons.	Veuillons.
Voyez.	Veuillez.

MODE SUBJONCTIF.

PRÉSENT.

Que je voie.	Que je veuille.
Que tu voies.	Que tu veuilles.
Qu'il voie.	Qu'il veuille.
Que nous voyions.	Que nous voulions.
Que vous voyiez.	Que vous vouliez.
Qu'ils voient.	Qu'ils veuillent.

IMPARFAIT.

Que je visse.	Que je voulusse.
Que tu visses.	Que tu voulusses.
Qu'il vît.	Qu'il voulût.
Que nous vissions.	Que nous voulussions.
Que vous vissiez.	Que vous voulussiez.
Qu'ils vissent.	Qu'ils voulussent.

PASSÉ.

Que j'aie vu, etc.	Que j'aie voulu, etc.
Que nous ayons vu, etc.	Que nous ayons voulu, etc.

PLUS-QUE-PARFAIT.

Que j'eusse vu, etc.	Que j'eusse voulu, etc.
Que nous eussions vu, etc.	Que nous eussions voulu, etc.

MODE INFINITIF.

PRÉSENT.

Voir.	Vouloir.

PASSÉ.

Avoir vu.	Avoir voulu.

PARTICIPE PRÉSENT.

Voyant.	Voulant.

PARTICIPE PASSÉ.

Ayant vu.	Ayant voulu.

(1) Le verbe *vouloir* a deux impératifs : *veuille, veuillons, veuillez*, expressions de politesse ; et *veux, voulons, voulez*, expressions de commandement : *voulons*, et nous pourrons. L'abbé de La Mennais a dit : Faites un effort, *voulez* seulement ; celui qui donne le bon vouloir vous donnera aussi de l'accomplir.

Seoir, quand il signifie *être convenable*, n'a que la troisième personne des formes simples : *il sied bien* ou *mal, il séyait, il siéra, il siérait, qu'il siée*. Point de prétérit défini, et par conséquent point d'imparfait du subjonctif.

Lorsqu'il signifie *prendre séance*, il n'a que l'infinitif *seoir*, le participe présent *séant*, et quelquefois le participe passé *sis*.

Choir n'est usité qu'à cette forme et au participe passé *chu*, *chue*, autrefois *chute*. Ce dernier féminin s'est conservé dans les proverbes *chercher chape-chute, trouver chape-chute*, pour dire profiter de la négligence de quelqu'un.

Échoir. Participe présent, *échéant*; participe passé, *échu, échue*; passé défini, *j'échus* (et son dérivé, imparfait du subjonctif, *que j'échusse*). A la troisième personne du singulier du présent de l'indicatif, on dit *il échoit* ou *il échet*; futur, *j'écherrai*; présent du conditionnel, *j'écherrais*; présent du subjonctif, *que j'échoie*.

Apparoir n'est d'usage qu'à l'infinitif avec le verbe *faire*, et à la troisième personne singulière de l'indicatif, où il ne s'emploie qu'unipersonnellement, et où il fait *il appert*. (Dictionnaire de l'Académie, FÉRAUD et GATTEL.)

Comparoir a le même sens que *comparaître*; mais *comparoir* ne se dit qu'au palais et dans ces phrases : *assignation à comparoir*, ou *être assigné à comparoir*.

Ravoir ne s'emploie qu'à l'infinitif : *Elle a pris à l'Amour ses traits, et le dieu, pour les ravoir, vole toujours auprès d'elle.* (VOITURE.)

Réu, ou, ainsi que prononcent certaines personnes, *ru*; et *je le raurai, je me raurai*, comme on le dit en quelques endroits, sont des barbarismes. (L'ACADÉMIE, FÉRAUD, TRÉVOUX, etc.)

Souloir, qui signifie *avoir coutume*, a vieilli et ne s'est guère dit qu'à l'imparfait : *il ou elle soulait*. (GIRAULT-DUVIVIER.)

QUATRIÈME CONJUGAISON.

BATTRE.

MODE INDICATIF.

PRÉSENT.

Je bats.
Tu bats.
Il bat.
Nous battons.
Vous battez.
Ils battent.

IMPARFAIT.

Je battais.
Tu battais.
Il battait.
Nous battions.
Vous battiez.
Ils battaient.

PASSÉ DÉFINI.

Je battis.
Tu battis.
Il battit.
Nous battîmes.
Vous battîtes.
Ils battirent.

PASSÉ INDÉFINI.

J'ai battu, etc.
Nous avons battu, etc.

PLUS-QUE-PARFAIT.

J'avais battu, etc.
Nous avions battu, etc.

FUTUR.

Je battrai.
Tu battras.
Il battra.
Nous battrons.
Vous battrez.
Ils battront.

FUTUR ANTÉRIEUR.

J'aurai battu, etc.
Nous aurons battu, etc.

MODE CONDITIONNEL.

PRÉSENT.

Je battrais.
Tu battrais.
Il battrait.
Nous battrions.
Vous battriez.
Ils battraient.

PASSÉ.

J'aurais battu, etc.
Nous aurions battu, etc.

On dit encore :

J'eusse battu, etc.
Nous eussions battu, etc.

BOIRE.

Je bois.
Tu bois.
Il boit.
Nous buvons
Vous buvez.
Ils boivent.

Je buvais.
Tu buvais.
Il buvait.
Nous buvions.
Vous buviez.
Ils buvaient.

Je bus.
Tu bus.
Il but.
Nous bûmes.
Vous bûtes.
Ils burent.

J'ai bu, etc.
Nous avons bu, etc.

J'avais bu, etc.
Nous avions bu, etc.

Je boirai.
Tu boiras.
Il boira.
Nous boirons.
Vous boirez.
Ils boiront.

J'aurai bu, etc.
Nous aurions bu, etc.

Je boirais.
Tu boirais.
Il boirait.
Nous boirions.
Vous boiriez.
Ils boiraient.

J'aurais bu, etc.
Nous aurions bu, etc.

J'eusse bu, etc.
Nous eussions bu, etc.

MODE IMPÉRATIF.

PRÉSENT.

Bats.   Bois.
Battons.   Buvons.
Battez.   Buvez.

MODE SUBJONCTIF.

PRÉSENT.

Que je batte.   Que je boive.
Que tu battes.   Que tu boives.
Qu'il batte.   Qu'il boive.
Que nous battions.   Que nous buvions.
Que vous battiez.   Que vous buviez.
Qu'ils battent.   Qu'ils boivent.

IMPARFAIT.

Que je battisse.   Que je busse.
Que tu battisses.   Que tu busses.
Qu'il battît.   Qu'il bût.
Que nous battissions.   Que nous bussions.
Que vous battissiez.   Que vous bussiez.
Qu'ils battissent.   Qu'ils bussent.

PRÉTÉRIT OU PASSÉ.

Que j'aie battu, etc.   Que j'aie bu, etc.
Que nous ayons battu,   Que nous ayons bu, etc.
etc.

PLUS-QUE-PARFAIT.

Que j'eusse battu, etc. Que j'eusse bu, etc.
Que nous cussions battu, Que nous eussions bu,
etc.   etc.

MODE INFINITIF.

PRÉSENT.

Battre.   Boire.

PASSÉ.

Avoir battu.   Avoir bu.

PARTICIPE PRÉSENT.

Battant.   Buvant.

PARTICIPE PASSÉ.

Ayant battu.   Ayant bu.

CLORE.   CONCLURE.

MODE INDICATIF.

PRÉSENT.

Je clos.   Je conclus.
Tu clos.   Tu conclus.
Il clôt.   Il conclut.
Nous closons.   Nous concluons.
Vous closez. (*inusité*.) Vous concluez.
Ils closent.   Ils concluent.

IMPARFAIT.

Je closais. (*inusité*.) Je concluais.
Tu closais.   Tu concluais.
Il closait.   Il concluait.
Nous closions.   Nous concluions.
Vous closiez.   Vous concluiez.
Ils closaient.   Ils concluaient.

PASSÉ DÉFINI.

Je closis (1). (inusité.)	Je conclus.
Tu closis.	Tu conclus.
Il closit.	Il conclut.
Nous closîmes.	Nous conclûmes.
Vous closîtes.	Vous conclûtes.
Ils closirent.	Ils conclurent.

PASSÉ INDÉFINI.

J'ai clos, etc.	J'ai conclu, etc.
Nous avons clos, etc.	Nous avons conclu, etc.

PLUS-QUE-PARFAIT.

J'avais clos, etc.	J'avais conclu, etc.
Nous avions clos, etc.	Nous avions conclu, etc.

FUTUR.

Je clorai.	Je conclurai.
Tu cloras.	Tu concluras.
Il clora.	Il conclura.
Nous clorons.	Nous conclurons.
Vous clorez.	Vous conclurez.
Ils cloront.	Ils concluront.

FUTUR ANTÉRIEUR.

J'aurai clos, etc.	J'aurai conclu, etc.
Nous aurons clos, etc.	Nous aurons conclu, etc.

MODE CONDITIONNEL.

PRÉSENT.

Je clorais.	Je conclurais.
Tu clorais.	Tu conclurais.
Il clorait.	Il conclurait.
Nous clorions.	Nous conclurions.
Vous cloriez.	Vous concluriez.
Ils cloraient.	Ils concluraient.

PASSÉ.

J'aurais clos, etc.	J'aurais conclu, etc.
Nous aurions clos, etc.	Nous aurions conclu, etc.

On dit encore :

J'eusse clos, etc.	J'eusse conclu, etc.
Nous eussions clos, etc.	Nous eussions conclu, etc.

MODE IMPÉRATIF.

PRÉSENT.

Clos. (inusité.)	Conclus.
Closons.	Concluons.
Closez.	Concluez.

MODE SUBJONCTIF.

PRÉSENT.

Que je close. (inusité.)	Que je conclue.
Que tu closes.	Que tu conclues.
Qu'il close.	Qu'il conclue.
Que nous closions.	Que nous concluions.
Que vous closiez.	Que vous concluiez.
Qu'ils closent.	Qu'ils concluent.

IMPARFAIT.

Que je closisse. (inusité.)	Que je conclusse.
Que tu closisses.	Que tu conclusses.
Qu'il closît.	Qu'il conclût.
Que nous closissions.	Que nous conclussions.
Que vous closissiez.	Que vous conclussiez.
Qu'ils closissent.	Qu'ils conclussent.

(1) L'Académie ne donne pas ce temps ; nous ne comprenons pas pourquoi l'on ne dirait pas bien : *je lui closis la bouche*.

PASSÉ.

Que j'aie clos, etc.	Que j'aie conclu, etc.
Que nous ayons clos, etc.	Que nous ayons conclu, etc.

PLUS-QUE-PARFAIT.

Que j'eusse clos, etc.	Que j'eusse conclu, etc.
Que nous eussions clos, etc.	Que nous eussions conclu, etc.

MODE INFINITIF.

PRÉSENT.

Clore.	Conclure.

PASSÉ.

Avoir clos.	Avoir conclu.

PARTICIPE PRÉSENT.

Closant. (inusité.)	Concluant.

PARTICIPE PASSÉ.

Ayant clos.	Ayant conclu.

CONNAITRE.   COUDRE.

MODE INDICATIF.

PRÉSENT.

Je connais.	Je couds.
Tu connais.	Tu couds.
Il connaît.	Il coud.
Nous connaissons.	Nous cousons.
Vous connaissez.	Vous cousez.
Ils connaissent.	Ils cousent.

IMPARFAIT.

Je connaissais.	Je cousais.
Tu connaissais.	Tu cousais.
Il connaissait.	Il cousait.
Nous connaissions.	Nous cousions.
Vous connaissiez.	Vous cousiez.
Ils connaissaient.	Ils cousaient.

PASSÉ DÉFINI.

Je connus.	Je cousis.
Tu connus.	Tu cousis.
Il connut.	Il cousit.
Nous connûmes.	Nous cousîmes.
Vous connûtes.	Vous cousîtes.
Ils connurent.	Ils cousirent.

PASSÉ INDÉFINI.

J'ai connu, etc.	J'ai cousu, etc.
Nous avons connu, etc.	Nous avons cousu, etc.

PLUS-QUE-PARFAIT.

J'avais connu, etc.	J'avais cousu, etc.
Nous avions connu, etc.	Nous avions cousu, etc.

FUTUR.

Je connaîtrai.	Je coudrai.
Tu connaîtras.	Tu coudras.
Il connaîtra.	Il coudra.
Nous connaîtrons.	Nous coudrons.
Vous connaîtrez.	Vous coudrez.
Ils connaîtront.	Ils coudront.

FUTUR ANTÉRIEUR.

J'aurai connu, etc.	J'aurai cousu, etc.
Nous aurons connu, etc.	Nous aurons cousu, etc.

MODE CONDITIONNEL.
PRÉSENT.

Je connaîtrais.	Je coudrais.
Tu connaîtrais.	Tu coudrais.
Il connaîtrait.	Il coudrait.
Nous connaîtrions.	Nous coudrions.
Vous connaîtriez.	Vous coudriez.
Ils connaîtraient.	Ils coudraient.

PASSÉ.

J'aurais connu, etc.   J'aurais cousu, etc.
Nous aurions connu, etc. Nous aurions cousu, etc.

On dit encore :

J'eusse connu, etc.   J'eusse cousu, etc.
Nous eussions connu, Nous eussions cousu, etc.
etc.

MODE IMPÉRATIF.
PRÉSENT.

Connais.	Couds.
Connaissons.	Cousons.
Connaissez.	Cousez.

MODE SUBJONCTIF.
PRÉSENT.

Que je connaisse.	Que je couse.
Que tu connaisses.	Que tu couses.
Qu'il connaisse.	Qu'il couse.
Que nous connaissions.	Que nous cousions.
Que vous connaissiez.	Que vous cousiez.
Qu'ils connaissent.	Qu'ils cousent.

IMPARFAIT.

Que je connusse.	Que je cousisse.
Que tu connusses.	Que tu cousisses.
Qu'il connût.	Qu'il cousît.
Que nous connussions.	Que nous cousissions.
Que vous connussiez.	Que vous cousissiez.
Qu'ils connussent.	Qu'ils cousissent.

PASSÉ.

Que j'aie connu, etc.   Que j'aie cousu, etc.
Que nous ayons connu, Que nous ayons cousu,
etc.   etc.

PLUS-QUE-PARFAIT.

Que j'eusse connu, etc. Que j'eusse cousu, etc.
Que nous eussions con- Que nous eussions cou-
nu, etc.   su, etc.

MODE INFINITIF.
PRÉSENT.

Connaître.	Coudre.

PASSÉ.

Avoir connu.	Avoir cousu.

PARTICIPE PRÉSENT.

Connaissant.	Cousant.

PARTICIPE PASSÉ.

Ayant connu.	Ayant cousu.

FEINDRE.   CROIRE.
MODE INDICATIF.
PRÉSENT.

Je feins.	Je crois.
Tu feins.	Tu crois.
Il feint.	Il croit.
Nous feignons.	Nous croyons.
Vous feignez.	Vous croyez.
Ils feignent.	Ils croient.

IMPARFAIT.

Je feignais.	Je croyais.
Tu feignais.	Tu croyais.
Il feignait.	Il croyait.
Nous feignions.	Nous croyions.
Vous feigniez.	Vous croyiez.
Ils feignaient.	Ils croyaient.

PASSÉ DÉFINI.

Je feignis.	Je crus.
Tu feignis.	Tu crus.
Il feignit.	Il crut.
Nous feignîmes.	Nous crûmes.
Vous feignîtes.	Vous crûtes.
Ils feignirent.	Ils crurent.

PASSÉ INDÉFINI

J'ai feint, etc.   J'ai cru, etc.
Nous avons feint, etc. Nous avons cru, etc.

PLUS-QUE-PARFAIT.

J'avais feint, etc.   J'avais cru, etc.
Nous avions feint, etc. Nous avions cru, etc.

FUTUR.

Je feindrai.	Je croirai.
Tu feindras.	Tu croiras.
Il feindra.	Il croira.
Nous feindrons.	Nous croirons.
Vous feindrez.	Vous croirez.
Ils feindront.	Ils croiront.

FUTUR ANTÉRIEUR.

J'aurai feint, etc.   J'aurai cru, etc
Nous aurons feint, etc. Nous aurons cru, etc.

MODE CONDITIONNEL.
PRÉSENT.

Je feindrais.	Je croirais.
Tu feindrais.	Tu croirais.
Il feindrait.	Il croirait.
Nous feindrions.	Nous croirions.
Vous feindriez.	Vous croiriez.
Ils feindraient.	Ils croiraient.

PASSÉ.

J'aurais feint, etc.   J'aurais cru, etc.
Nous aurions feint, etc. Nous aurions cru, etc.

On dit encore :

J'eusse feint, etc.   J'eusse cru, etc.
Nous eussions feint, etc. Nous eussions cru, etc.

MODE IMPÉRATIF.
PRÉSENT.

Feins.	Crois.
Feignons.	Croyons.
Feignez.	Croyez.

MODE SUBJONCTIF.
PRÉSENT.

Que je feigne.	Que je croie.
Que tu feignes.	Que tu croies.
Qu'il feigne.	Qu'il croie.
Que nous feignions.	Que nous croyions.
Que vous feigniez.	Que vous croyiez.
Qu'ils feignent.	Qu'ils croient.

IMPARFAIT.

Que je feignisse.	Que je crusse.
Que tu feignisses.	Que tu crusses.
Qu'il feignît.	Qu'il crût.
Que nous feignissions.	Que nous crussions.
Que vous feignissiez.	Que vous crussiez.
Qu'ils feignissent.	Qu'ils crussent.

PASSÉ.

Que j'aie feint, etc.	Que j'aie cru, etc.
Que nous ayons feint, etc.	Que nous ayons cru, etc.

PLUS-QUE-PARFAIT.

Que j'eusse feint, etc.	Que j'eusse cru, etc.
Que nous eussions feint, etc.	Que nous eussions cru, etc.

MODE INFINITIF.
PRÉSENT.

Feindre.	Croire.

PASSÉ.

Avoir feint.	Avoir cru.

PARTICIPE PRÉSENT.

Feignant.	Croyant.

PARTICIPE PASSÉ.

Ayant feint.	Ayant cru.

DIRE. ÉCRIRE.

MODE INDICATIF.
PRÉSENT.

Je dis.	J'écris.
Tu dis.	Tu écris.
Il dit.	Il écrit.
Nous disons.	Nous écrivons.
Vous dites.	Vous écrivez.
Ils disent.	Ils écrivent.

IMPARFAIT.

Je disais.	J'écrivais.
Tu disais.	Tu écrivais.
Il disait.	Il écrivait.
Nous disions.	Nous écrivions.
Vous disiez.	Vous écriviez.
Ils disaient.	Ils écrivaient.

PASSÉ DÉFINI.

Je dis.	J'écris.
Tu dis.	Tu écris.
Il dit.	Il écrit.
Nous dîmes.	Nous écrivîmes.
Vous dîtes.	Vous écrivîtes.
Ils dirent.	Ils écrivirent.

PASSÉ INDÉFINI.

J'ai dit, etc.	J'ai écrit, etc.
Nous avons dit, etc.	Nous avons écrit, etc.

PLUS-QUE-PARFAIT.

J'avais dit, etc.	J'avais écrit, etc.
Nous avions dit, etc.	Nous avions écrit, etc.

FUTUR.

Je dirai.	J'écrirai.
Tu diras.	Tu écriras.
Il dira.	Il écrira.
Nous dirons.	Nous écrirons.
Vous direz.	Vous écrirez.
Ils diront.	Ils écriront.

FUTUR ANTÉRIEUR.

J'aurai dit, etc.	J'aurai écrit, etc.
Nous aurons dit, etc.	Nous aurons écrit, etc.

MODE CONDITIONNEL.
PRÉSENT.

Je dirais.	J'écrirais.
Tu dirais.	Tu écrirais.
Il dirait.	Il écrirait.
Nous dirions.	Nous écririons.
Vous diriez.	Vous écririez.
Ils diraient.	Ils écriraient.

PASSÉ.

J'aurais dit, etc.	J'aurais écrit, etc.
Nous aurions dit, etc.	Nous aurions écrit, etc.

On dit encore :

J'eusse dit, etc.	J'eusse écrit, etc.
Nous eussions dit, etc.	Nous eussions écrit, etc.

MODE IMPÉRATIF.
PRÉSENT.

Dis.	Écris.
Disons.	Écrivons.
Dites.	Écrivez.

MODE SUBJONCTIF.
PRÉSENT.

Que je dise.	Que j'écrive.
Que tu dises.	Que tu écrives.
Qu'il dise.	Qu'il écrive.
Que nous disions.	Que nous écrivions.
Que vous disiez.	Que vous écriviez.
Qu'ils disent.	Qu'ils écrivent.

IMPARFAIT.

Que je disse.	Que j'écrivisse.
Que tu disses.	Que tu écrivisses.
Qu'il dît.	Qu'il écrivît.
Que nous dissions.	Que nous écrivissions.
Que vous dissiez.	Que vous écrivissiez.
Qu'ils dissent.	Qu'ils écrivissent.

PASSÉ.

Que j'aie dit, etc.	Que j'aie écrit, etc.
Que nous ayons dit, etc.	Que nous ayons écrit, etc.

PLUS-QUE-PARFAIT.

Que j'eusse dit, etc.	Que j'eusse écrit, etc.
Que nous eussions dit, etc.	Que nous eussions écrit, etc.

MODE INFINITIF.
PRÉSENT.

Dire.	Écrire.

PASSÉ.

Avoir dit. Avoir écrit.

PARTICIPE PRÉSENT.

Disant. Écrivant.

PARTICIPE PASSÉ.

Ayant dit. Ayant écrit.

FAIRE.   LIRE.

MODE INDICATIF.

PRÉSENT.

Je fais. Je lis.
Tu fais. Tu lis.
Il fait. Il lit.
Nous faisons. Nous lisons.
Vous faites. Vous lisez.
Ils font. Ils lisent.

IMPARFAIT.

Je faisais. Je lisais.
Tu faisais. Tu lisais.
Il faisait. Il lisait.
Nous faisions. Nous lisions.
Vous faisiez. Vous lisiez.
Ils faisaient. Ils lisaient.

PASSÉ DÉFINI.

Je fis. Je lus.
Tu fis. Tu lus.
Il fit. Il lut.
Nous fîmes. Nous lûmes.
Vous fîtes. Vous lûtes.
Ils firent. Ils lurent.

PASSÉ INDÉFINI.

J'ai fait, etc. J'ai lu, etc.
Nous avons fait, etc. Nous avons lu, etc.

PLUS-QUE-PARFAIT.

J'avais fait, etc. J'avais lu, etc.
Nous avions fait, etc. Nous avions lu, etc.

FUTUR.

Je ferai. Je lirai.
Tu feras. Tu liras.
Il fera. Il lira.
Nous ferons. Nous lirons.
Vous ferez. Vous lirez.
Ils feront. Ils liront.

FUTUR ANTÉRIEUR.

J'aurai fait, etc. J'aurai lu, etc.
Nous aurons fait, etc. Nous aurons lu, etc.

MODE CONDITIONNEL.

PRÉSENT.

Je ferais. Je lirais.
Tu ferais. Tu lirais.
Il ferait. Il lirait.
Nous ferions. Nous lirions.
Vous feriez. Vous liriez.
Ils feraient. Ils liraient.

PASSÉ.

J'aurais fait, etc. J'aurais lu, etc.
Nous aurions fait, etc. Nous aurions lu, etc.

On dit encore :

J'eusse fait, etc. J'eusse lu, etc.
Nous eussions fait, etc. Nous eussions lu, etc.

MODE IMPÉRATIF.

PRÉSENT.

Fais. Lis.
Faisons. Lisons.
Faites. Lisez.

MODE SUBJONCTIF.

PRÉSENT.

Que je fasse. Que je lise.
Que tu fasses. Que tu lises.
Qu'il fasse. Qu'il lise.
Que nous fassions. Que nous lisions.
Que vous fassiez. Que vous lisiez.
Qu'ils fassent. Qu'ils lisent.

IMPARFAIT.

Que je fisse. Que je lusse.
Que tu fisses. Que tu lusses.
Qu'il fît. Qu'il lût.
Que nous fissions. Que nous lussions.
Que vous fissiez. Que vous lussiez.
Qu'ils fissent. Qu'ils lussent.

PASSÉ.

Que j'aie fait, etc. Que j'aie lu, etc.
Que nous ayons fait, etc. Que nous ayons lu, etc.

PLUS-QUE-PARFAIT.

Que j'eusse fait, etc. Que j'eusse lu, etc.
Que nous eussions fait, etc. Que nous eussions lu, etc.

MODE INFINITIF.

PRÉSENT.

Faire. Lire.

PASSÉ.

Avoir fait. Avoir lu.

PARTICIPE PRÉSENT.

Faisant. Lisant.

PARTICIPE PASSÉ.

Ayant fait. Ayant lu.

METTRE.   MOUDRE.

MODE INDICATIF.

PRÉSENT.

Je mets. Je mouds.
Tu mets. Tu mouds.
Il met. Il moud.
Nous mettons. Nous moulons.
Vous mettez. Vous moulez.
Ils mettent. Ils moulent (1).

IMPARFAIT.

Je mettais. Je moulais.
Tu mettais. Tu moulais.
Il mettait. Il moulait.
Nous mettions. Nous moulions.
Vous mettiez. Vous mouliez.
Ils mettaient. Ils moulaient.

(1) Nous sommes forcés de suivre ici l'orthographe de l'Académie. Mais ce verbe devrait faire au pluriel du présent de l'indicatif : nous *moudons*, vous *moudes*, ils *moudent*; et à l'imparfait : je *moudais*; et à l'impératif : *moudons*, *moudes*; et au présent du subjonctif : que je *moude*; et enfin au participe présent de l'infinitif : *moudant*. Alors on ne pourrait plus confondre les temps de *moudre* avec ceux de *mouler*.

PASSÉ DÉFINI.

Je mis.	Je moulus.
Tu mis.	Tu moulus.
Il mit.	Il moulut.
Nous mîmes.	Nous moulûmes.
Vous mîtes.	Vous moulûtes.
Ils mirent.	Ils moulurent.

PASSÉ INDÉFINI.

J'ai mis, etc.	J'ai moulu, etc.
Nous avons mis, etc.	Nous avons moulu, etc.

PLUS-QUE-PARFAIT.

J'avais mis, etc.	J'avais moulu, etc.
Nous avions mis, etc.	Nous avions moulu, etc.

FUTUR.

Je mettrai.	Je moudrai.
Tu mettras.	Tu moudras.
Il mettra.	Il moudra.
Nous mettrons.	Nous moudrons.
Vous mettrez.	Vous moudrez.
Ils mettront.	Ils moudront.

FUTUR ANTÉRIEUR.

J'aurai mis, etc.	J'aurai moulu, etc.
Nous aurons mis, etc.	Nous aurons moulu, etc.

MODE CONDITIONNEL.

PRÉSENT.

Je mettrais.	Je moudrais.
Tu mettrais.	Tu moudrais.
Il mettrait.	Il moudrait.
Nous mettrions.	Nous moudrions.
Vous mettriez.	Vous moudriez.
Ils mettraient.	Ils moudraient.

PASSÉ.

J'aurais mis, etc.	J'aurais moulu, etc.
Nous aurions mis, etc.	Nous aurions moulu, etc.

On dit encore :

J'eusse mis, etc.	J'eusse moulu, etc.
Nous eussions mis, etc.	Nous eussions moulu, etc.

MODE IMPÉRATIF.

PRÉSENT.

Mets.	Mouds.
Mettons.	Moulons.
Mettez.	Moulez.

MODE SUBJONCTIF.

PRÉSENT.

Que je mette.	Que je moule.
Que tu mettes.	Que tu moules.
Qu'il mette.	Qu'il moule.
Que nous mettions.	Que nous moulions.
Que vous mettiez.	Que vous mouliez.
Qu'ils mettent.	Qu'ils moulent.

IMPARFAIT.

Que je misse.	Que je moulusse.
Que tu misses.	Que tu moulusses.
Qu'il mît.	Qu'il moulût.
Que nous missions.	Que nous moulussions.
Que vous missiez.	Que vous moulussiez.
Qu'ils missent.	Qu'ils moulussent.

PASSÉ.

Que j'aie mis, etc.	Que j'aie moulu, etc.
Que nous ayons mis, etc.	Que nous ayons moulu, etc.

PLUS-QUE-PARFAIT.

Que j'eusse mis, etc.	Que j'eusse moulu, etc.
Que nous eussions mis, etc.	Que nous eussions moulu, etc.

MODE INFINITIF.

PRÉSENT.

Mettre.	Moudre.

PASSÉ.

Avoir mis.	Avoir moulu.

PARTICIPE PRÉSENT.

Mettant.	Moulant.

PARTICIPE PASSÉ.

Ayant mis.	Ayant moulu.

NAITRE. NUIRE.

MODE INDICATIF.

PRÉSENT.

Je nais.	Je nuis.
Tu nais.	Tu nuis.
Il naît.	Il nuit.
Nous naissons.	Nous nuisons.
Vous naissez.	Vous nuisez.
Ils naissent.	Ils nuisent.

IMPARFAIT.

Je naissais.	Je nuisais.
Tu naissais.	Tu nuisais.
Il naissait.	Il nuisait.
Nous naissions.	Nous nuisions.
Vous naissiez.	Vous nuisiez.
Ils naissaient.	Ils nuisaient.

PASSÉ DÉFINI.

Je naquis.	Je nuisis.
Tu naquis.	Tu nuisis.
Il naquit.	Il nuisit.
Nous naquîmes.	Nous nuisîmes.
Vous naquîtes.	Vous nuisîtes.
Ils naquirent.	Ils nuisirent.

PASSÉ INDÉFINI.

Je suis né, etc.	J'ai nui, etc.
Nous sommes nés, etc.	Nous avons nui, etc.

PLUS-QUE-PARFAIT.

J'étais né, etc.	J'avais nui, etc.
Nous étions nés, etc.	Nous avions nui, etc.

FUTUR.

Je naîtrai.	Je nuirai.
Tu naîtras.	Tu nuiras.
Il naîtra.	Il nuira.
Nous naîtrons.	Nous nuirons.
Vous naîtrez.	Vous nuirez.
Ils naîtront.	Ils nuiront.

FUTUR ANTÉRIEUR.

Je serai né, etc.	J'aurai nui, etc.
Nous serons nés, etc.	Nous aurons nui, etc.

MODE CONDITIONNEL.
PRÉSENT.

Je naîtrais.   Je nuirais.
Tu naîtrais.   Tu nuirais.
Il naîtrait.   Il nuirait.
Nous naîtrions.   Nous nuirions.
Vous naîtriez.   Vous nuiriez.
Ils naîtraient.   Ils nuiraient.

PASSÉ.

Je serais né, etc.   J'aurais nui, etc.
Nous serions nés, etc.   Nous aurions nui, etc.

On dit encore :

Je fusse né, etc.   J'eusse nui, etc.
Nous fussions nés, etc.   Nous eussions nui, etc.

MODE IMPÉRATIF.
PRÉSENT.

Nais.   Nuis.
Naissons.   Nuisons.
Naissez.   Nuisez.

MODE SUBJONCTIF.
PRÉSENT.

Que je naisse.   Que je nuise.
Que tu naisses.   Que tu nuises.
Qu'il naisse.   Qu'il nuise.
Que nous naissions.   Que nous nuisions.
Que vous naissiez.   Que vous nuisiez.
Qu'ils naissent.   Qu'ils nuisent.

IMPARFAIT.

Que je naquisse.   Que je nuisisse.
Que tu naquisses.   Que tu nuisisses.
Qu'il naquît.   Qu'il nuisît.
Que nous naquissions.   Que nous nuisissions.
Que vous naquissiez.   Que vous nuisissiez.
Qu'ils naquissent.   Qu'ils nuisissent.

PASSÉ.

Que je sois né, etc.   Que j'aie nui, etc.
Que nous soyons nés, etc.   Que nous ayons nui, etc.

PLUS-QUE-PARFAIT.

Que je fusse né, etc.   Que j'eusse nui, etc.
Que nous fussions nés, etc. Que nous eussions nui, etc.

MODE INFINITIF.
PRÉSENT.

Naître.   Nuire.

PASSÉ.

Être né.   Avoir nui.

PARTICIPE PRÉSENT.

Naissant.   Nuisant.

PARTICIPE PASSÉ.

Étant né.   Ayant nui.

PAITRE.   PRENDRE.
MODE INDICATIF.
PRÉSENT.

Je pais.   Je prends.
Tu pais.   Tu prends.
Il paît.   Il prend.
Nous paissons.   Nous prenons.
Vous paissez.   Vous prenez.
Ils paissent.   Ils prennent.

IMPARFAIT.

Je paissais.   Je prenais.
Tu paissais.   Tu prenais.
Il paissait.   Il prenait.
Nous paissions.   Nous prenions.
Vous paissiez.   Vous preniez.
Ils paissaient.   Ils prenaient.

PASSÉ DÉFINI.

Je pûs (1). (inusité.)   Je pris.
Tu pûs.   Tu pris.
Il pût.   Il prit.
Nous pûmes.   Nous prîmes.
Vous pûtes.   Vous prîtes.
Ils pûrent.   Ils prirent.

PASSÉ INDÉFINI.

J'ai pû, etc.   J'ai pris, etc.
Nous avons pû, etc.   Nous avons pris, etc.

PLUS-QUE-PARFAIT.

J'avais pû, etc.   J'avais pris, etc.
Nous avions pû, etc.   Nous avions pris, etc.

FUTUR.

Je paîtrai.   Je prendrai.
Tu paîtras.   Tu prendras.
Il paîtra.   Il prendra.
Nous paîtrons.   Nous prendrons.
Vous paîtrez.   Vous prendrez.
Ils paîtront.   Ils prendront.

FUTUR ANTÉRIEUR.

J'aurai pû, etc.   J'aurai pris, etc.
Nous aurons pû, etc.   Nous aurons pris, etc.

MODE CONDITIONNEL.
PRÉSENT.

Je paîtrais.   Je prendrais.
Tu paîtrais.   Tu prendrais.
Il paîtrait.   Il prendrait.
Nous paîtrions.   Nous prendrions.
Vous paîtriez.   Vous prendriez.
Ils paîtraient.   Ils prendraient.

PASSÉ.

J'aurais pû, etc.   J'aurais pris, etc.
Nous aurions pû, etc.   Nous aurions pris, etc.

On dit encore :

J'eusse pû, etc.   J'eusse pris, etc.
Nous eussions pû, etc.   Nous eussions pris, etc.

MODE IMPÉRATIF.
PRÉSENT.

Pais.   Prends.
Paissons.   Prenons.
Paissez.   Prenez.

MODE SUBJONCTIF.
PRÉSENT.

Que je paisse.   Que je prenne.
Que tu paisses.   Que tu prennes.
Qu'il paisse.   Qu'il prenne.

---

(1) Nous plaçons un accent circonflexe sur cette forme pour qu'on distingue *je pûs* du verbe *paitre*, et *je pus* du verbe *pouvoir*.

Que nous paissions.   Que nous prenions.
Que vous paissiez.   Que vous preniez.
Qu'ils paissent.   Qu'ils prennent.

IMPARFAIT.

Que je pûsse. (*inusité*.)   Que je prisse.
Que tu pûsses.   Que tu prisses.
Qu'il pût.   Qu'il prît.
Que nous pûssions.   Que nous prissions.
Que vous pûssiez.   Que vous prissiez.
Qu'ils pûssent.   Qu'ils prissent.

PASSÉ.

Que j'aie pû, etc.   Que j'aie pris, etc.
Que nous ayons pû, etc.   Que nous ayons pris, etc.

PLUS-QUE-PARFAIT.

Que j'eusse pû, etc.   Que j'eusse pris, etc.
Que nous eussions pû, etc.   Que nous eussions pris, etc.

MODE INFINITIF.

PRÉSENT.

Paître.   Prendre.

PASSÉ.

Avoir pû.   Avoir pris.

PARTICIPE PRÉSENT.

Paissant.   Prenant.

PARTICIPE PASSÉ.

Ayant pû.   Ayant pris.

RÉSOUDRE (1).   RIRE.

MODE INDICATIF.

PRÉSENT.

Je résous.   Je ris.
Tu résous.   Tu ris.
Il résout.   Il rit.
Nous résolvons.   Nous rions.
Vous résolvez.   Vous riez.
Ils résolvent.   Ils rient.

IMPARFAIT.

Je résolvais.   Je riais.
Tu résolvais.   Tu riais.
Il résolvait.   Il riait.
Nous résolvions. Nous riions.
Vous résolviez.   Vous riiez.
Ils résolvaient. Ils riaient.

PASSÉ DÉFINI.

Je résolus.   Je ris.
Tu résolus.   Tu ris.
Il résolut.   Il rit.
Nous résolûmes.   Nous rîmes.
Vous résolûtes.   Vous rîtes.
Ils résolurent.   Ils rirent.

PASSÉ INDÉFINI.

J'ai résolu, etc.   J'ai ri, etc.
Nous avons résolu, etc.   Nous avons ri, etc.

PLUS-QUE-PARFAIT.

J'avais résolu, etc.   J'avais ri, etc.
Nous avions résolu, etc.   Nous avions ri, etc.

(1) *Résoudre* est pris ici dans le sens de *déterminer*.

FUTUR.

Je résoudrai.   Je rirai.
Tu résoudras.   Tu riras.
Il résoudra.   Il rira.
Nous résoudrons. Nous rirons.
Vous résoudrez.   Vous rirez.
Ils résoudront.   Ils riront.

FUTUR ANTÉRIEUR.

J'aurai résolu, etc.   J'aurai ri, etc.
Nous aurons résolu, etc.   Nous aurons ri, etc.

MODE CONDITIONNEL.

PRÉSENT.

Je résoudrais.   Je rirais.
Tu résoudrais.   Tu rirais.
Il résoudrait.   Il rirait.
Nous résoudrions. Nous ririons.
Vous résoudriez.   Vous ririez.
Ils résoudraient. Ils riraient.

PASSÉ.

J'aurais résolu, etc.   J'aurais ri, etc.
Nous aurions résolu, etc.   Nous aurions ri, etc.

On dit encore :

J'eusse résolu, etc.   J'eusse ri, etc.
Nous eussions résolu, etc.   Nous eussions ri, etc.

MODE IMPÉRATIF.

PRÉSENT.

Résous.   Ris.
Résolvons.   Rions.
Résolvez.   Riez.

MODE SUBJONCTIF.

PRÉSENT.

Que je résolve.   Que je rie.
Que tu résolves.   Que tu ries.
Qu'il résolve.   Qu'il rie.
Que nous résolvions. Que nous riions.
Que vous résolviez. Que vous riiez.
Qu'ils résolvent.   Qu'ils rient.

IMPARFAIT.

Que je résolusse,   Que je risse.
Que tu résolusses.   Que tu risses.
Qu'il résolût.   Qu'il rît.
Que nous résolussions. Que nous rissions.
Que vous résolussiez. Que vous rissiez.
Qu'ils résolussent.   Qu'ils rissent.

PASSÉ.

Que j'aie résolu, etc.   Que j'aie ri, etc.
Que nous ayons résolu, etc.   Que nous ayons ri, etc.

PLUS-QUE-PARFAIT.

Que j'eusse résolu, etc.   Que j'eusse ri, etc.
Que nous eussions résolu, etc.   Que nous eussions ri, etc.

MODE INFINITIF.

PRÉSENT.

Résoudre.   Rire.

PASSÉ.

Avoir résolu.   Avoir ri.

PARTICIPE PRÉSENT.

Résolvant. Riant.

PARTICIPE PASSÉ.

Ayant résolu. Ayant ri.

SUIVRE.   VAINCRE.

MODE INDICATIF.

PRÉSENT.

Je suis.	Je vaincs.
Tu suis.	Tu vaincs.
Il suit.	Il vainc.
Nous suivons.	Nous vainquons.
Vous suivez.	Vous vainquez.
Ils suivent.	Ils vainquent.

IMPARFAIT.

Je suivais.	Je vainquais.
Tu suivais.	Tu vainquais.
Il suivait.	Il vainquait.
Nous suivions.	Nous vainquions.
Vous suiviez.	Vous vainquiez.
Ils suivaient.	Ils vainquaient.

PASSÉ DÉFINI.

Je suivis.	Je vainquis.
Tu suivis.	Tu vainquis.
Il suivit.	Il vainquit.
Nous suivîmes.	Nous vainquîmes.
Vous suivîtes.	Vous vainquîtes.
Ils suivirent.	Ils vainquirent.

PASSÉ INDÉFINI.

J'ai suivi, etc.	J'ai vaincu, etc.
Nous avons suivi, etc.	Nous avons vaincu, etc.

PLUS-QUE-PARFAIT.

J'avais suivi, etc.	J'avais vaincu, etc.
Nous avions suivi, etc.	Nous avions vaincu, etc.

FUTUR.

Je suivrai.	Je vaincrai.
Tu suivras.	Tu vaincras.
Il suivra.	Il vaincra.
Nous suivrons.	Nous vaincrons.
Vous suivrez.	Vous vaincrez.
Ils suivront.	Ils vaincront.

FUTUR ANTÉRIEUR.

J'aurai suivi, etc.	J'aurai vaincu, etc.
Nous aurons suivi, etc.	Nous aurons vaincu, etc.

MODE CONDITIONNEL.

PRÉSENT.

Je suivrais.	Je vaincrais.
Tu suivrais.	Tu vaincrais.
Il suivrait.	Il vaincrait.
Nous suivrions.	Nous vaincrions.
Vous suivriez.	Vous vaincriez.
Ils suivraient.	Ils vaincraient.

PASSÉ.

J'aurais suivi, etc.	J'aurais vaincu, etc.
Nous aurions suivi, etc.	Nous aurions vaincu, etc.

On dit encore :

J'eusse suivi, etc.	J'eusse vaincu, etc.
Nous eussions suivi, etc.	Nous eussions vaincu, etc.

MODE IMPÉRATIF.

PRÉSENT.

Suis.	Vaincs.
Suivons.	Vainquons.
Suivez.	Vainquez.

MODE SUBJONCTIF.

PRÉSENT.

Que je suive.	Que je vainque.
Que tu suives.	Que tu vainques.
Qu'il suive.	Qu'il vainque.
Que nous suivions.	Que nous vainquions.
Que vous suiviez.	Que vous vainquiez.
Qu'ils suivent.	Qu'ils vainquent.

IMPARFAIT.

Que je suivisse.	Que je vainquisse.
Que tu suivisses.	Que tu vainquisses.
Qu'il suivît.	Qu'il vainquît.
Que nous suivissions.	Que nous vainquissions.
Que vous suivissiez.	Que vous vainquissiez.
Qu'ils suivissent.	Qu'ils vainquissent.

PASSÉ.

Que j'aie suivi, etc.	Que j'aie vaincu, etc.
Que nous ayons suivi, etc.	Que nous ayons vaincu, etc.

PLUS-QUE-PARFAIT.

Que j'eusse suivi, etc.	Que j'eusse vaincu, etc.
Que nous eussions suivi, etc.	Que nous eussions vaincu, etc.

MODE INFINITIF.

PRÉSENT.

Suivre.	Vaincre.

PASSÉ.

Avoir suivi.	Avoir vaincu.

PARTICIPE PRÉSENT.

Suivant.	Vainquant.

PARTICIPE PASSÉ.

Ayant suivi.	Ayant vaincu.

VIVRE.   TRAIRE.

MODE INDICATIF.

PRÉSENT.

Je vis.	Je trais.
Tu vis.	Tu trais.
Il vit.	Il trait.
Nous vivons.	Nous trayons.
Vous vivez.	Vous trayez.
Ils vivent.	Ils traient.

IMPARFAIT.

Je vivais.	Je trayais.
Tu vivais.	Tu trayais.
Il vivait.	Il trayait.
Nous vivions.	Nous trayions.
Vous viviez.	Vous trayiez.
Ils vivaient.	Ils trayaient.

PASSÉ DÉFINI.

Je vécus.
Tu vécus.
Il vécut.
Nous vécûmes.
Vous vécûtes.
Ils vécurent.

(Point de passé défini.)

PASSÉ INDÉFINI.

J'ai vécu, etc.   J'ai trait, etc.
Nous avons vécu, etc.   Nous avons trait, etc.

PLUS-QUE-PARFAIT.

J'avais vécu, etc.   J'avais trait, etc.
Nous avions vécu, etc.   Nous avions trait, etc.

FUTUR.

Je vivrai.   Je trairai.
Tu vivras.   Tu trairas.
Il vivra.   Il traira.
Nous vivrons.   Nous trairons.
Vous vivrez.   Vous trairez.
Ils vivront.   Ils trairont.

FUTUR ANTÉRIEUR.

J'aurai vécu, etc.   J'aurai trait, etc.
Nous aurons vécu, etc.   Nous aurons trait, etc.

MODE CONDITIONNEL.

PRÉSENT.

Je vivrais.   Je trairais.
Tu vivrais.   Tu trairais.
Il vivrait.   Il trairait.
Nous vivrions.   Nous trairions.
Vous vivriez.   Vous trairiez.
Ils vivraient.   Ils trairaient.

PASSÉ.

J'aurais vécu, etc.   J'aurais trait, etc.
Nous aurions vécu, etc.   Nous aurions trait, etc.

On dit encore :

J'eusse vécu, etc.   J'eusse trait, etc.
Nous eussions vécu, etc.   Nous eussions trait, etc.

MODE IMPÉRATIF.

PRÉSENT.

Vis.   Trais.
Vivons.   Trayons.
Vivez.   Trayez.

MODE SUBJONCTIF.

PRÉSENT.

Que je vive.   Que je traie.
Que tu vives.   Que tu traies.
Qu'il vive.   Qu'il traie.
Que nous vivions.   Que nous trayions.
Que vous viviez.   Que vous trayiez.
Qu'ils vivent.   Qu'ils traient.

IMPARFAIT.

Que je vécusse.
Que tu vécusses.
Qu'il vécût.
Que nous vécussions.   (Point d'imparfait.)
Que vous vécussiez.
Qu'ils vécussent.

PASSÉ.

Que j'aie vécu, etc.   Que j'aie trait, etc.
Que nous ayons vécu, etc.   Que nous ayons trait, etc.

PLUS-QUE-PARFAIT.

Que j'eusse vécu, etc.   Que j'eusse trait, etc.
Que nous eussions vécu, etc.   Que nous eussions trait, etc.

MODE INFINITIF.

PRÉSENT.

Vivre.   Traire.

PASSÉ.

Avoir vécu.   Avoir trait.

PARTICIPE PRÉSENT.

Vivant.   Trayant.

PARTICIPE PASSÉ.

Ayant vécu.   Ayant trait.

Les autres verbes irréguliers de cette classe, et que nous n'avons pas cru nécessaire de conjuguer, sont :

ABSOUDRE. *J'absous, tu absous, il absout; nous absolvons, vous absolvez, ils absolvent.* — *J'absolvais, nous absolvions.* — Point de passé défini. — *J'absoudrai, nous absoudrons.* — *J'absoudrais, nous absoudrions.* — *Absous, absolvons.* — *Que j'absolve, que nous absolvions.* — Point d'imparfait du subjonctif. — *Absoudre.* — *Absolvant.* — *Absous, absoute.*

BRAIRE. Il ne s'emploie guère qu'à l'infinitif et aux troisièmes personnes du présent de l'indicatif, du futur et du conditionnel : *Braire; il brait, ils braient; il braira, ils brairont; il brairait, ils brairaient.*

BRUIRE, *bruyant, il bruyait.* Point d'autre forme.

CIRCONCIRE. *Je circoncis, tu circoncis, il circoncit; nous circoncisons, vous circoncisez, ils circoncisent.* — *Je circoncis, nous circoncîmes.* — *J'ai circoncis.* — *Je circoncirai.* — *Je circoncirais.* — *Circoncis, circoncisons.* — *Que je circoncise, que nous circoncisions.* — *Circoncire.* — *Circoncis, circoncise.*

L'Académie ne donne que ces seules formes à ce verbe. Pourquoi ne dirait-on pas : *je circoncisais* et *circoncisant*?

Dédire, contredire, interdire, médire, prédire, font à la seconde personne du pluriel du présent de l'indicatif *vous dédisez, vous contredisez*, etc. ; les autres formes comme celles de *dire*.

Maudire fait *nous maudissons, vous maudissez, ils maudissent* ; au lieu de *nous maudisons*, etc. ; *maudissant*, participe actif ; le reste comme *dire*.

Éclore ; *éclos ; il éclot, ils éclosent ; il éclora, ils écloront ; il éclorait, ils écloraient ; qu'il éclose, qu'ils éclosent.*

Confire. *Je confis, tu confis, il confit ; nous confisons, vous confisez, ils confisent.* — *Je confisais, nous confisions.* — *Je confis, nous confîmes.* — *Je confirai, nous confirons.* — *Je confirais, nous confirions.* — *Confis, confisons.* — *Que je confise, que nous confisions.* — *Confire.* — *Confisant.* — *Confit, confite.* Nous ajoutons en toute sûreté de conscience, avec Wailly et Lévizac, l'imparfait du subjonctif, *que je confisse*.

Croître. *Je crois, tu crois, il croît ; nous croissons, vous croissez, ils croissent.* — *Je croissais, nous croissions.* — *J'ai crû.* — *Je crûs, nous crûmes.* — *Je croîtrai, nous croîtrons.* — *Je croîtrais, nous croîtrions.* — *Crois, croissez.* — *Que je croisse, que nous croissions.* — *Que je crûsse, que nous crûssions.* — *Croissant.* — *Crû, crûe.* Nous croyons devoir nous servir de l'accent circonflexe dans tous les temps et pour toutes les personnes qui pourraient être confondues avec celles du verbe *croire*.

Frire Ce verbe n'est en usage qu'au singulier du présent de l'indicatif : *je fris, tu fris, il frit* ; au futur, *je frirai*, etc. ; au conditionnel, *je frirais* ; à la seconde personne singulière de l'impératif, *fris* ; aux temps formés du participe, *frit, frite*.

Pour suppléer aux temps qui manquent, on lui adjoint le verbe *faire* : *nous faisons frire, vous faites frire, ils font frire, je faisais frire*, etc. (Wailly, Restaut, Féraud.)

Luire. *Je luis, tu luis, il luit ; nous luisons, vous luisez, ils luisent.* — *Je luisais, nous luisions.* — *Je luirai, nous luirons.* — *Je luirais, nous luirions.* — *Que je luise, que nous luisions.* — *Luire, luisant, lui, devant luire.* (L'Académie, Restaut, Wailly, Lévizac et Féraud.)

Ce verbe *luire* n'a ni passé défini, ni impératif, ni imparfait du subjonctif, et son participe passé n'a pas de féminin. Les temps composés se forment avec l'auxiliaire *avoir*. (Girault-Duvivier.)

Oindre. *J'oins, tu oins, il oint ; nous oignons.* — *J'oignais.* — *J'oignis.* — *J'ai oint.* — *J'oindrai.* — *J'oindrais.* — *Oins, oignez.* — *Que j'oigne, que nous oignions.* — *Que j'oignisse.* — *Oignant, oint, ointe.* (L'Académie, Trévoux et Féraud.)

Taire. *Je tais, tu tais, il tait ; nous taisons, vous taisez, ils taisent.* — *Je taisais, nous taisions.* — *Je tus, nous tûmes.* — *J'ai tu, nous avons tu.* — *Je tairai, nous tairons.* — *Je tairais, nous tairions.* — *Tais, taisons.* — *Que je taise, que nous taisions.* — *Que je tusse, que nous tussions.* — *Taire, taisant, tu, devant taire.* (L'Académie.)

Tistre, synonyme de *tisser*, dit l'Académie, n'est plus en usage que dans les temps composés ; et il fait *tissu, tissue*, au participe. Cependant Voltaire a employé ce verbe au passé défini, où il ne nous paraît nullement choquant ; 1° sens propre : L'Inde à grands frais *tissut* ses vêtements ; 2° sens figuré : Une femme hardie *tissut* le fil de cette perfidie.

N° CCCCLXXVI.

MODÈLE DE CONJUGAISON
DES
VERBES UNIPERSONNELS.

Les verbes *unipersonnels* n'ont pas de conjugaison qui leur soit particulière. Ils se conjuguent suivant les inflexions qu'exige la forme de conjugaison à laquelle ils appartiennent régulièrement. La seule chose qui les distingue, c'est qu'ils n'ont pas tous les temps et qu'ils ne s'emploient qu'à la troisième personne du singulier.

VERBES UNIPERSONNELS.

RÉGULIERS.		IRRÉGULIERS.
	MODE INDICATIF.	
	PRÉSENT.	
Il neige.	Il pleut.	Il faut.
	IMPARFAIT.	
Il neigeait.	Il pleuvait.	Il fallait.
	PASSÉ DÉFINI.	
Il neigea.	Il plut.	Il fallut.
	PASSÉ INDÉFINI.	
Il a neigé.	Il a plu.	Il a fallu.
	PASSÉ ANTÉRIEUR.	
Il eut neigé.	Il eut plu.	Il eut fallu.
	PLUS-QUE-PARFAIT.	
Il avait neigé.	Il avait plu.	Il avait fallu.
	FUTUR.	
Il neigera.	Il pleuvra.	Il faudra.
	FUTUR ANTÉRIEUR.	
Il aura neigé.	Il aura plu.	Il aura fallu.
	MODE CONDITIONNEL.	
	PRÉSENT.	
Il neigerait.	Il pleuvrait.	Il faudrait.
	PASSÉ.	
Il aurait neigé.	Il aurait plu.	Il aurait fallu.
	(*Point d'*IMPÉRATIF.)	
	MODE SUBJONCTIF.	
	PRÉSENT.	
Qu'il neige.	Qu'il pleuve.	Qu'il faille.
	IMPARFAIT.	
Qu'il neigeât.	Qu'il plût.	Qu'il fallût.
	PASSÉ.	
Qu'il ait neigé.	Qu'il ait plu.	Qu'il ait fallu.

PLUS-QUE-PARFAIT.

Qu'il eût neigé. Qu'il eût plu. Qu'il eût fallu.

MODE INFINITIF.
PRÉSENT.

Neiger. Pleuvoir. Falloir.

PASSÉ.

Avoir neigé. Avoir plu. Avoir fallu.

PARTICIPE PRÉSENT.

Neigeant. Pleuvant. *(Inusité.)*

PARTICIPE PASSÉ.

Neigé. Plu. Fallu.

N° CCCCLXXVII.

MODÈLE DES VERBES CONJUGUÉS INTERROGATIVEMENT.

Le langage par interrogation étant très-usité, nous pensons qu'il est nécessaire de donner un modèle des verbes conjugués sous cette forme.

VERBE *être* CONJUGUÉ INTERROGATIVEMENT.

MODE INDICATIF.
PRÉSENT.

Suis-je ?
Es-tu ?
Est-il ?
Sommes-nous ?
Êtes-vous ?
Sont-ils ?

IMPARFAIT.

Étais-je ?
Étais-tu ?
Était-il ?
Étions-nous ?
Étiez-vous ?
Étaient-ils ?

PASSÉ DÉFINI.

Fus-je ?
Fus-tu ?
Fut-il ?
Fûmes-nous ?
Fûtes-vous ?
Furent-ils ?

PASSÉ INDÉFINI.

Ai-je été ?
As-tu été ?
A-t-il été ?
Avons-nous été ?
Avez-vous été ?
Ont-ils été ?

PASSÉ ANTÉRIEUR.

Eus-je été ?
Eus-tu été ?
Eut-il été ?
Eûmes-nous été ?
Eûtes-vous été ?
Eurent-ils été ?

PLUS-QUE-PARFAIT.

Avais-je été ?
Avais-tu été ?
Avait-il été ?
Avions-nous été ?
Aviez-vous été ?
Avaient-ils été ?

FUTUR SIMPLE.

Serai-je ?
Seras-tu ?
Sera-t-il ?
Serons-nous ?
Serez-vous ?
Seront-ils ?

FUTUR ANTÉRIEUR.

Aurai-je été ?
Auras-tu été ?
Aura-t-il été ?
Aurons-nous été ?
Aurez-vous été ?
Auront-ils été ?

MODE CONDITIONNEL.
PRÉSENT.

Serais-je ?
Serais-tu ?
Serait-il ?
Serions-nous ?
Seriez-vous ?
Seraient-ils ?

PASSÉ.

Aurais-je été ?
Aurais-tu été ?
Aurait-il été ?
Aurions-nous été ?
Auriez-vous été ?
Auraient-ils été (1) ?

N° CCCCLXXVIII.

VERBE *avoir* CONJUGUÉ INTERROGATIVEMENT.

MODE INDICATIF.
PRÉSENT.

Ai-je ?
As-tu ?
A-t-il ? a-t-elle ?
Avons-nous ?
Avez-vous ?
Ont-ils ? ont-elles ?

IMPARFAIT.

Avais-je ?
Avais-tu ?
Avait-il ? avait-elle ?

Avions-nous ?
Aviez-vous ?
Avaient-ils ? avaient-elles ?

PASSÉ DÉFINI.

Eus-je ?
Eus-tu ?
Eut-il ? eut-elle ?
Eûmes-nous ?
Eûtes-vous ?
Eurent-ils ? eurent-elles ?

PASSÉ INDÉFINI.

Ai-je eu ?

---

(1) On dit aussi : Eussé-je été ? Eusses-tu été ? Eût-il été ? Eussions-nous été ? Eussiez-vous été ? Eussent-ils été ?

As-tu eu?	**PLUS-QUE-PARFAIT.**	**FUTUR ANTÉRIEUR.**	Aurait-il? aurait-elle?
A-t-il eu? a-t-elle eu?	Avais-je eu?	Aurai-je eu?	Aurions-nous?
Avons-nous eu?	Avais-tu eu?	Auras-tu eu?	Auriez-vous?
Avez-vous eu?	Avait-il eu? avait-elle eu?	Aura-t-il eu? aura-t-elle eu?	Auraient-ils? auraient-elles?
Ont-ils eu? ont-elles eu?	Avions-nous eu?		
	Aviez-vous eu?	Aurons-nous eu?	**PASSÉ.**
PASSÉ ANTÉRIEUR.	Avaient-ils eu? avaient-elles eu?	Aurez-vous eu?	Aurais-je eu?
		Auront-ils eu? auront-elles eu?	Aurais-tu eu?
Eus-je eu?	**FUTUR SIMPLE.**		Aurait-il eu? aurait-elle eu?
Eus-tu eu?	Aurai-je?		
Eut-il eu? eut-elle eu?	Auras-tu?	**MODE CONDITIONNEL**	Aurions-nous eu?
Eûmes-nous eu?	Aura-t-il? aura-t-elle?		Auriez-vous eu?
Eûtes-vous eu?	Aurons-nous?	**PRÉSENT.**	Auraient-ils eu? auraient-elles eu (1)?
Eurent-ils eu? eurent-elles eu?	Aurez-vous?	Aurais-je?	
	Auront-ils? auront-elles?	Aurais-tu?	

N° CCCCLXXIX.

MODÈLE DES QUATRE CONJUGAISONS INTERROGATIVES.

MODE INDICATIF.

PRÉSENT.

Aimé-je?	Finis-je?	Reçois-je?	Rends-je?
Aimes-tu?	Finis-tu?	Reçois-tu?	Rends-tu?
Aime-t-il?	Finit-il?	Reçoit-il?	Rend-il?
Aimons-nous?	Finissons-nous?	Recevons-nous?	Rendons-nous?
Aimez-vous?	Finissez-vous?	Recevez-vous?	Rendez-vous?
Aiment-ils?	Finissent-ils?	Reçoivent-ils?	Rendent-ils?

IMPARFAIT.

Aimais-je?	Finissais-je?	Recevais-je?	Rendais-je?
Aimais-tu?	Finissais-tu?	Recevais-tu?	Rendais-tu?
Aimait-il?	Finissait-il?	Recevait-il?	Rendait-il?
Aimions-nous?	Finissions-nous?	Recevions-nous?	Rendions-nous?
Aimiez-vous?	Finissiez-vous?	Receviez-vous?	Rendiez-vous?
Aimaient-ils?	Finissaient-ils?	Recevaient-ils?	Rendaient-ils?

PASSÉ DÉFINI.

Aimai-je?	Finis-je?	Reçus-je?	Rendis-je?
Aimas-tu?	Finis-tu?	Reçus-tu?	Rendis-tu?
Aima-t-il?	Finit-il?	Reçut-il?	Rendit-il?
Aimâmes-nous?	Finîmes-nous?	Reçûmes-nous?	Rendîmes-nous?
Aimâtes-vous?	Finîtes-vous?	Reçûtes-vous?	Rendîtes-vous?
Aimèrent-ils?	Finirent-ils?	Reçurent-ils?	Rendirent-ils?

PASSÉ INDÉFINI.

Ai-je aimé?	Ai-je fini?	Ai-je reçu?	Ai-je rendu?
As-tu aimé?	As-tu fini?	As-tu reçu?	As-tu rendu?
A-t-il aimé?	A-t-il fini?	A-t-il reçu?	A-t-il rendu?
Avons-nous aimé?	Avons-nous fini?	Avons-nous reçu?	Avons-nous rendu?
Avez-vous aimé?	Avez-vous fini?	Avez-vous reçu?	Avez-vous rendu?
Ont-ils aimé?	Ont-ils fini?	Ont-ils reçu?	Ont-ils rendu?

PASSÉ ANTÉRIEUR.

Eus-je aimé?	Eus-je fini?	Eus-je reçu?	Eus-je rendu?
Eus-tu aimé?	Eus-tu fini?	Eus-tu reçu?	Eus-tu rendu?
Eut-il aimé?	Eut-il fini?	Eut-il reçu?	Eut-il rendu?
Eûmes-nous aimé?	Eûmes-nous fini?	Eûmes-nous reçu?	Eûmes-nous rendu?
Eûtes-vous aimé?	Eûtes-vous fini?	Eûtes-vous reçu?	Eûtes-vous rendu?
Eurent-ils aimé?	Eurent-ils fini?	Eurent-ils reçu?	Eurent-ils rendu?

(1) On dit aussi : Eussé-je eu? Eusses-tu eu? Eût-il eu? Eût-elle eu? Eussions-nous eu? Eussiez-vous eu? Eussent-ils eu? Eussent-elles eu?

(558)

PLUS-QUE-PARFAIT.

Avais-je aimé?	Avais-je fini?	Avais-je reçu?	Avais-je rendu?
Avais-tu aimé?	Avais-tu fini?	Avais-tu reçu?	Avais-tu rendu?
Avait-il aimé?	Avait-il fini?	Avait-il reçu?	Avait-il rendu?
Avions-nous aimé?	Avions-nous fini?	Avions-nous reçu?	Avions-nous rendu?
Aviez-vous aimé?	Aviez-vous fini?	Aviez-vous reçu?	Aviez-vous rendu?
Avaient-ils aimé?	Avaient-ils fini?	Avaient-ils reçu?	Avaient-ils rendu?

FUTUR.

Aimerai-je?	Finirai-je?	Recevrai-je?	Rendrai-je?
Aimeras-tu?	Finiras-tu?	Recevras-tu?	Rendras-tu?
Aimera-t-il?	Finira-t-il?	Recevra-t-il?	Rendra-t-il?
Aimerons-nous?	Finirons-nous?	Recevrons-nous?	Rendrons-nous?
Aimerez-vous?	Finirez-vous?	Recevrez-vous?	Rendrez-vous?
Aimeront-ils?	Finiront-ils?	Recevront-ils?	Rendront-ils?

FUTUR ANTÉRIEUR.

Aurai-je aimé?	Aurai-je fini?	Aurai-je reçu?	Aurai-je rendu?
Auras-tu aimé?	Auras-tu fini?	Auras-tu reçu?	Auras-tu rendu?
Aura-t-il aimé?	Aura-t-il fini?	Aura-t-il reçu?	Aura-t-il rendu?
Aurons-nous aimé?	Aurons-nous fini?	Aurons-nous reçu?	Aurons-nous rendu?
Aurez-vous aimé?	Aurez-vous fini?	Aurez-vous reçu?	Aurez-vous rendu?
Auront-ils aimé?	Auront-ils fini?	Auront-ils reçu?	Auront-ils rendu?

MODE CONDITIONNEL.

PRÉSENT.

Aimerais-je?	Finirais-je?	Recevrais-je?	Rendrais-je?
Aimerais-tu?	Finirais-tu?	Recevrais-tu?	Rendrais-tu?
Aimerait-il?	Finirait-il?	Recevrait-il?	Rendrait-il?
Aimerions-nous?	Finirions-nous?	Recevrions-nous?	Rendrions-nous?
Aimeriez-vous?	Finiriez-vous?	Recevriez-vous?	Rendriez-vous?
Aimeraient-ils?	Finiraient-ils?	Recevraient-ils?	Rendraient-ils?

PASSÉ.

Aurais-je aimé?	Aurais-je fini?	Aurais-je reçu?	Aurais-je rendu?
Aurais-tu aimé?	Aurais-tu fini?	Aurais-tu reçu?	Aurais-tu rendu?
Aurait-il aimé?	Aurait-il fini?	Aurait-il reçu?	Aurait-il rendu?
Aurions-nous aimé?	Aurions-nous fini?	Aurions-nous reçu?	Aurions-nous rendu?
Auriez-vous aimé?	Auriez-vous fini?	Auriez-vous reçu?	Auriez-vous rendu?
Auraient-ils aimé?	Auraient-ils fini?	Auraient-ils reçu?	Auraient-ils rendu?

On dit encore :

Eussé-je aimé?	Eussé-je fini?	Eussé-je reçu?	Eussé-je rendu?
Eusses-tu aimé?	Eusses-tu fini?	Eusses-tu reçu?	Eusses-tu rendu?
Eût-il aimé?	Eût-il fini?	Eût-il reçu?	Eût-il rendu?
Eussions-nous aimé?	Eussions-nous fini?	Eussions-nous reçu?	Eussions-nous rendu?
Eussiez-vous aimé?	Eussiez-vous fini?	Eussiez-vous reçu?	Eussiez-vous rendu?
Eussent-ils aimé?	Eussent-ils fini?	Eussent-ils reçu?	Eussent-ils rendu?

Remarques : 1° l'*impératif*, les temps du *subjonctif*, et l'*infinitif*, ne sont pas employés interrogativement.

Il en est de même de la première personne du singulier du présent de l'indicatif, à l'égard de quelques verbes qui n'ont qu'une syllabe. Ainsi on ne dit pas : *rends-je? lis-je? mens-je?* Il faut alors donner une autre forme à la phrase ; par exemple, on pourrait dire : *est-ce que je rends? est-ce que je lis?* etc. Les verbes *avoir, être, aller, voir, devoir, faire*, etc., sont exceptés ; car on dit bien : *ai-je? dois-je? fais-je? sais-je? vais-je? vois-je?* etc.

2° Les pronoms personnels sont placés après le verbe dans les temps simples, et après l'auxiliaire dans les temps composés, et sont liés à l'un ou à l'autre par un trait d'union : *reçois-JE, ai-JE aimé, reçoit-IL?*

3° L'*e* muet se change en *é* fermé quand il est suivi du pronom *je* : *aimé-je? donné-je* (1)?

4° Pour ne pas confondre le présent de l'indicatif *aimé-je* avec le passé *aimai-je*, il faut examiner si, en faisant perdre au verbe la forme interrogative, on obtient le présent ou le passé sans changer l'objet de la pensée : ainsi on n'écrira pas *aimai-je maintenant? aimé-je hier?* car, en faisant disparaître la forme interrogative on obtient : j'AIME maintenant; j'AIMAI hier. Donc il faut AIMÉ-je maintenant? AIMAI-je hier?

5° Quand le verbe est terminé par une voyelle et suivi de l'un des pronoms *il, elle, on,* on les fait précéder de la lettre euphonique *t*, placée entre deux traits d'union : *donne-T-il? aime-T-elle? a-T-on fini?*

SYNTAXE DES VERBES.

N° CCCCLXXX.

CONCORDANCE DU VERBE AVEC SON SUJET SOUS LE RAPPORT DU NOMBRE

I.

ACCORD AVEC UN SEUL SUJET.

SINGULIER.	PLURIEL.
DIEU *tient* le cœur des rois entre ses mains puissantes. (RACINE.)	Les ROIS *tiennent* leurs droits de Dieu, leur puissance du peuple. (BOISTE.)
L'HOMME *est* né pour régner sur tous les animaux. (VOLTAIRE.)	Les HOMMES *sont* encore enfants à soixante ans. (AUBERT.)
La COLOMBE *attendrit* les échos des forêts. (MICHAUD.)	Les CŒURS ambitieux ne *s'attendrissent* pas. (LA HARPE.)
L'HUILE *coule* à flots d'or aux bords de la Durance. (CASTEL.)	Mes VERS comme un torrent *coulent* sur le papier. (BOILEAU.)
La PLANTE *a* son hymen, la plante *a* ses amours. (DELILLE.)	Les ARBRES *ont* leur vie, et les bois leurs prodiges. (DELILLE.)
La RELIGION *veille* sur les crimes secrets. (VOLTAIRE.)	Les LOIS *veillent* sur les crimes publics. (VOLTAIRE.)
L'HYSOPE *croît* dans les plus profondes vallées. (MASSILLON.)	Les MARÉES *croissent* dans l'équinoxe. (ACADÉMIE.)
Le HIBOU *fait* son nid dans l'*if* des cimetières. (BERN. DE SAINT-PIERRE.)	Les PASSEREAUX ardents, dès le lever du jour, *Font* retentir les toits de la grange bruyante. (MICHAUD.)

Dans la première colonne, les verbes *tient, est, attendrit, coule, a, veille, croît, fait,* sont au singulier, à cause des mots *Dieu, homme, colombe, huile, plante, religion, hysope, hibou,* qui sont du singulier.

Mais dans la seconde colonne, ces mêmes verbes sont au pluriel, à cause des mots pluriels *rois, hommes, cœurs, vers, arbres, lois, marées, passereaux.*

(1) Nous nous conformons ici à l'orthographe adoptée par les grammairiens, qui veulent qu'on fasse entendre un *é* fermé dans ces sortes de verbes ; mais l'usage universel et l'autorité des personnes qui parlent le mieux démentent journellement cette opinion; elles prononcent : *aimè-je, veillè-je, règnè-je,* avec l'accent grave.

Telle est la loi à laquelle tous les verbes sont soumis, et cette loi ne souffre point d'exception.

D'où ce principe : *Le verbe à un mode personnel doit toujours prendre le nombre de son sujet, c'est-à-dire du nom avec lequel il est en relation;* que ce nom le précède comme dans les exemples que nous avons cités, ou qu'il le suive, ainsi que dans les exemples ci-après.

II.

SUJET PLACÉ APRÈS LE VERBE.

SINGULIER.

Là, *rougit* la CERISE; ici, *noircit* la MURE.
(DELILLE.)

Dût le PEUPLE en fureur pour ses maîtres nouveaux,
De mon sang odieux arroser leurs tombeaux.
(CORNEILLE.)

Me *préserve* le CIEL de soupçonner jamais
Que d'un prix si cruel vous payiez mes bienfaits !
(RACINE.)

Voilà ce Capitole, et ce beau Panthéon,
Où *semble* encore errer l'OMBRE d'un peuple libre.
(BERTIN.)

O terre de Saturne ! ô doux pays ! beau ciel !
Lieux où *chanta* VIRGILE, où *peignit* RAPHAEL.
(SAINT-VICTOR.)

Où *souriait* l'ENFANCE, *est* assis le trépas.
(SOUMET.)

PLURIEL.

Rome, c'est toi surtout qu'*appellent* nos TRANSPORTS.
(SAINT-VICTOR.)

Mais *dussent-ILS* encore, en reprenant les eaux,
Demander votre fils avec mille vaisseaux.
(RACINE.)

Me *préservent* les CIEUX d'une nouvelle guerre !
(VOLTAIRE.)

Par ces portes *sortaient* les fières LÉGIONS.
(SAINT-VICTOR.)

Dans leurs yeux entr'ouverts *brillent* d'humides
(SAINT-LAMBERT.) [FLAMMES.

Eh ! qui n'a parcouru, d'un pas mélancolique,
Le dôme abandonné, la vieille basilique
Où devant l'Éternel *s'inclinaient* ses AÏEUX ?
(SOUMET.)

EXERCICE PHRASÉOLOGIQUE.

Le chien aboie.
La brebis bêle.
L'abeille bourdonne.
Le cheval hennit.

Les chiens aboient.
Les brebis bêlent.
Les abeilles bourdonnent.
Les chevaux hennissent.

Là, fleurit la rose.
Le printemps qu'annonce l'hirondelle.
Là, s'agitait ce peuple ambitieux.

Ici, jaunissent les gazons.
Dussent-ils périr !
Me préservent les dieux !

N° CCCCLXXXI.

NOMBRE DU VERBE AVEC PLUSIEURS SUBSTANTIFS LIÉS PAR *et*.

I.

VERBE AU PLURIEL.

Parmi les lataniers qu'agite le zéphyre,
La PERRUCHE bruyante et le LORI vermeil,
Sautent sous la feuillée, à l'abri du soleil.
(CASTEL.)

. . . . . Dans la saison d'amour,
Et l'ÉPOUSE et l'ÉPOUX *ont* le même séjour.
(DELILLE.)

PATIENCE et LONGUEUR de temps
Font plus que force ni que rage.
(LA FONTAINE.)

Nous attendons chaque hiver que l'HIRONDELLE et le ROSSIGNOL nous *annoncent* le retour des beaux jours. (BERN. DE SAINT-PIERRE.)

La COLÈRE et la PRÉCIPITATION *sont* deux choses fort opposées à la prudence. (FÉNELON.)

Le SAULE, ami de l'onde, et la RONCE épineuse,
Croissent au bord du fleuve, en longs groupes ran-
(DELILLE.) [gés.

Quand Lucullus vainqueur triomphait de l'Asie,
L'AIRAIN, le MARBRE et l'OR *frappaient* Rome
(*Id.*) [éblouie.

Plus loin, le TAMBOURIN, le FIFRE et la TROMPETTE,
Font entendre des airs que le vallon répète.
(SAINT-LAMBERT.)

Je soutiens qu'il n'y a qu'un GÉOMÈTRE et un SOT qui *puissent* parler sans figures.
(J.-J. ROUSSEAU.)

La VIOLENCE et la VERTU ne *peuvent* rien l'une sur l'autre. (PASCAL.)

Oui, si la VIE et la MORT de Socrate *sont* d'un sage, la VIE et la MORT de Jésus *sont* d'un Dieu.
(J.-J. ROUSSEAU.)

La VERTU et l'AMBITION *sont* incompatibles.
(BERN. DE SAINT-PIERRE.)

La MUSE et la BERGÈRE *ont* le même langage.
(SAINT-LAMBERT.)

Le TONNERRE et les VENTS *déchirent* les nuages.
(*Id.*)

L'OR et l'ARGENT *s'épuisent*; mais la VERTU, CONSTANCE et la PAUVRETÉ ne *s'épuisent* jamais.
(MONTESQUIEU.)

Seigneur, quand par le fer les choses sont vidées, La JUSTICE et le DROIT *sont* de vaines idées.
(CORNEILLE.)

La RAPINE et l'ORGUEIL *sont* les dieux de la terre.
(VOLTAIRE.)

L'AMBITION et l'AVARICE des hommes *sont* les seules sources de leurs malheurs.
(FÉNELON.)

Que disent la plupart des grammairiens au sujet de ces sortes de phrases? Que « *toutes les fois qu'un verbe a* DEUX NOMINATIFS *singuliers, on met ce verbe au pluriel, parce que deux nominatifs* VALENT *un pluriel.* »

Nous ne nous arrêterons pas à faire sentir tout le ridicule de cette règle; d'autres l'ont fait avant nous; nous nous bornerons aux observations suivantes:

Dans cette phrase : *L'hirondelle et le rossignol nous* ANNONCENT *le retour des beaux jours*, il est évident que le verbe *annoncent* ne se rapporte ni à *hirondelle*, qui est du singulier, ni à *rossignol*, qui est du même nombre. Or, si *annoncent* ne convient ni à l'un ni à l'autre de ces deux mots, comment pourrait-il, nous le demandons, se rapporter à tous les deux? Le moindre défaut de la règle des grammairiens est donc, comme on le voit, de pécher contre la logique.

Dans la phrase que nous examinons : *L'hirondelle et le rossignol* ANNONCENT *le retour des beaux jours*, le verbe *annoncent* est au pluriel, non pas précisément à cause des deux mots *hirondelle* et *rossignol*, mais parce que ces deux mots singuliers font naître nécessairement l'idée d'un troisième, avec lequel le verbe *annoncent* s'accorde; et ce mot est celui d'*oiseaux*, d'*animaux*, ou tout autre semblable, mot toujours sous-entendu, et destiné à indiquer que les individus ou les choses représentés par les deux noms qui précèdent ce verbe concourent ensemble à faire l'action exprimée par ce même verbe.

C'est comme s'il y avait : *l'hirondelle* (annonce le retour des beaux jours) *et le rossignol* (annonce aussi le retour des beaux jours; donc CES DEUX OISEAUX) ANNONCENT *le retour des beaux jours*. Voilà la seule raison, l'unique raison de l'accord pluriel du verbe, précédé de plusieurs substantifs liés par *et*.

A la triste et pitoyable règle des grammairiens, nous substituerons donc celle-ci : *lorsque l'*IDÉE *exprimée par le verbe est affirmée de plusieurs substantifs singuliers liés par* ET, *ce verbe se met au pluriel*, que ces substantifs le précèdent, ainsi que dans les exemples que nous avons cités, ou qu'ils le suivent, comme dans ceux-ci :

Ils meurent : de ces lieux *s'exilent* pour toujours La douce RÊVERIE et les discrets AMOURS.
(DELILLE.)

... Cette illusion et ce charme magique, Qu'*ont* reçus l'ÉPOPÉE et la MUSE tragique.
(*Id.*)

La foudre éclate, tombe; et des monts foudroyés *Descendent* à grand bruit les GRAVIERS et les ONDES.
(SAINT-LAMBERT.)

Et partout où coula le nectar enchanté, *Coururent* le PLAISIR, l'AUDACE et la GAÎTÉ.
(DELILLE.)

II.

VERBE AU SINGULIER.

Le BIEN et le MAL *est* en ses mains.
(LA BRUYÈRE.)

La POLITESSE et l'AFFABILITÉ *est* la seule distinction qu'ils affectent. (MASSILLON.)

L'AMBITION et l'AMOUR de la fortune, dans les autres hommes, *partage* l'amour du plaisir.
(*Id.*)

La GLOIRE et la PROSPÉRITÉ des méchants *est* courte. (FÉNELON.)

Le SAVOIR-FAIRE et l'HABILETÉ ne *mène* pas jusqu'aux énormes richesses. (LA BRUYÈRE.)

Avouons que la FORCE et le COURAGE *a* été comme le manteau royal qui l'a parée.
(MASCARON.)

Souvent la VÉHÉMENCE et la triste SÉVÉRITÉ de son discours *protégera* la vertu opprimée, et fera trembler le vice triomphant. (D'AGUESSEAU.)

Le TUMULTE seul et l'AGITATION qui environne le trône, en *bannit* les réflexions, et ne *laisse* jamais un instant le souverain avec lui-même.
(MASSILLON.)

Je sais que chaque SCIENCE et chaque ART *a* ses termes propres inconnus au commun des hommes.
(FLEURY.)

L'ARDEUR de leurs disputes insensées et leur RELIGION arbitraire *est* devenue la plus dangereuse de leurs maladies. (BOSSUET.)

La GRANDEUR et la TAILLE des cerfs, en général, *dépend* absolument de la quantité et de la qualité de la nourriture. (MASSILLON.)

Il s'agit de choisir un état de vie : choisissez-le comme devant un jour mourir ; et vous verrez si la TENTATION et le DÉSIR de vous élever vous y *fera* prendre un vol trop haut. (PASCAL.)

Sans se donner la peine de descendre dans la pensée de l'écrivain, de sonder les vues de son esprit et les mouvements de son ame, sans tenir compte de ces deux lois puissantes, l'HARMONIE et l'OREILLE, qui président si souvent aux concordances, la plus grande partie des grammairiens prononcent l'anathème contre les phrases que nous venons de citer et celles qui leur ressemblent. Ce fameux principe : *un et un font deux*, renferme à leurs yeux tous les agréments, toutes les grâces, toutes les gentillesses de la Grammaire. Ils ne souffrent pas qu'on s'en écarte, et en font un véritable lit de Procuste, où phrases et locutions sont tenues de s'étendre bon gré mal gré.

Cependant, lorsque des écrivains tels que Voltaire, Bossuet, Racine, Fénelon, Pascal, Rousseau, Massillon, La Bruyère et d'Aguesseau, jettent de côté, dans certaines circonstances, les règles des grammairiens, il faut croire qu'ils ont eu leurs motifs pour agir ainsi.

Or, comme, à notre sens, ce n'est ni par hasard ni par caprice que ces écrivains, modèles de goût et de pureté de style, ont préféré, dans les phrases citées, mettre le verbe au singulier, nous allons chercher quelle peut être la cause d'une telle préférence.

Quand Voltaire a écrit :

L'homme et la femme *est* chose bien fragile,

il a considéré l'*homme* et la *femme* comme un tout équivalant à l'*humanité*. Non seulement la locution est correcte, mais l'auteur ne pouvait s'exprimer autrement, puisque, dans le chant qui commence par ce vers, il n'est question que de la fragilité d'une femme. C'est uniquement par délicatesse envers le beau sexe que le poète a dit : l'*homme* et la *femme*, car il n'avait en vue qu'un seul être (1).

Dans cette phrase de J.-J. Rousseau :

Chaque état et chaque âge A *ses devoirs*, il y a ellipse : *Chaque état a ses devoirs, chaque âge a ses devoirs.* Le sens étant distributif, le singulier était nécessaire.

(1) « Pourquoi ne pas convenir, dit un grammairien, que Voltaire a mis le singulier pour faire son vers ? Qu'on nous cite des prosateurs qui aient méconnu ce principe élémentaire, que deux singuliers valent un pluriel. » Les exemples que nous avons donnés plus haut, et ceux que nous allons donner encore, tous tirés des écrivains en prose, réfutent cette objection :

La SAGESSE et la PIÉTÉ du souverain *peut* faire toute seule le bonheur du sujet. (MASSILLON.)

Mais à cette dernière fois, la VALEUR et le grand NOM de Cyrus *fit* que les Perses ses sujets eurent la gloire de cette conquête. (BOSSUET.)

La DOUCEUR et la MOLLESSE de la langue italienne *s'est* insinuée dans le génie des auteurs italiens. (VOLTAIRE.)

Sa PIÉTÉ et sa DROITURE lui *attire* ce respect.
(BOSSUET.)

Le FASTE et le MÉPRIS qu'on fait paraître pour les autres *n'a* jamais rien produit de bon. (FÉNELON.)

Du reste, leur DÉFAITE et leur IGNOMINIE leur *fit* plaisir.
(ROLLIN.)

Bien régner, c'est rendre à Dieu le SERVICE et l'HOMMAGE qui lui *est* le plus agréable. (*Id.*)

Places que l'ART et la NATURE *a* fortifiées.
(FLÉCHIER.)

Le BONHEUR et le MALHEUR des hommes ne *dépend* pas moins de leur humeur que de la fortune.
(LA ROCHEFOUCAULD.)

L'IGNORANCE et l'AVEUGLEMENT *s'était* prodigieusement accru depuis le temps d'Abraham. (BOSSUET.)

L'univers, me dis-je, est un tout immense, dont toutes les parties se correspondent. La GRANDEUR et la SIMPLICITÉ de cette idée *éleva* mon ame. (THOMAS.)

L'INTEMPÉRANCE et l'INCOHÉRENCE des imaginations orientales *est* un faux goût ; mais c'est plutôt un manque d'esprit qu'un abus d'esprit. (VOLTAIRE.)

Son abdication de la dictature fit voir que l'AMBITION et l'ENVIE de régner *n'avait* pas été sa passion dominante.
(VERTOT.)

Dans cette phrase de Massillon :
La politesse et l'affabilité *est* la seule distinction qu'ils affectent,

il y a synonymie, et les deux sujets n'offrent, en quelque sorte, qu'une seule idée.

La Bruyère a dit :
Un peu d'esprit et beaucoup de temps à perdre, lui *suffit* pour conserver son empire sur une femme.

Ici l'auteur a voulu dire que l'une des choses ne suffit pas, mais que leur réunion suffit. Remarquez que dans la locution il n'y a qu'un sujet. Si La Bruyère eût mis *suffisent*, il aurait reconnu deux sujets distincts, auxquels le verbe aurait également convenu. *Un peu d'esprit* SUFFIT, *et beaucoup de temps à perdre* SUFFIT, ce qui eût été évidemment contre sa pensée, et aurait formé un contre-sens. Les deux idées ne pouvant se séparer pour former chacune le sujet du verbe, le singulier était indispensable.

Dans cette phrase :
Pour avoir voulu exiger de ses sujets au-delà de ce qu'ils lui devaient, Salomon perdit leur amour et leur fidélité qui lui ÉTAIT due,

le dernier substantif *fidélité* ayant attiré à lui seul la modification, par une figure qu'on peut nommer *attraction*, Massillon a dû mettre le verbe *était* au singulier.

Enfin, dans cette dernière phrase de Massillon :
« L'agrément et l'avantage que nous trouvons dans un pareil commerce doit nous porter à resserrer les liens... »

il y a idée de récapitulation ; c'est comme s'il y avait : *l'agrément et l'avantage*, etc., CELA *doit nous porter*, etc.

Nous ne pousserons pas plus loin cet examen. Il doit suffire pour faire comprendre que l'emploi du pluriel ou du singulier, dans les verbes, dépend entièrement des vues de l'esprit, et que vouloir contraindre les écrivains à n'employer jamais que le premier, c'est mettre des entraves au génie, c'est priver la langue de ses ressources, de son infinie variété ; en un mot, c'est vouloir que les pensées se jettent dans le même moule. Comme le dit avec beaucoup de sens un écrivain, il y a deux classes d'hommes, ceux qui ont du génie et ceux qui en sont privés. Laissons à ces derniers la stricte observation des règles, et permettons aux premiers de s'élever au-dessus et de s'en écarter. Nous ajouterons qu'il est des cas où, avec la meilleure volonté du monde, on ne pourrait appliquer la règle des grammairiens ; c'est lorsque plusieurs sujets se fondent dans un même individu, comme dans ces deux passages de Massillon :

| C'est un IMPOSTEUR et un TRAITRE, qui *annonce* les malheurs et la ruine entière de Jérusalem. | C'est un MINISTRE et un ENVOYÉ de son père, qui *rend* témoignage par son sang à la vérité de sa mission et de son ministère. |

Le pluriel, dans cette circonstance, serait une véritable monstruosité.

Nous terminerons en établissant ce grand principe auquel la Société grammaticale a eu la sagesse de donner sa sanction : *Lorsque l'on considère* SÉPARÉMENT *chaque partie d'un sujet multiple, on met le verbe au singulier ; mais si les parties du sujet multiple sont considérées* SIMULTANÉMENT, *le verbe doit prendre le pluriel*.

Ce principe, fondé sur la raison et sur les faits, s'applique même lorsque les sujets sont exprimés après le verbe, et que celui qui le suit immédiatement est au singulier, comme dans ces phrases (1) :

| A Paris *règne* la LIBERTÉ et l'ÉGALITÉ... la jalousie des rangs y est méconnue.
(MONTESQUIEU.) | Mais pourquoi, dira-t-on, cet exemple odieux ?
Que *peut* servir ici l'ÉGYPTE et ses faux DIEUX ?
(BOILEAU.) |

---

(1) Bescher croit, à tort, que, dans cette position, le verbe *doit* toujours se mettre au singulier. Les exemples cités plus haut prouvent qu'il peut aussi s'employer au pluriel.

Ce n'est pas à leur nation seule que se *borne* l'IM-
PRESSION et l'EFFET de leurs exemples.
(MASSILLON.)

LE MARCHAND, l'OUVRIER, le PRÊTRE, le SOLDAT,
Sont tous également des membres de l'état.
(VOLTAIRE.)

. . . Quel nouveau trouble *excite* en mes esprits
Le SANG du père, ô ciel, et les LARMES du fils?
(RACINE.)

La PEUR, l'AIRAIN sonnant, dans les temples sacrés
Font entrer à grands flots les peuples égarés.
(SAINT-LAMBERT.)

EXERCICE PHRASÉOLOGIQUE.

Le hanneton et la mouche bourdonnent.
La colombe et le ramier roucoulent.
L'épervier, le lapin et le renard glapissent.
Le loriot, le merle, le serpent et les oies sifflent.
Le perroquet et la pie sont bavards.
Le renard et le singe sont rusés.
Le lis et la rose sont odorants.
L'hermine et la zibeline se nourrissent de rats.

Le bonheur et la témérité ont pu faire des héros.
L'ordre et l'utilité publique ne peuvent être les fruits du crime.
A votre porte et à votre salut sont attachés la perte et le salut de tous ceux qui vous environnent.
C'est de lui que dépend le bonheur et le salut des nations.
C'est dans les chaumières qu'habitent la paix et le bonheur.
Ton état et le mien ne permet plus la plainte.

N° CCCCLXXXII.

NOMBRE DU VERBE APRÈS PLUSIEURS SUBSTANTIFS NON LIÉS PAR *et*.

I. — Avec le singulier.

SYNONYMIE.

Si notre ÊTRE, si notre SUBSTANCE n'*est* rien,
tout ce que nous bâtissons dessus, que peut-il être?
(BOSSUET.)

Dans tous les âges de la vie, l'AMOUR du travail,
le GOUT de l'étude *est* un bien.
(MARMONTEL.)

La DOUCEUR, la BONTÉ du grand Henri, *a été*
célébrée de mille louanges. (PÉLISSON.)

. . . Son CRÉDIT, son sacré CARACTÈRE,
Peut appuyer le choix que vous prétendez faire.
(VOLTAIRE.)

Le CIEL éblouissant, ce DÔME lumineux,
Laisse échapper vers moi, du centre de ses feux,
Un rayon précurseur de la gloire suprême.
(COLARDEAU.)

Le noir VENIN, le FIEL de leurs écrits
N'*excite* en moi que le plus froid mépris. (*Id.*)

GRADATION.

Une OMBRE, un DIEU peut-être à mes yeux s'*est* mon-
(VOLTAIRE.) [tré.
LOUIS, son FILS, l'ÉTAT, l'EUROPE *est* dans vos mains.
(*Id.*)
Le CIEL, tout l'UNIVERS *est* plein de mes aïeux.
(RACINE.)

Le PÉROU, le POTOSE, Alzire *est* sa conquête.
(VOLTAIRE.)
Que l'AMITIÉ, que le SANG qui nous lie
Nous *tienne* lieu du reste des humains. (*Id.*)
La TRAHISON, le MEURTRE *est* le sceau du mensonge.
(*Id.*)

SENS DISTRIBUTIF OU ELLIPTIQUE.

Il ne faut aux princes et aux grands ni efforts ni
étude pour se concilier les cœurs. Une PAROLE, un
SOURIRE gracieux, un seul regard *suffit*.
(D'AGUESSEAU.)

Le VERS le mieux rempli, la plus noble PENSÉE
Ne peut *plaire* à l'esprit quand l'oreille est blessée.
(BOILEAU.)

La vanité est si ancrée dans le cœur de l'homme,
qu'un GOUJAT, un MARMITON, un CROCHETEUR se
vante et veut avoir ses admirateurs. (PASCAL.)

L'homme n'est qu'un roseau, le plus faible de la
nature; il ne faut pas que l'univers entier s'arme
pour l'écraser; une VAPEUR, un GRAIN de sable
suffit pour le tuer. (PASCAL.)

Quels sont donc ces forfaits que l'ENFER en furie,
Que l'OMBRE de Ninus *ordonne* qu'on expie?
(VOLTAIRE.)

Le BESOIN, la RAISON, l'INSTINCT *doit* nous porter
A faire nos moissons, plutôt qu'à les chanter.
(*Id.*)

II. — Avec le pluriel.

Ce petit coin de l'univers
Rit plus à mes regards que le reste du monde.
L'OLIVE, le CITRON, la NOIX chère à Palès,
Y *rompent* de leur poids les branches gémissantes.
(BERTIN.)

Et de ces végétaux l'admirable STRUCTURE,
Leurs nerfs si délicats, leur FLEXIBILITÉ,
Leur REPOS, leur RÉVEIL, leur SENSIBILITÉ,
Semblaient les rapprocher de la nature humaine.
(DELILLE.)

Le PLAISIR turbulent, la JOIE immodérée,
Des heureux vendangeurs *terminent* la soirée.
(*Id.*)

Tous suivent cette loi : l'ANIMAL, l'ARBRISSEAU,
Vivaient contemporains, cachés dans leur berceau.
(DELILLE.)

Jeune homme, la VERTU, la PAIX de l'innocence,
Te *rendront* plus heureux qu'une vaine science.
(BERNIS.)

Une CHAUMIÈRE, un CHAMP ne *font* pas le bonheur.
(LOMBARD DE LANGRES.)

Le timide BOUVREUIL, la sensible FAUVETTE
Sous la blanche aubépine *ont* choisi leur retraite.
(MICHAUD.)

On part : l'AIR du matin, la FRAÎCHEUR de l'aurore,
Appellent à l'envi les disciples de Flore.
(DELILLE.)

L'AMBITION, l'AMOUR, l'AVARICE, la HAINE,
Tiennent, comme un forçat, notre esprit à la chaîne.
(BOILEAU.)

Une petite MONNAIE, un MORCEAU de pain *valent*
mieux que : *Dieu vous bénisse!* (J.-J. ROUSSEAU.)

Lorsqu'un verbe est précédé de plusieurs substantifs qui ne sont pas liés entre eux par *et*, il se met au singulier ou au pluriel. *Au* SINGULIER, 1° si les substantifs ont une sorte de synonymie : *Son courage, son intrépidité* ÉTONNE *les plus braves; son aménité, sa douceur* EST *connue de tout le monde;* 2° si l'esprit s'arrête sur le dernier des substantifs exprimés, soit parce qu'il a plus de force que ceux qui précèdent, soit parce qu'il est d'un tel intérêt qu'il fait oublier tous les autres : *Ce sacrifice, votre intérêt, votre honneur,* DIEU *vous le commande;* DIEU *règne seul dans une ame où domine la piété; l'intérêt s'efface devant l'honneur, l'honneur devant Dieu.* DIEU *reste seul, et doit seul imposer la loi au verbe;* 3° quand les substantifs, ne convenant pas tous au verbe de la même manière, doivent y être joints chacun à part; ce qu'annonce le verbe au singulier, qui rend la proposition elliptique, et marque que, pour la rendre pleine, il faut qu'il soit répété autant de fois qu'il y a de sujets, et avec des formes analogues à chacun d'eux. Ainsi ce vers de Voltaire :

Un seul mot, un soupir, un coup d'œil nous *trahit,*

a la force de ces trois propositions : *un seul mot nous trahit, un soupir nous trahit,* enfin *un coup d'œil nous trahit;* ces trois choses-là nous trahissent, non pas simultanément, mais chacune d'elles séparément : d'où le singulier.

On met le verbe au PLURIEL lorsque l'idée exprimée par ce verbe est affirmée de tous les substantifs, et que celui qui écrit et qui parle a intention de lier le verbe à tous les sujets ensemble, et non à chacun d'eux en particulier. (Voyez la deuxième série des exemples cités.)

Les mêmes règles s'appliquent au verbe *suivi* de plusieurs sujets singuliers, comme dans ces phrases :

D'où *peut* venir alors cet ENNUI, ce DÉGOUT ?
(COLL. D'HARLEVILLE.)

A quoi *sert* ce TRANSPORT, ce DÉSESPOIR extrême ?
(TH. CORNEILLE.)

Que *maudit soit* ton CHAMP, ton PAVILLON, ton LIT!
(CHATEAUBRIAND.)

Que *dira* l'AVENIR, tout l'EMPIRE, un ÉPOUX ?
(CAMPISTRON.)

On danse pour danser, pour obéir à l'activité naturelle où nous *met* la JEUNESSE, la SANTÉ, le REPOS, la JOIE, et que le son d'un instrument invite à se développer. (MARMONTEL.)

Si cependant parmi les substantifs qui accompagnent le verbe il y en avait un qui fût au pluriel (celui qui le suit ou celui qui le précède immédiatement), il faudrait nécessairement mettre le verbe au même nombre; exemples :

La DOUCEUR, les SOUPIRS de cette femme infortunée ne *purent* le fléchir. (WAILLY.)
Quel bruit, quels CHANTS d'hymen *ont* frappé mon (LONGEPIERRE.) [oreille?

Son *repentir*, ses PLEURS le *fléchirent.*
(GIRAULT-DUVIVIER.)

Bajazet vous est cher, savez-vous si demain
Sa *liberté*, ses JOURS *seront* en votre main ?
(RACINE.)

Nous n'avons pas besoin d'ajouter que si tous les substantifs étaient au pluriel, le verbe devrait être forcément au pluriel, ainsi qu'on le voit par les phrases suivantes :

Les JOURS, les ANNÉES, les SIÈCLES *coulent* insensiblement. (ACADÉMIE.)

Cependant ses PALAIS, ses TEMPLES, ses PORTIQUES, *Attestent* ses grandeurs, dans leurs restes confus. (SAINT-VICTOR.)

EXERCICE PHRASÉOLOGIQUE.

La trahison, le meurtre est le sceau du mensonge.
Son aménité, sa douceur est connue de tout le monde.
Le fer, le bandeau, la flamme est toute prête.
Mon repos, mon bonheur semblait être affermi.
Je tremble qu'un regard, qu'un soupir ne vous dompte.
Le pampre, le laurier, le myrte suit tes pas.
Sa beauté, son enjouement, sa noble fierté s'enfuyait loin de lui.

Le Rhône, la Loire, sont les rivières les plus remarquables de la France.
L'or, la grandeur peuvent-ils rendre heureux ?
La crainte, l'espérance troublent mon cœur.
Son orgueil, tous ses défauts me le font haïr.
Le devoir, mon repos me le commandent.
La raison, la décence m'empêchaient de parler.

N° CCCCLXXXIII.

NOMBRE DU VERBE APRÈS PLUSIEURS SUBSTANTIFS RÉCAPITULÉS PAR LES MOTS *tout, rien, personne, nul, chacun, aucun*, etc.

AVEC LE SINGULIER.

Biens, fortune, intérêt, gloire, sceptre, grandeur,
RIEN ne *saurait* bannir Clarice de mon cœur.
(REGNARD.)

La *grandeur*, les *richesses*, les *victoires* et TOUT ce qui excite les plus violents désirs, *n'est* pas capable, après quelque temps, de surmonter les moindres chagrins. (ESSAIS DE MORALE.)

Femmes, filles, valets, TOUT enfin *Allait*, comme autrefois, demander son destin.
(LA FONTAINE.)

Remords, crainte, périls, RIEN ne *m'a retenue*.
(RACINE.)

Femmes, moines, vieillards, TOUT *était* descendu.
(LA FONTAINE.)

OErope, Hippodamie,
Ma *cour*... la TERRE entière *est* donc mon ennemie ?
(VOLTAIRE.)

La *racine*, le *bois*, la *tige*, les *festons*,
TOUT *sert* à distinguer leurs nombreux rejetons.
(DELILLE.)

Le *tombeau* du martyr, le *rocher*, la *retraite*
Où dans un long exil vieillit l'anachorète,
TOUT *parle* à notre cœur. (SOUMET.)

Facteurs, associés, CHACUN lui *fut* fidèle :
Il vendit son tabac, son sucre, sa cannelle.
(LA FONTAINE.)

Avant tout, compte sur toi. *Voisins, amis, parents*, CHACUN *préfère* son intérêt à celui de tout autre. (VOLTAIRE.)

On ne suit pas toujours ses aïeux ni son père :
Le *peu* de soin, le *temps*, TOUT *fait* qu'on dégénère.
(LA FONTAINE.)

Un *souffle*, une *ombre*, un *rien*, TOUT lui *donnait*
(*Id.*) [la fièvre.

Hommes, dieux, animaux, TOUT y *fait* quelque
(*Id.*) [rôle.

Accusateurs et *faiseurs* d'écriture,
Juges, témoins, ennemis, protecteurs,
AUCUN de vous *n'est* sorcier, je vous jure.
(Cité par LEMARE.)

Sa *tendresse* pour moi, l'*intérêt* de sa *gloire*,
Sa *vertu*, TOUT enfin me *défend* de le croire.
(CORNEILLE.)

Grands, riches, petits et *pauvres*, PERSONNE ou NUL ne *peut* se soustraire à la mort.
(WAILLY.)

Lorsque après plusieurs substantifs il y en a un qui totalise ou récapitule, l'accord du verbe se fait avec celui-là seul.

Telle est la règle que donnent tous les grammairiens, et qu'ils croient sans exception. Cependant on trouve :

AVEC LE PLURIEL.

Ces conditions sont que leurs *plaisirs* et leurs *peines*, leurs *accidents* et leurs *avantages*, en un mot leur DESTINÉE, *deviennent* communs.
(MIRABEAU.)

Nous convenons que l'Essai sur l'homme, de l'illustre Pope, est un très-bon ouvrage, et que ni Horace, ni Boileau, ni AUCUN POÈTE, n'ont rien ait dans ce genre. (VOLTAIRE.)

Que le *crible*, le *van*...
La *herse*, les *traîneaux*, TOUT l'ATTIRAIL CHAMPÊ-
Sans crainte à mes regards *osent* ici paraître. [TRE,
(DELILLE.)

Que la *mort*, l'*exil*, enfin TOUT ce qui effraie le plus les hommes, *soient* devant tes yeux. Par ce moyen, tu n'auras aucune pensée basse et lâche.
(Pensées d'ÉPICTÈTE.)

C'est une syllepse très-naturelle. C'est comme si les mots en italique étaient renfermés dans une parenthèse. Ces exemples prouvent donc le danger des règles absolues. Néanmoins nous conviendrons, avec M. Dessiaux, à qui nous devons ces précieuses citations, que le plus souvent il est mieux de s'en tenir au principe des grammairiens.

Ce principe doit s'appliquer au verbe, lorsqu'au lieu d'être précédé des substantifs, il en est suivi. Ainsi on dirait également : TOUT y FAIT *quelque rôle, hommes, dieux, animaux*; RIEN *ne m'A retenue, remords, crainte ni périls.* Racine n'a-t-il pas dit :

TOUT PARLERA pour vous ; le *dépit*, la *vengeance*,
L'*absence* de Titus, le *temps*, votre *présence*,
Trois *sceptres* que son bras ne peut seul soutenir,
Vos deux *états* voisins qui cherchent à s'unir.

EXERCICE PHRASÉOLOGIQUE.

Hommes, femmes, enfants, tout fut tué.	Tout fut tué, hommes, femmes et enfants.
Hommes, femmes, enfants, rien ne fut épargné.	Rien ne fut épargné, ni hommes, ni femmes, ni enfants.
Pauvres, riches, savants, ignorants, personne n'est exempt de la mort.	Personne n'est exempt de la mort, pauvres, riches, savants ou ignorants.

N° CCCCLXXXIV.

NOMBRE DU VERBE APRÈS *tout*, *chaque* ET *quelque* RÉPÉTÉS.

TOUT.

TOUT plaisir, TOUT repos par là m'*est* arraché. (MOLIÈRE.)	TOUT rang, TOUT sexe, TOUT âge, *Doit* aspirer au bonheur. (VOLTAIRE.)

CHAQUE.

CHAQUE mot, CHAQUE regard *est* un trait plein de flamme. (MOLIÈRE.)	Je sais que CHAQUE science et CHAQUE art *a* ses termes propres. (FLEURY.)
CHAQUE jour, CHAQUE instant, pour rehausser ma gloire, Met laurier sur laurier, victoire sur victoire. (CORNEILLE.)	CHAQUE âge et CHAQUE nation A VU des esprits vains et superbes. (MASSILLON.)
	CHAQUE vers, CHAQUE mot *court* à l'événement. (BOILEAU.)

QUELQUE.

QUELQUE brûlant désir, QUELQUE ardeur qui le *presse*, Madame, j'en réponds, il tiendra sa promesse. (CAMPISTRON.)	Mais QUELQUE ambition, QUELQUE amour qui me brûle, Je ne puis plus tromper une amante crédule. (RACINE.)

On voit qu'après *tout*, *chaque* et *quelque* répétés, le verbe se met toujours au singulier. Nous en avons donné la raison plus haut. Cependant rien n'empêche de le mettre au pluriel :

Chaque nuit et chaque aurore nous APPORTENT *de nouveaux journaux de la sagesse et de la bonté de la Providence divine.* (BERN. DE SAINT-PIERRE.)

Aucun corps, aucune attaque N'AVAIENT *pu entamer la colonne, parce que rien ne s'était fait de concert et à la fois.* (VOLTAIRE.)

Quant à l'accord du verbe après *quel* et *quel... que*, cet accord étant le même qu'avec les adjectifs, nous prions le lecteur de recourir au chapitre des pronoms indéfinis ; car nous ne pourrions guère que nous répéter.

EXERCICE PHRASÉOLOGIQUE.

Tout objet, tout être.....	Toute ambition, toute passion.....
Chaque jour, chaque instant.....	Chaque art et chaque science.....
Quelque envie, quelque désir qui.....	Quelque mérite, quelque talent qui.....

N° CCCCLXXXV.

NOMBRE DU VERBE APRÈS PLUSIEURS SUBSTANTIFS LIÉS PAR *ni* RÉPÉTÉ.

POÈTES.

AVEC LE SINGULIER.

Allons du moins chercher quelque antre ou quelque
    [roche
D'où jamais ni l'HUISSIER ni le SERGENT n'*approche*.
                  (BOILEAU.)

Sans que ni la RAISON, ni le TEMPS qui s'envole,
   Puisse faire tarir ses pleurs.   (MALHERBE.)

Je reçus et je vois le jour que je respire,
Sans que PÈRE ni MÈRE *ait* daigné me sourire.
                  (RACINE.)

SAINTE ni SAINT n'*était* en Paradis,
Qui de ses vœux n'*eût* la tête étourdie.
              (LA FONTAINE.)

Ni CRAINTE ni RESPECT ne m'en *peut* détacher;
De mes bras tout sanglants il faudra l'arracher.
              (RACINE.)

Ni le SEXE ni l'AGE
Ne *peut* fléchir les dieux que l'infidèle outrage.
              (VOLTAIRE.)

Ni son CŒUR ni le MIEN ne *peut* être perfide.
              (*Id.*)

Ni l'HOMME ni aucun ANIMAL n'*a pu* se faire soi-
même.   (*Id.*)

AVEC LE PLURIEL.

ULYSSE ni CALCHAS n'*ont* point encor parlé.
              (RACINE.)

Quoi ! le CIEL ni l'ENFER n'*ont* rien qui l'épouvante!
              (TH. CORNEILLE.)

Ni l'OR ni la GRANDEUR ne nous *rendent* heureux.
              (LA FONTAINE.)

L'ABSENCE ni le TEMPS n'*effaceront* jamais
De son cœur affligé le prix de vos bienfaits.
              (LONGEPIERRE.)

Dans son cœur malheureux son image est tracée.
La VERTU ni le TEMPS ne l'*ont* point effacée.
              (VOLTAIRE.)

Sinon, ton CORPS ni ton AME
N'*appartiendront* plus à ta dame.
              (LA FONTAINE.)

. . . Quand le mal est certain,
La PLAINTE ni la PEUR ne *changent* le destin.
              (*Id.*)

. . . En vain l'âge s'avance :
Ni l'AGE ni l'EXPÉRIENCE,
Ne *peuvent* corriger nos mœurs.
              (LE BAILLY.)

PROSATEURS.

I.

AVEC LE SINGULIER.

Il n'est ni RANG, ni NAISSANCE, ni FORTUNE, qui ne *disparaisse* devant une ame comme la tienne.
              (MARIVAUX.)

Ni le REPROCHE, ni la CRAINTE, ni l'AMBITION ne *trouble* les instants d'un honnête homme en place.
              (MARMONTEL.)

Nulle COURBE, ni nulle DROITE réelle, ne *peut* passer entre deux lignes réelles qui se touchent.
              (VOLTAIRE.)

Comme il n'avait ni TITRE militaire ni MAGIS-TRATURE qui l'*autorisât* à commander une armée, surtout contre un consul, il tâcha de mettre le sénat dans ses intérêts.   (*Id.*)

Il n'y a ni PLAISIR ni VOLUPTÉ mondaine qui, à la longue, ne nous *vienne* à dédain et contre-cœur.
            (Pensée de PLUTARQUE.)

AVEC LE PLURIEL.

Le tigre est peut-être le seul de tous les animaux dont on ne puisse fléchir le naturel ; ni la FORCE, ni la CONTRAINTE, ni la VIOLENCE ne *peuvent* le dompter.   (BUFFON.)

LE MAITRE ni l'ESCLAVE n'*ont* plus de famille, chacun des deux ne voit que son état.
            (J.-J. ROUSSEAU.)

Le SOLEIL ni la MORT ne se *peuvent* regarder fixement.   (LA ROCHEFOUCAULD.)

Je demanderai si vous voudriez que ni votre DÉ-BITEUR, ni votre PROCUREUR, ni votre NOTAIRE, ni votre JUGE, ne *crussent* en Dieu.
            (VOLTAIRE.)

Ni LUI ni son CONSEIL n'y *peuvent* rien comprendre.   (*Id.*)

Ni le BONHEUR, ni le MÉRITE seul, ne *font* l'élévation des hommes.   (VAUVENARGUES.)

Quand les substantifs sont liés par *ni* répété, le verbe, suivant les grammairiens, se met toujours au pluriel.

Encore une règle qui a été prise nous ne savons où ; mais bien sûrement ce n'est ni dans les écrits de nos poètes ni dans ceux de nos prosateurs, car les citations qui précèdent prouvent qu'on peut aussi mettre le verbe au singulier.

Nous le répéterons donc, si les parties constitutives du sujet sont considérées séparément, on emploie le singulier; et si elles sont considérées dans leur ensemble et sous le même point de vue, on fait usage du pluriel.

Avec ce principe-là, on peut se passer de toutes les recettes grammaticales.

Faisons-en l'application.

En disant : *Il n'est ni rang, ni naissance, ni fortune, qui ne* DISPARAISSE *devant une âme comme la tienne*, Marivaux veut faire entendre, non pas que le *rang*, la *naissance* et la *fortune disparaissent* devant l'âme dont il parle, mais bien qu'il n'est aucune de ces choses qu'il vient de nommer, qui ne disparaisse devant elle. C'est comme s'il disait :

Il n'est pas de rang, quelque élevé qu'il soit, qui ne disparaisse devant une âme comme la tienne ; il n'est pas non plus de naissance, quelque illustre qu'elle soit, etc., il n'est pas enfin de fortune, quelque brillante qu'elle soit, qui ne disparaisse également.

L'auteur considère donc ici chaque chose isolément.

Il n'en est pas de même dans cette phrase : *le soleil ni la mort ne* PEUVENT *regarder fixement*. Ici La Rochefoucauld n'envisage pas à part le soleil et la mort ; il les embrasse, et dit : *le soleil ni la mort* (ces deux choses) *ne se peuvent regarder fixement*. C'est par ce motif qu'il a mis le verbe au pluriel.

II.

Ni ma *santé*, ni mon *goût*, ni mes TRAVAUX ne me *permettent* de quitter ma douce retraite.
(VOLTAIRE.)

Le temps ou peu d'eau nettoie les taches du corps, le TEMPS ni les EAUX d'aucun fleuve ne *peuvent* enlever les taches de l'âme. (Dict. de maximes.)

III.

Supposons-y ce que ne *peut* rendre ni la PEINTURE, ni la POÉSIE, l'odeur des herbes et même celle de la marine, le frémissement des feuilles, etc.
(BERN. DE SAINT-PIERRE.)

Ils se trouvaient plus horribles et plus monstrueux que n'*est* la CHIMÈRE, vaincue par Bellérophon, ni l'HYDRE de Lerne, abattue par Hercule, ni Cerbère même.
(FÉNELON.)

Ces exemples sont destinés à nous apprendre :

1° Qu'on met le verbe au pluriel, lorsque le substantif qui le précède immédiatement est au pluriel ;

2° Que quand il y a inversion, le verbe prend le singulier ou le pluriel, selon que le nom qui le suit est de l'un ou de l'autre nombre.

EXERCICE PHRASÉOLOGIQUE.

Ni lui ni son frère ne sera nommé député.
Ni la poésie ni la peinture n'a de charmes pour lui.

Ni lui ni son frère ne seront nommés députés.
Ni la poésie ni la peinture n'ont de charmes pour lui.

N° CCCCLXXXVI.

NOMBRE DU VERBE APRÈS PLUSIEURS SUBSTANTIFS UNIS PAR *ou*.

AVEC LE SINGULIER.

Usez, n'abusez point, le sage ainsi l'ordonne.
L'ABSTINENCE ou l'EXCÈS ne *fit* jamais d'heureux.
(VOLTAIRE.)

Nous sommes si peu faits pour être heureux ici-bas, qu'il faut nécessairement que l'AME ou le CORPS *souffre*, quand ils ne souffrent pas tous deux.
(J.-J. ROUSSEAU.)

Une FROIDEUR ou une INCIVILITÉ qui *vient* de ceux qui sont au-dessus de nous, nous les *fait* haïr, mais un SALUT ou un SOURIRE nous les *réconcilie*.
(LA BRUYÈRE.)

AVEC LE PLURIEL.

L'IGNORANCE ou l'ERREUR *peuvent* quelquefois servir d'excuse aux méchants.
(BERN. DE SAINT-PIERRE.)

Les enfants n'auraient garde de respecter un maître que son mauvais ÉQUIPAGE ou une vile SUJÉTION *rendraient* méprisable.
(J.-J. ROUSSEAU.)

Le BONHEUR ou la TÉMÉRITÉ *ont* pu faire des héros ; mais la vertu toute seule peut former de grands hommes.
(MASSILLON.)

Si l'AMOUR ou la PHILOSOPHIE vous *porte* dans cette solitude, vous y trouverez un asile plus doux à habiter que les palais des rois.
(BERN. DE SAINT-PIERRE.)

Le BIEN ou le MAL *se moissonne*,
Selon qu'on sème ou le mal ou le bien.
(LAMOTTE.)

Tout le BIEN ou le MAL qu'on dit d'un homme qu'on ne connaît pas, ne *signifie* pas grand'chose.
(J.-J. ROUSSEAU.)

Les jeux que les enfants aiment le mieux, sont ceux où le corps est en mouvement; ils sont contents pourvu qu'ils changent souvent de place : un VOLANT ou une BOULE *suffit*.
(FÉNELON.)

La LIBERTÉ de publier ses pensées, ou la LIBERTÉ de la presse, *doit* être réglée sur la liberté même d'agir.
(BERN. DE SAINT-PIERRE.)

Le CALME ou l'AGITATION de notre humeur ne *dépend* pas tant de ce qui nous arrive de plus considérable dans la vie, que d'un arrangement commode ou désagréable de petites choses qui arrivent tous les jours.
(LA ROCHEFOUCAULD.)

Innocents animaux, avez-vous oublié
Et les piéges mortels, et l'homme sans pitié?
Hélas! l'HOMME ou la FAIM *vont* leur ôter la vie.
(SAINT-LAMBERT.)

La PEUR ou le BESOIN *font* tous les mouvements de la souris.
(BUFFON.)

Nos maux physiques se détruisent ou nous détruiront. Le TEMPS ou la MORT *sont* nos remèdes.
(J.-J. ROUSSEAU.)

L'ENTHOUSIASME ou la HAINE des sots
Sont les deux malheurs du génie.
(DORAT.)

Démétrius éprouva un sort bizarre, il fut souvent relâché, et autant de fois retenu, que l'ESPÉRANCE ou la CRAINTE *prévalaient* dans l'esprit de son beau-père.
(BOSSUET.)

On instruit les enfants à craindre et à obéir : l'AVARICE, ou l'ORGUEIL ou la TIMIDITÉ des pères leur *enseignent* l'économie ou la soumission.
(VAUVENARGUES.)

Ici est en défaut la règle absolue des grammairiens, qui veulent que lorsque deux substantifs singuliers sont liés par *ou*, on mette le verbe au singulier. Car les citations de la seconde colonne nous démontrent qu'on peut aussi faire usage du pluriel.

Dans ces phrases, dit très-bien Lemare, on exprime sans doute une idée d'alternative, mais qui n'exclut point celle de pluralité. Les deux choses dont on parle agissent, il est vrai, successivement; mais elles agissent en effet toutes deux, tantôt l'une, tantôt l'autre. Le pluriel peut donc être employé.

Rousseau, en disant que *le temps ou la mort sont nos remèdes*, veut dire que DEUX CHOSES *sont nos remèdes, le temps ou la mort*; c'est donc comme s'il y avait : *le temps ou la mort* (CES DEUX CHOSES) *sont nos remèdes*. Une semblable ellipse explique le pluriel.

EXERCICE PHRASÉOLOGIQUE.

La vérité ou l'erreur......
La sagesse ou le vice....
Le chien ou le chat.....

Le chagrin ou l'ennui.....
L'homme ou la femme.....
Le serin ou le rossignol.....

N° CCCCLXXXVII.

NOMBRE DU VERBE APRÈS *l'un et l'autre, l'un ni l'autre, ni l'un ni l'autre, l'un ou l'autre.*

I. — L'un et l'autre.

AVEC LE SINGULIER.

Pour ne pas croire les apôtres, il faut dire qu'ils ont été trompés ou trompeurs. L'UN ET L'AUTRE *est* difficile.
(PASCAL.)

L'UN ET L'AUTRE excès *choque*, et tout homme sage Doit faire des habits ainsi que du langage.
(MOLIÈRE.)

A suivre ce grand chef L'UN ET L'AUTRE *s'apprête*.
(BOILEAU.)

Étudiez la cour et connaissez la ville :
L'UN ET L'AUTRE *est* toujours en modèles fertile.
(Id.)

AVEC LE PLURIEL.

L'UN ET L'AUTRE *supposaient* que l'homme peut se contenter de soi-même et de ses biens présents.
(PASCAL.)

Leur conduite fit voir dans la suite que L'UN ET L'AUTRE ne *cherchaient* qu'à se détruire.
(VERTOT.)

L'UN ET L'AUTRE à mon sens *ont* le cerveau troublé.
(BOILEAU.)

Plus l'homme et la femme s'attacheront l'un à l'autre, plus L'UN ET L'AUTRE *seront* heureux.
(FRANKLIN.)

L'UNE ET L'AUTRE de ces deux factions ne *cherchait* véritablement à dominer en Pologne, que sous la protection de la Russie. (RULHIÈRE.)
Emilie et César, L'UN ET L'AUTRE me *gêne*. (CORNEILLE.)
A demeurer chez soi L'UN ET L'AUTRE *s'obstine*. (LA FONTAINE.)
L'UN ET L'AUTRE consul vous *avait* prévenue. (RACINE.)

Le physicien et le poète sont dignes d'être comparés : L'UN ET L'AUTRE *remontent* au-delà de toutes les traditions. (FONTANES.)
L'UN ET L'AUTRE à ces mots *ont* levé le poignard. (VOLTAIRE.)
L'UN ET L'AUTRE avant lui *s'étaient* plaints de la reine. (BOILEAU.)
On peut mettre Molière en parallèle avec Racine, L'UN ET L'AUTRE *ont* parfaitement connu le cœur de l'homme. (VAUVENARGUES.)

II. — Ni l'un ni l'autre, l'un ni l'autre.

... Affectant l'honneur de céder le dernier,
L'UN NI L'AUTRE ne *veut* s'embrasser le premier. (RACINE.)
NI L'UN NI L'AUTRE des deux frères ne *peut* intéresser. (LA HARPE.)
NI L'UN NI L'AUTRE (Corneille et Racine) ne *doit* être mis en parallèle avec Euripide et avec Sophocle. (BOILEAU.)
La Fontaine fut oublié, ainsi que Corneille ; NI L'UN NI L'AUTRE n'*était* courtisan. (LA HARPE.)
NI L'UNE NI L'AUTRE MANIÈRE n'*est* élégante. (VOLTAIRE.)

Je tremble qu'opprimés de ce poids odieux,
L'UN NI L'AUTRE jamais n'*osent* lever les yeux. (VOLTAIRE.)
NI L'UNE NI L'AUTRE, à ce qu'elles me dirent, n'*avaient* jamais vu d'homme blanc. (Bibliothèq. des voyages.)
NI L'UN NI L'AUTRE n'*ont* eu la moindre part au grand changement qui va se faire. (VOLTAIRE.)
Ici L'UN NI L'AUTRE ne *cherchent* à exposer leur vie. (LA BRUYÈRE.)

III. — L'un ou l'autre.

L'UN OU L'AUTRE *fit*-il une tragique fin ? (BOILEAU.)

J'aurai de vous ma grâce, ou la mort de ma main ;
Choisissez : L'UN OU L'AUTRE *achèvera* mes peines. (CORNEILLE.)

Après les mots *l'un et l'autre, ni l'un ni l'autre, l'un ni l'autre*, seuls ou joints à un substantif, il est permis, comme on le voit, de mettre le verbe au singulier ou au pluriel, selon le choix que l'écrivain fait du sens *distributif* ou du sens *collectif*.

Après *l'un ou l'autre*, nous n'avons trouvé que le singulier.

Aujourd'hui les écrivains préfèrent le pluriel avec *l'un et l'autre*.

EXERCICE PHRASÉOLOGIQUE.

L'un et l'autre fut bon.
Ni l'un ni l'autre ne fut méchant.
L'un ou l'autre sera nommé cardinal.

L'un et l'autre furent bons.
Ni l'un ni l'autre ne furent méchants.

N° CCCCLXXXVIII.

NOMBRE DU VERBE APRÈS LES EXPRESSIONS *comme, ainsi que, de même que, aussi bien que, avec*, ETC.

AVEC LE SINGULIER.

COQUETTE *avec* COQUET ne *trouve* pas son compte,
Et COQUET de COQUETTE *a* toujours de la honte. (SCARRON.)
Le farouche PHALANTE, *avec* ses LACÉDÉMONIENS, *fut* surpris de trouver ses entrailles attendries. (FÉNELON.)
Le FER *avec* le FEU *vole* de toutes parts,
Des mains des assiégeants et du haut des remparts. (VOLTAIRE.)

Ce malheureux PÈRE, *avec* sa FILLE désolée, *pleurait* son épouse dans ce moment. (FLORIAN.)

AVEC LE PLURIEL.

VERTUMNE *avec* POMONE *ont* embelli ces lieux. (SAINT-LAMBERT.)
Le comte PIPER, *avec* quelques OFFICIERS de la chancellerie, *étaient* sortis de ce camp. (VOLTAIRE.)
BACCHUS, *avec* CÉRÈS, de qui la compagnie
Met Vénus en train bien souvent,
Devaient être ce coup de la cérémonie. (LA FONTAINE.)
Le SINGE *avec* le LÉOPARD
Gagnaient de l'argent à la foire,
Ils affichaient chacun à part. (Id.)

C'est Phalante *avec* ses Lacédémoniens qui *a fondé* ce nouveau royaume. (Fénelon.)

La gloire de l'Europe est de laisser partout des trophées, l'Afrique, *comme* la nature, *met* la sienne à les renverser. (Bern. de Saint-Pierre.)

L'ame, *comme* le corps, ne se *développe* que par l'exercice. (Id.)

Le nourrisson du Pinde, *ainsi que* le guerrier, A tout l'or du Pérou *préfère* un beau laurier. (Piron.)

Le prodigue *comme* l'avare *abuse* de ses biens, et s'en fait de vrais maux. (Le Noble.)

La cupidité, *ainsi que* les autres passions, *est* comme un chariot qui descend une montagne; si vous ne l'enrayez dès le départ, vous ne l'arrêterez pas dans le milieu de sa course. (Bern. de Saint-Pierre.)

La vérité, *comme* la lumière, *est* inaltérable, immortelle. (Id.)

L'histoire, *ainsi que* la physique, *n'a* commencé à se débrouiller que sur la fin du seizième siècle. (Voltaire.)

L'omission de ce *ne*, avec la transposition de *pas un*, *font* que la phrase n'est pas française. (Voltaire.)

La santé, *comme* la fortune, *retirent* leurs faveurs à ceux qui en abusent. (Saint-Évremont.)

Votre père, en mourant, *ainsi que* votre mère, Vous *laissèrent* de bien une somme légère. (Regnard.)

La vérité, *ainsi que* la reconnaissance, *m'obligent* à dire que j'ai été privé de ces bienfaits, en tout ou en partie, à mesure que la révolution s'approchait. (Bern. de Saint-Pierre.)

Le jaguar, *ainsi que* le couguar, *habitent* dans les contrées les plus chaudes de l'Amérique méridionale. (Buffon.)

Louis XIV, *comme* Napoléon, chacun avec la différence de leur temps et de leur génie, *substituèrent* l'ordre à la liberté. (Chateaubriand.)

Les sages quelquefois, *ainsi que* l'écrevisse, *Marchent* à reculons, tournent le dos au port. (La Fontaine.)

Dans l'Égypte, dans l'Asie et dans la Grèce, Bacchus, *ainsi qu'*Hercule, *étaient* reconnus comme demi-dieux. (Voltaire.)

Malgré la règle absolue posée par Lemare, Boniface, Chapsal et tous les grammairiens, nous pouvons, d'après les nombreuses citations qui précèdent et que nous pourrions multiplier encore, établir en principe :

Que toutes les fois que plusieurs substantifs sont joints par les expressions *comme, ainsi que, de même que, aussi bien que*, etc., on peut mettre le verbe au singulier ou au pluriel, selon les vues de l'esprit.

Veut-on exprimer uniquement une comparaison, on emploiera le singulier, et c'est là, en effet, l'usage le plus général.

Mais on mettra le verbe au pluriel, si les expressions *comme, ainsi que, de même que*, etc., sont considérées moins comme des mots conjonctifs qui lient une proposition incidente à une proposition principale, que comme des mots copulatifs ou additionnels qui des deux propositions n'en font qu'une, et amènent par conséquent la pluralité. Représenter, en pareil cas, le premier substantif comme l'idée dominante, ce serait altérer le sens des mots et les vues de celui qui parle.

Il en est de même d'*avec*. On met le verbe au singulier toutes les fois qu'on a l'intention d'indiquer une simple idée d'accompagnement, de moyen ; mais on fait usage du pluriel, si, à l'idée d'accompagnement, de moyen, on ajoute celle de coopération. C'est pour ce motif que Saint-Lambert a dit :

Vertumne *avec* Pomone *ont* embelli ces lieux.

Lemare pense que c'est une faute d'employer ici *avec* dans le sens de *et* ; il condamne également le pluriel *ont embelli*. « Il n'y a, dit-il, qu'un sujet dans la phrase ; c'est le mot *Vertumne*, c'est lui qui *a embelli* ces lieux avec Pomone. L'inversion n'y change rien. On juge de la régularité d'une phrase par la nature même des mots et non par les idées. »

Lemare est tombé là dans une bien grande erreur. Comment, on n'irait pas des idées aux mots? A la vérité celui qui lit va des mots aux idées ; mais celui qui écrit ne va-t-il pas des idées aux mots? En voyant *ont embelli* dans le vers de Saint-Lambert, ne suis-je pas obligé de me rendre compte des motifs qui ont porté cet écrivain à employer de préférence la forme plurielle, et d'examiner si ces motifs sont justes? Les mots ne sont que là peinture de la pensée. Or, si, malgré la particule *avec*, Saint-Lambert a voulu placer sur la même ligne *Vertumne* et *Pomone*, s'il a eu l'intention de les représenter comme concourant ensemble à l'action exprimée par le verbe, il a eu raison d'écrire :

Vertumne avec *Pomone* ont embelli ces lieux.

Que dirait donc Lemare, s'il lisait dans J.-J. Rousseau (traduction de Tacite) : *La légion qu'il amenait d'Espagne*, JOINTE *à celle que Néron avait levée*, REMPLIRENT *la ville de nouvelles troupes, qu'augmentaient encore les nombreux détachements d'Allemagne, d'Angleterre et d'Illyrie*? Bien certainement il condamnerait cette phrase, et il aurait tort ; car elle exprime parfaitement la pensée de Rousseau, qui est de faire entendre que les deux légions dont il parle *remplirent* toutes deux la ville de nouvelles troupes.

Ces phrases, si irrégulières en apparence, ne sont-elles pas une nouvelle preuve que la saine logique l'emporte toujours sur ce qu'on appelle *forme grammaticale*?

Au surplus, peu importe l'opinion de Lemare et celle de tous les grammairiens. Une phrase est bonne si elle est claire, si elle se comprend facilement. La forme n'y fait rien. Un seul exemple, puisé dans un bon écrivain, suffit pour la justifier.

EXERCICE PHRASÉOLOGIQUE.

La peste, ainsi que la guerre, a désolé.....
Le père, comme le fils, se conduit sagement.

La peste, ainsi que la guerre, ont désolé.....
Le père, comme le fils, se conduisent sagement.

N° CCCCLXXXIX.

NOMBRE DU VERBE APRÈS *plutôt que*, *non plus que*, *moins que*, *non seulement*, *mais*, **ETC.**

ACCORD DU VERBE AVEC LE PREMIER SUBSTANTIF.

..... C'est la *raison*,
Et non pas l'habit, qui *fait* l'homme.
(LE BRUN.)

C'est la *loi*, et non pas l'homme, qui *doit* régner. (FÉNELON.)

La *nation* des belettes,
Non plus que celle des chats,
Ne *veut* aucun bien aux rats.
(LA FONTAINE.)

C'est le bon *ordre*, et non certaines épargnes sordides, qui *fait* le profit. (VOLTAIRE.)

Quel bonheur de penser
Que si le corps périt, l'ame échappe à la mort ;
Et que *Dieu*, non les rois, *dispose* de mon sort!
(BERNIS.)

Je veux que la *vertu*, plus que l'esprit, y *brille*.
La mère en prescrira la lecture à sa fille.
(PIRON.)

C'est son *ambition*, plus encore que ses revers, qui *a* causé sa perte. (Journ. gramm.)

Ce sont ses *revers*, plus que son ambition, qui *ont* causé sa ruine. (*Id.*)

Ce sont ses *revers*, mais moins encore que son ambition, qui *ont* causé sa ruine. (*Id.*)

C'est son *ambition*, mais moins encore que ses revers, qui *a* causé sa perte. (*Id.*)

ACCORD DU VERBE AVEC LE DERNIER SUBSTANTIF.

C'était moins la naissance que les *dignités* curules qui *décidaient* de la noblesse. (VERTOT.)

Ce n'est pas ce qu'on apelle esprit, c'est le *sublime* et le *simple* qui *font* la vraie beauté.
(VOLTAIRE.)

Ah! madame, ce ne seront pas mes souhaits, mais votre *inclination* qui *décidera* de la chose.
(MOLIÈRE.)

Non seulement toutes ses recherches et tous ses honneurs, mais toute sa *vertu s'évanouit*.
(VAUGELAS.)

Non seulement le peuple romain, mais encore les *peuples* les plus éloignés *doivent* être de rigides observateurs de cette loi. (Cité par BOINVILLIERS.)

Ce sont ses *revers*, plus que son ambition, qui *ont* causé sa ruine. (Journ. gramm.)

Ce sont moins ses revers que son *ambition* qui l'a perdu. (*Id.*)

C'est moins son ambition que ses *revers* qui l'ont perdu. (*Id.*)

Ce sont moins ses attraits que sa *vertu* qui *séduit* les cœurs. (*Id.*)

C'est moins sa beauté que ses *vertus* qui *séduisent* les cœurs. (*Id.*)

Quand on veut porter un jugement sur deux objets que l'on met en parallèle, on y procède par deux propositions, l'une principale, l'autre secondaire, qui se rapportent chacune à l'un de ces objets. Dans cette sorte de construction, la comparaison s'établit par un de ces mots *plus que, plutôt que, non moins que, non plus que, non seulement*, ou autres équivalents, qui se placent en tête de la proposition incidente, et le verbe revêt alors le nombre, soit du sujet de la proposition principale, soit de celui de la proposition subordonnée.

Pour connaître la manière d'orthographier ces sortes de phrases, il est essentiel de savoir distinguer la proposition principale de la proposition incidente.

Dans les exemples de la première colonne, le verbe s'accorde partout avec le premier substantif, parce que c'est sur ce substantif que se fixe particulièrement l'attention. Quand Voltaire dit : *C'est le bon* ORDRE, *et non certaines épargnes sordides, qui* FAIT *le profit*, il rapporte le verbe *fait* à *bon ordre*. La construction directe des mots est celle-ci : *C'est le bon ordre qui fait le profit, et non certaines épargnes sordides*. Le bon ordre produisant le profit, voilà la pensée dominante de l'auteur.

Dans les citations de la seconde colonne, le verbe s'accorde partout, au contraire, avec le *dernier* substantif, parce que le sens logique le met sur le premier plan, et que c'est sur ce mot que le jugement prononce spécialement. Lorsque Vertot dit : *C'était moins la naissance que les dignités curules qui décidaient de la noblesse*, dès les premiers mots, il annonce son dessein d'attacher une idée d'infériorité à la *naissance*, relativement aux *dignités curules*, et c'est ce qu'exprime sa phrase, où l'accord du verbe a lieu avec ce dernier mot pluriel.

En comparant les exemples que nous avons cités, on ne peut s'empêcher d'admirer la flexibilité de notre langue, qui se prête merveilleusement à la peinture des nuances les plus délicates de la pensée.

Nous pouvons donc établir en principe que le verbe, dans les phrases analogues à celles qui font l'objet de ce numéro, s'accorde toujours avec le nom qui exprime l'idée principale, l'idée dominante.

Nous ferons observer que si les expressions *plutôt que, non moins que*, etc., étaient précédées de deux ou plusieurs substantifs, le verbe devrait se mettre au pluriel, ainsi qu'on le voit dans la phrase suivante :

Il faut que ce soit la SAGESSE *et la* VERTU, *plutôt que la présence de Mentor, qui vous* INSPIRENT *ce que vous devez faire*. (FÉNELON.)

EXERCICE PHRASÉOLOGIQUE.

C'est lui, et non ses frères, qui est coupable.
C'est l'intrigue, non le mérite, qui réussit.
C'est plus le général, que les officiers, qui est blâmabl.
C'est autant la fille, que le fils, qui a été déshéritée.

Ce sont ses frères, et non lui, qui sont coupables.
Ce sont les talents, et non l'intrigue, qui conduisent à la gloire.
C'est moins le général, que les officiers, qui sont blâmables.
Ce sont autant les fils, que la fille, qui ont été déshérités.

N° CCCCXC.

NOMBRE DU VERBE APRÈS DEUX INFINITIFS.

SINGULIER.

VIVRE ou MOURIR n'eût été rien pour elles, si elles avaient pu rester ou partir ensemble.
(J.-J. ROUSSEAU.)

Se TAIRE et SOUFFRIR en silence *Est* souvent le parti que dicte la prudence.
(HAUMONT.)

Bien ÉCOUTER et bien RÉPONDRE *est* une des plus grandes perfections que l'on puisse avoir dans la conversation. (LA ROCHEFOUCAULD.)

PLURIEL.

ÊTRE juste ou ÊTRE vertueux, ne *sont* qu'une même chose. (DE JAUCOURT.)

VOIR les choses comme elles sont, et les ESTIMER ce qu'elles valent, *donnent*, sinon le bonheur, du moins le repos. (Mme CÉCILE FÉE.)

VIVRE et JOUIR *seront* pour lui la même chose.
(J.-J. ROUSSEAU.)

PRODUIRE et CONSERVER *sont* l'acte perpétuel de la puissance. (*Id.*)

Le FUIR et le BANNIR *est* tout ce que je puis,
(CAMPISTRON.)

VIVRE libre et peu TENIR aux choses humaines *est* le meilleur moyen d'apprendre à mourir.
(J.-J. ROUSSEAU.)

Bien DIRE et bien PENSER ne *sont* rien sans bien faire
(LA CHAUSSÉE.)

VIVRE chez soi; ne RÉGLER que soi et sa famille; ÊTRE simple, juste et modeste, *sont* des vertus pénibles parce qu'elles sont obscures. (FONTENELLE.)

« Il y a peu d'exemples, dit Lemare, où l'infinitif soit ainsi le sujet du verbe; car presque toujours après l'infinitif on ajoute le substantif *ce* devant le verbe personnel. »

Il ne s'agit pas de savoir s'il y a peu ou beaucoup d'exemples où l'infinitif soit le sujet du verbe; ce qu'il importe de savoir, c'est le nombre auquel on doit mettre le verbe, lorsqu'il est précédé de plusieurs infinitifs, et c'est justement ce que Lemare ne dit pas.

Les autres grammairiens, Domergue en tête, pensent que les infinitifs, n'ayant pas par eux-mêmes la propriété du nombre, ne sauraient, lorsqu'ils sont employés comme sujets, communiquer au verbe la forme plurielle. Le verbe, dans ce cas, reste au singulier (1).

Encore une règle plutôt imaginée que déduite des faits.

Car nos citations prouvent qu'on peut mettre le verbe au singulier ou au pluriel, lorsqu'il est précédé de plusieurs infinitifs liés par *et* ou par *ou*. Tout cela dépend des vues de l'esprit. Envisage-t-on chaque acte séparément, on emploie le singulier. Si, au contraire, on les considère simultanément, on se sert du pluriel.

Barthélemy a eu tort de dire : CRACHER ou SE MOUCHER *dans les temples ou aux théâtres*, AURAIT *passé pour* DES ACTES *d'incivilité ou d'irrévérence*.

Il aurait dû dire : *Cracher ou se moucher dans les temples ou aux théâtres* AURAIENT *passé pour* DES ACTES *d'incivilité ou d'irrévérence*, ou bien *cracher ou se moucher dans les temples ou aux théâtres* AURAIT *passé pour* UN ACTE *d'incivilité ou d'irrévérence*.

Dans le premier cas, l'auteur fait rapporter le verbe aux deux sujets, et dit *cracher ou se moucher, ces deux actes auraient passé pour des actes d'incivilité ou d'irrévérence*.

Dans le second cas, il y a alternative, c'est-à-dire il y a *incivilité* d'une part, *irrévérence* de l'autre. L'une est attribuée au premier infinitif, l'autre au second. Le singulier est nécessaire.

EXERCICE PHRASÉOLOGIQUE.

Manger, boire et dormir est leur unique occupation.
Venir, voir et vaincre fut la même chose pour lui.

Cracher ou se moucher dans l'église sont des actes d'irrévérence.
L'aimer ou le haïr sont la même chose pour lui.

N° CCCCXCI.

NOMBRE DU VERBE APRÈS *plus d'un*.

SINGULIER.

Plus d'un Achille *sentirait*, à la vue d'une épée, son sang s'enflammer; *plus d'un* Vaucanson, à l'aspect d'une machine, *méditerait* d'organiser le bronze ou le bois. (BERN. DE SAINT-PIERRE.)

Aux temps les plus féconds en Phrynés, en Laïs,
Plus d'une Pénélope *honora* son pays.
(BOILEAU.)

Plus d'un pays *serait* peut-être devenu une solitude, si des vertus souvent ignorées ne combattaient sans cesse les crimes et les erreurs de la politique.
(LA HARPE.)

Plus d'une Hélène au beau plumage
Fut le prix du vainqueur.
(LA FONTAINE.)

(1) Cette opinion erronée a été tout récemment encore renouvelée par la Société grammaticale, qui a eu à s'occuper de cette question. « Il est de principe, a-t-elle dit, que plusieurs infinitifs placés pour sujets ne sont *jamais suivis du verbe au pluriel*. » (V. *Journal gram.*, 75, tom. I, 1834.)

On voit par là que les Sociétés savantes, tout comme les grammairiens, peuvent aisément se tromper en ne prenant pas les faits pour guides.

> A vouloir trop voler de victoire en victoire,
> *Plus d'un* ambitieux *diminua* sa gloire.
> (PIRON.)

> *Plus d'un* Matthieu Garo s'*érige* en novateur,
> Lucas est usurier, Colas agioteur.
> (DELILLE.)

> ... *Plus d'un* charmant ouvrage
> *Était* perdu pour moi. (DELILLE.)

> *Plus d'un* héros épris des fruits de mon étude
> *Vient* quelquefois chez moi goûter la solitude.
> (BOILEAU.)

Bien que l'expression *plus d'un* réveille une idée de pluralité, elle exige le verbe au singulier. Cependant Marmontel a dit avec le pluriel : *A Paris on voit* PLUS D'UN *fripon qui se* DUPENT *l'un l'autre*, parce que l'idée de réciprocité appelle nécessairement le pluriel.

Voltaire a également dit, en employant le pluriel : *Nous avons* PLUS D'UNE *ancienne pièce qui étant corrigées* POURRAIENT *aller à la postérité* (*Épit. dédic. de Sophonisbe*), et dans son *Dict. philos.*, au mot ALCORAN : *C'est ainsi que parmi nous on a reproché à plus d'un prélat d'avoir fait composer* LEURS *sermons et* LEURS *oraisons funèbres par des moines*.

Lorsque *plus d'un* est répété, le verbe peut admettre le pluriel

> *Plus d'un* brave guerrier, *plus d'un* vieux sénateur,
> *Rappelaient* vos beaux jours. (DESTOUCHES.)

> J'ai connu *plus d'un* Anglais et *plus d'un* Allemand qui ne *trouvaient* d'harmonie que dans leur langue.
> (VOLTAIRE.)

Si, au lieu de *plus d'un*, il y avait *plus de trois, plus de cinquante, plus de cent*, etc., on mettrait alors le verbe au pluriel :

> J'en connais *plus de vingt* qui *font* figure en France,
> Qui *doivent*, comme moi, ce titre à la finance. (DESTOUCHES.)

EXERCICE PHRASÉOLOGIQUE.

Plus d'une rose...
Plus d'un savant...
Plus d'un écolier...

Plus d'un ami...
Plus d'une femme...
Plus d'une bergère...

NOMBRE DU VERBE APRÈS LES NOMS COLLECTIFS.

N° CCCCXCII.

NOMS COLLECTIFS GÉNÉRAUX PRÉCÉDÉS DE L'ARTICLE.

Si LE NOMBRE DES CULTIVATEURS propriétaires *était* doublé dans le royaume, les terres en rapporteraient au moins une fois davantage.
(BERN. DE SAINT-PIERRE.)

L'INFINITÉ DES PERFECTIONS de Dieu m'*accable*.
(ACADÉMIE.)

Tandis que LA FOULE DES HOMMES s'*enrichit* et s'*illustre* par l'agriculture, le commerce, la navigation et les arts, bien souvent ceux qui en ont frayé les routes ont vécu dans l'indigence et dans l'oubli de leurs contemporains.
(BERN. DE SAINT-PIERRE.)

Pison rapporte qu'au Brésil, et même dans les terres humides du Pérou, LA QUANTITÉ DE FOURMIS *était* si grande, qu'elle détruisait tous les biens que l'on confiait à la terre. (BUFFON.)

LE NOMBRE PRODIGIEUX DE VÉGÉTAUX jetés comme au hasard dans les prairies et dans les forêts, nous *présente* un spectacle très-agréable.
(BERN. DE SAINT-PIERRE.)

LA TOTALITÉ DES ENFANTS *sacrifie* l'avenir au présent. (Cité par NOEL.)

Si LE NOMBRE DES VERTUS MORALES de monsieur de Turenne *était* plus grand que celui de ses exploits, sa religion le rend encore plus admirable que toutes les qualités naturelles de son ame.
(FLÉCHIER.)

DES ENFANTS qui naissent, la *moitié* tout au plus *parvient* à l'adolescence. (J.-J. ROUSSEAU.)

La seconde moitié des paroles, s'est constamment refusée à tous mes efforts pour me la rappeler.
(J.-J. Rousseau.)

La multitude des bonnes choses qu'on trouve quelquefois dans un ouvrage, *fait* perdre de vue la multiplicité des mauvaises.
(Cité par Caminade.)

Cette foule de nobles réunis dans la Prusse, se *crut* assurée d'un appui. (Rulhières.)

La mort du général répandit la consternation parmi les Phéniciens, et la multiplicité des chefs y *mit* une confusion qui accéléra leur perte.
(Barthélemy.)

Le parfait orateur ne négligera pas ces sciences abstraites que le commun des hommes ne *méprise* que parce qu'il les ignore. (d'Aguesseau.)

La pluralité de maitres n'*est* pas bonne.
(Académie.)

L'armée des infidèles *fut* entièrement détruite.
(Id.)

Tout verbe qui a pour sujet un nom collectif général précédé de l'article, comme *la totalité, l'infinité*, etc., prend ordinairement le nombre de ce nom, parce qu'il exprime une idée totale, indépendante des termes qui le suivent ; enfin, parce qu'il exprime l'idée principale sur laquelle s'arrête l'esprit : L'infinité *des perfections de Dieu m'accable.*

Nous disons qu'en pareil cas le verbe se met *ordinairement* au singulier ; car les écrivains ont quelquefois fait indifféremment usage du singulier ou du pluriel, ainsi que le prouvent les exemples ci-après :

SINGULIER.

La moitié *des* passagers affaiblis, expirants de ces angoisses inconcevables, n'*avait* pas même la force de s'inquiéter du danger. (Voltaire.)

L'immensité *des eaux* qui environnent ce globe, *a* quelque chose d'incompréhensible.
(Cité par Caminade.)

PLURIEL.

La *moitié de nos* concitoyens épars dans le reste de l'Europe et du monde, *vivent* et *meurent* loin de la patrie. (J.-J. Rousseau.)

L'*infinité des* perfections *de Dieu sont* inexprimables. (Cité par Caminade.)

EXERCICE PHRASÉOLOGIQUE.

Le nombre des professeurs s'accroît de jour en jour.
Le commun des hommes est si enclin au dérèglement.
La foule des affaires l'accable.
Le nombre des gens faisant profession du célibat est prodigieux.

L'armée des rebelles fut mise en déroute.
La majorité des membres s'y est opposée.
La généralité des auteurs pense ainsi.
La moitié des arbres sont morts.

N° CCCCXCIII.

Nombre du verbe après *la plupart*, etc., et les adverbes de quantité suivis d'un substantif pluriel.

Par tous pays, la *plupart des* fruits destinés à la nourriture de l'homme, *flattent* sa vue et son odorat. (Bern. de St-Pierre.)

La *plus grande partie des* voyageurs *s'accordent* à dire que les habitants naturels de Java sont robustes, bien faits, nerveux. (Buffon.)

Avouons la vérité : *peu d'*hommes, dans les conseils des rois, *s'occupent* du bonheur des hommes.
(Bern. de St-Pierre.)

Beaucoup de maladies de nos villes *sortent* des voiries qui sont placées dans le voisinage, et des cimetières situés autour de nos églises et jusque dans le sanctuaire. (Id.)

Bien des gens ne *peuvent* rendre compte de leurs voyages que par les bornes des grands chemins, ou par le nom des auberges, des villages et des villes qui se rencontrent sur leur route. (Id.)

Une *infinité de* familles entre les deux tropiques, ne *vivent* que de bananes. (Id.)

Seigneur, *tant de* bontés *ont* lieu de me confondre.
(Racine.)

Pour la santé, *trop de* précautions, *trop de* soins, *trop d'*attention, *nuisent* quelquefois à la vie. (Lebrun.)

Tant de coups imprévus m'*accablent* à la fois !
(Racine.)

Combien de gens *s'imaginent* avoir de l'expérience par cela seul qu'ils ont vieilli !
(Stanislas.)

Assez de gens *méprisent* le bien, mais peu savent le donner. (La Rochefoucauld.)

Dieu sait *que de* livres, *de* discours et *d'*éloges *ont été faits* sur les vertus des plantes. Cependant une multitude de malades meurent l'estomac plein de ces merveilleux simples.
(Bern. de St-Pierre.)

Une *infinité d'*hommes *sont* dans des états qu'ils ont raison de ne pas aimer. (Fontenelle.)

Lorsque les collectifs partitifs, tels que *la plupart, une infinité, un nombre, une sorte, une nuée, une foule*, etc., et les adverbes qui expriment la quantité, comme *peu, beaucoup, assez, moins, plus, trop, tant, combien* et *que* mis pour *combien*, sont suivis d'un nom pluriel, le verbe revêt toujours le nombre de ce nom, qui exprime l'idée principale, celle qui fixe le plus l'attention.

Le verbe se mettrait également au pluriel, si l'adverbe de quantité était suivi de plusieurs noms singuliers, ou s'il était lui-même répété. Exemples :

Trop de longueur et trop de brièveté obscurcissent un discours. (Pascal.)

Beaucoup de modestie et beaucoup de bonté, Ont des charmes plus grands que n'en a la beauté. (Boursault.)

Tant de barbarie et tant d'acharnement m'ont surpris au dépourvu. (J.-J. Rousseau.)

Trop de jeunesse et trop de vieillesse empêchent l'esprit, trop et trop peu de nourriture troublent ses actions, trop et trop peu d'instruction l'abêtissent. (Pascal.)

EXERCICE PHRASÉOLOGIQUE.

La plupart des écoliers sont indociles.
La plupart des hommes meurent sans le savoir.
Peu d'hommes voient la mort sans effroi.
Une infinité d'étoiles sont invisibles.

Beaucoup d'Irlandais ont conservé leur religion.
Que d'enfants meurent en naissant !
Combien de gens s'imaginent avoir du talent !
Tant de maux l'accablent.

N° CCCCXCIV.

NOMBRE DU VERBE APRÈS *la plupart, beaucoup, peu*, ETC., NON SUIVIS D'UN SUBSTANTIF.

La plupart, emportés d'une fougue insensée, Toujours loin du droit sens *vont* chercher leur pensée. (Boileau.)

Combien *voient* encore avec une tendre émotion les berceaux d'osier et les poêlons rustiques qui ont servi à leurs premières couches et à leurs premières tables, et ne peuvent voir sans aversion un Turselin ou un Despautère ! (Bern. de St-Pierre.)

Peu d'hommes ont autant gémi que moi, peu *ont* autant versé de pleurs dans leur vie. (J.-J. Rousseau.)

Les dieux dans leur séjour reçurent ces grands hommes, Le reste, confondus dans la foule où nous sommes, Jouissaient des travaux de leurs sages aïeux. (J.-B. Rousseau.)

Assez de gens méprisent le bien, mais peu *savent* le donner. (La Rochefoucauld.)

Combien *saignent* du nez, dans le moindre besoin, Qui tous les jours vous font cent promesses nouvelles ! (Lenoble.)

Rien n'est plus incertain que la durée de la vie de chaque homme en particulier, très-peu *parviennent* à ce plus long terme. (J.-J. Rousseau.)

Un petit nombre s'*échappèrent* et se sauvèrent dans les marais. (Id.)

Quand chacun connaîtrait son talent et voudrait le suivre, combien le *pourraient* ? Combien *surmonteraient* d'injustes obstacles ? Combien *vaincraient* d'indignes concurrents ? (J.-J. Rousseau.)

Personne n'oublie ses plaisirs ; mais peu *se souviennent* de leurs devoirs. (Oxenstiern.)

Tous souhaitent la prospérité ; peu *savent* en jouir. (Id.)

Le bonheur !... tout le monde en parle, peu le *connaissent*. (Mme Roland.)

Les hommes semblent être nés pour l'infortune, la douleur et la pauvreté ; peu en *échappent*. (La Bruyère.)

Bien peu *sont* honorés d'un don si précieux. (Racine.)

Le petit nombre n'*envisageaient* que leur propre intérêt. (Rollin.)

Lorsque les mots *peu, beaucoup, la plupart*, etc., sont relatifs à un substantif pluriel sous-entendu, le verbe se met également au pluriel : *La plupart pensent*; c'est pour *la plupart (des hommes) pensent*. L'accord a lieu avec le mot *hommes* ellipsé.

EXERCICE PHRASÉOLOGIQUE.

La plupart sont sujets à l'erreur.
Peu aiment l'étude.
Beaucoup sont hors d'état de servir.
Nombre se sont précipités.
Peu se sont exposés.

Combien courent à leur ruine.
Très-peu réussissent.
Un petit nombre prirent la fuite.
Quantité se sont enfuis.
Beaucoup sont malades.

N° CCCCXCXV.

NOMBRE DU VERBE APRÈS *la plupart, une infinité*, ETC., **SUIVIS D'UN NOM SINGULIER.**

La *plupart du monde* ne se soucie pas de l'intention ni de la diligence des auteurs. (RACINE.)

... La *moitié du monde* a toujours mangé l'autre. Ainsi Dieu le voulut, et c'est pour notre bien. (VOLTAIRE.)

Une *infinité de monde* pense que la vie des courtisans est une comédie perpétuelle, qu'ils sont toujours sur le théâtre, et ne quittent jamais le masque. (LA ROCHEFOUCAULD.)

Un *nombre infini de monde assistait* à ce spectacle. (ACADÉMIE.)

Quand le *collectif partitif* est suivi d'un nom singulier, comme dans les exemples qui précèdent, le verbe se met au singulier.

EXERCICE PHRASÉOLOGIQUE.

Une infinité de monde accourut...
La moitié du monde assure...

La plupart du monde s'imagine...
La plus grande partie du monde suppose...

N° CCCCXCVI.

NOMBRE DU VERBE APRÈS *force gens, nombre d'hommes*, ETC.

Force GENS *font* du bruit en France,
Par qui cet apologue est rendu familier. (LA FONTAINE.)

Quantité d'ITALIENS, d'ESPAGNOLS, d'ALLEMANDS, d'ANGLAIS, se *sont* établis chez nous et s'y établissent encore tous les jours. (BERN. DE ST-PIERRE.)

Force BRILLANTS sur sa robe *éclataient*. (LA FONTAINE.)

Force GENS ont été l'instrument de leur mal. (*Id.*)

Quantité de GENS *redoutent* le jugement public, mais très-peu se soucient des reproches de leur conscience. (Pensée de SÉNÈQUE.)

Après quelques noms employés sans déterminatif, tels que *force gens, nombre d'hommes, quantité d'étrangers*, etc., le verbe se met toujours au pluriel.

EXERCICE PHRASÉOLOGIQUE.

Force gens pensent...
Quantité de gens s'effraient.

Nombre infini de gens sont...
Nombre de gens se conduisent.

N° CCCCXCVII.

NOMBRE DU VERBE APRÈS LES NOMS COLLECTIFS PARTITIFS.

AVEC LE SINGULIER.

Une MULTITUDE de *pauvres barnabotes* n'*approcha* jamais d'aucune magistrature. (J.-J. ROUSSEAU.)

Ce PEUPLE de *vainqueurs*, armés de son tonnerre, *A-t-il* le droit affreux de dépeupler la terre? (VOLTAIRE.)

Le PEU de *rimes* de notre langue, *fait* que pour rimer à hommes, on fait venir, comme on peut, le siècle où nous sommes. (VOLTAIRE.)

AVEC LE PLURIEL.

Une *multitude* de PASSIONS *divisent* les hommes oisifs dans les villes. (BERN. DE ST-PIERRE.)

Un *peuple* de BEAUTÉS, un peuple de vainqueurs,
Foulant d'un pied léger les gazons et les fleurs,
Entrelacent leurs pas dans les riants dédales. (THOMAS.)

Le *peu* de JOURS que les dieux me destinent encore à passer sur la terre, *seront* environnés de gloire et d'honneurs. (VERTOT.)

Ciel ! *quel pompeux* AMAS *d'esclaves* à genoux,
Est aux pieds de ce roi qui les fait tomber tous.
(VOLTAIRE.)

Une FOULE *d'écrivains s'est égarée* dans un style recherché, violent, inintelligible, ou dans la négligence totale de la grammaire. (*Id.*)

Un grand NOMBRE *d'hommes peut être* nuisible à l'État. (MARMONTEL.)

Cette ESPÈCE *de paons paraît* avoir éprouvé les mêmes effets par la même cause. (BUFFON.)

Une PARTIE de ses amis *ne peut* apprendre sa mort que l'autre n'en soit déjà consolée.
(CHATEAUBRIAND.)

Un *grand* NOMBRE *d'hommes*, lorsque leur raison est libre, ne *donne* jamais son assentiment complet à toutes les opinions d'un seul.
(Mme DE STAËL.)

Une TROUPE *de pauvres montagnards* dont toute l'avidité se bornait à quelques peaux de moutons, après avoir dompté la fierté autrichienne, *écrasa* cette opulente et redoutable maison de Bourgogne, qui faisait trembler les potentats de l'Europe.
(J.-J. ROUSSEAU.)

Le RESTE *des musulmans vit* dans une sécurité profonde, sans craindre ni pour leurs vies, ni pour leurs fortunes, ni pour leur liberté.
(VOLTAIRE.)

Une TROUPE *d'assassins entra* dans la chambre de Coligny. (*Id.*)

Une NUÉE de *traits obscurcit* l'air.
(FÉNELON.)

Ciel ! quel nombreux ESSAIM *d'innocentes beautés S'offre* à mes yeux en foule, et sort de tous côtés ?
(RACINE.)

Ceux qui aiment la dépense et le luxe forment une SORTE *d'avares qui est* infiniment nombreuse.
(NICOLE.)

Ce long *amas* d'AÏEUX que vous diffamez tous, Sont autant de témoins qui parlent contre vous.
(BOILEAU.)

Une *foule* de CITOYENS ruinés *remplissaient* les rues de Stockholm, et venaient tous les jours à la porte du palais pousser des cris inutiles.
(VOLTAIRE.)

Un *nombre infini* d'OISEAUX *faisaient* résonner ces bocages de leurs doux chants. (FÉNELON.)

Cette espèce de CHIENS qu'on appelle chiens de Laconie, ne *vivent* que dix ans. (BOILEAU.)

Un homme alla pendant la nuit annoncer de sa part aux chefs de la flotte ennemie qu'une *partie des* GRECS, le général des Athéniens à leur tête, *étaient* disposés à se déclarer pour le roi.

Un *nombre infini* de MAITRES de langues, d'arts et de sciences, *enseignent* ce qu'ils ne savent pas.
(MONTESQUIEU.)

Une *troupe* de SOLDATS qui regardaient Siccius comme leur père, étant allés d'eux-mêmes sur le lieu du combat, pour enlever son corps et lui rendre les derniers devoirs, *s'aperçurent* que ceux qui avaient été tués dans cette occasion étaient tous Romains.
(VERTOT.)

En parlant des soldats : ils sont bien fous, dit-on ; et les autres, au contraire : il n'y a rien de grand que la guerre ; le *reste des* HOMMES *sont* des coquins.
(PASCAL.)

Une *troupe de* NYMPHES couronnées de fleurs *nageaient* en foule derrière le char. (FÉNELON.)

Une *nuée* de BARBARES *désolèrent* le pays.
(ACADÉMIE.)

Une *vingtaine* de petites FILLES, conduites pas une manière de religieuse, *vinrent* les unes s'asseoir, les autres folâtrer auprès de nous.
(J.-J. ROUSSEAU.)

Toutes sortes de LIVRES *ne sont* pas également bons. (ACADÉMIE.)

Lorsqu'un nom collectif figure dans une proposition en sujet grammatical, le verbe s'accorde avec ce sujet, s'il occupe le premier rang dans la pensée de l'écrivain, si l'attention se porte particulièrement sur ce mot (1re colonne).

Le verbe s'accorde, au contraire, avec le substantif pluriel qui suit le collectif, si ce collectif ne joue qu'un rôle secondaire, s'il n'est employé que pour ajouter une idée accessoire de nombre, d'agglomération (2e colonne).

Rien de plus commun dans notre littérature, dit M. Marrast, que ces divers rapports attribués tantôt à un premier substantif, tantôt à un second. C'est ainsi que se peignent les nuances de la pensée. Pour bien s'en rendre compte, il faut se mettre à la place de celui qui écrit. C'est par la variété des accords que se manifestent les vues de son esprit.

Néanmoins, quand rien ne force l'écrivain à faire rapporter le verbe au premier des substantifs, le second doit déterminer l'accord, puisqu'il désigne les êtres sur lesquels retombe l'affirmation. D'après cette considération, peut-être le pluriel eût-il été préférable dans les exemples qui suivent :

Une *foule* d'INTÉRÊTS, de préventions, de préjugés *corrompt* toujours le jugement des compatriotes. (CONDORCET.)

Ces STATUES, dont le *plus grand nombre était* brisé. (THOMAS.)

En effet, malgré l'inversion, *étaient brisées* conviendrait mieux, parce qu'un *nombre brisé* ne présente pas une idée claire.

EXERCICE PHRASÉOLOGIQUE.

Une multitude de paysans fut...	Une multitude de paysans furent...
Une foule de jeunes gens se perd...	Une foule de jeunes gens se perdent...
Un grand nombre d'écoliers a été...	Un grand nombre d'écoliers ont été...
Une partie de ses biens fut confisquée.	Une partie de ses biens furent confisqués.
Une troupe de singes vint nous assaillir.	Une troupe de singes vinrent nous assaillir.

NOMBRE DU VERBE APRÈS *qui*.

N° CCCCXCVIII.

I. — Qui précédé d'un seul nom.

SINGULIER.	PLURIEL.
Un jeune HOMME *qui aime* à se parer comme une femme, est indigne de la sagesse et de la gloire. (FÉNELON.)	Heureux CEUX *qui aiment* à lire! (FÉNELON.)
Les hommes alimentés de carnage et abreuvés de liqueurs fortes, ont tous un SANG aigri et aduste *qui* les *rend* fous en cent manières différentes. (VOLTAIRE.)	Les peuples n'aiment guère dans les souverains que les VERTUS *qui rendent* leur règne heureux. (MASSILLON.)
L'économie est la CHOSE *qui a* le plus contribué à ma fortune. (Id.)	La vertu souffrante attendrit tous les CŒURS *qui ont* quelque goût pour la vertu. (FÉNELON.)

II. — Qui précédé de plusieurs noms.

SINGULIER.	PLURIEL.
Ces beautés immortelles montrent une INNOCENCE, une MODESTIE, une SIMPLICITÉ *qui charme*. (FÉNELON.)	C'est votre ORGUEIL et votre EMPORTEMENT *qui* vous *trompaient*. (FÉNELON.)
L'histoire va apprendre par quel moyen les rois de la troisième race ont donné à la monarchie une CONSISTANCE, un ÉCLAT, une FORCE *qui aurait dû* la rendre indestructible. (ANQUETIL.)	J'ai une FEMME et une FILLE *qui gémissent* de mon absence. (MARMONTEL.)
	Il avait une HAUTEUR et une MAJESTÉ *qui n'avaient* jamais paru si grandes en lui que quand il domptait les monstres. (FÉNELON.)

III. — Qui précédé d'un nom collectif.

SINGULIER.	PLURIEL.
Percerai-je cet ESSAIM d'hommes de tout âge, de tout rang, *qui roule* dans ce vaste salon! (LEMONTEY.)	En quelque endroit que j'aille, il faut fendre la presse D'un *peuple* d'IMPORTUNS *qui fourmillent* sans cesse. (BOILEAU.)
Partout encore le petit NOMBRE de citoyens *qui gouverne*, cherche à se maintenir contre le grand NOMBRE des citoyens *qui obéit*. (BARTHÉLEMY.)	On voit dans les cercles un petit *nombre* d'HOMMES et de FEMMES *qui pensent* pour tous les autres, et par qui tous les autres parlent et agissent. (J.-J. ROUSSEAU.)

Tout ce que nous avons dit jusqu'ici sur l'emploi du nombre s'applique, comme on voit, à tous les cas où le verbe a pour sujet l'adjectif conjonctif *qui*.

EXERCICE PHRASÉOLOGIQUE.

L'oiseau qui vole.	Les oiseaux qui volent.	L'intempérance et l'oisiveté qui nous perdent.
L'agneau qui bêle.	Les agneaux qui bêlent.	Sa douceur, son amabilité qui me charme.
Le chien qui aboie.	Les chiens qui aboient.	C'est son père ou sa mère qui viendra.
Le loup qui hurle.	Les loups qui hurlent.	C'est ce peu de mots qui fit impression.
La colombe qui roucoule.	Les colombes qui roucoulent.	Le peu de troupes qui lui restaient...

N° CCCCXCIX.

NOMBRE DU VERBE APRÈS *qui* **PRÉCÉDÉ D'UN NOM SUIVI DE** *des.*

SINGULIER.	PLURIEL.
Thalès est le PREMIER des Grecs *qui ait* enseigné que les âmes étaient immortelles. (FÉNELON.)	L'Égypte se venge, par la peste qui sort de ses canaux, de l'*oppression* des TURCS *qui empêchent* les habitants de les entretenir. (BERN. DE ST-PIERRE.)
Thalès a été le PREMIER de tous les Grecs *qui se soit* appliqué à la physique et à l'astronomie. (*Id.*)	Le cerf est un de ces ANIMAUX innocents, doux et tranquilles, *qui ne semblent* être faits que pour embellir, animer la solitude des forêts. (BUFFON.)
Le père de famille est en droit de punir CHACUN de ses enfants ou petits-enfants *qui fait* une mauvaise action. (FÉNELON.)	Andromaque est une des PIÈCES les plus parfaites *qui existent* chez aucun peuple. (BENJ. CONST.)
Saint François d'Assise, monsieur, serait bien étonné de voir UN DE SES ENFANTS *qui fait* de si bons vers français. (VOLTAIRE.)	Une des CHOSES *qui me charment* dans le caractère de Jésus n'est pas seulement la douceur des mœurs, la simplicité, mais la facilité, la grâce, et même l'élégance. (J.-J. ROUSSEAU.)

Dans la première colonne les verbes sont au singulier, parce que le *qui* se rapporte, non aux substantifs pluriels *Grecs* et *enfants,* mais aux mots *premier* et *chacun.* Dans la colonne opposée, les verbes, au contraire, sont au pluriel, par la raison que le *qui* est en rapport direct avec le mot pluriel dont il est précédé, et non au substantif singulier énoncé auparavant. Il est donc très-important de bien savoir si le *qui* est en relation avec le nom qui précède la particule *des*, ou avec celui qui la suit.

EXERCICE PHRASÉOLOGIQUE.

Chacun des écoliers qui ment.
Chacune des demoiselles qui parlera.
C'est l'aîné de mes enfants qui a...
C'est le premier des Français qui se soit...

La tyrannie des rois qui ne veulent pas...
Le joug des tyrans qui empêchent...
Le caractère des enfants qui sont...
La liberté des peuples qui doivent...

N° D.

NOMBRE DU VERBE APRÈS *un de ceux qui, un des premiers qui*, ETC.

AVEC LE SINGULIER.	AVEC LE PLURIEL.
Euripide et Archippus avaient traité ce sujet de tragi-comédie chez les Grecs : C'est UNE DES PIÈCES de Plaute *qui a eu* le plus de succès. (VOLTAIRE.)	Le passage du Rhin est UNE DES PLUS MERVEILLEUSES ACTIONS *qui aient* jamais été faites dans la guerre. (BOILEAU.)
Vous savez qu'UN DE CES MALHEUREUX JUGES *qui avait* tout embrouillé dans l'affaire d'Abbeville, vient d'être flétri par la cour des aides de Paris comme il le méritait. (VOLTAIRE.)	Ne serons-nous pas encore plus ardents et plus favorisés des dieux quand nous combattrons pour UN DES HÉROS GRECS *qui ont* renversé la ville de Priam ? (FÉNELON.)
On peut consulter la brochure de M. de B. sur le divorce ; c'est UN DES MEILLEURS OUVRAGES *qui ait* paru depuis long-temps. (CHATEAUBRIAND.)	L'empereur Antonin est UN DES MEILLEURS PRINCES *qui aient* régné. (ROLLIN.)
Amontons fut L'UN DES PHYSICIENS *qui ait* le mieux connu l'art de mettre la nature en action par l'expérience. (HAUY.)	L'ouvrage de St-Lambert sera toujours, par la beauté du langage et la pureté du goût, UN DE CEUX *qui*, depuis la *Henriade*, *ont* fait le plus d'honneur à notre langue. (LA HARPE.)

Je m'étais retiré depuis plusieurs années dans UN DES FAUBOURGS de Paris *qui était* le moins fréquenté. (BERN. DE ST-PIERRE.)

C'est UNE DES PRINCIPALES RAISONS *qui a fait* révolter contre l'Église une grande partie de l'Europe. (PASCAL.)

Voici, messieurs, UNE DES ACTIONS de sa vie *qui est si belle* et si extraordinaire que je ne puis me résoudre à la passer sous silence. (FLÉCHIER.)

La poésie française manque de fixité. Est-ce UNE DES PRINCIPALES RAISONS *qui empêche* de faire des vers français sans rime ? (Le comte de ST-LEU, Louis NAPOLÉON.)

UN DES PREMIERS *qui se présenta* à mes adorations fut un descendant de Thalès, nommé Telliamède, qui m'apprit que les montagnes et les hommes sont produits par les eaux de la mer. (VOLTAIRE.)

L'astronomie est UNE DES SCIENCES *qui fait* le plus d'honneur à l'esprit humain. (ACADÉMIE.)

Un jour je vis entrer chez moi UN jeune homme DE MES AMIS *qui se destine* aux lettres. (BERN. DE ST-PIERRE.)

UN DES *plus vieux lions qui sortent* du sommet de l'Atlas, retournant, au point du jour, dans la caverne, s'est élancé sur moi. (BERN. DE ST-PIERRE.)

M. de Turenne a eu tout ce qu'il fallait pour faire UN des plus grands CAPITAINES *qui furent* jamais. (FLÉCHIER.)

Pardon, monsieur le maréchal, je suis dans UN DE CES MOMENTS *qui doivent* tout excuser. (J.-J. ROUSSEAU.)

C'est UNE DES CHOSES *qui m'ont* le plus découragé durant ma courte carrière littéraire, de sentir que, même me supposant tous les talents dont j'avais besoin, j'attaquerais sans fruit des erreurs funestes. (Id.)

Homère est UN DES plus grands GÉNIES *qui aient* existé jamais ; Virgile est un des plus accomplis. (TRUBLET.)

Le Tasse eut pour père UN DES ÉCRIVAINS *qui contribuèrent* le plus efficacement à mettre en honneur la poésie italienne. (SUARD.)

Je suis peut-être UN DE CEUX *qui cultivent* les lettres en France avec moins de succès. (VOLTAIRE.)

« Croira-t-on, dit Lemare, que le *qui* des phrases précédentes ait embrouillé le monde grammatical, jusqu'au point de n'en pas savoir faire le rapport à son substantif absolu ? »

Et Lemare, qui sait bien *faire ce rapport*, de s'en prendre à Restaut, à Wailly, à d'Alembert et à tous les écrivains présents, passés et futurs.

A quoi bon tant de fracas ? N'était-il pas plus simple de dire :

« Quelques grammairiens, Thomas Corneille, d'Alembert, l'Académie et tous nos écrivains, prétendent qu'on peut dire : *L'astronomie est une des sciences qui* FAIT *ou qui* FONT *le plus d'honneur à l'esprit humain* ; et moi, qui me crois plus que Thomas Corneille, que d'Alembert, que l'Académie et que tous les écrivains ensemble, je ne veux pas que l'on dise autrement que : *L'astronomie est une des sciences qui* FONT *le plus d'honneur à l'humanité.* »

Si Lemare s'en est pris, bien à tort, au pauvre monde grammatical, Boniface n'a pas été non plus très-consciencieux, et nous en sommes vraiment fâchés, car c'est là le principal mérite de cet infatigable grammairien. « Rollin, dit-il, a écrit au pluriel : *L'empereur Antonin est un des meilleurs princes qui aient régné*, et, en général, c'est ainsi que se sont exprimés tous nos bons écrivains. » Boniface aurait dû ajouter, comme Lemare : « Cependant il ne faudra pas s'étonner si l'on rencontre *quelques* exemples de cette *faute* dans les auteurs ; elle a pu leur échapper dans la chaleur de la composition. »

Quoi qu'en dise Lemare, d'Alembert a très-bien prouvé que rien ne s'oppose à l'emploi du singulier dans les phrases semblables à celles que nous avons citées. Il y trouve même une nuance délicate. « En disant : *C'est un des hommes* QUI A FAIT *le plus de bien à sa patrie*, on fait entendre ce qu'on n'ose pas énoncer, que c'est l'homme qui a fait le plus de bien à sa patrie. »

L'accord est alors sylleptique et non grammatical. C'est, en quelque sorte, comme si l'expression *des hommes*, que l'auteur n'ajoute que par *euphémisme*, par délicatesse, était renfermée dans une parenthèse ; car son intention est de dire simplement : *C'est un homme qui a fait le plus de bien à sa patrie.*

Lemare se trompe encore en avançant que cette phrase de d'Alembert et celles que nous avons rapportées dans la première colonne offrent un assemblage de mots et d'idées qui se repoussent. Cette erreur vient sans doute de l'impuissance où il s'est trouvé de les analyser ; car, ramenées à leur construction pleine, ces phrases n'ont rien que de très-naturel. En effet, *c'est un des hommes qui a fait le plus de bien à sa patrie*, est un abrégé de : *c'est* UN (HOMME pris dans la classe) *des hommes* QUI A *fait le plus de bien à sa patrie*.

D'après cela, et en se reportant à nos citations, chacun de nos lecteurs peut donc dire à son gré *un des hommes qui a* ou *un des hommes qui ont*, et ajouter :

> Moi, des grammaires je me moque,
> Quand les faits sont parlants (1).

Il n'y a d'exception, selon nous, qu'avec *un de ceux*, qui demande toujours le pluriel : *un de ceux qui* ONT.

EXERCICE PHRASÉOLOGIQUE.

C'est une des plus belles actions qui ait...
C'est un des plus grands malheurs qui ait...
C'est un des meilleurs princes qui ait...
C'est un des philosophes qui a...

C'est une des plus belles actions qui aient...
C'est un des plus grands malheurs qui aient...
C'est un des meilleurs princes qui aient...
C'est un des philosophes qui ont...

NOMBRE DU VERBE *être* PRÉCÉDÉ DE *ce*.

N° DI.

I. — Hors de l'interrogation.

C'est.

Jamais l'ambition ne voit ses vœux remplis,
  C'est le TONNEAU des Danaïdes. (LEBRUN.)

C'était un HOMME qui faisait
  Beaucoup de chemin en peu d'heures.
    (LA FONTAINE.)

Ce fut ici le COMMENCEMENT des miracles de Jésus ; il manifesta sa gloire, et ses disciples crurent en lui.   (BOSSUET.)

Le bien pour l'avare est un mal,
Et tôt ou tard enfin, c'est le BIEN qui le tue.
    (LENOBLE.)

Ce fut bien là le COMBLE. O science fatale ! Science que Damon eût bien fait d'éviter !
    (LA FONTAINE.)

C'était là le seul ALIMENT
  Qu'elle prît en ce moment   (*Id.*)

L'amour-propre nous perd ; c'est un ÉCUEIL flatteur Qui porte à la raison de fâcheux préjudices.
    (LE BRUN.)

Ce sont.

Ce sont les MŒURS qui font la bonne compagnie.
    (LA CHAUSSÉE.)

C'étaient les RÉCOMPENSES terrestres que cherchait le peuple de Dieu dans l'observation de sa loi.
    (DE LA LUZERNE.)

Ce furent les PHÉNICIENS qui, les premiers, inventèrent l'écriture.   (BOSSUET.)

Il semblait que ce fussent de nouveaux DÉCEMVIRS prêts à rétablir leur tyrannie.
    (VERTOT.)

Ce furent nos RÉFUGIÉS français qui donnèrent une partie de notre industrie et de notre puissance à la Prusse et à la Hollande.
    (BERN. DE ST-PIERRE.)

Les ariettes de Lulli furent très-faibles ; c'étaient des BARCAROLES de VENISE.   (VOLTAIRE.)

Ce sont nos CARTES qui, comme la plupart des instruments de nos sciences, nous induisent en erreur.   (BERN. DE ST-PIERRE.)

II. — Dans les interrogations.

Est-ce ?

Qu'est-ce qu'une VOIX ? un souffle qui se perd en l'air.   (BOSSUET.)

Sont-ce ?

D'un courage naissant sont-ce là les ESSAIS ?
    (RACINE.)

(1) François de Neufchâteau.

Le DESSEIN de l'architecte du temple d'Éphèse n'était-ce pas de faire revivre son nom? (FONTEN.)
Serait-ce point quelque ESPÈCE de sort?
(LA FONTAINE.)

N'étaient-ce pas les mêmes HOMMES?
(CHATEAUBRIAND.)
De mon aveugle amour seraient-ce là les FRUITS?
(RACINE.)

Le verbe *être*, précédé de *ce*, se met au singulier ou pluriel, selon qu'il est suivi d'un nom singulier ou pluriel : *c'est un homme, ce sont des hommes* (1).

Dans ce dernier cas, l'accord du verbe est sylleptique ; il se fait, non avec le sujet grammatical *ce*, qui est du singulier, mais avec l'attribut pluriel de la proposition.

EXERCICE PHRASÉOLOGIQUE.

C'est une fleur.
C'est un bel oiseau.
C'est une jolie femme.
C'est un écolier studieux.
C'est une demoiselle instruite.

Ce sont des fleurs.
Ce sont de beaux oiseaux.
Ce sont de jolies femmes.
Ce sont des écoliers studieux.
Ce sont des demoiselles instruites.

N° DII.

C'EST ET CE SONT, ETC., SUIVIS D'UN NOM PLURIEL.

I. — Sans interrogation.

C'est, c'était.

L'occasion prochaine de la pauvreté, *c'est* de grandes RICHESSES. (LA BRUYÈRE.)

Ce ne fut que PLAINTES et que LARMES. — *Ce n'était* plus que JEUX et que FESTINS.
(MARMONTEL.)

Comme les seigneurs étaient multipliés à l'infini, *ce n'était* partout que VIOLENCES et brigandages.
(ANQUETIL.)

Les meilleurs endroits pour élever les paonneaux, *c'était* les petites ILES qui se trouvent en quantité sur les côtes d'Italie. (BUFFON.)

Si l'on voulait ne point se tromper dans sa conduite, *ce serait* d'habiles GENS que l'on irait consulter. (TH. CORNEILLE.)

Ce n'était pas, à la vérité, des MORTS ressuscités, mais les aveugles avaient vu, les boiteux avaient marché, les malades avaient été guéris.
(VOLTAIRE.)

C'était tous les jours de nouvelles ACCUSATIONS.
(Id.)

Ce sont, c'étaient.

L'honneur parle, il suffit; *ce sont* là nos ORACLES.
(RACINE.)

Ce ne furent plus les SOLDATS de la république, mais de Sylla, de Marius, de Pompée, de César.
(MONTESQUIEU.)

Ce n'étaient que BALS, que festins.
(CAMINADE.)

C'étaient les MARSEILLAIS qui avaient arrêté de lui fermer leurs portes. (ANQUETIL.)

La première nourriture des perdreaux, *ce sont* les œufs de fourmis, les petits insectes qu'ils trouvent sur la terre et les herbes. (BUFFON.)

Ce seraient PAROLES exquises,
Si c'était un grand qui parlât. (MOLIÈRE.)

Nos vrais biens sont ceux de la nature : *c'est* le ciel, *c'est* la terre, *ce sont* ces CAMPAGNES, ces plaines, ces forêts dont elle nous offre la jouissance utile, inépuisable. (BUFFON.)

II. — Avec interrogation.

Est-ce?

Est-ce ces MOMENTS que vous accordez à la religion sur le point d'un combat, qui flattent votre espérance? (MASSILLON.)

Est-ce les ANGLAIS que vous aimez?
(ACADÉMIE.)

Est-ce les SONS graves de l'orgue que j'entends tandis que des sons plus légers errent dans les voûtes de verdure? (CHATEAUBRIAND.)

Sont-ce?

Sont-ce des RELIGIEUX et des prêtres qui parlent de cette sorte? *Sont-ce* des chrétiens?
(PASCAL.)

Sa haine ou son amour, *sont-ce* les premiers DROITS Qui font monter au trône ou descendre les rois?
(RACINE.)

Seraient-ce ses MAITRES qui l'auraient façonné?
(SAINT-MARC GIRARDIN.)

---

(1) Cependant on dit par exception : C'EST onze heures qui viennent de sonner; C'ÉTAIT quatre heures qui sonnaient.

Ce, devant le verbe *être*, demande-t-il toujours que ce verbe soit au pluriel quand il est suivi d'un substantif de ce nombre?

Les exemples que nous venons de citer démontrent suffisamment qu'on peut aussi, dans ce cas, faire usage du singulier, tant dans les phrases interrogatives que dans les phrases non interrogatives.

Cependant, nous le ferons observer, quoique les écrivains du siècle de Louis XIV aient employé souvent indifféremment l'un ou l'autre nombre, le pluriel paraît généralement aujourd'hui en usage.

« Ce qu'il y a de particulier, dit Boiste, c'est qu'à l'imparfait et au conditionnel, on met plutôt *c'était, ce serait*, que *c'étaient, ce seraient*, avec un pluriel; ainsi on dit : *si c'était eux, ce serait d'habiles gens*, etc. La raison en est bien simple, l'idée de l'action est collective, généralisée; le *si c'étaient* la particulariserait pour chacun d'eux. » Nous ignorons jusqu'à quel point cette observation est juste.

Une chose non moins digne de remarque, c'est que dans les phrases interrogatives on met *est-ce*, si le mot pluriel est suivi de *que*, et *sont-ce*, s'il est suivi de *qui*. On peut s'en convaincre par les exemples que nous avons cités. Dans la phrase de Châteaubriand *sont-ce les sons* eût présenté une cacophonie insupportable.

III. — Cas particuliers.

Il n'y aura que trop d'intérêts qui diviseront les hommes dans la même société, ne *fût-ce que* CEUX de la fortune. (BERN. DE SAINT-PIERRE.)	*Ce sera* nos DESCENDANTS qui nous jugeront. (PLANCHE.) *Sera-ce* vos FRÈRES que l'on choisira ? (*Id.*)

On dit : *N'épargnez personne, FÛT-CE vos meilleurs amis*. L'harmonie s'oppose à ce qu'on prononce *fussent-ce*. *Ce* indique ici un singulier, malgré le sens des mots (*ceci fût-il*). C'est un singulier qui est commandé par l'euphonie. Mais la règle d'usage reprend son empire quand l'oreille n'est pas blessée. *On ne croyait pas que CE FUSSENT vos frères qui se seraient chargés de cette entreprise*.

La même chose a lieu pour *sera-ce*, qu'on substitue à *seront-ce* qui ne serait pas tolérable. Nous renvoyons d'ailleurs pour ce sujet à la page 415 (1).

EXERCICE PHRASÉOLOGIQUE.

Ce seraient d'habiles gens. C'étaient des imprudents. Ce furent des insensés.	Ce sera nos amis. Sera-ce vos amis ? Fût-ce vos amis.

N° DIII.

C'est ET *ce sont*, ETC., DANS LES OPPOSITIONS.

I.

C'est.	*Ce sont*.
Ce n'est pas les TROYENS, c'est Hector qu'on pour-[suit. (RACINE.)	Et *ce ne sont* point les LOUANGES, C'est la vertu que tu chéris. (J.-B. ROUSSEAU.)

(1) Nous saisissons avec empressement cette occasion de rectifier une petite erreur que nous avons commise à cet endroit au préjudice de Boniface. Nous y disons que cet estimable grammairien proscrit la forme *sont-ce*. C'est faux. Boniface, dans la troisième édition de sa grammaire, avait bien dit, il est vrai, que *sont-ce* serait insupportable; mais depuis il s'est rétracté, et cela parce que de nouveaux faits sont venus lui apprendre qu'il avait eu tort de condamner une forme qui est journellement employée par nos meilleurs écrivains. Après une telle rétractation, qu'on vienne donc nier la puissance des faits?

Ce n'est point tous ses DROITS, *c'est* le procès qu'elle aime. (BOILEAU.)

D'ailleurs *ce n'est* pas EUX qu'il faut punir, *ce sont* les barbares sédentaires... qui ordonnent le massacre d'un million d'hommes. (VOLTAIRE.)

C'est donc les DIEUX, et non pas la mer qu'il faut craindre. (FÉNELON.)

Ah! *ce n'est* pas des PLEURS qu'il s'agit de répandre. (CHÉNIER.)

Ce n'est pas des CONSEILS, *c'est* des SECOURS qu'il nous faut. (Cité par la GRAMM. UNIV.)

Ce fut moins des BATAILLES que des fuites concertées. (VERTOT.)

Ce n'est plus *la sagesse* et *l'intérêt* public qui président aux conseils, *c'est* l'intérêt des passions. (MASSILLON.)

Ce ne sont pas les pierres qui font le temple, *c'est* la pensée. (ALLETZ.)

Ce ne sont point les MÉDECINS qu'il joue, *c'est* la médecine. (MOLIÈRE.)

Ce ne sont pas des STATUES, ni des vases inutiles, mais une vigne chargée de belles grappes ou des buissons de roses. (BERN. DE SAINT-PIERRE.)

Ce ne sont point des ADMIRATEURS que j'ambitionne, mais des amis indulgents. (*Id.*)

Ce ne sont pas tant les PASSIONS qui sont fortes, que les hommes qui sont faibles. (SANIAL-DUBAY.)

Ce sont moins leurs ENNEMIS que les animaux fuient, que la présence de l'homme. (BUFFON.)

Ce ne sera ni *la force* de vos armées, ni *l'étendue* de votre empire qui vous rendront cher à vos peuples, *ce seront* les vertus qui font les bons rois. (MASSILLON.)

Nous formons notre logique, et souvent notre morale, des premières notions que nous donne la nature. *Ce sont* elles, et non des raisonnements de la métaphysique, qui développent l'entendement humain. (BERN. DE SAINT-PIERRE.)

Suivant Boniface et quelques autres grammairiens, on doit dire *c'est* et non *ce sont*, quand l'esprit est détourné du substantif pluriel, pour se porter sur un autre substantif.

Les citations que nous avons rassemblées, et qui ont été à dessein tirées non seulement des poètes, mais aussi des prosateurs, font assez sentir le peu d'exactitude de cette règle.

Nous lui substituerons celle-ci :

Toutes les fois que l'esprit est frappé avec force par le mot pluriel qui suit le verbe, le verbe se met au pluriel ; si ce mot, au contraire, n'attire que faiblement l'attention, s'il n'occupe qu'un rang secondaire dans la phrase et dans la pensée, le verbe se met le plus souvent au singulier.

Ce principe trouvera plus d'une fois son application.

II.

C'est.

Ce n'est pas ma cabane, *c'est* mes TERRES que j'ai voulu agrandir. (BERQUIN.)

Outre la sainteté et l'innocence de Jésus-Christ, il y a un troisième point, *c'est* ses MIRACLES. (Cité par la GRAMM. UNIV.)

Quel projet se présente à mes yeux ? *ce n'est* pas seulement des HOMMES à combattre, *c'est* un marais à franchir, etc. (*Id.*)

Ce sont.

Ce ne fut pas une certaine invasion qui perdit l'empire, *ce furent* toutes les INVASIONS. (MONTESQUIEU.)

Un homme inégal, *ce n'est* pas un seul homme, *ce sont* PLUSIEURS. (LA BRUYÈRE.)

Oh ! la véritable féerie, *Ce sont* l'ESPRIT et les TALENTS. (Cité par SICARD.)

Dans les exemples de la première série, le premier *c'est* ou *ce n'est* est suivi d'un nom pluriel ; ici, au contraire, ces formes verbales ont pour attribut un nom singulier, et le second *c'est* est suivi d'un nom du nombre pluriel. Dans ce dernier cas, on voit que les écrivains mettent également le verbe au singulier ou au pluriel.

Ils le mettent au SINGULIER, si, comme dans la phrase de Berquin, le nom pluriel qui vient après est suivi de *que*.

Au PLURIEL, si le nom qui suit termine la phrase, ainsi que dans les exemples de Montesquieu et de La Bruyère.

EXERCICE PHRASÉOLOGIQUE.

Ce n'est pas les flatteries, c'est...
Ce n'est pas les richesses, c'est...
Ce n'est pas des pleurs, c'est...

Ce ne sont pas des flatteries, c'est...
Ce ne sont pas les richesses, c'est...
Ce ne sont pas des pleurs, c'est...

N° DIV.

C'est OU ce sont SUIVIS DE PLUSIEURS SUBSTANTIFS.

C'est.

L'aliment de l'âme, *c'est* la VÉRITÉ et la JUSTICE.
(FÉNELON.)

C'est l'ORGUEIL et la MOLLESSE de certains hommes qui en mettent tant d'autres dans une affreuse pauvreté. (FÉNELON.)

C'est la PLUIE et la CHALEUR qui fécondent la terre. (DESCARTES.)

Dans cent ans le monde subsistera encore, *ce sera* le même THÉATRE et les mêmes DÉCORATIONS.
(VOLTAIRE.)

Ah! ce sont des tourterelles de mon pays; *c'est* le MALE et la FEMELLE.
(BERN. DE SAINT-PIERRE.)

Vos lettres doivent passer par Lyon pour venir ici; ainsi *c'est* les MERCREDI et SAMEDI de bon matin qu'elles doivent être mises à la poste.
(J.-J. ROUSSEAU.)

Ce qui se trouvait naturellement dans l'âme de Descartes, *c'était* la DOUCEUR et la BONTÉ.
(THOMAS.)

Ce n'était toujours que PLAINES, VALLÉES et MONTAGNES se succédant les unes aux autres.
(BIBL. DES VOYAGES.)

On allait au temple pour demander les faveurs des dieux; *ce n'était* pas les RICHESSES et une heureuse abondance. (MONTESQUIEU.)

Aujourd'hui on accuse Marat, Danton, Robespierre; demain *ce sera* SANTERRE, CHABOT, MERLIN, etc. (THIERS.)

Ce n'était plus ces *jeux*, ces *festins* et ces *fêtes*
Où de myrte et de rose ils couronnaient leurs têtes.
(VOLTAIRE.)

Était-ce des PALAIS? *c'était* des verts BOCAGES,
  C'était des PRÉS fleuris. (DELILLE.)

Ce sont.

Quelles sont les trois vertus théologales? *Ce sont* la FOI, l'ESPÉRANCE et la CHARITÉ.
(CONDILLAC.)

Ce n'était pas de l'or et de l'argent qui me manquaient; *c'étaient* du CAFÉ et de la CANNELLE.
(VOLTAIRE.)

Quels sont les quatre points cardinaux? *Ce sont* le LEVANT, le COUCHANT, le NORD, le MIDI.
(L'abbé GAULTHIER.)

Le prix des denrées, comparativement à ce qu'il est en Angleterre, est excessivement bas à la ville du Cap. *Ce sont* la MAIN-D'ŒUVRE, le LOYER et le BOIS de chauffage. (BIBL. DES VOYAGES.)

Ce n'étaient ni le même HOMME, ni les mêmes JUGES. (MIRABEAU.)

Quand Louis XIV donnait des fêtes, *c'étaient* les CORNEILLE, les MOLIÈRE, les QUINAULT, les LULLI, les LEBRUN qui s'en mêlaient.
(VOLTAIRE.)

Il appelle à lui quatre courriers qu'il destinait au message; *c'étaient* l'ANE, le CHIEN, le CORBEAU et le PIGEON. (VOLTAIRE.)

Les juges se placèrent :
  C'étaient le LINOT, le SERIN,
  Le ROUGE-GORGE et le TARIN. (FLORIAN.)

Ces deux jeunes gens couronnés de violettes et de roses, *ce sont* VARIUS et PLOTIUS.
(PH. CHASLES.)

Ce qui m'attache le plus à la vie, *ce sont* mes ENFANTS et ma FEMME. (MARMONTEL.)

C'étaient des ÉPIS et des GRAINS dont ils enrichissaient l'Attique. (BARTHÉLEMY.)

La Société grammaticale consultée sur cette phrase de Fénelon : *C'est l'orgueil et la mollesse de certains hommes qui en mettent tant d'autres dans une affreuse pauvreté*, répondit que dans cette phrase l'expression *ce sont* peut se justifier, et ne constitue pas une FAUTE contre la langue, mais que l'emploi du verbe au singulier est plus conforme à l'usage généralement suivi par les bons écrivains.

Nos nombreuses citations donnent un petit démenti à la décision de la Société grammaticale, car elles nous prouvent d'une manière irréfragable que dans cette circonstance on peut dire *c'est* ou *ce sont*. Les deux locutions sont également justifiées par l'usage, et nous pourrions ajouter par la logique.

Pour rendre compte de la différence qui existe entre ces deux formes verbales *c'est* et *ce sont*, il faut entrer, en quelque sorte, dans le mystère de l'art de s'énoncer et d'écrire.

M. Thiers a dit : *Aujourd'hui on accuse Marat, Danton, Robespierre; demain* CE SERA *Santerre, Chabot, Merlin*, etc., en employant le singulier *ce sera*, parce que son esprit, embrassant difficilement l'idée collective de plusieurs substantifs qui ne s'énoncent que successivement, reste frappé de l'impression du premier, et le verbe obéit au nombre que celui-ci indique. De telles phrases sont elliptiques; la répétition du verbe se suppose devant chacun des substantifs : *Ce sera Santerre, ce sera Chabot, ce sera Merlin.* Cette ellipse, dans notre langue, est d'un usage très-fréquent.

Mais Voltaire a dit : *On voit sortir de ce bateau trois graves personnages à demi vêtus de lambeaux déchirés, mais conservant sous les livrées de la pauvreté l'air le plus majestueux :* C'ÉTAIENT *Daniel, Ezéchiel et Jérémie,* en mettant le verbe *c'étaient* au pluriel, parce que les trois substantifs qui suivent, considérés simultanément, emportent l'idée de la pluralité.

Souvent les auteurs ont employé le singulier et le pluriel dans la même phrase et dans la même analogie : témoin cet exemple de J.-J. Rousseau :

« *Pour le poète,* C'EST *l'or et l'argent; mais pour le philosophe,* CE SONT *le fer et le blé qui,* etc.

EXERCICE PHRASÉOLOGIQUE.

C'est Voltaire et Rousseau qui ont...
N'est-ce pas Voltaire et Rousseau qui ont?
C'est le bon ton et la décence qui...

C'étaient Racine et Molière qui...
Ce furent le duc et son épouse qui...
C'étaient le bon ton et la décence qui...

N° DV.

C'est OU *ce sont* APRÈS PLUSIEURS INFINITIFS.

C'est.

PRENDRE les choses comme elles sont, et les EMPLOYER comme les circonstances le permettent, *c'est* la sagesse pratique de la vie.
(LACRETELLE aîné.)

VIVRE libre et peu TENIR aux choses humaines, *c'est* le meilleur moyen d'apprendre à mourir.
(J.-J. ROUSSEAU.)

VOIR et ÉCOUTER les méchants, *c'est* déjà un commencement de méchanceté.
(PENSÉE DE CONFUCIUS.)

PUNIR rarement et toujours à propos, RÉCOMPENSER quelquefois et CARESSER souvent, *c'est* un moyen sûr pour les pères de se faire aimer et respecter.
(LABOUISSE.)

Ce sont.

ÉCOUTER les cantiques, RESPIRER l'encens, ALLUMER les cierges, SUIVRE les processions, *c'étaient* le seul plaisir et toute l'occupation de Moran Shitelah.
(PH. CHASLES.)

FAIRE du bien, ENTENDRE dire du mal de soi patiemment, *ce sont* là des vertus de roi.
(LOUIS XVI.)

APPRENDRE les langues les plus difficiles, CONNAÎTRE les livres et les auteurs, etc., *c'ont* été vos premiers plaisirs.
(FLÉCHIER.)

VIEILLIR, ÊTRE malade et MOURIR, *ce sont* là les plus grands maux de la vie.
(DICT. DE MAXIMES.)

Compatir aux erreurs des hommes, ÊTRE INDULGENT pour leurs faiblesses, *ce sont là les devoirs* de chacun de nous.
(DE SÉGUR.)

Lemare, comme on l'a vu page 395, dit qu'il y a peu d'exemples où l'infinitif soit ainsi le sujet du verbe ; car, presque toujours après l'infinitif, on ajoute le substantif *ce* devant le verbe personnel.

D'abord il n'est pas vrai qu'il y ait peu d'exemples de cet emploi de l'infinitif; il y en a au contraire beaucoup, et il suffit d'ouvrir le premier livre pour en avoir la preuve. Ensuite il n'est pas vrai non plus qu'on ajoute toujours *ce* devant le verbe *être.* Voir page 420. Enfin, qu'on ajoute *ce* ou qu'on ne l'ajoute pas, toujours est-il qu'il faut savoir si après plusieurs infinitifs on doit dire *c'est* ou *ce sont.* Lemare n'en parle pas.

Noël et Chapsal prétendent qu'en ce cas il faut toujours se servir de *c'est,* et ils citent à l'appui cette phrase de Domergue, où *c'est* est suivi d'un nom singulier qui demande de toute nécessité le verbe au même nombre : *Manger, boire et dormir,* C'EST *leur unique occupation.*

Nos citations, qu'il nous serait facile de multiplier, prouvent la fausseté de cette assertion, et démontrent qu'on dit *c'est* si le mot qui vient après est au singulier, et *ce sont* s'il est au pluriel. On voit par là combien il est dangereux de mettre entre les mains des jeunes gens des livres qui ne contiennent que des erreurs.

EXERCICE PHRASÉOLOGIQUE.

Bien écouter et bien répondre, ce sont là deux qualités précieuses.
Se taire et souffrir, ce sont...

Vivre et jouir, ce ne sont pour lui...
Se fier à tout le monde et ne se fier à personne, ce sont deux excès

N° DVI.

C'est nous, c'est vous, ETC.

I.

C'est.

Le temps passe, disons-nous; nous nous trompons : le temps reste, *c'est nous* qui passons.
(AIMÉ-MARTIN.)

C'est vous, braves amis, que l'univers contemple.
(VOLTAIRE.)

Si jamais le destin a fait
Deux êtres vraiment l'un pour l'autre,
C'est vous et moi : le rapport est complet
Entre nous deux ; même allure est la nôtre.
(DE NIVERNAIS.)

Est-ce nous qui avons fait cela? (ACADÉMIE.)
C'est vous qu'il faut remercier. (Id.)

C'est.

Nous croyons que tout change, quand *c'est nous* qui changeons. (GRÉCOURT.)

Dans le champ de la vie il faut semer des fleurs;
Et *c'est nous* trop souvent qui faisons nos malheurs.
(CHÉNIER.)

Dieux vengeurs de nos lois, vengeurs de mon pays,
C'est vous qui, par mes mains, fondiez sur la justice
De notre liberté l'éternel édifice.
(VOLTAIRE.)

C'est vous-mêmes que tous les peuples accuseront avec raison de vouloir usurper la tyrannie universelle.
(FÉNELON.)

II.

C'est.

C'est eux que j'en atteste, ils sont tous trois mes guides;
Ils vous arracheront aux mains des parricides. (des;
(VOLTAIRE.)

C'est eux qui ont bâti ce superbe labyrinthe.
(BOSSUET.)

Ce sont.

Ce sont eux que l'on voit, d'un discours insensé,
Publier dans Paris que tout est renversé.
(BOILEAU.)

Les chevaux de Hollande sont fort bons pour le carrosse, et *ce sont ceux* dont on se sert le plus communément en France. (BUFFON.)

Chose bizarre! on dit *ce sont eux, ce sont elles,* et il n'est pas permis de dire : *ce sont nous, ce sont vous,* comme l'exigerait rigoureusement la raison. Mais ici l'usage l'emporte sur la syntaxe, et il faut bien se soumettre à ses lois.

Ainsi on dit : *c'est moi, c'est toi, c'est lui, c'est elle, c'est nous, c'est vous*; et *c'est toi et moi, c'est lui et elle, c'est nous et vous,* etc.

Il n'y a d'exception que pour les pronoms *eux, elles,* avec lesquels on peut employer le singulier ou le pluriel. Encore l'usage a-t-il établi quelque distinction. On dit : *c'est eux* QUE *l'on appelle* et *ce sont eux* QUI *viennent,* en mettant le singulier si le pronom *eux* est suivi de *que,* et le pluriel s'il est suivi de *qui.* Néanmoins Bossuet a dit : *C'est eux qui,* et Boileau : *Ce sont eux que.*

EXERCICE PHRASÉOLOGIQUE.

C'est toi que j'aime.
C'est lui seul qui me plaît.
C'est nous qui le voulons.
C'est vous qui l'ordonnez.

C'est eux que l'on demande.
Ce sont eux que l'on invite.
C'est elles que l'on insulte.
Ce sont elles qui seront victimes.

N° DVII.

C'est suivi d'une préposition.

C'est des CONTRAIRES que résulte l'harmonie du monde.
(BERN. DE SAINT-PIERRE.)
C'est aux MAINS de l'amour à parer la victoire.
(RACINE.)
Cruel! *c'est* à ces dieux que vous sacrifiez.
(DE BELLOY.)
C'était bien de CHANSONS qu'alors il s'agissait!
(LA FONTAINE.)

C'est par EUX que l'on voit la vérité suprême De mensonge et d'erreur accusée elle-même.
(BOILEAU.)
C'est d'EUX que j'attends tout; ils sont plus forts que moi.
(VOLTAIRE.)
C'est des RÉCOLTES que dépend la subsistance de l'homme.
(Cité par CAMINADE.)
C'est AUX édiles à donner des jeux publics.
(VOLTAIRE.)

Quand *ce* et *être* sont suivis d'une *préposition* et d'un nom pluriel, le verbe se met toujours au singulier (1).

« Le motif de cette règle, dit M. Chapsal, est que, dans ces sortes de phrases, il y a inversion, et que le substantif pluriel, mis à la suite du verbe *être*, appartient à un verbe qui est après : Dans la phrase de Bernardin de Saint-Pierre, c'est *résulte*; et dans le vers de Racine, c'est *sacrifiez*. En effet, la décomposition donne : *l'harmonie résulte des contraires*; *sacrifiez à des dieux*. *Ce* se rapporte à la préposition qui suit le verbe *être*; il est par conséquent du nombre singulier, et oblige le verbe à prendre ce nombre. »

Tout le monde a lu ou a pu lire cette explication, qui a été reproduite textuellement par Girault-Duvivier dans sa *Grammaire des grammaires*; mais nous doutons que personne y ait jamais rien compris, pas même M. Chapsal. C'est un véritable grimoire.

Laissant donc de côté M. Chapsal et son inexplicable explication, nous nous contenterons de donner l'analyse de quelques-unes de nos phrases, afin d'en faire saisir tout le mécanisme.

C'est des contraires que résulte l'harmonie du monde.

Nous ne dirons pas comme M. Chapsal, que dans cette phrase il y a trois mots de trop, *ce, est* et *que*. C'est une singulière manière de rendre compte des mots que de dire qu'ils sont inutiles. Et pourtant voilà ce que font tous les jours les grammairiens. Faut-il, après cela, s'étonner que la science ait fait jusqu'à présent si peu de progrès?

Plus hardis que nos devanciers, et surtout plus consciencieux, nous aborderons franchement cette difficulté qui leur a paru insurmontable.

Prenons le premier mot de la phrase citée, *ce*. L'attribution de cet adjectif est, comme nous l'avons démontré page 241, de mettre sous les yeux de celui à qui l'on parle, ou bien de présenter à son imagination un objet qu'on a devant soi ou dans la pensée. Or, le mot qui représente cet objet n'étant pas ici exprimé, il est clair qu'il est sous-entendu. Quel peut être ce mot? Supposons que ce soit celui d'*assemblage*, et nous aurons *cet assemblage*; mais ces mots ne présentent qu'un sens vague et ont besoin d'être déterminés. La proposition suivante : *que* [pour *duquel*] *résulte l'harmonie du monde*, exprime cette détermination. Nous avons donc : *Cet assemblage duquel résulte l'harmonie du monde*. Il ne reste plus qu'à trouver ce qu'on affirme de cet *assemblage*, et nous

---

(1) Mais pour cela il faut qu'il y ait inversion, car, dans le cas contraire, le verbe se met au pluriel. Exemples :

On ne se lasse pas de lire Boileau, Racine et Voltaire, parce que *ce sont* de grands poètes.
(Cité par CAMINADE.)
La morale et la philosophie triomphent de toutes les peines; *ce sont* de sûrs garants de la sagesse.
(*Id.*)

aurons *est celui des contraires*. L'analyse complète de la phrase que nous examinons est donc celle-ci : *Cet* (ASSEMBLAGE) *d'où* RÉSULTE *l'harmonie du monde est* (L'ASSEMBLAGE) *des contraires*.

Ce vers de Racine :

C'est aux mains de l'amour à parer la victoire,

s'analysera de même : *Ce* (soin qui nous oblige) *à parer la victoire* est (un soin réservé) *aux mains de l'amour*.

Nous pensons avoir dissipé, par ces analyses rigoureuses, l'obscurité dont semblaient s'envelopper ces sortes de locutions, regardées jusqu'ici, même par les plus habiles, comme des gallicismes inexplicables.

Or, dans ces phrases le démonstratif *ce* se rapportant aux mots singuliers *assemblage* et *soin* sous-entendus, n'est-il pas naturel que le verbe *être* soit au même nombre?

EXERCICE PHRASÉOLOGIQUE.

C'est avec des soins et des prévenances qu'on se fait aimer.   C'est par de faux bruits qu'on sème l'alarme parmi le peuple.

N° DVIII.

Qu'est-ce que SUIVI D'UN NOM PLURIEL.

Qu'est-ce que les RICHESSES publiques, sinon la somme des richesses privées?
(DUPONT DE NEMOURS.)

Qu'est-ce que nos PRINCIPES naturels, sinon nos principes accoutumés? (PASCAL.)

Qu'est-ce donc *que les choses* les plus graves de l'histoire, foi des autels, sainteté des mœurs, dignité de l'homme, indépendance, civilisation même, si elles doivent passer plus promptement que les statuts de la vanité et les chartres d'un caprice?
(CHATEAUBRIAND.)

Qu'est-ce que c'est que ces petits BOUTONS jaunes comme des têtes d'épingles, qui sont au milieu de la marguerite? *Ce sont* des fleurons.
(BERN. DE SAINT-PIERRE.)

Hé! *qu'est-ce que les poëmes* épiques? en vérité, me dit-il, je n'en sais rien. (MONTESQUIEU.)

Qu'est-ce que les conquêtes d'Alexandre, en comparaison de celles de Gengis-Kan? (*Id.*)

Qu'est-ce que la vie et ses prospérités, aux yeux de l'homme tout occupé de son éternel avenir?
(MARMONTEL.)

On voit que dans ces sortes d'interrogations on met toujours le verbe *être* au singulier, bien qu'il soit suivi d'un nom pluriel.

EXERCICE PHRASÉOLOGIQUE.

Qu'est-ce que nos vertus?
Qu'est-ce que nos talents?

Qu'est-ce que vos richesses?
Qu'est-ce que ces peintures?

N° DIX.

C'est PRÉCÉDÉ DE DEUX NOMS.

Pierre et Céphas, *c'est* le même APÔTRE.
(ACADÉMIE.)

Chacun admire Démosthène et Cicéron, parce que *ce sont* les deux plus grands ORATEURS de l'antiquité.   (Cité par CAMINADE.)

Quand deux noms se trouvent devant *ce* et *être*, le verbe se met au singulier, s'il y a identité de personnes, c'est-à-dire si les deux n'en font qu'une, comme *Pierre et Céphas*; il se met au pluriel, s'il n'y a point identité de personnes.

EXERCICE PHRASÉOLOGIQUE.

Anatole et Gustave, c'est le même homme.   Racine et Voltaire, ce sont les deux plus grands poètes de la France.

N° DX.

NOMBRE DU VERBE APRÈS *si ce n'est.*

Si ce n'est.

Qu'est-ce que le fils de l'homme, *si ce n'est* du FUMIER et de la BOUE? (BOSSUET.)
Qui m'aidera, *si ce n'est* mes AMIS?
(Cité par BONIFACE.)

Si ce ne sont.

Les Chinois ne savent point que leur pays s'appelle la Chine, *si ce ne sont* CEUX qui trafiquent avec les Européens. Ils l'appellent *Chium hoa,* le royaume du milieu.
(BERN. DE SAINT-PIERRE.)

Suivant Boniface et Bescher, *si ce n'est,* signifiant *excepté,* ne prend jamais le pluriel. Lorsque ces messieurs ont établi cette règle, ils n'avaient probablement pas lu la phrase de Bernardin de Saint-Pierre.

EXERCICE PHRASÉOLOGIQUE.

Si ce n'est les Français.
Si ce n'est mes tulipes.
Si ce n'est vos frères.

Si ce ne sont les Français.
Si ce ne sont ses tulipes.
Si ce ne sont vos frères.

N° DXI.

C'est là, ce sont là.

Le bonhomme disait : *ce sont là* JEUX de prince.
(LA FONTAINE.)
Il est assez de geais à deux pieds comme lui,
Qui se parent souvent des dépouilles d'autrui,
Et que l'on nomme plagiaires.
Je m'en tais, et ne veux leur causer nul ennui :
Ce ne sont pas là mes AFFAIRES. (*Id.*)
Tout aveugle et menteur qu'est cet art,
Il peut frapper au but une fois entre mille.
Ce sont là des EFFETS du hasard. (*Id.*)
Ce sont là les EXPLOITS que tu dois avouer.
(BOILEAU.)

Regardez bien. Ne *sont-ce pas là* vos TABLETTES?
— *Ce les sont là* ELLES-MÊMES. (BOILEAU.)
Dites-moi, *sont-ce là* des SIGNES d'opulence ou d'indigence? (D'OLIVET.)
Va porter tes présents aux autels des furies,
Conjure leurs serpents prêts à te déchirer;
Va, *ce sont là* les DIEUX que tu dois implorer.
(VOLTAIRE.)
Ce sont là les LEÇONS dont un père manceau
Instruit son fils novice au sortir du berceau.
(LA FONTAINE.)

Simples lecteurs, ces phrases, que vous venez de lire, peut-être avez-vous la bonhomie de penser qu'elles sont correctes, et qu'il n'y a rien à reprendre? Détrompez-vous, voici venir un grammairien ou soi-disant tel, qui affirme que ce sont autant de fautes. Les grands noms de Voltaire, de Racine, de Boileau, etc., ne l'arrêtent pas et ne lui imposent en aucune façon. Que sont ces gens-là auprès d'un grammairien!

« Dans ces phrases les écrivains, dit-il, oublient que *ce,* suivi de la particule *là,* équivaut à *cela;* ils trouvent que l'attribut est au pluriel, et ils mettent le verbe au pluriel Mais ce n'est pas l'attribut, c'est le nominatif qui règle le nombre du verbe; *c'est là* signifie comme *cela est,* on doit donc dire : *c'est là les leçons, c'est là des jeux d'enfants.* L'Académie, ajoute-t-il, écrivait, en 1698 : CE SONT LA de ces formes dont on ne peut rien retrancher. Il faut lire : C'EST LA une de ces formes; c'est une des formes auxquelles on ne peut pas toucher. »

Nous sommes vraiment honteux d'avoir à réfuter une assertion aussi singulière, et qui tendrait à faire croire que Racine, Voltaire, etc., écrivaient au hasard.

Où ce monsieur a-t-il donc vu que *c'est là* équivaut à *cela*? S'il avait su tant soit peu de grammaire, il saurait que *cela* est une expression équivalente à *cet objet qui est là*. Et que de même qu'on dit : *ce sont des savants, c'étaient de beaux jours*, on dit très-bien *ce sont* LA *des savants, c'étaient* LA *de beaux jours*, sans que l'addition ou la suppression de la particule *là* influe en rien sur le nombre du verbe. Du moins, c'est ce que prouvent nos citations, qui valent mieux que les plus beaux raisonnements du monde.

EXERCICE PHRASÉOLOGIQUE.

Ce sont là de grands hommes.
Ce sont là vos affaires.

Sont-ce là des fleurs?
Étaient-ce là des palais?

N° DXII.

C'est SUIVI DE *qui*.

SINGULIER APRÈS *qui*.

Ce *n'est* pas tant la pompe et la majesté *qui fait* les rois. (FLÉCHIER.)

C'est la force et la liberté *qui fait* les excellents hommes. (J.-J. ROUSSEAU.)

C'est la dureté, la hauteur des rois et leur mollesse *qui* les *rend* incapables de veiller sur tous les membres de l'état. (FÉNELON.)

C'est le goût, la vanité ou l'intérêt *qui* les *lie*. (MASSILLON.)

C'est cette foi, cette dévotion *qui* la *conduisit* et la régla dans tous les offices de la vie chrétienne. (FLÉCHIER.)

PLURIEL APRÈS *qui*.

C'est le nombre du peuple et l'abondance des aliments *qui forment* la vraie force et la vraie richesse des royaumes. (FÉNELON.)

Ce *n'est* plus la sagesse et l'intérêt public *qui président* aux conseils, c'est l'intérêt des passions. (MASSILLON.)

Ce *ne sera* ni la force de vos armées, ni l'étendue de votre empire, *qui* vous *rendront* cher à vos peuples, ce sont les vertus qui font les bons rois. (*Id.*)

C'est la mollesse et l'oisiveté *qui rendent* les peuples insolents et rebelles. (FÉNELON.)

Ce *n'est* ni l'erreur ni la vanité *qui ont* inventé ces noms magnifiques. (FLÉCHIER.)

Voyez quelle bizarrerie! s'écrient les grammairiens. On dit : C'EST *la mollesse et l'oisiveté qui* RENDENT, en mettant *c'est* au singulier et *rendent* au pluriel.

Quelques-uns ont cherché à expliquer cette espèce de contradiction. Lorsqu'on énonce le pronom *ce*, disent-ils, les substantifs singuliers qui doivent suivre ne sont pas encore connus; souvent même celui qui parle ignore s'il en énoncera plusieurs, et en attendant, il fait usage de l'expression *c'est*, qui reste correcte, soit qu'il n'énonce qu'un substantif, soit qu'il se décide à en énoncer plusieurs; car, dans ce dernier cas, le verbe singulier est naturellement sous-entendu devant chaque substantif singulier. Il n'en est pas de même lorsqu'on arrive au mot *qui*; alors rien n'est incertain, l'énumération est consommée et l'idée plurielle qui en résulte passe nécessairement au second verbe.

Mais ces raisons sont plus spécieuses que vraies, bien qu'elles appartiennent à Lemare, qui les a émises à l'occasion des *participes*, comme on le verra plus tard. En effet, dit très-bien M. Marle, est-ce que la pensée ne doit pas toujours devancer l'expression? Est-ce qu'au moment où l'on prononce le mot *ce* les substantifs dont ce mot est le signe précurseur ne doivent pas être présents à la mémoire? Depuis quand est-il permis d'aller des mots aux idées, et non des idées aux mots! Gardons-nous d'approuver des doctrines qui légitimeraient ainsi la violation de tous les rapports grammaticaux, et dont le premier effet serait de répandre d'épaisses ténèbres dans le discours.

D'ailleurs, une chose à laquelle les grammairiens n'ont pas songé, c'est qu'après *qui* les auteurs ont mis tantôt le singulier, tantôt le pluriel, comme on le voit par nos citations.

Pour ne pas nous répéter, nous renverrons à la page 586 et suivantes, où l'on trouvera la raison de cet usage.

Les écrivains ont mis aussi le verbe *être* au pluriel, témoin l'exemple suivant:

Seigneur, *ce sont* la FEMME et les ENFANTS de Socrate, qui demandent qu'on les laisse entrer.
(BERN. DE SAINT-PIERRE.)

EXERCICE PHRASÉOLOGIQUE.

C'est sa fierté et son arrogance qui le font détester.

Ces places, c'est l'art et la nature qui les a fortifiées.

C'est la sagesse et la piété du souverain qui fait le bonheur du sujet.

C'est sa piété et son bon cœur qui lui attirent ces hommages.

NOMBRE DES VERBES *vivre, importer, périr, pouvoir, mourir, tomber*, etc.

Vive.

Vive les jeunes GENS! tout est feu, tout est grâce;
Ils ont quelques défauts; ma foi, je les leur passe.
(BRET.)

Vive le SEIGNEUR et GÉDÉON!
(SACY.)

Si je n'ai plus de fils, que m'*importe* un empire?
Que m'*importe* le CIEL, ce JOUR que je respire?
(VOLTAIRE.)

Que m'*importe* à présent ce PEUPLE et son OUTRAGE,
Et sa FAVEUR crédule, et sa PITIÉ volage? (*Id.*)

Qu'*importe* sa PITIÉ, sa JOIE et sa VENGEANCE?
(*Id.*)

Tombe ARGOS et ses MURS!
(LEMERCIER.)

Puisse la PERFIDIE et la DIVISION
Être le digne fruit d'une telle union!
(VOLTAIRE.)

Que vous *importe* l'ÉTERNITÉ ou la CRÉATION de la matière, pourvu que vous reconnaissiez un Dieu, maître de la matière et de vous? (*Id.*)

Vivent.

C'est le Vestris de la volaille,
Et *vivent* les CANARDS pour apprendre à danser!
(LEMONTEY.)

Il est charmant, ma foi; *vivent* les GENS d'esprit!
(PALISSOT.)

Je suis souris: *vivent* les RATS!
Jupiter confonde les chats!
(LA FONTAINE.)

Vivent la CHAMPAGNE et la BOURGOGNE pour les bons vins!
(ACADÉMIE.)

Dans cette solitude champêtre qu'ont habitée vos pères, que vous *importent* les vains DISCOURS des hommes, et leurs lâches intrigues, et leurs haines impuissantes, et leurs trompeuses promesses?
(BERGASSE.)

Qu'*importent* les PLAINTES et les MURMURES des auteurs, si le public s'en moque? (FÉRAUD.)

Meurent plutôt les GRECS, MOI, TOI-MÊME et CASSANDRE?
(LEMERCIER.)

Puissent ces efficaces et saintes PAROLES être éternellement gravées dans votre esprit!
(FLÉCHIER.)

La plupart des grammairiens veulent que l'on dise: *Vive les gens d'esprit!* et condamnent le pluriel sans prendre la peine de motiver leur opinion. Nous nous bornerons à leur répondre que les faits sont encore ici contre eux, et que, de même qu'on écrit *périssent les méchants! meurent les tyrans!* il faut écrire: VIVENT *les gens d'esprit!* et non VIVE *les gens d'esprit!* Bret a donc eu tort de dire: VIVE *les jeunes gens!*

Toutes ces phrases sont à la fois elliptiques et inverses. VIVENT *les gens d'esprit!* c'est-à-dire: *je veux que les gens d'esprit* VIVENT; *que vous* IMPORTENT *les vains discours des hommes?* C'est pour: *Je demande ce que les vains discours des hommes vous* IMPORTENT, etc.; ce qui prouve, selon nous, la nécessité, ou plutôt l'indispensabilité du pluriel. Quelle que soit la place du sujet, le verbe doit toujours en revêtir le nombre (1).

(1) Cet accord du verbe avec son sujet n'est pas particulier à notre langue seule. Il a également lieu en italien. C'est ainsi que le Tasse a dit:

Muojono le città, muojono i regni!
(Que les villes tombent, que les royaumes tombent!)

C'est donc à tort que Voltaire a mis *importe* au singulier dans les vers suivants:

Qu'*importe* à notre amour ou leurs MŒURS ou leurs DROITS?
Qu'*importe* des REMORDS à mon juste courroux?

Il faut qu'*importent*. L'Académie et tous les autres écrivains font accorder ce verbe.

On voit que quand les verbes *vivre*, *importer*, *périr*, etc., sont suivis, par inversion, de plusieurs substantifs singuliers, les écrivains ont mis tantôt le singulier, tantôt le pluriel. La raison de cet usage est la même que celle que nous avons donnée au commencement de la syntaxe du verbe.

EXERCICE PHRASÉOLOGIQUE.

Vivent les sots !
Périssent les tyrans !
Meurent les traîtres !

Tombent ces superbes palais !
Puissent les dieux !
Qu'importent leurs cris ?

VERBE AU PLURIEL AVEC UN SUJET SINGULIER

I.

Tout ce qui reste encor de fidèles HÉBREUX
Lui *viendront* aujourd'hui renouveler leurs vœux.
(RACINE.)

Et *ce* qu'il y avait de plus grands HOMMES dans la république se *faisaient* un plaisir et tenaient à honneur de rendre ces sortes de services à leurs concitoyens.
(ROLLIN.)

Tout ce qu'il y a d'HOMMES *sont* presque toujours emportés à croire, non pas par la preuve, mais par l'agrément.
(PASCAL.)

Tout ce qu'il y a d'HABITANTS nés libres, même ceux de condition la plus basse, *ont* accouru.
(D'OLIVET.)

Après les bonnes leçons, *ce* qu'il y a de plus instructif *sont* les RIDICULES.
(DUCLOS.)

Tout ce qu'il y a d'agréable *sont* effectivement les idées qui ont été prises de Molière.
(MOLIÈRE.)

II.

Ce que je vous dis là ne *sont* pas des CHANSONS.
(MOLIÈRE.)

L'*effet* du commerce *sont* les RICHESSES.
(MONTESQUIEU.)

Savoir manier les chevaux et les armes, *sont* des TALENTS communs au chasseur, au guerrier.
(BUFFON.)

Ce *poison* préparé des mains de l'artifice,
Sont les ARMES d'un sexe aussi trompeur que vain.
(VOLTAIRE.)

La *nourriture* ordinaire de l'écureuil *sont* des FRUITS, des amandes, des noisettes, de la faîne et du gland.
(BUFFON.)

Sa *maladie sont* des VAPEURS.
(Mme DE SÉVIGNÉ.)

La *partie* la plus piquante des contes *sont* les SCÈNES dialoguées.
(MARMONTEL.)

Cette *espèce* de CHIENS qu'on appelle chiens de Laconie, ne *vivent* que dix ans.
(BOILEAU.)

« De même qu'un sujet pluriel ne peut gouverner un verbe au singulier, de même un sujet singulier ne peut s'accorder avec un verbe au pluriel, quel que soit le nombre de l'attribut. »

C'est ce que répètent l'un après l'autre la plupart des grammairiens.

Suivant cette règle, qu'ils se sont faite, les phrases qui précèdent seraient très-vicieuses.

Sur quoi nous remarquerons que, dans les exemples de la première série, *ce* étant une espèce de collectif, tout ce qui s'y rapporte peut être énoncé au pluriel de même qu'au singulier. On met le pluriel quand l'idée collective est plus frappante que l'idée distributive.

Quant aux phrases de la seconde série, ce qui prouve qu'elles sont bonnes, c'est qu'il serait impossible de substituer le singulier au pluriel sans que notre délicatesse en fût blessée. On doit en rendre compte par la direction de la vue de l'esprit qui se porte plus sur le mot qui suit le verbe que sur celui qui le précède. En effet, dominés par l'idée de ce mot, qui est au pluriel, les auteurs ont mis le verbe au même nombre, sans s'apercevoir qu'ils violaient les lois de la grammaire, et peut-être bien sans s'en inquiéter.

Ils ont préféré se laisser aller à la nature des idées plutôt que de se traîner péniblement sur les mots.

C'est pour la même raison que Molière a dit : *Quatre ou cinq mille écus* EST *un denier considérable*, en mettant le verbe *est* en rapport plutôt avec le mot *denier* qu'avec le véritable sujet *quatre mille écus*.

D'ailleurs, les nombreux exemples que fournit notre littérature suffisent pour faire admettre ces sortes de locutions.

EXERCICE PHRASÉOLOGIQUE.

Tout ce qu'il y avait de braves soldats furent ..
Tout ce qu'il y a de savants en France partagent cette opinion.
Ce qu'il a chanté sont des airs choisis.
Tout ce qu'il vous a dit ne sont que des contes.

CONCORDANCE DU VERBE AVEC SON SUJET

SOUS LE RAPPORT DE LA PERSONNE.

N° DXIII.

ACCORD DU VERBE AVEC UN SEUL PRONOM.

SINGULIER.

J'ai songé, comme vous, qu'à la Grèce, à mon père,
A moi-même, en un mot, je devenais contraire.
(RACINE.)

Tu n'as pas un sentiment, mon bon ami, que mon cœur ne partage.
(J.-J. ROUSSEAU.)

Un homme est assez beau quand *il a* l'âme belle.
(BOURSAULT.)

L'envie ne saurait se cacher. Elle accuse et juge sans preuve; elle grossit les défauts; *elle a* des qualifications énormes pour les moindres fautes.
(VAUVENARGUES.)

PLURIEL.

Nous avons vu passer ces ombres fugitives,
Fantômes d'empereurs élevés sur nos rives.
(VOLTAIRE.)

Si *vous avez* perdu, dans ce combat funeste,
Un empire, un époux, que la vertu vous reste.
(Id.)

Comme *ils ont* peu de part aux biens dont ils or-
[donnent,
Dans le champ du public largement ils moissonnent.
(CORNEILLE.)

Peu de femmes *ont* assez de raison pour sentir le besoin qu'*elles ont* d'être gouvernées.
(DE LÉVIS.)

On voit, par ces citations, que le verbe *avoir* apparaît sous six inflexions ou terminaisons diverses : *J'ai, tu as, il* ou *elle a, nous avons, vous avez, ils* ou *elles ont*.

Au singulier, on a, pour la première personne, *j'ai*; pour la seconde, *tu as*; pour la troisième, *il* ou *elle a*.

Au pluriel, la première personne est *nous avons*; la seconde *vous avez*; et la troisième, *ils* ou *elles ont*.

Il peut donc y avoir à chaque temps personnel d'un verbe six formes, dont trois pour la première, la deuxième et la troisième personne du singulier, et trois pour la première, la deuxième et la troisième personne du pluriel.

D'où ce principe : Quand le verbe est à un temps personnel, il s'accorde avec son sujet en nombre et en personne.

EXERCICE PHRASÉOLOGIQUE.

J'aime.	Je pensais.	Je chantai.	Je plairai.	Que je me promène.	Je dirais.
Tu aimes.	Tu pensais.	Tu chantas.	Tu plairas.	Que tu te promènes.	Tu dirais.
Il aime.	Il pensait.	Il ou elle chanta.	Il ou elle plaira.	Qu'il se promène.	Il ou elle dirait.
Nous aimons.	Nous pensions.	Nous chantâmes.	Nous plairons.	Que nous nous promenions.	Nous dirions.
Vous aimez.	Vous pensiez.	Vous chantâtes.	Vous plairez.	Que vous vous promeniez.	Vous diriez.
Ils aiment.	Ils pensaient.	Ils ou elles chantèrent.	Ils ou elles plairont.	Qu'ils se promènent.	Ils ou elles diraient.

N° DXIV.

ACCORD DU VERBE AVEC PLUSIEURS NOMS DE DIFFÉRENTES PERSONNES.

Nous.

Narbal et moi, nous admirâmes la bonté des dieux qui récompensaient notre sincérité.
(FÉNELON.)

Nous nous quittâmes, moi et l'Indienne, après nous être serré la main. (CHATEAUBRIAND.)

Je vous assure que *nous sympathisons, vous et moi.* (MOLIÈRE.)

Prenons, vous et moi, un de ces grands bancs de rameurs. (FÉNELON.)

Si de meilleurs conseils avaient été suivis,
Ma fille, vous et moi, nous serions tous péris,
Plutôt qu'un lâche aveu fût sorti de sa bouche.
(REGNARD.)

Vous.

Il faut que *toi et ceux* qui sont ici *fassiez* les mêmes serments, ou je vous tuerai tous.
(VERTOT.)

Vous et votre ouvrage méritez d'être parfaits.
(VOLTAIRE.)

Ni *vous ni l'empereur ne voulez* courir au Bosphore. (Id.)

Allez, vous et vos semblables n'êtes point faits pour être transplantés. (MONTESQUIEU.)

Il faut, madame, que vous décidiez un pari que j'ai fait : j'ai gagé que *cette dame et vous étiez* de même âge.
(Id.)

Nous devons induire des exemples de l'une et de l'autre colonne, que toutes les fois que le verbe se rapporte, non à plusieurs sujets, comme le disent improprement les grammairiens (1), mais bien à plusieurs substantifs de différentes personnes, il se met alors au pluriel et s'accorde avec la personne qui a la priorité dans le discours. On voit que la première personne l'emporte sur la seconde, et que celle-ci, à son tour, fait la loi à la troisième.

En pareille circonstance, le seul sujet est *nous* ou *vous*; il peut être ou non exprimé, et alors c'est le goût, c'est l'énergie qui en décident. Voici d'autres exemples à l'appui de cette dernière observation :

AVEC *nous.*

Votre père et moi, NOUS *avons* long-temps été ennemis l'un de l'autre. (FÉNELON.)

Pénélope, sa femme, et moi, qui suis son fils, NOUS *avons* perdu l'espérance de le revoir. (Id.)

SANS *nous.*

Ni *vos nymphes* ni *moi n'avons* juré par les ondes du Styx. (FÉNELON.)

J'ai ouï dire à feu ma sœur, que *sa fille et moi naquîmes* la même année. (MONTESQUIEU.)

EXERCICE PHRASÉOLOGIQUE.

Toi et moi nous sommes d'accord.
Toi et moi nous sommes amis.
Lui et nous sommes parents.
Elle et moi sommes économes.

Vous et votre père vous vous portez bien.
Vous et votre frère vous êtes mes amis.
Vous et lui n'êtes pas musiciens.
Vous et elle n'êtes pas raisonnables.

ACCORD DU VERBE APRÈS *qui.*

N° DXV.

Qui PRÉCÉDÉ D'UN PRONOM PERSONNEL.

C'est *moi qui suis* Guillot, berger de ce troupeau.
(LA FONTAINE.)

Dans le champ de la vie il faut semer des fleurs,
Et c'est *nous* trop souvent *qui faisons* nos malheurs.
(CHÉNIER.)

---

(1) Dans les phrases dont il s'agit le verbe n'a et ne saurait avoir qu'un seul sujet ; c'est ce que nous avons démontré au chapitre des Pronoms personnels, où nous renvoyons tant pour l'analyse de ces sortes de phrases, que pour la place que doivent occuper les pronoms personnels.

C'est *toi qui*, ce matin, par des soins imprudents,
As voulu me parer de ces vains ornements.
(REGNARD.)

C'est *lui qui* m'a ravi l'amitié de mon père,
Qui le *fit* mon rival, *qui révolta* ma mère.
(RACINE.)

O Neptune! c'est *vous qui excitâtes*, par votre superbe trident, toutes les eaux de votre empire.
(FÉNELON.)

C'est *eux qui ont* bâti ce superbe labyrinthe.
(BOSSUET.)

L'adjectif conjonctif *qui*, n'ayant par lui-même ni nombre ni personne, communique au verbe dont il est le sujet le nombre et la personne du mot auquel il se rapporte. Ainsi, d'après les exemples cités, il faut dire : *moi qui suis, toi qui es, lui qui est, nous qui sommes, vous qui êtes, eux qui sont.*

Ce principe posé, les exemples qui suivent sont-ils corrects :

Britannicus est seul : quelque ennui qui le presse,
Il ne voit dans son sort que *moi qui s'intéresse*.
(RACINE.)

Je ne vois plus que *vous qui* la *puisse* défendre.
(Id.)

Voilà, monsieur, de grands embarras, et il n'y a que *vous seul qui puisse* débrouiller une affaire si embarrassée.
(FÉNELON.)

Il n'avait que *moi qui pût* le secourir.
(VOLTAIRE.)

Lemare approuve cette construction, où il ne voit qu'une ellipse très-simple, et il a raison. En effet, dans ces phrases, *qui* se rapporte au mot *personne, individu* sous-entendu. La construction pleine est donc : *il ne voit* (aucune personne, aucun individu autre) *que moi qui s'intéresse; je ne vois plus* (d'autre personne, d'autre individu) *que vous qui la puisse défendre*, etc.

Ainsi, dit M. Dessiaux, toutes les fois que l'on peut sous-entendre *personne, nul, individu*, il est permis, dans des phrases semblables, d'imiter Voltaire, Racine, Fénelon. Je trouve donc, ajoute-t-il, qu'il existe une différence entre les deux phrases suivantes :

Il n'y a que moi qui aime mon épouse.
Il n'y a que moi qui aime son épouse.

La première signifie : *mon épouse n'est aimée que de moi*.
La seconde : *nul homme n'aime son épouse, excepté moi*.

Madame de Sévigné s'est donc bien exprimée en disant : *Il n'y a que* MOI QUI PASSE SA VIE *à être occupée et de la présence et du souvenir de la personne aimée.*

Voilà pour le singulier ; mais peut-on imiter ce passage de Molière :

Nous chercherons partout à trouver à redire,
Et ne verrons que *nous qui sachent* bien écrire.

Nous ne sommes pas médiocrement surpris que M. Dessiaux l'ait condamné ; il nous semble que la construction étant exactement la même que celle des exemples que nous venons d'analyser, on ne saurait justifier l'une, sans aussi, pour être conséquent, justifier l'autre. La différence du pluriel n'y fait absolument rien. Or, en réintégrant les mots ellipsés, voici quelle est l'analyse : *Nous ne verrons* (d'autres personnes, d'autres auteurs) *que* NOUS QUI SACHENT *bien écrire*. Qui se rapporte, comme on le voit, au mot pluriel *personnes* ou *auteurs* sous-entendu, et Molière ne peut être blâmé d'avoir mis le verbe à la troisième personne du pluriel. Néanmoins, dirons-nous en terminant, il faut, dans toutes les phrases analogues, suivre la construction généralement en usage, celle où l'on fait accorder le verbe avec le pronom personnel qui précède le *qui* relatif, comme dans ces deux exemples :

Je ne vois que *nous deux qui soyons* raisonnables.
(COLLIN-D'HARLEVILLE.)

Il n'y eut que *moi qui espérai* la victoire.
(FÉNELON.)

EXERCICE PHRASÉOLOGIQUE.

C'est moi qui... C'est toi qui... C'est lui qui... C'est nous qui... C'est vous qui... Ce sont eux qui...
Il n'y a que moi qui... Il n'y a que toi qui... Il n'y a que lui qui... Il n'y a que nous qui... Il n'y a que vous qui... Il n'y a qu'eux qui...

N° DXVI.

Qui PRÉCÉDÉ D'UN ADJECTIF.

N'accuse point mon sort, c'est *toi seul qui l'as* fait.
(CORNEILLE.)

C'est *moi seul qui suis* coupable.
(MARMONTEL.)

C'est *vous seuls qui donnez* à la terre des poètes lascifs, des auteurs pernicieux, des écrivains profanes.
(MASSILLON.)

Nous étions *deux qui étions* du même avis.
(JACQUEMARD.)

Nous sommes ici *plusieurs qui nous souvenons* des grands succès que nous eûmes dans la dernière guerre.
(DACIER.)

C'est *vous seuls qui vous chargez*, par cet éclat, de publier et de confirmer tous les propos de milord Édouard.
(J.-J. ROUSSEAU.)

Lorsque le conjonctif *qui* suit immédiatement un adjectif, comme dans ces exemples, le verbe prend le nombre et la personne du pronom qui précède.

EXERCICE PHRASÉOLOGIQUE.

C'est moi seul qui... C'est toi-même qui... C'est lui seul qui... C'est nous seuls qui... C'est vous seul qui... Ce sont eux seuls qui....

N° DXVII.

Qui PRÉCÉDÉ D'UN ADJECTIF PRIS SUBSTANTIVEMENT.

ACCORD A LA 1re OU A LA 2e PERSONNE.

Vous êtes le seul qui paraissiez me conduire de toute façon à la félicité.
(J.-J. ROUSSEAU.)

C'est *moi qui le premier montrai* aux Français quelques perles que j'avais trouvées dans son énorme fumier.
(VOLTAIRE.)

Je suis le premier qui ai fait connaître Shakespeare aux Français.
(Id.)

Vous fûtes les premiers qui élevâtes de grands théâtres.
(Id.)

Fille d'Agamemnon, c'est *moi qui la première*, Seigneur, *vous appelai* de ce doux nom de père.
(RACINE.)

Pour moi, *qui le premier secondai* vos desseins.
(Id.)

C'est *vous qui le premier avez* rompu nos fers.
(VOLTAIRE.)

Vous êtes le seul qui vous plaigniez qu'on ne sait à quoi s'en tenir.
(MASSILLON.)

ACCORD A LA 3e PERSONNE.

Tu étais le seul qui pût me dédommager de l'absence de Rica.
(MONTESQUIEU.)

Mais *je ne suis pas le premier*
Qui prend pour femme, et sans m'en méfier,
Une fille dépareillée.
(REGNARD.)

Je suis, je crois, *le premier auteur modéré qui ait* donné la description de la Laconie.
(CHATEAUBRIAND.)

Souviens-toi que *je suis le seul qui t'a* déplu.
(FÉNELON.)

J'ai été malheureusement *le premier qui ait* fait connaître en France la poésie anglaise.
(VOLTAIRE.)

S'il vous souvient pourtant *que je suis la première*,
Qui vous ait appelé de ce doux nom de père.
(RACINE.)

Ma destinée a encore voulu que *je fusse le premier qui ait expliqué* à mes concitoyens les découvertes du grand Newton.
(VOLTAIRE.)

Vous êtes le premier qui ait commandé son souper chez soi.
(Id).

A l'occasion de ces exemples, les grammairiens nous disent que toutes les fois que le conjonctif *qui* est relatif à *le seul, le premier*, il est préférable de mettre le verbe à la troisième personne (2e colonne), parce que, disent-ils, il y a ellipse du mot *homme*. Permis donc aux grammairiens d'agir ainsi, eux et tous ceux qui les croient sur parole; mais la vérité est que ces mots *le seul, le premier*, sont tellement identifiés avec le pronom qui les précède, que le verbe peut également en prendre le nombre et la personne (1re colonne).

EXERCICE PHRASÉOLOGIQUE.

Je suis le premier qui... Je suis le premier qui... Tu es le seul qui... Tu es le seul qui... Vous êtes le même qui... Vous êtes la même qui...

N° DXVIII.

Qui PRÉCÉDÉ D'UN SUBSTANTIF.

ACCORD A LA 1re OU A LA 2e PERSONNE.

Je suis *Diomède*, roi d'Étolie, *qui blessai* Vénus au siége de Troie.
(FÉNELON.)

Je suis *une bourgeoise*
Qui sais me mesurer justement à ma toise.
(REGNARD.)

Et *qui êtes-vous*, que de *vils instruments* que je puis briser à ma fantaisie; *qui n'existez* qu'autant que vous savez obéir.
(MONTESQUIEU.)

En France, *vous êtes tous honnêtes gens*, trente millions d'honnêtes gens *qui voulez* gouverner le peuple par la morale et la religion.
(P.-L. COURIER.)

Nous sommes deux religieux de Saint-Bernard *qui voyageons* pour nos affaires.
(FLORIAN.)

Vous êtes un couple de fripons qui me *jouez* d'intelligence.
(J.-J. ROUSSEAU.)

C'est là que *vous* me vîtes, ô *grande déesse qui habitez* cette île.
(FÉNELON.)

Nous sommes cinq amis que la joie accompagne,
Qui travaillons ce soir au bon vin de Champagne.
(REGNARD.)

Vous êtes des enfants qui, dans vos jeux, *ne savez* que faire du mal aux hommes.
(J.-J. ROUSSEAU.)

Vous êtes un jeune chêne qui essuyez une tempête, et moi je suis un vieux arbre qui n'a plus de racine.
(VOLTAIRE.)

Je ne suis géant ni sauvage,
Mais *chevalier errant, qui rends* grâces aux dieux,
D'avoir trouvé dans ce bocage
Ce qu'à peine on pourrait rencontrer dans les cieux.
(LA FONTAINE.)

ACCORD A LA 3e PERSONNE.

Êtes-vous encore *ce même grand seigneur qui venait* souper chez un misérable poète?
(BOILEAU.)

Vous êtes toujours *ce modeste Virgile qui eut* tant de peine à se produire à la cour d'Auguste.
(FÉNELON.)

Nous sommes, au milieu de l'Italie, comme *des enfants abandonnés qui errent* parmi les ruines des palais de leurs aïeux.
(VILLEMAIN.)

Notre premier soin fut de nous habiller fort proprement; puis, nous donnant pour *deux frères galiciens qui voyageaient* par curiosité, nous connûmes bientôt de fort honnêtes gens.
(LESAGE.)

Mais Aceste, nous prenant pour *des étrangers qui cachaient* leur dessein, ordonna qu'on nous envoyât dans une forêt voisine.
(FÉNELON.)

Vous êtes venu, en vrai philosophe, en *homme qui a* l'esprit éclairé et un cœur bienfaisant.
(VOLTAIRE.)

Paris est fort bon pour *un homme* comme vous, monsieur, *qui porte* un grand nom et qui le soutient.
(Id.)

Je suis *l'homme qui accoucha* d'un œuf.
(Id.)

Vous êtes *un génie tutélaire qui est venu* consolider la paix.
(LAVEAUX.)

Je suis ce *Tancrède qui a* ceint l'épée pour Jésus-Christ.
(Traduct. de la Jérus.)

...Oui, connais-moi, je suis ce *Grec* enfin
Qui, dans ces mêmes murs, *balança* ton destin.
(LANOUE.)

A la suite de ces citations, que nous avons cru devoir multiplier, la déduction qu'il faut tirer devient facile, car, en présence des faits clairement rassemblés, les difficultés, quelque grandes qu'elles soient, s'évanouissent.

Nous dirons donc:

(1re colonne.) Quand un pronom personnel et son attribut ne présentent pas à l'esprit deux êtres distincts, le conjonctif *qui* se rapportant nécessairement au premier, le verbe se met à la première ou à la seconde personne, soit du singulier, soit du pluriel.

(2e colonne.) Mais si le pronom personnel et son attribut, quoique identiques, forment à l'idée comme deux êtres séparés, dans ce cas *qui* est relatif à l'attribut, et demande conséquemment le verbe dont il est le sujet à la troisième personne.

Il en est de même lorsqu'il y a deux individus différents, comme dans ces exemples :

Tu n'es ni *David qui tua* le géant Goliath, ni *Judith qui immola* Holopherne. (Le ch. D.)

Si *vous* étiez fort comme *Samson, qui fit* écrouler les voûtes du temple, etc. (GIRAULT-DUVIVIER.)

L'être représenté par *tu* n'est pas celui que désigne le mot *David*, et comme c'est ce dernier qui a fait l'action de *tuer*, c'est à lui seul que doit se rapporter le verbe qui marque cette action. Le raisonnement est le même pour tous les exemples semblables.

Enfin le verbe se met encore à la troisième personne lorsque la proposition est négative, car alors il n'y a plus d'identité :

Je ne suis pas *un orphelin qui n'eut* jamais connaissance de ses parents. (BONIFACE.)

Je ne suis pas ici *un historien qui doit* vous développer les secrets des cabinets. (BOSSUET.)

EXERCICE PHRASÉOLOGIQUE.

Je suis un bon bourgeois qui...
Je suis un homme qui...
Nous sommes deux amis qui...

Je vis en bon bourgeois qui...
Je suis l'homme qui...
Nous sommes ces deux amis qui...

Vous êtes un protée qui...
Vous êtes un bon père qui...
Tu es un bon frère qui...

Vous êtes comme un protée qui...
Vous êtes bon père qui...
Tu es ce bon frère qui...

PLACE DU SUJET.

N° DXIX.

SUJET DEVANT LE VERBE.

Tout esprit devient fort par l'érudition. (DESTOUCHES.)

Le destin rarement *favorise* à demi. (PIRON.)

L'homme le plus obscur aime la liberté. (CHATEAUBRIAND.)

L'espérance tient lieu des biens qu'*elle promet*. (LA CHAUSSÉE.)

Nos destins sont prévus, *nos moments sont* comptés. (CHÉNIER.)

La malédiction suit les enfants rebelles. (LA HARPE.)

Il résulte de ces citations qu'en principe général le sujet doit toujours précéder le verbe, parce qu'avant de dire qu'une chose est, il faut d'abord énoncer cette chose.

EXERCICE PHRASÉOLOGIQUE.

L'homme pense.   L'enfant crie.   Les oiseaux chantent.   Les champs verdissent.

N° DXX.

SUJET APRÈS LE VERBE.

L'air méphitique des marais se trouve converti en air pur, comme *l'ont prouvé des expériences utiles et curieuses*. (BERN. DE SAINT-PIERRE.)

Il n'est point de noblesse où *manque la vertu*. (CRÉBILLON.)

La fortune est à craindre où *manque la sagesse*. (BOURSAULT.)

Il faut être heureux, c'est la fin de tout être sensible, c'est le premier désir que nous *imprime la nature* et le seul qui ne nous quitte jamais. (J.-J. ROUSSEAU.)

Plus haute *est la faveur* et plus prompte *est la chute*. (DESTOUCHES.)

Et ce n'est point ainsi que *parle la nature*. (SAURIN.)

De tous les sentiments qu'*inspire la nature*,
L'amour est le plus beau quand l'amitié l'épure.
(FENOUILLOT DE FALB.)

Les maux sont ici-bas, les biens sont dans les cieux.
Là disparaît enfin *l'orgueil du rang suprême*.
(CHÉNIER.)

Nous venons de dire que le sujet doit toujours précéder le verbe ; cependant nous voyons par ces exemples que quelquefois aussi il peut être mis après, soit en prose, soit en poésie. Dans celle-ci l'inversion est plus fréquente, parce qu'elle donne au vers plus de rapidité et qu'elle en rend la cadence plus agréable et plus harmonieuse. En prose, on place surtout le sujet après le verbe, quand le premier est composé de plusieurs mots qui en dépendent, comme dans l'exemple de Bernardin de Saint-Pierre. Du reste, c'est le goût, c'est l'oreille qu'il faut consulter.

EXERCICE PHRASÉOLOGIQUE.

Comme ont vécu nos pères.   Comme ont fait nos aïeux.   Ainsi que le public l'a voulu.   Comme le veut l'usage.

N° DXXI.

PLACE DU SUJET DANS LES PHRASES INTERROGATIVES.

SANS UN PRONOM.

Que *fera l'amitié* quand l'amour ne peut rien ?
(LA CHAUSSÉE.)
De quoi n'est pas capable *une amante adorée* ?
(PIRON.)
...Quand l'amour règne avec violence,
Que *peut la faible voix* de la reconnaissance ?
(LONGEPIERRE.)
Mais que *sert un long règne*, à moins qu'il ne soit beau ?
(BOURSAULT.)

AVEC UN PRONOM.

Le cœur des malheureux *est-il* fait pour l'amour ?
(DECAUX.)
La mort est-elle un mal ? *La vie est-elle* un bien ?
(CRÉBILLON.)
Ah ! pourquoi *l'homme libre a-t-il* créé des rois,
Si ce n'est pour défendre et protéger ses droits ?
(SAURIN.)
Un cœur dénaturé respecte-t-il les dieux ?
(DE BELLOY.)

Dans les phrases interrogatives, comme on le voit, le sujet, quel qu'il soit, se met toujours après le verbe. A cet égard, Girault-Duvivier nous dit : « Employé comme sujet, le nom ne se place après le verbe que quand il est seul : *Où est votre père ?* Mais il conserve sa place avant le verbe, si le pronom correspondant doit marquer l'interrogation : *Où votre père est-il ?* » Quant au fait en lui-même, il est vrai ; il n'y a erreur que dans la manière d'envisager les deux constructions. Dans la première, *où est votre père ? votre père*, voilà le sujet ; dans la seconde, au contraire, *où votre père est-il ?* le seul sujet est *il*; car nous avons démontré, dans des phrases analogues, que *votre père* ne pouvait être que l'élément d'une proposition elliptique. Voyez au chapitre des *Pronoms*.

EXERCICE PHRASÉOLOGIQUE.

Où est votre domicile ?   Votre domicile où est-il ?   Pourquoi venait cette femme ?   Pourquoi cette femme venait-elle ?

N° DXXII.

PLACE DU SUJET DANS LES PHRASES INTERJETÉES.

Heureux, *disait Mentor*, le peuple qui est conduit par un sage roi !
(FÉNELON.)
Que j'ai pitié de vous ! *répondit Mentor* : votre passion est si furieuse que vous ne la sentez pas.
(Id.)

Quoi donc ! *répondit Télémaque*, pouvais-je refuser à Calypso de lui raconter nos malheurs ?
(FÉNELON.)
O fils d'Ulysse ! *me dit Aceste*, je ne puis refuser votre sang aux mânes de tant de Troyens.
(Id.)

Lorsque l'on rapporte les paroles de quelqu'un, et que dans une phrase interjetée on exprime le nom de la personne, le sujet de cette phrase se place toujours après le verbe : *Disait Mentor, répondit Télémaque*, etc., sont des phrases interjetées, ainsi appelées parce qu'elles se trouvent enchâssées dans une autre et qu'elles y forment une incise.

EXERCICE PHRASÉOLOGIQUE.

Continuait cet homme.   Interrompit quelqu'un.   Reprit cette personne.   Objecta mon père.

N° DXXIII.

PLACE DU SUJET APRÈS UN VERBE AU SUBJONCTIF.

Vive la liberté! périssent les tyrans!
(COLARDEAU.)
Vivent les colléges, d'où l'on sort si habile homme!
(MOLIÈRE.)
Périsse le mortel, périsse le cœur bas,
Qui, portant dans ses mains le destin des états,
Plein des vils sentiments que l'intérêt inspire,
Immole à sa grandeur le salut d'un empire!
(SAURIN.)
...*Puisse ce jour* ne pas apprendre à Rome
Tout ce que peut coûter la perte d'un grand homme!
(LA HARPE.)

Puissent les dieux vous conserver à nos enfants,
et leur faire sentir la joie de vivre sous un si bon père!
(FÉNELON.)
Périssent les beautés aux empires fatales,
Qui, de nobles vertus indignement rivales,
Plongent les jours des rois dans l'oubli flétrissant,
Et n'osent s'illustrer qu'en les avilissant!
(POINSINET.)
Périssent à jamais *ces beautés malheureuses*,
Qui, loin de tempérer les rigueurs du pouvoir,
Des peuples suppliants osent trahir l'espoir!
(LANOUE.)

Quand on exprime un souhait, un désir, une volonté, et que le verbe exprimant ce souhait, ce désir, cette volonté, est sous-entendu, dans ce cas, le verbe qui est au subjonctif précède toujours son sujet, comme dans les exemples ci-dessus : *Vive la liberté! périssent les tyrans!* etc., c'est-à-dire je désire, je veux que la liberté vive, que les tyrans périssent, etc. Mais quelle différence entre la construction pleine et la construction elliptique! L'une est faible et sans action sur les esprits; l'autre, au contraire, par sa concision, a tant de force, tant d'énergie, qu'elle est capable de soulever les plus grandes passions.

EXERCICE PHRASÉOLOGIQUE.

Vivent les bonnes gens!   Périssent les méchants!   Fasse le ciel que...   Puisse la France...

N° DXXIV.

PLACE DU SUJET DANS LES PHRASES COMMENÇANT PAR *tel, ainsi, voilà comment, voilà quel*, ETC.

Tel est d'un cœur épris *l'aveuglement extrême*,
Il se fait un plaisir de s'abuser lui-même.
(LEFRANC.)
Des plus tendres amants *voilà quel est le sort!*
Toujours leur passion trouve un injuste obstacle;
Et pour les rendre heureux il faut quelque miracle.
(DESTOUCHES.)
Je sais *quel est le peuple :* on le change en un jour;
Il prodigue aisément sa haine et son amour.
(VOLTAIRE.)

Tel est du préjugé *le pouvoir ordinaire*,
Il soumet aisément le crédule vulgaire.
(LEFRANC.)
Telle est la multitude, et sans frein et sans lois,
Injuste, sans pudeur et sans remords ingrate,
Elle hait qui la sert, et chérit qui la flatte.
(LA HARPE.)
Voilà ce qu'entreprit sainte Thérèse, ouvrage plein de difficultés qui paraissaient insurmontables
(FLÉCHIER.)

Dans les phrases commençant par *tel, ainsi,* voilà *comment,* voilà *quel,* etc., le sujet se place après le verbe.

EXERCICE PHRASÉOLOGIQUE.

Tel est l'usage.	Ainsi finit cette rixe.	Voilà comme se termine ce drame.	Voilà quels sont ses principes.
De là est venu ce bruit.	D'où est venu un pareil conte?	Voilà comment agissent ces fripons.	Ainsi va le monde.

CONSTRUCTION.

N° DXXV.

ELLIPSE OU RÉPÉTITION DU SUJET.

ELLIPSE DU SUJET.

L'homme s'incline, s'agenouille, rampe, glisse, nage, se renverse en arc, *fait la roue* sur les pieds et sur les mains, *se met* en boule, *court, marche, saute, s'élance, descend, monte, grimpe,* et est également propre à gravir au sommet des rochers et à marcher sur la surface des neiges, à traverser les fleuves et les forêts, à cueillir la mousse des fontaines et le fruit des palmiers; à nourrir l'abeille et à dompter l'éléphant.

(BERN. DE SAINT-PIERRE.)

RÉPÉTITION DU SUJET.

L'état d'un roi est bien malheureux. *Il* est l'esclave de tous ceux auxquels il paraît commander; *il est* fait pour eux; *il se doit* tout entier à eux; *il est* chargé de tous leurs besoins; *il est* l'homme de tout le peuple et de chacun en particulier. Il faut qu'*il s'accommode* à leurs faiblesses, qu'*il les corrige* en père, qu'*il les rende* sages et heureux.

(FÉNELON.)

Il se lève, il regarde, il voit de tous côtés
Courir des assassins à pas précipités.

(VOLTAIRE.)

Ces citations suffisent pour démontrer qu'il est permis d'exprimer ou de sous-entendre le sujet devant chaque verbe, selon les circonstances. Si on le sous-entend, comme l'a fait Bernardin de Saint-Pierre, la marche du discours en devient alors plus rapide; si, au contraire, on le répète, comme dans les exemples de Fénelon et de Voltaire, cette répétition rend à la fois la phrase et la pensée plus énergiques.

EXERCICE PHRASÉOLOGIQUE.

Les animaux boivent, mangent, dorment, et n'ont aucun souci. — La femme que je connais est pleine de talents: elle peint, elle brode, et elle touche du piano.

N° DXXVI.

VERBE SÉPARÉ DE SON SUJET PAR UNE PHRASE INCIDENTE.

Peut-être *un malheureux,* mourant sur son fumier,
Du dernier des humains *deviendrait* le premier.
(DELILLE.)

Le ciel en divisant la France et l'Angleterre,
Sauve la liberté du reste de la terre.
(DE BELLOY.)

La terreur comprimant l'honnête homme abattu,
Sèche l'humanité, *fait taire* la vertu. (CHÉNIER.)

La raison d'aujourd'hui, semant pour l'avenir,
Versant de tous côtés sa lumière féconde,
Vaincra les préjugés, ces vieux tyrans du monde.
(Id.)

Quand un verbe est séparé de son sujet par une phrase incidente, comme dans les exemples qui précèdent, il faut avoir soin, tant en prose qu'en vers, de ne pas lui en donner un second. D'après cette règle, n'y aurait-il pas une faute dans ce passage de la Henriade :

Louis, en ce moment, prenant son diadème,
Sur le front du vainqueur il le posa lui-même.

« Si le poète, dit Bescher, avait besoin d'un mot de trois syllabes pour faire son vers, ne pouvait-il pas dire : *le* DÉPOSA *lui-même*, sans se servir de *il*, qui semble superflu et donne une redondance nuisible à la clarté du sens ?

Nous répondons que, dans les phrases un peu longues, lorsque l'idée du sujet énoncé d'abord commence à s'affaiblir, les auteurs peuvent le rappeler par *il* ou *elle*, relever ainsi l'expression, et lui donner de la vigueur. LOUIS *plaça lui-même le diadème;* il n'employa pas une main étrangère : rien de plus convenable que le pronom *il* pour rendre cette idée, qui domine dans toute la phrase.

Nous trouvons dans BUFFON un exemple de la répétition d'un même sujet sous une double forme :

La terre étant partout en friche, et couverte, dans toute son étendue, d'herbes grossières, épaisses et touffues, *elle* ne s'échauffe, ne se sèche jamais.

Pour quel motif rejeter de la langue cette manière de s'exprimer, qui lui est nécessaire ? Il ne faudrait pourtant pas en abuser. »

Cette opinion de Bescher est conforme à celle que nous avons émise au chapitre des *Pronoms personnels*. Nous ne pouvons mieux faire que d'y renvoyer le lecteur ; il verra à quelle analyse sont soumises ces phrases en apparence si irrégulières.

EXERCICE PHRASÉOLOGIQUE.

Cet homme, prenant son paquet, le mit sur sa tête.
Le roi, ayant vaincu ses ennemis, leur pardonna.

Énée, chargeant son père et ses dieux pénates sur son dos, sortit de Troie.

N° DXXVII.

RÉPÉTITION OU ELLIPSE DU VERBE, QUAND LES SUJETS SONT DE MÊME NOMBRE.

VERBE RÉPÉTÉ.	VERBE ELLIPSÉ.
L'espérance anime le courage, *la crainte anime* l'activité. (EDGEWORTH.)	*On façonne* les plantes par la culture, et les hommes par l'éducation. (J.-J. ROUSSEAU.)
L'inquiétude des déserts *produit* la curiosité, l'inconstance ; *le vide* des turbulents plaisirs *produit* l'ennui. (J.-J. ROUSSEAU.)	*La constance vient* de la stabilité du caractère, comme *l'inconstance* de la légèreté. (LIVRY.)
La fierté du cœur *est* l'attribut des honnêtes gens ; *la fierté* des manières *est* celle des sots ; *la fierté* de la naissance et du rang *est* souvent la fierté des dupes. (DUCLOS.)	*L'imposture est* le masque de la vérité : la *fausseté*, une imposture naturelle ; *la dissimulation*, une imposture réfléchie ; *la fourberie*, une imposture qui veut nuire ; *la duplicité*, une imposture qui a deux faces. (VAUVENARGUES.)

D'après ces exemples, on voit qu'il est des phrases où, lorsque les sujets sont de même nombre, on peut répéter le verbe, et qu'il en est d'autres où l'on peut le sous-entendre. A cet égard, il n'y a de règle à suivre que le goût, l'élégance et la clarté.

EXERCICE PHRASÉOLOGIQUE.

La route des préceptes est longue ; celle des exemples est plus courte et plus sûre.
L'homme est un être raisonnable, l'animal est un être sans raison.

Le travail conduit à la prospérité, la paresse à la misère.
Les livres anciens sont pour les auteurs, les nouveaux pour les lecteurs.

(607)

N° DXXVIII.

RÉPÉTITION OU ELLIPSE DU VERBE QUAND LES SUJETS NE SONT PAS DE MÊME NOMBRE.

VERBE RÉPÉTÉ.

La présence d'esprit, la pénétration, les observations fines, sont la science des femmes; *l'habileté de s'en prévaloir est* leur talent. (J.-J. ROUSSEAU.)

La conscience est la voix de l'âme, *les passions sont* la voix du corps. (Id.)

Son culte est avili, *ses lois sont* profanées. (GILBERT.)

VERBE ELLIPSÉ.

La vie nous paraît courte, *et les heures* longues; nous voudrions allonger la chaîne et rétrécir les anneaux. (Pensée d'ADDISSON.)

Son regard est brûlant, *ses pas* désordonnés, *Ses chants sont* la nature, *et son poème* un monde. (DELILLE.)

Vous régnez; *Londres est* libre, *et vos lois* florissantes. (VOLTAIRE.)

On apprend par ces exemples que lorsque les propositions d'une phrase ont des sujets de nombre différent et qu'elles sont toutes construites avec le même verbe, celui-ci peut ou non être ellipsé. Quelques grammairiens voudraient que dans ce cas on répétât toujours le verbe; mais, en prose comme en vers, le besoin de précision permet de ne pas tenir compte de cette règle.

EXERCICE PHRASÉOLOGIQUE.

Dans cette bataille le général fut tué, et les troupes taillées en pièces.

Tous les moments où repose sa lyre sont dus à Frédéric, le reste à l'univers.

DU COMPLÉMENT DES VERBES.

N° DXXIX.

DU COMPLÉMENT DIRECT ET DU COMPLÉMENT INDIRECT.

APRÈS LE VERBE.

Dans les malheurs publics, un monarque économe
Doit-il *prodiguer l'or aux besoins d'un seul homme*? (DE BELLOY.)

Ne fais point *de mal au prochain*;
Il retomberait sur toi-même. (DU TREMBLAY.)

Met tout le monde contre soi
Qui fait *du mal à tout le monde*. (DU CERCEAU.)

AVANT LE VERBE.

Le malheur vainement *à la mort nous dispose*:
On la brave de loin; de près c'est autre chose. (J.-B. ROUSSEAU.)

De valets on peut *se passer*
Quand on est sous les yeux du maître. (VOLTAIRE.)

Dans la passion qui le guide,
L'homme *par la raison* devrait *se modérer*. (LENOBLE.)

Ces citations nous montrent:

1° Qu'un verbe peut avoir deux compléments; l'un direct, l'autre indirect. Dans *prodiguer l'or aux besoins d'un seul homme*, *l'or* est le complément direct, et *aux besoins d'un seul homme*, le complément indirect.

2° Que ces compléments se construisent ordinairement après le verbe, comme l'indiquent les exemples de la première colonne; mais que, d'après ceux de la seconde, il peut y avoir inversion.

Il suit de là que Racine n'aurait pas dû dire :

Ne vous informez pas ce que je deviendrai.

ni Boileau :

C'est à vous, mon esprit, à qui je veux parler.

parce que dans le premier vers le même verbe a deux compléments directs, *vous* et *ce*, et que dans le second il a deux compléments indirects : *à vous, à qui*. Il aurait fallu : *Ne vous informez pas* DE CE QUE, etc.; *c'est à vous que*, etc. Au reste, pour cette dernière construction, nous renvoyons au chapitre des *Pronoms relatifs*, où cette difficulté a été traitée.

EXERCICE PHRASÉOLOGIQUE.

Déclarer la guerre aux ennemis.
Se dépouiller de la souveraine puissance.

Donner son bien aux pauvres.
S'honorer de l'estime des gens de bien.

N° DXXX.

UN SEUL COMPLÉMENT AVEC PLUSIEURS VERBES.

PHRASES CORRECTES.	PHRASES VICIEUSES.
Toujours, pour *éclairer* et *charmer* l'univers, La raison emprunta le prestige des vers. (DELILLE.)	Le roi de France avait su *connaître* et *se servir de ses avantages*.
Qui se venge à demi court lui-même à sa peine. Il faut ou *condamner* ou *couronner sa haine*. (CORNEILLE.)	Le souverain créateur *préside* et *règle le mouvement des astres*.
Heureux le sage roi qui connaît sa faiblesse, Et qui, laissant fléchir sa douce autorité, *Cherche, accueille, encourage, entend la vérité!* (CHÉNIER.)	Un grand nombre de vaisseaux *entrent* et *sortent* tous les mois *de ce port*.
La force *fonde, étend* et *maintient un empire*. (SAURIN.)	Il *attaqua* et *s'empara de la ville*.

Pour qu'un nom puisse être en rapport avec plusieurs verbes, il faut que ces verbes appellent après eux le même complément.

Ainsi les phrases de la première colonne sont correctes, parce que l'on a pu dire : *éclairer, charmer l'univers; condamner, couronner sa haine*, etc., le même complément convenant à chaque verbe.

Mais les phrases de la seconde colonne sont vicieuses, en ce que les verbes demandant les uns un complément direct, les autres un complément indirect, ou se construisant avec différentes prépositions, l'ellipse de l'un des compléments ne saurait avoir lieu; il faut, dans ce cas, qu'ils soient exprimés tous les deux. Conséquemment, ces phrases, pour être correctes, devraient être construites ainsi :

Le roi de France avait su *connaître ses avantages et s'en servir*.
Le souverain créateur *préside au mouvement des astres et le règle*.
Un grand nombre de vaisseaux *entrent dans le port et en sortent* tous les mois.
Il *attaqua la ville et s'en empara*.

EXERCICE PHRASÉOLOGIQUE.

Le soleil échauffe et anime toutes choses.
Cette mère aime, adore ses enfants.

Prenez l'argent et disposez-en.
Je suis sensible à votre procédé, et j'en suis plus que satisfait.

N° DXXXI.

PLACE DU COMPLÉMENT DIRECT AVANT LE COMPLÉMENT INDIRECT.

Tout le monde adore la fortune, et tout le monde s'en plaint. Nous attribuons *ses faveurs* à notre mérite, nous la rendons coupable de nos fautes. (DE SÉGUR.)

Le malheur ajoute *un nouveau lustre* à la gloire des grands hommes. (FÉNELON.)

L'ambition, qui est prévenante, sacrifie *le présent* à l'avenir; la volupté, qui est aveugle, sacrifie *l'avenir* au présent; mais l'envie, l'avarice et les autres passions empoisonnent le présent et l'avenir. (TERRASSON.)

Le dernier degré de la perversité est de faire servir *les lois* à l'injustice. (VOLTAIRE.)

Si un verbe a deux compléments différents et qu'ils soient de même étendue, le complément direct doit, d'après l'ordre des idées, venir avant le complément indirect, à moins cependant qu'il ne faille éviter une équivoque. Ainsi l'on ne dira pas: *Ce physicien arrache* TOUS SES SECRETS *à la nature; tâchez de ramener* CES ESPRITS ÉGARÉS *par la douceur*, parce qu'alors le sens serait équivoque; mais on dira: *Ce physicien arrache à la nature* TOUS SES SECRETS; *tâchez de ramener par la douceur* CES ESPRITS ÉGARÉS.

On met encore le complément direct avant le complément indirect, quand le premier est plus court: *Préférer la mort à une honteuse servitude.* (FÉNELON.)

EXERCICE PHRASÉOLOGIQUE.

Il faut dire la vérité aux hommes.
Faites du bien aux pauvres.
Préférez la pauvreté à la fortune acquise par des bassesses.

Donner son temps à l'étude.
Menacer les ennemis de la guerre.
Signaler un crime à la vindicte publique.

N° DXXXII.

PLACE DU COMPLÉMENT INDIRECT AVANT LE COMPLÉMENT DIRECT.

L'orgueil et la vanité ne pardonnent pas *à l'amitié* la connaissance qu'elle acquiert de leurs faiblesses. (SAINT-ÉVREMONT.)

Les hypocrites parent *des dehors de la vertu* les vices les plus honteux et les plus décriés. (Cité par NOEL.)

Les femmes sont comme les princes, souvent elles accordent *à l'importunité* ce que la faveur n'aurait pas obtenu. (DE LÉVIS.)

Nous préférons *à une heureuse médiocrité* les richesses, qui sont, hélas! la source de toutes nos infortunes. (BOINVILLIERS.)

Par ces exemples on apprend que si le complément indirect a moins d'étendue que le complément direct, celui-ci se place alors le dernier. En général, le complément indirect vient le premier, toutes les fois que le goût en fait une loi, et que la phrase en est plus coulante. Exemple: Vos vaisseaux rendront *à son fils* un service signalé; ils répandront *dans Ithaque et dans les pays voisins* le prochain retour d'Ulysse. (FÉNELON.)

EXERCICE PHRASÉOLOGIQUE.

Préférer à la fortune une vie tranquille et douce.
Donner à un ami de meilleurs conseils.

Attribuer à quelqu'un des fautes qu'il n'a pas commises.
Pardonner à quelqu'un les offenses qu'il nous a faites.

N° DXXXIII.

COMPLÉMENTS DE MÊME NATURE.

PHRASES CORRECTES.	PHRASES INCORRECTES.
Charlemagne *aimait les lettres* et *la société* de ceux qui les cultivaient. (Cité par NOEL.)	Charlemagne *aimait les lettres* et *à vivre* avec ceux qui les cultivaient.
Saint-Louis aimait *à rendre la justice* et *à chanter les louanges* du Seigneur. (BOINVILLIERS.)	Saint-Louis aimait *la justice* et *à chanter les louanges* du Seigneur.
Il n'est pas nécessaire d'apprendre *à tirer de l'arc* ni *à manier le javelot*. (Id.)	Il n'est pas nécessaire d'apprendre *à tirer* de l'arc, ni *le maniement* du javelot.
Je vous souhaite *du bien*, et je désire *qu'il vous profite*. (LE FRANÇOIS.)	Je vous souhaite *du bien*, et *qu'il vous profite*.

Lorsqu'un verbe a plusieurs compléments de même nature, les parties qui les constituent doivent être semblables : elles se composent de substantifs, de verbes ou de prépositions. Il résulte de là que les phrases de la première colonne sont correctes, et que celles de la seconde étant vicieuses, ne doivent pas être imitées. On dira donc : *Aimer* LES LETTRES *et* LA SOCIÉTÉ DE CEUX *qui les cultivent; apprendre* A TIRER *de l'arc et* A MANIER *le javelot*, etc.; et non : *aimer* LES LETTRES *et* A VIVRE *avec ceux qui les cultivent; apprendre* A TIRER *de l'arc et* LE MANIEMENT *du javelot*, etc.

EXERCICE PHRASÉOLOGIQUE.

Aimer le jeu et l'étude.
Se plaire au spectacle et à la promenade.
Aimer à chasser et à monter à cheval.
Condamner à l'amende et à la prison.

Je crois que vos raisons sont excellentes et que vous le convaincrez.
Je vous réponds de votre liberté, et je vous assure que vous n'aurez aucune crainte à avoir.

N° DXXXIV.

VERBES QUI ONT POUR COMPLÉMENT UN AUTRE VERBE A L'INFINITIF.

Il n'y a rien que les hommes *aiment mieux conserver*, et qu'ils ménagent moins que leur propre vie. (LA BRUYÈRE.)
Je ne condamne plus un courroux légitime;
Et l'on vous *va*, seigneur, *livrer* votre victime. (RACINE.)
Les grands ne *croient être* nés que pour eux-mêmes. (MASSILLON.)
Je *prétends* vous *traiter* comme mon propre fils. (RACINE.)
. . . On ne *voit* guère
Les hommes, en ce siècle, *accueillir* la misère. (PIRON.)
Je *sens* de jour en jour *dépérir* mon génie. (BOILEAU.)

J'*aime mieux voir* en compagnie exquise
Mon fils au bal qu'en mauvaise à l'église. (J.-B. ROUSSEAU.)
Et le Rhin de ses flots *ira grossir* la Loire,
Avant que les faveurs sortent de ma mémoire. (BOILEAU.)
Un seul jour perdu *devrait* nous *donner* des regrets. (MASSILLON.)
C'est lui que je *prétends honorer* aujourd'hui. (RACINE.)
Voulez-vous du public *mériter* les amours?
Sans cesse, en écrivant, variez vos discours. (BOILEAU.)
Je *sentis* tout mon corps et *transir* et *brûler*. (RACINE.)

Il est des verbes qui peuvent avoir pour complément un autre verbe a l'infinitif, et ce sans le secours d'une préposition : tels sont *aimer mieux, aller, croire, prétendre, voir, sentir*, etc. L'usage les fera connaître; il fera connaître aussi parmi ces verbes ceux qui quelquefois prennent l'une des prépositions *à* ou *de*. *Espérer, souhaiter*, par exemple, se construisent avec ou sans la préposition *de*.

SANS de.	AVEC de.
...J'espérais y régner sans effroi. (BOILEAU.)	Peut-on espérer de vous revoir aujourd'hui ? (ACADÉMIE.)
Il ne souhaitait être son collègue que pour être son disciple. (VERTOT.)	Il souhaitait avec passion de s'emparer de sa personne et de ses trésors. (ROLLIN.)

Girault-Duvivier pense que ce serait une faute de ne pas faire suivre toujours de la préposition *de* le verbe *espérer* quand il est à l'infinitif. Voici entre mille, un exemple du contraire :

Quand dois-je donc espérer vous voir ? (VOLTAIRE.)

On peut juger par là combien il faut être incessamment en garde contre les décisions des grammairiens, même sur les choses les plus simples.

EXERCICE PHRASÉOLOGIQUE.

Compter voir quelqu'un.	Faire taire quelqu'un.	Prétendre parler.	Voir souffrir.
Daigner parler à quelqu'un.	Laisser faire quelqu'un.	Savoir écrire.	Vouloir travailler.
Devoir faire quelque chose.	Venir dire quelque chose.	Sembler voir.	Aller voir quelqu'un.
Entendre nommer quelqu'un.	Penser voir quelque chose.	S'imaginer être.	Paraître avoir.
Faire faire quelque chose.	Pouvoir faire quelque chose.	Valoir mieux se taire.	Aimer mieux rester.

N° DXXXV.

VERBES QUI EXIGENT LA PRÉPOSITION *à* DEVANT UN AUTRE VERBE A L'INFINITIF.

L'honneur, la probité, le sens et la raison,
Demandent qu'on *s'applique* avec attention
A remplir ses devoirs, à *ne nuire* à personne.
(VOLTAIRE.)

Les mourants qui parlent dans leurs testaments peuvent *s'attendre à être* écoutés comme des oracles. (LA BRUYÈRE.)

La religion n'a pas, comme la philosophie, *borné* toute sa gloire *à essayer* de former un sage dans chaque siècle ; elle en a peuplé toutes les villes. (MASSILLON.)

Dieu *se complaît*, ma fille, *à voir* du haut des cieux
Ces grands combats d'un cœur sensible et vertueux.
(VOLTAIRE.)

Il y a dans certains hommes une certaine médiocrité d'esprit qui *contribue* à les *rendre* sages. (LA BRUYÈRE.)

Tel *excelle à rimer* qui juge sottement. (BOILEAU.)

La religion nous *apprend à* obéir aux puissances, *à* respecter nos maîtres, *à* souffrir nos égaux, *à être* affable envers nos inférieurs, *à aimer* tous les hommes comme nous-mêmes. (MASSILLON.)

Nous n'*avons* jamais qu'un moment *à vivre*, et nous avons toujours des espérances pour plusieurs années. (FÉNELON.)

L'homme du meilleur esprit parle peu, n'écrit point ; il ne *cherche* point *à imaginer* ni *à plaire*. (LA BRUYÈRE.)

La libéralité *consiste* moins *à donner* qu'*à* donner à propos. (*Id.*)

Il y a dans le cœur de celui qui prie un fonds de bonne volonté qui le *dispose à* embrasser et *à* sentir la vérité. (FLÉCHIER.)

Qui pardonne aisément *invite* à l'offenser. (CORNEILLE.)

Il y a des verbes qui exigent la préposition *à*, lorsqu'ils sont suivis d'un autre verbe à l'infinitif ; tels sont ceux qui figurent dans l'exercice suivant.

EXERCICE PHRASÉOLOGIQUE.

S'abaisser.	Aboutir.	S'acharner.	Aimer.	S'animer.		Apprendre.
S'abandonner.	Accoutumer.	S'adonner.	S'attacher.	S'appliquer.		Apprêter.
Aspirer.	Assigner.	Assujettir.	Se borner.	S'attendre.		Autoriser.
Avilir.	Avoir.	Balancer.	Conspirer.	Chercher.		Concourir.
Condamner.	Consentir.	Consister.	Dévouer.	Décider.		Demander.
Donner.	Désapprendre.	Déterminer.	S'enhardir.	Disperser.		Dresser.
Employer.	S'amuser.	Encourager.	Exposer.	Enseigner.		S'étudier.
Exceller.	Exciter.	Vouer.	Mettre.	Former.		Habituer.
Hésiter.	Inviter.	Manquer.	S'évertuer.	Montrer.		Nécessiter.

N° DXXXVI.

VERBES QUI EXIGENT LA PRÉPOSITION *de* DEVANT UN AUTRE VERBE A L'INFINITIF.

On croit faire grâce à des malheureux quand on n'*achève* pas *de les opprimer*. (FLÉCHIER.)

On ne s'est jamais peut-être *avisé de s'affliger de* n'*avoir* pas trois yeux, mais on est inconsolable de n'en avoir qu'un. (PASCAL.)

Sans cesse on prend le masque, et quittant la nature,
On *craint de se montrer* sous sa propre figure. (BOILEAU.)

Le timide chevreuil ne songeait plus à fuir,
Et le daim si léger *s'étonnait de languir*. (DELILLE.)

Un auteur n'est jamais parfait
Quand il *néglige d'être* aimable. (BERNIS.)

Recommandez à vos enfants *de fuir* le vice, d'aimer la vertu. (ACADÉMIE.)

Nous *affectons* souvent *de louer* avec exagération des hommes assez médiocres. (LA BRUYÈRE.)

Tant qu'Alexandre eut en tête un si grand capitaine, il put *se glorifier d'avoir* vaincu un ennemi digne de lui. (BOSSUET.)

Le ciel protége Troie ; et par trop de présages
Son courroux nous *défend d'en chercher* les passages. (RACINE.)

Un vers était trop faible, et vous le rendez dur.
J'*évite d'être* long, et je deviens obscur. (BOILEAU.)

Des maux que nous craignons pourquoi nous assurer?
L'incertitude au moins nous *permet d'espérer*. (RACINE fils.)

Il faut *rougir de commettre* des fautes et non *de* les avouer. (VOLTAIRE.)

Certains verbes prennent la préposition *de*, lorsqu'ils sont suivis d'un autre verbe à l'infinitif ; tels sont entre autres ceux qui se trouvent désignés ci-après :

EXERCICE PHRASÉOLOGIQUE.

S'abstenir.	Accuser.	Achever.	Affecter.	S'affliger.	Ambitionner.
Appréhender.	Avertir.	S'aviser.	Blâmer.	Brûler.	Cesser.
Charger.	Commander.	Conjurer.	Conseiller.	Se contenter.	Convenir.
Craindre.	Ordonner.	Dédaigner.	Se dédire.	Défendre.	Désirer.
Délibérer.	Se dépêcher.	Désaccoutumer.	Désespérer.	Se déshabituer.	Se désister.
Déserter.	Détourner.	Différer.	Dire.	Discontinuer.	Disconvenir.
Dispenser.	Dissuader.	Se douter.	Épargner.	Empêcher.	Enjoindre.
S'enorgueillir.	Enrager.	Entreprendre.	Feindre.	Essayer.	S'étonner.
S'excuser.	S'exempter.	Éviter.	Négliger.	Se féliciter.	Frémir.

N° DXXXVII.

VERBES QUI PRENNENT LA PRÉPOSITION *à* OU *de* DEVANT UN AUTRE VERBE A L'INFINITIF.

Je *commence à rougir* de mon oisiveté. (RACINE.)

Pourquoi *continuer à vivre* pour être chagrin de tout, et pour blâmer tout depuis le matin jusqu'au soir ? (FÉNELON.)

Laissez-moi m'*efforcer*, cruel, à vous haïr. (VOLTAIRE.)

Il a fallu une loi pour régler l'extérieur de l'avocat et le *contraindre* ainsi *à être* grave et plus respecté. (LA BRUYÈRE.)

Forcez votre père *à révoquer* ses vœux. (RACINE.)

C'est à mon tour *à parler*. (ACADÉMIE.)

Tout l'univers.....
S'empresse à l'effacer de votre souvenir. (RACINE.)

Puisque j'*ai commencé de rompre* le silence. (RACINE.)

Quoique j'aie à me plaindre de madame, je *continue de la voir*, elle *continue de m'écrire*. (Id.)

Ah ! l'on *s'efforce* en vain *de me fermer* la bouche. (Id.)

Deux horribles naufrages *contraignirent* les Romains *d'abandonner* l'empire de la mer aux Carthaginois. (BOSSUET.)

Ce dernier jour où la mort nous *forcera de confesser* toutes nos erreurs. (Id.)

C'est à moi *d'obéir*, puisque vous commandez. (CORNEILLE.)

Vos généreuses mains *s'empressent d'effacer*
Les larmes que le ciel me condamne à verser. (VOLTAIRE.)

Ainsi que le montrent ces citations, plusieurs verbes prennent indifféremment, et sans changer de signification, la préposition *à* ou *de*, quand ils sont suivis d'un verbe à l'infinitif. Dans l'emploi de ces prépositions, ce n'est que le goût, ce n'est que l'oreille qu'il faut consulter.

Quelques grammairiens, il est vrai, ont imaginé des cas où l'on doit se servir, tantôt de la préposition *à*, tantôt de la préposition *de*; mais ce qu'ils ont dit à cet égard témoigne plutôt de la chaleur de leur zèle que de la solidité de leurs raisons. En effet, écoutons un instant leurs graves et doctes débats sur le verbe *être* joint au mot *ce*; il n'est vraiment pas peu curieux de voir ces messieurs aux prises.

Les uns veulent que l'on préfère *de*, quand le verbe à l'infinitif commence par une voyelle; d'après cela, il faut dire : *c'est à nous d'obéir*, et non pas : *c'est à nous à obéir*.

Les autres prétendent qu'on doit employer *c'est à vous à*, toutes les fois qu'on exprime une idée de tour : *c'est à votre tour à parler*; et *c'est à vous de*, lorsqu'on fait entendre une idée de droit ou de devoir ; *c'est au maître de parler, et au disciple d'écouter*.

Enfin Laveaux, descendant dans la lice, veut qu'on mette *à*, quand il s'agit d'une action à faire par le sujet, et *de*, si le sujet est dans un état passif. Suivant lui, on doit dire: *c'est au maître à parler et au disciple d'écouter*.

On le voit, ici comme ailleurs, les grammairiens ne sont guère d'accord entre eux, et ce qu'il y a de singulier, c'est que chacun pèche dans son opinion : aussi ne doit-on se ranger à aucune : *Iliacos intrà muros peccatur et extrà*. Nous viderons ce conflit, nous, en disant : Employez l'une ou l'autre construction, car l'une ou l'autre est au libre choix de celui qui parle ou qui écrit.

Les exemples qui suivent en font foi :

C'est à vous à.

C'est à la musique à ponctuer les paroles.
(J.-J. Rousseau.)

Ce n'est pas aux militaires à prendre garde : échappe qui peut, on tire toujours.
(Lemontey.)

S'il arrivait qu'on leur intentât quelque procès, *c'était au patron à défendre* ses clients et *à plaider* pour eux.
(Rollin.)

Cet homme avait un fils de dix-huit ans, né paralytique et imbécile : Dieu me l'a donné, dit-il, *c'est à moi à en prendre soin*.
(Bern. de Saint-Pierre.)

C'est à vous de.

C'est au copiste de rapprocher ces deux termes le plus qu'il est possible. (J.-J. Rousseau.)

Oiseau jaloux et qui devrais te taire,
Est-ce *à toi d'*envier la voix du rossignol ?
(La Fontaine.)

.... *C'est à toi de* prouver
Si ce que tu ravis tu le sais conserver.
(Racine.)

Vous attaque-t-on sur le style, ne répondez jamais ; *c'est à votre ouvrage seul de* répondre.
(Voltaire.)

EXERCICE PHRASÉOLOGIQUE.

Commencer.	Consentir.	Continuer.	Contraindre.	S'efforcer.	Engager.
Essayer.	Forcer.	Se hasarder.	Obliger.	S'occuper.	Refuser.
Se résoudre.	S'ennuyer.	Solliciter.	Tâcher.	Tarder.	Se tuer.
C'est à moi de.	C'est à vous à.	C'est à lui de.	C'est à nous à.	C'est à nous de.	C'est à eux à.

N° DXXXVIII.

PARTICIPES DONT LE COMPLÉMENT EST PRÉCÉDÉ DE LA PRÉPOSITION *de* OU *par*.

AVEC *de*.

Nous sommes moins *offensés du mépris* des sots, que d'être médiocrement *estimés des gens d'esprit*.
(Vauvenargues.)

L'on gagne à mourir d'être *loués de ceux* qui nous survivent, souvent sans autre mérite que celui de n'être plus. Le même éloge sert alors pour Caton et pour Pison.
(La Bruyère.)

AVEC *par*.

La poudre à canon fut *inventée*, dit-on, par l cordelier Berthold Schwartz, vers la fin du treizième siècle.
(Lévizac.)

Les caractères les plus doux, lorsqu'ils sont *persécutés par l'injustice*, deviennent souvent les plus intraitables.
(Pensée de Richardson.)

Les Gaules furent *conquises par César*.
(Wailly.)

Il y a des participes dont le complément est précédé de la préposition *de* ou *par*. C'est la nature de l'action exprimée par le verbe qui détermine le choix de l'une ou de l'autre. A ce sujet voici la règle posée par les grammairiens.

S'agit-il d'un sentiment, d'une passion, ou, pour tout dire, d'une opération de l'âme, employez la préposition *de*: *Il est chéri* DE *ses parents ; les méchants sont détestés* DE *tout le monde*, etc.

Est-il question, au contraire, non d'une passion, d'un sentiment, mais d'une action à laquelle l'esprit ou le corps a seul part, faites usage de la préposition *par*: *Le premier roman français en lettres a été composé* PAR *madame de Graffigny ; Henri IV fut assassiné* PAR *un fanatique*, etc.

Il s'en faut bien que cette règle soit toujours observée par les écrivains, tant poètes que prosateurs, car si l'on peut citer beaucoup d'exemples à l'appui, les exemples contraires ne manquent pas non plus ; en sorte que ce n'est guère que l'usage qui puisse ici faire loi. On s'en convaincra par les citations suivantes :

On n'est *méprisé* PAR *les autres* que lorsqu'on a commencé par se mépriser soi-même.
(PENSÉE DE SÉNÈQUE.)

Dieu et les rois sont mal *loués* et mal *servis* PAR *les ignorants*.
(VOLTAIRE.)

Si vous avez été *offensé* PAR *un lâche*, soyez sûr qu'il voudra éternellement votre perte.
(DE LÉVIS.)

La flatterie grossière offense un homme délicat au lieu de lui plaire, et elle est ordinairement *punie* PAR *le mépris*.
(FONTENELLE.)

Vaincu DU *pouvoir* de vos charmes.
(RACINE.)

Et D'*un sceptre* de fer veut être *gouverné*. (*Id.*)

Je suis *vaincu* DU *temps* ; je cède à ses outrages.
(MALHERBE.)

Je sais qu'il m'appartient, ce trône où tu te sieds,
Que c'est à moi d'y voir tout le monde à mes pieds ;
Mais comme il est encor teint du sang de mon père,
S'il n'est *lavé* DU *tien*, il ne saurait me plaire.
(CORNEILLE.)

Suivant la règle des grammairiens, il aurait fallu *de* dans les exemples de la première colonne, et *par* dans ceux de la seconde.

Voltaire, qui a blâmé Corneille pour avoir dit *lavé du tien*, a commis la même faute dans ces vers de Mérope :

Quelle est donc cette tombe en ces lieux élevée,
Que j'ai vue de *vos pleurs* en ce moment *lavée* ?

EXERCICE PHRASÉOLOGIQUE.

Être aimé de quelqu'un.
Être honoré de quelqu'un.
Être haï de quelqu'un.
Être adoré de quelqu'un.

Être battu par quelqu'un.
Être vengé par quelqu'un.
Être maltraité par quelqu'un.
Être flatté par quelqu'un.

N° DXXXIX.

VERBES DONT LA SIGNIFICATION CHANGE SUIVANT LEUR COMPLÉMENT.

OUBLIER A.
En ne lisant jamais on *oublie à méditer*.
(ACADÉMIE.)

OUBLIER DE.
J'ai *oublié de* faire cette visite.
(LAVEAUX.)

AIDER QUELQU'UN.
Aider un malheureux de sa bourse.
(*Id.*)

AIDER A QUELQU'UN.
Aider à cet homme à se relever.
(ACADÉMIE.)

ATTEINDRE QUELQUE CHOSE.
L'homme et son imagination ne peuvent *atteindre le bonheur* que dans les cieux.
(BOISTE.)

ATTEINDRE A QUELQUE CHOSE.
Il vaut mieux exceller dans le médiocre, que de s'égarer en voulant *atteindre au grand, au sublime*.
(LA BRUYÈRE.)

CROIRE QUELQUE CHOSE.

Impie! tu ne *croyais* pas la religion.
(FÉNELON.)

CROIRE A QUELQUE CHOSE.

...O ciel! qu'on doit peu *croire*
Aux dehors imposants des humaines vertus.
(GRESSET.)

COMPARER A.

Comparons les œuvres de la nature *aux ouvrages* de l'homme.
(BUFFON.)

COMPARER AVEC.

Que l'on *compare* la docilité, la soumission du chien *avec la fierté* et la férocité du tigre.
(BUFFON.)

Il est des verbes dont la signification change selon leur complément; nous nous bornerons à en rapporter quelques-uns dans l'exercice qui suit; car cet objet est moins du domaine de la grammaire que du ressort des dictionnaires, auxquels, d'ailleurs, nous renvoyons.

EXERCICE PHRASÉOLOGIQUE.

AIDER quelqu'un, c'est l'assister.
APPLAUDIR quelqu'un, c'est battre des mains pour lui témoigner son approbation.
ATTEINDRE signifie égaler, toucher, qu'il y ait ou non difficulté à vaincre.
INSULTER quelqu'un, c'est lui dire des paroles insultantes.

OUBLIER A, c'est ne plus savoir.
RETRANCHER A, c'est priver quelqu'un de quelque chose : RETRANCHER LA VIE A UN MALADE.
NE SERVIR A RIEN éveille une idée de nullité relative.
SUPPLÉER quelqu'un, c'est le remplacer; SUPPLÉER quelque chose, c'est le remplacer ou ajouter ce qui manque.
CROIRE une chose, c'est l'estimer véritable.
COMPARER A, se dit lorsque le rapport de la comparaison doit être un rapport de ressemblance.

AIDER A quelqu'un, c'est partager sa fatigue, ses efforts, son travail.
APPLAUDIR A quelqu'un, c'est le féliciter du succès, des moyens qu'il a employés pour faire une chose.
ATTEINDRE A suppose toujours un obstacle à surmonter.

INSULTER A quelqu'un, c'est manquer aux égards qui lui sont dus : N'INSULTEZ PAS AUX MALHEUREUX!
OUBLIER DE, c'est ne plus se rappeler.
RETRANCHER DE, c'est diminuer, ôter quelque chose d'un tout : RETRANCHER UN COUPLET D'UNE CHANSON.
NE SERVIR DE RIEN exprime une idée de nullité absolue.
SUPPLÉER A quelque chose, c'est le remplacer par un équivalent : L'AUDACE SUPPLÉE A LA FAIBLESSE.
CROIRE A quelque chose, c'est y ajouter foi.
COMPARER AVEC, se dit lorsque le rapport de la comparaison doit être un rapport de différence.

DE L'EMPLOI DES VERBES *AVOIR* OU *ÊTRE*

AVEC LES PARTICIPES DÉRIVÉS DES VERBES NEUTRES.

N° DXL.

PARTICIPES QUI PRENNENT L'AUXILIAIRE *avoir*.

On *a* toujours assez *vécu* quand on a bien vécu.
(HENRI IV.)
Pradon, comme un soleil, en nos ans *a paru*.
(BOILEAU.)
L'art de flatter, mon cher, est vieux comme le monde.
Ève *a péché*, pourquoi? parce qu'on la flatta.
(COLLIN D'HARLEVILLE.)
Après *avoir marché* deux lieues, nous vîmes sur une hauteur une belle maison de pierre.
(BERN. DE SAINT-PIERRE.)

Philippe III mourut à quarante ans, après en *avoir régné* quinze.
(ANQUETIL.)
Madame, j'*ai couru* par votre ordre au rivage.
(CORNEILLE.)
Si Minerve ne l'eût conduit pas à pas, combien de fois *aurait-il succombé* dans les périls?
(FÉNELON.)
On ne pouvait lui reprocher en toute sa vie que d'*avoir triomphé* avec trop de faste des rois qu'il avait vaincus.
(FÉNELON.)

La plupart des participes dérivés des verbes neutres prennent l'auxiliaire *avoir*, comme *vécu, paru, péché, régné, couru, triomphé, succombé*; j'ai vécu, j'ai paru, j'ai péché, etc.

Cependant Racine a dit avec le verbe *être* :

Il en était sorti lorsque j'y *suis couru*.

Et Parny avec le même verbe :

   Ce digne roi sous l'âge *est succombé*.

Mais ni l'un ni l'autre ne sont à imiter.

EXERCICE PHRASÉOLOGIQUE.

Dormi.	Dîné.	Craché.	Subvenu.
Marché.	Soupé.	Joui.	Contrevenu.
Menti.	Reparu.	Réfléchi.	Bondi.

N° DXLI.

PARTICIPES QUI PRENNENT LE VERBE *être*.

ous les arts et toutes les sciences *sont nés* parmi des nations libres. (PENSÉE DE HUME.)

J'ai souhaité l'empire et j'y *suis parvenu*;
Mais, en le souhaitant, je ne l'ai pas connu.
     (CORNEILLE.)

Strabon, malgré le témoignage d'Apollodore, paraît douter que les rois grecs *soient allés* plus loin que Silène et Alexandre. (MONTESQUIEU.)

Tous les maux *sont venus* de la triste Pandore.
     (VOLTAIRE.)

Pudeur, sagesse, lois, mœurs, principes, vertus,
A l'aspect du plaisir, qu'*êtes*-vous devenus?
     (LA CHAUSSÉE.)

Mentor, qui craignait les maux avant qu'ils arrivassent, ne savait plus ce que c'était que de les craindre dès qu'ils *étaient arrivés*. (FÉNELON.)

Quelques participes, dérivés de verbes neutres, ne prennent que le verbe *être*. Parmi eux il faut remarquer *né, parvenu, allé, venu, devenu*, etc. : *je suis né, je suis parvenu, je suis allé*, etc.

EXERCICE PHRASÉOLOGIQUE.

Allé.	Décédé.	Mort.	Venu.
Arrivé.	Éclos.	Né.	Revenu.
Devenu.	Parvenu.	Advenu.	Déchu.

N° DXLII.

PARTICIPES QUI PRENNENT *être* OU *avoir*.

Avoir.

J'*ai resté* plus d'un an en Italie, où je n'ai vu que le débris de cette ancienne Italie, si fameuse autrefois. (MONTESQUIEU.)

La procession *a passé* sous mes fenêtres.
     (CONDILLAC.)

Les dieux nous ont conduits de supplice en supplice :
La famine *a cessé*, mais non leur injustice.
     (VOLTAIRE.)

.... Ma langue embarrassée
Dans ma bouche vingt fois *a demeuré* glacée.
     (RACINE.)

Que peut contre le roc une vague animée?
Hercule *a-t-il péri* sous l'effort d'un pygmée?
     (PIRON.)

Les feux de la jeunesse *ont passé*; je suis vieux, et je me trouve à cet égard dans un état tranquille.
     (MONTESQUIEU.)

Être.

Elle donnerait pour vous sa vie, le seul bien qui lui *soit resté*. (MARMONTEL.)

La foi du centenier, la foi du charbonnier, *sont passées* en proverbe. (P.-L. COURIER.)

Sion, repaire affreux de reptiles impurs,
Voit de son temple saint les pierres dispersées,
Et du Dieu d'Israël les fêtes *sont cessées*.
     (RACINE.)

... Ces horribles secrets
Sont encor *demeurés* dans une nuit profonde.
     (VOLTAIRE.)

Les écrits impies des Leucippe et des Diagora *sont péris* avec eux. (J.-J. ROUSSEAU.)

O divine harmonie! ...
Tu charmes le travail, tu distrais la misère...
Ils chantent, l'heure vole, et leurs maux *sont passés*
     (DELILLE.)

Parmi les participes dérivés de verbes neutres, il en est qui se construisent tantôt avec le verbe *avoir*, tantôt avec le verbe *être* : cela dépend absolument de l'idée qu'on veut exprimer. Ils prennent le verbe *avoir*, comme dans les exemples de la première colonne, si l'on a en vue l'action même, si notre esprit embrasse le moment où cette action a eu lieu. Ainsi l'on a dit : J'AI RESTÉ, *la procession* A PASSÉ, *la famine* A CESSÉ, etc.; parce que l'on n'envisage que l'action.

Mais on se sert du verbe *être*, conformément aux citations de la seconde colonne, quand c'est l'état qu'on veut peindre. Voilà pourquoi les écrivains ont dit : *Le seul bien qui lui* SOIT RESTÉ ; *la foi du centenier et la foi du charbonnier* SONT PASSÉES *en proverbe; les fêtes du Dieu d'Israël* SONT CESSÉES, etc.

Ce principe vrai, lumineux et fécond, a été violemment attaqué dans une grammaire moderne. On a prétendu dans cet ouvrage que *avoir cessé* et *être cessé* expriment tous les deux une action, et s'emploient indifféremment l'un pour l'autre.

Les faits suivants suffiront pour renverser cette étrange doctrine :

AVEC *avoir*.	AVEC *être*.
Quand Mentor *eut cessé* de chanter, les Phéniciens se regardèrent.. (FÉNELON.)	Quand la contagion *fut cessée*, saint Charles Borromée fit rendre à Dieu de solennelles actions de grâces. (GRIFFET.)
L'administration *a cessé* de correspondre avec eux. (RAYNAL.)	Où sont-ils ces maris ? la race en *est cessée*. (LA FONTAINE.)
Le sang *avait cessé* de couler. (BOISTE.)	Ce grand bruit *est cessé*. (Mme DE SÉVIGNÉ.)

S'il était vrai que *avoir cessé* et *être cessé* s'employassent indifféremment l'un pour l'autre, on pourrait donc substituer *être* à *avoir* dans les exemples de la première colonne, et dire : Quand *Mentor* FUT CESSÉ *de chanter; le sang* ÉTAIT CESSÉ *de couler; l'administration* EST CESSÉE *de correspondre*. On sent les absurdes conséquences d'un pareil principe.

Plusieurs grammairiens avancent qu'avec le participe *tombé* on ne doit faire usage que du verbe *être*. Boniface combat cette opinion, et prouve par les exemples suivants, tirés de nos meilleurs écrivains, qu'on peut aussi se servir du verbe *avoir*.

Jamais Voltaire n'avait été plus brillant que dans *Alzire*, et l'on a peine à concevoir qu'il *ait tombé* de si haut jusqu'à *Julienne*, ouvrage médiocre. (LA HARPE.)	Déjà dans les forêts voisines, les pins, les ormes touffus, l'antique érable, le chêne superbe, *ont tombé* de toutes parts sous le fer des Castillans. (FLORIAN.)
Suivez l'histoire des superstitions de chaque peuple et de chaque pays; elles *ont* duré un certain nombre d'années, et *tombé* ensuite avec la puissance de leurs sectateurs. (MASSILLON.)	Où serais-je, grand Dieu ! si ma crédulité *Eût tombé* dans le piége à mes pas présenté ? (VOLTAIRE.)
	Le coup que je lui porte *aurait tombé* sur moi. (*Id.*)

Laveaux, contre l'opinion de la plupart des grammairiens, pense, avec raison, qu'on peut dire également d'une personne et d'une chose : *elle a expiré, elle est expirée*, selon qu'on a en vue l'action ou l'état, et il justifie Racine d'avoir dit :

... A ce mot, ce héros *expiré*
N'a laissé dans mes bras qu'un corps défiguré.

Expression que d'autres écrivains n'ont pas craint d'imiter, malgré la critique de d'Olivet :

Et d'un père *expiré* j'apportais en ces lieux La volonté dernière et les derniers adieux. (VOLTAIRE.)	Le pêcheur *échoué* sur le rivage peut-il se plaindre en voyant sur la mer irritée des flottes dispersées ? (BERN. DE SAINT-PIERRE.)
Faibles, muets, de remords déchirés, Ils contemplaient leurs amis *expirés*. (PARNY.)	Les Latins sont vaincus, Camille *est expirée*. (DELILLE.)

D'ailleurs, Voltaire lui-même n'a-t-il pas fait justice de cette critique? On reproche à Racine, dit-il, le *héros expiré*. Quelle misérable vétille de grammaire! Pourquoi ne pas dire ce *héros expiré*, comme on dit : *il est expiré, il a expiré?* Il faut remercier Racine d'avoir enrichi la langue, à laquelle il a donné tant de charmes, en ne disant jamais que ce qu'il doit, lorsque les autres disent tout ce qu'ils peuvent.

EXERCICE PHRASÉOLOGIQUE.

Cette femme a accouché.	Cette femme est accouchée.	Mon cœur a changé.	Mon cœur est changé.
La procession a passé.	La procession est passée.	La rivière a crû.	La rivière est crûe.
La rivière a baissé.	La rivière est baissée.	Les cris ont cessé.	Les cris sont cessés.
J'ai descendu.	Je suis descendu.	J'ai monté.	Je suis monté.
J'ai sorti.	Je suis sorti.	J'ai entré.	Je suis entré.
Ma famille a péri.	L'équipage est péri.	Ces hommes ont passé.	Ces hommes sont passés.

N° DXLIII.

EMPLOI DE *être* ET *avoir* AVEC LES PARTICIPES *échappé*, *convenu*.

ÉCHAPPÉ.

AVEC *avoir*.	AVEC *être*.
J'ai retenu le chant, les vers m'*ont échappé*. (J.-B. ROUSSEAU.)	Ce mot m'*est échappé*, pardonnez ma franchise. (VOLTAIRE.)
Cette différence ne m'*a* pas *échappé*. (J.-J. ROUSSEAU.)	Je suis bien aise d'excuser par les fautes de la traduction latine, celles qui pourront m'*être échappées* dans la française. (BOILEAU.)

CONVENU.

Cette maison lui *aurait convenu*. (FÉRAUD.)	Ils *sont convenus* d'attaquer l'ennemi le même jour. (LAVEAUX.)

On dit qu'une chose *a échappé*, pour faire entendre qu'on ne l'a pas remarquée, qu'on n'y a pas fait attention; et qu'elle *est échappée*, pour exprimer qu'elle a été faite par inadvertance.

Convenu avec *avoir* réveille une idée de convenance, et avec *être* une idée de convention.

EXERCICE PHRASÉOLOGIQUE.

Ce mot m'a échappé.	Ce mot m'est échappé.	Cette personne a convenu.	Cet homme est convenu de ses torts.

EMPLOI DES MODES ET DES TEMPS.

INDICATIF.

N° DXLIV.

LE *présent* EMPLOYÉ POUR LE *futur*.

I.

PRÉSENT.	FUTUR.
Soyez secrète, ou bien vous *êtes* morte. (LA FONTAINE.)	Ton sang va me venger, lâche et perfide époux; Tu *mourras*. (LONGEPIERRE.)

Ah ! monsieur, m'a-t-il dit, je vous *attends* demain. (BOILEAU.)
Et bientôt dans ces murs vous *êtes* assiégés. (RACINE.)
Milord Fabridge est-il à Londres ? — Non, mais il *revient* bientôt. (VOLTAIRE.)
Je *suis* de retour dans un moment. (MOLIÈRE.)
Son procès *se juge* demain. (ACADÉMIE.)

Albe et Rome demain *prendront* une autre face. (CORNEILLE.)
Jérusalem *sera* bientôt assiégée par les Romains. (BOSSUET.)
Tu *arriveras* bientôt dans cette île fortunée. (FÉNELON.)
César *viendra* bientôt. (CORNEILLE.)
Je *serai* jugé demain. (ACADÉMIE.)

Souvent, pour rendre l'expression plus vive, plus animée, on emploie figurément le *présent* à la place du *futur*. C'est ainsi que nous disons : *tu es mort*, pour *tu mourras*; *je vous attends demain*, au lieu de *je vous attendrai demain*.

Toutefois, cet emploi du présent n'a lieu que lorsqu'il s'agit d'un temps prochain, car on s'exprimerait mal si l'on disait : *je succède à mon père dans deux ans*. La figure serait ici un peu trop forte.

II.

Si du sort des tyrans vous *bravez* les hasards,
Il *naîtra* des Brutus autant que des Césars. (CRÉBILLON.)
S'il me *voit*, ce vieillard m'*éconduira* peut-être
Fort incivilement. (REGNARD.)

Si l'on vous *trouve* ici, vous *gâterez* l'affaire. (REGNARD.)
Si tu ne me *l'arrêtes*, je te *donnerai* ma malédiction. (MOLIÈRE.)

Notre vivacité nous porte aussi quelquefois à désirer de pouvoir rapprocher le temps futur (1). Voilà pourquoi nous disons : *si vous m'*AIMEZ, *je vous aimerai*, au lieu de dire régulièrement : *si vous m'*AIMEREZ, *je vous aimerai*.

Les Italiens, selon leur naturel politique, se sont ménagé les deux manières avec *si*. Ils disent : *vi andrò, se potrò* (j'irai, si je *pourrai*), lorsque la chose dont il est question leur est indifférente, ou qu'ils voudraient l'éloigner ; et ils disent *vi andrò, se posso* (j'irai, si je *puis*), toutes les fois qu'ils veulent témoigner le désir qu'ils ont de voir déjà accompli ce qui doit arriver, ou lorsque l'action peut suivre à peu près l'instant de la parole (2).

Mais la phrase française : *si vous m'aimez, je vous aimerai*, prise isolément, n'en présente pas moins deux sens ; elle signifie : *si vous m'aimez* MAINTENANT, *je vous aimerai*, ou bien *si vous m'aimez* PLUS TARD, *je vous aimerai aussi*. Le verbe *aimez* désigne donc, comme on le voit, tantôt un présent, tantôt un futur. Dans ce dernier cas, l'idéologie réclame le futur ; mais l'usage ne permet pas en français de l'employer, la vivacité de l'imagination a franchi l'espace. Ainsi nous nous sommes privés d'une nuance dans l'expression de la pensée.

EXERCICE PHRASÉOLOGIQUE.

Dans une heure elle est morte.
Dans une heure elle expire.
Demain vous êtes libre.
Demain la trêve expire.
Demain le docteur vient dîner chez moi.
Si vous étudiez, vous deviendrez savant.
Si vous venez, j'en serai enchanté.

Dans une heure elle sera morte.
Dans une heure elle expirera.
Demain vous serez libre.
Demain la trêve expirera.
Demain le docteur viendra dîner chez moi.
Si tu te conduis bien, tu mériteras l'estime publique.
Si vous me le donnez, j'en prendrai bien soin.

---

(1) Et non de rapprocher l'*action* exprimée par le verbe, comme le dit Boniface, car dans *demain je suis libre*, il n'y a pas d'*action* proprement dite.

(2) C'est ainsi que Boccace dit :

AVEC LE PRÉSENT.

Che farai tu, se ella il *dice* a' fratelli?
Traduction : *Que feras-tu si elle le* DIT *à ses frères?*
Se io infra otto giorni non vi *guarisco*, fatemi bruciare.
Traduction : *Si dans huit jours je* ne vous GUÉRIS *pas, faites-moi brûler.*

AVEC LE FUTUR.

Noi glielo farem fare, o voglia ella, o no, se tu *vorrai*.
Traduction : *Nous le lui ferons faire, qu'elle le veuille ou non, si tu* VOUDRAS.
Se tu la *toccherai* con questa scritta, ella ti verrà incontanente dietro.
Traduction : *Si tu la* TOUCHERAS *avec cet écrit, elle te suivra aussitôt.*

N° DXLV.

LE *présent* POUR LE *passé*.

PRÉSENT.

Turenne *meurt*, tout se *confond*, la fortune *chancelle*, la victoire se *lasse*, la paix s'*éloigne*, les bonnes intentions des alliés se *ralentissent*, le courage des troupes *est* abattu par la douleur. Tout le camp *demeure* immobile ; les blessés *pensent* à la perte qu'ils ont faite, et non aux blessures qu'ils ont reçues. (FLÉCHIER.)

PASSÉ.

Le roi *arriva* jeudi au soir ; la collation dans un lieu tapissé de jonquilles, tout cela *fut* à souhait. On *soupa*. Il y *eut* quelques tables où le rôti *manqua*. Cela *saisit* Vatel... Minuit vient : le feu d'artifice ne *réussit* point ; il *fut* couvert d'un nuage. A quatre heures du matin, Vatel s'en va partout ; il trouve tout endormi. (Mme DE SÉVIGNÉ.)

Beaucoup d'écrivains, dit Boiste, voulant donner à leur style plus de rapidité, peindre plus vivement les faits en les mettant sous les yeux du lecteur au *présent*, emploient ce temps, au lieu du passé, dans leurs narrations. On ne peut que leur applaudir, lorsqu'ils n'abusent pas de ce moyen ; mais ce *présent*, trop répété, mis avec *l'on*, fait courir l'esprit à perte d'haleine, et si vite, qu'il arrive à la fin d'un alinéa sans savoir ce qu'il a vu. Les faiseurs d'analyses sont très-sujets à ce vice de style ; et l'imagination, quelque vive qu'elle soit, s'étonne de voir toute une famille, toute une nation voltiger ainsi devant ses yeux, sur des *on* : ON *s'habille*, ON *se hâte*, ON *s'avance*, ON *se précipite*, ON *se heurte*, ON *se perd*, etc., employés du commencement à la fin d'une histoire des temps passés. Cet effort de l'imagination la fatigue, et la lecture des livres devient insupportable par sa ressemblance avec une lanterne magique dont les figures fuiraient sans laisser aux yeux le temps de les reconnaître. Lorsque l'auteur, lassé lui-même de cette tension de l'esprit, revient par mégarde au passé, ce mélange de présent et de passé jette inévitablement du désordre dans la génération des idées : le lecteur ne sait plus où il en est ; et si les personnages l'intéressent vivement, il lui déplaît de les voir apparaître un moment sous ses yeux, pour s'enfoncer dans les ténèbres du temps qui n'est plus.

Il faut donc user sobrement de cette figure de style, en imitant les peintres, qui ne mettent pas tous les personnages, toutes les scènes sur le premier plan du tableau, mais rejettent les moins importants dans le lointain ; ce lointain, dans le style, est le passé ; le premier plan est le présent.

La plupart des grammairiens disent que lorsqu'on emploie ainsi le *présent* pour le *passé*, il faut que les verbes qui sont en rapport dans la même phrase soient aussi au *présent* ; dès lors les phrases suivantes ne sont pas correctes : *Le centurion envoyé par Mucien* ENTRE *dans le port de Carthage ; et dès qu'il* FUT *débarqué il* ÉLÈVE *la voix*. Il fallait *et dès qu'il* EST *débarqué il* ÉLÈVE *la voix*. — *Tandis que le cardinal Mazarin* GAGNAIT *des batailles contre les ennemis de l'Etat, les siens* COMBATTENT *contre lui*. Dites *gagne, combattent*, ou *gagnait, combattaient*.

Nous pensons cependant que rien n'empêche d'employer différents temps dans le même tableau, selon le rapport qu'on veut exprimer. Les écrivains nous en présentent de fréquents exemples. Nous ne citerons que les suivants :

A quatre heures du matin, Vatel s'en *va* partout ; il *trouve* tout endormi. Il *rencontre* un petit pourvoyeur qui lui *apportait* seulement deux charges de marée. Il lui *demande* : « Est-ce là tout ? — Oui, monsieur. » Il ne *savait* pas que Vatel *avait* envoyé à tous les ports de mer. Vatel *attend* quelque temps ; les autres pourvoyeurs ne VINRENT point. Sa tête s'*échauffait* ; il CRUT qu'il n'y *aurait* point d'autre marée. Il trouva Gourville ; il lui dit :

Cependant ces chaleurs excessives ÉLEVÈRENT de l'Océan des vapeurs qui COUVRIRENT l'île comme un vaste parasol. Les sommets des montagnes les *rassemblaient* autour d'eux, et de longs sillons de feu *sortaient* de temps en temps de leurs pitons embrumés. Bientôt des tonnerres affreux FIRENT retentir de leurs éclats les bois, les plaines et les vallons ; des pluies épouvantables, semblables à des cataractes, TOMBÈRENT du ciel. Des torrents écu-

« Monsieur, je ne SURVIVRAI point à cet affront-ci. » Gourville se MOQUA de lui. Vatel *monte* à sa chambre, *met* son épée contre la porte, et se la *passe* au travers du cœur; mais ce ne FUT qu'au troisième coup (car il s'en DONNA deux qui *n'étaient* pas mortels) qu'il TOMBA mort. La marée cependant *arrive* de tous côtés; on *cherche* Vatel pour la distribuer; on *va* à sa chambre, on *heurte*, on *enfonce* la porte, on le *trouve* noyé dans son sang. On *court* à M. le prince, qui FUT au désespoir. M. le duc PLEURA; c'était sur Vatel que *tournait* tout son voyage de Bourgogne. M. le prince le DIT au roi fort tristement. On DIT que c'était à force d'avoir de l'honneur à sa manière. On le LOUA fort, on LOUA et BLAMA son courage. (Mme DE SÉVIGNÉ.)

meux se *précipitaient* le long des flancs de cette montagne; le fond de ce bassin *était* devenu une mer, le plateau où *sont* assises les cabanes une petite île, et l'entrée de ce vallon une écluse, par où *sortaient* pêle-mêle, avec les eaux mugissantes, les terres, les arbres et les rochers. Sur le soir la pluie CESSA, le vent alisé du sud-est REPRIT son cours ordinaire; les nuages orageux FURENT jetés vers le nord-ouest, et le soleil couchant PARUT à l'horizon.
(BERN. DE SAINT-PIERRE.)

Les Romains, malgré l'inégalité du lieu où ils COMBATTAIENT, *repoussent* de tous côtés les Gaulois. Brennus les *rallie*, *lève* le siége, et *campe* à quelques milles de Rome. Camille le *suit* avec la même ardeur, *l'attaque* de nouveau et le *défait*. La plupart des Gaulois FURENT tués sur la place.
(VERTOT.)

Transposez ces formes variées, ou peignez tout des mêmes couleurs, et le charme est détruit. Ce mélange des formes du présent et du passé produit dans ces tableaux une pittoresque diversité.

EXERCICE PHRASÉOLOGIQUE.

Aussitôt je cours, je vole, je traverse la foule, j'arrive... Que vois-je? je vois une femme assassinée.

Aussitôt je cours, je vole, je traverse la foule, j'arrive... Que vis-je? je vis une femme assassinée.

N° DXLVI.

C'est moi qui parlerai OU *ce sera moi qui parlerai*, ETC.,

C'est.

C'est précisément ce qui ARRIVA à la première représentation de l'*OEdipe* de Voltaire.
(LA HARPE.)

C'est là que s'ALLUMERA le premier flambeau du génie européen. (VILLEMAIN.)

Est-ce par l'amour du bon goût que Despréaux se *croyait* forcé à louer Segrais? (VOLTAIRE.)

C'est Boileau qui, le premier, ENSEIGNA l'art de parler toujours convenablement. (Id.)

Ah! c'est ici seulement qu'il FALLAIT faire retentir la parole sainte dans toute la force de son tonnerre, et placer avec moi, dans cette chaire, d'un côté la mort qui nous menace, et de l'autre, mon grand Dieu qui vient vous juger.
(BRIDAINE.)

C'est alors que Fénelon FIT voir que les cœurs sensibles, à qui l'on reproche d'étendre leurs affections sur le genre humain, n'en aiment pas moins leur patrie. (LA HARPE.)

Ce fut, ce sera, ETC.

Ce ne fut qu'à l'âge de trente ans que Crébillon COMPOSA sa première tragédie. (VOLTAIRE.)

Ce *sera* vous qui de nos villes FEREZ la beauté refleurir. (MALHERBE.)

Ouais! serait-ce bien moi qui me TROMPERAIS, et serais-je devenu médecin sans m'en être aperçu?
(MOLIÈRE.)

La scène et le dialogue ne furent inventés que dans la suite, et *ce fut* à Eschyle qu'on en EUT l'obligation. (LA HARPE.)

C'était pourtant la seule manière de critiquer dont Corneille S'ÉTAIT servi contre ses rivaux, et *ce fut* la seule que Racine EMPLOYA contre Corneille même.
(VOLTAIRE.)

Ce fut alors qu'Annibal RECONNUT que dans les affaires de la guerre, il y a des moments favorables et décisifs qui ne reviennent jamais. (VERTOT.)

On voit qu'on peut très-bien dire *c'est lui qui le fera*, ou *ce sera lui qui le fera*, *c'est lui qui le fit*, ou *ce fut lui qui le fit*. Ces deux manières sont également en usage. Néanmoins *c'est moi qui parlerai*, *c'est moi qui parlai*, présentent des expressions plus précises que *ce sera moi qui parlerai*, *ce fut moi qui parlai*.

EXERCICE PHRASÉOLOGIQUE.

C'est alors que j'appris...
C'est à cette époque qu'il revint.
C'est à l'âge de trente ans que je me mariai.
Est-ce là le sort qui m'attendait?

Ce fut alors que j'appris...
Ce fut à cette époque qu'il revint.
Ce fut à l'âge de trente ans que je me mariai.
Était-ce là le sort qui m'attendait?

IMPARFAIT.

N° DXLVII.

On m'a dit que C'EST, *on m'a dit que* C'ÉTAIT.

AVEC LE PRÉSENT.

Je le PRIAI de me dire ce que *c'est* que le pouvoir prochain. (PASCAL.)

D'argent, point de caché: Mais le père FUT sage
De leur montrer, avant sa mort,
Que le travail *est* un trésor. (LA FONTAINE.)

J'ai toujours REMARQUÉ que les gens faux *sont* sobres, et que la grande réserve de la table annonce assez souvent des mœurs feintes et des âmes doubles. (J.-J. ROUSSEAU.)

Tous ceux qui ont médité sur l'art de gouverner les hommes ONT RECONNU que *c'est* de l'instruction de la jeunesse que *dépend* le sort des empires. (L'ABBÉ BARTHÉLEMY.)

Il CONCLUAIT que sagesse *vaut* mieux qu'éloquence. (VOLTAIRE.)

Il RECONNAISSAIT que la véritable grandeur *n'est* que la modération, la justice, la modestie et l'humanité. (FÉNELON.)

Mme du Gué A MANDÉ à M. de Coulanges que vous *êtes* belle comme un ange. (Mme DE SÉVIGNÉ.)

Ceux qu'on voit s'étonner de ce nouvel amour
N'ONT jamais bien conçu ce que *c'est* que la cour. (VOLTAIRE.)

Qu'est-ce que vous me voulez, mon papa? Ma belle-maman M'A DIT que vous me *demandez*. (MOLIÈRE.)

On A DIT depuis long-temps que les extrêmes se *touchent*; c'est la vérité de cette pensée qui l'a rendue triviale. (DE SÉGUR AÎNÉ.)

Ce fut alors qu'Annibal RECONNUT que dans les affaires de la guerre *il y a* des moments favorables et décisifs qui ne *reviennent jamais*. (VERTOT.)

Il TENAIT pour maxime qu'un habile capitaine *peut* bien être vaincu, mais qu'il ne lui est pas permis d'être surpris. (BOSSUET.)

C'est alors qu'on APPRIT qu'avec un peu d'adresse,
Sans crime un prêtre *peut* vendre trois fois la messe,
Pourvu que, laissant là son salut à l'écart,
Lui-même en la disant n'y prenne aucune part.
C'est alors que l'on SUT qu'on *peut* pour une pomme
Sans blesser la justice assassiner un homme. (BOILEAU.)

AVEC L'IMPARFAIT.

Je le SUPPLIAI de me dire ce que *c'était* que le pouvoir prochain de faire quelque chose. (PASCAL.)

J'AI OUÏ dire à plusieurs de nos chasseurs, que rien n'*était* plus propre à désaltérer, que les feuilles du gui qui croît dans nos arbres. (BERN. DE SAINT-PIERRE.)

J'AI toujours VU que les jeunes gens corrompus de bonne heure, et livrés aux femmes et à la débauche, *étaient* inhumains et cruels. (J.-J. ROUSSEAU.)

Assez et trop longtemps l'arrogance de Rome
A CRU qu'être Romain *c'était* être plus qu'homme. (CORNEILLE.)

Il faut un corps d'Hercule pour vivre ici; mais j'y suis libre, et j'AI TROUVÉ que la liberté *valait* encore mieux que la santé. (VOLTAIRE.)

J'AI CONNU qu'il n'y *avait* de bon pour la vieillesse qu'une occupation dont on fût toujours sûr. (*Id.*)

Mme de Coulanges m'A MANDÉ que vous m'*aimiez*, et que vous *parliez* de moi. (Mme DE SÉVIGNÉ.)

Tout le monde criait pour la liberté et la justice, mais on ne SAVAIT point ce que *c'était* que d'être libre et juste. (VOLTAIRE.)

Oh! mon ami! ne m'AVEZ-VOUS pas DIT que vous n'*aviez* point de naissance? (BERN. DE SAINT-PIERRE.)

Le lynx, dont les anciens ONT DIT que la vue *était* assez perçante pour pénétrer les corps opaques, est un animal fabuleux. (BUFFON.)

L'instinct ne montre à l'animal que ses besoins; mais l'homme seul, du sein d'une ignorance profonde, A CONNU qu'il y *avait* un Dieu. (BERN. DE SAINT-PIERRE.)

Jean-Jacques DISAIT que rien ne *rendait* les mœurs plus aimables que l'étude de la botanique. (*Id.*)

On ENTENDIT prêcher dans l'école chrétienne,
Que sous le joug du vice un pécheur abattu
Pouvait, sans aimer Dieu ni même la vertu,
Par la seule frayeur au sacrement unie,
Admis au ciel, jouir de la gloire infinie;
Et que, les clefs en main, sur ce seul passeport,
Saint Pierre à tout venant *devait* ouvrir d'abord. (BOILEAU.)

Il serait difficile, répéterons-nous avec Lemare, de dire de quel côté il y a le plus d'exemples.

Cependant les grammairiens sont divisés en deux partis, qu'on peut appeler les absolus et les relatifs.

Les premiers, à la tête desquels est Urbain Domergue, veulent que toutes les fois qu'on énonce une qualité habituelle ou essentielle, il faut toujours se servir du présent, même lorsque le verbe est employé complétivement après un passé. Pour eux, toutes les phrases de la seconde colonne où l'on fait usage du passé sont des violations de la raison éternelle, qui veut qu'on exprime comme présent ce qui est existant dans tous les temps.

Les relatifs disent :

« C'est une règle générale que lorsque dans une phrase il y a deux verbes correspondants, dont le premier est au passé, le second doit être à l'imparfait. »

Et pour eux tous les exemples de la première colonne sont des fautes.

L'une et l'autre de ces règles sont également contraires aux faits.

La raison éternelle veut sans doute que lorsqu'on a l'intention d'exprimer une vérité habituelle ou essentielle comme telle, c'est-à-dire comme une maxime invariable, on emploie le présent; mais elle n'exige point que nous la considérions toujours comme maxime, elle n'empêche pas que nous ne la fassions correspondre à une époque passée, et que pour peindre cette idée nous ne nous servions de l'imparfait. Par exemple, de ce que Dieu est toujours essentiellement bon, s'ensuit-il que je ne puisse pas dire qu'il était bon hier d'une manière particulière, à telle ou telle occasion?

Quant à la règle des relatifs, elle doit être classée parmi ces recettes dont leurs livres sont pleins, et dont le principal effet est de déformer l'intelligence et de convertir les hommes en automates.

Qu'importe, en effet, que le temps qui précède soit passé, si l'idée du second est une idée du présent? car c'est toujours ce qu'il faut savoir.

Nous ne pouvons ici que répéter ce que nous avons reproduit déjà sous tant de formes.

Reployez-vous sur vous-même, cherchez ce qui se passe en vous, si c'est un sentiment plutôt qu'une maxime, un fait particulier plutôt qu'une vérité générale, que vous voulez exprimer. Dans ce cas, vous mettrez l'imparfait. Mais si c'est plutôt une maxime qu'un sentiment, qu'un fait, vous emploierez le présent.

Ainsi tantôt ce sera le présent, tantôt l'imparfait, qu'il conviendra de préférer. Rien ne peut apprendre à faire ce choix, il dépend uniquement de l'organisation de celui qui parle.

Quelquefois les écrivains ont employé les deux temps dans la même phrase. En voici quelques exemples :

AYANT FAIT réflexion, depuis quelques années, qu'on ne *gagnait* rien à être bon homme, je me suis mis à être un peu gai, parce qu'on m'a dit que cela *est* bon à la santé. (VOLTAIRE.)

Mme La Fayette m'a MANDÉ qu'elle *allait* vous écrire, mais que la migraine l'en *empêche*. (Mme DE SÉVIGNÉ.)

Si l'on eût prétendu qu'on SAVAIT que la terre ne *tournait* pas, on n'eût point puni Galilée pour AVOIR DIT qu'elle *tourné*. (J.-J. ROUSSEAU.)

Je t'AI souvent ouï dire que les hommes *étaient* nés pour être vertueux, et que la justice *est* une qualité qui leur *est* aussi propre que l'existence. Explique-moi ce que tu veux dire. (MONTESQUIEU.)

EXERCICE PHRASÉOLOGIQUE.

Il savait que vous êtes mon ami.
On m'a dit que mon amitié vous incommode.
On m'a dit que l'amour fait des héros.
J'ai toujours cru que Dieu est bon.

Il savait que vous étiez mon ami.
On m'a dit que mon amitié vous incommodait.
On m'a dit que l'amour faisait des héros.
J'ai toujours cru que Dieu était bon.

N° DXLVIII.

EMPLOI DE L'IMPARFAIT OU DU PRÉSENT APRÈS si.

I.

AVEC L'IMPARFAIT.	AVEC LE PRÉSENT.
Si mon cœur *était* libre, il POURRAIT être à vous. (REGNARD.)	... *Si* Louis l'*ordonne*, Ces arbres PARLERONT mieux que ceux de Dodone. (MOLIÈRE.)
Si l'art et le travail n'*aidaient* pas la nature, On *verrait* fort souvent les champs les plus féconds Ne pousser, faute de culture, Que des ronces et des chardons. (LENOBLE.)	... Elle PERDRA la vie *Si* son âme n'*obtient* l'effet de son envie. (*Id.*) S'*il est* vrai qu'elle ait dit ce que je viens d'entendre, J'AVOUERAI que mes feux n'ont plus rien à prétendre. (*Id.*)
... Au barreau l'on serait maladroit *Si* l'on n'y *savait* pas, suivant qu'on se rencontre, Soutenir le pour et le contre. (*Id.*)	*Si* vous n'*éclatez* fort contre un trait si hardi, Ou ne trouvez bientôt moyen de me défaire Des persécutions d'un pareil téméraire, J'ABANDONNERAI tout. (*Id.*)
Si je ne *l'aimais* plus, t'en PARLERAIS-je encore ? (DEMOUSTIER.)	*Si* vous *voulez* satisfaire mes vœux, Un saint nœud dès demain nous UNIRA tous deux. (*Id.*)
Si je vous aimais moins, je SERAIS plus tranquille. (REGNARD.)	Vous CAUSEREZ de terribles éclats, *Si* vous ne *mettez* fin à tout cet embarras. (*Id.*)
Si nous *voyions* l'étendue des montagnes en profondeur, les cheveux nous en DRESSERAIENT à la tête. (BERN. DE SAINT-PIERRE.)	... *Si* vous *avez* tant soit peu de cervelle, Vous PRENDREZ d'autres soins. (*Id.*)

Le Journal grammatical avait proposé cette question :

« Quelle règle peut-on poser pour enseigner que dans : *si vous m'aimez, je vous aime-rai*, le premier verbe doit être au présent de l'indicatif, et que dans : *si vous m'aimiez, je vous aimerais*, il doit être à l'imparfait ? »

Voici la réponse qu'y fit M. Dessiaux, et que nous croyons devoir reproduire.

1° Lorsque après avoir reconnu la possibilité d'une action, on affirme simplement que, si cette action a lieu, elle produira, comme résultat certain et infaillible, une autre action qui en dépend, ainsi que l'effet dépend de la cause ; alors il n'y a aucune incertitude dans la pensée, l'expression doit donc être positive, et dans ce cas, c'est du mode indicatif qu'il faut faire usage. Mais, puisque les deux actions ne peuvent avoir lieu que dans un temps futur, relativement au moment de la parole, les verbes doivent se mettre au futur, selon la construction idéologique. Cependant en français (1), par propriété de langage, le verbe de l'action principale se met au présent. Il faut chercher la cause de cette anomalie dans la vivacité de l'imagination, qui, franchissant l'espace, nous fait considérer comme présent l'objet de notre crainte ou de notre désir.

2° S'il y avait doute, crainte ou désir prononcé relativement à l'action primordiale, et qu'on voulût seulement affirmer qu'elle produirait l'action secondaire conditionnellement, on mettrait à l'imparfait la proposition subordonnée, et au conditionnel la proposition principale ; et alors, selon le point de vue de l'écrivain, cet imparfait désignerait ou un présent ou un futur ; il a donc perdu sa signification propre. En effet, comme tout est vague dans la pensée, l'expression devrait porter le même caractère d'indécision ; l'idéo-

---

(1) *V.* p. 619.

logie réclame donc le mode subjonctif (1); mais ce ne sont pas des logiciens qui président à la formation des langues.

En général, après la conjonction *si*, nous mettons toujours l'indicatif (le *présent* ou l'*imparfait*, selon le cas); c'est un idiotisme (2).

Cette règle convient surtout aux étrangers et aux habitants de quelques provinces de la France, qui, dans ce cas, se servent du conditionnel, et disent *si j'aurais*, au lieu de *si j'avais*, etc.

II.

IMPARFAIT ET PLUS-QUE-PARFAIT DE L'INDICATIF OU DU SUBJONCTIF APRÈS *si*.

AVEC L'INDICATIF.

Ah! s'il n'*était* pas mort, c'était de l'or en barre.
(REGNARD.)

Si l'on m'en *avait* cru, tout n'en irait que mieux.
(*Id.*)

Si les Titans *avaient* chassé du ciel Jupiter, les poètes eussent chanté les Titans. (VOLTAIRE.)

Si on *avait* pu rire dans une si triste occasion, quels portraits n'aurait-on pas faits de l'état où nous étions tous? (Mme DE SÉVIGNÉ.)

Si ces observations *avaient* été répétées, si elles s'*étaient* trouvées justes, l'expérience eût pu, au bout de quelques milliers de siècles, former un art dont il eût été difficile de douter. (VOLTAIRE.)

...S'ils *avaient* suivi mes conseils et mes vœux. Je les aurais sauvés ou combattus tous deux. (*Id.*)

Les poètes eussent chanté le diable, *si*, par impossible, le diable *était resté* vainqueur.
(VOLTAIRE.)

Il aurait dû, s'il avait été innocent, se mettre en prison.
(Mme DE SÉVIGNÉ.)

AVEC LE SUBJONCTIF.

Si mon oncle *fût* mort, j'aurais, à mon retour, Disposé de mon cœur en faveur de l'amour.
(REGNARD.)

Il est vrai, s'il m'*eût* cru, qu'il n'eût point fait de vers. (BOILEAU.)

Si madame *eût* gardé son cœur pour le plus tendre, Plus que tout autre amant j'aurais pu l'espérer.
(REGNARD.)

Et je pouvais pour vous gagner cette victoire, Si le ciel n'*eût* voulu m'en dérober la gloire.
(MOLIÈRE.)

Si j'*eusse* été surpris, quels traitements cruels n'eussé-je point essuyés! (J.-J. ROUSSEAU.)

Heureuse mille fois, *si* ma douleur mortelle Dans la nuit des tombeaux m'*eût* plongée avec elle!
(RACINE.)

Hélas! si je *fusse* mort enfant, j'aurais déjà joui de la vie, et n'en aurais pas connu les regrets.
(Cité par LEMARE.)

Si c'*eût été* l'œil droit, je l'aurais guéri; mais les plaies de l'œil gauche sont incurables.
(VOLTAIRE.)

Devant les verbes *avoir* et *être*, on se sert de l'indicatif ou du subjonctif, et l'on dit à volonté: *si j'avais*, ou *si j'eusse reçu votre lettre*; mais la première tournure est beaucoup plus usitée.

III.

INDICATIF ET SUBJONCTIF DANS LA MÊME PHRASE.

...Mais *si*, sans vouloir rire,
Tout *allait* comme j'ai l'honneur de vous le dire,
Et qu'Angélique enfin *pût* changer? (REGNARD.)

Si dans l'assemblée tout-à-coup *paraissait* un orateur, et qu'il *voulût* se faire entendre?
(THOMAS.)

(1) Comme cela a lieu dans d'autres langues. Les Italiens disent: *si je susse, si je pusse, si je dusse*, et non *si je savais, si je pouvais, si je devais*.

Se io *sapessi* pur chi l'ha avuto, mi parrebbe essere mezzo consolato. (Bocc. g. 8, n. 6.)	Si je *susse* cependant qui l'a eu, il me paraîtrait d'être à moitié consolé.
Se io non *avessi* paura di mio padre, io gli insegnerei la risposta. (MACCHIAVELLI, Com.)	Si je n'*eusse* pas peur de mon père, je lui enseignerais la réponse.
Se io *avessi* questi denari, io gli ti presterei incontanente. (Bocc. g. 8, n. 10.)	Si j'*eusse* cet argent, je te le prêterais sur-le-champ.
Se così non *fosse*, io non vi potrei prestare un grosso. (Bocc. g. 8, n. 6.)	Si ce ne *fût* pas ainsi, je ne pourrais pas vous prêter un liard.

Les Latins disaient, comme les Italiens, *si je susse*: *aliud si* SCIREM, *id pollicerer tibi* (TÉRENCE).
Traduction: *Si je* SUSSE *autre chose, je te le promettrais*.

(2) Les Grecs employaient aussi la même tournure: εἰ Ἀλέξανδρος ἤμην. (Si j'étais Alexandre.)
(PLUTARQUE.)

On doit encore remarquer que, dans le cas où l'on remplace la conjonction *si* par *que*, lorsqu'il y a énumération d'actions, la construction idéologique reprend ses droits, et que l'on fait usage du subjonctif, quoique le premier verbe soit à l'indicatif. Ainsi on dit avec le présent: SI *vous* M'AIMEZ, *et* QUE *vous* VOULIEZ *me le persuader*; et avec le passé: SI *vous m'*AIMIEZ *et que vous* VOULUSSIEZ *me le persuader*.

EXERCICE PHRASÉOLOGIQUE.

Si tu aimes Dieu, tu seras heureux.
Si tu meurs, je meurs.
S'il était parti.
S'il le veut, et qu'il me réponde d'en avoir soin, je le lui donne.

Si tu aimais Dieu, tu serais heureux.
Si tu mourais, je mourrais.
S'il fût parti.
S'il le voulait, et qu'il me répondit d'en avoir soin, je le lui donnerais.

N° DXLIX.

EMPLOI DE L'IMPARFAIT DE L'INDICATIF AU LIEU DU CONDITIONNEL.

AVEC L'IMPARFAIT.	AVEC LE CONDITIONNEL.
Si j'avais dit un mot, on vous *donnait* la mort. (VOLTAIRE.)	Si j'avais dit un mot, on vous *aurait donné* la mort.
Il me jurait que jusques à la mort son amour me *laissait* maîtresse de son sort. (RACINE.)	Il me jurait que jusqu'à la mort son amour me *laisserait* maîtresse de son sort.
Jaloux de ces présents que convoitait ton cœur, Si tu n'avais pas nui, tu *mourais* de douleur. (TISSOT.)	Si tu n'avais pas nui, tu *serais mort* de douleur.
Il y en a de tels, que, s'ils eussent obtenu six mois de délai de leurs créanciers, ils *étaient* nobles. (Cité par LEMARE.)	Il y en a de tels, que, s'ils avaient obtenu six mois de délai de leurs créanciers, ils *auraient été* nobles.
Et je *pouvais* pour vous gagner cette victoire, Si le ciel n'eût voulu m'en dérober la gloire. (MOLIÈRE.)	Et *j'aurais pu* pour vous gagner cette victoire, si le ciel, etc.

Dans ces sortes de phrases on emploie l'indicatif ou le conditionnel; mais l'indicatif est plus énergique.

EXERCICE PHRASÉOLOGIQUE.

S'il vous avait trouvé, il vous tuait.

S'il vous avait trouvé, il vous aurait tué.

PRÉTÉRIT DÉFINI ET PRÉTÉRIT INDÉFINI.

I.

PRÉTÉRIT DÉFINI.	PRÉTÉRIT INDÉFINI.
Je *vis* HIER une chose assez singulière, quoiqu'elle se passe tous les jours à Paris. (MONTESQUIEU.)	Le roi m'*a nommé* AUJOURD'HUI archevêque de Cambrai. (FÉNELON.)
Je te *parlai* L'AUTRE JOUR de l'inconstance prodigieuse des Français sur leurs modes. (*Id.*)	CE MATIN j'*ai trouvé* le pavé si glissant que j'*ai pensé* que si je venais à tomber sur le bras droit, je serais tout-à-fait désemparé. (BERN. DE SAINT-PIERRE.)
Je vous envoie, mon cher frère, une lettre que j'*écrivis* HIER pour madame de Laval. (FÉNELON.)	Je vous *ai écrit* CE MATIN, ma chère sœur, sur ma conversation avec M. le maréchal. (FÉNELON.)
Je me *trouvai* un peu incommodé avec de l'émotion AVANT-HIER; mais cela n'a point eu de suite. (*Id.*)	Le citoyen Didot a renvoyé hier au soir son domestique avec des paroles dures, et CE MATIN on *a trouvé* ce malheureux qui s'était pendu dans sa chambre. (BERN. DE SAINT-PIERRE.)

Hier au soir j'*eus* en me couchant un frisson de fatigue ; huit lieues dans un jour sont trop.
(Bern. de Saint-Pierre.)

En rentrant chez moi ce soir, j'*ai appris* que le citoyen Didot venait d'éprouver un grand sujet de chagrin.
(Bern. de Saint-Pierre.)

Les formes *je vis, je parlai, je trouvai*, ne doivent s'employer que pour exprimer une chose qui s'est passée dans une période de temps entièrement écoulée (1ʳᵉ colonne), de sorte que ce serait une faute de dire : *Je* vis *cette année, je* parlai *ce mois-ci, je* trouvai *cette semaine,* j'eus *ce matin*. Il faut alors faire usage des formes, *j'ai vu, j'ai parlé, j'ai trouvé, j'ai eu*, etc. (2ᵉ colonne).

Cette distinction est observée dans la phrase suivante :

Je t'*ai défendu* cent fois de râcler ton maudit violon ; cependant je t'*ai entendu* ce matin. Ce matin ! ne vous souvient-il plus que vous me le *mîtes* hier en mille pièces ?
(Palaprat.)

Les grammairiens disent que pour employer le prétérit défini il faut que le temps soit éloigné au moins d'un *jour*, qu'il y ait eu une nuit depuis l'événement ; la moindre de toutes les périodes admises pour l'emploi de ce temps étant celle d'hier (1).

Une heure suffit, pourvu que l'on ne soit plus dans l'époque désignée. D'ailleurs, il nous semble qu'un homme qui le soir raconterait un événement remarquable, une bataille qui aurait eu lieu le matin, pourrait bien dire :

Nous n'étions que cinq cents, mais, par un prompt renfort,
Nous nous *vîmes* trois mille en arrivant au port.   (Corneille, *le Cid*, IV, iii.)

Et Voltaire souhaite que cette licence soit permise en poésie. Racine n'a pas craint non plus de faire dire à Théramène :

Le flot qui l'*apporta recule* épouvanté.

Combien cette expression est plus vive ! Le temps qu'ont duré de pareils événements est comme une époque particulière.

Bien plus, comme le fait observer M. Dessiaux, il y a des cas où l'on ne peut s'exprimer qu'avec ce temps : ce matin *nous nous sommes rendus chez le ministre : il n'y était pas ; nous* résolumes *de l'attendre*.

II.

PRÉTÉRIT DÉFINI.

Je *fus* bien *fâché* hier, ma chère cousine, de vous avoir quittée avec tant de précipitation. (Fénelon.)

Nous *partîmes* hier de Paris à neuf heures du matin.   (Bern. de Saint-Pierre.)

Il prétend que je lui dois tout le blanchissage du linge que vous *eûtes* la bonté de faire faire pour moi, il y a cinq ans, lorsque je *vins* ici.
(Fénelon.)

Il y a environ un mois que madame Mesnard m'*offrit* d'elle-même de me prêter l'argent nécessaire à l'édition de mon ouvrage.
(Bern. de Saint-Pierre.)

Huit jours après son départ, il m'*écrivit* une lettre remplie de lamentations.   (*Id.*)

PRÉTÉRIT INDÉFINI.

Hier, en travaillant à mon quatrième dialogue, j'*ai éprouvé* un vrai plaisir.   (Mirabeau.)

J'*ai tenu* hier ma seconde séance à l'école normale ; j'ai été comblé d'applaudissements.
(Bern. de Saint-Pierre.)

Il y a un an j'*ai obtenu* la somme de cent écus sur les secours réservés aux pauvres gens de lettres.
(*Id.*)

J'*ai vu* l'autre jour à Neuilly fuir un larron à travers champs, après lequel tout le village criait.
(*Id.*)

Je vous *ai écrit* il y a une quinzaine de jours.
(*Id.*)

---

(1) Aussi Mᵐᵉ de Sévigné écrit-elle : *M. de Courtrai revient de Saint-Germain. Ce fut le soleil qui* éclaira *ce mariage, la lune* a été *témoin du reste*. Ce qui veut dire : *Le soleil* (d'hier) éclaira *le mariage, et la lune* (qui a lui pendant la nuit jusqu'à ce matin) a été *témoin du reste*.

Les curieux, dit plaisamment à ce sujet Lemare, peuvent consulter les almanachs du temps, pour savoir si le jour qu'écrivait Mᵐᵉ de Sévigné il y avait eu lune depuis minuit.

On voit par ces exemples que si l'on parle d'une chose arrivée dans une période de temps déterminée, mais où l'on n'est plus, on peut à volonté faire usage du *prétérit défini* ou *indéfini*, et dire : *je* VIS *hier*, ou J'AI VU *hier ; je vous* ÉCRIVIS *l'autre jour*, ou *je vous* AI ÉCRIT *l'autre jour*, etc.

III.

PRÉTÉRIT DÉFINI.	PRÉTÉRIT INDÉFINI.
C'est Boileau qui le premier *enseigna* l'art de parler toujours convenablement. (VOLTAIRE.)	Quelques animaux nous *ont enseigné* à bâtir des maisons. (ACADÉMIE.)
Grâces à mon amour, je me suis bien servie Du pouvoir qu'Amurat me *donna* sur sa vie. (RACINE.)	Je ne me souviens plus déjà de tous les déplaisirs que vous *m'avez donnés*. (MOLIÈRE.)
… Ce jour que tu *reçus* de moi. (*Id.*)	Cruelle, quand ma foi vous a-t-elle déçue ? Songez-vous qu'en naissant mes bras vous *ont reçue* ? (RACINE.)
Dieu ne *créa* que pour les sots Les méchants diseurs de bons mots. (LA FONTAINE.)	Dieu *a créé* le genre humain, et en le créant il n'a pas dédaigné de lui enseigner le moyen de le servir et de lui plaire. (BOSSUET.)
Dieu *créa* deux grands luminaires, le soleil et la lune. (PASCAL.)	Les poètes *ont créé* les dieux. (ACADÉMIE.)

Lorsqu'il s'agit d'une chose arrivée dans une période de temps indéterminée, mais entièrement écoulée, on peut, comme le prouvent ces citations, employer le *prétérit défini* ou le *prétérit indéfini*.

On fait usage du premier, si l'on ne songe qu'à la semaine, à la journée, à l'instant même où l'événement dont on parle a eu lieu.

On se sert du second, si l'on veut faire entendre que la période de temps où cet événement s'est passé dure encore.

C'est ainsi que Crébillon a dit :

La crainte *fit* les dieux, l'audace *a fait* les rois.

En mettant *fit les dieux*, Crébillon, comme le fait observer Lemare, nous suppose hors de la période où se faisaient les dieux, où ils furent tellement multipliés qu'enfin, selon la noble expression de Bossuet : *Tout était Dieu, excepté Dieu lui-même*, Depuis longtemps on n'en fait plus.

Au contraire, Crébillon a dit *a fait* les rois, parce que l'audace fit, fait et fera encore, plus ou moins longtemps, des rois ; nous sommes *encore* dans cette période.

La Harpe remarque, à l'occasion de ce vers de Voltaire :

Brisâtes mes liens, remplîtes ma vengeance,

qu'il faut éviter ces sortes de prétérits, dont la prononciation lourde et emphatique déplaît à l'oreille ; il faut surtout se garder d'en mettre deux de suite, l'un près de l'autre, c'est une négligence de style.

Le prétérit défini s'emploie quelquefois pour un futur : J'AI FINI *dans un moment*, au lieu de : J'AURAI FINI *dans un moment*

EXERCICE PHRASÉOLOGIQUE.

Je vis hier, je vis l'autre jour…	J'ai vu aujourd'hui…
Je trouvai avant-hier…	J'ai trouvé ce matin…
Je perdis beaucoup l'année dernière.	J'ai beaucoup perdu cette année
Il plut ce jour-là.	Il a plu cette semaine.
Je le payai sur-le-champ, et le congédiai.	Je l'ai payé ce mois-ci.

FUTUR.

I.

AVEC LE FUTUR.	AVEC L'IMPÉRATIF.
Dieu en vain tu ne *jureras*. (ACADÉMIE.)	*Évite* de rien faire qui puisse t'attirer l'envie. (DICT. DE MAXIMES.)

On voit qu'on peut faire indifféremment usage du *futur* ou de l'*impératif*; mais il faut bien se garder de croire avec les grammairiens que l'un soit pour l'autre.

II.

AVEC LE FUTUR.	AVEC LE PRÉTÉRIT.
Rendez fidèlement le dépôt qu'on vous *aura* confié, et ne révélez jamais un secret. (FÉNELON.)	Rendez fidèlement le dépôt qu'on vous *a confié*.
Ne manquez jamais de tenir exactement tout ce que vous *aurez* promis. (*Id.*)	Ne manquez jamais de tenir exactement tout ce que vous *avez promis*.

On peut employer le futur ou le prétérit; mais le premier est plus usité.

III.

Croira qui *voudra* l'historien Capitolin et quelques autres écrivains qui font danser les éléphants sur la corde. (FÉRAUD.)	*Expliquera*, morbleu, les femmes qui *pourra*. (BARTHE.)
	Boira qui *voudra*, larirette : *Paiera* qui *pourra*, larira ! (*Chanson connue.*)

« Il y a, dit la *Grammaire des Grammaires*, un tour de phrase assez particulier, où le futur se place au commencement, avant le sujet exprimé par un *qui* relatif : *Croira qui voudra.* »

Girault-Duvivier se trompe grossièrement ; mais ce n'est pas la première fois que ce compilateur nous donne occasion de remarquer jusqu'à quel point il ignorait la science grammaticale, dont pourtant il s'était occupé toute sa vie.

D'abord, dans ces phrases, *qui* n'est pas le sujet des verbes *croira*, *expliquera*, mais de *voudra*, *pourra*, ainsi qu'on le voit en rétablissant le mot *celui*, sujet sous-entendu de *croira*, *expliquera* : (Celui) QUI VOUDRA croira; (CELUI) qui pourra EXPLIQUERA.

Ensuite, ce tour de phrase n'est pas particulier seulement au futur, il est permis avec tous les temps simples des verbes : Se SAUVE qui peut, TRAVAILLAIT qui voulait, VIENDRAIT qui voudrait.

Mais *veille* qui voudra, voici mon oreiller. (RACINE.)

IV.

AVEC LE FUTUR.	AVEC LE PRÉSENT.
... Ces lieux sont solitaires. Elle est rentrée au camp... Oui, j'*aurai* trop tardé. (CHATEAUBRIAND.)	... Ces lieux sont solitaires. Elle est rentrée au camp... Hélas ! j'*ai* trop tardé.
Mais déjà dans le camp il *aura* pénétré. (*Id.*)	Mais déjà dans le camp peut-être *a-t-il* pénétré.

On voit que quelquefois, pour marquer le doute dans lequel nous sommes à l'égard d'un événement, nous employons la forme du futur. Nous disons donc *j'aurai trop tardé*, au lieu de *j'ai trop tardé*.

EXERCICE PHRASÉOLOGIQUE.

Un seul Dieu adoreras.	Adore un seul Dieu.
N'oubliez jamais le bienfait qu'on vous aura rendu.	N'oubliez jamais le bienfait qu'on vous a rendu.

FUTUR ET CONDITIONNEL.

N° DL.

PHRASES NON INTERROGATIVES.

I.

FUTUR.	CONDITIONNEL.
C'est par trop vous hâter, monsieur, et votre mal, Si vous sortez sitôt, *pourra* bien vous reprendre. (MOLIÈRE.)	Elle *pourrait* bien dire avec le prophète : mon père et ma mère m'ont abandonnée. (BOSSUET.)
Mais peut-être qu'un jour je *dépendrai* de moi. (CORNEILLE.)	Et de l'événement d'un combat plus humain *Dépendrait* aujourd'hui l'honneur du nom romain ! (CORNEILLE.)
Non, je ne *l'aurai* point amenée au supplice. (RACINE.)	J'*aurais* trop de regret, si quelque autre guerrier Au rivage troyen descendait le premier. (RACINE.)
Peut-être avec le temps j'*oserai* davantage. (RACINE.)	Je n'*oserais* l'aller interrompre. (ACADÉMIE.)
Mes pleurs..... Ne *tiendront* pas longtemps contre les soins d'A- (Id.) [chille.	J'ai cru que mes serments me *tiendraient* lieu d'a- (RACINE.) [mour.

II.

PHRASES INTERROGATIVES.

Pourrai-je sans trembler lui dire : je vous aime ? (RACINE.)	*Pourrais-je* à ce penchant abandonner mon âme ? (LONGEPIERRE.)
Où *pourrai-je* trouver ce prince trop fidèle ? (Id.)	*Pourrais-je* à cette loi ne pas me conformer ? (RACINE.)
Croira-t-il mes périls et vos larmes sincères ? (Id.)	*Croirait-il* ma douleur moins vive que la sienne ? (Id.)

Il suffit de lire ce tableau pour voir la différence qui existe entre le *futur* et le *conditionnel*, et sentir combien il est essentiel de ne pas confondre ces deux temps, surtout dans les phrases interrogatives.

Celui qui dit : *Si j'étais roi, je voudrais être juste*, ne veut pas faire croire qu'il espère être roi ; il fait donc une supposition qui ne doit pas se réaliser ; mais celui qui dit : *Si je suis roi, je serai juste*, est fils de roi ; on croit que, d'une manière ou d'une autre, il deviendra roi. D'où ce principe :

Le *futur* s'emploie lorsqu'on veut indiquer qu'une chose *arrivera* ou *pourra arriver* dans un temps plus ou moins éloigné du moment de la parole. On se sert du *conditionnel* toutes les fois qu'on exprime une action, un fait dépendant d'une condition à l'exécution de laquelle on ne s'attend point : en français, le second membre de phrase qui renferme cette condition commence toujours par *si, quand, quand même*, ou par quelque terme équivalent.

EXERCICE PHRASÉOLOGIQUE.

J'avouerai.	J'avouerais.	Avouerai-je ?	Avouerais-je ?
Je dirai.	Je dirais.	Dirai-je ?	Dirais-je ?
On verra.	On verrait.	Verra-t-on ?	Verrait-on ?
Tu seras.	Tu serais.	Seras-tu ?	Serais-tu ?
Il pourra.	Il pourrait.	Pourra-t-il ?	Pourrait-il ?
Vous voudrez.	Vous voudriez.	Voudrez-vous ?	Voudriez-vous ?
Nous croirons.	Nous croirions.	Croirons-nous ?	Croirions-nous ?

N° DLI.

PLACE DU FUTUR ET DU CONDITIONNEL AVEC si.

I.

AVANT si.	APRÈS si.
Oui, je *triompherai*, si Nadab amoureux Au culte d'Abraham arrache les Hébreux. (CHATEAUBRIAND.)	Si vous ne changez pas, vous *éprouverez* des malheurs. (LAVEAUX.)
Il *frappera* Jacob, si Jacob l'abandonne. (Id.)	Oui, si je le rencontre, on *verra* du carnage. (MOLIÈRE.)

II.

Je ne *craindrais* pas tant, hélas! si j'aimais moins. (LONGEPIERRE.)	Si je vous aimais moins, je *serais* plus tranquille. (REGNARD.)
En très-bonne santé j'*arriverais* ici, Si je n'étais porteur d'une large écorchure. (REGNARD.)	... S'il avait quelques deniers comptants, Ne me *paierait*-il pas mes gages de cinq ans? (LE MÊME.)

Le *futur* et le *conditionnel* peuvent être, comme on voit, placés avant ou après la phrase complémentaire commençant par la conjonction *si*.

EXERCICE PHRASÉOLOGIQUE.

Je viendrai, si je puis.
Dieu vous punira, si vous mentez.
Je le ferais, si je pouvais.
Vous seriez puni, si vous mentiez.

Si je puis, je viendrai.
Si vous mentez, Dieu vous punira.
Si je pouvais, je le ferais.
Si vous mentiez, vous seriez puni.

N° DLII.

CONDITIONNEL ACCOMPAGNÉ OU NON ACCOMPAGNÉ DU SECOND MEMBRE DE PHRASE.

AVEC LA PARTICULE si.	SANS LA PARTICULE si.
Si le papier qui sert aux amoureux billets Coûtait comme celui qu'on emploie au palais, Cette ferme en un an *produirait* plus de rente Que le papier timbré n'en peut rendre en quarante. (REGNARD.)	Pour appui d'un dattier empruntant un rameau, Le jour j'*aurais* guidé ton paisible chameau. Le soir, au bord riant d'une source ignorée, J'*aurais* offert la coupe à ta bouche altérée. (CHATEAUBRIAND.)
SI nous n'avions pas de défauts, nous ne *prendrions* pas tant de plaisir à en remarquer chez les autres. (LA ROCHEFOUCAULD.)	Soyez persuadé que, par mon goût, vous *seriez* tout le beau premier à la fête. Que vous y *tiendriez* bien votre place! (Mme DE SÉVIGNÉ.)
SI les morts revenaient ou d'en haut ou d'en bas, Les pères et les fils ne se *connaîtraient* pas. (BOURSAULT.)	Vos lettres me *plairaient* d'un inconnu. (LA MÊME.)
... J'en sais qu'on *verrait* pester au dernier point, SI de leurs soupirants on ne médisait point. (COLIN-D'HARLEVILLE.)	Un enfant supportera des changements que ne *supporterait* pas un homme. (J.-J. ROUSSEAU.)

Comme l'idée exprimée par le *conditionnel* est vague, elle a besoin d'être déterminée par un second membre de phrase; mais ce second membre de phrase, ainsi qu'on le voit, peut être exprimé ou sous-entendu: Vos lettres me PLAIRAIENT d'un inconnu, c'est-à-dire: *vos lettres me plairaient* (MÊME SI ELLES VENAIENT) *d'un inconnu;* — vous SERIEZ *tout le premier à la fête*, sous-entendu, SI LES CHOSES SE DÉCIDAIENT D'APRÈS MON GOUT, — *que vous y* TIENDRIEZ *bien votre place!* ajoutez: SI VOUS Y VENIEZ; — *un enfant supportera des changements que ne* SUPPORTERAIT *pas un homme,* c'est pour : *un enfant supportera des changements qu'un homme ne* SUPPORTERAIT *pas,* S'IL Y ÉTAIT EXPOSÉ ; — *Le jour, j'*AURAIS *guidé ton paisible chameau,* en sous-entendant : SI TU AVAIS RÉPONDU A MON AMOUR OU SI TU AVAIS VOULU DEVENIR MA COMPAGNE.

EXERCICE PHRASÉOLOGIQUE.

Si j'étais roi, je voudrais être juste.
S'il ne me craignait pas, je le craindrais.
Je serais mardi chez vous, si Dieu le voulait.

Il épouse une femme qui serait digne de vous.
Ce piano vous plairait-il?
Auriez-vous cette bonté?

N° DLIII.

PRÉTENDU EMPLOI DU CONDITIONNEL POUR L'IMPARFAIT DE L'INDICATIF.

EXEMPLES.

Deux taureaux combattaient à qui *possèderait*
Une génisse avec l'empire. (LA FONTAINE.)

Et prenez-vous, seigneur, leurs caprices pour guides?
Avez-vous prétendu qu'ils se *tairaient* toujours?
Est-ce à vous de prêter l'oreille à leurs discours?
 (RACINE.)

Je les voyais tous trois se hâter sous un maître,
Et tous trois à l'envi s'empresser ardemment
A qui *dévorerait* ce règne d'un moment.
 (CORNEILLE.)

ANALYSES.

Deux taureaux combattaient à l'effet de savoir quel serait celui qui, *s'il était vainqueur*, posséderait une génisse avec l'empire (1).

Avez-vous prétendu qu'ils se tairaient toujours, même *s'il se présentait une occasion favorable de parler?*

Je les voyais s'empresser à l'effet de savoir que serait celui qui le dévorerait, *s'il l'emportait sur ses rivaux,* ce règne d'un moment.

Parce que dans toutes ces phrases le *conditionnel* peut se traduire ainsi : *deux taureaux combattaient à qui* DEVAIT *posséder une génisse;* — *avez-vous prétendu qu'ils* DEVAIENT *se taire toujours?* — *ils s'empressaient à qui* DEVAIT *dévorer ce règne d'un moment,* les grammairiens se sont imaginé (car que ne s'imaginent-ils pas?) qu'ainsi employé le *conditionnel* était un nouveau temps; mais l'analyse nous fait voir que ce mode s'explique naturellement par la réintégration des mots supprimés par l'ellipse.

Il en est de même dans les vers suivants :

Savez-vous pourquoi Jérémie
A tant pleuré pendant sa vie?

C'est qu'en prophète il prévoyait
Qu'un jour Le Franc le *traduirait.*
 (VOLTAIRE.)

Nous sommes encore à nous expliquer comment Lemare, qui attaque les grammairiens pour avoir vu un nouveau temps dans *ils combattaient à qui* POSSÉDERAIT, *avez-vous prétendu qu'ils se* TAIRAIENT *toujours,* vient nous dire, quelques pages plus loin, que, dans les vers précités : *Il prévoyait qu'un jour Le Franc le* TRADUIRAIT, c'est pour : *il prévoyait qu'un jour Le Franc* DEVAIT LE TRADUIRE, c'est tomber soi-même dans le vice qu'on signale.

Conséquents à ce principe, qu'un temps ne saurait être employé pour un autre, nous dirons que *traduirait* est ici au conditionnel, en vertu de la phrase sous-entendue *s'il pleurait.*

EXERCICE PHRASÉOLOGIQUE.

Ils se disputaient à qui l'emporterait.
Ils jouaient à qui perdrait.

Ils couraient à qui arriverait le premier.
Avez-vous cru que je garderais toujours le silence?

---

(1) Cette analyse n'est-elle pas suffisamment justifiée par la phrase suivante : *Ils combattirent* POUR SAVOIR *de qui ils seraient les esclaves.* (VOLTAIRE.)

N° DLIV.

PRÉTENDU EMPLOI DU CONDITIONNEL POUR LE PRÉSENT DE L'INDICATIF.

I. — Emploi légitime.

EXEMPLES.	EXPLICATIONS.
Je *souhaiterais* que les philosophes s'appliquassent à démontrer combien la paix serait avantageuse aux peuples de l'Europe. (Cité par WAILLY.)	C'est-à-dire, *si j'avais des vœux à faire*, ou si mes vœux pouvaient avoir quelque influence, je *souhaiterais*, etc.
J'*aimerais* qu'on travaillât à former le cœur et l'esprit de la jeunesse. Ce *devrait* être le principal objet de l'éducation. (Cité par WAILLY.)	C'est-à-dire, *si j'avais des vœux à faire*, j'*aimerais*, etc.
On *dirait* qu'il va pleuvoir. (*Id.*)	C'est-à-dire, *si l'on considérait les nuages*, etc., *comme je le fais*, on *dirait* qu'il va pleuvoir.

Ces phrases, dit Wailly, sont les mêmes que celles-ci : *Je souhaite que les philosophes s'appliquent à démontrer*, etc. ; *j'aime qu'on travaille à former le cœur et l'esprit de la jeunesse*, etc. Ainsi, exprimer par une forme spéciale une idée de supposition, *je souhaiterais, j'aimerais*, etc., et ne pas exprimer cette idée, serait égal et présenterait le même sens ! Une idée pour une autre, et même plusieurs idées pour une ? Voilà cependant comme, de temps immémorial, on fait de la grammaire, et comme on en fera encore dans des milliers d'années, tant cette science est entre bonnes mains.

Celui qui dit : *J'aime qu'on travaille à former le cœur et l'esprit de la jeunesse, et ce doit être le but principal de l'éducation*, veut dire qu'on *y travaille* ou qu'on *y doit travailler*, et que c'est là positivement ce qu'il aime.

Mais celui qui dit : *J'aimerais qu'on travaillât*, etc., parle d'un ton moins absolu, plus modeste ; il ne prétend énoncer ni un fait ni un principe, c'est un simple désir qu'il exprime : *J'aimerais, si cela dépendait de moi*.

Cet emploi du conditionnel est donc légitime ; il ne diffère de l'usage ordinaire que par l'ellipse ; il en est de même dans les phrases qui suivent :

On n'est point malheureux, quand on peut ignorer Tout ce que l'on *pourrait* avoir à déplorer. (LA CHAUSSÉE.)	Jamais jeune garçon n'aspira de lui-même à être tailleur. Il faut de l'art pour porter à ce métier de femme le sexe pour lequel il n'est pas fait. L'aiguille et l'épée ne *sauraient* être maniées par les mêmes mains. (J.-J. ROUSSEAU.)
La faiblesse est le seul défaut qu'on ne *saurait* corriger. (J.-J. ROUSSEAU.)	
Ne *saurais-tu* trouver quelque moyen pour me tirer d'embarras ? (MOLIÈRE.)	Ah ! Nébée, à ce coup je ne *saurais* survivre. (CHATEAUBRIAND.)

Je ne saurais peut souvent se traduire par *je ne puis*, et paraît alors n'exprimer que l'idée d'un temps indicatif. Cependant, pour la forme, c'est un conditionnel ; il faut donc chercher à y retrouver l'idée attachée à ce mode.

La faiblesse est le seul défaut qu'on ne SAURAIT *corriger*, c'est-à-dire qu'on ne SAURAIT corriger, *si même on faisait pour cela tous ses efforts*.

Tout ce que l'on POURRAIT *avoir à déplorer*, sous-entendu : *si l'on envisageait sa position*.

C'est donc faute d'avoir vu l'ellipse que les grammairiens ont trouvé un *barbarisme* dans ces vers de Racine :

> Frappe, et si tu me crois indigne de tes coups,
> Si ta haine m'envie un supplice si doux,
> Ou si d'un sang trop vil ta main SERAIT trempée,
> Au défaut de ton bras, prête-moi ton épée.

Si ta main serait trempée, c'est pour : *si en me frappant tu croyais que ta main* SERAIT *trempée d'un sang trop vil*, etc.

Il n'y a dans ce prétendu barbarisme de Racine qu'une ellipse hardie peut-être, à la vérité, l'une des plus fortes que se soient permises nos écrivains, mais aussi peut-être l'une des plus heureuses, car la pensée de Racine est facilement comprise, et son expression est aussi rapide qu'il est possible qu'elle le soit.

Mais il y a évidemment une faute dans ces vers, qui ont été critiqués par Voltaire lui-même :

> Tes plaisirs *sont* les biens les seuls à désirer,
> Si tes heureux transports pouvaient toujours durer.

Il faut *tes plaisirs seraient* et non *tes plaisirs sont*.

II. — Emploi vicieux :

... Un soufflet, écrivons. Lequel Hiérome, après plusieurs rébellions, *Aurait* atteint, frappé moi sergent à la joue, Et fait tomber d'un coup mon chapeau dans la boue. (RACINE.)

... Et de ce non content, *Aurait* avec le pied réitéré. — Courage ! — Outre plus, le susdit *serait* venu de rage Pour lacérer ledit présent procès-verbal... — Allons, mon cher monsieur, cela ne va pas mal. (RACINE.)

Dans ces vers Racine a voulu parodier le style des enfants de Barthôle. Le sens appelait le présent : *A atteint, a réitéré, est venu*, au lieu de *aurait atteint ; aurait réitéré ; serait venu*. Ce style barbare, disait Voltaire, commence à se glisser dans les papiers publics. On imprime que *sa majesté* AURAIT *reconnu qu'une telle province* AURAIT *été endommagée par les inondations*.

EXERCICE PHRASÉOLOGIQUE.

Je désirerais que vous fussiez plus poli.
Il serait à souhaiter que ces gens fussent plus tolérants.

On dirait qu'il va neiger.
On dirait qu'il va faire nuit.

N° DLV.

PRÉTENDU EMPLOI DU CONDITIONNEL AU LIEU DU FUTUR.

AVEC LE CONDITIONNEL.

Jésus-Christ a promis qu'il *viendrait* juger les vivants et les morts. (WAILLY.)

Vous m'avez dit que vous *reviendriez* le lendemain. (J.-J. ROUSSEAU.)

Vous avez bien prévu que cette lettre m'*attendrait*. (Id.)

J'ai toujours différé à vous faire réponse jusqu'à présent, que j'ai appris que vous ne *reviendriez* point. (Mme DE SÉVIGNÉ.)

Vous me direz que ces conditions vous paraîtraient merveilleuses, si vous pouviez vous assurer qu'Idoménée les *accomplirait* de bonne foi. (FÉNELON.)

AVEC LE FUTUR.

Quiconque leur promet qu'ils *trouveront* Jésus-Christ dans le désert, ou dans le secret de leur palais, est un faux prophète. (MASSILLON.)

Ceux qui se portent bien deviennent malades ; il leur faut des gens dont le métier soit de leur assurer qu'ils ne *mourront* point. (LA BRUYÈRE.)

Mais qui peut t'assurer qu'invincible au plaisir, Elle *conservera* sa première innocence ? (BOILEAU.)

Je n'oserais me promettre que vous me *ferez* cet honneur. (ACADÉMIE.)

Il y a plaisir d'être dans un vaisseau battu de l'orage, lorsqu'on est assuré qu'il ne *périra* pas. (PASCAL.)

On voit qu'on peut dire *il m'a promis qu'il viendra* ou *il m'a promis qu'il viendrait*, et l'usage préfère même le *conditionnel*, parce que l'exécution de ce qu'on promet dépend toujours de quelques conditions exprimées ou supposées.

Celui qui dit : *Je lui ai promis que je* VIENDRAI, parle d'un ton absolu et veut dire qu'il viendra positivement, que c'est une chose certaine et sur laquelle on peut compter; il ne pense pas, il ne suppose pas même que rien pourra y apporter obstacle; mais celui qui dit : *Je lui ai promis que je* VIENDRAIS, fait voir l'homme prudent, l'homme accoutumé à *andar co' calzari di piombo*, comme on dit en italien, et qui, sachant par expérience que souvent nos entreprises tournent d'une manière opposée à nos projets et à nos espérances, a présent à l'esprit le proverbe : *L'homme propose et Dieu dispose* ; son expression équivaut à celle-ci : *Je lui ai promis que je viendrais* SI RIEN NE M'EN EMPÊCHAIT, SI RIEN NE S'Y OPPOSAIT.

C'est donc à tort, selon nous, que Lemare et quelques autres grammairiens condamnent l'emploi du conditionnel dans cette circonstance. Il nous semble parfaitement répondre aux vues de l'esprit.

EXERCICE PHRASÉOLOGIQUE.

On nous a dit que vous consentiriez à faire cette démarche.
Votre frère m'a assuré que vous iriez à la campagne.
Le bruit a couru que je quitterais ce pays incessamment.

On nous a dit que vous consentirez à faire cette démarche.
Votre frère m'a assuré que vous irez à la campagne.
Le bruit a couru que je quitterai ce pays incessamment.

N° DLVI.

PRÉTENDU EMPLOI DU CONDITIONNEL POUR LE SUBJONCTIF.

AVEC LE CONDITIONNEL.	AVEC LE SUBJONCTIF.
Il semble que le roman et la comédie *pourraient* être aussi utiles qu'ils sont nuisibles. (LA BRUYÈRE.)	Il n'est espoir de bien, ni raison, ni maxime, Qui *pût* en ta faveur m'arracher une rime. (BOILEAU.)
Il pourrait arriver qu'en voulant perfectionner la scène française on la *gâterait* entièrement. (VOLTAIRE.)	Il n'y a que la discorde qui *puisse* troubler la félicité que les dieux nous préparent. (FÉNELON.)
Il semble que l'on *aurait pu* tirer un plus grand parti de l'invention de Caldéron. (*Id.*)	Il n'y a aucun de ses sujets qui ne *hasardât* sa propre vie pour conserver celle d'un si bon roi. (*Id.*)
Il obtint de lui qu'Eurydice *retournerait* parmi les vivants. (FÉNELON.)	On obtint du prince qu'il *consentît* de traiter d'égal avec l'archiduc. (BOSSUET.)

Dans les exemples de la première colonne et autres semblables, la condition sous-entendue, s'il est permis de parler ainsi, va presque sans dire. *La comédie et le roman* POURRAIENT *être aussi utiles*;... S'ILS ÉTAIENT TRAITÉS COMME IL CONVIENT. — *Il obtint de lui qu'Eurydice* RETOURNERAIT PARMI LES VIVANTS.... S'IL NE REGARDAIT PAS DERRIÈRE LUI, JUSQU'À CE QU'IL FÛT SORTI DES ENFERS...

Comme on le voit, on peut, en pareille occasion, se servir du subjonctif ou du conditionnel.

EXERCICE PHRASÉOLOGIQUE.

Il semble que l'on pourrait le faire.
Il semble qu'on pourrait le dire.

Il semble que l'on puisse le faire.
Il semble que l'on puisse le dire.

IMPÉRATIF.

N° DLVII.

EMPLOI CIRCONSPECT QU'ON DOIT FAIRE DE CE MODE.

AVEC L'IMPÉRATIF.	AVEC UNE AUTRE TOURNURE.
Connais-moi tout entière. (CORNEILLE.)	*Daigne* encor me conduire en ma saison dernière. (BOILEAU.)

Ah! sire, *écoutez*-nous. (BOILEAU.)	Ah! demeurez, seigneur, et *daignez* m'*écouter*. (RACINE.)
Accordez cette grâce aux larmes d'une mère. (RACINE.)	*Daignez* à mon amour *accorder* cette grâce. (*Id.*)
Cieux, *répandez* votre rosée. (*Id.*)	*Daigne, daigne*, mon Dieu, sur Mathan et sur elle *Répandre* cet esprit d'imprudence et d'erreur. (*Id.*)

L'impératif, dit Lemare, est le mode le plus rapide, celui qui est le plus propre à animer, à électriser l'auditeur. C'est surtout le mode de Jean-Jacques. Il convient très-bien dans le style élevé; les rois, les dieux mêmes ne s'en offensent point. C'est principalement le mode de la familiarité; c'est celui qui est le plus usité dans la famille. Les enfants eux-mêmes, élevés avec l'aimable liberté qui est seule capable de former des hommes, l'emploient avec grâce envers les auteurs de leur être.

Ce mode exprime non seulement que l'action doit se faire, mais qu'ELLE EST VOULUE PAR CELUI QUI PARLE. C'est donc le mode que les inférieurs, et même les égaux qui ne sont pas bien familiers entre eux, doivent employer avec circonspection. L'idée du *moi*, et surtout du MOI QUI COMMANDE, pourrait souvent effaroucher.

Pour adoucir ce que le commandement peut avoir de trop dur, on emploie des impératifs qui, par eux-mêmes, expriment une idée de soumission, tels que : *veuillez, daignez, faites-nous le plaisir ou l'honneur, ayez la bonté*, etc., etc., ainsi qu'on le voit dans la deuxième colonne.

EXERCICE PHRASÉOLOGIQUE.

Écoutez-nous. Laissez-nous parler.	Veuillez nous écouter. Daignez nous laisser parler.

N° DLVIII.

Faisons, courons, etc., AU LIEU DE *fais, cours*, ETC.

I.

Faisons, courons.	*Fais, cours.*
Courons chercher ma proie au fond du sanctuaire. *Osons* l'en arracher; Dieu me laissera faire. (CAS. DELAVIGNE.)	Ils t'ont rendu cruel, perfide, ingrat comme eux : *Renonce* à ton vieux père, *achève*, et *sois* heureux. (CAS. DELAVIGNE.)
Mourons; de tant d'horreurs qu'un trépas me délivre. (RACINE.)	Octave, n'*attends* pas le coup d'un nouveau Brute, *Meurs*, et *dérobe*-lui la gloire de ta chute. (CORNEILLE.)
Ne *tardons* plus, *marchons;* et s'il faut que je meure, *Mourons.* (RACINE.)	*Meurs*, puisque c'est un mal que tu ne peux guérir ; *Meurs* enfin, puisqu'il faut ou tout perdre ou mourir. (CORNEILLE.)
Mais *jouissons* plutôt nous-même de sa peine ; Et si Rome nous hait, *triomphons* de sa haine. (CORNEILLE.)	*Rentre* en toi-même, Octave, et *cesse* de te plaindre. Quoi, tu veux qu'on t'épargne, et n'as rien épargné! (*Id.*)

Dans les deux colonnes, le personnage se parle à lui-même; cependant, comme on peut le remarquer, il emploie deux formes différentes. Dans la première, il dit : *Courons, osons, mourons, marchons, jouissons, triomphons*, etc., et dans la seconde : *Renonce, achève, meurs*, etc. Il serait difficile de dire laquelle de ces deux manières est la plus usitée.

Le premier et le dernier exemple de la première colonne donnent lieu à une autre observation. On voit qu'après *courons*, C. Delavigne a fait usage de MA *proie*, tandis que Corneille a dit : *Jouissons* NOUS-*même*. D'où nous pouvons conclure qu'en cette circonstance, on peut à son gré se servir des adjectifs possessifs ou des noms personnels de la première personne du singulier ou du pluriel.

II.

A LA PREMIÈRE PERSONNE.	A LA DEUXIÈME PERSONNE.
Soyons vrais, de nos maux n'*accusons* que nous-mêmes. (VILLEFRÉ.)	*Soyez* sobre, attentif à placer votre argent, Ne *donnez* jamais rien et *prêtez* rarement. (VOLTAIRE.)
Retirons-nous, *sortons*. (RACINE.)	*Viens*, rentrons. (CAS. DELAVIGNE.)
Faisons notre devoir; les dieux feront le reste. (VOLTAIRE.)	*Commencez* par régler vos mœurs. (J.-B. ROUSSEAU.)
Chrétiens, en priant pour son âme, *songeons* à nous-mêmes. (BOSSUET.)	*Songez*, messieurs, qu'il y va de votre honneur, de votre intérêt. (ACADÉMIE.)

Quelquefois, pour tempérer la sécheresse de l'impératif, au lieu des formes *soyez, sortez, faites*, etc., on emploie la première personne plurielle, *soyons, sortons, faisons*. Par là on a l'air de se commander à soi-même comme aux autres. Cependant, il est des cas où les convenances exigeraient la périphrase. Par exemple, un subalterne, voyant ses supérieurs engagés dans une discussion, ne dira pas : Messieurs, DÎNONS ; *on a servi*; il dira : Messieurs, veuillez vous mettre à table, le dîner est servi. Mais ce sont plutôt là des leçons de politesse que de syntaxe.

EXERCICE PHRASÉOLOGIQUE.

Sortons.   Sortez.   Partons.   Partez.

N° DLIX.

Vas-y, parles-en, ETC.

SANS *s*.	AVEC *s*.
Va, vole, Corasmin, *montre*-lui cet écrit. (VOLTAIRE.)	Puisqu'on lui disait : *vas-y*, pourquoi n'aurait-il pas dit *irai-je-t-y*? Remarquez de plus avec quelle adresse il évitait l'hiatus de *irai-je y*, ou *y irai-je*? (J.-J. ROUSSEAU.)
Va, enfant, *va* parmi les ombres chercher ton père. (FÉNELON.)	Respecte ces tendres penchants, mon aimable ami; tu leur dois trop pour les haïr, mais *souffre-s-en* le cher et doux partage. (*Id.*)
Ah! de grâce! un moment *souffre* que je respire. (BOILEAU.)	Cousine, *songe-s-y* bien : voilà quel est le mari dont tu médites sans cesse de troubler indiscrètement le repos. (*Id.*)
Songe au moins, *songe* au sang qui coule dans tes veines. (VOLTAIRE.)	*Pense-s-y bien*, jeune homme; que sont dix, vingt, trente ans pour un être immortel? (*Id.*)
Va, les honnêtes gens se connaissent d'abord. (COLL. D'HARLEVILLE.)	Aime Cinna, ma fille, en cet illustre rang ; *Préfères-en* la pompe à celle de mon sang. (CORNEILLE.)
Regarde ce palais, contemple cette tour. (VOLTAIRE.)	*Pense-s-y* mieux, mon aimable amie; toi dont la morale est aussi facile et douce qu'elle est honnête et pure. (J.-J. ROUSSEAU.)
As-tu dit à la mer : *brise* ici ton orgueil? (CHATEAUBRIAND.)	Fais un grand feu bien ardent, *jette-s-y* tout ce fatras. (*Id.*)
Commence ici par moi, et si tu veux régner, *frappe*. (VOLTAIRE.)	
Si tu veux goûter le repos, *Sache* vivre avec tes égaux. (Mme JOLIVEAU.)	

Toute seconde personne singulière de l'impératif qui, par la conjugaison, n'est pas terminée par un *s*, prend cette lettre pour cause d'euphonie, lorsqu'elle est suivie du pronom *en* ou du pronom *y* : *Penses-y, vas-y*, RAPPORTEZ-EN *des fruits*, MANGEZ-EN *dans la route*, MÈNES-Y *des ouvriers*, etc.

Mais, dans le cas où les pronoms *en* et *y* sont compléments du verbe qui suit l'impératif, il peut y avoir une pause entre cet impératif et ces pronoms; dès lors on ne doit pas faire usage de la lettre euphonique : VA Y *mettre ordre*, SACHE *en trouver*, DAIGNE Y *mener ton père*, etc.

EXERCICE PHRASÉOLOGIQUE.

Pense à ton affaire.
Songe à l'avenir.
Ne donne de conseils à personne.
Va y mettre ordre.

Penses-y bien.
Songes-y sans cesse.
Donnes-en à tes amis.
Vas-y tout seul.

SUBJONCTIF.

Verbes toujours suivis du subjonctif.

N° DLX.

VERBES EXPRIMANT UNE IDÉE DE *prière*, DE *désir*, DE *commandement*, ETC.

Obéis, si tu VEUX qu'on t'*obéisse* un jour.
(VOLTAIRE.)
J'AIME MIEUX qu'Acante *soit* méchant que si je l'étais. (FÉNELON.)
Pierre le Grand ordonna qu'on n'entrerait dans les cloîtres qu'à cinquante ans, et il DÉFENDIT qu'on y *reçût*, à quelque âge que ce fût, un homme revêtu d'un emploi public. (VOLTAIRE.)
... Vous BRULEZ que je ne *sois* partie. (*Id.*)
Je CONSENS que mes yeux *soient* toujours abusés. (*Id.*)
SOUFFREZ que Bajazet *voie* enfin la lumière. (*Id.*)
Je ne M'ÉTONNE plus qu'il *craigne* de me voir. (CORNEILLE.)
Les devoirs de la société EXIGENT que l'on *ait* quelque ménagement pour l'amour-propre des hommes. (ACADÉMIE.)
FAUT-IL que les mortels ne *soient* heureux qu'en (VOLTAIRE.) [songe.
Il SOUHAITE en son cœur que ce Dieu ne *soit* pas. (BOILEAU.)

PRENDS GARDE que jamais l'astre qui nous éclaire
Ne te *voie* en ces lieux mettre un pied téméraire.
(RACINE.)
... Qui rit d'autrui
Doit CRAINDRE qu'en revanche on *rie* aussi de lui.
(MOLIÈRE.)
Combattant à vos yeux, PERMETTEZ que je *meure*.
(RACINE.)
Puisque vous le voulez, j'ACCORDE qu'il le *fasse*.
(CORNEILLE.)
Amilcar MÉRITAIT qu'on lui *confiât* le commandement de l'armée qui devait agir en Espagne.
(ROLLIN.)
EMPÊCHEZ qu'un rival vous *prévienne* et vous *brave*.
(CORNEILLE.)
Nous ne vous DEMANDONS pas qu'il *devienne* le vainqueur de l'Europe; nous vous DEMANDONS qu'il *soit* le père de son peuple. (MASSILLON.)
GARDEZ que ce départ ne leur *soit* révélé.
(RACINE.)
Je DÉSIRE que vous *soyez* plus heureux.
(ACADÉMIE.)

L'emploi du *subjonctif* est une des plus grandes difficultés de la langue française. Tous les cas où l'on doit faire usage de ce mode ne sont pas spécifiés dans la plupart des grammaires; on se tromperait même singulièrement si l'on regardait comme infaillibles les règles qu'elles établissent sur cette importante question. Nous allons remplir une partie de ces lacunes.

Dans la *théorie*, nous ferons voir, au moyen de nombreuses analyses, que le véritable génie du *subjonctif* est d'indiquer *une action ou une chose comme terme d'une* VOLONTÉ *annoncée dans une proposition antécédente*, proposition qui peut être exprimée ou sous-entendue.

Ainsi, pour reconnaître dans quel cas on doit faire usage du subjonctif, il faut considérer la nature du mot antécédent dont ce mode dépend, et examiner l'esprit ou l'intention dans laquelle aura été conçue la phrase entière. C'est donc par suite du principe que nous venons d'établir que, dans les exemples cités plus haut, les verbes qui suivent la conjonction *que* sont tous au subjonctif. En effet, on ne peut *prier*, *désirer*, *ordonner*, *souhaiter*, etc., sans VOULOIR que ce qui est l'objet de ces mouvements de l'âme soit effectué. On voit par là que, quelle que soit la forme par laquelle la VOLONTÉ est exprimée, soit de *prière*, de *désir*, de *commandement*, etc., notre principe n'en est pas moins vrai.

EXERCICE PHRASÉOLOGIQUE.

Je veux que...　　Il prétend que...　　Nous permettons que...　　Vous empêchez que...
Je désire que...　　Il aime mieux que...　　Nous souhaitons que...　　Gardez que...
Je souhaite que...　　Il consent que...　　Nous voulons que...　　Il faut que...
J'exige que...　　Il craint que...　　Nous demandons que...　　Ne vous étonnez pas que...

N° DLXI.

SUBJONCTIF APRÈS *être* SUIVI D'UN NOM OU D'UN ADJECTIF.

I.

IL EST JUSTE, grand roi, qu'un meurtrier *périsse*. (CORNEILLE.)

• IL N'EST PAS POSSIBLE qu'un esprit toujours rabaissé vers de petits objets *produise* quelque chose qui soit digne d'admiration et fait pour la postérité. (LESAGE.)

IL EST DIFFICILE, quand on aime la vérité, qu'on *n'ait* aussi du zèle pour la justice. (*Id.*)

Monsieur, IL EST IMPOSSIBLE que vous *voyiez* à présent ma maîtresse; elle est dans l'affliction la plus cruelle. (VOLTAIRE.)

Sans prendre avis, IL EST RARE qu'on *plaise*. (*Id.*)

Ces vérités sublimes, qu'il importe tant à l'homme de connaître, IL ÉTAIT ESSENTIEL que Dieu *daignât* les lui communiquer. (DE LA LUZERNE.)

IL SERAIT BON qu'on *obéît* aux lois. (PASCAL.)

IL ÉTAIT CONVENABLE que la nouvelle lumière se *répandît* par tout l'univers. (BOSSUET.)

IL ÉTAIT NÉCESSAIRE à la gloire de la religion que toute la raison humaine *fût* épuisée, pour rendre les hommes vertueux. (MASSILLON.)

IL EST TRISTE pour la France, si féconde en écrivains excellents, qu'elle *soit* le seul pays qui produise de pareils recueils d'ordures. (VOLTAIRE.)

IL EST TEMPS qu'il *paraisse* et qu'on tremble à sa vue. (VOLTAIRE.)

EST-IL NATUREL qu'Alaric *voulût* passer les Alpes et l'Apennin, lorsque Constantin, plus tremblant, s'offrait à sa conquête? (VOLTAIRE.)

Après ces locutions : *Il est juste*, *il est bon*, *il est nécessaire*, *il est essentiel*, *il est important*, *il est possible*, *il est convenable*, *il est rare*, *il est temps*, *il est difficile*, *il est indispensable*, *il est facile*, *il est impossible*, *il est urgent*, et autres semblables, qui marquent une nécessité, on se sert toujours du subjonctif; l'analyse va nous faire voir la raison de cet usage. *Il est juste qu'un meurtrier périsse*, est un abrégé de : *Il est juste* (LE POUVOIR QUI VEUT) *qu'un meurtrier périsse*. — *Il était nécessaire que toute la raison humaine se fût épuisée*, est pour *il était nécessaire* (L'ACTE QUI VOULAIT) *que toute la raison humaine se fût épuisée*, etc., etc. Ces analyses sont rigoureuses et ne ressemblent en rien à celles de Lemare, qui, selon sa coutume, substitue à *il est juste*, LA JUSTICE VEUT; à *il est nécessaire*, LA NÉCESSITÉ VEUT. Lemare doit savoir aussi bien que nous que substituer une phrase à une autre phrase, ce n'est pas l'analyser, c'est doubler la difficulté, car au lieu d'une phrase à examiner on en a deux.

II.

Je pris congé de ces deux époux en leur protestant que J'ÉTAIS RAVI que l'hymen *eût* succédé à leurs longues amours. (LESAGE.)

Hippolyte EST HEUREUX qu'aux dépens de nos jours Vous-même, en expirant, *appuyiez* ses discours. (RACINE.)

Ne SOYONS pas SURPRIS non plus que Lycurgue *ait* regardé l'éducation comme l'affaire la plus importante du législateur. (BARTHÉLEMY.)

Je ne suis point ÉTONNÉ que votre projet *soit* encouragé par M. de Sartines. (VOLTAIRE.)

Toutes les fois que le verbe *être* a pour attribut un adjectif marquant quelque émotion ou opération de l'âme, telle que celle produite par la *joie*, la *tristesse*, la *satisfaction*, le *mécontentement* ou la *surprise*, le verbe qui suit doit être au subjonctif.

EXERCICE PHRASÉOLOGIQUE.

Il est juste que...
Il est bon que...
Il était temps que...
Il serait possible que...
Je suis ravi que...

Il est facile que...
Il serait difficile que...
Il est rare que...
Il est heureux que...
Je suis enchanté que...

S'il était possible que...
Il serait convenable que...
Il est bien que...
Il est malheureux que...
Je suis désolé que...

Il est honteux que...
Il est bienséant que...
Il est urgent que...
Il est nécessaire que...
Je suis surpris que...

N° DLXII.

SUBJONCTIF APRÈS LES VERBES DITS *impersonnels*.

IL FALLUT qu'au travail son corps rendu docile,
Forçât la terre avare à devenir fertile. (BOILEAU.)

IL NE ME PLAÎT pas que vous *alliez* là.
(ACADÉMIE.)

Dans le vulgaire obscur si le ciel l'a placé,
Qu'IMPORTE qu'au hasard un sang vil *soit* versé?
(RACINE.)

IL ARRIVE bien difficilement qu'on *soit* malheureux pour ne pas savoir ce qui se passe dans le cœur des autres. (MARC-AURÈLE.)

Lorsqu'un verbe est précédé de l'un des impersonnels *il faut, il importe, il convient, il vaut mieux, il se peut, il plaît à, il peut se faire*, etc., il se met toujours au subjonctif, parce que ces impersonnels font naître l'idée d'une *volonté*, d'une *nécessité*. Aussi est-ce parce que les verbes impersonnels suivants, *il résulte, il s'ensuit, il paraît*, et autres semblables, n'expriment aucune idée de *volonté*, de *nécessité*, que le verbe qui vient après eux se met à *l'indicatif* et non au subjonctif.

EXERCICE PHRASÉOLOGIQUE.

Il faudrait que...
Il importe que...
Il se peut que...

Comment se peut-il que?
Il conviendrait que...
Il vaut mieux que...

Ne vaut-il pas mieux que...
Il ne convient pas que...
Il me plaît que...

Expressions après lesquelles on emploie toujours le subjonctif.

N° DLXIII.

Quelque, quel que, quoi que, ETC.

QUELQUE effort que *fassent* les hommes, leur néant paraît partout. (BOSSUET.)
QUI QUE *ce soit*, parlez, et ne le craignez pas. (RACINE.)
Mais dans *quelque* haut rang que vous *soyez* placé,
Souvent le plus heureux s'y trouve renversé. (TH. CORNEILLE.)
Si mince qu'il *puisse* être, un cheveu fait de l'ombre. (VILLEFRÉ.)

Du maître, QUEL QU'IL *soit*, peu, beaucoup, ou zéro,
Le valet fut toujours et le singe et l'écho. (PIRON.)

QUOI QUE vous *écriviez*, évitez la bassesse. (BOILEAU.)

QUOI QU'on *dise*, un ânon ne deviendra qu'un âne. (GROZELIER.)

On met toujours le subjonctif après les expressions *quelque..... que, quel que, qui que, quoi que, si..... que, à quoi que, de quoi que*.

EXERCICE PHRASÉOLOGIQUE.

Quelques richesses que vous ayez.
Quelles que soient vos richesses.
Qui que ce puisse être.

Quoi qu'il puisse arriver.
Quelque grand que soit son mérite.
Si riche qu'il soit.

N.° DLXIV.

Afin que, à moins que, avant que, en cas que, ETC., ETC.

L'on est mort AVANT QU'on *ait* aperçu qu'on pouvait mourir. (FLÉCHIER.)

BIEN QU'à ses déplaisirs mon âme *compatisse*. (CORNEILLE.)

Combien de fois a-t-on vu des hommes publics faire échouer des entreprises glorieuses à l'état, *de* PEUR QUE la gloire n'en *rejaillît* sur leurs rivaux. (MASSILLON.)

QUOIQUE le ciel *soit* juste, il permet bien souvent Que l'iniquité règne et marche en triomphant. (VOLTAIRE.)

Dieu vous place au-dessus des autres, AFIN QUE vous *soyez* les pères des peuples. (MASSILLON.)

AU CAS QUE ce qu'on en dit *soit* véritable. (PASCAL.)

Les hommes ont la volonté de rendre service JUSQU'À CE QU'ils en *aient* le pouvoir. (VAUVENARGUES.)

POUR QU'on vous *obéisse*, obéissez aux lois. (VOLTAIRE.)

Les puissances établies par le commerce s'élèvent peu à peu et SANS QUE personne s'en *aperçoive*. (MONTESQUIEU.)

Il fait bon craindre, encor QUE l'on *soit* saint. (LA FONTAINE.)

POURVU qu'on *sache* la passion dominante de quelqu'un, on est assuré de lui plaire. (PASCAL.)

SOIT QUE Julie *eût* étudié sa langue, et qu'elle la *parlât* par principes, SOIT QUE l'usage *suppléé* à la connaissance des règles, elle me semblait s'exprimer correctement. (J.-J. ROUSSEAU.)

L'amour-propre vit et règne absolument en nous, A MOINS QUE Dieu n'*ait* détruit son empire en versant un autre amour dans notre cœur. (NICOLE.)

LOIN QUE les peuples *soient* faits pour eux, ils ne sont eux-mêmes tout ce qu'ils sont que pour les peuples. (MASSILLON.)

On emploie toujours le subjonctif après les expressions suivantes :

Afin que.	De peur que.	Loin que.	Pour que.
A moins que.	De crainte que.	Non que.	Pourvu que.
Avant que.	En cas que.	Non pas que.	Quoique.
Au cas que.	Encore que.	Nonobstant que.	Sans que.
Bien que.	Si tant est que.	Où que.	Soit que.

EXERCICE PHRASÉOLOGIQUE.

Afin que vous soyez content.
A moins que je ne sorte.
Avant que son père revienne.

Quoique je le lui aie défendu.
Pour que tu puisses réussir.
Pourvu qu'elle me plaise.

N.° DLXV.

SUBJONCTIF APRÈS *que* EMPLOYÉ, DIT-ON, POUR *afin que, avant que, soit que, pour que, sans que, à moins que, jusqu'à ce que,* ET POUR *si.*

... Je ne vous quitte point,
Seigneur, QUE mon amour n'*ait* obtenu ce point. (CORNEILLE.)

QUE l'on *approuve* ou non ma fermeté sévère,
Qu'à l'univers surpris cette grande action
Soit un objet d'horreur ou d'admiration,
Mon esprit, peu jaloux de vivre en la mémoire,
Ne considère point le reproche ou la gloire. (VOLTAIRE.)

Si les hommes étaient sages et QU'ils *suivissent* les lumières de la raison, ils s'épargneraient bien des chagrins. (Cité par WAILLY.)

En vendange autrefois dans les lieux où nous sommes,
Peu de jours se passaient QU'IL n'*arrivât* mort [d'hommes] (REGNARD.)

On voit que toutes les fois que la conjonction *que* semble employée pour *afin que, avant que, soit que, sans que, pour que, à moins que,* etc., le verbe qui suit cette conjonction se met toujours au subjonctif. Pour l'analyse de ce *que*, nous renvoyons le lecteur au **chapitre des** *Conjonctions.*

EXERCICE PHRASÉOLOGIQUE.

Si vous revenez ici, et que je n'y sois pas...
Appliquez-vous, que vos parents soient contents.
Ne commencez pas que je vous avertisse.
Attendez que votre père revienne.

Que je lise ou que j'écrive, on y trouve toujours à redire.
Je ne puis rien dire que tu ne le saches.
Jamais on ne le punit qu'il ne l'ait mérité.
C'était une satisfaction pour moi que vous vinssiez me voir.

N° DLXVI.

SUBJONCTIF APRÈS *que* DIT IMPÉRATIF.

Qu'aux accents de ma voix la terre se *réveille*.
(J.-B. Rousseau.)

Que celui d'entre vous qui est sans péché lui *jette* la première pierre! (Le Maistre de Sacy.)

Qu'il *périsse*! aussi bien il ne vit plus pour nous.
(Racine.)

Lorsque vous ferez l'aumône, que votre main gauche ne *sache* point ce que fait votre main droite.
(Le Maistre de Sacy.)

C'est-à-dire : JE VEUX, JE COMMANDE QUE *la terre se* RÉVEILLE *aux accents de ma voix*, etc. Ce qui nous fait voir que dans ces sortes de phrases, le subjonctif est sous la dépendance du verbe *vouloir* sous-entendu.

EXERCICE PHRASÉOLOGIQUE.

Qu'il parte.
Qu'il soit jugé.

Que votre père ne le sache pas.
Qu'il soit pendu.

N° DLXVII.

SUBJONCTIF EMPLOYÉ AVEC ELLIPSE DU *que*.

Plût aux dieux qu'on *réglât* ainsi tous les procès;
Que des Turcs en cela l'on suivît la méthode!
(La Fontaine.)

Périsse le Troyen auteur de nos alarmes!
(Racine.)

Dût ma muse par là choquer tout l'univers,
Riche, gueux, triste ou gai, je veux faire des vers.
(Boileau.)

Écrive qui voudra ; chacun à ce métier
Peut perdre impunément de l'encre et du papier.
(Boileau.)

Tombe sur moi le ciel, pourvu que je me venge!
(Corneille.)

Majestueuses forêts, paisibles solitudes, qui plus d'une fois avez calmé mes passions, *puissent* les cris de la guerre ne troubler jamais vos résonnantes clairières !
(Bern. de Saint-Pierre.)

C'est-à-dire JE VOUDRAIS QU'IL PLÛT *aux dieux; quand bien même le sort* VOUDRAIT QUE *ma muse* DÛT *choquer tout l'univers*, etc.

On voit par là pourquoi, dans ces phrases où l'on manifeste particulièrement un vœu, un désir, on met le subjonctif.

EXERCICE PHRASÉOLOGIQUE.

Vivent les gens d'esprit!
Meurent les Grecs!

Périssent les méchants!
Dût-il en mourir.

N° DLXVIII.

Je ne sache point, que je sache.

Je ne sache pas d'avoir vu, dans ma vie, un pays plus antipathique à mon goût que celui-ci.
(J.-J. Rousseau.)

Je ne sache pas qu'il y ait eu d'hommes blancs devenus noirs.
(Buffon.)

Je ne sache pas qu'on ait jamais vu d'enfant en liberté se tuer. (J.-J. Rousseau.)

Je ne sache que trois peuples qui aient autrefois pratiqué l'éducation publique. (*Id.*)

Nous en dirons bientôt la raison, dont *je ne sache pas* que ses commentateurs se soient jamais occupés, quoiqu'ils l'aient ressassé de toutes les manières. (Bern. de Saint-Pierre.)

Mais la cause la plus générale du strabisme, et dont personne, *que je sache*, n'a fait mention, c'est l'inégalité de force dans les yeux. (Buffon.)

... *Je ne sache point* d'honneur si bien placé Dont on ne vienne à bout, dès qu'on a financé. (Hauteroche.)

D'habiles anatomistes ont analysé les organes de la vue et de l'ouïe, et aucun, *que je sache*, n'a développé le mécanisme de l'odorat. (Bern. de Saint-Pierre.)

On dit *je ne sache pas, nous ne sachions pas*, pour *je ne connais pas, nous ne connaissons pas*. Ces locutions ne sont d'usage qu'avec la négative, et appartiennent au style de la conversation; de même que les expressions *que je sache, que nous sachions*, qui s'emploient le plus souvent à la fin d'une phrase : *il n'y a personne que je sache*. Ce qu'il y a de particulier, c'est que cette manière de parler, qui est un véritable gallicisme, n'a lieu qu'à la première personne du singulier ou du pluriel, car on ne dit pas *tu ne saches pas, il ne sache rien*.

Selon Lemare, cette phrase unique est presque inexplicable.

Un autre grammairien pense que cette expression est elliptique, et qu'elle est pour *je suis arrivé à ce point de connaissance que je ne sache pas*. Ce grammairien n'entend rien à l'analyse; car, malgré son explication, le subjonctif reste encore à expliquer.

Pourquoi le subjonctif? dit M. Marrast. Pourquoi cet usage est-il propre au verbe *savoir* et à la première personne?

Il est toujours difficile d'expliquer des usages que des imitations, des circonstances particulières, l'influence du génie, quelquefois même que la mode a introduits. Dans les langues anciennes, on trouve quelques exemples semblables. Les Latins ne disaient pas *volo*, ils disaient *velim*. Quand on prononce la phrase en question, on suppose sans doute qu'on n'a pas présents à l'esprit tous les objets de comparaison qui pourraient s'offrir. On évite alors de donner à l'expression une valeur trop affirmative, et l'on emploie le mode dubitatif, *je ne sache rien*... C'est une manière délicate, un tour de convenance, et l'on voit facilement que l'on ne peut l'employer dans ce sens que quand l'on parle de soi.

Voilà pourquoi aussi cette locution ne s'emploie jamais qu'avec la négation. — On ne dit pas *je sache*, et quand cette phrase se trouve à la fin d'une autre proposition, c'est que celle-ci est déjà négative. *Il n'est venu personne que je sache. A-t-il été à la campagne? Non pas, que je sache.*

Ces exemples suffiront pour faire sentir que cette manière de s'exprimer indique toujours une sorte d'hésitation dans la pensée; on ne saurait la rendre que par le mode du verbe le plus propre à peindre cette nuance délicate entre l'affirmation et le doute.

Suivant Boniface, c'est à l'*euphémisme* qu'il faut rapporter cet emploi du subjonctif, et c'est aussi notre avis. En effet, *je ne sache pas* est une expression dubitative, et en quelque sorte palliative, qui affaiblit beaucoup l'opinion qu'on émet, et lui ôte ce qu'elle pourrait avoir de trop décisif ou d'absolu.

On peut s'en convaincre par l'analyse. Cette phrase de Buffon : *Je ne sache pas qu'il y ait eu d'hommes blancs devenus noirs*, n'est-elle pas pour : *Il est possible qu'il y ait eu des hommes blancs devenus noirs, mais le hasard* VEUT QUE JE NE LE SACHE PAS? C'est une des nombreuses délicatesses de notre langue.

Que je sache est un abrégé de l'expression suivante : (JE NE PENSE PAS) *que je* (LE) *sache*.

C'est donc à tort que Laveaux et presque tous les grammairiens ont avancé que le subjonctif, dans ces locutions, n'exige pas une proposition antécédente, car l'analyse que nous en avons donnée nous prouve le contraire. Seulement l'usage veut que cette proposition soit toujours ellipsée.

EXERCICE PHRASÉOLOGIQUE.

Je ne sache rien de plus précieux que la vertu.
Il n'a point été à la campagne, que je sache.
Nous ne sachions pas.

Je ne sache rien de si beau.
Il n'y a personne, que je sache.
Est-il venu quelqu'un ? Non pas, que je sache.

N° DLXIX.

EMPLOI DU SUBJONCTIF DANS LES PHRASES NÉGATIVES OU INTERROGATIVES.

PHRASES NÉGATIVES.

Je N'AI employé aucune fiction qui ne *soit* une image sensible de la vérité. (VOLTAIRE.)

Je NE VOUDRAIS PAS assurer qu'on le *doive* écrire. (BOILEAU.)

... NE CROIS PAS qu'elle *meure*. (RACINE.)

... L'innocence étonnée NE PEUT s'imaginer qu'elle *soit* soupçonnée. (CORNEILLE.)

... Je NE PUIS penser Qu'à feindre si longtemps vous *puissiez* vous forcer. (RACINE.)

Il NE PENSE PAS que personne *veuille* lui dresser des piéges. (LA BRUYÈRE.)

PHRASES INTERROGATIVES.

Ah! madame, EST-IL vrai qu'un roi fier et terrible Aux charmes de vos yeux *soit* devenu sensible? Que l'hymen aujourd'hui *doive* combler ses vœux? (CRÉBILLON.)

CROIS-TU que mes chagrins *doivent* s'évanouir A l'aspect d'un bonheur dont je ne puis jouir? (RACINE.)

CROIS-TU que dans son cœur il *ait* juré sa mort? (Id.)

L'homme, pour qui tout renaît, SERA-T-IL le seul qui *meure* pour ne jamais revivre? (LE TOURNEUR.)

Dieu juste! SERAIT-IL vrai que tu *visses* avec indifférence le crime triomphant et la vertu souffrante? (Id.)

PENSES-TU qu'en effet Zaïre me *trahisse*? (VOLTAIRE.)

On met le verbe de la proposition subordonnée au *subjonctif*, si la proposition principale est *négative* ou *interrogative*, parce que cette sorte de proposition exprime le doute, l'incertitude, etc. (1).

Il y a quelques exceptions à cette règle. On les verra plus loin.

EXERCICE PHRASÉOLOGIQUE.

Je ne pense pas qu'il ait raison.
Je ne soupçonne pas que cela soit ainsi!
Je ne crois pas qu'il ait appris l'italien.
Je ne gage pas que la girafe soit morte.
Je ne parie pas qu'elle soit encore vivante.

Pensez-vous qu'il ait raison ?
Soupçonnez-vous que cela soit?
Croyez-vous qu'il ait appris l'italien?
Gagez-vous que la girafe soit morte?
Pariez-vous qu'elle soit encore vivante?

---

(1) Molière, dans sa comédie des *Fâcheux* (acte III, sc. IV), a dit : *Tu penses qu'on te* CROIT? *Penser*, employé affirmativement, veut après lui l'indicatif et non le subjonctif; c'est le contraire, quand il est employé négativement ou interrogativement : *Tu penses qu'on te* CROIT; *ne pense pas qu'on te* CROIE; *penses-tu qu'on te* CROIE? Dans la phrase de Molière, le sens est interrogatif; mais la forme ne l'est pas, et elle devrait l'être; il lui était facile de mettre : *Penses-tu qu'on te* CROIE?

Tableaux comparatifs des verbes et des locutions qui, dans certains cas, réclament le SUBJONCTIF, et dans d'autres l'INDICATIF.

N° DLXX.

EMPLOI DU SUBJONCTIF OU DE L'INDICATIF APRÈS LES VERBES *ordonner, résoudre, arrêter, exiger, décider, commander*, etc.

SUBJONCTIF.

Un oracle fatal ORDONNE qu'elle *expire!*
Un oracle dit-il tout ce qu'il semble dire?
(RACINE.)

Nous l'avons vu ORDONNER qu'on *fléchit* les genoux devant la majesté présente.
(FLÉCHIER.)

Publius Valérius ORDONNA qu'on *séparât* les haches des faisceaux que les licteurs portaient devant les consuls.
(VERTOT.)

Il faut bien que je pleure.....
Mon insensible amant ORDONNE que je *meure*.
(CORNEILLE.)

Il est injuste D'EXIGER des hommes qu'ils *fassent*, par déférence pour nos conseils, ce qu'ils ne veulent pas faire pour eux-mêmes.
(VAUVENARGUES.)

INDICATIF OU CONDITIONNEL.

ORDONNÉ qu'il *sera* fait rapport à la cour
Du foin que peut manger une poule en un jour.
(RACINE.)

Il ORDONNA que les vétérans *recevraient* leurs récompenses en argent, et non en terres.
(MONTESQUIEU.)

Pittacus ORDONNA qu'un homme qui commettrait quelque faute étant ivre, *serait* puni doublement.
(FÉNELON.)

Dioclétien ORDONNA que les chefs des Manichéens *seraient* brûlés avec leurs écrits.
(CONDILLAC.)

On EXIGEA d'eux qu'ils *remettraient* aux Romains la place et le port de Lilybée, dans la Sicile.
(VERTOT.)

Laveaux et la plupart des grammairiens disent qu'après les verbes *ordonner, résoudre, arrêter, exiger, décider, commander*, on met toujours au subjonctif le verbe de la phrase subordonnée.

Cette règle est fausse, car nos citations prouvent qu'on peut employer l'indicatif ou le subjonctif : l'indicatif, quand l'exécution de l'ordre est tellement sûre, que l'action ordonnée, résolue, exigée, etc., peut être regardée comme un fait qui aura nécessairement lieu. Tels sont les ordres des souverains et ceux des cours de justice, qui, agissant au nom du souverain, en imitent le langage. *Ordonné qu'il* SERA *fait rapport*, est plutôt une déclaration d'un fait qu'un ordre ; il est déclaré qu'il sera fait, etc. (1).

On se sert, au contraire, du subjonctif lorsque les verbes *ordonner, décider, exiger*, etc., sont pris dans l'acception qui leur est propre, c'est-à-dire qu'ils marquent cette volonté *soudaine, seule, unique, indépendante et absolue*, et qu'ils sont l'expression de la volonté d'une seule personne.

---

(1) Bernardin de Saint-Pierre n'a pourtant pas observé cette distinction dans l'exemple suivant :
Un homme criminel était condamné à mourir de faim en prison ; sa fille vint l'y trouver et l'y nourrit de son lait. Le SÉNAT, instruit de cet acte de l'amour filial, ORDONNA que le père *fût* rendu à la fille, et qu'à la place de la prison on *élevât* un temple à la piété.
Voici néanmoins un fait historique qui nous paraît consacrer d'une manière irrévocable ce double emploi du verbe *ordonner*.
M. le président B*** de l'E*** eut le malheur de déplaire à Louis XV ; Sa Majesté, pour le punir du peu de respect ou de déférence qu'il avait montré envers la dignité royale, fit *ordonner*, par la cour même dont il était le président, son interdiction pour deux mois. En conséquence, le procureur du roi, en présence de toute la cour, et après les considérants d'usage, fut chargé de prononcer la sentence suivante :
La cour ORDONNE *que le S. B*** de l'E*** SERA interdit de ses fonctions de président, près de ladite cour, pendant deux mois.*
M. B*** de l'E*** ne put dévorer cet affront, et, quittant son fauteuil, il s'écria :
Et moi, messieurs, qui suis plus puissant que la cour, J'ORDONNE *qu'il* SOIT *interdit pour toujours.*

Il y a donc une grande différence entre *il ordonna qu'on leur fît grâce*, et *il ordonna qu'on leur* FERAIT *grâce*. — *Il ordonna qu'on leur* EÛT *grâce* peut se traduire par *il voulait, il désirait qu'on leur* FÎT *grâce, et il l'ordonna ;* — *il ordonna qu'on leur* FERAIT *grâce*, a le sens de *il déclara qu'on leur* FERAIT *grâce*.

EXERCICE PHRASÉOLOGIQUE.

Il ordonna qu'il fût décapité.
J'exige que vous le fassiez.

La cour ordonne qu'on informera sur les lieux.
Le sénat exigea d'eux qu'ils l'indemniseraient.

N° DLXXI.

SUBJONCTIF OU INDICATIF APRÈS LES VERBES *attendre, entendre, prétendre, se plaindre, supposer, douter.*

SUBJONCTIF.

N'ATTENDEZ pas que je vous *réponde* là-dessus.
(PASCAL.)

Le blé, pour se donner, sans peine ouvrant la terre,
N'ATTENDAIT pas qu'un bœuf, pressé par l'aiguillon,
Traçât à pas tardifs un pénible sillon.
(BOILEAU.)

Toute domination tend vers la tyrannie, car il est naturel à l'homme de PRÉTENDRE que sa volonté *fasse* loi. (MARMONTEL.)

De lui seul je PRÉTENDS qu'on *reçoive* la loi.
(BOILEAU.)

Non, s'il vous plaît, je N'ENTENDS pas que vous *fassiez* de dépense, et que vous *envoyiez* rien acheter pour moi. (MOLIÈRE.)

SUPPOSONS toutefois qu'encor fidèle et pure,
Sa vertu de ce choc *revienne* sans blessure.
(BOILEAU.)

Il n'a pas le droit de se PLAINDRE que le roi ne *vienne* pas à son secours. (Cité par APPERT.)

Je DOUTE que le ris excessif *convienne* aux hommes qui sont mortels. (LA BRUYÈRE.)

INDICATIF.

C'est là que nous ATTENDONS que notre espérance ne *sera* pas déçue. (PASCAL.)

J'ATTENDS du moins, j'ATTENDS de votre complaisance
Que désormais partout vous *fuirez* sa présence.
(RACINE.)

... Tu PRÉTENDAIS qu'en un lâche silence
Phèdre *ensevelirait* ta brutale insolence. (*Id.*)

On PRÉTEND que Thésée *a paru* dans l'Épire.
(*Id.*)

Quand je vous ai dit cela, j'ai ENTENDU que vous *n'iriez* pas le répéter à tout le monde.
(PLANCHE.)

Je SUPPOSE qu'un moine *est* charitable.
(LA FONTAINE.)

Nous nous sommes PLAINTS que la mort, ennemie des fruits que nous promettait la princesse, les *a ravagés* dans la fleur. (BOSSUET.)

Les tribuns disaient dans toutes les assemblées qu'ils s'étaient toujours bien DOUTÉS que les présents du sénat *cachaient* un poison secret.
(VERTOT.)

On voit qu'à la suite des verbes *attendre, entendre, prétendre, supposer, se plaindre, douter,* on emploie l'un ou l'autre mode, selon l'idée qu'on a dans l'esprit. Nous renvoyons aux dictionnaires pour la différence d'acception dans laquelle ces verbes peuvent être pris.

EXERCICE PHRASÉOLOGIQUE.

J'attends que vous me teniez parole.
Il prétend que tout vienne et dépende de lui.
J'entends que vous m'obéissiez.
Supposons qu'il revienne.

Je m'attends qu'il me manquera de parole.
Il prétend que tout vient et dépend de lui.
On entend par là qu'il le ferait s'il le voulait.
Nous supposons qu'il reviendra.

N° DLXXII.

VERBES SUIVIS DU SUBJONCTIF OU DE L'INDICATIF.

SUBJONCTIF.

PENSES-TU qu'en effet Zaïre me *trahisse ?*
(VOLTAIRE.)

INDICATIF.

PENSEZ-VOUS qu'il *s'agit* d'un forfait exécrable ?
Un vain bruit, un soupçon vous le rend vraisemblable.
(CHÉNIER.)

Et crois-tu qu'aisément elle *puisse* quitter
Le savoureux plaisir de t'y persécuter ?
(Boileau.)

On pensait, à Vitré, que *ce fussent* des Bohèmes.
(Mme de Sévigné.)

Elle semblait oublier son rang, et on ne s'apercevait pas qu'on *parlât* à une personne si élevée.
(Bossuet.)

Il ne faut pas juger qu'une chose *soit* naturelle parce qu'une religion fausse l'a consacrée.
(Montesquieu.)

Crois-tu donc que je *sois* insensible à l'outrage ?
(Corneille.)

Le croirai-je, seigneur, qu'un reste de tendresse
Vous *fasse* ici chercher une triste princesse ?
(Racine.)

Croyez-vous que cela *soit* d'une nécessité absolue ?
(Bossuet.)

Croit-on que dans ses flancs un monstre *m'ait* porté ?
(Racine.)

Je relisais sans cesse cette lettre, et ne pouvais me persuader qu'elle *fût* de Philoclès. (Fénelon.)

Je savais bien que Phénice était hors de Madrid depuis plus de deux ans ; mais j'ignorais qu'elle *fût* comédienne. (Le Sage.)

Il ne faut pas que vous pensiez, mon cher père, que je me *sois* donné si parfaitement à la musique, que j'aie négligé toute autre espèce de travail.
(J.-J. Rousseau.)

... Se peut-il que d'un cours si rapide
La victoire vous *ait* ramené dans l'Aulide ?
(Racine.)

On ne peut pas dire que Carthage *eût* entièrement renoncé à la gloire de l'étude et du savoir.
(Rollin.)

On ne saurait nier qu'un homme *n'apprenne* bien des choses quand il voyage, et qu'il étudie sérieusement les mœurs de tant de peuples.
(Fénelon.)

Crois-tu que, toujours ferme au bord du précipice,
Elle *pourra* marcher sans que le pied lui glisse ?
(Boileau.)

Je pensais que *c'était* un petit chien.
(Mme de Sévigné.)

Je ne m'aperçus pas que je *parlais* à lui.
(J.-B. Rousseau.)

Et sur quoi jugez-vous que j'en *perds* la mémoire ?
(Racine.)

Croirai-je qu'un mortel, avant sa dernière heure,
Peut pénétrer des morts la profonde demeure ?(*Id.*)

Croirai-je qu'une nuit *a pu* vous ébranler ?
(*Id.*)

Croyez-vous qu'alors il *acceptera* vos hommages ?
(Massillon.)

... Crois-tu, si je l'épouse,
Qu'Andromaque en son cœur n'en *sera* pas jalouse ?
(Racine.)

Il ne pouvait se persuader qu'il leur *était* importun. (La Bruyère.)

Il ne pouvait ignorer qu'il *était* le fils de David.
(*Id.*)

C'est abréger, et s'épargner mille discussions, que de penser de certaines gens qu'ils *sont* incapables de parler juste. (*Id.*)

Haïssez vos ennemis avec modération : car il se peut faire qu'ils *seront* vos amis dans la suite.
(Fénelon.)

Vous ne devez pas dire que je vous *ai* battu, mais qu'il vous semble que je vous ai battu.
(Molière.)

Je ne vous nierai point, seigneur, que ses soupirs
M'*ont* daigné quelquefois expliquer ses désirs.
(Racine.)

Comme on le voit par ces nombreuses citations, à la suite du même verbe, tantôt on emploie l'indicatif, tantôt le subjonctif ; l'indicatif, si la personne qui énonce ce verbe exprime une chose sur laquelle elle n'a point de doute, une chose certaine, positive, du moins dans son esprit ; on met le subjonctif dans le cas contraire. Chénier a dit avec l'indicatif : *Pensez-vous qu'il* s'agit *d'un forfait exécrable*, parce qu'il est certain qu'il *s'agit* réellement de cela. C'est comme s'il eût dit : Il s'agit d'un forfait exécrable, je le sais, j'en suis convaincu ; mais vous, le pensez-vous ? Voltaire, au contraire, fait dire à Orosmane avec le subjonctif : *Penses-tu qu'en effet Zaïre me trahisse ?* parce qu'il est dans le doute à cet égard, et qu'il désire que cela ne soit pas. Ce vers est elliptique : *Penses-tu qu'en effet* (la fatalité veut que) *Zaïre me* trahisse ?

D'après cela, il est évident, comme le dit très-bien Boniface, qu'il ne faut s'arrêter ni au matériel des mots, ni à la forme de la proposition primordiale, pour faire usage de l'indicatif ou du subjonctif ; le sens qu'on veut exprimer doit seul déterminer l'emploi de l'un ou de l'autre mode.

Interrogez-vous vous-même ; commencez par sentir, et votre expression sera presque toujours l'image fidèle de votre pensée :

    Ce que l'on conçoit bien s'exprime clairement,
    Et les mots pour le dire arrivent aisément.

Voilà la règle sûre, la seule qui soit fondée sur la nature, et qui ait dirigé nos bons écrivains dans leurs immortels chefs-d'œuvre, que la plupart des grammairiens n'ont pas assez profondément étudiés pour établir les lois du langage.

Nous ferons observer, avec Lemare, que, dans la seconde colonne, on n'interroge que pour le seul effet oratoire, que pour communiquer aux autres le sentiment, l'opinion à laquelle on est déjà arrêté. L'interrogation n'exprime point le doute, ne soumet point l'action qui suit à une volonté quelconque, libre ou nécessaire. C'est une simple formule, c'est l'interrogation des rhéteurs : elle est extrêmement fréquente.

Les grammairiens attribuent à la négation la même vertu qu'à l'interrogation ; mais les faits sont également contraires à cette nouvelle règle.

Il y a même beaucoup de phrases tout ensemble interrogatives et négatives, comme : *Ne trouves-tu pas que j'ai raison ?* où le verbe qui suit est à l'indicatif.

EXERCICE PHRASÉOLOGIQUE.

Le peuple, moins superstitieux, ne croit plus qu'il y ait des revenants.
Montrez-moi une faute que j'aie faite.
Vous vous figurez que ce soit un jeu.
Vous ne croyez pas que je puisse résister à cette douleur.
Pensez-vous que votre protection me soit nécessaire dans ce pays ?

Qu'il est insensé ! il ne croit pas qu'il y a un Dieu.
Montrez-moi la faute que j'ai faite.
Figurez-vous que c'est un jeu.
Vous ne croyez pas que je pourrai résister à cette douleur.
Pensez-vous que votre protection m'est nécessaire dans ce pays ?

N° DLXXIII.

Il suffit que, SUIVI DU SUBJONCTIF OU DE L'INDICATIF.

SUBJONCTIF.	INDICATIF.
Eh ! NE SUFFIT-IL PAS, seigneur, à vos souhaits QUE le bonheur public *soit* un de vos bienfaits ? (RACINE.)	Qu'il te SUFFISE donc, pour me justifier, QUE je *vis*, que j'*aimai* la reine le premier. (RACINE.)
... IL SUFFIT QUE vous nous *commandiez*, Vous nous verrez combattre et mourir à vos pieds. (RACINE.)	Et d'où a-t-il pris cela ? — Il n'importe d'où il l'ait pris. IL SUFFIT QUE les sentiments de ces grands hommes-là *sont* toujours probables d'eux-mêmes. (PASCAL.)
Je ne te dirai point où est ton père, IL SUFFIT QUE tu *sois* libre de le chercher. (FÉNELON.)	NE VOUS SUFFIT-IL PAS QUE *je l'ai condamné ?* NE VOUS SUFFIT-IL PAS QUE ma gloire offensée Demande une victime à moi seule adressée ? Que je le *hais* enfin ; seigneur, que *je l'aimai* ? (RACINE.)
Madame, qui vous presse ? IL SUFFIT QUE sa vue Désormais à vos yeux ne *soit* plus défendue. (RACINE.)	IL SUFFIT QUE l'on *est* contente du détour. (MOLIÈRE.)
Heureux ou malheureux, IL SUFFIT qu'on me *craigne*. (Id.)	Suffit que vous *devez* de vous être content. (REGNARD.)

Il suffit, disent les grammairiens, est toujours suivi du subjonctif. Cependant, sans égard à cette règle et à deux autres, d'après lesquelles le subjonctif est aussi de rigueur, savoir lorsque le membre de phrase qui précède est interrogatif ou négatif, Racine a dit :

Ne vous SUFFIT-IL pas que je l'*ai* condamné ?
Que je le *hais* ?

C'est-à-dire, ne *vous suffit-il pas de savoir que je l'ai condamné... que je le hais ?* Il ne s'agit là que de faits positifs, que de simples énonciations, et Racine aurait péché contre l'idéologie et fait plusieurs contre-sens, s'il n'avait à la fois violé les trois règles des grammairiens.

Pascal n'en a violé qu'une en disant : *Il suffit que les sentiments des grands hommes sont probables d'eux-mêmes;* c'est-à-dire, *il vous suffit de savoir que de tels sentiments sont probables.*

Ainsi, quand on veut affirmer une chose positive, on emploie l'indicatif : *Je l'ai condamné, cela suffit.* On se sert, au contraire, du subjonctif, quand le verbe qui suit *il suffit que* est sous la dépendance d'une volonté quelconque : *Nous voulons que vous nous commandiez, il le faut, et cela seul suffit.*

M. Planche, dans son *Dictionnaire de la langue oratoire*, prétend que l'ellipse qu'entraîne l'indicatif *qu'il te suffise que je vis*, pour *qu'il te suffise de savoir que je vis*, est une ellipse que le style poétique seul peut souffrir. Les exemples de Pascal et de Molière, et d'autres que nous pourrions citer, prouvent assez qu'elle est également permise en prose.

EXERCICE PHRASÉOLOGIQUE.

Il suffit qu'il le dise.
Il suffit qu'il l'ait touché.
Il suffit que cela soit permis.
Il suffit qu'on me craigne.

Il suffit qu'on l'a grondé.
Il suffit qu'on l'a averti.
Il suffit qu'on l'a prévenu.
Il suffit qu'on l'a condamné

N° DLXXIV.

Est-il possible? SUIVI DU SUBJONCTIF OU DE L'INDICATIF.

SUBJONCTIF.

Est-il possible que *vous vouliez* être malade, en dépit des gens et de la nature? (MOLIÈRE.)

INDICATIF.

Est-il possible que *vous serez* toujours embéguiné de vos apothicaires et de vos médecins? (MOLIÈRE.)

Ce n'est donc pas la phrase ou le verbe qui précède qui cause le subjonctif, car voilà les deux modes à la suite de *est-il possible?* Si Molière avait suivi la règle absolue que donnent les grammairiens, il aurait dit : *Est-il possible que vous soyez toujours embéguiné*, etc.? Mais il n'eût point exprimé sa pensée.

EXERCICE PHRASÉOLOGIQUE.

Est-il possible qu'il veuille se tuer?

Est-il possible que vous serez toujours mauvais sujet?

N° DLXXV.

Il semble que, SUIVI DU SUBJONCTIF OU DE L'INDICATIF.

I.

SUBJONCTIF.

IL SEMBLE QUE les climats extrêmement chauds *soient* contraires aux chevaux. (BUFFON.)

IL SEMBLE QUE la nature *ait employé* la règle et le compas pour peindre la robe du zèbre. (BUFFON.)

IL SEMBLE QUE l'esprit de mensonge que Dieu menaçait de répandre sur ses prophètes *soit* répandu sur tous les hommes. (MASSILLON.)

IL SEMBLE QU'on *soit* convenu que la bonne foi ne serait plus une vertu. (MASSILLON.)

INDICATIF.

IL SEMBLE QUE la rusticité *n'est* autre chose qu'une ignorance grossière des bienséances. (LA BRUYÈRE.)

IL SEMBLE QUE l'abondance *a épuisé* une de ses cornes dans nos jardins et dans nos campagnes. (BERN. DE SAINT-PIERRE.)

IL SEMBLE QU'il *est* moins rare de passer de l'antipathie à l'amour qu'à l'amitié. (LA BRUYÈRE.)

IL SEMBLE QU'une passion vive et tendre *est* morne et silencieuse. (LA BRUYÈRE.)

IL SEMBLE QUE de tout temps la vérité *ait eu* peur de se montrer aux hommes, et que les hommes *aient eu* peur de la vérité. (LA HARPE.)

Par la science l'homme ose franchir les bornes étroites dans lesquelles IL SEMBLE QUE la nature l'*ait* renfermé. (LE BATTEUX.)

IL SEMBLAIT QU'un sujet ainsi traité ne *dût* fournir qu'un acte; mais c'est le caractère du génie de répandre sa fécondité sur un sujet stérile, et de varier ce qui semble uniforme. (VOLTAIRE.)

IL SEMBLE QUE CE *soit* son plaisir favori
De laisser entrevoir que je suis son mari. (DESTOUCHES.)

Toutes les fenêtres brillèrent pendant toute la nuit d'un nombre infini de flambeaux et de bougies: IL SEMBLAIT QUE toute la ville *fût* en feu. (VERTOT.)

IL SEMBLE QUE nous *augmentons* notre être lorsque nous pouvons le porter dans la mémoire des autres: c'est une nouvelle vie que nous acquérons. (MONTESQUIEU.)

IL SEMBLE QUE la présence d'un étranger *retient* le sentiment et comprime des ames qui s'entendraient si bien sans lui. (SAINTINE.)

IL SEMBLERAIT du moins QU'un homme qui se hasarde à faire parler le législateur de notre poésie, *devrait* avoir lu l'Art poétique. (VOLTAIRE.)

IL SEMBLE QUE la nature *s'est fait* un plaisir de multiplier dans le même endroit les grands hommes, les grands artistes et la matière la plus propre à conserver le souvenir des uns et des autres. (BARTHÉLEMY.)

IL SEMBLE QUE le meilleur moyen *était* d'équiper des vaisseaux. (RAYNAL.)

Avec l'indicatif, *il semble* équivaut à *il est certain*, c'est une espèce d'euphémisme que l'on emploie pour ne pas avoir l'air tranchant; le mode du verbe suivant révèle assez la pensée de l'auteur: c'est l'expression de son jugement.

Avec le subjonctif, *il semble* exprime une supposition, ou met en question la proposition subordonnée; alors *il semble* a sa signification naturelle, il équivaut à *il peut être vrai*. *Il semble*, même dans ce cas, est très-souvent suivi de l'indicatif; c'est quand on a de fortes raisons pour croire que ce que l'on va dire est positif.

II.

Il me semble, il te semble que.

SUBJONCTIF.

IL ME SEMBLE QUE mon cœur *veuille* se fendre par la moitié. (Mme DE SÉVIGNÉ.)

VOUS SEMBLE-T-IL QUE le mohatra *soit* une chose si vénérable, *que ce soit* un blasphème de n'en pas parler avec respect? (PASCAL.)

Eh quoi! te semble-t-il que la triste Ériphile
Doive être de leur joie un témoin si tranquille? (RACINE.)

O toi qui me connais, te SEMBLAIT-IL croyable
Qu'un cœur toujours nourri d'amertume et de pleurs
Dût connaître l'amour? (RACINE.)

IL ME SEMBLE QUE ce *soit* une crise que la nature ait souhaitée. (Mme DE SÉVIGNÉ.)

INDICATIF.

IL ME SEMBLAIT QU'une flamme si belle
M'*élevait* au-dessus du sort d'une mortelle. (RACINE.)

IL ME SEMBLE QUE je *vois* l'accomplissement de cette parole d'un prophète: le roi pleurera, et les mains tomberont au peuple de douleur et d'étonnement. (BOSSUET.)

IL ME SEMBLE QU'un fils *devrait*, avec raison,
Ignorer ou cacher la faiblesse d'un père. (LA CHAUSSÉE.)

IL ME SEMBLE QUE qui sollicite pour les autres *a* la confiance d'un homme qui demande justice. (LA BRUYÈRE.)

A mesure que j'entrais dans le pays de ces profanes, IL ME SEMBLAIT QUE je *devenais* profane moi-même. (MONTESQUIEU.)

L'Académie, Féraud et quelques autres grammairiens, veulent qu'après *il me semble* on mette le subjonctif.

Le père Buffier, Ménage, Thomas Corneille et Wailly, pensent qu'on peut employer indifféremment le subjonctif ou l'indicatif.

Ni l'une ni l'autre de ces règles ne sont exactes, et nos citations en font assez foi.

C'est à celui qui parle de savoir ce qu'il veut dire, s'il veut représenter une action dépendante d'une volonté quelconque, libre ou nécessaire, et partant comme plus ou moins hypothétique, ou comme un fait plus ou moins positif. Dans le premier cas, il se servira du subjonctif, et de l'indicatif dans le second.

Quand Mme de Sévigné dit: *Il me semble que mon cœur* VEUILLE *se fendre*, elle n'est point du tout convaincue de ce qu'elle avance ; c'est comme si elle disait : *Je suis tentée de croire que mon cœur* VEUILLE *se fendre*.

Il n'en est pas de même lorsque Voltaire dit : *Il me semble que Corneille* A DONNÉ *des modèles de tous les genres*. Voltaire avance ici un fait positif, dont il ne doute nullement; il en est convaincu ; il a examiné et jugé.

D'après ces observations, et plus encore d'après nos citations, nous pensons, contre les grammairiens, qu'on doit faire usage : 1° de l'indicatif toutes les fois qu'on avance un fait positif, un fait dont on est entièrement convaincu ; 2° du subjonctif dans le cas contraire, c'est-à-dire quand l'esprit est dans le doute, dans l'incertitude.

EXERCICE PHRASÉOLOGIQUE.

Il me semble qu'il fait jour.   Il me semblait que ce dût être ainsi.

N° DLXXVI.

On dirait que, SUIVI DU SUBJONCTIF OU DE L'INDICATIF.

SUBJONCTIF.	INDICATIF.
ON DIRAIT QUE le livre des destins *ait* été ouvert à ce prophète. (BOSSUET.)	ON DIRAIT QUE Ronsard sur ses pipeaux rustiques *Vient* encor fredonner ses idylles gothiques. (BOILEAU.)
ON DIRAIT QUE l'ancienne Égypte *ait* craint que la postérité ignorât un jour ce que c'était que la mort, et qu'elle *ait* voulu, à travers les temps, lui faire parvenir des échantillons de cadavres. (CHATEAUBRIAND.)	ON DIRAIT QU'ils *ont* seuls l'oreille d'Apollon, Qu'ils *disposent* de tout dans le sacré vallon. (BOILEAU.)
Le nouvelliste connaît la marche de ces armées, il sait ce qu'elles feront et ce qu'elles ne feront pas ; vous DIRIEZ qu'il *ait* l'oreille du prince ou le secret du ministre. (LA BRUYÈRE.)	Enseigne-moi, Molière, où tu trouves la rime. ON DIRAIT, quand tu veux, qu'elle te *vient* chercher. (BOILEAU.)
ON DIRAIT QUE pour plaire, instruit par la nature, Homère *ait* à Vénus dérobé sa ceinture.	Cependant, à le voir, avec tant d'arrogance, Vanter le faux éclat de sa haute naissance, ON DIRAIT que le ciel *est soumis* à sa loi, Et que Dieu l'*a pétri* d'autre limon que moi. (*Id.*)
ON DIRAIT QUE le ciel, qui se fond tout en eau, *Veuille* inonder ces lieux d'un déluge nouveau. (BOILEAU.)	
ON DIRAIT, à vous voir assemblés en tumulte, Que Rome des Gaulois *craigne* encore une insulte. (CRÉBILLON.)	ON DIRAIT qu'ils *travaillent* pour des années éternelles. (MASSILLON.)

Lorsqu'on a de fortes raisons pour croire une chose, on emploie l'indicatif après *on dirait que*. S'il n'y a que de légères apparences, on met le subjonctif.

Avec l'indicatif, on a ellipse d'une phrase principale : *Si l'on croyait ces gens*, ON DIRAIT QU'ILS ONT... *A en juger par ta facilité*, ON DIRAIT QUE LA RIME TE VIENT CHERCHER.

Avec le subjonctif, ON DIRAIT équivaut à *il semble* dans sa primitive signification. *On dirait que le livre des destins* AIT ÉTÉ *ouvert à ce prophète* : on ne croit nullement que ce livre lui ait réellement été ouvert ; mais on peut le supposer, surtout imaginairement.

L'emploi du mode est si peu arbitraire après *on dirait*, que souvent l'on ne peut remplacer l'indicatif par le subjonctif, comme dans les exemples cités.

EXERCICE PHRASÉOLOGIQUE.

On dirait qu'il le craigne.   On dirait qu'il le craint.
On dirait que vous ayez été malade.   On dirait que vous avez été malade.

N° DLXXVII.

S'il est vrai que, SUIVI DU SUBJONCTIF OU DE L'INDICATIF.

SUBJONCTIF.	INDICATIF.
S'IL EST VRAI QU'Homère *ait* fait Virgile, c'est son plus bel ouvrage. (VOLTAIRE.) Mon bonheur ne finira pas même avec cette vie mortelle ; et, S'IL EST VRAI qu'il y *ait* différents lieux pour les âmes après la mort, je n'ai rien à craindre de ces endroits obscurs et ténébreux où sont relégués les méchants. (VERTOT.)	S'IL EST VRAI que *j'ai chassé* les ennemis de votre territoire ; que je leur *ai tué* beaucoup de monde dans deux combats ; que *j'ai forcé* les débris de leurs armées de s'enfermer dans leurs places... que vos tribuns se lèvent. (VERTOT.)

Quand il s'agit d'une action certaine, positive, de quelque chose sur quoi il n'y a aucun doute à former, on emploie l'indicatif ; quand il y a incertitude, on se sert du subjonctif.

EXERCICE PHRASÉOLOGIQUE.

S'il est vrai qu'il y ait un Dieu.   S'il est vrai qu'il y a un Dieu.

N° DLXXVIII.

Ce n'est pas que, SUIVI DU SUBJONCTIF OU DE L'INDICATIF.

SUBJONCTIF.	INDICATIF.
CE N'EST PAS QU'aisément comme un autre à ton char Je ne *puisse* attacher Alexandre et César. (BOILEAU.) CE N'EST PAS QUE ma plume injuste et téméraire *Veuille* blâmer en eux le dessein de te plaire. (BOILEAU.) Il est vrai que les Césars et les puissants du siècle ne crurent pas d'abord en Jésus-Christ, mais CE N'EST PAS QUE sa doctrine *réprouvât* leur état ; elle ne réprouvait que leurs vices. (MASSILLON.)	CE N'EST PAS QU'il *faut* pardonner quelquefois à celui qui, avec un grand cortége, s'en croit plus de naissance et plus d'esprit. (LA BRUYÈRE.) CE N'EST PAS QUE, depuis quelques années, les acteurs *ont* enfin hasardé d'être ce qu'ils doivent être, des peintures vivantes : auparavant ils déclamaient. (VOLTAIRE.)

On peut donc dire avec le subjonctif : *Les enfants demandent à être menés sévèrement. Ce n'est pas qu'IL NE FAILLE leur pardonner quelques petites fautes ;* ou bien avec l'indicatif : *Les enfants demandent à être menés sévèrement... Ce n'est pas qu'IL FAUT leur pardonner quelques petites fautes.*

L'analyse de la première phrase est celle-ci : *Ce n'est pas à dire pour cela que je pousse la sévérité jusqu'à prétendre qu'IL NE FAILLE pas leur pardonner quelques petites fautes.*

La seconde phrase peut s'expliquer ainsi : *Ce n'est pas que je ne convienne qu'IL FAUT leur pardonner quelques petites fautes.* On dit positivement qu'il faut pardonner.

Ce n'est pas que je ne pusse est un abrégé de : *Ce n'est pas à dire pour cela que, si je le voulais bien, je ne pusse...*

EXERCICE PHRASÉOLOGIQUE.

Ce n'est pas qu'il faille.   Ce n'est pas qu'il faut.
Ce n'est pas qu'il soit.   Ce n'est pas qu'il est.

N° DLXXIX.

Le seul, l'unique, SUIVIS DU SUBJONCTIF OU DE L'INDICATIF.

SUBJONCTIF.

On peut dire que le chien est LE SEUL animal dont la fidélité *soit* à l'épreuve. (BUFFON.)

Le présent est L'UNIQUE bien
Dont l'homme *soit* vraiment le maître. (J.-B. ROUSSEAU.)

La religion est LE SEUL mors que les rois *puissent* encore blanchir. (MARMONTEL.)

L'homme est LE SEUL des animaux qui *soit* obligé de se vêtir. (BERN. DE SAINT-PIERRE.)

L'homme est LE SEUL être qui *ait* honte de paraître nu. (*Id.*)

Dieu tout-puissant, rends-nous l'ignorance, l'innocence et la pauvreté, LES SEULS biens qui *puissent* faire notre bonheur et qui *soient* précieux devant toi. (J.-J. ROUSSEAU.)

Rome était une ville sans commerce et presque sans arts, le pillage était LE SEUL moyen que les particuliers *eussent* pour s'enrichir. (MONTESQUIEU.)

Virgile est LE SEUL poète latin qui *ait* excellé dans la pastorale. (HELVÉTIUS.)

La mâchoire inférieure est LA SEULE qui *ait* du mouvement dans l'homme et dans les animaux. (BUFFON.)

L'homme est LE SEUL animal qui *sache* qu'il doit mourir : triste connaissance, mais nécessaire, puisqu'il y a des idées. (BERN. DE SAINT-PIERRE.)

Je suis LE SEUL qui vous *connaisse*. (FÉNELON.)

La passion du devoir est LA SEULE qui *ait* fait de grandes choses, des choses qui *durent*. (DE BONALD.)

INDICATIF.

L'amour-propre est LA SEULE chose
Dont on ne *vient* jamais à bout. (NIVERNAIS.)

L'expérience tient une école où les leçons coûtent cher ; mais c'est LA SEULE où les insensés *peuvent* s'instruire. (FRANKLIN.)

Le Camoens fit naufrage sur les côtes de la Chine, et se sauva, dit-on, en nageant d'une main, et tenant de l'autre son poème, LE SEUL bien qui lui *restait*. (VOLTAIRE.)

La tendre jeunesse est LE SEUL âge où l'homme *peut* encore tout sur lui-même pour se corriger. (FÉNELON.)

Le génie poétique de Torquato, LA SEULE richesse qu'il *avait reçue* de son père, se manifesta dès l'enfance. (VOLTAIRE.)

Anéantir et créer sont les attributs de la toute-puissance ; altérer, changer, détruire, développer, renouveler, produire, sont LES SEULS droits que Dieu *a voulu* céder. (BUFFON.)

LA SEULE chose que nous ne *savons* point, c'est d'ignorer ce que nous ne pouvons savoir. (J.-J. ROUSSEAU.)

Nous sommes si imprudents que nous errons dans les temps qui ne sont pas à nous, et ne pensons point AU SEUL qui nous *appartient*. (PASCAL.)

Un lieu que VOUS SEUL *connaissez*. (RACINE.)

Souviens-toi que je suis LE SEUL qui *t'a déplu*. (FÉNELON.)

Dans presque toutes les grammaires, où il s'en faut bien que

Le sens et la raison y règlent toute chose,

on donne comme une règle constante, qu'après *le seul, l'unique,* etc., on doit toujours employer le subjonctif ; de sorte que ceux qui les ont lues n'osent jamais se servir de l'indicatif en pareil cas, excepté quand ils se trompent ou qu'ils y sont entraînés par la force même des choses. En vérité, il faut que les grammairiens n'aient jamais lu les auteurs classiques avec soin ; car, autrement, ils auraient trouvé des exemples sans nombre où l'indicatif est employé.

Nos citations nous permettent donc de substituer à la règle entièrement fausse des grammairiens, le principe suivant :

« Après ces mots *le seul, l'unique,* on met le verbe au subjonctif, quand l'idée n'est pas positive, quand elle tient du doute ; mais on le met à l'indicatif, lorsque l'idée est affirmative, qu'elle ne tient pas du doute. »

EXERCICE PHRASÉOLOGIQUE.

Il est le seul qui soit.
Elle est la seule qui ait.
L'unique objet qui m'appartienne.

Il est le seul qui est.
Elle est la seule qui a.
L'unique objet qui m'appartient.

(654)

Nº DLXXX.

Le premier, le dernier, SUIVIS DU SUBJONCTIF OU DE L'INDICATIF.

SUBJONCTIF.

Néron est LE PREMIER empereur qui *ait persécuté* l'Église. (BOSSUET.)

Les Égyptiens sont LES PREMIERS qui *aient* bien connu les règles du gouvernement. (ROLLIN.)

Vous serez LE PREMIER philosophe qui *ait* jamais *excité* un peuple libre, une petite ville et un état pauvre, à se charger d'un spectacle public. (J.-J. ROUSSEAU.)

Lucullus apporta du royaume de Pont LES PREMIERS cerisiers qu'on *ait vus* en Europe. (Cité par BONIFACE.)

Racine est LE PREMIER qui *ait su* rassembler avec art les ressorts d'une intrigue tragique. (THOMAS.)

C'est une DES DERNIÈRES épîtres que saint Paul *ait écrites*. (TRÉVOUX.)

Ma destinée a voulu que je fusse LE PREMIER qui *ait expliqué* à mes concitoyens les découvertes du grand Newton. (VOLTAIRE.)

S'il vous souvient pourtant que je suis LA PREMIÈRE Qui vous *ait appelé* de ce doux nom de père. (RACINE.)

Les intérêts de leur vanité sont LES DERNIERS qu'on *doive* ménager. (GÉOFFROY.)

M. Genoude est LE PREMIER qui *ait fait* passer dans la langue française la sublime poésie des Hébreux. (LAMARTINE.)

INDICATIF.

Malpighi est LE PREMIER qui *a fait* cette découverte et qui a donné à ces plantes le nom qu'elles portent. (BERN. DE SAINT-PIERRE.)

Les Céciniens furent LES PREMIERS qui *firent* éclater leur ressentiment. Ils entrèrent en armes sur le territoire des Romains. (VERTOT.)

LA PREMIÈRE CHOSE que *doit* faire après l'établissement des lois l'instituteur d'une république, c'est de trouver un fonds suffisant pour l'entretien des magistrats et autres officiers. (J.-J. ROUSSEAU.)

LE PREMIER de tous les peuples où l'on *voit* des bibliothèques est celui d'Égypte. (ROLLIN.)

Les Tyriens furent LES PREMIERS qui *domptèrent* les flots. (FÉNELON.)

Voyez le livre du père Annat; c'est LE DERNIER qu'il *a fait* contre M. Arnaud. (PASCAL.)

Voilà LE PREMIER livre (le firmament) que Dieu *a montré* aux hommes. (MASSILLON.)

Les Égyptiens prétendent être LES PREMIERS qui *ont établi* des fêtes et des processions pour honorer les dieux. (ROLLIN.)

J'ai fait voir que la grammaire grecque, qui est LA PREMIÈRE que nous *connaissons*, a été faite aussi par les Grecs. (FLEURY.)

Presque tous les grammairiens vous diront qu'après *le premier, le dernier*, on doit toujours faire usage du subjonctif; d'autres vous assureront aussi que quand *le premier* est immédiatement suivi du relatif *qui*, il est constamment accompagné du subjonctif; mais que s'il est suivi du relatif *que*, le subjonctif n'est guère usité. Lisez les écrivains, et vous n'y verrez rien de tout cela. En effet, nos citations prouvent qu'on peut employer l'indicatif ou le subjonctif après *le premier, le dernier*, suivis de *qui* ou de *que*. Cet emploi ne saurait être assujetti à quelques règles mécaniques; il dépend entièrement des vues de l'esprit. Bernardin de Saint-Pierre, en disant : *Malpighi est le premier qui A FAIT cette découverte*, affirme positivement, et ne pense pas que le fait qu'il avance soit susceptible d'être contesté; il en parle comme d'une chose positive, et dont il est entièrement sûr; voilà pourquoi il s'est servi du mode indicatif. Bossuet, en disant : *Néron est le premier qui AIT persécuté l'Église*, fait entendre qu'il le croit seulement; il y a doute dans son esprit, c'est ce qui l'a porté à mettre le subjonctif.

EXERCICE PHRASÉOLOGIQUE.

C'est le premier thème qu'il ait fait.
C'est la première faute qu'elle ait commise.

C'est le premier thème qu'il a fait.
C'est la première faute qu'elle a commise.

N° DLXXXI.

Le plus, la plus, le moindre, le meilleur, ETC., SUIVIS DU SUBJONCTIF OU DE L'INDICATIF.

I.

SUBJONCTIF.

LA PLUS noble conquête que l'homme *ait* jamais faite, est celle de ce fier et fougueux animal. (BUFFON.)

L'Évangile est LE PLUS beau présent que Dieu *ait pu* faire aux hommes. (MONTESQUIEU.)

L'argent qu'il m'a coûté m'a acquis LE PLUS cher et LE PLUS précieux ami que *j'aie* sur la terre. (FÉNELON.)

Racine, lu par les connaisseurs, sera regardé comme le poète LE PLUS parfait qui *ait écrit*. (LA HARPE.)

En effet, si la voix de la nature est LE MEILLEUR conseil que *doive* écouter un bon père pour bien remplir ses devoirs, elle n'est pour le magistrat qu'un faux guide qui travaille sans cesse à l'écarter des siens. (J.-J. ROUSSEAU.)

LE MEILLEUR usage qu'on *puisse* faire de son esprit est de s'en défier. (FÉNELON.)

LA MEILLEURE satire qu'on *puisse* faire des mauvais poètes, c'est de donner d'excellents ouvrages. (VOLTAIRE.)

Depuis plus de trois ans vous n'avez pas donné LA MOINDRE marque que vous me *connaissiez* seulement. (RACINE.)

C'était LA PLUS belle décoration qu'on *puisse* imaginer. Lebrun avait fait le dessin. (J.-J. ROUSSEAU.)

Le coup LE PLUS cruel, LE PLUS irréparable,
Que *puisse* nous porter le destin ennemi,
C'est de nous enlever un véritable ami. (CHATEAUBRUN.)

... La clémence est LA PLUS belle marque
Qui *fasse* à l'univers connaître un vrai monarque. (P. CORNEILLE.)

Les mouvements des planètes sont LES PLUS réguliers que nous *connaissions*. (BUFFON.)

INDICATIF.

C'était LA PLUS intrépide menteuse que *j'ai connue*. (MARIVAUX.)

J'ai fait de mon héros le portrait LE PLUS brillant et LE PLUS majestueux que *j'ai pu*. (VOLTAIRE.)

C'est LA PLUS belle occasion que *j'aurai* jamais de vous peindre tant d'illustres originaux, et la seule peut-être que vous aurez de les connaître. (J.-J. ROUSSEAU.)

Je suis le fils du grand Ulysse, LE PLUS sage des rois de la Grèce qui *ont renversé* la superbe ville de Troie. (FÉNELON.)

Ces désirs qui nous semblaient innocents ont remué peu à peu les passions LES PLUS violentes qui nous *ont mis* dans les fers que nous avons tant de peine à rompre. (Mad. DE LA VALLIÈRE.)

LE MOINS de servitude qu'on *peut* est le meilleur. (PASCAL.)

Je fais LA MEILLEURE contenance que je *puis*. (Mad. DE SÉVIGNÉ.)

LA MOINDRE louange qu'on *peut* lui donner, c'est d'être sorti de l'ancienne et illustre maison de La Tour d'Auvergne. (FLÉCHIER.)

C'est LE MOINDRE secret qu'il *pouvait* nous apprendre. (RACINE.)

LE PLUS grand mal que *fait* un ministre sans probité, c'est le mauvais exemple qu'il donne. (MONTESQUIEU.)

Nous vivons dans LA PLUS grande amitié qu'il *est possible*. (VOITURE.)

Madame Clot, bonne femme au demeurant, était bien la vieille LA PLUS grognon que je *connus* de ma vie. (J.-J. ROUSSEAU.)

Autre règle des grammairiens : *Après le* SUPERLATIF, *il faut toujours employer le subjonctif.*

S'il en était ainsi, que deviendraient nos classiques ?... de vastes recueils de fautes; car ils sont pleins d'exemples où l'on trouve l'indicatif.

Le moins de servitude que l'on PEUT *est le meilleur*, exprime un principe, un fait. *Le moins de servitude qu'on* PUISSE, etc., exprime plutôt un effort, un souhait.

Le plus grand mal que FASSE *un ministre*, et *le plus grand mal que* FAIT *un ministre*, ce n'est pas non plus la même chose.

II.

INDICATIF.

C'est la MOINDRE des choses que je lui *dois*.
(BOILEAU.)

Ce genre d'hommes, qui ne souffrent pas la MOINDRE des injures qu'ils *peuvent* repousser, font semblant de souffrir très-patiemment celles dont ils ne peuvent se défendre. (PASCAL.)

INDICATIF.

Nourri dans la plus absolue liberté, LE PLUS GRAND des maux qu'il *conçoit* est la servitude.
(J.-J. ROUSSEAU.)

La monarchie de France, LA PLUS ancienne et la plus noble de toutes celles qui sont au monde, commença sous lui. (BOSSUET.)

Pourquoi n'emploie-t-on pas ici le subjonctif? Parce que dans ces phrases et autres semblables le verbe n'est point le complément du superlatif, mais du génitif pluriel. *La plus noble de toutes celles qui sont au monde, la moindre des injures qu'ils peuvent recevoir, le plus grand des maux qu'il conçoit,* etc. Supprimez ces génitifs, et le subjonctif se produira naturellement. La France est la plus ancienne monarchie *qui soit au monde, la moindre injure qu'il puisse recevoir, le plus grand mal qu'il conçoive,* etc.

EXERCICE PHRASÉOLOGIQUE.

Le plus grand que j'aie.
Les meilleurs que nous ayons.

Le plus grand que j'ai.
Les meilleurs que nous avons.

N° DLXXXII.

Il n'y a que, il n'est que, ETC., SUIVIS DU SUBJONCTIF OU DE L'INDICATIF.

SUBJONCTIF.

J'ai remarqué qu'IL N'Y A QUE l'Europe seule où l'on *vende* l'hospitalité. (J.-J. ROUSSEAU.)

IL N'Y A jamais QUE la guerre et les combats effectifs qui *fassent* les hommes guerriers.
(ROLLIN.)

IL N'Y A POINT de montagne dans les îles de l'Archipel *qui* n'*ait* son église, ni de coteau à la Chine *qui* n'*ait* sa pagode.
(BERN. DE SAINT-PIERRE.)

IL N'Y A POINT de gens dont la conversation soit si mauvaise, qu'on n'en *puisse* tirer quelque chose de bon. (FÉNELON.)

INDICATIF.

La plupart des naturalistes ont cru qu'IL N'Y AVAIT qu'une espèce d'animal qui *fournit* le parfum qu'on appelle civette. (BUFFON.)

IL N'EST QUE trop d'esprits lâches et corrompus Qui *font* plier la loi sous le joug de l'usage.
(LA HARPE.)

IL N'Y A jamais eu QUE mademoiselle de Langeron à qui madame la princesse *a parlé*.
(FÉNELON.)

ON NE VOIT QUE des gens qui *font* aisément des choses médiocres; mais des gens qui en fassent, même difficilement, de fort bonnes, on en trouve très-peu. (BOILEAU.)

Après *il n'y a que, il n'est que, il n'y a point, on ne voit que,* les auteurs ont fait usage du subjonctif et de l'indicatif, selon l'idée qu'ils voulaient exprimer. Néanmoins, le subjonctif est le plus fréquemment employé.

Le subjonctif est également nécessaire lorsque *il n'y a, il y a, il n'est, il est,* sont suivis des mots *personne, peu, guère, rien, aucun, nul,* etc. Exemples :

IL N'Y A personne qui, en pareil cas, ne *négligeât* un intérêt si important. (VOLTAIRE.)

IL Y A peu de rois qui *sachent* chercher la véritable gloire. (FÉNELON.)

... IL N'EST POINT de peste
Qui *soit* plus dangereuse et qui soit plus funeste,
Que l'appât décevant, le poison séducteur
Que répand chaque jour la bouche d'un flatteur.
(BOURSAULT.)

IL N'Y A rien qui *rafraîchisse* le sang comme une bonne action. (LA BRUYÈRE.)

IL N'Y A aucun de ses sujets qui ne *hasardât* sa propre vie pour conserver celle d'un si bon roi.
(FÉNELON.)

IL N'EST PASSION qui *nuise* plus au raisonnement que la colère. (MONTAIGNE.)

Ainsi tous ceux qui cherchent Dieu sans Jésus-Christ ne trouvent AUCUNE lumière QUI les *satisfasse*. (PASCAL.)

... IL N'EST QUE les sots
Qui *puissent* regretter la vie. (JAUFFRET.)

Les changements d'état que fait l'ordre céleste
Ne coûtent point de sang, N'ONT RIEN QUI *soit* (P. CORNEILLE.) [funeste.

IL N'Y A guère de mots qui, étant heureusement placés, ne *puissent* contribuer au sublime. (VOLTAIRE.)

IL Y A PEU de conjonctures où il ne *faille* tout dire ou tout cacher. (LA BRUYÈRE.)

L'insatiable rapacité a cherché des dépouilles même où IL N'Y AVAIT GUÈRE de richesses qui *fussent* à son usage. (LA HARPE.)

EXERCICE PHRASÉOLOGIQUE.

Il n'y a que lui à qui je puisse.
Il n'est personne qui ne le sache.

Il n'est point d'homme qui n'ait.
Il n'y a rien qui ne soit.

N° DLXXXIII.

Qui, que, dont, où, SUIVIS DU SUBJONCTIF OU DE L'INDICATIF.

SUBJONCTIF.	INDICATIF.
Pompée aspirait à des honneurs QUI le *distinguassent* de tous les capitaines de son temps. (VERTOT.)	Croit-on que le dauphin regardât les honneurs, le sang ou la naissance, comme un droit QUI *dispense* d'être vertueux? (THOMAS.)
On ne trouvera pas aux connaissances humaines une origine QUI *réponde* à l'idée qu'on aime à s'en former. (J.-J. ROUSSEAU.)	De jaloux mouvements doivent être odieux, S'ils partent d'un amour QUI *déplaît* à nos yeux. (MOLIÈRE.)
Elle ne prendra jamais pour époux qu'un homme QUI *craigne* les dieux et QUI *remplisse* toutes les bienséances. (FÉNELON.)	Il n'est pas juste qu'on soit exposé après sa mort à des insultes QU'ON *aurait repoussées* pendant sa vie. (BARTHÉLEMY.)
Mentor voulait une grande quantité de jeux et de spectacles QUI *animassent* le peuple, mais surtout qui exerçassent les corps pour les rendre plus adroits, plus souples et plus vigoureux. (FÉNELON.)	Solon voulut que l'on donnât par choix les magistratures civiles QUI *exigeaient* une grande dépense, et que les autres fussent données par le sort. (MONTESQUIEU.)
Ne croyez-vous pas voir ce prince se mêler dans la foule des courtisans et dans les assemblées même de la ville, avec la bonté et la familiarité d'un homme QUI *n'eût* pas été distingué par tant d'endroits. (FLÉCHIER.)	Nous voudrions que les places et les dignités fussent disposées à notre gré; que nos conseils réglassent la fortune publique; que les faveurs ne tombassent que sur ceux A QUI notre suffrage les *avait destinées*; que les événements publics ne fussent conduits que par les mesures QUE nous *avions* nous-mêmes *choisies*. (MASSILLON.)
Caïus proposa de faire construire des greniers publics où l'on *pût* conserver une assez grande quantité de grains pour prévenir la disette des années de stérilité. (VERTOT.)	C'est l'usage constant de la Chine, le pays du monde où les impôts *sont* les plus forts et le mieux payés. (J.-J. ROUSSEAU.)
Si l'on prétend que j'ai commis quelque crime QUI *méritât* un tel traitement, je suis prêt à m'en purger. (VOLTAIRE.)	Mon frère croit qu'on ne donne le gouvernement de Salces qu'à une personne QUI se *chargera* de la récompense de cet enfant. (FÉNELON.)
Il n'y a point de pièce de théâtre QUI *ait* excité en moi tant de sensibilité. (Id.)	Nous ne pouvons malheureusement jouer que des pièces où il y a peu d'acteurs. (VOLTAIRE.)

On dit avec l'indicatif: J'habiterai un pays qui me PLAÎT, où je SERAI tranquille; que je POURRAI parcourir sans crainte, et dont la température EST douce. Et avec le subjonctif: J'habiterai un pays qui me PLAISE, où je SOIS tranquille, que je PUISSE parcourir sans crainte, et dont la température SOIT douce.

Dans le premier exemple, on met à l'indicatif les verbes des propositions complétives, parce qu'on veut exprimer une *idée positive, certaine*; il n'y a pour celui qui parle aucun doute sur le plaisir que lui *procurera* ce pays, sur la tranquillité dont il y *jouira*, etc.

Dans le dernier exemple, les mêmes verbes sont au *subjonctif*, parce qu'on veut exprimer quelque chose *d'incertain*, de *douteux*, sur quoi porte le *désir*, la *volonté*.

(658)

Dans le premier cas, le pays est connu de la personne qui parle ; elle sait qu'elle s'y *plaira*, qu'elle y *sera* tranquille, etc.

Dans le second, il s'agit d'un pays qu'on ne connaît point encore, qu'on cherche, *désirant* s'y *plaire*, y *être* tranquille, etc.

D'après les exemples cités, qu'il nous eût été facile de multiplier et d'appuyer de faits incontestables, il est évident qu'il ne faut ni s'arrêter au matériel des mots, ni à la forme de la proposition primordiale, pour faire usage de l'affirmatif ou du subjonctif : le sens qu'on veut exprimer doit seul déterminer l'emploi de l'un ou de l'autre mode.

EXERCICE PHRASÉOLOGIQUE.

J'épouserai une femme qui me plaise.
J'irai dans une retraite où je sois tranquille.

J'épouserai une femme qui me plaira.
J'irai dans une retraite où je serai tranquille.

N° DLXXXIV.

Tout... que, SUIVI DU SUBJONCTIF OU DE L'INDICATIF.

SUBJONCTIF.

Les évêques, TOUT successeurs des apôtres qu'ils *soient*, semblent moins l'être que les missionnaires.
(ARNAULT.)

TOUT auteur que je *sois*, je ne suis pas jaloux
  Que mon travail lui soit utile.   (REGNARD.)

Nous autres dieux, nous ne saurions mal faire.
TOUT dieux que vous *soyez*, je soutiens le contraire.
(*Id.*)

TOUTE dégradée que nous *paraisse* sa nature (de l'Esquimaux), on reconnaît, soit en lui, soit dans les arts qu'il pratique, quelque chose qui décèle encore la dignité de l'homme. (CHATEAUBRIAND.)

TOUT méfiants que *soient* les Arabes dans leurs relations domestiques, ils ont entre eux pour le commerce une confiance absolue.
(BIBLIOTHÈQUE DES VOYAGES.)

Tout intéressante que *soit* cette question, elle demeure presque insoluble d'après les données communes.   (CHATEAUBRIAND.)

INDICATIF.

Quelquefois un bruit sourd annonce un grand orage ;
Tout aveugle qu'*il est*, le peuple le présage.
(VOLTAIRE.)

Le Télémaque, TOUT admirable qu'*il est*, n'a pas pu obtenir parmi nous le titre de poème.
(DE LA LUZERNE.)

TOUT inconstant qu'il *est*, chevalier, entre nous,
  Je l'avouerai, j'aime encor mon époux.
(IMBERT.)

TOUT cassé QUE je *suis*, je cours toute la ville.
(CORNEILLE.)

TOUT mort QU'il *est*, Thésée est présent à vos yeux.
(RACINE.)

TOUT terrible qu'il *est*, j'ai l'art de l'affaiblir.
(VOLTAIRE.)

TOUT infaillibles qu'ils *sont*, les géomètres eux-mêmes se trompent souvent.   (PASCAL.)

Les hommes, TOUT ingrats qu'ils *sont*, s'intéressent toujours à une femme tendre, abandonnée par un ingrat.   (VOLTAIRE.)

Tout décrépit que vous *êtes*, on ne dira pas que vous êtes vieux comme un chemin.   (*Id.*)

L'emploi du subjonctif a pris un grand développement. Depuis quinze à vingt ans, on en fait usage après le mot *tout*, de même qu'après *quelque*. C'est une de ces nuances délicates qui s'effacent peu à peu de notre langue. Doit-on la regretter ? Il n'y a point de grammaires éternelles ; il faut changer avec le temps et se soumettre à l'usage. Qu'y peut-on faire ? On dit aujourd'hui : *tout habile qu'il* EST et *tout habile qu'il* SOIT. Tel est l'état actuel de la langue. On peut employer l'un ou l'autre mode, et même, dans le style oratoire, le subjonctif s'offre le plus souvent.

Celui qui dit : *Tout habile que vous* ÊTES, est convaincu que vous êtes habile, et il exprime son jugement par le mode consacré à l'affirmation, c'est-à-dire par l'indicatif ; mais celui qui dit : *Tout habile que vous* SOYEZ, ne présente pas votre habileté comme une chose positive, une chose qu'il reconnaisse comme évidente, et il exprime son jugement par le mode consacré au doute, le subjonctif. Cette expression est un abrégé de celle-ci : (BIEN) *que vous soyez habile* (DE) *tout* (POINT) (1).

L'emploi du mode après *tout* n'est donc pas une chose indifférente.

EXERCICE PHRASÉOLOGIQUE.

Tout savant qu'il est.	Tout savant qu'il soit.
Toute spirituelle qu'elle est.	Toute spirituelle qu'elle soit.
Tout inconstants qu'ils sont.	Tout inconstants qu'ils soient.

N° DLXXXV.

Jusqu'à ce que, SUIVI DU SUBJONCTIF OU DE L'INDICATIF.

SUBJONCTIF.	INDICATIF.
Le sceptre ne sortira point de Juda....., *jusqu'à ce que vienne* celui qui doit être envoyé. (BOSSUET.)	Lucain fut d'abord ami de Néron, *jusqu'à ce qu'il eut* la noble imprudence de disputer contre lui le prix de poésie. (VOLTAIRE.)
Des fosses profondes où l'on précipite chaque jour les femmes, les enfants, les vieillards, *jusqu'à ce qu'elles soient* remplies. (BERN. DE SAINT-PIERRE.)	Ces trois grands hommes commencèrent à demeurer dans la terre de Chanaan ; mais comme des étrangers, *jusqu'à ce que* la faim *attira* Jacob en Egypte. (BOSSUET.)

Existe-t-il une dépendance entre le verbe qui suit *jusqu'à ce que*? L'action exprimée par le second verbe est-elle le but auquel tend volontairement ou nécessairement le sujet? employez le subjonctif. Cette action est-elle fortuite, imprévue, indépendante du premier verbe? employez l'indicatif. Voici d'autres exemples avec ce dernier mode :

On ne voit plus que carnage ; le sang enivre le soldat, *jusqu'à ce que* ce grand prince *calma* les courages émus. (BOSSUET.)	Les Juifs osèrent s'y défendre contre l'armée de Titus, *jusqu'à ce qu'un soldat* romain ayant jeté une solive enflammée, tout *prit* feu à l'instant. (VOLTAIRE.)

Binet a dit, avec le présent :

On voit qu'il venait joindre ce guerrier et qu'il l'accompagne JUSQU'A CE QU'IL PÉRIT en combattant.

EXERCICE PHRASÉOLOGIQUE.

Accompagnez-le jusqu'à ce qu'il soit hors de la ville.	Je fus son ami jusqu'à ce que je m'aperçus qu'il disait du mal de moi.

INFINITIF.

N° DLXXXVI.

INFINITIF EMPLOYÉ COMME SUJET ET COMME COMPLÉMENT.

SUJET.	COMPLÉMENT.
Haïr est un tourment. (DE SÉGUR.)	On ne lui donne pas le loisir d'*achever*. (T. CORNEILLE.)
Aimer est un besoin de l'âme. (*Id.*)	L'ardeur DE *vaincre* cède à la peur DE *mourir*. (CORNEILLE.)

(1) Voyez *Tout* employé adverbialement, au chapitre des *Adjectifs déterminatifs*.

Mourir n'est rien; c'est notre dernière heure.
(SEDAINE.)

Dissimuler n'est pas mon caractère.
(VOLTAIRE.)

... *Tenir* vaut mieux mille fois que d'attendre.
(CORNEILLE.)

A *vaincre* sans péril on triomphe sans gloire.
(CORNEILLE.)

VOULOIR *tromper* le ciel, c'est folie à la terre.
(LA FONTAINE.)

Je voudrais *inspirer* l'amour de la retraite.
(*Id.*)

Tout infinitif peut s'employer comme sujet (première colonne), et figurer comme complément d'une préposition (*voyez* les trois premiers exemples de la deuxième colonne), ou comme complément d'un autre verbe (*voyez* les deux derniers exemples de la deuxième colonne).

EXERCICE PHRASÉOLOGIQUE.

Souffrir n'est rien.
Bâtir est beau.
Promettre est un.
Tenir est un autre.

Le désir de plaire.
Cela tend à nous ruiner.
Il voulait me tromper.
Pourquoi vouloir mentir?

N° DLXXXVII.

INFINITIF EMPLOYÉ SUBSTANTIVEMENT.

Ou plutôt que ne puis-je *au doux tomber* du jour...
(LAMARTINE.)

La paix nous devenait nécessaire comme *le manger* et *le dormir*. (VOLTAIRE.)

Le raisonner tristement s'accrédite. (*Id.*)

La sainteté n'est chose si commune,
Que *le jeûner* suffise pour l'avoir.
(LA FONTAINE.)

Le savoir-faire et l'habileté ne mènent pas jusqu'aux énormes richesses. (LA BRUYÈRE.)

Le voler des oiseaux frugivores n'est pas seulement destiné à leur faire traverser les airs, mais à les conduire à l'arbre dont ils mangent les fruits.
(BERN. DE SAINT-PIERRE.)

Enfin, le *nager* même des poissons est coordonné à leurs aliments. (*Id.*)

La solitude lui a préparé *le vivre* et le couvert.
(CHATEAUBRIAND.)

Le rire est sans doute l'assaisonnement de l'instruction et l'antidote de l'ennui. (LA HARPE.)

Le long dormir est exclu de ce lieu,
(LA FONTAINE.)

En tout il préférait *l'être au paraître*, et par là il s'attirait la considération véritable à laquelle il ne s'attendait pas. (VOLTAIRE.)

J'aurai beau protester, *mon dire* et mes raisons
Iront aux Petites-Maisons.
(LA FONTAINE.)

Rien n'est encor perdu; mon secret me demeure.
— Pauvre *avoir* que cela! (DORAT.)

Le *marcher* des quadrupèdes n'est pas seulement coordonné à la terre, mais aux herbes qui y croissent.
(BERN. DE SAINT-PIERRE.)

L'infinitif devient quelquefois un véritable substantif, et alors il est susceptible d'être déterminé et modifié comme les autres substantifs.

Il y a même quelques infinitifs tellement assimilés aux substantifs, qu'ils s'emploient au pluriel comme au singulier. Tels sont *le devoir* et *les devoirs*, *le pouvoir* et *les pouvoirs*, *le dire* et *les dires*, *le repentir* et *les repentirs*, *le souvenir* et *les souvenirs*, *l'avenir* et *les avenirs*, *le vivre* et *les vivres*, *le sourire* et *les sourires*.

Employé comme substantif, l'infinitif a l'avantage de représenter presque en action l'idée du nom qu'il remplace.

Nos anciens auteurs ont fait souvent usage de l'infinitif de cette manière. Les modernes n'ont pas craint de les imiter, mais avec plus de réserve. Ainsi aujourd'hui on ne dirait pas *un bon mourir*, *un triste vivre*, etc. En général, le génie de notre langue répugne à cet emploi de l'infinitif; mais ce sont souvent des délicatesses réservées aux plumes éloquentes et exercées.

EXERCICE PHRASÉOLOGIQUE.

Le boire.
Le manger.
Le dormir.

Le vivre.
Le mentir.
Le nager.

Le marcher.
Le jeûner.
Le rire.

N° DLXXXVIII.

EMPLOI DE L'INFINITIF DE PRÉFÉRENCE A TOUT AUTRE MODE.

AVEC L'INFINITIF.

L'offre flattait trop un convalescent mal en espèces et accoutumé aux bons morceaux pour *être* rejetée. (LE SAGE.)

Qu'on parle bien ou mal du fameux cardinal,
Ma prose ni mes vers n'en diront jamais rien :
Il m'a fait trop de bien pour en *dire* du mal;
Il m'a fait trop de mal pour en *dire* du bien. (CORNEILLE.)

Vos raisons sont trop bonnes d'elles-mêmes, sans *être* appuyées de ces secours étrangers. (RACINE.)

Suis-je un de tes sujets pour me *traiter* comme eux ? (VOLTAIRE.)

La chose est de trop de conséquence pour la *traiter* sérieusement. (Id.)

A ta faible raison garde-toi de te rendre,
Dieu t'a fait pour *l'aimer*, et non pour *le comprendre*. (Id.)

Le blaireau a les jambes trop courtes pour *pouvoir* bien courir. (BUFFON.)

Dites au roi, seigneur, de vous *l'abandonner*. (RACINE.)

Il croit *pouvoir* encor cacher sa trahison. (Id.)

Je sens ses larmes *baigner* mon visage. (MARMONTEL.)

Vous pensez tout *savoir*. (PIEYRE.)

Tout ce qu'elle s'imaginait *tenir* lui échappait tout-à-coup. (FÉNELON.)

Les hommes croient *être* libres quand ils ne sont gouvernés que par les lois. (MASSILLON.)

AVEC L'INDICATIF OU LE SUBJONCTIF.

L'offre flattait trop un convalescent mal en espèces et accoutumé aux bons morceaux pour *qu'elle fût* rejetée.

..... Il m'a fait trop de bien pour *que j'en dise* du mal; il m'a fait trop de mal pour *que j'en dise* du bien.

Vos raisons sont trop bonnes d'elles-mêmes, sans *que vous les appuyiez* de ces secours étrangers.

Suis-je un de tes sujets, *pour que tu me traites* comme eux ?

La chose est de trop de conséquence pour *qu'on la traite* sérieusement.

Dieu t'a fait pour *que tu l'aimes* et non pour *que tu le comprennes*.

Le blaireau a les jambes trop courtes pour *qu'il puisse* bien courir.

Dites au roi, seigneur, *qu'il vous l'abandonne*.

Il croit *qu'il peut* encore cacher sa trahison.

Je sens *que* ses larmes *baignent* mon visage.

Vous pensez *que vous savez* tout.

Tout ce qu'elle s'imaginait *qu'elle tenait* lui échappait tout-à-coup.

Les hommes croient *qu'ils sont* libres quand ils ne sont gouvernés que par les lois.

Il est dans le génie de notre langue de préférer, quand on peut, l'infinitif à tout autre mode; en effet, il débarrasse la phrase d'une foule de petits mots dont l'emploi fréquent rend la construction lourde et languissante. Voilà pourquoi l'on dit : *Avez-vous peur de* TOMBER? *Il vaut mieux* ÊTRE *malheureux que criminel; mon frère est certain* DE *réussir; je crois* AVOIR *fait ce que je devais*, plutôt que : *Avez-vous peur* QUE VOUS NE TOMBIEZ? *Il vaut mieux* QU'ON SOIT *malheureux que criminel; mon frère est certain* QU'IL RÉUSSIRA; *je crois* QUE J'AI *fait tout ce que je devais*.

EXERCICE PHRASÉOLOGIQUE.

Il a peur de se montrer.
Il craint de venir.

Il croit avoir tout dit.
Elle est sûre de réussir.

N° DLXXXIX.

PLUSIEURS INFINITIFS DE SUITE.

Croit-il le *pouvoir rompre*? (TH. CORNEILLE.)

Il crut *pouvoir saisir* la couronne. (CORNEILLE.)

Vous avez cru *devoir* en *user* autrement. (TH. CORNEILLE.)

Je croyais ne *devoir prendre* pour règle que l'Écriture et la tradition. (PASCAL.)

Nous crûmes *voir revenir* le temps des miracles.
(BOSSUET.)

Vous avez tort, mon ami, car vous n'ignorez pas combien vous m'êtes cher; mais vous aimez à vous le *faire redire*. (J.-J. ROUSSEAU.)

Une mère pour vous croit *devoir* me *prier*.
(RACINE.)

Ma tendre amitié ne vous est pas suspecte, et je n'ai que trop acquis de lumières pour *faire écouter* mes avis. (J.-J. ROUSSEAU.)

Il faut éviter d'employer plus de trois infinitifs de suite, compléments l'un de l'autre, comme dans : *Il ne faut pas* CROIRE POUVOIR *le* FAIRE SORTIR. *Je pense* POUVOIR ALLER *le* VOIR, ne choque l'oreille que par la consonnance en *oir*; car on dirait bien : *Je crois* POUVOIR ALLER *le* CHERCHER.

EXERCICE PHRASÉOLOGIQUE.

Il croit pouvoir nous faire sortir.
Elle croit pouvoir nous faire rougir.

Ils s'imaginent pouvoir nous faire honte.
Il pense pouvoir aller se promener aujourd'hui.

N° DXC.

L'INFINITIF EN RAPPORT SOIT AVEC LE SUJET DE LA PROPOSITION, SOIT AVEC LE COMPLÉMENT.

EMPLOI CORRECT.

Eh quoi! m'attendiez-vous à cette extrémité
Pour *m'oser* librement dire la vérité?
(DESTOUCHES.)

Le ciel, pour les *punir*, voulut les exaucer.
(VOLTAIRE.)

..... Et pour *être* approuvés,
De semblables projets veulent être achevés.
(RACINE.)

EMPLOI VICIEUX.

Qu'ai-je fait pour *venir* accabler en ces lieux
Un héros sur qui seul j'ai pu tourner les yeux?
(RACINE.)

Qu'ai-je fait pour *venir* troubler mon repos?
(Cité par BONIFACE.)

La vie de Pépin ne fut pas assez longue pour *mettre* la dernière main à ses projets. (*Id*.)

Nous avons dit, dans le numéro précédent, que l'infinitif est préférable à tout autre mode; mais cet emploi ne doit pas se faire aux dépens de la clarté. Ainsi l'on ne dit pas: *Qu'ai-je fait pour* VENIR *troubler mon repos?* ni *c'est pour* ÊTRE *utile à tes parents que je t'ai instruit.* La première phrase est louche, et la seconde équivoque. Il faut dire : *Qu'ai-je fait pour que* VOUS VENIEZ *troubler mon repos? C'est pour* QUE TU SOIS *utile à tes parents que je t'ai instruit.*

Néanmoins, s'il n'y a dans la phrase aucune ambiguïté, si la pensée est claire, et que l'on ne puisse se méprendre sur le véritable rapport de l'infinitif, ce mode peut être employé, quoiqu'il ne se rapporte point au sujet de la proposition principale. C'est donc à tort, selon nous, que Lemare regarde comme incorrects les passages suivants, qui, bien que contraires à la règle, se font très-aisément comprendre et n'ont rien d'équivoque :

Les moments sont trop chers pour les *perdre* en paroles. (RACINE.)

Sans t'en *avoir* rien dit, toutes choses sont préparées pour satisfaire mon amour. (MOLIÈRE.)

Toutes les conventions se passaient avec solennité pour les *rendre* plus inviolables.
(J.-J. ROUSSEAU.)

Tout, sans *faire* d'apprêts, s'y prépare aisément.
(BOILEAU.)

Pour *éviter* les surprises, les affaires étaient traitées par écrit dans cette assemblée. (BOSSUET.)

..... Pour mieux *cacher* ton jeu,
N'est-il pas à propos que je te rosse un peu?
(ANDRIEUX.)

Cet emploi de l'infinitif est très-fréquent, non seulement dans les écrivains du siècle de Louis XIV, mais encore dans ceux des siècles suivants, et surtout ceux de nos jours. Ce serait pousser un peu trop loin le purisme que de le regarder comme une faute.

EXERCICE PHRASÉOLOGIQUE.

Pour devenir savant, il faut étudier.

Pour me tirer des pleurs, il faut que vous pleuriez.

CONCORDANCE DES TEMPS ET DES MODES DES VERBES.

N° DXCI.

CONCORDANCE DES TEMPS DE L'INDICATIF.

Tandis que nous *parlons*, la mort *est* en ces lieux.
(VOLTAIRE.)

Vous *serez* mon ami quand vous me *quitterez*.
(MOLIÈRE.)

Aussitôt qu'il *eut porté* de rang en rang l'ardeur dont il était animé, on le *vit* presque en même temps pousser l'aile droite des ennemis.
(BOSSUET.)

Pendant qu'ils *étaient* aux Thermopyles, un Trachinien leur *disait* que le nombre de leurs traits suffirait pour obscurcir le soleil. (BARTHÉLEMY.)

Quand l'âge leur *eut donné* l'instinct de chercher eux-mêmes leur proie, cette famille se *dispersa* dans les bois. (RAYNAL.)

Lorsqu'il *était* laquais, il n'*était* pas si sage.
(QUINAULT.)

Quand ce corps *a quitté* son armée, ç'*a* encore *été* une désolation. (Mme DE SÉVIGNÉ.)

Pendant qu'avec un air assuré il *s'avance* pour recevoir la parole de ces braves gens, ceux-ci, toujours en garde, *craignent* la surprise de quelque nouvelle attaque. (BOSSUET.)

Quand j'*avais tué* quelque oiseau pour ma nourriture, il *fallait* que je me traînasse contre terre, avec douleur, pour aller ramasser ma proie.
(FÉNELON.)

Je ne *serais* pas *venu* à bout d'achever, quand j'*aurais travaillé* toute la journée.
(ACADÉMIE.)

Il y a dans les temps des verbes un rapport de détermination qu'il n'est pas permis d'ignorer. Ce rapport, ou cette correspondance, est souvent fondée sur l'usage, qui, lui seul, établit toutes les règles.

C'est le temps du verbe principal qui prescrit au second verbe le temps qu'il doit prendre; et la correspondance dans les verbes ne peut avoir lieu que dans la phrase composée, où plusieurs verbes dépendent les uns des autres.

La concordance des temps de l'indicatif entre eux n'offre aucune difficulté; elle est enseignée par l'usage. Voici néanmoins le tableau des principaux rapports des temps de l'indicatif et du conditionnel.

CONCORDANCE DES TEMPS DE L'INDICATIF ET DU CONDITIONNEL.

Je LIS { quand vous LISEZ. / quand vous AVEZ LU.

Je LISAIS { quand vous ÉCRIVIEZ. / quand vous ÉCRIVÎTES. / quand vous AVEZ ÉCRIT.

Je LUS { quand vous le VOULÛTES. / quand j'EUS FINI DE JOUER.

J'AI LU { aussitôt que vous l'AVEZ VOULU. / pendant que vous ÉCRIVIEZ. / après que vous AVEZ LU DINÉ.

Quand j'EUS LU / Après que j'EUS LU / Dès que j'EUS LU } on commença

J'AVAIS LU { quand vous ENTRIEZ. / quand vous ENTRÂTES. / quand vous ÊTES ENTRÉ. / quand vous FÛTES ENTRÉ. / que vous N'ÉTIEZ PAS encore ENTRÉ.

Je LIRAI { si vous le DÉSIREZ. / si vous AVEZ FINI votre ouvrage. / quand vous VOUDREZ. / quand vous l'AUREZ DIT.

Je LIRAIS { quand vous SERIEZ RENTRÉ. / si vous le VOULIEZ. / si vous AVIEZ FINI.

J'AURAIS LU { pendant que vous AURIEZ ÉCRIT. / si tu l'AVAIS VOULU.

CONCORDANCE DES VERBES LIÉS PAR LA CONJONCTION *que*.

On m'ASSURE { que vous ÊTES PARTI ce matin. / que vous ÉTIEZ PARTI hier avant moi. / que vous PARTIRIEZ aujourd'hui, si, etc. / que vous SERIEZ PARTI hier, si, etc. / que vous FUSSIEZ PARTI plus tôt, si, etc.

On m'ASSURE { que vous PARTEZ aujourd'hui pour Paris / que vous PARTIREZ demain. / que vous SEREZ PARTI, si, etc. / que vous PARTIREZ hier, si, etc. / que vous PARTÎTES hier.

N° DXCII.

CONCORDANCE DES TEMPS DU SUBJONCTIF AVEC CEUX DE L'INDICATIF.

Il *veut* que je le *serve*. (RACINE.)
Je *voudrais* que les philosophes *voulussent* bien nous dire pourquoi tant de cailloux, de pierres et de rochers, sont rompus, et par éclats, dans presque toutes les parties du monde.
(BERN. DE SAINT-PIERRE.)

Vous *avez* bien *voulu* que je vous *fisse* attendre?
(MOLIÈRE.)

Quand ils *eurent* goûté la douceur de la victoire, ils *voulurent* que tout leur *cédât*. (BOSSUET.)

Il est aisé de voir que le second verbe se met au présent ou au passé, selon que le premier verbe exprime l'une ou l'autre de ces deux époques. Pour faire mieux saisir les divers rapports de concordance qui existent entre les temps du subjonctif et ceux de l'indicatif, nous allons les réunir dans le tableau suivant :

CONCORDANCE DES TEMPS DU SUBJONCTIF.

Je veux
Je voudrai   } que tu *viennes*.
Quand j'aurai voulu

Je veux
J'ai voulu
Je voudrai   } que tu *aies écrit*.
Quand j'aurai voulu

Je voulais
Je voulus, j'ai voulu
J'avais voulu   } que tu *vinsses*.
Je voudrais
J'aurais voulu

Je voulais
Je voulus, j'ai voulu
Quand j'eus voulu
J'avais voulu   } que tu *eusses écrit*.
Je voudrais
J'aurais voulu   } que tu *fusses venu*.

Nous ne pouvons nous empêcher de faire ici une observation. Il faut bien se garder de croire que l'on doive toujours, et dans tous les cas, suivre les règles de concordance établies dans ce tableau : qu'on sente bien ce qu'on veut exprimer, si c'est un présent, un passé ou un futur, simples ou modifiés par les idées accessoires de simultanéité, d'antériorité, de postériorité ou de condition, et l'on trouvera sans peine la forme verbale destinée à peindre chacune de ces idées. Les numéros suivants feront sentir toute l'importance de cette observation.

N° DXCIII.

EMPLOI DE *je fusse* APRÈS UN PRÉSENT OU UN FUTUR, ET DE *je sois* APRÈS UN PASSÉ OU UN CONDITIONNEL

Je fusse.

Je ne *crois* pas que vous me *jugeassiez* sans m'entendre, et que vous me *jugeassiez* si sévèrement.
(J.-J. ROUSSEAU.)

Je *doute* même que le sieur Pissot *poussât* l'impudence jusqu'à réclamer quelques droits sur les écrits que j'ai eu la bêtise de lui laisser imprimer. (*Id.*)

Quoique je ne *pense* pas trop bien de nos mœurs actuelles, je ne les *crois* pas encore assez mauvaises pour qu'elles *gagnassent* de remonter à l'amour. (*Id.*)

L'on ne *voit* aucun intérêt sensible qui *dût* le porter à faire ce qu'il fit. (*Id.*)

Je sois.

Vous *avez exigé* qu'aux yeux de votre cour
Ce grand événement se *cache* encore un jour.
(VOLTAIRE.)

J'*aimerais* autant qu'on nous *défendît* de boire, dans la crainte que quelqu'un ne *s'enivre*. (*Id.*)

Dieu *a voulu* que les vérités divines *entrent* du cœur dans l'esprit, et non de l'esprit dans le cœur.
(PASCAL.)

Et si nous n'*étions* seuls, malgré ce que je vois,
Je ne *croirais* jamais que l'on *s'adresse* à moi.
(CRÉBILLON.)

Je doute qu'on *osât* mettre Aristote et Ptolémée en comparaison avec le chevalier Newton et M. Cassini. (J.-J. ROUSSEAU.)

Supposons qu'il *expliquât* après cela son système, et *proposât* son moyen prétendu. (*Id.*)

Il *n'est* espoir de bien, ni raison, ni maxime,
Qui *pût* en ta faveur m'arracher une rime. (BOILEAU.)

Il y a plus de quarante ans que *je dis* de la prose sans que j'en *susse* rien. (MOLIÈRE.)

Crois-tu que je ne *susse* pas à fond tous les sentiments de mon père? (*Id.*)

Ce n'est pas qu'on *disputât* rien aux rois, ou que personne *eût* droit de les contraindre. (BOSSUET.)

Ce n'est pas que *j'eusse* mieux fait que vous. (Mme DE SÉVIGNÉ.)

On *craint* qu'il *n'essuyât* les larmes de sa mère. (RACINE.)

Vous avez beaucoup de grâces à rendre à Dieu de ce qu'il *a permis* qu'il ne vous *soit* arrivé aucun accident. (RACINE.)

Les Romains de ce siècle *n'ont pas eu* un seul poète qui *vaille* la peine d'être cité. (BOILEAU.)

Quelle raison *aurait-on* de vouloir que cette expression *soit* malhonnête? (*Id.*)

Depuis deux ans entiers qu'*a-t-il dit*, qu'*a-t-il fait*, Qui ne *promette* à Rome un empereur parfait? (RACINE.)

Allez dire à ce vieillard : Pour qui plantez-vous? Il vous répondra : Pour les dieux immortels, qui *ont voulu* que je *profite* du travail de ceux qui m'ont précédé, et que ceux qui me suivront *profitent* du mien. (D'OLIVET.)

L'empereur *a commandé* qu'il *meure*. (RACINE.)

Je ne *fis* rien qui *vaille*. (J.-J. ROUSSEAU.)

Qu'on corrige ces passages sur les règles de nos grammaires, dit Lemare, voilà autant de contre-sens que de phrases.

*On craint qu'*IL N'ESSUIE *les larmes de sa mère*, changerait l'idée d'Andromaque, et signifierait : *Il essuiera les larmes de sa mère, et on le craint*. Mais la veuve d'Hector est bien loin d'espérer un tel bonheur. *On craint qu'il n'essuyât*, fait penser à la condition tacite qu'elle y met. *On craint qu'il n'essuyât les larmes de sa mère, si on le lui laissait.*

Depuis deux ans entiers, qu'a-t-il dit, qu'a-t-il fait,
Qui ne *promît* à Rome un empereur parfait?

eût aussi tout changé, et n'eût pu s'entendre de Titus qui doit régner, et qui, en effet, régnera.

Ainsi l'on ne peut régler le choix du temps du subjonctif sur le verbe qui précède. C'est donc en vain qu'on se fatigue à multiplier les recettes, elles sont toutes en défaut.

C'est à l'idée qu'il faut s'attacher.

La même phrase présente quelquefois des temps différents sous la même dépendance ; c'est que chacun de ces temps, comme nous l'avons déjà remarqué, est l'expression d'une idée particulière :

Soit que Julie *eût étudié* la langue et qu'elle la *parlât* par principes, soit que l'usage *supplée* à la connaissance des règles, *elle me semblait* s'exprimer correctement. (J.-J. ROUSSEAU.)

L'affaire fut résolue par les suffrages d'une compagnie composée de trois cents hommes. Qui croirait que le secret *eût été* gardé, et qu'on n'*ait* jamais rien *su* de la délibération que quatre ans après? (BOSSUET.)

Baléazar est aimé des peuples ; *il n'y a aucune famille* qui ne lui *donnât* tout ce qu'elle a de biens, s'il se trouvait dans une pressante nécessité ; *il n'y a aucun de ses sujets* qui ne *craigne* de le perdre, et qui ne *hasardât* sa propre vie pour conserver celle d'un si bon roi. (FÉNELON.)

Ces exemples, ainsi que la plupart des précédents, suffisent pour prouver que les règles sur *la correspondance des temps*, qu'on s'obstine à établir dans la plupart des grammaires, loin d'être utiles, peuvent occasionner de graves erreurs, en mettant en contradiction l'expression avec la pensée. C'est sans doute à ces règles erronées que nous autres, pauvres grammairiens, nous devons la qualification d'*enfileurs de mots*.

EXERCICE PHRASÉOLOGIQUE.

Crois-tu que je ne le susse pas ?
Ce n'est pas que je voulusse.
On craint qu'il ne se tuât.

Dieu a voulu que nous soyons mortels...
Je ne vois rien là qui dût le porter à cette extrémité.
Supposons qu'il vînt.

N° DXCIV.

EMPLOI DU PRÉSENT OU DE L'IMPARFAIT DU SUBJONCTIF APRÈS UN PASSÉ OU UN CONDITIONNEL.

Qu'on puisse.

C'*était* là une des plus belles fêtes que l'on *puisse* voir. (Mme DE SÉVIGNÉ.)

Je n'ai pu encore aller à Livry, quelque envie que j'en *aie*. (*Id.*)

Je la laissai seule décider la plus grande affaire que je *puisse* avoir de ma vie.

Qu'on pût.

C'*était* la plus belle décoration qu'on *pût* imaginer. (Mme DE SÉVIGNÉ.)

Je n'ai pu encore aller à Livry, quelque envie que j'en *eusse*.

Je la laissai seule décider la plus grande affaire que je *pusse* avoir de ma vie. (MONTESQUIEU.)

Ici est encore en défaut la règle des grammairiens qui veut qu'après un passé ou un conditionnel on mette l'imparfait du subjonctif.

Mme de Sévigné, en disant : *C'était là une des plus belles fêtes que l'on* PUISSE *voir*, veut faire entendre *qu'*ON PEUT *voir des fêtes*, et que *c'était là une des plus belles*. Son intention est d'exprimer un présent ; elle a voulu, au contraire, exprimer un passé lorsqu'elle a dit : *C'était la plus belle décoration qu'on* PÛT *imaginer;* ce qui peut se traduire par : *On* POUVAIT *voir des décorations, et c'était là la plus belle*.

Traduisez de même : *Je n'ai pu encore aller à Livry, quelque envie que j'en* AIE, par *je n'ai pu aller à Livry, et cependant j'en* AI *grande envie;* et *je n'ai pu encore aller à Livry, quelque envie que j'en* EUSSE, par *je n'ai pu aller à Livry, et cependant j'en* AVAIS *grande envie*.

C'est à l'idée seule qu'on veut exprimer, répéterons-nous en terminant, qu'il faut s'attacher, et non à la forme du verbe de la proposition primordiale : les mots, ainsi que le dit très-bien Boniface, ne s'enfilent point comme les perles.

EXERCICE PHRASÉOLOGIQUE.

C'était le plus joli garçon qu'on puisse voir.
Je n'ai pu encore le voir, quelque envie que j'en aie.

C'était le plus joli garçon qu'on pût voir.
Je n'ai pu encore le voir, quelque envie que j'en eusse.

CHAPITRE VI.

DES PARTICIPES.

N° DXCV.

NATURE DU PARTICIPE. — SA DÉFINITION.

PARTICIPE PRÉSENT.

Une horrible maigreur creuse leurs flancs avides,
Qui toujours *s'emplissant* demeurent toujours vides.
(DELILLE.)

Des bataillons armés *combattant* dans les nues.
(VOLTAIRE.)

Poignards à double lame et *frappant* en deux sens.
(Id.)

Toutes sont donc de même trempe,
Mais *agissant* diversement. (LA FONTAINE.)

Qu'on ne vous trouve point tous deux *parlant* en-
(MOLIÈRE.) [semble.

Les Maures *descendant* de leurs montagnes parcouraient et pillaient l'Afrique. (DE SÉGUR.)

Ils te prodigueront des vins délicieux,
Des vins *brillant* dans l'or et versés par les dieux.
(DELILLE.)

PARTICIPE PASSÉ.

Plusieurs personnes *ont* ÉCRIT en prose sur les jardins.
(DELILLE.)

... Les orages
Ont CESSÉ de gronder sur ces heureux rivages.
(VOLTAIRE.)

La justice *a* DESCENDU en ce lieu. (ACADÉMIE.)

Nos imprudents aïeux *n'ont* VAINCU que pour lui.
(VOLTAIRE.)

Voilà qu'elle *a* FINI, l'ouvrage aux yeux s'expose.
(MOLIÈRE.)

Les Français *s'étaient* OUVERT une retraite glorieuse par la bataille de Fornoue. (VOLTAIRE.)

Il crut *avoir vu* des miracles, et même en *avoir fait*.
(Id.)

Les *participes*, telle est la partie importante du discours qui va nous occuper; les participes, l'épouvantail des enfants, la ressource consolante de l'ignorant pédadogue, le sujet des méditations du vrai grammairien! Cependant, comme l'a remarqué M. Lévi, à qui nous empruntons ces réflexions, aucun point de notre grammaire n'a été traité avec plus de détails; des volumes entiers ont été consacrés à l'examen des différents systèmes sur ce qu'on est convenu d'appeler le *participe présent* et le *participe passé*. Les ouvrages de Lemare, de Bescher et de tant d'autres, quoique lumineux et remplis de faits, empêchent-ils les professeurs timides ou ignorants de se courber devant l'idole de la routine? Non! Quelques grammairiens établissent des règles que d'autres combattent et rejettent avec dédain; ceux-ci admettent des exceptions que ceux-là condamnent et proscrivent; les doutes de quelques-uns se changent par d'autres en décisions; enfin chaque professeur veut avoir un système à part. On rougirait d'écrire ou de penser comme son collègue; et s'il arrive qu'on ait fait imprimer une opinion erronée, on n'avoue sa faute que *in petto*, et l'on meurt, comme le dit Domergue, dans l'impénitence finale! Mais d'où vient que nos grammatistes ne dirigent pas leurs attaques vers la théorie compliquée, difficile et importante de la préposition; vers l'emploi, souvent embarrassant, du subjonctif; vers la nature encore mal connue du verbe? C'est qu'il faut, même pour exprimer ses doutes, de la capacité, des connaissances, et, plus que tout cela, le désir et la volonté de s'éclairer; et la plupart de nos maîtres ne sont pas assez instruits pour *savoir qu'ils ne savent rien*... Ce qu'ils savent, c'est qu'il existe dans la langue française un *petit mot* appelé *participe* sur lequel les meilleurs grammairiens ne s'accordent pas; vite, ils s'en emparent

Tel savant a cru devoir se faire un système : ils s'en créent un aussi ; la question était embrouillée : ils la compliquent davantage ; aux exceptions que présente une règle, ils ajoutent d'autres exceptions ; ils ont enfin leur *traité des participes!* Et les voilà, censurant avec orgueil ceux qui ne pensent pas comme eux, frayant une route nouvelle à leurs élèves, qui, tout fiers d'être les seuls à écrire tel ou tel *participe* de telle ou telle manière, bondissent de joie sur les bancs de la classe des *participes;* car, vous le savez, les jeunes demoiselles s'écrient : Nous sommes en *participes !* avec le même enthousiasme que nos collégiens disent : Nous sommes en *philosophie !* Voilà comment nos éternelles discussions répandent dans l'esprit des élèves l'incertitude et l'erreur. Vingt professeurs, vingt systèmes. Serait-il donc impossible de fondre toutes les opinions sur les participes et d'en former un corps de doctrines sûres et invariables qui fût l'expression de la majorité des grammairiens, et servît dès lors de guide et de régulateur suprême?

Sans aspirer à un tel succès, nous nous contenterons de développer cette matière importante avec le plus de clarté possible, afin de la mettre à la portée de tous les esprits.

Disons d'abord un mot de la nature du participe.

Le participe est ainsi nommé, en ce qu'il semble participer de deux natures : de celle du verbe et de celle de l'adjectif. Invariable sous le premier rapport, et, sous le second, prenant, comme tout autre adjectif, l'accord du nom ou pronom dont il modifie l'acception.

La seule difficulté est de savoir distinguer si le mot dont on cherche la valeur a la nature du verbe ou celle de l'adjectif.

Quand il a la qualité de verbe, on le nomme *participe*, non que l'on veuille entendre que sa nature alors soit indécise, et qu'il participe d'aucune autre ; mais ce mot *participe* étant consacré par l'usage, nous l'adoptons, sans trop d'égard pour sa signification. Lorsqu'il a celle d'adjectif, comme susceptible d'une étude particulière, nous le tirons de la classe générale, et nous le désignons sous le titre d'*adjectif verbal*, adjectif ayant certaine analogie avec le verbe.

On distingue deux sortes de participes, que les uns indiquent sous le nom de participe *présent*, participe *passé;* connus, suivant d'autres, sous celui de participe *actif*, participe *passif*. Il ne nous serait pas difficile de démontrer que ni l'une ni l'autre de ces dénominations n'est exacte ; mais, sans donner trop d'importance aux mots, nous emploierons la première comme la plus usitée.

Le *participe présent* ajoute au mot dont il modifie l'acception, l'idée d'une action faite par ce mot ; il est terminé en *ant*, et est toujours invariable. Il est nommé *présent*, parce qu'il marque toujours un temps présent par rapport à une autre époque : AIMANT *la poésie, je* LIS, *je* LUS, *je* LIRAI *Racine et Boileau.*

Le *participe passé* ajoute au mot qu'il qualifie l'idée d'une action reçue par ce mot ; il a sa terminaison :

1° En *é*, comme *aimé, alarmé, été, né*, etc.

2° En *i*, comme *fini, bruni, noirci, refroidi*, etc.

3° En *u*, comme *couru, vu, lu, reçu*, etc.

4° En *aint*, comme *plaint, craint, contraint*, etc.

5° En *eint*, comme *peint, feint, ceint, astreint*, etc.

6° En *is*, comme *surpris, compris, repris, pris, sursis*, etc.

7° En *it*, comme *écrit, inscrit, décrit, prescrit*, etc.

8° En *ait*, comme *fait, contrefait, extrait*, etc.

9° En *us*, comme *reclus, inclus*, etc.

10° En *os*, comme *clos, éclos, enclos*, etc.

11° En *ous*, comme *résous, absous*, etc.

12° En *ort*, comme *mort*, etc.

13° En *ert*, comme *ouvert, couvert, découvert*, etc.
14° En *oint*, comme *joint, rejoint*, etc.
15° En *eu*, comme *eu* dans *j'ai eu*.

Les participes passés joints au verbe *avoir* servent à former les temps composés, et c'est sans doute ce qui leur a valu le nom de participes *passés*, car les temps composés sont des temps passés (1).

Nous traiterons d'abord du participe présent.

DU PARTICIPE PRÉSENT.

N° DXCVI.

ORTHOGRAPHE PRIMITIVE DU PARTICIPE PRÉSENT JUSQUE VERS LE MILIEU DU DIX-HUITIÈME SIÈCLE.

Ces enfants bienheureux, créatures parfaites,
Ayants Dieu dans le cœur, ne le peuvent louer.
(MALHERBE.)

Estantes illec les dames arrivées,
A piteux cris et les mains élevées,
Firent leurs vœux.   (HENRI ÉTIENNE.)

Petits ruisseaux y furent ondoyants,
Toujours *faisants* autour des prés herbus
Un doux murmure.   (MAROT.)

Pour ce que j'appellerai de leurs oreilles *escoutantes* mal à elles-mêmes, quand elles escouteront bien.   (HENRI ÉTIENNE.)

Ces corsaires incontinent s'approchèrent et vinrent côtoyer notre navire, *tenants* le gué. (AMYOT.)

Las! que dira la Grèce, à mon retour,
Tous ceux d'Argos ou du pays d'entour,
   Sachants ta mort?   (SALEL, 1545.)

Sur quoi le laisse, et vint droit rencontrer
Les deux Ajax *se faisants* accoutrer
   De leurs harnois.   (Id.)

Agamemnon, grande injure te font
Tous les Grégeois qui sous ta charge sont,
Entreprenants de retourner en Grèce.   (Id.)

On voit que nos anciens écrivains variaient indistinctement les participes présents, même ceux des verbes *avoir* et *être*, ainsi que l'attestent les deux premiers exemples de la première colonne. Cependant quelques-uns s'écartèrent de la règle, et dès lors grande rumeur au camp des grammairiens. Pierre Laramée, dit Ramus, meilleur observateur que Sylvius, au lieu de blâmer les auteurs qui se frayaient une nouvelle route pour éviter la répétition monotone de toutes ces syllabes traînantes en *ante*, justifia, sous le double rapport du goût et de la raison, ceux que l'école de Sylvius taxaient d'infraction à la règle. « Quand on exprime la qualité, dit Ramus, c'est l'*adjectif*; mais quand on exprime

---

(1) N'est-ce pas toujours au moyen du participe passé, autrefois nommé participe *passif*, qu'on exprime, dit un écrivain, la manière d'être passive? Les anciens grammairiens ont raison : le participe passé est un participe passif, tout le prouve, les fonctions de ce participe et l'étymologie. Mais comment se fait-il que le participe passif soit réuni au verbe *avoir* pour exprimer une manière d'être active : *j'ai reçu une lettre, j'ai reçu des livres*? Bouhours ne voit plus là un participe, mais plutôt un substantif verbal, le supin des Latins : « C'est comme si l'on disait *habeo acceptum litteras, habeo acceptum libros*. » Dumarsais et Condillac prétendent que le participe est pris alors substantivement, c'est un substantif. Ce n'est pas un substantif, dit Lemare, ce n'est pas un supin, c'est un adjectif passif qui s'accorde avec un substantif sous-entendu (le *negotium* latin) : *j'ai fait un peu de bien*, c'est-à-dire *j'ai quelque chose fait... savoir : un peu de bien*. Puis il ajoute : « C'est des Latins que nous avons emprunté la construction de l'*adjectif passif* avec *avoir*; car, lorsqu'ils voulaient donner plus d'énergie à leur pensée, ils disaient *habeo divisum*, au lieu de *divisi*, *habeo factum*, au lieu de *feci*, etc. »

On comprend que nous avons dû nous borner à faire remarquer ce fait grammatical, savoir : que, dans l'état actuel de notre langue, le participe passé construit avec *avoir* exprime une manière d'être active.

Nos mots en *ant*, dits *participes présents*, reconnaissent deux origines, et, sous une seule forme, ce

» l'action, c'est le *verbe;* plus d'accord. *Servante,* c'est la qualité. *Servant* ses maîtres,
» c'est l'action. »

Telle est, selon nous, la question vitale du participe présent. La règle est une, et sans exception; elle a ce grand avantage de reposer sur un principe fondamental, et de parler à la raison.

Le seul prosateur moderne où l'on trouve le participe présent variable, est Pascal, dans sa première *Lettre provinciale* (1); mais dès la seconde, qui fut publiée huit jours après, on ne retrouve plus le participe présent décliné. Néanmoins, ce ne fut que le 3 juin 1679 que l'Académie sanctionna la règle en ces termes : « LA RÈGLE EST FAITE, ON NE DÉCLINERA POINT LES PARTICIPES ACTIFS. »

N° DXCVII.

PARTICIPES PRÉSENTS MARQUANT L'ÉTAT OU L'ACTION.

État.	Action.
Sous un roi bienfaisant parcourons cette ville, *Obéissante,* heureuse, *agissante,* tranquille. (VOLTAIRE.)	Toutes sont donc de même trempe, Mais *agissant* diversement. (LA FONTAINE.)
Il n'y a que les âmes *aimantes* qui soient propres à l'étude de la nature. (BERN. DE SAINT-PIERRE.)	Ces deux infortunés, après s'être liés l'un à l'autre, se précipitèrent dans le Rhône, *aimant* mieux mourir ensemble que de vivre séparés. (LE PRÉCURSEUR DE LYON.)
On vient d'y construire deux pompes *foulantes* et *aspirantes* qui donnent abondamment l'eau dont on a besoin. (Mme DE GENLIS.)	Tous les siècles en deuil, l'un à l'autre semblables, Courent sans s'arrêter, *foulant* de toutes parts Les trônes, les autels, les empires épars. (DE FONTANES.)
Quand l'œil ne peut juger l'objet de sa terreur, Alors tout s'exagère à notre âme *tremblante.* (DELILLE.)	Combien de pères, *tremblant* de déplaire à leurs enfants, sont faibles et se croient tendres! (DOMERGUE.)
Les eaux *dormantes* sont meilleures pour les chevaux que les eaux vives. (BUFFON.)	Je connais des personnes *dormant* d'un sommeil si profond, que le bruit de la foudre ne les réveillerait pas. (Cité par BESCHER.)
Les peuples *errants* doivent être les derniers qui aient écrit. (VOLTAIRE.)	Les passions *errant* sur ce peuple assemblé Offrent les vastes flots d'un océan troublé. (DELILLE.)
Soyons bien *buvants,* bien *mangeants,* Nous devons à la mort de trois l'un en dix ans. (LA FONTAINE.)	Personne assurément ne s'aviserait aujourd'hui de représenter dans un poëme une troupe d'anges et de saints *buvant* et *riant* à table. (VOLTAIRE.)

sont réellement deux mots différents. Quelques langues étrangères en sont une preuve incontestable. Les Latins voulaient-ils exprimer une action, ils se servaient des mots *ridendo, faciendo, reptando;* avaient-ils, au contraire, l'intention d'indiquer un état, ils employaient les mots *ridens, faciens, reptans.* Il en est de même en italien, en espagnol et en portugais.

Cette distinction avait également lieu dans la langue romane, d'où il est prouvé, par les monuments les plus authentiques, que notre langue tire immédiatement son origine. Le gérondif latin *ando, endo,* a fait le gérondif roman *an, en,* par la suppression de la finale *do;* et l'adjectif latin, dit participe du présent *ans, ens,* a fait l'adjectif roman *ans, ant, ens, ent.* Exemples :

Mas eu soi cel que *temen* muor aman. (ARNAULD DE MAR.)	S'ieu de l'anar vas mi dons sui *temens.* (RAMB. DE VAQ.)
TRADUCTION. — Mais je suis celui qui, en *craignant,* meurs en aimant.	TRADUCTION. — Si moi d'aller vers ma dame suis *craignant.*

(1) Voici le passage : *Je les lui offris tous ensemble, comme ne* FAISANTS *qu'un même corps, et* N'AGISSANTS *que par un même esprit.* (PASCAL.)

J'ai passé plus avant ; les arbres et les plantes
Sont devenus chez moi créatures *parlantes*.
(La Fontaine.)

Mais pour mieux réussir, il est bon, ce me semble,
Qu'on ne vous trouve point tous deux *parlant* en-
(Molière.) [semble.

Dans la première colonne, les mots *agissante, obéissante, aimantes, foulantes,* etc., exprimant l'état, la manière d'être, la qualité inhérente de l'objet désigné par le substantif, subissent toutes les variations de genre et de nombre exigées par ce substantif.

Dans la seconde colonne, au contraire, les mots *agissant, aimant, foulant,* etc., exprimant des actes, des actions instantanées, c'est-à-dire d'une durée courte, limitée, sont restés invariables. Dérivés des verbes *agir, aimer, fouler,* etc., ils en conservent la signification et le caractère, et peuvent être remplacés par une autre forme verbale, sans que la pensée en soit altérée. *Combien de pères* TREMBLANT *de déplaire,* etc. ; ou bien *combien de pères* QUI TREMBLENT *de déplaire,* etc.

Ainsi donc, toutes les fois que par la forme verbale en *ant,* comme *souffrant, obéissant,* on veut exprimer un acte, une action instantanée, pure et simple, et non un état, on emploie le *participe présent,* qui est toujours invariable : *J'ai vu ces personnes* SOUFFRANT *cruellement.*

Si, au contraire, on veut peindre un état, une manière d'être, une disposition à agir, plutôt qu'une action, ou même une action qui, par sa continuité, sa durée, devient permanente, se transforme en état, et n'est accompagnée d'aucune des circonstances qui caractérisent une action, on fait usage de l'*adjectif verbal,* qui est variable : *J'ai vu des personnes* SOUFFRANTES *et résignées.*

L'idée d'*actualité* caractérise le participe ; celle de *permanence,* l'adjectif verbal.

EXERCICE PHRASÉOLOGIQUE.

La feuille tremblante.
Une personne charmante.
Une histoire amusante.
Une lionne vivante.
Des choses surprenantes.
Une chienne caressante.
Des pierreries éblouissantes.
Une femme suppliante.
Des eaux courantes.

Une fille tremblant de déplaire à sa mère.
Charmant la société par son esprit.
Une personne amusant ceux qui l'écoutent.
Vivant avec un chien dans la même loge.
La garde surprenant un voleur.
Caressant tout le monde.
Éblouissant de toutes parts.
Suppliant ses juges.
Des biches courant dans les bois.

N° DXCVIII.

PARTICIPES PRÉSENTS EMPLOYÉS SANS AUCUN RÉGIME.

État.

J'ai toujours vu ceux qui voyageaient dans de bonnes voitures bien douces, rêveurs, tristes, *grondants* ou *souffrants.* (J.-J. Rousseau.)

C'est la disette d'idées qui les rend si affamés d'objets étrangers, d'autant plus qu'il ne leur reste rien, que tout passe en eux, que tout en sort ; gens toujours *regardants,* toujours *écoutants,* toujours *pensants.* (Marivaux.)

D'où vient que tant de partisans de Rome, d'ennemis de Rome, ont été si sanguinaires, si barbares, si malheureux, *persécutants* et persécutés ?
(Voltaire.)

Ils ont cependant eu la témérité de s'embarquer sur cette mer *mugissante,* malgré la défense que nous leur en avions faite.
(Voyage dans le Levant.)

Action.

C'est une personne d'un naturel doux, jamais ne *grondant,* ne *contredisant,* ne *désobligeant.*
(Cité par Bescher.)

Blondins y sont beaucoup plus femmes qu'elles,
Profondément remplis de bagatelles,
D'un œil hautain, d'une bruyante voix,
Chantant, dansant, minaudant à la fois.
(Voltaire.)

... Ces ennemis des vers,
Qui, hérissés d'algèbre et bouffis de problèmes,
Au monde épouvanté parlent par théorèmes.
Observant, calculant, mais ne *sentant* jamais.
(Id.)

La mer *mugissant* ressemblait à une personne qui, ayant été longtemps irritée, n'a plus qu'un reste de trouble et d'émotion. (Fénelon.)

Employés seuls, c'est-à-dire sans être accompagnés d'aucun régime, les mots en *ant* sont *variables* lorsqu'ils marquent l'état physique ou moral du substantif auquel ils sont joints, et *invariables* quand ils expriment une action faite par lui.

Dans la première colonne, *grondants, pensants*, etc., équivalent à *grondeurs, pensifs*, etc. Ce sont donc des qualités inhérentes au nom que ces mots accompagnent.

Dans la seconde colonne, *ne grondant, ne contredisant, ne désobligeant*, etc., expriment des actions. C'est comme s'il y avait *ne* GRONDANT, *ne* CONTREDISANT, *ne* DÉSOBLIGEANT *jamais* PERSONNE.

Une observation qui a échappé à presque tous les grammairiens, c'est que les participes présents, surtout ceux des verbes neutres, sont susceptibles de devenir simples adjectifs verbaux au besoin. Nous en citerons quelques exemples tirés d'écrivains recommandables : -

La canaille *cabalante*, la canaille *écrivante*.
(VOLTAIRE.)

Elles ont besoin d'une puissance *réglante* pour les tempérer. (MONTESQUIEU.)

Décrirai-je ses bas en vingt endroits percés,
Ses souliers *grimaçants* vingt fois rapetassés?
(BOILEAU.)

Je vous trouve aujourd'hui bien *raisonnante*.
(MOLIÈRE.)

Tantôt elle donne (l'hirondelle) la chasse aux insectes *voltigeants*. (BUFFON.)

Les insectes *changeants* qui nous donnent la soie.
(VOLTAIRE.)

EXERCICE PHRASÉOLOGIQUE.

C'est une enfant douce, caressante.
Elle jouit d'une santé brillante.
C'est avoir une défiance outrageante
Les ronces dégouttantes.
Des regards mourants.
Des mères gémissantes.
La foudre étincelante.
Des oiseaux dévorants.
A ses yeux expirants.
Toutes ses compagnes tremblantes
Les taureaux mugissants.

Cette femme possède un heureux naturel ; jamais ne contrariant, ne médisant, ne désobligeant.

Vous les verriez s'agiter, allant, venant, sortant, rentrant, et cela sans raison ni motif.

Parfois aussi badinant, jouant, riant, folâtrant, et l'instant d'après, tristes, rêveurs, gémissant, murmurant, contestant, contrariant, enrageant, menaçant.

N° DXCIX.

PARTICIPES PRÉSENTS SUIVIS OU PRÉCÉDÉS D'UN RÉGIME DIRECT.

Régime placé après le participe.

On n'entendit plus les coups des terribles marteaux qui, *frappant* L'ENCLUME, faisaient gémir les profondes cavernes de la terre et les abîmes de la mer. (FÉNELON.)

Les troubadours allaient *chantant* LES AMOURS et la gloire sous les fenêtres des châtelaines.
(DE MARCHANGY.)

Je hais la cruauté de ces peuples perfides
Qui, *donnant* au hasard LEUR HAINE et leurs faveurs,
S'immolent tour à tour leurs plus chers défenseurs.
(DECAUX.)

C'est là que, *déplorant* de PLUS BRILLANTES SCÈNES,
La vie offre à nos yeux ses plus beaux phénomènes.
(DELILLE.)

Ces mobiles poumons, dont le jeu toujours sûr,
Chassant L'AIR ALTÉRÉ, rapporte un air plus pur.
(*Id.*)

Régime placé avant le participe.

A force de douleur il demeura tranquille,
Mais sa voix, s'*échappant* au travers des sanglots,
Dans sa bouche à la fin fit passage à ces mots.
(BOILEAU.)

Les dames, LE *voyant* arriver à la cour,
Dirent d'abord : Est-ce là ce Narcisse
Qui prétendait tous nos cœurs enchaîner ?
Quoi ! le pauvret a la jaunisse?
(LA FONTAINE.)

Le laurier, le jasmin s'*arrondissant* en voûtes,
De leur ombre odorante embellissaient les routes.
(CASTEL.)

J'entends des cris de guerre au milieu des naufrages,
Et les sons de l'airain SE *mêlant* aux orages.
(LA HARPE.)

Paris est plein de ces petits bouts d'homme,
Vains, fiers, fous, sots, dont le caquet m'assomme,
Parlant de tout avec l'air empressé,
Et SE *moquant* toujours du temps passé.
(VOLTAIRE.)

Ces arbres renversés façonnés avec art,
De leur digue à la vague *opposant* LE REMPART.
(DELILLE.)

La nature.....
De verdure et de fleurs *égayant* SES ATTRAITS.
(*Id.*)

Tels, *traversant* LES AIRS, des bataillons de grues,
De leur vol à grands cris obscurcissent les nues.
(*Id.*)

Vois ces groupes d'enfants SE *jouant* sous l'ombrage,
Qui de leur liberté viennent te rendre hommage.
(DELILLE.)

Leur foule au loin s'empresse, et leurs noirs bataillons,
Par un étroit sentier *s'avançant* sous les herbes,
Entraînent à l'envi les dépouilles des gerbes. (*Id.*)

Des malotrus SOI-DISANT beaux esprits.
(VOLTAIRE.)

Lorsque le participe présent est précédé ou suivi d'un régime direct, il est toujours invariable, attendu que, dans ce cas, il a, comme le verbe d'où il dérive, la propriété de marquer l'action. L'adjectif, naturellement propre à se placer à la fin d'une proposition, n'est jamais suivi d'un semblable régime.

Bescher laisse aux poètes la liberté de varier le participe précédé d'un régime direct, et, en conséquence, il approuve les vers suivants :

N'étant point de ces rats qui LES LIVRES *rongeants*.
(LA FONTAINE.)

Et pour lier des mots si mal *s'entr'accordants*.
(BOILEAU.)

Et plus loin les laquais L'UN L'AUTRE *s'agaçants*.
(BOILEAU.)

Les spectateurs en foule SE *pressants*.
(VOLTAIRE.)

Aucun grammairien, que nous sachions, dit M. Dessiaux, ne partage sérieusement une pareille opinion, et les poètes modernes fournissent si peu d'exemples de cette infraction à la règle de l'invariabilité, qu'il faut considérer ceux qu'on en cite comme de rares négligences ou des licences poétiques qu'il faut bien se garder d'imiter.

Cette licence, les poètes ne se la permettent jamais qu'à la fin des vers, car, partout ailleurs, ils ne font pas varier le participe. Témoin ces exemples :

Des milliers d'ennemis *se pressant* sous nos portes,
Fondent sur nos remparts.
(DELILLE.)

Mais déjà *se jouant* dans les airs qu'elle dore,
Des bras du vieux Tithon sortait la jeune Aurore.
(DELILLE.)

On doit même remarquer que d'ailleurs les poètes ne varient le participe qu'au pluriel masculin. Ils n'ont jamais dit : *Des spectatrices en foule* SE PRESSANTES, *de jeunes rivales* SE JOUANTES.

EXERCICE PHRASÉOLOGIQUE.

Des hommes frappant des enfants.
Des enfants tuant une pauvre bête.
Des filles caressant leur mère.
Des enfants aimant bien leurs parents.
La lune éclairant nos pas.
Un aigle ravissant un mouton.

Des enfants se battant avec violence.
Des malheureux se tuant de désespoir.
Des personnes s'intéressant au malheur.
Des frères s'aimant avec tendresse.
La bougie s'éteignant.
Les arbres se revêtant de feuilles.

N° DC.

PARTICIPES PRÉSENTS SUIVIS D'UN RÉGIME INDIRECT.

État.

Il y a des peuples qui vivent *errants* DANS LES DÉSERTS. (BERN. DE SAINT-PIERRE.)

Les chanoines vermeils et *brillants* DE SANTÉ.
(BOILEAU.)

Ces serpents odieux de la littérature,
Abreuvés de poisons et *rampants* DANS L'ORDURE,
Sont toujours écrasés par les pieds des passants.
(VOLTAIRE.)

Action.

Seule *errant* à pas lents SUR L'ARIDE RIVAGE,
La corneille enrouée appelle aussi l'orage.
(DELILLE.)

..... La terre abonde
De ces gens *brillant* AU CAQUET.
(LE NOBLE.)

Dans l'agitation consumant leurs beaux jours,
Poursuivant la fortune, et *rampant* DANS LES COURS.
(VOLTAIRE.)

Les monstres *bondissants* SUR CETTE AFFREUSE MER,
Et qu'il poursuit encor sous sa glace éternelle.
(ESMÉNARD.)

Certainement il n'y a pas deux milliards d'argent quatre cent millions d'espèces *circulantes* DANS LA FRANCE. (VOLTAIRE.)

N'entends-tu pas de loin la trompette guerrière,
Les cris des malheureux *roulants* DANS LA POUSSIÈRE?
(*Id.*)

Il y a donc des peuples chrétiens *gémissants* DANS UN TRISTE ESCLAVAGE. (*Id.*)

Et la ville de Mars *triomphante* des ROIS,
Eût dans ses jours de gloire envié tes exploits.
(CASTEL.)

Nous eussions vu les jeux *voltigeants* SUR VOS TRACES. (VOLTAIRE.)

Ces tonnerres d'airain *grondants* SUR LES REMPARTS,
Tout étonnants qu'ils sont, n'ont rien qui m'épou-
(*Id.*) [vante.

Il m'offrait une main *fumante* DE MON SANG.
(*Id.*)

Pleurante A MON DÉPART, que Philis était belle!
(TISSOT.)

Pleurante APRÈS SON CHAR veux-tu que l'on me voie?
(RACINE.)

C'est ainsi que devraient naître ces âmes *vivantes* D'UNE VIE brute et bestiale. (BOSSUET.)

C'est là qu'on voit errer les troupeaux qui mugissent, les brebis qui bêlent, avec leurs tendres agneaux *bondissant* SUR L'HERBE. (FÉNELON.)

Toutes les planètes *circulant* AUTOUR DU SOLEIL, paraissent avoir été mises en mouvement par une impulsion commune. (BUFFON.)

Ces sphères... *roulant* DANS L'ESPACE DES CIEUX,
Semblent y ralentir leur cours silencieux.
(LEMIERRE.)

Les grands pins *gémissant* SOUS LES COUPS DES HACHES, tombent en roulant du haut des montagnes.
(FÉNELON.)

Ainsi notre amitié *triomphant* A SON TOUR,
Vaincra la jalousie en cédant à l'amour.
(CORNEILLE.)

Et les zéphyrs légers *voltigeant* SUR LE THYM,
Vous rapportent le soir les parfums du matin.
(DELILLE.)

J'ai vu les vents *grondant* SUR CES MOISSONS SUPER-
Déraciner les blés, se disputer les gerbes. [BES,
(*Id.*)

Et la Crète *fumant* DU SANG du Minotaure.
(RACINE.)

Les peuples empressés au bord de l'Aréthuse,
Pleurant DE SON DÉPART, admirant sa beauté,
Chargeaient le ciel de vœux pour sa félicité.
(VOLTAIRE.)

Les animaux, *vivant* D'UNE manière plus conforme à la nature, doivent être sujets à moins de maux que nous. (J.-J. ROUSSEAU.)

Lorsque les mots en *ant* sont suivis d'un régime indirect, ils varient s'ils expriment l'état, et sont invariables lorsqu'ils marquent l'action.

Néanmoins, quand le participe d'un verbe neutre a un complément ESSENTIEL terminatif, marqué par *à*, *de*, etc., ce participe, quoique précédé de ce complément, doit rester invariable, parce qu'il énonce nécessairement l'action. Mais les poètes, surtout ceux du siècle de Louis XIV, ne se sont pas toujours astreints à cette règle, ainsi qu'on peut s'en convaincre par les exemples qui suivent :

On ne reconnut plus qu'usurpateurs iniques,
Qu'infâmes scélérats A LA GLOIRE *aspirants*.
(BOILEAU.)

Plusieurs se sont trouvés qui D'ÉCHARPE *changeants*
Aux dangers, ainsi qu'eux, ont souvent fait la figue.
(LA FONTAINE.)

De quel air penses-tu que ta sainte verra
D'un spectacle enchanteur la pompe harmonieuse,
Entendra des discours SUR L'AMOUR SEUL *roulants*?
(BOILEAU.)

Mille usuriers fournis de ces obscurs brillants,
Qui vont DE DOIGTS EN DOIGTS tous les jours *circu-*
(REGNARD.) [*lants*.

Qui de ton sanctuaire AU CARNAGE *courants*,
Revolaient enhardis à des forfaits plus grands.
(LEMERCIER.)

Qui veut qu'avec six pieds d'une égale mesure,
De deux alexandrins CÔTE A CÔTE *marchants*,
L'un serve pour la rime, et l'autre pour le sens.
(BOILEAU.)

On n'est pas *aspirant* à une chose. Il est des caractères *changeants*, des personnes *changeantes*; mais on ne dit pas qu'une personne est *changeante* d'une chose, qu'elle est *changeante* d'écharpe. Les discours *roulent* sur tel ou tel objet; ils ne sont pas *roulants*. Des brillants qui vont de doigts en doigts *circulent* tous les jours. On *court* au carnage. Des vers ne sont pas *marchants* côte à côte. Tous ces mots annoncent des actions, et, par conséquent, ne devraient pas prendre le signe du pluriel. C'est pour la rime seule que les poètes leur ont donné ce signe; car dans le milieu du vers ils les ont laissés invariables. Exemples :

(675)

Un moment elle est gaie, un moment sérieuse,
Enfin *changeant* D'HUMEUR mille fois en un jour.
(DESTOUCHES.)

Ces sphères qui *roulant* DANS L'ESPACE DES CIEUX,
Semblent y ralentir leur cours silencieux.
(LEMIERRE.)

Des touffes d'aubépine et de lilas sauvage,
Qui *courant* EN FESTONS, pendent sur le rivage.
(ROUCHER.)

Tous mes sots, à l'instant *changeant* DE CONTENANCE,
Ont loué du festin la superbe ordonnance.
(BOILEAU.)

Et même à la fin du vers, quand la rime ne l'exigeait pas, ils n'ont fait subir au participe aucun signe de pluralité :

On verrait les soleils L'UN SUR L'AUTRE *roulant*,
Entrechoquer dans l'air leur front étincelant.   (SOUMET.)

EXERCICE PHRASÉOLOGIQUE.

Une personne obligeante par caractère.
Voyez-vous ces feuilles dégouttantes de rosée?
Voyez sa figure ruisselante de sueur.

Une personne obligeant plutôt par vanité que par bienveillance.
On voit la tendre rosée dégouttant des feuilles.
On voit la sueur ruisselant sur leur visage.

N° DCI.

PARTICIPES PRÉSENTS PRÉCÉDÉS OU SUIVIS D'UN COMPLÉMENT ADVERBIAL.

COMPLÉMENT PLACÉ AVANT LE PARTICIPE.
État.

Télémaque lui-même arrose de liqueurs parfumées ses cendres ENCORE *fumantes*. (FÉNELON.)

Ils y trouvent une subsistance abondante, une pâture TOUJOURS *renaissante*. (BUFFON.)

Ainsi lorsque la grêle, à coups précipités,
Tombe, frappe la plaine AU LOIN *retentissante*.
(DELILLE.)

Aux cris de nos besoins SANS CESSE *renaissants*,
Ni Cérès, ni Bacchus n'apportaient leurs présents.
(LUCE DE LANCIVAL.)

La reine-mère, LONGTEMPS *errante*, mourut à Cologne dans la pauvreté. (VOLTAIRE.)

Ces deux églises, ÉGALEMENT *gémissantes*, sont irréconciliables. (*Id.*)

Je peindrai les plaisirs EN FOULE *renaissants*,
Les oppresseurs du peuple A LEUR TOUR *gémissants*.
(BOILEAU.)

Conduite par l'amour, sa douceur bienfaisante,
Partout inépuisable ET PARTOUT *agissante*,
Vole, franchit les airs. (LEFRANC DE POMPIGNAN.)

COMPLÉMENT PLACÉ APRÈS LE PARTICIPE.
Action.

Tu foules une terre *fumant* TOUJOURS du sang des malheureux mortels. (Cité par BESCHER.)

Phèdre *brûlant* ENCOR d'illégitimes feux.
(RACINE.)

On entendait au loin des clameurs *retentissant* PAR INTERVALLE, *retentissant* AU LOIN.
(Cité par BESCHER.)

Vous verrez la paix *renaissant* PAR DEGRÉS dans son âme abattue. (*Id.*)

Les feuilles *jaunissant* CHAQUE JOUR, commençaient à se détacher des arbres. (*Id.*)

Ainsi notre amitié *triomphant* A SON TOUR,
Vaincra la jalousie en cédant à l'amour.
(CORNEILLE.)

Toutes sont donc de même trempe,
Mais *agissant* DIVERSEMENT.
(LA FONTAINE.)

La place que le complément adverbial, tel que *encore, sans cesse, toujours, continuellement, constamment, au loin, partout, longtemps, également*, etc., occupe, relativement au participe, peut influer sur sa valeur, et le faire considérer sous deux points de vue différents, comme l'attestent les exemples précités.

Voici comment le judicieux Bescher explique ce phénomène grammatical :

« En réfléchissant sur le mécanisme des mots, on voit que celui qui précède se détermine ordinairement par celui qui suit. C'est ainsi que l'adjectif modifie le nom ; c'est encore ainsi que le complément placé après le participe peut en restreindre le sens. Mais lorsqu'il le précède, il lui laisse la même étendue d'expression qu'il aurait si le complément n'existait pas. N'étant point limité dans sa signification, le mot est propre à peindre l'habitude, la situation, etc. »

Nous ferons observer toutefois que ce principe n'est applicable qu'aux verbes neutres.

EXERCICE PHRASÉOLOGIQUE.

La plaine au loin retentissante.	La plaine retentissant au loin.
Les plaisirs en foule renaissants.	Les plaisirs renaissant en foule.
Ses yeux dans l'ombre étincelants.	Ses yeux étincelant dans l'ombre.
Ces églises également gémissantes.	Ces églises gémissant également.

N° DCII.

DES PARTICIPES *appartenant, résultant, tendant, approchant, descendant, dépendant, pendant*, etc.

APPARTENANT.

VARIABLE.

Il apprit que quelques officiers de ses troupes *appartenants* aux premières familles d'Athènes méditaient une trahison en faveur des Perses. (BARTHÉLEMY.)

Riga était pleine de marchandises *appartenantes* aux Hollandais. (VOLTAIRE.)

Les Anglais eurent la hardiesse de venir attaquer Surate, une des plus belles villes de l'Inde, et la plus marchande, *appartenante* à l'empereur. (Id.)

INVARIABLE.

Les Fidenates avaient pillé des bateaux de vivres *appartenant* aux Romains. (DE SÉGUR.)

Denys avait fait appeler secrètement des Campaniens en garnison dans les places *appartenant* aux Carthaginois. (Id.)

Fleury prit le parti de se retirer au village d'Issy, entre Paris et Versailles, dans une petite maison de campagne *appartenant* à un séminaire. (VOLTAIRE.)

APPROCHANT.

Plusieurs savants ont soupçonné que quelques races d'hommes ou d'animaux *approchants* de l'homme, ont péri. (VOLTAIRE.)

Les Juifs apprirent la langue chaldaïque, fort *approchante* de la leur. (BOSSUET.)

Les connaissances spéculatives ne conviennent guère aux enfants, même *approchant* de l'adolescence. (J.-J. ROUSSEAU.)

Je vis nos voyageurs *approchant* du sommet de la montagne. (Cité par BESCHER.)

DESCENDANT.

Les enfants de Louis *descendants* au tombeau,
Ont laissé dans la France un monarque au berceau. (VOLTAIRE.)

La famille des conquérants tartares *descendants* de Gengis-Kan avait fait ce que tous les conquérants ont tâché de faire. (Id.)

Les rois des nations *descendant* de leurs trônes,
T'allèrent recevoir. (L. RACINE.)

Les Maures *descendant* de leurs montagnes parcouraient et pillaient l'Afrique. (DE SÉGUR.)

DÉPENDANT.

Pise, qui n'est aujourd'hui qu'une ville dépeuplée *dépendante* de la Toscane, était, aux treizième et quatorzième siècles, une république célèbre. (VOLTAIRE.)

Équilibre que les efforts des hommes, non plus que toutes les circonstances morales, ne peuvent vaincre, ces circonstances *dépendant* elles-mêmes de ces causes physiques, dont elles ne sont que des effets particuliers. (BUFFON.)

PENDANT.

L'arbre de ces vergers dont les rameaux féconds
Courbent leurs fruits *pendants* sur l'ombre des gazons. (LA HARPE.)

Voyez ces riants vergers remplis d'arbres qui plient sous le poids de leurs fruits *pendant* jusqu'à terre. (Cité par BESCHER.)

TENDANT.

Le comte de Charolais et le prince de Conti présentèrent une requête *tendante* à faire annuler les droits accordés aux princes légitimes. (VOLTAIRE.)

La politique de plusieurs princes servit à l'accroissement de cette secte, libre, à la vérité, de superstition, mais *tendant* aussi impétueusement à l'anarchie que... (VOLTAIRE.)

RÉSULTANT.

| L'âme de l'homme, selon plusieurs, était un feu céleste ; selon d'autres, une harmonie *résultante* de ses organes. (VOLTAIRE.) | Cette union *résultant* de la nature des choses, était la continuation de l'ouvrage du cardinal de Richelieu. (DE PRADT.) |

Les phrases de la première colonne, et quelques autres semblables, dit Lemare, ont été introduites dans la langue et sont devenues usuelles : cependant on sent qu'elles sont contraires à l'analogie. On dit qu'une chose *appartient, approche, dépend, tend*, et non qu'elle est *appartenante, approchante, dépendante, tendante*. Ce n'est ni la qualité, ni la propriété, ni la nature de l'objet que ces mots expriment. Il est peu de mots sur la nature desquels les auteurs aient plus varié.

Nous pensons néanmoins que rien n'empêche de leur appliquer le principe qui nous a servi jusqu'ici.

EXERCICE PHRASÉOLOGIQUE.

| Une maison appartenant à... Les enfants approchant de l'adolescence. Cette propriété attenant à la mienne. | Une maison appartenante à... Une couleur fort approchante du rouge. Les circonstances dépendantes de... |

N° DCIII.

PARTICIPES ET ADJECTIFS AYANT UNE ORTHOGRAPHE DIFFÉRENTE.

Participes.	*Adjectifs.*
Le vrai moyen d'éloigner la guerre, c'est de cultiver les armes, c'est d'honorer les hommes *excellant* dans cette profession. (FÉNELON.)	Cette dame est d'un *excellent* caractère. (WAILLY.)
Les peintres nous représentent les Muses *présidant* à la naissance d'Homère, de Virgile, etc. (ACADÉMIE.)	L'archevêque de Narbonne était *président* né des états du Languedoc. (ACADÉMIE.)
Les Turcs ont toujours des ministres étrangers *résidant* continuellement chez eux. (VOLTAIRE.)	La femme du *résident* s'appelle madame la *résidente*. Le *résident* de France à Genève. (Id.)

Quelques participes présents ont pour correspondants des adjectifs dont l'orthographe est différente, et avec lesquels il faut bien prendre garde de les confondre. Tels sont les suivants :

Participes présents.		*Adjectifs.*	
Extravaguant.	Intriguant.	Extravagant.	Intrigant.
Fabriquant.	Fatiguant.	Fabricant.	Fatigant.
Vaquant.	Adhérant.	Vacant.	Adhérent.
Affluant.	Coïncidant.	Affluent.	Coïncident.
Différant.	Équivalant.	Différent.	Équivalent.
Excellant.	Négligeant.	Excellent.	Négligent.
Précédant.	Présidant.	Précédent.	Président.
Résidant.	Excédant.	Résident.	Excédent.
Violant.	Expédiant.	Violent.	Expédient.

EXERCICE PHRASÉOLOGIQUE.

| C'est un enfant négligeant. | Cet enfant négligent ses devoirs ne fera aucun progrès. |

N° DCIV.

PARTICIPES PRÉSENTS EMPLOYÉS COMME SUBSTANTIFS.

SINGULIER.	PLURIEL.
On élève sur les débris de la gloire du mort la gloire *du vivant*. (MASSILLON.)	Les morts et *les vivants* se succèdent continuellement. (MASSILLON.)
A plus d'un *combattant* la Clélie est fatale. (BOILEAU.)	On dit que Thèbes pouvait faire sortir ensemble dix mille *combattants* par chacune de ses portes. (BOSSUET.)
Les soupirs contagieux qui sortent du sein d'un *mourant* peuvent faire mourir ceux qui vivent. (FLÉCHIER.)	L'Église a institué des prières pour *les mourants*. (FLÉCHIER.)
La femme du gouverneur d'une province s'appelle madame *la gouvernante*. (ACADÉMIE.)	Plusieurs princesses de la maison d'Autriche ont été *gouvernantes* des Pays-Bas. (ACADÉMIE.)

On voit que le participe présent peut devenir substantif, ou être employé substantivement, et qu'alors il prend les deux genres et les deux nombres.

EXERCICE PHRASÉOLOGIQUE.

Un débutant.	Une débutante.	Des débutants.	Des débutantes.
Un intrigant.	Une intrigante.	Des intrigants.	Des intrigantes.
Un médisant.	Une médisante.	Des médisants.	Des médisantes.
Un protestant.	Une protestante.	Des protestants.	Des protestantes.

N° DCV.

PARTICIPE PRÉSENT EMPLOYÉ COMME ADVERBE.

SANS ELLIPSE.	AVEC ELLIPSE.
J'aurais assez d'adresse pour faire accroire à votre père que ce serait une personne riche... de cent mille *écus en argent* COMPTANT. (MOLIÈRE.)	Mais pour mieux parvenir à la leur faire entendre, Offrez de les payer *comptant*, et sans attendre; Ils se décideront; ils sont gens à savoir Très-bien ce que par heure un écu peut valoir. (ANDRIEUX.)

Le participe peut aussi, comme on le voit, s'employer d'une manière elliptique pour modifier un verbe, et remplir en quelque sorte le rôle d'adverbe. *Offrez de les payer comptant* est un abrégé de *offrez de les payer* (en argent) *comptant*, ainsi que le prouve de la manière la plus incontestable la phrase de Molière.

EXERCICE PHRASÉOLOGIQUE.

Payez-moi cent écus net et comptant.   Le plaisir de faire du bien nous paye comptant de notre bienfait.

N° DCVI.

PARTICIPES PRÉSENTS PRÉCÉDÉS OU NON PRÉCÉDÉS DE LA PRÉPOSITION *en*.

Voyant, disant, ETC.	*En voyant, en disant*, ETC.
Ce chien *voyant* en l'eau sa proie représentée, La quitta pour l'image, et pensa se noyer. (LA FONTAINE.)	Il périt, *en voyant* de ses derniers regards Brûler son Ilion, écrouler ses remparts. (DELILLE.)

Hazaël *me regardant* avec un visage doux et humain, me tendit la main et me releva.
(FÉNELON.)

Disant ces mots, son gosier altéré,
Humait un vin qui, d'ambre coloré,
Sentait encore la grappe parfumée. (VOLTAIRE.)

Il n'est pour le vrai sage aucun revers funeste,
Et, *perdant* toute chose, à soi-même il se reste.
(GRESSET.)

Sophocle enfin, *donnant* l'essor à son génie,
Accrut encor la pompe, augmenta l'harmonie.
(BOILEAU.)

Voulant être ce qu'on n'est pas, on parvient à se croire autre chose qu'on n'est. (J.-J. ROUSSEAU.)

J'y consens, dit Vénus *souriant* de la ruse.
(DELILLE.)

Enfin *laissant* en paix tous ces peuples divers,
De propos en propos on a parlé de vers.
(BOILEAU.)

Mentor *entendant* la voix de la déesse qui appelait ses nymphes dans le bois, éveilla Télémaque.
(FÉNELON.)

Palmyre à tes desseins va même encor servir,
Croyant sauver Séide, elle va t'obéir.
(VOLTAIRE.)

Un valet le portait, *marchant* à pas comptés,
Comme un recteur suivi des quatre facultés.
(BOILEAU.)

Quand, de la citadelle *arrivant* à grands pas,
Laocoon, qu'entoure une foule nombreuse,
De loin s'écrie... (DELILLE.)

Chemin *faisant*, il vit le cou du chien pelé.
(LA FONTAINE.)

Étant né souverain, je vois ici mon maître.
(CORNEILLE.)

Parlant ainsi, je vis que les convives
Aimaient assez nos peintures naïves.
(VOLTAIRE.)

Il riait *en me regardant*. Son ris était malin, moqueur et cruel. (FÉNELON.)

En disant ces mots, Mentor prit une lyre.
(*Id.*)

Votre seule colère a fait notre infortune,
Nous perdons tout, madame, *en perdant* Rodogune.
(CORNEILLE.)

N'ai-je pas bien servi dans cette occasion,
Dit l'âne, *en se donnant* tout l'honneur de la chasse ?
(LA FONTAINE.)

On hasarde de perdre *en voulant* trop gagner.
(*Id.*)

Neptune *en souriant* entend sa plainte amère.
(DELILLE.)

En le laissant ainsi maître de ses volontés, vous ne fomentez point ses caprices.
(J.-J. ROUSSEAU.)

En entendant cet essaim bourdonner,
On eût à peine entendu Dieu tonner.
(GRESSET.)

C'est ainsi qu'*en croyant* reconquérir ses droits,
Tout un peuple est puni du malheur de ses rois.
(RAYNOUARD.)

Illustre porto-croix par qui notre bannière
N'a jamais, *en marchant*, fait un pas en arrière.
(BOILEAU.)

Sa muse, *en arrivant*, ne met pas tout en feu,
Et pour donner beaucoup ne nous promet que peu.
(*Id.*)

On n'est pas où l'on pense *en me faisant* injure.
(MOLIÈRE.)

Vous êtes le vrai maître, *en étant* le plus fort.
(VOLTAIRE.)

En parlant ainsi, de profonds soupirs interrompaient toutes mes paroles. (FÉNELON.)

Quelquefois le participe présent peut être précédé de la préposition *en*. Mais dans quel cas doit-il en être précédé ? C'est ce qu'il n'est pas aisé de déterminer.

Il est certain qu'il y a des circonstances où il serait presque indifférent d'employer la préposition *en* devant le participe, et qu'il y en a d'autres où il n'y a point à choisir.

Il n'est pas extrêmement difficile de démêler les diverses nuances de sens qui, dans des phrases faites, résultent de l'emploi ou du non emploi de la préposition *en*, ni peut-être même de donner des généralités. Mais lorsqu'en écrivant ou en parlant il faut se les rappeler, et en faire une juste application, tout cela, comme dit La Fontaine,

Tout cela, c'est la mer à boire.

Toutes les fois que les nuances deviennent trop délicates, l'analogie seule peut instruire, et l'instinct dirige mieux que le raisonnement.

Le participe présent, précédé de *en*, doit donc convenir, lorsqu'on veut exprimer une action qui a une durée, dans l'intérieur de laquelle, s'il est permis de le dire, on est censé être ; il indique le terme dans lequel l'action principale est comprise, comme le contenu dans le contenant.

Le participe seul ne montre que l'action sans rapport à sa durée ; et si quelquefois l'action qu'il exprime est plus ou moins prolongée, ce n'est pas le participe qui cause cet effet, mais l'ensemble de la phrase.

C'est surtout ici que,

    ... Laissant les docteurs librement pratiquer
    L'art de ne rien comprendre et de tout expliquer,

et nous bornant à renvoyer aux nombreuses citations que nous avons faites, nous dirons : LISEZ et COMPAREZ !

Précédé de la préposition *en*, le participe présent est toujours invariable.

EXERCICE PHRASÉOLOGIQUE.

Parlant.	En parlant.	Frappant.	En frappant.
Disant.	En disant.	Blasphémant.	En blasphémant.
Grondant.	En grondant,	Jurant.	En jurant.
Étudiant.	En étudiant.	Travaillant.	En travaillant.

N° DCVII.

En RÉPÉTÉ OU NON RÉPÉTÉ DEVANT PLUSIEURS PARTICIPES PRÉSENTS.

En RÉPÉTÉ.

Leur subtil conducteur, qui, EN *combattant*, EN *dogmatisant*, EN *mêlant* mille personnages divers, EN *faisant* le docteur et le prophète, aussi bien que le soldat et le capitaine, vit qu'il avait tellement enchanté le monde, etc. (BOSSUET.)

De l'herbe parasite, EN *dégageant* la fleur,
EN *redressant* l'arbuste, on voit dans la nature
Des mœurs du genre humain la fidèle peinture.
(DEMOUSTIER.)

EN *faisant* passer en revue devant un enfant les productions de la nature et de l'art, EN *excitant* sa curiosité, EN le *suivant* où elle le porte, on a l'avantage d'étudier ses goûts.
(J.-J. ROUSSEAU.)

En NON RÉPÉTÉ.

C'est ainsi qu'il apprend à sentir la pesanteur, la légèreté des corps, à juger de leur grandeur, etc., EN *regardant, palpant, écoutant*, surtout *en comparant* la vue au toucher. (J.-J. ROUSSEAU.)

Elle y serait encore, comme un arbrisseau que les passants font bientôt périr, EN le *heurtant* et le *pliant* dans tous les sens. (J.-J. ROUSSEAU.)

EN *raisonnant* de cette sorte,
Et contre la fortune *ayant* pris ce conseil,
Il la trouve assise à la porte
De son ami plongé dans un profond sommeil,
(LA FONTAINE.)

Quand il y a dans une même phrase plusieurs participes présents de suite employés avec ou sans la conjonction *et*, c'est le goût et l'oreille qui doivent décider s'il faut répéter ou non la préposition *en*.

EXERCICE PHRASÉOLOGIQUE.

| Il l'aborda en jurant et en blasphémant le nom de Dieu. | Il l'aborda en jurant et blasphémant le nom de Dieu. |
| En lisant, en travaillant et en étudiant bien. | En lisant, travaillant et étudiant bien. |

N° DCVIII.

PARTICIPES PRÉSENTS JOINTS OU NON JOINTS PAR LA CONJONCTION *et*.

AVEC *et*.

Je vous vois, monsieur, ne vous en déplaise, dans le grand chemin justement que tenait Panurge pour se ruiner, *prenant* argent d'avance, *achetant* cher, *vendant* à bon marché ET *mangeant* son blé en herbe. (MOLIÈRE.)

Bref, se *trouvant* à tout ET n'*arrivant* à rien.
(LA FONTAINE.)

SANS *et*.

Si c'est l'arrêt du sort, la volonté des cieux,
Que du moins assailli d'un peuple audacieux,
Errant dans les climats où son destin l'exile,
Implorant des secours, *mendiant* un asile,
Redemandant son fils arraché de ses bras,
De ses plus chers amis il pleure le trépas.
(DELILLE.)

L'autre, *enfermant* les vents, les *chassant* tour à tour,
Irrite des brasiers les flammes paresseuses. (*Id.*)

Comme on le voit par ce numéro et par le précédent, c'est une règle imaginée et contraire aux faits que celle par laquelle Wailly et d'autres grammairiens prescrivent de ne pas employer deux participes présents accompagnés ou non de *en*, sans les joindre par une conjonction.

EXERCICE PHRASÉOLOGIQUE.

Volant, pillant et assassinant.	Volant, pillant, assassinant.

N° DCIX.

PARTICIPES PRÉSENTS PRÉCÉDÉS DE DEUX SORTES DE *en*.

En PRÉPOSITION.	*En* PRONOM.
Ah! dit-il au lion, je vois que la nature Me fait faire en ce monde une triste figure; Je pensais être roi, j'avais certes grand tort. Vous êtes le vrai maître, EN *étant* le plus fort. (VOLTAIRE.)	Un vieux renard, mais des plus fins, Fut enfin au piége attrapé. Par grand hasard EN *étant* échappé, Non pas franc, car pour gage il y laissa sa queue. (LA FONTAINE.) EN *usant* de la sorte on ne peut vous blâmer. (CORNEILLE.)

Les participes présents peuvent être, comme on le voit, précédés de deux sortes de *en*: l'un, préposition; l'autre, pronom. *En étant*, c'est-à-dire, étant échappé de là, *du piége*. C'est aussi le pronom qui se trouve dans le vers de Corneille: *En usant de la sorte*, c'est pour *usant de la sorte* (à l'égard) *de cela*. On dit *il en use fort bien avec moi; on en use ainsi entre gens de bonne compagnie*.

EXERCICE PHRASÉOLOGIQUE.

En étant bon. En usant bien de son amitié. En ayant bien soin de lui, vous serez récompensé.	En étant le propriétaire. En usant ainsi. Vous aviez peu de talents; mais à présent, en ayant acquis, vous ferez fortune.

N° DCX.

EMPLOI DU PRONOM *en* DEVANT LES PARTICIPES PRÉSENTS.

EMPLOI NON ÉQUIVOQUE.	EMPLOI ÉQUIVOQUE.
Je vous ai mis mon fils entre les mains, *voulant* EN faire quelque chose de bon. (WAILLY.)	Je vous ai mis mon fils entre les mains, EN *voulant* faire quelque chose de bon.

Il faut éviter l'emploi du pronom *en* devant les participes présents, lorsqu'on peut craindre qu'il ne soit équivoque, ou qu'il ne rende la construction difficile.

EXERCICE PHRASÉOLOGIQUE.

En pouvant faire quelque chose. En voulant faire quelque chose. En désirant faire quelque chose. En devant faire quelque chose. En croyant faire un homme d'esprit.	Pouvant en faire quelque chose. Voulant en faire quelque chose. Désirant en faire quelque chose. Devant en faire quelque chose. Croyant en faire un homme d'esprit.

N° DCXI.

EMPLOI DES DEUX SORTES DE *en* DEVANT UN PARTICIPE PRÉSENT.

Tous les anciens manuscrits de Longus ont des lacunes et des fautes considérables, et ce n'est que depuis peu qu'EN EN *comparant* plusieurs, on est parvenu à suppléer l'un par l'autre.
(P.-L. COURIER.)

Je crus faire des vœux pour la gloire de la France, EN EN *faisant* pour que M. de Choiseul triomphât.
(J.-J. ROUSSEAU.)

La plupart des grammairiens blâment les phrases où se trouvent les deux *en*. C'est en effet une rencontre qu'il faut éviter. Les écrivains en offrent cependant quelques exemples.

EXERCICE PHRASÉOLOGIQUE.

AU LIEU DE :
Le prince tempère la rigueur du pouvoir en en partageant les fonctions.

DITES :
C'est en partageant les fonctions du pouvoir, que le prince en tempère la rigueur.

N° DCXII.

RAPPORT DU PARTICIPE PRÉSENT DIT *gérondif*.

EN RELATION AVEC LE SUJET.

LA GRAINE *en se gonflant* boit le suc qui l'arrose;
C'est un œillet naissant, c'est un lis, une rose.
(DELILLE.)

LE BOEUF, *en paissant* l'herbe, acquiert autant de chair que l'homme ou que les animaux qui ne vivent que de chair et de sang. (BUFFON.)

En faisant des heureux, UN ROI l'est à son tour.
(VOLTAIRE.)

Locke ne se doutait pas qu'*en refusant* à l'homme des idées innées, IL fournissait des arguments à l'anarchie et au matérialisme.
(BERN. DE SAINT-PIERRE.)

L'AVARICE perd tout *en voulant* tout gagner.
(LA FONTAINE.)

Les YEUX, *en la voyant*, saisiraient mieux la chose.
(BOILEAU.)

..... LES NONNETTES sans voix,
Font, *en fuyant*, mille signes de croix.
(GRESSET.)

LE PUISSANT foule aux pieds le faible qui menace,
Et rit, *en l'écrasant*, de sa terrible audace.
(VOLTAIRE.)

ON pleure sa victoire *en domptant* la nature.
Jamais un cœur français ne la peut étouffer. (*Id.*)

EN RELATION AVEC UN SUBSTANTIF AUTRE QUE LE SUJET DE LA PHRASE.

Je voudrais pouvoir vous décrire les pleurs de Jacquine *en voyant* votre frère monter à cheval.
(Mme DE SÉVIGNÉ.)

Ce n'est pas être malheureux que d'occuper votre pensée, soit *en dormant*, soit *en veillant*.
(MOLIÈRE.)

Je ne vous dirai point mes faiblesses et mes sottises *en rentrant* dans Paris. (Mme DE SÉVIGNÉ.)

En disant ces mots, les larmes lui vinrent aux yeux.
(FÉNELON.)

En disant ces paroles, SON regard était farouche et ses yeux étincelants. (*Id.*)

Mais si seul en mon lit je peste avec raison,
C'est encor pis cent fois *en quittant* la maison.
(BOILEAU.)

En voyant les hommes, hélas!
Il m'en souvient bien davantage.
(LA FONTAINE.)

Leur venin qui sur moi brûle de s'épancher,
Tous les jours, *en marchant*, m'empêche de broncher.
(BOILEAU.)

Je vois qu'*en m'écoutant* vos yeux au ciel s'adressent.
(RACINE.)

Rare et fameux auteur dont la fertile veine
Ignore *en écrivant* le travail et la peine.
(BOILEAU.)

Dans les exemples de la première colonne, l'action ou l'idée exprimée par le participe présent, et celle qu'exprime le verbe personnel, se rapporte à un même substantif qui remplit dans la phrase la fonction de sujet. En effet, c'est la graine qui se *gonfle* et qui *boit* le suc qui l'arrose; c'est le bœuf qui *acquiert* de la chair et qui *paît* l'herbe, etc.

Frappés de cette analogie, les grammairiens aussitôt de conclure que le participe dit *gérondif* doit toujours se rapporter au sujet ou au nominatif du verbe.

Les citations de la seconde colonne, en nous prouvant le contraire, nous montrent en même temps combien de phrases très-légitimes cette règle proscrirait.

Les pleurs de Jacquine EN VOYANT, n'est-ce pas la même chose que: *Les pleurs que Jacquine versa* en VOYANT? — *Ce n'est pas être malheureux que d'occuper votre pensée*, *soit* EN DORMANT, *soit* EN VEILLANT, n'est-ce pas pour: *Ce n'est pas être malheureux que vous pensiez à nous, soit* EN DORMANT, *soit* EN VEILLANT? — EN DISANT *ces mots*, *les larmes lui vinrent aux yeux*, n'a-t-il pas le sens de: *Il se prit à pleurer* EN DISANT *ces mots?* — *C'est encore pis* EN QUITTANT *la maison*, n'est-ce pas comme s'il y avait: *Ce que j'éprouve* EN QUITTANT *la maison est encore pis?* — *Mes faiblesses* EN RENTRANT *dans Paris*, n'offre-t-il pas en résultat le même sens que: *Les faiblesses que j'eus* EN RENTRANT *dans Paris?* — EN VOYANT *les hommes, il m'en souvient*, n'est-ce pas identique à *Je m'en souviens* EN VOYANT *les hommes?*

Dans aucune de ces phrases, le participe dit gérondif ne se rapporte au sujet ou nominatif du verbe. Cependant on ne peut en contester la légitimité.

Les pleurs de Jacquine, mes faiblesses, etc., dit Lemare, réveillent à peu près les mêmes idées que *les pleurs qu'a* ou *que possède Jacquine*, c'est-à-dire *qu'elle verse, les faiblesses que j'ai*.

Telles sont aussi les propriétés des autres substantifs régis par *de*, vulgairement appelés génitifs, et des autres adjectifs possessifs, etc.

Nous avons aussi coutume d'employer souvent des tournures impersonnelles, comme *où fuir? que faire? il faut voir*, etc., où notre esprit transforme avec une étonnante facilité ces phrases en personnelles. Par *que faire?* on entend *que ferai-je?* Voilà les causes secrètes qui ont déterminé comme instinctivement les auteurs à donner beaucoup plus d'extension au gérondif que ne leur en donnent les grammairiens.

Nous établirons donc en principe que le participe dit gérondif est bien employé toutes les fois qu'il ne donne lieu à aucune équivoque, à aucune obscurité, et surtout que, soit par la construction, soit par le sens de la phrase, il est facile de savoir à quel substantif il se rapporte; que ce substantif soit exprimé ou sous-entendu, qu'il soit sujet ou régime.

EXERCICE PHRASÉOLOGIQUE.

On perd souvent en voulant trop gagner. | Si vous aviez vu son désespoir en trouvant son père mort.

N° DCXIII.

PARTICIPE PRÉSENT DIT GÉRONDIF EMPLOYÉ D'UNE MANIÈRE ABSOLUE.

I.

Le deuil enfin sert de parure, | La grâce, *en s'exprimant*, vaut mieux que ce qu'on
En attendant d'autres atours. (LA FONTAINE.) | (VOLTAIRE.) [dit.

L'emploi du participe présent, dit gérondif, est quelquefois très-difficile à justifier. Le grand usage qu'on en fait permet de s'en servir d'une manière absolue, c'est-à-dire sans relation à un substantif exprimé.

Dans les phrases citées, il est facile de rétablir le substantif ellipsé auquel se rapporte le gérondif; car ces phrases sont un abrégé de celles-ci: *Le deuil enfin* (NOUS) *sert de parure*, EN ATTENDANT *d'autres atours ; la grâce* (QU'ON A) EN S'EXPRIMANT *vaut mieux que ce qu'on dit.*

II.

Ce sont quelques idées sur le style que j'ai puisées dans vos ouvrages. C'est *en vous lisant*, c'est *en vous admirant*, qu'elles ont été conçues ; c'est *en les soumettant* à vos lumières qu'elles se produiront avec quelque succès. (BUFFON.)

Il y a une infinité de gens de qui l'on ne peut jamais croire du mal sans l'avoir vu ; mais il n'y en a point de qui il doive nous surprendre *en le voyant*. (LA ROCHEFOUCAULD.)

Rome retomba entre les mains de Marc-Antoine, de Lépide et du jeune César Octavien, petit-neveu de Jules César, et son fils adoptif ; trois insupportables tyrans, dont le triumvirat et les proscriptions font horreur *en les lisant*. (BOSSUET.)

Quand il serait vrai que cette bulle pourrait être reçue *en ne la regardant* qu'en elle-même, on ne devrait pourtant point la recevoir maintenant. (PASCAL.)

Lemare regarde ces exemples comme vicieux, parce que, suivant lui, les gérondifs exprimés ne se rapportent à aucun mot qui y fasse ni formellement, ni virtuellement, les fonctions de sujet.

Nous ne sommes pas tout-à-fait de l'opinion de Lemare, et il nous semble pousser un peu trop loin le rigorisme en condamnant des phrases dont le sens est si clair. Ces phrases ne diffèrent de toutes celles que nous avons citées jusqu'ici que par l'ellipse. En effet, *c'est* EN VOUS LISANT *qu'elles ont été conçues*, ou *c'est* EN VOUS LISANT *qu'elles ont été conçues* PAR MOI, ou *que je les ai conçues* ; — *il n'y en a point de qui il* NOUS *doive surprendre* EN LE VOYANT, ou *il n'y en a point de qui* NOUS *devions être surpris* EN LE VOYANT ; — *dont les proscriptions font encore horreur* EN LES LISANT, ou *dont les proscriptions* NOUS *font encore horreur* EN LES LISANT ; — *quand il serait vrai que cette bulle pourrait être reçue* EN NE LA REGARDANT *qu'en elle-même*, ou *quand il serait vrai que cette bulle pourrait être reçue* PAR NOUS EN NE LA REGARDANT *qu'en elle-même*, ou bien encore *quand il serait vrai que* NOUS *pourrions recevoir cette bulle* EN NE LA REGARDANT *qu'en elle-même*, n'est-ce pas évidemment la même chose ? De pareilles ellipses n'ont rien que de naturel, et ne sont permises dans toutes ces phrases que parce qu'elles n'entraînent aucune obscurité.

Il en est absolument de même dans les exemples suivants, qui ont été injustement critiqués, car le sens en est extrêmement clair.

Il quitte avec regret ce vieillard vertueux ;
Des pleurs, *en l'embrassant*, coulèrent de ses yeux. (VOLTAIRE.)

Permettez-moi, madame, *en vous dédiant* ma tragédie, de m'étendre sur cet art des Sophocle et des Euripide. (Id.)

Mais l'appétit vient toujours *en mangeant*. (GUIMOND DE LATOUCHE.)

Crois-tu qu'*en me baignant* dans le sang de mes ennemis, cela me rendît la jeunesse et la vue ? (MARMONTEL.)

EXERCICE PHRASÉOLOGIQUE.

Dix écus font plaisir en attendant mieux.

Il faut bien la prendre en attendant autre chose.

N° DCXIV.

RAPPORT DIT IRRÉGULIER DU GÉRONDIF.

RAPPORT RÉGULIER.

La maison du Seigneur seule un peu plus ornée,
Se présente au dehors de murs environnée ;
Le soleil, *en naissant*, la regarde d'abord. (BOILEAU.)

RAPPORT DIT IRRÉGULIER.

Si son astre, *en naissant*, ne l'a formé poète,
Dans son génie étroit il est toujours captif ;
Pour lui Phébus est sourd et Pégase est rétif. (BOILEAU.)

La tragédie, informe et grossière *en naissant*,
N'était qu'un simple chœur, où chacun en dansant,
Et du dieu des saisons entonnant les louanges,
S'efforçait d'attirer de fertiles vendanges. (BOILEAU.)
Enfin l'heure est venue, et la neuvième aurore
Des rayons d'un jour pur, *en naissant*, se colore.
(DELILLE.)

Oui, je voudrais qu'aucun ne vous trouvât aimable,
Que le ciel, *en naissant*, ne vous eût donné rien;
Que vous n'eussiez ni rang, ni naissance, ni bien.
(MOLIÈRE.)
Cruelle! quand ma foi vous a-t-elle déçue?
Songez-vous qu'*en naissant* mes bras vous ont reçue?
(RACINE.)
Flore même, *en naissant*, le reçut dans ses bras.
(DELILLE.)

Dans la première colonne, le rapport se fait avec le sujet de la phrase : *C'est le soleil qui naît et qui regarde la maison du Seigneur; c'est la tragédie qui naît et qui est informe*, etc.; *c'est la neuvième aurore qui naît et se colore des rayons d'un jour pur*. Tel est l'usage le plus constant. Tous les écrivains sont pleins de semblables exemples.

Dans l'autre colonne, le rapport du gérondif se fait, contre la règle des grammairiens, avec un autre substantif que le sujet. C'est *l'astre qui forme le poète*, et c'est *le poète qui naît*; c'est *le ciel qui donne*, et c'est *nous qui naissons*; c'est *moi qui vous ai reçu*, et c'est *vous qui naquîtes*.

Mais comment sait-on, dit Lemare, que c'est au poète, plutôt qu'à son astre, qu'il faut rapporter *en naissant*?

C'est le sens qui l'indique, et, par cela seul que personne ne s'y trompera, ces phrases sont bonnes, quoique le rapport du gérondif paraisse irrégulier. C'est donc à tort que Lemare les condamne.

EXERCICE PHRASÉOLOGIQUE.

Un mal qu'on apporte en naissant.
Je vous ai reçu, en naissant, dans mes bras.

N'as-tu pas, en naissant, entendu cette voix?
Il eut ce défaut même en naissant.

DU PARTICIPE PASSÉ.

N° DCXV.

ORTHOGRAPHE PRIMITIVE DU PARTICIPE PASSÉ JUSQUE VERS LE MILIEU DU DIX-HUITIÈME SIÈCLE.

Nous AVONS *admirée* la vertu. (SYLVIAN.)
Elle avait *faite* sa journée.
(ROMAN DE LA ROSE.)
Prometheus, qui moult savoit,
De terre et d'eaue *fuite* AVOIT
Une *imagette* à la semblance des dieux.
(XIIIᵉ siècle. Trad. des MÉTAM. D'OVIDE.)
Nous AVONS *franchis* et franchissons *les devant dits* et leurs hoirs.
(1344. COUTUME DE BEAUVOISIS.)
Reçue AVONS l'humble *supplication*.
(Ordonn. de CHARLES VII.)
Et Chrémès qui M'AVOIT *promise*
Sa *fille*, et puis s'en étoit dédit.
(1549. Le grand THÉRENCE en françois.)
O misérable que je suis
D'AVOIR cette *parole ouïe*! (Id.)

Je AI *vues* vos lettres. (VILLE-HARDOUIN.)
Comme elle EUT *mise* sa main.
(ALAIN CHARTIER.)
Il AVOIT, par commandement, presque *enterrée* toute vive la plus belle *personne* du monde.
(AMYOT.)
..... Ils ONT tous *occupés*
Les lieux voisins. (1545. SALEL.)
Les *tables* ONT *ôtées*
Sergents et écuyers.
(Roman de GRANDOR DE DOUAY.)
Il est de tout son sang comptable à sa patrie,
Chaque goutte épargnée A sa *gloire flétrie*.
(CORNEILLE.)
A son côté pendait la noble épée
Qui d'Holopherne A la *tête coupée*.
(VOLTAIRE.)

Que nos anciens écrivains fissent constamment varier le participe passé, quelle que fût d'ailleurs la place qu'il occupât dans le discours ; — que ce participe ne soit autre chose qu'un adjectif; c'est ce que témoignent au plus haut degré les citations qu'on vient de lire.

Mais, bien que le participe passé ne soit qu'un adjectif, et qu'en cette qualité il dût toujours revêtir le genre et le nombre du nom avec lequel il est en relation, il n'en est pas moins vrai que depuis le règne de Henri III, et non pas depuis celui de François Ier, comme le prétend l'abbé d'Olivet, nos auteurs ont fait et font encore aujourd'hui varier ce participe dans certains cas, tandis qu'ils le laissent invariable dans d'autres.

De là les difficultés assez grandes qu'offre la syntaxe de cette partie importante du discours. On a écrit sur ce sujet des traités spéciaux; on a rempli des volumes entiers de règles, d'exceptions, d'exemples et d'applications, et, avec tout cet attirail de science, comme le dit l'*Encyclopédie moderne*, on a embrouillé une matière fort simple; on en a fait la torture de l'enfance, l'épouvantail des jeunes personnes et le désespoir des étrangers.

Tout en passant en revue la plupart des distinctions établies par les grammairiens, nous tâcherons de réduire la difficulté à un petit nombre de cas, et de donner pour chacun d'eux des règles simples et claires.

D'abord, nous poserons en principe, qu'en tant qu'exprimant, comme l'adjectif, une qualité, le participe passé remplit toutes les fonctions que nous avons assignées à ce mot : il est susceptible de genres et de nombres; en un mot, on peut lui appliquer tout ce que nous avons dit de l'*adjectif*. On verra plus loin les exceptions qui lui sont particulières.

N° DCXVI.

PARTICIPES PASSÉS EMPLOYÉS SANS AUCUN AUXILIAIRE.

PLACÉ APRÈS LE SUBSTANTIF.	PLACÉS AVANT LE SUBSTANTIF.
Voyez ce PAPILLON *échappé* du tombeau, / Sa mort fut un sommeil, et sa tombe un berceau. (DELILLE.)	Quelquefois, *consolé* par une chance heureuse, / Il (l'âne) sert de Bucéphale à la beauté peureuse. (DELILLE.)
Quel œil n'est pas sensible au riant appareil / De L'HERBE *rajeunie* et du bouton vermeil ? (CASTEL.)	Là, des œufs maternels nouvellement *éclose*, / Sur le plus doux coton la FAMILLE repose. (*Id.*)
Dieux! avec quel plaisir, dans tes SENTIERS *fleuris*, / J'aperçus, ô Meudon, ce ravissant ofris. (*Id.*)	... *Nés* pour l'indépendance, / PLUSIEURS (animaux) de leur instinct gardent la violence. (*Id.*)
Bien souvent, dans la nuit, de subites gelées / Frappent d'un coup mortel les PLANTES *désolées*. (*Id.*)	*Nourris* à la campagne dans toute la rusticité champêtre, vos ENFANTS y prendront une voix plus sonore. (J.-J. ROUSSEAU.)
Eh! que vois-je partout? La terre n'est couverte / Que de PALAIS *détruits*, de TRÔNES *renversés*, / Que de LAURIERS *flétris*, que de SCEPTRES *brisés*. (RACINE fils.)	*Fatigués* du butin qu'ils traînent avec peine, / De faibles VOYAGEURS arrivent sans haleine / A leurs greniers publics. (RACINE fils.)
Comme une LAMPE d'or dans l'azur *suspendue*, / La lune se balance aux bords de l'horizon : / Ses RAYONS *affaiblis* dorment sur le gazon. (LAMARTINE.)	*Revêtu* de la peau d'un énorme lion, / ÉNÉE emporte Anchise et les dieux d'ILION. (CASTEL.)
Là, cette jeune PLANTE, en vase *disposée*, / Dans sa coupe élégante accueille la rosée. (DELILLE.)	*Touchés* de mes accords, les CHÊNES applaudissent. (ROSSET.)

Employé sans aucun auxiliaire, le participe passé s'accorde toujours en nombre et en genre avec le nom auquel il se rapporte, que ce nom le précède ou le suive; en un mot, on peut, dans ce cas, lui appliquer tout ce que nous avons dit de l'*adjectif*.

EXERCICE PHRASÉOLOGIQUE.

La feuille arrachée de sa tige.
Des enfants mal élevés.
Des roses flétries.
Des plantes inconnues.

Arrachée de sa tige cette fleur se fanera.
Nourris dans l'opulence, ces enfants...
A peine écloses, ces fleurs...
Inconnues même aux botanistes, ces plantes...

N° DCXVII.

PARTICIPES PASSÉS PRÉCÉDÉS DU VERBE *être*.

SE RAPPORTANT A UN SEUL NOM.

Les mortels, plus instruits, en sont moins inhumains,
Le FER est émoussé, les BUCHERS sont éteints.
(VOLTAIRE.)

Dans l'atelier bruyant où règne l'industrie,
Du luxe des cités L'INDIGENCE est nourrie.
(MICHAUD.)

Mais comme les Romains et son grave sénat,
Les RATS sont gouvernés par la raison d'état.
(DELILLE.)

Ces différentes PHRASES (du rossignol) sont entremêlées de silences, de ces silences qui, dans tout genre de mélodie, concourent si puissamment aux grands effets. (BUFFON.)

SE RAPPORTANT A PLUSIEURS NOMS.

L'INNOCENCE et la VERTU sont souvent *opprimées*.
(Cité par BOISTE.)

L'HONNEUR et la JUSTICE sont entièrement *bannis* de ce monde. (*Id.*)

Si la VERTU et la VÉRITÉ étaient *bannies* de la terre, elles devraient toujours se trouver dans la bouche des rois. (*Id.*)

Il semble que la VIE et la BEAUTÉ ne nous aient été *données* que pour aimer. (AIMÉ-MARTIN.)

Le participe passé précédé du verbe *être*, doit toujours prendre le genre et le nombre du nom avec lequel il est en relation.

EXERCICE PHRASÉOLOGIQUE.

Une fille sage est aimée de tout le monde.
Les vieillards étaient honorés.
L'hiver est passé.

L'or et le fer sont tirés des entrailles de la terre.
Les fleurs et les fruits sont multipliés à l'infini.
L'équité et la droiture sont produites par l'amour de la justice et de la vérité.

N° DCXVIII.

PARTICIPES PASSÉS PRÉCÉDÉS DE VERBES AUTRES QUE *être* ET *avoir*.

PLACÉS APRÈS LE NOM.

On dirait qu'échappé des antres de Norvége,
L'HIVER revient armé de glaçons et de neige.
(CASTEL.)

Ainsi, sans votre appui, les ÉLÈVES DE FLORE
Tomberaient abattus à leur première aurore.
(*Id.*)

Oh! qui m'expliquera les mystères des cieux?
Mon AME à leur aspect demeure suspendue.
(AIMÉ-MARTIN.)

Et quand une fourmi bâtit des pyramides,
Nos ARTS semblent bornés et nos travaux timides.
(DELILLE.)

L'oiseau-mouche, cet amant léger des fleurs, vit à leurs dépens sans les flétrir; il ne fait que pomper leur miel, et c'est à cet usage que sa LANGUE paraît uniquement destinée. (BUFFON.)

PLACÉS AVANT LE NOM.

Je tiens Sylla perdu si vous laissez *unie*
A ce puissant renfort votre LUSITANIE.
(CORNEILLE.)

Jusqu'au terme des temps *devenus* leur conquête,
Voleront, *respectés*, les ACCORDS du prophète.
(SOUMET.)

L'oiseau monté et descend dans une autre cellule,
Où, *cachés* et bravant les piéges, les saisons,
Reposent mollement ses tendres NOURRISSONS.
(DELILLE.)

Je rends *carrée* une BOULE que les premières lois du mouvement avaient faite ronde.
(MONTESQUIEU.)

Tenez toujours *divisés* les MÉCHANTS,
La sûreté du reste de la terre
Dépend de là. (LA FONTAINE.)

Tout participe passé accompagné d'un verbe autre que le verbe *avoir* ou *être*, subit toutes les variations de genre et de nombre que lui impose le nom qu'il qualifie, que ce nom précède ou suive.

EXERCICE PHRASÉOLOGIQUE.

Je me sens accablée.
Je les croyais partis.
Ils se virent forcés de se rendre.
Elle se montra parée de riches vêtements.

Elle paraît privée de mouvement.
Ils semblent interdits.
Je vous laisse unis.
L'imagination reste épouvantée.

N° DCXIX.

PARTICIPES PASSÉS CONSTRUITS AVEC LE VERBE *avoir*.

RÉGIME PLACÉ APRÈS LE PARTICIPE.

Jésus-Christ n'a pas *fait* ACCEPTION des blancs, ni exception des noirs. (Cité par BOISTE.)

Quand on a ainsi *distingué* l'ÉLOQUENCE du barreau de la fonction de l'avocat, et l'éloquence de la chaire du ministère du prédicateur, on voit qu'il est plus aisé de prêcher que de plaider.
(LA BRUYÈRE.)

Les dieux ont *attaché* presque autant de MALHEURS à la liberté qu'à la servitude.
(MONTESQUIEU.)

C'est la vérité elle-même qui lui a *dicté* ces belles PAROLES. (BOSSUET.)

Vous serez heureux avec Antiope, pour avoir moins *cherché* la BEAUTÉ que la sagesse et la vertu.
(FÉNELON.)

RÉGIME PLACÉ AVANT LE PARTICIPE.

Eh! quel spectacle est préférable
Au spectacle touchant des heureux qu'on a *faits*!
(LÉONAUD.)

Si Dieu NOUS a *distingués* des autres animaux, c'est surtout par le don de la parole.
(QUINTILIEN.)

Pedro, qu'as-tu fait de nos montures? — Seigneur, je LES ai *attachées* à la grille.
(LE SAGE.)

Les meilleures harangues sont celles QUE le cœur a *dictées*. (MARMONTEL.)

Je LES ai *cherchés* (vos gants) dans tous les coins, et je ne LES AI pas *trouvés*.
(Mme DE GENLIS.)

Construit avec le verbe *avoir*, le participe passé est toujours *invariable* quand le régime le suit, et *variable* lorsqu'au contraire il le précède : *votre sœur* A ÉCRIT *une lettre;* — *la lettre que votre sœur* A ÉCRITE.

Dans ces deux cas, *a écrit, a écrite* expriment une action de votre sœur; le participe est invariable dans la première phrase, et nous venons d'en dire la raison; mais pourquoi ne l'est-il pas dans la seconde? Est-ce une exception? Pourquoi dit-on *la lettre que votre sœur* A ÉCRITE, et non *la lettre que votre sœur* A ÉCRIT?

Ce n'est point là une bizarrerie, dit un grammairien, ce n'est point une exception; ou si c'en est une, elle est imposée par les lois éternelles du langage, et l'usage est ici d'accord avec la raison.

Quel est le but de la parole? d'exprimer les idées, de peindre fidèlement ce qui se passe dans notre esprit (1). Si une idée se présente à nous comme la première au milieu de plusieurs autres idées, si elle nous occupe plus particulièrement, notre langage conservera à cette idée le rang que lui a donné notre attention, elle sera l'idée dominante dans nos paroles, comme elle l'est dans notre esprit.

Lorsque nous avons dit *votre sœur a écrit une lettre pendant que vous vous promeniez*, quel tableau voulions-nous présenter, que voulions-nous peindre? Était-ce la manière d'être de votre sœur ou la manière d'être de la lettre? Évidemment c'était la manière d'être de votre sœur; l'idée de la lettre était une idée tout-à-fait secondaire : nous voulions exprimer ce que faisait votre sœur pendant que vous vous promeniez: elle *a écrit*

(1) La proposition est un véritable tableau, puisqu'elle présente des personnes ou des objets existant d'une certaine manière.

une lettre, deux lettres, une page de son cahier? Qu'importe ce qu'elle écrivait : elle *a écrit* pendant que vous vous promeniez, voilà l'idée dominante, c'est la manière d'être de votre sœur. Cette manière d'être est active ; *a écrit* est donc une forme du verbe-adjectif *écrire*, et conséquemment le participe reste invariable.

Lorsque nous avons dit *la lettre que votre sœur a écrite a-t-elle été mise à la poste?* voulions-nous peindre la manière d'être de votre sœur ou la manière d'être de la lettre? Sur quoi notre attention s'est-elle portée, sur la lettre, objet de notre demande, ou sur votre sœur? Évidemment l'idée de la lettre est l'idée dominante; nous nous occupons de cette lettre, nous voulons savoir ce qu'elle est devenue ; l'idée de votre sœur et de sa manière d'être n'est ici que secondaire, elle n'arrive que comme complément du sujet la lettre. Nous pouvons même, sans mutiler la pensée, ne point présenter explicitement la manière d'être de votre sœur, nous pouvons dire *la lettre* écrite par votre sœur *a-t-elle été mise à la poste?* C'est donc *la lettre*, et par conséquent sa manière d'exister, que notre esprit a principalement en vue, et le langage a traduit fidèlement les opérations de l'esprit lorsque nous avons dit *la lettre que votre sœur* A ÉCRITE; car *écrite* est précisément le mot dont la fonction est d'exprimer la manière d'être passive de l'objet lettre, qui en effet existe passivement.

Puisque le participe passé est employé dans cette phrase plutôt pour exprimer une manière d'être passive que pour former, au moyen de l'auxiliaire, un temps d'un verbe-adjectif, ce participe passé est adjectif et doit s'accorder avec son substantif (1).

Il en sera de même toutes les fois que le participe passé construit avec *avoir* sera précédé du substantif ou du pronom qui désigne la personne ou l'objet existant passivement. En un mot, toutes les fois que le complément passif (car le complément passif nomme la personne ou l'objet qui existe passivement) sera placé avant le participe, on voudra exprimer la manière d'être passive, plutôt que la manière d'être active, et le participe s'accordera avec ce complément passif. Exemples : *Où sont les livres que votre frère* a achetés (qui ont *été achetés* par votre frère)? *Je croyais véritable l'histoire qu'il m'a* contée (qui m'a *été contée* par lui).

De toutes ces observations nous pouvons tirer cette règle générale sur l'accord du participe passé :

RÈGLE GÉNÉRALE DE L'ACCORD DU PARTICIPE PASSÉ.

Si le participe passé est employé pour exprimer une manière d'être *active*, POINT D'ACCORD ; s'il est employé pour exprimer une manière d'être *non active*, ACCORD.

Le régime direct placé avant le participe est ordinairement un substantif joint aux mots *quel, que de, combien de*, ou représenté par *me, te, se, nous, vous, le, la, les, que*. Exemples :

Quel.

Quelle faute ai-je *commise* jusqu'ici?
(VERTOT.)

Quels dangers n'a pas *courus* l'Autriche pendant la *tempête* de vingt ans *qu*'elle a *essuyée!*
(DE PRADT.)

Quelle guerre intestine avons-nous *allumée?*
(CORNEILLE.)

Quels obstacles a jamais *trouvés* là-dessus la volonté de ceux qui tiennent en leurs mains la fortune publique?
(MASSILLON.)

---

(1) Voilà donc une beauté de notre langue, où le premier coup d'œil ne fait apercevoir d'abord qu'une capricieuse volonté de l'usage. L'expression s'affranchit du rapport matériel des mots, mais c'est pour se soumettre au rapport plus puissant des idées, et peindre la pensée avec des couleurs plus vives et plus fidèles. Si *j'ai reçu une lettre* vient effectivement de *habeo acceptum litteras*, que *acceptum* soit un substantif, comme le veulent Bouhours, Dumarsais, Condillac, ou bien qu'il soit un adjectif neutre, comme le prétend Lemare, jamais on n'a pu dire *litteræ quas habeo acceptum;* on aurait dit plutôt *litteræ quas habeo acceptas* ou *quas acceptas habeo* (que reçues nous avons, disent nos vieux écrivains).

Quels paisibles et délicieux jours nous eussions *coulés* ensemble! (J.-J. ROUSSEAU.)

Nous ne savons si la matière raisonne ou ne raisonne pas, et *quelle sorte* de petite intelligence Dieu a *donnée* aux bêtes. (Mme DE SÉVIGNÉ.)

Que de.

Que de vertus en vous un seul vice a *détruites!* (SAURIN.)

Que de filles, ô dieux, mes pièces de monnaie Ont *produites!* (LA FONTAINE.)

Que de crimes, de guerres, de meurtres, de misères et d'horreurs n'eût point *épargnés* au genre humain celui qui aurait arraché les pieux ou comblé le fossé! (J.-J. ROUSSEAU.)

Que de remparts détruits! que de villes forcées! Que de moissons de gloire, en courant, *amassées!* (BOILEAU.)

Que d'autels on eût *érigés* dans l'antiquité à un Grec qui aurait découvert l'Amérique! (VOLTAIRE.)

Que de guerres aussi funestes qu'injustes de bons directeurs nous auraient *épargnées!* (Id.)

Que de miracles les historiens ont *prodigués*, et contre les Turcs, et contre les hérétiques! (Id.)

Combien de.

Combien de lettres anonymes avez-vous *reçues?* (Id.)

Combien de projets a-t-il *faits* ou *réformés! Combien d'ouvertures* a-t-il *données! Combien de services* a-t-il *rendus!* (FLÉCHIER.)

Je sais *combien de disputes* j'ai *essuyées* en Angleterre sur notre versification. (VOLTAIRE.)

..... Je sais tout ce que j'ai commis, Et *combien de devoirs* en un jour j'ai *trahis*. (Id.)

Que.

Les solides trésors sont *ceux qu'*on a *donnés*. (RACINE.)

Pourquoi la nature n'aurait-elle pas mis sur la terre, dans les fleurs, les images des *objets qu'*elle a *placés* dans les cieux? (BERN. DE SAINT-PIERRE.)

Je ne vois que des *tours que* la cendre a *couvertes*. (RACINE.)

Souvent les *dons que* la nature a *suspendus* aux arbres sont déposés dans de simples herbes. (BERN. DE SAINT-PIERRE.)

Me, te, se, nous, vous, etc.

Sans espoir de pardon, *m'*avez-vous *condamnée?* (RACINE.)

Mes chères richesses, qu'êtes-vous devenues? Hélas! je *vous* ai *perdues* en moins de temps encore que je ne *vous* avais *gagnées.* (LE SAGE.)

Les vents *nous* auraient-ils *exaucés* cette nuit? (RACINE.)

Le bruit de nos trésors *les* a tous *attirés*. (RACINE.)

Quel plaisir d'aimer la religion, et de *la* voir *crue*. et *soutenue* par les Bacon, les Descartes, les Newton, les Grotius, les Corneille, les Racine, les Boileau, les Turenne, les d'Aguesseau, l'éternel honneur de l'esprit humain! (LA BRUYÈRE.)

Aux filles de cent rois je *vous* ai *préférée*. (RACINE.)

EXERCICE PHRASÉOLOGIQUE.

Il m'a fait de la peine.
Elle a fondé une colonie.
Nous avons cultivé les champs.

La peine qu'il lui a faite.
La colonie qu'elle a fondée.
Les champs que nous avons cultivés.

N° DCXX.

PARTICIPES PASSÉS SUIVIS OU PRÉCÉDÉS DU SUJET.

Sujet placé avant.

Le moindre des tourments *que* MON COEUR a *soufferts* Égale tous les maux que l'on souffre aux enfers. (RACINE.)

Demandez-le, seigneur, à cent peuples divers *Que* CETTE PAIX trompeuse a *jetés* dans les fers. (Id.)

Sujet placé après.

Qui pourra vous sauver de l'immortel courroux, Lorsque vous rendrez compte au dieu de la nature Des tourments *qu'*a *soufferts* SA FAIBLE CRÉATURE? (CHÉNIER.)

(Il) veut savoir leur destin, (il) veut savoir en quels [lieux
Les ont *jetés* LES VENTS, *les* ont *conduits* LES DIEUX. (DELILLE.)

Monime, *qu'*en tes mains MON PÈRE avait *laissée*,
Avec tous ses attraits revint en ma pensée.
(RACINE.)

Enfin, pour achever ces tableaux de la nature, je vous rappellerai les quatorze mille miroirs *que* HOOK a *trouvés* sur l'œil d'un bourdon.
(AIMÉ-MARTIN.)

Peut-être a-t-il dû cette idée aux mémoires *qu'*avait *laissés* SA MÈRE, sous le titre modeste de souvenirs.
(DE CAYLUS.)

C'est cette Rodogune, où l'un et l'autre frère Trouve encor les appas *qu'*avait *trouvés* LEUR PÈRE.
(CORNEILLE.)

Que le sujet de la phrase précède ou suive le participe passé, on voit que ce dernier s'accorde toujours avec le régime. En effet, le sujet rejeté après le verbe ne peut nullement empêcher cet accord, comme l'ont avancé quelques anciens grammairiens. Le seul mot qui exerce une influence sur le participe passé est le régime direct du verbe *avoir*, lorsque ce régime le précède.

Dans ces vers de Corneille :

Là, par un long récit de toutes les misères
Que pendant notre enfance ont *enduré* NOS PÈRES,

on doit regarder le mot *enduré* comme une licence de poëte. Il faut *endurées*.

EXERCICE PHRASÉOLOGIQUE.

Les poisons que ses mains ont préparés.
Les rochers que le tonnerre a frappés.
La fortune que mon père m'a laissée.
Les scélérats que cette main a punis.
Les monstres que son courage a domptés.

Les poisons qu'ont préparés ses mains.
Les rochers qu'a frappés le tonnerre.
La fortune que m'a laissée mon père.
Les scélérats qu'a punis cette main.
Les monstres qu'a domptés son courage.

N° DCXXI.

PARTICIPES PASSÉS SUIVIS IMMÉDIATEMENT D'UN ADJECTIF OU D'UN AUTRE PARTICIPE.

I.

Suivis d'un adjectif.

Le long usage des plaisirs *les* leur a *rendus* INUTILES. (MASSILLON.)

Pourquoi Dieu vous a-t-il fait cette défense ? S'il *vous* a *faits* RAISONNABLES, vous devez avoir raison de tout. (BOSSUET.)

... Assez de rois *que* l'histoire a *faits* GRANDS, Chez leurs tristes voisins ont porté les alarmes.
(VOLTAIRE.)

J'ai vu la mort de près, et je *l'*ai *vue* HORRIBLE.
(*Id.*)

Il passa par des chemins *qu'*on avait toujours *crus* IMPRATICABLES. (FÉNELON.)

Les Perses, leurs ennemis, adorateurs du soleil, ne souffraient point les idoles ni les rois *qu'*on avait *faits* dieux. (BOSSUET.)

Le salut de l'état *nous* a *rendus* PARENTS.
(VOLTAIRE.)

Et le sort *l'*eût-il *faite* encor plus INHUMAINE, Une larme d'un fils peut amollir sa haine.
(CORNEILLE.)

Suivis d'un autre participe.

Ses regards, il est vrai, n'étaient point enflammés Du courroux dont souvent je *les* ai *vus* ARMÉS.
(VOLTAIRE.)

Dieu, en créant les individus de chaque espèce d'animal et de végétal, a non seulement donné la forme à la poussière de la terre, mais il *l'*a *rendu* VIVANTE et ANIMÉE. (BUFFON.)

Si de quelques mortels on *m'*a *vue* ADORÉE, Est-ce un crime pour moi ? (CORNEILLE.)

Ces bras *que* dans le sang vous avez *vus* BAIGNÉS.
(RACINE.)

..... Vous *m'*avez *crue* ATTACHÉE à vous nuire; Dans le fond de mon cœur vous ne pouviez pas lire.
(*Id.*)

Cette armée, se défendant avec courage, ne put empêcher les Impériaux de pénétrer dans l'Alsace, dont Turenne *les* avait *tenus* ÉCARTÉS.
(VOLTAIRE.)

Qu'avez-vous fait ? — Hélas ! je *me* suis *crue* AIMÉE.
(RACINE.)

La Grèce en ma faveur est trop inquiétée, De soins plus importants je *l'*ai *crue* AGITÉE.
(*Id.*)

Le participe passé, suivi d'un adjectif ou d'un autre participe, doit toujours être conforme en genre et en nombre au nom qu'il modifie, toutes les fois que le régime direct précède. L'usage à cet égard n'est plus partagé.

II.

La médecine *l'a échappé* BELLE.
(MOLIÈRE.)

Ma foi, mon ami, je *l'ai échappé* BELLE depuis que je ne t'ai vu. (LE SAGE.)

« Ce participe *échappé*, dit Bescher, dérive d'un verbe peu propre à transmettre une action directe, et l'on ne sait ce que représente le pronom. Il faut regarder cette locution comme un *gallicisme* qui *échappe* à tout examen grammatical. »

D'abord, il n'est point exact de dire que cette locution est un gallicisme, car elle existe dans d'autres langues. Les Italiens disent : *L'ha* AVUTA *a buon mercato* (il l'a eue à bon marché) ; *ce l'avete* FATTA *bella* (vous nous l'avez faite belle.)

Ensuite, nous ne croyons pas que le pronom *le* soit là un mot insignifiant, par cela seul qu'il ne se rapporte à rien de ce qui a été précédemment exprimé.

Cette locution, suivant nous, est tout simplement une expression elliptique, et ce n'est qu'en la ramenant à son intégrité qu'on en peut bien saisir la valeur. *Je l'ai échappé belle* doit être un abrégé de *je l'ai échappé d'une belle manière*, ou bien *par une belle peur*, et le pronom *le* se rapporte au fait, à l'événement, au malheur en question ; *je l'ai échappé*, c'est-à-dire *j'ai échappé le malheur, l'accident qui me menaçait*. Ces mots *malheur*, *accident*, etc., bien qu'ils ne soient pas formellement exprimés, n'en existent pas moins dans l'esprit et peuvent très-aisément se suppléer.

Cette question a déjà été traitée au chapitre des *Adjectifs*.

EXERCICE PHRASÉOLOGIQUE.

Tu m'as faite ta complice.
Je l'ai toujours trouvée telle.
Il l'a trouvée fort grande et fort jolie.
Vous m'avez crue guérie.
Mes affaires, quand je les ai eues terminées.
Des hommes que j'ai faits mes égaux.

Les cruautés que nous avons vues exercées par les ennemis.
Cela est fondé sur des observations que je n'ai jamais vues démenties.
Ma lettre, dès que je l'ai eue finie.
Votre lettre, quand on l'a eue lue.

N° DCXXII.

PARTICIPES PASSÉS PRÉCÉDÉS DE DEUX RÉGIMES.

Régime direct placé avant le régime indirect.
Va lui jurer la foi *que tu* M'avais *jurée*.
(RACINE.)

Aurai-je le bonheur de vous recevoir dans mon palais, et de vous payer des soins *que vous* M'avez *donnés* dans ma jeunesse? (BARTHÉLEMY.)

Tu as joui de tous les biens *que* la nature T'avait *donnés*. (J.-J. ROUSSEAU.)

Je soupçonne violemment ce malheureux Italien d'être l'auteur de toutes les noirceurs *qu'*on vous a *faites*. (COLLÉ.)

Régime indirect placé avant le régime direct.
Tout autre aurait voulu condamner ma pensée,
Et personne en ces lieux ne TE l'eût *annoncée*.
(RACINE.)

Et pour qui tiendrais-je à la vie? C'est pour tous les Grecs, non pour vous seule, que vous ME l'avez *donnée*. (DELAPORTE-DUTHEIL.)

J'entrevois en vous des sentiments dangereux, et je sais trop qui vous *les* a *inspirés*.
(VOLTAIRE.)

Elle me parut comme vous ME l'aviez *dépeinte*.
(Mme DE SÉVIGNÉ.)

Lorsque le participe est précédé de deux régimes, l'un de ces régimes est direct, l'autre indirect; car un verbe ne peut être précédé de deux régimes directs différents.

Pour connaître quel doit être l'accord du participe, il suffit de savoir distinguer lequel des deux régimes est en rapport direct.

La phrase suivante de J.-J. Rousseau n'est pas correcte : *Je ne puis te dire* QUELLE PEINE *tout cela* M'A *fait*, il faut *quelle peine tout cela m'a* FAITE.

EXERCICE PHRASÉOLOGIQUE.

Les chagrins qu'il m'a causés.
L'amitié que je vous ai portée.
L'histoire qu'il m'a contée.

Il me les a donnés.
Je vous les ai portés.
Ces histoires, il me les a contées cent fois.

N° DCXXIII

PARTICIPES PASSÉS PRÉCÉDÉS DU VERBE *avoir* EMPLOYÉ SANS RÉGIME.

Où la mouche A *passé*, le moucheron demeure.
(LA FONTAINE.)

Vous riez? Écrivez qu'elle A *ri*.
(RACINE.)

Nos imprudents aïeux n'ONT *vaincu* que pour lui.
(VOLTAIRE.)

Son visage A *changé*, son teint s'est éclairci.
(MOLIÈRE.)

Voilà qu'elle A *fini*, l'ouvrage aux yeux s'expose.
(MOLIÈRE.)

Le Dieu qui vous inspire A *marché* devant moi.
(VOLTAIRE.)

Mes amis ONT *parlé*, les cœurs sont attendris.
(Id.)

La fille, dit la loi, A *crié* et n'a point été entendue.
(J.-J. ROUSSEAU.)

Lorsque le participe passé accompagné du verbe *avoir* n'est suivi ni précédé d'aucun régime, il est toujours invariable.

EXERCICE PHRASÉOLOGIQUE.

Elle a pleuré.
Ils ont chanté.
Mes frères ont chassé.

Mes cousines ont lu.
Ma sœur a écrit.
Elles ont crié.

Nous vous avons écrit.
Vous ne nous avez point répondu.
Elle a trop parlé.

N° DCXXIV.

PARTICIPES PASSÉS PRÉCÉDÉS DU VERBE *être* EMPLOYÉ, dit-on, POUR *avoir*.

Me, te, se, RÉGIMES INDIRECTS.

Autant que sa fureur s'est *immolé* de têtes,
Autant dessus la sienne il croit voir de tempêtes.
(CORNEILLE.)

Ils *se* sont *donné* l'un à l'autre une promesse de mariage. (MOLIÈRE.)

Ils ne s'y sont *proposé* pour exemple que la constitution la plus simple des anciens. (VOLTAIRE.)

Il est vrai qu'elle et moi *nous* nous sommes *parlé* des yeux. (MOLIÈRE.)

Vous êtes-vous *accordé* cette définition? ou sont-ce les loups, les singes et les lions qui vous l'ont passée? (LA BRUYÈRE.)

Néanmoins il s'était *conservé* l'autorité principale. (BOSSUET.)

J'admire, j'en conviens, l'accord de ces trois frères,
Pluton, Neptune, Jupiter,
Qui *se* sont *divisé* sans tumulte et sans guerres,
Le ciel et la mer et l'enfer.
(F. DE NEUFCHATEAU.)

Me, te, se, RÉGIMES DIRECTS.

Je ne puis oublier qu'Ariane exilée
S'est pour vos intérêts elle-même *immolée*.
(TH. CORNEILLE.)

Je la vis massacrer par la main forcenée,
Par la main des brigands à qui tu *t'es donnée*.
(VOLTAIRE.)

Elles *se* sont *proposées* comme modèles de douceur. (Cité par BESCHER.)

La langue latine et la langue grecque sont deux langues qui *se* sont long-temps *parlées*, et qui ne se parlent plus. (Cité par LEMARE.)

Il n'y a rien en quoi les hommes *se* soient plus *accordés* que dans l'aveu de ce devoir. (NICOLE.)

La vie pastorale, qui s'est *conservée* dans plus d'une contrée de l'Asie, n'est pas sans opulence.
(VOLTAIRE.)

Il n'est pas un point de théologie sur lequel les hommes ne *se* soient *divisés*. (Id.)

Tous les peuples du monde, sans en excepter les Juifs, *se sont fait* des dieux corporels.
(VOLTAIRE.)

Les Français s'étaient *ouvert* une retraite glorieuse par la bataille de Fornoue. (*Id.*)

C'est par son désintéressement que M. de Lamoignon s'était *réservé* cette liberté d'esprit si nécessaire dans la place qu'il occupait. (FLÉCHIER.)

Les Romains *s'étaient faits* à la discipline. La sévérité de Manlius et l'exemple de Régulus y ont beaucoup contribué. (Cité par LEMARE.)

Ils *se sont ouverts* de leurs desseins à leurs ennemis les plus dangereux. (VOLTAIRE.)

A quel tourment nouveau je *me* suis *réservée !*
(RACINE.)

Ils *se* SONT *réservés* pour une autre occasion.
(Cité par BESCHER.)

Ces exemples sont au nombre de ceux qu'on cite pour prouver ce principe absurde : *Que le verbe* ÊTRE *peut remplacer et remplace souvent le verbe* AVOIR ; car, dit-on, dans toutes ces citations, on peut substituer *avoir* à *être*. Certes, *ils se sont dit des injures* et *ils ont dit des injures à eux*, présentent absolument le même sens ; mais la première de ces formes, moins énergique que la seconde, exprime un état; et la seconde une action.

Il est donc impossible que, ne fût-ce que pour la forme, ces expressions soient exactement les mêmes.

En réfléchissant un peu sur le mécanisme de ces sortes de phrases, il n'est pas bien difficile de s'apercevoir que, soit par élégance, soit par brièveté ou par toute autre cause, l'ellipse a sous-entendu le participe présent *ayant*, et que *ils se sont dit des injures* est un abrégé de *ils* SONT (AYANT) DIT *des injures se* (c'est-à-dire *à soi, à eux-mêmes*). Dans ce cas, *ils sont ayant dit* équivaut, pour le sens, à *ils ont dit*.

C'est faute d'avoir vu cette ellipse que les grammairiens ont prétendu que le verbe *être* dans toutes ces phrases, remplace le verbe *avoir*. Un mot ne peut être à la place d'un autre ; cette déplorable méthode des substitutions n'a fait que nuire jusqu'ici aux progrès de la science grammaticale, et c'est à elle que l'on doit surtout attribuer la plupart des erreurs que l'on a répandues sur le *participe passé*. Ce n'est pas en substituant une phrase à une autre phrase qu'on parviendra jamais à rendre raison des nombreuses difficultés qui se présentent à chaque pas dans l'étude de la grammaire.

Maintenant que nous avons envisagé les exemples que nous avons cités sous le point de vue théorique, nous allons faire connaître les observations pratiques auxquelles ils donnent lieu.

Autant que sa fureur s'est IMMOLÉ *de têtes*, est pour *autant que sa fureur est* (ayant) IMMOLÉ *de têtes* A SOI. *Immolé* étant suivi du régime, a dû rester invariable.

Ariane s'est IMMOLÉE *elle-même*, est pour *Ariane est* (ayant) SOI ELLE-MÊME IMMOLÉE. Le régime *soi* précédant, le participe a dû en prendre l'accord.

Toute la difficulté consiste donc à savoir quand les mots *me, te, se,* sont régimes directs ou régimes indirects.

Or, on peut poser en principe qu'en fait de verbes dits pronominaux, quel que soit le sens de la phrase, le régime qui les précède doit être regardé comme direct toutes les fois qu'il ne peut prendre une tournure indirecte. Il suffit qu'on ne puisse dire : *Elle est* (ayant) *emparé* A ELLE ; *tu es* (ayant) *repenti* A TOI ; *ils sont* (ayant) *écrié* A EUX, pour que dans *elle s'est* EMPARÉE ; *tu* T'*es* REPENTIE ; *ils se sont* ÉCRIÉS, les mots *se* et *te* soient considérés comme régimes directs.

Lorsque les mots *me, te, se*, remplissent dans la phrase la fonction de régimes directs, le participe passé doit en prendre l'accord ; si, au contraire, ils sont employés comme régimes indirects, le participe reste invariable.

Cette règle si simple, une fois admise, suffit pour lever toutes les difficultés auxquelles peuvent donner lieu les verbes appelés vulgairement pronominaux, qui, du reste, sont soumis aux mêmes règles que les participes précédés du verbe *avoir*.

(695)

EXERCICE PHRASÉOLOGIQUE.

Ils se sont adressé des lettres.
Ils se sont amassé de la fortune.
Ils se sont assuré un revenu.
Elles se sont baisé la main.
Ils se sont cassé le cou.
Ils se sont jeté des pierres.
Ils se sont donné la main.

Ils se sont adressés à moi.
La foule s'est amassée.
Elles se sont assurées de la vérité.
Elles se sont baisées au front.
Ils se sont cassés comme verre.
Ils se sont jetés à l'eau.
Ils se sont donnés au diable.

Ils se sont abandonné leurs biens.
Ils se sont arraché les cheveux.
Ils se sont avoué leurs torts.
Ils se sont barbouillé le visage.
Elles se sont coupé le pouce.
Ils se sont peint les sourcils.

Ils se sont abandonnés à la colère.
Elles se sont arrachées de nos mains.
Ils se sont avoués comme auteurs du délit.
Ils se sont barbouillés de noir.
Elles se sont coupées à la main.
Elle s'est peinte elle-même.

N° DCXXV.

DES PARTICIPES *coûté, valu, pesé*.

Que de soins m'eût *coûtés* cette tête charmante!
(RACINE.)

Après tous les ennuis *que* ce jour m'a *coûtés*,
Ai-je pu rassurer mes esprits agités ? (*Id.*)

Vous n'avez pas oublié les soins *que* vous m'avez *coûtés* depuis votre enfance. (FÉNELON.)

Ne serait-il pas doux de retrouver dans l'effet de nos soins les plaisirs *qu'ils* nous ont *coûtés* ?
(J.-J. ROUSSEAU.)

Je ne regretterais ni le temps, ni la peine *qu'il* m'a *coûtés*. (THUROT.)

Voilà la charmante réception *que* mon costume m'a *value*. (JACQUEMART.)

Que de veilles, que de tourments il m'a *coûtés !*
(J.-J. ROUSSEAU.)

Il paraît en effet digne de vos bontés,
Il mérite surtout les pleurs *qu'il* m'a *coûtés*.
(VOLTAIRE.)

Ne goûtons-nous pas mille fois le jour le prix des combats *que* notre situation nous a *coûtés* ?
(J.-J. ROUSSEAU.)

Mes manuscrits raturés, barbouillés, et même indéchiffrables, attestent la peine *qu'ils* m'ont *coûtée*.
(*Id.*)

Cinquante familles seraient riches des sommes *que* cette maison a *coûtées*. (*Id.*)

Les honneurs que j'ai reçus, c'est mon habit qui me *les* à *valus*.

Dans quelque sens qu'ils soient pris, au propre comme au figuré, les participes *coûté, valu* et *pesé* s'accordent toujours avec le régime lorsque ce régime les précède.

Les grammairiens, contre les faits et plus encore contre la raison, ne voulaient absolument pas que ces participes prissent d'accord ; ils allaient chercher le verbe *constare*, neutre ; aussi voyons-nous, dans tous les dictionnaires, le verbe *coûter* marqué de la lettre *N*, comme si *neutre* pouvait signifier quelque chose dans notre grammaire. *Ni l'un ni l'autre*, dites-vous. Eh bien ! qu'est-il donc ? Il est *actif*, répondrons-nous, parce qu'il faut parler pour tout le monde. Nous ouvrons Richelet (*in-folio*, Lyon, 1668), et nous y trouvons que « *coûter* est un verbe actif, régissant le nom de la chose à l'accusatif, et celui de la personne au datif. Exemple : *Versailles a* COÛTÉ *des* MILLIONS *à Louis XIV.* » Or, si l'on dit : *La peine que m'a coûtée mon travail*, on peut dire aussi : *Les millions* QUE *Versailles a* COÛTÉS *à Louis XIV.*

Les grammairiens, il est vrai, se sont bien amendés depuis, malgré l'insignifiante et trompeuse lettre *N* dont ces verbes sont martelés dans tous nos lexiques, et c'est à la critique éclairée de nos grammairiens philosophes que l'on doit leur retour à la raison.

EXERCICE PHRASÉOLOGIQUE.

Les cent francs qu'il a coûtés.
Les sommes qu'il a values.
Les peines qu'il m'a values.
La considération que cela m'a value.
Les deux livres de cerises que cette femme a pesées.

Les cent livres que ce ballot a pesées.
Les vingt francs que ce livre a coûtés.
Les cent louis que ce cheval a valus.
Les deux livres que cette boîte a pesées.
La peine que cela m'a coûtée.

N° DCXXVI.

PARTICIPES PASSÉS PRÉCÉDÉS DE DEUX SORTES DE *que*.

Que RÉGIME DIRECT.

Le zèle d'une pieuse sévérité reprochait à La Fontaine une erreur *qu'il a pleurée* lui-même.
(CHAMPFORT.)

L'évêque de Meaux a créé une langue *que* lui seul *a parlée*.
(CHATEAUBRIAND.)

Elle n'oublie pas les dangers *qu'il avait courus* entre Scylla et Charybde.
(FÉNELON.)

Vous rendrez compte un jour au dieu de la nature
Des tourments *qu'a soufferts* sa faible créature.
(CHÉNIER.)

Comment décrire tous les maux *que* cette guerre avait *traînés* après elle?
(FLÉCHIER.)

Que EMPLOYÉ AVEC ELLIPSE DE *pendant*.

Il ne vous a pas dit tous les jours *qu'il a pleuré* en secret.
(ANONYME.)

Toutes les fois *qu'il a parlé*, j'ai gardé le plus profond silence.
(*Id.*)

Comptez-vous pour rien les deux heures *que* j'ai *couru*?
(Cité par PONS.)

Que serait-ce s'il me fallait vous dire tous les moments *qu'elle a souffert* sans murmurer et sans se plaindre!
(Phrase de FLÉCHIER arrangée.)

De quoi vous êtes-vous occupés durant les dix-huit mois *que* les négociations ont *traîné* en longueur?
(Cité par BESCHER.)

Dans ces exemples, les mêmes participes sont écrits d'une manière différente, parce que le *que* dont ils sont précédés n'est pas le même dans les deux colonnes. Dans la première, il fait les fonctions de régime direct, et doit en conséquence communiquer la variabilité au participe qui le suit. Dans la seconde, au contraire, il est employé avec ellipse de la préposition *pendant* : *Tous les jours* QU'IL A PLEURÉ, c'est-à-dire *tous les jours* PENDANT LESQUELS *il a pleuré*, ou bien *tous les jours où il a* PLEURÉ; *toutes les fois* QU'IL A PARLÉ, c'est-à-dire *toutes les fois où il a* PARLÉ; *les deux heures* QUE *j'ai* COURU, c'est-à-dire *les deux heures* PENDANT LESQUELLES *j'ai* COURU; *tous les moments* QU'*elle a* SOUFFERT, c'est-à-dire *tous les moments* PENDANT LESQUELS *elle a* SOUFFERT.

La même ellipse a lieu dans les exemples qui suivent :

On croira que ces jours me durèrent huit siècles; tout au contraire, j'aurais voulu qu'ils *les* eussent *duré*.
(J.-J. ROUSSEAU.)

Oui, c'est moi qui voudrais effacer de ma vie
Les jours *que* j'ai *vécu* sans vous avoir servie.
(CORNEILLE.)

Qui pourrait dire combien de siècles a *vécu* celui qui a beaucoup senti et médité?
(DE MEILHAN.)

Que de bien n'a-t-elle pas fait pendant le peu de jours *qu'elle a régné*.
(FLÉCHIER.)

Toutes les heures *que* vous avez *dormi*, je les ai passées à écrire.
(Cité par BESCHER.)

Toutes les années, toutes les heures *qu'elle a* langui, gémi, pleuré, soupiré, lui ont paru des siècles.
(*Id.*)

L'Allemagne a couru les plus grands dangers pendant les années *qu'a duré* cette guerre.
(DE PRADT.)

Puisse le ciel, qui lit dans mon cœur éperdu,
Ajouter à vos jours ceux *que* j'aurais *vécu*!
(LA CHAUSSÉE.)

Je regrette les nombreuses années *que* j'ai *vécu* sans pouvoir m'instruire.
(J.-J. ROUSSEAU.)

C'est à la même époque *que* la Clairon a *débuté*.
(VOLTAIRE.)

Tous les jours *que* cette cheminée a *fumé* ont été pluvieux.
(Cité par BESCHER.)

Toutes les années *que* vous avez *croupi* dans une honteuse insouciance ont été perdues pour vous.
(*Id.*)

Donc, toutes les fois que les mots *que*, *les*, *combien*, sont employés d'une manière elliptique, et qu'ils ne font point les fonctions de régimes directs, le participe qui suit doit être invariable.

EXERCICE PHRASÉOLOGIQUE.

Tous les maux qu'il a soufferts.
C'est une gavotte qu'on a dansée.

Tous les jours qu'il a souffert.
C'est toute la nuit qu'on a dansé.

N° DCXXVII.

PARTICIPES PASSÉS CONSTRUITS AVEC LES VERBES DITS *unipersonnels* OU *impersonnels*.

Les chaleurs excessives *qu'il a fait* ont causé beaucoup de maladies. (CONDILLAC.)

Que de pertes nous ont coûtées les orages multipliés *qu'il y a eu* cette année ! (Cité par BONIFACE.)

Les mauvais temps *qu'il a fait* ont nui aux vignes, et ruiné beaucoup de marchands de vin. (*Id.*)

Que de feuilles d'arbres il a *fallu* pour couvrir ainsi les chemins ! (*Id.*)

Charlemagne a gouverné avec gloire une des plus vastes monarchies *qu'il y ait eu* depuis celle des Romains. (*Id.*)

La disette *qu'il y a eu* cet hiver a causé bien des maladies. (Cité par LEMARE.)

Lorsque le gouvernement fut devenu monarchique, on laissa cet abus, à cause des inconvénients *qu'il y aurait eu* à le changer. (VERTOT.)

Que de temps, que de réflexions n'a-t-il pas fallu pour épier et connaître les besoins, les écarts et les ressources de la nature ! (BARTHÉLEMY.)

Rappelez-vous, Athéniens, toutes les humiliations *qu'il vous en a coûté* ! (VOLTAIRE.)

C'est en Égypte que l'on conçut une des idées les plus utiles à la morale *qu'il y ait jamais eu*. (THOMAS.)

Les pluies *qu'il a fait* ont nui aux productions de la terre. (Cité par BESCHER.)

Que de maux il en est déjà *résulté* ! (*Id.*)

Les participes des verbes dits *unipersonnels* ou *impersonnels* sont toujours invariables. Tel est l'usage.

Nous pensons toutefois que ces participes étant précédés du régime direct devraient varier tout comme les autres, et que c'est par un aveugle usage qu'on les a exceptés de la règle générale. Cette opinion, qui paraîtra peut-être hasardée, est partagée par plusieurs grammairiens d'un mérite reconnu.

Mais, dira-t-on, toute action s'attribue à un sujet. Dans les phrases citées, on ne dit pas qui a produit les pluies, qui a fait les chaleurs. L'être agissant n'est point représenté par le pronom *il*. D'autre part, le régime n'est pas modifié. La décomposition grammaticale ne peut donc avoir lieu, et le participe conserve sa nature de verbe et son invariabilité.

Ce raisonnement est passablement faux.

D'abord, il n'est point vrai que l'être agissant ne soit pas représenté par *il*; car, que ce mot remplace ou non un substantif précédemment énoncé, toujours est-il qu'il remplit dans la phrase les fonctions de sujet, et que l'on dit positivement que c'est lui qui a produit, qui a fait les chaleurs. Toute la difficulté consiste à savoir quel peut être l'*être* ou la *chose* que ce mot désigne. Nous avons démontré, au chapitre des *Pronoms*, que le pronom *il*, dans ce cas, tient la place des mots *Dieu, ciel, air*, ou autres semblables, et que *les chaleurs qu'IL a fait* est pour *les chaleurs que* LE TEMPS *a fait*.

Ensuite, il n'est pas moins inexact de dire que le régime n'est point modifié, et que la décomposition grammaticale ne saurait avoir lieu; car l'analyse de cette phrase, qui, selon nous, est celle-ci : *Les chaleurs, le temps a* LESQUELLES CHALEURS FAITES, prouve au plus haut degré d'évidence que le régime *que* signifiant *lesquelles chaleurs*, est modifié par *faites*, et que par conséquent il doit être en rapport de genre et de nombre avec ce régime.

Lemare prétend que dans ces sortes de phrases, le mot *que* n'est point un accusatif; mais qu'il est le nominatif d'un verbe ellipsé, et pour le prouver, il analyse *les chaleurs qu'il a fait* de la manière suivante : *Les chaleurs* (CECI S'EST FAIT), savoir, *lesquelles chaleurs se sont faites*, analyse, ou plutôt galimatias, où l'on chercherait en vain le nominatif de Lemare, qui, ne sachant qu'en faire, a cru devoir s'en débarrasser.

Nous ferons remarquer, pour la centième fois peut-être, que substituer une phrase à une autre, ce n'est point l'analyser. Or, dans la phrase citée, il y a *qu'il a fait* et non *ceci s'est fait;* ce qui n'est pas du tout la même chose. Loin de résoudre la difficulté par une semblable substitution, Lemare n'a donc fait que l'embrouiller encore davantage.

Biagioli n'a pas été plus heureux. Dans sa *Grammaire française* écrite en italien, il dit que l'on doit écrire *les chaleurs* QU'IL A FAIT, en laissant *fait* invariable, parce que ce participe est employé comme signe élémentaire de la forme *a fait,* dont *lesquelles chaleurs* est le régime, comme le démontre la construction directe, qui, suivant lui, est celle-ci: *Les chaleurs,* IL, c'est-à-dire *le temps* A FAIT *lesquelles chaleurs.*

Dans sa *Grammaire française* écrite en français, le même grammairien donne une autre analyse, et cherche à justifier l'invariabilité du participe, en substituant un régime masculin au véritable régime, et en disant que *les chaleurs* QU'il a FAIT est pour *il,* c'est-à-dire *le temps a* (cet acte) FAIT: savoir: *lesquelles chaleurs.*

Ces deux sortes d'analyse de notre savant maître ne prouvent qu'une chose, c'est que dans cette phrase, le mot *que* est réellement un régime direct, qui, précédant le participe *fait,* devrait de toute nécessité lui imposer l'accord exigé par la règle générale établie plus haut.

Mais laissons là les Biagioli et les Lemare. Voici venir un grammairien qui va trancher le nœud gordien. Cet autre Alexandre est M. Pastelot. A l'en croire, tous ses devanciers n'y ont vu goutte. Lui seul a découvert tout ce que les phrases qui nous occupent renferment de mystérieux; armé de sa loupe, il y a vu presque un monde entier. « Dans ces » sortes de phrases, dit-il, il y a métonymie, syllepse, ellipse et même hyperbate. *Les » chaleurs qu'il a fait...* présente ce sens: *qui ont existé.* Cette proposition immédiate, » déterminative, doit être dans l'ordre grammatical reconstruite ainsi, en conservant la » forme de chaque mot: *Les chaleurs* QUE (touchant lesquelles) *il* (le temps) *a fait,* pour » *a agi.* Il n'y a point de proposition qui ne renferme explicitement ou implicitement » le *sujet,* le *verbe* et l'*attribut.* Il y a dans cette locution *métonymie,* effet pour la cause, » *fait* employé pour *existé;* syllepse ou conception, construction commandée par le sens » plutôt que par le rapport des mots; *il* sujet indéterminé, pour *le temps* ou tout autre » équivalent; ellipse, omission du mot qui régit *que.* »

Quelle foule de choses dans une phrase où nous, pauvres aveugles que nous sommes, nous ne voyons qu'une simple faute d'orthographe consacrée par l'usage! Que n'avons-nous la loupe de M. Pastelot! Loupe précieuse, au moyen de laquelle on peut apercevoir même des choses qui n'existent pas! En attendant qu'elle nous tombe entre les mains, nous invoquerons le bienheureux *fiat lux!* en faveur de l'exposition que M. Pastelot nous a faite de sa rare découverte, car il nous est permis de douter qu'elle soit parfaitement saisie par les lecteurs même les plus intelligents.

EXERCICE PHRASÉOLOGIQUE.

Les chaleurs qu'il a fait.
Les froids qu'il y a eu.
Les pluies qu'il a fait.

Les sommes qu'il m'en a coûté.
Les livres qu'il a fallu.
La grande inondation qui a eu lieu.

N° DCXXVIII.

PARTICIPES PASSÉS PRÉCÉDÉS DE DEUX SUBSTANTIFS JOINTS PAR *plutôt que, non plus que, moins que, aussi bien que, non seulement, mais,* ETC.

Accord avec le premier substantif.
C'est moins son *intérêt* que votre félicité *qu'il a* eu en vue. (Cité par BESCHER.)

Accord avec le dernier substantif.
Non seulement toutes ses richesses et ses honneurs, mais toute sa *vertu s'est évanouie.*
(VAUGELAS.)

C'est son *intérêt*, aussi bien que votre félicité, qu'il a *consulté*. (*Id.*)

C'est sa gloire, plutôt que le bonheur de la nation, qu'il a *ambitionnée*. (*Id.*)

On m'a parlé de deux domestiques, mais notamment d'*Alexis*; qu'on a *vu* dans l'appartement où le malheur est arrivé. (Cité par BESCHER.)

Quand plusieurs substantifs sont joints par les expressions comparatives *comme*, *ainsi que*, *de même que*, *aussi bien que*, *autant que*, *non moins que*, *non plus que*, le participe ne s'accorde ordinairement qu'avec le sujet de la proposition principale.

Lorsqu'au contraire les substantifs sont liés par *mais* ou *non seulement*, le participe prend l'accord du dernier.

Voyez le chapitre du *Verbe* et celui de l'*Adjectif*, où cette question a déjà été traitée.

EXERCICE PHRASÉOLOGIQUE.

C'est son intérêt, plus que la gloire, qu'il a ambitionné.

C'est la gloire, plus que son intérêt, qu'il a ambitionnée.

N° DCXXIX.

PARTICIPES PASSÉS PRÉCÉDÉS DE DEUX SUBSTANTIFS UNIS PAR LA PRÉPOSITION *de*.

Accord avec le premier substantif.

Ce mal était devenu nécessaire dans une ville immense, opulente et oisive, où une *partie* des citoyens était sans cesse *occupée* à accuser l'autre. (VOLTAIRE.)

Comment pourrai-je, madame, arrêter ce *torrent* de larmes *que* le temps n'a pas *épuisé*, que tant de sujets de joie n'ont pas *tari*? (BOSSUET.)

Le plus grand *nombre* des insulaires fut *égorgé*. (MARMONTEL.)

Quand les rois n'étaient pas encore parvenus au *degré* de puissance *qu'ils* ont *eu* depuis, la veuve de Louis le Gros ne fit aucune difficulté d'épouser Matthieu de Montmorency. (VOLTAIRE.)

Tous les hommes ont toujours quelque petit *grain* de folie *mêlé* à leur science. (*Id.*)

J'eus une maladie assez sérieuse, causée par la trop grande *quantité* de liqueurs *que* j'avais *bue*. (FLORIAN.)

Accord avec le second substantif.

Les uns coururent se jeter dans la rivière de Narwa, et une foule de *soldats* y furent *noyés*. (VOLTAIRE.)

J'évitai par une prompte fuite une grêle de *coups* qui seraient *tombés* sur moi. (LE SAGE.)

Quels miracles un petit nombre de *soldats*, *persuadés* de l'habileté de leur général, ne peuvent-ils pas enfanter? (CHATEAUBRIAND.)

On voit qu'ils eurent dans leur langue un mélange harmonieux de *consonnes* douces et de voyelles qu'aucun peuple de l'Asie n'a jamais *connues*. (VOLTAIRE.)

Cet ouvrage d'Aristote s'est présenté à mes yeux comme une table de *matières* qu'on aurait *extraites* de plusieurs milliers de volumes. (BUFFON.)

Que voit-il, le pêcheur, dans cette longue suite de *jours* qu'il a *passés* sur la terre? (MASSILLON.)

Quand un participe passé est précédé de deux substantifs unis par la préposition *de*, il faut chercher, pour l'accord, celui qui est le plus en rapport d'idée avec lui; car c'est celui-là qui acquiert la principale influence; l'autre n'offre qu'une idée secondaire sur laquelle l'attention glisse facilement. C'est ce que nous avons déjà observé pour l'accord de l'adjectif et du verbe.

Cette règle suffit pour résoudre toutes les difficultés. Si elle diffère de celle posée par la plupart des grammairiens, c'est que ceux-ci, au lieu de s'élever à la hauteur des vues de l'esprit, ne consultent souvent, dans leurs règles de concordance, que l'arrangement matériel des mots.

Cette règle s'applique également au participe précédé des mots *peu de*, ainsi qu'on le voit par les exemples qui suivent :

Mais d'où viennent ces difficultés, si ce n'est du *peu* d'application *qu'*on y a *donné* jusqu'ici? (BEAUZÉE.)

Le peu de *talents* et de *connaissances* que Christine avait *remarqués* en lui ne l'avait pas empêchée de lui confier le soin de ses affaires. (D'ALEMBERT.)

Malgré le *peu* d'approbation *qu'a eu* la saignée de M. le comte, j'ai très-grande foi à La Métrie.
(Voltaire.)

Le *peu* de sûreté *que* j'ai *vu* pour ma vie à retourner à Naples, m'y a fait renoncer pour toujours.
(Boileau.)

Les Américains sont des peuples nouveaux; il me semble qu'on n'en peut pas douter au *peu* de progrès *que* les plus civilisés d'entre eux avaient *fait* dans les arts.
(Buffon.)

C'est ce qui me paraît difficile à décider, à cause du *peu* de renseignements *que* nous ont *laissé* les anciens.
(Buffon.)

Le *peu* d'instruction *qu'il* a *eu* le fait tomber dans mille erreurs. (Marmontel.)

Il ne laissa pourtant pas, en lui donnant des marques de son affection, de lui reprocher le *peu* de confiance *qu'il* avait *eu* en lui. (Le Sage.)

Je ne crois pas que j'eusse besoin de cet exemple d'Euripide pour justifier le peu de *liberté que* j'ai *prise*. (Racine.)

Je ne parlerai pas du peu de *capacité que* j'ai *acquise* dans les armées. (Vertot.)

Le peu de *vivres qu'on* a *conservés* ou *recueillis* est porté à un prix qui effraie l'indigence, et qui pèse même à la richesse. (La Harpe.)

Déjotanus gagne le port de Phasète, petite ville où il n'a point à craindre le peu d'*habitants que* la guerre y a *laissés*. (Marmontel.)

Elle regagne par une course rapide le peu de moments *qu'elle* a *perdus*. (Fontanelle.)

Le peu de *troupes qu'il* a *rassemblées* ont tenu ferme dans leur poste. (Marmontel.)

Le même principe reçoit encore son application lorsque le participe passé est précédé d'un adverbe de quantité, quel qu'il soit, comme le témoignent les citations qui suivent :

Tant de faiblesse vous avez *eu!*
(Cité par Bescher.)

Comment *tant* de *vertu* peut-il être *ignoré!*
(Cité par Boniface.)

Jamais *tant* de *vertu* n'a été *réuni* à tant d'intelligence. (Ch. Nodier.)

Si vous saviez *combien* de prudence et de retenue il a *mis* dans cette entrevue dangereuse.
(Cité par Bescher.)

Voyez que d'herbe il a *foulé!* (Id.)
Que d'eau il a *répandu* par terre! (Id.)

Jamais *tant* de *vertu* fut-elle *couronnée?* (Racine.)
Jamais tant de *savants* ne furent *immolés*.
(Voltaire.)

Autant de *vertus qu'elle* a *pratiquées*, sont autant de sujets de confiance en la bonté de Dieu.
(Fléchier.)

Que d'*herbes* il a *arrachées!* (Cité par Bescher.)
Que d'*eaux* différentes il a *mêlées* ensemble! (Id.)

Tant de *malheurs que* vous avez *soufferts*, ne vous ont point encore appris ce qu'il faut faire pour éviter la guerre. (Fénelon.)

On reconnaît encore l'influence du même principe dans ces exemples :

C'est *un* des bons médecins de Paris *qu'il* a *consulté*. (Cité par Bescher.)

Un de vos valets *que* j'ai *rencontré*, m'a annoncé votre départ. (Id.)

Un de mes amis *que* j'ai *visité* hier, m'a assuré que vous restiez. (Id.)

C'est un des plus célèbres médecins *que* vous avez *consulté*. (Id.)

Un des droits les plus sacrés *que* la constitution nous a *garanti*, *que* la révolution même a *consacré*, c'est la liberté de conscience. (Id.)

C'est *une* des pires éditions *que* vous avez *achetée*. (Id.)

C'est *un* des moindres, un des plus légers services *qu'il* vous a *rendu*. (Id.)

C'est *un* des plus jolis rêves *que* j'ai *fait*. (Id.)

Ce sera *un* des plus grands bienfaits *qu'il* nous aura *procuré*. (Id.)

Un de nos meilleurs écrivains qui *s'est présenté* chez moi, m'a communiqué votre manuscrit. (Id.)

Quant à Bayle, on sait que c'est un des plus grands *hommes que* la France ait *produits*.
(Voltaire.)

Voilà, parbleu, un des plus honnêtes et des plus consciencieux *avocats que* j'aie *vus* de ma vie.
(De Brueys.)

Les Anglais étaient sous les ordres d'un des plus singuliers *hommes qu'ait* jamais *portés* ce pays si fertile en esprits fiers, courageux et bizarres.
(Voltaire.)

La scène de la conspiration me paraît une *des plus belles* et des plus fortes *qu'on* ait encore *vues* au théâtre. (Id.)

C'est une des plus grandes *fautes que* la politique ait jamais *faites*. (De Pradt.)

La raison de cette inaction était un des *desseins* les plus difficiles à exécuter *qu'ait* jamais *formés* l'imagination humaine. (Voltaire.)

François Mansard, l'un des plus grands *architectes qu'ait eu* la France. (Id.)

Vous êtes un des plus absurdes *barbouilleurs* de papier qui se soient jamais *mêlés* de raisonner.
(Voltaire.)

EXERCICE PHRASÉOLOGIQUE.

La troupe de nos jeunes gens s'est élancée.
Un essaim d'abeilles s'est agglomeré.
Le reste de nos soldats s'est retiré.
Les sacs d'espèces que j'ai portés.

Une foule de guerriers se sont offerts.
Une foule, une troupe d'oiseaux se sont rassemblés.
La plupart des bataillons que nous avons formés.
Il tomba sur un monceau de morts qu'il avait immolés à sa fureur.

N° DCXXX.

PARTICIPES PASSÉS PRÉCÉDÉS DU PRONOM *en*.

En NON PRÉCÉDÉ D'UN RÉGIME DIRECT.

Hélas ! j'étais aveugle en mes vœux aujourd'hui ;
J'*en* ai *fait* contre toi quand j'*en* ai *fait* pour lui.
(CORNEILLE.)

Il crut avoir vu des miracles et même *en* avoir *fait*.
(VOLTAIRE.)

Il n'y a qu'une tontine qui soit onéreuse ; aussi les anciens n'*en* ont jamais *fait*. (*Id.*)

Les publicistes ont fait de gros livres sur les droits au royaume de Jérusalem. Les Turcs n'*en* ont point *fait*. (*Id.*)

Je ne hais point les grands, j'*en* ai *vu* quelquefois
Qu'un désir curieux attirait dans nos bois.
(*Id.*)

Il n'est que trop vrai qu'il y a eu des anthropophages, nous *en* avons *trouvé* en Amérique.
(*Id.*)

Que j'ai d'envie de recevoir de vos lettres ! Il y a déjà près d'une demi-heure que je n'*en* ai *reçu*.
(Mme DE SÉVIGNÉ.)

Les Phéniciens, en découvrant l'Andalousie, et en y fondant des colonies, y avaient établi des juifs, qui servirent de courtiers, comme ils *en* ont *servi* partout.
(VOLTAIRE.)

Tout le monde m'a offert des services, et personne ne m'*en* a *rendu*. (Mme DE MAINTENON.)

En PRÉCÉDÉ D'UN RÉGIME DIRECT.

Croyons-le donc comme lui, malgré les railleries qu'on *en* a *faites*. (VOLTAIRE.)

La traduction QUE j'*en* ai *faite* est loin d'atteindre à la force et à la bonne plaisanterie de l'original.
(*Id.*)

La dernière scène de la *Mort de César* est très-mal-imprimée et toute tronquée dans la misérable édition qu'on *en* a *faite*. (*Id.*)

Il n'y avait peut-être pas en Europe dix gentilshommes qui eussent *la Bible* ; elle n'était point traduite en langue vulgaire, ou du moins les traductions qu'on *en* a *faites* dans peu de pays étaient ignorées. (*Id.*)

..... Les rois qui les ont devancés,
Sitôt qu'ils y montaient s'*en* sont *vus* renversés.
(RACINE.)

Voyez comme vous vous *en* êtes bien *trouvée* avec ce vice-légat. (Mme DE SÉVIGNÉ.)

Cassius, naturellement fier et impérieux, ne cherchait dans la perte de César que la vengeance de quelques injures qu'il *en* avait *reçues*. (VERTOT.)

Il y remarqua beaucoup d'impies hypocrites qui, faisant semblant d'aimer la religion, s'*en* étaient *servis* comme d'un beau prétexte. (FÉNELON.)

Les papes s'*en* étaient *rendus* insensiblement les maîtres usufruitiers. (VOLTAIRE.)

L'emploi du pronom *en* devant le participe, tout simple qu'il paraît, est peut-être l'une des plus grandes difficultés de la langue. Pour juger de l'influence de ce pronom sur le participe, il est essentiel de bien se rendre compte de sa valeur, et de le suivre dans ses décompositions analytiques, en consultant les vues de l'esprit, qui influent toujours sur les signes orthographiques, et qui marquent d'un sceau particulier les diverses nuances de signification des mots.

Nous avons fait voir au chapitre des *Pronoms*, que le pronom *en*, qui se résout toujours par *de ce, de cet, de cette, de ces*, avec l'énonciation du nom déjà exprimé ou sous-entendu, remplit deux fonctions différentes : celle de complément direct, comme dans les exemples de la première colonne, et celle de complément indirect, comme dans ceux de la seconde.

Or, peut-on dire, puisque dans les exemples de la première colonne le pronom *en* fait la fonction de régime direct, ou plutôt, pour parler d'une manière plus exacte, renferme implicitement l'expression du régime direct, et qu'il se trouve placé avant le participe, pourquoi ne suit-il pas la règle générale, et n'exerce-t-il pas la même influence sur le participe que les autres régimes de même nature ? D'où vient qu'on ne dit pas, en parlant de fruits, j'*en ai* MANGÉS, et en parlant d'individus, j'*en ai* VUS, j'*en ai* RENCONTRÉS? L'analyse n'est-elle pas celle-ci : J'*ai* PLUSIEURS *de ces fruits* MANGÉS; j'*ai* PLUSIEURS *de ces gens* VUS, RENCONTRÉS? L'accord du participe, en cette circonstance, ne s'appuie-t-il pas d'ailleurs sur des autorités?

L'usage des cloches est chez les Chinois de la plus haute antiquité; nous n'*en* avons *eues* en France qu'au sixième siècle de notre ère.
(VOLTAIRE.)

Entre mille beautés, ces délices des ames,
   En as-tu *vue*, Osmin, dont les attraits
   Égalent ceux d'Émilie?
(FAVART.)

Vous critiquez nos pièces de théâtre avec l'avantage, non seulement d'*en* avoir *vues*, mais encore d'*en* avoir *faites*. (D'ALEMBERT.)

J'avais cherché un moyen de donner à mes observations sur ces lois un air de nouveauté. Comme je viens de le dire, à plusieurs époques on *en* a *proposées* et *adoptées*. (BENJAMIN CONSTANT.)

Il est impossible de disconvenir que cette manière d'écrire ne répondît au vrai sens des mots. Si elle prévalait, elle ferait disparaître toute difficulté; l'emploi du pronom *en*, suivi du participe, rentrerait dans la règle générale; mais il n'en est pas ainsi. Le nombre des exemples que l'on vient de citer est bien faible en comparaison de ceux qui leur sont opposés. Quoique nous ne prenions pas la plume pour justifier un usage qui paraît s'écarter des principes généraux de la grammaire, nous sommes contraints de tracer la règle telle que cet usage l'a consacrée. En quittant les routes battues, nous pourrions sembler méconnaître l'autorité de nos grands écrivains, qui tous s'accordent sur ce point, et compromettre ainsi l'autorité de nos solutions.

Nous poserons donc ainsi la règle : Toutes les fois que le pronom *en* n'est pas précédé d'un régime direct, le participe qui suit est invariable : J'*aime les fleurs*, j'EN *ai* CUEILLI. L'usage l'a établi ainsi.

Le participe, au contraire, varie si le pronom *en* se trouve précédé d'un régime direct, comme cela a lieu dans tous les exemples de la deuxième colonne : *Je n'ai point oublié ce pays ni les merveilles* QU'*on* EN *a* RACONTÉES.

EXERCICE PHRASÉOLOGIQUE.

Des soupçons, je n'*en* ai point eu.
De la jalousie, je n'*en* ai point eu.
De mes lettres, il n'*en* a jamais reçu.
Des compliments, vous ne m'*en* avez jamais fait.
Des revenants, personne n'*en* a vu.

Les soupçons que j'*en* ai conçus.
La jalousie que j'*en* ai eue.
Les lettres qu'il *en* a reçues.
Les compliments que vous m'*en* avez faits.
Les échantillons que j'*en* ai vus.

N° DCXXXI.

PARTICIPES PASSÉS ACCOMPAGNÉS DE *en* ET D'UN ADVERBE DE QUANTITÉ.

Adverbe de quantité placé après le participe.

Le glaive a tué bien des hommes,
La langue *en* a *tué* BIEN PLUS.
(FRANÇ. DE NEUFCHATEAU.)

J'*en ai* connu BEAUCOUP qui, polissant leurs mœurs, Des beaux-arts avec fruit ont fait un noble usage.
(VOLTAIRE.)

Il sait beaucoup de choses, il *en* a *inventé* QUELQUES-UNES. (*Id.*)

Le *Télémaque* a fait quelques imitateurs, les *Caractères* de La Bruyère *en* ont *produit* DAVANTAGE. (*Id.*)

Tous jurèrent alors d'obéir aux ordres du bacha sans délai, et eurent autant d'impatience d'aller à l'assaut qu'ils *en* avaient *eu* PEU le jour précédent. (*Id.*)

Adverbe de quantité placé avant le participe.

Quant aux sottes gens, PLUS j'*en* ai *connus*, MOINS j'*en* ai *estimés*. (Cité par DESSIAUX.)

Il y *en* a BEAUCOUP d'*appelés* et PEU d'*élus*. (Cité par BESCHER.)

Des pleurs, ma faiblesse *en* a TANT *répandus*! (VOLTAIRE.)

Ces terribles agonies effraient plus les spectateurs qu'elles ne tourmentent le malade; car COMBIEN n'*en* a-t-on pas *vus* qui, après avoir été à la dernière extrémité, n'avaient aucun souvenir de tout ce qui s'était passé, non plus que de ce qu'ils avaient senti. (BUFFON.)

Le roi avait quatre cent cinquante mille hommes en armes; l'empereur turc, si puissant en Europe, en Asie et en Afrique, n'en a jamais eu AUTANT.
(Id.)

Les animaux que l'homme a le plus admirés sont ceux qui ont paru participer à sa nature. Il s'est émerveillé toutes les fois qu'il en a vu QUELQUES-UNS faire ou contrefaire des actions humaines.
(BUFFON.)

Un seul physicien m'a écrit qu'il a trouvé une écaille d'huître pétrifiée sur le mont Cenis. Je dois le croire, et je suis très-étonné qu'il n'y en ait pas vu DES CENTAINES. (VOLTAIRE.)

COMBIEN Dieu en a t-il exaucés!
(MASSILLON.)

COMBIEN en a-t-on vus, je dis des plus huppés,
A souffler dans leurs doigts dans ma cour occupés!
(RACINE.)

COMBIEN en a-t-on vus jusqu'au pied des autels,
Porter un cœur pétri de penchants criminels!
(VOLTAIRE.)

Pendant ces derniers temps, COMBIEN en a-t-on vus
Qui du soir au matin sont pauvres devenus
Pour vouloir trop tôt être riches!
(LA FONTAINE.)

Autant d'ennemis il a attaqués, AUTANT il en a vaincus. (Cité par DESSIAUX.)

Toutes les fois qu'un participe passé accompagné du pronom *en* est suivi d'un adverbe de quantité, il est invariable; il varie, au contraire, si cet adverbe le précède, comme dans les exemples de la deuxième colonne : Autant d'ennemis il a attaqués, AUTANT il EN a VAINCUS. Cet exemple, dit M. Dessiaux, prouve manifestement qu'il y aurait contradiction, inconséquence absurde à laisser invariable le participe dans le second membre de la phrase, car *en* se traduit nécessairement par *d'ennemis*, d'où cette équation : AUTANT D'ENNEMIS il a attaqués, AUTANT D'ENNEMIS il a vaincus. Le principe contraire à celui que nous établissons ne peut donc être admis que par des gens irréfléchis ou prévenus.

EXERCICE PHRASÉOLOGIQUE.

J'en ai connu beaucoup...
On en a vu tant qui...

J'en ai beaucoup connus qui...
Combien n'en a-t-on pas vus qui...

N° DCXXXII.

PARTICIPES PASSÉS AVEC *en* PRÉCÉDÉ D'UN ADVERBE DE QUANTITÉ PRIS DANS UN SENS INTÉGRAL OU NE PRÉSENTANT QU'UNE IDÉE FRACTIONNAIRE.

Sens intégral.

Son supplice fit *plus de* PROSÉLYTES en un jour, que les livres et les prédications n'en avaient *faits* en plusieurs années. (VOLTAIRE.)

Que les grandes puissances de l'Europe apprennent qu'il leur faudrait beaucoup *moins* d'EFFORTS pour cette riche conquête, qu'elles n'en ont *faits* depuis vingt ans pour détruire, en dernier résultat, l'indépendance de quelques petits états.
(JULLIEN.)

Les sénateurs accumulèrent sur sa tête *plus* d'HONNEURS qu'aucun mortel n'en avait encore *reçus*.
(DE SÉGUR.)

Il est probable que notre habitation a éprouvé *autant de* RÉVOLUTIONS en physique, que la rapacité et l'ambition en ont *causées* parmi les peuples.
(VOLTAIRE.)

Sens fractionnaire.

Par son analyse, il a fait faire PLUS *de progrès* à la géométrie qu'elle n'en avait *fait* depuis la création du monde. (THOMAS.)

Les Russes ont fait en quatre-vingts ans, que les vues de Pierre ont été suivies, PLUS *de progrès* que nous n'en avons *fait* en quatre siècles.
(VOLTAIRE.)

Voilà une partie des chimères qu'une politique a mises sous le nom d'un grand ministre, avec cent fois MOINS *de discrétion* que l'abbé de Saint-Pierre n'en a montré. (Id.)

La théologie scolastique, fille bâtarde de la philosophie d'Aristote, mal traduite et méconnue, fit PLUS *de tort* à la raison et aux bonnes études que n'en avaient *fait* les Huns et les Vandales.
(VOLTAIRE.)

Ce tableau est suffisant pour bien faire comprendre :

1° Que quelquefois le régime est représenté par un adverbe de quantité tenant lieu d'un collectif; et qu'alors, si le substantif auquel se rapporte le pronom *en* désigne des êtres distincts, des touts individuels, le participe varie (1re colonne);

2° Que si le pronom *en* est relatif à un substantif singulier pris dans son sens générique, l'adverbe de quantité ne présente plus qu'une idée fractionnaire, et dès lors il ne peut imposer ni genre ni nombre au participe, puisque le sens n'est pas intégral, puisque cet adverbe ne désigne point une collection d'êtres, à chacun desquels peut convenir le nom commun, mais bien une partie de l'objet compris sous l'idée de ce substantif (2ᵉ colonne).

Il faudrait encore écrire : *Plus vous m'avez servi de* CONFITURES, PLUS J'EN AI MANGÉ, parce que le nom *confitures*, bien que pluriel, ne désigne pas des objets distincts.

L'accord du participe précédé du pronom *en* offrait quelques difficultés. Nous croyons les avoir toutes résolues. Du moins la question est considérée sous tous ses aspects. Ce ne sont point les grammaires que nous avons consultées pour asseoir les bases de notre jugement. En vain y aurions-nous cherché la solution des difficultés que fait naître cette question. Les grammairiens l'ont à peine abordée. Nous avons moissonné dans un champ plus fertile. C'est la manière générale d'écrire de nos meilleurs auteurs qui nous a servi de guide et de point d'appui. C'est dans notre bonne littérature que nous puisons ordinairement nos décisions grammaticales, et que nous cherchons à pénétrer les motifs qui doivent déterminer à choisir, dans des circonstances données, plutôt tel signe orthographique que tel autre.

EXERCICE PHRASÉOLOGIQUE.

Cet homme avait une éminente vertu. Combien il en a montré dans le cours de sa vie !
Cet arbre m'a donné beaucoup de fruit ; plus il en a produit, plus j'en ai vendu.
On ne peut se figurer sa peine, tant il en a éprouvé !
Que de science il a acquise !

Cet homme avait de grandes vertus. Combien il en a montrées dans le cours de sa vie !
Mon verger m'a donné beaucoup de fruits ; plus il en a produits, plus j'en ai vendus.
On ne peut se figurer ses peines, tant il en a éprouvées !
Que de sciences il a étudiées !

N° DCXXXIII.

PARTICIPES PASSÉS SUIVIS D'UN INFINITIF.

Accord.	Invariabilité.
Pour être plus sûr de la vérité de ces deux choses, il faut *les* avoir *vues* s'accomplir réellement. (J.-J. ROUSSEAU.)	Ils ne *nous* ont pas *vu* l'un et l'autre *élever*, Moi, pour vous obéir, et vous, pour me braver. (RACINE.)
Je *vous* ai cent fois *entendue* dire dans mon enfance, que vous ne pardonniez point à une jolie femme... (LE SAGE.)	Pour être sûr de la vérité, il faut *l'*avoir *entendu* annoncer d'une manière claire et positive. (J.-J. ROUSSEAU.)
Quant à son mors, il doit être d'or à vingt-trois karats, car il en a frotté les bossettes contre une pierre *que* j'ai *reconnue* être une pierre de touche, et dont j'ai fait l'essai. (VOLTAIRE.)	Il n'est pas croyable qu'Homère et Virgile se soient soumis par hasard à cette règle bizarre *que* le père Le Bossu a *prétendu établir*. (VOLTAIRE.)
Ainsi des temples furent élevés, avec le temps, à tous ceux *qu'*on avait *supposés* être nés du commerce surnaturel de la divinité avec une mortelle. (*Id.*)	Paul s'étant rendu par hasard dans ce lieu, fut rempli de joie en voyant ce grand arbre sorti d'une petite graine *qu'*il avait *vu planter*. (BERN. DE SAINT-PIERRE.)
A peine *l'*avons-nous *entendue* parler. (*Id.*)	C'était une prétendue profession de foi *que* des polissons inconnus disaient avoir *entendu prononcer*. (VOLTAIRE.)
La désobéissance s'est *trouvée* monter au plus haut point. (D'OLIVET.)	Il n'est pas étonnant que des princes qui avaient détrôné leur père, se soient *voulu exterminer* l'un l'autre. (*Id.*)
Ils n'ont pas épargné les maisons de ceux *qu'*ils ont *sus* être acquéreurs de biens dits nationaux. (Cité par BESCHER.)	Asservie à des lois *que* j'ai *su* respecter, C'est déjà trop pour moi que de vous écouter. (RACINE.)
Elle employait cette prière *qu'*elle avait *dite* être celle du malade. (*Id.*)	L'alliance *que* Judas avait *envoyé* demander fut accordée. (BOSSUET.)

(705)

Comment savoir quand le participe précédé d'un régime et immédiatement suivi d'un infinitif est variable ou non? Il faut examiner si le nom qui le précède est le régime du verbe *avoir* ou celui de l'infinitif; dans le premier cas, le participe varie; dans le second, il est invariable.

On reconnaît mécaniquement que le nom ou le pronom qui précède le participe est le régime du verbe *avoir* et non de l'infinitif, lorsque ce dernier peut se changer en participe présent. On reconnaît que ce nom ou pronom est le régime de l'infinitif lorsque ce changement ne peut avoir lieu. Ainsi, dans les phrases suivantes : *Les personnes que j'ai* ENTENDUES *chanter; les enfants que j'ai* VUS *dessiner*, on peut dire : *Les personnes que j'ai entendues* CHANTANT, QUI CHANTAIENT; *les enfants que j'ai vus* DESSINANT, QUI DESSINAIENT; et l'on ne pourrait dire d'une romance : *Je l'ai entendu* CHANTANT; mais bien *j'ai entendu quelqu'un chanter cette romance*.

Les phrases suivantes : *Les enfants que j'ai* VUS *jouer, la femme que j'ai* VUE *peindre*, équivalent donc, pour le sens, à celles-ci : *Les enfants que j'ai vus (en train de)* JOUER; *la femme que j'ai vue (occupée à)* PEINDRE. Cette explication suffit pour faire sentir la nécessité de l'accord du participe.

Quelquefois, entre le participe et l'infinitif, il y a un mot sous-entendu, comme dans ces phrases : *Je les ai* ENVOYÉS CUEILLIR *des fruits, puiser de l'eau, couper du bois, chercher des nids d'oiseaux*, qui sont des abrégés de : *J'ai eux* ENVOYÉS *(pour, afin de) cueillir des fruits*, etc. L'accord du participe n'en doit pas moins avoir lieu.

EXERCICE PHRASÉOLOGIQUE.

Je les ai vus prendre la fuite.
Je les ai vus voler des fruits.
Je les ai vus frapper.
Les enfants que j'ai vus dessiner.
Les personnes que j'ai entendues chanter.
Je les ai vus vaincre.
Je les ai entendus louer leurs ennemis.
Ces élèves que j'ai vus écrire.
La maison que j'ai vue tomber en ruines.

Je les ai vu prendre sur le fait.
Je les ai vu voler par des filous.
Je les ai vu frapper.
Les paysages que j'ai vu dessiner.
Les airs que j'ai entendu chanter.
Je les ai vu vaincre.
Je les ai entendu louer même par leurs ennemis.
La lettre que j'ai vu écrire.
La maison que j'ai vu bâtir.

N° DCXXXIV.

DU PARTICIPE *laissé* SUIVI D'UN INFINITIF.

ACCORD.	INVARIABILITÉ.
Son père sait bien que tout le menu linge n'eût point eu d'autre blanchisseuse qu'elle, si on l'avait *laissé faire*. (J.-J. ROUSSEAU.)	Ils étaient punis pour les maux qu'ils avaient *laissé faire*. (FÉNELON.)
Il est écrit que Dieu n'a pas révélé ses jugements aux Gentils, et qu'il *les* a *laissés* errer dans leurs voies. (*Id.*)	Rappelez-vous, Athéniens, les humiliations qu'il vous en a coûté pour *vous être laissé égarer* par vos orateurs. (VOLTAIRE.)
O Julie! si le destin t'eût *laissée* vivre! (*Id.*)	Elle rougissait de honte de *s'être laissé vaincre* au sommeil. (AMYOT.)
Et je *vous* ai *laissés* tout du long quereller, Pour voir où tout cela pourrait aller... (MOLIÈRE.)	Ils avaient été condamnés aux peines du Tartare, pour s'être *laissé gouverner* par des hommes méchants et artificieux. (FÉNELON.)
Nephté ne s'est point *laissée* aller, comme bien des rois, aux injustices. (TERRASSON.)	Tous les soldats s'étaient *laissé prendre* en sa présence. (VOLTAIRE.)

Comme dans le numéro précédent, il faut bien examiner si le nom ou le pronom qui précède le participe est le régime du verbe *avoir* ou de l'infinitif qui suit. Dans le premier cas, il y a accord; dans le second cas, le participe reste invariable.

Je les ai LAISSÉS *partir*, c'est-à-dire *j'ai eux laissés au moment qu'ils partaient; je les ai* LAISSÉ *emmener,* c'est-à-dire *j'ai laissé emmener eux.* Cette différence de construction suffit pour faire comprendre la différence d'orthographe du participe.

EXERCICE PHRASÉOLOGIQUE.

Je les ai laissés arriver, partir, venir, sortir, passer, marcher, courir, chanter, manger, boire, rire, pleurer.
Je les ai laissés gronder.
Je les ai laissés chasser.

Ils se sont laissé tuer, séduire, vaincre, gouverner, conduire, renfermer, assommer, voler.
Je les ai laissé gronder.
Je les ai laissé chasser.

N° DCXXXV.

DU PARTICIPE *fait* SUIVI D'UN INFINITIF.

Les serpents paraissent privés de tout moyen de se mouvoir, et uniquement destinés à vivre sur la place où le destin *les a fait naître.* (LACÉPÈDE.)
Deux fois à mon oreille ils *se sont fait entendre.* (VOLTAIRE.)
Les bontés *que* vous m'avez *fait sentir,* me donnent le droit de me servir d'un nom si tendre. (FÉNELON.)
Par une étrange faculté, il peut faire rentrer dans son sein les petits monstres *que* l'amour en a *fait sortir.* (CHATEAUBRIAND.)

Le hasard les ayant *fait naître* dans le même mois, tous deux moururent presque au même âge. (HÉNAULT.)
Elle s'est *fait aimer,* elle *m'a fait haïr.* (CORNEILLE.)
Rappellerai-je tous les maux *que* m'a *fait souffrir* une mère? (DELAPORTE-DUTHEIL.)
Dans ce même temps, d'autres généraux de Justinien, sortant d'Arménie, *s'étaient fait battre* sur les frontières de Perse. (DE SÉGUR.)

Le participe *fait* suivi immédiatement d'un infinitif est toujours invariable, parce que ce participe forme avec l'infinitif une expression inséparable, du moins dans la pensée. *On les a fait sortir,* signifie *on a fait sortir eux, on a expulsé eux,* ou mieux *on a fait en sorte qu'ils sortissent.*

EXERCICE PHRASÉOLOGIQUE.

Elle s'est fait mourir.
Je l'ai fait élever au couvent.
En quel rang le ciel les a-t-il fait naître?
La pièce qu'ils ont fait jouer.

Les disputes qu'il a fait naître.
Les sentiments qu'il vous a fait entendre.
La personne que j'ai fait passer en Angleterre.
Ceux qu'il a si bien fait parler.

N° DCXXXVI.

PARTICIPES PASSÉS SUIVIS D'UN INFINITIF ET PRÉCÉDÉS DE DEUX RÉGIMES.

ACCORD.	INVARIABILITÉ.
Les secours que l'on vous a offerts, madame, et que je *vous* ai *vue* dédaigner, vous auraient été cependant fort utiles. (Cité par BESCHER.)	Les secours que vous avez implorés, madame, et *que* je vous ai *vu refuser* inhumainement, vous auraient sauvée du danger. (Cité par BESCHER.)
Voilà, mon fils, le sujet des larmes que *tu m'*as *vue* verser. (FLORIAN.)	Il faut qu'ils me chantent une certaine scène d'une petite comédie *que* je leur ai *vu essayer.* (MOLIÈRE.)
La France se montra dans l'attitude qu'on *l'*avait toujours *vue* garder.	La France se montra dans l'attitude *qu'*on lui avait toujours *vu garder.* (DE PRADT.)
Il fallait, comme moi, *l'*avoir *entendue* déclamer Mahomet. (VOLTAIRE.)	C'est une question *que* je leur ai *laissé démêler.* (J.-J. ROUSSEAU.)

La différence dans la manière d'écrire ces phrases vient de ce que les pronoms dans la première colonne offrent un régime direct, et que dans la seconde ils sont construits en rapport indirect. C'est en comparant entre eux les exemples dont le sens diffère qu'on parvient à se rendre compte des motifs de la variation orthographique

Qui ne sent la différence qu'il y a entre *les offres de services que je* LEUR *ai vu faire*, et *les offres de services que je* LES *ai* VUS *faire?* Cette différence est telle qu'en confondant les deux façons d'écrire, on exprimerait souvent le contraire de ce qu'on voudrait faire entendre.

EXERCICE PHRASÉOLOGIQUE.

Les liqueurs que je les ai vus verser.
Les objets que je les ai vus prendre, enlever, ravir.
Ceux que je les ai vus offrir, porter, présenter, donner, refuser.
Les airs que je vous ai entendus chanter.

Les liqueurs que je leur ai vu verser.
Les objets que je leur ai vu prendre, enlever, ravir.
Ceux que je leur ai vu offrir, porter, présenter, donner, refuser.
Les airs que je leur ai entendu chanter.

N° DCXXXVII.

PARTICIPES PASSÉS SUIVIS D'UNE PRÉPOSITION ET D'UN INFINITIF.

ACCORD.

Toute la cour a été pendant trois jours en combustion au sujet d'une mauvaise comédie *que j'ai empêchée* d'être représentée. (VOLTAIRE.)

Il a souffert la hardiesse *que j'ai prise* de le contredire. (*Id.*)

On s'est élevé avec force contre la témérité *que nous avons eue* de vouloir juger de cette cour orientale. (*Id.*)

J'ai marché aux ennemis, *que j'ai contraints* de se renfermer dans leurs places. (VERTOT.)

La plante mise en liberté garde l'inclinaison qu'on l'a *forcée* à prendre. (J.-J. ROUSSEAU.)

En mémoire de la grâce *que* Dieu nous a *faite* d'avoir aboli la superstition et recouvré la liberté. (VOLTAIRE.)

Il ne s'opposa point à l'habitude *que* le parlement avait *prise* de l'appeler toujours Monsieur. (*Id.*)

La permission *que* le czar avait *donnée* de vendre du tabac dans son empire, malgré le clergé, fut un des plus grands motifs des séditieux. (*Id.*)

On sait assez *quelles* peines la sagesse du roi et du ministère a *eues* à calmer toutes ces querelles, aussi odieuses que ridicules. (*Id.*)

Aimez toujours vos parents; souvenez-vous de la peine *qu'ils* ont *eue* à vous quitter. (LOUIS XIV.)

INVARIABILITÉ.

Partout les rayons perçants de la vérité vont venger la vérité *qu'il a négligé de suivre*. (FÉNELON.)

Il entra en Italie, *qu'il avait résolu de rendre* le théâtre de la guerre. (ROLLIN.)

Peut-être pouvait-on bien me l'épargner, après les services que j'ai rendus et les charges QUE *j'ai eu l'honneur d'exercer*. (Mme DE SÉVIGNÉ.)

Ne faites rien qui ne soit digne des maximes de vertu *que j'ai tâché de vous inspirer*. (FÉNELON.)

C'est une fortification *que j'ai appris à faire*. (VAUGELAS.)

Je dois rendre compte au ciel des saintes résolutions *qu'il a daigné vous inspirer*. (MOLIÈRE.)

Nous ne te demandons pas que tu pardonnes à ceux *que tu as résolu de faire mourir*. (VERTOT.)

L'on ne m'accusera pas de m'être fort occupé jusqu'ici des critiques *qu'on a trouvé bon de diriger* contre mes écrits. (BENJAMIN CONSTANT.)

Quels travaux n'a-t-elle pas *eu à supporter* avant de se reposer dans le port où on la voit! (DE PRADT.)

Law revenant une seconde fois bouleverser la France avec des billets, trouverait des ennemis plus acharnés qu'il n'en avait *eu à combattre* dans ses premiers prestiges. (VOLTAIRE.)

Il faut bien examiner, comme on voit, si le régime direct qui précède le participe est celui du verbe *avoir* ou bien celui de *l'infinitif*. Lorsque le régime appartient au verbe *avoir*, le participe varie; dans le cas contraire, il est invariable. Dans cette phrase: *Etudiez la leçon* QUE *vous avez* OUBLIÉ D'APPRENDRE, le *que* est le régime direct *d'apprendre : Vous avez oublié d'*APPRENDRE LAQUELLE LEÇON. Mais dans cette autre phrase: *Etudiez la leçon* QU'*on vous a* DONNÉE *à apprendre*, le *que* est régime direct du verbe *avoir*; on *vous* A LAQUELLE LEÇON DONNÉE *afin de l'apprendre*, *pour que vous l'apprissiez*.

EXERCICE PHRASÉOLOGIQUE.

Les livres que j'ai eus à lire.
Les travaux que j'ai eus à faire.
Les mémoires que j'ai eus à régler.
Les volumes que j'ai eus à transcrire.
Les leçons que j'ai eues à apprendre.
La fable que j'ai eue à composer.

Les obstacles que j'ai eu à vaincre.
Les ennemis que nous avons eu à combattre.
Les périls que nous avons eu à courir.
Les injures qu'ils ont eu à essuyer.
Les ravins qu'ils ont eu à traverser.
Les peines qu'ils ont eu à souffrir.

N° DCXXXVIII.

PARTICIPES PASSÉS SUIVIS D'UN VERBE A TOUT AUTRE MODE QUE CELUI DE L'INFINITIF.

Les affaires que vous aviez PRÉVU que vous auriez sont-elles terminées ? (BEAUZÉE.)

Je me laissai enlever de l'hôtellerie, au grand déplaisir de l'hôte, qui se voyait par là sevré de la dépense qu'il avait COMPTÉ que je ferais chez lui. (LE SAGE.)

Les mathématiques, que vous n'avez pas VOULU que j'étudiasse, sont cependant fort utiles. (WAILLY.)

Mes raisons, que j'ai CRU qu'on approuverait, me paraissent meilleures qu'elles n'étaient en effet. (Cité par BESCHER.)

Dans ces sortes de phrases, le participe est toujours invariable. Quand on dit : *Les affaires que j'ai prévu que vous auriez*, on ne veut pas dire qu'on a prévu ces affaires, mais qu'on a prévu qu'on aurait ces affaires ; le mot *que* étant le régime d'un autre verbe que celui qui précède le participe, ne saurait exercer sur ce dernier aucune espèce d'influence.

Il n'en serait pas de même si le participe, au lieu d'être immédiatement suivi de *que*, l'était de *qui* ; il varierait. Exemples : *Voilà les malheurs* QUE *j'ai* PRÉVUS QUI *nous arriveraient ; les inconvénients que j'ai* SOUPÇONNÉS QUI *surviendraient*. De pareils accords n'effarouchent que ceux qui ne sont pas habitués à l'analyse et aux principes, et qui n'ont jamais réfléchi jusqu'où l'on peut étendre une règle qui ne souffre aucune exception.

EXERCICE PHRASÉOLOGIQUE.

Les embarras que j'ai su que vous aviez.
La leçon que vous avez voulu que j'étudiasse.
La conduite que j'ai supposé que vous tiendriez.

Les peines que j'ai prévu que vous causerait cette affaire.
Les secours que vous avez prétendu que j'obtiendrais.
Quels sont les préparatifs qu'on a dit qu'il fallait faire ?

N° DCXXXIX.

PARTICIPES PASSÉS A LA SUITE DESQUELS L'INFINITIF EST SUPPRIMÉ PAR ELLIPSE.

Vous avez aimé votre prochain si vous lui avez rendu tous les services *que* vous avez *pu*, *que* vous avez *dû*. (Cité par WAILLY.)

Il a été libre de mettre à cet abandon la condition *qu'il a voulu*. (SIREY.)

Ils ont donné à leurs enfants toute l'éducation *que* leur a *permis* leur fortune. (Cité par BESCHER.)

N'est-il pas louable d'avoir cherché les plus noires couleurs *qu'il a pu*, pour donner de l'horreur d'un si détestable abus ? (ARNAULT.)

S'il avait demandé M. de Fontenelle pour examinateur, je lui aurais fait tous les vers *qu'il aurait voulu*. (VOLTAIRE.)

Je lui ai lu mon épître très-posément, jetant dans ma lecture toute la force et tout l'agrément *que j'ai pu*. (BOILEAU.)

Après les participes des verbes *vouloir, pouvoir, devoir, permettre*, on sous-entend quelquefois l'infinitif, comme dans les exemples qui précèdent. *Si vous lui avez rendu tous les services que vous avez* PU, *que vous avez* DÛ (sous-entendu *lui rendre*). — Il a eu toutes les grâces *qu'il a voulu* (sous-entendu *avoir*). — Les plus noires couleurs *qu'il a pu* (sous-entendu *trouver*). — *Les vers qu'il aurait voulu* (sous-entendu *avoir*). — *Tout l'agrément que j'ai pu* (sous-entendu *y jeter*). — *Que leur a permis leur fortune* (sous-entendu *de donner*).

Dans ce cas, le participe reste invariable, parce que le mot *que* est le régime des infinitifs ellipsés.

Mais on doit écrire :

Elle m'a payé les sommes *qu'*elle m'a *dues*.
(Cité par BESCHER.)

Il veut fortement les choses *qu'*il a une fois *voulues*. (*Id.*)

J'ai fait les démarches *que* mes parents m'ont *permises*.
(Cité par BESCHER.)

Tous les maux *que* je lui ai *voulus* lui sont arrivés.

Ici, il n'y a aucun mot sous-entendu. Il faut donc toujours bien concevoir ce qu'on veut dire : il n'y a que ce moyen d'infaillible.

EXERCICE PHRASÉOLOGIQUE.

Je vous ai donné tous les agréments que j'ai pu.
Nous lui avons donné tous les secours que nous avons pu.
On a eu pour son âge et pour sa faiblesse tous les égards qu'on a dû.

Ils m'ont donné tous les plaisirs que j'ai voulu.
Elle a obtenu les grâces et les bienfaits qu'elle a voulu.
Elles ont fait toutes les dépenses que leur a permis leur fortune.

N° DCXL.

PARTICIPES PASSÉS PRÉCÉDÉS DE *l'* PRONOM.

ACCORD.

Je *l'ai vue* à la fin, cette grande cité.
(J.-J. ROUSSEAU.)

Ma cousine est toujours la même que je *l'ai vue*.
(Cité par BESCHER.)

Cette personne est coupable, depuis longtemps je l'ai *soupçonnée*. (*Id.*)

Cette difficulté, je *l'ai reconnue* comme impossible à lever. (*Id.*)

Cette personne est d'un bon caractère ; qui *l'eût crue* s'en serait bien trouvé. (*Id.*)

Cette infâme calomnie, *l'avez-vous crue* ?

Le SIGNIFIANT *cela*.

J'ai vu même près d'eux nos bergers, nos bergères,
Affecter, je *l'ai vu*, leurs modes étrangères.
(J.-B. ROUSSEAU.)

Cette querelle fut, comme nous *l'avons vu*, l'unique cause de la mort de Henri IV.
(VOLTAIRE.)

Avec cette loi, plus sage et plus profonde que le ministère ne *l'a soupçonné*, la puissance nationale est là où elle doit être. (BENJAMIN CONSTANT.)

La chose était plus sérieuse que nous ne *l'avions pensé* d'abord. (LE SAGE.)

Sa vertu était aussi pure qu'on *l'avait cru* jusqu'alors. (VERTOT.)

Toutes les fois que le pronom *le* peut se traduire par *cela*, ou qu'il représente un adjectif ou une proposition, comme dans les exemples de la seconde colonne, le participe qui vient après est invariable. Il varie dans toute autre circonstance.

EXERCICE PHRASÉOLOGIQUE.

La vérité, je vous l'ai déclarée, que voulez-vous davantage ?
La nouvelle était publique, et il ne l'a pas sue.
Cette personne a peu de franchise ; elle dissimule son caractère ; vous l'aviez bien jugée.
Notre perte n'a pas été telle que vous vous l'êtes figurée.

Cette vérité, je vous l'ai déclaré, doit rester ensevelie dans un profond secret.
Cette chose est arrivée sans qu'il l'ait su.
La nouvelle s'est trouvée vraie, comme vous l'aviez jugé.
La bataille n'a pas été telle que vous l'avez pensé.

N. B. — Voir au chapitre des *Adjectifs* les règles particulières auxquelles sont soumis les participes passés *vu, attendu, excepté, ouï*, etc. Le participe passé du verbe *être, été*, ne varie jamais dans notre langue, quels que soient d'ailleurs les mots qui le précèdent ou le suivent.

CHAPITRE VII.

DE L'ADVERBE.

N° DCXLI.

NATURE DE L'ADVERBE. — SA DÉFINITION.

DÉTERMINATIONS DE QUALITÉS.

Le vice sans pudeur est *trop* incorrigible.
(LAMOTTE.)

A vos moutons de ces feux consumés
Sachez offrir des nuits rafraîchissantes,
Un air *plus* pur, un sol *moins* enflammé.
(CAMPENON.)

Et qu'une eau pure, à la source puisée,
S'offre à leur soif *aisément* apaisée. (*Id.*)

Ce *n'est pas* un *fort* bon moyen
Pour payer que de *n'*avoir rien.
(LA FONTAINE.)

DÉTERMINATIONS D'ACTIONS.

On confond *aisément* le vice et la vertu.
(LENOBLE.)

Ne vous fiez *pas trop* à la première vue.
(FRANÇ. DE NEUFCHATEAU.)

Les arbres, de la terre agréable parure,
Sortent *diversement* des mains de la nature.
(DELILLE.)

Le riche est né pour *beaucoup* dépenser ;
Le pauvre est fait pour *beaucoup* amasser.
(VOLTAIRE.)

L'arbre né de lui-même étale *fièrement*
De ses rameaux pompeux le stérile ornement.
(DELILLE.)

Les qualités que nous apercevons dans les objets ou que nous leur attribuons peuvent exister en eux à tel ou tel degré. Je juge que la qualité *sage* existe dans l'objet *enfant*, et je dis : *l'enfant est sage* ; mais si je veux déterminer à quel degré cette qualité existe dans l'enfant, je dirai : *l'enfant est* PEU *sage*, ASSEZ *sage*, TRÈS-*sage*, N'*est* PAS *sage*, et le degré de la qualité sera exprimé par les mots *peu, assez, très, ne pas*.

Les actions produites par les objets sont également susceptibles de degré. Si je dis : *Pierre travaille, nous marchons, ils courent, tu descends, vous montez*, je ne détermine par aucune idée accessoire les actions désignées par les mots *travaille, marchons, courent, descends, montez*. Mais si je dis au contraire : *Pierre travaille* BIEN, PEU, BEAUCOUP, SOUVENT, NE *travaille* PAS ; *nous marchons* DOUCEMENT, LONGTEMPS ; *ils courent* VITE, RAPIDEMENT ; *tu descends* LENTEMENT ; *vous montez* INUTILEMENT, les mots *bien, peu, beaucoup, souvent, ne pas, doucement, longtemps, vite, rapidement, lentement, inutilement*, déterminent les actions, soit par une idée de degré, soit par une idée de temps, soit par une idée de manière.

Cette quatrième espèce de mots sert donc à déterminer les qualités ou les actions, soit par une idée de degré, comme *très, fort, trop, plus, moins, peu, beaucoup* ; soit par une idée de manière, comme *lentement, doucement, rarement, aisément, diversement, fièrement* ; soit par une idée d'époque ou de temps, comme *demain, aujourd'hui, hier, toujours, jamais* ; soit enfin par une idée de lieu, comme *ici, là*.

Tous les mots qui servent à déterminer les gradations, les nuances diverses d'une même qualité ou d'une même action, s'appellent ADVERBES, c'est-à-dire mots destinés à modifier *les verbes*, parce qu'ils accompagnent plus ordinairement les verbes.

EXERCICE ANALYTIQUE.

(Dire si les mots imprimés en italique déterminent les actions ou les qualités par une idée de degré, de temps, de manière ou de lieu.)

« Mon malheur n'est que *trop* certain :
On me pousse et repousse, *haut* en *bas* on m'envoie,
Et la raquette en rit de joie. »
Pauvres solliciteurs, voilà votre destin. (MOLLEVAUT.)
Un philosophe, en cour, est d'un *très*-mince aloi. (HAUMONT.)
Réflexion et jeunesse
Ne s'unissent pas *aisément*. (NIVERNAIS.)
J'aimerais *assez* qu'on fût reconnaissant. (LOMBARD DE LANGRES.)

De tous les tourments le *plus* rude à sentir,
C'est l'inutilité d'un *trop* long repentir. (F. DE NEUFCHATEAU.)
Le repentir *toujours*
Suit de folles amours,
Mais *jamais* il n'oppresse
Un cœur brûlant du feu d'une chaste tendresse. (DU HOULLAY.)
Après *avoir*
Bien travaillé, fait son devoir,
Il est juste qu'on se repose. (LE BRUN.)

SUBDIVISIONS DES ADVERBES
ET DES LOCUTIONS ADVERBIALES.

N° DCXLII.

DES ADVERBES DE TEMPS.

Alors j'ai fait pour fuir des efforts impuissants. (RACINE.)
Hâtons-nous aujourd'hui pour jouir de la vie,
Qui sait si nous serons *demain*? (Id.)
Notre bonheur *bientôt* fait notre inquiétude. (BOILEAU.)
Et du temple *déjà* l'aube blanchit le faîte. (RACINE.)

Que de savants plaideurs *désormais* inutiles! (BOILEAU.)
Il ne se faut *jamais* moquer des misérables,
Car qui peut s'assurer d'être *toujours* heureux? (LA FONTAINE.)
..... Faut-il que la jeunesse
Apprenne *maintenant* à vivre à la vieillesse? (REGNARD.)

Les adverbes de temps sont ceux qui, ainsi qu'on le voit, expriment quelque circonstance ou rapport de temps, et par lesquels on peut répondre à la question *quand*?

Ils sont de deux sortes :

Les uns désignent le temps d'une manière déterminée; ce sont, pour le présent : *aujourd'hui, présentement, maintenant, à présent, actuellement, à cette heure*, etc.; pour le passé : *hier, avant-hier, jadis, naguère, depuis peu*, etc.; et pour le futur : *demain, bientôt, tantôt, à l'avenir, désormais, dans peu*, etc.

Les autres ne désignent le temps que d'une manière indéterminée; ce sont : *souvent, d'abord, à l'improviste, sans cesse, toujours*, etc.

LISTE DES PRINCIPAUX ADVERBES OU LOCUTIONS ADVERBIALES DE TEMPS.

Alors.	Demain.	Longtemps.	Récemment.
Anciennement.	Dernièrement.	Lors.	Souvent.
Aujourd'hui.	Désormais.	Maintenant.	Si tôt.
Auparavant.	Dorénavant.	Naguère.	Simultanément.
Aussitôt.	Enfin.	Nouvellement.	Tantôt.
Autrefois.	Hier.	Nuitamment.	Tard.
Bientôt.	Incessamment.	Parfois.	Tôt.
Çà.	Incontinent.	Présentement.	Toujours.
Continuellement.	Jadis.	Quelquefois.	Vite.
Déjà.	Jamais.	Rarement.	
A cette heure.	A l'instant.	Bien longtemps.	De nouveau.
A l'avenir.	A présent.	Dans peu.	Derechef.
A jamais.	Après-demain.	D'avance.	Dès lors.
A tout jamais.	Avant-hier.	De bonne heure.	Depuis peu.
A l'improviste.	Bien tard.	De temps en temps.	Depuis longtemps.

Dès à présent.
Dès demain.
Fort tard.
Jusqu'ici.
Jusqu'à présent.
Le lendemain.
Le surlendemain.
La veille.

La surveille.
L'autre jour.
Moins souvent.
Pas encore.
Plus souvent.
Peu souvent.
Pour le présent.
Plus tard.

Plus tôt.
Moins tard.
Moins tôt.
Sans cesse.
Sur-le-champ.
Trop tard.
Trop tôt.
Très-tard.

Très-souvent.
Trop souvent.
Tôt ou tard.
Tout de suite.
Une fois.
Deux fois.
Trois fois.
Cent fois.

N° DCXLIII.

DES ADVERBES DE LIEU OU DE SITUATION.

Vous savez quel sujet conduit *ici* leurs pas.
(RACINE.)
Je l'évite *partout*, *partout* il me poursuit. (*Id.*)
Tourne *ailleurs* les efforts de ton bras triomphant.
(CORNEILLE.)
Ici-bas, toute créature
Entend tes sublimes accents.
(LAMARTINE.)

Là, dort d'un doux sommeil, quoique sans mausolée,
Dans le sein de sa mère un fils de la vallée. (*Id.*)
Et les fils du hameau... sont restés *en bas*,
Occupés à choisir des fleurs au sein des plaines.
(*Id.*)
Qui veut voyager *loin* ménage sa monture.
(RACINE.)
Où l'usage prévaut, nulle raison n'est bonne.
(QUINAULT.)

Les adverbes de lieu sont, comme on le voit par ces citations, ceux qui désignent toutes sortes de lieux indifféremment, et qui servent à exprimer la différence des distances et des situations, par rapport ou à la personne qui parle, ou aux choses dont on parle.

LISTE DES ADVERBES ET DES LOCUTIONS ADVERBIALES DE LIEU OU DE SITUATION.

Ailleurs.
Alentour.
Arrière.
Auprès.
Céans.
Ci.

Dedans.
Dehors.
Devant.
Derrière.
Dessus.
Dessous.

En (*de là*).
Jusque.
Ici.
Là.
Loin.
Où.

Partout.
Près.
Proche.
Y.

A terre.
A côté.
A bas.
Aux environs.
Bien loin.
Bien près.
Çà et là.
D'ici.
De çà, de là.
De côté.
De près.
D'où.

D'en haut.
D'en bas.
En dedans.
En dehors.
En deçà.
En bas.
En haut.
En arrière.
En avant.
Ici-bas.
Ici dessus.
Ici près.

Jusqu'ici.
Jusque là.
Jusqu'où.
Là-bas.
Là-dedans.
Là-dessus.
Là-dessous.
Là-haut.
Nulle part.
Par où.
Par ici.
Par là.

Par de là.
Par en haut.
Par en bas.
Près d'ici.
Quelque part.
Tout proche.
Tout auprès.
Tout contre.
Tout le long.
Vis-à-vis.
Tout du long.

N° DCXLIV.

DES ADVERBES D'ORDRE ET DE RANG.

A ton auguste nom tout s'ouvrira *d'abord*.
(BOILEAU.)
Rome est encor telle qu'*auparavant*.
(CORNEILLE.)
Il me promène *après* de terrasse en terrasse.
(BOILEAU.)

Elle fut destinée *premièrement* par sa glorieuse naissance, et *ensuite* par sa malheureuse captivité, à l'erreur et à l'hérésie. (BOSSUET.)
Tout se découvre *enfin* lorsque moins on y pense.
(IMBERT.)

Les adverbes d'ordre et de rang sont ceux qui servent à exprimer l'ordre dans lequel les choses sont arrangées les unes à l'égard des autres, sans attention au lieu. Les uns ont rapport à l'ordre numéral, tels que : *premièrement, secondement*, etc. ; les autres désignent le simple arrangement respectif, tels que : *d'abord, après, devant*, etc.

LISTE DES ADVERBES ET LOCUTIONS ADVERBIALES INDIQUANT L'ORDRE ET LE RANG.

Avant.	Alternativement.	En ordre.	En dernier lieu.
Après.	A la fois.	Confusément.	Sens devant derrière.
Auparavant.	Par ordre.	Pêle-mêle.	Tout à rebours.
Enfin.	Devant.	En foule.	Pareillement.
Ensuite.	Puis.	De fond en comble.	Semblablement.
Ensemble.	Premièrement.	Sens dessus dessous.	De la même manière.
De front.	Secondement.	Soudain.	Troisièmement.
De rang.	De suite.	Successivement.	Cinquièmement.
A la ronde.	Tout de suite.	En premier lieu.	Sixièmement.
			Septièmement.
A l'avance.	D'abord.	Tour à tour.	Huitièmement.
A la fin.	Ci-après.	A la file.	

N° DCXLV.

DES ADVERBES DE QUANTITÉ ET DE COMPARAISON.

Sommes-nous *assez* sûrs de notre destinée
Pour le remettre au lendemain ?
(J.-B. ROUSSEAU.)

Je vous laisse *aussi* libre et *plus* libre que moi.
(CORNEILLE.)

La vérité ne peut être *trop* claire.
(BOURSAULT.)

Je crains *peu* d'essuyer cette étrange furie.
(BOILEAU.)

Ceux qui ont *beaucoup* sont obligés de donner *beaucoup*. (LA BRUYÈRE.)

Rien n'est *tant* à nous que notre volonté.
(ROTROU.)

Oh ! *combien* la vertu souffre à se démentir !
(LA HARPE.)

Dans un terrain *trop* sec, le grain ne germe *guère*.
(DE BIÈVRE.)

Ah ! de peur de tomber, ne courons pas *si* fort.
(MOLIÈRE.)

L'abus des vérités doit être *autant* puni que l'introduction du mensonge. (PASCAL.)

J'aime *mieux* un vice commode
Qu'une fatigante vertu. (MOLIÈRE.)

Ainsi que les rayons du soleil dissipent les nuages, *ainsi* la présence du prince dissipe les séditions.
(ACADÉMIE.)

Les adverbes de quantité sont ceux qui modifient par une idée de quantité, soit physique, soit morale : ils peuvent désigner l'une et l'autre de ces deux sortes de quantité de trois manières : 1° par estimation précise, tels que : *assez, trop, peu, beaucoup, bien, fort, très, au plus, au moins, tout, tout du moins, du tout, tout-à-fait*, etc. ; 2° par comparaison, comme : *plus, moins, davantage, aussi, autant*, etc. ; 3° par extension, ainsi que : *tant, si, presque, quelque, encore*, etc.

Les adverbes de comparaison sont ceux qui marquent une idée de comparaison ou de différence de degrés entre les personnes et les choses ; ce sont : *comme, de même, ainsi, plus, moins*, etc.

Comme une chose ou une personne peut être égale, ou supérieure, ou inférieure à une autre en qualité ou en quantité, il y a aussi trois sortes de comparaison, ou degrés de signification.

Les comparaisons d'égalité s'expriment au moyen des adverbes : *comme, de même, ainsi, pareillement, autant, aussi, si*, etc.

Les comparaisons de supériorité se rendent à l'aide des adverbes : *plus, davantage, de plus, pis, mieux*, etc.

Les comparaisons d'infériorité s'énoncent par les adverbes : *moins, presque, quasi, à peu près, tout au plus*, etc.

LISTE DES ADVERBES ET EXPRESSIONS ADVERBIALES DE QUANTITÉ ET DE COMPARAISON.

Abondamment.	Davantage.	Mieux.	Que.
Absolument.	Encore.	Moins.	Quelque.
Assez.	Entièrement.	Médiocrement.	Si.
Aussi.	Extrêmement.	Passablement.	Suffisamment.
Autant.	Environ.	Peu.	Tant.
Ainsi.	Exclusivement.	Pis.	Tout.
Bien.	Entièrement.	Plus.	Très.
Beaucoup.	Fort.	Plutôt.	Trop.
Combien.	Guère.	Presque.	
Comme.	Infiniment.	Quasi.	
A bon marché.	A l'infini.	Du moins.	Pour le moins.
A foison.	A l'envi.	Du tout.	Tout-à-fait.
A demi.	A qui mieux mieux.	Ni moins.	Tout au plus.
Au plus.	A vil prix.	Ni plus.	Trop peu.
Au moins.	De mieux en mieux.	Pas beaucoup.	Tant soit peu.
A peu près.	De plus.	Peu à peu.	Un grand nombre.
A peu de chose près.	De même.	Pour le plus.	Un peu.

N° DCXLVI.

DES ADVERBES DE MANIÈRE ET DE QUALITÉ.

..... Ayons la fermeté
De jouir *pleinement* de notre volonté. (LANOUE.)
Aisément de soupçon un vieux est susceptible.
(BRET.)
..... La seule valeur défend *mal* un état.
(CRÉBILLON.)

Un tyran ne sait pas rougir *impunément*.
(CHÉNIER.)
Allons, employons *bien* le moment qui nous reste.
(RACINE.)
De ses habitudes premières
On se défait *malaisément*. (LEBRUN.)

Les adverbes de manière sont ceux qui expriment comment et de quelle manière les choses se font.

LISTE DES ADVERBES ET EXPRESSIONS ADVERBIALES DE MANIÈRE ET DE QUALITÉ.

Autrement.	Exprès.	Même.	Tellement.
Bien.	Gratis.	Nuitamment.	Vite.
Conjointement.	Incognito.	Prudemment.	Véritablement, et tous les
Constamment.	Instamment.	Sagement.	autres adverbes terminés
Ensemble.	Lentement.	Sciemment.	en *ment*.
A tort.	A la hâte.	bles, formées de la pré-	Avec soin.
A travers.	A la mode, et toutes les au-	position *à* et d'un sub-	De biais.
A regret.	tres expressions sembla-	stantif.	Pêle-mêle.

N° DCXLVII.

DES ADVERBES D'AFFIRMATION, DE NÉGATION ET DE DOUTE.

Pères, de vos enfants *ne* forcez *point* les vœux ;
Le ciel vous les donna, mais pour les rendre heureux.
(CHÉNIER.)
Certes, à voir les hommes si occupés, si vifs, on dirait qu'ils travaillent pour des années éternelles.
(MASSILLON.)
Certainement, il n'y a rien de plus merveilleux que ce changement. (BOSSUET.)

Peut-on mener une telle vie dans le monde ? —
Oui, sans doute. (Id.)
Ferez-vous cela ? — *Volontiers.* (ACADÉMIE.)
Lui céderez-vous vos droits ? — *Nullement.* (Id.)
Au moment où je parle, ils ont vécu *peut-être*.
(VOLTAIRE.)
Non, jamais les vertus *ne* sont assez nombreuses.
(CHÉNIER.)

Les adverbes d'affirmation sont ceux qui servent à affirmer; tels sont : *certes, sans doute, vraiment, oui, volontiers, soit, d'accord*, etc.

Les adverbes de négation sont ceux qu'on emploie pour nier, comme : *non, ne, ne pas, ne point, nullement, point du tout*, etc.

Il n'y a qu'un seul adverbe de doute, c'est *peut-être*.

N° DCXLVIII.

DES ADVERBES D'INTERROGATION.

Comment se faire aimer, sans perdre un peu de l'autorité ? (FLÉCHIER.)
Quand verrai-je, ô Sion, relever tes remparts ? (RACINE.)

Où menez-vous ces enfants et ces femmes ? (RACINE.)
Par où commencer ? (Id.)
D'où lui vient cette impudente audace ? (Id.)

Les adverbes d'interrogation sont ceux qui servent à interroger. Ces adverbes sont : *combien, où, d'où, par où, comment, quand, pourquoi*, etc.

Telles sont les différentes classes adoptées par la plupart des grammairiens. Mais cette classification est difficile, souvent inexacte, et ne saurait guère offrir d'utilité qu'aux étrangers. Nous allons suivre une classification plus simple, et pour ainsi dire matérielle. Nous placerons en première ligne les mots qui ne peuvent être qu'adverbes, et qui ne se composent que d'un seul mot; au deuxième rang seront les adverbes dérivés des adjectifs; au troisième rang, les locutions employées comme adverbes, et au quatrième rang, les mots pris adverbialement; de là quatre classes : ADVERBES PURS OU SIMPLES, ADVERBES DÉRIVÉS, MOTS PRIS ADVERBIALEMENT, et LOCUTIONS ADVERBIALES.

TABLEAU GÉNÉRAL DES ADVERBES.

N° DCXLIX.

1re CLASSE. — ADVERBES PURS OU SIMPLES ET EN UN SEUL MOT.

Ailleurs.	Dedans.	Jadis.	Plutôt.
Ainsi.	Dehors.	Jamais.	Pourtant.
Alentour.	Déjà.	Jusque.	Presque.
Alors.	Demain.	Là.	Puis.
Assez.	Désormais.	Loin.	Quasi.
Aujourd'hui.	Dessous.	Lors.	Quelquefois.
Auparavant.	Dessus.	Maintenant.	Sciemment.
Aussi.	Dorénavant.	Mieux.	Souvent.
Aussitôt.	Encore.	Moins.	Surtout.
Autant.	Enfin.	Naguère.	Tant.
Autrefois.	Ensemble.	Ne.	Tantôt.
Beaucoup.	Ensuite.	Néanmoins.	Tard.
Bien.	Fort.	Non, pour *ne pas*.	Tôt.
Çà.	Gratis.	Notamment.	Toujours.
Certes.	Guère.	Nuitamment.	Toutefois.
Céans.	Hier.	Où.	Très.
Cependant.	Ici.	Parfois.	Trop.
Ci.	Incessamment.	Partout.	Volontiers.
Combien.	Incognito.	Peu.	Etc., etc., etc.
Comment.	Incontinent.	Pis.	Etc., etc., etc.
Davantage.	Instamment.	Plus.	Etc., etc., etc.

(716)

IIe CLASSE. — ADVERBES DÉRIVÉS D'ADJECTIFS.

Distinctement.
Médiocrement.
Sagement.
Poliment.
Modestement.
Inconsidérément.
Premièrement.
Secondement.
Troisièmement.
Utilement.
Vraiment.
Ingénument.
Aisément.
Impunément.

Véritablement.
Doucement.
Bonnement.
Franchement.
Civilement.
Gentiment.
Lentement.
Présentement.
Prudemment.
Élégamment.
Doctement.
Savamment.
Fièrement.
Étourdiment.

Légèrement.
Extrêmement.
Lourdement.
Hardiment.
Joliment.
Conjointement.
Promptement.
Rarement.
Lestement.
Nullement.
Autrement.
Éloquemment.
Amplement.
Entièrement.

Naturellement.
Vivement.
Audacieusement.
Facilement.
Silencieusement.
Rapidement.
Inopinément.
Clandestinement.
Opiniâtrément.
Ordinairement.
Attentivement, et autres adverbes terminés en ment qui dérivent des adjectifs.

IIIe CLASSE. — LOCUTIONS ADVERBIALES.

A jamais.
A la fois.
A l'envi.
A part.
Après-demain.
A présent.
A regret.
A tort.
A loisir.
A peine, etc.
Avant-hier.
Avec soin.
Avec peine.
Avec raison, etc.
Çà et là.
Ci-après.
Ci-inclus.

Ci-joint.
D'abord.
D'accord.
D'ailleurs.
De là.
De çà et de là.
De même.
De plus.
De suite.
De nuit.
De jour, etc.
Dès lors.
D'ici.
D'ordinaire.
D'où.
Du reste.
Du moins.

Du tout, etc.
En avant.
En arrière.
En vain, etc.
En sus.
Une fois pour toutes.
Jusque là.
Là-dedans.
Longtemps.
Ne pas, ne point.
Ne plus, etc.
Ni plus ni moins.
Nulle part.
Par hasard.
Par ici.
Par là, etc.
Pêle-mêle.

Peut-être.
Plus tôt.
Plus tard, etc.
Quelque part.
Sans doute.
Tôt ou tard.
Tour à tour.
Sens dessus dessous.
Tout d'un coup.
Mal à propos.
Coup sur coup.
Tout-à-fait.
Tout à l'heure.
A l'amiable, etc., et autres locutions semblables.

IVe CLASSE. — MOTS PRIS ADVERBIALEMENT.

Chanter *juste*.
Voir *clair*.
Rester *court*.
Coûter *cher*.
Parler *bas*.
Frapper *fort*.
Lire *haut*.
Chanter *faux*.
Rire *bas*.

Tenir *bon*.
Frapper *ferme*.
Marcher *droit*.
Marcher *incliné*.
Il en est de même des adjectifs pris adverbialement.
Quelque grands.
Demi-nus.

Il ose *même*.
Nu-pieds.
Nu-tête.
Il dit *après*.
Comme il parle.
Il va *derrière*.
Il est *proche*.
Mal fait.
Il vient *exprès*.

Il est quatre heures *environ*.
Il est *près*.
Où vas-tu?
J'en *viens*.
Y viens-tu? etc.
Il parle *avec*.
Je marche *contre*.
Je plaide *pour*.
Il s'est en allé *avec*.

EXERCICE ANALYTIQUE.

Les crimes sont pesés dans la juste balance;
Tôt ou tard les forfaits trouvent leur récompense. (HAUMONT.)
Nous croyons *quelquefois* des choses bien étranges. (RIGAUD.)
Les curieux ont *souvent* tort. (HAUMONT.)
De ses habitudes premières
On se défait *malaisément*. (LEBRUN.)
Pour l'homme, le travail est *toujours* nécessaire. (HAUMONT.)
Un grand fonds de vertus *rarement* se confisque. (BOURSAULT.)
Après *tant* de rebuts qui t'ont fait soupirer,
Vertu, *trop* négligée, ose te remontrer. (DESTOUCHES.)
Non, jamais les vertus ne sont *assez* nombreuses. (DEMOUSTIER.)
La vertu malheureuse en est *plus* respectable. (CRÉMER.)
La vertu d'elle-même est *partout* respectable. (Id.)
Singulière monnaie (la vérité), elle a pu sembler belle
Lorsqu'on l'appréciait à sa valeur réelle,
Mais depuis *bien longtemps* elle a *fort* peu de cours,
Et son poids est *partout* ignoré dans les cours. (CRÉMER.)

Oh! que la vérité
Se peut cacher *longtemps* avec difficulté! (MOLIÈRE.)
Qui se venge *à demi* court lui-même à sa perte. (CORNEILLE.)
On aime *encor* quand on veut se venger. (FAVART.)
Jusqu'ici jamais
La probité ne fut la vertu des valets. (QUINAULT.)
Qui veut vaincre est *déjà* bien *près* de la victoire. (ROTROU.)
Aujourd'hui
On passe sur l'honnête, et l'on songe à l'utile. (DESTOUCHES.)
Le trône fut *toujours* un dangereux abîme.
La foudre l'environne *aussi bien* que le crime. (RACINE.)
Qui ne trompe *jamais* sera *souvent* trompé. (DUFRESNY.)
La vanité nous rend *aussi* dupes que sots. (FLORIAN.)
La vérité ne peut être *trop* claire. (BOURSAULT.)
Ah! de peur de tomber, *ne* courons *pas si fort*! (MOLIÈRE.)
Oh! *combien* la vertu souffre à se démentir! (LA HARPE.)
Un bien qu'on n'attend *plus facilement* s'oublie. (CRÉMER.)

N° DCL.

DE LA FORMATION DES ADVERBES EN *ment*.

Iʳᵉ Série. — *Aisément, poliment, ingénument.*

On censure *aisément* quand on est sans faiblesse.
(La Chaussée.)
Certes, il n'est *vraiment* pire eau que l'eau qui dort.
(Fabre d'Églantine.)

Un financier jamais ne dort *profondément*.
(Jauffret.)
Outrageons *hardiment* qui nous ose outrager.
(Campistron.)

IIᵉ Série. — *Horriblement, terriblement.*

Les premières amours tiennent *terriblement*.
(Quinault.)
Rarement un valet dit du bien de son maître.
(Collin d'Harleville.)

Un bien qu'on n'attend plus *facilement* s'oublie.
(Chénier.)
On ne saurait manquer de louer *largement*
Les dieux. (La Fontaine.)

IIIᵉ Série. — *Bonnement, hautement, vivement.*

Protéger *hautement* les vertus malheureuses,
C'est le moindre devoir des âmes généreuses.
(Corneille.)
L'homme *entièrement* seul est celui qui n'a point d'amis. (Dict. de Maximes.)

Fortement appuyé sur des oracles vains,
Un pontife est souvent terrible aux souverains.
(Voltaire.)
Nous nous plaignons quelquefois *légèrement* de nos amis pour justifier par avance notre légèreté.
(La Rochefoucauld.)

IVᵉ Série. — *Élégamment, prudemment.*

Un savant philosophe a dit *élégamment* :
Dans tout ce que tu fais, hâte-toi lentement.
(Regnard.)
Alors qu'il veut entrer, l'ami frappe à la porte ;
Le prince *apparemment* prend d'assaut la maison.
(Chénier.)

Une femme doit plutôt juger sainement les livres qu'en parler *savamment*.
(Dictionnaire de Maximes.)
A la ruse on peut bien se prêter *décemment*,
Lorsque l'hymen en doit être le dénouement.
(Destouches.)

Ces quatre séries d'exemples nous montrent que les adverbes en *ment* se forment, pour la plupart, des adjectifs qualificatifs, de la manière suivante :

1° Quand l'adjectif masculin est terminé par une voyelle sonore, on y ajoute *ment* : *aisément, poliment, ingénument*. On excepte *impuni*, qui fait *impunément*, et les adjectifs *beau, nouveau, fou* et *mou*, dont les adverbes sont formés du féminin : *bellement, nouvellement, follement, mollement*.

2° Quand l'adjectif masculin est terminé par un *e* muet, on y ajoute la finale *ment* : *horriblement, terriblement* ; excepté *aveugle, commode, conforme, énorme, incommode, opiniâtre* et *uniforme*, qui changent l'*e* muet en *é* fermé : *aveuglément, commodément, conformément*, etc. On excepte encore *traître*, qui fait *traîtreusement*.

3° Quand l'adjectif est terminé au masculin par une consonne, l'adverbe en *ment* se forme de la terminaison féminine : *bonnement, hautement, vivement*, etc. Il faut excepter : 1° *gentil*, qui fait *gentiment* ; 2° *commun, confuse, diffuse, expresse, importune, obscure, précise, profonde*, qui changent l'*e* muet en *é* fermé : *communément, confusément*, etc.

4° Les adjectifs en *ant* et en *ent* forment l'adverbe en *ment* par le changement de *nt* en *mment* : *élégant, élégamment* ; *prudent, prudemment*. On excepte *lent, présent* et *véhément*, dont les adverbes sont *lentement, présentement* et *véhémentement*.

Trois adverbes en *mment* dérivent d'anciens adjectifs qui ne sont plus usités aujourd'hui ; ce sont *notamment, nuitamment* et *sciemment*.

Nota. — La finale *ment*, dans les adverbes, vient de l'ablatif latin *mente*, qui veut dire *esprit, manière.* Ainsi de *tenerá mente, forti mente,* nous avons fait *tendrement, fortement,* etc.

EXERCICE PHRASÉOLOGIQUE.

Iʳᵉ Série. — *Aisément, poliment, ingénument.*

Sensément.	Inconsidérément.	Déterminément.	Privément.	Nommément.	Modérément.
Poliment.	Hardiment.	Vraiment.	Joliment.	Impoliment.	Étourdiment.
Ingénument.	Dûment.	Résolument.	Goulument.	Absolument.	Assidûment.

IIᵉ Série. — *Horriblement, terriblement.*

Politiquement.	Solidement.	Sévèrement.	Sagement.	Comiquement.	Docilement.
Uniquement.	Fidèlement.	Noblement.	Magnanimement.	Superbement.	Médiocrement.
Difficilement.	Habilement.	Épouvantablement.	Rarement.	Largement.	Horriblement.

IIIᵉ Série. — *Bonnement, hautement, vivement.*

Bonnement.	Anciennement.	Paternellement.	Éternellement.	Discrètement.	Indiscrètement.
Complètement.	Secrètement.	Naïvement.	Vivement.	Fugitivement.	Évasivement.
Tardivement.	Successivement.	Pareillement.	Grossement.	Faussement.	Sottement.

IVᵉ Série. — *Élégamment, prudemment.*

Méchamment.	Élégamment.	Savamment.	Galamment.	Nonchalamment.	Étonnamment.
Imprudemment.	Prudemment.	Indécemment.	Diligemment.	Décemment.	Évidemment.

N° DCLI.

DE QUELQUES ADVERBES EN *ment* QUI ONT UN COMPLÉMENT.

Le faux ami n'aime que *relativement* A SON PROPRE INTÉRÊT ; et si la cupidité le lui conseille, il deviendra ingrat et parjure. (J.-J. ROUSSEAU.)

Je pense à vous, ma chère fille, *préférablement* A TOUTES CHOSES. (Mᵐᵉ DE SÉVIGNÉ.)

Indépendamment DES GRACES DE SON AGE ET DE SA GAITÉ VIVE ET CARESSANTE, elle a dans le caractère un fonds de douceur et d'égalité. (J.-J. ROUSSEAU.)

Polyeucte parle comme il doit parler, *conformément* AUX PRÉJUGÉS. (VOLTAIRE.)

Trois adverbes en *ment* s'emploient avec un complément précédé de la préposition *de* ; ce sont *dépendamment, différemment* (1), *indépendamment* ; et douze autres, avec un complément précédé de la préposition *à* ; tels sont *antérieurement* (2), *conformément, conséquemment* (3), *convenablement* (4), *exclusivement* (5), *inférieurement, postérieurement* (6), *préférablement, privativement, proportionnément,* ou *proportionnellement, relativement* et *supérieurement* (7).

Chacun de ces adverbes a conservé le même complément que celui de l'adjectif dont il est formé.

EXERCICE PHRASÉOLOGIQUE.

Cette dette a été contractée antérieurement à la vôtre.
Il faut vivre conformément à son état.
L'âme agit souvent dépendamment des organes.
Faire une chose indépendamment de quelqu'un.
Ce qu'il demandait lui fut accordé privativement à tout autre.
Il a été récompensé proportionnément à son mérite.
Régulus aimait la patrie exclusivement à soi.

Parler convenablement au sujet.
Il a conduit l'affaire conséquemment à ce qui avait été réglé.
Les princes agissent différemment des particuliers.
Aimer Dieu préférablement à toutes choses.
Cet acte a été fait postérieurement à celui dont vous parlez.
Cela a été dit relativement à ce qui précède.
L'un a écrit bien inférieurement, bien supérieurement à l'autre.

(1) *Différemment* peut se mettre aussi sans complément : *Ils ont agi chacun* DIFFÉREMMENT.
(2) *Antérieurement* s'emploie également sans complément : *Ce que je vous raconte eut lieu* ANTÉRIEUREMENT.
(3) *Conséquemment* ne régit la préposition *à* que quand il signifie *en conséquence ;* et lorsqu'il signifie *d'une manière conséquente* il ne prend point de régime : CONSÉQUEMMENT *à ce qui a été décidé. Il parle* CONSÉQUEMMENT.
(4) *Convenablement* peut s'employer absolument : *Dans cette affaire vous n'avez pas agi* CONVENABLEMENT.
(5) *Exclusivement* s'emploie presque toujours sans complément : *Penser à quelqu'un* EXCLUSIVEMENT.
(6) *Postérieurement* s'emploie aussi absolument : *Cette affaire eut lieu* POSTÉRIEUREMENT.
(7) *Supérieurement* est également en usage sans complément : *Il parle* SUPÉRIEUREMENT.

N° DCLII.

DEGRÉS DE SIGNIFICATION DANS LES ADVERBES EN *ment*.

I. — Positif.

Les hommes ne louent jamais *gratuitement* et sans intérêt. (Saint-Évremont.)

Toute la doctrine des mœurs tend *uniquement* à nous rendre heureux. (Bossuet.)

II. — Comparatif. — *Degré d'égalité.*

Est-il possible qu'une nation qui pense *aussi délicatement* que la nation française, ne marque ordinairement son esprit dans la société qu'aux dépens de la réputation de ses compatriotes. (Montesquieu.)

Puissé-je te revoir bientôt, et retrouver avec toi ces jours heureux qui coulent *si doucement* entre deux amis. (Montesquieu.)

Degré de supériorité ou d'infériorité.

Le génie consiste, en tout genre, à concevoir *plus vivement* et *plus parfaitement* son objet. (Vauvenargues.)

Le lierre s'unit *moins étroitement* à l'ormeau, le serpent au serpent, la jeune sœur au cou d'une sœur chérie. (Chateaubriand.)

III. — Superlatif.

Le courage s'occupe *très-sérieusement* de sa propre conservation. (Dict. de Maximes.)

Nous avons *fort exactement* les histoires des peuples qui se détruisent; ce qui nous manque est celle des peuples qui se multiplient. (J.-J. Rousseau.)

Les adverbes en *ment* sont, comme tous les adjectifs dont ils dérivent, susceptibles des trois degrés de signification, qui sont *le positif, le comparatif,* et *le superlatif*. Le premier exprime la manière purement et simplement ; le second l'énonce à un degré d'égalité, de supériorité ou d'infériorité, en ajoutant à l'adverbe les mots *si, aussi, plus, moins ;* le troisième, à l'aide des mots *bien, très, fort,* la porte au plus haut période.

Comment, éternellement, tellement, sont les seuls adverbes en *ment* qui n'admettent aucun degré de comparaison.

EXERCICE PHRASÉOLOGIQUE.

Honnêtement.
Aussi honnêtement.
Plus honnêtement.
Bien honnêtement.

Gracieusement.
Si gracieusement.
Moins gracieusement.
Très-gracieusement.

Doucement.
Aussi doucement.
Plus doucement.
Fort doucement.

Dignement.
Si dignement.
Moins dignement.
Bien dignement.

SYNTAXE DES ADVERBES.

N° DCLIII.

Aujourd'hui.

Tel repousse *aujourd'hui* la misère importune,
Qui tombera demain dans la même infortune. (La Harpe.)

Il semble qu'*aujourd'hui* la fortune vous rie :
Demain le ciel se brouille, et la scène varie. (Dorat.)

Aujourd'hui dans ce monde on ne connaît qu'un
                                              [crime,
C'est l'ennui ; pour le tuir, tous les moyens sont bons.
(GRESSET.)

... De tous les emplois, le plus lâche *aujourd'hui*
Est d'être l'espion des paroles d'autrui.
(BOURSAULT.)

L'abbé Girard voulait que l'on écrivît *aujourdhui* sans apostrophe ; mais personne n'a adopté cette orthographe, et l'on écrit *aujourd'hui* avec une apostrophe entre le *d* et le *h*.

EXERCICE PHRASÉOLOGIQUE.

Aujourd'hui l'on rit, demain l'on pleure.   Les sentiments d'aujourd'hui ne sont pas ceux d'autrefois.

N° DCLIV.

Jusqu'aujourd'hui. Jusques à aujourd'hui. Jusqu'à aujourd'hui. Jusques aujourd'hui.

Jusqu'à aujourd'hui, jusqués à aujourd'hui.
J'ai différé *jusqu'à aujourd'hui* à vous donner de mes nouvelles.
(ACADÉMIE.)
Dans l'intervalle de temps qui s'est écoulé depuis votre naissance *jusques à aujourd'hui*...
(MASSILLON.)

Jusqu'aujourd'hui, jusques aujourd'hui.
Reine, *jusqu'aujourd'hui* vous avez pu connaître
Quelle fidélité m'attachait à vos lois. (VOLTAIRE.)
... Et *jusques aujourd'hui*
Je l'ai pressé de feindre.
(RACINE.)

La guerre a régné longtemps au sein du monde grammatical sur la question de savoir si les quatre expressions *jusqu'aujourd'hui, jusques aujourd'hui, jusqu'à aujourd'hui, jusques à aujourd'hui*, étaient également correctes, également françaises.

Les uns, Wailly et Féraud en tête, ne voyant dans l'adverbe *aujourd'hui* qu'un composé de plusieurs mots (AU JOUR DE HUI), décidèrent qu'on devait toujours dire *jusqu'aujourd'hui* ou *jusques aujourd'hui*, et, partant, proscrivirent les deux dernières locutions. La meilleure et la plus solide raison qu'ils en pouvaient donner était que la préposition *à* se trouvant déjà exprimée dans *jusqu'aujourd'hui* (JUSQU'A LE JOUR DE HUI), on en faisait un double emploi en disant *jusqu'à aujourd'hui* ; dès lors ils prétendirent que cette répétition de la préposition était vicieuse.

Les autres, parmi lesquels il faut ranger Thomas Corneille et d'Olivet, sans rejeter absolument les deux expressions *jusqu'aujourd'hui, jusques aujourd'hui*, voulaient qu'on préférât *jusqu'à aujourd'hui, jusques à aujourd'hui* ; et ils se fondaient sur ce que *aujourd'hui* devait être un seul mot comme *demain, hier*. Ainsi, puisque l'on disait *jusqu'à demain* ou *jusques à demain*, il s'ensuivait qu'il fallait dire aussi *jusqu'à aujourd'hui* ou *jusques à aujourd'hui*.

Ces deux opinions, motivées d'une manière si rationnelle, si péremptoire, ont eu pour résultat de faire consacrer les quatre expressions, qui en effet ont été sanctionnées et par l'usage et par l'Académie.

EXERCICE PHRASÉOLOGIQUE.

Je vous ai attendu jusqu'aujourd'hui.
Je vous ai attendu jusques aujourd'hui.

Je vous ai attendu jusqu'à aujourd'hui.
Je vous ai attendu jusques à aujourd'hui.

N° DCLV.

Alentour COMPARÉ AVEC *autour*.

Alentour.	*Autour.*
Les plaisirs nonchalants folâtrent *alentour*. (BOILEAU.)	La terre est emportée avec une rapidité inconcevable *autour* DU SOLEIL. (LA BRUYÈRE.)
Les chagrins dévorants, etc. Troublent l'air d'*alentour* de longs gémissements. (*Id.*)	Il était sur son char. Ses gardes affligés Imitaient son silence, *autour de lui* rangés. (RACINE.)

Alentour est un adverbe qui ne doit jamais prendre de complément, et *autour*, une préposition qui, au contraire, en admet toujours un. Ainsi on ne dira pas : *Cette mère a ses enfants* ALENTOUR D'ELLE, mais bien AUTOUR D'ELLE.

C'est parce que *alentour* ne s'écrit plus aujourd'hui qu'en un seul mot et qu'on en a fait un adverbe, que ce serait une faute de lui donner un complément ; mais, au siècle de Louis XIV, les écrivains, tant poètes que prosateurs, employaient *entour* comme substantif, et alors ce mot pouvait être suivi d'un complément. Aussi lit-on dans La Fontaine :

Le malheureux lion se déchire lui-même, Fait résonner sa queue *à l'entour* DE SES FLANCS.	Il tourne *à l'entour* DU TROUPEAU, Marque entre cent moutons le plus gras, le plus beau.

A l'entour de est une expression maintenant hors d'usage, et néanmoins à regretter, comme le dit Boniface.

EXERCICE PHRASÉOLOGIQUE.

J'allai voir ce monument, je me promenai à l'entour. Un rond se forma, et il courut à l'entour.	Je me promenai autour de l'église. Je vis quelqu'un rôder autour de la maison.

N° DCLVI.

Auparavant COMPARÉ AVEC *avant*.

Auparavant.	*Avant.*
Il ne faut employer aucun terme dont on n'ait *auparavant* expliqué le sens. (PASCAL.)	Peut-être *avant* LE TEMPS Je saurai l'occuper de soins plus importants. (RACINE.)
De terribles globes de feu sortirent des fondements, qu'ils avaient *auparavant* ébranlés par des secousses violentes. (BOSSUET.)	Il faut que vous soyez instruits, même *avant* TOUS, Des grands desseins de Dieu sur son peuple et sur vous. (*Id.*)

La différence qu'on doit remarquer entre *auparavant* et *avant*, c'est que le premier est un adverbe, et le second une préposition ; l'un se construit sans complément, l'autre avec un complément. Il y a donc une faute dans ces vers de Corneille :

> Mon bras, dont ses mépris forçaient la retenue,
> N'eût plus considéré César ni sa venue,
> Et l'eût mise (Cléopâtre) en état, malgré tout son appui,
> De se plaindre à Pompée *auparavant* QU'A LUI.

Auparavant QU'A LUI n'est pas français, dit Voltaire. Il faut *avant* QU'A LUI.

EXERCICE PHRASÉOLOGIQUE.

Vous êtes né en 1790, et moi je suis né auparavant. Je ferai tout ce que vous commanderez, mais je ferai cela auparavant.	Si vous êtes né en 1800, je suis né avant vous. Je ferai cela avant toutes choses.

N° DCLVII.

Aussi, non plus.

Aussi.

Telle est la loi de l'univers :
Si tu veux qu'on t'épargne, épargne *aussi* les autres.
(La Fontaine.)

L'indulgence affaiblit et perd la discipline ;
Trop de rigueur *aussi* quelquefois la ruine.
(Saurin.)

Si par la calomnie un homme a réussi,
Cent pour un tout au moins s'y sont perdus *aussi*.
(Boursault.)

Puisque chacun ici prend ce qui lui convient,
Par droit d'aubaine *aussi*, Finette m'appartient.
(Regnard.)

Mila morte ! René mort ! sa petite fille va bientôt mourir ! Chactas qui s'en va *aussi* ! Céluta, resterons-nous seuls ? (Chateaubriand.)

Non plus.

Dire que la religion n'est pas un motif réprimant, parce qu'elle ne réprime pas toujours, c'est dire que les lois civiles ne sont pas un motif réprimant *non plus*. (Montesquieu.)

Je ne saurais passer pour femme, à mon avis ;
Ni pour veuve *non plus*, puisqu'en effet j'ignore
Si le mari que j'eus est mort ou vit encore.
(Regnard.)

— Je ne comprends rien à tout ce que vous dites.
— Ma foi, ni moi *non plus*. (Regnard.)

Lorsque je veux vous faire ma prière, je ne sais en quelle langue je dois vous parler. Je ne sais pas *non plus* en quelle posture je dois me mettre.
(Montesquieu.)

Dans les phrases de la première colonne on a fait usage de *aussi*, parce que ce mot exprime une idée de similitude ou d'égalité entre deux propositions positives.

Au contraire, dans les exemples de la seconde colonne, les écrivains ont mis et ont dû mettre *non plus*, parce que les deux propositions similaires sont construites dans un sens négatif.

Nous établirons donc en principe que *aussi*, signifiant *également, pareillement*, s'emploie quand il y a deux propositions positives ; et *non plus*, si ces propositions sont négatives.

Par conséquent les phrases suivantes sont entachées d'incorrection :

EMPLOI VICIEUX DE *aussi*.

L'âme de Mazarin, qui n'avait pas la barbarie de celle de Cromwell, n'en avait pas *aussi* la grandeur.
(Cité par Girault-Duvivier.)

La faveur du prince n'exclut pas le mérite, et ne le suppose pas *aussi*. (La Bruyère.)

Il n'est pas juste qu'il puisse entrer dans les terres de ses voisins ; il n'est pas juste *aussi* que ses voisins puissent entrer dans les siennes.
(Fénelon.)

Nous ne voulons pas que les autres nous trompent ; nous ne trouvons pas juste qu'ils veuillent être estimés de nous plus qu'ils ne méritent : il n'est donc pas juste *aussi* que nous les trompions.
(Pascal.)

Dans tous ces exemples il fallait *non plus*.

Qu'on remarque bien, toutefois, que quand *aussi* est employé comme conjonction et dans le sens de *conséquemment, d'après cela*, le principe que nous venons de poser devient sans application ; car, dans ce cas, il n'importe que les propositions soient ou ne soient pas négatives. Ces autres phrases sont donc bonnes :

Toutes les occupations des hommes sont à avoir du bien ; et le titre par lequel ils le possèdent n'est, dans son origine, que la fantaisie de ceux qui ont fait les lois. Ils n'ont *aussi* aucune force pour le posséder sûrement. (Pascal.)

Ma douleur serait trop médiocre, si je pouvais vous la dépeindre : je ne l'entreprendrai pas *aussi*.
(Mme de Sévigné.)

De pareils sentiments n'entrent pas dans mon âme.
— Monsieur ne pense pas *aussi* ce qu'il vous dit.
(Regnard.)

Dans ces phrases, *aussi* se mettrait avec plus d'élégance en tête de la proposition.

EXERCICE PHRASÉOLOGIQUE.

J'irai, et moi aussi.   Je n'irai pas, ni lui non plus.   Aimez-la et elle aussi.   Ne l'aimez pas, ni elle non plus.

N° DCLVIII.

Comme, comment.

Comme.

La Providence est grande, et j'admire, en effet,
Comme le bien succède à tout le mal qu'on fait.
(FABRE D'ÉGLANTINE.)

Quelque amoureux qu'on soit, Dorine, Dieu sait
[*comme*
Quatre mois de rigueur découragent un homme.
(DORAT.)

Je ne sais pas encor *comme* on manque de foi.
(VOLTAIRE.)

Vous voyez *comme* les empires se succèdent les uns aux autres. (BOSSUET.)

Un cœur né pour servir sait mal *comme* on commande.
(CORNEILLE.)

Comment.

Il faut que je vous raconte *comment* on avait empoisonné mon cœur dès ma plus tendre enfance.
(BERN. DE SAINT-PIERRE.)

Il est juste que vous sachiez *comment* est fait et *comment* se gouverne un cœur. (FLÉCHIER.)

Quand on se porte bien, on ne comprend pas *comment* on pourrait faire si on était malade.
(PASCAL.)

Voulez-vous savoir *comment* il faut donner, mettez-vous à la place de celui qui reçoit.
(Mme DE PUISIEUX.)

Ainsi que le prouvent ces citations, *comme* s'emploie souvent pour *comment*; il signifie alors *de quelle manière* : *La Providence est grande, et j'admire en effet* COMME *le bien succède à tout le mal qu'on fait*; COMME *le bien succède*, c'est-à-dire COMMENT, DE QUELLE MANIÈRE *le bien succède*, etc. On voit encore mieux que *comme* se dit pour *comment* dans cette phrase : *Voilà* COMMENT *il est père, voici* COMME *il est ami*. (LACRETELLE aîné.)

Cependant on doit être très-réservé sur cet emploi de *comme* au lieu de *comment*, parce qu'il peut en résulter quelquefois une équivoque; par exemple, quand on dit : *Voyez* COMMENT *il travaille*, cela tombe sur la manière dont il travaille; et si l'on dit : *Voyez* COMME *il travaille*, cela tombe sur la personne et fait entendre qu'elle travaille beaucoup. Dans ce dernier cas, *comme* signifie *à quel degré*.

Il n'y a guère que certains provinciaux qui se servent de *comme* au lieu de *comment* dans le sens interrogatif : COMME *vous portez-vous?* disait un provincial à Fontenelle. COMMENT *vous voyez*, lui répondit celui-ci.

EXERCICE PHRASÉOLOGIQUE.

Voici comme on gouverne.   Voici comment on gouverne.   Voilà comme va le monde.   Voilà comment va le monde.

N° DCLIX.

Dessus, dessous, dedans, dehors, COMPARÉS AVEC *sur, sous, dans, hors.*

I.

Dessus.

Il croit voir un prie-dieu : il se jette lourdement *dessus*.
(LA BRUYÈRE.)

Sur.

Pour monter *sur* un trône il n'est rien qu'on ne quitte.
(BOURSAULT.)

Il écrit une longue lettre, met de la poudre *dessus* à plusieurs reprises. (*Id.*)

Pour remonter au trône, il faut régner *sur soi*. (DE BELLOY.)

Les voyages *sur mer* sont remplis d'aventures. (FABRE D'EGLANTINE.)

II.

Dessous.

On étale le titre de bon citoyen, et on cache *dessous* celui de jaloux. (MASSILLON.)

Sous.

La vertu *sous le chaume* attire nos hommages. (BERNIS.)

III.

Dedans.

Tous les maux sont depuis longtemps hors de la boîte de Pandore, mais l'espérance est encore *dedans*. (MARMONTEL.)

Dans.

La gloire d'un souverain consiste moins *dans la grandeur* de ses états que *dans le bonheur* de ses peuples. (FÉNELON.)

IV.

Dehors.

Sans doute que les Français, extrêmement décriés chez leurs voisins, enferment quelques fous dans une maison, pour persuader que ceux qui sont *dehors* ne le sont pas. (MONTESQUIEU.)

Hier, j'avais mille affaires dans la maison, je sortis, et je demeurai tout le jour *dehors*. (*Id.*)

Hors.

Misérables jouets de notre vanité,
Nous cherchons *hors de nous* nos vertus et nos vices. (BOILEAU.)

Il y avait *hors la porte* de la cour une terrasse. (J.-J. ROUSSEAU.)

Après avoir examiné ce tableau comparatif, on voit que *dessus, dessous, dedans, dehors*, sont de véritables adverbes, et qu'ils ne sauraient être suivis d'un complément comme leurs correspondants *sur, sous, dans, hors*, qui sont des prépositions. Toutefois il faut excepter les deux cas suivants :

1° *Dessus, dessous, dedans, dehors*, peuvent être suivis immédiatement d'un substantif lorsqu'ils sont en opposition et que le complément est placé après la dernière préposition :

Il n'est ni *dessus* ni *dessous* la table. (ACADÉMIE.)

Les ennemis sont *dedans et dehors* la ville. (ACADÉMIE.)

2° *Dessus, dessous, dedans, dehors*, peuvent ou non, selon le cas, prendre après eux un complément toutes les fois qu'ils sont précédés de l'une des prépositions *à, de*, ou *par*, comme dans les exemples suivants :

Avec un complément.

Mettre la loi *au-dessus de l'honneur* est un problème insoluble en politique. (J.-J. ROUSSEAU.)

Ces montagnes voisines du ciel voient les nuages se former *au-dessous d'elles*. (LA BRUYÈRE.)

Jésus-Christ peut-il demeurer *au-dedans d'une idole abominable* ? (MASSILLON.)

La main du Seigneur s'arrachera *de dessus la terre*. (MASSILLON.)

On a tiré cela *de dessous la table*. (ACADÉMIE.)

Tous nos avantages sont *au-dehors de nous*, par conséquent ne nous appartiennent. (MASSILLON.)

Sans complément.

Les esprits de ce temps,
Qui tout blancs *au-dehors* sont tout noirs *au-dedans*. (BOILEAU.)

Il occupe le premier étage, et ses domestiques logent *au-dessus*. (ACADÉMIE.)

Ainsi éclataient au loin la grandeur et la réputation de la France, tandis qu'*au-dedans* elle s'affaiblissait par ses propres avantages. (MASSILLON.)

Hérode fit tuer tous les enfans de l'âge de deux ans et *au-dessous*. (ACADÉMIE.)

Du temps de Corneille et de Molière on employait indifféremment, comme prépositions ou comme adverbes, *dessus, dessous, dedans, dehors*. On en trouve de nombreux exemples dans les chefs-d'œuvre de ces grands écrivains. Aujourd'hui ce serait, en prose comme en poésie, autant de solécismes que de donner à ces mots un complément hors des cas qui viennent d'être spécifiés.

EXERCICE PHRASÉOLOGIQUE.

Être dessus.	Être sur le gazon.	Au-dessus de Dieu.	Être au-dessus.
Être dessous.	Être sous le lit.	Par-dessous la jambe.	Aller par-dessous.
Être dedans.	Être dans l'eau.	Au-dedans de nous.	Regarder au-dedans.
Être dehors.	Être hors du péril.	Au-dehors de nous.	Revenir de dehors.

N° DCLX.

Beaucoup, bien.

Bien.

On fait sur ce sujet *bien* DES RÉCITS bizarres; Il s'en faut défier, les esprits sont fort rares.
(ANDRIEUX.)

Souvent on se donne *bien du mal*, pour n'être en définitif que ridicules.. (MALESHERBES.)

Bien DES GENS ont prétendu que la quantité des eaux souterraines surpassait celle de toutes les eaux qui sont à la surface de la terre. (BUFFON.)

Beaucoup.

On fait *beaucoup* DE BRUIT, et puis on se console; Sur les ailes du temps la tristesse s'envole.
(LA FONTAINE.)

Les hommes de jugement ont souvent *beaucoup d'ESPRIT*, et les hommes d'esprit ont parfois peu de jugement. (LACRETELLE aîné.)

Le tempérament a *beaucoup* DE PART à la jalousie, et elle ne suppose pas toujours une grande passion : c'est cependant un paradoxe qu'un violent amour sans délicatesse. (LA BRUYÈRE.)

« *Bien* et *beaucoup*, dit Lemare, substitués l'un à l'autre dans ces phrases et autres semblables, donnent à peu près le même résultat. Mais il n'en faut pas conclure que réellement ils ont le même sens, et que si l'un est un nom de quantité, l'autre l'est aussi. Ils diffèrent essentiellement par l'étymologie, par le sens, par l'espèce, par l'emploi et par la syntaxe.

Par l'étymologie : *Bien* est une altération du latin *benè*, altéré lui-même de *bonè*, de *bonus*, et signifie *bonnement* ou d'une bonne manière, tandis que *beaucoup* vient de *bella copia* (d'où le français *copieux*), qui signifie *belle quantité* ou *abondance*.

Par le sens : Si j'entre dans un spectacle, et que j'y trouve, contre mon attente, une grande quantité de monde, je dirai : *Il y a* BIEN *du monde ici*, et ce tour exprime une sorte d'étonnement. Je dirai, au contraire, *il y a beaucoup de monde*, si j'y arrive prévenu d'y trouver une grande affluence.

Il a BEAUCOUP *d'argent* signifie seulement une grande quantité : *Il a* BIEN *de l'argent* paraît de plus marquer la confiance avec laquelle on assure la chose, ou même la satisfaction que l'on aurait d'avoir la somme que possède la personne dont on parle; et il semble qu'un avare ou un envieux dirait d'un homme riche : *Il a* BIEN *de l'argent*, lorsqu'un autre dirait : *Il a* BEAUCOUP *d'argent*.

Bien et *beaucoup* diffèrent aussi par l'espèce : l'un est adverbe de manière ou de qualité, c'est-à-dire un mot qui n'a point de complément et qui n'exerce dans la phrase aucune influence sur un mot suivant; l'autre est un adverbe, ou plutôt un nom ou un substantif de quantité; aussi dit-on : *Le peu ou le beaucoup d'argent fait la plus grande différence qui paraisse exister parmi les hommes*, et l'on ne dirait pas *le bien de l'argent*, etc.

Enfin par la syntaxe : La syntaxe elle-même prouve que *bien* n'est point un adverbe de quantité; car, à ce titre, il serait suivi de la seule préposition sans déterminatif, et l'on dirait *bien de*, comme on dit *beaucoup de*, *peu de*. »

EXERCICE PHRASÉOLOGIQUE.

Bien des personnes.	Beaucoup de personnes.	Bien du monde.	Beaucoup de monde.

N° DCLXI.

Bien ET *très*.

Bien.

Il faut être *bien fort* ou *bien fou* pour oser être intolérant. (VOLTAIRE.)

Le véritable courage est *bien opposé* à la témérité, qui n'examine rien. (FONTENELLE.)

Une louange peu commune et placée à propos, a toujours un grand sel et flatte *bien agréablement* celui qui la mérite. (DICT. DE MAXIMES.)

Je présente mes respects à leurs excellences, et les prie *bien instamment* de me conserver leurs bontés. (VOLTAIRE.)

Très.

En quelque pays et en quelque condition qu'on soit, on est *très-libre*, pourvu qu'on craigne les dieux, et qu'on ne craigne qu'eux. (FÉNELON.)

C'est une *très-mauvaise* politique de changer par les lois ce qui doit être changé par les manières. (MONTESQUIEU.)

Adraste remonta *très-promptement* sur les bords du fleuve. (FÉNELON.)

Les hommes sont *très-rarement* dignes de se gouverner eux-mêmes. (VOLTAIRE.)

Quelques grammairiens pensent que *bien* et *très* ne doivent, comme dans ces exemples, modifier que des adjectifs ou des adverbes. Cependant comme on dit avoir *bien faim*, avoir *bien soif*, pourquoi ne dirait-on pas avoir *très-faim*, avoir *très-soif*, aussi bien que avoir *bien chaud*, avoir *bien froid*, avoir *très-chaud*, avoir *très-froid*? Boniface voudrait que quand on a à modifier ces locutions verbales avoir *faim*, avoir *soif*, on préférât toujours *bien* à *très*; mais *très* n'est-il pas trois fois plus énergique que *bien*, et l'un peut-il être substitué à l'autre? D'ailleurs avoir *très-faim*, avoir *très-soif* sont des consécrations établies par l'usage, et auxquelles il faut bien se soumettre. Marivaux n'a pas craint de dire : *Nous étions partis* TRÈS-MATIN *de cette ville*.

EXERCICE PHRASÉOLOGIQUE.

Bien élevé.
Bien honnête.
Bien poliment.
Bien modérément.
Très-généreux.
Très-magnanime.
Très-grandement.
Très-doucement.

N° DCLXII.

De loin à loin, de loin en loin.

De loin à loin.

Il ne me vient plus voir que *de loin à loin*. (ACADÉMIE.)

Nous avions toujours continué à nous écrire *de loin à loin*. (D'OLIVET.)

Ces arbres sont plantés *de loin à loin*. (ACADÉMIE.)

De loin en loin.

Pour combiner plus sûrement ma démarche, j'allai plusieurs fois *de loin en loin* examiner l'état des choses. (J.-J. ROUSSEAU.)

A Aix, quel spectacle! auberges fermées, cafés, restaurateurs fermés, à peine quelques rares boutiques entr'ouvertes; partout silence et solitude; quelques hommes apparaissent *de loin en loin* tristes et mornes, attendant tous d'heure en heure la fatale atteinte. (NATIONAL.)

De loin à loin, de loin en loin, sont deux locutions adverbiales que les écrivains emploient indifféremment pour signifier à une certaine distance de temps ou de lieu. C'est donc à tort que Boniface établit une distinction entre l'une et l'autre de ces expressions, et veut que la première se dise du lieu et la seconde du temps. C'est aussi à tort que M. Planche met dans son *Dictionnaire oratoire* que ces expressions sont familières. Nous les avons rencontrées plusieurs fois dans des poésies fort estimées, et J.-J. Rousseau, La Harpe, Lacretelle, Linguet, en ont fait usage.

EXERCICE PHRASÉOLOGIQUE.

Les grands génies apparaissent de loin à loin.
Établir des vedettes de loin à loin.

Voir quelqu'un de loin en loin.
La foudre gronde de loin en loin.

N° DCLXIII.

Au moins, du moins.

Au moins.

Si l'on n'est pas maître de ses sentiments, *au moins* on l'est de sa conduite. (J.-J. ROUSSEAU.)

Il n'y a point de famille un peu à son aise qui n'ait sa provision d'argent assurée *au moins* pour vivre un an. (BERN. DE SAINT-PIERRE.)

Si Lope de Vega et Shakespeare ne furent pas regardés comme de saints personnages, personne *au moins*, ni à Madrid, ni à Londres, ne reprocha à ces deux célèbres auteurs d'avoir représenté leurs ouvrages selon l'usage des anciens Grecs, nos maîtres. (VOLTAIRE.)

La sagesse inutile au monde est pire que certaines folies qui servent *au moins* à l'amuser. (LINGRÉE.)

Si celui qui vise à la singularité ne l'atteint pas toujours, il est *au moins* assuré d'attraper le ridicule. (SANIAL DUBAY.)

Du moins.

Puisque les dieux nous ôtent l'espérance de vous voir régner au milieu de nous, *du moins* aidez-nous à trouver un roi qui fasse régner nos lois. (FÉNELON.)

....J'aime à voir quereller les méchants :
C'est un repos *du moins* pour les honnêtes gens. (COLLIN D'HARLEVILLE.)

La plupart des enfants aiment le vin, ou *du moins* s'accoutument fort aisément à en boire. (BUFFON.)

Et si de t'agréer je n'emporte le prix,
J'aurai *du moins* l'honneur de l'avoir entrepris. (LA FONTAINE.)

Si l'on ne sait point divertir, il faut *du moins* ne point ennuyer. (LAROCHE.)

Si ce n'est point un crime de ne pouvoir régler les mouvements de son cœur, c'est *du moins* un très-grand malheur. (DUCLOS.)

Ainsi que le prouvent assez ces citations, *au moins, du moins* sont deux expressions adverbiales qui s'emploient, au gré des écrivains, l'une pour l'autre; et n'offrent entre elles aucune différence de sens. Toutes deux signifient *pour le moins*, et servent à restreindre l'idée qu'on a précédemment exprimée.

Il en est de même de *tout au moins, tout du moins*: S'il n'est pas riche, il a TOUT AU MOINS, il a TOUT DU MOINS de quoi vivre. (ACADÉMIE.)

EXERCICE PHRASÉOLOGIQUE.

Soyez au moins sage.   Soyez du moins sage.   Soyez au moins honnête homme.   Soyez du moins honnête homme.

N° DCLXIV.

Peut-être EMPLOYÉ AVEC OU SANS LE VERBE *pouvoir*.

PHRASES AVEC *peut-être*.

Il n'y a *peut-être* pas de roi qui ne *puisse* être venu d'un esclave, ni d'esclave qui ne *puisse* être descendu d'un roi. (LA MOTHE LE VAYER.)

Mon Apollon m'a secouru ce matin, et, dans le temps que j'y pensais le moins, m'a fait trouver sur mon chevet deux lettres qui, au défaut de la mienne, *pourront peut-être* vous amuser agréablement. (BOILEAU.)

Mais *peut-être* qu'un jour je *pourrai* faire mieux ;
Car je suis bien honteux d'être un oncle inutile. (IMBERT.)

LES MÊMES PHRASES SANS *peut-être*.

Il n'y a pas de roi qui ne *puisse* être venu d'un esclave, ni d'esclave qui ne *puisse* être descendu d'un roi.

Mon Apollon m'a secouru ce matin, et, dans le temps que j'y pensais le moins, m'a fait trouver sur mon chevet deux lettres qui, au défaut de la mienne, *pourront* vous amuser agréablement.

Mais un jour je *pourrai* faire mieux, car je suis bien honteux d'être un oncle inutile.

Ce qu'on *pourrait* encore reprocher *peut-être* à ce songe, c'est qu'il ne sert de rien dans la pièce. (VOLTAIRE.)	Ce qu'on *pourrait* encore reprocher à ce songe, c'est qu'il ne sert de rien dans la pièce.
Il y a bien de la différence entre n'être pas pour Jésus-Christ et le dire, ou n'être pas pour Jésus-Christ et feindre d'en être. Les premiers *pourraient peut-être* faire des miracles, non les autres. (PASCAL.)	Il y a bien de la différence entre n'être pas pour Jésus-Christ et le dire, ou n'être pas pour Jésus-Christ, et feindre d'en être. Les premiers *pourraient* faire des miracles, non les autres.
Puisqu'il n'est point de jouissance du cœur, des sens, de l'esprit, de l'imagination, que l'on puisse suppléer à force de richesses, *peut-être* même aucune que l'on ne *puisse* obtenir sans leur secours, il est démontré, ce me semble, que la richesse ne saurait être regardée comme un premier moyen de bonheur. (DIDEROT.)	Puisqu'il n'est point de jouissance du cœur, des sens, de l'esprit, de l'imagination, que l'on puisse suppléer à force de richesses, aucune même que l'on ne *puisse* obtenir sans leur secours, il est démontré, ce me semble, que la richesse ne saurait être regardée comme un premier moyen de bonheur.
Les princes se privent du plus pur, *peut-être* de l'unique plaisir qu'ils *puissent* goûter. (DICT. DES MAXIMES.)	Les princes se privent du plus pur, de l'unique plaisir qu'ils *puissent* goûter.
Si nous n'étions attachées à vous que par le devoir, nous pourrions quelquefois l'oublier ; si nous n'y étions entraînées que par le penchant, *peut-être* un penchant plus fort *pourrait* l'affaiblir. (MONTESQUIEU.)	Si nous n'étions attachées à vous que par le devoir, nous pourrions quelquefois l'oublier ; si nous n'y étions entraînées que par le penchant, un penchant plus fort *pourrait* l'affaiblir.
Peut-être que cet argent et mes services *pourront* quelque jour obtenir de vous ce que je n'ose vous demander. (*Id.*)	Cet argent et mes services *pourront* quelque jour obtenir de vous ce que je n'ose vous demander.
Cela *pourrait peut-être* arriver aisément. (REGNARD.)	Cela *pourrait* arriver aisément.
Moitié Français, moitié Romain, Je *pourrais peut-être* encor plaire. (*Id.*)	Moitié Français, moitié Romain, je *pourrais* encore plaire.
Et nous en tirerons *peut-être* un avantage Qui *pourra* bien servir à notre mariage. (*Id.*)	Et nous en tirerons un avantage qui *pourrait* bien servir à notre mariage.
Oh çà, mon fils, j'ai une nouvelle à vous apprendre ; la présence du musicien ne gâtera rien et *peut-être pourra-t-il* nous être utile. (*Id.*)	Oh çà, mon fils, j'ai une nouvelle à vous apprendre ; la présence du musicien ne gâtera rien, et il *pourra* nous être utile.

S'il faut s'en rapporter aux grammairiens, on doit soigneusement éviter l'emploi de *peut-être*, qui s'écrit toujours avec un tiret, quand c'est une locution adverbiale, dans les phrases où se trouve déjà le verbe *pouvoir*. Suivant eux, les exemples de la première colonne présentent ce qu'ils appellent un pléonasme vicieux, ne sont pas à imiter. Pour les rendre corrects, il faut, nous disent-ils, les construire tels qu'ils sont rectifiés dans la seconde colonne. Ainsi Boileau, Voltaire, Diderot, Montesquieu, Regnard, etc., se sont grossièrement trompés quand ils ont accolé le mot *peut-être* au verbe *pouvoir*. C'est ce que nous allons examiner.

D'abord, qu'on s'interroge, qu'on se demande si les phrases où le verbe *pouvoir* est modifié par *peut-être* ne diffèrent pas de celles où cet adverbe est supprimé ? A notre avis, il est étrange, pour ne pas dire plus, d'y apercevoir le même sens, la même pensée, car il existe entre les unes et les autres la même différence qu'entre *sûrement* et *peut-être* : les premières sont dubitatives, les secondes sont positives, absolues.

Celui qui dit : *Ne m'attendez pas, car je ne* POURRAI PEUT-ÊTRE *pas y aller*, annonce d'une façon dubitative, incertaine, que l'action dont il parle n'aura pas lieu ; il ne dit pas tout-à-fait que la chose ne se réalisera pas ; il exprime seulement qu'il peut en être empêché dans la prévision de tels ou tels obstacles ; c'est aussi une manière modeste et délicate de déguiser ce qu'on est réellement dans l'intention de ne pas effectuer.

Au contraire, celui qui dit : *Ne m'attendez pas, car je ne* POURRAI *pas y aller*, ne doute plus de ce qu'il affirme ; il est sûr d'avance d'une chose, c'est qu'il ne pourra pas accomplir l'action qu'il exprime. Sa pensée est celle-ci : *Ne m'attendez pas, car* SÛREMENT *je ne* POURRAI *pas y aller*.

Il y a donc une différence bien sensible, bien frappante, entre *ne m'attendez pas, car je ne* POURRAI PEUT-ÊTRE *pas y aller*, et *ne m'attendez pas, car je ne* POURRAI *pas y aller*, différence qui nous paraît exister aussi entre les phrases de la première et de la seconde colonne. C'est donc faute d'avoir assez mûrement réfléchi, que les grammairiens ont condamné l'alliance de *peut-être* avec le verbe *pouvoir*. Ce qui les a entraînés dans l'erreur, et notamment Lemare, c'est qu'ils ont considéré cet adverbe moins comme un modificatif que comme une proposition elliptique composée d'un temps personnel du verbe *pouvoir* et de l'impersonnel *être*, et qui, ramenée à son intégrité, veut dire : *Cela peut être*. Mais, nous le demandons à Lemare, qu'est-ce que cela fait ?

Dans l'état actuel de la langue, *peut-être*, abstraction faite des éléments qui le composent, ne doit plus faire qu'un seul mot, répondant au latin *forsan* ou à l'italien *forse*, et si Lemare avait à traduire cette phrase : *Forse potrò fare quel che mi comandate*, pour la rendre exactement, il serait obligé de dire : *Peut-être je pourrai faire ce que vous m'ordonnez*.

Nous le dirons en terminant, Lemare s'est souvent élevé à de très-hautes considérations philosophiques ; il est aussi quelquefois tombé plus bas que le plus humble grammatiste.

EXERCICE PHRASÉOLOGIQUE.

Je ne pourrais peut-être pas vous le dire.
Vous ne pourriez peut-être pas marcher.

Je ne pourrais sans doute pas vous le dire.
Vous ne pourriez sûrement pas marcher.

N° DCLXV.

Plutôt, plus tôt.

Plutôt.	Plus tôt.
Plutôt souffrir que mourir, C'est la devise des hommes. (LA FONTAINE.)	Si l'homme en question est tel qu'on me l'a dit, Terminons au *plus tôt* l'hymen dont il s'agit. (REGNARD.)
.....Le travail, aux hommes nécessaire, Fait leur félicité *plutôt* que leur misère. (BOILEAU.)	Mentor persuada à Idoménée qu'il fallait au *plus tôt* chasser Protésilas et Timocrate. (FÉNELON.)
Les Brachmanes font *plutôt* une secte qu'un peuple ; et leur religion, quoique très-ancienne, ne s'est guère étendue au-delà de leurs écoles. (BUFFON.)	Tout ce qui se passe est bien désagréable pour la philosophie. Tâchez de faire partir au *plus tôt* vos deux Hollandais. (VOLTAIRE.)
Bientôt on découvre deux hommes, ou *plutôt* deux spectres, l'un couché, l'autre debout. (CHATEAUBRIAND.)	Mila n'eut pas *plus tôt* appris cette nouvelle, qu'elle dit à Céluta : Il nous faut aller à cette chasse. (CHATEAUBRIAND.)

Plutôt n'est bien sûrement qu'une contraction de *plus tôt*. Cependant, quoique ces deux expressions soient originairement identiques, il n'est jamais permis de les employer l'une pour l'autre.

Plutôt en un seul mot réveille une idée de choix, de préférence : PLUTÔT souffrir que mourir.

Plus tôt en deux mots réveille une idée de temps, et se dit en opposition à *plus tard* :

.....La vie
Ou *plus tôt* ou *plus tard* doit nous être ravie. (RAYNOUARD.)

EXERCICE PHRASÉOLOGIQUE.

Vous êtes venu tard aujourd'hui, venez plus tôt demain.
Les excès abrègent la vie et font mourir plus tôt.

Venez plutôt aujourd'hui que demain.
Les soldats périrent plutôt que de se rendre.

N° DCLXVI.

Pourtant, cependant, néanmoins, toutefois.

Pourtant.

Le fanatisme, quoique sanguinaire et cruel, est *pourtant* une passion grande et forte qui élève le cœur de l'homme. (J.-J. ROUSSEAU.)

Un auteur.....
Qu'on blâme en le lisant, et *pourtant* qu'on veut lire. (BOILEAU.)

Cependant.

Cependant toutes les nymphes, assemblées autour de Mentor, prenaient plaisir à le questionner. (FÉNELON.)

On crie beaucoup contre les vices, *et cependant* on ne se corrige point. (GIRARD.)

Néanmoins.

Le caractère de railleur est dangereux; quoique cette qualité fasse rire ceux qu'elle ne mord point, elle ne nous procure *néanmoins* aucune estime. (OXENSTIERN.)

Nous nous persuadons souvent d'aimer les gens plus puissants que nous, *et néanmoins* c'est l'intérêt seul qui produit notre amitié. (LA ROCHEFOUCAULD.)

Toutefois.

C'est à vos seuls remords que je vous abandonne;
Si *toutefois*, après de si lâches efforts,
Un cœur comme le vôtre écoute des remords. (VOLTAIRE.)

Qui est semblable à Tyr? *Et toutefois* elle s'est tue dans le milieu de la mer. (BOSSUET.)

Voici sur ces quatre mots *pourtant, cependant, néanmoins, toutefois*, la distinction établie par l'abbé Girard.

Pourtant, dit-il, a plus de force et plus d'énergie; il assure avec fermeté, malgré tout ce qui pourrait être opposé. *Cependant* est moins absolu et moins ferme; il affirme seulement contre les apparences contraires. *Néanmoins* distingue deux choses qui paraissent opposées, et il en soutient une sans détruire l'autre. *Toutefois* dit proprement une chose par exception; il fait entendre qu'elle n'est arrivée que dans l'occasion dont on parle.

Selon nos exemples, ces quatre adverbes peuvent être précédés de la particule conjonctive *et*, quoique le silence de Girault-Duvivier sur *pourtant* et *néanmoins* semble à cet égard les priver de cette faculté.

EXERCICE PHRASÉOLOGIQUE.

Je l'ai pourtant vu.
Vous l'avez pourtant dit.
Et pourtant je le sais.

Cependant je vous aime.
Je le ferai cependant.
Et cependant vous arrivez.

Néanmoins je le veux.
Je le sais néanmoins.
Et néanmoins vous êtes là.

Toutefois je vais vous le dire.
Je ne l'ignore pas toutefois.
Et toutefois il faut être circonspect.

N° DCLXVII.

Quand ET *quant* COMPARÉS.

Quand.

L'amour est privé de son plus grand charme *quand* l'honnêteté l'abandonne. (J.-J. ROUSSEAU.)

J'estime d'un guerrier la noble impatience
Qui sait, *quand* il le faut, céder à la prudence. (LA HARPE.)

Quant.

Quant au besoin de vivre, un vignoble, un verger, une laiterie, un potager, fourniront agréablement à nos plaisirs. (BERN. DE SAINT-PIERRE.)

Il n'est pour voir que l'œil du maître;
Quant à moi, j'y mettrais encor l'œil de l'amant. (LA FONTAINE.)

On redoute l'écueil *quand* on a fait naufrage,
Et le malheur d'un fou sert à le rendre sage.
(DESTOUCHES.)

..... Si la tromperie en quelque cas s'excuse,
C'est *quand* on fait donner un ennemi qui ruse
Dans le piége malin que lui-même nous tend.
(DUFRESNY.)

Le sage observe le désordre public qu'il ne peut arrêter : il observe, et montre sur son visage attristé la douleur qu'il lui cause; mais *quand* aux désordres particuliers, il s'y oppose et détourne les yeux, de peur qu'ils ne s'autorisent de sa présence.
(J.-J. ROUSSEAU.)

Il existe une si grande différence entre *quand* et *quant*, qu'il est presque impossible de confondre ces deux mots. *Quand*, s'écrivant avec un *d*, signifie *lorsque*; et *quant*, avec *t*, a la signification de *relativement à*, *pour ce qui est de*. Le premier se distingue encore du second en ce que celui-ci est toujours suivi de la préposition *à*.

EXERCICE PHRASÉOLOGIQUE.

Quand le soleil se lève.   Quant à moi.   Quand les champs verdissent.   Quant à vous.

N° DCLXVIII.

Au reste, du reste.

Au reste.

Nous sommes en état de résister, avec des forces inégales, à cette multitude innombrable d'ennemis qui nous environnent. *Au reste*, la paix entre eux et nous est devenue très-difficile. (FÉNELON.)

Toute l'étude de Paul et Virginie était de se complaire et de s'entr'aider. *Au reste*, ils étaient ignorants comme des créoles, et ne savaient ni lire ni écrire. (BERN. DE SAINT-PIERRE.)

Pygmalion ne mangeait que des fruits qu'il avait cueillis lui-même dans son jardin, ou des légumes qu'il avait semés, et qu'il faisait cuire. *Au reste*, il ne buvait jamais d'autre eau que de celle qu'il puisait lui-même. (FÉNELON.)

Du reste.

Je ne demande à mes lecteurs que de lire tout, et tout de suite, avant que de juger; *du reste*, qu'ils usent de tous leurs droits. (GIRARD.)

Cet homme est bizarre, emporté; *du reste*, brave et intrépide. (BOUHOURS.)

Je vous ai dit ce que je pensais sur cette affaire; *du reste*, consultez des personnes plus éclairées que moi. (ACADÉMIE.)

Du reste, il n'a rien fait que par votre conseil. (RACINE.)

Cet homme a quelque chose d'extraordinaire dans sa mise et dans son maintien; *du reste*, il est aimable. (BOUHOURS.)

Ces deux expressions adverbiales, *au reste, du reste*, sont souvent prises l'une pour l'autre. Cependant elles ne sont pas tout-à-fait synonymes.

Au reste s'emploie lorsque après avoir exposé un fait ou traité une matière, on ajoute quelque chose dans le même genre, et qui a du rapport à ce qu'on a déjà dit : *Madame doit dissimuler son mécontentement, et attendre tout du temps; AU RESTE, elle est maîtresse de sa conduite.* (GIRARD.)

Du reste se dit quand ce qui suit n'est pas dans le même genre que ce qui précède, et qu'il n'y a pas une relation essentielle : *Il est capricieux; DU RESTE honnête homme.* (ACADÉMIE.)

EXERCICE PHRASÉOLOGIQUE.

Si vous suivez mon conseil, vous ne vous en repentirez pas; au reste, vous ferez ce qui vous conviendra.
Selon ce que j'ai appris, il paraît que votre oncle a fait fortune; au reste, vous pouvez le savoir mieux que moi en lui écrivant.

Il n'y a personne de plus aimable, de plus instruit, de plus enjoué, de plus spirituel que lui; du reste, il est petit.
C'était bien l'homme le plus léger, le plus étourdi que je connaisse; du reste, franc et loyal garçon.

N° DCLXIX.

De suite, tout de suite.

De suite.

Pygmalion ne coucha jamais deux nuits *de suite* dans la même chambre, de peur d'être égorgé.
(Fénelon.)

Un étourneau peut apprendre à parler indifféremment français, allemand, latin, grec, etc., et à prononcer *de suite* des phrases un peu longues.
(Buffon.)

Tout de suite.

Il vole *tout de suite* au camp des troupes du Péloponnèse et les amène au combat.
(Barthélemy.)

Nous étions si accablés de fatigue, que nous gagnâmes *tout de suite* une habitation commode qui nous avait été préparée.
(Biblioth. des Voyages.)

De suite signifie successivement, sans interruption : *Pygmalion ne coucha jamais deux nuits* DE SUITE *dans la même chambre*, etc. (1re colonne.)

Tout de suite signifie incontinent, aussitôt, sur-le-champ : *Il vole* TOUT DE SUITE *au camp des troupes*. (2e colonne.)

Cependant il ne faut pas toujours s'attacher à cette distinction répétée dans toutes les grammaires et dans tous les dictionnaires, car *de suite* et *tout de suite* ne diffèrent que par le mot *tout*, qui rend la pensée plus vive, plus énergique. Ces deux expressions signifient *successivement, sans interruption*, et peuvent être employées l'une pour l'autre. Essayons de le prouver par le raisonnement : 1° Si quelqu'un dit : *Allez-y* DE SUITE ou TOUT DE SUITE, il fait entendre par l'une et l'autre façon de s'exprimer qu'il veut que son ordre soit exécuté immédiatement après l'acte de la parole, c'est-à-dire sans interruption de temps, et, dans ce cas, les deux locutions sont également bonnes ; 2° s'il dit : *J'ai fait vingt lieues* DE SUITE ou TOUT DE SUITE, il énonce qu'il a parcouru vingt lieues successivement, sans s'arrêter, et ces deux manières de parler sont encore correctes. Au reste, voici quelques exemples qui viennent corroborer notre opinion :

Tout de suite POUR de suite.

Il but trois rasades *tout de suite*. (Planche.)

Il a couru vingt postes *tout de suite*. (Id.)

Il a fait trois courses de bague *tout de suite*.
(Académie.)

De suite POUR tout de suite.

Nous devons démentir les vols qu'on annonce avoir été faits au général ; il est vrai qu'on n'a pas retrouvé *de suite* ses effets, mais rien n'a été perdu.
(Journal de Paris.)

Maintenant il est essentiel de dérouler *de suite* le tableau des mœurs depuis Henri II jusqu'à Henri IV.
(Chateaubriand.)

Avant de terminer, nous ne passerons pas sous silence l'analyse que donne Lemare des locutions *de suite* et *tout de suite*. Selon ce grammairien, *faites-les marcher* DE SUITE, c'est *faites-les marcher* AYANT EU LA SUITE ; *il a couru trois postes* TOUT DE SUITE, c'est *il a couru trois postes* AYANT EU ENTIÈREMENT LA SUITE. Et Lemare appelle cela de l'analyse ! *Risum teneatis*.

EXERCICE PHRASÉOLOGIQUE.

Prononcer deux mots de suite. Partez tout de suite. Faites-les marcher de suite. Vous vous échauffez tout de suite.
Passer trois nuits de suite. Allez-y tout de suite. Être sur pied trois jours de suite. Obéissez tout de suite.

N° DCLXX.

Tout-à-coup, tout d'un coup.

Tout-à-coup.

Tout-à-coup je crus voir Vénus qui fendait les nues dans son char volant, conduit par deux colombes. (FÉNELON.)

Tout-à-coup le pilote remarquait que la terre paraissait encore éloignée. (Id.)

Tout-à-coup une noire tempête enveloppa le ciel et irrita toutes les ondes de la mer. (Id.)

Ce mal lui a pris *tout-à-coup*, comme il y pensait le moins. (ACADÉMIE.)

Tout d'un coup.

La confiance et l'amitié naissent *tout d'un coup* entre les mœurs qui se ressemblent par la bonté. (PREVOT.)

Je ne lis jamais les mots de Flore ou d'Hébé, que je ne songe *tout d'un coup* à elle. (MARIVAUX.)

Il faut que tous ceux qui assistent à une pièce de théâtre connaissent *tout d'un coup* les personnages qui se présentent. (VOLTAIRE.)

Cet homme a gagné mille écus *tout d'un coup*. (ACADÉMIE.)

Il fit sa fortune *tout d'un coup*. (Id.)

Ne confondez pas *tout-à-coup* avec *tout d'un coup*.

Tout-à-coup signifie, comme dans les exemples de la première colonne, soudainement, inopinément.

Tout d'un coup, d'après les citations de la seconde colonne, a le sens de en même temps, tout à la fois.

EXERCICE PHRASÉOLOGIQUE.

La maison tomba tout-à-coup. Il perdit son argent tout d'un coup. La nuit survint tout-à-coup. Maîtres et chevaux se noyèrent tout d'un coup.

N° DCLXXI.

Ici, là.

I.

Ici.

Ce titre de mari d'une jolie femme, qui se cache en Asie avec tant de soin, se porte *ici* sans inquiétude. (MONTESQUIEU.)

Là.

Vos oisifs courtisans, que les chagrins dévorent,
S'efforcent d'obscurcir les astres qu'ils adorent.
Là, si vous en croyez leur coup d'œil pénétrant,
Tout ministre est un traître et tout prince un tyran. (VOLTAIRE.)

II.

Ici, le camp paraissait ému à la vue d'une femme séduisante, qui semblait implorer le secours d'une troupe de jeunes princes; là, cette même enchanteresse enlevait un héros dans les nuages. (CHATEAUBRIAND.)

Là, le vigneron effeuillait le cep sur une colline pierreuse; ici le cultivateur appuyait les branches du pommier trop chargé. (CHATEAUBRIAND.)

Ici est le lieu même où est la personne; *là* est un lieu différent. Le premier marque et spécifie l'endroit; le second est plus vague; il a besoin, pour être entendu, d'être accompagné de quelque signe de l'œil ou de la main, ou d'avoir été déterminé auparavant dans le discours.

On emploie *ici* et *là* dans les énumérations : *ici* indique le lieu le plus proche; *là*, l'endroit le plus éloigné.

EXERCICE PHRASÉOLOGIQUE.

Venez ici.   Allez là.   Ici son casque, là son épée.   Ici des coteaux, là des plaines.

N° DCLXXII.

EN.

NATURE DE CE MOT :

..... Lorsqu'il s'en alla,
Je n'étais qu'une enfant haute comme cela.
(REGNARD.)

Adraste est semblable à un lion affamé qui, ayant été repoussé d'une bergerie, s'en retourne dans les sombres forêts.
(FÉNELON.)

Le comte s'en vint à la prison où son fils était.
(CHATEAUBRIAND.)

Le fils d'Éole parlait à des gens qui n'avaient pas grande envie de rire ; ils ne purent pourtant s'en empêcher : ce qui fit qu'il s'en retourna bien confus.
(MONTESQUIEU.)

En est le *indè* des Latins ; il signifie proprement *de là*. Ainsi lorsqu'on dit : *Il s'en alla, il s'en vint, il s'en retourna*, en est pour *de là*, de l'endroit où l'on se trouve. *En* remplit ici la fonction d'adverbe. C'est donc par extension qu'on a vu ce mot jouer ailleurs le rôle de pronom.

EXERCICE PHRASÉOLOGIQUE.

Ils s'en allèrent.   Il s'en retourna.   Je m'en revins.   Ils s'en vinrent.

N° DCLXXIII.

Je m'en vais me promener ET *je vais me promener.*

Je m'en vais.

Accablé des malheurs où le destin me range,
Je m'en vais les pleurer. Va, cours, vole et nous venge.
(CORNEILLE.)

Je m'en vais, lui dit-il, l'envoyer à Adraste par les mains d'un Lucanien, nommé Polytrope, que vous connaissez.
(FÉNELON.)

Et moi, avec le jus de ces grenades, je m'en vais vous *faire* des sorbets excellents comme ceux de Naples.
(BERN. DE SAINT-PIERRE.)

Dame mouche s'en va chanter à leurs oreilles,
Et fait cent sottises pareilles.
(LA FONTAINE.)

Je m'en vais travailler, moi, pour vous contenter,
A vous faire, en raisons claires et positives,
Le mémoire succinct de nos dettes passives.
(REGNARD.)

Je vais.

Éclatez, mes regrets, trop longtemps retenus ;
Je vais mourir bientôt, je ne me plaindrai plus.
(REGNARD.)

O Troglodytes, je suis à la fin de mes jours, mon sang est glacé dans mes veines, je vais bientôt revoir vos sacrés aïeux.
(MONTESQUIEU.)

O toi, sage dervis, dont l'esprit curieux brille de tant de connaissances, écoute ce que je *vais* te *dire*.
(*Id.*)

Je lui *vais présenter* mon estomac ouvert,
Adorant en sa main la vôtre qui me perd.
(CORNEILLE.)

Je vais ouvrir à la clarté divine des yeux fermés depuis longtemps à la lumière terrestre.
(CHATEAUBRIAND.)

D'après ces exemples, et surtout d'après ceux dont abondent nos poëtes et nos prosateurs, il est permis de dire avec ou sans ellipse du mot *en* : *je m'en vais me promener* ou *je vais me promener, je m'en vais lui ouvrir* ou *je vais lui ouvrir*. En exprimé désigne alors le temps ou le lieu. Quand il désigne le lieu, il est *pour de ce lieu, de l'endroit où l'on parle*; lorsqu'il désigne le temps, il signifie *à partir d'à présent, de ce moment*.

EXERCICE PHRASÉOLOGIQUE.

Je m'en vais vous le dire.
Je m'en vais lui parler.
Je m'en vais le savoir.

Je vais vous le dire.
Je vais lui parler.
Je vais le savoir.

N° DCLXXIV.

GALLICISMES PRODUITS PAR *en*.

Tous les guerriers parlaient à la fois; des contradictions on EN *vint aux insultes*.
(CHATEAUBRIAND.)

Ils ne s'EN *tinrent* pas là; ils conservèrent l'un contre l'autre une haine implacable.
(ACADÉMIE.)

Après plusieurs explications, on EN *vint aux reproches*, ensuite *aux menaces*, et enfin *aux coups*.
(ACADÉMIE.)

Les deux armées des Romains et des Éques EN *étaient venues aux mains* dans la plaine.
(VERTOT.)

Il existe une infinité de gallicismes occasionnés par *en*, comme EN *venir aux insultes*, EN *venir aux reproches*, EN *venir aux mains*, *ne pas s'*EN *tenir à une chose*. Dans toutes ces locutions, le mot *en* n'est autre chose qu'un adverbe. Ainsi *en venir aux insultes*, etc., c'est venir de là aux insultes, c'est-à-dire du point où en est restée la dispute, la querelle. Rien n'est donc plus facile que de se rendre compte de ces sortes d'idiotismes.

EXERCICE PHRASÉOLOGIQUE.

En venir aux invectives. — En venir aux excès. — Ne pas s'en tenir à ce qu'on a. — En venir aux mains.

N° DCLXXV.

Y.

NATURE DE CE MOT.

Taisez-vous, péronnelle,
Rentrez; et là-dedans allez voir si j'*y* suis.
(REGNARD.)

Où la chèvre est liée, il faut bien qu'elle *y* broute.
(MOLIÈRE.)

... D'ici je ne veux point sortir;
Je m'*y* trouve trop bien.
(REGNARD.)

Ah! fuis ces lieux cruels, fuis cette terre avare:
J'*y* péris immolé par un tyran barbare.
(DELILLE.)

Y est un mot essentiellement adverbe qui signifie *là*, et dont le rôle devrait être toujours de rappeler une idée de localité; ce n'est donc que par extension que nous lui avons vu jouer ailleurs l'office de pronom.

EXERCICE PHRASÉOLOGIQUE.

Venez chez moi, j'y suis toujours. — Allez là, vous l'y trouverez.

N° DCLXXVI.

Je n'irai pas OU je n'y irai pas.

Je n'irai pas.

Un tel viendra-t-il à la campagne? — On m'a dit qu'*il ira*.
(ACADÉMIE.)

Je suis absolument déterminé pour l'habitation du pays de Galles, et *j'irai* au commencement du printemps.
(J.-J. ROUSSEAU.)

Je n'y irai pas.

Notre cher chevalier Destouches ira d'ici à Bourbonne, et *tu y iras*.
(FÉNELON.)

Il ne me sert donc de rien d'avoir voulu troubler ces deux amants, en déclarant que je veux être de cette chasse! En serai-je?... O malheureuse! qu'ai-je fait? Non, je *n'y irai pas*; ils *n'Y iront pas* eux-mêmes.
(Id.)

On dit généralement dans la conversation, *si vous allez à tel endroit, j'irai aussi*, en supprimant l'adverbe *y*, qui est grammaticalement nécessaire : on veut par là éviter l'hiatus qui résulte évidemment de l'expression *j'y irai aussi*, et qui lui donne quelque chose d'extrêmement languissant. Cependant on voit que l'harmonieux auteur de Télémaque ne s'est pas fait scrupule d'employer l'adverbe *y* avec le verbe *aller* au futur. On peut donc après lui s'en servir sans crainte, soit dans le style épistolaire, soit dans le discours soutenu ; mais il est encore mieux de le supprimer.

EXERCICE PHRASÉOLOGIQUE.

Allez à la chasse, moi je n'irai pas.
Si vous allez là, j'irai aussi.

Si vous allez à la chasse, moi je n'y irai pas.
Si vous allez là, j'y irai aussi.

DES EXPRESSIONS NÉGATIVES ET DE LEUR EMPLOI.

N° DCLXXVII.

DIFFÉRENCE ENTRE *non* ET *ne*.

Non.

Je crains votre secours et *non* sa barbarie.
(VOLTAIRE.)

Le vrai courage est de savoir souffrir,
Non d'aller exciter une foule rebelle
A lever sur son prince une main criminelle. (*Id.*)

Les hommes en seront-ils plus vertueux, pour ne pas reconnaître un Dieu qui ordonne la vertu ? *Non*, sans doute. (*Id.*)

L'innocence est timide, et *non* la trahison.
(BOURSAULT.)

Ne.

Il est peu de beautés que le temps *ne* détruise.
(LANOUE.)

L'histoire, qui punit et récompense, perdrait sa puissance si elle *ne* savait peindre.
(CHATEAUBRIAND.)

Il est des souvenirs qui portent dans notre âme
Une douce langueur, un charme attendrissant ;
On *ne* saurait alors exprimer ce qu'on sent.
(DEMOUSTIER.)

De tout temps les chevaux *ne* sont nés pour les hommes.
(LA FONTAINE.)

Il n'y a que deux adverbes qu'on doive regarder comme essentiellement négatifs ; ce sont *non* et *ne*.

Une bien grande différence caractérise ces deux particules ; la première se construit sans verbe, la seconde toujours avec un verbe ; *non* représente tout ou partie d'une proposition ; *ne* entre toujours comme élément d'une proposition.

Souvent il arrive que *non* et *ne* se trouvent dans la même phrase pour imprimer plus de force à la pensée :

O détestable orgueil !... *Non*, il *n*'est point de vice
Plus funeste aux mortels, plus digne de supplice ;
Voulant tout asservir à ses injustes droits,
De l'humanité même il étouffe la voix.
(DESTOUCHES.)

Non, les divers fléaux, tant de maux nécessaires,
Dont le ciel en naissant nous rendit tributaires,
Dont l'homme ne peut fuir ni détourner les traits,
Ne sont rien près des maux que lui-même s'est faits.
(LEMIERRE.)

Non répété ajoute encore plus d'énergie :

Non, non, le consulat *n*'est point fait pour son âge.
(VOLTAIRE.)

Non, non, je *n*'y consentirai jamais.
(ACADÉMIE.)

EXERCICE PHRASÉOLOGIQUE.

Êtes-vous seul ? Non. Êtes-vous riche ? Je ne sais. Êtes-vous avare ? Non. Est-il savant ? Je ne saurais le dire.

N° DCLXXVIII.

DIFFÉRENCE ENTRE *pas* ET *point*.

Pas.

Les dieux n'épousent *pas* les passions des hommes.
(LAFOSSE.)

... C'est un insensé qu'un voyageur bien las
Qui peut se reposer, et qui ne le fait *pas*.
(BOURSAULT.)

Le monde par vos soins ne se changera *pas*.
(MOLIÈRE.)

Un affront vit toujours sur le front qui l'endure;
Qui ne s'en venge *pas* est né pour le souffrir.
(CRÉBILLON.)

La sagesse n'est *pas* toujours inaltérable.
(LA CHAUSSÉE.)

Le ciel sur nos souhaits ne règle *pas* les choses.
(CORNEILLE.)

L'amour ne doit-il *pas* céder à la raison?
(BOISSY.)

Il n'est *pas* toujours bon d'être trop politique.
(ROTROU.)

Savoir raisonner, ce n'est *pas* savoir plaire.
(LANOUE.)

Point.

... Pour un vieux garçon il n'est *point* d'avenir.

Pères, de vos enfants ne forcez *point* les vœux;
Le ciel nous les donna, mais pour les rendre heureux.
(CHÉNIER.)

Contre la médisance il n'est *point* de rempart.
(MOLIÈRE.)

..... Le sot opulent
Aux sottises qu'il fait ne cherche *point* d'excuse.
(DUFRESNY.)

La valeur ne met *point* à l'abri d'un orage.
(LEGRAND.)

Les affronts de l'honneur ne se réparent *point*.
(CORNEILLE.)

Et ce n'est *point* ainsi que parle la nature.
(MOLIÈRE.)

Il n'est *point* de noblesse où manque la vertu.
(CRÉBILLON.)

Il n'est *point* de fierté que le sort n'humilie.
(Id.)

Pas et *point* sont des substantifs exprimant des quantités positives, mais d'une très-petite étendue; ces mots n'indiquent pas la négation, seulement ils la complètent, la précisent, la déterminent; ils montrent le degré d'exclusion auquel on porte la chose dont on parle. *Pas* dit moins que *point*: le premier achève d'énoncer simplement le sens négatif; le second l'affirme absolument, totalement, sans réserve. Voilà pourquoi l'un se place très-bien devant les modificatifs, et que l'autre y aurait mauvaise grâce. On dira donc avec PAS: *N'être* PAS *bien riche, n'avoir* PAS *beaucoup d'argent, n'être* PAS *fort heureux*; et avec POINT: *N'être* POINT *riche, n'avoir* POINT *d'argent, n'être* POINT *heureux*.

Nous venons de dire que *pas* et *point* sont des substantifs: l'analyse va le prouver. En effet, quand on dit: *Ne bougez pas*, c'est ne bougez d'un *pas*; *ne bougez* POINT, c'est ne bougez d'un *point*, être dans une immobilité complète. Il en est de même de *personne, rien, goutte, mie, brin*, dans *il ne voit* PERSONNE, *il ne voit* RIEN, *il ne voit* GOUTTE, *il n'en veut* MIE, *il n'y en a* BRIN: tous ces mots sont des substantifs qui ne font que modifier la négation.

EXERCICE PHRASÉOLOGIQUE.

Il n'a pas beaucoup de fortune. | Il n'a point de fortune. | Il n'a pas beaucoup d'esprit. | Il n'a point d'esprit.

N° DCLXXIX.

EMPLOI OU SUPPRESSION DE *pas* OU *point* LORSQU'UN VERBE A PLUSIEURS COMPLÉMENTS LIÉS PAR *ni*.

Suppression.

Mon bras est à Vendôme, et ne peut aujourd'hui
Ni servir, *ni* traiter, *ni* changer qu'avec lui.
(VOLTAIRE.)

Emploi.

Une noble pudeur à tout ce que vous faites
Donne un prix que n'ont *point ni* la pourpre *ni* l'or.
(RACINE.)

Un vrai roi ne connaît *ni* protecteurs *ni* maîtres.
(DE BELLOY.)

Il ne craint *ni* les dieux *ni* les reproches de sa conscience. (FÉNELON.)

Vous ne connaissez *point ni* l'amour *ni* ses traits.
(CORNEILLE.)

On ne trouve *point* dans les humains *ni* les vertus *ni* les talents qu'on y cherche. (FÉNELON.)

Lorsqu'un verbe a plusieurs compléments liés par *ni*, on supprime généralement *pas* et *point*, en ne faisant usage que de la négative *ne*, conformément aux exemples de la première colonne.

Cependant, malgré la critique de Voltaire sur ce vers de Corneille : *Vous ne connaissez* POINT NI *l'amour* NI *ses traits*, vers où, à l'instar des grammairiens, Voltaire condamne *point* comme y étant explétif, nous croyons, avec Boniface, que cet exemple et les analogues de la seconde colonne sont loin d'être vicieux ; ils peuvent être imités au contraire, soit en prose, soit en poésie, parce qu'ils rendent l'expression beaucoup plus énergique. Et certes, en puisant dans les chefs-d'œuvre de Voltaire, il ne nous serait pas bien difficile de trouver des passages qui le mettraient ici en contradiction avec lui-même.

EXERCICE PHRASÉOLOGIQUE.

Je ne connaissais ni son père ni sa mère.

On ne connaissait point ni son père ni sa mère.

N° DCLXXX.

SUPPRESSION DE *pas* ET DE *point* DANS LES PHRASES CONSTRUITES AVEC *guère, nul, aucun, nullement, personne, rien, jamais* ET *plus*.

Guère.

L'ambition, seigneur, n'a *guère* de limites.
(BOURSAULT.)

Quand on souffre en l'honneur, l'amour ne touche (SCARRON.) [*guère*.

Nul, aucun, nullement.

Nul ne peut être heureux, s'il ne jouit de sa propre estime. (J.-J. ROUSSEAU.)

Aucune épouse, *aucun* fils, *aucune* sœur, *aucune* mère, ne s'arrêtera à ma prière funèbre.
(CHATEAUBRIAND.)

Prenez femme, abbaye, emploi, gouvernement,
Les gens en parleront, n'en doutez *nullement*.
(LA FONTAINE.)

Aucun ne ferait doute de punir de mort le juge qui, par colère, aurait condamné un criminel.
(MONTAIGNE.)

Personne.

Personne n'aime à recevoir de conseils.
(DE SÉGUR.)

Personne ne veut être plaint de ses erreurs.
(VAUVENARGUES.)

Rien (1).

..... Un père est toujours père ;
Rien n'en peut effacer le sacré caractère.
(CORNEILLE.)

Pour moi, je ne vois *rien* de plus sot, à mon sens,
Qu'un auteur qui partout va gueuser des encens.
(MOLIÈRE.)

Jamais (2).

.... Jusqu'ici *jamais*
La probité ne fut la vertu des valets. (QUINAULT.)

Deux médecins n'ont pu lui donner le trépas !
Il ne mourra *jamais*... (DESTOUCHES.)

(1) Ce mot, qui n'est pas par lui-même négatif, dérive du latin *res*, et signifie *chose, quelque chose* : Y a-t-il rien de plus beau!

(2) Ce mot s'emploie quelquefois dans les phrases affirmatives : *C'est ce qu'on peut* JAMAIS *dire de plus fort, de mieux*. — *La puissance des Normands était une puissance exterminatrice, s'il en fut* JAMAIS.
(ACADÉMIE.)

Plus.

Si vous ne voyez *plus* votre auguste famille,
Le Dieu que vous servez vous adopte pour fille.
(VOLTAIRE.)

La même nation n'est *plus* reconnaissable au bout de trois à quatre siècles. (VOLTAIRE.)

On supprime *pas* et *point*, comme dans tous les exemples qui précèdent, quand il entre dans la phrase l'un des mots *guère*, *nul*, *aucun*, *nullement*, *personne*, *rien*, *jamais* et *plus*, considéré comme adverbe de temps.

EXERCICE PHRASÉOLOGIQUE.

Je n'en ai guère.   Nul n'y viendra.   Il n'en veut nullement.   Aucune personne ne l'aime.   Aucun prix ne le touche.
Personne n'entra.   Il n'y allait personne.   Rien ne lui fait.   Il ne demande rien.   J'irai jamais.
Jamais il ne le fera.   Il ne vient plus.   Il n'est plus le même.   Rien ne le ferait céder.   Il ne cède en rien.

N° DCLXXXI.

EMPLOI OU SUPPRESSION DE *pas* OU *point* AVEC LES VERBES *pouvoir*, *oser*, *savoir*, *cesser*, SUIVIS D'UN AUTRE VERBE A L'INFINITIF, ET AVEC *bouger*.

Pouvoir.

Pas SUPPRIMÉ.

Non, déesse, je ne *puis* souffrir qu'un de leurs vaisseaux fasse naufrage. (FÉNELON.)

Je ne *puis* soutenir sa colère. (VOLTAIRE.)

Pas EXPRIMÉ.

Je ne *puis pas* m'imaginer que vous ayez d'autre objet que celui de me plaire. (MONTESQUIEU.)

Eh! ne pouviez-vous *point* punir sa barbarie? (VOLTAIRE.)

Oser.

Dans son appartement elle n'*osait* rentrer. (VOLTAIRE.)

C'est un lâche s'il n'*ose* ou se perdre ou régner. (CORNEILLE.)

Pourquoi, par un sot orgueil, voulez-vous plonger votre faible raison dans un abîme où Spinosa n'a *pas osé* descendre? (VOLTAIRE.)

Savoir.

Mon orgueilleux rival ne *saurait* me troubler. (CORNEILLE.)

L'or est comme une femme, on n'y *saurait* toucher,
Que le cœur, par amour, ne s'y laisse attacher. (REGNARD.)

Qui vit haï de tous ne *saurait* longtemps vivre. (CORNEILLE.)

Souvent le meilleur droit ne *sait pas* se montrer. (LA CHAUSSÉE.)

Le politique rempli de vues et de réflexions ne *sait pas* se gouverner. (LA BRUYÈRE.)

Je ne *sais point* blâmer la générosité. (LA CHAUSSÉE.)

Cesser.

... La liberté ne *cesse* d'être aimable. (CORNEILLE.)

La pluie ne *cesse pas* de tomber depuis huit jours. (Mme DE SÉVIGNÉ.)

Bouger.

Je ne *bougerai* de là, puisque vous l'ordonnez. (ACADÉMIE.)

Ne *bougez pas*, monsieur, le roi a besoin de vous. (CHATEAUBRIAND.)

On lit dans presque toutes les grammaires, qu'avec les verbes *pouvoir*, *oser*, *savoir*, *cesser*, suivis d'un autre verbe à l'infinitif, et avec *bouger*, on supprime *pas* ou *point*. Il est vrai que cela a lieu généralement; mais il n'est pas non plus moins vrai, comme l'attestent nos exemples, qu'on peut aussi quelquefois les exprimer, surtout lorsqu'on veut appuyer fortement sur la négation. Avec *cesser*, il y a des circonstances où il serait impossible de supprimer *pas*. Nous dirons bien : *Cet ouvrier ne* CESSE *de travailler* ; mais si l'on nous demande à quelle heure cet ouvrier cesse de travailler, nous répondrons : *Cet ouvrier ne* CESSE PAS *de travailler avant midi*.

EXERCICE PHRASÉOLOGIQUE.

Je ne puis le dire. Je ne puis pas le dire. Je n'ose le dire. Je n'ose pas le dire.
Je ne saurais m'exprimer. Je ne saurais pas m'exprimer. Je ne saurais me taire. Je ne saurais pas me taire.
Ne bougez de là. Ne bougez pas de là. Il ne cesse de pleuvoir. Il ne cesse pas de pleuvoir.

N° DCLXXXII.

SUPPRESSION DE *pas* ET *point* APRÈS *ne* SUIVI DE *que*.

Un vrai républicain n'a pour père et pour fils
Que la vertu, les dieux, les lois de son pays.
(VOLTAIRE.)

Le malheur n'est vaincu *que* par la résistance.
(CHÉNIER.)

Un mal d'opinion *ne* touche *que* les sots.
(MOLIÈRE.)

... La gloire et la présomption
N'attirent *que* la haine et l'indignation.
(DEMOUSTIER.)

On *ne* perd les états *que* par timidité.
(VOLTAIRE.)

Les fortes passions ne touchent *qu*'une fois.
(TH. CORNEILLE.)

Quand *ne* est suivi de *que*, on supprime constamment *pas* ou *point*. Dans ces sortes de phrases il y a ellipse de *autre chose, autre personne* : *il* NE *fait* QUE *rire*, *il* NE *tient* QU'*à vous*, *cela* NE *sert* QU'*à embrouiller*, c'est pour *il* NE *fait* (autre chose) QUE *rire* ; *il* NE *tient* (à aucune personne) QU'*à vous*, *cela* NE *sert* (à autre chose) QU'*à embrouiller*.

Ainsi, selon la remarque de Voltaire, *point*, dans les passages suivants de Corneille, offre une faute contre la langue :

Ils ont vu Rome libre autant qu'ils ont vécu,
Et *ne* l'auront point vue obéir *qu*'à son prince.

Ici, dis-je, où ma cour tremble en me regardant,
Où je n'ai *point* encore agi *qu*'en commandant.

EXERCICE PHRASÉOLOGIQUE.

Je ne connais que mon devoir.   Je n'aime que vous.   Il ne tient qu'à vous.   Il ne sert qu'à cela.

N° DCLXXXIII.

Pardonne à celui-ci, mais point à celui-là ; vous lui donnez tout, et à nous rien.

... Un généreux courage
Pardonne à qui le hait, mais *point* à qui l'outrage.
(CRÉBILLON.)

On doit tout à l'honneur, et *rien* à la fortune.
(PIRON.)

Les lois humaines, faites pour parler à l'esprit,
doivent donner des préceptes, et *point* de conseils.
(MONTESQUIEU.)

Je ne m'en prends qu'au vice, et *jamais* à la loi.
(FABRE D'ÉGLANTINE.)

Lorsque deux propositions sont liées ensemble, et que l'une est affirmative et l'autre négative, on peut dans cette dernière ellipser la particule *ne*, en n'exprimant que les mots *point, rien*, etc., qui complètent la négation.

Cette construction, qui rend l'expression plus concise, la rend aussi plus énergique. L'analyse de *on doit tout à l'honneur, et* RIEN *à la fortune*, est *on doit tout à l'honneur, et* (l'on ne doit) RIEN *à la fortune*.

EXERCICE PHRASÉOLOGIQUE.

Prends ceci, mais point cela.   Faites tout, lui rien.

N° DCLXXXIV.

PAS d'observations; POINT d'observations.

AVEC pas.

Pas un seul petit morceau
De mouche ou de vermisseau.
(LA FONTAINE.)

Sous Louis XI pas un grand homme. Il avilit la nation; il n'y eut nulle vertu : l'obéissance tint lieu de tout. (VOLTAIRE.)

AVEC point.

Point de vraies tragédies sans grandes passions.
(LA HARPE.)

Le peuple seul enfin de l'état est l'arbitre;
Ses flatteurs peuvent tout : point de rang, point de titre,
De services, d'exploits qu'il ne mette en oubli,
Si devant ses tribuns on ne rampe avili. (Id.)

Dans les propositions elliptiques, dit Boniface, on fait généralement usage de *point*. Ajoutons qu'on peut également se servir de *pas*.

EXERCICE PHRASÉOLOGIQUE.

Pas d'argent, pas de Suisse.   Point d'argent, point de Suisse.

N° DCLXXXV.

SUPPRESSION DE *ne* DANS LES PHRASES A LA FOIS INTERROGATIVES ET NÉGATIVES.

Voyez-vous *pas* à ce récit
L'amour irrité qui gémit?
(VOLTAIRE.)

Voilà-t-il *pas* de vos jérémiades! (Id.)

... Voudrais-tu *point* encore
Me nier un mépris que tu crois que j'ignore?
(RACINE.)

Voyez-vous *pas* s'enfuir les hôtes du bocage?
(DELILLE.)

Dans le style badin, dans le style comique et même dans le style noble, les classiques nous offrent une infinité d'exemples où la particule *ne* est supprimée dans les phrases à la fois négatives et interrogatives : c'est une licence accordée aux poètes. Girault Duvivier n'aurait donc pas dû blâmer les exemples qui précèdent, ni dire qu'aujourd'hui ce serait une faute de les imiter

EXERCICE PHRASÉOLOGIQUE.

Voyez-vous pas...   Voudrais-tu point.

N° DCLXXXVI.

PLACE DE *pas* ET DE *point*.

I.

Après un temps simple.

On ne voyagerait *pas* sur la mer pour ne jamais en rien dire. (PASCAL.)

Le ciel sur nos souhaits ne règle *pas* les choses.
(CORNEILLE.)

Rome n'attache *point* le grade à la noblesse. (Id.)

Après un temps composé.

On est rarement maître de se faire aimer; on l'est toujours de se faire estimer. Cette estime est le vrai principe de la considération, qui n'est *pas* toujours attachée aux dignités. (FONTENELLE.)

... Les rois ne sont *point* protégés par les lois.
(CHÉNIER.)

II.

Avant un verbe à l'infinitif.	*Après un verbe à l'infinitif.*
Vous nous apprenez des choses grandes et utiles : il serait honteux à nous de ne le *pas* avouer. (VOLTAIRE.)	Il faut compter sur l'ingratitude des hommes, et ne laisser *pas* de leur faire du bien. (FÉNELON.)
Quoi! tu m'aimes assez pour ne te *pas* venger, Pour ne me punir pas de t'oser outrager! (Id.)	On pleure pour être pleuré ; enfin on pleure pour éviter la honte de ne pleurer *pas*. (LA ROCHEFOUCAULD.)
Nous avons trop d'amis, trop d'illustres complices, Un parti trop puissant pour ne *pas* éclater. (Id.)	On pardonne rarement aux rois d'avoir des amis ou de n'en avoir *pas*. (CHATEAUBRIAND.)
Je me respecte assez pour ne le *point* trahir. (Id.)	... C'est ne régner *pas* qu'être deux à régner. (CORNEILLE.)

On voit 1° que *pas* et *point* se construisent après le verbe quand il est à un temps simple ; entre l'auxiliaire et le participe, s'il est à un temps composé ;

2° Que *pas* et *point* se construisent indifféremment avant ou après le verbe, s'il est à l'infinitif : *pour ne* POINT *souffrir, pour ne souffrir* POINT. En cela c'est l'oreille qui doit guider.

EXERCICE PHRASÉOLOGIQUE.

On ne le dit pas.   On ne l'a pas dit.   Apprenez à ne le point haïr.   Apprenez à ne le haïr point.
On ne parle point.   On n'en a pas parlé.   Il faut ne le point céder.   Il faut ne le céder pas.

DE L'EMPLOI DE LA NÉGATIVE

APRÈS CERTAINS VERBES ET CERTAINES LOCUTIONS.

N° DCLXXXVII.

Craindre, appréhender, avoir peur, trembler, il est dangereux.

PHRASES AFFIRMATIVES AVEC *ne*.	PHRASES NÉGATIVES SANS *ne*.
Je *craindrais* que bien des gens *n'eussent* pas assez de présence d'esprit pour se servir de ces méthodes. (PASCAL.)	Il ne faut *pas craindre* qu'ils *respectent* moins la puissance qui avoue son tort. (MASSILLON.)
Les pères *craignent* que l'amour naturel des enfants *ne s'efface*. (Id.)	*Ne craignez pas* que je me *livre* à mes douleurs. (FLÉCHIER.)
Je *crains* presque, je *crains* qu'un songe *ne* m'abuse. (RACINE.)	*Ne crains pas* toutefois que j'*éclate* en injures. (CORNEILLE.)
Car je dois *craindre* enfin que la haute vertu Contre l'ambition *n'ait* en vain combattu. (CORNEILLE.)	Mais toi, qui *ne crains pas* qu'une rumeur te noircisse. (BOILEAU.)
Craignez, seigneur, *craignez* que le ciel rigoureux Ne vous *haïsse* assez pour exaucer vos vœux. (RACINE.)	Je ne saurais *craindre* que vous vous *remerciiez* ni l'un ni l'autre. (MARIVAUX.)
Hélas! on ne *craint point* qu'il venge un jour son père ; On *craint* qu'il *n'essuyât* les larmes de sa mère. (Id.)	*Ne craignez point* ici que sa bouche rebelle Vous *accable* des noms d'ingrate, d'infidèle. (REGNARD.)
On *appréhenda* qu'elle *n'eût* le sort des choses avancées. (BOSSUET.)	Jamais homme *ne craignit moins* que la familiarité *blessât* le respect. (BOSSUET.)
Il doit *appréhender* que cette occasion *ne* lui échappe. (LA BRUYÈRE.)	Vous *ne devez pas appréhender* que je le *loue*. (LA BRUYÈRE.)
Vous avez bien *peur* que je *ne* change d'avis. (MARIVAUX.)	Mais *n'appréhende pas* qu'un autre ainsi m'obtienne. (CORNEILLE.)
	Je n'ai *pas peur* qu'il *arrive*. (ACADÉMIE.)

Il *a peur* que ce dieu dans cet affreux séjour
D'un coup de son trident *ne fasse* entrer le jour.
(Id.)

Tremble que je *ne dévoile* ton âme aussi creuse
que le rocher où se renferme l'ours du Labrador.
(CHATEAUBRIAND.)

Il est dangereux que la vanité *n'étouffe* une partie de la reconnaissance. (FLÉCHIER.)

Ne craignez pas qu'en vous envoyant ma pièce, je vous en *fasse* une longue apologie.
(VOLTAIRE.)

Je *ne tremble pas* qu'il arrive.
(ACADÉMIE.)

Ne craignez point que prêt à vous désobéir, Il apprenne avec moi, seigneur, à vous trahir.
(CRÉBILLON.)

De ces nombreuses citations découle un principe unique et toujours invariable, c'est qu'avec les verbes *craindre, appréhender, avoir peur, trembler*, et l'expression *il est dangereux*, on met *ne* dans la proposition subordonnée, quand la proposition primordiale est affirmative; mais si cette proposition primordiale est négative, dès lors on n'exprime jamais *ne* dans la proposition secondaire.

« Ce *ne*, dit M. Colin d'Ambly, introduit dans la proposition complétive, et que d'Olivet appelle prohibitif, paraît redondant et abusif à d'autres grammairiens. Cependant il a lieu en latin; c'est également l'usage constant et uniforme de tous nos écrivains, et nous sentons nous-mêmes que nous ne pouvons le supprimer; il est donc fondé en raison. » En effet, nous pouvons très-aisément en rendre compte par l'analyse; nous pouvons démontrer que le sens négatif doit être dans l'expression, par cela même qu'il existe réellement dans la pensée.

Quand je dis : Je CRAINS *que vous* NE *veniez*, je ne fais qu'exprimer cette idée : *Désirant que vous ne veniez pas, je crains l'événement contraire à mon désir*. Il est évident que *ne* joue en cette circonstance un rôle nécessaire, et que, loin d'être une superfétation, comme l'avancent des grammairiens ignorants ou superficiels, il est indispensable pour bien peindre l'idée négative qui est dans notre esprit.

Dans les passages suivants, il faudrait *ne;* mais, dit Voltaire, on peut en poésie se dispenser de cette règle :

I.

Seigneur, je *crains* pour vous qu'un Romain vous [écoute.
(CORNEILLE.)

... Qui rit d'autrui,
Doit *craindre* qu'en revanche on *rie* aussi de lui.
(MOLIÈRE.)

NOTA. — Si l'on souhaitait que la chose exprimée par le verbe de la phrase subordonnée arrivât, il faudrait mettre *ne pas* à la subordonnée. Par exemple, quand je dis, je CRAINS *que mon frère* N'ARRIVE PAS, il est évident que je souhaite qu'il arrive, et voilà pourquoi je mets *ne pas*.

II.

PHRASES INTERROGATIVES-AFFIRMATIVES AVEC *ne*.

Quoi! *craignez-vous* qu'il *ne soit* exaucé?
(RACINE.)

Quoi! vos vœux irrités...
Quoi! *craignez-vous* qu'ils *ne soient* écoutés?
(Id.)

PHRASES INTERROGATIVES-AFFIRMATIVES SANS *ne*.

Peut-on *craindre* que la terre *manque* aux hommes? (FÉNELON.)

Quoi! dans mon désespoir trouvez-vous tant de [charmes?
Craignez-vous que mes yeux *versent* trop peu de
(RACINE,) [larmes?

Le principe établi plus haut va nous servir pour expliquer ces phrases, à la fois interrogatives et affirmatives, dans lesquelles entre ou n'entre pas la particule *ne;* il ne faut pour cela que les résoudre en phrases positives, et leur donner le sens qu'elles ont réellement.

Dans la première colonne, CRAIGNEZ-VOUS QU'*il* NE SOIT *exaucé?* CRAIGNEZ-VOUS *déjà qu'ils* NE SOIENT *écoutés?* C'est pour : *Vous* CRAIGNEZ *qu'il* NE SOIT *exaucé; vous* CRAIGNEZ *déjà qu'ils* NE SOIENT *écoutés*. Les propositions primordiales étant affirmatives, les subordonnées doivent être négatives

Dans la seconde colonne, si Fénelon et Racine ont dit sans négation : *Peut-on* CRAINDRE *que la terre* MANQUE *aux hommes?* CRAIGNEZ-VOUS *que mes yeux* VERSENT *trop peu de larmes?* c'est qu'ils voulaient exprimer cette idée : *On* NE *doit* PAS CRAINDRE *que la terre* MANQUE *aux hommes; vous* NE *devez* PAS CRAINDRE *que mes yeux* VERSENT *trop peu de larmes.* Il est évident que le sens négatif étant dans la première proposition, la particule *ne* doit être rejetée de la seconde. Au surplus, quand le verbe *craindre* est modifié par *peu* ou par *moins*, ces mots tiennent toujours lieu de la particule *ne*.

III.

PHRASES INTERROGATIVES-NÉGATIVES AVEC *ne*.	PHRASES INTERROGATIVES-NÉGATIVES SANS *ne*.
Vous souffrez qu'il vous parle? Et vous *ne craignez* [pas] Que du fond de l'abîme entr'ouvert sous ses pas Il *ne sorte* à l'instant des feux qui vous embrasent, Ou qu'en tombant sur lui ces murs *ne vous écrasent*? (RACINE.)	*Ne craignez-vous* pas que l'on vous *fasse* le même traitement? (RACINE.)

Lorsque les phrases sont interrogatives et négatives tout à la fois, on peut exprimer ou ne pas exprimer la particule *ne* dans la proposition subordonnée, et dire très-bien d'après Racine : NE CRAIGNEZ-VOUS *pas que la foudre* NE TOMBE *sur vous ou* TOMBE *sur vous?* C'est donc bien à tort, selon nous, que M. Colin d'Ambly reproche à Racine d'avoir supprimé *ne* dans l'exemple de la seconde colonne.

EXERCICE PHRASÉOLOGIQUE.

Je crains...   Je ne crains pas...   J'appréhende....   Je n'appréhende pas...   J'ai peur...   Je n'ai pas peur...
Je tremble...   Je ne tremble pas...   Il est dangereux...   Il n'est pas dangereux...   Il était dangereux...   Il n'était pas dangereux...
Craignez-vous...   Appréhendez-vous...   Tremblez-vous...   Pouvez-vous craindre...   Peut-il avoir peur...
Ne craignez-vous pas que...   N'appréhendez-vous pas que...   N'avez-vous pas peur que...   Ne tremblez-vous pas que...

N° DCLXXXVIII.

Douter, contester, nier, disconvenir, désespérer.

I. — EMPLOYÉS NÉGATIVEMENT.

Douter.

Je *ne doute pas* que vous *ne* vous *fassiez* honneur dans la carrière où vous entrez.
(J.-J. ROUSSEAU.)

Je *ne doute pas* que mes abricotiers *ne descendent* de greffes apportées par les Romains.
(BERN. DE SAINT-PIERRE.)

On *ne peut douter* que les Grecs *ne connussent* eux-mêmes l'agriculture, et qu'ils *n'aient* été dans la nécessité de la cultiver. (CONDILLAC.)

Il *n'est pas douteux* que je *ne doive* les premiers témoignages de ma reconnaissance aux hommes auxquels je suis redevable des premiers besoins de la vie. (BERN. DE SAINT-PIERRE.)

On *ne peut pas douter* que les pôles *ne soient* couverts d'une coupole de glaces. (*Id.*)

S'il fuit, *ne doutez point* que, fiers de sa disgrâce, A la haine bientôt ils *ne joignent* l'audace.
(RACINE.)

Je *ne doute pas* que la vraie dévotion *ne soit* la source du repos. (LA BRUYÈRE.)

Un physicien, qui avait de la réputation, *ne douta pas* que ce Needham *ne fût* un profond athée.
(VOLTAIRE.)

L'on *ne peut guère douter* que les animaux actuellement domestiques *n'aient* été sauvages auparavant. (BUFFON.)

Tempanius, qui *ne doutait pas* que les ennemis *ne l'attaquassent* de nouveau dès que les ténèbres seraient dissipées, fut bien surpris lorsqu'au point du jour il ne vit plus ni amis ni ennemis.
(VERTOT.)

Je *ne doute pas* que tu *ne balances* à les croire.
(MONTESQUIEU.)

On *ne doute pas* aujourd'hui que les madrépores *ne soient* l'ouvrage d'une infinité de petits animaux.
(BERN. DE SAINT-PIERRE.)

Nier, contester, disconvenir, désespérer.

On *ne* peut *nier* que cette vie *ne soit* désirable.
(BOSSUET.)

On *ne* saurait *contester* que la diversité des mesures *ne brouille* les commençants pendant un temps infini. (J.-J. ROUSSEAU.)

Je *ne désespère* pas qu'il *ne* te *fournisse* un jour le moyen de t'éclairer. (MONTESQUIEU.)

Vous *ne sauriez disconvenir* que ce remède *ne soit* meilleur que tous les autres.
(Mme DE SÉVIGNÉ.)

Je *ne disconviendrai* pas qu'avec toutes ses perfections, on *ne puisse* faire quelques objections contre Sophocle. (VOLTAIRE.)

On *ne peut nier* que le lâche et inutile mensonge d'Euphorbe *ne soit* indigne de la tragédie.
(VOLTAIRE.)

On *ne peut nier* que je *ne sois* très-fondé à m'ériger en Aristarque, en juge souverain des ouvrages nouveaux. (J.-J. ROUSSEAU.)

On *ne désespérait* pas que vous *ne devinssiez* riche. (BEAUZÉE.)

Vous *ne sauriez disconvenir* qu'il *ne* vous *ait* parlé. (ACADÉMIE.)

Je *ne saurais disconvenir* que Sophocle, ainsi qu'Euripide, *ne devaient* pas faire de Pylade un personnage muet. (VOLTAIRE.)

Quand les verbes *douter, contester, nier, disconvenir, désespérer*, sont employés négativement, *ne* doit être répété dans la proposition subordonnée. Selon l'Académie, on pourrait indifféremment mettre ou supprimer la négative, avec *nier, contester, disconvenir*, et dire : JE NE NIE PAS, JE NE CONTESTE PAS, JE NE DISCONVIENS PAS qu'IL AIT *fait cela*, ou *qu'il* N'AIT *fait cela*, mais nos citations font voir que les écrivains ne manquent jamais de mettre cette négative. Remarquons néanmoins que s'il s'agissait d'exprimer une chose positive, incontestable, *ne*, dans ce cas, pourrait être supprimé, comme dans : JE NE DOUTE PAS, JE NE NIE PAS *qu'il* Y AIT *un Dieu*. Les exemples suivants confirment cette observation :

Je *ne* vous *nierai point*, seigneur, que ses soupirs M'ont daigné quelquefois expliquer ses désirs.
(RACINE.)

Je *ne nie* pas qu'il *ait* raison.
(J.-J. ROUSSEAU.)

Personne *ne nie* qu'il y *ait* un Dieu, si ce n'est celui à qui il importe qu'il n'y en ait point.
(CHATEAUBRIAND.)

Je *ne nie* pas que je te l'*ai* dit.
(VAUGELAS.)

Cet autre exemple est curieux en ce qu'il présente les deux cas : *Ils* NE NIENT PAS *que la douleur* SOIT *un mal et qu'il* N'Y AIT *de la peine dans la désunion des choses auxquelles nous sommes unis par la nature*. (MALLEBRANCHE.)

II. — EMPLOYÉS AFFIRMATIVEMENT.

Je *doute* qu'on *osât* mettre Aristote et Ptolémée en comparaison avec le chevalier Newton et M. Cassini. (J.-J. ROUSSEAU.)

Douter qu'elle vous aime. (CORNEILLE.)

Je *nie* qu'il *soit* venu. (LAVEAUX.)

Il me paraît absurde de *nier* qu'il y *ait* une intelligence dans le monde. (VOLTAIRE.)

Doutant qu'elle se *puisse* trouver dans la nature.
(FLÉCHIER.)

Je *doute* que le ris excessif *convienne* aux hommes qui sont mortels. (LA BRUYÈRE.)

Si les verbes *douter, nier*, etc., sont employés affirmativement, il n'y a point de difficulté, on ne met jamais *ne* dans la proposition complétive.

III. — EMPLOYÉS INTERROGATIVEMENT.

Doutez-vous que l'Euxin *ne* me *porte* en deux jours Aux lieux où le Danube y vient finir son cours ?
(RACINE.)

Peut-on nier que les bonnes mœurs *ne soient* essentielles à la durée des empires, et que le luxe *ne soit* diamétralement opposé aux bonnes mœurs ?
(J.-J. ROUSSEAU.)

Réduit à voir sa tête expier son offense,
Doutes-tu qu'il *ne veuille* implorer ma clémence ?
(RACINE.)

Oserez-vous nier que cette scène bien représentée *ne fasse* une impression plus heureuse et plus forte sur l'esprit d'un jeune homme, que tous les sermons qu'on débite journellement ? (VOLTAIRE.)

Lorsque les verbes *douter, nier*, etc., sont employés interrogativement, ces exemples font manifestement voir qu'on exprime la négative *ne* dans la proposition subordonnée ; ils donnent un démenti formel aux grammairiens, qui établissent comme règle générale et constante qu'avec le verbe *nier* on ne doit jamais mettre *ne* dans la proposition complétive, si la phrase est sous une forme interrogative. Voici des exemples où non seulement avec *nier*, mais avec *douter*, les écrivains ont supprimé la négative :

Peut-être *doutez-vous* qu'étant éloigné du public, il *fût* encore égal à lui-même ? (FLÉCHIER.)
... *Oseras-tu nier*
Ce que ton mauvais cœur *tâche* en vain d'oublier ? (REGNARD.)

Qui est-ce qui *nie* que les savants *sachent* mille choses vraies que les ignorants ne sauront jamais ?
Peut-on nier que cette partie du monde *doive* suffire à M. Simon ? (BOSSUET.)

C'est que l'idée exprimée par le verbe de la proposition subordonnée était si évidente, si positive à leur esprit, qu'ils ont voulu la rendre encore plus affirmative par la suppression de *ne*.

EXERCICE PHRASÉOLOGIQUE.

Je ne doute pas que... On ne peut nier que... Ne contestez pas que... Ne désespère pas que... Il ne disconvient pas que...
Je doute que... Je nie que... Je conteste que... Je désespère que... Je disconviens que...
Doutez-vous que... Niez-vous que... Contestez-vous que... Désespérez-vous que... Disconvenez-vous que...

N° DCLXXXIX.

Prendre garde, garder, éviter, empêcher, tenir.

Prendre garde.

Prends garde que jamais l'astre qui nous éclaire
Ne te voie en ces lieux mettre un pied téméraire.
(RACINE.)
Prenons garde si nos bienfaits *ne nuisent* point aux autres, et ne tournent pas contre ceux mêmes qui en sont l'objet. (DICT. DES MAXIMES.)

Vous devez *prendre garde* à ne jamais *laisser* le vin devenir trop commun dans votre royaume.
(FÉNELON.)
Prends garde qu'il *ne surprenne* les trois juges et Pluton même. (Id.)

Garder.

Gardons-nous bien de croire qu'Émilie, malgré son ingratitude, et Cinna, malgré sa perfidie, *ne soient* pas deux très-beaux rôles. (VOLTAIRE.)

Assez et trop longtemps son exemple vous flatte,
Mais *gardez* que sur vous le contraire *n'éclate*.
(CORNEILLE.)

Gardez qu'un jour on *ne* vous *plaigne*
D'avoir su mal user d'un talent si parfait.
(VOLTAIRE.)

Consulte ta raison, prends la clarté pour guide ;
Vois si de tes soupçons l'apparence est solide.
Ne démens pas leur voix ; mais aussi *garde* bien
Que, pour les croire trop, ils *ne* t'imposent rien.
(MOLIÈRE.)

Gardez qu'une voyelle, à courir trop hâtée,
Ne soit d'une voyelle en son chemin heurtée.
(BOILEAU.)

Gardez que quelque jour cet orgueil téméraire
N'attire sur vous-même une triste lumière.
(VOLTAIRE.)

Éviter.

Évitez qu'un excès de rigueur, d'indulgence,
N'encourage l'audace, ou n'arme la vengeance.
(DELILLE.)

Évitez qu'il *ne vienne*. (ACADÉMIE.)

Empêcher.

PHRASES AFFIRMATIVES.

La pluie presque continuelle *empêche* qu'on ne se *promène* dans les cours et dans les jardins.
(RACINE.)

Empêchez qu'elle *ne se mêle* d'aucune affaire.
(VOLTAIRE.)

PHRASES NÉGATIVES.

La philosophie ni le sceptre *n'empêchent* qu'on *ne soit* homme. (MARC-AURÈLE.)

Cela n'empêche pas que dans ce jour, madame,
Nous *ne mettions* à fin une si belle flamme.
(REGNARD.)

Hé! pourrai-je *empêcher*, malgré ma diligence,
Que Roxane d'un coup *n'assure* sa vengeance?
(RACINE.)

Empêcher que Caron, dans sa fatale barque,
Ainsi que le berger *ne passe* le monarque.
(BOILEAU.)

Le mot propre est souvent difficile à rencontrer, et quand il est trouvé, la gêne du vers et de la rime *empêche* qu'on *ne l'emploie*. (VOLTAIRE.)

Cela *n'empêche pas* que, dans quelques familles, Je *ne montre* parfois l'italien aux filles. (REGNARD.)

Cette cure secrète de Sévère est un mauvais artifice qui *n'empêche pas* que la cure *ne soit* publique.
(VOLTAIRE.)

Toutes les pratiques anciennes et modernes *n'empêcheront pas* que l'on *ne viole* les lois de la nature, et que l'on *ne soit* rebelle à Dieu en coupant volontairement la trame de ses jours. (FORMEY.)

Tenir.

PHRASES NÉGATIVES.

Il ne tenait pas à lui qu'on *n'oubliât* ses victoires.
(MASCARON.)

Il ne tiendra pas à moi qu'on *ne vous rende* tout l'honneur qui vous est dû. (BOILEAU.)

Mais *il ne tient* qu'à vous que son chagrin *ne passe*. (MOLIÈRE.)

PHRASES AFFIRMATIVES OU INTERROGATIVES.

A quoi *tient-il* que nous *ne parlions*?
(PLANCHE.)

Je ne sais à quoi *il tient* que je ne lui *rompe* en visière. (ACADÉMIE.)

Je ne sais à quoi *il tient* que je *ne l'abandonne*.
(PLANCHE.)

Après le verbe *prendre garde, garder*, dans le sens de *prendre des mesures, des précautions pour que tel événement n'arrive point*, on fait usage de la négative *ne* dans la proposition subordonnée. Il en est de même pour les verbes *empêcher* et *éviter*, que les phrases soient affirmatives, négatives ou interrogatives.

A l'exemple de beaucoup d'autres grammairiens, Lemare prétend que lorsque *empêcher* est accompagné de *ne pas, ne point*, on ne doit plus mettre *ne* après *que*. A coup sûr Lemare est dans l'erreur, car nous n'avons pas trouvé un seul cas en prose qui puisse légitimer cette assertion. Ce n'est que dans les vers, où les écrivains s'affranchissent quelquefois des règles grammaticales, qu'on rencontre des passages où *ne* n'est pas exprimé. Voici des exemples de cette liberté poétique :

Cette friponnerie
N'empêche pas qu'un homme *se marie*.
(VOLTAIRE.)

Nous pourrions par un prompt achat de cette esclave
Empêcher qu'un rival vous *prévienne* et vous brave.
(MOLIÈRE.)

Quant à *tenir*, le *que* de la proposition subordonnée est toujours suivi de *ne*, soit dans les phrases négatives, soit dans les phrases affirmatives ou interrogatives qu'on peut résoudre négativement. En effet, à quoi TIENT-IL que nous NE *parlions*? Je ne sais à quoi IL TIENT que je NE lui *rompe en visière*, c'est pour, IL NE TIENT A RIEN que nous NE *parlions*, IL NE TIENT A RIEN que je NE lui *rompe en visière*. Dans tout autre cas, il ne faut pas employer la négative. On dira donc :

Il tient à moi que cela se *fasse*. (ACADÉMIE.)

Ne tient-il pas à moi que cela se *fasse*?
(COLIN D'AMBLY.)

En général, comme le dit fort bien M. Colin d'Ambly, on doit supprimer le *ne* de la dépendante toutes les fois que la principale, avec ses accessoires, ne présente pas l'idée d'un obstacle apporté.

EXERCICE PHRASÉOLOGIQUE.

Prenez garde que...
Prendrez-vous garde que...
Évitez que...
Il ne tient pas à moi que...
A quoi tient-il que...

Garde que...
Garderez-vous que...
N'éviterez-vous pas que...
Il ne tenait pas à lui que...
A quoi tiendra-t-il que...

Empêche que...
Empêcheras-tu que...
Evite que...
Il ne tiendra pas à eux que...
Je ne sais à quoi il tient que...

N'empêchez pas que...
N'empêcheras-tu pas que...
As-tu évité que...
Il n'a pas tenu à nous que...
Je ne savais à quoi il tenait que...

N° DCXC.

Défendre.

Il *défendit* qu'aucun étranger *entrât* dans la ville.
(VOLTAIRE.)
Avec quelle sévérité *défendit*-elle qu'il y *eût* rien dans la maison que...
(FLÉCHIER.)
J'ai même *défendu*, par une loi expresse,
Qu'on *osât* prononcer votre nom devant moi.
(RACINE.)

Mais mon père *défend* que le roi se *hasarde*.
(RACINE.)
Je *défends* qu'on *prenne* les armes.
(VOLTAIRE.)
Mais il me semble, Agnès, si ma mémoire est bonne,
Que j'avais *défendu* que vous *vissiez* personne.
(MOLIÈRE.)

Défendre signifie *prohiber, ne pas vouloir, ne pas permettre;* par conséquent, il n'admet jamais de négation dans la proposition subordonnée. Quelques écrivains cependant, ayant confondu ce verbe avec *empêcher*, ont exprimé *ne* après *que;* mais ils ne sont nullement à imiter. Les passages suivants sont donc irréguliers :

Défends qu'aucun objet d'un augure sinistre
Ne trouble le présage ainsi que le ministre.
(DELILLE, traduct. de l'ÉNÉIDE.)
Le roi *défendit* de *ne* pas *songer* à ce mariage.
(MÉM. DE BERWICK.)

Il lui *défendit*, avec dureté, de *ne* jamais se *présenter* devant lui.
(VERTOT.)
Sa majesté *défend* de *ne* rien *écrire* pour soutenir cette doctrine.
(D'AVRIGNY.)

En effet, *on ordonne de ne pas troubler, de ne jamais se présenter, de ne pas songer, de ne rien écrire*, et *l'on défend de troubler, de jamais se présenter,* etc. La présence de la négative avec *défendre* fait entendre en quelque sorte une idée contraire à celle que l'on veut exprimer. C'est par la même raison qu'il faut dire : *Gardez-vous de tomber, et prenez garde de tomber*, et non : *gardez-vous de ne pas tomber, prenez garde de ne pas tomber.*

EXERCICE PHRASÉOLOGIQUE.

Défendez qu'il approche.   Défends qu'il vienne.   Je défendrai qu'il agisse ainsi.   Défendez qu'il parle.

N° DCXCI.

Il s'en faut bien, il s'en faut peu

Il s'en faut bien.

Je puis vous assurer qu'*il s'en faut bien* qu'on y meure de faim.
(RACINE.)
Il s'en faut beaucoup que chaque être à deux mains et à deux pieds *possède* un fonds de cent vingt livres de revenu.
(VOLTAIRE.)
Il s'en faut de beaucoup, en mon particulier, que je *trouve* Rodogune une bonne pièce.
(Id.)
Les passions sont les mêmes dans le peuple et parmi les puissants; mais *il s'en faut bien* que le crime *soit* égal.
(MASSILLON.)
Il s'en fallait de beaucoup que la famille de Descartes lui *rendit* justice.
(THOMAS.)
Il s'en faut de beaucoup que Boileau *ait* mis dans la satire le courage que Molière a mis dans la comédie.
(Id.)

Il s'en faut peu.

Il ne s'en faut pas de beaucoup que la somme n'y *soit*.
(ACADÉMIE.)
Peu s'en faut que Mathan *ne m'ait* nommé son père.
(RACINE.)
Peu s'en fallut que nous *ne touchassions* sur un rocher à droite dans la passe.
(BERN. DE SAINT-PIERRE.)
Peu s'en fallut que le même accident *ne* lui *arrivât*.
(Id.)
Il s'en faut peu que le crime heureux *ne soit* loué comme la vertu même.
(LA BRUYÈRE.)
Un discours que rien ne lie et n'embarrasse, marche et coule de soi-même, et *il s'en faut peu* qu'il *n'aille* quelquefois plus vite que la pensée même de l'orateur.
(BOILEAU.)

Tant s'en faut qu'un chrétien *doive* haïr son prochain, qu'au contraire il est obligé de le secourir et de faire du bien même à ses ennemis.   (TRÉVOUX.)

Il s'en faut de beaucoup que le roi de Prusse soit enthousiaste des ouvrages de J.-J. Rousseau.   (D'ALEMBERT.)

Le feu des volcans n'est pas si éloigné du sommet des montagnes; *et il s'en faut bien qu'il redescende* au niveau des plaines.   (BUFFON.)

Nous ne trouvons pas ces railleries mauvaises; *peu s'en faut* que nous *ne* les *trouvions* plaisantes.   (FLÉCHIER.)

Peu s'en fallait que je *ne* me *crusse* parent du duc de Lerme.   (LE SAGE.)

Annibal étant blessé, il y eut une telle épouvante et une telle confusion, qu'*il s'en fallut de bien peu* que les ouvrages et les galeries *ne fussent* abandonnés.   (DUREAU DE LA MALLE.)

Il s'en faut exprime dans toute sa conjugaison une absence, une privation, dont le sens négatif se porte sur la proposition subordonnée. Les exemples de la première colonne nous font voir que quand le verbe n'est accompagné ni d'une négation, ni de quelque mot qui ait un sens négatif, tel que *peu, guère, presque rien*, etc., la proposition subordonnée ne prend pas la négative *ne* : *il s'en faut bien* qu'on y *meure* de faim, etc.

Mais lorsqu'*il s'en faut* est accompagné de la négation ou de l'un des mots *peu, guère*, etc., qui ont un sens négatif, on voit, d'après les citations de la seconde colonne, que la proposition subordonnée admet toujours la particule *ne* : *il ne s'en faut pas de beaucoup* que la somme *n'y soit*; *peu s'en fallut* que nous *ne touchassions* sur un rocher, etc. La négative *ne* serait encore de rigueur si la phrase était interrogative : *combien* S'EN FAUT-IL que la somme *n'y* SOIT? *S'en faut-il beaucoup* que la somme *n'y* SOIT?

Dans les exemples suivants, avec *il s'en faut bien*, les écrivains, faisant abstraction du sens négatif de la proposition primordiale, ont reporté la négative sur la complétive; mais l'usage général est pour la suppression de *ne* :

Il s'en faut bien que ceux qui s'attachent à nos finesses *ne* nous *paraissent* aussi ridicules que nous le paraissons à nous-mêmes quand les finesses des autres nous ont attrapés.   (LA ROCHEFOUCAULD.)

Cet homme paraît faire tout ce qu'il veut; mais *il s'en faut bien* qu'il *ne* le *fasse*.   (FÉNELON.)

Il s'en faut bien que mon affaire avec M. Tronchin *ne soit* faite.

EXERCICE PHRASÉOLOGIQUE.

Il s'en faut bien que...   Il s'en fallait peu que...   Il s'en faut beaucoup que...   Tant s'en faut que...
Combien s'en faut-il que...   S'en faut-il de beaucoup que...   Peu s'en faut que...   Il ne s'en faut pas beaucoup que...

N° DCXCII.

Avant que, sans que.

Avant que, non suivi de NE.

PROSATEURS.

L'Écriture nous fait voir la terre revêtue d'herbes et de toutes sortes de plantes *avant que* le soleil *ait été* créé.   (BOSSUET.)

Avant que les nations *fussent* converties, tout n'était pas accompli.   (PASCAL.)

Combien de siècles se sont écoulés *avant que* les hommes *aient* pu revenir au goût des anciens!   (LA BRUYÈRE.)

L'on est mort *avant qu'*on *ait* aperçu qu'on devait mourir.   (FLÉCHIER.)

POÈTES.

Vertueuse Zaïre, *avant que* l'hyménée
Joigne à jamais nos cœurs et notre destinée,
J'ai cru, sur mes projets, sur vous, sur mon amour,
Devoir en musulman vous parler sans détour.
   (VOLTAIRE.)

   La guerre et la victoire
Nous ont longtemps unis par les nœuds de la gloire,
Avant que tant d'honneurs sur ma tête amassés
Traînassent après moi des cœurs intéressés.   (*Id.*)

Je veux pourtant songer à mettre ordre à mon bien,
*Avant qu'*un prompt trépas m'en ôte le moyen.
   (REGNARD.)

Les premiers hommes, *avant qu*'un culte impie se *fût* taillé des divinités de bois et de pierre, adorèrent le même Dieu que nous adorons.
(Massillon.)

Adraste et ses soldats descendirent *avant qu'on pût* les reconnaître.
(Fénelon.)

Le roi voulut voir ce chef-d'œuvre *avant même qu'il fût* achevé.
(Voltaire.)

Avant que l'action *fût* terminée, quelques Thébains, à ce qu'on prétend, se rendirent aux Perses.
(Barthélemy.)

Il fut des citoyens *avant qu'il fût* des maîtres.
(Voltaire.)

Avant que sa fureur *ravageât* tout le monde,
L'Inde se reposait dans une paix profonde.
(Racine.)

Et le Rhin de ses flots ira grossir la Loire
Avant que tes faveurs *sortent* de ma mémoire.
(Boileau.)

Avant que le sommeil te *ferme* la paupière,
Sur tes œuvres du jour porte un regard sévère.
(Lefranc de Pompignan.)

Sans que, non suivi de ne.

PROSATEURS.

Tout le monde dit d'un fat qu'il est un fat, et personne n'ose le lui dire à lui-même : il meurt sans le savoir et *sans que* personne se *soit* vengé.
(La Bruyère.)

Quiconque est vivement ému voit les choses d'un autre œil que les autres hommes. Tout est pour lui objet de comparaison rapide et de métaphore, *sans qu'il* y *prenne* garde.
(Voltaire.)

Toutes les créatures paraîtront devant Dieu comme le néant, *sans qu'il* y *ait* entre elles de prérogatives que celles que la vertu y aura mises.
(Montesquieu.)

Raoul, comte d'Eu et de Guines, accusé d'intelligence avec les Anglais, est décapité, *sans qu'on observe* les formes de procédure.
(Hénault.)

POËTES.

La Castille du moins n'aura pas la victoire,
Sans que nous *essayions* d'en partager la gloire.
(Molière.)

Eh! peut-on être heureux *sans qu'il* en *coûte* rien?
(Lafosse.)

Le sort de votre époux est déjà trop horrible,
Sans que de nouveaux traits venant me déchirer,
Vous me *donniez* encor votre mort à pleurer.
(Voltaire.)

Vous pouvez maintenant, *sans que* l'on vous *punisse*,
Vous retirer chez vous, et quitter le service.
(Regnard.)

Tous les fleuves du monde entrent au sein des mers.
Sans que leurs flots unis *ravagent* l'univers.
(Lefranc de Pompignan.)

Généralement, après les locutions conjonctives *avant que*, *sans que*, il ne faut pas exprimer la particule *ne*, ainsi que le prouvent les nombreux exemples qui précèdent, et que nous aurions pu multiplier à l'infini. Il est vrai cependant que de bons écrivains ont aussi fait usage de cette négation ; mais les exemples qu'on rencontre de cet emploi abondent si peu, qu'ils sont en comparaison de ceux où *ne* est supprimé, dans la proportion de un à cent. L'usage milite donc en faveur des exemples où les écrivains n'expriment jamais la négation. Voici néanmoins les seuls que nous ayons trouvés avec *ne*; ils ont pour eux des autorités respectables :

Avant que suivi de *ne*.

Nous avons beau leur représenter que nous étions paisibles possesseurs des Tuileries vingt ans *avant qu'ils ne fussent* au monde : je crois qu'ils nous en chasseront à la fin.
(Montesquieu.)

J'irai vous voir *avant que* vous *ne preniez* aucune résolution.
(Mme de Sévigné.)

Il me paraît que les volontés de M. Fouquet sont si ambulatoires, qu'il ne vaut pas la peine de rien *avant qu'elles ne soient* fixées.
(Barthélemy.)

A peine chacun se contient dans l'attente du signal. Hâtez-vous de le donner vous-même, *avant que* vos trompettes *ne* vous *échappent* et *ne* le *donnent* malgré vous.
(Marmontel.)

L'ysatis, moins fort, mais beaucoup plus léger que le glouton, lui sert de pourvoyeur : celui-ci le suit à la chasse, et souvent lui enlève sa proie *avant qu'il ne* l'*ait* entamée ; au moins il la partage.
(Buffon.)

Sans que suivi de *ne*.

Grâce au ciel, chère cousine, vous voilà rétablie. Mais ce n'est pas *sans que* votre silence et celui de M. G., que j'avais instamment prié de m'écrire un mot à son arrivée, *ne* m'*ait* causé bien des alarmes.
(J.-J. Rousseau.)

Je n'ai jamais entendu ce chant grave et pathétique entonné par les prêtres et répondu affectueusement par une infinité de voix d'hommes et de femmes, de jeunes filles et d'enfans, *sans que* mes entrailles *ne* s'en *soient* émues, *n'*aient tressailli, et que les larmes *ne* m'en *soient* venues aux yeux.
(Diderot.)

Elle ne voyait aucun être souffrant *sans que* son visage *n'exprimât* la peine qu'elle en ressentait.
(Bern. de Saint-Pierre.)

Il ne m'est jamais arrivé de passer devant les habitants de Neufchâtel *sans que*, petits et grands, ils *ne* m'*aient* prévenu d'un salut.
(Raoul-Rochette.)

Laveaux et quelques autres grammairiens pensent qu'on doit faire usage de *ne* après *avant que*; toutes les fois qu'il y a un doute sur la réalité de l'action exprimée par le verbe qui suit *avant que* : cette opinion est partagée par Boniface. Suivant ce grammairien, on doit dire sans *ne* : *Rentrons* AVANT QU'*il* FASSE *nuit*, parce qu'il est certain qu'il fera nuit; et avec *ne*, *rentrons* AVANT QU'*il ne pleuve*, parce qu'il n'est pas certain qu'il pleuvra. C'est là une doctrine beaucoup plus subtile que vraie, selon nous; car nous avouons en toute humilité que, dans les deux cas cités, nous ne voyons aucune idée de doute; au contraire, l'action exprimée par le verbe qui suit *avant que* est une action qui, pour se réaliser postérieurement à une autre, n'en doit pas moins toujours avoir lieu : ce qui le prouve, c'est que l'on dira affirmativement : *Rentrons avant qu'il pleuve*; et s'il y avait réellement doute : *Rentrons* DE PEUR QU'*il ne pleuve*. Avec *avant*, on voit que la pluie doit nécessairement tomber, et avec *de peur que*, il n'est pas sûr qu'elle tombe. La doctrine de Boniface et des autres grammairiens sur l'emploi de *ne* dubitatif après *avant que* est donc entièrement fausse, et les exemples que nous avons rapportés ne peuvent non plus servir ni à l'asseoir ni à la justifier. Il faut s'en tenir seulement à ce que nous avons dit en commençant : N'employer jamais *ne* après *avant que*, parce qu'en effet c'est là l'usage le plus constant.

Quant à *sans que* suivi de *ne*, Boniface en rend compte ainsi par l'analyse : « *Je ne pouvais parler* SANS QU'*il* NE *m'interrompît*; c'est-à-dire je ne pouvais parler sans ceci : *Il ne m'interrompît pas sans sa non interruption.*

Le *sans* et le *ne* se détruisent et équivalent à une affirmation, ce qui d'abord paraît bizarre, mais ce qui n'en est pas moins vrai, malgré le ridicule jeté par Lemare sur cet axiome : *Deux négations valent une affirmation.* »

Quoi qu'il en soit, les exemples où *ne* n'est pas exprimé après *sans que* nous paraissent beaucoup plus rationnels, beaucoup plus logiques. Que signifie *sans que*? Cette expression signifie *sinon que, si ce n'est que : je ne partirai pas* SANS QUE *vous veniez*, c'est-à-dire *sinon que vous veniez, si ce n'est que vous veniez*. Comme après *sinon que, si ce n'est que*, on ne met jamais *ne*, il s'ensuit qu'on ne doit pas le mettre davantage avec *sans que*, qui est pour *que ne*; ainsi que cela paraît démontré jusqu'à la dernière évidence dans les exemples comparatifs qui suivent :

Sans que.

Vous conviendrez que je ne pouvais obtenir l'aveu du conseil, *sans que* mon ouvrage *fût examiné*.
(J.-J. ROUSSEAU.)

Hélas! nous ne pouvons un moment arrêter les yeux sur la gloire de la princesse, *sans que* la mort s'y mêle aussitôt pour tout offusquer de son ombre.
(BOSSUET.)

Que ne.

Je ne vous quitte point,
Seigneur, *que* mon amour *n'ait* obtenu ce point.
(CORNEILLE.)

Je ne saurais faire un pas seulement, *que* je ne l'aie aussitôt à mes trousses. (MOLIÈRE.)

Je ne saurais voir d'honnêtes pères chagrinés par leurs enfants, *que* cela *ne* m'émeuve.
(MOLIÈRE.)

EXERCICE PHRASÉOLOGIQUE.

Avant qu'il vienne.
Sans qu'il parle.

Avant qu'il sorte.
Sans qu'il pleure.

Avant qu'il meure.
Sans qu'il se fâche.

Avant qu'il soit né.
Sans qu'il y mette obstacle.

N° DCXCIII.

A moins que, de peur que, de crainte que.

A moins que.

Il sera difficile désormais qu'il s'élève des génies nouveaux, *à moins que* d'autres mœurs, une autre sorte de gouvernement, *ne* donnent un tour nouveau aux esprits.
VOLTAIRE.

Un amant toujours rebuté par sa maîtresse l'est toujours aussi par le spectateur, *à moins qu'il ne* respire la fureur de la vengeance. (VOLTAIRE.)

Quel indigne plaisir peut avoir l'avarice?
Et que sert d'amasser, *à moins qu'*on *ne* jouisse?
(BOURSAULT.)

Un homme en vaut un autre, *à moins que*, par malheur,
L'un d'eux *n'*ait corrompu son esprit et son cœur.
(DESTOUCHES.)

De peur que.

Combien de fois a-t-on vu des hommes publics faire échouer des entreprises glorieuses à l'État, *de peur que* la gloire *n'*en rejaillît sur leurs rivaux.
(MASSILLON.)

Laisse en paix ton cheval vieillissant,
De peur que, tout d'un coup, efflanqué, sans haleine,
Il *ne* laisse en tombant son maître sur l'arène.
(BOILEAU.)

Ne jetez pas, dit Jésus, les perles devant les pourceaux, *de peur qu'*ils *ne* les foulent aux pieds, et que se tournant contre vous, ils *ne* vous déchirent.
(BERN. DE SAINT-PIERRE.)

J'évite sa présence,
*De peur qu'*en le voyant, quelque trouble indiscret
Ne fasse avec mes pleurs échapper mon secret.
(RACINE.)

De crainte que.

Clarice le prie de parler plus bas, *de crainte que* son père *ne* l'entende. (VOLTAIRE.)

Plutarque dit que les Grecs, ce peuple si sensible, frémissaient *de crainte que* le vieillard qui devait arrêter le bras de Mérope *n'*arrivât pas assez tôt.
(VOLTAIRE.)

Le seul avantage de la noblesse, c'est de ne pas manquer d'exemples dans sa maison, et d'être dans la nécessité de les imiter, *dans la crainte de ne pas* être reconnu pour légitime héritier.
(Pensée de PÉTRARQUE.)

Les locutions conjonctives *à moins que, de peur que, de crainte que*, disent MM. Noël et Chapsal, veulent toujours après elles la négation *ne* : A MOINS QUE vous NE lui parliez, DE PEUR QU'on NE vous trompe, etc. Cette règle est trop absolue; et si MM. Noël et Chapsal l'ignorent, nous leur dirons qu'en poésie, les écrivains sont en possession de supprimer la négative quand elle gêne la mesure. «Autrement, s'écrie Voltaire, il n'y aurait pas de poésie possible; il faudrait renoncer à faire des vers!» Voici quelques passages où les poètes n'ont pas exprimé la particule *ne* :

*A moins qu'*à nos projets un plein effet réponde.
(CORNEILLE.)

De peur que ma présence encor soit criminelle,
Je te laisse. (MOLIÈRE.)

Sois donc prêt à frapper, *de peur qu'*on nous prévienne.
(VOLTAIRE.)

Si j'ai besoin de vous, *de peur qu'*on me contraigne,
J'ai besoin que le roi, qu'elle-même me craigne.
(CORNEILLE.)

Nous défions MM. Noël et Chapsal de condamner cette phrase de Voltaire : *C'est une règle assez générale qu'un vers héroïque ne doit guère finir par un adverbe*, A MOINS QUE *cet adverbe* SE FASSE *à peine remarquer comme adverbe*. Bien que cet exemple soit en prose, bien que la négative soit supprimée, la phrase est pourtant correcte; il y a plus : ce serait une véritable faute d'exprimer la négation, et la raison en est que l'expression adverbiale *à peine* modifiant le verbe *fasse*, s'oppose à l'introduction de la particule *ne* dans la phrase; c'est ce qui aurait également lieu s'il y avait *peu* ou tout autre terme équivalent. Avant donc de poser des règles, il faut étudier les faits.

EXERCICE PHRASÉOLOGIQUE.

A moins que.   De peur que.   De crainte que.   Dans la crainte que.

N° DCXCIV.

Autre, tout autre, tout autrement que, plutôt que, plus tôt que.

Tout autre que, etc.
On se voit d'un *autre* œil qu'on *ne* voit son prochain.
(LA FONTAINE.)

Plutôt que.
Nous avons en France des tragédies estimées qui sont *plutôt* des conversations *qu'*elles *ne* sont la représentation d'un événement. (VOLTAIRE.)

Il semble qu'il y ait en nous plusieurs hommes, puisque souvent chacun de nous pense et agit aujourd'hui *tout autrement* qu'il *ne* le faisait hier.
(Cité par NOEL.)

La joie de faire du bien est *tout autrement* douce que *ne* l'est celle de le recevoir. (*Id.*)

On dompte la panthère *plutôt* qu'on *ne* l'apprivoise.
(BUFFON.)

Chacun s'égare, et le moins imprudent
Est celui-là qui *plus tôt* se repent. (VOLTAIRE.)

Après les expressions *autre, autrement, tout autre, tout autrement, plutôt que, plus tôt que*, on exprime la négation *ne* dans la proposition subordonnée (1), à moins que la première proposition ne soit négative : *N'agissez pas* AUTREMENT QUE *vous parlez; nous n'avons pas* PLUS TÔT *fait une chose* QUE *nous en* FAISONS *une autre*, etc.

EXERCICE PHRASÉOLOGIQUE.

Autre.   Tout autre.   Autrement.   Tout autrement.   Plutôt que.   Plus tôt que.

DE LA PLACE DES ADVERBES.

N° DCXCV.

CONSTRUCTION DES ADVERBES.

AVANT LE VERBE.

Bien *souvent* dans les camps un soldat honoré
Rampe à la cour des rois et languit ignoré.
(VOLTAIRE.)

Toujours la tyrannie *a* d'heureuses prémices.
(RACINE.)

... *Aujourd'hui*
On *passe* sur l'honnête, et l'on songe à l'utile.
(DESTOUCHES.)

... Je sais mépriser ces vains droits de noblesse,
Que la force *autrefois conquit* sur la faiblesse.
(CHÉNIER.)

S'il se faut *quelquefois défier* quand on aime,
C'est de tout ce qui peut, dans le cœur alarmé,
Soulever des soupçons contre l'objet aimé.
(PIRON.)

Le ciel *parfois seconde* un dessein téméraire,
Et l'on sort comme on peut d'une méchante affaire.
(MOLIÈRE.)

... Un traître *jamais* ne *doit* être imité.
(LEFRANC.)

Cela est *heureusement exprimé*. (LAVEAUX.)

Lorsque, dans la pièce anglaise, Orosmane vient annoncer à Zaïre qu'il croit ne la *plus aimer*, Zaïre lui répond en se roulant par terre. (VOLTAIRE.)

APRÈS LE VERBE.

Le Dieu que nous servons est un Dieu de bonté;
Mais dans les livres saints s'il prêche l'indulgence,
Il *commande souvent* la guerre et la vengeance.
(CHÉNIER.)

Le succès *fut toujours* un enfant de l'audace.
(CRÉBILLON.)

Il *arrive aujourd'hui* à midi. (ACADÉMIE.)

Cela se *pratiquait autrefois*, mais aujourd'hui on en use *autrement*. (*Id.*)

Le témoin le plus vil et les moindres clartés
Nous *montrent quelquefois* de grandes vérités.
(VOLTAIRE.)

On se *lasse parfois* d'être femme de bien.
(MOLIÈRE.)

Un roi ne *sait jamais* s'il a de vrais amis.
(BOURSAULT.)

Cela est *exprimé heureusement*. (LAVEAUX.)

Protésilas ne pouvant souffrir que je ne crusse pas tout ce qu'il me disait contre son ennemi, prit le parti de ne m'en *parler plus*. (FÉNELON.)

La construction des adverbes ne présente guère de difficulté qu'aux étrangers; c'est en général la clarté, le goût, l'élégance et l'harmonie qui décident de la place qu'ils doivent occuper dans le discours. En effet, on voit que *souvent, toujours, aujourd'hui, autrefois*, etc., se mettent avant ou après le verbe.

---

(1) La Bruyère a néanmoins supprimé la négation dans cette phrase : *Il est incapable de s'imaginer que les grands pensent* AUTREMENT *de sa personne qu'il* FAIT *lui-même.*

Toujours je vous aimerai. — Je vous aimerai toujours. — Autrefois j'étais aimé. — J'étais aimé autrefois.

N° DCXCVI.

CONSTRUCTION DE *non seulement, mais encore.*

Non seulement L'ÉGLISE SECOURAIT ses enfants, ELLE VEILLAIT ENCORE sur les infortunés d'une religion ennemie. (CHATEAUBRIAND.)

Non seulement ON S'ESTIME avant tout, *mais* ON ESTIME *encore* toutes les choses que l'on aime. (VAUVENARGUES.)

Non seulement ON OBÉIT à un sage roi, *mais* ON AIME à lui obéir. (FÉNELON.)

Mentor, *non seulement* FERME ET COURAGEUX, *mais* DOUX ET TRANQUILLE, semblait commander aux vents et à la mer. (FÉNELON.)

Mentor parut dans ce danger *non seulement* FERME ET INTRÉPIDE, *mais* PLUS GAI qu'à l'ordinaire. (*Id.*)

La patience est *non seulement* NÉCESSAIRE, *mais* UTILE. (DIDEROT.)

Non seulement doit précéder la partie de la phrase mise en rapport avec celle qui suit *mais encore*, comme dans les exemples qui précèdent. Dans la première colonne, *non seulement* est suivi d'un verbe, *mais* doit être suivi d'un autre verbe. Dans la seconde, *non seulement* est suivi d'adjectifs, *mais* par conséquent doit être aussi suivi d'adjectifs. Ce serait donc mal s'exprimer que de dire : *L'Eglise secourait* NON SEULEMENT *ses enfants*, MAIS *elle veillait* ENCORE, etc. ; *on s'estime* NON SEULEMENT *avant tout*, MAIS *on estime*, etc.

EXERCICE PHRASÉOLOGIQUE.

Non seulement bon, mais humain. — Non seulement il l'aimait, mais encore il l'estimait.

DES ADVERBES

EMPLOYÉS DANS LES COMPARAISONS.

N° DCXCVII.

MOTS AU MOYEN DESQUELS S'EXPRIMENT LES COMPARAISONS D'ÉGALITÉ.

POUR LA MANIÈRE.

L'activité est *aussi* nécessaire au bonheur *que* l'agitation lui est contraire. (DE LÉVIS.)

Rien ne doit être *si* sacré aux hommes *que* les lois destinées à les rendre bons, sages et heureux. (FÉNELON.)

Ainsi que la vertu, le crime a ses degrés. (RACINE.)

La loi doit être *comme* la mort, qui n'épargne personne. (MONTESQUIEU.)

Comme le soleil chasse les ténèbres, *ainsi* la science chasse l'erreur. (ACADÉMIE.)

Rien n'est à mon avis *si* trompeur que la mine ! (CAMPISTRON.)

L'oisiveté est *aussi* fatigante que le repos est doux. (DE LÉVIS.)

Il n'est rien de *si* beau que la sincérité. (DESTOUCHES.)

POUR LA QUANTITÉ OU LE NOMBRE.

Il y a *autant* de faiblesse à fuir la mode *qu'à* l'affecter. (LA BRUYÈRE.)

Souvent notre repentir n'est pas *tant* un regret du mal que nous avons fait, *qu'*une crainte de celui qui peut nous en arriver. (LA ROCHEFOUCAULD.)

Un malheureux qui en console un autre, a une éloquence d'*autant plus* puissante qu'il la puise en lui-même. (LA ROCHE.)

L'homme est d'*autant moins* pauvre qu'il désire moins. (Pensée de P. SYRUS.)

Je sais la chose mieux que vous, et d'*autant mieux que* j'en suis témoin. (ACADÉMIE.)

Autant la pitié est douce quand elle vient à nous, *autant* elle est amère, même dans ses secours, quand il faut l'implorer. (LACRETELLE aîné.)

Les exemples qui précèdent nous font voir que les expressions employées dans les comparaisons d'égalité sont, pour la manière : *aussi que, si que, ainsi que, comme, comme... ainsi;* pour la quantité et le nombre : *autant que, tant que, d'autant plus que, d'autant moins que, d'autant mieux que,* et *autant... autant.*

EXERCICE PHRASÉOLOGIQUE.

Le loup est aussi méchant que...
Le chien est si fidèle que...
Ainsi qu'une ombre la vie est...
La vie s'écoule comme...

Il y a dans cette action autant de lâcheté que...
Il n'y a pas tant de mal qu'on ne puisse...
Les peuples sont d'autant plus heureux que...
Autant sa figure est douce, autant son caractère est...

N° DCXCVIII.

Aussi, autant, SUIVIS DE *que* OU DE *comme.*

SUIVIS DE *que*.

Quand on a prétendu que rien n'était *aussi* rare *que* le génie, on avait oublié la perfection.
(LIVRY.)

L'esclave n'a qu'un maître ; l'ambitieux en a *autant* qu'il y a de gens utiles à sa fortune.
(LA BRUYÈRE.)

La vérité ne fait pas *autant* de bien dans le monde *que* ses apparences y font de mal.
(LA ROCHEFOUCAULD.)

SUIVIS DE *comme*.

Tant qu'a duré la guerre, on m'a vu constamment *Aussi* bon citoyen *comme* parfait amant.
(CORNEILLE.)

Qu'il fasse *autant* pour moi *comme* je fais pour lui.
(LE MÊME.)

Le vrai brave conserve son jugement au milieu du péril avec *autant* de présence d'esprit *comme* s'il n'y était pas. (Phrase blâmée par WAILLY.)

Jusqu'à Corneille et Molière, on pouvait faire usage de *que* ou de *comme* après les adverbes *autant, tant, aussi, si;* mais aujourd'hui il n'est plus permis de se servir de *comme* pour lier deux termes d'une comparaison ; il faut employer *que* : elle a AUTANT d'esprit QUE vous ; il n'est pas AUSSI savant QUE vous, etc. En effet, le mot *aussi* fait assez sentir la comparaison d'égalité. AUSSI bon citoyen COMME fidèle amant est une construction italienne tout-à-fait tombée en désuétude parmi nous.

EXERCICE PHRASÉOLOGIQUE.

Je suis aussi heureux que vous.
L'éléphant est aussi doux qu'il est fort.

Je vous aime autant que vous m'aimiez.
Personne n'a autant de bonheur que vous.

N° DCXCIX.

Si ET *aussi.*

AVEC *aussi*.

De la philosophie à l'impiété, il y a *aussi* loin *que* de la religion au fanatisme. (DIDEROT.)

Les athées sont de très-mauvais raisonneurs, et leur malheureuse philosophie est aussi *dangereuse* qu'absurde. (BOISTE.)

L'Allemagne est *aussi* peuplée *que* la France.
(WAILLY.)

Je fuis les oisifs des villes, gens *aussi* ennuyés qu'ennuyeux. (J.-J. ROUSSEAU.)

AVEC *si*.

Les agneaux de la première portée ne sont jamais *si* bons *que* ceux des portées suivantes. (BUFFON.)

Les chevaux turcs ne sont jamais *si* bien proportionnés *que* les barbes. (*Id.*)

En s'approchant des plus grands hommes, on s'étonne de les trouver *si* petits. (BOISTE.)

Regarder les excès des passions comme des maladies est d'un effet *si* salutaire, *que* cette idée rend inutiles tous les sermons de morale. (*Id.*)

On emploie *aussi* dans les phrases positives et *si* dans les phrases négatives. Cependant rien n'empêche de se servir de *aussi* dans ce dernier cas : *Il faut que la terre ait été cultivée pour que la population* N'*ait pas été* AUSSI *grande* QU'ON *le suppose*. (CONDILLAC.)

Dans les deux derniers exemples de la seconde colonne on apprend que *si* s'emploie dans les phrases positives quand il a la signification de *tant, tellement*.

EXERCICE PHRASÉOLOGIQUE.

Vos maximes sont aussi fausses que dangereuses.
Cet avis est aussi celui de tout le monde.
La France est aussi éclairée que l'Angleterre.

Mes raisons n'étaient pas si absurdes qu'il le disait.
La Russie n'est pas si avancée que les autres pays.

Son langage n'était déjà pas si modéré.
Les hommes ne sont pas si méchants.
Ce fut si vrai qu'il fut persuadé.

N° DCC.

Aussi ET *autant*.

AVEC *aussi*.

L'âne est de son naturel *aussi humble, aussi patient, aussi tranquille, que* le cheval est fier, ardent, impétueux. (BUFFON.)

Aussi intrépide que son maître, le cheval voit le péril et l'affronte. (Id.)

Un athée qui serait raisonneur et puissant, serait un fléau *aussi funeste qu'*un superstitieux sanguinaire. (VOLTAIRE.)

La probité est *aussi rarement* d'accord avec l'intérêt, *que* la raison avec la passion. (SANIAL DUBAY.)

Quand la vérité n'offense personne, elle devrait sortir de notre bouche *aussi naturellement que* l'air que nous respirons. (STANISLAS.)

Le nom de la vertu sert à l'intérêt *aussi utilement que* le vice. (LA ROCHEFOUCAULD.)

AVEC *autant*.

Il faut *autant* de discrétion pour donner des conseils, *que* de docilité pour les recevoir. (LA ROCHE.)

Chacun tourne en réalités,
*Autant qu'*il peut, ses propres songes. (LA FONTAINE.)

Les lois sont *faites* pour secourir les citoyens *autant que* pour les intimider. (VOLTAIRE.)

Cornélius Népos, auteur *ancien et judicieux autant qu'élégant*, ne veut pas que l'on doute de la date du décret d'Artaxerxe, après l'autorité de Thucydide. (BOSSUET.)

Un certain Grec disait à l'empereur Auguste,
Comme une instruction *utile autant que juste*,
Que lorsqu'une aventure en colère nous met,
Nous devons avant tout dire notre alphabet,
Afin que dans ce temps la bile se tempère.

Aussi se joint aux adjectifs et aux adverbes : *aussi humble, aussi rarement*. *Autant* se construit particulièrement avec les noms, les verbes et les participes : *autant de discrétion, chacun tourne autant*, etc.; *les lois sont faites autant*, etc. Quand il est joint à deux adjectifs, on le met, en prose (1), toujours entre les deux : *judicieux autant qu'élégant*, et cette tournure a plus de force que *aussi judicieux qu'élégant*, par la raison déjà connue que *aussi* n'exprime que la qualité, tandis que *autant* implique une idée de quantité.

EXERCICE PHRASÉOLOGIQUE.

Soyez un homme aussi savant que modeste.
Il faut étudier aussi longtemps que l'on peut.
Il se présenta aussi galamment qu'un chevalier.
Soyons aussi charitables qu'on le prescrit.
Sois aussi juste qu'humain.

Il y avait autant d'épines que de fleurs.
Il faut autant nous cacher que nous sauver.
Vous êtes autant aimée qu'estimée.
Homme crédule autant que confiant.
Écrivain habile autant que modeste.

---

(1) Nous disons en prose, car en poésie cette règle peut n'être pas suivie, comme le prouvent ces vers de Racine, où *autant* est employé pour *aussi*, afin d'éviter l'hiatus :

Passons chez Octavie, et donnons-lui le reste
D'un jour *autant heureux* que je l'ai vu *funeste*.

N° DCCI.

Autant ET *tant.*

AVEC *autant*.

Avec aussi peu de raison qu'en ont les hommes, il leur faut *autant* de préjugés *qu'*ils sont accoutumés d'en avoir. (Fontenelle.)

L'amour-propre fait peut-être *autant* de tyrans *que* l'amour. (Imbert.)

Pour être philosophe, il ne suffit pas d'en usurper le nom ; il faut le justifier par les vertus *autant que* par les lumières. (Labouisse.)

La pauvreté est le plus grand des maux qui soient sortis de la boîte de Pandore, et l'on hait *autant* l'haleine d'un homme qui n'a rien, *que* celle d'un pestiféré. (Saint-Évremont.)

Ah ! que devient des rois la majesté sacrée,
Si leur foi ne peut pas rassurer les mortels,
Si leur trône n'est pur *autant que* les autels ?
(Houd. de la Mothe.)

AVEC *tant*.

Toute espèce de luxe est un crime envers la société, *tant qu'*il existe un homme dans le besoin. (D'Alembert.)

*Tant qu'*on peut se parer de son propre mérite, on n'emploie point celui de ses ancêtres. (Saint-Évremont.)

Il y a *tant* de bassesse dans la plupart des louanges, *qu'*elles avilissent plus ceux qui les donnent, qu'elles n'honorent ceux qui les reçoivent. (De Lévis.)

Rien ne pèse *tant qu'*un secret :
Le porter loin est difficile aux dames ;
Et je sais même sur ce fait
Bon nombre d'hommes qui sont femmes.
(La Fontaine.)

Il n'y a rien qui exhorte *tant* à savoir bien mourir *que* de n'avoir point de plaisir à vivre. (Voiture.)

Les deux premiers exemples de la première colonne montrent que dans les comparaisons on se sert de *autant* devant les substantifs, quand on veut exprimer *un aussi grand nombre de* : autant de préjugés que..., c'est-à-dire *un aussi grand nombre de préjugés que...* Dans les trois derniers, le mot *autant*, modifiant les adjectifs ou les verbes, signifie : A UN DEGRÉ AUSSI GRAND QUE : *L'on hait l'haleine d'un homme qui n'a rien* AUTANT QUE... est pour *l'on hait l'haleine d'un homme qui n'a rien* A UN DEGRÉ AUSSI GRAND QUE...

On doit employer *tant*, comme dans les deux premiers exemples de la seconde colonne, lorsqu'on veut énoncer une sorte de durée, et que l'adverbe comparatif a le sens de AUSSI LONGTEMPS QUE : TANT QU'*on peut se parer*,... c'est pour AUSSI LONGTEMPS QU'*on peut se parer*. Dans les trois autres citations *tant* est pris dans l'acception de *tellement*, *à un tel point* : *Rien ne pèse* TANT *qu'un secret*, c'est-à-dire *à un tel point*.

EXERCICE PHRASÉOLOGIQUE.

Je lui donnai autant de coups qu'il en méritait.
On lui laissa manger autant de fruits qu'il voulut.
Je vous aime autant que je puis.
Soyez franc autant qu'un honnête homme doit l'être.

Je lui donnai tant de coups qu'il en est mort.
On lui laissa manger tant de fruits qu'il tomba malade.
Je vous aimerai tant que vous serez aimable.
Soyez franc tant que vous vivrez.

N° DCCII.

EMPLOI DE *si* ET DE *tant*.

Si.

Il n'y a point d'homme *si vicieux qu'*il ne possède quelque bonne qualité. (La Mothe le Vayer.)

Les hommes sont en général *si* fourbes, *si* envieux, *si* cruels *que* quand on en trouve un qui n'a que de la faiblesse, on est trop heureux. (Voltaire.)

Tant.

Rien ne *persuade tant* les gens *que* ce qu'ils n'entendent pas. (De Retz.)

On n'est heureux ni riche, *tant qu'*on s'efforce de l'être davantage. (Fiévée.)

L'amour n'est pas si despote que l'amour-propre. On ne va jamais *si loin que* lorsqu'on ne sait où l'on va. (DE RETZ.)

Il n'y a *si petit* état qui ne puisse nourrir un grand homme. (BERN. DE SAINT-PIERRE.)

Rien *n'empêche tant* d'être naturel *que* l'envie de le paraître. (LA ROCHEFOUCAULD.)

... Je ne *hais* rien *tant* que les contorsions
De tous ces grands faiseurs de protestations. (MOLIÈRE.)

Dans les exemples qui précèdent, *si* et *tant* ont absolument la même valeur, le même sens, puisqu'ils signifient tous deux *tellement*; mais il y a cette différence entre eux, que *si* modifie toujours les adjectifs et les adverbes, tandis que *tant* ne peut jamais modifier que les verbes. En poésie, cependant, on trouve quelquefois des adjectifs modifiés par *tant*:

La fortune est comme les belles :
Acceptons ses faveurs, *tant légères* soient-elles. (JAUFFRET.)

C'est ce qui nous prouve qu'on ne saurait asseoir en rien des règles absolues (1).

EXERCICE PHRASÉOLOGIQUE.

Personne n'est si sage que...
Vous n'êtes pas si méchant que...
Vous n'êtes pas si ambitieux que...

Il vous estime tant que...
Il fit tant que...
Il le persuada tant que...

N° DCCIII.

EMPLOI DE ainsi que, aussi que ET DE comme.

I.

Ainsi que.

Les vertus devraient être sœurs,
Ainsi que les vices sont frères. (LA FONTAINE.)

Pélagie d'Antioche était d'une grande beauté, *ainsi que* sa mère et ses sœurs. (CHÂTEAUBRIAND.)

Comme.

Pour grands que soient les rois, ils sont ce que nous [sommes;
Ils peuvent se tromper *comme* les autres hommes. (CORNEILLE.)

Le matin de la vie est *comme* le matin du jour, plein de pureté, d'images et d'harmonies. (CHÂTEAUBRIAND.)

II.

Aussi que.

Le roi est *aussi* intéressé *que* le peuple à l'équilibre politique. (BERN. DE SAINT-PIERRE.)

La beauté, j'en conviens, peut, quand elle est réelle,
Inspirer un amour *aussi* passager *qu'elle*. (LA CHAUSSÉE.)

Comme.

L'amitié des enfants, qu'est-ce? Pure habitude;
Vive et faible *comme* eux, tel est le cœur humain;
Aujourd'hui désolés, et consolés demain. (FABRE D'ÉGLANTINE.)

L'amour rend, *comme* un autre, un sage inconsé-
[quent. (LA CHAUSSÉE.)

La seule remarque que nous ayons à faire ici, c'est que *comme* peut être employé dans les comparaisons pour *ainsi que*, *aussi que*. En effet, on pourrait dire : *Les vertus devraient être sœurs* COMME *les vices; le matin de la vie est* AINSI QUE *le matin du jour. Le roi est intéressé* COMME *le peuple à l'équilibre politique : l'amour rend le sage* AUSSI *inconséquent* QU'*un autre*.

(1) Voici encore un exemple de Bernardin de Saint-Pierre où *tant* modifie un adjectif : *Les guerres,* TANT *intérieures qu'extérieures, ont eu pour première cause dans chaque état l'ambition des nobles*; mais il est vrai que *tant* n'a plus ici, comme dans les vers de Jauffret, la signification de *tellement*.

EXERCICE PHRASÉOLOGIQUE.

Elle est, ainsi que sa mère, d'une grande beauté.	Elle est, comme sa mère, d'une grande beauté.
Ainsi que la vertu, le vice a ses degrés.	Comme la vertu, le vice a ses degrés.
Il fut tout aussi généreux que lui.	Il fut généreux tout comme lui.
Il se signala aussi bien que lui.	Il se signala comme lui.

N° DCCIV.

ELLIPSE DU SECOND TERME DE LA COMPARAISON.

EXEMPLES.	ANALYSE.
Elle approche, mais en tremblant ; Une autre la suivit, une autre en fit *autant*. (LA FONTAINE.)	Une autre en fit *autant* (que la dernière avait fait); c'est-à-dire la suivit.
Hâte-toi, mon ami, tu n'as pas *tant* à vivre : Je te rebats ce mot, car il vaut tout un livre. (*Id.*)	Hâte-toi, mon ami, (car) tu n'as pas TANT à vivre que (tu crois.)
Si tu n'avais servi qu'un meunier, comme moi, Tu ne serais pas *si* malade. (*Id.*)	Tu ne serais pas SI malade (que tu l'es.)
Qui te rend *si* hardi de troubler mon breuvage? (*Id.*)	Qui te rend *si* hardi (que tu *l'es*) de troubler mon breuvage?

Du moment qu'il entre dans une phrase l'un des mots *autant*, *tant*, *si*, etc., il y a comparaison, et la comparaison n'est complète qu'autant que les deux termes qui la composent sont exprimés. Or, dans les quatre exemples cités, le besoin, la nécessité de s'énoncer brièvement a fait sous-entendre le second terme de la comparaison. L'analyse, en nous montrant le moyen de réintégrer les mots ellipsés, nous fait voir en outre que l'emploi des adverbes comparatifs est, en pareil cas, conforme aux principes que nous avons précédemment établis.

EXERCICE PHRASÉOLOGIQUE.

Si vous êtes riche, je le suis tout autant.	Dépêchez-vous, vous n'avez plus tant à faire.
Si vous m'aimiez beaucoup, je vous aimerais autant.	Vous ne pouvez l'estimer, vous le haïssez tant !
Qui diable vient si matin me déranger?	Ne sois pas si égoïste, tu ne seras pas si méchant.
Je ne veux pas que vous parliez ainsi.	Je n'aurais jamais poussé les choses aussi loin.
Pourquoi le traiter aussi mal?	Peut-on être aussi méchant !
Vous lui avez fait tant de peine !	Pourquoi tant de paroles?
Qui te rend si fier?	J'en ai autant à votre service.
La nature est si belle !	Le ciel est si pur !

N° DCCV.

DES MOTS EMPLOYÉS DANS LES COMPARAISONS DE SUPÉRIORITÉ ET D'INFÉRIORITÉ.

COMPARAISONS DE SUPÉRIORITÉ.	COMPARAISONS D'INFÉRIORITÉ.
Les actions sont *plus* sincères *que* les paroles. (Mlle DE SCUDÉRY.)	Ma gloire vous serait *moins* chère *que* ma vie ! (RACINE.)
Il est *plus* facile de faire des lois *que* de les exécuter. (NAPOLÉON.)	Les jeunes cerfs ont le bois plus blanchâtre et *moins* teint *que* les vieux. (BUFFON.)
Le pied du cerf est *mieux* fait *que* celui de la biche. (BUFFON.)	Le naufrage et la mort sont *moins* funestes *que* les plaisirs qui attaquent la vertu. (FÉNELON.)

Par ces exemples nous apprenons 1° que les mots qui servent à exprimer les comparaisons de supériorité sont *plus* ou *mieux* suivis de *que*; 2° que les comparaisons d'infériorité sont indiquées au moyen de l'adverbe *moins* également suivi de *que*. On doit observer aussi que les mots *plus*, *mieux*, *moins*, se mettent toujours devant les adjectifs.

EXERCICE PHRASÉOLOGIQUE.

Plus grand que...	Plus beau que...	Mieux dit que...	Moins pur que...
Plus petit que...	Plus doux que...	Mieux écrit que...	Moins joli que...
Plus riche que...	Plus suave que...	Vaut mieux que...	Moins poli que...

N° DCCVI.

DES DEUX TERMES DES COMPARAISONS DE SUPÉRIORITÉ ET D'INFÉRIORITÉ.

SECOND TERME ENTIÈREMENT EXPRIMÉ.

Les cerfs blancs n'étaient pas plus communs anciennement *qu'ils ne le sont* aujourd'hui. (BUFFON.)

On ne peut perdre un royaume *plus* gaîment *que vous le faites.* (BUSSY-RABUTIN.)

Les batailles sont *moins* sanglantes *qu'elles ne l'étaient.* (MONTESQUIEU.)

SECOND TERME EXPRIMÉ EN PARTIE OU TOUT-A-FAIT SOUS-ENTENDU.

Quelle main était *plus* propre à ce ministère? (FLÉCHIER.)

Il n'était sorti de la cour que pour y être *plus* accrédité et *plus* utile. (*Id.*)

L'ingratitude enlève *moins* de plaisir au bienfaiteur *qu'à l'ingrat.* (LINGRÉE.)

Le but de ces citations est de nous apprendre que dans les comparaisons de supériorité et d'infériorité le second terme peut être, selon les cas, exprimé, soit en entier, soit en partie, et quelquefois même entièrement ellipsé. En effet, il est permis de dire : 1° *On ne peut perdre un royaume* PLUS *gaîment* QUE VOUS LE FAITES; 2° *on ne peut perdre un royaume* PLUS *gaîment* QUE VOUS; 3° *on ne peut perdre un royaume* PLUS *gaîment*. Les citations de la seconde colonne sont donc elliptiques : *Quelle main était* PLUS *propre à ce ministère?* (sous-entendu) *que M. Le Tellier*; *il n'était sorti de la cour que pour y être plus accrédité et plus utile,* (sous-entendu) *qu'il ne l'était*; *l'ingratitude enlève moins de plaisir au bienfaiteur qu'à l'ingrat*, c'est pour *qu'elle n'en enlève à l'ingrat.*

EXERCICE PHRASÉOLOGIQUE.

AVEC LA CONSTRUCTION PLEINE.

Plus âgé que vous l'êtes.
Moins riche que tu l'es.
Plus savant que ne l'est un docteur.

Moins instruit que l'est à cet âge tout autre enfant.
Plus adroit que ne l'est un singe.

AVEC LA CONSTRUCTION ELLIPTIQUE.

Plus âgé que vous.
Moins riche que toi.
Plus savant qu'un docteur.

Moins instruit que tout autre enfant.
Plus adroit qu'un singe.

N° DCCVII.

RÉPÉTITION DE *plus*, DE *moins* ET DE *mieux*.

Moins on mérite un bien, *moins* on l'ose espérer. (MOLIÈRE.)

Plus on a lu, *plus* on est instruit ; *plus* on a médité, *plus* on est en état d'affirmer que l'on ne sait rien. (VOLTAIRE.)

Plus un homme a l'âme bonne, *moins* il soupçonne les autres de méchanceté. (BOISTE.)

Ah! qui versa des pleurs, tremble d'en voir couler; Et *plus* on a souffert, *mieux* on sait consoler. (DE BELLOY.)

Moins notre esprit a de lumière, *moins* il éclaire nos vertus. (BERNIS.)

Moins on a de richesse, et *moins* on a de peine; C'est posséder les biens que savoir s'en passer. (REGNARD.)

...C'est ainsi qu'un père est toujours adoré, Et que *moins* il est craint, *plus* il est révéré. (PIRON.)

Plus on connaît l'amour, et *plus* on le déteste. (QUINAULT.)

Plus j'observe ces lieux et *plus* je les admire. (*Id.*)

Lorsque l'esprit embrasse une suite d'idées croissantes ou décroissantes, *plus, moins, mieux* se répètent, non seulement par élégance, mais par nécessité.

EXERCICE PHRASÉOLOGIQUE.

Plus on lit de grammaires, plus...
Plus on a, plus...
Moins on voit de médecins, mieux...

Plus on a d'esprit, plus...
Moins on a d'esprit, moins...
Plus on est intéressé, plus...

N° DCCVIII.

Plus, moins, mieux, RÉPÉTÉS AVEC OU SANS *et.*

POÈTES.

SANS *et*.

Plus l'offenseur est cher, *plus* on ressent l'injure. (RACINE.)

Mithridate revient peut-être inexorable ;
Plus il est malheureux, *plus* il est redoutable. (*Id.*)

Plus le coupable est grand, *plus* grand est le sup- (VOLTAIRE.) [plice.

Plus on mérite de mépris,
Plus on a de penchant à mépriser les autres. (JAUFFRET.)

Plus on grandit, *plus* on devient vaurien. (FLORIAN.)

Plus on aime quelqu'un, moins il faut qu'on le (MOLIÈRE.) [flatte.

Plus le malheur est grand, *plus* il est grand de vivre. (CRÉBILLON.)

Plus il est près de quitter ce séjour,
Plus on lui trouve et d'esprit et de charmes. (GRESSET.)

Plus un lien est éclatant,
Plus son étreinte paraît dure. (F. DE NEUFCHATEAU.)

Plus un honnête homme a de cœur,
Plus d'un ennemi bas il méprise l'injure. (LENOBLE.)

AVEC *et*.

Plus l'offenseur est grand, *et plus* grande est l'of- (CORNEILLE.) [fense.

... *Plus* je vous envisage,
Et moins je reconnais, monsieur, votre visage. (RACINE.)

Plus il s'agite, *et plus* il devient laid. (VOLTAIRE.)

Plus un bonheur est extrême,
Et plus il est dangereux. (J.-B. ROUSSEAU.)

Plus j'y pense, *et plus* j'en enrage. (LA FONTAINE.)

Moins l'assemblée est grande, *et plus* elle a d'oreilles. (PIRON.)

Plus le sens est précis, *et moins* il nous échappe. (LA MOTHE.)

Plus la vie est tranquille, *et plus* sa faible trame
Échappe au ciseau d'Atropos. (BERNIS.)

Plus la fortune rit, *et plus* on doit trembler ;
Elle orne sa victime avant de l'immoler. (F. DE NEUFCHATEAU.)

Jouets de la fortune, assidus courtisans,
Examinez bien votre vie :
Plus vos fers sont dorés, *et plus* ils sont pesants. (LENOBLE.)

PROSATEURS.

Plus on a étudié la nature, *plus* on a connu son auteur. (VOLTAIRE.)

Plus les causes physiques portent les hommes au repos, *plus* les causes morales les en doivent éloigner. (MONTESQUIEU.)

Plus les hommes sont médiocres, *plus* ils mettent de soin à s'assortir. (Mᵐᵉ DE STAEL.)

Plus les devoirs sont étendus, *plus* il faut faire d'efforts pour les remplir. (MABLY.)

Plus ils s'accumulent (les hommes), *et plus* ils se corrompent. (J.-J. ROUSSEAU.)

Plus je rentre en moi, *plus* je me consulte, *et plus* je lis ces mots écrits dans mon âme : Sois juste, et tu seras heureux. (*Id.*)

Plus les hommes seront éclairés, *et plus* ils seront libres. (VOLTAIRE.)

Plus je lis La Fontaine, *plus* je l'admire, *et plus* je le crois inimitable. (MARMONTEL.)

C'est ainsi que se sont exprimés et que s'expriment tous les jours encore et les poètes et les prosateurs. Après eux ne craignons donc pas de dire : PLUS *on lit Racine,* PLUS *on l'admire ;* ou bien : PLUS *on lit Racine,* ET PLUS *on l'admire.* Que les grammairiens s'enrouent, si tel est leur plaisir, à répéter, après d'Olivet, que l'emploi de *et* dans cette dernière phrase est une faute grave. *Scriptores dixerunt* (les écrivains l'ont dit), leur répondrons-nous, et force leur sera bien, à eux si chétifs et si nuls, de mettre fin à leurs cris, et de s'humilier, comme nous, devant ces arbitres souverains.

En vérité, nous ne concevons pas comment d'Olivet a pu s'oublier *logiquement* au point de dire à Racine qu'il lui aurait suffi d'un peu de logique pour comprendre que la conjonction *et* se trouve de trop dans ces vers :

Plus je vous envisage,
Et moins je reconnais, monsieur, votre visage.

La saine idéologie, au contraire, d'accord avec les faits, prouve que l'idée exige l'emploi de cette conjonction, et que lorsqu'elle n'est pas exprimée, elle est sous-entendue.

En effet, de ce que je dis : *Vous le suivez,* ET *il vous fuit*, ne puis-je pas, ou plutôt ne dois-je pas dire : *Plus vous le suivez,* ET *plus il vous fuit?* La conjonction *et* que j'emploie avec le positif, pourquoi ne l'exprimerais-je pas au comparatif? Analysons cette phrase, et nous aurons : *Vous le suivez plus qu'à l'ordinaire,* ET *par cela même il vous fuit plus qu'il ne le fait habituellement;* ou bien : *Vous le suivez plus que vous ne le feriez s'il ne vous fuyait pas,* ET *il vous fuit plus qu'il ne le ferait si vous ne le suiviez pas.*

De toute manière *et* est nécessaire, et faire un crime aux écrivains de s'en être servis, c'est leur reprocher d'avoir été trop corrects, c'est avouer qu'on ne s'est jamais rendu compte du sens précis des phrases où il se trouve; en un mot, c'est prouver qu'on manque de logique.

EXERCICE PHRASÉOLOGIQUE.

Plus on a d'argent, plus...
Plus on a d'amis, moins...
Moins on a de fortune, moins...

Plus on a d'argent, et plus...
Plus on a d'amis, et moins...
Moins on a de fortune, et moins...

N° DCCIX.

DES COMPARAISONS ENTRE DES ÊTRES OU DES OBJETS DE GENRE DIFFÉRENT.

EXEMPLES.

La LOI même est souvent moins *forte* que l'USAGE. (ARNAULT.)

L'AME des femmes coquettes n'est pas moins *fardée* que leur VISAGE. Il y a de l'artifice en toutes leurs paroles et dans la plupart de leurs actions, mais surtout dans leurs larmes. (WAILLY.)

L'HONNEUR est plus *puissant*, plus *sacré* que la LOI. (VOLTAIRE.)

L'EXÉCUTION de mauvaises lois est moins *dangereuse* que l'ARBITRAIRE. (BOISTE.)

Fille de l'honneur, l'ESTIME n'est pas moins *délicate* que son PÈRE; un rien la blesse; un rien la fait mourir. (SANIAL DUBAY.)

Vaugelas croyait qu'un homme ne pouvait dire à une femme : *Je suis plus vieux que vous; je suis moins grand que vous;* ni une femme à un homme : *Je suis plus petite que vous; je serai plus tôt revenue que vous;* parce que *vieux* et *grand*, masculins, ne peuvent s'appliquer à la femme, et que *petite* et *revenue*, féminins, ne sauraient s'appliquer à l'homme.

L'oracle de l'hôtel de Rambouillet aurait donc condamné les citations précédentes, en ce que les comparaisons sont faites entre la *loi* et l'*usage*, l'*ame* et le *visage*, l'*honneur* et la *loi*, l'*exécution* et l'*arbitraire*, l'*estime* et son *père*, tous noms de genre différent?

C'est pousser, comme on voit, un peu loin le scrupule; aussi ne doit-on pas s'étonner que l'usage n'ait tenu aucun compte de la remarque excessivement minutieuse du sieur de Vaugelas. Nouvelle preuve de l'impuissance des grammairiens.

EXERCICE PHRASÉOLOGIQUE.

L'usage est plus puissant que la syntaxe.
Cet arbre est plus élevé que cette montagne.
Le caillou est plus dur que la pierre.

Cette canne est plus haute que toi.
Ce cheval est plus beau que cette jument.
La vertu est plus précieuse que l'or.

N° DCCX.

Mieux que, plus que, pis que, ETC., SUIVIS OU NON DE LA PRÉPOSITION *de*.

I.

AVEC *de*.

Il vaut *mieux* se flatter d'un espoir téméraire, Que de céder au sort dès qu'il nous est contraire. (CRÉBILLON.)

Mieux vaut défricher un sillon Que de bâiller dans sa cellule. (LOMBARD DE LANGRES.)

Il vaut *mieux* se taire *que de* parler mal à propos. (ACADÉMIE.)

J'aime *mieux*, s'il le faut, succomber avec gloire, Que d'avoir à rougir d'une indigne victoire. (LA HARPE.)

Vaincre ses passions, c'est *plus que de* soumettre des empires. (MARMONTEL.)

Il vaut *mieux* succomber *que de* plaider. (VOLTAIRE.)

J'aime *mieux* n'être plus *que de* vivre avili. (THOMAS.)

SANS *de*.

... Il vaut *mieux* expirer Et mourir avec toi *que* se déshonorer. (VOLTAIRE.)

Mieux vaut, tout prisé, Cornes gagner, *que* perdre ses oreilles. (LA FONTAINE.)

Se taire à propos vaut souvent *mieux que* bien parler. (TRAD. DE PLUTARQUE.)

La plupart des lecteurs aiment *mieux* s'amuser *que* s'instruire. (VOLTAIRE.)

Il vaut *mieux* déplaire à son ami que *lui* dissimuler ce qu'on a sur le cœur. (MARMONTEL.)

Celui qui aime *mieux* se faire craindre *que se* faire aimer, doit craindre tous ceux qui ne l'aiment pas. (BOISTE.)

Ma tante aimait *mieux* chanter les psaumes *que* veiller à notre éducation. (J.-J. ROUSSEAU.)

C'est à tort que les grammairiens ont avancé qu'il n'était pas permis de supprimer le *de* après *aimer mieux, valoir mieux*, etc. Les citations qui précèdent, et qu'il nous eût été si facile de multiplier, nous prouvent suffisamment le contraire. On peut donc dire également bien : *Il vaut mieux se taire que* DE *parler mal à propos*, et *il vaut mieux se taire* QUE *parler mal à propos*.

Quant au *de* qui se trouve dans les phrases de la première colonne, et qui a si fort embarrassé quelques grammairiens, Marmontel nous en donne lui-même l'analyse. Ce n'est pas inutilement, dit-il, que la préposition *de* s'est glissée entre le *que* comparatif et le verbe : elle indique une ellipse, et suppose un mot sous-entendu. Ainsi, dans cette phrase : *J'aime mieux n'être plus* QUE DE *vivre avili*, *de* fait entendre *le malheur et la honte*: *j'aime mieux le malheur de n'être plus que* LA HONTE DE *vivre avili*.

II.

Il vaut mieux *risquer de* perdre sa fortune *que de* perdre sa réputation. (MARMONTEL.)

Il vaut *mieux* risquer de perdre sa fortune *que* l'assurer par une lâcheté. (MARMONTEL.)

Dans le premier de ces exemples on a dû de toute nécessité exprimer *de* après *que*, parce que, ainsi que le fait observer très-judicieusement Marmontel, la comparaison porte sur *risquer de*. En effet, c'est comme s'il y avait : *Il vaut mieux risquer de perdre sa fortune que* (RISQUER) *de perdre sa réputation*. Il n'en est pas de même dans l'exemple opposé. Là, Marmontel a pu ne pas employer le *de*, par cette raison qu'il en a donnée lui-même, que la comparaison tombe sur *il vaut mieux* : *Il vaut mieux risquer de perdre sa fortune qu'*(IL NE VAUT) *l'assurer par une lâcheté*.

Ainsi donc, toutes les fois que le verbe qui vient à la suite de *mieux* a une préposition, il faut absolument répéter cette préposition après le *que*.

EXERCICE PHRASÉOLOGIQUE.

Il vaut mieux rester pauvre que de voler.
Se vaincre soi-même, c'est plus que de vaincre des ennemis.
J'aime mieux sortir que de rester.

Il vaut mieux rester pauvre que voler.
Se vaincre soi-même, c'est plus que vaincre des ennemis.
J'aime mieux sortir que rester.

N° DCCXI.

Plus d'à moitié, plus d'à demi, plus qu'à moitié, plus qu'à demi.

Son apprentissage est *plus d'à moitié* fait, par les exercices dont nous l'avons occupé jusqu'à présent.
(J.-J. ROUSSEAU.)

Mais un fripon d'enfant (cet âge est sans pitié)
Prit sa fronde, et du coup tua *plus d'à moitié*
La volatile malheureuse. (LA FONTAINE.)

L'oubli de toute religion conduit à l'oubli des devoirs de l'homme. Ce progrès était déjà *plus d'à moitié* fait dans le cœur du libertin.
(J.-J. ROUSSEAU.)

Nous observerons que les glaces qui descendent du Nord sont déjà *plus d'à moitié* fondues lorsqu'elles arrivent sur le banc de Terre-Neuve; car, en effet, elles ne vont guère plus loin.
(BERN. DE SAINT-PIERRE.)

Elle tomba *plus d'à demi* pâmée.
(LA FONTAINE.)

La dame ouvrit dormant *plus d'à demi*. (*Id.*)

Je me suis dit seulement votre ami,
De ceux qui sont amants *plus d'à demi*.
(CHAMMELAY.)

N'êtes-vous pas vaincu *plus d'à demi*?
(LA FONTAINE.)

Nos deux sœurs entendirent *plus d'à demi* ses paroles et se rapprochèrent. (*Id.*)

Il a été *plus d'à demi* convaincu. (LAVEAUX.)

II.

Je sais déjà jeûner *plus d'à demi*.
(LA FONTAINE.)

Je sais déjà jeûner *plus qu'à demi*.
(LA FONTAINE.)

La trame de mes jours est *plus qu'à demi* faite.
(RACAN.)

Ces trois expressions : *plus d'à moitié, plus d'à demi, plus qu'à demi*, sont également en usage ; les deux premières néanmoins sont celles que les écrivains ont le plus fréquemment employées.

EXERCICE PHRASÉOLOGIQUE.

Plus d'à moitié mort.
Plus d'à moitié ruiné.
Plus d'à moitié brisé.

Plus d'à demi mort.
Plus d'à demi ruiné.
Plus d'à demi brisé.

N° DCCXII.

Plus que, moins que, mieux que, SUIVIS OU NON SUIVIS DE *ne*.

I.

AVEC *ne*.

La poésie *est* plus naturelle à l'homme qu'on *ne* le pense. (SAINT-LAMBERT.)

La bêche des esclaves *a fait* plus de bien que l'épée des conquérants *n'a* fait de mal.
(BERN. DE SAINT-PIERRE.)

La plus heureuse vie *a* plus de peines qu'elle *n'a* de plaisirs. (MARMONTEL.)

Les lions *sont* maintenant beaucoup moins communs qu'ils *ne* l'étaient anciennement.
(BUFFON.)

II.

SANS *ne*.

Cette guerre *ne fut pas* moins heureuse qu'elle était juste. (ACADÉMIE.)

AVEC *ne*.

Le singe *n'est pas* plus de notre espèce que nous *ne* sommes de la sienne. (BUFFON.)

Les rochers *ne sont pas* plus insensibles aux plaintes des amants, que Télémaque *l'était* à ces offres. (FÉNELON.)	Les Spartiates *ne sont pas* plus étonnés de se voir mourir qu'ils *ne l'avaient* été de se trouver en vie. (BARTHÉLEMY.)
On *n'en peut pas* user mieux que je *fais*. (MOLIÈRE.)	L'existence de Scipion *ne sera pas* plus douteuse dans dix siècles qu'elle *ne l'est* aujourd'hui. (D'ALEMBERT.)

Dans les citations de la première série, plusieurs grammairiens ont regardé le *ne* comme un mot explétif, c'est-à-dire comme un mot que le sens paraissait rejeter.

Avant d'entreprendre de le justifier, reconnaissons d'abord que tous les écrivains en ont fait usage, et que chaque jour encore, dans la conversation, dans les journaux, à la tribune, la négation *ne* est employée; de sorte qu'il n'y a guère que les grammairiens qui luttent contre le torrent et qui cherchent à la proscrire. Chacun d'eux arbore les enseignes d'autorités souvent contradictoires, et jamais, suivant l'observation du savant Biagioli, dont nous aimons à nous dire les disciples, le camp d'Agramant n'offrit plus de discorde.

Maintenant demandons à l'analyse comment la forme négative *ne*, qui a tant indisposé les grammairiens, et que n'admettent ni les Grecs, ni les Latins, ni les Allemands, ni les Anglais, s'est impatronisée dans notre langue, où elle paraît tendre à une domination exclusive.

1° *La poésie est plus naturelle à tous les hommes qu'on* NE *le pense.* L'écrivain veut dire qu'on pense bien que la poésie est naturelle à tous les hommes, mais qu'on *ne pense pas* qu'elle leur soit aussi naturelle qu'elle l'est réellement; d'où l'emploi de la négation.

2° *Cette guerre ne fut pas moins heureuse qu'elle* ÉTAIT *juste.* Dans cette phrase l'auteur n'a point fait usage de la négation après le comparatif, parce que, dans son idée, la guerre *était* juste.

3° *Le singe n'est pas plus de notre espèce que nous* NE *sommes de la sienne.* Ici, quoique le cas soit tout-à-fait analogue au précédent, Buffon a exprimé la négation après le comparatif, parce que, suivant lui, nous NE *sommes pas* du tout de l'espèce du singe, et que ce dernier *n'est pas* non plus de la nôtre.

Dans toutes ces phrases *ne* indique un sens négatif réellement contenu dans l'esprit de celui qui parle; ce n'est donc pas un mot superflu.

Il ne nous reste plus qu'à déduire ce principe pratique : Quand le premier terme de la comparaison est affirmatif, comme dans les citations de la première série, le second doit être négatif; si, au contraire, ce même terme est négatif, interrogatif ou dubitatif, ainsi que dans les exemples de la première colonne de la deuxième série, le second terme doit être affirmatif.

Cependant il est des circonstances où, même dans ce dernier cas, on peut faire usage de la négation, comme on le voit dans la deuxième colonne de la deuxième série. C'est donc principalement à l'idée qu'on veut exprimer qu'il faut s'attacher. C'est là la première de toutes les règles.

Les exemples qui suivent en sont une preuve convaincante :

Il *ne sait* pas plus de grec que *je sais* de latin. (MARMONTEL.)	Il *ne sait* pas plus de grec que je *ne sais* de latin. (MARMONTEL.)
Cela *n'est* pas plus vrai que *l'est* ce qu'on disait hier. (*Id.*)	Cela *n'est* pas plus vrai que *ne l'est* ce qu'on disait hier. (*Id.*)

Je dirai : *que je sais*, si je veux faire entendre que nous savons également, lui du grec et moi du latin; et *que je ne sais*, si je veux exprimer que nous ne savons, ni moi le latin, ni lui le grec.

Je dirai de même : *que l'est*, si l'un et l'autre est vrai ; et *que ne l'est*, pour nier ou mettre en doute l'un et l'autre.

La distinction des deux sens est observée par l'usage.

EXERCICE PHRASÉOLOGIQUE.

Il est plus riche qu'il ne l'était.
Il a été mieux reçu qu'il ne croyait.
J'ai dormi plus que je ne voulais.
Le temps est moins beau que je n'aurais pensé.
Que de gens font souvent plus de mal qu'ils ne croient !
Les batailles sont moins sanglantes qu'elles ne l'étaient.
Les hommes sont plus civilisés qu'ils ne l'étaient il y a quelques siècles.
On monte plus aisément à un poste éminent qu'on ne s'y conserve.
Les lois sont plus sévères qu'elles ne l'étaient.

Il n'est pas plus riche qu'il ne l'était.
Il n'a pas été mieux reçu qu'il croyait.
Je n'ai pas dormi plus que je voulais.
Peut-on être plus heureux que je le suis ?
On ne peut être plus touché que je le suis de vos bontés.
On ne peut vous aimer plus que je vous aime.
On n'est pas plus insensible que vous l'êtes.
On ne peut être plus aimable que vous l'êtes.
Peut-on être plus modeste que vous l'êtes ?
On ne peut être plus occupé que nous le sommes de vous.

N° DCCXIII.

Plus de.

CITATIONS.	ANALYSES.
Cela est *plus* long *d'un* quart. (ACADÉMIE.)	*Cela est plus long* (que ceci par la longueur) *d'un quart.*
Cela ne vaut pas *plus d'un* écu. (LA MÊME.)	*Cela ne vaut pas plus* (que la valeur) *d'un écu.*
Il est *plus* grand *de* toute la tête. (WAILLY.)	*Il est plus grand* (que moi par la hauteur) *de toute la tête.*
Il a fait *plus de* deux lieues à pied. (LAVEAUX.)	*Il a fait plus* (que la longueur) *de deux lieues à pied.*
Cela n'a pas *moins de* trente pieds. (Id.)	*Cela n'a pas moins* (que la longueur) *de trente pieds.*
Il y en a *plus d'un* demi-boisseau. (Id.)	*Il y en a plus* (que la mesure) *d'un demi-boisseau.*

« *Plus* demande *de* avant le substantif qu'il modifie, lorsqu'il est adverbe de quantité, » et non adverbe de comparaison. » Voilà ce que disent tous ou presque tous les grammairiens.

Si *plus* n'est pas adverbe de comparaison dans les phrases citées plus haut, nous ne comprenons plus rien à la valeur des termes. L'analyse que nous avons à dessein placée en regard, tout en nous montrant la fausseté de cette assertion, nous dévoile le mystère de ces sortes de constructions.

EXERCICE PHRASÉOLOGIQUE.

Plus long d'un tiers.
Plus d'un louis.
Plus d'un cent.
Plus d'une femme.
Plus d'un écrivain.
Plus d'un auteur.
Plus d'une demi-lieue.
Plus d'une reine.
Plus de la tête.
Plus de cent pieds.

Plus de six lieues.
Plus de trente ans.
Plus d'un litre.
Plus d'un homme.
Plus d'un historien.
Plus d'un romancier.
Plus d'un quart.
Plus de cent louis.
Plus de la moitié du corps.
Plus d'une toise.

Plus grand de deux pouces.
J'y prends plus d'intérêt.
Il a beaucoup plus d'argent.
Il se conduit avec plus de sagesse.
Donnez quelque chose de plus.
Plus d'un témoin a déposé.
Il a vu plus d'un médecin.
Essuyer plus d'un désagrément.

N° DCCXIV.

Plus ET mieux.

AVEC *plus*.	AVEC *mieux*.
L'abbé Prévôt a *plus* écrit que Fénelon. (LAVEAUX.)	Mais Fénelon a *mieux* écrit que l'abbé Prévôt. (LAVEAUX.)

Plus, dans la première phrase, tombe sur le nombre des volumes, et *mieux*, dans la seconde, a pour objet la perfection du style. *Plus* ne s'emploie que quand il s'agit d'extension, et *mieux* quand il s'agit de perfection. Ne dites donc pas comme quelques-uns : *j'ai gagné* MIEUX *de cent francs ; cette terre vaut* MIEUX *de cent mille francs ;* mais *j'ai gagné* PLUS *de cent francs ; cette terre vaut* PLUS *de cent mille francs.*

EXERCICE PHRASÉOLOGIQUE.

Il a lu plus que vous.
J'ai plus dormi que lui.
J'ai plus travaillé que vous.
Elle a plus dansé qu'hier.
Il a plus parlé que ce matin.
Il a plus écrit qu'hier.

Il a mieux lu que vous.
J'ai mieux dormi que lui.
J'ai mieux travaillé que vous.
Elle a mieux dansé qu'hier.
Il a mieux parlé que ce matin.
Il a mieux écrit qu'hier.

N° DCCXV.

Plus ET *davantage.*

I

Plus.

Il est riche, mais son frère l'est *plus que* lui.
(ACADÉMIE.)

Il me semble que c'est *plus* par l'air *que* par les manières que les hommes sont gracieux.
(GIRARD.)

Il est *plus* humiliant de perdre ses conquêtes, qu'il n'était glorieux de les avoir faites.
(BOISTE.)

A la bataille de Régille, personne ne se distingua *plus que* ceux qui vinrent à l'appui de Marius.
(ROLLIN.)

La peau du rhinocéros est un cuir noirâtre de la même couleur, mais plus épais et *plus* dur *que* celui de l'éléphant.
(BUFFON.)

Davantage.

Il est riche, mais son frère l'est bien *davantage*.
(ACADÉMIE.)

Quelque prompt que soit un mouvement, on peut en concevoir un qui le soit *davantage*.
(PASCAL.)

Dans le champ de l'honneur il nous faut du courage ;
Mais je vois qu'en ces lieux il en faut *davantage*.
(RAYNOUARD.)

Je n'ai fait en me débattant que m'enlacer *davantage*.
(J.-J. ROUSSEAU.)

Le malheur qu'on mérite accable *davantage*.
(LA HARPE.)

La maladie altère un beau visage ;
La pauvreté change encor *davantage*.
(VOLTAIRE.)

La langue paraît s'altérer tous les jours ; mais le style se corrompt bien *davantage*. (Id.)

Ces deux mots *plus* et *davantage* sont également comparatifs, et indiquent tous deux une idée de supériorité ; c'est en quoi ils sont synonymes. Voici en quoi ils diffèrent, du moins quant à leur emploi.

Plus demande toujours après lui un *que*, qui amène le second terme de la phrase comparative. Il est vrai que quelquefois l'usage permet de sous-entendre ce second terme et le *que*, ainsi qu'on l'a vu plus haut ; mais ils n'en sont pas moins nécessaires pour l'intégrité de la pensée.

Davantage, au contraire, exprime par lui-même l'idée de supériorité. En effet, ce mot n'est autre chose que la réunion de la préposition *de* et du substantif *avantage* : *Tu es savant, mais ton frère l'est* DAVANTAGE, c'est-à-dire *tu es savant, mais ton frère l'est* DE MANIÈRE A AVOIR L'AVANTAGE SUR TOI. Par conséquent, *davantage* ne doit jamais être employé comme le comparatif *plus*, c'est-à-dire qu'il ne doit jamais être suivi de mots complémentaires qui le modifient. Ainsi, on ne dira pas : *j'ai davantage* D'ARGENT, *il paye davantage* D'IMPOSITIONS, *tu as davantage* D'ESPRIT ; ni, avec Malherbe :

Ceux qui te veulent mal sont ceux que tu conserves ;
Tu vas à qui te fuit, et toujours te réserves
A souffrir en vivant *davantage* D'ENNUIS.

Observez que nous disons *ne peut jamais* ÊTRE SUIVI, car *davantage* peut être précédé de *en*, qui alors en est le vrai complément (1) (V. le troisième exemple de la deuxième colonne.)

Presque tous les grammairiens, possédés de la ridicule manie de prescrire sur tous les cas des règles absolues, ont répété, comme à l'envi, après Girault-Duvivier, que *davantage* ne devait jamais avoir un *de* ou un *que* à sa suite. Toutes ces phrases seraient donc défectueuses :

Je suis flatté de plaire à un homme comme vous; je le suis encore *davantage* de la bonté que vous avez. (VOLTAIRE.)

Si vous êtes enchanté de M. le marquis de Mora, il l'est bien *davantage* de vous. (D'ALEMBERT.)

Celui-ci me venge *davantage* des sottises d'autrui. (CHAMPFORT.)

On remarquera *davantage* qu'elle suppose faussement qu'une seconde législature n'apporte pas le vœu du peuple. (MIRABEAU.)

Dans les douze épîtres cependant, il s'agit *davantage* des habitudes du poète. (DAUNOU.)

Ne nous étonnons donc pas et ne nous effrayons pas *davantage* des reproches que les sciences morales ont encourus. (GUIZOT.)

Otez *davantage* dans toutes ces phrases, il vous restera *flatté de, il me venge de, enchanté de, il s'agit de, on remarquera que*. D'où l'on voit que ces *de* et ce *que* ne se rapportent en aucune manière au mot *davantage*, mais bien aux participes et aux verbes qu'il modifie. Donc la règle des grammairiens est fausse, ou du moins incomplète.

II.

Ici les effets tiennent *plus* souvent à la phrase poétique; là ils appartiennent *plus* à un trait isolé, à un vers saillant. (LA HARPE.)

Molière semble s'être *plus* attaché aux ridicules, et a peint quelquefois les formes passagères de la société. (CHAMPFORT.)

Molière me fait *plus* rire de mes voisins; La Fontaine me ramène *plus* à moi-même. (*Id.*)

Le vulgaire est content s'il remplit son devoir :
Il faut *plus* au héros, il faut que sa vaillance
Aille au-delà du terme et de notre espérance.
(VOLTAIRE.)

Ceux qui estiment *plus*... d'avoir été l'âme et le chef de la moitié de l'Europe... ceux-là, sans doute, donneront le nom de grand à Guillaume plutôt qu'à Louis. (*Id.*)

L'élégance de Racine plaît *davantage* au goût, celle de Voltaire à l'imagination. (LA HARPE.)

La Fontaine semble s'adresser *davantage* aux vices, et a peint une nature encore plus générale. (CHAMPFORT.)

Molière me venge *davantage* des sottises d'autrui; La Fontaine me fait mieux songer aux miennes. (*Id.*)

S'il est périlleux de tremper dans une affaire suspecte, il l'est encore *davantage* de s'y trouver complice d'un grand. (LA BRUYÈRE.)

Ceux qui s'étonnent *davantage* d'avoir vu un seul état résister à tant de puissances... ceux-là donneront à Louis XIV la préférence. (VOLTAIRE.)

III.

De plus ET *davantage*.

AVEC *davantage*.

Elle est loi, et rien *davantage*. (PASCAL.)

Vous ne m'objectez rien *davantage*. (*Id.*)

Que fallait-il *davantage*? (BOSSUET.)

Que désirez-vous *davantage*? (*Id.*)

Je veux qu'un homme soit bon, et rien *davantage*. (LA BRUYÈRE.)

AVEC *de plus*.

Celui qui a perdu la confiance ne peut rien perdre *de plus*. (BOISTE.)

Amour et liberté, quels bienfaits! Ces animaux que nous appelons sauvages, parce qu'ils ne nous sont pas soumis, ont-ils besoin *de plus* pour être heureux? (BUFFON.)

Que demande-t-elle à Dieu dans ses prières? sa grâce, rien *de plus*. (FLÉCHIER.)

La première de ces deux séries de citations nous apprend qu'il est des circonstances où, pour donner plus de variété au discours, *davantage* et *plus* peuvent s'employer in-

---

(1) Lemare s'est donc trompé en avançant que *davantage* ÉTAIT toujours sans complément.

distinctement l'un pour l'autre. Et l'on voit, par la dernière série, que *de plus* peut remplacer *davantage*, et *vice versâ*. C'est ce qu'aucune grammaire ne dit. Mais cela doit aisément se concevoir. Les grammairiens ont moins voulu enseigner la langue, et l'enseigner dans ses moindres particularités, que faire briller leur savoir ou plutôt leur subtilité d'esprit. De là ces omissions innombrables que l'on remarque dans tous leurs livres.

IV.

La vivacité et le feu, qui font le principal caractère des yeux, éclatent *davantage* dans les couleurs foncées *que* dans les demi-teintes de couleur.
(BUFFON.)

L'âme prise *davantage* le temporel *que* le spirituel.
(PASCAL.)

Je n'en veux pas *davantage que* cet aveu pour vous confondre. (*Id.*)

Quel astre brille *davantage* dans le firmament, *que* le prince de Condé n'a fait dans l'Europe?
(BOSSUET.)

Que nous fallait-il *davantage que* ces livres sacrés?
(*Id.*)

Je ne doute pas que cet excès de familiarité ne les révolte *davantage que* nous ne sommes blessés de leurs prosternations. (LA BRUYÈRE.)

Ceux qui admirent *davantage* le protecteur *que* le persécuteur du roi Jacques, ceux-là donneront à Louis XIV la préférence. (VOLTAIRE.)

Il n'y a rien assurément qui chatouille *davantage que* les applaudissemenst; mais cet encens ne fait pas vivre. (MOLIÈRE.)

C'est une belle idée de Thomas, que les images des objets en mouvement plaisent toujours *davantage que* celles des objets en repos.
(Mme NECKER.)

Si mauvaise que fût la route que nous avions dédaignée, elle ne pouvait l'être *davantage que* celle où nous marchions.. (ALBERT MONTÉMONT.)

Rien ne décrie *davantage* la violence des méchants *que* la modération des gens de bien.
(SAINT-ÉVREMONT.)

« Tous nos grammairiens, dit M. Planche, blâment ce *davantage que*; il a néanmoins pour lui des autorités assez respectables. » Nous ajouterons qu'il est peu d'écrivains, même parmi ceux du jour, qui n'aient employé *davantage* pour *plus*, et qui, par conséquent, ne l'aient fait suivre de *que*. Cependant aujourd'hui cet emploi est généralement regardé comme un solécisme, et les exemples que nous venons de citer, ainsi que ceux qu'on pourrait y ajouter, doivent être considérés comme autant de négligences de style qu'il faut bien se garder d'imiter.

EXERCICE PHRASÉOLOGIQUE.

Plus que lui.
Plus que son père.
Plus que ses amis.
Plus que lui-même.
Plus que son frère.
Plus que père et mère.
Cela appartient plus au roman.

Plus que la vie.
Plus que les étoiles.
Plus que la mer.
Plus que personne.
Plus que jamais.
Plus que moi.
Celui-ci me fait plus rire.

Il en a davantage.
Je l'aime davantage.
Cela me plaît davantage.
Je n'en sais pas davantage.
On l'admire davantage.
Il n'en faut pas davantage.
Cela appartient davantage au roman.

N° DCCXVI.

Pire ET *pis*.

PIRE.

Il ne s'est point corrigé, il est *pire* que jamais.
(LEMARE.)

Louis XI était *pire* que Tibère. (*Id.*)

Souvent la peur d'un mal nous conduit dans un *pire*.
(BOILEAU.)

Certes, il n'est vraiment *pire* eau que l'eau qui dort.
(FABRE D'ÉGLANTINE.)

Qu'y a-t-il de meilleur que la langue? qu'y a-t-il de *pire*? (LA FONTAINE.)

Craindre la mort est *pire* que mourir.
(BOISTE.)

PIS.

Il se portait un peu mieux, mais il est *pis* que jamais. (LEMARE.)

Vous êtes *pis* qu'un hérétique. (VOLTAIRE.)

... L'avarice
Peut faire dans les biens trouver la pauvreté,
Et nous réduire à *pis* que la mendicité.
(BOILEAU.)

On fait *pis* en voulant mieux faire. (JAUFFRET.)

Je me porte le mieux du monde. — Tant *pis*, nourrice, tant *pis*. Cette grande santé est à craindre.
(MOLIÈRE.)

Il donne à ses confrères ce qu'il y a de *pire*, afin de prendre pour lui ce qu'il y a de meilleur.
(LA BRUYÈRE.)

Ils prennent de la cour ce qu'elle a de *pire*.
(Id.)

Le médecin Tant-*pis* allait voir un malade,
Que visitait aussi son confrère Tant-*mieux*.
(LA FONTAINE.)

Ce que je trouve de *pis*. — Il n'y a rien de *pis* que cela.
(ACADÉMIE.)

Pire, adjectif, signifie *plus mauvais* ou *plus méchant*, et est l'opposé de *meilleur* ; *pis*, adverbe, veut dire *plus mal*, et doit s'opposer à *mieux*. Il ne faut donc pas confondre ces deux mots, et les employer l'un pour l'autre (1).

EXERCICE PHRASÉOLOGIQUE.

Ce vin-là est pire.
Votre frère est pire que jamais.
Un coup de langue est pire que…

Cela va de mal en pis.
Tant pis pour eux.
C'est encore pis

Il en dit pis que pendre.
Et, qui pis est, menteur.
On ne peut voir rien de pis.

N° DCCXVII.

Rien de moins ET *rien moins* COMPARÉS.

Rien de moins.	*Rien moins.*
Il ne faut *rien de moins* dans le monde qu'une vraie et naïve impudence pour réussir. (LA BRUYÈRE.)	Il n'aspire à *rien moins* qu'à obtenir cette place ; il ne l'accepterait point, lui fût-elle offerte. (MARMONTEL.)
La Phèdre de Racine, qu'on dénigrait tant, n'était *rien de moins* qu'un chef-d'œuvre. (MARMONTEL.)	Ne le craignez pas tant, il n'est *rien moins* que votre père. (ACADÉMIE.)
Écoutez bien cet homme, il n'est *rien de moins* qu'un sage. (Id.)	N'écoutez point cet homme, car il n'est *rien moins* que sage. (COLLIN D'AMBLY.)

Première colonne. — *Il ne faut rien de moins qu'une vraie impudence* veut dire que sans cela on ne réussirait pas.

Phèdre n'était rien de moins qu'un chef-d'œuvre signifie *Phèdre était un chef-d'œuvre, et rien de moins que cela*.

Cet homme n'est rien de moins qu'un sage, c'est-à-dire cet homme est un sage, et rien de moins que cela.

Deuxième colonne. — *Il n'aspire à rien moins qu'à obtenir cette place*, c'est pour *il n'aspire à rien, et encore moins à obtenir cette place*, ou, pour rendre raison du *que*, *il n'aspire à rien moins qu'à ce que je vais dire, savoir à obtenir cette place*.

(1) La plupart des écrivains, il est vrai, n'ont pas toujours tenu compte de cette distinction, et il n'est pas rare de trouver des exemples où ils aient fait usage de *pire* dans le sens de *pis*. En voici quelques-uns : *La prose est* PIS *que les vers*. (MOLIÈRE). *Si ces ouvrages les ennuient, ce qui arrive souvent, ils ne les lisent point, ou, ce qui est encore* PIRE, *s'ils les lisent malgré eux, ils en conçoivent pour le reste de leur vie une grande répugnance.* (BERN. DE SAINT-PIERRE). *L'homme s'ennuie du bien, cherche le mieux, trouve le mal, et s'y tient crainte de* PIRE. (DE LÉVIS.) *En voulant mieux trouver, souvent on trouve* PIRE. (GRENUS.)

Mais comment les écrivains ne se tromperaient-ils pas sur ce point, lorsque les grammairiens et l'Académie elle-même ne sont pas exempts de reproche à cet égard !

En effet, ouvrez le *Dictionnaire de l'Académie*, la *Grammaire des grammaires*, etc., et vous y trouverez : *Rien n'est* PIS *qu'une mauvaise langue*. C'est *pire* qu'il fallait, par la raison donnée par l'Académie, que *pire* est pour *plus mauvais* : *rien n'est* PLUS MAUVAIS *qu'une mauvaise langue*. En mettant PIS, c'est comme s'il y avait : *Rien n'est* PLUS MAL *qu'une mauvaise langue*, ce qui ne présente aucun sens.

Boiste a également eu tort de dire : *Les critiques, injustement acharnés contre les gouvernants, feraient comme eux, et* PIRE *encore*. — *Rendez grâce à celui qui vous nuit, de ce qu'il ne fait* PIRE, *s'il le peut*.

Quand les grammairiens pèchent eux-mêmes contre les principes qu'ils établissent, les écrivains et le public se mettent à leur aise et emploient des locutions que la grammaire peut réprouver, mais qu'un long usage finit souvent par consacrer. Avis à tous nos grands faiseurs de règles !

Il n'est rien moins que votre père, revient à *il n'est rien*, et encore *moins ce que je vais dire*, savoir *votre père*.

Il n'est rien moins que sage est l'équivalent de *il n'est rien, et encore moins ce que je vais dire*, savoir *sage*.

Ces analyses font suffisamment ressortir, selon nous, la différence qui existe entre les expressions *rien de moins* et *rien moins*. La première offre un sens affirmatif, tandis que la seconde présente un sens négatif.

EXERCICE PHRASÉOLOGIQUE.

Rien de moins vrai.
Rien de moins sûr.
Penser à rien de moins qu'à...
Ce n'était rien de moins qu'un roi.

Ne penser à rien moins qu'à ses affaires.
Ne penser à rien moins qu'à...
Ce n'était rien moins qu'un roi.
Ce n'était rien moins que mon ami.

N° DCCXVIII.

DU GALLICISME *à qui mieux mieux*.

Adieu, monsieur, ma fille et moi nous vous aimons toujours *à qui mieux mieux*.
(Mme DE SÉVIGNÉ.)

Le loup, en langue des dieux,
Parle au chien dans mes ouvrages,
Les bêtes *à qui mieux mieux*
Y font divers personnages.
(LA FONTAINE.)

Voilà un gallicisme qui paraît avoir défié jusqu'ici les grammairiens; car ils se sont tous accordés à dire qu'il était impossible de l'analyser. Il nous semble pourtant aussi naturel que ces locutions : *de plus en plus, de mieux en mieux, meilleur que le meilleur* (1), etc. *Nous vous aimons à qui mieux mieux*, c'est, selon nous, une phrase elliptique, et qui, ramenée à son intégrité, est pour : *nous vous aimons de manière* A *ce que celle* QUI *de nous deux vous aime déjà* MIEUX *que l'autre, vous aime encore* MIEUX.

Cette locution, comme on le voit, n'a rien que de très-simple et de très-logique. Et dire que les gallicismes sont des barbarismes, n'est-ce pas avouer qu'on ne les comprend pas?

EXERCICE PHRASÉOLOGIQUE.

Ils courent à qui mieux mieux.

Se critiquer à qui mieux mieux.

N° DCCXIX.

Le plus COMPARÉ A *davantage*.

Le plus.	Davantage.
Après les yeux, les parties du visage qui contribuent *le plus* à marquer la physionomie, sont les sourcils. (BUFFON.)	Je ne sais lequel de ces deux exemples nous devons admirer *davantage*. (MONTESQUIEU.)
Protésilas, qui est un peu plus âgé que moi, fut celui de tous les jeunes gens que j'aimai *le plus*. (FÉNELON.)	On demanda un jour quelle était la chose qui flattait *davantage* les hommes? — L'espérance, répondit-il. (FÉNELON.)
Le désir immodéré d'amuser engage l'homme sociable à immoler l'absent qu'il estime *le plus*, à la malignité de ceux dont il fait moins de cas, mais qui l'écoutent. (DUCLOS.)	Sur les ouvrages, vous rayez des endroits qui paraissent admirables à leur auteur, où il se complaît *davantage*, où il croit s'être surpassé lui-même. (LA BRUYÈRE.)

(1) *Si j'étais en Angleterre avec du rhum des Barbades et des citrons, je vous ferais du punch* MEILLEUR QUE LE MEILLEUR *vin de France*. (BERN. DE SAINT-PIERRE.)

La marque d'un mérite extraordinaire est de voir que ceux qui l'envient *le plus* sont contraints de le louer. (LA ROCHEFOUCAULD.)

Un adulateur ingénieux épiera les traces de votre amour-propre, qui est le plus grand de tous les flatteurs, et ne manquera pas de vous louer par le titre qui vous chatouille *davantage*. (BOISTE.)

Ces exemples font assez voir que *le plus* et *davantage*, portant l'idée de supériorité au plus haut degré, sont deux expressions qui ont absolument la même signification, et que les écrivains ont employées presque indifféremment. Les grammairiens, qui se plaisent à tout attaquer, à tout interdire, la plupart du temps sans le moindre fondement, n'ont pas manqué de s'élever contre l'emploi de *davantage* dans le sens de *le plus*; ils trouvent cet emploi vicieux et imposent pour règle que, toutes les fois qu'il y a une idée de supériorité dans la phrase, on doit se servir de *le plus*, d'où il suit que les citations de la seconde colonne seraient blâmables.

Pour nous, qui ne tenons pas registre des décisions de ces prétendus législateurs du langage, mais bien des faits que nous puisons aux plus pures sources de notre littérature, nous pensons qu'on peut, sans crainte, après Montesquieu, Fénelon et La Bruyère, employer à son gré *le plus* ou *davantage*.

EXERCICE PHRASÉOLOGIQUE.

C'est à moi qu'on a donné le plus.
Il y a toujours un enfant qu'on aime le plus.
Il y a toujours une pensée que l'on caresse le plus.

Non, c'est à lui qu'on en a donné davantage.
Je ne saurais vous dire lequel j'aime davantage.
Dans le siècle où nous vivons, c'est l'argent qui flatte davantage les hommes.

N° DCCXX.

Le plus, le mieux, le moins, MODIFIANT UN VERBE.

La pensée que vous avez de vous éloigner toujours et de voir que ce carrosse va toujours en-delà, est une de celles qui me tourmentent *le plus*. (Mme DE SÉVIGNÉ.)

Triste destin des rois! esclaves que nous sommes
Et des rigueurs du sort, et des discours des hommes,
Nous nous voyons sans cesse assiégés de témoins,
Et les plus malheureux osent pleurer *le moins*. (RACINE.)

On serait tenté de croire que les hommes qui amassent le plus de matériaux ne sont pas ceux qui les mettent *le mieux* en œuvre. (DE BOUFFLERS.)

C'est un phénomène moral qui m'a paru longtemps inexplicable de voir, dans tous les siècles, l'athéisme naître chez les hommes qui ont *le plus* à se louer de la nature. (BERN. DE SAINT-PIERRE.)

On écrit aujourd'hui assez ordinairement sur les choses qu'on entend *le moins*. (P.-L. COURIER.)

Les gens les plus aimables sont ceux qui choquent *le moins* l'amour-propre des autres. (LA BRUYÈRE.)

Le nom de communes n'a jamais été donné qu'au peuple, ainsi qu'on peut le prouver par l'autorité des écrivains qui ont *le mieux* connu la valeur des expressions. (BERN. DE SAINT-PIERRE.)

Toutes les fois que *le plus*, etc., modifie un verbe, c'est une expression adverbiale, où *le*, par conséquent, n'est pas susceptible de varier. Supprimer l'article dans ce cas serait une faute. Dans les vers suivants, il aurait donc fallu *le moins*:

Un fourbe, quand *moins* il y pense,
Doit périr même par son art. (F. DE NEUFCHATEAU.)

EXERCICE PHRASÉOLOGIQUE.

Les parents que je pleurerai le plus.
Les personnes qu'on estime le moins.
Les acteurs qui jouent le mieux.
Les jours où ils travaillent le plus.
La saison qu'on aime le plus.

Les gens que j'aimerai le plus.
Les individus qu'on méprise le plus.
Les choses qui plaisent le mieux.
Les occasions où ils espèrent le moins.
Les livres qui vous attachent le plus.

CHAPITRE VIII.

DE LA PRÉPOSITION.

N° DCCXXI.

NATURE DES PRÉPOSITIONS. — LEUR DÉFINITION.

SANS SIGNES DE RAPPORT.	AVEC SIGNES DE RAPPORT.
La bonté... Dieu est infinie.	La bonté *de* Dieu est infinie. (FÉNELON.)
Seigneur, je viens... vous.	Seigneur, je viens *à* vous. (RACINE.)
Il était... son char.	Il était *sur* son char. (Id.)
Ils courent... une ombre trompeuse.	Ils courent *après* une ombre trompeuse. (FÉNELON.)
Tout change... le temps.	Tout change *avec* le temps. (VOLTAIRE.)
Ah! courez... la reine.	Ah! courez *chez* la reine. (RACINE.)
Tout parle... lui.	Tout parle *contre* lui. (Id.)
Je péris... le port.	Je péris *dans* le port. (CORNEILLE.)
Vous parlez... soldat.	Vous parlez *en* soldat. (Id.)
Sa patrie semble fuir... lui.	Sa patrie semble fuir *devant* lui. (FÉNELON.)

Il est facile de reconnaître qu'il n'y a pas de liaison entre les mots de la première série. *La bonté... Dieu* présentent l'idée de l'objet *bonté* et celle de l'objet *Dieu*; mais aucune liaison, aucun rapport n'est établi entre ces deux objets.

Cette absence de liaison ou de rapport ne se remarque pas dans les mots de la seconde série. *Dieu* est lié à *bonté*; *viens* à *vous*; *char* à *était*; *ombre* à *courent*; *temps* à *change*; *reine* à *courez*; *lui* à *parle*; *port* à *péris*; *soldat* à *parlez*; *lui* à *fuir*.

Les mots qui ont établi cette liaison, ce rapport, sont *de, à, sur, après, avec, chez, contre, dans, en, devant.*

Or, on comprend bien que, puisque l'esprit saisit des rapports, soit entre les objets, soit entre les qualités ou les actions de ces mêmes objets, il faut nécessairement dans les langues une espèce de mots qui soient signes de ces rapports, qui les indiquent. C'est précisément ceux dont nous nous occupons en ce moment qui remplissent cette fonction. Les deux mots mis en rapport sont appelés les deux termes du rapport. Les mots appelés *prépositions* précèdent toujours le second terme du rapport. C'est pour cette raison que les grammairiens les nomment *prépositions*, d'un mot latin qui veut dire : *placé devant*.

EXERCICE ANALYTIQUE.

(Désigner les deux termes du rapport.)

Le trafiquant estime peu		L'utile *à* tout doit être préféré.	(HAUMONT.)
Le mérite *sans* l'opulence.	(STASSART.)	*Avec* la violence on ne gouverne pas.	(FR. DE NEUFCHATEAU.)
L'odieuse trahison		Chacun *chez* soi doit être libre.	(HAUMONT.)
Retombe souvent *sur* le traître.	(LE BRUN,)	La véritable dignité	
Cet univers est un mélange affreux		Est *dans* le cœur, et non *sur* le visage.	(FORMAGE.)
De maux, *de* soins *d*'licas dangereux.	(AUBERT.)		

SUBDIVISIONS DES PRÉPOSITIONS.

N° DCCXXII.

PRÉPOSITIONS DE LIEU.

Ce n'est qu'*autour de* lui que vole la victoire.
(RACINE.)

Enfin *chez* les chrétiens les mœurs sont innocentes.
(CORNEILLE.)

Il naît *de dessous* terre un autre clerc pour remplir cette place. (LA BRUYÈRE.)

Ces montagnes, voisines du ciel, voient les nuages se former *au-dessous* d'elles. (Id.)

La main du Seigneur l'arrachera *de dessus* la terre.
(MASSILLON.)

Il sauta *par-dessus* la muraille. (ACADÉMIE.)

La cime de ces hautes montagnes s'élève *au-dessus* des nues. (LA BRUYÈRE.)

Fusses-tu *par-delà* des colonnes d'Alcide,
Je me croirais encor trop voisin d'un perfide.
(RACINE.)

Il s'arrêta dans un vallon tranquille,
Tout *vis-à-vis* la porte d'un couvent.
(VOLTAIRE.)

Il se troublait *au-dedans* de lui-même.
(FÉNELON.)

Les Romains *vers* l'Euphrate ont attaqué mon père.
(RACINE.)

Les riches ne sont *sur* la terre que pour faire du bien. (FÉNELON.)

L'autel couvert de feux tombe et fuit *sous* la terre.
(VOLTAIRE.)

On trouve seulement, pour nourrir les troupeaux, des pâturages *parmi* les rochers, *vers* le milieu du penchant de ces montagnes escarpées.
(FÉNELON.)

Tout usurpateur est *près* de son cercueil.
(VOLTAIRE.)

Les prépositions qui s'emploient le plus ordinairement avec des noms de lieux sont :

A.	Dessus.	Parmi.	Sous.
Auprès.	De.	Près.	Sur.
Autour.	Dessous.	Par.	Vers.
Chez.	Jusque.	Proche.	
A travers.	Au-dessus.	De dessous.	Par-delà.
Au travers de.	Au-dessous.	Delà le.	Par derrière.
Au-delà.	Attenant.	Loin de.	Par devant.
Au dedans.	De dessus.	Par-dessus.	Vis-à-vis.

N° DCCXXIII.

PRÉPOSITIONS DE TEMPS.

Durant toute la nuit elle n'a point dormi.
(CORNEILLE.)

Il était agité *pendant* toutes les nuits par des songes. (FÉNELON.)

Si jamais on peut dire que la voie du chrétien est étroite, c'est *durant* les persécutions.
(BOSSUET.)

Les prépositions qui marquent le temps sont : *durant* et *pendant*.

N° DCCXXIV.

PRÉPOSITIONS DE LIEU ET DE TEMPS.

LIEU.

Rome n'est plus *dans* Rome.....
(CORNEILLE.)

TEMPS.

Le czar Pierre ne pouvait *dans* sa jeunesse passer un pont sans frémir. (VOLTAIRE.)

Dès Orléans. — *Dès* sa source. (ACADÉMIE.)

Rodrigue ne vit plus ou respire *en* prison. (CORNEILLE.)

La France s'étend *depuis* le Rhin jusqu'à l'Océan. (ACADÉMIE.)

L'autel couvert de feux tombe et fuit *sous* la terre. (VOLTAIRE.)

Les Romains *vers* l'Euphrate ont attaqué mon père. (RACINE.)

L'homme *dès* sa naissance a le sentiment du plaisir et de la douleur. (MARMONTEL.)

Gagne-t-on *en* un an un million sans crime? (REGNARD.)

En Orient, en Occident, *depuis* plus de deux mille ans on ne parle que d'Alexandre. (MASSILLON.)

A quoi sert-il à un peuple que son roi subjugue d'autres nations, si on est malheureux *sous* son règne? (FÉNELON.)

Vers le soir, *vers* le milieu du jour. (ACADÉMIE.)

Les prépositions dont on se sert le plus souvent avec des noms de lieux et de temps sont : *dans, dès, en, depuis, sous, vers.*

N° DCCXXV.

PRÉPOSITIONS D'ORDRE.

La conscience nous avertit en ami *avant* de nous punir en juge. (STANISLAS.)

Je crains Dieu, et *après* Dieu, je crains principalement celui qui ne le craint pas. (SADI.)

L'homme est placé libre *entre* le vice et la vertu. (MARMONTEL.)

Il se met toujours *derrière* celui qui parle. (LA BRUYÈRE.)

Fais marcher *devant* toi l'ange exterminateur. (VOLTAIRE.)

Les prépositions qu'on emploie pour marquer le plus ordinairement l'ordre sont : *avant, après, devant, derrière, entre, à côté de, depuis.*

N° DCCXXVI.

PRÉPOSITION D'UNION.

Je veux vivre *avec* elle, *avec* elle expirer. (CORNEILLE.)

Le mortel heureux contracte une dette *avec* le malheur. (LETOURNEUR.)

La seule préposition qui marque l'union, c'est la préposition *avec*.

N° DCCXXVII.

PRÉPOSITIONS DE CONFORMITÉ.

La terre, cette bonne mère, multiplie ses dons *selon* le nombre de ses enfants qui méritent ses fruits par leur travail. (FÉNELON.)

Les talents produisent *suivant* la culture. (MARMONTEL.)

Les prépositions qui indiquent la conformité sont : *selon* et *suivant*.

N° DCCXXVIII.

PRÉPOSITIONS DE SÉPARATION, D'EXCEPTION.

Le roi marche incertain, *sans* escorte et *sans* guide.
(VOLTAIRE.)
Il travaille toute la semaine, *excepté* le dimanche.
(ACADÉMIE.)
Nul n'aura de l'esprit *hors* nous et nos amis.
(MOLIÈRE.)

On peut tout sacrifier à l'amitié, *sauf* l'honnête et le juste. (MARMONTEL.)
Hormis toi, tout chez toi rencontre un doux accueil.
(BOILEAU.)

Les prépositions qui marquent la séparation, l'exception, sont : *excepté, hors, hormis, sans, sauf*.

N° DCCXXIX.

PRÉPOSITIONS D'OPPOSITION.

Le travail est une meilleure ressource *contre* l'ennui que le plaisir. (TRUBLET.)
La loi ne saurait égaliser les hommes *malgré* la nature. (VAUVENARGUES.)

La vérité, *nonobstant* le préjugé, l'erreur et le mensonge, se fait jour et perce à la fin.
(MARMONTEL.)

Les prépositions qui emportent une idée d'opposition sont: *contre, malgré, nonobstant*. Nous ne pousserons pas plus loin cette classification, qui présente de grandes difficultés sans offrir aucun avantage réel. Nous préférons donner la liste générale des prépositions, en les envisageant comme les adverbes, c'est-à-dire matériellement. Ainsi on aura des *prépositions pures et simples*, c'est-à-dire qui ne peuvent être que prépositions, telles que : *à, de, dès*, etc. ; on aura ensuite des locutions prépositives dans lesquelles il entre souvent des mots qui seuls ne sont nullement prépositions, mais qui, construits d'une certaine manière et suivis de la préposition *à* ou *de*, prennent le nom de *locutions prépositives*; exemples : *à côté de, à cause de, auprès de, jusqu'à, à fleur de*, etc.; *côté, cause* et *fleur* pris séparément sont des substantifs ; *auprès, jusque*, pris seuls, sont des adverbes ; mais, construits comme ils le sont, ils prennent le nom de locutions prépositives ; on remarque encore des mots qui, pris seuls, jouent le rôle de prépositions sans être suivis d'*à* ou de *de*; ce sont des *mots pris accidentellement comme prépositions*; ainsi : *durant, joignant, attendu, suivant*, etc. De là trois sortes de prépositions : LES PRÉPOSITIONS PURES OU SIMPLES, LES LOCUTIONS PRÉPOSITIVES, et LES MOTS PRIS COMME PRÉPOSITIONS.

TABLEAU GÉNÉRAL DES PRÉPOSITIONS.

N° DCCXXX.

PRÉPOSITIONS PURES OU SIMPLES.

A, après, avant, avec, chez, contre, dans, de, depuis, derrière, dès, devant, en, entre, envers, hormis, malgré, nonobstant, outre, par, parmi, pour, sur, sans, selon, vers.

LOCUTIONS PRÉPOSITIVES.

A côté de, à cause de, au-delà de, auprès de, autour de, au travers de, delà, en deçà de, jusqu'à, loin de, par-delà de, par-dessus de, près de, vis-à-vis de, faute de, à couvert de, à fleur de, à force de, à la faveur de, à l'abri de, à la mode de, à l'insu de, à l'opposite, à l'exclusion de, à raison de, au-dedans de, au péril de, aux dépens de, aux environs de, le long de, etc.; etc., quant à, proche de, hors de.

MOTS ACCIDENTELLEMENT PRÉPOSITIONS.

A même, attenant, attendu, concernant, durant, excepté, joignant, moyennant, pendant, plein (la bouteille), proche, sauf, suivant, supposé, touchant, vu.

Remarque. Attenant, *proche* et *sauf* sont ou sans préposition ou avec préposition; *proche de, sauf à, attenant à.*

Remarque. Les seules locutions prépositives suivies d'à sont : *jusqu'à, par rapport à;* toutes les autres sont suivies de la préposition *de;* les prépositions pures ne sont suivies d'aucune autre préposition, c'est pour cela qu'elles sont dites simples.

Dans l'une des parties suivantes, nous ferons connaître la véritable fonction des prépositions, et les différents rapports qu'elles servent à exprimer.

EXERCICE ANALYTIQUE.

Encor si l'on savait le secret *de* la tombe :
Si l'âme s'élevait ainsi qu'une colombe
A travers le ciel bleu, *vers* cette immensité
Où Dieu jouit *de* tout et *de* l'éternité !
Si l'âme, se trouvant *sous* la forme d'un ange,
S'enivrait *à* jamais *de* bonheur *sans* mélange,
Si, rejetant la coupe où l'on boit tant *de* fiel,
Les âmes qui s'aimaient se revoyaient *au* ciel !
Si *des* mondes roulants l'ineffable harmonie,
La majesté *de* Dieu, sa puissance infinie,
L'orgueil d'être immortel, *de* voir créer *sans* fin ;
D'unir son chant *d'*amour *au* chant *du* séraphin,
Si les plaisirs sacrés *du* céleste domaine,
Qui n'auraient point *de* mot *dans* toute langue humaine,
Dont notre esprit a soif et qu'il ne connaît pas,

Se montraient *devant* nous *au-delà du* trépas !
Oui, j'en crois ce besoin que Dieu mit *en* notre âme,
Ce vague instinct *des* cieux qui m'attire et m'enflamme,
Ce désir éthéré qui n'a rien *d'*ici bas :
Il est un autre monde, un terme *à* nos combats ;
Une fête éternelle où Dieu même convie,
Un bonheur indicible, un grand but *à* la vie,
Un sublime repos *aux* élans *de* l'esprit,
Un amour, Éliza, qui jamais ne tarit,
Un port *aux* affligés, libres *de* toute crainte,
Devant le Dieu *de* tous une égalité sainte,
Des prix à la vertu, *des* regrets *aux* pervers,
Un culte universel *au* Dieu *de* l'univers.

(GUSTAVE DROUINZAU.)

DU RÉGIME DES PRÉPOSITIONS.

N° DCCXXXI.

PRÉPOSITIONS QUI PEUVENT ÊTRE SUIVIES D'UN SUBSTANTIF OU D'UN INFINITIF.

SUIVIES D'UN *substantif*.

L'hypocrisie est un hommage
Que rend le vice *à* la VERTU. (AUBERT.)

De tout TEMPS l'amour-propre aveugla les plus sages.
(VILLEFRÉ.)

Je crains Dieu; et *après* DIEU, je crains principalement celui qui ne le craint pas.
(Pensée de SAADI.)

L'homme est placé libre *entre* le VICE et la VERTU.
(MARMONTEL.)

Nous naissons, nous vivons *pour* la SOCIÉTÉ.
(BOILEAU.)

SUIVIES D'UN *infinitif*.

A RACONTER ses maux souvent on les soulage.
(CORNEILLE.)

Quand le tonnerre commence *de* GRONDER, l'orage n'est pas loin. (MARMONTEL.)

Après t'ÊTRE couvert de leur sang et du mien,
Tu te verras forcé de répandre le tien. (RACINE.)

Il y a de la différence *entre* AVOIR égard à et AVOIR des égards pour... (Cité par BOINVILLIERS.)

Les rois, *pour* EFFRAYER, ont la toute-puissance;
Mais *pour* GAGNER les cœurs, ils n'ont que la clé-
(LANOUE.) [mence.

(778)

L'ennui est entré dans le monde *par* la PARESSE.
(LA BRUYÈRE.)

Point de vertu *sans* RELIGION, point de bonheur *sans* VERTU. (DIDEROT.)

Voici trois médecins qui ne nous trompent pas : Gaîté, doux exercice et modeste repas.
(Cité par DOMERGUE.)

La droiture du cœur, la vérité, l'innocence et la règle des mœurs, l'empire sur les passions, *voilà* la véritable grandeur et la seule gloire réelle que personne ne peut nous disputer. (MASSILLON.)

Commencez *par* GAGNER le cœur de vos sujets.
(MASSILLON.)

Et bien souvent, tout seul, si l'on l'eût voulu croire, Il s'y serait couché *sans* MANGER et *sans* BOIRE.
(RACINE.)

Voici VENIR le printemps. (ACADÉMIE.)

Voici APPARAITRE le fils de l'homme sur les nuées. (CHATEAUBRIAND.)

Et *voilà* COURONNER toutes les perfidies !
(RACINE.)

Les prépositions qui peuvent être suivies d'un substantif ou d'un infinitif sont : *à, de, après, entre, pour, par, sans, voici, voilà.*

La préposition *en* peut aussi être suivie d'un substantif ou d'un participe présent ; exemples :

En toute CHOSE, il faut considérer la fin.
(LA FONTAINE.)

Il nous faut *en* RIANT instruire la jeunesse.
(MOLIÈRE.)

EXERCICE PHRASÉOLOGIQUE.

Sauter à terre.
Regardez de ce côté.
Les autres après moi.
Entre deux eaux.

Apprendre à danser.
Gardez-vous de rire.
Après l'avoir sauvé.
Entre rire et pleurer.

Pour ton bonheur.
Par la douceur.
Sans respect.
Agir en fripon.

Pour rire.
Commence par le faire.
Sans murmurer.
Instruire en riant.

N° DCCXXXII.

PRÉPOSITIONS OU LOCUTIONS PRÉPOSITIVES QUI NE PEUVENT ÊTRE SUIVIES QUE PAR DES SUBSTANTIFS.

Causez *avec* ZÉNON, dansez *avec* les GRACES.
(HELVÉTIUS.)

Chez les GENS cousus d'or l'humanité n'est guère.
(VILLEFRÉ.)

Depuis son ABSENCE, Mes jours moins agités coulaient dans l'innocence.
(VOLTAIRE.)

Les Romains *vers* L'EUPHRATE ont attaqué mon père. (RACINE.)

On n'est *sur* la TERRE que pour faire du bien.
(FÉNELON.)

Nous voyons, nous jugeons *suivant* nos PASSIONS.
(NAUDET.)

Les hommes insolents *pendant* la PROSPÉRITÉ, sont toujours faibles et tremblants *dans* la disgrâce.
(FÉNELON.)

Les Polonais s'enfuirent tous *dès* le COMMENCEMENT de la bataille. (VOLTAIRE.)

Ils courent *après* une ombre trompeuse, et laissent *derrière* EUX le vrai bonheur, faute de le connaître. (FÉNELON.)

Devers la PLACE arrive un écuyer. (VOLTAIRE.)

Tout fut secret ; et quiconque eut du bien, *Pardevers* soi le garda, sans rien dire.
(LA FONTAINE.)

Le travail est une meilleure ressource *contre* l'ENNUI que le plaisir. (TRUBLET.)

Les vertus *dans* PARIS ont le destin des crimes.
(VOLTAIRE.)

Sous un mauvais HABIT on méconnaît un sage.
(DE CAUX.)

Envers un ENNEMI qui peut nous obliger ?
(CORNEILLE.)

La terre, cette bonne mère, multiplie ses dons *selon* le NOMBRE de ses enfants. (FÉNELON.)

Outre le RAPPORT que nous avons du côté du corps avec la nature mortelle, nous avons une secrète affinité avec Dieu. (BOSSUET.)

La loi ne saurait égaler les hommes *malgré* la NATURE. (VAUVENARGUES.)

Par delà tous les CIEUX le Dieu des cieux réside.
(VOLTAIRE.)

Il sauta *par-dessus* LA MURAILLE.
(ACADÉMIE.)

Car la mode aujourd'hui est d'apprendre aux enfants Tout, *hormis* le RESPECT qu'on doit à ses parents.
(ÉTIENNE.)

Le jeune Caton, *durant* son ENFANCE, semblait un imbécile dans la maison. (J.-J. ROUSSEAU.)

C'est un trésor que l'on m'a pris.
— Votre trésor ! Où pris ? — Tout *joignant* cette PIER-
— Eh ! sommes-nous en temps de guerre [RE.
Pour l'apporter si loin ? (LA FONTAINE.)

La vérité, *nonobstant* le PRÉJUGÉ, l'erreur et le mensonge, se fait jour et perce à la fin.
(MARMONTEL.)

L'homme, *vu* sa FAIBLESSE et la longueur de son enfance, n'a jamais pu être absolument sauvage.
(Cité par GIRAULT-DUVIVIER.)

L'homme de bien, *moyennant* une CONDUITE égale et simple, se fait chérir et honorer partout.
(MARMONTEL.)

Dieu ne déclare pas tous les jours ses volontés par ses prophètes, *touchant* les ROIS et les monarchies qu'il élève ou qu'il détruit. (BOSSUET.)

Celui qui a besoin de conseils *concernant*, *touchant* la PROBITÉ, ne mérite pas qu'on lui en donne.
(MARMONTEL.)

Il a été exempté des charges publiques, *attendu* son INFIRMITÉ. (ACADÉMIE.)

Les prépositions qui ne peuvent être suivies que par des substantifs sont : avec, chez, depuis, vers, sur, suivant, pendant, dès, contre, dans, sous, envers, selon, parmi, malgré, outre, derrière, devers, hormis, par-delà, par-dessus, par-devers, et les mots suivants, regardés vulgairement comme prépositions : *Durant, joignant, nonobstant, moyennant, touchant, concernant, vu, attendu.*

EXERCICE PHRASÉOLOGIQUE.

Avec douceur.
Depuis deux ans.
Sur la table.
Pendant son absence.
Contre l'ennemi.
Touchant vos affaires.

Chez son père.
Vers la terre.
Suivant lui.
Dès demain.
Dans la chambre.
Concernant ses intérêts.

Sous le lit.
Envers les autres.
Selon les philosophes.
Parmi nous.
Malgré eux.
Vu sa faiblesse.

Outre cela.
Durant sa vie.
Joignant cette montagne.
Nonobstant l'expérience.
Moyennant la grâce de Dieu.
Attendu son infirmité.

N° DCCXXXIII.

PRÉPOSITIONS QUI PEUVENT ÊTRE SUIVIES IMMÉDIATEMENT, 1° D'UN SUBSTANTIF ; 2° D'UNE AUTRE PRÉPOSITION SUIVIE D'UN SUBSTANTIF OU D'UN INFINITIF.

I. — *Suivies d'un substantif.*

Être logé *près* le PALAIS-ROYAL.
(ACADÉMIE.)

Tout périt, *hors* la GLOIRE, et surtout la vertu.
(DORAT.)

II. — *Suivies d'une autre préposition et d'un infinitif.*

Je l'ai vu *près* DU *temple* où son hymen s'apprête.
(RACINE.)

Trop de rigueur serait *hors* DE saison.
(BOILEAU.)

III. — *Suivies d'une autre préposition et d'un infinitif.*

On ne connaît l'importance d'une action que quand on est *près* DE *l'exécuter.*
(LA FONTAINE.)

Ton esprit, fasciné par les lois d'un tyran,
Pense que tout est crime, *hors* D'ÊTRE musulman.
(VOLTAIRE.)

Les prépositions qui peuvent être immédiatement suivies 1° d'un substantif, 2° d'une autre préposition suivie d'un substantif ou d'un infinitif, sont *près, hors, hormis, excepté.*

EXERCICE PHRASÉOLOGIQUE.

Il demeure près le boulevard.
Je l'ai vu près du boulevard.
Je l'ai vu près de mourir.

Il est logé hors la Porte-Saint-Honoré.
Tous les maux sont hors de la boîte de Pandore.
Je veux tout, hors d'être son esclave.

N° DCCXXXIV.

PRÉPOSITIONS QUI PEUVENT ÊTRE IMMÉDIATEMENT SUIVIES, 1° D'UN SUBSTANTIF; 2° D'UNE AUTRE PRÉPOSITION SUIVIE D'UN INFINITIF SEULEMENT.

SUIVIES D'UN SUBSTANTIF.

Avant Louis XIV, la France, presque sans vaisseaux, tenait en vain aux deux mers. (BOSSUET.)

On peut tout sacrifier à l'amitié, *sauf* l'HONNÊTE et le juste. (MARMONTEL.)

SUIVIES D'UNE AUTRE PRÉPOSITION ET D'UN INFINITIF.

La conscience nous avertit en ami *avant* DE nous punir en juge. (STANISLAS.)

Sauf A changer, *sauf* A déduire, *sauf* A recommencer. (ACADÉMIE.)

Les prépositions qui peuvent être immédiatement suivies d'un substantif ou d'un infinitif précédé d'une préposition sont *avant* et *sauf*.

EXERCICE PHRASÉOLOGIQUE.

Avant le règne d'Henri IV.
Sauf votre respect.

Avant de partir.
Sauf à recommencer plus tard.

N° DCCXXXV.

PRÉPOSITIONS OU EXPRESSIONS PRÉPOSITIVES QUI DEMANDENT TOUJOURS APRÈS ELLES UNE AUTRE PRÉPOSITION ET UN SUBSTANTIF.

L'art est toujours grossier *auprès* DE la *nature*. (DE VALMONT.)

Nous demeurons tranquilles comme si le coup devait toujours porter *à côté* DE *nous*. (MASSILLON.)

Les fondements de cet édifice sont déjà *à fleur* DE *terre*. (ACADÉMIE.)

Tel en un secret vallon,
Sur le bord d'une onde pure,
Croît, *à l'abri* DE *l'aquilon*,
Un jeune lis... (RACINE.)

Au-delà DU *besoin* le reste est superflu. (VILLEFRÉ.)

Le Mercure galant est immédiatement *au-dessous* DU *rien*; il y a bien d'autres ouvrages qui lui ressemblent. (LA BRUYÈRE.)

Tous ces avantages qui sont *au-dehors* DE *nous*, et qui par conséquent ne nous appartiennent pas. (Id.)

Il se répand *autour* DES *trônes* certaines terreurs qui empêchent de parler aux rois avec liberté. (FLÉCHIER.)

Nos actions sont les nôtres, *à cause* DU *libre arbitre* qui les produit, et elles sont aussi de Dieu, à cause de sa grâce qui fait que notre arbitre les produit. (PASCAL.)

Partir *à la faveur* DE *la* naissante *nuit*. (BOILEAU.)

La terre est petite à *l'égard* DU *soleil*. (ACADÉMIE.)

Une grande âme est *au-dessus* DE *l'injure*, de l'injustice, de la douleur, de la moquerie. (LA BRUYÈRE.)

Le vide que tout ce qui vous environne laisse *au-dedans* DE *vous-même*. (MASSILLON.)

On va pour vous *au-devant* DE la *sollicitation*. (LA BRUYÈRE.)

Les prépositions ou locutions prépositives qui demandent toujours après elles une autre préposition et un substantif sont *auprès*, *au-delà*, *au-dessus*, *au-dessous*, *au-dehors*, *autour*, *au-dedans*, *au-devant*, et généralement toutes les expressions composées de la préposition *à* et d'un substantif, comme *à côté*, *à l'abri*, *à la faveur*, *à l'égard*, *à cause*, etc.

EXERCICE PHRASÉOLOGIQUE.

Auprès de vous.
A côté de la table.
A l'abri des orages.

A cause de lui.
A la faveur de la nuit.
Au-devant des ennemis.

N° DCCXXXVI.

LOCUTIONS PRÉPOSITIVES DONT LA PRÉPOSITION QUI LES SUIT TOUJOURS PEUT ÊTRE ACCOMPAGNÉE D'UN SUBSTANTIF OU D'UN INFINITIF.

ACCOMPAGNÉES D'UN SUBSTANTIF.

Combien tout ce qu'on dit est *loin* DE *ce* qu'on pense !
         (RACINE.)
Les enfants mouraient dans les bras de leur mère, *faute* DE *pain*.   (FLÉCHIER.)
Je veux.....
A force D'*attentats* perdre tous mes remords.
         (RACINE.)
Je ne lui pardonnerai pas, *à moins* D'*une rétractation* publique.   (ACADÉMIE.)
L'art est toujours grossier *auprès* DE *la nature*.
         (DE VALMONT.)

ACCOMPAGNÉES D'UN INFINITIF.

Loin DE *trembler* devant les autels, on y méprise Jésus-Christ présent. (BOSSUET.)
Ils laissent derrière eux le vrai bonheur, *faute* DE *le connaître*.   (FÉNELON.)
A force D'*être* touché inutilement, on ne se laisse plus toucher de rien. (BOSSUET.)
A moins D'*être* fou, il n'est pas possible de raisonner ainsi.   (ACADÉMIE.)
Qu'est cela *auprès* D'*être* pendu ?

Les prépositions ou locutions prépositives dont la préposition qui les suit peut être accompagnée d'un infinitif ou d'un substantif sont : *loin, faute, à force, à moins, auprès*.

EXERCICE PHRASÉOLOGIQUE.

Loin de Paris.
Faute d'argent.
A force de prières.
A moins de dix louis.

Loin de demander pardon.
Faute d'être riche.
A force de prier.
A moins de le perdre.

N° DCCXXXVII.

RÉGIME DE DEUX PRÉPOSITIONS LIÉES PAR UNE CONJONCTION.

PHRASE VICIEUSE.

Un magistrat doit toujours juger *suivant et conformément* aux lois.

PHRASE CORRECTE.

Un magistrat doit toujours juger *suivant* les lois, et *conformément* à ce qu'elles prescrivent.
         (MARMONTEL.)

Il en est du régime des prépositions comme de celui des verbes. Quand deux prépositions ont le même régime, on peut se dispenser de les faire suivre chacune de ce régime ; mais si ces deux prépositions demandent un régime différent, il faut de toute nécessité donner à chacune le régime qui lui convient. Ainsi on ne peut dire *suivant et conformément aux lois*, parce que *suivant* ne veut pas de préposition à sa suite, tandis que *conformément* exige après lui la préposition *à*.

EXERCICE PHRASÉOLOGIQUE.

D'après votre avis et conformément à ce que vous m'avez prescrit.

D'après et conformément ...

PRÉPOSITIONS EMPLOYÉES, DIT-ON, POUR D'AUTRES PRÉPOSITIONS.

N° DCCXXXVIII.

A TENANT LA PLACE DE *envers, dans, devant, après, auprès de, avec, contre, sur, en, par, pour, vers.*

À REMPLAÇANT *envers.*

Ne t'avise pas d'être complaisant *à* ceux qui parlent mal du prochain. (FLÉCHIER.)

Aurez-vous le cœur assez dur pour être inexorable *à* votre roi et *à* tous vos plus tendres amis ? (FÉNELON.)

Inflexible *aux* vaincus, complaisant *aux* vainqueurs. (VOLTAIRE.)

Je vous entends, seigneur, ces mêmes dignités
Ont rendu Bérénice ingrate *à* vos bontés. (RACINE.)

À POUR *dans.*

Tout mon espoir
N'est plus qu'*au* coup mortel que je vais recevoir. (RACINE.)

Au choix de vos amis soyez lent et sévère ;
Examinez longtemps ; la méprise est amère. (ROYOU.)

Dieu laissa-t-il jamais ses enfants *au* besoin ? (RACINE.)

À POUR *devant.*

Ne vous montrez *à* moi que sa tête à la main. (RACINE.)

Cette énorme action, faite presque *à* nos yeux,
Outrage la nature et blesse jusqu'aux dieux. (CORNEILLE.)

À POUR *après.*

A ces mots, l'Amour irrité s'envola. (FÉNELON.)

A ces paroles, Phalante demeura épuisé et abattu d'un excès de douleur. (FÉNELON.)

À POUR *auprès de.*

Votre amour contre nous allume trop de haine,
Retournez, retournez *à* la fille d'Hélène. (RACINE.)

Cessez de m'arrêter. Va, retourne *à* ma mère,
Égyne, il faut des dieux apaiser la colère. (RACINE.)

À POUR *avec.*

Un vrai chrétien foule *aux* pieds toutes les vanités de ce monde. (ACADÉMIE.)

Que l'on tire *au* billet ceux que l'on doit élire. (BOILEAU.)

À AU LIEU DE *contre.*

Change le nom de reine *au* nom d'impératrice. (RACINE.)

Pour eux un tel ouvrage est un monstre odieux ;
C'est offenser les lois, c'est s'attaquer *aux* dieux. (BOILEAU.)

À AU LIEU DE *sur.*

Sion, chère Sion, que dis-tu quand tu vois
Une impie étrangère
Assise, hélas ! *au* trône de tes rois ? (RACINE.)

Malheureuse, comment paraîtrai-je à sa vue,
Son diadème *au* front, et, dans le fond du cœur,
Phœdime... tu m'entends, et tu vois ma rougeur. (RACINE.)

À AU LIEU DE *en.*

César prend le premier une coupe *à* la main. (RACINE.)

Un âne, pour le moins, instruit par la nature,
A l'instinct qui le guide obéit sans murmure ;
Ne va point follement de sa bizarre voix
Défier *aux* chansons les oiseaux dans les bois. (BOILEAU.)

À AU LIEU DE *par*.

Il ne se laisse point séduire
A tous ses attraits périlleux.   (RACINE.)

La nature, féconde en bizarres portraits,
Dans chaque âme est marquée à de différents traits.
(BOILEAU.)

J'ai ouï condamner cette comédie à certaines gens.
(MOLIÈRE.)

Je me laissai séduire à cet aimable guide.
(RACINE.)

Et se laissant régler à son esprit tortu,
De ses propres défauts se fait une vertu.
(BOILEAU.)

Ne me préparez point la douleur éternelle
De l'avoir fait répandre à la main paternelle.
(RACINE.)

À AU LIEU DE *pour*.

Que mon mariage est une leçon bien parlante à tous les paysans qui veulent s'élever au-dessus de leur condition!   (MOLIÈRE.)

L'homme est de glace *aux* vérités;
Il est de feu pour les mensonges.
(LA FONTAINE.)

Tout autre objet le blesse, et peut-être aujourd'hui
Il n'attend qu'un prétexte à l'éloigner de lui.
(RACINE.)

Tous deux à me tromper sont-ils d'intelligence? (*Id.*)

Ce n'est que pour toi seul qu'elle est fière et chagrine;
Aux autres elle est douce, agréable, badine.
(BOILEAU.)

À AU LIEU DE *vers*.

Je méditais ma fuite *aux* terres étrangères.
(RACINE.)

Quel chemin le plus droit à la gloire nous guide,
Ou la vaste science, ou la vertu solide?
(BOILEAU.)

Nous bornons là ce tableau; car il nous serait impossible de rapporter ici toutes les extravagances des grammairiens, qui ont attribué à la préposition *à*, ainsi qu'à toutes les prépositions en général, tant et de si étranges significations, qu'il y a vraiment de quoi être étonné en les lisant.

D'après le sage conseil de Molière, nous regardons les choses du côté qu'on nous les montre, et ne les tournons point pour y chercher ce qu'il ne faut pas y voir.

Ainsi, de ce que d'un côté nous lisons:

Quitter, en de si grands besoins,
Vous, le Pont, vous, Colchos, confiés à vos soins!   (RACINE.)

et que, d'un autre côté, nous voyons:

Dieu laissa-t-il jamais ses enfants *au* besoin?   (LE MÊME.)

nous nous gardons bien d'en conclure follement, avec les grammairiens, que, dans ce dernier vers, la préposition *à* tient la place de la préposition *en* ou *dans*. Un mot ne saurait être mis pour un autre. Or, si nous cherchons à pénétrer dans la pensée de l'écrivain et à nous rendre compte des motifs qui l'ont déterminé dans le choix des mots dont il s'est servi, nous voyons que, dans le premier cas, il a fait usage de la préposition *en* parce qu'il a voulu exprimer un rapport d'intériorité, de situation: *Pensez-vous que je puisse vous quitter* (lorsque vous vous TROUVEZ PLONGÉ) EN *de si grands besoins?* et que, dans le second, au contraire, il s'est servi de la préposition *à* parce qu'il a voulu exprimer un tout autre rapport: *Dieu laissa-t-il jamais ses enfants* (LIVRÉS EN PROIE) AU *besoin?* Analyse justifiée par ce vers de Boileau:

Laissons-le plutôt *en* proie à son caprice.

C'est ainsi que, sans perdre un moment le fil de l'analogie, nous parvenons à découvrir comment il peut se faire qu'on exprime la même idée par des mots essentiellement différents, tout comme deux voyageurs arrivent aux mêmes lieux après avoir parcouru deux routes tout-à-fait opposées.

EXERCICE PHRASÉOLOGIQUE.

Laisser quelqu'un dans le besoin.
Ingrat envers Dieu.
Ne vous montrez jamais devant moi.

Laisser quelqu'un au besoin.
Ingrat à sa patrie.
Montrez-vous à moi tel que vous êtes.

Nº DCCXXXIX.

De MIS A LA PLACE DE *à, à cause de, avec, entre, par, pour, depuis.*

De POUR *à*.

Mes transports aujourd'hui s'attendaient *d*'éclater.
(RACINE.)

Vous n'êtes pas encore échappé *de* sa rage.
(RACINE.)

De POUR *à cause de*.

Déjà Priam pâlit ; déjà Troie en alarmes
Redoute mon bûcher, et frémit *de* vos larmes.
(RACINE.)

Évrard a beau gémir *du* repas déserté,
Lui-même est au barreau par le nombre emporté.
(BOILEAU.)

De POUR *avec*.

..... O jour heureux pour moi !
De quelle ardeur j'irais reconnaître mon roi!
(RACINE.)

De quelle noble ardeur pensez-vous qu'ils se rangent
Sous les drapeaux d'un roi longtemps victorieux ?
(*Id.*)

Entre nous, verras-tu *d*'un esprit bien tranquille
Chez ta femme aborder et la cour et la ville?
(BOILEAU.)

D'un air fier et content, sa cruauté tranquille
Contemple les effets de la guerre civile.
(VOLTAIRE.)

De MIS POUR *entre*.

Voyez de quel guerrier il vous plaît de descendre ;
Choisissez *de* César, *d*'Achille ou *d*'Alexandre.
(RACINE.)

Du Troyen ou *de* moi faites-le décider ;
Qu'il songe qui des deux il veut rendre ou garder.
(RACINE.)

De AU LIEU DE *par*.

Quoi ! déjà votre amour *des* obstacles vaincu...
(RACINE.)

Ariane, ma sœur ! *de* quel amour blessée
Vous mourûtes aux bords où vous fûtes laissée !
(*Id.*)

O ciel ! si mon amour est condamné *de* toi,
Je suis la plus coupable ; épuise tout sur moi.
(RACINE.)

Si le pécheur, poussé *de* ce saint mouvement,
Reconnaissant son crime, aspire au sacrement.
(BOILEAU.)

De AU LIEU DE *pour*.

Ne rougis point de prendre une voix suppliante,
Je t'avoûrai *de* tout ; je n'espère qu'en toi.
(RACINE.)

Mais la postérité d'Alfane et de Bayard,
Quand ce n'est qu'une rosse, est vendue au hasard,
Sans respect *des* aïeux dont elle est descendue,
Et va porter la malle ou tirer la charrue.
(BOILEAU.)

De POUR *depuis*.

Du moment que je l'ai connu, je l'ai aimé.
(ACADÉMIE.)

Du jour que j'arrachai cet enfant à la mort,
Je remis en vos mains tout le soin de son sort.
(RACINE.)

C'est parce que tous nos faiseurs de grammaires et de dictionnaires ignorent la véritable valeur des prépositions, qu'ils voient dans la préposition *de* cinquante à soixante mots différents. Cette préposition ne peut jamais être employée pour aucune autre, et l'étymologie et l'analyse démontrent qu'elle n'a toujours que le même sens, un sens unique.

Il faut donc s'attacher à retrouver ce sens unique, et non se fatiguer inutilement à retourner *de* pour y voir des idées qui n'y sont pas. Souvent, il est vrai, ce sens paraît difficile à saisir, parce que nous en sommes peu frappés au premier abord ; mais après un court examen, l'analogie et l'analyse nous le font découvrir et nous ramènent aussitôt au principe dont on semblait s'être écarté.

Au lieu de dire, comme les grammairiens, que, par exemple, dans ce vers de Racine :

Vous n'êtes pas encore échappé *de* sa rage

la préposition *de* est pour *à*, cherchons à nous rendre compte de l'emploi de cette préposition.

Or, en consultant l'usage, nous voyons qu'*échapper* se met avec la préposition *à*, quand il signifie n'être pas pris, n'être pas saisi, n'être pas aperçu, etc. C'est ainsi qu'on dit : *Échapper* A *la fureur,* A *la poursuite des ennemis. Ceux qui échappaient* A *ses coups.* (BOSSUET.) — *Parmi tant de places, il n'y en eut qu'une seule qui pût échapper* A *ses mains.* (LE MÊME.) — *Les périls* AUXQUELS *il est échappé.* (MASSILLON.) — *Le ciel me rend un frère* A *ta rage échappé.* (CORNEILLE.)

Donc Racine, en disant :

Vous n'êtes pas encore échappé *de* sa rage,

a ellipsé la préposition *à* dont le participe *échappé* doit être suivi en pareille circonstance, comme le prouvent les exemples que nous venons de citer ; son vers est donc un abrégé de : *Vous n'êtes pas encore échappé* (AUX COUPS) *de sa rage*, construction fort usitée en prose. Corneille n'a-t-il pas dit : *Je suis seule échappée* AUX FUREURS *de la guerre*.

Mais, de ce qu'il a plu à Racine d'ellipser la préposition *à*, ce serait se tromper grossièrement que de prétendre que *de* soit pour *à*. Il faut faire comme nous, rétablir les mots sous-entendus, et alors la pensée de l'auteur nous apparaît dans tout son jour.

EXERCICE PHRASÉOLOGIQUE.

Depuis que je l'ai vu. | Du jour où je l'ai vu.
Choisissez entre lui et moi. | Choisissez de lui ou de moi.

N° DCCXL.

EN MIS A LA PLACE DE *à, selon, sur, avec, comme, de, par.*

En AU LIEU DE *à*.

Je sais ce qu'*en* ma place un bon prince doit faire. (CORNEILLE.) | J'écrivis *en* Argos pour hâter le voyage. (RACINE.)
Il écrivit *en* cour, comme nous disons nous autres provinciaux ; il écrivait même *en* parlement. (VOLTAIRE.) | Je n'avais *en* main que ma houlette. (FÉNELON.)

En AU LIEU DE *selon*.

Juger *en* toute rigueur. (FÉNELON.) | *En* conscience, *en* bonne justice. (ACADÉMIE.)

En AU LIEU DE *sur*.

Les moins sévères lois *en* ce point sont d'accord. (CORNEILLE.) | Le roi fit son entrée dans Stockholm sur un cheval alezan, ferré d'argent, ayant le sceptre à la main et la couronne *en* tête. (VOLTAIRE.)

En AU LIEU D'*avec*.

Bien souvent on ennuie *en* termes magnifiques. (BOILEAU.) | Et lui-même, marchant *en* habits magnifiques, Criait à haute voix dans les places publiques. (RACINE.)

En AU LIEU DE *comme*.

Je pense *en* citoyen, j'agis *en* empereur,
Je hais le fanatique et le persécuteur.
(VOLTAIRE.)

Mais quoi! toujours la honte *en* esclaves nous lie,
Oui, c'est toi qui nous perds, ridicule folie.
(BOILEAU.)

En POUR *de*.

Et devant le Seigneur maintenant prosternée,
Ma mère *en* ce devoir craint d'être détournée.
(RACINE.)

En tout temps la vertu s'est fait estimer.
(ACADÉMIE.)

En A LA PLACE DE *par*.

Faites choix d'un héros propre à m'intéresser,
En valeur éclatant, *en* vertus magnifique.
(BOILEAU.)

Plus sage *en* mon respect que ces hardis mortels
Qui d'un indigne encens profanaient les autels.
(BOILEAU.)

Pour prouver, par exemple, que *en* peut remplacer la préposition *de*, les grammairiens citent ces vers de Racine :

Et devant le Seigneur maintenant prosternée,
Ma mère *en* ce devoir craint d'être détournée.

On a bien raison de dire que la routine est l'habitude sans jugement, car si les grammairiens s'étaient donné la peine de réfléchir un instant, ils auraient senti que *en* est bien ici pour *en* et non pour *de*.

En effet, il y a une grande différence, selon nous, entre *ma mère craint d'être détournée* DE *ce devoir*, et *ma mère* EN *ce devoir craint d'être détournée*. Dans le premier cas, on fait entendre que ma mère craint d'être sans cesse distraite de ce devoir au point de ne pouvoir jamais l'accomplir: dans le second cas, au contraire, le poète nous représente cette mère au moment même où elle accomplit ce devoir ; il nous la montre *devant le Seigneur maintenant prosternée*. Il ne peut donc entrer dans sa pensée de nous dire que cette mère craint d'être détournée *de* ce devoir, puisqu'elle l'accomplit. Il veut nous donner à entendre qu'elle craint d'être distraite *pendant* qu'elle accomplit ce même devoir. Aussi est-ce pour cette raison que le fils de Joad, Zacharie, défend à Mathan l'approche du temple où se trouve sa mère, et qu'il lui dit :

..... Téméraire, où voulez-vous passer?
Au-delà de ce lieu gardez-vous d'avancer :
C'est des ministres saints la demeure sacrée.
Les lois à tout profane en défendent l'entrée.

Ainsi, prétendre que dans le vers de Racine *en* remplace *de*, c'est dire que *d'être détourné* D'*un devoir* et *être détourné* PENDANT *un devoir*, pendant qu'on accomplit un devoir, c'est la même chose !

EXERCICE PHRASÉOLOGIQUE.

Avoir à la main.   Avoir en main.

N° DCCXLI.

Pour REMPLAÇANT *de, comme, envers, contre, quant à, en la place de, au lieu de*.

Pour REMPLAÇANT *comme*.

Vous ne comptez *pour* rien les pleurs de Bérénice.
(RACINE.)

Donner de mauvaises pointes *pour* des traits d'esprit.
(ENCYCLOPÉDIE.)

Il fut laissé *pour* mort sur le champ de bataille.
(ACADÉMIE.)

Tenez *pour* certain qu'il ne réussira pas.
(ACADÉMIE.)

Pour AU LIEU D'*envers*

On passe pour un monstre quand on manque de reconnaissance *pour* son père ou *pour* un ami de qui on a reçu quelques secours. (FÉNELON.)

La fidélité *pour* les hommes et la crainte *pour* les dieux. (FÉNELON.)

Pour REMPLAÇANT *contre*.

On n'a point *pour* la mort de dispense de Rome. (MOLIÈRE.)

La saignée est bonne *pour* la pleurésie. (GRAND VOCABULAIRE FRANÇAIS.)

Pour AU LIEU DE *quant à*.

Pour moi, je crains les dieux. (FÉNELON.)

Pour moi, j'ai toujours vu les honnêtes gens assez tranquilles, mais les fripons assez alertes. (BERN. DE SAINT-PIERRE.)

Pour SIGNIFIANT *en la place de, au lieu de*.

J'ai fait cette réponse *pour* vous. (GRAND VOCABULAIRE FRANÇAIS.)

Il monta la garde *pour* moi. (ACADÉMIE.)

Les grammairiens prétendent encore,

Tant les vieux préjugés fascinent leurs regards !

que, comme ses sœurs, la préposition *pour* tient la place d'une foule d'autres mots. Ainsi, selon eux, les prépositions seraient comme des sentinelles qui se remplacent tour à tour, et dont l'une peut bien faire les fonctions de l'autre. Mais comment ne se seraient-ils pas trompés sur ce point, eux qui se sont trompés sur presque tous les autres, ainsi qu'on a dû le voir dans notre ouvrage, qui est comme l'inventaire de leurs erreurs, de leurs bévues, de leurs extravagances? Ils ont constamment erré, parce que, suivant l'aveugle routine, ils ne se sont occupés que du matériel du langage, et qu'ayant considéré simplement la place que les mots occupent, et non les idées qu'ils marquent, ils ont cru reconnaître que les uns tenaient la place des autres. C'est surtout l'ignorance de l'ellipse, une des plus simples et des plus fréquentes figures de la grammaire, qui les a jetés dans ce chaos.

De ce que l'usage permet de dire *pour l'ordinaire*, vite les grammairiens d'en conclure que dans la phrase suivante de Massillon, et autres semblables : *Les hommes n'admirent D'ordinaire que les grands événements*, la préposition *de* tient la place de la préposition *pour*. Pauvres gens! comme il faut peu de chose pour leur faire prendre le change! Parce qu'il a plu à Massillon de supprimer quelques mots dans sa phrase, *de* n'est plus pour *de*. Quelle étrange idéologie, et que Montaigne parlait sensément quand il disait : « *A la mode de quoi nous sommes instruits, il n'est pas merveille, si les écoliers ni les maîtres n'en deviennent pas plus habiles.* » Mais, pour Dieu, messieurs les grammairiens, au lieu de vous marteler le cerveau pour trouver de quel mot la préposition *de* occupe la place dans la phrase que nous venons de citer, cherchez donc plutôt à en connaître la véritable valeur, et vous verrez que cette expression : *Les hommes n'admirent d'ordinaire*, est une expression elliptique, et que c'est un abrégé de : Les hommes (dans le cours) DE (l'usage) ORDINAIRE *n'admirent*, etc.

Il n'y a donc aucune espèce d'analogie, sous le rapport de la construction, et non sous celui du sens, qui est exactement le même, entre ces deux expressions *pour l'ordinaire* et *d'ordinaire*; et il faut vraiment aimer à se repaître de chimères pour rapprocher des choses aussi hétérogènes. Mais les grammairiens ne sont pas gens à y regarder de si près.

EXERCICE PHRASÉOLOGIQUE.

D'ordinaire.	Pour l'ordinaire.
Compter comme rien.	Compter pour rien.
Manquer de reconnaissance envers quelqu'un.	Manquer de reconnaissance pour son bienfaiteur.

N° DCCXLII.

Sous EMPLOYÉ POUR *moyennant* ET *devant*.

Sous POUR *moyennant*.

Sous ces conditions. (CORNEILLE.)

Sous le bon plaisir des états. — *Sous* cette restriction. (GRAND VOCABULAIRE FRANÇAIS.)

Sous POUR *devant*.

Le comte Fleming, grand homme de guerre et de cabinet, et le Livonien Patklu, pressaient tous deux le siége de Riga, *sous* les yeux du roi. (VOLTAIRE.)

Tout parle au souverain de sa puissance, tout lui met sans cesse *sous* l'œil sa gloire et sa puissance. (MASSILLON.)

Encore une fois, *sous* est pour *sous*, et ne tient la place d'aucun autre mot.

EXERCICE PHRASÉOLOGIQUE.

Moyennant le bon plaisir.	Sous le bon plaisir.

N° DCCXLIII.

Sur MIS POUR *avec, dans, à, au-dessus, contre, par-dessus, quant à*.

Sur POUR *avec, dans*.

Et que, les clefs en main, *sur* ce seul passeport,
Saint Pierre à tous venants devait ouvrir d'abord.
 (BOILEAU.)

Un roi sage, ainsi Dieu l'a prononcé lui-même,
Sur la richesse et l'or ne met point son appui.
 (RACINE.)

Sur POUR *à*.

Hercule, respirant *sur* le bruit de vos coups,
Déjà de son travail se reposait sur vous. (BOILEAU.)

Déjà on nous menait *sur* le tombeau d'Anchise.
 (FÉNELON.)

Sur POUR *au-dessus, contre*.

Ces vents, depuis trois mois enchaînés *sur* nos têtes,
D'Ilion trop longtemps vous ferment le chemin.
 (RACINE.)

Combien je vais *sur* moi faire éclater de haines!
 (RACINE.)

Sur AU LIEU DE *par-dessus, quant à*.

Figure-toi Pyrrhus, les yeux étincelants,
Sur tous mes frères morts se faisant un passage,
Et de sang tout couvert, s'échauffant au carnage.
 (RACINE.)

Je vois qu'un fils perfide, épris de vos beautés,
Vous a parlé d'amour, et que vous l'écoutez,
Je vous jette *sur* lui dans des craintes nouvelles.
 (RACINE.)

Sur POUR *sous*.

Le roi, autorisé par les lois de l'état, ordonne, *sur* peine de la vie, à tous les gentilshommes de monter à cheval. (VOLTAIRE.)

Une ancienne loi, sacrée parmi les Moscovites, leur défendait, *sous* peine de mort, de sortir de leur pays sans la permission de leur patriarche.
 (VOLTAIRE.)

Sur n'a rien à faire avec les prépositions *avec, dans, à, contre*, etc., etc. Ces mots sont destinés à marquer des rapports distincts, et qu'il n'est pas permis de confondre.

EXERCICE PHRASÉOLOGIQUE.

Sur son passeport on le laissa passer.   Mettre son appui sur l'or.

OBSERVATIONS SUR L'EMPLOI DE PLUSIEURS PRÉPOSITIONS.

N° DCCXLIV.

DIFFÉRENCE GÉNÉRALE ENTRE *en* ET *dans*.

En.

L'effronterie, *en France*, est un vice à la mode :
Rien n'est plus nécessaire, et rien n'est plus commode.
(LAFONT.)

Les jeunes veaux sauvages, que l'on enlève à leur mère aux Indes et *en Afrique*, deviennent en très-peu de temps aussi doux que ceux qui sont issus de races domestiques. (BUFFON.)

En Amérique, ce sont des bisons qui ont une bosse sur le dos. (Id.)

L'esprit n'est point du tout ce qu'il faut *en ménage*. (MOLIÈRE.)

Toute ruse est permise en amour comme *en guerre*. (COLLIN D'HARLEVILLE.)

Qu'on ne me vante plus l'éclat de la gaîté ;
Rien n'égale *en pouvoir* les pleurs de la beauté.
(LANOUE.)

Dans.

Dans la France un Martel, en Espagne un Pélage;
Le grand Léon dans Rome armé d'un saint courage.
(VOLTAIRE.)

Dans toute *l'Afrique*, dans tout le continent oriental, les bœufs sont bossus, parce qu'ils ont porté de tout temps des fardeaux sur leurs épaules. (BUFFON.)

Le bœuf était absolument inconnu *dans l'Amérique* méridionale. (Id.)

Dans un ménage il faut de petites querelles. (COLLIN D'HARLEVILLE.)

Quelque avantage, ami, qu'on cherche *dans la guerre*,
Compense-t-il les maux qu'elle apporte à la terre ?
(LEMIERRE.)

Dans le pouvoir attribué aux intendants, Louis XV fit des changements désirés. (ANQUETIL.)

En et *dans* ont ceci de commun, qu'ils indiquent tous les deux une idée d'intériorité ; et ceci de particulier, que la préposition *en* se met devant des noms indéfinis, et la préposition *dans* devant des noms déterminés. On dit donc avec *en* : En France, en Afrique, en Amérique, en ménage, en guerre, etc. ; et avec *dans* : Dans la France, dans l'Afrique, dans l'Amérique, dans un ménage, dans la guerre, etc. On verra dans le numéro suivant que *en* et *dans* peuvent aussi quelquefois s'employer l'un pour l'autre avec des noms déterminés.

Il faut bien faire attention quand on emploie *dans* ou *en* ; car souvent le sens est différent : *Être en campagne, en maison, en épée, en robe*, n'est pas la même chose qu'*être dans la campagne, dans la maison, dans l'épée, dans la robe*. L'usage et les dictionnaires feront connaître ces différences.

EXERCICE PHRASÉOLOGIQUE.

Être en pays étranger.
Voyager en France.
Aller en Amérique.
Être en bonne compagnie.
Cette femme est belle en déshabillé.

Être dans un pays étranger.
Voyager dans la France.
Aller dans l'Amérique méridionale.
Vivre dans une bonne compagnie.
Cette femme est belle dans ce déshabillé.

N° DCCXLV.

En ET *dans* EMPLOYÉS AVEC DES NOMS DÉTERMINÉS.

En.

Le peuple, *en* CE QUI FLATTE ou choque sa manie,
Trouve de la justice ou de la tyrannie.
(CRÉBILLON.)

Un bon mot *en* CE SIÈCLE est un fort argument.
(DE BERNIS.)

En un cœur généreux, de remords combattu,
La honte de la chute affermit sa vertu.
(LAFOSSE.)

... *En* UNE AME bien faite,
Le mépris suit de près la faveur qu'on rejette.
(MOLIÈRE.)

Je sais quel est le peuple : on le change *en* UN JOUR.
(VOLTAIRE.)

Le mérite a toujours des charmes éclatants,
Et quiconque peut tout est aimable *en* TOUT TEMPS.
(CORNEILLE.)

Il ne faut point avoir de mollesse *en* SA VIE.
(RÉGNARD.)

Périsse le mortel, périsse le cœur bas,
Qui, portant *dans* SES MAINS le destin des états,
Plein des vils sentiments que l'intérêt inspire,
Immole à sa grandeur le salut d'un empire.
(SAURIN.)

Le cœur des mortels n'est point fait pour le crime,
Et dès qu'il est coupable, il n'a pour se juger
Qu'à descendre *en* LUI-MÊME, et qu'à s'interroger.
(DUCIS.)

Dans.

L'égoïste ne voit *dans* TOUT CE QU'ON APPELLE
belles actions que des traits de dupe.
(LACRETELLE aîné.)

Dans CE SIÈCLE coupable à quoi sert la vertu ?
(DE BELLOY.)

Les grandes passions naissent *dans* un GRAND COEUR,
Qui les sent fortement sait en être vainqueur.
(DE BELLOY.)

Il est des souvenirs qui portent *dans* NOTRE AME
Une douce langueur, un charme attendrissant.
(DEMOUSTIER.)

... Tout soldat est grand *dans* UN JOUR DE VIC-
(LA HARPE.)   [TOIRE.

Sachez que *dans* UN TEMPS si funeste au devoir,
Où rien n'enrichit mieux que le crime et le vice,
La pauvreté souvent est un heureux indice.
(FABRE D'ÉGLANTINE.)

... *Dans* LA VIE HUMAINE,
Le bonheur, tôt ou tard, fait oublier la peine.
(COLLIN D'HARLEVILLE.)

L'homme intrépide et ferme en ses vastes desseins
Tient toujours, quand il veut, la fortune *en* SES
Et des événements il sait se rendre maître. [MAINS.
Le faible les attend ; un grand cœur les fait naître.
(BLIN DE SAINMORE.)

... Nos plaisirs les plus doux
Naissent de notre cœur, se puisent *dans* NOUS-MÊMES.
(DUCIS.)

Il n'est pas rare, quoi qu'en pense Lemare, que les écrivains fassent usage de la préposition *en* aussi bien que de la préposition *dans* avec des noms déterminés. On peut dire, et nos exemples en font assez foi, puisque nous nous sommes attachés à trouver le même complément pour chaque préposition, *en tout ce qui flatte* ou *dans tout ce qui flatte*, *en ce siècle* ou *dans ce siècle*, *en un cœur généreux* ou *dans un cœur généreux*, *en notre âme* ou *dans notre âme*, *en un jour* ou *dans un jour*, etc., etc.

EXERCICE PHRASÉOLOGIQUE.

| En ce moment. | Dans ce moment. | En cette circonstance. | Dans cette circonstance. |
| En un an. | Dans un an. | En un siècle. | Dans un siècle. |

N° DCCXLVI.

Dans ET *à* COMPARÉS.

Dans.

Eh ! qui peut pénétrer *dans* le cœur des humains?
(SAURIN.)

Au faîte du bonheur on pousse des soupirs,
Et l'amertume naît *dans* le sein des plaisirs.
(LONGEPIERRE.)

A.

Tant d'espoir n'entre point *aux* cœurs des malheu-
(CRÉBILLON.)   [reux.

Je plains le cœur superbe *au* sein de la grandeur ;
Il n'aura point d'amis dans les jours du malheur.
(CHÉNIER.)

S'il est un sort heureux, c'est celui d'un époux
Qui rencontre à la fois dans l'objet qui l'enchante
Une épouse chérie, une amie, une amante ;
Quel moyen de n'y pas fixer tous ses désirs !
Il trouve son devoir *dans le sein* des plaisirs.
(LA CHAUSSÉE.)

L'encensoir est ici *dans la main* des bourreaux.
(LEMIERRE.)

L'innocent condamné par des juges coupables,
Sous leur indigne arrêt tombant désespéré,
Va soulever contre eux le tribunal sacré ;
Il meurt comblé de gloire *au sein* de l'infamie.
(CHÉNIER.)

La faveur d'un écrit laisse *aux mains* d'un amant
Des témoins trop constants de notre attachement.
(MOLIÈRE.)

Ces citations nous prouvent que souvent dans les mêmes circonstances on emploie la préposition *dans* ou la préposition *à* : cela a lieu surtout en poésie, quand la mesure le rend nécessaire. On peut dire : *Entrer dans le cœur* ou *au cœur des malheureux ; naître dans le sein* ou *au sein de la grandeur ; laisser dans les mains* ou *aux mains de quelqu'un*, etc.

EXERCICE PHRASÉOLOGIQUE.

Voir dans le fond des choses.
Lire dans le cœur de quelqu'un.
Mourir dans le moment du bonheur.

Voir au fond des choses.
Lire au cœur de quelqu'un.
Mourir au moment du bonheur.

N° DCCXLVII.

Auprès de, au prix de.

Auprès de.

La femme est l'amie naturelle de l'homme, et toute autre amitié est faible ou suspecte *auprès de* celle-là. (DE BONALD.)

Que sont les peines du corps *auprès des* tourments de l'âme ! Quel feu peut être comparé au feu des remords ! (CHATEAUBRIAND.)

Parmi les cris du sang l'amour en vain murmure ;
Que sont les passions *auprès de* la nature ?
(DE BELLOY.)

Mais un gueux qui n'aura que l'esprit pour son lot,
Auprès d'un homme riche, à mon gré, n'est qu'un sot.
(DEMOUSTIER.)

La terre n'est qu'un point *auprès du* reste de l'univers. (MARMONTEL.)

Tous les ouvrages de l'homme sont vils et grossiers *auprès des* moindres ouvrages de la nature, *auprès* d'un brin d'herbe, de l'œil d'une mouche.
(MARMONTEL.)

Au prix de.

Que l'homme revenu à soi considère ce qu'il est *au prix* de ce qui est. (PASCAL.)

Que l'homme considère cette éclatante lumière mise comme une lampe éternelle pour éclairer l'univers ; que la terre lui paraisse comme un point *au prix* du vaste tour que cet astre décrit. (*Id.*)

Nous avons beau enfler nos conceptions, nous n'enfantons que des atomes *au prix* de la réalité des choses. (*Id.*)

... Bientôt son hôtesse nouvelle,
Le prêchant, lui fit voir qu'il était *au prix* d'elle
Un vrai dissipateur, un parfait débauché.
(BOILEAU.)

L'intérêt n'est rien *au prix* du devoir.
(MARMONTEL.)

Je compte pour rien les infirmités qui me rendent mourant, *au prix* de la douleur de n'avoir aucune nouvelle de madame de Warens. (J.-J. ROUSSEAU.)

Auprès de, au prix de, sont des expressions qui servent à établir une comparaison entre deux objets, et qui marquent chacune une vue particulière de l'esprit.

Il faut mettre *auprès de* toutes les fois qu'en comparant deux choses entre elles, on veut faire ressortir leur différence en les plaçant réellement ou idéalement à côté l'une de l'autre, abstraction faite de leur valeur respective. *Cette maison est grande* AUPRÈS DE *la vôtre, la terre est petite* AUPRÈS DU *soleil*.

Mais on doit préférer *au prix de* si, dans les deux objets que l'on compare, on veut surtout montrer la différence qui existe entre eux sous le rapport de leur valeur, de leur mérite intrinsèque ; on dira donc. *Cette maison ne vaut rien* AU PRIX DE *la mienne ; l'intérêt n'est rien* AU PRIX *de la vertu*. En effet, en s'exprimant ainsi, on a dans la pensée que telle maison a pour vous plus de prix que telle ou telle autre ; que la vertu a pour vous plus de prix que l'intérêt.

Au surplus, on peut voir, en se reportant aux exemples qui précèdent, que si les deux objets en comparaison éveillent indifféremment l'idée de prix ou de proximité, le choix dépend alors de l'écrivain.

Lemare nous paraît avoir commis une double erreur en avançant qu'*au prix de* se trouve rarement dans les auteurs, et qu'il importe peu, dans l'emploi de cette locution, qu'il y ait ou non valeur entre les objets comparés.

EXERCICE PHRASÉOLOGIQUE.

Votre mal n'est rien auprès du sien. — Le cuivre est vil au prix de l'or. — Cette femme est blanche auprès de cette autre. — Cette bague n'est rien au prix de ce diamant.

N° DCCXLVIII.

Près de, prêt à, prêt de.

Près de.

Je voudrais que tout homme public, quand il est *près de* faire une grosse sottise, se dît toujours à lui-même : *L'Europe te regarde!* (VOLTAIRE.)

Qui n'est pas généreux est bien *près d'*être injuste. (ROYOU.)

On ne connaît l'importance d'une action que quand on est *près de* l'exécuter. (LA FONTAINE.)

Jour et nuit un homme de mer est le jouet des éléments ; le feu est toujours *près de* consumer son vaisseau, l'air de le renverser, l'eau de le submerger, et la terre de le briser. (BERN. DE SAINT-PIERRE.)

Un conjuré qui tremble est bien *près de* périr. (CHÉNIER.)

Prêt à.

Les Noirs, avec une pièce d'étoffe autour des reins, une lance à la main et un cimeterre au côté, sont *prêts à* tout, en paix comme en guerre. (BERN. DE SAINT-PIERRE.)

Quelle mère
Prête à perdre son fils, peut le voir et se taire ? (VOLTAIRE.)

La mort ne surprend pas le sage ;
Il est toujours *prêt à* partir. (LA FONTAINE.)

Ah ! qu'aisément un fils trouve le cœur d'un père
Prêt, au moindre remords, *à* calmer sa colère ! (TH. CORNEILLE.)

C'est pour tous les humains (la religion) la mère la
[plus tendre,
Et son cœur en tout temps est *prêt à* nous entendre. (CHÉNIER.)

L'amour d'un musulman est un amour impie,
Toujours *prêt*, dans sa rage, *à* détruire l'autel
Où son respect brûlait un encens solennel. (LANOUE.)

Prêt de.

Nous étions *prêts d'*arriver quand la curiosité me prit. (MONTESQUIEU.)

Nérestan ne revenait pas de France. Zaïre ne voyait qu'Orosmane et son amour : elle était *prête d'*épouser le sultan lorsque le jeune Français arriva. (VOLTAIRE.)

Le cœur n'est qu'effleuré, pour l'ordinaire, des plaintes d'une amante ; mais il est profondément attendri de la douloureuse situation d'une mère *prête de* perdre son fils. (*Id.*)

M. Ménius et Q. Pétilius, quoique tous deux tribuns du peuple, représentèrent qu'il fallait commencer par séparer les intérêts du peuple de ceux de Manlius ; qu'ils étaient *prêts de* se rendre ses accusateurs, comme d'un homme qui affectait la tyrannie. (VERTOT.)

Qu'on rappelle mon fils, qu'il vienne se défendre,
Qu'il vienne me parler, je suis *prêt de* l'entendre. (RACINE.)

Et les chefs de l'état, tout *prêts de* prononcer,
Me font entre nous deux l'honneur de balancer. (VOLTAIRE.)

Ils se craignent l'un l'autre ; et tout *prêts d'*éclater,
Quelque intérêt secret semble les arrêter. (*Id.*)

Ce peuple, qui tant de fois a répandu son sang pour la patrie, est encore *prêt de* suivre les consuls. (VERTOT.)

Leur avarice, leur orgueil, les porteront à peindre les Marattes comme des voisins inquiets toujours *prêts d'*envahir Bombay. (RAYNAL.)

Près de, *prêt à*, *prêt de*, sont trois expressions qu'il ne faut pas confondre, du moins les deux premières.

Près de signifie *sur le point de*; *prêt à* signifie *disposé, préparé, résigné à*; *prêt de* est employé dans les deux sens, ainsi que l'attestent nos exemples appuyés de l'autorité des meilleurs écrivains. Croit-on que cela arrête Lemare? Nullement. Lemare ne veut pas de *prêt de*, et partant il condamne avec Laveaux toutes les phrases où cette locution est employée. Vantez-vous donc après cela, Lemare, d'avoir fait la Grammaire des auteurs, vous qui semblez prendre à tâche de les censurer, et souvent injustement, comme dans cette circonstance! Ce qu'il y avait à dire de raisonnable à cet égard, Boniface l'a dit, et nous ne ferons que le répéter après lui. *Prêt de* est peu usité aujourd'hui; mais ce n'est point une faute : on trouve cette expression dans tous les bons écrivains du siècle de Louis XIV. D'ailleurs l'analyse peut la justifier. PRÊT DE *l'entendre* est elliptique, et la construction pleine est : PRÊT (*à l'acte, à l'action*) DE *l'entendre*.

EXERCICE PHRASÉOLOGIQUE.

Près de parler. Prêt à parler. Près de mourir. Prêt à mourir.
Près de frapper. Prêt à frapper. Près d'éclater. Prêt à éclater.

N° DCCXLIX.

Auprès de, près de.

Auprès de.

Tout semblait, je l'avoue, esclave *auprès de* lui.
(VOLTAIRE.)

Ah! si la solitude est douce en elle-même,
Je sens qu'elle est plus douce *auprès de* ce qu'on aime.
(COLLIN D'HARLEVILLE.)

Au sein de ses amis, *auprès de* ses parents,
Les plaisirs sont plus doux et les malheurs plus
(DELILLE.) [grands.

Le bel esprit s'éclipse *auprès de* la raison.
(ARNAULT.)

Le pavillon d'Antoine est *auprès du* rivage.
(VOLTAIRE.)

Près de.

Il restait *près de* lui ceux dont la tendre enfance
N'avait que la faiblesse et des pleurs pour défense.
(VOLTAIRE.)

Sa voix (de la nature) trop rarement se fait entendre
[aux rois,
Et *près des* passions le sang n'a point de droits.
(*Id.*)

De ses destins, Nadab, votre esclave incertaine
Accourt à votre voix *près de* cette fontaine.
(CHATEAUBRIAND.)

Seigneur, Cicéron vient *près de* ce lieu fatal.
(VOLTAIRE.)

Ces deux locutions prépositives *auprès de* et *près de* expriment l'une et l'autre une idée de proximité, soit au propre, soit au figuré, et bien qu'elles soient employées presque arbitrairement, surtout en poésie, on peut dire que *auprès* indique généralement un plus étroit voisinage. Ainsi, *demeurer* PRÈS DE *l'église*, c'est y demeurer à quelque distance; *demeurer* AUPRÈS DE *l'église*, c'est y demeurer tout à côté.

Dans le discours familier on peut supprimer la préposition *de* dans *près de*, si le complément est de plusieurs syllabes. On dit encore : *Près le Luxembourg, près Saint-Roch, près la fontaine*. Cette ellipse est entièrement consacrée dans les expressions suivantes : *Ambassadeur près la cour d'Espagne, Passy près Paris*, etc.

On ne doit pas aujourd'hui se servir de *près de* dans le sens de *en comparaison de*, et ainsi ce passage de Racine n'est pas à imiter :

Pour vous régler sur eux, que sont-ils *près de* vous?

En pareille circonstance, on dit *auprès de*. Voyez *auprès de* et *au prix de* comparés.

EXERCICE PHRASÉOLOGIQUE.

Rester auprès de quelqu'un.   Demeurer près de quelqu'un.   Solliciter auprès de quelqu'un.   Venir près de quelqu'un.

N° DCCL.

Après ET d'après.

Après.

En courant *après* le plaisir, on attrape la douleur.
(MONTESQUIEU.)

La gloire est plus solide *après* la calomnie,
Et brille d'autant mieux qu'elle s'en vit ternie.
(CORNEILLE.)

... *Après* la bienfaisance,
Le plus grand des plaisirs, c'est la reconnaissance.
(DE BELLOY.)

La raillerie est belle *après* une victoire;
On la fait avec grâce, aussi bien qu'avec gloire.
(CORNEILLE.)

L'amour n'est que plus doux *après* ces démêlés,
Et l'on s'en aime mieux de s'être un peu brouillés.
(QUINAULT.)

D'après.

L'homme n'a rien imaginé de lui-même, et il n'a développé son intelligence que *d'après* celle de la nature.
(BERN. DE SAINT-PIERRE.)

Il faut apprécier les systèmes *d'après* leur influence sur les peuples; quelle nation moderne peut se dire au-dessus des Grecs et des Romains?
(J.-J. ROUSSEAU.)

Faute de bas, passant le jour au lit,
Sans couverture, ainsi que sans habit,
Je fredonnais des vers sur la paresse:
D'après Chaulieu je vantais la mollesse.
(VOLTAIRE.)

Après exprime une pure et simple idée de postériorité : APRÈS *le plaisir*, APRÈS *la calomnie*, APRÈS *une victoire*, etc. *D'après*, outre la postériorité, indique encore une idée de cause, d'origine : D'APRÈS *la nature*, *d'après l'influence des systèmes*, etc. Quand Bernardin de Saint-Pierre dit que l'homme a développé son intelligence d'après celle de la nature, il fait entendre non seulement que l'une est arrivée après l'autre, mais aussi que la seconde a servi de prototype à la première.

EXERCICE PHRASÉOLOGIQUE.

Racine est venu après Corneille.   On juge des choses d'après sa manière de voir.

N° DCCLI.

Avant, devant.

Avant.

... Dans ce pays-là (la cour), mon neveu, sois certain
Que, fût-on éveillé longtemps *avant* l'aurore,
En arrivant, on trouve encore
D'autres gens levés plus matin.
(IMBERT.)

Ces gens, *avant* l'hymen, si fâcheux et critiques,
Dégénèrent souvent en maris pacifiques.
(MOLIÈRE.)

Un ministre honnête homme et qui fait son devoir
Est lui-même accablé sous un si grand pouvoir :
Quoique *avant* le soleil tous les jours il se lève,
Jusqu'à ce qu'il se couche il n'a ni paix ni trêve.
(BOURSAULT.)

Devant.

Eh! si de la vertu, premier de leurs bienfaits,
Un précipice affreux sépare les forfaits,
Le remords franchissant cet intervalle immense,
Devant ces dieux, peut-être, est encor l'innocence.
(CHÉNIER.)

... Si je connais bien ce Dieu, mon seul appui,
Les cultes différents sont égaux *devant* lui.
(*Id.*)

L'infortune, en secret se nourrissant de pleurs,
Saura qu'il est un Dieu, témoin de ses douleurs,
Qu'il faut se résigner *devant* la Providence;
Et qu'il n'est jamais temps de perdre l'espérance.
(*Id.*)

Avant et *devant* marquent tous les deux une idée d'antériorité; mais ce qui les caractérise, c'est qu'*avant* a généralement rapport au temps, et *devant* au lieu. Dans les exemples qui précèdent, *devant* signifie *en face, en présence de*.

On peut dire, suivant les vues de l'esprit : *je marche avant vous* ou *je marche devant vous*. Dans le premier cas, on exprime une idée de préséance, une priorité d'ordre ; dans le second cas, on fait entendre simplement une idée de situation. On dit qu'on marche plutôt devant qu'après. Ce raisonnement est applicable à tous les cas semblables.

EXERCICE PHRASÉOLOGIQUE.

Venir au monde avant quelqu'un.
Se placer avant quelqu'un.
Les rois marchent avant les princes.
L'adjectif se met avant le substantif.

Venir se placer devant quelqu'un.
Trembler devant la justice divine.
Les rois marchaient devant les princes.
L'ajectif se met devant les substantifs.

N° DCCLII.

Entre, parmi.

Entre.

Un magistrat intègre peut se trouver placé *entre* la haine d'un premier ministre et le mépris de la nation ; mais il ne peut balancer.
(MALESHERBES.)

Son époux la retient tremblante *entre* ses bras.
(VOLTAIRE.)

Ainsi donc ce malheureux enfant
Retombe *entre* ses mains et meurt presque en naissant.
(*Id.*)

Parmi.

Parmi les cris du sang, l'amour en vain murmure ;
Que sont les passions auprès de la nature ?
(DE BELLOY.)

Ah ! *parmi* ces flatteurs, émules d'infamie,
Une tête innocente est bientôt ennemie. (CHÉNIER.)

Que la loi règne seule, et fonde *parmi* nous
Le bonheur de l'état sur la grandeur de tous.
(*Id.*)

Il faut *parmi* le monde une vertu traitable ;
A force de sagesse on peut être blâmable.

Entre s'emploie quand il n'est question que de deux : *entre ses mains, entre ses bras, entre lui et moi*.

Parmi se dit d'une collection d'objets et demande toujours après lui soit un substantif pluriel, soit un nom collectif : *Parmi les hommes, parmi le monde*. C'est donc avec raison que Voltaire, dans ses commentaires sur Corneille, a blâmé ce passage :

Parmi ce grand amour que j'avais pour Sévère,
J'attendais un époux de la main de mon père.

« *Parmi ce grand amour* est un solécisme, dit Voltaire. *Parmi* demande toujours un pluriel ou un nom collectif. »

Il est des cas où l'on peut faire indifféremment usage de *entre* ou de *parmi* quand le complément est un pluriel ; témoin ces autres exemples :

Entre.

L'amour *entre* les rois ne fait pas l'hyméné ;
Et les raisons d'état, plus fortes que ses nœuds,
Trouvent bien les moyens d'en éteindre les feux.
(CORNEILLE.)

La haine *entre* les grands se calme rarement ;
La paix souvent n'y sert que d'un amusement.
(*Id.*)

... Il est bien permis
De brouiller *entre* eux ses ennemis.
(COLLIN D'HARLEVILLE.)

Parmi.

Dans les grands corps on a vu de tout temps
Se glisser des fripons *parmi* d'honnêtes gens.
(BOURSAULT.)

... Une juste prière
Parmi les gens d'honneur ne se refuse guère.
(SCARRON.)

Orbassan, qu'il ne soit qu'un parti *parmi* nous,
Celui du bien public et du salut de tous.
(VOLTAIRE.)

Une dernière remarque à faire, c'est qu'on n'élide pas l'*e* final de la préposition *entre* quand le mot suivant commence par une voyelle. Ainsi il faut écrire *entre eux, entre elles, entre autres, entre amis*, etc.

EXERCICE PHRASÉOLOGIQUE.

Entre nous deux.   Entre ces deux amis.   Parmi les hommes.   Parmi la foule.

N° DCCLIII.

Vers, devers.

Vers.	*Devers.*
Mentor courut *vers* la porte de sa tente pour la faire ouvrir. (FÉNELON.)	Plus que jamais confus, humilié, *Devers* Paris je m'en revins à pied. (VOLTAIRE.)
Le merle noir vole en sifflant *vers* la cerise pourprée, et le taureau, semblable à un rocher, mugit de joie à la vue des prairies en fleurs. (BERN. DE SAINT-PIERRE.)	C'est ainsi *devers* Caen que tout Normand raisonne. (BOILEAU.)
Le papier a été inventé *vers* la fin du quatorzième siècle, et l'imprimerie *vers* le milieu du quinzième. (Cité par LEMARE.)	Il entendit *devers* le bois voisin, Bruit de chevaux et grand cliquetis d'armes. (VOLTAIRE.)

Vers ne se construit qu'avec des noms qui indiquent le lieu ou le temps : *Vers la porte, vers le quatorzième siècle.* Ce serait une faute aujourd'hui d'employer cette préposition dans le sens d'*envers*.

Devers est un coup de pinceau de plus que *vers*. Il a vieilli, dit-on ; il n'est point vieux quand il est bien employé. *C'est ainsi* DEVERS *Caen*, c'est-à-dire *du côté de Caen, dans les environs de Caen. Vers Caen* ne serait plus la même chose.

Devers se joint quelquefois avec la préposition *par*, et alors il n'est guère d'usage qu'avec les noms personnels ; exemples :

Retenir des papiers *par devers soi*. (ACADÉMIE.) Avoir le bon bout *par devers soi*. (*Id.*)	Il n'y avait guère d'homme considérable qui n'eût *par devers lui* quelque prédiction qui lui promettait l'empire. (MONTESQUIEU.)

EXERCICE PHRASÉOLOGIQUE.

Vers Paris.   Vers le quatorzième siècle.   Devers Paris.   Par devers moi.
Vers Lyon.   Vers le seizième siècle.   Devers Caen.   Par devers nous.

N° DCCLIV.

A peine, avec peine.

A peine.	*Avec peine.*
Le jour naissant *à peine* a blanchi les coteaux. (DELILLE, trad. de l'ÉNÉIDE.)	On résiste *avec peine* à l'accent des remords. (DUCIS.)
Eh bien ! vous le voulez ; vous choisissez ma haine, Vous l'aurez ; et déjà je la retiens *à peine*. (VOLTAIRE.)	Dans un cœur corrompu quand le vice a pris place, C'est *avec peine* qu'on l'en chasse. (AUBERT.)
Qu'il est doux, quand le cœur, de ses ennuis pressé, Lève *à peine* le poids dont il est oppressé, De rencontrer un cœur qui sente nos alarmes, Qui plaigne nos douleurs et s'unisse à nos larmes ! (DUCIS.)	Il faut au fond des cœurs vous faire un héritage. Leur conquête n'est pas l'ouvrage d'un moment : On les gagne *avec peine* ; on les perd aisément. (LA CHAUSSÉE.)

A peine dans ces lieux je crois ce que j'ai vu.
(VOLTAIRE.)

Les faibles idées du christianisme, tracées *à peine* dans le cœur de Zaïre, s'évanouirent bientôt à la vue du soudan. (*Id.*)

On acquiert la faveur du prince *avec peine*; on la conserve avec inquiétude; on la perd avec désespoir.
(MONTESQUIEU.)

Il suffit de lire ces citations pour sentir la différence de signification entre les expressions *à peine* et *avec peine*. *A peine* veut dire *d'une manière insensible, presque pas*: *Le jour naissait* A PEINE, c'est-à-dire *d'une manière insensible, presque pas*. *Avec peine* signifie *péniblement, difficilement*: *On résiste* AVEC PEINE, c'est-à-dire *péniblement, difficilement.*

EXERCICE PHRASÉOLOGIQUE.

Il se défendit à peine.   Il le suivait avec peine.   A peine nous eut-il parlé que...   Ils obtinrent grâce avec peine.

N° DCCLV.

Durant, pendant.

Durant.

Je ne peux plus retrouver que bien rarement les chères extases qui, *durant* cinquante ans, m'avaient tenu lieu de fortune et de gloire.
(J.-J. ROUSSEAU.)

Certes, l'on peut dire de M. de Turenne que la gloire qui l'a suivi *durant* toute sa vie l'a accompagné jusque après sa mort. (FLÉCHIER.)

Durant l'absence des chasseurs, les habitants de la colonie s'étaient répandus dans les villages indiens; des aventuriers sans mœurs, des soldats dans l'ivresse, avaient insulté les femmes.
(CHATEAUBRIAND.)

Pendant.

Une famille vertueuse est un vaisseau tenu *pendant* la tempête par deux ancres, la religion et les mœurs. (MONTESQUIEU.)

Aller le soir entendre de la bonne musique, c'est accorder un juste dédommagement aux oreilles pour tout ce qu'elles ont à souffrir *pendant* la journée.
(DE LÉVIS.)

En hiver, *pendant* la neige, on ne peut pas courre le cerf, les limiers n'ont point de sentiment, et semblent suivre les voies plutôt à l'œil qu'à l'odorat.
(BUFFON.)

Durant exprime un temps de durée, et qui s'adapte dans toute son étendue à la chose à laquelle on le joint. *Pendant* ne fait entendre qu'un temps d'époque, qu'on n'unit pas dans toute son étendue, mais seulement dans quelqu'une de ses parties. Nonobstant cette différence donnée par les traités de synonymes, ces deux mots s'emploient souvent l'un pour l'autre. On peut dire *durant cinquante ans* ou *pendant cinquante ans, durant la tempête* ou *pendant la tempête; durant l'été, durant l'hiver*, ou *pendant l'été, pendant l'hiver.*

Une remarque très-essentielle à faire entre *pendant* et *durant*, c'est qu'avec le premier le complément vient toujours après, au lieu qu'avec le second il peut quelquefois le précéder. Voici deux exemples où avec *durant* le complément se trouve transporté devant la préposition :

Si un artisan était sûr de rêver toutes les nuits, *douze heures durant*, qu'il est roi, je crois qu'il serait presque aussi heureux qu'un roi qui rêverait, *douze heures durant*, qu'il est artisan.
(PASCAL.)

Il fut convenu que l'héritière de Raymond VII épouserait Alphonse, le troisième fils de Louis VIII, et que le père de la princesse jouirait, *sa vie durant*, de son comté. (ANQUETIL.)

EXERCICE PHRASÉOLOGIQUE.

Ces troupes étaient restées cantonnées durant tout l'hiver.   Ces troupes tinrent garnison pendant quelques mois.

N° DCCLVI.

Jusque, jusques.

Jusque.

Jusque sur les autels on doit punir le crime.
(GUYMOND DE LA TOUCHE.)
... Certains préjugés, sucés avec le lait,
Deviennent nos tyrans *jusque* dans la vieillesse.
(CRÉBILLON.)
Les hommes ont la volonté de rendre service *jusqu'à* ce qu'ils en aient le pouvoir.
(VAUVENARGUES.)
La bonne comédie fut ignorée *jusqu'à* Molière, comme l'art d'exprimer sur le théâtre des sentiments vrais et délicats fut ignoré *jusqu'à* Racine.
(VOLTAIRE.)

Jusques.

Un mot ne fait pas voir *jusques* au fond de l'âme.
(CORNEILLE.)
Jusques à quand, Romains,
Voulez-vous profaner tous les droits des humains?
(VOLTAIRE.)
J'ai poussé la vertu *jusques* à la rudesse.
(RACINE.)
... Percé *jusques* au fond du cœur
D'une atteinte imprévue aussi bien que mortelle.
(CORNEILLE.)
Cette nouvelle n'était pas encore venue *jusques* à nous.
(ACADÉMIE.)

Jusque se joint presque toujours à une préposition. Si elle commence par une consonne, on écrit *jusque* sans *s*: JUSQUE *sur les autels*, JUSQUE *dans la vieillesse*; mais si elle commence par une voyelle, *jusque* s'écrit avec ou sans *s*: *jusqu'à Molière, jusqu'à Racine; jusques au fond de l'âme, jusques à quand*. En prose, c'est l'oreille qui en décide; en poésie, c'est la mesure du vers. On élide l'e de *jusque* devant une voyelle, si l'on écrit ce mot sans *s*.

EXERCICE PHRASÉOLOGIQUE.

Jusque sur nous.
Jusqu'à Paris.

Jusques à nous.
Jusques à Rome.

N° DCCLVII.

A travers, au travers.

A travers.

Un roi ne voit le peuple qu'*à travers* LE PRISME BRILLANT DE LA COUR; comment devinerait-il la misère sous les riches couleurs qu'il y réfléchit?
(MALESHERBES.)
On a beau se cacher sous un dehors austère,
Un penchant malheureux porte son caractère:
Il paraît *à travers* LE PLUS SOMBRE DÉTOUR.
On laisse apercevoir ce qu'on doit être un jour.
(LA CHAUSSÉE.)
Le sable de la mer Caspienne est si subtil, que les Turcs disent en proverbe qu'il pénètre *à travers* LA COQUE D'UN ŒUF.
(BERN. DE SAINT-PIERRE.)
L'homme marche *à travers* UNE NUIT IMPORTUNE.
(CHATEAUBRIAND.)

Au travers.

Calypso, plus furieuse qu'une lionne à qui on a enlevé ses petits, courait *au travers* DE LA FORÊT sans suivre aucun chemin.
(FÉNELON.)
Je ne sais quoi de divin coule sans cesse *au travers* DE LEURS CŒURS, comme un torrent de la divinité même qui s'unit à eux.
(Id.)
Je le voyais encore néanmoins *au travers* DES FLAMMES, avec un visage aussi serein que s'il eût été couronné de fleurs et couvert de parfums.
(Id.)
Au travers des PÉRILS un grand cœur se fait jour.
(RACINE.)
Nous passâmes *au travers des* ÉCUEILS, et nous vîmes de près toutes les horreurs de la mort.
(FÉNELON.)

A travers, comme on voit, est suivi d'un simple complément: *A travers la forêt*. *Au travers*, au contraire, exige la préposition *de* devant son complément: *au travers* DE *la forêt*: telle est la règle générale et on peut dire invariable. Cependant, comme l'observe avec raison Boniface, si le complément qui suit *à travers* était pris dans un sens partitif, force serait alors de faire usage de la préposition *de*. On dirait donc : *ils passèrent* A TRAVERS DES JARDINS, comme Bossuet a dit : *Il porta ses armes redoutées* A TRAVERS DES ESPACES *immenses de terre et de mer*.

Maintenant il s'agit de savoir si la différence établie par les grammairiens entre les deux expressions *à travers* et *au travers* est bien fondée en raison. Selon eux, on doit se servir de la première, lorsqu'il n'y a aucune difficulté de passer ; de la seconde, quand il y a un obstacle à vaincre. Nous croyons encore ici la perspicacité des grammairiens en défaut. D'abord nos exemples ne viennent guère justifier cette distinction, et ce qui achève de nous faire croire qu'elle est illusoire et entièrement contre l'usage, c'est qu'on trouve dans le Dictionnaire de l'Académie : *se faire jour* A TRAVERS LES ENNEMIS *et* AU TRAVERS DES ENNEMIS. Ainsi donc qu'il y ait ou non obstacle, on peut dire *à travers la forêt* ou *au travers de la forêt*.

Dans les deux passages suivants on voit qu'*à travers* ou *au travers* peuvent aussi quelquefois s'employer sans complément.

Les lois sont comme les toiles d'araignée, les petits insectes s'y prennent, les gros passent *à travers*.
(BARTHÉLEMY.)

Le mensonge est transparent ; avec de l'attention, on peut voir *au travers* ; mais la vérité, de quelque côté qu'on la regarde, est toujours la même.
(PENSÉE DE SÉNÈQUE.)

EXERCICE PHRASÉOLOGIQUE.

A travers la forêt.   Au travers de la forêt.   A travers les ennemis.   Au travers des ennemis.
A travers les vitres.   Au travers des vitres.   A travers la toile.   Au travers de la toile.

N° DCCLVIII.

Envers, vis-à-vis.

Envers.

L'abstinence du mal *envers* les bêtes est le premier exercice du bien *envers* les hommes.
(BERN. DE SAINT-PIERRE.)

Tous tant que nous sommes,
Lynx *envers* nos pareils, et taupes *envers* nous,
Nous nous pardonnons tout, et rien aux autres hom-
(LA FONTAINE.) [mes.

Une triste expérience atteste à tous les pays et à tous les siècles que le genre humain est injuste *envers* les grands hommes. (THOMAS.)

La royauté est un ministère de religion *envers* Dieu ; de justice *envers* les peuples, de charité *envers* les misérables, de sévérité *envers* les méchants, de tendresse *envers* les bons. (FLÉCHIER.)

Vis-à-vis.

AU PROPRE.

On connaît fort bien, en présentant la fleur de pois *vis-à-vis* l'œil, si on la tient dans sa situation naturelle ou si on la renverse. (J.-J. ROUSSEAU.)

Je m'assis sur un petit banc de gazon et de trèfle, à l'ombre d'un pommier en fleurs, *vis-à-vis* une ruche dont les abeilles voltigeaient en bourdonnant de tous côtés. (BERN. DE SAINT-PIERRE.)

Je m'arrêtai au premier ruisseau qu'on trouve après avoir passé les deux rivières Noires : il se jette à la mer *vis-à-vis* un petit îlot. (*Id.*)

Quand on est tout seul *vis-à-vis* de l'infini, on est bien pauvre. (VOLTAIRE.)

J'étais, sur les six heures, à la descente de Ménilmontant, presque *vis-à-vis* du *Galant-Jardinier*.
(J.-J. ROUSSEAU.)

AU FIGURÉ.

Le vrai dévot est un parfait honnête homme *vis-à-vis* de Dieu, des hommes et de lui-même.
(D'ARCONVILLE.)

Des preuves administrées de cette manière par des gens si passionnés, perdent toute autorité dans mon esprit *vis-à-vis* de vos observations.
(J.-J. ROUSSEAU.)

Sitôt qu'indépendamment des lois, un homme en prétend soumettre un autre à sa volonté privée, il sort à l'instant de l'état de société et se met *vis-à-vis* de lui dans l'état de nature. (*Id.*)

Je vois avec déplaisir la continuation de vos plaintes *vis-à-vis* de nos deux confrères. (*Id.*)

Le souverain n'a qu'un seul devoir à remplir *vis-à-vis* de l'état, c'est de faire observer la loi.
(NAPOLÉON.)

Envers ne présente aucune difficulté dans son emploi ; cette préposition signifie *à l'égard de* : *agir bien envers quelqu'un*, c'est *agir bien à l'égard de quelqu'un*.

Vis-à-vis a deux sens Au propre, cette préposition désigne le rapport de deux objets qui sont en vue l'un de l'autre ; elle signifie *en face*, *à l'opposite*, et se construit avec ou sans la préposition *de*, quand son complément n'est pas un monosyllabe. On dit *vis-à-vis de l'église* ou *vis-à-vis l'église*, *vis-à-vis de la fontaine*, ou *vis-à-vis la fontaine*. Mais il faut toujours dire avec *de* : *vis-à-vis de moi*, *vis-à-vis de lui*, etc. Au figuré, *vis-à-vis* signifie *envers*, *à l'égard de*, et est d'un fréquent emploi dans ce sens, malgré l'anathème lancé contre cette expression par tous les grammairiens et par Voltaire lui-même. On dit très-bien aujourd'hui : *vis-à-vis du Roi*, *vis-à-vis des Ministres*, pour *envers le Roi*, *envers les Ministres*. L'usage l'a emporté, et grammairiens et écrivains doivent se soumettre à ses lois.

EXERCICE PHRASÉOLOGIQUE.

Envers moi.	Envers lui.	Envers les hommes.	Envers nous.
Vis-à-vis l'église.	Vis-à-vis de l'église.	Vis-à-vis du roi.	Vis-à-vis des étrangers.

N° DCCLIX.

Voici, voilà.

I.

Que le monde est grand et spacieux !
Voilà les Apennins, et *voici* le Caucase.

Me *voici* dans Charonne, et *voici* le logis
Où l'amour nous conduit : gardons d'être surpris.
(REGNARD.)

Voici et *voilà* sont des mots formés du verbe *voir* et des adverbes *ici* et *là*. Il y a donc la même différence entre *voici* et *voilà* qu'entre *ici* et *là*. *Voici* désigne le lieu le plus proche ; *voilà*, le lieu le plus éloigné : *Voici le Caucase, voilà les Apennins*.

II.

Voici.	*Voilà.*
Voici le code de l'égoïste : tout pour lui, rien pour les autres. (SANIAL DUBAY.)	Hélas ! de l'avenir, vains juges que nous sommes, Ignorer et souffrir, *voilà* le sort des hommes ! (DELILLE.)
Voici trois médecins qui ne nous trompent pas : Gaîté, doux exercice et modeste repas.	Les arts sont un besoin de l'esprit et du cœur, Aimer et s'occuper, *voilà* le vrai bonheur. (DEMOUSTIER.)
Voici qui vous surprendra, mon cher Thiriot ; c'est une lettre en français. (VOLTAIRE.)	Veiller, régner sur soi, fuir ou vaincre le vice, *Voilà* de la vertu le plus noble exercice. (DUCIS.)

Dans la première colonne, *voici* indique ce qu'on va dire ; dans la seconde, *voilà* indique ce qui vient d'être dit.

III.

Voici.	*Voilà.*
Me *voici* dans le charmant pays de Vaud ; je suis au bord du lac de Genève. (DE BOUFFLERS.)	Les neiges sont sur nos montagnes, et me *voilà* redevenu aveugle, Dieu soit béni ! (VOLTAIRE.)

Lorsqu'il n'y a point d'opposition à marquer, on peut *ad libitum* se servir de *voici* ou de *voilà*, et dire *me voici arrivé* ou *me voilà arrivé*.

On dit aussi *revoici, revoilà* :

> Les *revoilà* sur l'onde ainsi qu'auparavant. (LA FONTAINE.)

Mme de Sévigné, Molière, Voltaire, etc., en offrent de nombreux exemples. Boiste a tort de regarder ces prépositions comme inusitées.

EXERCICE PHRASÉOLOGIQUE.

Voici le frère aîné, voilà le cadet.
Voici le mobile de tout : l'argent.
Me voici à votre disposition.

Voici votre propriété, voilà la mienne.
L'intérêt : voilà le mobile de tout.
Me voilà à votre disposition.

N° DCCLX.

Sept à huit cents personnes, sept OU *huit personnes.*

AVEC à.

Si les ennemis viennent de perdre une bataille où il soit demeuré sur la place quelque *neuf* A *dix mille hommes* des leurs, il en compte jusqu'à trente mille, ni plus ni moins. (LA BRUYÈRE.)

On a pris aux Allemands *sept* A *huit cents hommes*. (BOILEAU.)

Les chevaux de Perse sont si bons marcheurs, qu'ils font très-aisément *sept* A *huit lieues* de chemin sans s'arrêter. (BUFFON.)

Les enfants âgés de *dix* A *douze ans* sont susceptibles de raisonnements beaucoup plus étendus. (BERN. DE SAINT-PIERRE.)

Les cocotiers des îles Séchelles, et les talepotes de Ceylan, ont des feuilles de *douze* A *quinze pieds* de long et de *sept* A *huit* de largeur. (*Id.*)

AVEC ou.

Nous sommes si vains, que l'estime de *cinq* OU *six personnes* qui nous environnent nous amuse et nous contente. (PASCAL.)

Je suis étonné de voir jusques à *sept* OU *huit personnes* se rassembler sous un même toit. (LA BRUYÈRE.)

La tigresse produit, comme la lionne, *quatre* OU *cinq petits*. (BUFFON.)

Les deux jeunes bergères voyaient à dix pas d'elles *cinq* OU *six chèvres*. (LA FONTAINE.)

Il y avait dans la maison du paysan où je logeais *cinq* OU *six femmes* et autant d'enfants qui s'y étaient réfugiés. (BERN. DE SAINT-PIERRE.)

D'après ces exemples entièrement conformes au principe des grammairiens, il faut dire *il y avait* SEPT A HUIT CENTS PERSONNES; *j'ai fait* SEPT A HUIT LIEUES, et *il y avait* SEPT OU HUIT FEMMES; *cette pièce a* DEUX OU TROIS ACTES.

Dans le premier cas, on fait usage de la préposition *à*, parce qu'il y a une série, un espace à parcourir, et que cent personnes, une lieue, sont susceptibles d'être divisées. Dans ce cas même on peut aussi employer la conjonction *ou*; exemples :

Douze jours après, nous arrivâmes à Erzeron, où nous séjournerons *trois* OU *quatre mois*. (MONTESQUIEU.)

Les plus hautes montagnes ne sont non plus capables d'altérer la figure de la terre, que quelques grains de sable ou de gravier sur une boule de *deux* OU *trois pieds de diamètre*. (J.-J. ROUSSEAU.)

Mais, dans le second cas, on doit se servir toujours de la particule conjonctive *ou*, parce qu'il n'y a point d'unité intermédiaire entre sept ou huit femmes, deux ou trois actes.

Cette règle, justifiée par la raison et par un usage assez général, est cependant très-vivement combattue par Laveaux. « Il y a une grande différence, dit ce grammairien, entre ces deux expressions, *j'irai chez vous de* SEPT A HUIT HEURES, et *il y avait* SEPT A HUIT FEMMES *dans cette assemblée*. La première indique un espace divisible entre sept heures et huit heures ; la seconde indique un nombre approximatif montant à sept, ou tout au plus à huit personnes. A la vérité, il n'y a point de fraction entre sept ou huit femmes, mais il ne s'agit pas ici d'un nombre entre sept et huit, mais d'une estimation de sept à huit femmes. Celui qui dit : *Il y avait dans cette assemblée* SEPT A HUIT FEMMES, n'est pas certain qu'il y avait sept femmes ; mais il assure que le nombre qui s'y trouvait montait peut-être à sept ou tout au plus à huit. Le nombre *huit* est le seul certain et déterminé ; au lieu que dans *j'irai vous voir de* SEPT A HUIT HEURES, les deux époques sont déterminées et admettent un intervalle. *Il y avait dans cette assemblée* SEPT OU HUIT FEMMES, n'exprime pas précisément l'estimation faite du nombre, et le terme le plus élevé porté à huit. Cette façon de parler n'affirme rien. C'est comme si l'on disait : *peut-être y en avait-il sept, peut-être y en avait-il huit,* voilà mon estimation, je n'assure pas plus l'un que l'autre. Si l'on veut bien réfléchir sur ces deux phrases, on conviendra que ce sont là les nuances qui les distinguent, et que par conséquent on peut employer l'une ou l'autre, suivant les vues de l'esprit. » Si cette opinion de Laveaux ne peut pas faire loi, il faut avouer du moins qu'elle est très-spécieuse, et qu'on ne serait pas embarrassé de rapporter en sa faveur beaucoup d'exemples ; nous nous bornerons à citer les suivants puisés aux sources les plus pures :

Nous avons déjà dit que, dans *la Mort de Pompée,* il y a *trois* A *quatre actions, trois* A *quatre espèces* d'intrigues mal réunies. (VOLTAIRE.)

Cela est admirable : on ne veut pas que j'honore un homme vêtu de brocatelle et suivi de *sept* A *huit laquais.* (PASCAL.)

Il y avait *sept* A *huit femmes* dans cette assemblée. (ACADÉMIE.)

Dans l'une des deux salles on jouait à la prime et aux échecs, et dans l'autre, *dix* A *douze personnes* étaient fort attentives à écouter deux beaux esprits de profession qui disputaient. (LE SAGE.)

EXERCICE PHRASÉOLOGIQUE.

Deux à trois mille personnes.
Douze à quinze lieues.

Trois ou quatre hommes.
Dix ou onze coups.

N° DCCLXI.

Il y eut cent hommes DE *tués, ou il y eut cent hommes tués.*

AVEC *de.*

Il n'y a pas une seule plante DE *perdue* de celles qui étaient connues de Circé, la plus ancienne des botanistes, dont Homère nous a en quelque sorte conservé l'herbier. (BERN. DE SAINT-PIERRE.)

Il n'a eu toute sa vie *aucun moment* D'*assuré.* (FÉNELON.)

Il y eut *trois cents sénateurs* DE *proscrits, deux mille chevaliers,* plus de *cent négociants,* tous pères de famille. (VOLTAIRE.)

SANS *de.*

Sur mille combattants, *il y eut cent hommes tués.* (ACADÉMIE.)

Il y eut un grand nombre d'*Éques et de Volsques taillés en pièces.* (VERTOT.)

Il y a déjà *deux mailles rompues.* (Cité par LEMARE.)

Il y a *vingt exemples d'assassinats produits* par la vengeance ou par l'enthousiasme de la liberté, qui furent l'effet d'un mouvement violent plutôt que d'une conspiration bien réfléchie. (VOLTAIRE.)

On dit également bien avec ou sans la préposition *de* : *il y eut cent hommes* DE *tués,* et *il y eut cent hommes tués.* La première façon de parler diffère de la seconde en ce qu'il y a ellipse d'un substantif. En voici l'analyse : *Il y eut cent hommes* (dans l'état) d' (hommes) *tués.* Lemare, qui se moque de d'Olivet, pour n'avoir pas su rendre raison de la préposition *de,* et pour s'être contenté de dire que cette expression était un latinisme, ne nous semble pourtant pas en avoir dit davantage, bien qu'il ait essayé de l'analyser. Voici l'analyse de Lemare, analyse curieuse : *Il y eut cent hommes* (ayant eu pour cause les hommes) *tués. Ayant eu pour cause les hommes* remplace *de.* C'est un véritable escamotage. Oh ! Lemare, que n'avez-vous fait comme d'Olivet ! nous ne serions pas obligés de dire que vous non plus, vous n'entendez rien à l'analyse.

Quant aux grammairiens routiniers, plutôt que d'avouer leur impuissance, nous allions dire leur ignorance, ils se sont facilement tirés d'embarras en condamnant la préposition *de* dans : *il y eut cent hommes de tués*. *De* est une faute, selon eux, et il faut toujours dire *cent hommes tués*. Singulier moyen, en vérité, de résoudre les difficultés ! Mais, dirons-nous à ces grammairiens, ce qui prouve que dans l'expression *il y eut cent hommes de tués*, la préposition *de* n'est pas fautive, ne serait-ce que sous le rapport euphonique, c'est qu'elle devient indispensable si le substantif qui suit l'adjectif numéral est représenté par *en*, comme dans ces deux exemples :

Les chevaux danois sont de si belle taille et si étoffés, qu'on les préfère à tous les autres pour en faire des attelages ; *il y en a* DE *parfaitement moulés*, mais en petit nombre. (BUFFON.)

La terre commence à verdir, les arbres à bourgeonner, les fleurs à s'épanouir : *il y en a déjà* DE *passées*. (BERN. DE SAINT-PIERRE.)

Ne pas exprimer la préposition *de* en pareille circonstance serait une faute ; preuve irréfragable que rien ne s'oppose à ce qu'on dise aussi *cent hommes de tués*.

EXERCICE PHRASÉOLOGIQUE.

Il y a cent hommes de blessés.
Il y en eut trois cents de pris.
Il y avait des roses d'écloses.

Il y eut trois cents hommes tués ou blessés.
Il y a des fleurs écloses.
Il y a eu de l'argent donné.

N° DCCLXII.

Si j'étais DE *vous, si j'étais* QUE DE *vous.*

Si j'étais de vous autres comédiens, j'aimerais mieux tirer la langue d'un pied que de présenter de pareilles sottises. (REGNARD.)

Je ne souffrirais pas, *si j'étais que de vous*,
Que jamais d'Henriette il pût être l'époux.
(MOLIÈRE.)

Si j'étais que des médecins, je me vengerais de ses impertinences ; et quand il sera malade, je le laisserais mourir sans secours. (MOLIÈRE.)

Voilà un bras que je me ferais couper tout à l'heure, *si j'étais que de vous*. (Id.)

On dit également bien *si j'étais vous*, *si j'étais de vous*, *si j'étais que vous*, et *si j'étais que de vous*. Les trois dernières façons de parler sont elliptiques. Nous allons les ramener à leur intégrité au moyen de l'analyse. La première, *si j'étais de vous*, est la moins elliptique : *si j'étais* (la personne) *de vous* ; la seconde, *si j'étais que vous*, est un peu plus elliptique : *si j'étais* (à la même place) *que vous* ; la troisième, *si j'étais que de vous*, est la plus elliptique de toutes : *si j'étais* (à la même place) *que* (la personne) *de vous*. Lemare analyse ainsi : *si j'étais que de vous* : *si j'étais* (en la place qui est celle) *de vous* ; mais le moindre vice de cette analyse est de faire disparaître le *que* qui est dans la phrase, et, comme nous l'avons déjà dit à Lemare, qui le sait tout aussi bien que nous, substituer une expression à une autre expression, ce n'est pas l'analyser.

EXERCICE PHRASÉOLOGIQUE.

Si j'étais monsieur votre père. Si j'étais de monsieur votre père. Si j'étais que monsieur votre père. Si j'étais que de monsieur votre père

N° DCCLXIII.

On dirait un fou, on dirait D'un fou.

On dirait un...

Tel personnage est si riche, il est logé dans un si bel hôtel, a un si nombreux domestique et de si magnifiques équipages, qu'*on dirait* presque *un roi*.
(ANONYME.)

On dirait D'un...

Quand Santeuil récitait ses vers, *on eût dit* D'*un démoniaque*.
(BOILEAU.)

... Quelle main quand il s'agit de prendre !
On dirait D'*un ressort* qui vient à se détendre.
(MOLIÈRE.)

Ces deux locutions : *on dirait un fou, on dirait* D'*un fou*, sont également françaises ; mais elles ont un sens différent.

On voit un homme, dont les yeux égarés ne s'arrêtent sur aucun objet, ou qui restent fixes, immobiles, dont les paroles sont sans suite, dont les gestes paraissent étranges. On dirait que c'est *un fou*. On dirait *un fou*. C'est de la folie la réalité que l'on a dans l'esprit.

Un homme que l'on connaît pour raisonnable, maîtrisé par la douleur, par quelque passion, se livre à des actions, se laisse aller momentanément à des propos qui blessent le bon sens et la raison. Il fait des actes de folie, il ressemble à un fou. On dirait *d'un fou*. Ce n'est qu'une simple figuration.

On dirait D'*un fou*, *on eût dit* D'*un démoniaque*, *on dirait* D'*un ressort*, sont des expressions elliptiques ; c'est pour : *On dirait* (que les actions, les paroles de cet homme sont celles) *d'un fou* ; *on eût dit* (que c'étaient les gestes) *d'un démoniaque* ; *on dirait* (que c'est l'action, le jeu) *d'un ressort*.

Les expressions *on dirait un fou, on dirait un fantôme*, sont également elliptiques, elles sont des abrégés de : *on dirait* (que c'est) *un fou* ; *on dirait* (que c'est) *un fantôme*.

EXERCICE PHRASÉOLOGIQUE.

On dirait un insensé.
On dirait une folle.
On dirait un fantôme.
On dirait un roi.

On dirait d'un insensé.
On dirait d'une folle.
On dirait d'un fantôme.
On dirait d'un roi.

N° DCCLXIV.

C'est que, mieux que, plutôt que, SUIVIS OU NON SUIVIS DE LA PRÉPOSITION *de*.

C'est que.

AVEC de.

C'est quelque chose encor *que de* faire un beau rêve.
A nos chagrins réels c'est une utile trêve.
(COLLIN D'HARLEVILLE.)

... *C'est* imiter les dieux
Que de remplir son cœur du soin des malheureux.
(CRÉBILLON.)

C'est perdre ses bienfaits *que de* les mal répandre.
(BOURSAULT.)

Est-ce être glorieux *que d'*avoir de l'honneur ?
(DESTOUCHES.)

SANS de.

Sur quelque préférence une estime se fonde,
Et *c'est* n'estimer rien *qu'*estimer tout le monde.
(MOLIÈRE.)

Le scandale du monde est ce qui fait l'offense,
Et *ce n'est pas* pécher *que* pécher en silence.
(Id.)

C'est aimer froidement *que* n'être point jaloux.
(Id.)

C'est posséder les biens *que* savoir s'en passer.
(REGNARD.)

Est-ce un si grand malheur *que de* cesser de vivre ?
(RACINE.)

Ayez la fermeté qui sied à la vertu ;
C'est mériter son sort *que d'*en être abattu.
(GUYM. DE LATOUCHE.)

C'est avoir fait le bien *qu'*avoir voulu le faire.
(COLLIN D'HARLEVILLE.)

La vertu toute nue a l'air trop indigent,
Et *c'est* n'en point avoir *que* n'avoir point d'argent.
(BOURSAULT.)

Mieux que.

AVEC *de*.

Il vaut *mieux* se flatter d'un esprit téméraire,
Que de céder au sort quand il nous est contraire.
(CRÉBILLON.)

J'aime *mieux*, s'il le faut, succomber avec gloire,
Que d'avoir à rougir d'une indigne victoire.
(LA HARPE.)

Il vaut *mieux* étouffer un bon mot qui est près de nous échapper, *que de* chagriner qui que ce soit.
(BOSSUET.)

Il vaut *mieux* prévenir le mal *que d'*être réduit à le punir. (FÉNELON.)

SANS *de*.

Agir vaut après tout *mieux que* parler, dit-on.
(IMBERT.)

... Il vaut *mieux* expirer
Et mourir avec toi, *que* se déshonorer.
(VOLTAIRE.)

La plupart des lecteurs aiment *mieux* s'amuser *que* s'instruire. De là vient que cent femmes lisent les Mille et une Nuits, pour une qui lit deux chapitres de Locke. (J.-J. ROUSSEAU.)

Plutôt que.

AVEC *de*.

Que les dieux me fassent périr *plutôt que de* souffrir que la mollesse et la volupté s'emparent de mon cœur. (FÉNELON.)

Ton épouse à mes yeux, victime de sa foi,
Veut mourir de ta main, *plutôt que* d'être à moi.
(VOLTAIRE.)

SANS *de*.

Elle est prête à périr auprès de son époux,
Plutôt que découvrir l'asile impénétrable
Où leurs soins ont caché cet enfant misérable.
(VOLTAIRE.)

Plutôt souffrir *que* mourir,
C'est la devise des hommes.
(LA FONTAINE.)

D'après ces citations, il est permis de dire avec la préposition *de* : C'EST quelque chose QUE DE faire un beau rêve ; agir vaut MIEUX QUE DE parler ; périr PLUTÔT QUE DE souffrir ; ou, avec ellipse de la préposition : C'EST quelque chose QUE faire un beau rêve ; agir vaut MIEUX QUE parler ; périr PLUTÔT QUE souffrir. Le *de* n'est pas explétif, comme se le sont imaginé les grammairiens ; il est toujours sous la dépendance d'un mot sous-entendu qui peut être *l'acte, le devoir, la nécessité*, ou tout autre mot, selon les circonstances. Ce qui le prouve, c'est que Boileau a dit avec la construction pleine

C'est un méchant métier *que celui de* médire.

au lieu de :

C'est *un méchant métier* QUE DE médire.

EXERCICE PHRASÉOLOGIQUE.

C'est mal parler que de parler... C'est mal parler que parler... Il vaut mieux se taire que de parler.. Il vaut mieux se taire que parler...
Plutôt mourir que de se déshonorer. Plutôt mourir que se déshonorer. Plutôt vivre que de mourir. Plutôt vivre que mourir.

N° DCCLXV.

Sauf, excepté.

Sauf.

Sauf erreur de calcul, le compte se monte à 10,000 fr. (Cité par LEMARE.)

Il lui a cédé tout son bien, *sauf* ses rentes, *sauf* une terre, *sauf* ses prétentions sur cette chose.
(ACADÉMIE.)

Excepté.

Tout est grand dans le temple de la faveur, *excepté* les portes, qui sont si basses, qu'il faut y entrer en rampant. (DE LÉVIS.)

... Les femmes ont coutume d'oublier
Tous leurs adorateurs, *excepté* le premier.
(DEMOUSTIER.)

Sauf et *excepté* sont deux mots essentiellement adjectifs et que les grammairiens ont rangés au nombre des prépositions, parce qu'ils en jouent ici tout-à-fait le rôle. L'un et l'autre caractérisent un rapport de séparation ; mais le premier, dans ce cas, est plus rarement employé que le second.

EXERCICE PHRASÉOLOGIQUE.

Il faut faire cela, *sauf* meilleur avis.	On supporte tout, *excepté* le ridicule.

N° DCCLXVI.

Hors, hormis.

Hors.	Hormis.
Le ciel pardonne tout, *hors* l'inhumanité. (Chénier.)	Que nos politiques apprennent une fois qu'on a de tout avec de l'argent, *hormis* des mœurs et des citoyens. (J.-J. Rousseau.)
Quiconque pour l'empire eut la gloire de naître, Renonce à cet honneur s'il peut souffrir un maître : *Hors* le trône ou la mort, il doit tout dédaigner ; C'est un lâche, s'il n'ose ou se perdre ou régner. (Corneille.)	Tout y est entré, *hormis* tels et tels. (Académie.)
Employez la raison dans les choses vulgaires ; Mais, *hors* du temporel, en toutes les affaires De Dieu, de son église, elle est *hors* de raison. (Chénier.)	L'habit des hommes chez les Maures du Ludamar diffère peu de celui des nègres, *hormis* l'insigne caractéristique de la secte mahométane, le turban. (Bibliothèque des Voyages.)

Hors et *hormis* sont deux prépositions qui marquent un rapport d'exclusion, et qui peuvent être ou non suivies de la préposition *de* ; mais *hormis* n'en est suivi que lorsque son complément est, comme dans l'exemple de J.-J. Rousseau, employé dans un sens partitif.

EXERCICE PHRASÉOLOGIQUE.

Hors cela.	Hors de la maison.	Hormis ces gens.	Hormis de l'argent.
Hors lui.	Hors de nous.	Hormis ces choses.	Hormis des fruits.

N° DCCLXVII.

Sur, sus.

Sur.	Sus.
Rien n'est si commun que d'ériger sa faiblesse en système, et de mettre ses goûts *sur* le compte de sa raison. (Lemontey.)	Allons, brave Diderot, intrépide d'Alembert, courez *sus* aux fanatiques et aux fripons. (Voltaire.)

L'Académie dit que ces deux prépositions *sur* et *sus* signifient la même chose, mais que *sus* n'est plus guère en usage que dans cette phrase : *On a enjoint à tous les bâtiments de courir* sus *aux ennemis.*

Sus, dit elle encore, joint à la préposition *en*, signifie *par-delà* : *Il a touché des gratifications* en sus *de son revenu.*

EXERCICE PHRASÉOLOGIQUE.

Se jeter *sur* quelqu'un.	Courir *sus* aux ennemis.

N° DCCLXVIII.

Sur tout ET *surtout* COMPARÉS.

Sur tout.

Cet orateur est toujours prêt à parler *sur tout*.
(Cité par Lemare.)

N'imitons pas ceux qui trouvent à redire *sur tout*.
(*Id.*)

Surtout.

On en (des exemples) trouve toujours de toutes les [espèces,
Surtout lorsque l'on cherche à flatter ses faiblesses.
(La Chaussée.)

L'amour aime *surtout* les secrètes faveurs ;
Dans l'obstacle qu'on force il trouve des douceurs.
(Molière.)

Sur tout s'écrit en deux mots quand il signifie *sur toutes choses* : parler sur tout, c'est-à-dire *sur toutes choses*. Mais il s'écrit en un seul mot quand il signifie *principalement* : nous aimons SURTOUT qu'on nous flatte, veut dire nous aimons PRINCIPALEMENT qu'on nous flatte.

EXERCICE PHRASÉOLOGIQUE.

Aimer à parler sur tout.
Aimer à contredire sur tout.

Parlez, surtout parlez bien.
Allez, surtout, ne vous amusez pas.

N° DCCLXIX.

Par ce que ET *parce que* COMPARÉS.

Par ce que.

Par ce que je vous dis ne croyez pas, madame,
Que je veuille applaudir à sa nouvelle flamme.
(Corneille.)

..... Et toi, fils de Vénus,
Vois *par ce que* je suis ce qu'autrefois je fus.
(Delille.)

Il y a deux mensonges, celui de fait, qui regarde le passé, et celui de droit, qui regarde l'avenir... Ces deux mensonges peuvent quelquefois se rassembler dans le même ; mais je les considère ici *par ce qu*'ils ont de différent. (J.-J. Rousseau.)

Parce que.

L'art de flatter, mon cher, est vieux comme le monde.
Ève a péché ; pourquoi ? *parce qu*'on la flatta.
(Collin-d'Harleville.)

La plupart des honnêtes femmes sont des trésors cachés, qui ne sont en sûreté que *parce qu*'on ne les cherche pas. (La Rochefoucauld.)

Les fortunes promptes en tout genre sont les moins solides, *parce qu*'il est rare qu'elles soient l'ouvrage du mérite. Les fruits mûrs, mais laborieux, de la prudence, sont toujours tardifs. (La Bruyère.)

Parce que, quoique écrit en deux mots, renferme les trois mêmes éléments que *par ce que* ; mais ces deux expressions ont reçu chacune une consécration particulière. *Par ce que* en trois mots signifie *d'après ce que* : PAR CE QUE je vous dis ne croyez pas, etc., c'est-à-dire, *d'après ce que* je vous dis, ne croyez pas, etc. *Parce que* en deux mots est une conjonction qui a le même sens qu'*à cause que* : Ève a péché ; pourquoi ? PARCE QU'ON LA *flatta*, c'est-à-dire *à cause qu'on la flatta*.

EXERCICE PHRASÉOLOGIQUE.

Par ce que je vous dis, voyez le parti que vous avez à prendre.

Les rois ne sont entourés de flatteurs que parce qu'ils ont des faveurs à donner.

N° DCCLXX.

Pour et quant à comparés.

Pour.

A mon sens, la gaîté vaut presque la sagesse.
On dit que c'est un don. *Pour moi*, je le confesse,
J'en fais une vertu. (Imbert.)

Pour moi, je ne vois rien de plus sot, à mon sens,
Qu'un auteur qui partout va gueuser des encens ;
Qui, des premiers venus saisissant les oreilles,
En fait le plus souvent les martyrs de ses veilles.
(Molière.)

Pour moi, j'aime les gens dont l'âme peut se lire ;
Qui disent bonnement oui pour oui, non pour non.
(Gresset.)

Pour moi, je reconnais une saine raison.
(Boissy.)

Quant à.

Quant au mort, il semble que ce soit une douceur, et pour le survivant un mérite.
(D'Olivet, trad. de Cicéron.)

Si quelqu'un va lire Pindare ailleurs que dans l'original, il croira qu'Horace avait apparemment ses raisons pour exalter ce lyrique grec ; *quant à lui*, il s'accommodera fort peu de tout ce magnifique appareil de mythologie qui accompagne les odes de Pindare. (La Harpe.)

Quant à moi, je ne pouvais rien dire de semblable.
(J.-J. Rousseau.)

Quant à moi, si je pouvais rassembler en un point ce que je souffre, j'en ferais le marché de grand cœur.
(Id.)

L'usage autorise à dire indistinctement *pour moi, pour lui, pour nous*, ou *quant à moi, quant à lui, quant à nous*. Laveaux observe que ces dernières expressions sont du style familier. Cette remarque n'est pas juste, et les faits sont là pour la condamner.

EXERCICE PHRASÉOLOGIQUE.

Pour moi.   Quant à moi.   Pour ce que vous pensez.   Quant à ce que vous pensez.

N° DCCLXXI.

Pour, afin de.

Pour.

La clémence des princes n'est souvent qu'une politique *pour* gagner l'affection des peuples.
(La Rochefoucauld.)

L'ambition ardente exile les plaisirs de la jeunesse *pour* gouverner seule. (Vauvenargues.)

Pour conserver un ami, il faut devenir soi-même capable de l'être. (J.-J. Rousseau.)

Pour acquérir la perfection de l'éloquence, il faut avoir un fond de bon sens et de bon esprit, l'imagination vive, la mémoire fidèle, etc.
(Saint-Évremont.)

Afin de.

Mon galant ne songeait qu'à bien prendre son temps,
Afin de happer son malade.
(La Fontaine.)

Quand on ne se méfie pas de ses opinions, on n'a pas besoin de leur chercher de l'appui et des défenseurs ; on veut convaincre les autres, *afin de* se persuader soi-même. (Pensée de Bacon.)

L'ennui est un mal si singulier, si cruel, que l'homme entreprend souvent les travaux les plus pénibles, *afin de* s'épargner la peine d'en être tourmenté. (Le chev. de Jaucourt.)

Pour et *afin de* désignent également le motif, la cause ou la raison pourquoi on fait telle ou telle action. Il semble que le premier de ces mots convient mieux lorsque la chose qu'on fait en vue de l'autre en est une cause plus infaillible, et que le second est plus à sa place lorsque la chose qu'on a en vue en faisant l'autre en est une moins nécessaire. On tire le canon sur une place assiégée *pour* y faire une brèche, et *afin de* pouvoir la prendre d'assaut ou *de* l'obliger à se rendre.

Pour regarde plus particulièrement un effet qui doit être produit ; *afin de* regarde proprement un but où l'on veut parvenir. Ces deux prépositions peuvent se placer au premier ou au dernier membre d'une période.

EXERCICE PHRASÉOLOGIQUE.

Il faut aimer pour être aimé à son tour.
Pour être estimé il faut être estimable.

Travaillez afin d'être heureux.
Afin de n'avoir rien à vous reprocher, ne commettez aucune mauvaise action.

N° DCCLXXII.

Renommé par, renommé pour.

Par.

Qu'un crime ait ou non du succès, il est toujours un crime; mais s'il ne réussit pas, il est de plus une sottise. Que de sots, à ce compte, chez le peuple le plus *renommé par* son esprit! (DE BONALD.)

Pour.

L'homme le plus adroit, eût-il même vécu Cinquante ans, *renommé pour* sa haute prudence; D'un siècle tout entier eût-il l'expérience, S'il veut se mettre en tête, et s'avise, en un mot, De garder une femme, il ne sera qu'un sot.
(FABRE D'ÉGLANTINE.)

D'après ces exemples, on peut dire RENOMMÉ PAR ou POUR *son esprit, renommée* PAR ou POUR *sa prudence.*

Renommé par se dit généralement quand la cause du renom est constante, et ne dépend ni de la vogue ni du caprice : *Plombières et Barrèges sont des lieux* RENOMMÉS PAR *leurs eaux minérales. Renommé pour* se dit quand le renom ne tient qu'à quelques considérations particulières de goût et de fantaisie. *Verdun est* RENOMMÉ *pour les bonnes dragées, Reims* POUR *le pain d'épices.*

EXERCICE PHRASÉOLOGIQUE.

Le Français est renommé par son esprit.
Cet homme est renommé par son avarice.

Bordeaux est renommé pour son anisette.
Cognac est renommé pour ses eaux-de-vie.

N° DCCLXXIII.

Par terre, à terre.

Par terre.

A peine fut-il étendu *par terre*, que je lui tendis la main pour le relever. (FÉNELON.)
Êtes-vous ici près, monsieur, tombé *par terre?*
(VOLTAIRE.)

A terre.

Bientôt elle met les mains *à terre*, et s'avance ainsi jusqu'à mes pieds. (CHATEAUBRIAND.)
Venclao et Nassoute posent *à terre* le lit du blessé, et mettent un bâton de houx dans la main gauche du frère d'Amélie. (*Id.*)

Par terre se dit d'un corps qui touche à la terre ; *à terre*, de tout ce qui n'y touche pas.

EXERCICE PHRASÉOLOGIQUE.

Cet arbre était tombé par terre.

Les fruits de l'arbre tombaient à terre.

N° DCCLXXIV.

En campagne, à la campagne.

En campagne.

Enfin, après un vain essai,
Il va trouver la goutte. Elle était *en campagne*,
Plus malheureuse mille fois
Que la malheureuse aragne.
(La Fontaine.)

On dit que Camille ne mena jamais d'armée *en campagne* sans la ramener comblée de gloire et chargée de butin. (Anquetil.)

Cette convention faite, nous nous mîmes *en campagne*. Nous nous donnâmes d'abord de grands mouvements sans pouvoir rencontrer ce que nous cherchions. (Le Sage.)

Être *en campagne*, en parlant d'un particulier, c'est être en voyage. (Laveaux.)

A la campagne.

Je suis venu *à la campagne*, me dit-il, pour faire plaisir à la maîtresse de la maison, avec laquelle je ne suis pas mal. (Montesquieu.)

Sauvons-nous *à la campagne*, allons y chercher un repos et un contentement que nous n'avons pu trouver au milieu des assemblées et des divertissements. (J.-J. Rousseau.)

Tes femmes ont été huit jours *à la campagne*, à une de tes maisons les plus abandonnées. (Montesquieu.)

Mon cher Usbeck, je crois que tu veux passer ta vie *à la campagne*. (Id.)

Ainsi que nous l'enseignent ces exemples, il faut bien se garder de dire *en campagne* pour *à la campagne*; car l'usage a consacré à chacune de ces deux expressions une signification différente.

Être en campagne, c'est être en mouvement, c'est voyager : *ces troupes sont* EN CAMPAGNE; *ce négociant est* EN CAMPAGNE.

Être à la campagne, c'est être ou à la promenade dans la campagne, ou dans une maison de campagne pour y séjourner quelque temps : *l'été tout le monde va* A LA CAMPAGNE. Cependant J.-J. Rousseau, dans ce cas, a souvent dit *en campagne*; mais les exemples qu'il en fournit dans sa correspondance ne sont pas à imiter.

EXERCICE PHRASÉOLOGIQUE.

L'armée était alors en campagne.
Ces marchands sont en campagne.

Toute la famille est à la campagne.
Dès les premiers beaux jours le monde se rend à la campagne.

N° DCCLXXV.

Malgré COMPARÉ AVEC *malgré que*.

Malgré.

Malgré la vue de toutes nos misères qui nous touchent et qui nous tiennent à la gorge, nous avons un instinct que nous ne pouvons réprimer, qui nous élève. (Pascal.)

Le monde est une comédie:
 Malgré l'intérêt que j'y prends,
Je m'en amuse, et j'étudie
Les ridicules différents. (Favart.)

Mon estime toujours commence par le cœur.
Sans lui l'esprit n'est rien, et, *malgré vos maximes*,
Il produit seulement des erreurs et des crimes.
(Gresset.)

Malgré que.

On n'a besoin d'élever que les hommes vulgaires, leur éducation doit seule servir d'exemple à celle de leurs semblables. Les autres s'élèvent *malgré qu'on en ait*. (J.-J. Rousseau.)

Malgré qu'on en ait, nous voulons être comptés dans l'univers, et y être un objet important. (Montesquieu.)

Pénétrée du regret de sa mère, elle voudrait vous oublier; et *malgré qu'elle en ait*, il trouble sa conscience pour la forcer de penser à vous. (J.-J. Rousseau.)

Malgré doit toujours avoir pour complément un substantif : *Malgré la vue, malgré l'intérêt général.* Cependant cette préposition se construit avec *que* dans l'expression consacrée *malgré qu'il en ait,* c'est-à-dire *mauvais gré qu'il en ait.* Hors de là, ce serait une faute. En effet, si l'on construisait *malgré que* avec un verbe autre que *avoir,* on n'obtiendrait plus la même analyse.

EXERCICE PHRASÉOLOGIQUE.

Malgré mon intérêt.   Malgré qu'on en ait.   Malgré lui.
Malgré son devoir.   Malgré qu'ils en aient.   Malgré nous.

DE LA RÉPÉTITION DES PRÉPOSITIONS.

N° DCCLXXVI.

RÉPÉTITION OU ELLIPSE DES PRÉPOSITIONS EN GÉNÉRAL.

A.

RÉPÉTITION.	ELLIPSE.
L'éloquence est un art très-sérieux, destiné *à instruire, à reprimer* les passions, *à corriger* les mœurs, *à soutenir* les lois, *à diriger* les délibérations publiques, *à rendre* les hommes bons et heureux. (FÉNELON.)	... On voit partout que l'art des courtisans Ne tend qu'*à profiter* des faiblesses des grands, *A nourrir* leurs erreurs, et jamais dans leur âme *Ne porter* les avis des choses qu'on y blâme. (MOLIÈRE.)

De.

Ce monde-ci n'est qu'une loterie *De biens, de rangs, de dignités, de droits,* Brigués sans titre, et répandus sans choix. (VOLTAIRE.)	C'est aux faibles courages, Qui toujours portent la peine au sein, *De succomber* aux orages, Et *se lasser* d'un pénible dessein. (MALHERBE.)

En.

Les cadeaux consistaient *en bière* du pays, *en cocos, en noix* gouras, *en citrons, en yams* ou *en riz.* (BIBLIOTH. DES VOYAGES.)	Le marché, lorsque nos gens le visitèrent, leur sembla bien approvisionné *en taureaux, vaches, moutons, chèvres* et *volailles.* (BIBLIOTH. DES VOYAGES.)

Dans.

La vertu des humains n'est point dans leur croyance; Elle est *dans la justice, dans la bienfaisance.* (CHÉNIER.)	Le destin n'a point mis de sentiments égaux *Dans l'âme* de l'esclave et *celle* du héros. (CRÉBILLON.)

Avec.

Avec une femme aimable, *avec des enfants* bien nés, et *avec de bons livres,* on peut vieillir doucement à la campagne. (Cité par GIRAULT-DUVIVIER.)	La maxime qui dit rien de trop, est bien juste, Et prouve que le sage, en toute occasion, Doit l'être *avec mesure et modération.* (DESTOUCHES.)

Pour.

Dieu créa les mortels *pour s'aimer, pour s'unir :* Ces cloîtres, ces cachots, ne sont pas son ouvrage; Dieu fit la liberté, l'homme fit l'esclavage. (CHÉNIER.)	... *Pour se rapprocher, se convenir, se plaire,* Fort souvent il ne faut qu'un rien. (FAVART.)

Par.

Toute femme est coquette, ou *par raffinement*,
Ou *par ambition*, ou *par tempérament*.
(Destouches.)

Que de gens *par la haine* et *l'orgueil* séparés,
Vivraient fort bons amis s'ils s'étaient rencontrés !
(Chénier.)

Malgré.

Ainsi, *malgré mes soins* et *malgré ma prière*,
Vous prenez dans César une assurance entière.
(Voltaire.)

Il n'est plus temps de reprendre cette longue et ennuyeuse besogne, *malgré les erreurs* et *les fautes* dont elle fourmille.
(J.-J. Rousseau.)

Généralement parlant, les prépositions *à, de, en*, doivent être répétées devant chaque complément, qu'il soit substantif, pronom ou verbe. Cependant il est des cas où l'on peut quelquefois déroger à ce principe, surtout en poésie, quand la mesure du vers en fait une nécessité. Pour ce qui est de la répétition des autres prépositions, les règles qu'en ont données les grammairiens sont pour la plupart fausses ou imaginaires. Qu'il y ait ou non ressemblance de signification dans les régimes, que les prépositions soient d'une ou de plusieurs syllabes, il est permis de répéter ou d'ellipser ces prépositions. Le goût, l'élégance, la concision, l'énergie, voilà les seules règles à suivre.

EXERCICE PHRASÉOLOGIQUE.

Aimer à rire et à plaisanter.   Chercher à dominer et surpasser les autres.   Homme de cinq ou de six pieds.   Homme de cinq ou six pieds.

N° DCCLXXVII.

RÉPÉTITION DE LA PRÉPOSITION *sans*.

Le fanatisme enfante tous les crimes,
Sans égard et *sans choix* il frappe les victimes ;
Du sang, de la nature, il fait taire la voix.
(Chénier.)

L'hymen seul peut donner des plaisirs infinis ;
On en jouit *sans peine* et *sans inquiétude*.
(La Chaussée.)

Telle est la multitude, et *sans frein* et *sans lois*,
Injuste sans pudeur, et sans remords ingrate,
Elle hait qui la sert, et chérit qui la flatte.
(La Harpe.)

Catilina l'emporte, et sa tranquille rage
Sans crainte et *sans danger* médite le carnage.
(Voltaire.)

Lorsque plusieurs compléments sont sous la dépendance de la préposition *sans*, cette préposition se répète toujours devant chaque complément. Cependant elle peut être aussi remplacée par *ni* : sans *crainte* ni *pudeur*. Mais nous renvoyons pour cette difficulté au chapitre *des Conjonctions*, où elle trouvera naturellement sa place.

EXERCICE PHRASÉOLOGIQUE.

Sans respect et sans crainte.   Sans mœurs et sans principes.

PLACE DES PRÉPOSITIONS.

A.

PLACÉES AVANT LE VERBE.	PLACÉES APRÈS LE VERBE.
Le crime *à* ses yeux paraît crime. (J.-B. Rousseau.)	... Cette obéissance Paraît digne *à* ses yeux d'une autre récompense. (Voltaire.)

Au seul nom de Henri, les Français se RALLIENT.
(VOLTAIRE.)
... A ce nom, je DEVINS furieux.
(TH. CORNEILLE.)
... Grands dieux ! à ce noble maintien,
Quel œil ne serait pas TROMPÉ comme le mien ?
(RACINE.)

Tous TREMBLAIENT au seul nom du roi de Suède.
(VOLTAIRE.)
J'aime à vous voir FRÉMIR à ce funeste nom.
(RACINE.)
Je RECONNAIS mon sang à ce noble courroux.
(CORNEILLE.)

Après.

Après la prise de Troie, tu ENVERRAS de riches dépouilles à ton père. (FÉNELON.)
Après ces paroles, ils ALLÈRENT au lieu où la déesse les attendait. (Id.)

Tu REVERRAS le calme après ce faible orage.
(CORNEILLE.)
Seigneur, je pars contente après cette assurance.
(RACINE.)

Avec.

Avec le mauvais sort l'orgueil S'ASSORTIT mal.
(VILLEFRÉ.)
Philoclès, avec un air respectueux et modeste, RECEVAIT les caresses du roi. (FÉNELON.)

Tout CHANGE avec le temps ; on ne rit pas toujours ;
On devient sérieux au déclin des beaux jours.
(VOLTAIRE.)
Pendant que je parlais ainsi, votre père, tranquille, me REGARDAIT avec un air de compassion.
(FÉNELON.)

Chez.

Chez nous, le soldat EST brave, et l'homme de robe est savant ; chez les Romains, l'homme de robe ÉTAIT brave, et le soldat était savant.
(LA BRUYÈRE.)

La condition des comédiens ÉTAIT infâme chez les Romains et honorable chez les Grecs.
(LA BRUYÈRE.)

Contre.

Contre un si juste choix qui peut vous RÉVOLTER ?
(RACINE.)

Tout l'empire A vingt fois CONSPIRÉ contre nous.
(RACINE.)

Dans.

Dans ses superbes mains VA FLÉTRIR ses lauriers.
(VOLTAIRE.)
Dans une heure vous pourrez REVOIR Pénélope.
(FÉNELON.)
Dans votre appartement allez vous REPOSER.
(RACINE.)

Partons. BRAVONS l'amour dans les bras de la gloire.
(VOLTAIRE.)
Le czar Pierre ne POUVAIT, dans sa jeunesse, passer un pont sans frémir. (Id.)
CONTEMPLEZ mon devoir dans toute sa rigueur.
(RACINE.)

En.

En efforts impuissants leur maître se CONSUME.
(RACINE.)
L'argent en honnête homme ÉRIGE un scélérat.
(BOILEAU.)

Hélas ! je me CONSUME en impuissants efforts.
(RACINE.)
L'infortune seule peut CHANGER leur cœur de rocher en un cœur humain. (FÉNELON.)

De.

De ces antres muets SORT un triste murmure.
(VOLTAIRE.)
Des peines aux plaisirs nous PASSONS tour à tour :
Tout change, c'est la loi, la nuit succède au jour.
(RACINE.)
De marbre blanc ÉTAIT bâti le mur.
(VOLTAIRE.)
D'un air distrait, le bon prince ÉCOUTA
Tous les propos dont on le tourmenta.
(Id.)
De mes faibles efforts ma vertu se DÉFIE.
(RACINE.)

Un éclat de lumière SORTIT de ses yeux.
(FÉNELON.)
En un instant je PASSAI de la plus amère douleur à la plus vive joie. (Id.)
Les chapiteaux ÉTAIENT d'argent. (Id.)
Mentor, REGARDANT d'un air doux et tranquille Télémaque, prit ainsi la parole. (Id.)
DÉFIONS-NOUS toujours d'une incroyable histoire.
(IMBERT.)

Dès.

Dès que d'un autre objet je le verrai l'époux,
Si vous m'aimez encor, seigneur, je suis à vous.
(Th. Corneille.)

Je vous renverrai à Ithaque dès que la guerre sera finie. (Fénelon.)

Devant.

Devant ses yeux cruels une autre a trouvé grâce. (Racine.)

Perfide, oses-tu bien te montrer devant moi? (Racine.)

Durant.

Durant toute la nuit elle n'a point dormi. (Corneille.)

Elle ne dormit point durant toute la nuit. (Autereau.)

Entre.

...Entre eux partagez vos tendresses. (Longepierre.)

Endors entre tes bras son audace guerrière. (Voltaire.)

Par.

Par un charme fatal vous fûtes entraînée. (Racine.)

Il est toujours entraîné par son avarice, par sa crainte et par ses soupçons. (Fénelon.)

Pour.

Pour les cœurs corrompus l'amitié n'est point faite. (Voltaire.)

Qu'ai-je fait pour l'honneur? J'ai tout fait pour l'amour. (Racine.)

L'auteur de la *Grammaire des Grammaires* a cru devoir consacrer un article spécial pour nous apprendre que « *les prépositions doivent toujours être* A LA TÊTE *des mots qu'elles régissent!* »

C'est une naïveté dite en très-mauvais français, car on ne peut employer *à la tête* en parlant d'un mot qu'en style de logogriphe.

Dans leurs ouvrages si gros de riens, tous les autres grammairiens n'ont point parlé de la *place des prépositions*. Cependant, comme on le voit par nos citations, d'autant plus précieuses que les oppositions y sont faites souvent avec les mêmes mots, la chose en valait la peine ; car, si en cette circonstance, il importe peu

Que Pascal soit devant, ou Pascal soit derrière,

il n'en est pas moins vrai que l'harmonie, le goût, l'élégance peuvent parfois exiger que la préposition et son complément soient placés plutôt avant le verbe qu'après, et *vice versâ*.

Certaines prépositions suivies d'un nom avec lequel elles forment une expression adverbiale, ou une phrase incidente qui sert à marquer la simultanéité de deux actions, se mettent plus souvent et plus élégamment au commencement de la phrase :

A l'arrivée de la reine, la persécution se ralentit. (Bossuet.)

A ce spectacle, le peuple s'émut. (Bossuet.)

A cet affront, l'auteur se leva de la table. (Boileau.)

Aux accords d'Amphion, les pierres se mouvaient. (Boileau.)

Les exemples de semblables inversions se rencontrent à chaque page dans les prosateurs et dans les poètes.

Mais ces inversions (et celles qu'on peut se permettre avec le régime indirect de certains verbes), qui sont élégantes dans la prose, cessent de l'être dans la poésie, où elles deviennent presque nécessaires pour distinguer les vers de la prose.

EXERCICE PHRASÉOLOGIQUE.

Au seul son de sa voix.
A ce triste récit.
Envers un ennemi.
Par trop de sévérité.

A cette fatale nouvelle.
A la cour, à la ville.
Hors la gloire.
Par fierté.

CHAPITRE IX.

DE LA CONJONCTION.

N° DCCLXXVIII.

NATURE DE LA CONJONCTION. — SA DÉFINITION.

SANS SIGNES DE RAPPORT.	AVEC SIGNES DE RAPPORT.
On est toujours estimé... on est honnête homme.	On est toujours estimé *quand* on est honnête homme. (Dict. de Morale.)
Les gens qui savent peu parlent beaucoup... les gens qui savent beaucoup parlent peu.	Les gens qui savent peu parlent beaucoup, *et* les gens qui savent beaucoup parlent peu. (J.-J. Rousseau.)
On donne des conseils... on ne donne pas la sagesse d'en profiter.	On donne des conseils ; *mais* on ne donne pas la sagesse d'en profiter. (La Rochefoucauld.)
Je pense... Dieu existe.	Je pense, *donc* Dieu existe. (La Bruyère.)
Jean-Jacques Rousseau a été fort persécuté... il prenait le parti des malheureux.	Jean-Jacques Rousseau a été fort persécuté, *parce qu'*il prenait le parti des malheureux. (Bern. de Saint-Pierre.)
Il faut se hâter de jouir... il est encore temps.	Il faut se hâter de jouir, *tandis qu'*il est encore temps. (Massillon.)

De même qu'on met en rapport deux mots, on peut aussi mettre en rapport deux énonciations de jugements, deux pensées. Si je dis : *On est toujours estimé... on est honnête homme*, j'exprime deux jugements isolés l'un de l'autre ; mais si je dis : *On est toujours estimé* QUAND *on est honnête homme*, le mot *quand*, placé entre la première pensée et la seconde, établit un rapport de dépendance et subordonne le premier fait au second.

Il y a donc une espèce de mots dont la fonction est d'établir un rapport entre deux jugements énoncés, entre deux pensées : tels sont les mots *et*, *quand*, *mais*, *donc*, *parce que*, *tandis que*, des exemples cités.

Tous les mots qui servent à joindre deux pensées s'appellent *conjonctions*, mot formé de la préposition *cum* qui signifie *avec*, et du mot *junctio*, *jonction*, *union*. Cette dénomination peint parfaitement la fonction que cette espèce de mots remplit dans le discours.

EXERCICE ANALYTIQUE.

(Désigner les deux pensées entre lesquelles le rapport est établi.)

Un rien suffit pour amuser l'enfance ;
Mais dans ses jeux, plus qu'on ne pense,
S'introduisent déjà les passions des grands. (Tassart.)
Parfois un sot possède un emploi d'importance,
Tandis que les talents, l'esprit et la science
Sont relégués dans quelque coin. (De la Boutraye.)

Les premières leçons peuvent tout sur les hommes,
Et l'éducation nous fait ce que nous sommes. (Formage.)
Que sert d'éclairer les gens
Quand ils n'ont pas reçu de quoi voir la lumière ? (Nivernais.)

SUBDIVISIONS DES CONJONCTIONS.

N° DCCLXXIX.

DES CONJONCTIONS COPULATIVES.

Le sage est citoyen : il respecte à la fois
Et le trésor des mœurs, et le dépôt des lois.
(CHAMPFORT.)

Heureux celui qui sait se contenter de peu ! son sommeil n'est troublé *ni* par les craintes, *ni* par les désirs honteux de l'avarice. (Trad. d'HORACE.)

Puisque chacun ici prend ce qui lui convient,
Par droit d'aubaine *aussi*, Finette m'appartient.
(REGNARD.)

Je ne saurais passer pour femme, à mon avis,
Ni pour veuve *non plus*, puisqu'en effet j'ignore
Si le mari que j'eus est mort ou vit encore. (*Id.*)

Je le sers *tant* pour lui *que* pour me faire plaisir.
(ACADÉMIE.)

Les *conjonctions copulatives* sont celles qui servent à rassembler deux noms ou deux verbes sous une même affirmation ou sous une même négation. Telles sont pour l'affirmation *et, aussi, tant... que;* pour la négation, *ni, non plus.*

N° DCCLXXX.

CONJONCTIONS ALTERNATIVES.

La fortune, *soit* bonne *ou* mauvaise, *soit* passagère *ou* constante, ne peut rien sur l'âme du sage.
(MARMONTEL.)

Ou bien, quelque malheur qu'il m'en puisse arriver,
Ce n'est que par ma mort qu'on le peut obtenir.
(RACINE.)

Un mal funeste et contagieux se répandit et s'échauffa dans les principales villes de la Normandie, *soit que* l'intempérie des saisons eût laissé dans les airs quelque maligne impression ; *soit qu'un* commerce fatal y eût apporté des pays éloignés, avec de fragiles richesses, des semences de maladie et de mort ; *soit que* l'ange de Dieu eût étendu sa main pour frapper cette malheureuse province.
(FLÉCHIER.)

Les *conjonctions alternatives* sont celles qui marquent alternative ou distinction dans le sens des choses dont on parle. Ce sont : *ou, ou bien, soit, soit que.*

N° DCCLXXXI.

CONJONCTIONS ADVERSATIVES.

On aime à deviner les autres, *mais* on n'aime pas à être deviné. (VAUVENARGUES.)

Plus j'apprends son mérite, et plus mon feu s'augmente ;
Cependant mon devoir est toujours le plus fort.
(CORNEILLE.)

Les Machabées étaient vaillants ; *néanmoins* il est écrit qu'ils combattaient par leurs prières plus que par leurs armes. (BOSSUET.)

Ses écrits, pleins partout d'affreuses vérités,
Étincellent *pourtant* de sublimes beautés.
(BOILEAU.)

Dans quelle inquiétude, Esther, vous me jetez !
Toutefois qu'il soit fait comme vous souhaitez.
(RACINE.)

La mode éloigne les cheveux du visage, *bien qu'ils* ne croissent que pour l'accompagner.
(LA BRUYÈRE.)

Les *conjonctions adversatives* sont celles qui lient deux propositions en marquant opposition dans la seconde à l'égard de la première. Ce sont : *mais, cependant, néanmoins, pourtant, toutefois, bien que.*

N° DCCLXXXII.

CONJONCTIONS RESTRICTIVES.

Qui peut de vos desseins révéler le mystère,
Sinon quelques amis engagés à se taire ?
(Racine.)
Qu'est-ce que le fils de l'homme, *si ce n'est* du fumier et de la boue ? (Bossuet.)
... *Quoi qu'*on fasse,
Rien ne change un tempérament.
(La Fontaine.)

Ah ! *pour* être dévot, je n'en suis pas moins homme.
(Molière.)
Il fait bon craindre, *encor que* l'on soit saint.
(La Fontaine.)
De vos songes menteurs l'imposture est visible,
A moins que la pitié qui semble vous troubler,
Ne soit ce coup fatal qui vous faisait trembler.
(Racine.)

Les *conjonctions restrictives* sont celles qui restreignent, de quelque manière que ce soit, une idée ou une proposition. Telles sont : *sinon, si ce n'est, si ce n'est que, quoique, pour* employé dans le sens de *quoique; encore que, à moins que, à moins de*.

N° DCCLXXXIII.

CONJONCTIONS HYPOTHÉTIQUES OU CONDITIONNELLES.

Nul empire n'est sûr, *s'*il n'a l'amour pour base.
(Villefré.)
Je serais votre ami *quand bien même* vous ne le voudriez pas. (Académie.)

Quand la nature n'aurait pas donné à Mme de Montausier tous ces avantages de l'esprit, elle aurait pu les recevoir de l'éducation. (Fléchier.)
Bien des gens s'embarrassent peu de la route, *pourvu qu'*elle les mène à la source des richesses.
(Dict. de Maximes.)

Les *conjonctions conditionnelles* ou *hypothétiques* sont celles qui lient deux propositions par une supposition ou en marquant une condition. Telles sont les suivantes : *si, quand, quand même, quand bien même, pourvu que, supposé que, au cas que, en cas que, bien entendu que, à condition que, à la charge que*.

Nous nous arrêterons là, car il serait inutile de suivre les grammairiens dans les nombreuses classifications qu'ils font des conjonctions. Nous préférons considérer ces sortes de mots relativement à l'expression.

Sous le rapport de l'expression, les conjonctions se divisent en *simples* et en *composées*. Les conjonctions pures ou simples sont celles qui sont exprimées en un seul mot ; les conjonctions composées sont celles qui se forment de plusieurs mots. Outre ces deux divisions, il y en a encore une troisième qui comprend les mots pris accidentellement comme conjonctions.

TABLEAU DES CONJONCTIONS.

N° DCCLXXXIV.

CONJONCTIONS PURES OU SIMPLES.

Et, ni, ou, que, si, car, or, donc, ainsi, comme, lorsque, mais, pourquoi, puisque, que, quand, quoique, savoir, toutefois.

Si est conjonction ; il est adverbe quelquefois, ou il répond à *oui*.

LOCUTIONS CONJONCTIVES.

Soit que, bien que, dès que, sitôt que, aussitôt que, avant que, après que, tandis que, pendant que, afin que, si peu que, si ce n'est que, supposé que, bien entendu que, à condition que, attendu que, non plus que, pour que, parce que, pourvu que, en cas que, à moins que, sinon que, au lieu que, encore que, aussi bien que, de même que, ainsi que, vu que, de façon que, depuis que, jusqu'à ce que, de manière que, quand même, quand bien même, d'où vient que, sans que, etc.

MOTS ACCIDENTELLEMENT PRIS COMME CONJONCTIONS.

Toujours, encore, cependant, néanmoins, pourtant, ainsi, aussi, d'ailleurs, bien plus, etc.

Il est captif ; *toujours* est-il content.
Il est misérable ; *cependant* il ne se plaint pas, etc.
Sinon, *partant* et *soit* jouent le rôle de conjonctions, quoiqu'ils soient des propositions tout entières.

EXERCICE ANALYTIQUE.

Dieu absout *aussitôt* qu'il voit la pénitence dans le cœur. (PASCAL.)
Pourvu qu'on soit content, qu'importe qu'on admire ? (VOLTAIRE.)
Est-on laide jamais, *dès* qu'on est bonne mère ? (GOSSE.)
Les grands emplois, *selon* qu'on s'en acquitte,
Font voir le degré du mérite. (PERRAULT.)
Tout en irait mieux sur la terre,
Si chacun se bornait à faire
Le métier pour lequel Jupiter l'appela. (AUBERT.)

Le monde est vieux, dit-on ; je le crois ; *cependant*
Il le faut amuser encor comme un enfant. (LA FONTAINE.)
Le monde est un passage infesté de brigands,
Mais les petits voleurs travaillent pour les grands. (FORMAGE.)
.... La mort s'avance
Les grands *ni* les petits n'échappent à sa loi. (CRINIER.)
La nature est partout variée et féconde. (LAMOTTE.)
Il n'est point de vertu, *lorsqu'il* n'est point d'épreuve. (RESNEL.)

DE LA PLACE DES CONJONCTIONS.

N° DCCLXXXV.

CONJONCTIONS ET EXPRESSIONS CONJONCTIVES QUI PEUVENT SE PLACER, TANTÔT AU PREMIER MEMBRE DE LA PÉRIODE, TANTÔT AU SECOND.

PLACÉES AU PREMIER MEMBRE DE LA PÉRIODE.

Pendant que les Romains méprisèrent les richesses, ils furent sobres et vertueux. (BOSSUET.)

Tandis que tout change et périt dans la nature, la nature elle-même reste immuable et impérissable. (MARMONTEL.)

Aussitôt que le khan de Tartarie a dîné, un héraut crie que tous les autres princes de la terre peuvent aller dîner, si bon leur semble. (MONTESQUIEU.)

*Dès qu'*on sent qu'on est en colère, il ne faut ni parler ni agir. (MARMONTEL.)

*Afin qu'*on ne puisse douter de leur bonne foi, non plus que de leur persuasion, il les oblige à sceller leur témoignage de leur sang. (BOSSUET.)

PLACÉES AU SECOND MEMBRE DE LA PÉRIODE.

Le vrai sage n'est appliqué qu'à bien faire, *pendant que* le fanfaron travaille à ce que l'on dise de lui qu'il a bien fait. (LA BRUYÈRE.)

La religion eut ses David et ses Salomon, qui rougirent d'habiter des palais superbes, *tandis que* le Seigneur n'avait pas où reposer sa tête. (MASSILLON.)

Dieu absout *aussitôt qu'*il voit la pénitence dans le cœur. (PASCAL.)

Le docteur n'instruit plus *dès qu'*il devient pédant. (SANLECQUE.)

Dieu accorde quelquefois le sommeil aux méchants, *afin que* les bons soient tranquilles. (SADI.)

Parce que les grandes fêtes se passaient toujours sans rien changer à sa fortune, Théonas murmurait contre le temps présent. (LA BRUYÈRE.)

Puisque j'ai commencé de rompre le silence,
Il faut poursuivre. (RACINE.)

Lorsque Rome a parlé, les rois n'ont plus d'amis. (VOLTAIRE.)

Quoique le ciel soit juste, il permet bien souvent
Que l'iniquité règne, et marche en triomphant. (Id.)

De peur que ma présence soit ici criminelle, je te laisse. (MOLIÈRE.)

Avant que le sommeil te ferme la paupière,
Sur tes œuvres du jour porte un regard sévère. (LEFRANC DE POMPIGNAN.)

Bien qu'à ses déplaisirs mon âme compatisse,
Ce que le comte a fait semble avoir mérité
Ce juste châtiment de sa témérité. (CORNEILLE.)

Si le prince est un sot, le peuple est sans génie. (PIRON.)

Après que Dieu eut donné de si heureux succès à cette guerre, il s'appliqua tout entier à régler ses états. (FLÉCHIER.)

Depuis qu'elle fut promise à Jésus-Christ, elle ne chercha plus qu'à lui plaire. (Id.)

Sitôt que sur un vice ils pensent me confondre,
C'est en me corrigeant que je sais leur répondre. (BOILEAU.)

Tant que l'on hait beaucoup, on aime encore un peu. (Mme DE LA SUZE.)

Ainsi que la vertu, le crime a ses degrés. (RACINE.)

Quand vous me haïriez, je ne m'en plaindrais pas. (Id.)

Il y a des vérités qui sont la source des plus grands désordres, *parce qu*'elles remuent toutes les passions. (CHATEAUBRIAND.)

Fais du bien aujourd'hui, *puisque* tu vis encor;
Crois-moi : c'est le plus doux, le seul emploi de l'or. (VILLEPRÉ.)

Il n'est point de vertu, *lorsqu*'il n'est point d'épreuve. (RESNEL.)

Nous avons marché longtemps tout nus, *quoique* le climat ne soit pas chaud. (VOLTAIRE.)

Sois donc prêt à frapper, *de peur qu*'on nous prévienne. (Id.)

Il fut des citoyens *avant qu*'il fût des maîtres. (Id.)

La mode éloigne les cheveux du visage, *bien qu*'ils ne croissent que pour l'accompagner. (LA BRUYÈRE.)

Que font les toits dorés, *si* l'on n'y vit en maître? (IMBERT.)

Il faut bonne mémoire *après qu*'on a menti. (CORNEILLE.)

Et le jour a trois fois chassé la nuit obscure,
Depuis que votre corps languit sans nourriture. (RACINE.)

On va bien loin *sitôt qu*'on se fourvoie. (VOLTAIRE.)

Je les lui promettais *tant qu*'a vécu son père. (RACINE.)

La guerre a ses faveurs *ainsi que* ses disgrâces. (Id.)

Je serais votre ami *quand bien* même vous ne le voudriez pas. (ACADÉMIE.)

Les conjonctions ou expressions conjonctives qui peuvent se placer tantôt au premier membre d'une période, tantôt au second, sont :

Pendant que.	Tandis que.	Parce que.	Tant que.
Aussitôt que.	Dès que.	De peur que.	Bien que.
De même que.	Lorsque.	Avant que.	Encore que.
Cependant que.	Quoique.	Depuis que.	Sitôt que.
Si et quand.	Après que.	A moins que.	Soit que.
A cause que.	Ainsi que.	De sorte que.	Au reste.
A moins que.	Attendu que.	Jusqu'à ce que.	Durant que.
De crainte que.	En cas que.	Outre que.	Ou bien.
Au cas que.	Si ce n'est que.	Supposé que.	Pourvu que.
Sans que.	Afin que.	Puisque.	Vu que.

Néanmoins, la place de ces conjonctions dépend de celle qu'occupent les propositions qu'elles précèdent.

Quand une phrase est composée de deux propositions unies par une conjonction, l'harmonie et la clarté demandent ordinairement que la plus courte marche la première. On ne s'exprimerait donc ni avec grâce ni avec harmonie

EN DISANT :

On a bien de la peine à soupçonner son semblable de n'être pas honnête homme, *lorsqu'on* l'est soi-même.

AU LIEU de :

Lorsqu'on est honnête homme, on a bien de la peine à soupçonner les autres de ne l'être pas. (WAILLY.)

On ne peut haïr une religion qui ne prêche que la vertu, *quand* on est vertueux.

A quoi bon une table servie avec somptuosité et avec profusion, *puisque* la nature se contente de peu ?

Quand on est vertueux, on ne peut haïr une religion qui ne prêche que la vertu. (WAILLY.)

Puisque la nature se contente de peu, à quoi bon une table servie avec somptuosité et avec profusion ? (D'OLIVET.)

EXERCICE PHRASÉOLOGIQUE.

Pendant qu'il dort, lisez.
Parce qu'il est riche, il est arrogant.

Lisez, pendant qu'il dort.
Il est arrogant, parce qu'il est riche.

N° DCCLXXXVI.

CONJONCTIONS OU EXPRESSIONS CONJONCTIVES QUI SE PLACENT TOUJOURS AU SECOND MEMBRE DE LA PÉRIODE.

Ma foi, le plus sûr est de finir ce sermon,
Aussi bien je vois là ces melons qui t'attendent. (BOILEAU.)

Qui peut compter sur le lendemain ? Et *cependant* nous vivons comme si tout ceci ne devait jamais finir. (MASSILLON.)

On reconnaît Joad à cette violence ;
Toutefois il devrait montrer plus de prudence. (RACINE.)

Le conquérant est craint, le sage est estimé ;
Mais le bienfaisant charme, et lui seul est aimé. (VOLTAIRE.)

Les tourterelles se fuyaient ;
Plus d'amour, *partant* plus de joie. (LA FONTAINE.)

La fortune est inconstante ; *c'est pourquoi* on doit toujours avoir des sujets de crainte dans la prospérité, et des motifs d'espérance dans l'adversité. (DICTIONNAIRE DE MAXIMES.)

Je pense : *donc* Dieu existe ; *car* ce qui pense en moi, je ne le dois point à moi-même. (LA BRUYÈRE.)

Qui peut de vos desseins révéler le mystère,
Sinon quelques amis engagés à se taire ? (RACINE.)

Il consentit de traiter d'égal avec l'archiduc, *à condition qu'*en lieu tiers, ce prince ferait les honneurs des Pays-Bas. (BOSSUET.)

Il a véritablement quelques défauts; *au surplus*, il est honnête homme. (ACADÉMIE.)

Il y a trois choses à consulter; *savoir* : le juste, l'honnête et l'utile. (MARMONTEL.)

Les quatre lettres I. N. R. I., qui sont au haut de la croix de Notre-Seigneur, signifient *Jesus Nazarenus, rex Judæorum*; C'EST-A-DIRE, *Jésus de Nazareth, roi des Juifs*. (GIRARD.)

Les conjonctions ou expressions conjonctives qui doivent toujours se mettre entre deux membres de phrase et qui ne peuvent jamais commencer le discours, à moins qu'on ne le suppose momentanément interrompu, sont les suivantes :

Aussi bien.	Cependant.	Donc.	Car.
Toutefois.	Mais.	Sinon.	Savoir.
Partant.	Pourtant.	A condition que.	Au surplus.
C'est pourquoi.	C'est-à-dire.	C'est à savoir.	Sans quoi.
Par conséquent.	Après tout.	En effet.	Et puis.

On a blâmé Malherbe et Corneille d'avoir commencé des phrases poétiques par *donc*, et l'on a eu tout à la fois raison et tort : raison, si l'on veut s'en tenir à la rigueur grammaticale ; tort, si l'on ne sent pas que c'est un tour, un mouvement pindarique qui supprime les antécédents, les idées antérieures, pour se jeter sur l'idée dominante,

Donc un nouveau labeur à tes armes s'apprête !

Le poète suppose que le héros auquel il s'adresse a rempli toute la terre du bruit de ses hauts faits, et qu'il serait superflu de les rappeler ; il conclut d'après eux, et le grammairien n'a pas plus le droit d'appliquer sa règle à la marche du génie, que le géomètre son compas à l'Apollon du Belvédère. Dans la poésie, comme dans les arts, l'effet est tout, et quiconque le produit, n'importe comment, sans offenser le goût ou la raison, mérite des éloges. Il y a dans la littérature, comme dans les arts, un point de vue, disons mieux, de sentiment que la nature seule et non la méthode peut faire saisir par ses favoris : ce point produit l'effet désiré ; l'irrégularité qui le cause disparaît aux yeux *illusionnés* par le talent de l'artiste ou de l'écrivain.

N. B. Le seul mot qui se place toujours au premier membre de la période, c'est le mot *comme* employé accidentellement comme conjonction :

Comme il ne comprend rien, un sot fronde sans cesse.   (VOISENON.)

Néanmoins, remarque Voltaire, toutes les phrases qui commencent par *comme* sentent la dissertation, le raisonnement; et la chaleur du raisonnement ne permet guère, dans les vers, l'emploi de ce tour prosaïque.

EXERCICE PHRASÉOLOGIQUE.

Je pense, donc j'existe.
Vous le voulez ; toutefois vous pourriez...
Vous êtes riche ; mais je le suis plus que vous.
Plus d'argent, partant plus de joie.

Faites-le, sinon vous êtes mort.
Je le dirai, à condition que...
Il y a trois choses à considérer : savoir :
L'homme est faible ; c'est pourquoi...

OBSERVATIONS SUR L'EMPLOI DE LA PLUPART DES CONJONCTIONS.

ET.

N° DCCLXXXVII.

Et RÉPÉTÉ OU NON RÉPÉTÉ.

Et NON RÉPÉTÉ.

L'esprit, la science *et* la vertu sont les véritables biens de l'homme.   (DICT. DE MAXIMES.)

Elle sort pompeuse *et* parée.
      (MALHERBE.)

Les véritables sages vivent entre eux *et* tranquilles.
      (VOLTAIRE.)

Et partout où coula le nectar enchanté,
Coururent le plaisir, l'audace *et* la gaîté.
      (DELILLE.)

Ils meurent ; de ces lieux s'exilent
La douce rêverie *et* les discrets amours.   (*Id.*)

Le sage est ménager du temps *et* des paroles.
      (LA FONTAINE.)

On ne parla que de pinceaux,
D'ombres *et* de couleurs, d'images, de tableaux.
      (LA HARPE.)

Plus loin, le tambourin, le fifre *et* la trompette,
Font entendre des airs que le vallon répète.
      (SAINT-LAMBERT.)

Quand Lucullus vainqueur triomphait de l'Asie,
L'airain, le marbre *et* l'or frappaient Rome éblouie.
      (DELILLE.)

Les plaintes, les regrets *et* les pleurs sont perdus.
      (VOLTAIRE.)

Et RÉPÉTÉ.

Et le riche *et* le pauvre, *et* le faible *et* le fort,
Vont tous également des douleurs à la mort.
      (VOLTAIRE.)

Une coquette est un vrai monstre à fuir ;
Mais une femme, *et* tendre, *et* belle, *et* sage,
De la nature est le plus digne ouvrage.
      (*Id.*)

Quel carnage de toutes parts !
On égorge à la fois les enfants, les vieillards,
      Et la sœur *et* le frère,
      Et la fille *et* la mère,
Le fils dans les bras de son père.
      (RACINE.)

Les plats sont mis sur la table divine
Des belles mains de la tendre Euphrosine,
Et de Thalie *et* de la jeune Églé,
Qui, comme on sait, sont là-haut les trois Grâces
Dont nos pédants suivent si peu les traces.
      (VOLTAIRE.)

Le beau temps *et* la pluie, *et* le froid *et* le chaud,
Sont des fonds qu'avec elle on épuise bientôt.
      (MOLIÈRE.)

Des dieux les plus sacrés j'invoquerai le nom,
Et la chaste Diane *et* l'auguste Junon,
Et tous les dieux enfin.   (RACINE.)

... Dans la saison d'amour,
Et l'épouse *et* l'époux ont le même séjour.
      (DELILLE.)

Lorsqu'on ne veut exprimer qu'une simple addition, il suffit d'employer un seul *et*, qu'on place devant le dernier mot additionné, comme dans les exemples de la première colonne.

Mais s'il s'agit d'agrandir, de grossir les objets, on multiplie les *et*, ainsi qu'on le voit dans les exemples de la deuxième colonne.

Souvent on se contente de distinguer par la ponctuation les parties énumérées ; exemples :

Il avait *votre port, vos yeux, votre langage*.
(RACINE.)

Vous eussiez vu tomber à bas
Épaules, nez, mentons, cuisses, pieds, jambes, bras.
(VOLTAIRE.)

Quiconque est riche est tout : sans sagesse il est sage ;
Il a, sans rien savoir, la science en partage.
Il a *l'esprit, le cœur, le mérite, le rang,*
La vertu, la valeur, la dignité, le sang.
(BOILEAU.)

Vicieux, pénitent, courtisan, solitaire,
Il *prit, quitta, reprit* la cuirasse et la haire.
(VOLTAIRE.)

L'emploi de *et* serait vicieux si, dans les parties énumérées, il y avait gradation, ou si le dernier mot était récapitulant.

Femmes, moines, vieillards, *tout* était descendu ;
L'équipage suait, soufflait, était rendu.
(LA FONTAINE.)

Je confesserai *tout* ; exil, assassinats,
Poison même. (RACINE.)

Comment se trouve-t-il tant d'hommes qui, pour si peu d'argent, se font les persécuteurs, les satellites, *les bourreaux* des autres hommes ?
(VOLTAIRE.)

Je le vis, je rougis, *je pâlis* à sa vue. (RACINE.)

Quelquefois, pour plus de clarté, et pour éviter plusieurs sortes de *et*, on en supprime un, comme dans ces exemples :

Boileau fut tout à la fois la terreur, le *fléau* des méchants poètes, *et* le défenseur, l'appui des bons écrivains. (DOMERGUE.)

L'homme est un assemblage de lumière *et* d'ignorance, d'espérance et d'incertitude. (PLUCHE.)

La coupe de la première de ces phrases en deux parties aurait été perdue ou insensible, si l'on avait dit : *Boileau fut la terreur* ET *le fléau des méchants poètes,* ET *le défenseur* ET *l'appui des bons écrivains.*

EXERCICE PHRASÉOLOGIQUE.

Jaloux et de son bonheur et de sa fortune.
Et les pleurs et la rage...

Jaloux de son bonheur et de sa fortune.
Les pleurs et la rage...

N° DCCLXXXVIII.

DES MOTS LIÉS PAR *et*.

Et UNISSANT DES SUBSTANTIFS.

L'AMBITION *et* L'AVARICE des hommes sont les seules sources de leur malheur. (FÉNELON.)

L'HARMONIE *et* SON BRUIT flatteur sont l'ornement de la pensée. (VOLTAIRE.)

Et UNISSANT DES ADJECTIFS.

Dans le fond d'un château, TRANQUILLE *et* SOLITAIRE, Loin du bruit des combats elle attendait son père.
(VOLTAIRE.)

Je me tranquillisais ; OISIVE *et* SOLITAIRE,
Je goûtais le plaisir de n'avoir rien à faire.
(DORAT.)

Je m'en retournerai SEULE *et* DÉSESPÉRÉE.
(RACINE.)

Et UNISSANT DES VERBES.

O puissante nature, ô grande enchanteresse !
Tout ce que j'aperçois me CHARME *et* m'INTÉRESSE.
(LA HARPE.)

Le triomphe de la religion est de CONSOLER l'homme dans le malheur, *et* de MÊLER une douceur céleste aux amertumes de la vie.
(MARMONTEL.)

Et UNISSANT DES PROPOSITIONS.

Généralement, les gens qui savent peu parlent beaucoup, *et* les gens qui savent beaucoup parlent peu. (J.-J. ROUSSEAU.)

L'adulation enfante l'orgueil, *et* l'orgueil est toujours l'écueil fatal de toutes les vertus.
(MASSILLON.)

Il fut témoin des regrets touchants qu'Eudoxe donnait à sa mère, *et* il en revint pénétré.
(MARMONTEL.)

La conjonction *et* ne peut lier que des mots de même nature, des verbes avec des verbes, des noms avec des noms, des adjectifs avec des adjectifs, etc., etc. Ce serait jeter du trouble dans les idées que de l'employer pour réunir, par exemple, l'état d'un être avec sa qualité : *Louis XIV était* ROI *et* FIER, pour ne pas répéter *il était fier*. La phrase est même affaiblie par cette contraction ; les deux idées, les deux motifs qu'elle exprime, sont confondus. On veut dire : *il était roi*, DE PLUS *il était fier*.

Cette réunion imprévue forme une disparate, un choc entre deux idées, plus désagréable encore lorsque l'*et* joint un substantif avec un verbe : *Vous aimez le* JEU *et à* GAGNER ; dites : *vous aimez le* JEU *et le* GAIN, d'autant mieux que vous satisferez l'harmonie par la suppression d'un dur hiatus.

Nous disons que la conjonction *et* lie des substantifs avec des substantifs, des verbes avec des verbes, etc. Mais cette liaison ne peut avoir lieu qu'en vertu d'une ellipse ; car, quoique les conjonctions ne paraissent lier que des mots, elles joignent pourtant toujours, et ne peuvent jamais lier que des propositions. Dans cette phrase : *J'ai lu Voltaire et Rousseau*, il semble d'abord que la conjonction *et* ne lie que les deux noms *Voltaire* et *Rousseau* ; l'analyse fait voir qu'elle unit deux propositions ; car cette phrase est un abrégé de : *J'ai lu Voltaire* ET (*j'ai lu*) *Rousseau*. C'est le désir d'être plus concis qui a introduit l'usage où l'on est de dire : *J'ai lu Voltaire* ET *Rousseau*.

La Bruyère a-t-il pu dire :

Un honnête homme qui dit : OUI ET NON, *mérite d'être cru. Son caractère jure pour lui, donne créance à ses paroles, et lui attire toute sorte de confiance.*

Lemare condamne cette phrase. Voici son raisonnement : « On ne peut dire *oui* ET » *non* que dans des temps différents. On peut dire *oui* sur une question, et *non* sur une » autre ; mais, sur chaque point, c'est *oui* OU *non* qu'il faut dire, si en effet on veut mé- » riter d'être cru. »

Bien que ce raisonnement soit juste en lui-même, ce serait se montrer par trop sévère que d'en tirer la conséquence que la phrase de La Bruyère est vicieuse. Pour nous, nous la trouvons très-claire, et nous croyons même qu'elle perdrait beaucoup de sa force si on remplaçait *et* par *ou*. Ce que Lemare n'a pas même entrevu, c'est que cette phrase est elliptique, et qu'elle est un abrégé de *Un honnête homme qui dit* OUI (*quand il faut dire* OUI) *et* NON (*quand il faut dire* NON) *mérite d'être cru*. La Bruyère aurait cru faire injure à ses lecteurs en exprimant les mots que nous avons rétablis, et que tout le monde, Lemare excepté, peut rétablir comme nous.

EXERCICE PHRASÉOLOGIQUE.

Le cheval et l'âne.
La sagesse et la vertu.
Sa figure me charme et m'intéresse.

Sage et réservé.
Riches et pauvres.
Savants et ignorants.

NI.

N° DCCLXXXIX.

Ni RÉPÉTÉ OU NON RÉPÉTÉ.

Ni NON RÉPÉTÉ.

Le soleil *ni* la mort ne se peuvent regarder fixement. (LA ROCHEFOUCAULD.)

Quoi! le ciel *ni* l'enfer n'ont rien qui l'épouvante? (TH. CORNEILLE.)

La volupté *ni* la mollesse ne peuvent contenter nos cœurs. (LEBRUN.)

Dans son cœur malheureux son image est tracée :
La vertu *ni* le temps ne l'ont point effacée. (VOLTAIRE.)

L'absence *ni* le temps n'effaceront jamais
De son cœur affligé le prix de vos bienfaits. (LONGEPIERRE.)

Ni RÉPÉTÉ.

Ni l'or, *ni* la grandeur ne nous rendent heureux. (LA FONTAINE.)

Ni ma santé, *ni* mon goût, *ni* mes travaux, ne me permettent de quitter ma douce retraite. (VOLTAIRE.)

Ni le reproche, *ni* la crainte, *ni* l'ambition, ne trouble les instants d'un honnête homme en place. (MARMONTEL.)

Ni la bienfaisance, *ni* l'humanité, *ni* son devoir, ne lui permettaient de venir faire à sa sœur une telle insulte. (*Id.*)

Ni sa jeunesse, *ni* les charmes de Calypso et de ses nymphes, *ni* les traits enflammés de l'Amour, n'ont pu surmonter les artifices de Minerve. (FÉNELON.)

Ni s'emploie dans les phrases négatives, et, comme on le voit, il peut ou non se répéter. Lorsqu'il est répété, la phrase en acquiert une bien plus grande énergie.

EXERCICE PHRASÉOLOGIQUE.

Les sciences ni les lettres...
Son père ni lui...

Ni les sciences ni les lettres...
Ni son père ni lui...

N° DCCXC.

Ni SUIVI OU NON SUIVI DE *pas* OU DE *point*.

SUIVI DE *pas* OU DE *point*.

Buchanan *ni* Grotius ne l'ont PAS fait dans leurs poëmes. (CORNEILLE.)

Dans son cœur malheureux son image est tracée :
La vertu *ni* le temps ne l'ont POINT effacée. (VOLTAIRE.)

Mais l'un *ni* l'autre enfin n'était POINT nécessaire. (RACINE.)

SANS *pas* OU *point*.

Ni Buchanan *ni* Grotius ne l'ont fait dans leurs poëmes.

Son image est tracée dans son cœur : *ni* la vertu *ni* le temps ne l'ont effacée.

Ni l'un *ni* l'autre enfin n'était nécessaire.

Dans ces sortes de phrases il est plus élégant de supprimer *pas* et *point* et de répéter *ni*. (V. le *chapitre des Adverbes*.)

EXERCICE PHRASÉOLOGIQUE.

Il ne cultive pas les lettres ni les sciences.
Cet enfant n'est pas instruit ni modeste.
Il n'agit pas lentement ni prudemment.

Il ne cultive ni les lettres ni les sciences.
Cet enfant n'est ni instruit ni modeste.
Il n'agit ni lentement ni prudemment.

N° DCCXCI.

EMPLOI DE *et* OU DE *ni* DANS LES PHRASES NÉGATIVES.

AVEC *et*.

Ce qu'on ne peut plus recouvrer,
Il faut le savoir perdre ; *et* les pleurs *et* la rage
NE le font pas récupérer.
(FRANÇOIS DE NEUFCHATEAU.)

Hélas ! j'ai beau crier et me rendre incommode,
L'ingratitude *et* les abus
N'en seront pas moins à la mode.
(LA FONTAINE.)

Car vous ne m'épargnez guère,
Vous, vos bergers *et* vos chiens. (*Id.*)

Rien n'est si aisé *et* si commun que de calomnier à demi-mot, et rien n'est si difficile que de repousser cette espèce de calomnie. (LA HARPE.)

Les animaux n'inventent *et* ne perfectionnent rien. (BUFFON.)

Nos langues n'ont pas l'harmonie *et* la précision des langues anciennes. (MARMONTEL.)

Le sénat *et* le peuple romain n'oublient ni les services ni les injures. (VERTOT.)

AVEC *ni*.

Sinon, *ni* ton corps *ni* ton âme
N'appartiendront plus à ta dame.
(LA FONTAINE.)

Et les soins défiants, les verroux et les grilles,
NE font point la vertu des femmes *ni* des filles.
(MOLIÈRE.)

S'ils n'ont point d'armes *ni* de chiens, il continue à marcher d'assurance. (BUFFON.)

On n'est jamais si heureux *ni* si malheureux qu'on se l'imagine. (LA ROCHEFOUCAULD.)

Les grands *ni* les rois ne peuvent se perdre *ni* se sauver tout seuls. (MASSILLON.)

A la table de Cléomène, il n'y avait point de musique *ni* de concert. (MONTESQUIEU.)

... Quand le mal est certain,
La plainte *ni* la peur ne changent le destin.
(LA FONTAINE.)

Les grammairiens ont fait une règle par laquelle ils excluent *et* des phrases négatives, et veulent le faire remplacer par *ni*. Les exemples de la première colonne et des milliers d'autres que nous pourrions citer donnent un démenti à cette règle. Lorsqu'on énumère plutôt qu'on n'additionne, *ni* convient mieux : NI *ton corps* NI *ton âme* ; *Hortense* NI *Damis* ; *des femmes* NI *des filles*. *Et*, au contraire, s'emploie quand il s'agit plutôt d'additionner que d'énumérer : ET *les pleurs* ET *la rage ne le font pas récupérer* ; c'est-à-dire ces deux choses ensemble, les *pleurs* et la *rage*, ne le font pas récupérer. La Fontaine cumule aussi les objets lorsqu'il dit : *L'ingratitude et les abus* ; *vous, vos bergers et vos chiens*.

Boniface pense que, dans les quatre derniers exemples de la première colonne, l'emploi de *ni*, conforme à l'usage le plus général, serait préférable.

EXERCICE PHRASÉOLOGIQUE.

Les pleurs et la rage ne...
Le bien et le mal ne...
L'ingratitude et les abus ne...
L'or et la grandeur ne...

Les pleurs ni la rage ne...
Le bien ni le mal ne...
L'ingratitude ni les abus ne...
L'or ni la grandeur ne...

N° DCCXCII.

EMPLOI DE *ni* APRÈS *sans*.

Sans RÉPÉTÉ.

Les plus charmantes retraites ne plaisent guère
SANS Bacchus *et sans* Cérès. (LE SAGE.)

Sans REMPLACÉ PAR *ni*.

Un ennemi, dit un célèbre auteur,
Est un soigneux et docte précepteur,
Fâcheux parfois, mais toujours salutaire,
Et qui nous sert *sans* gages *ni* salaire.
(J.-B. ROUSSEAU.)

Quelques aborigènes, espèce de sauvages, vivent indépendants et isolés, SANS lois et sans gouvernement.
(DUREAU DE LA MALLE.)

Faites ce changement sans retard et sans bruit.
(RAYNOUARD.)

SANS joie et sans murmure elle semble obéir.
(RACINE.)

Assis le plus souvent aux portes du palais,
Sans se plaindre de vous ni de sa destinée,
Il y traîne, seigneur, sa vie infortunée.
(RACINE.)

Il la trouve SANS peine ni travail. (BUFFON.)

SANS crainte ni pudeur, SANS force ni vertu.
(RACINE.)

Comme on le voit, on peut dire : SANS *Bacchus* ET SANS *Cérès*; SANS *lois* ET SANS *gouvernement*; SANS *retard* ET SANS *bruit*; ou, pour éviter la répétition de *sans* : SANS *gages* NI *salaire*, SANS *peine* NI *travail*, etc. C'est à l'oreille à décider si la répétition de *sans* doit ou non avoir lieu.

Les exemples où *ni* se trouve employé sont peut-être les plus nombreux; en voici quelques autres à l'appui de ceux que nous avons déjà cités :

Un roman, SANS blesser les lois ni la coutume,
Peut conduire un héros au douzième volume.
(BOILEAU.)

Tarquin prit la couronne SANS être élu par le sénat ni par le peuple. (MONTESQUIEU.)

On arma tous les habitants SANS distinction de sexe ni d'âge. (DE SÉGUR.)

Vous perdrez ainsi la confiance de vos amis SANS les avoir rendus ni meilleurs ni plus habiles.
(VOLTAIRE.)

Je reçus et je vois le jour que je respire,
SANS que père ni mère ait daigné me sourire.
(RACINE.)

Dans les rêves, les sensations se succèdent SANS que l'âme les compare ni les réunisse.
(BUFFON.)

Dans la phrase suivante Fénelon a fait usage seulement de *et* après *sans* : *Il n'y a point de véritable vertu* SANS *le respect* ET *l'amour des dieux*.

EXERCICE PHRASÉOLOGIQUE.

Sans force et sans vertu.
Voir la mort sans la craindre et sans la désirer.
Sans apprêt et sans prétention.

Sans force ni vertu.
Voir la mort sans la craindre ni la désirer.
Sans apprêt ni prétention.

N° DCCXCIII.

Ni APRÈS *empêcher, défendre.*

Nous DÉFENDONS que vous insultiez au malheur, et que vous lui refusiez votre assistance.
(Cité par BOINVILLIERS.)

Le ministre A EMPÊCHÉ que cet opuscule ne fût imprimé, et qu'il ne circulât manuscrit. (*Id.*)

Nous pourrions, par un prompt achat de cette esclave,
EMPÊCHER qu'un rival nous prévienne et nous brave.
(MOLIÈRE.)

Lui-même en mesura le nombre et la cadence,
DÉFENDIT qu'un vers faible y pût jamais entrer,
Ni qu'un mot déjà mis osât s'y rencontrer.
(BOILEAU.)

Bientôt ils DÉFENDRONT de peindre la prudence,
De donner à Thémis ni bandeau ni balance.
(*Id.*)

J'EMPÊCHE que, pendant le reste de l'année, on appelle quelqu'un en jugement pour cette affaire, ni qu'on le mette en prison. (VERTOT.)

« Quand les verbes *empêcher*, *défendre*, etc., sont employés affirmativement, il faut, disent la plupart des grammairiens, se servir de *et* à la place de *ni*, dans la proposition additionnelle. »

Les exemples de la seconde colonne nous font assez voir le peu d'exactitude de cette règle.

En effet, ils nous prouvent qu'on peut se servir de *ni* par syllepse, après une expression de défense ou de privation; ce qui équivaut en quelque sorte à une idée négative.

Il serait d'autant plus rigoureux de condamner ces exemples, qu'on en trouve en grand nombre dans la plupart de nos meilleurs écrivains.

Nous croyons même avec Boniface que *je vous défends d'ouvrir la porte* NI *la fenêtre*, a un tout autre sens que *je vous défends d'ouvrir la porte* ET *la fenêtre*.

EXERCICE PHRASÉOLOGIQUE.

Je vous défends de sortir et de jouer.

Je vous défends de sortir ni de jouer.

N° DCCXCIV.

Ni SUIVI DE ne.

Un sot *ni* n'entre, *ni ne* sort, *ni ne* se lève, *ni ne* se tait, *ni* n'est sur ses jambes comme un homme d'esprit.
(La Bruyère.)

Son grand cœur *ni ne* s'aigrit, *ni ne* s'emporte contre elle.
(Bossuet.)

... Pour vivre exempt de chagrin,
Il faudrait ne voir *ni* n'entendre.
(Nivernais.)

C'est parce que les animaux ne peuvent joindre ensemble aucune idée, qu'ils ne pensent *ni ne* parlent ; c'est par la même raison qu'ils n'inventent *ni ne* perfectionnent rien.
(Buffon.)

Jamais pécheur ne demanda un pardon plus humble, *ni ne* s'en crut plus indigne.
(Bossuet.)

« Lorsque plusieurs verbes se succèdent, dit Boinvilliers, l'adverbe négatif *ne* tient lieu ordinairement de *ni* avant le premier verbe : *Il* NE *boit ni ne mange ; je* NE *veux, ni ne dois, ni ne puis vous obéir.* Quoique Bossuet ait dit : *Son grand cœur* NI NE *s'aigrit, ni ne s'emporte contre elle*, nous aimons cependant mieux dire, avec tous les autres écrivains : *Son grand cœur* NE *s'aigrit ni ne s'emporte contre elle.* »

Boiste pousse le rigorisme beaucoup plus loin.

« Quoique l'usage et les grammairiens, dit-il, permettent de placer immédiatement après le *ni* un *ne* pour lier deux propositions négatives, comme dans cette phrase de Bossuet : *jamais pécheur ne demanda un pardon plus humble*, NI NE *s'en crut plus indigne*, l'harmonie réclame contre cette permission, qui produit des consonnances désagréables, comme le *ni ne s'en crut plus*, échappé à la plume éloquente de ce grand orateur, qui préférait à l'harmonie la force de l'expression. Ce son désagréable et bizarre, *ni ne s'en*, le serait plus encore si le *ne* se trouvait suivi du verbe *avoir*, et que l'on eût dit : *ni n'a cru en être plus*. Celui qui sait mouvoir sa langue et sa plume trouvera des tournures de phrases moins choquantes. »

Boiste voudrait donc qu'on remplaçât *ni ne* par *et ne*, comme Massillon l'a fait dans cette phrase : *La religion n'abat* ET N'*amollit point le cœur ; elle l'ennoblit et l'élève.*

C'est une affaire de goût et d'harmonie.

EXERCICE PHRASÉOLOGIQUE.

Il ne voit ni n'entend.

Il ne parle ni ne bouge.

N° DCCXCV.

Ni AU LIEU DE et DANS DES PHRASES AFFIRMATIVES.

Fût-il vingt fois plus larron que Sisyphe,
Et plus damné qu'Hérode *ni* Caïphe.
(J.-B. Rousseau.)

Gardez donc de donner, ainsi que dans Clélie,
L'air *ni* l'esprit français à l'antique Italie.
(Boileau.)

(828)

Il ne faut pas qu'il y ait trop d'imagination dans nos conversations *ni* dans nos écrits.
(LA BRUYÈRE.)

La fortune y aurait plus de part que sa valeur *ni* sa conduite. (FONTENELLE.)

Plus dangereux fléau que la peste *ni* la guerre.
(BOILEAU.)

... Plus glorieux, plus craint dans ses défaites,
Que Dunois *ni* Gaston ne l'ont jamais été.
(VOLTAIRE.)

La plupart des grammairiens regardent comme une faute le *ni* des phrases qui précèdent ; suivant eux, les écrivains, pour parler purement, auraient dû employer *et*.

Nous nous permettrons de leur objecter que les écrivains font usage de *ni* au lieu de *et*, lorsque la phrase, en apparence affirmative, renferme une idée négative ; alors il y a syllepse, et condamner ces exemples, c'est tomber dans le purisme, c'est vouloir appauvrir notre langue.

Si nous analysons les vers de Voltaire, nous trouvons : *plus craint que Dunois* NE L'A ÉTÉ, *que Gaston* NE L'A ÉTÉ. Qui empêchait l'écrivain de mettre *et* ? Rien ; son goût seul a donc décidé, car on ne peut l'accuser d'ignorance.

Le passage de J.-B. Rousseau est un abrégé de : *plus damné que ne le sont Hérode* NI *Caïphe* : on a condamné ce passage, parce qu'on n'a pas songé à rétablir l'ellipse.

Dans la phrase suivante, Marmontel s'est servi de *et* : *Rien de plus naturel* ET *de plus doux que de participer aux malheurs de ses amis* ; il aurait tout aussi bien pu mettre *ni*, s'il l'eût voulu.

EXERCICE PHRASÉOLOGIQUE.

Plus aimable que son frère et vous.   Plus aimable que son frère ni vous.

OU

N° DCCXCVI.

MOTS QUE LA CONJONCTION *OU* SERT A LIER.

Ou ENTRE DES SUBSTANTIFS.

Souvent la NÉGLIGENCE *ou* l'infâme AVARICE,
Firent de tous les maux l'épouvantable hospice.
(DELILLE.)
Sera-t-il Dieu, TABLE *ou* CUVETTE ?
Il sera Dieu. (LA FONTAINE.)
Que m'importe, en effet, leur VIE *ou* leur TRÉPAS !
(VOLTAIRE.)

Ou ENTRE DES ADJECTIFS ET DES PROPOSITIONS.

On peut être quelquefois plus FORT *ou* plus HEUREUX que ses ennemis. (MASSILLON.)
Le cerf est d'un naturel assez simple ; et cependant il est curieux et rusé : lorsqu'ON LE SIFFLE *ou* qu'ON L'APPELLE de loin, il s'arrête tout court et regarde fièrement. (BUFFON.)

Ou sert à lier des noms, des adjectifs ou des propositions.

Il faut éviter avec soin de joindre par la conjonction *ou* deux membres de phrase dont l'un exige la négative et l'autre ne l'exige pas. C'est donc à tort que Barthélemy a dit : *Des pays qui ont été* OU *point* OU *mal décrits*, il devait dire : *des pays qui n'ont point été décrits, ou qui l'ont été fort mal*. La phrase suivante : *On y trouve peu* OU *point d'eau douce* est également fautive ; il faut dire : *on n'y trouve point d'eau douce* OU *du moins on y en trouve fort peu*.

Ne dites pas non plus : *Je pardonne les taches qui proviennent* OU *de négligence*, OU *échappent à notre faible nature*. Pour être exact et correct, vous devez choisir une des trois phrases suivantes : *Je pardonne les taches qui proviennent* OU *de négligence* OU *de la faiblesse de notre nature*. — *Je pardonne les taches qui* OU *proviennent de négligence*, OU échappent à notre faible nature. — Je pardonne les taches OU qui proviennent de négligence, OU que laisse échapper notre faible nature.

EXERCICE PHRASÉOLOGIQUE.

Le bonheur ou la vertu.
La peur ou le besoin.

Heureux ou malheureux.
Un homme que l'on hait ou que l'on craint.

N° DCCXCVII.

Ou RÉPÉTÉ OU NON RÉPÉTÉ.

Ou NON RÉPÉTÉ.

Le roi, l'âne *ou* moi, nous mourrons.
(LA FONTAINE.)
Ayez moins de frayeur *ou* moins de modestie.
(RACINE.)
Pour être protégé des grands, il faut flatter leur ambition *ou* leurs plaisirs.
(BERN. DE SAINT-PIERRE.)
Avec moi, de ce pas, venez vaincre *ou* mourir.
(BOILEAU.)
Selon que vous serez puissant *ou* misérable,
Les jugements de cour vous feront blanc *ou* noir.
(LA FONTAINE.)
..... Dans ces tristes jours
La retraite *ou* le trône était mon seul recours.
(VOLTAIRE.)
L'instinct *ou* l'esprit des animaux varie; mais le sentiment est pareil dans toutes les races; sous la peau de l'ours, vous retrouvez le cœur de la colombe.
(CHATEAUBRIAND.)

Ou RÉPÉTÉ.

Que l'amour soit ou non *ou* penchant *ou* vengeance,
La faiblesse des cœurs fait toute sa puissance.
(CRÉBILLON.)
Plus de raison : il faut *ou* le perdre *ou* mourir.
(RACINE.)
Ou mon amour se trompe, *ou* Zaïre aujourd'hui,
Pour l'élever à soi, descendrait jusqu'à lui.
(VOLTAIRE.)
Selon qu'il vous menace ou bien qu'il vous caresse,
La cour autour de vous *ou* s'éloigne *ou* s'empresse.
(RACINE.)
Messieurs, *ou* la maladie vous tuera, *ou* le médecin, *ou* bien ce sera la médecine. (MOLIÈRE.)
Ou n'écrivez rien de bon, *ou* les sots s'élèveront contre vous, *ou* bien contre vous les sots s'élèveront, *ou* les méchants vous dénigreront. (*Id.*)

La conjonction *ou* peut, comme on voit, se répéter ou non se répéter. Cette répétition dépend uniquement du goût ou de l'énergie que l'on veut donner à la phrase.

EXERCICE PHRASÉOLOGIQUE.

Le cheval ou l'âne.
Je veux vaincre ou mourir.

Ou le cheval ou l'âne.
Je veux ou vaincre ou mourir.

N° DCCXCVIII.

Ou AVEC OU SANS *de*, LORSQU'IL EST PRÉCÉDÉ DE *qui, quel, lequel*.

AVEC *de*.

Où vas-tu nous réduire, amitié fraternelle?
Amour, qui doit ici vaincre, *de vous* ou *d'elle*?
(CORNEILLE.)
Nous t'avons élu pour nous dire qui a raison *de moi* ou *de ma fille*. (MOLIÈRE.)
Nous verrons qui des deux emporte la balance,
Ou de son artifice, ou de ma vigilance?
(VOLTAIRE.)
Elle doit épouser, non pas vous, non pas moi;
Mais *de vous* ou *de moi* quiconque sera roi.
(CORNEILLE.)

SANS *de*.

Quel chemin le plus droit à la gloire nous guide,
Ou la vaste science, ou la vertu solide?
(BOILEAU.)
Lequel vaut mieux, ou *une ville* superbe en or et en argent, avec une campagne négligée ou inculte, ou *une campagne* cultivée et fertile, avec une ville médiocre et modeste dans ses mœurs?
(FÉNELON.)
Commençons à être amis, et voyons lequel de nous deux sera de meilleure foi avec l'autre? Ou *moi* qui te laisse la vie, ou *toi* qui me la devras?
(LA HARPE.)

Et nous verrons aussi qui fait mieux un brave homme,
Des leçons d'*Annibal* ou *de celles de Rome*.
(CORNEILLE.)

Lequel est le plus heureux dès ce monde, *du sage* avec sa raison, ou *du dévot* avec son délire ?
(J.-J. ROUSSEAU.)

Ils combattaient pour savoir de qui ils seraient esclaves, ou *d'Octave*, ou *d'Antoine*.
(VOLTAIRE.)

Qui *de toi* ou *de moi* a le plus gagné ou le plus perdu à ce changement de position ?
(LA BRUYÈRE.)

Qui *des héros* ou *des chevaliers* méritent la préférence ?
(CHATEAUBRIAND.)

Qui étaient les plus fous et les plus anciennement fous *de nous* ou *des Égyptiens* ?
(VOLTAIRE.)

Dans les champs phrygiens les effets feront foi
Qui la chérit le plus ou *d'Ulysse* ou *de moi*.
(RACINE.)

Dites-moi, de grâce, lequel vous aimez le mieux, ou *de la loi Roscia*, ou *de cette chansonnette* ?
(BINET.)

On ne savait, dans l'Europe, qui on devait plaindre davantage, ou *un jeune prince* accusé par son père et condamné à la mort par ceux qui devaient être un jour ses sujets, ou *un père* qui se croyait obligé de sacrifier son propre fils au salut de son empire.
(VOLTAIRE.)

Allez. On apprendra qui doit donner la loi ;
Qui de nous est César, ou *le pontife* ou *moi*.
(VOLTAIRE.)

Je demande qui a le plus de religion, ou *le calomniateur* qui persécute, ou *le calomnié* qui pardonne ?
(Id.)

Qui est plus criminel, à votre avis, ou *celui* qui achète un argent dont il a besoin, ou *bien celui* qui vole un argent dont il n'a que faire ? (MOLIÈRE.)

Que louri-je le plus, ou *la cadence* juste,
Ou de ses vers aisés *le tour* harmonieux ?
(CHAULIEU.)

Lequel des deux a tort, ou *celui* qui cesse d'aimer, ou *celui* qui cesse de plaire ? (MARMONTEL.)

On ne savait ce qu'il fallait le plus admirer dans l'auteur (Champfort), ou *son génie*, ou *son âme*.
(LA HARPE.)

Qui des deux est plus fou, *le prodigue* ou *l'avare* ?
(REGNARD.)

Qui est le plus coupable, ou *celui* qui prêche toujours la vérité, ou *celui* qui résiste toujours à la vérité ?
(RACINE.)

Quand les mots *qui*, *quel*, *lequel*, etc., accompagnent la conjonction *ou*, doit-on exprimer ou supprimer la préposition *de* devant les noms ou pronoms unis par cette conjonction ? L'usage, comme on peut s'en convaincre par nos citations, est encore partagé, et permet de dire également : *Lequel des deux fut le plus intrépide*, DE César ou D'Alexandre, ou bien : *lequel des deux fut le plus intrépide*, CÉSAR ou ALEXANDRE ?

Dans le premier cas, dit Lemare, *lequel des deux fut le plus intrépide, de César ou d'Alexandre*, peut facilement s'expliquer ; *de* est le complément de *lequel*, lequel de César, lequel d'Alexandre.

Lemare se trompe ; *de*, dans la phrase qu'il cite, n'est pas le complément de *lequel*, puisque ce dernier a déjà pour complément *des deux*, mots dont Lemare ne parle pas dans son analyse, tant il est habitué à supprimer les mots qui pourraient l'embarrasser.

Domergue et Boinvilliers pensent que dans cette phrase il y a trois propositions : 1° *Lequel des deux fut le plus intrépide* ? 2° *César fut-il plus intrépide qu'Alexandre* ? 3° *Alexandre fut-il plus intrépide que César* ? et que par conséquent les mots *César* et *Alexandre*, remplissant chacun la fonction de sujets, ne sauraient être précédés d'une préposition.

Où ces messieurs ont-ils donc vu que des mots employés comme sujets ne pouvaient pas être précédés d'une préposition ? Ne dit-on pas à chaque instant : DES *hommes m'ont dit*, DES *voyageurs m'ont raconté telle chose* ? Mais, objecteront-ils, dans ces expressions, *des* est employé d'une manière elliptique. Eh ! qui leur dit qu'il n'en est pas de même dans *lequel des deux*... DE *César* ou D'*Alexandre* ? En effet, si, au lieu de vouloir à toute force et contre toute raison transformer en sujets ces deux derniers mots, *César* et *Alexandre*, ils les eussent envisagés tels qu'ils sont, c'est-à-dire comme complément de la préposition *de*, ils auraient vu que cette phrase est un abrégé de la suivante : (*Vous donnant à choisir entre la personne*) DE CÉSAR OU (*celle*) D'ALEXANDRE, (*je vous demande*) LEQUEL DES DEUX FUT LE PLUS INTRÉPIDE ; ou bien (*je demande, en parlant*) DE CÉSAR OU D'ALEXANDRE, LEQUEL DES DEUX FUT LE PLUS INTRÉPIDE.

Parmi les nombreux exemples que nous avons cités, on a dû remarquer les deux suivants :

Dites-moi, de grâce, *lequel* vous aimez-mieux, ou de la *loi* Roscia, ou de cette *chansonnette* ? (BINET.)

Lequel vaut mieux, ou une *ville* superbe, ou une *campagne* cultivée et fertile ? (FÉNELON.)

Observez qu'il s'agit de deux objets féminins, et que néanmoins *lequel* est au masculin.

Lorsqu'il y a comparaison entre des objets similaires, *lequel, laquelle, lesquels, lesquelles* prennent le genre et le nombre de l'un ou de plusieurs de ces objets qu'ils modifient. *Laquelle* aimez-vous des trois cousines ? *Laquelle* voulez-vous de ces deux poires ? De tous ces fruits, *lesquels* préférez-vous ? mais si les objets sont dissemblables, ils se trouvent nécessairement séparés dans la pensée. L'adjectif déterminatif n'en modifie aucun, car ce ne sont plus les substantifs que l'on compare entre eux, mais la chose que l'on dit, et qui, n'ayant aucun genre déterminé, prend le neutre en latin, et en français le masculin qui en tient lieu. Ainsi on ne peut établir de terme de comparaison entre une loi et une chansonnette, il n'y a point là d'analogie. Le traducteur a donc eu raison d'écrire : dites *lequel* vous aimez le mieux ; *lequel objet*, de la loi ou de la chansonnette, et non *laquelle*.

EXERCICE PHRASÉOLOGIQUE.

Lequel des deux, de vous ou de votre frère ?
Laquelle des deux, de vous ou de votre sœur ?

Lequel des deux, vous ou votre frère ?
Laquelle des deux, vous, ou votre sœur ?

MAIS.

N° DCCXCIX.

Mais RÉPÉTÉ OU NON RÉPÉTÉ.

Mais encore, *mais* enfin, que dites-vous de cela ? (ACADÉMIE.)

Mais qu'avez-vous fait, qu'avez-vous dit ? (LA MÊME.)

Du marbre, de l'airain, qu'un vain luxe prodigue,
Des ornements de l'art, l'œil bientôt se fatigue ;
Mais les bois, *mais* les eaux, *mais* les ombrages
Tout ce luxe innocent ne fatigue jamais. [frais, (DELILLE.)

Mais peut ou non se répéter, la répétition ajoute beaucoup d'énergie à la phrase.

EXERCICE PHRASÉOLOGIQUE.

Mais son père, sa mère, sa sœur, il n'y pense donc plus ?
Mais qu'a-t-il dit, qu'a-t-il fait ?

Mais son père, mais sa mère, mais sa sœur, il n'y pense donc plus ?
Mais qu'a-t-il dit, mais qu'a-t-il fait ?

N° DCCC.

RÉPÉTITION OU SUPPRESSION DU VERBE APRÈS *mais*.

RÉPÉTITION DU VERBE.	SUPPRESSION DU VERBE.
Les convenances de la nature *ne* sont *pas* celles d'un Sybarite ; MAIS elles *sont* celles du genre humain et de tous les êtres. (BERN. DE SAINT-PIERRE.)	Les richesses engendrent le faste et la mollesse, qui NE *sont* point des enfants bâtards, *mais* leurs vraies et légitimes productions. (BOILEAU.)

On trouve des moyens pour guérir de la folie; MAIS on n'en *trouve* pas pour redresser un esprit de travers. (VAUVENARGUES.)

On aime à deviner les autres, MAIS on n'*aime* pas à être deviné. (Id.)

Les grandes passions sont aussi rares que les grands hommes. On est occupé, intéressé; MAIS on n'*est* pas amoureux. (MEILHAN.)

Il manque bien des choses à l'indigence; MAIS *tout manque* à l'avarice. (Trad. de P. SYRUS.)

Il faut regarder son bien comme son esclave; MAIS il ne *faut* pas perdre son esclave. (MONTESQUIEU.)

Le cœur suffit pour savoir; MAIS il ne *suffit* pas pour savoir choisir. (DICT. DE MAXIMES.)

On donne des conseils; MAIS on ne *donne* pas la sagesse d'en profiter. (LA ROCHEFOUCAULD.)

Il est aisé de critiquer un auteur; MAIS il *est* difficile de l'apprécier. (VAUVENARGUES.)

Il est bon de se fier aux hommes; mais il *est* encore meilleur de s'en défier.
(DICT. DE MAXIMES.)

Le premier de nos devoirs est d'être homme; MAIS le second *est* d'être citoyen. (LABOUISSE.)

On excuse souvent ceux qui sont avares de leur esprit; MAIS on n'*excuse* jamais ceux qui en sont prodigues. (DICT. DE MAXIMES.)

Il faut, en quelque sorte, respecter les fautes des grands hommes; MAIS il ne *faut* pas les imiter. (LA ROCHE.)

La nature a dit à la femme: Sois belle si tu peux, sage si tu veux; MAIS *sois* considérée, il le faut. (BEAUMARCHAIS.)

C'est un parti sage à la guerre de se tenir sur la défensive; MAIS ce n'*est* pas le plus brillant. (LA ROCHE.)

Le flambeau de la critique NE doit pas brûler, *mais* éclairer. (FAVART.)

Curius, à qui les Samnites offraient de l'or, répondit que son plaisir N'ÉTAIT pas d'en avoir, *mais* de commander à ceux qui en avaient.
(BOSSUET.)

Quand on a besoin des hommes, il faut bien s'ajuster à eux; et puisqu'on ne saurait les gagner que par les louanges, ce N'EST pas la faute de ceux qui flattent, *mais* de ceux qui veulent être flattés.
(MOLIÈRE.)

Ce n'est pas le mot d'inquisition qui nous fait peur, *mais* la chose même. (PASCAL.)

Chapelain, Cotin, Pradon, Coron, ne sont pas des noms de femmes, *mais* de poètes.
(ARNAUD.)

Les ministres ne devaient pas agir pour eux-mêmes, *mais* pour le prince qui était leur chef, et pour tout le corps de l'État. (Id.)

Les satires de Rousseau (J.-B.) n'étaient pas, comme celles de Boileau, de mauvais ouvrages, *mais* des injures personnelles et atroces.
(VOLTAIRE.)

Il n'est pas dans l'esprit humain de se mettre à la place des gens qui sont plus heureux, *mais* seulement de ceux qui sont plus à plaindre.
(J.-J. ROUSSEAU.)

Le caprice des enfants n'est jamais l'ouvrage de la nature, *mais* d'une mauvaise discipline. (Id.)

Le premier de tous les biens n'est pas dans l'autorité, *mais* dans la liberté. (Id.)

Nous ne sommes point les esclaves du prince, *mais* ses amis; ni les tyrans du peuple, *mais* ses chefs. (Id.)

Il ne doit point (le roi) avoir plus de richesses et de plaisirs, *mais* plus de sagesse, de vertu et de gloire que le reste des hommes. (FÉNELON.)

L'harmonie ne frappe pas simplement l'oreille, *mais* l'esprit. (BOSSUET.)

Ce ne sont pas les médecins qu'il joue, *mais* le ridicule de la médecine. (MOLIÈRE.)

Le gibier du lion ce ne sont pas moineaux,
Mais beaux et bons sangliers, daims et cerfs bons [et beaux.
(LA FONTAINE.)

Rome n'était pas proprement une monarchie ou une république, *mais* la tête d'un corps formé de tous les peuples du monde. (MONTESQUIEU.)

Ces citations suffisent sans doute pour faire sentir le peu d'exactitude de la règle donnée par les grammairiens sur l'emploi de *mais*, et par laquelle ils veulent que toutes les fois que le premier membre d'une phrase est affirmatif et le second négatif, et réciproquement, le verbe se répète après *mais*.

Cette règle, qui nécessiterait souvent des répétitions fastidieuses et entraverait la marche du style, est contraire à l'usage de nos grands écrivains, qui ont répété, selon leur goût, ou supprimé le verbe après *mais*.

Avec la règle des grammairiens, on aurait: *Nous ne sommes point les esclaves du prince, mais nous sommes ses amis; ni les tyrans du peuple, mais nous sommes ses chefs;* et l'on réunirait les grâces du Rudiment aux charmes de la Syntaxe.

EXERCICE PHRASÉOLOGIQUE.

Je ne l'ai pas vu; mais je l'ai entendu.   Je ne l'ai pas vu, mais seulement entendu.

N° DCCCI.

OU QUE.

Ne dis donc pas : Que m'importe *où que* tu sois ?	*Où que* vous soyez, vous êtes mort pour moi.
(J.-J. ROUSSEAU.)	(J.-J. ROUSSEAU.)

Jean-Jacques a enrichi la langue de cette expression concise, qui a le même sens que *en quelque lieu que vous soyez*. Plusieurs grammairiens l'ont attaquée, parce qu'ils ne l'ont pas comprise. Ils ont prétendu que, le mot *où* équivalant à *en quel lieu*, cette expression signifierait : *en quel lieu que vous soyez*, ce qui est contraire à l'usage. Mais *où* n'équivaut pas du tout à *en quel lieu* ; *où* est un mot qui suppose toujours un antécédent, et qui, par conséquent, doit se traduire par *dans lequel*. En effet, *le lieu où vous êtes ; le siècle où nous vivons*, c'est la même chose que *le lieu* DANS LEQUEL *vous êtes, le siècle* DANS LEQUEL *nous vivons*. Quelquefois l'usage permet de sous-entendre l'antécédent de *où*, comme quand on dit : *où êtes-vous ? où allez-vous ?* Mais il faut de toute nécessité rétablir cet antécédent pour l'intégrité logique de la phrase. Ces locutions sont donc des abrégés de : *dites-moi* LE LIEU *où*, DANS LEQUEL *vous êtes ; dites-moi* L'ENDROIT *où*, DANS LEQUEL *vous allez*.

Où QUE *vous soyez*, comme on le voit évidemment, est une expression elliptique, qui, analysée, revient à celle-ci : (Dans tous les lieux) *où* (le sort veut) QUE *vous soyez*.

La Société grammaticale a décidé que cette locution n'est plus usitée. Quant à nous, nous ignorons si elle a jamais été employée par d'autres écrivains que Rousseau ; mais ce que nous pouvons assurer, c'est qu'elle est empruntée de la langue italienne, et qu'elle a pour elle le mérite de la clarté et de la concision. L'analyse, d'ailleurs, suffit pour la justifier.

Comme que, dans cette façon de parler empruntée encore de J.-J. Rousseau : COMME QUE *je fasse, il m'empoisonnera*, signifie *quelque chose que je fasse*, et s'analyse par : (AINSI) *comme* (LE SORT VOUDRA) *que je fasse*.

EXERCICE PHRASÉOLOGIQUE.

Où que vous soyez.	Où qu'il soit.

SOIT.

N° DCCCII.

Soit RÉPÉTÉ AVEC OU SANS *que*.

Soit.	*Soit que.*
N'en doutez point, seigneur, *soit* raison, *soit* caprice, Rome ne l'attend point pour son impératrice. (RACINE.)	*Soit que* je n'ose encor démentir le pouvoir De ses yeux où j'ai lu si longtemps mon devoir ; *Soit qu'*à tant de bienfaits ma mémoire fidèle Lui soumette en secret tout ce que je tiens d'elle, Mon génie étonné tremble devant le sien. (RACINE.)
Soit la hardiesse de l'entreprise, *soit* la seule présence de ce grand homme, *soit* la protection visible du ciel, il étonne par sa résolution. (FLÉCHIER.)	

La fortune, *soit* bonne ou mauvaise, *soit* passagère ou constante, ne peut rien sur l'âme du sage.
(MARMONTEL.)

Soit en bien, *soit* en mal, mon ami, la prudence
Dit qu'il faut rarement juger sur l'apparence.
(CHÉRON.)

Un mal funeste et contagieux se répandit et s'échauffa dans les principales villes de Normandie; *soit que* l'intempérie des saisons eût laissé dans les airs quelque maligne impression, *soit qu'*un commerce fatal y eût apporté des pays éloignés, avec de fragiles richesses, des semences de maladie et de mort, *soit que* l'ange de Dieu eût étendu sa main pour frapper cette malheureuse province.
(FLÉCHIER.)

Soit se répète ordinairement dans la même phrase, et l'on dit *soit raison, soit indifférence*. Lorsque *soit* est accompagné d'un verbe, on le fait suivre de *que* : SOIT *qu'il le fasse*, SOIT *qu'il ne le fasse pas*.

N° DCCCIII.

Soit REMPLACÉ PAR ou.

Ceux qui ont leur fétiche avec eux, *soit qu'*ils le portent aux jambes *ou* aux bras, l'arrosent d'un peu de vin.
(LA HARPE.)

Avant de commencer la guerre, les sages peuvent s'y opposer; mais dès qu'elle est déclarée, *soit qu'*on la trouve juste *ou* injuste, il ne doit plus exister qu'une volonté; chaque citoyen se doit tout entier à sa patrie.
(SÉGUR.)

Quelquefois on sous-entend le second *soit*, et on se sert de la conjonction *ou* ; SOIT QU'*il le fasse* OU *qu'il ne le fasse pas*.

Nous disons qu'on sous-entend le second *soit*, car ces phrases sont elliptiques : SOIT QU'*ils le portent aux jambes*, SOIT QU'*ils le portent aux bras*, SOIT QU'*on la trouve juste*, OU SOIT QU'*on la trouve injuste*.

Les grammairiens qui prétendent que *ou* est là pour *soit* ne savent donc ce qu'ils disent; pour les convaincre de leur erreur, il nous suffira sans doute de produire cet exemple tiré d'un de nos anciens écrivains :

SOIT *pour courir* OU SOIT *pour arrêter*. SALEL, 1545.

Laveaux pense qu'il y a une grande différence entre SOIT *réflexion*, SOIT *instinct*, et SOIT *réflexion* OU *instinct*. Il lui semble qu'on répète *soit* pour marquer une liaison plus forte entre la première proposition et la troisième. On dit donc : SOIT QU'*il dorme*, SOIT QU'*il veille*, il a toujours le visage enflammé. Il y a ici liaison intime entre les deux premières propositions et la troisième, il y a une simultanéité d'état dans les deux cas. Mais on dira : SOIT QU'*il ait de l'appétit* OU QU'*il n'en ait pas*, il croit toujours qu'il est malade. Ici la liaison n'est pas intime, il n'y a pas simultanéité d'état; c'est seulement une opinion qui résulte également d'une circonstance ou d'une autre.

EXERCICE PHRASÉOLOGIQUE.

Soit vertu, soit courage.
Soit qu'il sorte, soit qu'il entre.

Soit vertu ou courage.
Soit qu'il sorte ou qu'il entre.

N° DCCCIV.

CAR, PARCE QUE.

Car.

Hâte-toi de jouir, tu n'as pas tant à vivre,
Je te rebats ce mot ; *car* il vaut tout un livre.
(LA FONTAINE.)

Parce que.

Là, tout est beau, *parce que* tout est vrai.
(J.-B. ROUSSEAU.)

Les reines des étangs, grenouilles, je veux dire;
  Car que coûte-t-il d'appeler
Les choses par noms honorables?
(LA FONTAINE.)

O doux printemps, saison des fleurs,
J'aime ta première verdure;
Car elle annonce au laboureur
Tous les bienfaits de la nature.
(AIMÉ MARTIN.)

Je pense, donc Dieu existe; *car* ce qui pense en moi, je ne le dois point à moi-même.
(LA BRUYÈRE.)

Le peuple se figure une félicité imaginaire dans les situations élevées où il ne peut atteindre, et il croit (*car* tel est l'homme) que tout ce qu'il ne peut avoir, c'est cela même qui est le bonheur qu'il cherche.
(MASSILLON.)

D'un masque étudié craignez la tromperie;
  Car si vous jugez sur la peau
  Ou sur quelque autre singerie,
En homme, vous prendrez un loup pour un agneau;
Vous aurez pour un ange, en femme, une furie.
(FRANÇOIS DE NEUFCHATEAU.)

Il ne se faut jamais moquer des misérables;
Car qui peut se vanter d'être toujours heureux?
(LA FONTAINE.)

Et *parce qu*'elle meurt, faut-il que vous mouriez?
(RACINE.)

Il y a dans quelques femmes un esprit éblouissant qui impose, et que l'on n'estime que *parce qu*'il n'est pas approfondi. (LA BRUYÈRE.)

M. de Montansier était respecté, *parce qu*'il était juste; aimé, *parce qu*'il était bienfaisant; et quelquefois craint, *parce qu*'il était sincère et irréprochable.
(FLÉCHIER.)

Non, il est question de réduire un mari
A chasser un valet dans la maison chéri,
Et qui, *parce qu*'il plaît, a trop su lui déplaire.
(BOILEAU.)

Elle commande, et elle est obéie plus promptement que ne serait un monarque, *parce que* l'intérêt est le plus grand monarque de la terre.
(MONTESQUIEU.)

Il n'y a point d'homme plus près du matérialisme que le métaphysicien, *parce que* l'analyse qui l'égare est née de l'orgueil et de la faiblesse de l'esprit humain. (BERN. DE SAINT-PIERRE.)

Jean-Jacques Rousseau a été fort persécuté, *parce qu*'il prenait le parti des malheureux. (*Id.*)

Car et *parce que* marquent tous deux une idée de cause; mais le premier se rapporte à celui qui parle, le second à l'action, quel qu'en soit l'agent.

Un lièvre en son gîte songeait;
Car que faire en un gîte, à moins que l'on ne songe? (LA FONTAINE.)

Car, c'est-à-dire *ma raison est* (et non pas la raison du lièvre) *qu'on ne peut rien faire dans un gîte, à moins de songer.*

L'art de l'écrivain, dit très-bien Lemare, consiste surtout à se servir du terme propre. Il ne faut donc rien négliger pour bien connaître la valeur et l'emploi des mots les plus importants de notre langue.

Qu'on lise les bons auteurs, on y trouvera peu de *parce que*, même en prose; et beaucoup de *car* en prose et en vers, à moins que ce ne soit dans la poésie élevée.

Allez au barreau, ce ne sont que des *car*.

Tout semble rassemblé contre nous par hasard,
Je veux dire la brigue et l'éloquence, *car*.....

Se passer toute sa vie de *car*! ceux-là ne parlent donc pas? « *Car*, dit Vaugelas, est un
» mot sans lequel on ne peut raisonner, et qui n'est pas moins nécessaire au discours
» que le feu et l'eau ne le sont à la vie. »

« Quelle persécution, dit aussi La Bruyère, le *car* n'a-t-il pas essuyée? et s'il n'eût trouvé
» de protection parmi les gens polis, n'était-il pas banni honteusement d'une langue à
» qui il a rendu de si longs services, sans qu'on sût quel mot lui substituer? »

Car et *parce que* peuvent-ils quelquefois s'employer indifféremment l'un pour l'autre?

Nous ne le pensons pas. Cependant, quand celui qui parle est aussi celui qui agit, *car* et *parce que* peuvent se substituer quelquefois l'un à l'autre.

Je te rebats ce mot, CAR *il vaut tout un livre*, ou PARCE QU'*il vaut tout un livre*; mais l'un ou l'autre est meilleur, selon l'idée qu'on a dans l'esprit.

Parce que, dit Voltaire, est une conjonction dure à l'oreille et traînante en vers; il faut toujours l'éviter; mais quand il est répété, il devient intolérable.

EXERCICE PHRASÉOLOGIQUE.

Il ne faut pas faire telle chose, car Dieu le défend.   Je le veux bien, parce que cela est juste.

N° DCCCV.

PARCE QUE, PUISQUE.

Parce que.

Les grands hommes entreprennent de grandes choses, *parce qu'*elles sont grandes; et les fous, *parce qu'*ils les croient faciles. (VAUVENARGUES.)

Les ouvrages d'agrément ont particulièrement l'avantage d'étendre une langue, *parce qu'*ils flattent l'imagination, et que le plaisir qu'ils causent est à la portée d'un plus grand nombre de personnes. (DUCLOS.)

Parce que vous êtes environné d'honneurs frivoles, vous n'osez être sage et solide à leurs yeux. (Cité par LEMARE.)

Rien n'éblouit les grandes âmes, *parce que* rien n'est plus haut qu'elles. La fierté ne prend donc sa source que dans la médiocrité. (MASSILLON.)

La mémoire de Henri IV est et sera toujours chère aux Français, *parce qu'*il mettait sa gloire et son bonheur à rendre le peuple heureux. (Cité par LEMARE.)

Dorilas, quand la nuit nous rend l'obscurité,
 En paraît toujours attristé;
 Mais ce n'est pas à cause d'elle,
C'est *parce que* le jour épargne la chandelle. (*Id.*)

Puisque.

Mais à quoi servent les oiseaux? Ils sont inutiles, *puisqu'*on ne peut les attraper? (BERN. DE SAINT-PIERRE.)

Fais du bien aujourd'hui, *puisque* tu vis encor;
Crois-m'en : c'est le plus doux, le seul emploi de l'or. (VILLEFRÉ.)

Ne vous lassez point d'examiner les causes des grands changements, *puisque* rien ne servira jamais tant à votre instruction. (BOSSUET.)

Il faut croire qu'il passe autant de vin dans le corps de nos Bretons que d'eau sous les ponts, *puisque* c'est là-dessus qu'on prend l'infinité d'argent qui se donne à tous les États. (Mme DE SÉVIGNÉ.)

*Puisqu'*on plaide, et qu'on meurt, et qu'on devient malade,
Il faut des médecins, il faut des avocats. (LA FONTAINE.)

Les dieux ne sont pas inflexibles,
*Puisqu'*ils punissent nos forfaits. (J.-B. ROUSSEAU.)

Pour sentir la différence qui existe entre *parce que* et *puisque*, il suffit de substituer l'un à l'autre dans les exemples cités.

Quelquefois on sépare le *que* de *puis*: PUIS donc QUE vous le voulez.

Il ne faut pas confondre *parce que*, écrit en deux mots, avec *par ce que*, écrit en trois mots.

EXERCICE PHRASÉOLOGIQUE.

Parce que vous le voulez.   Puisque vous le voulez.
Parce qu'il le faut.   Puisqu'il le faut.
Parce qu'il le sait.   Puisqu'il le sait.

N° DCCCVI.

PARCE QUE, A CAUSE QUE.

Parce que.

Si quelquefois une femme survient dans ces sociétés, la bande joyeuse ne peut comprendre qu'elle paraisse insensible à des fadaises qu'ils n'entendent eux-mêmes que *parce qu'*ils les ont faites. (LA BRUYÈRE.)

Il n'y a que la vertu seule dont personne ne peut mal user, *parce qu'*elle ne serait plus vertu si l'on en faisait un mauvais usage. (BOSSUET.)

A cause que.

Elle ne vous loue qu'*à cause qu'*elle vous croit faible, et assez vain pour vous laisser tromper par des louanges disproportionnées à vos actions. (FÉNELON.)

Artaxerce était nommé *Longue main*, parce que les bras lui tombaient jusqu'aux genoux, et non *à cause qu'*il avait une main plus longue que l'autre. (LA BRUYÈRE.)

Il n'obéit aux lois qu'*à cause qu'*il les croit justes. (PASCAL.)

Les princes font beaucoup d'ingrats, *parce qu*'ils ne donnent point tout ce qu'ils peuvent.
(VAUVENARGUES.)

Si Dieu prend pour son titre éternel le Dieu d'Abraham, d'Isaac et de Jacob, c'est *à cause que* ces saints hommes sont toujours vivants devant lui.
(BOSSUET.)

Parce que et *à cause que* ont à peu près le même sens ; mais le premier est plus usité. Le second, qui se trouve assez souvent dans Pascal, La Bruyère et Bossuet, et rarement dans Fléchier et dans Massillon, ne se rencontre jamais dans les poètes.

EXERCICE PHRASÉOLOGIQUE.

Parce qu'il le veut.　　　　　　　　　　　　　　A cause qu'il le veut.

N° DCCCVII.

PENDANT QUE, TANDIS QUE.

Pendant que.

Elle s'est instruite elle-même, *pendant que* Dieu instruisait les princes par son exemple.
(BOSSUET.)

Pendant que ce grand roi la rendait la plus illustre de toutes les reines, vous la faisiez, monseigneur, la plus illustre de toutes les mères. (*Id.*)

Ils ne sont tous deux appliqués qu'à bien faire, *pendant que* le fanfaron travaille à ce que l'on dise de lui qu'il a bien fait. (LA BRUYÈRE.)

*Pendant qu'*il délibère, vous êtes déjà hors de portée. (*Id.*)

Pendant que Rome était affligée d'une peste épouvantable, saint Grégoire le Grand fut élevé malgré lui sur le siége de saint Pierre ; il apaisa la peste par ses prières. (BOSSUET.)

Tandis que.

Il faut se hâter de jouir du monde avant qu'il nous échappe, et *tandis qu*'il est encore temps.
(MASSILLON.)

L'abondance embellit le dedans du royaume, *tandis que* la valeur en recule les frontières. (*Id.*)

Cette vaine félicité qui trompe les spectateurs, *tandis qu*'elle ne peut vous rendre heureux et vous séduire vous-même. (*Id.*)

Et que me servira que la Grèce m'admire,
Tandis que je serai la fable de l'Epire ?
(RACINE.)

Un astrologue un jour se laissa choir
Au fond d'un puits. On lui dit : Pauvre bête !
Tandis qu'à peine à tes pieds tu peux voir,
Penses-tu lire au-dessus de ta tête ?
(LA FONTAINE.)

Suivant la *Grammaire des grammaires*, *pendant que* marque la simultanéité de deux événements, de deux choses, *tandis que* indique une opposition entre deux actions.

Cette distinction est en contradiction avec l'usage de nos meilleurs écrivains. Le premier exemple de la deuxième colonne et ceux qui suivent prouvent suffisamment que *tandis que* peut s'employer dans le sens de *pendant que*, *dans l'instant même que* :

Réparez promptement votre force abattue ;
Tandis que de vos jours prêts à se consumer
Le flambeau dure encore et peut se rallumer.
(RACINE.)

Et *tandis que* l'Asie occupera Pharnace,
De cette autre entreprise honorez mon audace.
(*Id.*)

Tandis que nous parlons, la mort est en ces lieux.
(VOLTAIRE.)

Quoi ! *tandis que* Néron s'abandonne au sommeil,
Faut-il que vous veniez attendre son réveil ?
(RACINE.)

Travaillez, *tandis qu*'il ira se promener.
(ACADÉMIE.)

Dans les vers suivants, La Fontaine a également employé *pendant que* dans le sens de *tandis que* :

Pendant qu'un philosophe assure
Que toujours par leurs sens les hommes sont dupés,
Un autre philosophe jure
Qu'ils ne nous ont jamais trompés.

N° DCCCVIII.

QUOIQUE, BIEN QUE, ENCORE QUE.

Quoique.

Quoiqu'à peine à mes maux je puisse résister,
J'aime mieux les souffrir que de les mériter.
(RACINE.)

Il faut attacher dans la comédie comme dans la tragédie, quoique par des moyens absolument différents. (VOLTAIRE.)

Quoique l'Évangile propose à tous la même doctrine, il ne propose pas à tous les mêmes règles.
(MASSILLON.)

Quoique trop convaincu de son inimitié,
Vous devez à ses pleurs quelque ombre de pitié.
(RACINE.)

..... Oui, les fils de ce roi,
Quoique nés de mon sang, sont étrangers pour moi.
(Id.)

Bien que.

De la peau d'un lion l'âne s'étant vêtu,
Était craint partout à la ronde,
Et bien qu'animal sans vertu,
Il faisait trembler tout le monde.
(LA FONTAINE.)

Et bien qu'on soit, à ce qu'il semble,
Beaucoup mieux seul qu'avec des sots. (Id.)

Et bien que la vertu triomphe de ses feux,
La victoire est pénible, et le combat honteux.
(CORNEILLE.)

Ce sont des gens brusques, inquiets, suffisants, qui, bien qu'oisifs et sans aucune affaire qui les appelle ailleurs, vous expédient en peu de paroles.
(LA BRUYÈRE.)

Pour moi, bien que vaincu, je me repute heureux.
(BOILEAU.)

Encore que.

Encor qu'à mon devoir je coure sans terreur,
Mon cœur s'en effarouche, et j'en frémis d'horreur.
(CORNEILLE.)

Encore qu'il soit fort jeune, il ne laisse pas d'être fort sage. (ACADÉMIE.)

Encore qu'il semble que les novateurs aient voulu retenir les esprits... (BOSSUET.)

Il fait bon craindre, encor que l'on soit saint.
(LA FONTAINE.)

Encore que les rois de Thèbes fussent les plus puissants de tous les rois de l'Égypte, jamais ils n'ont entrepris sur les dynasties voisines.
(BOSSUET.)

L'envie honore le mérite, encore qu'elle s'efforce de l'avilir. (MARMONTEL.)

Quoique, bien que, encore que, donnent à peu près le même résultat. Cependant quoique, qui est la locution la plus usitée, est aussi la moins expressive. Bien que y ajoute une idée d'augmentation, encore que une idée de temps.

Il ne faut pas confondre quoique, toujours traduisible par malgré que, qui n'est plus usité que dans malgré que j'en aie, avec quoi que écrit en deux mots (V. page 445.)

EXERCICE PHRASÉOLOGIQUE.

Quoiqu'il soit fort jeune.
Encore qu'il soit fort jeune.

Bien qu'il soit fort jeune.
Quoique vous soyez riche.

N° DCCCIX.

EN CAS QUE, AU CAS QUE.

En cas que.

En cas que vous persistiez, il faudra que j'allègue au prince et au roi même votre mauvaise santé.
(FÉNELON.)

Comme j'ai osé faire force questions à votre majesté, je lui ferai un petit conte; mais c'est en cas qu'elle ne le sache pas déjà. (VOLTAIRE.)

Je ne mets point dans cette préface ce que l'on verra dans la critique, en cas que je me résolve à la faire paraître. (MOLIÈRE.)

Au cas que.

Au cas que ce qu'on en dit soit inévitable.
(PASCAL.)

Il n'est hérétique qu'au cas qu'il soit conforme à ces erreurs condamnées. (Id.)

Au cas que cela soit, au cas que cela arrive.
(ACADÉMIE.)

Tous les grammairiens, nous ne savons trop sur quel fondement, disent que l'expression conjonctive *en cas que* est peu en usage, et qu'il faut lui préférer *au cas que*.

Beauzée trouve même une différence entre ces deux expressions *en cas* et *au cas*, et décide que l'on ne doit pas dire *en cas que*. Il motive son opinion par ce principe, que tout ce qui exige un antécédent le suppose déterminé individuellement : or, il ne peut l'être que par l'article. *Au cas* renferme cet article : *au cas que* signifie *dans le cas que*; mais *en cas* n'a point d'article, il ne doit donc pas être suivi de *que*.

Les raisons de Béauzée pour proscrire *en cas que* ne sont point convaincantes, puisque l'on pourrait les appliquer aux autres locutions *afin que, de peur que*, etc. On dit *en cas de* et *en cas que*, comme on dit *afin de, afin que; de peur de, de peur que*. Du reste, *en cas que* n'est nullement suranné, on le trouve dans les écrivains les plus modernes, même dans les contemporains :

En cas qu'il eût été fait prisonnier de guerre. (VERTOT.)	Je m'assortis de quelques livres pour les Charmettes, *en cas que* j'eusse le bonheur d'y retourner. (J.-J. ROUSSEAU.)

L'Académie elle-même dit qu'on peut très-bien employer *en cas que* ou *au cas que*.

Suivant Roubaud, ces deux locutions marquent également une supposition; mais la première est moins probable que la seconde. Ainsi on doit dire : EN CAS QUE *cela s'éclaircisse un jour*, et AU CAS QUE *cela soit comme vous le dites*.

EXERCICE PHRASÉOLOGIQUE.

En cas qu'il vienne.	Au cas qu'il vienne.

N° DCCCX.

SI.

I.

Nul empire n'est sûr, s'il n'a l'amour pour base. (VILLEFRÉ.)	*Si* la vie et la mort de Socrate sont d'un sage, la vie et la mort de Jésus sont d'un Dieu. (J.-J. ROUSSEAU.)

La conjonction *si* peut, comme on le voit, se placer au premier ou au second membre d'une période.

II.

Et *n'étais* que je vois que c'est à bonne fin, Que tout cela ne tend qu'au mariage enfin, Vous me verriez toujours résolu de me taire. (REGNARD.)	Et *n'eût été* Léonce en la dernière guerre, Ce dessein avec lui serait tombé par terre. (CORNEILLE.)

Il n'est plus permis, observe Voltaire, de dire : *n'eût été, n'était*, au lieu de : *Si ce n'eût été, si ce n'était*; ces expressions sont bannies aujourd'hui, même du style familier.

EXERCICE PHRASÉOLOGIQUE.

Si je l'avais vu, je l'aurais...	Je l'aurais... si je l'avais vu.

QUE.

N° DCCCXI.

EMPLOI DE *que* APRÈS UNE CONJONCTION PRÉCÉDEMMENT ÉNONCÉE.

CONJONCTIONS RÉPÉTÉES.	REMPLACÉES PAR *que*.
Si les hommes étaient sages, et *s'ils* suivaient les lumières de la raison, ils s'épargneraient bien des chagrins. (Cité par BONIFACE.)	*Si* Voltaire eût également soigné toutes les parties de son style, et *qu'*il eût plus tendu à la perfection qu'à la fécondité, il serait incontestablement le premier de nos poètes. (PALISSOT.)
Comme leurs pertes sont irréparables, leur tristesse est sans borne, et *comme* ils n'ont point d'espérance, ils n'ont pas aussi de consolation. (FLÉCHIER.)	*Comme* l'ambition n'a pas de frein, et *que* la soif des richesses nous consume tous, il en résulte que le bonheur fuit à mesure que nous le cherchons. (TH. CORNEILLE.)
Qu'il meure, *puisque* enfin il a dû le prévoir, Et *puisqu'*il m'a forcée enfin à le vouloir. (RACINE.)	*Puisqu'*on plaide, et *qu'*on meurt, et *qu'*on devient malade, Il faut des médecins, il faut des avocats. (LA FONTAINE.)
Quel progrès ne fait-on pas dans l'étude, *quand* on soutient de longues veilles par la santé et par la constance, *quand*, outre ses propres lumières, on a le conseil et la communication des grands hommes, et *quand* on joint à l'assiduité du travail la facilité du génie! (FLÉCHIER.)	A quoi vous servira d'avoir de l'esprit, *si* vous ne l'employez pas, et *que* vous ne vous appliquiez pas? (BOSSUET.)
On est presque également difficile à contenter *quand* on a beaucoup d'amour et *quand* on n'en a guère. (VAUVENARGUES.)	Neptune, *quand* il élève son trident, et *qu'*il menace les flots soulevés, n'apaise point plus soudainement les flots. (FÉNELON.)
L'âme se dépouille de ce qu'il y a en elle de terrestre : telles sont les grâces qu'on trouve à la mort ; mais c'est *quand* on l'a méditée, et *quand* on s'y est longtemps préparé par de bonnes œuvres. (BOSSUET.)	Ainsi de ces héros *que* nos histoires louent Vous descendez en vain, *lorsqu'*ils vous désavouent, Et *que* ce qu'ils ont fait et d'illustre et de grand N'a pu de votre cœur leur être un sûr garant. (TH. CORNEILLE.)
	Quand on ne cherche qu'à faire du bien aux hommes, et *qu'*on n'offense point le ciel, on ne redoute rien, ni pendant la vie, ni à la mort. (VOLTAIRE.)

Lorsqu'il y a dans une phrase deux verbes régis par les conjonctions *quand, comme, si, puisque, quoique, lorsque*, etc., on met *que* devant le second, ou bien l'on répète ces conjonctions. Nos citations le prouvent.

SI *vous partez*, ET QUE *vous vouliez me prendre avec vous*. Ce tour, disent les grammairiens, vaut mieux que SI *vous partiez*, ET SI *vous vouliez me prendre avec vous*.

Cette règle n'est pas tout-à-fait exacte : on répète le *si*, ou on met le *que*, suivant les cas. Lorsqu'il n'y a pas de liaison entre les deux propositions, il faut répéter *si* ; lorsqu'il y en a, il faut mettre la conjonction *que*, qui alors marque cette liaison. On dira donc fort bien : SI *vous gagnez votre procès*, ET SI *vous allez dans votre pays*, si l'on ne veut pas marquer une liaison de conséquence entre ces deux propositions. Mais on dira : SI *vous gagnez votre procès*, ET QUE *vous vous trouviez dans une situation avantageuse*; parce que l'on marque par là la liaison qu'il y a entre les deux propositions, et que l'on fait considérer l'une comme une suite de l'autre.

Les grammairiens, qui ne se sont jamais donné la peine de rien analyser, ont avancé que, dans les phrases de la seconde colonne et autres semblables, la conjonction *que* est employée pour *si, quand, lorsque*. Cette opinion est tout-à-fait erronée ; et il n'y a aucune espèce d'analogie, ni pour l'orthographe, ni pour le sens, entre *si, quand, comme* et *que*. Les phrases de la seconde colonne sont elliptiques. SI *vous plaidez vous-même* ET QUE *vous alliez le lendemain*... QUAND *on a souffert* OU QU'*on craint de souffrir*... sont des abrégés de : SI *vous plaidez vous-même*, ET (S'IL arrive) QUE *vous alliez le lendemain*... QUAND *on a souffert* OU (QUAND IL *arrive*) QU'*on craint de souffrir*...

Cette analyse nous démontre jusqu'à l'évidence, non pas que le mot *que* remplace ici les conjonctions *si* et *quand*, comme le disent à tort les grammairiens, mais que ces deux dernières conjonctions sont sous-entendues devant *que*.

Lemare, en analysant *si vous plaidez vous-même* ET QUE *vous alliez le lendemain... quand on a souffert* OU QU'*on craint de souffrir*, par *si vous plaidez*, et SUPPOSÉ QUE *vous alliez le lendemain... Quand on a souffert* ou DANS LE TEMPS DANS LEQUEL *on craint de souffrir*, au lieu de réfuter les grammairiens, comme il le prétend, leur a donné gain de cause; car *supposé que* équivaut sans nul doute à *si*; et *dans le temps dans lequel* a tout-à-fait le sens de *quand*.

Si Lemare avait vu l'ellipse du second *si* ou du second *quand*, il n'aurait pas cherché à donner à *que* la valeur de ces deux conjonctions.

Ceci suffit pour faire comprendre que l'analyse est un instrument qui, entre des mains habiles, aplanit tous les obstacles que l'on rencontre sur son passage, mais qui, entre des mains inexpérimentées, peut creuser des précipices incommensurables.

EXERCICE PHRASÉOLOGIQUE.

Si vous le voyez, et que... | Si vous le voyez, et si...
Quand vous serez heureux, et que... | Quand vous serez heureux, et quand...
Lorsqu'il sera grand, et que... | Lorsqu'il sera grand, et lorsqu'il...

N° DCCCXII.

Que, EMPLOYÉ, DIT-ON, POUR *avant que, après que, en place de, puisque, afin que, depuis que, et cependant, pourquoi, à quoi, si ce n'est*, etc., etc.

I. — *Avant que* ET *que* COMPARÉS.

L'on est mort *avant qu*'on ait aperçu qu'on pouvait mourir. (FLÉCHIER.)

Il ne veut pas qu'on décide sur la moindre vérité, *avant qu*'elle soit connue clairement et distinctement. (LA BRUYÈRE.)

... Je ne vous quitte point, Seigneur, *que* mon amour n'ait obtenu ce point. (RACINE.)

Il n'y a point au monde un si terrible métier que celui de se faire un grand nom; la vie s'achève *que* l'on a à peine ébauché son ouvrage. (LA BRUYÈRE.)

Avant de dire que, dans les exemples de la seconde colonne, la conjonction *que* tient la place de l'expression conjonctive *avant que*, les grammairiens auraient dû, ce nous semble, chercher à substituer l'une à l'autre, et à s'assurer que cette substitution ne changerait en rien les mots de ces phrases. Ils auraient vu alors que, si le mot *que* était en effet pour *avant que*, dans les vers de Racine, il ne serait point suivi de la négation ; car on dit *avant qu'il ait obtenu ;* et dans la phrase de La Bruyère, il faudrait le subjonctif, *avant que l'on ait ébauché*. Les exemples de la première colonne en font assez foi.

Lemare analyse ainsi les vers de Racine : *Je ne vous quitte de cette manière, qui est :* JE N'AI PAS OBTENU CE POINT; il analyse de même la phrase de La Bruyère : *La vie s'achève de cette manière qui est :* SI ON A A PEINE ÉBAUCHÉ SON OUVRAGE. Qu'a fait par là Lemare? Il a remplacé *que* par *qui*, et le subjonctif de Racine *n'ait obtenu* par l'indicatif *n'ai obtenu*, et il nous a expliqué son *qui* et son *indicatif*. En somme, il n'a rendu compte de rien; loin de là, il a tout embrouillé, car *je ne vous quitte de cette manière qui est*, nous paraît un remplissage tout-à-fait vide de sens, et qui ne s'applique à aucun des mots de la phrase.

On voit bien que Lemare ignore le véritable but de l'analyse. L'analyse, selon nous, doit se borner à faire connaître la dépendance et le rapport des mots, la raison de leurs différentes modifications, et le mystère de toute irrégularité apparente. Elle ne peut se permettre de supprimer aucun des mots exprimés, et doit les conserver tels qu'ils sont, et sans y rien changer. C'est ce que n'a pas fait Lemare, ou plutôt c'est ce qu'il ne fait jamais. Présentez à un chimiste une pièce de métal : il l'analysera, la décomposera, et vous dira de quels principes elle est composée ; mais soumettez une phrase à Lemare, vite, il lui en substituera une autre toute différente, et s'imaginera par là l'avoir analysée. Les analyses de Lemare sont de véritables escamotages ; et cependant Lemare est regardé comme le premier de nos grammairiens. Qu'on juge après cela de l'état de la science !

Selon nous : *Je ne vous quitte point* QUE *mon amour n'ait obtenu ce point*, est un abrégé de : JE *ne vous quitte point* (A MOINS) QUE *mon amour n'ait obtenu ce point;* ou bien : JE *ne vous quitte point* (TANT QUE VOTRE CRUAUTÉ VOUDRA) QUE *mon amour n'ait* (PAS) *obtenu ce point.* — *La vie s'achève,* QUE *l'on a à peine ébauché son ouvrage,* est pour : *La vie s'achève* (et elle s'achève AU MOMENT) QUE *l'on a à peine ébauché son ouvrage.* On voit par ces analyses, où nous avons scrupuleusement conservé chaque mot du texte, combien il est ridicule de prétendre que, dans ces phrases et autres analogues, la conjonction *que* est pour *avant que.*

II. — *Que* MIS POUR *après* QUE.

CONSTRUCTION PLEINE.	CONSTRUCTION ELLIPTIQUE.
Lorsque la foudre a cessé de gronder, souvent on tremble encore. (DICT. ORATOIRE.)	On leur parle encore *qu'ils sont partis.* (LA BRUYÈRE.)

L'exemple de La Bruyère est un abrégé de : *On leur parle encore* (ALORS) ou (APRÈS) QU'*ils sont partis*, ainsi que le prouve l'exemple opposé ; car on pourrait dire d'une manière elliptique : *Souvent on tremble encore* QUE *la foudre a cessé de gronder.*

III. — *Que* POUR *en place de.*

CONSTRUCTION PLEINE.	CONSTRUCTION ELLIPTIQUE.
Mon cœur se met sans peine *en la place du vôtre.* (RACINE.)	*Si j'étais que de* vous, je lui achèterais une belle garniture de diamants. (MOLIÈRE.)

Lemare analyse *si j'étais que de vous* par *si j'étais* CE QUI *est de vous,* en sorte qu'il nous laisse ignorer ce que pourtant nous aurions bien voulu connaître ; c'est-à-dire la signification du mot *que,* auquel, selon son habitude, Lemare a substitué *ce qui.*

Le vers de Racine nous révèle l'analyse de la phrase de Molière, et nous dit assez qu'elle est un abrégé de : *si j'étais* (EN LA MÊME PLACE) QUE (LA PERSONNE) *de vous.* (V. plus haut.)

On raconte, à l'occasion de cette expression, un mot assez plaisant du maréchal de Clairambault. Le duc de Créqui, dans la chaleur de la conversation, lui dit : « Monsieur le maréchal, *si j'étais que de vous,* je m'irais pendre tout-à-l'heure. » — « Hé bien ! répliqua le maréchal, *soyez que de moi.* »

IV. — *Que* POUR *puisque* OU *pourquoi.*

CONSTRUCTION PLEINE.	CONSTRUCTION ELLIPTIQUE.
Que tarde Xipharès ? Et d'où vient qu'il diffère *A seconder des vœux qu'autorise son père ?* (RACINE.)	Qu'avez-vous donc, dit-il, *que* vous ne mangez point? (BOILEAU.) *Que ne me jurez-vous que vous êtes le même ?* (TH. CORNEILLE.)

L'exemple de la première colonne nous démontre que dans ceux de la seconde la conjonction *que* est employée d'une manière elliptique pour (D'OÙ VIENT) *que*: *qu'avez-vous donc* (ET D'OÙ VIENT) QUE *vous ne mangez point?* — (D'OÙ VIENT) QUE *vous ne me jurez* (pas) *que vous êtes le même? Que* n'est donc pas, comme le disent les grammairiens, pour *puisque* ni *pourquoi*.

V. — *Que* POUR *afin que*.

SANS ELLIPSE.	AVEC ELLIPSE.
Imitons ce saint roi, AFIN *que*, pratiquant les mêmes vertus, nous arrivions à la même immortalité. (FLÉCHIER.)	Approchez, *que* je vous parle. (ACADÉMIE.)

Que, après l'impératif, se met, dit la *Grammaire des Grammaires*, pour *afin que*; cela est faux. *Que*, après l'impératif, s'emploie avec ou sans ellipse de l'expression *afin*. Voilà tout; mais jamais *que* ne peut renfermer implicitement le sens de *afin que*.

VI. — *Que* POUR *depuis que*.

SANS ELLIPSE.	AVEC ELLIPSE.
Et le jour a trois fois chassé la nuit obscure, DEPUIS *que* votre corps languit sans nourriture. (RACINE.)	Il y avait déjà longtemps *que* les ordonnances du sénat le défendaient. (BOSSUET.)

La conjonction *que* peut bien dans certains cas s'employer avec ou sans ellipse de la préposition *depuis*; mais il faut bien se garder d'en conclure, avec les grammairiens, que cette conjonction ait A ELLE SEULE le même sens que l'expression conjonctive *depuis que*. Ce serait donner à ce mot une valeur tout-à-fait idéale.

VII. — *Que* POUR *et cependant*.

SANS ELLIPSE.	AVEC ELLIPSE.
Cela venait de la part d'une *telle* personne, d'une personne d'une *telle* considération, *qu'*il n'y eut qu'à obéir. (ACADÉMIE.)	Les avares auraient tout l'or du Pérou, *qu'*ils en désireraient encore. (Cité par la GRAMM. DES GRAMM.)

On dit sans ellipse: *Il est d'une* TELLE *difformité,* QU'*on n'a jamais rien vu de semblable; il y avait une* TELLE *multitude de gens,* QU'*on ne pouvait pas se remuer; il faisait un* TEL *bruit,* QU'*on ne pouvait rien entendre; cela venait de la part d'une* TELLE *personne* QU'*il n'y eut qu'à obéir*. On pourrait dire, en sous-entendant l'adjectif *tel*: *Il est* D'UNE *difformité,* QU'*on n'a jamais rien vu de semblable; il y avait* UNE *multitude de gens,* QU'*on ne pouvait se remuer; il faisait* UN *bruit,* QU'*on ne pouvait rien entendre; cela venait de la part* D'UNE *personne,* QU'*il n'y eut qu'à obéir*. Dans l'un comme dans l'autre cas, le mot *que* reste toujours ce qu'il est, et ne peut nullement remplacer, ainsi qu'on le prétend, l'expression *et cependant*. Si les grammairiens, au lieu de chercher de quels mots *que* peut tenir la place dans l'exemple de la seconde colonne, avaient pris la peine de l'analyser, ils auraient vu qu'il est employé avec ellipse de l'adjectif *tel*; car cet exemple est un abrégé de: *Les avares auraient tout l'or du Pérou* (LEUR CARACTÈRE EST TEL) QU'*ils en désireraient encore*.

VIII. — *Que* POUR *à quoi, de quoi*.

A quoi, de quoi.	*Que.*
A quoi sert cette machine? (ACADÉMIE.)	Et *que* me sert, hélas! cet excès de faveur? (TH. CORNEILLE.)
Mais sans un Mécénas, *à quoi* sert un Auguste? (BOILEAU.)	Et *que* peut me servir le destin le plus doux? (*Id.*)

Ces projets de conversion que vous renvoyez à l'avenir, *de quoi* vous serviront-ils ?
(MASSILLON.)

De quoi lui sert que ta voix le rappelle ?
(BOILEAU.)

De quoi nous a servi cette indigne contrainte ?
(RACINE.)

Que sert d'y penser ?
(TH. CORNEILLE.)

Que me sert qu'au dehors, redoutable ennemie,
Je rende par la paix ma puissance affermie ?
(*Id.*)

Que peut servir ici l'Égypte et ses faux dieux ?
(BOILEAU.)

L'usage, comme on le voit, permet de dire : *à quoi sert ? de quoi sert ?* et *que sert ?*

Lorsqu'on dit *que sert ? que* est tout simplement employé avec ellipse de (DITES-MOI CE) QUE sert, ainsi que le prouve le vers suivant de Th. Corneille : *Voilà* CE QUE *vous sert d'avoir étudié*. Il n'est donc ni pour *à quoi* ni pour *de quoi*.

IX. — *Que* POUR *sinon, si ce n'est*.

SANS ELLIPSE.

On n'a d'autre remarque à faire sur cette scène, SINON *qu*'elle est écrite avec la même élégance que le reste, et avec le même art.
(VOLTAIRE.)

Je n'ai rien à dire de ce cinquième acte (de *Bérénice*), SINON *que* c'est en son genre un chef-d'œuvre.
(*Id.*)

AVEC ELLIPSE.

Quel crime, quelle offense a pu les animer,
Hélas ! et qu'ai-je fait *que* de vous trop aimer ?
(RACINE.)

Que vois-je autour de moi, *que* des amis vendus,
Qui sont de tous mes pas les témoins assidus ?
(*Id.*)

Alors, qu'aura servi ce zèle impétueux,
Qu'à charger vos amis d'un crime infructueux ?
(*Id.*)

La conjonction *que* peut bien être employée avec ellipse de *sinon* ou *si ce n'est;* mais jamais elle ne peut tenir la place de cette expression ni en avoir le sens, comme le disent les grammairiens.

Voltaire remarque que ce vers :

Et pour qui mépriser tous nos rois *que* pour lui ?

est digne du grand Corneille ; aussi l'a-t-il imité dans Alzire :

Ai-je fait un seul pas *que* pour te rendre heureuse ?

Ce *que*, employé avec ellipse de *si ce n'est*, fait aussi bel effet en prose qu'en poésie.

X. *Que* POUR *autrement que*.

Pour moi, grand ennemi de leur art hasardeux,
Je ne puis cette fois *que* je ne les excuse.
(BOILEAU.)

Quant aux volontés souveraines
De celui qui fait tout, et rien *qu*'avec dessein,
Qui les sait *que* lui seul ? Comment lire en son sein ?
Aurait-il imprimé sur le front des étoiles
Ce que la nuit des temps enferme dans ses voiles ?
(LA FONTAINE.)

Dans ces exemples, *que*, suivant les uns, est pour *si ce n'est*, et, suivant les autres, pour *autrement que*. Tous se trompent également : *que* est tout simplement employé ici d'une manière elliptique. *Je ne puis cette fois* QUE *je ne les excuse* est un abrégé de : *Je ne puis* (FAIRE AUTREMENT) *cette fois* (A MOINS) QUE *je ne les excuse*. — *Quant aux volontés de celui qui fait tout et rien* QU'*avec dessein, qui les sait* QUE *lui seul ?* c'est-à-dire : *quant aux volontés de* CELUI *qui fait tout et* (QUI NE FAIT) *rien* (AUTREMENT) QU'*avec dessein*, (QUEL EST CELUI) *qui les sait* (AUTRE) QUE *lui seul ?* C'est faute de n'avoir jamais rien analysé que les grammairiens ont donné à certains mots des propriétés tout-à-fait imaginaires.

XI. — *Que* POUR *ce que*.

SANS ELLIPSE.

On ne sait plus CE *qu*'est devenue cette formidable armée.
(BOSSUET.)

AVEC ELLIPSE.

Eh bien ! de mes desseins Rome encore incertaine
Attend *que* deviendra le destin de la reine.
(RACINE.)

De ce que l'usage permet d'ellipser quelquefois l'adjectif *ce* devant *que*, les grammairiens en concluent faussement que cette conjonction, dans les vers de Racine, est employée pour *ce que*.

Dire que notre *que* s'emploie avec différentes sortes d'ellipses, plus ou moins grandes, répéterons-nous en terminant avec Lemare, c'est annoncer une vérité attestée par des faits innombrables ; mais ce n'est point là admettre plusieurs sortes de *que*, ni prétendre que ce mot se substitue à tels ou tels autres.

EXERCICE PHRASÉOLOGIQUE.

Je ne sors pas qu'il ne m'ait payé.
Il tremble encore que le danger est passé.

Qu'avez-vous, que vous êtes triste?
Venez, que je vous le montre.

N° DCCCXIII.

DES EXPRESSIONS *que je crois, que je pense.*

Il en a fait serment, *que je pense*, à la cour.
(Regnard.)

La mère d'un amant qui nous plaît, qui nous aime,
Est toujours, *que je crois*, reçue avec plaisir.
(Voltaire.)

Que je crois, que je pense, sont des abrégés de *à ce que je crois, à ce que je pense*.

Il avait, *à ce que je crois*, étudié la question toute la matinée. (Pascal.)

Ces expressions ne sont plus d'usage ; on dit aujourd'hui : *ce me semble, selon moi,* ou *à ce qu'il semble* :

Et bien qu'on soit, *à ce qu'il semble,*
Beaucoup mieux seul qu'avec des sots. (La Fontaine.)

N° DCCCXIV.

Avant de ET *avant que de.*

Avant de.	*Avant que de.*
Les tyrans ont toujours quelque ombre de vertu ; Ils soutiennent les lois *avant de* les abattre. (Voltaire.)	On doit se regarder soi-même un fort long temps, *Avant que de* songer à condamner les gens. (Molière.)
S'éloignera-t-on de la cour *avant d*'en avoir tiré le moindre fruit ? (La Bruyère.)	*Avant que de* louer, j'examine longtemps ; *Avant que de* blâmer, même cérémonie. (Gresset.)
Il meurt *avant d*'avoir pu passer le Jourdain. (Massillon.)	*Avant que de* désirer fortement une chose, il faut examiner le bonheur de celui qui la possède. (Saint-Évremont.)
Va, vole, Corasmin ; que l'infidèle meure ! Mais *avant de* frapper... Ah ! cher ami, demeure ! (Voltaire.)	*Avant que de* se jeter dans le péril, il faut le prévoir et le craindre. (Fénelon.)

Laquelle de ces deux locutions, *avant que de* ou *avant de*, doit-on préférer ? Les grammairiens et les écrivains sont très-partagés d'opinion, et l'on peut aujourd'hui choisir entre l'une et l'autre. Néanmoins *avant de* s'emploie plus fréquemment. Féraud fait observer qu'il ne faut pas mettre indifféremment *avant que* avec le subjonctif, et *avant que de* ou *avant de* avec l'infinitif, quand cet infinitif se rapporte au sujet de la proposition. *Je lui ai payé cette somme* AVANT QUE DE PARTIR *ou* AVANT DE PARTIR ; c'est-à-dire, *avant que je partisse;* mais si l'on voulait parler du départ de celui à qui l'on a payé la somme, il faudrait dire : *Je lui ai payé cette somme* AVANT QU'IL PARTÎT, ou *avant son départ*, et non pas, *avant de partir.*

On trouve quelquefois la particule *de* supprimée. En voici quelques exemples.

Avant que se livrer à trop de sentiments,
Il faut un peu voir clair, et connaître ses gens.
(POISSON.)
Laissons venir la fête *avant que* la chômer.
(MOLIÈRE.)

Mais *avant que* partir je me ferai justice.
(RACINE.)
Faut-il toutefois vaincre *avant que* triompher.
(CORNEILLE.)
Pour me justifier *avant que* vous rien dire.
(*Id.*)

Cette licence n'est plus permise aujourd'hui.

EXERCICE PHRASÉOLOGIQUE.

Avant de partir.
Avant de parler.

Avant que de partir.
Avant que de parler.

N° DCCCXV.

DE QUELQUES GALLICISMES PRODUITS PAR LA CONJONCTION *que.*

SANS *que.*

C'était un plaisir assez vif pour David *de* chanter sur la lyre les louanges du Seigneur.
(MASSILLON.)

Quel plaisir *de* vous voir et de vous contempler!
(RACINE.)

L'expérience est le bâton que la nature a donné à nous autres aveugles pour nous conduire dans nos recherches ; nous *ne laissons pas*, avec son secours, *de* faire beaucoup de chemin ; mais nous ne pouvons manquer de tomber, si nous cessons de nous en servir.
(Mme DU CHATELET.)

AVEC *que.*

C'est une maladie d'esprit *que de* souhaiter des choses impossibles.
(FÉNELON.)

Quel plaisir *que de* revoir sa patrie!
(Cité par NOEL.)

Vous savez que les poètes se piquent d'être prophètes ; mais ce n'est que dans l'enthousiasme de leur poésie qu'ils le sont ; et M. Despréaux parlait en prose : ses prédictions *ne laissèrent pas néanmoins que de* me faire plaisir.
(RACINE.)

L'usage, comme on le voit, permet de dire : *C'est peu que de* ou *c'est peu de; c'est un plaisir que de* ou *c'est un plaisir de ; c'est être sage que de* ou *c'est être sage de; quel plaisir que de* ou *quel plaisir de; ne laisser pas que de* ou *ne laisser pas de*. C'est le goût qui décide du choix que l'on doit faire de l'une ou de l'autre de ces expressions.

Boniface observe que l'emploi de la conjonction *que* donne plus d'énergie à l'expression.

Après *ne laisser pas* les auteurs ont presque généralement supprimé *que*. En voici plusieurs exemples :

Ne laissons pas cependant *de* publier ce miracle de nos jours.
(BOSSUET.)
Ceux qui s'en plaignent tous les jours *ne laissent pas de* s'y plaire.
(FLÉCHIER.)
Lorsqu'il semblait céder, il *ne laissait pas de* se faire craindre.
(*Id.*)

Ne laissons pas, en la perdant, *d'*adorer la main qui nous l'enlève.
(FLÉCHIER.)
Au sein des grandeurs, il *ne laisse pas d'*aimer l'opprobre de Jésus-Christ.
(MASSILLON.)
Il est pauvre, mais il *ne laisse pas d'*être honnête homme.
(ACADÉMIE.)

L'emploi de *que* après *c'est* a déjà été traité ailleurs.

EXERCICE PHRASÉOLOGIQUE.

C'est un devoir que de....
Cet homme ne laisse pas que de...

C'est un devoir de...
Cet homme ne laisse pas de...

CHAPITRE X.

DE L'INTERJECTION.

N° DCCCXVI.

NATURE DE L'INTERJECTION. — SA DÉFINITION.

Ah! que de la vertu les charmes sont puissants!
(CORNEILLE.)
Ha! l'homme savant, on vous y prend aussi!
(DOMERGUE.)
Eh! la peur se corrige-t-elle?
(LA FONTAINE.)
Oh! que la nature est sèche, qu'elle est vide, quand elle est expliquée par des sophistes!
(CHATEAUBRIAND.)
Hélas! est-ce une loi sur notre pauvre terre,
Que toujours deux voisins auront entre eux la guerre!
(ANDRIEUX.)

Ouf! hai! je n'en puis plus.
(REGNARD.)
Elle m'étrangle..... *ay! ay!*
(RACINE.)
Aye! ouf! on m'estropie.
(VOLTAIRE.)
Ma robe vous fait honte, un fils de juge, *ah! fi!*
(RACINE.)
Pouah! pouah! Seigneur, mon âme n'a pas été souillée.
(VOLTAIRE.)

Lorsque nous éprouvons une émotion vive, imprévue, notre âme est trop fortement impressionnée, trop brusquement saisie pour nous permettre d'exprimer notre sentiment par plusieurs mots. Un cri s'échappe de notre bouche, et peint avec vérité la vivacité du sentiment qui vient de nous surprendre. Tels sont *ah! aïe! oh! hélas!* etc.

Cette nouvelle espèce de mots a pour objet d'exprimer l'exclamation.

Les interjections et les exclamations, qui sont le langage de la passion, furent les premiers éléments du langage. C'est par ces cris expressifs, accompagnés de gestes, que les hommes s'efforçaient de se communiquer leurs sensations.

Les mots imprimés en italique servant à peindre les émotions vives, imprévues de notre âme, ces émotions qui se traduisent par un cri qu'on *jette* au milieu du discours, s'appellent *interjections*, d'un mot latin qui veut dire *jeté au milieu*.

EXERCICE PHRASÉOLOGIQUE.

Ah! que je suis heureux! et que j'ai de plaisir
De trouver une femme au gré de mon désir. (MOLIÈRE.)
Ha! vous êtes dévot, et vous vous emportez! (*Id.*)
Eh! qui n'a pas pleuré quelque perte cruelle? (DELILLE.)
Hé! monsieur, peut-on voir souffrir les malheureux! (RACINE.)
Oh! qu'il est cruel de n'espérer plus. (FÉNELON.)

Tout passe donc, *hélas!* ces globes inconstants
Cèdent comme le nôtre à l'empire du temps. (DE FONTANES.)
Aïe, aïe! à l'aide! au meurtre, au secours, on m'assomme!
Ah! ah! ah! ah! ah! ah! ô traître! ô bourreau d'homme!
(MOLIÈRE.)

SUBDIVISIONS DES INTERJECTIONS.

N° DCCCXVII.

INTERJECTIONS D'ADMIRATION, D'ÉTONNEMENT.

Ah! je les reconnais mes aimables abeilles.
(DELILLE.)
Ha! vous êtes dévot, et vous vous emportez!
(MOLIÈRE.)
Oh! dit-il, qu'est ceci? ma femme est-elle veuve?
(LA FONTAINE.)
Ho! ho! les grands talents que votre esprit possède!
(MOLIÈRE.)

Hé! laissez-nous, *euh! euh!*
(RACINE.)
Beaux-arts, *eh!* dans quel lieu n'avez-vous droit de plaire.
(DELILLE.)
Ha! ha! monsieur est Persan?
(MONTESQUIEU.)

Les interjections qui marquent l'étonnement sont : *ah! ha! oh! ho! ô! heu! euh! eh! hé! ha, ha! oh! ho! tarare!* etc.

N° DCCCXVIII.

INTERJECTIONS DE DOULEUR, D'AFFLICTION.

Ah! pleure, fille infortunée! (RACINE.)
Tout passe donc, *hélas!* (DE FONTANES.)
Oh! qu'il est cruel de n'espérer plus!
(FÉNELON.)

Eh! qui n'a pas pleuré quelque perte cruelle!
(DELILLE.)
Ouf! je me sens déjà pris de compassion.
(RACINE.)

Les interjections qui expriment la douleur, l'affliction, sont : *ah! oh! eh! ouf! aïe! ahi! aye! hélas! holà!* etc.

N° DCCCXIX.

INTERJECTIONS DE DÉRISION, DE DÉFIANCE, D'IRONIE.

Ouais! ce maître d'armes vous tient bien au cœur!
(MOLIÈRE.)
Oui-dà! l'état de veuve est une douce chose.
(LA FONTAINE.)

Hum! je soupçonne ici quelque anguille sous roche.
(FABRE D'ÉGLANTINE.)
Ah! ah! l'homme de bien, vous vouliez m'en donner?
(MOLIÈRE.)

Les interjections qui marquent la dérision, la défiance, l'ironie, sont : *oui-dà! ah! hum! hom! ouais!*

N° DCCCXX.

INTERJECTIONS D'AVERSION, DE MÉPRIS.

Fi! ne m'approchez pas! votre haleine est empestée.
(MOLIÈRE.)
Foin du loup et de sa race!
(LA FONTAINE.)

Pouah! vous m'engloutissez le cœur.
(MOLIÈRE.)

Les interjections qui réveillent une idée d'aversion, de mépris, sont : *fi! fi donc! pouah! bah! baste! hon! zeste!*

N° DCCCXXI.

INTERJECTIONS POUR APPELER, QUESTIONNER, SONDER.

Hé bien! à me venger n'est-il pas préparé ?
(Racine.)
Hé! hé! d'où vient donc ce plaisant mouvement ?
(Molière.)
Juste ciel! qu'entends-je ? *hem!* que dites-vous ? Milord Monrose condamné à….. (Voltaire.)
Ah! c'est qu'il est d'heureuses sympathies, *Hein!* qu'en dis-tu, ma fille ?
(Collin d'Harleville.)

Ho! venez ici. (Académie.)
Holà! quelqu'un, qu'on appelle Nanine.
(Voltaire.)
Holà! monsieur Robinet, monsieur Robinet, approchez-vous du monde. (Molière.)
A-t-il l'air d'un père qui querelle ?
Hein! comme sa surprise a paru naturelle ?
(Piron.)
St! st! un mot. (Boursault.)

Les interjections qui servent à appeler, à questionner, à sonder, sont : *hé! hé bien! hem! hein! ho! holà! oh là! heim! st!*

N° DCCCXXII.

INTERJECTIONS POUR IMPOSER SILENCE.

Chut! chut! parlez donc bas.
(Collin d'Harleville.)

St! paix! rangeons-nous chacun immédiatement, contre un des côtés de la porte.
(Molière.)

Les interjections destinées à imposer silence, sont : *chut! st! paix!*

Nous ne nous étendrons pas davantage sur cette classification très-compliquée et très-difficile. Considérées sous le rapport de l'expression, les interjections se divisent en interjections pures et simples, comme *ah! eh! fi! oh!* en locutions interjectives, *eh bien! tout beau! allons! morbleu!* et en mots pris accidentellement comme interjections : *bon! courage! ferme! miséricorde!* etc.

TABLEAU DES INTERJECTIONS.

N° DCCCXXIII.

INTERJECTIONS PURES OU SIMPLES.

Ah!	**Ha!**	**Oh!**
Ahi!	**Hélas!**	**Ouais!**
Bah!	**Heu!**	**Ouf!**
Chut!	**Holà!**	**Paf!**
Crac!	**Ho!**	**Parbleu!**
Dà!	**Hem!**	**Pouah!**
Dia!	**Hein!**	**Pouf!**
Diantre!	**Hu!**	**St!**
Eh!	**Hum!**	**Sus!**
Fi!	**Hé!**	**Zest!**
Gare!	**O!**	

LOCUTIONS INTERJECTIVES.

Fi donc !	Hi ! hi !	Or çà !
Ha ! ha !	Hé bien !	Plaît-il !
Ho ! ho !	Eh bien !	Tout beau !
Ho çà !	Oui dà !	Etc., etc.

MOTS PRIS ACCIDENTELLEMENT COMME INTERJECTIONS.

Allons !	Dieu !	Peste !
Bon !	Ferme !	Plaît-il !
Çà !	Miséricorde !	Quoi !
Courage !	Paix !	Silence !
Ciel !		

EXERCICE ANALYTIQUE.

Ah ! s'il est un heureux, c'est sans doute un enfant. (VILLEFRÉ.)
Bon ! parlez-lui du ciel, il répond d'un sourire. (CORNEILLE.)
Chut ! je veux à vos yeux leur en faire un affront. (MOLIÈRE.)
Mal d'où, diantre, après tout, avez-vous su la ruse ? (*Id.*)
Fi ! cela sent mauvais, et je suis tout gâté. (*Id.*)
Hé bien ! c'en est donc fait ! vous n'avez plus d'ami ! (CORNEILLE.)

. . . . *Loin* de toi !
T'avais-je pas recommandé, gros âne,
De ne rien dire et de demeurer coi ? (LA FONTAINE.)
Hélas ! sans la santé, que m'importe un royaume ! (*Id.*)
Ho ! ho ! qui te peut amener ? (MOLIÈRE.)
Holà, ho ! Sganarelle. (*Id.*)

DES INTERJECTIONS PROPREMENT DITES (1).

N° DCCCXXIV.

Ah ! ha !

Ah !

Ah ! que je suis heureux ! et que j'ai de plaisir
De trouver une femme au gré de mon désir !
(MOLIÈRE.)

Ah ! pleure, fille infortunée,
Ta jeunesse va se flétrir
Dans sa fleur trop tôt moissonnée !
(CAS. DELAVIGNE.)

Ah ! que de la vertu les charmes sont puissants !
(TH. CORNEILLE.)

Mais quel bourdonnement a frappé mes oreilles ?
Ah ! je les reconnais, mes aimables abeilles.
(DELILLE.)

Ah ! ah ! l'homme de bien, vous vouliez m'en donner ?
(MOLIÈRE.)

Ha !

Ha ! vous êtes dévot, et vous vous emportez ?
(MOLIÈRE.)

Ha ! voyons donc, qu'est-ce que l'éloquence ?
(FÉNELON.)

Ha ! ha ! monsieur est Persan ? comment peut-on être Persan ?
(MONTESQUIEU.)

Ha ! l'homme savant, on vous y prend aussi.
(DOMERGUE.)

Je gage mes oreilles
Qu'il est dans quelque allée à bayer aux corneilles,
S'approchant à pas lents d'un *haha* qui l'attend,
Et qu'il n'apercevra qu'en s'y précipitant.
(PIRON.)

L'interjection *ah !* exprime la joie, la douleur, l'admiration, l'étonnement, etc., une émotion profonde, ou qui a quelque durée.

Ha ! exprime un sentiment subit : l'étonnement, la surprise, l'effroi. *Ah !* comme l'a remarqué Boniface, à un son prolongé ; *ha !* n'a qu'un son bref. Cette différence de pro-

---

(1) Cette partie est entièrement due aux soins d'un de nos plus habiles grammairiens, M. Dessiaux, membre de la Société grammaticale de Paris, de la Société royale des sciences, lettres et arts d'Orléans, auteur de l'*Examen critique de la Grammaire des grammaires*, l'un des rédacteurs du *Journal grammatical*, directeur de l'école supérieure d'Issoudun.

nonciation indique assez la valeur de ces interjections. Lemare ne reconnaît qu'un sens à ces expressions. Selon lui, *ah!* signifie *je le sens vivement* ou *je suis profondément affecté*; c'est une erreur : le son *ah* nous est si naturel que nous le prononçons à chaque instant et dans des situations diamétralement opposées, souvent sans être profondément affectés. Le même grammairien dit que *ha!* signifie uniquement *je suis grandement surpris*; mais dans la crainte, la douleur, l'impatience, on peut employer *ha*, si la circonstance l'exige.

Haha, devenu substantif, désigne une ouverture faite au mur d'un jardin, avec un fossé en dehors. Ce mot est le cri de surprise que pousse celui qui, croyant passer par cette ouverture, se trouve arrêté par le fossé.

EXERCICE PHRASÉOLOGIQUE.

Ah! que je suis aise!
Ah! ah! je vous vois!

Ah! qu'il est malheureux!
Ah! ah! quel plaisir de vous voir!

Ha! je vous y prends.
Ha! ha! monsieur se dit savant.

N° DCCCXXV.

Eh! hé!

Eh!

Mène-moi vers Péan : rends un fils à son père.
Eh! que je crains, ô ciel! que la Parque sévère
De ses ans loin de moi n'ait terminé le cours!
(LA HARPE.)

Eh! qui n'a pas pleuré quelque perte cruelle?
(DELILLE.)

Beaux-arts, *eh!* dans quel lieu n'avez-vous droit de plaire?
Est-il à votre joie une joie étrangère?
(Id.)

Corrigez-vous, dira quelque sage cervelle.
Eh! la peur se corrige-t-elle?
(LA FONTAINE.)

Eh quoi! ton âme sombre et tes yeux éblouis
N'osent-ils contempler le siècle de Louis?
(LEBRUN.)

Eh bien! manger moutons, canaille, sotte espèce,
Est-ce un péché? Non, non, vous leur fîtes, seigneur,
En les croquant beaucoup d'honneur.
(LA FONTAINE.)

Eh bien donc! par l'ennui ramené dans la ville,
Quittant nonchalamment ton bonnet de velours,
Tu vas donc seul bientôt bâiller au Luxembourg.
(DUCIS.)

Hé!

Hé! mon Dieu, nos Français si souvent redressés,
Ne prendront-ils jamais un air de gens sensés?
(MOLIÈRE.)

Hé! madame, l'on loue aujourd'hui tout le monde,
Et le siècle par là n'a rien qu'on ne confonde.
(Id.)

Hé! monsieur, peut-on voir souffrir les malheureux?
(RACINE.)

O passion du jeu! *hé quoi!* l'homme en délire,
Même avec des hochets se blesse et se déchire!
(LEMIERRE.)

Ah! le pauvre lui-même est riche en espérance,
Et chacun redevient Gros-Jean comme devant;
Hé bien! chacun du moins fut heureux en rêvant.
(COLLIN D'HARLEVILLE.)

Hé bien! à me venger n'est-il pas préparé?
— Je ne sais.
(RACINE.)

Hé, hé! d'où vient donc ce plaisant mouvement?
(MOLIÈRE.)

Hé bien, madame, hé bien! ils seront satisfaits.
(Id.)

La valeur principale des interjections *eh! hé!* est d'attirer l'attention sur ce qui va être dit; de là leur emploi en apostrophe, en interrogation. Comme ces interjections se prononcent dans une foule de sentiments, *hé! hé quoi! hé bien!* conviennent mieux aux émotions violentes et instantanées; *eh! eh quoi! eh bien!* aux émotions prolongées ou profondes. Dans ce cas, ainsi que dans le précédent, le sens est d'accord avec la prononciation. Les écrivains ont souvent confondu ces interjections, et Racine emploie presque toujours *hé!*

Les mots *quoi*, *bien*, qui font partie du style interjectif, viennent ajouter une force et une valeur particulière à ces expressions.

Hé sert aussi à appeler quelqu un. Piron, qui avait besoin d'une rime féminine, a dit dans *la Métromanie :*

Holà ! *hée* !
Que l'on aille chercher monsieur de l'Empirée.

Cette orthographe me paraît conforme à la prononciation dans ce cas ; l'on commence par une légère aspiration pour donner une certaine force à la voix, et l'on prolonge ensuite le son pour être entendu.

Beaumarchais, dans *le Mariage de Figaro*, fait dire au comte : *S'il payait... Eeeeh! n'ai-je pas le fier Antonio dont le noble orgueil dédaigne en Figaro un inconnu pour sa nièce?* Cette interjection *éeeeh*, qui se trouve plusieurs fois dans le même auteur, se prononce longuement, et finit par une légère aspiration. Les écrivains ont le droit d'écrire les interjections comme ils les prononcent, afin de leur faire produire l'effet qu'ils en attendent.

EXERCICE PHRASÉOLOGIQUE.

Eh ! je vais vous le dire.
Eh quoi ! vous vous plaignez ?

Eh bien ! laissez-le parler.
Eh quoi ! n'est-ce que cela ?

Hé bien ! que diras-tu ?
Hé bien ! en venez-vous à bout ?

N° DCCCXXVI.

O! oh! ho!

I.

O!

O! combien d'actions, combien d'exploits célèbres,
Sont demeurés sans gloire au milieu des ténèbres (1)!
(CORNEILLE.)

O! si la sagesse était visible, de quel amour les hommes s'enflammeraient pour elle !
(D'OLIVET.)

Il en coûte à qui vous réclame,
Médecins du corps et de l'âme,
O temps! *ô* mœurs! j'ai beau crier,
Tout le monde se fait payer.
(LA FONTAINE.)

O çà ! je suis ravi de vous voir tous ensemble ;
Parlons de bonne foi sur ce qui nous rassemble.
(BOURSAULT.)

Oh!

Oh! que la nature est sèche, qu'elle est vide, quand elle est expliquée par des sophistes!
(CHATEAUBRIAND.)

Oh! qu'il est cruel de n'espérer plus.
(FÉNELON.)

Oh bon! quelle folie! Êtes-vous de ces gens Soupçonneux, ombrageux ? croyez-vous aux méchants?
(GRESSET.)

Oh bien! je vous apprends que vous vous abusiez.
(REGNARD.)

Oh çà ! maître Jacques, approchez-vous, je vous ai gardé pour le dernier.
(MOLIÈRE.)

O! oh! marquent également un sentiment d'admiration, d'exaltation ; mais *ô*, plus grave, tient à une émotion plus profonde ; il sert aussi dans l'apostrophe oratoire, et ne prend pas alors le signe de ponctuation immédiatement après lui. Fénelon fait un fréquent usage de cette interjection dans Télémaque. *Oh bon! oh bien! oh çà ! ô çà !* sont de style familier.

II.

Oh!

Oh! dit-il, qu'est-ce ci ? Ma femme est-elle veuve ?
(LA FONTAINE.)

Oh, oh! ma fille, on nous fait des affaires
Qui font dresser les cheveux aux beaux-pères.
(VOLTAIRE.)

Ho!

Inconstant! *Ho!* voilà votre mot ordinaire.
Eh! c'est pour ne pas être inconstant ; au contraire,
Qu'on me voit sur mes pas revenir tout exprès.
(COLLIN D'HARLEVILLE.)

---

(1) Comment des exploits célèbres peuvent-ils être sans gloire ?

Oh, oh! je n'y prenais pas garde;
Tandis que sans songer à mal je vous regarde,
Votre œil en tapinois me dérobe mon cœur.
(Molière.)

J'ai poussé jusqu'au bout un projet si hardi.
—Ho, ho! les grands talents que votre esprit possède!
(Molière.)

Ho! venez ici.
(Académie.)

Oh! oh, oh! marquent aussi l'étonnement d'une personne qui s'avise, comme l'a remarqué Molière dans sa comédie des *Femmes savantes*, où il fait le commentaire des vers que nous venons de citer. Ho! ho, ho! marque particulièrement une invitation de s'arrêter, d'écouter; il tient de la contradiction; cette interjection sert encore pour appeler.

Les interjections *ah, ha*; *eh, hé*; *oh, ho*, peuvent se répéter. Si cette répétition se fait rapidement, on ne doit les séparer que par une simple virgule, la sensation est unique quoique l'expression soit double; si la sensation était double comme l'expression, il faudrait mettre un point exclamatif après chaque interjection.

De même, lorsque certains mots interjectifs se joignent aux interjections proprement dites, comme dans le numéro précédent, il faut ponctuer comme le sentiment le réclame; aussi trouve-t-on *oh! bon!* et *oh bon! oh! bien!* et *oh bien!* On trouve *oooh!* dans Beaumarchais. (V. page 855.)

EXERCICE PHRASÉOLOGIQUE.

Oh! je l'aurais parié.
Oh! oh! vous en venez aux gros mots.

Oh bon! le voilà pris.
Oh bien! nous le tenons.

Ho! vous n'en finirez donc pas.
Ho! venez.

N° DCCCXXVII.

Holà! ho, là! çà, là.

Holà!

Holà! quelqu'un, qu'on appelle Nanine;
C'est mon malheur qu'il faut que j'examine.
(Voltaire.)

Holà! ne pressez pas tant la cadence, je ne fais que sortir de maladie (1).
(Molière.)

Ho, là!

Ho, là! monsieur Bobinet, monsieur Bobinet, approchez-vous du monde. (Molière.)

Ho, là, ho! descendez que l'on ne vous le dise,
Jeune homme, qui menez laquais à barbe grise (2).
(La Fontaine.)

Holà sert à appeler quelqu'un d'absent, ou simplement à avertir; c'est la réunion de *ho* et de *là*, qui signifient *arrêtez là*. Les adverbes de lieu *là* et *çà*, détournés de leur signification primitive, sont devenus eux-mêmes de vrais interjectifs. Nous avons déjà vu *o çà* et *oh çà*; on trouve encore *ah çà!* dans les comédies de Beaumarchais et ailleurs.

Çà, voudriez-vous être persuadée?
(J.-B. Rousseau.)
Çà! messieurs les chevaux, payez-moi de ma peine.
(La Fontaine.)
Or çà, verbalisons.
(Racine.)

Là, ne vous troublez point, répondez à votre aise.
(Racine.)
En les voyant pleurer, mon âme est attendrie.
Là, là, consolez-vous, je suis encore en vie.
(Regnard.)

Çà, c'est-à-dire, venez *çà* pour écouter. Cette interjection sert à commander, à encourager. *Là* sert à apaiser, à calmer.

EXERCICE PHRASÉOLOGIQUE.

Holà! les gens, arrêtez.
Holà! holà! faut-il courir après vous?

Ho, là! arrivez donc.
Ho, là, ho! réveillez-vous.

(1) On dirait aujourd'hui *je ne fais que* DE *sortir de maladie*. Cette distinction n'était pas établie alors.

(2) On trouve le plus souvent *oh! là, haut!* Nous pensons avec le judicieux Lemare que cette orthographe t vicieuse.

N° DCCCXXVIII.

Hélas! las! hé, là!

Hélas!

Hélas! est-ce une loi sur notre pauvre terre,
Que toujours deux voisins auront entre eux la guerre!
(ANDRIEUX.)

Tout passe donc, *hélas!* ces globes inconstants
Cèdent comme le nôtre à l'empire du temps.
(DE FONTANES.)

Hélas! on voit que de tout temps
Les petits ont pâti des sottises des grands.
(LA FONTAINE.)

Hé, là!

Hé, là! tout doucement. — *Hé, là! hé, là!* mon petit ami.
(MOLIÈRE.)

Il a l'air noble, et même certains traits
Qui m'ont touché. *Là!* je ne vois jamais
De malheureux à peu près de son âge,
Que de mon fils la douloureuse image
Ne vienne alors, par un retour cruel,
Persécuter ce cœur trop paternel.
(VOLTAIRE.)

Hélas! exprime principalement la tristesse, la douleur morale : tantôt il précède, tantôt il suit la réflexion. *Las*, abréviation de *hélas*, n'a vieilli que dans le haut style, et c'est tant pis ; les poètes doivent combattre un ridicule usage et réhabiliter cette interjection. *Hé, là!* sert à arrêter, à réprimer, à calmer.

EXERCICE PHRASÉOLOGIQUE.

Hélas ! nous sommes trahis !   Las ! comment vous contenter ?   Hé, là ! pas si vite.

N° DCCCXXIX.

Heim! hem! hein! hen!

Heim! hem!

Tu lui vas avouer les choses toutes pures,
Et je te donnerai, moi, de ces confitures
Si brillantes de sucre, et dont tu fais grand cas,
Heim! pour te faire voir que moi je ne mens pas.
(FABRE D'ÉGLANTINE.)

A-t-il l'air d'un père qui querelle?
Heim! comme sa surprise a paru naturelle!
(PIRON.)

Juste ciel! qu'entends-je! *hem!* que dites-vous? milord Monrose condamné à... (VOLTAIRE.)

Hem! hem! viens çà. (ACADÉMIE.)

Hein! hen!

Ah! c'est qu'il est d'heureuses sympathies,
Hein! qu'en dis-tu, ma fille!
(COLLIN D'HARLEVILLE.)

Plusieurs femmes pleuraient, mais surtout une blonde
Me parut — belle, *hein!* — la plus belle du monde.
(BARON.)

Hein! rusée signora. (BEAUMARCHAIS.)

Hen, hen! quand il y aura des accompagnements là-dessus, nous verrons encore, messieurs de la cabale, si je ne sais ce que je dis. (Id.)

Heim a un son moins aigu que *hein*, il marque le sentiment qu'éprouve une personne qui s'arrête avec complaisance sur la pensée qui l'occupe, et qui cherche à en pénétrer celui à qui elle parle. *Hein* sert pour interroger ou sonder la personne à qui l'on s'adresse; mais il ne s'emploie qu'entre gens qui ont ensemble une grande familiarité. *Hein* peut avoir encore d'autres sens. Quant à la valeur de l'interjection *hen, hen!* elle se sent mieux qu'elle ne s'explique. Elle se prononce à peu près comme *hein*, c'est le seul trait de ressemblance qui existe entre ces interjections. *Hem*, dont le *m* final se fait sentir, sert pour appeler et a de l'analogie avec *hé*.

EXERCICE PHRASÉOLOGIQUE.

Heim ! comme il a été joué !
Hem, hem ! accourez tout de suite.

Hein ! êtes-vous le maître ?
Hen, hen ! c'est un habile homme.

N° DCCCXXX.

Hai! haie! ay!

Ouf! hai! je n'en puis plus, vous serrez le sifflet;
Mais, monsieur, jusqu'au bout lisez donc le billet.
(REGNARD.)

Dans *le Menteur* de Corneille, Clarice, en faisant un faux pas, prononce le monosyllabe *hai!* Claudine — *hai!* — Ah! que tu es rude à de pauvres gens. — *Hai!* je te donnerai sur le nez.
(MOLIÈRE.)

Hai, hai! mon petit nez, pauvre petit bouchon,
Tu ne languiras pas longtemps, je t'en réponds.
(MOLIÈRE.)

Haie, haie! ceci ne vaut pas le diable.
(DANCOURT.)

Ay!... Petit-Jean, Petit-Jean...
Que diable! si matin que fais-tu dans la rue?
(RACINE.)

Elle m'étrangle... Ay, ay! (*Id.*)

L'interjection *hai!* marque la surprise, la douleur, l'avertissement, quelquefois même la satisfaction. *Haie!* marque le mécontentement, la crainte, la surprise avec sensation prolongée, etc. Quant à *ay*, nous ne l'avons trouvé que dans les *Plaideurs* de Racine; ce n'est peut-être que l'interjection *hai* diversement écrite, ou bien c'est l'interjection *aye* moins l'*e* final.

EXERCICE PHRASÉOLOGIQUE.

Hai! vous me faites mal.   Haie! c'est bien mauvais.   Ay, ay! vous voulez donc m'étouffer?

N° DCCCXXXI.

Aïe! ahi! aye! ouf!

Aïe! ahi!

Aïe, aïe! à l'aide! au meurtre! au secours, on m'assomme!
Ah! ah! ah! ah! ah! ah! O traître! ô bourreau d'homme!
(MOLIÈRE.)

Ahi! ahi! ahi!
Vous ne m'aviez pas dit que les coups en seraient! (*Id.*)

Aye! ouf!

Voilà ton père! — Oooh! *aye* de moi!
(BEAUMARCHAIS.)

Aye! ouf! on m'estropie.   (VOLTAIRE.)

Nous croyons que *aïe* et *aye* ne sont que la même interjection écrite différemment, et qu'il faut prononcer ces monosyllabes à peu près comme le mot *ail* (espèce d'ognon). *Ahi* est de deux syllabes, et a le même sens que les deux autres. Ces trois interjections expriment un sentiment de douleur physique. *Ouf!* exprime de plus l'étouffement que produit une émotion violente, l'anxiété, l'angoisse :

Ouf! je me sens déjà pris de compassion :
Ce que c'est qu'à propos toucher la passion!   (RACINE.)

Nous avons dû remarquer, et nous aurons occasion de remarquer encore, que les écrivains emploient souvent plusieurs interjections de suite, et quelquefois même des interjections d'une nature différente, pour produire plus d'effet.

EXERCICE PHRASÉOLOGIQUE.

Aïe, aïe! vous me tuez.
Ahi, ahi, le bourreau!

Aye, je suis blessé.
Ouf! je n'en puis plus.

N° DCCCXXXII.

Hom! hon! hum!

Hom!

Cela ne vaut-il pas bien une prise de casse? — *Hom!* de bonne casse est bonne. (MOLIÈRE.)

Elle employait l'art des subtiles trames
De ces filets où l'amour prend les âmes.
Hom! la coquette. (VOLTAIRE.)

Lisons. *Hom!... hom!* « Vous méritez de me charmer.
» Je sens à vos vertus ce que je dois d'estime,
» Mais je ne saurais vous aimer. » (Id.)

Hon! hum!

« Vous n'avez qu'à y venir, je vais vous y attendre. *Hon!* l'extravagant. (REGNARD.)

Si vous êtes médecins, je n'ai que faire de vous, et je me moque de la médecine. — *Hon! hon!* Voilà un homme plus fou que nous ne pensons. (MOLIÈRE.)

Hum! je soupçonne ici quelque anguille sous roche. (FABRE D'ÉGLANTINE.)

Hum! grand escogriffe; il est sourd (1). (BEAUMARCHAIS.)

Hom, hon, hum, marquent mécontentement, contradiction; mais *hom* exprime de plus doute et méfiance. *Hon*, dont le son est plus bref, exprime retour et sentiment de difficulté; *hum*, pressentiment, réticence, impatience.

EXERCICE PHRASÉOLOGIQUE.

Hom! le faquin.
Hom! hom! voyons cela.

Hon! hon! voilà les hommes.
Hum! grand sot.

N° DCCCXXXIII.

Euh! heu!

Euh!

Chrysale, dans *les Femmes savantes*, voulant savoir pourquoi on chasse Martine, et ayant reçu déjà des réponses négatives à plusieurs questions, dit, avec réticence :

Comment? diantre! friponne! *euh!* a-t-elle com- (MOLIÈRE.) [mis...?

L'Intimé interrompu, et voulant continuer de parler, s'écrie :

Hé! laissez-nous... *euh! euh!* (RACINE.)

Heu!

C'est une comédie nouvelle. — Quelque drame encore; quelque sottise d'un nouveau genre. — Je n'en sais rien. — *Heu! heu!* les journaux et l'autorité nous en feront raison. (BEAUMARCHAIS.)

Heu! voilà ce que c'est d'étudier! (MOLIÈRE.)

Euh et *heu* marquent également l'admiration, mais ils sont du style familier. *Euh* marque de plus appréhension, ennui, impatience, surtout quand il est redoublé. *Heu* s'emploie ironiquement.

EXERCICE PHRASÉOLOGIQUE.

Euh! allez-vous-en.

Heu! heu! est-ce vous qui nous l'apprendrez.

---

(1) Figaro parle ainsi à don Bazile, qui ne veut pas comprendre leur stratagème.

N° DCCCXXXIV.

Ouais! voi! pou-ou!

Ouais!

Mon choix sera suivi, c'est un point résolu.
— *Ouais!* vous le prenez là d'un ton bien absolu.
(MOLIÈRE.)

Ouais! vous êtes bien obstinée, ma femme.
(*Id.*)

Ouais! ce maître d'armes vous tient bien au cœur.
(*Id.*)

Voi! pou-ou!

J'irais trouver mon juge et lui dirais. — Oui. — *Voi!*
Et lui dirais : Monsieur. — Oui, monsieur. — Liez-moi.
(RACINE.)

Pour profiter de cette douce liberté, j'annonce un écrit périodique, et, croyant n'aller sur les brisées d'aucun autre, je le nomme JOURNAL INUTILE. *Pou-ou!* je vois s'élever contre moi mille pauvres diables à la feuille; on me supprime, et me voilà de rechef sans emploi. (BEAUMARCHAIS.)

Ouais, voi, pou-ou, ont cela de commun qu'ils marquent l'étonnement; mais *ouais* marque de plus mécontentement, et quelquefois pitié. Chicaneau, souvent interrompu par la comtesse de Pimbesche, prononce le monosyllabe *voi!* et reprend son discours. Nous n'avons pas trouvé ailleurs cette interjection, qui nous paraît être la même que *ouais*. *Pou-ou* est le cri que jette Figaro en pensant combien il s'abusait, combien ses espérances ont été déçues. Il ne faut pas contester aux écrivains le droit de créer des interjections. Souvent dans la conversation il en échappe qui ne sont écrites nulle part, et qui n'en sont ni moins expressives, ni moins bonnes.

EXERCICE PHRASÉOLOGIQUE.

Ouais! vous êtes bien insupportable.   Voi! cela ne se peut pas.   Pou-ou! tout le monde s'indigne.

N° DCCCXXXV.

Fi, foin! pouah!

Fi!

Ma robe vous fait honte, un fils de juge, ah! *fi!*
(RACINE.)

Fi donc! d'un médecin ma maîtresse être femme!
Tous ces gens-là, madame, à l'intérêt soumis,
Haïssent la santé jusque chez leurs amis.
(BRET.)

Fi du plaisir que la crainte peut corrompre!
(LA FONTAINE.)

Foin! pouah!

Foin de moi!   (RACINE.)
Foin du loup et de sa race. (LA FONTAINE.)

Fi! ne m'approchez pas! votre haleine est empestée... *Pouah!* vous m'engloutissez le cœur.
(MOLIÈRE.)

Pouah! pouah! seigneur, mon âme n'a pas été souillée.
(VOLTAIRE.)

Fi, foin, pouah expriment dédain, répugnance, mépris. Mais *fi* sert particulièrement à réveiller, à inspirer la honte, l'éloignement; *foin* marque imprécation, il est presque toujours suivi d'un complément; *pouah* exprime le dégoût. *Fi* est du style tempéré, *foin* du style familier, *pouah* du style populaire. Quant à *pouais* et à *pouas* qu'indique Lemare, au lieu de *pouah!* nous ne les avons trouvés nulle part.

EXERCICE PHRASÉOLOGIQUE.

Fi donc! me prêter un tel sentiment.   Foin de tout son esprit!   Pouah! la vilaine bête!

N° DCCCXXXVI.

Bah! baste! zest!

Bah! baste!

Malgré vous et les vôtres,
On vous fera bien voir.—*Bah!* j'en ai vu bien d'autres.
(FABRE D'EGLANTINE.)

C'est vous qui me gênez;
Et c'est ma place aussi que vous prenez.
— *Bah! bah!*   (COLLIN D'HARLEVILLE.)

Baste! laissons là ce chapitre, il suffit que nous savons ce que nous savons.   (MOLIÈRE.)

Zest!

Il soit dit que sur l'heure il se transportera
Au logis de la dame, et là, d'une voix claire,
Devant quatre témoins assistés d'un notaire,
(*Zeste!*) ledit Hiérôme avoûra hautement
Qu'il la tient pour sensée et de bon jugement.
(RACINE.)

Il se vante de faire telle chose, *zest!*
(ACADÉMIE.)

Bah marque l'insouciance, l'incrédulité, le peu de cas que l'on fait des menaces ou des paroles d'autrui. *Baste* marque aussi l'insouciance, la résolution et l'ennui que cause ce qu'on vient d'entendre. On trouve quelquefois *bast*. Quand Chicaneau prononce *zeste* en lisant l'exploit que lui adresse la comtesse de Pimbesche, il veut faire entendre qu'il se soucie fort peu de ce qu'on lui dit. Sans la contrainte de la mesure, Racine aurait écrit *zest*, orthographe ordinaire de cette interjection.

Nous avons trouvé dans le *Dictionnaire des Dictionnaires* l'analyse de l'interjection *bah!* que nous avions cherchée long-temps, analyse précieuse, qui confond l'imagination, et dont nous serions vraiment fâchés de priver nos lecteurs. La voici : « *Bah!* interjection qui équivaut à : *Mon étonnement est* BAS, c'est-à-dire : *J'y mets peu d'importance.* » O don Quichotte! où es-tu? toi qui prenais des montagnes pour des géants!.... Comment, M. Darbois, vous pensez sérieusement que *bah* signifie *mon étonnement est* BAS?... Ah! bah!... vous voulez rire... Au fait, on dit bien qu'*Equus* vient d'*Alphana*.

EXERCICE PHRASÉOLOGIQUE.

Bah! je ne le croirai jamais.   Baste! il faut un peu de philosophie.   Il pense nous en faire accroire, zest

N° DCCCXXXVII.

Chut! motus! st!

Chut! motus!

Chut! n'offensez pas ces messieurs (les médecins et les apothicaires).   (MOLIÈRE.)

Chut! chut! parlez donc bas;
Surtout jamais de lui; vous n'y pensez donc pas?
(COLLIN D'HARLEVILLE.)

Motus! il ne faut pas dire que vous m'avez vu sortir de là.   (MOLIÈRE.)

St!

St! paix! rangeons-nous chacune immédiatement contre un des côtés de la porte.   (MOLIÈRE.)

St, st! ramassez vite, et sauvez-vous.
(BEAUMARCHAIS.)

St! st! un mot; comme amis l'un de l'autre,
Buvez à ma santé, je vais boire à la vôtre.
(BOURSAULT.)

Chut, motus, sont également employés pour engager à faire silence; *motus* sert en outre à exhorter à la discrétion. *St!* sert aussi pour appeler quelqu'un à voix basse.

(859)

EXERCICE PHRASÉOLOGIQUE.

Il vient. Chut !   Je vais vous le dire, mais motus !   St ! st ! par ici.

N° DCCCXXXVIII.

Sus! tarare! alerte! bravo! vivat! oui-dà!

EXEMPLES.

Sus! que de ma maison on sorte de ce pas.
(MOLIÈRE.)
Sus! Dave, il n'est plus temps de bayer aux cor-
(BARON.) [neilles.
Peut-être la beauté. — *Tarare!* la beauté! la
beauté! C'est bien la beauté, vraiment, qui prend
un homme comme lui. (BRUEYS.)
Tarare!... il ne l'aura jamais.
(BEAUMARCHAIS.)
Sois mon trompette, et sonne les alarmes;
Point de quartier, marchons, *alerte!* aux armes!
(VOLTAIRE.)
Alerte! alerte! on vient d'enlever ma pupille.
(FABRE D'ÉGLANTINE.)
Bravo! voilà mon homme; allons, vite, qu'il vienne.
(COLLIN D'HARLEVILLE.)
Monsieur l'homme accompli, du moins qui croyez
[l'être,
Prenez, prenez leçon, car voilà votre maître.
Bravo! bravo! bravo! (PIRON.)
Ah! *vivat!* j'ai gagné ma cause.
(DANCOURT.)
Vive, vive Crispin! et *vivat* la folie!
(REGNARD.)
J'ai fait vœu d'être veuve, et je le veux tenir.
— *Oui-dà!* l'état de veuve est une douce chose;
On a plusieurs amants sans que personne en glose.
(REGNARD.)

EXPLICATIONS.

Sus s'emploie pour exhorter à marcher, à agir, à sortir de l'apathie.

Tarare marque l'incrédulité, l'ironie et souvent la colère, comme dans la phrase de Beaumarchais que prononce Antonio irrité.

Alerte, devenu substantif, est un cri pour semer l'alarme et l'effroi. Cette expression est tirée de l'italien *al l'erta,* qui signifie *sur un lieu élevé;* c'est comme si l'on criait : Sortez de vos maisons!

Bravo! est un adverbe italien employé en interjection; il signifie *très-bien! bravement!*

Vivat, troisième personne du présent subjonctif du verbe latin *vivere,* a le même sens que *vive* en français. Il marque la joie, l'allégresse.

Oui-dà, ordinairement particule ou adverbe affirmatif, a un sens tout particulier ici; il signifie : *Je comprends.*

EXERCICE PHRASÉOLOGIQUE.

Sus! qu'on décampe.
Vous dites que vous êtes noble ? Tarare !
Alerte! alerte! voilà les ennemis.

Bravo! c'est cela.
Vivat ! vivat ! les choses vont bien.
Lui avez-vous parlé ? — Oui-dà.

EXPRESSIONS INTERJECTIVES.

N° DCCCXXXIX.

SUBSTANTIFS INTERJECTIFS.

EXEMPLES.

Miracle! criait-on, venez voir dans les nues
Passer la reine des tortues.
(LA FONTAINE.)

Eh! *miséricorde!* on traîne mon mari en prison.
(VOLTAIRE.)

Malheur aux aveugles qui conduisent! *malheur* aux aveugles qui sont conduits! (PASCAL.)
Qui frappe l'air, *bon Dieu!* de ces lugubres cris?
Est-ce donc pour veiller qu'on se couche à Paris?
(BOILEAU.)

Mon Dieu! l'étrange embarras qu'un livre à mettre au jour. (MOLIÈRE.)

Qu'un ami sur nos bords soit jeté par l'orage,
Ciel! avec quel transport je l'embrasse au rivage!
(DUCIS.)

Paix! silence! il me vient un surcroît de pensée.
(REGNARD.)

Peste! comme l'utilité vous a bientôt rapproché les distances. (BEAUMARCHAIS.)
Peste soit la sincérité! c'est un mauvais métier.
(MOLIÈRE.)
Peste soit des fâcheux! (*Id.*)
Malepeste! leur imagination travaille beaucoup.
(REGNARD.)
Te voilà sur tes pieds droit comme une statue;
Dégourdis-toi, *courage!* allons, qu'on s'évertue!
(RACINE.)
Grâce, grâce! seigneur, que Pauline l'obtienne.
(CORNEILLE.)
Halte-là! mon beau-frère,
Vous ne connaissez pas celui dont vous parlez.
(MOLIÈRE.)
Patience! avant peu tout cela va changer.
(COLLIN D'HARLEVILLE.)
Ma foi! sur l'avenir bien fou qui se fiera.
(RACINE.)
Oh! *dame!* on ne court pas deux lièvres à la fois!
(*Id.*)
Tredame! monsieur, est-ce que madame Jourdain est décrépite? (MOLIÈRE.)
Si vous n'êtes pas malade, que *diable* ne le dites-vous? (*Id.*)
Diantre! que de façons! signez, pauvre butor.
Au diantre tout valet qui vous est sur les bras!
(*Id.*)
Eh oui, de par tous les *diantres*, je l'ai vu!
(*Id.*)

EXPLICATIONS.

Miracle! c'est-à-dire, voilà un miracle, venez voir un miracle.

Miséricorde! c'est-à-dire, j'implore *miséricorde*.

Malheur à, c'est-à-dire, le *malheur* arrivera aux aveugles; ou le *malheur* doit arriver à, etc.

Laveaux regarde *bon Dieu!* comme une interjection dans ces vers; il est certain que ce n'est pas une simple apostrophe.

Mon Dieu! n'est pas en apostrophe non plus dans cette phrase, ou du moins il y a une proposition ellipsée.

Ciel! Dieu! etc., sont des invocations. On dit même quelquefois *dieux!* au pluriel, surtout en poésie, ce qui sent un peu le paganisme; mais l'usage l'autorise.

Paix! silence! c'est-à-dire, donnez-nous la *paix*, faites *silence*.

Peste! est ici une vraie interjection d'admiration, avec étonnement et ironie. *Peste!* n'est souvent qu'une simple imprécation; il peut être suivi d'un complément.

Malepeste (mauvaise peste) a le même sens que *peste*; il est un peu plus populaire. Fabre d'Églantine écrit *malpeste* par licence poétique. (*Intrigue épistolaire.*)

Courage, c'est-à-dire, *prenez courage*.

Grâce, c'est-à-dire, *faites grâce*.

Halte-là, c'est-à-dire, faites une *halte là*, arrêtez-vous là.

Patience! c'est-à-dire, prenez *patience*.

Ma foi! c'est-à-dire, j'en jure par *ma foi*.

Dame! c'est-à-dire, j'en jure par *Notre-Dame*. (*Voyez* Gattel.) *Tredame*, plus rare, et du style campagnard, est moins éloigné de l'expression totale.

On jure aussi par *le diable;* mais comme on a craint de prononcer ce mot, on l'a remplacé par *diantre*, ce que prouvent jusqu'à l'évidence les phrases citées en regard et la suivante.

Allez *au diantre! Au diantre* soit le fou!
(ACADÉMIE.)

Nous avons dû remarquer par quelques exemples du numéro précédent, qu'indépendamment des interjections proprement dites, l'homme agité d'une émotion violente, pénétré d'une idée vive, a eu recours à des signes du langage analytique, qu'il a un peu détournés de leur signification primitive, pour les rendre propres à exprimer ses affections avec rapidité et concision. Les expressions interjectives sont en général des membres de propositions elliptiques ; nous n'avons présenté ici que les plus usitées.

Les mots *bonjour, adieu, salut,* doivent être rangés dans la même catégorie ; Wailly dit même que *bonjour* est interjection (*Dictionnaire*). Voyez La Fontaine, fable du *Renard et du Corbeau ;* Gilbert, *Derniers moments d'un jeune poète ;* Millevoye, *la Chute des feuilles ;* où ces mots se trouvent dans le sens interjectif.

Il est une foule de noms qui, prononcés dans certains mouvements subits de l'âme, ont la force de l'interjection. C'est le ton, dit Dumarsais, plutôt que le mot, qui fait alors l'interjection. En voici quelques exemples :

Par mon chef, c'est un siècle étrange que le nôtre.
(MOLIÈRE.)
Par saint Janvier, mon patron.   (SCRIBE.)

Jour de Dieu! je saurai vous frotter les oreilles.
(MOLIÈRE.)
... *Mort de ma vie!* est-ce un crime d'avoir
Un tendre engagement avec un honnête homme?
(REGNARD.)

EXERCICE PHRASÉOLOGIQUE.

Ciel! quel malheur!
Peste soit de vous!

Patience! cela viendra peut-être.
Oh dame! je n'y pensais pas.

N° DCCCXL.

MODIFICATIFS (*adjectifs* OU *adverbes*) INTERJECTIFS.

Tout doux! vous suivez trop votre amoureuse envie.
(MOLIÈRE.)

N'avez-vous jamais vu donner la question?...
— Hé! monsieur, peut-on voir souffrir des malheu-
[reux!
— *Bon!* cela fait toujours passer une heure ou deux.
(RACINE.)

Bon! bon! il faut apprendre à vivre à la jeunesse.
(REGNARD.)

Tout beau! monsieur le tireur d'armes, ne parlez
de la danse qu'avec respect...
Tout doux! vous dis-je.   (MOLIÈRE.)
Allons! ferme! poussez, mes bons amis de cour,
Vous n'en épargnez point, et chacun a son tour.
(*Id.*)

Quoi! vous pensez être dans tous les temps
Maître absolu de vos yeux, de vos sens?
(VOLTAIRE.)

Comment! montrer partout et lettres et portrait,
En public, à moi-même! Après un pareil trait,
Je prétends de ma main lui brûler la cervelle.
(*Id.*)

Le serpent de l'envie a sifflé dans son cœur.
Oh! bien! bien! double joie en ce cas pour le nôtre.
(PIRON.)

Ah! fort bien! vous nommez les passions des maux!
Sans elles nous serions au rang des animaux.
(COLLIN D'HARLEVILLE.)

Rien de nouveau dans l'état. — *Tant mieux!*
Moins de nouvelles, moins de sottises.
(VOLTAIRE.)

Nous ne nous arrêterons pas à faire sentir la valeur de ces modificatifs interjectifs : il est facile de rétablir les mots ellipsés ; nous remarquerons seulement que les mots *certes, bref,* sont souvent employés dans la même analogie.

EXERCICE PHRASÉOLOGIQUE.

Tout doux! monsieur.	Ferme! à l'ouvrage.	Quoi! vous êtes libre.	Fort bien! j'ai entendu.
Tout beau! jeune homme.	Bon! cela nous amusera.	Comment! vous partez.	Oh! bien! bien! c'est à merveille.

N° DCCCXLI.

IMPÉRATIFS INTERJECTIFS.

Va, va, dans sa douleur le sexe est raisonnable,
Et je n'ai jamais vu de femme inconsolable.
(COLLIN D'HARLEVILLE.)

Allons! je vois que je ne réussirai jamais.
(MARMONTEL.)

Allons gai! vous a-t-il donné votre congé?
(REGNARD.)

Allons gai! ce petit prélude vous mettra en humeur.
(BRUEYS.)

Allez, allez, il ne faut pas se laisser mener comme un oison.
(MOLIÈRE.)

Gare qu'aux carrefours on ne vous tympanise.
(MOLIÈRE.)

Dieu me pardonne, on se bat. — *Gare! gare!*
Voyons un peu d'où vient ce tintamare.
(VOLTAIRE.)

Tiens! Darmin t'aime, et Darmin dans son cœur
A tes vertus avec plus de douceur. (*Id.*)

Tenez, mille ducats
Au bout de vos discours ne me tenteraient pas.
(ANDRIEUX.)

Les impératifs *va, allons, allez*, sont évidemment détournés de leur signification propre; ils servent à encourager, à persuader, et quelquefois sont purement explétifs. *Allons gai!* est une interjection, selon les léxicographes, elle excite à la gaîté.

Gare, impératif du verbe *garer,* est une vraie interjection pour avertir de prendre garde à soi.

Tiens et *tenez* ne servent ici qu'à éveiller l'attention sur ce qu'on va dire.

EXERCICE PHRASÉOLOGIQUE.

Va, va, je sais ce que je fais.
Allons, vous ne savez ce que vous dites.

Gare! gare! où vous allez être écrasé.
Tiens! cette étrange figure.

DES JURÉMENTS OU JURONS INTERJECTIFS.

Parbleu! tu jugeras toi-même si j'ai tort.
(MOLIÈRE.)

... Phisque à se ruiner on se fait tant d'honneur,
Corbleu! j'y vais aussi travailler de bon cœur.
(DESTOUCHES.)

Morbleu! dit un vieux seigneur, l'état n'est plus gouverné. Trouvez-moi maintenant un ministre comme M. Colbert.
(MONTESQUIEU.)

Oh! *ventrebleu!* faut-il que la jeunesse
Apprenne maintenant à vivre à la vieillesse.
(REGNARD.)

Vertubleu! mon neveu, comme vous êtes brave.
(DESTOUCHES.)

Têtebleu! ce me sont de mortelles blessures,
De voir qu'avec le vice on garde des mesures!
(MOLIÈRE.)

Maugrebleu du geste! (PIRON.)

Tubleu! quelle caresse!
(DESTOUCHES.)

Palsambleu! je suis bien nourri.
(REGNARD.)

La religion défend de jurer en vain par le nom de Dieu, et même par celui d'aucune créature. On sait que des lois très-sévères ont été portées et exécutées autrefois contre les blasphémateurs. Mais comment concilier ce commandement avec les mouvements impétueux de la colère, avec le désir de persuader ce qu'on a besoin de faire croire! Les Français ont pris un biais, et avec le mot *bleu* ils ont formé une foule de jurons et d'imprécations qui n'ont aucun sens par elles-mêmes, et qui tirent toute leur valeur du ton plus ou moins véhément, du sentiment plus ou moins vif de celui qui les prononce.

Parbleu, morbleu, corbleu (1) sont en usage parmi les gens du bon ton ; *ventrebleu, vertubleu, têtebleu, tubleu*, moins usités, sentent le *gros homme* ; *palsembleu* est villageois. Dans le style campagnard il existe une foule d'expressions de cette nature, telles que *pardi, pardié, pardienne, mordié, morgué, mordienne, morguenne, testidié, tatigué*, etc. On les trouvera en lisant les comiques.

DES ONOMATOPÉES, DES MIMOLOGISMES, ETC.

Il est allé trouver ce chien d'avare, *ha, ha, ha, ha !* il lui a dit qu'en se promenant sur le port avec son fils, *hi, hi, hi !* ils avaient vu une galère turque.
(MOLIÈRE.)

Ta, ta, ta, ta, voilà bien instruire une affaire :
Il dit fort gravement ce dont on n'a que faire,
Et court le grand galop quand il est à son fait.
(RACINE.)

Prenez une guitare. — Que veux-tu que j'en fasse ? j'en joue si mal. — Avec le dos de la main, *from, from, from.* (BEAUMARCHAIS.)

Je vis défaire la petite malle devant moi ; et en même temps *frast, frast*, je démêle le mien, et je vois que vous vous portez bien.
(Mme DE SÉVIGNÉ.)

Madame se trouve-t-elle incommodée ? *Zest !* en deux pas te voilà chez elle. Monsieur a-t-il besoin de moi ? *crac !* en trois sauts je suis dans sa chambre.
(BEAUMARCHAIS.)

Où étais-tu donc ? — Monsieur, j'étais *ah, ah, aah !*
(BEAUMARCHAIS.)

Et chi, et cha, l'un m'éternue au nez, l'autre m'y bâille. (*Id.*)

Ils passaient au travers de Nanterre, *tra, tra, tra !* ils rencontrent un homme à cheval, *gare, gare !*
(Mme DE SÉVIGNÉ.)

J'ai entendu *pouf !* c'était un matelas.
(LEMARE.)

Pouf ! il faut l'avouer, vous avez, à mon gré,
La présence d'esprit au suprême degré.
(REGNARD.)

Le mâle de la caille fait *ouan, ouan, ouan, ouan ;* la femelle a un petit son tremblant, *cri, cri.*
(BUFFON.)

Dans les articles précédents nous avons examiné les différentes sortes d'expressions qui composent le style interjectif ; les unes, interjections pures, ne sont que des signes de sensations ; les autres, noms, adjectifs, verbes ou adverbes, sont à la fois des signes de sensations et d'idées. Il existe une autre classe d'expressions que les grammairiens ont rangées, mais avec bien peu de discernement, au nombre des interjections, ce sont les *onomatopées* non passées à l'état de mot, les *mimologismes* ou imitations du langage de quelqu'un, enfin certains cris ou effets vocaux. Il suffit de réfléchir un instant pour reconnaître combien ces expressions diffèrent des interjections ; ce ne sont pas des signes de sensations.

Ha, ha, est plus éclatant que *hi, hi* ; mais on trouve aussi *hé hé*... pour signe graphique du rire.

---

(1) Il ne faut que consulter nos anciennes chroniques pour se convaincre que *parbleu, corbleu, morbleu*, sont des altérations et des contractions de *par Dieu, par le corps de Dieu, par la mort de Dieu*.

N'arez de moi, *par le cors Dé*,
Fors cote et sercot de cordé.
(ROMAN DE LA ROSE.)

Par ma foy, Domine, si vous voulez souper avecques moy, *par le corps Dieu ; cor Dieu*, dit le maistre d'hostel. (RABELAIS.)

Il en est de même de *tubleu, vertubleu, têtebleu, maugrebleu, palsambleu*, etc., qui se sont formés de *par la vertu de Dieu, par la tête de Dieu, par le mauvais gré de Dieu, par le sang de Dieu*, etc.
Ce qui prouve que c'est bien là l'origine de tous ces jurements, c'est qu'on lit dans le glossaire de la langue romane par Roquefort que *corbieu, cordieu* sont une syncope de *par le corps de Dieu*.

Ta, ta, ta, ta est un mimologisme ou une imitation de la vitesse déplacée de l'avocat dont on parle ici.

Zest peint la légèreté de la course, *crac* le bruit de quelque chose qui cède avec effort, qui *craque* enfin. Ce monosyllabe est pris au figuré dans les vers suivants:

> Le brusque philosophe en ses sombres humeurs
> Vainement contre nous élève ses clameurs.
> . . . .
> Une belle paraît, lui sourit et l'agace,
> *Crac!* au premier assaut elle emporte la place.
> (Destouches.)

Ah, ah, aah! sont articulés par une personne qui bâille.

Et chi, et cha, peinture graphique de l'éternuement.

Tra, tra, tra, imitation du bruit de la course.

Pouf représente le bruit que fait la chute d'un corps mou. Dans les vers de Regnard, ce monosyllabe fait entendre que celui à qui l'on s'adresse a fait une balourdise, une *chute morale*.

Enfin, *ouan, ouan*, est, comme le dit Buffon, le cri imitatif du mâle de la caille, et *cri, cri* celui de la femelle.

Nous bornerons là ces citations; nous terminerons en disant que dans nos meilleurs chansonniers, Béranger, Désaugiers, de Piis, etc., on trouvera une foule d'imitations de certains bruits : les *flon flon* des violons, les *pan pan* des bouchons, le *tic toc* des brocs et le *drelin-din-din* des verres, etc., etc, etc.

FIN.

TABLE ALPHABÉTIQUE DES MATIÈRES.

A

A (Il n'y), suivi du subjonctif	656
A, Nombre des substantifs après cette préposition	143
ABATTU, participe	687
ABSOLUMENT	14
ABSOUDRE	553
A CAUSE QUE	836
ACCEPTION	14
ACCORD	14
ACCORDÉ, participe	693
ACHETÉ, participe	700
ACQUIS, participe	700
ACTIVEMENT	14
ADHÉRANT, ADHÉRENT	677
A MOINS QUE, suivi du subjonctif	641

ADJECTIFS (Origine des) 18
— Leur nature 187
— Leur définition 187
— Qualificatifs 187-188
— Déterminatifs 187
— Verbaux 188-668
— Pris substantivement 95
— Leur genre 189
— Leur nombre 189
— Formation de leur *féminin* 190
— De toute terminaison 190
— Terminés en *e* muet 191
— Terminés en *x* 192
— Terminés par *f* 193
— Terminés en *eur* 194
— Terminés en *el*, *en*, *et*, *ou* .. 196
— Dont le masculin a deux formes .. 197
— Terminés par un *c* 198
— Dont le féminin est irrégulier .. 199
— Exprimant des qualités attribuées aux hommes 200
— Formation de leur *pluriel* 200
— En *al* 203
— Leur syntaxe 205
— Accord avec un substantif 205
— Accord avec plusieurs substantifs .. 206
— Accord avec plusieurs substantifs de différent genre 206
— Avec deux substantifs liés ou non liés par *et* 207
— Précédés de plusieurs substantifs et ne se rapportant qu'au dernier 208
— Précédés de plusieurs substantifs liés par *ou* 209
— Particularités qui leur sont relatives ... 209
— Leur accord avec le substantif qui précède ou suit la préposition *de* .. 211
— Précédés de plusieurs substantifs liés par *ainsi que*, *comme*, *avec*, etc. .. 212
— *Feu*, *nu*, *demi*, *excepté*, *passé*, *vu*, *y compris*, *ci-joint*, *ci-inclus*, *franc de port*, etc. 213, 214
— *Proche* et *possible* 216

— *Violette*, *pourpre*, *vert-doré*, *cendré*, *aurore*, *marron*, *carmin*, etc. .. 217
— Composés, *bleu-clair*, *châtain-clair*, etc. 217
— *Nouveau-nés*, *demi-morts*, etc. 218
— En rapport avec le mot *air* 220
— Pris adverbialement 222
— En rapport avec un substantif non exprimé : ENDORMI *sur le trône*, *le poids de sa couronne*, etc. 223
— *Beau*, *belle*, *bonne*, *avoir beau*, *l'échapper belle*, etc. 224
— Place des adjectifs après le substantif .. 226
— Leur régime 228
— Suivis de la préposition *à* 228
— Suivis de la préposition *de* 229
— Suivis de différentes prépositions .. 230
— Construits avec *il est* 230
— Demandant après eux des prépositions différentes 231
— Ayant quelque ressemblance, mais dont la signification diffère 231
— Convenant les uns aux personnes, les autres aux choses 232
— Leurs modifications pour exprimer les divers degrés de signification 233
— Employés dans les comparaisons d'égalité. 234
— Employés dans les comparaisons de supériorité 234
— Exprimant par eux-mêmes une idée de supériorité ou d'infériorité 235
— Formation des superlatifs 236
— Manière d'énoncer le superlatif relatif .. 237
— Précédés de *le plus*, *le moins*, *le mieux*, ou de *les plus*, *les moins*, *les mieux*, etc. 238
— Susceptibles ou non susceptibles de comparaison 239

ADJECTIFS DÉTERMINATIFS 240
— Leur nature, leur définition 240
— Leur emploi et leur syntaxe 245

ADJECTIFS DÉMONSTRATIFS 241
— Leur genre et leur nombre 245
— *Ce* suivi de *ci* ou de *là* 246
— *Ce* suivi de plusieurs substantifs .. 247

ADJECTIFS POSSESSIFS 242
— Genre, nombre, place 261
— Avec plusieurs substantifs liés par *et*, *ou*. 265
— Avec plusieurs adject. liés par *et*, *ou*. 266, 267
— Emploi de *leur*, *notre*, *votre* .. 267
— *Leur* adjectif, et *leur* pronom ... 268
— *Mon*, *ton*, *son*, suivis de *que* ou de *qui*. 268
— Emploi de l'article ou de l'adjectif possessif 269
— *J'ai mal à ma tête* 269
— Emploi de *son*, *sa*, *ses*, ou de *en* .. 270
— Emploi de *mon*, *ton*, *son*, ou de *mien*, *tien*, *sien*, précédés de *en* 271
— *Le mien*, *le tien*, *le sien*, etc., comparés avec *mien*, *tien*, *sien*, etc. 272

ADJECTIFS NUMÉRAUX 243

(866)

— Cardinaux 243
— Ordinaux 243
— Leur orthographe................... 248
— *Vingt et cent*...................... 249
— *Mille* 250
— *Mil et mille*....................... 251
— *Douzaine, millier, million*........ 251
— Cardinaux, leur emploi............. 252
— *Vingt et un, vingt-un*, etc........ 253
— *Un* répété ou non répété..... 254, 255, 256
— Suppression de *un, une* dans les expressions proverbiales................ 257
— *L'un de* et *un de*.......... 258, 259, 260

ADJECTIFS INDÉFINIS................ 244
— Tout, genre et nombre.............. 272
— *Tout*, en rapport avec un pronom...... 273
— *Tout*, signifiant totalement........ 274
— *Tout autre*........................ 276
— *Tout* adverbe et *tout* adjectif..... 277
— *Tout* dans le sens de *chaque*....... 278
— *Tout* en rapport avec un nom précédemment exprimé................. 280
— *Tout* pris substantivement........ 280
— *Tout* devant plusieurs substantifs ou adjectifs........................... 281
— devant un nom de ville............ 282
— *Tous deux, tous les deux*, etc....... 282
— Plusieurs........................... 284
— Chaque............................. 285
— *Chaque et chacun*................. 286
— *Chaque* employé pour *chacun*...... 286
— Nul, genre et nombre............... 287
— *Nul*, placé après le substantif...... 288
— Aucun, genre et nombre............ 289
— *Aucun*, placé après le substantif.... 290
— Maint............................... 291
— Certain, genre, nombre et emploi... 291
— *Certain*, précédé ou non précédé de *un*. 292
— Tel, genre et nombre............... 293
— Quel, genre et nombre.............. 293
— *Quel*, non suivi immédiatement d'un substantif........................... 294
— *Tel et quel* comparés.............. 294
— *Quel* employé sans substantif...... 295
— *Quel* suivi de plusieurs noms...... 296
— *Quel*, fonction de ce mot.......... 296
— Quel que, genre et nombre......... 297
— *Quel que* suivi de plusieurs noms... 297
— Tel que soit et quel que soit....... 298
— *Tel que*, dans les comparaisons.... 300
— Quelque, genre et nombre......... 301
— *Quelque* suivi d'un adjectif....... 302
— *Quelque* devant un adverbe....... 303
— *Quelque* signifiant environ....... 303
— Quelconque, genre et nombre...... 304
— Pas un............................. 304
— Même, genre et nombre............ 305
— *Même* joint à un nom............. 305
— *Nous-même, vous-même*.......... 306
— *Même* en rapport avec un nom précédemment exprimé................. 307
— *Même* employé adverbialement.... 307
— *Même* placé devant ou après un adjectif ou un participe................ 308
— *Même*, variable ou invariable après un substantif......................... 309
— *Ceux même, ceux-mêmes*, etc...... 310
— Autre, genre, nombre et emploi.... 310

— *Autre* répété...................... 311
Adjectivement....................... 14
Adopté, participe.................... 702
ADVERBES......................... 710
— Leur origine....................... 20
— Leur nature, leur définition........ 710
— Leurs subdivisions................. 711
— De temps........................... 711
— De lieu............................ 712
— D'ordre et de rang................. 712
— De quantité et de comparaison..... 713
— De manière et de qualité........... 714
— D'affirmation, de négation et de doute.. 714
— D'interrogation.................... 715
— Tableau général des adverbes...... 715
— Formation des adverbes en *ment*... 717
— En *ment* qui ont un régime....... 718
— Degrés de signification dans les adverbes en *ment*...................... 719
— Syntaxe des adverbes.............. 719
— *Aujourd'hui*...................... 719
— *Jusqu'aujourd'hui, jusques à aujourd'hui*............................. 720
— *Alentour* comparé avec *autour*.... 721
— *Auparavant* comparé avec *avant*... 721
— *Aussi, non plus*................... 722
— *Comme, comment*................. 723
— *Dessus, dessous, dedans, dehors*, comparés avec *sur, sous, dans, hors*.... 723
— *Beaucoup, bien*................... 725
— *Bien et très*...................... 726
— *De loin à loin, de loin en loin*..... 726
— *Au moins, du moins*............... 727
— *Peut-être* avec le verbe *pouvoir*... 727
— *Plutôt, plus tôt*................... 729
— *Pourtant, cependant, néanmoins, toutefois*............................. 730
— *Quand et quant*.................. 730
— *Au reste, du reste*................ 731
— *De suite, tout de suite*............ 732
— *Tout-à-coup, tout d'un coup*....... 733
— *Ici, là*............................ 733
— *En*, nature de ce mot............. 734
— *Je m'en vais, je vais*.............. 734
— Gallicismes produits par *en*....... 735
— *Je n'irai pas, je n'y irai pas*....... 735
— Expressions négatives, leur emploi.. 736
— Différence entre *non* et *ne*....... 736
— *Pas et point*...................... 737
— Emploi ou suppression de *pas* ou *point*. 737
— Place de *pas* et de *point*......... 741
— Emploi de la négative après certains verbes............................. 742
— Place des adverbes................. 753
— Employés dans les comparaisons... 754
Adverbial............................ 14
Adverbialement..................... 14
— (Adjectifs pris)..................... 222
Adverbialité......................... 14
Adversatif........................... 14
Affaibli............................. 686
Affluant, Affluent.................. 677
Afin que, suivi du subjonctif........ 641
Agaçants (s')....................... 673
Agissantes.......................... 675
Ah! ha.............................. 848
Ahi!................................ 848
Aide, son genre................. 77, 79

AÏE!... 848
AÏEULS, AÏEUX................................... 54
AIGLE, son genre........................... 42, 60
AINSI QUE (nombre des adjectifs et des verbes
   après)................................ 212, 571
AIR (genre des adjectifs après)................. 220
ALENTOUR et AUTOUR.............................. 721
ALLUMÉ.. 689
AMASSÉ.. 690
AMATEUR... 92
AMATRICE.. 93
AMBITIONNÉ...................................... 699
AMOUR.................................... 11, 42, 61
ANALOGIE.. 14
ANGE, son genre............................ 48, 81
ANGESSE... 48
ANNONCÉ... 692
ANTÉCÉDENT...................................... 14
ANTÉRIEUREMENT A................................ 718
APHÉRÈSE.. 14
APOCOPE... 14
APPARTENANT.................................... 676
APPELÉ.. 702
APPOSITION...................................... 14
APPRÉHENDER, emploi de la négative après ce
   verbe.. 742
APPRENTIE....................................... 93
APPRIS, suivi d'un infinitif.................... 707
APPROCHANT..................................... 676
APPUI... 14
ARMÉ.. 687
ARRACHÉ... 700
ARRÊTER, suivi de l'indicatif ou du subjonctif. 645
ART (qu'est-ce qu'un)........................... 22

ARTICLE... 156
— Fait-il connaître le genre d'un nom..... 42
— Sa nature, sa définition................. 156
— Genre et nombre.......................... 161
— Joint aux prépositions à, de............. 162
— Place et élision......................... 163
— Syntaxe.................................. 165
— Emploi de du, des, de l', ou simplement
   de la préposition de................... 165
— Emploi de au ou simplement de à.......... 166
— Emploi de l'article dans les phrases affir-
   matives ou négatives................... 167
— Emploi de l'article devant un nom suivi
   d'un adjectif.................... 168, 169, 170
— Emploi de l'article devant les noms de
   contrées, de royaumes, de provinces.. 172
— Emploi de l'article après les adverbes de
   quantité............................... 173
— De la répétition de l'article devant plu-
   sieurs substantifs liés par et......... 174
— Répétition de l'article dans les dates.... 176
— Répétition de l'article avec deux noms
   unis par ou............................ 177
— Répétition de l'article avec deux adjectifs
   liés par et....................... 177, 179
— Répétition de l'article avec deux adjectifs
   liés par ou............................ 180
— Emploi de l'article dans les superlatifs.. 181
— Emploi de l'article après les prépositions. 182
— Emploi de l'article avec les noms propres. 182
— Suppression de l'article dans certaines
   phrases proverbiales................... 183
— Suppression de l'article devant les régimes
   de certains verbes..................... 185

— Entendre raillerie, entendre la raillerie. 186
— Observations particulières sur l'emploi
   de l'article........................... 186
ASPIRANTS....................................... 674
ASPIRATION...................................... 14
ASPIRER... 14
ASSEMBLÉ.. 700
ATTACHÉ... 688
ATTENDRE, suivi de l'indicatif ou du subjonc-
   tif.. 646
ATTENDU, quand invariable....................... 709
ATTIRÉ.. 690
ATTRIBUT (de l')................................ 23
AU CAS QUE...................................... 838
AU CAS QUE, veut le subjonctif.................. 641
AUCUN, adjectif................................. 289
— Pronom................................... 481
AUCUN, suivi de la négation..................... 738
AU-DEDANS....................................... 724
AU-DEHORS....................................... 724
AU-DESSOUS...................................... 724
AU-DESSUS....................................... 724
AUJOURD'HUI..................................... 719
AU MOINS et DU MOINS............................ 727
AUNE.. 77, 80
AUPARAVANT et AVANT............................. 721
AU RESTE et DU RESTE............................ 731
AURORE, adjectif................................ 217
AUSSI et NON PLUS............................... 722
AUSSI, emploi vicieux........................... 722
AUTEUR, sans féminin............................ 92
AUTEUR (spirituelle)............................ 93
AUTOMNE, son genre......................... 42, 65
AUTOUR et ALENTOUR............................. 721
AUTRE... 310
AVANÇANT (s')................................... 673
AVANT DE et AVANT QUE DE....................... 845
AVANT et AUPARAVANT............................ 721
AVANT QUE, veut le subjonctif................... 641
AVEC, nombre du substantif après ce mot.... 152
AVOIR PEUR, suivi de la négation........... 7, 742
AYE! AHI!....................................... 848

B

BACHELIER....................................... 45
BAH! étymologie curieuse........................ 5
BAILLI, son féminin............................. 46
BANNI... 687
BARBE... 77
BARDE... 77
BEAU (avoir)............................... 13, 224
BEAUCOUP et BIEN................................ 725
BEAUCOUP, nombre du substantif après ce mot. 130
BECCARD, genre de ce mot........................ 37
BELLE (l'échapper).............................. 224
BIEN et BEAUCOUP................................ 725
BIEN et TRÈS.................................... 726
BIEN QUE.. 838
BIEN QUE, suivi du subjonctif................... 641
BLEU-CLAIR...................................... 217
BONDISSANTS.................................... 674
BONNE (la donner)............................... 224
BORGNESSE....................................... 48
BORNÉ... 687
BOTANISTE, son féminin.......................... 93
BOUGER, suivi de la négation.................... 739
BRAIRE.. 553
BRILLANTS...................................... 673

Brisé	686
Bruire	553
Brulant	675
Bu	699

C

Caché	687
Car, parce que	834
Cardinaux (adjectifs)	243
Carmin, adjectif	217
Carré	687
Causé	703
Cause que (à)	836
Ce, cette, ces (syntaxe de)	245
Ce n'est pas que, suivi du subjonctif ou de l'indicatif	652
Cent, sa syntaxe	249
Centauresse	48
Cependant, Pourtant, Néanmoins, Toutefois	730
Certain	291
Certain (un)	292
Cesser, suivi de la négation	739
Chacun et chaque	286
Chamelle	38
Changé	693
Changeants	674, 675
Chaque et Chacun	286
Chasseresse, Chasseuse	51
Chatain-clair	217
Cherché	688
Chose (quelque), son genre	67
Ciel, son pluriel	54
Circoncire	553
Circulantes	674
Coche, son genre	77
Coïncidant, Coïncident	677
Collectifs (noms), leur définition	32
— Nombre des substantifs après un nom collectif	140
— Emploi de l'article après les noms collectifs	173
Commander, suivi du subjonctif ou de l'indicatif	645
Comme	817
Comme et Comment	723
Commise	689
Compagnon, son féminin	94
Comparaison	14
— D'égalité	234
— D'infériorité	234
— De supériorité	235
Comparatifs	233
Complétif	14
Compris (y)	215
Complément	491
Compté, suivi d'un verbe	708
Condamnée	690
Conduits	690
Confire	554
Conjonctif	14
CONJONCTIONS, leur origine	19
— Leur nature, leur définition	815
— Copulatives	816
— Alternatives	816
— Adversatives	816
— Restrictives, hypothétiques	817
— Tableau général des conjonctions	817
— Leur place	818
— Emploi des principales conjonctions	821
— *Et* répété ou non répété	821
— Des mots liés par *et*	822
— *Ni*, répété ou non répété	824
— *Ni*, suivi de *pas* ou de *point*	824
— Emploi de *et* ou de *ni*	825
— Emploi de *ni* après *sans*	825
— *Ni*, après *empêcher*, *défendre*	826
— *Ni*, suivi de *ne*	827
— *Ni* au lieu de *et* dans les phrases affirmatives	827
— *Ou*, répété ou non répété	829
— *Ou*, avec ou sans *de*	829
— *Mais*, répété ou non répété	831
— Répétition du verbe après *mais*	831
— *Où que tu sois*	833
— *Soit* répété, avec ou sans *que*	833
— *Soit*, remplacé par *ou*	834
— *Car, parce que*	834
— *Parce que, puisque*	836
— *Parce que, à cause que*	836
— *Pendant que, tandis que*	837
— *Quoique, bien que, encore que*	838
— *En cas que, au cas que*	838
— *Si*	839
— *Que*	840
— *Avant.que et que* comparés	841
— *Que je crois, que je pense*	845
— *Avant de, avant que de*	845
— Gallicismes produits par l'emploi de *que*	846
Connu	699
Consacré	700
Conseiller	94
Conséquemment à	718
Conservé	693, 700
Console	686
Construction	14
Construire	14
Consulté	699, 700
Contester, suivi de la négation	744
Contraint, suivi d'un infinitif	707
Contre, nombre du substantif après cette préposition	152
Contredire	554
Convenablement à	718
Craindre, suivi de la négation	742
Crêpe, genre de ce mot	77, 81
Crié	693
Critique, genre	79
Croître	554
Croupi	696
Cru, suivi d'un verbe	708
Crue	690
Crus	691
Coulés	690
Couple, son genre	42, 68
Courant	675
Courants	674
Couronné	700
Courus	689, 696
Coursier	37
Couté	697
Coutés	695
Couvertes	690

(869)

D

Daigné, suivi d'un infinitif.............. 707
Daine, sa prononciation................. 36
Dangereux (il est), suivi de la négation..... 742
Dans et Dedans....................... 723
De... à, de... en, nombre du substantif après ces prépositions............... 141, 147
Débuté............................... 690
Décider, suivi du subjonctif ou de l'indicatif. 645
De crainte que, suivi du subjonctif....... 641
Dedans et Dans....................... 723
Dedans (au).......................... 724
De dessous........................... 724
De dessus............................ 724
Dédire................................ 554
Dehors (au).......................... 724
Dehors et Hors....................... 723
Délice, genre de ce mot................. 69
De loin en loin, De loin a loin.......... 726
Demi................................ 214
Demi-mort........................... 218
Démonstratifs (adjectifs).............. 241
Dénominations grammaticales (des)..... 20
Dépeinte............................. 692
Dépendant........................... 676
De peur que, suivi du subjonctif........ 641
Dériver.............................. 14
Descendant.......................... 676
Désespérer, suivi de la négation........ 744
Désinence........................... 14
Désolé.............................. 686
Dessous (au)......................... 724
Dessous (de)......................... 724
De suite, Tout de suite............... 732
Dessus (de).......................... 724
Dessus (au).......................... 724
Dessus et Dessous................... 723
Destiné.............................. 687
Déterminatif......................... 14
Déterminer.......................... 14
Déterminatifs (adjectifs).............. 240
Détruit............................. 686
Détruites........................... 690
Devin, Devineuse, Devineresse......... 51
Dicté............................... 688
Différant, Différent................. 677
Différemment....................... 718
Dirait que (on), suivi du subjonctif ou de l'indicatif............................. 651
Direct.............................. 14
Discours (du)....................... 24
Disconvenir, suivi de la négation...... 744
Disjonctif........................... 14
Disposé............................. 686
Dissyllabe.......................... 14
Distingué........................... 688
Dit................................. 704
Divisé.............................. 693
Divisés............................. 687
Docteur............................. 92
Doctoresse.......................... 93
Donné.......................... 693-699
— Suivi d'un infinitif................ 707
Donnés.......................... 690-692
Données............................ 605
Dormi.............................. 696
Douter, suivi du subjonctif ou de l'indicatif. 646
Douter, suivi d'une négation.......... 744

Douteux............................. 14
Douzaine............................ 251
Drôlesse............................ 48
Du reste et Au reste................. 731
Dû, variable ou invariable............ 708
Duré............................... 696

E

Echappé......................... 686-692
Echappé belle....................... 692
Echo............................. 77-80
Eclore.............................. 554
Eclose.............................. 686
Egayant............................ 673
Egorgé............................. 699
Eh ! hé !........................... 848
Eléments du langage (origine des)..... 18
— Du discours...................... 24
Elliptiquement....................... 15
Elliptique........................... 15
Elider.............................. 14
Ellipse............................. 15
Elu................................ 702
Emoussé............................ 687
Empêché, suivi d'un infinitif.......... 707
En, pronom.......................... 7
En, adverbe. Gallicismes produits par ce mot. 735
En attendant....................... 683
— S'exprimant..................... 683
En cas que......................... 838
En cas que, suivi du subjonctif....... 641
En cendres......................... 151
En couches......................... 151
En, suivi d'un participe présent... 681-683
Encore que......................... 838
Encore que, suivi du subjonctif...... 641
Enduré............................ 691
Enseigne, genre de ce mot......... 77-79
Entendre, suivi du subjonctif et de l'indicatif........................... 646-707
Entendre raillerie, entendre la raillerie..... 186
Entendu............................ 704
Entr'accordants (s')................ 673
Entremêlé.......................... 687
Envoyé............................. 704
Epargnés........................... 690
Epithète............................ 15
Epuisé............................. 699
Equivalant......................... 677
Equivalent......................... 677
Equivoque causée par le participe présent... 681
Erigés.............................. 690
Errante............................ 675
Errants............................ 673
Espace........................... 77-80
Essuyé.......................... 689-690
Est.............................. 697-700
— suivi d'un infinitif................ 707
Est-il possible? suivi du subjonctif ou de l'indicatif............................ 649
Et, son emploi...................... 821
Etant (en).......................... 681
Eté, toujours invariable............. 709
Euh! Heu!......................... 848
Exaucé......................... 690-703
Excédant, Excédent................ 677
Excellant, Excellent................. 677
Excepté, quand invariable........ 214, 709

(870)

EXCLUSIVEMENT A................ 718
EXEMPLE, genre de ce mot......... 77-84
EXIGER, suivi du subjonctif ou de l'indicatif... 645
EXPÉDIANT...................... 677
EXPÉDIENT...................... 677
EXTENSION...................... 10
EXTRAIT........................ 699
EXTRAVAGUANT.................. 677
EXTRAVAGANT................... 677

F

FABRICANT...................... 677
FABRIQUANT.................... 677
FAIT......................... 688-703
— Suivi d'un infinitif........ 706, 707
FALLU.......................... 697
FATIGANT....................... 677
FATIGUANT..................... 677
FATIGUÉ........................ 686
FAUT (il)...................... 6
FAUTES de français............. 5
FÉMININ DES SUBSTANTIFS, leur formation..... 45
— Des adjectifs, leur formation......... 190
FEUILLES DE, nombre des substantifs après cette expression.................. 135
FI !........................... 848
FIGURÉ......................... 15
FIGURÉMENT.................... 15
FINAL.......................... 15
FINI........................... 15
FLÉTRI......................... 686
FLEURI......................... 686
FEU, adjectif.................. 213
FOIN !......................... 848
FORCÉ.......................... 690
— Suivi d'un infinitif......... 707
FORÊT, genre de ce mot......... 77
FORMATION...................... 15
FORMATION du féminin dans les substantifs.... 45
— Dans les adjectifs........... 190
FORME.......................... 15
FORMÉ.......................... 700
FOUDRE, genre de ce mot........ 71
FOULÉ.......................... 700
FOURBE, genre de ce mot........ 77-79
FRANC de port.................. 215
FRIRE.......................... 554
FUMANT...................... 674, 675
FUMÉ........................... 690
FUSSE (je), son emploi après un présent ou un futur........................ 664

G

GAGNÉ.......................... 690
GALLICISME produit par en, adverbe........ 735
GARANTI........................ 700
GARDE, son genre............... 77-79
GARDE-SACS.................... 11
GÉMI........................... 690
GÉMISSANT................... 674, 675
GÉNÉRAL........................ 92
GENRE (du) dans les noms....... 34
— Est-il arbitraire ?........... 35
— Des noms d'êtres inanimés.... 40
— Son rapport entre un nom et la pensée. 41
— Neutre....................... 6
GENS, genre de ce mot.......... 72

GÉOMÈTRE....................... 92
GESTES (des)................... 25
GIVRE, son genre............... 80
GOUVERNÉ....................... 687
GRAMMAIRE EN FRANCE (de la)... 5
— Sa définition................ 21
— Son étymologie............... 21
— Est-elle une science ou un art ?... 22
— Générale..................... 21
— Particulière................. 21
— Importance de son étude...... 21
GRAVEUR........................ 92
GREFFE, son genre.............. 77-80
GRONDANT....................... 674
GUÈRE, suivi de la négation.... 738
GUIDE, son genre............... 78

H

HA ! AH !...................... 848
HAQUENÉE....................... 37
HÉ ! EH !...................... 848
HÉLAS !........................ 848
HÉLIOTROPE, genre de ce mot.... 78-80
HO ! OH !...................... 848
HOLA !......................... 848
HOMME DE LETTRES............... 94
HOMONYME....................... 15
HOMONYMIE...................... 15
HORS et DEHORS................. 723
HUISSIÈRE...................... 93
HUM ! HOM !.................... 848
HYMNE.......................... 78-82

I

ICI et LA...................... 733
IDIOTISME...................... 15
IGNORÉ......................... 700
IL............................. 327
IL N'Y A QUE, suivi du subjonctif ou de l'indicatif........................ 656
IL N'EST QUE, mode du verbe après cette expression...................... 656
IMMOLÉ...................... 693-700
IMPARFAIT......................
IMPARFAIT DU SUBJONCTIF, son emploi...... 664
IMPERSONNEL................... 15
IMPERSONNELLEMENT............. 15
INCLUS (ci).................... 215
INDÉFINI....................... 15
INDÉFINIS (adjectifs).......... 244
INDÉFINIMENT.................. 15
INDÉPENDAMMENT................ 718
INDICATIF......................
— Concordance de ses temps..... 663
— Après il n'y a que........... 656
— Après il n'est que........... 656
— Après ce n'est pas que....... 652
— Après s'il est vrai que...... 652
— Après on dirait que.......... 651
— Après est-il possible ?...... 649
— Après il semble.............. 649
— Après qui, que, dont, où..... 657
INFINITIF, employé substantivement...... 660
— Employé comme sujet et comme régime. 659
— Emploi équivoque............. 662
— Employé de préférence à tout autre mode. 661
— En rapport soit avec le sujet, soit avec le régime........................ 662

INFINITIFS (plusieurs) de suite, leur emploi... 661
INFLEXION...................................... 15
INSPIRÉ....................................... 692
INSTITUTEUR.................................. 94
INTERJECTIONS, leur origine............. 19
— Leur nature, leur définition......... 847
— Leurs subdivisions.................... 848
— D'admiration, d'étonnement......... 848
— De douleur, d'affliction............. 848
— De dérision, de défiance, d'ironie.. 848
— D'aversion, de mépris................ 848
— Pour appeler, questionner, sonder.. 849
— Pour imposer silence................. 849
— Tableau général des interjections.. 849
— Leur syntaxe.......................... 850
INTERDIRE..................................... 554
INTERLIGNE................................... 80
INTERROGANT.................................. 15
INTERROGATIF................................. 15
INTERROGATION............................... 15
INTRIGANT.................................... 677
INTRIGUANT................................... 677
INVARIABLES (des mots).................. 15-26
INVERSION..................................... 15

J

JAMAIS, suivi de la négation............. 738
JAUNISSANT................................... 675
JETÉ... 690
JEU DE, nombre du substantif après cette expression.................................. 135
JOINT (ci).................................... 215
JOUANT (se).................................. 673
JUGEMENT (du)............................... 23
JUJUBE, genre de ce mot................... 78
JURÉE... 692
JUSQU'AUJOURD'HUI.......................... 720
JUSQUES A AUJOURD'HUI..................... 720
JUSQU'A AUJOURD'HUI........................ 720
JUSQUES AUJOURD'HUI........................ 720

L

LA et ICI..................................... 733
LAISSÉ................................... 691-700
— Suivi d'un infinitif.............. 705, 706
LANGAGE (origine et progrès du)......... 17
LANGUE (vicissitudes de la)........... 5, 227
LAQUE, son genre........................... 80
LEUR.. 242
LIAISON....................................... 15
LIVRE, son genre........................ 78, 80
LOIN (de) EN LOIN.......................... 726
LOIN QUE, suivi du subjonctif............ 641
LUIRE... 554

M

MA tête ou la tête (j'ai mal à).......... 269
MAINT... 291
MAIS, répété ou non répété............... 831
— Répétition du verbe après mais..... 831
MAITRE, son féminin........................ 94
MANCHE, son genre...................... 78-80
MANOEUVRE, son genre................... 78, 79
MARCHE....................................... 693
MARRON, adjectif........................... 217

MAUDIRE...................................... 554
MÉDIRE....................................... 554
MEILLEUR (le), suivi du subjonctif ou de l'indicatif................................... 655
MÊLÉ..................................... 699-700
MÊME... 305
MÉMOIRE, son genre..................... 78-80
MÉTIS, son féminin.......................... 45
MIEN, TIEN, SIEN, et le mien, le tien, le sien.. 272
MIL et mille................................. 251
MILLE... 250
MILLIER...................................... 251
MILLION...................................... 251
MIS... 700
MODE, son genre........................ 78-80
MODES DES VERBES, leur concordance.. 663
MODES (des)................................ 495
MODE indicatif............................. 497
— Conditionnel, etc.................... 499
MOINDRE (le), suivi du subjonctif ou de l'indicatif................................... 655
MOINS (au) et DU MOINS.................. 727
MOINS DE, nombre du substantif après cette expression.................................. 130
MÔLE, son genre............................ 80
MON, TON, SON.............................. 271
MONTRÉ....................................... 703
MOTS (des).................................. 25
— Leurs différentes classes........... 26
— Variables.............................. 26
— Invariables........................... 26
MOTS empruntés aux langues étrangères, leur orthographe.............................. 98
MOULE, son genre....................... 78-80
MOUSSE, genre de ce mot.................. 78
MULET, a-t-il un féminin ?................ 34

N

NASALEMENT.................................. 15
NASALITÉ..................................... 15
NE, emploi.................................. 741
NE et NON, leur différence............... 736
NE... QUE................................... 740
NÉ.. 686
NÉANMOINS, POURTANT, CEPENDANT....... 730
NÉGATIF...................................... 15
NÉGATIVEMENT............................... 15
NÉGATIVES (expressions), leur emploi.. 736-742
NÉGLIGEANT................................. 677
NÉGLIGENT................................... 677
NÉGLIGÉ, suivi d'un infinitif............ 707
NEUTRALEMENT............................... 15
NEUTRE (genre).......................... 6, 41
NI, répété ou non répété................. 824
— Suivi de pas ou de point.......... 824
— Emploi de et ou de ni.............. 825
— Emploi de ni après sans............ 825
— Ni, après empêcher, défendre..... 826
— Ni suivi de ne....................... 827
— Ni au lieu de et..................... 827
NIER, suivi de la négation............... 744
NOMBRE (du) dans les substantifs...... 43
NOM. Voir SUBSTANTIFS.
NON et NE, leur différence............... 736
NON QUE, suivi du subjonctif............ 641
NON PAS QUE, suivi du subjonctif....... 641
NON PLUS et AUSSI........................ 722
NONOBSTANT QUE, suivi du subjonctif.. 641

Notre	242
Nourri	686, 687
Nous	321
Nouveau-né	218
Noyé	699
Nu	214
Nul, adjectif	287
— Pronom	480
Nul, suivi de la négation	738
Nullement, emploi de la négation avec ce mot	738
Numéraux (adjectifs)	243

O

O! oh! ho!	848
Observations sur le génie et les vicissitudes de la langue	5
Occupé	699
Œuvre, genre de ce mot	78-85
Œils, yeux	54
Office, genre de ce mot	78-85
Oindre	554
Onomatopée	15
Opposant	673
Opprimé	687
Ordinaux (adjectifs)	243
Ordonner, suivi du subjonctif ou de l'indicatif	645
Orge, son genre	74
Orgue, genre de ce mot	42,75
Origine et progrès du langage	17
Orné de, nombre du substantif après cette expression	131
Orthographe des mots empruntés des langues étrangères	98
Ou, son emploi	828
Ou que, suivi du subjonctif	641
Ou que tu sois	833
Ouais	848
Ouf!	848
Oui-da!	848
Ouï, quand invariable	709
Ouvert	694

P

Page, son genre	78, 79
Palme, son genre	80
Pantomime, son genre	79
Pâques	78-86
Par, nombre du substantif après cette préposition	152
Parallèle	78
Parce que	836
Parlé	693-696
Paronyme	15
Participes (origine des)	20
— Leur nature, leur définition	667
Participes présents	669
— Leur orthographe primitive	669
— Marquant l'état ou l'action	670
— Employés sans régime	671
— Suivis ou précédés d'un régime direct	672
— Suivis d'un régime indirect	673
— Précédés ou suivis d'un complément adverbial	675
— *Appartenant, résultant, approchant, descendant, dépendant, pendant*	676
— *Extravaguant, extravagant, fabriquant, fabricant,* etc	677
— Employés comme substantifs	678
— Employés comme adverbes	678
— Précédés de la préposition *en*	678-680
— Joints par la conjonction *et*	680
— Précédés de deux sortes de *en*	681
— Employés avec le pronom *en*	681
— Précédés de deux sortes de *en*	682
— Leur rapport	682
— Employés d'une manière absolue	683
— Rapport irrégulier du gérondif	684
Participes passés	685
— Leur orthographe primitive	685
— Employés sans auxiliaire	686
— Précédés du verbe *être*	687
— Précédés de verbes autres que *être* et *avoir*	687
— Construits avec le verbe *avoir*	688
— Suivis ou précédés du sujet	690
— Suivis immédiatement d'un adjectif ou d'un autre participe	691
— Précédés de deux régimes	692
— Précédés du verbe *être* employé pour *avoir*	693
— *Coûté, valu, pesé*	695
— Précédés de deux sortes de *que*	696
— Construits avec les verbes dits impersonnels	697
— Précédés de deux substantifs joints par *plutôt que, non plus que, non moins que,* etc	698
— Précédés de deux substantifs unis par la préposition *de*	699
— Précédés du pronom *en*	701
— Accompagnés de *en* et d'un adverbe de quantité	702
— Suivis d'un infinitif	703, 704
— *Laissé*, suivi d'un infinitif	705
— *Fait*, suivi d'un infinitif	706
— Suivis d'un infinitif et précédés de deux régimes	706
— Suivis d'une préposition ou d'un infinitif	707
— Suivis d'un verbe à tout autre mode que l'infinitif	708
— A la suite desquels l'infinitif est supprimé par ellipse	708
— Précédés de l' pronom	709
— Qui prennent l'auxiliaire *avoir*	615
— Qui prennent le verbe *être*	616
— Qui prennent *être* ou *avoir*	616
— *Échappé, convenu*, avec *avoir* ou *être*	618
Partisan, son féminin	45
Pas, son emploi ou sa suppression	737-739
Passé	215, 693-699
Passivement	15
Pauvresse	48
Paysan, son féminin	45
Peintre (la)	93
Pendant	676
Pendule, son genre	78
Pénitentiel, pluriel de ce mot	55
Pensée (de la)	23
Perdu	699-700
Période, son genre	78-87
Permis, invariable ou variable	708
Personne (de la) dans les verbes	493
Personne, suivi de la négation	738
Persuadé	699
Pesé	695

(873)

Peaux de, nombre du substantif après cette expression.................. 131-135
Philosophe, son féminin.................. 92
Phonique.................. 15
Phrase, étymologie de ce mot.................. 24
Phrase et proposition, leur différence.................. 25
Place des adjectifs.................. 226
— Des pronoms.................. 332
— Du sujet.................. 602
Placé.................. 690
Plaindre (se), suivi du subjonctif et de l'indicatif.................. 646
Plantes (noms des), leur genre.................. 39
Plein de, nombre du substantif après ce mot. 131
Pleur, employé au singulier.................. 11, 97
Pleurant.................. 11, 674
Pleuré.................. 696
Pleut (il).................. 6
Pluriel (du).................. 43
Plus (non) et aussi.................. 722
Plus de, nombre du substantif après cette expression.................. 130
Plus (le ou la) suivi du subjonctif ou de l'indicatif.................. 655
Plus, suivi de la négation.................. 738
Plus (le), la plus, les plus.................. 238
Plusieurs, adjectif.................. 284
— Pronom.................. 479
Plutôt et Plus tôt.................. 729
Poète, son féminin.................. 80-92
Point, sa différence avec pas.................. 737-741
— Sa place.................. 741
— Sa suppression après ne suivi de que... 740
Point, sa place.................. 741
Point et Pas, leur différence.................. 737
Point, emploi ou suppression de ce mot.. 737-739
Point, sa suppression après ne suivi de que... 740
Polysyllabe.................. 15
Possessif.................. 15
Possessifs (adjectifs).................. 242
Possible, quand invariable.................. 216
Possible (est-il), suivi du subjonctif ou de l'indicatif.................. 649
Poste, son genre.................. 79,80
Postérieurement a.................. 718
Pouah!.................. 848
Pour, nombre du substantif après cette préposition.................. 152
Pour que, suivi du subjonctif.................. 641
Pourpre.................. 79-80
Pourpre, adjectif.................. 217
Pourtant, Néanmoins, Cependant, Toutefois, différence.................. 730
Pourvu, suivi du subjonctif.................. 641
Pouvoir, emploi de la négation avec ce verbe. 739
Pratiqué.................. 700
Précédant, Précédent.................. 677
Prédire.................. 554
Préférablement a.................. 718
Préféré.................. 690
Premier (le), suivi du subjonctif et de l'indicatif.................. 654
Prépositif.................. 15

PRÉPOSITIONS (origine des).................. 19
— Leur nature, leur définition.................. 773
— Leurs subdivisions.................. 774
— De lieu, de temps.................. 774
— D'ordre, d'union.................. 775

— De séparation, d'opposition.................. 776
— Tableau général.................. 776
— Leur syntaxe.................. 777
— Leur régime.................. 777
— Leur emploi à la place d'autres prépositions.................. 782
— Observations sur l'emploi de plusieurs prépositions.................. 789
— Différence entre *dans* et *en*.................. 789
— *Dans* et *à* comparés.................. 790
— *En* et *dans* avec des noms déterminés... 790
— *Auprès de, au prix de*.................. 791
— *Près de, prêt à, prêt de*.................. 792
— *Auprès de, près de*.................. 793
— *Après, d'après*.................. 794
— *Avant, devant*.................. 794
— *Entre, parmi*.................. 795
— *Vers, devers*.................. 796
— *A peine, avec peine*.................. 796
— *Durant, pendant*.................. 797
— *Jusque, Jusques*.................. 798
— *A travers, au travers*.................. 798
— *Envers, vis-à-vis*.................. 799
— *Voici, voilà*.................. 800
— *Sept à huit, sept ou huit*.................. 801
— *Cent hommes de tués, cent hommes tués*. 802
— *Si j'étais de vous*.................. 803
— *On dirait un fou, on dirait d'un fou*... 804
— *C'est que avec de*.................. 804
— *Sauf, excepté*.................. 805
— *Hors, hormis*.................. 806
— *Sur tout, surtout*.................. 807
— *Par ce que, parce que*.................. 807
— *Pour et quant à*.................. 808
— *Pour, afin de*.................. 808
— *Renommé par, pour*.................. 809
— *Par terre, à terre*.................. 809
— *En, à la campagne*.................. 810
— *Malgré et malgré que*.................. 810
— Répétition des prépositions.................. 811
— Leur place.................. 812
Présenté.................. 700
Présidant, Président.................. 677
Pressants (se).................. 673
Prétendre, suivi du subjonctif et de l'indicatif. 646
Prétendu.................. 704
Prévu, suivi d'un verbe.................. 708
Primitif.................. 15
Pris.................. 700
— Suivi d'un infinitif.................. 707
Privatif.................. 16
Proche.................. 216
Prodigué.................. 690
Produit.................. 690, 700
Professeur.................. 92
Pronominalement.................. 16

PRONOMS (origine des).................. 18
— Nature et définition.................. 313
— Différentes sortes.................. 314
— Personnels.................. 315
— Genre et nombre de *je, me, moi*, etc.. 318
— *Nous* et *vous* employé pour *je* et *tu*.. 321
— Fonctions de *je, me, moi*.................. 323
— Fonctions de *nous*.................. 325
— Fonctions de *vous*.................. 326
— Fonctions de *il, le, lui*.................. 327
— Fonctions de *ils, eux, les, leur*.................. 328
— Fonctions de *elle, la, lui*.................. 329

110

— Fonctions de *elles, les, leur*............ 330
— Fonctions de *se, soi*....................... 331
— De l'élision de l'*e* dans *je, me, te, se, le*. 331
— Place des pronoms personnels remplissant la fonction de *sujet*.................. 332
— Leur place dans les phrases exclamatives. 333
— Leur place dans les phrases interjetées.. 334
— Leur place personnelle dans les phrases par *aussi, en vain, peutêtre*, etc..... 334
— *Peux-je, cours-je, dors-je*.............. 335
— Place des pronoms employés commençant comme compléments directs.......... 337
— Place des pronoms personnels employés comme compléments indirects......... 338
— Deux pronoms personnels ensemble.... 340
— Combinés avec *en*......................... 341
— Construits avec *y*.......................... 343
— Construits avec deux impératifs......... 344
— Compléments d'un infinitif............. 345
— Leur répétition............................. 347
— *Moi, toi*, etc., placés devant *je, tu, il*.. 348
— *Je, tu*, sous-entendu après *moi, toi*, etc.. 351
— *Nous*, exprimé ou sous-entendu........ 352
— *Il, elle, ils, elles*, considérés comme pléonasmes..................................... 353
— Jouant le rôle de doubles sujets........ 355
— Emploi de *il, elle* après un participe présent... 556
— Prétendus doubles sujets transposés.... 357
— *Il* employé absolument............ 358-359
— Équivoques occasionnées par *il, elle, ils, elles*, etc..................................... 360
— *Moi, toi, lui*, considérés comme pléonasmes..................................... 361
— Réduplication des compléments directs.. 362
— Réduplication des compléments indirects. 363
— *Le, la, les*, régimes directs, regardés comme pléonasmes......................... 363
— *Le, la, les* en rapport avec des noms déterminés ou indéterminés....... 364-365
— *Le* signifiant *cela*......................... 366
— Emploi de *le* après un verbe............ 367
— *Il, elle, le, la, les*, etc., se rapportant à des noms indéterminés................... 367
— Emploi vicieux de *le, la, les*............ 368
— Ellipse de *le*............................... 369
— Gallicismes occasionnés par *le*......... 369
— Emploi de *le, la, les* et de *lui, elle, eux, elles, soi*...................................... 370
— *Soi* employé avec des noms déterminés.. 372
— Équivoques occasionnées par *soi* et par *lui*.. 373
— *Soi* en rapport avec un nom pluriel.... 373
— *Moi-même, toi-même*.................... 373
— *Un autre moi-même, une autre moi-même* 374
— Employés par apposition................. 375
— Leur emploi avec *c'est, ce sera*........ 376
— Genre et nombre du pronom *y*......... 376
— *Y* signifiant *cela*.......................... 377
— Construction de *y*........................ 378
— Place de *y*, complément indirect d'un verbe à l'infinitif........................... 379
— Emploi de *y* et de *lui, à lui, à elle, à eux, à elles*..................................... 379
— *Lui, leur* etc., en rapport avec des noms de choses, et *y* en relation avec des noms de personnes........................ 380
— Emploi de *y* ou de *lui, elle*, etc., avec des prépositions............................ 381

— *Il y va de ma vie*, etc................... 382
— Genre et nombre du pronom *en*....... 382
— *En*, rappelant des propositions entières.. 383
— Construction de *en* à l'impératif...... 384
— *En* avec deux verbes, dont le dernier est à l'infinitif................................. 385
— Fonctions de *en*.......................... 385
— *En* comparé avec *de lui, d'elle*........ 386
— Emploi de *en* ou *de lui, d'elle*, etc., avec des noms de personnes................. 387
— *En*, se rapportant à des noms de personnes, et *de lui, d'elle*, etc., à des noms de choses.................................... 387
— Emploi de *en* et de *son, sa, ses*...... 388
— *En* pour les personnes, et *son, sa, ses*, etc., pour les choses..................... 389
— Emploi de *en* ou de *son, sa, ses*, etc., avec le sujet d'une proposition........ 390
— Rapport de *en* avec des noms déterminés ou indéterminés......................... 391
— *En*, ne se rapportant à aucun mot exprimé 391
PRONOMS DÉMONSTRATIFS....................... 394
— Leur nature, leur définition............. 394
— Leur genre, leur nombre et leur construction... 395
— *Celui, celle*, immédiatement suivis de *qui*, d'un adjectif, etc....................... 396
— Ellipse de *celui, celle*, etc.............. 397
— *Celui, celle*, etc., en rapport avec un substantif pluriel ou singulier........... 398
— *Celui, celle*, dans les phrases comparatives... 399
— *Celui, celle*, exprimés ou sous-entendus. 400
— *Celui-ci, celui-là*, en rapport avec deux substantifs.................................. 401
— *Celui-ci, celui-là*, n'ayant rapport qu'à un seul substantif exprimé............... 401
— *Celui-ci, celui-là*, n'ayant rapport à aucun substantif exprimé................. 402
— *Celui-ci, celle-ci*, ayant rapport à ce qui suit.. 402
— *Celui-ci, celui-là*, suivis de *qui* ou de *que*. 402
— *Celui-là*, suivi ou non suivi de *qui*, etc.. 403
— *Ce*, suivi ou non suivi d'un substantif.. 404
— Emploi de *ce*, dit pronom.............. 405
— *Ceci, cela*.................................. 408
— *Ce*, employé par énergie................ 417
— *Ce*, regardé comme pléonasme........ 417
— *Ce* entre deux noms..................... 418
— *Ce* entre un nom et un verbe.......... 419
— *Ce* après *ce qui, ce que*................. 419
— *Ce* après plusieurs infinitifs............ 420
PRONOMS POSSESSIFS............................. 421
— Leur nature, leur définition............. 421
— *Le mien, le tien*, etc., pris substantivement.. 423
— Employés avec des noms indéterminés.. 424
PRONOMS RELATIFS............................... 424
— Leur emploi................................. 425
— *Qui* dans les énumérations............. 425
— *Que*, genre et nombre.................... 426
— *Dont*, genre et nombre.................. 426
— *Lequel, laquelle*, etc..................... 427
— *Quoi*....................................... 427
— *Où, d'où, par où*......................... 428
— *Qui que ce soit, quoi que ce fût*....... 428
— *Qui*, son emploi comme sujet.......... 429
— *Qui* ou *lequel* avec des prépositions.... 429
— *Dont* et *duquel*.......................... 430

— *Dont*, régime d'un verbe ou d'un adjectif. 431
— *Dont*, pour *au moyen duquel*.......... 431
— *Où*, son emploi................... 432
— *Dont, d'où*, leur emploi............ 433
— *Lequel* avec plusieurs substantifs...... 433
— Emploi de *qui* ou *lequel*........... 434
— Équivoque de *qui, que, dont*........ 434
— *Qui, que, dont*, séparés de leur antécédent............................. 435
— Construction de *qui* et de *que*...... 436
— Répétition de *qui*................. 437
— *Qui* suivi de *il*................... 437
— *Qui* ou *quel, qui des deux*, ou *lequel des deux*................................. 438
— *C'est à vous que, c'est à vous qui, c'est à vous à qui*........................ 440
— *Ce qui, ce que*.................... 441
— *Qui est-ce qui, qu'est-ce qui?*....... 443
— *C'est là que*...................... 443
— *Que et combien*................... 444
— *Au moment que, au moment où*..... 444
— *Quoique et quoi que*............... 445
— *Que pour à quoi, de quoi*........... 445
PRONOMS INDÉFINIS................... 446
— Leur nature, leur définition......... 446
— *On*, son origine................... 446
— Genre et nombre de *on*............. 448
— *On* en rapport avec un adjectif féminin.. 449
— *On* suivi d'un substantif singulier ou pluriel................................ 450
— *On*, sa construction............ 450-452
— *On* suivi de *ne*................... 450
— Répétition de *on*.................. 452
— Rapport de *on* répété.............. 453
— *On* en rapport avec *nous, vous*..... 454
— *On* pour *je, tu, il*, etc............ 454
— *On* ou *l'on*, leur emploi........... 455
— *On* ou *l'on* après *si*, et *où*...... 456-457
— *Que l'on* ou *qu'en*................ 458
— *Se* employé pour *on*.............. 459
— *Quiconque*, genre, nombre et construction 460
— Suivi de *il*....................... 462
— *Autrui*, construction.............. 463
— Son emploi comme sujet............ 463
— *Autrui et les autres*............... 464
— *Un autre et autrui*................ 465
— *Autrui* en rapport avec *son, sa, ses*, etc.. 465
— *Personne*, genre et nombre........ 466
— En rapport avec un pronom ou un adjectif................................ 467
— Sa construction................... 468
— *Quelqu'un*, nature de ce mot....... 468
— Pris absolument................... 469
— Employé relativement.............. 470
— *Chacun*, nature de ce mot......... 471
— Genre et nombre................... 472
— Employé dans un sens relatif....... 472
— Construction...................... 473
— En rapport avec *son, sa, ses*....... 473
— Suivi de *son, sa, ses* ou de *leur*..... 474
— *Sa chacune*....................... 476
— *Un chacun*....................... 476
— *Tel* suivi de *qui* ou de *que*....... 477
— Employé substantivement.......... 478
— *Tout*............................. 479
— *Plusieurs*........................ 479
— *Nul*.............................. 480
— *Aucun*........................... 481
— *L'un, l'autre*, emploi, syntaxe..... 482-488

— *Proposé*..................... 693-702
PROPOSITION (de la)............... 16, 23
— Principale........................ 24
— Incidente........................ 24
— Primordiale...................... 24
— Subordonnée.................... 24
— *Pas*, variable ou invariable........ 708
PROSODIE............................ 16
PROSODIQUE......................... 16
PUISQUE............................ 836

Q

QUADRILLE, son genre................ 80
QUAKER, son féminin................. 45
QUAND et QUANT.................... 730
QUE, conjonction, son emploi........ 840
QUE, pronom....................... 424
QUE JE CROIS....................... 845
QUE, employé pour *afin que*, et suivi du subjonctif.......................... 641
QUEL............................... 293
QUELCONQUE........................ 303
QUELQUE........................... 301
QUELQU'UN......................... 468
QUOIQUE............................ 838
QUOIQUE, suivi du subjonctif........ 641

R

RACINE des mots..................... 16
RAJEUNI............................ 686
RAMPANTS.......................... 673
RAPPORT............................ 16
RECONNU........................... 704
REÇU........................... 690-703
RECUEILLI.......................... 700
RÉDUPLICATIF....................... 16
RÉFLÉCHIR.......................... 16
RÉFORMÉS.......................... 690
RÉGIR.............................. 16
RÈGLE.............................. 16
RÉGLISSE, son genre................. 79
RÉGNÉ.............................. 696
RELATIVEMENT A.................... 718
REMARQUÉ.......................... 699
REMORDS, avec ou sans *s* en poésie.. 58
REMPLI DE, nombre du substantif après cette expression...................... 131
RENAISSANTES...................... 675
RENCONTRÉ......................... 700
RENDU.......................... 690-700
RENVERSÉ.......................... 686
RÉPANDU....................... 700-702
RÉSERVÉ............................ 694
RÉSIDANT, RÉSIDENT................ 677
RÉSOLU, suivi d'un infinitif.......... 707
RÉSOUDRE, suivi du subjonctif ou de l'indicatif................................ 645
RESPECTÉ.......................... 687
RESTAURATRICE..................... 51
RESTE (AU), DU RESTE............... 731
RÉSULTANT......................... 676
RÉSULTÉ............................ 697
RETENTISSANTE..................... 675
RÉUNI.............................. 700
REVÊTU............................. 686
RI.................................. 693

(876)

RIEN, suivi de la négation............. 738
RONGEANTS............................ 673
ROULANT......................... 674, 675

S

SA.. 242
SACHE (je ne)........................... 642
— (Que je)............................ 642
SANS, nombre du substantif après...... 152
SANS QUE, suivi du subjonctif........... 641
SATYRESSE.............................. 48
SAUVAGESSE............................. 48
SAVOIR, suivi de la négation........... 739
SCIENCE (qu'est-ce qu'une)............. 22
SEMBLE (il), suivi du subjonctif ou de l'indicatif............................... 649
SENS..................................... 16
SENS, SENSATION........................ 23
SENTINELLE, son genre............... 79-88
SERPENTAIRE, son genre................. 80
SES...................................... 242
SEUL (le), suivi du subjonctif ou de l'indicatif. 653
SEXE, son étymologie................... 35
SI TANT EST QUE, demande le subjonctif.. 641
SINGULIER (du).......................... 43
SOIS (je), son emploi après un passé ou un conditionnel............................ 664
SOIT..................................... 833
— Avec ou sans que................... 833
— Remplacé par ou.................... 834
SOIT QUE, demande le subjonctif........ 641
SOLDE, son genre....................... 80
SOMME, son genre................... 79, 80
SON, SA, SES et en comparés............ 270
SOUFFERT........................... 690-700
SOUPIRÉ................................ 690
SOURIS, son genre...................... 79
SOUS et DESSOUS....................... 723
SOUS-ENTENDRE......................... 16
SOUTENU............................... 690
SOUVERAIN.............................. 94
SU....................................... 704
SUBJONCTIF
— Après les verbes exprimant une idée de prière, de désir, de commandement... 638
— Après être suivi d'un nom ou d'un adjectif................................. 639
— Après les verbes unipersonnels..... 640
— Après quelque, quoique, etc........ 640
— Après afin que, à moins que, etc.... 641
— Après que employé pour afin que, etc. 641
— Après que dit impératif............ 642
— Employé avec ellipse du que........ 642
— Je ne sache point, que je sache.... 642
— Dans les phrases négatives ou interrogatives................................ 644
— Tableaux comparatifs des verbes et des locutions qui, dans certains cas, réclament le subjonctif, et dans d'autres l'indicatif........................... 645
— Après il suffit que................. 648
— Après est-il possible?.............. 649
— Après il semble que................ 649
— Après on dirait que................ 651
— Après s'il est vrai que............ 652
— Après ce n'est pas que............. 652
— Après le seul, l'unique............ 653
— Après le premier, le dernier...... 654
— Après le plus, le moindre, le meilleur, etc. 655
— Après il n'y a que, il n'est que..... 656
— Après qui, que, dont, où........... 657
— Après tout, que..................... 658
— Après jusqu'à ce que................ 659
SUBSTANTIFS (origine des).............. 18
— (Définition des).................... 27
— Communs, propres................... 30
— Collectifs........................... 32
— Composés............................ 33
— (Du genre dans les)................ 34
— Différents pour les mâles et les femelles. 36
— Servant à désigner le mâle et la femelle. 37
— Désignant les êtres inanimés, leur genre. 40
— (Du nombre dans les)............... 43
— (Formation du féminin dans les)... 45
— Terminés par une consonne......... 45
— Terminés par une voyelle autre que l'e muet................................... 46
— Terminés par un e muet............. 47
— Terminés en e qui se changent en esse.. 47
— Terminés par eau, eu, on, et....... 49
— Terminés par eur................... 50
— Terminés par x..................... 51
— (Formation du pluriel dans les).... 52
— De toutes terminaisons............. 52
— Terminés en ou..................... 53
— Terminés en ail.................... 53
— Ciel, œil, aïeul, etc............... 54
— Terminés par eau, au............... 55
— Terminés par eu.................... 56
— Terminés par al.................... 56
— Terminés par s, x, z............... 57
— Terminés par ant, ent.............. 59
— (Syntaxe des)....................... 60
— Aigles.............................. 160
— Amour............................... 61
— Automne............................. 65
— Chose............................... 67
— Couple.............................. 68
— Délice.............................. 69
— Foudre.............................. 71
— Gens................................ 72
— Orge................................ 74
— Orgue............................... 75
— Masculins dans une acception, et féminins dans une autre................... 77
— Exprimant des états, des qualités, qui ne conviennent qu'aux hommes.......... 92
— Qui, ayant un féminin, ne s'emploient qu'au masculin........................ 94
— Généralement employés au singulier.. 95
— Toujours employés au pluriel....... 96
— Dérivés des langues étrangères..... 97
— Pris matériellement................ 104
— Propres............................. 106
— Propres, désignant plusieurs individus d'une même famille................. 108
— Composés........................... 110
— Composés (liste alphabétique des).. 124
— Compléments d'une préposition ou d'un verbe................................. 128
— Compléments de la préposition de... 129
— Précédés des expressions plus de, moins de, etc.............................. 130
— Précédés de plein de, rempli de, orné de. 131
— Régimes de verbes suivis de la préposition de................................ 133
— Compléments de toute sorte de, toute es-

pèce de, etc. 134	Tout, adverbe........................... 274
— Compléments des expressions *têtes de, jeux de, voix de*, etc. 135	Tout, substantif........................... 280
	Tous deux, *tous les deux*................ 282
— Invariables après *de* 138	Tout, pronom............................. 479
— Placés après un nom collectif.......... 140	Toute espèce (de), nombre des substantifs après cette expression................ 134
— Employés avec les prépositions *de, en*... 141	
— Après la préposition *à*................. 143-145	Tout a coup et Tout d'un coup........... 733
— Employés avec *de, à*.................... 147	Tout de suite et de suite................ 732
— Après la préposition *en*................ 148	Tout que, suivi du subjonctif et de l'indicatif. 658
— *Cendres, couches* 151	Toutefois, Néanmoins 730
— Après les prépositions *par, sans, avec, pour, sur, contre* 152	Touts (des)................................ 59
	Traducteur............................... 92
— Compléments de verbes, et non déterminés........................... 154	Trahi..................................... 690
	Traîné..................................... 696
Suffit (il) que, suivi du subjonctif ou de l'indicatif................................. 648	Traire.................................... 554
	Traversant............................... 673
Sujet (du)................................. 23	Trembler, suivi de la négation........... 742
Supérieurement a........................ 718	Très et Bien............................. 726
Superlatif (formation du)................. 236	Triomphant.............................. 675
Superlatif (emploi du subjonctif ou de l'indicatif après le)..................... 655	Trompette................................ 79
	Troncs de (nombre des substantifs après).... 135
Supplément............................... 16	Trouvé............................. 688-704
Supposé........................... 215, 704	Trouvé, suivi d'un infinitif............... 707
Supposer, suivi de l'indicatif ou du subjonctif. 646	Tu.. 321
Sur (nombre des substantifs après)....... 152	Tué...................................... 602
Sur et Dessus............................. 723	Tyran..................................... 92
Suspendu........................... 686-690	
Syllepse................................... 16	**U**
Synalèphe................................. 16	
Synchise.................................. 16	Un, répété ou non répété................. 254
Syncope................................... 16	Un de, l'un de........................... 258
Synonyme................................. 16	Uni....................................... 687
Synonymie................................ 16	Unique (l'), suivi du subjonctif ou de l'indicatif.................................. 653
Syntaxe................................... 16	
— Des adjectifs........................ 205	Universel, son pluriel..................... 54
— Des substantifs...................... 60	Usant (en)................................ 681
— Des verbes.......................... 559	
— Des adverbes........................ 719	**V**
— Des pronoms........................ 313	
— Des interjections.................... 850	Vague............................... 79-89
— Des participes................... 667-685	Vaincu............................. 693-703
— Des conjonctions.................... 821	Valu..................................... 695
— Des articles......................... 165	Vaquant, Vacant......................... 677
— Des prépositions.................... 777	Variables (mots)......................... 26
	Vase..................................... 79
T	Vécu..................................... 696
	Verbes (origine des)...................... 19
Taché, suivi d'un infinitif................ 707	— (Définition des)................... 489
Tandis que............................... 837	— (Du sujet du)..................... 490
Tant de (nombre des substantifs après).... 131	— (Du régime du)................... 491
Tarare !.................................. 848	— (Du nombre et de la personne dans les). 492
Tari...................................... 699	— (Modifications des)................ 494
Tel, adjectif.............................. 293	— (Des temps des)................... 494
— Pronom............................ 477	— (Des modes des).................. 495
— Un................................. 478	— Mode *indicatif*................... 497
— Que soit, quel que soit............. 298	— Mode *conditionnel*............... 499
Temps des verbes......................... 494	— Mode *impératif*.................. 500
Tendant.................................. 676	— Mode *subjonctif*.................. 500
Tenu..................................... 691	— Mode *infinitif*................... 501
Terminaison.............................. 16	— *Participes*....................... 502
Têtes de (nombre des substantifs après).... 135	— Différentes espèces de verbes...... 503
Tigresse................................... 34	— Actifs............................. 505
Tistre.................................... 554	— Passifs............................ 506
Tombé................................... 699	— Neutres........................... 507
Touché................................... 686	— Réfléchis......................... 508
Tour.................................. 79-88	— Unipersonnels..................... 509
Tout à vous, toute à vous................ 276	— Auxiliaires........................ 510
Tout, adjectif, sa syntaxe................. 272	— Des conjugaisons.................. 510
Tout autre, toute autre................... 276	— (De la formation des temps des)... 530

— Irréguliers... 532
— Unipersonnels... 555
— Conjugués interrogativement... 556
— (Syntaxe des)... 559
— (Accord des)... 559
— Avec plusieurs sujets liés par *et*... 560
— Avec plusieurs substantifs non liés par *et*. 564
— Avec plusieurs substantifs récapitulés par les mots *tout, rien, personne, nul,* etc. 566
— Après *tout; chaque* et *quelque* répétés.. 567
— Après plusieurs substantifs liés par *ni* répété. 568
— Après plusieurs substantifs unis par *ou*.. 569
— Après *l'un et l'autre, l'un ni l'autre*.... 570
— Après les expressions *comme, ainsi que*. 571
— Après *plutôt que, non plus que, mais*... 573
— Après deux infinitifs... 574
— Après *plus d'un*... 575
— Après les noms collectifs... 576
— Après *la plupart* et les adverbes de quantité... 577-579
— Après *force gens, nombre d'hommes*.... 579
— Après les noms collectifs partitifs... 579
— Après *qui*... 581
— Après *ce*... 584
— *C'est, ce sont*... 584
— *C'est, ce sont,* suivis d'un nom pluriel... 585
— *C'est, et ce sont* dans les oppositions... 586
— *C'est, ce sont,* suivis de plusieurs substantifs... 588
— *C'est, ce sont,* après plusieurs infinitifs. 589
— *C'est nous, c'est vous*... 590
— *C'est,* suivi d'une préposition... 591
— *Qu'est-ce que,* suivi d'un nom pluriel... 592
— *C'est,* précédé de deux noms... 592
— *Si ce n'est, si ce ne sont*... 593
— *C'est là ce sont là*... 593
— *C'est* suivi de *qui*... 594
— *Vivre, importer, périr, pouvoir,* et leur nombre... 595
— Au pluriel avec un sujet singulier... 596
— Leur accord avec le sujet sous le rapport de la personne... 597
— En accord avec un seul pronom... 597
— Accord avec plusieurs noms de différentes personnes... 598
— Accord après *qui,* précédé d'un nom personnel... 598
— Après *qui,* précédé d'un adjectif... 600
— Après *qui,* précédé d'un substantif... 601
— Place du sujet... 602
— Précédés du sujet... 602
— Suivis du sujet... 602
— Place du sujet dans les phrases interrogatives... 603
— Place du sujet dans les phrases interjetées... 603

— Place du sujet après un verbe au subjonctif... 604
— Place du sujet après *tel, ainsi, voilà,* etc. 604
— Construction, ellipse ou répétition du sujet... 605
— Séparés du sujet par une phrase incidente... 605-607
— Complément direct, indirect... 607
— Place du complément ou régime... 608, 609
— Suivis de la préposition *à*... 611
— Suivis de la préposition *de*... 612
— Suivis de *à* ou *de*... 612
— Suivis de *par* ou *de*... 613
— *Avoir* ou *être* avec les participes... 615
— Emploi des modes et des temps... 618
— Le *présent* employé pour le *futur*... 618
— Le *présent* pour le *passé*... 620
— *C'est moi* ou *ce sera moi qui parlerai*... 621
— Emploi de l'*imparfait*... 622
— Emploi du *plusque-parfait*... 625
— Emploi du *prétérit défini*... 626
— Emploi du *prétérit indéfini*... 626
— Emploi du *futur*... 629
— Emploi du *conditionnel*... 630
— Emploi de l'*impératif*... 635
— *Vas-y, parles-en*... 637
— Emploi du *subjonctif*... 638
— Emploi de l'*infinitif*... 659
— Concordance des temps et des modes... 663
VERT-DORÉ... 217
VIEILLOT, son féminin... 45
VINGT... 249
VINGT ET UN... 253
VIOLANT, VIOLENT... 677
VIOLETTE, adjectif... 217
VISITÉ... 700
VOCABULAIRE (petit) grammatical... 14
VOILE... 79-89
VOIX DE (Nombre des substantifs après)... 135
VOLTIGEANT... 674
VOTRE... 242
VOULANT EN FAIRE, EN VOULANT FAIRE... 681
VOULU, suivi d'un verbe... 704
VOUS... 326
VRAI (s'il est) QUE, suivi du subjonctif ou de l'indicatif... 652
VU, suivi d'un infinitif... 706
VU... 691-704
VULNÉRAIRE... 79

Y

YEUX, OEIL... 54
Y, adverbe... 735
— Avec *aller*... 735
— Pronom (observations sur le)... 7

www.ingramcontent.com/pod-product-compliance
Lightning Source LLC
Chambersburg PA
CBHW070856300426
44113CB00008B/860